JULES MICHELET

Geschichte der Französischen Revolution

I

JULES MICHELET

Geschichte der Französischen Revolution
I

Aus dem Französischen von Richard Kühn
Neue, bearbeitete Ausgabe

Zweitausendeins

Lizenzausgabe mit freundlicher Genehmigung
der Wunderkammer Verlag GmbH, Neu-Isenburg 2009
für Zweitausendeins, Postfach, D-60381 Frankfurt am Main

Der Abdruck des Textes von Jochen Köhler: „Die Revolution ist überall – Zu Jules Michelets Leben, Ideen und Werk“ erfolgte mit freundlicher Genehmigung des Eichborn Verlages aus:
Jules Michelet, Geschichte der Französischen Revolution.
Vorwort verfasst von Jochen Köhler.

Umschlaggestaltung: Sabine Kauf, Publicontor, Hamburg
Umschlagsmotive: bridgeman art
Satz: ZeroSoft, Timisoara, Rumänien
Druck: Druckerei C. H. Beck, Nördlingen
Printed in Germany

Dieses Buch gibt es nur bei Zweitausendeins im Versand:
Postfach, D-60381, Frankfurt am Main,
Telefon: (069) 4 20 80 00, Fax: (069) 41 50 03.
Internet: www.Zweitausendeins.de, E-Mail: Service@Zweitausendeins.de.
Oder in den Zweitausendeins Läden in Aachen, Augsburg, Bamberg, 2 x in Berlin, in Bochum, Bonn, Bremen, Darmstadt, Dortmund, Dresden, 2 x in Düsseldorf, in Duisburg, Erfurt, Essen, Frankfurt am Main, Freiburg, Gelsenkirchen, Göttingen, Gütersloh, 2 x in Hamburg, in Hannover, Herford, Karlsruhe, Kiel, Koblenz, Köln, Konstanz, Leipzig, Ludwigsburg, Mannheim, Marburg, München, Münster, Neustadt/Weinstraße, Nürnberg, Oldenburg, Osnabrück, Speyer, Stuttgart, Trier, Tübingen, Ulm, Würzburg, Wuppertal-Barmen.
In der Schweiz über buch 2000, Postfach 89, CH-8910 Affoltern a. A.
ISBN 978-3-86150-956-1

INHALTSVERZEICHNIS

ZWEITES BUCH

Das zweite Jahr der Revolution

DRITTES BUCH

Die Flucht des Königs nach Varennes und ihre Folgen

VIERTES BUCH
Der Sturz des Königtums

FÜNFTES BUCH

Der Sturz des Königtums – Beginn des Krieges gegen Frankreich

DIE REVOLUTION IST ÜBERALL
ZU JULES MICHELETS LEBEN, IDEEN UND WERK

1. Michelet, ein Sohn der Arbeit

Zwei Jahre nach seinem Tod exhumierte man den Leichnam und überführte ihn in einem Triumphzug nach Paris, wo er am 16. Mai 1876 in Gegenwart Tausender ein zweites und letztes Mal beigesetzt wurde – im Père Lachaise, den er schon als Kind gerne und oft aufgesucht hatte. Die erst im Vorjahr mit 353 gegen 352 Stimmen proklamierte Dritte Republik ehrte auf diese Weise einen entschiedenen Gegner der Bonapartisten und Monarchisten und einen energischen Verfechter der Demokratie. Wenngleich Jules Michelet an keinen politischen Aktionen beteiligt war, genoß er den nationalen Ruf, ein Vorkämpfer der Republik zu sein. Denn der stets der Gegenwart verpflichtete Historiker begeisterte seine Studenten hinter dem Katheder im Collège de France ebenso wie das liberale Bürgertum kraft seines alle Epochen überspannenden Œuvre. Hatte Michelet doch die Nation aus der „großen Seele" des französischen Volkes und aus seiner „freiheitlichen" Geschichte heraus keimen und erblühen lassen.

Wie ein riesiges Fresko bot sich die von Michelet scharf konturierte Historie Frankreichs dar, durchgestaltet von einem einzelnen, der sich ihr mit beispielloser Leidenschaft hingegeben hatte. Zu seiner Zeit konkurrenzlos war Michelets Fähigkeit, eine immense Fülle von Materialien zu bergen, alles mit allem famos zu verbinden, um daraus einen dramatisch fortgesponnenen Ariadnefaden zu spinnen, der aus dem Dunkel der Vergangenheit in die Zukunft führt. Keiner konnte wie er dem Vergangenen neues Leben einhauchen und die Schatten der Toten in strahlendes Licht zurückrufen. Unter seiner regen Hand verwandelten sich die Annalen Frankreichs in ein bunt bewegtes und heroisches Epos. Dessen alles überragender, ja fast alleiniger Held sollte das Volk, dessen immerwährendes Ziel die Revolution sein – jene von 1789 wie auch die folgenden in Frankreich. Seit Michelets Tod ist die Geschichtsschreibung in vielem sachlicher geworden, indessen auch leb- und trostloser.

Jules Michelet wurde am 21. August 1798 in Paris geboren, im Gebäude einer ehemaligen Kirche, in der sein Vater Jean-Furcy Michelet eine Druckerwerkstatt eingerichtet hatte. Beide Elternteile waren Leute „aus dem Volk", fleißig und genügsam. Der junge Jules hatte eine entbehrungsreiche und wenig heitere Kindheit und Jugend vor sich. Zwar arbeitete der Vater als Selbständiger, doch restriktive Maßnahmen unter Napoléon trieben ihn und seine Familie in die ökonomische Misere. Auf einen kaiserlichen Erlaß hin mußte die Druckerei 1812 definitiv geschlossen werden. Erst mit zwölf Jahren konnte der Junge überhaupt eine Schule besuchen. Trotzdem wurde er in das angesehene Collège Charlemagne aufgenommen. Dort zeichnete er sich bald als vielseitig interessierter und fleißiger Elève aus. Frühzeitig neigte er dazu, seine ungeteilte Konzentration aufs Studium zu richten und sich sozial abzuschotten. Hatte er nicht mehrfach erlebt, wie sein Vater, ein gutherziger Mensch und naiver Träumer, betrogen wurde, sooft er anderen sein Vertrauen schenkte? Der Beruf des Vaters aber eröffnete dem wißbegierigen Sohn die Welt des Geschriebenen. Eine strenge, nahezu asketische Arbeitsdisziplin wird Michelet sein ganzes Leben hindurch begleiten. Im späteren überaus erfolgreichen Leben schien der Sohn die Träume des Vaters an seiner statt realisieren zu wollen. Als könne er damit dem Vater wieder zur alten Arbeit und zu neu erwachtem Selbstbewußtsein verhelfen, schrieb Michelet ein Buch nach dem anderen, insgesamt fast siebzig an der Zahl. Seitens der Familie genoß der junge Michelet eine extreme Bewunderung, die seine Hirngespinste nährte, eines Tages eine überragende Rolle zu spielen. Materielle Entbehrung und selbstverordnete Einsamkeit begünstigten Imaginationen erhabener Grandiosität, wie sie an vielen Textstellen durchscheinen.

Seine Karriere war wie nach Plan: 1819 Doktorexamen an der Sorbonne, 1822–1827 Professor für Geschichte am Collège Sainte-Barbe, ab 1827 Professor für Geschichte und Philosophie an der elitebewußten Ecole Normale Supérieure, 1830 außerdem Chefarchivar der historischen Sektion der Archives Nationales, 1838 Sitz im noblen Collège de France als Professor für Geschichte und Moral sowie Mitgliedschaft in der Académie des Sciences Morales et Politiques. Michelets Vorlesungen zählten zu den bestbesuchten des Jahrhunderts. Oft waren über tausend Studenten anwesend.

Weniger befriedigend als seine berufliche Tätigkeit verlief zunächst das Privatleben. Michelets erste Ehe war nicht gerade glücklich. Zu den beiden Kindern, die ihr entsprangen, hat er nie eine engere Beziehung entwickelt. Die Arbeit nahm ihn voll und ganz in Anspruch. Am 2. September 1850 schrieb er in sein Tagebuch: „Glücklicherweise ist mein Weg vorgezeichnet. Als Sohn der Arbeit habe ich immer gearbeitet und werde ich weiterhin an die Arbeit gehen. Dort ist meine Daseinsberechtigung, dort mein Leben. [...] Alle Arbeit ist heilig.“[1] Zum großen Vorbild hat er sich Herkules erkoren. Die Migräne und dauernde Anfälle von Übelkeit waren der Preis für seine übertriebene Askese. Hinzu kamen überbordende sexuelle Tagträume, die ihn wie den heiligen Antonius heimsuchten. Den geselligen Umgang mied er weiterhin, denn die meisten Angehörigen seines neuen Standes ödeten ihn an. Wenige intellektuelle Freundschaften – zu Victor Cousin oder Edgar Quinet – genügten ihm vollauf. Sein Tagesablauf unterlag einer gewohnheitsmäßigen und rigiden Regelung. Als Rekreation duldete Michelet nur den täglichen Spaziergang. Wenigstens auf das ganz persönliche Erlebnis der Natur mochte er ungern verzichten. Bisweilen packte ihn auch das Reisefieber, da er sich hin und wieder die verschiedenen, von der Natur determi-

1 Jules Michelet (JM): Journal, Bd. I (1828–1848), hg. v. Paul Viallaneix, Paris (Gallimard) 1959, 4. Aufl., S. 125.

nierten Lebensbedingungen vor Augen führen und einen plastischen Eindruck von den Kulissen der Historie gewinnen wollte.

Kein Leben jedoch, auch nicht das disziplinierteste, ist vor Schicksalsschlägen gefeit. Das Jahrzehnt zwischen 1842 und 1852 brachte persönliche Katastrophen und Irritationen unterschiedlicher Art mit sich. 1842 starb Madame Dumesnil an Krebs. Sie war die erste von ihm wirklich geliebte und ihn inspirierende Frau in seinem Leben gewesen. 1846 mußte er den Tod seines Vaters beklagen, der ihm so viele Episoden der Französischen Revolution aus eigener Anschauung nahegebracht hatte. In diesen Jahren vollzog sich bei Michelet ein grundlegender Perspektivenwechsel gegenüber der Geschichte. Ihm wurde klar, daß er die „Geschichte Frankreichs", bis dahin auf sechs Bände angewachsen, zu harmonistisch betrachtet, die desillusionierenden Realitäten der Gegenwart ausgeblendet und den negativen Einfluß der katholischen Kirche ins Positive verklärt hatte. „Adieu Kirche", schrieb er am 5. August 1843 in sein Tagebuch.[1] Im Vorfeld der Revolution von 1848 entschloß sich Michelet – denn er war ja nicht nur Professor für Geschichte, sondern auch noch für Moral –, seinem Auftrag gerecht zu werden und Vorschläge für die Erziehung des Volkes zu äußern. Nunmehr bekamen seine Vorlesungen und Veröffentlichungen einen politischen Anstrich. Das Echo blieb nicht aus. Michelets Pamphlete („Des Jésuites" von 1843, „Du Prêtre, de la femme et de la famille" von 1845) beantworteten die scharf angegriffenen Jesuiten mit giftigen Gegenattacken. Von sich aus gab Michelet die Unterrichtung der Prinzessin Clémentine, einer Tochter von Louis-Philippe, auf. Er unterbrach auch seine monumentale „Geschichte Frankreichs" mitten im 15. Jahrhundert – im zukunftsentscheidenden Kampf zwischen Ludwig XI. und Karl dem Kühnen –, um sich der Französischen Revolution zuzuwenden. Ab 1854 wird er die unterbrochene Arbeit fortsetzen, fünfzehn Jahre lang. Schon einmal hatte er ein Arbeitsprojekt unvollendet gelassen: 1831 beendete er die Geschichte Roms mit dem Tode Cäsars. Aus seinem Vorhaben, die Geschichte Frankreichs an die des Römischen Reiches anschließen zu lassen, sollte nichts mehr werden.

Nachdem Michelet den Plan gefaßt hatte, die französische „Nationalität" in der Revolution zu verankern, begann er, wie ein Besessener daran zu arbeiten. Bereits nach einem dreiviertel Jahr, am 10. Februar 1847, erschien der erste Band der Revolutionsgeschichte. Im gleichen Monat des darauffolgenden Jahres brach erneut eine Revolution aus, und die Pariser verjagten den letzten französischen König Louis-Philippe. In Michelets Biographie markiert das Jahr 1848 einen, wenn nicht *den* Höhepunkt. Antimonarchistische „Kundgebungen" von Studenten vor Beginn seiner Vorlesung hatten die Regierung bewogen, den Kurs Anfang Januar zu suspendieren, womit nur erreicht wurde, daß etwa zweitau-

[1] ebd., S. 517.

send Studenten lautstark gegen diese Maßnahme protestierten. Wenige Wochen später siegte die Revolution innerhalb von drei Tagen, und Michelet konnte seine Lehrtätigkeit wieder aufnehmen. Inzwischen war er zu einem der bekanntesten Intellektuellen des Landes geworden. Wie so oft überschätzte er jedoch seinen unmittelbaren Einfluß auf den Lauf der Dinge: „Ich blickte auf meine Bücher und Kurse während der letzten fünf Jahre zurück, sie bereiteten die Revolution mit verschiedenen Mitteln vor ...“[1] Im Laufe eines Monats sei ein ganzes Jahrhundert vorübergeeilt. Um so erschütterter reagierte Michelet auf die Juni-Massaker im selben Jahr. Er sah sich unfähig weiterzuarbeiten, sei's auch nur für ein paar Tage: „Die entsetzliche Nacht des 24. Juni, nach dem großen Leuchten und Hoffen vom Februar, versetzte mir den heftigsten Stich ins Herz, den ich jemals empfunden habe. Ich versuchte ein populäres Buch zu schreiben und konnte nicht.“[2] Bereits Anfang Juli war der unermüdliche Arbeiter wieder in der Lage, ein „populäres Buch“ mit volkspädagogischem Anspruch in Angriff zu nehmen. Ironie der Geschichte: das Manuskript ging verloren.

Noch vor Jahresende begegnete Michelet der Frau, die seine Liebe entflammen und sein weiteres Leben begleiten und mitbestimmen wird: Athénaïs Mialaret. Der inzwischen Fünfzigjährige verheiratete sich mit der 28 Jahre jüngeren Frau. Gerade hatte er am Collège de France eine Vorlesungsreihe zum Thema „Liebe und Erziehung“ begonnen. Trauzeugen waren Pierre Jean de Béranger, Frankreichs beliebtester Liederdichter, Adam Mickiewicz, der Dichter-Revolutionär und Nationalheld Polens, seinerzeit Professor in Paris, Edgar Quinet, auch ein Historiker der Französischen Revolution, und Hector Poret, ein Schulfreund und Kollege Michelets. Immerhin hatte es der Beruf mit sich gebracht, daß Michelet neben seiner Arbeit einige ausgesuchte Freundschaften pflegte, sozusagen von Geist zu Geist. Ansonsten schenkte er seiner Frau alle verbleibende Aufmerksamkeit, die ihm selbst inzestuös vorkam. Sie hinwiederum bescherte ihm das, was ihm die Geschichte vorenthalten hatte: Harmonie. Und sie lehrte ihn die Liebe zu einer eher rousseauistisch mütterlichen als objektiv feindseligen Natur.

Das tat der Arbeit an der glorreichen Geschichte Frankreichs vorerst keinen Abbruch. Von 1847 bis 1853 erschienen die sieben Bände der Revolutionsgeschichte. Finanziell erwies sich das Unternehmen als Fiasko. Von 6000 gedruckten Exemplaren des ersten Bandes waren nach vier Jahren kaum 1500 verkauft. Erst zwanzig Jahre später wurde dieses ingeniöse Werk von einer interessierten Öffentlichkeit zur Kenntnis genommen. Nach 1848 warteten auf Michelet keine rosigen Zeiten. Louis Napoléon, der neue Herr Frankreichs und baldige Kaiser – eine „Farce“ (Karl Marx) – enthob den Professor, dessen Studenten wieder einmal unangenehm

1 JM: L'Etudiant, Paris (Editions du Seuil) 1970, S. 175.

2 JM: Journal, Bd. II (1849–1860), hg. v. Paul Viallaneix, Paris (Gallimard) 1962, S. 23.

aufgefallen waren, de facto 1851 und per Dekret im April 1852 seines Lehramtes, nachdem Michelet den Beamteneid auf den Kaiser verweigert hatte. Auch seiner Funktion als Chefarchivar der Archives Nationales ging Michelet verlustig. Wie Victor Hugo zog er sich schmollend in ein Semi-Exil nach Nantes zurück. Von nun an mußte er für sich und die Seinen als „freier" Publizist aufkommen. 1867 erschien der letzte, der 17. Band seiner Geschichte Frankreichs. Allerdings mit stark verändertem Tenor, halb resigniert, halb trotzig an der Zukunft der französischen Humanität festhaltend. 34 Jahre hatte er auf das gewaltige Werk verwendet.

Die Ereignisse im Jahre 1871 enttäuschten ihn vollends. Was war aus der Revolution geworden? Andere Kräfte, so schien es ihm, hatten ihre Ideale zunichte gemacht. Michelet erlag am 9. Februar 1874 in Hyères, wohin er sich in den letzten Jahren zur Wintersaison zurückzuziehen pflegte, einer Herzattacke. Man erfüllte seinen letzten Wunsch, den toten Körper zwei Tage lang von der mediterranen Sonne bescheinen zu lassen. Dann begrub man ihn in Hyères. Es sollte nicht seine letzte Ruhestätte bleiben.

2. Sein Leben: Die Geschichte Frankreichs

Zeitlebens hat Michelet bestritten, daß seine Arbeit von anderen Historikern beeinflußt worden sei. Dies schmeichelte eher seiner Eitelkeit als daß es der Realität entsprach. Gewiß ist Michelets Historiographie in ihrer Methode, ihrem Impetus und Stil nicht mit den der Revolution von 1789 gewidmeten Werken seiner Altersgenossen François Mignet (1796–1884) und Adolphe Thiers (1797–1877) zu vergleichen, die früher erschienen sind: 1824 resp. 1823–27. Ähnlich dem älteren Guizot (1787–1847) vertraten diese beiden eine Auffassung von Geschichte, die eng mit der politischen Gegenwart und ihren eigenen Ambitionen verknüpft war, und verfolgten dabei eine konstitutionell-monarchistische Richtung. Michelet hingegen verstand sich nicht nur als Patriot, sondern darüber hinaus als Republikaner. Im Unterschied zu Guizot und Thiers war er nie darauf erpicht, eine politische Funktion zu übernehmen. Die Namen Guizot, Thiers, Lamartine und Louis Blanc stehen für eine feste Bindung der Revolutionsgeschichtsschreibung an die Politik. An den Revolutionen von 1830 und 1848 hatten diese Historiker beträchtlichen Anteil. Michelet fügt sich nicht in diese Reihe ein. Seine Berufung war eine andere.

Eher stand er auf dem Boden einer „romantischen" Geschichtsschreibung, wie sie Augustin Thierry (1795–1856) vorgeführt hatte, ein Bewunderer Chateaubriands und Walter Scotts. Der „Schule" Thierrys, den er im Vorwort zur „Geschichte Frankreichs" dafür kritisierte, die Rasse als Faktor der französischen Geschichte überbewertet zu haben, gehörte Michelet zwar nicht an, doch schon bei Thierry finden sich wichtige Merkmale seiner eigenen historiographischen

Handschrift. So bemühte sich Thierry – gemäß der Devise „Die Phantasie kennt keine Vergangenheit" –, die an den historischen Kämpfen Beteiligten so lebendig wie möglich zu zeichnen. Er fühlte sich den Unterdrückten und Besiegten nahe, rückte die Masse des Volkes ins Zentrum des historischen Geschehens und beschrieb das Leben in früheren Epochen mit leuchtenden Farben. All diese typischen Züge trifft man in Michelets Werk wieder an.

Er selbst ließ einzig und allein Giambattista Vico, den ersten Geschichtsphilosophen im modernen Sinn, als seinen Lehrmeister gelten. Mit der 1827 fertiggestellten Übersetzung von Vicos „Scienza Nuova" (die „Neue Wissenschaft" aus den Jahren 1725, 1730 und 1744) hatte Michelets wissenschaftliche Karriere begonnen. Er machte den eigenwilligen Universalhistoriker und systematischen Denker aus Neapel, der neue Wege beschritten hatte, ohne im Jahrhundert der Aufklärung gebührend beachtet zu werden, über die Fachwelt hinaus bekannt. Auf diese Leistung war Michelet wohl in besonderem Maße stolz. Sonst hätte er nicht späterhin öfters Briefe mit „Jules Michelet, Übersetzer von Vico" unterzeichnet. Der Stolz ist nicht unberechtigt. Denn Vicos „Neue Wissenschaft" zeitigte nachhaltige Wirkung auf die unterschiedlichsten Geister: von Marx bis Joyce. Einen nicht zu unterschätzenden Einfluß auf Michelet hatten außerdem die Deutschen Herder – er war es, der Vico „entdeckte" – und Niebuhr, dessen richtungweisender „Römischen Geschichte" Michelet nacheiferte. Man könnte noch weitere Namen anführen. Mit der intellektuellen Autarkie, auf die Michelet so heftig pochte, war es demnach nicht ganz so weit her.

Bereits in seinen frühen Werken, die einen gerafften Überblick über alle Hochkulturen und Epochen zu geben suchen, trat Michelets universalhistorischer Anspruch zutage. Er verglich die einzelnen Völker in ihrer je besonderen Bedeutung für den Fortschritt der Menschheit und stellte – darin nicht unähnlich der Hegelschen Geschichtsphilosophie „des Fortschritts im Bewußtsein der Freiheit", die er beschuldigte, den Progreß der menschlichen Freiheit „petrifiziert", versteinert zu haben[1] – Indien an den Anfang und Frankreich ans Ende einer kurvenreichen, aber stetigen Höherentwicklung. Deutschland, vor dessen „symbolträchtigem" Geist er sich gleichwohl respektvoll verneigte, kam ihm wie ein „Indien in Europa" vor, versunken in romantische Vergangenheitsträume. Vicos Prämisse folgend, die Geschichte sei das genuine Werk des Menschen und daher auch rational verstehbar, ließ Michelet die Geschichte Etappe für Etappe auf das Ziel freier „Humanität" zuschreiten. Jedes Volk, jede Nation, auf welcher Stufe auch immer, durfte ihren Beitrag leisten. Insbesondere Rom habe dem Abendland zu Großem verholfen: zu einer gemeinsamen Sprache und zu einer universalen Kirche. „Humanität" war für Michelet das Prinzip, das die Epochen zusammen-

[1] JM: Introduction à l'Histoire Universelle, Paris (Hachette), 1831, S. 35.

hielt und miteinander verband. „Der Mensch ist nicht länger isoliert, sondern Teil eines Kollektivwesens [être collectif], das man Humanität nennt. [...] Daher vereinigt eine immense Kette von Entdeckungen und guten Taten alle Zeitalter; während Generationen verschwinden und Rassen untergehen, besteht das allgemeine Denken weiter; immer gleich und immer umfassender, immer in tausend verschiedenen Formen, enthält dieses Denken die Identität der menschlichen Gattung, so wie das Gedächtnis und das Gewissen die Identität des Individuums enthalten.“[1] In der „Humanität“ glaubte Michelet eine Kategorie gefunden zu haben, auf deren Folie analoge Muster im Vergleich der Kulturen und Epochen hervorzuheben seien, unbeschadet eines unaufhaltsamen Fortschritts. Im Geiste Vicos hat Michelet den Begriff „Renaissance“ geprägt.

Es versteht sich, daß Geschichtsschreibung in diesem Sinne nicht darauf be-schränkt sein kann, historische Tatsachen in eine chronologische Ordnung zu bringen. Zu ihrem Rang kommt eine Tatsache erst aus dem Gesamtzusammenhang heraus, und dieser hat bei Michelet der Idee fortschreitender Humanität zu gehorchen. Obschon Michelet die Taten historischer Persönlichkeiten emphatisch zu würdigen wußte, bevorrechtigte er das Kollektiv. Historisch kam für ihn das Individuum nur als soziables und vergesellschaftetes in Betracht, in dem Maße, wie es den allgemeinen Fortschritt beförderte oder hemmte. „Ich verschwende keine Helden in meinen Büchern“, versicherte er 1856.[2] Das heißt nun nicht, Michelet habe die komplex-widersprüchliche „Natur“ des Individuums verkannt oder vernachlässigt. Doch er beurteilte die verschiedenen Züge, Temperamente, Fähigkeiten und Mängel nach einem einzigen Maßstab: ob sie der „Natur“ des Volkes entsprechen, aus ihr hervorgegangen sind und sich mit ihr im Einklang befinden – oder nicht.

Wird dadurch das historische Urteil von persönlicher Sympathie abhängig? Ja und nein. Michelets Sympathie galt der Geschichte in ihrer Totalität, der Vergangenheit in ihrem ganzen Streben nach Emanzipation. Eine „Résurrection intégrale du passé“, eine Wiederauferstehung der ganzen Vergangenheit, kündigte eine Schrift von 1831 an. Der Historiker dürfe nicht hinter seinem Werk verschwinden. An diesen Grundsatz hielt Michelet sich eisern. Unentwegt ergriff seine Geschichtsschreibung Partei. Parteilich zu sein war für ihn eine vitale Verpflichtung. 1833 hatte er von seiner „Geschichte Frankreichs“ behauptet: „Dieses Buch ist mein Leben“, und 36 Jahre später: „Mein Buch hat mich geschaffen. Ich war sein Werk.“[3] Person und Werk hielt Michelet – freilich auf sich bezogen –

---

1 JM: Ecrits de jeunesse, hg. v. Paul Viallaneix, Paris (Gallimard) 1959, S. 293.

2 JM: Histoire de France, Bd. III, Préface à l'Histoire de la Renaissance, Paris (J. Hetzel) 1881, S. 322.

3 JM: Vorwort von 1869 zur 17bändigen Gesamtausgabe der Histoire de France, Bd. I, Paris (Lacroix) 1871–1874, S. IX.

für untrennbar. Einerseits fühlt er sich in dieser phantastisch anmutenden Symbiose von Historiker und Historie als Schöpfer dazu verpflichtet, der Geschichte ewiges Leben zuteil werden zu lassen, weil sie ihm zu „höchstem" Leben verholfen hatte. „Das Leben, das ich in mir habe", steht am 11. August 1850 im Tagebuch, „ist nicht mein Leben, es ist das Denken der Jahrhunderte. Die Quelle ist nicht die meine, es ist die allgemeine Quelle der Welt und der Geschichte."[1] Andererseits aber litt er unsäglich an der Geschichte, an ihren grauenhaften Vorkommnissen, am Elend der Unfreien und Hingemetzelten, an den zahllosen Niederlagen der Humanität. Übelkeits- und Migräneanfälle begleiteten seine Arbeit. Der Tod des geliebten Danton auf der Guillotine brach ihm schier das Herz. Keiner der hingebungsvollen Akteure der Französischen Revolution ließ ihn kalt. „Se plonger", zu deutsch „eintauchen", „sich in etwas stürzen" – in die Geschichte, in die Volksmassen, in die Turbulenzen der Revolution – lautet eine auffallend häufig gebrauchte Vokabel Michelets. Seinen Auftrag beschrieb er das eine Mal als herkulisch oder prometheisch, das andere Mal als feierliches Pontifikat, als Amtspflichten eines Bischofs, wenn nicht des Papstes der Geschichte. Überdeutlich werden die Verschmelzungsphantasien Michelets an einer Tagebuchstelle vom 18. Juni 1841: „Die Geschichte: gewaltsame Chemie der Moral, worin sich meine individuellen Leidenschaften in Allgemeinheiten (généralités) verwandeln, worin meine Allgemeinheiten zu Leidenschaften werden, worin meine Völker ich werden, worin mein Ich sich zurückwendet, um die Völker zu beseelen."[2] Er sei kein Gott, beteuerte Michelet. Doch die Geschichte könne eine außerordentliche Macht ausüben: sie gewähre Höhepunkte, seltene zwar, aber höchste. Indem Michelet sein Leben mit der Geschichte insgesamt identifizierte, konnte er hoffen, seine Existenz werde mit einer Klimax nach der andern belohnt. Einen solchen existentiellen Gewinn empfahl er sogar weiter: Denen, die sich nicht damit zufriedengeben wollen, reich oder alt zu werden: „Seinen Horizont erweitern, jeden Moment des Lebens vergrößern, universalisieren, jeden Moment zu einem Ziel machen, in der Weise, daß man jeden Tag sagen kann: Wenn morgen der Tod kommt, habe ich wenigstens diesen Tag gelebt."[3] Tag für Tag durchlebte Michelet die Geschichte Frankreichs, ihre Höhe- wie ihre Tiefpunkte, ganz besonders aber die Tage der Revolution seit Anfang 1789. In diesen Tagen war er Subjekt, und nicht nur in eigener Sache. Wer, wenn nicht der Schöpfer „seiner" Geschichte, konnte deren Subjekt sein? War das glorreiche französische Volk nicht seine Imagination, sein geliebtes Objekt? Michelets Geschichtsschreibung ist mythologisch, weil sie die ewige Bestimmung und den

---

1 JM: Journal, Bd. II, S. 116.
2 JM: Journal, Bd. I, S. 362.
3 JM: Journal, Bd. II, S. 187.

Endzweck der Geschichte rekursiv in eine ursprüngliche Humanität verlegt. Damit hat Michelet den „Mythos" der Französischen Revolution begründet, einen Mythos, der besagt, die Geschichte dringe durch die Revolution zu ihrem Wesenskern vor: zu Freiheit, Gleichheit und Brüderlichkeit der Menschen.

3. Stilmittel eines Künstlers

Michelet war ein überragender Stilist. Seine Sprache, seine Metaphorik, vor allem aber das kompositorisch raffinierte Nebeneinander (Parataxe) von Bericht und pointierter Charakterisierung, Reflexion und beherzter Wertung, nehmen den Leser gefangen. Seine Texte sind wie eine Partitur zu lesen. Obgleich der Gegenstand der Geschichte ein hohes Maß an nüchterner Sachlichkeit nahezulegen scheint, frönte Michelet stets dem künstlerischen Ehrgeiz, das Chaos der Ereignisse und die Menge der Gestalten in eine formal geschlossene Komposition und „große Einheit" einzuschmelzen. Nicht ohne Selbstüberhebung sprach er von „einer neuen, nur mir eigenen Kunst". Michelet war der französischen Romantik verbunden, bevorzugte wie diese farbenfrohe und bewegte Szenen, eine gefühlsbetonte Dramatik – mit fein abgestuften Sympathie- und gröberen Antipathiewerten für die dramatis personae – und stark rhythmisierte Satzfolgen. Trotzdem bemängelte er die romantische Vorliebe für Bizarres und Groteskes (Victor Hugo), das Übergewicht dekadenter Motive und die fehlende Bereitschaft vieler zeitgenössischer Autoren, ihre Kunst in den Dienst des Volkes zu stellen. Da Michelet gar nicht unparteiisch über die Vergangenheit seines Landes berichten, sondern vielmehr von seinen Einschätzungen überzeugen wollte, wählte er oft eindrückliche Spannungsmomente, in denen sich die Geschichte extrem zu verdichten schien. Der um dreißig Jahre jüngere Revolutionshistoriker Hippolyte Taine verglich Michelet mit Eugène Delacroix und Gustave Doré, gefeierten Malern und Illustratoren der damaligen Epoche.

In seiner Darstellung der Ereignisse am 14. Juli 1789 („Erstürmung der Bastille") bedient sich Michelet der verschiedensten Mittel, um den Leser schlagartig in die Vergangenheit zu versetzen, um die historische Distanz zur Gegenwart so weit wie möglich zu verringern. Er steigert die Spannung, indem er – in jeweils einem Satz – die Zustände in Versailles und in Paris scharf kontrastiert und indem er zwischen Abend und Morgen des folgenden Tages eine Zäsur vornimmt, ohne sie weiter zu begründen: „Am 13. Juli dachte Paris nur an Verteidigung. Am 14. griff es an. Am 13. abends gab es noch Zweifel, und am nächsten Morgen waren sie verschwunden."[1] Jeder wird sich nun fragen: Weshalb? Was bewirkte den Stimmungs- und Meinungsumschwung?

---

[1] In der vorliegenden Ausgabe: S. 124.

Michelet wendet noch andere Kunstgriffe an: Unvermittelt wechselt er vom Imperfekt ins historische Präsens und wieder zurück; er setzt die direkte Rede ein und fingiert zu diesem Zweck kurze Dialoge; er paßt die Länge seiner Sätze der Dichte, Hektik oder Monotonie der Ereignisse an. Diskursiv vorzugehen, von der wissenschaftlich aufgeworfenen Frage zur Antwort, von der Hypothese zu deren Überprüfung, vom Dokument zur Interpretation, vermeidet Michelet fast immer. Seine Erzählweise hängt teils vom Rhythmus des Geschehens, teils von seinen jeweiligen Absichten ab. Man hat demgemäß eine durchkonstruierte Erzählung, die über weite Strecken einem Roman ähnelt, und zugleich eine Rede, die überzeugen will, vor sich. Die rhetorischen Tricks Mirabeaus hat Michelet eingehend studiert, bevor er sich an die Arbeit machte.

Vehement wehrte er sich aber dagegen, als „ein Historiker mit einer glücklichen Einbildungskraft"[1] zu gelten. Man wolle nur den ernst zu nehmenden Historiker abwerten, wenn man ihn als Poeten preise, argwöhnte Michelet. Die Prosa, „die abstrakteste, reinste, durchsichtigste ... [und] höchste Form des Denkens"[2], sei arm an Bildern. Nun haben sowohl der Roman als auch die historische Darstellung an dieser „Denkform" teil; beide sind Prosaschriften. Lediglich von der „Poesie" wollte sich Michelet also distanzieren. Mit dem Alter wuchs bei ihm das Bedauern, der geschlossenen künstlerischen Form auf Kosten sachlicher Nüchternheit zu weitgehende Zugeständnisse gemacht zu haben.

Bilderreich ist Michelets Sprache nicht infolge einer Anhäufung von Adjektiven. Auf diese greift er in erster Linie zurück, um eine Wertung – „vernünftig", „gefährlich", „boshaft", „edelmütig" – suggestiv zum Ausdruck zu bringen, und weniger, um seine Erzählung auszuschmücken. Zeichnet er gelegentlich doch ein Bild, so tendiert er zur Karikatur und macht aus Marat eine „Kröte" oder einen „Affen Rousseaus". Es war Michelet wichtig zu betonen, daß die Zeichnungen von ein und derselben Person erstaunlich verschieden ausfallen können, je nachdem, welche Züge zu welchem Zeitpunkt in den Vordergrund treten. Michelet gab sich einige Mühe, heterogenen und widersprüchlichen Charaktermerkmalen gerecht zu werden, auch wenn er sich selten eines positiven oder negativen Gesamturteils enthielt. In einem Zwischenkapitel zu Methode und Geist seiner Revolutionsgeschichte rechtfertigte Michelet seine variablen historischen Porträts mit dem Stil Rembrandts: „Wie viele Menschen stecken in einem Menschen! Wie ungerechtfertigt wäre es, dieses wandelbare Geschöpf in einem endgültigen Bild zu fixieren! Rembrandt hat dreißig Selbstporträts angefertigt, wie ich glaube, alle ähnlich und doch verschieden. Ich habe diese Methode

[1] JM: Brief an Hippolyte Taine (um 1855), zit. nach Roland Barthes: Michelet, Frankfurt (Suhrkamp) 1984, S. 121.

[2] JM: Introduction à l'Histoire Universelle, S. 452.

befolgt; die Kunst und die Gerechtigkeit rieten es mir gleichermaßen."[1] Den Reichtum seiner Ausdrucksweise, der ihm manches Mal das zweifelhafte Kompliment einbrachte, ein „lyrischer" Prosaist unter den Historikern zu sein, fand Michelet darin begründet, daß es in der Sprache keine Synonyme gebe. In der Sprache eines Volkes seien dessen ganze Geschichte und dessen mühsam erarbeiteter Erfahrungsschatz aufgespeichert. Zu bestreiten, daß viele Begriffe ohne großen inhaltlichen Verlust austauschbar sind, kann auch einer anderen, uneingestandenen Absicht nützen: daß man den möglichen ideologischen Wert eines Wortes genau abwägen will, nicht zuletzt, um eine eigene schlagkräftige Semantik zu entwickeln, was Michelet ja in breitem Umfang getan hat.

Neben seiner bahnbrechenden Arbeit in den Archiven verließ sich Michelet gerne auf die orale Tradition, auf Augenzeugen wichtiger Revolutionsereignisse. Vieles bekam er über Jahre hinweg von seinem Vater geschildert, der die spektakulären Pariser „journées" miterlebt hatte. Die Memoiren zu jener Zeit gäben, so Michelet, nur individuelle, die Zeitungen von damals nur Gruppeninteressen wieder. Wolle man mehr und Wesentliches in Erfahrung bringen, so müsse man die einfachen Leute befragen, denn die großen Ereignisse seien ins Bewußtsein des Volkes eingeschrieben. Ist das Volk denn weniger befangen? Michelet sprach ihm ein autochthones „désintéressement", eine tief verwurzelte Uneigennützigkeit und Unparteilichkeit zu.

4. Jede Seele ringt um Freiheit

Zwang und Freiheit sind für Michelet die – durchaus moralisch gedachten – Grundpolaritäten der Geschichte. Ihren Ursprung haben die Zwänge („fatalités") in der Natur, die dem menschlichen Individuum nicht günstig gesonnen ist.

Das Verhältnis von Natur und Mensch faßt Michelet dualistisch auf. Es ist bestimmt durch fundamentale Gegensätze, die sich dennoch verschränken: Einerseits geht die Natur in die Geschichte und in die „Seele" der Menschen ein, andererseits hat auch die Natur spirituelle Anteile und Tendenzen. Michelets Weltbild ist teils materialistisch, teils spiritualistisch – eine beachtenswerte Kompromißbildung zwischen den illusionslosen Reduktionen des Materialismus und dem Geist der Utopie.

Michelet ging davon aus, daß die natürlichen Lebensbedingungen, vor allem die „Fatalitäten" der Rasse – im 19. Jahrhundert ein rasch gängig gewordenes, diskursfähiges und erst später machtideologisch pervertiertes Thema –, der Geographie und des Klimas konstitutiv für die Geschichte einer Region seien. Hiermit betrat

---

[1] JM: Histoire de la Révolution française, Bd. I, hg. v. Gérard Walter, Paris (Gallimard) 1952, S. 290.

er kein Neuland. Doch Michelet leistete eigenständige Pionierarbeit. Er rekonstruierte in seinem berühmten „Tableau de la France“[1] für jede französische Provinz ihre physisch-geographischen Bedingungen um das Jahr 1000 und zog daraus das Fazit: „Bloße Geographie“ werde zur Geschichte. Der Geschichte wiederum gelinge es nach und nach, die Geographie in den Hintergrund zu drängen und die Vorherrschaft der Natur abzuschwächen und zu brechen. Während sich die Natur immer gleich bleibe, verändere die Menschheit im Laufe der Geschichte und ihrer revolutionären Prozesse permanent ihre Gestalt. Die Natur und die menschliche Seele ließ Michelet als Antipoden gegeneinander antreten. Es sei eine Ironie der unendlichen Natur, den Menschen mit unbegrenztem Wollen und Wünschen ausgestattet zu haben. Denn dieser unbegrenzte Wille treibe das Rad des Fortschritts an, eines Fortschritts weg von den tyrannischen Zwängen der Natur und hin zu gesteigerter Humanität. Humanität nun zeige sich zuvorderst als verallgemeinerte Freiheit. Deshalb mache der Freiheitsfortschritt, so Michelet, den wesentlichen Inhalt der Geschichte aus. Will der Mensch „gut“ sein – wie die Natur es in ihrem Rahmen sei –, so müsse er die ihm zukommende Freiheit realisieren.

Für die Unverzichtbarkeit freien Menschseins gibt Michelet eine spiritualistische Begründung: Die Seele ringe um Freiheit, darum, die naturgegebenen „Fatalitäten“, ihre eigenen eingeschlossen, beharrlich zu überwinden. Zweifelsohne sei das individuelle Handeln durch eigennützige Interessen bestimmt. So sehr das Individuum aber den „Materialisten“ hervorkehre, so sehr sorge die menschliche Gesellschaft als „Spiritualist“ für einen Ausgleich. Die Kluft zwischen Individuum und Gesellschaft wird von Michelet – in Anlehnung an die englisch-schottischen Moralphilosophen des 18. Jahrhunderts und damit in Frontstellung gegen Hobbes – harmonistisch überbrückt. In Michelets Modell steckt viel Optimismus und wenig Pessimismus. „Jeder Mensch ist eine Menschheit, eine Universalgeschichte ...“, schrieb er einmal.[2] Bereits in der Natur des Menschen wirke ein natürlicher „Instinkt“, der eine „lebendige Sympathie“ mit den Mitmenschen und eine umfassende soziale Harmonie anstrebe. Gerade und nur als gesellschaftliches Wesen, als Teil eines „être collectif“, finde der einzelne zu seiner Freiheit. So nimmt es nicht Wunder, daß die Gesellschaft mit dem Egoismus, die Geschichte mit den natürlichen Schicksalszwängen und die Freiheit mit den Schranken der Destruktion, Tyrannei und Verblendung fertig werden können, ja notwendig müssen, solange die Geschichte voranschreitet. Ein Mangel an Geschichtsbewußtsein drücke, da er schlicht im Widerspruch zur Seele des Menschen stehe, das menschliche Leben nieder. In einer Welt, die ohne den Menschen jeglichen Sinns und der Zukunft entbehrt – so jedenfalls der frühe Michelet –, habe die zur Liebe befähigte Seele

1 Im Bd. II der Histoire de France, Paris (Hachette) 1833.
2 JM: Histoire de France, Bd. IV, Paris (Hachette) 1840, S. 102.

eine unermeßliche und großartige Verantwortung. „Liebe" schafft in Michelets Augen Ordnung, und zwar eine gerechte Ordnung, wo sonst Chaos und Destruktivität herrschten – ein Motiv aus dem christlichen Erbe.

Die Natur dulde keine freie Individualität, im Gegensatz zur Gesellschaft, meinte Michelet. Später mußte er schmerzlich begreifen, daß das in die agierende Masse eingetauchte Individuum seiner Selbstbestimmung beraubt, seiner Eigenheiten entkleidet wird. Durch den Anspruch, die Gesellschaft als Gestalt der „Humanität" spirituell-moralisch auf eine höhere Ebene zu stellen als den einzelnen, wird das Glücksversprechen ohnehin an ein abstraktes, weil hypostasiertes Wesen gekettet. Aufgrund seiner Erkenntnis, welch determinierenden Einfluß das Physische, der Lebensraum und die materiellen Zwänge auf die Menschen ausüben, glaubte Michelet die Naturgewalten um so mehr eindämmen zu müssen – mit Hilfe einer spiritualistischen Geschichtsauffassung: „In erster Linie sah ich sie [die Geschichte] als eine Seele und als eine Person."[1]

Bei Michelet läßt sich der spezifische Charakter jeder Region als seelischer Reflex auf ihre bedrohlichen Naturgegebenheiten definieren. So sei die „Gutherzigkeit" der Alpenbewohner durch die rauhen geographischen und klimatischen Verhältnisse bedingt, die sie zu gegenseitiger Liebe nötigten. Bisweilen ging die Einbildungskraft mit Michelet durch. Frankreichs regionale Differenzierung hatte für ihn nachteilige, auf lange Sicht jedoch mehr vorteilhafte Seiten. Anfangs gaben die Vielfalt und Zersplitterung Anlaß zu ständigen Feindseligkeiten. Produktiv wurden sie erst, nachdem die Nation begonnen hatte, ihre Einheit auszubilden. Vielfalt in Einheit, das war Michelets höchstes Ideal, auf die komplexeste und superbste Art verkörpert in der Hauptstadt Paris. In dieser Stadt, diesem Zentrum der Nation, schienen ihm alle regionalen Besonderheiten zu einer unübertrefflichen Synthese und „Individualität" verschmolzen und „natürlich harmonisiert". Größe und Macht des Pariser Esprits hatten die Schicksalszwänge der Rasse, der Geographie und des Klimas zum Verschwinden gebracht und ein wahrhaft kosmopolitisches Dasein ermöglicht. „Paris, das ist die Welt", heißt es in der „Geschichte der Französischen Revolution".[2]

5. Den Toten ihre ungelösten Rätsel erklären

Den Historikern seiner Generation, die teilweise früher als er über die Revolution von 1789 geschrieben hatten, hielt Michelet ein einseitiges und lückenhaftes Quellenstudium vor: Sie hätten sich allesamt zu sehr auf den „Moniteur" und dessen Kopisten, insbesondere auf die lügnerische „Histoire parlementaire" von

[1] JM: Histoire de France, Œuvres complètes von 1893, Bd. I, S. II.

[2] JM: Histoire de la Révolution française (HRf), Bd. II, S. 627.

Bouchez und Roux sowie auf zweifelhafte Memoiren gestützt.[1] Er selbst, Abteilungsleiter der Archives Nationales, gab zu Recht mehr auf die Fundgruben dieser „Nekropolis" der Nation. Geschichte müsse „aus dem Herzen der Archive" entspringen. Dort fänden sich nicht bloß Papiere, dort fände sich eine lebendige oder besser: eine zum Leben erweckbare Vergangenheit. Michelet sah sein Ziel in der „Wiederauferstehung des totalen Lebens."

Die Nachgeborenen seien den Opfern einer kämpferischen Geschichte schuldig, sie im Namen der Humanität zu lieben und zum Sprechen zu bewegen. In gewisser Weise nahm Michelet den Benjaminschen „Anspruch der Vergangenheit"[2] vorweg. Die Toten, die Geister der Vergangenheit, „bitten nicht nur um eine Urne und um Tränen. Es genügt ihnen nicht, daß man ihre Seufzer wieder aufnimmt. Was sie brauchen, ist keine Totenklage, kein Klageweib, sondern ein Seher, ‚vates'. Solange sie diesen Seher nicht haben, werden sie weiterhin um ihr schlecht verschlossenes Grab herumirren und keine Ruhe finden. – Sie brauchen einen Ödipus, der ihnen ihre eigenen Rätsel erklärt, über deren Sinn sie nicht verfügen, der sie lehrt, was ihre Worte, ihre Taten sagen wollten, die sie nicht verstanden haben."[3] Von der Arbeit des Historikers einen Akt der Humanität zu erwarten, einer Humanität, die brüderliche Verbundenheit („fraternité") stiftet zwischen Lebenden und Toten, ist von Pierre Leroux (1797–1871) inspiriert, dem Begründer eines humanistischen Sozialismus, der den Seelenwanderungsglauben populär gemacht hatte. Wer bereit sei, die Toten zu achten und zu „lieben", dem eröffne sich eine Sphäre der Unsterblichkeit. Die Totenverehrung Michelets transzendierte noch die einsamen Seelen verblichener Geschlechter. Er liebte den Tod schlechthin, denn er glaubte – geradezu vampiresk –, „zu viel schwarzes Blut der Toten" getrunken zu haben. Mitunter nahm Michelets Todesmystik makabre Züge an, stets zugunsten einer narzißtisch gespeisten Egomanie. Behauptete er doch von sich, zweitausend Jahre alt zu sein. In der eigenen Person wähnte er Vergangenheit und Zukunft zusammenführen zu können, wie ein Prophet, der das Kommende vorauszusagen weiß, weil er die Weisheit des Gewesenen in sich trägt. Erhaben über die Borniertheit der Durchschnittsmenschen, sah Michelet sich mit der Uneigennützigkeit („désintéressement") von Toten an die drängenden historischen Fragen herangehen. Kein Wunder, daß er sich auch das souveräne Recht anmaßte, das Todesurteil über jene Angelegenheiten zu fällen, deren Anspruch auf Zukunft seines Erachtens verwirkt war. Doch die Zeit arbeitet für sich und nicht für irgendeinen einzelnen, selbst wenn er Michelet heißt.

---

[1] JM: HRf, Préface de 1868, Bd. I, S. 13.

[2] „[...] dann besteht eine geheime Verabredung zwischen den gewesenen Geschlechtern und unserem" – Walter Benjamin: Gesammelte Schriften I/2 (Werkausgabe), Frankfurt (Suhrkamp) 1980, S. 694.

[3] JM: Journal, Bd. I, S. 378.

6. Seien wir Gott!

Michelets implizite Geschichtsphilosophie, ohne deren Kenntnis seine monumentalen Darstellungen nicht adäquat einzuschätzen sind, bevorzugt semantisch-ideologische Oppositionen. Analog zu dem „die" Natur und „die" Geschichte konfrontierenden Gegensatz von Fatalität und Freiheit sah Michelet, seitdem er um 1840 mit dem Christentum gebrochen hatte, die innergeschichtlichen Gegenprinzipien von „Gnade" („grâce") und „Gerechtigkeit" („justice") am Werk. Sein Bruch mit dem einstigen Glaubensbekenntnis – Michelet hatte sich erst als Achtzehnjähriger auf eigenen Wunsch taufen lassen – war so radikal, daß Michelet seine frühere Gläubigkeit kaum noch nachvollziehen konnte, ja nicht einmal sein bisheriges Geschichtsverständnis. Wie gewogen war er doch dem christlichen Mittelalter gewesen! Am 13. August 1841 vertraute er seinem Tagebuch an: „Alles ist für mich untergegangen: die Antike, das Mittelalter; ich fühle mich zutiefst modern."[1] Aus „moderner" Sicht entlarvte sich die „Gnade", das übermächtige Prinzip des Christentums und seiner kirchlichen Institutionen, als „Anti-Natur". Satan hingegen sei als Urform diesseitiger Gerechtigkeit in Erscheinung getreten. Michelet war beileibe kein Satanist. Was in unseren Ohren dafür, daß es im 19. Jahrhundert laut gesagt wurde, blasphemisch klingen mag, fand in jenen Jahren durch Proudhons Antitheologie propagandistische Verbreitung.

Zehn Jahre lang, von 1840 bis 1850, war Michelet damit beansprucht, eine „antimessianische Tradition" in der abendländischen Geschichte nachzuzeichnen, eine Tradition, die den „Völkern des Buches" (den Juden, Christen und Mohammedanern) entgegenwirkt und die an Stelle des toten Buchstabens die blühende Natur wiederaufleben läßt. Sicherlich war die brüske Gegenüberstellung von Gnade und Gerechtigkeit – vergleichbar den aufklärerischen Topoi von Finsternis und Licht – einem manichäistischen Denken verpflichtet, wie es seit der spätantiken Gnosis gepflegt wurde. Gnostisch beeinflußt ist vor allem die moralische Überfrachtung und Überforderung der geschichtsphilosophischen Oppositionen Michelets, das strikte Entweder-Oder von „gut" und „böse", was nicht ausschließt, daß einfach die Plätze getauscht werden und das Gute zum Bösen wird, wenn Michelet es will.

Seit Anfang der 40er Jahre drängte sich ihm als neues Fixum die absolute Rechtfertigung der Revolution auf, mithin einer Moderne, die sich radikal vom Christentum losgelöst hat. Das essentielle Anliegen und glorreiche Ergebnis der Revolution, nämlich die „Nation", sollte als Ersatz für den christlichen Gott, „der uns entweicht", dessen Platz beanspruchen. Michelet war auf der Suche

[1] ebd., S. 364.

nach einem „Äquivalent des Unendlichen“[1]. In der Einleitung zur Revolutionsgeschichte bemühte er zu diesem Zweck Mirabeau: „,Das Recht ist der Souverän der Welt‘, Ihr seid die Subjekte des Rechts ... Euer Wille [volonté générale] ist das Recht. Erwacht also, Sklaven! [Rousseau:] ,Euer kollektiver Wille ist die Vernunft selbst.‘ Anders gesagt: Ihr seid Götter. [...] Seien wir Gott! Das Unmögliche wird möglich und leicht ... Nun, eine Welt umstürzen, ist wenig; aber man erschafft eine Welt. [...] Frankreich ist in seinen Tiefen umgegraben. Europa ist dadurch vollkommen umgestaltet.“[2]

Die Revolution, dieser vorläufige Höhe- und Umschlagspunkt der französischen Geschichte, tangierte nicht nur die Prämissen der Micheletschen Geschichtsschreibung. Sie warf sie über den Haufen. Eine absolute Rechtfertigung der Revolution erheischte, die ganze Geschichte umzuschreiben. Roland Barthes konstatiert in seiner Michelet-Monographie eine „regelrechte Dichotomie der Geschichte: in der Geschichte ist alles Gnade oder Gerechtigkeit, Schicksal oder Freiheit, Christentum oder Revolution. Die Geschichte ist ein einziger Kampf zwischen dem einen und dem anderen, eine tragische Aufeinanderfolge von Stockungen und Aufschwüngen: Syrien, Alexander der Große, die Juden, der Marienkult [hier täuscht sich Barthes bezüglich Michelets Einschätzung, J. K.], die Jesuiten, die Monarchie, Spinoza, Hegel, Molinos, Hobbes: die Gnade. Persien, Griechenland, die Waadtländer, die Hexe, die Protestanten, Leibniz, Hoche, das 18. Jahrhundert: die Gerechtigkeit.“[3] Nicht wenige Glieder sind ausgetauscht, haben einen anderen, sogar konträren moralischen Wert zuerkannt bekommen.

Anstelle des Christentums pries Michelet 1864 in seiner „Bible de l’humanité“ (Bibel der Menschheit) die „Völker des Lichts“: Indien, Persien und Griechenland. Die hochgeschätzte Reformation des hochgeschätzten Mannes Luther – „ein vollständiger Mensch, des Geistes und der Tat“ – blieb die entscheidende vorrevolutionäre Etappe im Prozeß der Freiheit, auf dem Weg ins Jahr 1789, während Ludwig XIV. in ein ganz anderes Licht getaucht wurde. Früher von Michelet als derjenige gewürdigt, der Frankreichs Zentralisierung vorangetrieben hatte, wurde er nunmehr als Schöpfer einer „heiligen“ Monarchie verdammt, einer besonders scheußlichen Ausgeburt des Systems der Gnade, da sie ein Komplott zwischen König, Klerus und „Ausländern“ organisierte. Zum Glück erwuchs diesem verderblichen System in den Philosophen der französischen Aufklärung ein überlegener Widerpart.

Michelet hat mit den Vordenkern der Konterrevolution, mit Burke und de Maistre, erstaunlicherweise gemein, die Durchschlagskraft der „Ideen“ auf

---

1 ebd., S. 83.

2 JM: HRf, Bd. I, Introduction, S. 58.

3 Roland Barthes: a. a. O., S. 79 f.

die Transformation des revolutionären Frankreich zu überschätzen. Michelet scheute sich nicht, analog zum analytischen Vorgehen der Philosophie innerhalb der Logik, Revolutionen und Kriege (!) als „Analysen" im Innern des Gesellschaftssystems zu bezeichnen. Ohne die Ideen der „wahren Könige der Welt", ohne Montesquieu, Voltaire und Rousseau, hätte sich keine revolutionäre Moral herausbilden und damit auch keine politische Revolution durchsetzen können. „Der Mensch tritt in drei Gestalten hervor", schreibt ein enthusiasmierter Michelet in der Einleitung zur Revolutionsgeschichte: „Montesquieu, Voltaire und Rousseau. Drei Interpreten des Gerechten. [...] Montesquieu schreibt und legt das Recht aus. Voltaire trauert und erhebt seine Stimme für das Recht. Und Rousseau begründet es."[1] Unbekümmert stellt Michelet die Tatsache hintan, daß sich Voltaire und Rousseau spinnefeind waren und auch ihre Grundsätze in entscheidenden Punkten voneinander abwichen. Auf philosophische Feinheiten legt Michelet gewöhnlich keinen großen Wert. Er wollte die Revolution mit Unterstützung der beiden Denker in „die hohe Region der Geister" erheben.[2] Eine unbestreitbare Gemeinsamkeit hatte für ihn entscheidende Bedeutung: die negative Haltung des einen wie des anderen gegenüber der Kirche und ihrer verdummenden und versklavenden Orthodoxie.

Warum aber sprach Michelet von Voltaire und Rousseau als von den „zwei Aposteln der Humanität"?[3] Bezeugte er etwa mit dieser suggestiven und unbescholtenen Metapher, wie nahe er der christlichen Tradition immer noch stand? Freilich kritisierte er Edgar Quinet (1803–1875), seinen Freund – Michelet wird sich mit ihm dieses Dissenses wegen überwerfen – und Kollegen als Revolutionshistoriker, der die bestürzende Behauptung aufgestellt hatte, zu Beginn sei die Französische Revolution eine Verwirklichung christlicher Prinzipien, eine Rückkehr zur Freiheit und Brüderlichkeit des Urchristentums, eine „Allianz" von Katholizismus und nationaler Revolution gewesen. Michelet konterte, indem er scheinbar eine Konzession machte, diese aber sofort wieder zurücknahm: „Die Revolution setzt das Christentum fort, und sie widerspricht ihm. Sie ist zugleich seine Erbin und seine Feindin. [...] Die Revolution gründet die Brüderlichkeit auf die Liebe des Menschen zum Menschen, auf die gegenseitige Pflicht, auf das Recht und die Gerechtigkeit."[4] Gott ist mit dem Recht vollkommen identisch geworden, restlos. Die Menschen- und Bürgerrechte haben den Dekalog abgelöst.

Die Revolution führt nicht, so Michelet, die alte Religion der „Gnade Gottes" zu ihren Ursprüngen zurück; sie führt eine universelle „neue Religion" her-

---

1 JM: HRf, Bd. I, Introduction, S. 56 f.

2 ebd., S. 61.

3 ebd., S. 60.

4 ebd., S. 25 f.

bei: „Ich definiere die Revolution als den Advent des Gesetzes, die Wiederauferstehung des Rechts, die Gegenwirkung der Gerechtigkeit."[1] Mit so – verräterischen? – Worten leitet Michelet seine Revolutionsgeschichte ein. Er vergleicht den Jeu de Paume, den ersten Sitz der Nationalversammlung, mit dem Stall zu Bethlehem. Und dennoch huldigt er nicht dem Christentum. Sogar bei Jesus von Nazareth bleibt Michelets Kritik schonungslos konsequent. Renans aufsehenerregendes Buch „Das Leben Jesu" von 1863 mache nur die Lügen vergessen, die in dessen Namen 1800 Jahre lang verbreitet worden seien. Schon Renans Schrift war damals ein Schlag ins dogmatisch verhärtete Gesicht der Kirche. Michelet mußte im Vergleich dazu des Teufels sein. Nicht einmal Rousseaus betont einfältig vorgetragenes „Christentum" – im Glaubensbekenntnis des „savoyischen Vikars" – mochte Michelet positiv beurteilen. An dieser Stelle verließ er sogar seinen Meister Rousseau. Michelet griff Nietzsches Verdikt, das Christentum sei eine „Sklavenmoral", für Niedrigkeit, Ressentiment, Haß und Nihilismus verantwortlich, um etliche Jahre vor, ebenso der Diagnose vom verschwundenen Gott. In seiner „Bibel der Menschheit", als Ersatz für das Alte und Neue Testament konzipiert, wertete Michelet den jüdisch-christlichen Gott entschieden ab und die (Halb-)Götter Griechenlands, Indiens und Ägyptens um so mehr auf. Seine vornehmsten Helden waren Herkules – der schon während der Revolution, beim „Fest der Einheit der Republik" (10. August 1793), zur Allegorie für das französische „Volk" geworden war – und Prometheus, der „Anti-Tyrann". Aufopfernd hätten sie den Menschen Emanzipation und Humanität geschenkt. Michelet sah sich in ihrer direkten Nachfolge.

7. Vom Geist der Revolution

Der Gegensatz von Christentum und Revolution durchzieht die ganze Revolutionsgeschichte Michelets. Daß die Konterrevolution keinerlei Chance hatte, über die „neue Religion" zu siegen, war für ihn ein klarer Fall. Aus Mangel an kraftvollen Prinzipien und innerer Geschlossenheit taumelte sie wie ein „betrunkener Mann". Nur mit Englands Hilfe habe die haßerfüllte Saat des verfassungsfeindlichen Klerus überhaupt aufgehen können. Und nur unter denen, die naiv genug waren, dem Priesterbetrug aufzusitzen: „Der einfältigen, leichtgläubigen Menge, der Frau, dem Bauer, hat der Priester das Opium des Mittelalters gegeben, das Unruhe und böse Träume in sich birgt."[2] Michelet fand die konterrevolutionären Bewegungen und Umtriebe „unglaublich" und „absurd". Seiner Überzeugung nach konnten sie nur Konsequenz eines fatalen Mißverständnis-

[1] ebd., S. 21.
[2] JM: HRf, Bd. I, S. 391.

ses sein. Selbständig urteilende Menschen hätten sich nie und nimmer von den Pfaffen hinters Licht führen lassen. Wie sehr ihm selbst jedes Verständnis für eine antirevolutionäre, weil dem traditionellen Weltbild verhaftete Gesinnung abging, blieb für Michelet bis zuletzt ein blinder Fleck seiner Wahrnehmung. Noch den Jakobinismus preßte er in sein dualistisches Schema: Robespierre war für ihn ein neuer „Papst", ja ein neuer „Messias", der Jakobinerklub ein verkappter „Klerus", eine Gruppierung fanatischer und demagogischer Mönche – tatsächlich taten sich im Klub einige ehemalige Mönche hervor –, die Frankreich ins Mittelalter zurückstoßen wollten – das hätten diese ganz gewiß nicht gewollt. Den Terror der Jakobiner verglich er mit den „Reinigungs"-Orgien der Heiligen Inquisition. In einer „Liga von Royalisten und Jakobinern" hätten die Extreme zusammengefunden. So sei es der Vergangenheit zeitweilig gelungen, die gegenwärtige Zukunft schwer zu bedrängen. Bizarr wurde Michelets Vorliebe für überspitzte Antithesen, wenn er die Rekruten des revolutionären Frankreich mit dem Leben und die Priester, Handlanger Roms und des feindlichen Auslands, mit dem Tod gleichsetzte. Überschwenglich verherrlichte er die „große Epoche", in der die kriegerischsten Männer nichts als „Männer des Friedens" gewesen seien.[1] Wie anders, wo doch die Revolution, die Retterin des Fortschritts, die Seelen zu den besten aller möglichen Taten anspornte. Michelet hatte keinen Grund, an seinen Aufteilungen in gute und böse Prinzipien, gute und böse Agenten der Geschichte zu zweifeln, so sehr fühlte er sich durchdrungen vom „allmächtigen Deuter" der Geschichte: vom „Geist der Revolution", über den er hymnische Zeilen zu Papier brachte: „Er ist der Wissende, die anderen waren unwissend. In ihm ist das Geheimnis aller Zeiten, die früher waren. Nur in ihm wurde sich Frankreich seiner selbst bewußt. Immer, wenn Schwäche uns befällt, wenn wir uns selbst zu vergessen scheinen, müssen wir uns in ihm suchen, in ihm uns wiederfinden. In ihm bewahrt sich für uns allzeit das tiefe Geheimnis des Lebens, der unverlöschliche Funke. – Die Revolution ist in uns, in unseren Herzen."[2]

Der manichäische und deshalb über alles moralisch richtende Dualismus bedingt Michelets theoretische Schwäche, aber auch eine gewisse Stärke, einen Scharfblick, sooft er mit der Revolution eine radikal neue Zeit heraufziehen sah, an der sich die Geister scheiden und in der sich eine neue von der althergebrachten Ordnung lossagt. Solange der Historiker das Detail nicht mißachtet, mag er es ruhig mißdeuten. Ist es so unwichtig, ob sich die Epochenschwelle, als welche die Französische Revolution doch wohl zu begreifen ist, im Nebel des Vieldeutigen, des Sowohl-als-auch und des Relativismus verliert oder nicht? Exaktere Forschungen „nach Michelet" mußten zu einer Auflösung der scharfen Gegensätze

---

[1] ebd., S. 75.

[2] In dieser Ausgabe: S. 51.

und zu einer Betonung der Kontinuitäten, verworrenen Ursache-Wirkungs-Ketten und inneren Paradoxien führen. Nunmehr besteht die Gefahr, daß man den Zeitraum von 1789–1794 (oder 1799) als zwar oberflächlich spektakulär, aber eigentlich gar nicht so erfinderisch – abgesehen von einer törichten Neuerungssucht – immer weiter herabstuft. Indem Michelet das geschichtlich Neue in den Blickpunkt rückte, einen „Nullpunkt" im historischen Koordinatensystem wählte, um von ihm aus sowohl die Vergangenheit als auch die Zukunft zu taxieren, stellte er seine Modernität unter Beweis. Er bahnte einem veränderten Geschichtsbewußtsein den Weg, nicht trotz, sondern infolge der Willkürlichkeit und Künstlichkeit seines Verfahrens.

Selektiv war die Geschichtsschreibung lange vor ihm. Doch noch nie war ihre Selektivität so strukturell-logisch und waren die Strukturmuster so durchgängig zu vervielfältigen – im ganzen Raum der Geschichte. Nach ausgedehnter Lektüre konnte Roland Barthes eine „regelrechte Algebra" überblicken: „Die Geschichtsschreibung Michelets ist [...] von einem Netz von Themen überzogen, die untereinander Beziehungen der Abhängigkeit und der Reduktion eingehen."[1] Eine luzide Betrachtungsweise.

8. Frankreichs wahrer und ewiger Name: Die Revolution

„Wenn ich anderen Historikern überlegen bin", behauptete Michelet, „so nur deshalb, weil ich Frankreich mehr geliebt habe."[2] Michelets Enthusiasmus für Frankreichs singuläre historische Leistung ist biographisch älteren Datums als die Arbeit an der Revolutionsgeschichte. Dennoch legitimiert sich sein patriotisches Pathos von 1789 her. Nicht weil Frankreich schon früh zum Nationalstaat gereift war, sondern weil es – man denke an die Deklaration der Menschen- und Bürgerrechte – den Prinzipien der „Humanität", also Freiheit und Gerechtigkeit, zum Triumph verhalf, hat die französische Nation für Michelet Anspruch auf den ersten Rang unter allen Nationen. Man könnte den nationalen Eifer Michelets mit dem Etikett des „humanistischen" Patriotismus versehen. Denn Frankreichs Selbstbewußtsein beruhe auf dem der Menschheit insgesamt. Zum ersten Mal in der Geschichte habe eine ganze Nation allen Widrigkeiten des Schicksals den Kampf angesagt und einen historischen Durchbruch sondergleichen erzielt. Daraus leitete Michelet auch die zukünftige Vorreiterrolle der Franzosen ab. Die Brüderlichkeit, die sie in den beiden ersten „glücklichen" Jahren der Revolution untereinander manifestiert hätten, werde sich, so Michelet, eines Tages auf die

---

1 Roland Barthes: a. a. O., S. 225.

2 Zit. nach G. P. Googh: Geschichte und Geschichtsschreiber im 19. Jahrhundert, Frankfurt (S. Fischer) 1964, S. 198.

ganze Menschheit erstrecken. In Erinnerung an die Fraternisierungsmahle der Pariser Volksgesellschaften während der Revolution und an die Reformbankette von 1847 träumte Michelet von einem „Bankett universeller Freundschaft", davon, daß sämtliche Nationen an einem denkbar langen Tisch Eintracht feiern werden.

Vorerst hieß es aber, die Möglichkeitsbedingung der Revolution retten, und das – wenn nötig – gegen den Rest der Welt. Warum nur, so fragte Michelet sich, werde diejenige Nation, die am wenigsten hasse, am meisten gehaßt? Er wußte nur einen allzumenschlichen Grund zu nennen: den Neid. Scheiterte wieder einmal die „Humanität", griff er zur Psychologie. Neid, Haß und Angst wurden dann zu geschichtlichen Großmächten. Im Winter 1870, als Frankreichs Second Empire von Preußen besiegt darnieder lag – er hatte beizeiten gewarnt –, verfaßte er, aus Paris nach Florenz geflüchtet, hastig eine patriotische Schrift mit dem Titel „France devant l'Europe" (Frankreich vor Europa). Darin appelliert er an die Welt, gemeinsam möge sie Frankreich vor der „barbarischen Invasion" aus dem Osten schützen: „Ich spreche hier viel mehr für die Welt als für Frankreich. Frankreich wird sich selbst retten. Wird sich die Welt aber retten, wenn sie unentschlossen und uneins ist?"[1] Ein Vierteljahrhundert zuvor hatte Michelet in „Le Peuple" klargestellt: „Für Europa, dies müßt Ihr wissen, wird Frankreich immer nur einen einzigen unsühnbaren Namen haben, der sein wahrer und einziger Name ist: die Revolution."[2] Dreimal – 1789, 1830 und 1848 – erfüllte Frankreich die Hoffnungen der Menschheit wie keine andere Nation.

Allerdings hatte solcher Nationalstolz auf der Basis einer „einzigen" Kategorie sein Pendant in einem bodenlosen Mißtrauen gegenüber den anderen europäischen Nationen, das fast einer Xenophobie gleichkam. Alles, was dem „Geist" von 1789 widerspreche, sei fremdländisch oder eine Kopie des (feindlichen) Auslands. Unablässig verspritzte Michelet Gift gegen die Engländer. Das britische Imperium verkörperte für ihn das Gegenprinzip zu Frankreich: materialistisch, mittelmäßig und rüde, ohne Esprit, ein Volk raubgieriger und finsterer Krieger- und Krämerseelen – Gestalten wie Macbeth und Richard III. Es gebreche dem Engländer an Menschlichkeit, Mitgefühl und Solidarität. England wäre längst untergegangen, hätte das „Böse im Innern" nicht expansiv nach außen wüten können, durch die Eroberung anderer Länder und Kontinente. Die Deutschen hingegen charakterisierte Michelet – als der Krieg von 1870/71 noch lange nicht in Sicht war – als verträumt vergangenheitsbezogen, versunken in „fatalistische" Gefühlsduselei und Todessehnsucht, wie Vater Rhein voller Mysterien und tiefer Geheimnisse. England war demnach ein „Empire", Deutschland „Land",

1 JM: La France devant l'Europe, Genf (Editions du Verbe) 1946, S. 24.

2 JM: Le Peuple, hg. v. Paul Viallaneix, Paris (Flammarion), 1974, S. 75.

bestehend aus mythenträchtigen Örtlichkeiten. Und Frankreich? „Frankreich ist eine Person."[1] Woraus sehr schnell folgen kann: „Ein Frankreich! Ein Glaube! Ein Eid!" oder „Ein Volk! Ein Vaterland! Ein Frankreich!"[2] Solche Dreifaltigkeiten, aus tausend Kehlen in die Welt hinaus gerufen, wirken auf andere nicht gerade einladend. Bedauerlicherweise zeigten die europäischen Mächte 1792 wenig Bereitschaft, die „neue Religion" mit offenen Armen bei sich zu Hause aufzunehmen. England, die stärkste Macht und Frankreichs quasi-„natürlicher" Feind, witterte laut Michelet seine Chance. Deshalb habe sich das im Grunde seines Herzens friedliebende Frankreich gezwungen gesehen, Europas Despoten den Krieg zu erklären, einem Europa, das den Engländern hörig war, unfähig, dem inhumanen System der „Gnade" abzuschwören und seine uralten Ketten zu zerbrechen. Man lese selbst nach, wie Michelets Manichäismus konsequent in die Rechtfertigung eines heiligen Krieges mündet. Das Gewesene erfordert eine plausible Interpretation, und die Fakten schmiegen sich dem künstlichen Dualismus an. Anders gesagt: Der Dualismus bahnt sich seinen Weg durch das Gestrüpp der historischen Fakten. Eine Allianz Frankreichs mit England blieb, trotz einiger Bemühungen – zu nennen wären die von Talleyrand –, unwahrscheinlich und kam auch nicht zustande. Im nachhinein kann sie von Michelet als „unmoralische" Alternative ausgeschieden werden.

In Frankreich sah er nicht einfach eine interessengeleitete Großmacht. Sie war für ihn eine „Person", geeignet, seinem Spiritualismus gerecht zu werden. Ihre Qualitäten: „solidité" (Festigkeit und Zuverlässigkeit), „générosité" (Großmut und Freigebigkeit), „désintéressement" (Gleichmut und Uneigennützigkeit) suchten ihresgleichen. Allen Nachbarn habe Frankreich voraus, seine regionalen Differenzen, sozusagen die Unbilden der Natur, im geistigen Zentrum ausgeglichen, „harmonisiert" und überwunden zu haben. „Die Stadt ist unser einziges Asyl", vermerkte Michelet bereits am 7. August 1831 in seinem Tagebuch.[3] Gemeint war selbstverständlich Paris, die Hauptstadt der Humanität. Kein Land hatte für die fällige Zentralisierung – und damit für die Humanisierung – der Menschheit so viel getan wie Frankreich. Manche der wiederholten Eigenmächtigkeiten der Pariser Commune in den Jahren 1792/93 konnte Michelet gutheißen, solange sie den national-revolutionären Interessen dienten. In jedem Fall ging es Michelet um Paris als dem magnetischen Kraftzentrum und nicht um eine vom übrigen Land losgelöste Kapitale. Nicht unter dem Regiment der Commune (in den Jahren 1792/93) habe Paris seine revolutionäre Blüte erlebt, sondern als Gastgeberin der landesweiten Föderationen im Juli 1790. Damals

1 JM: unveröffentlichte Notiz vom 30. Juli 1839.
2 JM: Le Peuple, S. 75.
3 JM: Journal, Bd. I, S. 83.

büßten Zeit und Raum, jene bislang allmächtigen Legislateure des Lebens, ihre Bedeutung ein – „die Zeit war untergegangen" –, und die Ferne brach über die Nähe, die Zukunft über die Gegenwart herein. Im Überschwang war Michelet unschlüssig, ob er vom Tod der Geschichte, die ihren glorreichen Endpunkt erreicht hat, oder von der Geburt eines neuen Menschen sprechen sollte. Es kam ja sowieso anders.

Gegen Ende seines Lebens träumte er von einem grenzüberschreitenden „europäischen Vaterland". Europa, geschichtlich jünger (!) als die anderen Erdteile, müsse zur Trägerin des Fortschritts werden, eines Fortschritts in Freiheit, wie sie alle Nationen Zug um Zug erarbeiten. Denn „jede Nationalität ist eine Akkumulation der Werke der Freiheit".[1]

9. Das Volk ist mehr wert als seine Führer

Kein anderes geschichtsphilosophisches Konzept Michelets wurde bis heute so ausführlich diskutiert wie das des „Volkes". Das Volk, „le peuple", figuriert in Michelets Werk, in seiner Geschichte Frankreichs und der Französischen Revolution, als das wesentliche, irreduzible, heroische und ruhmreichste Subjekt. Immer wieder hat Michelet bekräftigt, er stamme aus dem Volk und sei nach wie vor ein Mann des Volkes, das er im Herzen trage. Die halb legendäre Tatsache, aus dem Volk hervorgegangen zu sein und mit ihm sich abgemüht und gelitten zu haben, berechtigte ihn seinem Gefühl nach „mehr als jeden anderen [...] zu sagen, daß ich es kenne".[2] Und dieselbe Tatsache zwang ihn gewissermaßen, sich mit dem Volk und seinen Anliegen zu solidarisieren. Mit wem also? Als „Volk" umgreift Michelet die große, aber keinesfalls apersonale Masse der einfachen Leute. Von Luther entlehnte er den „Herrn Omnes", den „Monseigneur Tout-le-monde". Dessen allgemeine Plagen und Hoffnungen werden zum Angelpunkt der Geschichte. Einfachheit („simplicité") ist in Michelets Augen nicht etwa ein Mangel oder Makel, vielmehr eine zu bewahrende Qualität. Da der Bauer („paysan"), für den Michelet die allergrößten Sympathien hegte, die Erde bearbeite und so in unmittelbarem Kontakt mit den elementaren Lebensgrundlagen der Nation stehe, trage er einerseits noch das Geheimnis der kindlichen Unschuld in sich und verfüge andererseits über eine reiche Vitalität. Ähnliches gelte auch für den Handwerker („artisan"), mit dem sich Michelet gerne verglich: „Ich habe mit meinen Händen gearbeitet. [...] Ich kenne die Melancholien der Werkstatt."[3] Der Dritte Stand, der 1789 die Nation gebildet hat, die Unterprivilegierten, die

---

1 JM: unveröffentlichte Notiz vom 19. März 1846, zit. nach Paul Viallaneix: La Voie Royale. Essai sur l'idée de peuple dans l'œuvre de Michelet, Paris (Delagrave) 1959, S. 292.

2 JM: Le Peuple, S. 63.

3 ebd., S. 58.

Plebejer, ja die Elenden und „Geringsten“ stünden der Natur und der wahren Humanität näher als die materiell oder intellektuell Begüterten. Michelet dachte also weniger an die 1789 in Versailles zusammengekommenen Vertreter des Dritten Standes als an deren Mandatgeber.

Der Bauer sei ein „trésor caché“, ein verborgener Schatz; er hüte das „Depot des lebendigen Instinkts“, eines Instinkts, dessen Quellen um so mehr versiegt seien, je höher man die soziale Stufenleiter emporsteige. Oben angekommen, umwehe einen ein eisiger Wind. Unten aber herrsche Wärme, Solidarität, Besonnenheit und ein ausgeprägtes Moralempfinden. Man solle einen schlichten Mann hinsichtlich seines Urteilsvermögens nicht unterschätzen: „Merkt Euch seine Urteile gut; manchmal irrt er in den Dingen, meistens kennt er sie nicht. In den Menschen aber täuscht er sich sehr selten.“[1] Obwohl der „Volksglaube“ („croyance populaire“) Legenden bilde und tradiere, komme er der historischen Wahrheit sehr nahe, denn „die Legende ist eine andere Historie, eine Historie aus dem Herzen des Volkes und aus seiner Einbildungskraft“.[2] Es erscheint Michelet evident, daß der Akteur der Geschichte – das Volk sei dieser Akteur, niemand könne ihm das streitig machen – auch das richtige Urteil über sie fällt. Michelet, der annahm, daß das Volk nur für glaubhaft halte, was es mit eigenen Augen gesehen und erlebt habe, unterschätzte den Automatismus von Gerüchten. Man denke etwa an die „große Furcht“ im Sommer 1789. Und wenn Michelet seinem „historischen Katechismus des Volkes“ die Glaubensartikel entnahm, Voltaire und Rousseau hätten die Revolution herbeigeführt, Marat und Robespierre jedoch diese verdorben, so legte er dem Volk in den Mund, was er selber zu sagen beabsichtigte. Der Glaube an die natürliche Güte des Volkes und an seine unkomplizierte Weisheit geht auf Rousseau zurück, auf eine vereinfachte Lesart der Schriften Rousseaus. Dementsprechend ist der Mensch von Natur aus so lange gut, wie er der Dekadenz der Gesellschaft entgehen kann.

Gegenwartskritisch bedauerte Michelet, jedermann suche den sozialen Aufstieg, obwohl dieser doch den Menschen nicht besser mache. Ebenso beklagte er die elende Lage der arbeitenden Klasse, von der er sich auf Betreiben ehemaliger Saint-Simonisten in Lyon ein Bild gemacht hatte, das Bild einer „tristen Welt“. Am genuinen Arbeitswillen und Fleiß des Volkes zweifelte er niemals. Er selbst, ein Mann des Volkes, war ja ein unermüdlicher Arbeiter: „Nous sommes des travailleurs.“ – Wir sind Arbeiter. Das Volk begnüge sich eben damit, hart und ausdauernd zu arbeiten, ums tägliche Überleben zu kämpfen und von der Hoffnung auf eine bessere Zukunft zu zehren. Es verlange bloß einen gerechten Arbeitsertrag und könne daher unter keinen Umständen selbst zum Unterdrük-

1 JM: HRf, Bd. I., S. 283.

2 ebd., S. 282.

ker werden. Herkules, eine Gestalt volkstümlicher Legenden, eignete sich als Prototyp des nimmermüden Schaffers zum Wohle der andern. In der Arbeit, meinte Michelet, äußere sich die Wesensnatur des Menschen, und „der wahre Name des modernen Menschen [sei] der des Arbeiters".[1] Solche Idealisierungen des Arbeitsethos werden ein halbes Jahrhundert später dem Selbstverständnis der arbeitenden Klassen einverleibt sein und sich in einer klassenbewußten Ästhetik der Propaganda und Agitation – im Sinne einer „Zweiten Kultur" – ausprägen.

Durch Instinkt und Spontaneität, durch einen zur Aktion drängenden Instinkt, zeichnet sich Michelets „Volk" aus. Im Vorwort zu seiner Revolutionsgeschichte machte Michelet überdeutlich, welchen großen Anteil das Kollektiv und welchen verhältnismäßig geringen seine „Führer" an jenen „glücklichen Tagen der Geschichte" hatten: „Eine andere Tatsache, welche diese Darstellung in helles Licht rücken wird und die in jedem Betracht wahr ist, ist die, daß das Volk in der Hauptsache viel mehr wert war als seine Führer. Je weiter ich forschte, um so mehr fand ich, daß die Besten unten standen, in den dunkeln Tiefen. Ich bemerkte auch, daß jene glänzenden, mächtigen Redner, die dem Denken der Massen Ausdruck gaben, zu Unrecht als die einzigen Handelnden gelten. Sie haben den Ansporn viel häufiger empfangen, als sie ihn gaben. Der erste Spieler ist das Volk."[2]

In seiner Schlußbemerkung konnte Michelet zufrieden auf seine Arbeit zurückblicken. Er hatte die entschieden demokratische Intention verwirklicht, nicht so sehr einzelne, als vielmehr das Volk in seiner ganzen revolutionären Größe darzustellen: „Von der ersten bis zur letzten Seite hat es nur einen Helden gegeben: das Volk."[3] Schon in Michelets „Geschichte Frankreichs" mußte auffallen, daß in den ersten sechs Bänden nur eine individuelle Heldenfigur vorpreschte: Jeanne d'Arc. Zum Helden aufzusteigen bedeute auch, „einfach" zu werden, der Simplizität des Volkes zu entsprechen. Im Helden erscheine „das große Bild des Volkes, in einer reinen Form".[4] Fast schien es Michelet außerdem für notwendig zu erachten, daß der Held besiegt wurde und unterlag wie Jeanne d'Arc oder Karl der Kühne von Burgund. Konnte ein Held nur als Besiegter die Sympathie Michelets gewinnen, die stets den „Unteren", den Unterworfenen und Erbarmungswürdigen galt?

Sein Spiritualismus verwickelt Michelet jedoch öfters in eklatante Widersprüche. Theorie und Empirie klaffen dann weit auseinander. Erstere findet nur an einer potentiellen und nicht aktuellen Empirie Halt. Das „Volk" wird dann zur reinen Bedingung der Möglichkeit von Humanität. So schreibt er einmal,

---

1 JM: Le Peuple, S. 58.
2 In dieser Ausgabe: S. 58.
3 JM: HRf, Bd. II, S. 991.
4 JM: Histoire de France, Bd. I, S. 210.

das „Volk", wie er es auffasse, also in seiner nicht zu überschätzenden Bedeutung, finde sich nur selten im wirklichen Volk. Die „große Seele des Volkes" residiere „in Wahrheit und in ihrer höchsten Potenz"[1] einzig und allein im „Genie", das den Instinkt mit der Reflexion verbinde. Da zeigt sich aufs neue das harmonistische, ausbalancierende Ideal Michelets. Aber auch die Fehleinschätzung seiner eigenen sozialen Rolle.

Vor jedem Ausbalancieren schätzt der moralische Dualismus die historischen Sachverhalte oft genug falsch ein. Wenn das Volk von Grund auf gut ist, dann müssen auch seine geschichtsmächtigen Aktionen moralisch einwandfrei und über jeden Zweifel erhaben sein. Als am 14. Juli 1789 die Bastille belagert wurde, schwang sich das Volk zum Retter der bedrohten Revolution auf. An den berüchtigten Septembermassakern 1792 hingegen sei das Volk nicht beteiligt gewesen. Sie habe „eine unendlich kleine Zahl Männer"[2] begangen und zu verantworten – wie stets in Episoden und Phasen der Gewalttätigkeit. Auf Biegen und Brechen muß die Revolution ihren friedlichen Charakter bewahren. Was ideologisch nicht sein darf, das kann nicht sein. Immerhin räumt Michelet wenigstens einen Bereich ein, in dem sich die Spontaneität der Masse fatal auswirken kann: den Bereich der Rechtsprechung.

Harmonistisch und analytisch unbefriedigend, wenngleich nicht undifferenziert ist Michelets Tableau der gesellschaftlichen Klassen. Die bürgerliche Klasse ökonomisch zu definieren und präzise abzugrenzen, hielt er für unmöglich. Die sozialistische Formel, die „Bourgeoisie" der Masse des Volkes gegenüberzustellen, lehnte er ganz entschieden ab. Auf diese Weise schließe man einen gewichtigen Teil der Gesellschaft aus dem „Volk" aus, dessen nationale Einheit Michelet um jeden Preis verteidigen wollte. Nach wie vor orientierte er sich an der illusionären 98-Prozent-Mehrheit des Dritten Standes von 1789. Man sollte besser, so Michelet, von einer „Quasi-Totalität" als von einer schlichten numerischen Mehrheit sprechen. Das Recht auf Eigentum zählte Michelet, im Gegensatz zu Proudhon, für den Eigentum bekanntlich nichts als Diebstahl war, zu den unveräußerlichen Freiheitsrechten eines jeden. Wo käme man hin, wenn man 25 Millionen Franzosen zu Dieben erklärte?

Die Gerechtigkeit des Herzens war Michelet wohl mehr wert als die Gerechtigkeit des Gesetzes. Ein anderer Gegensatz als der von Eigentum und Besitzlosigkeit – Marxens Analyse des Eigentums an den Produktionsmitteln war noch unbekannt – machte Michelet mehr zu schaffen: der, wie er meinte, „absurde Klassen"-Gegensatz von „Instinkt" und „Reflexion", zwischen naiv-spontanen und gebildeten Menschen. Diese Gegenüberstellung verrät mehr von Michelets

[1] JM: Le Peuple, S. 186.

[2] In dieser Ausgabe: S. 58.

Selbstbild – man erinnere sich an seine Charakterisierung des „Genies" – und von seinem vergeblichen Bemühen, sich dem Volk begreiflich zu machen, als von realen Klassenkonflikten. Die persönliche Tragik Michelets lag darin, sein „Volk" nicht zu der ihm gebührenden revolutionären Aktion bewegen zu können. Schließlich konnte nur noch das Phantasma der „Liebe" die Feindschaft zwischen den Klassen überwinden und eine humane „Vereinigung der Seelen" herbeiführen. Mit gutem Grund spottet Roland Barthes über Michelets „kleinbürgerliche Ideologie" und seinen „fromme(n) Wunsch einer innigen Verbindung zwischen Kapital und Arbeit".[1] Trotzdem ist der Vorwurf an Michelet, „kleinbürgerliche" Illusionen gehegt zu haben, leicht selbstgerecht, da er ein Jahrhundert nach Marx erfolgt. Heute hat man gut reden. Für Michelet noch gingen Einheit und Versöhnung der Nation vor Antagonismus und Konflikt der Klassen. Eine solche integrative Ideologie war durchaus zeitgemäß. Bemerkenswert ist dabei, daß im Unterschied zu den organizistischen und politisch nach „rechts" tendierenden Integrationsideologien in Deutschland bei Michelet und anderen Franzosen sich ein eher „links"-republikanisches Einheitskonzept herausbilden konnte. Sicherlich liegt diese Divergenz in der revolutionären Tradition des „modernen" Frankreich begründet. Gerade die Verbindung von Geschichts- und Naturphilosophie à la Michelet läßt den Unterschied zum „organischen" und ständisch-hierarchischen Gesellschaftschaftsmodell der deutschen Zeitgenossen deutlich werden. Auf den entfremdenden Charakter der Industrialisierung, die Menschen zum Anhängsel von Maschinen denaturiere, hat Michelet aufmerksam gemacht. Die ökonomische Eigenlogik der Kapitalverwertung blieb ihm wie den meisten verborgen.

10. Danton und die Brüderlichkeit

„Es gibt, wenn man so will", faßt Roland Barthes unter der Überschrift „Theophanie der Revolution" zusammen, „zwei Revolutionen: eine [ewige] Revolution als Prinzip und eine inkarnierte Revolution [die von 1789]. Daher ist es paradoxerweise die geschichtliche Revolution, die rückwirkend ihren unendlichen Prolog enthüllt: sie ist das souveräne Drama, das die ganze frühere Geschichte erklärt. [...] Im Idealfall hat die Revolution, da sie eine Wesenheit ist, ihren Platz überall, sie ist im Verlauf der Jahrhunderte an jedem beliebigen Punkt logisch und notwendig."[2] Michelet wollte zu verstehen geben, „daß die Revolution eine Totalität war, die jede Minute der Geschichte nährte, und daß man sie folglich an jeden beliebigen Zeitpunkt verlegen konnte, ohne deswegen die tiefe Ordnung

1 Roland Barthes, a. a. O., S. 36.

2 ebd., S. 85.

der Ereignisse zu stören".[1] Mit strukturalistisch sezierendem Blick hat Barthes durchschaut, daß die Revolution bei Michelet keine historische Ereigniskette, keine chronologisch begrenzte Phase und sogar mehr als eine zyklisch wiederkehrende (vgl. Vico) Konjunktur der Geschichte bedeutet. Sie soll vielmehr auf eine immerwährende Grundtendenz der Geschichte und Grundkategorie des Historikers abzielen. Nach Michelet kann sie genausowenig von der Bühne, auf der sich das Drama der Geschichte abspielt, verschwinden wie das Volk oder die „Seelen"-Natur des Menschen. Solange es Menschen gibt, solange verbinden sie ihre Hoffnungen mit der Revolution, in der sich jene Hoffnungen in Szene setzen.

Aus diesem Grund folgerte Michelet aus dem Scheitern der Revolution von 1789 keine endgültige Tragik, an der man verzweifeln müßte. Napoléon habe die Revolution weder beendet – wie er selbst behauptet hatte – noch zerstört. Er habe sie nur aus seinem Reich verbannt. Während seiner Herrschaft verfiel Frankreich in einen vergleichsweise mittelalterlichen Dämmerzustand, in eine sterbenslangweilige Monotonie. Es sei zu einem Stillstand der Zeit gekommen. Mit der Statik des Ersten Kaiserreichs kontrastiert die überhastete und schlingernde Dynamik der Jahre 1792–1794. Unter den Schlägen der Anarchie und des Terrors sei die Harmonie und Eintracht der beiden ersten Revolutionsjahre auseinandergebrochen. Ihren glorreichen Höhepunkt habe die Revolution während des Föderationsfestes am 14. Juli 1790 erklommen: die nationale Einheit in der regionalen Vielfalt. Zumindest bis dahin sei sie beseelt gewesen von der „lebendigen Sympathie" des Volkes, vom heiligen Ideal der Brüderlichkeit. Doch gerade diese unendliche Sympathie wurde der Revolution zum Verhängnis: „Das war ihr ruhmvoller Irrtum, ihre rührende, erhabene Schwäche: die Revolution, man muß es gestehen, begann damit, alles zu lieben. Sie liebte sogar ihren Feind, England."[2] Und sie liebte ihre näheren Feinde und wollte sie retten: das Königtum, die Kirche. Man könne aber nicht zugleich bewahren und zerstören wollen. Man könne nicht mit allen Feinden in Frieden leben. Allgemeine Sympathie münde in die Inkonsequenz. Ihre – im besten Sinne – kindliche Friedfertigkeit, glaubt Michelet, habe die Revolution in eine Lage gebracht, in der sie in horrender Manier zum Erwachsenwerden gezwungen wurde. Generäle wie der 25jährige Louis-Lazare Hoche waren Vertreter einer zukunftstrunkenen Jugend, der das Handwerk von Erwachsenen aufgebürdet wurde. Um zu siegen, mußten sie ihre Jugend opfern. Das trinitarische Ideal der Revolution: „Freiheit, Gleichheit, Brüderlichkeit" betrachtete Michelet mit schielendem Blick. „Freiheit ist Freiheit", schreibt er[3], und das ist nicht tautologisch, sondern absolut gedacht. Man könne nicht die

[1] ebd., S. 86.
[2] In der vorliegenden Ausgabe: S. 57.
[3] ebd., S. 53.

eine Freiheit beliebig gegen eine andere tauschen. Ohne Freiheit wäre keine echte Brüderlichkeit möglich. 1789 habe das „Volk" für Freiheit gekämpft. Für kein anderes Ideal sei sie angetreten, schon gar nicht für eine wirklichkeitsfremde und außerdem unerwünschte „Gleichheit". Eine nicht unverdächtige Verkürzung.

Ein Teil der zeitgenössischen und noch weit aufgebrachter die nachfolgenden Historiker haben Michelet seine unverhohlenen Sympathien oder Antipathien für die hervorragenden „Führer" der Revolution übel genommen, obwohl sein Urteil Nuancen nicht vermissen läßt. Unbestreitbar tendiert es eindeutig in die eine oder andere Richtung: Mirabeau war für Michelet ein Gigant, bar jeder Mittelmäßigkeit, doch innerlich zerrissen, da er sowohl die Monarchie als auch die Freiheit zu retten trachtete, er war der hoffnungslos geniale Vermittler der alten mit der neuen Zeit; Danton verkörperte die letzte Chance für Einheit und Brüderlichkeit, er vereinte den Instinkt und die Spontaneität des Volkes mit dem Wissen um alles Menschliche und alles revolutionär Erforderliche, er brachte als letzter Wort und Tat zur Deckung, er trug in seiner Seele die ganze Weisheit der Geschichte aus, mit ihm wurde „Frankreich geköpft"; schließlich Robespierre: ein kaltblütig-abstrakter Theoretiker, Purist und Oberpriester, ohne Zweifel eine „große moralische Autorität"[1], doch jedes Verständnisses für die Emotionen des Volkes ledig, langweilig und fanatisch, leblos und ohne Herz, eine extrem tragikkomische Figur, wie man sie nicht einmal in Shakespeares Dramen vorfinde. Die mehrheitlich linken Revolutionshistoriker des 20. Jahrhunderts konnten Michelet nicht verzeihen, wie unsympathisch er Robespierre im Kontrast zu einem Opportunisten wie Danton gezeichnet hat. Sie machten es sich aber zu einfach, sofern sie Michelet in die rechte Ecke stellten. Denn er fügte sich nicht dem Links-Rechts-Schema, wo immer es um die revolutionären Interessen Frankreichs und des hungernden Volkes, um Humanität und die notwendige Effizienz ging. Er rühmte den ultralinken Chalier nicht weniger als den materiell korrupten, aber für die revolutionäre Sache entflammten Fabre d'Eglantine. Weil sie dem Volk nahe gewesen seien, schätzte er im Unterschied zu den Jakobinern die Cordeliers, so heterogen sie auch zusammengesetzt waren. Michelet konnte die Rechtschaffenheit, Intelligenz und den revolutionären Elan der Girondisten respektieren und dennoch ihren Föderalismus und ihre objektive Unfähigkeit mißbilligen. Er konnte sich der Montagne und ihrer genialen Schöpfung, dem „Wohlfahrtsausschuß" verbunden fühlen, insoweit dessen Rigorismus Frankreich in schwersten Zeiten gerettet hat, und dennoch die „priesterliche" Selbstherrlichkeit der Jakobiner brandmarken, die Verrat an der Revolution bedeutet habe. Sein Loblied auf Danton, mit dem er mitgefühlt und mitgelitten hat, ist ein Hymnus auf das – chimärische – Idealbild des ganzen Menschen, der Überzeugung und Gefühl, Wort

---

[1] JM: HRf, Bd. I, S. 1177.

und Tat, Ideale und Leidenschaften in sich vereint und – wie auch immer – zum Tragen bringt. Michelet machte vor Dantons Schwächen nicht halt, und er unterschlug auch nicht Robespierres Vorzüge, obgleich die Revolution diesem Manne nichts Bleibendes zu verdanken habe. Dessen Ende schildert er voller Mitgefühl – „Robespierre hatte alle Bitternis der Welt getrunken" – und voller Abscheu jenen gegenüber, die sich am Schauspiel seines Todes ergötzten.

So harmonistisch, unanalytisch und pathetisch Michelets „Humanitäts"-Vorstellung auch gewesen sein mag, eines war sie nicht: geheuchelt im Dienste einer vermeintlich reinen Wissenschaft. Seine Art der Parteilichkeit paßt nicht so recht in unser auf andere Art parteiliches Jahrhundert. Muß dies gegen sie sprechen?

11. Der Erziehung des Volkes verpflichtet

Die Tat („l'action") sei die einzige Trostspenderin, befand Michelet im Jahre 1842. Er selbst gab sich damit zufrieden, zu schreiben und zu lehren. Abgeordneter zu werden, was ihm angetragen wurde, lehnte er nach der Februar-Revolution 1848 ab. Seinen Vorlesungen traute er indes allerhand zu. Zwischen seinen Worten und der revolutionären Tat, die sie bewirken sollten, machte er nur eine kurze Wegstrecke aus. War sein unerreichbares Vorbild Danton, die beherrschende Stimme Frankreichs in den Krisenmonaten August und September 1792, eine Stimme, die ganz Frankreich aus dem „Herzen" gesprochen hatte? „Wort und Tat, das ist alles eins", behauptete der Gelehrte in bezug auf Danton – und: „Er sprach, und es wurde die Welt"[1], ein schier göttlicher Schaffensakt. Wort und Tat, die Rede und das historische Ereignis greifen bei Michelet wie Zahnräder ineinander, sie sind Teil ein und desselben Wirkungszusammenhangs. Sogar das Denken könne als Form der Aktion aufgefaßt werden, sobald man es weitergebe.

Man müsse den Menschen Geschichtsbewußtsein einpflanzen, um sie auf historische Aktionen vorzubereiten. Denn: „Wie kann einer handeln, wenn er nicht weiß, wer er ist und wer er *war*?"[2] Denen, die ihn befragten, warum er keine (Historiker)Schule begründet habe, erklärte er, es sei wichtiger, das Wachstum der „Seelen"-Kräfte zu fördern als seinen bornierten wissenschaftlichen Interessen quasi-institutionell dienstbar zu sein. Michelet äußerte sich zu den verschiedensten Fragen seiner Zeit. Bis zu seinem Tod war er davon überzeugt, zu den unnachgiebigsten und durchdringendsten Mahnern Frankreichs zu zählen. Manchmal fühlte er sich wie ein einsamer Prediger in der Wüste. Sein Tagebuch verzeichnet am 29. Januar 1871 die Eintragung: „Ich allein sprach, wenn kein anderer den Mund aufmachte, mit Ausnahme der sehr verwirrenden Zeitungen;

[1] In dieser Ausgabe: S. 869.
[2] JM: unveröffentlichte Privatkorrespondenz, Brief vom 29. April 1850 an Charles Michelet.

ich war die einzige Stimme der Epoche."[1] Aus solchen Sätzen sprach vor allem eine tragisch realitätsferne Selbstüberschätzung. Immerhin fühlte sich der einflußreiche Literaturkritiker Sainte-Beuve bemüßigt, vor Michelets einnehmendem Pathos zu warnen, weil dieser „sich hier bereits *aller* Zeitungen bemächtigt" hätte.[2] Am meisten machte Michelet die Kluft zwischen den Gebildeten und den Ungelehrten, zwischen dem Schriftsteller und dem Volk zu schaffen. Seine bevorzugte Zielscheibe in den vierziger Jahren gaben die 1833 nach Paris zurückgekehrten Jesuiten ab, die binnen kurzem zahlreich in Bildungsinstitutionen eingedrungen waren. Michelet betrachtete es als wichtige Aufgabe der progressiven Gelehrten, mit den „konspirativen" Jesuiten um die Seele des Volkes, zuvorderst um die der leichtgläubigen Frauen zu ringen. Sein Mitstreiter Quinet, der Verteidiger eines unverfälschten Christentums, schrieb seinerseits: „Der Jesuitismus muß den Geist Frankreichs zerstören oder Frankreich muß den Geist des Jesuitismus zerstören."[3] Unbedingt notwendig kam Michelet ein umfassendes Erziehungsprogramm vor, das den geistigen Einfluß der römischen Kirche, der aus England importierten bourgeoisen Mentalität und des Bonapartismus eindämmen könnte. Anzustreben sei ein „emotionaler Nationalismus". Nur ein über seine Geschichte und nationale Identität – im Sinne Michelets – aufgeklärtes französisches Volk werde seiner weltweiten Mission gerecht. Nach den schrecklich desillusionierenden Juni-Massakern im Jahre 1848 findet sich in Michelets Tagebuch am 27. Juni eine einzige Eintragung: „Die Dringlichkeit einer Erziehung des Volkes empfunden."[4] Einen Tag später konnte Michelet, ebenfalls in seinem Tagebuch, nicht den selbstverpflichtenden Ausruf unterdrükken: „Erziehung! Erziehung!"[5] Wohl um der Volkspädagogik willen schrieb er im Alter populäre Traktate über die „Liebe" – ein Bestseller: innerhalb von zwei Monaten wurden 30 000 Exemplare verkauft – und über die „Frau".

Gegen Ende seines Lebens überwog in historischer Hinsicht ein aus dem Leiden an der Gegenwart hervorgegangener Pessimismus, zumal was die Zukunft der „Moderne" betraf. Die drei 1872–1874 publizierten Bände der „Geschichte des 19. Jahrhunderts", die lediglich die Zeitspanne von 1793 bis 1815 umfassen, zeichnen nicht allein ein abscheuliches Bild von Napoléon I., einem Blender des Volkes und Zerstörer der Nation. Sie legen zudem Zeugnis ab von der beginnenden moralischen Fäulnis Frankreichs und damit des Westens an der Schwelle zum 19. Jahrhundert. Der Leser muß den Eindruck gewinnen, die „Humanität" sei rettungslos verloren. Den technologischen Umwälzungen stand Miche-

[1] JM: Journal, Bd. IV (1868–1874), hg. v. Claude Digeon, Paris (Gallimard) 1976, S. 268.
[2] Zit. nach Roland Barthes, a. a. O., S. 235.
[3] Edgar Quinet: Des Jésuites, Paris (Pauvert) 1966, S. 187.
[4] Journal, Bd. I, S. 693.
[5] ebd.

let geschichtsphilosophisch wie ethisch nun eher mit Skepsis gegenüber, da die Technik hauptsächlich der kriegerischen Barbarei nütze. An einen Fortschritt in der Moderne wollte er ebenso wenig glauben wie an das Ende aller Hoffnungen. Lineare Fortschrittskonzeptionen hatte er im Geiste Vicos von jeher abgelehnt, wiewohl er früher die Möglichkeit sich erweiternder Kreise innerhalb des historischen Kreislaufs in Betracht gezogen hatte. Im übrigen werde die Geschichte um so unflexibler, je geradliniger sie voranschreite. Michelet beherzigte diesen Grundsatz in seiner eigenen nicht-linearen Methode.

Wenn sie auch weiterhin nicht linear verlaufe, so sei der Geschichte doch innerhalb eines Menschenalters ein ganz anderer Rhythmus aufgezwungen worden. Michelet: „Eine der schwerwiegendsten und am wenigsten beachteten Tatsachen heute ist, daß die Gangart der Zeit sich ganz und gar verändert hat. Sie hat sich in einer erstaunlichen Weise beschleunigt."[1] Erschwerend kam für Michelet die Hyper-Nervosität der modernen Zeit hinzu, ihr Griff nach Suchtmitteln, Überreizungen und extremen Übertreibungen. „Sozialismus, Militarismus und Industrialismus"[2], die drei stärksten neuen Bedrohungen seitens einer „höchst materiellen Geschichte" für die Humanität, ließen ihn von der Zukunft wenig Gutes erwarten. Am Horizont dämmerte eine barbarische und seelenlose Massengesellschaft herauf.

12. Die Frau als sanfte Mittlerin

Die eheliche Allianz mit Athénaïs Mialaret im Jahr 1849 wirkte sich nicht nur enorm auf Michelets zukünftiges Leben und Lebensgefühl aus. Sie schlug sich auch in seinen späteren Schriften nieder. Zwischen 1853 und 1867 entstanden zahlreiche Werke, die man aus der Feder eines so passionierten Historikers nicht erwartet hätte. Neben der Geschichte Frankreichs und der Französischen Revolution machten sich nunmehr zwei weite Themenfelder breit: die Frau und die Natur, die Michelet ineinander reflektierte, da er „die" Natur „als Frau" betrachtete.

Von Athénaïs angeregt, begann er, sich voller Hingabe der Fülle der Naturerscheinungen anzunehmen, auf Spaziergängen und Reisen, unterstützt von Enzyklopädien und teils populären, teils wissenschaftlichen Forschungsberichten. Zwischen subjektivem Naturerleben und den vielfachen Entdeckungen seiner Zeit zu trennen, sah er keinen Grund. Auch wenn er, darin ein geübter Leibnizianer, jedes Teilsegment der Natur wie einen Mikrokosmos studierte, ließ er nie die globalen naturhistorischen, geographischen und zivilisatorischen Bezüge außer acht.

---

1 JM: Histoire du XIXe siècle, Bd. I, Vorwort, Paris (Lévy) 1872, S. IX f.

2 ebd.

Er schrieb über die Vögel (1856), die Insekten (1857), das Meer (1861) und das Gebirge (1868) mit der gleichen Inbrunst wie vormals über die Regionen, Rassen und ortsansässigen Mentalitäten der Franzosen. Und er bevorzugte es, abwechselnd, oft am selben Tag, über die Geschichte und über die Natur zu arbeiten. Dennoch boten die neuen Interessengebiete nicht zuletzt ein geistiges Asyl – auf der Flucht vor dem unerträglichen politischen Ambiente seiner Gegenwart.

Vor 1848 hatte Michelet die Natur als die bedrohliche Gegenspielerin der Geschichte dargestellt, aus deren Fängen sich die Menschheit emanzipieren müsse. Mittlerweile wurde sie zu einem ruhenden Pol. Ihre Einheit und Ewigkeit konnte dem Menschen Trost bieten, ihre – von Michelet idealisierte – Harmonie dem Menschen zum Musterbild dienen. Eine „sanfte Mittlerin" zwischen Mann und Natur sei die Frau. Michelets Frauenimago, ebenfalls eine ideale Erscheinung, war jenseits der Geschichte beheimatet. In der Frau, gleichsam dem vollkommen „Anderen" der Geschichte und der patriarchalischen Gesellschaft, offenbarte sich für Michelet eine ausgeglichen-archaische Verbundenheit mit der Natur, wie sie dem Manne fremd geworden war. Der weibliche Leib, eingebunden in die ewigen Zyklen der Natur – Michelet zeigte eine geradezu obsessive Neugierde, was die menstruellen Intimitäten seiner Frau anging, und hielt seine Beobachtungen im Tagebuch fest –, wurde ihm zum Behältnis für eine umfassende Andersartigkeit: „Sie tut nichts wie wir. Sie denkt, spricht und handelt anders. Ihre Neigungen unterscheiden sich von unseren Neigungen. Ihr Blut fließt nicht wie das unsere. [...] Die Frau hat eine eigene Sprache."[1] Interessanterweise vermittelt bei Michelet das Blut zwischen Natur und Mensch, zwischen Erde und individuiertem Organismus. Immer wieder kam Michelet auf diesen ganz besonderen Saft und seine Mischungsverhältnisse zurück, wie die Körpersäfte überhaupt sein Interesse fesselten, bis hin zur Charakter-Destillation von historischen Gestalten. Das Blut ist ja dem Herzen und dieses der „Seele" affin und symbolisch nahe. Der Frau erkannte Michelet mehr Herz und Gefühl zu als dem verstandesgeleiteten Mann. Deshalb verklärte er jene auch zur historischen Hoffnungsträgerin. Sie sollte nicht nur Mittlerin zwischen übergroßen Gegensätzen sein, was der gnostischen Weltsicht Michelets entsprach. Sie sollte den Männern und allen Menschen Retterin sein. Zwar stehe die Frau außerhalb der Geschichte, doch das hindere sie nicht, auf die Zukunft einzuwirken. Denn als Mittlerin besitzt sie den universellen Schlüssel, mit dem sie die in sich geschlossenen Epochen zu „öffnen" vermag."[2] So vollstreckt sich eine seltsame und schwer nachvollziehbare Dialektik von Natur und Geschichte. Michelet suchte Zuflucht in ungeschichtlichen Utopien, in idealen Gesellschaften, die –

---

1 JM: L'Amour, Paris (Hachette) 1858, S. 50.

2 vgl. Roland Barthes, a. a. O., S. 175.

konsequent zu Ende gedacht – nur matriarchalisch beschaffen sein konnten. *Eine* „matriarchalische" Sozietät faszinierte ihn übrigens ungemein: der Insektenstaat.

Vorerst aber, vor dem Hintergrund der herrschenden patriarchalischen Ordnung, trat Michelet für eine konservative Lösung der Geschlechterfrage ein, wie sie, was viele nicht wissen, von Rousseau bekräftigt worden war: Das Weib sei dem Manne untertan oder besser – weil es nicht so drastisch anmutet – zugetan. Am konservativen Leitbild einer harmonischen Familie als der Keimzelle der Gesellschaft, einer treu ergebenen Ehefrau und eines glücklichen Hausstandes, um den sich die Frau zu kümmern hat, wollte Michelet keinesfalls rütteln. Ehe und Familie waren seines Erachtens unabdingbar, damit die Natur „humanisiert" werde. Eine unverheiratete Frau schien Michelet eine Contradictio in adjecto zu sein. Die Frau, aus deren Naturverbundenheit laut Michelet doch die einzige Hoffnung für den Mann erwächst, müsse unter Anleitung ihres verantwortungsbewußten Gatten erst einmal erzogen werden. Ein Tauschgeschäft: die Erziehung des weiblichen Geschlechts gegen das Unterpfand der „Liebe". Das Ergebnis: Frauen wie Madame Roland (1754–93), die Gemahlin des girondistischen Innenministers, die der Historiker Michelet seiner Athénaïs anähnelte. Diese beschied ihm eines Tages: „Du bist verliebt in die Liebe." Besser ist ein Narzißt nicht zu entlarven.

13. Die Moralisierung der Natur

Michelets Beschäftigung mit der Natur kreiste um die Frage, welche vitalen Kräfte auf dem ganzen Erdball ineinandergreifen, ob sie einem einheitlichen Zweck gehorchen und, wenn ja, welchem. Er fand eine staunenswerte Vielfalt erfindungsreicher, milieuangepaßter und sich schützen wollender Wesen vor. Sein anthropomorpher Blick unterschied Harmlose und Friedfertige (Algen und Wale), Liebende (Rädertierchen und Heringe), Traurige (die Natter, wenn sie sich häutet), Tyrannen (die Krebse) und andere mehr. Der Hai gar, der „schreckliche Zerstörer", der die bedrohliche Fruchtbarkeit des Meeres gefräßig verschlingt, „ein hilfreiches und fürchterliches Monster", ist selbst ein dürftiger Zeuger; „Lebendgebärend erschafft er in seinem Schoß seinen Feudalerben, den jungen Hai, der fürchterlich mit all seinen Waffen gerüstet ins Leben tritt."[1] Der Begutachter der Natur(geschichte) kann nicht verbergen, daß er von der Geschichte herkommt. Wo andere Kausalitäten postulieren, geht er einem verästelten Wachstum nach. Das organische Leben, so Michelet, könne man nicht erklären, es sei ein „Mysterium". So wenig wie in der Geschichte lasse sich in

[1] JM: Das Meer, Frankfurt (Campus) 1987, S. 88.

der Natur ein linearer Fortschritt behaupten. Andererseits konnte Michelet auch nicht die blinde Logik darwinistischer Selektion billigen.

Die Geschichte mußte für ihn jetzt – in krassem Unterschied zu seinen früheren Überzeugungen – an die umfassendere Einheit der Natur angeschlossen werden. Geist war Natur wie Natur Geist: zwei künstlich-abstraktiv getrennte Seiten desselben. In der 1869 verfaßten Vorrede zur „Geschichte Frankreichs" steht geschrieben: „Natur und Geist, zwei Interpretationen der großen allgemeinen Bewegung."[1] In der Natur ruhe bereits der Keim für die Humanität, eine Latenz, die den Menschen verpflichtet. Ohne die Existenz des Menschen wäre die „ewige Geschichte" der Natur sinn- und zwecklos. Der Mensch gewähre der Natur eine Selbstüberschreitung, eine Zukunft, die sie ohne ihn nicht haben könnte. „Die Freiheit ist nicht nur das Leben des Menschen, sie ist diejenige der Natur", betont Michelet im Vorwort zur Revolutionsgeschichte.[2] Es müsse der Endzweck der menschlichen Gesellschaft sein, die natürliche und die bürgerliche Ordnung miteinander zu versöhnen.

Daß die „Sympathie für die Natur" ein sehr modernes Gefühl ist, war Michelet bewußt. Gleichwohl baute er darauf, dieses Gefühl werde den destruktiven Materialismus, ebenso eine moderne Tendenz, überwinden können. Sein Gefühlsappell war ein Appell gegen die Herrschaft der Maschinerie, des „Seelenlosen". Unteilbar und daher unsterblich, wog die Seele für ihn schwerer als alle Imperien und alle zivilisatorisch verschuldeten Egoismen. England mit seiner laut Michelet unmenschlichen Expansion, unmenschlich, weil auf nichts anderem als auf der hemmungslosen Industrialisierung fußend, erschien ihm als abschreckendes Exempel. Zwischen erster und zweiter, zwischen ursprünglicher und gesellschaftlich überformter Natur konnte und wollte Michelet keine Unterscheidung treffen, weder analytisch noch moralisch. Im Winter 1853/54 dehnte er die Menschenrechte auf alles Lebende aus: „So erschien mir nun die ganze Naturgeschichte wie ein Zweig der Politik. Alle lebenden Arten kamen mit ihrem bescheidenen Recht an und klopften an die Pforte, um sich Zugang zu verschaffen zum Innersten der Demokratie."[3] Mit solchen metaphorisch eingekleideten Förderungen, die zu seiner Zeit einen fremden Akzent trugen, nahm Michelet heutige Perspektiven vorweg, die einige ökologistisch orientierte Naturphilosophen – K. M. Meyer-Abich etwa denkt analogisch an eine „Rechtsgemeinschaft der Natur" – und namhafte Humanwissenschaftler wie Claude Lévi-Strauss artikulieren. Ganz offensichtlich war Michelet seiner Zeit weit voraus, was immer man auch von derartigen Forderungen halten mag, die vieles mit

---

1 JM: Histoire de France, Bd. I, Vorwort von 1869, Paris (Lacroix) 1871–74, S. X.

2 JM: HRf, Bd. I, Introduction, S. 49.

3 JM: L'Oiseau, Paris (Hachette) 1882, S. 49.

vielem verwechseln und schon deshalb wolkig bleiben. Zwar taten nicht wenige Zeitgenossen Michelets ihre „Sympathie für die Natur" kund – seit Rousseau war sie ja so populär wie theoretisch relevant –, doch Michelets Spiritualismus ging über dieses behagliche Affiziertsein hinaus. Er stattete alle vitalen Kräfte mit einem gleichsam personalen Sein aus, unbeschadet dessen, daß die Natur, die Erde und das Meer, dem Wohlergehen der Menschheit dienlich sein sollten. Mit der Vermenschlichung der Naturwesen geht ein Einspruchsrecht derselben notwendig einher. Die ewige Neuschöpfung in der Natur, ihre unbezwingbare Fruchtbarkeit ließ ihn nicht daran zweifeln, daß der friedfertige Charakter der belebten Welt Vorrang vor den gewaltsamen und katastrophalen Umwälzungen habe. Michelet war Gradualist und hing der Lyellschen Theorie langsamer und konstanter Veränderungen in der Erdgeschichte an. An eine blinde Destruktivität in der Natur wollte er nun nicht mehr glauben. Zu sehr war die Natur zum Palliativ geworden.

Als Pantheist aber, der Natur und Gott gleichsetzt, dem es darum zu tun ist, die Natur mit einem göttlichen Namen zu schmücken, wollte Michelet trotzdem nicht gelten. Denn der Pantheist habe es darauf abgesehen, persönlich in der Natur aufzugehen, statt ihr zu einem Vielfachen an Humanität zu verhelfen. Resümierend ist Roland Barthes beizupflichten, der hervorhob, bei Michelet liege „kein Naturalismus der Moral vor: nicht das Naturreich schreibt der Moral ihre Bewegungen vor; es ist genau umgekehrt: die Natur schreitet von Reich zu Reich auf den Wegen einer wirklichen staatsbürgerlichen Emanzipation voran. Michelet naturalisiert nicht die Moral, er moralisiert die Natur."[1] Kann der Mensch in seinen Ursprüngen „böse" sein, wenn die Natur als proto-„humanistische" Ordnung erachtet wird? Sicherlich nicht. Wie aber kommt das Böse in die Welt? Durch die gesellschaftliche Selbstentfremdung, sagt Michelet, und für diese Selbstentfremdung macht er die christliche Kirche und ihre sterile Lebensfeindlichkeit verantwortlich: „Die ersten Christen im ganzen und im einzelnen, in der Vergangenheit und in der Zukunft, verfluchen die Natur selbst."[2] – Das konnte und kann nur zum Unheil führen. Michelet erwies sich, insofern er die Geschichte wie die Natur moralisierte, als Gnostiker, der sich vom Christentum zu distanzieren bemühte. In guter gnostischer Tradition wechselte er die Vorzeichen: der christliche Gott gebar aus sich sein Gegenteil, das satanische Prinzip. Je böser, gewalttätiger und ungerechter die offiziellen Statthalter Gottes wurden, zu desto emanzipatorischeren Höhen konnte Satan sich aufschwingen – „kein Fortschritt, der nicht sein Verbrechen war."[3]

---

1 Roland Barthes, a. a. O., S. 62.
2 JM: Die Hexe, München (Rogner & Bernhard) 1974, S. 29.
3 ebd., S. 237.

Michelet zwinkert hier dem Leser zu. Vom wirklichen Bösen ist seine humanistische Anthropologie immer gleich weit entfernt. Er hält zu ihm stets „revolutionäre“ Distanz, vertrauend auf den Instinkt und die Reflexion der Individuen, vertrauend auf deren Impuls, weder vereinsamen noch in der Masse untergehen, sondern „höchste Momente“ erleben zu wollen, vertrauend darauf, daß der kurvenreiche Weg der Freiheit, ein Weg prometheischer Mühe und Würde, gepflastert ist mit den auskristallisierten Träumen der MENSCHHEIT.

VORWORT MICHELETS VON 1847

Alljährlich, wenn ich meine Vorlesungen schließe, wenn die Menge – abermals eine Generation, die ich nicht wiedersehen werde – sich verlaufen hat, halte ich bei mir selbst Einkehr.

Es ist hoch im Sommer, die Stadt ist weniger volkreich, die Straße weniger lärmend, rings um mein Panthéon tönt das Pflaster lauter. Seine großen, weißen und schwarzen Fliesen hallen unter meinen Schritten.

Ich halte Einkehr. Ich befrage über meine Lehre, über meine Geschichte deren allmächtigen Deuter: den Geist der Revolution.

Er ist der Wissende, die anderen waren unwissend. In ihm ist das Geheimnis aller Zeiten, die früher waren. Nur in ihm wurde sich Frankreich seiner selbst bewußt. Immer, wenn Schwäche uns befällt, wenn wir uns selbst zu vergessen scheinen, müssen wir uns in ihm suchen, in ihm uns wiederfinden. In ihm bewahrt sich für uns allezeit das tiefe Geheimnis des Lebens, der unverlöschliche Funke.

Die Revolution ist in uns, in unseren Herzen; draußen hat sie kein Denkmal. Lebendiger Geist Frankreichs, wo soll ich dich fassen, wenn nicht in mir selbst? ... Die Gewalten, die einander folgten, feindlich in allem übrigen, sind einig gewesen in einem Punkte: die fernen, toten Zeiten zu wecken und wieder lebendig zu machen ... Dich hätten sie gern verborgen gehalten ... Warum? ... Du allein lebst.

Du lebst! ... Ich fühle es jedesmal um diese Zeit des Jahres, wenn mein Lehrberuf mich freigibt, wenn die Arbeit lästig ist und der Sommer drückend wird. Dann gehe ich zum Marsfeld, setze mich auf das verwelkte Gras und atme den frischen Wind, der über die trockene Fläche streicht.

Das Marsfeld ist das einzige Denkmal, das die Revolution hinterlassen hat. Das Kaiserreich hat seine Säule und außerdem fast für sich allein den Triumphbogen; das Königtum hat seinen Louvre und den Invalidendom; die feudale Kirche vom Jahre 1200 thront noch in Notre-Dame; sogar die Römer haben ihre Thermen des Cäsar. Und die Revolution hat zum Denkmal ... die Leere.

Ihr Denkmal ist dieser Sand, so eben wie der Arabiens. Ein steinerner Grabhügel rechts und ein steinerner Grabhügel links, wie man sie in Gallien errichtete, dunkle und zweifelhafte Zeugen des Gedächtnisses der Helden.

Ist nicht der der Held, der den Pont d'Iéna baute? Nein, hier ist einer, der größer, mächtiger, lebendiger ist als jener – er erfüllt diese unendliche Fläche.

„Wer ist der Gott? Man weiß nichts von ihm ... Hier wohnt ein Gott!"

Ja, obgleich ein vergeßliches Geschlecht diese Stätte zum Schauplatz seiner eitlen Vergnügungen zu machen wagt, die dem Ausland entlehnt sind, obgleich der englische Gaul frech den Boden stampft ... ein heiliger Hauch weht über diesen hin, den ihr nicht spürt, eine Seele, ein allmächtiger Geist ...

Und wenn diese Fläche auch trocken ist, wenn dies Gras auch verwelkt ist, eines Tages wird es wieder grünen.

Denn der Boden ist tief getränkt mit dem fruchtbaren Schweiß derer, die an einem heiligen Tage jene Hügel aufwarfen, an dem Tage, da, vom Donner der Geschütze vor der Bastille geweckt, Nord und Süd zusammenströmten und Frankreich Frankreich in die Arme sank – an dem Tage, da drei Millionen Männer, erhoben wie *ein* Mann, in Waffen den ewigen Frieden beschlossen.

Arme Revolution! Du warst so vertrauend an deinem ersten Tage und ludest die Welt zur Liebe und zum Frieden.

„O meine Feinde", so sprachst du, „es gibt keine Feinde mehr!" Du strecktest allen die Hand hin, botest ihnen deinen Becher, zu trinken auf den Frieden der Nationen. Aber sie haben ihn nicht gewollt.

Und selbst dann, als sie kamen, um Frankreich zu überfallen, war der Degen, den es zog, der Degen des Friedens. Um die Völker zu befreien, um ihnen den wahren Frieden, die Freiheit, zu bringen, schlug es die Tyrannen. Dante setzt als Schöpfer über die Pforten der Hölle die ewige Liebe. So schrieb die Revolution auf ihre Kriegsfahne das Wort: „Friede".

Ihre unüberwindlichen Helden waren vor allem die Friedfertigen. Die Hoche, Marceau, Desaix und Kléber wurden beweint als Männer des Friedens, von Freunden und Feinden, beweint am Nil und am Rhein, beweint vom Kriege selbst, von der unbeugsamen Vendée.

Frankreich hatte sich so ganz der Macht der Idee anvertraut, daß es tat, was es konnte, um keine Eroberung zu machen. Da alle Völker desselben bedurften, der Freiheit, da alle das gleiche Recht erstrebten – wie konnte da der Krieg der entstehen? Konnte die Revolution, ohne herausgefordert zu sein, Gewalt gebrauchen, sie, die in ihrem Wesen nur den Triumph des Rechtes, die Auferstehung der Gerechtigkeit, den langsamen Gegendruck der Idee gegen die brutale Stärke bedeutete?

Dieser im tiefsten friedliche, wohlwollende Charakter der Revolution erscheint heute paradox. So wenig kennt man ihre Ursprünge, so mißverstanden ist ihre Natur, so sehr ist nach so kurzer Zeit ihre Tradition bereits verdunkelt!

Die gewaltigen, entsetzlichen Anstrengungen, die sie machen mußte, um nicht unterzugehen, gegen eine Welt im Bunde, hat ein vergeßliches Geschlecht für die Revolution selbst genommen.

Und aus der Verwechslung entsprang ein tiefwurzelndes Übel, das sehr schwer heilbar ist bei diesem Volke: die Anbetung der Kraft.

Die Kraft des Widerstandes, die verzweifelte Anstrengung, die Einheit zu verteidigen, im Jahre 1793 ... man schaudert, und man wirft sich auf die Knie.

Die Kraft des Angriffs und der Eroberung, 1800, die Bezwingung der Alpen, dann der Blitz von Austerlitz ... man beugt sich, man betet an.

Soll ich gestehen, daß man 1815, allzu leicht geneigt, die Kraft zu preisen, den Erfolg als Gottesurteil anzusehen, im Grunde des Herzens, unter Schmerz und Zorn verborgen, ein klägliches Argument besaß, den Feind zu entlasten? Viele sprachen ganz leise zu sich: „Er ist stark, also ist er gerecht."

So wurde Frankreich von zwei Übeln auf einmal getroffen, den schwersten, die ein Volk heimsuchen können. Seine eigene Tradition ist ihm verlorengegangen, es hat sich selbst vergessen. Und jeden Tag schwankte ungewisser, fahler, flüchtiger das zweifelhafte Bild des Rechtes vor seinen Augen.

Forscht nicht, warum dies Volk sinkt, schwächer wird. Erklärt seinen Niedergang nicht mit äußeren Gründen; weder Himmel noch Erde soll es anklagen; das Übel sitzt in ihm selbst.

Eine arglistige Tyrannei konnte es leicht verderben, denn es war verderblichem Einfluß zugänglich. Sie fand es schwach, entwaffnet, der Versuchung ausgesetzt; es hatte die Idee aus dem Gesichtskreis verloren, die allein es aufrecht hielt; es tappte jammervoll blind in den Schlamm, es sah seinen Stern nicht mehr. Welchen? Das Gestirn des Sieges? ... Nein, die Sonne der Gerechtigkeit und der Revolution.

Daß die Mächte der Finsternis auf der ganzen Erde daran arbeiteten, das Licht Frankreichs auszulöschen, das Recht zu verdunkeln, das war natürlich. Aber niemals wäre es ihnen gelungen, trotz ihrer Anstrengungen. Sonderbar ist, daß die Freunde des Lichtes seinen Feinden halfen, es zu verhüllen und zu verfinstern.

Die Partei der Freiheit hat in letzter Zeit zwei ernste, traurige Symptome innerer Krankheit dargeboten. Möge es einem Freunde, einem Einsiedler, erlaubt sein, ihr offen zu sagen, was er denkt.

Der Tod hat ihr seine treulose, verhaßte Hand geboten, ist auf sie zugetreten, und sie hat die ihrige nicht zurückgezogen. Sie hat geglaubt, daß die Feinde der religiösen Freiheit die Freunde der politischen Freiheit werden könnten. Leere scholastische Spitzfindigkeiten haben ihren Blick getrübt. Freiheit ist Freiheit.

Und um dem Feind zu gefallen, hat sie den Freund verleugnet ...

Was sage ich? Ihren eigenen Vater, das große achtzehnte Jahrhundert! Sie hat vergessen, daß dieses Jahrhundert die Freiheit auf die Befreiung des Geistes gründete, der bis dahin durch das Fleisch gefesselt war, durch das materielle Prinzip einer doppelten Fleischwerdung, der theologischen und der politischen, des Priestertums und des Königtums. Dieses Jahrhundert, das Jahrhundert des Geistes, schaffte die sichtbaren Götter ab, im Staate und in der Religion, so daß es kein Idol mehr gab und keinen Gott außer Gott.

Und warum haben aufrichtige Freunde der Freiheit mit der Partei der religiösen Tyrannei paktiert? Weil sie zu einer schwachen Minorität zusammengeschmolzen waren. Sie waren betroffen über ihre geringe Zahl und wagten es nicht, das Entgegenkommen einer großen Partei zurückzuweisen, die sich ihnen anzubieten schien.

Unsere Väter haben nicht so gehandelt. Sie haben sich niemals gezählt. Als der blutjunge Voltaire die gefährliche Bahn des religiösen Kampfes betrat – und das unter Ludwig XIV.! – schien er allein zu stehen. Allein war Rousseau, in der Mitte des Jahrhunderts, als er im Streit zwischen Christen und Philosophen die neue Lehre zu gründen wagte ... Er war allein; und am Tage darauf stand die ganze Welt zu ihm.

Wenn die Freunde der Freiheit ihre Zahl abnehmen sehen, so geschieht es, weil sie es selbst gewollt haben. Einige haben sich ein System fortschreitender Reinigung, kleinlicher Orthodoxie geschaffen, die darauf zielt, aus einer Partei eine Sekte, eine kleine Kirche zu machen. Man verwirft bald dies, bald jenes; man erschöpft sich in Vorbehalten, Unterscheidungen, Ausnahmen. Man entdeckt jeden Tag eine neue Ketzerei.

Um Himmelswillen, streiten wir weniger um das Licht vom Tabor, wie es das belagerte Byzanz tat! Mohammed II. ist vor den Toren!

Ebenso wie die christlichen Sekten sich vervielfältigten und es Jansenisten, Molinisten usw., aber keine Christen mehr gab, so annullierten die Sekten der Revolution die Revolution; man wird wieder Konstitutioneller, Girondist, Montagnard, aber nicht mehr Revolutionär.

Man macht sich wenig aus Voltaire, man verwirft Mirabeau, man schließt Madame Roland aus. Sogar Danton ist nicht orthodox ... Wie! So bleiben denn nur Robespierre und Saint-Just?

Ohne zu verkennen, was diese Männer wert waren, ohne noch ein Urteil über sie fällen zu wollen, möge hier ein Wort genügen: Wenn die Revolution ihre Vorgänger ausschließt und verdammt, so schließt sie gerade die aus, die ihr Anspruch gaben auf die Menschheit, die einen Augenblick lang die ganze Welt revolutionär machten. Wenn sie der Welt erklärt, daß sie sich an diese hält, wenn sie ihr nur das Bild dieser beiden Apostel auf ihrem Altar zeigt, so wird die Bekehrung nur langsam fortschreiten, die französische Propaganda ist nicht sehr gefährlich, die absoluten Regierungen können ruhig schlafen.

Brüderlichkeit! Brüderlichkeit! Es ist nicht damit getan, das Wort zu wiederholen ... Damit die Welt zu uns kommt, wie sie es zuerst tat, müssen wir ihr ein brüderliches Herz zeigen. Die Brüderlichkeit der Liebe ist es, die sie gewinnen wird, nicht die der Guillotine.

Brüderlichkeit? Ach! Wer hat das Wort nicht gebraucht seit der Schöpfung? Glaubt ihr, daß Robespierre oder Mably damit den Anfang gemacht haben?

Schon die antike Stadtrepublik spricht von Brüderlichkeit; aber sie spricht nur zu den Bürgern, den Menschen; der Sklave ist eine Sache. Hier ist die Brüderlichkeit einseitig, unmenschlich.

Als die Sklaven oder Freigelassenen das Römische Reich regieren, als sie Terenz, Horaz, Phaedrus, Epiktet heißen, ist es schwer, die Brüderlichkeit nicht auf die Sklaven auszudehnen. „Seid Brüder“, sagt das Christentum. Aber um Bruder zu sein, muß man *sein*; nun, der Mensch *ist* noch nicht; Recht und Freiheit allein machen das Leben des Menschen aus. Ein Dogma, das diese nicht gewährt, ist nur eine theoretische Brüderlichkeit, ein Nichts.

„Brüderlichkeit *oder Tod*", sagte später der Schrecken. Nur eine andere Brüderlichkeit von Sklaven. Warum in grausamem Hohn den heiligen Namen der Freiheit damit verbinden?

Brüder, die sich fliehen, die erbleichen, wenn sie einander anblicken, deren Händedruck tot und kalt ist ... Ein verhaßtes, widerwärtiges Schauspiel! Wenn *etwas* frei sein soll, dann ist es das brüderliche Gefühl.

Die Freiheit allein, die im letzten Jahrhundert begründet wurde, hat die Brüderlichkeit möglich gemacht. Die Philosophie fand den Menschen rechtlos, d. h.: er war noch niemand, war in ein religiöses und politisches System gebunden, dessen Kern Willkür war. Und sie sprach: „Schaffen wir den Menschen, durch die Freiheit werde er ..." Kaum geschaffen, liebte der Mensch.

Noch könnte unsere Zeit, erweckt, an ihre wahre Tradition erinnert, durch die Freiheit ihrerseits ihr Werk beginnen. Nicht wird sie in ihr Gesetz schreiben: „Sei mein Bruder *oder stirb*!" Aber durch eine geschickte Pflege der besten Eigenschaften der Menschenseele wird sie bewirken, daß alle, ohne es auszusprechen, in der Tat Brüder sein wollen. Der Staat wird sein, was er sein soll, ein brüderlicher Weihebund, eine Erziehung, ein beständiger Austausch spontaner Einsichten aus Begeisterung und Glauben, wie sie aus der Menge kommen, und überlegter Einsichten aus Wissenschaft und Betrachtung, die von den Denkern stammen.[1]

Das ist das Werk dieses Jahrhunderts. Könnte es doch endlich ernstlich damit beginnen!

Es wäre wirklich traurig, wenn es, statt selbst etwas zu tun, die Zeit damit verbrächte, das tätigste der Jahrhunderte, dem es alles verdankt, zu verkleinern. Unsere Väter, man muß es wiederholen, taten, was damals getan werden mußte, begannen gerade so, wie man beginnen mußte.

---

1 Weihe, Erziehung, Regierung, drei sinnverwandte Wörter. Rousseau ahnte etwas davon, als er bei Erwähnung der antiken Stadtrepubliken und der vielen großen Männer, die das kleine Athen hervorgebracht hat, schrieb: „Das waren weniger Regierungen als die fruchtbarsten Erziehungssysteme, die je gewesen sind." Unglücklicherweise konnte das Jahrhundert Rosseaus, da es nur die reflektierende Vernunft anbetete und die Fähigkeiten des Instinktes, der Begeisterung wenig erforschte, nicht wohl den Übergang von der einen zur anderen bemerken, welcher das ganze Geheimnis der Erziehung, der Weihe, der Regierung ausmacht. Die Lehrmeister der Revolution, die Philosophen, Männer des Kampfes, sehr verständig und sehr subtil, besaßen alle Gaben, nur nicht die tiefe Einfalt, die allein das Kind und das Volk verstehen lehrt. Daher konnte die Revolution die große revolutionäre Maschine nicht organisieren; ich meine die, welche besser als Gesetze die Brüderlichkeit stützen muß: die Erziehung. Dies wird das Werk des 19. Jahrhunderts sein; es macht bereits schwache Versuche nach dieser Richtung. In meinem kleinen Buch „Le Peuple" habe ich, wie ich es empfand, das Recht des Instinktes, der Begeisterung gefordert, gegen seine aristokratische Schwester, die Reflexion, die vernünftelnde Wissenschaft, die sich für die Königin der Welt hält.

Sie fanden die Willkür im Himmel und auf Erden, und sie begannen das Recht.

Sie fanden das Individuum waffenlos, nackt, ohne Schutz, vernichtet und verloren in einer scheinbaren Einheit, die nur ein gemeinsamer Tod war. Damit es keine Zuflucht hätte, selbst nicht beim höchsten Richter, verwickelte das religiöse Dogma es gleichzeitig in die wechselseitige Verantwortlichkeit für einen Frevel, den es nicht begangen hatte; dieses im höchsten Grade fleischliche Dogma behauptete, daß die Ungerechtigkeit vom Vater auf den Sohn übergeht mit dem Blute.

Man mußte vor allem das so grausam verleugnete Recht des Menschen zurückfordern, der allzu wahren und doch so verdunkelten Wahrheit wieder Geltung verschaffen: „Der Mensch hat ein Recht, er bedeutet etwas; man kann ihn nicht verneinen, ihn nicht annullieren, selbst nicht im Namen Gottes; er ist verantwortlich, aber für seine eigenen Taten, für das Böse oder Gute, das er tut."

So verschwindet aus der Welt die falsche Solidarität. *Die ungerechte Vererbung des Guten*, im Adel verewigt, und die *ungerechte Vererbung des Bösen* durch die Erbsünde oder die bürgerliche Brandmarkung der Nachkommen des Schuldigen. Die Revolution vertilgt sie.

Und das, Zeitgenossen, nennt ihr Individualismus? Das nennt ihr ein egoistisches Recht?

So überlegt doch, daß der Mensch ohne dieses Recht des Individuums, das allein ihn geschaffen hat, *nicht war*, nicht handelte und also auch nicht Bruder sein konnte. Man mußte wohl die Brüderlichkeit des Todes abschaffen, um die des Lebens zu begründen.

Sprecht nicht von Selbstsucht. Geschichte und Logik wissen es anders. Im ersten Augenblick der Revolution, im Augenblick, wo sie das Recht des Individuums verkündet, breitet sich die Seele Frankreichs aus – weit entfernt, sich zu verschließen – und umarmt die ganze Welt mit ihrem mitfühlenden Gedanken, bringt allen den Frieden dar, will mit allen ihren Schatz teilen, die Freiheit.

Es scheint, daß im Augenblick der Geburt, des Eintritts in ein noch zweifelhaftes Leben, jedem Wesen ein rechtmäßiger Egoismus anhaftet; das Neugeborene, so sehen wir, will vor allem dauern, leben ...

Hier war es nicht so.

Als die junge französische Freiheit ihre Augen aufschlug, als sie das erste Wort sagte, welches jede neue Kreatur entzückt, das Wort: „Ich bin!", da beschränkte sich ihr Denken nicht auf das Ich, sie schloß sich nicht ab in selbstsüchtiger Freude, sondern sie dehnte ihr Leben und ihre Hoffnung auf das Menschengeschlecht aus; die erste Bewegung, die sie in der Wiege machte, war, daß sie die brüderlichen Arme öffnete. „Ich bin!" sagte sie zu allen Völkern. „O meine Brüder, ihr werdet auch sein!"

Das war ihr ruhmvoller Irrtum, ihre rührende, erhabene Schwäche: die Revolution, man muß es gestehen, begann damit, alles zu lieben.

Sie liebte sogar ihren Feind, England.

Sie liebte das Königtum, die Hauptstütze der Mißbräuche, die sie soeben vernichtet hatte, und versuchte lange Zeit hartnäckig, es zu retten. Sie wollte die Kirche retten; sie versuchte, christlich zu bleiben, und schloß freiwillig die Augen vor dem Widerspruch zwischen dem alten Prinzip, der willkürlichen Gnade, und dem neuen, der Gerechtigkeit.

Diese allgemeine Sympathie, die sie zuerst so viele sich widersprechende Elemente in sich aufnehmen und unklug vermischen ließ, führte sie zur Inkonsequenz, gleichzeitig zu wollen und nicht zu wollen, aufzurichten und zu zerstören. Das ist das merkwürdige Ergebnis unserer ersten Nationalversammlungen.

Die Welt hat über ihr Werk gelächelt; indessen möge sie nicht vergessen, daß die Revolution ihren Zwiespalt teilweise der allzu schnellen Sympathie, dem unterschiedlosen Wohlwollen verdankte, das ihr erster Wesenszug war.

Tief menschlicher Geist! Ich folge ihm gern, beobachte ihn gern bei seinen wundervollen Festen, wo ein ganzes Volk, Held zugleich und Zuschauer, den Schwung moralischer Begeisterung verlieh und empfing, wo jedes Herz größer wurde von der ganzen Größe Frankreichs, eines Vaterlandes, das als sein Recht das Recht der Menschheit verkündete.

Beim Fest des 14. Juli 1792 bemerkte man unter den heiligen Bildern der Freiheit und des Gesetzes, in der Prozession der Bürger, an der mit den Behörden und den Abgeordneten die Witwen und Waisen der bei der Bastille Gefallenen teilnahmen, verschiedene Sinnbilder, welche die den Menschen nützlichen Tätigkeiten darstellen, Ackerbauwerkzeuge, Pflüge, Getreidegarben, Zweige mit Früchten; die Träger hatten eine Krone aus Ähren und grünen Weinranken. Aber andere waren in Trauerkleidern, mit Zypressen gekrönt, sie trugen eine florbedeckte Tafel, unter dem Flor lag ein verhülltes Schwert, das des Gesetzes ... Ein rührendes Gleichnis! Die Gerechtigkeit, die ihr Schwert in Trauer zeigte, unterschied sich nicht mehr von der Menschlichkeit selbst.

Ein Jahr später, am 10. August 1793, wurde ein Fest ganz anderer Art gefeiert, ein heroisches, düsteres. Aber das Gesetz hatte sich entmannt, die gesetzgebende Gewalt war geschändet worden, die richterliche Gewalt, ohne Schutz vernichtet, war Diener der Gewalttätigkeit. Man wagte nicht mehr das Schwert zu zeigen, das Auge hätte es nicht mehr ertragen.

Etwas, was allen gesagt werden muß, was allzu leicht bewiesen werden kann, ist, daß an dem menschlichen und wohlwollenden Zeitabschnitt unserer Revolution das Volk, das gesamte Volk, die ganze Welt tätigen Anteil nimmt. Dagegen hat die Zeit der Gewalttätigkeiten, die Zeit blutiger Taten, in die später die Gefahr sie treibt, nur ganz wenige, eine unendlich kleine Zahl Männer als Helden.

Das habe ich gefunden, geprüft und festgestellt, entweder aus schriftlichen Zeugnissen, oder durch solche, die ich aus den Erzählungen der Greise sammelte.

Bleiben wird das Wort eines Mannes aus dem Faubourg Saint-Antoine: „Wir waren alle da am 10. August und nicht einer am 2. September."

Eine andere Tatsache, welche diese Darstellung in helles Licht rücken wird, und die in jedem Betracht wahr ist, ist die, daß das Volk in der Hauptsache viel mehr wert war als seine Führer. Je weiter ich forschte, um so mehr fand ich, daß die Besten unten standen, in den dunkeln Tiefen. Ich bemerkte auch, daß jene glänzenden, mächtigen Redner, die dem Denken der Massen Ausdruck gaben, zu Unrecht als die einzigen Handelnden gelten. Sie haben den Ansporn viel häufiger empfangen, als sie ihn gaben. Der erste Spieler ist das Volk. Um ihn wiederzufinden und in seiner Rolle klarzustellen, habe ich die ehrgeizigen Marionetten, die er am Fädchen hatte, und in denen man bis heute das geheime Spiel der Geschichte suchte und zu sehen glaubte, auf ihre richtigen Maße zurückbringen müssen.

Ich muß gestehen, daß dieses Schauspiel mich selbst erstaunlich betroffen hat. In dem Maße, als ich tiefer in dieses Studium eindrang, sah ich, daß die Parteiführer, die Helden der herkömmlichen Geschichte, keines der großen Ereignisse weder vorausgesehen, noch vorbereitet, noch den Anstoß dazu gegeben haben, besonders keins von denen, die das einmütige Werk des Volkes waren im Beginn der Revolution. Von seinen angeblichen Führern in diesen entscheidenden Momenten sich selbst überlassen, hat es gefunden, was zu tun war, und hat es vollendet.

Große, überraschende Taten! Aber das Herz, das sie schuf, war noch viel größer ... Die Handlungen sind nichts im Vergleich damit. Dieser Reichtum des Herzens war damals so groß, daß die Zukunft für immer daraus schöpfen kann, ohne befürchten zu müssen, den Boden zu finden. Jeder Mensch, der sich ihm nähert, kehrt menschlicher davon zurück.

Jede niedergeschlagene, verstörte Seele, jedes Menschen- oder Volksherz braucht, um sich aufzurichten, nur dahin seinen Blick zu wenden; das ist ein Spiegel, in dem sich die Menschheit jedesmal, wenn sie hineinblickt, heroisch, großherzig, uneigennützig findet; eine seltsame Lauterkeit, die das Gold fürchtet wie den Schmutz, ist damals der Ruhm aller.

Ich veröffentliche heute den Teil, der den einmütigen, heiligen Zeitabschnitt enthält, wo die ganze Nation, ohne Unterschied der Partei, ohne noch (oder sehr wenig) die Klassengegensätze zu kennen, unter *einem* brüderlichen Banner marschierte. Niemand wird diese wunderbare Einigkeit, *ein* Herz in zwanzig

Millionen Menschen, wahrnehmen, ohne dafür Gott zu danken. Dies sind die heiligen Tage der Welt, die glücklichen Tage der Geschichte. Ich habe meinen Lohn geerntet, da ich sie erzählte ... Niemals seit meiner „Jungfrau von Orléans“ habe ich einen solchen Strahl von oben, ein so leuchtendes Licht vom Himmel erlebt.

Und da alles sich kreuzt im Leben, so ist, während ich ein solches Glück genoß, die Tradition Frankreichs zu erneuern, die meinige für immer abgebrochen. Ich habe den verloren, der mir so oft die Revolution erzählte, der für mich das Bild und der ehrwürdige Zeuge des großen Jahrhunderts, ich meine des achtzehnten, war. Ich habe meinen Vater verloren, mit dem ich mein ganzes Leben gelebt hatte, achtundvierzig Jahre.

Als mir das geschah, sah ich dieses so lange erträumte Werk vor mir und vollendete es schleunigst. Ich war am Fuße der Bastille, ich nahm die Festung, ich pflanzte auf die Türme die unsterbliche Fahne ... Dieser Schlag hat mich getroffen, unvorhergesehen, wie eine Kugel der Bastille ...

Mehrere dieser schweren Fragen, die mich zwangen, so tief meinen Glauben zu ergründen, haben sich in mir gestritten in der schwierigsten Lage des menschlichen Lebens, zwischen Tod und Leichenbegängnis, wo der Überlebende, schon teilweise tot, zwischen zwei Welten saß und urteilte.

Dann habe ich meinen Weg fortgesetzt bis ans Ende dieses Werkes, voll von Tod und Leben, und bemühte mich, mein Herz der Gerechtigkeit am nächsten zu halten, stärkte mich in meinem Glauben durch meine Verluste und meine Hoffnungen und klammerte mich, je mehr mein eigener Herd zerbrach, um so fester an den Herd des Vaterlandes.

ERSTES BUCH

Die Ursachen der Revolution und die Ereignisse des Jahres 1789

ERSTES KAPITEL

Die Wahlen von 1789

Das ganze Volk wird aufgefordert, die Wahlmänner zu wählen, seine Klagen und Forderungen schriftlich beizubringen. – Man rechnet auf die Unfähigkeit des Volkes. – Sicherheit des Volksinstinktes; Beharrlichkeit des Volkes, seine Einmütigkeit. – Man verzögert die Berufung der Staaten und die Wahlen in Paris. – Erste Tat der Nationalsouveränität. – Die Wahlmänner werden durch den Aufruhr gestört. – Der Fall Réveillon. – Die Wahlen gehen zu Ende (Januar–April 1789).

Die Einberufung der Generalstaaten von 1789 ist die Stunde der Geburt des Volkes. Sie rief das ganze Volk zur Ausübung seiner Rechte.

Wenigstens konnte es seine Klagen, seine Wünsche niederschreiben, seine Wahlmänner wählen.

Man hatte erlebt, daß kleine republikanische Gesellschaften alle ihre Glieder an den politischen Rechten teilnehmen ließen, noch niemals indessen ein großes Königtum, ein Reich wie Frankreich. Das war etwas Neues, nicht nur in unseren Annalen, sondern in denen der ganzen Welt.

Als man daher zum erstenmal allenthalben das Wort vernahm: *Alle* werden sich zur Wahl versammeln,[1] *alle* werden ihre Klagen aufschreiben, da war die Bewegung ungeheuer und tief wie ein Erdbeben; es ging ein Zittern durch die Masse bis zu den dunklen, stummen Regionen, wo man am wenigsten Leben vermutet hätte.

Alle Städte wählten, nicht nur die „guten" Städte, wie in den alten Staaten, sondern auch die *ländlichen Bezirke*.

Man versichert, daß fünf Millionen Menschen an der Wahl teilnahmen.

Ein großes, sonderbares, erstaunliches Schauspiel! Ein ganzes Volk erwachte mit einem Male aus dem Nichts zum Sein, bis dahin stumm, fand es plötzlich eine Stimme.

Der gleiche Ruf wandte sich an Bevölkerungsklassen, die nicht allein ihrer Lage nach, sondern auch an Kultur, Moral und Ideen durchaus ungleich waren. Wie das Volk antworten würde, das war die große Frage. Das Königtum hatte ihm das Gemeindeleben genommen, die Erziehung, die ihm die Gemeindeangelegenheiten gaben. Die Geistlichkeit, sein eigentlicher Lehrer, lehrte es schon lange nicht mehr.

[1] Man vergleiche die Urkunden im ersten Bande des „Moniteur". *Die Steuerzahler über fünfundzwanzig Jahre* sollten die Wahlmänner wählen, aus deren engerer Wahl die Abgeordneten hervorgingen, und an der Abfassung der „Hefte" mitwirken. Da jedermann steuerpflichtig war, wenigstens durch die Kopfsteuer, so richtete sich der Ruf an die ganze Bevölkerung, ausgenommen das Gesinde.

Man schien alles getan zu haben, um es unfähig zu machen, stumm, wort- und gedankenarm zu machen, und dann sagte man ihm: „Steh *jetzt* auf, gehe, rede."

Man hatte sehr, allzu sehr auf diese Unfähigkeit gerechnet; sonst hätte man es nie gewagt, den Anstoß zu der großen Bewegung zu geben. Die ersten, die den Namen „Generalstaaten" aussprachen, die Parlamente, die sie forderten, die Minister, die sie versprachen, Necker, der sie einberief, alle glaubten das Volk außerstande, ernsthaft daran teilzunehmen. Sie dachten lediglich, durch diese feierliche Berufung an eine große, träge Masse den Privilegierten Furcht einzujagen. Der Hof, der selbst das Privilegium der Privilegierten, der schlimmste aller Mißstände war, hatte keine Lust, mit ihnen im Kriege zu leben. Er hoffte nur, mit den von Klerus und Adel erzwungenen Beiträgen die Staatskasse zu füllen, die er als die seinige betrachtete.

Was wollte die Königin? In den Händen der Emporkömmlinge, vom Adel mit Spottliedern bedacht, immer mehr verachtet und allein, wollte sie eine kleine Rache an den Spöttern nehmen, sie einschüchtern, sie zwingen, sich enger um den König zu scharen. Sie sah, wie ihr Bruder Joseph in den Niederlanden versuchte, die kleinen Städte in Gegensatz zu bringen mit den großen, zu den Prälaten, den Herren.[1] Dieses Beispiel verminderte zweifellos ihre Abneigung gegen die Pläne Neckers; sie willigte darin ein, dem dritten Stande ebensoviel Abgeordnete zu geben, wie Adel und Geistlichkeit zusammen hatten.

Und was wollte Necker? Zwei Dinge auf einmal: viel sehen lassen und wenig tun.

Als Schaustück um des Ruhmes willen, um von den Salons und vom großen Publikum gefeiert und gepriesen zu werden, mußte man hochherzig die Abgeordneten des dritten Standes verdoppeln.

In Wirklichkeit wollte man mit wenig Kosten hochherzig sein.[2]

---

[1] Über die von der Französischen so verschiedene Revolution in Brabant vergleiche die von Gachard (1834) und Gérard (1842) gesammelten Dokumente, ferner die Darstellungen von Groß-Hoffinger (1837), Borgnet (1844) und Ramshorn (1845). Diese Revolution der Äbte, unter denen die Kapuziner die Terroristen waren, täuschte hier alle Welt, den Hof sowohl wie die Jakobiner. Dumouriez allein begriff und sprach es aus, daß sie ursprünglich das Werk der mächtigen Äbte in den Niederlanden war. Der österreichische Gesandte, de Mercy-Argenteau, glaubte zuerst – und machte es zweifellos auch Marie-Antoinette glauben –, daß in Frankreich wie in Belgien die Gefahr von der Aristokratie her drohte. Daher tat man mehrere falsche Schritte.

[2] Über all das muß man die merkwürdigen Geständnisse Neckers lesen, sein Plädoyer für den dritten Stand (Oeuvres VI, 419, 443 usw.). Man merkt hier wie in allen seinen Arbeiten immer den Ausländer, der in Frankreich nicht Wurzel gefaßt hat, den Unterwürfigen, der immer unterwürfig bleibt, der vor dem Adel beim Sprechen den Hut abzieht, den Protestanten, der Gnade finden möchte vor den Augen des Klerus. Um die Privilegierten über den armen dritten Stand zu beruhigen, schildert er ihn schwach, furchtsam, demütig; es sieht aus, als gäbe er ihnen Zeichen des Einverständnisses. Übrigens läßt er durchblicken, daß sein Klient gutmütig ist, daß man ihn immer hinters Licht führen kann.

Der dritte Stand, gleichgültig wie zahlreich er war, würde immer nur einer von den drei Ständen bleiben, nur eine Stimme gegen zwei besitzen; Necker gedachte sehr, die Abstimmung nach Ständen beizubehalten, welche die früheren Generalstaaten so oft unwirksam gemacht hatte.

Der dritte Stand übrigens war zu allen Zeiten sehr bescheiden, sehr respektvoll gewesen, allzu gelehrig, um von Männern aus dem dritten Stande vertreten sein zu wollen. Er wählte oft Adlige zu Abgeordneten, am häufigsten Geadelte, Parlamentsmitglieder und andere, die stolz darauf waren, mit dem Adel zu stimmen, gegen die Interessen des dritten Standes, der sie gewählt hatte.

Daß man keine ernsthafte Absicht hatte, daß man durch dieses große Blendwerk nur den Egoismus der Privilegierten brechen und ihre Börse lockern wollte, beweist der seltsame Umstand, daß man übereinkam, ihnen in diesen Staaten, die man gegen sie berufen hatte, nichtsdestoweniger einen beherrschenden Einfluß zuzusichern.[1] Die Volksversammlungen mußten *durch Zuruf* wählen. Man vermutete nicht, daß die kleinen Leute bei einem solchen Wahlverfahren, in Gegenwart der Adligen und Notabeln, genug Festigkeit besäßen, um ihnen die Stirn zu bieten, und genug Sicherheit, andere Namen zu nennen, als die ihnen diktiert würden.

Indem Necker die Land- und Dorfbevölkerung zur Wahl aufrief, glaubte er zweifellos, politisch sehr klug zu handeln. In gleichem Maße, wie der demokratische Geist in den Städten erwacht war, wurde das Land von den Adligen und dem Klerus beherrscht, die zwei Drittel des Bodens besaßen. Millionen Leute kamen so zur Wahl, die von den Privilegierten abhängig waren, wie Pächter, Meier usw., oder die von ihren Agenten, Intendanten, Verwaltern, Geschäftsführern indirekt beeinflußt und eingeschüchtert werden mußten. Necker wußte aus seinen Erfahrungen in der Schweiz und in den kleinen Kantonen, daß das allgemeine Stimmrecht unter gewissen Bedingungen eine Stütze der Aristokratie sein kann. Die Notabeln, die er um Rat fragte, machten sich diesen Gedanken so zu eigen, daß sie sogar die Bedienten wählen lassen wollten. Necker gab hierzu seine Einwilligung nicht, da die Wahl sonst ganz in den Händen der großen Besitzer gewesen wäre.

Der Ausgang täuschte jede Berechnung.[2] Das so wenig vorbereitete Volk zeigte einen sehr sicheren Instinkt. Als man es zur Wahl berief und über sein

---

1 Die privilegierten Stände waren doppelt begünstigt: 1. sie waren nicht den beiden Stufen der Wahl unterworfen, sie wählten ihre Abgeordneten direkt; 2. die Adligen waren *alle* Wahlmänner, nicht nur die *Adligen, die ein Lehen besaßen*, wie in den früheren Staaten; das Privilegium war um so verhaßter, als es auf den ganzen adligen Pöbel ausgedehnt war; und die Ansprüche waren um so lächerlicher.

2 Die Berechnungen waren sehr unsicher. Der König gestand bei dem Wahlaufruf von Paris, daß er die Einwohnerzahl der bekanntesten Stadt des Königreichs durchaus nicht wußte, daß er keine Vermutung hatte über die Zahl der Wähler usw.

Recht belehrte, erwies sich, daß man es wenig zu lehren hatte. Bei dieser Riesenbewegung, die fünf oder sechs Millionen Menschen umfaßte, gab es hier und da eine Verzögerung, aus Unkenntnis der Formen und besonders, weil die meisten nicht schreiben konnten. Aber sie konnten sprechen; sie konnten in Gegenwart ihrer Herren, ohne von ihren respektvollen Gewohnheiten abzugehen oder ihre demütige Haltung aufzugeben, würdige Wahlmänner ernennen, die alle sichere und standhafte Abgeordnete wählten.

Die Zulassung der ländlichen Bezirke zur Wahl hatte das unerwartete Ergebnis, daß selbst unter den Abgeordneten der privilegierten Stände zahlreiche Demokraten ihren Platz fanden, an die man nicht dachte, zweihundert und mehr Pfarrer, die ihren Bischöfen sehr feindlich gesinnt waren. In der Bretagne und im Süden wählte der Bauer gern seinen Pfarrer, der, da übrigens nur er schreiben konnte, die Stimmen in Empfang nahm und die ganze Wahl leitete.[1]

Die städtische Bevölkerung, die etwas besser vorbereitet und durch die Philosophie des Jahrhunderts ein wenig aufgeklärt war, bewies einen wunderbaren Eifer, ein lebhaftes Bewußtsein seines Rechtes. Man sah das bei den Wahlen an der Schnelligkeit und Sicherheit, mit der die unerfahrenen Massen diesen ersten politischen Schritt taten. Man sah es an der Gleichförmigkeit der „Hefte", in die sie ihre Klagen verzeichneten, – eine unerwartete, eindrucksvolle Übereinstimmung, die dem öffentlichen Verlangen eine unwiderstehliche Kraft verlieh. Wie lange lebten diese Klagen in den Herzen! Es kostete gar keine Mühe, sie niederzuschreiben. Ein solches Heft aus einem unserer Distrikte, das beinahe ein Gesetzbuch umfaßte, wurde um Mitternacht begonnen und war um drei Uhr fertig.[2]

Eine so umfassende, so abwechselungsreiche, so wenig vorbereitete Bewegung, und dennoch einmütig! Das ist ein wunderbares Phänomen. Alle nahmen teil daran und alle (mit verschwindenden Ausnahmen) wollten dasselbe[3].

Einmütig! die Eintracht ist vollständig, ohne Vorbehalt, die Lage ist völlig klar: auf der einen Seite die Nation und auf der anderen das Privilegium. Und innerhalb der Nation war damals kein Unterschied möglich zwischen Volk und Bürgertum.[4] Nur einen Unterschied gab es: zwischen Gebildeten und Ungebildeten; die Gebildeten allein sprachen und schrieben, aber sie schrieben, was alle

---

1 Indessen stellte man in mehreren Gemeinden vereidigte Schreiber an, um die Stimmen aufzuschreiben (Duchatellier: „La révolution en Bretagne", Bd. 1, S. 281).

2 „Memoiren Baillys", Bd. I, S. 12.

3 Dasselbe in allen wesentlichen Punkten. Außerdem fügte jede Körperschaft, jede Stadt etwas Besonderes hinzu.

4 Es ist ein Grundirrtum der Verfasser der „Histoire parlementaire", auf diesen Unterschied hinzuweisen in dem schönen Augenblick, wo keiner ihn machte. Er wird nur allzufrüh eintreten, und man muß das abwarten. So die wirkliche Folge der Tatsachen verkennen, sie mit Gewalt vorzeitig herbeiführen durch eine Art systematischer Voraussetzung, das ist genau das Gegenteil von Geschichte.

dachten. Sie formulierten die gemeinsamen Forderungen, und diese Forderungen waren ebensosehr und noch mehr die der stummen Massen als ihre eigenen.

Wer wäre nicht gerührt in der Erinnerung an diesen einzigen Augenblick, von dem wir unseren Ausgang nahmen? Er dauerte nicht lange, aber er bleibt für uns das Ideal, dem wir immer zustreben, die Hoffnung der Zukunft! Erhabene Eintracht, in der sich die beginnenden Freiheiten der Klassen, die später einander fremd waren, so zärtlich umarmten wie Brüder in der Wiege, werden wir deine Wiederkunft auf dieser Erde nicht mehr erleben?

Diese Verbindung der verschiedenen Klassen, das große Schauspiel: das Volk in seiner furchtbaren Eintracht, erschreckte den Hof. Der machte die äußersten Anstrengungen, den König zu bestimmen, sein Wort zu brechen. Der Kreis der Polignacs war auf den Einfall geraten, um ihn von zwei Seiten her in Furcht zu setzen, einen verwegenen Brief schreiben und ihn von den Prinzen unterzeichnen zu lassen, worin sie dem König drohten, sich als die Häupter der Privilegierten gebärdeten, von Steuerverweigerung, Spaltung, beinahe von Bürgerkrieg sprachen.

Und doch, wie hätte der König die Staaten umgehen sollen? Vom Obersteueramt angekündigt, von den Parlamenten und den Notabeln gefordert, von Brienne versprochen und von Necker versprochen, sollten sie endlich am 27. April eröffnet werden. Man vertagte sie noch bis zum 4. Mai. Ein gefährlicher Aufschub! Zu so vielen Stimmen, die laut wurden, hatte sich ach! eine letzte gesellt, die man oft hörte im achtzehnten Jahrhundert, die Stimme der Erde ... Die wüste, unfruchtbare Erde weigerte den Menschen das Leben! Der Winter war furchtbar gewesen, der Sommer wurde trocken und brachte nichts, die Hungersnot begann. Die beunruhigten Bäcker, beständig in Gefahr vor der aufgewiegelten und ausgehungerten Menge, zeigten selbst Gesellschaften an, die den Kornwucher betrieben. Nur eins hielt das Volk im Zaum, ließ es geduldig fasten und abwarten: die Hoffnung auf die Generalstaaten. Eine unsichere Hoffnung, aber sie hielt aufrecht: die bevorstehende Versammlung war ein Messias, sie brauchte nur zu sprechen, und die Steine würden sich in Brot verwandeln.

Die so sehr verzögerten Wahlen wurden in Paris noch weiter verzögert. Sie wurden erst für den Vorabend des Zusammentritts der Staaten angeordnet. Man hoffte, daß die Abgeordneten den ersten Sitzungen nicht beiwohnen würden, und daß man vor ihrer Ankunft die Trennung der drei Stände, die den Privilegierten die Majorität gab, sicherstellen würde.

Noch ein anderer und ernsterer Grund zur Unzufriedenheit bestand in Paris. In dieser Stadt, der aufgeklärtesten des Königreichs, war die Wahl strengeren Bedingungen unterworfen. Eine besondere Verordnung, die nach der Einberufung gegeben wurde, bestimmte zu Urwählern nicht alle Steuerpflichtigen, sondern nur die, die mindestens sechs Franken bezahlten.

Paris wurde mit Truppen gefüllt, die Straßen mit Patrouillen, alle Wahllokale wurden von Soldaten umstellt. Die Waffen wurden angesichts der Menge auf der Straße geladen.

Bei diesen nutzlosen Demonstrationen blieben die Wähler sehr standhaft. Kaum versammelt, setzten sie die Präsidenten ab, die der König ihnen gegeben hatte. Von sechzig Distrikten billigten nur drei den vom König ernannten Präsidenten, ließen ihm jedoch erklären, daß er als Erwählter den Vorsitz führe. Eine ernste Maßregel, die erste Tat der Nationalsouveränität. Und die galt es in Wirklichkeit zu erobern, sie war das Recht, das begründet werden mußte. Die Geld- und Reformfragen kamen erst nachher.

Die von diesen Bezirksversammlungen gewählten Wahlmänner handelten genau ebenso. Sie wählten zum Vorsitzenden den Advokaten Target, zum Stellvertreter Camus, den Advokaten des Klerus, zu Sekretären den Akademiker Bailly und den Doktor Guillotin, einen philanthropischen Arzt.[1]

Der Hof war erstaunt über die Entschiedenheit, die Sicherheit, die Folgerichtigkeit, mit der fünfundzwanzigtausend im politischen Leben so neue Urwähler vorgingen. Keine Unordnung entstand. Sie versammelten sich in den Kirchen und brachten die Erregung über die große, heilige Handlung, die sie erfüllten, mit dahin. Die verwegenste Maßregel, die Absetzung der vom König ernannten Präsidenten, ging geräuschlos vor sich, ohne Lärm, mit der energischen Selbstverständlichkeit, die das Bewußtsein des Rechts verleiht.

Die Wahlmänner tagten unter einem Vorsitzenden ihrer Wahl im erzbischöflichen Palast und machten sich daran, die Hefte der Distrikte zusammenzuführen und das gemeinsame Heft zu redigieren; sie waren schon einig über einen Punkt, den Sieyès geraten hatte: an den Anfang eine *Erklärung der Rechte des Menschen* zu setzen. Mitten in dieser schwierigen Aufgabe unterbrach sie ein furchtbarer Lärm. Es war eine zerlumpte Menge, die den Kopf eines ihrer Kollegen verlangte, eines Wahlmannes, Réveillon, Papierfabrikant im Faubourg Saint-Antoine. Réveillon wurde versteckt; aber die Bewegung war nichtsdestoweniger gefährlich. Man schrieb schon den 28. April; es bestand die Gefahr, daß die Generalstaaten, die für den 27. versprochen und dann auf den 4. Mai verschoben waren, wenn die Bewegung andauerte, abermals vertagt würden.

Sie hatte gerade am 27. begonnen, und es war bei der hungernden Bevölkerung nur allzu leicht, sie zu schüren, fortzusetzen, zu vergrößern. Man hatte im

[1] Diese Versammlung, die in ihren ersten Schritten so sicher war, setzte sich gleichwohl aus Notabeln, Beamten, Kaufleuten und Advokaten zusammen. Diese letzteren leiteten die Versammlung; es waren Camus, Target, Treilhard, Advokat der Generalpacht; Lacretelle der Ältere, Desèze. Die Akademiker kamen in zweiter Linie: Bailly, Thouin und Cadet, Gaillard, Suard, Marmontel. Dann die Bankiers wie Lecouteulx, schließlich Drucker, Buchhändler, Papierhändler: Panckoucke, Baudouin, Réveillon usw.

Faubourg Saint-Antoine verbreitet, daß der Papierhändler Réveillon, ein reich gewordener früherer Arbeiter, die harte Äußerung getan habe, man müsse den Taglohn auf fünfzehn Sous erniedrigen; es wurde hinzugefügt, er solle mit dem Bande des Michaelordens dekoriert werden. Dieses Gerücht verursachte große Bewegung. Zuerst hängte vor der Türe Réveillons eine Bande sein mit dem Orden geschmücktes Bild auf, schleppte es dann auf den Grèveplatz und verbrannte es feierlich unter den Fenstern des Hôtel de Ville, unter den Augen der städtischen Behörde, die sich nicht rührte. Diese Behörde und die anderen, die eben noch so wach waren, schienen eingeschlafen zu sein. Der Polizeiminister, der Vorsteher der Kaufmannschaft Flesselles, der Intendant Berthier, alle diese Geschäftsführer des Hofes, die unlängst erst Soldaten für die Wahlen aufboten, hatten ihre Tatkraft verloren.

Die Bande hat laut erklärt, daß sie Réveillon am folgenden Tage nach Gebühr strafen würde. Sie hält Wort. Die so gut benachrichtigte Polizei trifft keine Vorsichtsmaßregel. Der Oberst der französischen Garde schickt von sich aus dreißig Mann: eine lächerliche Hilfe; gegen eine kompakte Masse von tausend oder zweitausend Räubern und hunderttausend Neugierigen wollen und können die Soldaten nichts ausrichten. Das Haus wird gestürmt, man zerbricht, zerschlägt und verbrennt alles. Nichts wird weggenommen, mit Ausnahme von fünfhundert Louis d'or.[1] Viele machen es sich in den Kellern bequem, trinken den Wein und die Farben aus der Fabrik, die sie für Wein halten.

Unglaublich ist, daß diese häßliche Szene den ganzen Tag dauerte. Man beachte, daß sie sich am Eingang des Faubourg zutrug, unter dem Geschütz der Bastille, an dem Tor der Feste. Réveillon, der dort versteckt war, sah von den Türmen aus alles. Von Zeit zu Zeit schickte man Kompanien französischer Garden, die zuerst nur mit Pulver schossen, dann scharf. Die Plünderer achteten nicht darauf, obgleich sie nur mit Steinen werfen konnten. Spät, sehr spät, schickte der Kommandant Besenval Schweizer; die Plünderer leisteten noch immer Widerstand, töteten einige Mann; die Soldaten antworteten mit mörderischen Salven,

---

[1] Nach Réveillons eigener Aussage: „Exposé justificatif", S. 422 (in der Fortsetzung zu Ferrières gedruckt). Die „Histoire parlementaire" ist auch hier ungenau. Sie macht ohne den geringsten Beweis aus dieser Sache einen Krieg des Volkes gegen das Bürgertum. Sie übertreibt die Ausdehnung der Bewegung, die Zahl der Toten usw. Dagegen stellt sie Bailly mit ebensoviel Unrecht als unbedeutend hin: „Ich wüßte nicht, daß jemand dabei umgekommen wäre." (Memoiren S. 28) – Ein sehr gewichtiges Zeugnis über die Affäre Réveillon ist das des berühmten Chirurgen Desault, der im Hôtel-Dieu mehrere Verwundete aufnahm: „Sie sahen aus wie vom Blitz getroffene Verbrecher, wogegen die Verwundeten der Bastille ..." (vgl. „L'Oeuvre des sept jours", S. 411). – Ein guter Beweis, daß das Volk die Plünderung des Hauses Réveillon nicht als eine patriotische Tat ansah, ist, daß es am 16. Juli beinahe einen Menschen gehängt hätte, den es für den Abbé Roy hielt, *der angeklagt war, diesen Aufruhr angestiftet* und später dem Hof ein Mittel angeboten zu haben, Paris zu vernichten (Bailly, Bd. II, S. 51. – „Protokoll der Wahlmänner", Bd. II, S. 46).

die zahlreiche Verwundete und Tote auf dem Platz zurückließen. Viele dieser zerlumpten Toten hatten Geld in den Taschen.

Wenn in diesen beiden langen Tagen, in denen die Behörden schliefen und Besenval es vermied, Truppen zu schicken, der Faubourg Saint-Antoine sich hätte verleiten lassen, sich der Bande, die Réveillon ausplünderte, anzuschließen, wenn fünfzigtausend arbeitslose und brotlose Arbeiter sich nach diesem Beispiele darangemacht hätten, die reichen Häuser zu plündern, dann gewann alles ein anderes Gesicht; der Hof hatte einen ausgezeichneten Grund, ein Heer auf Paris und auf Versailles zusammenzuziehen, einen Scheinvorwand, die Generalstaaten zu vertagen. Aber die große Masse des Faubourg blieb anständig und hielt sich zurück; sie sah zu, ohne sich zu rühren. Der Aufruhr, der so auf ein paar hundert Betrunkene und Diebe beschränkt war, wurde eine Schande für die Obrigkeit, die ihn zuließ. Besenval fand schließlich seine Rolle allzu lächerlich, er handelte und machte allem ein plötzliches Ende. Der Hof wußte ihm schlechten Dank dafür; er wagte nicht, ihn zu tadeln, aber er gönnte ihm kein Wort.[1]

Das Parlament konnte es sich nicht erlassen, ehrenhalber eine Untersuchung zu eröffnen, und bei der Untersuchung blieb es. Man hat ohne zureichenden Grund behauptet, daß ihm im Namen des Königs ein Verbot zuging, weiterzugehen.

Wer waren die Anstifter? Vielleicht niemand. In stürmischen Augenblicken bricht das Feuer leicht von selbst aus. Man verfehlte nicht, die „revolutionäre Partei“ anzuklagen. Wer war diese Partei? Eine Vereinigung der Tat gab es noch nicht.

Man behauptete, daß der Herzog von Orléans Geld gegeben habe. Warum? Was gewann er damals dabei? Die beginnende große Bewegung bot seinem Ehrgeiz zu viele Möglichkeiten auf dem Boden des Gesetzes, als daß er um diese Zeit zum Aufruhr seine Zuflucht hätte nehmen müssen. Es ist wahr: er wurde von Intriganten gelenkt, die zu allem bereit waren, aber ihr Plan richtete sich damals völlig auf die Generalstaaten; als der einzige populäre unter den Prinzen würde ihr Herzog, dessen glaubten sie sich sicher, dort die erste Rolle spielen. Jedes Ereignis, das die Generalstaaten verzögern könnte, erschien ihnen als ein Unglück.

---

[1] Memoiren Besenvals, Bd. II, S. 347. – Madame de Genlis und andere Freunde des Ancien régime wollen, daß diese für sie so belastenden Memoiren vom Vicomte de Ségur redigiert worden sind. Das mag sein; er wird nach den Notizen und Erinnerungen Besenvals geschrieben haben. Die Memoiren sind dennoch Besenvals Eigentum. Ich weiß, Besenval konnte nicht gut schreiben; aber ohne seine vertraulichen Mitteilungen hätte der liebenswürdige Liederdichter niemals dieses so starke, dieses unter einer leichten Form so streng historische Buch verfaßt; die Wahrheit strahlt darin, leuchtet oft mit blendendem Licht; es bleibt nichts übrig, als die Augen niederzuschlagen.

Wer wünschte sie zu verzögern? Wer fand seine Rechnung dabei, die Wähler zu erschrecken? Wem nützte der Aufruhr?

Dem Hof allein, das muß man gestehen. Die Affäre kam ihm so gelegen, daß man ihn für den Urheber halten könnte. Gleichwohl ist es wahrscheinlicher, daß er sie nicht begann, aber sie mit Vergnügen sah, nichts tat, um sie zu verhindern, und bedauerte, daß sie zu Ende war. Der Faubourg Saint-Antoine hatte damals noch nicht seinen furchtbaren Ruf, der Aufruhr unter dem Geschütz der Bastille selbst schien nicht gefährlich.

Der Adel der Bretagne hatte das Beispiel gegeben, wie man die gesetzliche Arbeit der Provinzialstaaten störte; er hatte die Bauern aufgewiegelt und den mit Lakaien untermischten Pöbel gegen das Volk gehetzt. In Paris selbst schien es ein Blatt, „L'Ami du Roi", wenige Tage vor der Affäre Réveillon mit den gleichen Mitteln versuchen zu wollen. „Welchen Wert haben diese Wahlen", schrieb es gleisnerisch, „der Arme wird immer arm bleiben; das Schicksal des interessantesten Teiles des Königreichs ist vergessen worden ..." Als wenn nicht die ersten Ergebnisse der Revolution, welche diese Wahlen eröffneten – die Abschaffung des Zehnten, der Warensteuer, der wohlfeile Verkauf der Hälfte der Ländereien des Königreichs –, die plötzlichste Verbesserung im Schicksal des Armen gebracht hätten, die irgendein Volk je erlebt hatte!

Am 29. April morgens war alles wieder ruhig. Die Wahlmännerversammlung konnte friedlich ihre Arbeiten wiederaufnehmen. Sie dauerten bis zum 20. Mai, und der Hof erlangte den Vorteil, den er sich durch die verspätete Einberufung verschaffen wollte: die Abgeordneten von Paris zu verhindern, an den ersten Sitzungen der Generalstaaten teilzunehmen. Der Letztgewählte in Paris und ganz Frankreich war der Mann, der in der öffentlichen Meinung von allen der Erste war, der schon vorher der Revolution einen völlig gerechten und einfachen Weg vorgezeichnet, der ihre ersten Schritte, einen nach dem anderen, bestimmt hatte. Alles rückte voran nach Sieyès' Plan, in majestätischer Bewegung, friedfertig und sicher wie das Gesetz.

Das Gesetz allein kam zur Herrschaft; nach so langen Jahrhunderten der Willkür und der Laune kam die Zeit, wo niemand recht behalten würde gegen das Recht.

ZWEITES KAPITEL

Eröffnung der Generalstaaten (4. Mai–9. Juni 1789)

Feierlicher Umzug der Generalstaaten. – Die Eröffnung am 5. Mai 1789. – Rede Neckers. – Frage der Trennung der Stände. – Der dritte Stand lädt zur Vereinigung. – Untätigkeit der Versammlung. – Welche Fallen man ihr stellt.

Am Vorabend der Eröffnung der Generalstaaten las man in Versailles die feierliche Messe des Heiligen Geistes. Das oder niemals war der Tag, an welchem man die prophetische Hymne singen konnte: „Du wirst Völker erschaffen, und das Antlitz der Erde wird sich erneuern."

Dieser große Tag war der 4. Mai. Die zwölfhundert Abgeordneten, der König, die Königin und der ganze Hof hörten in der Kirche Notre-Dame das „Veni Creator". Dann begab sich die ungeheure Prozession durch die ganze Stadt nach Saint-Louis. Die breiten Straßen von Versailles, mit französischen Garden und Schweizergarden umsäumt und mit Teppichen mit der Krone belegt, konnten die Menge nicht fassen.

Ganz Paris war gekommen. Die Fenster, sogar die Dächer waren mit Menschen überfüllt. Die Balkone waren mit kostbaren Stoffen ausgeschlagen, besetzt mit glänzenden Frauen in koketten und eigenartigen Toiletten, wie man sie damals trug, in Federn und Blumen. Alle diese Menschen waren bewegt, gerührt, voll Aufregung und Hoffnung.[1]

Etwas Großes nahm seinen Anfang; wie würden die Fortsetzung, der Ausgang, die Ergebnisse sein; wer konnte es sagen? Der Glanz eines so abwechselungsreichen, majestätischen Schauspiels, die Musik, die hie und da spielte, brachten jeden anderen Gedanken zum Schweigen.

Ein schöner Tag, der letzte Tag des Friedens, der erste einer ungeheuren Zukunft! ...

Die Leidenschaften waren lebendig, verschiedener, zweifellos gegensätzlicher Art, aber sie waren nicht gereizt, wie sie es bald wurden. Selbst diejenigen, welche diese neue Zeit am wenigsten gewünscht hatten, konnten nicht umhin, die allgemeine Erregung zu teilen. Ein Abgeordneter des Adels gesteht, daß er vor Freude weinte: „Dieses Frankreich, mein Vaterland, schien, auf die Religion gestützt, zu uns zu sprechen: ‚Begrabt euren Hader!' ... Tränen entströmten meinen Augen. Mein Gott, mein Vaterland, meine Mitbürger waren ich selbst geworden."

[1] Man vergleiche die Berichte der Augenzeugen: Ferrières, Staël usw.

An der Spitze der Prozession erschienen zunächst eine Menge Männer in Schwarz, die starke ernste Schar der fünfhundertfünfzig Abgeordneten des dritten Standes; unter dieser Zahl stellten mehr als dreihundert Rechtsgelehrte, Advokaten oder Beamte, kraftvoll die Ankunft des Gesetzes dar. In bescheidener Kleidung, mit sicherem Schritt und Blick, zogen sie dahin, noch ohne Unterschied der Partei, alle glücklich über diesen großen Tag, der ihr Werk und ihr Sieg war.

Die glänzende kleine Truppe der Abgeordneten des Adels folgte mit ihren Federhüten, ihrem Spitzenschmuck, ihren Goldaufschlägen. Der Beifall, der den dritten Stand empfangen hatte, verstummte plötzlich. Von diesen Adeligen indessen schienen ungefähr vierzig ebenso warme Freunde des Volkes zu sein wie die Männer des dritten Standes.

Dasselbe Schweigen empfing die Geistlichkeit. Bei diesem Stande unterschied man sehr deutlich zwei Stände: einen Adel und einen dritten Stand: etwa dreißig Prälaten in Chorröcken und violetten Roben; gesondert und durch eine Musikkapelle von ihnen getrennt, die demütige Schar der zweihundert Pfarrer in ihren schwarzen Priesterroben.

Beim Anblick dieser glänzenden Menge von zwölfhundert Männern, die eine große Leidenschaft erfüllte, mußte dem aufmerksamen Beobachter etwas auffallen. Sie besaß sehr wenig starke Individualitäten, viele ehrenwerte Männer von schätzbarem Talent gewiß, doch keinen von denen, die vermöge ihrer Überlegenheit an Genie und Charakter das Recht haben, die Menge mit fortzureißen, keinen großen Erfinder, keinen Helden.

Die gewaltigen Neuerer, die dem Jahrhundert die Wege geöffnet hatten, lebten damals nicht mehr. Nur ihr Gedanke blieb, um die Nationen zu führen. Große Redner traten auf, um ihn auszusprechen, ihn anzuwenden, aber sie fügten nichts Neues hinzu. Der Ruhm der Revolution in dieser ersten Zeit, aber auch ihre Gefahr, das, was sie auf ihrem Wege weniger sicher machen konnte, war ihr Mangel an großen Männern, war der Zwang, allein gehen zu müssen im Schwung der Ideen, nur auf den Glauben an die reine Vernunft gestützt.

Dieses Adelskorps, das sich als den Bewahrer und Hüter unseres militärischen Ruhmes betrachtete, besaß keinen berühmten General. „Es waren erlauchte Unbekannte wie alle Grandseigneurs Frankreichs.“ Ein einziger erregte vielleicht Interesse, der als erster gegen den Willen des Hofes am amerikanischen Kriege teilgenommen hatte, der junge, blonde La Fayette. Niemand ahnte noch die Rolle, die das Schicksal ihm zuteilen sollte.

Der dritte Stand in seiner dunklen Masse barg schon den Konvent. Aber wer hätte das erkennen sollen? Wer hätte in dieser Menge von Advokaten die steife Gestalt und das fahle Gesicht des Advokaten von Arras unterscheiden sollen?

Zwei Dinge wurden bemerkt: die Abwesenheit Sieyès' und die Anwesenheit Mirabeaus.

Sieyès war noch nicht dabei; in diesem großen Menschenstrom suchte man vergeblich den, dessen einzigartiger Scharfsinn ihn vorausgesehen, beschrieben und berechnet hatte.

Mirabeau war zugegen, und er lenkte alle Blicke auf sich. Sein ungeheurer Haarwuchs, sein Löwenkopf, bemerkenswert durch eine machtvolle Häßlichkeit, weckten Staunen und beinahe Schrecken; man konnte die Augen nicht davon losmachen. Das war offenbar ein Mann, und die anderen waren Schatten; unglücklicherweise war er ein Mann seiner Zeit und seiner Klasse, lasterhaft wie die vornehme Gesellschaft der Zeit, überdies anstößig, lärmend und frech im Laster, das hatte seinen Ruf vernichtet. Die Welt war voll von seinen romanhaften Abenteuern, seinen Gefangenschaften, seinen Leidenschaften. Denn er hatte Leidenschaften gehabt, heftige, wütende Leidenschaften ... Und wer hatte damals nicht solche? Die Tyrannei seiner begehrlichen und verzehrenden Leidenschaften hatte ihn oft weit in die Niederungen geführt. Arm durch die Hartherzigkeit seiner Familie, besaß er außer den Lastern des Reichen auch die Laster des Armen. Tyrannei der Familie, Tyrannei des Staates, Tyrannei der Moral, des inneren Zustandes, der Leidenschaft: Ach, niemand mochte diese Morgenröte der Freiheit feuriger begrüßen. Er gab die Hoffnung nicht auf, die Freiheit und die Erneuerung des Herzens auch wirklich zu finden, und er sprach sich zu seinen Freunden darüber aus.[1] Er würde mit Frankreich wieder jung werden, seinen alten, befleckten Mantel abwerfen. Nur mußte er am Leben bleiben; auf der Schwelle dieses neuen Lebens war er, der starke, feurige, leidenschaftliche Mann, nichtsdestoweniger schwer leidend; seine Gesichtsfarbe war kränklich, seine Wangen wurden schlaff ... Was machte es ihm aus! Er trug seinen ungeheuren Kopf hoch, sein Blick war voll Kühnheit! Jedermann ahnte in ihm Frankreichs laute Stimme.

Der dritte Stand wurde im allgemeinen mit Beifall begrüßt; dann vom Adel einzig der Herzog von Orléans, schließlich der König, dem man so dafür dankte, daß er die Generalstaaten einberufen hatte. So war die Gerechtigkeit des Volkes.

Als die Königin vorüberkam, entstand ein Murmeln, Frauen riefen: „Es lebe der Herzog von Orléans!" und glaubten, sie mit dem Namen ihres Feindes mehr zu verwunden. Der Ruf machte starken Eindruck auf sie, sie glaubte, ohnmächtig zu werden, man stützte sie;[2] aber sie erholte sich sehr schnell, warf ihren Kopf hochmütig zurück – sie war immer noch schön. Von da an versuchte sie, dem öffentlichen Haß mit festem, verächtlichem Blick zu begegnen: ein trostloses Bemühen, das sie nicht verschönte. In dem feierlichen Porträt von 1788, das uns

---

1 E. Dumont, „Souvenirs", S. 27.

2 Campan, Bd. II, S. 37.

ihre Malerin, Madame Lebrun, von ihr hinterlassen hat – diese liebte sie und legte ihre eigene Herzenswärme in sie hinein –, spürt man dennoch bereits etwas Abweisendes, Geringschätziges, Verhärtetes.[1]

So verriet dies schöne Fest des Friedens und der Einigung den künftigen Krieg. Man bestimmte Frankreich einen Tag, sich zu vereinigen und sich in einem gemeinsamen Gedanken zu finden, und gleichzeitig tat man alles Erforderliche, es zu spalten. Wenn man nur die Verschiedenheit der Trachten sah, die den Abgeordneten befohlen war, erkannte man die Wahrheit von Sieyès' hartem Wort: „Drei Stände? Nein, drei Nationen."

Der Hof hatte die alten Bücher durchsuchen lassen, um die abscheulichen Einzelheiten eines mittelalterlichen Zeremoniells festzustellen, die Gegenstände der Klassen, die Zeichen der Absonderung und des sozialen Hasses, die man viel besser hätte verbergen sollen; Wappen, Bilder, Symbole *nach* dem „Figaro", *nach* Voltaire – das war spät! Die Wahrheit zu sagen: es war nicht so sehr das Behagen am alten Zopf, das den Hof bestimmt hatte, sondern eher die heimtückische Lust, diese kleinen Leute, die bei den Wahlen die Könige gemacht hatten, zu kränken, zu erniedrigen und sie an ihr geringes Herkommen zu erinnern. Die Schwäche genoß das gefährliche Vergnügen, die Starken ein letztes Mal zu demütigen.

Am 3. Mai, am Tage vor der Messe des Heiligen Geistes, wurden die Abgeordneten in Versailles vorgestellt, und der König benutzte diesen Augenblick herzlichen Gefühls und leichter Erregung, die Abgeordneten abzustoßen, die fast alle in ihm günstiger Gesinnung kamen. Anstatt sie nach Provinzen zu empfangen, ließ er sie nach Ständen vor; den Klerus und den Adel zuerst, dann, nach einer Pause, den dritten Stand.

Man hätte diese kleinen Unverschämtheiten gern den Offizieren und den Kammerdienern zugeschrieben; aber Ludwig XVI. bewies nur allzu sehr, daß er selbst am alten Zeremoniell festhielt. Als in der Sitzung vom 5. Mai der König sich bedeckt hatte und der Adel nach ihm, wollte es der dritte Stand ebenso machen; der König aber, um ihn zu verhindern, sich so dem Adel gleichzustellen, zog es vor, sein Haupt wieder zu entblößen.

Am 5. Mai wurde die Versammlung eröffnet, nicht im königlichen Schloß, sondern in der Avenue de Paris, in der Salle des Menus. Dieser Saal, der bedauerlicherweise nicht mehr vorhanden ist, war ungeheuer groß, er konnte außer den zwölfhundert Abgeordneten viertausend Zuhörer fassen.

---

[1] Man vergleiche die drei Porträts in Versailles. Auf dem ersten (in weißem Atlas) ist sie kokett, noch sanft; sie fühlt, daß sie geliebt wird. Auf dem zweiten (in rotem Sammet und Pelzwerk) ist sie von ihren Kindern umgeben; ihre Tochter schmiegt sich sacht an sie, doch ganz vergeblich, die Frostigkeit der Mutter ist unheilbar, der Blick ist starr, ausdruckslos, sonderbar unfreundlich (1787). Auf dem dritten (in blauem Sammet [1788]) ist sie allein, mit einem Buch in der Hand, ganz Königin, aber traurig und hart.

Ein Augenzeuge, Madame de Staël, die Tochter Neckers, die hingekommen war, um den Beifall für ihren Vater zu hören, berichtet uns, daß der Beifall tatsächlich erfolgte, und daß, als Mirabeau seinen Platz einnehmen wollte, man Murren hörte. Murren gegen den unmoralischen Menschen? Diese glänzende Gesellschaft, die an ihren Lastern starb und zu ihrem letzten Fest beisammen war, hatte kein Recht zur Strenge.[1]

Die Versammlung hatte drei Reden anzuhören, die des Königs, des Großsiegelbewahrers und Neckers, alle über denselben Text, alle unwürdig der großen Gelegenheit. Endlich stand der König der Nation gegenüber, und er hatte kein väterliches Wort für sie, kein Wort, das aus dem Herzen kam und zu Herzen ging. Der Anfang war ein unbeholfenes, ängstliches, verstecktes Schelten über den Geist der Neuerung. Er gab seinem Wohlwollen Ausdruck ... für die beiden ersten Stände, „die sich geneigt zeigten, auf ihre geldlichen Vorteile zu verzichten". Die Geldsorge beherrschte die drei Reden; wenig oder nichts stand darin über die Frage des Rechtes, die alle Herzen erfüllte und erregte, über das Recht der Gleichheit. Der König und seine beiden Minister sprachen ungeschickt, wobei die Schwülstigkeit mit Gemeinplätzen abwechselt; sie scheinen überzeugt, daß es sich lediglich um Steuer, Geld, Unterhalt, um die Magenfrage handelt. Sie glauben, daß, wenn die Privilegierten dem dritten Stand wie ein Almosen die Gleichheit der Steuerpflicht zugestehen, alles andere sich von selbst ordnen wird.[2] So enthalten die drei Reden drei Belobungen für das Opfer der ersten Stände, die bereit sind, auf ihre Steuerbefreiung zu verzichten. Das Lob steigt bis zu Necker, der keinen vergleichbaren Heroismus in der Geschichte kennt.

Die Lobsprüche, die viel eher wie eine Aufforderung aussehen, zeigen allzu deutlich, daß dieses bewundernswerte und so sehr gelobte Opfer noch nicht erfolgt ist. Es möge also möglichst rasch geschehen! Das ist die ganze Frage für den König und die Minister, die den dritten Stand als Schreckmittel berufen haben und ihn gern wieder heimschicken würden. Was das große Opfer anlangt, so haben sie nur noch halbe, zweifelhafte Zusagen; einige Herren haben es angeboten, aber die anderen haben sich über sie lustig gemacht. Mehrere Mitglieder

---

1 „Als der König inmitten dieser Versammlung auf dem Thron Platz nahm, empfand ich zum erstenmal etwas wie Furcht. Zuerst bemerkte ich, daß die Königin sehr erregt war; sie kam später als zur festgesetzten Stunde, und sie sah schlecht aus." (Staël, „Considérations", Bd. I, Kap. XVI)

2 Um zunächst nur vom Geld zu sprechen, von dem, was man Steuer nannte: diese machte nur einen kleinen Teil der Gesamtsteuer aus, dessen, was man unter verschiedenen Titeln an den Klerus und den Adel bezahlte, wie Zehnten und Feudalabgaben. Und dann war es nicht allein das Geld. Für das Volk handelte es sich nicht darum, die paar Sous aufzulesen, die man ihm hinwarf, sondern sein Recht zu bekommen; um nichts mehr und nichts weniger.

des Klerus haben gegen das bekannte Gutachten der Klerikerversammlung die gleiche Hoffnung erweckt. Die beiden Stände haben es nicht eilig, sich darüber zu erklären; das entscheidende Wort will nicht aus ihrem Munde, es bleibt im Halse stecken. Zwei Monate sind erforderlich und die schwersten, außerordentlichsten Umstände, sagen wir es offen: der Sieg des dritten Standes, damit der Klerus endlich, am 26. Juni, als Besiegter verzichtet, und selbst dann gibt der Adel nur „das Versprechen", zu verzichten.

Necker sprach drei Stunden über Finanzen und über Moral. „Nichts", meinte er, „geschieht ohne die öffentliche Moral, ohne die private Moral." Seine Rede enthielt nichtsdestoweniger die unmoralische Aufzählung der Mittel, die der König besaß, um sich der Generalstaaten zu entledigen und in der Willkür fortzufahren. Demnach waren die Generalstaaten ein reines Geschenk, eine bewilligte und widerrufliche Gunst.

Er gestand unklugerweise, daß der König „unruhig war". Er gab dem Wunsch Ausdruck, daß die beiden ersten Stände, allein und frei in ihrem Entschluß, ihre Opfer darbrächten, unbeschadet der Vereinigung mit dem dritten Stand, um später über Fragen von gemeinsamem Interesse zu verhandeln. Das war ein gefährlicher Wink! Wenn es dem Minister einmal freistand, an den reichen Quellen der großen Vermögen seine Steuer zu schöpfen, dann würde er nicht weiter auf der Vereinigung der Stände beharren. Die Privilegierten hätten ihre falsche Majorität behalten; zwei Stände gegen einen im Bunde könnten die Reformen verhindern. Was lag daran? Wenn der Bankerott vermieden war, die Teuerung aufgehört und die öffentliche Meinung sich beruhigt hatte, dann wurden die Fragen des Rechtes und der Garantie vertagt, die Ungleichheit und die Willkür wieder gestärkt; Necker regierte oder vielmehr der Hof, der, einmal außer Gefahr, den empfindsamen Bankier nach Genf zurückgeschickt hätte.

Am 6. Mai nahmen die Abgeordneten des dritten Standes vom großen Saal Besitz; die ungeduldige Menge, welche die Türen belagerte, drängte sich ihnen nach.

Der Adel und der Klerus tagten, jeder für sich, in ihren Räumen und beschlossen unverzüglich, daß die Vollmachten innerhalb jeden Standes durch diesen selbst geprüft werden sollten. Der Beschluß fand eine große Mehrheit beim Adel, eine kleine beim Klerus; viele Pfarrer wollten sich mit dem dritten Stand vereinigen.

Der dritte Stand erklärte kraft seiner großen Zahl und als Herr des großen Saales, daß er die beiden anderen Stände erwarte. Die Öde dieses ungeheuren Lokals schien deren Abwesenheit anzuklagen: der Saal selbst redete.

Die Frage der Vereinigung der Stände enthielt alle übrigen. Der dritte Stand, der schon die doppelte Mitgliederzahl besaß, brauchte bloß die Stimmen von ungefähr fünfzig Adeligen und etwa hundert Pfarrern hinzuzugewinnen, um die beiden anderen Stände mit ungeheurer Mehrheit zu beherrschen und in allem ihr Richter zu sein. Das Privilegium von denen gerichtet, gegen die es bestimmt war! Es war leicht, das Urteil vorauszusehen.

Der dritte Stand also erwartete den Klerus und den Adel, er wartete geduldig im Bewußtsein seiner Kraft – wie alles Ewige. Die Privilegierten wurden unruhig; sie wandten sich zu spät dem großen Privilegierten, dem König, ihrem natürlichen Mittelpunkt, wieder zu, dessen Stellung sie selbst erschüttert hatten. So ordneten sich in dieser Zeit des Wartens, die einen Monat und länger dauerte, die Dinge nach ihrer natürlichen Zugehörigkeit: die Privilegierten hielten sich zum König, die Versammlung zum Volk.

Sie lebte mit ihm, redete mit ihm vor weit geöffneten Türen; noch bestand keine trennende Schranke. Paris tagte in Versailles mitten unter den Abgeordneten. Ein ständiger Verkehr war auf dem ganzen Wege eingerichtet. Die Wahlmännerversammlung in Paris, die irreguläre, tumultuarische Versammlung der Menge im Palais-Royal verlangte jeden Augenblick Nachricht von den Abgeordneten; man fragte begierig alles aus, was von Versailles kam. Der dritte Stand, der wahrnahm, wie der Hof immer gereizter wurde und sich mit Soldaten umgab, war nur eines Schutzes gewiß: der Menge, die ihm zuhörte, der Presse, die ihm im ganzen Königreich Gehör schaffte. Am Tage der Eröffnung der Generalstaaten selbst versuchte der Hof, die Presse zu ersticken; ein Beschluß des Conseil unterdrückte und verurteilte das „Journal des Etats généraux", das Mirabeau herausgab; ein anderer Beschluß verbot das Erscheinen jeder periodischen Zeitschrift ohne besondere Erlaubnis. So wurde die Zensur, die seit mehreren Monaten untätig und wie aufgehoben war, angesichts der versammelten Nation wiederhergestellt für die notwendigen, unentbehrlichen Verbindungen der Abgeordneten mit ihren Wählern. Mirabeau kehrte sich nicht daran und schrieb weiter unter dem Titel: „Lettres à mes commettants". Die Wahlmännerversammlung in Paris unterbrach ihre Arbeit an den „Heften" (7. Mai), um einstimmig gegen den Beschluß des Conseils Widerspruch zu erheben. Das was die erste Einmischung von Paris in die allgemeinen Angelegenheiten. Die große Hauptfrage von der Freiheit der Presse wurde mit einem Schlage durchgesetzt. Nun mochte der Hof Kanonen und Armeen versammeln; eine mächtigere Artillerie, die der Presse, donnerte hinfort an das Ohr des Volkes, das ganze Königreich hörte es.

Am 7. Mai erlaubte der dritte Stand auf den Antrag Malouets und Mouniers hin einigen seiner Mitglieder, den Klerus und den Adel zur Sitzung einzuladen. Der Adel ging darüber hinweg und konstituierte sich als Versammlung. Der Klerus, in seinen Ansichten geteilter und ängstlicher, wollte den Gang der Dinge abwarten; überdies glaubten die Prälaten, mit der Zeit Stimmen unter den Pfarrern zu gewinnen.

Sechs Tage gingen verloren. Am 12. Mai schlug Rabaut-Saint-Etienne, der protestantische Abgeordnete von Nîmes, der Sohn des alten Cevennenmärtyrers, eine Konferenz vor, um die Vereinigung herbeizuführen. Statt dessen beantragte der Bretone Chapelier eine Erklärung: „Der dritte Stand ist erstaunt über die Abwesenheit der beiden anderen Stände, es ist unmöglich, anders als gemeinschaftlich zu konferieren, jeder Abgeordnete hat ein Recht und ein Interesse daran, die Gültigkeit der Mandate aller zu prüfen; nach Eröffnung der Generalstaaten gibt es keinen Standes- oder Provinzabgeordneten mehr, sondern Vertreter der Nation; die privilegierten Abgeordneten gewinnen dabei, ihre Befugnisse werden größer."

Der Antrag Rabauts drang durch als der gemäßigteste. Es fanden Konferenzen statt, doch sie verschlimmerten nur die Sache. Am 24. Mai brachte Mirabeau aufs neue einen Antrag ein, den er schon zu Beginn gestellt hatte, zu versuchen, den Klerus vom Adel loszumachen, ihn „im Namen des Gottes des Friedens" zur Vereinigung aufzufordern. Der Antrag war politisch sehr klug; zahlreiche Pfarrer warteten ungeduldig auf die Gelegenheit zur Vereinigung. Die neue Aufforderung hätte beinahe den ganzen Stand mitgerissen. Mit großer Mühe erreichten die Prälaten einen Aufschub. Am Abend eilten sie ins Schloß zu den Polignacs und ihrem Anhang. Mit Hilfe der Königin erlangte man vom König einen Brief, worin er erklärte, er wünsche, daß die Konferenzen in Gegenwart des Großsiegelbewahrers und einer königlichen Kommission wieder aufgenommen würden.[1] Der König verhinderte so die Vereinigung des Klerus mit dem dritten Stand und machte sich sichtlich zum Geschäftsführer der Privilegierten.

Dieser eines Königs wenig würdige Brief war eine Falle. Wenn der dritte Stand annahm, so war der König der Schiedsrichter der Konferenzen und konnte die Frage durch einen Beschluß des Conseils abtun, dann blieben die Stände getrennt. Wenn der dritte Stand allein ablehnte, während die anderen annahmen, so trug er allein das Odium der allgemeinen Untätigkeit, dann wollte er allein in diesem Augenblick der Not und des Hungers keinen Schritt tun, der Nation zu helfen. Mirabeau zeigte die Falle und riet der Versammlung, als die Geprellten zu erscheinen, die Konferenzen anzunehmen, aber gleichzeitig durch eine Adresse zu protestieren.

Eine neue Falle: auf den Konferenzen appellierte Necker an das Gefühl, an die Großmut, an das Vertrauen. Er gab den Rat, jeder Stand solle dem anderen die Prüfung seiner Vollmachten anvertrauen; bei Meinungsverschiedenheiten *würde der König entscheiden*. Der Klerus nahm unverzüglich an. Wenn der Adel auch angenommen hätte, dann blieb der dritte Stand allein gegen zwei. Wer wird ihm aus der Gefahr helfen? Der Adel selbst, der toll in sein Verderben rennt.

---

[1] Droz, Bd. II, S. 189. Droz' Zeugnis hat oft das Gewicht einer zeitgenössischen Autorität; oft überliefert er uns die Mitteilungen und mündlichen Enthüllungen Malouets und anderer wichtiger Teilnehmer der Revolution.

Der Kreis Polignac wollte keinen von seinem Feinde vorgeschlagenen Ausweg. Der Adel hatte, sogar noch bevor er den Brief des Königs kannte, um jeden Weg zur Versöhnung zu sperren, entschieden, daß die Beratung nach Ständen und das „Veto" jedes Standes gegen die Beschlüsse der anderen Grundprinzipien der Monarchie seien. Der Plan Neckers lockte viele gemäßigte Adelige; zwei sehr talentierte, aber hitzige und nicht sehr intelligente Geadelte, Cazalès und d'Eprémesnil, überstürzten die Frage und machten schließlich das letzte Rettungsmittel unbenutzbar, versetzten der Planke einen Stoß, die der König ihnen in ihrem Schiffbruch zuschob (6. Juni).

Man bemerke, daß die Reichen sich in dieser Zeit der großen Erwartung ganz ruhig hielten, jede Ausgabe vertagten. Die Arbeit hatte aufgehört. Wer nur seine Arme und die tägliche Arbeit hatte, um Nahrung für jeden Tag zu beschaffen, der suchte nach Arbeit, fand keine, bettelte, bekam nichts, stahl. Ausgehungerte Banden durchstreiften das Land; wo sie Widerstand fanden, wurden sie wütend, mordeten und sengten ... Weithin verbreitete sich der Schrecken; der Verkehr stockte, die Teuerung wuchs. Tausend sinnlose Gerüchte gingen um. Die Räuber seien vom Hofe bezahlt, erzählte man. Und der Hof machte seinerseits den Herzog von Orléans verantwortlich.

Die Lage der Versammlung war schwierig. Sie mußte untätig bleiben, während alle Rettung, die zu erhoffen war, nur von ihrem tatkräftigen Handeln ausgehen konnte. Sie mußte gewissermaßen dem Schmerzensschrei Frankreichs ihr Ohr verschließen, um Frankreich selbst zu retten und seine Freiheit zu gründen!

Der Klerus erschwerte diese grausame Lage und bediente sich eines wahrhaft pharisäischen Mittels gegen den dritten Stand. Ein Prälat erschien in der Versammlung, weinte über das arme Volk, über das Elend auf dem Lande. Vor viertausend Personen, die der Sitzung beiwohnten, zog er ein greuliches Stück Schwarzbrot aus der Tasche und sagte: „Das ist das Brot des Bauern." Der Klerus schlug vor, zu handeln, eine Kommission zu bilden, um gemeinsam über die Lebensmittelfrage und über das Elend der Armen zu beraten.

Eine gefährliche Falle. Entweder gab die Versammlung nach, begann ihre Tätigkeit und anerkannte so die Trennung der Stände, oder sie erklärte sich unempfindlich gegen das öffentliche Unglück. Die Verantwortung für die überall beginnende Unordnung fiel dann zuversichtlich auf sie. Die gewöhnlichen Redner schwiegen indessen über diese heikle Frage. Aber die unbekannten Abgeordneten, die Herren Populus und Robespierre[1] gaben dem allgemeinen Empfinden

1 Robespierre erhob mit Glück Gegenvorwürfe. Er sagte sehr gut: „Die alten Satzungen ermächtigen sogar, die geweihten Gefäße zu verkaufen, um dem Armen Erleichterung zu verschaffen." – Der „Moniteur", der hier wie so oft unvollständig und ungenau ist, muß hier durch Etienne Dumont, „Souvenirs", S. 60, ergänzt werden.

energisch und klug Ausdruck. Man forderte den Klerus auf, *im gemeinsamen Saal* über die öffentlichen Mißstände zu beraten, von denen die Versammlung nicht minder gerührt sei als er.

Diese Antwort verminderte die Gefahr nicht. Wie leicht mußte es dem Hofe, den Adeligen, den Priestern nun fallen, das Volk herumzukriegen. Wie schön konnte man von einer hochmütigen, ehrgeizigen Versammlung von Advokaten reden, die versprochen hatte, Frankreich zu retten und es lieber im Elend umkommen ließ, als von einem unberechtigten Anspruch etwas nachzulassen!

Der Hof ergriff begierig diese Waffe und glaubte, die Versammlung vernichten zu können. Der König erklärte dem Präsidenten des Klerus, der ihm den liebreichen Vorschlag seines Standes über die Lebensmittelangelegenheit unterbreitete, er würde mit Vergnügen sehen, wenn sich eine Kommission aus den Generalstaaten bildete, die ihn mit ihrem Rat unterstützen könnte.

So sorgte sich also der Klerus um das Volk, der König ebenfalls; nichts hinderte den Adel, dieselben Worte zu sprechen. Und dann würde der dritte Stand allein bleiben. Man würde feststellen, daß alle das Beste des Volkes wollten, und daß der dritte Stand allein es nicht wollte.

DRITTES KAPITEL

Die Nationalversammlung (Juni 1789)

Letzte Aufforderung des dritten Standes, am 10. Juni. – Er nimmt den Namen „die Gemeinen" an. – Die Gemeinen nehmen am 17. Juni den Titel „Nationalversammlung" an. – Sie bemächtigen sich des Steuerbewilligungsrechtes. – Der König läßt den Saal schließen. – Die Versammlung im Ballhaus, 20. Juni 1789.

Als Sieyès am 10. Juni die Versammlung betrat, erklärte er: „Kappen wir das Tau, es ist Zeit." Von diesem Tage an segelte das Schiff der Revolution, trotz Stürmen und trotz Windstillen, manchmal aufgehalten, niemals stillstehend, der Zukunft entgegen.

Dieser große Theoretiker, der so richtig vorausgerechnet hatte, bewies sich hier wahrhaft als Staatsmann; er hatte gesagt, was zu tun sei, und er tat es augenblicklich.

Jedes Ding hat nur einmal seinen richtigen Augenblick. Hier war es der 10. Juni; nicht früher und nicht später. Früher war die Nation nicht genügend überzeugt von der Verstocktheit der Privilegierten; sie brauchten einen Monat, um ihren bösen Willen völlig ins rechte Licht zu rücken. Später waren zwei Dinge zu befürchten: Entweder ließ das Volk, zum Äußersten getrieben, die Freiheit für ein Stück Brot fahren, und die Privilegierten machten durch ihren Verzicht auf Steuerbefreiung allem ein Ende; oder der Adel verband sich mit dem Klerus und bildete (wie man es ihnen riet) eine Erste Kammer. Eine solche Kammer, die heutzutage nur die Rolle eines dem Königtum bequemen Werkzeuges spielt, wäre im Jahre 1789 eine Macht an sich gewesen: Sie hätte diejenigen in sich vereinigt, die damals die Hälfte oder zwei Drittel vom Boden des Königtums besaßen, die durch ihre Geschäftsführer, ihre Pächter, ihre zahllose Dienerschaft so viele Mittel des Einflusses auf die ländlichen Bezirke innehatten. Man hatte soeben in den Niederlanden die Frucht der furchtbaren Eintracht dieser beiden Stände gesehen, die das Volk mit fortgerissen, die Österreicher verjagt und den Kaiser um sein Land gebracht hatte.

Mittwoch, den 10. Juni 1789, beantragte Sieyès, den Klerus und den Adel zum letztenmal aufzufordern, sie zu benachrichtigen, daß der Aufruf *in einer Stunde* erfolgen und daß gegen die Nichterschienenen Versäumnisurteil ergehen würde.

Diese Aufforderung in gerichtlicher Form war ein unerwarteter Streich. Die Abgeordneten der Gemeinen nahmen denen gegenüber, die ihnen die Gleichheit abstritten, eine überlegene Stellung an, gewissermaßen die Stellung von Richtern.

Das war klug, denn man setzte beim Abwarten zuviel aufs Spiel, aber es war auch verwegen. Man hat oft wiederholt, daß die Leute, die ein ganzes Volk hinter sich hatten und eine Stadt wie Paris, nichts zu fürchten brauchten, daß sie die Starken waren, daß sie ohne Gefahr vorwärtsgehen konnten. Hinterdrein, und da alles gelungen ist, kann man diesen Satz unterstützen. Zweifellos waren sich diejenigen, die diesen Schritt wagten, einer großen Macht bewußt, aber diese Macht war keineswegs organisiert; das Volk war noch nicht militärisch ausgebildet, wie es später wurde. Ein Heer lagerte um Versailles, zum Teil aus Deutschen und Schweizern bestehend (wenigstens neun Regimenter von fünfzehn); eine Batterie Geschütze stand vor dem Gebäude der Versammlung. Der Ruhm des großen Logikers, der den nationalen Gedanken zusammenfaßte, der Ruhm der Versammlung, die die Formel annahm, war, nichts von diesen Dingen zu sehen, an die Logik zu glauben und in ihrem Glauben vorwärtszugehen.

Der Hof war vollkommen unentschlossen und wußte nichts zu tun, als sich in verächtliches Schweigen zu hüllen. Zweimal vermied es der König, den Präsidenten der Gemeinen zu empfangen; er war auf der Jagd, sagte man, oder wohl: er war allzu traurig über den kürzlichen Tod des Dauphin. Dabei wußte man, daß er alle Tage die Prälaten, die Adeligen, die Parlamentsmitglieder empfing. Diese begannen, Angst zu bekommen, sie kamen, um sich dem König anzubieten. Der Hof hörte sie an, verhandelte mit ihnen, spekulierte auf ihre Furcht. Gleichwohl war es offenbar, daß der König, von ihnen überlaufen und in gewisser Beziehung ihr Gefangener, sich ganz zu ihnen halten und sich mehr und mehr als das erweisen würde, was er war: ein Privilegierter an der Spitze der Privilegierten. Die Lage wurde klar und übersichtlich; nur zwei Dinge blieben: das Privilegium auf der einen Seite und das Recht auf der anderen.

Die Versammlung hatte deutlich gesprochen. Sie erwartete von ihrem Schritt den Anschluß eines Teiles des Klerus. Die Pfarrer fühlten sich als Volk und hätten gern ihren wahren Platz neben dem Volke eingenommen. Aber die Gewohnheiten geistlicher Unterordnung, die Ränke der Prälaten, ihre Autorität, ihre drohende Stimme, andererseits der Hof und die Königin, hielten sie noch auf ihren Bänken fest. Nur drei unternahmen das Wagnis, dann sieben, schließlich achtzehn im ganzen. Großes Gespött bei Hof über die schöne Eroberung, die der dritte Stand machte.

Die Versammlung mußte auf Tod oder Leben einen zweiten Schritt tun. Sie mußte die einfache, außerordentliche Lage der Dinge, die ich soeben zeigte, das Recht gegenüber dem Privileg, das in der Versammlung verkörperte Recht der Nation, kühn ins Auge fassen. Und es genügte nicht, dies selbst zu sehen, man mußte es auch sichtbar machen, es feierlich verkünden, mußte der Versammlung ihren wahren Namen geben: *Nationalversammlung*.

In seiner berühmten Broschüre, die jedermann auswendig wußte, hatte Sieyès das bemerkenswerte Wort gesagt, das nicht vergebens fiel: „Der dritte Stand allein, so wird man sagen, kann keine Generalstaaten bilden. Um so besser, dann wird er eine *Nationalversammlung* sein."

Diesen Namen annehmen, sich so die Nation nennen, das von Sieyès aufgestellte revolutionäre Dogma – „Der dritte Stand ist alles" – verwirklichen, das war ein zu verwegener Schritt, um ihn gleich anfänglich zu wagen. Man mußte die Geister darauf vorbereiten, allmählich und stufenweise sich den Weg zu diesem Ziele bahnen.

Das Wort „Nationalversammlung" wurde durchaus nicht zuerst in der Versammlung selbst ausgesprochen, sondern in Paris bei den Wahlmännern, die Sieyès gewählt hatten und sich nicht fürchteten, in seiner Sprache zu reden.

Am 15. Mai sprach Boissy d'Anglas, damals unbekannt und ohne Einfluß, das Wort aus, aber um es zu beseitigen, es aufzuschieben, um der Kammer zu raten, sie solle sich vor jeder Übereilung hüten, sich von dem leisesten Vorwurf der „Leichtfertigkeit" freihalten. Bevor die Bewegung begann, wollte er schon bremsen.

Die Versammlung blieb also bei dem Namen die „Gemeinen", der in seiner niedrigen und schlecht bestimmten Bedeutung sie dennoch des kleinen, besonderen, ungenauen Namens: „der dritte Stand", enthob. Lebhafte Einsprüche seitens des Adels folgten.

Am 15. Juni forderte Sieyès vorsichtig und klug, daß die Gemeinen sich den Titel beilegten: „Versammlung der anerkannten und beglaubigten Vertreter *der französischen Nation*". Er schien nur eine unbestreitbare Tatsache auszusprechen, die Abgeordneten der Gemeinen hatten ihre Vollmachten einer öffentlichen Prüfung unterworfen, die feierlich im offenen großen Saale und vor der Menge vor sich gegangen war. Die beiden anderen Stände hatten unter sich bei verschlossenen Türen geprüft. Das einfache Wort „beglaubigte" Abgeordnete beschränkte die anderen auf den Namen „mutmaßliche" Abgeordnete; konnten diese letzteren die anderen hindern zu handeln? Konnten die Abwesenden die Gegenwärtigen lähmen? Sieyès erinnerte daran, daß diese *bereits sechsundneunzig Hundertstel* (wenigstens!) *der Nation vertraten*

Man kannte Sieyès zu gut, um daran zu zweifeln, daß dieser Vorschlag nur eine Stufe war, die zu einem anderen, verwegeneren, entscheidenderen führte. Mirabeau machte ihm gleich zu Anfang den Vorwurf, er bringe die Versammlung auf einen bestimmten Weg, ohne ihr das Ziel zu zeigen, an das er sie führe.

Und tatsächlich: am zweiten Tage der Schlacht ward es Licht. Zwei Abgeordnete dienten Sieyès als Vorläufer. Legrand beantragte, daß die Versammlung sich als „allgemeine" Versammlung erkläre; daß sie sich durch nichts in dem behindert fühle, was aus der „Unteilbarkeit einer Nationalversammlung" hervorgehen würde. Galand forderte, daß, da der Klerus und der Adel einfach zwei Körperschaften seien, die Nation hingegen eins und unteilbar, die Versammlung sich als „rechtmäßige und aktive Versammlung *der Vertreter der französischen Nation*" erkläre. Da trat Sieyès aus seiner Zurückhaltung hervor, ließ die Umschweife und beantragte den Titel „Nationalversammlung".

Seit der Sitzung vom 10. sah Mirabeau Sieyès den festen Boden verlassen, und er erschrak. Dieser Marsch führte geradlinig zu einem Punkte, wo er das Königtum und die Aristokratie sicher vor den Kopf stoßen mußte. Würde er haltmachen aus Ehrfurcht vor einem wurmstichigen Götzenbild? Es hatte nicht den Anschein. Nun ist trotz der harten Schule, durch welche die Tyrannei Mirabeau zur Freiheit bildete, zu sagen, daß der berühmte Tribun Aristokrat war nach Geschmack und Sitten, Royalist aus Neigung, sozusagen der Herkunft und dem Blute nach. Zwei andere Dinge, das eine groß, das andere niedrig, bestimmten ihn ebenfalls. Er war von gierigen Weibern umgeben und brauchte Geld; und die Monarchie erschien ihm als die offene, freigebige Hand, die Geld und Gunst verschwendete. Das Königtum war hart, grausam mit ihm verfahren; aber sogar das nutzte ihm jetzt bei diesem Mann: der hätte es schön gefunden, einen König zu retten, der siebzehnmal den Haftbefehl gegen ihn unterzeichnet hatte. So hochherzig und edel war dieser arme, große Mann, daß man gern die Schuld an seinen Lastern auf seine erbärmliche Umgebung, auf die Barbarei des Vaters schieben möchte, die ihn von der Familie absonderte. Sein Vater verfolgte ihn sein ganzes Leben lang, und sterbend bat der Sohn, man möge ihn neben seinem Vater bestatten.[1]

Als Sieyès am 10. beantragte, das Versäumnisurteil gegen die Nichterschienenen zu erlassen, unterstützte Mirabeau dieses harte Wort und sprach stark und fest. Abends jedoch, als er die Gefahr sah, gewann er es über sich, seinen Feind Necker aufzusuchen;[2] er wollte ihn über die Lage aufklären, dem Königtum den Beistand seines mächtigen Wortes anbieten.

Schlecht empfangen und darüber empört, unternahm er es gleichwohl, Sieyès den Weg zu versperren; er, der Tribun, der gestern erst durch die Revolution wieder zu Ansehen gekommen war und nur von ihr seine Stärke hatte, er wollte sich ihr entgegenstemmen und gedachte sie aufzuhalten.

Jeden anderen hätte der Versuch sogleich zu Fall gebracht, ohne daß er sich jemals wieder hätte erheben können. Daß dieser Mann mehr als einmal unpopulär werden und immer wieder in die Höhe kommen konnte, das gibt einen sehr großen Begriff von der Macht der Beredsamkeit über diese vor allen anderen für das Genie des Wortes empfängliche Nation.

---

1 Memoiren Mirabeaus, herausgegeben von Lucas de Montigny, Bd. XIII, Buch X.

2 Vergleiche die verschiedenen, doch vereinbaren Versionen E. Dumonts und Droz' (der dem mündlichen Zeugnis Malouets folgt).

Was war schwieriger als die These Mirabeaus! Vor der erregten und erhitzten Menge, vor einem Volke, das durch die Größe der Krisis über sich selbst hinausgehoben war, versuchte er die Behauptung, daß das Volk keinen Anteil nähme an solchen Diskussionen, daß es lediglich verlange, nicht mehr zu bezahlen, als es könne, und friedlich sein Elend tragen zu dürfen.

Nach solchen kleinen, betrübenden, entmutigenden, übrigens in der Hauptsache falschen Worten wagte er, die Grundfrage zu stellen: „Wer hat euch einberufen? Der König. Ermächtigen euch eure Mandate und eure Hefte, euch zur Versammlung der einzig anerkannten und beglaubigten Vertreter zu erklären? Und wenn der König euch seine Bestätigung verweigert? Die Folge ist ersichtlich. Ihr werdet Plünderungen und Metzeleien bekommen, aber nicht einmal die verruchte Ehre eines Bürgerkrieges haben."

Welchen Titel sollte man also annehmen?

Mounier und die Nachahmer der englischen Regierungsform schlugen vor: „Vertreter des *größten Teiles* der Nation in Abwesenheit des kleineren Teiles." Das schied die Nation in zwei Teile und führte zur Errichtung der beiden Kammern.

Mirabeau zog die Formel vor: „Vertreter des französischen *Volkes*". Dieses Wort war, wie er erklärte, dehnbar und konnte wenig oder viel bedeuten.

Und gerade diesen Vorwurf machten ihm zwei hervorragende Rechtsgelehrte, Target (aus Paris) und Thouret (aus Rouen). Sie fragten ihn, ob Volk „plebs" bedeute oder „populus". Der Doppelsinn trat zutage. Der König, der Klerus, der Adel würden zweifellos „Volk" im Sinne von „plebs", von niederem Volk, von einem bloßen *Teil* der Nation ausgelegt haben.

Viele hatten den Doppelsinn nicht bemerkt, ebenso nicht, wieviel an Boden die Versammlung dabei verlieren mußte. Alle verstanden ihn, als Malouet, Neckers Freund, das Wort „Volk" annahm.

Die Furcht vor dem königlichen „Veto", die Mirabeau zu wecken versuchte, konnte nur empören. Der Jansenist Camus, einer der festesten Charaktere in der Versammlung, antwortete mit den starken Worten: „Wir sind, was wir sind. Kann das ‚Veto' verhindern, daß die Wahrheit eins und unwandelbar ist? Kann die königliche Bestätigung die Ordnung der Dinge ändern und ihr Wesen entstellen?"

Mirabeau, durch den Widerspruch gereizt und alle Vorsicht fallen lassend, verstieg sich zu der Erklärung: „Ich halte das Veto des Königs für so notwendig, daß ich lieber in Konstantinopel als in Frankreich leben möchte, wenn er es nicht besäße. Ja, ich erkläre, ich kenne nichts Furchtbareres, als die souveräne Aristokratie von sechshundert Personen, die sich morgen unabsetzbar, übermorgen erblich machen und schließlich, wie die Aristokratien aller Länder der Welt, alles an sich reißen würden."

So zog Mirabeau von zwei Übeln, von denen das eine möglich, das andere gegenwärtig war, das letztere und sichere vor. In der Voraussetzung, daß die Versammlung sich eines Tages würde verewigen und erblicher Tyrann werden wollen, bewaffnete er diesen unverbesserlichen Hof, den es zu reformieren galt, mit der tyrannischen Befugnis, jede Reform zu verhindern. „Der König! Der König!" Warum immer Mißbrauch treiben mit dieser alten Religion? Wer wußte nicht, daß es seit Ludwig XIV. keinen König mehr gab? Krieg herrschte zwischen zwei Republiken; die eine, die in der Versammlung ihren Sitz hatte, das waren die großen Geister der Zeit, die besten Bürger, das war Frankreich selbst; die andere, die Republik der Mißbräuche, hielt ihre geheimen Zusammenkünfte bei Diana von Polignac, in den alten Kabinetten der Dubois, der Pompadour und du Barry.

Die Rede Mirabeaus wurde mit einem Sturm der Entrüstung, mit einem Hagel von Verwünschungen und Flüchen aufgenommen. Die beredte Rhetorik, mit der er widerlegte, was niemand gesagt hatte (daß das Wort „Volk" häßlich sei), täuschte niemanden.

Es war neun Uhr abends. Man schloß die Debatte, um zur Abstimmung zu schreiten. Die einzigartige Klarheit, mit welcher die Frage des Königtums selbst gestellt worden war, ließ befürchten, daß der Hof das einzige tue, was er tun konnte, um das Volk zu hindern, morgen selbst König zu sein. Er besaß die wirkliche Macht, eine Armee um Versailles; er konnte sie gebrauchen, die wichtigsten Abgeordneten ergreifen, die Generalstaaten auflösen, und, wenn Paris sich erhob, Paris aushungern ... Dieses verwegene Verbrechen war sein letzter Wurf; man glaubte, daß er ihn ausspielen würde. Dem wollte man zuvorkommen und die Versammlung noch in dieser Nacht konstituieren. Das war die Ansicht von mehr als vierhundert Abgeordneten; höchstens etwa hundert waren dagegen. Die kleine Minderheit verhinderte die ganze Nacht durch Geschrei und gewaltsames Gebaren, daß man den Namensaufruf vornehmen konnte. Aber dies schmachvolle Schauspiel einer tyrannisierten Mehrheit, der durch die Verzögerung gefährdeten Versammlung, der Gedanke, daß das Werk der Freiheit, das Heil der Zukunft von einem Augenblick zum anderen vernichtet werden konnten, all das erhitzte die Menge, welche die Tribünen füllte, bis zum Wahnsinn; ein Mann stürzte in den Saal und packte Malouet, den Hauptführer der hartnäckigen Schreier, am Kragen.[1] Der Mann entwischte. Das Geschrei ging weiter. Angesichts des Tumultes, erzählt Bailly, der den Vorsitz führte, blieb die Versammlung fest und würdig; ebenso geduldig wie stark wartete sie ruhig, bis diese tobende Bande durch ihr Geschrei erschöpft wäre. Eine Stunde nach Mitternacht waren die Abgeordneten weniger zahlreich, und man verschob die Abstimmung auf den Morgen.

---

[1] Der Hauptzeuge, Bailly, erwähnt den Vorfall nicht, den Droz allein berichtet, zweifellos nach Malouet.

Am Morgen, im Augenblick der Abstimmung, meldete man dem Präsidenten, er sei in die Kanzlei entboten, um einen Brief des Königs in Empfang zu nehmen. Dieser Brief, worin der König daran erinnerte, daß man ohne die Mitwirkung der drei Stände nichts vermöchte, hätte den hundert Gegnern gerade rechtzeitig einen willkommenen Text geliefert, zu langen Reden Anlaß gegeben und viele schwache Gemüter beunruhigt und erkaltet. Die Versammlung vertagte mit königlicher Würde den Brief des Königs und verbot ihrem Präsidenten, vor Beendigung der Sitzung den Saal zu verlassen. Sie wollte abstimmen, und sie stimmte ab.

Die verschiedenen Anträge konnten auf drei, oder vielmehr auf zwei beschränkt werden:

1. Den von Sieyès: *National*versammlung.

2. Den von Mounier: Versammlung der Vertreter des *größeren* Teiles der Nation, in Abwesenheit des *kleineren Teiles*. Die doppelsinnige Formel Mirabeaus ging auf die Mouniers zurück, da das Wort „Volk" in eingeschränktem Sinne als der „größere Teil der Nation" verstanden werden konnte.

Mounier hatte den offenbaren Vorteil einer strengen Wörtlichkeit, die im Grunde der Gerechtigkeit widersprach. Sie stellte zwei ungeheuer verschiedene Werte einander gegenüber und glich sie aus, als seien sie von gleicher Höhe. Die Versammlung vertrat die Nation außer den Privilegierten, das heißt 96 oder 98 Hundertstel gegen vier Hundertstel (nach Sieyès) oder zwei Hundertstel (nach Necker). Warum sollte man diesen zwei oder vier Hundertsteln eine so ungeheure Wichtigkeit beimessen? Sicherlich nicht, weil sie moralisches Ansehen besaßen, – das hatten sie nicht mehr, sondern weil in Wirklichkeit der ganze große Besitz des Königtums, zwei Drittel des Bodens, in ihren Händen war. Mounier war der Anwalt des Eigentums gegen die Bevölkerung, des Bodens gegen den Menschen. Nun sollte kein feudaler, englischer oder materialistischer Gesichtspunkt mehr gelten; Sieyès hatte die wahre französische Formel aufgestellt.

Mit Mouniers Arithmetik und seiner ungerechten Genauigkeit, mit Mirabeaus Doppelsinn blieb die Nation *eine Klasse*, und der große Besitz, der Boden, bildete ebenfalls *eine Klasse* der Nation gegenüber. Wir verharrten dann weiter in der alten Ungerechtigkeit; das Mittelalter setzte sein barbarisches System fort, bei dem die Scholle mehr galt als der Mensch, bei dem der Boden, der Misthaufen, die Asche die Oberlehnsherren des Geistes waren.

Der Antrag Sieyès, über den zuerst abgestimmt wurde, erhielt ungefähr fünfhundert Stimmen, und nicht hundert waren dagegen.[1] So wurde die Versammlung als *Nationalversammlung* proklamiert. Viele riefen: „Es lebe der König!"

[1] Vierhunderteinundneunzig Stimmen gegen neunzig. Mirabeau wagte weder dafür noch dagegen zu stimmen und blieb zu Hause.

Noch zwei Unterbrechungen gab es, wie um die Versammlung aufzuhalten, die eine vom Adel her, der unter einem Vorwand eine Botschaft sandte; die andere von gewissen Abgeordneten, die vor allem wünschten, daß man einen Präsidenten wählte und ein regelmäßiges Büro einrichtete. Die Versammlung ging darüber hinweg und schritt zum feierlichen Eid. In Gegenwart einer bewegten Menge von viertausend Zuhörern hörten die sechshundert Abgeordneten stehend, die Hand erhoben, unter tiefem Schweigen, die Augen auf das ernste und würdige Gesicht ihres Präsidenten geheftet, die Verlesung der Formel an und riefen: „Wir schwören es!" Ein allgemeines, ehrfürchtiges und religiöses Gefühl erfüllte alle Herzen.

Die Versammlung war begründet, sie lebte; doch fehlte ihr die Kraft und die Gewißheit des Lebens. Die verschaffte sie sich, indem sie das Steuerrecht an sich nahm. Sie erklärte, daß die Steuer, *die bis dahin ungesetzlich gewesen sei*, „provisorisch" erhoben werden würde, bis die gegenwärtige Versammlung auseinanderginge. Das hieß, mit einem Schlage die ganze Vergangenheit verurteilen und sich der Zukunft bemächtigen.

Stolz machte sie die Ehrenfrage, die Staatsschuld, zu der ihrigen und übernahm die Bürgschaft dafür.

Und alle diese Taten eines Königs geschahen in der Sprache des Königs, sogar in den Formeln, die der König bis dahin allein anwandte: „Die Versammlung *erwägt und verordnet* ..."

Schließlich machte ihr die öffentliche Verpflegung Sorge. Da die Verwaltung wie alle anderen Gewalten versagt hatte, so war die Gesetzgebung als die einzige, damals geachtete Autorität gezwungen einzuschreiten. Übrigens forderte sie für ihren Verpflegungsausschuß das gleiche, was der König selbst der Abordnung des Klerus angeboten hatte, die Übermittelung der Auskünfte, die über die Angelegenheit Klarheit schaffen konnten. Aber was er damals anbot, wollte er heute nicht mehr gewähren.

Am meisten überrascht von allen war Necker; er lebte in dem kindlichen Glauben, die Welt zu lenken, und die Welt ging ohne ihn vorwärts. Er hatte die junge Versammlung immer als sein Kind, seinen Augapfel betrachtet; er hatte dem König erklärt, sie würde gelehrig und klug sein; und nun stand sie plötzlich, ohne ihren Vormund zu fragen, auf eigenen Füßen, schritt voran, überstieg die alten Schranken, ohne auch nur einen Blick darauf zu werfen. In seinem starren Erstaunen empfing Necker zwei Ratschläge, von einem Royalisten und einem Republikaner, und beide kamen auf eins heraus. Der Royalist war der Intendant Bertrand de Molleville, ein Intendant des Ancien régime, beschränkt und voller Leidenschaften; der Republikaner war Durovray, einer jener Demokraten, die der König 1782 von Genf verjagt hatte.

Man muß wissen, warum dieser Ausländer in einer so schweren Krisis sich so sehr für Frankreich interessierte und sich vermaß, seinen Rat zu erteilen. Durovray hatte sich in England niedergelassen, bekam Pension von den Engländern, war aus Neigung und in seinen Grundsätzen Engländer geworden und wurde ein wenig später ein Haupt der Emigranten. Inzwischen gehörte er einer kleinen Genfer Gesellschaft an, die zu unserem Unglück Mirabeau hinterging. England schien das wichtigste Werkzeug der französischen Freiheit zu umgarnen.[1] Der große Mann, der den Engländern bis dahin wenig günstig gesinnt war, hatte sich von diesen Exrepublikanern, diesen sogenannten Märtyrern der Freiheit fangen lassen. Die Durovray, Dumont und andere mittelmäßige und geschäftige Macher waren immer bei der Hand, um seiner Trägheit behilflich zu sein. Er war schon krank und tat alles Nötige, um es immer mehr zu werden. Seine Nächte töteten seine Tage; morgens fielen ihm die Versammlung und die Geschäfte ein, und er suchte nach einem Gedanken. Da kam ihm der von den Genfern aufgegriffene englische Gedanke gerade recht; er griff ihn mit geschlossenen Augen auf und tat sein Talent hinzu. So groß war seine Leichtfertigkeit und Unvorsicht, daß sein bewundernswertes Wort sogar auf der Tribüne bisweilen nur eine Übersetzung der Notizen war, welche ihm diese Genfer von Augenblick zu Augenblick zukommen ließen.

Durovray, der gar keine Beziehungen zu Necker hatte, warf sich in jener schwierigen Lage zu seinem gefälligen Ratgeber auf.

Er wollte wie Bertrand de Molleville, daß der König den Beschluß der Versammlung *für ungültig erkläre*, ihr den Namen „Nationalversammlung" untersage, die Vereinigung der drei Stände befehle, sich als den „provisorischen Gesetzgeber Frankreichs" erkläre und *kraft der königlichen Autorität* tue, was die Gemeinen ohne sie getan hatten. Bertrand glaubte mit Recht, daß nach diesem Schlage nur die Auflösung bliebe. Durovray behauptete, daß die Versammlung, wenn sie gesprengt und gedemütigt wäre, unter dem königlichen Vorrang ihre kleine Rolle als Gesetzgebungsmaschine annehmen würde.[2]

Am 17. Juni abends waren die Häupter des Klerus, der Kardinal von La Rochefoucauld und der Erzbischof von Paris nach Marly geeilt und hatten den

---

[1] Diese Genfer waren nicht gerade Agenten Englands. Aber die Pensionen, die sie von da bezogen, das Geschenk von mehr als einer Million, das England ihnen machte, um in Irland ein Genf zu gründen (das auf dem Papier stehenblieb), all das verpflichtete sie, den Engländern zu dienen. Übrigens spalteten sie sich. Ivernois wurde Engländer und unser grausamster Feind. Clavière allein wurde Franzose. – Was soll man zu Etienne Dumont sagen, der behauptet, daß diese Leute mit ihrer schwerfälligen Feder alle Reden für Mirabeau aufgeschrieben hätten? Seine „Erinnerungen" bezeugen eine große Undankbarkeit für den genialen Mann, der ihn mit seiner Freundschaft ehrte.

[2] Man vergleiche die beiden Pläne in den „Memoiren" Bertrands und in den „Erinnerungen" Dumonts. Dieser gesteht, daß die Genfer sich wohl gehütet hätten, ihren schönen Plan Mirabeau anzuvertrauen; der wurde hinterher davon unterrichtet und meinte sehr verständig: „So bringt man die Könige aufs Schafott."

König und die Königin um Hilfe angefleht. Am 19. gab es nichtssagende Debatten in der Adelskammer: Orléans schlug vor, sich mit dem dritten Stande zu vereinigen, Montesquieu, sich mit dem Klerus zu vereinigen. Am gleichen Tage hatten die Pfarrer die Mehrzahl ihres Standes zum Anschluß an den dritten Stand bewogen und so ihren Stand gespalten. Der Kardinal und der Erzbischof gingen am gleichen Abend noch einmal nach Marly und warfen sich dem König zu Füßen: „Das heißt Revolution machen." Dann kamen die Parlamentsmitglieder: „Die Monarchie ist verloren, wenn man die Generalstaaten nicht auflöst."

Ein gefährlicher Ausweg, den zu wählen bereits unmöglich war. Die Flut stieg von Stunde zu Stunde. Versailles, Paris murrten ... Necker hatte zwei oder drei Minister und den König selbst überzeugt, daß sein Plan das einzige Rettungsmittel sei. Man hatte diesen Plan in einem letzten, entscheidenden Staatsrat, Freitag, den 19. abends, wieder vorgenommen, alles war zu Ende und beschlossen: „Schon wurden die Mappen geschlossen", erzählt Necker, „als man einen Offizier vom Dienst eintreten sah; er sprach leise mit dem König, Seine Majestät erhob sich auf der Stelle und befahl seinen Ministern, sitzen zu bleiben. Herr von Montmorin, der neben mir saß, meinte: ‚Es ist nichts von Bedeutung; die Königin allein hat sich erlauben können, den Staatsrat zu unterbrechen; die Prinzen haben sie offenbar beschwatzt."

Alles wurde abgebrochen: man konnte das voraussehen; darum zweifellos hatte man den König nach Marly gebracht, wo er weit von Versailles und vom Volke mit der Königin allein war und in gemeinsamem Schmerze um den Tod ihres Kindes um so zarter und schwächer ihr gegenüber wurde. Eine schöne Gelegenheit, ein starker Anhaltspunkt für die Einflüsterungen der Priester. War der Tod des Dauphin nicht eine strenge Mahnung der Vorsehung, da sich der König zu den gefährlichen Neuerungen eines protestantischen Ministers hergab?

Da der König noch schwankte, obschon er beinahe besiegt war, begenügte er sich, um den Klerus zu verhindern, sich dem dritten Stand anzuschließen, mit dem Befehl, der Saal solle am folgenden Tage, Samstag, den 20. Juni, geschlossen bleiben; als Vorwand dienten die notwendigen Vorbereitungen für eine königliche Sitzung, die am Montag stattfinden sollte.

All dies wurde in der Nacht beschlossen und um sechs Uhr morgens in Versailles öffentlich angeschlagen. Der Präsident der Nationalversammlung erfährt zufällig, daß sie sich nicht versammeln kann. Nach sieben empfängt er einen Brief, nicht vom König (wie es natürlich gewesen wäre, der König richtete auch Handschreiben an den Präsidenten des Parlaments), sondern einfach eine Mitteilung des jungen Brézé, des Zeremonienmeisters. Eine solche Mitteilung hätte nicht dem Präsidenten Bailly in seiner Wohnung gemacht werden sollen, sondern der Versammlung selbst. Bailly hatte keine Vollmacht, selbständig zu handeln. Zu der am Tage vorher für die Sitzung anberaumten Stunde, um acht Uhr, begibt er sich mit vielen Abgeordneten an die Türe des Saales. Vom Wachtposten aufgehalten, protestiert er gegen die Behinderung und erklärt, man befände sich in offener Sitzung. Mehrere junge Abgeordnete machen Anstalt, die Tür zu sprengen; der Offizier läßt blank ziehen und zeigt so, daß sein Befehl sich der Unverletzlichkeit gegenüber keine Rücksicht auferlegt.

Da stehen nun unsere neuen Könige vor der Türe, wie widerspenstige Schüler. Da schweifen sie im Regen auf der Avenue de Paris unter dem Volk umher. Alle sind sich über die Notwendigkeit einig, die Sitzung abzuhalten und sich zu versammeln. Die einen rufen: „Zum Exerzierplatz!" – Andere: „Nach Marly!" – Einer: „Nach Paris!" Dieser Vorschlag ging zu weit; er hätte Feuer an das Pulverfaß gelegt.

Der Abgeordnete Guillotin gab den weniger gefährlichen Rat, sich nach Vieux-Versailles zu begeben und im Ballhaus zu tagen. Das war ein öder, häßlicher, kahler, ärmlicher Ort. Er war um so geeigneter. Dort wurde die Versammlung selbst ärmlich und vertrat an diesem Tage um so mehr das Volk. Sie mußte den ganzen Tag stehen, es gab kaum eine Holzbank. Es war die Krippe der neuen Religion, ihr Stall von Bethlehem.

Einer der mutigen Pfarrer, die für den Anschluß des Klerus gestimmt hatten, der wackere Grégoire, besuchte lange nachher, als das Kaiserreich so grausam seine Mutter, die Revolution, vernichtet hatte, oft die Ruinen von Port-Royal in der Nähe von Versailles; eines Tages (zweifellos auf dem Rückwege) betrat er das Ballhaus.[1] Das eine lag in Trümmern, das andere war verlassen. Tränen entströmten den Augen des starken Mannes, der niemals weich geworden war. Zwei Religionen galt es zu beweinen, das war zu viel für ein Menschenherz!

1 Memoiren Grégoires, Bd. I, S. 380.

VIERTES KAPITEL

Der Ballhauseid
(20. Juni 1789)

Der Ballhauseid, 20. Juni 1789. – Die Versammlung ist obdachlos. – Staatsstreich; Plan Neckers; Erklärung des Königs, 23. Juni 1789; Weigerung der Versammlung, sich zu trennen. – Der König bittet Necker zu bleiben, aber er widerruft seine Erklärung nicht.

Nun sind sie im Ballhaus gegen den Willen des Königs versammelt. Aber was werden sie tun?

Man darf nicht vergessen, daß die Versammlung zu dieser Zeit völlig royalistisch ist, kein Mitglied ausgenommen.[1]

Man darf nicht vergessen, daß sie „Es lebe der König!" rief, als sie sich am 17. den Titel Nationalversammlung gab. Und als sie sich das Steuerbewilligungsrecht zuschrieb und die bis dahin erhobene Steuer für ungesetzlich erklärte, da waren die Gegner lieber hinausgegangen, als daß sie durch ihre Anwesenheit eine solche Verletzung der Autorität des Königs gebilligt hätten.[2]

Der König, dieser alte Schatten, dieser Aberglaube von ehedem, der im Saale der Generalstaaten so mächtig gewesen war, verblaßte im Ballhaus. Der elende Raum, ganz modern, kahl, ohne Möbel, hatte nicht einen Schlupfwinkel, in dem sich die Träume der Vergangenheit noch einnisten konnten. Möchten also hier der reine Geist, die Vernunft, die Gerechtigkeit, dieser König der Zukunft, herrschen.

An jenem Tage gab es keinen Widerspruch[3], die Versammlung war eines Geistes und eines Herzens. Es war ein Gemäßigter, Mounier aus Grenoble, welcher der Versammlung die berühmte Erklärung vorschlug: daß, an welchem Ort auch immer sie gezwungen würde zusammenzutreten, so solle dort die Nationalversammlung sein, die *nichts hindern könne*, ihre Beratungen fortzusetzen; *daß sie den Eid leiste, sich niemals zu trennen*, bis zur Vollendung und Befestigung der Verfassung.

Bailly schwor zuerst und sprach den Eid so deutlich und laut, daß die ganze Volksmenge, die sich draußen drängte, ihn hören konnte und in trunkener Begeisterung Beifall rief. Rufe: „Es lebe der König!" wurden in der Versammlung

---

[1] Vergleiche unterm 22. Juli eine auf Robespierre bezügliche Anmerkung.

[2] Das scheint sich mir aus der Vergleichsziffer der Abstimmungen zu ergeben. „Die Ungesetzlichkeit der nicht bewilligten Steuern ..." wurde *einstimmig* von den vierhundertsechsundzwanzig Abgeordneten angenommen, die allein im Saal blieben (Archiv des Königreichs. Procèsverbaux manuscrits de l'Assemblée nationale).

[3] Einen einzigen gab es. Die neunzig Gegner vom 17. Juni schlossen sich der Mehrheit an.

und im Volke laut. Das war inmitten der lebhaften Erregung der Ruf des alten Frankreich, und er mischte sich noch in den Eid des Widerstandes.[1]

Im Jahre 1792 fragt sich Mounier, der damals ausgewandert und allein im fremden Lande war, ob sein Antrag vom 20. Juni im Recht begründet war, ob seine Königstreue und seine Bürgerpflicht übereingestimmt haben. Und selbst da, als Emigrierter, bei allen Vorurteilen des Hasses und der Verbannung, gibt er sich die Antwort: „Ja!"

„Ja", sagt er, „der Eid war gerecht; man plante die Auflösung, ohne den Eid wäre sie geschehen; der Hof, einmal von den Generalstaaten befreit, hätte sie nie wieder berufen; man hätte darauf verzichten müssen, die Verfassung zu begründen, die so einstimmig in den schriftlich niedergelegten Wünschen Frankreichs verlangt wurde." Das ist die Meinung eines Royalisten, des Gemäßigtesten unter den Gemäßigten, eines Juristen, der gewohnt war, moralische Entscheidungen in positiven Fällen zu treffen, über die erste Tat unserer Revolution.

Was machte man inzwischen in Marly? Am Sonnabend und Sonntag zankte sich Necker mit den Parlamentsmitgliedern, denen der König ihn ausgeliefert hatte, und die mit der Kaltblütigkeit, wie sie Tolle bisweilen haben, sein Projekt umstießen, das einzige daran, was es hätte durchbringen können, verdarben, ihm seinen unechten Charakter nahmen, um einen bloßen, brutalen Staatsstreich nach dem Beispiel Ludwigs XV., wie das Parlament es so oft erlebt hatte, daraus zu machen. Die Besprechungen wurden bis zum Abend fortgesetzt. Erst um Mitternacht erfuhr der Präsident im Bett, daß die Königliche Sitzung am Morgen nicht stattfinden konnte, daß sie auf Dienstag verschoben war.

Der Adel war sonntags nach Marly gekommen, zahlreich und lärmend. Er hatte dem König in einer Adresse vorgestellt, daß es sich jetzt viel mehr um ihn als um den Adel handelte. Der Hof war neubelebt in ritterlichem Mut; die Männer des Degens schienen nur auf ein Signal gegen die Männer der Feder zu warten. Der Graf von Artois wurde inmitten dieser Großmäuler trunken vor Unverschämtheit, er ging so weit, daß er im Ballhaus sagen ließ, er würde am nächsten Tage dort spielen.

Die Versammlung fand sich also am Montagmorgen wieder auf dem Pflaster von Versailles, obdachlos. Ein würdiges Vergnügen für den Hof! Der Herr des Saales hatte Angst und fürchtete die Prinzen. Nicht besser ging es der Versammlung am Tor des Recolletenklosters, wo sie anklopfte; die Mönche wagten nicht, sich bloßzustellen. Wer sind denn diese Vagabunden, diese gefährliche Bande, vor der sich alle Türen schließen? Niemand anders als die Nation selbst.

[1] Die Versammlung ging nicht weiter. Sie lehnte den energischen und richtigen Antrag Chapeliers ab, der das Pech hatte, deutlich zu sagen, was alle dachten. Er schlug eine Adresse vor: „Um Seine Majestät zu unterrichten, daß die Feinde des Vaterlandes den Thron umgeben, und daß ihre Ratschläge dahin zielen, *den Monarchen an die Spitze einer Partei zu stellen.*"

Und warum nicht unter freiem Himmel tagen? Welcher Versammlungsort war würdiger? Aber gerade an diesem Tage wollte die Mehrheit des Klerus mit den Gemeinen vereint Sitzung halten. Wo sollte man sie empfangen? Glücklicherweise hatten sich die hundertvierunddreißig Pfarrer und einige Prälaten an ihrer Spitze schon am Morgen in die Kirche Saint-Louis begeben. Die Versammlung wurde in das Schiff der Kirche geführt, und die Geistlichen, die zuerst im Chor gesessen hatten, kamen heraus und nahmen in ihrem Schoße Platz. Ein schöner Augenblick voll aufrichtiger Freude! „Der Tempel der Religion", sagte ein Redner bewegt, „wurde der Tempel des Vaterlandes."

Am selben Tage, Montag, den 22., kämpfte Necker noch immer vergebens. Sein Plan, der der Freiheit verderblich war, weil er einen Schatten von Mäßigung bewahrte, machte einem anderen, ehrlicheren Platz, der geeigneter war, die Dinge in ihr richtiges Licht zu rücken. Necker war nicht mehr als ein sträflicher Vermittler zwischen dem Guten und dem Bösen, der den Schein des Gleichgewichtes zwischen gerecht und ungerecht wahrte, zugleich ein Höfling des Volkes und der Feinde des Volkes. Beim letzten Staatsrat, der montags in Versailles stattfand, erwiesen die Prinzen, die dazu berufen wurden, der Freiheit einen wesentlichen Dienst, indem sie diesen zweideutigen Vermittler unschädlich machten, der Vernunft und Unvernunft hinderte, sich von Angesicht zu Angesicht gegenüberzustehen.

Bevor die Sitzung beginnt, will ich die beiden Pläne prüfen, den Neckers und den des Hofes. Was den ersten anlangt, so will ich nur Neckers eigenen Worten glauben.

Der Plan Neckers

In seinem Buche von 1796, das mitten in der Reaktionszeit geschrieben wurde, gesteht uns Necker vertraulich, wie sein Plan aussah; er zeigt, daß dieser Plan *verwegen, sehr verwegen* war ... zugunsten der Privilegierten. Dieses Geständnis kostet ihn ein wenig Mühe, aber er macht sich die Mühe. „Der Fehler meines Planes ist seine allzu große Gewagtheit; ich setze alles aufs Spiel, was ich aufs Spiel setzen konnte. – Erklären Sie sich. – Das werde ich tun, das muß ich. Geruhen Sie, mich anzuhören."[1]

Er spricht zu den Emigranten, an die er diese Rechtfertigung richtet. Ein zweckloses Beginnen! Wie sollten sie ihm jemals verzeihen, daß er das Volk zum politischen Leben aufgerufen hat, daß er fünf Millionen Wähler schuf.

1. Die notwendigen, unumgänglichen Reformen, die der Hof so lange verweigert hatte, und die er nur notgedrungen annahm, ließ Necker durch den König

[1] Necker, „Oeuvres", Bd. VI, S. 191.

öffentlich bekanntgeben. Er, der zu seinem Schaden wußte, daß der König ein Spielzeug der Königin und des Hofes war, ein bloßes Aushängeschild und nichts mehr, er gab sich dazu her, diese traurige Komödie fortzuführen.

Aus der Freiheit, dem heiligen Recht, das durch sich selbst besteht, machte er ein Geschenk des Königs, ein *verliehenes Staatsgrundgesetz*, wie es das Staatsgrundgesetz der Invasion von 1814 war. Aber ein dreißigjähriger Krieg war nötig, und ganz Europa mußte in Paris sein, damit Frankreich diese Lügenverfassung annahm.

2. Keine einheitliche Gesetzgebung, *zwei Kammern* wenigstens. Es war wie ein ängstlicher Rat für Frankreich, es England nachzutun; das hatte in der Tat zwei Vorteile: die Privilegierten, Priester und Adlige, die hinfort in einer Ersten Kammer vereint waren, zu stärken; ferner dem König die Mittel zu erleichtern, das Volk an der Nase herumzuführen, es durch die Erste Kammer zu hemmen, statt selbst der Hemmschuh zu sein, zwei Einsprüche statt einen zu haben (wie wir es heute sehen).

3. Der König erlaubte den drei Ständen, gemeinsam über die *allgemeinen* Angelegenheiten zu beraten; was jedoch die Privilegien persönlicher Auszeichnung und der Ehre betraf, was die *an den Lehen haftenden* Rechte betraf, so gab es darüber keine gemeinsame Debatte. Und gerade das betrachtete Frankreich als die im wahrsten Sinne allgemeine Angelegenheit. Wer sollte auch in der Ehrenfrage eine spezielle Angelegenheit zu sehen wagen?

4. Diese hinkenden, bald vereinigten, bald in drei Stände getrennten, bald tätigen, bald durch ihre dreifache Bewegung unbeweglichen Generalstaaten hält Necker noch im Gleichgewicht, er hemmt sie und macht sie unwirksam durch die *Provinzialstaaten*, indem er die Spaltung vermehrt, während Frankreich sich nach der Einigung sehnt.

5. Das gewährt er, und sobald er es gewährt hat, zieht er es augenblicklich zurück. Diese schöne Gesetzgebungsmaschine wird niemand in Betrieb sehen, er neidet uns das Schauspiel, sie arbeitet hinter verschlossenen Türen: *die Sitzungen sind nicht öffentlich*. So wird das Gesetz fern vom Licht des Tages im Dunkeln entstehen, wie auch eine Verschwörung gegen das Gesetz entstehen könnte.

6. Das Gesetz! Was bedeutet dieses Wort ohne persönliche Freiheit? Wer kann frei handeln, wählen, abstimmen, wenn niemand sicher ist, nicht einmal zu Hause? Diese erste Bedingung des sozialen Lebens, die Voraussetzung aller politischen Tätigkeit und dieser unentbehrlich, erfüllt Necker noch nicht. Der König wird die Versammlung auffordern, nach *Mitteln zu suchen*, welche die Abschaffung der königlichen Verhaftsbefehle *erlauben könnten*. Inzwischen behält er sie bei, die willkürlichen Verhaftungen, die Staatsgefängnisse, die Bastille.

Das ist das äußerste Zugeständnis, das in seinem besten Augenblick, von einem volksfreundlichen Minister gedrängt, das alte Königtum macht. Dazu kann es nicht einmal soweit gehen. Der nominelle König verspricht; der wahre König, der Hof, spottet über das Versprechen ... Mögen sie in ihren Sünden dahinfahren!

Erklärung des Königs (23. Juni 1789)

Der Plan des Hofes ist besser als der unechte Plan Neckers. Wenigstens sieht man durch ihn klarer. Alles, was bei Necker schlimm ist, wird sorgfältig beibehalten, aber reichlich vermehrt.

Dieses Aktenstück, das man das Testament des Despotismus nennen kann, zerfällt in zwei Teile:

1. Die Versagung der Garantien unter dem Titel: Erklärung, betreffend die *gegenwärtige* Haltung der Generalstaaten; 2. die Reformen, die sogenannten Wohltaten:[1] Erklärung, betreffend die *Absichten* des Königs, seine Forderungen, seine Wünsche für zukünftige Möglichkeiten. Das Schlimme steht fest, und das Gute ist möglich. Nun die Einzelheiten:

1. Der König zerbricht den Willen von fünf Millionen Wählern und erklärt, daß ihre Forderungen nur Auskünfte sind.

Der König hebt die Beschlüsse der Abgeordneten des dritten Standes auf, erklärt sie für „nichtig, ungesetzlich, verfassungswidrig".

Der König will, daß die Stände getrennt bleiben, daß immer einer den anderen hemmen kann (daß zwei Hundertstel der Nation ebensoviel gelten als die ganze Nation).

Wenn sie sich vereinigen *wollen*, so erlaubt er es, *doch nur für dies eine Mal*, – und nur für die *allgemeinen* Angelegenheiten; – unter diese allgemeinen Angelegenheiten gehören weder die besonderen Rechte der drei Stände, *noch* die Konstituierung der nächsten Generalstaaten, *noch* das feudale und grundherrliche Eigentum, *noch* die Geld- oder Ehrenprivilegien. Das ganze Ancien régime ist also ausgenommen.

Soweit erledigte der Hof die Sache. Nun folgt aller Wahrscheinlichkeit nach ein Artikel des Königs, der ihm besonders am Herzen lag, den er selbst geschrieben haben wird: Der Klerus soll (gegen den Adel und den dritten Stand) ein besonderes Veto haben für alles, was die Religion, die Unterweisung, die Verwaltung der Welt-

[1] Die Form ist auf der Höhe des Inhaltes; zuweilen schwülstig, dann abgeschmackt, im ganzen prahlerisch: „Niemals hat ein König so viel getan." Am Schluß eine durch ihre Unvorsichtigkeit und Dummheit bemerkenswerte Phrase (auch *Necker nimmt sie in Anspruch*: Bd. IX, S.196): „Bedenken Sie, meine Herren, daß keiner von Ihren Plänen Gesetzeskraft erlangen kann ohne meine besondere Zustimmung."

und *Ordens*geistlichkeit angeht. – Es würde also keinen Mönch weniger geben, keine Reform einzuführen sein. Diese Klöster, die täglich verhaßter und nutzloser wurden, die man nicht mehr füllen konnte, wollte der Klerus alle bestehen lassen. Der Adel war wütend. Er verlor seine schönste Hoffnung; er hatte sehr damit gerechnet, daß ihm diese Beute des einen oder anderen Tages zufiele; wenigstens hoffte er, daß, wenn der König und das Volk ihn allzu sehr drängen würde, sein Opfer darzubringen, daß er dann großmütig das des Klerus darbringen würde.

Veto über Veto. Wozu? Ein übertriebener Luxus an Vorsichtsmaßregeln, sicher genug, um jedes Resultat unmöglich zu machen.

Bei den gemeinsamen Beschlüssen der drei Stände genügte es, daß zwei *Drittel eines einzigen Standes* gegen den Beschluß Einspruch erhoben, damit die Entscheidung dem König zufiel. Noch mehr, wenn der Beschluß gefaßt war, *genügte der Einspruch von hundert Mitgliedern*, ihn ungültig zu machen. Das heißt, daß die Worte „Versammlung“, „Beschluß“, „Entscheidung“ nur eine Mystifikation, eine Posse sind. Wer sollte sie spielen, ohne zu lachen?

2. Dann kommen die *Wohltaten*: Veröffentlichung des Finanzberichtes, Steuerbewilligungsrecht, Festsetzung der Ausgaben, *für welche die Generalstaaten die Mittel finden werden*, Seine Majestät „wird sie annehmen, *wenn sie sich mit der königlichen Würde* und der schnellen Abwickelung des öffentlichen Dienstes *vereinigen lassen*“.

Zweite Wohltat: Der König wird der Gleichheit der Steuerpflicht seine Zustimmung geben, *wenn der Klerus und der Adel auf ihre geldlichen Vorteile verzichten wollen.*

Dritte Wohltat: Das Eigentum soll geachtet werden, *besonders die Zehnten, die Feudalrechte und -lasten.*

Vierte Wohltat: Freiheit der Person? Nein. Der König fordert die Generalstaaten auf, Mittel zu *suchen* und ihm *vorzuschlagen*, um die Abschaffung der „Königlichen Verhaftsbefehle“ mit den Sicherheitsmaßnahmen *in Einklang zu bringen*, die, sei es zum Schutz der Familienehre, sei es zur Niederwerfung beginnender Aufstände usw. *notwendig sind.*

Fünfte Wohltat: Freiheit der Presse? Nein. Die Staaten werden ein Mittel suchen, die Freiheit der Presse mit der *der Religion*, den Sitten und der Ehre der Bürger *geschuldeten Ehrfurcht in Einklang zu bringen.*

Sechste Wohltat: Zulassung aller zu den Ämtern? Nein. Sie wird *ausdrücklich zu denen der Armee* verweigert. Der König erklärt *nachdrücklichst*, daß er *die bestehende Einrichtung der Armee* ohne die geringste Verletzung im ganzen *erhalten* will. Das heißt, daß der Bürgerliche niemals zu militärischem Rang gelangen wird usw. So treibt der einfältige Gesetzgeber die Dinge einer gewaltsamen Austragung, der Erledigung durch das Schwert zu. Und das in dem gleichen Augenblick, wo er das seinige zerbricht. Nun mag er Soldaten rufen, mag er die

Versammlung damit umzingeln, mag er sie auf Paris marschieren lassen: das sind ebenso viele Verteidiger, die er der Revolution gibt.

Am Vorabend des großen Tages, um Mitternacht, benachrichtigen drei adlige Abgeordnete, d'Aiguillon, de Menou, de Montmorency, den Präsidenten über die Ergebnisse des letzten Staatsrates, der am gleichen Abend in Versailles stattgefunden hatte: „Necker wird ein dem seinigen feindliches Projekt nicht durch seine Gegenwart unterstützen, er wird nicht in die Sitzung kommen, und zweifellos wird er abreisen." Die Sitzung wurde um zehn Uhr eröffnet; Bailly konnte den Abgeordneten, und diese vielen anderen Leuten, das große Geheimnis des Tages verraten. Die öffentliche Meinung hätte sich teilen, sich täuschen lassen können, wenn man den volkstümlichen Minister zur Seite des Königs hätte sitzen sehen; war er abwesend, so blieb der König ohne Deckung, von der öffentlichen Meinung verlassen. Der Hof hoffte, seinen Streich unter Neckers Schutz und auf dessen Kosten zu führen; er hat ihm niemals verziehen, daß er sich nicht durch ihn mißbrauchen und entehren ließ.

Ein Beweis, daß alles bekannt war, ist, daß, als der König das Schloß verließ, die Menge in düsterem Schweigen verharrte.[1] Der Anschlag war entdeckt, die große, wohlvorbereitete Szene hatte keine Wirkung mehr.

Der elende, kleine Geist der Unverschämtheit, der den Hof leitete, war auf den Einfall geraten, die beiden ersten Stände durch die große Vordertür den Saal betreten zu lassen, die Gemeinen dagegen durch den hinteren Eingang, sie unter einem Schuppen zu lassen, halb im Regen.

Der so gedemütigte, beschmutzte und durchnässte dritte Stand würde gesenkten Hauptes eintreten, um seine Lehre zu empfangen.

Niemand da zur Einführung, die Türe war geschlossen, die Wache drinnen. – Mirabeau zum Präsidenten: „Mein Herr, führen Sie die Nation vor den König!" Der Präsident klopft an die Türe; die Gardes du corps von drinnen: „Sofort!" Der Präsident: „Meine Herren, wo ist denn der Zeremonienmeister?" Die Gardes du corps: „Das wissen wir nicht." Die Abgeordneten: „Nun, dann wollen wir weggehen!" Endlich gelingt es dem Präsidenten, den Hauptmann der Wache kommen zu lassen, der Brézé suchen geht.

Die Abgeordneten treten hintereinander ein und finden den Klerus und den Adel im Saal, die schon auf ihren Plätzen sitzen und sie wie Richter zu erwarten scheinen. Im übrigen ist der Saal leer. Öde ist dieser ungeheure Saal, aus dem das Volk verbannt ist.

Der König verlas mit seiner gewohnten Schlichtheit die Ansprache, die man für ihn verfertigt hatte, diese despotischen Worte, die so fremd in seinem Munde klangen. Er merkte kaum deren herausfordernde Heftigkeit, denn er zeigte sich

---

[1] Dumont (Augenzeuge), S. 91.

überrascht von dem Anblick, den die Versammlung bot. Als die Adligen die Stelle, welche die Feudalrechte bestätigte, mit Beifall aufnahmen, ertönten laute und deutliche Stimmen: „Ruhig da!"

Nach einem Augenblick des Schweigens und des Staunens sagte der König schließlich ein gewichtiges, unduldsames Wort, das der Versammlung den Fehdehandschuh hinwarf und den Streit begann: „Wenn Sie mich bei einem so schönen Unternehmen im Stich lassen, dann werde ich allein das Wohl meiner Völker betätigen, *ich allein werde mich als ihr wahrer Vertreter betrachten.*"

Und schließlich: „*Ich befehle Ihnen, meine Herren, sich augenblicklich zu trennen* und sich morgen früh in die Ihrem Stande angewiesenen Räume zu begeben, um dort Ihre Sitzungen wiederaufzunehmen."

Der König verließ den Saal, Adel und Klerus folgten. Die Gemeinen blieben ruhig und schweigend sitzen.[1]

Nun tritt der Zeremonienmeister ein und sagt mit leiser Stimme zum Präsidenten: „Mein Herr, Sie haben den Befehl des Königs gehört?" – Der antwortet: „Die Versammlung hat sich bis nach der königlichen Sitzung vertagt; ich kann sie nicht entlassen, bevor sie darüber Beschluß gefaßt hat." Dann wendet er sich zu seinem nächstsitzenden Kollegen: „Mir scheint, daß die versammelte Nation keinen Befehl empfangen kann."

Dies Wort wurde in bewunderungswürdiger Weise von Mirabeau aufgegriffen und von ihm an den Zeremonienmeister gerichtet; mit seiner starken, wuchtigen Stimme und mit außerordentlicher Majestät rief er ihm die Worte zu: „Wir haben die Absichten gehört, die man dem König eingeflüstert hat; und Sie, mein Herr, der Sie nicht in der Lage sind, sein Werkzeug bei der Nationalversammlung zu sein, Sie, der Sie hier weder Sitz, noch Stimme, noch das Recht zu reden haben, Sie haben uns nicht an seine Rede zu erinnern. Sagen Sie denen, die Sie hierher schicken, daß wir hier sind durch den Willen des Volkes, und daß nur die Gewalt der Bajonette uns von hier vertreiben soll."[2]

Brézé geriet aus der Fassung und wurde betroffen; er spürte das neue Königtum und erwies ihm die Ehre, die die Etiquette für das andere vorschrieb: er ging rückwärts schreitend hinaus, wie man es vor dem König tat.[3]

---

[1] Es gab weder Zaudern noch Bestürzung, was Dumont auch sagen möge, der nicht dabei war. Die Hitzigen, wie Grégoire (Mémoires, Bd. I, S. 381), und die Gemäßigten, wie Malouet, waren völlig einig. Der letztere sagte bei dieser Gelegenheit die schönen einfachen Worte: „Wir durften keinen anderen Entschluß fassen. Wir schuldeten Frankreich eine Verfassung." (Malouet, Rechenschaftsbericht an seine Auftraggeber.)

[2] Diese Version ist die einzig wahrscheinliche. Mirabeau war Royalist; er hätte weder jemals gesagt: „Sagen Sie Ihrem Herrn", noch die anderen Worte, die man hinzugefügt hat.

[3] Von Frochot, einem Augenzeugen, an Mirabeaus Sohn berichtet (Mémoires, Bd. VI, S. 39). Die Familie Brézé hat es sich vierundvierzig Jahre nach dem Vorgang einfallen lassen, einige Einzelheiten dieser so wohlbekannten Szene zu bestreiten.

Der Hof hatte ein anderes Mittel ersonnen, um die Gemeinen nach Hause zu schicken, ein brutales Mittel, das man bei früheren Generalstaaten mit Erfolg angewandt hatte: einfach den Saal ausräumen, die Sitzreihen und die Königsloge abbrechen zu lassen. Tatsächlich traten Arbeiter ein, aber auf ein Wort des Präsidenten hielten sie inne, legten ihre Werkzeuge ab, sahen mit Bewunderung die ruhige Majestät der Versammlung und wurden aufmerksame und respektvolle Zuhörer.

Ein Abgeordneter schlug vor, am folgenden Tage die Resolutionen des Königs zu verhandeln. Er fand kein Gehör. Camus begründete schlagend und ließ die Erklärung abgeben, daß die königliche Sitzung nur ein ministerieller Akt gewesen sei, und daß die Versammlung bei ihren Beschlüsse beharre.

Der junge Dauphinéer Barnave meinte: „Ihr habt erklärt, was ihr seid; ihr braucht keine Bestätigung."

Und der Bretone Glezen: „Wie denn! Der Fürst spricht als Herr, während er doch um Rat bitten sollte."

Pétion, Buzot, Garat, Grégoire sprachen ebenso energisch. Und Sieyès sagte schlicht: „Meine Herren, Sie sind heute dasselbe, was Sie gestern waren."

Dann erklärte die Versammlung auf den Antrag Mirabeaus, daß ihre Mitglieder unverletzlich seien, daß, wer immer die Hand an einen Abgeordneten legte, ein Verräter sei, ehrlos und des Todes schuldig.

Diese Erklärung war nicht unnütz. Die Gardes du corps hatten sich in Reih und Glied vor dem Saal aufgestellt. Man glaubte, daß sechzig Abgeordnete in der Nacht gefangengenommen werden sollten.

Der Adel mit seinem Präsidenten an der Spitze ging geradewegs, um seinem Retter, dem Grafen Artois, seinen Dank abzustatten, dann zu Monsieur, der indessen vorsichtig war und sich wohl hütete, zu Hause zu sein. Viele suchten die triumphierende und freudestrahlende Königin auf, die, ihre Tochter an der Hand und den Dauphin auf dem Arm, zu ihnen sagte: „Ich vertraue ihn dem Adel an."

Der König teilte diese Freude durchaus nicht. Das Schweigen des Volkes, das ihm so neu war, hatte ihn bedrückt. Als Brézé ihm berichtete, daß die Abgeordneten des dritten Standes ihre Sitzung fortsetzten, und ihn um seine Befehle bat, ging er einige Minuten umher und sagte schließlich mit der Stimme eines gelangweilten Menschen: „Nun! Man mag sie in Ruhe lassen."

Das war klug vom König. Er hatte alles zu befürchten. Noch ein Schritt weiter, und Paris marschierte auf Versailles. Schon war Versailles aufgewühlt. Fünf-, sechstausend Menschen zogen zum Schloß hinauf. Die Königin sah mit Schrekken diesen sonderbaren, ganz neuen Hof, der augenblicklich die Gärten, die Terrassen und schon die Gemächer erfüllte. Sie bat und flehte den König an, wiedergutzumachen, was sie getan hatte, Necker zurückzurufen. Der brauchte nicht von weit her zu kommen, er war ganz in der Nähe und schon da, wie gewöhnlich überzeugt, daß die Dinge ohne ihn nicht gehen würden. Ludwig XVI. sagte ihm gutmütig: „Ich für mein Teil lege durchaus keinen Wert auf diese Erklärung."

Necker wollte nicht mehr und stellte keine Bedingung. Seine befriedigte Eitelkeit, die trunkene Freude: „Necker!" schreien zu hören, raubten ihm jeden anderen Gedanken. Er ging, vor Freude aufgebläht, in den großen Hof des Schlosses und durchschritt ihn ganz, um die Menge zu beruhigen. Da warfen sich Narren auf die Knie und küßten ihm die Hände. Er wurde unruhig und sagte: „Ja, meine Kinder, ja, meine Kinder, ich bleibe, beruhigt euch." Und dann ging er in sein Arbeitszimmer und schmolz in Tränen.

Armes Werkzeug des Hofes! Er blieb, ohne eine Forderung zu tun, er blieb, um die Ränke mit seinem Namen zu decken, um dem Hof als Aushängeschild zu dienen und ihn gegen das Volk zu sichern; er flößte diesen Tapferen neuen Mut ein und gab ihnen Zeit, noch mehr Truppen herbeizuschaffen.

FÜNFTES KAPITEL

Die Gärung in Paris (Juni–Juli 1789)

Wahlmännerversammlung, 25. Juni. – Gärung unter den französischen Garden. – Stimmungsmache im Palais-Royal. – Intrigen der Partei Orléans. – Der König befiehlt die Vereinigung der Stände, 27. Juni. – Das Volk befreit die französischen Garden, 30. Juni. – Der Hof bereitet sich zum Krieg. Paris fordert die Bewaffnung. – Entlassung Neckers, 11. Juli 1789.

Die Lage war einzigartig.

Die Versammlung hatte nicht gehorcht. Aber der König hatte nichts widerrufen.

Der König hatte Necker zurückgerufen. Aber er hielt die Versammlung wie gefangen inmitten der Truppen und hatte auch die Öffentlichkeit von den Sitzungen ausgeschlossen; die große Türe blieb geschlossen, die Versammlung trat durch die kleine ein und verhandelte hinter verschlossenen Türen.

Die Versammlung erhob schwachen Widerspruch. Der Widerstand vom 23. schien ihre Kräfte erschöpft zu haben.

Paris dagegen erschlaffte nicht.

Es beruhigte sich nicht dabei, daß seine Abgeordneten ihm im Gefängnis Gesetze machten.

Am 24. war die Gärung furchtbar.

Sie brach am 25. auf drei verschiedenen Wegen zugleich aus, durch die Wahlmänner, durch die Menge, durch die Soldaten. Die Revolution schlägt ihren Sitz in Paris auf.

Die Wahlmänner hatten sich das Versprechen gegeben, nach den Wahlen wieder zusammenzukommen, um die Anweisungen für die von ihnen gewählten Abgeordneten zu vervollständigen. Obgleich das Ministerium ihnen die Erlaubnis hierzu verweigerte, half ihnen der Staatsstreich vom 23. darüber hinweg; sie machten ebenfalls ihren Staatsstreich und versammelten sich am 25. in der Rue Dauphine. Ein elender Saal bei einem Speisewirt, der gerade von einer Hochzeitsgesellschaft – welche Platz machte – besetzt war, nahm die Wahlmännerversammlung von Paris zuerst auf. Das war *ihr* Ballhaus.

Durch sie ging nun Paris die Verpflichtung ein, die Nationalversammlung zu unterstützen. Einer von ihnen, Thuriot, gab den Rat, man solle sich ins Hôtel de Ville, in den großen Saal Saint-Jean begeben, den man ihnen nicht zu verweigern wagte.

Diese Wahlmänner waren in der Mehrzahl reiche Leute, angesehene Bürger; viele Aristokraten waren unter ihnen. Aber auch sehr hitzige Köpfe. Zwei Männer vor allem, feurige Revolutionäre, mit einem sonderbaren Hang zum Mystizismus; der eine war der Abbé Fauchet, ein beredter und unerschrockener Mensch, der andere sein Freund Bonneville (der Übersetzer Shakespeares). Alle beide wären im dreizehnten Jahrhundert sicher als Ketzer verbrannt worden. Im achtzehnten waren sie, ebensosehr und noch mehr wie jeder andere, die Seele des Widerstandes, den man von der bürgerlichen Wahlmännerversammlung durchaus nicht erwartet hätte.[1] Bonneville schlug am 6. Juni vor, Paris zu bewaffnen und rief selbst als erster zu den Waffen![2]

Fauchet, Bonneville, Bertolio und Carra, ein feuriger Journalist, machten verwegene Anträge, die zuerst in der Nationalversammlung hätten gestellt werden müssen: 1. Errichtung der Bürgergarde. 2. Tunlichst schnelle Organisation einer wahren, gewählten und jährlich wiederkehrenden Kommune. 3. Eine Eingabe an den König mit der Bitte um Entfernung der Truppen, um Befreiung der Versammlung, um den Widerruf des Staatsstreiches vom 23.[3]

Gerade am Tage der ersten Wahlmännerversammlung, als wenn der Ruf: „Zu den Waffen!“ in den Kasernen widerhallt wäre, erzwangen die Soldaten der französischen Garden, die seit mehreren Tagen zurückbehalten worden waren, den Ausgang, gingen in Paris umher und verbrüderten sich mit dem Volke im Palais-Royal. Schon seit einiger Zeit bildeten sich geheime Gesellschaften unter ihnen; sie schwuren, keinem Befehl zu gehorchen, der den Verordnungen der Versammlung entgegen sein würde. Der Akt vom 23., in welchem der König auf das nachdrücklichste erklärte, *er würde niemals die Einrichtung der Armee ändern*, das heißt, der Adel würde immer alle Rangstufen innehaben, der Bürgerliche würde niemals aufsteigen können, der Gemeine müsse als Gemeiner enden: diese törichte Erklärung mußte vollenden, was die revolutionäre Ansteckung begonnen hatte.

Die französischen Garden, die in Paris ansässig und größtenteils verheiratet waren, hatten kurz zuvor durch ihren Obersten Du Châtelet, einen harten Menschen, die Anstalt aufheben sehen, in der man die Kinder der Truppe umsonst aufzog. Die einzige Änderung, die man an den „militärischen Einrichtungen“ vornahm, geschah also zu ihrem Nachteil.

[1] Man vergleiche die Memoiren Baillys und das Protokoll der Wahlmänner, redigiert von Bailly und Duveyrier.

[2] Indessen rechnete man nirgendwo mehr auf die Schwäche des Volkes. Die bekannte Milde der Pariser Sitten, die große Zahl der Beamten, der Geldleute, die nur verlieren konnten bei dieser Bewegung, die Menge derer, die von den Mißständen lebten, all das hatte vor den Wahlen den Glauben genährt, daß Paris sich sehr bürgerlich, schlaff und ängstlich erweisen würde (vergleiche Bailly, S. 16, 150).

[3] Dussaulx, „Oeuvre des sept jours“, S. 271 (Ausgabe von 1822).

Um das Wort „Einrichtung der Armee" wohl zu würdigen, muß man bedenken, daß um diese Zeit die Offiziere mit 46 Millionen und die Gemeinen mit 44 Millionen im Budget standen.[1] Man muß wissen, daß Jourdan, Joubert, Kléber, die zuerst gedient hatten, den Soldatenberuf als eine Sackgasse, als eine trostlose Laufbahn aufgaben. Augereau war Unteroffizier bei der Infanterie, Hoche Sergeant bei den französischen Garden, Marceau Soldat; diese jungen, hochherzigen und ehrgeizigen Leute waren da für immer festgenagelt. Hoche, der einundzwanzig Jahre alt war, bildete sich nichtsdestoweniger weiter, als wenn er kommandierender General werden wollte. Literatur, Politik, Philosophie sogar: alles verschlang er. Muß ich erzählen, daß dieser große Mann, um ein paar Bücher kaufen zu können, Offizierswesten stickte und sie in einem Café verkaufte![2] Der karge Sold des Soldaten wurde unter dem einen oder anderen Vorwand durch Abzüge verzehrt, welche die Offiziere, wie man erzählt, unter sich vergeudeten.[3]

Die Bewegung der französischen Garden war kein Prätorianeraufruhr, keine brutale Soldatenempörung. Sie erfolgte zur Unterstützung der Erklärungen der Wahlmänner und des Volkes.

Diese wahrhaft französische, zum großen Teil pariserische Truppe bekannte sich zu Paris, bekannte sich zum Gesetz, zum lebendigen Gesetz der Nationalversammlung.

Sie kommen zum Palais-Royal, von der Menge begrüßt, umdrängt, umarmt, beinahe erstickt. Der Soldat, der wahre Paria der alten Monarchie, so mißhandelt von den Adligen, wird vom Volke aufgenommen. Und was ist er unter der Uniform anders als das Volk selbst? Zwei Brüder haben sich wiedergefunden, der Soldat und der Bürger, zwei Kinder *einer* Mutter; sie sinken einander in die Arme, und die Tränen fließen ...

Haß und Parteigeist haben all das verkleinert, die großen Szenen entstellt, die Geschichte ohne Grund verdunkelt. Man hat sich auf die oder jene lächerliche Anekdote festgelegt. Ein würdiges Vergnügen für kleine Geister! Man hat diese ungeheure Bewegung aus unglaublich kläglichen, kleinlichen Ursachen hergeleitet. So erklärt doch, ihr Unseligen, durch den Strohwisch, den die Welle mit fortträgt, das Wogen des Ozeans.

Nein, diese Bewegungen entstammten dem Volke, sie waren wahr, aufrichtig, ungeheuer, einmütig; Frankreich nahm daran teil, Paris nahm daran teil, alle (jeder nach seinem Maße), alle handelten sie, diese mit dem Arm und mit der Stimme, jene mit ihrem Gedanken, mit ihrem glühenden Verlangen, dem tiefsten ihres Herzens.

---

[1] Necker, „Administration", Bd. II, S. 422, 435 (1784).

[2] Rousselin, „Vie de Hoche", Bd. I, S. 20.

[3] Allein das Regiment Beauce glaubte sich um 240 727 Livres betrogen.

Und sagte ich nicht Frankreich? „Die Welt" hätte es richtiger geheißen. Ein Feind, ein Mißgünstiger, ein von allen Vorurteilen Englands erfüllter Genfer kann nicht umhin, zu gestehen, daß die ganze Welt in diesem entscheidenden Augenblick auf Frankreich blickte, daß sie mit besorgter Teilnahme den Gang unserer Revolution beobachtete, daß sie fühlte, wie Frankreich auf seine Kosten und Gefahr die Geschäfte der Menschheit besorgte.[1]

Ein englischer Ackerbaukundiger, Arthur Young, ein Verstandesmensch und Fachgelehrter, der sonderbarerweise zu einer solchen Zeit hierhergekommen war, um den Ackerbau zu studieren, wundert sich über das tiefe Schweigen, das rings um Paris herrscht; man sieht keinen Wagen, kaum einen Menschen. Die furchtbare Erregung, die alles im Innern zusammendrängte, machte aus der Umgegend eine Einöde. Er kommt herein, der Tumult erschreckt ihn, verwundert durchschreitet er diese Hauptstadt des Lärms. Man führt ihn zum Palais-Royal, in das Zentrum des Brandes, zu der Feuerstelle des großen Ofens. Zehntausend Menschen redeten gleichzeitig; in den Fensterrahmen standen zehntausend Lichter; es war ein Siegestag für das Volk; man brannte Feuerwerk ab und veranstaltete Freudenfeuer. Betäubt und geblendet von diesem gärenden Babel zieht er sich schleunigst zurück. Die so große und so lebhafte Erregung des in einem Gedanken einigen Volkes indessen gewinnt bald den Reisenden; er verbindet sich allmählich, ohne sich seine Sinnesänderung zu gestehen, den Hoffnungen der Freiheit; der Engländer hat gute Wünsche für Frankreich![2]

Alle vergaßen sich. Der Ort, der merkwürdige Ort, wo diese Dinge geschahen, schien sich in solchen Augenblicken selbst zu vergessen. Das Palais-Royal war nicht mehr das Palais-Royal. Bei einer Leidenschaft von so reiner Größe wurde das Laster selbst für eine kurze Spanne rein in der Flamme der Begeisterung. Die Verdorbensten hoben den Kopf und schauten in den Himmel; ihre Vergangenheit, dieser böse Traum, war tot – wenigstens für einen Tag; ehrbar? – das konnten sie nicht sein, aber sie fühlten sich heroisch im Namen der Freiheit der Welt! Freunde des Volkes, Brüder untereinander, kannten sie keine Selbstsucht mehr, waren ganz bereit, alles zu teilen.

Es ist unzweifelhaft, daß es Hetzer unter der Menge gab. Eine kleinere Zahl Adliger, lärmende und ehrgeizige Männer, wie die Lameth und Duport, bearbeiteten das Volk durch ihre Broschüren und ihre Agenten. Andere, Schlimmere, verbanden sich mit ihnen. All das geschah – dies bemerke man wohl – unter den Fenstern des Herzogs von Orléans, unter den Augen seines ränkesüchtigen, gierigen, unsauberen Hofstaates. Ach! Wer sollte unsere Revolution nicht bemit-

1 E. Dumont, „Souvenirs", S. 135.

2 Wohlverstanden, mit vielem Vorbehalt und unter der Bedingung, daß Frankreich die englische Verfassung annimmt. Arthur Young, „Voyage", Bd. I, passim.

leiden? Diese naive, uneigennützige, erhabene Bewegung von den Augen derer wohlgefällig angesehen und belauert, die sie eines oder des anderen Tages zu ihrem Profit zu lenken hofften!

Blicken wir zu jenen Fenstern. Da sehe ich deutlich eine helle Frau und einen dunklen Mann. Das sind die Ratgeber des Fürsten, das Laster und die Tugend, Frau von Genlis und Choderlos de Laclos. Die Rollen sind verteilt. In jenem Hause, wo alles falsch ist, wird die Tugend von Frau von Genlis vertreten: dürre Empfindelei, ein Gießbach von Tränen und Tinte, der Schwindel einer „vorbildlichen" Erziehung, die beständige Zurschaustellung der hübschen Paméla[1]. In diesem Flügel des Palais liegt das philanthropische Büro, wo am Vorabend der Wahlen mit viel Lärm die Barmherzigkeit organisiert wurde.[2]

Die Zeit war vorbei, wo der fürstliche Jockey nach dem Souper wettete, er werde völlig nackt von Paris nach Bagatelle reiten. Heute ist er vor allem Staatsmann, Parteichef; seine Mätressen wollen es so. Zwei Dinge träumen sie, ein bequemes Ehescheidungsgesetz und einen Wechsel der Dynastie. Der politische Vertraute des Prinzen ist dieser düstere, schweigsame Mensch, der zu sagen scheint: „Ich verschwöre mich, wir verschwören uns." Der unergründliche Laclos, der sich rühmt, in seinem kleinen Buche „Liaisons dangereuses" den Roman vom Laster zum Verbrechen weitergeführt zu haben, sucht darin darzutun, daß die verbrecherische Galanterie eine nützliche Vorübung für den politischen Verbrecher ist. Nach diesem Namen strebt sein Ehrgeiz, diese Rolle spielt er mit Entzücken. Einige sagen, um dem Prinzen zu schmeicheln: „Laclos ist eine schwarze Seele."

Dennoch war es nicht leicht, aus dem Herzog von Orléans einen Parteiführer zu machen; zu jener Zeit war er verbraucht, an Leib und Seele erledigt, sein Geist stumpf. Schurken veranlaßten ihn, auf den Speichern des Palais-Royal Gold zu machen, und sie vermittelten seine Bekanntschaft mit dem Teufel.[3]

Eine andere Schwierigkeit war, daß dieser Fürst außer allen erworbenen Lastern ein natürliches, angeborenes und dauerhaftes besaß, das nicht mit der Entkräftung zu Ende ging, wie die anderen, das seinem Besitzer treu blieb. Ich meine den Geiz. „Ich würde keinen Taler für die öffentliche Meinung geben",

---

[1] Die so weit ging, daß die Mutter sie zu Pferde mitten in den Tumult des Aufruhrs schickte, von einem Diener in der Livree Orléans' gefolgt. Man lese Frau Lebrun (Souvenirs, Bd. I, S. 189), die Zeuge dieser Szene war.

[2] Brissot war einige Zeit darin tätig. Mémoires, Bd. II, S. 430.

[3] Der Prinz machte Gold, wie man es immer macht, aus Gold. Indessen brauchte man unter anderen Zutaten auch ein menschliches Skelett, das so und so viele Jahre und Tage in der Erde gelegen hatte. Man suchte unter den bekannten Toten, und es stellte sich heraus, daß Pascal genau die verlangte Bedingung erfüllte. Man bestach die Aufseher von Saint-Etienne-du-Mont, und der arme Pascal wurde in die Schmelztiegel des Palais-Royal geliefert. So erzählt wenigstens eine Persönlichkeit, die diese sonderbare Anekdote von Madame de Genlis erfuhr.

meinte er. Das war keine Redensart. Er hatte es bewiesen, als er trotz des öffentlichen Unwillens das Palais-Royal umbaute.

Seine politischen Ratgeber waren nicht geschickt genug, ihn davon zurückzuhalten. Sie ließen ihn mehr als einen falschen und unvorsichtigen Schritt tun.

Im Jahre 1788 schrieb der Bruder von Frau von Genlis, ein junger Mensch ohne jeden anderen Titel als eines Offiziers des Hauses Orléans, an den König und bat ihn um – nichts Geringeres als das erste Ministerium, die Stelle Neckers und Turgots; er machte sich anheischig, augenblicklich die Finanzen der Monarchie wiederherzustellen. Der Herzog von Orléans war der Überbringer dieses unglaublichen Schreibens, übergab es dem König, unterstützte es und wurde zum Gespött des Hofes.

Die weisen Ratgeber des Prinzen hatten geglaubt, daß so ganz unmerklich die Macht in seine Hände gleiten würde. In dieser Hoffnung getäuscht, handelten sie offener, versuchten, einen Guise, einen Cromwell aus ihm zu machen, und stellten sich auf die Seite des Volkes. Auch da begegneten sie großen Schwierigkeiten. Nicht alle ließen sich täuschen; die Stadt Orléans wählte den Prinzen nicht, und aus Rache entzog er ihr brüsk die Wohltaten, durch die er seine Wahl kaufen zu können geglaubt hatte.

Indessen wurde nichts gespart, weder Geld noch Ränke. Die Leiter der Sache waren auf den Einfall geraten, eine ganz von Sieyès herrührende Broschüre für die Wahlanweisungen zusammenzustellen, die der Herzog in seine Besitzungen sandte, und so ihren Herrn unter die Firma und den Schutz des großen, damals so populären Denkers zu bringen, der doch keinerlei Beziehung mit dem Herzog von Orléans unterhielt.

Als die Gemeinen den entscheidenden Schritt taten und den Titel „Nationalversammlung" annahmen, benachrichtigte man den Herzog von Orléans, daß der Augenblick gekommen sei, sich zu zeigen, zu sprechen, zu handeln, daß ein Parteiführer keine „stumme Person" bleiben könnte. Man bewog ihn, wenigstens eine vier Zeilen lange Rede zu lesen, um den Adel aufzufordern, sich mit dem dritten Stande zu vereinigen. Er tat es, aber während des Lesens wurde ihm übel. Als man ihn aufknöpfte, sah man, daß dieser allzu vorsichtige Prinz aus Furcht, vom Hof ermordet zu werden, fünf oder sechs Westen wie einen Panzer übereinander trug.[1]

Am Tage des mißglückten Staatsstreiches (23. Juni) hielt der Herzog den König für verloren und meinte, er werde selbst am nächsten oder übernächsten Tage König sein; er konnte seine Freude nicht verbergen.[2] Die furchtbare

[1] Ferrières, Bd. I, S. 52.

[2] Arthur Young, der mit ihm und anderen Abgeordneten speiste, war empört darüber, wie er so offensichtlich triumphierte.

Gärung in Paris am Abend und am folgenden Tage ließ vermuten, daß eine große Bewegung ausbrechen würde. Am 25. merkte die Minderheit, daß sie viel verlieren würde, wenn Paris die Ausführung übernahm: mit dem Herzog von Orléans an der Spitze schickte sie sich an, sich mit den Gemeinen zu vereinigen. Der Mann des Prinzen, Sillery, Frau von Genlis' nachsichtiger Gatte, hielt im Namen aller eine wenig passende Rede, die einen Vermittler, einen anerkannten Schiedsrichter zwischen König und Volk stellen wollte: „Vergessen wir niemals die Ehrfurcht, die wir dem besten der Könige schulden ... Er biete uns den Frieden, wie sollten wir ihn nicht annehmen?"

Am Abend herrschte in Paris große Freude über diesen Anschluß der adeligen Freunde des Volkes. Im Café de Foy lag eine Adresse an die Versammlung auf; jedermann unterzeichnete schleunigst, bis zu dreitausend Personen, die Mehrzahl ohne zu lesen. Das Schriftstück, von geschickter Hand verfaßt, enthielt ein merkwürdiges Wort über den Herzog von Orléans: „Dieser Prinz ist Gegenstand allgemeiner ‚Verehrung'." Ein solches Wort auf einen solchen Menschen erschien als ein grausamer Hohn; ein Feind hätte es nicht besser sagen können. Die ungeschickten Agenten des Prinzen glaubten offenbar, daß das gewagteste Lob sich auch am besten bezahlt machen würde.

Gott sei Dank ersparte die ungeheure Größe der Bewegung der Revolution den unwürdigen Vermittler. Vom 25. an war die Begeisterung so einmütig, die Eintracht so gewaltig, daß die Anstifter selbst mit fortgerissen wurden und ihre Einbildung, etwas zu leiten, fallen lassen mußten. Paris führte seine Führer. Die Catilinas der Salons und der Cafés konnten sich nur noch hinten anschließen. Es gab plötzlich eine Autorität in Paris, das man ohne Haupt und Führer geglaubt hatte: die Versammlung der Wahlmänner. Da sich andererseits die französischen Garden zu erklären begannen, so konnte man voraussehen, daß es der neuen Autorität nicht an Macht fehlen würde. Mit einem Wort: die gefälligen Vermittler durften sich ruhig verhalten; wenn die Versammlung in Versailles gefangen war, so hatte sie hier, im Herzen Frankreichs selbst, eine Zuflucht und im Bedarfsfalle Paris als Armee.

Der Hof, der grollte und unwillig, aber noch mehr erschreckt war, entschied sich am 26. abends, der Vereinigung der Stände zuzustimmen. Der König lud den Adel dazu ein, und um sich ein Mittel zu bewahren, gegen alles, was geschah, zu protestieren, ließ man den Grafen d'Artois das unvorsichtige (und damals falsche) Wort veröffentlichen: „Das Leben des Königs ist in Gefahr."

Am 27. fand also die so lange erwartete Vereinigung statt. Der Jubel in Versailles war überschwenglich, unverständig und toll. Das Volk stieß Freudenrufe aus und schrie: „Es lebe die Königin!" Sie mußte auf dem Balkon erscheinen. Dann bat die Menge sie, ihr den Dauphin zu zeigen, als Zeichen der Versöhnung und des Friedens. Auch darin willigte sie ein und erschien mit dem Kinde wieder. Sie verachtete diese leichtgläubige Menge nur um so mehr, und sie rief Truppen herbei.

Sie hatte keinerlei Teil an der Vereinigung der Stände. Und konnte man überhaupt von einer Vereinigung sprechen? Es waren doch immer nur Feinde, die jetzt der gleiche Saal umschloß; man besuchte sich, sprach heimlich miteinander. Der Klerus hatte ausdrücklich Vorbehalte gemacht. Die Proteste des Adels erfolgten nacheinander, wie ebenso viele Herausforderungen, und füllten die Sitzungen aus; die vom Adel bequemten sich nicht, ihren Platz einzunehmen, sie gingen umher und blieben stehen, als wären sie bloß Zuschauer. Sie tagten auch, aber woanders, in geheimer Zusammenkunft. Viele hatten erklärt, sie würden abreisen, und blieben doch in Versailles; ersichtlich warteten sie ab.

Die Versammlung verlor ihre Zeit. Die Advokaten, aus denen sie sich größtenteils zusammensetzte, sprachen viel und lange, glaubten allzusehr an die Macht des Wortes. Nach ihrer Meinung war alles gerettet, wenn die Verfassung zustande kam. Als wenn die Verfassung etwas bedeuten könnte bei einer Regierung, die sich doch beständig dagegen verschworen hätte! Eine papierene Freiheit, geschrieben oder mündlich verkündigt, während der Despotismus die Macht und den Degen in Händen hätte! Unsinn! Hohn!

Aber weder der Hof noch Paris wollten Kompromisse. Alles trieb der offenen Gewalt zu. Die Militärs am Hofe brannten darauf, zu handeln. Schon hatte Du Châtelet, der Oberst der französischen Garden, elf seiner Soldaten, die geschworen hatten, keinem den Befehlen der Versammlung zuwiderlaufenden Befehl zu gehorchen, in die Abbaye gesteckt. Und er ließ es nicht dabei bewenden. Er wollte sie aus dem Militärgefängnis in das Diebsgefängnis schleppen lassen, in diese fürchterliche Kloake, die zugleich Gefängnis und Spital war, die unter derselben Peitsche Galeerensträflinge und Syphilitiker vereinigte.[1] Der scheußliche Fall des Latude, der hingebracht worden war, um dort zu sterben, hatte das Geheimnis von Bicêtre enthüllt und eine erste Aufklärung gebracht; ein kürzlich erschienenes Buch Mirabeaus[2] hatte die Herzen geweckt und die Geister erschreckt. Und dahinein wollte man die Männer werfen, deren Verbrechen darin bestand, daß sie nur die Soldaten des Gesetzes sein wollten.

Am gleichen Tage, als die Überführung nach Bicêtre geschehen sollte, erfährt man es im Palais-Royal. Ein junger Mann steigt auf einen Stuhl und schreit: „Zur Abbaye! Befreien wir die Leute, die nicht auf das Volk schießen wollen!" Soldaten bieten sich an; die Bürger danken ihnen und gehen allein. Die Menge wird unterwegs größer, Arbeiter schließen sich an mit guten Brechstangen. Bei

1 Sollte man glauben, daß man noch im Jahre 1790 in Bicêtre die alten barbarischen Vorschriften befolgte, welche jeder Behandlung einer venerischen Krankheit eine Geißelung vorangehen ließen? Der berühmte Doktor Cullérier hat es einem meiner Freunde bestätigt.

2 Observations d'un Anglais sur Bicêtre, traduites et commentées par Mirabeau, 1788.

der Abbaye waren sie viertausend. Man stößt die Seitenpforte ein, man zertrümmert mit Schlegeln, Hacken und Stangen die schweren Innenpforten. Die Opfer werden befreit. Beim Hinausgehen trifft man auf Husaren und Dragoner, die mit verhängten Zügeln und geschwungenem Säbel heransprengen. Das Volk springt in die Zügel; Erklärungen folgen; die Soldaten weigern sich, die Befreier der Soldaten niederzumetzeln; sie stecken den Säbel ein, nehmen ihre Helme ab, man bringt Wein, und alle trinken zusammen auf den König und die Nation.

Alles, was sonst noch im Gefängnis war, wurde gleichzeitig befreit. Die Menge brachte ihre Beute nach Hause, in ihr Palais-Royal. Unter den Befreiten war ein alter Soldat, der seit Jahren in der Abbaye schmachtete und nicht mehr gehen konnte. Der arme Teufel, der seit so langer Zeit nur unbeugsame Strenge erfahren hatte, war allzu bewegt. „Ich werde sterben, meine Herren", meinte er, „ich werde sterben an soviel Güte!"

Ein einziger wirklich Schuldiger war darunter, man brachte ihn ins Gefängnis zurück. Alle übrigen, Bürger, Soldaten, Gefangene durcheinander, ein ungeheurer Zug Menschen, gelangten zum Palais-Royal; man schlug im Garten eine Tafel auf und ließ sie Platz nehmen. Es war schwierig, ein Unterkommen für sie zu schaffen; man ließ sie im Theater nächtigen, in der Salle des Variétés, und stellte eine Wache an die Türe. Am folgenden Tage wurden sie in einem Hotel unter den Arkaden untergebracht und vom Volk mit Nahrung und Geld versehen. Die ganze Nacht hatte man beide Seiten von Paris sowie die Umgebung der Abbaye und das Palais-Royal beleuchtet. Bürger, Arbeiter, Reiche und Arme, Dragoner, Husaren, französische Garden, alle gingen miteinander, ohne daß ein anderer Lärm laut wurde als die Rufe: „Es lebe die Nation!" Alle geben sich der Begeisterung über diese Verbrüderung hin und vertrauen auf die Zukunft der Freiheit.

Am Morgen waren die jungen Leute frühzeitig in Versailles, an den Türen der Versammlung. Dort fanden sie nur Eiseskälte. Mirabeau wich der eigentlichen Frage aus und schlug vor, den Parisern zu raten, verständig zu sein. Man blieb bei dem Beschluß stehen (der wenig beruhigend war für diejenigen, welche die Fürsprache der Versammlung forderten), zu erklären, daß der Fall nur den König angehe, daß man diesen bitten könne, Milde walten zu lassen.

Das geschah am 1. Juli. Am 2. schrieb der König, nicht an die Versammlung, sondern an den Erzbischof von Paris, daß er Gnade üben wolle, wenn die Schuldigen ins Gefängnis zurückkehrten. Die Menge fand dieses Versprechen so wenig sicher, daß sie an das Rathaus, an die Wahlmänner die Frage richtete, was man glauben solle. Hier zauderte man lange, aber die Menge blieb hartnäckig und wurde jeden Augenblick größer. Um ein Uhr nachts verpflichteten sich die Wahlmänner, am folgenden Tage nach Versailles zu gehen *und nicht ohne die*

Gnadenerklärung zurückzukehren. Auf ihr Wort hin gingen die Befreiten freiwillig wieder ins Gefängnis und wurden bald entlassen.

Dies bedeutete nicht etwa Frieden. Der Krieg tobte rings um Paris, alle fremden Regimenter waren angekommen. Zum Oberbefehl über sie hatte man den Herkules und Achilles der alten Monarchie berufen, den alten Marschall von Broglie. Die Königin hatte Breteuil entboten, ihren Vertrauensmann, den früheren Gesandten in Wien, einen Mann von der Feder, der jedoch durch sein lärmendes Auftreten und seine Prahlerei jeden Mann vom Degen aufwog. „Der grobe Klang seiner Stimme sah wie Energie aus; er hatte einen lauten Schritt und trat mit dem Fuße auf, als wenn er eine Armee aus dem Boden hätte stampfen wollen ..."

Dieser ganze kriegerische Apparat weckte endlich die Versammlung. Mirabeau, der schon am 27., ohne daß man ihm zuhörte, eine Adresse für den Frieden verlesen hatte, schlug eine neue für die Entfernung der Truppen vor; das wohlgebaute und gut lautende Schriftstück, das dem König übermäßig schmeichelte, gefiel der Versammlung sehr. Das Beste, was es enthielt, die Forderung einer Bürgergarde, war das einzige, was man daraus strich.[1]

Die Wahlmänner von Paris, die diese von der Versammlung abgelehnte Forderung zuerst aufgestellt hatten, nahmen sie am 10. Juli energisch wieder auf.

Carra begründete in einer Abhandlung in der Art Sieyès' das Recht der Kommune, ein unverjährbares Recht, das wie er sagte, *selbst dem der Monarchie vorausgeht*, und jenes andere, sich selbst zu schützen, besonders in sich schließt. Bonneville forderte in seinem und seines Freundes Fauchet Namen, daß man zu seiner Anwendung schritte, daß man darauf bedacht sei, sich als Kommune zu konstituieren, und daß man *vorläufig den angeblichen* Munizipalkörper beibehalte. Charton wollte außerdem, *daß sich die sechzig Distrikte von neuem versammelten*, daß man ihre Beschlüsse der Nationalversammlung mitteilte *und daß man sich mit den großen Städten des Königreiches verständigte.*

Alle diese verwegenen Anträge geschahen im großen Saale Saint-Jean im Hôtel de Ville vor einer ungeheuren Menge Volks; Paris schien sich um diese Autorität zu scharen, die es selbst geschaffen hatte, keiner anderen vertraute es sich an; gern hätte es von ihr den Befehl erhalten, sich zu organisieren, zu bewaffnen, selbst für seine Sicherheit zu sorgen.

Die Schlappheit der Nationalversammlung war nicht geeignet, die Stadt zu beruhigen. Am 11. Juli erhielt jene die Antwort des Königs auf die Eingabe und

[1] Es ist nicht unwahrscheinlich, daß der Herzog von Orléans, als er sah, daß man sich um seine Vermittelung durchaus nicht kümmerte, Mirabeau zum Reden drängte, um den Hof in Verlegenheit zu bringen, bevor dieser seine Kriegsvorbereitungen vervollständigt hatte. Hierher verlegt Droz den Beginn der Beziehungen Mirabeaus zu Laclos und die Geldunterstützung, die jener von dem letzteren erhalten hätte.

begnügte sich damit. Und wie sah dabei die Antwort aus! Die Truppen seien da, um die Freiheit der Versammlung zu schützen. Wenn ihre Anwesenheit Argwohn errege, so würde der König die Versammlung nach Noyon oder Soissons verlegen, d. h. sie inmitten zweier oder dreier Armeekorps tagen lassen. Mirabeau konnte es nicht erreichen, daß man auf der Entfernung der Truppen beharrte. Offenbar hatte der Anschluß der fünfhundert Abgeordneten des Klerus und des Adels die Versammlung entnervt. Sie ließ die große Sache fallen und beschäftigte sich mit einer Erklärung der Rechte des Menschen, die La Fayette vorlegte.

Ein gemäßigtes, sehr gemäßigtes Mitglied, der Philanthrop Guillotin, kam eigens nach Paris, um die Versammlung der Wahlmänner durch diese Gemütsruhe zu beeinflussen. Er war ein anständiger Mensch und zweifellos selbst getäuscht, als er versicherte, daß alles gut gehe und daß Necker stärker sei als jemals. Diese ausgezeichnete Nachricht wurde mit Beifall aufgenommen, und die Wahlmänner, die nicht weniger betrogen waren als die Versammlung, vertaten wie jene ihre Zeit mit der bewundernswerten Erklärung der Rechte, die man zum Glück gerade aus Versailles mitgebracht hatte. Am gleichen Tage, während der gute Guillotin sprach, war Necker entlassen und schon sehr weit auf dem Wege nach Brüssel.

Als Necker den Befehl empfing, sich augenblicklich zu entfernen, setzte er sich gerade zu Tisch; es war drei Uhr. Der arme Mann, der sich dem Ministerium so zärtlich gewidmet hatte, weinte immer, wenn er es aufgeben mußte, er wußte sich jedoch vor seinen Gästen zu bezwingen und nahm eine straffe Haltung an. Nach dem Diner reiste er, ohne auch nur seine Tochter zu benachrichtigen, mit seiner Gattin ab und nahm den kürzesten Weg zur Grenze, den nach den Niederlanden. Die Leute der Königin waren der unwürdigen Meinung, man solle ihn verhaften; sie kannten Necker so wenig, daß sie Furcht hatten, er werde dem König ungehorsam sein und sich nach Paris begeben!

Broglie und Breteuil waren bereits am Tage ihrer Berufung selbst erschrocken gewesen, als sie sahen, was man unternahm. Broglie wollte die Entlassung Neckers nicht, Breteuil soll gesagt haben: „Dann geben Sie uns doch hunderttausend Mann und hundert Millionen Francs." – „Sie sollen sie haben", sagte die Königin. Und man machte sich heimlich daran, Papiergeld zu verfertigen.[1]

Broglie, den man unvorbereitet gewählt hatte, und den seine einundsiebzig Jahre drückten, war sehr tätig, ohne eigentlich etwas zu tun. Befehle und Gegenbefehle kreuzten sich. Seine Wohnung war ein Generalquartier, voll von Subalternen, Ordonnanzen, Adjutanten, die bereit waren, zu Pferde zu steigen. „Man stellte eine Liste von kommandierenden Offizieren auf; man entwarf einen Schlachtplan."[2]

---

[1] „Mehrere meiner Kollegen haben mir gesagt, daß sie Druckvorlagen gesehen haben." Bailly, Bd. I, S. 325, 331.

[2] Besenval, Bd. II, S. 359.

Die militärischen Häupter waren nicht allzu einig unter sich. Es gab nicht weniger als drei Befehlshaber: Broglie, der gerade Minister werden sollte, Puységur, der es noch war, schließlich Besenval, der seit acht Jahren kommandierender General in den inneren Provinzen war, und dem man trocken bedeutete, daß er dem alten Marschall zu gehorchen hätte. Besenval erklärte diesem die Lage, die Gefahr, und daß man nicht im offenen Felde sei, sondern vor einer Stadt von achthunderttausend Seelen im Zustand äußerster Erregung. Broglie wollte nicht auf ihn hören. Sicher in seinen Erfahrungen aus dem Siebenjährigen Kriege, nichts anderes kennend als den Soldaten und die nackte Gewalt, voller Verachtung für den Bürger, war er überzeugt, daß das Volk fliehen würde, wenn es nur eine Uniform sähe. Er hielt es nicht für nötig, Truppen nach Paris zu schicken; nur umgab er die Stadt mit fremden Regimentern und kehrte sich nicht daran, daß die Erbitterung des Volkes dadurch stieg. Alle diese deutschen Soldaten erweckten den Eindruck eines österreichischen oder schweizerischen Einfalles; die barbarischen Namen ihrer Regimenter klangen abschreckend in den Ohren: die Königskroaten lagen in Charenton; in Sèvres die Regimenter Reinach und Diesbach; Nassau in Versailles; Salis-Samade in Issy; Berchenys Husaren in der Militärschule; an anderen Orten Châteauvieux, Esterhazy, Roemer usw.

Die Bastille, die durch ihre dicken Mauern genügend verteidigt war, erhielt eine Verstärkung aus Schweizern. Sie war mit Munition versehen, mit ungeheuren Mengen Pulver, genug, um die ganze Stadt in die Luft zu sprengen. Die Kanonen, die seit dem 30. Juni auf den Türmen standen und alle geladen waren, richteten ihre drohenden Schlünde durch die Scharten nach allen Richtungen auf Paris.

SECHSTES KAPITEL

Die Erhebung in Paris
(Juli 1789)

Paris in Gefahr. – Ausbruch des Aufstandes, 12. Juli 1789. – Untätigkeit in Versailles. – Herausforderung der Truppen; Paris greift zu den Waffen. – Die Nationalversammlung wendet sich vergeblich an den König, 13. Juli. – Die Wahlmänner in Paris billigen die Bewaffnung. – Errichtung der Bürgergarde. – Zögern der Wahlmänner. – Das Volk verschafft sich Pulver und Gewehre. – Sorglosigkeit am Hofe.

Vom 23. Juni bis zum 12. Juli, von der Drohung des Königs bis zum Aufstand des Volkes, herrschte ein merkwürdiger Zwischenzustand. Es war, erzählt ein Beobachter, eine stürmische, dumpfe, düstere Zeit, wie ein wüster, schwerer Traum, voll von Wahnvorstellungen und Unruhe. Falscher Alarm, falsche Nachrichten; Fabeln, Erfindungen aller Art. Man wußte und man wußte nicht. Man wollte alles erklären, alles vermuten. Man sah bedeutungsvolle Ursachen selbst bei gleichgültigen Dingen. Bewegungen begannen ohne Grund und ohne Ziel, aus sich selbst, aus einer allgemeinen Stimmung des Mißtrauens und dumpfen Zornes. Das Pflaster brannte, der Boden war wie unterminiert, man hätte schon den Vulkan darunter grollen hören können.

Wir haben gesehen, wie bereits in der ersten Wahlmännerversammlung Bonneville zu den Waffen gerufen hatte, ein merkwürdiger Ruf in dieser Versammlung von Pariser Standespersonen, der sehr verblüffte. Ein paar Stimmen murrten, andere lachten, und einer sagte prophetisch: „Junger Mann, verschieben Sie Ihren Antrag um vierzehn Tage."

Zu den Waffen? Gegen eine wohlorganisierte Armee, die vor den Toren stand? Zu den Waffen? Wenn diese Armee die Stadt so bequem aushungern konnte; wenn die Teuerung schon fühlbar wurde und man die Reihen vor den Bäckertüren immer länger werden sah? Die armen Leute vom Lande strömten zu allen Toren herein, zerlumpt und abgezehrt, auf ihre langen Wanderstäbe gestützt. Eine Masse von zwanzigtausend Bettlern, die man auf Montmartre beschäftigte, lagerte über der Stadt; wenn in Paris die Bewegung begann, so konnte diese Armee herabkommen. Schon hatte man versucht, die Zollhäuser zu plündern und zu verbrennen.

Man konnte darauf wetten, daß der Hof den ersten Streich führen würde. Er mußte dem König seine Bedenken, seine friedlichen Anwandlungen nehmen und auf einmal mit allen Zugeständnissen aufräumen. Dazu aber war ein Sieg nötig.

Junge Husarenoffiziere vom Schlage der Sombreuil und Polignac gingen sogar ins Palais-Royal und verhöhnten die Menge, und mit gezogenem Säbel verließen sie es wieder. Offenbar hielt sich der Hof für äußerst stark; er wünschte Gewalttätigkeiten[1].

Sonntag, den 12. Juli, bis morgens zehn Uhr, wußte noch kein Mensch in Paris die Entlassung Neckers. Der erste, der im Palais-Royal davon sprach, wurde wie ein Aristokrat behandelt und bedroht. Aber die Nachricht wurde bestimmter, sie lief um – und die Wut ebenfalls. In diesem Augenblick, es war Mittag, donnerte die Kanone vom Palais-Royal. „Man kann", sagt der „Ami du Roi", „das düstere Gefühl des Schreckens nicht schildern, mit dem dieses Dröhnen die Herzen durchdrang." Ein junger Mann, Camille Desmoulins, kommt aus dem Café de Foy, springt auf einen Tisch, zieht den Degen, hebt eine Pistole hoch und ruft: „Zu den Waffen! Die Deutschen auf dem Champ de Mars werden heute abend in Paris einziehen, um die Bewohner zu erwürgen! Geben wir uns eine Kokarde!" Er reißt ein Laubblatt ab und steckt es an den Hut: alle Welt tut es ihm nach; die Bäume werden entblättert.

„Kein Theater heute! Kein Tanz! Es ist ein Trauertag." Aus dem Wachsfigurenkabinett holt man die Büste Neckers; andere, die immer da sind, um aus den Umständen ihren Vorteil zu schlagen, tun die Orléans' dazu. Man umhüllt sie mit Flor und trägt sie durch ganz Paris; der Menschenzug, mit Stöcken, Degen, Pistolen und Hacken bewaffnet, folgt zuerst der Rue Richelieu, dann, den Boulevard kreuzend, der Rue Saint-Martin, Saint-Denis, Saint-Honoré und gelangt auf die Place Vendôme. Dort vor den Wohnungen der Generalpächter erwartet eine Abteilung Dragoner das Volk; sie fällt darüber her, zerstreut es und zertrümmert ihm seinen Necker; ein unbewaffneter französischer Gardist blieb stehen und wurde getötet.

Die Zollhäuser, die kaum vollendet waren, diese dumpfen, kleinen Bastillen der Generalpacht, wurden überall am gleichen Sonntag vom Volke angegriffen und von den Truppen schlecht verteidigt, obwohl es ein paar Tote gab. Sie brannten die ganze Nacht.

Der Hof, so nahe bei Paris, mußte genau unterrichtet sein. Er blieb unbeweglich und schickte weder Befehle noch Truppen. Offenbar erwartete er, daß der Tumult größer würde, sich zur Empörung und zum Kriege auswüchse und ihm böte, was die Affäre Réveillon, die zu früh erstickt wurde, nicht hatte geben können: einen besonderen Vorwand, die Versammlung aufzulösen. Also sah er in Muße zu, wie Paris ins Unrecht geriet. Er bewachte Versailles gut und die

---

1 „Seht euch vor", schrieb in einer der zahllosen Broschüren des Augenblicks ein philanthropischer Arzt, der Doktor Marat, „seht euch vor ... Bedenkt, wie verderblich die Wirkung einer Aufruhrbewegung sein würde. Wenn ihr das Unglück habt, an einer solchen teilzunehmen, so werdet ihr wie Rebellen behandelt; Blut fließt ..." Das war die Weisheit vieler Leute.

Brücken von Sèvres und Saint-Cloud, er schnitt jede Verbindung ab und hielt es für sicher, immer noch im schlimmsten Falle Paris aushungern zu können. Was hatte er selbst zu fürchten, der mit zu zwei Dritteln aus Deutschen bestehenden Truppen umgeben war? Nichts, als Frankreich zu verlieren.

Der Minister von Paris (es gab damals einen) blieb in Versailles. Die anderen Behörden, der Polizeipräfekt, der Vorsteher der Kaufmannschaft Flesselles, der Intendant Berthier, schienen ebenfalls untätig. Flesselles, der an den Hof entboten war,[1] konnte sich nicht hinbegeben, empfing aber wahrscheinlich Weisungen von dort.

Der Kommandant Besenval, der nicht verantwortlich war, weil er nur auf Befehl Broglies handeln konnte, blieb lässig in der Militärschule. Er wagte nicht, die französischen Garden zu verwenden und hielt sie in der Kaserne. Aber er hatte mehrere Abteilungen verschiedener Korps und drei Regimenter zur Verfügung, ein schweizerisches und zwei deutsche Kavallerieregimenter. Als gegen Nachmittag der Tumult größer wurde, schickte er seine Schweizer mit vier Kanonen auf die Champs-Elysées und zog seine Reiterei auf der Place Louis XV. zusammen. Am Vorabend, vor der Stunde, in der man sonntags nach Hause geht, kehrte die Menge durch die Champs-Elysées zurück und erfüllte die Tuilerien; es waren hauptsächlich harmlose Spaziergänger, Familien, die frühzeitig heimgehen wollten, „weil Gerüchte umgingen". Indessen geriet man beim Anblick der deutschen Soldaten, die in Schlachtordnung auf dem Platz standen, in Aufregung. Männer schimpften, Kinder warfen Steine.[2] Da gab Besenval in der Besorgnis, man werde ihm schließlich in Versailles seine Untätigkeit vorwerfen, den unverständigen, barbarischen, seiner Unbesonnenheit würdigen Befehl, die Dragoner sollten das Volk zurücktreiben. Diese konnten sich in der dichtgedrängten Menge nur bewegen, wenn sie ein paar Leute zerdrückten. Ihr Oberst, der Prinz von Lambesc, drang in die Tuilerien ein, wenn auch zunächst schrittweise. Er stieß auf eine Barrikade aus Stühlen; sogleich regnete es Flaschen und Steine auf ihn, er antwortete mit Schüssen. Die Frauen stießen durchdringende Schreie aus; die Männer machten sich daran, die Tuilerien hinter Lambesc zu schließen. Er zog es klugerweise vor hinauszugehen. Ein Mann wurde umgestoßen und zertreten; ein fliehender Greis wurde schwer verwundet.

---

[1] Das erfahren wir vom König selbst. Siehe seine erste Antwort (vom 14. Juli) an die Nationalversammlung.

[2] Wenn Pistolenschüsse vom Volk abgefeuert und Dragoner verwundet worden sind, wie Besenval behauptet, so hätte sein sehr geschickter Verteidiger, Desèze, es sicher in seinen „Bemerkungen zu der Anklageschrift" erwähnt (vgl. die Anklageschrift, Histoire parlementaire, Bd. IV, S. 69; und Desèze in der Fortsetzung zu Besenval, Bd. II, S. 369). Wem soll man glauben: Desèze, welcher behauptet, daß Besenval keinen Befehl gab, oder Besenval, der vor seinen Richtern gesteht, daß ihn die Lust packte, das Volk zu vertreiben, und daß er den Befehl zum Laden erteilte? (Histoire parlementaire, Bd. II, S. 89).

Die Menge, die mit Rufen des Entsetzens und der Empörung aus den Tuilerien strömte, erfüllte Paris mit dem Bericht über diese Roheit, über die Deutschen, die ihre Pferde gegen Weiber und Kinder hetzten, über den, erzählte man, vom Prinzen eigenhändig verwundeten Greis. Dann eilte man zu den Waffenhändlern und nahm, was man fand. Man eilte zum Hôtel de Ville, um Waffen zu erlangen und die Sturmglocke zu läuten. Kein Mitglied des Magistrats war auf seinem Posten. Einige gutgewillte Wahlmänner begaben sich um sechs Uhr abends hin, nahmen den für sie abgeteilten Raum im großen Saal ein und versuchten, die Menge zu beruhigen. Aber hinter der schon eingedrungenen Menge stand eine andere auf dem Platz, welche nach Waffen rief, welche glaubte, die Stadt besäße ein verborgenes Arsenal, welche drohte, alles in Brand zu stecken. Diese Leute stießen den Posten beiseite, drangen in den Saal, schoben die Schranke fort und drängten die Wahlmänner bis in ihr Büro. Dann gaben sie ihnen durcheinander die verschiedensten Darstellungen von dem, was soeben geschehen war. Die Wahlmänner konnten ihnen die Waffen der Stadtwachen nicht abschlagen; aber schon hatte sie das Volk gesucht, gefunden und an sich gerissen; schon hat ein Mann im Überhemd, ohne Schuhe und ohne Strümpfe, den Platz des Postens eingenommen und bezieht stolz, das Gewehr auf der Schulter, die Wache an der Tür des Saales.[1]

Die Wahlmänner scheuten vor der Verantwortung zurück, die Bewegung gutzuheißen. Sie stimmten nur der Einberufung der Distrikte zu und sandten einige ihrer Mitglieder „zu den Standquartieren der bewaffneten Bürger, um sie im Namen des Vaterlandes zu bitten, die Zusammenrottungen und Tätlichkeiten zu verschieben“. Diese hatten am Abend auf eine sehr ernste Art begonnen. Französische Gardisten, die aus ihren Kasernen entwichen waren, stellten sich am Palais-Royal auf, marschierten gegen die Deutschen und rächten ihren Kameraden. Sie töteten auf dem Boulevard drei Reiter, dann zogen sie zur Place Louis XV., die sie geräumt fanden.

Montag, den 13. Juli, gingen der Abgeordnete Guillotin und nach ihm zwei Wahlmänner nach Versailles und baten die Versammlung dringend, „an der Errichtung einer Bürgergarde mitzuwirken“. Die Versammlung wählte zwei Abordnungen, die eine an den König, die andere an die Stadt. Sie erlangte vom König nur eine dürre, ungnädige Antwort, die sehr eigentümlich wirkte in einem Augenblick, wo schon Blut floß: Er könne nichts ändern an den Maßregeln, die er ergriffen habe, er habe allein die Entscheidung über deren Notwendigkeit; die Gegenwart der Abgeordneten in Paris täte nicht gut. – Die Versammlung war empört und beschloß: 1. daß die Nation die Entlassung Neckers bedauere; 2. daß sie auf der Entfernung der Truppen beharre; 3. daß nicht allein die Mini-

---

[1] Procès-verbal des électeurs, Bd. I, S. 180, vergleiche Dussaulx, Oeuvre des sept jours. Dussaulx, der einige Zeit nachher schrieb, verkehrt oft die Reihenfolge der Tatsachen.

ster, sondern auch die Ratgeber des Königs, *welches auch ihr Rang* sein möge, für die gegenwärtigen Mißstände persönlich verantwortlich seien; 4. daß keine öffentliche Gewalt das Recht habe, das abscheuliche Wort Bankrott auszusprechen. – Punkt drei wies deutlich auf die Königin und die Prinzen hin; Punkt vier brandmarkte sie. – Die Versammlung gewann so ihre Haltung wieder; waffenlos inmitten der Truppen, ohne andere Stütze als das Gesetz, für den Abend mit Zersprengung und Verhaftung bedroht, nannte sie mutig ihre Feinde bei ihrem wahren Namen: „Bankrottierer"[1].

Die Versammlung hatte nach diesem Beschluß nur noch eine Zuflucht, nämlich sich selbst, den Saal, in dem sie tagte; draußen nicht einen Zoll breit sicheren Boden; keins ihrer Mitglieder wagte mehr, zu Hause zu schlafen. Sie fürchtete auch, daß der Hof sich ihrer Archive bemächtigen könnte. Am Sonntag abend hatte einer der Sekretäre, Grégoire, alle Papiere eingeschlossen, versiegelt und in einem Hause in Versailles verborgen.[2] Am Montag führte er „einstweilen" den Vorsitz, richtete mit seinem großen Mut die schlaffen Seelen auf, erinnerte sie an das Ballhaus und an das Wort des Römers: „Wenn krachend der Erdkreis birst, so werden die Trümmer doch auf einen Furchtlosen stürzen." (Impavidum ferient ruinae)

Man erklärte die Sitzung als ständig, und sie dauerte zweiundvierzig Stunden. La Fayette, der nicht wenig zu diesem herzhaften Entschluß beigetragen hatte, wurde zum Vizepräsidenten ernannt.

In Paris herrschte indessen die lebhafteste Besorgnis. Der Faubourg Saint-Honoré glaubte jeden Augenblick, die Truppen einmarschieren zu sehen. Trotz der Bemühungen der Wahlmänner, welche die ganze Nacht umherliefen, um die Niederlegung der Waffen zu betreiben, bewaffnete sich alle Welt; niemand hatte Lust, die Kroaten und Panduren friedlich zu empfangen und die Schlüssel der Königin zu überbringen. Montag morgens von sechs Uhr an läuteten alle Glocken auf sämtlichen Kirchen Schlag um Schlag Sturm, daraufhin begaben sich einige Wahlmänner ins Hôtel de Ville, fanden die Menge schon gestaut und schickten sie heim in die Distrikte. Um acht Uhr, da die Menge sich nicht rührt, behaupten sie, daß die Bürgergarde bewilligt ist, was noch nicht der Fall war. Das Volk schreit dauernd: „Waffen! Waffen!", worauf die Wahlmänner erwidern: „Wenn die Stadt welche besitzt, so kann man sie nur durch den Vorsteher der Kaufmannschaft bekommen." – „Dann lasse man ihn holen."

Der Vorsteher Flesselles wurde an diesem Tage vom König nach Versailles entboten und vom Volk ins Hôtel de Ville. Sei es, daß er nicht wagte, sich dem

[1] Jene begannen, mit Papiergeld zu zahlen, das keine andere Garantie trug, als die Unterschrift eines zahlungsunfähigen Königs. Vergleiche oben, Kap. V.

[2] Memoiren Grégoires, Bd. I, S. 382.

Ruf der Menge zu widersetzen, sei es, daß er dem König in Paris besser dienen zu können glaubte, er ging zum Hôtel de Ville, wurde auf dem Grèveplatz mit Beifall begrüßt und sagte väterlich: „Ihr werdet mit mir zufrieden sein, liebe Freunde, ich bin euer Vater." Im Saale erklärte er, daß er nur auf Grund einer Wahl durch das Volk den Vorsitz führen werde. Darauf erfolgten neue Freudenausbrüche.

Noch gab es keine Pariser Armee, und schon stritt man darüber, wer der General sein sollte. Der Amerikaner Moreau de Saint-Méry, der den Wahlmännern präsidierte, zeigte eine Büste La Fayettes, man klatschte Beifall bei seinem Namen. Andere schlugen vor und setzten es durch, daß man das Kommando dem Herzog von Aumont anbot, der erbat vierundzwanzig Stunden Bedenkzeit und lehnte dann ab. Zweiter Befehlshaber wurde der Marquis de La Salle, ein erprobter Offizier und patriotischer Schriftsteller, der ein opfermutiges Herz besaß.

All das zog sich in die Länge, die Menge zitterte vor Ungeduld; sie wollte möglichst schnell in Waffen sein, und nicht ohne Grund. Die Bettler vom Montmartre warfen ihre Hacke hin und stiegen in die Stadt hinunter; Massen von Unbekannten, von Landstreichern zogen umher. Das entsetzliche Elend auf dem Lande hatte von allen Seiten Trupps von Halbverhungerten nach Paris getrieben; die Hungersnot bevölkerte die Stadt.

Am Morgen eilte die Menge nach Saint-Lazare, weil das Gerücht ging, es gäbe Getreide dort; tatsächlich fand sie einen riesigen Vorrat Mehl, den die Mönche aufgestapelt hatten. Man belud mehr als fünfzig Wagen damit und fuhr sie in die Hallen. Im Kloster brach man alles auf, aß und trank, was man fand, nahm übrigens nichts mit; der erste, der den Versuch machte, wurde vom Volke selbst aufgeknüpft.

Die Gefangenen in Saint-Lazare waren entwischt. Man befreite auch die in La Force, die wegen Schulden festgehalten wurden. Die Verbrecher im Châtelet wollten den günstigen Augenblick benutzen und schlugen schon die Türen ein. Der Aufseher rief eine vorübergehende Volksschar an; diese drang ein, feuerte auf die Rebellen und zwang sie, Ordnung zu halten.

Die Waffen aus der Gerätekammer wurden weggeholt, aber später getreulich zurückgebracht.

Da die Wahlmänner die Bewaffnung nicht mehr aufschieben konnten, so versuchten sie es, sie zu beschränken. Sie stimmten ab, und der Vorsteher verkündete: Jeder der sechzig Distrikte sollte zweihundert Mann auswählen und bewaffnen, und alles übrige sollte entwaffnet werden. – So hatte man eine Armee von *zwölftausend* Bürgerlichen, die ausgezeichnet die Polizei versehen, aber sehr schlecht die Verteidigung übernehmen konnte. Paris wäre geliefert gewesen. Am selben Tage nachmittags beschloß man, daß die Pariser Miliz *achtundvierzigtausend* Mann betragen solle. Die Kokarde solle die Farben der Stadt bekommen, blau und rot.[1] Dieser Beschluß wurde noch am gleichen Tage von allen Distrikten bestätigt.

Ein ständiges Komitee wird ernannt, um Tag und Nacht über die öffentliche Ordnung zu wachen. Man setzt es aus Wahlmännern zusammen – „Warum nur Wahlmänner?“ fragt vortretend ein Mann. – „Wen soll man denn nach Ihrer Meinung nehmen?“ – „Mich“, sagt der. – Er wird durch Zuruf gewählt.

Dann wagte der Vorsteher eine schwere Frage: „Wem soll man den Eid leisten?“ – „Der Versammlung der Bürger“, erwidert lebhaft ein Wahlmann.

Die Lebensmittelfrage drängte ebenso wie die Bewaffnung. Der Polizeipräfekt, den die Wahlmänner kommen ließen, erklärte, daß die Zufuhren ihn nichts angingen. Die Stadt mußte darauf bedacht sein, sich zu verpflegen, so gut es ging. Alle Zugangsstraßen waren mit Truppen besetzt; die Pächter und Kaufleute, die Lebensmittel brachten, mußten den gewagten Weg durch die Posten und die Lager der fremden Soldaten nehmen, die nur deutsch sprachen. Und selbst wenn sie glücklich bis an die Stadt kamen, so gab es tausend Schwierigkeiten, bevor sie die Zollschranken passieren konnten.

Paris hatte die Wahl: Hungers zu sterben oder zu siegen, und zwar in einem einzigen Tage zu siegen. Wie sollte man ein solches Wunder hoffen? Der Feind lag in der Stadt selbst, in der Bastille und in der Militärschule, an allen Schlagbäumen; die französischen Garden, mit Ausnahme weniger, blieben in ihren Kasernen, konnten noch keinen Entschluß fassen. Daß die Pariser ganz allein das Wunder vollbringen könnten, schien beinahe lächerlich. Sie galten als nachgiebig, schlapp, als „gutmütig“. Nichts war weniger wahrscheinlich, als daß aus diesem Volke plötzlich eine Armee, und zwar eine kriegstüchtige Armee werden sollte.

Zweifellos war dies der Gedankengang der nüchternen Männer, die den Stadtausschuß bildeten. Sie wollten Zeit gewinnen, die ungeheure Verantwortlichkeit, die bereits auf ihnen lastete, nicht noch schwerer machen. Sie regierten Paris seit dem 12.; etwa noch als Wahlmänner? Konnte die Gewalt, die die Wahl gab, so weit reichen? Sie glaubten jeden Augenblick, den alten Marschall Broglie mit allen seinen Truppen kommen und Rechenschaft von ihnen verlangen zu sehen. Daher ihr Zaudern, ihr lange zweideutiges Verhalten. Daher das Mißtrauen des Volkes, das in ihnen sein wesentliches Hemmnis sah und seine Angelegenheiten ohne sie betrieb.

Um die Mitte des Tages kehrten die nach Versailles entsandten Wahlmänner zurück und berichteten die drohende Antwort des Königs und den Beschluß der Versammlung.

---

[1] Aber da das auch die Farben des Hauses Orléans waren, so wurde auf Vorschlag La Fayettes das Weiß hinzugefügt, die alte Farbe Frankreichs. Vergleiche seine Memoiren, Bd. II, S. 266. „Ich gebe euch“, sagte er, „eine Kokarde, welche die Reise um die Welt machen wird.“

Das war allen Ernstes der Krieg. Die Abgesandten waren auf den Straßen der grünen Kokarde begegnet, der Farbe des Grafen Artois. Sie waren an Kavallerie vorübergekommen, an allen deutschen Truppen, die in ihren weißen österreichischen Mänteln an der Straße lagerten.

Die Lage war, äußerlich genommen, furchtbar, hilflos, wenig hoffnungsvoll. Aber das Herz war groß, und jeder fühlte es von Stunde zu Stunde wachsen in der Brust. Alle kamen zum Hôtel de Ville und boten sich für den Kampf an: Körperschaften, Stadtquartiere bildeten Freiwilligenlegionen. Die Schützengilde bot ihre Dienste an, die chirurgische Schule kam mit Boyer an der Spitze; die Basoche wollte voranziehen und im Vordertreffen kämpfen; alle diese jungen Leute schworen, bis zum letzten sterben zu wollen.

Kämpfen? Aber mit welchen Mitteln? Es gab weder Waffen, noch Gewehre, noch Pulver.

Das Arsenal, so erklärte man, war leer. Das Volk gab sich damit nicht zufrieden. Ein Invalide und ein Perückenmacher stellten sich in der Umgebung auf die Lauer, und bald sahen sie, daß eine große Menge Pulver herausgeschafft wurde, die nach Rouen verladen werden sollte. Sie eilten ins Hôtel de Ville und nötigten die Wahlmänner, dieses Pulver herbeischaffen zu lassen. Ein tapferer Abbé übernahm die gefährliche Aufgabe, es zu bewachen und unter das Volk zu verteilen.[1]

So fehlten nur noch Gewehre. Man wußte, daß in Paris eine große Niederlage war. Der Intendant Berthier hatte dreißigtausend Stück kommen lassen, und er hatte die Anfertigung von zweihunderttausend Patronen befohlen. Der Vorsteher konnte über die große Geschäftigkeit der Intendanz nicht im Unklaren sein. Gedrängt, die Niederlage zu verraten, erklärte er, die Manufaktur in Charleville habe ihm dreißigtausend Gewehre versprochen, und ferner, zwölftausend könnten in jedem Augenblick ankommen. Wie um diese Lüge zu stützen, queren gerade Lastwagen den Grèveplatz, auf denen das Wort „Artillerie" stand. Das sind zweifellos die Gewehre. Der Vorsteher läßt die Kisten herausnehmen. Aber er verlangt französische Garden für die Verteilung. Man rennt zu den Kasernen, und wie zu erwarten war, geben die Offiziere nicht einen Soldaten heraus. Also müssen die Wahlmänner die Gewehre selbst verteilen. Sie öffnen die Kisten. Was finden sie? Lumpen. Die Wut des Volkes steigt zum Gipfel, es schreit Verrat. Flesselles weiß nicht, was er sagen soll, und gerät auf den Einfall, das Volk zu den Cölestinern und Karthäusern zu schicken: „Die Mönche haben Waffen verborgen." Neue Enttäuschung; die Karthäuser öffnen und zeigen alles; die genaueste Durchsuchung fördert nicht ein Gewehr zutage.

---

[1] Der Abbé Lefebvre d'Ormesson, ein heldenmütiger Mensch. Niemand erwies der Revolution und der Stadt Paris einen größeren Dienst. Er hielt achtundvierzig Stunden auf dem Vulkan aus, unter den Wütenden, die sich um das Pulver zankten; mehrere Male schoß man auf ihn; ein Betrunkener rauchte über den offenen Fässern usw.

Die Wahlmänner ermächtigen die Distrikte, fünfzigtausend Spieße zu verfertigen, sie waren in sechsunddreißig Stunden geschmiedet; aber diese so kurze Zeit war lang für eine solche Krisis. Alles konnte in der Nacht zu Ende sein. Das Volk, das immer wußte, was seine Führer nicht wußten, erfuhr abends von dem Vorhandensein einer großen Gewehrniederlage im Invalidenhaus. Die Abgeordneten eines Distrikts gingen noch am Abend zum Kommandanten Besenval und zu Sombreuil, dem Gouverneur des Hauses. „Ich werde darüber nach Versailles schreiben", sagte Besenval kalt. Er benachrichtigte in der Tat den Marschall Broglie – und erhielt sonderbarerweise keine Antwort.

An dieser unbegreiflichen Ruhe war zweifellos, wie man gesagt hat, die völlige Anarchie schuld, die im Staatsrat herrschte; alle waren über alles uneinig, mit Ausnahme eines fest beschlossenen Punktes: der Auflösung der Nationalversammlung. Auch war, glaube ich, die Verachtung des Hofes daran schuld, der, allzu fein und klug, in dieser großen Bewegung die Wirkung kleiner Ränke sah, der des Glaubens war, das Palais-Royal mache alles und Orléans bezahle alles ... Eine kindische Erklärung: Kann man Millionen Menschen besolden? Der Herzog hatte also auch die Erhebung in Lyon und in der Dauphiné bezahlt, wo man im selben Augenblick die Steuern verweigerte? Er hatte die Städte in der Bretagne bezahlt, die zu den Waffen griffen, die Soldaten in Rennes bezahlt, die sich weigerten, auf die Bürger zu schießen?

Die Büste des Prinzen war im Triumph umhergetragen worden, das ist richtig. Aber der Prinz selbst war nach Versailles gekommen, um sich seinen Feinden anzuvertrauen und feierlich zu erklären, daß er genauso viel und noch mehr Furcht wie die anderen vor dieser Empörung habe. Man bat ihn, gefälligst im Schloß schlafen zu wollen. Der Hof glaubte, wenn er ihn in Händen hätte, damit die Ursache des ganzen Anschlags zu haben und sich wenig mehr beunruhigen zu müssen. Der alte Marschall, dem gerade jetzt alle militärischen Kräfte anvertraut waren, umgab sich dicht mit Truppen, hielt den König in Sicherheit, setzte Versailles, an das kein Mensch dachte, in Verteidigungszustand und wartete, daß der leere Dunst in Paris sich von selbst zerstreute.

SIEBTES KAPITEL

Erstürmung der Bastille (14. Juli 1789)

Schwierigkeit, die Bastille zu nehmen. – Die Idee des Angriffes gehört dem Volke. – Haß des Volkes gegen die Bastille. – Die Welt jubelt, als sie die Einnahme der Bastille erfährt. – Das Volk verschafft sich Gewehre im Invalidenhaus. – Die Bastille war in Verteidigungszustand. – Thuriot fordert die Bastille zur Übergabe auf. – Die Wahlmänner entsenden unnützerweise mehrere Abordnungen. – Der letzte Angriff; Elie, Hullin. – Gefährliche Verzögerung. – Das Volk glaubt sich verraten, bedroht den Vorsteher, die Wahlmänner. – Die Sieger im Hôtel de Ville. – Wie die Bastille sich übergab. – Tod des Gouverneurs. – Gefangene werden getötet, andere begnadigt. – Milde des Volkes.

In Versailles mit seiner organisierten Regierung, seinem König, den Ministern, einem General und einer Armee herrschte nur Zaudern, Zweifel, Unsicherheit, völlige moralische Anarchie.

Paris, aufgewühlt, von jeder gesetzlichen Autorität im Stich gelassen, in offenbarer Verwirrung, erreichte am 14. Juli den höchsten Grad moralischer Ordnung: die Einmütigkeit der Geister.

Am 13. Juli dachte Paris nur an Verteidigung. Am 14. griff es an.

Am 13. abends gab es noch Zweifel, und am nächsten Morgen waren sie verschwunden. Der Abend war voll Wirrnis, voll unmäßiger Wut. Der Morgen war strahlend und von grauenhafter Heiterkeit.

Ein Gedanke erhob sich über Paris mit dem anbrechenden Tag, und alle sahen dasselbe Licht. *Eine* Erleuchtung der Geister und in jedem Herzen *eine* Stimme: „Geh hin, und du wirst die Bastille nehmen!"

Das war unmöglich, unsinnig; es nur auszusprechen, seltsam. Und trotzdem glaubten alle daran. Und so geschah es.

Die Bastille war zwar eine alte Festung, aber nichtsdestoweniger uneinnehmbar, wenigstens mußte man mehrere Tage daran wenden und viel Artillerie. Das Volk hatte in dieser Krisis weder Zeit noch Mittel, eine regelrechte Belagerung zu beginnen. Und wenn es damit begonnen hätte, so brauchte die Bastille nichts zu fürchten, da sie genug Lebensmittel besaß, um eine so nahe Hilfe abwarten zu können, und ungeheure Kriegsmunition. Ihre an den Turmzinnen zehn Fuß und an der Basis dreißig oder vierzig Fuß dicken Mauern konnten lange aller Kugeln spotten; und ihre Batterien, deren Feuer über Paris reichte, hätten inzwischen den ganzen Marais, den ganzen Faubourg Saint-Antoine zerstören können. Ihre Türme, die von doppelt und dreifach vergitterten engen Fenstern und Schießscharten durchbrochen waren, erlaubten der Besatzung, in völliger Deckung ein furchtbares Gemetzel unter den Stürmenden anzurichten.

Der Angriff auf die Bastille war keineswegs klug. Er war eine Tat des Glaubens.

Niemand machte den Vorschlag. Aber alle glaubten und alle handelten. Die Straßen, die Quais, die Brücken, die Boulevards auf und ab rief die Menge der Menge zu: „Zur Bastille! Zur Bastille!" Und aus dem Läuten der Sturmglocke hörten es alle: „Zur Bastille!"

Niemand, ich wiederhole es, gab den Anstoß. Die Redner des Palais-Royal verbrachten die Zeit damit, eine Liste der zu Ächtenden aufzustellen, die Königin, die Polignac, Artois, den Vorsteher Flesselles und noch andere zum Tode zu verurteilen. Unter den Namen der Sieger der Bastille befindet sich keiner derer, die sonst die Anträge stellten; das Palais-Royal war nicht der Ausgangspunkt, und ebensowenig brachten die Sieger ihre Beute und die Gefangenen zum Palais-Royal.

Noch weniger stammt die Idee des Angriffs von den Wahlmännern, die im Hôtel de Ville tagten. Weit entfernt davon gingen sie sogar, um das Blutbad, das die Bastille so bequem anrichten konnte, zu verhindern und ihm zuvorzukommen, so weit, daß sie dem Gouverneur versprachen, man würde ihn nicht angreifen, wenn er seine Kanonen zurückzöge. Die Wahlmänner übten nicht etwa Verrat, dessen man sie anklagte, aber sie hatten keinen Glauben.

Wer hatte ihn denn? Der, der auch den Opfermut hatte und die Kraft, seinen Glauben zu erfüllen. Wer? Das Volk, jedermann.

Was begab sich in dieser kurzen Nacht, in der niemand schlief, daß am Morgen alle Meinungsverschiedenheiten, alle Ungewißheit mit den Schatten der Nacht verschwunden waren und alle denselben Gedanken hatten?

Man weiß, was im Palais-Royal, im Hôtel de Ville geschah, doch müßte man wissen, was am häuslichen Herd des Volkes vor sich ging.

Was hatte die Bastille diesem Volke getan? Die Leute aus dem Volk kamen fast niemals hinein. Aber die Gerechtigkeit redete zu ihnen und eine Stimme, die noch stärker zum Herzen spricht, die Stimme der Menschlichkeit und des Erbarmens; diese sanfte Stimme, die so schwach scheint und die doch Türme stürzt, brachte schon seit zehn Jahren die Bastille ins Wanken.

Man muß die Wahrheit sagen; wenn irgend jemand auf den Ruhm Anspruch hat, sie gestürzt zu haben, dann ist es die unerschrockene Frau, die so lange gegen alle Mächte der Welt für die Befreiung Latudes wirkte. Das Königtum weigerte die Gnade, die Nation entriß sie ihm; diese Frau, dieser Held, wurde in öffentlicher Feier gekrönt. Die krönen, die sozusagen die Staatsgefängnisse erstürmt hatte, das hieß schon die letzteren brandmarken, sie dem öffentlichen Fluch weihen, sie im Herzen und in den Gedanken der Menschen zerstören. Diese Frau hatte die Bastille genommen.

Seit jener Zeit unterließ das Volk aus der Stadt und dem Faubourg, das unaufhörlich wieder und wieder an diesem belebten Ort den Schatten der Bastille kreuzen mußte,[1] nicht, diese zu verwünschen. Sie verdiente solchen Haß durchaus. Es gab sehr viele andere Gefängnisse, aber die Bastille war das der launischen Willkür, des phantastischen Despotismus, der kirchlichen und Bürokratischen Inquisition. Der Hof, so wenig religiös er war in diesem Jahrhundert, hatte aus der Bastille den Wohnsitz der freien Geister, das Gefängnis des Gedankens gemacht. Unter Ludwig XVI. war sie weniger gefüllt.

Die ganze Welt kannte und haßte die Bastille. Bastille und Tyrannei waren in allen Sprachen zwei gleichbedeutende Wörter. Alle Nationen glaubten sich befreit auf die Nachricht von ihrer Zerstörung.

In Rußland, dem Reiche der Geheimnisse und des Schweigens, dieser monströsen Bastille zwischen Europa und Asien, langte die Nachricht kaum an, als man Leute aller Nationen auf den Plätzen schreien und weinen sehen konnte; sie sanken einander in die Arme und erzählten sich die Kunde: „Wie soll man nicht vor Freude weinen? Die Bastille ist genommen.“[2]

Am Morgen des großen Tages hatte das Volk noch keine Waffen.

Das Pulver, das es sich am Abend vorher im Arsenal verschafft und zum Hôtel de Ville gebracht hatte, wurde während der Nacht von nur drei Männern langsam verteilt. Als die Verteilung gegen zwei Uhr einen Augenblick stockte, schlug die verzweifelte Menge mit Hämmern die Türen des Magazins ein; bei jedem Schlag sprang Feuer von den Nägeln.

Und noch immer keine Gewehre! Man mußte sie mit Gewalt aus dem Invalidenhaus holen. Das war sehr gewagt. Tatsächlich liegt das Invalidenhaus völlig offen. Aber der Gouverneur Sombreuil, ein alter, tapferer Offizier, hatte eine starke Abteilung Artillerie und Kanonen aufgenommen, ohne die, welche er schon hatte. Wenn auch die Kanonen ziemlich nutzlos waren, so konnte die Menge doch leicht von den Regimentern Besenvals in der Militärschule in die Flanke genommen und zerstreut werden.

Sollten die fremden Regimenter den Gehorsam verweigert haben? Was auch Besenval sagen mag, man kann billig daran zweifeln. Viel offenbarer ist, daß er selbst, da man ihn ohne Order ließ, durchaus schwankte und wie geistesgestört war. An diesem Morgen, um fünf Uhr, hatte er einen merkwürdigen Besuch. Ein bleicher Mann tritt ein mit flammenden Augen, mit schnellem, kurzem Wort, mit verwegener Haltung. Der alte Geck, der frivolste Offizier des Ancien régime,

[1] Sie erdrückte die Rue Saint-Antoine, sagt Linguet sehr gut. Die bekanntesten Sieger der Bastille sind aus dem Faubourg oder aus dem Quartier Saint-Paul und der Culture-Sainte-Catherine.

[2] Die Tatsache ist von einem unverdächtigen Zeugen berichtet, dem russischen Gesandten, Graf Ségur, der diese Begeisterung keineswegs teilte: „Diese Tollheit, die zu glauben mir jetzt noch, wo ich sie berichte, Mühe kostet, ...“ Ségur, Memoiren, Bd. III, S. 508.

übrigens aber tapfer und kaltblütig, sieht den Mann an und findet ihn schön. „Herr Baron", sagt der Mann, „man muß Sie warnen, Widerstand zu versuchen. Die Schlagbäume werden heute niedergebrannt;[1] ich weiß es, kann aber nichts dazu tun und Sie ebensowenig. Versuchen Sie nicht, es zu verhindern."

Besenval hatte keine Furcht. Aber er spürte nichtsdestoweniger den Hieb und empfand die moralische Wirkung. „Ich fand ihn", erzählt er, „auf eine Art beredt, die mich verblüffte. Ich hätte ihn festnehmen lassen sollen, und ich tat nichts." Hier hatten sich Ancien régime und Revolution Auge in Auge gegenübergestanden, und jenes blieb in erschrecktem Staunen zurück.

Noch vor neun Uhr standen dreißigtausend Menschen vor dem Invalidenhaus. An der Spitze sah man den Prokurator der Stadt; der Wahlmännerausschuß hatte nicht gewagt, dessen Teilnahme zu verweigern. Ferner waren da ein paar Kompanien französischer Garde, die aus ihrer Kaserne entwischt waren. In der Mitte bemerkte man die Mitglieder der Basoche in ihrem alten, roten Gewand, und den Pfarrer von Saint-Etienne-du-Mont, der, zum Vorsitzenden der in seiner Kirche tagenden Versammlung ernannt, das gefährliche Amt, die bewaffnete Macht zu führen, nicht ausschlug.

Der alte Sombreuil war sehr geschickt. Er kam zum Gittertor und sagte, er habe tatsächlich Gewehre, aber es sei eine ihm anvertraute Niederlage, und sein Gefühl als Offizier und Edelmann verbiete es ihm, sie preiszugeben. Dieser unerwartete Grund brachte die Menge zum Stillstand; die Strenge der Anschauungen des Volkes in den ersten Zeiten der Revolution war bewundernswert! – Sombreuil fügte hinzu, er habe einen Kurier nach Versailles geschickt, er warte auf Antwort – und das alles mit starken Betonungen seiner Anhänglichkeit und Freundschaft für das Hôtel de Ville und die Stadt im allgemeinen.

Die meisten wollten warten. Glücklicherweise war ein weniger bedenklicher Mann dabei,[2] der die Menge nicht dazu kommen ließ, genarrt zu werden. Es war keine Zeit zu verlieren; und wem gehörten die Waffen, wenn nicht der Nation? Man sprang in die Gräben und drang in das Gebäude ein; achtundzwanzigtausend Gewehre wurden in den Kellern gefunden und mitgenommen, außerdem zwanzig Geschütze.

Dies geschah zwischen neun und elf. Aber eilen wir zur Bastille.

Der Kommandant De Launey stand schon am 13., von zwei Uhr nachts an, unter Waffen. Er hatte keine Vorsichtsmaßregel versäumt. Außer den Geschüt-

---

[1] Man sieht hieraus, daß um fünf Uhr noch kein bestimmter Plan vorhanden war. Der betreffende Mann, der nicht aus dem Volke stammte, wiederholte allem Anschein nach die Gerüchte aus dem Palais-Royal. – Die Menge unterhielt sich schon lange über den Vorteil, die Bastille zu zerstören, schmiedete Pläne usw. Aber der heroische, wahnsinnige Gedanke, sie in einem Tage zu nehmen, konnte nur dem Volke selbst gehören.

[2] Ein einziger von den versammelten Bürgern. Procès-verbal des électeurs, Bd. I, S. 300.

zen auf den Türmen hatte er welche aus dem Arsenal kommen lassen, die er im Hof aufstellte und mit Kartätschen lud. Auf die Türme ließ er sechs Wagen mit Pflastersteinen, Kugeln und Eisenstücken bringen, um die Stürmenden zu zerschmettern.[1] In den unteren Schießscharten hatte er zwölf grobe Wallbüchsen angebracht, von denen jede anderthalb Pfund schwere Kugeln verschießen konnte. Unten standen die sichersten Soldaten, zweiunddreißig Schweizer, die keinerlei Bedenken trugen, auf die Franzosen zu schießen. Die Mehrzahl seiner zweiundachtzig Invaliden war weit weg von den Toren auf den Türmen verteilt. Er hatte die Vorwerke geräumt, die den Fuß der Festung deckten.

Am 13. geschah nichts, von Verwünschungen abgesehen, die von den Passanten gegen die Bastille geschleudert wurden.

Gegen Mitternacht werden sieben Schüsse auf die Turmwachen abgefeuert. Alarm! Der Kommandant steigt mit dem Regimentsstab hinauf, bleibt eine halbe Stunde, horcht auf die fernen Geräusche der Stadt und steigt wieder hinab, als er nichts mehr hört.

Am Morgen des 14. sammelt sich viel Volk, jeden Augenblick strömen junge Leute herzu (aus dem Palais-Royal? Oder andere?) und riefen, man müsse ihnen Waffen geben. Sie werden nicht beachtet. Dagegen wird – gegen zehn Uhr – die Friedensabordnung aus dem Hôtel de Ville beachtet und hereingeführt; diese bittet den Kommandanten, seine Kanonen zurückzuziehen, und verspricht, daß man ihn nicht angreifen wird, wenn er nicht schießt. Das nimmt er gern an, da er keinen Befehl hat zu schießen, und voller Freude lädt er die Abgesandten zum Frühstück ein.

Als jene fortgehen, kommt ein Mann, der eine ganz andere Tonart anschlägt.

Ein gewaltiger, verwegener Mensch, ohne Respekt vor Menschen, ohne Furcht und Mitleid, der kein Hindernis und keinen Aufschub kennt und in sich den zornigen Geist der Revolution trägt. Er kommt, um die Bastille zur Übergabe aufzufordern.

Mit ihm tritt der Schrecken ein. Die Bastille hat Furcht; der Kommandant weiß nicht, weshalb, aber er gerät in Verwirrung, er stammelt.

Dieser Mann war Thuriot, eine wahre Bulldogge von der Art Dantons; wir finden ihn zweimal, am Beginn und am Ende; sein Wort ist beide Male verderblich: er stürzt die Bastille,[2] er tötet Robespierre.

Er soll die Brücke nicht überschreiten, der Kommandant verbietet es, er überschreitet sie doch. Vom ersten Hof geht er in den zweiten; neues Verbot: er geht weiter; er geht auf der Zugbrücke über den zweiten Graben. Und da steht

---

[1] Biographie Michaud, Artikel über De Launey, der nach Auskünften seiner Freunde redigiert ist.

[2] Zweimal stürzt er sie. Er bringt den Zwiespalt hinein; und nach ihrer Einnahme ist er es, der den Vorschlag macht, sie zu zerstören. Er tötet Robespierre am 9. Thermidor, indem er ihm das Wort verweigert; Thuriot war damals Präsident des Konvents.

er vor dem ungeheuren Gitter, das den dritten Hof schließt. Es war weniger ein Hof, als eine riesige Wolfsgrube, deren Wände die acht unter sich verbundenen Türme bildeten. Diese schauerlichen Riesen gingen nicht nach der Hofseite, hier hatten sie nicht ein einziges Fenster. An ihrem Fuße, in ihrem Schatten war der einzige Spazierweg des Gefangenen; auf dem Boden des Abgrunds verloren, erdrückt von den riesigen Massen, hatte er nur den Ausblick auf die unerbittliche Nacktheit der Mauern. An einer Seite nur hatte man eine Uhr aufgestellt zwischen zwei Gefesselten aus Eisen, wie um die Zeit selbst in Ketten zu legen und die langsame Folge der Stunden schwerer wuchten zu machen.

Da standen die geladenen Geschütze, die Garnison, der Regimentsstab.

Nichts imponierte Thuriot: „Mein Herr“, sagte er zum Kommandanten, „im Namen des Volkes, im Namen der Ehre und des Vaterlandes fordere ich Sie auf, Ihre Geschütze zurückzuziehen und die Bastille zu übergeben.“ Dann wandte er sich zur Garnison und wiederholte seine Worte.

Wenn Herr De Launey ein wahrer Soldat gewesen wäre, dann hätte er den Unterhändler nicht so bis in das Herz seiner Stellung gelangen lassen; noch weniger hätte er die Ansprache an die Besatzung zugelassen. Aber man muß wohl beachten, daß die Offiziere der Bastille in der Mehrzahl Offiziere von des Polizeipräfekten Gnade waren; selbst die, die niemals gedient hatten, trugen das Kreuz vom Heiligen Ludwig. Alle, vom Kommandanten bis zum Küchenjungen, hatten ihre Stellen gekauft und zogen ihren besonderen Vorteil daraus. Der Kommandant fand Mittel, seine sechzigtausend Livres Besoldung jedes Jahr durch Erpressungen um die gleiche Summe zu erhöhen. Er unterhielt sein Haus auf Kosten der Gefangenen; er hatte die Heizung eingeschränkt, verdiente an ihrem Wein,[1] an ihrer traurigen Einrichtung. Er war so ruchlos und grausam, den kleinen Garten der Bastille, der auf einer Bastion lag, an einen Gärtner zu vermieten und um des schalen Verdienstes willen den Gefangenen diesen Spaziergang zu nehmen, ebenso wie den auf den Türmen, d. h. ihnen Luft und Licht abzuschneiden.

Noch aus einem anderen Grunde sank dieser niedrigen, gierigen Seele der Mut: er wußte, daß man ihn kannte; die grausigen Memoiren Linguets hatten De Launey in Europa berühmt gemacht. Die Bastille war verhaßt; aber der Kommandant war persönlich verhaßt. Die wütenden Rufe des Volkes, die er hörte, bezog er auf sich; er war voll Verwirrung und Furcht.

Die Worte Thuriots wirkten verschieden auf die Schweizer und auf die Franzosen. Die Schweizer verstanden sie nicht; ihr Hauptmann, de Flue, war ent-

---

[1] Der Kommandant hatte das Recht, hundert Fässer Wein einführen zu lassen. Er verkaufte dieses Recht an eine Schenke, aus der er statt dessen Weinessig für die Gefangenen bezog. (Linguet, S. 86.) Vergleiche in „La Bastille dévoilée“, die Geschichte eines reichen Gefangenen, den De Launey nachts zu einem Mädchen führte, das er, De Launey, ausgehalten hatte, aber nicht mehr bezahlen wollte.

schlossen, standzuhalten. Aber der Regimentsstab und die Invaliden schwankten; diese alten Soldaten, die in ständiger Verbindung mit der Bevölkerung des Faubourg standen, hatten keine Lust, auf sie zu schießen. Die Garnison war also geteilt; was werden die beiden Parteien tun? Werden sie aufeinander schießen, wenn sie nicht einig werden können?

Der betrübte Kommandant berichtete in rechtfertigendem Ton von dem Übereinkommen mit der Stadt. Er schwor und ließ die Besatzung schwören, daß sie nicht beginnen würden, wenn man sie nicht angriffe.

Thuriot hielt sich dabei nicht auf. Er wollte die Türme besteigen und sich davon überzeugen, ob die Geschütze zurückgezogen wären. De Launey, der sehr bereute, daß er ihn schon so weit hatte kommen lassen, weigerte sich; aber seine Offiziere drängten ihn, und so stieg er mit Thuriot hinauf.

Die Kanonen waren zurückgeschoben und versteckt, doch immer gerichtet. Die Aussicht von dieser hundertvierzig Fuß hohen Stelle war ungeheuer, erschreckend; die Straßen, die Plätze mit Volk überfüllt, der ganze Garten des Arsenals schwarz voll bewaffneter Männer. Und von der anderen Seite rückt eine dunkle Masse drohend heran. Das ist der Faubourg Saint-Antoine.

Der Kommandant erbleicht. Er faßt Thuriot am Arm: „Was haben Sie getan? Sie haben den Namen eines Unterhändlers mißbraucht! Sie haben mich verraten!“

Alle beide standen am Rande, und De Launey hatte eine Wache auf dem Turm. Jedermann in der Bastille hatte dem Kommandanten den Eid geleistet; in seiner Festung war er König und Gesetz. Noch konnte er sich rächen.

Aber das Gegenteil geschah, – Thuriot jagte *ihm* Furcht ein: „Mein Herr“, erklärte er, „noch ein Wort, und ich schwöre Ihnen, daß einer von uns beiden in den Graben fallen wird.“[1]

Im selben Augenblick nähert sich die Wache, ebenso verstört wie der Kommandant, und wendet sich an Thuriot mit den Worten: „Um Gottes willen, Herr, zeigen Sie sich, es ist keine Zeit zu verlieren; schon rücken sie vorwärts. Wenn sie Euch nicht sehen, dann werden sie angreifen.“ Thuriot steckte den Kopf durch die Schießscharten; als das Volk ihn lebendig und stolz auf dem Turm stehen sah, brach es in ungeheuren Jubel und Beifall aus.

Thuriot stieg mit dem Kommandanten hinab, schritt wiederum über den Hof und sprach noch einmal zur Besatzung: „Ich werde nun meinen Bericht abgeben; ich hoffe, daß das Volk sich nicht weigern wird, eine Abteilung Bürgergarde zu bestimmen, welche die Bastille mit euch bewachen kann.“[2]

---

1 Das Verhalten Thuriots wird in der Fortsetzung zu Dussaulx, „Oeuvre des sept jours“, S. 408, erzählt. Vergleiche Proces-verbal des électeurs, Bd. I, S. 310.

2 Dieses stolze, kühne Wort wird von den Belagerten berichtet. Vergleiche ihre Erklärung in der Fortsetzung zu Dussaulx, S. 449.

Das Volk geriet auf den Einfall, in die Bastille einzudringen, wenn Thuriot herauskäme. Als es sah, daß er fortging, um im Rathaus Bericht abzustatten, hielt es ihn für einen Verräter und bedrohte ihn. Die Ungeduld stieg bis zur Wut; die Menge ergriff drei Invaliden und wollte sie in Stücke reißen. Sie bemächtigte sich eines jungen Mädchens, das sie für die Tochter des Kommandanten hielt; etliche wollten sie verbrennen, wenn der Vater sich weigerte, sich zu ergeben. Sie wurde ihnen von anderen aus den Händen gerissen. „Was soll aus uns werden", meinte man, „wenn die Bastille nicht vor Nacht genommen ist?" Der dicke Santerre, ein Brauer, den sich der Faubourg zum Führer gegeben hatte, schlug vor, man solle den Platz in Brand stecken, indem man das Öl hineinschleudere, dessen man am Abend vorher habhaft geworden sei, und das man mit Phosphor entzünden könnte.[1] Er ließ Pumpen holen.

Ein Stellmacher, ein früherer Soldat, hielt sich nicht auf bei dem Geschwätz, sondern machte sich tapfer ans Werk. Er geht vor, die Hacke in der Hand, steigt auf das Dach eines kleinen Wachhauses an der ersten Zugbrücke, arbeitet friedlich unter einem Hagel von Kugeln, haut die Ketten durch und herunter, läßt die Brücke fallen. Die Menge geht hinüber und ist im Hof. Man feuert zugleich von den Türmen und den Schießscharten unten. Die Angreifer fallen zahlreich, sie konnten an die Besatzung nicht heran. Von allen Schüssen, die sie während des ganzen Tages abfeuerten, trafen zwei: ein einziger von den Belagerten wurde getötet.

Der Wahlmännerausschuß, der schon Verwundete im Hôtel de Ville anlangen sah, hätte dem Blutvergießen, das er beklagte, gern Einhalt getan. Dafür gab es nur noch ein Mittel: die Bastille mußte im Namen der Stadt zur Übergabe aufgefordert und mit Bürgergarde besetzt werden. Der Vorsteher zögerte sehr; Fauchet beharrte darauf,[2] andere Wahlmänner drängten. Eine Abordnung wurde entsandt, aber in Feuer und Rauch erkannte man sie nicht einmal; weder die Bastille noch das Volk stellte das Feuern ein. Die Abgeordneten schweben in der größten Gefahr.

Eine zweite Abordnung, mit dem Prokurator der Stadt an der Spitze, mit einem Trommler und einer Fahne, wurde von der Festung aus bemerkt. Die Soldaten auf den Türmen pflanzten eine weiße Fahne auf und legten ihre Waffen ab. Das Volk hörte auf zu schießen, folgte der Abordnung und betrat den Hof. Hier wurden sie von einer wütenden Salve empfangen, die mehrere Männer neben den Abgeordneten zu Boden streckte. Sehr wahrscheinlich beachteten die Schweizer, die mit De Launey unten waren, die Zeichen der Invaliden nicht.[3]

---

1 Er rühmt sich selbst dieser Dummheit. Procès-verbal des électeurs. Bd. I, S. 385.

2 Wenn man ihm selbst glaubt, so gehört ihm die Ehre dieser Initiative. Fauchet, „Discours sur la liberté", gehalten am 6. August 1789 in Saint-Jacques, S. 11.

3 So werden die beiden scheinbar sich widersprechenden Darstellungen der Belagerten und der Abordnung versöhnt.

Die Wut des Volkes war unaussprechlich. Schon seit dem Morgen behauptete man, der Kommandant habe die Menge in den Hof gelockt, um von oben auf sie zu schießen; sie hielten sich zum zweitenmal für betrogen und beschlossen, zu sterben oder sich an den Verrätern zu rächen. Denen, die sie zurückhielten, erklärten sie leidenschaftlich: „So werden wenigstens unsere Leichname die Gräben ausfüllen." Und sie gingen hartnäckig, ohne sich entmutigen zu lassen, gegen das Feuer an, gegen diese mörderischen Türme, und meinten, durch ihren Tod könnten sie sie stürzen.

Aber da kamen hochherzige Männer in immer größerer Zahl, die noch nicht teilgenommen hatten; sie waren empört über den so ungleichen Kampf, der nur ein Morden war. Sie wollten mit dabei sein. Es war nicht möglich, die französischen Garden zurückzuhalten; alle ergriffen Partei für das Volk. Sie suchten die von der Stadt ernannten Kommandanten auf und nötigten sie, ihnen fünf Kanonen zu geben. Zwei Kolonnen bildeten sich, die eine aus Arbeitern und Bürgern, die andere aus französischen Garden. Die erste erwählte zum Führer einen jungen Mann von reckenhafter Gestalt und Kraft, Hullin, einen Uhrmacher aus Genf, der Bedienter geworden war, Leibjäger des Marquis de Conflans; das ungarische Kostüm des Leibjägers sah man zweifellos als Uniform an; die Livreen des dienenden Standes führten das Volk in den Kampf für die Freiheit. Der Führer der anderen Kolonne wurde Elie, zufällig ein Offizier vom Regiment der Königin; er hatte zuerst bürgerliche Kleidung getragen und legte dann seine glänzende Uniform an, gab sich so den Seinigen und dem Feinde tapfer zu erkennen. Unter seinen Soldaten war einer von bewundernswerter Tapferkeit, Jugendkraft und Sittenstrenge, einer, auf den Frankreich stolz sein kann, Marceau, dem es genügte, zu kämpfen, der nichts von der Ehre des Sieges für sich in Anspruch nahm.

Die Dinge hatten keinen Fortschritt gemacht, als sie anlangten. Man hatte drei Wagen Stroh geholt und angezündet, man hatte die Kasernen und Küchen in Brand gesteckt. Und man wußte nicht mehr, was man tun sollte. Die Verzweiflung des Volkes fiel auf das Hôtel de Ville zurück. Man klagte den Vorsteher an, die Wahlmänner, man drängte sie drohend, die Belagerung der Bastille zu befehlen. Doch niemals konnte man den bestimmten Befehl erhalten.

Verschiedene sonderbare Mittel, die Festung zu nehmen, wurden den Wahlmännern vorgeschlagen. Ein Zimmermann riet zu einem Belagerungswerk aus Zimmermannsarbeit, einem römischen Katapult, um Steine gegen die Mauern zu schleudern. Die Kommandanten der Stadt erklärten, man müsse ordnungsgemäß angreifen, den Laufgraben eröffnen. Während der langen, leeren Reden brachte und las man ein Billett, das man gerade aufgefangen hatte; Besenval schrieb an De Launey, er solle bis zum äußersten Widerstand leisten.

Um den Wert der Zeit in diesem gefährlichsten Augenblick beurteilen, um sich das Entsetzen über die Verzögerung erklären zu können, muß man wissen, daß jeden Augenblick falscher Lärm entstand. Man vermutete, daß der Hof, der um zwei Uhr von dem gegen Mittag begonnenen Angriff auf die Bastille unterrichtet sein mußte, diesen Moment wählen würde, um seine Schweizer und Deutschen auf Paris zu werfen. Und würde die Besatzung der Militärschule den ganzen Tag untätig bleiben? Das war nicht wahrscheinlich. Was Besenval erklärte: er könne sich auf seine Truppen wenig verlassen, sieht aus wie eine Entschuldigung. Die Schweizer bewiesen sich sehr standhaft bei der Bastille, das sieht man an dem Gemetzel; die deutschen Dragoner hatten am 12. mehrmals Feuer gegeben und französische Gardisten getötet; die letzteren hatten Dragoner getötet; der Korpshaß sicherte die Zuverlässigkeit.

Im Faubourg Saint-Honoré riß man das Pflaster auf, da man jeden Augenblick den Angriff befürchtete; La Villette schwebte in derselben Angst, tatsächlich wurde es von einem Regiment besetzt, aber zu spät.

Alles Zaudern erschien als Verrat. Das zweideutige Verhalten des Vorstehers machte ihn ebenso wie die Wahlmänner verdächtig. Die empörte Menge merkte, daß sie mit ihnen die Zeit verlor. Ein Greis rief: „Freunde, was sollen uns diese Verräter? Gehen wir lieber zur Bastille!“ Alles verlief sich; die bestürzten Wahlmänner waren allein. Einer von ihnen geht hinaus, kehrt totenbleich, wie ein Gespenst, zurück: „Ihr habt nicht mehr zehn Minuten zu leben, wenn ihr bleibt. Die Menge auf dem Grèveplatz heult vor Wut. Sie kommen schon herauf.“ Die Wahlmänner versuchten nicht zu fliehen, und das rettete sie.

Die ganze Wut des Volkes richtete sich auf den Vorsteher der Kaufmannschaft. Die Abgesandten der Distrikte kamen nacheinander und schleuderten ihm seinen Verrat ins Gesicht. Ein Teil der Wahlmänner, der sich vor dem Volke durch seine Unvorsichtigkeit und seine Lügen bloßgestellt sah, erklärte sich gegen ihn und klagte ihn an. Andere, der gute alte Dussaulx (der Übersetzer des Juvenal), der unerschrockene Fauchet, versuchten ihn zu verteidigen, ihn, schuldig oder unschuldig, vom Tode zu retten. Er wurde vom Volk gezwungen, vom Büro in den großen Saal Saint-Jean zu kommen, man umstellte ihn, und Fauchet setzte sich neben ihn. Der Schrecken des Todes lag auf seinem Gesicht. „Ich sah ihn“, erzählt Dussaulx, „wie er seinen letzten Bissen Brot kaute. Der blieb ihm im Munde stecken; er behielt ihn zwei Stunden, ohne daß es ihm gelang, ihn zu verschlucken.“ Von Papieren und Briefen umgeben, von Leuten, die über Geschäfte mit ihm sprechen wollten, unter dem Geschrei derer, die seinen Tod verlangten, gab er sich Mühe, freundlich zu antworten. Die Leute aus dem Palais-Royal und dem Distrikt Saint-Roch waren die erbittertsten; Fauchet lief hin und bat für ihn um Gnade. Der Distrikt war in der Saint-Roch-Kirche versammelt; zweimal stieg Fauchet auf einen Stuhl, bat und weinte, sagte die glühendsten Worte, die sein großes Herz in dieser Not finden konnte; seine Robe war völlig mit Kugeln der Bastille durchlöchert[1] und redete eine

[1] Fauchet, „Bouche de fer“, Nr. XVI, November 1790, Bd. III, S. 244.

deutliche Sprache; sie bat im Interesse des Volkes selbst, im Interesse der Ehre dieses großen Tages, die Wiege der Freiheit rein und fleckenlos zu lassen.

Der Vorsteher und die Wahlmänner schwebten in der Salle Saint-Jean zwischen Leben und Tod, mehrmals legte man auf sie an. Alle Anwesenden, sagt Dussaulx, waren wie die Wilden: bisweilen horchten sie und sahen ruhig zu; bisweilen drang ein furchtbares Murren, wie ein dumpfer Donner, aus der Menge. Mehrere redeten und schrien, aber die meisten waren betäubt von der Neuheit des Schauspiels. Der Lärm, die Stimmen, der Alarm, die aufgefangenen Briefe, die wahren oder falschen Entdeckungen, so viele enthüllte Geheimnisse, so viele Menschen, die vor den Richterstuhl geführt wurden, verwirrten den Geist und die Vernunft; einer der Wahlmänner meinte: „Ist das nicht das Jüngste Gericht?" Die Betäubung war bis zu einem Grade gestiegen, daß man alles vergessen hatte, den Vorsteher und die Bastille.[1]

Es war fünfeinhalb Uhr. Unten auf dem Grèveplatz hört man ein Geschrei. Ein großer, zuerst noch ferner Lärm bricht aus, kommt heran und nähert sich mit der Schnelligkeit und dem Getöse des Sturmes. – Die Bastille ist genommen!

Plötzlich dringen in den schon gefüllten Saal tausend Menschen ein, und zehntausend drängen hinterher. Das Holzwerk kracht, die Bänke stürzen um, die Schranke wird auf das Büro gestoßen, das Büro auf den Präsidenten.

Alle sind bewaffnet, von sonderbarem Aussehen, die einen beinahe nackt, die anderen in allen Farben bekleidet. Man trägt einen lorbeergekrönten Mann auf den Schultern; das ist Elie, dicht hinter ihm kommen die Gefangenen und die Beute. An der Spitze, bei einem Getöse, worin man den Donner nicht gehört hätte, schritt feierlich ein andächtiger junger Mann; an seinem Bajonett hängt ein verruchtes, dreimal verfluchtes Etwas, das Reglement der Bastille.

Auch die Schlüssel werden gebracht, diese ungestalten, groben Schlüssel, welche die Jahrhunderte und das Leid der Menschen abgenutzt haben. Zufall oder Vorsehung wollte, daß sie einem Manne übergeben wurden, der sie nur allzu gut kannte, einem früheren Gefangenen. Die Nationalversammlung legte sie in ihre Archive, das alte Werkzeug der Tyrannen neben die Gesetze, welche die Tyrannei gestürzt haben. Wir bewahren diese Schlüssel noch heute in einem eisernen Schrank der Archive Frankreichs. Ach! Möchten doch die Schlüssel aller Bastillen der Welt in einen eisernen Schrank eingeschlossen werden!

Es muß gesagt werden, daß die Bastille nicht genommen wurde, sondern kapitulierte. Ihr schlechtes Gewissen verwirrte sie, machte sie toll und ließ sie den Kopf verlieren.

---

[1] Das Protokoll berichtet indessen, daß man eine neue Abordnung vorbereitete, und daß der Kommandant de La Salle endlich teilnehmen wollte.

Die einen waren für die Übergabe, die anderen setzten das Feuer fort, besonders die Schweizer, die fünf Stunden lang ungefährdet, ohne daß man an sie herankonnte, gemächlich aussuchten, zielten und niederstreckten, wen sie wollten. Sie töteten dreiundachtzig Leute und verwundeten achtundachtzig. Zwanzig von den Gefallenen waren arme Familienväter, deren Tod ihre Frauen und Kinder dem Verhungern preisgab.

Die Schändlichkeit dieses gefahrlosen Kampfes, der Schauder, französisches Blut zu vergießen, von dem die Schweizer nicht berührt wurden, ließen endlich die Waffen den Händen der Invaliden entsinken. Um vier Uhr baten die Unteroffiziere De Launey und flehten ihn an, dem Morden Einhalt zu tun. Der wußte, was ihm blühte; und da es nun doch einmal in den Tod ging, so hatte er einen Augenblick den Einfall, sich in die Luft sprengen zu lassen: ein schauerlich wilder Gedanke: er hätte den dritten Teil von Paris zerstört. Seine hundertfünfunddreißig Pulverfässer hätten die Bastille in die Lüfte geschleudert, hätten das ganze Viertel um das Arsenal unter ihren Trümmern begraben. Er ergriff eine brennende Lunte. Zwei Unteroffiziere verhinderten das Verbrechen, sie kreuzten ihr Bajonett und verwehrten ihm den Zutritt zum Pulver. Dann machte er Miene, sich umzubringen, und nahm ein Messer, man entriß es ihm.

Er hatte den Kopf verloren und konnte keine Befehle mehr erteilen.[1] Als die französischen Garden ihre Geschütze aufgefahren und (wie einige berichten) gefeuert hatten, sah der Hauptmann der Schweizer, daß es Zeit war zu verhandeln; er schrieb und ließ ein Billett an der Mauer herab,[2] worin er um Abzug mit den Waffen bat. – Verweigert. – Dann um Schonung des Lebens. – Das versprachen Hullin und Elie.

Es war schwer, das Versprechen zu erfüllen. Eine seit Jahrhunderten unterdrückte Rache verhindern, die durch die soeben vor der Bastille begangenen Mordtaten neu gereizt war, – wer vermochte das? Eine Autorität, die eine Stunde alt war, die kaum von dem Grèveplatz angelangt war und sogar nur von zwei kleinen Scharen der Vorhut gekannt wurde, war nicht imstande, hunderttausend Mann, die nachdrängten, im Zaum zu halten.

Die Menge war erbittert, blind, trunken durch die eigene Gefahr. Indessen tötete sie auf der Stelle nur einen einzigen Mann, sie schonte ihre Feinde, die Schweizer, die in ihren Kitteln für Bediente oder Gefangene gehalten wurden; sie verwundete und mißhandelte ihre Freunde, die Invaliden. Sie hätte gern die Bastille vom Erdboden vertilgt; mit Steinwürfen zertrümmerte sie die beiden Sklaven an der Uhr; sie stieg auf die Türme, um die Kanonen zu beschimpfen,

1 Schon am Morgen nicht mehr, wie Thuriot bezeugt. Vergleiche das Protokoll der Wahlmänner.

2 Um es abnehmen zu können, legte man eine Planke über den Graben. Der erste, der sich hinauf wagte, fiel; der zweite (Arné? Oder Maillard?) war glücklicher und brachte das Billett.

mehrere wollten die Steine auseinanderreißen und machten sich die Hände blutig bei diesem Versuch. Man eilte schnell zu den Verliesen, um die Gefangenen zu befreien; zwei waren wahnsinnig geworden. Einer, scheu durch den Lärm, machte sich zur Verteidigung bereit; er war ganz überrascht, als diejenigen, die seine Tür sprengten, sich in seine Arme warfen und ihn mit ihren Tränen benetzten. Ein anderer, dessen Bart bis zum Gürtel reichte, fragte, wie es Ludwig XV. ginge; er glaubte, daß der noch regiere. Denen, die ihn um seinen Namen fragten, antwortete er, er nenne sich Major der Unermeßlichkeit.

Die Sieger waren noch nicht fertig; sie bestanden in der Rue Saint-Antoine einen anderen Kampf. Als sie sich dem Grèveplatz näherten, begegneten sie einer allmählich wachsenden Menge, die, da sie nicht am Kampfe teilgenommen hatte, doch etwas tun wollte, zum wenigsten die Gefangenen niedermachen. Einer wurde an der Rue des Tournelles getötet, ein anderer auf dem Quai. Frauen folgten mit aufgelöstem Haar, die soeben ihre Gatten unter den Toten erkannt hatten; und sie ließen sie an ihrem Platz, um zu den Mördern zu eilen; eine von ihnen, schäumend vor Wut, verlangte von jedermann ein Messer.

De Launey, der in großer Gefahr schwebte, wurde von zwei mutigen und außergewöhnlich starken Männern geführt und geschützt, von Hullin und einem anderen. Der letztere kam mit bis zur Petit-Antoine, wo er durch einen Wirbel von Menschen von ihm fortgerissen wurde. Hullin ließ nicht locker. Seinen Mann von da bis zu dem so nahen Grèveplatz zu bringen, das war schwerer als die zwölf Arbeiten des Herkules. Da er nicht mehr wußte, was er beginnen sollte, und da er bemerkte, daß man De Launey nur daran erkannte, weil er als der einzige ohne Hut war, geriet er auf den heldenmütigen Gedanken, ihm den seinigen aufzusetzen; so erhielt er von nun an die Schläge, die man jenem zugedacht hatte.[1] Endlich passierte er die Arcade-Saint-Jean; wenn er den Gefangenen auf den Vorraum und die Treppe bringen konnte, dann war der gerettet. Das bemerkte die Menge wohl und machte daher ihrerseits eine letzte, wütende

[1] Die royalistische Überlieferung, welche die schwere Aufgabe hat, die Leute interessant zu machen, welche es am wenigsten sind, hat behauptet, daß De Launey, heroischer noch als Hullin, ihm den Hut wieder aufgesetzt und lieber selbst hätte sterben wollen, als jenen in Gefahr zu bringen. Dieselbe Überlieferung zollt die Ehre für eine wenige Tage später geschehene gleiche Tat dem Intendanten von Paris, Berthier. Schließlich erzählt man, daß der Major der Bastille, als er auf dem Grèveplatz von einem seiner früheren Gefangenen, den er gütig behandelt hatte, erkannt und verteidigt wurde, jenen von sich geschoben hätte mit den Worten: „Sie werden selbst Ihr Leben verlieren, ohne mich zu retten." Die letztere, authentische Erzählung gab sehr wahrscheinlich den Kern für die beiden anderen. Die Vergangenheit De Launeys und Berthiers enthält nichts, was uns an den Heldenmut ihrer letzten Augenblicke glauben machen könnte. Daß die „Biographie Michaud" in dem nach den Auskünften der Familie redigierten Artikel „De Launey" darüber schweigt, beweist deutlich genug, daß sie selbst nicht an diese Überlieferung glaubte.

Anstrengung. Die Riesenkraft, die Hullin entfaltet hatte, nutzte ihm hier nicht mehr. Wie eine ungeheure Schlange schnürte ihn die wirbelnde Masse wieder und wieder ein, er glitt aus, wurde gestoßen und wieder gestoßen und schließlich zu Boden geschleudert. Zweimal erhob er sich. In der gleichen Sekunde sah er in der Luft, an der Spitze einer Pike, den Kopf De Launeys.

Ein anderer Vorfall ereignete sich im Saale Saint-Jean. Dort waren die Gefangenen in großer Lebensgefahr. Besonders erbittert war man gegen drei Invaliden, die man für die Kanoniere der Bastille hielt. Einer war verwundet. Dem Kommandanten de La Salle gelang es mit unglaublicher Mühe, indem er sich auf seine Stellung als Kommandant berief, ihn zu retten; während er ihn hinausführte, wurden die beiden anderen fortgeschleppt und an der Ecke der Vannerie, gegenüber dem Hôtel de Ville, an die Laterne geknüpft.

Die große Aufregung, bei der man Flesselles vergessen zu haben schien, wurde jenem gleichwohl verderblich. Seine unversöhnlichen Ankläger aus dem Palais-Royal, die gering an Zahl, aber unzufrieden waren, daß die Menge mit ganz anderen Dingen beschäftigt war, standen dicht beim Büro, bedrohten ihn und forderten ihn auf, ihnen zu folgen. Schließlich gab er nach, sei es, daß eine so lange Erwartung des Todes ihm schlimmer schien als der Tod selbst, sei es, daß er hoffte, bei dem ausschließlichen Interesse für das große Ereignis des Tages entweichen zu können. „Gehen wir also zum Palais-Royal, meine Herren“, sagte er. Er war noch nicht am Quai, als ein junger Mann ihm mit einem Pistolenschuß den Kopf zerschmetterte.

Die im Saale zusammengedrängte Masse des Volkes verlangte kein Blut, sie sah betroffen zu, wie es floß, berichtet ein Augenzeuge. Mit offenem Munde staunte es das bis zum Wahnsinn merkwürdige Schauspiel an. Man bemerkte Waffen aus dem Mittelalter und anderen Zeiten; alle Jahrhunderte waren vertreten. Elie, auf einem Tisch stehend, den Helm auf dem Kopf und seinen an drei Stellen zerbeulten Säbel in der Hand, glich einem römischen Krieger. Er war ganz von Gefangenen umgeben und bat für sie. Die französischen Garden forderten als Lohn die Begnadigung der Gefangenen.

In diesem Augenblick führte oder schleppte man vielmehr einen Mann herbei, dem seine Frau folgte; es war der Prinz von Montbarrey, ein früherer Minister, der am Schlagbaum verhaftet worden war. Die Frau wurde ohnmächtig; ihn legte man über das Büro, zwölf Männer hielten ihn fest. Der arme Teufel in seiner sonderbaren Lage erklärte, er sei schon lange nicht mehr Minister, sein Sohn habe sich an der Revolution seiner Heimatprovinz stark beteiligt. Der Kommandant de La Salle sprach für ihn und setzte sich selbst großer Gefahr aus. Indessen beruhigte man sich und ließ ihn einen Augenblick los. De La Salle, der sehr stark war, trug den Unglücklichen weg. Dieser Beweis von Körperkraft gefiel dem Volk und wurde beifällig aufgenommen.

Im gleichen Augenblick fand der tapfere und vortreffliche Elie ein Mittel, mit einem Schlage allen Prozessen und jedem Urteil ein Ende zu machen. Er bemerkte die Kinder der Bedienten von der Bastille und begann zu rufen: „Gnade für die Kinder! Gnade!"

Da konnte man – wie nach dem Sturm die großen Regentropfen fallen – gebräunte Gesichter in Tränen sehen und pulvergeschwärzte Hände die Tränen vom Gesicht wischen. Gerechtigkeit und Rache waren vergessen, der Richterstuhl zerbrochen. Eile hatte die Sieger der Bastille besiegt. Sie ließen die Gefangenen der Nation Treue schwören und nahmen sie mit sich; die Invaliden gingen friedlich in ihr Haus; die französischen Garden bemächtigten sich der Schweizer, brachten sie in ihren Reihen in Sicherheit, führten sie zu ihren eigenen Kasernen, gaben ihnen Wohnung und Nahrung.

Die Witwen zeigten sich bewundernswürdigerweise ebenso großherzig. Arm und reichlich mit Kindern gesegnet, wollten sie eine kleine Summe, die man unter sie verteilte, nicht allein nehmen; sie wiesen auch der Witwe eines armen Invaliden, der die Bastille vor der Sprengung gerettet hatte und aus Versehen getötet worden war, einen Teil zu. Die Frau des Belagerten wurde so gleichsam von denen der Belagerer adoptiert.

ACHTES KAPITEL

Der Scheinfriede
(Juli 1789)

Versailles am 14. Juli. – Der König in der Nationalversammlung, 15. Juli. – Trauer und Elend in Paris. – Abordnung der Versammlung an die Stadt Paris, 15. Juli. – Der Scheinfriede. – Der König besucht Paris, 17. Juli. – Beginn der Auswanderung: Artois, Condé, Polignac usw. – Isolierung des Königs.

Die Nationalversammlung schwankte den ganzen 14. Juli zwischen zwei Besorgnissen: vor der Gewalttätigkeit des Hofes und vor der Gewalttätigkeit von Paris, vor den Aussichten einer vielleicht mißglückten Erhebung, welche die Freiheit vernichten könnte. Man vernahm die verschiedensten Gerüchte, man legte das Ohr an den Boden und glaubte das Dröhnen eines fernen Kanonendonners zu erkennen. Dies konnte das Ende bedeuten; mehrere wollten, man solle schleunigst die Grundlagen der Verfassung feststellen, damit, wenn die Versammlung aufgelöst und zersprengt würde, sie dieses Testament hinterließe, dieses Licht, das dem Widerstand voranleuchten würde.

Der Hof bereitete den Angriff vor, wenig fehlte noch, daß man beginnen konnte. Noch um zwei Uhr gab der Intendant Berthier der Militärschule ins einzelne gehende Befehle. Sein Schwiegervater Foulon, der stellvertretende Kriegsminister, vollendete die Rüstungen in Versailles. Paris sollte in der Nacht von sieben Seiten zugleich angegriffen werden.[1] Man beriet im Staatsrat über die Liste der Abgeordneten, die am Abend verhaftet werden sollten; man ächtete diesen, man verschonte jenen; Breteuil verwandte sich für die Unschuld Baillys. Inzwischen begaben sich die Königin und Frau von Polignac in die Orangerie, um die Truppen anzufeuern und den Soldaten, welche Rundtänze aufführten, Wein geben zu lassen. Um den Rausch voll zu machen, nahm die Schönste der Schönen die Offiziere mit sich und erhitzte sie mit Likören, mit ihren süßen Worten und Blicken. Wenn diese Verblendeten einmal aufgestachelt waren, so hätte die Nacht blutig werden können. Man fing Briefe von ihnen auf, in denen die Worte standen: „Wir marschieren gegen den Feind ...“ Gegen welchen Feind? Gegen das Gesetz und gegen Frankreich.

Doch da erhebt sich eine Staubwolke von der Avenue de Paris, ein Trupp Reiter sprengt heran; das ist der Prinz von Lambesc mit allen seinen Offizieren, der vor dem Volke von Paris flieht. Aber er findet das Volk von Versailles; wenn man nicht gefürchtet hätte, die anderen zu verwunden, so hätte man auf ihn geschossen.

---

[1] Bailly, Bd. I, S. 391, 392.

Herr de Noailles kommt: „Die Bastille ist genommen.“ Herr von Wimpfen kommt: der Kommandant ist getötet, er hat es gesehen, ihm wäre es beinahe ebenso ergangen wie jenem. Schließlich treffen zwei Abgeordnete der Wahlmänner ein und klären die Versammlung über die entsetzliche Lage von Paris auf. Man ist empört, man ruft die Rache Gottes und der Menschen auf den Hof und die Minister herab. „Köpfe müssen fallen!“ sagt Mirabeau. „Herr von Broglie muß uns ausgeliefert werden.“[1]

Eine Abordnung der Versammlung sucht den König auf, entlockt ihm aber nur zwei doppelsinnige Worte: er beordert Offiziere, die das Kommando über die Bürgermiliz übernehmen sollen. Er befiehlt den Truppen auf dem Marsfeld, sich geordnet zurückzuziehen. Diese Maßregeln zielten ganz deutlich auf den allgemeinen Angriff.

Unwille in der Versammlung, stürmische Zurufe, Entsendung einer zweiten Abordnung ... „Dem König zerreißt es das Herz, aber er kann nicht anders ...“

Ludwig XVI., dessen Schwäche man so oft getadelt hat, zeigte hier eine beklagenswerte Festigkeit.

Berthier weilte bei ihm; er war in seinem Kabinett, ermutigte ihn,[2] erklärte ihm, die Sache sei ohne Bedeutung. Bei der Verwirrung, die in Paris herrschte, bot der große Angriff am Abend immer noch Aussicht auf Erfolg. Indessen erfuhr man bald, daß die Stadt auf ihrer Hut war. Sie hatte bereits Geschütze auf dem Montmartre aufgestellt, die La Villette beherrschten und Saint-Denis in Schach hielten.

Da die Berichte sich widersprachen, so erteilte der König keinen Befehl, sondern ging, seiner Gewohnheit treu, frühzeitig zu Bett. Der Herzog von Liancourt, der kraft seines Amtes immer, sogar in der Nacht, Zutritt hatte, konnte es nicht mit ansehen, wie der König aus Gleichgültigkeit und Unwissenheit ins Verderben rannte. Er trat ein und weckte ihn. Er liebte den König und wollte ihn retten. Er klärte ihn auf über die Gefahr, über die Größe der Bewegung und ihre unwiderstehliche Kraft; er müsse sich ihr fügen, müsse dem Herzog von Orléans zuvorkommen und sich der Versammlung nähern. Ludwig XVI., der nur halb wach war (er wurde niemals ganz wach), meinte: „Wie? Das ist also eine Revolte?“ – „Sire, das ist eine Revolution.“

Der König verbarg der Königin nichts; man war völlig unterrichtet beim Grafen Artois. Dessen Anhänger hatten große Furcht; das Königtum konnte sich auf ihre Kosten retten. Einer von ihnen, der den Prinzen kannte, packte ihn an seiner empfindlichsten Stelle, bei der Angst, sagte ihm, er sei wie Flesselles und De Launey im Palais-Royal geächtet, und er könne die Geister beruhigen, wenn

[1] Ferrières, Bd. I, S. 132.

[2] Anklageschrift, „Histoire parlementaire“, Bd. IV, S. 83.

er die gleiche volkstümliche Haltung annehme, die die Notwendigkeit dem König auferlege. Derselbe Mann, ein Abgeordneter, eilte – um Mitternacht – in die Versammlung, fand dort den braven Bailly, der nicht schlafen zu gehen wagte, und bat ihn im Namen des Prinzen um eine Rede, die der König am folgenden Tage halten könnte.

Jemand lebte in Versailles, der betrübter war als alle anderen. Ich meine den Herzog von Orléans. Am 12. Juli war seine Büste im Triumph umhergetragen und dann brutal zertrümmert worden. Und alles war damit zu Ende, niemand hatte sich darüber aufgeregt. Am 13. sprachen ein paar Leute von der Reichsverweserschaft, aber das Volk war wie taub, es hörte nicht oder wollte nicht hören. Am Morgen des 14. tat Frau von Genlis den verwegenen, unglaublichen Schritt, daß sie ihre Pamela mit einem roten Lakaien mitten unter den Aufruhr schickte.[1] Einer rief: „Warum ist *das* nicht die Königin!" Und auch dieses Wort blieb unbeachtet. Alle kleinen Intrigen ertranken gleichsam in der ungeheuren Bewegung; alle kläglichen Interessen gingen unter in der Begeisterung dieses heiligen Tages.

Der arme Herzog von Orléans ging am Morgen des 15. ins Schloß zum Conseil. Aber er blieb vor der Türe. Er wartete und schrieb dann, nicht um die Reichsverweserschaft zu fordern, nicht um seine Vermittlung anzubieten (wie es zwischen ihm, Mirabeau und einigen anderen verabredet war), sondern um dem König als guter und getreuer Untertan zu versichern, daß er nach England reisen werde, wenn die Zeiten noch ungünstiger würden. Er wagte es den ganzen Tag nicht, die Versammlung und Versailles zu verlassen und ging abends zum Schloß;[2] für den Fall einer Anklage als Verschwörer sicherte er sich das „Alibi" und wusch seine Hände rein von dem Fall der Bastille. Mirabeau wurde wütend und schwenkte in der Folge von ihm ab. Er erklärte (ich mildere die Worte): „Er ist als Verbrecher ein Eunuch; er möchte gern, aber er kann nicht."

Der Mann des Herzogs von Orléans, Sillery-Genlis, arbeitete daran, ihn zu rächen. Er verlas den Entwurf einer arglistigen Erklärung und brachte ihn zur Annahme; dieser konnte die Wirkung des Besuches des Königs abschwächen und ihm den Reiz des Unvorhergesehenen nehmen, die Herzen im voraus erkalten: „Kommen Sie, Sire, Eure Majestät wird sich von der Bestürzung der Versammlung überzeugen, aber vielleicht über ihre Ruhe erstaunt sein, ..." Und zu gleicher Zeit meldete er, daß die Mehlwagen, die auf dem Wege nach Paris waren, in Sèvres angehalten worden waren. „Was wird geschehen, wenn diese Nachricht in die Hauptstadt gelangt?"

Mirabeau gab der Verhandlung einen erschreckenden Abschluß. Er wandte sich an die Abgeordneten, die man zum König schickte, mit folgenden Worten:

---

1 Madame Lebrun, „Souvenirs", Bd. I, S. 189.

2 Ferrières, Bd. I, S. 135. Droz, Bd. II, S. 312.

„Sagen Sie dem König, daß die fremden Horden, von denen wir umzingelt sind, gestern den Besuch der Prinzen und Prinzessinnen, der Favoriten und Favoritinnen, daß sie ihre Schmeicheleien, ihre Ermahnungen und Geschenke empfangen haben. Sagen Sie ihm, daß diese fremden Schergen, trunken von Wein und Gold, die ganze Nacht in ihren ruchlosen Liedern Frankreichs Knechtung angekündigt haben, und daß ihre brutalen Wünsche auf die Vernichtung der Nationalversammlung gehen. Sagen Sie ihm, daß seine Höflinge sogar in seinem eigenen Palast zu den Klängen dieser barbarischen Musik getanzt haben, und daß das Vorspiel der Bartholomäusnacht ähnlich verlief! Sagen Sie ihm, daß jener Heinrich, dessen Andenken die Erde segnet, derselbe, den er unter seinen Vorfahren zum Vorbild wählen zu wollen erklärte, Lebensmittel nach Paris schaffen ließ, das in offener Empörung war, und das er in eigener Person belagerte, wohingegen seine grausamen Ratgeber die Getreidefuhren umkehren lassen, die friedliche Händler in das hungernde und treue Paris bringen wollen."

Die Abordnung machte sich auf den Weg. Doch da tritt der König ein mit seinen Brüdern, ohne Wachen. Im Saal tut er einige Schritte vorwärts und erklärt stehend, angesichts der Versammlung, daß er den Truppen befohlen hat, sich „aus Paris und aus Versailles" zu entfernen; er fordert die Versammlung auf, Paris davon zu benachrichtigen. Ein trauriges Geständnis, daß sein Wort wenig Glauben finden wird, wenn die Versammlung nicht versichert, der König habe nicht gelogen! Doch fügt er ein edleres, geschickteres Wort hinzu: „Man hat zu behaupten gewagt, daß die Sicherheit Ihrer Person gefährdet sei. Sollte es wirklich nötig sein, solche schändlichen Gerüchte zu beschwichtigen, die durch meinen genugsam bekannten Charakter von vornherein widerlegt sind? Nun wohl, ich selbst bin eins mit der Nation, ich bin es, der sich Ihnen anvertraut!"

Die Truppen von Paris und Versailles entfernen, ohne zu sagen, wie groß die Entfernung sein soll, das war immer noch ein dunkles, zweideutiges, wenig beruhigendes Versprechen. Aber die Versammlung war im allgemeinen so aufgeregt über die düstere Unermeßlichkeit, die sich vor ihr auftat, sie hatte ein solches Bedürfnis nach Ordnung, daß sie den Worten des Königs gern Glauben schenkte, in übertriebene Begeisterung geriet und ganz vergaß, was sie sich selbst schuldig war.

Alle erheben sich hastig und folgen ihm; er kehrt zu Fuß zurück. Die Versammlung, das Volk umdrängen ihn; beim Überschreiten der heißen Place d'Armes kann der wohlbeleibte König nicht mehr weiter; die Abgeordneten, unter anderen der Herzog von Orléans, schließen eine Kette um ihn. Bei der Ankunft im Schloß spielt die Musik die Arie: „Wo kann man sich wohler fühlen, als im Schoße seiner Familie? ..." Der Familienkreis war allzu eng, das Volk gehörte nicht dazu; man verschloß die Tore vor ihm. Der König befahl, sie wieder zu öffnen. Inzwischen entschuldigte er sich bei den Abgeordneten, die ihn noch sprechen wollten, daß er sie nicht mehr empfangen könnte; er ging in seine Kapelle, um Gott zu danken.[1] Die Königin erschien auf dem Balkon mit ihren Kindern und denen des Grafen Artois, sie zeigte eine erzwungene Freude, denn sie war sich nicht klar darüber, was von einer so wenig verdienten Begeisterung zu halten sei.

Versailles schwamm in Wonne. Paris war trotz des Sieges immer noch in Aufregung und Trauer. Man begrub die Toten, von denen viele ihre Familien in hilfloser Lage hinterließen. Denjenigen, die keine Familie hatten, erwiesen ihre Kameraden die letzte Ehre. Neben einen der Toten hatten sie einen Hut gelegt und sprachen die Vorübergehenden an: „Lieber Herr, eine Gabe für den armen Teufel, der für die Nation in den Tod ging! Liebe Frau, eine Gabe für den armen Teufel, der für die Nation in den Tod ging!“[2] Eine demütige und einfache Leichenrede für die Männer, deren Tod Frankreich das Leben gab.

Da jedermann an der Bewachung von Paris teilnahm, so arbeitete kein Mensch. Alle Tätigkeit war eingestellt. Der Lebensunterhalt war unzureichend und teuer. Das Hôtel de Ville versicherte, es seien für vierzehn Tage Lebensmittel in der Stadt, und sie reichten nicht für drei. Man mußte eine Steuer erheben für den Unterhalt der Armen. Die Mehlfuhren waren in Sèvres und Saint-Denis von den Truppen angehalten worden. Zwei neue Regimenter langten an, gerade als man die Entfernung der Truppen versprach. Die Husaren faßten vor den Schlagbäumen Stellung. Es entstand das Gerücht, man habe versucht, die Bastille zu überrumpeln. Die Aufregung wurde endlich gegen zwei Uhr so groß, daß der Wahlmännerausschuß dem Volke den Befehl, in der ganzen Stadt das Straßenpflaster aufzureißen, nicht verweigern konnte.

Punkt zwei Uhr kommt ein Mensch gerannt, keuchend, halb ohnmächtig.[3] Er ist von Sèvres an gelaufen, wo die Truppen ihn festnehmen wollten. Alles ist zu Ende, die Revolution ist zu Ende, der König ist in der Versammlung gewesen, er hat gesagt: „Ich vertraue mich Ihnen an ...“ Hundert Abgeordnete, die von der Versammlung an die Stadt Paris geschickt worden sind, brechen in diesem Augenblick von Versailles auf.

Diese Abgeordneten hatten sich sofort auf den Weg gemacht; Bailly wollte nicht einmal zu Mittag essen. Die Wahlmänner, derangiert wie sie waren, da sie mehrere Nächte kein Bett gesehen hatten, fanden kaum Zeit, ihnen entgegenzugehen. Man wollte Geschütze abfeuern, aber die waren noch aufgefahren, und man konnte sie nicht kommen lassen. Auch bedurfte man ihrer nicht, um das Fest zu verherrlichen. Paris war schön genug in seiner Julisonne, seinem Trubel,

---

1 „Point du jour“, Nr. 35, Bd. I, S. 207.

2 „Lettres écrites de France à une amie“, S. 29, in den Anmerkungen bei Dussaulx zitiert. S. 333.

3 „Procès-verbal des électeurs“, redigiert von Duveyrier, Bd. I, S. 431.

mit all seinem Volk in Waffen. Die hundert Abgeordneten, unter Vorantritt von französischen Garden, Schweizern, Offizieren der Bürgerwehr, Mitgliedern der Wahlmännerversammlung, zogen beim Schall von Trompeten durch die Rue Saint-Honoré. Alle Arme streckten sich ihnen entgegen, die Herzen wurden weit. Aus allen Fenstern Segenswünsche, Blumen, Tränen ...

Die Nationalversammlung und das Volk von Paris, Ballhauseid und Einnahme der Bastille: Sieger sanken den Siegern in die Arme!

Mehrere Abgeordnete küßten weinend die Fahnen der französischen Garden: „Fahnen des Vaterlandes!" riefen sie, „Fahnen der Freiheit!"

Man langte im Hôtel de Ville an und ließ La Fayette, Bailly, den Erzbischof von Paris, Sieyès und Clermont-Tonnerre im Büro Platz nehmen. La Fayette sprach kalt und klug, dann Lally-Tollendal mit seinem irischen Schwung, seinen locker sitzenden Tränen. Es war derselbe Grèveplatz, auf dem vor dreißig Jahren das Ancien régime Lallys Vater geknebelt und enthauptet hatte; die gerührte Rede des Sohnes war durchaus nur eine Amnestie für das Ancien régime, eine wahrhaft allzu übereilte Amnestie, denn jenes umschnürte Paris immer noch mit seinen Truppen.

Nichtsdestoweniger wirkte die Rührung ansteckend in dieser bürgerlichen Versammlung im Hôtel de Ville. „Der beleibteste aller empfindsamen Menschen", wie man Lally nannte, wurde mit Blumen bekränzt, zum Fenster beinahe mehr getragen als geführt, der Menge gezeigt. Er wehrte sich, so gut er konnte, und setzte den Kranz auf das Haupt Baillys, des ersten Präsidenten, den die Nationalversammlung gehabt hatte. Auch Bailly weigerte sich, ihn anzunehmen, doch wurde er von der Hand des Erzbischofs auf seinem Kopf befestigt. Der Anblick war merkwürdig und ließ das Schiefe des Augenblicks deutlich hervortreten. Der Präsident des Ballhauses von der Hand des Prälaten gekrönt, der zum Staatsstreich geraten und so Paris mittelbar erst zum Siege gezwungen hatte. Man hatte so wenig Gefühl für diesen Widerspruch, daß der Erzbischof sich nicht scheute, ein Tedeum vorzuschlagen, und daß alle Anwesenden ihm nach Notre-Dame folgten. Er hätte viel eher den Männern, an deren Tod er mitschuldig war, ein De profundis singen sollen.

Trotz der allgemeinen Aufregung behielt das Volk sein gesundes Urteil. Es war eifersüchtig auf seinen Sieg, und das war richtig und nützlich, wie man zugeben muß; dieser Sieg war nicht vollständig genug, um ihn preiszugeben und schon zu vergessen. Seine moralische Wirkung war ungeheuer, aber das positive Ergebnis noch schwach und ungewiß. An der Rue Saint-Honoré führte die Bürgergarde (damals hieß das: das ganze Volk) beim Klange der Militärmusik den Leibgardisten vor die Abgeordneten, der zuerst den Kommandanten der Bastille festgenommen hatte; er wurde im Triumph umhergefahren, auf De Launeys Wagen, mit Lorbeer gekrönt und mit dem Kreuz vom Heiligen Ludwig geschmückt, welches das Volk dem Kerkermeister entriß, um es dessen Besieger anzuheften. Der wollte es nicht behalten, indessen trug er es stolz auf seiner Brust zur Schau, bevor er es in Gegenwart der Abgeordneten ablegte.[1] Die Menge klatschte Beifall, die Abgeordneten klatschten und bewiesen so ihre Billigung der Vorgänge des vergangenen Tages.

Ein anderer Zwischenfall war noch deutlicher. Im Verlaufe der Reden, die im Hôtel de Ville gehalten wurden, sagte Herr von Liancourt, ein ehrenwerter, aber unbesonnener Mensch, der König „verzeihe" den Leibgardisten gern. Von denen traten mehrere, die es hörten, vor, und einer sagte: „Die Verzeihung ist an uns. Indem wir der Nation dienen, dienen wir dem König; die Absichten, die jener heute kundtut, beweisen Frankreich deutlich genug, daß vielleicht nur wir allein dem König und dem Vaterlande treu gewesen sind."

Bailly wurde zum Maire ausgerufen, La Fayette zum Kommandanten der Bürgerwehr. Man brach auf zum Tedeum. Der Erzbischof reichte den Arm dem tapferen Abbé Lefebvre, der das Pulver bewacht und verteilt hatte und jetzt zum erstenmal seinen Winkel verließ. Er war noch ganz schwarz. Bailly wurde ebenso von Hullin geführt und von der Menge beklatscht, gedrängt und beinahe erstickt. Vier Füseliere folgten ihm; trotz der Freude dieses Tages und der unerwarteten Ehre seiner neuen Stellung, konnte er sich des Gedankens nicht erwehren, er sähe aus wie ein Mensch, der ins Gefängnis geführt wird. Wenn er besser in die Zukunft hätte sehen können, so hätte er gesagt: in den Tod!

Was war dieses Tedeum anders als eine Lüge? Wer konnte glauben, der Erzbischof danke mit freiem Herzen Gott für die Einnahme der Bastille? Nichts hatte sich geändert, weder die Menschen, noch die Dinge. Der Hof war immer noch der Hof, der Feind immer noch der Feind.

Was geschehen war, war geschehen. Die Nationalversammlung, die Wahlmänner von Paris in ihrer Allmacht, vermochten nichts über die Vergangenheit. Am 14. Juli gab es einen Besiegten, den König, und einen Sieger, das Volk. Wie sollte man das denn rückgängig machen, es ungeschehen machen, aus der Geschichte streichen, die Tatsächlichkeit der Ereignisse verkehren, den König und das Volk hinters Licht führen, so, daß der erstere sich glücklich schätzte über seine Niederlage, und daß das Volk sich ohne Argwohn in die Hände eines so bitter gereizten Herrn lieferte?

---

[1] Camille Desmoulins, der hier wie überall amüsant ist, triumphierte auch auf seine Weise: „Ich marschierte mit entblößtem Degen ..." (Correspondance, S. 28, 1836). Er hatte sich ein schönes Gewehr mit Bajonett und zwei Pistolen im Invalidenhaus angeeignet und kam nur darum nicht zum Gebrauch der Waffen, weil die Bastille unglücklicherweise so schnell genommen wurde! Er war hingerannt, aber es war zu spät. Man behauptet sogar, er habe die Revolution begonnen (S. 33); er selbst ist zu bescheiden, um das zu glauben.

Mounier berichtete am 16. in der Nationalversammlung über den Besuch der hundert Abgeordneten in der Stadt Paris und machte den sonderbaren Vorschlag (der am Tage darauf im Hôtel de Ville wiederholt und abgestimmt wurde), an der Stelle, wo die Bastille zerstört worden war, Ludwig XVI. ein Denkmal zu errichten. Ein Denkmal für eine Niederlage, das war neu und originell. Das Lächerliche daran war offenbar; wen hätte man damit täuschen können? Der Triumph des Besiegten –, das genügte doch wirklich, um den Sieg auszulöschen.

An dem Eigensinn des Königs während des ganzen 14. Juli merkten auch die Harmlosesten, daß der Schritt vom 15. durchaus nicht freiwillig war. Gerade als die Versammlung ihn ins Schloß zurückführte, in dem wirklichen oder gemachten Taumel, umklammerte eine Frau seine Knie und wagte das Wort: „Ach! Sire, sind Sie auch wirklich aufrichtig? Wird man Sie nicht umstimmen?"

Das Volk in Paris geriet auf die düstersten Gedanken. Es mochte nicht glauben, daß der Hof mit vierzigtausend Mann rings um Versailles nichts unternahm. Es glaubte, daß der Schritt des Königs nur ein Mittel zur Einschläferung sei, um vorteilhafter angreifen zu können. Es mißtraute den Wahlmännern: zwei von diesen, die am 15. nach Versailles geschickt worden waren, wurden bei ihrer Rückkehr wie Verräter behandelt und schwebten in großer Gefahr. Die französischen Garden befürchteten eine Falle und wollten nicht in ihre Kasernen zurückkehren. Das Volk blieb hartnäckig in dem Glauben, daß, wenn der Hof den Kampf nicht wagte, er sich mit irgendeinem schwarzen Attentat rächen würde, er irgendwo eine Mine hätte, um Paris in die Luft zu sprengen.

Die Besorgnis war nicht lächerlich, sondern viel eher das Vertrauen. Wie sollte man auch beruhigt sein? Trotz des Versprechens zogen die Truppen nicht ab. Der Baron von Falckenhayn, der in Saint-Denis befehligte, erklärte, er habe keinen Befehl. Man nahm am Schlagbaum zwei seiner Offiziere fest, die spionieren wollten. Nicht weniger schwerwiegend war, daß der Polizeipräfekt seine Entlassung nahm, daß der Intendant Berthier und mit ihm alle höheren Beamten der Lebensmittelverwaltung flohen. Einen Tag oder vielleicht zwei waren die Hallen gänzlich ohne Mehl, das Volk verlangte im Hôtel de Ville Brot und die Köpfe der Beamten. Die Wahlmänner sandten mehrere Kollegen nach Senlis, nach Vernon und sogar nach Havre, um Getreide aufzutreiben.

Paris erwartete den König. Man glaubte, er werde nach einer offenen und herzlichen Aussprache sein Versailles und seine schlechten Ratgeber fahren lassen und sich in die Arme des Volkes werfen. Nichts wäre so geschickt gewesen, nichts hätte am 15. größere Wirkung getan; er mußte nach dem Besuche in der Versammlung nach Paris reisen, „sich anvertrauen", nicht nur dem Worte nach, sondern tatsächlich und mit seiner Person, er mußte kühn unter die Menge treten, sich mitten unter das bewaffnete Volk begeben. Dann hätte die immer noch große Erregung sich völlig zu seinen Gunsten gewendet.

Das erwartete das Volk, das glaubte und sagte es laut. Das erklärte es im Hôtel de Ville und wiederholte es auf den Straßen. Der König zauderte, beriet sich, schob die Sache um einen Tag auf: damit war alles verfehlt.

Wo verbrachte er diesen unersetzlichen Tag? Am 15. abends und am 16. morgens beriet er noch hinter verschlossenen Türen mit denselben Ministern, deren waghalsige Dummheit das Blutbad in Paris verursacht und den Thron für immer erschüttert hatte. In diesem Staatsrat gab die Königin den Rat, zu fliehen, den König fortzuschaffen, ihn an die Spitze der Truppen zu stellen und den Bürgerkrieg zu beginnen. Aber konnte man sich auf die Truppen verlassen? Was würde geschehen, wenn der Krieg in der Armee selbst ausbrach, zwischen den französischen Soldaten und den fremden Söldnern? War es nicht besser, Zeit zu gewinnen, das Volk hinzuhalten? Ludwig XVI. schwankte zwischen diesen beiden Meinungen und hatte selbst keine,[1] er war bereit, der einen oder der anderen zu folgen, und es war ihm gleichgültig, welcher. Die Mehrheit war für den zweiten Vorschlag, und der König blieb.

Ein Maire von Paris, ein Kommandant von Paris, die ohne Zustimmung des Königs von den Wahlmännern ernannt waren, beide Stellen von so ernsten Männern wie Bailly und La Fayette angenommen, die Ernennungen von der Nationalversammlung bestätigt, ohne den König zu fragen – das war kein Aufruhr mehr, das war eine regelrecht organisierte Revolution. La Fayette, der nicht daran zweifelte, daß alle Gemeinden gern ihre Verteidigung bewaffneten Bürgern anvertrauen würden, schlug vor, die Bürgerwehr „Nationalgarde“ zu benennen (der Name war bereits von Sieyès erfunden worden). Dieser Name schien die Bewaffnung von Paris zu verallgemeinern und über das ganze Königreich auszudehnen, ebenso wie die blau-rote Kokarde der Stadt, der das Weiß, die alte französische Farbe, beigefügt worden war, jene von ganz Frankreich wurde.

Wenn der König in Versailles blieb, wenn er zögerte, so riskierte er Paris. Die Stimmung wurde von Augenblick zu Augenblick feindlicher. Als die Distrikte aufgefordert wurden, eigene Abgeordnete zusammen mit denen des Hôtel de Ville zu entsenden, um dem König den Dank der Stadt abzustatten, antworteten mehrere, es sei keine Veranlassung, auch noch Dank abzustatten.

Erst am 16. abends unterrichtete Bailly den Arzt der Königin, Vicq-d'Azyr, den er zufällig traf, davon, daß die Stadt Paris den Besuch des Königs wünsche und erwarte. Der König sagte zu und erließ am gleichen Abend an Necker die Aufforderung zurückzukehren.

Am 17. machte sich der König um neun Uhr auf den Weg, er war sehr ernst, traurig und bleich; er hatte die Messe gehört, kommuniziert und Monsieur die

---

[1] Die „Histoire parlementaire“ zitiert fälschlich einen angeblichen Brief Ludwigs XVI. an den Grafen Artois (Bd. II, S. 101); der Brief ist unecht und lächerlich, wie die Mehrzahl derer, die Miß Williams in der von Barbier und Beuchot so richtig gewürdigten und verurteilten „Correspondance inédite“ veröffentlicht hat.

Ernennung zum Reichsverweser übergeben, für den Fall, daß er getötet oder als Gefangener zurückbehalten würde; die Königin schrieb in seiner Abwesenheit mit fliegender Feder die Rede nieder, die sie in der Nationalversammlung halten wollte, wenn man den König gefangen nahm.

Ohne Leibwache, aber in Begleitung von drei- oder vierhundert Abgeordneten gelangte er um drei Uhr an das Stadttor. Der Maire überreichte ihm die Schlüssel und sagte: „Das sind dieselben Schlüssel, die Heinrich IV. überreicht wurden; er hatte sein Volk wiedererobert, hier hat das Volk seinen König wiedererobert." Dieses letzte, so wahre und starke Wort, dessen Tragweite Bailly selbst nicht ahnte, wurde mit lebhaftem Beifall aufgenommen.

Der Platz Louis XV. war rings von Truppen umsäumt, in der Mitte bildeten die französischen Garden Karree. Das Karree öffnete sich, trat in Reihen an und ließ freien Durchblick auf eine Anzahl Geschütze (von der Bastille?). Es nahm die Spitze des Zuges ein, dann kamen die Kanonen – und der König dahinter.

Vor dem Wagen des Königs ritt im Bürgerrock, den Degen in der Hand, die Kokarde und den Federbusch am Hut, der Kommandant La Fayette. Alles gehorchte seinem kleinsten Wink. Die Ordnung war vollkommen,[1] die Ruhe ebenfalls; niemand rief: „Es lebe der König!" doch jeden Augenblick mehrten sich die Rufe: „Es lebe die Nation!" Vom Point-du-Jour bis Paris, vom Stadttor bis zum Hôtel de Ville standen zweihunderttausend Mann unter Waffen, dreißigtausend und mehr mit Gewehren, fünfzigtausend mit Spießen, der Rest mit Lanzen, Säbeln, Degen, Mistgabeln und Sensen. Keine Uniformen, aber in der ganzen ungeheuren Länge des Weges zwei gerade Reihen, drei Mann und manchmal vier oder fünf tief.

Achtunggebietend war der Anblick der bewaffneten Nation! Der König konnte sich nicht darüber täuschen; hier handelte es sich nicht um eine Partei: so viele Waffen, so viele verschiedene Röcke, aber ein Geist und eine große Ruhe!

Alle waren da, alle waren gern gekommen; niemand fehlte bei dieser feierlichen Revue. Man sah sogar bewaffnete Damen bei ihren Gatten, Töchter bei ihren Vätern. Eine Frau befand sich unter den Siegern der Bastille.

Mönche, die gleichfalls Menschen und Bürger zu sein vermeinten, waren gekommen, um auch an diesem großen Kreuzzug teilzunehmen. Die Mathuriner standen in Reihen unter dem Banner ihres Ordens, das später das Banner des Distrikts der Mathuriner wurde. Kapuziner trugen Degen und Muskete auf der

[1] Mit Ausnahme eines unglücklichen Zufalls: ein Gewehr ging los, und eine Frau wurde getötet. Man trug sich durchaus nicht mit schlechten Absichten gegen den König. Alles war royalistisch, sowohl die Versammlung wie das Volk. Marat war es noch im Jahre 1791. In einem unveröffentlichten Briefe (den mir Herr De George in Arras mitgeteilt hat) scheint Robespierre von dem guten Glauben Ludwigs XVI., dessen Besuch in Paris er berichtet (23. Juli 1789), überzeugt zu sein.

Schulter. „Die Damen vom Platz Maubert" hatten die Revolution von Paris unter den Schutz der heiligen Genoveva gestellt und am Tage vorher ein Bild umhergetragen, auf dem die Heilige den Würgengel antrieb, die Bastille zu stürzen, die bereits wankte und mit zerbrochenen Kronen und Szeptern ausstaffiert war.

Zwei Männer wurden mit Zuruf begrüßt, Bailly und La Fayette, das war alles. Die Abgeordneten umgaben den Wagen des Königs, der traurig und erregt aussah; ... etwas Düsteres haftete diesem Fest an. Diese rohen Waffen, diese Gabeln und Sensen, taten dem Blick weh. Die stummen, blumengeschmückten Geschütze, die auf den Plätzen schliefen, schienen nicht gut zu schlafen. Über allen Bildern des Friedens schwebte ein klares, bedeutsames Zeichen des Krieges, die abgerissenen Fetzen des Banners der Bastille.

Der König verließ den Wagen, und Bailly überreichte ihm die neue Kokarde in den Farben der Stadt, die bald die Kokarde Frankreichs wurde. Er bat ihn, „dieses unterscheidende Abzeichen des Franzosen" anzunehmen. Der König heftete sie an seinen Hut, und durch die Menge von seinem Gefolge getrennt, stieg er die düstere Wölbung des Hôtel de Ville hinan; über seinem Kopf bildeten die gekreuzten Degen eine Laube aus Stahl; diese seltsame Ehrung war den Gebräuchen der Freimaurer entlehnt, sie konnte doppelsinnig erscheinen und den König glauben machen, er schritte unter dem kaudinischen Joch her.

Man hatte weder die Absicht, ihm zu mißfallen, noch ihn zu demütigen. Im Gegenteil: er wurde mit außergewöhnlicher Rührung aufgenommen. Der große Saal, der von Notabeln und Männern aller Klassen in buntem Gemisch erfüllt war, bot einen merkwürdigen Anblick; diejenigen, die in der Mitte waren, knieten nieder, um die anderen nicht des Glückes zu berauben, den König zu sehen; alle erhoben die Hände zum Thron und hatten Tränen in den Augen.

Bailly hatte in seiner Rede das Wort „Bündnis zwischen König und Volk" ausgesprochen. Der Präsident der Wahlmänner, Moreau de Saint-Méry (derselbe, der in den großen Tagen den Vorsitz geführt und in dreißig Stunden dreitausend Befehle gegeben hatte), wagte ein Wort, das den König zu binden schien: „Sie kommen, um Ihren Untertanen zu *versprechen*, daß die Urheber jener unheilvollen Ratschläge aus Ihrer Umgebung entfernt werden, daß die allzulange verbannte Tugend künftig Ihre Stütze bleiben wird." Die „Tugend" sollte heißen: Necker.

Der König, sei es aus Schüchternheit, sei es aus Vorsicht, sagte nichts. Der Prokurator der Stadt erneuerte den Vorschlag von dem Denkmal, das an der Stätte der Bastille errichtet werden sollte; dieser wurde einstimmig angenommen. Dann sprach der immer beredte, aber allzu empfindsame und weinerliche Lally von dem „Kummer des Königs, von seinem Trostbedürfnis". Das hieß, ihn als besiegt hinstellen, anstatt ihn an den Sieg des Volkes über die Minister, die entlassen werden sollten, zu binden.

Die Männer, die diese Annäherung zustande brachten, vollendeten sie und fanden sie erschöpft, als Bailly den König mit der Kokarde am Hute am Fenster des Hôtel de Ville zeigte. Da blieb er eine Viertelstunde, ernst und still. Bei der Abfahrt flüsterte man ihm zu, er müsse selbst auch ein Wort sagen. Aber man konnte ihm nichts entwinden als die Bestätigung der Bürgergarde, des Maires, des Kommandanten – und das allzu kurze Wort: „Ihr könnt immer auf meine Liebe zählen."

Die Wahlmänner waren damit zufrieden, aber das Volk nicht. Es hatte geglaubt, der König werde, seiner schlechten Ratgeber ledig, sich mit der Stadt Paris verbrüdern. Und nun sprach er kein Wort, gab er kein Zeichen! Indessen klatschte die Menge bei der Rückkehr Beifall; sie schien das Bedürfnis zu haben, endlich ein lange verhaltenes Gefühl ausströmen zu lassen. Alle Waffen wurden umgekehrt als Zeichen des Friedens. Man rief: „Es lebe der König!" Er wurde zu seinem Wagen getragen. Ein Marktweib warf sich ihm an den Hals. Männer mit Flaschen hielten seine Pferde an, gossen dem Kutscher und den Lakaien Wein ein und tranken mit ihnen auf die Gesundheit des Königs. Er lächelte, aber sagte noch immer nichts. Hätte er das kleinste gütige Wort in diesem Augenblick gesprochen, es wäre tausendfach freudig wiederholt worden und hätte ungeheuer gewirkt.

Er kehrte erst nach neun Uhr abends ins Schloß zurück. Auf der Treppe fand er die Königin und seine Kinder in Tränen, sie warfen sich in seine Arme. So hatte also der König in großer Gefahr geschwebt, als er sein Volk besuchte? War denn dieses Volk der Feind? Und wie hätte man sich erst gebärdet für einen befreiten König, für Johann oder Franz I., als sie von London und Madrid heimkehrten?

Gleichsam um feierlich darzutun, daß der König in Paris nichts anderes tat oder sagte, als was ihm gewaltsam abgezwungen wurde, flohen an demselben Tage, Freitag, den 17., sein Bruder, der Graf Artois, die Condés und die Contis, die Polignac, Vaudreuil, Broglie, Lambesc und andere vom französischen Boden. Das war nicht leicht. Sie fanden überall den Haß gegen ihren Namen, das Volk aufgereizt gegen sich. Die Polignac und Vaudreuil konnten nur dadurch entwischen, daß sie unterwegs über Vaudreuil und Polignac herzogen.

Die Verschwörung des Hofes, noch schauerlicher gemacht durch tausend merkwürdige und furchtbare Gerüchte, die im Volke umgingen, hatte sich der Geister bemächtigt und sie unheilbar mißtrauisch und argwöhnisch gemacht. Versailles, wo die Aufregung wenigstens ebenso groß war wie in Paris, bewachte das Schloß Tag und Nacht als den Herd des Verrats. Der ungeheure Palast schien verödet. Viele wagten nicht, ihn zu betreten. Der Nordflügel, wo die Condés wohnten, war fast leer, der Südflügel, der des Grafen Artois, die sieben Riesenräume der Frau von Polignac blieben für immer geschlossen. Mehrere Bediente des Königs hätten gern ihren Herrn verlassen. Sie machten sich allmählich sonderbare Gedanken über ihn.

„Drei Tage lang", erzählt Besenval, „hatte der König niemanden um sich, außer Montmorin und mir. Am 19. betrat ich, da alle Minister abwesend waren, das Gemach des Königs, um ihn die Order unterzeichnen zu lassen, man solle einem Obersten, der heimkehren wollte, Pferde geben. Als ich das Schriftstück überreichte, stellte sich ein Lakai zwischen den König und mich, um zu sehen, was jener schrieb. Der König wandte sich um, bemerkte den Unverschämten und ergriff die Feuerzange. Ich verhinderte ihn, diesem Ausbruch eines sehr natürlichen Zornes stattzugeben; er drückte mir die Hand, um mir zu danken, und ich bemerkte Tränen in seinen Augen."

NEUNTES KAPITEL

Volksgericht

Keine öffentliche Gewalt flößt Vertrauen ein. – Die richterliche Gewalt hat das Vertrauen verloren. – Der „Club breton". – Die Advokaten, die Basoche. – Danton und Camille Desmoulins. – Barbarei der Gesetze und der Strafen. – Das Gericht im Palais-Royal. – Der Gèveplatz und der Hunger. – Tod Foulons und Berthiers, 22. Juli 1789.

Das Königtum bleibt allein. Die Privilegierten wandern aus oder unterwerfen sich; sie erklären, daß sie künftig mit der Nationalversammlung tagen und sich der Majorität unterwerfen wollen; isoliert und ohne Deckung erscheint das Königtum als das, was es im Grunde schon lange war: als ein Nichts.

Dieses Nichts, das war Frankreichs alter Glaube; der getäuschte Glaube weckt nunmehr sein Mißtrauen, seinen Unglauben, macht es außerordentlich unruhig und argwöhnisch. Geglaubt zu haben, geliebt zu haben, und seit einem Jahrhundert sich ständig in dieser Liebe getäuscht zu sehen, das war der Grund, warum es an nichts mehr glaubte.

Wo bleibt jetzt der Glaube? Man empfindet bei dieser Frage ein Gefühl des Schreckens und der Verlassenheit, wie Ludwig XVI. selbst in seinem öden Palast. Der Glaube weilt bei keiner sterblichen Gewalt mehr.

Die gesetzgebende Gewalt selbst, die Versammlung, die Frankreich so teuer war, leidet jetzt unter dem Unglück, daß sie ihre Feinde, fünf- oder sechshundert Adlige und Priester, in sich aufnahm und unter sich behielt. Ein anderes Übel: ihr Sieg ist allzu groß, nun wird sie selbst Autorität, Regierung, König. Und jeder König ist unmöglich.

Die Gewalt der Wahlmänner, die ebenfalls die Verpflichtung gefühlt hatte, die Regierung zu übernehmen, lag in wenigen Tagen am Boden; sie empfand es selbst und bat die Distrikte, ihr einen Nachfolger zu geben. Beim Kanonendonner der Bastille hatte sie gezittert und gezweifelt. Waren diese Leute kleingläubig? Arglistig? Nein. Das Bürgertum von 1789, das an der Philosophie des großen Jahrhunderts heranwuchs, war sicher weniger egoistisch als das unsere. Es schwankte und war unsicher, kühn in seinen Prinzipien, furchtsam in ihrer Anwendung; es war zu lange Knecht gewesen!

Es ist der Vorzug der richterlichen Gewalt, wenn sie geschlossen und stark bleibt, daß sie alle anderen ersetzt; sie selbst dagegen wird von keiner ersetzt. Sie war in den furchtbarsten Krisen die Stütze und die Quelle der Kraft unseres alten Frankreich. Im vierzehnten Jahrhundert, im sechzehnten behauptete sie fest und unwandelbar ihre Stellung, so daß das Vaterland, wenn es in stürmischen Zeiten fast verloren war, im unverletzten Heiligtum der zivilen Justiz sich immer wieder fand und zu sich selbst kam.

Auch diese Gewalt war nun zerbrochen.

Zerbrochen, weil sie widerspruchsvoll war. Knechtisch und kühn zugleich, für den König und gegen den König, für den Papst und gegen den Papst, Verteidiger des Gesetzes und Vorkämpfer des Privilegs, spricht sie von Freiheit und widersetzt sich ein Jahrhundert lang jedem freiheitlichen Fortschritt. Auch sie hat, ebenso wie der König, die Hoffnung des Volkes enttäuscht. Wie groß war die Freude und die Begeisterung, als das Parlament beim Regierungsantritt Ludwigs XVI. aus der Verbannung zurückkehrte! Und gleichsam als Antwort auf dieses Vertrauen einigte es sich mit den Privilegierten, brachte jede Reform zum Stillstand, sorgte dafür, daß Turgot verjagt wurde! – 1787 fand es noch immer Unterstützung beim Volk, und zum Dank verlangte das Parlament, daß die Zusammensetzung der Generalstaaten nach der alten Form von 1614 geschehe, das heißt, daß sie nutzlos und lächerlich ohnmächtig seien!

Nein, das Volk konnte sich der richterlichen Gewalt nicht anvertrauen.

Sonderbarerweise hat gerade diese Gewalt, die Hüterin der Ordnung und der Gesetze, die Empörung begonnen, die überall das Parlament umlauert und sich bei jeder königlichen Sitzung versucht. Das Wohlwollen der oberen Behörden ermutigt sie. Die jungen Räte, die d'Eprémesnil und Duport, haben, voll von Erinnerungen an die Fronde, nur das Verlangen, Broussel und den Koadjutor nachzuahmen. Die organisierte Basoche besitzt eine Armee von Schreibern, hat ihren König, ihr eigenes Gericht, ihre Vorsteher, alte Studenten wie Moreau in Rennes, glänzende Redner und Duellanten wie Barnave in Grenoble. Das feierliche Gebot, die Schreiber dürften keinen Degen tragen, machte diese nur noch streitsüchtiger.

Den ersten Klub eröffnete der Rat Duport in seinem Hause, Rue du Chaume im Marais. Er vereinigte darin die fortgeschrittensten Parlamentsmitglieder, Abgeordnete und Advokaten, besonders solche, die aus der Bretagne stammten. Später wurde der Klub nach Versailles verlegt und nannte sich „Club breton". Dann kehrte er mit der Nationalversammlung nach Paris zurück, änderte Namen und Wesen und schlug seinen Sitz im Jakobinerkloster auf.

Mirabeau ging nur einmal zu Duport; er pflegte Duport, Barnave und Lameth das „Triumgueusat" zu nennen. Auch Sieyès ging hin, wollte aber später nicht wiederkommen: „Das ist eine Höhlenpolitik", meinte er, „Attentate halten sie für Auskunftsmittel." An anderer Stelle spricht er sich noch härter über sie aus: „Man kann sie sich vorstellen als einen Trupp boshafter Gassenjungen, die immer etwas tun müssen, die immer dumme Streiche machen, schreien, intrigieren, ohne Maß und Ziel sich aufregen und dann über das Unheil lachen, das sie angestiftet haben. Man kann ihnen die Hauptschuld geben an den Ausschreitungen der Revolution. Es wäre ein Glück für Frankreich, wenn die von den ersten Unruhstiftern abhängigen Agenten, nachdem sie durch eine Art von Erblichkeit, die bei langen Revolutionen üblich ist, ihrerseits Führer geworden sind, auf den Geist verzichten, der sie so lange bewegte!"

Die untergeordneten Agenten, von denen Sieyès spricht, die Nachfolger ihrer Führer (und jenen weit überlegen!), waren besonders zwei Männer, zwei revolutionäre Kräfte, Camille Desmoulins und Danton. Von diesen beiden Männern, dem König des Pamphlets und dem gewaltigen Redner des Palais-Royal – später des Konvents –, zu sprechen, ist hier nicht der Ort. Übrigens werden sie immer hinter uns sein, uns nie locker lassen. In ihnen oder nirgends verkörpern sich die Komödie und die Tragödie der Revolution.

Bald werden sie es ihren Lehrmeistern überlassen, Jakobiner zu werden, während sie selbst den Klub der „Cordeliers" gründen. Vorläufig geht noch alles durcheinander; der große, allgemeine Klub ist noch das Palais-Royal mit seinen Cafés, seinen Spielhäusern und seinen Freudenmädchen. Dort rief Desmoulins am 12. Juli zu den Waffen. Dort geschah in der Nacht vom 13. auf den 14. die Verurteilung Flesselles und De Launeys. Dem Grafen Artois, den Condés und Polignacs wurden ihre Urteile persönlich zugestellt; sie hatten die erstaunliche Wirkung, die man kaum von mehreren Schlachten erwartet hätte, daß jene Frankreich verließen. Daher erwuchs eine unheilvolle Vorliebe für die Schreckmittel, die so guten Erfolg gehabt hatten. In Desmoulins' Rede auf die Laterne des Grèveplatzes steht der Satz: „Wie geraten die Fremden außer sich, wenn sie vor ihr stehen; wie bewundern sie es, daß eine Laterne in zwei Tagen mehr getan hat als alle ihre Helden in hundert Jahren."[1]

Desmoulins erneuert mit unversieglicher Laune die alten Späße, die durch das ganze Mittelalter gehen, über den Galgen, den Strang, die Gehenkten usw. Diese grausame, scheußliche Strafe, die den Todeskampf lächerlich macht, war der übliche Text für die lustigsten Schnurren, bildete die Belustigung des niederen Volkes, die Inspiration der Basoche. Das verkörperte Genie dieser letzteren war Camille Desmoulins. Der junge Advokat aus der Pikardie der sehr leichtsinnig mit dem Geld umging und einen noch leichtsinnigeren Charakter besaß, verschleppte sich ohne Beschäftigung im Justizpalast, als die Revolution ihn plötzlich zum Plädoyer ins Palais-Royal rief. Er stotterte ein wenig, und das machte ihn nur noch amüsanter. Die Einfälle, denen seine schwere Zunge nicht folgen konnte, schossen wie Pfeile aus seinem Munde. Er überließ sich seiner komischen Laune, ohne sich

[1] Camille Desmoulins „Discours de la lanterne aux Parisiens", S. 2. Indessen deutet er geschickt genug an, daß diese übereilten Urteile nicht ohne Nachteil sind, daß sie hier und da zu Irrtümern führen usw.

lange zu überlegen, ob nicht eine Tragödie daraus folgen würde. Die berühmten Urteile der Basoche, die den alten Justizpalast so sehr ergötzt hatten, waren nicht lustiger als die Urteile des Palais-Royal,[1] der Unterschied besteht darin, daß die letzteren oft auf dem Grèveplatz vollstreckt wurden. Nachdenklich stimmt es, daß Desmoulins, dieser geniale Anstifter tödlicher Späße, und Danton, dieser mordbrüllende Stier, es waren, die vier Jahre später darum den Tod fanden, weil sie ein „Komitee der Milde" vorgeschlagen hatten!

Mirabeau, Duport, die Lameth und viele andere Gemäßigte billigten die Gewalttätigkeiten; manche behaupten, daß jene dazu rieten. Sieyès verlangte 1788 den Tod der Minister. Mirabeau forderte am 14. Juli laut den Kopf Broglies! Er beherbergte Desmoulins bei sich. Er ging gern zwischen Desmoulins und Danton aus; seine Genfer langweilten ihn, und er mochte die beiden besser leiden, ließ den einen schreiben und den anderen reden.

Ein sehr gemäßigter, sehr kluger Mann mit kaltem Verstande, Target, war eng verbunden mit Desmoulins und billigte das Pamphlet von der Laterne.

Das fordert eine Erklärung:

Niemand glaubte an eine Gerechtigkeit außer an die des Volkes.

Die Juristen besonders verachteten das Gesetz und das damalige Recht, das mit allen Ideen des Jahrhunderts im Widerspruch stand. Sie kannten die Gerichtshöfe und wußten, daß die Revolution keine leidenschaftlicheren Gegner hatte als das Parlament, das Châtelet und die Richter überhaupt.

Ein solcher Richter, das war der Feind. Das Urteil gegen den Feind dem Feinde übertragen, ihn mit der Entscheidung zwischen Revolution und Gegenrevolutionären betrauen, das hieß die letzteren freisprechen, sie stolzer und stärker machen, sie zu den Armeen senden, um den Bürgerkrieg zu beginnen. Konnten sie das? Ja, trotz der Begeisterung in Paris und der Einnahme der Bastille. Sie hatten fremde Truppen, sie hatten alle Offiziere, sie hatten besonders ein furchtbares Korps, das damals den militärischen Ruhm Frankreichs bildete, die Marineoffiziere.

Das Volk allein konnte in dieser schnellen Krisis die mächtigen Übeltäter ergreifen und treffen. „Aber wenn das Volk sich irrt?" Der Einwand bereitete den Freunden der Gewalttätigkeit keine Schwierigkeit. Sie machten Gegeneinwände. „Wie oft", antworteten sie, „haben sich das Parlament und das Châtelet geirrt?" Sie zitierten die berühmten Justizirrtümer der Fälle Calas und Sirven; sie erinnerten an die furchtbare Denkschrift Dupatys über drei zum Rade verurteilte Männer, diese Denkschrift, die vom Parlament verbrannt wurde, weil es nicht darauf antworten konnte.

Welche Volksurteile, fuhren sie fort, werden jemals so barbarisch sein wie die Prozesse der regulären Gerichte noch im Jahre 1789? Diese Prozesse sind geheim

[1] Vergleiche das Urteil von Duval d'Eprémesnil, das C. Desmoulins in seinen Briefen berichtet.

und gründen sich völlig auf Akten, die der Angeklagte nicht zu sehen bekommt; die Akten werden ihm nicht mitgeteilt, die Zeugen ihm nicht gegenübergestellt; eine Ausnahme bildet nur der letzte, kurze Augenblick, wo der Angeklagte, der kaum die Nacht seines Verlieses verlassen hat und vom Tageslicht geblendet wird, auf dem Sünderstühlchen sitzt, Antwort gibt oder nicht und zusieht, wie seine Richter in zwei Minuten über ihn das Urteil fällen.[1] Barbarisch sind die Prozesse, noch barbarischer die Urteile. Man wagt nicht, an Damiens zu erinnern, der gevierteilt, mit glühenden Zangen gezwickt und mit geschmolzenem Blei begossen wurde. Noch kurz vor der Revolution verbrannte man in Straßburg einen Mann. Am 11. August 1789 verurteilt das Parlament von Paris, das selbst in den letzten Zügen liegt, einen Mann zum Tode durch das Rad. Solche Strafen, die für den Zuschauer selbst Strafen waren, verstörten die Seelen von Grund aus, wirkten abschreckend, machten toll, verwirrten jeden Begriff von Gerechtigkeit und verkehrten die Gerechtigkeit in ihr Gegenteil. Der Schuldige, der so sehr litt, erschien nicht mehr schuldig; der Richter war der Schuldige, Gebirge von Verwünschungen wälzten sich auf ihn. Die Gereiztheit stieg bis zur Wut, das Mitleid wurde grimmig. Die Geschichte weiß von mehreren Beispielen dieser wütenden Gereiztheit, in der das Volk oft jede Achtung, jede Furcht verlor und die Schergen der Gerechtigkeit an Stelle des Verbrechers verbrannte und aufs Rad flocht.

Es ist wenig bemerkt worden und trägt doch sehr zum Verständnis der Dinge bei: mehrere von unseren Terroristen waren Männer von übertriebener, krankhafter Reizbarkeit, die das Elend des Volkes grausam empfanden, und deren Mitleid sich in Wut verwandelte.

Diese bemerkenswerte Erscheinung trat besonders zutage bei nervösen Männern von schwacher und reizbarer Einbildungskraft, bei den Künstlern aller Art; der Künstler ist ein Mann-Weib.[2] Das Volk, dessen Nerven stärker sind, folgte ihrer hinreißenden Gewalt; aber niemals gab es in der ersten Zeit selbst den Anstoß. Die Gewalttätigkeiten hatten im Palais-Royal ihren Ursprung, wo die Advokaten, die Künstler und Schriftsteller herrschten.

Selbst unter diesen Leuten trug niemand die volle Verantwortlichkeit. Ein Camille Desmoulins spürte den Hasen auf, eröffnete die Jagd; ein Danton hetzte ihn zu Tode – in Worten, wohlverstanden. Aber es fehlte nicht an stummen Henkern, bleichen, wütenden Männern, die die Sache auf dem Grèveplatz anhängig machten, wo sie von anderen Dantons gemeinerer Art weiter betrieben wurde.

[1] Vergleiche die wahrhaft beredte Stelle bei Dupaty, „Mémoires pour trois hommes condamnés à la roue", S. 117 (1786).

[2] Ich möchte sagen: er ist durchaus Mann, aber da er die geistigen Eigenschaften beider Geschlechter hat, so ist er fruchtbar; indessen herrscht bei ihm fast immer eine reizbare und cholerische Sensibilität vor.

Unter der elenden Menge, die jene umgab, waren sonderbare Gestalten, die aussahen, als stammten sie aus dem Jenseits; Menschen wie Gespenster, aber von Hunger außer sich, vom Fasten betrunken, schon keine Menschen mehr. Man behauptete, daß am 20. Juli manche seit drei Tagen nichts gegessen hatten. Bisweilen fügten sie sich darein und starben, ohne jemandem etwas Böses zu tun. Die Frauen fügten sich nicht, *sie hatten Kinder.* Sie irrten umher wie Löwinnen. Bei jeder Empörung waren sie die erbittertsten, die wütendsten; sie stießen frenetische Schreie aus, schalten die Männer wegen ihrer Langsamkeit; die summarischen Urteile des Grèveplatzes dauerten ihnen noch viel zu lang. Sie waren die ersten beim Aufhängen.[1]

Hier ist der König das System. Man hatte Hunger unter Ludwig XV., man hat Hunger unter Ludwig XVI.

Damals wird die Hungersnot zur Wissenschaft, zu einem verwickelten Kunststück der Verwaltung und des Handels. Sie hat ihren Vater und ihre Mutter, den Fiskus und den Wucher. Sie erzeugt ein besonderes Geschlecht, ein unechtes Geschlecht von Lieferanten, Bankiers, Finanzleuten, Generalpächtern, Intendanten, Räten und Ministern. Das Volk prägte ein tiefes Wort über das Bündnis der Spekulanten und der Politiker: „Hungersnotpakt".

Foulon war einerseits Spekulant, Geldmann, Steuerpächter, andererseits Mitglied des Conseils und einziger Richter über die Steuerpächter. Er rechnete sehr damit, Minister zu werden. Er wäre vor Kummer gestorben, wenn ein anderer als er den Staatsbankrott eröffnet hätte. Die Lorbeeren des Abbé Terray ließen ihn nicht schlafen. Er machte den Fehler, allzu laut von seinem System zu sprechen; seine Rede arbeitete gegen ihn und machte ihn unmöglich. Dem Hof gefiel der Gedanke sehr, nicht zu bezahlen, aber er wollte neue Anleihen aufnehmen und konnte die Geldgeber nicht damit locken, daß er den Apostel des Bankrotts ins Ministerium berief.

Man schrieb ihm ein grausames Wort zu: „Wenn sie Hunger haben, so mögen sie das Gras abweiden. Geduld! Wenn ich erst Minister bin, sollen sie mir Heu fressen; das tun meine Pferde auch." Auch das furchtbare Wort: „Man muß Frankreich niedermähen!" soll von ihm stammen.

Foulon hatte einen Schwiegersohn nach seinem Herzen, nach dem Urteil der Royalisten einen fähigen, aber harten Menschen, Berthier, Intendant von Paris.[2]

---

[1] So hingen sie am 5. Oktober den braven Abbé Lefebvre auf, einen der Helden vom 14. Juli; glücklicherweise schnitt man den Strick durch.

[2] Die Familie hat gegen dieses Urteil lebhaften Einspruch erhoben. Die ernsthafte Prüfung ergibt, daß die royalistischen Schriftsteller (Beaulieu usw.) ebenso streng gegen Foulon und Berthier sind wie die revolutionären. Das hat auch Louis Blanc gefunden, der dieselbe Untersuchung anstellte. Wenn die Familie in den Archiven oder anderswo Schriftstücke entdeckt hat, die der allgemeinen Ansicht der Zeitgenossen zuwiderlaufen, so sollte sie sie veröffentlichen.

Dieser wußte, daß die Pariser ihn verabscheuten, und er war glücklich über die Gelegenheit, Krieg mit ihnen zu beginnen. Mit dem alten Foulon war er die Seele des Ministeriums der drei Tage. Der Marschall Broglie schloß nichts Gutes daraus, aber er gehorchte.[1] Foulon und Berthier waren äußerst tätig. Der letztere war eifrig tätig, alles Nötige zu sammeln, Truppen und Waffen, und Kartätschen zu verfertigen. Wenn Paris nicht in Feuer und Blut unterging, so lag es nicht an ihm.

Man wundert sich darüber, daß so reiche, so vollkommen unterrichtete Männer, die zudem eine reife Erfahrung besaßen, sich auf diese Narrheiten einließen. Der Grund ist einfach: die großen Geldspekulanten haben alle etwas vom Spieler; sie unterliegen den gleichen Versuchungen. Und das aussichtsreichste Geschäft, das sich ihnen jemals bot, war, mit der militärischen Durchführung des Bankrotts beauftragt zu werden. Freilich war es gewagt. Aber welches große Geschäft ist kein Wagnis? Man wird Herr über Sturm und Brand; warum nicht über Krieg und Hungersnot? Frisch gewagt ist halb gewonnen.

Der Hungersnot und dem Kriege, ich meine Foulon und Berthier, die Paris in der Hand zu haben glaubten, machte die Einnahme der Bastille einen Strich durch die Rechnung.

Am Abend des 13. versuchte Berthier, Ludwig XVI. frischen Mut einzuflößen; wenn es ihm gelang, jenem nur ein Wörtchen zu entlocken, so konnte er noch seine Deutschen auf Paris loslassen.

Ludwig XVI. sagte nichts und tat nichts. Von da an fühlten beide Männer, daß sie verloren waren. Berthier entfloh nach Norden, begab sich nachts von einem Ort zum anderen; er verbrachte vier Nächte schlaflos, ohne sich irgendwo aufzuhalten, und gelangte doch nur bis Soissons. Foulon versuchte nicht zu entfliehen; zuerst ließ er überall verbreiten, er habe kein Ministerium gewollt, dann, er habe einen Schlaganfall erlitten, schließlich, er sei tot. Er veranstaltete sich selbst ein prächtiges Begräbnis (der Tod eines seiner Diener kam ihm dazu sehr gelegen). Hierauf begab er sich geräuschlos zu seinem würdigen Freunde Sartines, dem früheren Polizeipräfekten.

Er hatte Grund zur Furcht. Die Aufregung war schrecklich. Wir müssen ein wenig zurückgreifen.

Schon im Mai hatte die Hungersnot die Bevölkerungen ganzer Ortschaften vertrieben und sie aufeinander gehetzt. Caen und Rouen, Orléans, Lyon, Nancy hatten Kämpfe zu bestehen um ihr Getreide. Marseille sah eine Bande von achttausend ausgehungerten Menschen vor seinen Toren, die plündern oder sterben mußten; die ganze Stadt griff trotz der Regierung, trotz des Parlaments von Aix zu den Waffen und blieb bewaffnet.

---

[1] Alex. de Lameth, „Histoire de l'Assemblée constituante", Bd. I, S. 67.

Im Juni ließ die Bewegung kurze Zeit nach; ganz Frankreich hielt die Augen auf die Versammlung gerichtet und erwartete ihren Sieg, keine andere Hoffnung auf Rettung bestand mehr. Die schlimmsten Leiden wurden einen Augenblick weniger fühlbar; ein Gedanke beherrschte alles ...

Wer kann sich die Wut, das Entsetzen der getäuschten Hoffnung vorstellen bei der Nachricht von Neckers Entlassung? Necker hatte keine politische Begabung; er war, wie man gesehen hat, ängstlich, eitel und lächerlich. Aber die öffentliche Verpflegung leitete er, das muß man ihm lassen, unermüdlich, erfinderisch, voller Betriebsamkeit und mit immer neuen Hilfsmitteln.[1] Und was noch mehr ist: er bewies dabei, daß er ein gutes, mitempfindendes Herz besaß; als niemand mehr dem Staate leihen wollte, borgte er auf seinen Namen und haftete bis zu zwei Millionen, die Hälfte seines Vermögens, mit seinem Kredit. Entlassen, zog er seine Bürgschaft nicht zurück, sondern schrieb den Gläubigern, daß er sie aufrechthielte. Um es kurz zu sagen, wenn er auch nicht zu regieren verstand, so ernährte er doch das Volk, ernährte es mit seinem Gelde.

Die Worte „Necker“ und „Lebensmittel“ hatten gleichen Klang im Ohr des Volkes. Neckers Entlassung, das bedeutete Hungersnot, hoffnungslose und unheilbare Hungersnot, so glaubte Frankreich am 12. Juli.

Die Bastillen in der Provinz, in Caen und Bordeaux, wurden erstürmt oder ergaben sich fast gleichzeitig mit der Einnahme der in Paris. In Rennes, in Saint-Malo, in Straßburg verbrüderten sich die Truppen mit dem Volk. In Caen entspann sich ein Kampf zwischen den Soldaten. Ein paar Leute vom Regiment d'Artois trugen patriotische Abzeichen, andere vom Regiment Bourbon benutzten es, daß jene ohne Waffen waren, und rissen sie ihnen ab. Man glaubte, der Major Belzunce habe sie bezahlt, damit sie ihren Kameraden diesen Schimpf antäten. Belzunce war ein hübscher, witziger Offizier, aber unverschämt, gewalttätig und hochmütig. Er erklärte bei jeder Gelegenheit laut seine Verachtung für die Nationalversammlung und für das Volk; er ging bis an die Zähne bewaffnet in der Stadt spazieren, immer in Begleitung eines wild aussehenden Bedienten.[2] Er warf herausfordernde Blicke um sich. Das Volk verlor die Geduld, drohte zuerst und belagerte dann die Kaserne; ein Offizier beging die Unvorsichtigkeit zu schießen, darauf holte die Menge Geschütze. Belzunce lieferte sich selbst aus oder wurde ausgeliefert, um ins Gefängnis gebracht zu werden; doch kam er nicht soweit, er wurde durch Flintenschüsse getötet und sein Leichnam zerrissen; ein Weib aß sein Herz.

Blut floß in Rouen und in Lyon; in Saint-Germain wurde ein Müller enthauptet; ein brotwuchernder Bäcker in Poissy wäre beinahe getötet worden; er

---

1 Vergleiche Necker, Oeuvres, Bd. VI, S. 298–324.

2 „Mémoires de Dumouriez“, Bd. II, S. 53.

wurde nur durch eine Abordnung der Nationalversammlung gerettet, die sich bewundernswert mutig und menschlich bewies; sie setzte ihr Leben aufs Spiel und konnte den Mann erst mitnehmen, als sie ihn auf den Knien vom Volke erbeten hatte.

Foulon hätte vielleicht den gefährlichen Augenblick überlebt, wenn er nur von ganz Frankreich gehaßt worden wäre. Sein Unglück wollte, daß er es auch von denen wurde, die ihn am besten kannten, von seinen Untergebenen und seinen Dienern. Diese verloren ihn nicht aus den Augen und hatten sich von seinem angeblichen Begräbnis nicht zum besten halten lassen. Sie folgten dem Toten und fanden ihn wohlauf bei einem Spaziergang im Park des Herrn de Sartines. „Du wolltest uns Heu geben, nun, du sollst selbst welches fressen!“ Man hängte ihm einen Heubund auf den Rücken, gab ihm einen Nesselstrauß in die Hand und legte ihm ein Distelhalsband um. Dann führte man ihn zu Fuß nach Paris ins Hôtel de Ville und forderte seine Verurteilung von der einzigen Autorität, die noch übrig war, von den Wahlmännern.

Diese hatten nun Gelegenheit zu bedauern, daß sie die Entscheidung des Volkes, die eine wirkliche Munizipalgewalt schaffen, ihnen Nachfolger geben und ihrem Königtum ein Ende machen sollte, nicht mehr beschleunigt hatten. Königtum ist das richtige Wort; die französischen Garden zogen in Versailles, beim König, nur dann auf Wache, wenn sie (merkwürdigerweise) von den Wahlmännern in Paris Befehl bekamen.

Diese ungesetzliche Gewalt, die man um alles anrief, die zu allem ohnmächtig war und überdies durch eine zufällige Verbindung mit den ehemaligen Schöffen geschwächt wurde, – die als Haupt nur den Ehrenmann Bailly, den neuen Maire, besaß und als Arm nur La Fayette, den Kommandanten einer kaum im Entstehen begriffenen Nationalgarde, sah sich nun einer grausamen Notwendigkeit gegenüber.

Sie erfuhren beinahe gleichzeitig, daß man Berthier in Compiègne verhaftet hatte und daß man Foulon herbeibrachte. Für den ersteren luden sie eine schwere und verwegene Verantwortung auf sich (die Furcht ist manchmal verwegen), sie erklärten nämlich den Leuten von Compiègne, es läge keinerlei Grund vor, Herrn Berthier gefangenzuhalten. Jene erwiderten, dann würde er sicher in Compiègne getötet werden, man könne ihn nur retten, wenn man ihn nach Paris brächte.

Über Foulon entschied man so: Von nun an sollten Angeklagte dieser Art in die Abbaye gebracht werden, auf deren Tor die Worte stehen müßten: „Gefangene, die den Händen der Nation anvertraut sind.“ Diese allgemeine Maßregel, im Interesse eines einzelnen unternommen, sicherte dem Exratsherrn das Urteil durch seine Freunde und Kollegen, die früheren Magistratsmitglieder, die einzigen Richter, die es damals gab.

Das alles war zu durchsichtig; doch wurde es eifrig überwacht von scharfsichtigen Leuten, von den Prokuratoren und der Basoche, von den Rentenbesitzern, den Feinden des Bankrottministers, schließlich von vielen Menschen, die Staatspapiere hatten und durch die Baisse ruiniert wurden. Ein Prokurator legte eine Berthier belastende Note vor über dessen Gewehrniederlagen. Die Basoche behauptete, er besäße noch eine dieser Niederlagen bei der Äbtissin von Montmartre, und setzte es durch, daß man hinschickte. Der Grèveplatz war voll von Leuten, deren Anblick dem Volk fremd war, „die anständig aussahen", einige darunter waren sehr gut gekleidet. Die Börse war auf dem Grèveplatz.

Gleichzeitig zeigte man im Hôtel de Ville einen anderen Geldmann an, Beaumarchais, der in der Bastille Papiere gestohlen hatte. Man befahl ihm, sie zurückzubringen.

Man glaubte, die Armen wenigstens dadurch zum Schweigen bringen zu können, daß man ihnen den Mund füllte; man erniedrigte den Preis des Brotes mittels eines täglichen Opfers von dreißigtausend Franken; der Preis wurde auf 13 ½ Sous für ein Pfund festgesetzt (= 20 Sous nach heutigem Gelde).

Nichtsdestoweniger lärmte der Grèveplatz weiter. Um zwei Uhr kam Bailly auf den Platz, alle forderten Gerechtigkeit von ihm. Er „erklärte die Prinzipien" und machte einigen Eindruck auf die, welche ihn verstehen konnten. Die anderen schrien: „Hängen! Hängen!" Bailly schloß sich vorsichtigerweise im Verpflegungsamt ein. Die Garde war zahlreich, erzählte er, aber La Fayette, der auf seinen großen Einfluß baute, beging die Unklugheit, sie zu vermindern.

Die Menge befand sich in furchtbarer Unruhe, Foulon könne sich retten. Man zeigte ihn ihr am Fenster; trotzdem stürmten sie die Türen; man mußte ihn vor dem Büro im Saale Saint-Jean auf einen Stuhl setzen. Da begann man von neuem, ihnen Vorstellungen zu machen, ihnen „die Prinzipien zu erklären" und daß er im regelrechten Verfahren verurteilt werden müßte. „Sofort verurteilen und hängen!" rief die Menge. Sie ernannte auf der Stelle Richter, unter anderen zwei Pfarrer, welche ablehnten ... Doch Platz da! Hier kommt Herr von La Fayette! Er spricht und gesteht, daß Foulon ein „Schurke" ist, meint aber, man müsse seine Helfershelfer kennen. „Man bringe ihn in die Abbaye!" Die ersten Reihen verstehen ihn und willigen ein, die anderen nicht. „Sie machen sich über die Welt lustig", sagte ein gutgekleideter Mann, „braucht man Zeit, um einen Mann zu verurteilen, der seit dreißig Jahren verurteilt ist?" Gleichzeitig erhebt sich ein Geschrei, eine neue Menge drängt herein; die einen rufen: „Das ist der Faubourg!", die anderen: „Das ist das Palais-Royal!" Foulon wird zur Laterne gegenüber geschleppt; man zwingt ihn, die Nation um Vergebung zu bitten. Dann wird er hochgezogen. Zweimal zerreißt der Strick. Man bleibt hartnäckig und holt einen neuen. Endlich ist er gehenkt, enthauptet und sein Kopf durch Paris getragen.

Indessen fuhr Berthier durch die Porte Saint-Martin, mitten im ungeheuersten Tumult, der je gesehen worden ist; von zwanzig Meilen weit her folgte man ihm. Er saß in einem Kabriolett, dessen oberen Teil man zertrümmert hatte, um ihn sehen zu können. Neben ihm saß ein Wahlmann, Etienne de La Rivière, der zwanzigmal bei seiner Verteidigung in Todesgefahr schwebte und ihn mit seinem Körper deckte.[1] Wahnsinnige vollführten einen Tanz vor ihm; andere warfen ihm Schwarzbrot in den Wagen: „Du Räuber, da ist das Brot, das du uns hast essen lassen.“ Was die ganze Bevölkerung in der Umgegend von Paris besonders erbitterte, war, daß die von Berthier und Foulon in großer Zahl gesammelte Kavallerie mitten in der Teuerung Unmengen jungen Getreides vernichtet und noch grün verbraucht hatte. Man schrieb diese Verheerungen den Befehlen des Intendanten zu und dem festen Entschluß, jede Ernte zu verhindern, damit das Volk stürbe.

Um diesen schauerlichen Triumph des Todes ganz voll zu machen, trug man, wie bei den römischen Triumphzügen, vor Berthier Inschriften her zu seinem Ruhme: „Er hat den König und Frankreich bestohlen.“ – „Er hat die Nahrung des Volkes verschlungen.“ – „Er war der Sklave der Reichen und der Tyrann der Armen.“ – „Er hat das Blut der Witwen und der Waisen getrunken.“ – „Er hat den König getäuscht.“ – „Er hat sein Vaterland verraten.“

Man besaß die Grausamkeit, ihm an der Fontaine Maubuée den fahlen Kopf Foulons zu zeigen, der Heu im Munde hatte. Bei diesem Anblick wurden seine Augen trübe, er erbleichte und lächelte.

Im Hôtel de Ville zwang man Bailly, ihn zu verhören. Berthier berief sich auf höhere Befehle, auf die des Ministers. Der Minister war sein Schwiegervater, das war das gleiche. Wenn übrigens der Saal Saint-Jean ein bißchen hören konnte, so konnte doch der Grèveplatz nichts hören und nichts verstehen; das Geschrei war so furchtbar, daß der Maire und die Wahlmänner immer verwirrter wurden. Da eine ganz neue Woge Volks durch die Menge selbst brach, so war es nicht mehr möglich, standzuhalten. Der Maire ordnete mit Zustimmung des Büros die Überführung in die Abbaye an und fügte hinzu, die Garde hafte für den Gefangenen. Die konnte ihn nicht verteidigen, aber er versuchte selbst, sich zu verteidigen und ergriff ein Gewehr. Da durchbohrten ihn hundert Bajonette; ein Dragoner, der ihm an dem Tode seines Vaters die Schuld gab, riß ihm das Herz aus der Brust und zeigte es im Hôtel de Ville.

Diejenigen, die vom Fenster aus beobachtet hatten, wie geschickt die Rädelsführer auf dem Grèveplatz die Gruppen drängten und reizten, waren der Mei-

[1] „Histoire de la Revolution de 1789“, von zwei Freunden der Freiheit, Kerverseau und Clavelin, Bd. II, S. 130. Vergleiche auch im „Procès-verbal des électeurs“ den Bericht von Etienne de La Rivière.

nung, die Mitschuldigen Berthiers hätten gut dafür gesorgt, daß jener keine Zeit fände, Enthüllungen zu machen. Er allein vielleicht besaß die wahre Entschlußfähigkeit. In seiner Brieftasche fand man die Personalbeschreibung vieler Freunde der Freiheit, die sicher nichts Gutes zu erwarten gehabt hätten, wenn der Hof gesiegt hätte.

Das mag sein, wie es will: viele Kameraden des Dragoners erklärten diesem, da er den Leichnam geschändet habe, müsse er sterben, und sie würden sich so lange mit ihm schlagen, bis er getötet wäre. Das geschah ihm noch am gleichen Abend.

ZEHNTES KAPITEL

Frankreich in Waffen
(Juli–August 1789)

Die Nationalversammlung in Bedrängnis. – Sie verlangt Vertrauen, 23. Juli. – Mißtrauen des Volkes, Furcht in Paris, Aufregung in den Provinzen. – Die Verschwörung von Brest; der Hof wird durch den englischen Gesandten kompromittiert, 27. Juli. – Wut der Adligen und der frisch Geadelten; Drohungen und Verschwörungen. – Der Schrecken auf dem Lande. – Der Bauer bewaffnet sich gegen die Räuberbanden; er verbrennt die Feudalbücher und zündet mehrere Schlösser an.

Die Blutsauger des Ancien régime, die schon im Leben so viel Unglück über Frankreich gebracht hatten, fügten durch ihren Tod dem Lande noch viel Schlimmeres zu. Der Ruf dieser Leute, die Mirabeau sehr richtig „den Auswuf der öffentlichen Verachtung" nannte, wurde durch ihre Hinrichtung gleichsam wiederhergestellt. Sie waren nun interessante Opfer, Märtyrer der Monarchie. Burke kommt, spricht sie heilig und betet auf ihrem Grabe.

Die Gewalttaten in Paris und die, welche gleichzeitig in den Provinzen geschahen, brachten die Nationalversammlung in eine schwierige Lage, derer sie nur mit Mühe Herr werden konnte.

Wenn sie nichts tat, so schien sie die Unordnung zu ermutigen, den Mordtaten ihre Zustimmung zu geben, so gab sie einen Vorwand für unaufhörliche Verleumdungen.

Wenn sie versuchte, der Unordnung zu steuern, die Autorität wiederaufzurichten, so gab sie zwar nicht dem König, aber der Königin und dem Hofe den Degen zurück, den das Volk in ihren Händen zerbrochen hatte.

In beiden Fällen war die Herrschaft der Willkür und der zufälligen Gnade wiederhergestellt, für das alte Königtum oder für das Königtum der Straße.

Am Tage vor und nach dem 22. Juli rieten Lally-Tollendal, Mounier und Malouet, daß man, um die Ordnung wiederherzustellen, dem König die öffentliche Gewalt zurückgebe; Lally hatte volles Vertrauen zu den guten Eigenschaften des Königs, Malouet wollte, man solle den König bitten, seine Macht zu gebrauchen und der Stadtgewalt seinen starken Beistand zu leihen. Der König hätte gerüstet und das Volk nicht; keine Nationalgarde hätte es mehr gegeben. Wenn das Volk sich beklagte, dann konnte es sich ja an das Parlament, an den Generalprokurator wenden. Wozu haben wir denn Behörden.

Foulon war Parlamentsmitglied. Malouet wollte also Foulon vor Foulons Richterstuhl stellen.

Man muß, sagte man sehr richtig, die Unruhen unterdrücken. Nur mußte man einander auch verstehen. Dies Wort umfaßte sehr vieles:

Diebstähle, andere gewöhnliche Verbrechen, Plünderungen, von ausgehungerten Leuten begangen, Ermordungen von Wucherern, unrechtmäßige Gerichte über die Feinde des Volkes, Widerstand gegen deren Verschwörungen, rechtmäßiger Widerstand, bewaffneter Widerstand ... All das bedeutete das Wort „Unruhen". Und wollte man all das gleichmäßig unterdrücken? Wenn man die königliche Autorität beauftragte, die Unruhen zu unterdrücken, so war die größte dieser Unruhen für jene sicherlich die Einnahme der Bastille, die sie denn auch zuerst bestraft haben würde.

Dies war auch die Meinung von Buzot und Robespierre, am 20. Juli, zwei Tage vor dem Tode Foulons. Und dasselbe sagte Mirabeau nach dem Vorfall in seinem Blatt. Er erklärte der Versammlung das Unglück aus seiner wahren Ursache, dem Fehlen jeder Autorität in Paris, der Ohnmacht der Wahlmänner, die ohne gesetzlichen Auftrag fortfuhren, die Stadtgeschäfte auszuführen. Er war der Ansicht, die Gemeinden sollten sich organisieren, die öffentliche Gewalt an sich nehmen, für die Aufrechterhaltung der Ordnung sorgen. Und was konnte man auch wirklich anderes tun, als die örtliche Gewalt zu stärken, da die zentrale Gewalt mit so großem Recht verdächtig erschien?

Barnave verlangte drei Punkte: gut organisierte Gemeindebehörden, Bürgerwehren und eine gesetzmäßige Rechtspflege, welche das Volk beruhigen konnte.

Worin sollte diese Rechtspflege bestehen?

Ein stellvertretender Abgeordneter, Dufresnoy, den ein Pariser Distrikt entsandt hatte, forderte sechzig Geschworene, die von den sechzig Distrikten gestellt werden sollten. Dieser Vorschlag, den Pétion unterstützte, wurde von einem anderen Abgeordneten dahin eingeschränkt, daß den Geschworenen reguläre Richter beigesellt würden.

Die Versammlung kam zu keinem Entschluß. Um ein Uhr nachts nahm sie nach ermüdendem Streit eine Resolution an, in der sie die Verfolgung der Verbrechen gegen die Nation verlangte, „indem sie sich vorbehielt, das zuständige Gericht in der Verfassung zu ernennen". Das hieß die Sache auf die lange Bank schieben. Sie forderte zum Friedensschluß auf mit der Begründung, der König habe sich „mehr denn je ein Recht auf das Vertrauen" des Volkes erworben, es bestehe eine „völlige Übereinstimmung ..."

Vertrauen! Und dabei war es so gänzlich vorbei mit allem Vertrauen.

Gerade, als die Versammlung von Vertrauen sprach, erhielt das Wort eine traurige Beleuchtung; neue Gefahren waren im Anzug.

Die Versammlung behielt unrecht, das Volk behielt recht.

Wie sehr man auch Lust hatte, sich täuschen zu lassen und zu glauben, daß alles zu Ende sei, so mußte sich doch der gesunde Verstand sagen, daß das Ancien régime Rache nehmen würde für seine Niederlage. Eine Gewalt, die seit Jahrhunderten alle Kräfte des Landes in ihrer Hand vereinigte, Verwaltung, Finanzen, Armeen, Rechtspflege, die noch immer, ohne daß sich das Geringste geändert hätte, überall im Reiche ihre Agenten, ihre Offiziere, ihre Richter besaß, deren natürliche Parteigänger zwei- oder dreihunderttausend Adlige und Priester, Eigentümer der Hälfte oder zweier Drittel des Königreichs waren, – konnte diese ungeheure, vielgestaltige Gewalt, die Frankreich überdeckte, sterben wie ein Mensch, mit einem Schlage, auf einmal? War sie auf der Stelle tot geblieben, als sie im Juli die Kugel traf? Das hätte man auch dem einfältigsten Kinde nicht glauben machen können.

Sie war nicht tot. Sie war getroffen und verwundet worden; sie war moralisch tot, aber nicht körperlich. Sie konnte wieder auferstehen. In welcher Gestalt würde sich das Gespenst zeigen? Das war die einzige Frage, die sich das Volk stellte, sie verwirrte seine Einbildungskraft. Die gesunde Vernunft nahm hier tausend Formen volkstümlichen Aberglaubens an.

Alle Welt sah sich die Bastille an; alle betrachteten schaudernd die sonderbare Strickleiter, auf welcher Latude die Türme hinabgeklettert war. Man besichtigte diese düsteren Türme, die schwarzen, tiefen, stinkenden Verliese, wo der Gefangene in unmittelbarer Nähe der Kloaken lebte, von Kröten, Ratten und allerlei unsauberen Tieren umlagert und bedroht.

Man stellte öffentliche Nachforschungen in der Bastille an, eine authentische Untersuchung, um die Geister zu beruhigen. Dann verlegte die Phantasie ihre Einbildung an einen anderen Ort. Die Furcht fand eine Stätte an der anderen Seite von Paris, in den ungeheuren Höhlen, aus denen unsere öffentlichen Bauwerke gewachsen sind, in den Abgründen, über denen man den Louvre baute, Notre-Dame und andere Kirchen. Im Jahre 1786 hatte man das ganze, seit tausend Jahren tote Paris da hineingeschüttet, ohne daß man etwas davon merkte (so gewaltig sind diese Höhlungen), eine Unmenge Toter, die seit jenem Jahre nachts auf Leichenwagen, die Geistlichkeit an der Spitze, von den Innocents zur Tombe-Issoire fuhren, um die ewige Ruhe und die gänzliche Vergessenheit zu suchen.

Diese Toten riefen die anderen herbei, zweifellos war dort ein Vulkan im Entstehen: die Mine, die vom Panthéon bis zum Himmel reichte, würde Paris vom Boden heben und im Sturze begraben, form- und gestaltlos, Menschen und Dinge, Lebende und Tote, zuckendes Fleisch, stinkende Kadaver, bleiche Gebeine in wüstem Gemenge.

Indessen schienen diese groben Vertilgungsmittel nicht notwendig; die Hungersnot genügte. Nach einem schlechten Jahr kam ein anderes schlechtes Jahr; das wenige Getreide, das um Paris stand, wurde von der zahlreich angesammelten Kavallerie zerstampft, verdorben und gegessen. Und selbst ohne die Kavallerie verschwand das Getreide. Man sah nachts bewaffnete Banden – oder glaubte sie zu sehen –, die das größere Getreide abschnitten. Foulon, wenn er auch tot war, schien eigens wiederzukommen, um buchstäblich auszuführen, was er gesagt hatte: „Man muß Frankreich niedermähen." Und das grüne Getreide mähen, es im zweiten Jahre der Hungersnot vernichten, das hieß auch die Menschen niedermähen.

Der Schrecken breitete sich immer weiter aus; die Eilboten wiederholten die Gerüchte und trugen sie jeden Tag von einem Ende des Königreiches bis zum anderen. Sie hatten die Räuber nicht gesehen, aber andere hatten sie gesehen; sie waren hier und dort, sie waren unterwegs, zahlreich und bis an die Zähne bewaffnet; wahrscheinlich würden sie in der Nacht kommen oder morgen ganz gewiß. Am hellen Tage hatten sie an dem und dem Ort das Getreide abgeschnitten, das berichtete der Gemeinderat von Soissons bestürzt an die Nationalversammlung und bat um Hilfe; eine ganze Armee von Räubern marschierte gegen die Stadt. Man suchte sie, doch sie waren verschwunden in den Abenddünsten oder im Morgennebel.

Mehr entsprach es den Tatsachen, daß einige Leute auf den Gedanken kamen, dieser entsetzlichen Geißel des Hungers eine andere beizugesellen, die schaudern macht, wenn man an den Hundertjährigen Krieg denkt, der im vierzehnten und fünfzehnten Jahrhundert einen Kirchhof aus unserem unglücklichen Lande machte. Sie wollten die Engländer nach Frankreich rufen. Die Sache ist bestritten worden, warum? Sie ist äußerst wahrscheinlich, denn sie wurde später wieder angeregt, versucht und mißglückte bei Quiberon.

Aber diesmal handelt es sich nicht darum, die Engländer an eine schwierige, unverteidigte Küste ohne Hilfsmittel zu bringen, sondern sie an einem Platz festzusetzen, der in gutem Verteidigungszustand war, ihnen das Marinearsenal in die Hände zu spielen, den Ort, wo Frankreich seit einem Jahrhundert seine Millionen, die Früchte seiner Arbeit und seines Fleißes aufgespeichert hatte ... Die Spitze, den Schnabel des großen Staatsschiffes, die Klippe für das britannische Schiff ... Es handelte sich darum, Brest auszuliefern.

Seitdem Frankreich an der Befreiung Amerikas mitgeholfen, das englische Reich gespalten hatte, wünschte England nicht sein Unglück, sondern seinen Untergang, seine völlige Vernichtung, wünschte, eine gewaltige Herbstflut möchte den Ozean aus seinem Bett heben und alles Land von Calais bis zu den Vogesen, von den Pyrenäen bis zu den Alpen mit einer schönen Wasserwüste bedecken.

Noch schöner indessen mußte es sein, wenn dieses neue Meer ein Meer von Blut wurde, vom Blute Frankreichs, das es sich selbst aus den Adern zog, wenn Frankreich sich selbst erwürgte und sich die Eingeweide aus dem Leibe riß.

Dazu war die Verschwörung von Brest ein guter Anfang. Nur war zu befürchten, daß, wenn England den Schurken die Hand bot, die ihm ihr Land verkauften, ganz Frankreich eins wurde gegen das Inselreich, daß der allgemeine Unwille uns versöhnte, daß es dann keinen Zwist mehr gab.

Noch ein anderer Grund hätte genügt, um die englische Regierung zurückzuhalten: daß nämlich im ersten Augenblick England trotz seines Hasses unserer Revolution wohlwollte. Es hatte durchaus keine Ahnung von deren Tragweite, sondern glaubte, in dieser großen französischen und europäischen Bewegung, die nichts weniger bedeutet, als die Wiederkunft des ewigen Rechtes, nur eine Nachahmung seiner kleinen Revolution des siebzehnten Jahrhunderts erblicken zu müssen. Es spendete Frankreich Beifall, wie eine Mutter ihr Kind ermutigt, das versucht, hinter ihr herzugehen. Eine sonderbare Mutter, die im Grunde nicht wußte, was sie wünschte: sollte das Kind gehen oder lieber sich den Hals brechen.

England widerstand also der Versuchung von Brest. Es war tugendsam und enthüllte die Sache den Ministern Ludwigs XVI., ohne jedoch Namen zu nennen. Diese halbe Enthüllung brachte England den ungeheuren Vorteil, Frankreich zu beunruhigen, Mißtrauen und Argwohn auf den Gipfel zu treiben und eine furchtbare Handhabe gegen die schwache Regierung zu besitzen. Man konnte darauf wetten, daß die letztere keine strenge Untersuchung einleiten würde, da sie allzu sehr fürchten mußte, ihre eigenen Freunde zu finden und gegen sie vorgehen zu müssen. Und wenn die Untersuchung unterblieb, so war der Engländer, der um das gefährliche Geheimnis wußte, immer imstande, es an die Öffentlichkeit zu bringen. Dieses Schwert schwebte immer über dem Haupte Ludwigs XVI.

Dorset, der englische Gesandte, war ein angenehmer Mensch; er blieb unentwegt in Versailles; es gab Verleumder, die behaupteten, er habe der Königin gefallen und zu ihren Liebhabern gehört. Das hinderte ihn nicht, nach der Einnahme der Bastille die Schwere des Schlages zu prüfen, den der König erhalten hatte, um die Gelegenheit zu benutzen, so gut er konnte, zu seinem Untergang beizutragen.

Als ein hinreichend doppelsinniger Brief Dorsets an den Grafen Artois zufällig aufgefangen wurde, schrieb er an den Minister, daß man ihn mit Unrecht verdächtige, irgendeinen Anteil an den Unruhen in Paris gehabt zu haben; „im Gegenteil", fügte er bedächtig hinzu, „Eure Exzellenz weiß, wie sehr ich mich beeilt habe, Ihnen *Anfang Juni* von dem gefährlichen Komplott von Brest Kenntnis zu geben, von dem Abscheu, das jenes meinem Hofe einflößte, und von der erneuten Versicherung der aufrichtigen Gesinnung meines Hofes für den König und die Nation ..." Und er bat den Minister, seinen Brief der Nationalversammlung mitzuteilen.

Mit anderen Worten: er bat ihn, sich selbst den Strick um den Hals zu legen. Sein Brief, *vom 26. Juli*, stellte denkbar deutlich fest, daß der Hof zwei volle

Monate das Geheimnis gehütet hatte, ohne etwas zu tun und ohne die Verfolgung einzuleiten, daß er sich offenbar die Möglichkeit dieser Verschwörung als Notbehelf im Bürgerkriege erhalten wollte, als eine letzte Waffe, einen „Dolch der Barmherzigkeit", wie das Mittelalter sagte, den der Mann immer bei sich hatte, damit er, wenn sein Degen zerbrochen war und er am Boden lag, während er um Gnade bat, seinen Besieger ermorden konnte.

Der Minister Montmorin, von dem Engländer vor die Öffentlichkeit, vor die Nationalversammlung gezwungen, hatte nur eine völlig ungenügende Erklärung zu geben, daß man nämlich dies Verfahren nicht eröffnen konnte, weil man die Namen der Schuldigen nicht kannte. Zwar drang die Versammlung nicht weiter in ihn, aber der Streich war geführt und ging nur um so tiefer. Ganz Frankreich spürte es.

Die Behauptung Dorsets, die man für eine Lüge, ein Märchen, eine von unseren Feinden auf gut Glück geschleuderte Strohfackel hätte halten können, schien durch die Unvorsichtigkeit der Offiziere der Garnison Brest bestätigt; diese trafen auf die Nachricht von der Einnahme der Bastille Anstalt, sich im Schloß zu verschanzen, und drohten, die Stadt in Belagerungszustand zu erklären, wenn sie sich rührte. Und das tat sie augenblicklich, sie griff zu den Waffen und bemächtigte sich der Hafenwache. Die Soldaten und Matrosen, die ihre Offiziere vergeblich zu bearbeiten und mit Geld zu bestechen versuchten, traten auf die Seite des Volkes. Das vornehme Marinekorps war sehr aristokratisch, aber bestimmt nicht englandfreundlich. Gleichwohl dehnte man den Verdacht auch auf jenes aus und andererseits auf den Adel der Bretagne. Dieser entrüstete sich vergeblich, beteuerte vergeblich seine ehrliche Gesinnung.

Die Erbitterung war auf den Gipfel gestiegen, und man glaubte an die schwärzesten Verschwörungen. Die lange, hartnäckige Weigerung des Adels, in den Generalstaaten mit dem dritten Stande gemeinsam zu tagen, die bitteren und scharfen Reden, die sich über diesen Gegenstand in den großen und kleinen Städten, den Dörfern und Dörfchen, oft im selben Hause entsponnen hatten, prägte dem Volke unauslöschlich eine Idee ein: der Adlige, das war der Feind.

Ein bedeutender Teil des hohen, erlauchten, alten Adels tat, was er tun mußte, um zu beweisen, daß diese Idee falsch war; er fürchtete die Revolution wenig und glaubte, sie würde, was sie auch sonst täte, die Geschichte nicht rückgängig machen. Aber die anderen, die Kleineren, die ihres Ranges weniger sicher, dafür aber eitler und offenherziger waren, die zudem ebenfalls jeden Tag durch das frische Andrängen des Volkes verletzt wurden – ein Andrängen, das immer näher kam und sie immer mehr einengte –, erklärten sich kühn als Feinde der Revolution.

Am wütendsten waren die Geadelten und die Parlamentsmitglieder; die Zivilbeamten wurden noch kriegerischer als die Militärs, sie sprachen nur noch vom

Kampf, schwuren Mord, Blut und Untergang. Diejenigen unter ihnen, die bis dahin im Vordertreffen des Widerstandes gegen die Willkür des Hofes gestanden, die am meisten Volksgunst, Liebe und öffentliche Begeisterung genossen hatten, waren erstaunt und empört, als sie sich plötzlich überflüssig oder gehaßt sahen. Ihr eigener Haß wurde grenzenlos. Oft suchten sie die Ursache dieses jähen Wechsels in künstlichen Machenschaften ihrer persönlichen Feinde, und der politische Haß wurde noch dazu durch alten Familienhaß vergiftet. In Quimper ging ein Kersalauner, Mitglied des Parlaments der Bretagne, Freund der Chalotais, noch unlängst glühender Vorkämpfer der Parlamentsopposition, dann plötzlich Royalist und noch glühenderer Aristokrat, stolz mitten im Tumult des Volkes spazieren – das ihn indessen nicht anzurühren wagte –, nannte seine Feinde laut bei Namen und erklärte mit Ernst: „Ich werde sie nächstens richten und meine Hände in ihrem Blute waschen."[1]

Eins dieser Parlamentsmitglieder, ein Herr aus der Franche-Comté, Memmay de Quincey, ließ es nicht bei der Drohung bewenden. Wahrscheinlich tief gekränkt vom Haß der Nachbarn, den Geist von Wut getrübt, vielleicht auch von der Nachahmungssucht gequält, die aus einem berühmten Verbrechen sehr oft andere Verbrechen erzeugt, machte er genau das zur Tat, was De Launey hatte tun wollen, was das Volk von Paris noch immer befürchten zu müssen glaubte. Er ließ in Vesoul und Umgegend bekanntmachen, daß er aus Freude über eine gute Nachricht ein Fest geben und offene Tafel halten würde. Bauern, Bürger, Soldaten, alle kamen, tranken, tanzten. Da öffnet sich die Erde, eine Mine springt, schleudert, wen's gerade trifft, in die Luft und zerschmettert alles; der Boden ist mit blutigen Gliedmaßen besät. Der Fall wird in vollem Umfang durch den Pfarrer bezeugt, der den noch lebenden Verwundeten die Beichte abnimmt, wird von der Gendarmerie bezeugt und am 25. Juli vor die Nationalversammlung gebracht. Die empörte Versammlung fordert und erlangt vom König die Zusage, daß man an alle Behörden schreiben würde, um die Auslieferung der Schuldigen zu verlangen.[2]

Es verbreitete und befestigte sich die Meinung, daß die Räuber, die das Getreide schnitten, damit das Volk vor Hunger stürbe, keineswegs Ausländer waren, wie man zuerst gedacht hatte, keine Italiener, keine Spanier, wie Marseille

---

[1] Duchatellier, „La Révolution en Bretagne", Bd. I, S. 175.

[2] Später wurde de Memmay durch die Verteidigung Courvoisiers gerechtfertigt. Er behauptete, das Unglück sei durch ein Pulverfaß hervorgerufen worden, welches man „zufällig" in der Nähe der Betrunkenen gelassen hätte. Drei Punkte ergaben indessen ein anderes Bild: 1. die Abwesenheit de Memmays am Tage des Festes; er habe nicht dabei sein wollen, erklärte er, damit die Freude um so ungestörter sei; 2. sein völliges Verschwinden; 3. das Parlament, dessen Mitglied er früher war, erlaubte den ordentlichen Gerichten die Voruntersuchung nicht, sondern zog die Sache vor sein eigenes Gericht und behielt sich das Urteil vor.

im Mai glaubt, sondern französische Feinde Frankreichs, wütende Feinde der Revolution und deren Agenten, Diener, von ihnen besoldete Banden.[1]

Der Schrecken mehrte sich, jeder glaubte, würgende Dämonen ständen schon hinter ihm. Morgens eilte man auf das Feld, um zu sehen, ob es nicht verwüstet war. Abends wurde man unruhig, weil man fürchtete, in der Nacht verbrannt zu werden. Um der Räuber willen schlossen die Mütter ihre Kinder ein und verbargen sie.

Wo blieb nun der königliche Schutz, im Glauben an dessen Wirksamkeit das Volk so lange geschlafen hatte? Die alte Vormundschaft, in der es sich so sicher fühlte, daß es unmündig geblieben war, daß es, wenn es auch den Jahren nach erwachsen war, niemals aufgehört hatte, Kind zu sein? Man begann einzusehen, daß, was für ein Mensch auch Ludwig XVI. sein mochte, das Königtum der intime Freund des Feindes war.

Die Truppen des Königs, die zu anderen Zeiten als Schutz erschienen wären, waren nun gerade die Ursache der Furcht. Wen sah man an ihrer Spitze? Die Übermütigsten unter den Adligen, die am wenigsten ihren Haß verbargen. Sie stachelten die Soldaten gegen das Volk auf und bezahlten sie im Notfall, machten ihre Deutschen betrunken; sie schienen einen Streich vorzubereiten.

Nur auf sich selbst konnte sich der Mann verlassen, auf keinen anderen. Da jede Autorität, jeder öffentliche Schutz völlig versagte, so machte ihn seine Pflicht als Familienvater zum Verteidiger der Seinigen. Er wurde in seinem Hause Behörde, König, Gesetz und Schwert zur Ausführung des Gesetzes, nach dem alten Sprichwort: „Der arme Mann ist in seinem Hause König.“

Für diesen König ist die Hand der Gerechtigkeit, das Schwert der Gerechtigkeit das, was er besitzt, wenn er kein Gewehr hat, eine Sichel, eine Haue, eine Heugabel. Von Nachbar zu Nachbar, von Dorf zu Dorf bewaffnet man sich, eilt aufs Feld und hält Umschau, ob die Schurken wagen werden zu kommen. Man rückt vor, da sieht man einen Trupp. Halt! Nicht geschossen! Das sind die Leute aus einem anderen Dorf, Freunde und Verwandte, die ebenfalls auf der Suche sind.[2]

---

[1] Alle Historiker behaupten ohne den geringsten Beweis zu erbringen, daß die alarmierenden Gerüchte und Anklagen, diese ganze große Bewegung von Paris ausging, von der und der Person. Zweifellos hatten die führenden Männer Einfluß auf das Palais-Royal, das Palais-Royal auf Paris, Paris auf Frankreich. Nichtsdestoweniger ist es ungenau, alles dem Herzog von Orléans zuzuschieben, wie es die meisten Royalisten tun, oder Duport, wie es Droz, oder Mirabeau, wie es Montgaillard tat usw. Vergleiche die kluge Erwiderung Alexandre de Lameths. Er hätte noch hinzufügen können, daß Mirabeau, Duport, die Lameth, der Herzog von Orléans und die meisten Männer jener Zeit, die weniger energisch waren, als man glaubt, entzückt waren, daß man ihnen solche Energie, so weitreichenden Einfluß zutraute. Auf die Anklagen äußerten sie sich kaum, lächelten bescheiden und ließen jeden, der wollte, in dem Glauben, sie seien große Schurken.

[2] Montlosier, „Mémoires“, Bd. I, S. 233. Toulongeon, Bd. I, S. 56 usw.

In acht Tagen stand Frankreich in Waffen. Die Nationalversammlung erfuhr Schlag auf Schlag die wunderbaren Fortschritte dieser Revolution, sie sah sich mit einem Male als Gebieterin des zahlreichsten Heeres, das seit den Kreuzzügen entstanden war. Jeder ankommende Kurier setzte sie in Erstaunen, fast in Schrecken. Eines Tages berichtete man ihr: „Ihr habt zweihunderttausend Mann zur Verfügung!" – Am folgenden Tage hieß es: „Ihr habt fünfhunderttausend." Andere kamen: „Eine Million Männer werden in dieser Woche bewaffnet, zwei Millionen und drei Millionen."

Und dieses ganze große Volk in Waffen, das sich plötzlich vom Acker weg erhoben hatte, fragte die Nationalversammlung, was es tun solle.

Wo blieb denn die alte Armee? Sie war wie verschwunden. Die neue bei ihrer Größe hätte sie ohne Kampf erstickt, sie brauchte nur die alte zu umschnüren.

„Frankreich ist ein Soldat", hat man gesagt – es ist es von diesem Tage an. An diesem Tage entsteigt der Erde ein neues Geschlecht, bei dem die Kinder mit Zähnen geboren werden, damit sie Patronen abbeißen können, mit langen, unermüdlichen Beinen, damit sie von Kairo bis zum Kreml ziehen können, mit der Wundergabe, ohne zu essen marschieren und kämpfen zu können und vom Geiste zu leben.

Vom Geiste, von der Fröhlichkeit, von der Hoffnung. Wer hat denn ein Recht zur Hoffnung, wenn nicht der, der die Befreiung der Welt in sich trägt?

Man sprach viel von dem edlen Beispiel Ludwigs XVI., der die letzten Leibeigenen seiner Domänen freigegeben hatte. Kaum merkbar war dies Opfer, das dem Finanzamt wenig kostete und in Frankreich fast keine Nachahmung fand.

Wie, so wird man fragen, so waren denn die Herren im Jahre 1789 harte und unbarmherzige Menschen?

Durchaus nicht. Sie waren eine sehr gemischte Menschenklasse, aber in der Hauptsache schwach und physisch heruntergekommen,[1] leichtsinnig, sinnlich und empfindsam, so empfindsam, daß sie die Unglücklichen nicht in der Nähe sehen konnten. Sie sahen sie in den Idyllen, Opern, Erzählungen und Romanen, bei denen man sanfte Tränen vergießt; sie weinten mit Bernardin de Saint-Pierre, mit Grétry und Sedaine, mit Berquin und Florian; sie taten sich viel zugut auf ihr Weinen und sagten sich: „Ich bin ein guter Mensch."

Bei ihrem schwachen Herzen, ihrem willfährigen Charakter, mit ihrer offenen Hand und ihrer Unfähigkeit, Gelegenheiten zur Verschwendung zu widerstehen, brauchten sie Geld, viel Geld, mehr als ihre Väter. So waren sie gezwungen, viel aus dem Boden zu ziehen, den Bauern an Geldmenschen, Intendanten und Geschäftsleute auszuliefern. Ein je gütigeres Herz die Herren besaßen, je großmütiger und menschenfreundlicher sie in Paris waren, um so eher starben

[1] Das gibt auch de Maistre zu in seinen „Considérations sur la Révolution" (1796).

ihre Untergebenen vor Hunger; die Herren lebten seltener auf ihren Schlössern, damit sie das Elend nicht zu sehen brauchten, unter dem ihre Empfindsamkeit zu viel zu leiden gehabt hätte.

So war diese Gesellschaft im allgemeinen: schwach, alt und schlaff. Sie ersparte sich gern den Anblick der Bedrückung, sie bedrückte nur durch Bevollmächtigte. Indessen gab es auch viele Provinzadlige, die sich etwas darauf einbildeten, in ihren Burgen die rohen feudalen Überlieferungen aufrechtzuerhalten, die ihre Familien und ihre Untergebenen mit harter Hand regierten. Wir wollen hier nur den berühmten „Freund der Menschen" erwähnen, den Vater Mirabeaus, den Feind seiner Familie, der die Seinigen sämtlich eingeschlossen hielt, Frau, Söhne und Töchter, der die Staatsgefängnisse bevölkerte, mit seinen Nachbarn Prozesse führte und seine Leute zur Verzweiflung brachte. Er erzählt, daß er gelegentlich eines von ihm gegebenen Festes selbst über das düstere und scheue Aussehen seiner Bauern erstaunt gewesen sei. Das glaube ich ohne weiteres; diese armen Leute fürchteten wahrscheinlich, der „Freund der Menschen" könne sie für seine Kinder halten.

Man braucht sich nicht darüber zu wundern, daß der Bauer, nachdem er einmal zu den Waffen gegriffen hatte, sich ihrer auch bediente und seine Rache nahm. Mehrere Herren hatten ihre Gemeinden grausam geplagt, und an diesem Tage erinnerten sich jene daran. Der eine hatte den Brunnen des Dorfes mit Mauern umgeben, ihn für sich mit Beschlag belegt. Ein anderer hatte sich der Gemeindeweiden bemächtigt. Beide wurden getötet. Man führt noch verschiedene andere Mordtaten an, die zweifellos Racheakte waren.

Die allgemeine Bewaffnung der Städte wurde auf dem Lande nachgeahmt. Die Einnahme der Bastille ermutigte die Bauern, ihre eigenen Bastillen anzugreifen. Wenn man weiß, was sie leiden mußten, so kann man sich nur darüber wundern, daß sie so spät begannen. Die Leiden, die Sehnsucht nach Rache hatten sich in immer neuem Aufschub angehäuft und waren zu erschreckender Höhe getürmt. Wenn diese gewaltige Lawine, die lange starr geblieben war in Eis und Schnee, plötzlich schmolz, dann stürzte eine solche Masse zu Tal, daß allein der Sturz alles vernichten mußte.

Man müßte bei diesem ungeheuren, verwirrenden Schauspiel auseinanderhalten können, was auf Rechnung der *streifenden* Plünderer*banden* kommt, der Leute, die die Hungersnot vertrieben hatte, und *was der Bauer mit festem Wohnsitz*, die Gemeinde gegen den Herrn unternahm.

Das Böse hat man sorgfältig behalten, das Gute nicht genügend. Mehrere Herren fanden Verteidiger in ihren Lehnsleuten; z. B. der Marquis von Montfermeil, der im Jahre vorher hunderttausend Franken geliehen hatte, um ihnen zu helfen. Die Wütendsten selbst machten bisweilen vor der Schwäche halt. In der Dauphiné z. B. wurde ein Schloß geschont, weil man niemanden darin fand als eine kranke Dame im Bett und ihre Kinder; man beschränkte sich darauf, die Feudalarchive zu zerstören.

Meistens zog der Bauer zuerst vor das Schloß, um sich Waffen geben zu lassen; dann wagte er mehr, verbrannte die Akten und Urkunden. Die meisten dieser Werkzeuge der Knechtschaft, die wichtigsten, die am stärksten drückten, waren sehr oft in den Kanzleien, bei den Advokaten und Notaren. Dahin kam der Bauer selten. Er legte vorzugsweise Hand an die alten Schriften, an die Originalurkunden. Diese primitiven Besitztitel auf schönem Pergament, mit prunkvollen Siegeln geschmückt, blieben im Archiv des Schlosses, um an hohen Festtagen gezeigt zu werden. Sie ruhten in kostbaren Fachschränken, in Sammetmappen, in Eichenschreinen zuunterst, die das Prunkstück des Schloßturmes bildeten. Es gab keine Burg von Bedeutung, in der nicht dicht bei dem feudalen Taubenschlag der Archivturm gestanden hätte.

Unsere Leute gingen direkt auf den Turm los. Der war für sie die Bastille, die Tyrannei, der Hochmut, die Frechheit, die Menschenverachtung; der Turm verhöhnte seit vielen Jahrhunderten das Tal, er machte es unfruchtbar, trübe, erdrückte es mit seinem wuchtenden Schatten. Hüter des Landes in den Barbarenzeiten, die Schildwache der Gegend, wurde er später deren Schrecken. Was bedeutet er 1789 anders als den verhaßten Zeugen der Knechtschaft, einen immerwährenden Schimpf, der alle Morgen dem Manne, der zum Pflug ging, von neuem die alte Erniedrigung seines Geschlechtes kündete. „Arbeite, arbeite, du Sohn eines Hörigen, verdiene, ein anderer wird deinen Verdienst genießen, arbeite und begrabe die Hoffnung für immer."

Jeden Morgen und jeden Abend, tausend Jahre und vielleicht länger, wurde der Turm verflucht. Und eines Tages sank er.

ELFTES KAPITEL

Die Nacht des vierten August

Erklärung der Rechte des Menschen und des Bürgers. – Unruhen; Frankreich in Gefahr. – Die Versammlung errichtet den Untersuchungsausschuß, 27. Juli. – Was der Hof versucht. – Er will die Verurteilung Besenvals verhindern. – Die royalistische Partei will sich aus der öffentlichen Barmherzigkeit eine Waffe schmieden. – Der revolutionäre Adel bietet die Verzichtleistung auf die Feudalrechte an. – *Die Nacht des vierten August,* Verzichtleistung auf die Standesprivilegien; Widerstand des Klerus; Verzichtleistung auf die Privilegien der Provinzen.

Jenseits dieser großen Bewegung, in einer reineren Region, ohne sich von Lärm und Gerüchten ablenken zu lassen, sann und suchte die Nationalversammlung.

Der Streit der Parteien, der sie entzweite, schien überwunden und erstickt in der großen Diskussion, mit der ihre Arbeiten eröffnet wurden. Damals trat hervor, wie sehr selbst der Adel, der geborene Gegner der Interessen der Revolution, von deren Ideen durchsetzt war. Schließlich waren sie alle Franzosen, alle Söhne des achtzehnten Jahrhunderts und seiner Philosophie.

Beide Flügel der Versammlung machten sich unter Wahrung ihres Gegensatzes mit beinahe religiöser Weihe an die feierliche Prüfung der „Erklärung der Rechte".

Es handelte sich nicht um eine „Petition der Rechte", wie in England, um eine Berufung auf das geschriebene Recht, auf bestrittene Urkunden, auf die wahren oder falschen Freiheiten des Mittelalters.

Es handelte sich nicht, wie in Amerika, um ein Suchen nach Prinzipien, von einem Staat zum andern, um die Feststellung, welche von einem jeden von ihnen anerkannt waren, um aus deren Zusammenfassung und Verallgemeinerung die Formel abzuleiten, die der Bund sich zu eigen machen würde.

Es handelte sich darum, von oben herab, kraft einer überragenden Autorität, die höher war als Kaiser und Papst, das Glaubensbekenntnis der neuen Zeit aufzustellen. Kraft welcher Autorität? Der Vernunft, die seit einem Jahrhundert von Philosophen, von tiefen Denkern umstritten, von allen Geistern angenommen war, ihren Einzug in die Sitten hielt und schließlich von den Denkern der Konstituierenden Versammlung auf eine Formel gebracht wurde. Es handelte sich darum, dem Verstande als Autorität aufzuzwingen, was der Verstand auf dem Grunde der freien Forschung gefunden hatte.

Das war die Philosophie des Jahrhunderts, sein Gesetzgeber, sein Moses, der vom Gebirge herabstieg, Lichtstrahlen um die Stirn und die Tafeln in den Händen.

Man hat viel gestritten, für und gegen die Erklärung der Rechte geredet.

Um unseren Feinden zu entgegnen, genügen uns ihre eigenen Widersprüche. Sie verspotten die „Erklärung", und sie unterwerfen sich ihr; sie beginnen den Dreißigjährigen Krieg gegen sie und versprechen ihren Völkern die Freiheiten, die von jener heiliggesprochen werden. Als sie uns 1814 besiegten, entlehnten sie das erste Wort, das sie an uns richteten, der großen Formel, die Frankreich aufgestellt hat.[1]

Die „Erklärung der Rechte" erkennt das höchste Wesen an, den Bürgen der menschlichen Moral. Sie atmet das Gefühl der *Pflicht*. Die Pflicht, von der nicht ausdrücklich gesprochen wird, ist gleichwohl allgegenwärtig darin; überall spürt man ihren erhabenen Ernst. Ein paar Worte, die der Sprache Condillacs entlehnt sind, hindern nicht, in dem Ganzen den wahren Geist der Revolution zu erkennen, römische Würde, stoischen Geist.

In einem solchen Augenblick durfte nur vom *Recht* die Rede sein,[2] für das Recht mußte man Zeugnis ablegen, es dem Volk zurückfordern. Bis dahin hatte man geglaubt, das Volk habe nur *Pflichten*.

Wie erhaben und allgemeingültig ein solcher Akt auch sei, und wäre er dazu angetan, die Zeiten zu überdauern, soll man darum verlangen, daß er in nichts an die bewegte Stunde seiner Geburt erinnert, daß er nirgends das Zeichen des Sturmes trägt?

Das erste Wort wurde drei Tage vor dem 14. Juli und der Einnahme der Bastille gesprochen, das letzte wenige Tage bevor das Volk den König nach Paris holte (6. Oktober). So fiel die erhabene Erscheinung des Rechtes zwischen Unwetter und Unwetter.

Obgleich die Umstände äußerst schwierig waren, erhielt sich die Diskussion trotz der allgemeinen Erregung auf einer feierlich-ernsten Höhe.

„Seid auf der Hut", sagte die eine, „ihr zeigt dem Menschen sein Recht in einem Augenblick, wo er es nur allzugut selbst fühlt. Ihr führt ihn auf ein hohes Gebirge, ihr zeigt ihm sein grenzenloses Reich. Was wird geschehen, wenn er sich beim Abstieg durch besondere Gesetze gehemmt sieht, die ihr machen werdet, wenn er bei jedem Schritt auf Schranken stößt?" (Rede Malouets)

Hierauf gab es mehr als eine Antwort, aber sicher lag die nachdrücklichste in der augenblicklichen Lage selbst. Man befand sich mitten in der Krisis, in einem noch unentschiedenen Kampf. Der Berg, auf den man das Banner pflanzte, konnte nicht leicht zu hoch sein. Dies Banner mußte, wenn möglich, so hoch

[1] Diese Entlehnung war durchaus freiwillig, denn sie geschah durch alle Könige Europas, hinter denen achthunderttausend Soldaten standen. Sie erkennen an, daß jedes Volk das Recht hat, seine Regierung zu wählen. Vergleiche Alexandre de Lameth, S. 121.

[2] Nur vom Recht und von der Freiheit, und zunächst von nichts anderem in dieser Urkunde der Befreiung. Ich erkläre mich ausführlicher in der „Einführung" und in den anderen Bänden.

wehen, daß die ganze Erde es sah, daß es die Nationen unter seiner dreifarbigen Flamme vereinte. Anerkannt als der Menschheit gemeinsames Banner wurde es unüberwindlich.

Es gibt immer noch Leute, die glauben, daß diese große Diskussion das Volk in Aufruhr brachte und bewaffnete, daß sie ihm die Fackel in die Hand drückte, den Anlaß gab zu Krieg und Brand. Die erste Schwierigkeit, die dieser Ansicht begegnet, ist, daß die Gewalttätigkeiten schon vor der Unterredung begonnen hatten. Die Bauern brauchten diese Metaphysik nicht, um sich in Bewegung zu setzen. Selbst hinterher war ihr Einfluß gering. Was das Land bewaffnete, war, wie wir gesehen haben, die Notwendigkeit, die Plünderung abzuwehren, war die Ansteckung durch die Städte, die zu den Waffen griffen, war vor allem die trunkene Begeisterung, die der Einnahme der Bastille folgte.

Die Größe dieses Schauspiels, die Verschiedenartigkeit jener treibenden Mächte hat den Blick der Geschichte verwirrt. Sie hat drei voneinander abweichende und sogar entgegengesetzte Tatsachen, die gleichzeitig geschehen, zusammengeworfen:

1. Die Streifzüge der Vagabunden, der Hungrigen, die nachts das Getreide schnitten und die Felder kahl machten wie Heuschrecken. Diese Banden stürmten, wenn sie stark waren, abseits liegende Häuser, Pachtgüter und sogar Schlösser.

2. Um diese Banden abzuwehren, brauchte der Bauer Waffen, die er von den Schlössern erbat und forderte. Wenn er dann bewaffnet war und seine Überlegenheit fühlte, vernichtete er die Urkunden, in denen er Werkzeuge der Unterdrückung sah. Wehe, wenn der Herr verhaßt war! Dann vergriff man sich nicht nur an seinen Pergamenten, sondern an ihm selbst.

3. Die Städte, deren Bewaffnung die des offenen Landes nach sich gezogen hatte, sahen sich gezwungen, der letzteren Einhalt zu tun. Die Nationalgarden, die damals durchaus keinen aristokratischen Charakter hatten, da jedermann ihnen angehörte, rückten aus, um die Ordnung wiederherzustellen; sie kamen den Schlössern zu Hilfe, die sie selbst verabscheuten. Sie brachten oft die Bauern gefangen in die Stadt, aber man ließ sie bald wieder frei.[1]

Ich spreche von den Bauern, die in der Umgebung der Städte festen Wohnsitz hatten. Was die Landstreicher- und Räuberbanden anlangt, so übten die Gerichte und sogar die Gemeindebehörden oft grausame Justiz an ihnen; viele wurden hingerichtet. Nach und nach trat wieder Ruhe ein, und die Saaten konnten ungestört gedeihen. Hätten die Unruhen fortgedauert, hätte der Ackerbau

[1] Aus alledem haben die Historiker, je nach ihren Leidenschaften, einen großen Wirrwarr gemacht. Ich habe mich bei den alten Leuten erkundigt, besonders bei meinen berühmten und verehrten Freunden Béranger und Lamennais.

aufgehört, so wäre Frankreich im folgenden Jahre an Hungersnot zugrunde gegangen ...

Es war etwas Sonderbares um diese Versammlung, die verhandelte, berechnete und die Silben wog, während rings die Welt in Flammen stand. Zwei Gefahren drohten: von rechts und von links. Um die Unruhe zu dämpfen, besaß sie scheinbar nur ein Mittel, die alte Ordnung wiederaufzurichten, die doch nur eine noch schlimmere Unordnung war.

Man vermutet allgemein, daß sie darauf brannte, sich selbst der öffentlichen Gewalt zu bemächtigen; das trifft zu für eine gewisse Gruppe ihrer Mitglieder, ist aber falsch, sehr falsch für die Mehrheit. Der Charakter dieser Versammlung, im ganzen genommen, ist ein einzigartiger Glaube an die Macht der Ideen. Sie glaubte fest daran, daß die Wahrheit, einmal gefunden und in Gesetze gebracht, unüberwindlich wäre. Man brauchte nur zwei Monate Zeit (das war die Berechnung sehr ernsthafter Männer); in zwei Monaten war die Verfassung fertig, sie würde in ihrer allmächtigen Wirksamkeit die Gewalt und das Volk zugleich umfassen; dann war die Revolution vollendet, die Welt konnte wieder blühen.

Inzwischen wurde die Lage völlig sonderbar. Hier war die öffentliche Gewalt ohnmächtig, dort sehr stark, hier organisiert, dort in gänzlicher Auflösung, unfähig zu einer allgemeinen und regelrechten Handlung, doch noch immer furchtbar durch ihre Ränkesucht und den vielleicht bestehenden Plan zu Gewaltstreichen. Die Rechnungsberichte dieser letzten Jahre, die später erschienen, verrieten deutlich, welche Hilfsquellen dem Hof zu Gebote standen und wie er sie benutzte, wie er die Presse, die Zeitschriften und sogar die Versammlung bearbeitete. Die Auswanderung begann und mit ihr der Appell an das Ausland, an den Feind, ein geschlossenes System des Verrats und der Verleumdung gegen Frankreich.

Die Versammlung fühlte sich wie auf einem Pulverfaß. Sie mußte, um der allgemeinen Wohlfahrt willen, von den Höhen herabsteigen, auf denen sie das Gesetz schuf, und aus der Nähe betrachten, was auf der Erde geschah. Das war ein großer Sturz! Solon, Lykurg und Moses mit der gemeinen Sorge um die öffentliche Aufsicht betraut, gezwungen, noch größere Spione zu sein als die Spione, kurz: Polizeibeamte zu werden!

Den ersten Alarm brachten die Briefe Dorsets an den Grafen Artois, seine noch alarmierenderen Erklärungen, seine Anzeige der Verschwörung von Brest, die der Hof so lange verborgen gehalten hatte. Am 27. Juli machte Duport den Vorschlag, einen aus vier Personen bestehenden Untersuchungsausschuß zu errichten. Er sagte die trüben Worte: „Ersparen Sie mir jede Erörterung darüber. Man zettelt Komplotte an. Es ist ganz ausgeschlossen, daß man sie vor die ordentlichen Gerichte bringt. Wir müssen uns selbst mit den abscheulichen, aber unumgänglichen Einzelheiten vertraut machen."

Die Zahl vier erinnerte zu sehr an die drei Staatsinquisitoren. Man erhöhte sie auf zwölf.

Der Geist der Versammlung war, in welcher Zwangslage sie sich auch befand, keineswegs ein Polizei- oder Inquisitionsgeist. Eine sehr ernste Diskussion fand statt über die Frage, ob man das Briefgeheimnis verletzen, ob man die verdächtige Korrespondenz öffnen solle, die an einen Prinzen gerichtet war, der sich durch seine übereilte Flucht als Feind erklärt hatte. Gouy d'Arcy und Robespierre waren für die Öffnung. Die Versammlung erklärte jedoch auf Antrag Chapeliers, Mirabeaus und sogar Duports, der doch soeben noch eine Art Staatsinquisition gefordert hatte, großmütig das Briefgeheimnis für unverletzlich, lehnte die Öffnung ab und ließ die Briefe zurückerstatten.

Dieser Beschluß machte den Anhängern des Hofes Mut. Sie unternahmen drei gefährliche Wagnisse.

Sieyès sollte zum Präsidenten gewählt werden. Man stellte einen sehr geachteten, bei der Versammlung sehr beliebten Mann als Gegenkandidaten auf, Thouret, den hervorragenden Advokaten aus Rouen. Sein Verdienst in den Augen der Royalisten bestand darin, daß er am 17. Juni gegen den Titel „Nationalversammlung“ gestimmt hatte, diese einfache Formel Sieyès', welche die Revolution enthielt. Diese beiden Männer – sagen wir besser, diese beiden Systeme – in der Präsidentenfrage einander gegenüberstellen, das hieß an die Revolution selbst rühren, das hieß versuchen, sie auf den 16. Juni zurückzudatieren.

Der zweite Versuch war, die Verurteilung Besenvals zu verhindern. Dieser General der Königin gegen Paris war auf der Flucht verhaftet worden. Ihn richten, ihn verurteilen, das hieß, auch die Befehle verurteilen, nach denen er gehandelt hatte. Necker hatte ihn auf der Rückreise gesehen und ihm Hoffnung gemacht. Es war nicht schwer, seinem guten Herzen das Versprechen abzuringen, einen feierlichen Schritt bei der Stadt Paris zu tun.[1] Was war verlockender für Neckers Eitelkeit, als in der Freude über seine Rückkehr eine allgemeine Amnestie zu erwirken, der Revolution ein Ende, den Himmel wieder heiter zu machen und nach der Sintflut wie der Regenbogen in den Wolken zu erscheinen?

Er kam ins Hôtel de Ville und erlangte alles, was er wollte, von denen, die da waren: Wahlmänner, Vertreter der Distrikte, einfache Bürger, eine bunt zusammengewürfelte Menge ohne jeden legalen Charakter. Der Taumel erreichte den Gipfel im Saal und auf dem Platz. Er zeigte sich am Fenster, seine Frau rechts von ihm und seine Tochter links, diese weinten und küßten ihm die Hände. Seine Tochter, Frau von Staël, wurde vor Glück ohnmächtig.[2]

---

[1] Er erklärte ausdrücklich, daß er im Namen des Königs spräche; vergleiche seine Rede, „Histoire de la Révolution, par deux amis de la liberté“, Bd. II, S. 235.

[2] Staël, „Considérations“, I. Teil, Kap. XXIII; vergleiche auch Necker, Bd. VI, IX.

Damit war jedoch noch nichts getan. Die Distrikte von Paris erhoben mit Recht Einspruch; die Zusage, Milde walten zu lassen, einer tiefbewegten Versammlung abgelockt, im Namen von Paris von einer Menge ohne jede Autorität gewährt, eine nationale Frage von einer einzigen Stadt, von wenigen ihrer Bewohner erledigt – und das in dem Augenblick, wo die Nationalversammlung einen Untersuchungsausschuß einsetzte und die Schaffung eines Gerichtshofes vorbereitete –, das war sonderbar und verwegen. Trotz Lally und Mounier, die sich für die Amnestie einsetzten, erreichten es Mirabeau, Barnave und Robespierre, daß die Eröffnung des Verfahrens beschlossen wurde. Zum zweitenmal war der Hof besiegt, indessen durfte er einen großen Trost mit fortnehmen, der seiner gewöhnlichen Weisheit würdig war: er hatte Necker bloßgestellt und die Popularität des einzigen Mannes vernichtet, der einige Aussicht gehabt hatte, ihn zu retten.

Der Hof hatte einen weiteren Mißerfolg in der Präsidentschaftsfrage. Thouret erschrak über die Gärung im Volke, über die drohende Haltung von Paris und verzichtete.

Einen dritten, viel ernsteren Versuch machte die royalistische Partei durch die Person Malouets; er war einer der stärksten, der gefährlichsten Beweise dafür, daß die Revolution an einem gefahrvollen Abschnitt ihres Weges angelangt war, wo ihre Feinde jeden Tag einen Stein des Anstoßes vor sie hinwarfen und einen Abgrund vor ihr öffneten.

Man erinnert sich, daß der Klerus eines Tages – die Stände waren noch nicht vereinigt – dem dritten Stande scheinheilig das Schwarzbrot zeigte, welches das Volk aß, und ihn im Namen der Barmherzigkeit aufforderte, den eitlen Zank zu lassen und sich mit ihm über das Wohl der Armen zu beraten. Und genau dasselbe tat jetzt ein anderer (ein blinder, aber übrigens ehrenwerter Anhänger eines unmöglichen Königtums), tat jetzt Malouet.

Er schlug vor, eine ausgedehnte „Armensteuer“ einzuführen, Hilfsbüros und Arbeitsnachweise, deren Urfonds durch wohltätige Stiftungen angelegt, dann durch eine Kopfsteuer und eine Anleihe unterhalten werden sollten.

Der Vorschlag war schön und ehrenvoll, zudem gestützt durch die drängende Not des Augenblicks, gab aber der royalistischen Partei ein furchtbares politisches Prestige. Durch ihn hätte der König über einen dreifachen Fonds verfügt, von denen einer, die Anleihe, unbegrenzt war; so wurde er zum Haupt der Armen, vielleicht zum Führer der Bettler gegen die Versammlung. Diese hatte ihn als entthront behandelt und setzte ihn nun auf einen viel absoluteren, viel festeren Thron, machte ihn zum König der Hungersnot, der mit den denkbar wirksamsten Mitteln regierte, mit Nahrung und Brot. Was sollte aus der Freiheit werden?

Um die Sache harmloser darzustellen, um sie ganz geringfügig erscheinen zu lassen, erniedrigte Malouet in seinen Angaben die Zahl der Armen offenbar fälschlich auf vierhunderttausend.

Wenn die Sache nicht durchdrang, so brachte sie ihm doch einen großen Vorteil: seine Partei, die Partei des Königs, erhielt einen neuen Glanz in den Augen des Volkes, den Ruhm der Barmherzigkeit. Die Mehrheit, allzu bloßgestellt durch eine Weigerung, würde bald gezwungen sein, nachzugeben, zu gehorchen und die große Waffe Volk in die Hand des Königs zu legen.

Schließlich schlug Malouet außerdem vor, die Handelskammern und die Fabrikstädte zu befragen, wie man den Arbeitern „zu mehr Arbeit und höherem Lohn verhelfen könne".

Eine Art Wettbewerb und Konkurrenzneid entstand unter den Parteien. Es handelte sich darum, das Volk an sich zu fesseln oder es herumzukriegen. Dem Antrage, den Bedürftigen zu *geben*, konnte nur ein einziger entgegengestellt werden, nämlich der, die Arbeiter zu ermächtigen, *nicht mehr zu bezahlen*, der wenigstens den Landarbeitern erlauben würde, die Zahlung der verhaßten Abgaben, der Feudalabgaben, einzustellen.

Diese Abgaben waren sehr gefährdet. Um sich ihrer möglichst vollständig zu entledigen, um die Akten zu vernichten, in denen sie bestätigt waren, verbrannte man die Schlösser selbst. Die Großgrundbesitzer, die in der Versammlung saßen, waren äußerst beunruhigt. Ein so verhaßter, so gefährlicher Besitz, der den ganzen Rest ihres Vermögens mit aufs Spiel setzte, begann, ihnen als eine Bürde zu erscheinen. Um diese Rechte zu retten, mußte man entweder wenigstens einen Teil von ihnen opfern, oder sie mit bewaffneter Hand verteidigen, alle seine Freunde, Schutzbefohlenen, Diener zusammenbringen und einen furchtbaren Krieg gegen das ganze Volk beginnen.

Mit Ausnahme weniger Greise, die den Siebenjährigen Krieg mitgemacht, oder junger Leute, die am amerikanischen Kriege teilgenommen hatten, waren unsere Adligen nur in Garnisonfeldzügen dabei gewesen. Dennoch waren sie in Privatstreitigkeiten persönlich tapfer. Der kleine Adel der Vendée und Bretagne, den man bis dahin kaum kannte, trat plötzlich hervor und bewies sich heldenmütig. Viele Adlige und Emigranten zeichneten sich in den großen Kriegen des Kaiserreichs aus. Vielleicht, wenn sie sich verständigt und einen engen Bund geschlossen hätten, würden sie die Revolution für einige Zeit zum Stillstand gebracht haben. Doch waren sie damals verstreut und dadurch schwach. Eine andere Ursache ihrer Schwäche, die sie ehrt, ist, daß viele unter ihnen innerlich Gegner ihrer selbst, Gegner der alten feudalen Tyrannei, daß sie zugleich deren Erben und Feinde waren; von der Philosophie der Zeit durchdrungen, begrüßten sie die wunderbare Genesung des Menschengeschlechtes, hegten heiße Wünsche für sie, mochte sie auch ihren Untergang kosten.

Der reichste Herr an Feudalbesitz nach dem König war der Herzog von Aiguillon.[1]

1 Alex. de Lameth, „Histoire de l'assemblée constituante", Bd. I, S. 96.

Er hatte die Hoheitsrechte in zwei Provinzen des Südens. Sie waren verdächtigen Ursprungs, sein Großonkel Richelieu hatte sie sich selbst verschafft. Sein Vater, ein Kollege des Bankerottministers Terray, war noch mehr verachtet als verabscheut worden. Um so eher empfand der junge Herzog von Aiguillon das Bedürfnis, sich beliebt zu machen; er war mit Duport und Chapelier einer der Häupter des „Club breton". Dort machte er den edlen und politisch klugen Vorschlag, in diesem großen Brande zu retten, was zu retten sei, einen Teil des Gebäudes niederzulegen, um den Rest zu erhalten; er wollte die Feudalrechte zwar nicht opfern (viele Adlige besaßen kein anderes Vermögen), aber dem Bauer anbieten, „sich unter mäßigen Bedingungen von ihnen loszukaufen".

Der Vicomte de Noailles gehörte zwar nicht dem Klub an, bekam aber Wind von dem Vorschlage und stahl dessen ruhmvolle Anregung. Ein jüngerer Sohn der Familie und nicht im Besitz von Feudalrechten, war er noch edelmütiger als der Herzog von Aiguillon. Er schlug nicht allein vor, die Ablösung der Rechte zu gestatten, sondern wollte sogar *die Aufhebung* der grundherrlichen Fronen und anderer Personallasten *ohne Ablösung*.

Das galt lediglich als Angriff, als Drohung. Zweihundert Abgeordnete erschienen zur Sitzung. Man verlas den Entwurf eines Beschlusses, worin die Versammlung an die Pflicht erinnerte, das Eigentum zu respektieren, die Grundzinsen zu bezahlen usw.

Ganz anders wirkte die Rede des Herzogs von Aiguillon.

Er erklärte, als man am Tage vorher Gewaltmaßregeln gegen die Zerstörer der Schlösser beschlossen habe, seien ihm Bedenken gekommen; er habe sich selbst gefragt, ob jene Leute wohl schuldig seien. Und dann ging er mit Wärme und Eifer gegen die feudale Tyrannei vor, das heißt gegen sich selbst.

Am 4. August, um acht Uhr abends schlug die feierliche Stunde, in der die Feudalherrschaft, nach tausendjährigem Bestehen, abdankte, abschwor und sich selbst verfluchte.

Der Feudalismus hat gesprochen. Nun ergreift das Volk das Wort. Ein Niederbretone in der Tracht seiner Landsleute, ein unbekannter Abgeordneter, der weder vor- noch nachher jemals wieder sprach, le Guen de Kerengal, besteigt die Tribüne und verliest ungefähr zwanzig anklagende und drohende Zeilen. Kraftvoll wirft er der Versammlung vor, daß sie dem Brande der Schlösser nicht zuvorgekommen sei, nicht die grausamen Waffen zerbrochen habe, die jene enthalten – meinte er –, die unbilligen Akten, die den Menschen zum Tier erniedrigen, die Mensch und Tier zusammen an den Pflug spannen, die das Schamgefühl verletzen:

„Seien wir gerecht; man bringe uns diese Besitztitel, Denkmäler der Barbarei unserer Väter. Wer von uns würde nicht einen sühnenden Scheiterhaufen aus diesen verruchten Pergamenten errichten? Ihr habt keinen Augenblick zu verlieren; ein Tag des Aufschubs gibt Anlaß zu neuen Feuerbrünsten; der Sturz ganzer Reiche kündigt sich mit weniger Getöse an. Wollt ihr erst dem verheerten Frankreich Gesetze geben?“

Der Eindruck war groß. Ein anderer Bretone schwächte ihn ab, indem er an seltsame, grausame, unglaubliche Rechte erinnerte: früher sollte der Herr das Recht gehabt haben, bei der Heimkehr von der Jagd zweien seiner Hörigen den Bauch aufzuschlitzen und seine Füße in ihren blutigen Leib zu stampfen!

Ein Provinzedelmann, de Foucault, griff die Grandseigneurs an und verlangte, die Großen sollten vor allem die Pensionen und Bezüge opfern, die ungeheuren Geschenke, die sie vom König erhielten, und die das Volk doppelt ruinierten, sowohl durch das Geld, das sie verschlängen, als durch die Vernachlässigung, welche die Provinz durch sie erlitte, denn alle Reichen folgten dem Beispiele der Großen, verließen ihre Güter und zögen in die Nähe des Hofes.

De Guiche und de Mortemart bezogen den Angriff auf sich persönlich und entgegneten lebhaft, daß die, deren Namen man nennen würde, alles hingeben würden.

Die Begeisterung gewann die Oberhand. De Beauharnais beantragte, daß künftig die Strafen für alle, Adlige und Bürgerliche, die gleichen sein und daß die Ämter allen offen sein sollten. Irgend jemand verlangte kostenlose Rechtspflege, ein anderer die Abschaffung der grundherrlichen Gerichtsbarkeit, deren untergeordnete Agenten die Geißel des flachen Landes seien.

De Custine meinte, die vom Herzog von Aiguillon vorgeschlagenen Bedingungen der Ablösung seien schwer, man müsse die Sache leichter machen und dem Bauer helfen.

De La Rochefoucauld dehnte das Wohlwollen Frankreichs auf das Menschengeschlecht aus und forderte Erleichterungen für die Sklaverei der Schwarzen.

Niemals trat der französische Nationalcharakter ergreifender hervor in seiner leichten Empfänglichkeit, seiner Lebhaftigkeit, seiner edlen Begeisterungsfähigkeit. Diese Männer, die so viel Zeit auf die Debatte über die Erklärung der Rechte verwandten, ihr so großes Gewicht beimaßen, die die Silben zählten und wägten – diese Männer zögerten nicht, als man an ihre Uneigennützigkeit appellierte: Sie traten das Geld mit Füßen und sogar die Ehrenrechte, die sie noch mehr liebten als das Geld ... Ein großes Beispiel, das der sterbende Adel unserer bürgerlichen Aristokratie hinterlassen hat.

In der Begeisterung und der allgemeinen Bewegung zeigte sich auch eine stolze Sorglosigkeit, das Feuer eines edlen Spielers, dem es Vergnügen macht, Gold wegzuwerfen. Alle diese Opfer wurden von Reichen und Armen mit der gleichen Fröhlichkeit dargebracht, bisweilen ein wenig boshaft (wie bei dem Antrage de Foucaults) und mit lebhaften Ausbrüchen.

„Und was soll ich anbieten?“ sagte der Graf Virieu. „Wenigstens den Spatz des Catull.“ Er schlug die Ausrottung der schädlichen Tauben vor, die Zerstörung des feudalen Taubenschlages.

Der junge de Montmorency forderte, daß alle diese Wünsche auf der Stelle zu Gesetzen erhoben würden. Lepelletier von Saint-Fargeau wünschte, daß das Volk sofort in den Genuß dieser Wohltaten einträte. Er war selbst ungeheuer reich und wollte, daß die Reichen, die Adligen und Steuerbefreiten zu diesem Zwecke eine Selbsteinschätzung vornähmen.

Der Präsident Chapelier, den man drängte, die Abstimmung vornehmen zu lassen, bemerkte boshaft, noch keiner der geistlichen Herren hätte zu Wort kommen können, er würde es sich selbst zum Vorwurf machen, wenn er ihnen die Tribüne verschlösse.[1]

Der Bischof von Nancy drückte darauf im Namen der hohen Geistlichkeit den Wunsch aus, daß der Preis für die Ablösung der Feudallasten nicht dem jeweiligen Besitzer zugute käme, sondern daß der Ertrag in nützlicher Weise für die Armen angelegt würde.[2]

Das entsprang mehr der Sparsamkeit und Wirtschaftlichkeit, als dem Edelmut. Darauf ergriff der Bischof von Chartres, ein geistvoller Mann, das Wort und fand ein Mittel, auf Kosten des Adels freigebig zu sein. Er brachte das Jagdrecht zum Opfer, das für die Adligen sehr wichtig war, für den Klerus aber kaum in Betracht kam.

Der Adel wich nicht aus; er verlangte die Vollziehung dieses Verzichtes. Das wurde mehreren sehr schwer. Der Herzog von Châtelet sagte lächelnd zu seinen Nachbarn: „Der Bischof nimmt uns die Jagd, ich werde ihm seinen Zehnten nehmen.“ Und er machte den Vorschlag, daß die Naturalzehnten in Geldabgaben verwandelt würden, die nach Belieben abgelöst werden könnten.

Der Klerus ließ diese gefährliche Losung fallen und befolgte seine alte Taktik, dem Adel den Vortritt zu lassen: der Erzbischof von Aix hielt eine starke Rede gegen den Feudalismus und verlangte, daß man in Zukunft jeden Feudalvertrag verbiete.

„Ich möchte Grundbesitzer sein“, sagte der Bischof von Uzès, „wie gern würde ich das Land seinen Bebauern zurückgeben. Aber wir sind nur Verwalter ...“

---

1 Fortgelassen im „Moniteur“ und in der „Histoire parlementaire“; vergleiche „L'Histoire des deux amis de la liberté“, Bd. II, S. 321.

2 Zurechtgemacht und entstellt im „Moniteur“ und bei den Historikern, die den Egoismus des Klerus verbergen wollen. Das Protokoll sagt nur: Er hat „in seinem Namen und im Namen mehrerer“ Mitglieder des Klerus dem System der Ablösung der Feudalrechte zugestimmt und sich (der Pfründenbesitzer wegen) der Anlage und Verwendung der daraus herrührenden Fonds unterworfen. „Archives du royaume, Procès-verbal de l'Assemblée nationale, 4 août 1789, Bd. 2.“

Die Bischöfe von Nîmes und von Montpellier gaben nichts, forderten aber, daß die Handwerker und Tagelöhner von Abgaben und Steuern befreit würden.

Nur die niedere Geistlichkeit war hochherzig. Pfarrer erklärten, daß ihr Gewissen ihnen nicht mehr erlaube, eine Pfründe zu besitzen. Andere sagten: „Wir bieten unsere Sporteln an." Duport machte den Einwand, daß man dann einen Ersatz dafür schaffen müsse. Die Versammlung war bewegt und weigerte sich, dieses Scherflein der Witwe anzunehmen.

Die Rührung und Exaltation hatten sich von Stufe zu Stufe zu einem außergewöhnlichen Grade gesteigert. In der ganzen Versammlung hörte man nur noch Beifallsrufe, Glückwünsche, Kundgebungen gegenseitigen Wohlwollens. Die der Sitzung beiwohnenden Fremden waren stumm vor Staunen; zum erstenmal hatten sie den ganzen Reichtum des französischen Herzens gesehen. Was Jahrhunderte der Anstrengung bei ihnen nicht zustande gebracht hatten, das geschah in Frankreich in wenigen Stunden durch Uneigennützigkeit und Opferfreude. Geld und Ehrgeiz wurden zum Opfer gebracht, aller alte, vererbte Übermut, die ganze alte Zeit, sogar die Tradition – die ungeheure alte Eiche der Feudalherrlichkeit war mit einem Schlage gefällt, der verfluchte Baum, dessen Zweige einen frostigen Schatten auf die Erde warfen, während seine unendlichen Wurzeln in die tiefsten Tiefen drangen, dort das Leben suchten und aussogen und es hinderten, zum Licht emporzusteigen.

Alles schien zu Ende. Da begann eine ebenso bedeutende Szene.

Nach den Standesprivilegien kamen die Privilegien der Provinzen.

Diejenigen, die man „Pays d'Etat" nannte, die besondere Vorrechte besaßen, verschiedene Freiheiten und Steuerprivilegien, erröteten über ihren Egoismus, sie wollten nur noch eins sein mit Frankreich, mochte es ihrem persönlichen Interesse, ihren alten, teueren Erinnerungen auch noch so sehr schaden.

Dies hatte die Dauphiné großmütig schon 1788 von sich aus angeboten und es den anderen Provinzen geraten. Jetzt erneuerte sie das Anerbieten. Selbst die hartnäckigsten, die Bretonen, die doch schon durch ihre Mandate und durch die alten Verträge ihrer Provinz mit Frankreich verbunden waren, taten den Wunsch kund, sich anzuschließen. Die Provence gab die gleiche Erklärung ab, dann die Bourgogne und die Bresse, die Normandie, Poitou, Auvergne und Artois. Lothringen erklärte in rührenden Worten, es werde sich nicht mehr nach der Herrschaft seiner angebeteten Fürsten, die Väter des Volkes gewesen seien, zurücksehnen, wenn ihm das Glück zuteil würde, sich mit seinen Brüdern zu vereinigen, zusammen mit ihnen das mütterliche Haus Frankreichs zu betreten und dieser ungeheuren, ruhmvollen Familie anzugehören!

Dann kamen die Städte an die Reihe. Ihre Abgeordneten legten in Scharen ihre Sonderrechte auf den Altar des Vaterlandes nieder.

Die Justizbeamten konnten kaum durch die die Tribüne umgebende Menge dringen, um ebenfalls ihren Anteil zu entrichten. Ein Mitglied des Parlaments von Paris schloß sich ihnen an, verzichtete auf die Erblichkeit der Ämter, auf den erblichen Adel.

Der Erzbischof von Paris forderte die Versammlung auf, an diesem großen Tage Gottes zu gedenken und ein Tedeum zu singen!

„Und der König, meine Herren", sagte Lally, „soll der König, der uns nach einer so langen Unterbrechung von zwei Jahrhunderten einberufen hat, keinen Dank bekommen? – Proklamieren wir ihn zum Wiederhersteller der französischen Freiheit!"

Die Nacht war vorgerückt, es war zwei Uhr. Diese Nacht nahm den ungeheuren, tausendjährigen, quälenden Traum des Mittelalters mit hinweg. Bald begann die Morgendämmerung – der Freiheit.

Seit dieser wunderbaren Nacht gab es keine Stände mehr, nur Franzosen, keine Provinzen mehr, nur ein Frankreich! Vive la France!

ZWÖLFTES KAPITEL

Der Klerus
Der neue Glaube

Die prophetischen Reden Fauchets. – Fruchtlose Mühe zur Versöhnung. – Drohender Sturz der alten Kirche. – Die Kirche hat das Volk im Stich gelassen. – Buzot beansprucht die Güter des Klerus für die Nation, 6. August. – Abschaffung des Zehnten, 11. August. – Die religiöse Freiheit wird anerkannt. – Bündnis zwischen Klerus, Adel und Hof. – Paris sich selbst überlassen. – Keine öffentliche Autorität, wenig Gewalttätigkeiten. – Patriotische Gaben. – Hingabe und Aufopferung (August 1789).

Die Auferstehung des Volkes, das endlich sein Grab zerbricht, der Feudalismus, der selbst den Stein abwälzt, unter dessen Siegel er es festgehalten hat, das Werk endloser Zeiträume in einer Nacht: das ist das erste Wunder des neuen Evangeliums, ein bezeugtes, göttliches Wunder!

Hierher gehören die Worte, die Fauchet an den in der Bastille gefundenen Gebeinen sprach: „Die Tyrannei hatte sie an die Mauern dieser Verliese geschmiedet, in die, wie sie glaubte, das Licht niemals dringen würde. *Der Tag der Offenbarung ist gekommen*! Die Toten sind auferstanden, als die Stimme der französischen Freiheit erschallte; sie legen Zeugnis ab wider die Jahrhunderte der Unterdrückung und des Todes, sie verkündigen die Erneuerung der menschlichen Natur und das Leben der Nationen! ...“[1]

Es war zwei Uhr nachts, als die Versammlung ihr ungeheures Werk beendete und sich trennte. Am Morgen des 5. August hielt Fauchet in Paris auf der Kanzel die Leichenrede für die vor der Bastille gefallenen Bürger. Diesen Märtyrern der Freiheit wurde gerade in der verflossenen Nacht, in der Zerstörung der großen feudalen Bastille, ihre Palme und der Preis ihres Blutes zuteil.

Auch dort fand Fauchet unvergängliche Worte: „Wieviel Unheil haben sie angerichtet in der Welt, die falschen Deuter göttlicher Orakel! Sie haben den Despotismus heiliggesprochen, sie haben Gott zum Mitschuldigen der Tyrannen gemacht. Was sagt das Evangelium? ‚Ihr sollt erscheinen vor den Königen; sie werden euch die Ungerechtigkeit befehlen, und ihr werdet wider sie sein bis zum Tode.‘ Sie triumphieren, die falschen Schriftgelehrten, denn geschrieben steht: ‚Gebet dem Kaiser, was des Kaisers ist.‘ Aber muß man auch dem Kaiser geben,

---

[1] Abgedruckt in der Fortsetzung von Dussaulx' „Oeuvre des sept jours“. Noch an einer anderen Stelle sagt er das prächtige Wort: „Wir stehen in der Mitte der Zeiten ... Die Tyrannen sind reif.“

was ihm nicht gehört? Die Freiheit ist nicht des Kaisers; sie gehört zum Wesen des Menschen."

Diese beredten Worte klangen noch beredter im Munde des Mannes, der am 14. Juli Mut und Menschlichkeit bewiesen hatte. Zweimal hatte er mit eigener Lebensgefahr versucht, das Leben der anderen zu retten, dem Blutvergießen Einhalt zu tun. Als wahrer Christ und wahrer Bürger hätte er gern alles gerettet, die Menschen und die Lehren. Seine blinde Liebe vermochte es, einander feindliche Ideen zu vereinigen. Mit der gleichen Liebe umfing er die beiden Evangelien, ohne den Unterschieden der Prinzipien und den Gegensätzen Rechnung zu tragen. Von den Priestern verworfen und ausgeschlossen, war ihm gerade das ehrfurchtgebietend und teuer geworden, was den Anlaß gegeben hatte zu seiner Verfolgung. Wer hat sich nicht wie er getäuscht? Wer hat nicht die Hoffnung genährt, die Vergangenheit zu retten, indem er die Zukunft beförderte? Wer hätte nicht gern den Geist geweckt, ohne die alte Form zu zerbrechen, die Flamme geschürt, ohne an die tote Asche zu rühren? Eitle Mühe! Wir halten vergeblich unseren Atem an. Er ist leicht geworden und fliegt von selbst in alle vier Winde.

Wer konnte das alles damals voraussehen? Fauchet täuschte sich darüber und sehr viele andere. Man gab sich Mühe, den Streit für beendet und den Frieden für gekommen zu halten; man bewunderte es, daß die Revolution schon im Evangelium enthalten war. Jeder, der diese großen Worte hörte, zitterte bis in das Innerste des Herzens. Der Eindruck war so stark, die Bewegung so gewaltig, daß man den Apostel der Freiheit mit einer Bürgerkrone krönte. Das Volk und die Bewaffneten, die Sieger der Bastille und die Bürgergarde, der Tambour an der Spitze, führten ihn ins Hôtel de Ville zurück; ein Herold trug die Krone vor ihm her.

War es der letzte Triumph des Priesters oder der erste des Bürgers? Werden sich diese beiden Charaktere, die hier verschmolzen sind, miteinander mischen können? Die von den Kugeln der Bastille durchlöcherte, ruhmbedeckte Robe läßt hier den neuen Menschen sehen; vergeblich möchte der selbst diese Robe ausbreiten, um die Vergangenheit damit zu bedecken.

Eine neue Religion ersteht uns, zwei verschwinden: Kirche und Königtum.

Feudalismus, Königtum, Kirche: von diesen drei Ästen der alten Eiche fällt der erste am 4. August; die beiden anderen wanken; ich höre ein großes Brausen in den Zweigen, sie wehren sich, sie halten fest, Blätter bedecken den Boden. Nichts nutzt der Widerstand. Mag untergehen, was untergehen muß!

Am 6. August, während sich die Versammlung in einer langweiligen Debatte über eine von Necker vorgeschlagene Anleihe erging, die nach dessen eigenem Geständnis nicht für zwei Monate ausreichen würde, bestieg ein Mann die Tribüne, der bis dahin selten gesprochen hatte; diesmal sagte er nur ein Wort: „Die Kirchengüter gehören der Nation."

Großer Lärm. Der Mann, der so freimütig das von der Situation geforderte Wort gesprochen hatte, war Buzot, einer der Führer der späteren Gironde, eine junge, ernste Gestalt, feurig und melancholisch, einer von denen, denen ein kurzes Geschick an der Stirn geschrieben steht.[1]

Die Anleihe wurde versucht, schlug fehl, wurde von neuem versucht und schließlich angenommen. Es war schwer, sie zur Annahme, noch schwerer, sie zur Ausführung zu bringen. Wem sollte das Publikum leihen? dem Ancien régime oder der Revolution? Noch wußte man es nicht. Eins war sicher und allen Geistern klar: die Nutzlosigkeit des Klerus, seine vollkommene Unwürdigkeit und das aus ihr sich ergebende, unbestreitbare Recht der Nation auf die Kirchengüter. Man kannte die Sittlichkeit der Prälaten, die Unwissenheit des niederen Klerus. Die Pfarrer besaßen Vorzüge, gewisse Instinkte der Beharrlichkeit, aber keinerlei Einsicht; überall, wo sie die Oberhand hatten, waren sie ein Hemmschuh für jede Kultur des Volkes, das durch sie nur zurückging. Um nur ein Beispiel anzuführen: das im achtzehnten Jahrhundert zivilisierte Poitou wurde unter ihrem Einfluß barbarisch; sie bereiteten uns die Vendée vor.

Das sah der Adel ebensogut wie das Volk, er forderte in seinen „Heften" eine nützlichere Verwendung dieser und jener Kirchengüter. Auch die Könige sahen es; mehrere Male hatten sie teilweise Reformen eingeführt, die Reform der Templer, die Reform von Saint-Lazare, die der Jesuiten. Doch – es gab Besseres zu tun.

Ein Mitglied des Adels, der Marquis de Lacoste, ergriff am 8. August die Initiative zu einem klar formulierten Vorschlag: 1. die Kirchengüter gehören der Nation; 2. der Zehnte ist abgeschafft (von Ablösung kein Wort); 3. die Pfründenbesitzer werden pensioniert; 4. die Gehälter der Bischöfe und Pfarrer werden durch die Provinzialversammlungen festgesetzt.

Ein anderer Adliger, Alexandre de Lameth, unterstützte den Vorschlag durch lange Ausführungen über das Wesen und das Recht der Stiftungen, ein Recht, das bereits 1750 von Turgot in der Enzyklopädie ausgezeichnet geprüft wurde. „Die Gesellschaft", sagte Lameth, „kann jede schädliche Einrichtung zu jeder Zeit aufheben." Er schloß mit dem Antrag, die Kirchengüter den Staatsgläubigern zu verpfänden.

All das wurde von Grégoire und Lanjuinais bekämpft. Die Jansenisten, die vom Klerus verfolgt wurden, verteidigten ihn nichtsdestoweniger.

Folgendes ist bemerkenswert und beweist, daß das Privilegium fester sitzt als das Nessushemd, welches man ja nur abreißen konnte, indem man das Fleisch mit abriß! Die größten Geister der Versammlung, Sieyès und Mirabeau, die in der Nacht des 4. August abwesend waren, beklagten deren Ergebnisse. Sieyès war Priester und Mirabeau Adliger. Mirabeau hätte gern den Adel und den König

[1] Vergleiche sein Bild in „Mémoires de madame Roland", Bd. II.

verteidigt, indem er den Klerus wohlfeil verkaufte. Sieyès verteidigte den Klerus, der vom Adel geopfert wurde.[1]

Er erklärte, der Zehnte sei ein rechtmäßiges Eigentum. Und zwar darum, weil er anfänglich eine freiwillige Gabe, eine rechtsgültige Schenkung gewesen sei. – Worauf man in Fachausdrücken antworten könnte, daß eine Schenkung widerruflich ist *auf Grund von Undankbarkeit*, und weil der mit der Schenkung verbundene Zweck vergessen oder vernachlässigt wird; der Zweck war die Kultur des Volkes, die der Klerus schon so lange unterlassen hatte.

Sieyès machte geschickt geltend, daß in jedem Falle der Zehnte den gegenwärtigen Besitzern der Kircheneinkünfte nichts einbringen dürfte, denn jene hätten die Einkünfte gekauft unter Kenntnis und unter Abzug des Zehnten. Ihn abschaffen, sagte er, hieße jenen ein Geschenk von siebzig Millionen Rente machen. In Wirklichkeit brachte der Zehnte mehr als hundertdreißig Millionen. Und es war eine politisch außerordentlich kluge Maßregel, ihn den Eigentümern zu geben und dadurch das festeste Element des Volkes, den Landwirt, für immer an die Sache der Revolution zu fesseln.

Diese drückende, verhaßte, im Ertrage je nach den Gegenden wechselnde Steuer, die oft bis zu einem Drittel der Ernte verschlang (!), die einen beständigen Streit zwischen Priester und Landmann erzeugte, die den ersteren zwang, während der Erntezeit eine miserable Inquisition zu betreiben, wurde gleichwohl vom Klerus drei volle Tage mit hartnäckiger Heftigkeit verteidigt. „Wie!" rief ein Pfarrer. „Als ihr uns im Namen des Gottes des Friedens einludet, uns euch anzuschließen, da tatet ihr es, um uns abzuwürgen!" Vom Zehnten hing also ihr Leben ab, er war das teuerste, was sie besaßen. Am dritten Tage, als sie sahen, daß man sich geschlossen gegen sie wandte, bissen sie in den sauern Apfel. Fünfzehn oder zwanzig Pfarrer verzichteten und vertrauten sich der Großherzigkeit der Nation an. Die großen Prälaten, der Erzbischof von Paris, der Kardinal von La Rochefoucauld folgten diesem Beispiele und verzichteten im Namen des Klerus. Der Zehnte wurde „für die Zukunft" ohne Ablösung abgeschafft, für den Augenblick, bis man für den Unterhalt der Pastoren gesorgt hätte, aufrechterhalten (11. August).

Der Widerstand des Klerus konnte nicht ernstlich sein. Er hatte fast die ganze Versammlung gegen sich. Mirabeau sprach dreimal, er war noch mehr als gewöhnlich verwegen, trotzig, oft ironisch, immer unter höflichen Formen. Er wußte genau, welchen Beifall er bei der Versammlung und in der Öffentlichkeit finden mußte. Im Vorbeigehen erwähnte er die großen Thesen des achtzehnten Jahrhunderts wie längst anerkannte, von vornherein unwidersprochene, unbestreitbare Dinge. Er beschwor den gewaltigen Schatten Voltaires, hinreißend und sieghaft. Der Satz von der religiösen Freiheit in der „Erklärung der Rechte"

[1] Er versucht, sich in der „Notice sur ma vie" zu rechtfertigen, ohne daß es ihm gelingt.

wurde heiliggesprochen, nicht die „Toleranz", ein lächerliches Wort, das ein Recht der Tyrannei voraussetzt. Das Recht einer „herrschenden" Religion, eines „herrschenden" Kultes, das der Klerus verlangte, wurde nach Verdienst behandelt. Der große Redner, der hierin das Organ des Jahrhunderts und Frankreichs war, erklärte dies Wort für jede Gesetzgebung in Bann „Wenn ihr es anerkennen wollt", sagte er, „so habt doch auch eine ‚herrschende' Philosophie, ‚herrschende' Systeme ... Nichts darf herrschen als Recht und Gerechtigkeit."

Ein Umstand machte ihm Mut; daß nämlich der Provinzadel, die Parlamentsmitglieder, das ganze Ancien régime mit ihm eins waren in ihrem gemeinsamen Widerstande gegen die Beschlüsse des 4. August. Selbst mancher, der sie in dieser Nacht vorschlug oder unterstützte, begann sein Verhalten zu bereuen.

Die Privilegierten konnten es nicht verstehen, daß ihre eigenen Vertreter, die Adligen, solche Beschlüsse angenommen hatten. Sie waren starr darüber, außer sich. Die Bauern, die mit Gewalttätigkeiten angefangen hatten, fuhren jetzt kraft des Gesetzes fort. Das Gesetz hob die Unterschiede auf, warf die Schranken nieder, zertrümmerte den Herrenpfahl, machte das Wappenschild unkenntlich, gab in ganz Frankreich die Jagd für waffentragende Männer frei. Alle waren bewaffnet, alle waren Jäger, alle waren Adlige! Und dieses Gesetz, das das Volk zu adeln, dem Adel seinen Adel zu nehmen schien, hatten die Adligen angenommen!

Wenn das Privilegium abgeschafft wurde, so wollten die Privilegierten, Adlige und Priester, lieber sterben; sie waren eins geworden, wenn es um die Ungleichheit ging. Eher hundertmal sterben als aufhören, ungerecht zu sein! Nichts konnten sie annehmen von der Revolution, weder ihr Prinzip, das in ihrer „Erklärung der Rechte" stand, noch die Anwendung des Prinzips in der großen sozialen Urkunde vom 4. August. Wie schwach auch der Wille des Königs sein mochte, seine religiösen Bedenken ketteten ihn an ihre Partei und bürgten für seine Hartnäckigkeit. Er hätte vielleicht die Verminderung der königlichen Gewalt angenommen; aber der Zehnte, der ihm heilig war, die Gerichtsbarkeit des Klerus und *dessen Recht, geheime Vergehen zu verfolgen*, von der Versammlung nicht mehr anerkannt, die Freiheit der religiösen Meinungen proklamiert – das konnte der gottesfürchtige Fürst nicht zulassen.

Man konnte sicher sein, daß Ludwig XVI. von sich aus, ohne eines äußeren Anstoßes zu bedürfen, die Erklärung der Rechte und die Beschlüsse vom 4. August ablehnen oder wenigstens versuchen würde, sie zu umgehen.

Ihn von hier aus jedoch zur Tat, zum Kampf zu treiben, das war noch ein weiter Weg. Er konnte kein Blut sehen. Man konnte ihn in Verhältnisse bringen, die ihm den Krieg aufzwangen, aber von ihm direkt den Entschluß, den Befehl dazu zu erlangen, daran konnte man nicht denken.

Die Königin hatte von ihrem Bruder Joseph, der in seinem Belgien allzu sehr beschäftigt war, keine Hilfe zu erwarten. Von Österreich empfing sie nur

Ratschläge, und zwar durch dessen Gesandten de Mercy-Argenteau. Die Truppen waren nicht sicher. Verlassen konnte sie sich auf sehr viele Marine- und andere Offiziere, auf schweizerische und deutsche Regimenter. Ihre Hauptmacht bestand in einer ausgezeichneten Kerntruppe, fünfundzwanzig- oder dreißigtausend Mann stark, die in und um Metz lag und unter einem ihr ergebenen, energischen Offizier stand, Herrn de Bouillé, der Beweise großer Tüchtigkeit gegeben hatte. Er hatte seine Truppen in strenger Disziplin gehalten und sie in Widerwillen und Verachtung gegen den Bürger erzogen.

Der Plan der Königin war immer, abzureisen, sich in das Lager Bouillés zu werfen und den Bürgerkrieg zu beginnen.

Da man den König dazu nicht bestimmen konnte, so blieb nichts übrig, als zu warten oder Necker geschickt zu benutzen, ihn zu kompromittieren, Bailly und La Fayette geschickt zu benutzen, der Unordnung und der Anarchie ihren Lauf zu lassen, zuzusehen, ob das Volk, das, wie man vermutete, fremden Antrieben gehorchte, nicht seiner Führer überdrüssig wurde, die es Hungers sterben ließen. Das Übermaß des Elends mußte es beruhigen, es mürbe und schlaff machen. Man erwartete von einem Tag zum anderen, es würde das Ancien régime zurückfordern, die gute alte Zeit, und den König bitten, die absolute Gewalt wieder an sich zu nehmen.

„Unter dem König hattet ihr Brot; jetzt geht und bittet eure zwölfhundert neuen Könige darum.“ Das Wort, das man einem damaligen Minister zuschreibt, mag es nun gesprochen worden sein oder nicht, bezeichnet durchaus die Ansicht des Hofes.

Dieser Politik kam die traurige Lage von Paris nur allzu sehr zu statten. Es ist eine furchtbare, aber feststehende Tatsache, daß es in dieser Stadt von achthunderttausend Seelen drei Monate lang, vom Juli bis Oktober, keinerlei öffentliche Autorität gab.[1]

Keine Gemeindegewalt. Diese ursprünglichste Behörde der Gesellschaften war wie aufgelöst. Die sechzig Distrikte redeten und taten nichts. Ihre Vertreter im Hôtel de Ville handelten nicht mehr. Sie hemmten nur den Maire, hinderten Bally am tatkräftigen Handeln. Dieser letztere, ein Stubenmensch, unlängst noch Astronom und Akademiker, war keineswegs vorbereitet auf seine neue Rolle; er hielt sich immer im Büro der öffentlichen Verpflegung eingeschlossen, war unruhig und wußte niemals, ob er Paris würde ernähren können.

Keine Polizei. Sie lag in den ohnmächtigen Händen Baillys. Der Polizeipräfekt hatte seine Entlassung genommen und war nicht ersetzt worden.

Keine Rechtspflege. Das alte Strafrecht war plötzlich so im Widerspruch mit allen Ideen, mit den Sitten, es erschien so barbarisch, daß La Fayette umge-

---

[1] Vergleiche den Artikel „Saint-Priest“ in der „Biographie Michaud“, der ersichtlich auf Grund zwar parteiischer, aber bemerkenswerter Mitteilungen seiner Familie geschrieben wurde.

hend seine Reform forderte. Die Richter mußten mit einem Schlage ihre alten Gewohnheiten ändern, neue Formen lernen, ein menschlicheres, aber auch langsameres Verfahren befolgen. In den Gefängnissen staute es sich, Gefangene saßen dort in Menge; was man künftig am meisten zu fürchten hatte, das war, dort vergessen zu werden.

Keine Autorität der Körperschaften. Die Ältesten, Syndizi usw., die Gewerbeordnungen, wurden außer Kraft gesetzt durch die Nachwirkung des 4. August. Die eifersüchtigsten Gewerbe, zu denen man bis dahin nur schwer Zutritt erhielt, die Schlächter, deren Fleischbänke eine Art Lehen waren, die Drucker, die Perückenmacher, vermehrten sich um das Vielfache. Freilich nahm das Druckwesen einen ungeheuren Aufschwung. Dagegen sahen die Perückenmacher gleichzeitig ihre Zahl zunehmen und ihr Handwerk verschwinden. Alle Reichen verließen Paris. Eine Zeitung hat behauptet, daß in drei Monaten sechzigtausend Pässe im Hôtel de Ville unterzeichnet wurden.[1]

Große Ansammlungen fanden im Louvre statt und in den Champs-Elysées, es waren die Perückenmacher, die Schuster und Schneider. Die Nationalgarde rückte an und zerstreute sie bisweilen brutal und ungeschickt. Jene wandten sich mit Beschwerden und unmöglichen Forderungen an die Stadt: man solle die alten Ordnungen aufrechterhalten oder schleunigst neue festlegen, einen bestimmten Taglohn festsetzen usw. Die Diener, die von ihren abreisenden Herren auf dem Pflaster gelassen worden waren, verlangten, man solle alle Savoyarden nach Hause schicken.

Es wird immer wieder die Bewunderung derer erwecken, die mit der Geschichte der anderen Revolutionen vertraut sind, daß bei der kläglichen Lage in Paris, bei der herrschenden Hungersnot und bei dem Fehlen jeder öffentlichen Autorität im ganzen sehr wenig schwere Gewalttaten vorkamen. Ein Wort, eine verständige Bemerkung, bisweilen ein Scherz, genügte, um der Menge Einhalt zu tun. Nur in den ersten Tagen nach dem 14. Juli kam es zu Tätlichkeiten. Das Volk, in den Gedanken verrannt, es sei verraten, suchte blindlings den Feind und hätte beinahe grausame Mißgriffe getan. Mehrmals kam La Fayette im rechten Augenblick hinzu, und man ließ sich von ihm überreden. So rettete er mehrere Leute.[2]

---

1 „Révolutions de Paris", Bd. I, Nr. 9, S. 8.

2 In solchen Augenblicken war La Fayette wahrhaft bewundernswert. Er fand in seinem Herzen, in seiner Liebe zur Ordnung und zur Gerechtigkeit Worte und passende Einwürfe, die weit über seine sonst, wie man gestehen muß, mittelmäßige Natur hinausgingen. – Gerade, als er sich bemühte, den Abbé Cordier zu retten, den das Volk für einen anderen hielt, brachte ein Freund den jungen Sohn La Fayettes ins Hôtel de Ville. Er ergriff die Gelegenheit und wandte sich an die Menge mit den Worten: „Meine Herren, ich habe die Ehre, Ihnen meinen Sohn vorzustellen." Überraschung, Rührung; die Menge kommt zum Stillstand. Die Freunde La Fayettes nehmen den Abbé in ihre Mitte, er ist gerettet. Vergleiche seine Memoiren, Bd. II, S. 264.

Wenn ich an die Zeiten denke, die folgten, an unsere so schlaffe, so eigennützige Epoche, so kann ich mir die Bewunderung nicht versagen, daß das äußerste Elend dieses Volk nicht zerbrach, ihm keinen Seufzer über sein Joch entlockte. Sie wußten zu leiden, sie wußten zu fasten. Die großen Dinge, die in so kurzer Zeit geschehen waren, der Ballhauseid, die Einnahme der Bastille, die Nacht des 4. August, hatten den Mut aufgestachelt und allen eine neue Vorstellung von Menschenwürde gegeben.

Necker reist am 11. Juli ab und kehrt nach drei Wochen zurück; er erkennt das Volk nicht wieder. Dussaulx, der sechzig Jahre unter dem Ancien régime verbracht hatte, weiß nicht mehr, wo das alte Frankreich geblieben ist. „Alles hat sich geändert", schreibt er, „die Haltung, die Kleidung, das Aussehen der Straßen, die Aushängeschilder. Die Klöster sind voll von Soldaten, die Krambuden sind Wachhäuser. Überall junge Leute, die sich im Gebrauch der Waffen üben; die Kinder versuchen, ihnen nachzuahmen, sie folgen ihnen, nehmen Tritt an. Achtzigjährige beziehen mit ihren Urenkeln die Wache: ‚Wer hätte gedacht', erklären sie mir, ‚daß wir das Glück haben würden, frei zu sterben?'"

Es ist wenig beachtet worden, daß die Empfindlichkeit des Volkes trotz dieser und jener Gewalttat zugenommen hatte; es sah nicht mehr mit kaltem Blut die schauerlichen Hinrichtungen an, die unter dem Ancien régime ein Schauspiel gewesen waren. In Versailles sollte ein Mann als Vatermörder aufs Rad geflochten werden; er hatte das Messer gegen eine Frau erhoben, und sein Vater, der sich zwischen die beiden warf, war durch den Stoß getötet worden. Das Volk fand die Strafe noch barbarischer als die Tat, es verhinderte die Vollstreckung und riß das Schafott ab.

Das Herz der Menschen hatte sich dem jungen Feuer unserer Revolution geöffnet. Es schlug schneller, es war leidenschaftlicher als jemals, heftiger, aber edelmütiger. In jeder Sitzung der Nationalversammlung bot sich ein reizendes Bild patriotischer Gaben, die man in Menge dorthin brachte. Die Versammlung war genötigt, sich zum Kassierer, zum Empfänger zu machen; um alles ging man sie an, und ihr brachte man alles: die Bitten, die Gaben, die Klagen. Ihr enger Raum war gleichsam das Haus Frankreichs. Besonders die Armen gaben. Ein junger Mann schickte seine Ersparnisse, sechshundert Franken, mühsam gesammelt. Arme Künstlerfrauen brachten, was sie hatten, ihre Edelsteine, den Schmuck, den sie zur Hochzeit bekommen hatten. Ein Landwirt kam und erklärte, er werde die und die Quantität Getreide geben. Ein Schüler bot eine Sammlung an, die ihm seine Eltern geschickt hatten, sein Neujahrsgeschenk vielleicht, seine kleine Belohnung. Gaben von Kindern, von Frauen, Edelmut des Armen, Scherflein der Witwe: Kleine Dinge und doch so groß vor dem Vaterlande! vor Gott!

Die Versammlung wurde bewegt und über sich selbst hinausgehoben durch diese Großherzigkeit des Volkes mitten unter den ehrsüchtigen Ränken und

Spaltungen. Als Necker das Elend und die Hilflosigkeit Frankreichs darlegte und dringend um eine Anleihe von dreißig Millionen bat, damit man wenigstens noch zwei Monate leben könne, beantragten mehrere Abgeordnete, die Anleihe solle durch ihren eigenen Besitz und den der Mitglieder der Versammlung garantiert werden. De Foucauld als wahrer Edelmann machte zuerst den Vorschlag und bot selbst sein ganzes Vermögen, sechshunderttausend Franken, zum Pfand an.

Ein noch größeres Opfer als irgendein Geldopfer war jenes, das alle, Reiche und Arme, mit ihrer Zeit, ihrer unablässigen Sorge, ihrer ganzen Tätigkeit der allgemeinen Sache brachten. Die sich bildenden Gemeindebehörden, die Departementsverwaltungen, die sich bald darauf organisierten, nahmen den Bürger völlig und restlos in Anspruch. Manche ließen sich ihr Bett in die Büros bringen und arbeiteten Tag und Nacht.[1] Man bedenke außer der Ermüdung auch die Gefahr. Die leidenden Massen waren immer mißtrauisch, anklagend und drohend. Die Verrätereien der alten Verwaltung machten die neue verdächtig. Mit Lebensgefahr arbeiteten diese neuen Behörden an der Rettung Frankreichs.

Und der Arme! der Arme! Wer kann seine Opfer ermessen? Nachts zog er auf Wache; morgens um vier oder fünf Uhr bildete er eine Schlange vor der Bäckertür; spät, sehr spät bekam er endlich das Brot. Der Tag war angebrochen und die Werkstätte geschlossen. Was sage ich, die Werkstätte? Fast alle feierten. Und was rede ich vom Bäcker? Das Brot mangelte, noch öfter das Geld, um Brot zu kaufen. Traurig, nüchtern irrte und bummelte der Unglückliche über die Plätze, wollte lieber draußen bleiben, als zu Hause die Klagen und das Weinen seiner Kinder hören. So weihte der Mann, der nur seine Zeit und seine Arme hatte, um zu leben und seine Familie zu ernähren, diese vor allem der großen Sache und der öffentlichen Wohlfahrt. Er vergaß dabei seine eigene.

---

[1] Das taten die Administratoren von Finistère. Vergleiche über diese wahrhaft bewundernswerte Tätigkeit Duchatellier, „La Révolution en Bretagne“, passim.

DREIZEHNTES KAPITEL

Das Veto
(August–September 1789)

Schwierigkeit der öffentlichen Verpflegung. – Wie zwingend die Lage war. – Kann der König allem Einhalt tun? – Lange Diskussion über das Veto. Geheime Pläne des Hofes. – Soll es eine Kammer geben oder zwei? – Die englische Schule. – Die Versammlung hätte aufgelöst und neu gewählt werden müssen. – Sie war ungleichartig, zwiespältig, ohnmächtig. – Innerer Zwiespalt Mirabeaus, seine Ohnmacht.

Die Lage verschlimmerte sich. Frankreich schwankte zwischen zwei Systemen, dem alten und dem neuen, hin und her, ohne voranzukommen. Und dazu wütete der Hunger.

Paris lebte nur wie zufällig. Seine immer unsichere Verpflegung hing von dem Eintreffen dieser und jener Zufuhr ab, bald von einem Transport aus Beauce, bald von einem Boot aus Corbeil. Die Stadt setzte unter ungeheueren Opfern den Preis des Brotes herab; das Ergebnis war, daß die ganze Banlieue, auf zehn Meilen und mehr in der Runde, nach Paris einkaufen kam. Es war ein ganzes weites Land, um dessen Ernährung es sich handelte. Die Bäcker kamen auf ihre Rechnung, wenn sie unter der Hand an den Bauern verkauften und sich dann, fand der Pariser ihren Laden leer, mit der Unvorsichtigkeit der Verwaltung entschuldigten, die Paris nicht verproviantierte. Die Ungewißheit, was am nächsten Tage werden sollte, die blinden Alarme vermehrten noch die Schwierigkeiten; jeder legte sich einen Vorrat an und verbarg ihn. Die zum Äußersten gedrängte Verwaltung schickte Zufuhr von allen Seiten, kaufte gutwillig oder mit Gewalt. Bisweilen wurde das Mehl unterwegs angehalten und auf der Durchreise von benachbarten Ortschaften, die dringende Bedürfnisse hatten, mit Beschlag belegt. Versailles und Paris teilten; aber Versailles, sagte man, sorgte für gute Konservierung und hatte besseres Brot. Ein wichtiger Gegenstand der Eifersucht! Eines Tages, als die Versailler die Unklugheit begingen, einen für die Pariser bestimmten Transport bei sich zurückzubehalten, schrieb Bailly, der ehrenwerte und respektvolle Bailly, an Necker, wenn man das Mehl nicht ausliefere, würden am nächsten Tage dreißigtausend Mann kommen und es holen. Die Furcht machte ihn kühn. Sein Kopf war in Gefahr, wenn der Proviant ausging. Oft hatte er um Mitternacht noch nicht die Hälfte des für den Markt am folgenden Tage nötigen Mehls beisammen.[1]

[1] „Mémoires de Bailly", passim.

Die Verproviantierung von Paris war eine Art Krieg. Man schickte die Nationalgarde, um die Ankunft der und der Zufuhr zu sichern, um den und den Kauf zu schützen; man kaufte mit bewaffneter Hand. In ihrem Handel belästigt, wollten die Pächter nicht mehr dreschen, die Müller nicht mehr mahlen. Die Spekulanten waren erschreckt. Eine Broschüre von Camille Desmoulins nannte und bedrohte die Brüder Leleu, die das Monopol der königlichen Mühlen in Corbeil besaßen. Ein anderer, der als erster Geschäftsführer einer Wuderergesellschaft galt, tötete sich – oder wurde getötet – in einem Walde in der Nähe von Paris. Sein Tod hatte seinen Bankrott zur Folge, einen ungeheuren, fürchterlichen Bankrott von mehr als fünfzig Millionen. Es ist nicht unwahrscheinlich, daß der Hof, der große Summen bei ihm angelegt hatte, diese plötzlich zurückzog, um eine Menge Offiziere, die er nach Versailles berief, zu besolden, vielleicht auch, um sie nach Metz zu schaffen; er konnte den Bürgerkrieg nicht ohne Geld beginnen.

Ein solcher Friede war schon ein Krieg gegen Paris, und vielleicht der denkbar schlimmste. Keine Arbeit mehr und dann der Hunger!

„Ich sah“, erzählt Bailly, „tüchtige Kaufleute, Händler, Goldschmiede, die sich dringend darum bewarben, unter die Bettler aufgenommen zu werden, welche man am Montmartre mit Erdarbeiten beschäftigte. Urteile man selbst, was ich litt!“ Er litt nicht genug. Man sieht es sogar in seinen Memoiren: er ist allzu beschäftigt mit kleinen Eitelkeiten, mit Fragen der Vorrangs, oder etwa damit, wie er am ehrenvollsten die Rede über die Fahnenweihe beginnen soll usw.

Auch die Nationalversammlung litt nicht genug unter den Leiden des Volkes. Sonst hätte sie sich nicht so lange beim Reden aufgehalten. Sie hätte begriffen, daß sie die Reformbewegung beschleunigen, alle Hindernisse beseitigen und den tödlichen Übergang zwischen der alten Ordnung und der neuen Ordnung abkürzen mußte, auf dem sich Frankreich befand. Alle Welt sah den Kern der Frage, die Versammlung sah ihn nicht. Trotz im allgemeinen guten Absichten und großer Einsicht schien sie wenig Verständnis zu haben für die Situation. Sie wurde schon genügend aufgehalten durch den Widerstand der Royalisten und Aristokraten, die sie an ihrem Busen hegte, und wurde es noch mehr durch die Gepflogenheiten der Barre und der Akademie, die ihre hervorragendsten Mitglieder, Wissenschaftler und Advokaten, beibehielten.

Man mußte zuerst um jeden Preis und ohne Zaudern auf der Bestätigung der Beschlüsse vom 4. August beharren und sie auch erreichen, man mußte die feudale Welt zu Grabe tragen; man mußte aus diesen allgemeinen Beschlüssen die politischen und wirtschaftlichen Gesetze ableiten, welche die Ausführung der ersteren bestimmen würden – das heißt: man mußte die Revolution organisieren und bewaffnen, ihr Form und Kraft geben, ein lebendiges Wesen aus ihr machen. So wurde sie weniger gefährlich, als wenn man sie in ihrem schwankenden, überschäumenden, vagen und furchterregenden Zustande beharren ließ wie ein Element, wie Überschwemmung und Feuersbrunst.

Vor allem mußte man sich beeilen. Es war für Paris wie ein Blitzstrahl, als man erfuhr, daß sich die Versammlung nur mit der Frage beschäftigte, ob sie dem König das „absolute Recht, zu versagen“ (das absolute Veto) oder das „Recht, aufzuschieben“, zwei Jahre, vier Jahre oder sechs Jahre zurückzustellen, bewilligen sollte. Zwei Jahre, vier Jahre – großer Gott! Und die Leute wußten nicht, ob sie morgen noch leben würden.

Weit davon entfernt, voranzuschreiten, wich die Versammlung sichtlich zurück. Sie nahm zwei rückschrittliche und traurig bedeutungsvolle Wahlen vor. Sie ernannte La Luzerne, den Bischof von Langres, einen Verfechter des Veto, zum Präsidenten, später Mounier, der wenigstens vorläufig noch das Veto verfocht.

Man hat über den Eifer gespottet, den das Volk an diese Frage wandte. Manche, erzählt man, glaubten, das Veto sei eine Person oder eine Steuer.[1] – Lächerlich sind hier nur die Spötter. Ja, das Veto kam einer Steuer gleich, wenn es die Reformen verhinderte, die Herabsetzung der Steuer. Ja, das Veto war außerordentlich persönlich; ein Mann sagte: „Ich verhindere“, ohne jeden Grund – und die Sache war erledigt.

De Sèze glaubte sehr geschickt zu plädieren, wenn er sagte, es handele sich nicht um eine Person, sondern um einen Willen; der fester sei als irgendeine Versammlung.

Die „Hefte“, die unter ganz anderen Umständen verfaßt worden waren, sprachen dem König das Bestätigungsrecht und die Verweigerung der Bestätigung zu. Frankreich hatte sich der königlichen Macht anvertraut gegen die Privilegierten. Heute war diese Macht deren Helfershelfer; sollte man sich noch an die Hefte halten? Eher die Bastille wiederaufrichten.

Der Rettungsanker, der den Privilegierten blieb, war das königliche Veto. Sie drängten sich um den König, klammerten sich an den König in ihrem Schiffbruch, wollten, daß er ihr Schicksal teilte, daß er mit ihnen gerettet wurde oder unterginge.

Die Versammlung behandelte die Frage, als hätte es sich um einen reinen Systemstreit gehandelt. Paris sah weniger eine Frage darin als eine Krisis, die große Krisis und die Formel der Revolution, die es zu retten oder zu verderben galt. „Sein oder Nichtsein“ – nichts weniger.

Und Paris allein hatte recht. Die Enthüllungen der Geschichte, die Geständnisse der Hofpartei berechtigen uns heute zu diesem Urteil. Der 14. Juli hatte noch nichts geändert; der wirkliche Minister war Breteuil, der Vertraute der

---

[1] Ferrières, Molleville, Beaulieu usw.

Königin. Necker diente nur als Aushängeschild. Die Königin neigte immer noch zur Flucht und zum Bürgerkriege, ihr Herz war in Metz, im Lager Bouillés. Der Degen Bouillés war das einzige Veto, das ihr gefiel.

Man hätte glauben können, die Versammlung bemerke gar nicht, daß man in einer Revolution begriffen war. Die Mehrzahl der Reden hätte ebensogut in einem anderen Jahrhundert, vor einem anderen Volke gehalten werden können. Eine einzige wird fortleben, die von Sieyès, der das Veto verwarf. Er bewies vollkommen, das wahre Heilmittel für die gegenseitige Lähmung der Gewalten bestehe nicht darin, daß man die Exekutivgewalt zum Schiedsmann und obersten Richter bestelle, sondern daß man an die konstituierende Gewalt sich wende, die im Volke liegt. Eine Versammlung kann sich irren, aber in wieviel höherem Grade hat nicht der unabsetzbare Verwalter einer erblichen Gewalt die Möglichkeit, sich, ohne es zu wissen oder auch wissentlich, zu irren, einem Sonderinteresse – der Dynastie oder der Familie – zu folgen?

Er bezeichnete das Veto als einen reinen Verhaftsbefehl (lettre de cachet), der von einem Individuum gegen den allgemeinen Willen geschleudert wird.

Einen vernünftigen Gesichtspunkt machte ein anderer Abgeordneter geltend: wenn nämlich die Versammlung in zwei Kammern geteilt würde und jede Kammer ein Veto besäße, dann hätte man kaum einen Mißbrauch der gesetzgebenden Gewalt zu befürchten, dann sei es auch nicht nötig, eine neue Schranke gegen sie aufzurichten, indem man dem König das Veto gäbe.

Fünfhundert Stimmen waren für eine ungeteilte Kammer, die Spaltung in zwei Kammern erhielt nur hundert Stimmen. Die *Masse* der Adligen, die keine Aussicht hatte, in die Erste Kammer zu kommen, hütete sich wohl, für die großen Herren einen Pairsstand nach englischem Vorbild zu schaffen.

Die Beweisgründe der Anglomanen, die damals von Lally, Mounier usw. talentvoll vertreten und später von Frau von Staël, Benjamin Constant und vielen anderen hartnäckig wieder vorgebracht wurden, waren schon vorher von Sieyès in einem Kapitel seines Buches über den dritten Stand zerpflückt worden. Ein bewundernswerter Vorgang! Dieser mächtige Logiker, der England überhaupt nicht gesehen hatte und seine Geschichte wenig kannte, war allein kraft seines Geistes bereits zu den Ergebnissen gelangt, die uns das genaue Studium der Gegenwart und Vergangenheit dieses Landes liefert.[1] Er hatte durchaus richtig gesehen, daß das berühmte Gleichgewicht der drei Gewalten, das, wenn es tatsächlich bestände, Unbeweglichkeit hervorbringen müßte, nur eine Komödie ist, eine Mystifikation zum Vorteil einer dieser Gewalten (die in England

[1] Seine Vergangenheit in meiner „Histoire de France", wo ich jeden Augenblick darauf zu sprechen komme, seine Gegenwart in dem schönen Buche von Léon Faucher (vergleiche besonders das Ende des zweiten Bandes). Die Engländer selbst (Bentham, Bulwer, Senior usw.) sind darin einig, daß ihr berühmtes Gleichgewicht der drei Gewalten nur ein Schulthema ist.

die aristokratische, in Frankreich die monarchische ist). England war, ist und wird immer eine Aristokratie sein. Die Kunst dieser Aristokratie, die ihre Macht für dauernd befestigt hat, besteht nicht etwa darin, das Volk daran teilnehmen zu lassen, sondern für dessen Tätigkeitstrieb draußen ein Feld zu finden, ihm Abzugskanäle zu öffnen,[1] daher rührt die Ausdehnung der englischen Herrschaft über den ganzen Erdball.

Was das Veto anlangt, so war die Meinung Neckers, die er der Versammlung mitteilte – und bei der diese übrigens auch selbst stehenblieb –, man sollte das Veto des Königs bewilligen, und zwar das Recht des Aufschubs bis zur zweiten Legislaturperiode nach derjenigen, die das Gesetz einbrächte.

Diese Versammlung war reif zur Auflösung. Vor der großen Revolution geboren, die sich soeben vollzog, war sie im tiefsten ungleichartig, unorganisch, wie das Chaos des Ancien régime, aus dem sie gekommen war. Trotz des Namens *National*versammlung, mit dem sie Sieyès taufte, blieb sie *feudal*, war sie nichts anderes als die alten Generalstaaten. Jahrhunderte waren über ihr dahingegangen, vom 5. Mai bis zum 31. August. Nach der alten Form und dem barbarischen Wahlrecht entsprechend gewählt, vertrat sie zwei- oder dreihunderttausend Adlige und Priester in der gleichen Stärke wie die ganze Nation. Als der dritte Stand jene mit sich vereinigte, hatte er sich geschwächt und entnervt. Jeden Augenblick schloß er, ohne es recht zu bemerken, Vergleiche mit ihnen. Er ergriff nur noch Maßregeln, die vermittelnd waren, unecht, ohnmächtig, gefährlich. Die Privilegierten, die draußen mit dem Hofe daran arbeiteten, die Revolution zu vernichten, hemmten sie im Schoße der Versammlung selbst noch viel sicherer.

Diese Versammlung, so reich sie auch war an Talent und Einsicht, war nichtsdestoweniger seltsam durch die unheilbare Zwietracht ihrer Elemente. Welche Fruchtbarkeit, welche Zeugungsfähigkeit ließ sich von einem Monstrum erhoffen?

So sprach der gesunde Verstand, die klare Vernunft. Die Gemäßigten, die einen klareren, weniger getrübten Blick hätten behalten müssen, erkannten es nicht. Die Leidenschaft sah merkwürdigerweise besser; sie fühlte, daß in dieser zweideutigen Lage alles gefährlich war und alles ein Hindernis, und sie bemühte sich, daraus hervorzugelangen. Aber als Leidenschaft und Gewaltsamkeit flößte sie unendliches Mißtrauen ein, stieß sie auf ungeheure Hemmnisse; sie verdoppelte ihre Anstrengung, um jene zu überwinden, und diese Verdoppelung schuf neue Hemmnisse.

[1] England wäre tot, wenn es nicht, von Jahrhundert zu Jahrhundert für sein inneres Übel (die aristokratische Ungerechtigkeit) eine Ableitung nach außen gefunden hätte: im sechzehnten und siebzehnten Jahrhundert Nordamerika und die Beraubung Spaniens; im achtzehnten Jahrhundert die Beraubung Frankreichs und die Eroberung Indiens; das neunzehnte bringt einen neuen kolonialen Aufschwung und die ungeheure Entwicklung der Industrie.

Die Eigenart der Zeit, ich meine die Zwietracht der beiden Prinzipien und ihr Unvermögen, etwas Lebensfähiges zu schaffen, muß man, um es recht zu verstehen, in *einem* Manne sehen. Die Einheit der Person, die hohe Einheit der Fähigkeiten, die man Genie nennt, nützt nichts, wenn in diesem genialen Menschen die Ideen miteinander streiten, wenn die Prinzipien und Lehrsätze in ihm ihren erbitterten Krieg führen.

Ich kenne kein traurigeres Schauspiel für die Menschennatur als das ist, welches Mirabeau hier bietet. Er spricht in Versailles für das absolute Veto, aber in so dunklen Worten, daß man zunächst nicht weiß, ob er dafür oder dagegen ist.

Am gleichen Tage behaupten seine Pariser Freunde im Palais-Royal, daß er das Veto bekämpft habe. Er gewann so sehr die persönliche Zuneigung der jungen Leute, die ihn umgaben, daß jene nicht zögerten, frech zu lügen, um ihn zu retten. „Ich liebte ihn wie eine Mätresse", sagt Camille Desmoulins. Man weiß, daß einer der Sekretäre Mirabeaus sich bei seinem Tode töten wollte.

Wie es oft vorkommt, übertrieb man die Lüge, damit sie um so mehr Glauben fände, und behauptete, er sei beim Verlassen der Versammlung erwartet, verfolgt und verwundet worden; er habe einen Degenstoß erhalten. Das ganze Palais-Royal schrie, man müsse eine Wache von zweihundert Mann für den armen Mirabeau bewilligen!

In seiner sonderbaren Rede[1] hatte er den alten Trugschluß unterstützt, die königliche Bestätigung sei eine Bürgschaft für die Freiheit, der König sei eine Art Volkstribun und des Volkes Vertreter. – Ein nicht abzuberufender, nicht verantwortlicher Vertreter, der niemals Rechenschaft ablegt!

Er war ein aufrichtiger Royalist und trug als solcher später kein Bedenken, eine Pension anzunehmen, um für die Abgeordneten offene Tafel zu halten. Er sagte sich, daß er nach allem nur um seine eigene Überzeugung kämpfte. Eins, das muß man offen sagen, verdarb ihn noch mehr als das Geld, etwas, was man bei diesem in Haltung und Sprache so stolzen Manne am wenigsten vermutet hätte: er hatte Furcht.

Furcht vor der Revolution, die wuchs und immer größer wurde. Er sah den jungen Riesen, der ihm überlegen war, der ihn gleich mit fortreißen würde. Darum wandte er sich zu dem zurück, was man die alte Ordnung nannte, die in Wahrheit nur Unordnung und Chaos sein konnte. Aus diesem unmöglichen Kampf rettete ihn der Tod.

[1] Er hatte sie ganz von einem Träumer namens Caseaux bekommen. Er hatte sie nicht einmal gelesen. Als er sie auf der Tribüne vorlas, fand er sie so schlecht, daß ihm der kalte Schweiß dabei ausbrach; er ließ die Hälfte ungelesen. (Et. Dumont, „Souvenirs", S. 155.)

VIERZEHNTES KAPITEL

Die Presse

Stimmungsmache gegen das Veto in Paris, 30. August. – Zustand der Presse. – Große Vermehrung der Zeitungen. Tendenzen der Presse. Sie ist noch royalistisch. Loustalot, Redakteur der „Révolutions de Paris". – Sein Vorschlag vom 31. August und dessen Ablehnung im Hôtel de Ville. – Verschwörung des Hofes, um die La Fayette und alle Welt weiß. – Beginnender Gegensatz zwischen Nationalgarde und Volk. – Unsichere Haltung der Nationalversammlung. – Volney schlägt ihr vor, sich aufzulösen, 18. September. – Ohnmacht Neckers, der Nationalversammlung, des Hofes, des Herzogs von Orléans. – Selbst die Presse ist ohnmächtig.

Zweierlei ergibt sich aus dem vorigen Kapitel: die Lage war unhaltbar und die Nationalversammlung unfähig, sie zu bessern.

Würde eine Volksbewegung der Schwierigkeit ein Ende machen? Nur in dem Falle, wenn sie wahrhaft eine Bewegung des Volkes war, spontan, umfassend, einmütig wie am 14. Juli.

Die Gärung war groß, die Stimmungsmache lebhaft, wenngleich noch nicht allgemein. Vom ersten Tage an, als die Vetofrage aufgeworfen wurde (Sonntag, den 30. August), war ganz Paris in Aufregung, das absolute Veto erschien als die Vernichtung der Volkshoheit. Gleichwohl handelte nur das Palais-Royal. Hier beschloß man, nach Versailles zu gehen und der Versammlung mitzuteilen, man wisse, daß sich in ihrer Mitte ein Bund für das Veto gebildet habe, man kenne dessen Mitglieder, und falls diese nicht davon Abstand nähmen, würde Paris sich in Marsch setzen. Tatsächlich rückten um zehn Uhr abends einige hundert Menschen ab; an ihrer Spitze hatte sich ein hitzköpfiger, gewalttätiger Mann gestellt, den die Menge seiner Körperkraft und seiner Stentorstimme wegen schätzte, der Marquis de Saint-Huruge. Saint-Huruge war unter dem Ancien régime auf Ersuchen seiner hübschen, galanten und einflußreichen Frau ins Gefängnis gesteckt worden und war nun begreiflicherweise ein wütender Feind des Ancien régime und ein glühender Vorkämpfer der Revolution. Auf den Champs-Elysées stieß seine schon stark verminderte Truppe auf Nationalgarden, die La Fayette geschickt hatte, und die ihm den Durchzug versperrten.

Das Palais-Royal entsandte nacheinander drei oder vier Abordnungen an die Stadt mit der Aufforderung, die Straße freizugeben. Man wollte dem Aufruhr einen gesetzlichen Anstrich geben und die Zustimmung der Behörde erzwingen. Überflüssig, zu sagen, daß diese sie nicht gab.

Indessen machte man einen anderen, viel ernsthafteren Versuch im Palais-Royal. Er mußte, wie auch der Erfolg sein mochte, in der Hauptsache wenigstens dahin führen, daß das ganze Volk sich mit der großen Frage des Tages beschäftigte; diese konnte dann in Versailles nicht mehr hastig durchgepeitscht und entschieden werden; Paris hatte ein Auge auf die Versammlung, bewachte sie durch die Presse und durch seine eigene, die große Pariser Versammlung, die eins war, obwohl sie in sechzig Distrikte zerfiel.

Der Urheber des Vorschlages war ein junger Journalist. Bevor wir darauf zurückkommen, müssen wir eine Schilderung der Bewegung geben, die durch die Presse ging.

Dies plötzliche Erwachen eines Volkes, das sich mit einem Schlage berufen sah, seine Rechte kennenzulernen und über sein Schicksal zu entscheiden, hatte den ganzen Tatendrang der Zeit im Journalismus aufgenommen. Die spekulativsten Geister waren mitgerissen worden auf das Gebiet des praktischen Lebens. Alle Wissenschaft, alle Literatur machte halt; nur das politische Leben galt noch.

Jeder große Augenblick von 1789 brachte eine Hochflut neuer Blätter:

1. Im Mai und Juni bei der Eröffnung der Generalstaaten werden eine Menge gegründet. Mirabeau schreibt den „Courrier de Provence", Gorsas den „Courrier de Versailles", Brissot den „Patriote français", Barrère den „Point du Jour" usw.

2. Am Vorabend des 14. Juli erscheint das populärste von allen Blättern: „Les Révolutions de Paris", redigiert von Loustalot.

3. In den Tagen vor dem 5. und 6. Oktober: „L'Ami du Peuple" (Marat), die „Annales patriotiques" (Carra und Mercier). Bald darauf „Le Courrier de Brabant" von Camille Desmoulins, sicher das witzigste von allen; dann eins von den schärfsten: „L'Orateur du peuple" (Fréron).

Der allgemeine Charakter dieser großen Bewegung, der sie bewundernswert macht, ist die beinahe völlige Einhelligkeit trotz Verschiedenheiten im einzelnen. Mit Ausnahme eines einzigen Blattes, das abseits stand, bietet die Presse das Bild eines großen Konzils, wo jeder der Reihe nach spricht, wo alle von dem gemeinsamen Ziele beherrscht sind und jede Feindseligkeit vermeiden.

In dieser ersten Zeit kämpft die Presse gegen die Zentralgewalt, sie hat im allgemeinen die Tendenz, die Lokalgewalten zu stärken und die Rechte der Gemeinde gegen den Staat zu betonen. Wenn man sich bereits der Sprache der folgenden Jahre bedienen darf, so könnte man sagen: sie waren damals alle „Föderalisten". Mirabeau ebenso wie Brissot oder La Fayette. Das geht so weit, daß man die Unabhängigkeit der Provinzen zuläßt, wenn die Freiheit für ganz Frankreich sich als unmöglich herausstellt. Mirabeau würde sich darein fügen, Graf von Provence zu sein; das sagt er wörtlich.

Bei alledem ist die Presse, die gegen den König kämpft, in der Hauptsache royalistisch. „Wir waren damals", sagt Camille Desmoulins, „keine zehn Republikaner in Frankreich." Man darf sich über die wirkliche Tragweite dieser und jener kühnen Äußerung nicht täuschen. Im Jahre 1788 hatte der ungestüme d'Eprémesnil erklärt: „Man muß die Bourbonen aus Frankreich verjagen." Aber das tat er nur, um das Parlament zum König zu machen.

Mirabeau, der sämtliche Widersprüche in sich vereinigte, ließ 1789, im gleichen Augenblick, als er die Verteidigung des Königtums übernahm, das zornige kleine Buch Miltons gegen die Könige unter seinem Namen übersetzen und drucken. Seine Freunde unterdrückten es.

Zwei Männer predigten die Republik: der unermüdliche Brissot, einer der fruchtbarsten Schriftsteller der Zeit, und der glänzende, beredte, kühne Camille. Sein Buch „La France libre" enthält eine kleine, scharf-satirische Geschichte der Monarchie. Er zeigt darin, daß dieses Prinzip der Ordnung in der Wirklichkeit eine beständige Unordnung war. Das erbliche Königtum bedient sich eines Wortes, das für alle ihm sichtlich anhaftenden Unzulänglichkeiten entschädigen soll, des Wortes: „Friede", „Aufrechterhaltung des Friedens"; was nicht hindert, daß Frankreich sich unter ihm infolge der Minderjährigkeits- und Erbfolgestreitigkeiten in einem fast ununterbrochenen Kriege befunden hat: die englischen Kriege, die italienischen Kriege, die spanischen Erbfolgekriege usw.[1]

Robespierre hat gesagt, die Republik habe sich ganz allmählich, ohne daß man es ahnte, in der Vorstellung der Parteien festgesetzt. Genauer ist es, zu sagen, daß das Königtum selbst sie eingeführt, die Geister dahin gedrängt hat. Wenn die Menschen darauf verzichten, sich selbst zu regieren, so geschieht es, weil das Königtum sich als eine Vereinfachung darstellt, weil es das Leben leichter, ebener macht und es der Tugend und der Mühe enthebt. Aber wie, wenn das Königtum selbst zum Stein des Anstoßes wird? Man kann kühn behaupten, daß das Königtum die Republik lehrte, daß es selbst Frankreich soweit brachte, welches weit davon entfernt war und ihr mißtraute oder gar nicht an sie dachte.

Doch um fortzufahren: der erste Journalist der Zeit war weder Mirabeau, noch Camille Desmoulins, noch Brissot, noch Condorcet, noch Mercier, noch Carra, noch Gorsas, noch Marat, noch Barrère. Alle gaben Blätter heraus, von denen einige große Auflagen hatten. Mirabeau druckte seinen berühmten „Courrier de Provence" in zehntausend Exemplaren.

Und „Les Révolutions de Paris" erschienen (für einige Nummern) bis zu einer Auflage von zweihunderttausend.

Der Redakteur blieb unbekannt. Der Drucker zeichnete: „Prud'homme" (Biedermann). Dieser Name ist einer der bekanntesten in der Welt geworden. Der unbekannte Redakteur war Loustalot.

---

[1] Sismondi hat in einer genauen Berechnung, die einen Zeitraum von mehr als fünfhundert Jahren umfaßt, nachgewiesen, wieviel häufiger und länger die Kriege in erblichen Monarchien als in Wahlmonarchien waren; das ist die natürliche Wirkung der Minderjährigkeiten, Erbfolgestreitigkeiten usw. Sismondi „Etudes sur les constitutions des peuples libres", Bd. I, S. 214–221.

Loustalot, gestorben 1790 im Alter von neunundzwanzig Jahren, war ein ernster junger Mann, anständig und fleißig. Als Schriftsteller war er mittelmäßig, aber würdig und von leidenschaftlichem Ernst; seine wirkliche Originalität bestand darin, daß er in scharfem Gegensatz stand zu der Leichtherzigkeit der zeitgenössischen Journalisten. Man fühlt selbst, wenn er zornig wird, das Bemühen, gerecht zu bleiben. – Ihm gab das Volk den Vorzug.

Er war dessen nicht unwürdig. Er gab im Anfang der Revolution mehr als einen Beweis von mutiger Mäßigung. Als die französischen Garden vom Volke befreit wurden, erklärte er, es gäbe nur eine Lösung der Angelegenheit: die Gefangenen müßten freiwillig ins Gefängnis zurückkehren, und die Wahlmänner sowie die Nationalversammlung müßten den König um die Begnadigung ersuchen. Als ein Mißgriff des Volkes den guten La Salle, den tapferen Stadtkommandanten, in Gefahr brachte, trat Loustalot für ihn ein, rechtfertigte ihn und wandte ihm die Herzen wieder zu. In der Sache der Bedienten, welche die Vertreibung der Savoyarden forderte, bewies er sich ebenso standhaft und streng wie scharfsinnig.

Als wahrer Journalist war er der Mann des Tages, nicht der von morgen. Als Camille Desmoulins sein Buch „La France libre" veröffentlichte, worin er den König absetzte, lobte Loustalot ihn zwar, fand ihn aber übertrieben und nannte ihn einen Brausekopf.

Marat, der damals wenig bekannt war, hatte Balle im „Ami du Peuple" heftig angegriffen, und zwar als Beamten wie als Menschen. Loustalot verteidigte den Angegriffenen.

Er betrachtete den Journalismus als ein öffentliches Amt, als eine Art von Richtertum. Er besaß keinerlei Tendenz zu Abstraktionen. Er lebte einzig in der Menge, fühlte deren Bedürfnisse und Leiden; er beschäftigte sich vor allem mit der öffentlichen Verpflegung und mit der großen Frage des Augenblicks: dem Brot. Er schlug Maschinen vor, damit man das Getreide schneller mahlen könne. Er besuchte die Unglücklichen, die man auf Montmartre arbeiten ließ. Für diese Ärmsten, die in ihrem Elend fast kaum mehr wie Menschen aussahen, für dieses jammervolle Heer von Gespenstern und Skeletten, das mehr Furcht als Mitleid einflößte, hatte Loustalot ein Herz, er fand rührende Worte für sie voll schmerzlichen Mitgefühls.

So ging es nicht weiter mit Paris. Entweder mußte das absolute Königtum wiederaufgerichtet oder die Freiheit begründet werden.

Montag, den 31. August, hielt Loustalot morgens, da er die Geister ruhiger fand als am Sonntag abend, eine Ansprache im Palais-Royal. Er erklärte, der Marsch nach Versailles sei kein Heilmittel, und machte einen weniger gewaltsamen, aber kühneren Vorschlag. Nämlich den, zum Hôtel de Ville zu gehen, die Einberufung der Distrikte zu fordern und diesen Versammlungen folgende

Fragen vorzulegen: 1. Glaubt Paris, daß der König ein Vetorecht hat? 2. Bestätigt Paris seine Abgeordneten oder beruft es sie ab? 3. Werden, wenn man neue Abgeordnete wählt, diese einen besonderen Auftrag bekommen, das Veto abzulehnen? 4. Kann man nicht, wenn die alten bestätigt werden, bei der Versammlung durchsetzen, daß sie die Debatte vertagt?

Dies vorgeschlagene Mittel war außerordentlich revolutionär und ungesetzlich, entsprach indessen so durchaus dem Bedürfnis des Augenblicks, daß es wenige Tage später in seinem wesentlichsten Teil, der Auflösung der Versammlung, in der Versammlung selbst von einem ihrer hervorragendsten Mitglieder wiederholt wurde.

Loustalot und die Abordnung des Palais-Royal wurden im Hôtel de Ville sehr schlecht empfangen, ihr Vorschlag wurde abgelehnt und am folgenden Tage in der Nationalversammlung unter Anklage gestellt. Ein Drohbrief, den der Präsident mit Saint-Huruge (der ihn seinerseits für gefälscht erklärte) unterzeichnet erhalten hatte, verwirrte die Geister vollends. Man ließ Saint-Huruge verhaften, und die Nationalgarde benutzte den Tumult, um das Café de Foy zu schließen. Die Versammlungen im Palais-Royal wurden untersagt und von der Gemeindebehörde zerstreut.

Es ist bemerkenswert, daß der Vollstrecker dieser Maßregeln, La Fayette, zu dieser Zeit wie immer überzeugter Republikaner war. Sein ganzes Leben lang erträumte er die Republik und diente dem Königtum. Ein demokratisches Königtum oder eine königliche Demokratie erschienen ihm als ein notwendiger Übergang. Er brauchte nicht weniger als zwei schlimme Erfahrungen, um den Gedanken fallen zu lassen.

Der Hof hielt Necker und die Nationalversammlung zum Narren. La Fayette täuschte er nicht. Und dennoch diente der letztere ihm, hielt Paris für ihn im Zaum. Der Abscheu vor den ersten Gewalttaten des Volkes, dem vergossenen Blut, ließ La Fayette vor dem Gedanken an einen neuen 14. Juli zurückschrekken. Aber hätte der Bürgerkrieg, zu dem sich der Hof rüstete, weniger Blut gekostet? Eine ernste und heikle Frage für den Freund der Menschlichkeit.

Er wußte alles. Am 13. September empfing er den alten Admiral d'Estaing bei sich zum Diner, den Kommandanten der Nationalgarde in Versailles, und teilte ihm die Neuigkeiten aus Versailles mit, die jener nicht kannte. Dieser brave Mann, der sich viel tiefer im Vertrauen des Königs und der Königin glaubte als der andere, mußte erfahren, daß man auf den verhängnisvollen Plan, den König nach Metz zu bringen, d. h. den Bürgerkrieg zu beginnen, zurückgekommen war, daß Breteuil im Einvernehmen mit dem österreichischen Gesandten alles vorbereitete, daß man die Musketiere, die Gendarmen, 9000 Mann des königlichen Hofhaltes, von denen zwei Drittel Edelleute, auf Versailles zusammenzog, daß man sich Montargis bemächtigen und dort einen entschlossenen Mann, den Baron de Vioménil, zu sich stoßen lassen wollte. Dieser letztere hatte fast alle Kriege des Jahrhunderts mitgemacht, erst kürzlich den amerikanischen, und sich dann ungestüm der Sache der Gegenrevolution zugewandt, vielleicht aus Eifersucht gegen La Fayette, der in der Revolution die erste Rolle zu spielen schien. Achtzehn Regimenter, besonders Karabiniere, waren nicht vereidigt. Das genügte, um alle Straßen nach Paris zu sperren, der Stadt die Zufuhr abzuschneiden und sie auszuhungern. An Geld fehlte es nicht mehr, von allen Seiten hatte man sich welches verschafft; man glaubte bestimmt, mit anderthalb Millionen Franken monatlich rechnen zu können. Der Klerus würde den Rest zuschießen; ein Benediktinerprokurator bürgte allein für hunderttausend Taler.

Der alte Admiral schrieb Montag, den 14., an die Königin: „Immer habe ich schlafen können, sogar am Vorabend einer Seeschlacht, aber seit dieser furchtbaren Enthüllung schließe ich kein Auge mehr ...“ Als er alles am Tisch La Fayettes vernommen hatte, brummte er so leise, daß kein Diener ihn verstand: „Ich habe ‚ihn‘ darauf aufmerksam gemacht, daß ein Wort aus seinem Munde ein Signal des Todes werden könnte.“ Worauf La Fayette mit seiner amerikanischen Ruhe geantwortet haben soll: „Es wäre vorteilhaft, wenn *ein einziger* stürbe um der Wohlfahrt aller willen.“ – Das einzige gefährdete Haupt wäre das der Königin gewesen.

Der spanische Gesandte wiederholte d’Estaing La Fayettes Bericht; er wußte alles von einem hochgestellten Manne, dem man eine Liste mit der Aufforderung teilzunehmen, die der Hof herumgehen ließ, zur Unterschrift vorgelegt hatte.

So machte dieses tiefe Geheimnis, dieses Mysterium, am 13. in den Salons und vom 14. bis 16. in den Straßen die Runde. Am 16. erklärten die Grenadiere der französischen Garden, die nun besoldete Nationalgarden geworden waren, sie möchten nach Versailles ziehen, ihren früheren Dienst wiederaufnehmen, das Schloß und den König bewachen. Am 22. wurde das große Komplott in „Les Révolutions de Paris“ veröffentlicht. Ganz Frankreich las es.

La Fayette, der sich nach seinen eigenen Worten für „stark, allzu stark“ hielt, wollte einerseits den Hof mit der Angst vor Paris im Zaum halten, andererseits Paris durch Unterdrückung der Stimmungsmache mit Hilfe seiner Nationalgarden niederhalten. Er gebrauchte und mißbrauchte deren Eifer, um den Zeitungsausrufern den Mund zu verbieten, das Palais-Royal in Ruhe zu halten und Zusammenrottungen zu verhindern; er führte einen kleinen Polizeikrieg voller Plackereien mit der Menge, die doch nur über dieselben Befürchtungen aufgeregt war, welche er selbst hegte; er kannte die Verschwörung und zerstreute und verhaftete diejenigen, die von der Verschwörung sprachen. Das gelang ihm so gut, daß er die verderblichste Kluft zwischen Nationalgarde und Volk aufriß. Man begann zu bemerken, daß die Führer und Offiziere der Garde Adlige, Reiche, angesehene Leute waren. Die Nationalgarde, an Zahl vermindert, stolz auf ihre neuen Waffen, erschien jetzt dem Volk im allgemeinen wie eine Aristokratie. Sie bestand meistens aus Bürgern und Kaufleuten, die viel durch die Unruhen litten, von ihren Landgütern nichts einnahmen und auch sonst nichts verdienten; da man sie jeden Tag einberief, so waren sie müde und überlastet; jeden Tag wollten sie der Sache ein Ende machen und bewiesen ihre Ungeduld durch irgendeine Tat, welche die Menge gegen sie aufbrachte. Einmal zogen sie blank gegen eine Versammlung von Perückenmachern, es floß Blut dabei. Ein anderes Mal verhafteten sie Leute, die sich erlaubten, über die Nationalgarde zu scherzen; ein junges Mädchen sagte, es fände sie lächerlich; das Mädchen wurde ergriffen und durchgepeitscht.

Die Erbitterung des Volkes stieg so bis zu der absurden Beschuldigung, die Nationalgarde begünstige den Hof und sei an der Verschwörung von Versailles beteiligt.

La Fayette war nicht falsch, aber seine Stellung war es. Er verhinderte die Grenadiere, die Bewachung des Königs in Versailles wiederaufzunehmen, und setzte den Minister Saint-Priest von ihrer Absicht in Kenntnis (17. September). Sein Brief wurde ausgenutzt. Man zeigte ihn dem Gemeinderat von Versailles, dem man den Schwur abnahm, zu schweigen, und erreichte von ihm, daß er um die Berufung des flandrischen Regiments ersuchte. Dasselbe mutete man der Nationalgarde in Versailles zu, die aber größtenteils ablehnte. Das flandrische Regiment war sehr verdächtig, weil es sich bis dahin geweigert hatte, den neuen Eid zu leisten; mit seinen Kanonen, Wagen und seinem Gepäck zog es bald sehr geräuschvoll in Versailles ein. Gleichzeitig behielt das Schloß die Gardes du corps zurück, die ihren Dienst beendigt hatten, damit ihre Zahl doppelt so stark wurde. Jeden Tag kam eine Menge Offiziere aller Grade mit der Post an, wie es der alte Adel am Vorabend einer Schlacht tat, aus Besorgnis, den Tag zu versäumen.

Paris wurde unruhig. Die französischen Garden waren gereizt; man hatte ihre Stimmung geprüft und mit dem einzigen Ergebnis bearbeitet, daß sie mißtrauisch wurden. Bailly konnte nicht umhin, im Hôtel de Ville eine Rede zu halten. Eine Abordnung wurde entsandt mit dem guten alten Dussaulx an der Spitze, welche den König von der Aufregung in Paris in Kenntnis setzen sollte.

Die Haltung der Versammlung in dieser Zeit war merkwürdig. Bald schien sie zu schlafen, bald plötzlich aus ihrem Schlummer aufzufahren. Heute war sie radikal, morgen gemäßigt und behutsam.

Eines Morgens, am 12. September, erinnerte sie sich des 4. August und der großen sozialen Revolution, die sie angenommen hatte. Schon seit fünf Wochen waren die Beschlüsse fertig, ganz Frankreich sprach mit Freude davon und wandte sie an, nur die Versammlung sagte kein Wort mehr darüber. Am 12., bei Gelegenheit eines Antrags, worin der Justizausschuß verlangte, man solle die

Gesetze gemäß eines Beschlusses vom 4. August rechtskräftig machen, brach ein Abgeordneter aus der Franche-Comté das Eis und sagte: „*Man arbeitet daran, die Verkündigung dieser Beschlüsse zu verhindern*; man behauptet, daß sie gar nicht mehr erscheinen sollen. Es ist Zeit, daß man sie mit dem königlichen Siegel versehen sieht ... Das Volk wartet ...“

Dies Wort wurde lebhaft aufgegriffen. Die Versammlung erwachte. Der Redner der Gemäßigten, der konstitutionellen Royalisten, Malouet, unterstützte (überraschenderweise!) den Antrag, ebenso taten andere; trotz des Widerspruchs des Abbé Maury beschloß man, daß die Beschlüsse des 4. August dem König zur Bestätigung unterbreitet werden sollten.

Diese plötzliche Energie selbst der Gemäßigten, läßt vermuten, daß die einflußreichsten Mitglieder sehr wohl wußten, was La Fayette, was der spanische Gesandte und sehr viele andere in Paris erzählten.

Die Versammlung schien am folgenden Tage über ihre eigene Tatkraft erstaunt. Viele dachten, der Hof würde es niemals zugeben, daß der König den Beschlüssen des 4. August seine Bestätigung gäbe, und ahnten, daß seine Weigerung eine furchtbare Bewegung hervorrufen mußte, einen zweiten Ausbruch der Revolution. Mirabeau, Chapelier und andere behaupteten, da diese Beschlüsse nicht eigentlich Gesetze seien, sondern Verfassungsprinzipien, so bedürften sie der königlichen Bestätigung nicht, die Verkündigung genüge. Diese Ansicht war kühn und furchtsam zugleich: kühn, denn sie überging den König; furchtsam, denn sie enthob ihn der Prüfung, der Bestätigung, der Weigerung; gab es keine Weigerung mehr, dann gab es auch keinen Zusammenstoß. Die Dinge hätten sich durch Tatsachen entschieden, je nachdem eine Partei in der oder jener Provinz die Oberhand hatte. Hier hätte man die Beschlüsse des 4. August angewandt als von der Versammlung erlassen. Dort hätte man sie zurückgewiesen als vom König nicht bestätigt.

Am 15. nahm man durch Zuruf die Unverletzlichkeit und das Erbrecht des Königs an, um ihn günstig zu stimmen. Gleichwohl erhielt man bezüglich des 4. August eine zweideutige und zögernde Antwort von ihm. Er bestätigte nichts, erörterte und tadelte dieses, fand jenes richtig, ließ fast keinen Artikel ohne Einschränkung bestehen. Das Ganze hatte den Stil Neckers und trug den Stempel seiner Tölpelei, seiner Ausflüchte und Kompromißsucht. Der Hof, der auf ganz etwas anderes sann, glaubte offenbar, mit dieser Antwort, die keine war, die Geister zu beschäftigen. Große Aufregung war in der Versammlung. Chapelier, Mirabeau, Robespierre, Pétion und andere, die gewöhnlich weniger hitzig waren, erklärten, daß, wenn die Versammlung eine Bestätigung dieser Artikel verlangte, sie nichts anderes erwarte als eine einfache Verkündung. Heftige Debatte. Und dann ein unerwarteter, aber sehr kluger Antrag Volneys: „Diese Versammlung geht allzu sehr auseinander in ihren Interessen und Neigungen. Setzen wir die

Bedingungen der Neuwahlen fest und lösen wir uns auf.“ Beifall, aber sonst nichts. Mirabeau wirft ein, daß die Versammlung geschworen hat, sich nicht zu trennen, bevor die Verfassung fertig sei.

Zur Verkündigung gedrängt, ließ der König am 21. die Umschweife fallen; der Hof hielt sich offenbar für stärker. Er antwortete, „die Verkündung“ käme nur solchen Gesetzen zu, deren Form ihre Ausführung nach sich zöge (er meinte: die „bestätigt“ wären); er wolle die „Bekanntmachung“ befehlen; er zweifle nicht daran, daß er Gesetzen, wie sie die Versammlung beschließen würde, seine „Bestätigung“ gewähren könne.

Am 24. bekannte sich Necker der Versammlung. Die erste Anleihe von dreißig Millionen hatte nur *zwei* Millionen gebracht; die zweite, von achtzig Millionen, nur *zehn*. Der „Finanzgeneral“, wie die Freunde Neckers ihn in ihren Flugschriften nannten, hatte nichts zuwege gebracht; der Kredit, den er in der Hand zu haben und wiederherstellen zu können glaubte, war eben doch zu Ende. Daher wandte er sich an den Opfersinn der Nation. Das einzige Mittel war, daß die Nation sich selbst verpfändete, daß jeder sich mit einem Viertel seines Einkommens an dem Opfer beteiligte.[1]

Necker hatte ausgespielt. Nachdem er alle vernünftigen Mittel versucht hatte, klammerte er sich an den Glauben, an das Wunder, an die haltlose Hoffnung, ein Volk, das außerstande war, weniger zu bezahlen, würde mehr bezahlen, es würde sich zu der überaus hohen Steuer von einem Viertel seines Einkommens verstehen. Der phantasievolle Finanzmann entrollte am Schluß seiner Bilanz, auf dem Boden seiner leeren Kasse, einen Zukunftsplan, zu dem sich sogar der gute Abbé von Saint-Pierre nicht verstanden haben würde.

Der Schwache glaubt gern das Unmögliche; unfähig, selbst zu handeln, bildet er sich ein, der Zufall, das Wunderbare, das Unbekannte werde für ihn handeln. Die Versammlung, die nicht weniger unfähig war als der Minister, teilte seine Leichtgläubigkeit. Eine glänzende Rede Mirabeaus besiegte alle ihre Zweifel, brachte sie außer sich. Er zeigte ihr den Bankrott, den scheußlichen Bankrott, der seinen Abgrund unter ihr öffnete, bereit, sie und ganz Frankreich zu verschlingen ... Sie stimmte ab ... Wäre die Maßregel ernsthaft gewesen und das Geld eingekommen, so wäre die Wirkung widersinnig geworden: es wäre Necker gelungen, denen wieder aufzuhelfen, die Necker verjagen wollten; die Versammlung hätte den Krieg bezahlt, der zur Auflösung der Versammlung führen sollte.

Das Unmögliche, das Widerspruchsvolle, die Sackgasse in jedem Sinne, das ist diese Situation im Grunde. Für jeden einzelnen und für jede Partei. Um es mit einem Wort zu sagen: *keiner kann mehr weiter.*

---

[1] Necker, der an sich ein gutes Herz hatte, überschritt das Viertel, er beteiligte sich selbst mit hunderttausend Franken.

Die Versammlung kann nicht weiter. Zwiespältig, war sie an sich schon unfähig; aber sie wurde noch unfähiger angesichts des Aufruhrs, bei dem ganz neuen Lärm der Presse, der ihre eigene Stimme übertönte. Sie würde sich gern an die königliche Gewalt klammern, die sie zertrümmert hat; aber selbst deren Ruinen sind feindlich und haben nur das eine Verlangen, die Versammlung zu vernichten. So jagt ihr Paris Furcht ein und jagt ihr das Schloß Furcht ein. Nach der Weigerung des Königs wagt sie nicht mehr, unwillig zu werden, aus Angst, den Unwillen in Paris zu steigern. Mit Ausnahme der Ministerverantwortlichkeit, die sie beschließt, tut sie nichts, was irgend zu der Lage einen Bezug hätte; die Teilung des Landes in Departments und das Strafrecht bleiben in der Schwebe; im Saal hallt das Echo von den Wänden; kaum sechshundert Mitglieder sind anwesend und auch nur, um den Präsidentenstuhl dem Manne des unbeweglichen Gleichgewichts, Mounier, zu geben, in dem sich am besten alle Schwierigkeiten zur Tat und die allgemeine Lähmung verkörpern.

Und kann der Hof etwa weiter? In diesem Augenblicke glaubt er es. Er sieht, wie sich der Klerus und der Adel um ihn scharen. Er sieht, daß der Herzog von Orléans in der Versammlung nur wenig Unterstützung findet;[1] er sieht, wie jener in Paris viel Geld ausgibt und wenig Boden gewinnt; seine Popularität ist von der La Fayettes übertroffen.

Keiner kennt die Lage, alle irren sich in der Haupttriebfeder der Dinge und beziehen die Ereignisse auf diese oder jene Persönlichkeit, übertreiben in lächerlicher Weise die persönliche Macht. Wie Haß oder Liebe es ihr eingibt, glaubt die Leidenschaft an Wunder, glaubt an Ungetüme, glaubt an Helden. Der Hof gibt Orléans oder La Fayette an allem schuld. La Fayette selbst, der von Natur fest und kalt ist, wird erfinderisch, er glaubt beinahe auch, daß die ganze Unordnung das Werk des Palais-Royal ist. Ein Seher steht auf in der Presse, Marat, leichtgläubig, blind, wütend, der seine Anklagen von seinen zufälligen Träumen abhängig macht, heute den einen und morgen den anderen des Todes schuldig erklärt; er fängt an, zu behaupten, die Hungersnot sei das Werk eines Menschen, Necker kaufe überall das Getreide auf, damit Paris keins bekäme.

Indessen: Marat beginnt erst und tut noch wenig; eins mit der gesamten Presse geht er den Dingen zu Leibe. Auch die Presse erhebt Anklagen, die ebenso haltlos sind; sie beklagt sich, sie wird unwillig wie das Volk, ohne selbst einen Ausweg zu wissen. Sie sieht zwar in der Hauptsache ganz richtig, daß „ein zweiter Ausbruch der Revolution erfolgen wird“. Aber wie und mit welchem Ziel, das vermag sie nicht mit Bestimmtheit zu sagen. Was die Mittel zur Abhilfe anlangt,

---

[1] Bei Regelung der Erbfolge nahm die Versammlung Rücksicht auf seinen Rivalen, den König von Spanien, und erklärte, sich keine Meinung über den Verzicht der spanischen Bourbonen auf die Krone Frankreichs bilden zu wollen.

so ist die Presse, diese junge Macht, die plötzlich so groß wurde durch die Ohnmacht der anderen, selbst ohnmächtig.

Sie richtet wenig aus in den Tagen vor dem 5. Oktober, die Versammlung richtet wenig aus, das Hôtel de Ville richtet wenig aus ... Und doch fühlt alle Welt, daß ein großes Ereignis bevorsteht. Mirabeau empfängt eines Tages seinen Buchhändler in Versailles, schickt seine drei Sekretäre hinaus, schließt die Tür und sagt zu ihm: „Mein lieber Blaisot, hier wird es bald ein großes Unglück geben und Blutvergießen ... Das möchte ich Ihnen aus Freundschaft zu wissen geben. Übrigens brauchen Sie keine Angst zu haben: für brave Leute wie Sie besteht keine Gefahr."

FÜNFZEHNTES KAPITEL

Das Volk holt den König, 5. Oktober 1789

Das Volk allein findet ein Mittel: es zieht aus, um den König zu holen. – Egoistische Stellung der Königin in Versailles. Ludwig XVI. war in jedem Sinne unfähig zu handeln. – Die Königin wird angefleht zu handeln. – Orgie der Gardes du corps, 1. Oktober. – Beschimpfung der Nationalkokarde. – Erbitterung in Paris. – Elend und Leiden der Frauen. – Ihr tätiges Mitleid. – Sie dringen ins Hôtel de Ville, 5. Oktober. – Sie ziehen nach Versailles. – Man meldet es der Nationalversammlung. – Maillard und die Frauen vor der Versammlung. – Robespierre unterstützt Maillard. – Die Frauen vor dem König. – Unentschlossenheit des Hofes.

Am 5. Oktober zogen acht- oder zehntausend Frauen nach Versailles; viel Volk folgte. Die Nationalgarde zwang La Fayette, sie am gleichen Abend ebenfalls hinzuführen. Am 6. Oktober brachten sie den König zurück und zwangen ihn, in Paris zu wohnen.

Dies große Ereignis ist das bedeutendste, das die Revolution nach dem 14. Juli aufweist. Die Oktoberbewegung war beinahe ebenso einmütig wie die andere, wenigstens in dem Sinne, das diejenigen, die nicht daran teilnahmen, ihr Erfolg wünschten, und daß alle sich über die Anwesenheit des Königs in Paris freuten.

Man darf hier nicht die Wirksamkeit der Parteien suchen. Freilich waren sie sehr betriebsam, doch taten sie wenig.

Der ausschlaggebende Grund für die Frauen und für die Ärmsten der Armen war kein anderer als der Hunger. Es war so weit gekommen, daß man in Versailles einem Reiter sein Roß abnahm und es beinahe roh verzehrte.

Für die Mehrzahl der Männer, vom Volke sowohl wie von der Nationalgarde, war die Ursache des Aufstandes eine Ehrenfrage: der Schimpf, den der Hof der von ganz Frankreich als Zeichen der Revolution angenommenen Pariser Kokarde zugefügt hatte.

Hätten die Männer indessen den Zug nach Versailles unternommen, wenn die Frauen nicht voraufgegangen wären? Das ist zweifelhaft. Diese kamen zuerst auf den Gedanken, den König zu holen. Freilich war am 30. August das Palais-Royal mit Saint-Huruge an der Spitze aufgebrochen, aber nur, um Beschwerden und Drohungen vor die Versammlung zu bringen, die sich über das Veto stritt. In unserem Falle ergreift das Volk allein die Ausführung; allein bringt es den König in seine Gewalt, wie es allein die Bastille in seine Gewalt gebracht hat.

Die, die am meisten „Volk“ im Volke sind, ich meine, die den sichersten Instinkt, die ursprünglichsten Einfälle haben, das sind sicherlich die Frauen. Ihre

Idee war folgende: „Es ist kein Brot da, holen wir also den König; man wird schon dafür sorgen, daß immer Brot da ist, wenn er bei uns ist. Holen wir ‚den Bäcker'!"

Ein naiver Sinn! Ein tiefer Sinn! Der König soll mit dem Volke leben, seine Leiden mit ansehen, selbst darunter leiden, mit ihm eins werden. Die Ehezeremonien haben in mehreren Punkten mit denen der Krönung Ähnlichkeit; der König heiratete das Volk. Wenn das Königtum nicht Tyrannei ist, dann muß es Ehe sein und Gemeinschaft, die Gatten müssen nach dem bescheidenen, dem starken Wort des Mittelalters leben: „*Ein* Topf und *ein* Brot."[1]

War es nicht merkwürdig und unnatürlich, geeignet, ihr Herz zu verdorren, daß man die Könige in ihrer selbstsüchtigen Einsamkeit hielt, inmitten eines unechten Volkes vergoldeter Bettler, bei denen sie das wahre Volk vergaßen? Wie kann man sich wundern, wenn diese Könige dem Volk fremd, hart und grausam geworden sind? Schon der Gedanke ist unmoralisch: eine ganze Welt für einen einzigen Menschen! Nur so konnte man die Bestimmung des Menschen vergessen, konnte man, wie Ludwig XIV., die Vertreibung einer Million Menschen unterzeichnen oder, wie Ludwig XV., auf die Hungersnot rechnen.

Die Einigkeit von Paris hatte die Bastille gestürzt. Um den König und die Nationalversammlung in die Hände zu bekommen, mußte es noch einmal einig sein. Zwischen der Nationalgarde und dem Volke bildete sich allmählich ein Riß. Damit sie sich wieder näherten und demselben Ziele zustrebten, bedurfte es nichts Geringerem als einer Herausforderung durch den Hof. Keine politische Weisheit hätte einen solchen Erfolg gehabt, dazu brauchte es schon eine Dummheit.

Das war das wahre Heilmittel, das einzige Mittel, aus der unerträglichen Lage, in der man festgefahren war, herauszukommen. Die Partei der Königin hätte schon lange diese Dummheit begangen, wenn sie nicht in der Person Ludwigs XVI. ihr großes Hindernis und ihre Hemmung gehabt hätte. Niemand verabscheute es wie er, aus seiner Gewohnheit zu geraten. Ihm seine Jagd zu nehmen, die Schmiede und das frühe Zubettgehen, ihm die Ordnung seiner Mahlzeiten und Messezeiten stören, ihn aufs Pferd setzen und zu einem Ausfluge veranlassen, ihn bewegen, an irgend etwas munteren Anteil zu nehmen, wie wir Karl I. auf dem Gemälde van Dyks sehen: das war nicht leicht. Überdies sagte ihm sein gesunder Verstand, es sei nicht ungefährlich für ihn, sich gegen die Nationalversammlung zu erklären.

Anderseits stimmte ihn dieselbe Liebe zur Gewohnheit, zu den Ideen seiner Erziehung und seiner Kindheit noch ungünstiger gegen die Revolution als die Verminderung der königlichen Autorität. Er machte keinen Hehl aus seinem

[1] Vergleiche meine „Origines du droit", juridische Symbole und Formeln.

Unwillen gegen die Zerstörung der Bastille.[1] Die Uniform der Nationalgarde, die seine Leute, seine Lakaien in ihrer Eigenschaft als Leutnant, als Offiziere trugen, ein gewisses Mitglied der königlichen Kapelle, der in Hauptmannsuniform die Messe sang: all das tat seinen Augen weh; er ließ seinen Dienern verbieten, in seiner Gegenwart eine so unangebrachte Kleidung zu tragen.[2]

Es war schwierig, den König in die eine oder andere Richtung zu drängen. Bei jeder Entscheidung war er unsicher, in seinen alten Gewohnheiten jedoch und seinen erworbenen Ideen unüberwindlich hartnäckig. Die Königin selbst, die er sehr liebte, hätte gar nichts gewonnen, wenn sie versucht hätte, ihn zu überreden. Noch weniger Wirkung hatte die Furcht auf ihn; er wußte sich als den Gesalbten des Herrn, der unverletzlich und heilig war; was hatte er zu fürchten?

Indessen war die Königin von einem Wirbel von Leidenschaften, Intrigen, eigennützigem Eifer umgeben; da waren die Prälaten, die großen Herren, die ganze Aristokratie, von der sie früher so verleumdet worden war, die sich ihr nun näherte, sich in ihren Gemächern drängte und sie mit gefalteten Händen beschwor, die Monarchie zu retten. Wenn man jene hörte, so besaß sie allein den Geist und den Mut dazu; sie war die Tochter Maria Theresias und mußte sich bewähren! Es war Zeit! Dazu kamen zwei voneinander ganz verschiedene Arten Menschen, die der Königin Mut einflößten: einerseits die braven und würdigen Ritter vom Heiligen Ludwig, Offiziere und Provinzialbeamte, die ihr ihren Degen anboten; anderseits Projekteschmiede und „Macher", die mit fertigen Plänen zu ihr kamen, deren Ausführung anboten und für alles hafteten. Versailles war wie belagert von diesen Figaros des Königtums.

Ein heiliger Bund mußte gegründet werden, alle anständigen Leute mußten sich um die Königin scharen. Der König würde in die Begeisterung ihrer Liebe mit hineingerissen werden und nicht länger widerstehen. Die revolutionäre Partei konnte sich nur *einen* Feldzug gestatten: einmal besiegt, war es aus mit ihr; wohingegen die andere Partei, zu der alle großen Vermögen gehörten, leicht mehrere Feldzüge aushalten und den Krieg lange Jahre bestreiten konnte. Das war richtig, wenn man sich bestimmt darauf verlassen durfte, daß die Einigkeit des Volkes den Soldaten nicht wankend machen würde, daß der letztere niemals daran dächte, er selbst sei auch ein Teil des Volkes.

Der Geist der Eifersucht, der sich zwischen der Nationalgarde und dem Volke erhob, machte zweifellos den Hof kühn und ließ ihn glauben, Paris sei ohnmächtig; er wagte eine vorzeitige Kundgebung, die ihm verderblich werden sollte. Neue Gardes du corps langten an, um ihr Vierteljahr abzudienen; diese hatten keinerlei Verbindung mit Paris oder der Versammlung, der neue Geist war ihnen

---

1 A. de Lameth.

2 Campan, Bd. II.

fremd, sie waren gute Royalisten aus der Provinz und brachten ihre Familienvorurteile mit, die väterlichen und mütterlichen Ermahnungen, dem König und nur dem König zu dienen. Dies ganze Gardekorps hatte, obwohl manche unter ihm der Freiheit freundlich gesinnt waren, den Eid nicht geleistet und trug immer noch die weiße Kokarde. Man versuchte, durch sie die Offiziere des flandrischen Regiments und einiger anderer Korps zu gewinnen. Man veranstaltete ein großes Festmahl, an dem sie alle teilnahmen, und ließ auch ein paar Offiziere der Versailler Nationalgarde zu, die man sich geneigt zu machen hoffte.

Man muß wissen, daß die Stadt in Frankreich, die den Hof am meisten haßte, dieselbe war, die ihn aus nächster Nähe beobachten konnte: Versailles. Alles, was nicht Beamter war oder Bedienter im Schloß, war revolutionär. Der beständige Anblick des Prunkes, der glänzenden Equipagen, dieser ganzen hochmütigen, rücksichtslosen Welt nährte den Neid und den Haß. Diese ihre Stimmung veranlaßte die Bewohner, zum Oberstleutnant ihrer Nationalgarde den Leinenhändler Lecointre zu ernennen, einen festen Patrioten, übrigens aber ein gehässiger und gewalttätiger Mensch. Die Einladung an einige Offiziere schmeichelte diesen noch weniger, als sie die anderen unzufrieden machte.

Ein Mahl der Gardes du corps konnte in der Orangerie oder sonst an einem gleichgültigen Ort stattfinden; neu war, daß der König seinen prächtigen Theatersaal zur Verfügung stellte, wo man seit dem Besuch des Kaisers Joseph II. keine Feste mehr gefeiert hatte. Die Weine werden echt königlich verschwendet. Man bringt die Gesundheit des Königs, der Königin und des Dauphins aus; einer schlägt schüchtern und leise vor, auch die Nation leben zu lassen, doch will niemand auf ihn hören. Zwischen Braten und Nachtisch läßt man die flandrischen Grenadiere, die Schweizer und andere Soldaten hereinkommen. Sie trinken und sind vor Staunen starr, geblendet von den phantastischen Reflexen dieses merkwürdigen, einzigartigen Ortes, wo die Logen mit Spiegeln bekleidet sind und das Licht nach allen Richtungen zurückstrahlen.

Die Türen tun sich auf. Der König und die Königin! Man hat den König, der gerade von der Jagd zurückkam, einfach mitgenommen. Die Königin schreitet die Tafeln entlang, schön und noch schöner, weil sie ihr Kind auf dem Arm trägt. Alle die jungen Leute sind entzückt, sie kennen sich nicht mehr.

Man muß zugeben, daß die Königin, die zu anderen Zeiten weniger majestätisch aussah, niemals die Herzen entmutigt hatte, die sich ihr weihten; sie hatte es nicht verschmäht, eine Feder aus dem Helmbusch Lauzuns in ihre Coiffure zu stecken.[1]

Man erzählte sich sogar, daß die verwegene Liebeserklärung eines einfachen Garde du corps ohne Zorn aufgenommen worden war, und daß die Königin,

---

[1] „Was geht's mich an, ob Lauzun sie angeboten oder die Königin sie erbeten hat." Vergleiche „Mémoires de Campan", und Lauzun (Revue rétrospective) usw.

ohne ihn anders zu bestrafen als mit wohlwollender Ironie, seine Beförderung erwirkt hatte.

So schön war sie und so unglücklich! Als sie mit dem König den Saal verließ, spielte die Musik die rührende Arie: „O Richard, o mein König, die Welt läßt dich im Stich!“ Das wühlte alle Herzen auf. Manche rissen sich ihre Kokarde herunter und baten um die der Königin, um die schwarze, österreichische Kokarde, und weihten sich ihrem Dienst. Wenigstens wurde die dreifarbige Kokarde umgedreht, so daß sie durch die Rückseite zur weißen Kokarde wurde. Die Musik wird immer leidenschaftlicher, immer feuriger, sie spielt den Ulanenmarsch, bläst zum Angriff ... Alle springen auf, suchen den Feind. Doch kein Feind ist da; zum Ersatz nehmen sie die Logen im Sturm. Sie eilen ins Freie und geraten in den Marmorhof. Perseval, der Adjutant d'Estaings, stürmt auf den großen Balkon los, bemächtigt sich der inneren Wachtposten und ruft: „Sie gehören uns.“ Er heftet sich die weiße Kokarde an. Dann steigt ein flandrischer Grenadier ebenfalls hinauf, Perseval nimmt einen Orden von seiner Brust und gibt ihn dem Grenadier. Ein Dragoner will es dem Grenadier gleichtun, doch schwankt er zu sehr, stolpert und möchte sich aus Verzweiflung darüber töten.

Um die Szene zu vervollständigen, kommt ein anderer brüllend hinzu, halb betrunken und halb närrisch; er nennt sich selbst einen Spion des Herzogs von Orléans und bringt sich eine kleine Wunde bei; vor Ekel töten ihn seine Kameraden beinahe mit Fußtritten.

Der trunkene Rausch dieser tollen Orgie schien sich auf den ganzen Hof auszudehnen. Die Königin gab den Versailler Nationalgarden Fahnen und erklärte, sie sei entzückt, es zu tun. Am 3. Oktober fand ein neues Mahl statt; man wagt schon mehr, die Zungen sind gelöst, kühn nennt sich die Gegenrevolution beim Namen: mehrere Nationalgardisten ziehen sich unwillig zurück. Der Rock der Nationalgarde wird beim König nicht mehr empfangen. „Sie haben kein Herz“, sagte ein Offizier zu einem anderen, „daß Sie einen solchen Rock tragen können.“ In der Großen Galerie und in den Gemächern lassen die Damen keine trikoloren Kokarden mehr passieren; aus ihren Taschentüchern und Bändern machen sie weiße Kokarden und heften sie selbst an. Die jungen Damen erkühnen sich, ihren neuen Rittern den Eid abzunehmen, und lassen sich die Hand küssen: „Nehmen Sie diese Kokarde und hüten Sie sie wohl, sie allein wird triumphieren.“ Wie konnte man dieses Zeichen, diese Erinnerung aus schönen Händen zurückweisen? Und doch: das ist der Bürgerkrieg, das ist der Tod, das ist schon morgen die Vendée. Diese junge Blonde bei den Tanten des Königs – sie ist fast noch ein Kind – sie wird einst Madame de Lescure heißen oder de La Rochejaquelein[1].

---

1 Sie hielt sich damals in Versailles auf. Man vergleiche den an diesen Stellen wahrheitsgetreuen Roman, den Barante unter seinem Namen veröffentlicht hat.

Den wackeren Nationalgarden aus Versailles wurde es nicht leicht gemacht, fest zu bleiben. Einer ihrer Hauptleute wurde wohl oder übel von den Damen unter einer riesigen weißen Kokarde beinahe versteckt. Der Oberst-Leinwandhändler Lecointre war empört darüber und sagte fest: „Diese Kokarden werden bald anders aussehen und zwar, bevor acht Tage verstrichen sind, sonst ist alles verloren." Er hatte recht, – wer konnte hier die Allmacht des Abzeichens verkennen? Die drei Farben, das war der 14. Juli und der Sieg von Paris, das war die Revolution selbst. Da eilt ein Ritter vom Heiligen Ludwig hinter Lecointre her, gegen alle und trotz allen erklärt er sich als den Vorkämpfer der weißen Farbe. Er folgt ihm, wartet auf ihn, beleidigt ihn. Dieser leidenschaftliche Verteidiger des Ancien régime war nicht etwa ein Montmorency, sondern nur der Schwiegersohn der Blumenhändlerin der Königin.

Lecointre geht geradeswegs zur Versammlung und ersucht den Militärausschuß, den Gardes du corps den Eid abzufordern. Anwesende frühere Gardisten erklärten, man werde ihn niemals bekommen. Der Ausschuß tat nichts, denn er befürchtete, es würde zu einem Zusammenstoß und zu Blutvergießen kommen, und gerade diese Vorsicht war schuld daran, daß Blut floß.

Paris empfand lebhaft die Schmach, die seiner Kokarde angetan worden war; man erzählte sich, sie sei unter Schmähungen zerrissen und mit Füßen getreten worden. An dem Tage, als das zweite Mahl stattfand, Samstag, den 3., abends, hielt Danton bei den Cordeliers eine donnernde Rede. Am Sonntag verfuhr man schonungslos mit allen schwarzen oder weißen Kokarden. Zusammenrottungen fanden statt, Volk und Bürger durcheinander, Röcke und Wämser, in den Cafés, an deren Türen, im Palais-Royal, im Faubourg Saint-Antoine, an den Brückenköpfen, auf den Kais. Schauerliche Gerüchte gingen um über den nächsten Krieg, über das Bündnis der Königin und der Prinzen mit den deutschen Fürsten, über die fremden, grünen und roten Uniformen, die man in Paris sah, über die Mehlzufuhr aus Corbeil, die nur noch einmal in je zwei Tagen kam, über die Teuerung, die höchstens schlimmer werden konnte, über die Nähe eines rauhen Winters. „Es ist keine Zeit zu verlieren", sagt man. „Wenn man dem Krieg und dem Hunger zuvorkommen will, muß man den König hierherbringen, sonst schafft man ihn weg."

Niemand fühlte alles dies lebhafter als die Frauen. Die Leiden, die aufs äußerste gestiegen waren, hatten Familie und Herd grausam getroffen. Eine Dame schlug Lärm, Sonnabend, den 3., abends; als sie sah, daß man ihrem Gatten nicht genügend Gehör schenkte, lief sie ins Café de Foy, zeigte dort die antinationalen Kokarden an und machte auf die öffentliche Gefahr aufmerksam. Am Morgen ergriff ein junges Mädchen in den „Hallen" eine Trommel, schlug den Generalmarsch und riß alle Frauen des Viertels mit sich fort.

Solche Dinge sieht man nur in Frankreich; unsere Frauen bringen Helden hervor und sind es selbst. Das Land der Jeanne d'Arc, der Jeanne de Hachette, der

Jeanne de Montfort kann hundert Heldinnen sein eigen nennen. Eine war beim Sturm auf die Bastille, später ging sie in den Krieg und wurde Artilleriehauptmann; ihr Gatte war Soldat. Am 18. Juli, als der König nach Paris kam, waren viele Frauen bewaffnet. Die Frauen standen im ersten Treffen unserer Revolution. Man darf sich nicht darüber wundern; sie trugen die größeren Leiden.

Das große Unglück ist grausam; es trifft die Schwachen stärker, es mißhandelt die Kinder und die Frauen viel mehr als die Männer. Die gehen weg, kommen wieder, suchen mutig, werden erfinderisch und finden schließlich, wenigstens für die Not des Tages. Die Frauen, die armen Frauen, leben meistens abgeschlossen, sie sitzen zu Hause, stricken und nähen; sie sind völlig außerstande, wenn es an allem mangelt, ihren Lebensunterhalt zu suchen. Es ist jammervoll, wenn man bedenkt, daß die Frau, das abhängige Wesen, das nur zu zweien leben kann, viel öfter allein steht als der Mann. Er findet überall Gesellschaft und knüpft neue Beziehungen an. Sie ist ohne Familie nichts. Und die Familie überbürdet sie, jede Last ruht auf ihr. Sie bleibt in der kalten, ausgeräumten Wohnung, bei ihren weinenden oder kranken und sterbenden Kindern, die nicht mehr weinen. Ein wenig beachteter Fall, der schneidendste Schmerz vielleicht für ein Mutterherz ist die Ungerechtigkeit des Kindes. Gewohnt, in der Mutter die allgemeine Vorsehung zu erblicken, die für alles Sorge trägt, klammert es sich an sie, hart, grausam, bei allem, was ihm fehlt; schreit, gerät außer sich und fügt dem Schmerze einen noch drückenderen Schmerz hinzu.

So ist die Mutter. Rechnen wir ebenso viele alleinstehende Mädchen hinzu, traurige Geschöpfe ohne Familie, ohne Unterstützung, die, entweder zu häßlich oder zu tugendhaft, weder Freund noch Liebhaber hegten und keine der Freuden des Lebens kennen. Wenn ihr kleines Handwerk sie nicht mehr ernähren kann, so wissen sie keinen Ersatz zu schaffen; sie ziehen auf eine Bodenkammer und warten ab; bisweilen findet man sie tot, eine Nachbarin bemerkt es zufällig.

Diesen Unglücklichen fehlt selbst die Kraft, sich zu beklagen, ihre Lage zu offenbaren, sich gegen das Schicksal zu wehren. Die, welche handeln und sich in Zeiten großer Not regen, das sind die Starken, die vom Elend weniger erschöpft, die eher arm als bedürftig sind. In den meisten Fällen sind die Furchtlosen, die sich dann vordrängen, Frauen mit großem Herzen, die wenig für sich selbst, viel für andere leiden; das träge, passive Mitleid der Männer, das gelassener bleibt bei den Übeln anderer, ist bei den Frauen ein sehr aktives, heftiges Empfinden, das bisweilen heroisch wird und sie gebieterisch zu den kühnsten Taten treibt.

Am 5. Oktober gab es eine Menge unglücklicher Geschöpfe, die seit dreißig Stunden nichts gegessen hatten.[1] Dieses jammervolle Schauspiel brach die

---

[1] Vergleiche die Aussagen der Zeugen, „Moniteur“, Bd. I, S. 568, Spalte 2. Das ist die wichtigste Quelle. Eine andere sehr wichtige, die reich ist an Einzelheiten, und die jedermann abschreibt, ohne sie zu zitieren, ist die „Histoire de deux amis de la liberté“, Bd. III.

Herzen, doch niemand tat etwas dagegen; jeder schloß sich ein und beweinte die Härte der Zeiten. Sonntag, den 4. abends, läuft eine mutige Frau, die das nicht länger mit ansehen konnte, vom Quartier Saint-Denis zum Palais-Royal, sie bricht sich Bahn in der lärmenden, schwatzenden Menge und verschafft sich Gehör; sie war eine gut angezogene Frau von sechsunddreißig Jahren, ehrbar, aber stark und mutig. Sie will, man soll nach Versailles gehen, sie wird an der Spitze marschieren. Man macht Witze, sie schlägt einem der Witzbolde eine Ohrfeige. Am folgenden Tage ist sie unter den ersten, den Säbel in der Hand; sie bemächtigt sich eines Geschützes am Hôtel de Ville, setzt sich auf das Pferd davor und führt es, die Lunte angezündet, nach Versailles.

Unter den untergegangenen Handwerkern, die mit dem Ancien régime zu verschwinden schienen, befand sich die Holzschnitzerei. Man arbeitete viel auf diesem Gebiete für Kirchen und für Wohnungen. Viele Frauen schnitten. Eine von ihnen, Madeleine Chabry, die kein Geschäft mehr machte, hatte sich als Blumenhändlerin in der Gegend des Palais-Royal unter dem Namen Louison niedergelassen; sie war siebzehn Jahre alt, hübsch und witzig. Man kann kühnlich wetten, daß nicht der Hunger sie nach Versailles führte. Sie folgte der allgemeinen Begeisterung, ihrem guten Herzen und ihrem Mut. Die Frauen setzten sie an die Spitze und machten sie zu ihrer Wortführerin.

Es gab noch sehr viele andere, die keineswegs der Hunger trieb. Da waren Händlerinnen, Hausmeisterinnen, öffentliche Dirnen, mitleidig und barmherzig, wie sie es oft sind. Da war eine bedeutende Anzahl Marktweiber; die waren durchaus royalistisch, aber um so eher wünschten sie, den König in Paris zu haben. Sie hatten ihn kurze Zeit vorher bei irgendeiner Gelegenheit besucht und mit großer Offenherzigkeit, mit einer lächerlichen, aber rührenden Vertrautheit, die einen deutlichen Begriff von der Lage gab, zu ihm geredet: „Armer Mann!" sagten sie, indem sie den König anblickten. „Lieber Mann! Guter Papa!" Und in ernsterem Tone zur Königin: „Madame, Madame, öffnen Sie Ihr Innerstes! Seien wir offen! Verbergen wir nichts, sagen wir freimütig alles, was wir zu sagen haben!"

Diese Marktweiber gehören nicht zu denen, die sehr unter der Not leiden; ihr Handel mit den zum Leben notwendigen Dingen ist weniger dem Zufall ausgesetzt. Aber sie sehen das Elend besser als irgend jemand und können es nachfühlen; da sie immer auf einem Platze leben, so entwischen sie nicht wie wir dem Anblick der Leiden. Niemand ist teilnehmender, niemand den Unglücklichen wohlgesinnter. Unter groben Formen, unter rohen und heftigen Worten bergen sie oft ein königliches, unendlich gütiges Herz. Wir haben es erlebt, wie unsere Pikarden, die Marktweiber von Amiens, arme Gemüseverkäuferinnen, den Vater von vier Kindern, den man köpfen wollte, retteten; es war bei der Krönung Karls X., sie ließen ihren Handel und ihre Familie im Stich und gingen nach Reims, sie brachten den König zum Weinen und entrissen ihm die Begnadigung; bei der Rückkehr veranstalteten sie unter sich eine reichliche Sammlung und schickten den Vater, die Frau und die Kinder, gerettet und mit Wohltaten überhäuft, heim.

Am 5. Oktober, um sieben Uhr, hörten sie die Pauke schlagen und widerstanden nicht. Ein junges Mädchen hatte eine Wachttrommel genommen und schlug den Generalmarsch. Das war Montags; die Hallen wurden verlassen, alle zogen ab: „Wir wollen ‚den Bäcker und die Bäckerin' zurückbringen", sagten sie, „und wir werden das Vergnügen haben, unser ‚Mütterchen' Mirabeau zu hören."

Die Hallen sind auf dem Marsch, und aus einer anderen Richtung rückt der Faubourg Saint-Antoine an. Unterwegs schleppten die Weiber alle Frauen mit sich, denen sie irgend begegneten, und drohten allen denen, die nicht mitziehen wollten, ihnen die Haare abzuschneiden. Zuerst zogen sie zum Hôtel de Ville. Man hatte einen Bäcker dahin gebracht, der auf ein zweipfündiges Brot sieben Unzen zu wenig gab. Sein Ladenschild wurde ihm entfernt. Obgleich der Mann nach eigenem Geständnis schuldig war, ließ ihn die Nationalgarde entwischen. Sie fällte das Gewehr vor den vier- oder fünfhundert Frauen, die schon versammelt waren. Auf der anderen Seite im Hintergrund des Platzes stand die Kavallerie der Nationalgarde. Die Frauen gerieten nicht aus der Fassung. Sie bewarfen Kavallerie und Infanterie mit Steinen; diese konnten sich nicht entschließen, auf sie zu schießen. Sie stürmten das Rathaus und drangen in alle Büros. Viele waren recht gut angezogen, sie hatten ein weißes Kleid für den großen Tag angelegt. Sie fragten neugierig, wozu jeder Saal diene, und baten die Vertreter der Distrikte, diejenigen gut zu empfangen, die sie mit Gewalt herbeigeschleppt hatten, von denen mehrere schwanger und vielleicht krank vor Furcht waren. Andere Frauen, halb verhungert, brüllten wild nach Brot und Waffen. Die Männer waren Feiglinge, man wollte ihnen zeigen, was Mut war. Alle Leute im Hôtel de Ville waren reif für den Galgen; man mußte ihre Schriftstücke verbrennen. Und sie machten sich daran, wollten vielleicht das Gebäude selbst anzünden. Ein Mann hielt sie auf, ein Mann von hoher Gestalt, im schwarzen Rock und mit ernstem Gesicht, das noch trauriger war als sein Rock. Sie wollten ihn zuerst töten, im Glauben, er sei ein Beamter, und nannten ihn einen Verräter. Er antwortete, er sei kein Verräter, sondern Pedell seines Zeichens, einer der Sieger bei der Bastille. Es war Stanislaus Maillard.

Seit dem frühen Morgen hatte er sich im Faubourg Saint-Antoine nützlich betätigt. Die Freiwilligen der Bastille standen unter Hullins Befehl bewaffnet auf dem Platz; die Arbeiter, die die Festung zerstörten, glaubten, daß man jene gegen sie schicke. Maillard warf sich dazwischen und verhütete den Zusammenstoß. Beim Hôtel de Ville hatte er das Glück, den Brand verhindern zu können. Die

Frauen versprachen sogar, keine Männer hereinzulassen; sie hatten bewaffnete Wachen vor den Haupteingang gestellt. Um elf Uhr griffen die Männer den Nebeneingang an, der auf die Arcade Saint-Jean hinausging. Mit Brechstangen, Hämmern, Hacken und Piken bewaffnet, dringen sie auf das Tor ein und stürmen die Waffenmagazine. Unter ihnen befand sich ein Gardist, der am Morgen die Sturmglocke hatte läuten wollen, und den man auf der Stelle verhaftet hatte; er war, sagte er, wie durch ein Wunder entwischt; die Gemäßigten ebenso wütend wie die anderen, hätten ihn aufgehangen, wären die Frauen nicht gewesen; sein Hals war entblößt, die Schnur hatten sie davon entfernt. Aus Rache ergriff man einen Mann im Hôtel de Ville, um ihn aufzuhängen; es war der brave Lefebvre, der am 14. Juli Pulver verteilt hatte; Frauen oder als Frauen verkleidete Männer hingen ihn tatsächlich am kleinen Glockenturm auf; eine oder einer von ihnen schnitt die Schnur ab; er fiel, lediglich betäubt, fünfundzwanzig Fuß tief in einen Saal hinab.

Weder Bailly noch La Fayette waren gekommen. Maillard suchte den stellvertretenden General und sagte zu ihm, daß es nur ein Mittel gäbe, der Sache ein Ende zu machen; er, Maillard, müßte die Frauen nach Versailles führen. Durch diesen Ausflug würde man Zeit gewinnen, Hilfskräfte zu sammeln. Er ging hinunter, schlug die Trommel und verschaffte sich Gehör. Das düster-kalte Gesicht des großen schwarzen Mannes machte einen guten Eindruck auf dem Grèveplatz; er schien ein kluger Mann und ganz geeignet, die Sache gut durchzuführen. Die Frauen, die bereits mit den Geschützen aus dem Hôtel de Ville abziehen, rufen ihn zum Hauptmann aus. Er setzt sich an die Spitze mit acht oder zehn Trommlern; sieben- oder achttausend Frauen folgen, einige hundert bewaffnete Männer und schließlich als Nachhut eine Kompanie Freiwilliger von der Bastille.

Als sie bei den Tuilerien anlangten, wollte Maillard dem Quai folgen, die Frauen dagegen wollten im Triumph unter der Turmuhr her durch den Palast und den Garten ziehen. Maillard wahrte die Form und riet ihnen, wohl zu beachten, daß es das Haus des Königs und der Garten des Königs sei; ohne Erlaubnis hindurchzugehen, hieße den König beleidigen.[1] Er näherte sich höflich dem Schweizer und sagte ihm, daß die Frauen lediglich passieren wollten, ohne den geringsten Schaden anzurichten. Der Schweizer zog den Degen und stürzte auf Maillard los, der den seinen zog. Im richtigen Augenblick schlägt eine Hausmeisterin mit einem Stock zu, der Schweizer fällt, ein Mann setzt ihm das Bajonett auf die Brust. Maillard nimmt ihn fest, entwaffnet kaltblütig die beiden Männer und nimmt die Degen und das Bajonett an sich.

Der Tag rückte vor, der Hunger wurde größer. In Chaillot, in Auteuil, in Sèvres war es sehr schwer, die armen Ausgehungerten am Diebstahl von Lebensmitteln

[1] Aussage Maillards, „Moniteur", Bd. I, S. 571.

zu hindern. Maillard duldete ihn nicht. In Sèvres war die Schar völlig erschöpft; es gab sogar nicht einmal etwas zu kaufen; alle Häuser waren geschlossen mit Ausnahme eines einzigen, das einem Kranken gehörte, der daheim geblieben war; Maillard ließ sich einige Krüge Wein von ihm geben gegen Bezahlung. Dann wählte er sieben Leute aus und gab ihnen den Auftrag, die Bäcker von Sèvres mit ihrem gesamten Vorrat herbeizubringen. Im ganzen waren acht Brote vorhanden, zweiunddreißig Pfund für achttausend Menschen! Man verteilte sie und schleppte sich weiter. Die Müdigkeit bestimmte die meisten Frauen, ihre Waffen wegzuwerfen. Maillard ließ sie übrigens wissen, daß, wenn man den König und die Nationalversammlung aufsuchen wolle, um sie zu rühren und wohlwollend zu stimmen, man nicht in dieser kriegerischen Aufmachung ankommen dürfe. Die Geschütze wurden an das Ende des Zuges gebracht und irgendwie versteckt. Der kluge Pedell wollte eine „stille Vorführung", um im Gerichtsstil zu sprechen. Beim Einzug in Versailles gab er, um die friedliche Absicht recht deutlich zu offenbaren, den Frauen ein Zeichen, das Lied von Heinrich IV. zu singen.

Die Leute von Versailles waren entzückt und riefen: „Unsere Pariserinnen sollen leben!" Die fremden Zuschauer sahen diese Menge, die den König um Hilfe bitten wollte, als völlig harmlos an. Ein der Revolution sehr wenig wohlgesinnter Mann, der Genfer Dumont, der sich im Palais des Petites-Ecuries aufhielt und vom Fenster aus zusah, sagte selbst: „Dies ganze Volk verlangte nur Brot."

Die Versammlung war an diesem Tage sehr stürmisch gewesen. Der König wollte weder die „Erklärung der Rechte" noch die Beschlüsse vom 4. August „bestätigen", sondern antwortete, daß man über die Grundgesetze nur in ihrer Gesamtheit entscheiden könne, daß er nichtsdestoweniger seine „Zustimmung" gäbe im Hinblick auf die beunruhigenden Umstände und unter der ausdrücklichen Bedingung, daß die ausführende Gewalt ihre ganze Macht zurückbekäme.

„Wenn Sie den Brief des Königs annehmen", sagt Robespierre, „so gibt es keine Verfassung mehr noch irgendein Recht darauf." Duport, Grégoire und andere Abgeordnete sprechen im gleichen Sinne. Pétition erinnert an die Ausschreitung der Gardes du corps und klagt sie an. Ein Abgeordneter, der selbst dabei gedient hatte, verlangt, daß man ehrenhalber die Anzeige schriftlich formuliere, und daß die Schuldigen verfolgt würden. „Ich werde die Anklage verfassen und unterzeichnen", sagt Mirabeau, „wenn die Versammlung erklärt, daß die Person des Königs *allein* unverletzlich ist." Das hieß die Königin als die Schuldige bezeichnen. Die ganze Versammlung schreckte davor zurück; der Antrag wurde zurückgezogen; an einem solchen Tage wäre er die Ursache für einen Mord gewesen.

Mirabeau selbst war in einiger Unruhe wegen seiner Winkelzüge. Er näherte sich dem Präsidenten und sagte halblaut zu ihm: „Mounier, Paris ist im Anmarsch gegen uns. Glauben Sie mir oder glauben Sie mir nicht, vierzigtausend Menschen ziehen gegen uns. Stellen Sie sich unwohl, gehen Sie ins Schloß und überbringen Sie die Nachricht; es ist keine Minute zu verlieren." – „Paris ist auf dem Marsch?" sagte Mounier trocken (er hielt Mirabeau für einen der Anstifter der Bewegung); „Um so besser! Um so eher werden wir die Republik haben."

Die Versammlung beschloß, daß man zum König schicken und die klare und glatte Annahme der „Erklärung der Rechte" verlangen sollte. Um drei Uhr teilte Target mit, daß eine große Menschenmenge an den Toren der Straße nach Paris sichtbar wäre.

Jedermann wußte von dem Ereignis. Nur der König wußte es nicht. Er war wie gewöhnlich morgens zur Jagd gegangen und streifte in den Wäldern von Meudon. Man suchte ihn, und während man wartete, schlug man den Generalmarsch; die Gardes du corps stiegen auf dem Exerzierplatz zu Pferde und nahmen am Gitter Aufstellung; das flandrische Regiment unterhalb rechts von ihnen, in der Nähe der Straße nach Sceaux; noch weiter unten die Dragoner und hinter dem Gitter die Schweizer. D'Estaing befahl den Truppen im Namen des Gemeinderates von Versailles, sich zusammen mit der Nationalgarde dem Aufruhr zu widersetzen. Der Gemeinderat hatte die Vorsicht so weit getrieben, daß er d'Estaing ermächtigte, „dem König zu folgen", falls er sich entfernte, unter der sonderbaren Bedingung, ihn sobald als möglich nach Versailles „zurückzubringen". D'Estaing hielt sich an den letzten Befehl, ging ins Schloß und überließ es der Versailler Nationalgarde, fertig zu werden, so gut sie konnte. Sein Stellvertreter, de Gouvernet, verließ ebenfalls seinen Posten, stellte sich bei den Gardes du corps auf und erklärte, er sei lieber bei Leuten, die sich zu schlagen und „mit dem Säbel umzugehen" wüßten. So blieb der Oberstleutnant Lecointre allein, um das Kommando zu führen.

Inzwischen langte Maillard vor dem Gebäude der Nationalversammlung an. Alle Frauen wollten hinein. Er hatte die größte Mühe, sie zu überreden, nur fünfzehn der ihrigen eintreten zu lassen. Sie stellten sich an die Schranke, an ihrer Spitze der Gardist, von dem oben die Rede war, eine Frau, die oben an einer Stange eine Schellentrommel trug, und in der Mitte der hünenhafte Pedell, im schwarzen, zerrissenen Rock, den Degen in der Hand. Der Soldat ergriff ungestüm das Wort und verkündete der Versammlung, daß er am Morgen, da niemand mehr Brot bei den Bäckern fand, die Sturmglocke habe läuten wollen, daß man ihn beinahe gehängt habe, daß er seine Rettung den Damen verdankte, die ihn begleiteten. „Wir kommen", sagte er, „um Brot zu verlangen und die Bestrafung der Gardes du corps, die die Kokarde beleidigt haben. Wir sind gute Patrioten, wir haben unterwegs die schwarzen Kokarden abgerissen. Ich habe das Vergnügen, eine davon unter den Augen der Versammlung in Stücke zu reißen." Und der andere fügte ernst hinzu: „Jedermann täte gut daran, die Kokarde des Vaterlandes zu nehmen." Ein Murmeln erhob sich hier und da.

„Und dennoch sind wir alle Brüder!“ sagte die düstere Gestalt.

Maillard spielte auf die Erklärung des Pariser Rates vom Abend vorher an: daß, da die dreifarbige Kokarde als Zeichen der Verbrüderung angenommen worden sei, sie die einzige sei, die der Bürger tragen dürfe.

Die ungeduldigen Frauen schrien alle miteinander: „Brot! Brot!“ Maillard begann darauf, die schreckliche Lage von Paris zu schildern, und daß die Zufuhren von den anderen Städten oder von den Adligen abgeschnitten seien. „Sie wollen uns Hungers sterben lassen“, sagte er. „Ein Müller hat zweihundert Franken erhalten, damit er nicht mehr mahle, und das Versprechen, man wolle ihm wöchentlich die gleiche Summe geben.“ Rufe in der Versammlung: „Namen nennen! Namen nennen!“ In der Versammlung selbst hatte Grégoire von diesem Gerücht gesprochen; Maillard hatte es unterwegs erfahren.

„Namen nennen!“ Einige Frauen riefen auf gut Glück: „Es ist der Erzbischof von Paris!“

In diesem Augenblick, als vieler Menschen Leben nur an einem Haare hing, ergriff Robespierre eine bedeutsame Initiative. Er allein unterstützte Maillard und sagte, daß der Abbé Grégoire von der Sache gesprochen habe und zweifellos Auskunft geben würde.[1]

Andere Mitglieder der Versammlung versuchten es mit Schmeicheleien oder Drohungen. Ein geistlicher Abgeordneter, ein Abbé oder Prälat, wollte seine Hand einer der Frauen zum Kuß reichen. Sie wurde wütend und rief: „Ich bin nicht dazu da, einem Hund die Pfote zu küssen!“ Ein anderer Abgeordneter, Militär und Ritter des Kreuzes vom Heiligen Ludwig, hörte Maillard sagen, daß die Geistlichkeit den großen Widerstand gegen die Verfassung bedeute, entrüstete sich darüber und sagte, dafür verdiene er auf der Stelle eine schwere Strafe. Maillard antwortete, ohne zu erschrecken, daß er kein Mitglied der Versammlung beschuldige, daß der Klerus zweifellos von all dem nichts wisse, und daß er ihm einen Dienst zu erweisen glaube, wenn er ihn davon unterrichte. Zum zweitenmal unterstützte Robespierre Maillard und beruhigte die Frauen. Die Draußenstehenden wurden ungeduldig und fürchteten für ihren Redner; das Gerücht lief unter ihnen, er sei tot. Er ging hinaus und zeigte sich einen Augenblick.

Dann begann Maillard von neuem und bat die Versammlung, die Gardes du corps aufzufordern, für die Beleidigung der Kokarde Genugtuung zu leisten. Einige Abgeordnete erklärten diese für unwahr. Maillard beharrte darauf in wenig gemäßigten Ausdrücken. Der Präsident Mounier erinnerte ihn an die der Versammlung schuldige Achtung und fügte ungeschickt hinzu, daß diejenigen, welche Bürger

[1] Das alles ist vom „Moniteur“ entstellt und verstümmelt worden. Später (am Ende des 1. Bandes) druckt er glücklicherweise die Aussagen ab. Vergleiche auch die „Histoire des deux amis de la liberté“, Ferrières usw.

sein wollten, es ganz nach ihrem Belieben sein können. Das war Wasser auf die Mühle Maillards; er ergriff die Gelegenheit und erwiderte: „Jedermann muß stolz auf den Namen Bürger sein. Und wenn in dieser hohen Versammlung einer säße, der sich dadurch entehrt fühle, so müßte er ausgeschlossen werden." Die Versammlung murrte und klatschte Beifall: „Ja, wir sind alle Bürger!"

In diesem Augenblick brachte man von den Gardes du corps eine dreifarbige Kokarde. Die Frauen riefen: „Es lebe der König! Es leben die Herren Gardes du corps!" Maillard, der sich nicht so leicht zufrieden gab, beharrte auf der Notwendigkeit, das flandrische Regiment zu entlassen.

Mounier hoffte, sie jetzt verabschieden zu können, und erklärte, daß die Versammlung nichts versäumt habe, für die Verpflegung zu sorgen, und der König ebensowenig; man würde nach neuen Mitteln suchen, und sie könnten in Frieden gehen. Maillard rührte sich nicht von der Stelle und erklärte: „Nein, das genügt nicht."

Ein Abgeordneter schlug dann vor, dem König die unglückliche Lage von Paris vorzustellen. Die Versammlung beschloß es, und die Frauen klammerten sich eifrig an diese Hoffnung, fielen den Abgeordneten um den Hals und umarmten den Präsidenten, wie der sich auch wehrte. „Aber wo ist denn Mirabeau?" riefen sie noch. „Wir möchten gern unseren Grafen Mirabeau sehen!"

Mounier wurde geküßt, umringt, beinahe erstickt und machte sich betrübt auf den Weg mit der Abordnung und einer Menge Frauen, die ihm hartnäckig folgten. „Wir gingen zu Fuß durch den Straßenkot", erzählte er, „es goß in Strömen. Wir kamen quer durch eine schlecht gekleidete, lärmende, wunderlich bewaffnete Menge." Gardes du corps bildeten Patrouillen und ritten im Galopp vorbei. Als diese Wachen Mounier und die Abgeordneten mit ihrem sonderbaren Ehrengeleit bemerkten, glaubten sie offenbar, die Häupter des Aufstandes vor sich zu haben, wollten die Masse zerstreuen und ritten quer hindurch.[1] Die „Unverletzlichen" liefen, was sie konnten, durch den Straßenkot davon. Man stelle sich die Wut des Volkes vor, das sich einbildete, in ihrer Begleitung sicher rücksichtsvoll behandelt zu werden.

Zwei Frauen wurden verwundet und nach der Aussage von Zeugen sogar durch Säbelhiebe.[2] Inzwischen tat das Volk noch nichts. Von drei bis acht Uhr abends verhielt es sich geduldig und still, nur stieß es hier und da Schreie und höhnische Rufe aus, wenn die verhaßte Uniform der Gardes du corps sichtbar wurde. Ein Kind warf Steine.

Man hatte den König gefunden; er war, ohne sich zu beeilen, von Meudon zurückgekehrt. Mounier wurde endlich erkannt und mit zwölf Frauen empfan-

---

1 Vergleiche Mounier, im Anhang des „Exposé justificatif".

2 Wenn, wie man versichert, der König verbot, tätlich vorzugehen, so kam das Verbot später und zu spät.

gen. Er sprach zum König von der Not in Paris, zu den Ministern von der Forderung der Versammlung, die eine klare und glatte Annahme der „Erklärung der Rechte" und anderer Artikel der Verfassung erwartete. Der König hörte indessen die Frauen gütig an. Die junge Louison Chabry war beauftragt worden, das Wort zu führen; aber vor dem König wurde ihre Erregung so stark, daß sie kaum das Wort „Brot!" herausbrachte und ohnmächtig zu Boden sank. Der König war sehr gerührt und ließ ihr Hilfe bringen; als sie ihm beim Fortgehen die Hand küssen wollte, umarmte er sie wie ein Vater.

Sie kam als Royalistin heraus mit dem Rufe: „Es lebe der König!" Die Frauen, die wütend auf dem Platze warteten, flüsterten sich zu, man habe sie bezahlt; es nütze ihr nichts, daß sie ihre Taschen umwandte und zeigte, daß sie kein Geld besaß; die Frauen legten ihr die Strumpfbänder um den Hals, um sie zu erwürgen. Man rettete sie nicht ohne Mühe. Sie mußte ins Schloß zurückgehen und vom König einen schriftlichen Befehl zu erlangen suchen, daß man Getreide kommen ließ, daß man jedes Hindernis der Verproviantierung von Paris beseitigte.

Auf die Bitten des Präsidenten hatte der König ruhig geantwortet: „Kommen Sie gegen neun Uhr wieder." Mounier war gleichwohl im Schloß geblieben, an der Türe zum Conseil; er beharrte auf einer Antwort und klopfte von Stunde zu Stunde an, bis abends um zehn. Aber nichts entschied sich.

Der Minister von Paris, Herr von Saint-Priest, hatte die Nachricht sehr spät erfahren (ein Beweis, wie unvorhergesehen und plötzlich der Ausflug nach Versailles erfolgte). Er schlug vor, die Königin solle nach Rambouillet abreisen, der König solle bleiben, Widerstand leisten und, wenn nötig, kämpfen; die Abreise der Königin allein hätte das Volk beruhigt und den Kampf überflüssig gemacht. Necker wollte, daß der König nach Paris ging und sich dem Volke anvertraute, das heißt, daß er freimütig und aufrichtig wäre und sich der Revolution fügte. Ludwig XVI. faßte keinen Entschluß und vertagte den Staatsrat, um die Königin zu befragen.

Sie wollte gern abreisen, aber mit ihm, sie wollte einen so unzuverlässigen Menschen nicht sich selbst überlassen; mit dem Namen des Königs als Waffe konnte sie den Bürgerkrieg beginnen. Saint-Priest erfuhr gegen sieben Uhr, daß La Fayette, von der Nationalgarde gezwungen, auf Versailles marschiere. „Man muß auf der Stelle abreisen", meinte er. „Der König an der Spitze der Truppen wird unbehelligt ziehen können." Aber es war unmöglich, diesen zu einem Entschluß zu bewegen. Er glaubte (sehr mit Unrecht), daß die Versammlung nach seiner Abreise den Herzog von Orléans zum König machen würde. Er verschmähte auch die Flucht, er ging mit großen Schritten hin und her und wiederholte von Zeit zu Zeit: „Ein flüchtiger König! Ein flüchtiger König!"[1] Da die Königin indessen auf der Abreise beharrte, wurden die Wagen befohlen. Doch schon war es zu spät.

---

[1] Vergleiche Necker und seine Tochter. Frau von Staël: „Considérations".

SECHZEHNTES KAPITEL

Das Volk bringt den König nach Paris zurück (6. Oktober 1789)

Der 5. Oktober, Fortsetzung. – Das erste Blut fließt. – Die Frauen gewinnen das flandrische Regiment. – Kampf zwischen Gardes du corps und Versailler Nationalgarden. – Der König kann nicht mehr abreisen. – Der Hof erschrickt. – Die Frauen übernachten im Sitzungssaal der Nationalversammlung. – La Fayette wird gezwungen, auf Versailles zu marschieren. – Der 6. Oktober. – Sturm auf das Schloß. – Die Königin in Gefahr. – Die Gardes du corps werden von den französischen Garden gerettet. – Zaudern der Versammlung. – Haltung des Herzogs von Orléans. – Der König wird nach Paris gebracht.

Ein Milizsoldat aus Paris, den ein Trupp Weiber gegen seinen Willen zum Anführer gemacht hatte, und der, durch den Marsch erhitzt, in Versailles noch ungestümer war als alle anderen, wagte es, die Gardes du corps zu umgehen; als er das Gitter geschlossen sah, beschimpfte er den Wachtposten, der innerhalb stand, und bedrohte ihn mit dem Bajonett. Ein Leutnant der Wache und zwei andere ziehen den Säbel und jagen im Galopp hinter ihm drein. Der Mann nimmt die Beine in die Hand, sucht eine Hütte zu erreichen, rennt gegen eine Tonne und fällt unter dauernden Hilferufen hin. Der Reiter erreicht ihn, – da konnten die Nationalgarden von Versailles nicht mehr an sich halten; einer von ihnen, ein Weinhändler, tritt aus den Reihen, legt auf den Verfolger an, schießt und nimmt ihn kurzerhand fest; er hatte den Arm zerschmettert, der den Säbel in die Höhe hielt.

D'Estaing, der Kommandant dieser Nationalgarde, war im Schloß, immer noch in dem Glauben, mit dem König abreisen zu sollen. Der Oberstleutnant Lecointre blieb auf dem Platz und bat den Magistrat um Befehle, aber der erteilte keine. Er fürchtete mit Recht, daß die ausgehungerte Menge in die Stadt strömen und sich selbst Nahrung verschaffen möchte. Er suchte sie auf, fragte, was an Lebensmitteln nötig wäre, wandte sich an den Magistrat mit dem dringenden Ersuchen um Hilfe, erlangte aber nur ein wenig Reis, – eine Bagatelle für so viele Menschen. Dann ließ er überall suchen und linderte, dank seinem gesunden Verstande, ein wenig die Not des Volkes.

Gleichzeitig wandte er sich an das flandrische Regiment und fragte die Offiziere und Soldaten, ob sie schießen würden. Diese wurden schon durch einen viel gewichtigeren Einfluß gedrängt. Frauen hatten sich unter sie gedrängt und baten sie, dem Volke nichts Böses zu tun. Eine von ihnen erschien damals zuerst, der wir noch oft begegnen werden, die scheinbar nicht im Straßenkot mit den anderen marschiert war, sondern zweifellos viel später kam und sich sofort mitten unter die Soldaten stürzte. Es war das hübsche Fräulein Théroigne de Méricourt, aus Lüttich gebürtig, temperamentvoll und ungestüm, wie so viele Frauen aus Lüttich, die an den Revolutionen des fünfzehnten Jahrhunderts teilnahmen[1] und tapfer gegen Karl den Kühnen kämpften. Originell, fremdartig mit ihrem Amazonenhut und ihrem roten Überrock, den Säbel an der Seite, sprach sie, aber mit großer Beredsamkeit, einen Mischmasch, französisch und den Jargon von Lüttich durcheinander. Man lachte, aber man gab ihr nach. Stürmisch, bezaubernd, überwältigend, kannte sie kein Hindernis. Sie hatte Liebschaften gehabt, aber damals hatte sie nur eine einzige, eine furchtbare, tödliche, die ihr mehr kostete als das Leben,[2] die Liebe zur Revolution; sie folgte mit Begeisterung ihrem Lauf, verfehlte keine Sitzung der Versammlung, besuchte die Klubs und die öffentlichen Plätze, beherbergte selbst einen Klub bei sich zu Hause, empfing zahlreiche Abgeordnete. Sie besaß keinen Liebhaber; sie hatte erklärt, sie wolle keinen anderen als den großen Metaphysiker, den kalten Abbé Sieyès, der immer ein Weiberfeind war.

Théroigne war also auf das flandrische Regiment losgestürmt, verdrehte ihm den Kopf, gewann es für sich und entwaffnete es so völlig, daß es brüderlich seine Patronen der Nationalgarde von Versailles auslieferte.

Dann ließ d'Estaing der letzteren sagen, sie sollte sich zurückziehen. Ein Teil zog ab, andere erwiderten, daß sie nur gehen würden, wenn die Gardes du corps zuerst abgezogen seien. Die Gardes erhielten Befehl, an ihnen vorbeizumarschieren. Es war acht Uhr, ein dunkler Abend. Das Volk folgte und bedrängte die Gardes unter höhnischen Zurufen. Diese hatten blank gezogen und schufen sich freie Bahn. Die Leute am Schlusse, die in größerer Bedrängnis waren als die anderen, feuerten Revolverschüsse ab; drei Nationalgardisten wurden getroffen, der eine in die Backe, die beiden anderen erhielten Kugeln in ihre Röcke. Ihre Kameraden erwiderten das Feuer. Die Gardes du corps antworteten mit den Karabinern.

Andere von der Nationalgarde betraten den Hof, umringten d'Estaing und forderten Munition. Er war selbst erstaunt über ihre Kampflust und den Mut, den sie bewiesen, so ganz allein mitten zwischen den Truppen. „Wahre Märtyrer der Begeisterung", sagte er später zur Königin.[3]

Ein Leutnant aus Versailles erklärte dem Artillerieaufseher, wenn er kein Pulver herausgäbe, würde er ihm eine Kugel in den Kopf jagen. Da lieferte er eine

1 Vergleiche meine „Histoire de France", Bd. VI.

2 Eine tragische Geschichte, die von Beauliou und allen Royalisten furchtbar entstellt wurde. Ich bitte die Lütticher, ihre Heldin zu rechtfertigen.

3 Vergleiche einen seiner Briefe am Schluß von Bd. III der „Histoire des deux amis de la liberté".

Tonne aus, der man auf dem Platz den Boden ausschlug; man lud die Kanonen und richtete sie gegen die Rampe, derart, daß man die Truppen, die das Schloß noch deckten, und die Gardes du corps, die auf den Platz zurückkehrten, in die Flanke nahm.

Die Leute von Versailles hatten auf der anderen Seite des Schlosses die gleiche Festigkeit bewiesen. Fünf Wagen zeigten sich am Gitter, fertig zur Abfahrt; es war die Königin, hieß es, die nach Trianon fahren wollte. Der Schweizer öffnet, die Garde macht wieder zu. „Es wäre gefährlich für Ihre Majestät", sagt der Kommandant, „sich vom Schlosse zu entfernen." Die Wagen kehren mit Geleit um. Der Durchgang ist versperrt, der König gefangen.

Derselbe Kommandant rettete einen Garde du corps, den die Menge in Stücke reißen wollte, weil er auf das Volk geschossen hatte. Er machte seine Sache so gut, daß man den Mann losließ; man begnügte sich mit dem Pferd, das zerteilt wurde; man begann, es auf dem Exerzierplatz zu braten; aber die Menge hatte zu großen Hunger, es wurde fast roh gegessen.

Der Regen fiel. Die Menge suchte Schutz, wo sie konnte, die einen drückten das Gitter der Grandes Ecuries ein, wo das flandrische Regiment stand, und ließen sich dort mitten unter den Soldaten nieder. Andere, ungefähr viertausend, waren am Gebäude der Nationalversammlung geblieben. Die Männer waren ziemlich ruhig, aber die Frauen ertrugen diese Untätigkeit nur mit Ungeduld; sie schwatzten, schrien, erregten sich. Maillard allein konnte sie zum Schweigen bringen, und auch das erreichte er nur durch eine feierliche Ansprache an die Versammlung.

Es trug nicht zur Beruhigung der Menge bei, daß die Gardes du corps die Dragoner aufsuchten, die an den Türen des Versammlungsgebäudes standen, und sie baten, ihnen zu helfen, die das Schloß bedrohenden Geschütze zu nehmen. Man wollte sich auf sie stürzen, die Dragoner ließen sie entweichen.

Um acht Uhr geschah ein anderer Versuch. Man brachte einen Brief des Königs, worin er, ohne die Erklärung der Rechte zu erwähnen, in unbestimmter Form den freien Umsatz des Getreides versprach. Wahrscheinlich herrschte in diesem Augenblick der Gedanke an Flucht im Schlosse. Ohne Mounier, der immer noch an der Tür des Staatsrats stand, eine Antwort zu erteilen, schickte man diesen Brief, um die wartende Menge zu beschäftigen.

Eine sonderbare Erscheinung hatte den Schrecken des Hofes vermehrt: ein junger Mann aus dem Volke tritt ein, schlecht gekleidet, völlig erschöpft.[1] Man wundert sich. Es war der Herzog von Richelieu, der sich in diesem Aufzuge unter die Menge gemischt hatte, unter den neuen Haufen Volks, der von Paris herankam; er hatte ihn halben Wegs verlassen, um die königliche Familie zu

[1] Staël, „Considérations", 2. Teil, Kap. XI.

benachrichtigen; er hatte furchtbare Äußerungen gehört, wilde Drohungen, bei denen die Haare sich sträubten. Als er das erzählte, war er so bleich, daß jedermann ebenfalls erbleichte.

Das Herz des Königs wurde schwach; er merkte, daß die Königin in Gefahr war. Obgleich er es seinem Gewissen abringen mußte, das Werk der Gesetzgebung einer „Scheinweisheit" zu bestätigen, unterzeichnete er um zehn Uhr abends die „Erklärung der Rechte".

Mounier konnte also endlich fortgehen. Er beeilte sich, den Vorsitz wieder zu übernehmen, bevor die große Armee aus Paris ankam, deren Pläne man nicht kannte. Er betrat den Saal, aber die Versammlung war nicht mehr da; sie hatte die Sitzung aufgehoben. Die immer mehr lärmende, immer anspruchsvollere Menge hatte verlangt, daß man den Preis des Brotes und des Fleisches herabsetze. Mounier fand an seiner Stelle auf dem Präsidentenstuhl ein großes Weib mit guten Manieren, das die Glocke in der Hand hatte und nur ungern herabstieg. Er gab Befehl, man solle versuchen, die Abgeordneten wieder zusammenzubringen; während er wartete, verkündete er dem Volke, daß der König die Artikel der Verfassung soeben angenommen habe. Die Frauen drängten sich um ihn und baten ihn, ihnen eine Abschrift zu geben; andere meinten: „Aber, Herr Präsident, soll das ein Vorteil sein? Sollen die armen Leute in Paris dadurch Brot bekommen?" Wieder andere: „Wir haben großen Hunger. Wir haben heute nichts gegessen." Mounier sagte, man solle Brot bei den Bäckern aufzutreiben suchen. Von allen Seiten kamen die Lebensmittel. Man begann unter großem Lärm, im Saale zu essen.

Die Frauen unterhielten sich während des Essens mit Mounier: „Aber, lieber Präsident, warum haben Sie das häßliche Veto verteidigt? Hüten Sie sich wohl vor dem Galgen!" Mounier antwortete ihnen fest, sie seien nicht imstande zu urteilen, man führe sie irre, er seinerseits würde lieber sein Leben aufs Spiel setzen, als Verrat an seinem Gewissen begehen. Diese Antwort gefiel ihnen sehr; von da an bewiesen sie ihm große Achtung und Freundschaft.[1]

Mirabeau allein hätte sich Gehör verschaffen und den Tumult ersticken können. Er kümmerte sich nicht darum. Sicher war er unruhig. Am Abend war er, nach der Aussage mehrerer Zeugen, mit einem großen Säbel unter das Volk gegangen und sagte zu denen, die ihm begegneten: „Liebe Kinder, wir sind auf eurer Seite." Dann hatte er sich zu Bett gelegt. Der Genfer Dumont suchte ihn auf und brachte ihn in die Versammlung zurück. Sogleich, als er ankam, rief er mit seiner dröhnenden Stimme: „Ich möchte wohl wissen, woher man den Mut nimmt, unsere Sitzungen zu stören. Herr Präsident, verschaffen Sie der Versammlung Achtung!" Die Frauen riefen Beifall. Es trat ein wenig Ruhe ein.

---

[1] Vergleiche Mounier, im Anhang zum „Exposé justificatif".

Um die Zeit zu verbringen, nahm man die Unterredung über die Strafgesetze wieder auf.

„Ich stand auf einer Galerie“, erzählte Dumont, „wo ein Fischweib mit großer Überlegenheit auftrat und etwa hundert Frauen nach ihrem Willen lenkte, besonders junge Mädchen, die auf ihr Zeichen schrien oder schwiegen. Sie nannte vertraulich die Abgeordneten bei Namen oder fragte wohl: ‚Wer spricht da unten? Laßt den Schwätzer aufhören! Das gehört nicht zur Sache! Wie man Brot bekommt, steht auf der Tagesordnung! Man soll lieber dafür sorgen, daß unser Mütterchen Mirabeau redet!‘ Und alle anderen riefen: ‚Unser Mütterchen Mirabeau!‘ Aber er wollte durchaus nicht reden.“[1]

La Fayette, der zwischen fünf und sechs Uhr von Paris aufgebrochen war, langte erst nach Mitternacht an. Wir müssen weiter zurückgreifen und ihm von Mittag bis Mitternacht folgen.

Gegen elf Uhr erhielt er die Nachricht von dem Einfall ins Hôtel de Ville und begab sich dahin. Die Menge war schon abgezogen, und er begann, eine Depesche für den König zu diktieren. Die Nationalgarde, besoldete und unbesoldete, erfüllte den Grèveplatz, in Reih und Glied; es hieß, man müsse nach Versailles ziehen. Besonders viele ehemalige Angehörige der französischen Garde bedauerten den Verlust ihres früheren Privilegs, den König zu bewachen, und hätten sich seiner gern wieder bemächtigt. Ein paar von ihnen gingen ins Hôtel de Ville, klopften an das Büro, in dem sich La Fayette befand; ein sehr schöner, junger Grenadier, der prachtvoll reden konnte, erklärte ihm fest:

„Herr General, das Volk hat kein Brot, das Elend kann nicht größer werden; das Verpflegungskomitee oder Sie täuschen uns entweder, oder sind selbst getäuscht. Die Lage ist unhaltbar; es gibt nur ein Mittel: ziehen wir nach Versailles! ... Man sagt, der König sei ein Schwachkopf, wir werden also seinem Sohne die Krone aufs Haupt setzen; man ernennt eine Regentschaft, und dann wird alles besser werden.“

La Fayette war ein sehr standhafter und sehr hartnäckiger Mensch. Aber die Menge war es noch mehr. Er glaubte an seinen gewaltigen Einfluß, und mit Recht; und doch mußte er einsehen, daß seine Vorstellung davon übertrieben war. Vergebens hielt er eine Ansprache an das Volk; vergebens blieb er auf seinem weißen Pferd mehrere Stunden auf dem Grèveplatze, bald sprechend, bald mit einer Geste Ruhe gebietend oder wohl, um sich zu beschäftigen, sein Pferd mit der Hand streichelnd. Die Schwierigkeit wurde immer größer; schon drängten ihn nicht allein mehr seine Nationalgarden, sondern auch die Banden aus den Faubourgs Saint-Antoine und Saint-Marceau; und die letzteren hörten auf kein verständiges Wort. Sie gaben dem General durch beredte Zeichen ihre Meinung

[1] Etienne Dumont, „Souvenirs“, S. 181.

zu verstehen, bereiteten die Laterne für ihn vor, legten auf ihn an. Da steigt er vom Pferd, schickt sich an, ins Hôtel de Ville zurückzukehren; aber seine Grenadiere versperren ihm den Weg: „Zum Donner, General! Sie bleiben bei uns! Sie lassen uns nicht im Stich!"

Glücklicherweise bringt man einen Brief aus dem Hôtel de Ville; man ermächtigt den General aufzubrechen, „in Anbetracht der Unmöglichkeit, sich länger zu widersetzen". – „Ziehen wir also", sagt der bekümmert. – Ein Freudengeschrei erhebt sich.

Von dreißigtausend Mann der Nationalgarde nahmen fünfzehntausend teil. Dazu kamen noch einige tausend Männer aus dem Volk. Die Beschimpfung der Nationalkokarde war ein edles Motiv für das Unternehmen. Jedermann klatschte in die Hände beim Vorbeimarsch. – Eine elegante Menge sah von der Uferböschung aus zu und rief Beifall. In Passy, wo der Herzog von Orléans ein Haus gemietet hatte, war Frau von Genlis auf ihrem Posten; sie rief, winkte mit dem Taschentuch und tat alles, um sich bemerkbar zu machen.

Das schlechte Wetter verzögerte den Marsch sehr. Viele Nationalgardisten, deren Eifer eben noch so brennend war, wurden allmählich kühler. Das war nicht mehr der schöne 14. Juli. Ein kalter Oktoberregen fiel. Manche blieben unterwegs zurück; die anderen fluchten und marschierten weiter. „Es ist bitter", meinten die reichen Kaufleute, „vier Meilen weit durch den Regen zu laufen, für Leute, die in der schönen Jahreszeit nur im eigenen Wagen zu ihren Landhäusern zu fahren pflegen", andere sagten: „Wir können einen solchen Frondienst nicht umsonst leisten." Und sie schimpften auf die Königin, stießen tolle Drohungen aus, um nur gar recht böse zu erscheinen.

Das Schloß erwartete sie in größter Besorgnis. Man dachte, daß La Fayette sich stellen würde, als habe man ihn gezwungen, aber daß er aus diesem Umstand Nutzen ziehen würde. Man wollte noch um elf Uhr zusehen, ob, da die Menge sich zerstreut hatte, die Wagen durch das Drachengitter passieren konnten. Die Nationalgarde von Versailles wachte und sperrte die Passage.

Die Königin wollte übrigens durchaus nicht allein abreisen. Sie war mit Recht der Meinung, daß es keinerlei Sicherheit für sie gab, wenn sie sich vom König trennte. Ungefähr zweihundert Edelleute, unter denen mehrere Abgeordnete waren, boten sich zu ihrer Verteidigung an und baten sie um Befehl, Pferde aus ihren Ställen zu holen. Sie gab die Ermächtigung für den Fall, wie sie sagte, daß der König in Gefahr wäre.

La Fayette ließ vor dem Einzug in Versailles den Eid der Treue zum Gesetz und zum König erneuern. Er benachrichtigte diesen von seiner Ankunft, und der König antwortete ihm, daß er ihn mit Vergnügen empfangen würde, und daß er soeben *seine* Erklärung der Rechte angenommen habe.

La Fayette betrat das Schloß allein, zum großen Erstaunen der Garden und aller übrigen. Im Oeil-de-Boeuf (Wartezimmer der Höflinge) sagte ein Herr vom Hofe die törichten Worte: „Da ist Cromwell.“ Und La Fayette erwiderte sehr schlagfertig: „Mein Herr, Cromwell wäre nicht allein hereingekommen.“

„Er sah sehr ruhig aus“, sagt Frau von Staël (die dabei war), „niemand hat ihn je anders gesehen; sein Zartgefühl litt unter der Gewichtigkeit seiner Rolle.“ Er war um so respektvoller, weil er als der Stärkere erschien. Übrigens machte die Gewaltsamkeit, mit der man ihn selbst behandelt hatte, ihn royalistischer, als er jemals gewesen war.

Der König gab der Nationalgarde die äußeren Posten des Schlosses; die Gardes du corps behielten die inneren. Selbst der äußere Umkreis wurde La Fayette nicht ganz anvertraut. Eine seiner Patrouillen wollte durch den Park streifen, der Eintritt durch das Gitter wurde ihr verweigert. Der Park war von Gardes du corps und anderen Truppen besetzt; bis zwei Uhr morgens erwarteten sie den König,[1] für den Fall, daß er sich endlich zur Flucht entschloß. Erst um zwei Uhr ließ man, durch La Fayette beruhigt, ihnen sagen, daß sie nach Rambouillet abziehen könnten.

Um drei Uhr hatte die Versammlung die Sitzung aufgehoben. Das Volk hatte sich zerstreut und war, so gut es ging, in den Kirchen und anderswo, schlafen gegangen. Maillard und viele Frauen, unter anderen Louison Chabry, waren kurz nach der Ankunft La Fayettes nach Paris zurückgekehrt und hatten die Dekrete über das Getreide und die „Erklärung der Rechte“ mitgenommen

La Fayette hatte große Mühe, seine Nationalgarden unterzubringen; durchnäßt, ermattet suchten sie sich zu trocknen und zu essen. Er selbst begab sich schließlich, als er alles ruhig glaubte, ins Palais Noailles und schlief, wie man nach zwanzig Stunden Anstrengungen und Aufregungen schläft.

Viele Leute schliefen nicht. Besonders die, welche am Abend von Paris gekommen waren und die Mühen des vergangenen Tages nicht erduldet hatten. Der erste Zug, bei dem die Frauen die Hauptrolle spielten, der sehr spontan und harmlos und sozusagen durch die Bedürfnisse des Tages veranlaßt war, hatte kein Blut gekostet. Maillard hatte den Ruhm gehabt, sogar in der Unordnung eine gewisse Ordnung aufrechtzuerhalten Das natürliche Anschwellen, das man immer bei solchen Bewegungen beobachtet, gestattete nicht den Glauben, daß der zweite Zug ebenso verlaufen würde. Tatsache ist, daß er sich unter den Augen der Nationalgarde und gleichsam im Einverständnis mit ihr abgespielt hat. Nichtsdestoweniger waren Männer da, die entschlossen waren, ohne sie zu handeln; mehrere von ihnen wütende Fanatiker, die die Königin gern getötet

[1] Bis zu dieser Stunde dachte man noch daran, wenn man dem Zeugnis des Herrn de la Tour-du-Pin Glauben schenken soll. „Mémoires de La Fayette“, Bd. II.

hätten;[1] andere, die sich ebenfalls so gebärdeten und äußerst gewalttätig erschienen, gehörten bloß zu einer Menschenklasse, die immer reichlich anwächst, wenn die Polizei schwächer wird, sie waren Diebe. Diese berechneten die Vorteile eines Einfalls in das Schloß. Bei der Bastille hatten sie nicht viel gefunden, das sich für sie gelohnt hätte. Aber dies wunderbare Palais von Versailles, in dem sich die Reichtümer Frankreichs seit mehr als einem Jahrhundert anhäuften, – welch entzückende Aussichten bot es für eine Plünderung!

Schon um fünf Uhr morgens, vor Tagesanbruch, streifte eine große, mit Piken, Spießen und Sicheln bewaffnete Menge um die Gitter. Sie hatten keine Gewehre. Als sie die Gardes du corps auf der Wache an den Gittern bemerkten, zwangen sie die Nationalgarden, auf sie zu schießen; diese gehorchten und trugen Sorge, zu hoch zu zielen.

Unter der Menge, die umherirrte oder sich an den auf dem Platz angezündeten Feuern aufhielt, befand sich ein kleiner Buckliger, der Advokat Verrières, der auf einem großen Pferde saß; er galt für sehr gewalttätig; man wartete bereits seit dem Abend auf ihn und erklärte, man würde ohne ihn nichts tun. Lecointre war auch da, hielt hochtrabende Reden, ging und kam. Die Leute von Versailles waren vielleicht noch heftiger als die Pariser, sie waren von langer Hand aufgebracht gegen den Hof und gegen die Gardes du corps; sie hatten am Abend vorher die Gelegenheit verfehlt, über sie herzufallen, sie bedauerten das und wollten jetzt die Rechnung begleichen. Sie hatten viele Schlosser und Schmiede unter sich (von der Waffenfabrik?), rauhe Leute, die gut zuschlugen und, da sie durch ihre Arbeit am Feuer immer durstig waren, auch gut tranken.

Gegen sechs Uhr legen diese Leute, Pariser und Versailler durcheinander, Sturmleitern an oder erzwingen sich den Eingang durch die Gitter und gelangen furchtsam und zögernd in die Höfe. Der erste, der getötet wurde, wäre nach der Darstellung der Royalisten durch einen Sturz verunglückt, indem er auf dem Marmorboden des Hofes ausgeglitten sei. Nach einer anderen, wahrscheinlicheren Version wurde er durch einen von den Gardes du corps abgefeuerten Schuß getötet.

Die einen wandten sich nach links gegen das Gemach der Königin, die anderen nach rechts, gegen die Treppe zur Kapelle, die dem Gemach des Königs näher lag. Links stieß ein unbewaffneter Pariser, der hinter den ersten herlief, auf einen Garde du corps; dieser versetzte ihm einen Stoß mit dem Dolch. Man tötet den Garde du corps. Rechts ging ein Milizsoldat der Versailler Garde an der Spitze, ein kleiner Schlosser mit tiefliegenden Augen, sehr wenig Haaren und

[1] Aus dem „Ami du Peuple" ergibt sich für mich nicht, daß man Marat beschuldigen könnte, die blutigen Gewalttaten angestiftet zu haben. Sicher aber hat er sehr stark agitiert. „Herr Marat fliegt nach Versailles, kommt wie der Blitz zurück, macht für sich allein soviel Lärm wie die vier Posaunen des Jüngsten Gerichts und schreit uns zu: O ihr Toten! Erhebt euch!" Camille Desmoulins, „Révolutions de France et de Brabant", Bd. III, S. 359.

von der Schmiedearbeit aufgerissenen Händen.[1] Dieser Mann und ein anderer wurden von einer Wache, die ein paar Stufen herabkam, auf der Treppe angesprochen. Sie gaben keine Antwort, sondern bemühten sich, den Wachtposten an seiner Degenkoppel mitzuzerren, um ihn der hinterherdrängenden Menge auszuliefern. Die anderen Wachen brachten ihn zu den übrigen zurück, aber zwei von ihnen wurden getötet. Da flohen alle über die große Galerie zum Oeil-de-Boeuf, das zwischen den Gemächern des Königs und der Königin lag. Hier waren auch schon andere Wachen.

Der wütendste Angriff wurde gegen das Gemach der Königin gerichtet. Die Schwester ihrer Kammerfrau, Frau von Campan, hatte die Türe halb geöffnet und bemerkte einen blutbedeckten Gardisten, der die Wütenden zurückhielt. Sie schließt den Riegel an dieser Tür, die Zofe streift der Königin einen Unterrock über und will sie zum König führen. Ein furchtbarer Augenblick ... Auch an der anderen Seite ist die Türe zugeriegelt. Man klopft immer stärker. Der König war nicht in seinem Gemach; er hatte einen anderen Weg genommen, um sich zur Königin zu begeben. In diesem Moment schlägt ein Pistolenschuß ganz in der Nähe ein, dann ein Gewehrschuß. „Freunde, liebe Freunde", ruft die Königin, in Tränen schmelzend, „rettet mich und meine Kinder." Man brachte den Dauphin. Endlich öffnet sich die Tür, die Königin sucht Schutz beim König.

Die Menge hämmerte und hämmerte gegen die Tür, um ins Oeil-de-Boeuf zu gelangen. Die Gardes du corps hatten sich dort verbarrikadiert, Bänke, Schemel und andere Möbel aufgestapelt; da bricht die Füllung unten in der Tür. Sie erwarten nur noch den Tod. Aber plötzlich verstummt der Lärm; eine weiche, aber laute Stimme ruft: „Öffnet!" und da man nicht öffnet, wiederholt dieselbe Stimme: „Öffnet doch, ihr Herren Gardes du corps, wir haben nicht vergessen, wir französischen Garden, daß die eurigen uns bei Fontenoy retteten."

Es waren die früheren französischen, jetzt Nationalgarden, es war der tapfere, hochherzige Hoche, damals einfacher Feldwebel. Es war das Volk, das den Adel zu retten kam. Man öffnete, und sie sanken einander weinend in die Arme.

In diesem Augenblick öffnet der König, der den Durchgang erzwungen glaubt und die Retter für die Mörder hält, selbst seine Türe und sagt in einer Aufwallung mutigen Mitgefühls zu den Anwesenden: „Tut meinen Garden nichts Böses."

Die Gefahr war vorbei, die Menge zurückgewichen. Die Diebe allein ließen nicht locker. Sie waren völlig mit Plündern und Fortschaffen beschäftigt. Die Grenadiere warfen diese Elenden zur Tür hinaus.

Eine Schreckensszene geschah im Hof. Ein Mensch mit einem langen Bart bemühte sich, den Leichnamen zweier an der Treppe getöteten Gardes du corps

[1] Aussage des Garde du corps Miomandre, „Montiteur", Bd. I, S. 566.

mit einem Beil den Kopf abzuhauen. Dieser Elende, den manche für einen berühmten Räuber aus dem Süden hielten, war bloß ein Modell aus der Malerakademie; er trug an diesem Tage das pittoreske Kostüm eines antiken Sklaven, das jedermann erstaunt betrachtete und das die Furcht vor ihm mehrte.[1]

Dann traf La Fayette, der zu spät erwacht war, zu Pferd im Schloß ein. Er bemerkte einen Garde du corps, den man ergriffen und zu dem Leichnam eines der von den Gardes du corps getöteten Männer geführt hatte, um ihn aus Rache zu töten. „Ich habe dem König mein Wort gegeben, die Seinigen zu retten. Verschafft meinem Wort Achtung." Der Garde du corps war gerettet. Nicht so La Fayette. Ein Wütender schrie: „Tötet ihn!" Der General befahl, den Mann festzunehmen, und die gehorsame Menge schleppt diesen in der Tat vor den General und stößt ihn dabei mit dem Kopf gegen das Pflaster.

La Fayette tritt ein. Madame Adélaïde, eine Tante des Königs, umarmt ihn: „Sie haben uns gerettet." Er eilt ins Kabinett des Königs. Wer sollte meinen, daß die Etikette noch bestände! Ein hoher Offizier hält ihn einen Augenblick an und läßt ihn dann durchgehen: „Mein Herr", sagt er ernst, „der König gewährt Ihnen die ‚grandes entrées'." (Recht der Kammerherren, das Gemach des Königs zu betreten.)

Der König zeigt sich auf dem Balkon. Ein einstimmiger Schrei erhebt sich: „Es lebe der König! Es lebe der König!"

„Der König soll nach Paris!" das ist der zweite Schrei. Das ganze Volk wiederholt ihn, die ganze Armee bildet das Echo.

Die Königin stand an einem Fenster, ihre Tochter an sie geschmiegt, vor ihr der Dauphin. Das Kind spielte mit den Haaren seiner Schwester und sagte plötzlich: „Mama, ich habe Hunger!" Harte Reaktion der Notwendigkeit! Der Hunger greift vom Volk auf den König über! O Vorsehung! Vorsehung! ... Gnade! Ein Kind sprach die Worte.

---

[1] Nach der Aussage seines Hauswirtes hatte man bei Nikolas, so hieß er, niemals Zeichen von Gewalttätigkeit oder von bösem Charakter bemerkt. Die Kinder durften diesen schrecklichen Mann am Bart zupfen. Er war im Grunde ein eitler und närrischer Mensch, der eine große, energische, originelle Tat zu tun und vielleicht eine der blutigen Szenen in die Wirklichkeit umsetzen zu können glaubte, die er auf Bildern oder im Theater gesehen hatte. Als der scheußliche Vorgang beendet war und jedermann sich von ihm abwandte, empfand er plötzlich sein sonderbares Alleinsein und suchte sich unter allerlei Vorwänden den Menschen zu nähern, bat einen Bedienten um eine Prise Tabak, einen Schweizer aus dem Schloß um Wein, den er bezahlte, lobte sich selbst, sprach sich Mut zu und versuchte sich zu beruhigen (vergleiche die Aussagen im „Moniteur"). – Die Köpfe wurden auf Piken nach Paris gebracht, den einen trug ein Kind. Nach einigen Zeugen schaffte man sie schon am Morgen weg, nach anderen kurz vor der Abfahrt des Königs und folglich in Gegenwart La Fayettes, was wenig wahrscheinlich ist. Die Gardes du corps hatten fünf Mann vom Volke und der Versailler Nationalgarde getötet, diese sieben Gardes du corps.

In diesem Augenblick rief man im Hofe mit dröhnender Stimme: „Die Königin!“ Das Volk verlangt, daß sie auf dem Balkon erscheint. Sie zögert: „Was, ganz allein?“ – „Madame, fürchten Sie nichts“, antwortet La Fayette. Sie tritt hinaus, aber nicht allein, sondern – eine wundervolle Schildwache – an der einen Hand ihre Tochter und an der anderen ihren Sohn haltend. Der Marmorhof war gefährlich, die Wogen der Erregung gingen hoch; die Nationalgarden, die rings um ihn eine Hecke bildeten, konnten nicht dafür bürgen, was in der Mitte geschah; da gab es blindwütende Leute und Schußwaffen. La Fayette benahm sich prachtvoll: er setzte um dieser zitternden Frau willen seine Popularität, sein Schicksal, sein Leben aufs Spiel; er erschien mit ihr auf den Balkon und küßte ihr die Hand.[1]

Das fühlte die Menge. Die Rührung war allgemein. Man sah das Weib und die Mutter, sonst nichts. „Ach, wie schön sie ist! Wie! Das ist die Königin? Wie sie ihre Kinder liebkost!“ – Großmütiges Volk! Gott segne dich für deine Milde und dein Verzeihen!

Der König zitterte am ganzen Leibe, als die Königin den Balkon betrat. Als die Sache glücklich ausging, sagte er zu La Fayette: „Könnten Sie nicht auch etwas für meine Garden tun?“ – „Geben Sie mir einen mit.“ – La Fayette führt den Mann auf den Balkon, läßt ihn den Eid leisten und die Nationalkokarde an seinem Hut zeigen. Der Gardist umarmt ihn. Man ruft: „Die Gardes du corps sollen leben!“ Der Sicherheit halber nahmen die Grenadiere die Mützen der Garden und gaben ihnen die ihrigen dafür; da man sie so an der Kopfbedeckung nicht mehr erkennen kann, so konnte man nicht mehr auf die Garden schießen, ohne Gefahr zu laufen, die eigenen Leute zu treffen.

Dem König widerstrebte es aufs äußerste, von Versailles abzureisen. Die königliche Residenz verlassen, das war für ihn dasselbe, wie das Königtum verlassen. Er hatte wenige Tage vorher die Bitten Malouets und anderer Abgeordneter abgewiesen, die ihn zu bewegen suchten, um weiter von Paris entfernt zu sein, die Versammlung nach Compiègne zu verlegen. Und jetzt sollte er Versailles lassen und nach Paris gehen, mitten durch diese schreckliche Menge. Was würde der Königin geschehen? Man wagte beinahe nicht, daran zu denken.

---

[1] Die merkwürdigste Aussage unter vielen ist die der Frau La Varenne, jener alten, wackeren Schließerin, von der wir gesprochen haben. Man hat hier ein treffliches Beispiel dafür, wie eine Legende sich bildet. Diese Frau ist Augenzeuge und selbst beteiligt; bei dem Versuch, einen Garde du corps zu retten, wird sie verwundet, und sie sieht und hört in Wirklichkeit alles, was ihr Geist ihr vorspiegelt, und erzählt es ganz ehrlich als wahr: „Die Königin ist auf dem Balkon erschienen; Herr von La Fayette hat gesagt: Die Königin ist getäuscht worden.“ Sie verspricht, ihr Volk zu lieben und ihm verbunden zu bleiben wie Jesus Christus seiner Kirche. Zum Zeichen der Beteuerung hat die Königin, Tränen vergießend, zweimal die Hand emporgehoben. Der König hat um Gnade für seine Garden gebeten usw.

Der König ließ die Versammlung bitten, im Schloß zusammenzutreten. War sie einmal da, fanden sich der König und die Versammlung zusammen, so hätten Abgeordnete, von La Fayette unterstützt, den König angefleht, nicht nach Paris zu gehen. Diese Bitte hätte man dem Volk als Wunsch der Versammlung vorgetragen. Die ganze große Bewegung wäre zu Ende; Erschlaffung, Langeweile, Hunger würden das Volk allmählich vertreiben; es verlief sich von selbst.

Die Versammlung, die allmählich zusammentrat, zauderte, schwankte.

Niemand hatte einen festen Entschluß, einen bestimmten Gedanken. Diese Volksbewegung war für jedermann überraschend gekommen. Die schärfsten Geister hatten sie nicht vorausgesehen. Mirabeau hatte nichts vorhergesehen, ebensowenig Sieyès. Dieser sagte kummervoll, als er die erste Nachricht erhielt: „Das verstehe ich nicht, das geht ganz gegen den Strich."

Ich denke, er wollte sagen: gegen die Revolution. Sieyès war um diese Zeit noch revolutionär und vielleicht der Linie Orléans ziemlich günstig gesinnt.

Wenn der König Versailles, seinen alten Hof, verließ, wenn er in Paris, inmitten des Volkes lebte, so war das zweifellos für Ludwig XVI. eine starke Möglichkeit, wieder volkstümlich zu werden.

Wenn die Königin (wäre sie nun getötet worden oder entflohen) ihm nicht gefolgt wäre, so hätten die Pariser sehr wahrscheinlich ihre alte Liebe zum König wiederentdeckt. Sie hatten zu jeder Zeit eine Schwäche für diesen dicken Mann, der keineswegs boshaft war, und der in seiner Wohlbeleibtheit einen Anflug von beglücktem und väterlichem Wohlwollen besaß, der ganz nach dem Geschmack der Menge war. Oben wurde bemerkt, daß die Marktweiber ihn einen guten Papa nannten; so dachte ihn sich das Volk in der Tat.

Diese Überführung nach Paris, die den König so sehr erschreckte, erschreckte im umgekehrten Sinne diejenigen, welche die Revolution befestigen und fortsetzen wollten, und noch mehr diejenigen, welche aus patriotischen oder persönlichen Gründen die Reichsverweserschaft (oder noch besseres) gern dem Herzog von Orléans gegeben hätten.

Diesem letzteren, den man törichterweise beschuldigte, er wolle die Königin umbringen lassen, hätte nichts Schlimmeres geschehen können, als wenn die Königin getötet worden und der König, allein und von dieser lebendigen Unpopularität befreit, für dauernd nach Paris gekommen wäre, wenn er in die Hände La Fayettes und Baillys gefallen wäre.

Der Herzog von Orléans war gänzlich unschuldig an der Bewegung vom 5. Oktober. Er wußte weder, was er dagegen tun, noch wie er sie ausnutzen sollte. Am 5. und in der folgenden Nacht war er sehr geschäftig, ging und kam wieder. Die Aussagen beweisen, daß man ihn überall zwischen Paris und Versailles sah, und daß er sich nirgends zu einer Tat aufraffte.[1] Am 6. morgens, zwischen acht und neun, so kurz nach den Mordtaten, als noch der Hof des Schlosses vom Blut besudelt war, zeigte er sich dem Volke, eine riesige Kokarde am Hut und in der Hand ein Spazierstöckchen, mit dem er lachend spielte.

Um auf die Versammlung zurückzukommen, so begaben sich nicht einmal vierzig Abgeordnete ins Schloß. Die Mehrzahl war unsicher und blieb im Sitzungssaal. Das Volk, das die Tribünen überfüllte, stellte ihre Unsicherheit fest; beim ersten Wort, das für die Sitzung im Schlosse gesprochen wurde, stieß es Rufe aus. Da erhob sich Mirabeau und sagte, nach seiner Gewohnheit seine Willfährigkeit gegen das Volk unter einer stolzen Sprache verbergend, daß die Freiheit der Nationalversammlung aufs Spiel gesetzt würde, wenn im Palast der Könige Beratungen abgehalten würden, daß es ihrer nicht würdig sei, die Stätte ihrer Sitzungen zu verlassen, daß eine Abordnung genüge. Der junge Barnave unterstützte ihn. Der Präsident Mounier widersprach vergebens.

Endlich erfährt man, daß der König in die Abreise nach Paris einwilligt; die Versammlung beschließt auf den Vorschlag Mirabeaus, daß sie für die gegenwärtige Wahlperiode vom König unzertrennlich ist.

Der Tag rückt vor. Es ist bald ein Uhr. Man muß abreisen, Versailles verlassen. Adieu, alte Monarchie!

Hunderte Abgeordnete umgeben den König, ein ganzes Heer, ein ganzes Volk. Er entfernt sich vom Palast Ludwigs XIV., um nie wieder dahin zurückzukehren.

Die ganze Menge setzt sich in Bewegung, sie kehrt nach Paris zurück, vor dem König und hinter ihm. Männer, Weiber kommen voran, so gut es geht: zu Fuß, zu Pferd, zu Wagen, auf gefundenen Karren, auf den Lafetten der Geschütze. Man begegnet erfreut einem großen Mehltransport, ein schöner Anblick für die ausgehungerte Stadt. Die Frauen tragen auf Piken dicke Laibe Brot, andere Pappelzweige, die durch das Oktoberwetter schon gelb geworden sind. Sie sind sehr lustig und auf ihre Art liebenswürdig, von einigen schlechten Witzen auf Kosten der Königin abgesehen. „Wir bringen den Bäcker, die Bäckerin und den kleinen Bäckerburschen heim", riefen sie. Alle meinten, daß man niemals Hungers sterben könnte, wenn man den König bei sich habe. Alle waren noch Royalisten und freuten sich sehr, daß sie diesen „guten Papa" endlich in gute Hände geben konnten; er hatte nicht gerade viel Verstand; er hatte sein Wort gebrochen, daran war seine Frau schuld; aber, wenn er einmal in Paris war, so würde es nicht an guten Frauen fehlen, die ihn besser berieten.

[1] Alles, was er getan zu haben scheint, war, daß er am Abend des 5. Oktober den Wirt der Versammlung beauftragte, dem Volk, das im Saale war, Lebensmittel zu liefern. – Nichts läßt vermuten, daß er zwischen dem 14. Juli und dem 5. Oktober viel getan hat, mit Ausnahme eines albernen und ungeschickten Versuches, den Danton zu seinen Gunsten bei La Fayette machte. Vergleiche die Memoiren des letzteren.

All dies ging fröhlich, traurig, ungestüm, lustig und düster zugleich zu. Man hatte Hoffnung, aber der Himmel machte nicht mit. Das Wetter begünstigte das Fest unglücklicherweise wenig. Es goß in Strömen, man marschierte langsam im dicken Schmutz. Jeden Augenblick feuerten einige, aus Freude oder um ihre Waffen zu entladen, Flintenschüsse ab.

Der königliche Wagen, unter Geleit mit La Fayette am Schlage, fuhr wie ein Sarg daher. Die Königin war unruhig. War es sicher, daß sie glücklich ankam? Sie fragte La Fayette, wie er darüber dächte, und der fragte seinerseits Moreau de Saint-Méry, der in den berühmten Tagen des Sturmes auf die Bastille im Hôtel de Ville den Vorsitz geführt hatte und seine Leute gut kannte. Er antwortete mit den bezeichnenden Worten: „Ich zweifle, daß die Königin allein bei den Tuilerien anlangt; aber ist sie einmal im Hôtel de Ville, so wird sie auch wieder herauskommen."

Nun ist der König in Paris, an dem einzigen Ort, wo er sein mußte, im Herzen Frankreichs selbst. Hoffen wir, daß er sich dessen würdig zeigt.

Die Revolution vom 6. Oktober, notwendig, natürlich und rechtmäßig, wie je eine war, ganz spontan, unvorhergesehen, wahrhaft volkstümlich, kommt besonders auf Rechnung der Frauen, wie die vom 14. Juli auf Rechnung der Männer. Die Männer haben die Bastille genommen und die Frauen den König gefangen.

Am 1. Oktober wurde alles verdorben von den Damen in Versailles. Am 6. wurde alles wiedergutgemacht von den Frauen aus Paris.

SIEBZEHNTES KAPITEL

Vereintes Bemühen, das Ansehen des Königs zu befestigen
Begeisterung und Verbrüderung
(Oktober 1789)

Liebe des Volkes zum König. – Hochherzigkeit des Volkes, sein Verlangen nach Eintracht, seine Bundesfeste. – La Fayette und Mirabeau für den König, die Nationalversammlung für den König, Oktober 1789. – Man behandelt im Oktober den König nicht als Gefangenen.

Am Morgen des 7. Oktober, zu früher Stunde, waren die Tuilerien voll von einer erregten Volksmenge, die darnach verlangte, ihren König zu sehen. Den ganzen Tag, während er die Huldigung der Behörden entgegennahm, beobachtete die Menge ihn von draußen, erwartete und suchte ihn. Man sah ihn, oder man glaubte, ihn von weitem durch die Fensterscheiben zu sehen; wer das Glück hatte, ihn deutlich zu erkennen, zeigte ihn seinem Nachbar: „Sieh, da ist er!" Er mußte auf dem Balkon erscheinen, einmütige, stürmische Hochrufe empfingen ihn. Er mußte in den Garten kommen, die Rührung des Volkes in der Nähe erwidern.

Seine Schwester, Madame Elisabeth, jung und unschuldig, war gerührt, öffnete ihre Fenster und speiste angesichts der Menge zu Abend. Die Frauen kamen herbei mit ihren Kindern, segneten sie und riefen ihr zu, sie sei schön.

Man konnte schon am Abend vorher, am Abend des sechsten Oktober selbst, völlig beruhigt sein über dieses Volk, vor dem man so große Angst gehabt hatte. Als der König und die Königin unter Fackelbeleuchtung im Hôtel de Ville erschienen, erhoben sich donnernde Rufe auf dem Grèveplatz, Rufe der Freude, der Liebe, der Dankbarkeit für den König, der nun in ihrer Mitte leben wollte. Sie weinten wie Kinder, reichten sich die Hände, sanken einander in die Arme.[1]

„Die Revolution ist zu Ende", meinte man, „der König ist befreit aus diesem Versailles, ist frei von seinen Höflingen und Ratgebern." Und in der Tat: der böse Zauber, der das Königtum seit länger als einem Jahrhundert in Bann hielt, fern von den Menschen, in einer Welt von Statuen, von Automaten, die noch künstlicher waren als die Statuen, er war Gott sei Dank gebrochen. Der König

[1] Diese und die folgende Darstellung gründet sich auf royalistische Schriftsteller: Weber, Bd. I, S. 257; Beaulieu, Bd. II, S. 203 usw. Ihr Zeugnis entspricht dem der „Histoire des deux amis de la liberté", Bd. IV, S. 2–6.

war zurückversetzt in die Wirklichkeit, in das Leben und die Wahrheit. Man hatte ihn aus der langen Verbannung nach Hause geführt, er fand seine wahre Heimat wieder, das Lebenselement des Königtums, das Volk. Wo anders könnte ein König atmen und leben?

„Leben Sie, Sire, in unserer Mitte, seien Sie zum erstenmal frei. Sie sind es nie gewesen. Immer haben Sie wider Willen gehandelt und handeln lassen. Jeden neuen Morgen hat man Sie zu einer Tat getrieben, die Sie am Abend bereuen mußten; jeden Tag waren Sie von neuem gehorsam. So lange waren Sie der Laune untertan, regieren Sie endlich nach dem Gesetz; das Gesetz ist das Königtum, ist die Freiheit. Gott selbst regiert nicht anders."

So dachte das Volk, es war hochherzig und voller Sympathie, ohne Groll und ohne Mißtrauen. Zum erstenmal in naher Berührung mit den vornehmen Herren und den schönen Damen, behandelte es sie mit der größten Rücksicht. Selbst die Gardes du corps sah es gern, wie sie Arm in Arm mit ihren Freunden und Rettern, den tapferen französischen Garden, spazierengingen. Es begrüßte die einen ebenso freudig wie die anderen, um die, die noch am Tage vorher seine Feinde waren, zu beruhigen und zu trösten.

Man soll es immer im Gedächtnis behalten, daß Frankreichs Herz in jener schlecht gekannten, durch den Haß entstellten Zeit voller Großmut, Milde und Verzeihung war. Selbst als das Verhalten des Adels im ganzen Land zum Widerstand reizt, selbst in den energischen Kundgebungen, wo sich das Volk schlagbereit erklärt, droht es nur und verzeiht dann. Metz verklagt sein Parlament bei der Nationalversammlung als rebellisch und verwendet sich dann dafür. Die Bretagne zeigt sich bei ihrem gewaltigen Bundesfest mitten im Winter (Januar) ebenso stark wie milde. Hundertfünfzigtausend Männer in Waffen verbanden sich dort zum Widerstande gegen die Feinde des Gesetzes, und ihr junger Führer, der an der Spitze ihrer Abgeordneten, den Degen auf dem Altar, seinen Schwur tat, fügte dem Eid die Worte hinzu: „Wenn sie gute Bürger werden, dann verzeihen wir ihnen."

Diese großen Bundesfeste, die während acht oder neun Monaten in ganz Frankreich stattfinden, bilden den unterscheidenden Zug jener Zeit. Sie dienen zunächst nur der Verteidigung, sie verbürgen den gegenseitigen Schutz gegen die unbekannten Feinde, gegen die „Räuber" und gegen die Aristokratie. Dann wollen die Brüder, die gemeinsam in Waffen stehen, auch gemeinsam leben; sie tragen Sorge um die Notdurft ihrer Brüder, sie verpflichten sich, den Umlauf des Getreides zu sichern, die Einfuhr der Lebensmittel von Provinz zu Provinz, von denen, die wenig haben, zu denen, die gar nichts haben, zu überwachen. Endlich wird das Land wieder sicher, die Nahrung weniger selten; die Verbrüderungen dauern fort ohne anderen Zwang als den des Herzens: „Um eins zu werden", so heißt es, „und einander zu lieben."

Städte haben zuerst mit Städten den Bund geschlossen, um sich selbst gegen die Adligen zu schützen. Dann, wenn die Adligen vom Bauer oder von streifenden Banden angegriffen und die Schlösser verbrannt werden, ziehen die Städter bewaffnet aus, schützen die Schlösser, verteidigen die Adligen, ihre Feinde. Zahlreiche Adlige lassen sich in den Städten nieder, unter ihren Rettern, und leisten den Bürgereid (Februar–März).

Die Kämpfe zwischen Stadt und Land dauern glücklicherweise nicht lange. Der Bauer öffnet rechtzeitig Augen und Ohr; er verbündet sich seinerseits für Ordnung und Verfassung. Mir liegen die Protokolle von vielen dieser ländlichen Verbrüderungen vor; überall bricht unter naiven Formen dic Vaterlandsliebe durch, ebenso stark und lebendiger vielleicht als in den Städten.

Keine Schranke mehr trennt die Menschen. Die Mauern der Städte sind wie verschwunden. Oft werden die großen städtischen Bundesfeste auf dem Lande abgehalten. Oft kommen die Bauern in geordneten Zügen, Maire und Pfarrer an der Spitze, in die Städte, um sich den Brüdern zu verbinden.

Keiner stört die Ordnung, alle sind bewaffnet. Man darf nicht vergessen, daß um diese Zeit im allgemeinen jedermann zur Nationalgarde gehört.[1]

Wie kam es, daß die alte Liebe des Volkes, der König, allein abseits stand von der allgemeinen brüderlichen Umarmung? War er doch deren erster Gegenstand. Es änderte nichts, daß man sah, wie die Königin beständig um ihn war, und beständig in Tränen, traurig und hart, nur ihren Groll nährend. Es änderte nichts, daß man sah, wie er an der Last seiner frommen Bedenken schleppte, und an den schweren Ketten, mit denen seine sinnliche Natur ihn an sein Weib fesselte. Man blieb hartnäckig dabei, auf ihn seine Hoffnung zu gründen.

---

[1] Jedermann *ohne Ausnahme* auf dem Lande; da sich die Panik länger als ein Jahr jeden Augenblick erneuerte, so waren alle Leute bewaffnet, wenigstens mit Ackergeräten, und so bewaffnet erschienen sie bei den Paraden und bei den feierlichsten Festen. In den Städten war die Organisation verschieden; die ständigen Ausschüsse, die sich auf die Nachricht von der Einnahme der Bastille hin bildeten, legten Listen auf, in die sich Freiwillige aus allen Klassen der Bevölkerung einschreiben konnten; überall, wo die Lage gefährlich war, gehörte absolut jedermann ohne Ausnahme zu diesen Freiwilligen. – Mit der unglückseligen Uniformfrage begann die Zwietracht; es bildeten sich Elitekorps, die von allen anderen schief angesehen wurden. Schon früh verlangte man in Paris die Uniform, dort wurde die Nationalgarde auf dreißig und einige tausend Mann reduziert. Überall sonst sah man wenig Uniformen; höchstens brachte man Aufschläge an, die je nach der Stadt in den Farben verschieden waren. Allmählich herrschten das Blau und das Rot vor. Der Vorschlag, in ganz Frankreich die Uniform zu verlangen, wurde erst am 18. Juli 1790 gemacht. Am 28. April 1791 beschloß die Nationalversammlung, die Stellung eines Nationalgardisten nur aktiven Bürgern oder Urwählern zu verleihen; die Zahl dieser Wähler (die als Eigentümer oder Vermieter den Wert von drei Arbeitstagen, jeden Tag zu höchstens zwanzig Sous gerechnet, an Steuer bezahlten) belief sich auf ungefähr vier Millionen Männer. Trotz dieser großen Zahl verlangte damals der Dienst bei der Nationalgarde ein so großes Opfer an Zeit, daß die Mehrzahl der Arbeiter, die von der Hand in den Mund lebten, es nicht länger bringen konnte.

Es ist lächerlich: die Angst hatte am 6. Oktober eine Menge Royalisten gemacht. Das schreckliche Erwachen, der nächtliche Spuk hatten die Einbildungskraft tief verstört; man drängte sich an den König. Zuerst die Nationalversammlung. Niemals vorher war sie ihm so geneigt. Sie hatte Furcht gehabt; noch zehn Tage darauf verlegte sie nur mit großem Widerwillen den Ort ihrer Sitzungen in das herbstlich-düstere Paris, in das wogende Meer des Volkes. Hundertfünfzig Abgeordnete zogen es vor, ihre Pässe zu fordern. Mounier und Lally retteten sich.

Die beiden ersten Männer Frankreichs, der volkstümlichste und der beredteste, La Fayette und Mirabeau, kehrten als Royalisten nach Paris zurück.

La Fayette war tief gekränkt, daß er nach Versailles geführt worden war, während es den Anschein hatte, als sei er der Führer. In seinem unfreiwilligen Triumph war er beinahe ebenso getroffen wie der König. Er tat zweierlei nach der Rückkehr. Er veranlaßte die Stadtverwaltung, das blutige Blatt Marats beim Châtelet zu belangen. Er selbst suchte den Herzog von Orléans auf, schüchterte ihn ein, redete bei ihm und vor dem König eine deutliche und feste Sprache, ließ ihn merken, daß seine Gegenwart in Paris nach dem 6. Oktober beunruhigen müsse, allerlei Vorwände zu Ausschreitungen biete und die Sicherheit gefährde. So trieb er ihn nach London. Als der Herzog später zurückkehren sollte, ließ ihm La Fayette sagen, er würde sich am Tage nach seiner Rückkehr mit ihm schlagen.

Mirabeau, der nun ohne seinen Herzog war und klar erkannte, daß er niemals einen Vorteil durch ihn haben würde, schlug sich ehrlich im Bewußtsein seiner Stärke und wie ein Mann, den man braucht und daher nicht zurückweisen kann, auf die Seite La Fayettes (10. bis 20. Oktober); er machte ihm rund heraus den Vorschlag, Necker zu stürzen und zu zweien zu regieren.[1] Das war sicher die einzige Möglichkeit der Rettung, die dem König blieb. Aber La Fayette liebte Mirabeau weder, noch schätzte er ihn. Und der Hof verabscheute sie alle beide.

Einen Augenblick, einen kurzen Augenblick lang verständigten sich die beiden Gewalten, die noch übrig waren, die Volkstümlichkeit und das Genie, zum Nutzen des Königtums. Ein zufälliges Ereignis, das sich gerade an der Tür der Versammlung zutrug, zwei oder drei Tage nach deren Ankunft in Paris, erschreckte diese und trieb sie zu dem Wunsche nach Ordnung um jeden Preis. Ein grausames Mißverständnis brachte einem Bäcker den Tod (21. Oktober).[2] Der Mörder wurde auf der Stelle verurteilt und aufgeknüpft. Das gab der Stadtverwaltung den Anlaß, ein strenges Aufstandsgesetz zu fordern. Die Versammlung beschloß

---

[1] Vergleiche die drei Hauptzeugen: Mirabeau, La Fayette und Alexandre de Lameth.

[2] Dieses Verbrechen, das an der Tür der Versammlung begangen wurde und die Veranlassung gab, daß jene sofort Repressivgesetzte beschloß, konnte nur den Royalisten nutzen. Dennoch glaube ich, daß es lediglich die Wirkung des Zufalls, des Mißtrauens und der Aufregung über die Teuerung war.

das Kriegsgesetz, das den städtischen Verwaltungen das Recht verlieh, die Truppen und die Bürgerwehr zu requirieren, um Zusammenrottungen zu zerstreuen. Gleichzeitig verwies sie die Verbrechen des Hochverrats an der Nation an ein altes königliches Gericht, das Châtelet, ein kleines Tribunal für eine so große Mission. Buzot und Robespierre erklärten, man müsse ein hohes Nationalgericht schaffen. Mirabeau dagegen verstieg sich zu der Erklärung, alle diese Maßregeln seien ohnmächtig, man müsse vielmehr *die ausführende Gewalt wieder stärken*, sie nicht Vorteil ziehen lassen aus ihrer eigenen Vernichtung.

Das geschah am 21. Oktober. Welch weiten Weg hatte man seit dem sechsten zurückgelegt! In vierzehn Tagen hatte der König soviel Boden wiedergewonnen, daß der verwegene Redner ohne Umschweife ein starkes Königtum als für das Wohl Frankreichs unerläßlich erklären konnte.

La Fayette schrieb dem flüchtigen Mounier, der sich über die Gefangenschaft des Königs beklagte und zum Bürgerkriege drängte,[1] nach der Dauphiné: der König würde keineswegs als Gefangener behandelt, er halte sich gewöhnlich in der Hauptstadt auf, werde aber bald seine Jagden wieder beginnen. Das war keine Lüge. La Fayette bat den König tatsächlich, auszugehen, sich zu zeigen, nicht durch eine freiwillige Abschließung dem Gerücht von seiner Gefangenschaft Vorschub zu leisten.[2]

Zweifellos hätte Ludwig XVI. sich damals mit Leichtigkeit entweder, wie Mirabeau riet, nach Rouen, oder, was die Königin wünschte, nach Metz, zu Bouillés Armee, zurückziehen können.

---

[1] Lally selbst hat versichert, daß sein Freund Mounier erklärte: „Ich denke, man muß sich schlagen.“ (Vergleiche Bailly, Bd. III, S. 223, Anm.).

[2] Memoiren La Fayettes, Bd. II, S. 418, Anm.

ACHTZEHNTES KAPITEL

Widerstände
Der Klerus
(Oktober–November 1789)

Großes Elend. – Notwendigkeit, die Güter des Klerus zurückzufordern. – Der Klerus nicht deren Eigentümer. – Reklamationen der Opfer des Klerus: der Leibeigenen des Jura, der Mönche und Nonnen, der Protestanten, Juden und Komödianten.

Der düstere Winter, in den wir eintreten, war nicht so grausam kalt wie der von 1789. Gott hatte Erbarmen mit Frankreich. Man hätte es sonst nicht länger ertragen, nicht länger leben können. Die Not war gewachsen, jede Tätigkeit, jede Arbeit hatte aufgehört. Das war die Zeit, da die Adligen auswanderten oder wenigstens ihre Schlösser, das allzu unsichere Land, verließen und in die Städte zogen, um sich dort gemeinsam gegen die übrige Welt zu verschließen und den Gang der Ereignisse abzuwarten; manche bereiteten sich zur Flucht und packten in aller Stille ihre Koffer. Wenn sie noch auf ihren Besitzungen tätig waren, dann geschah es nur, um zu fordern, nicht um zu helfen; sie rafften in aller Eile zusammen, was man ihnen noch schuldig war, die rückständigen Feudalabgaben. Zurückhalten des Geldes, Arbeitslosigkeit, bedrohliche Vermehrung der Bettler in den Städten; Paris allein zählt zweihunderttausend! Und Millionen würden in die Hauptstadt strömen, wenn man die Stadtverwaltungen nicht verpflichtet hätte, die ihrigen für sich zu behalten. Jede Stadt verbraucht den ganzen Winter hindurch alle Mittel, um ihre Armen zu ernähren, bis sämtliche Hilfsquellen versiegen; die Reichen, die keine Einnahmen mehr haben, sinken fast auf das Niveau der Armen. Alle klagen, alle wenden sich flehend an die Nationalversammlung. Wenn es so weitergeht, dann hat die letztere keine geringere Aufgabe, als das ganze Volk zu ernähren.

Doch das Volk braucht nicht zu sterben. Es hat eine letzte Hilfsquelle, ein Erbgut in Reserve, das es nicht anrührt. Für das Volk, um das Volk zu ernähren, haben sich unsere mildtätigen Vorfahren nicht genug tun können in frommen Stiftungen, beschenkten sie mit ihren kostbarsten Schätzen die Spender der Barmherzigkeit, die Geistlichen. Und die haben das Gut der Armen so wohl gehütet und gemehrt, daß es schließlich den fünften Teil des Königreichs umfaßte und auf vier Milliarden geschätzt wurde.

Um das zu verstehen, muß man wissen, daß der Klerus in seiner Gesamtheit zwar im Vergleich mit der Nation einen ungeheuren Reichtum besaß, daß er aber in sich ebenfalls ein Untier war an Ungerechtigkeit und Ungleichheit.

Dieser Körper, dessen ungeheures Haupt von Fett und Vollblütigkeit strotzte, war an seinen Gliedern zurückgeblieben, mager, trocken und ausgehungert. Hier hatte der Priester eine Million Renten und dort zweihundert Franken.

In dem Entwurf der Versammlung, der erst im Frühjahr herauskam, war dies Bild völlig verwandelt. Die Pfarrer und Landvikare sollten ungefähr sechzig Millionen vom Staat bekommen, die Bischöfe nur drei.

Außerdem wollte die Versammlung den Mönchen und Nonnen dreiunddreißig Millionen Pensionen gewähren und den unbeamteten Geistlichen zwölf Millionen usw. Sie hätte für die gesamte Besoldung des Klerus die sehr hohe Summe von *hundertdreiunddreißig Millionen* aufgewendet, die durch Löschungen allmählich auf die Hälfte gesunken wäre; das hieß, die Dinge großzügig betreiben. Der geringste Pfarrer mußte (die Wohnungen, Pastorate und Gärten nicht gerechnet) wenigstens zwölfhundert Livres jährlich bekommen. Die Wahrheit zu sagen: der ganze Klerus (mit Ausnahme weniger hundert Leute) wäre aus Not und Elend zu behaglichen Verhältnissen gelangt, so daß, was man Beraubung des Klerus nannte, tatsächlich dessen Bereicherung war.

Die Prälaten verteidigten sich gut und heldenhaft. Dreimal mußte man von vorn beginnen, drei Schlachten liefern (im Oktober, Dezember und April), um ihnen das abzuringen, was nur Gerechtigkeit und Zurückerstattung war. Sehr deutlich sah man da, woran das Leben und das Herz dieser Gottesmänner hing: *am Eigentum*! Sie verteidigten es, wie die ersten Christen den Glauben verteidigt hatten!

Die Beweisgründe gingen ihnen aus, aber nicht die Beredsamkeit. Bald verbreiteten sie sich in drohenden Prophezeiungen: „Wenn ihr an ein Eigentum rührt, das vor allen heilig und geweiht ist, dann sind alle anderen in Gefahr, das Eigentumsrecht erlischt im Geiste des Volkes. Schon morgen wird das Volk das Ackergesetz fordern." Ein anderer meinte sanftmütig: „Würde man den Klerus ruinieren, so würde man nicht viel dabei gewinnen. Ach! der Klerus ist so arm, er ist am meisten verschuldet; seine Güter werden, wenn sie nicht mehr von ihm verwaltet sind, niemals seine Schulden decken."

Die Aussprache war am 10. Oktober eröffnet worden. Talleyrand, der Bischof von Autun, der früher die Geschäfte des Klerus besorgt hatte und nun Geschäfte auf eigene Rechnung machen wollte, brach zuerst das Eis, wagte sich hinkenden Fußes auf den schlüpfrigen Boden, vermied den Kern der Fragen und sagte nur, der Klerus sei nicht Eigentümer wie die anderen Eigentümer.

Wozu Mirabeau bemerkte, das Eigentum gehöre der Nation.

Die Juristen in der Versammlung bewiesen überreichlich: 1. daß der Klerus *nicht Eigentümer war* (daß er das Eigentum wohl gebrauchen, aber nicht mißbrauchen durfte); 2. daß er *nicht Besitzer* war (denn das Kirchenrecht verbot ihm den Besitz); 3. daß er *nicht einmal Nutznießer* war, sondern Aufbewahrer, Verwalter, höchstens auch Vertreter der Güter.

Wirksamer als der Wortstreit war es, daß, gerade als man die Axt an die Wurzel des Baumes legte, stumme Zeugen erschienen, die zwar nicht gegen den unheilvollen Baum aussagten, aber zeigten, was er an Ungerechtigkeit und Barbareien in seinem Schatten geborgen hatte.

Der Klerus hatte noch in den Zeiten der Revolution Leibeigene. Das ganze achtzehnte Jahrhundert war vorübergegangen, all die Befreier, und Rousseau, und Voltaire, dessen letzter Gedanke die Befreiung des Jura war. – Der Priester hatte noch Leibeigene! ...

Der Feudalismus war über sich selbst errötet. Er hatte unter verschiedenen Bezeichnungen jener schändlichen Rechte entsagt. Und mit Ehren hatte er die letzten Rechte in der großen Nacht des 4. August beseitigt. – Der Priester hatte immer noch Leibeigene!

Am 22. Oktober wurde einer von ihnen, Jean Jakob, ein ehrfurchtgebietender Greis, über hundertzwanzig Jahre alt, von seinen Kindern in die Versammlung geführt und bat um die Gunst, für die Beschlüsse vom 4. August danken zu dürfen. Groß war die Bewegung: die ganze Nationalversammlung erhob sich vor diesem Ältesten des Menschengeschlechtes, hieß ihn sich setzen und bedecken. Edle Achtung vor dem Alter und eine Genugtuung auch für den armen Hörigen, für eine so lange Schmach an den Rechten der Menschheit! Dieser Greis war unter Ludwig XIV. ein halbes Jahrhundert leibeigen gewesen und seitdem achtzig Jahre lang. Er war es noch immer; die Beschlüsse des 4. August waren nur erst eine allgemeine Erklärung, ausgeführt war nichts. Die Hörigkeit wurde ausdrücklich erst im März 1790 abgeschafft; der Greis starb im Dezember, so sah dieser letzte der Leibeigenen die Freiheit nicht mehr.

An demselben 22. Oktober forderte de Castellane, indem er die Bewegung der Versammlung benutzte, man solle die fünfunddreißig Gefängnisse in Paris und die in Frankreich untersuchen und besonders jene öffnen, die noch unbekannter und noch tiefer waren als die königlichen Bastillen – die geistlichen Verliese. Auf die Dauer mußte wohl an diesem Auferstehungstage die Sonne die Geheimnisse durchdringen, mußte der wohltätige Strahl des Gesetzes zum erstenmal jene Gerichte der Finsternis erleuchten, jene Kerker, jene „in pace“ (geistliche Gefängnisse), in denen die Mönche in ihrem wütenden Klosterhaß, in ihrer Eifersucht, in ihrer Liebe, die noch grausamer war als ihr Haß, ihre Brüder begruben.

Ach! Was anders waren die ganzen Klöster als solche „in pace“, in welche die Familien diejenigen ihrer Glieder warfen und vergaßen, die zuviel waren, und die man den anderen opferte? Diese konnten sich nicht, wie der Hörige aus dem Jura, der Nationalversammlung zu Füßen schleppen, von ihr die Freiheit fordern, statt des Altars die Tribüne umklammern. – Kaum konnten sie, wagten sie, sich aus der Ferne und in Briefen zu beklagen. Eine Nonne schrieb am

28. Oktober, schüchtern, in allgemeinen Ausdrücken, ohne etwas für sich zu verlangen, sondern nur der Versammlung ihre Bitte vortragend, über die geistlichen Gelübde einen Beschluß zu fassen. Die Versammlung wagte noch keinen Entschluß, sie begnügte sich damit, die feierliche Ablegung der Gelübde aufzuschieben und so den neuen Opfern den Eintritt zu verschließen. Wie hätte sie sich beeilt, den traurigen Insassen der Klöster die Türen zu öffnen, wenn sie den Zustand verzweifelter Langeweile gekannt hätte, in den jene geraten waren! Ich habe an anderer Stelle berichtet, wie den armen Nonnen allmählich jede Kultur, jedes Leben entzogen wurde, wie das Mißtrauen des Klerus ihnen jede Geistesnahrung nahm. Sie starben buchstäblich, da sie keinen lebendigen Hauch zu atmen hatten, da die Religion ihnen ebenso und noch mehr als die Welt fehlte. Der Tag, die Langeweile, das Leere – nichts gestern, nichts heute, nichts am Morgen, nichts am Abend. Bisweilen ein Beichtvater und ein wenig Ausschweifung. – Oder sie schlugen sich gerade auf die andere Seite, aus der Klosterzelle zu Voltaire, zu Rousseau, mitten in die Revolution. Ich habe sehr ungläubige Nonnen gesehen. Wenige schufen sich selbst einen Glauben, aber die wenigen besaßen ihn dann in ganzer Stärke und waren ihm treu bis in den Tod. Zeuge dafür ist Charlotte Corday, die im Kloster[1], unter den Gewölben Mathildes und Wilhelm des Eroberers an Plutarch und an „Emile" aufwuchs.

Es war ein Vorbeimarsch aller Unglücklichen, alle Gespenster des Mittelalters traten vor das Antlitz des Klerus, des allgemeinen Bedrückers. Die Juden kamen. Da sie in Toulouse jährlich einmal geohrfeigt und zwischen zwei Hunden aufgehangen wurden, so kamen sie und fragten bescheiden, ob sie Menschen wären. Sie, die Ahnherren des Christentums, die von ihren Söhnen so hart behandelt wurden, waren in gewissem Sinne auch die Ahnherren der Französischen Revolution; die letztere mußte, als Reaktion des Rechtes, sich vor dem strengen Gesetz neigen, worin Moses den künftigen Triumph des Gerechten vorausgeahnt hat.

Ein anderes Opfer der religiösen Vorurteile, das arme Volk der Komödianten, wandte sich ebenfalls an sie. Barbarische Vorurteile! Waren nicht etwa die beiden ersten Männer Frankreichs und Englands, der Schöpfer des „Othello" und der Schöpfer des „Tartüff", Komödianten? Der große Mann, der für sie in der Nationalversammlung das Wort ergriff, Mirabeau, war ein erhabener Komödiant! „Gebärde! Gebärde! Gebärde!" das ist der ganze Redner, hat Demosthenes gesagt.

Die Versammlung entschied nichts für die Schauspieler, nichts für die Juden. Bei Gelegenheit der Debatte über die letzteren, öffnete sie den „Nichtkatholi-

---

[1] In der Abbaye-aux-Dames in Caen (vergleiche die Biographien von Paul Delasalle, Louis Dubais usw.).

ken" den Zutritt zu den bürgerlichen Ämtern. Sie rief unsere unglücklichen Brüder, die Protestanten, aus dem Ausland zurück, die von den grausamen Direktoren Ludwigs XIV. verjagt worden waren; sie versprach ihnen die Rückgabe ihrer Güter, soweit man es vermöchte. So kehrten viele nach langjähriger Verbannung zurück, aber nur wenige fanden ihr Vermögen wieder.[1]

Doch etwas anderes fanden sie: die Gleichheit, die ehrenvollste Rehabilitation, ein der Gerechtigkeit wiedergewonnenes Frankreich, ein auferstandenes Frankreich, die ihrigen in den ersten Reihen der Versammlung, Rabaut und Barnave auf der Tribüne. Die Vergeltung war nur zu gerecht: diese beiden berühmten Protestanten waren Mitglieder des Kirchenausschusses, sie saßen zu Gericht über ihre früheren Richter, entschieden über das Schicksal derer, die ihre Väter verbannt, gerädert und verbrannt hatten. Aus Rache schlugen sie vor, dem katholischen Klerus hundertdreiunddreißig Millionen zu bewilligen.

Rabaut Saint-Etienne war bekanntlich der Sohn des alten Doktors, des standhaften Apostels, des ruhmvollen Märtyrers der Cevennen, der fünfzig Jahre lang kein anderes Dach gekannt hatte als das Laub der Bäume und den Himmel, der verfolgt worden war wie ein Bandit, der die Winter im Schnee zugebracht hatte bei den Wölfen, ohne eine andere Waffe als seine Feder, mit der er seine Reden niederschrieb mitten in den Wäldern. Sein Sohn erlebte nach vieljähriger Arbeit am Werk der religiösen Freiheit das Glück, für ihre Annahme seine Stimme abzugeben. Er ist es auch, der *die Einheit und Unteilbarkeit* Frankreichs vorschlug und verkündigen ließ (9. August 1791). Ein edler Antrag, den zweifellos alle gestellt hätten, der aber aus dem Herzen unserer so lange und so grausam vom Vaterland geschiedenen Protestanten kommen mußte. Die Versammlung wählte Rabaut zum Präsidenten, und er hatte die übergroße Freude, an seinen achtzigjährigen Vater dieses Wort feierlicher Genugtuung und Ehrung für die Geächteten schreiben zu können: „Der Präsident der Nationalversammlung wirft sich Ihnen zu Füßen."

[1] Machen wir gleichwohl einen Unterschied. Es gibt eine Emigration aus Haß, die das Ausland sucht, und die allzu entschuldbare Emigration aus Furcht.

NEUNZEHNTES KAPITEL

Widerstände
Klerus
Parlamente
Provinzialstaaten

Der Klerus fordert zum Bürgerkrieg auf, 14. Oktober. – Begeisterung in den Städten der Bretagne. – Die Versammlung setzt die Zahl der Urwähler auf viereinhalb Millionen herab. – Die Versammlung beseitigt den Klerus als Körperschaft sowie die Parlamente, 3. November. – Widerstand der Gerichte. – Die verderbliche Rolle der Parlamente in der letzten Zeit. – Sie ließen nur noch Adlige zu. – Die Parlamente von Rouen und Metz widersetzen sich, November 1789.

Die Debatte über die Kirchengüter begann am 8. Oktober. Am 14. läutete der Klerus die Sturmglocke zum Bürgerkrieg.

Am 14. ein bretonischer Bischof. Am 24. der Klerus der Diözese Toulouse. Sturmglocke im Westen, Sturmglocke im Süden.

Man darf nicht vergessen, daß in eben diesem Monat Oktober die Prälaten und reichen Äbte in Belgien, die gleichfalls ihre Güter bedroht sahen, ein Heer sammelten und einen General ernannten. Brabant und Flandern pflanzten das Banner mit dem roten Kreuz auf. Die Kapuziner und andere Mönche rissen die Bauern mit fort, berauschten sie mit wilden Reden, mit rasenden Prozessionen, gaben ihnen den Degen in die Hand, den Dolch gegen den Kaiser.

Unsere Bauern waren weniger rasch geneigt, sich in Bewegung zu setzen. Sie haben im allgemeinen ein gesundes Urteil, viel klarer und nüchterner als die Belgier. Der alte fröhliche Fabelgeist Rabelais', der beim Klerus in geringer Gunst stand, ist in Frankreich niemals ganz tot gewesen. „Der Herr Pfarrer und seine Magd" ist ein unerschöpfliches Thema für lange Winterabende. Übrigens wurde der Pfarrer mehr aufgezogen als gehaßt. Die Bischöfe (sie waren damals alle adlig, Ludwig XVI. machte keine anderen) waren in der Mehrzahl sehr viel anstößiger. Sie begnügten sich nicht mit ihren Provinzgräfinnen, die im bischöflichen Palast die Honneurs machten, sondern suchten Abenteuer, stellten den Tänzerinnen in Paris nach. Diese Gräfinnen oder Marquisen, die meistens dem armen Adel angehörten, machten bisweilen ihrer Quasi-Ehe durch ein wirkliches Verdienst Ehre; manche regierten das Bistum, und besser, als es der Bischof getan hätte. Eine von ihnen machte in einer Diözese nicht weit von Paris die Wahlen von 1789 und bemühte sich eifrig, zwei ausgezeichnete Abgeordnete in die Nationalversammlung zu bringen.

Eine so weltliche Bischofswürde, der plötzlich die Religion ins Gedächtnis geriet, als man seinen Gütern zu nahe kam, hatte große Arbeit, den alten Fanatismus auf dem Lande wieder aufzuwecken. Selbst in der Bretagne, wo der Bauer es immer mit den Priestern hält, war es eine Unklugheit, daß der Bischof von Tréguier am 14. Oktober den Bürgerkrieg verkündete; er schoß zu früh und fehlte. In seinem aufreizenden Hirtenbrief schrieb er, der König sei gefangen, die Religion gestürzt, die Priester würden nur mehr „die bezahlten Handlanger der Briganten" sein – der Briganten, das heißt der Nation, der Nationalversammlung.

Um diese Dinge am 14. auszusprechen, mußte man bereit sein, am 15. den Bürgerkrieg zu beginnen. Tatsächlich glaubten ein paar junge Brauseköpfe vom Adel, die Bauern an sich ziehen zu können. Aber wenn auch der bretonische Bauer, einmal unterwegs, noch so unerschütterlich ist und nicht zum Weichen gebracht werden kann, so setzt er sich doch nur langsam in Bewegung; er hatte Mühe, zu begreifen, daß die Frage der Kirchengüter, so schwer sie ohne Zweifel war, die ganze Religion ausmachte. Während der Bauer den Fall überlegte und hin und her erwog, überlegten die Städte nicht, sondern handelten, handelten, ohne jemanden zu fragen, mit wirksamem Nachdruck. Alle Gemeinden des Kirchsprengels Tréguier kamen schleunigst in Tréguier zusammen, leiteten unverzüglich gegen den Bischof und die adligen Werber ein Verfahren ein, verhörten sie und vernahmen Zeugen gegen sie. Man schüchterte sie so ein, daß der Prälat und die anderen alles leugneten und versicherten, sie hätten nichts gesagt und nichts getan, um das Land aufzuwiegeln. Die Gemeinden sandten alle Akten des begonnenen Prozesses an die Nationalversammlung und an den Justizminister; aber ohne das Urteil abzuwarten, verkündeten sie schon einen vorläufigen Spruch: „Verräter an den Gemeinden sei jeder, der für die Adligen Werbungen vornehme, – und die Adligen selbst seien *des Schutzes der Nation unwürdig*, wenn sie einen Rang in der Nationalgarde zu erschleichen suchten."[1]

Der Hirtenbrief datierte vom 14., und diese gewaltsame Repressalie fand (spätestens) am 18. statt. In derselben Woche wurde das Schwert gezogen. Brest hatte Korn gekauft, um sich zu verproviantieren, man bestach die Bauern und bewog sie, die Kornwagen und die Abgesandten von Brest in Lannion festzuhalten; die letzteren schwebten in Lebensgefahr und wurden gezwungen, einen schimpflichen Verzicht zu unterschreiben. Augenblicklich brach von Brest und von allen anderen Städten zugleich eine Armee auf. Die zu weit entfernt waren, wie Quimper, Lorient, Hennebon, boten Geld und Unterstützung an. Brest, Morlaix, Landernau und mehrere andere marschierten völlig geschlossen; unterwegs stießen alle Gemeinden bewaffnet zu ihnen, man war gezwungen, manche

[1] Bailly, Bd. III, S. 209. Duchatellier ist hier ungenügend.

wieder nach Hause zu schicken. Es war ein Wunder, daß es nicht zu Ausschreitungen kam. Der furchtbare Sturm, der das Land weithin durchbrauste, kam auf der Lannion beherrschenden Höhe zum Stillstand. Die heroische Kraft der Bretagne trat nie so deutlich hervor: sie blieb fest gegen sich selbst. Man begnügte sich damit, das gekaufte Getreide wieder an sich zu nehmen und die Schuldigen den Richtern, das heißt ihren Freunden, zu übergeben.

Was damals den Sieg über die Privilegierten so leicht machte, war, daß sie miteinander uneins waren. Viele wandten sich gleich zu Anfang an die offene Gewalt; die Mehrzahl aber hielt es nicht für unwahrscheinlich, auf gesetzmäßigem Wege, durch das alte, vielleicht auch durch das neue Recht, zum Ziele zu kommen.

Die Parlamente taten noch nichts. Sie waren in Ferien. Sie warteten darauf, bei ihrer Wiedereröffnung im November handeln zu können.

Die Majorität des Adels und des hohen Klerus tat noch nichts. Sie hatten eine Hoffnung. Als Eigentümer des größten Teiles des Grund und Bodens waren sie die Herren auf dem Lande und hielten eine ganze Welt von Dienern und Schutzbefohlenen aller Art in ihrer Abhängigkeit. Als diese Landleute im Frühjahr 1789 aufgefordert wurden, bei Neckers allgemeinen Wahlen ihre Stimme abzugeben, hatten sie in der Regel gut gestimmt, weil ihre Schutzherren meistens eitel darauf waren, an dem Zustandekommen der Generalstaaten, die sie wenig ernsthaft nahmen, mitzuwirken.

Aber Jahrhunderte waren in einem Jahre dahingegangen. Heute, Ende 1789, würden dieselben Herren sicher verzweifelte Anstrengungen machen, um das Land zur Abstimmung gegen die Revolution zu bewegen; sie würden den Pächter wählen lassen zwischen seinem Patriotismus (der noch sehr jung war) und seinem täglichen Brot; sie würden die von ihnen abhängigen, vor ihnen zitternden Landleute truppweise zur Wahlurne schleppen und die Stimmenabgabe mit dem Stock beaufsichtigen.

Doch werden sich die Dinge sofort ändern, wenn der Bauer den Erwerb der Kirchengüter und Staatsdomänen winken sieht, wenn die Versammlung durch deren Verkauf eine Menge Eigentümer und freie Wähler geschaffen hat.

Für den Augenblick geschieht nichts dergleichen. Das Land ist immer noch der Wahlhörigkeit unterworfen. Wäre das allgemeine Stimmrecht Neckers von der Versammlung angenommen worden, so wäre der Sieg des Ancien régime die unstreitige Folge gewesen.

Die Versammlung beschloß am 22. Oktober, keiner dürfe wählen, wenn er nicht als Eigentümer oder Vermieter den Wert von drei Arbeitstagen (das heißt höchstens drei Franken) an direkten Steuern bezahle.

Diese wenigen Zeilen entrissen den Händen der Aristokratie eine Million ländlicher Wähler.

Von fünf oder sechs Millionen Wähler, die das allgemeine Wahlrecht ergab, blieben nur noch vier Millionen vierhunderttausend[1] (Eigentümer oder Vermieter).

Die Freunde des Ideals, Grégoire, Duport, Robespierre, warfen unnützerweise ein, die Menschen seien alle gleich, also müßten alle, entsprechend dem natürlichen Recht, ihre Stimme abgeben dürfen. Zwei Tage vorher hatte der Royalist Montlosier ebenfalls bewiesen, die Menschen wären gleich.

In der herrschenden Krisis war nichts sinnloser und verderblicher, als diese These des Naturrechts. Diese Schwärmer führten im Namen der Gleichheit eine Million Wähler den Feinden der Gleichheit zu.

Der Ruhm dieser wahrhaft revolutionären Maßregel gebührt Thouret, dem berühmten Juristen aus der Normandie, einem Sieyès der Praxis, der die Versammlung zu den großen Taten drängte, oder sie ihr wenigstens leicht machte, die damals geschahen. Ohne viel Wesens, ohne großen Aufwand an Worten, zerschnitt er mit seiner Logik die Knoten, in die sich die Stärksten, die Sieyès und Mirabeau, zu verstricken schienen.

Er allein machte der Unterredung über die Güter des Klerus ein Ende, indem er sie von dem niedrigen Niveau des Zankes kühn in das Licht des philosophischen Rechts hinaufrückte. Seine ganze Beweisführung, im Oktober und im Dezember, lief auf ein tiefes Wort hinaus: „Wie solltet ihr etwas besitzen", sagte er zum geistlichen Stand, *„ihr existiert nicht."*

Ihr existiert nicht als Körperschaft. Die moralischen Körperschaften, die der Staat schafft, sind keine Körperschaften im eigentlichen Sinne, keine lebendigen Wesen. Sie haben eine moralische, ideale Existenz, die ihnen der Wille des Staates, ihres Schöpfers, verleiht. Der Staat machte sie und erhält sie am Leben. Sind sie nützlich, so unterstützt er sie; sind sie schädlich, so entzieht er ihnen seine Hilfe, die ihr ganzes Leben und ihr Recht zu sein ausmacht.

Darauf entgegnete Maury: „Nein, der Staat schuf uns durchaus nicht, wir existierten ohne den Staat." Das hieß nichts anderes als: wir sind ein Staat im Staate, ein Prinzip, das mit einem anderen Prinzip rivalisiert, ein Kampf, ein organisierter Krieg, die permanente Zwietracht im Namen der Barmherzigkeit und der Eintracht.

Am 3. November beschloß die Versammlung, die Güter des Klerus *seien zur Verfügung der Nation.* Im Dezember geht ihr Beschluß, dessen Wortlaut von Thouret herrührt, dahin: Der Klerus hat aufgehört, ein Stand zu sein; *er existiert nicht mehr* (als Körperschaft).

Der 3. November ist ein großer Tag. Er beseitigt die Parlamente und auch bereits die Provinzialstaaten.

[1] Diese Zahl ist wenigstens für 1791 festgestellt. Ich werde auf diesen wichtigen Punkt zurückkommen.

Am gleichen Tage erstattet Thouret Bericht über die Neueinteilung in Departements, über die Notwendigkeit, die Provinzen zu reorganisieren, mit diesen falschen, übelwollenden und widersetzlichen Nationalitäten aufzuräumen, um eine wahrhafte Nation im Geiste der Einheit zu begründen.

Wer hatte ein Interesse daran, die alten Landesgrenzen beizubehalten, diese gehässigen Streitigkeiten, für den Fortbestand der Gascogne, der Provence, der Bretagne einzutreten und die Franzosen zu hindern, *ein* Frankreich zu werden? Die, die in den Provinzen herrschten, die Parlamente, die Provinzialstaaten, diese falschen Abbilder der Freiheit, die schon so lange einen Schatten von ihr geboten, einen Köder aus ihr gemacht und sie gehindert hatten, ins Leben zu treten.

Nun, am 3. November, im gleichen Augenblick, als sie den ersten Streich gegen die Provinzialstaaten führt, entläßt die Versammlung die Parlamente in Ferien auf unbestimmte Zeit. Lameth stellte den Antrag. Thouret redigierte den Beschluß. „Wir haben sie lebendig begraben“, sagte Lameth beim Hinausgehen.

Die ganze alte Rechtspflege hatte zur Genüge dargetan, was die Revolution von ihr zu erwarten hatte. Die Tribunale im Elsaß, im Beaujolais, in Korsika, die Profoßgerichte in der Champagne und der Provence übten eine feine Unterscheidung zwischen Gesetzen und Gesetzen; sie kannten vollkommen die, die dem König günstig waren, die anderen kannten sie nicht. Noch am 27. Oktober urteilten die vom Parlament in Aix nach Marseille entsandten Richter in den alten Formen, im Geheimverfahren und mit dem ganzen alten, barbarischen Zubehör, ohne sich an das gegenteilige Dekret, das am 4. Oktober bestätigt worden war, zu kehren. Das Parlament von Besançon weigerte sich offen, irgendein Dekret der Versammlung in seine Gesetzessammlung aufzunehmen.

Die letztere brauchte nur ein Wort zu sagen, um diesen Trotz zu brechen. Schon kam es zu Zusammenrottungen um die rebellischen Tribunale. „Gegen die Staaten und Parlamente“, meinte Robespierre, „braucht ihr nicht vorzugehen, das werden die Gemeinden schon selbst besorgen.“

Am 5. November erhob die Versammlung den Arm zum Streich: „Die Tribunale, die nicht innerhalb drei Tagen die Gesetze eintragen, werden als pflichtvergessen verfolgt werden.“

Diese Kollegien hatten unter der dahinsinkenden, schwachen Regierung eine bedeutende Widerstandskraft gehabt, die gleichzeitig gesetzlich und aufrührerisch war. Die sonderbare Mischung von Befugnissen, die sie in sich vereinigten, gab ihnen große Hilfsmittel an die Hand. – Ihre souveräne, absolute, erbliche *Rechtsprechung*, die niemals etwas vergaß, war von allen gefürchtet; die Minister, die großen Herren, wagten es niemals, die Richter zum Äußersten zu treiben, denn die letzteren dachten in fünfzig Jahren vielleicht daran, wenn es einen Prozeß zu entscheiden galt, der die Familie jener ruinieren konnte. – *Ihre Weigerung*, *ein Gesetz einzutragen*, die ihnen eine Art Veto gegen den König gab, hatte zum mindesten die Wirkung eines Signals zum Aufstand und konnte indirekt dem Aufruhr einen gesetzlichen Anstrich geben. – Ihre widerrechtliche Aneignung der *Verwaltungskontrolle*, die Überwachung der öffentlichen Verpflegung, in die sie sich einmischten, bot ihnen tausend Gelegenheiten, der Regierung mit furchtbaren Anklagen zu drohen. – Schließlich war ein Teil der *Polizei* in ihren Händen, d. h. sie hatten die Aufgabe, die Unruhen, die sie auf der einen Seite geschürt hatten, auf der anderen zu unterdrücken.

War denn diese so gefährliche Macht wenigstens in sicheren und vertrauenswürdigen Händen? Im 18. Jahrhundert waren die Parlamentsmitglieder durch ihre Beziehungen zum Adel völlig korrumpiert. Selbst die Jansenisten unter ihnen, die Feinde des Hofes, die Frömmler, Puritaner und Aufwiegler, waren bei all ihrem ungezähmten Eigendünkel nicht weniger geschmeichelt, den Herzog oder Prinzen so und so in ihrem Vorzimmer zu sehen. Die großen Herren, die sich heimlich über sie lustig machten, schmeichelten ihnen, erwiesen ihnen Artigkeiten, sprachen entblößten Hauptes mit ihnen, um ihre ungerechten Prozesse zu gewinnen, besonders um sich ungestraft die Gemeindeländereien aneignen zu können. Die Kriecherei, zu der sich die Leute vom Hofe diesen großen Perücken gegenüber verstanden, hatte keine Folgen. Sie selbst lachten darüber; bisweilen geruhten sie, die Töchter, die Vermögen jener zu heiraten, um sich zu erholen. Die jungen Parlamentsmitglieder, denen diese Gevatterwirtschaft, diese Verbindungen mit der vornehmen Welt allzusehr schmeichelten, versuchten jene nachzuäffen, liebenswürdige Taugenichtse zu sein wie sie, und da sie ungeschickte Kopisten waren, überboten sie bald ihre Meister. Sie legten ihre rote Robe ab, verließen ihre Fleurs de lis (höheres Richteramt), um intime Häuser zu besuchen und noch intimere Soupers abzuhalten, um Komödie zu spielen.

In der letzten Zeit hatten die Parlamente durch besondere Beschlüsse, die zwar nicht verkündet, aber zugegeben und treulich befolgt wurden, dafür gesorgt, daß nur Adlige und Geadelte in ihrer Mitte zugelassen wurden.

Seitdem nahm die Tüchtigkeit kläglich ab. Das Rechtsstudium, das in den Schulen[1] ungenügend und bei den Advokaten lässig betrieben wurde, hörte bei den Justizbehörden, bei denen, die das Recht auf Leben und Tod anwandten, ganz auf. Die Kollegien legten geringen Wert darauf, daß man den Nachweis seiner Kenntnisse brachte, wenn man nur seinen Adel nachwies.

Seitdem wurde auch die Haltung immer zweideutiger. Diese adligen Behörden schwanken zwischen Fort- und Rückschritt beständig hin und her. Sie agi-

[1] Der ehrwürdige Berryat Saint-Prix hat mir oft sonderbare Dinge darüber berichtet. Die Tribunale trugen von Tag zu Tag mehr den Charakter der Ignoranz und der Routine. Über ihre systematische Opposition gegen die Versuche d'Aguesseaus, ein einheitliches Recht zu begründen, vergleiche die schöne „Histoire du droit français“ von La Ferrière.

tieren für die Freiheit: Turgot kommt, und sie stürzen ihn. Sie rufen nach den Generalstaaten: als man sie ihnen gibt, schlagen sie vor, man solle diese den alten, ohnmächtigen Staaten nachbilden und sie so lahm legen.

Da war es aus mit ihnen selbst.

Als die Versammlung die Ferien auf unbestimmte Zeit beschloß, waren sie kaum auf diesen Schlag gefaßt. Das Parlament von Paris wollte offenen Widerstand leisten.[1] Der Großsiegelbewahrer, Erzbischof von Bordeaux, bat es dringend, nichts zu unternehmen. Der November würde sonst eine Wiederholung der großen Oktoberbewegung erleben. Da trug es die Gesetze ein und machte – ein wenig spät – das Anerbieten, kostenlos Recht zu sprechen.

Das Parlament von Rouen nahm die Gesetze auf; aber vorsichtigerweise schrieb es heimlich an den König, dies sei nur eine provisorische Maßregel und geschehe aus Unterwürfigkeit gegen ihn. Das in Metz gab dieselbe Erklärung öffentlich und freimütig ab, während alle Kammern versammelt waren, und begründete den Akt frech mit der „Unfreiheit" des Königs. Sie hatten es leicht, tapfer zu sein unter dem Schutz der Kanonen Bouillés.

Der Großsiegelbewahrer, der behutsame Bischof, war in großer Angst. Er zeigte dem König die Gefahr: die Versammlung würde den Hieb zurückgeben, in Aufregung geraten, das Volk aufhetzen. Das Mittel zur Rettung der Parlamente ist, daß der König sich beeilt, selbst von ihnen abzurücken. Dann wird er später um so leichter vermitteln und Fürsprache einlegen können. Tatsächlich verklagten bereits die Städte Rouen und Metz ihre Parlamente und forderten deren Bestrafung. Diese hochmütigen Körperschaften sahen sich verlassen und die ganze Bevölkerung gegen sich. Da widerriefen sie. Metz bat selbst für die Schuldigen, und die Versammlung verzieh (25. November 1789).

---

1 Vergleiche die „Annales", Bd. II, S. 49 des Parlamentsmitgliedes Sallier.

ZWEITES BUCH

Das zweite Jahr der Revolution

(1790)

ERSTES KAPITEL

Widerstände
Parlamente
Die Verbrüderungsbewegung

Arbeiten zur Organisation der Rechtspflege. – Das Parlament der Bretagne auf der Anklagebank, 8. Januar 1790. – Verurteilung der Parlamente von Bretagne und Bordeaux, Januar und März. – Beginn der Verbrüderungen: Anjou, Bretagne, Dauphiné, Franche-Comté, Rhône, Bourgogne, Languedoc, Provence usw. – Der Krieg gegen die Schlösser erstickt; die Städte schützen die Adligen, ihre Feinde; Februar 1790.

Den hartnäckigsten Widerstand leistete das Parlament der Bretagne. Dreimal verweigerte es die Eintragung der Gesetze, und es glaubte sich imstande, diese Weigerung aufrechtzuerhalten. Zunächst hatte es den Adel auf seiner Seite, der sich in Saint-Malo versammelte, und die zahlreichen treuen Diener der Adligen, ferner seine eigenen Leute, seine Klientschaft in den Städten, seine Freunde in den Zünften und Innungen; hinzu kam, daß man in der Masse von Arbeitslosen und auf den Straßen vagabundierenden Hungrigen leicht Werbungen vornehmen konnte. Die Städte sahen, wie die Parlamentsmitglieder an der Arbeit waren und den Bürgerkrieg vorbereiteten. Da das offene Land in ihrer Umgebung sich feindlich oder zweideutig verhielt, so konnten sie ausgehungert werden. So zerschnitten sie den Knoten, der sich nicht entwirren wollte. Rennes und Nantes, Vannes und Saint-Malo sandten der Versammlung vernichtende Anklagen, in denen sie jede Beziehung mit den Verrätern abschworen. Ohne das Ergebnis abzuwarten, drang die Nationalgarde von Rennes ins Schloß und sicherte sich die Kanonen (18. Dezember 1789).

Die Nationalversammlung ergriff zwei Maßregeln. Sie ließ dem Parlament der Bretagne entbieten, es habe vor ihr zu erscheinen. Sie gab der Eingabe von Rennes, die um die Errichtung anderer Tribunale bat, statt. Sie begann mit der schönen Arbeit, eine dieses Namens würdige Rechtspflege zu organisieren, die weder bezahlt, noch käuflich, noch erblich wäre, sondern aus dem Volke hervorgegangen für das Volk da sei. Die erste Tat einer solchen Organisation war natürlich die Abschaffung der Parlamente (22. Dezember 1789).

Der Berichterstatter Thouret bewies schlagend die seither allzu sehr vergessene Wahrheit, daß eine Revolution, die von Dauer sein will, ihren Feinden vor allem das Schwert der Gerechtigkeit nehmen muß.

Es ist ein merkwürdiger Widerspruch, dem System, das man stürzt, zu erklären: „Dein Prinzip widerstreitet mir, ich entferne es aus den Gesetzen und aus der Regierung; aber in allen eigenen Angelegenheiten kannst du es gegen mich anwenden." Wie kann man die bescheidene, blinde, aber furchtbare Allmacht der richterlichen Gewalt, ihre unwiderstehliche Anziehungskraft so verkennen? Jede andere Gewalt bedarf ihrer, sie jedoch kann die anderen entbehren. Gebt mir die richterliche Gewalt, dann hütet wohl eure Gesetze und Verordnungen, diese ganze papierene Welt; ich mache mich anheischig, das euren Gesetzen widersprechendste System zum Triumph zu bringen.

Es war hohe Zeit für die alten Parlamentstyrannen, der Nation zu Füßen zu fallen (8. Januar). Wenn sie nicht von selbst gekommen wären, dann hätte die Bretagne ein Heer ausgehoben, eigens um sie hinzuschleppen. Sie traten anmaßend auf und mit schlecht verhehlter Verachtung gegen diese Versammlung von Advokaten, die sie durchaus nicht anders betrachteten als in den Tagen, da sie von oben herab den Advokatentisch mit ihren gewichtigen Reden abtaten. Doch jetzt waren ihre Rollen ausgetauscht. Und schließlich, was wollten die Personen besagen? Sie hatten sich vor der Vernunft zu verantworten, vor den Prinzipien, die zum erstenmal aufgestellt waren.

Ihr Dünkel schwand mit einem Male, und sie waren wie an den Boden festgenagelt, als folgende Worte aus der Advokatenversammlung zu ihnen drangen: „Man sagt, daß die Bretagne nicht vertreten ist, dabei hat sie in dieser Versammlung sechsunddreißig Vertreter. Nicht in den alten Pergamenten, in denen List und Gewalt vereint Mittel gefunden haben, das Volk zu bedrücken, darf man die Rechte der Nation suchen, vielmehr in der Vernunft, deren Rechte alt sind wie die Zeit und heilig wie die Natur."

Der Präsident des Parlaments der Bretagne hatte nicht etwa das beklagte Parlament verteidigt. Er verteidigte die Bretagne, die nicht verteidigt sein wollte und es auch nicht brauchte. Er zitierte die Klauseln der Ehe Annas von Bretagne, eine Ehe, die nichts als eine künstliche, von oben geregelte Scheidung zwischen Bretagne und Frankreich war. Er plädierte für diese Scheidung, als wäre sie ein auf ewig bestehendes Recht. Eine gehässige, aufrührerische Verteidigung, die sich nicht an die Versammlung wandte, sondern an den provinziellen Eigendünkel, eine laute Aufreizung zum Bürgerkriege.

Hatte die Bretagne eine Verminderung ihres Ansehens zu befürchten, wenn sie Frankreich wurde? Konnte die bestehende Trennung ewig dauern? Mußte nicht früh oder spät eine wahrhaftigere Ehe geschlossen werden? Die Bretagne hat genug dabei gewonnen, daß sie an dem Ruhme eines solchen Reiches teilhaben konnte. Und sicher hat dieses Reich auch gewonnen, das werden wir niemals leugnen, als es das arme, aber ruhmreiche Land sich verband, seine granitene Verlobte, die Mutter hochgemuter Herzen und tapferer Streiter.

So suchte die allzu unzulängliche Verteidigung der Parlamente einen Ausweg in der Verteidigung der Provinzen, der Provinzialstaaten. Aber diese Staaten waren in gewissem Sinne noch schwächer. Die Parlamente waren wohlgeordnete Körperschaften, die Staaten waren nichts anderes als willkürliche und barbarische Einrichtungen. Das beste, was man zu ihren Gunsten sagen konnte, war, daß einige unter ihnen, die von Languedoc z. B., die Ungerechtigkeit klug und vorsichtig gehandhabt hatten. Andere, wie die der Dauphiné unter Mouniers geschickter Leitung, hatten am Vorabend der Revolution eine edle Initiative ergriffen.

Derselbe Mounier, der jetzt flüchtig war und sich der Reaktion zuwandte, hatte seinen Einfluß auf die Dauphiné mißbraucht, um die bevorstehende Einberufung der Staaten ankündigen zu lassen, „wo man prüfen würde, ob der König tatsächlich frei wäre". In Toulouse hatten ein- oder zweihundert Adlige und Parlamentsmitglieder den Versuch gemacht, sich als Staaten zu gebärden. Die von Cambrésis, eine winzige Versammlung eines winzigen Landes, die sich Staaten nannten, hatten das Privileg beansprucht, nicht Frankreich zu sein, und wie die der Bretagne erklärt: „Wir sind eine Nation."

Diese falschen und treulosen Vertretungen der Provinzen kamen nun und sprachen frech in deren Namen. Doch wurden sie augenblicklich energisch widerrufen. Eine nach der anderen erschienen die Gemeinden, die, zu neuem Leben erweckt, kraftvoll und energisch waren, vor der Nationalversammlung und entgegneten jenen Staaten, jenen Parlamenten: „Sprecht nicht im Namen des Volkes; das Volk kennt euch nicht; ihr vertretet nur euch selbst, die Käuflichkeit, die Erblichkeit, das altfränkische Privileg."

Die Gemeinde, ein wirklicher, lebendiger Körper (man merkt es an seinen wuchtigen Hieben), gab jenen alten, künstlichen Körpern, jenen barbarischen Ruinen der Vorzeit eine Antwort, jener entsprechend, die der geistliche Stand erhalten hatte: „Ihr existiert nicht."

Das Mitleid der Versammlung wurde rege. Sie begnügte sich, die aus der Bretagne als unfähig zu erklären, das zu tun, was jene zu tun sich weigerten, und ihnen jede Amtshandlung zu untersagen, bis sie ein Gesuch eingereicht hätten, den Eid leisten zu dürfen (11. Januar).

Dieselbe Nachsicht bewies sie zwei Monate später gegen das Parlament von Bordeaux, das die Unruhen im Süden benutzt, sich zu einer Art Requisitorium gegen die Revolution verstiegen und in einem öffentlichen Akt, worin die Versammlung unverschämterweise „die Abgeordneten der Amtsbezirke" genannt wurde, erklärt hatte, jene habe nur Unheil angerichtet.

Die Versammlung brauchte nicht streng zu sein. Das Verfahren des Volkes genügte. Die Bretagne hielt das Parlament der Bretagne in Schach. Und das von Bordeaux wurde von der Stadt Bordeaux selbst bei der Versammlung verklagt; um die Anklage zu begründen, sandte die Stadt eigens den jungen, feurigen Fonfrède (4. März).

Diese Widerstände wurden völlig bedeutungslos gegenüber der ungeheuren Volksbewegung, die allenthalben begann. Niemals seit den Kreuzzügen gab es eine derartige Erschütterung der Massen, so allgemein und so tiefgehend. Begeisterte Bruderliebe im Jahre 1790, bald Kriegsbegeisterung.

Wo beginnt diese Begeisterung? Überall. Kein deutlich abgegrenzter Ursprung kann für diese spontanen Handlungen nachgewiesen werden.

Im Sommer 1789, unter dem „Räuberschrecken“, war die Bevölkerung nur ein unzusammenhängendes Etwas, und selbst die kleinen Flecken erschraken über ihre Isolierung: da vereinigten sich Flecken und Flecken, Dörfer und Dörfer, selbst Stadt und Land. Bündnis, gegenseitige Hilfe, brüderliche Freundschaft, Brüderlichkeit, das ist der Gedanke und der Name dieser Verträge. – Wenige noch, sehr wenige werden aufgeschrieben.

Die Idee der Verbrüderung ist zunächst noch wenig umfassend. Sie bezieht sich nur auf Nachbarn untereinander, höchstens auf die Provinz. Der große Bund von Bretagne und Anjou hat noch diesen provinzialen Charakter. Am 26. November wurde die Gründung beschlossen, und im Januar vollzog sie sich. Im Mittelpunkt der Halbinsel, fern von den großen Straßen, in der abgelegenen kleinen Stadt Pontivy, versammelten sich die Vertreter von hundertfünfzigtausend Mitgliedern der Nationalgarde. Die Reiter allein trugen eine vollständige Uniform, rote Schnürbrust mit schwarzen Aufschlägen; alle anderen unterschieden sich nur durch rosafarbene, amarantene und gelbe Aufschläge usw. und erinnerten selbst in ihrer Vereinigung daran, wie verschieden die Städte waren, die sie entsandten. In ihrem Bündnisvertrag, worin sie alle Gemeinden des Königreichs zum Beitritt aufforderten, beharren sie gleichwohl darauf, immer als Vereinigung von Bretagne und Anjou zu gelten, „wie auch die neue, aus Verwaltungsrücksichten erfolgende Einteilung in Departements sich gestalten möge“. Sie richten eine regelmäßige Korrespondenz zwischen ihren Städten ein. Bei der allgemeinen Unordnung, bei der Ungewißheit, die noch über den Erfolg der Neuregelung herrscht, kommen sie überein, wenigstens für sich immer wohl organisiert zu bleiben.

In den weniger abgesonderten Gegenden, an den Kreuzungen der großen Straßen und besonders an den Flüssen, wird der brüderliche Pakt großzügiger. Die Flüsse, die unter dem Ancien régime infolge der zahllosen Schiffahrts- und Binnenzölle nur Grenzen, Hindernisse, Hemmungen waren, werden jetzt, unter der Herrschaft der Freiheit, die vornehmsten Verkehrswege, bringen die Menschen in Ideen und Gefühlen nicht weniger als im Handel einander nahe.

In der Nähe der Rhône, zwei Meilen von Valence, im kleinen Marktflekken Etoile, wird zum erstenmal *die Provinz abgeschworen*; vierzehn ländliche Gemeinden schließen unter sich einen Bund und weihen sich der großen französischen Einheit (29. November 1789). Das war die schöne Antwort der Bauern auf den Appell der Politiker – der Mounier – an den provinzialen Eigendünkel, an den Geist der Zwietracht, auf ihren Versuch, die Dauphiné gegen Frankreich zu bewaffnen.

An diesem Bund, der in Montélimart erneuert wird, ist nicht die Dauphiné allein beteiligt, sondern mehrere Provinzen auf beiden Ufern, Dauphiné und Vivarais, Provence und Languedoc. Diesmal sind sie alle *Franzosen.* – Grenoble beschickt ihn aus eigenem Antriebe, seiner Stadtverwaltung und den Politikern zum Trotz; es macht sich nichts mehr aus seiner Rolle als Hauptstadt, es zieht vor, Frankreich zu sein. – Alle zusammen wiederholen sie den heiligen Eid, den die Bauern schon im November geleistet haben: „Keine Provinz mehr! Das Vaterland!“ Und sie wollen sich gegenseitig helfen, mit Nahrung versorgen, sich von Hand zu Hand das Getreide zusenden auf der Rhône (13. Dezember).

Heiliger Fluß, an dem sich so viele Völker, Rassen und Sprachen begegnen, und der Eile zu haben scheint, Produkte, Gefühle und Gedanken auszutauschen; er ist in seinem vielfältig gewundenen Lauf der allgemeine Mittler, der verbindende Genius, die treibende Macht der Verbrüderung des Südens. An dem freundlichen, lachenden Punkte, wo er mit der Saône Hochzeit hält, hatten unter Augustus sechzig Stämme der Gallier ihren gemeinsamen Altar errichtet. Und an seiner düstersten Stelle, an dem ernsten, tiefen Paß, den die kupfernen Berge der Ardèche beherrschen, im römischen Valencia, wurde am 31. Januar 1790 das erste unserer großen Bundesfeste gefeiert. Zehntausend bewaffnete Männer waren anwesend, die mehrere hunderttausend vertreten sollten. Dreißigtausend Zuschauer nahmen teil. Inmitten dieser unwandelbaren antiken Welt und der unwandelbaren Berge, angesichts des grandiosen Stromes, der immer wechselnd immer derselbe bleibt, vollzog sich der feierliche Eid. Die zehntausend, ein Knie gebeugt, die dreißigtausend auf beiden Knien, beschworen alle zusammen die heilige Einheit Frankreichs.

Alles war groß, der Ort und der Augenblick; und, was selten vorkommt, die Worte waren es nicht minder. Die Weisheit der Dauphiné und die Strenge des Vivarais belebte ein sanfter Hauch aus Languedoc und Provence. Im Beginn einer langen Kette von Opfern, die man deutlich ahnte, im Augenblick, der das große, schwere Werk begann, ermahnten diese ausgezeichneten Bürger einander, die Freiheit auf der einzig festen Basis zu gründen, „der Tugend“, auf die Eigenschaften, die die Hingabe leicht machen, „die Einfachheit, die Mäßigkeit, die Reinheit des Herzens“!

Ich möchte wohl wissen, was auf der anderen Seite der Rhône, beinahe gegenüber, in Voute, die hunderttausend bewaffneten Bauern sagten, die dort den Bund des Vivarais schlossen. Es war noch Februar, eine rauhe Zeit in diesen kalten Gebirgen; weder die Jahreszeit, noch das Elend, noch die schauerlichen Wege hinderten diese armen Leute, zum Treffpunkt zu eilen. Gießbäche, Glatteis, Abgründe, Schneeschmelzen, nichts konnte sie aufhalten. Eine ganz neue Wärme erfüllte die Luft, ein vorzeitiger Frühling gärte in ihren Herzen; zum erstenmal Bürger, zogen sie beim nie gehörten Namen der Freiheit aus ihren eisstarrenden Klüften, und wie die Heiligen Drei Könige und die Hirten auf dem Felde sahen sie ein Leuchten vom Himmel mitten in der Nacht und folgten, ohne sich zu verirren, durch den Winternebel dem Frühlingsglanz und dem Stern Frankreichs.

Lange schon hatten sich die vierzehn Städte der Franche-Comté, die von den Schlössern nicht minder beunruhigt wurden als von den Räubern, welche die Schlösser stürmten und anzündeten, in Besançon vereinigt und sich Beistand versprochen.

So ertönt allmählich, über alles Getümmel hinweg, über alle Angst und Gefahr, und von den gewaltigen Chören wiederholt, deren jeder ein großes Volk ist, das machtvolle, herrliche Wort, milde zugleich und furchtbar, das alles in sich fassen und alles zum friedlichen Ende bringen wird, das Wort: Brüderlichkeit.

Und wenn sich die Verbände gebildet haben, schließen sie sich an andere Verbände an, wie bei den großen Farandolen des Südens jede neue Gruppe von Tänzern einer anderen die Hand reicht und derselbe Reigen ganze Bevölkerungen mit fortreißt.

Hier beweist Burgund sein großes Herz, indem es zwiefach die Initiative ergreift.

Mitten im härtesten Winter, während der Mangel an Lebensmitteln allgemein ist, fordert Dijon alle Gemeinden Burgunds auf, dem ausgehungerten Lyon Hilfe zu bringen.[1]

Da alle ihre Selbstsucht fahren ließen, alle nur das Wohl aller erstrebten, alle die anderen ernähren wollten, so begann der Verkehr mit Lebensmitteln sich frei zu entfalten, die Vorräte häuften sich wieder, es war, als ob durch ein Wunder der Brüderlichkeit mitten im Winter eine neue Ernte gewachsen sei.

In alldem war keine Spur von dem Geist der Ausschließung, der lokalen Absonderung, den man später mit dem Namen Föderalismus bezeichnete. Hier bestand ganz im Gegenteil eine Verschwörung für die Einheit Frankreichs. Diese Bündnisse der Provinzen zielen alle auf den Mittelpunkt, alle berufen sich auf die Nationalversammlung, schließen sich ihr an, ordnen sich ihr, das heißt der Einheit unter. Alle zollen Paris ihren Dank für seinen brüderlichen Aufruf. Hier bittet eine Stadt die Hauptstadt um Hilfe. Eine andere will in ihre Nationalgarde aufgenommen werden. Clermont hatte ihr im November eine allgemeine Vereinigung der Gemeinden vorgeschlagen. Um diese Zeit schien bei der drohenden Haltung der Staaten, der Parlamente, des Klerus, bei der Unsicherheit des offenen

---

[1] Archiv von Dijon.

Landes, tatsächlich Frankreichs ganzes Heil auf einem engen Bündnis der Städte zu beruhen. Gott sei Dank lösten die großen Bündnisse die Schwierigkeit besser. Sie umfaßten außer den Städten einen ungeheuren Teil der Landbevölkerung. Wir haben es bei der Dauphiné, dem Vivarais und dem Languedoc gesehen.

In der Bretagne, in Quercy, Rouergue, Limousin und Périgord war das offene Land weniger friedfertig; dort kam es im Februar zu Ruhestörungen und Gewalttätigkeiten. Die Bettler, die bis dahin mit Mühe von den Stadtverwaltungen ernährt worden waren, streiften allmählich wieder im Lande umher. Die Bauern begannen wieder, die Schlösser zu stürmen, die Feudalakten zu verbrennen und gewaltsam die Erklärungen vom 4. August, die Versprechen der Versammlung durchzusetzen. Während die letztere darüber brütet, herrscht der Schrecken im Lande. Die Adligen verlassen ihre Schlösser, verbergen sich in den Städten, suchen Sicherheit unter ihren Feinden. Und diese Feinde beschützen sie. Die Nationalgarden der Bretagne, die gerade ihren Bund gegen die Adligen beschworen haben, ziehen zur Verteidigung der Burgen aus, in denen man Verschwörungen anzettelte gegen sie.[1] Ebenso großmütig waren die Garden von Quercy und im ganzen Süden.

Die Plünderungen wurden unterdrückt, die Bauern zuerst in Schach gehalten und dann allmählich in die Ziele der Revolution eingeweiht und dafür gewonnen. Wem konnte diese auch größeren Nutzen bringen als ihnen? Sie hatte die Besitzenden unter ihnen vom Zehnten befreit. Sie war auf dem Wege, die anderen zu hunderttausenden zu Besitzenden zu machen. Sie würde ihnen bald den Degen in die Hand geben, sie in einem einzigen Tage aus Hörigen zu Adligen machen, sie über die ganze Erde führen zum Ruhm und zu Abenteuern, Fürsten und Könige aus ihnen hervorgehen lassen und noch weit besseres – Helden.

---

[1] Die Nationalgarden von 1790 waren durchaus keine Aristokraten, wie einige in merkwürdigem Anachronismus befangene Schriftsteller darzutun suchen. In den meisten Städten gehörte, wie ich bereits sagte, buchstäblich *jedermann* dazu. Alle hatten ein Interesse daran, die Verwüstungen des offenen Landes zu verhindern, die den Ackerbau unmöglich gemacht hatten und Frankreich hätten verhungern lassen. – Übrigens trugen diese vorübergehenden Unruhen keineswegs den Charakter eines Bauernkrieges. In gewissen Gegenden der Bretagne und der Provence machten die Bauern selbst den Schaden wieder gut, den sie angerichtet hatten. In einem Schloß, in dem sie nur eine kranke Dame mit ihren Kindern fanden, enthielten sie sich jeder Ausschreitung usw.

ZWEITES KAPITEL

Widerstände
Die Königin und Österreich
(Oktober 1789–Februar 1790)

Zorn der Königin im Oktober. – Verschwörungen des Hofes. – Der König Gefangener des Volkes (November–Dezember). – Die Königin mißtraut den Prinzen. – Geringe Beziehungen der Königin zum Klerus. – Die Königin stand stets unter dem Einfluß Österreichs. – Interesse Österreichs an der Untätigkeit des Königs. – Ludwig XVI. und Leopold erklären sich als Freunde der Verfassung (Februar–März). – Prozesse Besenval und Favras. – Tod Favras' (18. Februar). – Mutlosigkeit der Royalisten. – Große Bündnisse im Norden.

Niemand wußte die Größe der Bewegung zu würdigen; niemand maß die reißende, unwiderstehliche Flut, die stieg und stieg vom Oktober bis in den Juli. Volkskreise, die bis dahin einander fremd waren, verbanden sich, kamen einander nahe. Entfernte Städte, Provinzen, die unlängst noch alter Wettstreit getrennt hatte, kamen gewissermaßen einander zuvor, reichten sich die Hand und verbrüderten sich. Diese so neue, so verblüffende Erscheinung wurde von den großen Geistern der Zeit kaum bemerkt. Wenn sie von der Königin und vom Hof hätte wahrgenommen werden können, dann hätte sie den Mut zu nutzlosem Widerstande gebrochen. Wer würde auch wagen, gegen den Ozean anzugehen, wenn er steigt?

Die Königin täuschte sich von Anfang an, und sie verharrte in ihrer Täuschung. Für sie war der 6. Oktober nur eine vom Herzog von Orléans abgemachte Sache, ein Streich, den der Feind ihr spielte. Sie gab nach, aber vor der Abfahrt beschwor sie den König im Namen seines Sohnes, nur nach Paris zu gehen, um den günstigen Augenblick zum Entweichen abzuwarten.[1]

Gleich am ersten Tage bat ihn der Bürgermeister von Paris, seine Residenz für ständig in der Hauptstadt aufzuschlagen, wobei er bemerkte, der Mittelpunkt des Reiches sei der natürliche Wohnsitz der Könige; doch erhielt er keine andere Antwort von ihm, als, er würde Paris gern zu seiner „gewohnten" Residenz machen.

Am 9. Oktober erschien eine Proklamation des Königs, worin er erklärte, daß, wenn er nicht in Paris gewesen wäre, er große Unruhen hätte befürchten müssen, daß er nach Vollendung der Verfassung seinen Plan, „die Provinzen

[1] Beaulieu, Bd. II, S. 203.

zu besuchen", ausführen werde, daß er hoffe, er werde Zeichen der Zuneigung von ihnen erhalten und wahrnehmen können, daß sie die Nationalversammlung ermutigten usw.

Dieser doppelsinnige Brief, der auf royalistische Adressen zu spekulieren schien, bestimmte die Pariser Kommune, ebenfalls an die Provinzen zu schreiben; sie wollte, versicherte sie, jene gegen gewisse Einflüsterungen schützen, welche *die Aufmerksamkeit* von einem der neuen Ordnung äußerst gefährlichen Komplott *ablenken* sollten, sie böte allen Gemeinden des Königreichs aufrichtige *Brüderschaft* an.

Die Königin weigerte sich, die Sieger der Bastille zu empfangen, die ihr huldigen wollten. Dagegen empfing sie die Marktweiber, aber in der gehörigen Entfernung und durch die breiten Reifröcke der Hofdamen, die sich vor ihr aufstellten, gleichsam geschützt. So entfremdete sie sich einen sehr royalistisch gesinnten Stand, denn viele Marktweiber mißbilligten den 6. Oktober; sie nahmen selbst ein paar obdachlose Frauen fest, die in die Häuser drangen, um Geld zu erpressen.

Die Ungeschicklichkeiten der Königin waren nicht geeignet, das Vertrauen zu vermehren. Wie hätte es auch Bestand haben können bei den dauernden Attentaten des Hofes, die immer fehlschlugen und aufgedeckt wurden? Von Oktober bis März entdeckte man ungefähr jeden Monat ein Komplott (Augeard, Favras, Maillebois usw.).

Am 25. Oktober verhaftet man einen Herrn Augeard, Siegelbewahrer der Königin; man findet bei ihm einen Plan, um den König nach Metz zu bringen.

Am 21. November bringt der von Malouet gereizte Untersuchungsausschuß diesen in der Versammlung zum Schweigen mit der Erklärung, es bestehe ein neues Komplott, den König nach Metz zu entführen, und Malouet selbst kenne es vollkommen.

Am 25. Dezember verhaftet man den Marquis von Favras, einen anderen Entführer des Königs, der in Paris Werbungen vornahm. Wenn man es sich zur Aufgabe gesetzt hätte, die Einbildungskraft des Volkes für immer zu verwirren, es toll zu machen vor Mißtrauen und Besorgnis, es ständig im Dunkeln, in Verschwörungen und Fallen tappen zu lassen, dann hätte man genau das tun müssen, was man wirklich tat. Man hätte ihm in einer Folge von ungeschickten Verschwörungen jeden Augenblick den König auf der Flucht zeigen müssen, den König an der Spitze der Armen, den König im Anmarsch, um Paris auszuhungern.

Zweifellos: angenommen, die Freiheit wäre fest begründet, die Widerstände weniger stark gewesen, so hätte man nichts Besseres tun können, als diesem König und dieser Königin die Tür weit zu öffnen, sie an ihren wahren Platz, an die Grenze zu bringen und Österreich mit ihnen ein Geschenk zu machen.

Aber bei dem schwankenden, ungewissen Zustand, worin sich das arme Frankreich befand, da es als Haupt eine Versammlung von Metaphysikern hatte und gegen sich tatkräftige und entschlossene Männer, wie Bouillé, wie unsere Marineoffiziere, wie die bretonischen Edelleute, war es sehr gewagt, die große Geisel, den König, frei zu lassen und allen diesen Kräften zu geben, was ihnen fehlte, die Einheit.

So wachte denn das Volk Tag und Nacht, streifte um die Tuilerien, vertraute niemandem. Alle Morgen überzeugte es sich davon, ob der König nicht etwa abgereist sei. Die Nationalgarde bürgte ihm dafür und der Kommandant der Nationalgarde. Tausend Gerüchte liefen um, wurden von wütenden und hetzerischen Blättern aufgegriffen, die dann auf gut Glück von irgendeiner Verschwörung berichteten. Die Gemäßigten wurden empört, leugneten es, wollten es nicht glauben. Nichtsdestoweniger war das Komplott am nächsten Morgen entdeckt. Das Ergebnis von alldem war, daß der König, der im Oktober durchaus kein Gefangener gewesen, es im November oder Dezember wurde.

Die Königin hatte einen einzigartigen, wunderbaren, unwiederbringlichen Augenblick verpaßt, den Augenblick, als La Fayette und Mirabeau einig waren für sie (Ende Oktober).

Sie wollte nicht durch die Revolution gerettet sein, durch Mirabeau, durch La Fayette; mutig und ränkesüchtig, eine wahre Prinzessin des Hauses Lothringen, wollte sie siegen und sich rächen. Leichten Herzens wagte sie alles und dachte offenbar an die Worte der Henriette von England bei einem Sturm, daß schließlich die Königinnen nicht ertrinken könnten.

Maria Theresia war dem Untergang sehr nahe gewesen und doch nicht untergegangen. Das Andenken an die heldenhafte Mutter hatte starken Einfluß auf die Tochter, – mit Unrecht, denn die Mutter hatte das Volk für sich, und die Tochter hatte es gegen sich.

La Fayette, der vor dem 6. Oktober wenig royalistisch war, war seitdem aufrichtiger Royalist. Er hatte die Königin gerettet und den König beschützt. Solche Dinge bringen einen näher. Die unerhörten Anstrengungen, welche die Aufrechterhaltung der Ordnung von ihm verlangte, ließen ihn die Wiedererstarkung der Autorität lebhaft wünschen. Er schrieb zweimal an Bouillé und bat ihn, sich mit ihm zur Rettung des Königtums in Verbindung zu setzen. Bouillé bereut es in seinen Memoiren bitter, nicht auf ihn gehört zu haben.

La Fayette hatte der Königin einen Gefallen getan, als er den Herzog von Orléans verjagte. Er machte ihr ziemlich den Hof. Man sieht mit Erstaunen, wie der General, der vielbeschäftigte Mann, der Königin in die Kirchen folgt und den Gottesdiensten beiwohnt, die sie in den Ostertagen abhalten läßt.[1]

---

[1] Damit wollte sich La Fayette, glaube ich, gleichzeitig seiner frommen und tugendhaften Frau angenehm machen. Er teilt ihr schleunigst das große Ereignis mit.

Für die Königin, für den König überwand La Fayette den Widerwillen, den ihm Mirabeau einflößte.

Schon am 15. Oktober hatte sich Mirabeau angeboten, und zwar durch einen Brief, den sein Freund Lamarck, ein der Königin ergebener Mensch, nicht einmal dem König zeigte. – Am 20. Oktober schrieb Mirabeau einen zweiten Brief und schickte ihn an La Fayette, dieser besprach sich mit dem Redner und brachte ihn zu dem Minister Montmorin.

Diese wie vom Himmel gefallene, unerwartete Hilfe wurde schlecht willkommen geheißen. Mirabeau wollte gern, daß der König sich mit einer Million für sämtliche Ausgaben begnügte und sich nicht nach Metz zur Armee, sondern nach Rouen begäbe, daß er von dort Verordnungen erließe, die noch volksfreundlicher wären als die Dekrete der Versammlung.[1] So konnte es nicht zum Bürgerkrieg kommen, war doch der König noch revolutionärer als die Revolution selbst.

Ein merkwürdiger Plan, der das Vertrauen und die Leichtgläubigkeit des Genies beweist! – Wenn der Hof ihn nur für einen Tag angenommen und in die Heuchelei gewilligt hätte, dann hätte er Mirabeau am nächsten Tage hängen lassen müssen.

Bereits im November konnte dieser merken, was er von denen zu erwarten hätte, die er retten wollte. Er hätte Minister werden und gleichzeitig seine beherrschende Stellung in der Nationalversammlung behalten müssen. Dazu war es nötig, daß ihm der Hof die Unterstützung, die Gewogenheit oder wenigstens die Verschwiegenheit der royalistischen Abgeordneten verschaffte. Weit entfernt davon, teilte der Großsiegelbewahrer mehreren Abgeordneten, selbst von der Opposition, den Plan mit und brachte sie dagegen auf. Im Ministerium und bei den Jakobinern (der Klub war eben erst begründet) arbeitete man gleichzeitig daran, Mirabeau unmöglich zu machen. Zwei anständige Leute, Montlosier von der Rechten und Lanjuinais von der Linken, sprachen in demselben Sinne. Sie beantragten und brachten zum Beschluß, „daß kein Abgeordneter während seines Mandats und drei Jahre nach dessen Erledigung ein öffentliches Amt annehmen dürfe". – So gelang es den Royalisten, dem großen Redner, der die Stütze ihrer Partei geworden wäre, das Ministerium zu verschließen (7. November).

Die Königin wollte, wie wir bemerkt haben, nicht durch die Revolution gerettet werden, aber ebensowenig durch die Emigration, durch die Prinzen. Sie hatte den Grafen Artois allzu gut kennengelernt, um nicht zu wissen, wie unzuverlässig er war. Und sie besaß ein begründetes Mißtrauen gegen Monsieur, als einen zweideutigen und falschen Charakter.

---

1 Vergleiche die in der „Histoire" von Droz und in den Memoiren Mirabeaus angeführten Dokumente.

Welches waren also ihre Hoffnungen, ihre Gesichtspunkte, ihre geheimen Ratgeber?

Madame de Lamballe ist nicht zu rechnen, sie war eine hübsche[1], kleine, sehr unbedeutende Frau, eine zärtliche Freundin der Königin, aber ohne Geist und ohne Gesprächstalent, der die furchtbare Verantwortlichkeit, die man auf ihr lasten ließ, durchaus nicht zukam. Sie schien ein Mittelpunkt zu sein; graziös leitete sie den wahren Salon Marie-Antoinettes im Erdgeschoß des Pavillon de Flore. Viel Adel kam dorthin, eine indiskrete, seichte, kompromittierende Gesellschaft, die wie zur Zeit der Fronde alles durch Satiren, pikante Worte, Chansons abtun zu können glaubte. Man las dort das sehr witzige Blatt „Actes des apôtres“, und man sang Romanzen über die Gefangenschaft des Königs, die alle Welt, Freunde und Feinde, zu Tränen rührten.

Marie-Antoinette hatte fast nur Beziehungen zu Adligen und wenig zu den Priestern. Sie frömmelte ebensowenig wie ihr Bruder Joseph II.

Die Adligen waren keine Partei, sondern eine zahlreiche, in sich gespaltene und unverbundene Klasse. Aber die Priester waren eine Partei, eine sehr feste Körperschaft, und materiell sehr vermögend. Der augenblickliche Abfall der Pfarrer und Prälaten ließ sie schwach erscheinen. Aber die Stärke der Hierarchie, der Korpsgeist, der Papst, die Stimme des Heiligen Stuhles würden die Einheit des Klerus sehr bald wiederherstellen. Dann konnte er durch seine niederen Mitglieder unbekannte Kräfte aus der Erde schöpfen und aus den Menschen der Erde, den Landbewohnern. Gegen das Volk der Revolution konnte er ein anderes Volk führen, die Vendée gegen Frankreich.

Marie-Antoinette sah nichts von alledem. Von diesen großen moralischen Kräften verstand sie nichts. Sie erträumte den Sieg, die materielle Kraft, Bouillé und Österreich.

Als man am 10. August in dem eisernen Schrank die Papiere Ludwigs XVI. fand, las man mit Erstaunen, daß er in den ersten Jahren seiner Ehe in seiner jungen Frau nur den Geschäftsträger Österreichs gesehen hatte.[2]

Gegen seinen Willen durch Choiseul in dieses als Lothringen und als Österreich doppelt verfeindete Haus verheiratet und genötigt, den Hofmeister der Königin, den Abbé Vermond, einen Spion Maria Theresias, bei sich zu empfangen, blieb er lange hartnäckig in seinem Mißtrauen und sprach neunzehn Jahre lang mit diesem Vermond kein Wort.

---

[1] Hübsch ist das richtige Wort; von eigentlicher Schönheit war sie weit entfernt. Kleine Züge, wenig Stirn, kleines Köpfchen. „Sie hatte ein wenig grobe Hände“, sagt Madame de Genlis. Das Porträt von Versailles läßt deutlich ihre Rasse und ihre Heimat erkennen, sie war eine niedliche Savoyarde. Ihre Haare waren im Puder versteckt, sie waren überreich und prachtvoll.

[2] Er überwachte durch Thugut, dem sie sich anvertraute, ihre Korrespondenz mit Wien (Brief vom 17. Oktober 1774, zitiert von Brissot, „Mémoires“, Bd. IV, S. 120).

Man weiß, wie die fromme Kaiserin die Rollen in ihrer zahlreichen Familie verteilt hatte, und wie sie besonders ihre Töchter als politische Agenten gebrauchte. Durch Karoline regierte sie Neapel. Durch Marie-Antoinette hoffte sie, Frankreich zu regieren. Diese, als Lothringen-Österreicherin, setzte vor allem Ludwig XVI. zehn Jahre lang zu, er möge das Ministerium dem Lothringer Choiseul, dem Mann der Kaiserin, geben. Wenigstens gelang es ihr, ihm Breteuil genehm zu machen, der wie Choiseul zuerst Gesandter in Wien gewesen und wie jener diesem Hofe völlig ergeben war. Derselbe Einfluß war es auch (der Vermonds auf die Königin), der letzten Endes die Gewissensbedenken Ludwigs XVI. überwand und ihn einen Atheisten, den Erzbischof von Toulouse, zum Premierminister ernennen ließ.

Der Tod Maria Theresias und die harten Worte Josephs II. über Versailles und über seine Schwester schienen die letztere weniger günstig gegen Österreich stimmen zu müssen. Indessen bewog sie gerade damals den König, die Millionen herzugeben, die Joseph II. von den Holländern erpressen wollte.

1789 hatte die Königin drei Vertraute, drei Ratgeber: Vermond, den unentwegten Österreicher, Breteuil, der nicht weniger Österreicher war, endlich den österreichischen Gesandten, de Mercy-Argenteau. Hinter diesem alten Mercy muß man den erkennen, der ihn antreibt, den alten Fürsten Kaunitz, den siebzigjährigen Minister der österreichischen Monarchie; diese beiden Gecken oder diese beiden alten Weiber, deren Zeit mit Toilettensachen und anderen Kleinigkeiten völlig ausgefüllt schien, lenkten die Königin von Frankreich.

Ein verderblicher Weg, ein gefährliches Bündnis. Österreichs Lage war damals so schlecht, daß es, von einem Nützenkönnen gar nicht zu reden, nur ein Hindernis sein mußte für Marie-Antoinette, sie nur zu Fehlern verleiten konnte und zu allen unmöglichen Schritten, die das österreichische Interesse verlangte.

Dieses fromm-katholische Österreich, das unter Joseph II. ein halber Philosoph geworden war, hatte es fertig gebracht, keinen Freund mehr zu besitzen. Sein eigenes Schwert, Ungarn, kehrte sich gegen es. Die belgischen Priester hatten ihm mit dem moralischen Beistand der drei protestantischen Mächte, England, Holland und Preußen, die Niederlande genommen. Und was tat Österreich inzwischen? Es kehrte Europa den Rücken, ging in der türkischen Wüste spazieren und verbrauchte seine besten Armeen zum Vorteil Rußlands.

Dem Kaiser ging es nicht besser als dem Reiche. Joseph II. war schwindsüchtig. Er starb in Verzweiflung. Er hatte in der belgischen Angelegenheit eine jämmerliche Unentschiedenheit bewiesen, zuerst wütende Drohungen ausgestoßen, Mord und Brand gerufen und barbarische Exekutionen vorgehabt, bei denen Europa schaudern sollte; dann war am 25. November eine unbegrenzte Amnestie erfolgt, die niemand verlangte.

Österreich wäre verloren gewesen, wenn die belgische Revolution bei der französischen Unterstützung gefunden hätte.[1]

Bei uns glaubte alle Welt, daß die beiden Revolutionen gemeinsam handeln und im gleichen Tritt marschieren würden. Der glänzendste unserer Journalisten, Camille Desmoulins, hatte, ohne abzuwarten, die beiden Schwestern in einer Hoffnung vereint und sein Blatt „Révolutions de France et de Brabant" genannt.

Schwierig war nur, daß die eine eine Revolution von Priestern war und die andere eine von Philosophen.

Da die Belgier indessen wußten, daß sie auf ihre Beschützer, die drei protestantischen Mächte, nicht zählen konnten, so wandten sie sich an uns. Der Mann des Klerus der Niederlande, der große Agitator der katholischen Massen, Van der Noot, machte sich kein Bedenken daraus, an die Versammlung und an den König zu schreiben. Der Brief wurde zurückgeschickt (10. Dezember). Ludwig XVI. bewies, daß er ein sehr guter Schwager des Kaisers war.[2] Die Versammlung verachtete eine Revolution von Abbés. Den Tuilerien, die gänzlich vom österreichischen Gesandten beherrscht wurden, gelang es, den ehrlichen La Fayette einzulullen, der seinerseits die Versammlung einlullte.

Lamarck, der der Königin ergeben war, reiste im Dezember ab, um den Belgiern, seinen Landsleuten, seinen Degen gegen den Österreicher anzubieten. Er hatte indessen die Zustimmung der Königin und folglich die des österreichischen Gesandten. Man hoffte, daß Lamarck, Grandseigneur, liebenswürdig, Freund jeder Neuerung, als Vermittler dienen und die damals siegreichen Belgier zu einem alles beschwichtigenden Kompromiß bewegen könnte, zu einer unechten Verfassung unter einem österreichischen Prinzen. – Mit dem Wort Verfassung lullt man einen La Fayette noch ein.

Lamarck, der Partei der belgischen Priester und der Aristokratie sehr mit Recht verdächtig, hatte größeren Erfolg bei den sogenannten Progressisten. Um

[1] Eine kräftige Bewegung, selbst der Gegenrevolution, konnte ihm schädlich sein. Wenn unsere Bischöfe zum Beispiel in ihren Versuchen vom König unterstützt worden wären, wenn sie einen Vorteil erlangt hätten, so hätte ihr Erfolg die belgischen Prälaten, von denen Österreich verjagt worden war, ermutigt. Österreich kam für den Augenblick auf seine Rechnung, wenn es sich gemäßigt, sogar liberal stellte, um sich den belgischen Progressisten zu nähern, deren gemäßigter Liberalismus den Ideen La Fayettes sehr nahe kam. Wenn La Fayette diesen Progressisten die Hand geboten hätte, dann hätten sie sicher die Hand Österreichs zurückgewiesen und die Unterstützung Frankreichs vorgezogen. So lag es im österreichischen Interesse, daß bei uns nach keiner der beiden Richtungen etwas geschah.

[2] Ich glaube nicht, daß man in den Tuilerien jemals ernstlich den Gedanken erwogen hat, den Herzog von Orléans zum König von Brabant zu machen, wie mehrfach behauptet worden ist. Das wahre Mittel, sich dort beliebt zu machen, war, viel Interesse für den Kaiser zu bezeigen. Das tat auch Livarot, der Kommandant von Lille („Correspondance inédite", 30. November 1789; 13. Dezember 1789).

seine Feinde zu spalten, gebärdete sich Österreich damals fortschrittsfreundlich. Die Ankunft des Philanthropen und Reformators Leopold trug sehr zu dieser Täuschung bei (20. Februar).

Mit ihrer indirekten Teilnahme an alldem schadete sich die Königin sehr. Sie hätte sich immer enger an den Klerus anschließen müssen. Österreich lag im Streit mit dem Klerus und hatte durchaus andere Interessen.

Sie hoffte offenbar, daß, wenn sich der Kaiser mit den Belgiern verständigte und seine Sorgen endlich loswürde, sie sich unter den kaiserlichen Schutz stellen, der Revolution mit einem nahen Kriege drohen und die kleine Armee Bouillés mit einigen österreichischen Korps verstärken könnte.

Eine schlechte Rechnung. All das dauerte zu lang, und die Zeit marschierte schnell. Das egoistische Österreich war eine sehr entfernte und sehr unsichere Hilfe.

Wie dem auch sei, die beiden Schwäger beobachteten genau die gleiche Haltung. Im selben Monat erklärten sich Ludwig XVI. und Leopold beide als Freunde der Freiheit, eifrige Verteidiger der Verfassung usw.

Dieselbe Haltung in zwei vollkommen entgegengesetzten Situationen. Leopold handelte seinem Zweck, Belgien wiederzugewinnen, ganz entsprechend; er trennte seine Feinde und stärkte seine Freunde. Ludwig XVI. tat das Gegenteil, er stärkte seine Freunde nicht, sondern entmutigte sie durch sein Gaukelspiel völlig; er lähmte den Klerus, den Adel, die Gegenrevolution.

Die Gemäßigten, Necker und Malouet, glaubten, daß sich der König durch ein konstitutionelles, beinahe revolutionäres Glaubensbekenntnis zum Haupt der Revolution aufwerfen könnte. Ähnlich veranlaßten die Ratgeber Heinrichs III. diesen Herrscher zu dem falschen Schritt, sich das Haupt der Liga zu nennen. Tatsächlich schien die Gelegenheit günstig. Die Unruhen im Januar hatten das Eigentum äußerst besorgt gemacht. Man nahm an, daß vor diesem großen sozialen Interesse jedes politische Interesse weichen müsse. Die allgemeine Zerrüttung war erschreckend, die öffentliche Gewalt konnte keine Abhilfe schaffen, hier war sie wirklich tot und dort „stellte sie sich tot", wie einer der Brüder Lameth sagte. Viele hatten schon genug und übergenug von der Revolution, sie waren entmutigt und hätten gern ihre goldenen Träume dem Frieden und der Einigkeit geopfert.

Zwei gleichzeitige Ereignisse (zwischen dem 1. und 4. Februar) waren bezeichnend:

Zunächst trat der Klub der „Unparteiischen" ins Leben (Malouet, Virieu usw.). Wie sie in ihrem Programm erklärten, bestand ihre Unparteilichkeit darin, daß sie *dem König die Gewalt zurückgeben* und *der Kirche ihren Landbesitz erhalten*, den Verkauf der Güter des Klerus den einzelnen Provinzen anheimgeben wollten.

Am 4. Februar kam der König unvermutet in die Versammlung und hielt eine bewegliche Rede, die Staunen und Rührung weckte. Zeichen und Wunder! Heimlich liebte der König die Verfassung, die ihn beraubte. Er lobte und bewunderte besonders die schöne Teilung in Departements. Nur riet er der Versammlung, einen Teil der Reformen zu vertagen. Er beklagte die Unruhen, er verteidigte und tröstete den Klerus und den Adel; aber schließlich sei er vor allem, sagte er, ein Freund der Verfassung.

Er bot sich so der bedrängten Versammlung zur Wiederherstellung der Ordnung an und schien zu sagen: „Ihr wißt nicht, was ihr tun sollt? Nun denn, gebt mir die Gewalt zurück ..."

Die Wirkung der Szene war unbeschreiblich. Die Versammlung verlor den Kopf. Barrère weinte heiße Tränen. Der König verläßt den Saal. Man eilt ihm nach, einer sucht den anderen zu überholen. Man sucht die Königin auf. Sie empfängt die Deputation in Gegenwart des Dauphin. Stolz und graziös wie immer sagt sie: „Hier ist mein Sohn. Ich werde ihn die Liebe zur Freiheit lehren; ich hoffe, daß er deren Schirmer sein wird."

An diesem Tage war sie nicht die Tochter Maria Theresias, sondern die Schwester Leopolds. Kurz darauf erließ ihr Bruder das heuchlerische Manifest, worin er sich als Freund der Freiheit und der belgischen Verfassung bekannte und – als Kaiser! – bis zu der Erklärung verstieg, nach allem hätten die Belgier recht gehabt, sich gegen den Kaiser zu bewaffnen.

Doch um fortzufahren: die Versammlung war wie irre, wußte nicht mehr, was sie sagte. Sie erhob sich geschlossen von ihren Sitzen, sie schwor der Verfassung Treue, die noch gar nicht existierte. Die Tribünen gerieten in denselben Taumel, in eine unbegreifliche Begeisterung. Alle Welt leistet Schwüre, im Hôtel de Ville, auf dem Grèveplatz, auf den Straßen. Man singt ein Tedeum. Am Abend wird illuminiert. Warum soll man sich nicht freuen? Die Revolution ist gelungen, und gut gelungen für diesmal.

Vom 5. bis zum 15. Februar folgte ein Fest dem anderen, in Paris und in den Provinzen. Überall beeilte man sich, auf den öffentlichen Plätzen den Eid zu leisten. Die Schüler, die Kinder wurden truppweise hingeführt. Alles war voller Freude, Erregung und Begeisterung.

Viele Freunde der Freiheit erschraken über diese Bewegung und glaubten, daß sie zum Vorteil des Königs ausschlagen würde. Ein Irrtum! Die Revolution war so stark und befand sich so durchaus in ansteigender Linie, daß jedes neue Ereignis für oder gegen sie, ihr schließlich immer günstig war und sie noch schneller vorwärts trieb. Bei der Eidesleistung geschah, was immer bei jeder heftigen Leidenschaft geschieht. Niemand gab den Worten, während er sie aussprach, einen anderen Sinn als den, den er im Herzen trug. Wenn jemand für den König schwor, so hatte er nichts anderes gemeint als das Vaterland.

Es wurde viel bemerkt, daß der König zum Tedeum in Notre-Dame nicht erschien und daß er nicht, wie man gehofft hatte, auf den Altar schwor. Lügen mochte er wohl, aber keinen Meineid leisten.

Am 9. Februar erklärten Grégoire und Lanjuinais mitten in die Feststimmung hinein, die Ursache der Unruhen sei die Nichtausführung der Beschlüsse vom 4. August; man dürfe also nicht haltmachen, sondern müsse vorwärts gehen.

Die Versuche der Royalisten, die königliche Gewalt neu zu stärken und zu bewaffnen, waren nicht glücklich. Maury versuchte es mit der List und sagte, man solle der bewaffneten Macht erlauben, „wenigstens auf dem Lande" ohne Ermächtigung der Gemeindebehörden einzuschreiten. Cazalès machte einen kühnen Versuch mit dem sonderbaren Vorschlage, dem König „auf drei Monate" die Diktatur zu übertragen. Eine grobe List! Mirabeau, Buzot und andere erklärten rund heraus, man könne kein Vertrauen haben zur Exekutivgewalt. Die Versammlung vertraute nur den Gemeindeverwaltungen, gab ihnen Vollmacht zu handeln, und machte sie verantwortlich für die Unruhen, die sie nicht verhindern konnten.

Die unerhörte Verwegenheit des Antrags Cazalès erklärt sich nur aus ihrem Datum (20. Februar). Am 18. war ein blutiges Opfer gebracht worden, das für die Aufrichtigkeit des Hofes zu bürgen schien. Er hatte damals zwei Affären, zwei Prozesse auf dem Halse, den Besenvals und den Favras'!

Besenval, der des 14. Juli wegen unter Anklage stand, hatte schließlich nur die Befehle seines vorgesetzten Ministers, die Befehle des Königs ausgeführt. Immerhin, wenn man ihn freisprach, so kam das einer Verurteilung der Einnahme der Bastille und der Revolution selbst gleich. Er war besonders verhaßt als Anhänger der Königin, als früherer Vertrauter der Trianon-Kamarilla, als alter Freund Choiseuls und somit als Mitbeteiligter an der österreichischen Kabale.

Favras interessierte den Hof weniger. Er war der Mann Monsieurs! Für ihn hatte er es übernommen, den König zu entführen. Monsieur wäre wahrscheinlich Generalstatthalter, vielleicht Regent geworden, wenn man, wie einige Parlamentsmitglieder und Freunde der Prinzen vorschlugen, den König geächtet hätte. La Fayette erzählt in seinen Erinnerungen, Favras hätte mit der Ermordung Baillys und La Fayettes beginnen sollen.

Als Favras in der Nacht des 25. Dezember verhaftet wurde, war Monsieur sehr erschrocken und hielt es sonderbarerweise für nötig, sich zu rechtfertigen. Und vor wem? Vor welchem Tribunal? Vor der Stadt Paris. Die Gemeindebehörden waren keineswegs zuständig, einen solchen Akt entgegenzunehmen. Monsieur verleugnete Favras, erklärte, er wisse nichts von der Sache, brüstete sich heuchlerisch mit revolutionären Gefühlen, mit der Liebe zur Freiheit.

Favras bewies viel Mut und stellte durch seinen Tod sein Leben in ein besseres Licht. Er verteidigte sich sehr gut und nicht mehr als nötig, ohne jemanden bloßzustellen. Man ließ ihn wissen, er möge verschwiegen bleiben, und er war es bis zum Tode. Der lange, grausame Weg, zu dem man ihn verurteilte, die öffentliche Abbitte in Notre-Dame usw. erschütterten seine Festigkeit nicht. Auf dem Grèveplatz verlangte er noch, seine Aussage zu vervollständigen, und wurde erst abends bei Fackelbeleuchtung gehängt (18. Februar). Es war das erstemal, daß man einen Edelmann aufhängte. Das Volk zeigte eine wütende Ungeduld, da es immer noch glaubte, der Hof werde ein Mittel finden, ihn zu retten. Seine Papiere hatte der Zivilleutnant an sich genommen, sie wurden (erzählt La Fayette) von der Tochter dieses Beamten Monsieur übergeben, als er König geworden war, und der verbrannte sie schleunigst.

Am Sonntag nach der Hinrichtung wohnten die Witwe und der Sohn Favras' in Trauer dem öffentlichen Diner des Königs und der Königin bei. Die Royalisten glaubten, die Majestäten würden die Familie des Opfers mit Gnadenbeweisen überhäufen. Aber die Königin wagte nicht einmal, sie anzublicken.

Da sahen jene, wie ohnmächtig der Hof geworden war, und wie wenig Unterstützung die erwarten durften, die sich für ihn opfern wollten.

Schon der Besuch des Königs in der Versammlung am 4. Februar und sein patriotisches Glaubensbekenntnis hatte sie sehr niedergeschlagen gemacht. Der Vicomte von Mirabeau zerbrach beim Hinausgehen verzweifelt seinen Degen. Was sollte man denken? Und woran glauben? Die Royalisten hatten die Wahl, den König für einen Lügner zu halten, oder für einen Überläufer, einen Abtrünnigen seiner eigenen Partei. Der König war also nicht mehr Royalist? Oder aber: er opferte wohl seinen Klerus, seinen getreuen Adel, um einen Fetzen seines Königtums zu retten?

Bouillé, den man ohne Instruktionen ließ und in absoluter Unkenntnis dessen, was er zu tun hatte, war tief entmutigt. Ebenso ging es vielen Edelleuten, Offizieren des Heeres und der Marine, die aus Frankreich abreisten. Bouillé selbst bat um die Erlaubnis, es auch so zu machen und im Ausland dienen zu dürfen. Der König befahl ihm zu bleiben, da er ihn nötig hätte. Allzu früh hatte man frohlockt; am 14. Juli hielt man die Revolution für beendet, dann am 6. Oktober, schließlich am 4. Februar; – und jetzt im März war ihr Ende noch nicht abzusehen.

Wozu auch! War die Freiheit schon in der Wiege robust, so brauchte sie nun, da sie heranwuchs, die Widerstände wenig zu fürchten. Den furchtbarsten, Unruhen und Anarchie, hatte sie gerade niedergeworfen. Die Verwüstungen des offenen Landes, der Krieg gegen die Schlösser, der immer weiter um sich griff und das ganze Land mit einer ungeheuren Feuersbrunst bedrohte, das alles war mit einem Schlage zu Ende. Die Januar- und Februarbewegung war im März bereits gedämpft. Während der König sich als den einzigen Bürgen des öffentlichen Friedens hinstellte, während die Versammlung nach Mitteln suchte, diesen

Frieden herbeizuführen, und keine fand, hatte Frankreich ihn selbst geschaffen. Die Begeisterung der Verbrüderung war den Gesetzen zuvorgekommen; den Knoten, der sich nicht entwirren ließ, hatte die nationale Hochherzigkeit zerhauen. Die Städte, völlig in Waffen, waren zur Verteidigung der Schlösser ausgezogen, sie hatten die Adligen, ihre Feinde, beschützt. Die großen Vereinigungen dauerten fort und wurden jeden Tag größer und schließlich so gewaltig, daß sie, ohne eine Hand zu rühren, allein durch ihr Dasein die beiden Feinde Frankreichs einschüchtern mußten, die Anarchie und die Räuber einerseits, andererseits die Gegenrevolution. Die Versammlungen beschränkten sich nicht mehr nur auf die dünnbevölkerten, weiten Gebiete des Südens, sondern nun begannen auch fest zusammengesetzte Legionen der nördlichen Provinzen sich zu bilden, die Champagne mit hunderttausend Mann, Lothringen mit hunderttausend Mann, die Vogesen, das Elsaß usw.

Eine Bewegung voller Größe, voller Uneigennützigkeit und ohne Eifersucht. Alles schließt sich zusammen, einigt sich und strebt nach der größeren Einheit. Paris sucht die Provinzen auf, will alle Gemeinden mit sich verbinden. Und die Provinzen haben von sich aus, ohne den geringsten Neid, noch viel mehr den Willen zur Einigkeit. Am 20. März verlangt die Bretagne, Frankreich solle einen Mann auf tausend nach Paris schicken. Bordeaux hat schon ein Bürgerfest für den 14. Juli gefordert. In kurzem bilden die beiden Vorschläge nur noch einen. Frankreich beruft ganz Frankreich zu dem großen Fest, dem ersten des neuen Kultus.

DRITTES KAPITEL

Die Königin und Österreich
Die Königin und Mirabeau
Die Armee
(März–Mai 1790)

Österreich mit Europa einig. – Es rät, Mirabeau zu gewinnen (März). – Zweideutige Haltung des Hofes in den Verhandlungen mit Mirabeau. – Mirabeau versetzt dem Hofe neue Schläge (April). – Mirabeaus geringer Einfluß in den Klubs. – Mirabeau gewonnen (10. Mai). – Mirabeau verschafft dem König das Recht der Kriegserklärung (22. Mai). – Zusammenkunft Mirabeaus und der Königin (Ende Mai). – Der Soldat verbrüdert sich mit dem Volke. – Der Hof glaubt, den Soldaten gewinnen zu können. – Kläglicher Zustand der alten Armee. – Übermut der Offiziere. Sie versuchen den Soldaten gegen das Volk zu hetzen. – Rechtfertigung des Soldaten und des Matrosen.

Das Komplott Favras' war das Komplott Monsieurs; das Komplott Maillebois' (das man im März entdeckte) stützte sich auf den Grafen Artois und die Emigranten. Und obwohl der Hof genau davon unterrichtet war, schien er doch dem Rat zu folgen, den man in der Denkschrift Augeards, des Siegelbewahrers der Königin, fand: listig sein, abwarten, *Vertrauen heucheln, fünf oder sechs Monate verstreichen lassen.*

In Wien war die Losung dieselbe wie in Paris.

Leopold verhandelte. Er stellte die sogenannten freiheitsfreundlichen Regierungen, die falschen Revolutionäre (ich meine England und Preußen), auf eine ernste Probe, zeigte ihnen die Revolution in ihrer ganzen Nacktheit, da ließen sie allmählich die Maske fallen. Leopold fragte die Engländer: „Gefällt es euch, wenn ich gezwungen werde, einen Teil der Niederlande an Frankreich abzutreten?" Und England scheute zurück, lieber opferte es dieser Gefahr die Hoffnung, sich in den Besitz von Ostende zu setzen. Den Preußen und den Deutschen überhaupt erklärte er: „Können wir unsere deutschen Fürsten im Stich lassen, die im Elsaß begütert sind und ihre Feudalherrschaft verlieren?" Preußen hatte schon selbst am 16. Februar für jene gesprochen und das Recht des Reiches proklamiert, von Frankreich Rechenschaft zu fordern.

Beide Mächtegruppen Europas, Österreich und Rußland einerseits, England und Preußen andererseits, gravitierten allmählich nach demselben zentralen Gedanken, dem Haß gegen die Revolution. Nur bestand der Unterschied, daß das liberale England und das philosophische Preußen ein wenig Zeit gebrauchten, um ihre Pole zu wechseln, sich selbst zu dementieren, abzuschwören und zu verleugnen und offen als das aufzutreten, was sie waren, als Feinde der Freiheit. Österreich hatte Gefühle zu schonen, den Widerstreit der Schande und der Scham. Doch konnte ihm das Abwarten unendlich viel eintragen. In kurzem würden alle anständigen Leute einig sein. Was sollte dann Frankreich allein anfangen? Österreichs ungeheures Gewicht mit Europa im Bunde würde es sofort erdrücken.

Inzwischen bestand kein Hindernis, den Revolutionären Frankreichs und Belgiens gute Worte zu geben, sie einzulullen und, wenn man konnte, sie zu trennen.

Sogleich nach Leopolds Thronbesteigung (20. Februar), sogleich nach der Bekanntmachung seines sonderbaren Manifestes, worin er die Prinzipien der belgischen Revolution anerkennt und die Rechtmäßigkeit der Empörung gegen den Kaiser zugibt (2. März), bestimmte de Mercy-Argenteau, sein Gesandter, Marie-Antoinette, ihren Widerwillen zu überwinden und sich Mirabeau zu nähern.

Aber so groß auch der Leichtsinn des Redners war und sein ewiger Geldmangel, so war doch die Annäherung schwierig. Man hatte ihn gerade da verschmäht und zurückgewiesen, als er nützlich sein konnte. Und man suchte ihn, als alles verdorben und vielleicht verloren war.

Im November war man mit den revolutionärsten Abgeordneten darüber einig, Mirabeau das Ministerium für immer zu verschließen. Jetzt rief man ihn.

Man rief ihn zu einem Unternehmen, das nach so vielen Unklugheiten und drei fehlgeschlagenen Komplotten unmöglich war.

Der österreichische Gesandte übernahm es selbst, Lamarck aus Belgien zurückkehren zu lassen, den Mann, der am besten als Vermittler dienen konnte, der Mirabeaus persönlicher Freund und auch persönlich der Königin ganz ergeben war.

Er kam zurück. Am 15. März überbrachte er Mirabeau die Vorschläge des Hofes und fand ihn sehr kalt. Sein gesunder Verstand sagte ihm, daß ihm der Hof nur vorschlug, mit ihm zusammen zu ertrinken.

Von Lamarck gedrängt, erklärte er, man könne den Thron nur so wieder befestigen, daß man sich auf die Freiheit stützte; wenn der Hof etwas anderes wolle, würde er ihn bekämpfen und dächte nicht daran, ihm zu dienen. Welche Garantie konnte man ihm hierfür bieten? Er selbst hatte unlängst in der Versammlung laut gesagt, wie wenig er der ausführenden Gewalt traute. Um ihn zu beruhigen, schrieb Ludwig XVI. an Lamarck, er habe immer nur eine Gewalt innerhalb der gesetzlichen Grenzen gewünscht.

Gleichzeitig mit diesen Verhandlungen unterhielt der Hof auch solche mit La Fayette. Der König sicherte ihm schriftlich das vollste Vertrauen zu. Am 14. April bat er ihn um sein Gutachten über die verfassungsmäßigen Rechte des Königs. Und La Fayette war so einfältig, es ihm zu erstatten.

Was wollte eigentlich der Hof? Zeit gewinnen und sonst nichts, La Fayette einlullen, Mirabeau lähmen und seine Wirksamkeit abschwächen, ihn gleichzeitig an verschiedene Interessen gefesselt halten, ihn vielleicht ebenso bloßstellen, wie man Necker bloßgestellt hatte. Die tiefe politische Weisheit des Hofes lief immer darauf hinaus, seine Retter zu verderben.

Genau zu derselben Zeit und auf die gleiche Art unterhandelte der Bruder der Königin, Leopold, mit den belgischen Progressisten; er stellte sie bloß, und als sie dann vom Volke bedroht, verraten und verfolgt wurden, brachte er sie dazu, selbst die Invasion und die Wiederherstellung der österreichischen Macht herbeizuwünschen.[1]

Wie darf man glauben, daß die völlig gleichgerichteten Schritte des Bruders und der Schwester zufällig übereingestimmt hätten?

Mirabeau hatte Ursache, es sich zweimal zu überlegen, bevor er sich dem Hofe anvertraute. Gerade hatte der König der Versammlung auf ihr dringendes Ersuchen hin das berühmte „Rote Buch" (von dem ich gleich sprechen werde) ausgeliefert und damit die Ehre vieler Leute; alle heimlichen Pensionäre mußten es jetzt erleben, wie ihr Name durch die Straßen ging. Wer konnte Mirabeau dafür bürgen, daß der Hof es nicht nach einiger Zeit für nützlich hielt, auch den Vertrag mit ihm an die Öffentlichkeit zu bringen? Die Verhandlungen waren nicht sehr beruhigend, man schwankte hin und her, vertraute ihm nicht im geringsten, verlangte dagegen die Mitteilung seiner Geheimnisse und der Absichten seiner Partei.

Mit einem solchen Manne durfte man so nicht spielen. Man mußte ihn zum Freund oder zum Feind haben, ihn bis aufs Blut bekämpfen, oder sich in seine Arme werfen. Mochte es im Grunde wie immer mit seinen royalistischen Tendenzen bestellt sein, es war unmöglich, einen so geistvollen Menschen völlig blind zu machen. Inzwischen ging er seinen Weg; Organ der Revolution, versagte er in entscheidenden Momenten nie; man hätte ihn gewinnen können, man konnte ihm aber nicht die Kraft rauben, ihn enervieren oder neutralisieren. Wenn der Augenblick es verlangte, dann war der lasterhafte Mirabeau mit einemmal verschwunden, der Gott redete aus ihm, das Vaterland handelte durch ihn und schleuderte den Blitz.

In einem einzigen Monat (April), als der Hof feilschte, Kniffe versuchte und nicht von der Stelle kam, traf der Blitz zweimal.

Zum erstenmal (vergleiche das folgende Kapitel, wo die Angelegenheiten des Klerus im Zusammenhang behandelt werden) bei der berühmten Rede über Karl IX. und die Bartholomäusnacht, die in aller Gedächtnis ist: „Ich sehe von

[1] Über Leopolds Verhalten in Europa und besonders in Belgien vergleiche Hardenberg, Borgnett usw.

meinem Platz aus das Fenster ..." Noch niemals hatten die Priester einen so wuchtigen Hieb aufs Haupt erhalten! (13. April)

Der zweite, nicht minder schwere Fall betraf die Frage der Auflösung der Versammlung; die Vollmacht vieler Abgeordneter war auf ein Jahr beschränkt, und dieses Jahr ging zu Ende. Schon vor dem 6. Oktober hatte man (und damals mit Recht) die Auflösung der Versammlung beantragt. Der Hof wartete und lauerte auf den Moment der Auflösung, auf den Zwischenakt, auf die gefährlichen Tage zwischen der Versammlung, die nicht mehr ist, und der, die noch nicht ist. Wer anders sollte während der Zwischenzeit regieren als der König, und zwar durch Verordnungen? War die Macht einmal wieder sein, hatte er den Degen wieder ergriffen, dann war es an ihm, ihn zu behalten.

Maury und Cazalès fragten in kraftvollen, aber herausfordernden und aufreizenden Reden die Versammlung, ob ihre Befugnisse unbegrenzt wären, ob sie sich für einen „Nationalkonvent" hielt; sie bestanden auf der Unterscheidung von Konvent, Versammlung und Legislaturkörper. Diese Spitzfindigkeiten trieben Mirabeau zu einem seiner prachtvollen Zornausbrüche, die bis zum Erhabenen gingen: „Ihr fragt, wie wir aus Bezirksabgeordneten zum Konvent geworden sind? Und meine Antwort ist: an dem Tage, als wir unseren Saal verschlossen fanden, von Bajonetten starrend und geschändet, und zum ersten besten Ort eilten, der uns aufnehmen konnte; als wir den Schwur taten, lieber zu sterben ... Wenn wir noch nicht Konvent waren, so sind wir es an diesem Tage geworden. Meine Herren, Sie kennen alle die Tat jenes Römers, der, um sein Vaterland von einer großen Verschwörung zu retten, gezwungen war, die Befugnisse zu überschreiten, die ihm die Gesetze zubilligten. Ein schlauer Tribun verlangte, er solle schwören, daß er sie beobachtet habe. Er gedachte, mit diesem arglistigen Interrogat den Konsul vor die Alternative eines Meineides oder eines belastenden Geständnisses zu stellen. Ich schwöre, sagte der große Mann, ich schwöre, daß ich die Republik gerettet habe! – Meine Herren, ich schwöre, daß Sie die Sache der Allgemeinheit gerettet haben!"

Bei diesem prachtvollen Eide erhob sich die ganze Versammlung und beschloß: „Es finden keine Neuwahlen statt, bevor die Verfassung vollendet ist!"

Die Royalisten waren tief bestürzt. Immerhin dachten viele, daß die Hoffnung ihrer Partei, die Neuwahlen, auch hätte fehlschlagen können, daß vielleicht eine noch feindlichere, noch gewalttätigere Versammlung an Stelle der alten hätte kommen können. Wer konnte bei der ungeheuren Gärung im Königreich, bei der steigenden Erhitzung der Gemüter sicher sein, richtig zu sehen? Allein die Organisation der Gemeindeverwaltungen wühlte Frankreich in seinen Tiefen auf. Kaum bildeten sie sich, da entstanden schon Vereine und Klubs neben ihnen, um sie zu überwachen. Furchtbare, aber nützliche, bei einer solchen Krisis äußerst nützliche Vereine, notwendige Organe und Werkzeuge des öffentlichen Mißtrauens angesichts so vieler Komplotte.

Die Klubs breiten sich aus, sie müssen es, die Situation erfordert es. Es ist noch nicht die Epoche ihrer größten Macht. Frankreich lebt noch in der Zeit der Verbrüderungen. Aber schon herrschen die Klubs in Paris.

Paris scheint für Frankreich zu wachen. Paris bleibt in Atem, seine sechzig Distrikte tagen dauernd; ohne zu handeln, sind sie immer bereit zu handeln. Paris horcht, ist immer unruhig, man könnte an eine Schildwache denken, die zwei Schritt vom Feinde steht. Der Ruf: „Habt acht!" erschallt zu jeder Stunde. Zwei Stimmen treiben es unablässig an, vom Klub der Cordeliers her und vom Jakobinerklub. Ich befasse mich im nächsten Buch mit diesen dunklen Höhlen, heute muß ich mir den Eintritt versagen. Die Jakobiner haben noch keinen festen Charakter, sie sind noch in den Anfängen, in ihrer unechten, konstitutionellen Zeit, da die Duport und Lameth bei ihnen herrschen.

Der wesentliche Zug dieser großen Laboratorien der Agitation, der öffentlichen Überwachung, dieser gewaltigen Maschinen (ich meine besonders die Jakobiner) ist, daß bei ihnen wie bei allen Maschinen das gemeinsame Handeln das persönliche Handeln beherrscht, daß das stärkste, die mutigste Persönlichkeit hier seine Vorzüge verliert. In derartigen Vereinen gelangt die geschäftige Mittelmäßigkeit zu Ansehen, und das Genie wiegt sehr wenig. Daher ging Mirabeau niemals gern in die Klubs, er gehörte keinem ausschließlich an, sondern machte nur kurze Besuche bei ihnen, verbrachte eine Stunde bei den Jakobinern und am gleichen Abend eine andere beim Klub von 89, den Sieyès, Bailly, La Fayette, Chapelier und Talleyrand im Palais-Royal gegründet hatten (13. Mai).

Der Klub war elegant und prunkvoll, aber langweilig. Die wahre Kraft steckte in dem alten, verräucherten Jakobinerkloster. Die Intrigenwirtschaft, das seichte Geschwätz, mit dem dort das Triumvirat Duport, Barnave und Lameth seine souveräne Herrschaft ausübte, trugen nicht wenig dazu bei, Mirabeau den Einflüsterungen des Hofes zugänglich zu machen.

Ein Mensch des Widerspruchs! Was war er im Grunde? Royalist und Adliger trotz allem. Und wie war sein Handeln? Entgegengesetzt! Mit prasselnden Blitzen zerschmetterte er das Königtum.

Wenn er es endlich schützen wollte, dann mußte er sich beeilen. Es wurde von Stunde zu Stunde schwächer. Es hatte Paris verloren; in der Provinz blieben ihm große, zerstreute Kräfte, wie konnte man sie in ein starkes Band binden? Darüber sann Mirabeau. Er plante die Einrichtung einer ausgedehnten Korrespondenz, zweifellos nach dem Vorbilde der Jakobiner und als Gegenmittel gegen sie. Das war die Basis des Vertrages zwischen Mirabeau und dem Hofe (10. Mai). Er hätte in seinem Hause eine Art Ministerium der öffentlichen Meinung errichtet. Dazu, oder unter diesem Vorwande, empfing er Geld, eine feste Besoldung. Und da es seine Gewohnheit war, alles, Gutes und Böses, mit gleicher

Kühnheit zu tun, so machte er großen Aufwand, hielt offene Tafel und bezog das kleine Hotel in der Chaussée d'Antin, das heute noch besteht.

Das alles war nur allzu durchsichtig und wurde noch deutlicher, als man ihn von seinem Platz auf der Linken aus mit der Rechten für das Königtum eintreten sah, um diesem die Entscheidung über Frieden oder Krieg zu verschaffen.

Der König hatte zuerst das Innere verloren, dann die Justiz; die Richter wie die Gemeindebehörden waren seinem Machtbereich entzogen. Was blieb noch vom Königtum, wenn man ihm auch den Krieg nahm? Das war die Auffassung Cazalès'!

Barnave und die Opposition fanden tausend Entgegnungen, vergaßen aber die beste. Daß nämlich der König verdächtig war, daß die Revolution nur zustande gekommen war, weil man den Degen in der Hand des Königs zerbrach, daß gerade der Krieg die gefährlichste von allen Machtbefugnissen war, die man ihm lassen konnte.

Die Ursache der Debatte war folgende. England war lebhaft beunruhigt, als es Belgien die Hand nach Frankreich ausstrecken sah. Es begann ganz wie der Kaiser und wie Preußen sich vor der Lebenskraft und der ansteckenden Wirkung der Revolution zu fürchten, denn diese gewann durch ihren brennenden Eifer sowohl wie durch ihren mehr allgemein-menschlichen als nationalen Charakter, der dem englischen Geist ganz zuwider war, immer mehr an Boden. Ein begabter, leidenschaftlicher, aber bestechlicher Mann, der Irländer Burke, ein Jesuitenzögling von Saint-Omer, verteilte in den Kammern eine wütende Philippika gegen die Revolution, die ihm von seinem Gegner Pitt bar bezahlt wurde. England griff Frankreich nicht an, aber es überließ Belgien dem Kaiser und tat sein Äußerstes, um jenseits des Ozeans mit dem uns verbündeten Spanien Streit anzufangen. Ludwig XVI. teilte der Versammlung mit, daß er vierzehn Schiffe ausrüsten ließ.

Darauf entspann sich eine endlose theoretische Unterredung über die allgemeine Frage: Wem gehört die Entscheidung über den Krieg? Dagegen verlautete wenig oder nichts über die besondere Frage, die doch der anderen voranging. Jeder schien sie zu meiden, zu fliehen, Furcht zu haben, sich mit ihr zu befassen.

Paris hatte keine Furcht, Paris wollte eine klare Lösung. Alle fühlten und sagten, daß die Revolution verloren wäre, wenn der König den Degen besäße. Fünfzigtausend Menschen standen in unbeschreiblicher Aufregung wartend in den Tuilerien, auf der Place Vendôme, in der Rue Saint-Honoré, und fingen begierig die Notizen auf, die man ihnen aus den Fenstern der Versammlung zuwarf, damit sie den Verlauf der Verhandlungen von Augenblick zu Augenblick verfolgen konnten. Alle waren empört und erbittert gegen Mirabeau. Beim Ein- und Ausgang hielt ihm einer einen Strick vors Gesicht, ein anderer Pistolen.

Er blieb kaltblütig. Einmal sogar, als Barnave gerade eine seiner langen Reden hielt und den Weg gefunden zu haben glaubte, auf dem er Mirabeau zu Fall bringen konnte, hörte er nicht weiter zu, sondern ging in den Tuilerien spazieren, mitten in der Menge, und machte der jungen, feurigen Frau von Staël den Hof, die ebenfalls dort war und mit dem Volke wartete.

Sein Mut machte indessen seine Sache nicht besser. Er versuchte es damit, daß er die Frage theoretisch nannte und von einem (bei dem großen Gegenstand des Krieges) natürlichen Bündnis zwischen Geist und Kraft, zwischen der Versammlung und dem König, sprach. Diese ganze Metaphysik konnte die Situation nicht verschleiern.

Seine Feinde gebrauchten ein wenig parlamentarisches Mittel gegen ihn, das beinahe an Mord grenzte und ihm den Hals kosten konnte. Sie ließen in der Nacht eine maßlose Schmähschrift drucken und verbreiten. Als Mirabeau morgens in die Versammlung ging, hörte er von allen Seiten den Ausruf: „Der große Verrat des Grafen Mirabeau entdeckt!" Wie immer inspirierte ihn die Gefahr wunderbar, er tat seine Feinde ab mit den Worten: „Ich wußte wohl, daß es nicht weit ist vom Kapitol zum tarpejischen Felsen" usw.

Persönlich errang er einen Erfolg. Der strittigen Frage selbst wich er geschickt aus; bei der ersten Gelegenheit, die ihm der Antrag einer weniger gewagten Fassung des Beschlusses bot, trat er auf seine Weise den Rückzug an, verzichtete auf die Form und rettete den Kern der Sache. Es wurde beschlossen, der König sei berechtigt, die „Vorbereitungen" zu treffen, die militärischen Kräfte nach Belieben zu „lenken", er müsse der Versammlung den Krieg „vorschlagen", die ihrerseits keinen Beschluß fassen könnte, der „ohne die Bestätigung" des Königs gültig wäre (22. Mai).

Beim Hinausgehen wurden Barnave, Duport und Lameth, die außer sich waren, mit Beifallsrufen begrüßt und vom Volk, das gesiegt zu haben glaubte, beinahe getragen. Sie hatten nicht den Mut, ihm die Wahrheit zu sagen. Tatsächlich war der Hof im Vorteil.

Zweimal hatte der Hof Mirabeaus Stärke erproben können, im April gegen sich, im Mai für sich. Der zweite Fall hatte übermenschliche Anstrengungen gekostet, Mirabeau hatte seine Volkstümlichkeit geopfert und sein Leben gewagt. Die Königin gewährte ihm eine Zusammenkunft, allem Anschein nach die einzige, die er je gehabt hat.

Eine andere Schwäche dieses Mannes, die man nicht verschweigen darf. Ein paar Zeichen von Vertrauen, die der um ihre Annäherung besorgte Eifer Lamarcks zweifellos übertrieb, stiegen dem großen Redner, der leichtgläubig war wie ein Künstler, zu Kopf. Er wollte bei der Königin eine Überlegenheit des Geistes und des Charakters bemerken, die sie durchaus nicht besaß. Andererseits wiegte er sich, hochmütig und im Bewußtsein seiner Kraft, in dem Glauben, daß er, dem kein Mann widerstand, unschwer den Willen eines Weibes zwingen würde. Er wäre lieber der Minister einer Königin als eines Königs gewesen – der Minister oder vielleicht der Liebhaber?

Die Königin war damals mit dem König in Saint-Cloud. Sie standen unter der Hut der im allgemeinen wohlwollenden Nationalgarde und konnten sich in ihrer halben Gefangenschaft ziemlich frei bewegen, so daß sie alle Tage ohne Wachen Spaziergänge machten, oft mehrere Meilen weit. Indessen gab es viele brave Leute und treue Seelen, die den Gedanken, daß ein König und eine Königin Gefangene ihrer Untertanen waren, nicht ertragen konnten. Eines Nachmittags hörte die Königin auf dem stillen Hofe von Saint-Cloud ein leises Geräusch; sie hob den Vorhang und sah unter ihrem Balkon ungefähr fünfzig Personen, Bäuerinnen, Priester, alte Ritter vom Heiligen Ludwig, die halblaut weinten und ihr Schluchzen unterdrückten.

Mirabeau blieb solchen Eindrücken gegenüber nicht standhaft. Er war trotz aller Laster ein Mensch von glühender Einbildungskraft und stürmischer Leidenschaft geblieben und fand ein gewisses Glück darin, sich als die Stütze, den Beschützer, vielleicht den Befreier einer schönen gefangenen Königin zu fühlen. Das Geheimnisvolle der Zusammenkunft erhöhte den Reiz. Er kam nicht im Wagen, sondern zu Pferd, um keine Aufmerksamkeit zu erregen. Er wurde nicht im Schloß empfangen, sondern an einem sehr abgelegenen Ort, am äußersten Ende des reservierten Parkes, in einem Gartenhäuschen oberhalb des Jardin d'Armide. – Es war Ende Mai.

Mirabeau trug sichtlich schon damals den Keim seiner Todeskrankheit in sich; ich spreche nicht von seinen Ausschweifungen und seiner unerhörten Überarbeitung. Nein, Mirabeau starb nur an dem Haß des Volkes. Zuerst angebetet, dann angespien! Zuerst der herrliche Triumph in der Provence, wo er sein Herz am Herzen des Vaterlandes schlagen fühlte, dann, im Mai 90, der Vorgang in den Tuilerien, das Volk, das ihn am Galgen sehen wollte! Zwar bot er dem Sturm die Stirn, doch hatte er kein gutes Gewissen, zwar legte er die Hand beteuernd auf die Brust, aber er fühlte dort nur das Geld, das er am Morgen vom Hof bekommen hatte. All das kochte in ihm, Zorn, Haß, unbestimmte Hoffnung – ein wüster Wirbel in seiner trüben Seele. Seine Gesichtsfarbe war fahl, grau, unrein, seine Augen krank und gerötet; krankhafte Fettleibigkeit machte ihn schwerfällig, seine Wangen waren schlaff – so saß er auf dem Pferde und ritt langsam die Avenue de Saint-Cloud hinan, anfällig und verwundet, aber nicht zerbrochen, der gewaltige Mirabeau.

Und wie sehr war auch die Königin dort im Pavillon verändert. Man sah ihr die fünfunddreißig Jahre an, das rührende Alter, das van Dyck so gern gemalt hat; zarte, leicht blaue Schatten ließen auf einen tiefen Kummer schließen. Sie war krank, schwerkrank und unheilbar! Krank an Körper und Geist. Sie kämpfte, das sah man. Stolzen Hauptes und mit trockenen Augen, die dennoch allzu deutlich verrieten, daß sie jede Nacht weinte. Ihre natürliche Würde, die Würde des Mutes und des Unglücks, die ein anderes Königtum sind, hielten jedes Mißtrauen fern. Es war wohl nötig, daß er an sie glaubte, er, der sich für sie opferte.

Sie war überrascht, als sie sah, daß dieser gehaßte, verrufene Mann, dieser verhängnisvolle Mann, durch den die Revolution gesprochen hatte, dieses Monstrum ein Mensch war, daß er den besonderen Zauber eines Zartgefühls besaß, das eine solche Energie auszuschließen schien.

Allem Anschein nach verlief die Unterhaltung leer und ergebnislos. Die Königin verbarg ihre Gedanken, Mirabeau die seinigen nicht; er wollte den König und die Freiheit zugleich retten. In welcher Sprache also konnten sie sich finden? Mit seinen letzten Worten wandte sich Mirabeau in einer zugleich respektvollen und kühnen Galanterie ebensosehr an die Frau wie an die Königin: „Madame, wenn Ihre erlauchte Mutter einem ihrer Untertanen die Ehre ihrer Gegenwart zuteil werden ließ, so verabschiedete sie ihn niemals, ohne ihm die Hand zum Kusse zu reichen." Die Königin reichte ihm die ihre. Mirabeau neigte sich, dann hob er den Kopf und sagte bewegt und stolz: „Madame, die Monarchie ist gerettet!"

Er entfernte sich, erregt, beglückt und – getäuscht. Die Königin schrieb an einen ihrer Agenten in Deutschland, Herrn de Flachslanden, man bediene sich Mirabeaus, aber die Beziehungen zu ihm seien durchaus nicht ernsthaft.

In derselben Stunde, als er um den Preis seiner Popularität und beinahe seines Lebens den gefährlichen Beschluß durchgesetzt hatte, der im Grunde dem König die Entscheidung über Krieg und Frieden zurückgab, ließ der König in den Archiven des Parlaments nach den alten Formen des Protestes gegen die Generalstaaten suchen, um aus ihnen ein Geheimmittel *gegen alle Beschlüsse der Versammlung* zu machen (23. Mai).[1]

Gott sei Dank hing Frankreichs Heil nicht von diesem großen, leichtgläubigen Manne ab und von dem arglistigen Hof. Ein Beschluß gab dem König den Degen zurück, aber dieser Degen war zerbrochen.

Der Soldat gehörte wieder zum Volk, mischte sich unter das Volk, verbrüderte sich mit dem Volke.

Aus Bouillés Memoiren erfahren wir, daß er nichts versäumte, um den Soldaten und das Volk in Gegensatz zu bringen, um dem Militär Haß und Verachtung gegen den Bürger einzuflößen.

Die Offiziere hatten begierig eine Gelegenheit ergriffen, um diesen Haß noch höher zu treiben, bis zur Nationalversammlung, welche sie bei den Soldaten

[1] Der König schickte den Großsiegelbewahrer selbst, der in der Emigrantenzeit Montgaillard die Sache erzählt hat. Was den Brief der Königin an Flachslanden angeht, so befindet sich das Original in einer Spezialsammlung; er wurde dort nicht von mir, sondern von einem sehr aufmerksamen, sehr kenntnisreichen und völlig vertrauenswürdigen Archivbeamten gelesen.

verleumdeten. Einer der besten Patrioten, Dubois-Crancé, hatte der Versammlung die traurige Verfassung der Armee geschildert, die zum größten Teil aus Taugenichtsen bestand; daraus leitete er die Notwendigkeit einer Neuorganisation ab, die aus der Armee das machen sollte, was sie früher gewesen war, die Blüte Frankreichs. Und gerade diese militärfreundlichen Worte, diesen Versuch, die Armee zu reformieren und rechtzufertigen, mißbrauchte man. Die Offiziere verbreiteten unter den Soldaten, sie seien von der Versammlung beschimpft. Der Hof baute große Hoffnungen darauf; er glaubte, die Armee wiedergewinnen zu können. Aus dem Ministerium schrieb man an den Kommandanten von Lille die bedeutsamen Worte: „Von Tag zu Tag gewinnen wir festeren Boden. Wenn man uns nur überhaupt vergäße und für abgetan hielte, dann würden wir bald alles wiederhaben.“ (8. Dezember, 3. Januar)

Eitle Hoffnung! Konnte man wirklich glauben, daß der Soldat lange blind bleiben, daß er ungerührt dem berauschenden Schauspiel der Verbrüderung Frankreichs zusehen, daß er, da das Vaterland wiedergefunden war, allein außerhalb des Vaterlandes stehen würde, daß Kaserne und Lager wie eine Insel von der übrigen Welt geschieden sein würden?

Es ist zweifellos beunruhigend, wenn eine Armee im Gehorsam wägt, Unterschiede macht und wählt; doch wie hätte es hier anders sein können? Wenn der Soldat der Obrigkeit blind gehorchte, dann war er der höchsten Obrigkeit, aus der alle anderen hervorgehen, ungehorsam; war er seinen Offizieren gefügig, so wurde er unfehlbar ein Rebell gegen den Vorgesetzten seiner Vorgesetzten, gegen das Gesetz. Sich ruhig verhalten und untätig bleiben konnte er nicht, das war nicht die Meinung der Gegenrevolution; die befahl ihm, auf die Revolution zu schießen, auf Frankreich, auf das Volk, auf seinen Vater und seinen Bruder, die die Arme nach ihm ausstreckten.

Die Offiziere erschienen ihm als das, was sie waren, als Feinde, als ein Volk für sich, in immer steigendem Maße verschieden an Rasse und Art. Wie alte verhärtete Sünder sich immer tiefer in ihre Sünden verrennen, wenn's dem Ende zugeht, so wurde das Ancien régime zum Schluß immer härter und ungerechter. Die hohen Rangstufen erhielten nur noch die jungen Hofleute, die kleinen Protégés der Damen; der Minister Montbarey hat selbst die heftige und unanständige Szene berichtet, die ihm die Königin um eines jungen Obersten willen machte. Die untersten Grade, die unter Ludwig XIV. und Ludwig XV. noch erreichbar waren, wurden unter Ludwig XVI. nur solchen verliehen, die den Adel im vierten Gliede nachweisen konnten. Fabert, Catinat und Chevert hätten nicht einmal Leutnant werden können.

Ich habe das Kriegsbudget (von 1784) erwähnt: 46 Millionen für den Offizier, 44 für den Soldaten. Warum ihn noch Soldat nennen? Bettler wäre das richtige Wort. Der Soldat, der im 17. Jahrhundert verhältnismäßig hoch stand, sank unter Ludwig XV. auf ein Nichts. Freilich kam unter Ludwig XVI. ein anderer Sold hinzu, der in Stockschlägen ausgezahlt wurde. Das geschah, um die preußische Disziplin nachzuahmen; der Mensch wie eine Maschine gelenkt und wie ein Kind gestraft: damit glaubte man das ganze Geheimnis der Siege des großen Friedrich vor sich zu haben. Ein schlimmeres System ist nicht denkbar: es vereinte entgegengesetzte Übel, war zugleich mechanisch und nicht mechanisch, verhängnisvoll hart und grausam willkürlich.

Die Offiziere hegten eine souveräne Verachtung gegen den Soldaten, den Bürger, gegen alle Art Mensch, und sie verbargen ihre Verachtung nicht. Welch hohes Verdienst berechtigte sie dazu? Ein einziges: sie wußten mit dem Degen umzugehen. Das schätzenswerte Vorurteil, welches das Leben der Tüchtigen vom Takt der Gewandten abhängig macht, hatte eine Art von Tyrannei der letzteren zur Folge. Sie versuchten sogar, die Versammlung auf diese Weise einzuschüchtern; in der Adelskammer zogen mehrere Mitglieder den Degen, um die anderen zu verhindern, sich dem dritten Stande anzuschließen. La Bourdonnaie, Noailles, Castries und Cazalès schickten Forderungen an Barnave und Lameth. Andere beleidigten Mirabeau gröblich, in der Hoffnung, sich seiner zu entledigen, doch der blieb ungerührt. Wollte Gott, der größte Seemann jener Zeit, Suffren, wäre es ebenfalls gewesen! Nach einer nur allzu wahrscheinlichen Überlieferung hatte ein junger Laffe aus vornehmem Hause die sträfliche Unverschämtheit, den heldenmütigen Mann, dessen Leben Frankreich allein gehörte, zu fordern; er, der schon in Jahren war, besaß die Gutmütigkeit, die Forderung anzunehmen und wurde tödlich verletzt. Der junge Mann war bei Hof beliebt, und die Sache wurde vertuscht.

Wer hatte die Freude davon? England! Für einen so guten Hieb hätte es gern Millionen gegeben.

Das Volk hat niemals Verständnis für diese Art Ehre gehabt. Die Belzunce und Patrice, von denen alle Welt gefordert wurde, kamen daher sehr übel an. Der Degen der Emigranten zerbrach wie Glas unter dem Säbel der Republik.

Wenn schon unsere Landoffiziere, die keine Taten verrichtet hatten, so übermütig waren, wie mußte es dann erst bei den Marineoffizieren aussehen! Seit ihren letzten Erfolgen (die doch in den meisten Fällen nur Zweikämpfe von Schiff zu Schiff waren), kannten sie sich nicht mehr; ihr Hochmut wuchs bis zur Wildheit. Einer von ihnen hatte das Unglück gehabt, sich so weit zu erniedrigen, daß er einen früheren Kameraden besuchte, der ins Heer eingetreten war; man zwang ihn, sich mit jenem zu schlagen, damit er sich von dem Verbrechen reinigte; und o Grausen! er tötete ihn!

Ein Marineoffizier, Acton, war der ungekrönte König in Neapel. Leute wie Vaudreuil rieten der Königin und dem Grafen Artois zur offenen Gewalt. Als Frankreich gegen ganz Europa stand, stießen ihm Marineoffiziere, die Bonchamp und Marigny, den Dolch der Vendée in den Rücken.

Den ersten Streich gegen ihren Trotz führte Toulon. Dort kommandierte der sehr tapfere Albert de Rioms, einer unserer besten Kapitäne. Er meinte, die beiden Städte, das Arsenal und Toulon, ganz gleich behandeln zu können, mit Tauende und Lianen, wie Sträflinge im Bagno, die schwarze Kokarde beschirmend und die Trikolore züchtigend. Er verließ sich auf einen Vertrag, den seine Marineoffiziere mit denen vom Landheer gegen die Nationalgarde geschlossen hatten. Als die letzteren mit den Behörden an der Spitze zu ihm kamen, um sich zu beschweren, empfing er sie wie die Galeerensträflinge aus dem Arsenal. Jetzt rottet sich eine wütende Volksmenge vor dem Hotel des Kommandanten zusammen. Er kommandiert Feuer, – und nicht ein Soldat schießt. Da muß er die Zivilbehörden bitten, ihm Hilfe zu gewähren. Der Nationalgarde, die er beleidigt hatte, gelingt es kaum, ihn zu schützen; sie kann ihn nur dadurch retten, daß sie ihn ins Gefängnis steckt (November–Dezember 1789).

Auch in Lille versuchte man, die Truppen und die Nationalgarde aneinander zu hetzen und sogar die Regimenter gegen diese zu bewaffnen. Der Kommandant Livarot reizte (wie man aus seinen unveröffentlichten Briefen sieht) das Militär, indem er die angebliche Beleidigung gegen die Armee hervorhob, die Dubois-Crancé in der Nationalversammlung getan hätte. Die Versammlung antwortete mit einer Verbesserung des Loses der Soldaten und bewies wenigstens, so gut es damals ging, ihr Interesse für sie durch die Erhöhung ihres Soldes um einige Heller. Viel ermutigender wirkte es, daß La Fayette in Paris alle Unteroffiziere zu höheren Graden befördert hatte. Die unübersteigliche Schranke war also endlich gefallen.

Arme Soldaten des Ancien régime, die so lange schweigend und hoffnungslos gelitten hatten! Waren sie auch nicht die prachtvollen Soldaten der Republik und des Kaiserreichs, so verdienten sie es doch, daß endlich auch ihr Tag anbrach. Immer, wenn ich in unserer alten Geschichte von ihnen lese, bewundere ich ihre Geduld und rührt mich ihre Güte. Ich stelle mir vor, wie sie in das ausgehungerte Rochelle einziehen und den Bewohnern ihr Brot geben. Ihre Tyrannen, ihre Offiziere, die ihnen jedes Vorwärtskommen unmöglich machten, fanden bei ihnen nur Gelehrigkeit, Achtung, Milde und Wohlwollen. In der Zeit Ludwigs XV. konnte bei irgendeiner Gelegenheit ein vierzehnjähriger Offizier, der gerade aus Versailles kam, nicht mehr weiter: „Gib ihn mir", rief ein riesiger Grenadier, „ich werde ihn auf den Rücken setzen; wenn eine Kugel fällig ist, will ich sie dem Kinde ersparen."

Es mußte ja endlich ein Tag der Gerechtigkeit, der Gleichheit, der Natur kommen; glücklich die, die alt genug wurden, um ihn zu erleben! Ein Glück war es für alle. Wie freute sich die Bretagne, als sie noch nach beinahe hundert Jahren, noch immer in seinem niedrigen Stand als Lotse, den Lotsen von Duguay-Trouin wiederfand, dessen feste und kaltblütige Hand den Sieger ins Feuer geführt hatte. Jean Robin von der Insel Batz wurde bei den Wahlen erkannt und unter allgemeiner Zustimmung neben den Präsidenten gesetzt. Man schämte sich für Frankreich ob einer so langen Ungerechtigkeit; gern hätte man in der Person dieses ehrwürdigen Mannes so viele schmählich verkannte Generationen geehrt; sie waren in ihrem Leben durch den Übermut derer, die aus ihren Diensten Nutzen zogen, geduckt und dann der Vergessenheit geweiht worden.

VIERTES KAPITEL

Der Kampf um die Religion
Ostern
Die Leidensgeschichte Ludwigs XVI.

Die Legende vom König-Märtyrer. – Skandal bei der Öffnung der Klöster. – Der Klerus wiegelt die unwissenden Massen auf. – Der Agent des Klerus sucht eine Verständigung mit den Emigranten. – Gegensätze zwischen Klerus und Adel. – Manöver des Klerus zu Ostern. – Die Versammlung veröffentlicht das „Rote Buch", April 1790. – Sie gibt Assignaten als Pfandverschreibungen auf die Güter des Klerus aus. – Der Klerus fordert die Versammlung auf, den Katholizismus als Nationalreligion zu erklären, 12. April 1790.

Es war erwiesen, daß man den Soldaten nicht gegen das Volk bewaffnen konnte. Man mußte ein Mittel finden, das Volk gegen sich selbst zu bewaffnen, gegen eine Revolution, die nur von ihm herkam.

Dem Geist der Brüderlichkeit, der Einigkeit, dem neuen revolutionären Glauben konnte man nur den alten Glauben entgegenstellen, wenn er noch existierte.

An Stelle des alten, erloschenen, oder wenigstens sehr abgeschwächten Fanatismus fand der Klerus ein sehr dankbares Arbeitsfeld in der natürlichen Gutherzigkeit des Volkes, seiner blinden Empfänglichkeit, seiner Leichtgläubigkeit gegen die, die es liebte, seiner eingewurzelten Achtung vor Priester und König – dem König, dieser alten Religion, dieser geheimnisvollen Persönlichkeit mit dem Doppelcharakter des Priesters und der Obrigkeit, mit einem Abglanz Gottes!

Immer hatte das Volk seine Wünsche und Klagen an ihn gerichtet; mit welchem Erfolg, mit welch traurigem Bescheide, wissen wir. Mochte das Königtum, wie eine erbarmungslose Maschine, es noch so sehr nieder treten und zermalmen: es war ihm zugetan wie einem Menschen.

Nichts war den Priestern leichter, als aus Ludwig XVI. einen Heiligen und Märtyrer zu machen. Er sah fromm, wohlwollend und schwerfällig aus (typisch für die Häuser Sachsen und Bourbon) und paßte sehr gut zu einem christlichen Heiligen, war wie geschaffen für ein Kirchenportal. Seine Kurzsichtigkeit, Unentschlossenheit und Unbedeutendheit gaben ihm gerade jenes Unbestimmte, das der Legende alles erlaubt.

Der Text war wunderbar, pathetisch und ganz geeignet, die Herzen zu verwirren. Er hatte das Volk geliebt, er wollte das Beste des Volkes, und dafür ward er gestraft. Undankbare, Rasende hatten es gewagt, die Hand zu erheben gegen diesen ausgezeichneten Vater, gegen den Gesalbten des Herrn! Der gute König, die edle Königin, die fromme Madame Elisabeth, der arme kleine Dauphin, alle waren sie in dem scheußlichen Paris gefangen! Wie strömten die Tränen bei solchen Erzählungen, wie viel heiße Gebete stiegen zum Himmel und wie viele Messen für die Befreiung! Welcher Frau brach nicht das Herz, wenn der Priester ihr beim Verlassen der Kirche zuflüsterte: „Betet für den armen König!“ – Betet auch für Frankreich, hätte er außerdem noch sagen können, betet für ein armes, verratenes, dem Auslande überliefertes Volk.

Ein nicht weniger wirksames Mittel der Aufreizung zum Bürgerkriege war die Öffnung der Klöster und der Befehl zur Inventur der Kirchengüter, sowie die Verminderung der Klöster. Jede Verminderung wurde indessen sehr schonend vorgenommen. In jedem Departement ließ man für jeden Orden wenigstens ein Haus bestehen, wohin sich diejenigen, die bleiben wollten, immer zurückziehen konnten. Wer austreten wollte, trat aus und bezog eine Pension.

Das war maßvoll und durchaus nicht gewalttätig. Die damals sehr milden Gemeindeverwaltungen waren zu sehr entgegenkommend bei der Vollziehung. Sie drückten ein Auge zu und nahmen oft kaum die Hälfte der Objekte und zur Hälfte des wirklichen Wertes auf. – Trotzdem versäumte man nichts, ihnen die Pflicht schwer und gefährlich zu machen. Um nur bis an die Pforte zu kommen, mußten die Beamten zuerst unter Lebensgefahr mitten durch eine aufgewiegelte Menge von schreienden Weibern und Bettlern in drohender Haltung, die von den Mönchen ernährt wurden. Die sanften Lämmer des Herrn setzten den Männern des Gesetzes, die das Gesetz ausführen mußten, Widerstand entgegen, Weigerungen und Hindernisse, die jene zur Verzweiflung treiben konnten.

All das geschah mit großer Geschicklichkeit und bemerkenswerter Gewandtheit. Wenn es möglich wäre, die ausführliche und vollständige Geschichte dieser Vorgänge zu schreiben, so würde man darin erbauliche Beiträge zu einer merkwürdigen Frage der hohen Philosophie finden: Wie können die Politiker in einer gleichgültigen und ungläubigen Zeit die Leidenschaft wecken und neu beleben?

Der Klerus hatte keinen Glauben, aber er fand Leute als Werkzeuge, die welchen hatten, fromme, überzeugte Seelen, glühende Visionäre, poetische und seltsame Köpfe, die immer im Überfluß vorhanden sind, besonders in der Bretagne. Eine Frau von Pont-Levès, die Frau eines Marineoffiziers, veröffentlichte ein kleines, feuriges, mystisches Buch: „Der Heiligen Jungfrau Mitleid für Frankreich“, ein Buch von einer Frau und für Frauen, geeignet, sie zu verwirren und toll zu machen.

Noch hatte der Klerus leichtes Spiel mit der armen Bevölkerung, die die französische Sprache nicht kannte. Er ließ sie in Unkenntnis über die Aufhebung der Zehnten und der Gefälle, überging stillschweigend die allmähliche Abschaffung der indirekten Steuern und weckte hoffnungslosen Jammer in ihnen, indem er auf die Unerschwinglichkeit der zu zahlenden Abgaben hinwies und ihnen einredete, man werde in nächster Zeit ein Drittel aller lebendigen und toten Habe wegnehmen.

Im Süden gab es andere, nicht weniger willkommene Elemente zur Ruhestörung, Männer von trockener Leidenschaft, tätig, feurig, klug und listig, die nicht nur einen Aufruhr anzetteln, sondern ihn auch organisieren, regeln und leiten konnten.

Das wahre Geheimnis des Widerstandes, der einzige Weg, der der Gegenrevolution ernstliche Aussichten bot, die Idee der künftigen Vendée, wurde zuerst in Nîmes ausgesprochen: Gegen die Revolution ist kein Erfolg zu erzielen ohne den Religionskrieg. – Mit andern Worten: Gegen den Glauben kann nur der Glaube an.

Ein furchtbarer Weg, vor dem man zurückfährt, wenn man bedenkt ... wenn man die Ruinen und Einöden sieht, die die alte Leidenschaft hinterlassen hat. Was wäre geschehen, wenn der ganze Süden, der ganze Westen, wenn ganz Frankreich Vendée geworden wäre?

Aber der Gegenrevolution blieb keine Wahl. Dem Geist der Brüderlichkeit konnte man nur mit dem Geist der Bartholomäusnacht begegnen.

Das war ungefähr die Aussicht, die im Januar 1790 der feurige Abgeordnete von Nîmes vor der großen Emigrantenversammlung in Turin vertrat; er war von niederer Herkunft und nicht sehr geachtet, hatte aber einen tüchtigen unerschrockenen Kopf und sah und formulierte die Frage völlig richtig.

Der Mann, der aus besonderer Gunst vor den Prinzen und Herren sprechen durfte – Charles Froment war sein Name –, war der Sohn eines fälschlich angeklagten und dann freigesprochenen Mannes und selbst nur ein kleiner Steuereinnehmer des Klerus und dessen Faktotum. Zuerst Revolutionär, hatte er in Nîmes gemerkt, daß auf der anderen Seite mehr zu holen war. Anfänglich wurde er dann der Führer der katholischen Bevölkerung, die er gegen die Protestanten aufhetzte. Er selbst war weniger ein Fanatiker, als ein Aufwiegler, ein Mann aus der Ghibellinenzeit. Aber er erkannte deutlich, daß das Volk und der Appell an den Glauben des Volkes die wahre Stärke bedeutete.

Froment wurde gnädig empfangen und angehört, aber wenig verstanden. Man gab ihm einiges Geld und die Hoffnung, daß der Kommandant von Montpellier ihm Waffen liefern würde. Übrigens dachte man so wenig daran, wie nützlich er werden könnte, daß ihm, als er später emigriert war, die Prinzen sogar die Erlaubnis versagten, sich mit den Spaniern in Verbindung zu setzen und sie mit seiner alten Partei in Beziehung zu bringen.

„Es war das Verderben Ludwigs XVI.", sagt Froment in seinen Broschüren, „daß er philosophische Minister hatte." Das hätte er mit nicht weniger Grund sehr verallgemeinern können. Die Gegenrevolution war vor allem darum ohnmächtig, weil sie, wenn auch in verschiedenen Abstufungen, doch schließlich die Philosophie des Jahrhunderts im Herzen trug, das heißt die Revolution selbst.

Ich habe in meiner Einführung gesagt, daß damals alle, sogar die Königin, der Graf Artois und der Adel, von dem neuen Geist angesteckt waren.

Die Sprache des alten Fanatismus war ihnen eine tote Sprache. Ihr Erwachen in den Massen war solchen Geistern ein unfaßbarer Vorgang. Das Volk in Aufruhr, selbst wenn es für sie geschah, machte sie besorgt. Übrigens entsprach es den Ideen des Adels durchaus nicht, den Klerus zu stärken; der Adel hatte immer auf die Beraubung des Klerus gewartet und gehofft. In den „Heften" jedes der beiden Stände brach die Feindschaft gegen den anderen durch. Die Revolution, die sie einander nähern mußte, hatte sie noch mehr entzweit. Die adligen Grundbesitzer gewannen in gewissen Provinzen, zum Beispiel in Languedoc, durch die Abschaffung des geistlichen Zehnten mehr, als sie an den Feudalrechten verloren.

Bei der Beratung der Klostergelübde (Februar) stand kein Adliger auf seiten des Klerus. Der verteidigte allein die alte Tyrannei der unwiderruflichen Gelübde. Die Adligen stimmten mit ihren gewöhnlichen Gegnern für die Aufhebung der Gelübde, die Öffnung der Klöster und die Freiheit der Mönche und Nonnen.

Der Klerus rächte sich. Als es um die Abschaffung der Feudalrechte ging, schrie der Adel von Gewalttätigkeit, Grausamkeit usw. Der Klerus, wenigstens der größte Teil des Klerus, ließ den Adel schreien, stimmte gegen ihn und trug so zu seinem Ruin bei.

Die Berater des Grafen Artois, Calonne und andere, die österreichischen Berater der Königin, waren sicher, wie die Mehrzahl des Adels, einer Plünderung des Klerus sehr geneigt, vorausgesetzt, daß sie zu ihrem Nutzen geschah. Ehe sie die alte Leidenschaft als Waffe benutzten, zogen sie den Hilferuf an das Ausland vor. Dabei fanden sie nichts. Die Königin sah im Ausland die Heimat. Der Adel hatte durch ganz Europa Familienbeziehungen, die sie über die Vorurteile der Nationalität sehr philosophisch denken ließen. Welcher Franzose war ein echterer Franzose als der scharmante österreichische General Prinz de Ligne? Und regierte nicht die französische Philosophie in Berlin? Und England? Gerade England war für unsere fortgeschrittensten Adligen das Ideal, das klassische Land der Freiheit. Für sie gab es nur zwei Nationen in Europa: die „anständigen" Leute und die „nicht anständigen" Leute. Warum sollte man die ersteren nicht nach Frankreich rufen, um die anderen zur Vernunft zu bringen?

Drei Gegenrevolutionen handeln also gleichzeitig, ohne sich verständigen zu können:

1. Die Königin und ihr vornehmster Ratgeber, der österreichische Gesandte, der nur darauf wartet, daß Österreich, von seinen belgischen Sorgen befreit und

mit Europa auf seiner Seite, Frankreich bedrohen und im Bedarfsfalle mit Militärgewalt zwingen kann.

2. Die Emigranten, der Graf Artois und die glänzenden Kavaliere des Oeil-de-Boeuf, die sich in Turin sehr langweilen und gern möglichst bald zu ihren Maitressen und Schauspielerinnen zurückkehren möchten; sie wollten, daß das Ausland schleunigst zur Tat schritte und ihnen, gleichgültig um welchen Preis, den Rückweg nach Frankreich öffnete; 1790 ersehnen sie 1815.

3. Der Klerus, der noch viel weniger abwarten kann.

Von der Versammlung enteignet, allmählich aus dem eigenen Hause gedrängt und vor die Tür gesetzt, möchte er lieber heute als morgen seine zahlreiche Gefolgschaft von Bauern und Pächtern bewaffnen. Morgen ist vielleicht alles schon wieder lau geworden. Was geschieht, wenn der Bauer auf den Einfall gerät, geistliche Güter zu kaufen? Dann hat die Revolution unwiderruflich gesiegt.

Wir haben gesehen, wie er im Oktober die Bombe vorzeitig zum Platzen brachte. Eine neue Explosion erfolgte im Februar in der Versammlung selbst.

Es waren die Tage, als der Mann aus Nîmes nach seiner Rückkehr von Turin im Lande umherzog, die katholischen Gesellschaften gründete und den Süden gründlich bearbeitete.

In der Aussprache über die Unverletzlichkeit der geistlichen Gelübde berief sich ein Mitglied der Versammlung auf die Rechte der Natur und nannte es ein Verbrechen, den Willen des Menschen zu überrumpeln, ihn an ein seinem Munde entfahrenes, vielleicht abgerungenes Wort zu binden und für immer lebendig zu begraben. Da ertönen Rufe: „Lästerung! Gotteslästerung! Er hat gelästert!“ Der Bischof von Nancy stürzt auf die Tribüne: „Erkennt ihr an, daß die katholische, apostolische und römische Religion die Nationalreligion ist?“ Die Versammlung merkte den Streich und wich ihm aus. Man antwortete, bei der Aufhebung der Klöster handle es sich vor allem um eine Geldfrage, niemand sei, der nicht die katholische Religion für die Nationalreligion halte; sie durch eine Verfügung als solche zu bestätigen, hieße sie bloßstellen.

Das geschah am 13. Februar. Am 18. brachte man eine in der Normandie verbreitete Schmähschrift, worin die Versammlung dem Haß des Volkes als Mörder der Religion und des Königtums zugleich gekennzeichnet wurde. Ostern war nahe; man benutzte die Gelegenheit, verkaufte und verteilte rings um die Kirchen ein furchtbares Pamphlet: „Die Leidensgeschichte Ludwigs XVI.“

Zu dieser Legende besaß die Versammlung ein ebenso interessantes Gegenstück, daß nämlich Ludwig XVI., der am 4. Februar seine Liebe zur Verfassung beschworen hatte, bei seinem Bruder und mitten unter den tödlichen Feinden der Verfassung einen beständigen Agenten unterhielt, daß Turin, Trier und Paris wie ein Hof vom König unterhalten und bezahlt wurden.

In Trier standen, von ihm besoldet und gekleidet, seine Haustruppen, war sein großer und kleiner Marstall unter dem Prinzen von Lambesc.[1] Artois, Condé, Lambesc und alle Emigranten erhielten ungeheuere Pensionen. Und bis ins Unendliche verschob man die Zahlung des Kostgeldes von zwei-, drei- oder vierhundert Franken an Witwen und andere Bedürftige.

Der König bezahlte die Emigranten ohne Rücksicht auf eine Verfügung, durch das die Versammlung zwei Monate zuvor versucht hatte, dies unseren Feinden zufließende Geld im Lande zu halten. Er hatte gerade diese Verfügung zu bestätigen vergessen. Die Aufregung stieg, als Camus, der strenge Berichterstatter des Finanzausschusses, erklärte, er könne über die Verwendung einer Summe von sechzig Millionen keine Aufklärung erhalten.

Die Versammlung befahl, der Großsiegelbewahrer habe sich über jedes zur Bestätigung vorgelegte Gesetz *binnen acht Tagen* nach der königlichen Bestätigung oder nach der Verweigerung der Bestätigung zu erklären.

Großer Lärm und großes Wehklagen über diese Vergewaltigung des königlichen Willens. Camus antwortete mit der Veröffentlichung des nur allzu berühmten „Roten Buches" (im April), das der König in der Hoffnung, es würde zwischen ihm und dem Ausschuß geheim bleiben, ausgeliefert hatte. Dieses unsaubere, auf jeder Seite von den Unflätigkeiten des Adels und den verbrecherischen Schwächen des Königtums beschmutzte Buch gab Auskunft, ob man Unrecht getan hatte, die Kloake zu schließen, durch die Frankreichs Leben verströmte. Bei alldem ein schönes Buch! Es senkte die Revolution tief in die Herzen der Menschen.

„O! Wie recht hatten wir!" Das war der allgemeine Schrei, und dabei war man noch weit davon, selbst bei den heftigsten Beschuldigungen, die ganze Wahrheit auch nur zu ahnen! – Gleichzeitig festigte sich der Glaube, diese sonderbare Regierung wider Gott und Natur könne niemals wiederkehren. Als die Revolution das scheußliche Antlitz ihres Gegners ohne Schleier und ohne Maske sah, wurde sie stark in sich selbst, sie fühlte, wie sie lebendig war für immer.

Ein Zeichen dieses starken Glaubens war, daß bei der allgemeinen Not und bei mehr als einem Aufruhr gegen die indirekten Steuern die direkte Steuer regelmäßig und treulich bezahlt wurde.

[1] Alles ging zu wie in Versailles. Es war ein Ministerium, das der König öffentlich im Ausland unterhielt. In Paris geschah nichts, was nicht in Trier geordnet wurde. Im Ausgabenetat und in anderen (unveröffentlichten) Akten sehen wir die Unterschrift Lambescs auf Rechnungen, seine Genehmigung auf Bittschriften, die von Paris kamen; er ernannte die Beamten für Paris, Pagen für die Tuilerien usw. In Paris verfertigte man Uniformen für die Gardes du corps, um sie nach Trier zu schicken. Aus England ließ man Pferde kommen, um die dortigen Offiziere beritten zu machen. Der König bat Lambesc, er möge wenigstens die Pferde aus Frankreich beziehen.

Man stellt für vierhundert Millionen Kirchengüter zum Verkauf bereit. Und die Stadt Paris allein kauft für zweihundert Millionen davon. Alle Gemeindeverwaltungen folgen dem Beispiel.

Dieses Verfahren war sehr klug. Wenige Leute hätten den Klerus gern selbst enteignen mögen; die Gemeindeverwaltungen allein konnten dies bedenkliche Amt übernehmen. Sie mußten kaufen und dann wieder verkaufen. Der einzelne trug große Bedenken, besonders der Bauer; darum mußten ihm die Städte das Beispiel geben und zuerst die dem Klerus gehörenden Häuser kaufen und verkaufen, dann würde es mit den Grundstücken von selbst gehen.

Alle diese Güter dienten dem Papiergeld zum Pfand, das von der Versammlung geschaffen wurde. Jedes Papier erhielt die Anweisung (assigné) auf ein Los, die Scheine hießen daher „Assignate". Jedes Papier war bewegliches Gut, beweglicher Boden. Es war ganz etwas anderes als die Scheine aus der Zeit der Regentschaft, die durch weit entlegenen und sehr unwahrscheinlichen Grundbesitz am Mississippi garantiert waren.

Hier hatte man das Pfand vor Augen. Zu dieser Garantie kam die der Gemeindeverwaltungen, die vom Staat gekauft hatten, und die weiter verkauften. Wenn diese vielfach geteilten Papierlose einmal in Umlauf gebracht waren, mußten sie bald die ganze Nation an dem Unternehmen beteiligen. Alle mußten dies Geld benutzen, so waren Freunde und Feinde gleichmäßig an dem Erfolg der Revolution interessiert.

Indessen waren das Andenken an Law, die Berichte über so viele durch das „System" ruinierte Familien kein geringes Hindernis. Frankreich war weniger als England und Holland an den Umlauf von Werten in Form von Papier gewöhnt. Ein ganzes Volk mußte seine materiellen Gewohnheiten überwinden; es war ein geistiger Akt, den die Versammlung verlangte: den Glauben an die Revolution.

Der Klerus war wie versteinert, als er sah, wie seine Hinterlassenschaft in die Hände aller kommen sollte. In winzige Stückchen zerbröckelt, war es nicht wahrscheinlich, daß sie jemals wieder an ihn gelangen würde. Er bemühte sich zuerst, diese sicheren Assignate, deren jeder ein Stückchen Land war, mit den wertlosen Wischen vom Mississippi gleichzustellen: „Ich hatte geglaubt", sagte arglistig der Erzbischof von Aix, „daß ihr in Wirklichkeit auf den Bankrott verzichtet hättet."

Die Antwort war nicht schwer. Da versuchten sie es anders. „Das Ganze ist von den Pariser Bankiers eingerichtet worden, die Provinzen wollen nichts davon wissen." Man brachte ihnen Eingaben der Provinzen, in denen die schleunige Herstellung von Assignaten gefordert wurde.

Sie hatten gemeint, wenigstens Zeit zu gewinnen, inzwischen im Besitz zu verbleiben, abwarten und einen günstigen Umstand benutzen zu können. Man nahm ihnen diese Hoffnung: „Welches Vertrauen", erklärte Prieur, „kann man zu dem die Assignate garantierenden Pfand haben, wenn die verpfändeten Güter nicht tatsächlich in unseren Händen sind?" Das lief darauf hinaus, den Klerus zur unverzüglichen Herausgabe zu zwingen und alles in die Hände der Gemeindeverwaltungen und der Distrikte zu bringen. Es konnte die Priester nicht trösten, daß die Versammlung ihnen die ungeheure Besoldung von etwa hundert Millionen anbot ...

In einer weinerlichen, kindisch jammernden, abgerissenen Rede fragte der Erzbischof von Aix, ob man wirklich das Herz habe, die Armen zu ruinieren, indem man dem Klerus fortnähme, was ihm für die Armen geschenkt worden sei: er wagte den widersprechenden Satz, daß der Bankrott die unfehlbare Folge des zur Vermeidung des Bankrotts begonnenen Unternehmens sein würde. Er beschuldigte die Versammlung, mit der Nichtigkeitserklärung der Gelübde das religiöse Leben selbst angetastet zu haben usw.

Endlich ging er so weit, im Namen des Klerus eine Anleihe von vierhundert Millionen anzubieten, die auf die Güter aufgenommen werden sollte.

Darauf erwiderte Thouret in seiner normannischen Ruhe: „Man macht ein Angebot im Namen einer Körperschaft, *die nicht mehr da ist.*" Und weiter: „Als die Religion euch in die Welt schickte, hat sie euch da gesagt: ‚Geht hin, gedeiht und seid fleißig im Erwerb?'"

Da war in der Versammlung ein braver Kartäuser, Dom Gerle, der ein prächtiges Herz besaß und einen kurzen Blick, der ein warmer Patriot war und ein nicht minder guter Katholik. Er glaubte (oder sehr wahrscheinlich ließ er es sich von irgendeinem Fuchs von Priester einreden), das einzige, was die Prälaten quäle, sei die geistige Gefahr, die Besorgnis, die bürgerliche Gewalt könne dem Weihrauchfaß zu nahe kommen. „Nichts einfacher als das", meinte er; „um die Leute zufriedenzustellen, welche meinen, die Versammlung wolle keine Religion, oder vielmehr, sie wolle alle Religionen in Frankreich zulassen, braucht man nur zu beschließen, daß die katholische, apostolische und römische Religion die Religion der Nation ist und immer bleiben wird, und daß ihr Kultus der einzig berechtigte sein soll" (12. April 1790). Charles de Lameth glaubte, sich helfen zu können wie am 13. Februar, und erklärte, daß die Versammlung, die in ihren Beschlüssen dem Geist des Evangeliums folge, keine Ursache habe, sich so zu rechtfertigen.

Aber die Sache fiel nicht. Der Bischof von Clermont war bekümmert und fing wieder an, stellte sich, als sei er erstaunt, daß man, wo es der Religion zu huldigen gelte, erwäge, statt mit einer spontanen Kundgebung zu antworten.

Die ganze Rechte erhob sich und brach in begeisterten Beifall aus.

Abends kam man bei den Kapuzinern zusammen und bereitete für den Fall, daß die Nationalversammlung den Katholizismus nicht zur Staatsreligion erklären würde, eine gewaltige Protesterklärung vor, die man feierlich vor den König bringen und in ganz Frankreich verbreiten wollte, damit das Volk genau erführe, daß die Nationalversammlung keine Religion wolle.

FÜNFTES KAPITEL

Der Kampf um die Religion
Erfolg der Gegenrevolution
(Mai 1790)

(Fortsetzung) Die Versammlung umgeht die Frage. – Der König wagt nicht, den Protest des Klerus anzunehmen (April). – Religiöser Aufruhr im Süden (Mai). – Die immer leichte Erregbarkeit des Südens. – Frühere Glaubensverfolgungen; Avignon, Toulon. – Die erkaltete Leidenschaft wird geschickt wieder angefacht. – Die Protestanten stets von bürgerlichen und militärischen Stellen ausgeschlossen. – Einvernehmen der beiden Kulte im Jahre 1789. – Der Klerus belebt in Nîmes die Leidenschaft und organisiert den Widerstand (1790). – Er weckt die soziale Eifersucht. – Angst der Protestanten. – Aufruhr in Toulouse und Nîmes (April). – Sträfliche Nachsicht der Gemeindeverwaltungen. – Das Gemetzel von Montauban (10. Mai). – Triumph der Gegenrevolution im Süden.

Der Antrag dieses einfachen Mannes hatte die Situation erstaunlich verändert. Aus einer Epoche der Diskussionen schien die Revolution mit einem Schlage in eine Zeit des Schreckens gelangt zu sein.

Zweifach drohte der Schrecken. Der Klerus hatte sich einen stummen, aber furchtbaren Beweisgrund vorbehalten; er zeigte der Versammlung eine Medusa, den Bürgerkrieg, die bevorstehende Erhebung im Westen und Süden, den wahrscheinlichen Neuausbruch der alten Religionskriege. Die Versammlung trug in sich die ungeheure, unvermeidliche Gewalt einer entfesselten Revolution, die alles umstürzen mußte, eine Revolution, deren Hauptwerkzeug der Aufruhr in Paris war. Schon brüllte er an den Pforten und übertönte oft die Stimmen der Abgeordneten.

Dem Klerus war die schönere Rolle zugefallen; einmal, weil er in persönlicher Gefahr zu sein schien. Die Gefahr hob sein Ansehen; jeder ungläubige, ausschweifende Prälat hatte plötzlich, Dank der Empörung, Anspruch auf Märtyrerruhm. Allerdings war ein Martyrium unmöglich bei der unendlichen Vorsicht La Fayettes, der damals im Höhepunkt seines Ansehens stand und der wahre König von Paris war.

Vorteilhaft war dem Klerus auch seine klare Stellung und der Schein des Glaubens. Bis jetzt war er verhört worden und hatte vor dem Geist des Jahrhunderts auf dem Sünderstühlchen gesessen, nun begann er seinerseits das Verhör. Stolz fragte er: „Seid ihr Katholiken?“ Und die Versammlung antwortete schüchtern und mit verdächtigem, unsicherem Ton, sie könne nicht antworten, sie habe allzuviel Ehrfurcht vor der Religion, um zu antworten, es beweise genug, daß sie nur einen Kultus bezahle usw.

Mirabeau meinte heuchlerisch: „Muß man beschließen, daß die Sonne leuchtet?" Und ein anderer: „Ich glaube, daß die katholische Religion die einzig wahre ist, ich habe unendliche Ehrfurcht vor ihr. Es steht geschrieben: Die Pforten der Hölle werden sie nicht überwinden. Wie dürften wir glauben, durch eine klägliche Verfügung ein solches Wort zu bestätigen?"

D'Eprémesnil riß mit einem starken Wort diese Maske ab:

„Ja", sagte er, „als die Juden Jesum Christum kreuzigten, riefen sie: ‚Gegrüßet seist du, König der Juden!'"

Niemand antwortete auf diesen furchtbaren Angriff. Mirabeau schwieg und kauerte sich zusammen, wie ein sprungbereiter Löwe. Dann ergriff er die Gelegenheit, als ein Abgeordneter an die Intoleranz Ludwigs XIV. bei irgendeinem Vertrage erinnerte, und fuhr fort: „Und ist nicht alle Intoleranz geheiligt unter einer Regierung, die im Zeichen der Aufhebung des Ediktes von Nantes steht? Bei dieser Berufung auf die Geschichte vergessen Sie nicht, daß man von hier aus das Fenster sieht, von dem aus ein König, aufgestachelt durch fluchwürdige Aufrührer, die mit den Interessen der Religion ihre persönlichen Interessen deckten, auf sein Volk den Büchsenschuß abgab, der das Signal zur Bartholomäusnacht wurde!"

Und er deutete mit Finger und Blick nach dem Fenster. Es war unmöglich, es von dieser Stelle aus zu sehen, aber er sah es tatsächlich und alle sahen es mit ihm ...

Der Hieb saß. Diese Worte des Redners gaben haarscharf wieder, was der Klerus vorhatte. Sein Plan war, einen heftigen Protest an den König zu richten, der die Frommen zu den Waffen rufen und dem König selbst die Waffe in die Hand drücken sollte, damit er den ersten Schuß abgebe.

Ludwig XVI. war nicht Karl IX. Sehr aufrichtig von dem Recht des Klerus überzeugt, hätte er die Gefahr auf sich genommen um deswillen, was er für die Rettung der Religion hielt. Aber drei Dinge lähmten ihn: seine natürliche Unentschlossenheit, die Zaghaftigkeit seines Ministeriums und schließlich und vor allem seine Angst um das Leben der Königin; der Schrecken vom 6. Oktober wirkte nach und erneuerte sich jeden Tag, wenn er die erregte, drohende Menge unter seinem Fenster sah, die Menschenflut, die an den Mauern brandete. Bei jedem Widerstand des Königs schien die Königin gefährdet. Sie selbst hatte überdies andere Pläne und Hoffnungen, die weitab lagen von denen des Klerus.

Man gab im Namen des Königs den Bescheid, daß die Protestabordnung nicht empfangen werden würde, falls sie in die Tuilerien käme.

Wir haben gesehen, wie der König im Februar Bouillé, die Offiziere und den Adel entmutigt hatte. Im April hätte die Verweigerung seiner Hilfe dem Klerus den Mut genommen, wenn der ihn jemals da, wo es sich um seine Güter handelt, verlieren könnte. Maury sagte wütend, Frankreich solle erfahren, in welchen Händen das Königtum läge.

Man mußte also ohne den König handeln. Sollte man den Adel um Beistand bitten? Doch auf dessen Hilfe konnte der Klerus noch viel weniger rechnen. Der Adel hatte zwar noch alle Offiziersstellen inne, aber da er des Soldaten nicht sicher war, so fürchtete er den Ausbruch der Empörung und war weniger ungeduldig und kriegslustig als die Priester. Obwohl der Agent des Klerus in Nîmes, Froment, vom Grafen Artois eine Order erlangt hatte, konnte er den Kommandanten der Provinz nicht bestimmen, ihm die Rüstungskammer zu öffnen. Indessen eilte die Sache. Die großen Verbrüderungen an der Rhône hatten das Land berauscht. Die von Orange im April setzte der Begeisterung die Krone auf. Avignon dachte nicht mehr daran, daß es dem Papst gehörte, es schickte, wie alle französischen Städte, Vertreter nach Orange. Noch einen Augenblick des Zauderns, und es mußte verloren sein. Wenn Avignon, wenn Arles, wenn die Hauptstädte der Aristokratie und der Leidenschaft, mit denen man immer drohte, selbst revolutionär wurden, so blieb der Gegenrevolution, die überdies von Marseille und Bordeaux eingeschnürt wurde, keine Hoffnung. Die Explosion mußte sofort erfolgen oder niemals.

Man kann die Ausbrüche dieser alten Vulkane im Süden nicht verstehen, wenn man nicht zuvor ihren ewig brennenden Herd untersucht. Die Höllenflammen der Scheiterhaufen, die dort wieder und wieder aufloderten, diese schwefelgeschwängerten Flammen, scheinen in den Boden selbst gedrungen zu sein, so daß unterirdische Brände dauernd in jenen Gegenden wüten. Es ist wie bei den brennenden Kohlenlagern in Aveyron. An der Oberfläche ist das Feuer unsichtbar. Stößt man aber einen Stock in das gelbe Gras, so raucht er, fängt Feuer und läßt die Hölle ahnen, die unter unseren Füßen schläft.

Wäre der Haß für ewig getilgt von der Erde! – Aber die Erinnerung muß bleiben, soviel Unglück und Leiden dürfen der Erfahrung der Menschen niemals verlorengehen. Die erste, die heiligste unserer Freiheiten, die religiöse Freiheit, muß oft frische Kraft gewinnen, sich neu beleben an dem Anblick der schauerlichen Ruinen, die der Fanatismus hinterlassen hat.

Die Steine reden, wenn die Menschen schweigen. Zwei Denkmäler besonders verdienen es, Wallfahrtsorte zu werden, zwei Denkmäler gegensätzlicher Bedeutung, das eine verrucht, das andere heilig.

Verrucht ist der Palast von Avignon, das Babel der Päpste, das Sodom der Legaten, das Gomorrha der Kardinäle.

Ein gewaltiger Palast, der einen ganzen Bergrücken mit seinen gewaltigen Türmen beherrscht, Orte der Wollust und der Qual, wo die Priester den Königen bewiesen, daß diese im Vergleich mit ihnen von den schändlichen Künsten der Lust nichts verstanden. Das Originelle des Baues besteht darin, daß die Marterkammern nahe bei den Prunkgemächern, den Ball- und Festsälen liegen und man so während der Vorträge der Liebeshöfe das Röcheln, das Geschrei und das trockene Krachen brechender Knochen hätte hören müssen. Hier hatte jedoch die priesterliche Klugheit durch weise Anlage der Gewölbe vorgesorgt, die alle Geräusche verschlangen. Der gewaltige pyramidenförmige Saal, in welchem der Scheiterhaufen errichtet war (man stelle sich das Innere eines leeren Kegels von sechzig Fuß Höhe vor), beweist ein grausiges Verständnis für Akustik; nur Spuren fettigen Rußes erinnern hier und da an verbranntes Fleisch.

Der andere Ort, heilig und geweiht, ist der Bagno von Toulon, der Kalvarienberg der religiösen Freiheit, der Ort, wo die mutigen Bekenner ihres Glaubens, die Helden der Barmherzigkeit, unter Geißel und Knüttel langsam sterben mußten.

Man bedenke, daß manche von diesen zu lebenslänglicher Galeerenstrafe verurteilten Märtyrern nicht Protestanten waren, sondern Leute, die Protestanten zur Flucht verholfen hatten!

Unter Ludwig XV. verkaufte man Gefangene. Zu einem anständigen Preise (dreitausend Franken) konnte man einen Galeerensträfling kaufen. Als Choiseul Voltaire eine Aufmerksamkeit erweisen wollte, machte er ihm einen zum Geschenk.

Jenes schauerliche Gesetz, das die Schreckenszeit nachzuahmen versuchte, ohne es doch erreichen zu können, macht die Kinder zu Feinden der Väter und gibt ihnen noch bei Lebzeiten die Habe der Alten, so daß der Sohn ein Interesse daran hat, den Vater in Toulon zu lassen.

Noch als Ludwig XVI. sich vom Geist der Zeit jene schöne Befreiungsurkunde abnötigen ließ, welche die Protestanten noch immer von jedem öffentlichen Amt ausschloß, brachte der Klerus durch einen atheistischen Priester, Loménie, neue Klagen vor den König.

Bebend und voll Ehrfurcht betrat ich den heiligen Bagno von Toulon. Ich suchte die Spuren der Märtyrer des Glaubens und der Menschlichkeit, die man totgequält hatte, weil sie ein menschliches Herz besaßen, weil sie allein es wagten, die Unschuld zu schützen und nach dem Befehl Gottes zu tun!

Ach, es ist alles verschwunden! Nichts ist geblieben von jenen grausamen, in Gold und Blut prunkenden Galeeren, die barbarischer waren als die der Barbaren, die der Ochsenziemer mit dem Blut der Heiligen benetzte. Selbst die Listen, worin man ihre Namen verzeichnete, sind großenteils nicht mehr vorhanden. Die wenigen, die geblieben sind, enthalten nur trockene Daten: Eintritt und Austritt; der Austritt ist meistens der Tod. Der Tod, der mehr oder weniger pünktlich eintritt und so die Abstufungen in Resignation oder Verzweiflung bezeichnet. Die Knappheit ist entsetzlich: zwei Zeilen für einen Heiligen, zwei oder drei für einen Märtyrer. Nichts gibt Kunde von den Seufzern, den Protesten, den Anrufungen des Himmels, den stummen Gebeten, den Psalmen, die ganz leise zwischen den Flüchen der Diebe und Mörder erklangen. All das muß anderswo verzeichnet stehen. „Tröste dich! Die Tränen der Menschen sind auf ewig in Stein und Marmor eingegraben!" hat Christoph Columbus gesagt.

In Stein? Nein, in Menschenseelen. Je mehr ich studiert habe und mein Wissen zunahm, um so mehr tröstete mich die Erkenntnis, daß jenes stille Leiden doch seine Frucht getragen hat; eine schöne Frucht: die Besserung derer, die sie sahen oder hörten, die Veredelung der Herzen, die Verfeinerung der Seele im 18. Jahrhundert, der wachsende Abscheu gegen Fanatismus und Verfolgung. Allmählich gab es niemanden mehr, der jene barbarischen Bestimmungen ausführen wollte. Als der Intendant Lenain (von Tillemont), der Neffe des berühmten Jansenisten, einen der letzten protestantischen Märtyrer hinrichten lassen sollte, sagte er zu ihm: „Ach, mein Herr, ich muß nach dem Befehl des Königs handeln." Dabei weinte er heiße Tränen; der Verurteilte tröstete ihn.

Der Fanatismus starb von selbst. Nur mit großer Mühe konnten die Politiker für Augenblicke den Funken wieder anfachen. Als das der Ungläubigkeit, des Jansenismus und des Antijesuitismus verdächtigte Parlament den Fall Calas benutzte, um sich zu rechtfertigen, als es im Verein mit der Geistlichkeit die alte Wut des Volkes wieder aufstacheln wollte, fand man sie völlig eingeschlafen. Man mußte sich der Hilfe der Bruderschaften bedienen, die hauptsächlich aus Händlern und anderen vom Klerus abhängigen kleinen Leuten bestanden. Um den Geist des Volkes zu verwirren, zu verhexen, ihn scheu und wild zu machen, tat man wie bei den Rennen, wo man dem Tier eine glühende Kohle auf die Haut legt; das Tier gerät dann außer sich. Hier vertrat eine grausame Komödie, ein schauerlicher Aufzug die Kohle. Die Weißen Brüder in ihrem unheimlichen Gewand (die Kapuze verdeckte das ganze Gesicht und hatte nur zwei Löcher für die Augen) veranstalteten eine Totenfeier für den Sohn des Calas, den der Vater ermordet haben sollte, um ihn zu hindern, seinem Glauben abzuschwören. Auf einem riesigen Katafalk sah man zwischen brennenden Kerzen ein von Sprungfedern in Bewegung gehaltenes Skelett, das in der einen Hand die Märtyrerpalme hielt und in der anderen eine Schreibfeder, als solle damit die Abschwörung der Ketzerei unterzeichnet werden.

Man weiß, daß Calas' Blut über die Fanatiker selbst kam; man kennt den Bannstrahl, den der greise Hohepriester von Ferney gegen die Mörder, die falschen Richter und die falschen Priester, schleuderte. An diesem Tage, da der Blitz sie traf, begann ihr unaufhaltbarer Untergang, kopfüber stürzten sie, die Verdammten, in den Schlund der Revolution.

Im letzten Augenblick, am äußersten Rande des Abgrunds, besann sich das Königtum, das jene mit sich rissen, auf seine Pflicht zur Menschlichkeit. 1787 erschien ein Edikt, worin man zugab, daß die Protestanten Menschen waren; man erlaubte ihnen, geboren zu werden, zu heiraten und zu sterben. Im übrigen sollten sie durchaus nicht als Bürger gelten, blieben sie von den bürgerlichen Ämtern ausgeschlossen, durften sie weder verwalten, noch Recht sprechen, noch unterrichten; als einziges Privileg war ihnen gestattet, Steuern zu bezahlen, ihren

Verfolger, den katholischen Klerus, zu bezahlen, mit ihrem Gelde den Altar zu unterhalten, der sie verfluchte.

Die Protestanten im Gebirge bebauten ihr mageres Land. Die Protestanten in den Städten betrieben das einzige ihnen erlaubte Gewerbe, den Handel, und als die Zeiten ruhiger wurden, ein wenig Industrie. Da sie hart unterdrückt wurden, keinerlei Amt und keinerlei Einfluß besaßen, und da man ihnen ganz besonders seit hundert Jahren jede militärische Stellung verwehrte, so hatten sie nichts mehr von der Kühnheit der Hugenotten des 16. Jahrhunderts; der Protestantismus stand da, wo er in seinen mittelalterlichen Anfängen gestanden hatte, er fand sich lediglich unter Handel- und Gewerbetreibenden. Von den Bewohnern der Cevennen abgesehen, die auf ihren Felsen festsaßen, hatten die Protestanten im allgemeinen wenig Landbesitz; ihre damals schon bedeutenden Reichtümer bestanden in Häusern, Fabriken, besonders und vor allem aber in beweglichem Vermögen, das sich immer fortschaffen läßt.

Die Zahl der männlichen Protestanten im Gard war 1789 ein wenig höher als 50 000 (wie 1698 und wie 1840, die Zahl hat sich kaum geändert), sie waren also sehr schwach, zudem isoliert und ohne Verbindung mit ihren Brüdern in anderen Provinzen, verloren wie ein winziger Fleck in einem Meer von Katholiken, die nach Millionen zählten. In Nîmes, der einzigen Stadt, wo die Protestanten in größerer Zahl saßen, betrugen sie sechstausend Menschen gegen einundzwanzigtausend des anderen Bekenntnisses. Von den sechstausend waren drei- oder viertausend Fabrikarbeiter, schlecht aussehende und kränkliche Leute, arm und, wie es der Arbeiter überall ist, oft zum Feiern gezwungen.

Die Katholiken feierten nicht, da sie in der Mehrzahl Landarbeiter waren und ihnen das milde Klima die Arbeit in allen Jahreszeiten gestattete. Viele besaßen selbst ein wenig Land und bebauten gleichzeitig das des Klerus, des Adels und der reichen katholischen Bürger, die das ganze Weichbild besaßen.

Die Protestanten in den Städten, gebildet, mäßig, ernst, auf eine sitzende Lebensweise angewiesen und an ihren Erinnerungen hängend, waren, da zudem jede Familie irgendeinen Grund zur Trauer oder zur Besorgnis hatte, sehr wenig abenteuerlustig und gegen alle Hoffnungen verhärtet. Noch am Vorabend der Revolution, als sie den schönen Tag der Freiheit schon anbrechen sahen, wagten sie kaum zu hoffen. Sie ließen die Parlamente und den Adel kühn vorangehen und für die neuen Ideen eintreten; sie selbst schwiegen im allgemeinen. Sie wußten nur allzu genau, daß es, die Revolution zu hemmen, genügt hätte, wenn *sie* ihre Wünsche für die Revolution zum Ausdruck brächten.

Sie bricht los. Die Katholiken, das sei zu ihrer Ehre gesagt, die große Masse der Katholiken freute sich darüber, daß die Protestanten endlich ihnen gleichgestellt wurden. Rührend war die Einmütigkeit und würdig, das Auge Gottes mit Wohlgefallen auf der Erde ruhen zu lassen. An vielen Orten gingen die Katholiken in die Kirche der Protestanten, um mit ihnen gemeinsam der Vorsehung zu danken. Andererseits nahmen die Protestanten am katholischen Tedeum teil. Über alle Altäre, Kirchen und Gotteshäuser hinweg ging ein Leuchten vom Himmel.

Der 14. Juli wurde im Süden wie in ganz Frankreich als die göttliche Befreiung empfunden, wie der Auszug aus Ägypten; das Volk hatte das Rote Meer durchschritten und stimmte, ans andere Ufer gelangt, den Lobgesang an. Zwischen Protestanten und Katholiken bestand hinfort kein Unterschied, Franzosen waren beide. Es stellte sich heraus, daß die dauernden Ausschüsse, die sich in den Städten bildeten, ohne Absicht und Vorbedacht aus beiden Bekenntnissen zusammengesetzt waren, ebenso war die Nationalgarde gemischt. Die Offiziere waren im allgemeinen Katholiken, denn die dem Militärdienst entwöhnten Protestanten hätten kein Kommando führen können. Statt dessen stellten sie fast die ganze Kavallerie, weil viele von ihnen für ihren Handelsbetrieb Pferde besaßen.

Zwei Monate, drei Monate verstrichen. Da machte man sich in Nîmes und Montauban daran, neue, ausschließlich katholische Kompanien zu bilden.

Die schöne Einmütigkeit war verschwunden. Eine schwere, unheimliche Frage hatte alles verändert: die Güter des Klerus.

Der Klerus bewies einen bemerkenswerten Nachdruck und einen verständnisvollen Eifer in der Organisation eines Bürgerkrieges, zu dem die Bevölkerung durchaus keine Lust hatte.

Dreierlei waren seine Mittel. Erstens verteilten und verbreiteten die Bettelmönche, Kapuziner und Dominikaner eine ungeheure Menge Broschüren und Pamphlete. Zweitens waren die Schenken und kleinen Weinhändler vom Klerus, als dem bedeutendsten Besitzer des Weinlandes, abhängig und standen andererseits in reger Beziehung mit dem katholischen niederen Volke, besonders mit den wahlberechtigten Bauern. Wenn die letzteren in die Stadt kamen, machten sie bei der Schenke halt und verzehrten dort (drittens) die vierundzwanzig Sous, die der Klerus ihnen für jede Teilnahme an den Wahlversammlungen bewilligte.

Der Agent der Priester in all diesen Dingen, Froment, war mehr als ein Mann, er war eine ganze Legion; viele Arme standen ihm gleichzeitig zur Verfügung, sein Bruder, der „Skandal-Froment", seine Verwandten, seine Freunde usw. Er hatte sein Büro, seine Kasse, seine Pamphletbuchhandlung, sein „Wahllokal", alles direkt an der Dominikanerkirche; sein Haus war mit einem Turm verbunden, der die Wälle beherrschte. Die denkbar beste Lage für den Bürgerkrieg: man konnte dem Gewehrfeuer trotzen und brauchte nur Geschütze zu fürchten.

Bevor es zur offenen Gewalt kam, bereitete Froment die Revolution sorgfältig vor, und zwar von unten her, durch die Revolution selbst, durch die Nationalgarde und die Wahlen. Nächtliche Versammlungen fanden statt in der Kirche der „Pénitents blancs", in denen auf den Ausschluß der Protestanten von diesen Gemeindewahlen hingearbeitet wurde. Die ungeheuren Rechte, welche die Versammlung der Munizipalgewalt gewährte, das Recht, Truppen zu requirieren, den Kriegszustand zu erklären, die rote Fahne zu entfalten, befanden sich so in Nîmes und Montauban in den Händen der Katholiken; wenn nötig, konnte diese Fahne wohl *für* sie, aber niemals gegen sie aufgepflanzt werden.

Die Nationalgarde war gemischt. Sie hatte sich im Juli aus den glühendsten Patrioten zusammengesetzt, aus den Leuten, die es eilig hatten mit der Einschreibung, und ferner aus denen, die nur bewegliches Vermögen besaßen und Plünderungen am meisten fürchten mußten, wie die Kaufleute, d. h. die Mehrzahl der Protestanten. Die reichen Katholiken dagegen, die Besitzer von Ländereien, konnten ihr Land nicht verlieren und beeilten sich daher weniger mit dem Eintritt. Als ihre Schlösser angegriffen wurden, tat die aus Protestanten und Katholiken gemischte Nationalgarde ihr möglichstes, sie zu schützen; die Garde von Montauban rettete dem Royalisten Cazalès ein Schloß.

Um diesen Zustand zu ändern, mußte man Neid und Mißgunst wecken. Zwar entstanden diese von selbst und durch die Gewalt der Tatsachen zur Genüge, abseits von jeder Meinungs- oder Parteiverschiedenheit. Alles, was nach Elitekorps aussah, mochte es nun aristokratisch sein, wie die Freiwilligen in Lyon und Lille, oder patriotisch, wie die Dragoner in Montauban und Nîmes, war gleich verhaßt. Gegen die letzteren hetzte man die kleinen Leute, die Masse der katholischen Kompanien, indem man unter ihnen verbreitete, daß sie von den anderen „Zwiebelfresser" genannt würden. Ein sinnloser Vorwurf. Warum sollten die Protestanten die Armen beleidigen? In Nîmes war keiner ärmer als die protestantischen Arbeiter. Und ihre Freunde und Beschützer in den Cevennen, die Protestanten vom Gebirge, hatten oft keine andere Nahrung als Kastanien und führten ein viel härteres, ärmeres und entsagungsreicheres Leben als die „Zwiebelfresser" von Nîmes, die auch Brot aßen und oft Wein tranken.

Um den 20. März erfuhr man, daß die Versammlung, nicht zufrieden damit, den Protestanten den Zugang zu den öffentlichen Ämtern gewährt zu haben, ihre höchste Würde – höher als das Königtum, ihren Präsidentenstuhl – einem Protestanten anvertraut hatte, Rabaut Saint-Etienne. Noch war nichts bereit, waren wenig oder keine Waffen vorhanden; indessen war der Eindruck so stark, daß man zur Sühne viel Protestanten ermordete (die Tatsache ist bestritten worden, aber erwiesen).

Toulouse tat Buße für den Frevel der Versammlung, öffentliche, neuntägige Buße, um den Zorn Gottes abzuwenden. Man feierte gerade ein abscheuliches Fest, die jährliche Prozession zur Erinnerung an die Niedermetzelung der Albigenser. Die Bruderschaften aller Art begaben sich in Scharen zu den Kapellen, die auf dem Felde, wo das Gemetzel stattgefunden hatte, errichtet waren. Wütende Drohungen wurden in den Kirchen ausgestoßen, alle Register gezogen. Aus den verstaubtesten Winkeln holte man die Werkzeuge des Fanatismus hervor, die zur Zeit der Dragonaden und der Bartholomäusnacht eine Rolle gespielt hatten, die Heiligen Jungfrauen, die Tränen vergossen, bis man um ihretwillen Morde beging, die Christusfiguren, die den Kopf schüttelten usw. Dazu kamen ein paar neue Mittel: ein Dominikaner z. B. ging in seiner weißen Kutte durch die Straßen von Nîmes, bettelte um Brot und weinte über die Beschlüsse der Versammlung; in Toulouse stand eine schwarz verhüllte Büste des Königs als Gefangener, des Königs als Märtyrer in der Nähe der Kanzel; wenn der geeignete Augenblick in der Predigt gekommen war, fiel plötzlich die Hülle, und der König stand da gleichsam als ein Hilfeflehender vor seinem guten Volk von Toulouse.

Das Ganze war nur allzu klar. Es bedeutete: Blut. Die Protestanten verstanden.

Isoliert inmitten einer großen katholischen Bevölkerung, waren sie ein kleines Häuflein, zum Schlachten bestimmt. Schauerliche Erinnerungen an Vergangenes bewahrte jede Familie, in der Nacht tauchten sie auf, ließen die Armen aus unruhigem Schlaf emporfahren. Sonderbar verzerrt waren diese Schreckbilder; die „Räuberfurcht“, die durchs Land ging, mischte sich hinein und verschmolz in der Vorstellung mit den katholischen Mördern; schrieb man 1790 oder 1572?, man hätte es kaum zu sagen gewußt. In Saint-Jean de la Gardonnenque, einer kleinen Handelsstadt, kommen eines Morgens Eilboten an und rufen: „Hütet euch! Sie sind da!“ Die Sturmglocke tönt, man eilt zu den Waffen, Frauen klammern sich an ihre Gatten, um sie im Hause festzuhalten, man schließt die Tür, bereitet sich zur Verteidigung, verstopft die Fenster mit Pflastersteinen. – Und sie fallen tatsächlich in die Stadt ein, aber es sind Freunde, Protestanten vom Lande, die in Eilmärschen herbeikamen. Unter ihnen ein schönes Mädchen zwischen seinen beiden Brüdern, bewaffnet und ein Gewehr im Arm. Sie wurde die Heldin des Tages, man setzte ihr einen Lorbeerkränz auf; die wieder beruhigten Kaufleute veranstalteten eine Sammlung für ihre anmutige Helferin, und diese konnte ihre Mitgift in einer Schürze mit heimnehmen in die Berge.

Nichts konnte einige Sicherheit bieten, als eine dauernde Verbindung zwischen den Gemeinden, als ein bewaffnetes Bündnis. Sie schlossen es Ende März auf einer Wiese im Gard, einer Art Insel zwischen einem Kanal und dem Fluß, die vor jedem Überfall geschützt war. Tausende Männer begaben sich dorthin, und die Protestanten sahen mit Freude, daß viele Katholiken sich mit ihnen um dieselbe Fahne scharten. Die friedlichen römischen Ruinen, welche die Landschaft beherrschen, weckten bessere Erinnerungen; sie schienen übriggeblieben, um Zeugen des kläglichen Streites zu sein und ihn zu verachten, um eine größere Zeit zu versprechen.

Die beiden Parteien standen einander gegenüber, sie waren bereit zur Tat; Nîmes, Toulouse, Montauban blickten auf Paris und warteten ab. Man vergleiche die Daten. Am 13. April schlägt man in der Versammlung den Funken, der den Süden in Flammen setzen soll: ihre Weigerung, den Katholizismus zur herrschenden Religion zu erklären; am 19. protestiert der Klerus. Schon am 18. protestiert Toulouse mit Flintenschüssen; in einer Kirche spielt sich die Szene mit der Büste des Königs ab; die Patrioten rufen: „Es lebe der König! Es lebe das Gesetz!" und die Soldaten schießen auf sie.

Am 20. erfolgt in Nîmes die große, feierliche „katholische Erklärung", die von dreitausend Wählern unterzeichnet wird und durch die Zustimmung von fünfzehnhundert „vornehmen Persönlichkeiten" ein besonderes Gewicht erhält; man schickt die Erklärung an alle Gemeinden des Königreichs, man ahmt das nach in Montauban, Albi, Alais, Uzès usw. Das Original wird bei den „Pénitents blancs" beraten, von den Schreibern Froments niedergeschrieben, in Froments Haus unterzeichnet die Menge. Es war gleichbedeutend mit einer Anklage gegen die Nationalversammlung, der man zu verstehen gab, sie hätte dem König die Macht zurückzugeben und der katholischen Religion das Kultusmonopol.

Gleichzeitig wurde überall zur Bildung neuer Kompanien geschritten. Ihre Zusammensetzung war sonderbar: geistliche Agenten und Bauern, Marquis und Bediente, Adlige und Lastträger. Solange man auf die Gewehre wartete, trug man Heugabeln und Sensen. Außerdem verfertigte man heimlich eine furchtbare Waffe: Sensen, deren Rücken eine Säge war.

Die Gemeindebehörden, die von den Katholiken geschaffen waren, schlossen vor all dem die Augen; sie schienen es als ihre Aufgabe zu betrachten, die Starken noch stärker und die Schwachen noch schwächer zu machen. In Montauban wollten die Protestanten, deren Zahl sechsmal kleiner als die ihrer Gegner, dem Bündnis der Protestanten vom Lande beitreten; die Gemeindebehörde erlaubte es nicht. Sie versuchten darauf, den Haß zu entwaffnen, traten von den öffentlichen Ämtern zurück, in die man sie berufen hatte, und ließen Katholiken an ihrer Stelle ernennen. Das wurde als Schwäche ausgelegt. Und der religiöse Kreuzzug wurde trotzdem in den Kirchen gepredigt. Die Generalvikare trieben die Erregung im Volk noch höher, indem sie das vierzigstündige Gebet für die Errettung der Religion aus Gefahr anordneten.

Schließlich zeigte der Gemeinderat von Montauban sein wahres Gesicht durch eine Handlungsweise, welche die Explosion herbeiführen mußte. Um das Dekret der Versammlung auszuführen, welches die Inventur in den Klostergemeinschaften befahl, wählte er gerade den 10. Mai, den Tag der Rogationen.

An einem Frühlingsfest fand auch die Sizilianische Vesper statt.

Die Jahreszeit war ebenfalls der Empörung günstig. Am Fest der Rogationen ist alles Volk im Freien; leidenschaftlich erregt vom Gottesdienst und von der Jahreszeit, fühlt es die Trunkenheit des im Süden so berauschenden Frühlings. Und wenn der Frühling, wie es bisweilen geschieht, von den Hagelstürmen der Pyrenäen aufgehalten wurde, so bricht er dann nur mit um so größerer Gewalt aus. Alles erscheint gleichzeitig, bricht hervor, der Mensch aus seinem Hause, das Gras aus der Erde; alle Kreatur stürmt auf; es ist wie ein Staatsstreich Gottes, wie ein Aufruhr der Natur.

Und die Frauen ziehen langsam durch die Straßen und singen ihre weinerlichen Weisen: „Te rogamus, audi nos ..." Man wußte genau, daß sie ihre Männer eher in den Kampf treiben, lieber zum Mord aufreizen würden, als die Behörden die Klöster betreten zu lassen.

Diese machen sich auf den Weg und werden, wie vorauszusehen war, von den undurchdringlichen Massen des Volkes aufgehalten, von den Frauen, die vor den heiligen Pforten sitzen oder liegen. Man hätte über sie hinwegsteigen müssen. Die Beamten ziehen sich zurück, und die Menge wird aggressiv; sie droht, das Haus des – katholischen, aber patriotisch gesinnten – Militärkommandanten anzuzünden. Sie strömt zum Stadthaus, um das Arsenal in ihre Gewalt zu bringen. Wenn ihr das gelang, wenn sie sich bei ihrem wütenden Zustande der Waffen bemächtigte, so mußte die Niedermetzelung der Protestanten und der Patrioten überhaupt zweifellos beginnen.

Der Gemeinderat konnte das Regiment Languedoc requirieren, er unterläßt es. Die Nationalgarden besetzen aus eigenem Antriebe das Wachtgebäude, welches das Stadthaus schützt, und werden bald belagert. Weit entfernt davon, *ihnen* zu helfen, schickt man dem wütenden Pöbel Hilfe; man verstärkt ihn durch die Angestellten der Salzhäuser. Fünf- oder sechshundert Gewehrschüsse werden gegen die Fenster des Wachthauses abgefeuert. Die unglückliche Besatzung, mit Kugeln überschüttet, zählt schon mehrere Tote und viele Verwundete und bittet, da ihre Munition ausgeht, um Schonung des Lebens und läßt ein weißes Tuch flattern; trotzdem feuert man weiter und zerstört die Mauer, ihren einzigen Schutz. Da, im letzten Augenblick, entschließt sich der schuldige Gemeinderat, das zu tun, was er schon längst hätte tun müssen, das Regiment Languedoc zu requirieren, das schon lange nur zu marschieren verlangte.

Eine vornehme Dame hatte während des Blutbades Messe lesen lassen.

Die noch am Leben sind, können also endlich abziehen. Aber die Wut ist noch nicht erschöpft. Man reißt ihnen die Kleider herunter, die Nationaluniform, man reißt ihnen die Kokarde herunter, die man unter die Füße tritt. Dann werden sie entblößten Hauptes, im Hemd, eine Kerze in der Hand, zur Kathedrale geschleppt, sie färben das Pflaster der Straße in seiner ganzen Länge mit Blut; man zwingt sie auf die Stufen nieder, um öffentliche Buße zu leisten. An der Spitze schreitet der Maire mit einer weißen Fahne. Um geringere Schuld hatte Frankreich den 6. Oktober gemacht. Um eine geringere Beschimpfung der dreifarbigen Kokarde hatte es eine Monarchie gestürzt.

Man zittert für Montauban, wenn man die furchtbare Erregung wahrnimmt, die jener Vorgang heraufbeschwor, und die tiefe Solidarität, die danach das ganze Volk in Nord und Süd verband. Wenn es im Süden niemanden gegeben hätte, um den Frevel zu rächen, so hätte sich das ganze Zentrum, der ganze Norden aufgemacht. In den kleinsten Dörfern empfand man die Schmach. Vor mir liegen drohende Kundgebungen der Bewohner von Marne und Seine-et-Marne gegen die Nichtswürdigkeiten im Süden.[1]

Der Norden konnte ruhig bleiben. Der Süden war völlig hinreichend. Zuerst geriet Bordeaux in Bewegung. Toulouse, auf das die Leute von Montauban gerechnet hatten, Toulouse wandte sich gegen sie und forderte ihre Bestrafung. Bordeaux marschierte, unterwegs hatte es Zulauf von allen Gemeinden, den es wieder heimschickte, da es solche Ströme von Soldaten nicht ernähren konnte. Die Mörder von Montauban wollten ihre Gefangenen in die Vorhut stellen, damit diese die ersten Schüsse erhielten (das war das einzige, was ihnen zu ihrer Verteidigung einfiel). – Aber es gab keine Vorhut mehr, das Regiment Languedoc verbrüderte sich mit Bordeaux.

Man entsandte von Paris einen Kommissar des Königs, einen Offizier La Fayettes, einen milden, mehr als gemäßigten Menschen, der sich lieber gegen seine eigene Partei erklärte; er schickte die Männer von Bordeaux nach Hause und fand sich mit dem Aufruhr ab. Keine Untersuchung über das vergossene Blut! Die Toten waren eben tot, die Verwundeten behielten ihre Wunden, die Gefangenen blieben im Gefängnis; dem Kommissar des Königs fiel kein anderes Mittel ein, sie daraus zu befreien, als daß er sich von denen, die sie hineingeworfen hatten, darum ersuchen ließ.

Gerade so ging es in Nîmes. Die katholischen Freiwilligen trugen kühn die weiße Kokarde und riefen: „Nieder mit der Nation!" Die Soldaten und Unteroffiziere des Regiments Guyenne waren darüber empört und suchten, mit ihnen anzubinden. Das Regiment, das in einer so großen Volksmasse völlig isoliert war und nur die durchaus industrielle und wenig kriegerische protestantische Bevölkerung auf seiner Seite hatte, schwebte in großer Gefahr. Es kam dazu, daß es seine eigenen Offiziere gegen sich hatte, die sich als Freunde der weißen Kokarde erklärten, daß es den Gemeinderat gegen sich hatte, der sich weigerte, den Belagerungszustand zu proklamieren. Es gab viele Verwundete, ein Grenadier wurde erschossen, und zwar von Froments Bruder.

Die Soldaten wurden in die Kasernen geführt. Der Mörder blieb frei. In Nîmes wie in Montauban triumphierte die Gegenrevolution.

In Montauban ließen es die Sieger nicht damit genug sein. Sie besaßen die Frechheit, in den Familien der Opfer und sogar in den Gefängnissen, in denen diese noch festgehalten wurden, eine Kollekte zu veranstalten. Abscheulich! Man wollte sie nur dann frei lassen, wenn sie ihre Mörder bezahlten!

---

[1] Ich habe, glaube ich, alles gelesen, was sich im engeren und weiteren Sinne auf die Vorgänge in Montauban, Nîmes usw. bezieht. Ich habe die Zeugnisse verglichen und gewogen, mir aufmerksam wie ein Geschworener eine Überzeugung gebildet und dann erst die Feder angesetzt. – Ein für allemal: ich zitiere wenig, um die Einheit meiner Darstellung nicht zu brechen.

SECHSTES KAPITEL

Der Kampf um die Religion
Die Niederlage der Gegenrevolution im Süden
(Juni 1790)

Unschlüssigkeit der Revolution in der Religionsfrage. – Energie der Bischöfe. – Die Revolution glaubt an die Möglichkeit einer Versöhnung mit dem Christentum. – Die letzten Christen. – Diese drängen die Versammlung zur Reform des Klerus. – Widerstand des Klerus (Mai–Juni 1790). – Der Aufruhr in Nîmes wird niedergeschlagen (13. Juni 1790). – Die Revolution siegt in Nîmes, Avignon und im ganzen Süden. – Überall verbrüdert sich der Soldat mit dem Volke (April–Juni 1790).

Was machte inzwischen in Paris die Nationalversammlung? Sie schritt hinter dem Klerus her bei der Fronleichnamsprozession.

Bei all dem ist ihre mehr als christliche Milde überraschend. Sie begnügte sich mit einer Maßregel, welche die Minister dem König abverlangten. Der verbot die weiße Kokarde und ließ den Unterzeichnern der Erklärung von Nîmes seine Mißbilligung aussprechen. Dort hielt man sich an das Verbot und ersetzte seine Kokarde durch die rote Troddel der alten Ligisten. Man versicherte kühn, daß man um des Königs willen gegen die Befehle des Königs hartnäckig bleibe.

Das war klar, einfach und energisch; die Partei des Klerus wußte sehr gut, was sie wollte. Die Versammlung wußte es nicht. Sie beendete damals ein schwächliches und verkehrtes Werk, das man die Zivilverfassung des Klerus nannte.

Nichts war der Revolution verderblicher als ihre Verkennung des religiösen Gesichtspunktes und ihre Verständnislosigkeit dafür, daß sie in sich selbst eine Religion trug.

Sich selbst kannte sie nicht und das Christentum nicht besser; sie wußte nicht, ob sie mit ihm übereinstimmte oder ihm feindlich war, ob sie auf das Christentum zurückgehen oder vorwärtsschreiten solle.

Bei ihrer Vertrauensseligkeit nahm sie mit Freude die Sympathien entgegen, die ihr die Masse des niederen Klerus bewies. Sie hörte es gern und glaubte daran, daß sie im Begriff sei, die Verheißungen des Evangeliums zu erfüllen, daß sie berufen sei, das Christentum zu reformieren und zu erneuern und nicht, es zu ersetzen. Sie glaubte daran und bestimmte danach ihre Marschrichtung; beim zweiten Schritt erkannte sie, daß die Priester wieder Priester und Feinde der Revolution geworden waren; die Kirche erschien ihr nun als das, was sie in Wirklichkeit war, als Hindernis, als das größte Hindernis auf ihrem Wege; größer noch als das Königtum.

Zweierlei hatte die Revolution für den Klerus getan: den Priestern eine behagliche Existenz gegeben und den Mönchen die Freiheit. Und gerade das gab der höheren Geistlichkeit die Möglichkeit, ihr den niederen Klerus abwendig zu machen; die Bischöfe gaben jeden der Revolution freundlichen Priester als gewonnen, gekauft und durch irdische Interessen verdorben dem Haß und der Verachtung des Volkes preis.

Es war ein Hohn: um ihre ungeheuren Vermögen, ihre Millionen, ihre Paläste, Pferde und Mätressen zu verteidigen, muteten die Prälaten den Priestern das Märtyrertum zu. Wer zum Beispiel eine Rente von achthunderttausend Franken behalten wollte, verunglimpfte einen Landpastor um der zwölfhundert Franken Gehalt willen, die er von der Versammlung annahm.

Der niedere Klerus sah sich also sofort und um einer Geldfrage willen vor die Wahl gestellt. Die Bischöfe ließen ihm keine Zeit zu überlegen; sie erklärten ihm, wäre er *für* die Nation, so wäre er *gegen* die Kirche – stände außerhalb der katholischen Einheit, außerhalb der Gemeinschaft der Bischöfe und des Heiligen Stuhles, sei ein faules, verworrenes Glied, ein Abtrünniger und Renegat.

Was sollten die armen Priester tun? Aus dem alten Verbande austreten, worin sie so viele Jahrhunderte gelebt hatten, plötzlich Rebellen werden gegen jene gewaltige Obrigkeit, vor der sie immer Ehrfurcht gehegt, die vertraute Welt verlassen, um – ja, um in welche Welt zu gelangen? In welchen neuen Verband? Man braucht eine Idee und einen Glauben an diese Idee, um so das Ufer hinter sich zu lassen, hineinzufahren in die Zukunft.

Der Pfarrer von Saint-Etienne du Mont, ein wahrer Patriot, der am 14. Juli unter der Fahne seines Volkes an der Spitze seines Distriktes marschiert war, wurde erschreckt und niedergeschmettert von der grausamen Entscheidung, vor die ihn die Bischöfe stellten. Vierzig Tage lang lag er im Büßerhemd auf den Knien vor dem Altar.

So hätte er ewig liegen können, ohne Antwort zu finden auf die unlösliche Frage, die er sich gestellt hatte.

Was die Revolution an Ideen besaß, hatte sie aus dem achtzehnten Jahrhundert, von Voltaire und Rousseau. In den zwanzig Jahren, die zwischen der großen Zeit der beiden Meister und der Revolution, zwischen Gedanke und Tat liegen, hat niemand ihr Werk ernsthaft fortgesetzt.

Die Revolution fand also das menschliche Denken da, wo jene es verlassen mußten: die glühende Menschlichkeit bei Voltaire, die Brüderlichkeit bei Rousseau, gewiß zwei religiöse Grundlagen, die indes nur aufgestellt und noch sehr wenig formuliert waren.

Das letzte Testament des Jahrhunderts steht auf zwei Seiten Rousseaus von sehr verschiedener Tendenz.

Auf der einen, im „Contrat social“, behauptet und beweist er, daß der Christ weder Bürger ist noch sein kann.

Auf der anderen, im „Emile", entlockt ihm seine Begeisterung für das Evangelium und für Jesus den Ausruf: „Sein Tod ist der Tod eines Gottes."

Diese Wallung des Gefühls und der Innigkeit des Herzens wurde als ein wertvolles Geständnis aufgefaßt und dargestellt als ein feierlicher Widerruf, den die Philosophie des achtzehnten Jahrhunderts an sich selbst vollzog. Daraus entsprang ein ungeheures, noch immer nicht gehobenes Mißverständnis.

Man begann wieder, das Evangelium zu lesen, und fand in diesem Buch der Entsagung, der Unterwerfung, des Gehorsams gegen die herrschende Gewalt überall das, was man selbst damals im Herzen trug: Freiheit und Gleichheit. Die sind freilich überall darin, nur muß man sie richtig verstehen: als Gleichheit im Gehorsam, wie die Römer sie für alle Nationen geschaffen hatten, als Freiheit der Seele, als untätige, völlig verinnerlichte Freiheit, wie sie begreiflich ist für eine Zeit, in der alle nationalen Widerstände aufgehört hatten und die Welt, aller Hoffnung bar, zusah, wie das ewige Reich sich befestigte.

Wenn je eine Situation der von 1789 entgegengesetzt war, so war es jene. Nichts ist sonderbarer, als in dieser Legende der Entsagung das Gesetz einer Zeit zu suchen, in der der Mensch sein Recht forderte.

Was hätte 1790, was 1800 geschehen müssen? Wenigstens hätte man abwarten und die lebendigen Kräfte des menschlichen Geistes aufrufen sollen.

Diese Kräfte sind ewig, in ihnen fließt die unversiegliche Quelle des philosophischen und religiösen Lebens. Keine Zeit ist ganz trostlos; das Schlimmste der modernen Jahrhunderte, das des Dreißigjährigen Krieges, hat Descartes hervorgebracht, den Erneuerer des europäischen Denkens. Es galt, das Leben zu rufen, und nicht, den Tod zu organisieren.

Die drei Männer, welche die Versammlung zu diesem schweren Fehler veranlaßten, hießen Camus, Grégoire und Lanjuinais. Drei Männer, drei eiserne Köpfe. Wer sah, wie Camus an Dumouriez Hand anlegte, mitten in seiner Armee; wer sah, wie Lanjuinais am 31. Mai, von der Tribüne geworfen, wieder hinaufkletterte und sich zwischen drohend erhobenen Dolchen und Pistolen daran festhielt, der wußte, daß wenig Männer neben diesen beiden Tapferen als tapfer gelten konnten. Und an den Bischof Grégoire, der während der ganzen Schreckenszeit im Konvent blieb und in seiner violetten Robe allein auf seiner Bank saß, weil sich keiner neben ihn zu setzen wagte, erinnert man sich als an den vielleicht standhaftesten Charakter, der jemals gewesen ist.

Diese furchtlosen und lauteren Männer bedeuteten dennoch die schwerste Versuchung für die Revolution. Sie trieben sie zu dem schweren Unrecht, die christliche Kirche zu organisieren, ohne an das Christentum zu glauben.

Unter ihrem Einfluß und dem der Rechtsgelehrten, die ihnen, ohne es selbst zu bemerken, folgten, bildete sich die im allgemeinen ungläubige und voltairianische Versammlung ein, daß man die Form ändern könnte, ohne an den Inhalt zu rühren. Sie bot den fremdartigen Anblick eines Voltaire, der die Kirche reformiert und vorgibt, sie zur apostolischen Strenge zurückzuführen.

Von dem unverbesserlichen Fehler eines so verdächtigen Ursprungs abgesehen, war die Reform vernünftig; man konnte sie eine Befreiungsurkunde für die Kirche und den Klerus nennen.

Die Versammlung will, daß der Klerus in Zukunft vom Volke gewählt wird, daß er *befreit* ist vom Konkordat, von dem schändlichen Pakt, durch den zwei Räuber, König und Papst, die Kirche geteilt und um ihren Rock das Los gezogen hatten; – daß er durch die Erhöhung der regelmäßigen Besoldung *befreit* ist von der schmählichen Notwendigkeit, Gefälle und Zehnten zu verlangen und das Volk zu brandschatzen; – daß er *befreit* ist von der ungesetzlichen Begünstigung der kleinen Abbés am Hofe, die sich aus Boudoir und Alkoven den Krummstab holten; – und schließlich, daß er *frei* wird von allen Schmarotzern und Schmerbäuchen und von den lächerlichen Käfigen, in denen die Stiftsherren gemästet wurden. – Die Diözesen wurden besser eingeteilt und erhielten gleichen Umfang; von nun an gab es dreiundachtzig Bistümer, genau soviel wie Departments. Die Einkünfte wurden auf siebenundsiebzig Millionen festgesetzt, und diese Summe bezahlte den Klerus besser als die dreihundert Millionen von früher, von denen er so wenig gehabt hatte.

Die Unterhaltung war weder lebhaft noch tief. Nur ein kühnes Wort fiel, der Jansenist Camus sprach es aus und sagte sicher mehr damit, als er sagen wollte: „Wir sind ein Nationalkonvent; *wir haben unstreitig das Recht, die Religion zu ändern*, aber wir werden es nicht tun.“ Dann erschrak er über seine eigene Verwegenheit und fügte schnell hinzu: „Es wäre ein Verbrechen, wenn wir sie preisgäben.“ (1. Juni 1790) Beide, Juristen und Theologen, beriefen sich nur auf die Texte, auf die alten Bücher; bei jeder bestrittenen Äußerung zogen sie ihre Bücher zu Rat und beeilten sich, zu beweisen, nicht daß ihre Ansicht gut, sondern daß sie alt war. „So machten es die ersten Christen.“ Ein kläglicher Einwand! Es ist äußerst zweifelhaft, ob eine Sache, die in die Zeit des Tiberius paßte, auch noch achtzehnhundert Jahre später, in der Epoche Ludwigs XVI., richtig war.

Man hätte ohne Ausbiegungen prüfen müssen, ob das Recht oben oder unten war, bei König und Papst oder beim Volke.

Was aus der Wahl des Volkes hervorgehen würde, das wußte man zweifellos nicht. Wohl aber wußte man, wie der Klerus aus der Mache des Königs, des Papstes und der Herren aussah.[1] Was hätten die so laut schreienden Prälaten

[1] Das den Herren zustehende Recht der Pfründenverleihung hatte merkwürdige Wirkungen. Ein Jude namens Samuel Bernard kaufte ein Herrengut und erwarb damit das Recht, eine bestimmte Pfründe zu vergeben; so kam also zwischen Kauf und Zahlung der Heilige Geist auf ihn herab. – Ach! der Heilige Geist kam bisweilen noch von übleren Stätten her. Einer wurde Bischof durch die Gunst der Frau von Polignac, einen anderen ernannte die Pompadour, einen dritten erschmeichelte Frau du Barry von Ludwig XV. in einer Schäkerstunde. Ein hübscher

angestellt, wenn sie hätten nachweisen müssen, mit welchem Öl und von welcher Hand sie gesalbt worden waren! Für sie war das sicherste, die Frage nach dem Woher nicht allzusehr aufzurühren. Den Hauptkummer machte ihnen die äußerliche, die dem geistlichen Stande fremdeste Maßregel, die Teilung der Diözesen. Man mochte ihnen noch so gut beweisen, daß diese Teilung in ihrem römischen Ursprung von einem Kaiser ausgegangen und von einer Regierung vollzogen worden war und also von einer anderen Regierung abgeändert werden konnte: sie wollten nichts davon wissen und blieben eigensinnig. Wenn man kein Konzil einberief, wenn man nicht dem Papst die Entscheidung anheimgab, dann war alles verloren, dann mußte das Schisma kommen, dann war man Ketzer, Gotteslästerer, Atheist usw.

Diese ernsten Possen, über die man in Paris die Achsel zuckte, taten nichtsdestoweniger im Westen und Süden die gewünschte Wirkung. Man druckte sie und verbreitete sie in ungeheurer Auflage zusammen mit dem Protest zugunsten der Güter des Klerus, der in zwei Monaten dreißigmal aufgelegt wurde. Morgens von der Kanzel verlesen, abends im Beichtstuhl mit den fürchterlichsten Glossen gewürzt, brachte dieses Dokument des Hasses und der Zwietracht die Frauen außer sich, belebte die religiöse Wut, schärfte die Dolche, webte die Heugabeln und Sensen.

Am 29. und 31. Mai stellten der Erzbischof von Aix und der Bischof von Clermont (einer der Hauptrádelsführer und Vertrauensmann des Königs) der Versammlung das geistliche Ultimatum: „Keine Änderung dürfe stattfinden ohne Berufung eines Konzils." – *In den ersten Tagen des Juni* fließt in Nîmes das Blut.

Froment hatte seine sichersten Kompanien bewaffnet und sogar mit großen Kosten viele seiner Leute in die Farben des Grafen Artois gekleidet. Das sind die ersten „Verdets" des Südens. Von einem Adjutanten des Prinzen Condé und einigen Munizipalräten unterstützt, hatte er endlich dem Kommandanten der Provinz das Versprechen entlockt, das Arsenal zu öffnen und allen katholischen Kompanien Gewehre zu geben. Diesen letzten, entscheidenden Schritt konnten der Gemeinderat und der Kommandant nicht tun, ohne sich offen gegen die Revolution zu erklären.

„Warten wir noch ein wenig", sagte der Gemeinderat. „Am 4. beginnen die Departementswahlen in Nîmes; bis zum Wahltage wollen wir vorsichtig sein, damit wir gewählt werden."

„Wir wollen beginnen", sagte Froment, „wenn die Wähler Flintenschüsse hören, werden sie um so besser abstimmen." Die Protestanten organisierten sich. Die Einigkeit war groß, von Nîmes bis nach Paris und von Nîmes bis zu den Cevennen.

Abbé von zwanzig Jahren, Herr von Bourbon, bekam eine Rente von einer Million. Er war der Sohn eines kleinen adligen Mädchens, das von ihren Eltern verkauft worden war.

War Nîmes dem Klerus sicher, wenn man noch länger wartete? Die Stadt empfand allmählich in ihrer Industrie eine unmittelbare Wohltat der Revolution: die Aufhebung der Abgaben auf Salz, Eisen, Leder, Öl, Seife usw. Und würde die katholische Landbevölkerung, die vor der Ernte sehr katholisch war, es nachher ebenso sein, wenn der Klerus erst den Zehnten eingefordert hatte?

Gegen die Mörder vom Mai, gegen den Bruder Froments, schwebte ein Prozeß. Er rückte langsam vor, dieser Prozeß, aber er rückte vor.

Der letzte, entscheidende Anstoß, der Froment zum Losschlagen zwang, war der Vollzug der Revolution in Avignon am 11. und 12., der seine Partei zu entmutigen und ihr die Waffen aus der Hand zu winden drohte. Bevor die Nachricht sich verbreitete, am 13. abends, tat er den ersten Streich; der Tag war günstig, es war Sonntag, der achte Tag des Fronleichnamsfestes, ein großer Teil des Volkes hatte getrunken und war in Stimmung.

Froment und die Historiker seiner Farbe, die der geschlagenen Partei, stellen die unglaubliche Behauptung auf, daß die Protestanten selbst anfingen und die Wahlen störten, in denen doch ihre ganze Hoffnung bestand. Sie versichern, es sei die Minderheit gewesen, welche versucht habe, die Mehrheit zu erwürgen (sechstausend Mann gegen zwanzig und einige Tausend, die Umgegend nicht gerechnet).

Dieses kleine Häuflein war also kriegstüchtig und furchtbar? Dieser ganze Menschenschlag war seit einem Jahrhundert jeden Militärdienstes entwöhnt: Kaufleute, die eine übertriebene Angst hatten vor Plünderung, – kränkliche Arbeiter, körperlich weit schwächer als die Lastträger, Winzer und Feldarbeiter, die Froment bewaffnet hatte. Die Dragoner der Nationalgarde, meistens Protestanten, Kaufleute und Söhne von Kaufleuten, waren nicht die Leute dazu, um jenen starken und rohen Männern standzuhalten, die in den Schenken den Wein des Klerus tranken, soviel sie wollten.

Überall, wo die Protestanten in der Mehrzahl waren, boten die beiden Konfessionen das Bild rührendster Brüderlichkeit. In Saint-Hippolyte zum Beispiel wollten die Protestanten am 5. Juni bei der Fronleichnamsprozession mit den anderen zusammen die Wache beziehen.

In Nîmes waren am Tage der Explosion die tätigsten Patrioten, wenigstens funfzehnhundert, unbewaffnet zu einer Beratung im Klub versammelt, die Tribünen waren von Frauen besetzt. Bei den ersten Gewehrschüssen brach eine furchtbare Panik aus (13. Juni 1790).

Acht Tage vorher, bei der Eröffnung der Wahlen, hatte man angefangen, die Wähler zu beschimpfen und zu erschrecken. Diese verlangten einen Dragonerposten und Patrouillen, um die sie bedrohende Menge zu zerstreuen. Aber die Menge bedrohte die Patrouillen noch viel mehr, und der gefällige Gemeinderat willigte ein, daß die Dragoner auf Posten zogen. Am 13. abends kamen Männer mit roten Troddeln und erklärten den Dragonern, wenn sie nicht abzögen, würden sie niedergemacht. Die bleiben, und man schießt auf sie. Das Regiment Guyenne brannte darauf, ihnen zur Hilfe zu eilen, doch die Offiziere schlossen die Tore der Kaserne und hielten es im Quartier.

Angesichts des ungleichen Kampfes und angesichts der verbrecherischen Störung der Wahlen hatte der Gemeinderat die heilige Pflicht, die rote Fahne aufzupflanzen und Truppen aufzubieten. – Der Gemeinderat war verschwunden. Die Wahlversammlung des Departements sah sich in dieser gastlichen Stadt von den Behörden verlassen, als das Schießen in vollem Gange war.

Unter den „Verdets" Froments waren sogar die Dienstboten mehrerer Gemeinderäte zusammen mit denen des Klerus. Da das Militär und die Nationalgarde nicht aufgeboten wurden, so hatte Froment die Straße allein; seine Leute mordeten nach Herzenslust und begannen, die Häuser der Protestanten zu stürmen. Wenn er nur ein wenig auf seinen Vorteil bedacht gewesen wäre, so hätte er ein Kavallerieregiment aus dem nur vier Meilen entfernten Sommières haben können, dessen feuriger Oberst ihm sich selbst, seine Leute und seine Börse anbot. Die Sache hätte dann wie eine wirkliche Revolution ausgesehen, der Kommandant der Provinz wäre endlich den Ordern gefolgt, die er vom Grafen Artois besaß, und auf Nîmes marschiert.

Die Dinge nahmen eine gänzlich unerwartete Wendung: Nîmes selbst versagte. Von den achtzehn katholischen Kompanien, die Froment gebildet hatte, folgten ihm nur drei. Die anderen fünfzehn rührten sich nicht. Das war eine deutliche Lehre, die den Klerus erkennen ließ, wie sehr er sich über den wirklichen Zustand der Geister getäuscht hatte. Als der Augenblick zum Blutvergießen da war, da war der alte leidenschaftliche Haß, den man geschickt durch soziale Eifersucht wieder angefacht hatte, noch nicht stark genug.

Das große mächtige Nîmes, das man so leicht aufwiegeln zu können gemeint hatte, blieb fest wie seine unzerstörbaren Monumente, seine stolze, ewige Arena.

Auf beiden Seiten war die Zahl der Kämpfer winzig klein. Die „Verdets" zeigten sich sehr tapfer, aber wütend und blind. Zweimal zwang man den endlich wiedergefundenen Gemeinderat, ihnen die rote Fahne zu zeigen; zweimal schleppten sie alles fort, rote Fahne und Gemeinderat, ihren Feinden zum Hohn. Sie schossen auf die Beamten, auf die Wähler, auf die Kommissare des Königs, am folgenden Tage auf den Prokurator des Königs und den Strafrichter, welche die Toten fortschaffen ließen. Diese Kapitalverbrechen hätten die schnellsten und strengsten Maßregeln erfordert. Und der Gemeinderat verlangte vom Militär nichts weiter als einen Patrouillendienst!

Hätte Froment mehr Mannschaft gehabt, so würde er zweifellos die Arena besetzt haben, die sehr günstig lag und damals gut zu verteidigen war. Doch ließ er nur ein paar Mann dort und ein paar andere im Kapuzinerkloster. Er selbst zog sich in sein Fort auf den Wällen zurück, in den alten Schloßturm. Als er im

Turm und in Sicherheit war, ließ er von dort aus weiterschießen und schrieb nach Sommières und Montpellier um Hilfe. Er schickte in die katholischen Dörfer und ließ die Sturmglocke läuten.

Die Katholiken hatten es nicht eilig oder blieben sogar zu Hause. Die Protestanten waren schnell bereit. Auf die Nachricht, daß die Wähler in Gefahr schwebten, marschierten sie die ganze Nacht. Morgens zwischen vier und sechs stand eine Armee aus den Cevennen unter der dreifarbigen Kokarde in Schlachtordnung in Nîmes und rief: „Es lebe die Nation!"

Nun handelten die Wähler. Mit Hilfe eines Artilleriehauptmanns bildeten sie einen Militärausschuß und gingen zum Arsenal, um Geschütze zu holen. Man konnte von der Straße her oder von der Kaserne des Regiments Guyenne aus hineingehen. Die Offiziere in ihrer Böswilligkeit forderten sie auf, durch die Straße zu gehen. Dort wurden sie von Schüssen empfangen und kehrten um, und erst als die Offiziere sahen, daß ihre Soldaten erbittert waren und eine drohende Haltung annahmen, gaben sie die Kanonen heraus. Nun schoß man Bresche in den Turm und zwang ihn bald zum Unterhandeln. Froment, verwegen bis zum Äußersten, ließ ein unglaubliches Schreiben überbringen, worin er anbot ... „zu vergessen". Nun gab's kein Halten mehr, der Soldat wollte nur noch den Tod der Belagerten. Man versuchte, diese zu retten, aber sie führten selbst ihr Verderben herbei: während der Verhandlungen gaben sie Schüsse ab. Der Turm wurde im Sturm genommen, die Besatzung niedergemacht.

Zwei oder drei Tage suchte man nach Entflohenen und kühlte unter diesem Vorwand manchen alten Haß. Das Kapuzinerkloster (der Pamphletladen, aus dem man übrigens ebenfalls geschossen hatte) wurde erstürmt und alles getötet. Ebenso ging es einer bekannten Schenke, dem Hauptquartier der „Verdets"; in der Spelunke versteckt fand man zwei Gemeindebeamte. In dieser ganzen Zeit schossen die beiden Parteien aufeinander, in den Straßen oder von den Fenstern aus. Die wilden Männer aus den Cevennen geben keinen Pardon; dreihundert Tote in drei Tagen waren das Ergebnis. Keine Kirche wurde geplündert, keine Frau entehrt, sie blieben streng gegen sich selbst in der Wut. Es wäre ihnen nicht, wie den „Verdets" von 1815, beigekommen, Mädchen totzuprügeln mit einer liliengeschmückten Kelle.

Diese von der Gegenrevolution arglistig angezettelten grauenhaften Vorgänge in Nîmes hatten das Merkwürdige, daß ihre Anstifter darin umkamen. Der Fänger wurde in seiner eigenen Falle gefangen, das Wild jagte den Jäger.

Alles versagte zugleich im entscheidenden Augenblick.

Man zählte auf Montpellier. Der Kommandant wagte nicht zu kommen. Wer kam, war die tapfere und patriotische Nationalgarde, der künftige Kern der „Legion des Sieges", die 32. Halbbrigade.

Man zählte auf Arles. Tatsächlich bot Arles seine Hilfe an – zur Vernichtung der Partei der Gegenrevolution.

Pont-Saint-Esprit nahm die Boten Froments fest.

Ohne nach jemandem zu fragen, hatte Avignon wie Frankreich eine Nationalmiliz und einen Gemeinderat geschaffen. Am 10. Juni machte sich alles, was an Adel und Freunden des Papstes da war, unter dem Rufe: „Es lebe die Aristokratie!" zu Herren des Rathauses und von vier Kanonen. Dreißig Personen wurden getötet oder verwundet. Aber dann mischte sich das Volk ernsthaft in den Kampf, tötete mehrere und nahm zweiundzwanzig gefangen. Alle französischen Gemeinden, Orange, Bagnols, Pont-Saint-Esprit, kamen Avignon zur Hilfe und retteten die Gefangenen. Sie nahmen sie aus den Händen der Sieger und versprachen, sie zu bewachen.

Am 11. Juni zerbricht man das Wappen Roms und ersetzt es durch das Wappen Frankreichs. Avignon sendet Botschaft an die Nationalversammlung und ergibt sich seinem wahren Vaterlande mit dem großen Wort, dem Testament des römischen Geistes: „Franzosen, herrschet über das Weltall!"

Wir müssen den Ursachen genauer nachgehen, das rapide Drama vervollständigen und besser erklären.

Um einen Religionskrieg zu entfachen, muß man religiös sein. Der Klerus war nicht gläubig genug, um das Volk zu fanatisieren.

Und er verfuhr ebensowenig politisch klug. Selbst in diesem Jahre 1790, als er das Volk so dringend brauchte und es hier und da bezahlte, forderte er ihm den von der Versammlung abgeschafften Zehnten ab. An mehreren Orten, besonders im Norden, fanden Empörungen statt gegen ihn um dieses unglücklichen Zehnten willen, den er nicht fahren lassen wollte.

Der aristokratische Klerus, ohne Verständnis für moralische Kräfte, meinte, ein bißchen Geld, Wein, günstiges Wetter, ein Funke würden genügen. Er hätte begreifen sollen, daß man, um den Fanatismus sein altes Leben wiederzugeben, Zeit braucht, Geduld, Heimlichkeit und ein weniger überwachtes Land, das abseits liegt von den Straßen und großen Städten. Zugegeben: im Bocage der Vendée konnte man langsam so vorgehen; aber nicht im offenen Lande, unter der hellen Sonne des Südens, unter den wachsamen Augen der Protestanten, in der Nachbarschaft der großen Zentren wie Bordeaux, Marseille, Montpellier, die alles sahen und beim geringsten Aufblitzen auf den Funken losmarschieren konnten. Das war ein kindischer Versuch.

Froment tat, was er konnte. Er bewies viel Mut und Entschlossenheit und wurde im Stich gelassen.[1]

---

[1] Froment entging dem Gemetzel. So wenig man auch dem Mann und seiner Partei geneigt ist, es ist unmöglich, sich nicht für sein merkwürdiges Schicksal zu interessieren. Zuerst geadelt und vom Grafen Artois und den Emigranten mit Ehren überhäuft, dann, im Jahre 1816, verlassen und verleugnet! Man hat überall sorgfältig die Broschüren vernichtet, die er damals veröffentlichte: den Prozeß des alten Dieners gegen einen undankbaren und herzlosen Herrn. Ist es

Er schlug im richtigen Augenblick los, als er sah, daß die Vorgänge in Avignon seine Sache in Nîmes verderben konnten; er wog seine Chancen nicht allzu vorsichtig, hoffte aber, daß jene unsicheren Leute, die es bis dahin nicht gewagt hatten, sich für ihn zu erklären, endlich ihre eigene Partei ergreifen würden, wenn sie sie im Spiel sähen, daß sie sie nicht kaltblütig untergehen lassen könnten.

Der Gemeinderat, mit anderen Worten: die katholische Bürgerschaft, war vorsichtig; sie wagte es nicht, den Kommandanten der Provinz um Truppen zu bitten.

Der Adel war vorsichtig. Der Kommandant und die Offiziere im allgemeinen wollten nur auf die regelrechte und gesetzliche Aufforderung des Gemeinderates hin einschreiten.

Es fehlte den Offizieren nicht etwa an Mut. Aber der Soldat war nicht sicher. Den ersten ungesetzlichen Befehl konnte er leicht mit Flintenschüssen beantworten. Um diesen ersten Befehl zu geben und den gefährlichen Versuch zu wagen, mußte man zuvor sein Leben als Opfer betrachten können. Als Opfer für was? Für welche Idee und welchen Glauben? Die Mehrheit des royalistischen und aristokratischen Adels war nichtsdestoweniger philosophisch und voltairianisch, in gewissem Sinne Anhänger der neuen Ideen.

Die Revolution, die immer harmonischer und einheitlicher wurde, erschien täglich mehr als das, was sie ist, als eine Religion. Und die Gegenrevolution, uneinig und zwiespältig, beruft sich vergeblich auf den alten Glauben, sie ist keine Religion.

Keine Übereinstimmung, kein fester Grundsatz. Ihr Widerstand ist in mehr als einem Sinne schwankend. Wie betrunken taumelt sie bald nach rechts, bald nach links. Der König ist für den Klerus und weigert sich, den Protest des Klerus zu unterstützen. Der Klerus bezahlt und bewaffnet das Volk und fordert ihm den Zehnten ab. Der Adel und die Offiziere erwarten Befehl von Turin und gleichzeitig den der revolutionären Behörden.

Eins, was ihr Handeln einfach und stark machen könnte, fehlt ihnen allen und besitzt die andere Partei so reichlich: der Glaube!

Die andere Partei ist Frankreich; es glaubt an das neue Gesetz, an die rechtmäßige Obrigkeit, die Versammlung, die wahre Stimme der Nation.

Hier ist alles Licht. Dort ist alles zweideutig, ungewiß und finster.

---

zu glauben, daß ihm dieser Herr nach dem Prozeß sogar seine miserable kleine Hungerpension wegnahm? Und das nach dreißigjährigen, unentgeltlichen Diensten! Der ruinierte, verschuldete und um seinetwillen verbrauchte Mann sollte auf der Gasse sterben. – Die Broschüren Froments sollten einmal neu gedruckt werden, ebenso wie die so selten gewordenen Memoiren des Emigranten Vauban. Auch sollte man das sehr geschickte Plädoyer Mérilhous für Froment (1823) neu drucken.

Warum zaudern? Alle, Soldat und Bürger, reichen sich die Hand und werden nun mit festem Tritt und unter demselben Banner vorwärtsgehen. Von April bis Juni verbrüdern sich fast alle Regimenter mit dem Volke. In Korsika, in Caen, in Brest, in Montpellier, in Valence erklärt sich der Soldat wie in Montauban und Nîmes für das Volk und das Gesetz. Die paar Offiziere, die Widerstand leisten, werden getötet, und bei ihnen findet man die Beweise ihres Einverständnisses mit den Emigranten. Die letzteren erwartet man festen Sinnes. Die Städte im Süden schlafen nicht: Briançon, Montpellier, Valence und schließlich das große Marseille wollen sich schützen; sie bemächtigen sich ihrer Zitadellen und besetzen sie mit ihren Bürgern. Nun mögen sie kommen, die Emigranten und das Ausland!

Ein Frankreich! Ein Glaube! Ein Eid! Hier gibt's keine unsicheren Menschen. Wenn ihr weiter schwanken wollt, dann verlaßt das Land der Treue, geht über den Rhein, geht über die Alpen!

Der König selbst merkte, daß sein bester Degen, Bouillé, schließlich allein bleiben würde, wenn er nicht wie die andern den Eid leistete. Der Feind der Verbrüderungen, der sich zwischen Armee und Volk stellt, muß nachgeben. Volk und Soldaten, im Herzen einig, alle wohnen dem großen Schauspiel bei; der Unbeugsame beugt sich; der König befiehlt, er gehorcht; er tritt vor unter ihnen, traurig und finster, und auf den Degen des Königs schwört er der Revolution die Treue.

SIEBTES KAPITEL

Das neue Prinzip
Die freiwillige Organisation Frankreichs
(Juli 1789–Juli 1790)

Überall kommt die Selbsthilfe dem Gesetz zuvor. – Die heimliche und liederliche Wirtschaft des Ancien régime. – Die neue Ordnung entsteht von selbst. – Die allgemeine Bewegung der Befreiung und des Selbstschutzes schafft die neuen Gewalten. – Innere und äußere Verbände bereiten die Gemeinde- und Departementsordnung vor. – Die Versammlung schafft eine Million dreihunderttausend Departements-, Gemeinde- und Justizbeamte. – Erziehung des Volkes durch die öffentlichen Ämter.

Ich habe ausführlich von dem Widerstand des alten Prinzips berichtet, von Parlamenten, Adel und Klerus. Nun will ich in wenig Worten das neue Prinzip darstellen und kurz das ungeheure Faktum erläutern, woran jener Widerstand brach und nichtig wurde. Dieses bei seiner unendlichen Mannigfaltigkeit wunderbar einfache Faktum ist die freiwillige, aus eigenem Antrieb der Bevölkerung hervorgegangene *Organisation Frankreichs.*

Hier ist die Geschichte, das Wirkliche, das Dauernde. Und das andere ist ein Nichts.

Trotzdem war es nötig, dieses Nichts ausführlich zu erzählen. Das Übel, gerade weil es eine Ausnahme ist, ein Verstoß gegen die Regel, erfordert zum Verständnis genaue Einzelheiten. Das Gute und Natürliche dagegen, das von selbst in Gang kommt, ist uns fast im voraus bekannt infolge seiner Übereinstimmung mit den Gesetzen unserer Natur, durch das ewige Bild des Guten, das wir in uns tragen.

Die großen nationalen Tatsachen, die aus Frankreichs gemeinsamem Handeln hervorgingen, haben sich durch ungeheure, unüberwindliche und gerade dadurch keineswegs gewalttätige Kräfte vollzogen. Sie haben weniger die Blicke auf sich gelenkt, sind fast unbemerkt geblieben.

Alles, was man über diese allgemeinen Vorgänge wiedergibt, das sind die Gesetze, die daraus hervorgehen und deren letzte Formeln darstellen. Unermüdlich streitet man über die Gesetze und hegt eine fast religiöse Ehrfurcht vor den wortreichen Unterredungen der Versammlungen. Aber die großen sozialen Bewegungen, die diesen Gesetzen die Richtung gaben und deren Ursprung waren, die Vernunft, die Notwendigkeit, werden kaum mit einer trockenen Zeile dem Gedächtnis wachgerufen.

Und doch ist gerade das der wichtigste Punkt, aus dem sich alles übrige ergibt, in diesem wunderbaren Jahr von Juli bis Juli: dem Gesetz voraus geht überall der eigene Ansturm des Lebens und der Tat, einer Tat, die, mag sie auch vereinzelte Unruhen im Gefolge haben, doch den Kern der neuen Ordnung in sich faßt und im voraus das Gesetz verwirklicht, das erst gemacht werden soll. Die Versammlung glaubt zu führen und wird geführt, sie ist Frankreichs Sekretär; was Frankreich tut, das trägt sie in ihre Register, mehr oder weniger genau formuliert schreibt sie es nach Frankreichs Diktat.

Hier sollten die Schreiber lernen, sie sollten ihre Rumpelkammer, das Bulletin des Lois, einmal verlassen und aus ihren Gebirgen von Stempelpapier, die ihnen die Natur verbargen, hervorkriechen. Wenn Frankreich sich nur durch ihre Federn und ihr Papier hätte retten können, dann wäre Frankreich hundertmal verloren gewesen.

Ein ernster, unendlich spannender Augenblick, da die Natur sich rechtzeitig selbst wiederfindet und dem Verderben entgeht, da das Leben angesichts der Gefahr dem Instinkt folgt, seinem besten Führer, und in ihm sein Heil findet.

Leute, die in dieser Auferstehungskrisis grau wurden, lassen uns an dem Ursprung der Dinge teilnehmen. Schriftsteller träumten von der Wiege der Nationen; warum träumen? Die Wiege ist da!

Ja, es ist Frankreichs Wiege, die vor unseren Augen liegt. Gott schütze dich, du Wiege, er rette und erhalte dich auf den großen uferlosen Wassern, – bebend sehe ich dein Schwanken auf dem Meer der Zukunft!

Frankreich wird wach und erhebt sich beim Donner der Bastille. In einem einzigen Tage, ohne Vorbereitungen, ohne sich vorher verständigt zu haben, organisiert sich ganz Frankreich gleichzeitig, Städte und Dörfer.

An jedem Ort der gleiche Vorgang: man geht zum Gemeindehaus und nimmt im Namen der Nation die Schlüssel und die Gewalt an sich. Die Wähler (1789 war das Wahlrecht allgemein) bilden Ausschüsse wie der in Paris, aus denen bald der regelrechte Gemeinderat hervorgeht.

Die Stadtregierungen (ganz wie die Staatsregierungen), Schöffen, Notabeln usw., gehen gesenkten Hauptes durch die Hinterpforte davon und hinterlassen der Gemeinde zum Andenken die von ihnen angehäuften Schulden.

In die finanzielle Bastille, welche die Herrschaft der Notabeln jedem prüfenden Blick so gut verschlossen zu halten wußte, in die dunklen Abgründe der Verwaltung[1] leuchtet der helle Tag. Die unförmigen Werkzeuge dieser verderbten Regierung, der heillose Wirrwarr in allem Geschriebenen, das schlaue Geheimverfahren im Rechnungswesen, all das kam jetzt ans Licht.

---

[1] Vergleiche bei Leber die Darstellung der alten, niederträchtigen Gemeindeverwaltung, die Vergütungen, die sich die Schöffen geben ließen usw. Lyon hatte neunundzwanzig Millionen Schulden usw.

Das erste, wonach die neue Freiheit ruft (die sie den Geist des Umsturzes nennen), ist im Gegenteil: Ordnung und Gerechtigkeit.

Ordnung und Öffentlichkeit. – Frankreich bittet Gott mit Ajax' Worten: „Laßt meinen Tod den klaren Himmel sehen!"

Das tyrannischste an der alten Tyrannei war ihre Heimlichkeit. Heimlichkeit war das Wesen des Königs vor dem Volke, das der Stadtobrigkeit vor der Stadt. Nicht weniger dunkel verhielt sich der Eigentümer zum Pächter. Was man dem Staat, der Gemeinde, dem Herrn wirklich zu zahlen schuldig war, das konnte niemand wissen. Die meisten bezahlten, was sie nicht einmal lesen konnten. Die tiefe Unwissenheit, worin das Volk vom Klerus, seinem großen Lehrer, gehalten worden war, lieferte es blind und schutzlos dem furchtbaren Geschmeiß der Papiersudler aus. Jedes Jahr war das Stempelpapier zum Entsetzen des Bauern schwärzer von Schrift und Zeichen, trug immer größere Zuschläge. Diese geheimnisvollen, unverständlichen Zuschläge, die man ihm gut oder schlecht vorlas, mußte er bezahlen; aber sie lasteten auf seinem Herzen, einer auf dem anderen, wie ein Schatz der Rache und einzufordernden Schadenersatzes. 1789 erklärten manche, daß sie in vierzig Jahren mit diesen Zuschlägen weit mehr gezahlt hätten als den Wert der Güter, auf denen sie saßen.

Bei uns auf dem Lande erlitt das Eigentum keinerlei Schädigung, als im Namen des Eigentums selbst. Der Bauer verstand es in seiner Weise, aber niemals setzte er Zweifel in die Idee dieses Rechtes an sich. Der Landmann weiß, was erwerben heißt; der Erwerb durch Arbeit, die er selbst tut oder alle Tage tun sieht, flößt ihm Achtung und gleichsam Ehrfurcht vor dem Eigentum ein.

Im Namen des von den Agenten der Herren lange vergewaltigten und verkannten Eigentums pflanzten die Bauern jene Maibäume, in die sie die Abzeichen der feudalen und fiskalen Tyrannei aufhängten, den Wetterhahn des Schlosses, die Tabellen der ungerecht emporgeschraubten Grundzinsen, die Siebe, mit denen das Getreide für den Herrn ausgesiebt wurde, so daß der schlechte Rest dem Bauern blieb.

Die Ausschüsse vom Juli 1789 (die Keime der Gemeindebehörden von 1790) bedeuteten, besonders für die Städte, die Erhebung der *Freiheit* – und für die Dörfer die des Eigentums, ich meine des Eigentums in seiner einfachsten Gestalt, der *Arbeit* des Menschen.

Die Vereinigungen der Dörfer waren Schutzverbände: 1. gegen die Agenten aller Art, 2. gegen die Räuber – die beiden Worte sind oft gleichbedeutend.

Eine Verschwörung gegen Geldleute, Steuereinnehmer, Verwalter, Sachverwalter, Exekutoren, gegen jenen schauerlichen Spuk, der durch einen unbekannten Zauber das Land ausgesogen, das Vieh vernichtet und den Bauern zum Skelett gemacht hatte.

Ein Bündnis auch gegen die Räuberbanden, die Frankreich unsicher machten, ausgehungerte Arbeitslose, Bettler und Diebe, die nachts das Getreide – oft noch grün – schnitten und die Hoffnung auf Ernte zerstörten. Wenn die Dörfer nicht zu den Waffen gegriffen hätten, so wäre eine furchtbare Hungersnot die Folge gewesen, ein Jahr wie das Jahr 1000 und mehrere andere im Mittelalter. Diese beweglichen Banden, die nicht zu packen und überall gefürchtet waren, ließen unsere damals weniger als heute militärtüchtige Landbevölkerung vor Entsetzen erstarren.

Jedes Dorf rüstete. Die Dörfer versprachen sich gegenseitigen Schutz. Sie machten aus, bei Alarm an einem bestimmten Orte zusammenzukommen, der entweder zentral gelegen war, oder eine für das Land wichtige Straßen- oder Flußkreuzung beherrschte.

Ein Beispiel wird die Sache verdeutlichen. Es erinnert in gewisser Beziehung an die Panik von Saint-Jean-du-Gard, die ich oben berichtet habe.

Eines Sommertages, früh am Morgen, sahen die Einwohner von Chavignon (Aisne) nicht ohne Furcht auf allen Wegen Bewaffnete. Sie erkannten, daß es glücklicherweise ihre Nachbarn und Freunde waren, die Nationalgarden aller Gemeinden der Umgegend, die auf einen falschen Alarm hin die ganze Nacht marschiert waren, um sie gegen die „Räuber" zu schützen. Man hatte einen Kampf erwartet, und statt dessen gab es ein Fest. Die Leute von Chavignon kamen erfreut aus ihren Häusern und mischten sich unter die Freunde. Die Frauen brachten alles, was sie an Lebensmitteln besaßen, zusammen, man öffnete Weinfässer. Auf dem Platz wurde die Fahne von Chavignon aufgepflanzt, auf der Getreide und Trauben, von einem nackten Degen durchkreuzt, als Wappen abgebildet war; der Wahlspruch drückte die Stimmung des Augenblicks völlig aus: „Fülle und Sicherheit, Freiheit, Treue und Eintracht." Der Führer der anwesenden Nationalgarden hielt eine kleine, rührende Rede über die Bereitwilligkeit der Gemeinden, ihren Brüdern zur Hilfe zu eilen: „Beim ersten Wort haben wir unsere weinenden Frauen und Kinder stehen lassen, unsere Pflüge und Geräte sind auf den Feldern geblieben. Wir sind gekommen, ohne uns Zeit zu gönnen, uns ordentlich anzukleiden."

Wie das Kind der Mutter, so erzählen die Leute von Chavignon alles der Nationalversammlung in einer Adresse und fügen voller Dankbarkeit dies aus dem Herzen kommende Wort hinzu: „Wie gut, ihr Herren, sind die Menschen, seitdem ihr ihnen ein Vaterland gegeben habt!"

So gingen diese freiwilligen Expeditionen vor sich; es war wie eine große Familie, der Pfarrer ging an der Spitze. In Chavignon hatten vier der anwesenden Gemeinden ihren Pfarrer bei sich.

In einigen Gegenden, zum Beispiel in Haute-Saône, schlossen sich die Pfarrer nicht allein der Bewegung an, sondern machten sich zu deren Mittelpunkt, wurden ihr Haupt und Führer. Am 27. September 1789 verbrüderten sich die ländlichen Gemeinden in der Umgebung von Luxeuil unter der Leitung des Pfarrers von Saint-Sauveur. Alle Maires leisteten den Eid in seine Hand.

In „Issy-l'Evêque (Haute Saône) ging es noch merkwürdiger zu. Da jede öffentliche Autorität fehlte und kein Beamter mehr vorhanden war, so nahm ein tüchtiger Pfarrer alle Gewalten an sich; er erließ Verordnungen, nahm erledigte Prozesse wieder auf, ließ die Maires der Umgebung kommen und verkündete vor ihnen die neuen Gesetze, die er der Gegend gegeben hatte; dann begann er, den Degen in der Hand, mit einer gleichmäßigen Verteilung des Grund und Bodens. Man mußte seinen Eifer zähmen und ihn erinnern, daß es noch eine Nationalversammlung gab."

Das ist ein vereinzelter Fall. Im allgemeinen war die Bewegung regelmäßig und besser geordnet, als sich unter solchen Umständen erwarten ließ. Ohne Gesetz folgte alles einem Gesetz: der Selbsterhaltung und der Wohlfahrt des Ganzen.

Bevor sich die Gemeindeverwaltungen organisierten, regierte sich das Dorf selbst, schützte und verteidigte sich als bewaffnete Vereinigung seiner Einwohner.

Bevor das Gesetz Arrondissements und Departements schuf, erwuchsen aus den gemeinsamen Aufgaben, besonders denen des Schutzes der Wege und der Beschaffung von Nahrungsmitteln, Vereinigungen zwischen Dörfern und Dörfern, Städten und Städten, und große Bündnisse zu wechselseitigem Schutz.

Man segnet beinahe jene Gefahren, wenn man sieht, wie sie die Menschen zwingen, ihre Isolierung aufzugeben, wie sie sie ihrer Selbstsucht entreißen, sie daran gewöhnen, ihr Leben in dem der anderen zu fühlen, und wie sie in den von jahrhundertelangem Schlaf stumpf gewordenen Seelen den ersten Funken der Brüderlichkeit wecken.

Das Gesetz ist nur die Anerkennung, die Krönung von alldem, aber nicht die Ursache.

Die Schaffung der Gemeindeverwaltungen, die Vereinigung von selbst nicht kommunalen Funktionen in ihren Händen (Steuererhebung, hohe Polizei, Verfügung über die bewaffnete Macht usw.), diese Vereinigung, die man der Versammlung vorgeworfen hat, ist nicht die Wirkung eines Systems, sondern die bloße Anerkennung einer vollzogenen Tatsache. Bei der Beseitigung der meisten Gewalten und bei der freiwilligen (oft arglistigen) Untätigkeit der noch bestehenden, hatte der Selbsterhaltungstrieb das getan, was er immer tut: die Beteiligten hatten selbst ihre Angelegenheiten in die Hand genommen. Und wer ist nicht beteiligt in solchen Krisen? Wer kein Eigentum besitzt, „wer gar nichts hat", wie man zu sagen pflegt, der hat noch etwas, was weit wertvoller ist als jeder Besitz: eine Frau und Kinder, die er schützen muß.

Das neue Gemeindeverwaltungsgesetz schuf *eine Million zweihunderttausend* Gemeindebeamte. Die Organisation der Rechtspflege schuf *hunderttausend* Richter (von denen fünftausend Friedensrichter und achtzigtausend Beisitzer der Friedensrichter). Diese alle wurden aus den vier Millionen zweihundertneunzigtausend Urwählern[1] genommen (die als Eigentümer oder Mieter den Wert von drei Arbeitstagen, ungefähr drei Franken, Steuern bezahlten).

Das allgemeine Wahlrecht hatte sechs Millionen Stimmen ergeben; ich werde auf die Beschränkung des Wahlrechts und auf die verschiedenen Prinzipien, die in der Versammlung herrschten, ausführlich zurückkommen.

Hier genüge der Hinweis auf die ungeheure Umwälzung, welche die Erschaffung einer Welt von Richtern und Verwaltungsbeamten – eine Million dreihunderttausend auf einmal, und alle aus Wahlen hervorgegangen – im Frühjahr 1790 in Frankreich hervorbringen mußte.

Man kann sagen, daß Frankreich vor der militärischen Aushebung eine Beamtenaushebung vorgenommen hatte.

Die Aushebung zum Frieden, zur Ordnung, zur Brüderlichkeit. Vorherrschend ist hier das schöne neue Element in der Organisation der Rechtspflege, das noch keine Zeit gekannt hatte, die fünftausend Schiedsmänner oder Friedensrichter und ihre achtzigtausend Beisitzer. Und in der Gemeindeorganisation ist es die Abhängigkeit der bewaffneten Macht von den vom Volke gewählten Behörden.

Die Gemeindegewalt erbte von allen Ruinen. Sie allein stand aufrecht zwischen dem alten, zerstörten Regime und dem neuen ohne Tatkraft. Der König war entwaffnet, die Armee in Auflösung, die Staaten und Parlamente vernichtet, der Klerus geschleift, der Adel zerrieben. Das alles gleichzeitig. Die Versammlung selbst, scheinbar die größte Macht, gab mehr Verordnungen, als daß sie handelte; sie war ein Kopf ohne Arme. Nun besaß sie vierundvierzigtausend Hände in den Gemeindeverwaltungen und verließ sich fast in allem auf die eine Million zweihunderttausend Gemeindebeamten.

Diese ungeheure Zahl war ein großes Hemmnis zur Tat; aber in der Erziehung des Volkes, in der Vorbereitung zum öffentlichen Leben wirkte sie Wunder. Bei dem häufigen Wechsel hätte die Beamtenschaft an vielen Orten bald die Klasse erschöpft, aus der sie sich erneuerte (die vier Millionen Eigentümer oder Mieter mit drei Franken Steuern). Man mußte – das war eine schöne Folge dieses großen Beginnens – eine neue Klasse von Eigentümern schaffen. Die Bauern des Klerus und des Adels, die zuerst als Klienten des Ancien régime nicht wahlberechtigt waren, mußten nun bald als Erwerber der zum Verkauf gestellten Güter Eigentümer, Wähler, Gemeindebeamte, Beisitzer der Friedensrichter usw. und als solche die festesten Stützen der Revolution werden.

---

[1] Diese Zahl ist für 1791 im „Atlas national de France" angegeben, der für den öffentlichen Unterricht bestimmt und der Versammlung gewidmet war. In einer Rede vom 8. Juni 1790 zählt der Bischof von Autun nur drei Millionen sechshunderttausend Aktivbürger. Diese kleine Zahl wäre noch zu groß, wenn es sich nur um die *Eigentümer* handelte, aber es sind auch die dabei, die den Wert von ungefähr drei Franken als *Mieter* bezahlen. Die größere Zahl ist die wahrscheinlichere. Übrigens sind beide, die große und die kleine, zweifellos nur annähernd richtig.

ACHTES KAPITEL

Von der neuen Religion Bundesfeste (Juli 1789–Juli 1790)

1789 erlebte Frankreich die Freiheit. – 1790 die Einheit des Vaterlandes. – Beseitigung der Hindernisse durch die Bündnisse. – Die künstlichen Schranken fallen. – Protokolle der Bündnisse. Sie zeugen von der Liebe zur neuen Einheit, von dem Opfer der alten provinzialen Eigenheiten und Gewohnheiten. – Bundesfeste. – Lebendige Symbole. – Der Greis, die Jungfrau, die Frau, die Mutter, das Kind auf dem Altar des Vaterlandes. – Die Unterschiede der Klassen, Parteien und Bekenntnisse sind vergessen. – Der Mensch findet sich zur Natur zurück. – Der Mensch fühlt sich eins mit Vaterland und Menschheit. – Zusätze und Einzelheiten.

Im Winter 1789 bestand noch nichts von alldem. Keine regelrechten Gemeindebehörden, keine Departements. Weder Gesetze noch öffentliche Gewalten. Die allgemeine Auflösung scheint bevorzustehen, und die Aristokratie hofft darauf. Ihr wolltet frei sein – seht jetzt zu und freut euch der Ordnung, die ihr geschaffen habt! Was antwortet Frankreich darauf? In diesem gefährlichen Augenblick ist es sich selbst Gesetz; ohne Beistand überschreitet es starken Willens die Brücke von einer Welt in die andere, passiert es ohne zu straucheln den schmalen Steg über den Abgrund, ohne nur in die Tiefe zu blicken, allein das Ziel vor Augen. Mutig geht es in den dunklen Winter, dem ersehnten Frühling zu, der das neue Licht verspricht.

Welches Licht? Nicht wie 1789 die unbestimmte Liebe zur Freiheit. Sondern ein bestimmtes Etwas von fest umrissener Form, das die ganze Nation leitet, das die Herzen begeistert und mitreißt; mit jedem Schritt erscheint es wundervoller, und immer eiliger wird der Marsch. Endlich schwinden die Schatten, der Nebel weicht, Frankreich erkennt deutlich, was es liebt, wem es zustrebt, ohne es noch fassen zu können: die Einheit des Vaterlandes.

Alles, was man für mühevoll, schwierig, unüberwindlich hält, wird möglich und leicht. Man fragte sich, wie die Opfer des provinzialen Vaterlandes geschehen können, der Heimat, der Erinnerungen, der eingewurzelten Vorurteile. „Wie sollte“, so meinte man, „Languedoc jemals darin willigen, nicht mehr Languedoc zu sein, nicht mehr ein von deinen eigenen Gesetzen regiertes Reich im Reich? Wie sollte das alte Toulouse von seinem Kapitol herabsteigen, sein Königtum im Süden aufgeben? Und war es denkbar, daß die Bretagne jemals vor Frankreich weichen, ihr ungeselliges, meerumtostes Land öffnen und von ihrem

Starrsinn lassen würde? Eher könnten die Riffe von Saint-Malo und die Felsen von Penmark weich werden!"

Auf dem Altar erscheint ihnen das große Vaterland, öffnet seine Arme weit und will sie an sein Herz ziehen. Da werfen sich alle an seine Brust, alle vergessen sich und wissen von Stund an nicht mehr, welcher Provinz sie entstammten. Verlassene und verlorene Kinder haben eine Mutter gefunden; weit mehr sind sie, als sie meinten: sie waren so demütig, sich für Bretonen und Provençalen zu halten – nein, ihr Kinder, merket wohl, ihr wart Frankreichs Söhne, es selbst nennt euch so, die Söhne der großen Mutter, die in der Gleichheit Nationen gebären soll.

Kein schöneres Schauspiel als dies Volk, wie es ohne Gesetz, aber Hand in Hand dem Lichte zustrebt. Es rückt vor, es handelt nicht, es braucht nicht zu handeln; es rückt vor, das genügt. Der bloße Anblick dieser ungeheuren Bewegung macht, daß alles davor zurückweicht; jedes Hindernis sinkt, verschwindet, jeder Widerstand erschlafft. Wer dürfte auch nur daran denken, dieser friedlichen und doch furchtbaren Erscheinung eines großen Volkes in Waffen standzuhalten?

Die Verbrüderungen im November brechen die Macht der Provinzialstaaten, die im Januar beendigen den Widerstreit der Parlamente, die im Februar dämpfen die Unruhen und Plünderungen, im März und April organisieren sich die Massen, die im Mai und Juni die ersten Funken eines Religionskrieges zertreten, im Mai endlich erfolgt der Anschluß des Militärs, der Soldat wird wieder Bürger, der Degen der Gegenrevolution, ihre letzte Waffe, ist zerbrochen. Was bleibt noch? Die Brüderlichkeit hat jedes Hindernis beseitigt, alle Verbrüderungen verbinden sich untereinander, die Einigung strebt zur Einheit. Verbrüderungen sind hinfort unnütz, nur noch eine tut not: Frankreich. – Sie erscheint verklärt im Julilicht.

Ist das alles nicht ein Wunder? Ja, das größte und einfachste: die Rückkehr zur Natur. Der Kern des menschlichen Wesens ist die Geselligkeit. Eine Welt widernatürlicher Erfindungen war nötig gewesen, um die Menschen vom Menschen zu sondern. Binnenzölle, zahllose Wegegelder auf Straßen und Flüssen, unübersehbare Verschiedenheiten in Gesetzen und Vorschriften, in Gewichten, Maßen und Münzen, sorgfältig gepflegte Gegensätze in Städten, Ländern und Korporationen. Eines Morgens sinken diese Hindernisse, die alten Mauern fallen. Die Menschen sehen einander ins Auge, erkennen sich als ihresgleichen und wundern sich, daß sie so lange nichts voneinander wußten. Sie bedauern den sinnlosen Haß, der sie so lange Jahrhunderte trennte, sie überbieten sich darin, ihn zu sühnen, und beeilen sich, ihr Herz auszuschütten.

Das war es, was eine so künstlich scheinende Schöpfung, wie die Departements, so leicht und ausführbar machte. Wenn sie ein rein geometrischer Gedanke gewesen wäre, in Sieyès Gehirn ausgebrütet, so hätte sie weder die Kraft noch die

Dauer besessen, die wir an ihr wahrnehmen; sie hätte den Untergang so vieler anderer revolutionärer Einrichtungen nicht überlebt. Sie war in der Hauptsache eine natürliche Schöpfung, eine gesetzmäßige Wiederherstellung alter Beziehungen zwischen Orten und Bevölkerungen, welche die künstlichen Einrichtungen des Despotismus und der Staatskasse getrennt gehalten hatten. Die Flüsse zum Beispiel, die unter dem Ancien régime nur Hindernisse waren (auf der Loire gab es achtundzwanzig Flußzölle, um nur ein Beispiel zu nennen), wurden wieder, was sie nach dem Willen der Natur sein sollen, das Band zwischen den Menschen. Sie gestalteten und benannten die meisten Departements; diese, nämlich Seine, Loire, Rhône, Gironde, Meuse, Charente, Allier, Gard usw., waren gleichsam natürliche Verbrüderungen zwischen den beiden Ufern der Flüsse, vom Staat als solche anerkannt, verkündet und bestätigt.

Die meisten Verbrüderungen haben selbst ihre Geschichte erzählt. Sie berichten sie an ihre Mutter, die Nationalversammlung, treuherzig, harmlos, in einer oft plumpen und kindlichen Form, sie erzählten, so gut sie konnten; wer des Schreibens kundig war, der schrieb. Man fand auf dem Lande nicht immer den geschickten Schreiber, der würdig war, diese Dinge dem Gedächtnis der Nachwelt zu überliefern. Der gute Wille mußte Ersatz bieten. Ihr wahrhaften Denkmäler der entstehenden Brüderlichkeit, ihr unförmlichen, aber in der ersten Begeisterung entstandenen, vom Gedanken Frankreich inspirierten Aktenstücke, ihr werdet für alle Zeiten Zeugnis ablegen für das Herz unserer Väter, für ihre Freude, als sie zum erstenmal in das hochgeliebte Antlitz des Vaterlandes blickten!

All das habe ich nach sechzig Jahren wiedergefunden, vollkommen, glühend, als sei es gestern geschehen, als ich jüngst die Papiere öffnete, die nur wenige schon gelesen hatten. Gleich zu Beginn ergriff mich ein Gefühl der Achtung, ich empfand etwas Merkwürdiges, Einzigartiges, das nicht mißzudeuten ist. Diese begeisterten, an das (von der Nationalversammlung vertretene) Vaterland gerichteten Erzählungen, das sind Briefe der Liebe.

Ersichtlich redet das Herz. Was man an Künstlichem darin finden kann, das ist gerade das Fehlen aller Kunst; die Ungeschicklichkeit des jungen Mannes, der nicht weiß, wie er seine aufrichtigen Gefühle ausdrücken soll, der Romanphrasen braucht, weil ihm, eine wahre Liebe zu beschreiben, andere Worte nicht zu Gebote stehen. Aber jeden Augenblick widerspricht ein dem Herzen entrungenes Wort dieser Ohnmacht der Sprache und läßt die wahre Tiefe des Empfindens ermessen. All das ist wortreich; wie könnte man aber in solchen Augenblicken jemals zu Ende kommen? Wie sich selbst genug tun? Die kleinen Äußerlichkeiten sind ihnen sehr wichtig gewesen; keine Schrift war schön, kein Papier gut genug, von den prächtigen, kleinen, dreifarbigen Bändern ganz zu schweigen, mit denen man die Hefte zusammenband. Als ich sie zuerst bemerkte, glänzend und ganz wenig verblaßt, dachte ich daran, was Rousseau von der übermäßigen Sorgfalt sagt, die er daran wandte, die Manuskripte seiner Julie zu schreiben, zu verbessern und auszuschmücken. Die Gedanken unserer Väter, ihre Sorgen, ihre Unruhen, waren die gleichen, als die Liebe in ihnen sich von vergänglichen, unvollkommenen Gegenständen weg zu ewiger Schönheit erhob.

Was meine Rührung zur Bewunderung steigerte, war, daß trotz der Verschiedenheit der Menschen, der Charaktere, der Orte, trotz der Mannigfaltigkeit der Elemente, die meistens noch am Tag vorher einander fremd und oft sogar feindlich waren, alles nur eine reine Liebe zur Einigkeit atmet.

Wo sind die alten Unterschiede des Bodens und des Stammes geblieben? Die geographischen Gegensätze, die so stark, so schneidend waren? Alles ist verschwunden, die Geographie ist erloschen. Keine Gebirge mehr, keine Flüsse, keine Schranken von Mensch zu Mensch. Noch sind die Laute verschieden, aber sie passen so gut zueinander, daß sie aus demselben Ort, derselben Brust herzurühren scheinen. Alles strebt demselben Einen zu, und von daher tönt es wider, Frankreichs Herz ist in allem.

Zunächst hat der Greis den Vorsitz. Der Greis, von Kindern umgeben, hat das ganze Volk zum Kinde. Musik geleitet ihn zum Feste und zurück. An dem großen Bundesfest in Rouen, zu dem die Nationalgarden von sechzig Städten erschienen, ging man bis nach Andelys, um sich einen fünfundachtzig Jahre alten Malteserritter zum Vorsitzenden zu holen. In Saint-Andéol wurde die Ehre, an der Spitze des ganzen Volkes den Eid zu leisten, zwei Greisen von dreiundneunzig und vierundneunzig Jahren erwiesen. Der eine war adlig und Oberst der Nationalgarde, der andere ein einfacher Landmann. Sie umarmten einander am Altar und dankten dem Himmel, daß sie den Tag erleben durften. Das Volk war tief bewegt und glaubte, in diesen beiden ehrwürdigen Männern die ewige Versöhnung der Parteien zu erblicken. Alle sanken einander in die Arme und faßten sich bei der Hand; eine ungeheure Farandole, die jeden ohne Ausnahme mit sich riß, schlang sich durch die Stadt in die Felder, den Bergen von Ardèche und den Wiesen der Rhône zu; Wein floß in den Straßen, Tafeln wurden aufgeschlagen, und alle Lebensmittel waren gemeinsam. Abends aß das ganze Volk gemeinschaftlich dies Liebesmahl und pries Gott.

Überall ist der Greis an der Spitze des Volkes, er nimmt den ersten Platz ein, blickt auf die Menge herab. Um ihn die Mädchen wie ein Blumenkranz. Bei allen Festen trägt die anmutige Schar einen weißen Rock und einen Gürtel „à la nation" (d. h. einen Gürtel mit den drei Farben). Hier spricht eine von ihnen ein paar edle, entzückende Worte, die morgen Helden machen werden. Anderswo (bei der Bürgerprozession von Romans in der Dauphiné) nimmt ein schönes Mädchen am Zuge teil, das eine Palme in der Hand trägt mit der Inschrift: „Dem besten Bürger!" Da kehrten viele als große Schwärmer heim.

Die Dauphiné, die ernste, tapfere Provinz, welche die Revolution eröffnete, veranstaltete zahlreiche Verbrüderungen, sowohl der ganzen Provinz, als der Städte und Dörfer besonders. Die ländlichen Grenzgemeinden, fast unter dem Himmel Savoyens und in unmittelbarer Nähe der Emigranten, in deren Schußbereich sie ihre Felder bestellten, feierten nur um so schönere Feste. Es gab ein Bataillon bewaffneter Kinder, ein Bataillon bewaffneter Frauen und ein anderes von bewaffneten Mädchen. In Maubec machten sie in guter Ordnung einen Umzug, die Fahne an der Spitze, den nackten Degen schwingend, mit jener anmutigen Lebendigkeit, wie sie nur die Frauen Frankreichs haben.

Ich habe an anderer Stelle von der heldenmütigen Entschlossenheit der Frauen und Mädchen von Angers gesprochen; sie wollten die Heimat verlassen und der jungen Armee von Anjou und der Bretagne folgen, die gegen Rennes vorrückte, wollten teilnehmen an diesem ersten Kreuzzug für die Freiheit, die Kämpfer mit Nahrung versorgen, die Verwundeten pflegen. Sie schwuren, nur rechtschaffene Bürger zu heiraten, nur Tapfere zu lieben, ihr Leben nur mit denen zu teilen, die das ihrige Frankreich darbrächten.

So gaben sie seit 1788 Veranlassung zu leidenschaftlichem Eifer. Und jetzt, bei den Bundesfesten vom Juni und Juli 1790, nachdem so viele Hindernisse beseitigt waren, bei diesen Siegesfesten, war keiner bewegter als sie. Die Familie, die während des Winters jeden öffentlichen Schutzes völlig beraubt gewesen war, hatte in so mancher Gefahr geschwebt. Sie begrüßten in diesen großen, beruhigenden Vereinigungen die Hoffnung auf Wohlfahrt; das arme Herz indessen war dennoch schwer von der Vergangenheit. – Und von der Zukunft? Aber sie sahen die Zukunft nur im Heile des Vaterlandes! Sie bewiesen, das sieht man in allen schriftlichen Zeugnissen, mehr Eifer, mehr Wärme als selbst die Männer, sie brannten ungeduldiger darauf, den Bürgerschwur zu leisten.

Man hält die Frauen vom öffentlichen Leben fern; man vergißt allzusehr, daß sie in Wirklichkeit viel mehr darin zu suchen haben als sonst jemand. Sie leisten einen ganz anderen Einsatz als wir; der Mann setzt dabei nur sein Leben aufs Spiel, die Frau dagegen ihr Kind. Sie hat ein viel größeres Interesse daran, Erkundigungen einzuziehen, in die Zukunft blicken zu können. In dem einsamen häuslichen Leben, das die Mehrzahl der Frauen führt, verfolgen sie mit ihren unruhigen Träumen die Gefahren des Vaterlandes, die Bewegungen der Heere. Glaubt ihr, sie säße hinter dem Herde? Nein, sie ist in Algerien, sie nimmt teil an den Entbehrungen, an den Märschen unserer jungen Soldaten in Afrika, sie leidet und kämpft mit ihnen.

Gerufen oder nicht gerufen: sie nahmen den lebhaftesten Anteil an den Bundesfesten. In irgendeinem Dorfe hatten sich die Männer allein in einem großen Gebäude versammelt, um gemeinschaftlich eine Adresse an die Nationalversammlung zu richten. Die Frauen kommen und hören zu, sie treten mit Tränen in den Augen ein, sie wollen auch dabei sein. Da liest man ihnen die Adresse vor, sie schließen sich ihr mit vollem Herzen an. Dieses feste Band zwischen Familie und Vaterland ging mit einer nie gekannten Empfindung durch alle Seelen. So wurde unvermutet ein Fest daraus und war nur um so rührender. Es war kurz, wie all unser Glück, es dauerte nur einen Tag. Der Bericht endet mit einem naiven Wort der Melancholie und der Selbstbesinnung: „So verging der schönste Augenblick unseres Lebens."

Morgen muß man früh aufstehen und arbeiten, es ist die Zeit der Ernte. Die Verbrüderten von Etoile, in der Nähe von Valence, fahren nach der Schilderung der Freudenfeuer und der Farandolen ungefähr so fort: „Wir, die wir am 29. November 1789 Frankreich das Beispiel der ersten Verbrüderung gaben, konnten diesem Feste nur einen Tag widmen, und wir kehrten abends heim, um uns auszuruhen und morgen wieder an unsere Arbeit zu gehen: die Feldarbeiten drängen, es tut uns leid ..." Die guten Landleute schrieben all das an die Nationalversammlung, in der Überzeugung, daß jene sich mit ihnen beschäftigt und wie Gott alles sieht und alles tut.

Die Protokolle der ländlichen Gemeinden sind wie ebenso viele wilde Blumen, die aus der Ernte hervorgesprossen zu sein scheinen.

Aus ihnen atmet in jenen schönen fruchtbaren Tagen der kräftige, lebendige Ackergeruch. Man geht spazieren wie unter reifem Getreide.

Und tatsächlich vollzogen sich alle diese Dinge unter freiem Himmel. Kein Tempel hätte ausgereicht. Die Einwohnerschaft nahm geschlossen teil, alle Männer, alle Frauen, alle Kinder, man nahm den Stuhl des Greises und die Wiege des Säuglings mit hinaus. Dörfer und ganze Städte wurden unter dem Schutz des öffentlichen Vertrauens zurückgelassen. Eine Patrouille, die durch einen Flekken kam, berichtete später, sie habe außer den Hunden nicht ein lebendiges Wesen gesehen. Wer am 14. Juli 1790 gegen Mittag durch die verlassenen Dörfer gestreift wäre, hätte sie, wenn sein Blick nicht gerade auf die Felder fiel, für ebenso viele Herkulanum und Pompeji halten können.

Niemand durfte dem Feste fernbleiben; niemand war nur Zuschauer; alle nahmen tätigen Anteil, vom Hundertjährigen bis zum Neugeborenen, und gerade der war wichtiger als ein anderer.

Man brachte ihn herbei, eine lebende Blume unter den Ernteblumen. Seine Mutter reichte ihn dar und legte ihn auf den Altar nieder. Aber er hatte nicht nur die passive Rolle einer Opfergabe, er war ebenfalls tätig, er zählte mit wie irgend jemand, er leistete seinen Bürgerschwur durch den Mund seiner Mutter, er beanspruchte seine Würde als Mensch und Franzose; er war schon in den Besitz des Vaterlandes übergegangen und eine Hoffnung geworden.

Ja, das Kind, die Zukunft waren die Hauptteilnehmer. Die Gemeinde selbst wurde bei einem Feste in der Dauphiné in ihrem obersten Beamten von einem jungen Kinde gekrönt. Eine solche Hand bringt Glück. Laßt die, die ich hier unter den zärtlichen Augen ihrer Mutter vor mir sehe, die schon bewaffnet sind und voll Feuereifer, nur zwei Jahre älter werden, sie sollen fünfzehn, sechzehn alt sein: dann verlassen sie die Heimat, das Jahr 1792 hat begonnen – sie folgen ihren älteren Geschwistern nach Jemappes. Ihre Hand hat Glück gebracht; sie haben die große Prophezeiung erfüllt, sie haben Frankreich gekrönt!

Große, glückliche Generation, die in so großer Zeit geboren wurde, deren erster Blick auf dies erhabene Bild fiel! Kinder, die herbeigebracht und am Altar des Vaterlandes gesegnet, die von ihren Müttern unter Tränen, aber in heldenmütiger Entsagung geweiht und Frankreich zum Opfer gebracht wurden – ha! wenn man so geboren wird, kann man niemals mehr sterben. Ihr empfingt an diesem Tage den Kranz der Unsterblichkeit. Selbst die unter euch, die die Geschichte nicht nennt, erfüllen nicht weniger die Welt mit ihrem lebendigen, namenlosen Geiste, mit dem großen Gedanken der Gemeinschaft, den sie durch alle Lande trugen.

Ich glaube nicht, daß das Herz des Menschen zu irgendeiner Zeit weiter und größer gewesen ist, daß die Unterschiede der Stände, Vermögen und Parteien jemals so vergessen waren. Besonders in den Dörfern gibt es weder reich noch arm, weder adlig noch bürgerlich; die Lebensmittel sind gemeinsam, die Tische gemeinsam. Die soziale Trennung, die Zwietracht ist verschwunden; die Feinde versöhnen sich, sich befehdende Gemeinschaften werden Brüder, die Gläubigen, die Philosophen, die Protestanten, die Katholiken.

In Saint-Jean-du-Gard, in der Nähe von Alais, umarmen einander Priester und Prediger am Altar. Die Katholiken führen die Protestanten zur Kirche, der Prediger sitzt auf dem ersten Platz im Chor. Die gleichen Ehren werden dem Priester von den Protestanten erwiesen, er übt neben ihnen auf dem Ehrenplatz und hört die Predigt des Geistlichen an. Die Religionen verbrüdern sich an der Stätte ihres Kampfes selbst, am Eingang der Cevennen, auf den Gräbern der Ahnen, die einander töteten, auf den noch warmen Scheiterhaufen. Gott, den man so lange angeklagt hatte, wurde endlich gerechtfertigt. Die Herzen gingen über; die Prosa genügte hier nicht mehr, nur ein poetischer Ausbruch konnte ein so übermäßiges Gefühl erträglich machen; der Priester dichtete und sang eine Hymne auf die Freiheit; der Maire antwortete in Strophen; seine Frau, Mutter einer ansehnlichen Familie, die ihre Kinder zum Altar führte, schüttete ebenfalls ihr Herz aus in einigen schwungvollen Versen.

Die offenen Gelände, das freie Feld, die ungeheuren Täler, wo die Feste im allgemeinen stattfanden, öffneten gleichsam die Herzen noch mehr. Der Mensch hatte sich nicht allein selbst zurückgewonnen, er kehrte auch in den Besitz der Natur zurück. Mehrere Berichte bezeugen, wie tief bewegt die armen Leute waren beim Anblick ihres Landes, das sie zum erstenmal wirklich sahen! Merkwürdig!

Jeden Tag kreuzten sie die Flüsse, die Gebirge, die herrlichen Landschaften, und heute entdeckten sie sie, sie hatten sie nie vorher gesehen.

Natürliches Gefühl und kindliche Eingebung durch den Genius der Gegend ließen sie zum Schauplatz dieser Feste oft dieselben Stellen wählen, die auch unsere alten Gallier, die Druiden, bevorzugt hatten. Die Inseln, die den Ahnen heilig waren, wurden auch den Söhnen wieder heilig. Im Gard, in Charente und in anderen Bezirken wurde der Altar auf einer Insel errichtet. Angoulême empfing als Vertreter sechzigtausend Menschen, und fast ebenso viele standen auf dem wunderbaren Amphitheater über dem Fluß, das die Stadt trägt. Abends fand ein Bankett auf der Insel statt bei Fackelbeleuchtung, ein ganzes Volk war zu Gast, und ein ganzes Volk sah zu, drängte sich von der obersten bis zur untersten Stufe des gewaltigen Kolosseums.

In Maubec (Isère), wo viele ländliche Gemeinden zusammenkamen, wurde der Altar mitten auf einem ungeheuren Plateau errichtet, einem alten Kloster gegenüber; die Fernsicht war herrlich, der Horizont unendlich weit; dazu kam die Erinnerung an Rousseau, der einige Zeit hier gelebt hatte! In einer Rede von flammender Begeisterung pries ein Geistlicher das ruhmvolle Andenken des Philosophen, der an eben diesem Orte träumte und den großen Tag vorbereitete. Schließlich wies er zum Himmel und rief die Sonne zum Zeugen an, die gerade die Wolken durchbrach, als wolle auch sie sich freuen an dem rührenden und erhabenen Schauspiel.

Kein verabredetes Symbol. Natur! Geist! Wahrheit!

Der Mensch, der in unseren alten Kirchen dem andern nicht ins Auge sehen konnte, erblickte sich hier zum erstenmal und senkte den Blick in den des anderen, und aus den Augen eines ganzen Volkes leuchtete ihm der Gottesfunke.

Er sah die Natur und umfing sie freudig, er fand sie heilig und fühlte Gott darin.

Und dieses Volk, dieses Land, es fand seinen Namen: Vaterland.

Und sein Herz wurde weit, bis er dies Vaterland in seiner ganzen Größe umfassen konnte. Er sah es mit den Augen des Geistes, umfing es mit den Wünschen seiner Sehnsucht.

Gebirge des Vaterlandes, die ihr unseren Blick umgrenzt, aber nicht unseren Gedanken, seid Zeugen, daß Frankreichs große Familie in unserem Herzen ist, auch wenn unsere brüderlichen Arme sie nicht erreichen.

Geweihte Ströme, heilige Inseln, auf denen unser Altar stand, möchten eure Wasser, deren Geist in Strömen murmelt, es allen Meeren, allen Nationen sagen: heute, beim feierlichen Mahl der Freiheit, hätten wir nicht das Brot gebrochen, ohne sie zu nennen, an diesem Tage des Glückes ist die ganze Menschheit in der Seele und den Wünschen Frankreichs!

„So endete der schönste Tag unseres Lebens." Dies Wort, das die Bundesbrüder eines Dorfes am Abend des Festes an den Schluß ihres Berichtes schrieben, war ich versucht, selbst hinzuschreiben, als ich dies Kapitel beendete. Es ist zu Ende, und nichts Ähnliches mehr wird sich mir bieten. Einen unwiederbringlichen Augenblick meines Lebens lasse ich darin, einen Teil meiner selbst, der – ich fühle es – dort bleiben wird und mir nicht mehr gehört; mir ist, als sei ich ärmer und kleiner dadurch geworden. – Wie viel könnte ich noch hinzufügen, wie viel habe ich ausgelassen! Ich habe mir nicht eine Anmerkung gestattet, die kleinste hätte eine Unterbrechung, vielleicht einen Mißklang in den geweihten Augenblick getragen. Und doch wären viele nötig gewesen; eine Menge interessanter Einzelheiten konnten Platz beanspruchen und wollten ihn finden. Mehrere Protokolle verdienten es, vollständig gedruckt zu werden (die von Romans, Maubec, Teste-de-Buch, Saint-Jean-du-Gard usw.). Die Reden sind weniger wert als die Berichte; einige indessen sind rührend, der Text, der sich am häufigsten findet, ist der des greisen Simeon: „Jetzt kann ich ruhig sterben."

Jedes Stück für sich genommen ist schwach. Aber das Ganze hat einen außergewöhnlichen Reiz: *die größte* (provinziale, örtliche, städtische, ländliche) *Verschiedenheit bei der vollkommensten Einheitlichkeit*. Jedes Land erfüllt diesen großen Akt der Einheit mit seiner besonderen Eigentümlichkeit. Die Bundesbrüder von Quimper bekränzen sich mit bretonischer Eiche; die Leute aus Romans in der Dauphiné (an der Pforte des Südens) geben dem schönen Mädchen, welches das Fest führt, eine Palme in die Hand. Der mutige Frohsinn, die Ordnung, der gesunde Verstand und das gute Herz leuchten bei den Festen der Dauphiné. Die der Bretagne tragen den Charakter der Stärke, leidenschaftlicher Wucht, eines Ernstes, der der Tragik sehr nahe ist; man merkt, es handelt sich nicht um ein Spiel, man steht vor dem Feinde. In den Gebirgen des Jura, im Lande des letzten Hörigen, ist es das Erstaunen, das Entzücken über die Befreiung, die Freude, aus der Sklaverei in die Freiheit erhoben zu sein, „wir sind freier als frei, nämlich Bürger, Franzosen! Dem ganzen Europa überlegen ..." Sie begründen ein Jahresfest der heiligen Nacht des 4. August.

Was am meisten rührt, ist das Bestreben, die heiße Mühe dieses so wenig unterrichteten Volkes, das tiefe Gefühl zum Ausdruck zu bringen, das seine Seele erfüllt. Die von Navarreins in den Pyrenäen, arme Leute, wie sie sich selbst nennen, in den Gebirgen verloren, nur mit geringen Hilfsmitteln, ohne selbst die Gemeinschaft der Sprache und das Nordfranzösische nur stammelnd, bieten dem Vaterland ihr Herz und ihre Ohnmacht selbst. Eins der formwidrigsten Protokolle kommt, wer möchte es glauben?, aus einer Gemeinde in der Nähe von Versailles und Saint-Germain. Das Papier ist grob und rauh und zeugt von äußerster Armut, das Geschriebene von einer ganz barbarischen Unwissenheit: die meisten unterzeichnen nur mit einem Kreuz, aber sie unterzeichnen alle schlecht und recht, keiner mag es sich erlassen; hinter dem Namen der Mutter steht der des Kindes, der kleinen Tochter usw.

Am schwersten fällt ihnen meistens, sichtbare Symbole zu finden, Symbole, ihren neuen Glauben auszudrücken, und es gelingt ihnen nicht immer sehr glücklich. In Dôle wird das heilige Feuer, worin der Priester den Weihrauch auf dem Altar des Vaterlandes verbrennen soll, mittels eines Brennglases durch die Hand eines jungen Mädchens von der Sonne herabgezogen. In Saint-Pierre (bei Crépy), in Mello (Oise), in Saint-Maurice (Charente) legt man das Gesetz selbst, die Dekrete der Versammlung, auf den Altar. In Mello trägt man es in einer Bundeslade herbei. In Saint-Maurice legt man es auf eine Weltkarte, die als Altardecke dient, zusammen mit einem Degen, einem Pflug und einer Waage zwischen zwei Kugeln von der Bastille.

Anderswo geriet man auf den glücklicheren Einfall, völlig menschliche Symbole der Vereinigung zu wählen; Ehen wurden am Altar des Vaterlandes geschlossen, Taufen fanden statt, Adoptionen eines Kindes durch eine Gemeinde oder einen Klub. Oft veranlassen die Frauen eine Totenfeier für die Gefallenen der Bastille. Dazu kamen milden Gaben in ungeheurer Menge, Lebensmittel wurden verteilt, oder was noch besser ist als Wohltätigkeit: die Lebensmittel waren gemeinschaftlich, es wurde offene Tafel für alle gehalten. Das rührendste Beispiel von gutem Herzen, das ich gefunden habe (in Pleyssade, nahe bei Bergerac), ist eine Sammlung, die Soldaten unter sich veranstalten und die eine (für die Verhältnisse dieser armen Leute) enorme Summe ergibt: hundertundzwanzig Franken! Sie waren *der Witwe eines Bastillenkämpfers* zugedacht. In Saint-Jean-du-Gard endete die Zeremonie „mit einer feierlichen Versöhnung derer, die Streit miteinander hatten“. In Lons-le-Saulnier trank man „Auf alle Menschen, sogar auf unsere Feinde, die wir zu lieben und zu schützen schwören!“

NEUNTES KAPITEL

Von der neuen Religion
Das allgemeine Bundesfest
(14. Juli 1790)

Staunen und Ergriffenheit aller Nationen bei den Vorgängen in Frankreich. – Das große Bundesfest von Lyon (30. Mai 1790). – Frankreich verlangt ein allgemeines Bundesfest (Juni). – Das Lied der Bundesbrüder. – Vorbereitungen auf dem Champ-de-Mars. – Die Versammlung schafft den erblichen Adel ab (19. Juni 1790). – Sie hat schon früher das christliche Prinzip der Vererbung der Verbrechen abgeschafft. – Sie empfängt die „Abgeordneten des Menschengeschlechtes". – Bund der Könige gegen den Bund der Völker. – Das allgemeine Bundesfest für ganz Frankreich in Paris (14. Juli 1790). – Die gleichzeitig friedfertige und kriegerische Stimmung in Frankreich.

Dieser Glaube, diese Sittenstrenge, diese Begeisterung zur Eintracht nach jahrhundertlangem Zank setzten alle Nationen in höchstes Erstaunen, wie ein wunderbarer Traum. Tiefe Ergriffenheit lagerte auf allen.

Bei manchen unserer Bundesfeste war man auf ein rührendes Symbol der Einigung geraten: man feierte Hochzeiten am Altar des Vaterlandes. Die Bünde selbst, diese Ehe Frankreichs mit Frankreich, schien ein prophetisches Symbol der künftigen Ehe der Völker, der allgemeinen Hochzeit der Welt zu sein.

Noch ein anderes, nicht weniger tiefes Symbol erschien bei diesen Festen. Bisweilen legte man ein kleines Kind auf den Altar, das von allen adoptiert, mit Gaben, Segenswünschen und Tränen begrüßt und als eigenes betrachtet wurde.

Frankreich ist das Kind auf dem Altar, und die ganze Erde steht zuschauend dabei. Es ist das gemeinsame Kind der Nationen, und alle fühlen sich in ihm einig, alle nehmen herzlich teil an seinem künftigen Geschick, alle umgeben es mit sorgenden Gedanken, mit Furcht und Hoffnung. Nicht eine ist unter ihnen, die es ohne Tränen betrachtet.

Wie Italien weinte! Und Polen! Und Irland! (Ja, ihr Schwestern, erinnert euch an diesen Tag!) Alle unterdrückten Nationen vergaßen ihre Sklaverei beim Anblick unserer jungen Freiheit und fühlten sich frei in ihr![1]

Zwischen Traum und Entzückung tief befangen stand Deutschland vor dem Wunder. Klopstock betete.

---

[1] Diese Gefühle geben sich in zahlreichen, wahrhaft schwärmerischen Zuschriften von Menschen aller Nationen kund, besonders in der der Freiwilligen von Belfast.

Der Schöpfer des Faust konnte die Rolle des ironischen Zweiflers nicht weiter spielen und überraschte sich selbst dabei, daß er dem Glauben sehr nahe war.

Weit droben an den nördlichen Meeren lebte damals ein seltsames und gewaltiges Geschöpf. Kein Mensch, sondern ein System, eine lebendige, spitze und harte Scholastik, eine Klippe, ein diamantenscharfer Fels im Granit der baltischen See. Jede Religion, jede Philosophie war daran gebrandet und zerschellt. Er stand unerschüttert. Die Außenwelt kümmerte ihn nicht. Er hieß Immanuel Kant, und er selbst nannte sich Kritiker. Sechzig Jahre lang trat dies völlig abstrakte, menschenfremde Wesen zur selben Stunde aus dem Haus und machte, immer allein, immer genau den gleichen Spaziergang von genau der gleichen Zeitdauer, ganz wie man bei alten Stadtuhren den eisernen Mann hinaustreten, die Stunde schlagen und wieder hineintreten sieht. Eines Tages sahen die Königsberger etwas Seltsames (und es war ihnen ein Zeichen gewaltiger Ereignisse): dieser Planet geriet aus der Bahn, verließ seine gewöhnliche Straße. Man folgte ihm, er ging nach Westen, der Straße zu, auf welcher die Post aus Frankreich kommen mußte.

O Menschheit! Kant – und aufgeregt, unruhig sein, auf die Straßen rennen wie ein Weib, begierig nach Neuigkeiten – war das nicht ein überraschend seltsamer Wandel? Nein, es mußte so sein. Dieser große Geist ging seinen Weg. Was er in der Wissenschaft so lange vergeblich gesucht hatte, *die geistige Einheit*, die fand er jetzt in der Wirklichkeit, geworden durch Herz und Instinkt.

Aus sich selbst heraus schien die Welt sich dieser Einheit zu nähern, ihrem wirklichen Ziel, nach welchem sie so lange schon strebte. „Ach, wenn ich eins wäre", sagte die Welt, „wenn ich endlich meine verstreuten Glieder sammeln, meine Nationen zusammenschließen könnte!" – „Ach, wenn ich eins wäre", sagte der Mensch, „wenn ich aufhören könnte, der zersplitterte Mensch zu sein, der ich bin, und meine geteilten Kräfte binden, die Einheit in mir errichten!" Ein Volk schien den immer ohnmächtigen Wunsch der Welt und der Menschenseele in dieser flüchtigen Stunde zu verwirklichen, schien die göttliche Komödie der Einigung und Eintracht zu spielen, die wir sonst immer nur im Traum erleben.

Denkt doch nur an all die Völker, die Gedanken, Herz, Blick und Eifer nach Frankreich wenden. Und in Frankreich selbst – seht ihr all die Wege schwarz von Menschen, die Wanderer, die von den fernsten Grenzen dem Mittelpunkt zustreben? Die Einigung trachtet nach Einheit.

Wir haben gesehen, wie die Vereinigungen entstanden, wie die Gruppen sich zusammenschlossen, und wie sie dann einen gemeinsamen Mittelpunkt suchten; jedes kleine Frankreich strebte seinem Paris zu und suchte es zuerst in sich selbst. Ein großer Teil Frankreichs glaubte einen Augenblick lang, es in Lyon zu finden (30. Mai). Die Menschenansammlung war ungeheuer, so groß, daß sie nur auf den großen Rhôneebenen stattfinden konnte. Der ganze Osten, der ganze Süden war vertreten; allein die Abgeordneten der Nationalgarden betrugen fünfzigtausend Mann. Manche waren hundert, zweihundert Meilen weit hergekommen Die Abgeordneten von Saarlouis reichten denen von Marseille die Hand. Die von Korsika beeilten sich vergeblich, sie kamen einen Tag zu spät.[1]

Aber nicht in Lyon durfte die Hochzeit Frankreichs stattfinden. Das mußte in Paris geschehen.

Groß war der Schreck der Politiker beider Parteien.

Diese regellosen Massen nach Paris ziehen, in das Zentrum der Aufreizung, hieß das nicht einen furchtbaren Tumult wagen, Plünderung und Metzeleien? „Und wie wird's dem König ergehen?“ Das fragten sich die entsetzten Royalisten.

„Der König?“ meinten die Jakobiner. „Der König wird das ganze leichtgläubige Volk aus den Provinzen auf seine Seite bringen. Diese gefährliche Wiedervereinigung wird den öffentlichen Geist abschwächen, das Mißtrauen einschläfern, den alten Götzendienst neu beleben. Sie wird Frankreich royalisieren!“

Aber weder die einen noch die anderen konnten an der Sache selbst etwas ändern.

Durch das Beispiel und die Bitten der anderen Städte gedrängt und gezwungen, mußten der Maire und die Kommune von Paris die Nationalversammlung um ein allgemeines Bundesfest ersuchen. Und die Versammlung mußte es wohl oder übel bewilligen. Doch tat man wenigstens, was man konnte, um die Zahl derjenigen, die kommen wollten, zu beschränken. Der Beschluß kam sehr spät, so daß die Leute aus den Grenzgauen des Königreiches, die zu Fuß gehen mußten, unmöglich rechtzeitig da sein konnten. Zudem sollten die einzelnen Gemeinden die Kosten tragen, was für die ärmsten Gegenden ein vielleicht unübersteigliches Hindernis war.

Aber gab es überhaupt Hindernisse bei einer so großen Bewegung? Jeder steuerte nach Vermögen bei, die zur Reise Gewählten wurden, so gut es ging, bekleidet; manche kamen ohne Uniform. Schrankenlose, bewundernswerte Gastfreundschaft herrschte überall unterwegs; man hielt die Pilger des großen Festes an und stritt sich um sie. Man zwang sie, Rast zu machen, zu übernachten, zu essen oder wenigstens zu trinken beim Vorüberwandern. Keiner war ein Fremder, keiner ein Unbekannter, alle waren verwandt. Nationalgarden, Soldaten, Matrosen bildeten mit den anderen bunte Gruppen.

Diese Scharen, die durch die Dörfer zogen, boten einen rührenden Anblick. Es waren gerade die ältesten aus Armee und Marine, die man nach Paris rief. Arme Soldaten, völlig gebeugt von den Strapazen des Siebenjährigen Krieges,

---

[1] Vor mir liegt ein sehr schöner Bericht über dieses große Bundesfest, den ich zu meinem großen Bedauern hier nicht einfügen kann. Ein Achtzigjähriger hat ihn eigens für mich geschrieben mit der glühenden Begeisterung eines Jünglings. „O Flamme, wie groß mußtest du sein, da jetzt noch die Asche brennt.“

Unteroffiziere in weißen Haaren, tapfere Offiziere, die von der Pike an gedient hatten und einen eisernen Willen besaßen, alte, verbrauchte Lotsen, all die Ruinen des Ancien régime, sie hatten auf jeden Fall kommen wollen. Es war *ihr* Tag, *ihr* Fest.

Man sah am 14. Juli achtzigjährige Matrosen, die zwölf Stunden hintereinander marschierten; sie hatten ihre Kraft wiedergefunden; schon so nahe dem Tode, fühlten sie, wie sie teilhatten an der Jugend Frankreichs, an der Ewigkeit des Vaterlandes.

Und während sie in Trupps durch die Dörfer und Städte zogen, sangen sie aus allen Kräften und in unbesiegbarer Fröhlichkeit ein Lied, das die Einwohner an den Türen bald mitsangen. Dieses Lied, national wie kein anderes, in wuchtigen, starken Versen auf immer dieselben Reime (wie die Gebote Gottes und der Kirche), markierte prachtvoll den Schritt des Wanderers, der den Weg kürzer werden sieht, und das Vorwärtsdrängen des Arbeiters, der sein Werk wachsen sieht. Es hat sich dem Gang der Revolution treu angepaßt, immer gedrängter wurde sein Versmaß, je stürmischer dieser furchtbare Wanderer selbst ausschritt. Abgekürzt und in einen Rundgesang der Wut und des Taumels konzentriert, wurde es zu dem mörderischen „Ça ira!" von 1793. Das von 1790 hatte einen anderen Charakter:

Le peuple en ce jour sans cesse répète:
Ah! ça ira! ça ira! ça ira!
Suivant les maximes de l'Evangile
(Ah! ça ira! ça ira! ça ira!)
Du législateur tout s'accomplira;
Celui qui s'élève, on l'abaissera;
Et qui s'abaisse, on l'élèvera etc.

(Das Volk wiederholt ohne Unterlaß an diesem Tag: – Ah! So wird's gehn! So wird's gehn! So wird's gehn! – Den Lehren des Evangeliums folgend – [Ah! So wird's gehn! So wird's gehn! So wird's gehn!] – Wird der Gesetzgeber alles erfüllen; – Wer sich erhöht, den wird man erniedrigen; – Und wer sich erniedrigt, den wird man erhöhen usw.)

Für den Wanderer, der aus den Pyrenäen oder aus dem Innersten der Bretagne in der Julisonne langsam nach Paris kam, war dieses Lied wie ein Zehrgeld, ein Halt, wie die „Proses" der Pilger, die als Revolutionäre des Mittelalters die Münster in Straßburg und Chartres bauten. Der Pariser sang es in drängendem Tempo und mit entschlossener Lebendigkeit, während er den Festplatz vorbereitete und aufwarf. Das Champ-de-Mars war damals vollkommen flach, und man wollte ihm die schöne, großartige Form geben, die es heute hat. Die Stadt Paris hatte einige tausend Faulenzer angestellt, die Jahre zu einer solchen Arbeit gebraucht hätten. Man verstand die böse Absicht. Da machte sich die ganze Bevölkerung daran. Es war ein erstaunliches Schauspiel. Tag und Nacht wurde gearbeitet, alle: Leute jedes Standes und jedes Alters, sogar Kinder, Bürger, Soldaten, Abbés, Mönche, Schauspieler, barmherzige Schwestern, schöne Frauen, Marktweiber, alle rührten die Hacke, schoben die Handkarren, beluden die Wagen. Kinder gingen vorauf und trugen Lichter: herumziehende Musikbanden feuerten die Arbeiter an, diese selbst sangen, während sie die Erde gleichmachten, das Lied der Gleichmachung: „Ah! ça ira! ça ira! ça ira! Celui qui s'élève, on l'abaissera!"

Das Lied, das Werk und die Arbeiter: es war eine und dieselbe Sache, Gleichheit des Handelns. Die Reichsten und die Ärmsten waren bei der Arbeit vereint. Und doch gaben die Armen am meisten. Der Wasserträger, der Zimmermann, der Maurer von der Pont Louis XVI., die man damals gerade baute, hatten ihr Tagwerk – ein schweres Tagwerk im Juli! – schon hinter sich, wenn sie zur Erdarbeit aufs Champ-de-Mars kamen. Und obwohl es Erntezeit war, ließen es sich auch die Landleute nicht nehmen, zu kommen. Diese müden, erschöpften Menschen arbeiteten zur Erholung noch bei Licht.

Das wirklich ungeheure Werk, das aus einer Ebene ein Tal zwischen zwei Hügel schuf, wurde – sollte man es glauben? – in einer Woche vollendet! Man begann genau am 7. und war zum 14. fertig.

Hochherzig wie ein heiliger Krieg wurde die Sache betrieben. Die Behörde hoffte, durch ihre berechnete Lässigkeit das Einigungsfest zu hemmen und zu hindern; es sollte unmöglich werden. Aber Frankreich wollte, und so geschah es.

Die ersehnten Gäste kamen an und füllten bereits Paris. Die Gastwirte und die Besitzer der Hôtels garnis setzten die kleinsten Preise fest für die Fremden. Doch ließ man diese meistens nicht in die Herberge gehen. Die Pariser, die bekanntlich enge Wohnungen haben, schränkten sich noch mehr ein und machten es möglich, die Bundesbrüder bei sich aufzunehmen.

Als die Bretonen ankamen, diese ältesten Söhne der Freiheit, gingen ihnen die Sieger der Bastille bis nach Versailles und Saint-Cyr entgegen. Nach wechselseitigen Beglückwünschungen und Umarmungen zogen sie dann zusammen in Paris ein.

Ein unerhörtes Gefühl des Friedens und der Eintracht durchdrang die Herzen. Das beweist eine Tatsache, für mich die stärkste von allen. Die Journalisten schlossen einen Waffenstillstand. Diese scharfen Lanzenbrecher, diese ruhelosen Wächter der Freiheit, deren fortwährender Streit die Seelen verbitterte, übertrafen sich selbst; der Wetteifer ohne Haß und Neid, wie ihn das Altertum kannte, begeisterte sie und befreite sie für kurze Zeit von ihrer traurigen Zanksucht. Der wackere, unermüdliche Loustalot von den „Révolutions de Paris" und der glänzende, feurige, leichtsinnige Camille sprechen gleichzeitig einen undurchführbaren, aber rührenden und aus dem Herzen kommenden Gedanken aus: die *Schriftsteller sollten einen Bund schließen*; Konkurrenz und Eifersucht sollten aufhören, die allgemeine Wohlfahrt das einzige Trachten sein.

Selbst die Nationalversammlung schien durch die allgemeine Begeisterung gewonnen. An einem heißen Juniabend fand sie für eine flüchtige Stunde ihre Hingerissenheit von 1789 wieder und ihre junge Schwungkraft vom 4. August. Ein Abgeordneter aus der Franche-Comté sagte, man solle den auswärtigen Bundesbrüdern die Demütigung ersparen, die Provinzen in Ketten zu Ludwigs XIV. Füßen zu sehen, man müsse die Statuen auf der Place des Victoires fortschaffen. Ein Abgeordneter aus dem Süden benutzte die edle Bewegung, die der Vorschlag in der Versammlung hervorrief, und forderte die Abschaffung aller jener prunkenden Titel, welche die Gleichheit verletzten, der Bezeichnung „Graf“ und „Marquis“, der Wappen und Livreen. Der Vorschlag wurde von Montmorency und La Fayette unterstützt und nur von Maury (bekanntlich der Sohn eines Schusters) bekämpft. Noch in derselben Sitzung schaffte die Versammlung den erblichen Adel ab (19. Juni 1790). Die meisten, die dafür gestimmt hatten, bedauerten es am folgenden Tage. Die Ablegung der Namen, die am Grundbesitz hafteten, und die Rückkehr zu den fast vergessenen Familiennamen verwirrte alle Welt; La Fayette wurde nur ungern ein „Herr Motier“, Mirabeau war wütend, nur noch „Riquetti“ zu heißen.

Diese Änderung war indessen kein Zufall und keine Laune, sondern die natürliche und notwendige Anwendung des Prinzips der Revolution selbst. Diese Grundlage ist die Gerechtigkeit, welche verlangt, daß jeder im Guten und im Bösen nur für seine eigenen Taten einsteht. Was die Vorfahren getan haben, kommt auf Rechnung der Vorfahren, nicht auf die der Lebenden. An den Lebenden ist es, das Ihrige zu tun! Bei diesem System pflanzte sich früheres Verdienst nicht fort, der Adel hörte auf. Aber ebensowenig pflanzte sich frühere Missetat fort. Als die Barbarei unserer Gesetze im Februar zwei junge Leute wegen Notenfälschung zum Galgen verurteilte, beschloß die Versammlung bei dieser Gelegenheit, die Familien der Verurteilten seien durch deren Hinrichtung nicht geschändet. Das Publikum, von der Jugend und dem Unglück der beiden gerührt, tröstete ihre ehrbaren Eltern durch tausend Beweise des Interesses: mehrere geachtete Bürger hielten um die Hand ihrer Schwestern an.

Keine Übertragung des Verdienstes mehr, Abschaffung des Adels. *Keine Übertragung der Schuld mehr*, das Schafott entehrte weder die Familie noch die Kinder des Schuldigen mehr.

Der jüdische und christliche Grundsatz ruht auf der gerade entgegengesetzten Idee. Dort ist die Sünde erblich. Das Verdienst ebenfalls; das Verdienst Christi und der Heiligen nützt gerade Menschen, die es am wenigsten verdienen.

In derselben Sitzung, in der die Versammlung die Abschaffung des Adels beschloß, hatte sie eine merkwürdige Abordnung empfangen, die sich selbst „Deputation des Menschengeschlechtes" nannte. Ein Rheinländer, Anacharsis Clootz (wir kommen auf diesen eigenartigen Charakter noch zurück), führte etwa zwanzig Männer aller Nationen an die Barre, sie waren in Nationaltracht, Europäer und Asiaten. Er bat in ihrem Namen, an dem Bundesfest auf dem Champ-de-Mars teilnehmen zu dürfen „im Namen der Völker, d. h. der legitimen Herrscher, die überall von den Königen unterdrückt sind".

Viele waren bewegt, andere lachten. Indessen hatte die Deputation eine ernste Seite; zu ihr gehörten Leute aus Avignon, Lüttich, Savoyen und Belgien, die damals wirklich Franzosen werden wollten. Es waren Vertreter der Réfugiés aus England, Preußen, Holland und Österreich dabei, Feinde ihrer gerade jetzt gegen Frankreich verschworenen Regierungen. Diese Réfugiés waren gleichsam ein europäisches Komitee, das sich gegen Europa richtete, ein erster Kern jener Fremdenlegionen, zu deren Errichtung Carnot später riet.

Dem Bündnis der Völker gegenüber bildete sich ein Bündnis der Könige. Die Königin von Frankreich hatte sicher Grund, hoffnungsvoll zu sein, als sie sah, wie leicht ihr Bruder Leopold den Anschluß Europas an Österreich durchgesetzt hatte. Die für gewöhnlich so schwerfällige deutsche Diplomatie hatte Flügel bekommen. Das lag daran, weil die Diplomaten bei der Sache nichts zu tun hatten. Die Angelegenheit wurde unter den Königen persönlich geordnet, ohne Wissen der Gesandten und Minister. Leopold hatte sich an den König von Preußen direkt gewandt, ihn auf die gemeinsame Gefahr hingewiesen und in Übereinstimmung mit England und Holland in Reichenbach in Preußen einen Kongreß eröffnet.

Der Horizont umwölkte sich. Frankreich hatte nur die ohnmächtigen Wünsche der Völker für sich, während es von dem Haß und den Heeren der Könige unmittelbar bedroht war.

Und Frankreich war im Innern wenig sicher. Der Hof machte alle Tage Eroberungen in der Versammlung und handelte nicht allein mehr durch die Rechte, sondern sogar durch die Linke, durch den Klub von 1789, durch Mirabeau, durch Sieyès, durch Bestechungen verschiedener Art, durch Verrat und Einschüchterung. So setzte er im Anlauf eine Zivilliste von fünfundzwanzig Millionen durch und für die Königin ein Leibgedinge von vier Millionen. Er verlangte Zwangsmaßregeln gegen die Presse und durfte es sogar wagen, die Urheber des 5. und 6. Oktober zu verfolgen.

So stand es um Paris, als die Bundesbrüder anlangten. Denen wurde es schwer, ihre beinahe götzendienerische Verehrung für die Versammlung und den König aufrechtzuerhalten. Die meisten kamen durchdrungen von einem kindlichen Gefühl zu dem guten „König-Bürger"; Vergangenheit und Zukunft,

Königtum und Freiheit wurden eins in ihrer freudig-bewegten Stimmung. Viele wurden in Audienz empfangen, sanken auf die Knie, boten ihren Degen und ihr Herz an. Der König, dessen natürliche Schüchternheit von seiner unklaren Lage noch verstärkt wurde, fand nur eine knappe Antwort auf diesen jugendlichen, warmen, herzlichen Gefühlsüberschwang. Noch weniger wußte die Königin zu sagen, sie war im allgemeinen äußerst frostig gegen die Bundesbrüder, ausgenommen gegen ihre „treuen Lothringer“, ursprünglich Untertanen ihrer eigenen Familie.

Endlich bricht der 14. Juli an, der schöne, heißersehnte Tag, um deswillen die wackeren Leute die mühselige Reise gemacht hatten. Alles ist bereit. In der Nacht vorher haben viele, Volk und Nationalgarde, auf dem Champ-de-Mars biwakiert aus Besorgnis, das Fest zu versäumen. Der Tag kommt; o weh! es regnet. Den ganzen Tag jeden Augenblick schwere Güsse und Windstöße. „Der Himmel ist aristokratisch“, meinte man und suchte sich trotzdem einen Platz. Eine mutige, hartnäckige Fröhlichkeit schien in tausend tollen Scherzen dem übeln Vorzeichen seine Kraft nehmen zu wollen. Hundertsechzigtausend Personen saßen auf den Anhöhen des Champ-de-Mars, hundertfünfzigtausend mußten stehen; auf dem Feld selbst waren ungefähr fünfzigtausend Menschen in Bewegung, darunter vierzehntausend Nationalgardisten aus der Provinz, dann Pariser Nationalgarde, die Vertreter der Armee und Marine usw. Die weiten Amphitheater von Chaillot und Passy waren mit Zuschauern überfüllt. Der Platz war prächtig, ungeheuer groß und wurde rings im fernen Kreis von Montmartre, Saint-Cloud, Meudon und Sèvres beherrscht; dieser Ort konnte die Generalstaaten der Welt aufnehmen.

Und es regnet immer noch. Man muß lange warten. Die Bundesbrüder, die Pariser Nationalgarden, die seit fünf Uhr auf den Boulevards stehen, werden bis auf die Haut durchnäßt, sterben beinahe vor Hunger und sind doch vergnügt. Aus den Fenstern der Rue Saint-Martin und der Rue Saint-Honoré läßt man Brot, Schinken, Flaschen Wein an Bindfäden herab.

Endlich brechen sie auf, überschreiten auf einer Holzbrücke vor Chaillot den Fluß und ziehen durch einen Triumphbogen ein.

Mitten auf dem Champ-de-Mars erhob sich der Altar des Vaterlandes; vor der Ecole militaire war die Tribüne errichtet, auf der der König und die Nationalversammlung Platz nehmen sollten.

Es dauert noch lange. Die zuerst Angekommenen beginnen wacker zu tanzen, dem Regen und dem schlechten Wetter zum Trotz. Ihr heiterer Reigen entwickelt sich mitten im Schmutz, wird immer größer; unaufhörlich schließen sich neue Ringe an, jeder Ring ist eine Provinz, ein Departement oder mehrere Gaue vereint. Bretagne tanzt mit Bourgogne, Flandern mit den Pyrenäen. Wir haben schon im Winter 1789 den Beginn dieser Gruppen, dieser wogenden Tänze gesehen. Die ungeheure Farandole, in die allmählich ganz Frankreich hineingezogen wird, vollendet sich auf dem Champ-de-Mars und erlischt ... Das ist die Einheit!

Vorbei ist die Zeit der Erwartung, des Strebens, des Sehnens, in der alle diesen Tag erträumten und suchten! Er ist da! Warum wünschen wir noch immer? Warum die Unruhe? Ach! Die Welt lehrt uns die traurige, sonderbare und dennoch wahre Erfahrung, daß die Einigkeit allzu oft sich mindert in der Einheit. Der Wille zur Vereinigung, das ist bereits die Einheit des Herzens, vielleicht die beste Einheit.

Aber still! Der König kommt. Er hat mit der Nationalversammlung und der Königin auf einer Tribüne Platz genommen, die alles übrige überragt.

La Fayette auf seinem weißen Gaul reitet an den Fuß des Throns, der Kommandant steigt ab und nimmt die Befehle des Königs entgegen. Den Altar hinan steigt, von zweihundert Priestern in dreifarbiger Schärpe umgeben, mit scheinheiliger Geste und hinkenden Fußes, Talleyrand, Bischof von Autun: wer wäre wohl ein würdigerer Offiziant als er, wenn es sich um Eide handelt?

Zwölfhundert Musikanten spielen, aber man hört sie kaum. Plötzlich tritt Stille ein: dann erdröhnt die Erde im Donner von vierzig Geschützen. Alles erhebt sich, alles reckt die Hand gen Himmel. – O König! O Volk! Seht. – Der Himmel hört es, die Sonne durchbricht das Gewölk. – Bedenkt eure Eide!

Aus tiefstem Herzen dringt der Schwur des Volkes. Wie gläubig ist es noch! Warum gewährt ihm der König nicht das Glück, seinen Schwur vor aller Augen am Altar zu tun? Warum schwört er im engsten Kreis, im Schatten, halb verborgen? Sire, recken Sie die Hand hoch, daß jeder es sehen kann!

Und Sie, Madame! Tut Ihnen dieses kindliche Volk nicht leid, das so vertrauend und so blind ist, das eben noch so unbekümmert tanzte, zwischen seiner traurigen Vergangenheit und seiner furchtbaren Zukunft? – Warum ist dieser verräterische Schimmer in Ihren schönen blauen Augen? Ein Royalist hat ihn bemerkt: „Seht ihr die Zauberin?" sagt der Graf von Virieu. Können Ihre Augen denn von hier aus Ihren Gesandten in Nizza sehen, der gerade den Organisator der Metzeleien des Südens empfängt und beglückwünscht? Oder haben Sie weit in diesen wirren Massen die Armeen Leopolds nahen zu sehen gemeint?

Hören Sie! – Dies hier ist der Friede, aber ein kriegerischer Friede. Die drei Millionen Männer in Waffen, die von diesen hier vertreten werden, haben mehr Soldaten unter sich als alle Könige Europas. Sie bieten den Bruderfrieden an, aber sie sind auch bereit zum Kampf. Schon wollen mehrere Departements, Seine, Charente, Gironde und andere, jedes sechstausend Mann ausheben, bewaffnen und unterhalten zum Schutz der Grenze. Bald werden die Marseillaiser den Aufbruch fordern und den Eid ihrer Ahnherren, der Phokaeer, erneuern; die warfen einen Stein ins Meer und schwuren, wenn sie nicht Sieger würden, nur dann zurückzukehren, wenn dieser Stein zur Oberfläche steige.

ZEHNTES KAPITEL

Warum die neue Religion sich nicht formen konnte Innere Hemmungen (Juli 1790–Juli 1791)

Bündnis der Könige gegen die Revolution, 27. Juli 1790. – Innere Hemmnisse. – Spaltungen in Frankreich. – Keine große Revolution hat weniger gekostet. – Religiöse Fruchtbarkeit nach dem Bundesfest von 1790. – Frankreichs Aufschwung. – Hochherzigkeit im Volke. – Reaktion des Egoismus und der Furcht, der Aufregung und des Hasses. – Die gehemmte Revolution zeitigt politische Ergebnisse, kann aber noch nicht zu religiösen und sozialen Resultaten gelangen, die sie fest begründet hätten.

Als in der Nacht zum Bundesfeste, vom 13. auf den 14. Juli 1790, alles Volk sich der Begeisterung und dem Vertrauen überließ und eins war in einem Gedanken, benutzte man die Gelegenheit, um den Leiter des letzten Komplotts aus der Abbaye entschlüpfen zu lassen, den Agenten der Emigranten, Bonne de Savardin, der sie nach Lyon bringen wollte, und dessen Aussagen man fürchtete.

Am gleichen Tage wurde Herr von Flachslanden, Vertrauensmann der Königin beim Grafen Artois, von dem letzteren nach Nizza geschickt, um Froment, den Flüchtling von Nîmes, zu empfangen und zu beglückwünschen.

Am 27. erfuhr die Nationalversammlung, daß der König den Österreichern den Durchzug durch französisches Gebiet gestattete, um die belgische Revolution zu ersticken.

An demselben denkwürdigen Datum, dem 27. Juli 1790, schloß Europa sein erstes Bündnis gegen die Revolution, und zwar zuerst gegen den Aufstand in Brabant. Die Präliminarien des Vertrages wurden in Reichenbach unterzeichnet. England, Preußen und Holland überließen Belgien der Rache Österreichs. Dabei hatten sie selbst das Land aufgewiegelt und ermutigt, nur auf sie setzte es seine Hoffnung und blieb noch später und bis zu seiner letzten Stunde dabei, von ihnen hartnäckig seine Rettung zu erwarten.

Im gleichen Monat war es Pitt, der sich, des europäischen Einverständnisses sicher, nicht scheute, im Parlament öffentlich zu erklären, daß er die Schmähschrift Burkes gegen die Revolution, gegen Frankreich, Wort für Wort billige; ein niederträchtiges Buch, sinnlos in seiner Wut, voll von Verleumdungen, von nichtswürdigen Schmähungen, von beleidigenden Verhöhnungen, worin er die Franzosen mit Galeerensträflingen vergleicht, die ihre Kette zerbrechen, worin er die Erklärung der Rechte des Menschen mit Füßen tritt, zerfetzt und darauf speit.

Schlimme, traurige Entdeckungen! Die wir für unsere Freunde hielten, sind unsere grausamsten Feinde!

Die Gefahr brauchte man wenig zu fürchten, wenn Frankreich nicht gespalten wäre. Freilich war die Eintracht aufrichtig in dem erhabenen Augenblick, den zu berichten ich das Glück hatte; sie war wahrhaft, aber von kurzer Dauer; bald trat die Spaltung der Klassen und Meinungen von neuem hervor.

Schon am 18. Juli, vier Tage nach dem so glücklich verlaufenen Feste, als man allen Grund hatte, dem Volk zu vertrauen, als man angesichts der Gefahr seine Eintracht hätte befestigen und stärken müssen, stellte Chapelier (wie hatte sich der Präsident des 4. August geändert!) den Antrag, die Uniformierung der Nationalgarde zu verlangen; das hieß, die Garde auf die reiche oder wohlhabende Klasse beschränken, das hieß, die Entwaffnung der Armen vorbereiten! – Der Antrag, das sei zur Ehre dieser Zeit gesagt, wurde von den Reichen selbst übel aufgenommen (eine Ausnahme machten die Bourgeoisie von Paris und die Leute La Fayettes). Barbaroux tadelte ihn in Marseille. Das reiche Bordeaux verwarf ihn und erklärte, ein Band genüge völlig als Abzeichen.

Die keimende Spaltung in der Nationalgarde, das beginnende Mißtrauen gegen die Gemeindebehörden, mußten die freien Vereinigungen vervielfältigen und stärken. Die Verbrüderung hatte nicht genügt, die Errichtung der neuen Gewalten hatte nicht genügt; man bedurfte einer außergesetzlichen Macht. Der umfassenden Verschwörung, die sich vorbereitete, mußte man mit einer Verschwörung begegnen. Die der Jakobiner soll sie heißen, und möge sie sich ausdehnen über ganz Frankreich.

Zweitausendeinhundert Vereine in ebenso vielen Städten und Dörfern schließen sich in weniger als zwei Jahren an sie an. Eine große, furchtbare Maschine, die der Revolution eine unberechenbare Kraft gibt, die allein sie retten kann im Zusammenbruch der öffentlichen Gewalten; indessen ändert sie auch von Grund aus deren Charakter, entstellt und verdirbt ihren ursprünglichen Geist.

Dieser Geist war ganz Vertrauen und Wohlwollen. Aufrichtigkeit und Leichtgläubigkeit ist der Jugendcharakter der Revolution, der unwiderbringlich dahin ist ... Eine rührende Geschichte, die man kaum ohne Tränen lesen kann ... Ein bitteres Lächeln spielt in die Tränen ... Wie! so jung waren wir, so leicht zu täuschen! So sehr die Geprellten! ... Was tut's! Man mag darüber lachen, wenn man will; wir werden es niemals bereuen, jene vertrauende, gutherzige Nation gewesen zu sein.

Ich habe viele Geschichten der Revolution gelesen, und ich kann bestätigen, was ein Royalist im Jahre 1791 zugab: *daß niemals eine große Revolution so wenig Blut, so wenig Tränen gekostet hat.* Die Wirren, die von einem solchen Umsturz unzertrennlich sind, sind willkürlich vergrößert und bewußt übertrieben worden, den leidenschaftlichen Berichten entsprechend, die unsere Feinde von allen denen, die darunter zu leiden hatten, verlangten und erhielten.

Tatsächlich konnte sich nur ein Stand, der Klerus, mit einem Schein von Berechtigung geplündert nennen. Und doch ergab diese Plünderung, daß die Masse des Klerus, die unter dem Ancien régime zum Vorteil einiger Prälaten Hunger leiden mußte, endlich ein sicheres Auskommen hatte.

Die Adligen hatten ihre Feudalrechte verloren; aber in vielen Provinzen, besonders in Languedoc, gewannen sie durch die Abschaffung des Zehnten viel mehr als Eigentümer, als sie als Herren an Feudalrechten verloren.

Wenn sie auch die veralteten, lächerlichen und sinnlos gewordenen Ehrenrechte der Lehnsherren nicht mehr besaßen, so waren sie darum im Ansehen nicht gesunken. Fast überall hatte man ihnen in blinder Willfährigkeit die wahren Ehren des Bürgers verliehen, deren die meisten durchaus nicht würdig waren: die ersten Stellen in den Stadtverwaltungen, die Offiziersposten in der Nationalgarde.

Ein übertriebenes, unkluges Vertrauen. Aber diese junge Welt marktete wenig mit der Vergangenheit bei den unendlichen Aussichten, die ihr die Zukunft öffnete. Sie verlangte nur, daß man sie friedlich fortschreiten und leben ließ. Unermeßlich waren Glaube und Hoffnung. Diese Millionen Menschen, gestern noch Hörige, heute Menschen und Bürger, die der gleiche Tag und der gleiche Ruf aus dem Tode ins Leben geweckt hatten, Neugeborene der Revolution, waren übervoll an Kraft, an gutem Willen, an Vertrauen; sie glaubten gern das Unglaubliche. Was waren sie denn selbst? Ein Wunder. Geboren ungefähr im April 1789, Männer am 14. Juli, bewaffnete Männer, hervorquellend aus allen Schollen – heute oder morgen standen sie alle im öffentlichen Leben, hatten sie ein Amt (eine Million dreihunderttausend Beamte!) ... und bald wurden sie Eigentümer; der Bauer konnte seinen Traum, sein Paradies, das Eigentum, fast mit Händen greifen! ... Die Erde, gestern noch unter den welken Händen der Priester öde und unfruchtbar, kam unter die heiße, starke Faust des jungen Bauern ... Hoffnung, Liebe, ein gesegnetes Jahr! Während die Verbrüderungen dauerten, wurde auch der natürliche Bund zahlreicher, die Ehe; Bürgereid und Ehegelübde wurden zugleich am Altar geleistet. Unerhört: die Ehen nahmen um mehr als ein Fünftel zu in diesem schönen Jahr der Hoffnung.

Der große Aufschwung des Herzens versprach noch etwas anderes, noch eine andere Art von Fruchtbarkeit. Fruchtbar an Menschen, fruchtbar an Gesetzen, ließ diese moralische Ehe der Seelen und der Willen ein neues Dogma erwarten, eine ganz junge, mächtige, soziale und religiöse Idee. Man brauchte nur einen Blick zu werfen auf die Stätte, da die Verbrüderung geschah, und jedermann hätte geschworen, aus diesem erhabenen Augenblick, aus so vielen reinen, aufrichtigen Gelübden, so vielen Tränen der Begeisterung, in der aus so vielen Flammen zu einer Flamme gewordenen Glut, müsse ein Gott geboren werden.

Alle sahen es, alle fühlten es. Die der Revolution am wenigsten geneigt waren, zitterten in jenem Augenblick; sie fühlten, daß etwas Großes sich ereignete. Selbst unsere ungeselligen Bauern aus Maine und aus den Marken der Bretagne, die ein heimtückischer Fanatismus gegen uns heben wollte, schlossen sich damals erregt und ergriffen unseren Verbrüderungen an und küßten den Altar des unbekannten Gottes.

Seltener Augenblick, in dem eine Welt zur Geburt reift, auserwählte, göttliche Stunde! ... Wer kann sagen, ob sie jemals wiederkehren wird? Wer will sich unterfangen, das tiefe Geheimnis zu erklären, wodurch ein Mensch, ein Volk, ein neuer Gott geboren wird? Die Empfängnis? Der einzige, rasche, gewaltige Augenblick! So rasch und so wohl vorbereitet! Es bedarf der gemeinsamen Wirkung so vieler verschiedener Kräfte, die vom Grunde der Zeiten her und aus der unendlichen Verschiedenheit des Bestehenden in diesem einzigen Augenblick zusammenschließen.

Es ist bemerkt worden, daß Frankreich, wie ein Weib, das sich zu großem Gebären bereitet, außer der revolutionären, der Tat geweihten Generation eine zweite Generation in Reserve hatte, fruchtbarer noch und erfindungsreicher; es waren die Menschen, die 1790 zwanzig Jahre zählten oder ein wenig darüber. – Eine unfaßbar gewaltige Woge an Kraft und Genie hatte sich damals erhoben; zwei Jahre (1768–1769) hatten zugleich Bonaparte, Hoche, Marceau und Joubert, Cuvier, Chateaubriand und die beiden Fourier hervorgebracht. – Saint-Martin, Saint-Simon, de Maistre, Bonald und Frau von Staël kommen ein wenig früher zur Welt, ebenso Méhul, Lesueur und die Brüder Chenier. Ein wenig später Geoffroy Saint-Hilaire, Bichat, Ampère und Sénancour.[1] Welch eine Krone für das Frankreich des Bundesfestes sind diese Männer von zwanzig Jahren, die noch niemand kennt! Auf wen wirkte nicht der Zauber dieser magischen Edelsteine an Frankreichs Stirn, die im Schatten funkeln?

Zweifellos gab es in der ungeheuren Menge noch sehr viele andere solcher Art. Jene allein wurden groß und lebten fort. Aber die lebendige Glut des wundervollen Sturmwetters hatte natürlich nicht nur jene paar Männer ins Licht wachsen lassen. Millionen werden aus ihr geboren, voll von der Flamme des Himmels. Und soll ich es aussprechen? Die Hochherzigkeit, die große Güte, die in jenem heiligen Augenblick in einem ganzen Volk lebten, ließ von den Genies,

[1] Wenn man nach der Ursache dieses erstaunlichen Durchbruchs von Genie sucht, so kann man zweifellos sagen, daß diese Männer in der Revolution den mächtigsten Antrieb, eine ganz neue Freiheit des Geistes fanden usw. Doch glaube ich, daß die Ursachen weiter zurück liegen. Diese prachtvollen Kinder wurden in den Jahren empfangen und geboren, als das Jahrhundert, durch Rousseaus Genie moralisch neu belebt, Hoffnung und Glauben wiederfand. Bei jener Morgenröte einer neuen Religion erwachten die Frauen. Eine übermenschliche Generation war das Ergebnis.

die aus ihm hervorgingen, einen anderen Geist erwarten. Von wenigen abgesehen, die Helden der Güte wurden, findet man, daß die anderen, Männer der Tat, der Erfindung und der Berechnung, beherrscht durch den Aufschwung der physischen und mechanischen Wissenschaften, energisch nach klaren Ergebnissen strebten; eine ungeheure, aber allzuoft unfruchtbare Kraft barg sich in ihrem mächtigen Gehirn. Keiner von ihnen hatte jenen Überstrom des Herzens, jene Quelle lebendiger Wasser, an der die Nationen ihren Durst stillen.

In diesem Volke lebte die unendliche Seele der Revolution unter ihren beiden Formen und ihren beiden Altern.

In ihrer Jugend, die ein Wiedergutmachen des langen, an der Menschheit begangenen Unrechts war, ein Ausbruch der Gerechtigkeit, brachte die Revolution die Philosophie des achtzehnten Jahrhunderts in Gesetze.

In ihrer Reife, die früh oder spät kommen wird, wird sie die Formeln aufgeben, wird sie ihren religiösen Glauben finden (worauf sich jedes politische Gesetz gründet), und in göttlicher Freiheit, die allein aus der Vortrefflichkeit des Herzens hervorgeht, eine noch unbekannte Frucht tragen an Güte und Brüderlichkeit.

Das ist das moralisch Unendliche, das in diesem Volke schlummerte (und was will, daran gemessen, jedes sterbliche Genie besagen?), als es am 14. Juli mittags die Hand zum Schwur hob.

An jenem Tage war alles möglich. Jede Spaltung hatte aufgehört, es gab weder Adel, noch Bürgertum, noch Volk mehr. Die Zukunft war Gegenwart ... Das heißt: die Zeit war zu Ende ... Ein Blitz der Ewigkeit.

Nichts schien damals der Verwirklichung des sozialen und religiösen Zeitalters der Revolution im Wege zu stehen.

Wenn die Güte dieses Augenblicks hätte fortbestehen können, so hätte die Menschheit ein Jahrhundert oder mehr gewonnen; in einem Anlauf hätte sie eine Welt von Schmerzen hinter sich gelassen.

Kann ein solcher Zustand dauern? War es möglich, daß die sozialen Schranken, die an jenem Tage gefallen waren, am Boden liegen blieben, daß das Vertrauen sich festigte zwischen Menschen, verschieden an Klassen, an Interessen, an Anschauungen?

Das war sicher schwer, aber dennoch weniger schwer als zu irgendeiner anderen Zeit der Weltgeschichte.

Vorher und nachher unlösbare Knoten lösten sich damals von selbst.

War das Mißtrauen vielleicht zu Beginn der Revolution verständig, so war es das in einem solchen Augenblick recht wenig. Was im Oktober unmöglich, erwies sich als möglich im Juli. Im Oktober 1789 zum Beispiel konnte man fürchten, die Masse der ländlichen Wähler möchte der Aristokratie zufallen; die Furcht war im Juli 1790 gegenstandslos: fast überall folgte der Bauer, ebenso wie die Bevölkerung der Städte, dem Aufsturm der Revolution.

Das städtische Proletariat war damals kaum vorhanden, ausgenommen in Paris und in einigen großen Städten, wo die Hungrigen zusammenströmten. Man darf die Millionen Arbeiter, die seit 1815 geboren sind, nicht dreißig Jahre früher ansetzen, als sie wirklich in Erscheinung traten.

Tatsächlich war also die Schranke zwischen Bürgertum und Volk geringfügig. Das erstere konnte sich unbesorgt dem anderen in die Arme werfen.

Dieses Bürgertum, das an Voltaire und Rousseau groß geworden war, war humaner, uneigennütziger und edelmütiger als das aus dem Industrialismus hervorgegangene, aber es war ängstlich; Sitten und Charaktere, unter dem kläglichen Ancien régime gebildet, waren notwendigerweise schwach. Die Bürgerschaft zitterte vor der Revolution, die von ihr gemacht war; sie scheute vor ihrem eigenen Werke zurück. Die Furcht verwirrte und schädigte sie noch mehr als das Interesse.

Man braucht sich nicht täppisch in den Taumel der Massen mitreißen zu lassen, brauchte nicht zu erschrecken und vor dem Ozean zurückzuweichen, den man aufgewühlt hatte. Man mußte darin untertauchen. Dann verschwand das Schreckbild. Von weitem ein Ozean, gefährliche Wellen, brandende Wogen; in der Nähe Menschen und Freunde, Brüder, die nach euch die Arme ausstrecken.

Man ahnt nicht, wie groß noch zu jener Zeit im Volke von alter Gewohnheit her Willfährigkeit, Glaube und leichtes Vertrauen zu den gebildeten Klassen war. Es sah in den Anfängen seine Redner, seine Anwälte, alle Vorkämpfer seiner Sache unter ihnen. Mit offenem Herzen kam es ihnen entgegen. Aber sie wichen zurück.

Indessen wollen wir nicht leichtfertig verallgemeinern. Ein sehr bedeutender Teil des Bürgertums, weit entfernt davon, wie der andere zurückzuweichen und der Revolution mit böswilliger Schlaffheit zu begegnen, gab sich ihr ganz, stürzte sich mit derselben Begeisterung hinein wie das Volk. Unsere patriotischen Nationalversammlungen, die Gesetzgebende, der Konvent (Montagnards oder Girondisten: einerlei; ohne Unterschied der Partei) gehörten *völlig* der bürgerlichen Klasse an.

Dazu kommen die patriotischen Vereine in ihren Anfängen, besonders die Jakobiner; die Pariser Vereine, deren Listen wir besitzen, scheinen vor 1793 keinen einzigen Mann aus den ungebildeten Klassen aufgenommen zu haben

Diese Masse des revolutionären Bürgertums: Schriftsteller, Journalisten, Künstler, Anwälte, Ärzte, Priester usw. wuchs ungeheuer durch die Bürger, welche Nationalgüter erwarben.

Aber obgleich ein so bedeutender Teil des Bürgertums aus Neigung oder Interesse der Revolution anhing, so schwächte sich doch die anfängliche revolutionäre Begeisterung in ihnen sichtlich ab durch die Nöte des großen Kampfes, den sie zu bestehen hatten, durch die erbitterte Wut des Streites, durch die Hartnäckigkeit der Hindernisse, durch die fortdauernden Feindschaften.

So kam's, daß ein Teil des Bürgertums durch die Selbstsucht und die *Furcht* verdorben wurde und der andere, durch den *Haß* wild gemacht, gleichsam entartete und jedes menschliche Gefühl verlor. – Das Volk war zweifellos gewalttätig und wütend, aber durchaus nicht systematisch gehässig, und blieb darum viel natürlicher.

Zwei Schwächen: *der Haß und die Furcht.*

Man mußte (etwas Seltenes, Schweres, vielleicht Unmögliches in so furchtbaren Umständen) stark bleiben, um gut zu bleiben.

Sicher hatten alle den 14. Juli geliebt. Man hätte auch den nächsten Tag lieben müssen.

Der furchtsame Teil des Bürgertums hätte sich besser an seine humanen Ideen, an seine philanthropischen Gelübde erinnern müssen; er mußte standhaft sein am Tage der Gefahr; erschreckt oder nicht, mußte er, wie der Seemann tut, sich Gott befehlen und schwören, dem neuen Glauben treu zu bleiben bei Opfern aller Art, die dieser auferlegen würde, um das Volk zu retten.

Und ferner mußte der verwegene, revolutionäre Teil des Bürgertums mitten in der Gefahr, in der Hitze des Kampfes, sein Herz hochgemut bewahren, er durfte sich nicht ins Wanken bringen lassen, seine hohe Begeisterung nicht in die Niederungen des Hasses sinken lassen.

Wie schwer ist es, selbst für die stärksten Kämpfer, über ihrem Kampf zu stehen mit festem, klarem Herzen, mit den Armen zu kämpfen und den Heroismus des Friedens in sich zu bewahren!

Die Revolution tat viel, aber was hätte sie nicht getan, wenn sie sich – einen Augenblick wenigstens – auf dieser Höhe hätte halten können!

Zunächst wäre sie von Dauer gewesen. Sie hätte nicht den traurigen Sturz von 1800 erlebt, wo die von Furcht oder Haß verdorrten Seelen für lange Zeit unfruchtbar wurden.

Und dann wäre sie nicht allein geschrieben worden, sondern auch angewendet. Aus politischen Abstraktionen wäre sie zu sozialen Wirklichkeiten geworden.

Das Gefühl mutiger Güte, von dem sie ausging, und aus dem ihre erste Begeisterung entsprang, wäre nicht schwankend geblieben als ein allgemeines unbestimmtes Gefühl. Es hätte sich ausgebreitet und wäre bestimmt geworden, wäre überall eingedrungen, hätte die kleinsten Gesetze erfüllt, hätte sich in den Sitten sogar geltend gemacht und in den freiesten Handlungen, wäre in die weitesten Verzweigungen des Lebens geflossen.

Dem Gebiet des Gedankens angehörend und zu ihm zurückkehrend, nachdem es das der Tat durchschritten, mußte dieses sympathetische Gefühl der Menschenliebe von selbst die religiöse Erneuerung herbeiführen.

Wenn so die menschliche Seele ihrer Natur folgt, wenn sie wohlwollend bleibt, wenn sie ihrer Selbstsucht entsagt und ernsthaft Heilung sucht für die Schmerzen der Menschen, dann werden, jenseits von Sitten und Gesetz, da, wo alle Macht ein Ende hat, Erfindungskraft und Mitgefühl unendlich; ihnen ergibt sich die Seele und will immer wieder das Gute, sie steigt in sich selbst herab, sie wird tief ...

Das ist ganz etwas anderes als Geistestiefe und Forschergeist. Das ist eine Tiefe zärtlicher Liebe und eines Willens, der in anderem Sinne fruchtbar ist, dessen Frucht lebendig ist. Sonderbar ist ein solches Reifen der Frucht, und um so göttlicher, als es natürlicher ist! Aus sanfter Wärme, ohne Mühe und ohne Kunst, bisweilen aus dem Herzen der Einfältigen, kommt der neue Geist zum Tag, der neue Trost, den die Welt erwartet. Unter welcher Gestalt? Verschieden nach Ort und Zeit: mag diese Seele, zart und mächtig zugleich, in einem einzelnen wohnen, mag sie in einem Volke sich weiten, sei sie ein Mensch, ein lebendiges Wort, ein Buch, ein geschriebenes Wort, gleichviel: sie ist immer Gott.

ELFTES KAPITEL

Äußere Hemmungen
Zwei Arten von Heuchelei: die Autoritätsheuchelei, die der Priester

Der Priester verwendet Beichtstuhl und Presse gegen die Revolution. – Pamphlete der Katholiken im Jahre 1790. – Seit mehreren Jahrhunderten unfruchtbar, konnten die Priester die Revolution nicht ersticken. – Ihre Ohnmacht seit 1800. – Die Revolution muß den Seelen religiöse Nahrung bieten.

Ich habe das innere Hemmnis genannt, Furcht und Haß; ihm voraus geht jedoch das äußere Hemmnis, ohne welches das andere vielleicht nicht bestehen würde.

Nein, das innere Hemmnis war weder das erste noch das wesentlichste. Das überwältigende der heroischen Bewegung, die das neue Leben herbeiführte, hätte es ohnmächtig, unbedeutend und unwirksam gemacht.

Ein feindliches Verhängnis kam von draußen, das Frankreichs Gebären zum Stillstand brachte.

Wie kamen die Nationen dazu, sich zu verbünden und zu bewaffnen gegen das Interesse der Nationen? Ein düsteres, teuflisches Geheimnis!

Man hatte schon ein ähnliches Teufelswerk in unseren Religionskriegen erlebt; ich spreche von der großen Jesuitentat, die in weniger als einem halben Jahrhundert das Licht zur Nacht machte, zu der schauerlichen, mörderischen Nacht, die man den Dreißigjährigen Krieg nennt. Doch schließlich brauchte es damals ein halbes Jahrhundert jesuitischer Erziehung; man mußte ein ganzes Geschlecht eigens dazu bilden und erziehen, eine neue Welt zum Irrtum und zur Lüge abrichten. Es waren nicht mehr dieselben Menschen, die aus Weiß Schwarz machten, die zuerst das Licht sahen und dann schworen, es sei die Nacht.

Hier faßt man rascher zu. Wenige Jahre genügen.

Zwei Dingen verdankt man den schnellen Erfolg.

1. Einem geschickten, umfassenden Gebrauch der großen modernen Maschine, der Presse: das Werkzeug der Freiheit gegen die Freiheit selbst gewendet. Die erstaunlich rasche Vervollkommnung, die diese Maschine im achtzehnten Jahrhundert erlebte, die rasende Eile, mit der sie Blatt auf Blatt hinausschleuderte, ohne zur Überlegung, zur Prüfung, zur Selbstbesinnung Zeit zu lassen: all das wurde der Lüge zum Vorteil.

2. Die Lüge wurde den verschiedenen Graden des Stumpfsinns viel besser angepaßt als früher; sie ging aus zwei Werkstätten hervor, wurde von zwei Arbeitern vorbereitet und von zwei verschiedenen Verfahren: dem alten und dem

neuen, der katholisch-despotischen Fabrikation und der englischen, sogenannten konstitutionellen Fabrikation.

Das ist der tiefe Unterschied der modernen Welt, der alle ihre Fortschritte aufwiegt. Sie hat zwei Arten von Heuchelei; das Mittelalter hatte nur eine, wir besitzen zwei: Heuchelei der Autorität und Heuchelei der Freiheit, oder kürzer: *den Priester und den Engländer*, die beiden Formen Tartuffes.

Der Priester wirkt hauptsächlich auf die Frauen und den Bauer, der Engländer auf die bürgerlichen Klassen.

Hier ein Wort über den Priester, nur um zu erläutern, was schon an anderer Stelle steht:

Die alte Lügenfabrik nimmt 1789 mit allen Mitteln zugleich ihren Betrieb wieder auf. Wie früher bedient sie sich einerseits der heimlichen Mitteilung durch den Beichtstuhl, des Geheimnisses zwischen Priester und Frau, der Bekanntmachung mit leiser Stimme, mit halben Worten, die ins Ohr geflüstert werden. Andererseits benutzt sie eine tobsüchtige Presse, die viel mehr wagen kann als die andere, weil sie ihre Erzeugnisse unter der Hand an sichere Leute gibt, an die Einfältigen und Leichtgläubigen, die schon im voraus überzeugt sind, und weil sie genau weiß, daß sie keine Kontrolle zu besorgen braucht. Diese Flugschriften sind Dolche; vor mir liegen welche, die durch ihre Heftigkeit und ihren Blutgeruch Marat gleichkommen oder übertreffen.

Wer wissen will, wie weit das Menschenwort in der Verwegenheit der Lüge gehen kann, braucht nur das Pamphlet zu lesen, das der Mann von Nîmes, Froment, im August 1790 vom Ausland her losließ. Er entwickelt darin, willkürlich und in ungestörter Sicherheit, einen ganzen langen Roman: Wie die kalvinistische Republik, im sechzehnten Jahrhundert gegründet, allmählich vollendet wird und im Jahre 1789 triumphiert; wie die Nationalversammlung den Protestanten im Süden den Auftrag gegeben hat, alle Katholiken zu erwürgen, um das Königtum in Föderativrepubliken zu teilen usw.

Diese wilde Schmähschrift tat in Paris, wo sie verbreitet, nachts unter die Türen geschoben, in den Cafés und Kirchen ausgeteilt wurde, wenig Wirkung. Groß war indessen ihre Wirkung auf dem Lande. Tausend andere folgten ihr. Inhaltlich abwechselnd, entsprechend den verschiedenen Tendenzen im Süden oder im Westen, herumgetragen von treuen Geistlichen, von loyalen Adligen, von zarten und frommen Frauen, begannen sie die große Arbeit der Verfinsterung, der Irreführung, der fanatischen Verdammung, die, zwei Jahre lang gewissenhaft betrieben, uns die Vendée gegeben hat und den Krieg der Chouans; daher rührt, als Gegenwirkung, die schauerliche Verzerrung Frankreichs, die man den „Schrecken" nennt.

Unsere Abtrünnigen anderseits brachten den Engländern ihre Argumente gegen uns bei und diktierten sie ihnen. Calonne, Necker, Dumouriez heißen die

Leute, denen Frankreich seine Angelegenheiten vertraute, und die ihre Kenntnis benutzten, um durchaus englische Bücher gegen Frankreich zu schreiben.

Indessen sind jene drei nicht voll verantwortlich. Calonne war zu sehr verachtet, um glaubwürdig zu sein, und die beiden anderen zu sehr gehaßt.

Der Mann, der unbestreitbar wirksamer gegen die Revolution vorging, der Frankreich am meisten schadete, der England am besten über die Berechtigung seines Hasses beruhigte, war ein Irländer (von Abstammung), Lally-Tollendal.

Von ihm empfing ein anderer Irländer, Burke, den fertigen Text seines Buches, von ihm ging dieser aus, potenzierte Haß und Schmähung und gab den Ton an für Europa. Diese beiden Männer sprachen, und alle übrigen wiederholten nur, was sie sprachen.

Man sage nicht, daß ich ihre Verantwortlichkeit übertreibe, daß sie mit ihrem blendenden, aber ideenlosen Gerede, mit ihrem leichtsinnigen Charakter nicht genug in sich hatten, um Europas Meinung so zu ändern. Meine Ansicht ist, daß solche Leute nur um so bessere Schauspieler sind, weil sie mit ihrem ganzen Ernst spielen, weil ihre innere Hohlheit es ihnen nur um so leichter macht, alle Ideen der anderen zu adoptieren und wie die eigenen von sich zu geben.

Der beredte, gute, empfindsame, tränenreiche Lally, der nur unter Schluchzen schreiben konnte und mit dem Taschentuch in der Hand lebte, war auf sehr romanhafte Weise ins Leben getreten; er blieb eine Romanfigur. Er war ein Kind der Liebe, und der unglückliche General Lally hatte ihn heimlich unter dem einfachen Namen Trophime erziehen lassen. Er erfuhr an ein und demselben Tage den Namen seines Vaters, seiner Mutter, und daß sein Vater dem Tode nahe war. Seine Jugend, ruhmvoll der Rechtfertigung eines Vaters geweiht, wurde von allgemeinem Anteil begleitet; der sterbende Voltaire schickte ihm seinen Segen. Als Mitglied der Generalstaaten betrieb Lally den Anschluß der Minderheit des Adels an den dritten Stand. Aber seitdem flößte ihm, wie er selbst gesteht, die große Bewegung der Revolution einen gewissen Schrecken und Taumel ein. Von ihrem ersten Schritte an wich sie merkwürdigerweise von dem doppelten Ideal ab, das er sich gebildet hatte. Der arme Lally, sicher der unentschiedenste aller empfindsamen Menschen, erträumte zwei sehr verschiedene Dinge zugleich: die englische Verfassung und die väterliche Regierung. Bei zwei sehr ernsten Gelegenheiten schadete er seinem angebetenen König, während er ihm dienen wollte. Ich habe vom 23. Juli berichtet, wo seine unbesonnene Beredsamkeit dem König eine sehr kostbare Gelegenheit verdarb, sich das Volk wieder zu verbinden. Im November kam eine andere Gelegenheit; und wieder verdarb sie Lally; Mirabeau wollte dem König dienen und strebte ins Ministerium; Lally ergriff mit gewohntem Takt gerade diesen Augenblick, um ein Buch gegen Mirabeau herauszubringen.

Er hatte sich damals nach Lausanne zurückgezogen. Der schreckliche Vorgang im Oktober hatte seine zarte, empfängliche Einbildungskraft allzu tief verwundet. Mounier, der bedroht und tatsächlich in Gefahr war, verließ die Versammlung zur gleichen Zeit.

Der Abfall dieser beiden Männer tat uns ungeheuren Schaden in Europa. Mounier galt als die Vernunft, als die Minerva der Revolution. Er war ihr in der Dauphiné vorausgeeilt und hatte ihr in ihrem bedeutungsvollsten Akt, dem Ballhauseid, als Sprachrohr gedient. Und Lally, der gute, empfindsame Lally, dem alle Herzen zugetan waren, der den Frauen und den Familien teuer war um der Verteidigung seines Vaters willen, Lally, der Redner des Königs und des Volkes zugleich, der die Hoffnung erweckt hatte, die Revolution werde sich durch den König vollenden, der erklärte jetzt der Welt, sie sei unrettbar verloren, das Königtum sei verloren und die Freiheit verloren. Der König sei der Gefangene der Versammlung, und die Versammlung Gefangene des Volks. Dieser Franzose übernimmt das Wort von Frankreichs Feind, das Wort Pitts: „Die Franzosen werden nur die Freiheit durchkreuzt haben." Hohn über Frankreich! England ist von nun an das einzige Ideal der Welt. Das Gleichgewicht der drei Gewalten, das ist die ganze Politik. Lally verkündet dieses Dogma, er weiß sich eins „mit Lykurg und Blackstone".

Lächerlich im Grunde, aber von anziehendem Wesen, beredt, leidenschaftlich, ein ausgezeichneter Sprecher von der guten Tradition, reich und voll im Ausdruck, Überschwang des Herzens. – Und all das, um das Vaterland anzuklagen, zu erniedrigen, um, wenn er könnte, seine Mutter zu töten. Ja, derselbe Mann, der die Hälfte seines Lebens der Rechtfertigung seines Vaters opferte, wandte den Rest an das ruchlose, mörderische Werk, seine Mutter, Frankreich, zu töten.

Die Denkschrift Lallys an seine Auftraggeber (Januar 1790) ist das erste Beispiel für jene übertriebenen Darstellungen, die das Ausland seitdem unaufhörlich von den Gewalttätigkeiten der Revolution gegeben hat. Die Seiten, die Lally darüber schrieb, sind inhaltlich und sogar wörtlich von allen folgenden Schriftstellern abgeschrieben worden. Die sogenannten Konstitutionellen begannen damals die ungerechteste Untersuchung gegen Frankreich; sie gingen von Provinz zu Provinz und fragten die Herren und die Priester: „Was habt ihr erlitten?" Dann schreiben und bestätigen sie ohne Prüfung, ohne Kontrolle, ohne Akten oder Zeugen beizubringen. Das Volk, das übliche und notwendige Opfer, muß nach jahrhundertelangem Leiden am Tage, da es sich erhebt, immer noch leiden. Seine angeblichen Freunde verzeichnen gierig alle seine Missetaten, ob sie wahr sind oder falsch; sie vernehmen die verdächtigsten Zeugen gegen es; sie glauben alles, was gegen es spricht.

Lally kommt zuerst, er ist der Chorführer; mit ihm beginnt das große Konzert der Weinenden, die alle über Frankreich ihre Tränen vergießen. Die ihr über den König weint und über den Adel, die ihr alles Mitleid für jene bewahrt und den Millionen Menschen nichts gewährt, die ebenfalls litten und untergingen, sagt uns doch, welchen Rang und welches Wappen man haben muß, um euch empfänglich zu finden? Wir hatten geglaubt, um die Tränen der Menschen zu verdienen, sei es genug, Mensch zu sein.

Man urteile selbst, mit welch innerem Vergnügen, mit welch wohlgefälligem Lächeln England von den Franzosen, von den besten, den empfindsamsten Franzosen, „den wahren Freunden der Freiheit", erfuhr, Frankreich sei der Freiheit unwürdig, das Volk sei unbesonnen, gewalttätig und werde aus Schwachsinn leicht zum Verbrecher. Rohe, bösartige Kinder, die verderben und zerbrechen, was sie anfassen. Sie würden wahrhaftig die Welt in Stücke schlagen, wenn das weise England nicht da wäre, um sie zu züchtigen.

Die Partie in diesem Prozeß vor der Welt war nicht gleich zwischen der Revolution und ihren englisch-französischen Anklägern. Diese wiesen auf Wirrnisse, die nur allzu sichtbar waren. Und die Revolution erwies, was man noch nicht sah, den hartnäckigen Verrat ihrer Feinde, das herzliche, intime Einverständnis zwischen den Tuilerien, den Emigranten, dem Ausland, die Einigkeit der Verräter drinnen und draußen. Man leugnete, man schwor, man rief den Himmel zum Zeugen an. So zu verdächtigen, zu verleumden – ah, welche Ungerechtigkeit! Die Unschuldigen, die so feierlich protestierten, kamen 1815 und erklärten laut, sie seien schuldig gewesen; sie rühmten sich dessen und drückten einander die Hand darauf.

Ja, wir können uns heute auf ihr eigenes Zeugnis berufen und als feststehend behaupten: die Necker und Lally waren Einfaltspinsel und Tröpfe, als sie garantierten, was die Zeit so grausam dementiert hat. Einfaltspinsel, aber in ihrer Einfalt steckte Verderbtheit; diese eitlen Hohlköpfe waren durch ihre Enttäuschung verdreht, durch die Schmeicheleien, die Liebenswürdigkeiten und die unheilvolle Freundschaft der Feinde Frankreichs verdorben worden.

Das revolutionäre Frankreich, das man für so gewalttätig gehalten hat, war in Wirklichkeit geduldig. Überall in Paris, in der Rue Saint-Jacques, in der Rue de la Harpe, druckte man die Bücher der Verräter und legte sie aus; das Buch Calonnes zum Beispiel, das auf Kosten des Hofes prachtvoll ausgestattet wurde, das wütende, unsaubere Buch Burkes, das ebenso heftig war wie die Marats, aber viel mörderischer, wenn man an die Folgen denkt!

Dieses Buch ist so toll vor Wut, daß der Verfasser auf jeder Seite vergißt, was er auf der vorhergehenden gesagt hat, er schlägt sich blind mit seinen eigenen Gründen; es erinnert mich jedesmal an das Ende Mirabeau-Tonneaus, der an seinem Ungestüm starb: er warf sich mit geschlossenen Augen in den Degen eines Offiziers, den er zwang auszulegen.

Das Übermaß der Wut, das förmlich darunter leidet, nicht noch stärkere Worte zu haben, verleitet den Verfasser jeden Augenblick zu jenen niedrigen Späßen, die den Narren selbst erniedrigen: „Wir Engländer sind nicht ausgenommen und zusammengeflickt worden, ausgestopft, wie die Vögel im Museum, mit Stroh und Lumpen, mit schmutzigen Papierfetzen, die sie die ‚Rechte des Menschen' nennen." Und an einer anderen Stelle: „Die Konstituierende Versammlung setzt sich aus Dorfadvokaten zusammen. Ihre Konstitution mußte notwendigerweise eine Quelle von Streitigkeiten werden, die Gelegenheit zu fetten Bissen gibt."

Ich habe mit einer Arglosigkeit, deren ich mich jetzt schäme, nach einem Gesichtspunkt gesucht. Nicht als Schmähung und Widerspruch. Er sagt auf derselben Seite: „Die Regierung ist ein Werk *menschlicher* Weisheit." Und einige Zeilen tiefer: „Des Menschen Wille muß begrenzt sein durch etwas *Außermenschliches*." Durch wen denn? Einen Engel, einen Gott, einen Papst? Dann kehrt doch zu den schönen Regierungen des Mittelalters zurück, zu der Politik des Wunders?

Das amüsanteste bei Burke ist sein Lob der Mönche. Darin ist er unerschöpflich. Er war Schüler von Saint-Omer, Konvertit, um es zu etwas zu bringen, und erinnert sich nun (ein wenig spät) seiner guten Lehrer, der Jesuiten. Das protestantische England schließt sie an sein Herz, aus Haß gegen uns. So Gutes wirkt die Revolution: sie versöhnt und einigt so alte Feinde! Pitt könnte zur Messe gehen. Alle, Engländer und Mönche, finden sich im schönen Gleichklang, wenn es gilt, Frankreich die blutige Vesper zu lesen: sie singen an demselben Chorpult.

Pitt hieß das Buch Burkes gut. Er wollte eine ewige Bresche schlagen zwischen den beiden Völkern, wollte die Meerenge breiter und tiefer machen.

Der Haß der Engländer gegen Frankreich war bis dahin ein instinktives, launenhaftes, veränderliches Gefühl gewesen. Von jetzt an wurde er Gegenstand einer systematischen Pflege, die glänzende Erfolge hatte. Er wuchs und gedieh.

Der Boden war wohl vorbereitet. Sismondi (der den Engländern durchaus nicht übel gesinnt ist und bei ihnen geheiratet hat) macht diese sehr richtige Bemerkung über ihre Geschichte im achtzehnten Jahrhundert. Sie waren um so kriegslustiger, als sie niemals Krieg führten. Wenigstens führten sie ihn nicht durch die eigenen Leute und im eigenen Lande. Sie hielten sich für unangreifbar; daher wuchs ihnen ein selbstsicherer Egoismus, der ihr Herz verhärtete und sie gewalttätig, unverschämt und reizbar machte gegen alles, was ihnen widerstand. Die Strafe für diese gehässige Gesinnung war die Zunahme des Hasses, die triste Lässigkeit, mit der sie sich von ihren Großen, ihren Reichen zu allen Torheiten verleiten ließen, die der Haß eingibt. Die guten Eigenschaften dieses arbeitsamen, ernsten, verschlossenen Volkes schlugen alle zum Bösen aus.

Eine auf dem Kontinent unbekannte Tugend, die, wie man zugeben muß, ihren führenden Männern, Pitt, Nelson und anderen, oft gute Dienste geleistet hat, die „doggedness" (Zähigkeit) wurde, so mißleitet, zu einer Art stummen Wut, jener grundlosen Wut der Bulldogge, die zubeißt, ohne zu wissen, was sie beißt, und die niemals locker läßt.

Mir flößt dieses traurige Schauspiel nicht Haß gegen Haß ein. Nein, vielmehr Mitleid! Brudervolk, du Volk Newtons und Shakespeares, wer empfände nicht Mitleid, wenn es dich dieser niedrigen Vertrauensseligkeit verfallen sieht, der feigen Willfährigkeit gegen unsere gemeinsamen Feinde, die Aristokraten, die so weit geht, daß du alles wörtlich nimmst, mit Achtung und Vertrauen anhörst, was dir der Edelmann, der Gentleman, der Lord gegen die Leute gesagt hat, deren Sache die deinige war? Dein klägliches Vorurteil für die, die dich zu Boden treten, hat uns viel Böses getan; und dich hat es zugrunde gerichtet.

Ach! Ihr werdet niemals erfahren, wie das Herz Frankreichs für euch schlug! Als im Mai 1790 einer unserer Abgeordneten von England sprach und zu sagen wagte: „Unser Nebenbuhler, unser Feind", da ging ein allgemeines Murren durch die Versammlung. Man hätte eher Spanien im Stich gelassen, als sich mißtrauisch zu zeigen gegen unsere Freunde, die Engländer.

Und das im Jahre 1790, während das englische Ministerium und die Opposition vereint das Buch von Burke in die Welt hinausließen.

Die Wirkung dieses kläglichen Ergusses auf die Engländer war ungeheuer. Die Klubs, die sich in London gebildet hatten, um die Prinzipien unserer Revolution zu unterstützen, wurden größtenteils aufgelöst. Der liberale Lord Stanhope strich seinen Namen aus ihren Listen (November 1790). Zahlreiche Veröffentlichungen, geschickt vorbereitet, unendlich vervielfältigt, zu Spottpreisen im Volke verkauft, bearbeiteten dieses so gut, daß, als ein englischer Verein in Birmingham am 14. Juli 1791 den Jahrestag der Bastille feiern wollte, der wütende Pöbel das Haus Priestleys und sein chemisches Laboratorium plünderte, seine Möbel zertrümmerte und anzündete. Priestley verließ das undankbare Land und ging nach Amerika.

So feierte man in England den Freund Frankreichs.

Und so feierte man im gleichen Jahre in Frankreich die Engländer:

Im Dezember 1791 beschlossen unsere Jakobiner, damals unter dem Vorsitz der Girondisten Isnard und Lasource, die drei Flaggen Frankreichs, Englands und der Vereinigten Staaten sollten an der Wölbung ihres Saales aufgehängt und die Büsten von Price und Sidney neben denen von Jean-Jacques, Mirabeau, Mably und Franklin aufgestellt werden.

Man gab einem Engländer, dem Abgeordneten der Londoner Klubs, den Ehrensitz. Man richtete die wärmsten Glückwünsche an ihn und die Beteuerung ewigen Friedens. Aber der Bund wäre unvollkommen erschienen, wenn nicht unsere Mütter, unsere Frauen, die geborenen Mittlerinnen, die Nationen verehelicht und ihre Hände ineinandergelegt hätten. Sie brachten ein rührendes Pfand mit, ihre eigene Arbeit; sie selbst und ihre Töchter hatten drei Flaggen gewebt für den Engländer, die Freiheitsmütze und die dreifarbige Kokarde. All das wurde zusammen in eine Bundeslade gelegt, dazu die Verfassung, die neue Karte Frankreichs und Früchte von der Erde Frankreichs, Getreideähren.

ZWÖLFTES KAPITEL

Die Metzelei von Nancy (31. August 1790)

Die Priester und die Engländer bildeten eine Gefahr für Frankreich. – Verständigung der Royalisten und der Konstitutionellen. – Der König der Bourgeoisie, La Fayette, ein Anglo-Amerikaner. – Erregung in der Armee. – Erbitterung der Offiziere und der Soldaten. – Verfolgungen im Waadtländer-Regiment Châteauvieux. La Fayette, der Versammlung und der Jakobiner sicher, verständigt sich mit Bouillé und ermächtigt ihn, einen Streich zu führen. – Man fordert die Soldaten heraus (26. August). – Bouillé marschiert gegen Nancy, lehnt alle Bedingungen ab und beginnt den Kampf (31. August). – Die im Stich gelassenen Waadtländer werden hingerichtet oder auf die Galeeren geschickt. – Der König und die Versammlung danken Bouillé. – Loustalot stirbt daran (September).

Das allgemeine Hindernis in unserer wie in allen anderen Revolutionen waren der Egoismus und die Furcht. Aber das besondere Hemmnis, das die unsere charakterisiert, ist der hartnäckige Haß, mit dem sie der Priester und der Engländer über die ganze Erde verfolgt haben.

Verderblich war dieser Haß im Kriege, verhängnisvoller im Frieden, mörderisch in der Freundschaft. Wir spüren es heute.

Sie waren für uns nicht nur die Verfolgung, sondern, was verheerender ist, die Versuchung.

Der einfältigen, leichtgläubigen Menge, der Frau, dem Bauer, hat der Priester das Opium des Mittelalters gegeben, das Unruhe und böse Träume in sich birgt. Das Bürgertum hat das englische Opium getrunken mit allen seinen Zutaten von Egoismus, Wohlbefinden, Komfort, Freiheit ohne Opfer; eine Freiheit, die hervorginge aus dem mechanischen Gleichgewicht, woran die Seele unbeteiligt wäre; die Monarchie ohne Persönlichkeit, wie sie Montesquieu erläutert; *Garantien* ohne Fortschritt zum Besseren, *Garantien* besonders für den Egoismus.

Das ist die Versuchung.

Was die Verfolgung angeht, so soll diese ganze Geschichte sie erzählen. Sie beginnt mit einer Flut von Pamphleten auf beiden Seiten der Meerenge, mit gedruckten Unwahrheiten. Es dauert nicht lange, so setzt sie sich fort durch eine nicht weniger abscheuliche Reihe von Unwahrheiten anderer Art, von falschem Gelde, falschen Assignaten. Man macht kein Geheimnis daraus. In Birmingham wird die Herstellung in großem Stile offen betrieben.

Dieser Schwarm von Lügen, Verleumdungen, haltlosen Anklagen, wie ein Heer von schmutzigen Insekten, das der Wind im Sommer vor sich hertreibt, hatte zur Folge: zunächst, daß sich Millionen Stechmücken in die Flanken der Revolution setzten, um sie rasend und toll zu machen; dann, daß das Licht sich verfinsterte und der Tag so vollkommen zur Nacht wurde, daß viele, die man für hellsichtig gehalten hatte, bei hellem Mittag umhertappten.

Die Schwachen, die bis dahin ihrer Begeisterung, ihrem Gefühle nachgaben und ohne feste Grundlagen waren, verloren den Weg und begannen zu fragen: Wo sind wir? Wohin gehen wir? Der Händler begann an einer Revolution zu zweifeln, vor der die Käufer aus dem Lande gingen. Der Bürger, der Alltags- und Stubenmensch, den der Trommelwirbel jeden Augenblick zwang, seine Stube zu verlassen, war erschöpft und gereizt, wollte „Schluß machen". Darin war Ludwig XVI. ganz ähnlich; er hätte lieber ein Interesse und wenn nötig einen Thron geopfert als seine Gewohnheiten.

Dieser gereizte Zustand, das Bedürfnis nach Ruhe und Frieden um jeden Preis, führte das Bürgertum sehr weit, La Fayette, seinen König, zum Beispiel bis zu einem blutigen Mißgriff, der auf die Folge der Ereignisse eine unberechenbare Wirkung tat.

Man gibt nicht leicht seine Ideen, seine Vorurteile, seine Kastengewohnheiten auf. La Fayette, den der Sturm der Revolution eine Zeitlang über sich selbst hinausgehoben hatte, wurde allmählich wieder der Marquis de La Fayette. Er wollte der Königin gefallen, ihr Ansehen wiederherstellen; und er wollte ohne Zweifel nicht minder Frau von La Fayette gefällig sein, einer ausgezeichneten, aber frommen Frau, die als solche den Ideen des Rückschritts anhing und alle Tage durch einen unvereidigten Priester die Messe in ihrer Kapelle lesen ließ. Diese intimen Einflüsse in der Familie wurden verstärkt durch die ganze adlige Verwandtschaft, seinen Vetter Bouillé, seine Freunde, alle vom hohen Adel, schließlich seinen Generalstab, der sich aus Adel und bürgerlicher Aristokratie zusammensetzte. Äußerlich standhaft und kalt, wurde er nichtsdestoweniger auf die Dauer durch diese gegenrevolutionäre Umgebung verändert und gewonnen. Auch ein stärkerer Geist wäre hier nicht fest geblieben. Die Verbrüderung auf dem Champ-de-Mars hatte ihn vollends berauscht. Eine Menge braver Leute, die in ihren Provinzen soviel von La Fayette hörten, und die endlich das Glück hatten, ihn zu sehen, boten das lächerlichste Schauspiel: sie beteten ihn buchstäblich an, küßten ihm die Hände, die Stiefel.

Nichts ist empfindlicher und reizbarer als ein Gott; und die Situation selbst war ungewöhnlich aufreizend. Sie war voll von Widersprüchen, von gewaltsamen Wechselfällen. Die Zufälle des Aufruhrs nötigten den Gott, den Polizeikommissar zu machen, gelegentlich auch den Gendarmen; als er einmal keinen Gehorsam fand, mußte er einen Mann eigenhändig festnehmen und ins Gefängnis bringen.

Die große, überragende Autorität, die La Fayette hätte ermutigen und in diesen Prüfungen stärken können, war Washington. Sie ließ ihn völlig im Stich.

Washington war bekanntlich der Führer der Partei, die die Einheitlichkeit der Regierung in Amerika stärken wollte. Der Führer der Gegenpartei, Jefferson, hatte dem Ausbruch unserer Revolution begeistert zugestimmt. Washington verbarg trotz seiner äußersten Zurückhaltung nicht den Wunsch, La Fayette möge bremsen. Die Amerikaner, in der Besorgnis, durch ihren Retter Frankreich allzuweit gegen die Engländer geführt zu werden, hatten es für klug gehalten, ihre Dankbarkeit auf einzelne Personen zu beschränken, auf La Fayette, auf Ludwig XVI.

Wenige verstanden unsere Lage, viele hielten zur Partei des Königs gegen Frankreich. Im übrigen kühlte sie auch eine Sache ab, an die wir nicht gedacht hatten, die aber ihren Handel schädigte, ein Beschluß der Versammlung über den Tabak und das Öl.

Die Amerikaner, die in jeder Interessenfrage so standhaft sind gegen England, werden schwach und ergreifen Partei dafür, wenn es sich um Ideen handelt. Die englische Literatur ist immer ihre Literatur. Der grausame Preßfeldzug, den die Engländer gegen uns führten, wirkte auf die Amerikaner und durch sie auf La Fayette. Wenigstens unterstützten sie ihn nicht in seinen anfänglichen republikanischen Bestrebungen. Er selbst war Amerikaner in seinen Anschauungen, Engländer an Kultur, ein wenig auch nach Aussehen und Gestalt.

Für das System des demokratischen Königtums oder „der königlichen Demokratie“, das nach seinen eigenen Worten nur für etwa zwanzig Jahre gut war, unternahm er einen entscheidenden Schritt, der die Revolution aufzuhalten schien, und der sie beschleunigte.

Berichten wir, was voranging.

Seit dem Winter 1790 wurde die Armee von zwei Seiten zugleich bearbeitet, einerseits von den patriotischen Vereinen, anderseits vom Hof, von den Offizieren, welche, wie wir gesehen haben, den Soldaten einzureden versuchten, sie seien in der Nationalversammlung beleidigt worden.

Im Februar erhöhte die Versammlung den Sold um einige Heller. Im Mai hatte der Soldat noch nichts von dieser Erhöhung gesehen; sie war gänzlich bedeutungslos und wurde fast völlig für eine kaum merkbare Vergrößerung der Brotrationen verbraucht.

Nach langem Verzug war das Ergebnis Null. Die Soldaten hielten sich für bestohlen. Schon lange beschwerten sie sich über die Rücksichtslosigkeit der Offiziere, die keinerlei Rechnung ablegten über die Regimentskassen. Sicher ist, daß die Offiziere zum mindesten sehr nachlässige, sehr zerstreute Rechnungsführer waren, Feinde von Schreibereien und durchaus keine Rechner. Besonders in den letzten Jahren, bei der allgemeinen Schlappheit der alten Verwaltung, scheint das militärische Rechnungswesen nicht mehr existiert zu haben. Um nur ein Regiment zu nennen: du Châtelet, Oberst des Regiments du Roi, war zugleich Rechnungsführer und Inspektor; er rechnete jedoch weder, noch inspizierte er.

„Die Soldaten", sagte Bouillé, „bildeten Ausschüsse, ernannten Abgeordnete, welche von ihren Vorgesetzten zuerst mit ziemlicher Mäßigung die Abzüge forderten, die gemacht worden waren. *Ihre Ansprüche waren gerecht*, man gab ihnen statt." Er fügt hinzu, daß sie dann ungerechte und übermäßige stellten. Was weiß er davon? Wer konnte das bei einem so regellosen Rechnungswesen berechnen?

Brest und Nancy waren die Hauptschauplätze dieses sonderbaren Streites, in welchem der Offizier, der Adlige, der Edelmann als Betrüger angeklagt war.

Die Offiziere erwiderten den Angriff gewalttätig, grausam. Stark durch ihre Stellung als Vorgesetzte und ihre Überlegenheit in der Fechtkunst, ersparten sie dem Soldaten und dem Bürger, dem Freunde des Soldaten, keine Unverschämtheit. Sie schlugen sich nicht gegen den Soldaten, aber sie hetzten Fechtlehrer, bezahlte Raufbolde gegen ihn, die, ihrer Streiche gewiß, den anderen vor die Wahl stellten, einem sicheren Tode zu verfallen oder mit blutender Nase auszuweichen und verlacht zu werden. In Metz griff man einen auf, der von den Offizieren verkleidet war und soundso viel pro Kopf von ihnen erhielt; er ging abends aus, bald als Nationalgardist, bald im Bürgerrock, um zu beleidigen, zu verwunden oder zu töten. Wer sich weigerte, ihm vor die unfehlbare Klinge zu gehen, der wurde am folgenden Morgen im Quartier verschrien und verhöhnt, der war ein Gegenstand der Kurzweil und des Spottes.

Die Soldaten nahmen schließlich den Schelm fest, erkannten ihn und ließen ihn die Offiziere nennen, die ihm Kleider geliehen hatten. Man tat ihm nichts Böses, setzte ihm nur eine Papiermütze auf mit seinem Namen: „Ischariot", und jagte ihn fort.

Die ertappten Offiziere gingen über die Grenze und traten, wie so viele andere, in die Korps ein, die Österreich gegen Brabant marschieren ließ.

So vollzog sich die natürliche Trennung: der Soldat näherte sich dem Volke, der Offizier dem Ausland.

Bei den Verbrüderungen trat die Spaltung von neuem hervor. Die Offiziere erschienen nicht auf den Festen.

Sie zeigten ihr wahres Gesicht noch besser, als man den Eid von ihnen verlangte. Von der Versammlung angeordnet, von den Offizieren verschoben und widerwillig, von manchen mit höhnischer Leichtfertigkeit geleistet, tat der Eid nur so viel, um dem Haß, den der Soldat gegen seine Führer hegte, die Verachtung beizufügen. Sie galten nun als niedrig.

So stand es um die Armee, um ihren inneren Zwist. Und der Krieg nach außen steht bevor. Im Juli platzt die Nachricht herein, daß der König den Österreichern, die die Revolution in den Niederlanden ersticken wollen, den Durchzug gewährt. Den Durchzug? Oder wohl den Aufenthalt? Wer weiß, ob sie nicht bleiben werden, ob sich der Schwager Leopold nicht in Mézières oder Givet häuslich niederlassen wird? Die Bevölkerung der Ardennen traute dem zwiespältigen Heere und Bouillé, der es kommandierte, durchaus nicht; sie wollte sich selbst verteidigen. Dreißigtausend Nationalgarden setzten sich in Bewegung; sie marschierten gegen die Österreicher, als man erfuhr, daß die Nationalversammlung den Durchzug verweigert hatte.

Die Offiziere dagegen verbargen keineswegs vor den Soldaten die Freude, die sie über die fremde Armee empfanden. Als jemand fragte, ob die Österreicher wirklich kämen, antwortete ein Offizier: „Ja, sie kommen, und zwar, um euch zu züchtigen."

Indessen gingen die Duelle weiter und nahmen einen erschreckenden Umfang an. Man benutzte sie, wie in Lille, zur „Säuberung" der Armee. Geschickt verwandte man den Zank, die eitlen Rivalitäten zwischen den Korps, von denen oft keiner wußte, warum sie bestanden. In Nancy waren 1500 Mann gegen 1500 im Begriff, sich zu schlagen; ein Soldat sprang dazwischen, nötigte die Parteien zu einer Erklärung und veranlaßte sie, den Degen einzustecken.

Man bewilligte Massenurlaube (beim Anrücken des Feindes!); viele Soldaten wurden entlassen, und zwar auf ehrenrührige Weise, mit Strafabschied.

So standen die Dinge, als das Regiment du Roi, das mit zwei anderen (Mestre-de-Camp und Châteauvieux, einem Schweizerregiment) in Nancy lag, sich herausnahm, die Rechnungslegung von den Offizieren zu verlangen und sich von ihnen auszahlen zu lassen. Das lockte Châteauvieux. Am 5. August schickte es zwei Soldaten zum Regiment du Roi, um Auskunft zu holen über die Prüfung der Rechnungen. Diese armen Schweizer hielten sich für Franzosen und wollten es ebenso machen wie die Franzosen; man rief ihnen grausam ins Gedächtnis, sie wären Schweizer. Ihre Offiziere waren nach den Worten der Kapitulation ihre obersten Richter über Leben und Tod. Offiziere, Richter, Herren und Meister: die einen Patrizier aus den souveränen Städten Bern und Freiburg, die anderen Feudalherrn aus dem Waadtland und anderen abhängigen Gebieten; die letzteren ließen ihre Vasallen die Verachtung entgelten, mit der sie Bern behandelte. Der Schritt ihrer Soldaten erschien ihnen dreifach strafbar; als Soldaten, Untertanen und Vasallen konnten sie niemals grausam genug bestraft werden. Die beiden Boten wurden bei offener Parade schimpflich gepeitscht und durch die Riemen gejagt. Die französischen Offiziere sahen bewundernd zu; sie beglückwünschten die schweizerischen Offiziere zu ihrer Unmenschlichkeit.

Sie hatten nicht bedacht, wie die Armee die Sache aufnehmen würde. Die Erregung stieg ungeheuer. Die Franzosen fühlten alle Schläge, die die Schweizer trafen.

Das Regiment Châteauvieux war der Armee, war Frankreich teuer und verdiente es. Es war dasselbe, das am 14. Juli 1789 auf dem Champ-de-Mars gelegen und, als die Pariser im Invalidenhaus Waffen holen wollten, erklärt hatte, es werde niemals auf das Volk schießen. Seine Weigerung legte Besenval sichtlich lahm, sie machte Paris frei zum Marsch auf die Bastille.

Man braucht sich darüber nicht zu wundern. Die Schweizer von Châteauvieux kamen nicht aus der deutschen Schweiz, sondern waren Leute aus dem Waadtland, aus der Gegend von Lausanne und Genf. Und was ist mehr Franzose auf der Welt?

Männer aus Waadt, Männer aus Genf und Savoyen, wir haben euch Calvin gegeben, ihr habt uns Rousseau gegeben. Möge das unsern Bund auf ewig besiegeln! Ihr habt euch am ersten Morgen unsres ersten Tages als unsre Brüder erklärt, in dem wahrhaft furchtbaren Augenblick, wo niemand den Sieg der Freiheit voraussehen konnte.

Die Franzosen nahmen die beiden am Morgen geprügelten Schweizer mit sich, zogen ihnen ihre Kleider an, setzten ihnen ihre Mützen auf, führten sie in der Stadt umher und zwangen die schweizerischen Offiziere, jedem von ihnen hundert Franken Schadenersatz zu leisten.

Die Empörung war zuerst nur ein Überschäumen des guten Herzens, der Billigkeit, des Patriotismus; als aber der erste Schritt getan und die Offiziere einmal bedroht und zur Zahlung gezwungen worden waren, folgten andere Gewalttätigkeiten.

Die Offiziere hatten die Regimentskassen beim Schatzmeister untergebracht, anstatt sie im Quartier zu lassen, wo sie nach den Reglements sein sollten; beleidigend erklärten sie, sie wollten sie durch die Polizei überwachen lassen, wie gegen Diebe. Zur Vergeltung sagten die Soldaten, sie fürchteten, die Offiziere möchten die Kasse mitnehmen, wenn sie zum Feinde übergingen. Sie brachten sie ins Quartier zurück. Sie war beinahe leer. Neuer Grund zur Beschuldigung. Die Soldaten ließen sich auf Abschlag dessen, was man ihnen schuldete, Summen geben, mit denen die Franzosen die Schweizer und die Schweizer die Franzosen bewirteten; schließlich bewirtete man die Armen der Stadt.

Diese militärischen Orgien brachten keine ernstlichen Ruhestörungen mit sich, wenn wir der Aussage der Nationalgarden von Nancy vor der Versammlung Glauben schenken dürfen. Indessen verschärften sie die Spannung. Die Lage erforderte offenbar rasches Einschreiten.

Weder die Versammlung noch La Fayette verstanden, was zu tun war.

Man hätte zunächst erkennen müssen, daß die gewohnten Regeln nicht angewandt werden durften. Die Armee war keine Armee mehr. Zwei Völker standen einander gegenüber, zwei feindliche Völker: die Adligen und die Nichtadligen. Die letzteren, die Nichtadligen, die Soldaten, hatten durch die Revolution gesiegt; für sie war die Revolution geschehen. Zu glauben, die Sieger würden den Besiegten, von denen sie im übrigen gekränkt wurden, noch länger gehorchen, das war unverständig. Viele Offiziere waren schon zum Feinde übergegangen; die geblieben waren, hatten den Bürgereid aufgeschoben oder abgelehnt. Es war in der Tat zweifelhaft, ob die Armee gefahrlos den Freunden der Feinde gehorchen könnte.

Nur eins war vernünftig und tunlich, das, wozu Mirabeau riet: die Armee auflösen und sie neu bilden. Der Krieg drohte nicht so unmittelbar, daß es an Zeit zur Durchführung dieses Planes gefehlt hätte. Das Hemmnis, das ernste Hemmnis war, daß die Führer dieser Zeit, Mirabeau selbst, La Fayette, die Lameth, alle diese revolutionären Edelleute, nur Edelleute zu Offizieren ernannt hätten. Vorurteil und Tradition sprachen sehr stark zu ihren Gunsten: man traute den unteren Klassen keinen militärischen Geist zu; man ahnte nicht, wie viele wahre Adlige sich unter dem Volke befanden.

La Fayette war es, der die Versammlung durch seinen Freund, den Abgeordneten Emmery, zu den falschen und harten Maßregeln gegen die Armee trieb, durch welche die Versammlung Partei und nicht Richter wurde. – Partei, zu wessen Vorteil? Zum Vorteil der Gegenrevolution.

Am 6. August ließ La Fayette durch Emmery vorschlagen und durch die Versammlung beschließen: um die Rechnungsführung der Offiziere zu prüfen, solle der König Inspektoren ernennen, *die unter den Offizieren gewählt würden*; man dürfe die Soldaten nur nach einem in den alten Formen verkündeten, das heißt *von Offizieren gesprochenen Urteil* mit Strafabschied entlassen. Der Soldat konnte beim König Berufung einlegen, das heißt beim Minister (der selbst Offizier war), oder auch bei der Nationalversammlung, die natürlich ihre ungeheuren Arbeiten schleunigst im Stich lassen würde, um über die Soldaten zu Gericht zu sitzen.

Mit diesem Erlaß wollte man sich nur eine Waffe verschaffen. Man hatte Eile, „einen Streich zu führen". Am 6. beschlossen, wurde er am 7. durch den König bestätigt. Am 8. schrieb La Fayette an Bouillé, der „den Streich führen" sollte. Er bedient sich eben dieses Ausdrucks und wiederholt ihn mehrere Male.[1]

La Fayette war nicht grausam. Ich will hier nicht seinen Charakter angreifen, sondern seinen Verstand.

Er meinte, dieser gewaltsame, aber notwendige Streich würde die Ordnung für immer wiederherstellen. Die Wiederherstellung der Ordnung würde es erlauben, endlich die schöne konstitutionelle Maschine in Betrieb zu bringen, die „königliche Demokratie", die er als sein Werk betrachtete, liebte und mit der Eigenliebe des Erfinders verteidigte.

Und diese erste, der konstitutionellen Regierung so nützliche Tat sollte durch einen Feind der Konstitution geschehen, durch Herrn de Bouillé, der es, solange er konnte, verschoben hatte, den Eid auf sie zu leisten, der ihr grollte, – durch einen Mann, der persönlich gegen die Soldaten aufgebracht war, weil diese sich noch unlängst an seine Befehle nicht gekehrt, sondern ihn gezwungen hatten, einen Teil dessen zu bezahlen, was man ihnen schuldig war. War das wohl der ruhige, unparteiische und unbeteiligte Mann, dem man einen schwierigen Auf-

[1] Memoiren La Fayettes, Brief vom 18. August 1790, Bd. III, S. 135.

trag anvertrauen konnte? Mußte man nicht fürchten, daß er die Gelegenheit zu persönlicher Rache benutzen werde?

Bouillé sagt selbst, er habe einen heimlichen Plan gehabt: ruhig mit anzusehen, wie der größte Teil der Armee in Unordnung, in Auflösung geriet; einige Korps, besonders fremde, unter einer festen Hand beiseite zu halten. Es ist klar, daß man mit den letzteren die anderen später niederschlagen konnte.

Um einen solchen Mann ganz ungestört und ohne sich bloßzustellen verwenden zu können, wandte sich La Fayette direkt an die Jakobiner. Er erschreckte ihre Führer mit dem Hinweis auf die Gefahr einer ausgedehnten militärischen Empörung. Merkwürdig! Die jakobinischen Abgeordneten, die nicht wenig dazu beigetragen hatten, den Soldaten aufzuwiegeln, stimmten gleichwohl in der Nationalversammlung gegen sie. Alle Repressivmaßregeln wurden *einstimmig* angenommen.

Der Hof war so verwegen, daß er sich nicht scheute, Bouillé das Kommando aller Truppen an der ganzen Ostgrenze anzuvertrauen, von der Schweiz bis zur Sambre. Es ist richtig: diese Truppen waren durchaus nicht sicher. Bouillé konnte nur auf zwanzig Bataillone Infanterie zählen (Deutsche und Schweizer); aber er hatte viel Kavallerie: siebenundzwanzig Schwadronen deutsche Husaren und dreiunddreißig Schwadronen französische Kavallerie. Zudem erging der Befehl an alle Verwaltungskörper, ihm auf jede Weise zu helfen und ihn besonders durch die Nationalgarde zu unterstützen. Damit die Sache um so sicherer wäre, schrieb La Fayette „brüderlich" an diese Nationalgarden und schickte ihnen zwei seiner Adjutanten; der eine wurde Adjutant bei Bouillé; der andere bemühte sich, einerseits die Garnison Nancy einzuschläfern, anderseits die Nationalgarden zusammenzuziehen, die man gegen diese führen wollte.

Bouillé erläutert uns selbst seinen Feldzugsplan und läßt mancherlei durchblicken, wenn er gesteht: Er habe sich durch Momédy eine Verbindung mit Luxemburg und dem Auslande sichern wollen.

In seinem Brief vom 8. August teilte La Fayette Bouillé mit, man werde zur Prüfung der Kassen einen Offizier nach Nancy schicken, Herrn de Malseigne, den man ganz eigens von Besançon kommen ließe. Diese Wahl war sehr bedrohlich. Malseigne galt für den „ersten Tollkopf der Armee", für einen sehr tapferen Menschen, der ausgezeichnet fechten konnte, für jähzornig und leicht reizbar. Ein sonderbarer Kontrolleur! Man konnte sich darauf gefaßt machen, daß er den Sold in Degenstößen zahlen würde. Man bemerke, daß man ihn allein schickte, wie um eine Forderung zu überbringen.

Indessen hatten die Soldaten an die Nationalversammlung geschrieben; der Brief wurde aufgefangen. Sie entsandten ein paar von den Ihrigen mit einem zweiten Schreiben, aber La Fayette ließ den Brief sowohl wie die Überbringer zurückhalten, sobald sie in Paris ankamen.

Statt dessen brachte man die Anklage vor die Versammlung, welche die den Offizieren gänzlich ergebene Gemeindebehörde von Nancy gegen die Soldaten erhoben hatte, und verlas sie. Emmery behauptete frech, die Affäre Châteauvieux (vom 5. und 6. August) habe *nach der Verkündung* des Dekretes stattgefunden, das die Versammlung am 6. beschlossen hatte. So dargestellt, ohne Erwähnung des Datums, erschien die Sache als eine Verletzung des Dekrets, das gar nicht verlezt war, denn es war noch unbekannt in Nancy und wurde erst am gleichen Tage in Paris ausgefertigt. Ebenso stellte man einen Aufstand der Soldaten in Metz, der mehrere Tage vor dem 6. stattgefunden hatte, als eine Verletzung des Dekrets vom 6. dar.

Diese arglistige und lügnerische Darstellung veranlaßte die Versammlung zu einem leidenschaftlichen, empörten Beschluß, der schon ganz wie eine Verurteilung der Soldaten aussah; nach diesem Beschluß sollten sie ihren Vorgesetzten eine Erklärung abgeben, sie sähen ihren Irrtum ein und bereuten ihn; die Erklärung sollte auf Verlangen schriftlich sein, das heißt sie mußten ihrer Gegenpartei schriftliche Beweise gegen sich geben. Der Beschluß war einstimmig. Eine Besprechung fand nicht statt. „Die Sache brennt", erklärte Emmery, „der geringste Verzug ist gefährlich."

Am 26. kommt Malseigne in Nancy an, er hat das neue Dekret bei sich. In Nancy ist alles wieder ruhig; Malseigne stört die Ruhe, reizt und verwirrt die Soldaten. Anstatt zu untersuchen, beginnt er mit Beleidigungen. Anstatt friedlich im Stadthaus zu wohnen, begibt er sich ins Quartier der Schweizer und weigert sich, ihren Ansprüchen an ihre Vorgesetzten nachzugeben. „Richten Sie uns", ruft man ihm zu. Er will fortgehen, man hindert ihn daran. Da tritt er drei Schritte zurück, zieht den Degen und verwundet ein paar Mann. Der Degen zerbricht, er nimmt einen anderen und geht, ohne sich allzu sehr zu beeilen, mitten durch die Menge, die trotz ihrer Wut sein Alter achtet.

Nun hatte man, was man wollte: eine wunderschöne Herausforderung, alles, was als Verlegung, als Verachtung der Beschlüsse der Versammlung erscheinen konnte. Die Schweizer waren ungeheuerlich bloßgestellt. Bouillé gab ihnen Gelegenheit, ihren Fehler noch schwerer zu machen, und ließ ihnen befehlen, aus Nancy abzurücken; abrücken, das hieß sich ausliefern, und zwar nicht allein an Bouillé, sondern an ihre Vorgesetzten, ihre Richter oder vielmehr ihre Henker; sie wußten genau, welch entsetzliche Strafen die Offiziere für sie bereit hielten; sie verließen die Stadt nicht.

Bouillé brauchte nur noch zu handeln. Er zog dreitausend Mann Infanterie und vierzehnhundert Reiter zusammen, ausgewählte Leute, alle oder fast alle Deutsche. Um dieser Armee von Fremden ein größeres nationales Ansehen zu geben, reisten die Adjutanten La Fayettes im Lande umher und versuchten, die Nationalgarden zum Anschluß zu bewegen. Siebenhundert ließen sich hinreißen, Aristokraten und Anhänger La Fayettes; sie folgten Bouillé und zeigten sich sehr gewalttätig und wütend. Aber die Masse der Nationalgarden, ungefähr zweitausend, ließ sich nicht täuschen; sie begriffen vollkommen, daß Bouillés Sache nicht die der Revolution sein konnte, und warfen sich nach Nancy.

Die Karabiniere von Lunéville, wohin sich Malseigne geflüchtet hatte, dachten ebensowenig daran, an der blutigen Exekution teilzunehmen, die man vorbereitete. Sie selbst lieferten Malseigne ihren Kameraden aus; dieser Kriegsheld hielt in Pantoffeln, Schlafrock und Nachtmütze seinen Einzug in Nancy.

Bouillé verhielt sich merkwürdig. Er schrieb an die Versammlung, er bitte um die Entsendung von zwei Abgeordneten, die ihm helfen könnten, die Dinge in Ordnung zu bringen. Und am gleichen Tage reiste er ohne abzuwarten ab, um sie selbst durch Kanonenschüsse in Ordnung zu bringen.

Am 31. August, gerade am Tage des Massakers, verlas man in der Versammlung diesen friedfertigen Brief. Emmery und La Fayette versuchten den Beschluß durchzubringen: „Die Versammlung billigt, was Bouillé tut und tun wird."

Glücklicherweise war eine Abordnung der Nationalgarde von Nancy zugegen, um zu protestieren; auf Barnaves Vorschlag wurde ein standhafter und väterlicher Aufruf erlassen, worin die Versammlung versprach, unparteiisch zu richten. – Richten! Das war ein wenig spät. Eine der Parteien war nicht mehr.

Bouillé war am 28. von Metz aufgebrochen, am 29. von Toul und stand am 31. sehr nahe bei Nancy. Aus der Stadt begaben sich drei Abordnungen zu ihm, um elf Uhr, um drei und um vier, und baten ihn um seine Bedingungen. Die Boten waren Soldaten und Nationalgarden (Bouillé sagt Pöbel, weil sie keine Uniformen trugen); sie hatten Gemeinderäte an ihre Spitze gestellt, die vor Angst zitterten, und die, als sie bei Bouillé angekommen waren, nicht mehr zurückkehren wollten, sondern bei ihm blieben und ihn durch ihre Gegenwart und durch ihre offenbare Furcht, nach Nancy heimzukehren, gleichsam rechtfertigten.

Die Bedingungen des Generals waren, keine zu stellen, sondern vor allem zu verlangen, die Regimenter sollten die Stadt verlassen, ihre Geisel Malseigne zurückgeben und je vier der Ihrigen ausliefern, die von der Versammlung abgeurteilt werden würden. Sie einige von ihren Kameraden wählen, verraten und selbst ausliefern zu lassen, das war hart; es entehrte die Franzosen und war furchtbar für die Schweizer, die genau wußten, sie würden niemals vor das Gericht der Versammlung gestellt, sondern kraft ihrer Kapitulation von ihren Vorgesetzten beansprucht werden, um aufgehangen, lebendig gerädert zu werden oder unter dem Stock zu sterben.

Die beiden französischen Regimenter du Roi und Mestre-de-Camp unterwarfen sich, gaben Malseigne heraus und begannen die Stadt zu verlassen. Blieb das arme Châteauvieux, gering an Zahl, nur zwei Bataillone; eine Reihe der Unsrigen schämte sich indessen, es zu verlassen; auch kamen aus einem hochherzigen

Antrieb heraus viele tüchtige Nationalgarden aus der Umgegend von Nancy! Sie schlugen sich zu den Schweizern und wollten ihr Schicksal teilen. Alle zusammen besetzten die Porte de Stainville, das einzige Tor, das befestigt war.

Wenn Bouillé Blutvergießen vermeiden wollte, dann brauchte er nur eins zu tun: in einiger Entfernung haltmachen und abwarten, bis die französischen Regimenter draußen waren, dann durch die anderen Tore Truppen einrücken lassen und die Schweizer so zwischen zwei Feuer nehmen; er hätte sie ohne Kampf in seine Gewalt bekommen.

Aber wo blieb dann der Ruhm? Wo blieb der „wuchtige Streich", den der Hof und La Fayette von Bouillé erwarteten?

Bouillé erzählt selbst zwei Dinge, die gegen ihn sprechen: erstens, daß er bis auf dreißig Schritte an das Tor vorrückte, das heißt er brachte Feinde, Rivalen, Schweizer und Schweizer in unmittelbare Berührung; sie mußten sich ja beleidigen, herausfordern, sich gegenseitig als Verräter beschimpfen. Zweitens verließ er die Spitze der Kolonne, um mit den Abordnungen zu sprechen, die er sehr gut zu sich hätte kommen lassen können; seine Abwesenheit hatte die natürliche Wirkung, die zu erwarten war: man beteiligte sich, man schrie, schließlich schoß man.

Die Leute von Nancy erklären, die Husaren Bouillés hätten angefangen; Bouillé beschuldigt die Soldaten von Châteauvieux. Doch begreift man nur schwer, wie die letzteren, die in so großer Gefahr schwebten, dazu kamen, die anderen zu reizen. Schließlich wollen sie ein Geschütz abfeuern, ein junger bretonischer Offizier, Désilles, setzt sich, ebenso tollkühn wie hartnäckig, auf die Mündung; da er hinabgeworfen wird, klammert er sich am Geschütz fest; das war ein schwerer Zwischenfall, der den Leuten Bouillés erlaubte, vorzugehen; man konnte Désilles nur mit Bajonettstößen von der Kanone vertreiben.

Bouillé eilt herbei, macht sich zum Herrn des Tores, wirft seine Husaren in die Stadt unter anhaltendem Gewehrfeuer aus allen Fenstern. Offenbar gab nicht Châteauvieux allein Feuer und ebensowenig nur die Nationalgarden aus der Umgegend, vielmehr hatte sich der größte Teil der armen Bevölkerung für die Schweizer erklärt. Inzwischen folgten die Offiziere der beiden französischen Regimenter mit mehr Glück dem Beispiel Désilles; es gelang ihnen, die Truppen in den Kasernen zurückzuhalten. Jetzt konnte es Bouillé nicht fehlen, mit der Stadt fertig zu werden.

Am Abend war die Ruhe wiederhergestellt, die französischen Regimenter abgerückt, die Schweizer von Châteauvieux zur Hälfte getötet, zur Hälfte gefangen. Die sich nicht sofort ergaben, fand man in den folgenden Tagen erwürgt. Drei Tage später ergriff man noch einen und hieb ihn auf dem Markt in Stücke; zehntausend Zeugen konnten es mit ansehen.

Nach dem Gemetzel erlebte die Stadt ein noch grausigeres Schauspiel: ein ungeheures Strafgericht. Die schweizerischen Offiziere begnügten sich nicht damit, den Rest ihrer Soldaten zu begnadigen: das wären der Opfer zu wenig gewesen: sie ließen einundzwanzig hängen. Diese Scheußlichkeit dauerte einen ganzen Tag; um dem Fest die Krone aufzusehen, wurde der zweiundzwanzigste aufs Rad geflochten.

Das für uns Gemeinste und Verruchteste ist: diese Nerone verurteilten nach allem fünfzig Schweizer (wahrscheinlich alles, was am Leben blieb) zur Galeere, und wir behielten die Sträflinge; wir hatten die schöne Aufgabe, sie nach Brest zu bringen und dort zu verwahren. Diesen Leuten, die am 14. Juli nicht auf uns hatten schießen wollen, wurde der nationale Dank, daß sie in Frankreich die Kugel am Fuß schleppen durften.

Am selben Tage, dem 31. August, hatte die Versammlung, wie erwähnt, das friedliche Versprechen getan, unparteiisch Gericht zu halten. Schon vorher hatte sie zwei bevollmächtigte Vermittler bestimmt. Bouillé hatte sie erbeten, aber nicht abgewartet; er hatte den Prozeß durch die Ausrottung der einen der beiden Parteien beendigt. Die Versammlung wird natürlich Bouillé ihre Mißbilligung aussprechen?

Im Gegenteil ... Auf den Antrag Mirabeaus sagt die Versammlung Bouillé feierlichen Dank und billigt sein Verhalten; man belohnt die Nationalgarden, die ihm gefolgt sind, für die Toten Totenfeiern auf dem Champ-de-Mars, Pensionen für ihre Familien.

Ludwig XVI. zeigte bei dieser Gelegenheit durchaus nicht den ihm sonst eigenen Abscheu vor Blut. Er hatte den lebhaften Wunsch nach Wiederherstellung der Ordnung und war „äußerst zufrieden mit dem Ausgang dieser traurigen, aber notwendigen Affäre". Er dankte Bouillé für seine gute Haltung und lud ihn ein, so „*fortzufahren*". – „Dieser Brief", sagt Bouillé, „beweist die Güte und Empfänglichkeit seines Herzens."

„Ach!" sagte Loustalot beredt, „das war nicht das Wort des Augustus, der, als er von dem vergossenen Blut vernahm, mit dem Kopf gegen die Wand rannte und ausrief: ‚Varus, gib mir meine Legionen wieder!'"

Der Schmerz der Patrioten über dieses Ereignis war groß. Loustalot ertrug ihn nicht. Dieser junge Mann, der kaum die Advokatenpraxis in Bordeaux aufgegeben hatte und in zwei Jahren der erste Journalist geworden war – der populärste sicherlich, denn seine „Révolutions de Paris" erschienen bisweilen in 200.000 Exemplaren –, Loustalot bewies, daß er auch der aufrichtigste von allen war, der die Freiheit lebendig wie kein anderer im Herzen trug, der von ihr sein eigenes Leben hatte und an ihrem Tode starb. Dieser Schlag erschien ihm für lange, für immer die Hoffnung des Vaterlandes zu knicken. Er schrieb sein letztes Blatt, voller Beredsamkeit und Schmerz, einem männlichen, tränenlosen, aber um so brennenderen Schmerz, einem solchen, wie man ihn nicht überlebt. Wenige Tage nach dem Massaker starb er im Alter von achtundzwanzig Jahren.

DREIZEHNTES KAPITEL

Die Jakobiner

Frankreich in Gefahr. – Die Vorgänge in Nancy machen die Nationalgarde verdächtig. – Neue Unruhen im Süden. – Der gegenrevolutionäre Bund von Jalès. – Der König fragt den Papst um Rat; er protestiert beim König von Spanien (6. Oktober 1790). – Einigung Europas gegen die Revolution. – Europa zieht moralische Kraft aus dem Interesse, das Ludwig XVI. einflößt. – Die Notwendigkeit einer großen Überwachungsgesellschaft. – Ursprung der Jakobiner, 1789. – Beispiel für einen Jakobinerbund. – Aus welchen Klassen die Jakobiner stammten. – In welcher Beziehung sie den alten französischen Geist veränderten. – Sie bildeten ein Aufsichts- und Anklagekorps, eine Inquisition gegen eine Inquisition. – Die Pariser Gesellschaft ist zuerst ein Verein von Abgeordneten (Oktober 1789). – Sie bereitet die Gesetze vor und organisiert eine revolutionäre Polizei. – Die Revolution ergreift von nun an die Offensive (September 1790). – Flucht Neckers. – Der Terror der adligen Duellisten. – Die Jakobiner begegnen ihm mit dem Terror des Volkes. – Plünderung des Hôtel Castries (13. November 1790).

Die Metzelei von Nancy eröffnet eine wahrhaft unheilvolle Zeit, in der man den Beginn der sozialen Spaltung ansetzen könnte.

Die europäische Aristokratie und ihr großer Agent, England, können hier ihrem Glück danken. Die Revolution hat gleichsam einen Arm gefesselt und kann nur mit dem anderen gegen sie kämpfen.

Der kleine Kampf von Nancy hatte die Wirkungen eines großen moralischen Sieges. Er machte die beiden Kräfte, die eben erst von der Revolution geschaffen waren, als aristokratisch verdächtig: die revolutionären Gemeindebehörden und die Nationalgarde.

Man sagte, man wiederholte, man glaubte, und viele sagen es noch heute, daß die Nationalgarde für Bouillé gekämpft habe. Und doch haben wir gesehen, daß Bouillé trotz der Briefe La Fayettes und trotz aller Bemühungen der Adjutanten, die dieser eigens von Paris geschickt hatte, auf einem ziemlich langen Wege nur etwa siebenhundert Nationalgarden an sich ziehen konnte, sehr wahrscheinlich Adlige oder deren Pächter, Wildheger usw. Aber die wahren Nationalgarden, die selbständigen Bauern aus der Umgegend von Nancy, die allein zweitausend Mann stark waren, ergriffen für die Soldaten Partei und feuerten auf Bouillé trotz des Abfalls der beiden französischen Regimenter.

Noch kurz vorher hatten sich auf die Nachricht, die Österreicher hätten die Erlaubnis zum Durchzug erhalten, dreißigtausend Nationalgarden in Bewegung gesetzt.

Sonderbar und seltsam war die Sache. Es waren vor allem die Freunde der Revolution, die dem Gerücht Glauben verschafften, die Nationalgarde habe für Bouillé Partei ergriffen. Ihr Haß gegen La Fayette und gegen die bürgerliche Aristokratie, die ihre Macht auf die Pariser Nationalgarde zu gründen strebte, veranlaßte sie, das zu schreiben, zu drucken und zu verbreiten, was die Gegenrevolution Europa glauben machen wollte.

Europa schloß daraus, diese Französische Revolution sei tatsächlich reif zur Vernichtung, wenn schon die beiden Kräfte, die von ihr geschaffen waren, die Gemeindebehörden und die Nationalgarde, sich gegen sie kehrten.

La Fayette bewaffnete Bouillé, also konnte die revolutionäre Autorität nur mit dem Schwert der Gegenrevolution die Ordnung wiederherstellen! Was war geeigneter, die Überzeugung zu wecken, die letztere habe die wahre Stärke, sie sei die wahre soziale Partei? König, Priester, Adlige waren stark in der Überzeugung von der Gesetzmäßigkeit ihrer Sache. Sie verständigen sich und nähern sich; gespalten und ohnmächtig in der verflossenen Periode, verbinden sie sich in der kommenden, stärken sich gegenseitig.

Die Körperschaften, die man tot glaubte, erheben trotzig ihr Haupt. Das Parlament von Toulouse erklärt das Verfahren für nichtig, das eine Gemeindebehörde gegen diejenigen angestrengt hat, die die dreifarbige Kokarde mit Füßen getreten haben. Das Obersteueramt entscheidet zugunsten derer, die eine Zahlung in Assignaten verweigerten. Die Steuereinnehmer wollten keine Assignaten mehr. Die Generalpächter verbieten ihren Leuten, welche anzunehmen. Das Geld der Revolution zurückzuweisen, das ist ein sehr einfaches Mittel, sie auszuhungern, sie zum Bankrott zu treiben und ohne Kampf zu besiegen.

Aber die Fanatiker wollen den Kampf, all das geht ihnen zu langsam. Die Leute von Montauban verfolgen die Patrouillen eines patriotischen Regimentes mit Steinwürfen. In einem der besten Departements, in Ardèche, organisieren die Agenten der Emigration, die Froment und Antraignes, ein ausgedehntes, gefährliches Komplott, um die Kräfte der Nationalgarde gegen sie selbst zu gebrauchen, um die Verbindungen zur Vernichtung des Geistes zu benutzen, der sie schuf. Man ruft die Nationalgarden von Ardèche, von Hérault und der Lozère zu einem Bundesfest beim Schloß Jalès auf, unter dem Vorwand, den Bürgereid zu erneuern. Nachdem dies geschehen und das Fest zu Ende war, steigen das Bundeskomitee, die Maires und Offiziere der Nationalgarde, die Abgeordneten der Armee, zum Schloß Jalès hinauf und beschließen dort, das Komitee solle dauernd sein, als bevollmächtigte und besoldete Körperschaft bleiben; es solle die Zentralstelle sein für die Nationalgarden, über die Eingaben der Armee erkennen, den Katholiken von Nîmes die Waffen zurückgeben usw. All das war nicht etwa eine kleine, heimliche Aristokratenverschwörung. Es gab da eine gewisse Leidenschaft im Volke, auf die sie sich gründete. Nationalgarden trugen das Kreuz der Bruderschaften des Südens am Hut, ganze Bataillone hatten das Kreuz als Fahne. Ein gewisser Abbé Labastide, General dieser Kreuzritter, hatte fünf Nationalgardisten zu Adjutanten und ritt auf einem weißen Roß durch das Land, rief die Bauern auf, gegen Nîmes zu ziehen und ihre gefangenen Brüder zu befreien, die Glaubensmärtyrer.

Die Nationalversammlung, benachrichtigt und beunruhigt, erließ eine Verfügung, die Versammlung von Jalès habe sich aufzulösen; das war so wenig wirksam, daß die Versammlung noch im Frühjahr fortdauerte.

Die Meinung, die sich verbreitete und in den Geistern festsetzte, ein großer Teil der Nationalgarde sei der Gegenrevolution günstig, mußte mehr als etwas anderes dazu beitragen, den König aus seiner Unentschlossenheit zu reißen: er tat im Oktober zwei entscheidende Schritte. Er war um diese Zeit unwiderruflich auf die religiöse Frage festgelegt, die ihm am meisten am Herzen lag. Im Juli hatte er den Bischof von Clermont um Rat gefragt, ob er, ohne sein Seelenheil zu gefährden, die Zivilverfassung des Klerus bestätigen könne. Ende August hatte er dieselbe Frage an den Papst gerichtet. Obgleich der Papst keine offizielle Antwort gab – da er fürchtete, die Versammlung zu reizen und sie zur Beschleunigung der Einverleibung Avignons zu veranlassen –, darf man nicht daran zweifeln, daß er den König im September seine lebhafte Mißbilligung der Beschlüsse der Versammlung wissen ließ. Am 6. Oktober übersandte Ludwig XVI. seinem Verwandten, dem König von Spanien, eine Protesterklärung gegen alles, was er zu bestätigen gezwungen werden könnte. Damals machte er sich den Gedanken an Flucht zu eigen, den er immer zurückgewiesen hatte, und zwar nicht den einer friedlichen Flucht nach Rouen, die Mirabeau angeraten hatte, sondern einer kriegerischen Flucht nach Osten, von der er mit bewaffneter Hand zurückkehren wollte. Dieser Plan, den Breteuil immer empfohlen hatte, der Mann Österreichs, der Mann Marie-Antoinettes, wurde im Oktober durch den Bischof von Pamiers wieder aufgegriffen; der ließ ihn durch den König genehmigen, erlangte an Stelle Breteuils Vollmacht, mit den fremden Mächten zu verhandeln, und wurde von Paris entsandt, um sich mit Bouillé zu verständigen.

Diese Verhandlungen wurden durch den Bischof eröffnet und von Herrn von Fersen fortgeführt, einem Schweden, der seit langen Jahren sehr persönlich und sehr zärtlich der Königin zugetan war, der eigens von Schweden zurückkehrte und ihr sehr ergeben war.

Spanien, der Kaiser, die Schweiz, gaben eine günstige Antwort und versprachen Hilfe.

Spanien und England, die nahe daran waren, Krieg zu beginnen, unterhandelten am 27. Oktober. Österreich brachte schleunigst einen Vergleich mit den Türken zustande, Rußland einen mit Schweden. So stand in wenigen Monaten auf der einen Seite Europa vereinigt, und auf der anderen Seite die Revolution ganz allein.

Es genügt, jährlich eine Revolution zu töten. Die von Brabant in diesem Jahre, die französische im nächsten.

Ein schönes Schauspiel! Europa gegen Brabant, die Welt zieht geeint in den Krieg, der Boden zittert unter den Armeen – man will eine Fliege zerquetschen. Und außer all ihren gewaltigen Kräften gebrauchen die tapferen Helden die Waffen des Verrats. Die Österreicher hatten durch Lamarck, den Freund und Agenten der Königin, die Belgier gespalten, in ihnen die Hoffnung auf Fortschritt geweckt, ihnen eine goldene Welt gezeigt im Herzen des philanthropischen und empfindsamen Leopold. An dem Tage, da Leopold Englands und Preußens sicher war, machte er sich über die Progressisten lustig.

Dasselbe wäre bei uns den Mirabeau und La Fayette geschehen, denen, die den König aus Interesse oder aus herzlicher Zuneigung und Mitleid unterstützten. Eine ernste Frage, in der vielleicht die größte Gefährdung der Situation lag, war, daß das Königtum, das Europa so grausam bedrückte, das mit solch brutaler Tyrannei gegen die Schwachen vorging (noch unlängst in Genf und Holland, gerade jetzt in Brüssel und Lüttich), daß das Königtum, sage ich, gleichzeitig in Paris Interesse weckte und aus Ludwig XVI. und seiner Familie unsichtbare Kräfte an Sympathie und Mitleid zog. So konnte es mit Degen und Dolch arbeiten, während man darüber Tränen vergoß. Die Gefangenschaft des Königs, der Gegenstand aller Unterhaltungen bei allen Völkern der Welt, schuf, was in unserer modernen Zeit das seltenste ist, das mächtigste und wirksamste: eine Volkslegende! Eine Legende gegen Frankreich. Alle Welt sprach von Ludwig XVI., und niemand sprach von dem armen kleinen Lüttich, das von Ludwigs XVI. Schwager so barbarisch erwürgt wurde. Lüttich, unsere Vorhut im Norden, schon früher um unserer Rettung willen zwei- oder dreimal zerstört, Lüttich, unser Polen an der Maas – wurde zwischen den nördlichen Riesen zermalmt, ohne daß ein Mensch darauf achtete. Welchen Wert hat denn des Menschen Herz, wenn solch ungerechte Launen sich in seinem Mitleid bergen?

Ein ausgedehnter, starker Verband zu unausgesetzter Überwachung der Obrigkeit und ihrer Agenten, der Priester und Adligen waren die Jakobiner. Sie sind nicht die Revolution selbst, sondern das Auge der Revolution, das Auge zur Wache, die Stimme zur Anklage, der Arm zum Streich.

Aus sich selbst entstanden natürliche Vereine, zu denen man mit Unrecht einen geheimnisvollen Ursprung suchen würde oder gar verborgene Satzungen. Sie entsprangen aus der Situation selbst, aus dem gebieterischsten Bedürfnis, dem der Rettung. Sie waren eine öffentliche und offenbare Verschwörung gegen die zum Teil sichtbare, zum Teil versteckte Verschwörung der Aristokratie.

Es wäre ein großes Unrecht gegen diesen großen Verband, seinen alleinigen Ursprung in den Pariser Verein zu verlegen und seine ganze Geschichte in der dieses letzteren zu sehen. Dieser war mehr als jeder andere mit unreinen Elementen durchsetzt, besonders mit Orléanismus, war auch verwegener und wenig bedenklich in der Wahl der Mittel; er hat oft die Brudergesellschaften in den Provinzen, die ihm gelehrig folgten, auf machiavellistische Wege gedrängt.

Der Name „Muttergesellschaft", den man allzuoft gebraucht, könnte glauben machen, alle anderen seien Kolonien der Rue Saint-Honoré gewesen. Die Zentralgesellschaft war „Mutter" ihrer Schwestern, aber durch Adoption.

Die Schwesterngesellschaften entstehen von selbst. Alle oder fast alle sind als Klubs in irgendeiner öffentlichen Gefahr, bei irgendeiner lebhaften Bewegung entstanden. Eine Menge Menschen kommen bei solchen Gelegenheiten zusammen. Ein paar davon bleiben beieinander, auch wenn die Krisis vorüber ist, fahren fort, sich zu versammeln, sich über ihre Besorgnisse und ihr Mißtrauen auszusprechen, sie sind unruhig, erkundigen sich, schreiben an die benachbarten Städte, schreiben nach Paris. Das sind die Jakobiner.

Indessen ist die Situation nicht der alleinige Grund bei der Bildung dieser Gesellschaften. Ihr Entstehen hängt auch von einer Besonderheit des Charakters ab. Der Jakobiner ist eine eigene, originelle Menschenart. Viele Menschen sind geborene Jakobiner.

Bei der allgemeinen Begeisterung in Frankreich, in den Augenblicken leichter und leichtgläubiger Sympathien, da sich das Volk vertrauensvoll in die Arme seiner Feinde warf, blieben diese Leute, hellsichtiger oder weniger mitfühlend als die anderen, fest und mißtrauisch. Man sieht sie bei den Verbindungen, sie erscheinen bei den Festen, mischen sich unter die Menge, bilden aber eher ein besonderes Korps, einen Überwachungsdienst, der sogar in der Begeisterung von den Gefahren der Situation zeugt.

Manche schlossen ihren Bund abseits, unter sich, bei verschlossenen Türen. Ein Beispiel:

Ich lese in einer unveröffentlichten Akte aus Rouen, daß sich am 14. Juli 1790 drei „Freunde der Verfassung" (diesen Namen nahmen die Jakobiner damals an) im Hause einer Witwe, einer reichen und angesehenen Dame in der Stadt, zusammenfanden; sie leisten den Bürgereid in ihre Hand. Man glaubt, Cato und Marcia beim Lukan zu sehen: „Junguntur taciti contentique auspice Bruto." Sie schicken stolz die Akte ihres Bundes an die Nationalversammlung, die zu gleicher Zeit die über die große Verbrüderung von Rouen empfing, bei der die Abgeordneten von sechzig Städten und einer halben Million erschienen.

Die drei Jakobiner sind ein Gefängnisprediger und zwei Wundärzte. Einer von ihnen hat seinen Bruder mitgebracht, einen Druckereibesitzer mit königlicher Erlaubnis in Rouen. Dazu kommen zwei Kinder, ein Neffe und eine Nichte der Dame, und zwei Frauen, die vielleicht zu ihren Schützlingen oder zu ihrem Hause gehörten. Alle acht schwören in die Hand dieser Cornelia, die darauf für ihre Person allein den Eid leistet.

Es ist eine kleine, aber, scheint's, vollständige Gesellschaft. Die Dame, Witwe eines Kaufmanns oder Reeders, vertritt die großen Vermögen des Handelsstandes. Der Drucker bedeutet die Industrie. Die Ärzte sind die Vertreter der Intelligenz, des Talents, der Erfahrung. Der Priester ist die Revolution selbst; er wird nicht lange mehr Priester bleiben: er verfaßt die Akte, schreibt sie ab und berichtet sie an die Nationalversammlung. Er ist der Leiter der Sache, wie die Dame ihr Mittelpunkt. Durch ihn wird diese Gesellschaft vollständig, obgleich man den Mann nicht dabei sieht, der die Haupttriebfeder bei allen ähnlichen Vereinigungen zu sein pflegt, den Advokaten, den Sachwalter. Als Geistlicher beim Gerichtshof und im Gefängnis, als Seelsorger der Gefangenen und Beichtvater der zum Tode Verurteilten, gestern vom Parlament abhängig, heute Jakobiner und sich als solcher der Nationalversammlung gegenüber bezeichnend, ist der hier durch seinen Mut und seine energische Tätigkeit drei Advokaten wert.

Man darf sich nicht darüber wundern, daß eine Dame im Mittelpunkt der kleinen Gesellschaft stand. Viele Frauen schlossen sich diesen Vereinen an; sehr ernste Frauen traten, mit der ganzen Glut ihrer weiblichen Herzen, in einer blinden, von Leidenschaft und Ideen verwirrten Begeisterung, mit ihrem Bekehrungseifer, mit allen Leidenschaften des Mittelalters in den Dienst des neuen Glaubens. Die, von der wir hier sprechen, hatte sich bei ernster Gelegenheit bewährt; sie war eine jüdische Dame, sah mit an, wie ihre ganze Familie übertrat, und blieb Jüdin; sie verlor ihren Gatten, dann durch einen furchtbaren Unglücksfall ihr Kind; zum Ersatz, wie es schien, für alle diese Verluste wandte sie sich der Revolution zu. Reich und alleinstehend konnte sie, vermute ich, leicht von ihren Freunden dazu gebracht werden, das neue System zu unterstützen und ihr Vermögen im Erwerb von Nationalgütern anzulegen.

Warum gründete diese kleine Gesellschaft ihren besonderen Bund? Weil ihnen Rouen in der Hauptsache allzu aristokratisch erschien, weil der große Bund der sechzig Städte, die sich vereinigten, mit seinen Häuptern, den Herren d'Estouteville, d'Herbouville, de Sévrac usw., dieser Bund mit seinen adligen Mitgliedern, ihr nicht rein genug erschien; schließlich, weil sie sich am 6. Juli gebildet hatte und nicht am 14., dem heiligen Tag der Einnahme der Bastille. Daher feierten sie am 14. stolz für sich zu Hause den heiligen Tag. Sie wollten sich nicht unter sie mengen; in mancher Hinsicht bildeten sie eine Aristokratie des Geldes oder des Talentes und der Energie, im natürlichen Wettbewerb mit der Aristokratie der Geburt.

Wenig geringe Leute gehörten in dieser ersten Zeit zu den Jakobinergesellschaften, vor allen Dingen keine Armen.[1] Nur in den Städten, wo der aristokra-

[1] Und zwar eben darum, weil viele dieser Gesellschaften die Unterstützung der Armen in ihrem Programm hatten und von ihren Mitgliedern dazu Beiträge erhoben. Ihre Mitglieder waren eingeteilt in „Verwalter", „Armenräte", „Berichterstatter", „Vorleser", „Beobachter", „Tröster" usw.

tische Klub (wie es manchmal vorkam) sich den Titel „Freunde der Verfassung“ anmaßte, erleichterte der andere Klub, um sich zu verstärken, die Eintrittsbedingungen und nahm Kleinbürger, Krämer und Handwerker auf. In Lyon und zweifellos auch in einigen anderen Industriestädten nahmen die Arbeiter frühzeitig an den Sitzungen der Klubs teil.

Indessen bildeten weder die letzteren noch die ersteren den wahren Kern der Jakobinerklubs; der bestand vielmehr aus einer, wenn auch untergeordneten Sonderklasse, die schon lange einen heimlichen Krieg gegen ihre Zugehörigen höheren Ranges führte; der Advokat zum Beispiel gegen den Richter, der ihn durch seinen Dünkel verletzte, der Sachwalter und der Chirurg gegen den Advokaten und den Arzt, mit dem er im Ansehen gleichstehen wollte, der Priester gegen den Bischof. Der Chirurg hatte bereits im selben Jahrhundert dank seiner Tüchtigkeit die Schranke zerbrochen und beinahe Gleichberechtigung erlangt. Das Châtelet befehdete das Parlament: es siegte im Jahre 1789 und wurde für kurze Zeit (wer hätte das geglaubt?) der große nationale Gerichtshof. Der berühmte Gründer der Jakobinergesellschaft in Paris, Adrien Duport, kam ursprünglich vom Châtelet, wurde dann Parlamentsrat, kehrte aber in der Revolution zum Châtelet zurück und half die Männer des Parlaments vernichten.

All das machte aus den Jakobinern eine herbe, mißtrauische, eifernde und selbstbeherrschte Menschenart, die viel tatkräftiger und geschickter war, als man es nach ihren wenig klaren Theorien erwarten sollte.

Obgleich die alte Eifersucht und der neue Ehrgeiz diese Gesellschaften mächtig anspornten, obgleich die Intrigen verschiedener Parteien sie in dauernde Gärung hielten, so war doch im allgemeinen ihr Charakter, der in dem von mir angeführten Beispiel deutlich hervortritt, ursprünglich der von natürlichen Verbänden, die sich aus einer wahrhaften Religion der Vaterlandsliebe bildeten, aus einer strengen Hingabe an die Freiheit, aus einer anspruchsvollen und zu immer größerer Läuterung strebenden Bürgertugend.

Als Gegner der Priester und genötigt, gegen einen ausgedehnten Verband zu kämpfen, dessen Hauptmittel Beichtstuhl und Denunzierung sind, gebrauchten die Jakobiner ähnliche Mittel und erklärten sich kühn als Freunde der Anzeige; sie erhoben sie zur obersten Pflicht des Bürgers. Wechselseitige Überwachung, öffentliche Kritik, selbst heimliche Angeberei – das lehrten sie, wandten sie an und stützten sich dabei auf die vornehmsten Beispiele des Altertums. Das griechische und römische Gemeinwesen, das kleine mönchische Gemeinwesen des Mittelalters, das man Kloster oder Abtei nennt, haben zum Gegensatz die Pflicht zu dauernder Vervollkommnung und Läuterung durch Überwachung aller Mitglieder der Gemeinschaft untereinander. Und dasselbe Prinzip wenden die Jakobiner auf die ganze Gesellschaft an.

Die Jakobiner waren aus einer großen nationalen Gefahr geboren, inmitten einer ungeheuren Verschwörung, die von den Verschworenen abgeleugnet wurde (und deren sie sich später rühmten); sie schufen also zur Rettung Frankreichs eine Legion, ein Volk von öffentlichen Anklägern.

Aber, und darin unterscheidet sich die revolutionäre Inquisition sehr von der des Mittelalters, die durch Beichtstuhl und tausend verschiedene Mittel bis auf den Grund der Seelen drang, – sie hatten nur äußere Mittel zu ihrer Verfügung, Beweismittel, die oft unsicher waren. Daraus entstand ein übermäßiges, krankhaftes Mißtrauen, ein Geist, der um so argwöhnischer war, je weniger er Gewißheit hatte, auf den Grund zu dringen. Alles war aufregend, alles beunruhigte, alles erschien „verdächtig".

Die Besorgnis war zu natürlich bei der Gefahr, in der Frankreich schwebte und mit ihm die Revolution, die Sache der Freiheit und des Menschengeschlechtes! Die glückverheißende Revolution, tausend Jahre erwartet, gestern endlich angebrochen und schon dem Untergang nahe! Gerade war sie mit einem Ruck denen entrissen, die sie begonnen hatten, war in ihre eigenen Herzen gesenkt wie das beste Teil ihrer selbst. Es war nicht mehr ein äußeres Gut, das man ihnen entreißen konnte, es handelte sich um das Leben selbst. Keiner hätte den Verlust überlebt.

Will man den Jakobinern Gerechtigkeit widerfahren lassen, dann muß man sich in die Zeit versetzen und in ihre Lage, muß den Zwang verstehen, unter dem sie sich befanden.

Sie standen einem ungeheuren Bunde gegenüber, der halb aus Idioten, halb aus Schuften bestand, dem, was man die Welt der „anständigen" Leute nannte und nennt.

Da waren einerseits zwei Verräter: der König, der gerade sein Volk an Europa verrät, und der Priester, der das Volk an die Einfältigen verrät, an die Frauen, an die Vendée.

Da war anderseits das ungereimte Bündnis zwischen La Fayette und Bouillé, zum Vorteil des letzteren, das (in der besten Absicht geschlossen) die Revolution in die Hände ihrer Feinde liefern mußte.

Wer vermag im einzelnen zu sagen, was der Bund der „anständigen" Leute bedeutete, in der Stadt, auf dem Lande, in den Dörfern?

Die Priester, die Frauen, die Adligen und sogenannten Adligen. –

Die Frauen! Welch eine Macht! Was braucht man die Presse bei solchen Bundesgenossen? Ihr Wort ist ein viel wirksameres Mittel. Es ist wahrhaft stark und um so stärker, als es nichts Gewaltsames besitzt; es gibt nach, duckt sich, um sich dann höher zu erheben. Sagt den Frauen ein Wort ins Ohr: das Wort läuft, eilt, wirkt, Tag und Nacht, morgens im Bett und am Herd, auf dem Markt und abends beim Plaudern vor den Türen, überall – wirkt auf den Mann, auf das Kind, auf alle. Dreimal Mann, wer da widersteht!

Das ist ein wirkliches, ein furchtbares Hemmnis für die Revolution. Was bedeuten im Vergleich damit das Ausland und alle Armeen Europas? Haben wir Mitleid mit unseren Vätern!

Und wer möchte wohl die verwirrenden Einzelheiten der adligen und sogenannten adligen Welt durchdringen? Die moderne Fäulnis der Parlamente, ihr altes Polizeiwesen, das stärkste Hindernis, das La Fayette in Paris gefunden zu haben versichert. Die niedere Gefolgschaft der Händler, kleinen Rentner und ganz kleinen Gläubiger, die dem Klerus und den Adligen anhingen.

Und diese Adligen wurden, dank La Fayette und den revolutionären Gesetzen, Vorgesetzte, Offiziere ihrer Klientschaft in der Nationalgarde.

Um alledem Widerstand zu leisten, bedurfte der neue Verband einer sehr straffen Organisation. Die besaß die Pariser Gesellschaft. Deren anfängliche Eigenheit bestand weniger in den Theorien als in dem praktischen Geist ihrer Gründer.

Der bedeutendste war Duport, und er blieb lange Zeit der eigentliche „Kopf" unter den Jakobinern. „Was Duport gedacht hat", meinte man, „das sagte Barnave und tut Lameth." Mirabeau nannte sie das „Triumgueusat". Wegen der kraftvollen Hiebe, die sie dem Königtum versetzten, hielt man sie für Republikaner und vermutete eine tiefe Absicht bei ihnen, einen wohlausgearbeiteten Plan, dem Ganzen an Kopf und Gliedern eine andere Gestalt zu geben. Ihnen selbst schmeichelte dieser schlechte Ruf. Sie verdienten ihn nicht. Sie waren nur unentschlossen. Als es darauf ankam, stellte sich heraus, daß sie Anhänger der Monarchie waren, die sie zerstört hatten.

Dennoch war Duport ein Denker, ein gescheiter Kopf, weitblickender als seine Kollegen; er hatte einen vorausschauenden Geist und besaß gleichzeitig viel revolutionäre Erfahrung schon vor der Revolution. Als Rivale d'Eprémesnils im Parlament war er einer der Hauptleiter des Widerstandes gegen Calonne und Brienne gewesen. Er mußte das geheime Wirken der Parlamentspolizei von Grund aus kennen und die Organisation der Aufstände der Basoche und des Volkes zugunsten des Parlaments.

Während der Wahlen von 1789 begann er eine Anzahl Politiker in seinem Hause (Rue du Grand-Chantier, nahe dem Temple) zu versammeln. Mirabeau und Sieyès erschienen auch, wollten aber nicht wiederkommen. „Höhlenpolitik!" sagte Sieyès. Der große Metaphysiker wollte nur durch Ideen wirken.

Duport empfahl zu wirksamer Unterstützung der Ideen das heimliche Wühlen, die Aufwiegelung der Massen, die Empörung, wenn nötig.

Ein neuer Zusammenschluß geschah in Versailles. Sein Kern waren die Abgeordneten der Bretagne, er hieß daher „Club Breton".

Dort wurden unter dem Einfluß Duports, Chapeliers usw. einige der kühnen Schritte vorbereitet, welche die beginnende Revolution retteten. Der kleinere

Teil des Adels, zur Hälfte menschenfreundliche große Herren und unzufriedene Höflinge, trat dem „Club Breton“ bei und gab dem dort herrschenden Geist eine sehr zweideutige Färbung. Die verwegensten unter den revolutionären Höflingen waren die Brüder Lameth, junge Obersten aus einer am Hofe sehr bevorzugten, aber durchaus nicht zufriedenen Familie.

Sie waren Edle aus Artois und in der Franche-Comté gewählt worden. Ein Abgeordneter aus dieser letzteren Provinz und sehr wahrscheinlich ein Vertrauensmann der Lameth war es auch, der im Oktober 1789, als die Versammlung in Paris war, von den Jakobinermönchen ein Vereinslokal für die Abgeordneten mietete. Die Mönche vermieteten ihr Refektorium für zweihundert Franken und für zweihundert Franken das Mobiliar, Tische und Stühle. Später, als der Raum nicht mehr ausreichte, ließ sich der Klub die Bibliothek und schließlich die Kirche dazu geben. Die Gräber der alten Mönche, die eingesargte Schule des Heiligen Thomas, die Ordensbrüder von Jacques Clément wurden so die stummen Zeugen und Vertrauten der revolutionären Intrigen.

Außer den Mitgliedern des Club Breton hatten viele Abgeordnete, die niemals vorher in Paris gewesen waren und sich nach den Oktoberszenen nicht sehr behaglich fühlten, die sich in diesem Ozean von Menschen wie verloren vorkamen, in der Rue Saint-Honoré Wohnung genommen, nahe beieinander, um, wenn nötig, schnell zusammenkommen zu können. Sie waren da in unmittelbarer Nähe der Versammlung, die damals in der Manège tagte, an der Stelle, wo sich heute die Rue de Rivoli und die Rue de Castiglione kreuzen. Es war ihnen bequem, sich beinahe gegenüber im Jakobinerkloster zu versammeln.

Zuerst kamen hundert Abgeordnete, dann zweihundert, später vierhundert. Sie nahmen den Titel „Freunde der Verfassung“ an. In Wirklichkeit machten sie diese. Sie wurde völlig von ihnen vorbereitet; diese vierhundert waren unter sich enger verbunden, disziplinierter und überdies strenger als die anderen Abgeordneten, und wurden die Herren der Versammlung. Gesetze und Wahlbestimmungen brachten sie fertig mit; sie allein ernannten die Präsidenten, Sekretäre usw. Eine Zeitlang verbargen sie ihre Allmacht und nahmen bisweilen den Präsidenten aus anderen Reihen als den ihrigen.

Im Winter 1789 kam ganz Frankreich nach Paris. Viele bedeutende Männer wollten bei den Jakobinern eintreten. Diese nahmen zunächst ein paar hervorragende Schriftsteller auf – Condorcet war der erste –, dann andere bekannte Persönlichkeiten, die von sechs Mitgliedern eingeführt und empfohlen werden mußten. Der Zutritt war nur mit Karten gestattet, die an der Tür von zwei Mitgliedern sorgfältig geprüft wurden.

Der Jakobinerklub konnte nicht lange nur eine Werkstatt für Gesetze bleiben, ein Laboratorium, um sie vorzubereiten. Er wurde schon bald ein großer Ausschuß der revolutionären Polizei.

Die augenblickliche Lage verlangte es so. Was half es, eine Verfassung zu machen, wenn der Hof durch einen geschickten Streich das mühsam erbaute Gerüst umwerfen konnte? Ich habe berichtet, wie Duport auf die Nachricht von der Verschwörung von Brest, das, erzählte man, den Engländern ausgeliefert werden sollte (27. Juli 1789), durch die Versammlung einen Untersuchungsausschuß errichten ließ. Der Ausschuß hatte keine Beamten zur Verfügung, außer denen der Regierung, die er überwachen sollte. Die ihm fehlenden Agenten fanden sich unter den Jakobinern. La Fayette, der zu seinem Schaden ihre Einrichtung kennenlernte, erzählt, ihr Kern sei ein Ausschuß von zehn Mann, der bei ihnen selbst den Namen „Sabbat" habe, und der jeden Tag den Befehl der Lameth empfinge; jeder der zehn gäbe die Order weiter an zehn andere von verschiedenen Bataillonen und Sektionen, so daß alle Sektionen gleichzeitig dieselbe Anzeige gegen die Behörden empfingen, dieselbe Aufforderung zum Aufstand usw.

La Fayette hatte den Untersuchungsausschuß der Stadt für sich und viele ergebene Leute in der Nationalgarde. Diese beiden Polizeien arbeiteten gegeneinander und gegen die des Hofes. Die der Jakobiner, die im Sinne der Volksbewegung verfuhr, der steigenden Flut, fand ebenso geringe Schwierigkeiten, wie die anderen auf große Hindernisse stießen. Sie verbreitete sich überall, arbeitete in jeder Stadt gegen die Gemeindebehörden, stellte jeder bürgerlichen und militärischen Körperschaft eine Gesellschaft zur Überwachung und Angeberei entgegen.

Ich habe von dem „Club von 89" gesprochen, den La Fayette und Sieyès zuerst den Jakobinern gegenüberzustellen versuchten. Dieser vermittelnde Klub, der die Monarchie mit der Revolution verbinden zu können glaubte, hätte, wäre er ans Ziel gelangt, nur die Vernichtung der Revolution erreicht. Heute, wo so viele heimliche Dinge ans Licht gekommen sind, kann man kühn behaupten, daß ohne die stärkste, ohne die energischste Tätigkeit die Revolution verloren gewesen wäre. Wenn sie nicht wieder zum Angriff überging, dann war sie erledigt. Das törichte Bündnis Bouillés und La Fayettes hatte ihr den schwersten Hieb versetzt. Durch die Jakobiner ergriff sie wieder die Offensive.

Am 2. September erfuhr man in Paris, was in Nancy geschehen war, und am gleichen Tage, wenige Stunden später, erfüllten vierzigtausend Menschen die Tuilerien, belagerten die Versammlung und schrien: „Entlassung der Minister! Den Kopf der Minister! Die Minister an die Laterne!"

Die Wirkung der Nachricht war abgeschwächt, die Erregung durch Erregung beherrscht, der Schrecken durch den Schrecken.

Die außergewöhnliche Schnelligkeit, mit der dieser Aufruhr zustande kam, beweist zugleich den leicht entzündbaren Zustand des Volkes und die ausgezeichnete Organisation der Jakobinergesellschaft, die im gleichen Augenblick, wo sie das Signal gab, die Tat zur Ausführung bringen konnte.

Und Herr von La Fayette mit seinen dreißig und einigen tausend Mann Nationalgarde, mit seiner Militär- und Gemeindepolizei, mit den Hilfsquellen des Hôtel de Ville und des Hofes – der sich ihm einen kurzen Augenblick genähert hatte, um „den Streich von Nancy zu führen" –, La Fayette konnte mit so vielen verschiedenen Mitteln nichts dagegen tun.

Der Minister, gegen den man das Volk zuerst hetzte, tat damals am wenigsten; es war Necker, der Finanzminister. Alles, was er tat, war: schreiben. Er hatte gerade eine Denkschrift gegen die Assignaten erscheinen lassen. Man ließ einige Banden los, um gegen ihn zu schreien und zu drohen. La Fayette, der in Nancy so stark zuschlug, wagte in Paris keinen Streich und riet Necker, sich in Sicherheit zu bringen. Auf den Antrag eines jakobinischen Abgeordneten beschloß die Versammlung, sie würde selbst den Staatsschatz verwalten. Eine schwerwiegende Entscheidung, einer der heftigsten Hiebe, die man gegen das Königtum führen konnte.

Die beiden Parteien haben sich gebildet: die Jakobiner, die Konstitutionellen; beide gebrauchen ihre Kraft, die Gewalttat, den Schrecken. La Fayette trifft durch Bouillé, die Jakobiner durch den Aufruhr. Schrecken in Nancy, Schrecken in Paris.

Wie viele Jahrhunderte trennen uns von dem Bundesfest im Juli? Wer kann es glauben? Zwei Monate. Wo ist das schöne Friedenslicht geblieben? Die strahlende Julisonne verfinstert sich plötzlich. Wir treten in eine düstere Zeit, voll von Verschwörungen und Gewalttätigkeiten. Im September wird alles dunkel. Die hitzige, ruhelose Presse marschiert merkbar tappend. Sie blinzelt, sie sieht, sie sieht nicht, sie vermutet. Die beginnende Jakobinerinquisition gibt schwaches und falsches Licht, erhellend und verdunkelnd zugleich, wie die rauchigen Lichter in dem großen Kirchenschiff des Klosters in der Rue Saint-Honoré, wo sie sich versammeln.

Nur eins war klar in dieser Finsternis: die Anmaßung der Adligen.

Sie hatten überall eine herausfordernde, aufreizende Haltung angenommen. Überall beleidigten sie die Patrioten, die friedlichsten Leute, die Nationalgarde. Bisweilen mischte sich das Volk hinein; blutige Auftritte waren die Folge.

Um nur ein Beispiel zu nennen: in Cahors machten sich zwei adlige Brüder einen Spaß daraus, einen Nationalgardisten zu beleidigen, der das „Ça ira" gesungen hatte. Man wollte sie festnehmen; sie verwundeten und töteten, was ihnen in den Weg kam, warfen sich dann in ihr Haus, verstärkten sich, schossen mit mehreren Gewehren auf die Menge, töteten eine ganze Anzahl Leute. Man legte Feuer an das Haus, um dem Gemetzel ein Ende zu machen.

Sogar in der Versammlung, im Heiligtum der Gesetze, hörte man von den Edelleuten nichts als Beleidigungen und Herausforderungen. D'Ambly bedrohte Mirabeau mit seinem Spazierstock. Ein anderer verstieg sich zu der Äußerung: „Warum fallen wir nicht mit dem Degen über diese Bettler her?"

Einer wurde von ihnen bestimmt, Charles de Lameth zu zwingen, sich zu schlagen; er folgte ihm zwei volle Tage. Lameth war sehr tapfer und geschickt, weigerte sich aber hartnäckig, jenen mit einem Degenhieb zu beehren. Am dritten Tage, da nichts Lameths Geduld erschöpfen konnte, beschuldigte ihn die ganze Rechte geschlossen der Feigheit. Der junge Herzog von Castries beleidigte ihn, sie gingen hinaus. Lameth wurde verwundet. Das Volk geriet in große Wut. Man verbreitete, der Degen Castries' sei vergiftet gewesen, und Lameth müsse sterben.

Die Jakobiner hielten die Gelegenheit für günstig, die Duellanten zu erschrekken. Ihre Agenten holten die Menge zum Hôtel Castries; es geschah weder ein Mord noch ein Diebstahl, aber alle Möbel wurden zerbrochen und auf die Straße geworfen. All das ruhig und mit Absicht; die Eindringenden stellten eine Wache vor das Bild des Königs, das allein verschont wurde. La Fayette kam und sah, konnte aber nichts machen; die Mehrzahl der Nationalgarden war selbst über die Verwundung Lameths empört und fand, daß die Einbrechenden schließlich nicht unrecht hatten (13. November 1790).

Von diesem Tage an wich der Schrecken der Duellanten, der den Adel allmählich gefürchtet machte, einem anderen Schrecken, dem vor der Rache des Volkes. Die persönliche Überlegenheit der Adligen in der Fechtkunst bedeutete vor der Menge nichts. Sie hatten versucht, aus jeder Parteifrage Ehrenfragen zu machen. Sie mißbrauchten die Gewandtheit. Man stellte ihnen die Zahl entgegen. Die tapfersten Revolutionäre, die sich seitdem auf allen Schlachtfeldern bewährten, weigerten sich, den Raufbolden den leichten Vorteil in Zweikämpfen zu lassen.

VIERZEHNTES KAPITEL

Prinzipienstreit in der Versammlung und bei den Jakobinern

Paris gegen Ende 1790. – Der soziale Verein; „Bouche de fer". – Der „Club von 89". – Der Jakobinerklub. – Robespierre bei den Jakobinern. – Die Anfänge Robespierres. – Robespierre als Zehnjähriger verwaist; er wird Stipendiat des Klerus. – Seine literarischen Versuche. – Er wird Strafrichter in Arras, legt sein Amt nieder. – Er plädiert gegen den Bischof. – Robespierre als Mitglied der Generalstaaten. – Am 5. Oktober unterstützt er Maillard. – Verabredung, ihn lächerlich zu machen. – Seine Einsamkeit und seine Armut. – Er bricht mit den Lameth. – Unsicheres und rückschrittliches Auftreten der Versammlung. – Verminderung der Zahl der Aktivbürger. – Doppeldeutiges Verhalten der Lameth und der damaligen Jakobiner. – Sie vertrauen ihre Zeitung einem Orléanisten an (November). – Rechtschaffenheit Robespierres. – Seine Politik. – Im Jahre 1790 stützt er sich auf die einzigen großen Gesellschaften, die damals in Frankreich bestehen: die Jakobiner und die Priester.

Ende 1790 gab es einen deutlichen Stillstand, wenig oder keine Bewegung. Nur die Schlagbäume waren von zahlreichen Wagen gesperrt und die Wege von Emigranten überflutet. Statt ihrer kamen viele Fremde nach Paris, um das große Schauspiel zu beobachten.

Ein beunruhigender, ruheloser Stillstand. Man wunderte sich, man erschrak fast, daß sich nichts ereignete. Der hitzige Camille ist trostlos, daß er nichts zu berichten hat; in der Pause heiratet er und verkündet der Welt dies Ereignis.

Keine Bewegungen mitten im Kriege (denn so empfand man es bereits) – das war unnatürlich. In Wirklichkeit geschahen zwei ungeheure Ereignisse.

Erstens verriet der König Frankreich an die Könige Europas. Zweitens vollzog sich gegen die kirchlich-aristokratische Verschwörung die starke jakobinische Verschwörung.

Der wesentlichste Zug dieser Zeit ist die Vervielfältigung der Klubs, die ungeheure Gärung besonders in Paris; an jeder Straßenecke bilden sich Versammlungen. Das glänzende und einförmige Paris im Frieden gibt keine Vorstellung von dem Paris von damals. Tauchen wir für einen Augenblick unter in dieses aufgewühlte, lärmende, gewalttätige, schmutzige und dunkle, aber auch lebendige, von Leidenschaften überschäumende Paris.

Wir schulden dem ersten Schauplatz der Revolution, dem Palais Royal, die Rücksicht, dort den ersten Besuch zu machen. Ich führe euch geradenwegs hin; denken wir uns die erregte Menge, die lärmenden Gruppen, die Scharen von Frauen, die sich den Freiheiten der Natur gelobt haben, weg. Durchschreiten wir die engen, behinderten, dumpfen Galerien aus Holz, den dunklen Durchgang, in dem wir fünfzehn Stufen hinabsteigen – und wir sind mitten im Zirkus.

Man predigt! Wer würde das erwartet haben, an diesem Ort, in dieser durchaus weltlichen, mit hübschen, zweideutigen Frauen untermischten Versammlung? Im ersten Augenblick konnte man an eine Erbauungsrede denken mitten unter den Mädchen. Doch nein, die Versammlung ist viel ernster, ich erkenne zahlreiche Schriftsteller und Akademiker; am Fuße der Rednertribüne steht Herr von Condorcet.

Ist der Redner wohl ein Priester? Dem Kleide nach ja; er hat ein schönes Gesicht, ist ungefähr vierzig Jahre alt, spricht feurig, bisweilen trocken und dann wieder hastig, ohne jede Salbung; er sieht mutig, aber ein wenig seltsam aus. Gleichgültig, ob er Prediger, Dichter oder Prophet ist: es ist der Abbé Fauchet. Dieser heilige Paulus spricht zwischen zwei Theklas. Die eine verläßt ihn nie, sie folgt ihm wohl oder übel in den Klub, zum Altar, – so groß ist ihr brennender Eifer; die andere Dame ist eine Holländerin, gutherzig und edlen Geistes. Frau Palm Älder, die Fürsprecherin der Frauen, die ihre Gleichberechtigung verkündet. Sie arbeiten eifrig daran. Fräulein Kéralio gibt ein Blatt heraus. Bald wird Madame Roland Minister sein und noch mehr.

Ich wundere mich kaum, daß dieser Prophet, der so ganz von Frauen umgeben ist, beredt von der Liebe spricht; die Liebe kehrt jeden Augenblick wieder in seinen flammenden Worten. Es handelt sich glücklicherweise um die Liebe zur Menschheit. Was will er? Er scheint ein unbekanntes Geheimnis zu erklären und dreitausend Menschen anzuvertrauen. Er spricht im Namen der Natur, und hält sich dennoch für einen Christen. Seltsam vereint er, in einer Art Freimaurertum, Baco und Jesus. Bald im Vordertreffen der Revolution, bald Rückschrittler, predigt er heute La Fayette und geht morgen noch weiter als die Demokraten, gründet die menschliche Gesellschaft auf die Pflicht, „jedem ihrer Mitglieder das zum Leben Notwendige zu geben". Manche glauben, in seiner dunklen Lehre das Ackergesetz zu erkennen.

Sein Blatt, das Blatt des „Sozialen Vereins zur Verbindung der Freunde der Wahrheit", heißt „Bouche de fer", ein drohender, fürchterlicher Titel. Dieser immer geöffnete Mund (Rue de l'Ancienne Comédie nahe beim Café Procope) verschlingt Tag und Nacht die anonymen Mitteilungen, die Anklagen, die man hineinwerfen will. Aber beruhigt euch, die meisten bleiben drinnen liegen. Der „Eiserne Mund" beißt nicht.[1]

Gehen wir hinaus. Wir befinden uns in einer Krisis und müssen wachsam und vorsichtig sein. Hier gibt es zu viel Theorien, zu viel Frauen und zu viel

---

[1] Unter all seinem Wust von falschem Mystizismus und Freimaurerei enthält das Blatt viele gute und seltsame Seiten. Es verdiente vielleicht, neu gedruckt zu werden als geschichtliche Merkwürdigkeit.

Träume. Die Luft tut uns nicht gut. Liebe, Friede, zweifellos ausgezeichnete Dinge, aber ... der Krieg hat begonnen. Kann man Menschen und Prinzipien, die sich feindlich sind, einander in die Arme treiben, bevor man sie versöhnt hat? Und was mein Mißtrauen mehrt, über dem Zirkus wohnt der verdächtige „Klub von 89", in glänzenden, hellerleuchteten Räumen, im ersten Stockwerk des Palais-Royal, der Klub der La Fayette, Bailly, Mirabeau, Sieyès, derer, die bremsen möchten, bevor sie Garantien haben. Jeden Augenblick erscheinen diese Abgötter des Volkes auf dem Balkon, grüßen königlich die Menge. Diesem begüterten Klub ist die Hauptsache ein guter Restaurateur.

Ich ziehe es vor, bei dem gelben Licht der Straßenlaternen, die in weiten Abständen den Nebel der Rue Saint-Honoré durchbrechen, der schwarzen Menschenflut zu folgen, die alle dem gleichen Ziel zustreben, der kleinen Pforte des Jakobinerklosters. Hier holen sich jeden Morgen die Urheber des Aufstandes den Befehl der Lameth oder empfangen von Laclos das Geld des Herzogs von Orléans. Zu dieser Stunde ist der Klub geöffnet. Treten wir vorsichtig ein, der Ort ist schlecht erleuchtet. Dennoch ist eine große, wahrhaft ernste, achtunggebietende Versammlung im Gang. Hier findet die öffentliche Meinung aus allen Gegenden Frankreichs ihr Echo; hier regnen die wahren oder falschen Nachrichten aus den Departements, die gerechten oder ungerechten Anklagen. Hier werden auch die Bescheide erteilt. Hier ist wirklich das Zentrum aller Freimauerei, aller Schwestergesellschaften, nicht bei dem harmlosen Fauchet, der nur die leere Form besitzt.

Ja, dieses Kirchenschiff ist dunkel, aber um so feierlicher. Betrachtet die vielen Abgeordneten, wenn ihr deutlich sehen könnt; es waren schon einmal vierhundert; was ihr heute seht, sind ungefähr zweihundert, darunter wie immer die Hauptführer, Duport, Lameth und das anmaßende, herausfordernde, hochmütige Gesicht des jungen, glänzenden Advokaten Barnave. Um die abwesenden Abgeordneten zu ergänzen, hat die Gesellschaft ungefähr tausend Mitglieder zugelassen, alles tätige, ausgezeichnete Leute.

Hier ist keiner aus dem Volk. Die Arbeiter kommen zu anderen Stunden und in einem anderen Saal, unter diesem gelegen, zusammen. Man hat zu ihrer Unterweisung einen Bruderverein gegründet, wo man ihnen die Verfassung erklärt. Ebenso beginnt ein Verein von Frauen aus dem Volke sich in dem unteren Saale zu versammeln.[1]

Die Jakobiner sind eine vornehme, gebildete Gesellschaft. Der größere Teil der französischen Literatur gehört ihr an. Laharpe, Chénier, Chamfort, Andrieux, Sedaine und viele andere; reichlich sind die Künstler vertreten: David, Vernet,

1 Marat vergleicht die Energie dieser Frauen mit dem Geschwätz der jakobinischen Aristokratie. Nummer vom 30. Dezember 1790.

Larive, und die Revolution im Theater: der junge Römer Talma. An den Türen, um die Eintrittskarten zu prüfen und die Mitglieder zu legitimieren, zwei Kontrolleure: der Sänger Laïs und jener schöne junge Mann, der würdige Schüler der Frau von Genlis, der Sohn des Herzogs von Orléans.

Der dunkle Mann im Büro, der so düster lächelt, ist der Agent des Prinzen selbst, der nur allzu bekannte Verfasser der „Liaisons dangereuses“. Und welch ein Gegensatz: auf der Tribüne spricht Herr von Robespierre.

Der ist ein anständiger Mensch, der fest bei seinen Grundsätzen bleibt. Ein sittenstrenger Mensch, ein begabter Mensch. Seine schwache, ein wenig kreischende Stimme, sein mageres, trübes Gesicht, sein unveränderlicher olivenfarbener Rock (der einzige Rock, langweilig und sorgfältig gebürstet), all das beweist genügend, daß die Grundsätze ihren Mann nicht sehr bereichern. In der Nationalversammlung wenig beachtet, spielt er die erste Rolle bei den Jakobinern und wird sie immer mehr spielen. Er ist die Gesellschaft selbst, nichts mehr und nichts weniger. Er verkörpert sie vollkommen, hält gleichen Schritt mit ihr, eilt ihr niemals voraus. Wir werden ihm ganz aus der Nähe und sehr aufmerksam folgen, jede Stufe seiner Laufbahn beachten und ferner auf die tiefen Spuren hinweisen, welche die Revolution in sein bleiches Gesicht zeichnete, auf die vorzeitigen Runzeln der durchwachten Nächte und die Gedankenfurchen. Man muß ihn erzählen, bevor man ihn malt. Er ist ein völlig künstliches Erzeugnis des Glücks und der Arbeit und verdankt der Natur wenig; man kann ihn nicht verstehen, wenn man nicht genau die Umstände kennt, die ihn schufen, den starken Willen, der ihn schuf.

Wenige Menschen begannen unglücklicher: zuerst Schlag auf Schlag Unglück in Familie und Vermögen; dann von der hohen Geistlichkeit beschützt und unterstützt, die den Ideen des jungen Mannes feindlich war, und dem Geist der Jahrhunderte, dem jener folgte. So entging er dem ersten Unglück nur, um einem viel größeren zu verfallen: der Notwendigkeit, undankbar zu sein.

Die Robespierre waren seit Generationen Notare in Carvin bei Lille. Das älteste Aktenstück, das ich von ihnen kenne, stammt aus dem Jahre 1600.[1] Man vermutet, sie seien aus Irland gekommen. Ihre Ahnen haben vielleicht zu den zahlreichen irischen Kolonien gehört, die im sechzehnten Jahrhundert die Klöster und Seminare an der Küste bevölkerten und dort von den Jesuiten eine Erziehung als Redner erhielten. Dort sind unter anderen Burke und O'Connell erzogen worden.

Im achtzehnten Jahrhundert suchten die Robespierre ein größeres Arbeitsfeld. Ein Zweig blieb in der Nähe von Carvin, der andere ließ sich in Arras nieder, einem bedeutenden, klerikalen, politischen und juristischen Zentrum,

[1] Sammlung des Herrn Gentil in Lille.

Sitz von Provinzialstaaten und höheren Gerichtshöfen, einem Hauptort für Geschäfte und Prozesse. Nirgendwo lasteten Adel und Kirche schwerer. Es gab besonders zwei Fürsten oder Könige von Arras, den Bischof und den mächtigen Abt von Saint-Waast, der ungefähr ein Drittel der Stadt besaß. Der Bischof hatte das Herrenrecht behalten, die Richter am Strafgericht zu ernennen. Noch heute liegt vor seinem ungeheuren Palast die Hälfte von Arras im Schatten. Straßen mit bedeutsamen Namen erinnern an die Rechtsverdreherei, die dort herrschte; feucht und trostlos umsäumen sie die Mauern des Palastes: Rue du Conseil, Rue des Rapporteurs usw. In dieser letzteren, der düstersten, der traurigsten, in einem guten, sehr anständigen Bürgerhause lebte, arbeitete, schrieb Tag und Nacht ein Advokat am Rat von Artois, ein tätiger, ehrenwerter Mann, der 1758 Robespierres Vater wurde.[1]

Er besaß keinen Reichtum außer der allgemeinen Achtung und seinem häuslichen Glück; als ihn das Unglück traf, seine Frau zu verlieren, war sein Leben zerstört. Er verfiel in unheilbare Schwermut, wurde unfähig zu Geschäften, gab die Praxis auf. Man riet ihm zu reisen. Das tat er und ließ nichts mehr von sich hören; man hat niemals erfahren, was aus ihm geworden ist.

Vier Kinder blieben verlassen in dem großen, öden Hause. Der älteste, Maximilian, wurde so mit zehn oder elf Jahren das Haupt der Familie, gewissermaßen Vormund seines Bruders und seiner beiden Schwestern. Sein Charakter änderte sich sofort; er wurde, was er dann geblieben ist: erstaunlich ernst; sein Gesicht konnte lächeln, ein gewisses scheinheiliges Lächeln wurde sogar später dessen gewöhnlicher Ausdruck; aber sein Herz lachte niemals mehr. Noch so jung, mußte er den Vater, den Herrn, den Leiter einer jener kleinen Familien spielen, die er später so ausdauernd zu empfehlen wußte.

Dieser kleine, so reife Mann war der beste Schüler im Collège von Arras. Für einen so ausgezeichneten Menschen erlangte man mühelos vom Abt von Saint-Waast eine der Freistellen, über die er im Collège Louis-le-Grand verfügte. Robespierre trennte sich also von seinem Bruder und seinen Schwestern und kam ganz allein nach Paris, ohne andere Empfehlungen als an einen Stiftsherrn von Notre-Dame, dem er sich eng anschloß. Aber er hatte kein Glück; der Stiftsherr starb bald. Und fast gleichzeitig erfuhr er, eine seiner Schwestern sei gestorben, und zwar die jüngste und geliebteste.

In den dicken, unheimlichen Mauern von Louis-le-Grand, die dunkel sind vom Schatten der Jesuiten, in den tiefen Höfen, in die die Sonne nur selten dringt, ging der Verwaiste allein spazieren, hatte wenig Verkehr mit den Glücklichen, mit der lärmenden Jugend. Die anderen, die noch Eltern besaßen und

---

[1] Nicht 1759. Herr Degearge hatte die Güte, mir aus Arras den kürzlich aufgefundenen Geburtsschein zu schicken.

in den Ferien Familienluft und Weltluft atmeten, wurden weniger rauh von dieser traurigen Erziehung berührt, die den Seelen ihre Blüte nimmt und sie in unfruchtbarem Brand verdorren läßt. Sie drang scharf in die Seele Robespierres.

Als Waise und schutzloser Freischüler mußte er sich durch seine Leistungen schützen, durch Anstrengungen, durch ein ausgezeichnetes Betragen. Von einem Freischüler verlangt man viel mehr als von einem anderen. Er ist gehalten, Erfolg zu haben. Die guten Plätze, die Preise, die für die anderen eine Krönung bedeuten, sind für den Freischüler gleichsam eine Ehrenpflicht, eine Bezahlung, die er seinen Gönnern entrichtet. Eine gedemütigte, freudlose, harte Lage, die indessen einen Charakter wie Camille Desmoulins, einen anderen Freischüler des Klerus, nicht sehr geschädigt zu haben scheint. Desmoulins war jünger, Danton ungefähr gleichaltrig mit Robespierre; Danton gehörte den gleichen Kursen an.

Sieben Jahre, acht Jahre verstrichen so. Dann studierte er die Rechte, wie alle, wollte Anwalt werden. Das gelang ihm nicht gut; obgleich er von Natur ein gutes Urteil und scharfen Verstand besaß und ein Freund von Abstraktionen war, konnte er sich an die Weisheit der Barre, an die Spitzfindigkeiten der Rechtsverdreher nicht gewöhnen. Er war an Rousseau und Mably, an den Philosophen seiner Zeit groß geworden und verzichtete nicht gern auf Allgemeinheiten. Er mußte schließlich nach Arras zurückkehren und in der Provinz leben. Als Preisträger von Louis-le-Grand wurde er gut aufgenommen und hatte einigen Erfolg in der Welt und in der akademischen Literatur. Die Akademie der „Rosati“, die Rosen als Dichterpreise verteilte, nahm Robespierre auf. Er machte Verse wie jeder andere. Er bewarb sich bei der Lobrede auf Gresset und bekam einen zweiten Preis; später bei einem ernsteren Gegenstand: die Rückwirkung des Verbrechens, die Brandmarkung der Verwandten des Verbrechers. All das schwach geschrieben, mit einer pastorenhaften Gefühlsbreite. Aber gerade darum hatte der junge Autor einen um so tieferen Eindruck auf ein Mädchen des Ortes gemacht.[1] Das Mädchen tat den Schwur, niemals einen anderen zu heiraten. Als Robespierre von einer Reise zurückkehrte, war sie verheiratet.

Der Klerus war natürlich stolz auf einen solchen Schützling und blieb ihm sehr geneigt. Er erreichte beim Abt von Saint-Waast, daß sein junger Bruder die Freistelle bekam, die er selbst im College Louis-le-Grand gehabt hatte. Der Bischof ernannte ihn zum Mitglied des Strafgerichtes. Als aber Robespierre in den Fall kam, einen Mörder zum Tode zu verurteilen, griff ihn das, wie seine Schwester versichert, so sehr an, daß er seine Entlassung nahm.

---

1 Um sie handelt es sich nach meiner Meinung in der Urschrift des ersten Bildes von Robespierre (Sammlung Saint-Aubin): Er ist sehr jung, sehr schlapp, sehr fade, mit der einen Hand die Rose haltend und die andere aufs Herz gelegt. Unten steht: „Alles für meine Freundin.“

Jedenfalls tat er klug daran, am Vorabend der Revolution den verhaßten Beruf eines von Priestern ernannten Richters des Ancien régime aufzugeben. Er wurde Advokat. Es war sicher besser, seine Ansichten und sein Leben in Einklang zu bringen, von wenig oder von gar nichts zu leben, abzuwarten. Obgleich es ihm sehr schlecht ging, vertrat er, so erzählt man, mit lobenswerter Gewissenhaftigkeit nicht jede Sache, sondern wählte aus. Er geriet in große Verlegenheit, als er eines Tages von Bauern gebeten wurde, für sie gegen den Bischof von Arras zu plädieren. Er prüfte ihre Sache und fand sie gut; wahrscheinlich hätte zu dieser Zeit kein anderer Advokat gewagt, sie gegen den König der Stadt zu unterstützen. Robespierre hielt die Advokatur für ein Amt; er stellte die Gerechtigkeit höher als Rücksichten, Gefühle, Dankbarkeit und plädierte ohne zu zaudern gegen seinen Beschützer.

Kein Land war so geeignet, glühende Freunde der Freiheit hervorzubringen, als das Artois; keins litt schwerer unter der kirchlichen und herrschaftlichen Tyrannei. Der Boden gehörte ganz den weltlichen und geistlichen Herren. Die lächerlichen Provinzialstaaten waren gleichsam eine Beschimpfung der Gerechtigkeit und der Vernunft. Der dritte Stand war dort lediglich durch etwa zwanzig von den Herren ernannte Maires vertreten. Die Herren, die Latour-Maubourg, d'Estournel, Lameth hatten die Verwaltung wie ein Erbgut völlig in ihrer Hand. Die Verwaltung schritt immer mehr zum Ungewöhnlichen. Ein Lameth gesteht es selbst. Zuerst hatte *jeder* Lehnsmann Stimmrecht, später wurde der Besitz eines Kirchspiels verlangt und der Adel im vierten Gliede, dann der im siebenten Gliede; am Vorabend der Revolution schließlich gab man sich nur noch mit dem Adel im zehnten Gliede zufrieden. Man braucht sich nicht zu wundern, wenn diese durchaus rückschrittliche Provinz einen strengen Vertreter der neuen Ideen in die Generalstaaten schickte, und wenn dieser Mann, der keine Krümmungen kannte, sondern nur die gerade Linie, einen gewissen mathematischen Geist in die Revolution brachte, das Winkelmaß, den Zirkel, die Grundwaage.

Er kam von Arras und fand Arras auf den Bänken der Versammlung wieder, ich meine den treuen Haß der Priester gegen ihren Schützling, ihren Abtrünnigen und die Verachtung der Herren von Artois gegen einen Advokaten, der aus Barmherzigkeit erzogen worden war und nun neben ihnen saß. Er kannte dies Übelwollen, das die außergewöhnliche Schüchternheit des Anfängers nur vermehren mußte. Er gestand Etienne Dumont, er zittere wie Espenlaub, wenn er die Tribüne besteige. Indessen hatte er Erfolg. Als die Geistlichkeit im Mai 1789 den dritten Stand hinterlistig bat, Mitleid zu haben mit dem armen Volk und seine Arbeiten zu beginnen, antwortete Robespierre mit scharfer Heftigkeit, und als er sich durch den Beifall der Versammlung gestützt fühlte, gab er seiner Leidenschaft nach und wurde beredt.

Da er in der Nacht vom 4. August abwesend war und sich ärgerte, eine so schöne Gelegenheit verfehlt zu haben, benutzte er begierig die gefährlichen

Umstände vom 5. Oktober. Als Maillard, der Redner der Frauen, eine Ansprache an die Versammlung hielt, verhielten sich alle feindlich oder stumm; nur Robespierre erhob sich und unterstützte Maillard zweimal.

Ein ernstes Beginnen, für sein Schicksal entscheidend; denn es kennzeichnete diesen schüchternen Menschen als äußerst verwegen und gefährlich und zeigte besonders seinen Freunden, daß ein solcher Mann sich nicht binden oder etwa gelehrig den Parteivorschriften folgen würde. Damals kam man allem Anschein nach unter den adligen Jakobinern überein, dieser ehrgeizige Mann solle lächerlich werden vor der Versammlung, solle derjenige sein, der jedermann ohne Unterschied der Partei amüsiert und amüsieren muß. In der Langeweile der großen Versammlung gibt es immer jemanden (oft ist es nicht der unverständigste), den man so dem Unterhaltungsbedürfnis aller opfert. In diesen Augenblicken des Spottes kommt man einander näher, lachen die unversöhnlichsten Feinde miteinander und werden für einen Moment einträchtig; es gibt nur noch einen gemeinsamen Feind.

Einen Menschen lächerlich zu machen, gibt es ein bequemes Mittel, nämlich dies, daß seine *Freunde* lächeln, wenn er spricht. Die Menschen sind im allgemeinen so oberflächlich, so leicht mitzureißen, so faule Herdentiere, daß, wenn ein Mitglied der Linken, derer um Barnave und Lameth, lachte, unfehlbar die ganze Versammlung einstimmte. Ein einziger scheint an diesen Unwürdigkeiten keinen Teil gehabt zu haben, ein wahrhaft Starker: Mirabeau. Er antwortete dem schwachen Gegner immer ernsthaft und rücksichtsvoll, achtete in ihm das Bild des Fanatismus, aufrichtiger Leidenschaft, beharrlicher Arbeit. Nachsichtig und mit der Güte des Genies enthüllte er schließlich den tiefen Dünkel Robespierres, die Ehrfurcht, die jener gegen sich selbst, gegen seine Person und seine Worte hegte. „Er wird höher steigen", sagte Mirabeau, „denn er glaubt alles, was er sagt."

Die Versammlung besaß viele Redner und war mit Recht anspruchsvoll. An den Löwenkopf Mirabeaus gewöhnt, an die freche Selbstgefälligkeit Barnaves, an Cazalès' Hitze und die unverschämte Zanksucht Maurys, fand sie den Anblick des dürftigen Gesichtes, die Unbeholfenheit und Schüchternheit Robespierres peinlich. Die beständige Anspannung von Muskeln und Stimme, sein einförmig-mühevoller Vortrag, sein ein wenig kurzsichtiger Blick machten einen beschwerlichen, ermüdenden Eindruck, dem man sich durch den Spott entzog. Um das Unrecht voll zu machen, ließ man ihm nicht einmal den Trost, sich gedruckt zu sehen. Aus Nachlässigkeit oder vielleicht auf den Wink der „Freunde" Robespierres, verstümmelten die Journalisten seine sorgfältigst ausgearbeiteten Reden grausam. Sie blieben hartnäckig dabei, seinen Namen nicht zu kennen, und nannten ihn immer: „Ein Mitglied" oder „Herr N.", oder machten wohl drei Sterne.

So gequält, ergriff er nur um so begieriger jede Gelegenheit, sich reden zu hören, und dieser unverrückbare Entschluß, immer zu sprechen, machte ihn bisweilen wirklich lächerlich. Als zum Beispiel der Amerikaner Paul Jones der Versammlung seinen Glückwunsch aussprach, und der Präsident darauf geantwortet hatte, hielt jedermann die Antwort für genügend, nur Robespierre blieb dabei, ebenfalls zu antworten. Murren, Unterbrechungen: nichts machte ihn irre. Kaum brachte er ein paar unbedeutende, nutzlose Worte hervor, appellierte außerdem an die Tribünen, forderte die Freiheit der Meinung und schrie, man suche seine Stimme zu ersticken. Da brachte Maury alle Anwesenden zum Lachen durch den Antrag, die Rede des Herrn Robespierre müsse gedruckt werden.

Robespierre besaß nichts, diese Demütigungen zu vergessen, die seiner Eitelkeit äußerst empfindlich waren, weder Familie noch Gesellschaft. Er war allein, und er war arm. Er brachte den Ekel mit heim in seine Einsamkeit im Marais, in seine armselige Wohnung in der bescheidenen Rue de Saintonge. Ein kaltes Zimmer, ärmlich, ohne Möbel. Er lebte bescheiden und sehr eingeschränkt mit seinem kleinen Abgeordnetengehalt; davon schickte er noch ein Viertel nach Arras an seine Schwester; ein anderes Viertel erhielt eine Geliebte, die ihn sehr liebte, ihm aber keinerlei Dienste leistete; er verschloß sogar oft die Tür vor ihr und behandelte sie nicht gut.[1] Er war sehr mäßig und aß für dreißig Sous, trotzdem blieb ihm kaum etwas für die Kleidung. Als die Versammlung beim Tode Franklins Trauer anordnete, war Robespierre in großer Verlegenheit. Er lieh sich einen schwarzen Rock von einem Manne, der viel größer war als er; der Rock schleppte um vier Zoll nach. „Nihil habet paupertas durius in se quam quod ridiculos homines facit." (Juvenal)

Um so mehr versenkte er sich in die Arbeit. Aber dazu blieben ihm nur die Nächte, denn die Tage verbrachte er ganz, mit unentwegter Pünktlichkeit, bei den Jakobinern und in der Versammlung, in ungesunden, stickigen Sälen, in denen sich Mirabeau eine Augenkrankheit holte und Robespierre Blutstürze. Wenn ich nach den Merkmalen auf seinen Bildern urteilen darf, so muß sich sein Äußeres damals sehr verändert haben. Sein Gesicht, das bis dahin ziemlich jung und milde aussieht, scheint wie vertrocknet. Äußerste Verschlossenheit, die bis zur Verzerrung geht, fällt daran auf. Tatsächlich hatte er nichts, woran er den Geist erholen konnte. Sein einziges Vergnügen war, seine ziemlich klaren, aber völlig farblosen Reden zu verbessern und zu feilen; durch die Arbeit gewöhnte er sich die platte Alltäglichkeit ab und gelangte allmählich zu einem schweren Stil.

[1] Ich verdanke diese und mehrere andere Einzelheiten dem Werke des Herrn Villiers (Souvenirs d'un déporté, 1802), der den größten Teil des Jahres 1790 mit Robespierre verlebte und ihm oft umsonst als Sekretär diente. Im übrigen habe ich mich fast überall an die Memoiren von Charlotte de Robespierre gehalten, die im Anhang zu den „Oeuvres de Robespierre" (herausgegeben von Laponneraye) gedruckt sind.

Am meisten nutzte es ihm, daß er sich ein für alle Male von seiner eigenen Partei losmachte, daß er für sich blieb, mit den Lameth brach und nicht länger die Kette dieser zweifelhaften Freundschaft schleppte. Als Robespierre eines Morgens zum Haus der Lameth kam, konnten oder wollten diese ihn nicht empfangen; da kam er nicht mehr hin.

So war er frei von den Männern der Auswege und wurde der Mann der Grundsätze. Damit war seine Stellung einfach und stark. Er wurde das große Hemmnis derer, die er verlassen hatte. Diese Partei- und Geschäftsmänner fanden nun bei jedem Versuch eines Ausgleichs zwischen Prinzipien und Interessen, zwischen Recht und Umständen, eine Schranke, die Robespierre vor ihnen errichtete: das losgelöste, absolute Recht. Ihren unechten, englisch-französischen, sogenannten konstitutionellen Lösungen gegenüber verwies er auf Theorien, die nicht eigentlich französisch, sondern allgemein, universal waren und dem „Contrat social", dem gesetzgeberischen Ideal Rousseaus und Mablys entsprachen.

Sie schmiedeten Ränke, wandten sich hierhin und dorthin; er blieb unentwegt. Sie mischten sich in alles, machten Kniffe, handelten, stellten sich auf jede Weise bloß; er lehrte nur. Sie erschienen wie Sachwalter, er wie ein Philosoph, ein Priester des Rechts. Er mußte sie ja auf die Dauer schwächen.

Er war ein treuer Zeuge der Prinzipien und trat immer feierlich für sie ein, erklärte sich aber selten über ihre Anwendung und wagte sich nicht auf das mißliche Gebiet der Mittel und Wege. Er sagte, *was man tun sollte*, selten, sehr selten, *wie man es tun konnte*. Doch liegt gerade darin die größte Verantwortlichkeit des Politikers, da strafen ihn die Ereignisse oft Lügen und zeihen ihn des Irrtums.

Übrigens war eine solche Versammlung leicht zu fassen. Sie schwankte, schritt vor- und rückwärts, verlor jeden Augenblick die Revolution aus den Augen.

Im Oktober 1789 erkannte die Versammlung das Wahlrecht nur denen zu, die den Wert von drei Arbeitstagen an Steuern bezahlten. So blieben von sechs Millionen Wählern, die das allgemeine Stimmrecht ergeben hatte, nur 4 298 000. Die Versammlung fürchtete damals zwei entgegengesetzte Mächte: die Volksaufwiegler in den Städten und die Aristokratie auf dem Lande; sie hatte Bedenken, zweihunderttausend Bettler in Paris abstimmen zu lassen – von den anderen Städten zu schweigen –, und eine Million Bauern, die von den Herren abhingen.

Das war scheinbar richtig im Jahre 1789, aber viel weniger im Jahre 1791. Die Landbevölkerung, die man für unterwürfig hielt, hatte sich im Gegenteil im allgemeinen revolutionär gezeigt; fast überall hatten die Bauern berechtigte Hoffnungen an die neue Ordnung der Dinge geknüpft, sie hatten sich in Mengen verheiratet und bewiesen schon dadurch, daß sie die Gedanken an Ordnung und Frieden nicht von dem der Freiheit trennen würden.

Es lebte ein ungeheurer Glaube in diesem Volke, man mußte nur an diesen Glauben glauben. Man ist sich nicht klar genug darüber, welche Fehler und

Treulosigkeiten nötig waren, um ihm dieses Gefühl zu nehmen. Es glaubte zuerst an alles, an die Ideen, an die Menschen, und bemühte sich immer, aus einer allzu natürlichen Schwäche, die Ideen in den Menschen verkörpert zu sehen; die Revolution erschien ihm heute in Mirabeau, morgen in Bailly und La Fayette; selbst unfruchtbare und langweilige Gestalten, wie die Lameth und Barnave, flößten ihm Vertrauen ein. Stets getäuscht, wandte es schließlich sein hartnäckiges Glaubensbedürfnis anderen zu.

Diesen glühenden, begabten, energischen Massen, die 1789 gestimmt hatten, zu erklären, sie besäßen dieses Recht nicht mehr, den Namen „Aktiv"-Bürger den Wählern vorzubehalten, und die Nichtwähler auf den Rang von „Passiv"-Bürgern herabzudrücken, von Bürgern, die keine sind, das erschien wie eine Gegenrevolution. Noch sonderbarer war es, den so in ihrer Zahl beschränkten Wählern zu sagen: „Ihr dürft nur Reiche wählen." Sie konnten nur diejenigen zu Abgeordneten ernennen, die wenigstens den Wert von einer Mark Silber an Steuern bezahlten (54 Franken).

Die Debatten, die sich mehrmals um diesen Gegenstand entspannen, gaben den Konstitutionellen und Nationalökonomen Gelegenheit, mit ihren groben, materialistischen Lehren vom Recht des Eigentums zu prahlen. Die letzteren verstiegen sich zu der Behauptung, die Eigentümer allein seien Mitglieder der Gesellschaft, *diese gehöre ihnen*![1]

Die Frage der Ausübung der politischen Rechte, schon an sich so schwer, wurde dadurch noch schwerer, daß die 1 300 000 Richter, Beisitzer und Verwaltungsbeamte, die von der Versammlung geschaffen waren, in Zukunft nur noch aus den *Aktiv*bürgern genommen werden sollten. Man ging noch weiter: man versuchte, auch die Nationalgarde diesen letzteren vorzubehalten, das siegreiche Volk zu entwaffnen, das gerade die Revolution gemacht hatte.

Dies Mißtrauen gegen das Volk, der Materialismus des Bürgertums, der nur im Eigentum die Bürgschaft der Ordnung sieht, gewann immer mehr Boden in der Konstituierenden Versammlung. Bei jeder Empörung wurde es größer. Die Sieyès, Thouret, Chapelier, Rabaut-Saint-Etienne wichen immer weiter zurück und vergaßen, was sie früher getan hatten. Noch merkwürdiger ist, daß jene Leute, die über den Aufstand Bescheid wußten und ihn bisweilen anstifteten, Duport, Lameth und Barnave, keineswegs beruhigt waren; sie stimmten als Abgeordnete für Gesetze, welche dieselben Leute entwaffneten, die von ihnen als Jakobiner aufgewiegelt wurden. Die Stellung dieser drei Männer wurde im Jahre 1790 merkwürdig zweideutig und wunderlich. Ihre Volkstümlichkeit hatte den

---

[1] Unfähige Schüler Quesnays und Turgots, sahen sie nicht, daß ihre Meister nur darum das *Recht* des Bodens übertrieben haben, um diesen desto sicherer mit der *Pflicht* der Steuerzahlung zu treffen in einer Zeit, wo er ganz in den Händen der Priester und Adligen war.

höchsten Grad erreicht durch ihren Kampf gegen Mirabeau in der großen Frage des Rechtes der Entscheidung über Krieg und Frieden. Und doch: unterschieden sich ihre Ansichten wesentlich und im Grunde von den seinigen? Was waren sie eigentlich? Royalisten.

Ebenso war der einzige Mann auf der Welt, den Mirabeau vom ersten bis zum letzten Augenblick gehaßt hat, derselbe, in dem nach Mirabeaus Meinung die Falschheit der Partei am stärksten zum Ausdruck kam: Alexandre de Lameth.

Wenn Lameth, Duport und Barnave sich Mirabeau nur um einen Schritt zu nähern schienen, dann verbreiterten sie den Boden für Robespierre, der bei den Jakobinern immer größer wurde. Ihre Stellung in der Vorhut macht ihnen viele Schwierigkeiten, aber sie wollten sie nicht aufgeben. Sie zauderten, benutzten alles, was Ränke und List an Auswegen bieten konnten. Indessen gingen die Dinge so rasch voran, daß man sich sehr beeilen mußte, wenn man das Königtum noch wieder stärken wollte. Charles de Lameth fand Beifall, als er der vollziehenden Gewalt vorwarf, „sie stelle sich tot". Der Vorwurf war echt; die Lameth ahnten, daß diese von ihnen so geschwächte Gewalt sie mit sich hinabreißen würde, und wünschten aufrichtig, ihr ihre Wirksamkeit wiederzugeben.

Das wurde deutlich bei dem Ereignis von Nancy. Sie stimmten mit Mirabeau für Bouillé und La Fayette, gegen die Soldaten, zu deren Erregung und Aufwiegelung die von den Lameth geführte Jakobinergesellschaft nicht wenig beigetragen hatte.

Unter diesem offen oder versteckt rückschrittlichen Einfluß beschloß die Versammlung am 6. September, zwei Jahre lang sollten keine Urwählerversammlungen stattfinden; die von den Urwählern bereits ernannten Wahlmänner sollten zwei Jahre die mit dem Wahlrecht verbundene Macht ausüben.

Die Lameth bereuten beinahe, aus Haß gegen Mirabeau für den Antrag gestimmt zu haben, der den Abgeordneten verbot, ins Ministerium einzutreten. Sie zweifelten nicht, daß bei den neuen Verhältnissen jeder Wechsel die Gewalt in ihre Hände oder in die ihrer Freunde spielen müßte. So traten sie lebhaft dafür ein, man solle den König bitten, die Minister zu entlassen, und zunächst gelang es ihnen durch den Volksaufstand, Necker zu verjagen. Wider alles Erwarten lehnte die Versammlung es ab, die Entlassung der anderen zu verlangen. Camus, Chapelier, die Bretonen und zweihundert Abgeordnete der Linken stimmten gegen den Antrag. Man mußte die Sektionen von Paris in Bewegung bringen, die nun nicht mehr die Entlassung der Minister forderten, sondern ein Verfahren gegen sie. Dieser Wunsch wurde der Versammlung durch Danton vorgetragen, und das erste Auftreten dieses Medusenhauptes genügte, um erkennen zu lassen, man werde vor keinem Schreckmittel zurückweichen.

Der Hof setzte um diese Zeit seine Hoffnung auf das Überhandnehmen der Mißstände; er hielt darauf, vor Europa festzustellen, daß das Königtum nicht mehr bestünde, und hätte gern gesehen, wenn der König die Versammlung gebeten hätte, selbst die Minister zu wählen. Mirabeau bekam Wind von der Sache und widersetzte sich heftig, denn er fürchtete zweifellos, die Versammlung würde unter ihren gewöhnlichen Führern wählen und zu deren Gunsten den Beschluß aufheben, der den Abgeordneten das Ministerium verschloß.

Da sah das Triumvirat, daß es den Hof niemals dazu bringen würde, ihm die Macht anzuvertrauen. Die Lameth waren in Versailles erzogen worden und hatten beim König in Gunst gestanden; sie wußten, daß ihre Undankbarkeit sie zum Gegenstand eines persönlichen Hasses machte. Sie taten einen sehr ernsten Schritt, welcher bewies, wie fern sie in diesem Augenblick Ludwig XVI. und wie nahe sie der Partei Orléans standen.

Am 30. Oktober hatten die Bischöfe ihre „Grundsätzliche Erklärung" veröffentlicht, eine Kundgebung zum Widerstande, die den ganzen, der Revolution freundlichen niederen Klerus sozusagen unter ein geistliches Schreckensregiment stellte. Als Gegenmaßregel beschlossen die Jakobiner am 31., es solle ein Blatt geschaffen werden, um in Auszügen den Briefwechsel der Pariser Gesellschaft mit den Gesellschaften in den Departements zu veröffentlichen, eine furchtbare Ankündigung, die, wenn verwirklicht, eine gewaltige Menge von Klagen gegen die Priester und die Adligen ans Licht bringen mußte. Ein solches Blatt, das so viele Menschen dem Haß des Volkes, vielleicht sogar dem Tode, ausliefern mußte, war in Wirklichkeit ein schreckliches Richteramt; der Mann, der in diesem ungeheuren Durcheinander die Namen ausziehen und wählen würde, die man opfern wollte, war gleichsam mit einer sonderbaren neuen Gewalt bekleidet, die man „Diktatur der Verleumdung" nennen könnte.

Die Hauptführer der Jakobiner waren um diese Zeit immer noch Duport, Barnave und Lameth. Wer war der ernste Zensor, der untadelige, reine Mann, dem sie diese Gewalt anvertrauen ließen ...? Wer möchte es glauben? Es war der Verfasser der „Liaisons dangereuses", der bekannte Agent des Herzogs von Orléans, Choderlos de Laclos. – Er veröffentlichte im Schatten des Palais-Royal selbst, an der Türe seines Herrn, in der Cour des Fontaines, jede Woche diese Sammlung von Anklagen unter dem wenig zutreffenden Titel: „Journal des Amis de la Constitution"; wenig zutreffend, denn damals brachte es durchaus nicht die Verhandlungen der Pariser Gesellschaft, sondern schien eher ein Geheimnis daraus zu machen; es veröffentlichte *nur die Briefe, die Paris von den Gesellschaften in der Provinz empfing*, Briefe voll von zusammenfassenden und anonymen Anklagen; dazu schrieb Laclos irgendwelche Artikel, zuerst nichtssagende, später einfältige orléanistische, so daß der Orléanismus sieben Monate lang (von November bis Juni) unter der mit Achtung behandelten Deckung der Jakobinergesellschaft in ganz Frankreich verbreitet wurde. Die große volkstümliche Maschine wurde ihrem eigentlichen Gebrauch entfremdet und zum Vorteil des möglichen Königtums in Betrieb gehalten.

Die Leiter der Jakobiner hätten diese merkwürdige Übereinkunft zweifellos nicht getroffen, wenn ihnen nicht die Geldunterstützung der Orléanisten für die Bewegung in Paris unentbehrlich gewesen wäre. Der Hof, der alles zu spät bemerkte, begann zu bedauern, diesen gefährlichen Leuten nicht entgegengekommen zu sein. Er wandte sich zuerst an Barnaves wohlbekannte Eitelkeit (Dezember 1790), später an die Lameth. Er bat Barnave um Rat.[1] Er bat auch Mirabeau darum, Bergasse und alle Welt; und er täuschte alle Welt, denn er hörte, wie wir sehen werden, nur auf Breteuil, der zur Flucht riet, zum Bürgerkrieg und zur Rache.

Das Volk kannte alle diese häßlichen Intrigen nicht. Aber instinktmäßig fühlte es sie. Wohin es sich auch wandte, es sah nichts Sicheres, keinen Menschen, der Vertrauen einflößte. Von den Tribünen der Versammlung und der Jakobiner aus spähte und suchte es nach einem ehrlichen, rechtschaffenen Gesicht. Doch selbst die Gesichter seiner Verteidiger zeugten teils nur von Intrigen, Dünkelhaftigkeit und Unverschämtheit, teils von Verderbnis.

Nur ein einziges Gesicht war beruhigend; auf ihm standen die Worte: „Ich bin ehrlich."[2] Auch der Rock sagte es und die Gebärde ebenfalls. Die Reden waren nur Moral, Interesse des Volkes, Grundsätze und immer wieder Grundsätze. Der Mann war nicht unterhaltend, die Persönlichkeit trocken, armselig, durchaus nicht volkstümlich, sondern eher akademisch, in gewissem Sinne sogar aristokratisch, durch ihre äußerste Sauberkeit und Sorgfalt nämlich und ihr ausgesuchtes Benehmen. Er besaß keine Freundschaft, keinen vertrauten Umgang, selbst die früheren Kameraden aus dem Collège wurden ferngehalten.

Trotz all dieser zur Volkstümlichkeit wenig geeigneten Umstände hatte das Volk einen so gierigen Hunger nach dem Rechten, daß der Redner der Grundsätze, der Mann des absoluten Rechtes, der Mann, der die Tugend lehrte, und dessen ernstes, trübes Gesicht deren Ebenbild schien, der Günstling des Volkes wurde. Je übler er von der Versammlung angesehen wurde, um so beliebter wurde er bei den Tribünen. Er wandte sich immer mehr an diese andere Versammlung, die von oben auf die Verhandlungen herabsah, sich in Wirklichkeit für die wichtigere hielt, die als Volk, als Souverän das Recht beanspruchte einzugreifen und ihre Abgeordneten auszischte.

Mit mehr Grund sollte er bei den Jakobinern in die Höhe kommen. Vor allem war er dort wunderbar beharrlich, arbeitsam, sprang immer in die Bre-

---

[1] Mémoires de Mirabeau VIII, 362.

[2] Robespierres immer trübseliges Gesicht hatte damals noch nicht das spukhafte, unheilvolle Aussehen, das es später annahm. Es ist ein schönes Medaillon vorhanden (von Houdon oder seiner Schule, im Besitz des Herrn Lebas), welches, wenn es treu, Liebe zum Guten anzeigt, Geradheit und vielleicht eine starke, ehrgeizige Anspannung.

sche, sprach immer und über alles. Bei Versammlungen wie bei Frauen wird die Beharrlichkeit immer die wirksamste Eigenschaft bleiben. Viele wurden überdrüssig, langweilten sich, verließen den Klub. Robespierre war manchmal langweilig, langweilte sich selbst aber nie. Die alten Mitglieder gingen fort. Robespierre blieb; andere kamen zahlreich und fanden Robespierre schon da. Sie waren noch nicht Abgeordnete, aber begierig, es zu werden, ungeduldig, an den öffentlichen Angelegenheiten teilzunehmen; in ihnen barg sich gleichsam schon die Nationalversammlung der Zukunft.

Robespierre besaß weder die politische Kühnheit noch das Gefühl der Stärke, die notwendig sind, um die Macht an sich zu reißen. Ebensowenig hatte er den hohen spekulativen Schwung; er hielt sich allzu ängstlich an seine Meister Rousseau und Mably. Schließlich fehlte ihm die mannigfaltige Kenntnis von Menschen und Dingen; er wußte wenig Bescheid in der Geschichte und in der europäischen Welt.

Statt dessen besaß er mehr als alle anderen einen standhaften Willen und war ein gewissenhafter, bewundernswerter Arbeiter, der niemals nachließ.

Außerdem hatte dieser Mann, von dem man glaubte, er gehe völlig in Grundsätzen und Abstraktionen auf, von Anfang an ein richtiges Verständnis der Lage. Er wußte genau (was weder Sieyès noch Mirabeau wußte), *wo die wahre Stärke* lag, wo man sie suchen mußte.

Die Starken wollen ihre Stärke zeigen, wollen sie aus sich selbst schaffen. Die Politiker sind immer auf der Suche, wo sie steckt.

Es gab in Frankreich zwei Kräfte, zwei große Gesellschaften: die eine war im höchsten Maße revolutionär, die *Jakobiner*; die andere, die von der Revolution profitierte, schien leicht mit ihr versöhnt werden zu können – ich meine die *niedere Geistlichkeit*, eine Masse von achtzigtausend Priestern.

Das war die allgemeine Ansicht. Man untersuchte nicht, ob die Idee des Christentums moralisch, in aller Lauterkeit, mit der der Revolution in Einklang gebracht werden kann.

Robespierre beurteilte die Sache als Politiker; er unternahm es nicht, in der Vertiefung des neuen Prinzips die Form einer neuen Verbindung zu suchen. Er nahm, was vorhanden war, und glaubte, wer die Jakobiner und die Priester für sich habe, sei nahe daran, alles für sich zu haben.

Man konnte den Priester auf eine sehr einfache und sehr wirksame Art an die Revolution binden: man mußte ihn verheiraten. Robespierre stellte am 30. Mai 1790 den Antrag. Zweimal wurde seine Stimme erstickt. Die ganze Versammlung erschien einig, ihn nicht verstehen zu wollen. Die Linke wollte es allem Anschein nach nicht Robespierre überlassen, diese große Anregung zu ergreifen. Bemerkenswert und sicher nur dem eifersüchtigen Einfluß der jakobinischen Oberhäupter zuzuschreiben ist, daß die Zeitungen einig waren, die Rede nicht zu drucken,[1] wie die Versammlung einig gewesen war, sie nicht anzuhören.

Der Widerhall beim Klerus war dennoch sehr groß. Tausende von Priestern sandten lebhafte Dankschreiben an Robespierre. In einem Monat erhielt er für tausend Franken Briefe und Verse in allen Sprachen, ganze Dichtungen von 500, 700, 1500 Versen, lateinische, griechische, hebräische.

Robespierre fuhr fort, für den Klerus zu sprechen.[2] Am 16. Juni 1790 beantragte er, die Versammlung wolle für den Lebensunterhalt der siebzig Jahre alten Geistlichen sorgen, die weder Pfründen noch Pensionen besäßen. Am 16. September trat er für gewisse geistliche Orden ein, welche die Versammlung mit Unrecht zu den Bettelmönchen gezählt hatte. Noch viel später, am 19. März 1791, als der Krieg mit der Kirche in vollem Gange war, als die niedere Geistlichkeit von den Bischöfen mit fortgerissen wurde und sehr wenig Hoffnung ließ, man könne ihn mit dem Geist der Revolution versöhnen, erhob Robespierre Einspruch gegen die beantragten strengen Maßregeln; er erklärte, es sei unsinnig, ein Ausnahmegesetz „gegen die aufrührerischen Reden der Priester“ zu machen, man dürfe gegen niemanden grausam sein seiner Reden wegen.

Er wagte sich weit vor und gab sich eine große Blöße. Einer von der Linken stichelte ihn mit den Worten: „*Gehen Sie doch zur Rechten über*!“ Er spürte den Hieb, hielt inne, überlegte und wurde vorsichtig.

Er würde sich bloßgestellt haben, wenn er bei dem Zustand, in den die Dinge geraten waren, mit seiner Fürsprache für die Priester fortgefahren wäre. Doch durften die Priester wissen und es sich gesagt sein lassen, sie würden einen Beschützer in diesem Politiker finden, wenn die Revolution jemals zum Stillstand käme.

Durch ihren immer mehr zunehmenden Korpsgeist, ihren glühenden, schroffen Glauben, ihre strenge, inquisitorische Wißbegierde hatten die Jakobiner etwas vom Priester.

---

[1] Perlet spricht davon und ein paar andere; aber in den bedeutendsten Blättern wird sie überhaupt nicht erwähnt, weder in den „Révolutions de Paris“, noch in den „Révolutions de France et de Brabant“, noch im „Courrier de Provence“, noch im „Point de Jour“, noch im „Ami du Peuple“, noch im „Moniteur“, auch nicht in der „Histoire parlementaire“, die hier wie anderswo dem „Moniteur“ allzu gelehrig folgt, zum Beispiel in dem freiwilligen Irrtum des „Moniteur“ über die angebliche Hochherzigkeit des Klerus in der Nacht vom 4. August (vergleiche Seite 195). – Villiers erzählt, daß Robespierre empfänglich war für die zahlreichen Danksagungen in Versen, die er erhielt. Er speiste mit Villiers und sagte zu ihm: „Man behauptet, es gäbe keine Dichter mehr; Sie sehen, ich kann welche machen.“

[2] Nur einmal widersetzte er sich ihm, aber bei einer Gelegenheit, wo er ihm unmöglich beistimmen konnte, als nämlich ein geistlicher Abgeordneter beantragte, die Geistlichen sollten von Geistlichen gewählt werden. Sie von der allgemeinen Regel, der Wahl durch das Volk, ausnehmen, das hätte ihre Wiederherstellung als Körperschaft bedeutet.

Sie bildeten gewissermaßen eine revolutionäre Geistlichkeit. Und Robespierre wurde allmählich ihr Haupt.

Er bewies in dieser Rolle eine bemerkenswerte Vorsicht, ergriff selten die Initiative, wurde das Werkzeug und die Verkörperung des Jakobinismus, ging niemals weiter als die Jakobiner.

Man sieht es besonders bei der Frage des Königtums. Die Übereinstimmung der an die Generalstaaten gesandten „Hefte" weckte in den Jakobinern den Glauben, Frankreich sei royalistisch. Also war auch Robespierre für einen König; doch sollte der König nicht der *Stellvertreter* des Volkes sein, wie Mirabeau wollte, sondern *der Erwählte des Volkes, von ihm beauftragt* und daher verantwortlich.

Die Jakobiner waren damals, wie Barnave glaubte – und sind es verhältnismäßig fast immer gewesen, selbst in der heftigsten Bewegung der Revolution –, eine Gesellschaft des Gleichgewichts.

Robespierre sagte damals mit Bezug auf den Cordelier Desmoulins (und mit besserem Grunde von den anderen, noch ungestümeren Cordeliers): „Sie gehen zu rasch, sie werden sich den Hals brechen; Paris ist nicht in einem Tage erbaut worden, und man braucht mehr als einen Tag, um es zu zerstören."

Die Kühnheit und die große Initiative gehörten den Cordeliers.

FÜNFZEHNTES KAPITEL

Die Cordeliers

Revolutionäre Geschichte des Klosters der Cordeliers. – Energische Persönlichkeiten im Klub der Cordeliers. – Ihr Glaube an das Volk. – Ihre Unfähigkeit, sich zu organisieren. – Reizbarkeit Marats. – Die Cordeliers sind noch jung im Jahre 1790. – Trunkenheit des Augenblicks. – Wie es im Klub der Cordeliers aussah. – Camille Desmoulins gegen Marat. – Théroigne bei den Cordeliers. – Anacharsis Clootz. – Die beiden Seelen der Cordeliers. – Ein Bild Dantons.*

Beinahe gegenüber der Ecole de médicine, im Hintergrund eines Hofes, steht eine Kapelle von ernster, wuchtiger Bauart. Das ist die Sibyllinengrotte der Revolution, der Klub der Cordeliers.

Das benachbarte Hospiz und die Kapelle waren ursprünglich das Refektorium der Cordeliers und ihre berühmte Schule, der Hauptsitz der Mystiker, wo sogar deren Rivale, der Jakobinerheilige Thomas, Studien machte. Zwischen den beiden Gebäuden erhob sich die Kirche mit ihrem ungeheuren düsteren Schiff voll Grabsteinen. All das ist heute zerstört. Die darunter befindliche unterirdische Kirche barg eine Zeitlang die Druckerei Marats.

Wunderliches Verhängnis des Ortes! Dieser Umkreis gehörte der Revolution seit dem dreizehnten Jahrhundert, und zwar immer ihrem überspanntesten Geiste. Cordeliers und Cordeliers, Bettelmönche und Sansculotten: der Unterschied ist nicht sehr groß. Religionsstreit und politischer Streit, die Schule des Mittelalters und der Klub von 1790 sind viel mehr in der Form als im Wesen einander entgegengesetzt.

Betrachtet diese Mauern, die erst gestern errichtet zu sein scheinen: sehen sie nicht ebenso fest aus wie die Gerechtigkeit Gottes? Und tatsächlich hat eine große Tat revolutionärer Gerechtigkeit sie gegründet. Der große Freund der Gerechtigkeit, der heilige Ludwig, bestrafte zum erstenmal einen hohen Baron, den Herrn von Coucy, für ein Verbrechen. Von der Geldbuße, die jener bezahlen mußte, baute der König-Mönch (selbst ein Cordelier) die Schule und die Kirche der Cordeliers.

Dieser wahrhaft vorbestimmte Ort sah im Jahre 1357, als König und Adel geschlagen und gefangen waren, den ersten Konvent, der Frankreich rettete. Der Danton des vierzehnten Jahrhunderts, Etienne Marcel, Vorsteher von Paris, ließ dort von den Staaten eine Art von Republik errichten, sandte von dort die allmächtigen Abgeordneten in die Provinzen, um die Ausschreibung zu organisieren; und da die Kühnheit durch sich selbst groß wurde, bewaffnete er das Volk durch ein Wort, durch einen denkwürdigen Beschluß, der die Hut des öffentlichen Friedens dem Volke selbst anvertraute: „Wenn die Herren sich befehden, dann werden die guten Bürger über sie herfallen."

Wie sonderbar verspätet erscheint es, daß noch vier Jahrhunderte verstrichen, bis 1789 anbrach!

Der Glaube der alten Cordeliers war im höchsten Grade revolutionär; sie glaubten an die Erleuchtung, an die Inspiration der Einfältigen und Armen. Sie machten aus der Armut die vornehmste christliche Tugend; sie trieben den Ehrgeiz nach dieser Richtung auf eine unglaubliche Höhe, ließen sich lieber verbrennen, als daß sie das Geringste an ihrer Bettelmönchskutte änderten. In ihrem Haß gegen das Eigentum wurden sie die wahren Sansculotten des Mittelalters; sie übertrafen darin ihre Nachfolger vom Klub der Cordeliers und die ganze Revolution, Babeuf nicht ausgenommen.

Die Cordeliers der Revolution haben wie die des Mittelalters einen absoluten Glauben an den Instinkt der einfachen Leute; nur nennen sie es statt göttlicher Erleuchtung „Vernunft des Volkes".

Ihr völlig aus eigenstem Antrieb schaffender Geist, der bald eingegeben, bald „besessen" ist, unterscheidet sie tief von der berechneten Begeisterung, dem düsteren, kalten Fanatismus, der die Jakobiner kennzeichnet.

In der Zeit, in der wir stehen, waren die Cordeliers eine viel volkstümlichere Gesellschaft. Bei ihnen bestand nicht, wie bei den Jakobinern, die Scheidung zwischen der Versammlung der Politiker und der brüderlichen Gesellschaft, wohin die Arbeiter kamen. Ebensowenig war bei den Cordeliers eine Spur von „Sabbat" oder einem leitenden Ausschuß. Auch hatte der Klub kein gemeinsames Blatt (der Versuch, eins zu machen, mißlang). Überhaupt kann man die beiden Gesellschaften nicht miteinander vergleichen. Die Cordeliers waren ein Pariser Klub. Die Jakobiner eine ungeheure Gesellschaft, die sich über ganz Frankreich ausdehnte. Aber Paris bebte und geriet in Aufruhr, wenn die Cordeliers wütend wurden. War Paris einmal in Bewegung, dann blieb den revolutionären Politikern nichts übrig, als zu folgen.

Sehr stark war der Individualismus bei den Cordeliers. Ihre Journalisten, Marat, Desmoulins, Fréron, Robert, Hébert, Fabre d'Eglantine, schrieben jeder, wie er wollte. Danton, der allmächtige Redner, war niemals zum Schreiben zu bringen. Dafür waren Marat und Desmoulins, von denen der eine stotterte und der andere mit der Zunge anstieß, nur Schriftsteller und sprachen selten.

Indessen gab es bei aller Verschiedenheit, bei allen individuellen Instinkten ein sehr starkes Band zwischen ihnen, gleichsam einen gemeinsamen Magneten. Die Cordeliers bildeten eine Art Stamm, sie wohnten alle rings um den Klub: Marat in derselben Straße, beinahe gegenüber, am Türmchen oder in der Nähe, Desmoulins und Fréron zusammen in der Rue de l'Ancienne Comédie, Danton in der Passage du Commerce, Clootz in der Rue Jacob, Legendre in der Rue des Boucheries-Saint-Germain usw.

Der ehrbare Schlächter Legendre, einer der Redner des Klubs, war eins der Originale der Revolution. Ungebildet, unwissend, sprach er trotzdem tapfer unter den Gelehrten und Schriftstellern, ohne zu beachten, ob sie lächelten; er war ein beherzter Mann und trotz seiner wütenden Worte in seinen hellen Augenblicken gutmütig. Seine herzzerreißenden Abschiedsworte am Grabe Loustalots übertrafen bei weitem alles, was die Journalisten sagten, Desmoulins nicht ausgenommen.

Originell war an den Cordeliers, daß sie immer in unmittelbarer Berührung mit dem Volke blieben, bei offenen Türen verhandelten und dauernd mit der Menge in Verbindung standen. Ein paar von ihnen, die bisher an die zurückgezogene und sitzende Lebensweise des Gelehrten und Literaten gewöhnt waren, schlugen ihren Arbeitstisch in der Straße auf, schafften mitten in der Menge, schrieben auf einem Eckstein. Während sie Bücher herausbrachten, lasen sie selbst nur noch in dem großen Buch, in das sich unter ihren Augen jeder Tag in feurigen Zügen eintrug.

Sie glaubten an das Volk, hatten Vertrauen zu dem Instinkt des Volkes. Sie wandten viel Geist und viel Herz daran, diesem Glauben zu dienen, um ihn vor sich selbst zu rechtfertigen. Es gibt zum Beispiel nichts Rührenderes, als Desmoulins zu beobachten, diesen bezaubernden Geist, wie er sich an den Ecken des Odéon und der Comédie française unter die Maurer und Zimmerleute mischt, die abends philosophierten, und mit ihnen über Theologie plaudert, gerade wie Voltaire es getan hatte, und wie er, von ihrem Geist entzückt, ausruft: „Das sind Athener!"

Dieser Glaube an das Volk machte, daß die Cordeliers allmächtig waren beim Volke. Sie besaßen die drei revolutionären Gewalten, die drei Eigenschaften des Blitzes: das donnernde, zündende Wort, die scharfe Feder, die unverlöschbare Wut – Danton, Desmoulins, Marat.

Darin beruhte ihre Stärke, aber auch eine Schwäche: die Unmöglichkeit, sich zu organisieren. Sie sahen in jedem Menschen das ganze Volk. Sie verlegten das absolute Recht des Souveräns in eine Stadt, eine Sektion, einen einfachen Klub, einen Bürger. So hätte jeder Mensch einen Einwand gegen ganz Frankreich besessen. Um das Volk besser frei zu machen, unterwarfen sie es der Person.

Marat, so blind-wütend er war, scheint die Gefahr dieses gesetzlosen Geistes gefühlt zu haben. Er schlug schon früh die Diktatur eines Militärtribuns vor und später die Einsetzung von drei Staatsinquisitoren. Er schien die Jakobiner um ihre Organisation zu beneiden. Im Dezember 1790 beantragte er, zweifellos nach dem Vorbild jener Gesellschaft, die Gründung einer Bruderschaft von Aufsehern und Angebern, um die Agenten der Regierung zu überwachen und zu denunzieren. Dieser Antrag hatte keine Wirkung. Da betrieb Marat die Inquisition für sich allein. Von allen Seiten schickte man ihm Anzeigen und Klagen, berechtigte und unberechtigte, begründete und unbegründete. Er glaubte alles, druckte alles.

Fabre d'Eglantine hat von der „Empfindsamkeit Marats“ gesprochen. Über dies Wort haben sich die gewundert, die Empfindsamkeit mit Güte verwechseln, die nicht wissen, daß überspannte Empfindsamkeit zur Wut werden kann. Die Frauen haben Momente, wo ihre Empfindsamkeit grausam wird. Marat war ein Weib von Temperament und mehr als ein Weib, sehr nervös und sehr sanguinisch. Sein Arzt, Bourdier, las Marats Blatt, und als er es blutdurstiger fand als gewöhnlich – „nach Blut lechzend“ –, ging er schleunigst und ließ Marat zur Ader.[1]

Der plötzliche und gewaltsame Übergang vom Studium zur revolutionären Bewegung hatte auf sein Gehirn gewirkt und ihn wie betrunken gemacht. Seine Nachdrucker und Abschreiber, die sich seines Namens und Titels bedienten und ihm ihre Ansichten unterschoben, trugen nicht wenig dazu bei, seine Wut zu vermehren. Er überließ es niemandem, sie zu verfolgen, sondern ging selbst auf die Jagd nach ihren Ausrufern, lauerte ihnen an den Straßenecken auf, nahm sie bisweilen in der Nacht fest. Die Polizei ihrerseits suchte Marat, um ihn zu verhaften. Er floh, wohin er gerade konnte. Bei seinem ärmlichen, unglücklichen Leben und seiner erzwungenen Zurückgezogenheit wurde er immer nervöser, immer reizbarer; wenn ihn Unwille und Mitgefühl für das Volk in die heftigste Bewegung brachten, dann erleichterte er seine wütende Reizbarkeit durch schauerliche Anklagen, Aufforderungen und Ratschläge zu Metzeleien und Morden. Da bei seinem immer wachsenden Mißtrauen die Zahl der Schuldigen, der notwendigen Opfer für seine Begriffe immer größer wurde, so wäre der „Freund des Volkes“ schließlich dahin gekommen, das Volk zu vertilgen.

Der Natur und dem Leiden gegenüber wurde Marat sehr schwach; er konnte nach seinen eigenen Worten keine Mücke leiden sehen, aber er hätte allein eine Welt mit seinem Schreibzeug zerstört.

Mag er der Revolution durch seine ruhelose Wachsamkeit auch große Dienste geleistet haben: seine mörderische Sprache und sein gewöhnlicher Leichtsinn in Beschuldigungen hatten einen beklagenswerten Einfluß. Seine Uneigennützigkeit und sein Mut gaben seinen Wutausbrüchen Bedeutung; er wurde ein unheilvoller Lehrer des Volkes, verfälschte dessen gesunden Sinn, machte es schwach und wütend, wie Marat selbst.

Übrigens kann man nach diesem merkwürdigen Ausnahmegeschöpf nicht die Cordeliers im ganzen beurteilen. Wenn man jeden von ihnen für sich nimmt,

[1] Das hat Bourdier selbst dem berühmten Physiologen Serres erzählt.

kennt man die anderen nicht. Man muß sie vereint sehen bei ihren Abendsitzungen, wie es bei ihnen kocht und sprudelt wie in einem Vulkan. Ich werde versuchen, euch hinzuführen. Vorwärts, laßt euch durch nichts irre machen. Gebt mir die Hand.

Es ist gerade der Tag, an dem der Geist der Verwegenheit und Anarchie bei ihnen zum Durchbruch kommt und triumphiert, wo sie gegen die Gesetze der Nationalversammlung ihr Veto einlegen und erklären, daß die Presse „auf ihrem Grund und Boden" unbegrenzt frei ist und bleiben wird, und daß sie Marat verteidigen werden.

Beobachten wir sie in dieser Stunde. Die Zeit eilt schnell, sie werden sich bald ändern. Noch haben sie etwas von ihrem ursprünglichen Wesen. Nur ein Jahr soll vorübergehen, und wir erkennen sie nicht mehr. Wir wollen sie heute betrachten. Übrigens dürfen wir nicht hoffen, diese Schattenbilder endgültig festzuhalten, sie gehen vorüber, sie verfließen; uns selbst, die wir ihrem Schicksal folgen, trägt der reißende Strom mit hinweg; er ist aufgewühlt und trübe, voller Dreck und Blut.

Ich will sie heute sehen. 1790 sind sie verhältnismäßig noch jung, wenigstens im Vergleich zu den Jahrhunderten, die sich bis 1794 auf ihnen türmen.

Ja, Marat selbst ist jung in diesem Augenblick. Bei seinen fünfundvierzig Jahren, seiner langen, traurigen Laufbahn, verbrannt von Arbeit, Leidenschaften und Nachtwachen, ist er jung von Rache und Hoffnung.

Dieser Arzt ohne Patienten hält Frankreich für krank; er wird es zur Ader lassen. Dieser verkannte Physiker wird seine Feinde mit dem Blitz zerschmettern.[1] Der Freund des Volkes hofft, das Volk und sich selbst zu rächen. Sie wurden beide mißhandelt und verachtet. Aber ihr Tag bricht an. Nichts hält Marat auf; er flieht, verbirgt sich, trägt seine Feder und Druckpresse von einem Keller zum anderen. Er kommt kaum mehr ans Tageslicht. In diesem düsteren Leben bleibt ein Weib hartnäckig an seiner Seite, die Frau seines Druckers, die ihren Gatten verlassen hat, um sich zur Genossin dieses außerhalb der Natur, außerhalb des Gesetzes, außerhalb der Sonne stehenden Wesens zu machen. Er ist schmutzig, scheußlich, arm, – sie pflegt ihn; in unterirdischen Gelassen Marats Dienerin zu sein, zieht sie allem anderen vor.

Hochherziger Instinkt der Frauen! Er ist es auch, der um dieselbe Zeit Camille Desmoulins seine reizende, vielbegehrte Lucile verschafft. Er ist arm und in Gefahr, darum will sie ihn. Die Eltern hätten es lieber gesehen, wenn ihre Tochter einen weniger bloßgestellten Namen annähme; aber gerade die Gefahr reizte

---

[1] Ich werde diesen Charakter später gründlich untersuchen. Hier gebe ich nur den äußeren Marat, Marat als Cordelier, Marat im Jahre 1790. Ich werde später zeigen, wie der wissenschaftliche Terrorist, der Newton, Franklin und Voltaire zu töten meinte, zum politischen Terroristen wurde. Später werde ich über den Würger von 1793 sprechen.

Lucile. Alle Morgen las sie Camilles glühende Blätter voller Schwung und Geist, jene satirischen, beredten, von den Zufällen des Tages eingegebenen Blätter, die dennoch das Zeichen der Unsterblichkeit tragen. Leben und Tod mit Camille: sie nahm alles hin, sie entriß den Eltern die Einwilligung und verkündete ihm selbst, lachend und weinend, sein Glück.

Viele andere machten es so wie Lucile. Je ungewisser die Zukunft wurde, je schwerer sich Stürme am Horizont bargen, um so eiliger hatten es die Liebenden, sich zu vereinigen, ihr Schicksal aneinander zu ketten, sich demselben Glück zu vertrauen, ihr Leben auf die gleiche Karte, auf den gleichen Würfel zu setzen.

Ein bewegter, wirrer Augenblick, in den sich Trunkenheit mischte, wie am Vorabend einer Schlacht; ein anziehendes, spannendes, entsetzliches Schauspiel.

Jedermann in Europa fühlte es. Wenn viele Franzosen abreisten, so kamen dafür viele Ausländer; sie schlossen sich mit ganzem Herzen unserem Tun an und wurden Franzosen für immer. Und selbst wenn sie bei uns sterben sollten, so taten sie das lieber, als anderswo leben; hier waren sie im Tode wenigstens sicher, gelebt zu haben.

So hielt der witzige und zynische Deutsche Anacharsis Clootz hier an, der, wie sein skythischer Namensvetter ein heimatloser Philosoph, seine hundertfünfzigtausend Franken Rente auf Reisen durch ganz Europa verzehrte; er setzte sich hier fest und konnte sich erst durch den Tod wieder losmachen. So wurde der Spanier Gusman, ein spanischer Grande, Sansculotte; und um die Luft des Aufruhrs, die ihm ein Genuß war, dauernd um sich zu haben, wohnte er in einer Dachkammer am Ende des Faubourg Saint-Antoine.

Doch wohin bin ich geraten? Bleiben wir endlich bei den Cordeliers.

Welch ein Andrang! Werden wir hinein können? Bürger, macht ein wenig Platz; Kameraden, ihr seht doch, daß ich einen Fremden bringe. Man wird taub bei diesem Lärm; dafür sieht man auch gar nichts; die rauchigen kleinen Lichter sind nur da, damit man erkennt, wie dunkel es ist. Welch ein Dunst lagert über der Menge! Die Luft ist schwer von Stimmen und Geschrei.

Der erste Anblick ist seltsam, unerwartet. Es gibt nichts so Gemischtes wie diese Menge: gut gekleidete Leute, Arbeiter, Studenten (unter den letzteren seht euch Chaumette an), sogar Priester und Mönche; damals kamen manche von den früheren Cordeliers an den Ort ihrer Knechtschaft und kosteten die Freiheit. Zahlreiche Schriftsteller sind da. Seht ihr den Autor des „Philinte“, Fabre d'Eglantine? Der andere mit dem schwarzen Kopf ist der Republikaner Robert, ein Journalist, der jüngst erst eine Journalistin, Fräulein Kéralio, geheiratet hat. Dies alltägliche Gesicht ist der künftige „Père Duchesne“. Neben ihm der patriotische Druckereibesitzer Momoro, der Gatte der hübschen Frau, die man eines Tages zur „Göttin der Vernunft“ machen wird. Ach! diese arme Vernunft wird mit Lucile zusammen in den Tod gehen. Ja, wenn die alle hier ihr Schicksal gewußt hätten!

Aber wer führt da hinten den Vorsitz? Mein Gott, das Entsetzen selbst. – Ein schreckliches Gesicht, dieser Danton! Ein Zyklop? Ein Gott der Unterwelt? ... Das schauerliche, von Pockennarben entstellte Gesicht mit seinen kleinen dunklen Augen gleicht einem finsteren Vulkan. Nein, das ist kein Mensch, das ist das Element des Aufruhrs selbst; die Trunkenheit und der Taumel lagert darauf, das Verhängnis ... Du düsterer Geist, du machst mir Furcht! Wirst du Frankreich retten oder verderben?

Seht da, er hat den Mund bewegt. Alle Fensterscheiben haben gezittert.

„Marat hat das Wort!"

Was! das ist Marat? Dieses gelbe Etwas in grünem Rock, mit graugelben, hervorspringenden Augen! ... Er ist sicher viel eher ein Reptil, als ein Mensch.[1] Aus welchem Sumpf kommt diese widerliche Kreatur hierher?

Und doch sind seine Augen eher sanft. Sie glänzen, sind wie durchsichtig, irren sonderbar umher, blicken ohne zu blicken; sie erinnern an einen Visionär, der Scharlatan zugleich und Tölpel ist, der meint, er habe den zweiten Blick; an einen Eckenpropheten, prahlerisch, vor allem leichtgläubig; er glaubt alles und besonders seine eigenen Lügen, alle die unfreiwilligen Fiktionen, die seine Übertreibungssucht unaufhörlich hervorbringt. Seine unwissenschaftlichen Gewohnheiten haben seinen Geist so verbildet. Und das wird immer schlimmer; bald ist er so weit, daß er täglich wenigstens ein Wunder finden oder erfinden und von seinem Keller aus verkünden muß, daß er seine zitternden Leser von Verrat zu Verrat führt, von Entdeckung zu Entdeckung, von Entsetzen zu Entsetzen.

Er dankt der Versammlung.

Dann erhellt sich sein Gesicht. Ein großer, furchtbarer Verrat, eine neue Verschwörung entdeckt! Seht, wie glücklich er ist, daß er schaudern kann und andere schaudern macht! Seht, wie das eitle, leichtgläubige Geschöpf sich verändert hat! Seine gelbe Haut glänzt vor Schweiß.

„La Fayette hat im Faubourg Saint-Antoine fünfzehntausend Tabaksdosen anfertigen lassen, die alle sein Bild tragen. Da ist etwas im Gange ... Ich bitte die guten Bürger, die sich welche verschaffen können, sie entzwei zu schlagen. Man wird die Losung der großen Verschwörung darin finden, dessen bin ich sicher."[2]

---

1 Das einzige ernsthafte Porträt Marats stammt von Boze. Die von David sind wenig ähnlich. Man kann auch die Totenmaske vergleichen (obgleich sie vielleicht später ein wenig korrigiert wurde) und die Büste, die früher bei den Cordeliers war (Sammlung des Obersten Maurin).

2 „Ami du Peuple" Nr. 319. 23. Dezember 1790. – Die Leichtgläubigkeit Marats kommt überall zum Vorschein. In Nr. 320 weint Ludwig XVI. heiße Tränen über die Dummheiten, zu denen ihn die Österreicherin treibt. In Nr. 321 hat die Königin so viele weiße Kokarden verschenkt, daß das weiße Band um drei Sous die Elle teurer geworden ist; die Sache ist sicher, Marat weiß sie von einer Tochter der Bertin (die Putzmacherin der Königin) usw.

Manche lachen. Andere finden, man müsse sich erkundigen, die Sache sei der Mühe wert.

Marat verfinstert sich: „Vor drei Monaten habe ich gesagt, es gäbe sechshundert Schuldige, und mit sechshundert Stricken wäre die Sache erledigt. Welch ein Irrtum! Heute kommen wir kaum mit zwanzigtausend aus."

Tosender Beifall.

Marat wurde allmählich ein Götze, ein Fetisch des Volkes. Von den zahllosen Anzeigen und unheilvollen Vorhersagungen, die seine Blätter füllten, waren ein paar richtig eingetroffen und verschafften ihm den Ruf eines Sehers und Propheten. Schon hatten ihm drei Bataillone der Pariser Garde einen kleinen Triumphzug gebracht – der sich indessen verlief – und seine mit Lorbeer bekränzte Büste in den Straßen umhergetragen. Sein Ansehen hatte noch nicht die furchtbare Höhe erreicht wie im Jahre 1793. Desmoulins, der vor den Göttern keine größere Ehrfurcht hegte als vor den Königen, spottete bisweilen über den Gott Marat ebenso wie über den Gott La Fayette.

Ohne Rücksicht zu nehmen auf die Begeisterung Legendres, der, Augen, Ohren, Mund unverhältnismäßig weit offen, die Worte Marats trank, bewunderte, glaubte; ohne Legendres Wut bei jeder Unterbrechung zu bemerken, bemerkte der freche kleine Mann der Propheten vertraulich, wie folgt: „Immer tragisch, Freund Marat, hypertragisch, tragikotatos! Wir könnten dir vorwerfen, wie die Griechen dem Aischylos, du strebtest ein wenig zu ehrgeizig nach diesem Beinamen ... Doch nein, du hast eine Entschuldigung; du irrst dein Leben lang in den Katakomben umher, wie die ersten Christen, das entzündet deine Einbildungskraft ... Nun sage uns ganz ernsthaft: sind diese neunzehntausendvierhundert Köpfe, die du als Ergänzung den sechshundert von neulich hinzufügst, tatsächlich unentbehrlich? Läßt du nicht einen nach? ... Man soll nicht mit mehr tun, was man mit weniger tun kann. – Ich möchte glauben, daß drei oder vier helmbuschgezierte Köpfe, zu den Füßen der Freiheit rollend, zur Lösung des Knotens genügen würden."

Die Anhänger Marats schnauben vor Wut. Aber ein Geräusch entsteht an der Türe, das ihnen die Antwort abschneidet, ein angenehmes, beifälliges Murmeln. Eine junge Dame tritt ein und will reden. Wahrhaftig! das ist niemand anders als Fräulein Théroigne, die schöne Amazone aus Lüttich. Da ist auch ihr Rock aus roter Seide, ihr großer Säbel vom 5. Oktober. Die Begeisterung nimmt überhand. „Das ist die Königin von Saba", schreit Desmoulins, „die den Salomo der Distrikte besuchen will."

Schon hat sie mit leichtem Panthertritt die Versammlung durchschritten und ist auf die Tribüne gestiegen. Ihr hübscher, geistvoller Kopf mit den blitzenden Augen erscheint zwischen den düsteren Gesichtern Dantons und Marats.

„Wenn ihr wirklich Salomone seid", sagt Théroigne, „so müßt ihr es beweisen, ihr müßt den Tempel bauen, den Tempel der Freiheit, den Palast der Nationalversammlung. Und ihr müßt ihn auf dem Platz erbauen, wo die Bastille stand.

Wie! Während die vollziehende Gewalt den schönsten Palast des Alls bewohnt, den Pavillon der Flora und die Kolonnaden des Louvre, haust die gesetzgebende Gewalt noch unter Zelten, im Ballhaus, in den Menus, in der Manège ... wie die Taube Noahs, die kein Fleckchen finden konnte, ihren Fuß darauf zu setzen!

Das kann so nicht bleiben. Die Völker müssen, schon wenn sie die Gebäude betrachten, in denen die beiden Gewalten wohnen, durch den Anblick allein erkennen, wo der wahre Herrscher thront. Was ist ein Herrscher ohne Palast, ein Gott ohne Altar? Woran kann man erkennen, wie er verehrt wird?

Bauen wir diesen Altar! Und alle sollen dazu beitragen! Alle sollen ihr Gold, ihre Edelsteine bringen; hier sind die meinigen. Bauen wir den einzigen, wahren Tempel! Kein anderer ist Gottes würdig als der, in dem die Erklärung der Rechte des Menschen verkündet wurde. Paris, der Wächter dieses Tempels, wird dann weniger eine Stadt sein, als vielmehr das allen gemeinsame Vaterland, der Wallfahrtsort der Stämme, ihr Jerusalem!"

„Das Jerusalem der Welt!" riefen begeisterte Stimmen. Eine wahrhafte Trunkenheit hat die ganze Menge ergriffen. Wenn die alten Cordeliers, die früher unter den gleichen Gewölben ihren mystischen Rausch freien Lauf ließen, an diesem Abend zurückgekehrt wären, dann hätten sie sich in den Anwesenden wiedererkannt, hätten geglaubt, sie seien noch immer zu Hause. Gläubige und Philosophen, Schüler Rousseaus, Diderots, Holbachs, Helvetius', alle weissagten sie unwillkürlich.

Der Deutsche Anacharsis Clootz war Atheist oder hielt sich dafür, wie so viele andere, aus Haß gegen die Missetaten der Priester (Tantum religio potuit suadere malorum!). Aber bei all seinem Zynismus und seinem zur Schau getragenen Zweifel wurde der Mann vom Rhein, Beethovens Landsmann, mächtig ergriffen von allen Stimmungen der neuen Religion. Die erhabensten Worte, die das große Bundesfest eingab, stehen in einem Briefe Clootz' an Madame de Beauharnais. Und keiner fand Sätze von so eigenartiger Schönheit über die künftige Einheit der Welt. Seine Aussprache, seine deutsche Langsamkeit, die lächelnde Heiterkeit und Freude eines geistvollen Toren, der sich ein wenig über sich selbst lustig macht, würzten die Begeisterung mit dem Vergnügen.

„Warum hätte denn die Natur Paris vom Pol und vom Äquator gleich weit entfernt gemacht, wenn nicht, um die Wiege, der Hauptort der allgemeinen Menschenverbrüderung zu sein? Hier werden sich die Generalstaaten der Welt versammeln ... Ich wage vorauszusagen, daß es nicht mehr so lange dauern wird, wie man annimmt, bis der Turm von London birst, wie der von Paris; und dann ist's geschehen um die Tyrannen. Die Oriflamme der Franzosen kann nicht über London und Paris wehen, ohne bald über den Erdball zu gehen. Dann wird es keine Provinzen mehr geben und keine Armeen, weder Besiegte noch Sieger. Dann kann man von Paris nach Peking reisen, wie von Bordeaux nach Straßburg; der Ozean, von Fahrzeugen überbrückt, wird seine Küsten binden. Orient und Okzident umarmen sich auf dem Bundesfeld. Rom war die Hauptstadt der Welt durch den Krieg, Paris wird es sein durch den Frieden ... Ja, je mehr ich nachdenke, um so mehr erfasse ich die Möglichkeit einer einzigen Nation, erfasse ich, wie leicht es sein muß für die allgemeine Versammlung, tagend in Paris, den Wagen der Menschheit zu lenken. Ihr Nacheiferer des Vitrup, hört das Orakel der Vernunft: wenn Bürgersinn euren Geist erleuchtet, dann werdet ihr uns einen Tempel bauen können, der alle Vertreter der Welt faßt. Mehr als zehntausend brauchen es nicht zu sein."

„Die Menschen werden sein, was sie sein sollen, wenn jeder sagen kann: Die Welt ist mein Vaterland, die Welt gehört mir. Dann gibt es keine Auswanderer mehr. Eine ist die Natur, die Gesellschaft eine. Geteilte Kräfte stoßen widereinander; es geht den Nationen wie den Wolken, die notwendigerweise gegeneinander donnern."

„Tyrannen, eure Throne werden bersten unter euch. Tretet also freiwillig ab. Dann wird man euch Elend und Schafott erlassen. Ihr Räuber der höchsten Gewalt, blickt mir ins Auge ... Seht ihr nicht, daß euer Urteil an den Wänden der Nationalversammlung geschrieben steht? ... Vorwärts, wartet nicht, bis man Szepter und Kronen einschmilzt; kommt einer Revolution zuvor, welche die Könige von den Schlingen der Könige befreit und die Völker von der Rivalität der Völker."

„Es lebe Anacharsis!" ruft Desmoulins, „helfen wir ihm, die Schleusen des Himmels zu öffnen. Es ist noch nichts, daß die Vernunft den Despotismus in Frankreich ertränkt hat; sie muß den Erdball überschwemmen, und alle Throne der Könige und der Lamas müssen, aus ihren Fundamenten gerissen, in dieser Sintflut schwimmen ... Welch eine Bahn, von Schweden nach Japan! ... Der Turm von London wankt ... Ein ungeheurer Jakobinerklub in Irland hat einen Aufruhr auf die Tagesordnung der ersten Sitzung gesetzt. Bei diesem Stand der Dinge möchte ich nicht einen Schilling auf die Güter des anglikanischen Klerus setzen. Was Pitt anbelangt: er ist ein verlorener Mann, wenn er nicht mit der Demission seiner Stellung der Demission seines Kopfes zuvorkommt, den John Bull von ihm verlangen wird ... Schon beginnt man, die Inquisitoren am Manzanares aufzuhängen; der Sturm der Freiheit braust mächtig von Frankreich in den Süden; bald wird man sagen können: Es gibt keine Pyrenäen mehr."

„Clootz hat mich bei den Haaren genommen, wie die Engel den Propheten Habakuk, und mich auf die Höhen der Politik getragen. Ich erweitere die Schranke der Revolution bis an die äußersten Enden der Welt."[1]

---

1 Ich brauche nicht zu sagen, daß ich dies ganze Kapitel aus den Blättern Marats und Desmoulins' habe; ich habe lediglich verstreute Teile zusammengestellt, aber kaum ein paar Worte geän-

Das ist die Eigenheit der Cordeliers. Voltaire unter den Fanatikern! Denn dieser unterhaltsame Desmoulins ist ein wahrer Sohn Voltaires. Man ist ganz überrascht, ihn bei diesen „bösen Geistern" zu bemerken. Gesunder Verstand, Vernunft, lebhafte Einfälle in dieser wunderlichen Versammlung, wo, so könnte man glauben, unsere Propheten aus den Cevennen mit den Illuminaten aus dem Long Parliament zusammensitzen und mit den wackelköpfigen Quäkern. Die Cordeliers sind in Wahrheit das Band der Zeiten; ihr Geist ist wie der Diderots skeptisch und gläubig zugleich und erinnert mitten im achtzehnten Jahrhundert vielfach an den alten Mystizismus, in dem auch bisweilen blitzartig die Zukunft leuchtet.

Die Zukunft! Wie verworren ist sie noch! Wie spiegelt sie sich trübe und düster, erhaben und verschlammt zugleich im Antlitz Dantons!

Vor mir liegt ein Bild dieser furchtbaren, grauenhaft treuen Verkörperung unserer Revolution, eine Skizze von David, die er später liegen ließ, da er den Mut verlor und sich noch nicht fähig fühlte, einen solchen Gegenstand zu malen. Ein gewissenhafter Schüler nahm das Werk wieder auf und malte einfach, langsam und selbst knechtisch jede Einzelheit, Haar für Haar, Stoppel für Stoppel, tiefte eine nach der anderen die Pockennarben aus, die Spalten, Gebirge und Täler dieses zerklüfteten Gesichtes.

Es wirkt wie eine peinliche, mühevolle Entwirrung einer bedeutenden, unklaren, unreinen, gewaltsamen Schöpfung, als wenn die Natur noch tastend suchte und noch nicht genau wüßte, ob sie Menschen oder Scheusale schaffen wollte; in Wirklichkeit warf sie weniger vollkommen, aber energischer, mit furchtbarer Hand ihre gigantischen Versuche hin.

Aber wie friedlich und übereinstimmend sind die zwiespältigsten Schöpfungen der Natur im Vergleich mit den moralischen Spaltungen, die man hier ahnt! Ich höre ein dumpfes, gedrängtes, wildes Zwiegespräch, wie wenn einer gegen sich selbst kämpft, abgebrochene Worte, was weiß ich ...

Am entsetzlichsten ist, daß er keine Augen hat; wenigstens sieht man sie kaum. Was! Dieser furchtbare Blinde soll Führer der Nationen werden? ... Finsternis, Taumel, Verhängnis, absolute Ungewißheit der Zukunft, das liest man hier.

Und dennoch ist dieses Scheusal erhaben. – Dies Antlitz fast ohne Augen ist wie ein Vulkan ohne Krater, – ein Vulkan aus Schlamm oder Feuer – der in

---

dert. Nachdem Desmoulins seiner halb ernsthaften, halb komischen Begeisterung für Clootz' Ideen Ausdruck gegeben hat, fügt er, um das utile dulci zu verbinden, hinzu: „Ich wollte schon die Feder niederlegen, da mich die Schwerhörigkeit des undankbaren Volkes entmutigte. Jetzt habe ich wieder Hoffnung und konstituiere mein Blatt in Permanenz ... Ich lade meine teuren und geliebten Subskribenten, deren Abonnement erlischt, ein, es zu erneuern, aber nicht in der Rue de Seine, sondern in meiner Wohnung, Rue du Théâtre-Français, wo ich fortfahren werde, einen bisher unbekannten Handelszweig zu pflegen und Revolutionen anzufertigen."

seinem verschlossenen Schoße heiße Kämpfe der Natur trägt. – Wie wird der Ausbruch sein?

Damals huldigte ein Feind, von seinen Worten erstarrt, noch auf dem Sterbebette dem Geist, der ihn schlug, und sagte von ihm das ewige Wort: Pluto der Beredsamkeit.

Dies Gesicht ist ein Alp, den man nicht heben kann, ein böser, wuchtender Traum, von dem man nicht los kann. Mechanisch nimmt man teil an dem sichtbaren Streit widereinander strebender Prinzipien; man fühlt das innere Mühen, das nicht nur ein Kampf der Leidenschaften ist, sondern auch ein Kampf der Ideen, die Ohnmacht, sie zu versöhnen, oder die eine durch die andere zu überwinden. Das ist ein Ödipus, der sich zum Opfer gibt, der, besessen von seinem eigenen Rätsel, die furchtbare Sphinx in sich trägt, die ihn verschlingen wird.[1]

---

[1] Dieses Porträt (Sammlung Saint-Albin) stellt meiner Ansicht nach Danton im Jahre 1790 dar, in dem Augenblick, da das Drama sich verknotet; Danton ist verhältnismäßig jung, erstaunlich ist die Konzentration des Blutes, des Fleisches, des Lebens, der Kraft. Es ist Danton *vorher*. – Eine kleine, prachtvolle Federzeichnung Davids gibt Danton *nachher*, in einer Nachtsitzung des Konvents, Danton Ende 1793; er hat die Augen weit offen, aber sie liegen tief in ihren Höhlen. Sein Blick ist Schrecken, aber sein Herz ist sichtlich zerrissen: Ob wohl jemand dieses tragische kleine Bild ansehen kann ohne ein Empfinden von Schmerz, ohne unwillkürlich auszurufen: „Der Unmensch! der Unglückliche!" – Außer diesen beiden angeführten Bildern gibt es zwei Entwürfe von David, die sein Profil zeigen; aber in ihnen liegt ein solches Mysterium des Leidens und der Abscheu, daß ich noch nicht davon sprechen will. Das kommt noch früh genug.

SECHZEHNTES KAPITEL

Die Ohnmacht der Versammlung
Die Eidesweigerung
(November 1790–Januar 1791)

Die künftigen Jakobiner erscheinen zum erstenmal. – Die ersten Jakobiner (Duport, Barnave, Lameth usw.) möchten einlenken. – Der Geist des Rückschritts in der Versammlung. – Robespierre überholt Mirabeau und die Lameth bei den Jakobinern (21. November 1790). – Die Lameth stützen sich auf den Religionsstreit. – Die Priester fordern zu ihrer Verfolgung heraus. – Man verlangt den Priestern den Eid ab (27. November 1790). – Der König wird zur Bestätigung gezwungen (26. Dezember 1790). – Die Versammlung befiehlt vergeblich den sofortigen Eid (4. Januar 1791). – Verweigerung des Eides in der Versammlung selbst.

Alexandre de Lameth erzählt, daß eine patriotische Gesellschaft ihn und seinen Bruder sowie Duport und Barnave im Juni 1790 zu einem Bankett einlud. Dies von zweihundert Personen, Männern und Frauen, besuchte Bankett war ganz spartanisch, sowohl durch seine patriotische Strenge als durch seine Einfachheit. Als die Gäste Platz genommen hatten, erhob sich der Präsident und sprach feierlich den ersten Artikel der Erklärung der Rechte: „Die Menschen werden frei geboren und bleiben frei ..." Die Versammlung hörte in religiöser Andacht zu, und andächtig verlief das ganze Mahl. Eine Bastille in Relief stand auf der Tafel; beim Nachtisch zogen die Sieger der Bastille, die sich unter den Eingeladenen befanden, ihren Säbel und zertrümmerten die Bastille wortlos; ein Kind mit der Freiheitsmütze sprang daraus hervor. Die Damen setzten den patriotischen Abgeordneten Bürgerkronen auf das Haupt, und die Mahlzeit endete, wie sie begonnen hatte: der Präsident sprach als Schlußwort mit demselben düsteren Ernst den zweiten Artikel der Erklärung der Rechte: „Das Ziel jeder Gesellschaft ..."

Der Präsident war der Mathematiker Romme, damals Erzieher der Prinzen Stroganoff. Er hatte die Freiheit empfunden, wo man sie zu schätzen weiß: in Rußland; wo die Sklaverei am stärksten lastet, hatte er den Becher der Revolution getrunken. Er war der unentwegte Rechner auf dem Gipfel des „Berges" und stieg erst am 2. Prairial herab, um sich seinen Zirkel ins Herz zu stoßen.

Die Lameth sahen mit Unbehagen, daß eine ganz neue Welt um sie entstanden war. Die vornehmen, eleganten Jakobiner von 1789 bemerkten die wahren Jakobiner.

Sie geben es selbst zu: „Der steinerne Mann, der den Vorsitz führte, die gesetzgeberischen Texte, die als Trinksprüche ausgebracht wurden, die Andacht, das

Schweigen dieser Fanatiker", all das erschreckte sie. Sie begannen, den Ozean zu untersuchen, der sich vor ihnen öffnete; bisher hatten sie wie Kinder an der Oberfläche gespielt. Wie viele revolutionäre Generationen trennten sie von diesen hier! Sie begriffen sie kaum. Sie kannten sehr gut die lokalen Wühler, die Anstifter einer Empörung, die sie selbst benutzten und leiteten. Sie kannten die gewaltigen Journalisten, die lärmenden Schreier in den Klubs, aber die Lärmer waren nicht die gefährlichsten. Jenseits von all dem angeblichen oder echten Zorn gab es etwas Kaltes und Furchtbares, woran sie nun gerührt hatten; sie hatten den Stahl der Revolution gesehen. Es überlief sie kalt, und sie wichen zurück.

Sie wollten wenigstens zurückweichen, wußten aber nicht, wie sie es anfangen sollten. Schienen sie doch in der Vorhut zu stehen, sahen sie doch wie Führer aus; aller Augen waren auf sie gerichtet.

Die jakobinische Dreifaltigkeit, Duport, Barnave und Lameth, war verehrt als Steuermann der Revolution, der sie voranführte. „Die sind wenigstens standhaft und freimütig", sagte man, „sie sind nicht wie Mirabeau." Desmoulins rühmt sie hoch, neben Robespierre; Marat, der mißtrauische Marat, hat gegen sie noch keinen Verdacht.

Dennoch verdankten sie diese große Stellung mehr ihrer Gewandtheit als ihrer Stärke. Man mußte ja schließlich ihre schwachen Seiten bemerken, ihr Schwanken, ihren unsicheren Charakter.

Man durchschaute zuerst Barnaves Nichtigkeit, dann die Ränkesucht der Lameth. Duport wurde zuletzt erkannt.

Merkwürdig ist, daß der erste Streich, ein leichter, spöttischer Ausfall, durchaus nicht von der Hand eines Feindes getan wurde, sondern von dem unbesonnenen Desmoulins, dem enfant terrible, der immer sehr laut sagte, was viele andere dachten, und zwar oft Dinge, über die nicht zu sprechen man stillschweigend übereingekommen war; wenn Camilles Freunde morgens sein Blatt lasen, fanden sie oft Worte von grausamer Wahrheit darin. Diesmal war es bei Gelegenheit des Antrags auf Entlassung der Minister. Desmoulins spottet über die Versammlung, „welche die Rede des Herrn Barnave immer als das beste bis zuletzt aufspart und dann die Unterredung schließt. Heute war man indessen nicht, wie man zu sagen pflegt, in dem Fall, die Segel zu streichen." In demselben Artikel sagt der Schalk ein originelles und richtiges Wort, das nicht nur Barnave trifft, sondern fast alle Redner und Schriftsteller der Zeit: „Im allgemeinen gleichen die Redner und Patrioten zu sehr der Haartracht von 1789, *sie sind flach und ungepudert.* Wo warst denn du, Mirabeau? ..." Dann fragt er, warum die Lameth die Abstimmung verlangt haben, als Pétion und Rewbell sich zum Wort meldeten, und „als der Herkules Mirabeau mit seiner Keule die Pygmäen zerschmettern wollte ..."

Wenige Tage später versetzte man Barnave einen schweren Hieb, von dem er sich nicht wieder erholte. Als man über die Farbigen verhandelte, deren Rechte

Barnave nicht anerkannte, veröffentlichte der Journalist Brissot, von dem ich bald ausführlich sprechen werde, einen langen, sehr wirksamen Brief gegen ihn, worin er ihn als eingebildeten Advokaten hinstellte, als eitlen Blender voller Phrasen, aber ohne Ideen. Brissot, der gewöhnlich sehr seicht schrieb, leistete hier etwas Tüchtiges; er entwarf ein strenges Bild des wahren Patrioten, das sich gerade als die Kehrseite von dem Bilde Barnaves erwies. „Der Patriot ist weder intrigant noch eifersüchtig; er hascht nicht nach Beliebtheit beim Volke, damit er dem Hofe furchtbar und daher unentbehrlich werde. Der Patriot ist kein Feind von Ideen, er hält keine Reden gegen die Philosophie. Waren nicht die größten Bürger des Altertums stoische Philosophen? ..."

Am schlimmsten stellte es jedoch die Partei Barnave und Lameth bloß, daß sie den Augenblick, da Lameths Duell diesen sehr volkstümlich machte, schleunigst benutzten, sich über die gefährliche Frage der Nationalgarde zu erklären. Bis dahin hatten sie in schwierigen Momenten geschwiegen und still mit ihren Gegnern gestimmt; man hatte es bei der Affäre von Nancy sehen können, wo die Einstimmigkeit bewies, daß die Lameth wie die anderen gestimmt hatten.

Ich habe gesagt, daß die Versammlung Furcht hatte vor dem Volke; zuerst hatte sie es vorwärts getrieben, und jetzt wollte sie es in die Nachhut drängen. Im Mai hatte sie die Bewaffnung befördert durch den Beschluß, niemand sei Aktivbürger, wenn er nicht zugleich der Nationalgarde angehöre. Im Juli, gerade als das Bundesfest bewies, man könne Vertrauen haben, stellte man den sonderbaren Antrag, man solle eine Uniform verlangen; das hieß mittelbar, die Armeen entwaffnen. Im November machte Rabaud-Saint-Etienne den Vorschlag, die Nationalgarden lediglich auf die Aktivbürger zu beschränken. Die letzteren waren sehr zahlreich, wie wir gesehen haben, vier Millionen. Aber so sonderbar sah es damals in Frankreich aus, daß es bei der Verschiedenartigkeit der Provinzen in mehreren von ihnen, zum Beispiel in Artois, fast keine Aktivbürger und also auch keine Nationalgarden gegeben hätte. Das machte Robespierre energisch geltend, aber er verallgemeinerte und übertrieb diese Beobachtung, die für seine Provinz ganz richtig war,[1] und meinte: „Wollt ihr denn, daß ein Bürger eine Seltenheit wird?" Man stelle sich den Beifall, das Trampeln auf den Tribünen vor!

Am Abend des 21. November führte Robespierre dieselbe These bei den Jakobinern aus. Mirabeau war Präsident; bei dem beständigen Schwanken der öffentlichen Meinung gegen ihn, die ihn bald in den Himmel hob und ihn bald gern erdrosselt hätte, hatte er sich um den Vorsitz bemüht, um seine Volkstümlichkeit auf die der Jakobiner zu stützen. Man könnte eher die Wellen im Meer zählen, als das Auf und Ab von Mirabeau; es war eine stürmische Liebe zwischen

[1] Wahrscheinlich falsch ist auch die Behauptung, der Faubourg-Saint-Antoine würde nur etwa zweihundert Wähler haben.

ihm und dem Publikum, eine Liebe voll von Streit und Wut. Camille verhält sich prachtvoll dabei; er ist niemals kalt oder gleichgültig; heute nennt er ihn angebetete Geliebte und morgen öffentliche Dirne.

Mirabeaus Beliebtheit war gesunken durch seinen Antrag, Bouillé zu danken. Aber sie war wieder gestiegen durch eine gewaltige Rede gegen diejenigen, die es gewagt hatten, sich über die drei Farben lustig zu machen, durch eine jener ewig denkwürdigen Reden, die diesen Mann, wäre er auch noch strafwürdiger gewesen, niemals, wie man es auch anstellen mag, vom Herzen Frankreichs losreißen können. – Dann war sie abermals gesunken, als er vorschlug, die Angliederung Avignons zu vertagen und den Papst noch zu schonen. Und doch stieg sie wieder, als er nur einmal im Theater erschien, wo man zum erstenmal wieder „Brutus" spielte; bei seinem Anblick vergaß man alles, Liebe und Begeisterung – veteris vestigia flammae – erwachten aufs neue; man sah nur ihn, man bezog tausend Anspiegelungen des Stückes auf ihn; es war ein voller Triumph, aber der letzte.

Das geschah am 19. November. Am 21. war Mirabeau Präsident der Jakobiner und lauschte ungeduldig der Rede Robespierres über die Beschränkung der Nationalgarde auf die Aktivbürger. Er versuchte, ihm das Wort zu entziehen unter dem Vorwand, er spräche gegen erledigte Beschlüsse. Das war schwer und gefährlich vor einer erregten Versammlung, die ganz zu Robespierre stand. „Fortfahren, fortfahren", schreit man im ganzen Saal. Der Tumult steigt auf den Gipfel; es ist unmöglich, etwas zu verstehen, den Präsidenten zu hören oder die Glocke. Anstatt sich nun als Präsident zurückzuhalten, unternahm Mirabeau ein großes Wagnis, das ihn entweder in Vorteil bringen oder seine Niederlage deutlich machen mußte. Als wenn der angegriffene Beschluß ihn persönlich anginge, als wenn es sich darum handelte, ihn selbst zu verteidigen und zu retten, stieg er auf den Stuhl und rief: „Her zu mir, ihr Kollegen! Schart euch um mich, liebe Freunde!" Diese gefährliche Demonstration ließ Mirabeaus Vereinsamung grausam deutlich hervortreten. Dreißig Abgeordnete folgten seinem Ruf, während die ganze Versammlung bei Robespierre blieb. Desmoulins, der ein Schulkamerad des letzteren war und keine Gelegenheit versäumte, seinen Charakter zu rühmen, sagte bei dieser Gelegenheit: „Mirabeau wußte also nicht, daß, wenn der Götzendienst bei einem freien Volke erlaubt ist, er es nur vermöge der Tugend sein könnte."

Ebenso wurde hier die große Veränderung sichtbar, die sich bereits im Jakobinerklub vollzogen hatte. Er war von Abgeordneten und für Abgeordnete gegründet, zählte aber nur noch sehr wenige als seine Mitglieder, die nicht viel ausmachten. Leichte Eintrittsbedingungen, eifrige, ungeduldige Leute hatten den Klub erneuert; die Nationalversammlung war zweifellos darin, aber die künftige. Und für sie allein sprach Robespierre.

Charles de Lameth tritt ein, den Arm in der Binde; gern wird man wieder ruhig. Jedermann war überzeugt, er sei für Robespierre, und er sprach für

Mirabeau! Der Vicomte von Noailles erklärte, der Ausschuß habe den Beschluß anders verstanden, als Mirabeau und Lameth, und zwar wie Robespierre. Dieser ergriff von neuem das Wort, wobei er die ganze Versammlung auf seiner Seite hatte; der Präsident mußte schweigen.

Nun haben die Lameth Ursache zu klagen! Sie hatten den Klub gegründet und sahen ihn ihren Händen entgleiten. Ihre Beliebtheit begann an dem Tage, da sie in der Frage der Entscheidung über Krieg und Frieden gegen Mirabeau auftraten; und nun waren sie bloßgestellt, standen an Mirabeaus Seite im öffentlichen Mißtrauen. Sie müssen von der Bildfläche verschwinden, wenn sie kein Mittel finden, sich energisch von jenem zu trennen, jenen fallen zu lassen, und wenn ihnen nicht anderseits ihr Kampf gegen den Klerus die öffentliche Meinung wieder zuwendet.

Es ist wahrlich richtig zu sagen, daß die Priester alles taten, um die Verfolgung auf sich zu ziehen. Sie hatten Gewandtheit genug besessen, die Frage der Kirchengüter in ein Halbdunkel und die Frage des Eides in die schärfste Beleuchtung zu rücken. Dieser Eid hatte gar nichts mit der Religion oder dem Charakter des Priesters zu tun; das Volk kannte ihn nicht und glaubte gern, die Versammlung verlange so etwas wie eine Abschwörung von den Priestern. Die Bischöfe erklärten, sie würden jede Verbindung mit den Geistlichen, die den Eid leisteten, abbrechen. Die Gemäßigten sagten, der Papst habe noch nicht geantwortet, und sie wollten abwarten; das heißt, ein fremder Souverän sollte darüber entscheiden, ob sie dem Vaterland gehorchen konnten.

Der Papst antwortete nicht. Warum? Weil Ferien waren. Die Kardinalkongregationen versammelten sich um diese Jahreszeit nicht, sagte man. Inzwischen arbeitete man durch die Pfarrer und Prediger jeden Ranges und jeden Kleides daran, das Volk zu verheben, den Bauern in Wut und die Frauen in Verzweiflung zu bringen. Von Marseille bis Flandern bestand ein einmütiges, bewundernswertes Zusammenwirken gegen die Versammlung. In der Provence wurden aufrührerische Schriften durch die Pfarrer von Dorf zu Dorf verbreitet. In Rouen, in Condé predigte man gegen die Assignaten, wie gegen eine Erfindung des Teufels. In Chartres und Péronne verbot man von der Kanzel aus, Steuern zu bezahlen; ein wackerer Pfarrer nahm sich vor, an der Spitze des Volkes auszuziehen und die Empfänger zu töten. Das oberherrliche Stift von Saint Waast entsandte Missionare, um den Vernichtungskrieg gegen die Versammlung zu predigen. In Flandern bewiesen die Pfarrer nachdrücklich und ausdauernd, die Käufer von Nationalgütern seien unfehlbar verdammt, sie selbst, ihre Kinder und Nachkommen: „Selbst wenn wir sie lossprechen wollten“, erklärten sie wütend, „könnten wir es? Nein, keiner könnte es, weder Pfarrer, noch Bischöfe, noch Kardinäle, noch der Papst selbst. Verdammt, auf ewig verdammt!“

Ein großer Teil dieser Vorgänge wurde durch die Korrespondenz der Jakobiner und durch das Blatt des Lalos in der Öffentlichkeit verbreitet. Der Jakobiner Voidel stellte sie in einem Bericht an die Versammlung gruppenweise zusammen.

Mirabeau unterstützte diesen durch eine lange, prächtige Rede, worin er trotz heftiger Worte versuchte, ein mildes Verfahren durchzusetzen und die Beschränkung des Eides auf die Priester empfahl, die zugleich Beichtväter wären; die Schwächung des Klerus solle man der Zeit überlassen, den Löschungen usw.

Aber die Versammlung war strenger. Sie wollte strafen. Sie forderte den unmittelbaren Eid.

Sie vermeinen, daß mit dem Schwur des Priesters und mit der Bestätigung ihrer Beschlüsse durch den König alles zu Ende und gerettet ist.

Der König dagegen, ein honnête homme der alten Zeit, lügt unentwegt den ganzen Tag. Ein Versprechen, von dem jene glauben, es sei eine ernste Sache, ein Hemmnis, eine Schranke, eine Fessel für den Menschen, bereitet dem König keinerlei Verlegenheit. Aus Besorgnis, man möge ihm nicht genug Glauben schenken, überschreitet er alles Maß. Er spricht und spricht unaufhörlich davon, *wie sehr er Vertrauen verdiene.* Sein Wort, sagt er, *ist offen und freimütig,* – er ist erstaunt, daß man an der *bekannten Geradheit seines Charakters* zweifelt ... – (23. und 26. Dezember 1790).

Und selbst die harmlosesten von allen, die Jansenisten, sind damit nicht zufrieden: sie wollen etwas Festes, Solides, einen Eid – Schall und Rauch.

Da, am 27. November, ein energischer Beschluß: „Die Versammlung verlangt allen Ernstes, daß die Bischöfe, Pfarrer und Vikare *innerhalb acht Tagen* den Eid auf die Verfassung leisten; andernfalls nimmt man an, daß sie auf ihr Amt verzichtet haben. Der Maire ist gehalten, nach acht Tagen die Versäumnis der Eidesleistung anzuzeigen. Diejenigen, die den geleisteten Eid verletzen, sollen vor das Bezirksgericht gestellt, und die nach Verweigerung des Eides ihr Amt noch länger ausüben, sollen als Ruhestörer verfolgt werden."

Das wird beschlossen, aber nicht bestätigt! Die Jansenisten erschrecken, da sie sich so weit vorgewagt haben. Sie wollen ein Ergebnis. Am 23. Dezember fordert Camus, daß „die Gewalt eingreife", die Gewalt in Form einer Bitte; daß die Versammlung den König *bittet,* er möge ihr regelrecht auf den Beschluß antworten. Die Gewalt. Darauf wartete der König nur. Er antwortete umgehend, er habe den Beschluß bestätigt. So kann er Europa erklären, man tue ihm einen Zwang an, und er sei gefangen.[1]

Zu Fersen sagte er: „Ich möchte lieber König von Metz sein. Aber das wird bald ein Ende haben."

Bemerkenswert ist, daß weder Robespierre, noch Marat, noch Desmoulins den Eid verlangt hätten. Marat, der so unduldsame Marat, der verlangt, man solle die Druckpressen seiner Feinde zerbrechen, will, daß man die Priester

---

1 Indessen ist nicht richtig, was Hardenberg sagt (Memoiren eines Staatsmannes), daß der König sich erst *nach* dieser erzwungenen Bestätigung an die Mächte wandte. Das hatte er schon zwischen dem 6. Oktober und 3. Dezember getan. Am 3. Dezember schrieb er an Preußen, er habe sich schon an alle Souveräne gewandt. Und erst am 26. Dezember gab er die Bestätigung.

schont: das ist der einzige Fall, meinte er, wo man schonend vorgehen muß. Es handelt sich um das Gewissen. Desmoulins will keine andere Maßregel, als daß man das Geld des Staates denen nimmt, die dem Staate nicht Gehorsam schwören. „Wenn sie sich an ihre Kanzel festklammern, wollen wir uns nicht der Gefahr aussetzen, ihre Leinenrobe zu zerfetzen, um sie davon loszureißen. Die Sorte von Dämonen, die man Pharisäer, Kappenträger oder Oberpriester nennt, wird nur durch Fasten ausgetrieben: Non ejicitur nisi per jejunium."

Die harte und ungeschickte Forderung, den Eid von den geistlichen Abgeordneten in der Versammlung selbst zu verlangen, war ein sehr schwerer Fehler der herrschenden Partei. Sie gab den Widerspenstigen eine prächtige und aufsehenerregende Gelegenheit, feierlich vor dem Volke Zeugnis abzulegen für einen Glauben, den sie nicht besaßen. Der Erzbischof von Narbonne sagte später unter dem Kaiserreich: „Wir haben uns wie wahre Edelleute benommen; denn von den meisten von uns kann man nicht sagen, daß sie aus Religiosität handelten."

Es war leicht vorauszusehen, daß die Prälaten, aufgefordert, vor der Menge nachzugeben und feierlich ihre offizielle Meinung zu verleugnen, antworten würden wie Edelleute. So gedrängt, mußte auch der Zaghafteste tapfer werden. Doch: Edelleute oder nicht, sie waren Franzosen. Die revolutionärsten Pfarrer konnten sich nicht entschließen, ihre Bischöfe im kritischen Augenblick im Stich zu lassen; der Zwang kränkte sie, die Gefahr reizte sie, die feierliche Schönheit einer solchen Szene gewann ihre Einbildungskraft, und sie verweigerten den Eid.

Schon in der ersten Sitzung, wo einzig der Bischof von Clermont zu einer Erklärung aufgefordert wurde, konnte man sich ein Urteil bilden über die Wirkung. Am folgenden Tage (4. Januar) versuchten Grégoire und Mirabeau einzulenken. Grégoire sagte, die Versammlung beabsichtige durchaus nicht, einen geistigen Druck auszuüben, sie verlange nicht einmal die innere Billigung und wolle keinerlei Gewissenszwang. Mirabeau erklärte sogar, die Versammlung verlange nicht gerade den Eid, aber sie halte dafür, die Weigerung sei unverträglich mit gewissen Ämtern und bedeute daher, der Weigernde wolle entlassen sein. Das hieß eine Türe öffnen. Barnave warf sie krachend wieder zu, zweifellos in dem Glauben, damit die öffentliche Meinung zurückzugewinnen; er beantragte die sofortige Anordnung des Eides, und sein Antrag ging durch.

Diese unkluge Maßregel mußte für die Weigerung entscheiden.

Wer den Eid weigerte, mußte den Ruhm der Uneigennützigkeit und auch den des Mutes gewinnen, denn die Menge umlagerte die Türen, man hörte Drohungen. Die beiden Parteien beschuldigen sich hier gegenseitig; die einen sagen, daß die Jakobiner den Eid durch Schreckmittel zu erzwingen versuchten; die anderen, daß die Aristokraten die Schreier bestellten, damit es so scheine, als tue man ihnen Gewalt an, damit sie ihre Feinde verhaßt machen und, wie es tatsächlich geschah, sagen könnten, die Versammlung sei nicht frei gewesen.

Der Präsident begann den Namensaufruf: „Der Herr Bischof von Agen."

Der Bischof: „Ich bitte ums Wort."

Die Linke: „Nichts da! Leisten Sie den Eid, ja oder nein?" (Lärm von draußen) Ein Mitglied: „Kann denn nicht der Herr Bürgermeister dafür sorgen, daß diese Unruhe aufhört!"

Der Bischof von Agen: „Sie erklären, daß die Weigernden ihre Ämter verlieren würden. Ich würde nicht so sehr den Verlust meiner Stellung, als den Ihrer Achtung bedauern. Ich bitte Sie, mir glauben zu wollen, daß es mir sehr leid tut, den Eid nicht leisten zu können."

(Der Aufruf wird fortgesetzt) Pfarrer Fournès: „Ich will schlichte Worte sagen wie die ersten Christen ... Es soll mir Ruhm und Ehre sein, meinem Bischof zu folgen, wie Laurentius seinem Hirten folgte."

Pfarrer Leclerc: „Ich bin ein Kind der katholischen Kirche ..."

Da der Namensaufruf sich so schlecht anließ, machte ein Mitglied die Bemerkung, die Versammlung habe ihn gar nicht verlangt, er sei nicht ungefährlich und man solle sich damit begnügen, den *gemeinschaftlichen* Eid zu verlangen. Indessen war die Gesamtaufforderung nicht erfolgreicher. Sie brachte der Versammlung keinen anderen Vorteil, als daß diese eine Viertelstunde lang und mehr still und ohnmächtig zuhören mußte, wie ihr Feind die Gelegenheit benutzte, einige edle Worte zu sagen, die in einem Lande wie Frankreich nicht verfehlen konnten, der Revolution viele Feinde zu schaffen.

Der Bischof von Poitiers: „Ich bin siebzig Jahre alt und habe fünfunddreißig davon dem Episkopat angehört; ich habe soviel Gutes in meinem Amt getan, wie ich konnte. Jahre und Arbeiten lasten schwer auf mir, mein Greisenalter soll nicht unehrenhaft sein; ich will keinen Eid leisten – (Murren). Ich werde mein Schicksal mit bußfertigem Geiste hinnehmen."

Dies Schicksal war nicht unheilvoll. Die Bischöfe verließen die Versammlung ungefährdet und kehrten zurück, sooft sie wollten. Die Empörung der Menge hatte keine Gewalttat zur Folge.

Die Sitzung vom 4. Januar bedeutet den Triumph der Priester über die Advokaten. Die letzteren in ihrer Ungeschicklichkeit hatten sich gleichsam in die alte Robe des Priesters vermummt, in das Kleid der Unduldsamkeit, das jedem verhängnisvoll wird, der es trägt. Die adligen Bischöfe fanden glückliche und würdige, ihrer Lage angemessene Worte, die für ihre Gegner Degenstöße waren. Die meisten von diesen beredten Prälaten waren doch nur ränkevolle und übel beleumdete Höflinge; in unserer ernsten modernen Welt, die Tugend und Einsicht vom Priester verlangt, hätten sie früher oder später mit Schande den Rückzug antreten müssen. Aber die tiefe Politik der Camus und Barnave hatte das wahre Mittel gefunden, ihnen das Volk wieder zuzuführen, Glaubenshelden aus ihnen zu machen und sie durch Märtyrertum zu weihen.

DRITTES BUCH

Die Flucht des Königs nach Varennes und ihre Folgen

ERSTES KAPITEL

Auftakt zur Schreckenszeit

Marats Wut und Leichtsinn. – Welche Ideen wollte er verwirklichen? – War er Kommunist? – Welche Gesichtspunkte enthalten seine Blätter? – Marats Vorleben. – Geburt und Erziehung. – Seine ersten politischen und philosophischen Werke. – Marat beim Grafen Artois. – Seine Physik, seine Angriffe gegen Newton und Franklin. – Er gründet den „Ami du Peuple". – Seine Vorbilder. – Sein zurückgezogenes, arbeitsames Leben. – Seine Prophezeiungen. – Marat geht gegen seine Feinde vor. – Die Gerichte wagen nicht, Marat zu verurteilen (Januar 1791). – Warum die gesamte Presse sich an Marat anschloß.

Das Jahr 1791, das der Vorgang vom 4. Januar traurig eröffnet, bringt anfänglich einen verhängnisvollen Umschwung, eine Verleugnung des Grundgesetzes der Revolution: die Freiheit, der Freiheit Rechte mit Füßen tretend, den Aufruf an die offene Gewalt.

Von wem geht der Appell an die Gewalt aus? Überraschenderweise von den gebildetsten Männern. Juristen, Ärzte, Gelehrte, Schriftsteller, die Männer des Geistes treiben die blinde Menge und wollen die Dinge des Geistes durch die physische Tat entscheiden.

Marat war es gelungen, in Paris gleichsam einen Krieg zwischen den Siegern der Bastille zu entzünden. Hullin und andere, die in die besoldete Nationalgarde eingetreten waren, wurden durch ihn der Rache des Volkes bezeichnet als „Spione La Fayettes". Marat begnügte sich nicht damit, ihre Namen zu nennen, er fügte ihre Adresse hinzu, Straße und Nummer, damit man sie nicht lange zu suchen brauchte, um sie zu erwürgen. Seine Blätter waren eigentliche Listen, auf die er leichtsinnig, ohne Untersuchung und Nachprüfung, die Namen setzte, die man ihm angab. Namen, die der Menschheit seit dem 14. Juli teuer waren: der tapfere Elie zum Beispiel und Herr de La Salle, den die Undankbarkeit der neuen Regierung vergessen hatte, standen darauf, mitten unter den anderen. Marat gesteht selbst, er habe in der Eile La Salle mit dem Ungeheuer de Sade verwechselt, dem verruchten, blutrünstigen Autor. Ein anderes Mal nannte er unter den Gemäßigten, den Anhängern La Fayettes, Maillard, den Mann vom 5. Oktober, den Richter vom 2. September.

Trotz all dieser Gewaltsamkeiten und trotz des verbrecherischen Leichtsinns fesselt mich offen gestanden Marats sichtlich aufrichtige Empörung gegen die Mißbräuche an ihn. Auch gebietet der große Name „Freund des Volkes" der Geschichte eine strenge Prüfung. Ich bin also mit größter Sorgfalt dem Prozeß dieses sonderbaren Menschen nachgegangen, habe mit der Feder in der Hand seine Blätter, seine Flugschriften, alle seine Werke gelesen.[1] Ich wußte aus vielen Beispielen, wie leicht das Gefühl des Rechtes, Unwille und Mitleid für den Unterdrückten, zu heftigen und bisweilen grausamen Leidenschaften werden können. Wer hat nicht hundertmal gesehen, wie Frauen beim Anblick eines geprügelten Kindes oder eines grausam mißhandelten Tieres sich zur äußersten Wut fortreißen ließen? Ist Marat, wie manche zu glauben scheinen, nur aus Mitgefühl so wütend gewesen? Das ist die erste Frage.

Wenn es so ist, dann muß man gestehen, daß das Mitgefühl seltsame, wunderliche Wirkungen hervorbringt. Marat verlangt nicht nur ein strenges Urteil, eine harte Bestrafung derer, die er anklagt; der Tod allein genügt ihm nicht. Seine Einbildungskraft begehrt Foltern: er möchte Scheiterhaufen sehen, Feuer[2], greuliche Verstümmelungen: „Zeichnet sie mit glühendem Eisen, schneidet ihnen die Daumen ab; spaltet ihnen die Zunge ..."[3]

Wer auch der Gegenstand dieser Ausbrüche sein mag, ob man ihn für schuldig hält oder nicht: sie erniedrigen in jedem Falle den, der sich ihnen überläßt. Das ist nicht der schwere, der heilige Zorn eines von der Liebe zur Gerechtigkeit wahrhaft durchdrungenen Herzens. Eher könnte man das Rasen eines außer sich geratenen Weibes darin erblicken, eines Weibes, das hysterische Wutausbrüche hat und der Fallsucht nahe ist.

Noch erstaunlicher ist, daß diese wahnsinnige Wut, die man aus übertriebenem Fanatismus erklären möchte, durchaus nicht einer festumrissenen, darstellbaren Anschauung entspringt. Soviel Unentschiedenheit bei soviel leidenschaftlicher Erregung, das ist ein sonderbares Schauspiel. Wütend rennt er daher ... Wohin rennt er? Das weiß er selbst nicht.

Wenn wir Marats Prinzipien suchen wollen, dann dürfen wir uns offenbar nicht an die Werke seiner Jugend wenden (ich werde sogleich davon sprechen), sondern an die seiner vollen Reife, aus den Jahren 1789 und 1790, als die Größe des Augenblicks seine Kraft mehren und ihn über sich selbst hinausheben mußte. Von dem „Ami du Peuple", der damals begonnen wurde, abgesehen, veröffentlichte Marat im Jahre 1789: „La Constitution, ou projet de déclaration des droits, suivi d'un plan de constitution juste, sage et libre" („Die Verfassung oder Projekt einer Erklärung der Rechte, gefolgt von dem Entwurf einer gerechten, weisen und freien Verfassung"); – außerdem im Jahre 1790: „Plan de législation criminelle" („Strafgesetzentwurf"), von dem er schon 1780 eine Probe gegeben hatte. Das letztere Werk bot er der Nationalversammlung an.

[1] Man begreift, daß ich mich in diesem Prozeß auf keinen der Feinde Marats beziehen zu können geglaubt habe; in der Hauptsache habe ich meine Angaben aus seinen Werken selbst geschöpft; auf sein eigenes Zeugnis hin will ich ihn verurteilen oder freisprechen.

[2] Ami du Peuple, Nr. 327, S. 3, 1. Januar 1791; – Nr. 351, S. 8, 25. Januar 1791.

[3] Ebenda, Nr. 305, S. 7, 9. Dezember 1790; – Nr. 325, S. 4, 30. Dezember 1790 usw.

Vom politischen Gesichtspunkte aus unterscheiden sich diese äußerst schwachen Werke in nichts von den zahllosen Schriften, die damals erschienen. Marat erweist sich darin als Royalist und kommt zu dem Schluß, in jedem großen Staate *müsse die Form der Regierung monarchisch sein, einzig die Monarchie sei für Frankreich geeignet* („Constitution", S. 17). *Der Fürst darf nur in seinen Ministern zur Rechenschaft gezogen werden, seine Person ist heilig* (S. 43). Noch im Februar 1791 ist Marat Royalist.

Untersucht man den sozialen Gesichtspunkt, so findet man ebensowenig etwas, was dem Verfasser eigentümlich wäre. Immerhin weiß man ihm Dank für die besondere Aufmerksamkeit, die er dem Schicksal der Frauen widmet, und für seine Sorge, die Zügellosigkeit zu unterdrücken. Dieser Teil seines „Plan de législation criminelle" ist sehr ausführlich geworden. Er enthält nützliche Bemerkungen und Gedanken, um deretwillen man ihm unschickliche und wenig angebrachte Einzelheiten verzeiht (z. B. die Schilderung des alten Wüstlings usw. „Législation", S. 101).

Die Heilmittel, die der Verfasser gegen die Krankheiten der Gesellschaft anwenden will, sind wenig ernsthaft, und man sollte nicht erwarten, sie von einem Manne seines Alters und seiner Erfahrung, von einem fünfundvierzig Jahre alten Arzte vorgeschlagen zu sehen. In der „Législation criminelle" verlangt er mittelalterliche Strafbestimmungen gegen Gotteslästerung und Heiligtumsschändung (öffentliche Abbitte an den Kirchentüren usw., S. 119–120), und in der „Constitution" spricht er nichtsdestoweniger leichtfertig über das Christentum und die Religionen im allgemeinen (S. 57).

Diese beiden Werke hätten sicher keinerlei Aufmerksamkeit auf sich gelenkt, wenn der Verfasser nicht von einem Gedanken ausgegangen wäre, der immer gut aufgenommen wird, und der damals in der äußersten Notlage der mit der Sorge um hunderttausend Arme überbürdeten Hauptstadt ganz besonders Anklang finden mußte: *die Schwäche und Ungewißheit des Eigentumsrechtes, das Recht des Armen auf Teilung usw.*

In seinem Verfassungsentwurf (S. 7) spricht Marat von den Rechten des Menschen und sagt wörtlich: „Wenn ein Mensch an allem Mangel leidet, dann hat er das Recht, einem anderen den Überfluß zu entreißen, von dem dieser strotzt. Was sage ich? Er hat das Recht, ihm das Notwendige zu entreißen, und ehe er selbst Hungers stirbt, hat er das Recht, jenen zu erwürgen und sein zuckendes Fleisch zu verschlingen." – In einer Anmerkung fügt er hinzu (S. 6): „Mag ein Mensch noch so schlimme Attentate begehen und noch so große Verheerungen unter seinesgleichen anrichten, er stört die Ordnung der Natur nicht mehr, als ein Wolf, der ein Lamm erwürgt." – In seinem Buche über den Menschen (erschienen 1775) hatte er schon gesagt: „Das Mitleid ist ein künstliches, in der Gesellschaft erworbenes Gefühl ... Sprecht den Menschen niemals von den Ideen der Güte, der Milde, des Wohltuns, und er wird sein ganzes Leben lang nicht einmal den Namen Mitleid kennen." (I, 165)

Das ist nach Marat der Naturzustand. Ein furchtbarer Zustand! Das Recht, seinesgleichen nicht nur den etwaigen Überfluß zu nehmen, sondern auch das ihm selbst *Notwendige*, sogar sein Fleisch – und es zu verzehren!

Danach müßte man annehmen, daß Marat noch viel weiter geht als Morelly, Babeuf usw., daß er entweder die vollkommene Gütergemeinschaft begründen will oder die strenge Gleichheit des Eigentums. Man würde sich täuschen. Er sagt („Constitution", S. 12): „Eine solche Gleichheit könnte in der Gesellschaft nicht bestehen, sie besteht nicht einmal in der Natur." Man darf lediglich den Wunsch haben, ihr möglichst nahe zu kommen. Er gesteht („Législation criminelle", S. 19), daß die Teilung des Bodens, wenn sie gerecht sein soll, *unmöglich und undurchführbar ist.*

Marat verlegt das fürchterliche Recht, dem Nachbar *selbst das Notwendige* zu nehmen, in den Naturzustand, der der Gesellschaft vorangeht. Erkennt er im Gesellschaftszustande das Eigentum an? Im allgemeinen ja. Indessen beschränkt er es auf Seite 18 seiner „Législation criminelle" auf die *Frucht* der Arbeit, ohne es auf den Boden auszudehnen, dem diese Frucht entstammt.

Im ganzen ist er als *Sozialist*, wenn man ihm diesen Namen geben will, ein wankelmütiger, sehr wenig konsequenter Eklektiker. Man müßte – was ich hier nicht tun kann –, um ihn zu würdigen, die Geschichte des alten Paradoxons schreiben, dem Marat sich immer näherte, ohne ihm ganz zu verfallen, die Geschichte jener Lehre, die einer unserer Zeitgenossen in drei Worten formuliert hat: „Eigentum ist Diebstahl." Eine verneinende Lehre, die mehreren, im übrigen sehr verschiedenen Sekten gemeinsam ist.

Nichts ist leichter, als eine in Gerechtigkeit und Liebe vollkommene, außerdem reine und enthaltsame (eine wesentliche Bedingung!) Gesellschaft anzunehmen, die eine absolute Gütergemeinschaft gründen und aufrechterhalten würde. Die Gütergemeinschaft ist sehr leicht, wenn man die Gemeinschaft der Herzen besitzt. Und wer ist nicht Kommunist in der Liebe, in der Freundschaft? Man kann hier das Beispiel zweier Männer aus dem letzten Jahrhundert nennen, Pechméja und Dubreuil, die zusammen lebten und starben. Pechméja versuchte in einer Prosadichtung (dem „Télèphe", unglücklicherweise ein schwaches und wenig interessantes Werk), die anderen an der rührend-sanften Freude teilnehmen zu lassen, die er in dem Gedanken empfand, nichts sein eigen zu nennen, als seinen Freund.

Der „Télèphe" des Pechméja lehrte den Kommunismus nicht wirksamer, als es die „Basiliade" von Morelly und dessen „Code de la nature" getan hatten. Alle Dichtungen und Systeme, die über diese Lehre entstehen, setzen das als Ausgangspunkt voraus, was von allem am schwersten ist, und was das höchste Ziel sein müßte: die Einheit des Willens.

Um auf Marat zurückzukommen, so scheint er von der Tragweite dieser Fragen keine Ahnung zu haben. Er stellt sie an den Anfang seiner Bücher, wie um die Menge anzulocken, die Trommel zu schlagen, sich Gehör zu verschaffen. Dann aber kommt er nicht weiter damit. Klar wird nur, daß er eine umfangreiche soziale Wohltätigkeit will, besonders auf Kosten der Reichen: dagegen ist nichts zu sagen, nur müßte er besser erklären, wie er sich die Ausführung denkt. Zweifellos ist es traurig, wenn man sieht, wie eine Steuer auf dem Armen lastet und den Reichen verschont; die Steuer darf nur die treffen, die bezahlen können. Aber der Politiker soll sich nicht, wie Marat, mit Klagen, mit Geschrei, mit Wünschen begnügen, sondern Hilfsmittel vorschlagen. Das heißt nicht der Schwierigkeiten Herr werden, sich, wie alle Schwärmer dieser Art, auf die mutmaßliche Vortrefflichkeit der Beamten der Zukunft verlassen und zum Beispiel zu sagen: „Man gebe einem *Ehrenmann* die Leitung der Sache und einem *unbescholtenen* Beamten die Aufsicht." (Marat, Législation criminelle; Seite 26)

Beweist er in seinem Blatt, angesichts der Forderungen der Zeit, mehr praktische Einsicht? Nicht mehr. Man findet nur sehr unzusammenhängende und nichtssagende Dinge darin, keine neuen Auswege, nichts, was den Namen Theorie verdiente.

Als die Gemeinde in den Besitz der Klöster und anderer der Geistlichkeit gehörender Gebäude gelangte, machte er den Vorschlag, Werkstätten darin einzurichten für die Armen, bedürftige Familien in den Zellen unterzubringen, in den Betten der Mönche und Nonnen (11. und 14. Juni 1790). Doch stellte er keinerlei allgemeine Formel auf für die vom Staate zu leistende Arbeit.

Als das Gewerbesteuergesetz, die Not in Paris, die Forderungen einer Erhöhung der Löhne seine Aufmerksamkeit auf sich zogen, wußte er zur Abhilfe nichts anderes vorzuschlagen als die Wiedereinführung von langen, strengen Lehrzeiten, von Befähigungsnachweisen, als „anständige Preise für die Leistungen von Lohnarbeitern, Überweisung von Mitteln zur Gründung eigener Geschäfte an solche Arbeiter, die sich drei Jahre lang gut führen". – Wer unverheiratet blieb, sollte die Beträge nach zehn Jahren zurückzahlen.

Welche Fonds waren reich genug, um eine so große Bevölkerungsklasse auszustatten? Die Frage beantwortet Marat nicht; nur gibt er bei einer anderen Gelegenheit den Armen den Rat, sich mit den Soldaten zu verbinden, sich *für ihren Lebensunterhalt eine Anweisung auf die Nationalgüter geben zu lassen, die Ländereien und die Reichtümer der Verbrecher zu teilen*, die ihr Gold vergraben haben, um sie durch den Hunger zu zwingen, sich wieder unter das Joch zu beugen usw.

Ich wollte vor allem prüfen, ob Marat im Jahre 1790, als er ein so ungeheures Ansehen beim Volk gewann, eine allgemeine Theorie aufgestellt hat, ein Prinzip, auf dem sich seine Autorität gründet. Die Prüfung hat ein negatives Ergebnis. Es gibt keine Theorie von Marat.

Ich kann mich jetzt seinem Vorleben wieder zuwenden und seine Jugendwerke daraufhin durchsehen, ob sich nicht zufällig in ihnen jenes Prinzip findet, aus dem er vielleicht nur die Schlußfolgerungen ziehen zu brauchen geglaubt hat.

Marat oder Mara, ein Sardinier von Geburt, kam aus der Umgegend von Neuchâtel, wie Rousseau aus Genf. Er war zehn Jahre alt, als sein berühmter Landsmann 1754 die Rede über die Ungleichheit in die Welt schickte, zwanzig Jahre alt, als Rousseau das Königtum der öffentlichen Meinung gewann, zugleich aber auch Verfolgung und Verbannung erfuhr, in die Schweiz zurückkehrte, um eine Zuflucht zu suchen und in das Fürstentum Neuchâtel flüchtete. Das glühende Interesse, dessen Gegenstand Rousseau war, da sich die Augen der Welt auf ihn richteten; das Phänomen eines Schriftstellers, vor dem man alle Könige vergaß – Voltaire nicht ausgenommen –, die tränenreiche Zärtlichkeit der Frauen für ihn (man könnte es Verliebtheit nennen), all das wirkte auf Marat. Er hatte, wie er selbst erzählt, eine sehr empfindsame, sehr leidenschaftliche Mutter, die, einsam in ihrem Schweizer Dorf, tugendhaft und phantastisch, ihren brennenden Eifer daran wandte, einen großen Mann, einen Rousseau aus ihm zu machen. Darin wurde sie von ihrem Gatten sehr gut unterstützt; der war ein würdiger, weiser und arbeitsamer Prediger, der dem Kinde frühzeitig von seiner Weisheit eintrichterte, soviel er konnte. Das natürliche Ergebnis dieser vereinten Bemühungen war eine Überheizung des jungen Kopfes. Die Krankheit Rousseaus, der Hochmut, wurde bei Marat zur Eitelkeit, aber zur Eitelkeit in der zehnten Stufe. Er wurde der Affe Rousseaus.

Man muß ihn selbst hören (im „Ami du peuple" von 1793): „Mit fünf Jahren wollte ich Schulmeister werden, mit fünfzehn Professor, mit achtzehn Schriftsteller, mit zwanzig schöpferisches Genie." – Nachdem er weiter von seinen naturwissenschaftlichen Arbeiten gesprochen hat (zwanzig Bände physikalischer Entdeckungen, sagt er), fährt er kaltblütig fort: „Ich glaube, *alle Kombinationen des menschlichen Geistes* in bezug auf Moral, Philosophie und Politik *erschöpft zu haben*."

Wie Rousseau und wie die meisten seiner Landsleute zog er frühzeitig in die Welt, um Geld zu verdienen; nützlicher, als die ziemlich ungeordneten Bestandteile seiner geistigen Ausrüstung war ihm das Talent, von einfachen Leuten erprobte Arzneimittel zu erfahren; all diese Schweizer aus dem Gebirge sind ein wenig Botaniker usw. Marat nennt sich gewöhnlich Doktor der Medizin. Ich habe nicht feststellen können, ob er den Titel wirklich besaß.

Diese unsichere Hilfsquelle war nicht ergiebig genug, als daß er nicht nach dem Beispiele Rousseaus und des Helden der „Nouvelle Héloïse" bisweilen Erzieher- und Sprachlehrerstellen hätte annehmen müssen. Als solcher und als Arzt hatte er Gelegenheit, sich bei Frauen einzuschmeicheln; er war eine Zeitlang der Saint-Preux einer Julie, die er geheilt hatte. Diese Julie, eine von ihrem Gatten krank gewordene und verlassene Gräfin, war mehr für den Eifer des jungen Arztes empfänglich als für sein Äußeres. Marat war sehr klein, er hatte ein breites, knochiges Gesicht und eine platte Nase. Außerdem besaß er aber unbestreitbare Vorzüge, Uneigennützigkeit, Mäßigkeit, unermüdlichen Fleiß, viel, viel zu viel Feuer; doch verdarb die Selbstgefälligkeit alles in ihm.

Immer hat die Schweiz England mit Sprachlehrern und Gouvernanten versorgt. 1772 gab Marat in Edinburgh französischen Unterricht. Er war damals achtundzwanzig Jahre alt, hatte viel gelernt, gelesen, geschrieben, aber noch nichts veröffentlicht. Gerade in diesem Jahre ging die Veröffentlichung der „Lettres de Junius" zu Ende, dieser aufsehenerregenden und doch so geheimnisvollen Flugschriften, deren Verfasser man niemals erfahren hat, und die dem damaligen Ministerium einen furchtbaren Schlag versetzten. Neuwahlen standen bevor, England war in lebhafter Bewegung. Marat, der Augenzeuge des furchtbaren Aufstandes zugunsten Wilkes gewesen war (er spricht noch zwanzig Jahre später davon), Marat, der diesen so plötzlich zum Sheriff und Lordmayor von London gewordenen Schriftsteller bewunderte und ihm zweifellos seinen Triumph neidete, schrieb ein englisches Pamphlet, dem er (wie Junius) durch die Anonymität einen besonderen Reiz gab: „Les chaînes de l'esclavage" (Die Ketten der Sklaverei) 1774. Dies Buch ist nach den Worten des Verfassers rasch hingeworfen, oft spürt man den Einfluß Raynals, der gerade erschienen war; es ist voller Tatsachen, voller verschiedenster Untersuchungen; die Anlage ist nicht schlecht, unglücklicherweise ist die Ausführung sehr schwach, der Stil abgeschmackt und hochtrabend. Wenig Gesichtspunkte, geringes Schwergewicht, ein ganz unrichtiges Gefühl für England; der Verfasser glaubt, daß alle Gefahr von der Krone her droht; er weiß durchaus nicht, daß England vor allem eine Aristokratie ist.

1772 erschien in London ein französisches Buch und erregte Aufsehen, ein nachgelassenes Werk des Helvétius, gleichsam eine Fortsetzung des Buches „De l'Esprit"; es trug den Titel: „L'Homme". Marat verlor keine Zeit. 1773 veröffentlichte er in englischer Sprache den ersten Band einer Gegenschrift, die in weitschweifiger Breite auf drei Bände anschwoll und 1775 unter folgendem Titel von ihm herausgegeben wurde: „De l'Homme, ou des principes et des lois de l'influence de l'âme sur le corps et du corps sur l'âme." („Über den Menschen, oder von den Prinzipien und Gesetzen des Einflusses der Seele auf den Körper und des Körpers auf die Seele.")

Dieses Hin- und Herschwanken, das wir in Marats politischen Büchern und Blättern beobachtet haben, wird in diesem Werke über Physiologie und Psychologie besonders deutlich. Er ist scheinbar Spiritualist, denn er erklärt, Seele und Körper seien zwei verschiedene Substanzen; aber die Seele hat keinen Vorteil davon. Marat macht sie völlig vom Körper abhängig und erklärt, das, was wir moralische und intellektuelle Eigenschaften nennen: Mut, Offenheit, Zärtlichkeit, Weisheit, Vernunft, Einbildungskraft, Scharfsinn usw. *seien nicht etwa dem Geist oder dem Herzen anhaftende Eigenschaften*, sondern Existenzformen der Seele, *die von dem Zustand der Körperorgane abhängen* (Bd. II, S. 377). Im Gegensatz zu den Spiritualisten glaubt er an einen bestimmten Sitz der Seele: er verlegt sie in die Hirnhaut. Er hat eine tiefe Verachtung gegen das Haupt des modernen Spiritualismus, Descartes. In der Psychologie folgt er Locke, den er abschreibt, ohne ihn zu zitieren (Bd. II und III, passim). In moralischen Dingen achtet und lobt er La Rochefoucauld (Vorrede, S. VII, XII). Mitleid und Gerechtigkeit sind nach seiner Ansicht keine natürlichen Gefühle, sondern erworbene, künstliche (Bd. I, S. 165 und 224, Anm.). Er versichert, im Naturzustand sei der Mensch notwendigerweise ein feiges Wesen. Er vermeint zu beweisen, „daß es keine starken Seelen gibt, denn jeder Mensch ist wehrlos dem Gefühl unterworfen und der Sklave der Leidenschaften“ (Bd. II, S. 187).

Was die Verbindung der beiden Substanzen anlangt, so verspricht er neue und entscheidende Feststellungen. Tatsächlich gibt er keine, er bringt nichts, als die triviale Hypothese eines gewissen Nervenfluidums. Nur belehrt er uns, dieses Fluidum sei nicht durchaus gallertartig, und der Beweis: Spirituosen, die das Nervenfluidum bekanntlich mächtig beleben, enthalten kein Gallert (Bd. I, S. 56).

Alles andere ist gleichen Ranges. Man erfährt, daß der traurige Mensch die Traurigkeit liebt und andere, ebenso neue Dinge. Anderseits versichert der Verfasser, eine Wunde sei keine Sensation; Zurückhaltung sei die Tugend solcher Seelen, die mit Organen aus zu lockeren oder zu festen Fasern verbunden seien usw.

Wenn das Werk eine Kritik wert wäre, so könnte man ihm besonders seine Unentschiedenheit vorwerfen. Marat nimmt hier keineswegs die Haltung eines mutigen Schülers Rousseaus gegen die Philosophen an. Er wagt ein paar schwache Angriffe gegen deren alten Führer Voltaire, den er in einer Anmerkung unter die Verfasser zählt, die aus dem Menschen ein Rätsel machen: „Hume, *Voltaire*, Bousset, Racine (!), Pascal.“ Auf diesen Angriff antwortete der boshafte Greis mit einem geistreichen, witzigen, scharfsinnigen Artikel, worin er, ohne sich auf die Sache selbst einzulassen, nur den Verfasser zeigt, wie er ist: ein lächerlicher Mensch; das ist heute Mode, sagt er: „Überall sieht man Harlekin, wie er zur Belustigung der Leute Purzelbäume schlägt.“ („Mélanges littéraires“, Bd. XLVIII, S. 234; Oktavausgabe 1784)

Obgleich Marat viel von dem wunderbaren Erfolg seiner Bücher in England spricht und von den goldenen Tabaksdosen, die man ihm schickte, kehrte er sehr arm zurück. Damals, erzählt man, war er bisweilen genötigt, seine Arzneimittel auf den öffentlichen Plätzen in Paris zu verkaufen. Indessen konnte sein letztes Buch ihn empfehlen; ein sogenannt-spiritualistischer Arzt mußte dem Hof gefallen: ein Buch über galante Medizin (ich habe vergessen, diese Seite des Buches „De l'Homme" zu erwähnen) mußte Anklang finden bei den jungen Leuten am Hof des Grafen Artois. Tatsächlich bekommt die Darstellung oft eine galante Färbung, zweideutige oder sentimentale Szenen sind darin, erlauschte Geständnisse und Freuden usw., ganz abgesehen von den nützlichen Bemerkungen über die Wirkung der Erschöpfung. Marat bekam eine Stelle im Haushalt des jungen Prinzen, versah zuerst den niedrigen Dienst eines Arztes in den Ställen und bekam dann den höheren Titel eines Arztes in der prinzlichen Leibwache.

Es gehört zu den traurigen Kapiteln des Ancien régime, daß wenig, sehr wenig Schriftsteller und Gelehrte, die später Politiker wurden, hoher Protektion hatten entbehren können; alle waren schutzbedürftig. Beaumarchais war zuerst bei den Prinzessinnen, dann bei Duverney; Mably bei dem Kardinal von Teucin; Chamfort beim Prinzen Condé. Rulhière bei Monsieur; Malouet bei Madame Adélaïde; Laclos bei Madame de Genlis; Brissot bei dem Herzog von Orléans usw. Vergniaud wurde durch die Fürsprache Turgots und Dupatys erzogen, Robespierre durch den Abt von Saint-Waast, Desmoulins durch das Domstift von Laon usw. Marat suchte erst spät und notgedrungen die Protektion des Grafen Artois zu erlangen; er war zwölf Jahre in dessen Hause.

In seiner neuen Stellung versagte er sich jede politische oder philosophische Publikation und kehrte ganz zu seiner wissenschaftlichen Arbeit zurück. Sein streitbarer Geist, der gegen Voltaire und die Philosophen keinen Erfolg gehabt hatte, band nun mit Newton an. Er versuchte nichts weniger, als diesen Gott vom Altar zu stürzen, und unternahm eine Reihe hastiger, leidenschaftlicher, leichtsinniger Versuche, um die „Optik" Newtons zu vernichten, die er nicht einmal verstand.[1] Da er den französischen Gelehrten wenig traute, so lud er Franklin ein, seine Versuche anzusehen. Franklin bewunderte seine Geschicklichkeit, gab aber kein Urteil ab über die eigentliche Frage, und Marat, damit wenig zufrieden, machte sich sofort daran, gegen Franklin zu arbeiten. Er wollte dessen

[1] Wenn man sich auf den Fortsetzer des Montucla berufen wollte (Bd. III, S. 595), so könnte man glauben, Marat habe in der Optik selbst das nicht gekannt, was man schon vor Newton wußte, und was Descartes vorzüglich gesagt hatte. – Aber dieser Fortsetzer ist Lalande, der von Marat verfolgt wurde, und dessen Zeugnis über jenen man folglich nicht trauen darf. Ich habe mich danach erkundigt, was die berühmtesten Physiker unserer Zeit über diesen Gegenstand denken, die an dieser allein historischen Frage ganz uninteressiert sind; sie haben mir versichert, Marat habe tatsächlich Newtons Versuche schlecht verstanden, es verrate sein schiefes Urteil, daß er sie unter ganz verschiedenen Bedingungen wiederholte; von allen Versuchen Marats verdiene ein einziger Beachtung, nämlich der der farbigen Ringe, die das diffuse Licht um den Berührungspunkt einer Linse und eines Metalls wirft.

Theorie über die Elektrizität zunichte machen, und um sich auf ein erlauchtes Zeugnis stützen zu können, hatte er Volta zur Begutachtung eingeladen. Doch bekam er Voltas Zustimmung nicht.

Der Physiker Charles, der durch die Verbesserung des Luftballons berühmt wurde, hat einem meiner Freunde, einem sehr bekannten Gelehrten, oft erzählt, er habe Marat eines Tages in flagranti ertappt. Marat behauptete, Harz gefunden zu haben, das einen vollkommenen Elektrizitätsleiter darstelle. Charles betastete das Harz und fand eine Nadel darin verborgen, das war das ganze Geheimnis.

Beim Anbruch der Revolution war Marat im Hause des Grafen Artois[1], im Zentrum der Mißbräuche und der Verschwendung, inmitten eines jungen, unverschämten Adels, das heißt an dem Ort, wo er das Ancien régime am besten kennen und hassen lernen konnte. Ganz im Anfang und ohne Übergang geriet er in die Bewegung. Er kehrte von einer Reise nach England zurück, als die Explosion vom 14. Juli erfolgte. Das einzigartige Schauspiel ergriff seine Einbildungskraft; die Trunkenheit stieg ihm zu Kopf und verließ ihn nicht wieder. Es traf sich, daß ein Zufall ihn an dem großen Tage eine Rolle spielen ließ, die seiner Eitelkeit schmeichelte. Wenn man einer Notiz glauben will, die er drei Monate nach dem 14. Juli an die Journalisten schickte, befand sich Marat an diesem Tage unter der Menge, die sich auf dem Pont Neuf drängte; eine Abteilung Husaren wäre bis zur Brücke vorgedrungen, Marat hätte der Menge als Organ gedient und die Soldaten aufgefordert, die Waffen niederzulegen, was jene indessen nicht für tunlich hielten. Nichtsdestoweniger verglich sich Marat bescheiden mit Horatius Cocles, der allein auf einer Brücke eine Armee zum Stillstand brachte.

Aus Unzufriedenheit mit den Journalisten, die ihn nicht genügend gelobt hatten, verkaufte Marat (versichert er selbst) seine Bettücher, um ein Blatt gründen zu können. Er versuchte es mit mehreren Titeln und fand dann einen sehr guten: „L'Ami du Peuple" oder „Le Publiciste parisien, Journal politique et impartial". Trotz seines bekanntlich bisweilen sonderbaren, immer aber schwachen und hochtrabenden Stiles hatte Marat Erfolg. Sein Rezept war, sich frei zu machen von dem gewohnten Ton der französischen Flugschriften und Zeitungen und sich an die Blätter zu halten, die unsere flüchtigen Schmähschriftschreiber in England und Holland machten, an den „Gazetier cuirassé" von Morande und andere zügellose Veröffentlichungen. Wie sie brachte Marat Nachrichten aller Art, Skandale, Personalien; von hohen Theorien, die das Volk nicht verstand,

[1] Mehrere, 1847 noch lebende Leute, glauben, er habe zu Herrn de Calonne gehört; sie versichern, gegenrevolutionäre Broschüren von Marat gelesen zu haben. Indessen habe ich solche trotz aller Nachforschungen nicht entdecken können. – La Fayette (Mémoires, Bd. II, S. 286) behauptet, „Marat sei zwei Monate vor der Revolution nach London gereist und habe die Demokratie verlästert".

und mit denen alle anderen Journalisten es zu Unrecht plagten, hielt er sich frei; er sprach selten über die äußere Lage, selten über die Departements, von denen damals das Blatt der Jakobiner ausschließlich erfüllt war. Er beschränkte sich auf Paris, auf die Bewegung in Paris, besonders auf die Anklage von Persönlichkeiten, die er mit der furchtbaren Leichtfertigkeit seiner schreibenden Vorbilder dem öffentlichen Haß kennzeichnete; indessen besteht ein großer Unterschied: die Skandale, die Morande brachte, hatten keine andere Folge, als daß sie die Betroffenen brandschatzten und Morande blanke Taler eintrugen; diejenigen Marats konnten – uneigennütziger aber gefährlicher – den Leuten leicht den Tod bringen; wer morgens von ihm genannt wurde, konnte abends erschlagen sein.

Man wundert sich, daß die einförmige Heftigkeit, die sich immer gleich blieb, immer gleich, daß die Einförmigkeit der Wut, die die Lektüre Marats so ermüdend macht, immer wirksam geblieben sind, niemals das Volk erkaltet haben. Keine Abstufungen, alles geht ins Äußerste, ins Maßlose; immer dieselben Worte: „Ruchloser", „Verbrecher", „Schurke"; immer derselbe Kehrreim: „der Tod". Keine andere Abwechselung, als die Zahl der abzuschlagenden Köpfe: 600 Köpfe, 10 000 Köpfe, 20 000 Köpfe; das steigt, wenn ich mich recht entsinne, bis zu der merkwürdig genauen Ziffer von 270 000 Köpfen.

Aber diese Einförmigkeit, die doch scheinbar langweilen und abstumpfen mußte, war Marat sogar nützlich. Sie besaß die Kraft, die Wirkung einer und immer derselben Glocke, einer Totenglocke, die nur „immer" läuten kann. Jeden Morgen vor Tagesanbruch widerhallten die Straßen von dem Geschrei der Ausrufer: „L'Ami du Peuple! L'Ami du Peuple!" Jede Nacht lieferte Marat acht Seiten in Oktav, die morgens verkauft wurden; jeden Augenblick schwillt ihm der Stoff an, der Rahmen genügt ihm nicht mehr; oft bringt er abends weitere acht Seiten, sechzehn im ganzen in einer einzigen Nummer. Aber auch das ist ihm noch zu wenig; was er in großen Drucktypen begonnen hat, macht er oft in kleinen fertig, um noch mehr Stoff, noch mehr Kränkungen, noch mehr Wut zusammendrängen zu können. Die anderen Journalisten gönnen sich Pausen im Schreiben, lösen sich ab, lassen sich helfen, Marat nie. Der „Ami du Peuple" ist ganz von derselben Hand; er ist einfach ein Blatt, er ist ein Mensch, eine Persönlichkeit.

Wie konnte er diese ungeheure Arbeit leisten? Ein Wort erklärt alles. Er verließ seinen Schreibtisch nicht, ging sehr selten in die Versammlung und in die Klubs. Eins und einfach war sein Leben: schreiben. Und außerdem? Schreiben, schreiben bei Tag und Nacht. Die Polizei tat das Ihre, ihn frühzeitig zu einem verborgenen, abgeschlossenen, ganz der Arbeit gewidmeten Leben zu zwingen; sie verdoppelte seine Tätigkeit. Sie weckte im Volk das Interesse für seinen Freund, der für das Volk verfolgt wurde, fliehen mußte, vielleicht in Gefahr war. In Wirklichkeit war es mit der Gefahr nicht weit her. Die alte Polizei Lenoirs und Sartines bestand nicht mehr. Die neue war schlecht organisiert, unsicher und ängstlich; sie lag in den Händen Baillys und La Fayettes und entfaltete keine ernsthafte Wirksamkeit. Mit Ausnahme der Fälle Favras und des Mörders des Bäckers François fand in den Jahren 1790 und 1791 keine schwere Bestrafung statt. La Fayette selbst war weit entfernt davon, sich nach der Diktatur zu sehnen; er beschleunigte bei der Versammlung die Inkraftsetzung des neuen Prozeßverfahrens, das seine richterliche Gewalt vollends aufhob. Die besoldete Nationalgarde, die La Fayettes wahre Stärke ausmachte, war zum Teil aus früheren französischen Garden gebildet, den Siegern der Bastille, die nur ungern die Rolle von Polizeisoldaten spielten.

Marat lebte gemächlich, immerhin jedoch aus der Hand in den Mund und den Zufällen eines unsteten Lebens ausgesetzt. Seine wunderliche Kleidung zeugte von seinem überspannten Wesen; gewöhnlich war er unsauber, bisweilen auffallend geziert und hatte zum Teil kostspielige Anwandlungen: eine Weste aus weißem Atlas zum Beispiel vertrug sich bei ihm mit einem fettigen Kragen und einem schmutzigen Oberhemd. Zunehmendes Glück mildert oft den Charakter der Menschen, über ihn vermochte es nichts. Sein ungesundes, aufreibendes, völlig zurückgezogenes Leben erhielt seine Wut auf der alten Höhe. Immer sah er die Welt aus seinem engen, schrägen Kellerloch, durch eine Luke, fahl und dunkel, wie die feuchten Mauern, wie sein eigenes Gesicht, das deren Farben anzunehmen schien. Er fand auf die Dauer Gefallen an diesem Leben, er genoß die phantastische, unheimliche Wirkung, die es seinem Namen verlieh. Er hatte das Bewußtsein, zu herrschen aus dem Dunkel dieser Nacht; von hier aus sprach er das Urteil ohne Berufung über die Welt des Lichtes, über das Königtum der Lebendigen, sprach den einen frei, verdammte den andern. Seine Urteile erstreckten sich bis auf private Dinge. Die Angelegenheiten der Frauen ließ er sich besonders angelegen sein. Er nahm eine flüchtige Nonne unter seinen Schutz. Er ergriff Partei für eine Dame, die mit ihrem Gatten Streit hatte, und stieß fürchterliche Drohungen aus gegen diesen Gatten.

Bei einem abseitigen, außergewöhnlichen Leben, das dem Menschen nicht erlaubt, seine Urteile durch die anderer Menschen zu prüfen, wird man leicht zum Seher. Marat war nahe daran, sich das zweite Gesicht zuzuschreiben. Unaufhörlich und aufs Geratewohl sagte er Dinge voraus und fand damit bei der damaligen Verfassung der Geister ganz besonderen Anklang. Die äußerste Not machte die Menschen leichtgläubig und ungeduldig, etwas über die Zukunft zu erfahren; sie lauschten begierig diesem Mathieu von Laensberg. Sonderbarerweise sah niemand, daß er sich jeden Augenblick irrte. Und dabei sind diese Irrtümer, wenigstens soweit sie die äußere Lage angehen, erstaunlich groß: er hat keine Ahnung von dem Bunde Europas gegen Frankreich (vgl. Nr. 204 vom 28. August 1790 und andere Stellen). Was das Innere anlangt, so lief er kaum Gefahr, sich zu täuschen; denn er sah alles so schwarz wie möglich. Bewundernd hob man alles hervor, was sich von den Worten des Propheten erfüllte. Sogar die Journalisten – wenig eifersüchtig auf einen Menschen, den sie für einen inkonsequenten Narren halten – scheuen sich nicht, ihn zu rühmen und in Bewunderung zu geraten, sie nennen ihn den „göttlichen" Marat. In Wirklichkeit war sein ganzer Scharfblick bisweilen nur übertriebenes Mißtrauen. An dem Tage zum Beispiel, als Ludwig XVI. das Gesetz über den Eid der Priester bestätigte, richtete Marat kraft- und sinnvolle Worte an ihn. Er erinnert an die Erziehung des Königs, an die Vergangenheit seiner Familie und fragt ihn, durch welche erhabene Tugend er verdient hat, daß Gott ein Wunder an ihm tat, ihn von der Vergangenheit frei machte und ihn aufrichtig werden ließ.

Diese Eingebungen eines gesunden Verstandes sind selten. Viel häufiger hat er bei seinem Wutgeschrei Anfälle von wahnsinniger Prahlerei, die nur ein Narr wagen darf: „Wenn ich Volkstribun wäre und ein paar tausend entschlossene Männer mich unterstützten, so möchte ich dafür bürgen, *daß die Verfassung in sechs Wochen vollkommen fertig wäre*, daß die politische Maschine vortrefflich laufen würde, daß kein öffentlicher Schurke ihren Gang zu stören wagen sollte, daß die Nation frei und glücklich wäre, daß sie noch vor Ablauf eines Jahres blühen sollte und furchtbar sein in ihrer Macht, und daß es so bliebe, so lange ich lebe." (26. Juli 1790, Nr. 173)

Die Akademie der Wissenschaften, die das Verbrechen begangen hatte, das, was er seine Entdeckungen nannte, zu mißachten, wurde von ihm verfolgt und in seinem Blatt sowie in einem besonderen, wiederholt neu gedruckten Artikel als aristokratisch gekennzeichnet. Friedliche Männer, wie Laplace und Lalande, und ein wahrhafter Patriot, der charaktervolle Monge, wurden durch ihn verhaßt gemacht. Er beschuldigte sie nicht allein mangelnder Bürgertugend, sondern auch des Diebstahls. „Das der Akademie zu Experimenten überwiesene Geld verschlemmen sie beim Tabak und bei den Mädchen."

Der vornehmste Gegenstand dieser neidischen Wut war natürlich der erste Mann der Zeit, derselbe, der in der Wissenschaft eine der politischen gleichwertige Revolution vollzogen hatte, vor dem sich Laplace und Lagrange neigten. Ich meine Lavoisier. Bekanntlich war Lagrange von dem großartigen Anblick der chemischen Welt, von der Lavoisier den Schleier weggezogen hatte, so sehr betroffen, daß er zehn Jahre lang die Mathematik vergaß und die Trockenheit abstrakter Rechnungen nicht mehr ertragen konnte: denn der tiefe Schoß der Natur hatte sich vor ihm aufgetan.

Der große Revolutionär Lavoisier hätte seine Revolution nicht betreiben können, wenn er nicht reich gewesen wäre. Und darum allein hatte er Generalpächter werden wollen. Von dem fiskalischen Geist dieser Stellung blieb er frei, vielmehr riet er zur Herabsetzung mehrerer Steuern und führte aus, dadurch würden die Einkünfte wachsen, statt geringer zu werden. Als er von Turgot zum Leiter der Pulverfabriken ernannt wurde,[1] schaffte er den Gebrauch ab, die Keller nach Salpeter zu durchsuchen, was oft zu Ärgernissen Anlaß gab. Ein Fall erlaubt ein Urteil über sein Herz. Obwohl er mit Arbeiten und Ämtern verschiedener Art überlastet war, fand er Zeit, eine lange, mühevolle und widerliche Untersuchung vorzunehmen, und zwar die Prüfung der Gase, die sich aus den Abortgruben entwickeln; dabei hatte er nur den einen Zweck, ein paar Unglücklichen das Leben zu retten.

Das ist der Mann, den Marat angriff, den er „einen Lehrling der Chemie mit hunderttausend Franken Rente" nannte. Seine beharrlichen Anklagen, in verschiedenen Formen erneuert, bereiteten das Schafott vor für Lavoisier. Dieser fühlte, sein Leben habe nach so vielen vollbrachten und noch zu vollbringenden Leistungen einen unschätzbaren Wert für die Welt, und er dachte nicht daran zu fliehen. Er hatte keine Vorstellung von dem verhängnisvollen Stumpfsinn, der ein solches Leben der Wissenschaft und der Menschheit rauben kann.

Marats ganzer Kummer ist, daß man gegen die Nationalversammlung noch nicht ebenso verfährt. Er versichert am 21. Oktober 1790, wenn man von Zeit zu Zeit ein paar Köpfe um die Versammlung herumtrüge, dann würde die Verfassung bald gemacht sein, und zwar ausgezeichnet. Seiner Meinung nach wäre es am besten, wenn diese Köpfe aus der Versammlung selbst genommen würden. Am 22. September, am 15. November und bei anderen Gelegenheiten bittet er das Volk inständig, die Taschen zu füllen, in den Saal zu dringen und die ungetreuen Abgeordneten zu steinigen.[2] Am 24. November richtet er „an seine

---

[1] Da Lavoisier viel bekannter war als andere Generalpächter, so vereinigte sich auf ihn der allzu natürliche Haß des Volkes gegen diese dem Staat so schädliche Körperschaft. Er trug den Hauptanteil an einer zur Verbesserung des Gesundheitszustandes von Paris notwendigen Maßregel, die alle Geister beschäftigte und die Phantasie erregte: die nächtliche Fortschaffung der seit vielen Jahrhunderten auf dem Kirchhof der „Innocents" angehäuften Leichname. Man schrieb ihm ohne Beweis den Plan der neuen Zollmauer zu, mit der die Generalpacht Paris umgab. Marat wirft ihm vor, er habe durch diese Mauer „der Stadt die Luft nehmen", sie erstikken wollen. Auch beschuldigt er ihn, er habe in der Nacht vom 12. zum 13. Juli Pulver aus dem Arsenal in die Bastille schaffen lassen; der Transport fand, glaube ich, früher statt (seit dem 30. Juni war die Bastille in Verteidigungszustand), und zwar auf einen Befehl des Ministers, dem der Direktor der Pulverfabriken sich nicht widersetzen konnte.

[2] In einem witzigen Briefe, worin man sich sichtlich über Marat lustig macht, lobt man seinen einfachen und ökonomischen Plan, den größten Teil der für die nationale Verteidigung, zur Verbesserung der Verfassung usw. verlangten Kosten unnötig zu machen: *die Leute mit den Wollmützen mit Stricken zu versehen* und sie auf die Minister und die ungetreuen Abgeordneten loszulassen. Wenn nun aber diese „Wollmützen" irrtümlicherweise ihren Führer erwürgen sollten? – Darauf antwortet Marat ernsthaft, ohne den Spott zu bemerken, jene besäßen ein zu sicheres Gefühl, als daß ein Irrtum möglich wäre, übrigens brauche man weder einen Führer noch eine Organisation usw. (Nr. 261, 25. Oktober 1790).

teueren Kameraden" die Aufforderung, *sie sollten jedesmal zur Versammlung eilen, wenn Marat, ihr unbestechlicher Freund, ihnen den Rat gäbe.*

Als Marat und Camille Desmoulins im August 1790 von Malouet in der Nationalversammlung angeklagt wurden, suchte Camille, der sich rasch aus der Affäre gezogen hatte, Marat auf und bat ihn, ein paar allzu blutrünstige Worte, die ihre Sache schädigten, zurückzunehmen. Am folgenden Morgen erzählte Marat alles in seinem Blatt und machte sich über Camille lustig; er denkt nicht daran, zuzugeben, daß die maßlosen Worte ihm in der Erregung gekommen sind; er erklärt, sie schienen ihm durch die Menschlichkeit diktiert; es hieße menschlich sein, ein wenig Blut zu vergießen, um zu verhindern, daß später mehr flösse usw.

Er wirft Camille Desmoulins Furcht vor, der doch große Kühnheit bewiesen hatte. Camille stand auf einer Tribüne und hörte seinem Ankläger zu; auf Malouets Worte: „Würde er wagen zu leugnen?" antwortete er ganz laut: „Ich wage es!" Er war nicht in der gleichen Lage wie Marat; er lebte immer in voller Öffentlichkeit, Marat immer verborgen. Der letztere zeigt sich nur bei seltenen Gelegenheiten, da der Heerbann der Fanatiker mit allen Reserven zusammenberufen war, und er sich hinter dieser undurchdringlichen Mauer sicherer fühlte als in seinem Kellerloch. Im Januar 1791 predigte Marat die Niedermetzelung der besoldeten Nationalgarden; den Weibern empfahl er La Fayette selbst: „Macht einen Abaelard aus ihm!" Ein Anhänger La Fayettes, der das „Journal des Halles" herausgab, wagte es, ihn bei Gericht anzuzeigen. Er kam hervor aus seiner Finsternis und erschien im Palais. Beim Anblick der Fledermaus erschrak das Licht. Marat brauchte sich nicht groß zu fürchten. Ein ganzes Heer umgab ihn. Der Zuhörerraum war von seinen zügellosen Freunden erfüllt, alle Zugänge und Durchgänge von einer maßlos aufgeregten Menge gedrängt voll. Damit die Gerechtigkeit ihren Gang nehmen konnte, wäre eine regelrechte Schlacht nötig gewesen, und es hätte ein Gemetzel gegeben. Die Behörde fürchtete, nicht einmal das Leben des Klägers schützen zu können; man verhinderte ihn am Erscheinen. Marat war Sieger ohne Kampf; er hatte die Ohnmacht der Gerichte, der Polizei, der Nationalgarde, Baillys und La Fayettes bewiesen.

Von diesem Tage an herrschte er unbestritten als öffentlicher Angeber.

Seine zügellosesten Ausbrüche galten als heilige Worte, sein blutiges Geschwätz, in das er oft arglistige und unbesehen übernommene Verdächtigungen verflocht, galt als Offenbarung. Je närrischer er sich gebärdet, um so mehr glaubt man ihm. Er ist der Narr von Volkes Gnaden; die Menge lacht über ihn, hört ihm zu und liebt ihn; sie glaubt nur noch ihrem Narren.

Er trägt den Kopf im Nacken, ist stolz und glücklich, er lächelt in der größten Wut. Was er sein ganzes Leben lang vergeblich suchte, das hat er jetzt; alle Welt blickt auf ihn, spricht von ihm, hat Furcht vor ihm. Die Wirklichkeit übertrifft alles, was er in den kühnsten Träumen seines Größenwahnsinns hatte hoffen und sich vorstellen können. Gestern ein großer Bürger, heute ein „Seher“ und Prophet; wenn seine Narrheit noch ein wenig zunimmt, dann wird dieser Seher größer als Gott selbst.

Er geht voran und alle Mitbewerber von der Presse werden toll auf seiner Spur, folgen ihm blind in die Bahnen des Schreckens.

Die Presse konnte tüchtige und kühne, dabei gebildete, humane und wahrhaft politische Geister zu den Ihrigen zählen. Warum folgten diese Marat?

Über welche Gewalt verfügte Frankreich in seiner unendlich kritischen Lage, da es weder im Frieden lebte noch im Kriege, da dies feindliche Königtum ihm im Herzen saß, die ungeheure Verschwörung der Priester und Adligen, da sich die öffentliche Gewalt gerade in den Händen derer befand, gegen die man sie richten mußte? Auf den ersten Blick offenbar über keine andere, als die Schrekkensherrschaft des Volkes. Aber dieser Schrecken hatte eine furchtbare Folge: während er die feindliche Kraft lähmte und das gerade vorhandene Hindernis beseitigte, schuf er an sich ein immer neues, immer wachsendes Hindernis, das die Anwendung eines immer höheren Grades des Schreckens erforderte.

Es hätte einer großen Übereinstimmung aller Energien der Zeit bedurft, wie man sie von einem so ungenügend vorbereiteten Geschlecht schwer erwarten konnte, um eine wahrhaft wirksame nationale Gewalt zu schaffen, eine gefürchtete, aber gerechte Justiz, um stark zu sein ohne den Schrecken, um folglich dem Mitleid zuvorzukommen, welches die Revolution getötet hat.

Die hervorragenden Männer der Zeit waren im Grunde viel weniger uneins als man glaubt. Erst im Verlauf des Kampfes tat sich die Kluft zwischen ihnen auf, mehrten sich die Gegensätze. Anfänglich hätte jeder einzelne nur wenig von seinen Ideen zu opfern brauchen, um sich mit den anderen zu verständigen. Sie hätten vor allem – was sie niemals fertig brachten – die traurige Leidenschaft bezwingen müssen, die das Ancien régime in ihnen eingewurzelt hatte: die einen die Sucht nach Vergnügungen und Geld, die anderen Bitterkeit und Haß.

Das größte Hindernis, ich wiederhole es, war die Leidenschaft, viel mehr als der Gegensatz der Ideen.

Und was diesen im übrigen so vorzüglichen Männern fehlte, das war der gute Wille, ihre Leidenschaft zum Opfer zu bringen. Obwohl viele von ihnen, wenn ich so sagen darf, ein großes Herz besaßen, so war das Herz und die Liebe zum Volke doch noch nicht groß genug.

Das hielt sie vereinzelt, ohne Band und schwach, und nötigte sie alle in der Gefahr, sich künstlich stark zu machen durch Übertreibung und Gewalttätigkeit; das zwang alle Klubredner und Zeitungsredakteure in die Gefolgschaft des Mannes, der, wilder als die anderen, unbedenklich und ohne Gewissensbisse blutdürstig sein konnte. Das spannte die ganze Presse an Marats Karren.

Persönliche, oft sehr kleine, allzu menschliche Dinge trugen dazu bei, ihre Heftigkeit zu steigern. Wir wollen uns nicht schämen, davon zu sprechen.

Wie konnte der stärkste, vielleicht der durchdringendste Geist der ganzen Revolution (ich meine Danton) seine tiefe Unsicherheit verbergen, sein Schwanken zwischen den Parteien, das ihn veranlaßte, wie man erzählt, von mehreren Seiten Unterstützung anzunehmen? Nur unter ungestümen Worten.

Sein prächtiger Freund, Camille Desmoulins, der größte Schriftsteller der Zeit, ist anständiger in Geldsachen, aber sonst schwächer; er hat eine bewegliche Künstlernatur. Marats Wettbewerb, seine immer bereite Wut, die kein anderer erreichte, treibt Camille hier und da zu heftigen Ausfällen und zu einem Wetteifer im Zorn, der seiner Natur sehr zuwider ist.

Und wie kann der Verleger Prudhomme, nachdem er Loustalot verloren, die „Révolutions de Paris" weiterführen? Er muß klobiger werden.

Und wie kann Fréron, der „Orateur du peuple", Camille Desmoulins' und Luciles intimer Freund, der im selben Hause wohnt, der Lucile liebt und begehrt, wie kann er hoffen, vor dem beredten und witzigen Camille zu glänzen? Durch Talent? Nein. Aber vielleicht durch Verwegenheit. Er will frecher werden.

Aber da ist ein Anfänger, der sie bald alle übertrifft. Ein Theaterausrufer, Hébert, kommt auf die glückliche Idee, in einem Blatt alles zu vereinigen, was die anderen Blätter an Gemeinheiten, Schmähungen und Flüchen bringen. Der Versuch ist leicht. Man ruft aus: „Der große Zorn des ‚Pere Duchesne!' – Er hat eine Schandwut diesen Morgen, der Pere Duchesne!" Das Geheimnis dieser Beredsamkeit besteht darin, allen drei Worten eine Zote folgen zu lassen.

Armer Marat, was wirst du tun? Dies ist eine Konkurrenz.

Wahrhaftig, deine Wut ist abgeschmackt; sie ist nicht wie bei Hébert mit Gemeinheiten gewürzt; du bist, scheint's, ein Aristokrat. Du mußt es auch mit Flüchen versuchen (16. Januar 1791). Und es kostet dich unerhörte, immer neue Mühen, Wut und Schmähung auf eine Höhe zu treiben, die dir die Vorhut sichert.

Dieses gegenseitige Hineinreißen in den Taumel ist ein beachtenswertes Merkmal der Zeit. Wenn man aufmerksam die Daten verfolgt, wird man dies besser verstehen; das einzige Mittel, die vorwärtsdrängende Bewegung in der Hand zu behalten, ist, das Todesrennen fortzusetzen von Klub zu Klub, von Zeitung zu Zeitung, als wenn ein Preis ausgesetzt wäre auf die Gewaltsamkeit. Jeder Schrei findet sein Echo, die Wut peitscht auf zu neuer Wut. Auf jeden heftigen Artikel folgt ein heftigerer. Wehe dem, der zurückbleibt! Fast immer ist Marat den anderen überlegen. Ein paarmal nimmt Fréron, sein Nachahmer, die Spitze. Auch der gemäßigtere Prudhomme hat seine grimmigen Nummern. Dann bleibt Marat zurück. So im Dezember 1790, als Prudhomme den Vorschlag macht, ein Bataillon von Scävolas gegen die Tarquinius zu errichten, eine Truppe von Königsmördern, gerät Marat außer sich und speit tausend blutige Dinge.

Dieses Anschwellen der Gewalttätigkeit ist nicht allein den Blättern eigentümlich; im allgemeinen findet in ihnen nur die Gewalttätigkeit der Klubs ihre Wiederholung und ihren Niederschlag. Was abends gebrüllt wurde, wird in der Nacht schleunigst gedruckt und morgens verkauft. Die royalistischen Journalisten machen es ebenso; sie gießen Ströme von Galle, Schmähungen, Ironie in die Öffentlichkeit, – alles, was sich abends in den aristokratischen Salons angesammelt hat, die Versammlungen im Pavillon der Flora, bei Frau von Lamballe, an denen die zur Flucht bereiten Grandseigneurs teilnehmen, liefern der Presse ebensogut Waffen wie die Klubs.

Der Wetteifer zwischen den Blättern beider Parteien ist furchtbar. Schwindel erfaßt einen, wenn man die Millionen Blätter in den Lüften wirbeln sieht, die gegeneinander rasen. Die revolutionäre Presse, die schon an sich vor Wut schnaubt, wird immer mehr aufgestachelt durch die beißende Ironie der royalistischen Blätter und Schriften. Die letzteren wuchern ins Unendliche; sie schöpfen nach Belieben aus den jährlich fünfundzwanzig Millionen der Zivilliste. Montmorin hat Alexandre de Lameth erzählt, er habe in kurzer Zeit sieben Millionen verbraucht, um Jakobiner zu kaufen, Schriftsteller und Redner zu bestechen. Was die royalistischen Blätter kosteten, der „Ami du Roi“, die „Actes des Apôtres“ usw., kann niemand sagen, ebensowenig, wie man jemals erfahren wird, was der Herzog von Orléans für Aufstände bezahlt hat.

Ein unsauberer Kampf, ein wilder Kampf, als Geschosse dienen Steine und Goldstücke. Der eine wird erschlagen, der andre erniedrigt.

ZWEITES KAPITEL

Der Auftakt des Schreckens
Widerstand Mirabeaus

Die Jakobiner verfolgen die andern Klubs, sie vernichten den Klub der Freunde der monarchischen Verfassung (Dezember 1790 bis März 1791). – Die Mehrheit der damaligen Jakobiner gehört zu den Parteien Lameth und Orléans. – Der Herzog von Orléans schadet seiner Partei (Januar 1790). – Die republikanischen Ideen tauchen auf. – Die Jakobiner sind noch Royalisten. – Inquisition ohne Religion. – Die ersten Wirkungen der politischen Inquisition. – Durch die Abreise der Prinzessinnen wird die Frage der Freiheit der Emigration dringend (Februar 1791). – Heftigkeit der rückschrittlichen Jakobiner in der Debatte über diese Frage. – Die Unruhen von Vincennes und in den Tuilerien stören die Debatte (28. Februar 1791). – Mirabeau verteidigt die Freiheit der Auswanderung; er gerät in Gefahr, wird bei den Jakobinern angegriffen und von den Lameth geopfert (28. Februar 1791).

Um zu verstehen, wie das zivilisierteste der Völker am Morgen nach dem Bundesfest, als alle Herzen noch von Bruderliebe hätten schlagen müssen, dazu kam, so ungestüm in die Bahn der Gewalttaten einzulenken, müßte man in einem unbekannten Ozean untertauchen können, müßte man die Leiden des Volkes kennen.

Über das Äußere haben wir berichtet, über die Blätter und was hinter den Blättern steht, die Klubs. Aber unter dieser düsteren Oberfläche wogt das unergründliche, stumme Darunter, die Unendlichkeit des Leidens. Das immer wachsende Leiden, moralisch erschwert durch den Kummer über die Täuschung einer so großen Hoffnung, materiell erschwert durch das plötzliche Versiegen aller Hilfsquellen. Das erste Ergebnis der Gewaltsamkeiten war, daß außer den Adligen viele reiche oder wohlhabende Leute abreisten, die der Revolution durchaus nicht feindlich waren, sondern die Furcht hatten. Was daheim blieb, wagte sich weder zu rühren, noch etwas zu unternehmen, weder zu kaufen, noch zu verkaufen, weder zu erwerben, noch auszugeben. Erschreckt behielt man das Geld in der Tasche; alle Arbeit kam zum Stillstand.

Ein wunderliches Schauspiel! Die Revolution öffnete dem Bauern die Zukunft und verschloß sie dem Arbeiter. Der erstere spitzte das Ohr bei den Beschlüssen über den Verkauf der Kirchengüter; der andere wurde stumm und düster, er war aus den Werkstätten entlassen und ging mit gekreuzten Armen spazieren, irrte den ganzen Tag umher, hörte den Gesprächen belebter Gruppen zu, füllte die Klubs, die Tribünen, die Zugänge zur Versammlung. Jede Empörung – bezahlt oder nicht bezahlt – fand in der Straße ein Heer von Arbeitern, durch das Elend verbittert, von Handwerkern, vor Langeweile und Untätigkeit erschöpft, die glücklich waren, so oder so wenigstens einen Tag lang zu arbeiten.

In einem solchen Augenblick war die Verantwortlichkeit der großen politischen Gesellschaft – der Jakobiner – wahrhaft unermeßlich. Was war ihre Aufgabe? Ein einziges: stark zu bleiben gegen ihre eigene Leidenschaft, die öffentliche Meinung aufzuklären, Gewalttätigkeiten zu vermeiden, die der Revolution zahllose Feinde schaffen mußten, aber gleichzeitig die Gegenrevolutionäre so aus der Nähe zu überwachen, daß man sie beim kleinsten, wirklich gerechten Anlaß treffen konnte.

Weit entfernt davon, leistete sie jenen durch ihre Ungeschicklichkeit treffliche Dienste. Indem sie sie verfolgte, verschaffte sie ihnen eine Teilnahme, durch welche sie an Zahl und Stärke zunehmen mußten. Es war nicht anders, als wenn sie die tatkräftigste und wirksamste Propaganda für die Gegenrevolution triebe. Sie vernichtete deren Anhänger in Paris und verbreitete sie in Frankreich und in Europa; sie machte Hunderte unschädlich und brachte Millionen neue zuwege.

Die Jakobiner benahmen sich, als seien sie die direkten Erben der Priester. Sie ahmten deren aufreizende Unduldsamkeit nach, durch welche die Geistlichkeit so viele Ketzereien herbeigeführt hatte. Frech übernahmen sie den alten Glaubenssatz: „Außer uns kein Heil." Mit Ausnahme der Cordeliers, auf die sie Rücksicht nahmen, und von denen sie möglichst wenig sprachen, verfolgten sie die Klubs, sogar die revolutionären. Der „Cercle social" zum Beispiel, ein Freimaurerverein, dem man nichts anderes vorwerfen konnte, als ein paar Albernheiten – er war politisch ängstlich, aber sozial viel fortgeschrittener als die Jakobiner –, urde heftig von ihnen angegriffen. Der Orléanist Laclos, der, wie berichtet, die Korrespondenz der Jakobiner herausgab, verleumdete den „Cercle social" in seinem Blatt und im Klub. Der Jakobiner Chabroud, der noch am Abend vorher zum Vorsitzenden des „Cercle" ernannt worden war, wagte nicht, ihn zu verteidigen. Da unternahm Camille Desmoulins das Wagnis, wurde aber nach den ersten Worten durch die allgemeine Mißbilligung der Jakobiner zum Schweigen gebracht. Er hielt sich am folgenden Tage schadlos und schrieb seine prachtvolle Nummer 54, eine unsterbliche Kundgebung für politische Toleranz.

Noch gewaltsamer verfuhren die Jakobiner gegen den „Club des amis de la Constitution monarchique", durch den die Konstitutionellen ihren „Club des impartiaux" wieder aufleben zu lassen versuchten. Diese in der Mehrzahl vornehmen Männer (Clermont-Tonnerre, Malouet, Fontanes usw.) waren tatsächlich verdächtig, jedoch weniger durch ihre Lehren, als durch die gefährliche Organisation ihres Klubs. In starker Abweichung vom „Club de 1789" (Mirabeau, Sieyès, La Fayette usw.), der wenig zahlreich war und wenig direkt wirken wollte, nahm der „Club monarchique" Handwerker auf und verteilte Anweisungen auf

Brot; diese Anweisungen wurden nicht an Bettler gegeben, sondern an Arbeiter; auch gab man das Brot nicht ganz umsonst. Das war eine sehr starke Grundlage für den Einfluß dieses Klubs. Ein Mittel, es zu verhindern, gab es nicht. Die Monarchiens bestanden zu Recht; sie hatten von der Stadt die erforderliche Genehmigung, die man ihnen nicht verweigern konnte, nachgesucht und erlangt; mehrere Beschlüsse – unter anderen ein neuer vom 30. November –, die von den Jakobinern selbst im Interesse ihrer Provinzgesellschaften angeregt wurden, erkannten den Bürgern das Recht zu, sich zur Besprechung von öffentlichen Angelegenheiten zu vereinigen, ja noch mehr: die Gesellschaften hatten das Recht, sich untereinander zu verbinden. Trotz all dem zauderten die Jakobiner nicht, die Monarchiens von Straße zu Straße und von Haus zu Haus zu verfolgen; sie erschreckten durch ihre Drohungen die Besitzer der Säle, in denen sich jene versammelten. Der Gemeinderat hatte die Schwäche, auf Verlangen der Jakobiner die Aufhebung der Sitzungen der Monarchiens zu beschließen. Diese erhoben Einspruch gegen den äußerst ungesetzlichen Akt; man wagte nicht, das Verbot aufrechtzuerhalten. Da griffen die Jakobiner zu einem noch unwürdigeren Mittel, sie brachten eine abscheuliche Verleumdung auf. Es war unlängst zu einem blutigen Zusammenstoß gekommen zwischen besoldeten Jägern und den Leuten von La Villette, die man des Schmuggels beschuldigte; man verbreitete in Paris, die Monarchiens hätten jene Soldaten bezahlt, um das Volk zu ermorden. Barnave rief den Monarchiens von der nationalen Rednertribüne ein grausam doppelsinniges Wort zu: „sie verteilten *vergiftetes* Brot unter das Volk."

Man erlaubte ihnen nicht, Einspruch zu erheben und eine Erklärung dieses Wortes zu verlangen. Sie wandten sich an die Gerichte; aber da bewaffneten die Jakobiner bezahlte oder irregeleitete Leute gegen sie und machten der Sache mit Steinwürfen und Stockschlägen ein Ende; statt daß die Verwundeten beklagt wurden, gerieten sie in große Gefahr; man behauptete frech und verbreitete in der Menge, sie trügen weiße Kokarden.

Während dieser rohe Streit noch dauerte, stellten die Jakobiner einen Grundsatz auf, den sie von Anfang an besaßen, aber bisher nicht zugegeben hatten. Sie schwuren am 24. Januar, „mit ihrem Vermögen und ihrem Leben jeden zu verteidigen, *der Verschwörungen verraten würde*".

All dies könnte vermuten lassen, daß die Gesellschaft schon damals den tiefen Fanatismus besaß, den sie später bewies. Wenn man das glaubt, täuscht man sich.

Zwar waren viele Männer von glühendem Eifer eingetreten, die sich allmählich um Robespierre scharten. Aber die Masse hing zwei ganz anderen Elementen an:

1. Den ursprünglichen Gründern, der Partei Duport, Barnave und Lameth. Diese versuchten, sich durch ein prahlerisches Zurschautragen von Gewaltsam-

keit und Fanatismus den neuen Mitgliedern gegenüber zu halten. Sie unterscheiden sich nur durch ihren Mangel an Freimut von den Monarchiens, die von ihnen verfolgt wurden. Aber je näher sie sich ihnen fühlten, um so mehr predigten sie gegen sie. Man urteile selbst, wohin die falsche Gewaltsamkeit schließlich führen mußte, wenn ein Wort möglich war, wie das Barnaves vom „vergifteten Brot“ mit seinem mörderischen Doppelsinn.

2. Ein noch unreineres Element im Jakobinerklub waren die Orléanisten. Man hat an dem Angriff des Laclos gegen den „Cercle social“ gesehen, wie man durch ein unwürdiges Verfahren, dadurch, daß man sich in einen heuchlerischen Zorn hineinredete, nach Volkstümlichkeit haschte. Gerade hatte ein schwerer Schlag die Orléanisten getroffen, von dem sie sich zu erholen alle Ursache hatten. Wer den Schlag führte? Wer möchte es glauben? Der Herzog von Orléans. Er richtete selbst seine Partei zugrunde.

Greifen wir ein wenig zurück. Die Sache ist wichtig genug, um eine Erklärung zu verdienen.

Die Orléanisten glaubten sich ganz nahe am Ziel. Der größte Teil der Journalisten, bestochen oder nicht bestochen, arbeitete für sie. Sie hatten durch Laclos das Blatt der Jakobiner in Händen. Bei den Cordeliers waren ihnen Danton und Desmoulins günstig, sogar meistens Marat. Zwar war das Haupt des Hauses Orléans ein unwürdiger Mensch. Aber die Kinder und die Damen, Frau von Genlis, Frau von Montesson, wurden oft lobend erwähnt. Der Herzog von Chartres gefiel sehr und verband sich viele Geister. Desmoulins versichert, dieser Prinz behandle ihn „wie einen Bruder“.

Dieser junge Mann war mit mehr Umständen und Zeremonien als Mitglied der Jakobiner aufgenommen worden, als seinem Alter zukam. Es war beinahe ein kleines Fest. Man hatte die Losung gegeben, die liebenswürdigen Eigenschaften des Zöglings der Frau von Genlis in der öffentlichen Meinung zur Geltung zu bringen. Desmoulins brachte an erster Stelle einer seiner Nummern einen rührenden Stich, der den jungen Prinzen darstellte, wie er an einem Krankenbett im Hôtel-Dieu einen Aderlaß vornahm.

Die Orléanisten wären weiter gekommen, wenn nicht der Herzog von Orléans gewesen wäre. Man versuchte vergeblich, seinen Ehrgeiz zu wecken; er war vor allem geizig. Damit verdarb er auf der einen Seite, was man auf der anderen für ihn tat. Der erste Gebrauch, den er von seiner wiedererwachenden Volkstümlichkeit machte, war, daß er sich vom Finanzausschuß das Versprechen geben ließ, man würde ihm das Kapital einer Summe auszahlen, von der sein Haus seit den Zeiten des Regenten die Zinsen bezog. Der Regent, den man immer nur als einen Verschwender schildert, verdiente zwar diesen Namen durchaus; weniger bekannt jedoch ist seine Habgier. Als dieser Prinz seine (sehr verrufene) Tochter an den Herzog von Modena bringen wollte, ohne den Beutel aufzumachen, wandte er sich an den König, sein Mündel, und ließ diesen von ihm abhängigen Knaben, ein Kind von elf Jahren, die Anweisung auf eine Mitgift von vier Millionen aus dem königlichen Schatz unterzeichnen.

Der Schatz war leer; bei dem jammervollen Elend eines Bankrotts von drei Milliarden und des Lawschen Systems konnte man nur die Zinsen bezahlen. Und nun kam nach siebzig Jahren, in einer ebenso jammervollen Zeit, in der schrecklichen Not vom Januar 1791, der Herzog von Orléans und beanspruchte das Kapital; und dabei durchaus ohne Recht, denn die Mitgift war der Tochter nur für den Fall gewährt worden, daß sie auf alle ihre Rechte zugunsten ihres ältesten Bruders und der Nachkommen dieses Bruders verzichtete. Der Herzog von Orléans war einer dieser Nachkommen, dieser Rechtsnachfolger des Ältesten, dem der Verzicht zugute kam. Konnte er sich gleichzeitig zum Rechtsnachfolger derjenigen machen, die den Verzicht getan hatte?

Der Berichterstatter über die Angelegenheit war ein ehrenhafter, strenger, harter Mann, der Jansenist Camus. Täglich strich und vertagte er klägliche kleine Pensionen von drei- und vierhundert Franken; welche Mittel man bei ihm anwandte, um ihn mürbe zu machen, mit welchen zudringlichen und mächtigen Einflüssen man ihn bedrängte, das kann man nur vermuten. Vielleicht hat man ihn glauben gemacht, dies sei das einzig natürliche Mittel, dem Prinzen die Summen zu ersetzen, die er hochherzig im Dienst der Freiheit aufgewendet hätte. Wie dem auch sei: Camus beantragte zu zahlen, und zwar sofort zu zahlen, in vier Raten innerhalb eines Jahres.

Glücklicherweise gab es einen heftigen Unwillen in der Presse. Brissot läutete die Sturmglocke, obgleich er früher im Hause Orléans angestellt war. Und wenn sich Desmoulins auch selbst „Bruder" und Freund des Prinzen nannte, so kennzeichnete er doch das Schändliche dieser Sache in zwei oder drei kräftigen Sätzen; er war, wie er sagte, einverstanden, daß man den Herzog von Orléans belohnte, „aber ohne Schleichwege zu benutzen, den Bürgern das Geld abzuknöpfen und *den Staatsschatz in den Souterrains einer Kommission zur Ader zu lassen.*" Den erwähnten schmeichelhaften Stich erkannte er nicht mehr an, sondern schob ihn seinem Verleger zu.

Dieser fette Bissen entging also der Gefräßigkeit der Orléanisten. Was blieb, war eine bedeutende Minderung ihres Ansehens, ihr Mann war für lange Zeit erledigt und ein sehr schweres Vorurteil gegen das Königtum geschaffen, mochte es sich noch so bürgerlich gebärden. Eine ganze Anzahl royalistischer Revolutionäre, die der monarchischen Einrichtung günstig waren und dem englischen Brauch zuneigten, die jüngere Linie zur Regierung zu berufen, wandten sich vom Königtum überhaupt ab.

Mit Unrecht hat Robespierre gesagt: „Der Gedanke an die Republik tauchte auf in den Parteien, ohne daß man wußte wie." Man kennt die Pforte sehr gut, durch die er in dies so monarchische, in seiner Liebe zu den Königen so hartnäckige Land eindrang. Die Geschichte tat nichts dazu; vergeblich hatte Camille Desmoulins in seiner wunderbaren Schrift vom Juli 1789 („La France libre") von Regierung zu Regierung nachgewiesen, daß die alte Monarchie fast niemals gehalten hat, was sich die blinde Verehrung des Volkes von ihr versprach: er redete in den Wind. Seine Darstellung schien das neue Ideal vom demokratischen Königtum, das viele Leute sich bildeten, nicht zu berühren. Dies Ideal wurde vom Königtum selbst im Keim erstickt. Der Hauptgründer der Republik war der Herzog von Orléans.

Die von Camille Desmoulins ergriffene republikanische Initiative wurde von einem anderen Cordelier, Robert, wieder aufgenommen Er stellte von neuem die Idee auf, durch welche allein die Revolution einfach, aufrichtig und stark werden konnte: die Idee der Republik. Er veröffentlichte seine Broschüre: „Le Républicanisme adapté à la France". Allmählich nahm sich auch Brissot dieser Frage an, die die Lage beherrschte. Eine Grundfrage, keine Formfrage, wie man immer noch viel zu oft behauptet. Keine soziale Besserung war möglich, wenn die politische Frage nicht geklärt war. Mit Unrecht glaubten Robespierre und Marat, die darin freilich der Auffassung der Mehrheit folgten, diese Frage vertagen und unterordnen zu können: sie durfte nicht erst am Schluß gelöst werden. Die Bewegung fortzusetzen mit einer solchen Last, mit einem gefangenen, feindseligen, durch die Fähigkeit zum Bösen immer noch mächtigen Königtum, die Revolution marschieren zu lassen mit diesem entsetzlichen Dorn im Fuß, das hieß bestimmt, sie verwunden, verderben, verstümmeln, das hieß wahrscheinlich, sie töten.

Der orléanistische Redakteur des Jakobinerblattes, Laclos, warf sich zum Anwalt des Königtums auf. Der Klub selbst erklärte sich ausdrücklich für die Monarchie. Als am 25. Januar ein Abgeordneter einer Sektion bei den Jakobinern das Wort „Republikaner" aussprach, riefen mehrere: „Wir sind keine Republikaner!" Die Versammlung forderte den Redner auf, das Wort zurückzunehmen.

Von den drei Fraktionen der Jakobiner, die man mit den drei Namen Lameth, Laclos, Robespierre bezeichnen kann, waren die beiden ersten entschieden royalistisch und die dritte der Idee des Königstums keineswegs feindlich.

So war der brutale Kampf der Jakobiner gegen die Monarchiens, diese Mißachtung von Ordnung und Gesetz, dieser Vorgeschmack des Schreckens, den man nicht einmal bei Fanatikern entschuldigen könnte, all das war nichts weiter, als ein von Politikern, von den Führern der jakobinischen Mehrheit bewußt angewandtes Mittel, ihrer schwindenden Volkstümlichkeit wieder aufzuhelfen. Es waren im Grunde Royalisten, die andere Royalisten mißhandelten.

Viele harmlose Menschen, die ohne bestimmte Ideen aus Gewohnheit oder ihrer Stellung wegen am Ancien régime festhielten, gerieten infolge der jakobinischen Angebereien in eine unmögliche, beinahe verzweifelte Lage. Was sollten sie tun? Die Ansicht verleugnen, die man ihnen vorwarf? Das hätte ihnen niemand geglaubt, und sie hätten nur Schande davon gehabt. Bleiben war schwer, abreisen war schwer. Für den, der sich durch diese Art politischer Exkommunikation gebunden fand, war Bleiben eine Qual; der arme Teufel von Aristokrat (den man mit Recht oder Unrecht so getauft hatte) stand unter einer furchtbaren Aufsicht: die Menge, die kleinen Kinder folgten dem Feinde des Volkes, wohin er ging. Er kehrte heim; das Haus war nicht sicher, die eigenen Bedienten ihm feind. Die Furcht übermannte ihn; eines Morgens fand er den Weg zur Flucht. Dieser Mann wäre lau, schwach, gleichgültig geblieben, wenn man ihn in Ruhe gelassen hätte; nun war er mit in den Kampf gerissen, und wenn er nicht mit dem Degen Wunden beibrachte, dann tat er es sicher mit der Zunge, mit seinen Klagen und Anklagen, wenigstens aber dadurch, daß sein Elend allen Blicken offen lag, durch das Mitleid, das er andern einflößte.

Das Mitleid, dieser schreckliche Feind, wurde groß gegen uns in Europa, und mit ihm der Haß gegen Frankreich und die Revolution.

Ein im Grunde ungerechter Haß. Die jakobinische Inquisition lag durchaus nicht in den Händen des Volkes. Wer sie damals einrichtete, das waren die unechten Jakobiner, die aus dem Ancien régime kamen, Adlige und Bürgerliche, Politiker ohne Prinzipien, inkonsequente, leichtfertige Machiavellisten. Sie trieben das Volk vorwärts und nutzten es aus; kein großes Kunststück bei diesem Zustand zugleich mißtrauischer und leichtgläubiger Reizbarkeit, in den man bei großem Elend zu geraten pflegt.

Wie die Dinge standen, wurde mit einem Male furchtbar deutlich, als Mesdames, die Tanten des Königs, auswandern wollten (Ende Februar). Die Schwierigkeit, ihren Gottesdienst mit Priestern ihrer Wahl abzuhalten und die bevorstehende Prüfung zu Ostern, machten diese ängstlichen Frauen verwirrt. Der König selbst lud sie ein, nach Rom abzureisen. Kein Gesetz verbot das. Der König, der erste Beamte, mußte entweder bleiben oder abdanken; aber seine Tanten konnte sicherlich niemand festhalten. Man brauchte kaum zu fürchten, dieser Zuwachs an alten Frauen könnte die Truppen der Emigranten sehr verstärken. Diese Damen hätten zweifellos vornehmer gehandelt, wenn sie sich entschlossen hätten, das Schicksal ihres Neffen, die Not und die Gefahren Frankreichs zu teilen. Aber schließlich: sie wollten abreisen, und man mußte sie ziehen lassen, sie sowohl wie alle diejenigen, welche um eingebildete oder tatsächliche Gefahren besorgt, ihre Sicherheit und das Leben dem Vaterlande vorzogen, alle, die imstande waren, ihre Eigenschaft als Franzosen aufzugeben. Man mußte ihnen die Tore öffnen, und wenn diese nicht breit genug waren, noch die Mauern niederreißen.

Das Volk war mit gutem Grunde über eine mögliche Flucht des Königs in Aufregung und vermengte diese beiden durchaus verschiedenen Fragen miteinander.

Mirabeau erfuhr von der bevorstehenden Abreise der Prinzessinnen und ahnte den Lärm und die Gefahr, die daraus entstehen würden. Er bat den König vergeblich, die Abreise nicht zu gestatten. Paris wurde unruhig und richtete die gleiche Bitte an den König und an die Nationalversammlung. Neue Unruhe, als man erfuhr, Monsieur wolle abreisen; der aber gab sein Wort, seinen Bruder nicht zu verlassen, er nahm es nicht so genau damit, denn er hatte in Wirklichkeit die Absicht, mit Ludwig XVI. abzureisen.

Die Gärung hielt nicht etwa die Prinzessinnen zurück, sondern beschleunigte ihre Abreise. Die vorausgesagte Explosion fand alsbald statt. Marat, Desmoulins und die ganze Presse schrie, jene hätten Millionen bei sich, sie wollten den Dauphin entführen und reisten nur vor dem König ab, um Wohnung zu bestellen. Man konnte unschwer vermuten, daß sie Mühe haben würden zu passieren. Sie wurden zuerst in Moret angehalten, aber ihre Begleitung erzwang den Weg. Dann hielt man sie in Arnay-le-Duc an. Und dort konnten sie nicht weiter. Sie schrieben an den König, und der schrieb an die Versammlung, sie möge die Damen ermächtigen, ihren Weg fortzusetzen.

Diese Angelegenheit war schon an sich ernst, wurde es aber noch viel mehr, weil sie sich zu einem feierlichen Kampfplatz entwickelte, wo sich zwei Grundsätze und zwei Geister trafen und stritten; der eine der ursprüngliche und natürliche Grundsatz, aus dem die Revolution geworden war: *Gerechtigkeit, billig denkende Menschlichkeit*, – der andere, der Grundsatz der Auswege und des Interesses, *öffentliche Wohlfahrt* genannt, der Frankreich zugrunde gerichtet hat.

Zugrunde gerichtet: denn er warf das Land in immer mehr zunehmende Mordtaten, denen man nicht Einhalt tun konnte, er machte Frankreich verrucht in Europa und schuf ihm unauslöschlichen Haß.

Zugrunde gerichtet: denn die zerbrochenen Herzen unterwarfen sich nach der Schreckensherrschaft vor Ekel und Gewissensbissen blind der militärischen Tyrannei.

Zugrunde gerichtet: denn die letzte Folge dieser Tyrannei war, daß sie ihren Feind nach Paris brachte und ihr Haupt nach Sankt-Helena.

Mirabeau war hier das Organ des Volkes, selbst die Stimme der Revolution. Das ist bei allen seinen Fehlern sein unvergänglicher Ruhm. Bei dieser Gelegenheit verteidigte er die Billigkeit.

Robespierre tat gar nichts.

Es waren die unechten Jakobiner, Barnave, Duport und Lameth, die der Gerechtigkeit das Recht des „Interesses" entgegenstellten, der „Wohlfahrt", die mörderische Waffe, das Schwert ohne Griff, von dem sie selbst durchbohrt wurden.

Und warum verteidigten sie dieses Recht des „Interesses?" Wenn man sie auch für noch so aufrichtig hält, man muß dennoch bemerken, daß sie ein besonderes

Interesse daran hatten. Gerade damals hatten sich die Lameth durch einen sehr schweren Fehler eine zweite Blöße gegeben. Während die beiden ältesten Brüder, Alexandre und Charles de Lameth, in Paris auf der äußersten Linken saßen und die Vorhut der Vorhut bildeten, gründete ihr Bruder Theodor in Lons-le-Saulnier einen reaktionären Verein; er hatte diesem durch das Ansehen seiner Brüder die Verbindung mit den Jakobinern verschafft, die der älteren Gesellschaft derselben Stadt, einem ausgesprochen patriotischen Verein, auf sein Betreiben entzogen wurde. Dieser letztere veröffentlichte nun in Brissots Blatt eine vernichtende Erklärung gegen die Lameth (2. Februar). Brissot unterstützte diese Erklärung, und trotz aller Bemühungen der Lameth nahmen die eines besseren belehrten Jakobiner dem reaktionären Verein den Anschluß und gaben ihn dem anderen zurück.

Ein furchtbarer Schlag, der tödlich werden konnte für ihre Volkstümlichkeit, und der erklärt, warum sie sich in der Aussprache über das Auswanderungsrecht so gewaltsam, hart, ungestüm und ungeduldig zeigten. Sie hatten es nötig, vor den Tribünen ihren musterhaften Eifer zu beweisen. Sie bewegten sich hin und her auf ihren Bänken, machten Zwischenrufe, stampften mit den Füßen. Mit Barnave behaupteten sie, die Gemeinde, welche die Prinzessinnen festgehalten habe, sei durchaus keiner ungesetzlichen Tat schuldig, denn sie habe geglaubt, im *öffentlichen Interesse zu handeln.* Als Mirabeau fragte, welches Gesetz der Reise entgegenstehe, schwiegen die Lameth; aber einer ihrer Freunde war freimütiger und antwortete: „Die Wohlfahrt des Volkes."

Dennoch erlaubte die Versammlung den Prinzessinnen, ihre Reise fortzusetzen. Sie beauftragte ihren Verfassungsausschuß, ihr einen Gesetzentwurf über die Auswanderung vorzulegen.

Dieser von Merlin, dem künftigen Redakteur des „Gesetzes über die Verdächtigen", herrührende Entwurf wirkte in der Tat schon wie ein erster Artikel eines Gesetzbuches des Schreckens; er war dem andern Schrecken nachgebildet, der Aufhebung des Edikts von Nantes. Die barbarische Gesetzgebung Ludwigs XIV., das Vorbild der gegenwärtigen, beginnt ebenfalls damit, daß sie den Emigranten durch die Einziehung seiner Güter trifft; dann schreitet sie fort von Strafe zu Strafe, wird immer härter und unsinniger und verhängt schließlich die Galeeren über Mitleid und Menschlichkeit, über den Barmherzigen, der einen Geächteten rettet.

Es handelte sich also darum festzustellen, ob man den ersten Schritt auf den Bahnen Ludwigs XIV. tun würde, auf den Bahnen des Schreckens, ob Frankreich, das gestern noch frei war, wie ein Gefängnis verschlossen sein sollte. Eine Aussprache, die in so hohem Grade die Freiheit anging, forderte vor allem, daß die Versammlung frei und ruhig war. Indessen deutete vom frühen Morgen an alles auf eine Empörung hin. Zwei Sorten von Leuten arbeiteten daran, die Anhänger Marats und die Aristokraten. Marat forderte in seinem Blatt vom selben Tage das Volk auf, zur Versammlung zu eilen, laut und ungestüm seine Meinung kundzutun und die *ungetreuen Abgeordneten zu verjagen.* Anderseits bearbeiteten die Royalisten (denn ihnen gibt La Fayette die Schuld an dieser Bewegung) geschickt den Faubourg Saint-Antoine und bewogen ihn, nach Vincennes zu ziehen mit der Begründung, man wolle dort eine neue Bastille errichten. Das war ein unfehlbares Mittel, La Fayette und die Nationalgarde aus Paris zu entfernen. Man hatte seit mehreren Tagen viele Edelleute aus den Provinzen entboten, die sich nun heimlich, einer nach dem andern, in die Tuilerien schlichen; sie waren mit Dolchen, Degen und Pistolen bewaffnet und rechneten aller Wahrscheinlichkeit nach darauf, den König zu entführen. Als die Nationalgarde abends in übler Laune von Vincennes zurückkehrte und jene in den Tuilerien fand, nahm sie ihnen die Waffen ab und verprügelte sie.

Am Morgen, inmitten dieser Bewegungen, über deren Urheber oder Tragweite man keine Meinung hatte, beratschlagte die Versammlung. Sie hörte, wie man in ganz Paris den Generalmarsch schlug, sie hörte den fernen oder nahen Lärm der Trommeln in der Rue Saint-Honoré, den Lärm des Volkes auf den zum Ersticken überfüllten Tribünen, des Volkes, das sich kaum im Zaume hielt und das noch bedrohlicher wurde durch die murrende Menge, die sich an den Türen drängte. Unruhe, Aufregung, allgemeines Fieber, breites, endloses Murren draußen und drinnen.

Ersichtlich bereitete sich ein großer Zweikampf vor zwischen zwei Parteien, vielmehr zwischen zwei Systemen, zwischen zwei Arten von Moral. Man war in gespannter Erwartung, wer sich bloßstellen und auf den Kampfplatz hinabsteigen würde.

Ganz zu Anfang zog sich Robespierre auf die Höhen zurück, er sagte ein Wort und nicht mehr, er sprach, um dann nicht mehr zu sprechen. Als der Berichterstatter Chapelier selbst erklärt hatte, sein Entwurf sei nicht verfassungsgemäß, und als er bat, die Versammlung solle vor allen Dingen entscheiden, ob sie überhaupt ein Gesetz wolle, sagte Robespierre: „Ich bin kein größerer Anhänger des Gesetzes über die Auswanderung als Herr Chapelier; aber Sie müssen die Unmöglichkeit oder die Gefahren eines solchen Gesetzes durch eine feierliche Aussprache feststellen." Er selbst blieb dabei stummer Zeuge. Mochte sich Mirabeau dabei bloßstellen oder die Feinde Mirabeaus (Duport und Lameth), Robespierre mußte immer seinen Vorteil dabei finden.

Freunde und Feinde Mirabeaus, alle wünschten, er solle sprechen, sei es zu seinem Ruhme oder zu seinem Untergang. In ganz kurzer Zeit erhielt er nacheinander sechs Zettel, worin man ihn aufforderte, seine Prinzipien zu verkünden, unter gleichzeitigem Hinweis auf den gefährlichen Zustand von Paris. Mirabeau verstand vollkommen, daß man seinen Mut anrief, und um niemanden im

Ungewissen zu lassen, verlas er eine kraftvolle Seite über die Freiheit der Auswanderung, die er acht Jahre zuvor an den König von Preußen geschrieben hatte. Dann forderte er, die Versammlung solle erklären, *den Entwurf nicht anhören zu wollen*, und sie solle zur Tagesordnung übergehen.

Keine Entgegnung von Duport, keine von den Lameth, keine von Barnave. Tiefe Stille. Sie schieben die Leute zweiten Ranges vor, Rewbell, Prieur, Muguet. Rewbell meint, in Kriegszeiten sei Auswandern gleichbedeutend mit Fahnenflucht. Nun, das gerade war der Knoten der Sache: lebte man in Kriegszeiten? Man konnte ja und nein sagen. Solange der Krieg nicht erklärt ist, gelten die Gesetze des Friedens und die Freiheit zu kommen und zu gehen für alle.

Man verlas den Gesetzentwurf. Er übertrug drei von der Versammlung zu ernennenden Männern das diktatorische Recht, den Wegzug zu genehmigen oder ihn bei Strafe der Gütereinziehung und der Aberkennung der Bürgerrechte zu verbieten. Fast die ganze Versammlung erhob sich auf die Verlesung hin und lehnte die schmähliche Staatsinquisition, die der Entwurf ihr übertrug, ab. Mirabeau ergriff den Augenblick und sprach ungefähr so: „Die Versammlung von Athen wollte einen Entwurf, von dem Aristides gesagt hatte: ‚Er ist nützlich, aber ungerecht!' nicht einmal anhören. Ihr, ihr habt zugehört. Aber der Unwille, der laut wurde, hat gezeigt, daß ihr ebenso moralisch geurteilt habt wie Aristides. Die Barbarei des Entwurfs beweist, daß ein Gesetz über die Auswanderung unabwendbar ist (Murren). Ich verlange, daß man mich anhört. Wenn die Umstände Polizeimaßregeln unentbehrlich machen, auch solche, die im Widerspruch stehen mit verkündeten Gesetzen, dann ist die Not daran schuld; aber es besteht ein ungeheurer Unterschied zwischen einer Polizeimaßregel und einem Gesetz. Ich bestreite, daß der Entwurf in Erwägung gezogen werden kann. Ich erkläre, daß ich mich jeden Treueides gegen diejenigen, die so ruchlos wären, eine diktatorische Kommission zu ernennen, für entbunden erachten würde (Beifall). Die Popularität, nach der ich gestrebt, und die ich die Ehre gehabt habe (Murren auf der äußersten Linken), die ich die Ehre gehabt habe zu genießen, wie kein anderer, ist kein schwaches Rohr; in die Erde will ich ihre Wurzeln graben, auf die unerschütterliche Grundlage der Vernunft und der Freiheit (Beifall). Wenn ihr ein Gesetz gegen die Emigranten macht, so schwöre ich, ihm niemals zu gehorchen."

Der Entwurf des Ausschusses wurde *einstimmig* abgelehnt.

Und doch hatten die Lameth gezischt; einer von ihnen hatte das Wort verlangt und es dann an einen Abgeordneten seiner Partei abgetreten, der mit einer sehr dunklen Begründung die Vertagung beantragte.

Mirabeau beharrte auf der klaren, einfachen Tagesordnung und wollte noch einmal sprechen. Da rief ein Mann auf der Linken: „Was soll denn diese Diktatur des Herrn von Mirabeau bedeuten?" Mirabeau ahnte, daß der Appell an den

Neid und die gemeine Leidenschaft aller Versammlungen sein Ziel nicht verfehlen würde; er stürzte zur Rednertribüne und rief, obwohl ihm der Präsident das Wort verweigerte: „Ich bitte die Herren Unterbrecher, sich zu entsinnen, daß ich immer den Despotismus bekämpft habe, und ich werde ihn immer bekämpfen. Es ist nicht damit getan, daß man zwei oder drei Anträge ineinander wirrt ... (Anhaltendes Zischen) Ruhe, die dreißig dahinten! ... Wenn die Vertagung angenommen wird, dann muß man auch beschließen, *daß in der Zwischenzeit keine Zusammenrottungen stattfinden dürfen!*"

Und eine Zusammenrottung fand statt, man hörte es nur allzu deutlich. Die dreißig, die doch dies Volk auf ihrer Seite hatten, waren darum nicht weniger betroffen und wagten keinen Laut. Wuchtig hatte Mirabeau die Verantwortung auf sie niedersausen lassen, und sie antworteten nicht. Das Publikum, die unruhige Menge, die die Tribünen füllte, wartete vergebens. Niemals wurde ein Hieb besser gezielt.

Die Sitzung war um fünfeinhalb Uhr zu Ende. Mirabeau ging zu seiner Schwester, seiner intimen, teuren Vertrauten, und sagte zu ihr: „Ich habe mir selbst das Todesurteil gesprochen. Es ist aus mit mir. Sie werden mich töten."

Seine Schwester, seine Familie dachten schon lange ebenso; sie glaubten, sein Leben sei in Gefahr. Wenn er abends ins Freie ging, dann folgte ihm von weitem, gegen seinen Willen, sein Neffe bewaffnet. Mehrere Male hatte man gemeint, sein Kaffee sei vergiftet. Ein noch vorhandener Brief verrät sehr ausführlich und klar einen Mordanschlag gegen ihn.

Diesmal hatte er seine Feinde so sehr gedemütigt, hatte er sie als vollkommen unwürdig hingestellt, ihrer angemaßten großen Rollen, daß er sich auf alles gefaßt machen mußte; nicht daß Duport und Lameth Leute gewesen wären, die den Auftrag zu einem Verbrechen gegeben hätten, aber in ihrer fanatischen oder sonst interessierten Umgebung gab es viele Menschen, bei denen es keines Auftrags bedurfte.

Obgleich nun Mirabeau das Fieber hatte und überdies von der stürmischen Sitzung ermüdet war, wollte er am gleichen Tage, solange das Eisen noch heiß war, eine Stunde nach der Sitzung, geradenwegs zu seinen Feinden gehen, geradenwegs zu den Jakobinern, wollte unter die feindliche Menge treten, die Wogen teilen und sehen, ob es unter so vielen wütenden Menschen, mit denen er Brust an Brust stand, einen gab, der ihn mit dem Dolch oder mit Worten anzugreifen wagte.

Es ist sieben Uhr abends, er tritt ein ... Der Saal ist voll. Die Stummen aus der Nationalversammlung haben die Sprache wiedergefunden. Duport steht auf der Rednertribüne; er scheint außer Fassung zu geraten. Anstatt zur Sache zu kommen, verirrt und verwickelt er sich in eine endlose Einleitung, spricht immer von La Fayette und denkt an Mirabeau. Er stockt aus mehreren Gründen. Er ist viel klüger als die Lameth und fühlt wahrscheinlich, daß, wenn er

Mirabeau einen unheilbaren Hieb versetzt, wenn es ihm gelingt, ihn von den Jakobinern auszuschließen, er doch nur für niemand anders als für Robespierre gearbeitet haben dürfte. Endlich wagt er den Schritt; morgens nichts sagen und abends wieder nichts sagen, das wäre doch zu kläglich gewesen. „Die Feinde der Freiheit“, spricht er, „sind nicht weit von euch.“ (Tosender Beifall) Alle blicken auf Mirabeau, ein paar sind so unverschämt und klatschen gerade vor seinem Gesicht in die Hände. Dann berichtet Duport über die Sitzung vom Vormittag, nicht ohne eine gewisse Rücksicht; er erklärt, er bewundere jenes herrliche Genie, aber er behauptet, das Volk brauche vor allem eine strenge Rechtschaffenheit. Er wirft Mirabeau seine übermütige „Diktatur“ vor. Schließlich scheint er noch weich zu werden in diesem letzten Kampf und sagt folgende geschickte Worte, die jedermann rührend findet: „Wenn er ein guter Bürger ist, dann eile ich, ihn zu umarmen; und ob er auch das Gesicht abwendet: ich werde mich beglückwünschen, ihn zum Feinde zu haben, vorausgesetzt, daß die öffentliche Sache ihn zum Freund hat.“

So läßt er Mirabeau die Türe offen zur Abbitte, er erweist seinem Besieger Gnade und bietet ihm gewissermaßen die Absolution der Jakobiner an.

Mirabeau nutzt diesen Edelmut nicht aus. Während die Beifallsrufe für Duport ihn umtosen, die ebenso viele Flüche für ihn selbst sind, tritt er rücksichtslos vor und sagt: „Es gibt zwei Arten von Diktatur, die der Ränke und der Frechheit und die der Vernunft und des Talentes. Die Leute, welche die erste nicht begründet oder nicht behalten haben, und die nicht verstehen, sich der zweiten zu bemächtigen, wen sollen sie dafür anklagen, außer sich selbst?“ Dann fordert er Rechenschaft von ihnen für das Stillschweigen am Vormittag und versichert, sein Gewissen mache ihm keinen Vorwurf daraus, daß er eine Ansicht unterstützt habe, die vier Stunden lang als *die der Nationalversammlung* erschienen sei und die keiner der *Führer der öffentlichen Meinung* angegriffen habe. – Eine aufreizende Rechtfertigung; das Wort „Führer“ hat einen üblen Klang im Ohr der Jakobiner. „Übrigens“, fügt er kühn hinzu, „meine Meinung über die Auswanderung deckt sich mit dem, was die Philosophen und Weisen allgemein darüber gedacht haben; wenn man sich irrte und wäre damit in der Gesellschaft so vieler großer Männer, so müßte man sich schon darüber trösten.“ Demnach sind die Jakobiner also keine großen Männer?

Bei Duports schonenden Worten und der herausfordernden Verteidigung Mirabeaus litt Alexandre de Lameth Höllenqualen. Er sah außerdem, daß die Jakobiner tief gekränkt waren, er fühlte, daß er dem Haß aller und seinem eigenen Ausdruck geben müsse; so geriet er außer sich und wurde blind gegen jede politische Erwägung. Er blickte auf die Versammlung und sah die beiden Männer nicht, auf die doch alles ankam. Er sah nicht Mirabeau, der dicht vor ihm stand, dessen monarchische Anschauungen wenig von den seinigen verschieden waren, und die er darum hätte schonen müssen. Und er sah nicht das blasse Gesicht Robespierres in der Versammlung, der, stumm wie am Vormittag, ruhig abwartete, bis man Mirabeau vernichtet hätte.

Lameth wandte sich zuerst an das, was am stärksten zu sein pflegt im Menschen, an den Hochmut und den Neid; er wiederholte den gebieterischen Ausruf Mirabeaus: „Ruhe, die dreißig dahinten!" und legte ihn gehässig aus. Dann wandte er sich an den Korpsgeist der Jakobiner, an ihre besondere Eitelkeit, und sagte: „Die Freunde des Despotismus, die Freunde des Luxus und des Geldes sind tief bestürzt über den Fortschritt unserer auf der ganzen Erde berühmten Gesellschaft und haben ihr den Untergang geschworen. Nun, wir stehen hier vor dem Komplott, für das sie sich zuletzt entschieden haben. Sie haben sich gesagt: ‚Es gibt hundertfünfzig unbestechliche jakobinische Abgeordnete; wohlan, wir werden sie zu verderben wissen; wir werden so viele Verleumdungen schmieden, daß man sie für Aufwiegler halten muß.' Ja, meine Herren, hätte ich dieses Komplott nicht gekannt, dann würde ich heute früh gesprochen haben. Es ist kläglich, daß die Patrioten gezwungen sind, zu schweigen und sich irgendwie abzufinden! Bei den ersten Worten, die ich sagen wollte, schrie man: ‚Aufrührer!', dann haben sie selbst einen Aufruhr angezettelt, dann haben sie dem König gesagt: ‚Sire, die Jakobiner sind erledigt!' Wer steht nun im Mittelpunkt eurer Feinde? Mirabeau, immer und ewig Mirabeau. Er ist es auch, der die bekannte Proklamation des Departements verfaßt hat; und euch bezeichnet er als Aufrührer, die man ausrotten müsse." Und sich gegen Mirabeau wendend: „Als Ihr so von den Aufrührern spracht, habe ich mich wohl gehütet, ein Wort zu entgegnen, ich habe Euch sprechen lassen; es tat not, daß man Euch kennenlernte. Wenn jemand hier ist, der Eure Arglist heute früh nicht bemerkt hat, dann möge er mich Lügen strafen!" – Eine Stimme: „Nein." – „Wer erdreistet sich, nein zu rufen?" – Dieselbe Stimme: „Ich wollte sagen, Herr von Lameth, kein Mensch in der Versammlung könnte Euch Lügen strafen." Niemand widersprach, und Lameth benutzte geschickt das Wort Mirabeaus von den „Führern der öffentlichen Meinung". Er schmeichelte allen Schweigsamen und verdrehte die Sache geschickt wie Tartuffe: „Unverschämte Unterscheidung! Es ist ein Unglück für die Nation, daß so viele bescheidene Abgeordnete, so viele ausgezeichnete Bürger nicht ‚Führer der öffentlichen Meinung' sind! ... *Für jene ist der Patriotismus eine Religion, und es genügt ihnen, wenn der Himmel ihre Inbrunst sieht!* Sie sind darum dem Vaterland nicht weniger kostbar; und gebe Gott, Ihr hättet dem Vaterland durch Eure Reden ebenso wohl gedient, wie sie durch ihr Stillschweigen."

Dann sagte er unter anderem ein paar wütende Worte; selten deckt man solche Abgründe von Haß auf: „Ich gehöre nicht zu denen, die meinen, eine gute Politik erfordere, Herrn von Mirabeau zu schonen *und ihn nicht in Verzweiflung zu bringen* ..."

Mirabeau saß abseits, „und dicke Tränen rannen ihm über das Antlitz", sagt Camille Desmoulins. „Nun stand der Kelch vom Ölberge vor ihm."

Ein edler und richtiger Vergleich, aus dem Herzen eines Feindes hervorgegangen, eines harmlosen Feindes ohne Galle, der noch in seinem Zorn unwillkürlich den Mann preist, den er so sehr geliebt hat.

Ja, Camille hatte recht. Der große Redner, der erleben mußte, wie er über eine Frage der Billigkeit, der Freiheit, der Menschlichkeit zu Fall kam, war trotz allem nicht unwürdig der blutigen Schweißtropfen, nicht unwürdig, den Kelch zu trinken. Was er auch getan haben mag, der lasterhafte, der schuldbeladene, der unglückliche große Mann, er sei entsühnt. Daß er gelitten hat für die Gerechtigkeit, für das menschliche Prinzip unserer Revolution, das soll seine Buße sein, seine Erlösung vor der Zukunft.

DRITTES KAPITEL

Mirabeaus Tod
(2. April 1791)

Mirabeau von der Mittelmäßigkeit getötet. – Unentschlossenheit der von ihm bekämpften Bastardpartei, Unzulänglichkeit der von ihm verteidigten Partei. – Er hält sich für vergiftet und beschleunigt selbst seinen Tod (März 1791). – Seine letzten Augenblicke, sein Tod (2. April). – Ehrungen, die man ihm erweist, seine Bestattung (4. April). – Verschiedene Urteile über Mirabeau. – Er hat Frankreich nicht verraten; er war verderbt, aber kein Verräter. – Mit fünfzig Jahren Buße ist der nationalen Gerechtigkeit Genüge geschehen.

Es ist sehr schade, daß wir Mirabeaus Antwort nicht besitzen. Wenn wir nach den Erfolgen urteilen wollen, dann mußte sie ein Triumph der Geschicklichkeit und Beredsamkeit sein. Wir besitzen nur einen wahrscheinlich entstellten Auszug. Indessen genügt er zu der Annahme, daß die Antwort unter hundert schmeichelhaften und lobenden Dingen auch ironische Worte enthalten mußte, zum Beispiel das folgende:

„Wie konnte man mir die unsinnige Absicht unterschieben, ich wollte die Jakobiner als Aufwiegler darstellen, wo sie doch jeden Tag durch ihre Antworten, durch ihre öffentlichen Sitzungen diese Verleumdung so glänzend widerlegen?" Damit machte sich der große Redner so geschickt selbst zum Jakobiner und traf so gut deren Meinung, daß es nur eines Augenblicks bedurfte, um ihm alle Geister zuzuwenden. Er gestand, er habe zwar den Jakobinern gegrollt, aber ihnen nie Unrecht getan. Beifallsrufe erhoben sich. Als er endlich mit den Worten schloß: „Ich werde zu euch stehen bis zum Scherbengericht", da hatte er die Herzen wiedergewonnen.

Er ging hinaus und kam nie mehr wieder. Sein Geist war ein völlig anderer als der der Jakobiner. Er beugte sich nicht gern unter das Joch dieses mittelmäßigen Geistes, der weder wie eine Elitegesellschaft das Bedürfnis nach Talenten empfand, noch die Begeisterung des Volkes oder seinen naiven und tiefen Instinkt besaß, sondern nur verlangte, man sollte selbst mittelmäßig sein, genau die gleiche Höhe einhalten wie die andern, nicht höher und nicht tiefer stehen, der, so mißtrauisch er zuzeiten sein konnte, sich gleichwohl durch eine mittelmäßige Taktik leiten ließ. Die steigende Revolution übertrug diesen tätigen Mittelmäßigkeiten die Macht.

Der mittlere Bürgerstand, deren unruhigster Teil sich bei den Jakobinern zusammenfand, trat seine Herrschaft an. Eine Mittelklasse in jedem Sinne, mittelmäßig an Vermögen, an Geist, an Talent. Großes Talent war selten, noch seltener die politische Erfindungsgabe; die Sprache äußerst eintönig, eine langweilige Nachäffung Rousseaus. Klaffend war der Unterschied zum sechzehnten Jahrhundert, wo jeder eine starke, eigenartige Sprache besitzt, deren grobe Mängel sogar immer interessant und unterhaltend sind. Mit Ausnahme von vier Männern ersten Ranges, drei Rednern und einem Schriftsteller, ist alles übrige zweitrangig. Der Götze, dessen Zeit vorbei war, La Fayette, und die Götzen, die kamen, Girondisten und Montagnards, sind im allgemeinen mittelmäßig. Mirabeau erlebte, wie er buchstäblich in der Mittelmäßigkeit versank.

Es war ein undankbarer Kampf, keineswegs ein Widerstreit starker Grundsätze. Mirabeau konnte kaum beschreiben, wogegen er kämpfte. Nicht das Volk war sein Gegner und nicht die Herrschaft des Volkes. In der Republik hätte Mirabeau den Sieg gewonnen, er wäre unbestreitbar der erste Bürger geworden. Er kämpfte gegen eine ungeheure und dabei innerlich schwache Partei, bei der alles nur äußerer Schein war, die selbst nichts anderes wollte, als äußeren Schein, als ein unbestimmbares Etwas, ein Mittelding zwischen Monarchie und Republik; eine Partei aus vielerlei Kreuzungen, zweigeschlechtig oder vielmehr geschlechtslos, ohnmächtig, aber, wie die Eunuchen, ebenso betriebsam wie ohnmächtig.

Das Lächerlich-Widersinnige dieses Zustandes lag darin, daß dieses Nichts es war, was im Namen eines noch unerfundenen Systems den Schrecken organisierte.

Kummer und Ekel packten Mirabeau. Er begann einzusehen, daß der Hof ihn getäuscht, mit ihm gespielt hatte. Er hatte die Rolle des Schiedsrichters zwischen der Revolution und der Monarchie erträumt; hatte gehofft, auf die Königin Einfluß zu gewinnen, sie als Mann und als Staatsmann zu retten. Die Königin, die weniger gerettet als gerächt sein wollte, war für alle vernünftigen Ideen unzugänglich. Das Mittel, das Mirabeau vorschlug, war das gleiche, was von der Königin am schärfsten abgelehnt wurde: *gemäßigt und gerecht sein, immer recht behalten*; behutsam und stark die öffentliche Meinung, besonders in den Departements, zu gewinnen suchen, das Ende der Nationalversammlung, von der nichts mehr zu erwarten war, beschleunigen, eine neue berufen und diese zu einer Verfassungsrevision veranlassen (vergleiche seine Memoiren, Bd. VIII).

Zwei Dinge wollte er retten: *das Königtum und die Freiheit*, denn er hielt das Königtum an sich für eine Bürgschaft der Freiheit. Bei diesem doppelten Bestreben stieß er auf ein großes Hindernis: die unheilbare Dummheit des Hofes, den er verteidigte. So wagte die Rechte eines Tages einen unverschämten und im höchsten Grade unvorsichtigen Ausfall gegen die Nationalfarben, den Mirabeau aufs allerschärfste zurückwies mit Worten, die Frankreich selbst gesprochen hätte, wenn es hätte sprechen können; am Abend suchte Herr von La Marck

Mirabeau auf, er war bestürzt und kam, um ihm die Mißbilligung der Königin auszusprechen und sich über seine Heftigkeit zu beklagen. Mirabeau wandte ihm empört den Rücken und antwortete mit Verachtung. In seiner Rede über die Regentschaft forderte er und setzte durch, daß die Frauen davon ausgeschlossen würden.

Man wollte sich seiner nicht ernsthaft bedienen, sondern ihn nur bloßstellen und ihm seine Volkstümlichkeit rauben. Das letztere hatte man nahezu erreicht. Von den drei Rollen, die das Genie in einer Revolution reizen können: Richelieu, Washington, Cromwell, konnte er keine mehr übernehmen. Das beste, was er tun konnte, war, beizeiten zu sterben.

Und, als wäre er ungeduldig gewesen, ein Ende zu machen, steigerte er noch seine gewohnte wütende Verschwendung an Lebenskraft in diesem Monat, der sein letzter sein sollte. Überall finden wir ihn dabei; im Departement und in der Nationalgarde nimmt er neue Ämter an. Kaum verläßt er die Rednertribüne, wo er alle Gegenstände lichtvoll und mit Talent behandelt und sich über Einzelheiten verbreitet, deren Kenntnis man ihm nicht zugetraut hätte. (Ich denke an die Reden über die Bergwerke.)

Er ging, sprach, handelte und fühlte doch sein Ende nahen; er glaubte sich vergiftet. Er konnte sich nicht entschließen, seine Mattigkeit durch ein anderes Leben zu bekämpfen, sondern beschleunigte eher die Begegnung mit dem Tode. Um den 15. März verbrachte er eine Nacht im Gelage mit Frauen: sein Zustand verschlimmerte sich. Er hatte nur für zwei Dinge ausgesprochene Vorliebe: für Frauen und für Blumen. Indessen darf man dies nicht mißverstehen: er gab sich niemals mit öffentlichen Dirnen ab;[1] die Lust war bei Mirabeau niemals von der Liebe getrennt.

Sonntag, den 27. März, war er auf dem Lande, in seinem kleinen Hause in Argenteuil, wo er viel Gutes tat. Er war immer hilfreich gewesen, wo er Not sah, und wurde es noch mehr, als der Tod nahte. Er bekam Kolikanfälle, wie er sie schon früher gehabt hatte; aber diesmal waren sie von unerhörten Angstzuständen begleitet; er glaubte, er müsse hier hilflos und ohne Arzt sterben. Hilfe kam zwar, aber sie konnte nichts ausrichten. In fünf Tagen war es zu Ende.

Indessen war er noch am Montag, dem 28., als ihm schon der Tod im Nakken saß, nicht davon abzubringen, in die Versammlung zu gehen. Dort fand die entscheidende Verhandlung über die Bergwerke statt; die Sache war sehr wichtig für seinen Freund Herrn von La Marck, dessen Vermögen in Bergwerken steckte.

[1] Etienne Dumont, Kap. XIV, S. 273. – Mirabeau hatte bei der Arbeit immer Blumen um sich. Sein Geschmack war feiner, als man gesagt hat. Er war ein ziemlich großer Esser, wie ein Mann von seiner Körperbeschaffenheit und seinem Verbrauch an Lebenskraft es sein muß, aber er war kein übermäßiger Trinker; seine Beredsamkeit kam nicht vom Weine her, wie die von Fox, Pitt und anderen englischen Rednern.

Mirabeau sprach fünfmal, und halbtot, wie er war, errang er noch einmal den Sieg. Als er die Versammlung verließ, war es aus mit ihm; er hatte sich in dieser letzten Anstrengung für die Freundschaft vollends erschöpft.

Dienstag, den 29., verbreitete sich das Gerücht, Mirabeau sei krank. Der Eindruck war groß in Paris. Alle, selbst seine Gegner, merkten nun, wie sehr sie ihn liebten. Camille Desmoulins, der ihn doch damals hart bekämpfte, fühlte sein Herz wieder für ihn schlagen. Die groben Redakteure der „Révolutions de Paris", die in diesen Tagen gerade die Abschaffung des Königtums vorschlugen, berichten, der König habe sich nach Mirabeaus Befinden erkundigen lassen und fügen hinzu: „Wir wollen Ludwig XVI. dankbar sein, daß er nicht selbst dort gewesen ist; die Wirkung wäre zu ärgerlich gewesen, man hätte ihn angebetet."

Dienstag abend drängte sich die Menge schon vor der Tür des Kranken. Mittwochs erschien eine Abordnung der Jakobiner bei ihm, mit Barnave an der Spitze, der, wie er mit Vergnügen erfuhr, sehr verbindlich über ihn gesprochen hatte. Charles de Lameth hatte sich geweigert, an der Abordnung teilzunehmen.

Mirabeau fürchtete die Zudringlichkeit der Priester; er hatte die Weisung gegeben, falls der Pfarrer käme, solle man sagen, sein Freund, der Bischof von Autun, habe ihn besucht oder wolle ihn besuchen.

Keiner war größer und liebevoller im Tode. Er sprach von seinem verflossenen Leben, von dem „was er gewesen sei und was er nun aufgehört habe zu sein". Er wollte keinen anderen Arzt, als seinen Freund Cabanis, und dachte nur noch an Freundschaft und an Frankreich. Die größte Sorge machte dem Sterbenden die zweifelhafte, drohende Haltung der Engländer, die sich zum Kriege zu rüsten schienen. „Dieser Pitt", meinte er, „erreicht viel mehr durch seine Drohungen als durch seine Taten. Wenn ich länger gelebt hätte, hätte ich ihm noch viel zu schaffen gemacht."

Man erzählte ihm von dem außergewöhnlichen Eifer des Volkes, etwas über sein Befinden zu erfahren, von der ehrfurchtsvollen Haltung und der andächtigen Ruhe der Menge, die besorgt sei, ihn nicht aufzuregen. „Ah, das Volk!" sagte er. „Ein so gutes Volk verdient es, daß man sich dafür opfert und alles tut, seine Freiheit zu begründen und zu befestigen. Ich war stolz darauf, für das Volk zu leben, und es tut mir wohl, zu wissen, daß ich inmitten des Volkes sterbe."

Er war voll düsterer Ahnungen über Frankreichs Schicksal: „Ich nehme die Trauer über den Verfall der Monarchie mit mir hinüber; ihre Trümmer werden Aufrührern zur Beute fallen."

Ein Kanonenschuß erdröhnt; er fuhr auf und rief: „Trägt man Achilles schon zu Grabe?"

Aus Cabanis Bericht: „Am 2. April morgens ließ er die Fenster öffnen und sagte zu mir mit fester Stimme: ‚Lieber Freund, ich werde heute sterben. Wenn man so weit ist, bleibt einem nur noch eins zu tun: sich mit Wohlgerüchen umgeben, mit Blumen und mit Musik, um sanft in jenen Schlummer zu fallen, aus dem man nicht mehr erwacht!' Er rief seinen Diener: ,Man rasiere mich und kleide mich völlig an!' Er ließ sein Bett an ein offenes Fenster schieben, um an den Bäumen seines kleinen Gartens die ersten Zeichen des knospenden Frühlings zu beobachten. Die Sonne strahlte, er meinte: ,Wenn das nicht Gott selbst ist, dann ist es doch wenigstens sein rechter Vetter.' Kurz darauf verlor er die Sprache, aber er antwortete durch Zeichen auf die Freundschaftsbeweise, die wir ihm gaben. Unsere geringsten Bemühungen rührten ihn, und er lächelte dankbar. Wenn wir uns über ihn beugten, machte er seinerseits Anstrengungen, uns zu küssen."

Als die Schmerzen unerträglich wurden, schrieb er – da er nicht mehr sprechen konnte – das Wort hin: „Schlafen". Er wünschte, den unnützen Kampf abzukürzen und bat um Opium. Gegen achteinhalb Uhr tat er den letzten Atemzug. Er hatte sich auf den Rücken gedreht und die Augen zum Himmel erhoben. Die Totenmaske, die sein Gesicht in dieser Lage festhält, zeigt nur ein sanftes Lächeln, einen Schlummer voll Leben und guter Träume.

Die Trauer war ungeheuer und allgemein. Sein Sekretär, der ihn anbetete und der mehrmals mit der Waffe für ihn eingestanden war, wollte Selbstmord begehen. Noch während der Krankheit war ein junger Mann gekommen und hatte gebeten, falls man eine Blutübertragung versuchen wollte, solle man sein Blut nehmen, um Mirabeaus Blut zu beleben und zu verjüngen. Das Volk sorgte, daß die Theater geschlossen blieben und verhinderte sogar durch sein Zischen und Pfeifen einen Ball, der dem allgemeinen Schmerz Hohn zu sprechen schien.

Indessen öffnete man den Leichnam. Dunkle Gerüchte waren umgelaufen. Ein leichtsinniges Wort, das den Verdacht der Vergiftung bestärkt hätte, hätte vielleicht einem Unschuldigen das Leben kosten können. Der Sohn Mirabeaus versichert, daß die Mehrzahl der Ärzte, die die Leichenöffnung vornahmen, „unzweifelhafte Spuren von Gift fanden", aber daß sie klugerweise davon schwiegen.

Am 3. April kam das Departement von Paris bei der Nationalversammlung darum ein und erlangte, daß die Kirche Sainte Geneviève zur Grabstätte großer Männer geweiht, und daß Mirabeau als erster dort bestattet würde. Am Giebel sollten die Worte stehen: „Aux grands hommes de la patrie reconnaissante". Descartes lag schon dort. Voltaire und Rousseau sollten ebenfalls hingebracht werden. „Ein schöner Beschluß!" sagt Camille Desmoulins. „Es gibt tausend Sekten und tausend Kirchen unter den Völkern, und was, auch bei dem gleichen Volk, dem einen der heiligste der Heiligen ist, das ist dem andern ein Greuel. Aber um diesen Tempel und seine Reliquien wird es keinen Streit geben. Diese Basilika wird alle Menschen in *einer* Andacht vereinigen."

Am 4. April fand das größte und populärste Leichenbegängnis statt, das die Welt vor der Beisetzung Napoléons am 15. Dezember 1840 gesehen hat. Das Volk allein hielt die Ordnung aufrecht und benahm sich prachtvoll. Nicht einen Zwischenfall gab's bei dieser Menge von drei- oder vierhunderttausend Menschen. Die Straßen, die Boulevards, die Fenster, die Dächer, die Bäume waren mit Zuschauern besetzt.

An der Spitze des Zuges schritt La Fayette, dann, auf beiden Seiten von den zwölf Pedellen feierlich geleitet, Tronchet, der Präsident der Nationalversammlung, dann die ganze Versammlung ohne Unterschied der Partei. Sieyès, Mirabeaus vertrauter Freund, der die Lameth verabscheute und niemals mit ihnen sprach, kam auf den wahrhaft vornehmen und feinen Gedanken, Charles de Lameths Arm zu nehmen und die Brüder so gegen den auf ihnen lastenden ungerechten Verdacht zu decken.

Unmittelbar hinter der Nationalversammlung, wie eine zweite Versammlung, vor allen Behörden, kam in gedrängter Masse der Jakobinerklub. Sie taten sich durch ihr Trauergepränge hervor, hatten übrigens eine Trauer von acht Tagen angeordnet und einen jährlichen Gedenktag des schmerzlichen Ereignisses.

Der ungeheure Leichenzug kam erst um acht Uhr abends zur Kirche Saint-Eustache. Cérutti sprach die Gedenkrede. Zwanzigtausend Nationalgarden schossen gleichzeitig ihre Gewehre ab, so daß die Fensterscheiben zerbrachen und man einen Moment lang glaubte, die Kirche werde über dem Sarge zusammenstürzen.

Dann setzte der Zug bei Fackelbeleuchtung seinen Weg fort. In dieser Tageszeit machte er wahrhaft den Eindruck eines Trauerzuges. Zum erstenmal vernahm man hier zwei machtvolle Musikinstrumente: die Posaune und die Pauke. „Diese übermächtig dröhnenden Klänge drangen in die Eingeweide und erschütterten die Herzen." Man kam sehr spät, als es schon Nacht war, nach Sainte-Geneviève.

Ruhig und feierlich war im allgemeinen der Tag verlaufen, ein Gefühl von Unsterblichkeit beherrschte alles. Der Vorgang erinnerte an die Bestattung der sterblichen Überreste Voltaires, der nun schon lange tot war, und der auch zu denen gehört, die niemals sterben. Aber je mehr der Tag schwand, und je weiter der Zug in das doppelte Dunkel der Nacht und der engen Straßen vordrang, die nur der zitternde Glanz von Pechfackeln erhellte, um so mehr lasteten unwillkürlich auf den Gemütern die düstere Zukunft, unheilvolle Ahnungen. Der Tod des einzigen, der groß war, schuf unter allen andern eine furchtbare Gleichheit. Hinfort raste die Revolution auf einem steilen Abhang, ihr dunkler Weg mußte zum Triumph oder zum Grabe führen. Und auf dieser Bahn sollte ihr nun für immer der ruhmreiche Weggenosse fehlen, der Mann mit dem großen Herzen, der trotz allem ohne Galle und ohne Haß war, großmütig selbst gegen seine schlimmsten Feinde. Eins nahm er mit hinab, das man noch kaum erkannte, das man aber später nur allzu lange schmerzlich vermissen sollte: den Geist des Friedens mitten im Kriege, die Güte unter der Gewaltsamkeit, Milde, Menschlichkeit.

Wir dürfen Mirabeau noch nicht schlafen lassen in der Erde. Was wir nach Sainte-Geneviève gebracht haben, ist sein geringster Teil. Es bleibt seine Seele und sein Andenken, die Gott und der Menschheit Rechenschaft schulden.

Ein einziger Mann lehnte ab, an dem Begräbnis teilzunehmen, der ehrbare, strenge Pétion. Er erklärte, er habe den Plan zu einer Verschwörung von Mirabeaus Hand gelesen.

Der große zeitgenössische Schriftsteller, die junge, glühende Seele, in dem die herrschenden Leidenschaften und Schwankungen am besten zum Ausdruck kommen, ich meine Desmoulins, ändert in wenigen Tagen sein Urteil über Mirabeau erstaunlich gründlich und fällt schließlich einen niederschmetternden Spruch über ihn. Es ist ein sonderbares Schauspiel, wie dieser kundige Schwimmer gleichsam von den Wellen zwischen Haß und Freundschaft umgetrieben wird und schließlich doch am Haß scheitert.

Als er von Mirabeaus Krankheit hört, wird er zuerst unruhig, gibt aber noch mitten im Angriff seinem Herzen nach und erinnert an die unsterblichen Dienste, die Mirabeau der Freiheit leistete: „Alle Patrioten sagen wie Darius im Herodot: Histiäus hat Jonien gegen mich aufgewiegelt, aber Histiäus hat mich gerettet, als er die Brücke über den Ister zerstörte."

Und wenige Seiten später:

„Aber ... Mirabeau stirbt, Mirabeau ist tot! *Welch einer gewaltigen Beute hat der Tod sich bemächtigt!* Noch in diesem Augenblick empfinde ich die Erschütterung in meinen Gedanken und Gefühlen, in die ich bewegungslos und stumm dies geistvolle Haupt betrachtete, als man auf meine Bitte das Tuch wegnahm, und als ich versuchte, das Geheimnis hinter dieser Stirne zu enträtseln. Der da lag, schlummerte bloß, und, was mich über jeden Ausdruck erstaunte: so malt man die Heiterkeit des Gerechten und des Weisen. Niemals werde ich dies starre Haupt vergessen und die *herzzerreißende Bekümmernis*, in die mich sein Anblick versetzte."

Acht Tage vergehen, und alles ist anders! Desmoulins ist Mirabeaus Feind. Die Notwendigkeit, den fürchterlichen Verdacht zu beseitigen, der auf Lameth ruhte, hebt den beweglichen Schriftsteller in eine maßlose Heftigkeit. Aus Freundschaft verrät er die Freundschaft! Erhabene, kindliche Seele! Aber immer unbeherrscht und in jedem Sinne zu weitgehend!

„Was mich anbelangt, so muß ich gestehen: ich fühlte nicht eine Träne, als man das Leichentuch wegzog und ich den Mann erblickte, den ich angebetet hatte; ich betrachtete ihn ebenso trockenen Auges, wie Cicero den Leichnam Cäsars betrachtete, der von dreiundzwanzig Dolchstichen durchbohrt war. Lange sah ich auf das prächtige Gedankenmagazin, das der Tod zerstört hatte; es tat mir weh, daß ich dem Manne keine Träne weihen konnte, der ein so großes Genie war, der dem Vaterlande so hervorragende Dienste geleistet hatte, der mich zum Freunde haben wollte. Ich dachte an die Antwort, die der sterbende Mirabeau dem sterbenden Sokrates gab, an seine Widerlegung des langen Gespräches des Sokrates über die Unsterblichkeit durch das einzige Wort: ‚Schlafen'. Ich sah, wie er schlummerte; ich konnte den Gedanken an seine großen Pläne gegen die Erstarkung unserer Freiheit nicht loswerden, ich erinnerte mich an alles, was in seinen letzten beiden Jahren geschehen war, ich dachte an Vergangenheit und Zukunft; und so entgegnete ich auf sein letztes Wort, auf sein Bekenntnis zum Materialismus und Atheismus, auch nur ein einziges Wort: ‚Du stirbst.'"

Nein, Mirabeau kann nicht sterben. Er wird leben mit Desmoulins. Der Mann, der am 12. Juli 1789 das Volk aufrief, und der, der am 23. Juni der alten Monarchie das große Wort vom Volke entgegenschleuderte, der erste Redner der Revolution und ihr erster Schriftsteller: sie werden leben in aller Zukunft, und nichts wird sie trennen.

Dieser Mann ist geweiht durch die Revolution, er ist eins mit ihr und daher auch mit uns; und wir können ihn nicht herabsetzen, ohne uns selbst herabzusetzen, ohne Frankreich der Krone zu berauben.

Die Zeit, die alles an den Tag bringt, hat übrigens nichts an den Tag gebracht, was den Vorwurf des Verrates tatsächlich begründet. Mirabeaus wirkliches Unrecht war ein Irrtum, ein schwerer, verderblicher Irrtum, der aber damals von allen in verschiedenen Graden geteilt wurde. Damals glaubten alle und die Männer aller Parteien, von Cazalès und Maury bis zu Robespierre und bis zu Marat, Frankreich sei royalistisch; alle wollten einen König. Die Zahl der Republikaner war verschwindend klein.

Mirabeau glaubte, man müsse einen starken König haben oder überhaupt keinen.

Die Erfahrung hat gegen die vermittelnden Versuche entschieden, gegen die unechten Verfassungen, die auf Wegen voller Lügen zu heuchlerischen Tyranneien führen.

Das Mittel, das Mirabeau dem König vorschlug, um ihn wieder zu Ansehen zu bringen, war: er solle revolutionärer sein, als die Versammlung selbst.

Er war kein Verräter, aber er war bestochen.

In welcher Beziehung? Geld? Freilich nahm Mirabeau Summen an, mit denen er die Kosten seiner ungeheuren Korrespondenz mit den Departements – gleichsam ein Ministerium im eigenen Hause – bestritt.

Er suchte sich selbst mit einer Entschuldigung zu trösten, die keine war, mit dem spitzfindigen Wort: man habe ihn keineswegs gekauft, er werde bezahlt, aber er sei nicht käuflich.

Die Bestechung lag anderswo. Wer diesen Mann studiert hat, wird das verstehen. Der romantische Besuch in Saint-Cloud im Mai 1790 hatte die tolle Hoffnung in ihm geweckt, der erste Minister, nicht etwa eines Königs, sondern einer Königin zu werden, gewissermaßen deren politischer Gemahl, wie Mazarin es gewesen war. Er glaubte um so hartnäckiger an diese Torheit, als jener einzige rasche Augenblick wie ein Traum war, der nicht wiederkehrt, und den man nicht ernsthaft mit der Wirklichkeit vergleichen kann. Und es blieb ihm die Illusion über die Königin. Er sah sie, wie er sie sich wünschte, als eine wahre Tochter Maria Theresias, heftig, aber hochherzig, heroisch. Übrigens wurde dieser Irrtum geschickt gepflegt und genährt. Tag und Nacht mußte Herr von La Marck um ihn sein, der die Königin selbst sehr liebte, der aber auch Mirabeau sehr liebte und ihn unablässig in seinem Traum vom Charakter der Königin bestärkte. Sie war so schön, so unglücklich, so mutig! Nur eins fehlte ihr, die Einsicht, die Erfahrung, ein kühner und weiser Ratgeber, eine Manneshand, darauf sie sich stützen konnte, Mirabeaus starke Hand! ... Das war dessen eigentliche Bestechung, eine sträfliche Selbsttäuschung voll ehrgeizigen Hochmutes.

Jetzt wollen wir untadelige Männer zum Gericht versammeln, Männer, die berechtigt sind zu urteilen, die sich selbst rein fühlen, *unbestochen von Geld*, was nicht selten ist, *unbestochen von Haß*, was selten ist (wie viele Tugendhelden ziehen dem Gelde die Rache vor und das Blutvergießen!). Versammelt und befragt, werden sie nicht zögern, stelle ich mir vor, zu entscheiden, wie ich es tue:

Ist ein Verrat geschehen? – Nein.

War Bestechung vorhanden? – Ja.

Ja, der Angeklagte ist schuldig. – Und darum, so schmerzlich die Sache ist, er ist mit Recht aus dem Panthéon ausgeschlossen worden.

Die Konstituierende hatte recht, den furchtlosen Mann dort beizusetzen, der das erste Organ der Freiheit war und deren Stimme selbst.

Der Konvent hatte recht, den verdorbenen, ehrgeizigen, schwachen Mann, der eine Frau und seine eigene Größe dem Vaterlande vorgezogen hätte, aus dem Tempel zu verbannen.

Es geschah an einem trüben Herbsttag, in jenem tragischen Jahre 1794, als Frankreich seine eigene Vernichtung beinahe vollendet, als es die Lebenden getötet hatte; da begann es, auch die Toten zu töten und riß sich seinen ruhmreichsten Sohn aus dem Herzen. Es empfand eine wilde Freude bei diesem grausamsten Schmerz. Der zur Vollziehung des scheußlichen Auftrages bestimmte Mann sagt in einem unförmigen, barbarische Unwissenheit bekundenden Protokoll, das eine sonderbare Vorstellung der Zeit gibt, wörtlich folgendes: „Der Festzug (!) hielt auf der Place du Panthéon, einer der Bürger, Pedell am Konvent, trat an das Eingangsportal des besagten Panthéon, verlas dort den Beschluß, der die Überreste des Honoré Riquetti Mirabeau von dort ausschließt, die sofort in einem Sarge aus Holz aus dem Umkreis des besagten Tempels weggebracht wurden, und nachdem man sie uns übergeben hatte, haben wir den besagten Sarg auf den gewöhnlichen Ort der Gräber führen und dort unterbringen lassen ..." Dieser Ort ist kein anderer als Clamart, der Friedhof der Hingerichteten, im Faubourg Saint-Marceau. Die Gebeine wurden nachts dorthin gebracht und ohne ein Kennzeichen ungefähr in der Mitte der Umfriedung beerdigt.

VIERTES KAPITEL

Unduldsamkeit der beiden Parteien
Robespierres Fortschritte

Auf den Antrag Robespierres beschließt die Versammlung, daß die Abgeordneten weder Minister werden können, noch wieder wählbar sind usw. (7. April, 16. Mai 1791). – Robespierre erbt das Ansehen der Lameth bei den Jakobinern (April). – Die Lameth-Ratgeber des Hofes (April). – Sie sprechen weder gegen die Beschränkung der Nationalgarde (28. April), noch zur Verteidigung der Klubs (Mai). – Wortkampf zwischen Duport und Robespierre (17. Mai). – Beide sprechen gegen die Todesstrafe. – Beim Herannahen des Osterfestes bricht der Religionsstreit aus (17. April 1791); die Kommunion des Königs erregt Aufsehen. – Der König konstatiert seine Gefangenschaft vor der Öffentlichkeit (18. April). – Geistliche Unduldsamkeit, besonders gegen die, die aus den Klöstern austreten wollen. – Jakobinische Unduldsamkeit gegen den Gottesdienst der Widerspenstigen (Mai). – Der Brief des Papstes wird verbrannt (4. Mai). – Die Versammlung erweist Voltaire die Ehren des Panthéon (30. Mai 1791).

Am 7. April, fünf Tage nach Mirabeaus Tod, stellte Robespierre den Antrag und brachte ihn zum Beschluß, *kein Mitglied* der Versammlung *dürfe* während vier der Sitzungszeit folgenden Jahren *ins Ministerium berufen werden.*

Keiner von den in Betracht kommenden Abgeordneten wagte, Einwände zu machen. Kein Einspruch seitens der gewöhnlichen Redakteure der Verfassung (Thouret, Chapelier usw.), keiner von den Agitatoren der Linken (Duport, Lameth, Barnave usw.). Sie ließen sich schweigend alle Frucht nehmen, die sie vom Tode Mirabeaus erwarten konnten. Der Zugang zur Macht, der sich schon aufzutun schien, wurde für immer vor ihnen verschlossen.

Fünf Wochen später, am 16. Mai, stellte Robespierre den Antrag und brachte ihn ebenfalls zum Beschluß, die Mitglieder der gegenwärtigen Versammlung *dürften* zur nächstfolgenden *nicht gewählt werden.*

Zweimal also stimmte die Konstituierende Versammlung durch Zuruf gegen sich selbst.

Und zweimal auf Antrag des der Versammlung am wenigsten angenehmen Abgeordneten, dessen Anträge und Amendements sie bisher konsequent abgelehnt hatte.

Es hatte sich eine große Änderung vollzogen, die man zu erklären versuchen muß.

Das erste überraschende Merkmal dieser Änderung ist der neue, kühne, fast gebieterische Ton, den Robespierre schon am Tage nach Mirabeaus Tode anschlug. Am 6. April machte er dem Verfassungsausschuß heftige Vorwürfe über die „unvermutete" Einbringung des Entwurfes zur Organisation der Ministerien (der seit zwei Monaten eingebracht war). Er sprach von dem „Schrecken", den ihm der in den Beratungen herrschende Geist einflöße. Und er schloß mit dem Wort: „Das ist im wesentlichen die ‚Belehrung', die ich der Versammlung geben möchte." Und nicht das leiseste Murren erhob sich in der Versammlung. Sie gewährte ihm für den Kern des Gesetzes die Vertagung auf den folgenden Tag; und am folgenden Tage, dem 7. April, als er wahrscheinlich einer starken Mehrheit sicher war, stellte er den Antrag, den Abgeordneten für vier Jahre den Eintritt ins Ministerium zu untersagen.

Robespierre war nicht mehr der zögernde, schüchterne Mensch von früher. Er hatte Ansehen gewonnen. Man merkte es am 16. Mai, als er mit oft beredtem Ernst den Grundsatz politischer Moral entwickelte, der Gesetzgeber müsse es sich zur Pflicht machen, wieder in der Masse der Bürger unterzutauchen und sich sogar der Dankbarkeit zu entziehen. Die Versammlung, müde ihres Verfassungsausschusses, eines Dezemvirates, das immer sprach und immer Gesetze machte, war Robespierre dankbar, daß er als der erste einen richtigen und wahren Gedanken aussprach, den man wie folgt zusammenfassen kann: „Die Verfassung ist nicht aus dem Kopfe dieses oder jenes Redners hervorgegangen, *sondern aus dem Schoße der öffentlichen Meinung selbst, die früher da war als wir*, und auf die wir uns stützten. Nach zweijähriger, Menschenkraft fast übersteigender Arbeit, bleibt uns nichts mehr zu tun, als unseren Nachfolgern das Beispiel der Gleichgültigkeit zu geben gegen unsere ungeheure Macht und gegen jedes andere Interesse, als das des öffentlichen Wohls. Gehen wir in unsere Departements, um die Luft der Gleichheit zu atmen."

Und er fügte das gebieterische, ungeduldige Wort hinzu: „Mir scheint, um der Ehre der Versammlung und ihrer Grundsätze willen sollte dieser Antrag nicht mit zuviel Schwerfälligkeit zum Beschluß erhoben werden." Weit entfernt, verletzt zu sein, klatschte die Versammlung Beifall, befahl den Druck der Rede und schritt zur Abstimmung. Vergebens bat Chapelier ums Wort. Der Antrag wurde fast einstimmig angenommen.

Der ständige und sehr eifrige Lobredner Robespierres, Camille Desmoulins, sagt mit Recht, daß er diesen Beschluß als einen Meisterstreich betrachtet: „Man kann sich denken, daß er den Erfolg nur darum fast gewaltsam erzwungen hat, weil er die Eigenliebe der großen Mehrheit sehr wohl kannte; diese konnte auf die Wiederwahl nicht rechnen und hat begierig die Gelegenheit ergriffen, sie allen ehrenwerten Mitgliedern unmöglich zu machen. Unser Freund hat klug berechnet ..."

Was er berechnet hatte, und was Desmoulins nicht sagen kann, ist, daß der zwischen den beiden äußeren Flügeln, Jakobinern und Aristokraten, stehende gemeinsame Feind, den es zu vernichten galt, die Konstitution und die Konstitutionellen waren, dieses wenig lebensfähige Kind und seine Väter und natürlichen Beschützer.

Aber Robespierre besaß zuviel politische Klugheit, als daß man glauben könnte, er habe sich auf diese Wahrscheinlichkeitsrechnung verlassen, auf diese auf eine allgemeine Kenntnis der Menschennatur gegründete Annahme. Da er so kraftvoll, mit solcher Überlegenheit und Sicherheit spricht, so kann man nicht zweifeln, daß er bestimmte Zusicherungen gehabt hat über die Unterstützung, die sein Antrag auf der rechten Seite finden würde. Die Priester, für die er sich unlängst weit vorgewagt und fast bloßgestellt hatte (12. März), konnten ihn über die Stimmung ihrer Partei völlig aufklären.

Anderseits, wenn Robespierres Stimme plötzlich stärker wurde, so war es darum, weil sie nicht mehr nur die eines einzelnen war; ein großes Volk spricht durch ihn, das Volk der Jakobinergesellschaften. Die Pariser Gesellschaft, die bekanntlich von Abgeordneten gegründet war, und die anfänglich – im Oktober 1789 – vierhundert Abgeordnete zu den Ihren zählt, hat am 28. Februar 1791, dem Tage, da Mirabeau durch die Lameth abgetan wurde, höchstens noch hundertfünfzig unter sich. Wer also herrschte bei den Jakobinern? Leute, die keine Abgeordnete waren, aber es gern werden mochten, die den Wunsch hatten, die Konstituierende Versammlung möchte nicht wiedergewählt werden. Robespierre gab nur der Meinung der Jakobiner Ausdruck, ihrem Wunsch und ihrem Interesse; er ist deren Organ. Er spricht für sie und vor ihnen, wird von ihnen unterstützt, denn sie sind es, die da oben die Zuschauertribünen füllen. Diese „höhere" Versammlung, wie ich sie schon früher genannt habe, beginnt von oben herab schwer auf der Konstituierenden Versammlung zu lasten. Und das gehört nicht zu den kleinsten Gründen, aus denen die letztere so ruhebedürftig ist. Mehr und mehr mischen sich die Tribünen ein, unterbrechen die Ausführungen der Redner mit Zwischenrufen, mit Beifall, mit Lärm. Als man zum Beispiel über die Kolonien verhandelte, wurde ein Verteidiger der Kolonisten schmählich ausgezischt.

Die innere Geschichte der Jakobinergesellschaft ist fast undurchdringlich. Ihr angebliches Blatt, das von Laclos redigiert wurde, wirft nicht etwa ein Licht darauf, sondern verdunkelt sie. Indessen ist ganz offenbar, daß von den beiden ursprünglichen Fraktionen der Gesellschaft die orléanistische damals schwächer wird: die Habgier ihres Führers in der Vier-Millionen-Affäre und die republikanische Polemik, die Brissot und andere gegen sie unterhielten, hatten sie um ihr Ansehen gebracht. Die andere Fraktion (Duport, Barnave und Lameth) scheint ebenso verbraucht, entnervt; es ist, als habe sie, da sie am Abend des 28. Februar Mirabeau die tödliche Wunde beibrachte, ihren Stachel und damit ihr Leben in der Wunde zurückgelassen. Ob sie im März noch eine Rolle spielten bei dem heftigen Aufstand, wobei die Jakobiner mit Steinwürfen und Knütteln dem Klub der Monarchien ein Ende machten, weiß man nicht genau. Im allgemeinen kann man von den Triumvirn sagen, daß ihr übler Ruf, sie seien intrigant und gewalttätig, und die dunklen (wiewohl falschen) Gerüchte, die bei Gelegenheit des Todes Mirabeaus über sie umliefen, die Jakobiner veranlaßt haben werden, einem zuverlässigen, armen, sittenstrengen Manne mit untadeliger Vergangenheit den Vorzug zu geben. Die auffällige und von allen beobachtete Szene bei Mirabeaus Bestattung (Lameth am Arm von Sieyès und von ihm gegen den Verdacht des Volkes gedeckt: ein Jakobiner durch den unpopulären Abbé gewissermaßen vor dem Volke beschützt!) brachte die Jakobinergesellschaft zum Nachdenken. Sie verließ die Lameth und schloß sich an Robespierre an.

Mit der Angelegenheit der Jakobiner von Lons-le-Saulnier, die Ende März von der Pariser Gesellschaft gegen die Lameth entschieden wurde, scheint mir deren Niedergang zu beginnen. Man könnte beinahe sagen, daß sie mit Mirabeau zusammen sterben; besiegte Sieger treten sie fast gleichzeitig vom Schauplatz ab.

Nichts trug so sehr dazu bei, ihren Sturz zu beschleunigen, als ihre unliberale Ansicht über die Rechte der Farbigen. Die Lameth besaßen Pflanzungen in den Kolonien und Sklaven. Keck sprach Barnave zugunsten der Pflanzer. Die Versammlung schwankte zwischen der klaren Rechtsfrage und der Furcht, einen allgemeinen Brand zu entzünden; sie faßte den sonderbaren Beschluß: Sie würde *niemals* über die juristischen Eigenschaften von Personen beraten, die nicht von freien Eltern geboren seien; es sei denn, daß sie von den Kolonien darum ersucht würde. Man war ziemlich sicher, daß dies Gesuch *niemals* kommen würde: man versagte sich also: *jemals* über die Sklaverei der Neger zu beraten. Die Pflanzer wollten Barnave ein Denkmal errichten, als sei er schon tot; freilich war er das nun auch.

Unabhängig von diesen Interessen wirkte offenbar ein geheimer Einfluß dahin, die Lameth unschädlich zu machen.

Kurz nach Mirabeaus Tode, an dem viele Leute den Lameth die Schuld gaben, kam eines Morgens zu sehr früher Stunde ein kleiner, unscheinbarer Mann zu Alexandre de Lameth, der noch im Bett lag; er wollte ihn sprechen und wurde vorgelassen. Es war Montmorin, der Minister des Auswärtigen. Der Minister setzte sich nahe ans Bett und beichtete dem andern. Er sprach schlecht von Mirabeau (ein sicheres Mittel, dem Lameth zu gefallen), tadelte sich selbst, er sei auf einen üblen Weg geraten, habe große Summen ausgegeben, um in die Geheimnisse der Jakobiner zu dringen. „Jeden Abend“, erzählte er, „brachte man mir die Briefe, die sie aus den Provinzen bekommen hatten; ich las sie dem König vor, der oft die Weisheit Ihrer Antworten bewunderte.“ Das Ende der Unterhaltung, das Lameth mitzuteilen vergißt, aber das man sehr wohl kennt, war, daß Lameth in gewisser Beziehung Mirabeaus Nachfolger, daß er einer der geheimen Ratgeber des Hofes wurde, wie es Barnave schon seit Dezember war.[1]

Am 28. April tat die Versammlung einen schon lange gefürchteten Schritt; sie beschloß, in Zukunft könnten nur die Aktivbürger Nationalgarden werden. Robespierre erhob Einspruch dagegen. Duport und Barnave blieben stumm; Charles de Lameth sprach über eine Nebensache.

Der wahre Stein des Anstoßes, die Herausforderung auf Leben und Tod, war die Verteidigung der Klubs, die das Departement von Paris feierlich vor der Nationalversammlung angegriffen hatte, war die Verteidigung der Volksgesellschaften überhaupt, der Gemeinden, Sektionen, freien Vereinigungen, sowie ihres Rechtes, gemeinsame Petitionen, Adressen, Bekanntmachungen zu erlassen usw. Chapelier beantragte ein Gesetz, das ihnen dieses Recht nahm; es wurde tatsächlich angenommen, aber nicht ausgeführt. Chapelier erklärte, ohne dieses Gesetz seien die Klubs Körperschaften, und zwar die furchtbarsten von allen. Robespierre und Pétion übernahmen die Verteidigung der Klubs. Und wo blieben Duport, Barnave und Lameth, die Gründer der Jakobiner und so lange Zeit ihre Führer? Jedermann erwartete, daß sie auch das Wort ergriffen. Aber sie verharrten im tiefsten Schweigen ... ersichtlich dankten sie ab.

Robespierre hatte ihnen ein Wort zugerufen, das zweifellos dazu beitrug, ihnen alle Lust, selbst zu sprechen, zu nehmen: „Ich reize nicht zur Empörung auf ... Wenn jemand mich beschuldigen wollte, so möchte ich, daß er alle seine Taten mit den meinigen vergliche." Das hieß den alten Unruhstiftern die Möglichkeit abschneiden, vom Frieden zu sprechen.

In der Frage der Wiederwählbarkeit (16. Mai) ließ es Duport geschehen, daß die Versammlung gegen sich selbst stimmte; aber als man sich am Tage darauf nur noch mit der Wiederwählbarkeit der nächstfolgenden gesetzgebenden Körper zu beschäftigen hatte, brach er sein Schweigen. Es war, als wollte er mit einem Male alles sagen, was er an Kummer und Besorgnis für die Zukunft auf dem Herzen hatte. Diese Rede voll hoher, starker, prophetischer Dinge leidet unter dem schwersten Fehler, den eine politische Rede haben kann: sie ist traurig und mutlos. Duport erklärt: Noch ein Schritt weiter, und die jetzige Regierungsform besteht nicht mehr; wird sie aber wiedergeboren, dann wird sich alle Gewalt in der Exekutive vereinigen. Die Menschen wollen den alten Despoten nicht mehr gehorchen, sondern sie wollen sich neue machen, deren Gewalt viel volkstümlicher, aber auch tausendmal gefährlicher sein wird. Die Freiheit wird in der egoistischen Individualität beruhen, die Gleichheit in der fortschreitenden Nivellierung, die bis zur Teilung des Bodens geht ... Schon strebt man offen-

[1] Nichts ist inhaltloser, weniger belehrend und mit größerem Geschick nichtssagender als die Memoiren von Barnave aus dem Jahre 1791. Selbst Lameth ist nicht so unbedeutend.

bar, die Form der Regierung zu ändern, ohne zu bedenken, daß man zuvor alle Parteigänger des Thrones ohne Ausnahme in Blut ertränken muß usw. Dann klagt er mit besonderem Bezug auf Robespierre das geschickte System gewisser Männer an, die sich immer damit begnügen, Prinzipien und hochtrabende Allgemeinheiten von sich zu geben, ohne sich auf Mittel und Wege einzulassen oder irgendeine Verantwortlichkeit zu übernehmen, „denn es ist keine Verantwortlichkeit, wenn man unentwegt einen Lehrstuhl für Naturrecht innehält."

In seiner langen Wehklage ging Duport von einem falschen Gedanken aus, den er zweimal wiederholte: „Die Revolution ist fertig." Dies einzige Wort zerstörte alles. Die allgemeine Unruhe, die Ahnung endloser Hemmnisse, die man zu besiegen haben werde, die Unzulänglichkeit der Reformen, all das stimmte die Geister auf eine stumme, aber starke Abwehr einer solchen Behauptung. Robespierre hütete sich, die gefährliche Blöße auszunutzen, die sich sein Gegner gab; er ging nicht in die Falle, sagte nicht etwa, man müsse die Revolution fortsetzen. Er hielt sich an die eigentliche Frage. Nur, als wenn er gern aus der Elegie eine Idylle gemacht hätte, griff er auf seine erste Rede zurück, auf die milden moralischen Ideen, *„einer durch Vernunft und Natur befohlenen Ruhe*, der Notwendigkeit, sich zurückzuziehen, um über die Prinzipien nachzudenken". Er bürgte dafür, daß es in allen Gauen des Reiches Familienväter gäbe, die gern das Geschäft der Gesetzgeber übernehmen würden, *um ihren Kindern ein sittliches Leben zu sichern, ein Vaterland.* Die Intriganten wollten fortgehen? Um so besser! Dann werde die bescheidene Tugend ihren Lohn empfangen, den jene ihr vorenthalten hätten.

Ins Politische übersetzt, bedeutet das, Robespierre habe den Hebel der Revolution, der den Händen Duports (des Hebels der Jakobiner) entfiel, ergriffen und fürchte nicht, sich im Namen der Grundsätze die *offizielle* Versammlung zu verschließen, um die einzig *tatkräftige* Versammlung, den großen führenden Klub, um so sicherer zu haben. Man konnte darauf wetten, daß die nächste Wahlperiode, an der kein Mirabeau, kein Duport, kein Cazalès mehr teilnahm, schwach und farblos werden, und daß alles Leben, alle Kraft bei den Jakobinern sein mußte. Er wußte, wo er die beschaulich-philosophische Zurückgezogenheit, die er seinen Gegnern riet, verbringen würde: im eigentlichen Zentrum der Bewegung.

Duport weihte seinen Untergang durch eine prachtvolle Rede gegen die Todesstrafe, worin er den Kern der Sache traf und den tiefen Einwand fand: „Wenn eine Gesellschaft sich durch das Gesetz zur Mörderin macht, lehrt sie dann nicht den Mord?" Dieser hervorragende Mann, dessen Name für immer mit der Errichtung der Geschworenengerichte in Frankreich und mit allen unseren richterlichen Institutionen verbunden bleibt, hatte wie Mirabeau das Glück und den Ruhm, mit einer Frage der Menschlichkeit seine Laufbahn zu endigen.

Seine Rede, die in jedem Sinne der kleinen akademischen Rede Robespierres gegen die Todesstrafe überlegen war, fand dennoch keinerlei Widerhall. Niemand achtete der folgenden Worte, in denen eine düstere Ahnung nur allzu sehr hervortritt: „Da ein beständiger Wechsel der leitenden Menschen einen Wechsel in den Dingen beinahe notwendig gemacht hat, wollen wir wenigstens sorgen, daß die revolutionären Vorgänge weniger tragisch ausgehen ... *Bringen wir dem Menschen Achtung bei vor dem Menschen!*"

Ein ernstes Wort, das unglücklicherweise nur allzu treffend war. Der Mensch und das Menschenleben standen bereits nicht mehr in Achtung. Der Religionskrieg begann auszubrechen.

Seit Ende 1790 hatte der hartnäckige Widerstand des Klerus gegen den Verkauf der Kirchengüter die Gemeindebehörden in die grausamste Verlegenheit gebracht. Diese scheuten sich vor strengen Maßregeln gegen Personen, machten halt vor dem passiven Widerstand; indessen war die Untätigkeit nur scheinbar, denn der Klerus entfaltete eine rege Tätigkeit in Beichtstuhl und Presse, sowie durch Verteilung von Flugschriften. Er verbreitete, besonders in der Bretagne, Burkes wildes Buch gegen die Revolution.

Bei der Schüchternheit und Untätigkeit der Gemeindebehörden einerseits und der unverschämten Rebellion des Klerus anderseits hätte die neue Religion unterliegen müssen. Überall waren die Vereine der Freunde der Verfassung genötigt, auf die Gemeindebehörden einen Druck auszuüben, sich über ihre Untätigkeit zu beschweren, in dringenden Fällen statt ihrer zu handeln. Die Revolution nahm so einen beängstigenden Charakter an; sie fiel ganz in die Hände der patriotischen, aber unduldsamen und gewalttätigen Jakobinergesellschaften.

Mit Cäsar muß man sprechen: „Hoc voluerunt." Sie haben es selbst nicht anders gewollt. – Die Priester wollten verfolgt werden, um den Bürgerkrieg herbeizuführen.

Der verhängnisvolle Beschluß der sofortigen Eidesleistung, der Vorgang vom 4. Januar, wodurch der Klerus wohlfeil Märtyrerruhm erlangte, erfüllte ihn überall mit unermeßlicher Freude und Frechheit. Von nun an trugen sie den Kopf hoch, und die Revolution senkte den ihren.

Einer der ersten feindseligen Akte geschah, wie es sich gehörte, durch einen wahrhaft vorbildlichen Priester, den Kardinal Rohan, den Helden der Halsbandgeschichte.[1] Er gewann damit das verlorene Ansehen bei den „anständigen" Leuten zurück. Er war über den Rhein geflohen, verfluchte (im März) seinen vom Volke in Straßburg gewählten Nachfolger und begann so den Religionskrieg in dieser leicht erregbaren Stadt.

[1] Vergleiche die schöne und ausführliche Darstellung in Louis Blancs „Histoire de la Révolution", Bd. II.

Ein Brief des Bischofs von Uzès, der wegen der Verweigerung des Eides triumphierte, wirkte in Uzès wie der zündende Funke und setzte die Stadt in Flammen. Man läutete die Sturmglocke, man schlug sich in den Straßen.

In der Bretagne stachelte der Klerus mühelos die düstere Einbildungskraft der Bauern auf. In einem Dorfe las ihnen der Pfarrer die Messe um drei Uhr; er erklärte, Abendmessen könne er ihnen nicht mehr halten, diese seien für immer abgeschafft. Ein anderer wählte einen Sonntag, las die Messe sehr früh am Morgen, als es fast noch Nacht war, nahm das Kruzifix vom Altar, reichte es den Bauern zum Kuß und sagte: „Geht hin, rächt euren Gott, tötet die Frevler." Die armen verhetzten Menschen marschierten bewaffnet auf Vannes; die Truppen, die Nationalgarden mußten ihren Einzug in die Stadt verhindern; man konnte sie nur mit Flintenschüssen auseinandertreiben; etwa ein Dutzend blieb tot auf dem Platz.

All das geschah, als Ostern nahe war. Man war neugierig, ob *der König* mit den Freunden oder den Feinden der Revolution kommunizieren würde. Schon konnte man es voraussehen, er hatte den Pfarrer seines Kirchspiels, der vereidigt war, entlassen; die Tuilerien waren voll von nicht vereidigten Priestern. Und bei diesen kommunizierte er, Sonntag, den 17. April, in Gegenwart La Fayettes, der übrigens selbst in seinem Hause das nämliche Beispiel gab, denn er hatte in seiner Privatkapelle einen widerspenstigen Priester, der Madame de La Fayette die Messe lesen mußte. Die Kommunion des Königs war insofern ein Wagnis, als sie mit großem Pomp stattfand, als man die Nationalgarde zwang, daran teilzunehmen und ihre Waffen dem Großalmosenier zur Einsegnung zu bringen usw. Ein Grenadier weigerte sich ausdrücklich, der Gegenrevolution diese Huldigung darzubringen. Der Distrikt der Cordeliers dankte ihm abends dafür und zeigte in einem Maueranschlag „dem französischen Volke den ersten öffentlichen Beamten als Rebellen gegen die von ihm beschworenen Gesetze an, der die Empörung genehmigt".

Das war nur allzu richtig. Der Hof brauchte einen Skandal, er wünschte eine Empörung, um die Unfreiheit des Königs vor ganz Europa darzutun. Diese Empörung, die (nach La Fayette) schon lange geplant war, aber wie's scheint durch Mirabeaus Tod verzögert wurde – man hatte Mirabeau eine Rolle zugedacht in der Komödie –, fand in der Festzeit statt, in der Zeit, da religiöse Gemüter am stärksten erregt sind, am zweiten Ostertage, Montag, dem 18. April 1791.

Alle Welt erfährt am Abend vorher von der Abreise des Königs, alle Zeitungen sind am andern Morgen voll davon, die Menge versperrt bereits alle Zugänge zum Schloß; gegen 11 Uhr versuchen mehrere hochbepackte Wagen mit dem König, der Königin, der königlichen Familie, den Bischöfen und der Dienerschaft abzufahren. Es soll nur nach Saint-Cloud gehen, sagt man; aber die Menge umdrängt die Wagen. Man läutet die Sturmglocke in Saint-Roch. Die

Nationalgarde wetteifert mit dem Volk, um alle Wege zu verlegen. Die Erbitterung gegen die Königin und gegen die Bischöfe ist groß. „Sire“, sagt ein Grenadier zum König, „wir lieben Sie, *aber nur Sie allein*!“ Die Königin muß noch viel härtere Worte hören; sie stampft mit dem Fuße, weint.

La Fayette will einen Weg frei machen, aber niemand gehorcht. Er eilt ins Hôtel de Ville und fordert die rote Fahne. Glücklicherweise ist Danton da; der sorgt dafür, daß man jenem die Fahne verweigert, und verhindert so vielleicht ein Gemetzel; La Fayette, der damals nicht wußte, daß die Abreise nur zum Schein geschah, wäre nach der ganzen Strenge des Gesetzes verfahren. Er hatte Danton im Hôtel de Ville verlassen und fand ihn bei den Tuilerien wieder, an der Spitze des Bataillons der Cordeliers,[1] das ohne Befehl gekommen war.

Nach zwei Stunden fuhren die Wagen zurück, denn man hatte zur Genüge erreicht, was man wollte.

La Fayette war empört, daß man ihm nicht gehorcht hatte und forderte seine Entlassung. Die überwiegende Mehrheit der Nationalgarde bat ihn zu bleiben und beruhigte ihn; die Bourgeoisie hatte nur zu ihm Vertrauen wegen der Aufrechterhaltung der öffentlichen Ruhe.

Am Dienstag, dem 19., tat der König einen sonderbaren Schritt, durch den die vorhandene Besorgnis um seine Abreise auf den Gipfel stieg. Er kam unversehens in die Versammlung und erklärte, er beharre auf der Absicht, nach Saint-Cloud zu gehen, um zu beweisen, daß er frei sei. Er fügte hinzu, er wolle die Verfassung aufrechterhalten, „von der die Verfassung des Klerus ein Teil ist“. Das stand in merkwürdigem Widerspruch zu seiner Kommunion vom vorhergehenden Sonntag, zu der Unterstützung, die er den rebellischen Priestern zuteil werden ließ.

Man darf nicht glauben, diese Priester seien entsagungsvolle, geduldige Opfer gewesen, hätten sich glücklich geschätzt, daß man sie unbeachtet ließ. Sie benahmen sich in der herausforderndsten Weise, waren überall dabei, kläfften, drohten, verhinderten die Heiraten, verwirrten den Mädchen die Köpfe und machten sie glauben, wenn sie von konstitutionellen Priestern getraut würden, wären sie nur die Geliebten, und ihre Kinder blieben unehelich.

Die Frauen waren zugleich die Opfer und die Werkzeuge dieser Art von Schrecken, den die rebellischen Priester ausübten. Sie sind tapferer als die Männer, sind gewöhnt, daß man sie achtet, schont, und glaubten im Grunde, daß sie nicht viel wagten. So taten sie frech alles, was ihre Priester nicht zu tun wagten.

[1] La Fayette, der hier sehr spitzfindig ist, behauptet, Danton habe nur darum gehandelt, weil er vom Hofe bezahlt worden sei: „Er hatte“, erzählt er, „gerade hunderttausend Franken bekommen, um eine Verpflichtung loszuwerden, die zehntausend Franken betrug.“ Viel sicherer ist, daß Danton, als er bewirkte, daß dem General die Fahne verweigert wurde, ihm eine große Demütigung bereitete, ihm aber auch ein Verbrechen ersparte.

Sie gingen und kamen, brachten Nachrichten hin und her, sprachen laut und energisch. Von den selbstverständlichen Opfern ihrer Erbitterung abgesehen (ich meine die Ehemänner, die durch Vorwürfe und häuslichen Ärger aufs äußerste gereizt wurden), verfolgten sie mit ihrem bösartigen Eifer auch viele kleine Leute, die zu ihrem Anhang oder ihrem Hause gehörten; wehe den philosophischen Kaufleuten, den patriotischen Lieferanten! Die Frauen mieden ihre Läden; alle Kundinnen kauften bei den gutgesinnten Händlern.

Die Kirchen waren verlassen. Die Klöster öffneten ihre Kapellen der Masse der Gegenrevolutionäre, die noch gestern Atheisten, heute fromme Leute waren. Ernster war, daß diese Klöster ihren Klosterzwang frech beibehielten, den Insassen, die auf Grund der Beschlüsse der Versammlung austreten wollten, die Türen verschlossen hielten.

Eine Benediktinerin, die darauf beharrte, zu ihrer Familie zurückzukehren, wurde die Zielscheibe zahlloser Kränkungen. Man untersagte ihr, die kleinen wertlosen Gegenstände mitzunehmen, an denen die Nonnen oft sehr hängen. Man setzte sie fast nackt vor die Türe. Als die Eltern kamen, um die Sachen zu fordern, warf man ihnen, ohne zu öffnen, ein paar Lumpen durchs Fenster, als wenn die Pest darin stäke; man überhäufte die Alten mit Beschimpfungen.

Die Nationalversammlung empfing eine Bittschrift von der Mutter einer anderen Nonne, die man mit Gewalt festhielt; die Oberin und der Beichtvater hinderten die Nonne, die Austrittserklärung an die Gemeindebehörde zu senden. Bei den Damen von Saint-Antoine hatte eine junge Laienschwester ihre Freude über die Befreiungserlasse bezeigt, sie war von nun an den Kränkungen und den Mißhandlungen der Äbtissin, einer vornehmen und sehr fanatischen Dame, und der andern Nonnen, die sich der Äbtissin angenehm machen wollten, ausgesetzt. Die Schwester fand ein Mittel, Nachricht über ihre Leiden und ihre Gefahr nach draußen zu senden; sie entwich auf eine merkwürdige Art: sie steckte den Kopf durch den drehbaren Schrank, ein mitleidiger Mann zog sie mit großer Anstrengung vollends ins Freie. Sie fand Aufnahme bei einer Familie im Faubourg Saint-Antoine; die Zeitungen eröffneten eine Sammlung für die arme Flüchtige.

Man versteht, daß solche Geschichten nicht geeignet waren, das durch seine eigene Not schon so grausam gereizte Volk zu beruhigen. Es litt maßlos, wußte nicht, wen es dafür verantwortlich machen sollte. Es sah nur, daß die Revolution nicht vorwärts und nicht zurück konnte, bei jedem Schritt stieß sie auf eine unbewegliche Kraft: das Königtum, und hinter ihr saß eine lebendige Kraft: die geistliche Intrige. Man darf sich nicht wundern, wenn das Volk auf diese Hemmnisse losschlug. Ich glaube nicht, daß die Jakobiner es anzutreiben brauchten; von den drei jakobinischen Fraktionen hatten zwei (Lameth und Orléans) damals geringen Einfluß; was die Fraktion Robespierre anlangt, so war sie sicherlich gewalttätig und fanatisch, indessen war ihr Haupt persönlich durchaus kein Mann der Empörung, und zwar noch weniger gegen die Priester, als gegen jeden andern Feind.

Die Bewegung war ursprünglich, eine natürliche Folge der Erbitterung und des Elends. Weiber gingen in die Klöster und prügelten die Nonnen.

Aber dann nutzte man allem Anschein nach die Bewegung aus: man gab ihr einen großen Schauplatz und einen feierlichen Anlaß. Der Plan des Hofes war, die Revolution vor der katholischen Bevölkerung des Königreichs und vor Europa soweit wie möglich bloßzustellen. Die Nichtkonformisten mieteten von der Gemeindebehörde eine Kirche in der belebtesten Gegend von Paris, am Quai des Théatins; dort wollten sie Ostern feiern. Wie man leicht voraussehen konnte, strömte die Menge dorthin, wartete, wurde unruhig bei diesem Warten, bedrohte die Ankommenden. Die Herausforderung reizt und stachelt auf; zwei Frauen erschienen und wurden verprügelt. Auf die Kirchentür nagelte man zwei Besen. Die Behörde ließ sie wegnehmen, konnte aber die Menge nicht zerstreuen. Sieyès reklamierte vergeblich in der Versammlung die Rechte der religiösen Freiheit. Das Volk, das ganz vom Bewußtsein seines Elends erfüllt war, wollte nichts anderes darin sehen, als eine politische Frage; ihm schien nicht ohne Grund, daß der rebellische Priester und seine Helfershelfer hier den Funken anbliesen, der den Westen, den Süden, vielleicht die Welt in Flammen setzen sollte.

Schon boten Avignon und das Comtat eine schauerliche Miniatur der bevorstehenden Bürgerkriege. Das erstere, durch alles verstärkt, was es an glühenden Revolutionären in Nîmes, Arles, Orange gab, unterhielt einen Kleinkrieg gegen Carpentras, den Sitz der Aristokratie. Ein barbarischer Krieg auf beiden Seiten, alte, vergiftete Ränke, neue Wut: weniger ein Krieg, als eine scheußlich abwechslungsreiche Szene von Fallenstellen und Meuchelmorden. Die Schwerfälligkeit der Nationalversammlung war viel daran schuld, man durfte sie dessen anklagen, ebenso den verhängnisvollen Antrag Mirabeaus, die Entscheidung zu vertagen. Diese kam erst am 4. Mai und entschied noch immer nichts. Die Versammlung erklärte, Avignon sei kein integrierender Teil Frankreichs, indessen verzichte Frankreich nicht auf seine Rechte. – Das war, als wenn man sagte: „Die Versammlung urteilt, daß Avignon nicht dazu gehört, ohne zu leugnen, daß es dazu gehört."

Am selben Tage, dem 4. Mai, wurde in Paris ein päpstliches Breve verbreitet, eine Art Kriegserklärung gegen die Revolution. Der Papst ergießt sich darin in Beschimpfungen gegen die französische Verfassung, erklärt die Wahlen der Pfarrer und Bischöfe für nichtig, verbietet diesen die Austeilung der Sakramente. Ein patriotischer Verein, um Kränkung mit Kränkung zu vergelten, sitzt am nächsten Tage im Palais-Royal über den Papst zu Gericht und verbrennt seine Puppe. Dem Spruch des Gerichts stattgebend, verbrennt man ebenfalls das bevorzugte

Blatt der Priester, das des Abbé Royon, nachdem man es zuerst durch den Rinnstein geschleift hat.

Der Papst hat es weit gebracht seit dem vierzehnten Jahrhundert. Als Bonifatius VIII. eine Ohrfeige bekam, zitterte die Welt vor Grauen. Die Verbrennung der Bannbulle durch Luther versetzte sie noch immer in die tiefste Erregung. Hier finden der Papst und Royon gemeinsam ein friedliches Ende, ohne daß jemand sonderlich darauf achtet, sie werden abgeurteilt im Rinnstein der Rue Saint-Honoré.

Je mehr der Papst zurückweicht, um so weiter rückt sein Gegner vor. Dieser unsterbliche Gegner (der niemand anders ist als die Vernunft) nimmt allerlei Verkleidung an, ist Rechtsgelehrter im Jahre 1300, Theologe im Jahre 1500, Philosoph im letzten Jahrhundert; er triumphiert 1791.

Sobald Frankreich sprechen kann, sagt es Voltaire seinen Dank. Die Nationalversammlung beschließt die Ehrungen des Sieges für den glorreichen Befreier des religiösen Denkens. Der Sieg ist gewonnen, er hat gesiegt; nun möge er triumphieren, möge zurückkehren in sein Paris, in seine Hauptstadt, dieser König des Geistes. Der Verbannte, der Flüchtling, der keine Stätte hier unten besaß, der zwischen drei Königreichen lebte und kaum die Flügel zu senken wagte, wie der Vogel, der kein Nest hat: nun möge er friedlich ruhen in Frankreichs Armen.

Grausamer Tod! Er hatte Paris wiedergesehen, diese Menge, die ihn anbetete, dies Volk, das ihn verstand, um sich nur mit um so größerem Schmerz loszureißen! Verfolgt noch auf dem Sterbebette, sogar noch nach dem Tod, verbannt, in der Nacht von den Seinen fortgetragen, am 30. Mai 1778, in einem dunklen Grabe verborgen – wird am 30. Mai 1791 seine Rückkehr beschlossen. Er soll zurückkehren, aber am hellen Tage, während die Sonne der Gerechtigkeit strahlt, auf den Schultern des Volkes im Triumph zum Tempel des Panthéon getragen.

Und zu alldem wird er den Sturz derer mit ansehen, die ihn ächteten. Voltaire kommt; Priester und Könige gehen fort. Durch einen bemerkenswerten Zufall fällt der Beschluß seiner Rückkehr auf den Tag, da die Priester, Ludwigs XVI. Unentschlossenheit und Bedenken besiegend, den König nach Varennes treiben, in den Verrat, in die Schande. Wie könnten wir Voltaire entbehren bei diesem großen Schauspiel? Er muß nach Paris kommen und die Flucht Tartuffes mit ansehen. Er ist der Held des Festes. In dem Augenblick, da der Priester sein dunkles Komplott offenbar werden läßt, muß Voltaire ebenfalls aus seinem Gewölbe herauskommen. Wenn sich Tartuffe frech entdeckt, so entdeckt jener sich gleichzeitig, steckt den Kopf aus dem Grabe und spricht zu dem andern mit seinem furchtbaren Lachen, bei dem Tempel und Throne bersten, die Worte: „Wir sind unzertrennlich; du erscheinst, ich erscheine auch."

FÜNFTES KAPITEL

Vor der Flucht des Königs

Ludwig XV. vorzugsweise beschäftigt mit dem Bildnis Karls I., Ludwig XVI. mit der Geschichte Karls I. und Jakobs II. – Ludwig XVI. fürchtet alle Mächte; er will das Königtum nicht verlassen. – Europa freut sich über Frankreichs Spaltung. – Rußland und Schweden fordern zur Flucht auf. – Österreich entwirft den Plan dazu, Oktober 1790. – Der Plan hatte zuerst einen französischen Einschlag, bezog sich aber dann völlig aufs Ausland. Der König ist Ausländer durch seine Mutter, sein Christentum macht ihn gleichgültig gegen den Begriff der Nationalität. Der König fühlt sich verletzt in seinen Adligen und Priestern, Februar bis Mai 1791. – Doppelzüngigkeit des Königs und der Königin; sie täuschen alle Welt. – Die ganze königliche Familie, besonders die Königin, trägt bei zum Untergang des Königs. – Unvorsichtige Vorbereitung der Flucht des Königs, März bis Mai 1791.

Ich komme nicht ins Louvremuseum, ohne vor dem Bilde Karls I. von van Dyck stehen zu bleiben und oft und unwillkürlich lange davor zu träumen. Dies Bild enthält zugleich die Geschichte Englands und diejenige Frankreichs. Es hat einen unmittelbaren Einfluß auf unsere Angelegenheiten gehabt, wie ihn Kunstwerke selten haben. Der große Maler legte, ihm selbst unbewußt, das Schicksal beider Monarchien hinein.

Die Geschichte des Bildes selbst ist merkwürdig. Man muß ein wenig weit zurückgreifen und erzählen, wie es nach Frankreich kam.

Als das Ministerium Aiguillon-Maupeon Ludwig XV. bestimmen wollte, das Parlament zu vernichten, hatte es zuerst die Aufgabe, dem alten verbrauchten König die Fähigkeit zu wollen wiederzugeben, wieder einen Mann aus ihm zu machen. Dazu mußte man den Harem schließen, in dem er allmählich erlosch, man mußte ihn dazu bringen, eine Mätresse zu nehmen, mußte ihn wieder an eine Frau fesseln; nichts war schwieriger. Diese Mätresse mußte ein ausgelassenes, freches, amüsantes Weib sein und die andern ausstechen; sie durfte nicht zuviel Geist haben, durfte es nicht machen wie die Pompadour; aber sie mußte genügend Geist besitzen, um zu jeder Stunde eine wohleinstudierte Lektion zu wiederholen.

Madame du Barry, das ist ihr Name, spielte ihre Rolle prachtvoll. Diese treffliche Egeria lag ihm Tag und Nacht in den Ohren, aber dennoch hätte ihr Gerede vom Königtum bei einem solchen Manne keinen Erfolg gehabt, wenn sie nicht durch Anschauungsunterricht ihre Worte wirksamer und sichtbar gemacht hätte. Man kaufte in England das Gemälde van Dycks für sie – unter dem sonderbaren Vorwand, der Page darauf heiße Barry, und es sei für sie ein

Familienbild. Diese große Leinwand, die als geniales Werk und als Denkmal tragischer Geschicke gleich achtungswürdig ist, wurde schändlicherweise im Boudoir dieses Mädchens untergebracht, mußte ihr tolles Lachen hören und ihre schamlosen Freuden sehen. Sie pflegte den König am Halse zu packen und, auf Karl I. deutend, zu sagen: „Siehst du, Frankreich (so nannte sie Ludwig XV.), da ist ein König, dem man den Hals abgeschnitten hat, weil er schwach war gegen sein Parlament. Hüte deinen Hals gut!"

In der kleinen, sehr niedrigen Wohnung (eine Flucht von Mansarden, die man heute noch im Dachstuhl von Versailles betrachten kann) hätte das große Gemälde aus solcher Nähe, von Angesicht zu Angesicht, auf einen Menschen mit weniger erledigtem Herzen und weniger stumpfen Sinnen peinlich gewirkt. Kein anderer als Ludwig XV. hätte, ohne darunter zu leiden, den traurigen und edlen Blick ertragen, in dem sich eine ganze Revolution birgt, dies Auge voll Verhängnis, das in eure Augen taucht.

Man erinnert sich, daß der große Meister gewissermaßen seherisch Karl I. im voraus gemalt hat, wie er in den letzten Tagen seiner Flucht aussah; er ist einfach „cavalier" im Kampfe gegen die „round heads". Er scheint nach und nach bis ans Meer zurückgewichen. Da liegt das Meer, öde, ungastlich. Der König der Meere, der Lord der Inseln, hat das Meer zum Feinde; vor ihm liegt der ungesellige Ozean, hinter ihm wartet das Schafott.

Dies melancholische Bild würde unter Ludwig XVI. in den Gemächern des Königs aufgestellt und später mit dem Versailler Mobiliar nach Paris geschafft. Kein anderes Bild machte einen so starken Eindruck auf ihn; er beschäftigte sich vorzugsweise mit der Geschichte Englands und ganz besonders mit Karl I. Er las fleißig Hume und andere englische Geschichtsschreiber im Original. Aus ihnen entnahm er, daß Karl I. getötet worden war, weil er seinem Volk den Krieg erklärt hatte, und daß man Jakob II. absetzte, weil er sein Volk im Stich ließ. Wenn Ludwig überhaupt einen festen Entschluß besaß, so war es der, sich weder das Schicksal des einen, noch das des anderen zuzuziehen, weder zu den Waffen zu greifen, noch den französischen Boden zu verlassen. Unentschieden in seinen Worten, langsam im Entschließen, war er sehr hartnäckig, wenn er einmal eine Idee gefaßt hatte. Kein Zureden, selbst nicht das der Königin, konnte ihn dann davon abbringen. Der Entschluß, nicht zu handeln, sich nicht bloßzustellen, entsprach übrigens völlig seiner natürlichen Trägheit. Er war sehr verstimmt gegen die Emigranten, die mit Geschrei, mit Drohungen und Säbelrasseln die Grenzen beunruhigten, ohne sich zu fragen, ob sie nicht die Stellung des Königs dadurch erschwerten, dessen Freunde sie sich nannten. Als sie im Dezember 1790 in Turin beratschlagten, machte der Prinz von Condé den Vorschlag, in Frankreich einzurücken und auf Lyon zu marschieren, was auch dem König geschehen möge.

Überdies hatte Ludwig XVI. noch ein anderes Bedenken gegen den Krieg. Er hätte sich auswärtiger Hilfe bedienen müssen. Er kannte den Zustand Europas sehr gut und die Interessenpolitik der Mächte. Er sah den ehrgeizigen Geist in Preußen, das, überzeugt von seiner Jugend, Stärke und militärischen Macht, überall die Dinge verwirrte, um im Trüben fischen zu können. Schon 1789 machte Preußen Ludwig XVI. das Angebot, mit hunderttausend Mann einzurücken. Anderseits war dem König der Machiavellismus Österreichs nicht weniger verdächtig; er liebte diesen Januskopf nicht, der zugleich fromm war und philosophisch. Das war ihm von Vater und Mutter her traditionell; seine Mutter stammte aus dem Hause Sachsen; sein Vater, der Dauphin, glaubte sterbend, er sei von Choiseul vergiftet, dem lothringischen Minister, einer Kreatur Lothringen-Österreichs, der durch Maria Theresia emporgekommen war und Ludwig XVI. an eine Österreicherin verheiratete. Obgleich Ludwig der Königin zärtlich anhing, wurde er sehr mißtrauisch, als sie davon sprach, bei ihrem Bruder Leopold Schutz zu suchen.

Die Königin hatte keine andere Möglichkeit. Sie fürchtete die Emigranten aufs äußerste. Sie wußte sehr wohl, daß jene die Frage erörterten, Ludwig XVI. abzusetzen und einen Regenten zu ernennen. In der Umgebung des Grafen Artois war ihr ärgster Feind, Calonne, der eigenhändig die Schrift der Frau von Lamotte gegen sie in der häßlichen Halsbandgeschichte mit Anmerkungen versehen und korrigiert hatte. Sie hatte von dieser Seite mehr zu fürchten als von der Revolution. Die Revolution, die lediglich Groll hegte gegen die Königin, hätte ihr höchstens den Kopf abgeschlagen; aber Calonne hätte der Frau, der Gattin den Prozeß machen lassen, ihr von Rechts wegen die Ehre abschneiden und sie festsetzen können.

Sie hielt sich unentwegt an den Plan der Männer Österreichs, Mercys und Breteuils. Um Zeit zu gewinnen, hielt sie Mirabeau hin, dann Lameth und Barnave. Das mußte sein, damit Österreich erst mit Brabant, mit der Türkei und Ungarn fertig werden konnte. Und man brauchte Zeit, damit Ludwig XVI., von der Geistlichkeit geschickt bearbeitet, seine Bedenken als König hinter seine Bedenken als Christ und als frommer Mann zurücktreten ließ. Nur die Idee einer höheren Pflicht konnte ihn veranlassen, das zu verletzen, was er sonst für Pflicht hielt.

Wenn der König wollte, konnte er sehr leicht allein abreisen, ohne Gefolge und zu Pferde. Das war die Ansicht Clermont-Tonnerres. Aber es war durchaus nicht die der Königin. Sie fürchtete nichts so sehr, als auch nur einen Augenblick lang vom König getrennt zu sein. Vielleicht hätte dieser den Einflüsterungen seiner Brüder gegen die Königin nachgegeben. Diese benutzte seine Erregung am 6. Oktober, als er sie dem Untergang so nahe glaubte; weinend ließ sie ihn schwören, er werde niemals allein abreisen, sie würden nur zusammen fortgehen, zusammen entkommen oder zugrunde gehen. Sie wollte sogar nicht, daß man gleichzeitig auf verschiedenen Wegen abreiste.

Im Frühjahr 1790 wies Ludwig XVI. das Anerbieten, ihn zu entführen, zurück. Auch versäumte er, den Aufenthalt in Saint-Cloud im selben Jahre zur Flucht zu benutzen; es war damals sehr leicht, alle Tage ritt oder fuhr man aus und mehrere Meilen weit. Er wollte keinen gehen lassen, weder die Königin, noch den Dauphin, noch Madame Elisabeth, noch die Prinzessinnen. Ebensowenig konnte sich die Königin entschließen, Damen zu entlassen, Frauen, die um ihre Geheimnisse wußten. Man wollte nur zusammen abreisen.

Als im Sommer 1790 die Vereidigung der Priester das Gewissen des Königs sehr beunruhigte, drängte man ihn zu dem Schritt, an die Mächte zu schreiben und zu protestieren. Am 6. Oktober 1790 sandte er den ersten Protest an einen verwandten Hof, seinem Vetter, dem König von Spanien, demjenigen unter allen Fürsten, dem er am wenigsten mißtraute. Dann schrieb er an den Kaiser, an Rußland, an Schweden; zuletzt, am 3. Dezember, wandte er sich an die Macht, die ihm die verdächtigste war, da sie sich schon anfänglich in Frankreichs Angelegenheiten hatte einmischen wollen, ich meine Preußen. Er bat bei allen um einen europäischen Kongreß, der sich auf eine bewaffnete Macht stützen sollte, ohne zu erklären, ob er wünschte, diese Macht solle gegen die Revolution verwendet werden (Hardenberg, Bd. I, S. 103).

Die Königin hatte im allgemeinen keine Eile. Der Norden war unruhig. Die polnische Revolution stand bevor; sie kam im Frühling (3. Mai) zum Ausbruch und gab den Anlaß zu einer neuen Teilung. Mit den anderen Staaten, die dazu bestimmt waren, verschlungen zu werden, der Türkei und Schweden, wartete man. Aber schon waren Lüttich und Brabant eingeschluckt. Die Reihe mußte an Frankreich kommen, sobald es reif genug war. „Da die Könige", sagt Camille Desmoulins, „vom Blut der Völker gekostet haben, so werden sie nicht freiwillig haltmachen. Bekanntlich wollten die Rosse des Diomedes, nachdem sie einmal Menschenfleisch gefressen hatten, nichts anderes mehr."

Nur mußte Frankreich reif und mürbe werden, bevor man die Zähne hineinschlug; es mußte schwach werden und sich durch den Bürgerkrieg aufreiben. Dazu ermunterte man es sehr. Die große Katharina schrieb an die Königin, um sie zum Widerstande aufzureizen, folgendes Wort, das erhaben sein sollte: „Die Könige müssen ihren Weg gehen, ohne sich um das Geschrei des Volkes zu kümmern, wie der Mond seine Bahn zieht, ohne sich durch das Bellen der Hunde aufhalten zu lassen." Eine Wiederholung Lefranc de Pompignans, hier um so lächerlicher, als – um im Bilde zu bleiben – der Mond tatsächlich zum Stillstand gekommen war.

Um ihn aus dieser Verfinsterung zu holen, brachte die vortreffliche Katharina ganz Europa in Bewegung, war in Wort und Schrift energisch tätig. Wenn es ihr wirklich gelang, durch die Befreiung des Königs den Bürgerkrieg zu entfesseln und dann alle Könige auf Frankreichs Leichnam zu heben, dann konnte niemand sie hindern, in ihrem Beinhaus im Norden sitzen zu bleiben, Polens Blut zu trinken und sein Mark zu saugen.

Als man an den Fluchtversuch heranging, verschaffte der russische Gesandte der Königin einen Paß als russische Dame. Katharina schickte keine Hilfe; aber sie hielt es für sehr nützlich, daß Gustav III., Schwedens kleiner König (den sie gerade geschlagen hatte, und der nun ihr Freund war), ein Mann von unruhigem, romantischem, abenteuerlichem Geist, in Aachen, an Frankreichs Toren, auf sein Abenteuer wartete. Dort sollte er unter dem Vorwand, die Bäder zu gebrauchen, die schöne, mit ihrem Gatten fliehende Königin erwarten, ihr seinen unüberwindlichen Degen anbieten und dem guten Ludwig XVI. umsonst lehren, wie man Throne wiederherstellt.

Österreich, das seit Choiseul und seit der Heirat Ludwigs XVI. im französischen Bündnis stand, hatte ein viel unmittelbareres Interesse an der Flucht des Königs. Damit indessen Preußens und Englands Eifersucht die Einmischung zuließ, war es nicht nur nötig, daß Ludwig XVI. sich Österreich ausdrücklich anvertraute, sondern mußte sich auch eine große Partei für den König erklären, mußte sich ein mächtiger royalistischer Kern im Osten bilden, so daß es aussah, als sei Österreich gleichsam wider Willen durch Frankreich zum Eingreifen gezwungen. *Der Bürgerkrieg mußte begonnen sein*, das war die unumgängliche Bedingung, die unser treuer Verbündeter an die Einmischung knüpfte.

Seit Oktober 1790 bestanden die Ratgeber der Königin, die beiden Männer Österreichs, Mercy und Breteuil, auf der Flucht.

Breteuil schickte aus der Schweiz einen Bischof mit einem Plan, der dem entsprach, den Leopold später sandte; aber weder die Königin noch der Bischof hielten es für klug, als die ersten mit dem König über den österreichischen Plan zu reden. Die Königin ließ ihn durch einen ihrer Anhänger unterbreiten, einen Mann, mit dem sie in ihren guten Tagen eng verbunden gewesen und der ihr sehr ergeben geblieben war, einen schwedischen Offizier, Herrn von Fersen. Um den König nicht zu erschrecken, schlug man ihm lediglich vor, sich zu Bouillé zu flüchten, zu seinen treuen Regimentern, die noch unlängst in Nancy solche Energie bewiesen hatten, in die Nähe der österreichischen Grenze, in Büchsenschußweite von des Schwagers Leopold schützender Macht. Der König hörte zu und blieb stumm.

Dann kam die Königin hinzu; sie redete auf ihn ein, sie drängte und erlangte allmählich (23. Oktober 1790) eine Generalvollmacht, mit dem Auslande zu verhandeln, eine Vollmacht, die der König an Breteuil, den Mann der Königin, übertrug; von da an war das „Ausland“ nicht mehr Europa, sondern ausschließlich Österreich. Bouillé wurde benachrichtigt und riet dem König, sich viel eher nach Besançon zu begeben, in unmittelbare Nähe der schweizerischen Hilfe, die durch die Verträge gesichert und übrigens weniger bloßstellend war, als die jeder anderen Macht. Aber das war nicht die Meinung der österreichischen Ratgeber. Man bestand auf Montmédy, das zwei Meilen vom österreichischen Boden lag.

Um sich endgültig zu verständigen, schickte Bouillé im Dezember einen seiner Söhne, Louis de Bouillé, der vom Bischof, dem ursprünglichen Vermittler dieser Angelegenheit, geführt, sich nachts mit Fersen in einem abgelegenen Hause des Faubourg Saint-Honoré zu einer Besprechung traf. Der junge Bouillé war sehr jung, nur einundzwanzig Jahre alt; Fersen war unendlich anhänglich, aber zerstreut und vergeßlich, wie man bald sehen wird. Und doch hatten diese beiden Leute das Schicksal der Monarchie in der Hand und lenkten es.

Da Bouillé den Hof kannte und wußte, man könnte ihn, Bouillé, sehr leicht verdächtigen, wenn die Sache schief ging, so verlangte er, der König solle einen ausführlichen Brief schreiben, um ihn zu ermächtigen; der Brief solle seinem Sohn vorgelegt werden und dieser davon eine Abschrift nehmen. Das war bedenklich und gefährlich. Der König schrieb und unterzeichnete ein Wort, das ihn zwei Jahre später das Leben kosten sollte: „Man muß sich vor allem die *Hilfe* des Auslands sichern."

Im Oktober, als der König den Plan vorläufig billigte, sagte er nur, er zähle *auf die günstige Gesinnung* des Kaisers und Spaniens. Im Dezember will er deren *Hilfe*.

Der Plan hatte zuerst ganz französisch ausgesehen. Der Erfolg Bouillés in Nancy hatte die Hoffnung geweckt, eine große Partei in der Armee und in der Nationalgarde werde sich für den König erklären, Frankreich werde gespalten sein: dann genügte es Bouillé, wenn der Österreicher *außerhalb der Grenzen* eine Demonstration veranstaltete, und zwar nur, um einen Vorwand zu bieten, Regimenter in entsprechender Zahl zusammenzuziehen; eine Tatsache änderte das Bild: die Einmütigkeit Frankreichs.

Die Sache ging nun völlig an das Ausland. Bouillé bekennt, er habe deutsche Truppen gebraucht, um seine kleinen französischen Reste „beieinanderzubehalten". Er „verlangte", sagt sein Sohn, die Hilfe der Fremden. In Paris wurde die Flucht bei einem Portugiesen angezettelt, von einem Schweden geleitet; der Wagen, dessen man sich bediente, war bei einem Engländer verborgen.

So erschien und war die Sache in ihren kleinsten Einzelheiten wie in ihren bedeutsamsten Umständen eine Verschwörung des Auslands; das Ausland saß schon im Herzen des Königreichs und führte Krieg gegen uns durch den König. Und was war der König selbst und die Königin? Beide Ausländer durch ihre Mütter: er den Häusern Bourbon und *Sachsen* angehörig; sie den Häusern Lothringen-*Österreich*.

Im allgemeinen sind die Souveräne, in denen die Völker die Hüter ihrer Nationalität sehen, durch ihre Sippen und Ehen weniger Angehörige der Nation als

Europäer; sie haben oft im Ausland ihre liebsten Beziehungen, ihre Freundschaften, ihre Liebe. Es gibt wenig Könige, die nicht im Kampfe gegen einen anderen König einen Vetter, Neffen, Schwager usw. zum Gegner haben. In der Justiz verpflichten solche Beziehungen die Menschen, sich für unzuständig zu erklären; sollten sie nicht in den höchsten Entscheidungen zwischen Nationen, die durch die Diplomatie oder das Schwert erfolgen, berechtigte Gründe zum Argwohn sein?

Der Mann, unter dem die französische Marine sich gegen England bewährt hatte, war sicherlich nicht *dem Gefühle nach* ein Ausländer; *er war es vermöge seiner Rasse.* Der Deutsche war ihm verwandt, der Spanier war ihm verwandt. Wenn er Bedenken trug, Österreich herbeizurufen, so bekämpfte er das mit dem Gedanken, daß er ja gleichzeitig den König von Spanien, seinen Vetter, herbeirief.

Ferner war er ein Fremder durch ein außer (in seinen Augen: über) jeder Nationalität stehendes Gefühl: *ein Fremder der Religion nach.* Für den Christen kommt das Vaterland erst in zweiter Linie. Sein wahres, sein großes Vaterland ist die Kirche, von der jedes Königreich nur eine Provinz bildet. Der „allerchristlichste" König, den die Priester aus dem heiligen Gefäß von Reims gesalbt hatten, den der Eid auf dieses Gefäß band, und der von diesem Eide durchaus nicht entbunden war, hielt jeden andern Eid für nichtig. Obgleich er die Priester sehr gut kannte und ihnen nicht immer Gehör geschenkt hatte: hier bat er um ihren Rat; der Bischof von Clermont bestärkte ihn in der Idee, die Beschlagnahme der Kirchengüter sei Gotteslästerung (März 1790), der Papst in seinem Abscheu vor der Zivilverfassung des Klerus (September 1790). Der Bischof von Pamiers brachte ihm den Fluchtplan (Oktober), und die Notwendigkeit, das Gesetz über den Eid der Priester zu bestätigen (26. Dezember), nahm ihm alle Bedenken. Der Christ tötete den König, den Franzosen.

Sein schwaches und verwirrtes Gewissen hielt sich an zwei Ideen, von denen wir im Anfang dieses Kapitels gesprochen haben: er gedachte: 1. es nicht zu machen wie Jakob II., nicht das Königreich zu verlassen; 2. es nicht zu machen wie Karl I., keinen Krieg zu führen gegen sein Volk. – Wurden diese beiden Punkte vermieden, die ihm Englands Geschichte tief eingeprägt hatte, so brauchte er nichts zu fürchten auf der Welt; stillschweigend verließ er sich auf den alten Aberglauben, der die Könige so oft zu sträflichen Schritten ermutigt hat: „Was kann mir schließlich geschehen? Ich bin der Gesalbte des Herrn?"

In dem Brief, den Bouillé verlangte, schrieb er, er wolle um keinen Preis den Fuß außerhalb des Königreichs setzen (nicht einmal, um unverzüglich auf einem anderen Weg zurückzukehren), es sei sein fester Entschluß, das Land nicht zu verlassen.

Die Könige haben eine besondere Religion, sie beten das Königtum an. Sie erscheinen sich selbst als Hostie, ihr Palast ist das Heiligtum der Heiligtümer, ihre Diener und Lakaien haben einen geweihten, gleichsam priesterlichen Charakter. Ludwig XVI. wurde empfindlich verletzt in dieser Religion durch einen

Vorgang in den Tuilerien am 28. Februar abends. La Fayette hatte an der Spitze der Nationalgarde den Aufruhr in Vincennes unterdrückt; er war überzeugt, dieser sei das Werk des Schlosses. Er kehrte zu den Tuilerien zurück und fand sie voll von bewaffneten Edelleuten, die nicht erklären konnten, warum sie da waren. Die Nationalgarde, noch immer erregt und in sehr schlechter Laune, erwies den edlen Herren durchaus nicht die Rücksichten, die Leute ihrer Art erwarten zu dürfen glaubten. Man nahm ihnen ihre Degen, ihre Pistolen, ihre Dolche; man taufte sie mit einem Namen, der mehr als einmal in der Revolution wiederkehrt: „Ritter vom Dolche"; entwaffnet wurden sie einzeln unter Zischen hinausgelassen; ein paar von ihnen mußten sich von der Brutalität der bewaffneten Bourgeois brüderliche Züchtigungen gefallen lassen.

Ludwig XVI. war tief betrübt über diese Achtungsverletzung, aber noch viel schwerer traf ihn die Austreibung der nicht vereidigten Priester, die im Frühling ihre Kirchen verlassen mußten. Viele nahm er in den königlichen Häusern und in den Tuilerien auf. Er wußte nichts von den Intrigen des Klerus, sah durchaus nicht das in ihm, was er war: den Organisator des Bürgerkrieges; er vergaß die politische Seite völlig und führte alles auf die Frage der religiösen Duldsamkeit zurück. Erwähnenswert ist, daß sogar Politiker, und zwar Philosophen, keineswegs Christen, daß Sieyès und Raynal ebenso urteilen; ihr Eintreten für die Priester mußte Ludwig XVI. in seinem Widerstand gegen die revolutionäre Bewegung bestärken. Wie sollte er, der die Protestanten geduldet hatte, im Schoße seines eigenen Palastes nicht ebenfalls Duldsamkeit genießen? Er glaubte sich jeden Eides entbunden, jeder Pflicht enthoben. Gegen die Revolution glaubte er die Vernunft und Gott auf seiner Seite.

Mochte er es übrigens wollen oder nicht, die Gegenrevolution war im Gange. Sein Bruder, der Graf Artois, war damals in Mantua beim Kaiser Leopold, mit den Gesandten Englands und Preußens (Mai 1791). Tatsächlich war das ein Kongreß, auf dem man die Angelegenheiten Frankreichs verhandelte. Wenn der König nicht handelte, so wollte man ohne ihn handeln. Er spielte keine große Rolle in dem Plan des Grafen Artois; dieser kriegerische Plan, den des Grafen Faktotum Calonne entworfen hatte, bestimmte, fünf Armeen von fünf verschiedenen Nationen sollten gleichzeitig in Frankreich einrücken. Auf Hindernisse rechnete man nicht; der junge Prinz, nicht weiter aufgehalten als durch die üblichen Ansprachen an den Toren der Städte, würde fröhlich ganz Europa nach Paris zum Souper führen. Er war der Agamemnon in dieser Iliade, der König der Könige, sein war die Gnade und das Recht, er herrschte ... Und der König? Der würde dann nur um so mehr Zeit haben für die Messe und die Jagd. Und die Königin? Die schickte man nach Österreich oder in ein Kloster.

Leopolds Antwort auf diesen Roman war ein Roman: ganz gewiß würden die Armeen pünktlich am 1. Juli zum Rendezvous an der Grenze sein. Nur hatte der

Kaiser eine gewisse Abneigung, sie in Frankreich einmarschieren zu lassen. Und wenn er selbst wirklich die Absicht gehabt hätte, etwas zu tun, so hätte ihn seine Schwester daran gehindert; sie schrieb ihm von Paris, sie habe nicht das geringste Vertrauen zu Calonne. Und gleichzeitig ließen der König und die Königin dem Grafen Artois sagen, sie verließen sich auf Calonne und ermächtigten ihn, für sie zu verhandeln.[1]

Alle Schritte des Königs und der Königin um diese Zeit sind zweideutig und widerspruchsvoll.

So lassen sie La Fayette (durch den jungen Bouillé, seinen Vetter) grenzenlose Anerbietungen machen, wenn er zur Wiederherstellung der königlichen Macht beitragen will (Dezember oder Januar). Und fast gleichzeitig versichern sie dem Grafen Artois, daß sie La Fayette „als einen Schurken und fanatischen Aufrührer kennen, zu dem man keinerlei Vertrauen haben kann." (März 1791)

So billigt der König in demselben Augenblick, da er durch seinen Versuch, die Tuilerien zu verlassen (18. April), vor ganz Europa seine Unfreiheit festgestellt hat, einen von den Lameth sehr törichten Brief, worin man ihm sagen läßt, er sei völlig frei (23. April). Montmorin legte vergeblich die Unwahrscheinlichkeit der Sache dar. Der König beharrte darauf. Der Minister mußte der Nationalversammlung dieses einzigartige Schriftstück mitteilen, worin den auswärtigen Höfen die revolutionäre Denkungsart Ludwigs XVI. angezeigt wird. In diesem lächerlichen Briefe spricht der König von sich selbst im Jakobinerstil, erklärt, er sei nur der erste öffentliche Beamte, er sei frei und habe freiwillig die Verfassung angenommen, *diese mache ihn glücklich* usw. Diese ganz neue Sprache, worin jeder die Lüge merkte, die falsche Stimme mit ihrem mißtönenden Klang, setzte den König schwer ins Unrecht; was man noch an Anhänglichkeit für ihn übrig hatte, hielt nicht stand vor der Verachtung, die seine Doppelzüngigkeit einflößte.

Jedermann war überzeugt, er schriebe gleichzeitig einen Widerruf. Und das war richtig. Der König täuschte Montmorin, der seinerseits Lameth täuschte (wie früher Mirabeau); er ließ in Preußen, in Österreich melden, jeder seiner Schritte, jedes seiner Worte zugunsten der Verfassung müsse im umgekehrten Sinne aufgefaßt werden, „ja" solle „nein" bedeuten.

Der König hatte eine königliche Erziehung erhalten durch Herrn de La Vauguyon, den Führer der Jesuitenpartei; seine von Natur anständige Gesinnung hätte in normalen Verhältnissen die Oberhand behalten; aber in dieser Krisis, da Religion und Königtum auf dem Spiele standen, kam der Jesuit wieder zum

[1] Vergleiche die Briefe Leopolds und der Königin in der „Revue rétrospective", 1833, Bd. I und II der zweiten Reihe, nach den Originalen in den französischen Archiven: „Wir wiederholen Ihnen die Bitte um acht- oder zehntausend Mann, ..." (1. Juni 1791). Vergleiche auch die Briefe der Königin, die nach den Wiener Archiven von Arneth veröffentlicht wurden.

Vorschein. Zu fromm, um die geringsten Bedenken in bezug auf ritterliche Ehre zu hegen, und in dem Glauben, derjenige, der um des Guten willen lüge, könne nicht eigentlich lügen, überschritt er das Maß und konnte schließlich niemanden mehr belügen.

Österreich scheint nicht mehr als Frankreich an den guten Glauben Ludwigs XVI. geglaubt zu haben. Und vielleicht blieb Ludwig tatsächlich genug Franzose, um Österreich absichtlich zu täuschen, während er sich seiner Hilfe bediente. Er bat Österreich nur um etwa zehntausend Mann, eine unbedeutende Macht, der übrigens eine spanische Armee und die fünfundzwanzigtausend Mann, die auf Grund der Verträge die Schweiz dem König auf Ersuchen stellen mußte, das Gleichgewicht hielten. Daher beeilten sich die Österreicher durchaus nicht; sie warteten ab und verwiesen auf den Widerspruch Preußens und Englands; es paßte ihnen nicht, umsonst zu kommen, nur zum Schein und als Statisten, um die Royalisten zu ermutigen und zum Zusammenschluß zu bringen, um dem König eine Macht zu schaffen; im Gegenteil verlangten sie von ihm, er solle beweisen, daß er eine Macht besäße, er solle den Bürgerkrieg beginnen. Um sie zu bestimmen, die Last einer solchen Sache auf sich zu nehmen, mußte man ihr Interesse wecken; wenn der König das Elsaß angeboten hätte oder wenigstens einige Plätze, so hätte sein Schwager, der empfindsame Leopold, trotz seiner Verlegenheiten, wirksamer gehandelt.

Nichts besaß er sicher, weder draußen noch drinnen, nicht einmal in seiner Familie. Bei ihr fand er nur Selbstsucht. Weit entfernt davon, ihm eine Stütze zu sein, trug sie außerordentlich zu seinem Untergang bei.

Seine Tanten trugen dazu bei durch ihre Eile, vor ihm abzureisen; sie veranlaßten so den heftigen Streit um das Recht der Auswanderung und verminderten entsprechend für den König die Möglichkeiten der Flucht.

Monsieur trug dazu bei. Er weckte in dem König die Besorgnis, er werde allein abreisen, was für Ludwig XVI. eine wirkliche Gefahr gewesen wäre. Monsieur war sehr verdächtig. Er hatte versucht, den König ohne dessen Einwilligung durch Favras zu entführen. Viele sprachen davon, ihn während der Gefangenschaft des Königs zum Regenten zu machen, zum Reichsverweser, zum vorläufigen König.

Aber keiner trug unmittelbarer zum Sturz Ludwigs XVI. bei als die Königin.

Sie fürchtete die Trennung aufs äußerste, sie hielt sich am König, klammerte sich an ihn, wollte zusammen mit ihm und allen den Seinigen abreisen; sie machte ihm die Flucht beinahe unmöglich.

In übertriebener Sorge um die Sicherheit der Königin verlangte de Mercy, der österreichische Gesandte, entgegen dem gesunden Menschenverstand, entgegen der Ansicht Bouillés, daß kleine Trupps von Soldaten in Abständen auf dem Wege aufgestellt würden, den sie zu nehmen hatte; diese Maßregel war sehr geeignet, die Bevölkerung zu beunruhigen, zu warnen, aufzuwiegeln, aber ganz ungenügend, um große Massen bewaffneten Volkes im Zaum zu halten, und sehr unnütz für den König, der persönlich durchaus nicht gehaßt wurde. Oben war von der wahren Meinung des Volkes die Rede, die ein Blatt naiv ausdrückte: „Ludwig XVI. weinte heiße Tränen über die Dummheiten, die ihn die Österreicherin machen ließ." Wäre er selbst erkannt worden, er hätte passieren können; wenige hätten das Herz gehabt, Hand an ihn zu legen. Aber der bloße Anblick der Königin mußte alle Befürchtungen wecken, mußte – sogar die Royalisten – die Gefahr fühlen lassen, daß sie den König von Frankreich den Armeen des Auslandes zuführte.

Sehr unheilvoll war auch der Einfluß der Königin auf die Ausführung des Planes; sie wählte zu Agenten nicht die fähigsten Leute, sondern die ihrer Person ergebensten und die Schützlinge ihrer Familie, ihren treuen Herrn von Fersen, ihren Sekretär Goguelat, den sie zu geheimen Missionen an Esterhazy und andere zu benutzen pflegte; schließlich den jungen Choiseul, der aus einer Österreich teuren Familie stammte; dieser junge Mann war liebenswürdig, besaß ein feuriges Herz und ein sehr großes Vermögen, er wollte sich ein Fest daraus machen, die Königin in Lothringen königlich zu empfangen, und war wirklich geeigneter, sie gut zu empfangen, als sie zu retten oder zu geleiten. Ersichtlich wollte Bouillé der Königin gefällig sein, als er diesem jungen Mann eine der wichtigsten Rollen in der Fluchtaffäre anvertraute.

Die Reise nach Varennes war ein Wunder an Unklugheit.[1] Man braucht bloß zu überlegen, was der gesunde Menschenverstand verlangte und dann in Gedanken das Gegenteil tun; auf diese Weise könnte man, wenn alle Memoiren vernichtet wären, die Geschichte rekonstruieren.

Zunächst ließ die Königin zwei oder drei Monate vorher, als hätte sie auf die Abreise aufmerksam machen wollen, eine Aussteuer bestellen für sich und für ihre Kinder; dann bestellte sie einen prächtigen Reisekoffer, ähnlich dem, den sie schon besaß, ein kompliziertes Stück, das alles faßte, was man für eine Reise um die Welt hätte wünschen können. Ferner, statt einen gewöhnlichen und wenig auffälligen Wagen zu wählen, beauftragte sie Fersen, eine breite und geräumige Berline bauen zu lassen, worin man vorn und hinten Koffer, Körbe und Kisten, alles, was unterwegs die Aufmerksamkeit auf einen Wagen zieht, unterbringen und auftürmen konnte. Das ist nicht alles, dem ersten Wagen soll ein zweiter folgen, in dem die Frauen sitzen sollen. Vorauf und hinterher sollen drei Gardes du corps reiten, als Kuriere verkleidet, in neuen, auffallend gelben Wämsern, die

[1] Monsieur dagegen wurde sehr geschickt gerettet. Madame de Balbi, eine Frau von Geist (seine Mätresse, wenn er eine hätte haben können), bestimmte ihn, sich einem jungen Gascogner namens d'Avaray anzuvertrauen, der ihn auf einem schlechten Kabriolett entführte. Er reiste allein, Madame nahm einen andern Weg (vergleiche „Relation d'un voyage à Coblentz", 1823).

aller Blicke auf sich lenken und schon durch ihre Farbe glauben machen mußten, es seien Leute des Prinzen Condé, des Emigrantengenerals! Offenbar sind diese Männer gut vorbereitet: nein, sie haben den Weg niemals gemacht. Offenbar sind diese Garden entschlossene Männer und bis zu den Zähnen bewaffnet: sie haben nur kleine Jagdmesser. Der König hatte ihnen zu wissen gegeben, sie würden im Wagen Waffen finden. Aber Fersen, der Mann der Königin, fürchtete zweifellos für diese die Gefahren eines bewaffneten Widerstandes und vergaß ausgerechnet die Waffen.

Soweit ist die Unvorsichtigkeit lächerlich. Aber nun kommt das Traurige und Unedle. Der König läßt sich als Bedienter verkleiden; er vermummt sich mit einem grauen Rock und einer kleinen Perücke. Er ist der Kammerdiener Durand. Diese erniedrigende Einzelheit steht in dem naiven Bericht der Frau von Angoulême; man findet sie auch bestätigt im Paß der Frau von Tourzel und der Königin, die sich als russische Dame, Baronin von Korff, ausgab. Diese Unziemlichkeit genügte, um alles zu enthüllen: die Dame ist so intim mit ihrem Kammerdiener, daß sie ihn in ihren Wagen nimmt und Knie an Knie mit ihm sitzt.

Eine klägliche Verwandlung! Wie gut ist er nun versteckt! Wer würde ihn erkennen! ... Sagen wir besser, wer möchte ihn jetzt erkennen? Frankreich? Sicherlich nicht. Wenn Frankreich ihn so sieht, wendet es die Augen ab.

„Legt“, sagte Ludwig XVI., „den roten, goldgestickten Rock, den ich in Cherbourg trug, in die Wagenkiste.“ Was er so in den Koffern verbirgt, wäre sein Schutz geworden. Der Rock des Tages, da der König von Frankreich inmitten seiner Marine England gegenübertrat, weihte ihn besser als das heilige Salbgefäß von Reims. Wer hätte ihn anzuhalten gewagt, wenn er, seinen Mantel beiseite werfend, diesen Rock hätte sehen lassen? ... Er hätte ihn bewahren müssen, oder vielmehr: er hätte das französische Herz bewahren müssen, wie er es einst besaß.

SECHSTES KAPITEL

Flucht des Königs nach Varennes (20. und 21. Juni 1791)

Der König gefährdet durch seine Abreise das Leben seiner Freunde. – Vertrauen und Leichtgläubigkeit La Fayettes und Baillys. – Unvorsichtigkeiten bei der Abreise, 20. Juni 1791. – Der König sollte sich auf österreichisches Gebiet begeben. – Frankreich in Gefahr. – Die Rache wahrscheinlich; Théroigne ist bereits gefangen. – Frankreich wacht über sich selbst; der Weg des Königs wird überwacht. – Der König wird verfolgt, 21. Juni 1791; Verzögerung bei der Ankunft in Varennes, Festnahme des Königs. – Die Landbevölkerung strömt nach Varennes. – Unwille des Volkes. – Ein Dekret der Versammlung ruft den König nach Paris zurück.

Was bei dieser Reise nach Varennes unter anderem besonders betrübend ist, und was die Vorstellung mindert, die man sich von Ludwigs XVI. Güte machen möchte, das ist die Leichtigkeit, mit der er bei der Abreise die Männer opferte und in Lebensgefahr brachte, die ihm aufrichtig anhingen.

Durch den Zwang der Verhältnisse war La Fayette zum unfreiwilligen Wächter des Königs geworden, er haftete persönlich für ihn vor der Nation; er hatte bei manchen Gelegenheiten und bisweilen sogar dadurch, daß er die Revolution bloßstellte, bewiesen, daß er vor allem die Wiederherstellung des königlichen Ansehens als Bürgschaft für Ordnung und Frieden wünschte. Republikaner aus Theorie und Überzeugung, hatte er nichtsdestoweniger der Monarchie seine große Leidenschaft und seine Schwäche, die Volkstümlichkeit, geopfert. Man konnte darauf wetten, daß La Fayette, sobald die Abreise des Königs bekannt wurde, in Stücke gerissen würde.

Und was sollte aus dem Minister Montmorin werden, einem liebenswürdigen und schwachen Menschen, der in leichtsinnigem Vertrauen auf die Worte des Königs, um die Blätter zu beruhigen, am 1. Juni an die Versammlung schrieb, er bezeuge „auf seine Verantwortlichkeit, *auf seinen Kopf* und auf seine Ehre", daß der König nie daran gedacht habe, Frankreich zu verlassen?

Was sollte vor allem aus dem unglücklichen Laporte werden, dem Intendanten des königlichen Hauses und persönlichem Freunde des Königs, dem der König, ohne ihn zu fragen, bei der Abreise den gefährlichen Auftrag hinterließ, der Versammlung eine feierliche Protesterklärung vorzulegen? Der erste Ausbruch der öffentlichen Wut mußte diesen Unglücklichen treffen, den unfreiwilligen Überbringer einer Kriegserklärung des Königs an sein Volk; unfehlbar mußte Laporte das erste Opfer dieses Krieges werden; er war sein erster Toter; er konnte seinen Sarg bestellen und sein Leichentuch vorbereiten.

La Fayette wurde von mehreren Seiten gewarnt, wollte aber nur dem König selbst glauben; er suchte ihn auf und fragte ihn, was an den Gerüchten sei. Ludwig XVI. antwortete so klar, so einfach, so bieder, daß La Fayette ihn völlig beruhigt verließ. Einzig um der Unruhe des Publikums Rechnung zu tragen, verdoppelte er die Wachtposten. Bailly trieb die Ritterlichkeit weiter, sogar weit über das hinaus, was ihm die Pflicht gebot; er erhielt bestimmte Mitteilungen durch eine Frau im Dienst der Königin, eine Augenzeugin der Vorbereitungen, und hatte die sträfliche Schwäche, die Königin von dieser Anzeige zu unterrichten, die geheimzuhalten ihm doch schon seine Ehre zur Pflicht machte.

Der König und die Königin hatten sagen lassen, sie würden am nächsten Sonntag, dem Tage des Fronleichnamfestes, der Kirchspielprozession des konstitutionellen Klerus beiwohnen. Madame Elisabeth hatte die Teilnahme abgelehnt. Am 19., dem Tage vor der Abreise, sprach die Königin mit Montmorin, der der Schwester des Königs einen Besuch gemacht hatte, und äußerte zu dem Minister: „Sie macht mir Kummer; ich habe getan, was ich konnte, sie umzustimmen; mir scheint, sie könnte ihrem Bruder dies Opfer ihrer Überzeugung bringen."

Der König zauderte bis zum 12. Juni; die Denunziantin sollte zuvor den Dienst verlassen, auch wollte er noch eine Vierteljahrsrate der Zivilliste mitnehmen; das erklärte er später selbst. Schließlich konnten die Österreicher erst am 15. Juni die Wege auf zwei Meilen von Montmédy besetzt haben. Die immer neuen Verzögerungen, die Bewegungen der Truppen, die zusammengezogen und wieder zurückgezogen wurden, waren nicht ohne Nachteil. Choiseul erklärte dem König im Auftrage Bouillés, falls er nicht in der Nacht vom 20. abreiste, würde er, Choiseul, alle unterwegs aufgestellten Posten an sich ziehen und mit Bouillé auf österreichisches Gebiet gehen.

Am 20. Juni vor Mitternacht war die ganze königliche Familie durch eine unbewachte Tür entwichen und stand auf der Place du Carrousel.

Ein von Bouillé bestimmter, sehr entschlossener Militär sollte im Wagen Platz nehmen, die etwa nötigen Antworten geben und die ganze Sache leiten. Aber Frau von Tourzel, die Erzieherin der Kinder des Königs, berief sich auf das Vorrecht ihres Amtes: kraft des von ihr geleisteten Eides hatte sie die Pflicht, *das Recht*, die Kinder nicht zu verlassen; das Wort „Eid" machte einen großen Eindruck auf Ludwig XVI. Übrigens war es nach den Vorschriften der Etikette unerhört, daß die königlichen Kinder ohne Erzieherin reisen sollten. Der Militär stieg nicht in den Wagen, aber die Erzieherin stieg ein: statt eines fähigen Mannes hatte man eine unnütze Frau. Das Unternehmen hatte kein Haupt, hatte niemanden, es zu leiten; es ging auf gut Glück vonstatten.

Das Romantische des Abenteuers gefiel der Königin, trotz aller Besorgnis. Sie hielt sich lange mit der Verkleidung der Kinder auf; sie beging die unglaubliche Unvorsichtigkeit, auf die hell erleuchtete Place du Carrousel zu gehen, um die Kinder abfahren zu sehen. Sie stiegen in einen Mietwagen, dessen Kutscher Fersen war; um die etwaigen Verfolger besser irrezuführen, fuhr Fersen kreuz und quer durch die Straßen, kehrte dann zurück und wartete noch eine volle Stunde auf dem Carrousel; endlich kam Madame Elisabeth, dann der König, später die Königin, die von einem Garde du corps geführt wurde; der letztere kannte Paris schlecht und hatte die Königin über die Brücke in die Rue du Bac gebracht. Als sie gerade auf den Carrousel zurückkehrte, sah sie mit Haß und Freude La Fayette in einem Wagen vorüberfahren; der kam aus den Tuilerien, er hatte das Coucher des Königs versäumt. Man erzählt, sie habe in der kindischen Freude, ihren Kerkermeister überlistet zu haben, mit einem Spazierstock, wie ihn die Frauen damals trugen, an das Rad seines Wagens geschlagen. Die Sache ist schwer glaubhaft, der Wagen ging in raschem Trabe und war von mehreren fackeltragenden Lakaien zu Pferde geleitet. Dagegen versichert der Garde du corps, das Licht habe sie ängstlich gemacht, sie habe sich von seinem Arm losgemacht und sei auf die andere Seite geflohen.

Der Kutscher Fersen, der ein so kostbares Gut in seinem Fiaker hatte und sein Paris nicht besser kannte als die Gardes du corps, fuhr bis zum Faubourg Saint-Honoré, um zum Schlagbaum von Clichy zu gelangen, wo bei einem Engländer, Crawford, die Berline wartete. Von da ging's nach La Villette. Um den Fiaker loszuwerden, hinter dem die Gardes du corps ritten, ließ er ihn in einen Graben stürzen. Dann übernahm er die Führung bis Bondy. Dort war es Zeit, sich zu trennen; er küßte dem König die Hand und der Königin, die er dankbar verließ, um sie niemals wiederzusehen, nachdem er für sie, die die Religion seiner Jugend war, sein Leben gewagt hatte.

Eine von den vielen Unvorsichtigkeiten dieser Reise war, daß man die Kammerfrauen sehr lange vor der königlichen Familie hatte abreisen lassen, so daß sie sechs Stunden eher in Bondy ankamen. Der Postillon, der sie führte, war im Ort geblieben und sah höchst verblüfft, wie ein als Fiakerkutscher gekleideter Mann allein in einen schönen vierspännigen Wagen stieg.

Nun waren sie unterwegs, sehr spät zwar, aber sie fuhren in vollem Trabe, ein Garde zu Pferd am Schlage, ein anderer auf dem Sitz; ein dritter, Herr von Valory, ritt voraus und bestellte die Pferde, großartig gab er jedem Postillon einen Taler Trinkgeld, was nur der König zu geben pflegte. Ein Zugriemen riß und hielt ein paar Augenblicke auf; auch der König hemmte die Sache ein wenig, da er bei einer Steigung zu Fuß gehen wollte. Im übrigen gab's keine Schwierigkeiten; dreißig Meilen und mehr wurden so zurückgelegt, auf der ganzen Strecke lagen keine Truppen. Vor Châlons sagte die Königin zu Valory: „Franz, alles geht gut; wenn man uns hätte anhalten können, wäre es bereits geschehen."

Alles geht gut? ... Für Frankreich? Oder für Österreich? – Denn schließlich, wohin fährt der König?

Er hat es gestern zu Herrn von Valory gesagt: „*Morgen* werde ich in der Abtei Orval schlafen", außerhalb Frankreichs, *auf österreichischem Boden.*

Bouillé sagt das Gegenteil; aber er ist ja selbst der beste Beweis, daß der König, da er auf irgendwelche Sicherheit im Königreich nicht mehr rechnen konnte, seine Absicht hatte ändern und schließlich, wenn auch wider Willen, in das österreichische Netz hatte fallen müssen. Die wenigen Truppen, die Bouillé noch besaß, waren so wenig zuverlässig, daß er, als er dem König ein paar Meilen entgegengegangen war, umkehren zu müssen glaubte, um bei seinen Truppen zu sein, sie zu überwachen und zusammenzuhalten.

Der Plan, der im Oktober und sogar noch im Dezember ganz französisch schien, ist im Juni nicht mehr französisch. Denn Bouillés Kommando ist immer kleiner geworden, seine schweizerischen Regimenter sind verlegt, seine französischen Regimenter halten nicht mehr zu ihm, kaum hat er noch einige deutsche Kavallerie sicher. Der König weiß es und muß seinen Widerwillen, auf österreichisches Gebiet zu gehen, überwinden.

Der ursprüngliche Plan Bouillés war vielleicht noch gefährlicher. Wenn der König Frankreich verließ, so war er gerichtet; er beraubte sich selbst seines nationalen Charakters, wurde augenscheinlich Österreicher und also Ausländer; Frankreich würde unverzüglich den Krieg gegen ihn beginnen. Aber Bouillé wollte den Krieg diesseits der Grenze, in Frankreich selbst oder gerade noch eben in Frankreich, nicht von einer Festung, sondern von einem Lager bei Montmédy aus, einem rasch beweglichen Kavallerielager; so war er gleichzeitig im Königreich und nicht im Königreich. Diese militärische Stellung war gut gegen die Österreicher, „ist aber noch besser", sagt Bouillé, „gegen die Franzosen." War der König inmitten dieser Reiter, hinter diesen fliegenden Batterien, konnte er sich auf den Feind stützen, sich zu ihm zurückziehen oder ihm unsere Provinzen öffnen, dann durfte er ohne Umschweife sprechen; er durfte zum Beispiel sagen: „Ihr habt keine Armee, eure Offiziere sind emigriert, eure Kadres in Auflösung, eure Magazine leer; seit fünfundzwanzig Jahren habe ich eure Befestigungen an der ganzen österreichischen Grenze zerfallen lassen; euer Land ist offen und schutzlos. Nun wohl, der Österreicher kommt und anderseits der Spanier und der Schweizer; ihr seid also auf drei Seiten eingeschlossen. Ergebt euch, gebt eurem Herrn die Macht zurück." So hätte die Rolle des Königs sein können, von ihm konnte der Bürgerkrieg ausgehen, er konnte nach Belieben die Pforte zum auswärtigen Kriege öffnen und schließen. Man hätte vielleicht ein paar Worte von Verfassung geredet, damit der Widerstand wirkungslos werde und die alte Versammlung das Land einschläfern und anständig ausliefern konnte.

Lüttich und Brabant sagten deutlich genug, wessen man sich von Fürstenworten zu versehen hatte. Der Bischof von Lüttich war mit väterlichen Worten und österreichischen Soldaten zurückgekehrt und hatte die Patrioten mit den alten barbarischen Strafen gezüchtigt, mit Tortur und Folter. Unsere Emigranten warteten nicht einmal die Rückkehr ab, um in Frankreich Proskriptionslisten herumgehen zu lassen. Und würde die Königin milde sein? Würde sie so leicht die Demütigung vom Oktober vergessen, als sie auf dem Balkon stand und vor dem Volke weinte? Dazu bestand keine Aussicht. Als Théroigne, die Frau, der man die Hauptschuld an dem Zuge der Frauen nach Versailles gab, in Lüttich war, wurde sie von Paris aus verfolgt, angezeigt und der Lütticher Polizei, der österreichischen Polizei ausgeliefert (Mai 1791); diese schleppte sie „als Königsmörderin" nach Österreich, in die Gefängnisse des Bruders der Marie-Antoinette. Ganz zweifellos hätte eine grausame Reaktion stattgefunden, im Stil von 1816; 1816, zur Zeit der Prevotalgerichte, war der Garde du corps Valory, der Kurier des Königs auf der Reise nach Varennes, Gerichtsherr im Departements Doubs.

„Nachmittags gegen vier oder fünf Uhr", erzählt Frau von Angoulême (in dem klaren Bericht Webers), „kam man durch die große Stadt Châlons-sur-Marne. Dort wurde man völlig erkannt. Viele Leute lobten Gott, als sie den König sahen, und beteten für das Gelingen seiner Flucht."

Nicht alle lobten Gott. Auf dem Lande gärte es allerorten. Um die Anwesenheit der Posten auf dem Wege zu erklären, war man auf die unglückliche Idee geraten zu sagen, sie seien zum Geleit einer großen Wertsendung, die passieren würde, bestimmt. In einer Zeit, da man die Königin beschuldigte, sie ließe Geld nach Österreich bringen, hieß das, die Geister verwirren und zum wenigsten, die Aufmerksamkeit erregen.

Choiseul hatte den ersten Posten, drei Meilen von Châlons: er hatte vierzig Husaren, mit denen er, sagte Bouillé, die Passage des Königs sichern und jedem hinter ihm her Reisenden den Weg sperren sollte. Wenn der König in Châlons festgehalten wurde, sollte er ihn mit Gewalt befreien. Das ist ganz unverständlich; vierzig Reiter werden mit einer solchen Stadt nicht fertig, und wie erst, wenn die ganze Landbevölkerung der Umgegend sich in die Sache mischte!

Tatsächlich ärgerten sich die Bauern über die Husaren auf dem Wege, sie kamen in Scharen, sie anzusehen. Man kam sogar von Châlons, man machte sich lustig über die Wertsendung; alle Welt verstand sehr wohl, um welche Wertsendung es sich handelte. Man begann, in den Dörfern die Sturmglocke zu läuten. Die Stellung Choiseuls war nicht zu halten. Nach vier- bis fünfstündigem Warten über die Zeit hinaus mußte nach seiner Berechnung der Streich mißglückt sein, der König hatte nicht abreisen können; war er aber abgereist, so hieß es die Passage hindern, wenn man auf diesem Wege blieb und die Unruhe des ganzen angesammelten Volkes vermehrte; entfernten sich aber die Husaren, so zerstreuten sich die Leute, und der Weg wurde frei. Choiseul beschloß, den Posten zu verlassen. Bei ihm befand sich der Sekretär der Königin, Goguelat, ein Stabsoffizier, der alle Vorbereitungen auf dem Wege getroffen hatte; er riet Choiseul, das in Gärung befindliche Sainte-Menehould zu vermeiden. Sie nahmen einen Führer und wählten den Weg durch die Wälder, sie wurden durch die scheußlichen Wege aufgehalten und kamen erst morgens nach Varennes. Choiseul hätte Goguelat oder einen andern auf der großen Straße lassen müssen, um den König zu führen, wenn er vorbeikam, um die andern Detachements zu benachrichtigen; das tat er nicht, aber er schickte einen Kammerdiener der Königin, einen treuen, aber leichtsinnigen Menschen, der wenig Verstand besaß (und durch die Aufregung selbst dieses Wenige verloren hatte). Choiseul sandte ihn an die Posten auf dem Wege mit der Mitteilung, es bestände keine Hoffnung mehr und es bliebe nichts mehr übrig, als zu Bouillé zu stoßen. Choiseul verließ Frankreich geradenwegs und reiste nach Luxemburg ab.

Der König kam an, als jener sich gerade entfernt hatte. Er fand keinen Choiseul, keinen Goguelat, keine Truppen: „Er sah in einen offenen Abgrund." Indessen war die Straße ruhig, man kam nach Sainte-Menehould; in seiner Unruhe steckt der König den Kopf aus dem Wagenschlage. Der Befehlshaber des Postens hatte seine Leute nicht zu Pferde steigen lassen; er will sich entschuldigen, nimmt den Hut ab; jeder erkennt den König. Der Gemeinderat ist schon versammelt und läßt den Dragonern verbieten, aufzusitzen. Doch sind deren Absichten zu ungewiß, als daß man versuchen sollte, den Wagen gegen ihren Willen anzuhalten; aber jemand erbietet sich, dem Wagen zu folgen und zu versuchen, ihn später anhalten zu lassen; der Gemeinderat ermächtigt den Mann ausdrücklich dazu. Dieser Mann, ein früherer Dragoner mit Namen Drouet, der Sohn des Postmeisters, machte sich tatsächlich auf den Weg; ein Reiter, der sein Vorhaben durchschaute, folgte ihm auf den Fersen und hätte ihn vielleicht getötet; da ging Drouet quer durch dichten Wald, auf Seitenpfaden, die eine Verfolgung unmöglich machten.

Indessen verfehlte er den König in Clermont; diese Stadt war nicht weniger in Aufregung als Sainte-Menehould und hielt ebenfalls durch ihre Drohungen die Truppe zurück; den Wagen jedoch ließ sie passieren. Niemals hätte ihn Drouet erreicht, wenn er nicht von selbst – und zwar höchstens eine halbe Stunde – am Tore von Varennes halten geblieben wäre, weil er keinen Vorspann fand.

Hier liegt einer der Hauptfehler des Unternehmens. Goguelat, Staboffizier, Ingenieur und Topograph, hatte das Amt übernommen, alle Einzelheiten vorzubereiten und zu sichern und die Vorspannpferde an solchen Stellen bereitzuhalten, wo kein Posthaus stand; er hatte dem König den ganzen Plan gegeben und ihm alles mehrmals erklärt. Ludwig XVI., der ein ausgezeichnetes Gedächtnis besaß, wiederholte es Wort für Wort dem Kurier Valory; er sagte ihm, *vor* der Stadt Varennes würden Pferde und ein Truppenposten sein. Nun, Goguelat stellte diese *hinter* der Stadt auf und vergaß, den König von dieser Änderung im verabredeten Plan zu benachrichtigen.

Der Kurier Valory, der vorausgaloppierte, hätte schließlich den Vorspann gefunden, wenn er, wie es vernünftig gewesen wäre, eine oder wenigstens eine halbe Stunde den anderen voraus gewesen wäre; aber er zog es vor, eine so seltene Gelegenheit zu nutzen; er trabte am Schlage und erreichte so, daß die erlauchten Reisenden ein paarmal das Wort an ihn richteten; spät, sehr spät setzte er sein Pferd in Galopp und benachrichtigte den Vorspann. Das ging gut bei den anderen Posten, aber in Varennes verdarb es alles.

Eine halbe Stunde suchte er in der Finsternis, klopfte an die Türen, weckte die schon schlafenden Bewohner. Der Vorspann wurde inzwischen auf der anderen Seite der Stadt von zwei jungen Leuten bereitgehalten (der eine war ein Sohn Bouillés); sie hatten den Befehl, sich nicht zu rühren, damit kein Alarm entstände, und befolgten ihn nur allzu gut. Und doch hätte einer von ihnen ohne Gefahr am Eingang der Stadt sein und, wenn der Wagen kam, diesen führen können; die Gegenwart eines einzigen Mannes auf der Straße, selbst wenn man ihn zu dieser Stunde, in dieser schwarzen Nacht hätte bemerken können, würde schon nicht auffällig gewesen sein.

Die Geschichte des tragischen Augenblickes, da der König gefangengenommen wurde, ist ungenügend bekannt und wird's immer bleiben. Die wichtigsten Historiker der Reise nach Varennes haben ihre Kenntnis nur vom Hörensagen. Die Herren Bouillé, Vater und Sohn, waren nicht da, die Herren Choiseul und Goguelat kamen erst eine oder zwei Stunden nach dem verhängnisvollen Augenblick, Deslons noch später. Als sicher könnten nur zwei Worte gelten (eins von Drouet und eins von Madame d'Angoulême), wenn nicht Valory, der als Kurier verkleidete Garde du corps, später unter der Restauration seine Erinnerungen aufgezeichnet hätte. Seine etwas wirre, aber sehr umständliche Erzählung hat eine gewisse leidenschaftliche Naivität, die allen Zweifel ausschließt; man merkt, daß hier die Zeit das Gedächtnis nicht abschwächen konnte. Das ganze erloschene Dasein des Greises hat sich auf dieses außerordentliche Ereignis vereinigt; Gefahren und Verbannung, alles persönliche Unglück ist von ihm abgeglitten, sein Leben ging ganz in dieser Stunde auf; was vorher und nachher geschah, war ihm nichts.

Als man um elfeinhalb Uhr abends auf der Anhöhe von Varennes ankam, hatte im Wagen die Müdigkeit die Oberhand gewonnen; alles schlief. Plötzlich hielt der Wagen, und alle erwachten. Der Vorspann kam nicht, und es kamen auch keine Nachrichten von dem Kurier, der ihn bestellen sollte.

Der (Herr von Valory) suchte ihn schon lange; er hatte zuerst gerufen, dann das Gehölz auf beiden Seiten der Straße abgesucht, dann noch einmal vergeblich gerufen. Es blieb ihm nichts übrig, als in die Stadt zu gehen, an die Türen zu klopfen und sich zu erkundigen. Da er nichts in Erfahrung brachte, kehrte er trostlos zum Wagen zurück; aber schon war ein furchtbarer Schlag auf diesen Wagen und seine Insassen niedergesaust, ein Wort, eine Aufforderung, bei der alle erschreckt emporfuhren: *„Im Namen der Nation! ...“*

Ein Reiter sprengt in gestrecktem Galopp von hinten heran, hält gerade vor ihnen und ruft in die Finsternis: „Im Namen der Nation, Postillon, halt! Du fährst den König!“

Alles war starr. Die Gardes du corps hatten weder Schußwaffen, noch die Absicht, sich ihrer zu bedienen. Der Mann ritt weiter, jagte sein Pferd den Abhang hinab in die Stadt. Zwei Minuten später sah man Menschen mit Lichtern aus den Häusern treten, sich unruhig bewegen und miteinander sprechen, zuerst wenige, dann mehr; die Gehenden und Kommenden wurden zahlreicher, die kleine Stadt wurde hell ... All das in zwei Minuten ... Dann schlägt die Trommel.

Um sich ebenfalls zu erkundigen, war die Königin, von einem ihrer Gardes geführt, bei einem früheren Bedienten des Hauses Condé eingetreten, dessen Haus auf der nach Varennes führenden Anhöhe lag. Man wartet auf sie, sie kommt zurück, und die drei Gardes zwingen durch Versprechungen und Drohungen die sehr erschrockenen Postillone, durch die Stadt hindurchzufahren, schnell über die Brücke weg, die sie teilt, durch das enge Gewölbe des Brükkenturms und das niedrige Tor – die einzige Möglichkeit der Rettung. Gerade erfährt man, der Kommandant der Husaren, der in Varennes warten sollte, habe sich auf die Nachricht von der Ankunft des Königs und auf den Lärm hin, der sich nun erhob, im Galopp gerettet; die Husaren hätten sich zerstreut, die einen schliefen, die andern seien betrunken. Dieser Kommandant war ein Deutscher von siebzehn oder achtzehn Jahren; er war von nichts unterrichtet, erfuhr die Sache ganz plötzlich und verlor den Kopf.

Drouet und sein Kamerad Guillaume, der ihm gefolgt war, nutzten diese wenigen Minuten trefflich. Ihre Pferde in einen zufällig offenen Stall werfen, den Gastwirt benachrichtigen, damit der die andern benachrichtigte, zur Brücke laufen, diese mit einem Möbelwagen und andern Wagen verbarrikadieren, das ist das Werk eines Augenblicks. Dann rennen sie zum Maire und zum Kommandanten der Nationalgarde; sie haben nur acht Leute beisammen, tut nichts, sie gehen zum Wagen; der ist erst zum Fuß der Anhöhe gelangt. Der Kommandant und der Amtsanwalt verlangen die Pässe. *Die Königin*: „Meine Herren, wir haben Eile!“ – „Aber wer sind Sie denn?“ – *Frau von Tourzel*: „Das ist die Baronin von Korff.“ – Inzwischen tritt der Amtsanwalt mit einer Laterne in der Hand halb in den Wagen und dreht das Licht dem Gesicht des Königs zu.

Dann gibt man den Paß. Zwei Gardes bringen ihn zur Herberge. Man liest ihn den Gemeindebeamten und allen Anwesenden laut vor. „Der Paß ist gut“, meinen die, *„er ist ja vom König unterschrieben.*“ – „Aber“, sagt Drouet, „ist er von *der Nationalversammlung* ausgestellt?“ – „Er ist von einem *Ausschuß* von Mitgliedern der Versammlung unterzeichnet.“ – „Und steht der *Präsident* nicht darunter?“ So wurde die Grundfrage von Frankreichs Recht, der Knoten der Verfassung, in einer Herberge der Champagne geprüft und zerhauen, in entscheidender Weise, unwiderruflich. Die Behörden von Varennes, der Amtsanwalt Sauce, ein braver Spezereihändler, zögerten sehr, eine so große Verantwortung auf sich zu nehmen.

Aber Drouet und andere bleiben hartnäckig. Sie kehren zum Wagen zurück: „Wenn Sie Ausländerinnen sind, meine Damen, woher besitzen Sie so großen Einfluß, daß man Ihnen in Sainte-Menehould ein Geleit von fünfzig Dragonern zur Verfügung stellt und ebenso viele in Clermont? Und warum ferner steht hier in Varennes ein Posten Husaren, um Sie zu erwarten? ... Haben Sie die Güte, auszusteigen und sich der Gemeindebehörde zu erklären.“

Die Reisenden rühren sich nicht. Die Gemeindebeamten bezeigen durchaus keine Lust, sie zum Aussteigen zu zwingen. Die Bürger kommen nur langsam hinzu; beim Lärm der Trommeln legen sich die meisten wieder zu Bett. Man muß deutlicher mit ihnen werden. Drouet und die Patrioten rennen zum Kirchturm und läuten wütend, mit aller Kraft die Sturmglocke. Die ganze Umgegend hört es. Ist Feuer ausgebrochen? Ist der Feind im Land? Die Bauern eilen, einer ruft den andern, sie bewaffnen sich, ergreifen, was sie haben: Flinten, Heugabeln, Sensen.

Der Amtsanwalt Herr Sauce, Spezereihändler, war in jedem Falle bloßgestellt, ob er handelte oder nicht. Er hatte eine kluge Frau, die ihn vermutlich in diesem kritischen Augenblick lenkte. Den König ins Hôtel de Ville führen, das hieß die Achtung vor dem Königtum verletzen; ihn im Wagen lassen, das hieß sicherer Ruin durch die Patrioten. Er wählte den Mittelweg und führte den König in seinen Laden.

Er trat an den Wagen, den Hut in der Hand: „Der Gemeinderat erwägt, wie man den Reisenden erlauben kann, ihre Reise fortzusetzen; aber es hat sich hier das Gerücht verbreitet, daß es unser König und seine Familie ist, die wir die Ehre haben in unseren Mauern zu wissen. Ich habe die Ehre, die Herrschaften höflichst um die Erlaubnis zu bitten, ihnen mein Haus anbieten zu dürfen, als sicheren Zufluchtsort für ihre Personen, und dort das Ergebnis der Beratung abzuwarten. Das Zusammenströmen der Menge in den Straßen wird noch vermehrt durch die Landbewohner der Umgegend, die unsere Sturmglocke hierher zieht: denn sie läutet gegen unseren Willen seit einer Viertelstunde; und vielleicht sähe sich Eure Majestät Beschimpfungen ausgesetzt, die wir nicht verhindern könnten, und die uns tief bekümmern würden.“

Man konnte dem, was der gute Mann sagte, nicht widersprechen. Die Sturmglocke war nur allzu vernehmbar. Und Hilfe blieb aus.

Die Gardes du corps hatten vergeblich versucht, die Möbel und Wagen fortzuschaffen, welche die enge Brücke versperrten. Nahe beim Wagen wurden Todesdrohungen laut; ein paar mit Gewehren bewaffnete Leute machten Miene anzulegen. Man stieg aus und trat in den Laden von Sauce, die drei Damen, die beiden Kinder und Durand, der Kammerdiener. Diesem bestritt man seine Eigenschaft als Diener. Er blieb dabei, wiederholte, sein Name sei Durand. Jedermann schüttelte den Kopf: „Gut denn, ja, ich bin der König; hier sind die Königin und meine Kinder. Wir beschwören euch, uns mit der Rücksicht zu behandeln, welche die Franzosen immer gegen ihre Könige bewiesen haben." Ludwig XVI. pflegte nicht viel zu sprechen und sagte auch jetzt nicht mehr. Unglücklicherweise sprach sein Rock, seine traurige Verkleidung wenig für ihn. Dieser Lakai mit der kleinen Perücke erinnerte so gar nicht an den König. Der ungeheure Gegensatz des Ranges und der Kleidung vermochte eher Mitleid einzuflößen als Achtung. Viele begannen zu weinen.

Indessen nahm der Lärm der Sturmglocke sonderbar zu. Die Glocken in den Dörfern antworteten auf das Läuten in Varennes und läuteten ebenfalls Sturm. Rings das dunkle Land war in Bewegung, vom Glockenturm aus konnte man die kleinen Lichter sehen, die sich anzogen und sich suchten; schwere Wolken zogen sich von allen Seiten zusammen, Wolken bewaffneter Menschen voll wirrer Bewegung.

„Wie! Der König rettet sich! Der König geht zum Feinde über! Er verrät die Nation! ..." Dies Wort, schon an sich furchtbar, tönt noch furchtbarer im Ohr der Menschen an der Grenze, die den Feind und alle Beschwerden, alles Elend einer Invasion so nahe haben. So bleiben die ersten, die nach Varennes kommen und dies Wort hören, nicht mehr Herr ihrer selbst.

Ein Vater seine Kinder ausliefern! – Unsere französische Bauern hatten noch keine andere politische Vorstellung, als die der väterlichen Regierung; es war weniger der revolutionäre Geist, der sie wütend machte, als der grausige Gedanke an die Ruchlosigkeit eines Vaters, der seine Kinder ausliefert, an den Vertrauensbruch!

Die rauhen Männer treten in Sauces Laden: „Was! Das ist der König! Die Königin! ... Das fehlte noch! ..." Man schleudert ihnen alle möglichen Schmähungen ins Gesicht.

Indessen kommt eine Abordnung der Gemeinde, Sauce an der Spitze, unterwürfig und respektvoll: „Da es den Einwohnern von Varennes nicht mehr zweifelhaft ist, daß sie tatsächlich so glücklich sind, ihren König in ihrer Mitte zu haben, so kommen sie, ihn um seine Befehle zu bitten." – „Meine Befehle, meine Herren?" sagt der König. „Sorgen Sie, daß meine Wagen angespannt werden, und daß ich abreisen kann."

Choiseul und Goguelat kamen endlich mit ihren Husaren, dann, fast allein, Damas, der Kommandant des Postens von Sainte-Menehould, den seine Dragoner verlassen hatten. Die Herren hatten Mühe gehabt, in die Stadt zu gelangen: man verbot es ihnen im Namen des Gemeinderates, man schoß sogar auf sie. Sie kamen zu Sauces Hause. Sie stiegen über eine Wendeltreppe in das erste Stockwerk, fanden im ersten Zimmer eine Menge Bauern, unter andern zwei mit Sensen bewaffnete, die ihnen zuriefen: „Eintritt verboten!" Sie traten aber doch ein. Im zweiten Zimmer war die königliche Familie. Ein merkwürdiger Anblick! Der Dauphin war ganz erschöpft auf einem Bett eingeschlafen, die Gardes du corps auf Stühlen, ebenso die Kammerfrauen; die Erzieherin, Frau von Tourzel und Madame Elisabeth auf den Bänken beim Fenster; der König und die Königin plauderten stehend mit Herrn Sauce. Auf einem Tisch standen Gläser, waren Brot und Wein.

Der König: „Nun, meine Herren, wann reisen wir weiter?" *Goguelat*: „Sire, sobald es Euer Majestät gefällt." *Choiseul*: „Geben Sie Ihre Befehle, Sire. Ich habe hier vierzig Husaren; aber es ist keine Zeit zu verlieren: in einer Stunde haben die andern sie gewonnen."

Er sprach wahr. Die Husaren waren noch in der ersten Überraschung, in die die große Nachricht sie versetzt hatte; sie blickten sich an und riefen einander zu: „Der König! Die Königin?" Aber, wenn sie auch Deutsche waren, so konnten sie doch nicht die Einmütigkeit der Franzosen übersehen. Sie hatten sie erfahren, selbst auf dem abgelegenen Wege, den sie mit Choiseul gekommen waren. Der erzählte, daß von Dorf zu Dorf die Sturmglocke hinter ihm herläutete; daß er ein paarmal gezwungen war, sich mit dem Säbel die Bahn frei zu machen; daß die Bauern ihm sogar vier Husaren gefangennahmen, die seine Nachhut bildeten, er mußte schießen lassen, um sie zu befreien. Diese Deutschen sahen sich allein inmitten eines großen Volkes; sie fühlten, daß sie schließlich von Frankreich bezahlt und ernährt wurden, und konnten sich daher nicht leicht entschließen, Leute niederzusäbeln, die ihnen freundschaftlich die Hand schüttelten und mit ihnen tranken.

In diesem kritischen Augenblick, da jede Minute unendlich wichtig war, traten, bevor der König Choiseul antworten konnte, mit großem Lärm der Gemeinderat und die Offiziere der Nationalgarde ein. Mehrere warfen sich auf die Knie: „Um Gottes willen, Sire, verlassen Sie uns nicht, verlassen Sie nicht das Königreich." Der König versuchte, sie zu beruhigen: „Das ist nicht meine Absicht, Ihr Herren; ich verlasse Frankreich nicht. Die mir angetanen Beleidigungen zwangen mich, Paris zu verlassen. Ich gehe nur nach Montmédy; ich lade Sie ein, mir dorthin zu folgen ... Nur sorgen Sie, darum bitte ich Sie, daß meine Wagen angeschirrt werden."

Sie gingen hinaus. Es war dies die letzte Minute, die Ludwig XVI. blieb. Choiseul und Goguelat warteten auf seine Befehle. Es war zwei Uhr morgens. Rings um das Haus stand eine verwirrte, schlecht bewaffnete und schlecht geordnete Menge, die meisten ohne Schußwaffen. Und auch die Leute, die welche hatten, hätten nicht auf den König geschossen (Drouet vielleicht ausgenommen) und noch weniger auf die Kinder. Die Königin allein hätte ernstlich in Gefahr geraten können. Und an sie wandten sich Choiseul und Goguelat. Sie fragten sie, ob sie mit dem König zu Pferde abreisen wolle; der König sollte den Dauphin zu sich nehmen. Die Brücke war nicht passierbar, aber Goguelat kannte die Furten des kleinen Flusses: von dreißig oder vierzig Husaren umgeben, konnten sie sicher sein, durchzukommen. Waren sie einmal auf dem andern Ufer, so war die Gefahr vorbei; die Leute von Varennes hatten keine Reiter, sie zu verfolgen.

Dieser kühne Ritt konnte dennoch selbst eine mutige und entschlossene Frau erschrecken. Die Königin antwortete: „Ich mag nichts auf mich nehmen; *der König hat sich für diesen Schritt entschieden*, es ist an ihm zu befehlen; meine Pflicht ist es, ihm zu folgen. Schließlich muß ja auch Herr von Bouillé bald kommen." (Goguelat, 29)

„Wirklich", begann der König wieder, „können Sie mir dafür bürgen, daß die Königin im Getümmel nicht von einem Flintenschuß getötet wird, oder meine Schwester, oder meine Kinder? Überlegen wir doch ruhig. Der Gemeinderat weigert sich nicht, mich gehen zu lassen; er bittet nur, ich möge den Anbruch des Tages abwarten. Der junge Bouillé ist um Mitternacht fortgeritten, um seinen Vater in Stenay zu benachrichtigen. Das sind acht Meilen, in zwei oder drei Stunden zurückzulegen. Bouillé muß spätestens morgen früh hier sein, dann können wir gefahrlos und ohne Gewalttätigkeit in Sicherheit abreisen."

Inzwischen tranken die Husaren mit dem Volke, tranken „auf die Nation!" Es war bald drei Uhr. Die Gemeinderäte kamen noch einmal zurück, gaben aber nur die kurze, sehr bedeutungsvolle Erklärung: „Da sich das Volk der Weiterreise des Königs durchaus widersetzt, so hat man beschlossen, einen Kurier an die Nationalversammlung zu senden, um deren Willen zu erfahren."

Goguelat war hinausgegangen, um die Situation zu prüfen. Drouet trat auf ihn zu und sagte zu ihm. „Sie wollen den König entführen, aber er wird nur tot in Ihren Händen bleiben!" – Der Wagen war von einer Gruppe Bewaffneter umgeben; Goguelat näherte sich mit einigen Husaren; der Major der Nationalgarde, der jene kommandierte, rief ihm zu: „Wenn Sie einen Schritt tun, töte ich Sie!" Goguelat trieb sein Pferd auf ihn zu und erhielt zwei Schüsse, zwei ziemlich leichte Verletzungen; eine der Kugeln schlug sich am Schlüsselbein platt, er ließ die Zügel los, verlor das Gleichgewicht und fiel vom Pferd. Zwar konnte er sich wieder erheben, aber die Husaren standen bereits auf seiten des Volkes. Man hatte sie auf die kleinen, an den Enden der Straßen drohenden Kanonen aufmerksam gemacht; sie glaubten sich zwischen zwei Feuern; diese Kanonen, altes Eisen, waren nicht geladen und konnten es nicht werden.

Der verwundete Goguelat kehrte ohne Klage in das Zimmer der königlichen Familie zurück. Diese bot ein herzzerreißendes Schauspiel, alles in allem wenig ehrenhaft und tragisch. Das Entsetzen über ihre verzweifelte Lage hatte den König und die Königin zerbrochen, offenbar sogar ihren Geist stumpf gemacht. Sie bestürmten den Spezereihändler Sauce und seine Frau mit Bitten, als ob die armen Leute hätten etwas ändern können an der Sache. Die Königin saß auf einer Bank zwischen zwei Kisten mit Kerzen und versuchte, das gute Herz der Händlersfrau zu rühren: „Madame", sagte sie zu ihr, „haben Sie denn nicht auch Kinder, einen Mann und eine Familie!" Worauf die andere einfach und ohne lange Worte erwiderte: „Ich möchte Ihnen gern nützlich sein. Aber freilich! Sie denken an den König, und ich denke an Herrn Sauce. Jede Frau für ihren Gatten ..." Die Königin wandte sich zornig ab, vergoß Tränen der Wut und wunderte sich, daß diese Frau, die ihr doch nicht helfen konnte, sich weigerte, mit ihr unterzugehen, ihr ihren Gatten und ihre Familie zu opfern.

Der König schien abwesend. Der Offizier, der den ersten Posten hinter Varennes kommandierte, Deslons, hatte die Erlaubnis erhalten, bei ihm einzutreten und meldete ihm, Bouillé sei benachrichtigt und würde ihm zweifellos zu Hilfe kommen – der König schien ihn nicht zu verstehen. Deslons wiederholte dieselbe Meldung dreimal, und als er sah, daß der König sie nicht erfaßte, sagte er: „Ich bitte Eure Majestät, mir Ihre Befehle für Herrn von Bouillé zu geben." – „Ich habe keine Befehle mehr zu geben, mein Herr", antwortete der König, „ich bin Gefangener. Sagen Sie ihm, ich lasse ihn bitten, alles für mich zu tun, was er kann."

Tatsächlich fürchteten viele Leute die Ankunft Bouillés sehr und wollten den König fortschaffen; Rufe ertönten: „Nach Paris!" Man ersuchte ihn, sich am Fenster zu zeigen, um die Menge zu beruhigen. Der Tag war schon angebrochen und beleuchtete hell die traurige Szene. Der König als Diener auf dem Balkon, ungepudert, in der kleinen, häßlichen, ausgekämmten Perücke, bleich und feist, mit dicken, fahlen Lippen, stumm, die Augen trübe und ausdruckslos ... Die Überraschung war groß für die Tausende auf der Straße; zuerst tat eine tiefe Stille den Kampf der Gedanken und Gefühle in den Geistern kund. Dann kam das Mitleid zum Durchbruch, die Tränen, Frankreichs wahres Herz ... und mit einer solchen Gewalt, daß manche von diesen wütenden Menschen den Ruf ausstießen: „Es lebe der König!"

Der alten Großmutter Sauces, die eintreten durfte, zerriß es das Herz; sie sah die beiden Kinder, wie sie unschuldig beieinander schliefen auf dem Familienbett, sie sank in die Knie und bat schluchzend um die Erlaubnis, ihnen die Hände küssen zu dürfen; sie segnete sie und ging weinend hinaus.

In der Tat eine grausame Szene, die die härtesten, die feindlichsten Herzen weich machen konnte. Ja, sogar ein Lütticher hätte geweint. Lüttich, von Leopold gefesselt, von den österreichischen Soldaten barbarisch mitgenommen, hätte geweint über Ludwig XVI.

So sonderbar war die Situation: die Revolution, durch die Könige ihrer Freiheit beraubt in Europa, beraubt die Könige ihrer Freiheit in Frankreich.

Die Zeit vergeht; schon steht die Sonne hoch am Himmel. Zehntausend Menschen erfüllen Varennes. Das kleine Zimmer der königlichen Familie, obgleich nach dem Garten gelegen, bebt unter dem wirren Geschrei, das sich auf der Straße erhebt. Die Tür öffnet sich. Ein Mann tritt ein, ein Offizier der Pariser Nationalgarde, mit düsterem Gesicht, völlig ermattet und erschöpft, aber aufgeregt, die Haare ungekämmt und ungepudert, den Rock am Halse geöffnet. Er spricht nur abgerissene Worte: „Sire, Sie wissen ... in Paris erwürgen sie sich ... Unsere Frauen, unsere Kinder sind vielleicht schon niedergemetzelt ... Sie werden nicht weiterreisen ... Sire ... das Interesse des Staates ... Ja, Sire, unsere Frauen, unsere Kinder!! ...“ Bei diesen Worten ergreift ihn die Königin mit energischer Bewegung bei der Hand, zeigt ihm den Dauphin und Madame, die in tiefer Ermattung auf dem Bett des Herrn Sauce eingeschlummert waren: „Bin ich nicht auch eine Mutter?“ fragte sie ihn. – „Also, was wollen Sie?“ sagt der König. – „Sire, eine Verfügung der Versammlung ...“ – „Wo ist sie?“ – „Mein Kamerad hat sie.“ – „Die Tür öffnete sich, wir sahen Herrn von Romeuf im ersten Zimmer, gegen ein Fenster gelehnt, in der größten Verwirrung, das Gesicht von Tränen überströmt; er hielt ein Papier in der Hand und trat mit gesenkten Augen näher. ‚Wie, mein Herr, Sie sind es! Ah! das hätte ich niemals geglaubt!‘ sagte die Königin zu ihm. Der König entriß ihm hastig das Blatt, las es und sagte: ‚Es gibt keinen König mehr in Frankreich.‘ Die Königin durchläuft es, der König nimmt es wieder an sich, liest es noch einmal und legt es auf das Bett, auf dem die Kinder waren. Die Königin schleudert es ungestüm vom Bett hinunter mit den Worten: ‚Ich will nicht, daß es meine Kinder beschmutzt.‘ Da erhob sich ein allgemeines Murren unter den Gemeinderäten und den übrigen Anwesenden, als hätte man die heiligste Sache entweiht ... Ich beeilte mich, es aufzuheben und legte es auf den Tisch.“ (Choiseul)

Was tat Bouillé? Warum kam er nicht? Er war nacheinander durch seinen Sohn benachrichtigt, durch den kleinen Husarenoffizier von Varennes, dann durch Eilboten von Deslons und Choiseul, warum legte er nicht die kurze Strecke von acht Meilen in rasendem Galopp zurück?

Warum? Er sagt es selbst und beweist vollkommen, daß er nicht anders konnte. Er war seiner Truppen so wenig sicher, er war rings von so vielen „schlechten“ Städten umgeben (das sind seine eigenen Worte), war von Verdun, von Metz, von Stenay, von allen Seiten bedroht, daß er schleunigst umkehrte, um sich seiner Soldaten zu versichern, als er unterwegs war, dem König entgegen; von Augenblick zu Augenblick fürchtete er, im Stich gelassen zu werden. Und seinen sichersten Offizier, Louis von Bouillé, seinen ältesten Sohn, behielt er bei sich. Noch war das beste Regiment der Armee bei ihnen, „Royal Allemand", das einzige, das ihnen wirklich blieb; aber sie brauchten zwei oder drei Stunden in der Nacht, um es zum Ausrücken bereit zu machen; in dieser furchtbaren Nacht, da jede Minute vielleicht über ein Jahrhundert entschied. Das Regiment war erhitzt durch ihre feurigen Worte, Mann für Mann hatte eine Reihe Franken bekommen; es legte die acht Meilen in schnellstem Galopp zurück, quer durch ein aufgewiegeltes Land, allein in dieser von Bewaffneten wimmelnden Gegend, wahrhaft auf feindlichem Boden, ungewiß der Rückkehr. Sie begegnen einem der Ihrigen: „Nun?" – „Der König ist von Varennes abgereist." Bouillé drückt den Helm in die Stirn, flucht, setzt dem Pferde die blutigen Sporen in die Weichen. Einen Augenblick – und alles stiebt an dem Mann vorüber wie ein Sturmwind.

Endlich sind sie vor Varennes. Kein Durchzug. Barrikaden auf dem Weg. Sie finden eine Furt, passieren sie. Dann ein Kanal. Auch den versuchen sie zu passieren. Neue Nachrichten machen es unnötig. Sie verlieren jede Hoffnung, den König noch zu erreichen. Die Deutschen machen Bemerkungen: ihre Pferde könnten nicht mehr weiter. Und die Garnison von Verdun rückte in Gewaltmärschen an.

Der junge Louis von Bouillé, der von dieser letzten Stunde berichtet, da sein Vater mit bloßem Degen hinter der großen Geisel herflog, sagt das Wort voll jugendlicher Verwegenheit: „Wir wühlten uns mit dieser kleinen Schar nach Frankreich hinein, das gegen uns in Waffen stand."

SIEBTES KAPITEL

Wirkung der Flucht des Königs (21.–25. Juni 1791)

Zustand der Presse und der Klubs. – Die „Bouche-de-Fer“ erklärt sich für die Republik. – Bedauerte Paris den König? – Der Eindruck in den Departements. – Es war nicht unmöglich, die Republik zu erklären. – Überraschung La Fayettes. – Befehl, die „Entführer“ des Königs festzunehmen. – Keine Unruhen in Paris. – Erklärung des Königs. – Robespierre, Brissot und Roland bei Pétain. – Rede Robespierres bei den Jakobinern. – Rede Dantons gegen La Fayette. – Die Versammlung will den König aus dem Spiel lassen. – Sie gibt ihm eine Wache, die für seine Person bürgt.

„Wär' ein Verräter unter den *Franzosen*,
Der einen Herrn sich wünscht, die Könige bedauert, –
Der Niederträchtige sterbe auf der Folter;
Die schuldige Asche sei dem Wind gegeben ...“

Diese Verse des „Brutus“ von Voltaire standen am 21. Juni 1791 am Kopf eines Anschlags der Cordeliers, der von dem Präsidenten, dem Schlächter Legendre, unterzeichnet war. Sie erklärten darin, sie hätten alle geschworen, die Tyrannen zu erdolchen, die es wagen würden, das Staatsgebiet, die Freiheit oder die Verfassung anzugreifen.

Übrigens scheint es, daß die Cordeliers nicht recht einig gewesen sind über die in dieser Krisis zu ergreifenden Maßregeln. Der einzige Ausweg, den Marat und Fréron in ihren Blättern vorschlagen, ist die Einsetzung eines Diktators oder Militärtribunen. „Man muß“, schreibt der erstere, „den Bürger wählen, der am meisten Einsicht, Eifer und Zuverlässigkeit bewiesen hat.“ Das verstand jeder, der den Mann kannte, Marat schlug Marat vor. Fréron wagt nicht, auf einen einzelnen hinzuweisen; nur findet er Gelegenheit, an Danton zu erinnern, der bisher sehr zurückgetreten war; Fréron wünscht, Danton solle Maire von Paris werden.

Weder Pétion, noch Robespierre, noch Danton, noch Brissot sprachen sich über die künftige Regierungsform aus. Wenn nur das Wort „Republik“ fiel, wurden die Jakobiner unwillig. Robespierre gab ihrem Standpunkt Ausdruck, als er noch am 13. Juli schrieb: „Ich bin weder Republikaner noch Monarchist.“

Das einzige Blatt, das sich sofort klar und mutig für die Republik entschied, war die „Bouche-de-Fer".[1] Von den beiden Redakteuren war Fauchet unlängst zum Bischof von Calvados ernannt worden und hatte sich in sein Bistum begeben. Der andere war es, der junge Bonneville, der, freimütiger und kühner als Fauchet, die große Gelegenheit ergriff, in den Nummern vom 21. und 23. Juni. Es waren gerade zwei Jahre verstrichen, da hatte derselbe Bonneville, am 6. Juni 1789, in der Wahlmännerversammlung zuerst zu den Waffen gerufen.

Bonneville, ein Mann von Gesinnung, ein mystischer Freimaurer, der sehr oft in höheren Regionen schwebte, besaß in ernsten Fragen und gefährlichen Krisen viel Entschiedenheit. Gegen seinen Freund Fauchet vertrat er die Ansicht, die religiöse Grundlage der Revolution dürfe nicht eine philosophische Überbrückung des Christentums sein.[2] Was die Frage des Königtums angeht, so sah er mit der-

[1] Die „Bouche-de-Fer" wohnte in der Rue du Théâtre-Français (Ancienne-Comédie und Odéon), nicht in der Rue de Richelieu, wie ich irrtümlich im ersten Bande schrieb. In unmittelbarer Nähe, Rue de l'Ecole-de-Médecine, waren die Cordeliers; die ursprüngliche Arbeiter-Brudergesellschaft, ein Zweigverein der Cordeliers, versammelte sich in der Rue des Boucheries. Legendre, Danton, Marat, Camille Desmoulins, Fréron wohnten ganz nahe. – Wenn ich hier die Geschichte von Paris schreibe, würde ich diesem Viertel eine besondere Aufmerksamkeit widmen und der Rolle der furchtbaren Sektion Théâtre-Français, die bei allen Bewegungen allein und selbständig handelt, wie eine Republik für sich. Ich lese unter dem 21. Juni in den Registern der Stadt: „Die Sektion und der permanente Ausschuß des Théâtre-Français befehlen dem Bataillon von Saint-André-des-Arts, keinen anderen Befehl anzunehmen, als vom permanenten Ausschuß, und *jeden Adjutanten zu verhaften*, der sich auf dem Gebiet der Sektion einfinden sollte. Gezeichnet: Boucher und Momoro." – Der Gemeinderat erklärte diesen Beschluß für nichtig und verfassungswidrig und berichtete darüber an den Oberbefehlshaber der Nationalgarde, damit er, wenn nötig, einschreite. Als die Sektion sah, daß Paris sich ihrer Bewegung nicht anschloß, wurde sie bescheidener und schrieb an das „Conseil Municipal": „Sie habe diesen Beschluß nur um der öffentlichen Wohlfahrt willen gefaßt, die das oberste Gesetz sei ... Aber die Befehle des Gemeinderates würden beachtet werden. Unterzeichnet: Sergent und Momoro." (Archives de la Seine, Conseil Général de la commune, Register 19)

[2] Man findet diese merkwürdige Einzelheit über Bonneville in den Briefen der Madame Roland an Bancal. – Dieser bewundernswerte Narr war sehr verständig in großen Dingen. In solchen Fällen täuschte er sich weder über die allgemeine Lage noch über die kleinen Umstände. Er allein urteilt damals sehr richtig über La Fayette und Barnave, streng aber gerecht und mit Mäßigung, gerade so, wie die Nachwelt über sie urteilt. – Bonneville hat, soviel ich weiß, in keinem biographischen Lexikon eine Notiz. Er war Großneffe Racines, den er oft nachgeahmt, sogar abgeschrieben hat (kraft Familienrechtes, sagt er), besonders in einem mystischen Gedicht, das er selbst Tragödie nennt: „L'année MDCCLXXXIX, ou les Tribuns du peuple." Es sind ein paar schöne Verse darin. – Tissot, Professor der Philosophie, erzählt in einem sehr schönen Artikel einer Provinzzeitung, daß er noch 1824 Bonneville in Paris besuchte. „Er verbrachte seine letzten Tage in einem Winkelladen (Rue des Grès, 14), wo ihn eine alte Büchertrödlerin aufgenommen hatte, die fast ebenso arm war wie er selbst, und die ihn immer noch begeistert bewunderte. Sie verbarg ihre Aufopferung mit einer edlen Scham des Wohlwollens ... Damit sie Vertrauen faßte, mußte sie sicher sein, daß der andere ihre Gefühle und ihre Verehrung teilte. Doch dann machte es sie glücklich, von Bonneville zu sprechen, aus seinem Leben

selben Deutlichkeit, daß diese Institution erledigt war, und er verwarf die Blendformen, unter denen heuchlerische Intriganten sie wieder einzuführen versuchten. Er schreibt: „Man hat das infame Wort ‚König' aus dem Eide gestrichen ... Keine Könige mehr, keine Menschenfresser! Bisher hat man schon oft den Namen geändert, aber man behielt immer die Sache ... Keinen Regenten, keinen Diktator, keinen Protektor, keinen Orléans, keinen La Fayette ... Ich liebe den Sohn Philipps von Orléans nicht, der gerade diesen Tag wählt, um die Wache in den Tuilerien zu beziehen, noch seinen Vater, den man niemals in der Versammlung sieht, und der sich gestern auf der Terrasse zeigte, an der Tür der Feuillants ... Muß denn eine Nation immer einen Vormund haben? ... Unsere Departements sollen sich zusammentun und erklären, daß sie weder einen Tyrannen wollen, noch einen Monarchen, weder Protektor, noch Regenten, die Schattenkönige sind und dem allgemeinen Besten ebenso verderblich, wie die Schatten jenes verfluchten Baumes, des Bohon Upas, dessen Schatten tödlich ist."

Und in einer anderen Nummer: „Endlich hat man die Piken vom 14. Juli wiedergefunden! Brüder und Freunde, man gibt uns unsere Piken wieder! Die erste, die am Hôtel de Ville erschien, wurde mit tausendstimmigem Beifall begrüßt. Was brauchen wir noch zu fürchten? ... Habt ihr bemerkt, wie jedermann Bruder ist, wenn die Sturmglocke tönt, wenn man den Generalmarsch schlägt, wenn man die Könige los ist? ... Ach, es ist ein Unglück, daß solche Augenblicke so selten wiederkehren! ..."

„Es genügt nicht, sich ‚Republik' zu nennen; Venedig war auch ‚Republik'. Wir brauchen eine Nationalkommune, eine Nationalregierung ... Versammelt das Volk im Angesicht der Sonne, verkündet, daß das Gesetz allein Herrscher sein soll, schwört, daß das Gesetz allein regieren wird ... Es gibt keinen Freund der Freiheit auf der Erde, der nicht in diesen Schwur einstimmt. Ohne schon jetzt von einer Regierungsform zu sprechen: diejenige, die von der aufgeklärtesten Nation gewählt wird, ist die beste."

Es war am Fronleichnamstage, als der mystische Republikaner diese begeisterten Worte schrieb. Wie man auch darüber urteilen mag, man ist gerührt von dem jungen, lebendigen Glauben an die Unfehlbarkeit der allgemeinen Vernunft.

Dieser Glaube schien gerechtfertigt durch die ruhige, starke, wahrhaft eindrucksvolle Haltung der Bevölkerung von Paris. Sie wurde vortrefflich fertig ohne den König. Die Abreise des Königs hatte Klarheit darüber geschaffen, wie es in Wirklichkeit stand, nämlich, daß das Königtum schon lange nur ein

zu erzählen und geheimnisvoll eine Sammlung vaterländischer Gedichte von ihm anzubieten. Noch in diesem Jahre verließ Bonneville plötzlich diese Welt, an der er schon fast keinen Teil mehr hatte; seine Wohltäterin folgte ihm bald, deren Tränen ich noch auf ihr Trauerkleid fließen sehe."

Hemmnis gewesen war. Das Königtum handelte nicht mehr, vermochte nichts mehr, bereitete nur noch Schwierigkeiten. Viele fürchteten die Republik, aber tatsächlich lebte man schon in der Republik.

Drohende Gruppen hatten La Fayette auf dem Grèveplatz umringt, beschuldigten ihn der Mitwisserschaft. Der beruhigte sie mit einem einzigen Wort: „Wir sind vierundzwanzig Millionen Menschen; der König kostete uns vierundzwanzig Millionen; jeder verdient also gerade zwanzig Sous an seiner Abreise."

Camille Desmoulins berichtet, daß man im Palais-Royal einen Vorschlag machte (zweifellos hat er ihn selbst gemacht an der gewohnten Stätte seines Wirkens): „Meine Herren, es wäre ein Unglück, wenn man uns diesen treulosen Mann zurückbrächte; was sollten wir damit anfangen? Er würde, wie Thersites, uns jene dicken Tränen vorheulen, von denen Homer spricht. Bringt man ihn aber, so schlage ich vor, daß man ihn drei Tage lang an den Pranger stellt, mit dem roten Tuch auf dem Kopf, und ihn dann in Etappen an die Grenze führt, daß er dort ..."

Diese Torheit war vielleicht das vernünftigste, was man tun konnte. Wenn Ludwig XVI. bei den fremden Armeen gefährlich werden konnte, so war er es noch viel mehr als Gefangener, wenn er angeklagt und verurteilt wurde, denn dann richtete sich das allgemeine Interesse und Mitleid auf ihn. Hier war Weisheit in den Worten des Kindes, wie ich Camille gern nenne. Die größte Gefahr für Frankreich war, den König zu rechtfertigen, indem man allzugroßes Mißgeschick über ihn brachte, ihm, der sich selbst der Krone beraubt hatte, die Weihe der Verfolgung zuteil werden zu lassen. Sein Betrug hatte ihn erniedrigt, degradiert, und dabei mußte es bleiben. Statt ihn zu bestrafen, mußte man ihn als unfähig und einfältig aufgeben; eine Ansicht, die Danton bei den Jakobinern vertrat mit den Worten: „Ihn im Namen der Menschheit für dumm erklären".

Prudhomme („Révolutions de Paris") schildert sehr gut die Haltung des Volkes. „Alle Blicke richteten sich auf den Saal der Versammlung. ‚Dort ist unser König', meinte man, ‚Ludwig kann gehen, wohin er will.' Wenn der Präsident der Versammlung auf dem Grèveplatz, in den Tuilerien, im Palais d'Orléans die republikanische Regierung zur Abstimmung gebracht hätte, dann wäre Frankreich keine Monarchie mehr."

„Der Wunsch zur Republik", schreibt Frau Roland in einem Brief vom 22. Juni, „der Unwille gegen Ludwig XVI., der Haß gegen die Könige machen sich hier überall Luft."

So leidenschaftliche Zeugen können verdächtig erscheinen. Aber ich finde fast dieselben Worte im Munde eines Fremden, eines kühlen Beobachters, der Frankreich und die Revolution nicht sehr liebt; ich meine den Genfer Dumont, der von England eine Pension bezog: „Dies Volk schien von einer höheren Weisheit inspiriert. Nun ist unser großer Hemmschuh fort", sagte es fröhlich. Und ferner: „Wenn der König uns verlassen hat, so bleibt doch die Nation; es kann wohl eine Nation ohne König geben, aber keinen König ohne Nation."

Sehr bezeichnend ist, daß drei Häuser des Kapitels von Notre-Dame, die am 21. Juni verkauft wurden, einen bei weitem – ungefähr um ein Drittel – höheren Preis erzielten, als zu dem sie angesetzt waren.

Soviel von Paris. Wie war der Eindruck in den Departements? Man wird es sofort sehen, wenn ich über die Rückkehr von Varennes berichte. Hier genügt die Feststellung, daß im Osten und Norden, in der Nähe der Grenzen, in den Ländern, in die Ludwig XVI. den Feind führen wollte, die Empörung im allgemeinen viel größer war als in Paris. Die Ernte stand auf dem Halm und der Bauer war wütend über die Gefahr, in der er geschwebt hatte. Im Süden bewiesen viele Städte, Bordeaux voran, einen bewundernswerten Eifer. Viertausend Frauen von Bordeaux, alle Mütter, schworen, mit ihren Männern sterben zu wollen für Nation und Gesetz. Die Gironde schrieb: „Wir sind achtzigtausend Mann, alle marschbereit." Im Westen waren die Städte bei der unsicheren Haltung des platten Landes in großer Aufregung. Man vermutete, der König habe einen solchen Schritt nicht getan, ohne heimliche Schlingen zurückzulassen. Dumouriez, der damals in Nantes kommandierte, beschreibt die Erregung in der Stadt bei der Nachricht, die nachts eintraf. Vier- bis fünftausend Leute standen im Nachthemd auf dem Platz, sie alle sahen bestürzt aus. „Die Nation wird darum nicht untergehen", meinte Dumouriez und schrieb an die Versammlung, er wolle ihr zu Hilfe ziehen. Die Leute von Nantes gewannen ihren Mut so rasch wieder, daß die zweite Nachricht, die von der Rückkehr Ludwigs XVI., ihnen beinahe schon ärgerlich war.

Bedenkt man alle diese Einzelheiten, so kann man, gegen die übliche Ansicht, kühn behaupten: Hätte die Versammlung am 21. Juni den Moment des allgemeinen Unwillens benutzt und die Absetzung des Königs ausgesprochen, hätte sie die tatsächlich schon bestehende republikanische Regierung anerkannt und offen beim rechten Namen genannt, so hätte ihr Paris zugejubelt; dem Beispiel von Paris wäre der ganze Osten und der ganze Norden, wären die Städte im Süden und Westen gefolgt, und sogar das offene Land hätte sich dafür ausgesprochen. Die Mächte des Widerstandes waren noch nicht bereit; ein oder zwei Jahre mußten noch vergehen, alle die Ränke der Priester und besonders das lange Martyrium Ludwigs XVI. waren nötig, um die Vendée zum Aufstand zu bringen.

So dachte ein zwar leidenschaftlicher, aber in seiner Leidenschaft durch hohe Einsicht abgeklärter Mann, der ein sicheres Urteil und große geistige Unabhängigkeit besaß. Condorcet erklärte diesen Moment für den geeigneten, die Republik ohne eigentlichen Widerspruch zu begründen: „Jetzt hat der König allen Boden verloren; warten wir nicht, bis er wieder so mächtig geworden ist, daß sein Sturz Mühe kostet; wenn die Republik sich durch die Revolution vollzieht, durch die Empörung des Volkes, dann wird die Mühe furchtbar sein; vollzieht sie sich aber jetzt durch eine allmächtige Versammlung, dann kann der Übergang nicht schwer sein." (Condorcet bei Et. Dumont, S. 125)

Der vornehmste Einwand, den man damals machte, und den man immer macht, war: „Die Zeit ist noch nicht gekommen, wir sind noch nicht reif genug, *wir haben keine republikanischen Sitten.*" Eine platte Wahrheit; es ist klar, daß es nicht anders sein kann, wenn man von der Monarchie herkommt. Die Monarchie hütet sich wohl, das Volk zur Republik zu erziehen: ihre Gesetze und Einrichtungen haben natürlich nicht den Zweck, die Sitten auf die ihr entgegengesetzte Regierungsform vorzubereiten; woraus folgt, daß es stets zu früh wäre, es mit der Republik zu versuchen; ewig säße man fest in diesem „circulus vitiosus": „Republikanische Gesetzgebung und Erziehung allein können die Menschen zur Republik bilden, aber notwendigerweise muß die Republik selbst zuvor errichtet sein, um jene Gesetze und jene Erziehung zu wollen, zu beschließen." – Damit ein Volk sich aus diesem Zirkel löse, muß es durch einen energischen Akt seines Willens, durch eine gründliche Umgestaltung seiner politischen Moral wahrhaft würdig werden, mündig zu sein, würdig, die Kindheit zu verlassen, die toga virilis anzulegen, muß es, um nicht wieder umzufallen, um sich auf der Höhe zu halten, sich die Gesetze und die Erziehung geben, die allein dem heroischen Augenblick Dauer verleihen können.

Ein anderer Einwand: „Angenommen, die Republik war schon möglich, war sie damals aber auch gerecht? Wäre sie nicht durch eine Minderheit der royalistischen Mehrheit aufgezwungen worden, – gewaltsam und unrechtmäßig aufgezwungen? War die Nation etwa im allgemeinen republikanisch?" – Wenn man die Republik von dem klaren, festumrissenen Willen der Nation abhängig macht – nein, die Nation hatte diesen Willen nicht. Wille und Denken der Nation waren in diesem Augenblick der Empörung über die Abtrünnigkeit des Königs, um es genau zu sagen, *antiroyalistisch*; sie waren *republikanisch*, sofern man die Republik als einfache Verneinung der Monarchie auffaßt. Hätte die aufgeklärte Minderheit den Augenblick genutzt und durch entsprechende Einrichtungen eine tatsächliche Republik begründet, so wäre die Masse in der antiroyalistischen Meinung, die damals hervortrat, bestärkt worden; die Minderheit hätte keinen Druck ausgeübt auf die Masse, sondern deren eigenes Denken richtig geleitet, deren dunkle Instinkte geformt und deren richtiges Gefühl, es sei zu Ende mit dem Königtum, fest und dauernd gemacht.

Die Politiker warteten, zauderten, und der Augenblick war verpaßt. Ein nicht weniger natürliches Gefühl machte sich geltend bei der Rückkehr des Königs: das Mitleid mit seinem Unglück. Er konnte als König nicht mehr sein, was er gewesen war; aber für den Menschen weckte man aufs neue Interesse und

Sympathien, da man ihn gefangen, gedemütigt, unglücklich zurückbrachte. Alle edlen und zarten Seelen waren gerührt, Tränen trübten ihren Blick; sie sahen nicht mehr den doppelzüngigen, falschen König, sie sahen einen in sein Schicksal ergebenen Menschen und machten einen Heiligen daraus: die Wirklichkeit versank ihnen hinter der schmerzensreichen Legende, die sie im bekümmerten Herzen fanden. Wer war nun im Unrecht? Das unschuldige Frankreich, nicht mehr der schuldige König.

Die Abenteurer aller Farben, die unter der konstitutionellen Maske für den Hof arbeiteten, waren enttäuscht; der Hof hatte auch mit ihnen gespielt. Jetzt handelte es sich für sie darum, zu erfahren, mit welcher Partei der Versammlung der König, wenn er wieder frei war, seine Geschäfte machen würde. Eine dieser dunklen Gestalten, d'André, Abgeordneter der Provence, ein politischer Figaro, der (nach Weber) monatlich dreitausend Franken erhielt, um dafür beide Parteien hinters Licht zu führen, gehörte zu den ersten, die von der Flucht Kenntnis hatten, und ging zu La Fayette. Es war beinahe sieben Uhr und man durfte annehmen, daß die Flüchtlinge einen großen Vorsprung hatten. La Fayette schlief den Schlaf des Gerechten, jenen historischen tiefen Schlaf vom 6. Oktober, den man ihm so sehr vorgeworfen hat. „Bah!“ sagt er, „das ist unmöglich!“ Tatsächlich hatte er seinen Adjutanten Gouvion am Abend vorher, um Mitternacht, an die Tür zum Gemach der Königin gelehnt, schlafend gefunden und hatte ihn weiter schlafen lassen.

La Fayette war wiederholt gewarnt worden; aber was ihn, wie auch Bailly, Montmorin und Brissac, den Kommandanten des Schlosses und persönlichen Freund des Königs, sicher machte, das war ihrer aller Vertrauen zu Ludwigs XVI. Anständigkeit. Sie setzten ihren Kopf darauf, daß der König nicht abreisen würde, und bildeten sich tatsächlich ein, er werde sie nicht in Gefahr bringen wollen.

La Fayette verließ schleunigst das Haus und begegnete zuerst Bailly und Beauharnais; der letztere war Präsident der Versammlung, Baillys Nase war noch länger und sein Gesicht noch gelber als gewöhnlich. In der Tat, niemand hatte sich mehr Vorwürfe zu machen als Bailly. Er hatte der Königin die schriftliche Denunziation mitgeteilt, von der ich gesprochen habe, so daß sie genau wußte, nach welcher Richtung man sie überwachte, und daher einen weniger gefährlichen Ausweg suchen und finden konnte. Bailly, der Sohn des Gemäldeaufsehers des Königs, vom König beschützt und von Hause aus der königlichen Familie ergeben, bewährte sich besser als Diener, denn als Beamter und Bürger; er vertraute der Königin völlig, glaubte, sie durch ihr Ehrgefühl und ihre Empfindsamkeit zu binden, und bildete sich ein, sie werde Bedenken tragen, durch ihre Flucht den schwachen und treuen Diener zu verlieren, der um ihretwillen seine Pflicht verletzte.

Bailly konnte sich für verloren halten, wenn der König nicht eingeholt wurde: „Welch ein Unglück", sagte er, „daß die Versammlung noch nicht bei der Sitzung ist." Der Präsident stimmte zu. Beide zeigten La Fayette, wie der König sich mit den Emigranten verbinden und die Österreicher ins Land führen, wie der Bürgerkrieg und der Krieg mit dem Ausland beginnen werde. „Ihr meint also", sagte La Fayette, „daß die öffentliche Wohlfahrt die Rückkehr des Königs erfordert?" – „Ja." – „Dann nehme ich die Verantwortung auf mich." Er schrieb ein Billet des Inhalts: da die Feinde des Vaterlandes *den König entführt hätten*, so sei den Nationalgarden befohlen, diese zu verhaften.

La Fayette hätte sich nicht weigern können, ohne die im ersten Augenblick allgemeine Ansicht zu bestätigen, er habe um die Flucht gewußt und sie begünstigt. Übrigens glaubt er, der König werde nicht mehr einzuholen sein. Sein Adjutant, Romeuf, der zweifellos seine Meinung teilte, brach auf, nahm aber zunächst einen ganz anderen Weg als der König; er wurde von einem andern Abgesandten, Baillon, eingeholt und gezwungen, mit größter Beschleunigung der Straße nach Varennes zu folgen. Er hatte durchaus nicht die Absicht, rechtzeitig anzukommen und rechnete damit, daß seine Eile vergebens sei; das erklärte er später selbst den Herren Choiseul und Damas.

Das Wort „Entführung", das zuerst in diesem Befehl La Fayettes stand, wurde von Barnave und Lameth, von den Konstitutionellen im allgemeinen, begierig aufgegriffen, um den König freizusprechen und das Königtum zu retten. Sie stürzten sich blindlings auf diese Pforte, die sich vor ihnen auftat. Regnault de Saint-Jean d'Angély gebrauchte das Wort, als er die Versammlung beschließen ließ, man solle die „Entführer" des Königs verfolgen. Man übernahm das Wort, das ein ganzes System schien, und man übernahm den Urheber, ich meine La Fayette. Der kam in die Versammlung, sich zu entschuldigen; Barnave und Lameth, seine alten Feinde, beeilten sich, ihm zuvorzukommen und ihn zu rechtfertigen; noch mehr, sie verlangten für ihn, der angeklagt und verdächtig war, das höchste Vertrauen und sorgten, daß er mit der Ausführung der anzuordnenden Maßregeln beauftragt wurde. So gewannen sie ihn. Es war damals wie immer das gleiche Schicksal dieses ausgezeichneten Republikaners, von den Royalisten mystifiziert zu werden.

Indem die Konstitutionellen die unmögliche Aufgabe übernahmen, das Königtum wiederherzustellen, gerieten sie in direkten Widerspruch mit sich selbst. Noch waren es nicht drei Monate, da hatte eine bemerkenswerte Aussprache stattgefunden, die von Thouret mit einer Kraft und einer Größe geführt worden war, wie sie nur die Vernunft aufbringen kann; die Versammlung hatte entschieden, das Königtum sei ein öffentliches Amt und trüge die Pflichten eines solchen; Strafbestimmungen müßten diese Pflichten bestätigen. Thouret war unerbittlich der graden Linie gefolgt und hatte ein Ende gemacht mit dem König-Gott, mit dem „König-Messias", wie er selbst es nennt.

Die Versammlung hatte beschlossen: „Wenn der König das Königreich verläßt, so soll es angesehen sein, als habe er der königlichen Würde entsagt." Sie wollte jetzt ihren eigenen Beschluß umgehen. Die Führer, die sich unlängst dem Hofe genähert hatten, konnten sich, obwohl sie von ihm im Stich gelassen waren, nicht entschließen, ihre Pläne zu ändern, ihre Hoffnungen aufzugeben. Schon hatte die Königin sich ihres Rates bedient, und sie waren zweifellos schwer gekränkt, als sie sahen, daß jene mit ihnen gespielt hatte; immerhin dachten sie, hätten sie erst die Treulose zurückgebracht und gerettet, so werde sie glücklich sein, sich ihnen auf Gnade und Ungnade anvertrauen zu können, besäße sie doch dann keine andere Hoffnung mehr. Anderseits fürchteten Thouret und Chapelier, die Väter der Verfassung, in ihrer väterlichen Besorgnis, jede heftige Bewegung, die die Gesundheit eines so zarten Kindes gefährden konnte; sie brauchten um jeden Preis die Rückkehr, die Wiedereinsetzung des Königs, um in Frieden die Verfassung betreuen, groß werden und zum Guten gedeihen lassen zu können.

Die gute Haltung des Volkes erleichterte die Aufgabe der Versammlung sehr. Man hätte sich auf große Unruhen gefaßt machen können. Um die öffentliche Meinung irrezuführen, hatte die Königin eine so große Falschheit bekundet, die die Erbitterung besonders steigern mußte. Sie hatte erklärt, sie wolle aus ihren Ställen die vier weißen Pferde für den Triumph Voltaires zur Verfügung stellen. Sie hatte das Gerücht verbreiten lassen, sie werde mit dem König an der Fronleichnamsprozession teilnehmen. Zwei Tage vor der Flucht hatte man den Dauphin auf dem Wege nach Saint-Cloud durch Paris fahren lassen; und am Tage vorher gegen Abend hatte die Königin den Sohn im Park von Monceaux spazierengefahren und war dann die Boulevards entlanggefahren, graziös, mit Rosen geschmückt, das schöne Kind auf den Knien; sie lächelte der Menge zu und genoß im Geiste ihre völlig vorbereitete Abreise.

So erbittert das Volk auch war, es zeigte sich eher geringschätzig als gewalttätig. Die Unruhen beschränkten sich darauf, daß die Büsten des Königs zertrümmert wurden; ferner machten die Frauen aus harmloser Neugier einen Spaziergang in die Tuilerien, jedoch ohne Lärm und ohne etwas zu beschädigen. Sie nahmen das Bild des Königs vom Ehrenplatz fort und hängten es am Portal auf. Sie sahen sich das Gemach des Dauphin an und ließen es, wie es war; weniger gut ging es dem Kabinett der Königin. Sie betrachteten genau die Bücher, denn sie vermuteten, es seien alles unanständige Bücher. Ein Mädchen, dem man eine Haube der Marie-Antoinette aufsetzte, warf diese weit weg, wobei sie erklärte, sie wolle sich nicht damit beschmutzen, sie sei ein anständiges Mädchen.

Inzwischen ließ die Versammlung die Minister kommen, übernahm selbst die Justiz, änderte den Eid, befahl die Aushebung von dreihunderttausend Nationalgarden, die fünfzehn Sous pro Tag erhalten sollten. Diese Maßregeln wurden unterbrochen durch das Vorlesen eines merkwürdigen Schriftstückes, das man überbrachte. Es enthielt eine Protesterklärung des Königs, die alles, was er seit zwei Jahren getan und bestätigt hatte, für nichtig erklärte und die Versammlung und die Nation verriet. Der König bescheinigte so, daß er in dieser ganzen Zeit der falscheste aller Menschen gewesen war; weniger, weil er unterzeichnet hatte, was er heute tadelte, sondern weil er es so oft gebilligt und – ganz ohne Not – mit lauter Stimme gelobt hatte. Form und Inhalt des Ganzen war gleich kläglich, schwerfällig, platt und dumm, die ernstesten Dinge bildeten mit niedrigen und nichtssagenden ein buntes Gemisch. Er hielt sich auf über seine Armut (bei einer Zivilliste von fünfundzwanzig Millionen), über die Wohnung in den Tuilerien, „wo er, ganz abgesehen von den Bequemlichkeiten, an die er gewöhnt war, sogar nicht einmal die Annehmlichkeiten gefunden hat, die sich wohlhabende Leute verschaffen." Vor allem aber redete er ein langes und breites über seine Frau, verdrießlich, wie ein betrogener Ehemann, der feierlich erklärt, er sei zufrieden, und der nur auf die Spötter wütend ist. Dies richtete sich mehr an die Emigranten und die Prinzen, als an die Versammlung. Die Königin ließ sich bei der Abreise gewissermaßen ein Attest gegen jene geben und gegen die Ratschläge, mit denen sie den König belagern würden; ihr Gatte erklärte sie „für eine treue Gattin, die soeben erst ihrer guten Führung die Krone aufgesetzt hat". Er gab seinem Unwillen Ausdruck, daß man im Oktober davon gesprochen hatte, „sie in ein Kloster zu stecken" usw. Das sonderbare Schriftstück war am Tage vorher Monsieur unterbreitet worden, dem größten Feinde der Königin, damit er es berichtige und genehmige und so später außerstande wäre, es anzugreifen.

Dies Aktenstück hatte durchweg einen anklagenden und drohenden Ton gegen die Versammlung. Die Royalisten verbargen ihre Freude nicht. Eins ihrer Blätter wagte an eben diesem 21. Juni folgendes zu drucken: „Alle diejenigen, die in die Amnestie des Prinzen von Condé einbegriffen werden können, können sich von heute an bis Anfang August in unserem Büro eintragen lassen. Um es dem Publikum bequem zu machen, haben wir 1500 Listen aufgelegt; wir werden nur hundertfünfzig Individuen nicht aufnehmen."

Diese Unverschämtheit ließ viele Leute vermuten, die Royalisten müßten in Paris oder ganz in der Nähe bedeutende Hilfskräfte haben. Die Einbildungskraft arbeitete mit rasender Schnelligkeit an diesem Text weiter, keiner aber hatte bei solchen Gelegenheiten eine größere Phantasie als Robespierre. Da die Sitzung von dreieinhalb bis fünf Uhr unterbrochen war, so verbrachte er diese Zeit bei Pétion, schüttete dort sein Herz aus und gestand freimütig seine schauerlichen Befürchtungen. Die Versammlung war Mitschuldige des Hofes, Mitschuldige La Fayettes; sie würden eine Bartholomäusnacht ausrichten unter den Patrioten, unter den besten Bürgern, unter denen, die man am meisten fürchtete. Was ihn selbst betraf, er wußte genau, daß er verloren war, daß er keine vierundzwanzig Stunden mehr leben würde ...

Glaubte er es wirklich? Nicht ganz. Die Sache war zu unwahrscheinlich. Die Revolution sah damals durchaus nicht nach Blut aus, weder La Fayette war blutdürstig, noch waren es die andern führenden Männer. Wären sie es aber gewesen, so konnte man sich bei dem verrotteten Zustand der Polizei leicht in Paris verbergen. Robespierre hatte zweifellos Furcht, aber er übertrieb seine Furcht. Pétion hörte ihm ziemlich kühl zu. Die beiden Männer waren zu verschieden, um sich gegenseitig sehr zu beeinflussen. Robespierre war nervös, hager und bleich und an diesem Tage noch bleicher als gewöhnlich. Pétion war groß, dick, rosig und blond, phlegmatisch und gleichgültig. Er faßte die Dinge, seinem Temperament entsprechend, völlig entgegengesetzt auf: „Das Ereignis ist vielmehr glücklich", meinte er, „denn jetzt kennt man den König." Der Journalist Brissot, der gekommen war, um Neuigkeiten zu holen, äußerte sich ebenfalls in diesem Sinne: „Seien Sie sicher", sagte er in seiner erfinderischen und leichtgläubigen Art, „La Fayette hat die Flucht des Königs begünstigt, um uns die Republik zu geben. Ich werde außer dem ‚Patriote' noch ein neues Blatt gründen, den ‚Républicain'." Robespierre kaute gedankenvoll an den Nägeln und fragte, wobei er zu lachen versuchte: „Was heißt Republik?"

Als Antwort auf diese Frage, hätte man glauben können, trat die Republik in Person in das Zimmer. Ich meine Frau Roland, die in diesem Augenblick mit ihrem Gatten hinzukam. Sie trat ein, jung, lebhaft und stark, das kleine Zimmer mit froher Hoffnung durchstrahlend. Sie sah aus wie eine Dreißigjährige und sie war sechsunddreißig alt. Unter ihren schönen und üppigen braunen Haaren hatte sie einen mädchenhaften Teint, sonderbar durchsichtig, den bei der geringsten Erregung reiches und reines Blut tönte. Schöne, sprechende Augen, die Nase an der Spitze ein wenig dick und unfein. Der Mund ziemlich groß, frisch, jugendlich, liebenswürdig, dennoch ernsthaft, sogar ein Lächeln, verständig und beredt, sogar bevor er sich zum Sprechen auftat.

Die Rolands kamen vom Pont Neuf und konnten ihren Freunden von dem Maueranschlag der Cordeliers berichten. Die kühne Anregung, die diese ergriffen, gab Robespierre den Mut zurück. Da er sie das Banner der Revolution so weit vorantragen sah, so überlegte er, daß die Jakobiner folgen mußten auf dem Wege, an den sie gewöhnt waren, dem des Mißtrauens und der Anklage. Schon hatte er in der Vormittagssitzung eine Äußerung in diesem Sinne getan.

In der Abendsitzung sprach er überhaupt nicht, sondern wartete ab und beobachtete. Zwischen neun und zehn Uhr bemerkte er, daß Barnave und die Lameth, die La Fayettes, den sie am Morgen gewissermaßen überrascht hatten, sicher waren, überdies Sieyès und den alten Klub von 89 mitrissen. Alle zusammen, eine große Schar von ungefähr zweihundert Abgeordneten, setzten sich in Bewegung; sie wollten sich geschlossen zu den Jakobinern begeben, wo sie sich schon lange nicht mehr hatten blicken lassen; sie wollten diese in Erstaunen setzen mit dem unerwarteten Anblick und ihre Eintracht und ihn zweifellos im ersten Anlauf gewinnen. Es war kein Augenblick zu verlieren, Robespierre eilte zu den Jakobinern.

Wenn seine Rede so war, wie sein Freund Camille[1] sie halten läßt, so war sie nichts weiter, als eine aus Tatsachen und Vermutungen ziemlich geschickt gewobene große Denunziation aller Leute und aller Dinge; er beschuldigte nicht nur den König und das Ministerium, Bailly und La Fayette, nicht nur die Ausschüsse, sondern die ganze Versammlung. Man konnte diese in solchem Grade allgemeine und unterschiedslose Anklage, dies einer erschreckten Phantasie entsprungene düstere Gebilde, kaum ohne Vorbehalt hinnehmen. Darum begann Robespierre von persönlichen Dingen, von seiner eigenen Gefahr; er wurde bewegt und beredt, er wurde gerührt über sich selbst – seine Erregung gewann die Zuhörer. Schließlich, um den Eindruck voll zu machen, sagte er: er sei übrigens zu allem bereit; wenn er schon in den Anfängen, da er nur Gott und sein Gewissen zu Zeugen gehabt habe, von vornherein sein Leben als Opfer betrachtet habe, so würde heute, da er seinen Lohn in den Herzen seiner Mitbürger fände, der Tod nur eine Wohltat für ihn sein.

Bei dieser rührenden Stelle wurde eine Stimme laut, ein junger Mann rief schluchzend: „Wir werden alle mit dir sterben!" Dieses naive Mitgefühl war wirksamer als die Rede; es gab eine förmliche Explosion von Rufen, von Tränen, von Schwüren: alles stand auf, die einen erboten sich, Robespierre zu verteidigen; die andern zogen den Degen, warfen sich auf die Knie und schwuren, der Devise der Gesellschaft treu zu bleiben: „Frei leben oder sterben." Madame Roland, die zugegen war, sagt, die Szene sei wahrhaft überraschend und pathetisch gewesen.

Der junge Mann war der Kamerad und Jugendfreund Robespierres, Desmoulins, der bürgerliche Künstler; er hatte zwei Stunden zuvor in einem Augenblick des Vertrauens La Fayette die Hand gedrückt.

Bei all dem verlor man den Kern der augenblicklichen Lage aus den Augen, und der Feind stand vor der Tür. Die viel zu allgemeine Rede Robespierres und das darauf folgende Mitgefühl brachte die Dinge nicht genügend vorwärts. Danton bemerkte dies rechtzeitig, er lenkte die Aufmerksamkeit auf die eigentliche Frage zurück und begrenzte diese scharf; er fühlte, die Sache erforderte nur einen einzigen Streich, und der mußte La Fayette treffen.[2]

---

[1] Camille Desmoulins, der ein paar Tage später schrieb, bringt zwei Reden Robespierres durcheinander. Er leiht ihnen seine eigenen Ideen und seinen Stil, läßt ihn gegen die Priester reden, was Robespierre doch nie tat usw.

[2] Schon am Morgen hatte Danton gegen La Fayette und die städtischen Behörden einen heftigen Ausfall gemacht: „Als sich am 21. Juni das Departement zur Versammlung begab und zu Fuß durch die Tuilerien ging, beschimpfte ein Zivilist La Fayette und erklärte, dieser sei ein Verräter. Mein Kollege Danton, der bei uns war und von vier Füsilieren begleitet wurde, während

Es ist eigenartig, aber wahr: die Gefahr lag in La Fayette. Er war gefährlich als Strohmann der republikanischen Diktatur, der ständig geneigt war, eine Fehlgeburt der Republik herbeizuführen; – gefährlich als der immer bereite Narr der Royalisten, dessen ewige Bestimmung es war, von ihnen getäuscht zu werden; – er wurde von seinem Edelmut gefoppt; man konnte darauf wetten, jetzt, da der König ihn in Lebensgefahr gebracht hatte, würde La Fayette Royalist werden. Die Partei Lameth und Barnave gebrauchte, solange sie den König nicht wieder hatte, einen Interimskönig, der stark war gegen den Aufstand und schwach gegen den Hof. La Fayette war der einzig Gefährliche, weil er der einzig Anständige war, er war so offenbar anständig, daß er noch jetzt, wo alles ihn anzuklagen schien, volkstümlich war.

Also mußte Danton ihn angreifen.

Es bestand nur eine Schwierigkeit: von dieser ganzen Versammlung war Danton vielleicht der einzige, der sich fürchten mußte, ihn anzugreifen.

La Fayette kannte Danton: er wußte, daß dieser, allzu gelehrig dem Beispiel des Meisters, den Lehren Mirabeaus folgend, Beziehungen hatte zum Hof. Zwar hatte er sein Wort nicht verkauft, das ersichtlich immer frei blieb; wahrscheinlich aber hatte er sich verpflichtet, als ein Bravo des Aufstandes den Hof persönlich gegen Mordversuche zu schützen, ein Schutz ähnlich dem, wie ihn italienische Briganten zu übernehmen pflegen. Was er dafür bekommen hat, weiß man nicht; sicher zu sein scheint nur (nach dem Zeugnis eines Feindes, das dennoch glaubwürdig ist), daß er seine Advokatur am Conseil verkauft hat, und daß ihm das Ministerium viel mehr dafür gab, als sie wert war. Die Sache blieb Geheimnis zwischen Danton, Montmorin und La Fayette, der letztere hatte ihn damit in der Hand, konnte ihn in dieser ungewissen Zeit kurzhalten, oder ihm einen tödlichen Hieb versetzen.

Diese Gefahr schreckte Danton nicht ab; er sah auf den ersten Blick, daß La Fayette nichts wagen würde; der konnte Danton nicht treffen, ohne auch den Minister Montmorin zu treffen, und so durfte er nichts sagen.

„Herr Präsident", rief Danton, „die Verräter kommen. Man errichte zwei Schafotts; ich verlange, das eine besteigen zu dürfen, wenn jene nicht verdient haben, das andere zu besteigen!"

In diesem Augenblick traten sie ein. Es war eine stattliche Schar. An der Spitze Alexandre de Lameth, Arm in Arm mit La Fayette: ein beredtes Zeichen der Versöhnung, die ganze Linke der Nationalversammlung unter demselben Banner marschierend. Es folgte der Mann von 1789, der schon der Vorzeit angehörte, der Vater und Prophet der Revolution, oder wenigstens ihr Pate: Sieyès

---

wir keine Wache hatten, wandte sich zum Volke und rief mit lauter Stimme und drohender Gebärde: ‚Ihr habt recht, alle eure Häupter sind Verräter und täuschen euch.' Sogleich hörte man Rufe: ‚Es lebe Danton! Triumph für Danton! ... Es lebe unser Vater Danton!'"(Aussage zweier Administratoren des Departements. Seinearchiv, Mappe 310)

mit seiner abstrakten, gedankenvollen Miene, und neben ihm, ein scharfer Gegensatz, der Advokat der Advokaten, Barnave, die Nase in der Luft. Schließlich die großen Geschäftsmänner der Nationalversammlung, ihre gewöhnlichen Redakteure, beinahe ihre amtlichen Organe, Chapelier und andere, der ganze Verfassungsausschuß.

Trotz dieser starken Gegner griff Danton sofort in überraschender Weise an. Er sagte nicht gerade, La Fayette habe versucht, ihn zu bestechen und seine politische Moral zu untergraben, sondern er habe seinen Patriotismus lähmen und lau machen wollen, ihn für die beiden Kammern gewinnen, „für das System des Priesters Sieyès." Dann fragte er ihn plötzlich, warum er am gleichen Tage, als er die Männer aus dem Faubourg Saint-Antoine in Vincennes verhaften ließ, die Ritter vom Dolche in den Tuilerien laufen gelassen habe? Warum man (und diese Beschuldigung war nicht die ungefährlichste) in der Nacht der Flucht des Königs die Wache in den Tuilerien einer von La Fayette besonders zusammengestellten Kompanie übertragen hatte?"

„Was sucht Ihr hier? Warum steht Ihr in diesem Saal, den Eure Journalisten eine Mörderhöhle nennen? Und warum wählt Ihr diesen Augenblick zur Versöhnung? Denselben, da das Volk Euer Leben fordern müßte? Seid Ihr ein Verräter? Seid Ihr ein Dummkopf? In beiden Fällen könnt Ihr nicht mehr den Oberbefehl führen. Ihr hattet mit Eurem Kopf dafür gebürgt, daß der König nicht abreisen würde; wollt Ihr etwa Eure Schuld bezahlen?"

Antworten, bestreiten, Gegenvorwürfe machen, das hätte den Brand nur geschürt. Um ihn zu dämpfen, stimmte Lameth eine Pastorale an über das Thema: wie schön ist doch die brüderliche Eintracht. La Fayette erging sich, ohne die eigentliche Frage zu berühren, in seinem gewohnten Geschwätz: Er sei der erste gewesen, der gesagt habe: eine Nation wird frei, sobald sie frei sein will usw. Sieyès und Barnave nahmen den Satz von der Eintracht wieder auf; sie machten eine Adresse daraus, die Barnave redigierte. Um jedoch den radikalen Flügel der Jakobiner zufriedenzustellen, ersetzte man das Wort „Entführung" durch ein schärferes: „Der König, ‚irregeleitet', hat sich entfernt ..." Man war zufrieden, denn als die Abgeordneten gegen Mitternacht mit Lameth und La Fayette an der Spitze den Verein verließen, gaben ihnen alle Jakobiner, alle Zuhörer und Zuschauer, ohne Ausnahme, im ganzen vielleicht zwei- oder dreitausend Personen, das Geleit; die eben noch geschworen hatten, Robespierre zu verteidigen, folgten nichtsdestoweniger La Fayette. In der Rue Saint-Honoré lag alles in den Fenstern und sah mit großer Freude bei Fackelschein das glänzende Schauspiel von Eintracht und Harmonie vorüberziehen.[1]

---

[1] Vergleiche den Bericht über diesen Vorgang (zurechtgemacht nach dem Gesichtspunkt von 1828) von Alexandre de Lameth: „Histoire de l'Assemblée constituante", Bd. I, S. 427.

Das Wort „Entführung“, das in der Adresse der Jakobiner fehlte, erschien am folgenden Tage aufs neue in der Adresse der Nationalversammlung. Mochte auch der König in seiner Erklärung gesagt haben, er werde fliehen, die Nationalversammlung bescheinigt ihm, er sei „entführt“ worden.

Die Versammlung nahm es auf sich, das Gesetz zu „rächen“ (ein leichtsinniges Versprechen, eine bloße Phrase, die mit ihrer eigentlichen Meinung nichts zu tun hatte). Sie entschuldigt sich, daß sie bisweilen Regierung und Verwaltung an sich genommen habe: „Es geschah, *weil damals weder der König noch die Minister das Vertrauen der Nation besaßen.*“ Der König hatte also das Vertrauen wiedergewonnen, als er ins Ausland gehen wollte. Kann ein Vertrauen sich erneuern, das in solchem Grade verloren ist? So fiel die Adresse schwankend aus, sie sagte hier zu viel und dort zu wenig. In ihr steckte bereits das falsche und hinkende System, in das man sich später verrannte, das ungewisse Hin und Her zwischen einer unpopulären Versammlung und einem gebundenen, verachteten, für immer verdächtigen Königtum, im System, das, eines Tages durch den klaren Blick des Volkes in seiner Nichtigkeit erkannt, in einem Ausbruch des Zornes hinweggefegt, leicht die Anarchie nach sich ziehen konnte.[1]

Am 22., abends gegen neun Uhr, entstand ein großer Lärm um das Gebäude der Versammlung, dann erscholl ein Ruf, der tosend wiederholt wurde: „Er ist verhaftet!“ Wenige Leute freuten sich darüber. Die – mit Rücksicht auf die Stimmung der Tribünen – am lautesten ihren Beifall äußerten, fühlten gleichwohl die ungeheuren Schwierigkeiten, die mit diesem Ereignis ihren Anfang nehmen mußten.

Am folgenden Tage, dem 23., tat sich die Unruhe der Versammlung und der allgemeine Wunsch ihrer Mitglieder, das Königtum zu retten, in einem Antrage Thourets kund, der zum Beschluß erhoben wurde: „Die Versammlung erklärt als Verräter diejenigen, die zur Entführung des Königs geraten, geholfen oder sie ausgeführt haben; sie befiehlt die Verhaftung derer, welche die der königlichen

---

[1] Die beiden Lameth stützten ihr System auf das Bündnis der verschiedenen, mehr oder weniger konstitutionellen Fraktionen der Versammlung. Sie hatten La Fayette und Sieyès gewonnen; es fehlte ihnen noch die sogenannte „monarchische Gruppe“, Malouet, Clermont-Tonnerre, die Konstitutionell-Royalisten, die von den Lameth selbst – damals die Häupter der Jakobiner – mit Hilfe des Volkes von Klub zu Klub, von Saal zu Saal gejagt worden waren. Jetzt handelte es sich darum, diese übel behandelten Männer zum Anschluß zu bewegen, und sie ebenso beim König zu gebrauchen, wie man La Fayette beim Pariser Volke gebrauchte. Im Laufe des 22. verhandelte man mit ihnen und setzte für den folgenden Tag eine gemeinsame Konferenz fest. Wie die Dinge gehen mußten, war klar: war der König nicht verhaftet, mußte man im Lager der fremden Armeen mit ihm verhandeln, so waren Malouet und die Monarchiens die natürlichen Vermittler; war der König verhaftet, so durften sich Lameth und Barnave schmeicheln, seine Retter, Vertrauten und Ratgeber zu sein. Vergleiche Droz, der hier wichtig ist; er folgt den unveröffentlichten Memoiren Malouets.

Würde schuldige Achtung verletzen sollten." So waren das Königtum und die Person des Königs freigesprochen und sichergestellt.

Robespierre erklärte, der zweite Teil des Beschlusses sei unnütz und der erste unvollständig; es sei darin nur von den „Ratgebern" die Rede, aber die Pflicht nötige die Abgeordneten, sich mit einer „wichtigeren Frage" zu befassen. Ein Murren der Versammlung belehrte den Redner, daß er schon zuviel sagte.

Eine große, entscheidende Bewegung des Volkes gegen das Königtum war sehr wahrscheinlich. Am 23. Juni frühmorgens wurde der Faubourg Saint-Antoine unruhig und setzte sich in Marsch. Die Konstitutionellen fanden ein Mittel, die Bewegung zum Vorteil des Königtums auszubeuten. La Fayette und sein Generalstab waren der ungeheuren Kolonne willig gefolgt von der Bastille zur Place Vendôme, zu den Feuillants und der Nationalversammlung. Hier ritt er an die Spitze. Wie wir es bisweilen bei unseren letzten Aufständen gesehen haben, sagte der Kopf genau das Gegenteil von dem, was der Körper dachte.[1] *Alle waren gegen den König*, und die Führer erklärten der Versammlung, das Volk käme, der Verfassung Gehorsam zu schwören, was im Grunde nichts anderes hieß als Gehorsam gegen den König, als einen Teil der Verfassung. Den ganzen Nachmittag, den ganzen Abend, mehrere Stunden lang, war diese große bewaffnete Menge im Saal, sie verhält sich im allgemeinen wohlwollend, war aber von einer derben Vertraulichkeit; es fielen sogar drohende Worte gegen die schlechten Abgeordneten.

Am 25. beschloß die Versammlung auf Bouvets Antrag: „Der König soll bei seiner Ankunft eine vorläufige Wache erhalten, die für seine Sicherheit und seine Person verantwortlich ist. Die Begleiter des Königs auf der Flucht werden verhört, die Erklärungen des Königs und der Königin entgegengenommen. Der Justizminister fügt auch fernerhin den Beschlüssen das Siegel bei, ohne daß es der königlichen Bestätigung bedarf."

Malouet: „Demnach ist die Regierung eine andere! Der König ist Gefangener! ..." Roederer, um abzuschwächen: „Dies berührt die Unverletzlichkeit nicht; es handelt sich lediglich darum, den König in vorläufigem Verhaft zu behalten." – Thouret gegen Roederer: „Nein, nein! So ist es nicht." – Schließlich

[1] Sehr merkwürdig ist, daß Frau Roland, die dem Vorgang beigewohnt zu haben scheint, und die sich zweifellos völlig auf ihre lebhaften Eindrücke verläßt, nicht bemerkt, mit welch sonderbarer Geschicklichkeit man dieser Kundgebung gegen das Königtum einen anderen Sinn unterschob: „Sie riefen: ‚Es lebe das Gesetz, es lebe die Freiheit, wir pfeifen auf den König! Es leben die guten Abgeordneten! Die anderen mögen sich hüten!' Während dieser in ihrer gemeinen Energie imposanten Szene, die die Republikaner ermutigen mußte, verbrachten die Jakobiner ihre Zeit mit kläglichen Erörterungen, begrüßten d'Orléans und Chapelier mit Beifall und zeichneten Robert aus, der die Republik rühmte ..." (Lettres de Madame Roland à Bancal des Issarts, S. 252).

Alexandre de Lameth: „Es geschieht ebensosehr für die Sicherheit des Königs, wie für die Sicherheit der Nation."

D'André benutzte diese Gelegenheit, um die Versammlung endgültig festzunageln und bloßzustellen; er begann, in ihrem Namen zu sprechen, und bekannte sich an ihrer Statt voll zum Royalismus, erklärte, die Monarchie sei die beste Regierungsform. Die ganze Versammlung klatschte Beifall, aber die Tribünen schwiegen. Dies Schweigen wurde sehr düster und verbreitete sich über den ganzen Saal, als eine Abordnung aus dem Hérault eine Adresse vorlas, die die ganze Heftigkeit des Südens atmete und die Worte enthielt: „Die Welt erwartet einen großen Akt der Gerechtigkeit."

Fast unmittelbar darauf (es war ungefähr siebeneinhalb Uhr abends) bemächtigt sich eine große Erregung der Gemüter; das Gerücht verbreitet sich, daß der König soeben durch die Tuilerien fährt ... dann, daß die drei Kuriere auf dem Wagen des Königs in den Händen des Volks sind, in Lebensgefahr schweben ... Zwanzig Abgeordnete eilen zur Hilfe. Bald treten Barnave, Pétion und Latour-Maubourg in den Saal; die Versammlung hatte sie beauftragt, die Rückkehr des Königs zu leiten und zu schützen; sie kommen jetzt, um Bericht zu erstatten.

ACHTES KAPITEL

Die Rückkehr des Königs und der Königin von Varennes (22.–25. Juni 1791)

Die Bevölkerung ist geschlossen gegen den König. – Châlons allein empfängt ihn gut, 22. Juni. – Die Kommissare der Nationalversammlung, 23. Juni. – Die Königin und Barnave. – Rast in Dormans. – Die königliche Familie in Meaux, im Palast Bossuets, 24. Juni. – Pétion will die drei Gardes du corps retten. – Einzug in Paris, 25. Juni. – Ankunft in den Tuilerien. – Wechselnde Regungen im Volke.

Der König und die Königin hatten lange in der Einbildung gelebt, die Revolution beschränke sich lediglich auf den Aufruhr in Paris, sie sei etwas ganz Künstliches, eine isolierte Verschwörung der Orléanisten oder der Jakobiner. Die Reise nach Varennes konnte ihnen das Gegenteil beweisen und die Rückkehr noch mehr.

Vergebens versuchte die Königin, sich selbst zu täuschen und das Mißlingen des Unternehmens auf unbekannte Ursachen zu schieben. „Es bedurfte", meinte sie, „eines außergewöhnlichen Zusammentreffens von Umständen, eines Wunders." Das wahre Wunder war die Einmütigkeit der Nation. Einig in demselben Gefühl der Gerechtigkeit und des Unwillens, rettete Frankreich sich selbst.

Denken wir an die Begleitumstände der Reise. Diese Einmütigkeit kommt überall zum Durchbruch. Überall wird die militärische Gewalt vom Volke unwirksam gemacht. Schon bei Châlons kann Choiseul den durchdringenden Blick der Menge nicht ertragen, die ihn überwacht und sein Vorhaben ahnt; trotz der Wälder, trotz der Nacht, folgt ihm das Auge des Volkes, sieht ihn; überall, von Dorf zu Dorf, hört er die Sturmglocken läuten. Die Offiziere in Sainte-Menehould und Clermont sind machtlos und gelähmt durch diese ruhelose Wachsamkeit. Der in Varennes entflieht, der junge Bouillé wird bedroht und kann dessen Kommando nicht übernehmen. Bouillé selbst vermag nicht, dem König entgegenzugehen, denn er ist weder seiner Truppen sicher noch der benachbarten Garnisonen, und das Land steht in Waffen. Ein vielleicht noch gewichtigerer Umstand, den wir ausgelassen haben, ist der, daß die Soldaten überall in den Quartieren bemerken mußten, wie ihre Wirte ihnen im Schlafe die Patronen weggenommen hatten; die Soldaten des Königs schliefen, das Volk schlief nicht.

Diese furchtbare Einmütigkeit wurde noch deutlicher bei der Rückkehr. Von Varennes bis Paris, auf einem Wege von fünfzig Meilen, den man unendlich langsam, erst in vier vollen Tagen, zurücklegte, sah sich der König beständig von einer kompakten Masse Volkes umgeben; die schwere Berline schwamm in einem dichten Menschenmeer und teilte nur mit Mühe die Fluten. Es war wie eine Überschwemmung von allen benachbarten Bezirken her, die nacheinander unterwegs lebendige Wogen auf den unglücklichen Wagen schleuderten, wütende, tosende Wogen, die alles zu verschlingen drohten und sich dennoch am Wagen brachen. Die Leute waren bis zu den Zähnen bewaffnet mit allem, was sie an Waffen besaßen; sie trugen Gewehre, Säbel und Spieße, Heugabeln und Sensen: sie kamen von weither, um dreinzuschlagen; waren sie da, so fluchten sie und machten ihrem Zorn Luft, schalten auf die Feiglinge und Verräter, folgten dem Wagen einige Zeit und kehrten zurück. Andere kamen und immer wieder andere, unentwegt, und sie waren nicht weniger hitzig als die ersten, ganz Kraft und ganz Wut. Sie schrien, bis ihre Kehle trocken war, dann tranken sie, um weiter zu schreien. Die stechende Glut des Juni erhitzte die Köpfe, die Sonne brannte heiß, verwandelte den Weg in weißen Staub, der sich in Wolken ballte, so ging's weiter durch Wälder von Bajonetten und Ähren.

Magere Ähren, ärmliche Ernte der „Lausechampagne"; der Anblick dieser Ernte allein, die so mühsam zum Gedeihen gebracht war, trug nicht wenig dazu bei, die Wut der Bauern zu steigern: gerade diese Tage hatte der König gewählt, um den Feind zu holen, um die Husaren und Panduren auf unsere Felder zu führen, die diebische, gefräßige und gewalttätige Kavallerie, um das Leben Frankreichs von den Hufen der Pferde zerstampfen zu lassen, um für dieses und das nächste Jahr die sichere Hungersnot zu bringen.

Dies war der wahre Prozeß gegen Ludwig XVI., in höherem Sinne als der vom 21. Januar. Vier Tage nacheinander hörte er aus dem Munde des ganzen Volkes seine Anklage und sein Urteil. Das so grausam enttäuschte Kindesgefühl dieses Volkes hatte sich in Wut verwandelt; und die Wut, die sich in Geschrei entlud, kam auch in Vorwürfen von erdrückender Wahrheit zum Ausdruck, in furchtbaren Worten, die auf die schuldigen Insassen des Wagens fielen, wie die unbarmherzigen Schläge der Gerechtigkeit selbst.

Als man in die Nähe von Sainte-Menehould kam, verdoppelte sich das Geschrei. Der König und die Königin wurden unruhig und erklärten, sie würden haltmachen, sie würden nicht weiterreisen. Ein Bote des Pariser Gemeinderates versuchte, sie zu beruhigen. Sie ließen ihn versprechen und bei seinem Haupte schwören, daß weder ihnen selbst noch den Ihrigen etwas geschehen würde, und zwar weder unterwegs noch in Paris, und daß er sie überdies zur größeren Sicherheit nicht verlassen würde.[1]

Niemand konnte eine solche Bürgschaft übernehmen. Das Leben der königlichen Familie schien an einem Faden zu hängen. Bei so vielen wütenden Menschen (viele waren zudem betrunken) war sehr zu befürchten, daß aus blinder

---

[1] Bericht des Herrn Godan, Abgesandter des Gemeinderates. Seinearchiv, Mappe 310 und Register 19, S. 95.

Wut oder aus Trunkenheit wie zufällig ein paar Schüsse losgingen. Aber die Wut richtete sich besonders gegen die vermeintlichen Entführer des Königs. Die Herren Choiseul und Damas wären sicherlich verloren gewesen, wenn sich nicht der Adjutant La Fayettes mit ihnen hätte verhaften lassen. Die drei Gardes du corps auf dem Bock des Wagens konnten von vornherein als tot gelten; mehrmals setzte man ihnen die Bajonette auf die Brust, doch schoß keiner auf sie. Bei allen Beschimpfungen machte sich sogar ein Rest von Rücksicht für den König geltend, wenigstens ein gewisses Mitleid für seine Unfähigkeit und seine bekannte Schwäche. Auch entwaffnete der Anblick der Kinder am Wagenschlage die Menge und hielt die Wütendsten zurück. Sie waren gekommen, völlig bereit, den Streich zu führen, aber sie hatten nicht an die Kinder gedacht.

Auf dem sanften Gesicht der Madame Elisabeth lag, trotz ihrer fünfundzwanzig Jahre, ein sonderbar kindlicher Reiz, die Seelenruhe einer Heiligen, die in dieser Lage eigenartig wirkte. Und wenn auch die kleine Prinzessin bei ihren vierzehn Jahren schon etwas von der hochmütigen Haltung ihrer Mutter hatte, so hatte sie doch auch den blendenden Glanz ihrer rotblonden Schönheit. Die Menge bestand hauptsächlich aus Männern (es waren wenig Frauen darunter); nun: es gab keinen Mann, mochte er noch so betrunken oder wütend sein, dessen Herz nicht schwach wurde angesichts der jungen Blüte.

Wohl die Wütendsten waren die, die von weither kamen, die nicht rechtzeitig anlangten und die Königsfamilie nicht mehr zu sehen bekamen. Ich erwähne zwei Fälle, die nirgendwo berichtet sind, und die deutlich erkennen lassen, wie heftig die Erregung in Frankreich war, sobald man von dem Verrat erfuhr:

Clouet aus den Ardennen, einer der Gründer der Ecole Polytechnique, ein strenger und ungeselliger Stoiker, der niemals eine andere Liebe hatte als die zum Vaterlande, brach auf der Stelle mit seinem Gewehr auf von Mézières; er kam in Eilmärschen, zu Fuß (er reiste nie anders) und legte sechzig Meilen in drei Tagen zurück, in der Hoffnung, den König zu töten. In Paris änderte er seine Absicht.

Ein anderer, ein junger Tischler aus dem Innersten von Burgund (der sich später in Paris niederließ und Vater zweier ausgezeichneter Gelehrter wurde), verließ ebenfalls sein Land, um der Verurteilung und Bestrafung des Verräters beizuwohnen. Unterwegs machte er halt bei einem Tischlermeister; sein Wirt machte ihm begreiflich, er werde zu spät kommen und er täte besser, sich mit ihm zu verbrüdern; um die Bruderschaft zu besiegeln, gab der Meister ihm seine Tochter zur Frau.

Nur ein Mann wurde bei der Rückkehr von Varennes getötet, ein Ritter vom Heiligen Ludwig, der wie ein anderer Sankt Georg kühn an den Wagenschlag heransprengte und sein Pferd in die Fußgänger trieb, er wollte dem König huldigen, der Verdammung durch das Volk zum Trotz. Der Adjutant mußte ihn bitten, sich zu entfernen, es war zu spät; er versuchte, sich langsam aus der Menge zu entfernen, dann, als man sich an ihn drängte, gab er dem Pferde die Sporen und warf sich in die Felder. Man schoß, er schoß wieder: da gingen vierzig Schüsse auf einmal los, und er fiel; er verschwand in einer Gruppe Leute, und man schnitt ihm den Kopf ab. Unmenschlicherweise brachte man den blutigen Kopf bis an den Schlag, und nur mit Mühe wurden die rohen Gesellen bewogen, den schauerlichen Gegenstand vor der königlichen Familie zu verbergen.

In Châlons änderte sich das Bild. Diese alte Stadt, die keinen Handel hatte, war fast nur von Adligen, Rentiers und royalistischen Bürgern bewohnt. Den Ideen der Zeit fremd und ohne Kenntnis der Lage, sahen diese Leute des Ancien régime mit tiefer Wehmut, wie ihr armer König so übel behandelt wurde; sie kamen alle und baten darum, „vorgestellt zu werden"; die Damen und die Fräulein überreichten den Prinzessinnen Blumen, die sie mit ihren Tränen benetzt hatten. Ein prächtiges Mahl war vorbereitet, die königliche Familie soupierte öffentlich, und man bildete Spalier um die Tische. War man in Châlons oder in Versailles? Der König hätte es kaum zu sagen gewußt. Die Nationalgarde kam: „Sire, fürchten Sie nichts, wir werden Sie verteidigen." Viele erklärten sogar, sie würden den König bis nach Montmédy geleiten.

Der König ißt, geht zeitig schlafen und morgens in die Messe. Aber schon hat sich alles geändert. Die Arbeiter von Reims sind angekommen, die ganze Champagne kommt, noch vor Tagesanbruch drängt sich ein wahres Heer in die Stadt, alles ist vom Marsch erhitzt; sie wollen sofort den König sehen, sofort mit ihm weitermarschieren. Paris! Paris! Das ist der allgemeine Ruf; schon nimmt man die Fenster aufs Korn. Der König erscheint mit der Familie auf dem Balkon, würdig und ruhig: „Da man mich dazu zwingt", sagt er, „so will ich weiterreisen."

Zwischen Epernay und Dormans stießen drei Abgesandte der Nationalversammlung auf den Zug; sie sollten die Rückkehr des Königs sichern und leiten. Alle drei waren von der Linken genommen. Der „Monarchien" Malouet wäre der natürliche Vermittler und Unterhändler mit einem freien König gewesen; um den gefangenen König zu bewachen, hatte die Linke drei Männer geschickt, die ihre drei Fraktionen darstellten: Barnave, Latour-Maubourg und Pétion.

Von der Königin wurden sie sehr schlecht empfangen; von der Mission dieser Männer abgesehen, die sie wenig angenehm machte, hatte die Königin andere und sehr verschiedene Gründe, warum sie diese eben nicht gern sah. Latour-Maubourg, ein ehemaliger Höfling und Günstling, nichtsdestoweniger ein persönlicher Freund des Wächters des Königs, und heute La Fayettes Vertreter, war besonders verhaßt; er ertrug den Blick der Königin nicht, stieg in einen anderen Wagen, in dem die Frauen saßen, und überließ seinen Kollegen die traurige und gefährliche Ehre, in der Karosse des Königs Platz zu nehmen. Pétion war natürlich nicht gelitten; man meinte in ihm den schlimmsten aller Jakobiner, die Revolution selbst zu sehen. Noch ärger stand es mit Barnave, in ihm sah man die verhaßte Dreieinheit (Duport, Barnave und Lameth) von Intriganten und Undankbaren, Leute überdies, gegen die man noch ganz frisch im Unrecht war, die man scheinbar um Rat gefragt und denen man Vertrauen geschenkt, die man aber in Wirklichkeit hingehalten und getäuscht hatte; und jetzt wollte es das Verhängnis, daß man ihnen in die Hände fiel.

Pétion erregte gleich zu Anfang großen Anstoß mit der Erklärung, als Vertreter der Nationalversammlung müsse er im Fond des Wagens sitzen. So war Madame Elisabeth genötigt, auf dem Vordersitz Platz zu nehmen: Barnave setzte sich neben sie, der Königin gegenüber.

Barnave war achtundzwanzig Jahre alt, hatte ein sehr jugendliches Gesicht, schöne blaue Augen, einen großen Mund, Stulpnase und eine helle Stimme. Seine Figur war elegant, und er sah verwegen aus wie ein duellgewohnter Advokat, der in beiden Arten der Fechtkunst bewandert ist. Er schien kalt, trocken und boshaft und war es im Grunde gar nicht. In seinen Zügen spiegelte sich in Wirklichkeit nur sein kampf- und zankerfülltes Leben und der beständige Stachel der Eitelkeit.

Er sprach zuerst von den royalistischen Absichten seiner Partei. Er las den Beschluß der Versammlung laut vor, worauf der König erwiderte, er habe niemals die Absicht gehabt, Frankreich zu verlassen. Barnave griff dies Wort lebhaft auf und bemerkte zu Mathieu Dumas, La Fayettes Leutnant: „Da haben wir ein Wort, welches das Königtum retten wird."

Inzwischen bemerkte die Königin, daß der junge Abgeordnete sich häufig umwandte, um die Gardes du corps auf dem Bock des Wagens zu betrachten; danach pflegte er seine Blicke mit hartem Ausdruck, in dem etwas Zweideutiges und Ironisches lag, ihr zuzuwenden.[1] Die Königin war ein Weib; sie fühlte sofort, was kein Mann gemerkt hätte, mit schnellem und feinem Erkennen ermaß sie zuerst den ungeheuren Vorteil, den sie aus dieser anscheinend übelwollenden Gemütsverfassung ziehen konnte.

Sie begriff unschwer, daß Barnave bei dem Gardes du corps den ergebenen Mann zu sehen meinte, dem die Königin die Gunst gewährt hatte, die Entführung zu leiten, die Gunst, für sie zu sterben, den glücklichen Grafen Fersen. Um es deutlich zu sagen: sie verstand, daß Barnave eifersüchtig war.

Um das nicht absonderlich zu finden, muß man wissen, daß Barnave in seinem Dünkel durchaus der Nachfolger Mirabeaus werden wollte; er glaubte, die Nachfolge auf der Tribüne schon zu besitzen, aber er wollte sie vollständig: die Königin gehörte dazu nach seiner Meinung. Das Vertrauen der Königin erschien ihm als der schönste Diamant des Verstorbenen in der Erbschaft. Als der Hof die drei Freunde scheinbar um ihren Rat fragte, hatte er eine Zeitlang geglaubt,

[1] Die folgenden Einzelheiten werden romanhaft erscheinen und sind nichtsdestoweniger sehr wahrscheinlich. Sie stammen von Weber, Valery, Campan usw.

dies hohe Glück zu erreichen. Zwei von den dreien, Lameth und Duport, waren notorisch in Ungnade, der Vertraute mußte notwendigerweise Barnave sein, wenigstens hatte er so geglaubt. Die Entführung von Varennes hatte ihn also schwer enttäuscht, sowohl als Politiker wie als Menschen; es schien ihm, als stehle man ihm das, was er in seinem maßlosen Dünkel schon sein glaubte.

Die Königin war zu hochmütig, um sich die Dinge so deutlich zu machen, wie ich sie hier sage; doch sah sie gleichwohl alles, was sie sehen mußte. Sie benutzte unauffällig die erste sich bietende Gelegenheit, um die drei Gardes du corps bei Namen zu nennen. Barnave sah, daß er sich getäuscht hatte, daß Fersen nicht darunter war. Nun wurde er ein ganz anderer; er senkte den Kopf, seine Stimme wurde sanft, sein Ton respektvoll: er fühlte sich schuldig und bemühte sich, durch rücksichtsvolles Benehmen seine Unverschämtheit wieder gutzumachen. Das schien schwierig, denn die Königin geruhte nicht, das Wort an ihn zu richten.

Barnave konnte nur sehr langsam und auf Umwegen vorgehen. Er saß zwar der Königin gegenüber, hatte aber gleichzeitig auch das kalte Gesicht seines Kollegen Pétion vor sich, der allerdings Welt und Leidenschaften zu wenig kannte, um von alldem etwas zu bemerken. Pétion war ausnehmend schwerfällig und linkisch[1] und hatte irgendeine unpassende Bemerkung zu Madame Elisabeth gemacht, die von dieser anscheinend so schlichten Dame sehr schlagfertig beantwortet worden war. Um die Sache wiedergutzumachen, hatte er gerade den Punkt berührt, wo die junge Prinzessin am leichtesten zu verwunden war, den Glauben, die Religion, und irgendeine philosophische Banalität gegen das Christentum angeführt. Erregt begann die arme Prinzessin gegen ihre Gewohnheit sofort zu sprechen, um ihren Schatz zu verteidigen; sie wurde beinahe beredt.

Barnave hörte zu und sagte nichts. Der König in seiner gewohnten Gutmütigkeit richtete ohne besondere Veranlassung das Wort an ihn; er sprach von der Nationalversammlung, ein angenehmer Gegenstand für den jungen Redner; der war so mit einem Male zurückversetzt auf die Stätte seiner Triumphe. Dann kam die allgemeine Politik an die Reihe, und Barnave verteidigte seine Ansichten unendlich schonend und respektvoll.

In scharfem und für Barnave sehr nützlichem Gegensatz dazu stand Pétions zynische Vertraulichkeit. Als der König Gelegenheit fand zu sagen, sein ganzes Tun sei aus besten Absichten entsprungen, denn nach allem könne Frankreich nicht als Republik bestehen, da bemerkte Pétion trocken: „Freilich noch nicht, die Franzosen sind noch nicht reif genug dafür ...“ Es wurde sehr still im Wagen.

---

[1] Was dem Charakter Pétions etwas unauslöschlich Lächerliches gibt, ist, daß er – nach der von ihm hinterlassenen, unveröffentlichten Denkschrift über die Reise von Varennes – glaubt, Madame Elisabeth, die am zweiten Tage neben ihm saß und sich in äußerster Ermüdung unwillkürlich an ihn lehnte, sei in ihn verliebt gewesen; oder, um in der sinnlichen Sprache jener Zeit zu reden: „sie habe der Natur nachgegeben“.

Das ist nicht alles. Der Dauphin, der sehr unruhig war, hatte sich zuerst zwischen Pétions Beinen einen Platz gesucht. Dieser strich ihm väterlich über die blonden Locken und zupfte manchmal ein wenig daran, wenn das Gespräch lebhaft wurde. Das verletzte die Königin sehr; sie zog das Kind hastig an sich, welches nun, seinem kindlichen Instinkt folgend, keck den Platz belegte, wo er einer guten Aufnahme sicher war: auf den Knien Barnaves. Dort, auf seinem bequemen Sitz begann es, mit Muße die Worte zu entziffern, die auf jedem Knopf am Rock des Abgeordneten standen, und es brachte schließlich den schönen Spruch heraus: „Frei leben oder sterben".

Dies kleine Genrebild – wer hätte es glauben mögen? – friedlich durch eine erregte Menge, während Geschrei und Drohungen es umtobten. Man wurde schließlich stumpf gegen das, was man hörte. Die Gefahr blieb die gleiche, und man dachte kaum mehr daran. Die Abspannung trat ein und damit die Unempfindlichkeit gegen das bewegte, immer neue Bild draußen. Es ist sonderbar und beweist die Unerschöpflichkeit der Lebensquellen der Natur, daß diese kleine, schwache Gruppe von Leuten, die alle dem Tode entgegengingen, unterwegs sich mühte, noch im Sturm so angenehm wie möglich zu leben.

Aber plötzlich erfolgt ein Zusammenstoß ... Eine neue Woge Menschen dringt auf die Gardes du corps ein; Barnave steckt den Kopf aus dem Schlage und sieht die Wütenden an; es ist, als sei die Nationalversammlung selbst erschienen: alles weicht zurück.

Kurze Zeit darauf ein anderer, ernsterer Zwischenfall, der beinahe schlimm geendet hätte. Ein armer Priester kommt, dem das Schicksal des Königs das Herz zerreißt; Tränen stehen ihm in den Augen, und er hebt die Hände zum Himmel. Die wütende Menge ergreift ihn, zerrt ihn fort, gleich wird's um ihn geschehen sein ... Hastig beugt sich Barnave weit aus dem Wagen: „Ihr Tiger, seid ihr denn nicht Franzosen? ... Ist Frankreich, das Volk der Tapferen, vielleicht ein Volk von Mördern?" Dies Wort rettet den Priester. Aber Barnave wäre hinausgestürzt, hätte nicht Madame Elisabeth die ihr durch die Etikette aufgezwungene gewohnte Zurückhaltung in diesem Augenblick vergessen und ihn am Rockschoß festgehalten. Die Überraschung der Königin war groß, aber auch ihre Dankbarkeit gegen den edlen jungen Mann. Von nun an sprach sie mit ihm.

Am Abend des dritten Tages[1] war die königliche Familie in Meaux und stieg im bischöflichen Palast ab, im Palast Bossuets. Es war ein würdiger Aufenthaltsort in solchem Unglück, würdig durch seine Melancholie. Weder Versailles noch Tria-

[1] Die königliche Familie hielt das erste Nachtquartier in Châlons, das zweite in Dormans. Hier erklärten die Kommissare unter dem Vorwand, es bestände noch immer die Gefahr der Verfolgung, sie würden nur noch Kavallerie als Geleit annehmen; die Nationalgarde zu Fuß sollte heimkehren. Dadurch wurde die Reise abgekürzt, wurden die Gefahr und die Kränkungen unterwegs geringer.

non haben diese edle Trauer, machen die Größe vergangener Zeiten so gegenwärtig. Und, was noch rührender ist: hier ist die Größe einfach. Eine breite, düstere Backsteintreppe ohne Stufen führt in sanftem Anstieg zu den Gemächern. Der einförmige Garten wird vom Kirchturm beherrscht und von den alten Stadtwällen begrenzt, die heute völlig von Efeu bewachsen sind; vom Garten her führt eine Stechpalmenallee direkt zum Arbeitszimmer des großen Mannes, eine düstere, todestraurige Allee, von der man gern glaubt, daß Bossuet hier das Ende der monarchischen Welt vorausahnte, deren Ruhm er so laut verkündete.

Und sie kam selbst, die erloschene Monarchie und bat, Bossuets Dach möge ihr Schutz gewähren für eine einzige Nacht.

Die Königin fand diesen Ort so sehr nach ihrem Herzen, daß sie, ohne auf ihre Lage Rücksicht zu nehmen, ohne sich darum zu sorgen, ob sie morgen noch leben würde, Barnave um seinen Arm bat und sich den Palast zeigen ließ. Das Palais ist ganz voll Erinnerungen und besitzt mehrere kostbare Porträts. Sie betrachtete das Bild einer Prinzessin in dem Schlafzimmer des großen Mannes; wenn ich mich nicht irre, war es das Bild der Dame, die sterbend Bossuet ihren Ring vermachte.

Barnave benutzte an diesem ernsten Ort die Lage und die Ergriffenheit der Königin und gab ihr aus wohlmeinendem Herzen Ratschläge, um sie zu retten. Er stellte ihr die Fehler der royalistischen Partei handgreiflich dar: „Ah, Madame! Wie schlecht hat man sich Ihrer Sache angenommen! Wie verkennt man den Geist der Zeit und das Genie Frankreichs! Wie oft war ich im Begriff, mich Ihnen anzubieten, mich für Sie zu opfern! ...“ – „Nun denn, mein Herr, nennen Sie mir die Mittel, zu denen *Sie* geraten hätten.“ – „Es gibt nur ein Mittel, Madame: Sie müssen die Liebe des Volkes erringen.“ – „Wie hätte ich das gekonnt? Alles arbeitete daran, mir diese Liebe zu nehmen.“ – „Wie, Madame! Wenn ich, der Unbekannte, volkstümlich geworden bin, sowie ich aus meiner Verborgenheit hervortrat, wie leicht mußte es Ihnen fallen bei der geringsten Mühe, Ihre Popularität zu behalten, sie zurückzuerobern ...“[1] – Man meldete, das Souper sei bereit.

---

[1] Barnave wurde heftig angegriffen wegen dieses Gespräches unter vier Augen; er rechtfertigt sich erst spät, in seiner „Introduction à la Révolution“, die 92 oder 93 geschrieben wurde, als er in höchster Gefahr schwebte. Er gibt an, in jedem Falle hätte die Zeit zu einem solchen Gespräche gefehlt; das ist falsch, wenigstens für den in Frage kommenden Tag; in seinem Bericht an die Versammlung sagt Barnave selbst: „da wir nur die berittenen Wachen bei uns behielten, so kamen wir von Dormans nach Meaux sehr schnell voran.“ Woraus folgt, daß man früh in Meaux sein mußte und sich dort ausruhen konnte. – Er erklärt ferner (Oeuvres, Bd. I, S. 132): „Pétion empfahl mir besonders zu sagen, wir hätten während des ganzen Weges einander nicht verlassen.“ Das glaube ich gern. Jeder von beiden war auf die Diskretion des anderen angewiesen. Sicher hatte Pétion mit dem König insgeheim gesprochen, um ihm die Flucht der Gardes du corps vorzuschlagen. Und ebenso wahrscheinlich ist, daß Barnave die Königin insgeheim sprach und ihr Ratschläge erteilte. Das oft wenig zuverlässige Zeugnis der Frau Campan bedeutet mir hier sehr viel, weil es nicht nur der Überlieferung, sondern auch der Wahrscheinlichkeit

Nach dem Souper tat Pétion einen sehr mutigen, sehr menschlichen Schritt, der von seiner angenommenen Kälte sehr absticht: er nahm den König beiseite und bot ihm an, die drei Gardes du corps als Nationalgarden zu verkleiden und sie entwischen zu lassen. Das Anerbieten war auch eines guten Bürgers, eines ausgezeichneten Patrioten würdig; es hieß das Volk lieben, wenn man ihm ein Verbrechen ersparte, es hieß die Ehre Frankreichs retten. Die Königin nahm das Anerbieten nicht an; sei es, daß sie Pétion nichts verdanken wollte, sei es, daß sie die unvernünftige Idee hatte (was Valory offen ausspricht), daß Pétion die Soldaten entfernen wollte, um sie – fern von der schützenden Gegenwart des Königs – nur um so sicherer ermorden zu lassen!

Es kam der 25. Juni, der letzte Tag, der furchtbare Tag, da man Paris die Stirn bieten mußte. Barnave nahm im Fond Platz, zwischen dem König und der Königin, zweifellos um die letztere zu beruhigen und auch, um die Gefahr besser zu teilen; wenn ein Wütender geschossen hätte, so wäre Barnave getroffen worden. Freilich waren Vorsichtsmaßregeln ergriffen, so gut es die Situation erlaubte. Ein vornehmer Militär, Mathieu Dumas, war von La Fayette mit dem Schutz der Rückkehrenden beauftragt worden; er hatte den Wagen mit einem starken Trupp Grenadiere umgeben, deren große Pelzmützen die Wagenschläge fast bedeckten; ebenso saßen Grenadiere auf einem Sitz, der unter dem von den Gardes du corps eingenommenen Sitz des Wagens provisorisch angebracht war; diese übernahmen es, die Gardes du corps zu schützen, und es gelang ihnen; andere Grenadiere schließlich saßen auf den Pferden.

Die Hitze war maßlos, der Wagen bewegte sich in einer Staubwolke; man konnte kaum atmen; in der Nähe von Paris schien es, als fehle die Luft; die Königin rief wiederholt, sie ersticke. In Le Bourget bat der König um Wein, um seinen Mut zu beleben. Unter schauerlichem Geschrei und Geheul ging der Einzug vonstatten; überall, bis auf die Dächer drängte sich die Menge. Man war mit Recht der Ansicht, es wäre äußerst gefährlich, sich in den Faubourg und die Rue Saint-Martin zu wagen, die noch von dem gräßlichen Fall Berthier her berühmt waren. Man fuhr um Paris herum, durch die Champs-Elysées, über die Place Louis XV. und erreichte die Tuilerien durch den Pont Tournant. Jedermann behielt den Hut auf dem Kopf; totenstill verhielt sich die Menge; dies eisige Schweigen, das auf einem solchen Meer von Menschen lagerte, war furchtbar.

Das Volk von Paris war erfinderisch in seiner Rache; es hatte nur eine Kränkung für den König, ein Zeichen, einen stummen Vorwurf. Auf der Place Louis XV. hatte man der Statue die Augen verbunden, und dies demütigende Symbol sollte Ludwig XVI. die Verblendung des Königtums dartun.

entspricht. Widersprochen ist es nur von einem Angeklagten, der großes Interesse daran hat, zu leugnen, weil ihm das Messer an der Kehle sitzt.

Die schwere deutsche Berline rollte langsam und traurig, mit halb heruntergelassenen Gardinen dahin; man hätte denken können, die Monarchie würde zu Grabe getragen. Als die Truppen und die Nationalgarde sich bei den Tuilerien begegneten, schwenkten sie die Waffen und verbrüderten sich untereinander und mit dem Volke. Allgemeine Einigkeit Frankreichs und nur eine Familie ausgeschlossen!

Allein fuhr der traurige Wagen im Bann des Schweigens. Man hätte ihn für leer halten können, wenn nicht ein Kind am Schlage gestanden hätte, das beim Volke um Gnade bat für seine unglücklichen Eltern.

Man ersparte der königlichen Familie den schrecklichen und gefahrvollen Weg quer durch die feindliche Menge, die den Tuileriengarten in seiner ganzen Länge füllte.

Man ließ den Wagen bis zu den Stufen der breiten Terrasse fahren, die vor dem Palast liegt. Hier indessen mußte man aussteigen, und hier warteten wütende Menschen, Tiger, in der Hoffnung auf Beute; sie nahmen an, wäre der König einmal ausgestiegen, so würden die drei Gardes du corps ohne Schutz sein.

Der König blieb im Wagen. Man benachrichtigte die Versammlung, die zwanzig Abgeordnete schickte; aber diese Hilfe hätte nichts genutzt, wenn nicht die Nationalgarden einen Kreis um die drei Unglücklichen gebildet und die Bajonette über ihren Köpfen gekreuzt hätten; dennoch erhielten sie leichte Verletzungen. Dann stiegen der König und die Königin aus. Zwei Abgeordnete, Aiguillon und Noailles, waren da, um die Königin, von der sie als persönliche Feinde betrachtet wurden, zu empfangen und über ihre Sicherheit zu wachen; sie boten ihr die Hand und führten sie ohne ein Wort schnell in den Palast, unter den Verwünschungen der Menge. Die Königin hielt sich für verloren in ihren Händen, sie meinte, jene wollten sie dem Volke ausliefern oder allein in irgendein Gefängnis bringen.

Dann regte sich eine andere Angst in ihr; sie sah ihren Sohn nicht mehr. War er erwürgt worden? Oder wollte man ihn von ihr trennen? Zum Glück fand sie ihn endlich wieder, man hatte ihn genommen und auf den Armen in sein Gemach getragen.

Von den wütenden Gruppen abgesehen, die die Gardes du corps töten wollten, war der allgemeine Eindruck der scheinbar so empörten Menge im Grunde sehr verschieden. Es gab nur wenige, die nicht angesichts eines solchen Sturzes, einer solchen Demütigung, eine gewisse Rührung empfanden, und denen nicht unwillkürlich das furchtbare Spiel des Schicksals eine ernste Mahnung wurde. Zwei Tatsachen werden zur Genüge die so natürliche Mischung entgegengesetzter Gefühle beweisen. Ein royalistischer Abgeordneter, von Guilhermy, war aufgebracht darüber, daß man alle Welt zwang, bei der Vorbeifahrt des Königs den Hut auf dem Kopf zu behalten; er warf den seinigen weit in die Menge und rief: „Man wage es nur, ihn mir wiederzubringen!" Man ehrte seinen Mut oder seine Treue; niemand murrte. Ebenso ging's an den Portalen des Palais. Fünf oder sechs Frauen der Königin wollten die Tuilerien betreten, um sie zu empfangen; sie wurden von den Schildwachen angehalten; Fischweiber riefen ihnen die kränkenden Worte zu: „Ihr Sklavinnen der Österreicherin!" – „Hört einmal", antwortete eine der Frauen, eine Schwester der Frau Campan, „seit meinem fünfzehnten Jahr bin ich bei der Königin; sie hat mir eine Aussteuer gegeben und mich verheiratet; ich habe ihr gedient, als sie mächtig und glücklich war. Jetzt ist sie unglücklich, soll ich sie nun verlassen?" – „Sie hat recht", riefen die Fischweiber, „sie darf ihre Herrin nicht verlassen; wir wollen sie eintreten lassen." Sie umringten die Schildwache, zwangen sie, den Weg freizugeben und führten die Frauen hinein.

So war das Volk zwischen zwei sich widersprechenden Gefühlen geteilt. Menschlichkeit einerseits, anderseits Empörung und (wie man gleich sehen wird, allzu begründetes) Mißtrauen. Die wahrhaft klägliche Szene der Rückkehr des Königs hatte einen lebhaften Eindruck auf die Geister gemacht. Als man am Abend zu Hause war, hatten die Frauen ein schweres Herz, und viele aßen nicht zur Nacht. Am folgenden Tage führte man den Dauphin auf der Terrasse am Wasser spazieren; ein Nationalgardist hob ihn auf die Schulter, damit man ihn besser sehen könnte vom Kai aus; das arme Kind warf dem Volk Kußhände zu. Keiner sah es ungestraft mit an, ohne in Verwirrung zu geraten. Die wahre oder vorgebliche Heftigkeit der Blätter genügte nicht mehr, um das öffentliche Mitgefühl zu bekämpfen.

Die „Révolutions de Paris" schrieben vergeblich, das Ungeheuer von König besäße so wenig Herz, wäre so unempfindlich gegen seine Lage, daß er schon an dem seiner Rückkehr folgenden Abend wie gewöhnlich mit seinem Kinde gespielt habe. Viele eifrige Patrioten wurden zornig auf sich selbst, denn sie fühlten Tränen in den Augen, als sie das lasen.

NEUNTES KAPITEL

Unentschiedenheit und Schwankungen bei den politischen Führern (Juni 1791)

Allgemeine Unschlüssigkeit. – Schwankungen bei der Königin und den Royalisten, bei den Jakobinern, bei Camille Desmoulins. – Abwartende Haltung Dantons, Robespierres, Pétions und Brissots. – Verschiedene Einflüsse streiten sich um La Fayette. – Diskussion im Hause La Rochefoucaulds. Sieyès' Ansicht. Frau von La Fayette. – Überspanntheit der royalistischen Damen.

Nun ist der König in den Tuilerien. Die Schwierigkeit beginnt. Vorher glaubten die meisten, zu wissen, was zu tun sei; jetzt weiß es niemand mehr.

Bei so gewaltig erregten Leidenschaften sollte man annehmen, jeder müßte sein Ziel kennen, müßte wissen, was er will, und wohin er strebt. Indessen herrschte die größte Unsicherheit. Unter heftigen Worten barg sich eine große geistige Unschlüssigkeit. Daher die halben, wenig konsequenten Schritte. Man braucht den Führern nicht voreilig Falschheit vorzuwerfen, wenn ihre Bewegungen zwiespältig sind, wenn sie nach rechts und nach links schwanken und neigen; das Schiff ist im offenen Meer, und schaukelt im Sturm.

Dies Schwanken in Worten und Taten ist so allgemein, daß selbst das Verhalten der Königin für kurze Zeit revolutionär erscheint. Sobald sie Frau Campan in den Tuilerien wiedersieht, erzählt sie ihr mit Wärme und Bewegung von Barnave; sie lobt und rechtfertigt ihn vor der Kammerfrau! In ihrem indiskreten Herzenserguß macht sie unbesonnen das Prinzip der Revolution zu dem ihren: „Ein Gefühl des Stolzes", meint sie, „das ich nicht tadeln kann, läßt ihn alles begrüßen, was der Klasse, in der er geboren ist, den Weg zur Ehre und zum Ruhme ebnet. Kein Pardon für die Adligen, die (nachdem sie alle Vorrechte erlangt haben, oft zum Schaden der Nichtadligen von größtem Verdienst) die Revolution heraufbeschworen haben ... Aber wenn wir jemals wieder zur Macht gelangen, so ist Barnave im voraus Verzeihung gewährt in unserem Herzen." – Das Ancien régime muß sehr krank sein, wenn sich die Königin, blind einer privaten Regung folgend, zum Anwalt der Gleichheit aufwirft, ohne es nur zu merken.

Die Königin ist also bekehrt? Keineswegs. Sie folgt in diesem Augenblick einer Leidenschaft, und in einem andern einer andern Leidenschaft. Während eines Monats ändert sie dreimal ihre Ansicht, je nachdem Furcht, Ärger oder Hoffnung sie bestimmte. Auf der Reise hat sie Furcht und klammert sich an Barnave, hört auf ihn, glaubt ihm. In den Tuilerien ist sie eine Gefangene, sie erzürnt sich und ruft das Ausland herbei (7. Juli). Dann flackert die Hoffnung wieder auf, sie vertraut sich von neuem Barnave und den Konstitutionellen an und bittet Leopold, nichts zu unternehmen (30. Juli). Wir kommen später auf all dies zurück.

Nicht nur die Königin, sondern alle großen Persönlichkeiten schwankten damals hin und her. Um rechtmäßig Geschichte zu schreiben, müßte man mit dem gemeinsamen Helden beginnen, dem Vorbild der meisten revolutionären Führer: Mirabeau; er war der Meister der Veränderung. Jede war ihm natürlich; in ihm trafen sich alle widersprechenden Grundsätze; die Natur hatte in ihm ein erhabenes Ungeheuer geschaffen, dessen Anblick unmoralisch wirkte. Edelmann, Aristokrat bis zum Lächerlichen, hatte der Herr Graf nichtsdestoweniger in Augenblicken republikanische Anwandlungen, die ihm von den Riquetti aus Marseille und Florenz her im Blute saßen. Seine grimmige Geschichte des Königtums, die im Schloßturm geschrieben wurde, enthält unausgesprochen bereits die Verteidigung der Republik. Royalist von dem Augenblick an, da er das Königtum zerbrach, verfaßte er Reden für die Königin, was ihn nicht hinderte, für die Le Jay, seine Geliebte und seinen Buchhändler, das glühend republikanische Buch Miltons zu übersetzen; seine Freunde zwangen ihn, das Manuskript zu verbrennen. Schwach gegen seine Freunde, seine Geliebten und seine Laster, schwach auch durch seine Anschauung von den Lastern und der Schwäche Frankreichs, betrachtete er die Republik nicht als das natürliche Alter der Mündigkeit, in das jedes erwachsene Volk gelangt, sondern als die äußerste Krisis, als ein letztes verzweifeltes Mittel: „Wenn sie nicht vernünftig sind", sagte er, „dann besch... ich sie mit der Republik."

Man könnte ein Buch schreiben über die Wandlungen seines treuen Schülers, des armen Camille. Er ist fast gleichzeitig für und gegen Mirabeau, für und gegen die Lameth; erst unlängst schrieb ich, wie er La Fayette die Hand drückte und zwei Stunden später um Robespierre weinte. Ihm fehlte es weder an geistigem Mut noch an Kraft zur Ausführung. Er gab 1789 mit seinem Ruf zu den Waffen den ersten Anstoß zur Republik. Dann machte sich sein schwaches, schwankendes Herz geltend und der Einfluß der Freunde; er fragte die um Rat, die er liebte oder bewunderte, und brachte nur den Zweifel mit heim.

Er verläßt seinen ersten Meister nur, um einen anderen zu suchen. Immer braucht er ein Orakel, einen, der überlegen zu ihm spricht, der Autorität über ihn gewinnt. Diese Orakel indessen, diese großen politischen Taktiker, lassen ihn trotz ihres stolzen Auftretens und ihrer scharfen Worte in der Schwebe zwischen „ja" und „nein". Sie befragen weniger das Recht, weniger die allgemeine Lage, als ihr persönliches Interesse, sie überlegen, ob es an der Zeit ist, voranzugehen oder zurückzuweichen, sie warten ab, lauern auf die öffentliche Meinung, um sich von ihr tragen zu lassen, während es den Anschein hat, als leiteten sie sie.

Die Geschicklichkeit, mit der Danton und Robespierre immer über die Republik sprechen, ohne sich dafür oder dagegen zu erklären, ist sehr bemerkenswert. Die dröhnende Stimme des einen und der Dogmatismus des andern mußten scheinbar kompromittierend für sie sein. Durchaus nicht. Beide blickten aufmerksam auf die Jakobiner und wagten sich nur Schritt vor Schritt vor. Sie mußten abwarten, was diese mächtige Gesellschaft tun würde, mußten sehen, was die angeschlossenen Gesellschaften in den Provinzen dachten; wenn man sich vorzeitig erklärte, konnte man sich mit jenen in Widerspruch sehen und allein bleiben.

Die Adressen der Provinzvereine mußten die Pariser Gesellschaft stark beeinflussen; sie mußten die eine oder die andere Fraktion der letzteren stärken; entweder die royalistisch-konstitutionelle, die besonders aus Abgeordneten der gegenwärtigen Nationalversammlung bestand, oder die unabhängige, in der, wie man annehmen konnte, die Mitglieder der künftigen Versammlung saßen.

Bis dahin herrschte die erste Fraktion. Am 22. Juni erzählte der Cordelier Robert bei den Jakobinern naiv, er habe einen Vorschlag zur Abschaffung der Monarchie unterbreitet! ... Verwünschungen und Flüche: „Wir sind die Freunde der Verfassung ... Das ist eine Niederträchtigkeit ..."

Am 8. Juli, wie wir sehen werden, sieht es anders aus in der Gesellschaft; die unabhängige Fraktion hat die Oberhand gewonnen; diese bringt den Antrag auf Absetzung des Königs zur Annahme. Wodurch konnte sich in so kurzer Zeit ein so eigentümlicher Wechsel vollziehen? Besonders durch die Adressen der Provinzgesellschaften, die sich fast alle gegen die Monarchie aussprachen.

Und was taten inzwischen Danton und Robespierre? Sie hielten sich zurück. Danton sprach immer laut und fest, blieb aber vorsichtig, selbst wenn er kühn wurde. Seine gewaltige Stimme täuschte, in ihr lag immer etwas wie eine Bestätigung. Und doch wagte er kaum, ein Wort für den Cordelier Robert einzulegen. Wenn er über den König sprach, so gebrauchte er, ihn zu retten, ein Mittel, das er später mit Erfolg anwandte, als er Garat und andere retten wollte; er beleidigte und erniedrigte ihn, erklärte, er sei es nicht wert, daß man nach der Gerechtigkeit mit ihm verfahre: „Wenn wir vor der Möglichkeit stehen, einen König als Verbrecher oder als Dummkopf zu erklären, und wählen nicht das letztere, dann würden wir der Welt ein trauriges Schauspiel bieten." Und er schlug keine Regentschaft, sondern ein „Kuratelconseil" vor. Wer anders hätte in diesem Staatsrat den Vorsitz geführt, als der Herzog von Orléans? Diese unter großem Lärm mit alles übertönender Stimme vorgetragene Ansicht nahm in bewundernswerter Weise auf alles Rücksicht; sie rettete Ludwig XVI. persönlich, hielt den Dauphin in Reserve, bereitete auf den Herzog von Orléans vor und entmutigte die Anhänger der Republik nicht.

Robespierre war ebenso unentschieden. Während er durchblicken ließ, es genüge nicht, Mitschuldige zu verfolgen, sondern man müsse einen Hauptschuldigen finden, mit anderen Worten, es sei Zeit, dem König den Prozeß zu machen, erklärte er sich durchaus nicht über die zu konstituierende Regierung. Das nüchterne Wort „Republik" hatte für ihn nichts Verlockendes; zweifellos fürchtete er eine Republik aus Ausschüssen der Nationalversammlung, eine Präsidentschaft La Fayettes usw. Daher ließ er sich auf nichts ein; eine ganz negative Stellung war für ihn das sicherste; hier konnte er abwarten. Noch am 13. Juli, als viele Schriftsteller und Journalisten sich deutlich ausgesprochen hatten, sagte Robespierre bei den Jakobinern: „Man hat mich beschuldigt, ich sei Republikaner; man hat mir zuviel Ehre erwiesen: ich bin es nicht. Wenn man mich beschuldigt hätte, Monarchist zu sein, so wäre man meiner Ehre zu nahe getreten: ich bin es ebensowenig." Dann spielte er mit dem Wort „Republik" (sie sei eine „öffentliche Angelegenheit") und tat, als glaube er, Republik bedeute überhaupt keine Regierungsform.

Auch Pétion, der ausgesprochener Republikaner war und sogar im Wagen Ludwigs XVI. bei der Rückkehr aus Varennes die Republik verkündigt hatte, glaubte den Augenblick, sich zu erklären, noch nicht gekommen. Als eines Tages mehrere Persönlichkeiten in seinem Hause zusammenkamen, um zu besprechen, was man bezüglich des Königs beantragen sollte, spielte Pétion Geige, um nicht reden zu müssen.

Brissot, der auch zugegen war, ärgerte sich darüber und warf ihm seine augenblickliche Gleichgültigkeit vor. Er selbst aber rückte auch nicht voreilig mit seiner Meinung heraus. Noch am 23. Juni begnügte er sich damit, in seinem „Patriote" die Artikel der anderen Blätter nachzudrucken; er versprach, seine eigene Ansicht später zu sagen. Und gerade am 26. regte er sich heftig auf über Lameth und beschuldigte ihn, für die Republik Propaganda zu treiben und Boten entsandt zu haben, die für republikanische Aufrufe sorgen sollten. Zweifellos war Brissot schon tätig, aber seine Tätigkeit sollte noch nicht bekannt werden. Am 27. stellte sein junger Freund Girey-Dupré, der ihm völlig ergeben war und viel Mut und Eifer besaß, bei den Jakobinern die ausdrückliche Forderung: „Man mache dem König den Prozeß." Erst am 1. Juli verlangte Brissot in seinem Blatte die Absetzung Ludwigs XVI.

Brissot wirkte auf La Fayette, den er für einen Republikaner hielt. La Fayette hatte ihm versprochen, sein Blatt mit Geld zu unterstützen und verbreiten zu helfen. Er entschuldigte die augenblickliche Verbindung La Fayettes mit den Lameth durch die Gefahren der Krisis und die Notwendigkeit, alle Kräfte zur Aufrechterhaltung der Ordnung zu vereinigen. Vielleicht war La Fayette in der Tat noch nicht unwiderruflich entschieden. Sehr wahrscheinlich, um ihn an den Royalismus zu fesseln, lud sein intimer Freund, der Herzog von La Rochefoucauld, eine Anzahl Abgeordnete in sein Haus und regte eine Besprechung über die Frage der Republik an. Dieser Grandseigneur war vor der Revolution der

Freund, der Vater der Philosophen gewesen, der Mittelpunkt und die Stütze aller philanthropischen Gesellschaften. Er hatte lebhaft zu der Bewegung von 89 gedrängt, aber 91 erschrak er und hätte sich gern zurückgezogen. Feierlich ließ er in seinem Hause die Fragen der Republik erörtern vor denen, die noch schwankten. Der Royalist Dupont aus Nemours machte sich zum „Anwalt des Teufels", ich meine der Republik. Der Teufel, wie es ihm immer in solchen Fällen geschieht, wurde unschwer getötet, die Republik für unmöglich erachtet und Frankreich für royalistisch erklärt.

La Rochefoucauld versicherte bei dieser Erörterung, er habe eine natürliche Vorliebe für die Republik; er sei es gewesen, der seinerzeit zuerst die Verfassungen der Vereinigten Staaten habe übersetzen lassen. Aber schließlich, er sei geschlagen; Frankreich sei royalistisch, wie es selbst in den „Heften" von 1789 erklärt habe. Derselben Ansicht war die große Autorität der Zeit, das Orakel Sieyès, das man bei feierlichen Gelegenheiten niemals zu befragen verfehlte, und das jetzt erklären und drucken ließ, die monarchische Regierung lasse dem Individuum die meiste Freiheit. Die Freiheit des Sieyès, die er für sich und die andern wünschte, war jene passive, träge, egoistische Freiheit, die sich bloß dem Genuß, dem Nichtstun überläßt. Schon damals trug er sich mit dem sonderbaren System, das er später Bonaparte vorschlug, und worüber dieser sich lustig machte.

Außer Sieyès, außer La Rochefoucauld und allen Freunden aus seinen Kreisen hatte La Fayette noch einen anderen – und sehr mächtigen – Anwalt des Königtums um sich. Ich meine Frau von La Fayette, eine vortreffliche, tugendhafte, liebende Gattin, die aber ihrem Gatten gefährlich wurde durch das Übermaß ihrer Gottesfurcht und ihres Royalismus. Sie war eine geborene Noailles und teilte durchaus nicht den revolutionären Eifer einiger ihrer Verwandten. Den Damen von Noailles und von Ayen war sie in glühender Frömmigkeit verbunden, wie es 1794, bei dem Tode der drei, deutlich wurde. Diese Damen waren häufige Gäste des Klosters der Miramionen, damals einer der vornehmsten Herde des Fanatismus. Sie waren liebenswürdige, leidenschaftliche Frauen, stark durch ihre Tugenden; sie umstellten La Fayette und führten einen zarten Krieg gegen ihn, der gerade wegen seiner Zartheit furchtbar war. Frau von La Fayette vor allem verzieh ihm nicht, daß er sich zum Gefangenenwärter des Königs hergab. Ihre fromme Duldung vermochte nichts über dieses Gefühl; im Mai 1791 reiste sie plötzlich von Paris ab und floh in die Auvergne.[1] Diese unvermutete Abreise amüsierte die Pariser; man brachte sie mit der der Herzogin von Orléans in Verbindung, die gerade um dieselbe Zeit ebenfalls von ihrem Gatten floh.

Frau von La Fayette ging zweifellos noch aus einem anderen Grunde fort. Die romantische Begeisterung, mit der die Frauen den Helden beider Welten ver-

[1] Vergleiche die Briefe der Frau Roland an Bancal. Vergleiche auch La Fayette, Bd. III, S. 177.

folgten, mußte sie ermüden. Viele erklärten rundheraus, sie seien verliebt in ihn und sie könnten nicht leben ohne sein Bild. Er war ein Gott, ein Erretter. Und kraft dieser Eigenschaft beteten und flehten sie ihn an, das Königtum zu retten. „Ach, Herr von La Fayette, retten Sie uns den armen König!" Mochte der blonde General auch noch so vernünftig und phlegmatisch, noch so amerikanisch-kalt erscheinen, und wäre er der weiseste der Menschen gewesen: es war außerordentlich peinlich und schwer, so viele schöne Damen vergebens zu seinen Füßen weinen zu sehen.

Man muß zugeben: die Frauen zeigten sich in all dem viel entschlossener als die Männer. Die Männer schwankten in Ideen hin und her; die Frauen folgten dem Gefühl und schwankten nicht. Für sie waren die Parteien Religionen, bei denen ihr Herz war. Vor Varennes liebten die royalistischen Damen; nachher beteten sie an; der große Fehler und das große Unglück waren für sie nur ein Grund, noch mehr zu lieben. Die Königin war für sie ein Gegenstand der Abgötterei geworden. Sie weinten unter den Fenstern der Königin; sie hätten gern ihre Gefangenschaft geteilt, wie Frau von Lamballe, die bei der Rückkehr von der Königin einen Ring aus deren Haaren erhielt mit der Inschrift: „Durch das Unglück gebleicht." Die arme kleine Frau, die ehemals verheiratet war, ohne eine Ehe zu haben, die von ihrem Gatten verlassen wurde, die später von der Königin verlassen wurde, um der schönen Polignac willen, blieb die Gefährtin der Königin in der Gefahr, das gelehrige Werkzeug politischer Intrigen, das erklärte Opfer des Hasses des Volkes.

Aber auch die Gefahr lockte die Frauen. Das bewies der erste Tag, da die Königin ins Theater gehen konnte, ein Tag des Kampfes zwischen den royalistischen Logen und dem jakobinischen Parterre. Auf diesem Kampfplatz der Parteien wagte die reizende Dugazon, die demütige Dienerin des Publikums, obwohl sie sehr exponiert war, ein Wort aus ihrer Rolle zu benutzen, um ihrem Herzen Luft zu machen; sie wandte sich von der Bühne zur königlichen Loge und stieß, zitternd vor Liebe und Mut, dies Wort hervor, das ihr bald den Kopf kosten konnte: „Ah! Wie liebe ich meine Herrin!"

ZEHNTES KAPITEL

Die Gesellschaft im Jahre 1791
Der Salon Condorcets

Zwei Religionen stehen einander gegenüber: das Idol und die Idee. – Herrschaft des Gefühls und der Frauen. – Die Liebe zum Wirklichen und zum Idealen wird eins. – Höheres Streben der Frauen. – Sie nehmen teil am politischen Leben. Genlis, Staël, Kéralio, de Gouges usw. – Der Salon der Frau von Condorcet. – Charakter Condorcets; edler Einfluß seiner Frau auf ihn. – Sein Republikanismus (Juli 1791). – Seine widerspruchsvolle Lage.

Beinahe den Tuilerien gegenüber, auf dem anderen Ufer, angesichts des Pavillons der Flora und des royalistischen Salons der Frau von Lamballe, steht das Palais de la Monnaie. Hier befand sich der Salon des Herrn von Condorcet, den ein Zeitgenosse die Heimat der Republik nennt.

Dieser europäische Salon des berühmten Sekretärs der Akademie der Wissenschaften, des letzten Philosophen, sah in der Tat von allen Himmelsrichtungen her den republikanischen Gedanken der Zeit sich verdichten. Dort geriet er in Gärung, dort nahm er Form und Gestalt an, dort fand er seine Formeln. Was den tätigen Anstoß und den zündenden Gedanken betrifft, so gehörte er, wie wir gesehen haben, seit dem Jahre 1789 Camille Desmoulins. Im Juni 1791 haben ihn Bonneville und die Cordeliers zum erstenmal hinausgerufen. Bald kommt Frau Roland und verleiht der republikanischen Idee die moralische Kraft ihrer stoischen Seele und den Zauber ihrer Leidenschaft.

Ich gehöre nicht zu denen, die den individuellen Einfluß zu hoch einschätzen. Für mich liegt der eigentliche Kern der Geschichte im Denken des Volkes. Zweifellos enthielt dieses Denken bereits die Idee der Republik. Fast jedermann in Frankreich besaß sie, und zwar in negativer Gestalt, unter der Form: „Der König ist von nun an unmöglich." Vielen Leuten war schon die positive Form geläufig: „Von nun an muß Frankreich sich selbst regieren." Damit jedoch diese allgemeine Idee ihre besondere und anwendbare Formel erhielt, mußte sie in einem begrenzten Herde gären, mußte dort Wärme und Glanz annehmen, mußte aus dem Aufeinanderprallen der Meinungen der zündende Funke zucken.

Hier muß ich stehen bleiben und einen ernsten Blick auf die Gesellschaft der Zeit werfen. Diese Geschichte würde völlig dunkel bleiben, wenn ich nur den äußeren Verlauf schildern wollte, ohne die Ursachen bloßzulegen. Urteilt man nur nach dem, was geschieht, nach der Unentschlossenheit der politischen

Führer, wie wir sie soeben beobachten konnten, dann ahnt man die glühende, leidenschaftliche Welt nicht, die sich darunter birgt.

Mag man mir, wenn man will, die „Abschweifung" vorwerfen, die doch in Wirklichkeit innerster Kern der Dinge ist. Die erste Bedingung der Geschichte ist die Wahrheit. Deshalb muß ich bisweilen haltmachen, sogar, wenn nötig, die Straße verlassen, um in der Tiefe der Erde umfangreiche und fruchtbare Grabungen vorzunehmen.

Auch ich werde hinabsteigen und die lebendigen Wasser suchen, die bald emporquellen und belebend durch diese Geschichte rinnen werden.[1]

Das Eigenartige des Jahres 1791 ist, daß die Parteien zu Religionen werden. Zwei Religionen stehen einander gegenüber, die frömmelnde royalistische Götzenanbetung und der republikanische Idealismus.

Die Frauen sind weniger als wir durch schulmäßige Verbildung verdorben und schreiten in beiden Religionen den Männern weit voran. Es ist ein erhebender und rührender Anblick, wie nicht nur die reinen, untadeligen, sondern sogar die weniger würdigen einem edlen Antrieb zum uneigennützigen Schönen folgen, das Vaterland zur Herzensfreundin nehmen und das ewige Recht zum Liebhaber.

Zwar änderten sich die Sitten nicht, aber die Liebe nahm ihren Flug zu den Höhen des Gedankens. Vaterland, Freiheit, das Glück der Menschheit ergriffen die Herzen der Frauen. Die Tugend der Römerzeit lebt nicht in den Sitten, aber in der Vorstellung, in der Seele, im edlen Begehren. Sie blicken um sich und suchen nach den Helden Plutarchs, auf diese richtet sich der Wille, diese wollen sie hervorbringen. Von Rousseau und Mably zu sprechen, genügt nicht, um ihnen zu gefallen. Lebhaft und aufrichtig, voll von ernsthaften Ideen, wollen sie, daß die Worte zu Taten werden. Immer haben sie die Stärke geliebt. Sie vergleichen den modernen Mann mit dem Ideal antiker Kraft, das sie im Geiste tragen. Nichts vielleicht hat mehr als dieser Vergleich, als das ungestüme Verlangen der Frauen dazu beigetragen, die Männer zu Taten zu treiben und den reißenden Lauf unserer Revolution zu beschleunigen.

Diese Gesellschaft brannte! Wenn wir unter sie treten, glauben wir den glühenden Atem zu spüren!

---

[1] Dazu ist hier der Augenblick. Bei dem furchtbaren Aufschwung der Bewegung, im Jahre 1792, kann ich nicht haltmachen; der Staub, den der Kampf aufwirbelt, würde mir den klaren Blick trüben. Die politischen Salons, der der Madame de Staël, der Condorcet, haben 1791 ihre Glanzzeit. Damals beginnt die umfassende Tätigkeit der Madame Roland, diese hat 1792 an der Regierung teil und ist gegen das Ende desselben Jahres schon überholt. Sprechen wir also heute davon; zeichnen wir im Vorbeigehen rasch diese armen Eintagsakteure, sobald sie zum erstenmal auftreten; morgen wäre es schon zu spät; ich sehe düstere Schatten am Horizont.

1791 herrschten die Frauen durch das Gefühl, durch die Leidenschaft und – das muß gesagt werden – auch durch die Überlegenheit ihrer Antriebskraft. Niemals, weder vorher noch nachher, hatten sie soviel Einfluß. Im achtzehnten Jahrhundert, zur Zeit der Enzyklopädisten, herrschte der Geist in der Gesellschaft; später war es die Tat, die mörderische, furchtbare Tat. Im Jahre 1791 herrschte das Gefühl und folglich die Frau.

Das Herz Frankreichs schlägt stark zu dieser Zeit. Die Erregung war seit Rousseau gewachsen. Sentimental war sie zuerst, träumerisch, eine Zeit unruhiger Erwartung, wie die Stunde vor einem Sturm, wie in einem jungen Herzen die Liebe unsicher schwankt, ehe der Liebhaber kommt. Dann, im Jahre 1789, ein heftiges Wehen, und alle Herzen pochen. Im Jahre 1790 der Bund, die Verbrüderung, die Frauen, 1791 die Krisis, die Debatte, der leidenschaftliche Wortstreit. – Aber überall sind die Frauen dabei, überall die persönliche Leidenschaft in der öffentlichen Leidenschaft; das private und das soziale Drama vermischen und verwickeln sich; die beiden Fäden verweben sich ineinander; leider werden sie später sehr oft gleichzeitig durchschnitten.

Der Beginn war schön. Was man viel zu sehr vergessen hat: die Frauen gerieten unter dem Einfluß des „Emile" Rousseaus auf den Weg der Freiheit, das heißt durch den Gedanken der Erziehung, durch die Hoffnungen und das Verlangen nach Mutterschaft, durch alle Fragen, die das Kind von seiner Geburt an in einem Frauenherzen, was sage ich: in jedem Mädchenherzen lange vor der Mutterschaft erregt: „Möge dies Kind glücklich werden! Möge es gut und groß werden! Möge es frei werden! – Heilige Freiheit des Altertums, die du Helden schufst, wird mein Sohn in deinem Schatten leben?" So dachten die Frauen, und darum sah man sie auf den Plätzen und in den Gärten, wo das Kind unter den Augen der Mutter oder der Schwester spielt, träumen und lesen. Wie heißt das Buch, welches das junge Mädchen, als du zu ihm tratest, so schnell in seinem Busen verbarg? Irgendein Roman? Die „Héloise"? Nein, sondern die „Lebensbeschreibungen" Plutarchs oder der „Contrat social".

Eine Legende aus England lief um, die unseren Französinnen ein großes Beispiel zur Nacheiferung gab. Mistress Macaulay, die große Geschichtsschreiberin der Stuarts, hatte den alten Minister Williams so sehr für ihren Geist und ihre Tugend begeistert, daß er ihre Marmorstatue sogar in einer Kirche als Göttin der Freiheit geweiht hatte.

Fast alle schreibenden Frauen träumten damals, die Macaulay Frankreichs zu werden. Die begeisternde Göttin findet sich in jedem Salon. Sie diktieren, korrigieren, ändern die Reden, die am folgenden Tage in den Klubs, in der Nationalversammlung gehalten werden. Sie folgen diesen Reden und hören sie von den Tribünen aus an; sie nehmen als leidenschaftliche Richter an den Sitzungen teil und stützen mit ihrer Gegenwart den schwachen oder furchtsamen Redner.

Er soll Mut fassen und sie ansehen! Sieht er nicht das feine Lächeln der Frau von Genlis zwischen ihren verführerischen Töchtern, der Prinzessin und Pamela? Und gehört dies schwarze, lebensprühende Auge nicht der Frau von Staël? Wie sollte da die Beredsamkeit nachlassen? Und wie könnte ihnen der Mut versagen vor Frau Roland?

Unter den schreibenden Frauen drängte vielleicht keine mit ungestümerem Eifer vorwärts als eine kleine, lebhafte, witzige, ehrgeizige bretonische Dame, Fräulein Kéralio. Sie hatte lange Zeit ausschließlich ein Leben der Arbeit geführt. Von einem gebildeten Vater, der Lehrer an der Ecole militaire war, erzogen, hatte sie viel übersetzt und sogar eine große Geschichte der Zeit, die der der „Stuarts" der Mistress Macaulay vorangeht, geschrieben, eine Geschichte der Regierungszeit Elisabeths. Sie heiratete einen mehr eifrigen als bedeutenden Patrioten, den Cordelier Robert, und regte ihn im Januar 1791 zu der Schrift an: „Le Républicanisme adapté à la France." Bei der furchtbaren Szene vom Champ-de-Mars, von der ich noch berichten werde, war sie unter den ersten auf dem Altar des Vaterlandes.

Eine andere Schriftstellerin, die glänzende Stegreifdichterin Olympe de Gouges, die, wie Lope de Vega, jeden Tag ein Trauerspiel diktierte, ohne, wie sie selbst sagt, lesen oder schreiben zu können, erklärte sich als Republikanerin unter dem Eindruck von Varennes und des Verrates des Königs. Vorher war sie Royalistin und wurde es später wieder, als die Gefahr für Ludwig XVI. größer wurde; sie bot sich ihm zur Verteidigung an. Sie wußte, wohin dies Anerbieten sie führen mußte. Sie selbst hatte, als sie für die Rechte der Frauen eintrat, das schöne Wort gesagt: „Sie haben wohl ein Recht auf die Tribüne, denn sie haben ja auch ein Recht auf das Schafott."[1]

Diese glühende Frau aus dem Languedoc hatte mehrere Frauenvereine gegründet. Diese Vereine wurden zahlreich. Im „Cercle social", einer großen aus Männern und Frauen bestehenden Vereinigung, verlangte eine vornehme Holländerin, Frau von Palm-Aelder, feierlich die politische Gleichberechtigung für ihr Geschlecht. Sie wurde in dieser Forderung durch den vielleicht erntestesten Mann der Zeit unterstützt, der selbst mehr als sonst jemand in der Frau die Inspiration der Freiheit fand. Sprechen wir ausführlich von ihm.

[1] Wer könnte bei dem Schicksal dieser reizenden Frau an ihre galanten Abenteuer und lächerlichen Seiten denken? Ihr Herz trieb sie ihr Leben lang hin und her; aber dies Herz war gut und edel. Sie besaß nur das Notwendigste zum Leben und gab ein Viertel ihres Einkommens und den Ertrag eines ihrer Dramen als patriotische Steuer. Bernardin von Saint-Pierre schrieb ihr: „Sie sind ein Friedensengel". Man schaudert, wenn man an die Schmach denkt, die ihr die Barbaren der Schreckenszeit zufügten. Vor dem Revolutionstribunal erlebte sie den Kummer, von ihrem Sohn verleugnet zu werden. Auf dem Schafott sagte sie: „Kinder des Vaterlandes, ihr werdet meinen Tod rächen."

Der letzte der Philosophen des großen achtzehnten Jahrhunderts, der alle überlebte, um ihre Theorien auf den Kampfplatz des Lebens geschleudert zu sehen, war Herr von Condorcet, Sekretär der Akademie der Wissenschaften, der Nachfolger d'Alemberts, der letzte, mit dem Voltaire im Briefwechsel stand, der Freund Turgots. Sein Salon war der natürliche Mittelpunkt des denkenden Europa. Jede Nation und jede Wissenschaft war hier vertreten. Alle die vornehmen Fremden kamen, nachdem sie die Theorien von Frankreich übernommen hatten, hierher, um den Weg zu ihrer Verwirklichung zu suchen und zu besprechen. Da war der Amerikaner Thomas Payne, der Engländer Williams, der Schotte Mackintosh, der Genfer Dumont, der Deutsche Anacharsis Clootz, dieser letztere ohne jedes innere Verhältnis zu einem solchen Salon. Aber im Jahre 1791 kamen alle dahin, alle waren da im bunten Gemisch. In einer Ecke saß unentwegt der tätige Freund, der Arzt Cabanis, kränklich und melancholisch, der die zärtliche, tiefe Neigung, die er für Mirabeau gehegt, auf dieses Haus übertragen hatte.

Mitten unter diesen berühmten Denkern schwebte die edle, jungfräuliche Gestalt der Frau von Condorcet, die Raphael zum Urbild der Metaphysik hätte wählen können. Sie war ganz Licht, alles schien hell und rein zu werden unter ihrem Blick. Sie war Stiftsfräulein gewesen und schien immer noch weniger verheiratete Dame als vornehmes Fräulein zu sein. Sie war damals siebenundzwanzig Jahre alt (zweiundzwanzig Jahre jünger als ihr Gatte). Sie hatte gerade ihre „Lettres sur la sympathie" geschrieben, ein feines und zartes Buch, in dem man unter dem Schleier äußerster Zurückhaltung dennoch oft die Melancholie eines jungen Herzens spürt, dem etwas versagt geblieben war.[1] Man hat umsonst die Vermutung ausgesprochen, daß sie ruhmsüchtig Ehrung und Gunst des Hofes erstrebte, und daß ihr Ärger über die enttäuschte Erwartung sie der Revolution in die Arme getrieben hatte. Nichts lag einem solchen Charakter ferner.

Weniger unwahrscheinlich ist, was man ebenfalls behauptet hat: sie habe Condorcet vor der Heirat erklärt, daß ihr Herz nicht mehr frei sei; sie liebte und zwar hoffnungslos. Der Weise nahm dieses Geständnis mit väterlicher Güte auf und achtete es. Zwei volle Jahre lebten sie nach derselben Überlieferung lediglich in geistiger Gemeinschaft. Erst im Jahre 1789, an jenem bedeutsamen Julitage,

[1] Das rührende kleine Buch ist vor der Revolution geschrieben und nachher, im Jahre 1798, veröffentlicht worden. Es hat teil an den Umwälzungen der Zeit. Die Briefe sind an Cabanis gerichtet, den Schwager der liebenswürdigen Verfasserin, ihren untröstlichen Freund, den Vertrauten ihres verwundeten Herzens. Sie sind vollendet in jenem fahlen Elysée d'Auteuil, das so voll von Klagen und geliebten Schatten ist. Diese Briefe reden mit leiser Stimme, nur gedämpft klingen die Saiten an. Bei einer so großen Zurückhaltung unterscheidet man unter den Anspielungen nicht immer, was der erste Kummer des jungen Mädchens, was die Klagen der Witwe sind. Richtet sie sich an Condorcet oder an Cabanis, jene zarte, bewegte Stelle, die beinahe verräterisch geworden wäre, wenn sie nicht plötzlich wieder zurückhaltend verliefe: „Der Heiland und der Führer unseres Glückes ..."

sah Frau von Condorcet, wie groß die Leidenschaft in diesem äußerlich kalten Manne war; sie begann den großen Bürger zu lieben, die zärtliche, tiefe Seele, die wie sein eigenes Glück so auch die Hoffnung auf das Glück der Menschheit in sich barg. Sie fand ihn jung von der ewigen Jugend jenes großen Gedankens, jenes schönen Wunsches. Das einzige Kind, das sie besaßen, wurde neun Monate nach der Einnahme der Bastille, im April 1790, geboren.

Condorcet war damals neunundvierzig Jahre alt und wurde tatsächlich durch diese großen Ereignisse wieder jung; er begann ein neues Leben, das dritte. Er hatte als Mathematiker mit d'Alembert gelebt, als Kritiker mit Voltaire, und nun schiffte er sich ein auf den Ozean des politischen Lebens. Er hatte den Fortschritt geträumt, jetzt hieß es, ihn zu schaffen, oder wenigstens sich ihm zu opfern. Sein ganzes Leben bedeutete ein bemerkenswertes Bündnis zwischen zwei selten vereinigten Fähigkeiten: einer starken Vernunft und einem unendlichen Glauben an die Zukunft. Fest selbst gegen Voltaire, als er ihn ungerecht fand,[1] Freund der Volkswirtschaftler, ohne verblendet gegen sie zu sein, blieb er sogar der Gironde gegenüber unabhängig. Man liest noch mit Bewunderung seine Verteidigungsrede für Paris gegen das Vorurteil der Provinzen, das heißt der Girondisten.

Dieser große Geist war immer gegenwärtig, aufgeweckt, Herr seiner selbst. Seine Türe stand immer offen, an welcher abstrakter Arbeit er auch sein mochte. Auch im Salon, unter einer Menge Menschen, blieb er immer der Denker; es gab für ihn keine Ablenkung. Er sprach wenig, hörte alles, nutzte alles; niemals hat er etwas vergessen. Jeder Spezialist, der ihn ausfragte, erkannte ihn als den größeren Spezialisten auf dem Gebiete, das ihn beschäftigte. Die Frauen waren erstaunt, erschreckt, als sie sahen, daß er sogar die Geschichte ihrer Moden kannten,[2] und zwar sehr weit zurück und bis in die kleinste Einzelheit. Er erschien sehr kalt, er schüttete nie sein Herz aus.[3] Seine Freunde erkannten seine Freundschaft nur durch den brennenden Eifer, den er daran wandte, ihnen Dienste zu erweisen. „Er ist ein Vulkan unter dem Schnee", sagte d'Alembert. Als junger Mensch, erzählt man, hatte er geliebt, und da er keine Hoffnung hatte, so war er kurze Zeit dem Selbstmord nahe. Dann war er alt und sehr reif, doch im Grunde nicht weniger glühend, und liebte seine Sophie mit einer verhaltenen, ungeheuren Liebe, mit jener Leidenschaft, die um so tiefer ist, je später sie kommt, tiefer als das Leben selbst und unergründlich.

---

[1] Als Voltaire wollte, daß man d'Agnesseau den Vorzug gab vor Montesquieu.

[2] Vergleiche das Porträt Condorcets von Fräulein Lespinasse, Bd. XII der „Oeuvres complètes" (herausgegeben von Frau Condorcet O'Connor, mit einer Vorrede von Arago und Anmerkungen von Génin usw.).

[3] Unter seinen trockenen und kalten Formen barg er eine große Empfänglichkeit für alles, was in Natur und Leben vor sich geht. Vergleiche in seinem an die Tochter gerichteten Testament (Bd. XII der „Oeuvres") seine rührende Fürsprache zugunsten der Tiere.

Sophie war dessen sehr würdig. Ich will die allgemeine Bewunderung, die die Männer jener Zeit für sie hegten, unerwähnt lassen und nur eine Tatsache berichten, aber eine große, beinahe heilige Tat. Als der unglückliche Condorcet, verfolgt wie ein wildes Tier, an einen wenig sicheren Zufluchtsort gefesselt, sich in Gedanken über die Gegenwart verzehrte und seine Verteidigung, sein politisches Testament schrieb, gab ihm seine Frau den erhabenen Rat, den eitlen Kampf aufzugeben, vertrauend der Nachwelt sein Andenken anheimzugeben und in Frieden die „Esquisse d'un tableau des progrès de l'esprit humain" zu schreiben. Er hörte auf sie und schrieb dies edle Buch, das so reich ist an Wissen, an schrankenloser Menschenliebe, an übergroßer Hoffnung; der rührendste aller Träume tröstete ihn über seinen bevorstehenden Tod: Im Fortschritt der Wissenschaft wird man den Tod besiegen!

Eine herrliche Zeit! Und wie waren diese Frauen würdig, geliebt zu sein, würdig, durch den Mann mit dem Ideal selbst, mit dem Vaterland und der Tugend eins zu werden. Wer erinnert sich nicht noch des düsteren Frühstücks, wo die Freunde Camille Desmoulins diesen zum letzten Male baten, seinen „Vieux Cordelier" zurückzuhalten und seine Forderung eines „Komitees der Milde" zu vertagen? Seine Lucile vergaß, daß sie Gattin und Mutter war, schlang ihre Arme um seinen Hals und rief: „Laßt ihn! Laßt ihn! Er soll seiner Bestimmung folgen!"

So haben sie ruhmvoll Ehe und Liebe geheiligt; sie richteten die ermattete Stirn des Mannes im Angesicht des Todes auf, flößten ihm noch Leben ein und errangen ihm die Unsterblichkeit.

Auch sie werden immer unsterblich sein. Immer werden die Männer der Zukunft es bedauern, daß sie diese heldenmütigen, reizenden Frauen nicht mehr gekannt haben. Sie leben in uns fort, in den edelsten Träumen des Herzens, als Urbild einer ewigen Liebe, nach der wir uns sehnen!

Wie ein Schatten lag jene tragische Bestimmung des Opfers auf den Zügen und im Ausdruck Condorcets. Mit einer zaghaften Haltung (wie die des Weisen zu sein pflegt, der immer einsam ist mitten unter Menschen) verband er eine gewisse Traurigkeit, Geduld und Entsagung. Die obere Hälfte des Gesichtes war schön. Die Augen, edel und sanft, voll von ernstem Idealismus, schienen in die letzten Gründe der Zukunft zu blicken; seine breite Stirn aber, hinter der sich jede Wissenschaft barg, ein ungeheures Magazin, war wie ein vollständiges Archiv der Vergangenheit.

Freilich war der Mann eher groß als stark. Man erkannte es an seinem Munde, der ein wenig weich und schwach, ein wenig zurückfallend war. Die Universalität, die den Geist sich auf alle Gegenstände zersplittern läßt, ist eine Ursache der Entnervung. Man bedenke, daß er sein Leben im achtzehnten Jahrhundert verbracht hatte, und daß dessen Geist ihm anhing. Er hatte dessen Wortstreite sämtlich miterlebt, alle seine wichtigen und unwichtigen Geschehnisse. Und er trug verhängnisvoll an seinen Widersprüchen. Neffe eines völlig jesuitischen Bischofs, teilweise sogar von ihm erzogen, dankte er auch vieles der Fürsprache La Rochefoucaulds. Wiewohl arm, war er adlig, trug einen Titel, war Marquis von Condorcet. Geburt, Stellung, Beziehungen, viele Umstände banden ihn an das Ancien régime. Sein Haus, sein Salon, seine Frau verkörperten den gleichen Widerspruch.

Frau von Condorcet, geborene Grouchy, die zuerst Stiftsfräulein, dann begeisterte Schülerin Rousseaus und der Revolution gewesen war und ihre halbkirchliche Stellung aufgegeben hatte, um einem Salon vorzustehen, welcher der Mittelpunkt der Freidenker war, sah aus wie eine vornehme Jüngerin der Philosophie.

Die Krisis vom Juni 1791 mußte auf Condorcet entscheidend wirken; sie rief ihn auf, sich zu erklären. Er mußte wählen zwischen seinen Beziehungen und seiner Vergangenheit einerseits und seinen Ideen anderseits. Interessen dagegen waren für einen solchen Mann nicht vorhanden. Das einzige vielleicht, für das er empfänglich gewesen wäre, bestand darin, daß seine Sophie Königin geworden wäre, wenn die Republik jeden Geburtsadel erniedrigte und statt dessen die von Natur überlegenen Geister erhöhte.

Herr de La Rochefoucauld, sein vertrauter Freund, gab die Hoffnung nicht auf, seinen Republikanismus wie jenen La Fayettes unwirksam zu machen. Er glaubte, mit dem bescheidenen Gelehrten, dem sanften, fast ängstlichen Manne, den überdies seine Familie früher unterstützt hatte, leichtes Spiel zu haben. Man ging so weit, zu behaupten und in der Öffentlichkeit die Meinung zu verbreiten, daß Condorcet die royalistischen Ideen Sieyès teile. Man stellte ihn auf diese Weise bloß und suchte ihn gleichzeitig mit der Aussicht auf die Ernennung zum Hofmeister des Dauphin in Versuchung zu führen.

Diese Gerüchte bestimmten ihn wahrscheinlich, sich früher zu erklären, als er es sonst getan hätte. Am 2. Juli ließ er durch die „Bouche-de-Fer" verkünden, daß er ein „Cercle social" über die Republik sprechen werde. Er wartete bis zum 12. und tat es dann nur mit einer gewissen Zurückhaltung. In einer scharfsinnigen Rede widerlegte er mehrere der gewöhnlichen Einwendungen, die man gegen die Republik erhebt, fügte aber gleichwohl diese Worte hinzu, die großes Erstaunen hervorriefen: „Wenn dennoch das Volk sich vorbehält, einen Konvent zu berufen, der erklären soll, ob man den Thron erhalten will, wenn das Erbrecht für eine kleine Zahl von Jahren zwischen zwei Konventen fortbesteht, so ist in diesem Falle das Königtum im wesentlichen den Rechten der Bürger nicht entgegen." Er spielte auf das umlaufende Gerücht an, daß man ihn zum Hofmeister des Dauphin ernennen wolle, und sagte, daß er ihn „in diesem Falle" vor allem lehren wolle, auf den Thron verzichten zu können.

Diese scheinbare Unentschiedenheit gefiel den Republikanern nicht sehr und kränkte die Royalisten. Diese wurden noch viel mehr verletzt, als man in Paris eine geistreich-spöttische Flugschrift verbreitete, die von seiner Hand geschrieben war. Condorcet war darin wahrscheinlich das Echo und der Schriftführer derjenigen Gesellschaft, die seinen Salon besuchte. Die Flugschrift war ein „Brief eines jungen Mechanikers", der sich für eine mäßige Summe verpflichtete, einen ausgezeichneten konstitutionellen König herzustellen. „Dieser König", sagte er, „würde wunderbar die Funktionen des Königtums erfüllen; er würde sich zu den Zeremonien begeben, würde in angemessener Form Sitzungen abhalten, zur Messe gehen und mittels einer gewissen Vorrichtung die Liste der von der Mehrheit bezeichneten Minister aus den Händen des Präsidenten der Nationalversammlung entgegennehmen. Mein König würde der Freiheit nicht gefährlich sein; überdies wäre er bei sorgfältiger Ausbesserung unsterblich, was noch schöner ist, als erblich zu sein. Man könnte ihn sogar, ohne ungerecht zu sein, für unverletzlich erklären und, ohne abgeschmackt zu sein, ihn unfehlbar nennen."

Bemerkenswert ist, daß dieser reife und ernste Mann, der sich mit einem Scherz auf die Wogen der Revolution wagte, sich keineswegs die Möglichkeiten verhehlte, auf die er zutrieb. Voll Vertrauen auf die ferne Zukunft der Menschheit, traute er weniger der Gegenwart, bildete sich keine falsche Vorstellung von der Lage und sah sehr wohl die Gefahren. Er fürchtete sie, nicht für sich selbst (er gab gern sein Leben hin), aber für die angebetete Frau, für das junge Kind, das sein Leben dem heiligen Julitage verdankte. Seit mehreren Monaten hatte er heimlich nach einem Hafenort gesucht, von dem aus er, wenn nötig, seine Familie entfliehen lassen konnte, und hatte sich für Saint-Valery entschieden.

ELFTES KAPITEL

Frau Roland

Reise der Rolands nach Paris. – Verdienst Rolands. – Seine Frau arbeitet für ihn. – Schönheit und Tugend der Frau Roland. – Ihre Begeisterung beim Verbrüderungsfest im Juli 1790. – Ihre Leidenschaft wandelt sich. – Ihre Ankunft in Paris, Februar 1791. – Die Macht ihres Impulses. – Sie findet die Mehrzahl der politischen Führer bereits ermüdet. – Ihre Geistesfrische, ihre Stärke und ihr Glaube, Juni–Juli 1791.

Um die Republik zu wollen, sie in die Seelen zu tragen, sie zu schaffen, war es nicht getan mit einem edlen Herzen und einem großen Geist. Noch etwas anderes war nötig. Und was? Die Jugend, die junge Seele, die Wärme des Blutes, die fruchtbare Blindheit, die schon in der Welt erfüllt sieht, was nur erst im Herzen ist, und die, wenn sie es sieht, es auch erschafft. Man mußte den Glauben haben!

Eine gewisse Übereinstimmung, nicht nur des Willens und der Ideen, sondern auch der republikanischen Gewohnheiten und Sitten war nötig; in sich mußte man die innere Republik tragen, die moralische Republik, die einzige, welche die politische Republik rechtfertigt und sie auf festen Grund stellt; ich meine, man mußte Selbstbeherrschung besitzen, seine eigene Demokratie, man mußte seine Freiheit im Gehorsam gegen die Pflicht finden. Und dann mußte noch solch eine starke und tugendhafte Seele – und das scheint ein Widerspruch zu sein – einen Augenblick der Leidenschaft haben, der sie aus sich selbst herausgehen ließ und sie zur Tat trieb.

In den bösen Tagen der Erschlaffung, der Ermüdung, als der Glaube an die Revolution nachließ, holten sich mehrere Abgeordnete und bedeutende Journalisten der Zeit neue Kraft und neuen Mut in einem Hause, wo diese beiden Eigenschaften niemals fehlten: ein bescheidenes Haus, das kleine Hôtel Britannique in der Rue Guénégaud, in der Nähe des Pont Neuf. Diese ziemlich dunkle Straße, die auf die noch dunklere Rue du Magazine führt, besitzt bekanntlich keine andere Aussicht als auf die langen Mauern der Münze. Man stieg in das dritte Stockwerk und fand dort stets und ständig zwei Menschen, die miteinander bei der Arbeit saßen, Herrn und Frau Roland, die kürzlich von Lyon gekommen waren. In dem kleinen Salon stand nur ein Tisch, an dem die beiden Gatten schrieben; im halbgeöffneten Schlafzimmer sah man zwei Betten. Roland war beinahe sechzig Jahre alt, sie sechsunddreißig, doch erschien sie bedeutend jünger; er sah aus wie der Vater seiner Frau. Er war ein großer, magerer Mann mit finsterem und leidenschaftlichem Ausdruck. Dieser Mann, den man neben dem Ruhm seiner Frau[1] zu wenig beachtet hat, war ein begeisterter Bürger, der Frankreich im Herzen trug, einer der alten Franzosen vom Schlage der Vauban und Boisguilbert, die trotz des Königtumes auf den einzigen Wegen, die damals offen standen, den heiligen Gedanken des öffentlichen Wohles verfolgten. Als Inspektor der Fabriken hatte er sein ganzes Leben mit Arbeiten und Reisen verbracht, um Verbesserungen zu suchen, deren unsere Industrie fähig war. Er hatte mehrere Bücher über diese Reisen veröffentlicht und verschiedene Abhandlungen und Druckschriften über gewisse Berufszweige. Seine schöne und mutige Frau schrieb ab, übersetzte und trug für ihn Material zusammen, ohne vor der Trockenheit der Gegenstände zurückzuschrecken. „Die Kunst des Torfstechens", „die Kunst des Wollfabrikanten", „das Lexikon der Fabriken" hatten die schöne Hand der Frau Roland beschäftigt, ihre besten Jahre in Anspruch genommen, ohne andere Ablenkung als die Geburt des einzigen Kindes, das sie gehabt hat. Eng mit den Arbeiten und Ideen ihres Gatten verwachsen, empfand sie für ihn eine beinahe kindliche Verehrung, die so weit ging, daß sie ihm oft seine Speisen selbst zubereitete; eine ganz besondere Zubereitung war notwendig, der Magen des alten Mannes war empfindlich und durch die Arbeit schwach geworden.

---

[1] Das wird einem klar, wenn man die „Lettres écrites de Suisse, d'Italie, de Sicile et de Malthe, par M… (Roland de La Platière), avocat en Parlement, à mademoiselle … (Manon Phlipon, später Frau Roland) en 1776, 1777, 1778", Amsterdam, 1780, 6 Bände, liest. Dieses Buch, dessen Stil ungleich, manchmal unkorrekt und dunkel ist, ist gleichwohl von allen italienischen Reiseberichten, die im achtzehnten Jahrhundert geschrieben worden sind, der lehrreichste. Er beweist die unendlich vielseitigen Kenntnisse des Autors, der seinen Gegenstand nach jeder Richtung behandelt, von der Musik bis zu den kleinsten Einzelheiten des Handels und der Industrie. Er reiste gewöhnlich zu Pferde oder zu Fuß, wodurch er in der Lage war, alles aus nächster Nähe zu beobachten, haltzumachen und Einzelheiten kennenzulernen, die den im Wagen Reisenden entgehen. Ich finde unter andern merkwürdigen Dingen, die die damalige Ausdehnung des französischen Handels beweisen, die Bemerkung, daß das grobe Tuch von Amiens in Lugano verkauft wurde. Er beurteilt das religiöse Italien und besonders Rom vom Standpunkt der zeitgenössischen Philosophie, aber oft mit einer seltenen Billigkeit, die bei diesem strengen Richter um so erstaunlicher ist. Alles, was ein anständiger Mensch an einen anständigen Menschen schreiben kann, schreibt er ohne alberne Prüderie an seine junge, so reine, so starke, so ernste Freundin; nichts erinnert in diesem Briefwechsel der beiden Geister an die Unterschiede in Geschlecht und Alter. Dieser Mann von fünfundvierzig Jahren besaß keinen andern Freund als das junge Mädchen von zwanzig, das er später heiratete. Als Roland nach Italien reiste, vertraute er ihr seine Manuskripte an; mit seinen frommen, aristokratischen Eltern war er überworfen. Fräulein Phlipon war wegen des schlechten Lebenswandels ihres Vaters gezwungen gewesen, sich in ein Kloster zurückzuziehen in der Rue Neuve-Saint-Etienne, die zum Jardin des Plantes führt, eine kleine Straße, die durch das Andenken an Pascal, Rollin und Bernardin de Saint-Pierre so berühmt geworden ist. Sie lebte dort zwar nicht als Nonne, doch immerhin verborgen in ihrem Zimmer, zwischen Plutarch und Rousseau, heiter und mutig wie immer, aber in äußerster Armut und in einer mehr als spartanischen Enthaltsamkeit; sie schien sich schon damals in den Tugenden der Republik zu üben.

Roland schrieb selbst und bediente sich zu dieser Zeit keineswegs der Feder seiner Frau; später, als er Minister geworden war und mit endlosen Schwierigkeiten und Sorgen zu kämpfen hatte, nahm er seine Zuflucht zu ihr. Sie brannte gar nicht darauf, zu schreiben, und wenn die Revolution sie nicht aus der Verborgenheit hervorgeholt hätte, dann hätte sie diese ungenutzten Gaben, ihr Talent, ihre Beredsamkeit ebenso wie ihre Schönheit mit ins Grab genommen.

Wenn die Politiker kamen, mischte sich Frau Roland nicht von selbst in die Unterredung, sie blieb bei ihrer Arbeit oder schrieb Briefe; aber wenn man sich, wie es geschah, an sie wandte, dann sprach sie mit einer Lebhaftigkeit, einer treffenden Ausdrucksweise, einer liebenswürdigen und überzeugenden Kraft, von der man ganz ergriffen wurde. „Die Eigenliebe hätte gern eine besondere Vorbereitung in ihren Worten gefunden; aber das war nicht möglich; sie war ganz einfach eine vollkommene Natur."

Beim ersten Anblick war man versucht, zu glauben, man habe Rousseaus Julie[1] vor sich; ganz mit Unrecht, das war weder Julie noch Sophie, das war Frau Roland, gewiß eine Tochter Rousseaus, und vielleicht eine noch rechtmäßigere als die, welche unmittelbar aus seiner Feder hervorgingen. Diese hier war nicht wie die beiden anderen ein adliges Fräulein. Manon Phlipon, das ist ihr Mädchenname, hatte einen Graveur zum Vater, und sie gravierte selbst im väterlichen Hause. Sie kam aus dem Volke, das erkannte man leicht an einer gewissen Vollblütigkeit und frischen Hautfarbe, die man in den höheren Kreisen viel seltener findet; sie hatte eine schöne, aber keine kleine Hand, der Mund war ein wenig groß, das Kinn ziemlich vorstehend, die Figur elegant mit stark ausgeprägten Linien; die Hüften und der Busen üppig, wie es die Damen nicht oft haben.

Sie unterschied sich noch in anderer Beziehung von den Heldinnen Rousseaus, sie besaß nicht ihre Schwäche. Frau Roland war tugendhaft, keineswegs durch Untätigkeit und Träumerei, in der die Frauen dahindämmern, erschlafft; sie war im höchsten Maße arbeitsam und tätig, die Arbeit war ihr Tugendwächter. Ein heiliger Gedanke, die Pflicht, schwebt über diesem schönen Leben, von der Geburt bis zum Tode; dieses Zeugnis gibt sie sich im letzten Augenblick, in der Stunde, in der man nicht mehr lügt: „Niemand", sagt sie, „hat weniger als ich die Wollust gekannt." Und bei anderer Gelegenheit: „Ich habe meine Sinne beherrscht."

[1] Man betrachte die Bilder von Lémontey, Riouffe und so vielen anderen, und das für einen Stich gute und naive Bild, das Champagneux der ersten Ausgabe der Memoiren vorausgesetzt hat (i. J. VII). Er stellt sie kurze Zeit vor ihrem Tode im Alter von neununddreißig Jahren dar. Sie ist stark, schon ein wenig Mutter, wenn ich so sagen darf, sehr heiter, standhaft und entschlossen, mit einer offenbar kritischen Ader. Dieser letzte Charakterzug hängt nicht nur mit ihrer revolutionären Polemik zusammen, sondern so sind meistens die Menschen, die mit dem Leben gerungen, sich wenig Vergnügungen gegönnt, die die Leidenschaft bezwungen und auf später vertagt haben, kurz, die in dieser Welt keine Befriedigung gehabt haben.

Rein im Vaterhause, am Quai de l'Horloge, wie das tiefe Blau des Himmels, den sie, wie sie erzählt, von da bis zu den Champs-Elysées überblicken konnte; – rein am Tisch ihres ernsten Gatten, unermüdlich arbeitend für ihn; rein an der Wiege ihres Kindes, das sie unbedingt selbst stillen wollte, trotz heftiger Schmerzen; – ebenso erscheint sie in den Briefen, die sie an ihre Freunde schreibt, an die jungen Männer, die sie in leidenschaftlicher Freundschaft umgaben;[1] sie beruhigt und tröstet sie, sie hebt sie über die Schwachheit hinaus. Sie blieben ihr treu bis zum Tode, wie der Tugend selbst.

Einer von ihnen sucht sie, während die Schreckensherrschaft auf dem Gipfel ihrer Macht stand, ohne an die Gefahr zu denken, im Gefängnishof auf, um die unsterblichen Blätter aus ihrer Hand zu empfangen, auf denen sie ihr Leben erzählt hat. Er selbst geächtet und verfolgt, durch das schneebedeckte Land entfliehend, ohne einen anderen Schutz als die bereiften Bäume, rettete diese heiligen Papiere; sie retteten vielleicht ihn, indem sie in seiner Brust die Wärme und Gewalt des großen Herzens bewahrten, das sie geschrieben hatte.[2]

Die Leute, die sich bei dem Anblick einer allzu vollkommenen Tugend nicht wohl fühlen, haben rastlos gesucht, ob sie nicht irgendeine Schwäche in dem Leben dieser Frau fänden, und haben ohne Beweis, ohne den geringsten Anhaltspunkt[3] sich eingebildet, daß Madame Roland mitten in dem bewegtesten Teil des Dramas, an dem sie teilhatte, in ihrem männlichsten Augenblick,

---

[1] Man vergleiche den schönen Brief an Bosc, der damals in großer Unruhe um sie und betrübt darüber war, daß man sie in die Nähe von Lyon, so weit von Paris, verpflanzt hatte: „Ich sitze am Herdfeuer nach einer friedlichen Nacht und nach den verschiedenen Sorgen des Vormittags, mein Freund sitzt am Schreibtisch, meine Kleine strickt, und ich plaudere mit dem einen, überwache die Arbeit der anderen, genieße das Glück, ganz warm im Schoße meiner kleinen, teuren Familie geborgen zu sein, und schreibe an einen Freund, während der Schnee auf so viele Unglückliche herabfällt, ich habe Mitleid mit ihrem Geschick ..." – Ein stilles Glück der Tugend, das dem jungen Manne gezeigt wird, um sein Herz zu beruhigen, es zu läutern, es zu erheben. Morgen hat dennoch der Sturm das Nest hinweggespült.

[2] Bosc war es auch, der ehrenhafte und würdige Mann, der im letzten Augenblick über sich selbst hinauswuchs, um in ihr das hohe Ideal zu erfüllen, das er immer bewundert hatte, und ihr den edlen Rat gab, ihren Tod nicht den Blicken der Menschen zu entziehen, sich nicht zu vergiften, sondern das Schafott zu wählen, öffentlich zu sterben und durch ihren Mut die Republik und die Menschlichkeit zu ehren. Er ist gleich ihr unsterblich um dieses heroischen Rates willen. Frau Roland steigt lächelnd hinan in die Unsterblichkeit, die Hand in der Hand ihres ernsten Gatten, und sie führt mit sich hinauf die Gruppe junger, liebenswürdiger, untadliger Freunde (von der Gironde abgesehen), die Bosc, Champagneux, Bancal des Issarts. Nichts wird sie mehr trennen.

[3] Wenn man nach Anhaltspunkten sucht, so wird man auf zwei Stellen aus den „Mémoires de Madame Roland" verweisen, die gar nichts beweisen. Sie spricht von den Leidenschaften, „vor denen sie kaum mit Athletenstärke das reife Alter rettet". Was kann man daraus schließen? – Sie spricht von den „guten Gründen", die sie, um den 31. Mai, zur Abreise trieben. Es ist völlig ungewöhnlich und äußerst verwegen, zu folgern, daß diese guten Gründe nur eine Liebe zu Barbaroux oder Buzot sein können.

in allen Gefahren und Schrecken (offenbar nach den Septembermorden? Oder am Vorabend der Katastrophe, die die Gironde mit fortriß?) Zeit fand und das Herz hatte, verliebte Reden anzuhören und sich den Hof machen zu lassen. Das einzige, was ihnen Schwierigkeiten macht, ist, den Namen des begünstigten Liebhabers zu finden.

Noch einmal: es gibt nichts, was diese Vermutungen begründet. Frau Roland, alles spricht dafür, war immer Herrin ihrer selbst, absolute Herrin ihres Willens und ihrer Taten.[1] Hatte sie denn nicht einen Aufruhr ihres Herzens erlebt? Brauste in dieser starken, aber leidenschaftlichen Seele nicht einmal ein Sturm? Diese Frage lautet ganz anders, und ohne Zögern beantworte ich sie mit: Ja.

Ich möchte den Punkt besonders hervorheben. Dieses Ereignis, das noch zu wenig Beachtung gefunden hat, ist keineswegs eine gleichgültige, rein anekdotische Einzelheit ihres Privatlebens. Es hatte im Jahre 1791 einen bedeutenden Einfluß auf Frau Roland, und die machtvolle Tätigkeit, die sie von dieser Zeit an ausübte, würde viel weniger zu erklären sein, wenn man nicht die besonderen Ursachen klar sähe, welche die bis dahin ruhige und starke Seele, deren Stärke jedoch ganz verinnerlicht war und sich nicht nach außen in Handlungen kundtat, leidenschaftlich begeisterten.

Frau Roland lebte ihr verborgenes, arbeitsames Leben im Jahre 1789 in dem trüben Winkel der Platière, nahe bei Villefranche und nicht weit von Lyon. Sie hört, wie ganz Frankreich, den Donner der Kanonen von der Bastille; ihr Atem geht rasch, und ihr Herz gerät in Wallung; das wundervolle Ereignis scheint alle ihre Träume zu verwirklichen, alles, was sie von den Alten gelesen, was sie gedacht und gehofft hatte: nun hat sie ein Vaterland. Die Revolution breitet sich über Frankreich aus; Lyon erwacht und Villefranche, das Land, alle Dörfer. Die Verbrüderung vom Jahre 1790 ruft die Hälfte des Königreichs nach Lyon, alle Abordnungen der Nationalgarde, von Korsika bis nach Lothringen. Vom frühen Morgen an stand Frau Roland in Verzückung auf dem wunderbaren Rhônekai und berauschte sich an all dem Volk, an der neuen Brüderlichkeit, an dem Glanz dieser Morgenröte. Abends schrieb sie den Bericht darüber für ihren Freund Champagneux, einen jungen Mann aus Lyon, der ohne Vorteil, aus reinem Patriotismus eine Zeitung herausgab. Die Nummer trug keinen Namen und wurde in sechzigtausend Exemplaren verkauft. Alle Nationalgarden trugen bei der Rückkehr, ohne es zu wissen, die Seele der Frau Roland bei sich.

Auch sie kehrte zurück und kam nachdenklich in ihrer verlassenen Klause auf der Platière an, die ihr noch mehr als gewöhnlich dürftig und kahl erschien.

---

[1] Die unlängst veröffentlichten „Lettres de Madame Roland à Buzot" ändern nichts an meiner 1848 zum Ausdruck gebrachten Überzeugung. Das von Dauban veröffentlichte Testament Buzots beweist in einer sehr deutlichen Anspielung, daß dieses Gefühl nie die Grenzen höchster Moral überschritt.

Da sie wenig Lust hatte zu den technischen Arbeiten, mit denen sich ihr Mann beschäftigte, so las sie das interessante Protokoll der Wahlmänner von 1789, die Revolution vom 14. Juli, die Einnahme der Bastille. Der Zufall wollte gerade, daß einer dieser Wahlmänner, Bancal des Issarts, von ihren Freunden aus Lyon an die Rolands empfohlen wurde und mehrere Tage bei ihnen verbrachte. Bancal, der aus einer Fabrikantenfamilie in Montpellier stammte, war nach Clermont übergesiedelt und dort Notar gewesen; er hatte diese einträgliche Stelle aufgegeben, um sich ganz dem Studium eigner Wahl zu widmen, politischen und philantropischen Forschungen und den Pflichten des Bürgers. Er war ungefähr vierzig Jahre alt, keine glänzende Erscheinung, aber er besaß viel Milde und Empfänglichkeit und hatte ein gutes, hilfreiches Herz. Er hatte eine sehr religiöse Erziehung genossen, und nachdem er eine philosophische und politische Periode, den Konvent und eine lange Gefangenschaft in Österreich hinter sich hatte, ist er äußerst fromm, bei der Lektüre der Bibel, die er hebräisch zu lesen versuchte, gestorben.

Er wurde von einem jungen Arzte namens Lanthenas auf die Platière gebracht, einem Freunde der Rolands, der oft bei ihnen lebte und dort Wochen und Monate verbrachte, mit ihnen und für sie arbeitete und ihre Aufträge ausführte. Die Milde Lanthenas', die Empfänglichkeit Bancal des Issarts', die ernste, aber warme Güte Rolands, ihre gemeinsame Liebe für das Schöne und Gute, ihre Anhänglichkeit an diese vollkommene Frau, die dessen Ebenbild für sie war, das führte ganz natürlich zu einer Gemeinschaft, zu einer völligen Harmonie. Sie stimmten so gut überein, daß sie sich fragten, ob sie das gemeinsame Leben nicht fortsetzen könnten. Wer von den dreien den Gedanken zuerst hatte, weiß man nicht; aber er wurde von Roland lebhaft aufgegriffen und warm unterstützt. Die Rolands brachten alles zusammen, was sie besaßen, und konnten ungefähr sechzigtausend Franken zu der geplanten Gemeinsamkeit beitragen; Lanthenas hatte zwanzigtausend oder ein wenig mehr, und Bancal hatte noch ungefähr hunderttausend hinzugefügt. Das ergab eine ziemlich runde Summe, die ihnen erlaubte, Nationalgüter zu kaufen, wie sie damals sehr wohlfeil waren.

Nichts ist rührender, würdiger, anständiger als die Briefe, in denen Roland von diesem Plane an Bancal berichtet. Sein edles Vertrauen, der Glaube an die Freundschaft, an die Tugend erweckt von Roland und ihnen allen die günstigste Meinung. „Kommen Sie, lieber Freund", schreibt er. „Warum zögern Sie? Sie haben unsere freimütige und offene Art gesehen; in meinem Alter ändert man sich nicht mehr, wenn man niemals anders gewesen ist. Wir predigen den Patriotismus, wir erheben die Herzen; der Doktor geht seinem Beruf nach; meine Frau ist Apothekerin für die Kranken der Gegend. Sie und ich besorgen die geschäftliche Seite ..."

Rolands große Aufgabe war, die Bauern der Umgegend zu unterweisen und ihnen das neue Evangelium zu predigen. Trotz seines Alters war er ein bewundernswerter Fußgänger; bisweilen wanderte er, den Stock in der Hand, mit seinem Freunde Lanthenas bis Lyon und streute überall am Wege den guten Samen der Freiheit aus. Der würdige Mann glaubte in Bancal eine nützliche Hilfe zu finden, einen neuen Missionar, dessen mildes und salbungsvolles Wort Wunder verrichten würde. Gewohnt, die uneigenützige Dienstfertigkeit des jungen Lanthenas Madame Roland gegenüber zu sehen, kam es ihm nicht entfernt in den Sinn, daß Bancal, der älter und ernster war, etwas anderes als Frieden in sein Haus bringen konnte. Obwohl er seine Frau so innig liebte, hatte er ein wenig vergessen, daß sie Frau war, und erblickte nur den unablässigen Gefährten seiner Arbeit in ihr. Arbeitsam, mäßig, frisch und rein, mit durchsichtiger Hautfarbe, mit festem und hellem Auge, war Frau Roland das beruhigendste Ebenbild von Kraft und Tugend. Ihre Grazie war durchaus weiblich, aber ihr starker Geist, ihr stoisches Herz waren männlicher Art. Wenn man ihre Freunde betrachtet, so könnte man viel eher sagen, daß diese neben ihr Weiber sind; Bancal, Lanthenas, Bosc, Champagneux haben alle ziemlich sanfte Züge. Und das weiblichste Herz von allen vielleicht, die größte Schwäche, besitzt der, den man für den standhaftesten hält, der ernste Roland, der schwach war aus der tiefen Leidenschaft des Greises, der abhing von dem Leben der anderen; das wurde nur allzu deutlich beim Tode.

Die Sachlage wäre, wenn nicht gefährlich, doch wenigstens voll von Kämpfen und Stürmen gewesen. Es war Volmar, der Saint-Preux zu Julie rief; es war das gefährdete Boot an dem Felsen der Meillerie. Einen Schiffbruch hätte es nicht gegeben, nehmen wir an, aber es war vorsichtiger, nicht einzusteigen.

So ungefähr schrieb Frau Roland an Bancal in einem tugendhaften Briefe, der aber gleichzeitig allzu naiv und erregt war. Dieser Brief, der wundervoll unvorsichtig ist, stellt gerade darum ein unschätzbares Denkmal für die Reinheit von Frau Roland dar, für ihre Unerfahrenheit, für die Jungfräulichkeit ihres Herzens, die sie immer bewahrte.

Nichts hat mich jemals mehr überrascht und gerührt. Dieser Held war also wirklich ein Weib? Es gab also in der Tat einen Augenblick (der einzige), in dem ihr großer Mut gebeugt war. Der Panzer des Kriegers öffnet sich halb, und man erblickt ein Weib, das verwundete Herz Clorindes.

Bancal hatte an die Rolands einen herzlichen, zärtlichen Brief geschrieben, worin er sich über die geplante Vereinigung äußert: „Sie wird die Würze unseres Lebens bilden, und wir werden unseren Mitmenschen nicht unnütz sein." Roland, der damals in Lyon war, schickte den Brief seiner Frau. Sie war allein auf dem Lande; der Sommer war sehr trocken gewesen und die Hitze noch sehr groß, obwohl man schon im Oktober war. Der Donner grollte, und das dauerte mehrere Tage an. Sturm im Himmel und auf der Erde, Sturm der Leidenschaft, Sturm der Revolution. Zweifellos waren große Wirren im Anzug; eine unbekannte Flut von Ereignissen mußte bald die Herzen und die Schicksale umwälzen; in diesen großen Augenblicken der Erwartung glaubt der Mensch gern, daß Gott für ihn donnert.

Kaum las Frau Roland den Brief, als Tränen ihn benetzten. Sie setzte sich an den Tisch, ohne zu wissen, was sie schreiben würde; sie schilderte ihre Verwirrung selbst und verbarg nicht, daß sie weinte. Es war viel mehr als ein zärtliches Geständnis. Aber zu gleicher Zeit zerbrach diese ausgezeichnete und mutige Frau ihre Hoffnung und brachte es fertig, hinzuschreiben: „Nein, ich bin keineswegs sicher, daß Sie glücklich werden, und ich würde mir niemals verzeihen, Ihr Glück gestört zu haben. Ich glaube, daß Sie sich in Verhältnisse begeben, die ich für falsch halte; daß Sie eine Hoffnung hegen, die ich verbieten muß.“ Das übrige ist eine sehr rührende Mischung von Tugend, Leidenschaft und Zweifel; hier und da ein melancholisches Wort und eine unbestimmte, düstere Vorahnung des Geschickes: „Wann werden wir uns wiedersehen? Diese Frage lege ich mir oft vor und wage nicht, sie zu lösen. Aber warum versuchen, die Zukunft zu durchdringen, die die Natur uns hat verbergen wollen? Lassen wir sie also ruhen unter dem dichten Schleier, mit dem sie sie bedeckt, da es uns nicht gegeben ist, sie zu durchdringen; wir haben nur eine Möglichkeit, auf sie einzuwirken, eine große zweifellos: sein Glück vorbereiten durch die weise Ausnutzung der Gegenwart.“ Und weiter: „Nicht vierundzwanzig Stunden in dieser Woche sind vorübergegangen, ohne daß der Donner sich hören ließ. Soeben hat er noch gegrollt. Ich liebe die Farbe sehr, die das Gewitter der Landschaft verleiht, sie ist erhaben und düster, aber sie würde furchtbar sein, wenn sie nicht noch etwas anderes sein könnte als Schrecken.“ – Bancal war klug und ehrbar. Sehr betrübt weilte er trotz des Winters in England und blieb lange dort. Darf ich es sagen? Länger vielleicht, als Frau Roland selbst es gern gesehen hätte. Das ist die Inkonsequenz des Herzens, selbst des tugendhaftesten. Wenn man ihre Briefe aufmerksam liest, so zeigen sie ein merkwürdiges Schwanken der Stimmung; sie entfernt sich, sie nähert sich; einmal mißtraut sie sich selbst, und in anderen Augenblicken ist sie ganz gefestigt.

Wer will behaupten, daß sie sich im Februar, auf der Reise nach Paris, wohin Roland die Geschäfte der Stadt Lyon führten, nicht heimlich freute, in die große Zentrale zu kommen, in die Bancal notwendigerweise zurückkehren mußte? Aber gerade Paris gibt ihren Gedanken bald eine ganz andere Richtung. Die Leidenschaft wandelt sich, sie wendet sich ganz den öffentlichen Angelegenheiten zu. Ein sehr interessanter und rührender Vorgang. Nach der großen Begeisterung des Verbrüderungsfestes in Lyon, diesem ergreifenden Schauspiel der Vereinigung eines ganzen Volkes, war ihr persönliches Gefühl schwach und zart geworden. Und jetzt, beim Anblick von Paris, ging dieses Gefühl wieder ganz ins Allgemeine, Bürgerliche und Patriotische; Frau Roland findet sich selbst wieder und liebt nur noch Frankreich.

Wenn es sich um eine andere Frau handelte, würde ich sagen, daß sie durch die Revolution, durch die Republik, durch den Kampf und den Tod vor sich selbst gerettet wurde. Der ernste Charakter ihrer Vereinigung mit Roland wurde vertieft durch ihre gemeinsame Teilnahme an den Ereignissen der Zeit. Diese auf Arbeit gestellte Ehe wurde eine Ehe voll gemeinsamer Kämpfe, Opfer, heroischer Mühen. So behütet gelangte sie, rein und siegreich, zum Schafott, zum Ruhm.

Im Februar 1791 kam sie nach Paris; am Vorabend des ernsten Augenblicks, wo die Frage der Republik verhandelt werden mußte; zwei wirksame Eigenschaften brachte sie mit, die Tugend und die Leidenschaft zugleich. Solange in ihrer Einsamkeit für die großen Ereignisse vom Schicksal aufbewahrt, kam sie an in einer Jugendlichkeit des Geistes, in einer Frische der Ideen, der Gefühle, der Eindrücke, daß sie die ermüdetsten Politiker verjüngen konnte. Die waren schon müde; sie fing erst an zu leben an diesem Tage.

Noch eine andere geheimnisvolle Macht! Diese reine, vom Schicksal wunderbar gehütete Persönlichkeit, kam dennoch gerade an dem Tage an, wo die Frau Besorgnis erregt, an dem Tage, wo das Pflichtbewußtsein nicht mehr ausreicht, an dem Tage, wo das lange im Zaum gehaltene Herz überfließt. Sie kam an, unbesiegbar in einer unbekannten Triebkraft! Kein Bedenken hielt sie auf; das Glück wollte, daß, da das persönliche Gefühl besiegt oder umgangen war, die Seele sich völlig einem edlen, großen, tugendhaften, ruhmreichen Ziel zuwandte und, da sie nur das Ehrenhafte dabei empfand, mit vollen Segeln auf den neuen Ozean der Revolution und des Vaterlandes hinausfuhr.

Darum war sie in diesem Augenblick unwiderstehlich. So war es ungefähr mit Rousseau, als er, nach seiner unglücklichen Leidenschaft für Frau von Houdetot, auf sich selbst zurückgeworfen, Einkehr hielt und eine ungeheure Glut in sich fand, die unauslöschliche Flamme, an der sich das ganze Jahrhundert entzündete; noch das unsrige fühlt nach hundert Jahren ihre Wärme.

Nichts ist strenger, als der erste Blick der Frau Roland auf Paris. Die Nationalversammlung flößt ihr Schrecken, ihre Freunde Mitleid ein. Sie sitzt auf den Tribünen der Versammlung oder der Jakobiner und durchdringt mit scharfem Auge alle die Charaktere; sie sieht das Falsche, Erbärmliche, Feige, die Komödie der Konstitutionellen, die Schliche, die Unentschiedenheit der Freunde der Freiheit in ihrer ganzen Nacktheit. Sie schont weder Brissot, den sie liebt, den sie jedoch für furchtsam und leichtsinnig hält, noch Condorcet, von dem sie glaubt, er sei doppelzüngig, noch Fauchet, in dem, wie sie sehr wohl bemerkt, „ein Priester steckt". Kaum läßt sie Pétion und Robespierre gelten; man merkt, wie ihre Langsamkeit, ihre Rücksichten ihrer eigenen Ungeduld wenig zusagen. Jung, feurig, stark, streng, fordert sie von allen Rechenschaft, will nichts von Aufschub und Hindernissen hören; sie fordert sie auf, Männer zu sein und zu handeln.

Bei dem traurigen Schauspiel der halb erblickten, erhofften und nach ihrer Ansicht schon verlorenen Freiheit möchte sie nach Lyon zurückkehren, sie vergießt blutige Tränen. „Wir brauchten", sagt sie (am 5. Mai), „eine neue Erhebung, in der wir für Glück oder Freiheit zugrunde gehen; aber ich zweifle, daß noch genug Nachdruck im Volke sitzt. Der Bürgerkrieg selbst, so furchtbar er sein mag, würde die Erneuerung unseres Charakters und unserer Sitten beschleunigen. Man muß zu allem bereit sein, sogar ohne Kummer zu sterben."

Die Generation, an der Frau Roland so leicht verzweifelt, hatte bewundernswerte Gaben, den Glauben an den Fortschritt, den aufrichtigen Wunsch nach dem Glück der Menschen, die brennende Liebe zur öffentlichen Wohlfahrt; sie hat die Welt durch die Größe ihrer Opfer in Erstaunen gesetzt. Indessen muß man sagen, zu dieser Zeit, wo die Situation noch nicht mit gebieterischer Gewalt herrschte, kündeten sich die Charaktere, die unter dem Ancien régime gebildet waren, noch nicht mit diesem männlichen und ernsten Zuge an. Der Mut des Geistes fehlte. Keiner brachte den Mut zum selbständigen Handeln auf; ich nehme Mirabeau nicht aus, trotz seiner ungeheueren Begabung.

Die Männer von damals, das muß auch gesagt werden, hatten schon ungeheuer viel geschrieben, geredet, gestritten. Wieviel Arbeiten, Unterredungen, Ereignisse sind da zusammengedrängt! Wieviel schnelle Reformen! Welch eine Erneuerung der Welt! Das Leben der bedeutenden Männer in der Nationalversammlung, in der Presse war so arbeitsreich gewesen, daß es uns ein Rätsel scheint; zwei Sitzungen in der Versammlung, ebenso ohne Pause wie die Sitzungen der Jakobiner und anderer Klubs, bis elf Uhr oder Mitternacht; dann die Vorbereitung der Reden für den folgenden Tag, die Artikel, die Geschäfte und Intrigen, die Sitzungen der Ausschüsse, der politischen Geheimklubs. Die ungeheure Begeisterung des ersten Augenblicks, die unendliche Hoffnung hatten sie zunächst fähig gemacht, all das zu ertragen. Aber schließlich dauerte die Mühe fort, die unendliche, grenzenlose Arbeit; da lassen sie ein wenig nach. Diese Generation war weder an Geist noch an Kraft mehr unversehrt; so aufrichtig auch ihre Überzeugungen waren, ihr fehlte die Jugend, die Frische des Geistes, der erste Enthusiasmus des Glaubens.

Am 22. Juni, inmitten des allgemeinen Zauderns der Politiker, zögerte allein Frau Roland nicht. Sie schrieb und ließ in die Provinz schreiben, daß, entgegen den schwachen und farblosen Erklärungen der Jakobiner, die Urversammlungen eine allgemeine Einberufung verlangen sollten: „Um durch Ja oder Nein zu entscheiden, ob es am Platze ist, die monarchische Form der Regierung beizubehalten." Sie beweist am 24. sehr gut, daß jede Regentschaft unmöglich ist, daß man Ludwig XVI. absetzen muß.

Alle oder fast alle scheuten zurück, zögerten, waren noch unschlüssig. Sie erwogen ihre Interessen, warteten einer auf den andern, stellten ihre Zahl fest.

„Wir waren nicht ein Dutzend Republikaner im Jahre 1789", sagt Camille Desmoulins. Sie hatten sich im Jahre 1791 vervielfacht, dank der Reise von Varennes, und ungeheuer war die Zahl derer, die Republikaner waren, ohne es zu wissen; man mußte es ihnen erst selbst beweisen. Die allein berechneten die Sache gut, die nicht berechnen wollten. An der Spitze dieser Vorhut schritt Frau Roland; sie warf das goldene Schwert in die schwankende Waage, ihren Mut und die Idee des Rechtes.

ZWÖLFTES KAPITEL

Verhör des Königs
Erste republikanische Handlungen
(26. Juni–14. Juli 1791)

Man nimmt die Erklärungen des Königs und der Königin entgegen, 26. und 27. Juni. – Herausforderung Bouillés, 29. Juni. – Republikanischer Anschlag Paynes und anderer Freunde Condorcets, 1. Juli. – Orléanistische Umtriebe. – Maßregeln der Versammlung. – Die Jakobiner. Pétion gegen den König, 8. Juli; Brissot gegen den König, 13. Juli. – Die Ausschüsse der Versammlung für den König, 13. Juli. – Bewegung unter den Cordeliers und den Brudergesellschaften. – Ränke der Führer der Nationalversammlung, 14. Juli. – Wachsende Unruhe in der Woche vom 10. zum 17. Juli. – Triumph Voltaires und andere Feste.

Wir kennen jetzt die Hauptspieler, die privaten und öffentlichen Einflüsse; verfolgen wir jetzt den Gang der Ereignisse.

Es ist nicht schwer, die Bewegungen der öffentlichen Meinung in diesen stürmischen Tagen zu verfolgen, die mehr oder weniger lebhaften Schwingungen des öffentlichen Geistes, das unruhige Pochen von Frankreichs Herzen.

Im ersten Augenblick, am 21. Juni, atmet man auf trotz des großen Unwillens. „Nun ist das große Hemmnis fort!"

Dann, am 25. abends, kommt das Hemmnis zurück, gefangen und gedemütigt, vom Throne herab tiefer gesunken als der geringste Untertan. Tiefes Schweigen empfängt ihn, Schweigen des Zornes und des Vorwurfs, Schweigen auch des Mitleids, das die Herzen ergreift, ihnen selbst unbewußt.

Doch schließlich gewinnen Mißtrauen und Zorn die Oberhand über das Mitleid, als die Füchse in der Versammlung versuchen, das Verbrechen und den Verbrecher hinwegzuleugnen (so daß nur der König übrig bleiben würde in blütenweißer Unschuld), als sie versuchen, die Geschichte auszulöschen, Varennes auszustreichen und durch einen ohnmächtigen Kniff das Wunder zu vollbringen, das Gott selbst nicht zustande brächte: Tatsachen ungeschehen zu machen.

Beobachten wir sie am Werke.

Am 26. stellen die Ausschüsse für Verfassung und für Strafgesetzgebung durch Duport den Antrag: „Die Begleiter des Königs sollen durch die ordentlichen Richter verhört werden, dagegen sollen vom König und von der Königin durch drei Kommissare der Nationalversammlung Erklärungen entgegengenommen werden."

Als jemand verlangte, daß diese Untersuchung vor dem höchsten Gerichtshof in Orléans geschähe, antwortete Duport, es sei nur eine erste Belehrung.

„Wenn es eine Information ist", meinten Robespierre, Bouchotte und Buzot, „so könnt ihr sie nicht trennen, sie ist nur eine und kann nicht durch verschiedene Behörden geschehen. Der König ist nur ein Bürger, ein Beamter, als solcher verantwortlich und dem Gesetz unterworfen."

Da geriet Duport in die Irrwege der alten Überlieferungen und erklärte, der König sei kein Bürger, sondern eine der Gewalten des Staates. Ungeschickt fügte er hinzu: „Es ist kein unmittelbar gegen den König gerichtetes Verfahren; unsere Klugheit verlangt, nicht in die Zukunft zu forschen ... Es handelt sich noch nicht um eine Kriminalklage, sondern um eine politische Handlung der Versammlung gegen den König ..."

Darüber entrüstete sich Malouet und verdarb die Sache noch mehr. Die Juristen und Anwälte kamen ihm zu Hilfe, ließen Duports Formel, die allzu schwer zu verteidigen war, auf sich beruhen und wanden sich hin und her. Chabroud und d'André sagten, es käme überhaupt nichts Juristisches in Frage, weder eine Klage noch ein Verfahren; es handele sich einfach darum, „Auskünfte" zu erhalten.

Auf diesem neuen Boden rollte ihnen der scharfsinnige Barrère einen Stein des Anstoßes vor die Füße: „Ob man es Klage nennt oder nicht, ist gänzlich unwichtig. Es hat eine Entführung stattgefunden, und das Opfer der Entführung kann sehr wohl durch die ordentlichen Richter gehört werden."

Aber Tronchet trat dazwischen, und mit seiner überlegenen und anerkannten Autorität schloß er die Erörterung mit dem Stichwort „Auskünfte". Die Versammlung ernannte Kommissare: zuerst Tronchet, mit großer Mehrheit, weil er den Faden abgeschnitten hatte; dann d'André, der den Knoten entwirrt hatte; schließlich Duport, obwohl er weniger scharfsinnig und listig gewesen war.

Gegen sieben Uhr abends begaben sich die drei zum König, um die Komödie des Verhörs zu spielen, um mit großem Ernst aus seinem Munde die Erklärung entgegenzunehmen, die sie zweifellos mit Barnave und Lameth in allen Einzelheiten verabredet hatten. – Diese Erklärung war sehr geschickt, hatte aber einen schweren Fehler: sie stand in allzu krassem Widerspruch zu dem feierlichen Protest, den der König bei seiner Abreise hinterlassen hatte. Die Sorge um seine eigene Sicherheit, und der Wunsch, seine Familie in Sicherheit zu bringen, hatten ihn zur Abreise bestimmt; er war abgereist, um wiederzukehren; er hatte keinerlei Verbindungen mit den fremden Mächten, keine mit den Emigranten unterhalten. Wenn er sich in die Nähe der Grenze begeben hatte, so war es geschehen, um den etwaigen Invasionen des Auslands besser Widerstand leisten zu können. Die Reise war ungemein belehrend und aufklärend für ihn gewesen: er wußte nun, daß die allgemeine Ansicht auf seiten der Verfassung war und kam bekehrt zurück.

Es machte der Geschicklichkeit der Redakteure wenig Ehre und überschritt jedes Maß, daß man den König sagen ließ: Da er gesehen habe, daß man ihn gefangen glaubte, und daß diese Meinung der Anlaß zu Unruhen werden konnte, so habe er diese Reise für ein ausgezeichnetes Mittel gehalten, die Öffentlichkeit eines besseren zu belehren und seine Freiheit zu beweisen.

Das klang wie Hohn und wurde sehr übel aufgenommen. Und einen ebenso schlechten Eindruck machte es, daß die Königin, statt eine Antwort zu geben, den Kommissaren der Nationalversammlung sagen ließ, sie sei im Bade, und sie müßten wiederkommen. So ließ sie sich noch eine weitere Nacht Zeit, um ihre Erklärung zurechtzulegen. Sie war vierundzwanzig Stunden vorher angekommen und wählte zum Bade den Augenblick, da die Nation in Person der Abgesandten vor der Türe stand und wartete; sie ließ die Nation warten und betonte damit, was der König selbst ausgesprochen hatte, man solle wohl beachten, daß es sich um kein Verhör handele. Es war eine freiwillige Unterredung, eine Audienz, welche die Königin gnädig gewährte. „Der König wünschte abzureisen, nichts hätte mich verhindern können, ihm zu folgen. Und was mich dazu bestimmte, das war die feste Gewißheit, daß er das Königreich nicht verlassen wollte." Die drei verneigten sich tief und entfernten sich beruhigt.

Das Volk war es nicht. Es fühlte sich schwer gekränkt, daß man es mit einer so dreisten Komödie zu täuschen suchte. Die Royalisten waren nicht weniger aufgebracht als die anderen, den König und die Königin in den Händen der Konstitutionellen zu sehen. Sie beklagten zwar die Gefangennahme des Königs, die allgemeine Widersetzlichkeit, verfuhren aber selbst, als ob es keinen König gäbe, sie handelten, ohne seine Wünsche oder seine Ermächtigung einzuholen. Die Hitzköpfe der Partei, d'Eprémesnil, ein Narr, und Montlosier, jung, feurig, voll blinder Biederkeit, verfaßten einen heftigen Protest gegen die Absetzung des Königs und erklärten, sie billigten nicht mehr die Maßnahmen der Versammlung. Die Erklärung wurde von zweihundertundneunzig Abgeordneten unterzeichnet. Malouet widersetzte sich vergeblich diesem unsinnigen Akt, der die Royalisten gerade jetzt in der Nationalversammlung außer Tätigkeit setzte, als diese Versammlung daran arbeitete, die Stellung des Königs zu festigen. Gewiß waren hier Leidenschaft und Unbesonnenheit im Spiel, sehr wahrscheinlich aber auch eine eifersüchtige Wut, weil der König dem Rate jener Leute folgte, die bislang gegen die Royalisten gekämpft hatten.

Blindlings rannten die Royalisten auf den Abgrund zu und rissen den König mit sich fort. Bouillé, der ritterliche und ergebene, versetzte ihm noch einen fürchterlichen Schlag. In einem äußerst beleidigenden und lächerlichen Brief erklärte er der Versammlung: „Wenn man dem König auch nur ein Haar krümme, so werde er, Bouillé, alle fremden Armeen herbeiholen, damit in Paris kein Stein auf dem anderen bleibe. (Endloses Gelächter) Bouillé allein ist verantwortlich; der König hat nur die gerechte Rache der Könige hinauszögern, sich zum Vermittler machen wollen zwischen diesen und seinem Volk. Dann wäre die Herrschaft der Vernunft wieder eingesetzt worden, beim Schein der Freiheitsfackel ..." Er schloß seinen Brief mit der Drohung an die Abgeordneten: Ihre Züchtigung werde als warnendes Beispiel dienen, er habe zuerst Mitleid mit ihnen gehabt, aber ...

Für die Anhänger der Republik war dieser Brief von unschätzbarem Wert. Eine förmliche Beleidigung der Nation, Frankreich von den Royalisten der Handschuh hingeworfen, das war alles, was sie nur wünschen konnten. Unverzüglich wurde am folgenden Morgen, dem 1. Juli, am Eingangstor zu der Versammlung ein öffentlicher Anschlag ausgehängt. In kühnen, einfachen und klaren Worten verkündete er das Erscheinen der Zeitung „Le Républicain", die von einer republikanischen Vereinigung herausgegeben werden sollte. Das kurze Schriftstück erschöpfte die ganze Lage; hier ist sie – in zwei Zeilen: „Wir haben nun die Erfahrung gemacht, daß die Abwesenheit des Königs wertvoller für uns ist, als seine Gegenwart. – Er ist desertiert, hat abgedankt. – Dem Meineidigen, dem Flüchtling kann die Nation nie wieder Vertrauen schenken. – Ob diese Flucht nun seinem eigenen Plan entspringt oder dem anderer, ist gleichgültig. Verräter oder Dummkopf, unwürdig ist er jedenfalls. Wir sind befreit von ihm und er von uns; er ist ein Mensch wie jeder andere, der Herr Ludwig von Bourbon. Seine Sicherheit steht außer Frage, Frankreich entehrt sich nicht. – Das Königtum ist erledigt. Was ist das für ein Amt, das nur dem Zufall der Geburt entspringt, das von einem Idioten verwaltet werden kann? Ist es nicht etwas sehr Geringes, ein Nichts?"

Dieses Schriftstück entstammte dem Kreise Condorcet, ebenso das Pamphlet vom „jungen Mechaniker", das etwa gleichzeitig erschien. Beide vertraten die allgemeine Ansicht dieser Gesellschaft kühner Theoretiker. Condorcet selbst hatte nur zu dem weniger unverfänglichen Pamphlet die Feder geführt; die Bekanntmachung aber wurde, zunächst englisch, von einem Ausländer, Thomas Payne, verfaßt, der die Verantwortung für eine so schwerwiegende Handlung weniger zu fürchten hatte. Sie wurde von einem unserer jungen Offiziere übersetzt, der den Krieg in Amerika mitgemacht hatte; er war es auch, der sie an der Türe zur Versammlung anschlug und sie mit „Du Châtelet" unterzeichnete.

Payne hatte damals in Paris zwei Dinge, die man hier oft beisammen findet: das Ansehen und den Zulauf. Er war der König der Salons. Die bedeutendsten Männer, die hübschesten Frauen machten ihm den Hof, sammelten seine Aussprüche, bemühten sich, sie zu verstehen. Er war ein Mann von fünfzig bis sechzig Jahren; er hatte alle Berufe hinter sich, war Fabrikant, Schulmeister, Zollbeamter, Matrose, Journalist gewesen. Er hatte nicht weniger als drei Vaterländer, England, Amerika und Frankreich; in Wahrheit hatte er nur eines, das Recht, die Gerechtigkeit. Als unwandelbarer Bürger des Rechtes begab er sich, als er auf der einen Seite des Ozeans die Ungerechtigkeit am Ruder sah, hinüber zur anderen. Frankreich wird diesem seinem Adoptivsohn ein gutes Andenken bewahren. Er hatte für Amerika sein Buch vom „Sens commun" geschrieben, das Brevier des Republikaners; und für Frankreich schrieb er „Les Droits de l'homme", um unser Land für das Buch Burkes zu rächen. In London sinnbildlich verbrannt, wurde er vom Konvent zum französischen Bürger ernannt und zu dessen Mitglied gewählt. Payne erschien streng und fanatisch. Es war eine große Überraschung, als er am 21. Januar dem Konvent die Erklärung abgeben ließ, daß er nicht für den Tod stimmen könne. Das wäre beinahe sein eigener gewesen. Er wurde ins Gefängnis geworfen, und da er sich sagte, er habe keine Zeit zu verlieren, schrieb er: „L'Age de raison", ein Buch für Gott und gegen alle Religionen. Am 9. Thermidor der Freiheit zurückgegeben, blieb er zunächst in Frankreich, aber er konnte das Frankreich eines Bonaparte nicht ertragen und ging nach Amerika, um dort zu sterben.

Kommen wir auf seine Bekanntmachung zurück. Malouet sieht sie am Morgen, liest sie und gerät außer sich. Bestürzt tritt er ein und fordert, daß man die Verfasser festnimmt. „Verlesen wir vor allem den Anschlag", sagt Pétion kalt. Chabroud und Chapelier, die den Eindruck fürchten, wie auch, daß die Vorlesung den Beifall der Tribünen finden könnte, weisen auf die Pressefreiheit hin, sagen ferner, dieses Werk eines Verrückten müsse man mit Verachtung strafen und zur Tagesordnung übergehen.

Die Versammlung tat in der Tat gleichgültig und nimmt ruhig die Arbeiten am Strafgesetzbuch wieder auf. Aber sie ist gewarnt.

Auch die Partei Orléans begriff nach dieser peinlichen Kundmachung besser, daß man angesichts der jungen, aber schon so kühnen republikanischen Partei wenn möglich sogleich die Regentschaft errichten müsse; daß ihrer Annahme später nur immer mehr Schwierigkeiten erwachsen würden. Schwer war es, die Sache einzuleiten: zunächst wirft man in einer Zeitung zweiten Ranges ein paar Worte hin. Darauf folgt die gut gespielte Verwunderung des Prinzen. Er schreibt, lehnt großherzig ab, was keiner ihm anbietet. Und währenddessen läßt er sich zum Mitglied der Jakobiner wählen, setzt sich in Szene. Einer von ihnen gibt Feuer, ohne den Befehl abzuwarten und stellt die Frage auf, ob der Prinz nicht selbstverständlich im Regentschaftsrat den Vorsitz führen wolle. Am 1. Juli geht Laclos noch weiter, er verlangt einen Regenten und tritt für die Entthronung ein. Am 3. beweist Réal, daß der Herzog der rechtmäßige „Beschützer" des Dauphin sei. Am 4. möchte Laclos, daß man das Dekret über die Regentschaft neu in Druck gebe und verteile. Die nicht-orléanistische Masse der Jakobiner schlägt den Vorschlag nieder. Laclos läßt sich nicht entmutigen; in seinem Blatt beweist er lang und gewichtig, daß eine neue Gewalt geschaffen werden müsse – ein Protektor? Nein, Cromwell hat das Wort unmöglich gemacht, wohl aber ein *„Regierer"*.

In der Presse beginnt ein großer Wortstreit über diesen Gegenstand, zwei philosophische Duelle finden zwischen Laclos und Brissot über die Frage des Königtums und zwischen Sieyès und Thomas Payne statt. Dieser fordert Sieyès heraus, auf jede nur denkbare Waffe, gönnt ihm jeden Vorteil, beansprucht selbst nur fünfzig Seiten und gestattet ihm einen ganzen Band, macht sich anheischig, nachzuweisen, daß die Monarchie nichts weiter ist, als „ein Mangel an System". Sieyès lehnte den Zweikampf mit unverhohlener Verachtung ab. Er glaubte das nicht nötig zu haben.

Die Nationalversammlung sah den Zwist herannahen und bereitete sich darauf vor. Entschlossen, das Königtum wieder einzusetzen, ergriff sie dreierlei Maßnahmen.

Zuerst nimmt sie scheinbar eine revolutionäre Haltung an; sie trifft Verordnungen zur Erleichterung der Teilung und Wiederteilung der Nationalgüter. Sie bedroht die Emigranten; wehe ihnen, wenn sie nicht innerhalb drei Monaten zurückkehren! ... Die Strafe jedoch ist gering und lächerlich; ihre Güter werden dreifach besteuert.

Die Versammlung entwickelt ferner ein unerwartetes Wohlwollen für die Armen; sie sorgt für kleine Assignate, „um den Arbeitern die Zahlung zu erleichtern". Sie bewilligt mehrere Millionen für die Krankenhäuser; sie läßt sich den Gemeinderat von Paris kommen, befiehlt ihm, Unterstützungen zu verteilen, städtische Arbeiten in Angriff zu nehmen, den fremden Arbeitern das Verlassen der Stadt zu erleichtern.

Gleichzeitig werden im Eiltempo Polizeigesetze gelesen und angenommen, Gesetze, die unter der schlichten Bezeichnung „Gemeindepolizei" die wichtigsten Fragen behandeln; ein Paragraph zum Beispiel verbietet den Klubs sich zu versammeln, sofern sie nicht den Versammlungstag vorher anmelden. Die Bewohner eines jeden Hauses sind gehalten, Namen, Alter und Beruf anzugeben usw. Strenge Strafen stehen auf Tätlichkeiten, auf Äußerungen sogar; Verleumdungen können mit zwei Jahren Gefängnis geahndet werden.

Über alles das wurde sehr eilig abgestimmt, fast ohne Aussprache. Die ehemals so langen öffentlichen Sitzungen waren ganz kurz geworden; gegen drei oder vier Uhr war alles zu Ende; und um diese kurzen Sitzungen überhaupt auszufüllen, griff man zu Beratungen, die der großen Frage völlig fern lagen: man sprach über Krieg, Verwaltung, Finanzen. Die unruhige, erwartungsvolle Menge auf den Tribünen sah und begriff nichts; ereignishungrig zogen die Leute wieder ab. Die ganze Gewalt der politischen Fragen spielte sich im Halbdunkel der Ausschüsse ab. Barnave gibt in seinen Memoiren zu, daß er ganz darin aufging. Der Gesetzgebungs-, der Verfassungs-, der Untersuchungs-, der diplomatische Ausschuß usw. arbeiteten alle im gleichen Sinne; sie bildeten die wahre Versammlung. Hier wurde der Stoff zu der großen Erörterung über die Unverletzlichkeit des Königs verarbeitet, die man aber nicht heimlich im Keim ersticken konnte, sondern alsbald im vollen Tageslicht erörtern mußte; mit um so peinlicherer Sorgfalt bereitete man sich vor, einigte sich von vornherein über strittige Punkte, verteilte die Rollen.

Es tat der schönen Einigkeit Abbruch, daß Pétion Mitglied des Gesetzgebungsausschusses war. Am 8. brachte er diese heikle Frage vor die Jakobiner, behandelte sie wie etwas ganz Gewöhnliches, mit roher Klarheit; er unterschied zwischen der politischen Unverletzlichkeit des Königs bei Handlungen, für welche die Minister verantwortlich sind, und jener Unverletzlichkeit, die man nun auf seine persönlichen Maßnahmen ausdehnen wollte. Über die Gefahr einer Absetzung des Königs und eines Kampfes gegen die fremden Könige sagte er: „Wenn diese kämpfen wollen, dann wird ihre Lust dazu sich steigern, wenn der König wieder eingesetzt ist, wenn sie sehen, wie man die Macht Frankreichs, die gegen sie im Kampfe gestanden hätte, in die Hände ihres Freundes zurücklegt."

Gewiß, das war klar. Diese Offenheit gab der Minderzahl der Jakobiner, die gegen den König war, neue Kraft. Die Presse fühlte sich ermutigt. Der bislang so vorsichtige Brissot, dessen verdächtiges Zögern von Camille Desmoulins, von Frau Roland und manchen anderen bereits gebrandmarkt worden war, Brissot flammte auf, verbrannte die Brücken hinter sich, kam zu den Jakobinern, behandelte dieselbe Frage, aber mit verblüffender Ausführlichkeit, Klarheit und Gewalt; er riß die ganze Gesellschaft, die für gewöhnlich seine Auffassung nicht teilte und ihn überdies wenig liebte, mit sich fort.

Zunächst erklärte er, sich innerhalb der von Pétion gezogenen Grenzen bewegen und lediglich prüfen zu wollen: ob der König abgeurteilt werden dürfe und könne, die Frage aber, welche Regierungsform im Falle einer Absetzung als Ersatz zu wählen sei, wolle er vertagen.

Er wußte sich geschickt den Bedenken der Jakobiner, ja selbst dem Namen ihrer Gesellschaft (Freunde der Verfassung) anzupassen: „Wir sind alle einer Meinung", sagte Brissot; „wir wollen die Verfassung. Die unklare Bezeichnung ‚Republikaner' hat hier nichts zu sagen. Was fürchten die Gegner dieses Wortes? Die Anarchie –; und die sogenannten Republikaner fürchten sie ebenso. Die einen wie die andern bewegen sowohl den Aufruhr, wie er für die Demokratien des Altertums bezeichnend ist, als auch eine Spaltung Frankreichs in verbündete Einzelrepubliken; sie wollen alle beide die Einigkeit des Vaterlandes." Nach diesen beruhigenden Worten und ohne sich über den Sinn des Wortes „Republik" weiter auszulassen, kommt er zu der Frage: „Soll der König abgeurteilt werden?" Seine Beweisführung, wie auch die Pétions und der späteren Redner, Robespierre, Grégoire und anderer, hätte Kraft, wenn sie alle frei heraus erklärten, daß sie das Königtum als eine barbarische Einrichtung verwerfen, als eine unmögliche Religion; sie ist aber kraftlos, weil man zögert, zurückweicht, das eigene Prinzip nicht bis zu Ende verfolgt, den Schluß nicht zu ziehen wagt, der sich in ihren Worten birgt.

Im zweiten Teil seiner Rede, da, wo er untersucht, wie Europa sich zu einer Verurteilung des Königs stellen würde, ist Brissot ganz er selbst und von ganz anderer Gewalt. Hier ist er Revolutionär von reinstem Wasser, von geradezu bemerkenswerter Freiheit und Sicherheit; er liefert den Beweis ausgedehntester Kenntnisse; er ist voller Sachlichkeit und Tatsachen; und alles das bringt er in einem hinreißenden Vortrag zur Kenntnis. Er entwirft lebendige Porträts der europäischen Mächte, der Könige und Völker, stellt sie alle als schwach hin, mit einer Ausnahme: Frankreich. Frankreich hat nichts zu fürchten, und an den andern ist es, zu zittern. Wenn die Könige Europas ihre Interessen recht begreifen, dann mögen sie sich hüten, uns anzugreifen; sie mögen lieber beiseite gehen, sich für sich halten ... sie mögen versuchen, das Joch zu lindern, und so die Augen ihres Volkes von der französischen Verfassung und dem Anblick der Freiheit abzulenken!

Ein Schauer ging durch die Versammlung, der glühende Atem der Gironde, den man zum ersten Male spürte. „Das war kein Beifallsklatschen“, sagt Frau Roland, die dabei war, „man schrie, man war hingerissen. Dreimal erhob sich die begeisterte Versammlung wie ein Mann und reckte in unbeschreiblicher Verzückung die Arme, schwenkte die Hüte. Ewige Schmach dem, der diese große Bewegung geteilt oder nachempfunden hat und dennoch seine Fesseln wieder auf sich nehmen könnte!“

Wie berechtigt diese Begeisterung auch sein mochte, die glänzende Rede Brissots, wie die Pétions und alle anderen gleichen Sinnes, hatte in einem Punkt gefehlt. Sie setzte voraus, man könne zwei unmittelbar zusammengehörige Fragen trennen, nämlich die des Prozesses gegen den König und die der zum Ersatz bestimmten Regierungsform. Brissot schien an eine Möglichkeit zu glauben, an die er im Ernst gewiß nicht glauben konnte: daß man den König treffen könne, ohne gleichzeitig das Königtum zu treffen; daß diese Institution, die in der Aburteilung des Mannes mit verurteilt wird, und deren wesentliche Mängel dabei untersucht und ans Licht gezogen würden, diese Prüfung überleben könne. Das war ein Mangel an Kühnheit und Freimut, ein Rest von Zaghaftigkeit, den man in den Reden der bedeutendsten Führer der öffentlichen Meinung wiederfindet, so in der Rede Condorcets im „Cercle social“ und in der Robespierres bei den Jakobinern.

Am 13. endlich stellt sich die Versammlung der verfänglichen Frage; die Tribünen sind vorsorglich mit sicheren Leuten gefüllt, die man mit besonderen Eintrittskarten vorher hereingelassen hat; die Straßen wimmeln von aufgeregten Royalisten, von Edelleuten, die das Volk „Ritter vom Dolch“ zu nennen pflegte. Auf den Vorschlag eines Mitgliedes werden die Tuilerien geschlossen.

Der feierliche Bericht, der über das Schicksal der Monarchie entscheiden sollte und der im Namen von fünf Ausschüssen erfolgte, wurde von einem Herrn Muguet erstattet, einem unbekannten Abgeordneten aus dem Kreise der Lameth. Nichts von Scharfsinn oder Politik, das Plädoyer eines Anwalts, der sich genau an seinen Gegenstand hält. Erstens: die Flucht des Königs ist ein Fall, der in der Verfassung nicht vorgesehen ist; es gibt nichts Schriftliches darüber; zweitens: seine Unverletzlichkeit aber steht fest, sie ist in der Verfassung niedergelegt. Und nachdem der Bericht so ein Mittel gefunden hat, den großen Schuldigen freizusprechen, hält er sich an den Kleinen schadlos, an den gehorsamen Dienern. Man braucht einen Hauptschuldigen, das soll Bouillé sein; die anderen sind seine Komplizen: Fersen, Frau von Tourzel, die Boten, die Dienerschaft. Vergebens ersuchte Robespierre um Verteilung der Anklageschrift, um Vertagung der Unterredung. Man lehnte trocken ab. Die ganze Versammlung war sichtlich eins darin, weiterzukommen, abzukürzen; der Boden brannte ihr unter den Füßen; sie hatte es eilig, abzustimmen – und *für* den König abzustimmen.

Am Abend, bei den Jakobinern, war Robespierre so vorsichtig, kundzutun, daß man ihn mit Unrecht republikanischer Grundsätze zeihe; „Republik" und „Monarchie" seien nach dem Urteil vieler Leute nur Worte ohne Sinn ... Er sei weder Republikaner noch Monarchist ... man könne unter einem Monarchen wie unter einem Senat ein freier Mann sein ...

Die Cordeliers Danton und Legendre, die diesen Abend zu den Jakobinern gekommen waren, hielten sich nicht in solchem Halbdunkel; sie rührten an den Kern der Sache. Danton fragte, wie die Versammlung es wagen könne, ein Urteil auszusprechen, das vielleicht von der Nation berichtigt werden würde. Legendre griff den König heftig an, beschönigte nichts; er bedrohte die Ausschüsse: „Wenn diese die Menge erblicken würde", sagte er, „so kämen sie schnell zur Vernunft; sie würden einsehen, daß ich nur *ihr Bestes will,* wenn ich rede."

Da haben wir das erste Wort des „Schreckens" bei den Jakobinern. Viele Konstitutionelle verlassen gekränkt den Saal. An ihre Stelle treten Abordnungen des Volkes, die „Société Fraternelle des Halles", die „Société des Deux sexes", die unter dem Saal der Jakobiner tagten, sie bringen Adressen. Ein junger Chirurg, ein bekannter Schreier, liest auf der Rednertribüne einen Brief vor, den er im Namen von dreihundert Personen im Palais-Royal niedergeschrieben hat. Begeistert erhebt sich ein Bischof und Abgeordneter und schwört auf der Tribüne, auch seinerseits das Verhalten der Ausschüsse bekämpfen zu wollen. Der Bischof und der Chirurg sinken einander in die Arme ...

Am nämlichen Abend indessen wurde am anderen Ende von Paris, drunten im Marais bei den Minimen, von einer aus Männern und Frauen bestehenden Brudergesellschaft, einem Zweigverein der Cordeliers, eine andere Adresse verfaßt, die sich kühn und drohend gegen die Versammlung wendet, eine Eingabe, die ersichtlich auf Dantons Anschauungen fußt. Sie war unterschrieben: „*Das Volk*". Tallien, der Schriftführer, war ein ganz junger Anwaltsschreiber, ein Mann Dantons und sein schlechter Nachäffer. Die stürmische Redeweise Talliens, seine scheinbare Energie gefielen den Männern sehr, und die Frauen glaubten gern an einen Redner von zwanzig Jahren.

Am 14. gab es in der Versammlung zwei bemerkenswerte Reden von Duport und von Robespierre. Duport wurde sogar von den Tribünen in ernstem Schweigen angehört. Robespierre wußte einem so vielfach durchgesprochenen Thema geschickt neue Seiten abzugewinnen. Mit bitterer Sanftmut trat er für Menschlichkeit ein, nannte es eine feige und grausame Ungerechtigkeit, nur die Schwachen zu strafen, und sagte, er wolle sich lieber zum Anwalt aufwerfen für Bouillé und Fersen. Alles das war für die Tribünen und die Außenstehenden gesagt.

Die Versammlung nahm in diesem Sinne alle Worte hin, ohne viel darauf zu achten. Die Konstitutionellen, die fühlten, daß die Versammlung ganz auf ihrer Seite war, warteten auf die Gelegenheit, sie irgendwie bloßzustellen und in ihrem Urteil festzulegen. Prieur de La Marne versuchte, sie mit der Frage in Verwirrung zu bringen, was sie täten, wenn die Versammlung den König außer Verfolgung setze und man verlangen werde, daß er seine volle Macht wiedererhielte ... Hier setzte Desmeuniers mit dreistem Mute ein, um die Versammlung für den König zu gewinnen. Er wußte in der Sprache der Jakobiner einen geschickten Royalismus vorzubringen, redete gegen die unbedingte Unverletzlichkeit des Königs und sagte: Gewiß habe die verfassunggebende Körperschaft das Recht gehabt, die königliche Gewalt zu suspendieren, und diese Maßnahme sei nicht eher aufzuheben, als bis die Verfassung fertig sei. – D'André, ein zweiter Tartuffe, urteilte im gleichen Sinne, verfuhr streng mit dem Königtum – streng in Worten, damit die irregeleitete Menge die Pille leichter schlucke. – Darauf fuhr Desmeuniers mit großer Natürlichkeit fort: „Da man mich ersucht (kein Mensch hatte ersucht), meine Erklärung in einen Beschluß zusammenzufassen, so bringe ich hier den Entwurf dazu: 1. Die Suspension währt so lange, bis der König die Verfassung annimmt; 2. Nimmt er sie nicht an, so erklärt die Versammlung den König für abgesetzt."

Grégoire aber sagte grob: „Ihr könnt beruhigt sein, er wird annehmen und geloben so viel ihr wollt." – Und Robespierre: „Ein solcher Beschluß würde im voraus seine Aburteilung unmöglich machen ..." – Die Füchse, die sich so öffentlich in flagranti ertappt sahen, wagten vorläufig nicht, die Sache weiterzutreiben. Die Versammlung schritt nicht zur Abstimmung.

Aus Rache weigerte sie sich, die mit „Das Volk" unterzeichnete Eingabe anzuhören. Barnave bestand tapfer darauf, daß sie am nächsten Morgen verlesen werde, und fügte die drohenden Worte hinzu, die genugsam zeigten, daß man sich stark fühlte: „Lassen wir uns nicht durch eine künstlich erzeugte Stimmung beeinflussen ... Das Gesetz braucht nur sein Signal zu geben, so werden die guten Bürger sich um dies Zeichen scharen." Das Wort, dem man damals nur ganz allgemeine Bedeutung beimaß, wurde besser begriffen, als am folgenden Sonntag die Obrigkeit zum Signal die rote Fahne hißte.

Die Aufregung in Paris wuchs. Der Zufall hatte es gewollt, daß vom Sonntag zum Sonntag, vom 10. zum 17., die Bevölkerung aus verschiedenen Gründen immer unterwegs, immer in Unruhe war. Wer diese Stadt kennt, weiß gut, daß solche endlosen Aufregungen sich immer mehr steigern und unfehlbar zur Explosion neigen. Am Sonntag, dem 10., begleitete die Menge den feierlichen Trauerzug Voltaires; das schlechte Wetter aber verhinderte den Umzug durch Paris; an der Barrière Charenton nahm die Sache ein Ende. Die Feierlichkeit fand erst am Montag statt, bei sehr großem Volksandrang. Am Quai Voltaire, vor dem Hause, in dem der große Mann gestorben war, machte man halt; man sang im Chor Loblieder auf ihn; die Familie der Calas, seine Adoptivtochter, Frau von Villettes, kamen mit Tränen in den Augen, um den Sarg zu bekränzen. Viele aus dieser bewegten Menge erhoben die Blicke zu den gegenüberliegenden Tuilerien, zum Pavillon der Flora, der düster, stumm und geschlossen dem Feste Feind zu sein schien, und der Fanatismus wandte sich gegen das Königtum. Das war nicht ohne Grund. Man erfuhr aus einem in der Versammlung verlesenen Bericht, daß in mehreren Provinzen die Geistlichen abends die Bevölkerung um sich scharten, das „Miserere" für den König singen ließen und zum Bürgerkriege drängten.

Voltaire wird im Panthéon beigesetzt. Doch am folgenden Tage, dem 13., ist wieder eine Feier; die Revolution selbst wird in Notre-Dame in einem Weihespiel vorgeführt, die Einnahme der Bastille, mit großem Chor, großem Orchester. Am 14. – ohne daß es eine Pause gäbe – ruft der berühmte Jahrestag das Volk zur Bastille; von hier begeben sich die konstituierten Körperschaften über die Boulevards zum Marsfeld; der Bischof von Paris hält dort am Altar des Vaterlandes die Messe ab. Das Wetter ist herrlich, die Menge drängt sich in den Straßen, abends ist Paris feierlich erleuchtet, und die Aufregung bemächtigt sich der Geister mehr und mehr.

DREIZEHNTES KAPITEL

Die Versammlung erklärt den König für unschuldig (15–16. Juli 1791)

Die Konstitutionellen sind genötigt, den König, den sie wieder einsetzen wollen, zu beschützen und ... zu entwürdigen. – Ihre doppelte Angst, Marat usw. – Die Republik macht noch weniger Schwierigkeiten, als die Wiederherstellung des Königtums. – Am 15. Juli 1791 wird das Königtum in der Versammlung durch Salles und Barnave verteidigt. – Die Versammlung lenkt die Verfolgungen von dem König ab; sie verfolgt Bouillé usw. – Protesterklärung auf dem Marsfeld. – Orléanistische Manöver bei den Jakobinern, um die Entthronung durchzusetzen. – Die konstitutionellen Jakobiner ziehen sich zu den Feuillants zurück und bereiten die Unterdrückung vor, 16. Juli 1791. – Die Versammlung für Absetzung des allzu gemäßigten Gemeinderats. – Der „kleine konstitutionelle Schrecken". – Die Petition vom Marsfeld wird ganz republikanisch. – Die Versammlung tritt für den König ein.

Die Konstitutionellen haben vierzehn Tage lang mit vieler List und Gewandtheit versucht, das Königtum zu retten; sie setzen eine staunenswerte Energie daran. Und trotzdem sind sie die Geprellten. Die Republikaner sind einen geraden Weg gegangen; sie haben unbewußt fast Seherblick bewiesen. Wären sie in den Tuilerien, ja im Zimmer der Königin ein- und ausgegangen, sie hätten nicht anders handeln können.

Am 7. Juli hat die Königin den König veranlaßt, Monsieur schriftliche Vollmachten zu geben. Schon hatte Fersen ihn aufgesucht und sie ihm mündlich überbracht.

Die Königin haßte Monsieur, den Mann, der am meisten – und mit bestem Erfolg – daran gearbeitet hatte, ihren Ruf zu untergraben; und dennoch bemüht sie sich nun, ihm die königliche Gewalt zu übertragen? Wer hat denn soviel Macht, daß er sie dahin bringt, ihren Haß zu zähmen? Einen durch Rachsucht nur noch verstärkteren Haß

Hat sie Barnave betrogen, als sie ihm in Meaux willig Gehör zu leihen schien? Nein, ich glaube, sie war aufrichtig; sie wird auch alsbald wieder zu ihm zurückkehren, was jedoch durchaus nicht hindert, daß sie inzwischen mit anderen Plänen liebäugelt, mit den Emigranten und dem Ausland.

Sie litt unendlich unter der lästigen Überwachung, der sie unterworfen war. Die Nationalgarden, die am 21. Juni gesehen hatten, welche furchtbare Verantwortung man dem Volke gegenüber mit dem Hüteramt über die königliche Familie auf sich nahm, mieden zuerst die Tuilerien und weigerten sich entschieden,

den gefährlichen Posten wieder anzutreten; sie hatten erst dann eingewilligt, als man ihnen gewährte, die zu Bewachenden „*Tag und Nacht im Auge zu behalten*". Daraus ergaben sich viele Szenen, die lächerlich und äußerst peinlich waren. Ihre Besorgnis galt vor allem der Königin; sie hatten eine schreckliche Vorstellung von ihrer Hinterlist, sie waren nicht weit entfernt zu glauben, die Zauberin könnte im Ballon entweichen (so hatte sie lachend vor der Flucht nach Varennes gesagt). Man entsann sich, daß in der Nacht vom 21. Juni Gouvion höchst unnütz vor der Tür zum Schlafzimmer gewacht hatte, und verlangte, diese Tür solle stets offen sein, so daß die Königin bei der Toilette und im Bett beobachtet werden konnte. Sogar in ihr Ankleidezimmer wollten die Bürgersoldaten sie mit aufgepflanztem Bajonett begleiten; man warf ihnen das sehr vor. Die Königin verfiel darauf, vor ihrem Bett eine ihrer Frauen schlafen zu lassen, so daß deren Bett das ihrige verbarg. Eines Nachts sah sie den Nationalgardisten vom Dienst diese Schranke umgehen und nähertreten; er war keineswegs feindlich, im Gegenteil, er war ein braver Mann, dem Königtum ergeben, der die Königin retten und die Gelegenheit benutzen wollte, ihr weisen Rat zu erteilen; er setzte sich ohne Umstände neben ihr Bett, um bequemer predigen zu können.

Eines Tages erlaubte sich der König, die Tür zum Schlafgemach der Königin zu schließen. Der wachthabende Offizier öffnete sie, nannte seine Instruktionen und sagte, Seine Majestät mache sich mit dem Schließen der Tür nur unnütze Mühe, er werde sie immer wieder öffnen.

Die Situation war wirklich grausam und wunderlich genug. Sie, die diesen demütigenden Befehl erteilt hatten, La Fayette und die Konstitutionellen, die den König auch als Gatten bis zu diesem Punkt herabwürdigten, wollten darum nicht weniger, daß er König sei, und arbeiteten eifrig daran, hielten sich bereit, zur Erhaltung dieses Königtums wenn nötig das Schwert zu ziehen – eines Königtums, das sie mehr und mehr lächerlich und unmöglich machten.

Sie glaubten das Heil Frankreichs allein in dieser königlichen Scheinfigur zu erblicken, diesem Schatten, diesem Nichts. Sie gingen von der sehr falschen Annahme aus, das Königtum sei tatsächlich aus Varennes zurückgekehrt; doch es war dort geblieben; was zurückgekehrt war, war weniger noch als die Negation des Königtums, es war sein Zerrbild, ein grausamer Hohn, eine abgeschmackte Posse, eine Qual.

Was wollten diese sonderbaren Wiederhersteller des Königtums? Zwei einander entgegengesetzte Dinge: Das Königtum sollte schwach und stark zugleich sein, es sollte sein und nicht sein. Sie fühlten wohl, daß es, also gefangen, gebunden und geknebelt, in dauernder Verschwörung sein würde; gut, so mußte man die Fesseln noch strammer anziehen. Anderseits aber drängte sie eine andere Furcht, das gefangene Königtum zu befreien und zu bewaffnen. Heimliche Stimmen mahnten und verwirrten ihnen den Kopf. In ihren Träumen erschien ihnen das Gespenst der Anarchie; und sie taten das Ihrige, um ihm Körperlichkeit zu verleihen. Die Grabesstimme Marats galt ihnen als die Stimme des Volkes, und sie selbst waren es gerade, die ihn volkstümlich machten.

Marat hatte damals die Lage nicht erfaßt, nicht selbst die Gelegenheit ergriffen und rächte sich nun mit widerlich tollen Phantasien. Die einzigen Heilmittel, die er am 21. Juni vorzuschlagen wußte, waren Tyrannei und Metzeleien, vollständige Erdrosselung der Versammlung und Behörden. In folgenden Nummern kommen freundliche Varianten: Die Hände abschneiden, die Daumen abschneiden, drei Tage an den Pranger stellen, lebendig begraben usw.[1]

Die Konstitutionellen wichen vor diesem wilden Tier entsetzt zurück (um mit Froissard zu sprechen); aber im Zurückweichen billigten sie unüberlegt sein Tun. Es war für Marat, für Fréron, den falschen Marat, allzu leicht, die Flucht nach hinten vorauszusagen, in die der unüberlegte Rückzug dieser unechten Royalisten ausartete. Da rief man denn: „Welch Wunder! Marat hat es vorhergesagt! Ein wahrer Prophet!" – So galt also der rasende Narr als der einzige Weise.

Der Amerikaner Morris behauptet, zu jener Zeit sei alles unmöglich gewesen: das Königtum, die Regentschaft und die Republik. Nein, alles war nur schwierig. Im Winter 1789/90 hatte Frankreich eine mindestens ebenso kritische Zeit zu bestehen; es hatte damals keine Gesetze, weder alte noch neue; es lebte nach seinem Instinkt. Der konnte es noch retten. Der König, seine Brüder und der Herzog von Orléans hatten keine Geltung mehr beim Volk, die Regentschaft war nur durch einen Rat von Abgeordneten, einen republikanischen Ausschuß möglich; da schien eine freiere Form besser, keine Regentschaft, sondern die Republik. Bedenken über Bedenken; der Vorzug gebührte der Regierungsform, die schließlich die einzig natürliche ist, das Volk regiert sich selbst, zu der der Mensch gelangt, sobald er dem Fatum entwächst und sich seiner freien Natur bewußt wird. Man wird es mehr und mehr empfinden, je älter die Welt wird und mit ihr die kaum begonnene politische Erfahrung, daß die Monarchie nur eine Ausnahmeform der Regierung gewesen ist, ein Provisorium der öffentlichen Wohlfahrt, dem jugendlichen Zustande der Völker angepaßt.

Auf der einen Seite die wütende Presse, die Marat und Fréron, auf der anderen die Versammlung, die Konstitutionellen – beide Teile sprachen im Namen der öffentlichen Wohlfahrt, des öffentlichen Interesses. Alle gingen von der nämlichen Philosophie aus, die ihre Moral auf das Interesse stützt, und gründeten darauf die Politik. Man hätte das Recht als Ausgangspunkt nehmen sollen; dieses allein hätte Klarheit in diese dunkle Lage gebracht. Man rief die allgemeine Wohlfahrt an, und das Blut floß; man rief sie an, um das Königtum zu retten. Das seltsamste war, daß gerade die am wenigsten Blutdürstigen das erste Blut

[1] Ami du Peuple, Nr. 509, S. 8; Nr. 512, S. 8; Nr. 514, S. 4 usw.

vergossen und dadurch für die Ströme von Blut, die später folgten, herhalten mußten.

Am 15., dem entscheidenden Tage, hielt La Fayette es für angebracht, die Zugänge zur Versammlung durch etwa fünftausend Mann bewachen zu lassen. Um die Menge besser in Schach zu halten, hatte er Sorge getragen, der Nationalgarde noch Pikenträger aus dem Faubourg Saint-Antoine beizugeben. Die Versammlung, die fest entschlossen war, an diesem Tag so leichten Kaufes als möglich davonzukommen, vergeude absichtlich einen großen Teil der Sitzung mit der Verlesung eines Berichtes über die militärischen Zustände in den Departements. Mit mäßiger Aufmerksamkeit verfolgte sie das Gerede des alten Goupil gegen Brissot und Condorcet und die dann folgenden Vorträge von Grégoire und Buzot. Der letztere war sehr kurz, aber deshalb nicht weniger bemerkenswert; der Redner gab genau solche Gründe an, wie sie ihn 1793 verhinderten, den König zum Tode zu verurteilen: „Es handelt sich um ein Verbrechen gegen die Nation; die Versammlung ist die Nation; sie wäre also Richter und zugleich Partei; sie kann daher nicht urteilen ..."

Die Sitzung war schon vorher auf zwei Reden eingerichtet. Man hatte die Rollen zwischen Salles und Barnave geteilt: der eine, ein Mann von Feuer und Gefühl, sollte Ludwig XVI. verteidigen, den Menschen, die Menschlichkeit; der andere, ein kalter und zurückhaltender Redner, Barnave, sollte die Frage von der gesetzlichen und politischen Seite beleuchten.

Salles scheute sich nicht, mit sanfter und dreister Schmeichelei den heimlichen Empfindungen der Versammlung Worte zu leihen. Der König hat freilich protestiert, er hat gesagt, die Verfassung sei unausführbar. Doch das haben wir selbst oft genug gesagt, sie ist schwer ausführbar, vor allem in den Anfängen. Die Versammlung hat vielleicht zum Irrtum des Königs mit beigetragen, sie ist, zum Besten der Sache, genötigt gewesen, des öfteren von ihrer Rolle als Nationalversammlung abzuweichen, Recht zu sprechen, zu regieren und dergleichen. – Der Anwalt war hier also so gewiß, ein freundliches Gehör zu finden, daß er die Fehler des Richters aufzählte, um den Schuldigen zu entlasten, die Vorwürfe aufdeckte, welche die Versammlung sich im Geheimen machte, und zeigte, wie wenig Glauben sie jetzt noch an ihr Volk, ihre eigenen Taten hatte, wie abgestumpft und erledigt sie war.

Barnave schwang sich hoch auf. Seine übliche Kälte, die diesmal nur gespielt war und nur in der Form zutage trat, gab der leidenschaftlichen Tiefe, die darunter lauerte, nur stärkeren Wert. Man fühlte gut, daß es hier um den ganzen Einsatz, daß es auf Tod und Leben ging, für ihn, für die Versammlung. Er stellte sie vor die Notwendigkeit, zwischen der Monarchie und der föderativen Regierungsform zu wählen (er tat, als gäbe es für einen großen Staat keine andere, als eine föderative Republik). Da nur die Monarchie möglich ist, so muß man die

Unverletzlichkeit der Majestät, die ihre Grundlage ist, eben in Kauf nehmen. „Wenn der König nun aber Fehler macht? ... Es wäre eine Gefahr für die Freiheit, wenn er keine machte. Wenn ihr heute eurem persönlichen Groll nachgebt und der Verfassung Gewalt antut, so hütet euch nur eines Tages vor der allgemeinen Begeisterung. Seid auf der Hut, daß nicht eines Tages dieselbe Beweglichkeit des Volkes, das Ansehen eines großen Mannes oder die Dankbarkeit für große Taten (denn die französische Nation weiß viel besser zu lieben als zu hassen) in einem Augenblick eure alberne Republik über den Haufen wirft ... Glaubt ihr, daß ein Vollziehungsrat, schwach wie er ist, den großen Generalen lange widerstehen kann?"

„Soviel über die Verfassung. Reden wir nun von der Revolution: Wißt ihr, was der Ablehnung des Königtums folgen wird? Ein Angriff auf den Besitz ... Ihr könnt es nicht leugnen, die Nacht des 4. August hat der Revolution mehr Anhänger gebracht, als alle konstitutionellen Beschlüsse. Für jene, die noch weiter gehen wollen, welche eine Nacht des 4. August bleibt ihnen noch? ..."

Diese beiden kühnen und geschickten Reden hätten die Versammlung gewiß mit fortgerissen, wenn das nötig gewesen wäre. Aber sie war von vornherein auf das, was sie wollte, festgelegt. La Fayette beantragte Schluß der Sitzung. Die Versammlung schloß sich der Meinung der Redner Salles und Barnave und der Ausschüsse an und bestimmte: 1. Wenn ein König sein Gelübde widerruft, sein Volk angreift oder doch nicht verteidigt, so dankt er ab, wird einfacher Bürger und kann für alle seiner Abdankung folgenden Vergehen angeklagt werden; 2. die Strafverfolgung ist aufzunehmen gegen Bouillé, als dem Hauptschuldigen, gegen die Untergebenen, Offiziere, Boten usw., als Mitschuldige bei der Entführung.

Um in Ruhe abstimmen zu können, hatte die Versammlung rings Truppen aufgestellt, die Tuilerien waren geschlossen, die Polizei allenthalben auf den Beinen, die Gemeindebehörde hatte auf der Place Vendôme alles vorbereitet, um die Menge in Schach zu halten. Alles wies darauf hin, daß man noch an diesem Tage die Sache aus der Welt schaffen wollte und nötigenfalls den Kampf nicht scheute. Die bekannten Volksführer ließen sich das gesagt sein und erschienen nicht. Das hinderte die Menge nicht, zum Marsfeld zu strömen, um dort einen letzten Protest zu verfassen; einer der mit der Niederschrift Beauftragten war ein gewisser Virchaux aus Neuchâtel. Man hat an der Affäre Châteauvieux gesehen, daß nicht selten Untertanen der französischen Schweiz in der Vorhut unserer Revolution mitkämpften; hier setzten sie ihre ganze Hoffnung auf die eigene Befreiung ein; die „Société Helvétique" der Schweizer in Paris nahm an den großen Volksbewegungen tätigen Anteil.

Es war leicht, die Eingabe zu schreiben, schwer sie in der Versammlung zu Gehör zu bringen. Auf der Place Vendôme findet die Menge Bailly. Der Biedermann war in großer Gala, mit der dreifarbigen Schärpe umgetan; er stand da, wie ein General inmitten der bewaffneten Truppen. Er war es, durch den die heute sehr entschlossene Versammlung, bei der gerade ein junger Oberst den Vorsitz hatte, Charles de Lameth, die militärische Gewalt in Bewegung setzen ließ. Der Gelehrte, der Akademiker, der ungemein friedliche Mann sah sich so spät im Leben zum unfreiwilligen Helden dieses traurigen immer näher drohenden Bürgerkrieges gemacht. Er, vertrauend, für Liebe und Volkstümlichkeit sehr empfänglich, nachgiebig im Gedenken an 1787, war in jedem Sinne zum Führer des Widerstandes ungeeignet. Man verhandelt mit ihm, man sagt ihm, daß man nur mit Pétion und Robespierre reden wolle. Er widersetzt sich ein wenig, gibt dann nach und gestattet schließlich für höchstens sechs Mann den Zutritt. Die beiden Abgeordneten, die man benachrichtigt hatte, kommen zur „Passage des Feuillants"; aber, wie sie sagen, es ist zu spät, die Abstimmung ist bereits erfolgt.

Die ärgerliche Menge flutet von der Versammlung weiter durch ganz Paris und läßt, als Zeichen ihrer Trauer, die Theater schließen. Nur die Oper widerstand und spielte unter dem Schutz der Bajonette weiter. Bei einem anderen Theater war es der Polizeikommissar selbst, der um Schließung bat, da er einen Zusammenstoß fürchtete. Die Obrigkeit war schwankend, mit sich uneins; La Fayette wäre eingeschritten, aber er konnte ohne die Genehmigung der Gemeindegewalt nichts machen, und Bailly wollte keine Verantwortung übernehmen. Man hatte Virchaux, einen der Führer vom Marsfeld, am Eingang zur Versammlung festgenommen; er berief sich auf Bailly, der den Zutritt erlaubt hatte, und ihn wieder laufen ließ; er wurde in der Nacht von neuem festgenommen.

Ein Ausweg blieb den Republikanern und Orléanisten geöffnet. Die Versammlung hatte über Ludwig XVI. nichts bestimmt; sie hatte für Vorsichtsmaßregeln gegen eine mögliche Flucht des Königs gestimmt. Die persönliche Frage blieb ganz unberührt. Das wurde abends bei den Jakobinern von Laclos, Robespierre und anderen festgestellt. Der Mann des Herzogs von Orléans, Laclos, der an jenem Tag den Vorsitz hatte, verlangte, man solle in Paris und in ganz Frankreich eine Denkschrift für die Abdankung verfassen: „Ich stehe dafür ein", sagte er, „daß wir zehn Millionen Unterschriften bekommen; wir werden sogar die Kinder und Frauen unterzeichnen lassen ..." Er wußte gut, daß die Frauen im allgemeinen einen König wollten und daß sie nur dann gegen Ludwig XVI. zeichnen würden, wenn man einen anderen König bekäme.

Danton stützte den Antrag, Robespierre ebenfalls, aber ohne die Frauen zuzulassen. Überdies zog er der großen Eingabe des ganzen Volkes eine ausschließlich jakobinische vor, die an die Brudervereine geschickt würde.

Inzwischen entstand ein großer Lärm, eine Menschenwoge flutete in den Saal. Frau Roland, die von der Tribüne aus die Szene mit ansah, erzählt, es seien die üblichen Schreier aus dem Palais-Royal mit einer Schar von Mädchen gewesen, vermutlich ein Manöver der Orléanisten, um Laclos Unterstützung zu bringen. Die Menge mischte sich ohne Umstände unter die Jakobiner, um mit ihnen zu beraten. Laclos besteigt die Tribüne: „Sie sehen", sagt er, „es ist das Volk, da ist das Volk; die Eingabe ist eine Notwendigkeit." Man beschloß, daß den versammelten Jakobinern am nächsten Morgen um elf Uhr die Eingabe vorgelesen, daß sie dann zum Marsfeld gebracht und dort von allen unterzeichnet werden sollte. Dann würde sie den Brudervereinen zugehen, damit diese ihrerseits unterzeichnen könnten.

Es ist Mitternacht, man strömt in die Rue Saint-Honoré. Nur die zur Abfassung des Schriftstücks Bevollmächtigten bleiben zurück: Danton, Laclos und Brissot. Danton geht nach kurzer Zeit; bleiben Laclos und Brissot, das heißt der Orléanismus und die Republik. Laclos hat, wie er sagt, Kopfweh und überläßt die Feder Brissot, der sie unbedenklich ergreift.

In dem lebendigen und kraftvollen Schriftstück hebt der geschickte Verfasser die zwei Hauptpunkte der Situation hervor: 1. das scheue Schweigen der Versammlung, die nicht gewagt hat, über die königliche Person zu beschließen; 2. deren tatsächliche Absetzung (von der Versammlung durch die Amtsenthebung und die Festnahme verfügt); endlich die Notwendigkeit, für einen Ersatz zu sorgen. Hier erwacht Laclos aus seinem Halbschlummer und gebietet der fliegenden Feder Halt: „Die Gesellschaft der Freunde der Verfassung wird nicht unterzeichnen, es sei denn, daß man ein kleines Wort beifügt, das nichts verderben wird: Ersatz mit allen verfassungsmäßig erlaubten Mitteln." – Was waren diese Mittel anderes als die Regentschaft, der Dauphin unter einem Regenten? Da die Brüder des Königs Frankreich verlassen hatten, so war der Herzog von Orléans der verfassungsmäßige Regent. So fand Laclos Gelegenheit, seinen Herrn in die Denkschrift hineinzuschmuggeln.

Sei es aus Leichtsinn, sei es aus Schwäche – Brissot schrieb, was Laclos verlangte. Vielleicht war der kühne Verfasser gar nicht so ärgerlich darüber, seine Verantwortlichkeit durch das Wort „verfassungsmäßig" zu mildern; es gab der Sache etwas Gesetzliches und mochte feindliche Angriffe fernhalten.

Überschreiten wir nun die Rue Saint-Honoré und betrachten wir, wie, fast gegenüber, die Führer der Versammlung, die konstitutionellen Royalisten, die sich bei den Feuillants in den Büros der Ausschüsse versammelt haben – betrachten wir, wie sie ihre Nacht verbringen.

Sie fassen zwei Beschlüsse.

Der eine – von Duport und den Lameth schon lange beabsichtigt – lautete, man wolle nicht mehr über die Straße hinüber zu den Jakobinern gehen, sondern bei den Feuillants bleiben, im Schutze der Versammlung, und gemeinsam mit der Masse von Deputierten, über die sie verfügen, einen neuen Klub der

„Freunde der Verfassung" bilden, einen Eliteklub, den man nur mit Eintrittskarte betreten durfte, und der nur die Wahlmänner zuließ. Wer wird den Jakobinern bleiben? Fünf bis sechs Abgesandte vielleicht und der Schwarm der neuen Mitglieder, Eindringlinge, Schreihälse von der Art derer, die gestern Abend den Saal stürmten.

Der andere Beschluß ging dahin, die Gewalten aus ihrer Erstarrung zu reißen, dem Bürgermeister von Paris Gelegenheit zum Beweis zu geben, ob er zu der Versammlung oder zum Pöbel stehe, ihm sein Zögern ernstlich vorzuhalten, seine Nachgiebigkeit vom letzten Abend, auch die Minister, die Staatsanwälte zu entbieten und sie verantwortlich zu machen. Hatte die Versammlung nicht La Fayette und mit ihm das Schwert in der Scheide? Mit diesem Vorwurf und diesem Appell an die Behörden, an die Munizipalgewalt, würde sie das Schwert ziehen ...

Die Versammlung war eigentlich zu alt für soviel Jugendfrische; alt an Jahren, an Erlebnissen, für die öffentliche Meinung abgetan. Seltsam zusammengesetzt – entsprechend der Willkür altfränkischer Einrichtungen – war sie zum großen Teil aus eben dem Mittelalter hervorgegangen, das sie zerstört hatte; so litt sie an einem inneren Widerspruch, der an der Rechtmäßigkeit ihrer Handlungen Zweifel ließ. Als Gegnerin des Vorrechts waren dennoch mehr als die Hälfte der Mitglieder durch eben dieses Privileg bevorzugt worden. Dreihundert dieser Privilegierten, die sich, gleichzeitig mit Bouillé, für den König eingesetzt hatten, nahmen noch an den Sitzungen teil. War eine so zusammengesetzte Versammlung, die in ihrem Schoße diese Freunde des Feindes barg, wirklich das hohe und reine Spiegelbild des Gesetzes, vor dem das Volk sich bei Todesstrafe zu beugen hatte?

So war es waghalsig, unklug und eine Mißachtung der öffentlichen Meinung, aus den Worten so die Tat zu machen. Alledem lagen wirklich heftige Leidenschaften zugrunde. Eitelkeit und Selbstgefälligkeit bei den Duport, Lameth, den Konstitutionellen; bei Barnave und anderen, die sich von dem Vertrauen der Königin geschmeichelt fühlten, ein romantischer Ehrgeiz, jugendliche Schwärmerei, die selbst der Kaltblütigste mit achtundzwanzig Jahren nicht ganz verleugnen kann. Diese Männer, in der Form so verschieden von denen des Konvents, machten sich mit dem gleichen Gedanken wie sie bezahlt, der alle Bedenken fortträumte: „Die Staatsnotwendigkeit, die öffentliche Wohlfahrt." – Und jener andere stolze Gedanke kam hinzu: „Wir vertreten das Recht."

Am nächsten Morgen (dem 16. Juli) begeben sich Pétion und andere zu den Jakobinern, um die Petition zu lesen; sie finden den Saal fast leer; keine Seele, kaum fünf oder sechs Abgeordnete; alle sind bei den Feuillants geblieben. Pétion eilt dorthin und „versucht alles Mögliche, um sie zurückzuführen", wie er selber sagte; er demütigt sich sogar: „Hat die Gesellschaft einige Fehler begangen, so ist es doch nicht der Augenblick, um sie im Stich zu lassen?" Aber man wagt es nicht, ihm Gehör zu schenken. Er sieht nicht ohne Besorgnis die Adresse, durch die ganz Frankreich den Brudervereinen anzeigen soll, daß die „Freunde der Verfassung" jetzt bei den Feuillants tagen.

Um Paris in Schach zu halten, mußte die Versammlung zunächst dem Gemeinderat Angst einjagen. Nur strenge Worte vermochten ihn aus seiner am vergangenen Abend bewiesenen Lässigkeit aufzurütteln. D'André verklagte ihn bitter, eine Übertretung der Gesetze mit angesehen, geduldet zu haben. Er verlangte und erreichte, daß man den Magistrat vorladen ließ, ebenso die Minister und die sechs Staatsanwälte, daß man Rechenschaft forderte. Einige Mitglieder ließen sich so weit hinreißen, den Zorn der Versammlung auf Prieur und Robespierre abzuwälzen. D'André aber verwies ihnen fest und voll Geistesgegenwart, ihren Eifer in solchen persönlichen Anklagen zu entladen. Er führte sie auf die allgemeinen Maßnahmen zurück und ließ abstimmen. Der Vorsitzende (es war Charles de Lameth) richtete gebieterische und strenge Worte an Bailly, an den Magistrat. Am Abend erhielten die Minister, die Staatsanwälte eine gleiche Verwarnung. Besonders wurde eine scharfe Überwachung anempfohlen, um, wenn nötig, die Ausländer festzunehmen.

Inzwischen kam es in Paris zu heftigen Auftritten. Am Pont Neuf stießen einige Männer, vielleicht besoldete Garden, auf Fréron und schlugen ihn irrtümlicherweise nieder. Ebenso erging es einem verdächtigen Engländer, Lehrer des Italienischen, mit Namen Rotondo, ein bekannter Anführer von Aufständen, dem man allenthalben begegnete. Er wurde zu Boden geworfen, verprügelt und überdies festgenommen.

Dieser „kleine Terror" tat sich in der Versammlung durch einen komischen Zwischenfall kund. Ein Abgeordneter, Vadier (seitdem nur allzu bekannt), ein harter und heftiger Mensch, hatte am 13. eine Rede gegen die Unverletzlichkeit des Königs gehalten. Am 16. versuchte er in einer anderen Rede seinen Abscheu vor dem republikanischen System darzutun. Er wurde zum Gespött aller Parteien.

Man benutzte diesen Augenblick, um der Versammlung die Bittschrift irgendeiner Provinzstadt vorzulesen, die Robespierre beschuldigte, alle diese Unruhen angestiftet zu haben und nicht weit von der Forderung entfernt war, ihn unter Anklage stellen zu lassen.

Was tat man auf dem Marsfeld?

Die von Brissot und Laclos verfaßte Eingabe, die man im öden Saal der Jakobiner vorlas, nachdem man lange genug darauf gewartet hatte, daß die Gesellschaft zahlreicher werden sollte, wurde schließlich zum Altar des Vaterlandes getragen. Man hatte auf dem Altar ein Bild vom Triumph Voltaires aufgestellt und über dem Bilde das Wahrzeichen der Cordeliers, den berühmten Schwur des Brutus. Die Cordeliers selber kamen, bewegt und feurig. Dann die kleine Gruppe der Abgesandten der Jakobiner; sie lasen ihre Eingabe, mit dem orléanistischen Satze Laclos': „Ersatz mit allen verfassungsmäßig erlaubten Mitteln." Die Stelle fiel zunächst nicht auf. Aber Bonneville, von der „Bouche-de-Fer", nagelte die Sache fest, die Cordeliers taten desgleichen: „Man täuscht das Volk mit diesem Wort ‚verfassungsmäßig'", sagte Bonneville, „das ist wieder ein Königtum; ihr wollt nur das eine durch ein anderes ersetzen." – „Gebt acht", sagten die Jakobiner, „die Zeit ist nicht reif für die Republik." – Sie hatten gut reden. Man brachte die Sache zur Abstimmung, und das Wort „verfassungsmäßig" wurde gestrichen. Man fügte hinzu, daß man fernerhin weder Ludwig XVI. noch irgendeinen anderen König anerkennen werde. Es wurde beschlossen, diese abgeänderte Eingabe am nächsten Tage, dem Sonntag, vom Volk am Altar unterzeichnen zu lassen.

Einige sagten sich wohl, daß diese Kriegserklärung an das Königtum nicht ohne Sturm abgehen werde, und rieten, man solle sich im Hôtel de Ville für die Zusammenkunft am nächsten Tage eine Ermächtigung holen. Mehrere begaben sich in der Tat dorthin, auch Bonneville war dabei, und sie begegneten (wie es scheint unterwegs) Camille Desmoulins und nahmen ihn mit. Sie fanden im Hôtel de Ville nur den ersten Vertreter des Bürgermeisters, der nichts zu verweigern wagte, gute Worte gab, aber nichts Schriftliches; sie zeigten sich befriedigt und glaubten sich autorisiert.

Der Tag war noch nicht zu Ende. Die Versammlung war noch nicht auseinandergegangen; sie war sicher auf dem laufenden – sowohl über die im Hôtel de Ville nachgesuchte Vollmacht, als auch über die Eingabe, die „weder Ludwig XVI. noch irgendeinen anderen König anerkennen wollte." Der folgende Tag war ein Sonntag. Ganz Paris und Umgebung war seit dem vorigen Sonntag ununterbrochen von Ereignissen in Atem gehalten worden; alles strömte jetzt zum Marsfeld. Das souveräne Volk erhob sich, um sich in seiner Kraft und Majestät zu zeigen, wie die Zeitungen sagten; unterzeichnete es, so war das Papier keine Eingabe mehr, es war ein Befehl, den es seinen Bevollmächtigten gab. Was half es der Versammlung, daß sie entgegnete, die Bevölkerung von Paris sei doch schließlich nicht der Souverän von Frankreich; sie wäre darum nicht weniger vom unwiderstehlichen Strome mitgerissen worden.

Es war Zeit für sie, alles aufzuhalten; es war neun Uhr abends; sie konnte die Abweichung für nichtig erklären, hinter der die Freunde der Verfassung sich verschanzt hatten: „Die Versammlung hat nicht ausdrücklich von Ludwig XVI. gesprochen." Desmeuniers wiederholte seinen Vorschlag vom 14., der in scheinbarer Strenge und Härte gegen den König ihn in Wirklichkeit sicherstellte, ihm die Zukunft und die Wiedereinsetzung der königlichen Gewalt zusicherte. Er schlug vor, man stimmte ab: Die Absetzung der Exekutivgewalt solle so lange währen, bis die Verfassungsakte dem König vorgelegt und von ihm genehmigt sei.

Es gab also keine Unklarheiten mehr. Die Frage ist zugunsten Ludwigs XVI. entschieden; es handelt sich nicht darum, ob irgendein König möglich sei, es handelt sich um ihn, den König. Diese Verordnung schließt den Ring des Gesetzes; es bleibt kein Schlupfloch mehr. Was etwa diesem Kreis entrinnt, kann gesetzlich verfolgt werden.

Bleibt die Ausführung zu regeln. Um halb zehn Uhr abends bestimmen der Bürgermeister und der Gemeinderat im Hôtel de Ville, daß am folgenden Tage, Sonntag, den 17. Juli, der Erlaß der Versammlung pünktlich um acht Uhr gedruckt und angeschlagen sein und überdies an allen öffentlichen Plätzen von den städtischen Beamten, gebührend von Truppen begleitet, unter Hornrufen verkündet werden solle. Konnte eine Ankündigung deutlicher und feierlicher erfolgen? Die Obrigkeit spricht in ihrer deutlichen Sprache zum Volk. Wehe denen, die weiterhin verstockt die Ohren verschließen!

VIERTES BUCH

Der Sturz des Königtums

(1791/92)

ERSTES KAPITEL

Das Blutbad auf dem Marsfeld
(17. Juli 1791)

Die Royalisten brauchten einen Aufstand. – Verhängnisvoller Schelmenstreich auf dem Marsfeld. – Mord beim Gros-Caillou. – Drei Parteien auf dem Marsfeld. – Republikanische Petition als Anklage gegen die Versammlung. – Die rote Fahne wird aufgepflanzt. – Friedlicher Anblick des Marsfeldes. – Die besoldeten Garden und die Royalisten schießen auf das Volk. – Die Nationalgarde rettet die Flüchtenden.

Alle Erlasse der Versammlung hätten nicht genügt, das niedergeworfene Königtum wiederaufzurichten; es bedurfte eines Gewaltstreiches, der ihm die Macht zurückgab und es kraftvoll erscheinen ließ. Das ging natürlich nicht ohne einen Aufstand, nicht ohne einen Sieg über den Aufstand. Das wünschten zweifellos die Royalisten in den Tuilerien, die Konstitutionellen in der Versammlung.

Der Aufstand brauchte nur auszubrechen, so war er schon besiegt. Außer der Nationalgarde, einer gewaltigen Armee von sechzigtausend Mann, organisiert, uniformiert, besaß La Fayette eine unfehlbare Waffe, die sogenannte Zentrumstruppe, mehr als neuntausend Mann besoldeter Nationalgarden, fast alles ehemalige französische Garden, von denen mehrere zu Offizieren, zu Generalen der Republik und des Kaiserreichs wurden.

Jeder Aufstand gegen eine solche Gewalt wäre von vornherein zwecklos gewesen, man brauchte deshalb nicht damit zu rechnen. Die Bluthunde senkten den Kopf. Der berühmte Brauer Santerre, der durch seine Stimme, seine Größe, seinen Umfang im Faubourg Saint-Antoine so großen Einfluß hatte, ließ sich von den Jakobinern den bescheidenen Auftrag erteilen, die Eingabe vom Marsfeld wieder zurückzuziehen. Die führenden Persönlichkeiten bei den Cordeliers zeigten sich noch vorsichtiger. Sie fühlten die Tragweite des letzten Erlasses und erkannten, daß der Royalismus einen Aufstand brauchte; die einem Fréron und Rotondo versetzten Hiebe zeigten deutlich, daß man kein Mittel scheute, ihn künstlich herbeizuführen. Sie verschwanden von der Bildfläche. Man hat ihnen das vorgeworfen. Ich glaube jedoch, ihre Gegenwart wäre nur ein Vorwand zu Streit und Kampf geworden; man hätte ihnen den Vorwurf nicht erspart, daß sie das Volk zu verhetzen suchten, und der ganze Haß in dieser Sache, der nun die Konstitutionellen traf, wäre auf sie gefallen. Danton urteilte jedenfalls so. Samstag abend verschwand er aus Paris und streifte im Wald von Vincennes, in Fontenay, umher, wo sein Schwiegervater, der Limonadenhändler, ein kleines Haus besaß. Der kühne Metzger Legendre, der immer nur Kampf, Blut und Untergang im Munde führte, holte selbst Desmoulins und Fréron, die ihre Zeit mit der Abfassung einer neuen Eingabe vergeudeten, ab und nahm sie mit aufs Land, wo sie diesen heißen Tag im Freien verbrachten und mit Danton speisten.

Die Royalisten waren Spötter; inmitten dieser großen und tragischen Ereignisse glaubten sie sich noch in der Zeit der Fronde zu sehen und sangen Spottlieder auf ihre Feinde. Bis zum Schluß der Konstituierenden Versammlung waren sie unverwüstlicher Laune. Jeden Tag saßen sie in den Gastwirtschaften der Tuilerien, des Palais-Royal, und schrieben dort beim Wein ihre berühmten „Actes des Apôtres". Die Ereignisse von Varennes, die neben ihren traurigen Seiten auch sehr lächerliche aufwiesen, waren nicht geeignet, die Lacher auf ihre Seite zu bringen. Sie waren gar zu froh über das Verschwinden der großen Volksführer. Noch in der Nacht brachte man in Fontenay Danton eine Katzenmusik, stieß Schreie, Verwünschungen und Drohungen aus.

Auf dem Marsfeld kam es zu einem verhängnisvollen Streit, der schreckliche Folgen hatte. Es ist traurig und peinlich, ins einzelne zu gehen, aber es ist ein für die Sitten jener Zeit so bezeichnender Fall, daß die Geschichte davon nicht schweigen darf. Nicht die Würde ist ihre erste Pflicht, sondern die Wahrheit.

Die Emigration, der Ruin für viele, die nicht ausgewandert waren, hatte eine Menge Bedientenvolk aufs Pflaster gesetzt, alle die Leute im Gefolge der Adligen, der Reichen, die Mode- und Luxushändler, die Vermittler leichtfertiger Vergnügungen. Die erste Zunft dieser Art, die Perückenmacher, war wie ausgetilgt. Sie hatte infolge der Modenarrheiten mehr als ein Jahrhundert lang geblüht. Aber das furchtbare Wort jener Zeit: „Rückkehr zur Natur", hatte diese Haarkünstler und -künstlerinnen umgebracht; alles erstrebte eine erschreckende Einfachheit. Der Perückenmacher verlor gleichzeitig Existenz und Bedeutung. Ich sage Bedeutung, denn die besaß er tatsächlich im Ancien régime. Das kostbare Vorrecht endloser Audienzen, den Vorzug, die schönen Damen des Hofes eine halbe, eine ganze Stunde unter dem Lockeneisen festzuhalten, zu plaudern und alles zu sagen, was ihm in den Sinn kam – das alles besaß der Perückenmacher. Als Kammerdiener, Perückenmacher oder Perückenmachermeister wurde er morgens in die intimsten Gemächer zugelassen und zum Zeugen vieler Dinge, zum Vertrauten, ohne daß man daran dachte, sich ihm anzuvertrauen. Der Perückenmacher war gleichsam ein Haustier, ein Werkzeug der Damen; er hatte starken Anteil an der Leichtfertigkeit der Frauen, denen er zugehörte. Der ergebene, aber nicht gerade kluge Meister Léonard war es, dem die Königin ihre Diamanten anvertraute und die Sorge, Choiseul bei der Flucht nach Varennes zur Seite zu stehen; und alles ging verkehrt. Es ist überflüssig zu sagen, daß solche Leute dem Ancien régime bitter nachtrauerten. Die wütendsten Royalisten waren vielleicht weder die Adligen noch die Priester, sondern die Perückenmacher.

Als Vermittler von Vergnügungen und als Liebesboten waren sie im allgemeinen auch auf eigene Faust lockere Zeisige. Einer von ihnen kam am Samstag abend, am Vorabend des 17. Juli, auf einen Gedanken, der nur dem Hirn eines arbeitslosen Wüstlings entspringen konnte: er wollte sich unter die Bretter vom Altar des Vaterlandes verstecken und den Frauen unter die Röcke gucken. Man trug damals keine Reifröcke mehr, sondern solche, die nach hinten stark gebauscht waren. Die hochmütigen Republikanerinnen, Tribunen in der Haube, Klubrednerinnen, Römerinnen, gebildete Damen würden stolz zum Altar hinaufsteigen. Der Perückenmacher fand es belustigend, zuzusehen (oder zu erraten, was er nicht sah), und dann faule Witze darüber zu machen. Falsch oder wahr, die Sache wäre zweifellos in den royalistischen Salons mit Begeisterung aufgenommen worden; der Ton war damals sehr frei, selbst der höchstgestellten Damen. Man liest in den Memoiren Lauzuns mit Erstaunen, was man in Gegenwart der Königin zu sagen wagte. Die Leserinnen des Faublas und anderer, noch schlimmerer Bücher würden ohne Frage die frechen Beschreibungen begierig vernommen haben.

Der Perückenmacher wollte, wie der beim Lutrin, einen Genossen haben, wenn er sich in seine Finsternis einschloß, und wählte einen tapferen, alten, invaliden Soldaten, der auch nicht weniger Royalist, nicht weniger Wüstling war. Sie nehmen Lebensmittel und ein Tönnchen Wasser mit und gehen nachts auf das Marsfeld, heben ein Brett aus, steigen hinab und legen es geschickt wieder zurecht. Dann begeben sie sich daran, mit einem Bohrer Löcher zu bohren. Die Nächte sind kurz im Juli; es wurde schon ganz hell und sie arbeiteten noch immer. Die Erwartung des großen Tages erweckte frühzeitig viele Leute, ebenso das Elend und die Hoffnung, an die Menge etwas zu verkaufen. Eine Kuchen- oder Limonadehändlerin war früher da als die anderen und streifte wartend auf dem Altar des Vaterlandes umher. Sie fühlt den Bohrer unter dem Fuß, bekommt Angst und schreit. Nun war da ein Lehrling, der fleißig die patriotischen Inschriften abschreiben wollte. Er rennt, um die Garde von Gros-Caillou zu holen, doch sie rührt sich nicht; er rennt weiter zum Hôtel de Ville, holt Menschen herbei und Werkzeuge; man öffnet die Planken und findet die beiden Schuldigen, die sehr betroffen sind und sich schlafend stellen. Ihre Sache stand faul; man scherzte damals nicht über den Altar des Vaterlandes; ein Offizier in Brest wurde umgebracht, weil er sich darüber lustig gemacht hatte. Hier wurde der Umstand erschwerend, daß sie ihr häßliches Begehren gestanden. Die Bevölkerung von Gros-Caillou besteht ganz aus Wäscherinnen, ein rohes Weibervolk, mit Waschkellen bewaffnet; manche Aufstände und Revolten haben während der Revolution dort stattgefunden. Diese Damen nahmen das Geständnis des Schimpfes, der den Frauen angetan werden sollte, sehr übel auf. Außerdem liefen noch andere Gerüchte in der Menge um; man hatte den Übeltätern, so wurde erzählt, eine Leibrente versprochen, wenn sie einen Streich versuchen wollten; das Wassertönnchen ging von Mund zu Mund und wurde zu einem Pulverfaß;

die Folge war die Behauptung: „Sie wollten das Volk in die Luft sprengen." Die Garde kann sie nicht mehr verteidigen, man entreißt ihr die Leute und erwürgt sie; dann schneidet man ihnen, um die Aristokraten zu erschrecken, die Köpfe ab und trägt diese nach Paris. Um halb neun Uhr waren sie im Palais-Royal.

Zu eben dieser Stunde erschienen die Magistratsbeamten mit Gerichtsdienern und Trompeten an den Plätzen der Stadt und verkündeten die Beschlüsse der Versammlung, die strenge Rede des Präsidenten und die scharfen Maßnahmen.

So begegneten sich also schon am frühen Morgen die beiden Dinge, die den Royalisten die Wege ebneten: die Drohung und das der Strafe harrende Verbrechen; das erhobene Schwert und die Gelegenheit zum Zuschlagen.

Die Versammlung trat zusammen; die Neuigkeit schlug ein wie ein Blitz; sie war schon nach Wunsch entstellt, zurechtgemacht.

Ein bestürzter Abgeordneter: „Zwei brave Bürger sind umgekommen ... Sie empfahlen dem Volk die Achtung der Gesetze. Man hat sie gehängt." (Bewegung des Entsetzens.)

Regnault de Saint-Jean-d'Angély: „Ich fordere das Kriegsgesetz ... Die Versammlung muß alle, die durch persönliche oder gemeinsame Schriftstücke das Volk zum Widerstand aufreizen, des Hochverrats an der Nation für schuldig erklären." – Das Ziel war also erreicht, die Eingabe und der Mord gehörten zusammen, und jede Menschenansammlung war als Vereinigung von Mördern verdächtig.

Dann beschäftigte sich die Versammlung – eine seltsame Geistesgegenwart in dieser Lage – mit allen anderen Dingen. Den ganzen Tag blieb sie da und tat, als höre sie die Berichte über die Finanzen, die Marine an, über die von den Priestern geschürten Unruhen usw. Dennoch handelte sie; ihr Präsident, Charles de Lameth, sandte mit der ihm eigenen wilden Ungeduld im Namen der Versammlung Boten ins Hôtel de Ville, um die Trägheit des Magistrats aufzupeitschen. Dieser, der die Last der Ausführung trug, war weniger ungeduldig; er gab vor, erst um elf Uhr von dem zwischen sieben und acht begangenen Mord erfahren zu haben. Die von ihm entsandten Truppen erschienen gegen Mittag in Gros-Caillou und griffen einen der Mörder; er entwischte, wurde aber am nächsten Tage mit einem Komplizen wieder eingefangen.

Die Versammlung hatte noch am Vormittag ihre Verordnung erlassen. Das Wort „gemeinsame Schriftstücke" richtete sich direkt gegen die Eingabe der Jakobiner. Robespierre ging, um ihnen die Gefahr zu künden und sie zu veranlassen, die Eingabe vom Marsfeld zurückzuziehen. Ihr Saal war verödet; kaum dreißig Mitglieder waren da. Diese dreißig schickten Santerre und einige andere aus.

Es waren noch nicht viel Leute auf dem Marsfeld; am Altar nicht mehr als zweihundert Personen (Frau Roland, die dabei war, bezeugt es). Auf den Glacis, in der Richtung auf Gros-Caillou, verstreute Gruppen, vereinzelte Menschen, die kamen und gingen. Diese kleine Zahl, die sich auf dem ungeheuren Marsfeld ganz verlor, war uneins miteinander. Zu dieser Stunde zeigten sich drei verschiedene Meinungen. Die einen, es waren die Jakobiner, sagten, da die Versammlung für den König entschieden habe, müsse man die Eingabe abändern; die Gesellschaft werde eine neue verfassen. Die anderen, Mitglieder der Cordeliers, untergeordnete Führer, die entzückt waren, in Abwesenheit ihrer Vorgesetzten selbst handeln zu können, bestanden darauf, hier auf der Stelle eine drohende Eingabe zu verfassen; es waren Schriftsteller und Gebildete aller Art, zunächst Robert und seine Frau, ein Buchdrucker, Bruno (später General), ein Tagesschriftsteller, Hébert, Chaumette, Student der Medizin, Journalist usw.

Es waren auch noch andere Cordeliers da, Männer der Tat, die sich nichts aus dem Schreiben machten; sie hielten sich auf den Wällen zu der Bevölkerung von Gros-Caillou, die bestürzt darüber war, daß die Gerichtsbarkeit die schnelle Justiz, mit der sie am Morgen die beiden unter dem Altar gefundenen Männer abgeurteilt hatte, umändern wollte. Würde diese Bestürzung zu einer Explosion im Volke führen? Es hatte nicht den Anschein. Aber die wütenden Cordeliers glaubten es. Es gab unter ihnen Unglücksraben, wie man sie nur an solchen Tagen sieht. Verrières war allem Anschein nach da. Fournier war es gewiß. Ersterer, eine phantastische Gestalt, der abscheuliche Krüppel vom 6. Oktober. Am 16. Juli abends war dieser blutdürstige Zwerg zu Pferde, mit großen erschreckenden Gesten durch Paris geritten, ganz wie eine Erscheinung aus der Offenbarung. Der andere hatte weder Worte noch Gesten; er konnte nur zuschlagen; es war ein entschlossener Mensch von heftiger, grausamer Gemütsart, dieser Auvergnat Fournier, genannt der Amerikaner. Sklavenaufseher in San Domingo, dann Kaufmann, ruiniert und durch einen ungerechten Prozeß verbittert, hatte er die Versammlung der Notabeln und die Konstituierende Versammlung vergeblich mit seinen Eingaben belästigt: diese, von Pflanzern wie Lameth, und Barnave, dem Freund der Pflanzer, geleitet, hatte die letzte Eingabe Fourniers knapp einen Monat vor dem Juli endgültig verworfen. Seitdem sah man den Mann überall, wo es etwas zum Töten gab; er mischte sich in die grausigsten Tragödien der Straße, ohne Ehrgeiz, ohne persönlichen Haß, doch aus Haß gegen das Menschengeschlecht und aus Blutdurst. Nach der Revolution kehrte er nach San Domingo zurück; er tötete weiter, aber mit Vorliebe Engländer, und machte sich einen Ruf als Korsar.

Die ersten Truppen betraten gegen Mittag unter der Führung eines Adjutanten La Fayettes das Marsfeld. Von den Glacis fällt ein Schuß. Der Adjutant wird verwundet. Ein wenig später durchzieht La Fayette mit der Hauptmacht der Truppen und Kanonen das Gros-Caillou; die Wütenden auf den Glacis, die Bevölkerung des dortigen Viertels waren dabei, Barrikaden zu bauen; sie stürzten Wagen und Karren um; einer von ihnen, ein Nationalgardist (man glaubt, es war Fournier), schoß aus nächster Nähe auf La Fayette, hinter den Barrikaden hervor. Das Gewehr versagte. Der Mann wurde sofort festgenommen; La Fayette ließ ihn in ziemlich unvernünftiger Großmut wieder frei. Dann setzte er seinen Weg bis zum Altar fort, wo er die Redner und Redakteure friedlich und in geringer Zahl vorfand; sie versicherten ihm, daß es sich lediglich um eine Eingabe handle; sobald diese unterzeichnet sei, würden sie nach Hause gehen.

Die Versammlung erfuhr sogleich von dem Schuß auf La Fayette. Der Präsident schrieb in aller Eile ans Hôtel de Ville. Man schickt zwei Gemeindebeamte aufs Marsfeld, um Zusammenrottungen zu verbieten. Zu ihrem großen Erstaunen finden sie lauter ruhige Leute. Man liest ihnen die an sie gerichtete Eingabe vor, sie mißbilligen sie nicht. Dennoch war die Adresse sehr heftig, sie betonte die Dreistigkeit der Versammlung, welche die Frage zugunsten des Königs entschieden hatte, ohne die Stimme Frankreichs abzuwarten; sie stellte ferner eine bedenkliche Ungesetzlichkeit fest, indem sie behauptete, daß die zwei- bis dreihundert royalistischen Abgeordneten, die die Erklärung abgegeben hatten, nicht mehr abstimmen zu wollen, diesmal nichtsdestoweniger mit den anderen zur Abstimmung erschienen wären.

Diese berühmte Eingabe (die mir hier vor Augen liegt) scheint mir nach der Handschrift von Robert verfaßt worden zu sein, dessen Name neben Peyre, Vachart (oder Virchaux) und Dumont darunter steht. Sie ist ganz lebendig, ganz glühend und ersichtlich auf dem Marsfeld selbst entstanden. Ich kann mir sogar denken, daß sie von Frau Robert (Fräulein Kéralio) diktiert worden ist; sie verbrachte in beharrlicher Leidenschaft den ganzen Tag mit ihrem Mann auf dem Altar des Vaterlandes, unterschrieb und ließ unterschreiben. Der Stil ist abgehackt, eilig, wie der eines atemlosen Menschen. Hübsche kleine Nachlässigkeiten, feine, kühne Spitzen (gleich dem Zorn einer Frau oder eines Kolibris), scheinen mir auf die weibliche Hand hinzuweisen.[1]

Verfolgen wir die Tausende von Unterschriften, die viele Blätter füllen, aus denen man kleine Hefte zusammengestellt hat. Keinerlei Ordnung. Offenbar

---

[1] Besonders bei der Stelle: „aber, meine Herren, aber, ihr Repräsentanten eines edelmütigen und vertrauensvollen Volkes, erinnert euch …“ (Siehe das in den „Archives de la Seine“ aufbewahrte Original) – Zuerst glaubte ich auf den ersten Heften Blutflecke zu bemerken; es sind aber Tintenkleckse, die mit der Zeit ihre Farbe verloren und rotbraune Flecke hinterlassen haben. – Die Unterschrift Héberts ist keineswegs langgestreckt und spinnenzart, wie manche gesagt haben; sie ist vielmehr gedrungen, gewöhnlich und charakterlos. – Unter den Unterschriften finden sich solche eines Ingenieurs, mehrerer Mechaniker, eines Miniaturmalers, einer „Modistin“, Fräulein David, Rue Saint-Jacques 173 (eine leichte, hübsche Handschrift), eines Lehrers (in recht schlechter Orthographie): Vinssent, „professeurs de langue“. – Andere wieder enthalten eine seltsame, aber kraftvolle Begründung: „Ich verzichte auf den König, ich will ihn nicht mehr als König anerkennen. Ich bin französischer Bürger und diene dem Vaterlande im Bataillon Boulogne, Louis Magloire der Ältere in Boulogne.“ (Je renonce au roy je ne le veux plus le conette pour le roy je suis sitoiien fransay pour la patry du bataillon de Boulogne …) – Die letzte Unterschrift ist die Santerres, mit affektierter Hand geschrieben und wahrscheinlich abends im Faubourg Saint-Antoine, wohin die Petition allem Anschein nach gerettet und verborgen wurde, hinzugefügt.

hat jeder unterzeichnet, wie er gerade dazukam; fast alle mit Tinte, weniger mit Bleistift. Viele der Namen sind bekannt, besonders die aus der Sektion Théatre-Français (Odéon), die zahlreich vertreten waren: „Sergent" (der Kupferstecher?); „Rousseau" (der erste Sänger an der Oper?); „Momoro, erster Drucker für die Freiheit und Wahlmann für die zweite Wahlperiode"; „Chaumette, Student der Medizin, Rue Mazarine 9"; „Fabre" (d'Eglantine?); „Isambert" usw. Andere wieder, die nicht aus diesem Stadtviertel, aber Mitglieder der Cordeliers sind: „Hébert, Schriftsteller, Rue de Mirabeau"; „Hanriot, Maillard". – Folgen einige Jakobiner wie „Andrieux", „Cochon", „Duquesnoy", „Taschereau", „David". – Schließlich Namen aller Art: „Girey-Dupré" (der Stellvertreter Brissots), „Isabey Vater", „Isabey Sohn", „Lagarde", „Moreau", „Renouard" usw.

Am Kopf von Blatt 35 lese ich die rührende Anmerkung: „Werdet ihr sie (die Freiheit? oder das Vaterland?), die ihr sie erst geboren habt, in der Wiege erdolchen?"

Viele fügen ihrem Namen hinzu: „Nationalgardist" oder „Bürgersoldat für das Vaterland". Viele können nicht unterschreiben und machen ein Kreuz. Es gibt zahllose Unterschriften von Frauen und Mädchen. Gewiß, an diesem Sonntag waren sie am Arm ihrer Väter, Brüder oder Gatten hinausspaziert. Gläubig und vertrauensvoll unterwürfig, wollten sie mit ihnen zeugen, mit ihnen gemeinsame Sache machen in diesem großen Akt, dessen ganze Tragweite nicht alle unter ihnen begriffen. Was tut's, sie blieben mutig und getreu, und mehr als eine hat auch mit ihrem Blute Zeugnis dafür abgelegt.

Die Zahl der Unterschriften muß tatsächlich ungeheuer gewesen sein. Die noch vorhandenen Blätter enthalten mehrere Tausend. Aber offenbar sind viele verlorengegangen. Das letzte trägt die Nummer 50. Der wunderbare Eifer des Volkes, eine dem König so feindliche, die Nationalversammlung so mahnende Akte zu unterzeichnen, mußte diese erschrecken. Man brachte ihr zweifellos eine der Abschriften, die umliefen, und diese souveräne Versammlung, die bis dahin Richter und Schiedsmann zwischen König und Volk gewesen war, sah mit Schrecken, daß sie als angeklagt galt. Sie, die schon vor so langer Zeit gewählt worden war, fühlte sich in dieser so neuen Lage, die alle ihre Kräfte überstieg, äußerst schwach; hatte sie doch stets in ihrer Mitte dreihundert Feinde der Verfassung, die zwar behaupteten, sie seien nicht mehr tätig, aber plötzlich auftauchten, sich in die Beratungen mischten, sie störten und vielleicht sogar an Tagen, da sie Schaden stiften konnten, ihre Stimme abgaben; das allein genügte, um alle ihre Taten mit einer Ungesetzlichkeit zu beflecken. Sie, die sich für das Gesetz hielt und das Schwert im Namen des Gesetzes zog, sie sah sich, wenn die Anklage auf Wahrheit beruhte, in flagranti eines Verbrechens am Gesetz überwiesen. Nun war es notwendig geworden, um jeden Preis die Volksversammlung aufzulösen und die Petition zu zerreißen.

Das war sicherlich der Gedankengang, ich sage nicht der ganzen Nationalversammlung, die sich leiten ließ, aber der Gedankengang ihrer Führer. Sie versicherten, Mitteilung zu haben, daß die Menge vom Marsfeld gegen die Versammlung ziehen wolle – gewiß eine ungenaue Sache, die durch alles, was die noch lebenden Augenzeugen von der Haltung des Volkes erzählen, klar widerlegt wird. Daß unter der großen Schar ein Fournier oder sonst ein Verrückter war, der einen solchen Zug vorschlug, ist nicht unmöglich; aber weder er noch andere hatten den geringsten Einfluß auf die Menge. Sie war ungeheuer groß geworden, mit tausend verschiedenen Elementen durchsetzt und um so weniger leicht mit fortzureißen, um so weniger angriffslustig. Die Dörfer der Bannmeile, die von den letzten Ereignissen nichts wußten, hatten sich in Bewegung gesetzt, besonders die westlichen Vororte, Vaugirard, Issy, Sèvres, Saint-Cloud, Boulogne usw. Sie kamen wie zu einem Feste; aber einmal auf dem Marsfeld, fiel es ihnen gar nicht ein, noch weiter zu gehen. Sie suchten lieber an diesem äußerst heißen Tag ein wenig Schatten und Ruhe unter den Bäumen der Einfassung oder noch eher in der Mitte, unter der breiten Pyramide, die der Altar des Vaterlandes bildete.

Indessen kam gegen vier Uhr eine letzte, niederschmetternde Botschaft aus der Nationalversammlung ins Hôtel de Ville; und zu gleicher Zeit verbreitete sich ein Gerücht aus derselben Quelle auf dem Grèveplatz und unter der ganzen besoldeten Garde, die da stand: „Ein Trupp von fünfzigtausend Briganten hat sich auf dem Marsfeld aufgestellt und schickt sich an, gegen die Nationalversammlung zu ziehen."

Das widersprach völlig dem Bericht La Fayettes, dem Bericht der beiden Gemeindebeamten, die später noch ins Hôtel de Ville zurückkehrten, und die sogar eine Abordnung dieser friedlichen Briganten mit sich führten, die für zwei oder drei verhaftete Personen die Freilassung zu erwirken suchten. Der Maire, der Magistrat, das Departement schwanken zwischen diesen widersprechenden Eindrücken; sie suchen nach einem Ausweg, die Sache hinzuziehen. Die Versammlung jedoch befiehlt; Bailly kann nichts tun, als gehorchen. Die Leute vom Departement La Rochefoucauld, Talleyrand, Beaumetz, Pastoret erbeben, weil sie zu lange gewartet haben, sie tadeln die Langsamkeit des Magistrats: „In den Augen der Nationalversammlung haben wir uns kompromittiert", sagen sie.

Inzwischen harrten die besoldeten Garden, die Hullin und andere, auf dem Grèveplatz in fiebernder Erwartung. Diese französischen Garden, darunter viele Sieger der Bastille, waren seit langem wütend, aufgebracht gegen die Zeitungen, die demokratischen Aufwiegler, die ihnen den Titel „Spione La Fayettes" gegeben hatten. Sie warteten ungeduldig auf den Tag, alles das mit Blut reinzuwaschen. Als sie am Fenster des Hôtel de Ville, das sie unausgesetzt beobachteten, die rote Fahne hissen sahen, stießen sie einen Freudenschrei aus.

Der arme Bailly begibt sich totenbleich auf den Grèveplatz hinab. Der unglückliche Astronom sieht sich nach einem ganz in der Studierstube verbrachten Leben vor die Notwendigkeit gestellt, Führer dieser rasenden Schar zu sein, Blut zu vergießen. Wohl war er ein Bild des Unglücks, aber er fürchtete nichts. Er hatte sein Leben schon lange der Sache zum Opfer gebracht. An jenem triumphierenden Tage, dem 23. Juli 1789, als Hullin ihm den Arm reichte, um ihn nach Notre-Dame zu führen, hatte Bailly, umkreist von Soldaten, bei sich selber gesagt: „Sehe ich nicht aus wie ein Gefangener, den man zum Tode führt?" Ganz so sah er aus an diesem 17. Juli 1791. Auf seinem Antlitz stand das Wort geschrieben, das eine Zeitung ihm damals entgegenschleuderte: „Dieser Tag wird ein langsames Gift in alle Ihre Tage träufeln."

Seit einer Stunde etwa wurde zum Erstaunen aller Welt der Generalmarsch in Paris geblasen; von allen Seiten strömten die Nationalgarden herbei. In langen Kolonnen machten sie sich auf den Weg, die einen über die Champs-Elysées, die andern am Invalidendom vorbei oder über Gros-Caillou. Kurz bevor sie auf dem Marsfeld ankamen, ließ man sie die Gewehre laden, weil die Briganten dort in der Übermacht seien, hieß es; sie hätten sich verschanzt.

Ich werde den ungedruckten Bericht eines sehr würdigen, sehr glaubwürdigen Augenzeugen wiedergeben. Er war Nationalgardist im Bataillon der Minoriten, die gemeinsam mit denen der Quinze-Vingts, von Popincourt und Saint-Paul, sich parallel der Militärschule aufgestellt hatten:

Der Anblick, den dieser ungeheure Platz damals bot, verblüffte uns. Wir hatten erwartet, ihn von wütendem Pöbel besetzt zu sehen; wir fanden nur die friedlichen Sonntagsspaziergänger in Gruppen und in Familien beieinander; es waren in der großen Mehrzahl Frauen und Kinder, in deren Mitte Händler Lakritzenwasser, Pfefferkuchen und Kuchen aus Nanterre, die damals den Ruf der Neuheit hatten, feilboten. Niemand in der Menge war bewaffnet, ausgenommen einige Nationalgardisten, die mit Uniform und Säbel angetan waren; doch die meisten begleiteten ihre Frauen und hatten nichts Drohendes oder Verdächtiges. Die Sorglosigkeit war so groß, daß mehrere unserer Kompagnien ihre Gewehre zusammenstellten, und daß einige von uns von Neugier getrieben, bis zur Mitte des Marsfeldes gingen. Bei ihrer Rückkehr wurden sie ausgefragt und erzählten, daß es nichts Neues gäbe, nur auf den Stufen zum Altar des Vaterlandes unterzeichne man eine Eingabe.

„Dieser Altar war ein ungeheures Bauwerk, hundert Fuß hoch; es stützte sich auf vier Fundamente, welche die Winkel seines weiten Vierecks einnahmen und Dreifüße von mächtiger Größe trugen. Die Fundamente waren unter sich durch Treppen verbunden, die so breit waren, daß ein ganzes Bataillon in Front auf jeder von ihnen hinaufsteigen konnte. Auf der Plattform, auf die sie emporführten, erhob sich pyramidenförmig durch eine Vielheit von Stufen ein Wall, den der Altar des Vaterlandes krönte und der von einem Palmbaum beschattet war.

Die auf den vier Seiten von unten bis oben angebrachten Stufen hatten der durch einen langen Spaziergang und durch die Sonnenhitze des Juli ermüdeten Menge Sitze dargeboten. So glich das große Denkmal bei unserer Ankunft einem lebendigen Gebirge, das aus übereinanderlagernden menschlichen Wesen gebildet war. Keiner von uns sah voraus, daß dieses für ein Fest errichtete Bauwerk bald in ein blutiges Schafott verwandelt sein würde.

Die Menge auf dem Marsfeld fühlte sich von der Ankunft unserer Bataillone keineswegs beunruhigt; sie schien erst in Bewegung zu geraten, als der Trommellärm verkündete, daß noch andere militärische Kräfte anrückten, daß sie durch das dem Altar des Vaterlandes gegenüberliegende Tor vom Gros-Caillou den Kreis betreten würden. Aber die neugierige und vertrauensvolle Menge eilte ihnen entgegen; sie wurde von den Infanteriekolonnen zurückgetrieben, die die Ausgänge besetzten, nach vorn drängten und sich in größter Eile entwickelten, und vor allem von der Kavallerie, die an die Flügel jagte und eine Staubwolke aufwirbelte, von der diese ganze bewegte Szene eingehüllt wurde."[1]

Von der Ecole-Militaire aus gesehen, war die Szene unverständlich. Man kann sogar sagen, daß selbst auf dem Marsfeld nur wenige Leute sich darüber Rechenschaft geben konnten. Um zu begreifen, mußte man das Ganze beherrschen. Das taten denn auch mehrere, offenbar gut unterrichtete Royalisten. Der Österreicher Weber, ein Milchbruder der Königin, faßte direkt an der Brücke Posten. Der Amerikaner Morris, der in den Tuilerien wie zu Hause war, erstieg die Höhen von Chaillot. Und von da wollen auch wir die Szene betrachten; der Blick reicht wundervoll weit, nichts wird uns entgehen; das Marsfeld liegt zu unseren Füßen.

Im Hintergrund des Bildes, vor der Militärschule, diese Wand von Truppen; es ist die Nationalgarde vom Faubourg Saint-Antoine und vom Marais. Kein Zweifel, daß La Fayette sich auf die Leute da nicht verließ. Er hat ihnen ein Bataillon besoldeter Garden zu ihrer Überraschung beigegeben.

Diese besoldete Garde ist seine Stärke. Ihr könnt sie fast ganz überblicken, wie sie da lärmend und furchtbar durch das Gros-Caillou mitten auf das Marsfeld strömt, zum Zentrum, zum Altar des Vaterlandes, los auf die Menge. Sieh dich vor, Volk!

Und mit der besoldeten Garde strömen noch unzählige Nationalgarden durch die Mitte herein – die einen glühende La Fayette-Verehrer (voll Zorn, daß man auf ihren Abgott geschossen hat), die andern wütende Royalisten, die unter der Flagge La Fayettes republikanisches Blut vergießen wollen. Vor allem

[1] Diesen schönen, bisher unveröffentlichten Bericht verdanke ich meinem verehrten Kollegen, Herrn Moreau des Jonnès.

sind es die Offiziere der Nationalgarde, die den Appell vernommen haben; mehr Offiziere als Soldaten. Alle diese Offiziere sind adlig, fast alle sind Ritter vom heiligen Ludwig. Eine Zeitung versichert, zu jener Zeit habe es zwölftausend solcher Ritter in Paris gegeben. Diese Militärs ließen sich ohne Schwierigkeit zu Offizieren der Nationalgarde ernennen; nennen wir unter andern einen Vendéer, Exgouverneur des Herrn de Lescure, Henri de La Rochejaquelein; er wurde bald auch dasselbe in der konstitutionellen Garde des Königs.

Die glühenden Royalisten, die am ungeduldigsten verlangten, zuzuschlagen, wußten nicht recht, ob sie La Fayette und der besoldeten Garde folgen oder sich lieber dem dritten Korps anschließen und unter der roten Fahne fechten sollten. Diese Fahne wurde unter Begleitung des Bürgermeisters von Paris über die hölzerne Brücke gebracht (dort, wo der Pont d'Iéna ist). Er führte eine Reserve der Nationalgarde, unter die sich einige Dragoner gemischt hatten (bekannt für ihren Royalismus), und eine recht lächerliche Schar Perückenmacher, die außer dem Degen, dessen Tragen ihnen erlaubt war, bis an die Zähne bewaffnet waren. Sie, kamen offenbar, um den am Morgen von den Leuten aus Gros-Caillou gehenkten Perückenmacher zu rächen.

Die sehr kleine und auf dem Marsfeld gar nicht erkennbare rote Fahne, erscheint dort also mit dem Bürgermeister von der Brückenseite her. Zur linken Seite, auf den Glacis, wogte ein Haufe von Herumtreibern aller Art; dort befand sich auch zweifellos die Gruppe Fourniers, des Amerikaners. Als der Bürgermeister seine Ansprache beginnt, fliegt ihm ein Hagel von Steinen zu; ein Flintenschuß verwundet hinter Baillys Rücken einen Dragoner. Die Nationalgarde erwiderte das Feuer, schoß aber in die Luft oder mit Schrot. Es gab auf den Glacis weder Tote noch Verwundete.

Wurde diese Szene von der großen Volksmasse, die auf den Stufen am Altar des Vaterlandes saß, in der Ferne beobachtet? Gewiß drangen die Schüsse nur undeutlich herüber, und mit Recht sagte man sich, es seien nur Schrotschüsse. Man glaubte unter der Menge, auch hier an sie werde man eine Aufforderung richten, auseinanderzugehen. Viele aber zögerten, den Altar zu verlassen, da sie von allen Seiten Truppen anrücken sahen, von der Militärschule, vom Gros-Caillou und aus der Gegend von Chaillot. Die Ebene, durch die blitzschnell die Kavallerie dahersauste, wirbelte von zahllosen Gruppen, die vergeblich nach Paris durchzubrechen suchten. Schließlich schien der Altar wirklich noch der sicherste Ort, vor allem für solche, die durch Frauen und Kinder behindert waren; sie glaubten, hier eine unantastbare Zuflucht zu finden. In der Tat, von welchem Gesichtspunkt, im Sinne der alten oder der neuen Religion, man es auch betrachtete, dieser Altar war geheiligt. Vor kaum drei Tagen hatte die Geistlichkeit von Paris hier die Messe abgehalten, und hatte nicht die Freiheit selbst am Tage der Verbrüderung hier ihre Feier abgehalten?

Die Masse der besoldeten Truppen, die das Feld von der Mitte her betreten hatte, die Artillerie und Kavallerie, die von der Seite des Gros-Caillou im Marsfeld voraneilte, hatte also die vom Pöbel, von jungen Burschen und Tobenden erfüllten Glacis im Rücken; dieser Haufe hatte schon von der Flußseite her auf Bailly geschossen und war durch die Schrotsalven vertrieben worden. Das hatte sie weniger erschreckt als dreist gemacht; wurde geschossen, so konnten sie sich immer hinter den Glacis aus dem Staube machen. Sie stießen daher Verwünschungen aus und warfen mit Steinen nach den „Spionen La Fayettes". Die Anstifter zählten darauf, daß diese, von dem Wort „Spion" gereizt, wütend werden, den Kopf verlieren und schließlich irgendein großes Unheil anrichten würden; das erzürnte Volk würde dann nach Paris stürmen, und es könnte vielleicht wie im Juli 1789 zu einem allgemeinen Aufstand kommen.

Der Bürgermeister und der Kommandant, beides durchaus keine blutdürstigen Männer, hatten gewiß nur den allgemeinen Befehl gegeben, den Widerstand mit Gewalt zu brechen. Sie gedachten auf dem Schlachtfeld besondere Befehle, irgendein Signal, zu erlassen, erst dort anzuordnen, wo und wie die Gewalt vorgehen sollte.

Welch mörderischer Einfluß veranlaßte die zentrale Truppe ohne weiteres loszuschlagen? Ich glaube nicht, daß die aufreizenden Rufe von den Glacis die Sache genügend erklären. Ich sehe vielmehr als direkte Triebfeder jene Leute dahinter, die ein Interesse daran hatten, die Petition mitsamt ihren Verfassern zu vernichten. Ich spreche von den Royalisten. Man hat gesehen, daß die heftigsten unter ihnen, die Adligen oder deren Anhänger, Perückenmacher, Dragoner usw., sich entweder der Truppe im Zentrum oder der Truppe, die unter Baillys Führung stand, angeschlossen hatten. Wahrscheinlich sind nun diese letzteren, als sie sahen, daß Baillys Nationalgarden nur in die Luft schossen, zu der Truppe im Zentrum gelaufen, um dort zu verkünden, man habe auf den Maire geschossen, die Ansprachen könnten nicht stattfinden. Die Befehlshaber haben diese Nachricht für eine Order des Maire selbst genommen und sind ihren wütenden Führern gefolgt, die das Ziel zeigten, festsetzten: den Altar und die Petition.

Man kann versichert sein, daß die besoldete Garde, wäre sie nicht so geschickt von den Leuten mit politischen Interessen gelenkt worden, viel lieber auf die geschossen hätte, die sie mit Steinen bewarf, die Angreifer bestraft hätte. Ganz im Gegenteil ließ sie die feindlichen, herausfordernden Gruppen in Ruhe und beschoß die harmlose Menge am Altar des Vaterlandes. Die Kavallerie setzte sich in Galopp und raste wie toll auf diesen lebendigen Berg von Männern, Frauen und Kindern los, die auf das Feuer mit einem fürchterlichen Schrei antworteten ...

Befremdend, aber dennoch verbürgt ist die Tatsache, daß die Artillerie, die auf ihrem Platz geblieben war und auch etwas tun wollte, mit Mitrailleusen quer über den Platz in die Staubwolke feuerte, mitten hinein in die fliehende Menge und ihre eigene Reiterei. Man konnte den Dummköpfen nur dadurch Halt gebieten, daß La Fayette sein Pferd bis vor die feuernden Kanonenrohre trieb.

Betrachten wir, welchen Eindruck diese Schreckensszene auf die Nationalgarde machte, besonders dort an der Militärschule: „Wir sahen weder Gemeindebeamte noch die rote Fahne, und es schien uns unmöglich, daß man gegen diese harmlose und waffenlose Schar das Kriegsgesetz verkünden könne, als sie Rufe vernahmen, die sogleich von heftigem anhaltenden Feuer beantwortet wurden. Gellende Schreie, die den Lärm der Schüsse übertönten, belehrten uns, daß wir nicht etwa einem Kampf, sondern einem Gemetzel beiwohnten. Als der Rauch sich verzog, sahen wir mit Schrecken die Stufen vom Altar des Vaterlandes und seinen ganzen Umkreis mit Toten und Verwundeten bedeckt. In Gruppen eilten Männer, Frauen und Kinder, die der Schlächterei entronnen waren, auf uns zu, von Reitern verfolgt, die sie mit erhobenem Säbel bedrohten. Wir öffneten unsere Reihen, um die Flüchtenden aufzunehmen, und ihre zügellosen Verfolger mußten vor unseren Bajonetten haltmachen und vor unseren Drohungen und Verwünschungen zurückweichen. Ein Adjutant, der uns den Befehl überbrachte, voranzumarschieren, um den Platz rein zu fegen und uns mit den anderen Truppen zu vereinigen, wurde mit den nämlichen Ausrufen empfangen; und die Energie dieser groben Begrüßungen ließ nicht daran zweifeln, daß der ohnedies so blutige Tag noch blutiger werden könnte.

Ohne eine Verschärfung der Lage abzuwarten, ordnete der Kommandant sein Bataillon in Kolonnen und schickte Erkundungsmannschaften an die Flanken. Die anderen Bataillone machten es ihm nach, und alle zusammen verließen wir mit einmütigem raschen Entschluß das Marsfeld, indem wir unserer Entrüstung und unserem Kummer Ausdruck gaben."

ZWEITES KAPITEL

Die verzagten Jakobiner erheben sich wieder (Juli 1791)

Wer war schuld an dem Blutbad? – Eindruck des Ereignisses in den Tuilerien. – Schrecken der Jakobiner, 17. Juli. – Frau Roland bietet Robespierre Zuflucht – Zögern und falsche Maßnahmen der Konstitutionellen. – Unwürdiges Vorgehen der Jakobiner, 18. Juli. Sie bleiben Herren des Raumes und der Korrespondenz. – Die Feuillants vernichten sich selbst, 17.–23. Juli. – Neuorganisation der Jakobiner unter Robespierres Einfluß – Drohende Zuschriften der Städte an die Versammlung, Ende Juli. – Sie verzichtet darauf, durch ihre in die Provinz entsandten Kommissare die Herrschaft an sich zu reißen.

Bailly, der von der Brücke aus das halbe Marsfeld überqueren mußte, erreichte die Mitte und die besoldete Garde erst nach der schauerlichen Exekution; er sagte, er sei äußerst betrübt gewesen, zu sehen, daß die Unvorsichtigen Feuer gegeben hatten. Eine ihm sonst sehr feindlich gesinnte Zeitung bezeugt diesen Ausspruch.

In dem am Abend auf dem Magistrat aufgenommenen Protokoll wird die Sache ebenfalls als eine Unvorsichtigkeit, ein trotz der Behörden und ohne ihren Auftrag begangener Fehler hingestellt.[1]

Zwölf Tote wurden ins Hospital vom Gros-Caillou getragen, und man behauptet, daß nachts viele in die Seine geworfen wurden. Die Zeitungen gehen so weit, in entschiedener Übertreibung zu sagen, daß man fünfzehnhundert hineinwarf.

Die zwölf, deren Namen, Kennzeichen und Kleidung wir wissen, sind alles unbekannte Leute, arme Menschen aus der Arbeiterbevölkerung: ein junger Mann, den sein Vater am anderen Morgen erkannte, eine Frau aus dem Volke, fünfzig bis sechzig Jahre, ärmlich gekleidet, dick und schwerfällig, die sich nicht hatte retten können usw.

Welchen Anteil hatte ein jeder an diesem Unglück und diesem Verbrechen? Weder Bailly noch La Fayette haben den Befehl zum Feuern gegeben. – Man hatte ersichtlich die allgemeine, beim Aufbruch erteilte Bestimmung, die Zusammenrottungen bei Widerstand mit Gewalt zu zerstreuen, mißbraucht. Diese Bestimmung setzte überdies ein Signal voraus, das nicht abgewartet wurde.

---

[1] „Die Behörden machten alle Anstrengungen, das Feuer zum Stillstand zu bringen, und der Oberbefehlshaber, der schon weiter auf dem Marsfeld vorgedrungen war, eilte hinzu, um die Ordnung wiederherzustellen." Protokoll aus den „Archives de la Seine".

Wer überstürzte das Feuern? Wer trieb die besoldete Garde an? Wer lenkte sie von den Glacis, wo es Steine hagelte, ab, um sie auf den harmlosen Altar, auf die antiroyalistische Petition schießen zu lassen? – Der gesunde Menschenverstand gibt uns die Antwort: die taten es, die ein Interesse daran hatten, das heißt die Royalisten, die Adligen oder Anhänger der Adligen, die sich als Offiziere der Nationalgarde oder als freiwillige Mitläufer bei dieser Jagd auf die Republikaner dort befanden, zum Beispiel so auch ein Malteserritter, der sich einige Tage später in den Zeitungen der Sache rühmt.

Von den drei Armeekorps, die das Marsfeld betraten, hat nur eines geschossen, das im Zentrum, das fast ausschließlich von besoldeten Garden gebildet war.

An der Flußseite schoß die von Bailly geführte Nationalgarde in die Luft oder mit Schrot, obgleich man auf sie mit Kugeln geschossen und einen Mann verwundet hatte.

Auf der Seite der Militärschule dachte die Nationalgarde nicht ans Schießen, sondern beschützte vielmehr die Flüchtenden.

Dies letztere Korps war, wie wir schon gesagt haben, das vom Marais und vom Faubourg Saint-Antoine. Beim Verlassen des Marsfeldes traf es mit anderen Nationalgarden zusammen, die ihm durch einstimmigen Zuruf dankten und seine Menschlichkeit priesen.

Die Trauer über dies beklagenswerte Ereignis war allgemein. Die einen bedauerten das vergossene Blut, die anderen den vielleicht tödlichen Schlag, den die Freiheit erhalten hatte. Ein Nationalgardist aus dem Bataillon von Saint-Nicolas (namens Provant) schoß sich eine Kugel in den Kopf und hinterließ auf seinem Tisch die Zeilen:

„Ich habe geschworen, als freier Mann zu sterben, die Freiheit ist verloren, ich sterbe."

Ein einziges Bataillon der besoldeten Garde hatte nicht geschossen; es war das bei der Militärschule, das dort von einer bei weitem größeren Schar von Nationalgarden in Respekt gehalten wurde. Die revolutionäre Presse benutzte diesen Umstand, um die besoldete Garde zu beglückwünschen, an ihre Unschuld glauben zu machen, sie zu halten. In Wahrheit war sie es, die allein oder fast allein die Metzelei veranstaltet hatte. Diese schlaue Maßnahme für ein Korps, das man beargwöhnte, hatte zur Folge, den ganzen Haß in dieser Sache auf die Nationalgarde zu lenken, obgleich diese bei der Brücke das Volk nur bedroht und bei der Schule gedeckt und gerettet hatte.

Hätte man dem Vorgang ernstlich nachzuforschen gewagt, so hätte man, wie ich glaube, die besoldeten Garden als ausführende Hand und die Royalisten als Anstifter gefunden. Man hütete sich davor, weil in diesem Augenblick sogar die Konstitutionellen, die sich den Royalisten zur Wiederaufrichtung des Königtums angeschlossen hatten, einen so unglückseligen, ihren Absichten so schädlichen Vorgang lieber zu Boden geschlagen hätten.

In Wahrheit muß man sagen, daß auf beiden Seiten der schmähliche Versuch zu verdunkeln und zu vertuschen gemacht wurde.[1] Ein Nachprüfen, ein gewissenhaftes Vergleichen der Handlungen und der Zeugenaussagen, die Kontrolle der einen durch die anderen – das allein hätte die Tatsachen richtiggestellt, die dreisten Lügen einiger Zeitgenossen ausgemerzt und uns zu den wahrscheinlicheren – ich wage zu sagen, fast gewissen – Resultaten geführt, die wir angedeutet haben.

Betrachten wir die Wirkung des Ereignisses in Paris.

Die schreckliche Schießerei, die man nur allzu gut vernommen hatte, krampfte alle Herzen zusammen. Alle, von welcher Partei sie auch waren, hatten eine düstere Vorahnung, es überlief sie eine Art Schauder, als hätte sich der Himmel geöffnet und ihnen wie in einem Blitz die künftigen sozialen Kämpfe enthüllt.

Nirgends aber war die Wirkung des Schreckens größer als an zwei Stellen, in den Tuilerien und bei den Jakobinern. Bei den ersten Schlägen fühlte die Königin in ihrem Herzen den Gegenschlag, sie merkte, daß ihre unvorsichtigen Freunde einen blutigen Abgrund aufgerissen hatten, der sich nicht mehr schließen würde.

Und die Jakobiner begriffen, daß ihre Rivalen, die Feuillants, die Verantwortlichkeit für alles, was zu der entsetzlichen Exekution Veranlassung gegeben haben konnte, auf ihre halb aufgelöste, zu so geringer Zahl zusammengeschmolzene Vereinigung abwälzen würde.

Sogleich schickten sie Kundschafter aus. Ihre Abgesandten trafen auf den Champs-Elysées ein verzweifeltes Weib, dann eine verwirrte Menge in voller Flucht. Man erzählte ihnen, daß es viele Tote gegeben habe, daß vor der dritten Aufforderung zum Auseinandergehen geschossen worden sei usw. Ohne Zeitverlust erklärte die Gesellschaft, um die Obrigkeit zu entwaffnen, daß sie die falschen oder gefälschten Drucksachen, die man ihr zugeschrieben habe, ableugne, daß sie von neuem der Verfassung Treue gelobe und den Dekreten der Versammlung Gehorsam

Inzwischen ließ sich in der Rue Saint-Honoré ein großer Lärm vernehmen; es waren die besoldeten Garden, die sehr erhitzt vom Marsfeld zurückkehrten und als sie bei den Jakobinern vorüberkamen, schrien, man habe ihnen den Befehl erteilt, den Saal mit Kanonenschüssen zu zerstören. Drinnen paßt man gewaltig

[1] La Fayette nimmt in seinen „Mémoires" (wo er wirklich allzu leichtfertig von einem so grausamen Ereignis spricht) an, daß vor der Metzelei zwei Schützen getötet wurden; es ist festgestellt, daß das später geschah, im Laufe des Abends oder in der Nacht. Vorher gab es nur zwei Verwundete, einen Adjutanten des Generals und den Dragoner neben Bailly.

auf. „Der Saal wird belagert!" ruft man aus. Große Verwirrung, eine lächerliche, furchtbare Angst. Einer verliert ganz den Kopf und springt, um sich zu retten, auf die Frauentribüne hinauf. Dort war Frau Roland, die ihn gehörig zur Rede stellte, so daß er beschämt auf demselben Wege zurückgehen mußte, auf dem er gekommen war. Inzwischen hatte man Soldaten vor die Tore gestellt; man schloß die Gitter, um Eindringliche abzuwehren; an anderen Stellen ließ man die anderen hinaus. Frau Roland ging als eine der letzten.

Die Straße wogte von Menschen; man verlachte, verhöhnte die Herauskommenden; andere klatschten Beifall. Robespierre wurde erkannt und von größeren Gruppen beifällig begrüßt, eine zweifelhafte Ehre an einem solchen Tag.

Er ging die Straße hinab, um das Faubourg Saint-Honoré zu erreichen und sich wahrscheinlich zu Pétion zu flüchten, der dort wohnte, als gegenüber der „Himmelfahrt" von neuem das Rufen einsetzte: „Hoch Robespierre!" Man behauptet sogar, ein Mann habe sich zu der Äußerung erkühnt: „Wenn man einen König braucht, warum soll er es nicht sein? ..." Es war gewiß klüger, nicht weiterzugehen. Glücklicherweise kam ein gegenüberwohnender Tischler, Duplay, der vor der Türe stand, auf ihn zu, nahm ihn eifrig bei der Hand und schob ihn mit grober Gutmütigkeit ins Haus. Herr im Hause war Frau Duplay, die, sehr lebhaft und energisch, ihn in Empfang nahm, ihn liebkoste, ihn wie einen Sohn oder Bruder beschützte, als den besten Patrioten, einen Märtyrer der Freiheit. Der Mann, die Frau, die Familie umringen ihn, er ist gefangen; man schließt die Tür. Er dürfe zu dieser Stunde, an einem solchen Tage nicht nach Hause gehen, weit dort hinten ins Marais, in das so öde, gefährliche Viertel; er könne ermordet werden. Er muß zu Nacht essen, muß schlafen gehen; sein Bett steht bereit. Der Mann will, die Frau gebietet es so, die Fräulein Duplay sagten nichts, aber auch sie baten mit ihren schönen Augen. Robespierre, der von Natur zurückhaltend war, erkannte, daß er annehmen mußte. Am anderen Tage wollte er fort, aber seine herrische Wirtin erlaubte es nicht. Es endete damit, daß er bei der Familie blieb und sich bei dem Tischler einmietete; er empfand, daß seine Volkstümlichkeit dadurch nur gewinnen konnte. Zufällig oder nicht – das Ereignis war für das Schicksal dieses berechnenden Menschen von wesentlichem Einfluß.

Während er friedlich bei Duplay die Abendmahlzeit nahm, suchte Frau Roland in seinem Hause nach ihm. Es ging das Gerücht, er würde verhaftet werden. In einer edlen Regung machte sie sich noch am Abend mit ihrem Manne auf und begab sich zu Robespierres Wohnung weit hinten im Marais, um ihm eine Zuflucht anzubieten. Schon hatte sie Robert und seine Frau, die sich bedenklicher bloßgestellt hatten, bei sich aufgenommen. Obgleich es fast Mitternacht war, begaben sich die Rolands, ehe sie nach der Rue Guénégaud heimgingen, zu Buzot, der nicht allzu weit, am Quai des Théatins (Quai Voltaire), wohnte.

Sie beschworen ihn, zu den Feuillants zu gehen und Robespierre zu verteidigen, bevor man dort seinen Anklageakt verfaßte, dem die Nationalversammlung gewiß zugestimmt hätte. Das glühende Interesse der Frau Roland mochte Buzot, einem ihrer leidenschaftlichsten Verehrer, ein wenig eifersüchtig stimmen; seine natürliche Großmut gestattete ihm jedoch kein Zögern: „Ich werde ihn in der Versammlung verteidigen", sagte er; „was die Feuillants anlangt, so ist dort Grégoire, und der wird für ihn eintreten." Er verbarg nicht die wenig günstige Meinung, die er von Robespierre hatte, sagte, er sei im Grunde ein Streber, ein Egoist: „er denkt zuviel an sich selbst, als daß er die Freiheit lieben könnte."

In Wirklichkeit täuschte man sich über die Kühnheit der Sieger. Man schrieb ihnen einen vorgefaßten Plan, eine Berechnung zu, die ihnen ganz fremd war. Selbst in dieser Nacht waren sie bei den Feuillants und in den Büros der Nationalversammlung voller Bestürzung über den blutigen Schritt, den sie zugunsten der Royalisten gemacht hatten. Ein Schritt weiter, und sie, die Konstitutionellen, hätten die Verfassung, die Revolution, sich selbst vernichtet. D'André riet ihnen schlicht und aufrichtig, diesen Schritt zu tun, die Klubs zu schließen. Der Rat hatte für den Augenblick Geltung. Man vernagelte das Tor zu den Cordeliers; das bei den Jakobinern wurde bewacht. Aber Duport und La Fayette erhoben Einspruch im Namen der Vorschriften. Duport, der den ersten Grund zu den Jakobinern gelegt hatte, der sie zu den Feuillants hinübergeführt zu haben glaubte und der stets hoffte, mittels dieser machtvollen Maschine die öffentliche Meinung zurückzugewinnen, erklärte, keine andere Gewalt als die der Vernunft und des Wortes gelten zu lassen.

Das vergossene Blut war unangenehm. Um die Wirkung abzuschwächen, erfand man eine romantische Verschwörung, die – ganz unwahrscheinlich – von Ausländern angezettelt worden sein sollte, von Rotondo, dem Sprachlehrer, einem jüdischen Bankier namens Ephraim und der unschuldigen Rednerin im „Cercle social", Frau Palm-Aelder und einigen anderen. Das Volk war schuldlos; das gute, ehrbare, sündige Volk von Paris konnte nicht beschuldigt werden; Ausländer allein konnten ...

Man fürchtete ganz offenbar, das Rechte zu treffen. Man wollte lieber danebenschlagen.

Am nächsten Tag, Montag, dem 18., hörte die wenig zahlreiche Nationalversammlung (es waren im ganzen 253 Mitglieder) den Bericht des Maires von Paris an. Dieser Bericht war ein Auszug aus dem anderen, der noch am Abend im Hôtel de Ville verfaßt worden war – ein wenig getreuer Auszug. Es ist möglich, daß die Royalisten den guten Mann in der Nacht bearbeitet, ihn dazu ermutigt hatten, sich bloßzustellen, einen Teil der Verantwortlichkeit auf sich zu nehmen, die in Wahrheit auf ihm nicht lasten durfte. Hier ist die Sache nun nicht mehr ein Aufruhr, wie in dem ursprünglichen Bericht; es ist eine gerechte Wiedervergeltung. Er möchte glauben machen, das Gemetzel sei herausgefordert worden, und darum bringt der Bericht zwei völlig getrennte Dinge miteinander in Beziehung: den Mord vom Morgen und das Blutbad vom Abend; ersterer um sieben Uhr begangen von der Bevölkerung des Gros-Caillou; letzteres zwölf Stunden später an Leuten vorgenommen, die fast alle nicht einmal wußten, was sich am Morgen zugetragen hatte.

Aber selbst in dieser Sitzung, bei der Charles de Lameth, der Präsident, Bailly beglückwünscht und das Blutbad nicht bedauert, wo Barnave sich auf die Knie schlägt und das Signal zur Siegesfeier gibt – in diesem triumphierenden Moment wollten die Sieger vorwärts; eigentlich fürchten sie sich, zaudern. Beim ersten Wort, mit dem sie ihren Vorteil nutzen wollen, verraten sie ihr Zögern. Regnault de Saint-Jean-d'Angély wollte, die Versammlung solle drei Jahre Kettenhaft für alle verhängen, die zum Mord angereizt hatten, Gefängnis und Strafverfolgung denen, die durch Schriften oder andere Mittel zum Ungehorsam gegen das Gesetz herausgefordert hatten. – Pétion bewies, daß es dann um die Freiheit der Presse geschehen sei. – Da trat Regnault zurück, milderte seinen Vorschlag; er verlangte den Zusatz eines Wortes zu „herausgefordert": „förmlich herausgefordert"; und die Versammlung stimmte zu. Dieser Zusatz eines einzigen Wortes gab die Möglichkeit, dem Gesetz auszuweichen, hob also seine Wirkung nahezu auf.

Wollte die Nationalversammlung ein ernstliches Resultat erzielen, so mußte die Untersuchungskommission von ihr ermächtigt werden, die Nachforschungen selbst zu leiten. Sie vermied das, schickte die Sache an die Gerichte, die wenig, späte und schlechte Arbeit taten. Zunächst hüteten sie sich wohl, zu untersuchen, welchen Anteil die Agenten der Royalisten an der Sache hatten; nur zwei Journalisten verurteilte sie, Suleau und Royou, den Freund des Königs. Sie trafen also die Schriftsteller, die Redner, nicht die ausführenden Personen. Die Republikaner wurden von den Richtern nicht bedroht, dennoch gingen sie langsam und ungeschickt auch gegen diese vor.[1] Sie warteten bis zum 20. Juli, ehe sie nach Fréron schickten, bis zum 4. August, um Marats Druckerei zu schließen, bis zum 9. mit dem Befehl, Danton, Legendre, Santerre, Brune und Momoro zu verhaften.

Die Jakobiner, die mit dem Zaudern ihrer Feinde keineswegs gerechnet hatten, glaubten sich am 18. Juli verloren. Sie taten einen sonderbaren Schritt, der sie leicht in aller Augen herabsetzen konnte; sie beugten vor der Versammlung die Knie. Robespierre verfaßte für sie eine erstaunlich demütige Adresse, die sie annahmen und absandten. Diese Nationalversammlung, die er selber am 21. Juni eine Höhle von Verrätern genannt hatte, er lobt nun ihre „edlen Anstrengungen, ihre Weisheit, ihre Entschlossenheit und Wachsamkeit, ihre unpartei-

---

1 Woraus sich ergab, daß der „Kleine Schrecken" der Konstitutionellen nur lächerlich wirkte. Am 18. Juli begaben sich Frau Robert in großem Federhut und Herr Robert in himmelblauem Rock mitten durch Paris, um Frau Roland aufzusuchen.

ische und unbestechliche Gerechtigkeit." Er erinnert sie an ihre Erklärung der Rechte, „ihren Ruhm und an das Andenken der großen Taten, der Marksteine auf ihrer Laufbahn. Sie werden sie beenden, wie sie begonnen wurde, und Sie werden in den Schoß Ihrer Mitbürger in hohen Ehren zurückkehren. Wir aber schließen diese Adresse mit einem Glaubensbekenntnis, dessen Aufrichtigkeit uns mit Recht auf Ihre Achtung zählen läßt, auf Ihr Vertrauen, auf Ihren Halt: Hochachtung für die Versammlung, Treue zur Verfassung, ..."

Die Jakobiner unterzeichneten und sandten der Versammlung diesen traurigen Widerruf. Sie hüteten sich aber, ihn in dem Zeitungsbericht ihrer Sitzungen zu veröffentlichen. Brissot war es, der ihnen am 24. den schlechten Streich spielte, ihn ans Licht zu ziehen. War es eine Indiskretion? Oder glaubte er ihren Verfasser, Robespierre, herabzusetzen, mit dem er seit jener Zeit wenig sympathisierte?[1]

Während die Unterwürfigkeit die Jakobiner rettete, brachte den Feuillants ihr Stolz den Sturz. In Wahrheit waren diese letzteren sehr stark. Sie hatten vom alten Klub fast alle Abgeordneten übernommen, nicht nur die Gemäßigten, die Konstitutionellen, sondern sehr eifrige Jakobiner wie Merlin aus Douai, Dubois-Crancé usw. Eng verbunden mit der Nationalversammlung, ja in ihren eigenen Büros eingerichtet, nahmen sie Teil an ihrer Macht. Das von ihnen in Besitz genommene Feuillantinerkloster (Rue Saint-Honoré, gegenüber dem Vendôme-Platz) war ein ungeheurer und prächtiger Bau, eine verschwenderische Stiftung Heinrich III., die durch seine Nachfolger mehr und mehr vergrößert wurde. Das Kloster bildete ein gewaltiges Viereck, das die Terrasse der Feuillants durch einen Gang mit der Manege und von da mit den Tuilerien verband.

Und dennoch war es falsch gewesen, das alte Gebäude aufzugeben. Dieses hatte etwas, was die alten renommierten Läden auszeichnet: es war düster, häßlich und dürftig. Ohne Aufdringlichkeit und ohne Wichtigtuerei zeigte es nur eine niedrige Pforte und einen wenig sauberen Durchgang auf die Rue Saint-Honoré. Das Haus war für die Jakobiner ein vorteilhafter Hintergrund; das Kloster war traurig und arm.

Die modernen Jakobiner, die sich in dieser Kirche versammelten und nur ihre Mieter waren,[2] hatten die alten Grabstätten dort gelassen. Lebendige und Tote

[1] Im August schwang Robespierre sich geschickt wieder empor, indem er in einer langen „Rede an die Franzosen", die fünfzig Seiten stark war, auseinandersetzte, warum er sich nicht bestimmter für die Republik erklärt habe: „Was den Monarchen betrifft, so habe ich das Entsetzen nicht geteilt, das der Titel König fast allen freien Völkern einflößt ..."

[2] Ein Teil der Klostergebäude war an andere Leute vermietet und wiedervermietet, z. B. an Royalisten, wie den Historiker Beaulieu, der einen düsteren Reiz darin fand, ihren Feinden nachzuspüren, sie mit boshaften neugierigen Augen auszukundschaften und ihnen stündlich Übles nachzusagen.

waren da beisammen. Andere Tote, die letzten Mönche des Klosters, nahmen an dem Klub teil (1789 und 1790), gleichwie die letzten Cordeliers dem Klub beiwohnten, der seinen Sitz bei ihnen hatte. Alles das bildete ein reizvolles Ganze, das für immer in den Köpfen spukte und die Erinnerungen, die Einbildungskraft weckte. Die Jakobiner erzählten den Fremden, den Provinzlern mit dem geheimnisvollen Ton einer eigenartigen Frömmigkeit: „Es ist die ‚Muttergesellschaft'!" Tatsächlich waren dort die ersten „Sabbate" (eine Bezeichnung aus der Sprache der Jakobiner) abgehalten worden, aus denen dann die ersten Aufstände hervorgingen. Dort hatte Mirabeau sein berühmtes Duell mit Duport und Lameth, dort hatten seine Reden gedonnert, dort war er gestorben. Und während die Kapelle diese großen Stimmen durch ihr Gewölbe rollen ließ, drang zuweilen ein anderes scharfes, rohes Geräusch herauf, von drunten, aus der Unterkirche, wo Arbeitervereine und die Klubs der Frauen aus dem Volke sich heftig stritten.

Nein, das war kein gewöhnliches Lokal, das man ungestraft verlassen konnte. Daß die Feuillants das nicht empfunden haben, beweist, daß sie keine Politiker waren. Am 17. hätten sie alles gekonnt, sie waren soviel wie die Versammlung selbst. Sie hätten um jeden Preis den Ort zerstören oder halten sollen, und zwar noch am Abend, ohne Verzug, um aus dem Schrecken ihrer Feinde Nutzen zu ziehen.

Am Morgen dachten sie daran. Feydel, Laclos' Nachfolger in der Redaktion der Zeitung, erschien mit ihm, um das Lokal und die Korrespondenz zu reklamieren. Sie behaupteten, daß die Feuillants, vor allem Duport und Lameth, die Gründer des Klubs und das gesamte Korrespondenzkomitee (mindestens fünfundzwanzig Mitglieder von dreißig) zu ihnen übergetreten sei. Sie waren zu früher Stunde erschienen, wahrscheinlich in der Hoffnung, die Sache in der Stille zu ordnen, solange die Jakobiner noch verlassen und mutlos waren, vor dem Eintreffen von Pétion und Grégoire; vielleicht glaubten sie auch, daß der verfolgte Robespierre nicht wagen würde, zu kommen. Die Jakobiner erklärten, deren Ankunft abzuwarten. Sie kamen. Pétion, der die Nationalversammlung auf die Probe gestellt, der erreicht hatte, daß sie ihr Repressivgesetz entkräftete, das heißt also, daß sie am Tage des Sieges wieder zurückwich, Pétion zögerte nicht im Namen der jakobinischen Abgeordneten zu antworten, daß auch sie, geradesogut wie die anderen die Gründer des Klubs seien, daß sie die Korrespondenz bewahren und hier bleiben würden; im übrigen gedachte er bei den Feuillants einen versöhnlichen Schritt zu tun. Tatsächlich ging er hin und erhielt die stolze Antwort: „Man empfange nur solche Jakobiner, die sich hier den neuen Regeln fügen würden."

Die Feuillants zeigten sich bei weitem mehr hochfahrend als geschickt. Ihre erste Tat, das Rundschreiben vom 17. an die Brudervereine, war in jeder Hinsicht unpolitisch und unglückselig. Es hatte ein böses Datum, den Tag der Metzelei; eine böse Unterschrift, den Namen Salles', der den König verteidigt hatte; es war schlecht abgesandt, unter dem Deckmantel des Ministers, und dadurch schon verdächtig; und damit alles zusammentraf, war es auch schlecht belobt, wenn man so sagen darf, denn es fand sogleich den Beifall von Châlons-sur-Marne, der royalistischen Stadt, die den König bei seiner Rückkehr so gut aufgenommen hatte.

In dieser Zuschrift gaben die Feuillants als Hauptursache der Teilung an, daß sie sich darauf beschränken wollten, die Arbeiten der Versammlung vorzubereiten, nur Besprechungen abhalten, aber nichts durch Abstimmung anordnen wollten; mit einem Wort, sie wollten besprechen ohne zu beschließen, ohne zu handeln; die Versammlung allein sollte handeln. Sie waren sicher, zu mißfallen. Die Zeit dürstete nach Taten, sie jagte der Zukunft entgegen. Und da wollte man sich an eine Nationalversammlung halten, die schon der Vergangenheit angehörte.

Am 23. brachten die Feuillants sich selbst den verhängnisvollen Schlag bei, sie gaben sich das Zeichen des Todes, der Ungleichheit, indem sie sich als eine privilegierte, besondere Versammlung aufspielten, in die man nur Zutritt hatte, sofern man aktiver Bürger war (Wahlmann der Wahlmänner). Viele unter ihnen widersetzten sich dieser Erklärung, und da man nicht auf sie hörte, warteten sie von nun an nur auf die Gelegenheit, zu den Jakobinern zurückzukehren.

Diese hoben das Haupt. Am 24. änderte sich ihre Haltung. Als die Feuillants den Jakobinern ihre Antwort überbrachten, sagte Robespierre: „Wir wollen sie nicht eher lesen, als bis wir uns dahin erklärt haben, daß die wahre Gesellschaft der Freunde der Verfassung die ist, die hier tagt."

Eine nur zu angebrachte Vorsicht, da die Antwort der Feuillants nichts weiter war, als eine neuerliche Einladung, sich den von ihnen aufgestellten aristokratischen Grundsätzen zu unterwerfen.

Weit davon entfernt, unternahmen die Jakobiner es vielmehr, ihre Vereinigung durchzusieben und alle die Schüchternen und Unsicheren, die von einer Gesellschaft zur anderen flüchteten, den Feuillants zuzuschicken. Pétions ehrenvolle und geachtete Stimme machte den Vorschlag zu dieser Reinigung. Ein erster Vorstand von zwölf Mitgliedern (darunter sechs Abgeordnete) sollte den Kern der aus sechzig Mitgliedern bestehenden Gesellschaft bilden, und die sechzig würden wählen und ausmerzen und die reinen und würdigen Kandidaten aufstellen. Diese Zusammenstellung übertrug in Wirklichkeit den beiden bedeutenden und einflußreichen Mitgliedern Pétion und Robespierre eine diktatorische Machtbefugnis, die Gesellschaft der Jakobiner wieder neu zu gründen. Mit Unrecht sage ich den beiden: Pétion, sorglos und unbekümmert, war höchst ungeeignet zu dem Geschäft, den einzelnen Persönlichkeiten nachzuforschen, zur kleinlichen Nachprüfung der Biographien, der Absichten und Interessen jedes einzelnen. Robespierre allein war dazu geschaffen, und neben ihm vielleicht noch ein anderes Mitglied dieses Reinigungsausschusses, Royer, Bischof von l'Ain. Man sagt wohl kaum zuviel, wenn man behauptet, daß Robespierre die jakobinische Gesellschaft wieder zu einer furchtbaren Waffe erhob, deren er sich zu bedienen gedachte.

Von den Provinzvereinen hatten sich nur vier ausdrücklich von den Jakobinern getrennt; noch ein weiterer zog sich zurück. Vom 22. Juli an erklärten dagegen Meaux, Versailles und Amiens nur noch mit ihnen Beziehungen unterhalten zu wollen. Elf andere Städte folgten ihnen vor dem 31. Juli, Marseille am 27. mit großer Energie. In der nämlichen Sitzung beteuerten die Cordeliers ihren Anschluß an die Jakobiner, ebenso verhielten sich auch die Brudervereine.

Die Konstitutionellen, früher die Sieger, mußten sich verteidigen. Mehrere kühne Zuschriften aus den Provinzen warfen ihnen bitter vor, in der Nationalversammlung dreihundert Royalisten zu dulden, die protestiert hatten. Schlag folgte auf Schlag: Montauban, Issoire, Riom, Clermont warfen ihr diesen Stein in den Weg.

Die Eingabe aus Clermont wurde von Bancal des Issarts, dem Freunde der Frau Roland, den seine Stadt ausdrücklich entsandt hatte, gebracht und vermutlich auch verfaßt. Sie wurde am 19. Juli geschrieben, ersichtlich in dem Moment, als man die Entscheidung des 16. erfuhr, welche die Versammlung zugunsten des Königs festlegte. Kein Zweifel, daß auch ein begeisterter Brief der Frau Roland an Bancal dazu beitrug, diesen aufs äußerste anzufachen. Es ist der Brief, in dem sie ihm den großartigen Erfolg Brissots bei den Jakobinern berichtet. Dieser fiebernde, ergriffene Brief schloß mit drei Zeilen einer schwermütigen Ahnung: „Ich werde mein Leben aushauchen, wenn es der Natur gefällt; mein letzter Atemzug wird noch ein Hauch von Hoffnung für die Geschlechter sein, die uns nachfolgen."

Sie fühlte sich krank werden, und – in der Tat – sie fiel. Die gewaltige Überanstrengung, die fortgesetzte Gemütsbewegung, vor allem der furchtbare Schlag vom 17. ließen sie unterliegen; sie verzweifelte an der Freiheit. Am 20. schrieb sie an Bancal, alles sei zu Ende, die Jakobiner würden sich niemals halten können, es sei unnütz, daß er nach Paris käme usw. Aber der machtvolle Antrieb, den sie gegeben hatte,[1] ließ sich so nicht aufhalten. Bancal machte sich sofort auf, er besaß die heftige Adresse der Jakobiner aus Clermont, die ganz ausdrücklich von der Hand und aus der Feder der Frau Roland zu stammen scheint. Er glaubte ihren ersten Ratschlägen, trug den späteren keine Rechnung, eilte nach Paris und begab sich selbst vor die Tore der Nationalversammlung, das glühende Papier in Händen.

---

1 Sie gesteht (Briefe an Bancal, S. 272), daß ein großer Teil der republikanischen Zuschriften aus den Provinzen bei ihr in Paris verfaßt worden seien.

Die in aller Heftigkeit würdige, herrische Adresse von oben, vom souveränen Volk an seine Abgeordneten, bezichtigte diese, zweimal die Hoffnung der Nation durch Vertagung der Einberufung der Wahlversammlungen getäuscht zu haben; dreimal sogar, da sie versprochen hatten, am 14. würde die Verfassung eingesetzt sein, und nicht Wort gehalten hatten. Sie verkündete der Versammlung, sofern innerhalb vierzehn Tagen ihr Dekret betreffend den Aufschub der Wahlen nicht zurückgenommen sei, so werde man ohne sie vorgehen.

Bancal kam nicht durchs Tor; man verweigerte ihm den Zutritt zur Barre. Sein Landsmann Biauzat, Deputierter der Auvergne, beurteilte die Eingabe mit heftiger Verächtlichkeit und suchte sogar den Charakter des Überbringers anzugreifen. Er erreichte, daß sie an die Untersuchungsausschüsse gesandt werden sollte, die dann Nachforschung und wenn nötig Verfolgung vorzunehmen hätten. Weit entfernt, sich zu fürchten, sandte Bancal anderen Tages eine entschlossene Verteidigung an die Versammlung und wagte, eine öffentliche Rechtfertigung zu verlangen. Am Abend bot er den Jakobinern tausend Stück der Eingabe von Clermont an, fünfhundert für sie, fünfhundert, die an die Brudervereine geschickt werden sollten. Die Jakobiner wollten diese letzten fünfhundert nicht annehmen; wahrscheinlich fürchteten sie, sich mit diesem gewagten Schritt die Feuillants zu entfremden, die an ihre Rückkehr glaubten.

Tatsächlich zerfielen diese sogleich in zwei Hälften. Es war ausgeschlossen, daß Feuillants wie Merlin oder Dubois-Crancé mit solchen Feuillants wie Barnave und die Lameth gemeinsam gingen. Leider kennen wir ihre inneren Streitigkeiten nicht, sie zeigen sich aber bei der Nationalversammlung nur allzu deutlich. Am 30. Juli erweisen sie sich bei der wichtigsten Frage als schwach, zersplittern sich, die Majorität geht ihnen verloren, die Macht ebenfalls und für immer; denn um die Machtfrage handelt es sich gerade. Nach dem Ereignis von Varennes hatte die Versammlung einige Kommissare in die Grenzdepartements gesandt, um sie zu sichern und zu überwachen. Die gute Wirkung dieser Maßnahme war Grund, daß man daran dachte, sie auszudehnen. Das hieß die Versammlung, die bisher nur gesprochen, von weitem angeordnet hatte, wollte diesmal aus der Nähe handeln, sich in der Person ihrer energischsten Mitglieder an allen Orten des Landes zeigen und durch diese Allgegenwart mit starker Hand Frankreich packen und festhalten, ehe es entschlüpfte. Die alte Konstituierende, die sozusagen schon ihr Dasein ausgehaucht hatte, gedachte das zu tun, was die junge Konvention durch die gewaltige Kraftzunahme erreichte, die ihr aus der Gefahr und dem Zorn erwuchsen.

Spät, sehr spät machte sich diese wesentlich gesetzgeberische Gewalt, diese große Gesetzesfabrik daran, zu leiten, zu reisen, zu handeln. Sie war ein wenig zu gebrechlich, um sich aufs hohe Pferd zu setzen. Buzot verlangte, man solle keine Kommissare mehr entsenden, da für den Augenblick der Revision die Anwesenheit aller Abgeordneten notwendig sei. D'André, hierin das Organ des Hofes in seinem Argwohn gegen die Konstitutionellen, unterstützte zu aller Erstaunen Buzot. So reichte der Hof den Republikanern die Hand, um ihre letzte Hoffnung zu zerstören und die Tätigkeit der Versammlung zunichte zu machen. Diese, die ihrer selber überdrüssig war, gab ohne alle Schwierigkeiten ihre Stimme so ab, wie man es wollte; sie verzichtete auf eigenes Handeln, blieb noch eine weitere Stunde sitzen, so ungeduldig sie war, einen letzten Blick auf ihr Werk, die Verfassung, zu werfen und ihr Dasein zu enden.

DRITTES KAPITEL

Die Revision
Verfehltes Bündnis zwischen der Linken und der Rechten
(August 1791)

Barnave und die Konstitutionellen möchten die Rechte zurückgewinnen (Ende Juli). – Sie einigen sich mit Malouet. – Sie verhandeln mit Kaiser Leopold. – Die Königin schreibt diesem, um ihn an seinem Eingreifen zu hindern (30. Juli). – Die Rechte zerstört das Bündnis Malouets mit Barnave und Chapelier (4. August). – Die Revision, schüchtern und royalistisch, 5. bis 30. August – Die Verfassung von 1791, weder bürgerlich noch volkstümlich. – Ungeheure Zunahme der jakobinischen Gesellschaften. – Robespierres feierliche Beschimpfung der Konstitutionellen, ihre Demütigung, 1. September.

Der Konstitutionelle Barnave und der Royalist Malouet, die in vielen Dingen getrennter Meinung waren, hatten in ihren Anschauungen über die Kolonien Berührungspunkte: beide waren den Pflanzern günstig gesinnt. Eines Tages, als Barnave in diesem Ausschuß lebhaft für Malouet eingetreten war, ließ er alle anderen gehen, hielt Malouet unter vier Augen zurück und machte ihm sein Geständnis: „Ich muß Ihnen oft recht jugendlich vorgekommen sein“, sagte er, „Sie können aber überzeugt sein, ich bin in wenigen Monaten sehr gealtert ...“ Nach einer kurzen Pause, während der er ganz in Sinnen versunken war, fuhr er fort: „Sehen Sie nicht, daß wir sämtlichen Abgeordneten der Linken, abgesehen vielleicht von einem Dutzend Streber und Fanatiker, der Revolution ein Ende machen möchten? ... Wir fühlen gut, daß wir nur dann zum Ziele kommen, wenn wir der königlichen Gewalt eine feste Basis schaffen ... Wenn nur die Rechte, statt die Linke immer dadurch zu reizen, daß sie alle ihre Vorschläge zurückweist, der Revision zustimmen wollte! ...“

Diese Einleitung wies darauf hin, daß die Konstitutionellen, die ihr Werkzeug, die Feuillants, in ihren Händen zerbrechen sahen, und die ferner sahen, wie dieser neue patriotische Klub sich schon wieder zur Tür wandte, um zu den Jakobinern zurückzukehren, sich selbst nach rechts warfen und zu den Royalisten drängten.

Und wenn ich sage, die Konstitutionellen, so meine ich vor allem Barnave. Er allein schien Leben, Trieb und Hoffnung zu bewahren. Nichts vermag die Trägheit der anderen zu bezeichnen, ihre Langeweile, ihren Widerwillen, ihre Entmutigung. Ungeduldig erwarteten sie die gesegnete Stunde, die ihnen zur Ruhe verhelfen sollte. Diese Nationalversammlung hatte in zweieinhalb Jahren Jahrhunderte durchlebt; sie war, wenn ich so sagen darf, ihrer selbst überdrüssig, leidenschaftlich strebte sie ihrem Ende zu. Als d'André ihr die neuen Wahlen vorschlug, die ihr Erlösung bringen würden, erhob sie sich in ihrer Gesamtheit und begrüßte die Hoffnung auf ihre Auflösung mit tosendem Beifall.

Ein vertraulicher Brief eines zuverlässigen und über die Lage genau orientierten Menschen, ein Brief des Herrn von Gouvernet an Herrn Bouillé, verrät uns diesen eigenartigen Umstand, den die Geschichte kaum erkannt haben dürfte: „Das Leben der Versammlung, die Hoffnung der Monarchie, der Wunsch, sie zu retten, das alles hatte in der allgemeinen Niedergeschlagenheit in einem achtundzwanzigjährigem Kopfe Zuflucht gefunden, bei Barnave. Das so wenig gleichartige Bündnis, das vier Fünftel der Linken wieder vereinigte, zwei Feinde, La Fayette und Lameth, eng verband und die Jakobiner fast vernichtete: es war der Plan Barnaves." – Und wie kam es, daß er sich in diese Unternehmung stürzte? Derselbe Brief sagt ausdrücklich, die Rückkehr aus Varennes, die Dankbarkeit, die man ihm entgegenbrachte, hätten „sein Herz gewandelt".

In Wahrheit, eine starke Wandlung! Barnave schien so gar nicht der Mann, sich vom Herzen und von der Phantasie leiten zu lassen. Seine Selbstgenügsamkeit, seine überlegene, trockene und kalte Redeweise hatten nicht das geringste von einem Träumer. Er schmückte sich nie mit gefühlvollen Wendungen und neigte eher zur entgegengesetzten Richtung (zum Beispiel in der Angelegenheit der Neger). Ich glaube, man trifft nie in den Reden Barnaves das Wort, das in allen Reden der Männer jener Zeit, von Ludwig XVI. bis Robespierre so häufig wiederkehrt: „Mein Gefühl, mein Herz."

Der Plan Barnaves war 1791, obwohl die Revolution schon so weit vorgeschritten war, der gleiche, wie ihn Mirabeau hatte: „Die Revolution aufhalten, das Königtum retten, mit der Königin regieren."

Barnave hatte die Königin am 25. Juni abends am Tor der Tuilerien verlassen, und erst am 13. September sah er sie wieder, als der König die Verfassung angenommen hatte. Barnave hielt sich an die Unterredung von Meaux, er sah die Königin vertrauend und lenkbar, nur darauf bedacht, durch die Verfassung, die Nationalversammlung und Barnave gerettet zu werden. Seit jener Zeit hatten sich viele Dinge ereignet, sowohl in Europa als im Herzen der Königin – Dinge, von denen der junge Redner nicht das geringste ahnte.

Er wußte nicht, daß sie inzwischen in entgegengesetztem Sinne gehandelt hatte.

Wir haben schon gesagt, daß Fersen sogleich nach seiner Ankunft aus Paris Monsieur mündlich die Übertragung der königlichen Gewalt überbracht hatte, der am 7. Juli das authentische Schriftstück darüber folgte.

Ohne das auch nur abzuwarten, hatte am 6. der Kaiser Leopold, Bruder der Marie-Antoinette, an alle Mächte ein Rundschreiben gesandt, um Frankreich zu bedrohen und Ludwig XVI. zu befreien.

Preußen, das von den Fürsten gedrängt wurde, trat noch eifriger dafür ein als Leopold. Rußland und Schweden waren noch erzürnter, noch ungeduldiger als Preußen.

Am 25. Juli fanden zwischen Preußen und Österreich Konferenzen statt, und hier zeigte Leopold ganz im Gegensatz zu seinem Schreiben vom 6. Juli, friedliche Absichten. Er hatte genug mit seinem Krieg gegen die Türkei zu tun, der erst im August beendet wurde. Die neue Revolution in Polen stand vor der Tür, es gab Anzeichen für einen großen Krieg im Norden, für einen Einfall Rußlands in Polen, vielleicht konnte man sich noch notgedrungen durch eine von Rußland diktierte dritte Teilung Polens bereichern. Rußland hatte damals aber gerade Absichten auf die Türkei. Die Konferenzen zwischen Preußen und Österreich hatten als Hauptziel, Rußland deutlich zu machen, daß die deutschen Mächte, solange dieses die Türkei nicht freigebe, schlagbereit die Dinge im Auge behalten und sich nicht in das Abenteuer eines französischen Kreuzzuges stürzen würden.

Für den Augenblick konnte Leopold sich also nur friedlich zu uns verhalten; trotzdem Rußland, Schweden und Preußen ihn gern in die Affäre mit Frankreich verwickelt hätten, rührte er sich nicht. Überdies meinten seine gut unterrichteten Generale, daß es keine kleine Sache sei, sich mit einem solchen Reich einzulassen, mit diesen zahllosen Massen eines vom Freiheitsfanatismus hingerissenen Volkes. Für Leopold kam ein persönliches Gefühl hinzu: er fürchtete für das Leben des Königs und der Königin; bei der ersten Nachricht des österreichischen Einmarsches konnte seine Schwester zugrunde gehen.

Der Gedanke, die Königin zu retten, mußte bei ihrem Bruder Leopold selbstverständlich sein. Es war auch der Gedanke Barnaves und der Konstitutionellen, die Königin und das Königtum zu retten. Ohne noch mit dem Kaiser verhandelt zu haben, fühlten sie sich ihm durch dieses gemeinsame Interesse verbunden. Trotz der drohenden Haltung des deutschen Bundestages, der die Rüstung befahl, verzweifelten sie nicht daran, den europäischen Krieg zu vermeiden; wie immer sein Ausgang sein konnte, der Krieg wäre zu ihrem Verderb, zum Triumph der Feinde geworden.

Um mit dem Kaiser zu verhandeln, mußte man vor allem hier der Herr sein, die Macht der Klubs zermalmen oder besser, sie an sich reißen und sie meistern. Die Konstitutionellen hatten den zweiten Weg vorgezogen, hatten ihn in der Gründung der Feuillants zu sehen geglaubt. Doch es geschah, daß die Feuillants ihnen entschlüpften. Da sie damit ihre eigentliche Kraft verloren hatten, blieb ihnen nur übrig, ihre Feinde um Unterstützung anzugehen, also die, die sie verfolgt und vernichtet hatten, ich meine die Royalisten. Waren diese bereit, zu vergeben? Waren sie einsichtsvoll genug, diese letzte Planke zu ergreifen, mit deren Hilfe die Konstitutionellen sich und sie erretten wollten? Das war sehr zweifelhaft. Viel wahrscheinlicher war es, daß sie, in ihren Groll verrannt, mehr nach

Rache als nach Rettung trachteten, daß sie den rettenden Balken mit dem Fuß fortstoßen und daß alle miteinander, Konstitutionelle und Royalisten, gemeinsam in den tiefen Abgrund sinken würden.

Das war der kritische Moment, als Barnave, als die konstitutionelle Partei, aus dem Ereignis auf dem Marsfeld scheinbar siegreich hervorgegangen, sich an den Mann wandte, den man bisher immer zurückgestoßen, verspottet hatte, an den Mann, den die Linke und die Tribünen ewig verhöhnt hatten, an den Royalisten Malouet. Es war der Starke, der den Schwachen um Hilfe anzugehen schien, der sterbende Sieger, der dem Besiegten die Hand hinstreckt und um Gnade fleht.

Malouet verschloß sein Ohr keineswegs den Anerbietungen Barnaves. Aber Chapelier, der dazukam, und Duport, den Malouet alsbald aufsuchte, machten ernstliche Schwierigkeiten. Der oben angeführte Brief versichert indes, daß zwischen Chapelier und Malouet der Bund geschlossen wurde, um gemeinsam die Komödie der Revision zu spielen. Malouet sollte die Verfassung angreifen, ihre Schäden aufweisen: „Und Sie", sagte er, „Sie müssen mir entgegnen, mich mit Ihrer Entrüstung bedenken; Sie müssen die Kleinigkeiten in Schutz nehmen; von den großen Dingen aber, von denen, die wirklich an das monarchische Interesse rühren, sagen Sie, daß Sie der Beobachtungen des Herrn Malouet nicht bedürften, daß Sie die bestimmte Absicht haben, die Reform vorzuschlagen. Und Sie schlagen sie vor."

Wie konnte man erwarten, dieser seltsame Streich werde die Öffentlichkeit täuschen? Sie rechneten offenbar auf die allgemeine Gleichgültigkeit, Sorglosigkeit, Niedergeschlagenheit. Tatsächlich gab es starke Anzeichen von Schwäche. Sogar die Nationalversammlung schien sich gehen zu lassen; sie zählte gewöhnlich nicht mehr als hundertundfünfzig anwesende Mitglieder; an dem kritischen Tag, dem Tage nach dem 17. Juli, nahmen an ihrer Sitzung nicht mehr als zweihundertdreiundfünfzig Abgeordnete teil. Die anderen waren entweder schon fortgegangen oder wohl für immer in den Büros vergraben. Einige, so versicherte man, waren so niedergeschlagen und gebrochen, daß sie Tag und Nacht in den Freudenhäusern und beim Spiel verbrachten; der Bischof von Autun, Chapelier und noch andere wurden beschuldigt, sich dort häuslich eingerichtet zu haben.

Laclos und Prudhomme behaupteten in ihren Zeitungen vom Juli, die Sektionen, die Urwählerversammlungen, seien allmählich verödet. Viele Leute waren offenbar schon des öffentlichen Lebens müde. Man muß hinzufügen, daß dafür jene, die durchhielten, um so eifriger wurden. Wenn die regelrechten Versammlungen wenig besucht waren, so kam es, weil Leben und Glut sich ganz in den jakobinischen Gesellschaften abspielte.

Doch kommen wir zu Barnave zurück; er war froh, dieses Bündnis zwischen den Hauptdarstellern der Revision erzielt zu haben, und verzweifelte nicht mehr daran, daß es gelingen werde, das Königtum zu kräftigen. Die Konstitutionellen fügten sich auf seinen Rat und beauftragten Herrn von Noailles, unseren Gesandten in Wien, Leopold davon in Kenntnis zu setzen; und um ihn besser zu überzeugen, erreichten sie bei der Königin, daß sie selber ihrem Bruder schrieb, ihn bat, nichts zu unternehmen.

Seltsamer Widerspruch! Während Monsieur, ausgestattet mit der Machtbefugnis, die der Hof in den Tuilerien ihm am 7. Juli gesandt hatte, den König von Preußen drängte, zu rüsten, sich in Bewegung zu setzen, schrieb die Königin am 30. an Österreich, es solle nicht rüsten, sich nicht rühren, sondern sich mit ihr dem Eifer anvertrauen, den die Konstitutionellen Frankreichs damals für die Wiedereinsetzung des Königtums bewiesen.

Der lange, einschmeichelnde, geschickte Brief, der ganz anders ist, als der sonst ungestüme Charakter der Königin erwarten ließ, ist ganz darauf berechnet, sie vor dem Vorwurf der Wankelmütigkeit zu bewahren, den man diesen zwei widersprechenden Maßnahmen vom 7. und vom 30. Juli machen mochte. Das so kluge Schriftstück ist, wenn nicht diktiert, so doch in seinen Grundzügen von geschickten Leuten, Barnave und seinen Freunden, festgelegt worden. Und doch weiß die Königin bei allem neuen Vertrauen, das sie ihnen bezeigt, sich noch die Möglichkeit zu bewahren, später sagen zu können, sie habe nicht freie Hand gehabt; sie setzt an den Kopf ihres Briefes das kleine Wort, das, wenn nötig, alles andere annulliert: „Man wünscht, daß ich Ihnen schreibe, und man übernimmt es, Ihnen meinen Brief zu übermitteln, denn ich meinerseits habe keine Möglichkeit, Ihnen Mitteilung darüber zukommen zu lassen, wie es mir geht."

Weder innerhalb noch außerhalb Frankreichs ging die royalistische Partei mit dem König. Der Zeitpunkt, als der König und die Königin sich der Versammlung anvertrauten, war genau der gleiche, als die Emigranten alles daran setzten, das Ausland unter die Waffen zu rufen, als die nicht ausgewanderten Priester das Volk nach einem vorgefaßten Plan bearbeiteten, der, wie es schien, ganz Frankreich zu einer einzigen Vendée organisieren sollte. Im Juli erfuhr man, daß die Deux-Sèvres, daß das Elsaß und Châlons-sur-Marne Feuer gefangen hatten. Im August verkündeten das Pas-de-Calais, das Departement du Nord und der Calvados den Bürgerkrieg. Diese neueste Nachricht platzte gerade am 4. August in die Versammlung, am Vorabend der Revision, mitten in die kaum gefaßten Beschlüsse zwischen Chapelier und Malouet.

Ein Abgeordneter schlug für die Nordprovinz vor, alle Priester, die den Eid auf das Gesetz weigerten, sollten aus dem Departement entfernt werden. Bei diesem Ausspruch erhebt sich die ganze Rechte. Herr von Foucault ruft erfreut: „Plünderung! Brand! Bürgerkrieg!" Alle verlassen das Haus; der Abbé Maury macht der Versammlung noch eine tiefe Verbeugung, als wolle er ihr für die schöne Gelegenheit danken, die sie für einen Ruf zu den Waffen gebe.

Barnave und Chapelier versuchen sogleich, darüber hinwegzugleiten; sie erklären sich gegen diese strenge Maßregelung der Priester, veranlassen ihre Ablehnung. An den folgenden Sitzungen nahm die Rechte wieder teil; man hatte Ursache, sie für zufriedengestellt zu halten. Am 8. August aber, am nämlichen Tage, an dem die Debatten über die Revision eröffnet wurden, erklärte d'Eprémesnil im Namen seiner Kollegen, daß sie bei ihren sämtlichen Protesten beharrten. Jeder von ihnen erhob sich und sagte fest: „Ich gebe die Erklärung ab."

So wurde der mehr schlaue als ehrenhafte Pakt zerstört, den Barnave zwischen der Rechten und den Konstitutionellen stillschweigend zu schließen hoffte. Wie verabredet, begann Malouet die Kritik an der Verfassung mit Kraft und Schlagfertigkeit. Doch Chapelier unterbrach ihn. Durch den neuen Protest der Rechten von der heimlichen Abmachung befreit, bestand er darauf, daß Malouet nicht über den Kern, sondern nur über die Aufstellung der einzelnen Verordnungen der Verfassung reden solle.

Diese Anordnung, die notwendige Verschmelzung, die aus den vielen Einzelgesetzen ein Ganzes machen sollten, das hatte den Ausschüssen der Konstitution und der Revision lange Zeit große Mühe gemacht. Wie man sagt, war es ein Freund La Fayettes, Ramond, später Mitglied der gesetzgebenden Körperschaft, der ihnen die Aufstellung anriet, bei der man schließlich beharrte, eine kluge, geschickte, allzu geschickte Aufstellung, die unter dem Vorwand der Verschmelzung viele Artikel, für die von der Versammlung gestimmt worden war, abtat, verschwinden ließ. Daraus folgte eine beständige Bitterkeit der Konstitutionellen untereinander. Mehr als einmal stimmte die Versammlung gegen ihre Ausschüsse. Als ein Abgeordneter „die bedenklichen Lücken" verriet, „welche die wahren Freunde der Freiheit zu entdecken glaubten", erhob sich ein Entrüstungssturm, und Barnave erregte sich so sehr, daß er sein Rücktrittsgesuch einreichte.

Die Revision bot ein klägliches Bild. Diese edle Versammlung, die trotz aller ihrer Fehler eine so große Stellung in der Geschichte einnimmt, brachte der Menschheit den Beweis, daß es eine schreckliche, beschämende und inkonsequente Sache ist, über seine eigentliche Lebensdauer hinaus zu leben.

Auf frischer Tat bei aristokratischen und royalistischen Umtrieben, solchen der Unterlassung und solchen der Begehung, ertappt, bekundete sie traurig und schüchtern das Verlangen, sich zurückzuziehen, aber auch den Mangel an Mut, der sie sowohl am Rückwärts- wie am Vorwärtsgehen hinderte. Die zeitweilige Kühnheit in einigen Reden Barnaves hatte keinen guten Erfolg. Als Robespierre den König als einfachen Beamten hinstellte und ihm den Titel des Repräsentanten der Nation verweigerte, behauptete Barnave, der Beamte könne nur für die Nation handeln, der Repräsentant aber außerdem für sie wollen. Von da leitete er die Unverletzlichkeit des königlichen Repräsentanten ab. Diese allzuklare Unterscheidung beging gerade die Torheit, die Frage zu sehr bloßzustellen; sie stellte das Königtum bloß und schuf die Unversöhnlichkeit der Geister gegen eine Macht, die an Stelle der Nation einen Willen hatte.

Der königliche Wille – um die Wahrheit zu sagen – war in der Verfassung von 1791 recht ohnmächtig. Er hatte kaum mehr als negative Betätigung; er konnte nur verhindern. Das Veto, womit man den König bedachte, konnte die Ausführung der Erlasse auf drei Jahre hinausschieben – eine störende, herausfordernde Befugnis, die unfehlbar zu Explosionen führen mußte. Abgesehen davon blieb das Königtum eine majestätische Zwecklosigkeit,[1] eines jener antiken, kostbaren und überlebten Möbel, die man, ich weiß nicht aus welchem Pietätsgefühl in modernen Häusern aufbewahrt, die aber im Wege sind, nutzlos viel Platz fortnehmen, so daß man sich eines Tages entschließt, sie in die Rumpelkammer zu stellen.

Die Nationalversammlung hatte dem König die Handelsfreiheit genommen und sie dem Volke nicht gegeben. Dieser ungeheuren Maschine fehlte allenthalben die Bewegungsfreiheit; Unruhe war überall, Betätigung nirgends.

War die Verfassung im wesentlichen bürgerlich, wie man es so viel behauptet hat? Man kann das nicht sagen. Die Wahlbedingung, auf die man sich geeinigt hatte, zweihundertfünfzig Franken Einkommen, war ganz illusorisch, sofern man eine bürgerliche Regierung begründen wollte. Der Republikaner Buzot machte sich selbst darüber lustig und sagte: „Nach Ihrem Gesichtspunkt dürften Sie nicht zweihundertundfünfzig Franken Einkommen fordern, sondern zweihundertundfünfzig Franken Steuern."

Die Wahlmänner mit zweihundertfünfzig Franken Einkommen waren bei der Milderung, die das Gesetz noch zugunsten der Pächter erfuhr, in ungeheurer Überzahl. An Aktivbürgern (Wahlmänner der Wahlmänner, die drei Arbeitstage bezahlten) gab es drei und vier Millionen.

Nur die Aktivbürger waren Nationalgarden – ebenfalls eine seltsame und überdies fast unnütze Bevorzugung; der Unterschied war gering zwischen dem, der drei Arbeitstage und dem, der gar nichts zahlte; gab der erstere so viel mehr Garantien als der andere? Wer konnte das unterscheiden?

Die Versammlung überlebte sich sichtlich während der Revision, jeden Tag war sie an Zahl geringer, an Eindrucksfähigkeit und Würde kleiner. Sie schleppte sich elend hin. Ihre großen Denker schwiegen oder sprachen wenig. Gewöhnlich überließen sie die Initiative einem Manne dritten Grades, einem Geschäfts-

[1] Camille Desmoulins sagt: „Man hat Frankreich den Titel einer Monarchie belassen, um alles, was scheinheilig, dumm, kriecherisch und ein Gewohnheitstier ist, nicht vor den Kopf zu stoßen; doch abgesehen von fünf bis sechs einander widersprechenden Erlassen hat man uns die Republik gegeben."

mann und Unternehmer, einem fleißigen Politiker, d'André, dessen ganze Kunst darin bestand, die jakobinischen Formen für das Königtum auszunutzen. Um die Öffentlichkeit besser zu täuschen, griff er gern die Royalisten an und ging so weit, eines Tages die dreihundert Protestierenden für gefallen zu erklären. Sein triviales Gesicht, seine absichtlich nachlässige Kleidung, unterstützten die Täuschung. Indessen verriet ein komödienhaft Frontinscher Zug in seinem Gesicht (wir verdanken dieses Porträt seinem Freunde Dumont) den geschickten Schauspieler. Zuweilen entschlüpften ihm recht widersprechende Äußerungen; als man ihn einer Schmähschrift zieh, gestand er, sie wenigstens gewollt zu haben. Oft übertrieb er seine Rolle; während der Revision, im September, wurde er Teilhaber eines Handelshauses, glaubte sich damit beliebt zu machen und nannte sich: „d'André, Gewürzkrämer". Das gefiel niemandem; man erblickte darin mit Recht eine ungeschickte Nachahmung des Mittels, das (nach einer falschen, aber weitverbreiteten Ansicht) Mirabeau 1788 angewendet haben soll, der, wie es hieß, in Marseille einen Laden eröffnete und darüber setzte: „Mirabeau, Färber".

Diese armselige Vorstellung, von der die Öffentlichkeit sich nicht täuschen ließ, diese Selbstentmündigung der Versammlung durch einen royalistischen Abenteurer, zog ganz Frankreich auf die Seite der Jakobiner. Anfang September wünscht der Sekretär der Feuillants, Antoine, seinen Eintritt; Ende des Monats ihr Präsident, Bouche; eine Menge anderer folgen. Der Herzog von Chartres will sich dort für zwei Leute, denen er das Leben gerettet haben soll, eine doppelte Bürgerkrone holen. Die jakobinische Gesellschaft in Paris wird zahlreicher als je. Aber wahrhaft erstaunlich, erschreckend ist das plötzliche Anwachsen der Provinzgesellschaften, ihre ungeheure Vermehrung. Im Juli gab es dort vierhundert Gesellschaften – im September gab es tausend, sagt man! Von den alten korrespondierten dreihundert sowohl mit den Jakobinern als mit den Feuillants, hundert nur mit den Jakobinern. Und die sechshundert neuen? Mit wem suchen sie Verbrüderung? Nur mit den Jakobinern. Diese sind die Sieger, Herren der augenblicklichen Lage, der Zukunft.

Diese ungeheure Bewegung Frankreichs, die sich in eine Vereinigung zusammenzuschließen scheint, geht aus von der Stammgesellschaft der Jakobiner in Paris, die unter dem Einfluß Robespierres ihre Neuordnung erhalten hat. Es ist eine ganz andere, viel glühendere, viel jüngere Gesellschaft, bei der allerdings die bedeutenderen Männer, die Denker und Urteilsvollen, weniger zahlreich sind. Dafür herrschen jetzt die Männer von Leidenschaft und Gefühl, die Künstler, die Journalisten, meist zweiten Ranges. Diese Gesellschaft, das feurige Haupt der ungeheuren Jakobinervereinigung von ganz Frankreich, findet seine Gedanken, seinen Ausdruck mehr und mehr in einem einzigen Manne verkörpert; ich gewahre auf dem Gipfel des gewaltigen Gebäudes von tausend Vereinigungen das bleiche Haupt Robespierres. Er hat jetzt vor den Toren der Versammlung Wohnung genommen, und er scheint eine Belagerung daraus zu machen. Wenn man ihn nicht bei den Jakobinern trifft, so ist er sicher gegenüber der „Himmelfahrt", bei Duplay, dem Tischler. Seht ihr die niedrige Tür, den dumpfen und düsteren Hof, auf dem man hobelt und sägt? Darüber, im ersten Stock, in einer Mansardenstube, behütet Frau Duplay den besten der Patrioten ... Ah, wo wäre der brave Bürger, dem sich nicht die Augen feuchten, wenn er hier vorübergeht! ... Die braven Frauen erwarten ihn auf der Straße; sie sind zu glücklich, den „armen, lieben Robespierre" zu sehen, wie er da sauber und sittsam in seinem neuen gestreiften Anzug[1] heraustritt. Seine Brille bekundet, daß er schon vor der Zeit seine Augen im Dienste des Volkes ermüdet hat ... Ach, könnte man doch seinen Rockschoß küssen! Wenigstens geht man ihm nach ... Er schreitet dahin, ohne jemanden zu erkennen, verschlossen, in bürgerlicher Reinheit und aufrecht wie die Tugend.

Wie weit liegt nun schon der 18. Juli hinter uns, die kriecherische Beflissenheit, durch die Robespierre die Jakobiner rettete! Wir haben den 1. September erreicht. Die Revision ist abgeschlossen. Man muß in Erfahrung bringen, wie die Verfassung dem König annehmbar gemacht werden soll, wie man feststellen würde, daß der König für den Augenblick freie Entschließung habe. Wird die Versammlung ihm Änderungen, Bedingungen zur Annahme gestatten? Robespierre bringt einen wohlberechneten Vortrag, um die Versammlung in ihrem herrschenden Teil zu schlagen, sie zu beschimpfen und in dem bedeutendsten Mann dieser Partei, Adrien Duport, zu treffen. Diese großartige Beleidigung ist ein politischer Akt, um die Vernichtung vollständig zu machen; eine besiegte Partei ist in den Augen der meisten Menschen nicht eher wirklich besiegt, als bis sie ungestraft beleidigt werden kann und der Verachtung anheimfällt.

„Man muß gewiß zufrieden sein", sagt Robespierre, „mit den mancherlei wesentlichen Veränderungen, die durch uns herbeigeführt worden sind. Wenn man eine zweimal beschlossene Verfassung noch immer angreifen kann – was bleibt uns da übrig, als unsere Ketten oder unsere Waffen wieder aufzunehmen? ..." Stürmischer Beifall der Tribünen. Die Linke wird erregt und murmelt. – „Herr Präsident", fährt Robespierre fort, „ich bitte Sie, Herrn Duport zu sagen, er solle mich nicht beleidigen ..." Es stellte sich auf das bestimmteste heraus, daß Duport nichts gesagt hatte, seine Nachbarn bezeugen es. Wahrscheinlich hatte Robespierre von vornherein vorgehabt, ihn zu nennen, um auf diesen

[1] Es muß, wenn ich nicht irre, um diese Zeit gewesen sein, daß der olivenfarbene, der erste Anzug (nach Aussage von Herrn Villiers, der anfänglich mit Robespierre zusammenwohnte) einen Nachfolger bekommen haben muß. Als er seine Einsamkeit verließ, das Viertel, das Haus vertauschte, wählte er wahrscheinlich den gestreiften Anzug, wie man ihn damals viel trug, und den man auf allen seinen Bildern sieht.

Namen die ganze Gewalt der Schmähung zu konzentrieren, die er wie einen Stein in der Schleuder, noch einmal den Tribünen zeigte, ehe er sie losließ.

„Ich vermute nicht", sagte er, „daß es hier in der Versammlung einen Mann gibt, der feige genug wäre, um mit dem Hof über einen Artikel unserer Verfassung zu unterhandeln ..." – Und er sah Duport an; auch die Royalisten blickten entzückt zu ihm hin. Noch vierzig Jahre später zittert Montlosier vor Freude, wenn er berichtet, welch ein Schandfleck es für die Rechte war, Duport so erniedrigt zu sehen.

Er fuhr fort: – „Der niederträchtig genug wäre, um durch den Hof neue Änderungen vorschlagen zu lassen, die selbst zu stellen sein Schamgefühl ihm nicht erlaubt." – Der ganze Saal, alle Tribünen, warfen Duport mit einem Blick diese Bezeichnung „niederträchtig" zu, und alle klatschten Beifall

„Dem Vaterlande feind genug, um der Verfassung übelzuwollen, weil sie seiner Habsucht Grenzen setzen könnte." – Erneuter Beifall.

„Unverschämt genug, um einzugestehen, daß er in der Revolution nur ein Mittel gesehen habe, sich emporzuschwingen." – Die Rechte lachte bis zu Tränen.

„Nein", sagte er, „ich glaube es nicht. Ich will eine Abhandlung, eine Rede, die dergleichen aufstellen würde, nur als den vorübergehenden Ausbruch einer verdrießlichen Stimmung ansehen, die schon durch die Reue verdrängt worden ist ..." Und er erhob die Stimme: „Ich verlange, daß jeder von uns schwört, sich über keinen einzigen Artikel in Unterhandlungen einzulassen, kraft der Exekutivgewalt und unter Androhung, zum Vaterlandsverräter erklärt zu werden."

Duport, Barnave und Lameth saßen wie festgebannt unter der Wucht dieser Anklage. Der Hieb sauste, verstärkt durch die Zurufe von den Tribünen und dem höllischen Spott der Royalisten, mit eherner Gewalt herab. Es war wie der Jubel der Verdammten, die einander zurufen: „Untergang für mich, aber auch Untergang für dich! ..." Und das traurigste dabei war, daß fast die ganze Versammlung stillschweigend einverstanden war, die mit einer dem Tod geweihten natürlichen Bosheit ihre Freude daran hatte, zuerst ihre Führer vernichtet, erdrückt zu sehen, ohne daß sie einen Laut ausstoßen konnten.

Genau so hatten sie selbst vor sechs Monaten Mirabeau umgebracht. Heute waren sie an der Reihe.

Mirabeau hatte kein so verzweifeltes und stummes Ende. Diese hier, das muß man sagen, verendeten unter einem viel gewaltigeren Druck. Sie hätten eine Stimme gefunden, diese Besiegten, wenn Robespierre allein, wenn die Versammlung allein, samt den Tribünen, auf ihnen gelastet hätte ... Was sie in Wahrheit zermalmte, ihnen Stimme, Atem und Leben raubte, das war eine Gewalt von außen, die man nicht gewahrte, eine ungeheure, unvermeidliche Gewalt; das war die riesenhafte Schlange der tausend jakobinischen Gesellschaften, die von einem Ende Frankreichs zum anderen ihre Ringe zog und daherkam, um sie alle miteinander in der zerfallenden Nationalversammlung, dort auf ihrer Bank, an ihrem Platz zu umschlingen, zu erdrücken.

In Duport gingen die Konstitutionellen zugrunde und in ihnen die Nationalversammlung. Jene Rede und dieses lähmende Schweigen eines wie vom Schlage Gerührten scheinen bereits zur Geschichte der Schreckenszeit zu gehören.

VIERTES KAPITEL

Priester und Jakobiner
Verkauf der Nationalgüter
(September 1791)

Allgemeine Charakterisierung der konstitutionellen Versammlung. – Was für Dienste sie der Menschheit erwiesen hat. – Die Deklaration von Pillnitz (27. August) bringt den Konstitutionellen den Tod. – Der König stimmt der Verfassung zu (13. September). – Begegnung der Königin mit Barnave. – Die Hauptstärke der Royalisten bestand in der Einwirkung der Priester auf das Volk. – Milde der Versammlung gegenüber den Priestern, welche den Eid verweigern. – Intrigen und aufrührerische Umtriebe der widerspenstigen Priester. – Die Mechanik der Begeisterung. – Heimliche Sakramente, nächtliche Begräbnisse. – Es wäre nicht unmöglich gewesen, den Bauern die Augen zu öffnen. – Die Nationalversammlung hätte die Seelen vorbereiten müssen, das Gesetz zu begreifen und willig aufzunehmen. – Der religiösen Begeisterung waren persönliche Interessen beigemischt. – Die Interessen mußten auch den revolutionären Glauben stärken. – Der Verkauf der Nationalgüter nimmt seinen ersten Aufschwung. Achthundert Millionen in fünf Monaten (April bis August 1791). – Vertrauen der Käufer in die Zukunft der Revolution. – Sie verstärken die jakobinischen Gesellschaften. – Der Bauer als Nebenkäufer bildet den festen Boden der Revolution. – Die alte, lange unterbrochene Erhebung Frankreichs beginnt wieder. – Notiz über die Schriftsteller, die das zu vertuschen suchen. – Einigkeit der französischen Landbevölkerung. – Ende der Konstituierenden Versammlung (30. September 1791); ihre Ohnmacht.

Die Fehler der Konstituierenden Versammlung, die krummen und verwerflichen Wege, auf die ihre Führer sich begaben, ihre schließliche Strafe und Erniedrigung dürfen uns Nachkommen, die wir ihre Wohltaten genießen, keineswegs vergessen lassen, was alles diese große Versammlung der Menschheit an Diensten geleistet hat.

Ein ganzer Band wäre nötig, um die gewaltige Masse der dreitausend Gesetze, die sie hinterlassen hat, zu würdigen! ... Vielleicht versuchen wir, ihren Geist zu erfassen, indem wir sie mit ähnlichen oder widersprechenden Gesetzen unserer anderen Versammlungen vergleichen. Erwähnen wir nur von den Gesetzen der Konstituierenden, daß selbst die wieder abgeschafften nicht wenig belehrend und fruchtbringend sind. Die allgemeinen und philosophischen Lösungen, die sie so vielen Fragen gegeben, sind von allen Völkern stets nutzbringend studiert und achtungsvoll um Rat befragt worden. Sie hat nicht als Gesetzgeber der Welt haltgemacht, sie ist zu ihrem beständigen Arzt geworden, sie bewahrt ihr, in edle Form gefaßt, die Gelübde des philosophischen Jahrhunderts, ihre Liebe zur Menschheit.

In meiner hier allzu voraneilenden Geschichte habe ich in dieser Beziehung der Konstituierenden Versammlung nicht das geben können, was man ihr schuldig ist. Ich bin unbeabsichtigt ungerecht gegen sie gewesen, habe von den Intrigen, aber nicht von den Leistungen gesprochen, immer die sehr angreifbaren Parteiführer erwähnt und nichts von der Menge aufgeklärter, bescheidener, unparteiischer Männer gesagt, welche in den Ausschüssen saßen oder in der Versammlung klug und vaterlandstreu ihre Stimme abgaben und oft die Majorität auf die Seite der Vernunft stellten. Eine wogende Masse von ungefähr drei- bis vierhundert Abgeordneten, von denen fast keiner gesprochen, keiner sich als entscheidende Meinung hervortat, hat vielleicht die wahre Stärke der Konstituierenden ausgemacht, indem sie immer die hohen, edlen, gütigen Beschlüsse unterstützte, die den sanften Geist der Menschlichkeit in den Gesetzen erstrahlen ließen.

Wäre die Konstituierende Versammlung der einzige Verfasser der von ihr herausgegebenen Gesetze (mögen diese auch Lücken und Fehler haben), so schuldete ihr die Menschheit nicht eine Krone, sondern einen Altar.

Ihre Gesetze gehören aber nicht ihr allein, das muß gesagt werden. Sie hat in Wirklichkeit weniger Initiative gehabt, als es scheint. Als Organ einer immer wieder aufgeschobenen Revolution fand sie die Reformen reif, die Wege geebnet. Eine einsichtsvolle Welt, die nach Entfaltung lechzte, wurde ihr durch das große achtzehnte Jahrhundert in die Hand gegeben; es blieb nur, ihr eine Form zu schaffen. Aufgabe der Versammlung war es, alles das, was die Philosophie in Gestalt von Abhandlungen geschrieben, in Gesetze zu übertragen. Und sie, die Philosophie, nach welchem Diktat hatte sie geschrieben? Nach dem der Natur, nach dem des seit tausend Jahren fast erstickten Menschenherzens. So daß also die Konstituierende Versammlung das Glück, die hohe Ehre hatte, zu erreichen, daß die Stimme der Menschheit endlich niedergeschrieben und zum Gesetz der Welt wurde.

Sie war dieser Rolle nicht unwert. Sie schrieb die Weisheit ihrer Zeit, die sie zuweilen sogar übertraf. Die erlauchten Gesetzgeber, die für sie verfaßten, wurden in ihrer logischen Kraft dazu geführt, den philosophischen Gedanken des achtzehnten Jahrhunderts durch eine rechtmäßige Herleitung auszubauen; sie waren nicht nur seine Sekretäre und seine Schreiber, sondern seine Fortführer. Ja, wenn die Menschheit diesem einzigartigen Jahrhundert das ihm gebührende Denkmal errichtet, wenn auf dem Gipfel dieser Pyramide Voltaire und Rousseau, Montesquieu, Diderot und Buffon vereint thronen, so werden an den Seiten von oben bis unten auch die großen Geister der Konstituierenden ihren Sitz haben, und neben ihnen die großen Mächte der Konvention. Gesetzgeber,

Organisatoren, Administratoren, sie haben trotz aller ihrer Fehler unsterbliche Beispiele hinterlassen.

Doch die Zeit kommt, wo die Konstituierende zugrunde gehen muß. Sie vermag nichts mehr für Frankreich, nichts für sich selbst. Es muß uns die Konvention werden, zunächst unter dem Titel der Gesetzgebenden. Es muß dahin kommen, daß die jakobinische Vereinigung Frankreich schützt und verteidigt. Es muß zu einer Verschwörung kommen gegen die Machenschaften der Priester und der Könige.

Am 27. August hatten der Kaiser und der König von Preußen in Pillnitz eine zunächst etwas unklare Drohung gegen Frankreich erlassen. Dann war Calonne herbeigeeilt. Unter seinem tätigen Einfluß und dem haßerfüllten Atem der Emigranten fingen auch die Könige Feuer, und ohne sich davon genaue Rechenschaft zu geben, überschritten sie die sich selbst gesteckte Grenze. Sie ließen sich hinreißen, dem Manifest folgenden Satze hinzuzufügen: Sie würden Befehl erteilen, daß ihre Truppen sich bereit zu halten hätten, in Tätigkeit zu treten.

Es war für Frankreich ein Vorteil, so benachrichtigt zu werden. Die Emigranten zogen in ihrer gewohnten Ungeschicklichkeit vorzeitig an der Sturmglocke. Der friedfertige Brief der Königin von Frankreich wurde für den Moment von Leopold vergessen; er, der noch gar nicht die Absicht hatte, einzugreifen, beging den Fehler, Alarm zu schlagen. Das war der Gnadenstoß für die Konstitutionellen; bei ihrer peinlichen Arbeit, das Königtum wiederherzustellen, wurden sie von der Emigration zu Tode getroffen. Angesichts des Krieges, den man für unvermeidlich hielt, wandte sich die nationale Einsicht mehr und mehr von ihnen ab, hielt sie für unfähig oder nichtswürdig, jedenfalls bei der nahenden Krise für gefährlich in jeder Hinsicht.

Sie verstärkten bei der Revision das Opfer, das sie schon gebracht hatten, ihren Ausschluß aus der Deputation und von allen Posten. Man hat ihnen das zu Unrecht vorgeworfen. Sie hatten nicht die Freiheit, anders zu handeln. Sie sahen sich, als der Gegenstand allgemeinen Argwohns, außerstande, etwas Böses oder etwas Gutes zu tun.

Die Verfassung wurde dem König vorgelegt und am 13. September von ihm bestätigt. Die Emigranten behaupteten, der König entehre sich damit; Burke schrieb an die Königin, sie müsse sich weigern und lieber zugrunde gehen. Sie empfand deutlich die Härte dieser guten Freunde, dieser getreuen Untergebenen, die selbst fern von der Gefahr in den Salons von London oder Wien saßen und von ihr die Aufopferung verlangten, ihr den Tod auferlegten. Das war keineswegs die Ansicht Leopolds oder Kaunitz'. Auch Barnave und die Konstitutionellen beschworen den König, einzuwilligen. Er tat es mit bemerkenswerter Zurückhaltung und erklärte, er sähe in dieser Verfassung kein genügendes Aktions- und Einigkeitsmittel: „Da die Meinungen über den Gegenstand geteilt sind, bin ich einverstanden, daß die Erfahrung der einzige Richter dafür sei." Das hieß zustimmen, ohne zuzustimmen, sich als träger und böswilliger Zeuge vorbehalten, die Stöße abzuwarten, denen die zerfallende Maschine ausgesetzt sein wird.

Es gab Feste in Paris. Die königliche Familie wurde in den Tuilerien, auf den Champs-Elysées spazieren gefahren, in die Theater geführt. Noch einmal wurde sie von einem großen Teil der Bevölkerung mit Freude und Rührung begrüßt. Eine besorgte, mit Unruhe durchsetzte Freude. Auf allen Gesichtern las man den einen Gedanken: „Ach! Wenn die Revolution doch enden möchte! Könnten wir doch in diesem Tage das Ende unserer Leiden erblicken!"

Weit davon, beendet zu sein, begann erst alles. Während der König und die Königin, die wieder etwas mehr Freiheit genossen, heimlich Barnave empfingen und mit ihm berieten, in gewissem Sinne mit der Revolution unterhandelten, hatten die Priester in ganz Frankreich im Namen Gottes, im Namen des Königs den ersten Akt des Bürgerkrieges eingeleitet.

Ich kenne in der Geschichte nichts so Trauriges, als diese nächtlichen Begegnungen Barnaves mit dem König und der Königin, wie sie die Kammerfrau erzählt hat, die den Abgeordneten einließ. Ganze Stunden wartete sie an einer kleinen Tür im Zwischenstock, die Hand am offenen Riegel. Eines Tages befürchtete die Königin, Barnave werde das Geheimnis schlecht hüten, wenn er es einer Kammerfrau anvertraut sähe, und wollte selbst das Amt übernehmen; sie bezog die Schildwache. Seltsames Schauspiel, die Königin von Frankreich des Nachts warten zu sehen, die Hand an der Klinke! ... Und, was erwartete sie, die entthronte Königin? Sie erwartete die Unterstützung des nicht weniger gestürzten Redners, ihn, der nicht mehr volkstümlich war und nichts mehr vermochte. Der Tod erwartete den Tod und das Nichts das Nichts.[1]

Der Royalismus fand seine Stärke anderswo, in der fanatischen Feuersbrunst, welche die Priester auf einer ungeheuren Brandfläche entzündeten und schürten. Man hätte sagen können, Frankreich gleiche einem verschlossenen Hause, das innen in Flammen steht; an einzelnen Stellen verriet sich der Brand durch verschiedene Anzeichen: hier ein fahles Licht, weiter oben Rauch, dort unten der Funke.

In der Bretagne zum Beispiel blieben die Geistlichen, die 1789 fast alle zu Maires gemacht worden waren, tatsächlich Maires, Beamte der Revolution gegen die Revolution. Es gab kein Mittel, neue Gemeindeverwaltungen aufzustellen.

---

[1] Und das schlimmste war dies, daß Barnave, der sich für die Königin einsetzte, ihr mißtraute und ihr Doppelspiel fürchtete; er verlangte von ihr Einsicht in alle ihre Briefe (Siehe Frau Campan). Hatte er unrecht? Ich weiß es nicht. Der König von Schweden, der vermutlich die Absichten in den Tuilerien gut kannte, schrieb kurz darauf an Bouillé (Dezember), alles, was man wolle, sei „die Versammlung einzulullen".

Ein ungeheurer passiver Widerstand, ein gewaltiges, verbissenes Schweigen im ganzen Lande, ein ostentatives Abwarten.

In der Vendée hatte jeder Edelmann sich zum Kommandanten der Nationalgarde ernennen lassen, und seine ausführende Hand war oft der Bürgermeister. Am Sonntag nach der Messe wurden sie von den Bauern gefragt: „Wann fangen wir an?“ Man hatte gerade im Juni, zur Zeit der Reise nach Varennes, zahlreiche Emigranten in der Hoffnung auf eine große Erhebung zurückkehren gesehen. Einer von ihnen, der junge und fromme Lescure, glaubte zu kommen, um sich für den König und für die Religion zu schlagen; seine Familie verheiratete ihn. Es traf sich sehr gut, daß die Tante der Frau von Lescure (seitdem La Rochejaquelein) aus Rom den erforderlichen Dispens geschickt hatte. Der Dispens besagte, die Ehe dürfe nur von einem Priester vollzogen werden, der den Eid geweigert oder zurückgenommen habe. Es war eines der ersten Schriftstücke, in denen der Papst seine Entschlossenheit kundgab. Zahllose Priester, die den Eid geleistet hatten, widerriefen auf der Stelle.

Doch lange bevor der Papst sich so entschieden hatte, war seine Ansicht bekannt und begriffen; die Agenten der Geistlichkeit gingen geschickt und heimlich vor; sie hetzten das Volk in der Stille auf. In der Mayenne beispielsweise zeigte sich weiter nichts, als daß man gelegentlich auf den Waldlichtungen große Ansammlungen von tausend bis zweitausend Bauern finden konnte. Aus welchem Grunde? Niemand hätte es sagen können.

Der Holzschuhhändler Jean Chouan pfiff noch nicht seinen Nachtvögeln. Bernier predigte noch nicht im Anjou den Kreuzzug. Cathelineau war noch ein guter Fuhrmann, ein ehrlicher und frommer Hausierer, der friedlich seinen kleinen Handel und die Sache des Vaterlandes gemeinsam führte. Dennoch gab es bei dieser Sanftmut trotz des Rates, abzuwarten, ungeduldige Leute, unvorsichtige Hände, unüberlegte Hitzköpfe. Bei Angers zum Beispiel wurde ein vereidigter Priester durch Messerstiche getötet. In Châlons stiegen die Wütenden ins Pfarrhaus ein, um den Pfarrer zu ermorden. Im Elsaß zog man nicht den Stahl gegen die bürgerlich gesinnten Priester, man hetzte Bluthunde auf sie, die sie zerfleischen sollten. Alle Abende sang man in den dunklen Kirchen bei gelöschten Kerzen vor einer bebenden Menge das „Miserere“ für den König nebst einem Lobgesang, in welchem man Gott gelobte, die Eindringlinge mit Flintenschüssen zu empfangen. Dieses Gebet und alle Anordnungen, denen die Geistlichkeit des Elsaß gehorchte, kamen vom anderen Rheinufer, wo der „cardinal-collier“, der berühmte Rohan, zum Heiligen und Märtyrer geworden, ganz nach seinem Gefallen und ungefährdet den Bürgerkrieg vorbereitete.

Fauchet, im Calvados, war für seine unsinnige Bemühung, die Revolution und das Christentum miteinander zu versöhnen, grausam gestraft worden; ein beredtes Wort fand als Erwiderung nur Beleidigungen und Hohngelächter. In Caen ging die Kühnheit der Priester und der Frauen, ihrer getreuen Verbündeten, so weit, daß diese in ihrer Raserei am hellen Tage in einer von den Truppen und Nationalgarden erfüllten Stadt es wagten, dem Pfarrer von Saint-Jean den Tod zu geben und das Seil der Chorlampe herunterließen, um ihn über dem Altar aufzuhängen.

Welcher Verfolgungsplan entfesselte solche Zorngewalten? Wo war denn der Tyrann, gegen den man sich empörte? ... Seit der Märtyrerzeit waren die Rollen vertauscht; die Heiligen von damals verstanden zu sterben, diese aber verstanden zu töten.

Man muß wissen: erstens, daß die Nationalversammlung von den Priestern ohne Amt, die über die Hälfte der Geistlichkeit ausmachten, keinen Eid gefordert hatte. Mönche, Stiftsherren, einfache Pfründenbesitzer, Abbés aller Art erhielten ihre Pension; der Staat verlangte nichts von ihnen.

Zweitens: Der Eid, den man den im Dienst stehenden Priestern abverlangte, war durchaus kein spezieller Eid auf die „bürgerliche Organisation der Geistlichkeit“[1], sondern ein allgemeines Gelöbnis, „der Nation, dem Gesetz und dem Könige treu zu sein und die Verfassung hochzuhalten“. Diesen rein bürgerlichen Eid konnte der Staat jedem Beamten abverlangen, konnte das Vaterland mit Recht von jedem Bürger beanspruchen.

Es ist wahr, daß unter der allgemeinen Begeisterung das Gesetz, die Verfassung, die bürgerliche Organisation der Geistlichkeit mit inbegriffen war, gleich jedem anderen Gesetz. Was befahl diese Organisation der Geistlichkeit? Nichts hinsichtlich des Dogma, nichts anderes als eine bessere Verteilung der Diözesen und die Wiedereinsetzung der Kirchenwahlen[2], die Rückkehr zum alten Brauche. Der Widerstand des Papstes und der Geistlichkeit war der Widerstand des Neuen gegen das christliche Altertum, das die Versammlung wieder einsetzte.

Und welchen Martern unterwarf die Versammlung die Priester, die den Bürgereid verweigerten und den Gesetzen den Gehorsam schuldig blieben? Die einzige Strafe war, bezahlt zu werden, ohne etwas leisten zu müssen; man beließ ihnen ihr Gehalt. Die böswilligen Schädlinge wurden nichtsdestoweniger pensioniert.

Das ist noch nicht alles; in einer übertriebenen Achtung der Gewissensfreiheit gestattete die Versammlung diesen Feinden des Gesetzes den Zugang zum Altar, hielt ihnen stets die Kirchen offen, die sie darangegeben hatten, gestattete ihnen, dort die Messe zu lesen, so daß die Dummen und Einfältigen, die Sklaven der Gewohnheit, sich keine Skrupel zu machen brauchten und allmorgendlich

---

1 „Constitution civile de clergé“, 1790 von der Konstituierenden Versammlung beschlossen.

2 Hinsichtlich dieser Wahlen findet man die wahre Ansicht der Geistlichkeit von damals, weit aufrichtiger als diese es heute ist, in dem Aufsatz „Pius VI.“ der „Bibliographie universelle“ von Michaud, XXXIV, S. 310: „La constitution civile du Clergé livrait à tout *ce qu'il y a de plus vil et de plus abject dans l'ordre social* l'élection de ce qu'il y a de plus élevé et de plus pur dans le sacerdoce.“

hören konnten, wie ihr Priester das Gesetz, das ihn bezahlte, und die allzu milde Versammlung verwünschte.

Es muß gesagt werden, die bürgerlichen Priester bezeigten lange Zeit denen, die gegen sie Aufruhr und Mord predigten, eine mehr als himmlische Geduld. Nicht allein, daß sie ihnen die Kirchen öffneten, sie teilten auch mit ihnen die Abzeichen, die priesterlichen Gewänder. Der kluge und bescheidene d'Expilly, Bischof von Quimper, ermutigte sie selbst, den Gottesdienst weiterzuüben. Grégoire, in Blois, lieh ihnen großherzig seinen Schutz. Ein anderer Bischof verteidigte sie, wie wir gleich sehen werden, in der Gesetzgebenden Versammlung mit wundervollem Erbarmen. Einer dieser echten Priester Gottes schrieb am 12. Dezember, um den harten Maßregeln, die man im Westen fürchtete, vorzubeugen: „Die Wunden der Religion bluten ... Keine Gewalt, ich bitte euch. Sanftmut und Unterweisung, das sind die Waffen der Wahrheit."

Die Kirche von 1791 bekannte sich klar zu dem, was sie war, Vertreterin der Autorität, Gegnerin der Freiheit. Und als solche verlangte sie auch die völlige Wiederherstellung der königlichen Autorität. Man entdeckte und veröffentlichte einen Brief Pius' VI., in welchem er, im Glauben, Ludwig XVI. habe gewonnen, diesen zu dem Wiederantritt der vollen absoluten Gewalt beglückwünscht.

Da lag die eigentliche Frage, die einzige Frage, da lag sie so ganz, daß, wer am besten für den König arbeitete, im Grunde vermeinte, nur für die Priester einzutreten.

Nichts vermag uns eine Vorstellung zu geben von der blinden und gewaltigen Verfolgungswut, deren die Revolution, scheinbar die Herrscherin, zum Opfer gefallen war. Da konnte man sehen, wie beschränkt der Bereich der gesetzlichen Handlungsfreiheit war, verglichen mit den tausenderlei Antrieben und Betätigungen, die der Voraussicht, dem Auge des Gesetzes entgehen. Die fromme und royalistische Gesellschaft schien stets und in allem dem Anhänger der neuen Ideen zu sagen: „Nun gut, mögen sie dich beschützen! ... Das Gesetz ist für dich, beachte es!" – Zum Arbeiter ohne Arbeit: „Für dich das Gesetz, mein Freund! Möge das Gesetz dich ernähren." – Zum Armen: „Möge das Gesetz dir beistehen!" – Zum Kaufmann: „Das Gesetz soll kaufen kommen! ... Es läßt dich sterben? Gut, so stirb."

Wieviel Ehen wurden kurz vor ihrer Schließung auseinandergerissen! Wieviel Familien auf den Tod entzweit! Und wieviel Male die Geschichte der Montague und der Capulets, der ewige Haß, der Romeo und Julia trennte, erneuert! ... Die Ehen waren Scheidungen. Die Gattin erhob sich mitten in der Nacht und floh mit nackten Füßen das Ehebett, was sage ich? das eheliche Dach. Mochten die weinenden Kinder auch hinterherlaufen ...

Am Sonntag, wenn die Kirche weit offen stand, ging sie fort, um in zwei, drei Meilen Entfernung ihre eigene Kirche aufzusuchen, eine Scheune, eine Heide, wo vor einem alten Kreuz der widerspenstige Priester seine Messe des Hasses sagte. Man kann sich kaum vorstellen, wie die Einbildungskraft dieser armen Geschöpfe, vom Atem des Teufels in der Wüste aufgepeitscht, zur Raserei getrieben wurde. In irgendeinem Dorf des Périgord bewaffnet sich ein Haufe solcher Frauen eines Morgens mit Hacken, läuft zu einer der erledigten Kirchen, schlägt die Türen ein, läutet die Sturmglocke. Die Nationalgarde eilte herbei und entwaffnete die Weiber. Man verfuhr milde mit ihnen; von dreizehn, die man festgenommen hatte, waren zwölf gesegneten Leibes.

Eine schlaue Verordnung (vom 31. Mai 1791), die von der Vendée aus ganz Frankreich durchlief, unterwies die Priester in der Mechanik der Begeisterung, um die Köpfe zu verwirren, um Narren und Tollköpfe zu machen. Diese Verordnung wurde heimlich von den grauen Schwestern überall durchs Land getragen, von den „Filles de la sagesse", gefährlichen Agenten, die von Hospital zu Hospital und immer bei der Krankenpflege diese furchtbare Krankheit des Bürgerkrieges ausbreiteten. Der Hauptpunkt in der Unterweisung war der Rat, einen strengen „cordon sanitaire" zwischen den Vereidigten und den Unvereidigten zu ziehen, eine Trennung, die das Volk warnte, wie vor einer geistigen Pest. Besonders die Begräbnisse waren dramatisch. Im Totenhaus, dessen Türen, Fenster und Laden geschlossen waren, erschien abends der heilige Priester, sagte die Sterbegebete, segnete den Entschlafenen inmitten der knieenden Familie. Diese, man hatte es ihr erlaubt, trug den Toten zur Kirche; voll Entsetzen und Abwehr machte man an der Schwelle halt, und sowie die konstitutionellen Priester erschienen, um die Leiche zu übernehmen, entflohen die Angehörigen unter Tränen, verzweiflungsvoll ihren Toten den verfluchten Gebetsübungen überlassend.

Später gestattete ihnen die geheime Verordnung nicht mal mehr, ihn zur Kirche zu bringen. „Wenn der alte Pfarrer ihn nicht beerdigen kann", hieß es da, „so müssen die Verwandten oder Freunde das heimlich besorgen." Eine gefährliche, gottlose und rohe Ermächtigung! Grauenvolle Szene, wie Young, genötigt, seine Tochter selber in der Nacht zu begraben, den erkalteten Leib in seinen zitternden Armen tragen, die Grube aufwerfen, die Leiche (o Schmerz!) mit Erde bedecken mußte – dieser Vorgang wiederholte sich viele Male in der Heide und den Wäldern des Westens! ... Und er wiederholte sich mit stärkerem Entsetzen. Wie bebten sie, diese einfältigen Leute, im Gedanken, daß der arme, von Laienhänden und ohne Sterbesakramente in die Grube gelegte Tote in alle Ewigkeit verloren sei, und daß sich hinter dieser Nacht der unglückseligen Seele nur noch das Dunkel der Verdammnis öffne.

Wer war verantwortlich für diese Schrecken? Die Härte des Gesetzes? Die Unduldsamkeit der Versammlung? Keineswegs. Sie hatte keine Opferung religiöser Glaubensbekenntnisse verlangt.

Nein, nicht Unduldsamkeit ist es, was man dieser wahrhaft großen Versammlung vorwerfen kann. Was an ihr zu tadeln wäre, ist, daß sie wohl das Gesetz erlassen, aber alle Mittel der Aufklärung, der Ankündigung außer acht gelassen hat, die geeignet gewesen wären, die Nacht der Unwissenheit, des Mißverstehens bei der Bevölkerung zu zerstreuen, die verhängnisvollen Zweideutigkeiten, diese beständige Waffe der Geistlichkeit, aufzudecken.

Am häufigsten verwechselte man den zwiefachen Sinn des Wortes „constitution", durch die Unterstellung, der Bürgereid des Gehorsams gegen die „Constitution de l'Etat" sei ein Religionseid zum Gehorsam gegen die „constitution civile du clergé". Die Geistlichkeit wußte die beiden Dinge geschickt zusammenzuwerfen und die Versammlung einer grausamen Intoleranz zu zeihen. Noch heute können viele Leute den Unterschied nicht sehen und machen aus der mißverstandenen Bezeichnung einen schweren Vorwurf gegen die Revolution.

Die Bauern der Vendée und der beiden Sèvres waren recht erstaunt, als ihnen die Sache von den ausgesandten Zivilkommissaren, den Herren Gensonné und Gallois im Juli und August 1791 auseinandergesetzt wurde. Diese armen Leute waren durchaus nicht taub gegen die Stimme der Vernunft. Sie waren ganz glücklich, als die Kommissare ihnen die Verordnungen der Versammlung wiederholten: „Das Gesetz will keineswegs die Gewissensfreiheit vergewaltigen; jeder hat die Freiheit, sich die Messe anzuhören, die ihm zusagt, zu dem Priester zu gehen, der sein Vertrauen besitzt. Alle sind gleich vor dem Gesetz; keinem ist eine andere Verpflichtung auferlegt, als die religiösen Meinungsverschiedenheiten gegenseitig zu dulden und in Frieden zu leben." Diese Worte rührten das ehrliche und treuherzige Volk; sie gestanden voll Reue die Gesetzesübertretungen ein, die sie sich vorzuwerfen hatten, versprachen, den vom Staate eingesetzten Priester zu achten, und verließen die Zivilkommissare „die Seele von Friede und Glück erfüllt", und beglückwünschten sich, daß sie mit ihnen gesprochen hatten.

Dies prächtige Volk verlangte nur nach Aufklärung. Dem Klerus muß der Vorwurf gemacht werden, es barbarisch mit Finsternis umgeben, ihm eine dem Dogma ganz fernstehende rein politische Frage als eine solche religiöser Natur hingestellt zu haben, die armen gläubigen Seelen gemartert und eine wirklich gute Bevölkerung durch den Haß verhärtet und verdorben, sie zu Mördern und Unmenschen gemacht zu haben!

Und es ist auch ein Vorwurf, den man der Konstituierenden Versammlung machen muß, nicht beachtet zu haben, daß ein Gesetzgebungsverfahren stets wirkungslos ist, wenn man ihm nicht ein Erziehungsverfahren zur Seite stellt. Ich spreche, wie man begreifen wird, von der Erziehung des Mannes, ebenso und mehr, wie von der des Kindes.

Die Konstituierende Versammlung, dieser letzte Ausdruck des achtzehnten Jahrhunderts und gleich ihm von einer abstrakten und scholastischen Absicht beherrscht, hat sich zu sehr mit Formeln abgegeben und hat alle die Zwischenstufen zu wenig beachtet, die Abstraktion und Leben trennen. Sie hat immer auf das Allgemeine, das Absolute hingezielt; es hat ihr ganz an der wesentlichsten Eigenschaft des Gesetzgebers gefehlt, die ich gern als den erzieherischen Sinn bezeichnen möchte. Dieser Sinn weiß die Grade, die unterschiedlichen Mittel zu schätzen, durch welche man die Bevölkerung bereitwillig stimmen kann, das Gesetz aufzunehmen. Ohne diese vorbereitenden Mittel reizt dieses die Gemüter nur zum Widerstand; das Gesetz kann nichts ohne die Zuverlässigkeit, sie ist seine Voraussetzung. Die Zuverlässigkeit aber, die es aussät, es bereitet und vorbereitet? Das ist die Erziehung.

Nicht nur, daß das Gesetz unfruchtbar blieb, es erreichte vielmehr genau das Gegenteil von dem, was es gewollt hatte. Nicht nur keine Erziehung, sondern eine Gegenerziehung war die Folge, eine Erziehung im entgegengesetzten Sinne, die zwei beklagenswerte Folgen hatte:

Diese gläubigen, von den Schrecken der kommenden Zeit aufgepeitschten Seelen wurden immer unmenschlicher, je mehr ihre Ängste wuchsen. Sie wurden hart, das Leben des Menschen, die Ströme von Blut, es galt ihnen nichts. Der Tod! Er genügte nicht, um sich an einem Feind zu rächen, der die Seele mit ewiger Höllengefahr bedrohte!

Dann hatte die fanatische Überreizung, statt die Gemüter ängstlich und zaghaft zu stimmen, die eigentümliche Wirkung, ihnen alle Skrupel zu nehmen; man verlor die persönlichen Interessen aus den Augen, die oft ein Grund zur Feindseligkeit gegen die Revolution gewesen waren, und glaubte sie aus ganz unpersönlichem Haß zu hassen, nicht um des materiellen Schadens willen, den sie einem brachte, sondern einzig aus Gottgefälligkeit. Der Vendéer zum Beispiel, der alles Geld, was er aus der Aufzucht des Viehes gewann, bei seinem Gutsherrn anlegte und nun seinen vornehmen Schuldner ruiniert oder ausgewandert sah, warum griff er zum Gewehr? Um dieses Geldverlustes willen? Nein, aber (so sagte er) damit man ihm seine guten Priester wiedergebe. Der Bretone, der eins oder mehrere seiner Kinder beim Klerus unterzubringen gedachte, hatte gegen die Revolution zeitweilig berechtigten Grund zum Haß; aber seine düstere religiöse Begeisterung täuschte ihm vor, daß er nur darum gegen die neue Ordnung sei, weil sie der Kirche Schmach antue, weil sein Gott sich habe flüchten müssen, in die Einöde verwiesen sei und keinen Hort mehr habe als den Himmel.

So also war der Geist des Widerstandes ohne sich genaue Rechenschaft zu geben aus Begeisterung und persönlichen Interessen gemischt. Ein einzelner dieser beiden Beweggründe hätte beseitigt werden können, der Fanatismus wäre auf die Dauer den neuen Erkenntnissen gewichen, das persönliche Interesse hätte sich dem Gewissen untergeordnet. Doch so vermischt, verschmolzen, sich gegenseitig täuschend und einander weichend, waren sie unzerstörbar.

Es schien, als solle die revolutionäre Begeisterung weniger Bestand haben als der katholische und royalistische Fanatismus. Sie hatte neue Voraussetzungen zum Gegenstand und war nicht wie dieser an ein ganzes System von Bräuchen und Gewohnheiten gebunden, die von altersher mit ihm groß geworden, in sein Leben, sein Blut übergegangen waren. Schon hatten mehrere Generationen, verschiedene Geistesklassen (sowohl in der Nationalversammlung als auch in der Nation im ganzen) ihre längere oder kürzere Zeit der Begeisterung gehabt und waren dann wieder zusammengebrochen. Gewiß, manche setzten sich durch, Männer von unvergleichlicher Kühnheit, von ungebrochener Festigkeit; und diese sollten ruhmvoll bis zum Ende durchhalten. Immerhin sind solche Charaktere stets in der Minderheit. Eine Revolution, die sich einzig auf eine Auslese von Heroen stützte, wäre gewiß nicht gut daran.

Wenn die Revolution Bestand haben wollte, so mußte sie sich wie die Gegenrevolution nicht ausschließlich auf Gefühle stützen, die allzu wandelbar im Menschen sind, sondern auf den festen Pfeiler der persönlichen Interessen, auf das Schicksal der Familien, die mit ihrem Vermögen bei der revolutionären Sache entscheidend und ein für allemal festgelegt waren.

Dorthin hatte auch die Konstituierende Versammlung mit dem Verkauf der Nationalgüter gezielt. Diese Güter waren zunächst von den Behörden als für den Staat erworben bezeichnet worden, der sie an Einzelabnehmer wiederverkaufte. Der Vorgang vollzog sich aber außerordentlich langsam. Zu Beginn hatte man, vielleicht der böswilligen Absicht, die Käufer fernzuhalten, ungeheure Besitzungen zum Verkauf gestellt, wie die für den Privatgebrauch wenig geeigneten Klostergebäude. Erst später bot man die besser verkäuflichen, begehrteren Dinge wie Wälder und Grundstücke an.

Im allgemeinen wollte der ängstliche und schlaue Bauer nicht direkt von der Gemeinde kaufen. Er suchte mit einem oder mehreren Nachbarn gemeinsam irgendeinen Sachwalter des Distriktes auf, einen Geschäftsmann, der oft ein ehemaliger Gutsverwalter war: „Nun, Herr Soundso, warum kaufen Sie nicht? Kaufen Sie doch! Hier, wir sind alle bereit, Ihnen einige Stücke Land wieder abzukaufen."

Frei in die wahren Gedanken des Bauern übersetzt sollte das heißen: „Kaufen *Sie*. Kommen die Emigranten zurück, so werden *Sie* gehenkt. Man kann aber nicht den Haufen der Nebenkäufer hängen. Und es wäre ein großer Zufall, wenn man einer so zahlreichen Schar ein in unzählige Parzellen zerteiltes Gut wieder abnehmen könnte."

Der Verwalter erwiderte nichts; er schüttelte den Kopf. Meist kaufte er, ohne sich mit dem Wiederverkauf allzusehr zu beeilen; er wollte sehen, wie sich die Sachen entwickelten. Würde die Revolution siegen, so konnte er behalten oder verkaufen, aufteilen und sein Glück machen; und behielt die Gegenrevolution die Oberhand, so hatte er seine Entschuldigung bereit: „Ich habe das Gut gekauft, um es zu retten, um es seinem rechtmäßigen Besitzer zu erhalten.“

Doch die kühneren, unabhängigeren Leute, und diese waren in der Mehrzahl, die Männer, die sich ein für allemal in die Revolution gestürzt hatten, zögerten nicht, alles auf diesen einen Würfel zu setzen. Ein einziger Umstand hielt sie zurück, daß nämlich trotz aller Erleichterungen, die den Käufern von der Nationalversammlung bereitet wurden, der Termin für die ersten Zahlungen nähergerückt war; es blieb ihnen keine Zeit, die drei beabsichtigten Operationen auszuführen: zu kaufen, Unterkäufer zu finden, an sie weiterzuverkaufen und sogleich von ihnen einen Teil des Kaufpreises zu erhalten, der dem Käufer erster Hand seine erste Zahlung erleichtern könnte.

Für die Gegenrevolutionäre war es eine reine Freude, zu sehen, wie das große Unternehmen, das soviel Entgegenkommen bewiesen hatte, sich hinschleppte, fehlschlug. Eines Tages sagten sie zu Mirabeau: „Ihr werdet sie nie verkaufen, eure Nationalgüter ...“ Man versichert, daß er ihnen erwiderte: „Nun gut, wir werden sie verschenken.“

Am 24. März 1791 waren erst für ungefähr hundertachtzig Millionen verkauft. Die Versammlung hatte den Käufern einen Aufschub bis zum Mai gewährt. Ein ungenügender Aufschub, das spürte sie am 27. April, und sie verlängerte ihn um acht volle Monate, bis zum Januar 1792. Diese kluge Maßregel hatte einen unvorhergesehenen Erfolg; keine hat damals mehr dazu beigetragen, die Revolution zu retten, zu befestigen. In fünf Monaten – welche erstaunliche Sache! – hatte der Verkauf achthundert Millionen erreicht; so daß am 26. August das Komitee bei seinem Bericht an die Versammlung erklärt, man habe im ganzen Nationalgüter für den Betrag von einer Milliarde losgeschlagen.

Alle bis dahin gebotenen Vergünstigungen hatten ihren Kauf nicht bewirken können. Sie waren von jeder gesetzlichen Hypothek befreit, frei von Grundzins, von jeglichem Wechselrecht, von allen Schulden, von Leibrenten und Stiftungen.

Alles das hatte nicht genügt, um den Verkauf in Gang zu bringen. Die „tote Hand“, der unheilvolle Bann, der so viele Jahrhunderte lang diese Güter wirklich zu toten, kraftlosen, oft unwirtschaftlichen machte, schien noch auf ihnen zu lasten.[1] Eines brach den Zauber, gab ihnen ihre Beweglichkeit zurück, schickte sie

[1] Die verständige Sorgfalt, die der Klerus gewissen Edelweingärten, diesem oder jenem berühmten Landgut angedeihen ließ, hat diesen Kulturen einen unverdienten Ruf eingetragen. Die Verwaltung durch die Geistlichkeit litt gleichzeitig an zwei Mängeln, die einander auszuschließen scheinen: Veränderlichkeit und Untätigkeit. – Die Veränderlichkeit: Die fortwährenden Umwälzungen der Pfründen und der Wechsel der Pfründenbesitzer gaben der Existenz des Pächters eine unangenehme Unsicherheit; in gewissen Fällen konnte der Wechsel ihn unversehens aus dem Besitz vertreiben. – Die Untätigkeit: Fleiß und Fortschritt erhielten keinerlei Antrieb durch eine Körperschaft, deren Einkünfte die Bedürfnisse bei weitem überstiegen; die

hinaus, ließ sie von Hand zu Hand gehen – das war der Aufschub von acht Monaten, der die Möglichkeit des Wiederverkaufs und die Teilung mit sich brachte und Zeit gewährte, von den Wiederkäufern bereits einiges herauszuziehen.

Die Erklärung von Pillnitz, die förmliche Drohung der Könige an die Revolution, ist vom 27. August 1791 datiert. Und am 26. desselben Monats läßt der Bericht des Veräußerungsausschusses mit seiner bedeutsamen Tatsache, daß der Verkauf seinen Aufschwung genommen habe, daß er bereits eine Milliarde betrage, erkennen, daß die Revolution nunmehr unwiderruflich eingesetzt hat, daß sie nicht nur gewaltig, sondern auch fest und gründlich sein wird, daß sie nicht nur die Oberfläche des Landes trifft, sondern den Grund und den Untergrund; was die Könige wollen oder tun mögen, sie wird für immer unbesiegbar bestehen.

Denn schließlich, was bedeutete dieser Verkauf? Daß eine Unmenge von Menschen ihr Glück an die revolutionäre Sache gehängt hatten; mehr vielleicht als ihr Glück, ihr Leben, und mehr noch als ihr Leben, das Schicksal ihrer Familien.

Es war 1791 keine ungefährliche Sache für sie und die Ihren, diese Güter zu kaufen. Spöttische Anspielungen, Beleidigungen, heimliche Drohungen – nichts blieb dem Käufer erspart. In den großen Städten, wo man den Nachbar kaum kennt, litt der Käufer weniger; in den kleinen aber war seine Lage fast unerträglich. Aberglaube, Haß und allgemeine Böswilligkeit umgaben ihn sozusagen mit einem Zauberbann. Alles, was ihm Unangenehmes zustieß, war eine Züchtigung des Himmels. Sein Kind war erkrankt? Züchtigung! Sein Weib hatte eine Fehlgeburt? Züchtigung! Hatte er irgendeinen Unfall, so lobten alle Gott. In einer einige dreißig Meilen von Paris entfernten Stadt schwankte seit langem der Kirchturm, eine große Gefahr für die benachbarten Häuser. Ein Maurer kauft ihn, um ihn zu zerstören; kurz darauf fällt der Mann von einem Gerüst und ist tot: die Stadt entzündet Freudenfeuer.

Inmitten dieser allgemeinen Böswilligkeit treten die Käufer einander näher und halten fest zusammen. Schon der Umstand allein, Nationalgüter erworben zu haben, war ein gewisses Zeichen, daran die Freunde der Revolution einander erkannten; alle, die Gut und Leben dem Schiff der Republik anvertraut hatten, sich auf sein Glück verließen, mit ihm weiterkommen oder mit ihm zugrunde gehen wollten.

Der Schlag vom 21. Juni, die Affäre von Varennes, die Drohungen des Auslandes bewiesen die starke Zuversicht dieser Leute in die Bestimmung der Revolution. Sie wankten nicht, verzogen keine Miene. Am 21. sogar kauften sie, wie

---

ungeheuren und oft zwecklosen Bauwerke, die im achtzehnten Jahrhundert von den Klostergemeinschaften aufgeführt wurden, zeigen, daß diese tatsächlich und buchstäblich nicht mehr wußten, was sie mit ihren Einkünften machen sollten. In einigen Klöstern war die Zahl der Mönche fast auf nichts zusammengeschmolzen; Saint-Vandrille zum Beispiel, das für tausend Mönche angelegt war, ernährte nicht mehr als vier. Ist es da erstaunlich, wenn die Verwaltung dieser Häuser lässig und vernachlässigt war, die Landbebauung wenig Antrieb erhielt?

man gesehen hat, zu hohen Preisen drei Häuser der Gemeinde Notre-Dame in Paris. So haben einst die belagerten Römer das Feld verkauft, auf dem Hannibal vor den Toren Roms lagerte, und so teuer wie im Frieden verkauft.

Die Führer der Versammlung sahen bei ihrem Bemühen, dieser eine royalistische Bewegung aufzudrücken, gewiß mit Besorgnis den allgemeinen Aufschwung der Verkäufe, den ihnen der Bericht vom 26. August unvermutet aufdeckte. Der Veräußerungsausschuß, der diesen Bericht geliefert hatte, erschrak selbst, wich entsetzt vor seinem Erfolg zurück. Er erklärte, seine Tätigkeit einstellen zu wollen, und ersuchte, daß sie der Exekutivgewalt übertragen würde. Ein unbewußt gegenrevolutionärer Vorschlag. Einem frommen König den Verkauf der Güter des Klerus anvertrauen, ein untätiges Ministerium damit beauftragen, das zeigte genug, daß man künftighin durchaus nicht daran dachte, die Angelegenheit zu fördern.

Dieser plötzliche Rückschritt des Ausschusses, der Versammlung, ihre Anstrengung, innezuhalten oder zurückzuziehen – was beweist das andres als Furcht? Sie müssen etwas Fürchterlichem begegnet sein; auf dem Weg, den sie in Sicherheit dahinschritten, haben sie die Spitze des unsichtbaren Dolches auf sich gerichtet gesehen.

Ihre Angst ist mit einem Wort erklärt: Die Jakobiner werden zu Käufern, die Käufer werden zu Jakobinern.

Und wie eilends vollzieht sich dieser doppelte Vorgang! ... Stellen wir die Zahlen nebeneinander.

Von April bis August Verkauf der Nationalgüter für achthundert Millionen. Der Gesamtverkauf beträgt eine Milliarde.

Im August und September Gründung von sechshundert neuen Jakobinergesellschaften. Man füge die vierhundert alten hinzu; wie man sagt, sind es im ganzen Ende September tausend.

Und diese Gesellschaften sind zunächst weniger bedenklich durch ihre Vermehrung als durch ihren neuen Charakter. Sie verlieren, was sie früher – ich möchte sagen, Akademisches, blaß Philosophisches hatten; sie werden streng, herb, heftig zum Ziele strebend. Sie verwerfen die Gemäßigten, die Halbrevolutionäre, die Männer, die der Revolution schon müde sind. Und an ihre Stelle setzten sie zwei Klassen sehr feuriger Männer.

Geschäftsleute und Spekulanten, die sich bis an den Hals in diese gefährliche Ausbeutung der Nationalgüter eingelassen hatten, kamen sich in ihren eigenen Augen durch die Begeisterung erhoben vor, verfolgten mit Luchsaugen den verworrenen Faden der Revolution, stellten die ätzende Bitterkeit des Spekulanten in Gefahr in den Dienst der Ideen.

Anderseits gab es reine, glühende Patrioten, bei denen die Ideale den Interessen vorangingen, sie völlig beherrschten; diese ertrugen die Bedingungen, bei deren Außerachtlassung die Revolution zugrunde gegangen wäre. Gegen die ungeheuren und im Trüben fischenden Ränke der Priester stellten sie die Notwendigkeit der jakobinischen „Inquisition" auf – und gleichzeitig das andere Heilmittel, die Erwerbung („l'acquisition") der Kirchengüter. Die Güter des Klerus kaufen, teilen und wieder teilen, das war der tödlichste Krieg, den man der Gegenrevolution erklären konnte. Viele kauften mit einer Wut drauflos, und je mehr sie kauften, für um so bessere Bürger hielten sie sich. Die Gefahr des Vorhabens reizte sie und sogar die Gehässigkeit, mit der man sie bewarf. Wenn es sein mußte, waren sie bereit, mit der Revolution unterzugehen, und andererseits bereicherten sie sich durch sie.

Manche kauften aus Pflichtgefühl. Der ehrenwerte und strenge Cambon stellt fest, daß er, der 1796 mit sechstausend Livres Rente die Geschäfte begann, mit dreitausend aus ihnen hervorgeht. Er hatte eine patriotische Tat begehen wollen, als er nahe bei Montpellier eine Nationaldomäne kaufte. Er verheiratete sich in Paris mit einer Frau, deren Mitgift ebenfalls ein Nationalgut war.

So bildete sich eine feste Grundlage für das neue System, eine vom gleichen Glauben und gleichem Interesse verbundene Menschenmenge, die ihren Patriotismus auf die Erde und auf die Idee gründete, die ihr zwiefaches Leben in der Revolution fand, alles in ihr und nichts außer ihr. Ein feststehender und fester Kern, um den sich der Phantastische, der Gefühlvolle, der bewegliche Enthusiast gruppierten, kamen und gingen. Der war sechs Monate fanatisch dabei, jener ein Jahr; der hielt inne, und der andre ging noch weiter.

Diese fluteten wie die Woge; jene aber waren das Fahrzeug. Sie wußten gut, daß es für sie nur den Hafen gab, in den die Revolution einlaufen würde. Daher die Zusammengehörigkeit, die sie bewiesen, ihre hervorragende Fügsamkeit gegen die, welche die Führung übernahmen. Dieser große, widerspruchsvolle Körper, der zugleich von Leidenschaft überschwang und persönlichen Interessen gelenkt wurde, war deshalb doch in all seiner Heftigkeit nicht weniger gehorsam. Der einzelne betrug sich wie einer im Sturm tut, der um sein Leben kämpft; er glaubt alles, tut alles, äußert keine Meinung über die Maßnahmen, verhandelt nicht mit dem Piloten.

Gerade der Zeitpunkt, in dem wir uns befinden, der Herbst des Jahres 1791, ist der entscheidende Moment, da die große Vereinigung der Käufer und Patrioten auf dem flachen Lande zu handeln beginnt.

Bedeutsamer Moment. 1790 hat der Bauer die erste Wohltat der Revolution empfangen, die Abschaffung des Zehnten und der lehnsherrlichen Rechte, hatte sie mit lebhafter Freude und ohne Vorbehalt entgegengenommen.

Im Jahre 1791 kommt die Revolution zu ihm und bietet ihm die Kirchengüter an. – Er zögert hier, betrachtet sich die Sache; sein Weib hat Angst und kann nicht schlafen; Tag und Nacht besprechen sie die Sache. Er, der brave Arbeiter, der im allgemeinen viel gewissenhafter ist, als man annimmt, er hätte es sich von allein nie angeeignet; lieber Himmel! – das hat er ja durch seine lange und erstaunliche Geduld in so vielen Jahrhunderten bewiesen. Hier aber sagt er sich schließlich, begreift er, daß dieses voreinst der Kirche für ihre Armen vermachte Gut (soweit es nicht für den Bedarf der Kirche selbst gebraucht wird) zu den Armen zurückkehren kann, wenn das Gesetz es so will. Eine Rückkehr, die überdies ja nicht umsonst geschieht; das Gut soll verkauft werden, und der Preis dient der heiligsten Verwendung, das Defizit zu decken, die Verpflichtungen des Staates zu erfüllen, Frankreich zu verteidigen und zu retten.

Das ist kein so ganz neuer und unerhörter Vorgang. Es ist die gesetzliche Wiederaufnahme der großen, aus dem dunkelsten Mittelalter hervorgegangenen Bewegung: der allmähliche Erwerb des Bodens durch den, der ihn bearbeitet, die heilige, gesetzliche Vermählung der Erde und ihres Bestellers. Ich sage gesetzlich. Ja, welch tiefgehende Berechtigung hat dieses Wort hier! ... Nie hat er verlangt, daß diese Erde ihm gratis zufalle; durch ausdauernde und übermenschliche Anstrengungen hat er ihn von seinen Ersparnissen erworben, diesen Gegenstand aller seiner Wünsche, seiner getreuen Leidenschaft.

Dieser Fortschritt zum ehrenhaften und gesetzmäßigen Erwerb des Grundbesitzes ist, wie wir anderwärts festgestellt haben, mehrfach grausam unterbrochen worden; im sechzehnten Jahrhundert durch die Herren der zweiten Feudalherrschaft, im siebzehnten durch die Herren des Antichambre. Die Revolution, die gute Mutter des Landmannes, hat den Bann gebrochen, die große Bewegung beginnt von neuem und wird nicht wieder stille stehen.

Im Jahre 1738 hatte ein französischer Philosoph mehrere Verwalter über diesen Gegenstand befragt, und er bemerkt, in unseren Provinzen „haben die Tagelöhner fast stets einen Garten oder kleinen Weinberg oder etwas Acker". – Das erste Ziel der Revolution ist, ihn auszudehnen, diesen Garten, ihn den Leuten zu erhalten; das geschieht, indem man dem ehrlichen Arbeiter eine derartige Erwerbung erleichtert. Das ist es, wodurch sie gleichzeitig die Wohltäterin, Freundin und Retterin aller ist, die Welt nur darum vorübergehend in Aufregung versetzt, um ihren Frieden zu begründen.

Die Revolution, die den Landmann zum Ankauf aufforderte, ihn der Erde vermählte, festigte auch noch auf andere Art sein Leben. Die üblichste, die natürlichste Art, auf die er sich das nötige Geld verschaffte, war die, eine Mitgift zu suchen und ein Weib zu nehmen. Die Ehe ist die einzige Gelegenheit, da der junge Bauer den alten nötigt, seine Sparkasse zu öffnen, einen verborgenen Taler hervorzusuchen. Das hat den Grund gelegt zu einer großen Zahl von ackerbautreibenden Familien; ein ehrenwerter Anfang, weil er aus dem Glauben hervorging, den der Bauer in die Revolution setzte, in die Festigkeit des Pfandes, das sie ihm auslieferte.

Und so ist also unsere Revolution fest, dauernd, ewig geworden; mehrere Male ins Stocken geraten, beginnt sie immer wieder ihre Bewegung, setzt sie fort. Das geschieht, weil sie sich nicht nur auf dem schwankenden Boden der

Städte niederläßt, der steigt und fällt, aufbaut und zerstört. Sie hat sich mit der Erde verbunden und mit dem Mann der Erde. Das ist das Frankreich von Bestand, weniger strahlend und weniger bewegt, aber festgefügt, das Frankreich in sich. Wir ändern uns, es ändert sich nicht. Seine Geschlechter sind dieselben seit Jahrhunderten; seine Ideen scheinen dieselben, richtiger gesagt, sie schreiten fort durch eine unsichtbare verborgene Arbeit, wie jeder Wechsel in den großen Naturkräften sich vollzieht, von keiner Leidenschaft erregt, die aufreibt und zehrt. Dieses Frankreich wird in hundert, in tausend Jahren stets einig und stark sein; es wird wie heute nachdenklich und seine Erde pflügend vorwärtsschreiten, wenn wir, wir vergänglichen Stadtbewohner, unsere Systeme und unsere Gebeine in die Vergessenheit getragen haben.

Ein Wort, ein letztes Wort über die Konstituierende Versammlung. Wir haben sie fast vergessen. Es scheint, als wolle sie in ihren letzten Augenblicken sich selbst vergessen, aufgeben.

Sie erklärt, die beiden bedeutsamen wesentlichen Gründungen, ohne die ihr politisches Werk in der Luft hängt, schwankt und morgen einstürzen kann, zu vertagen: Die Erziehung – das bürgerliche Gesetz.

Sie wagt hinsichtlich der Priester keine Partei zu ergreifen und beachtet sogar nicht einmal den lehrreichen und klugen Bericht, den ihre Beauftragten ihr über die Vendée machen. Sie handelt gegen den Papst, wie unsere Könige mehrfach gehandelt haben: sie beruft Avignon (13. September). Wir kommen gleich darauf zurück.

In ihrer vorletzten Sitzung (21. September) will sie gegen die Klubs einschreiten. Sie verbietet ihnen die gemeinsamen Petitionen, erlaubt ihnen, zu verhandeln, „ohne die legalen Behörden überraschen zu wollen“. Vergebliche Abwehr; diese zögernden und ohnmächtigen Behörden boten den Feinden der Revolution durchaus keinen Widerstand; man mußte sie untergehen oder auferstehen lassen durch die Klubs.

Die zurückhaltende, schüchterne, mit Schmeichelworten erfüllte Verordnung an die Klubs, die man dem Dekret hinzugefügt, spricht den Wunsch aus, daß weder Korrespondenzen noch Aktenstücke über ihren Bezirk hinausdringen mögen. Die Verfügung wagt aber nicht, die Verbrüderungen zu verbieten. Nun, gerade damals war es, daß sich die tausend jakobinischen Gesellschaften zusammenschlossen, deren sechshundert soeben erst neu erstanden waren.

So wagt also die Versammlung keinen entscheidenden Schritt gegen die beiden großen Verschwörungen, die Frankreich in zwei Teile spalten: die der Priester und die der Jakobiner. Sie schweigt über erstere, schilt letztere nur äußerst sanft, droht ihnen, indem sie ihnen gleichzeitig schmeichelt, scheu, mit halber Stimme. Es scheint, als spreche sie schon mit der schwachen Stimme des Toten.

Am 30. September, nachdem der König die Sitzung geschlossen und das belanglose Bedauern ausgesprochen hatte, daß sie nicht mehr fortgesetzt werden könne, richtete der Präsident Thouret folgende Worte an die anwesende Menge: „Die Konstituierende Versammlung erklärt, daß ihre Sitzungen beendet sind und daß sie ihre Aufgabe erfüllt hat."

FÜNFTES KAPITEL

Die erste Kriegsbegeisterung
Eröffnung der Gesetzgebenden Versammlung
(Oktober 1791)

Die erste Kriegsbegeisterung. – Zögern der Politiker und Militärs. – Die Welt rief gegen Frankreich auf. – Haß der Könige gegen Frankreich. – Frau von Lamballe in England. – England und Österreich wollten Frankreich einschläfern, entkräften. – Allgemeiner Niedergang der Könige im achtzehnten Jahrhundert. – Österreichs heimlicher Gedanke, der heimliche Gedanke der Königin. – Barnaves Herrschaft und Sturz (September bis November 1791). – Innerer Zorn des Königs, seiner Schwester und seiner Tochter. – Der König hatte wenig Liebe für die Emigration. – Er gehörte den Priestern. – Ihre Ohnmacht. – Die Priester in Paris bedroht, in der Provinz allmächtig. – Frankreich begreift, daß der eigentliche Feind der König ist. – Eröffnung der Gesetzgebenden Versammlung. – Auftreten der Girondisten – Besprechung über Thron und Präsidentenstuhl. – Besprechung über Priester und Emigranten. – Feindliche Entgegnungen der Mächte. – Nachricht von der Zerstörung St. Domingos. – Nachricht über das Blutbad in Avignon.

Die neue, unter dem Eindruck der öffentlichen Gefahr zusammengetretene Versammlung müßte eigentlich nicht die „Gesetzgebende" heißen, sondern die „Kriegsversammlung".

Ein kleinerer Teil des französischen Volkes hatte sich in Worten schon recht ausgegeben; es machte sich wenig daraus, handelnd einzugreifen; besser behagte es ihm, über die Gefährlichkeit der Lage hinwegzusehen; erfinderisch im Selbstbetrug, machte man sich glauben, der Krieg werde nicht ausbrechen.

Doch der größere Teil, dem solche Mittel zur Selbsttäuschung fehlten, hielt die Sache für außer Frage stehend; es glaubte seit langem an den Krieg, jetzt glaubte es noch fester daran und traf seine Vorbereitungen. Seit Varennes verlangte das Volk allgemein nach Gewehren; wo sie fehlten, wurden seit Januar Piken geschmiedet.

Der Eindruck von der Flucht des Königs, diese große Tatsache von entscheidender Bedeutung, konnte sich für die müßige, geschwätzige Menge, die sich jeden Tag an kleinen Neuigkeiten schadlos hält, abschwächen. Für das große, das arbeitsame und schweigsame Frankreich aber blieb dieses nämliche Ereignis stets neu, gegenwärtig und drohend. Dieses Frankreich hatte bei der Ernte, der Feldarbeit, nichts anderes im Kopf, und wenn ein Stein die Pflugschar hemmte, zuweilen aufhielt, so war es immer dieser Stein, der auf jeder Scholle lag.

Sie waren nicht unterrichtet genug, um sich zu sagen: „Der Kaiser ist ein Philanthrop. Katharina ist Philosophin", oder ähnliche leere, zufällige und persönliche Betrachtungen, die an der Natur der Dinge, an der tiefen Not der Lage nichts änderten. Sie wußten nur, daß Frankreich durch seine Revolution in seiner Art allein stand in der Welt, ein Wunder, ein Ungeheuer war, auf das man mit Entsetzen blickte; daß dieses neue Geschöpf zwischen den in Haß und Angst erbebenden Königen und den kaum erwachten Völkern unsäglich allein stand und vor allem darauf sehen mußte, welche Verteidigungsmöglichkeit es in sich selbst hatte.

Das tat es denn auch. Seit 1789, dem Augenblick seiner Geburt, griff es zu den Waffen. Der erste Instinkt sagte ihm, daß es einen Feind habe, von etwas Unbekanntem bedroht werde; es gab ihm den Namen „die Briganten" und machte sich daran, von Dorf zu Dorf die Briganten zu suchen.

Im Jahre 1790, bei den Verbrüderungen, in ihrer friedlichen Bewaffnung, begann die Revolution von der Befreiung der Völker zu träumen, ihrer allgemeinen Verbrüderung auf den gestürzten Königsthronen.

Im Jahre 1791 kannte sie das tiefe Einverständnis des Königs und der Könige Europas. Sie begriff die doppelte Gefahr. Sie bewaffnete sich vorsätzlich.

„Denn schließlich" – das war die recht einfache aber einwandfreie Schlußfolgerung des geringsten Bauern – „werden die Könige etwa vergessen, daß Wir Hand an das Königtum gelegt, den König in Varennes festgenommen haben? Haben sie sich nicht alle in Ludwig XVI. eingefangen gefühlt? ... Auf der ganzen Erde ist das Volk der Leibeigene, der Gefangene des Königs; in Frankreich allein ist der König der Gefangene des Volkes. Ein friedlicher Vergleich ist unmöglich ... Noch grollen sie, ohne zu beißen, wie die Dogge, ehe sie vorstürzt; der wäre schön dumm, der warten wollte, bis die Dogge ihm an der Kehle sitzt."

Auf diese innere Stimme gab die Deklaration von Pillnitz eine wundervoll passende Antwort. Die Könige sprachen zu Frankreich: „Ja, ihr täuscht euch nicht, gerade das ist unser Gedanke." – Und diese Erklärung war nicht in der unbestimmten Ausdrucksweise der Diplomatie in Umlauf; sie ging in Gestalt von Bouillés beleidigendem und aufreizendem Brief durchs Land. Sie zeigte sich als Herausforderung, und als solche wurde sie mit anhaltendem Freudengeschrei begrüßt.

„Da haben sie, was sie wollten!" Das war der allgemeine Ausruf. Marseille verlangte seit dem März 1791 zum Rhein zu marschieren. Im Juni zeigt sich der ganze Norden, der ganze Osten, von Givet bis Grenoble, im nämlichen Augenblick in Waffen. Das Zentrum gerät in Bewegung. In Arcis machen sich von zehntausend männlichen Einwohnern dreitausend auf den Weg. In manchem Dorf, Argenteuil zum Beispiel, brechen alle ohne Ausnahme auf. Die Schwierigkeit war nur, daß man nicht wußte, wohin man die Leute weisen sollte. Die

Bewegung breitete sich deshalb nicht weniger aus. Die Gironde schrieb, daß sie niemanden senden, sondern selbst hinausziehen werde; sie verpflichtete sich, geschlossen zu marschieren, als Volksheer, alle männlichen Einwohner, achtzigtausend Mann; der Handelsstand Bordeaux', den die Revolution zugrunde richtete, der Weinbauer, den sie bereicherte, erboten sich einstimmig.

Eins genügt, um diese Zeit zu kennzeichnen, ein Ausspruch ewigen Angedenkens. In dem Erlaß vom 28. Dezember 1791, der die freiwilligen Nationalgarden organisiert und sie für ein Jahr verpflichtet, ist die Strafe, mit der man denen droht, die den Dienst vor Ablauf des Jahres verlassen, daß sie „zehn Jahre lang der Ehre, Soldat zu sein, verlustig gehen."

Welch ein verwandeltes Volk! Vor der Revolution war ihm nichts schrecklicher als der Militärdienst. Ich habe das traurige Bekenntnis Quesnays vor Augen: „Die Söhne der Landwirte haben solches Grauen vor dem Heeresdienst, daß sie lieber das Land verlassen und sich in den Städten verbergen."

Was ist jetzt aus dem scheuen und knechtischen Geschlecht geworden, das den Kopf so gesenkt trug, aus dem Tier, das noch auf allen vieren ging? Ich kann es nicht mehr finden. Heute sind es Männer.

Nie gab es ein Oktoberpflügen wie dies von 1791, wo der durch Varennes und Pillnitz ernstlich gewarnte Landmann zum erstenmal nachdachte, sich die ihm drohenden Gefahren durch den Kopf gehen ließ und alle die Eroberungen der Revolution, die man ihm entreißen wollte. Seine von kriegerischem Zorn belebte Arbeit war für ihn bereits ein Feldzug in Gedanken. Er pflügte als Soldat, gab dem Pflug den militärischen Schritt, trieb seine Tiere mit schärferem Stachel an und rief dem einen zu: „Hott! Preußen!" dem andern: „Vorwärts, Österreich!" Das Rind lief wie ein Pferd, die Pflugschar eilte scharf und holpernd, die schwarze Scholle dampfte voll Atem und voll Leben.

Das war, weil der Mann es nicht geduldig hinnehmen mochte, sich so in seinem jungen Besitz gestört zu sehen, in diesem ersten Augenblick, da in ihm die Menschenwürde erwacht war. Er schritt frei auf einem freien Feld; wenn er mit dem Fuße auftrat, so spürte er darunter eine Erde ohne Abgaben und Steuern, die bereits sein war oder ihm morgen gehören würde ... Keine großen Herren mehr! Alle waren Herren, Könige, jeder auf seinem Boden, die alte Redensart verwirklichte sich: „Der Arme ist in seinem Hause König."

Sowohl in seinem Hause als draußen. Ist nicht jetzt ganz Frankreich sein Haus? Gestern kam er zitternd und erbettelte von „den großen Herren" die Gerechtigkeit, als wäre sie eine Gnade; zuerst mußte er bezahlen, und dann machte man sich lustig über ihn. Heute ist er selbst Richter, und er gibt den anderen die Gerechtigkeit umsonst. Da ist er nun, der Bauer, Beisitzer des Friedensrichters, Mitglied des Magistrats, einer von den eine Million zweihunderttausend neuen Beamten, Wahlmann (es gab deren zwischen drei und vier Millionen), sofern er den Lohn von drei Arbeitstagen als Steuer im Jahr bezahlt. Und wer würde sie nicht zahlen, wer wäre nicht Eigentümer, bei dem Preis, für den der Boden zu haben ist, der sich mit so bequemem Zahlungsaufschub bietet, der sozusagen kommt und spricht: „Nimm mich; du zahlst, wann du es kannst." Oft genügte die erste Ernte zur Zahlung, oder der erste Schnitt, oder ein paar Steine, die man verkaufte, oder etwas Blei von irgendeinem Dach.

Das ist aber nicht alles, mein Freund; du bist nun ein Beamter, ein Bürger, ein Soldat, ein Wahlmann; du bist recht verantwortlich. Weißt du, daß du dein Gewissen befragen mußt? Weißt du, daß diese große Beamtenzahl, die unaufhörlich erneuert wird, alle Welt ihrerseits verpflichtet, Beamter zu werden? Hier liegt in der Tat die Größe der Verfassung von 1791; es ist wahr, sie läßt die öffentliche Gewalt sehr schwach, knüpft nur wenig das politische Band, fordert wenig Einschränkung, wenig Zwang, und richtet gerade dadurch einen ungeheuren Appell an die individuelle sittliche Anschauung. Ein freundliches und vertrauendes Gesetz, fordert es alle Menschen auf, gut und weise zu sein; es zählt auf sie. Gerade durch seine Unvollkommenheit und sein Schweigen spricht das Gesetz zum Manne: „Besitzt du nicht in deiner Vernunft bereits ein inneres Gesetz? Wende sie an, um mich nach Bedarf zu ergänzen, und werde selbst dein Gesetz! ... Du bist kein elender Sklave mehr, der die Sorge um die allgemeine Sache auf seinen Herrn abwälzen kann; sie ist dein, es ist deine Sache. An dir ist es, sie zu vertreten und zu führen, an dir, nach Kräften die Vorsehung des Staates zu sein."

Diese stumme Aufforderung wurde wohl verstanden. Es war nichts weniger als das Erwachen der allgemeinen Verantwortlichkeit in der Seele des einzelnen. Eine unruhige Besorgnis um die Interessen des Vaterlandes, der Menschheit überhaupt, erfüllte alle Herzen. Alle fühlten sich verantwortlich für Frankreich, und dieses verantwortlich für die Welt. Alle waren bereit, durch die Revolution mit ihrem Leben den gemeinsamen Hort der Menschheit zu verteidigen.

Da ist sie, die heilige und kriegerische Idee der Wahlen von 1791. Sie waren die Tat Frankreichs und nicht das besondere Ergebnis der jakobinischen Machenschaften, wie man es so oft wiederholt hat. Die Tatsachen beweisen es zur Genüge. Die Versammlung erklärte sich wie Frankreich selbst für den Krieg. Die Jakobiner (wenigstens die meisten unter ihnen, die Führenden) traten für den Frieden ein.

Nein, weder die Presse noch die Klubs waren in dieser ungeheuren ganz naiven und ganz freiwilligen Bewegung von entscheidendem Einfluß. War sie mächtig, so vor allem beim Volk, das nicht las, bei der verstreuten Bevölkerung, die durch die Natur ihrer Arbeit abgesondert lebt. Alle fanden sie in sich selbst, im Bewußtsein ihrer neuen Würde, in ihrem jungen Glauben. Der Gedanke, der die Straßen der Stadt durchflutete, er erhob sich auch aus der Scholle, er war derselbe beim einsamen Ackerbau, und hier, wo er sich gegen niemanden aussprechen konnte, brütete er vielleicht mit stärkerer Gewalt. Er gärte immer weiter, je mehr die Arbeiten nachließen und man sich gegen den November hin oft unter den Kirchentoren oder abends zum Dämmerstündchen versammelte. Hatte man zwei-, dreimal von diesen Dingen gesprochen, so verschwand einer der jungen Leute, dann ein anderer. Sie begaben sich trotz der bösen Jahreszeit durch den Schnee zum Kreisort, um sich einschreiben zu lassen und so bald als möglich aufzubrechen. „Wir haben keine Waffen", sagte man ihnen. Da kamen sie zurück und machten sich daran, solche herzustellen. Im Januar 1792 sandte ein Bezirk der Dordogne eine Abordnung an die Versammlung, mit der Erklärung, er habe dreitausend Piken geschmiedet und er begreife nicht, daß man ihn nicht marschieren lasse.

So zog im Herbst, im Winter, durch ganz Frankreich mit verhaltener und sozusagen leiser Stimme ein gigantisches „Ça ira!" Ein wirklicher Nationalgesang, der, leicht im Rhythmus wechselnd, der Stimmung stets wundervoll entsprach. Als Verbrüderungslied im Jahre 1790 hatte er das Marsfeld in Bewegung gesetzt, den Altar des Vaterlandes gebaut. 1791 leistete er den jungen Freiwilligen Gesellschaft, die sich Waffen holen wollten und sich auf den schlechten Winterwegen durch diesen Gesang zu ermuntern suchten.

Seit der Flucht nach Varennes begann die Welt das Lied wie ein großes Murmeln aus der Tiefe zu vernehmen. Die Versammlung verschloß davor ihr Ohr. Selbst die Führer der Presse und der Klubs hatten kein Verständnis dafür; inmitten dieses allgemeinen, anhaltenden, dumpfen und eintönigen Geräuschs, hörten sie es nicht, eben weil sie es immer hörten. Sie errieten durchaus nicht die große, unheilvolle, unsichtbare Sache, die diesem Lärm zugrunde lag: das Aufrauschen des gewaltigen revolutionären Ozeans, der seine Ufer überfluten würde.

Welch seltsame und lächerliche Sache! Sie verhandelten mit dem Ozean! Sie fanden allerlei kleine Gründe, die sie ihm entgegenstellten. Sie fragten sich ernsthaft: „Werden wir ihn aufhalten? Werden wir ihn nicht aufhalten? ..." Sie konnten ihn vielleicht einen Augenblick zurückhalten, indem sie aber die Wogen häuften, häuften sie die Gefahren.

Die Politiker sagten: „Warten wir, die innere Lage ist nicht sicher genug ..." Und die Militärs sagten: „Warten wir, bilden wir eine Armee; Menschen machen noch nicht den Krieg, wohl aber Soldaten ..."

Die Konstituierende Versammlung, die den König wieder einsetzte und die Könige zu beruhigen suchte, achtete nicht auf die Volksbewegung. Sie hätte ihre Verteidiger ebenso gefürchtet, wie den Feind. Am 21. Juni, dem Tage der Gefahr, hatte sie die Aushebung von dreihunderttausend Nationalgarden verfügt; seit dem 23. Juli aber setzte sie die Zahl auf siebenundneunzigtausend herab. Da diese Zahl sie immer noch entsetzte, ergriff sie zu ihrer weiteren Verringerung ein gutes

Mittel, nämlich dies, den Departementsdirektorien die Sorge und die Ausgaben für die Einkleidung derer zu übertragen, die das nicht selbst übernehmen konnten (4. September). Am 8. schrieb der Minister an die Versammlung, daß er nur für jene fünfundvierzigtausend Freiwilligen, die man an die Nordgrenze sende, Waffen habe, und auch diese erhielten sie nur mit großer Mühe. Sie fanden an der Grenze weder Unterhalt noch Lager. Die adligen Offiziere bespöttelten ihr Elend, ihre traurige Ausrüstung; die Raufbolde forderten sie heraus; an manchen Orten sprach man davon, Regimenter gegen sie loszulassen, sie zusammenzuhauen.

Die Gesetzgebende selber zeigte große Langsamkeit; sie ließ sich erst am 22. November einen Organisationsplan für die Freiwilligen vorlegen und gab ihren Erlaß erst am 28. Dezember heraus.

Diese Verzögerungen, die vorsichtig schienen, waren von größter Unvorsichtigkeit. Je länger man wartete, desto mehr war zu fürchten, daß der richtige Augenblick vorüberging, der heilige unwiederbringliche Augenblick, da der Krieg kein Krieg gewesen wäre. Die damalige Welt, sie wissen es jetzt aus dem Bekenntnis der Feinde, die Welt rief Frankreich auf. Warum? Es war noch rein. Ein paar Gewalttätigkeiten hatten stattgefunden. Aber Europa betrachtete sie als Einzelverbrechen, als lokale Ausschreitungen, wie jede große Umwälzung sie immer mit sich bringt. Bis zu der Metzelei vom September 1792 erhob man keine nationale Anklage gegen Frankreich. Nie, so gestand man ein, hatte eine Revolution weniger Blut gekostet.

Im Jahre 1791 erschien Frankreich jung und rein, gleich der jungfräulichen Freiheitsgöttin. Die Welt liebte Frankreich. Vom Rhein, aus den Niederlanden, von den Alpen riefen flehende Stimmen ihm zu. Es brauchte nur den Fuß über die Grenzen zu setzen, so wurde es auf Knien empfangen. Es kam nicht als eine Nation, es kam als die Gerechtigkeit, als die ewige Vernunft, die nichts anderes von den Menschen verlangt, als daß sie ihre besten Gedanken verwirklichen, ihrem Recht zum Sieg verhelfen.

Heiliger Tag unserer Unschuld, wer trauerte dir nicht nach! Frankreich war noch nicht zur Gewalttätigkeit, Europa noch nicht zu Haß und Neid gekommen. Alles das wird anders seit dem Ende 1792, und die Völker wenden sich nun mitsamt den Königen gegen uns. Damals aber, 1791, lag hinter dem scheinbar drohenden Krieg auf dem Grunde der großen europäischen Seele eine rührende Einmütigkeit. Eine süße und bittere Erinnerung! Sie hat sogar im ungerührten Auge Goethes, des großen Spötters, des großen Zweiflers, der sich selbst den „Freund der Tyrannen" nennt, eine Träne zurückgelassen. Auch wir werden diese Träne stets im Herzen spüren; sie kehrt uns oft im Wachen oder Schlafen wieder, mit einem unendlichen Bedauern für Frankreichs Zukunft.

Die elenden Herausforderungen, die wir in unseren Tagen gesehen haben, sie wären damals niemandem in den Sinn gekommen. Frankreich tat nicht einen

Schritt vorwärts in der Freiheit, der Deutschland nicht mit Liebe und Freude erfüllt hätte. Dieses geknebelte Land sagte: „O! Wenn doch Frankreich käme!" Hoch im Norden schrieb eine unsichtbare Hand auf Gustavs Tafel: „Keinen Krieg mit Frankreich." Alle wußten damals gut, daß Frankreich die Sache aller führte, daß es den Krieg nur wollte, um den Frieden zu begründen. Sie vertrauten sich ihm an. Und wie recht hatten sie! Wie wenig dachte dieses Land an seine Interessen! Es hatte nur ein Interesse, das Heil der Völker. Außer den selbstverständlichen Annexionen von Lüttich und Savoyen, zwei Völkern derselben Sprache, die ganz wir selber sind, wollte Frankreich nichts.

Frankreich hatte 1791 diese Empfindung, das Bewußtsein seiner jungfräulichen Macht; erhobenen Hauptes schritt es dahin, reinen Herzens, ohne persönliches Interesse; es wußte sich anbetungswürdig und in der Tat von den Völkern angebetet.

Es urteilte sehr richtig, daß die Liebe der Völker ihm für immer den unabänderlichen Haß der Könige eintrug, selbst jener Könige, die bei der Revolution auf ihre Rechnung kommen konnten. Es fühlte instinktmäßig diese Wahrheit, die von den Diplomaten so wenig beachtet wird, weil sie alles im Lichte des Interesses sehen: „Die Menschen folgen selbst gegen ihr Interesse ihrer Natur, ihren Gewohnheiten; und indem sie ihnen folgen, vermeinen sie, dem Vorteil nachzugehen."

Der einzige Unterschied, den es hinsichtlich der Revolution unter den Königen gab, war, daß die einen sie ermorden wollten; die anderen, gefährlicheren, kamen ganz leise, um sie zu ersticken.

Zwei Personen haßten das neue Frankreich mit tiefem und wildem Haß, Katharina die Große und Mr. Pitt.

Man hatte gut sagen, die erstere sei zu entfernt, um Interesse an der Sache zu nehmen. Keiner war mit größerer Leidenschaft dabei. Bis jetzt ging diese Frau, die das große russische Volk ausnutzte und mißbrauchte, unwidersprochen vor. Strahlend, geistvoll und spöttisch schritt sie von der Ermordung Peters III. zu den ungeheuren Metzeleien von Ismail und Praga, die sie selber befahl,[1] und spottete Gott selbst. Diese schreckliche Pasiphaë (sage ich Pasiphaë oder Minotauros?), die eine Armee zum Liebhaber hatte, sättigte sich an allem Volk und an jedem Manne. Man braucht darüber nichts zu sagen, wenn man die Porträts dieser Greisin gesehen hat, die hochgetürmte Haube weißer Haare, den nackten Busen, den gierigen und harten Blick, der fest auf sein Opfer gerichtet ist, den unersättlichen Abgrund, der niemals sagt: „Genug!"

Sie fühlte sich am 14. Juli 1789 ins Gesicht geschlagen; die Entfernung machte da nichts aus, ebensowenig der Interessenunterschied. Sie fühlte ihre

[1] Die Biographen Suwarows finden diese Entschuldigung für ihn: „Er folgte den ausdrücklichen Befehlen seines Hofes."

Grenze am Ende des Okzidents und daß auf dieser Welt die Tyrannei zugrunde ging und die Freiheit ihre Erbin war. Sie begann zu leiden. Allerdings hielt sie die Türkei fest und war daran, Polen auszusaugen. Sie drängte die Deutschen nach Westen; es schien, als sage sie zu ihnen: „Geht, ich erlaube es euch; ich habe euch Frankreich geschenkt." Die Starken erröten nicht; sie wagte es, in einem dreisten Brief Leopold seine Untätigkeit vorzuwerfen, sein schlechtes Herz, indem sie ihn fragte, wie er seine Schwester Marie-Antoinette im Stich lassen könne. Wegen einer kleinen Unannehmlichkeit, die man der Schwester des Königs von Preußen zugefügt hatte, war dieser ritterliche Fürst in Holland eingedrungen; war das nicht ein Beispiel, das den Kaiser rot werden lassen mußte?

Den Brief, durch den Ludwig XVI. den Mächten mitteilte, daß er die Verfassung annehme, sandte sie ungeöffnet zurück.

Sie schickte einen Gesandten zu den Emigranten von Koblenz. Sie schmeichelte Gustav III. mit der Aussicht, daß sie ihm mit der Beihilfe Spaniens und Sardiniens eine Flotte geben und ihn auf diese Art in der Normandie, der Bretagne, fördern werde. Am 19. Oktober schloß sie mit ihm einen besonderen Vertrag für diese Ausrüstung.

Mr. Pitt und Leopold bewiesen weniger Ungeduld. Nicht etwa, daß ersterer die Revolution weniger haßte. Von seinen Dünen warf Pitt einen scheinbar teilnahmslosen Blick auf Frankreich; sein Genuß war darum nicht geringer. Die gewaltige Angelegenheit der Eroberung Indiens, die England damals vornahm, erlaubte ihm nicht, zu handeln. Welch heimlicher, köstlicher und auserlesener Genuß aber war es für diesen Engländer, mühelos zuzusehen, wie der König, der Amerika gerettet hatte, tief in den Abgrund niederstieg? Die Königin hatte entsetzliche Angst vor Pitt: „Wenn ich nur von ihm spreche", sagte sie naiv, „so fühle ich mich einer Ohnmacht nahe." Im August schickte sie Frau von Lamballe nach London, um Interesse zu wecken und Gnade zu erbitten. Die Königin begriff die Größe der Revolution so wenig, daß sie stets versucht war, eine Rache der Engländer darin zu sehen, eine Verschwörung des Herzogs von Orléans, dem sie ihre Unterstützung liehen. In Wirklichkeit war die große Mehrheit der Engländer Ludwig XVI. wieder günstiger gestimmt. Burkes Schrift hatte ungeheuren Einfluß auf sie gehabt. Die Angelegenheit von Varennes rührte sie sehr. Die Engländer in ihrer feudalen und monarchischen Anhängerschaft an die Stuarts entrüsteten sich, daß Frankreich nicht etwa seinen König enthauptete, wie sie es gemacht hatten, sondern, was viel kühner war, ihn freisprach und ihm verzieh. Diese Entrüstung verbarg in Wirklichkeit eine geheime Furcht: Frankreich strebte der Republik zu. Was würde aus dem alten Europa werden angesichts dieses Wunders, einer gewaltigen, jungen, wagemutigen Republik, die aus der Welt ihr Ebenbild machen möchte? Die Konstitutionellen, die damals die Königin leiteten, machten sich den Engländern gegenüber anheischig, dieses Ereignis zu verhindern. Die Freundin der Königin hatte England mitgeteilt, Frankreichs ganzer Ehrgeiz sei, ihm nachzueifern; die Französische Revolution, die wenig Buße tue, schreite in der Revision zurück und nähere sich der ewig vorbildlichen Verfassung, der weisen Verfassung Englands. Pitt erwiderte dieses Entgegenkommen mit grimmiger Aufrichtigkeit: England werde ganz gewiß nicht dulden, daß Frankreich Republik werde, sondern die Monarchie retten. Nichts in der Welt hätte ihn zu der Äußerung gebracht, daß er den Monarchen retten werde.

Was England ebenso wie Österreich behagte, das war die Schwäche, die Ohnmacht Frankreichs. Unter einem Despoten war es stark, und als Republik war es stark. Mit der Einheitlichkeit des Prinzips, der Einfachheit der Regierung, wurde es furchtbar. Das ließ die Konstitutionellen glauben (Barnave sagt es ausdrücklich), daß ein konstitutionelles Frankreich, wie sie es wollten, das im Innern vollauf damit beschäftigt war, zwischen der alten Fiktion des Königtums und der neuen Wirklichkeit, zwischen Leben und Traum einen unmöglichen Ausgleich zu finden – daß dieses Frankreich von Europa geduldet werden würde. Und man mußte in der Tat recht bösartig sein, um sich über ein altes junges einfältiges Volk zu erzürnen, das bei einem ewigen stammelnden Gefasel geblieben wäre, mit dem Kopfe wackelte und die schwachen Glieder eines kleinen Kindes hatte.

Das gefiel Mr. Pitt. Und das konnte dem alten Österreich nicht mißfallen, dem greisen Fürsten Kaunitz mit seinen zweiundachtzig Jahren, der immer noch jünger war als sein Herr, Leopold, der vierundvierzig war. Dieser, bereits ziemlich hinfällig, hatte inmitten seines italienischen Serails, den er nach Wien versetzt hatte, nur einen Wunsch, der Natur zum Trotz sich dem Genusse hinzugeben. Er hatte noch einige Monate zu leben, und er nutzte sie aus, indem er seine versagenden Kräfte durch anreizende Gifte, die er selbst herstellte, aufpeitschte und verbrauchte. Wie der Herrscher, so das Land. Auch Österreich war krank, und wenn es in seiner letzten Krisis wieder auf den Beinen war, so verdankte es das der Anwendung nicht weniger unheilvoller Reizmittel.

Die Vergnügungssucht ist nicht ein Leopold eigentümlicher Zug. Er ist allen Fürsten des achtzehnten Jahrhunderts gemeinsam. Von widersprechenden, teils philosophischen, teils rückschrittlichen Ideen heimgesucht, vom Zwiespalt, der ihren Geist bedrängte, ermüdet, wandten sie sich gern von allen Gedanken ab und suchten in der Sinnenlust Vergessenheit, vorzeitigen Tod. Daher die sonderbaren Launen Friedrichs und Gustavs, die Erneuerung der Antike, daher die dreihundert Nonnen des Königs von Portugal, der Hirschpark Ludwigs XV. Da die Regierung eines einzelnen in Europa mehr und mehr zur Unnatur wurde, sogar nur eine Annahme war (der moderne König, das ist die Bürokratie), was sollten da die meisten Fürsten mit ihrer persönlichen Energie anfangen? Noch sagte man ihnen, sie seien Götter; doch diese Göttlichkeit ließ sich nur wenig in

Taten beweisen; so suchte man sie unaufhörlich in der Leidenschaft, in krampfhaften Vergnügungen. Betrachtet man das achtzehnte Jahrhundert in den Sitten seiner Könige und der geistigen und leiblichen Zerrüttung, die sie sich selber beibrachten, so kann man es als den Selbstmord der Monarchie bezeichnen.

Österreich, das politisch ein Ungeheuer ist, ein Janus von Rassen und Begriffen, das fromme und philosophische Österreich, bürdete seinen Fürsten eine verhängnisvolle Scheinheiligkeit auf, eine drückende Maske, die sie um so eifriger heimlich abzulegen suchten. Die tödliche Langeweile stürzte sie in den tödlichen Abgrund der Sinnlichkeit. Nach außen hin ein wenig Anstand; ein beständig wiederkehrender Zug aber verriet das Innere, ein ungemein sinnliches Zeichen, die österreichische Unterlippe. Die spröde Maria Theresia verriet sich in ihren Kindern, noch verhalten und anmutig in Marie-Antoinette, ausschweifend in Leopold, dreist, zügellos in der Königin von Neapel, in ihrem Bacchanal zu Füßen des Vesuv.

Das so entnervte Österreich konnte der Königin durch den Mund des alten Kaunitz nichts anderes raten als die abwartende Politik, die Barnave und die Konstitutionellen ihr rieten. Gewiß, die Absicht war eine andere, die Worte aber waren dieselben. Barnave, glaube ich, war loyal; er dachte nicht, daß Frankreich eine demokratischere Regierung ertragen könne. Er sah nicht das Ideal in einer völlig englischen Konstitution, er wollte weder ein Oberhaus, noch wollte er dem König die Macht in die Hand geben, die Versammlung aufzulösen, wie er sie in England besitzt. Das setzt er selbst in seinen letzten Schriften auseinander, die die Glaubwürdigkeit eines Testamentes haben.

Was wollten Kaunitz und Leopold? Wir wissen es jetzt. Zunächst, Frankreich recht fest hinter einem Sicherheitskordon halten, der mehr und mehr zugezogen werden, es nach und nach mit einem dichten Wall von Bajonetten umgeben sollte, mit einem eisernen Ring, das ist das Wort. Währenddem würde im Lande selbst der König die Verfassung buchstäblich befolgen, um deutlich zu zeigen, daß sie undurchführbar sei. Würde die Verfassung durch eben diese peinliche Genauigkeit erstickt, im wahren Sinne hingerichtet, wie der Missetäter vom Henker, so würden die Franzosen ihrer überdrüssig werden: „Sie sind wankelmütigen Sinnes." Sie würden etwas anderes zur Mode machen; die Freiheit wird „aus der Mode kommen" (wie der Kaffee und Racine, nach Madame de Sévigné). Zeit gewinnen war alles, Frankreich mußte sich abkühlen, mußte einer unmöglichen Revolution überdrüssig werden, dieser erste Moment französischer Leidenschaftlichkeit, der stets gefährlich ist, mußte sich verlieren. Dann würde es, von den teils verfänglich freundlichen, teils drohenden Verhandlungen gebannt, von den Schlichen und Winkelzügen, mit denen die Diplomatie es umgaukeln würde, geblendet und dumm gemacht, wie ein betäubter Vogel kopfüber dem Fuchs vor die Füße stürzen. Gelähmt und ängstlich, von Korruption und Lügen entkräftet, würde es schließlich alles mit sich geschehen lassen. Und dann, meinten Kaunitz und Mercy, könnte man noch mehr erreichen. Die Revolution in Polen würde niedergeschlagen werden; Rußland, das die Beute im Maule hielt, würde Deutschland nicht angreifen. Der Kaiser und der König von Preußen würden imstande sein, unmittelbarer einzugreifen.

Das macht die scheinbaren Widersprüche wundervoll verständlich. Die Königin gab beiden, Kaunitz und Barnave, die gleiche Antwort: Ja. Alle beide sagten: Verfassung. Nur daß für letzteren die Verfassung das Ziel war, bei dem Frankreich sich in Freiheit niederlassen sollte; für Kaunitz war es der Umweg, auf dem es sich ergehen, sich ermüden sollte, um ermattet beim Despotismus Ruhe zu suchen.

Diese Zweideutigkeit erklärt alles. Da das Marineministerium unbesetzt war, wählte der Hof einen heuchlerischen Gegenrevolutionär, Bertrand de Molleville; und der König und die Königin erklärten ihm bei seiner Audienz, er habe die Verfassung, nichts als die Verfassung zu befolgen. Indessen hatte Dumouriez dem König eine Eingabe im gleichen Sinne gemacht; sie fand eine schlechte Aufnahme. Der Bruder der Madame Campan, französischer Agent in Petersburg, schrieb an seine Schwester, er sei wahrhaft konstitutionell gesinnt; die Königin sah den Brief und erklärte, der junge Mann sei *irregeleitet*, seine Schwester müsse ihm gewandt und vorsichtig antworten. Die wirkliche Ansicht bei Hofe, die sich in diesem einen Worte zeigt, verriet sich auch durch eine Handlung: Als die Versammlung im Juli daran dachte, vor den Wahlen Bevollmächtigte in die Provinzen zu entsenden, widersetzte sich dem der Jakobiner Buzot, und man sah das überraschende Schauspiel, daß Buzot von dem Manne der Hofpartei, d'André, gestützt wurde. Als später bei den Gemeindewahlen der konstitutionelle La Fayette in Konkurrenz mit dem Jakobiner Pétion auftrat, riet die Königin den Royalisten, für den Jakobiner zu stimmen, für den, dessen Heftigkeit die Revolution schneller ihrem Ende entgegentreiben und Frankreich ihrer müde machen würde.

Das ereignete sich im November, und das ist der Zeitpunkt, an dem Barnave endlich begreifen mußte, wie der wahre Sinn der Worte, die sie ihm gab, zu deuten sei. Sie hatte nicht vor dem 13. September gewagt, ihn wiederzusehen, am Tage der Verfassungsannahme. Seitdem empfing sie ihn wieder, aber stets im geheimen, oft des Nachts, indem sie selbst an der Tür stand, um ihn einzulassen, wie wir bereits gesagt haben. War Ludwig XVI. immer der Dritte? Man ist versucht, es anzunehmen; die Kammerfrau jedoch erwähnt es nicht ausdrücklich. Im September und Oktober, in beiden Monaten führte Barnave das Regiment, das er mit dem Leben bezahlt hat. Im November, als die Königin von seinem geringen Einfluß auf die öffentliche Meinung und die Versammlung überzeugt war, schonte sie ihn nicht mehr, ebensowenig wie die Konstitutionellen; sie ließ die Royalisten gegen sie stimmen, gegen die, welche Barnave stützte. Eine kurze, schroff wieder entzogene Gunst, ohne Rücksicht darauf, wie solche Handlungsweise beurteilt würde; gebrochen kehrte er in seine Einsiedelei, nach Grenoble zurück.

Trotz seiner jesuitischen Erziehung und der den Fürsten eigentümlichen Doppelzüngigkeit hatte der König im Grunde zu viel Ehrenhaftigkeit, um den so kniffligen Plan zu begreifen, die Revolution durch die Revolution selbst zu vernichten. Das einzige Wesen, das er liebte, die Königin, besaß nur äußeren, gewissermaßen oberflächlichen Einfluß auf ihn. Sein Herz gehörte den Priestern, ebenso wie das der Madame Elisabeth. Wohl konnte man ihm einige politische Lügen entlocken, allerlei falschen Schein, konnte ihn zu ein paar linkischen Schritten in einem anscheinend konstitutionellen Königtum veranlassen; im Grunde war er stets der König wie er vor 1789 gewesen. Er hatte seine direkten Beziehungen zur Emigration, zu den Mächten. 1790 hatte er Flachslanden in Turin beim Grafen d'Artois. Bis zum Juni 1791 verhandelte Breteuil für ihn mit dem Kaiser und den anderen Fürsten. Im Juli hatte er zwar schriftlich seine Machtbefugnis an Monsieur übertragen, er verließ sich aber nicht auf dessen Beamten; er hielt beim König von Preußen neben dem verfassungsmäßigen Gesandten seinen besonderen Botschafter, den Grafen von Caraman. Diese, in der Mehrzahl sehr indiskreten, Beamten waren aller Welt so gut bekannt, daß 1790 Herr von Ségur, als er der Gesandtschaft in Wien zugeteilt werden sollte, erklärte, da Herr von Breteuil bereits für diesen Posten das Vertrauen des Königs besitze, so könne er denselben nicht annehmen.

Ludwig XVI. hatte keineswegs die Geschicklichkeit, die seine Lage verlangt hätte. Durch seine Mutter ein Deutscher und zum Hause Sachsen gehörend, besaß er nicht nur die Schwerblütigkeit dieses Hauses, sondern hatte aus dieser Familienzugehörigkeit auch heftige Anfälle deutscher Schroffheit überkommen; seine Schwester, die noch weniger gewohnt war, sich zurückzuhalten, die naiver und aufrichtiger war, hatte noch häufiger solche Momente.

Der gemäßigte, konstitutionelle Plan Dumouriez', ein anderer eines Sekretärs von Mirabeau, hatten beim Könige keinen Erfolg. Er nahm im Gegenteil eine hochmütige, heftige Rede entgegen, die der Amerikaner Morris für ihn verfaßt und die Bergasse stilistisch redigiert hatte; zwar wagte er nicht, sich ihrer zu bedienen, aber er ließ dem Verfasser sagen, daß er sie später zur Richtschnur seines Auftretens nehmen werde. Eine merkwürdige Sache: Morris, der Geschäftsmann und Bankier, später Minister der Vereinigten Staaten, ein offenbar zuverlässiger und ernster Mensch, ließ das Schriftstück einem Kinde übermitteln, Madame, der Tochter des Königs, damals dreizehn oder vierzehn Jahre alt. Dieses leidenschaftliche, heftige, hochmütige Mädchen, auf das die Demütigung seiner Familie besonders seit Varennes tiefen Eindruck gemacht hatte, mußte schon einigen Einfluß auf seinen Vater und seine Tante haben, denen es mehr ähnlich sah als der Mutter.

Alle diese Neigungen zu listigen oder gewaltsamen Mitteln, die sich im Schoße der königlichen Familie bemerkbar machten, der Kampf gegen innere Einflüsse, die widersprechenden Pläne, die von außen an ihn herantraten, fraßen dem König an der Seele, zerrütteten seinen Geist. Überdies fühlte er gut, daß es in seinem Gewissen einen wunden Punkt gab, wo er nicht mehr heucheln konnte, und zweifellos würde er dann vernichtet. Er selber urteilte so. Am 8. August sagte er zu Herrn von Montmorin, der es an Morris weiter berichtete: „Ich weiß wohl, daß ich verloren bin. Möge alles, was man jetzt tut, für meinen Sohn geschehen."

Er beurteilte die Ohnmacht der Konstitutionellen viel besser als die Königin und betrachtete die Verfassung von 1791 als die Vernichtung der Monarchie. Eine anscheinend unbedeutende Etikettenfrage illustrierte seine eigene Anschauung so ausdrucksvoll, daß er sich nicht beherrschen konnte. Als am Tage der Annahme der Verfassung, am 13. September 1791, der Präsident (es war Thouret) sich erhob, um seine Rede zu halten und sah, daß der König ihn sitzend anhörte, glaubte er sich auch setzen zu sollen. Thouret war, wie man weiß, ein sehr gemäßigter Mann; bei dieser feierlichen Angelegenheit aber, die nichts Geringeres bedeutete, als eine Art von Vertrag zwischen dem König und dem Volk, hatte er durch dieses Benehmen die Gleichberechtigung der beiden vertragschließenden Parteien dartun wollen.

„Bei der Rückkehr von der Sitzung", sagte Frau Campan, „grüßte die Königin in Eile ihre Damen und zog sich stark bewegt zurück. Der König trat durch die inneren Gemächer bei ihr ein; er war sehr bleich und hatte ganz verzerrte Züge. Als die Königin ihn so erblickte, schrie sie verwundert auf. Ich glaubte, ihm sei nicht wohl. Wie groß war aber mein Schmerz, als ich sah, wie er sich in seinen Lehnstuhl warf, das Taschentuch an die Augen führte und ausrief: ‚Alles ist verloren ... Oh, Madame! Und Sie waren Zeuge dieser Demütigung! Wie! Sie wären nach Frankreich gekommen, um das zu sehen.' Ein Schluchzen unterbrach diese Worte. Die Königin kniete vor ihm nieder und schloß ihn in die Arme. – Eine halbe Stunde später ließ die Königin mich rufen. Sie ließ Herrn von Goguelat holen, um ihm mitzuteilen, daß er noch in dieser Nacht nach Wien reisen müsse. Der König hatte an den Kaiser geschrieben. Die Königin sah im Innern keine Hoffnung mehr ..."

An eben diesem Tage (dem 13. September) oder dem folgenden sah die Königin Barnave zum erstenmal seit der Rückkehr aus Varennes wieder. Ihr Mut hob sich ein wenig. Sie setzte wieder etwas Hoffnung auf den Einfluß, den die Führer der Konstitutionellen auf die neue Versammlung haben würden.

Was hatte Ludwig XVI. an den Kaiser geschrieben? Man kann es unschwer erraten: die Äußerung seines Unwillens, die Schilderung der ihm angetanen Demütigung, die Beschimpfung des Königtums.

So ging also der offiziellen Anzeige des Königs, daß er die Verfassung annehme, der persönliche Brief voraus, der jene dementierte. Europa war benachrichtigt, was es von der konstitutionellen Komödie zu halten habe; in der feierlichen Handlung selbst, der Vertragschließung zwischen König und Volk, bot sich ihm die verlangte Beleidigung, um den Kontrakt als nichtig zu erklären. Man braucht sich nicht zu wundern, daß die Mächte kränkende und höhnende Antworten gaben oder wenigstens vorzogen, ihre Antwort an Ludwig XVI. persönlich zu richten, nicht an Frankreich.

Der König wandte sich mehr an die Könige als an die Emigranten. Er verließ sich wenig auf seine Brüder. Er kannte, vor allem seit der Affäre Favras, den persönlichen Ehrgeiz Monsieurs recht gut, wußte, daß man ihm riet, die Absetzung Ludwigs XVI. zu verkünden. An Monsieur, als dem Regenten Frankreichs, sandte die Kaiserin von Rußland im Oktober 1791 einen Minister. Was den König vielleicht noch mehr verletzte, das war der grausame Leichtsinn der Emigranten, die, fern von Frankreich in Sicherheit, über das Unglück von Varennes gescherzt hatten und das Spottlied vom „Kutscher Fersen" sangen. Diese Späße erfuhr der König aus den Pariser Zeitungen.

Die Emigranten begnügten sich nicht, ihn im Stiche gelassen zu haben, sie erhöhten die Gefahr für ihn durch ihre unüberlegten Schritte. So verlangten sie schroff und unbesonnen von dem patriotischen General, der in Straßburg befehligte, daß er ihnen diesen Ort ausliefere. Das Interesse des Königs gebot, daß diese ungeschickten Verfechter seiner Sache, die seiner Gefahr nicht achteten, aber vorgaben, für ihn tätig zu sein, von der Grenze entfernt würden. Ich glaube, er unterzeichnete aufrichtigen Sinnes den Brief, den seine Minister, Duport-Dutertre und Montmorin, in seinem Namen verfaßten, um die Emigranten zurückzurufen, und jenen anderen, darin er die Mächte bat, die Armee der Emigration aufzulösen (14. Oktober 1791).

Der wahre Punkt, in dem der König tief und unversöhnlich mit der Revolution uneins war, das war die Frage der Priester. Der Verkauf der Kirchengüter, die Versammlung von Avignon, der verlangte Bürgereid, das waren drei Dinge, die ihm das Herz abdrückten. Wer die Geschichte seiner Gewissensqual, seiner Beichten, seiner Kommunionen kannte, der konnte ziemlich überzeugt sein, daß er unter seinen Seelsorgern noch mehr litt, als unter der ganzen Versammlung und der ganzen Revolution.

Wie bemaß man ihm die Eigenschaft, zu täuschen, in dem und dem Punkt zu lügen? Mit welchem Preis bezahlte er im Beichtstuhl die Zweideutigkeit seiner sozusagen revolutionären Maßnahmen? Alles, was man weiß, ist, daß wenigstens hinsichtlich des Besitzes der Priester und der Unterdrückung der widersetzlichen Geistlichen, die Priester ihrem Beichtkind gegenüber ungerührt waren.

Die Konstituierende Versammlung hatte immerhin einiges getan, um sie zurückzugewinnen. Ihre letzte Tat war, jenen, die keine allgemeine Besoldung bekommen würden, eine Pension zu sichern. Ihre Maßnahmen gegen die widerspenstigen Priester waren sehr edelmütig. Eine große Zahl von Kirchen stand ihnen offen, um darin unbehindert die Messe abzuhalten; in einer einzigen Parochie von Paris, der von Saint-Jacques-du-Haut-Pas, gab es deren sieben. Die konstitutionelle Geistlichkeit nahm sie in ihren Kirchen ausgezeichnet auf. Es lag nur an ihnen, auf die Teilung einzugehen, wie sie so lange am Rhein stattgefunden hat, zwischen zwei viel gegensätzlicheren Glaubensbekenntnissen, den Protestanten und den Katholiken, denen ein und dieselbe Kirche zu verschiedenen Stunden gemeinsam diente. Warum denn hier, wo es auf beiden Seiten Katholiken waren, die nicht das Dogma, sondern eine Frage der Verfassung und Ordnung trennte – warum hier diese eigensinnige Scheidung? Die bürgerlichen Priester waren wenigstens nicht schuldig; einige trieben die brüderliche Nachgiebigkeit, Entsagung und Demütigung bis aufs äußerste. In Caen sah man den konstitutionellen Pfarrer dem widersetzlichen das Angebot machen, die Messe zu lesen, und dieser nutzte die Bescheidenheit seines Rivalen aus, hielt ihn geduckt, behandelte ihn unverschämt, stellte diese christliche Handlungsweise als eine Tat der Reue, der Buße hin.

Die widerspenstigen Priester, die dem König eng verbunden waren, und der Emigration, dem nicht geflohenen Adel, den konstitutionellen und fayettistischen Behörden, die ihnen unendlich viel Rücksicht entgegenbrachten, sehr nahe standen, behaupteten den ersten Rang. Ihre Haltung war die einer großen politischen Partei, und das war keine Täuschung. Sie waren tatsächlich das Herz und die Kraft der Gegenrevolution.

Auf dem flachen Lande gefährlich, waren sie schwach in Paris. Paris, das durch die Abreise der Adligen und Reichen zugrunde gerichtet war, das zu Beginn eines harten Winters ohne Arbeit und ohne Hilfsquellen war, schob die endlose Dauer der Revolution dem Widerstand der Priester zu. Es begann, sie als allgemeine Feinde zu betrachten. Die Hungervorstadt, das arme Viertel Saint-Marceau, verlor zuerst die Geduld. Man wartete vor den Toren eines Klosters, um die Andächtigen, die zu den Predigten der Widersetzlichen gingen, zu schmähen. Der Gemeinderat unterdrückte solche Störungen, indem er gleichwohl verlangte, der Kultus dieser Geistlichen solle in den gewöhnlichen Kirchen stattfinden und nicht in den Klosterkapellen, die der Volksaberglaube als den geheimnisvollen Herd der Gegenrevolution ansah. Die Departementverwaltung hingegen forderte von der Gemeindeverwaltung im Namen der religiösen Duldsamkeit, den rebellischen Priestern alle Freiheit zu lassen und ihnen zu gestatten, ihre Zusammenkünfte abzuhalten, wo immer es ihnen gefalle. Auch der junge Dichter André Chénier, hierin das Werkzeug der Feuillants und überhaupt der

Royalisten, verlangte im Namen der Philosophie die Toleranz. Er wurde erreicht und überboten vom konstitutionellen Bischof Torné der vor der Gesetzgebenden Versammlung mit wahrhaft hochherzigem Erbarmen für seine Feinde eintrat.

Diesen Aposteln der Duldsamkeit mußte man unglückseligerweise eine Antwort erteilen; keine Begründung, sondern eine Tatsache. Wenn die Aufrührer in Paris Toleranz wollten, so wollten sie keine im übrigen Frankreich. Sie beabsichtigten nicht, geduldet zu werden, sondern zu herrschen und zu verfolgen. Sie hielten die konstitutionellen Priester in Angst und Schrecken. Jede Nacht fielen Schüsse in der Nähe ihrer Pfarrei, zuweilen trafen sie auch durch die Fenster. Am 16. Oktober erlebte der neue Pfarrer eines Dorfes im Beaujolais, daß der alte an der Spitze von fünfhundert Montagnards, die er zusammengetrieben hatte, in die Kirche eindrang und ihn vom Altar verjagte. Dieser tüchtige Priester bemächtigte sich der Armenkasse, die der konstitutionelle Pfarrer in die Hände des Gemeinderats gelegt hatte. Viele geängstete Priester, sogar Gemeindebeamten, gaben ihre Demission. Die letzteren hatten keine Möglichkeit, die öffentliche Ruhe aufrechtzuerhalten, inmitten der rasenden Menge, welche die neue Geistlichkeit und ihre Beschützer mit den nämlichen Todesdrohungen verfolgte. In irgendeinem Dorf im Westen begannen die Bauern die Nationalgarden, die zu der konstitutionellen Geistlichkeit hielten, zu entwaffnen. In der Vendée sahen sich drei Städte von diesen fanatischen Bauern gleichsam belagert, denen die früheren Priester gewissermaßen als Führer und Generale dienten.

Es war nicht leicht, gar nichts zu tun, wie die Sieyès und Chénier das kühl verlangten, als der Weg der Tat beschritten worden war, als die angeblichen Opfer den Bürgerkrieg begannen.

Die Philosophen, die sich nur mit Paris beschäftigten, sahen bei dieser Partei nur einige vereinzelte Priester, einige arme gläubige Frauen. Den, der ganz Frankreich sah, diese große Partei der Priester, die durch den Haß der Revolution aus ihrem Todesschlaf erwacht war, entsetzte ihre Heftigkeit, ihre Macht und die Vielseitigkeit ihrer Mittel. Sie thronte in der Hütte, sie thronte in den Tuilerien. Sie nutzte den König gleichzeitig auf zwei Arten aus, als Büßer im Beichtstuhl, als Märtyrer, als Legendengestalt in den volkstümlichen Predigten. Durch das ewige Jammern über „den armen König, den guten König, den heiligen König“ ergriffen sie das Herz der Frauen, setzten der Herrschaft der Gerechtigkeit und der Revolution einen Aufstand entgegen, den Aufstand des Mitleids.

Durch eben diese enge Verbindung von König und Priester begriff Frankreich schließlich, daß der König der Feind war.

Feind von Natur, von Temperament, durch schroffe und zornige Anfälle. Wir haben es gesehen: am nämlichen Tage, an dem er die Verfassung annahm, als die Versammlung durch das Blutbad auf dem Marsfeld und durch die Revision den Thron wieder gefestigt und sich selbst aufgeopfert hatte, weinte der König wegen einer Verletzung der Etikette, und am Abend schrieb er an den Kaiser.

Feind aus Erziehung und Überzeugung. Der König, den La Vauguyon, Führer der Jesuitenpartei, erzogen hatte, gab stets, und je unglücklicher er wurde, desto mehr und mehr, sein Herz in die Hände der Priester.

Feind endlich aus Verhängnis, als natürlicher, unwillkürlicher und notwendiger Mittelpunkt aller Feinde der Freiheit. Seine Lage machte ihn unbedingt dazu; was er sagte oder tat, ob er abwesend oder zugegen war, er war das selbstverständliche Haupt der Gegenrevolution. Ludwig XVI. war, ohne daß er den Plänen der Emigration zu folgen beabsichtigte, mit ihr in Koblenz. Ludwig XVI. war in der Vendée, in allen Predigten der Priester und überall da, wo der Fanatismus seine Hebel in Bewegung setzte. Bei allen Beratungen der Priester und des Adels war er, wenn auch abwesend, mit in der Sitzung, für ihn, durch ihn, diesen unglückseligen Märtyrer des Königtums, war es, daß alle Könige Europas Frankreich zu vernichten trachteten.

Nie war eine Versammlung jünger gewesen, als die Gesetzgebende. Ein großer Teil der Abgesandten war noch nicht sechsundzwanzig Jahre. Wer die Auflösung der Konstituierenden mit angesehen hatte, bei der Alter, Position, Tracht jeder Art harmonisch vertreten waren, der wurde ergriffen, fast erschreckt beim Zusammentritt dieser neuen Versammlung. Sie erschien wie ein gleichmäßiges Bataillon von Männern fast eines Alters, einer Klasse, einer Sprache und einer Kleidung. Es war wie der Überfall einer ganz jungen Generation, in der es keine Greise gab, der Aufstieg der Jugend, die lärmend das reife Alter vertreibt, die Tradition entthronen würde. Keine weißen Haare mehr; hier tagt ein neues Frankreich in schwarzen Haaren.

Außer Condorcet, Brissot und wenigen anderen sind sie unbekannt. Wo sind die großen Leuchten der Konstituierenden, die historischen Gestalten, die für immer im Gedächtnis der Menschen mit den ersten Erinnerungen an die Freiheit verschmolzen sind? Die Mirabeau? die Sieyès? die Duport? die Robespierre? die Cazalès? Mochten ihre wohlbekannten Sitze jetzt wieder besetzt sein; sie scheinen darum nicht weniger leer. Wir werden nicht versuchen, ihre Nachfolger von vornherein als Persönlichkeiten zu charakterisieren. Ihre ungeduldige, unruhige Art, die Schwierigkeit, mit der sie ihren Platz zu behaupten haben, bürgen uns dafür, daß sie sich bald durch ihre Handlungen zu erkennen geben. Für den Augenblick möge es genügen, dort unten im ganzen auf die geschlossene Phalanx der Advokaten der Gironde hinzuweisen.

Ein sehr achtungswerter Zeuge, kein Schwärmer, Deutscher von Geburt, fünfzig Jahre lang Diplomat, Herr von Reinhard, hat uns berichtet, daß er im September 1791 von Bordeaux nach Paris kam, in einem öffentlichen Fuhrwerk, das die Girondisten beförderte. Da waren die Vergniaud, die Guadet, die Gensonné, die Ducos, die Fonfrède usw., das berühmte Siebengestirn, in denen sich die Seele der neuen Versammlung verkörperte. Der sehr gebildete, in Dingen und Menschen sehr erfahrene Deutsche beobachtete seine Mitreisenden und war entzückt von ihnen. Es waren Männer voll Willensstärke und Anstand, von herrlicher Jugend, hervorragender Schwungkraft und grenzenloser Hingabe an ihre Ideen. Im übrigen erkannte er recht schnell, daß sie sehr unwissend, ungemein unerfahren und leichtfertig, Schwätzer und Zänker waren und (was ihre Erfindungsgabe und Initiative schwächte) vom Advokatengehaben beherrscht. Und dennoch war ihr Reiz so groß, daß er sich nicht von ihnen trennte. „Seitdem", sagte er, „habe ich Frankreich zum Vaterland genommen und bin hier geblieben." Mehr erfuhr ich nicht von ihm; die Stimme des Greises schwankte ein wenig, er schwieg und blickte zur Seite. Ich achtete dieses Schweigen eines äußerst zurückhaltenden Mannes; ich konnte mich aber der Mutmaßung nicht entziehen, daß er sein Herz nicht ganz in der Gewalt hatte und fürchtete, unter dem gewaltigen Eindruck dieser brennenden Erinnerung seine gewohnte kühle Haltung zu verlieren.

Will man den Abstand zwischen der neuen und der alten Versammlung ermessen, so beachte man nur eines: hier gibt es keine Rechte mehr. Die adlige Rechte ist völlig verschwunden. Die Versammlung scheint geeint gegen die Aristokratie zu sein; vor allem ist sie gegen den Adel und die Priester, ihre Absicht ist ausdrücklich, deren Widerstand zu brechen. Dem König gegenüber ist sie, wie man sehen wird, noch schwankend, und – es ist wahr – dem König der Priester und der Adligen nicht gutgesinnt, gereizt gegen ihn, ohne einen entschiedenen Kriegsplan gegen ihn zu haben. Im übrigen ist das Königtum, sogar ehe es angegriffen wurde, seit der Konstituierenden noch schwächer geworden. Die einzigen Verteidiger, die der König in der Gesetzgebenden Versammlung hat, nennen ihn gewohnheitsmäßig „die vollziehende Gewalt", vergessen ganz, welchen Teil er an der gesetzgebenden Gewalt hat, geben stillschweigend zu, daß die Versammlung, als einziger Repräsentant des souveränen Volkes, auch einzig das Recht hat, die Gesetze zu machen, denen das Volk zu gehorchen hat.

Der erste Blick, den die Versammlung bei Betreten des Saales um sich warf, konnte sie kaum befriedigen. Man hatte von vornherein und ohne ihre Ansicht darüber einzuholen, zwei große Tribünen reserviert, wo nur die aus der Konstituierenden hervorgegangenen Abgeordneten tagen sollten. Man bemerkte mit Bitterkeit, daß hier gewissermaßen ein Oberhaus geschaffen war, um die Versammlung zu beherrschen. Man fragte sich, was das für ein Zensurausschuß sei, der sich da bereit hielt, zu urteilen, die Maßnahmen und Worte zu notieren, durch Zeichengebung zu leiten, durch Blicke einzuschüchtern, und – wer weiß? – sich vielleicht in zweifelhaften Fällen an die Auslegung der Verfassung zu machen, unter Erlaubnis derer, die sie aufgestellt hatten? Ein solches Komitee hätte, wenn nötig, das königliche „Veto“ mit einem Protest gestützt, dem König ein falsches Recht gegeben, gegen die Versammlung vorzugehen. Die Konstituierenden selber bestärkten diese Mutmaßungen, indem sie in einer wichtigen Frage von der Höhe ihrer Tribünen ihre Meinungsverschiedenheit kundtaten. Sie machten ihre Sache so gut, daß die Versammlung verfügte, es solle keine Vorrechte geben, die ganze Tribüne sei dem Publikum offen. Vor dem Ansturm einer tobenden und gewöhnlichen Menge verflüchtigte sich der eingeschüchterte Schatten der Konstituierenden und erschien nicht wieder.

Ihr Werk indessen, die berühmte Verfassung, hielt am 4. Oktober ihren feierlichen Einzug in der Gesetzgebenden Versammlung, umringt und behütet von zwölf der bejahrtesten Abgeordneten. Camus, der Archivar, hatte ihnen diesen Schatz nicht einmal anvertrauen wollen; er gab ihn nicht her, hielt ihn in seinen frommen Händen; er trug ihn zur Tribüne, zeigte ihn als ein zweiter Moses dem Volk.

Bei dieser Gelegenheit bemerken die Neugierigen boshaft, wie die Versammlung auf die Verfassung schwören wird, die von mehreren ihrer Mitglieder angegriffen worden und die sie alsbald brechen wird. Sie schwört kalt, traurig, und haßt nur um so mehr die dahingegangene Macht, die ihr noch diese wenig ernsthafte Zeremonie abfordert.

Der König beging der Versammlung gegenüber gleich eine sonderbare Ungeschicklichkeit. Als man bei ihm anfragen ließ, zu welcher Zeit er die Abordnung empfangen werde, erwiderte er nicht selbst, sondern durch einen Minister; er ließ sagen, er wünsche den Empfang nicht sogleich, sondern um drei Uhr. Der Abordnung sagte er, er werde sich nicht sogleich zur Versammlung begeben, sondern drei Tage warten. Die Versammlung glaubte in dieser gesuchten Verzögerung einen dreisten Versuch des Hofes erblicken zu müssen, die Überlegenheit derjenigen der beiden Mächte, die die andere warten lasse, darzutun. Mehrere Abgeordnete, unter anderen Couthon, verlangten und erhielten die Verfügung, daß man den Titel „Majestät“ abschaffte, daß man sich an den Titel „König der Franzosen“ hielt; daß man beim Eintritt des Königs aufzustehen habe, sich aber dann niedersetzen und bedecken könne; schließlich, daß am Präsidentensitz zwei einander gleiche Sessel nebeneinander aufgestellt würden und derjenige des Königs links vom Präsidenten zu stehen habe. Das hieß den Thron abschaffen und den König erniedrigen.

Wäre der Himmel eingestürzt, so hätten die Konstitutionellen nicht entsetzter sein können, als von dieser Aufhebung des Thrones. Sie waren zu besorgteren Hütern des Königtums geworden, als die Royalisten selber.

Die nicht weniger erschreckten Bankiers äußerten ihre Befürchtungen in einem ungeheuren Sturz der Wertpapiere. Gerade aus dem Bankviertel, dem

„Bataillon des Filles Saint-Thomas", war die Mehrzahl der Nationalgarden hervorgegangen, die, mit der besoldeten Garde vereint, auf dem Marsfeld geschossen hatten; diese Nationalgarden waren Börsenwucherer und Schloßlieferanten, Leute aus der Umgebung des Königs, vornehme Offiziere. Alle diese sehr bloßgestellten Leute begannen sich zu fürchten. Am 9. Oktober verlor die Pariser Armee, die ihre Stärke ausmachte, ihren Führer, ihn, der seit so langer Zeit ihre Seele und ihre moralische Einheit gewesen war; ich spreche von La Fayette. Entsprechend dem neuen Gesetz hatte er seinen Abschied nehmen müssen; es gab keinen Hauptbefehlshaber mehr; jeder der sechs Divisionskommandeure hatte der Reihe nach die Führung.

Royalisten und Fayettisten, alle beunruhigt, gerieten in Erregung, waren an allen Enden zugleich, bearbeiteten Paris, bis zu dem Grade, den Glauben zu erwecken, daß in der öffentlichen Meinung eine royalistische Reaktion eintreten werde. Einige wurden sogar in der Presse darüber getäuscht, in den Leuten, die aus nächster Nähe beobachten, woher der Wind im Volke wehte. Hébert, der nichtswürdige Père Duchesne, dieser Auswurf des Journalismus, der stets die niedrige Beschäftigung betrieb, die schlechten Leidenschaften des Volkes herauszufinden, ihnen zu frönen, glaubte, es wende sich dem Royalismus zu, und beeilte sich, einige Tage sein Blatt zu royalisieren, fluchte und verwünschte die Tumultanten. Was sage ich? In einer heuchlerischen Sittenpredigt sprach dieser Atheist von Gott, drohte den Bösewichtern mit Gott und der anderen Welt.

Die Versammlung war noch naiv genug, sich ebenfalls zu täuschen; sie hielt Paris für royalistischer, als es in Wirklichkeit war, fürchtete, zu weit gegangen zu sein. Während der ganzen Nacht vom 5. zum 6. Oktober wurden die Abgeordneten einer um den anderen umringt, angefleht, von den Frauen, den Intriganten, den Männern von Ruf und Ansehen, ihren Vorgängern von der Konstituierenden, überredet, wankend gemacht und umgestimmt. Man sagte ihnen, wenn man die Verfügung aufrechterhalte, werde der König die Sitzung nicht eröffnen, werde seine Minister senden. Sollte man in so auffälliger Weise die Uneinigkeit der öffentlichen Gewalten vor Europa dartun? Die Versammlung war am Morgen ganz verwandelt und vernichtete ihr Werk vom Abend vorher. Sie legte das Dekret nicht wieder vor, sondern verfügte seine Vertagung.

Große Freude herrschte darüber bei den Royalisten. Ganz plötzlich verwandelt sich ihre Angst in Drohung. Royou betonte im „Ami du Roi" voll Verachtung die Inkonsequenz der Versammlung, gab ihr eine Lehre, aus der sie dann Nutzen gezogen hat: „Jede Gewalt, die nachgibt, ist verloren. Man kann eine Macht, die heute das Gesetz zurücknimmt, das sie gestern gemacht hat, weder achten noch fürchten."

Dieser tolle Geist der Herausforderung blieb nicht bei Worten stehen. Es gab damals in den adligen Offizieren der Nationalgarde, in der konstitutionellen

Garde des Königs, an deren Formierung man arbeitete, viele Raufbolde, Leute die, ihrer Gewandtheit sicher, alle Welt beleidigten. Der Hof liebte diese Art Männer sehr, die ihm jeden Tag eine Anzahl von Feinden schufen. Einer, von ihnen, ein Herr d'Ermigny, Offizier der Nationalgarde, beging eine unendlich schwerwiegende Tat. Am 7., dem Tag der königlichen Sitzung, betritt er den Saal; es waren erst wenige Abgeordnete da; er geht auf gut Glück auf einen von ihnen los, auf Goupilleau, der sich am 5. in der Thronfrage deutlich ausgesprochen hatte. Er hält ihm die Faust unter die Nase und sagt: „Wir kennen Sie gut ... nehmen Sie sich in acht! Wenn Sie so weitermachen, lasse ich Sie mit Bajonetten in Stücke hacken! ..." Diener laufen entrüstet herbei; doch der Präsident Pastoret entrüstet sich nicht; er verweigert dem beleidigten Abgeordneten, der den Tatbestand berichten will, das Wort. Einige Abgeordnete bestehen auf der Untersuchung; d'Ermigny, vor die Schranken gefordert, kommt mit ein paar Entschuldigungen los.

Die Royalisten, die auf den Tribünen sehr zahlreich waren, weiden indessen Herz und Auge an dem umstrittenen Thron, den die Versammlung aus Furcht bewilligt zu haben schien, und der ihnen wie das prophetische Symbol der baldigen Auflösung der Revolution erschien. Sie klatschten dem Stück Holz Beifall, ohne sich darum zu kümmern, ob ihre Freude von der Versammlung nicht als eine neue Beleidigung aufgefaßt werde. Ein Abgeordneter machte eine Entgegnung. Der gelähmte Couthon bewies eine Initiative, die sein kraftloser Zustand und sein sanftes Gesicht keineswegs erwarten ließ; er warf die Frage auf, die den König am persönlichsten traf, die ihm – ebensosehr oder noch mehr als die Thronfrage – am Herzen lag; er forderte und erlangte, daß man bald die Maßnahmen gegen die Priester erörtere, hinsichtlich des Schreckens, mit dem die widerspenstige Geistlichkeit auf der dem Gesetz ergebenen lastete.

Der König tritt ein. Einmütiger Beifall erhebt sich. Die Versammlung ruft: „Es lebe der König!" Die Royalisten auf den Tribünen schreien, um die Versammlung zu kränken: „Es lebe Seine Majestät!" In einer ergreifenden, geschickten Rede, ein Werk Duport-Dutertres, zählte der König die neuen Gesetze auf, welche die Versammlung im Sinne der Verfassung Frankreich zu geben gedachte. Er sah die Revolution als beendet an. Er selbst aber, als König der Priester, als freiwilliger oder unfreiwilliger Leiter der Emigration und aller Feinde Frankreichs, war gerade das Hindernis, gegen das die Revolution, sofern sie nicht untergehen wollte, ihren Kampf fortsetzen mußte.

Die noch ganz junge Versammlung machte sich das nicht recht klar; sie sah nichts von dem voraus, was sie selbst noch tun würde. Sie war völlig ergriffen, als der Präsident, Pastoret, mit bezug auf einen Ausspruch des Königs, der sagte, er habe das Bedürfnis, sich geliebt zu sehen, äußerte: „Und auch wir, Sire, haben das Bedürfnis, von Ihnen geliebt zu werden."

Ähnlich war es am Abend im Theater, das der König mit seiner Familie besuchte; er wurde von Männern aller Parteien stürmisch begrüßt, und manche weinten sogar. Er selber vergoß Tränen.

Die Schwierigkeiten der Lage blieben jedoch bestehen. Der kluge und gemäßigte Bericht der Herren Gallois und Gensonné über die religiösen Wirren in der Vendée machte eben durch seine Mäßigung tiefen Eindruck (9. Oktober). Kein Verdacht einer Übertreibung. Der Bericht war zum großen Teil unter dem Einfluß eines sehr klarblickenden Politikers geschrieben worden, des Generals Dumouriez, der im Westen kommandierte, der um so toleranter war, als er den religiösen Fragen sehr gleichgültig gegenüberstand. Nach seiner Ansicht hatten die beiden Bevollmächtigten die strenge Entscheidung dieser Departementsvorstände gemildert, die den widerspenstigen Priestern befahlen, die Dörfer, in denen sie Aufruhr verbreiteten, zu verlassen und sich in die Kreisstadt zu verfügen.

Dieser Bericht öffnete Frankreich die Augen. Es sah sich durch den Fanatismus an den Rand des Bürgerkrieges getrieben.

Die ersten Maßnahmen, die vorgeschlagen wurden, waren nichtsdestoweniger sanft genug. Fauchet verlangte nur, daß der Staat die Priester, welche erklärten, den Staatsgesetzen nicht gehorchen zu wollen, nicht mehr besolde, immerhin aber denen, die alt oder schwach seien, Pensionen und Unterstützungen gewähre. Die Versammlung war noch so neu, so den absoluten Grundsätzen zugeneigt, daß mehrere der revolutionär gesinnten Abgeordneten, unter anderen der junge und edeldenkende Ducos, im Namen der Duldung gegen Fauchet auftraten. Keiner aber tat das eifriger, als der konstitutionelle Bischof Torné, der, soviel an ihm lag, seine Feinde rechtfertigte und erklärte, daß sogar ihre Weigerung aus großen Tugenden entspränge, daß man sich weniger gegen sie als gegen den bösen Willen der Exekutivgewalt zu wenden habe, die unter der Hand zum Widerstand aufreizte. Die letzte Äußerung war richtig. Man hatte bald die Beweise aus dem Calvados, wo der Minister Delessart die Gegner Fauchets lebhaft ermuntert hatte, ihm entgegenzuarbeiten.

Da haben wir den Anfang des inneren Krieges; die Angelegenheit der Priester war die bedenklichste Seite davon. Die Frage des Krieges nach außen ergab sich zu gleicher Zeit; zunächst bei Gelegenheit der Maßnahmen, die gegen die Emigranten angewendet werden sollten. Die Emigration, für die man ebenso wie für die Priester Duldung forderte, ergriff gleich diesen die Offensive; eine Tat, die um so unangenehmer war, weil sie nicht immer gerade drauflosging. Die Emigranten betrieben im ganzen Königreich eine ungeheure Werbetätigkeit, versuchten, die Truppen zu gewinnen, unter den Adligen eine freiwillige oder gewaltsame Rekrutierung vorzunehmen, bedrohten die Edelleute oder ihren Anhang, wenn sie nicht auswandern wollten. Die Straßen waren voller Wagen, die zur Grenze strebten und die um jeden Preis flüssig gemachten Gelder fortführten. Die Grenze war von diesem Emigrantenvolk besetzt, das zum anderen Ufer hinüberrief oder Zeichen machte, eine Verständigung suchte, die Festungen prüfte, voller Ungeduld, dort einzudringen. Die Minister Ludwigs XVI., die Zentral- oder Departementsverwaltungen schlossen die Augen oder gaben ihre Unterstützung. Die und die Finanzverwaltung zum Beispiel sammelte ihre tätigsten Angestellten an der Grenze selbst, brachte sie der Versuchung nahe, hielt sie bereit, entweder selber hinüberzugehen oder die Emigranten, die hinübergingen, zu empfangen und ihnen beizustehen.

Brissot schnitt die Frage (am 20. Oktober 1791) an, auf ein großzügige, menschliche Art, die noch heute den Grundsatz weist, nach dem die Geschichte immer noch urteilen sollte. Er forderte, man solle zwischen der Emigration aus Haß und der Emigration aus Furcht unterscheiden, solle für diese Nachsicht haben, für jene Strenge. Er erklärte, übereinstimmend mit den Ansichten Mirabeaus, man könne die Bürger nicht im Königreich einsperren, müsse die Tore offen lassen. Er verwarf gleicherweise jede Konfiskationsmaßregel. Er verlangte, man solle dem lächerlichen Mißbrauch ein Ende machen, den gegen uns bewaffneten Leuten, einem Condé einem Lambesc, einem Karl von Lothringen usw. Gehälter zu bezahlen. Er schlug vor, jene Verfügung der Konstituierenden in Kraft treten zu lassen, die dem Besitz der Emigranten dreifache Steuern auferlegte. Er wollte, man solle vor allem die ausgewanderten Beamten treffen, die Führer, die großen Schuldigen; er sprach von den Brüdern des Königs.

Dann, hinter den Emigranten, griff er ihre Beschützer an, die Könige Europas, wies auf den Orkan, der am Horizont heraufzog. Das unvorhergesehene, ungeheuerliche Bündnis Preußens und Österreichs, die plötzlich Freunde geworden waren. Das unverschämte, gewalttätige Rußland, das unserem Gesandten verbot, sich in den Straßen zu zeigen, und unseren Flüchtlingen nach Koblenz einen russischen Minister sandte. Die kleinen Fürsten, die sich bei den großen durch Beschimpfungen Frankreichs einzuschmeicheln suchten. Bern, das eine Stadt bestrafte, weil sie die Lieder der Revolution gesungen hatte. Genf, das seine Wälle befestigte und seine Kanonen auf uns richtete. Der Bischof von Lüttich, der nicht wagte, einen französischen Gesandten vorzulassen.

Brissot sagte noch nicht alles über den wütenden Haß der Mächte gegen die Revolution. Er sagte nichts davon, daß man eines Morgens auf einem Platz in Venedig einen Mann auffand, der in der Nacht auf Befehl des Rates der Zehn erdrosselt worden war und die lakonische Inschrift bei sich trug: „Als Freimaurer erdrosselt". In Spanien wurde ein armer ausgewanderter Franzose, Royalist, aber Anhänger Voltaires, von der Inquisition als Philosoph und Deist gefaßt. Er war schon mit dem grausigen „san benito" angetan; man wollte ihm ein seinem Gewissen widerstrebendes, beschämendes Bekenntnis entlocken. Der Unglückliche zog es vor, sich den Tod zu geben. Wir wissen dieses beklagenswerte Ereignis von einem Beamten der Inquisition, der alles sah, hörte und aufschrieb, vom Gerichtsschreiber Llorente selbst (1791).

Brissot bezeichnete genau voraus, was die Feinde wollten: die Erdrosselung, die „bewaffnete Vermittlung", um die geschmeidige Sprache der Diplomatie zu sprechen. Und er fügte mit derselben Deutlichkeit hinzu, man werde uns mit dem Schwert in der Hand bitten, englisch zu reden, die englische Verfassung anzunehmen, ihre Pairs, ihr Oberhaus, ihre aristokratischen veralteten Ideen. Man lese heute die damals unveröffentlichten Memoiren sei es der ausländischen Minister, sei es unserer Konstitutionellen, man erfährt daraus wenig Dinge, die Brissots eindringlicher Geist nicht in dieser bemerkenswerten Rede vorausgesagt hätte.

„Also!" sagte er, „wenn die Dinge dahin kommen, so gibt es für Sie kein Schwanken, Sie müssen selbst angreifen." Ein ungeheurer Beifall kam von den Tribünen und der Mehrheit der Versammlung.

Die Ereignisse übernahmen es, mit ganz anderer Gewalt zuzustimmen und zu bekräftigen. Mißgeschicke, Irrtümer, kühne Unternehmungen der Gegenrevolution schlugen von Augenblick zu Augenblick auf die Versammlung ein und warfen wie ebenso viele Kriegsboten Frankreich den Fehdehandschuh hin.

Gegen Ende Oktober erfuhr man, wie jede der Mächte den Brief des Königs aufgenommen hatte, der seine Annahme der Verfassung verkündigte. Nicht eine schien an seine Aufrichtigkeit zu glauben. Rußland und Schweden schickten die Depesche uneröffnet zurück, und am 29. schlossen sie einen Vertrag für eine Marinerüstung, eine Fahrt an unsere Küsten. Spanien erwiderte, es werde keine Antwort geben, von Frankreich nichts annehmen. Der Kaiser und nach ihm Preußen zeigten sich vielleicht in Wirklichkeit noch drohender unter äußerlich milderer Form (23. Oktober), die Drohung für Frankreich, die Milde für Ludwig XVI. „Wir wünschen", sagte der Kaiser, „daß man der Notwendigkeit zuvorkommt, ernste Vorsichtsmaßregeln gegen die Wiederkehr der Dinge zu ergreifen, die zu traurigen Prophezeiungen Veranlassung geben würden ..." Welche Vorsichtsmaßregeln? Er beleuchtete dieses dunkle Wort in einem Rundschreiben an die Mächte, indem er sie benachrichtigte, daß man auf der Hut sein und Paris erklären müsse, daß das Bündnis bestehe

Es paßte den Königen noch nicht, anzugreifen. Sie warteten, bis der Bürgerkrieg Frankreich zermürben und ausliefern würde. Zwei furchtbare Ereignisse, von denen die Versammlung gegen Ende des Monats Schlag auf Schlag erfuhr, mochten ihnen Hoffnung darauf machen.

Man sah sozusagen eine fürchterliche Feuersäule sich über dem Ozean erheben. San Domingo stand in Flammen.

Eine würdige Frucht der Winkelzüge der Konstituierenden, die in dieser schrecklichen Frage zwischen Recht und Vorteil schwankte und den unglückseligen Negern die Freiheit nur gezeigt zu haben schien, um sie ihnen dann zu entziehen und ihnen nichts als die Verzweiflung zu lassen. Ein Mulatte, ein heldenmütiger junger Mann, Ogé, Abgeordneter der Farbigen in der Versammlung, hatte aus Frankreich die ersten befreienden Erlasse gebracht und den Gouverneur aufgefordert, das Gesetz in Anwendung zu bringen. Verfolgt, von den Machthabern der spanischen Partei San Domingos ausgeliefert, wurde er grausam lebendig gerädert. Eine Art Terror folgte; die Pflanzer vermehrten die Strafen. Eines Nachts erhoben sich sechzigtausend Neger, beginnen die Schlächterei und die Brandlegung, den entsetzlichsten Krieg der Wilden, den man je gesehen hat.

Das andere, seiner Art nach weniger schwere, aber ebenfalls schreckliche Ereignis, das ganz nahe bei uns vorkam und den Süden ansteckte und das den Ausbruch eines ungeheuren Vulkans einleiten konnte, war die Tragödie von Avignon.

Die Gegenrevolution hatte dort den dreistesten Schlag geführt. Am Sonntag (16. Oktober 1791) ließ sie von der Bevölkerung zu Füßen des Altars Lescuyer, einen Franzosen, den Führer der französischen Partei gegen die Papisten, erschlagen. Das Verbrechen dieses keineswegs heftigen Mannes, der Gemäßigste seiner Partei, war, den Verkauf der Klostergüter begonnen und als Beamter den Priestern den Bürgereid abverlangt zu haben. Eine Erscheinung der heiligen Jungfrau trieb das Volk zu dieser grausigen Tat. Die Männer hatten ihm den Leib mit Stöcken zermalmt; die Frauen, um seine Gotteslästerungen zu strafen, seine Lippen mit der Schere zerschnitten. Die Papisten hatten sich für den Augenblick zu Herren der Stadttore gemacht. Aber die revolutionäre Partei, die den Sieg davongetragen, rächte in der nämlichen Nacht Lescuyer durch die Ermordung von sechzig Personen, die im Palast des Papstes erwürgt und in die Tiefe des Turmes der Glacière geworfen wurden.

Die in Avignon besiegte Gegenrevolution hatte nichtsdestoweniger aus ihrem ohnmächtigen Versuch einen großen Vorteil errungen, den, die revolutionäre Partei zum Äußersten getrieben zu haben, so daß sie, blind und rasend, sich durch diese fürchterliche Wiedervergeltung verabscheuungswürdig machte.

SECHSTES KAPITEL

Die Revolution von Avignon, 1790 und 1791
Ermordung Lescuyers (16. Oktober 1791)

Wie die französische Partei von Avignon 1790 den Süden rettete. – Vom Recht des Papstes. – Die Herrschaft der Priester. – Beunruhigung der Bürgerschaft. – Revolution vom 11. Juni 1790. – Die französische Partei erhält ihre Strafe für den Dienst, den sie Frankreich erwiesen hat. – Avignon unternimmt für Frankreich die Eroberung des Comtat. – Duprat, Rovère und Mainvielle. – Ihre erste Expedition nach Carpentras (Januar 1791), ihre Niederlage. – Ermordung La Viliasses (April 1791). – Zweite Expedition nach Carpentras. – Jourdan, der Kopfabschneider. – Frankreich entsendet Vermittler (Mai 1791). – Einfluß, den die Damen Avignons auf sie haben. – Der Vermittler Mulot läßt sich verleiten. – Er ist genötigt, aus Avignon zu fliehen (August). – Die Bevölkerung der Revolution überdrüssig. – Die Versammlung verfügt die Wiedervereinigung (15. September). – Mulot stellt die royalistisch-französische Partei wieder her. – Die Papisten fassen neuen Mut. – Die Jungfrau tut Wunder. – Lescuyer in der Kirche ermordet (16. Oktober 1791).

Die unheilvolle Affäre von Avignon hatte, man wird es sehen, so lokal wie sie war, eine große Wirkung auf die Revolution im allgemeinen. Man muß hierbei verweilen.

Avignon war der Ort, wo die beiden Prinzipien, das alte und das neue, sich sogleich in heftigstem Gegensatz gegenüberstanden und von Anfang an das Schreckensbild wütender Kämpfe zeigten. Es ließ im voraus, im kleinen, gleichsam wie in einem Zauberspiegel, die blutigen Szenen sehen, die sich in Frankreich abspielen sollten. Der September dämmerte in diesem Spiegel, die Vendée und „der Schrecken".

Und nicht nur daß Avignon auf seinem engen Schauplatz diese Greuel zeigte und voraussagte – es ist schwer, es auszusprechen, aber es billigte sie gewissermaßen im voraus, befürwortete sie durch sein Beispiel, gab zu einem großen Teil der grausamsten Handlungen ein Vorbild.

Doch ehe man die Verbrechen dieses unglückseligen Volkes aufzählt, Verbrechen, die zum Teil seiner Lage entsprangen, dem traurigen Verhängnis der Vorereignisse, ist es nur gerecht, auch zu sagen, was alles Frankreich ihm verdankt.

Man erinnert sich, daß die ersten Versuche der Gegenrevolution in Languedoc gemacht wurden, auf der noch feurigen Spur der alten Religionskämpfe. Da sich dort Millionen Katholiken einigen hunderttausend Protestanten gegenüber befanden, sofern man Revolution und Protestantismus als eins rechnen kann, so drohte der Revolution starke Gefahr, erdrückt zu werden. Diese sinnreiche Schlußfolgerung versagte infolge der Haltung der Rhône-Katholiken, besonders aus Avignon, die sich ebenso revolutionär zeigten, wie die Protestanten des Languedoc, und dieses schöne System zunichte machten; der Krieg blieb ganz politisch; es wurde kein religiöser Krieg.

Die französische Partei Avignons wurde – man muß es sagen – ohne Frankreich und trotz Frankreich französisch. Sie leistete ihr wie zum Trotz einen bemerkenswerten Dienst. Sie hatte gewöhnlich die royalistischen, fayettistischen und konstitutionellen Behörden gegen sich. Sie fand in sich selbst alle ihre Hilfsquellen, erwuchs aus sich selbst, lebte von sich selbst. Von Frankreich grausam verleugnet, ließ sie sich nicht abschrecken, sondern warf sich dieser so wenig gefühlvollen Mutter in die Arme, die sie immer wieder zurückstieß. Sie war ihr darum nur um so eigensinniger ergeben. Was wäre im Juni 1790 geschehen, wenn der Mann von Nîmes, Froment, der überall seine Zündschnur gelegt hatte, der sich über Avignon und die Alpen mit den Emigranten in Verbindung hielt – was wäre geschehen, wenn er sich seine Stunde hätte wählen können? Avignon erlaubte es nicht. Die Gegenmine war angezündet und flammte die Rhône entlang auf. Froment war genötigt, zu früh zu handeln und zu unrechter Zeit; der ganze Süden war gerettet.

Der unglückselige Lescuyer war es, der an diesem denkwürdigen Tage von den Mauern Avignons die bischöflichen Erlasse herunterriß. Lescuyer war ein Franzose, ein Pikarde, feurig und dabei überlegt, befähigter, Ideen zu verfolgen, als seine tobenden Verbündeten. Er war nicht jung. Seit langem als Notar in Avignon ansässig, hatte er kein Vorurteil gegen die geistliche Regierung; bei einer öffentlichen Gelegenheit sandte er dem päpstlichen Statthalter geistvolle Verse (1774). Als er aber die Abscheulichkeit dieser feilen Regierung, die Tyrannei der Priester und ihrer Mätressen, ihrer italienischen Geschäftsführer, ihrer Rechtsmakler erkannte, die dem Schuldner das Recht der Zahlungsunterlassung verkauften, die sich sogar für einen bestimmten Preis verpflichteten, zur Gewinnung irgendeines Prozesses die und die Verfügung zu veranlassen, als er den völligen Mangel eines gesetzlichen Schutzes, die Inquisitionsprozesse, die Tortur und den Wippgalgen usw. gewahrte, da wandte er die Blicke wieder auf sein Vaterland und rief den Tag herbei, da das befreite Frankreich Avignon ebenfalls befreien würde.

Hundertmal hatte das Parlament von Aix unseren Königen die Ungültigkeit des Papsttitels ins Gedächtnis gerufen. Dieses bedauernswerte Land war nicht verkauft, aber von Johanna von Neapel, einer noch minderjährigen, ganz jungen Frau, verschenkt worden, um Absolution für einen Mord zu erlangen, den ihre Liebhaber begangen hatten. Majorenn geworden, wollte sie die Abtretung zurücknehmen und behauptete, man habe ihr dieselbe gegen ihren Willen entrissen.

Avignon trug den Krieg schon lange in sich, ehe er ausbrach. In seiner Bevölkerung von dreißigtausend Seelen gab es zwei Avignons, das der Priester und das der Kaufleute. Das erstere, mit seinen hundert Kirchen, seinem Palast des Papstes, seinen unzähligen Glocken, war, um mit Rabelais zu reden, die „läutende Stadt". Das zweite, mit seiner Rhône, seinen Seidenarbeitern, seinem bedeutenden Transithandel war ein doppelter Durchgangsort, von Lyon nach Marseille, von Nîmes nach Turin.

Die Handelsstadt, die mit dem protestantischen Handel des Languedoc, mit Marseille und dem Meer, Italien, Frankreich und der ganzen Welt in Beziehung stand, erhielt von allen Seiten einen starken Hauch, den einzuatmen man ihr verbot. Sie lag erstickt, sterbend, als unglückliche Insel inmitten Frankreichs.

Die schlimmste Marter, die diese armen Franzosen von Avignon durchmachten, war die, ein Besitztum der Priester zu sein, die Geistlichkeit zum Herrn zu haben. Es schnürte ihr immerwährend das Herz zusammen, diese höfischen, müßigen, geputzten, dreisten Priester als Weltkönige und Könige in den Salons, als Hausfreunde der schönen Damen nach italienischer Sitte und Herren der Frauen aus dem Volke zu sehen, die sie auf Knien begrüßten und ihre weiße Hand küßten. Das Vorbild dieser italo-französischen Priester des Comtat war der schöne Abbé Maury, Sohn eines Scherenmachers und größerer Aristokrat als die großen Herren; Maury, der erstaunliche Redner, der unternehmende Wüstling, der ehrgeizig war wie ein Herzog und Pair, unverschämt wie ein Lakai. Die Maske dieses Frontin ist für die Künstler von bleibendem Wert, als Typus der Frechheit und falschen Energie.

Nirgends lernt man so gut das Hassen als in den Städten der Priester. Die Pein, ihnen gehorchen zu müssen, zeitigte in Avignon eine Erscheinung, die man vielleicht nie in dem Grade gesehen hat: eine schwarze Hölle des Hasses, die weit über das hinausging, was Dante geträumt hat. Und, wie seltsam, diese Hölle befand sich in jungen Herzen. Außer dem Notar und einem Gerichtsschreiber waren alle die Anstifter oder Hauptbeteiligten der Bartholomäusnacht von Avignon junge Leute aus Kaufmannsfamilien. Es ist selten, voller Haß und zornrasend auf die Welt zu kommen; diese hier brachten von weit her, im Atem und im Blut, im tiefsten Herzen das teuflische Erbe der langen Feindschaften mit. Als sie aus dem Innern Frankreichs die göttliche Flamme der Gerechtigkeit auflodern sahen, die ihre Feinde verurteilte, glaubten sie all ihren alten Haß von der neuen Vernunft gerechtfertigt, und in wildem Entzücken für das herrliche Licht begannen sie noch ihrer Liebe entsprechend zu hassen.

Welche Partei auch den Sieg davontragen mochte, die der Freiheitsfreunde oder die der Gegenrevolution, man konnte sich auf schlimme Greueltaten gefaßt machen. Die einen wie die andern hatten ein schreckliches Werkzeug ganz nahe zur Hand, in der beweglichen und grausamen Bevölkerung, eine wilde, keltischgriechisch-arabische Mischrasse mit italienischem Einschlag. Es gibt keine, die anmutiger, lärmender, aufrührerischer wäre. Man denke sich eine Organisation von Bruderschaften, von ungemein gefährlichen Vereinigungen hinzu, Banden von Schiffern, Handwerkern und Lastträgern, die gewalttätigsten Leute, die es gibt. Und wenn das noch nicht genügt, so sind da noch die rohen Weinbauern von der Höhe, ein herbes und wildes Geschlecht, um nach Bedarf dreinzuschlagen.

Diese wahrhaft zügellosen Elemente waren leicht loszulassen; wer aber hätte sie geführt? Der Rhône sogar kann man die Richtung weisen und den Gießbächen, welche die rauhen Täler des Comtat durchschneiden; aber die plötzlichen Stürme, die schwarz und schrecklich den Ventoux umbrausen – wer könnte ihnen gebieten? Wenn sie niederstürzen, müssen sie unvermeidlich alles zerschmettern, entwurzeln und mit sich reißen.

In einem Land mit solchen Vorbedingungen mußte alles in Raserei ausarten. Die schöne Zeit des Juni und Juli, die Tage der Verbrüderungen, waren in Avignon mit Blut gezeichnet. Die Stadt, die sich wieder an Frankreich angeschlossen hatte, ersuchte höflich und achtungsvoll den päpstlichen Statthalter, abzureisen. Sie setzte Beamte ein; sie gründete mit jungem und rührendem Eifer ihren Altar der Freiheit. Ein Spott, eine Kränkung trieb das Volk in einem Augenblick zum fürchterlichsten Sturm. Als die Papisten in der Nacht eine mit den drei Farben geschmückte Strohpuppe gehenkt hatten, wurde Avignon davon in allen Tiefen aufgewühlt; man holte vier dieser Freveltat verdächtige Papisten aus ihren Häusern (zwei Marquis, einen Bürger, einen Arbeiter); sie wurden an Stelle der Strohpuppe unter wildem Gelächter aufgeknüpft (11. Juni 1790). Hätten die revolutionären Anführer es nun gewollt oder nicht, sie hätten dem Volk und seiner Rache die Opfer niemals entreißen können.

Sie waren wirklich in einer schwierigen Lage, zwischen dem in seiner neuen Freiheit unlenkbaren Volk und Frankreich, nach dem sie riefen, und das ihnen nicht antwortete. Es stellte sie vor die Wahl, zugrunde zu gehen oder sich durch Anwendung von Gewalt zu retten. Sie warfen sich ihm in die Arme, und es übergab sie wieder dem Verbrechen oder dem Martertod.

Es war zur Zeit der Messe von Beaucaire; der ganze Süden hatte sich eingefunden, von Handelsgeschäften und von der Verbündung angezogen. Die Befreier Avignons kamen, um sich mit denen, die sie ihre Mitbürger nannten, zu verbrüdern, denen sie im furchtbaren Moment von Nîmes durch die Ablenkung Avignons so gute Dienste geleistet hatten. Welch traurige Enttäuschung! Sie fanden die Behörden böswillig, die Bevölkerung, die nur an Geschäfte dachte und den Lügen der Aristokratie ein williges Ohr lieh, wenig sympathisch.

Die Konstituierende Versammlung trieb die Gleichgültigkeit gegen sie bis zur Grausamkeit. Sie schonte den Papst in bezug auf die große Frage der Geistlichkeit; sie schonte den König, seine Gewissensskrupel; aber sie schonte nicht Blut und Leben derer, die sich für uns gedemütigt hatten, die dem Königreich die Hälfte der Provence gaben, ihm die Rhône wiedergaben, den Süden sicherten. Es war damals der erste Versuch zur Reaktion; die Versammlung dankte Bouillé für die Metzelei von Nancy. Sie vertagte die Angelegenheit von Avignon (28. August 1790) und machte dadurch der gegenfranzösischen Partei eine unheilvolle Ermutigung, übermütige Hoffnungen. Die Reaktion nahm ihren Lauf. Der Papst schrieb kühn, er befehle die Annullierung alles dessen, was sich im Comtat zugetragen habe; die Adligen und Geistlichkeit sollten in ihre Rechte wieder eingesetzt, die Inquisition in größter Strenge wieder aufgerichtet werden. Dies datiert vom 6. Oktober 1790, dem nämlichen Tag, an dem Ludwig XVI. dem König von Spanien seine erste Protesterklärung sandte, dieselbe, die er dann an alle Könige Europas richtete.

Avignon befand sich in einer unerträglichen isolierten Lage, wie eine belagerte Stadt. Vor seinen Toren, in einer Entfernung, die man von seinen Türmen aus abschätzen kann, nahmen die kleinen Städte Lisle und Cavaillon, die einen Moment lang die französischen Abzeichen anlegen wollten, wieder jene des Papstes. Die Parole kam ihnen von der alten Widersacherin Avignons, der stolzen Stadt Carpentras, dem Aristokratennest. Als die Leute aus Avignon es unternehmen wollten, in Cavaillon die patriotische Partei zu heben, fanden sie dort fünfzehn bis zwanzig Bürgermeister französischer Gemeinden, Edelleute aus der Nachbarschaft, die da waren, um für den Papst und gegen die französische Partei zu sein. Carpentras hatte in seinen Gefängnissen die besten Freunde Frankreichs, die es aus Cavaillon und Lisle fortgeschafft hatte.

Die Konstituierende Versammlung, die im Oktober 1790 um Intervention angefleht worden war, hatte das Regiment von Soissons und einige Dragoner von Penthièvre geschickt. Das war eine wundervolle Ermutigung für den Adel. Unsere Offiziere waren in der Mehrzahl mit dem Herzen auf seiner Seite. Carpentras glaubte damals, in Avignon selbst Garnison gelegt zu haben. Es ließ in Cavaillon und allenthalben den Eid für den Papst erneuern (20. Dezember 1790). Aus Wiedervergeltung gingen Duprat und die anderen Führer der französischen Partei nach Aix, Toulon, Marseille, um Unterstützung zu erbitten. Sie begaben sich nach Nîmes und machten den Protestanten die verführerischsten Angebote, wollten sie in Masse, als große Kolonie, mitten in der päpstlichen Stadt ansiedeln. Man hörte sie frostig an. Immerhin machte ihnen ein reicher Kaufmann ein Geschenk von etlichen tausend Patronen.

Geld besaßen sie, da sie seit Oktober begonnen hatten, die Silberschätze der Klöster und Kirchen an sich zu nehmen. Sie zogen viele Rekruten aus den kleinen Dörfern und aus Carpentras selbst, aus dem die patriotische Minderheit zu fliehen genötigt war. Sie fanden sogar solche in jenem französischen Regiment, das dem Adel so viel Vertrauen eingeflößt hatte. Sie umschmeichelten und gewannen einen Teil der Soldaten, wußten sie sich günstig oder neutral zu stimmen. Als alles das getan war, brachen sie los, holten sich ihr Hôtel de Ville, ihr Arsenal, ihre Stadttore zurück. Die adligen Offiziere waren der Soldaten zu wenig sicher, um eine Schlacht zu liefern.

Das ist nicht alles: mit unglaublicher Kühnheit machten sie sich in der Nacht des 10. Januar auf, und ohne sich weder um diese Offiziere und die der Offizierspartei ergebenen Soldaten, noch um die in Avignon zurückgelassene große papistische Partei zu kümmern, suchten sie die Patrioten Cavaillons in diese Stadt zurückzuführen. Sie hatten hundertsechzig französische Soldaten bei sich, die voranmarschierten, damit ihre Uniform den Feind einschüchtere. Die kühnen Anführer des Unternehmens, die wahren Führer der Armee, waren zwei junge Leute, Duprat, neunundzwanzig Jahre, und Mainvielle, fünfundzwanzig Jahre. Um der Eigenliebe zu frönen, hatten sie nach italienischem Brauch einen Fremden zum General genommen, den Chevalier de Patrix, einen in Avignon ansässigen Katalonier. Die wenig befestigte Stadt wurde mit viel Mut, Hartnäkkigkeit und Erbitterung angegriffen und verteidigt. Sie wurde genommen und geplündert. Der Schrecken dieser Plünderung wirkte in Carpentras so stark, daß es auf der Stelle das französische Wappen annahm, als eine Art Blitzableiter, ohne jedoch die Partei zu wechseln, ohne die in seinen Gefängnissen festgehaltenen Patrioten freizulassen.

Die von Avignon waren von ihrem Erfolg bei Cavaillon wie trunken. Sie also waren es, die von Frankreich nicht anerkannten Franzosen von gestern, die der Gegenrevolution den ersten Schlag versetzt hatten! Die große kriegerische Bewegung, die das Königreich in Aufruhr zu bringen begann, sie war noch immer nur Schein und leere Worte; hier aber handelte man. Mit wie wenig Hilfsquellen! Wie schwachen Mitteln! Gleichviel. Das kleine Rom an der Rhône stellte sich mit diesem Probestück im Kampf um die Freiheit an die Spitze der Menschheit.

Man braucht nicht erst zu sagen, daß es vor allem junge Leute waren, die so sprachen; es waren besonders die drei, welche wir schon genannt haben, Duprat der Ältere, Mainvielle und Rovère, drei Männer, die zunächst durch ihre Schönheit, Willenskraft und südliche Ungezwungenheit verblüfften. Nur, daß sie etwas Fremdes und Ungleiches hatten. Alle drei hatten außer ihrem wilden Fanatismus einen wütenden Ehrgeiz, doch jeder auf seine Art: Duprat, früher Sekretär des Herrn de Montmorency, in gemäßigter Form, an Beherrschung gewöhnt; aber er hatte ein furchtbares Machtbedürfnis, eine Tyrannenseele, gebieterisch und wenn nötig grausam. Alles, was er im Innern trug, besaßen die andern schon äußerlich. Rovère war die Bewegung, Mainvielle der Sturm und Aufruhr. Ersterer, von vornehmer, militärischer Gestalt, tätig und ränkevoll, hatte unterm Ancien régime seinen Weg gemacht; als Gardist des Papstes nannte er sich einen Abkömmling der berühmten Rovere Italiens, machte eine reiche Heirat, kaufte ein Marquisat; als die Revolution ausbrach, bewies er, daß sein Großvater Metzger gewesen war. Zunächst von den Girondisten unterstützt, verließ er bald die Gironde, als feuriger Montagnard, dann Thermidorianer und eifriger Reaktionär, wurde er im Fruktidor das Opfer seiner schnellen Verwandlungen und mußte in der Wüste von Sinamary in den Tod gehen.

Der jüngste von den dreien, Mainvielle, war vielleicht der ehrlichste, der überzeugteste, dafür aber auch der heftigste. Er war sehr schön, hatte ein weiches Frauengesicht und flößte Angst ein. Fortwährend von inneren Stürmen durchtobt, war er als ein verderblicher und unheilvoller Mensch anzusehen, einer von denen, deren angeborene Wildheit sie den Furien auszuliefern scheint. Er hatte Anwandlungen von Grausamkeit, aber er trug keine äußeren Kennzeichen von Roheit; sein Kopf hatte vielmehr die Schönheit der Eumeniden.

Mainvielle repräsentierte nur zu sehr die Jugend Avignons. Als Sohn eines reichen Seidenhändlers war er in den galanten und wilden Sitten seiner seltsamen Heimat erzogen worden und hatte, um die Verirrung seiner Seele zu vollenden, zwei Liebschaften, beide ehebrecherischer Art: die Frau seines Freundes Duprat und die Französische Revolution, deren unheilvollster, unrechtmäßigster Liebhaber er war. Wenigstens starb er für sie in wilder Seligkeit, am Tage, da die Gironde unterging. In dieser Zeit, da jedermann als Held starb, erschreckte er seine Umgebung durch die tolle Glut, mit der er auf der Guillotine und unter dem Messer die „Marseillaise" sang.

Das waren die drei Wagemutigen, die ohne Unterstützung, ohne Gelder und ohne Heer darangingen, das Comtat zugunsten Frankreichs zu erobern. Sie erließen ein Massenaufgebot der Geächteten der französischen Partei, die aus der ganzen Provinz nach Avignon zurückströmten, und sie brachten es auf sechstausend Mann. An Geld hatten sie nur das, was sie aus den Schatzkammern der Klöster holen konnten. Wenn Lescuyer und die anderen, die das Material herbeischafften, es dahin brachten, ihnen diese Armee leidlich auszustatten, so ist es ganz ersichtlich, daß sie nicht, wie man ihnen vorgeworfen hat, einen Vorteil aus der Plünderung zogen, sondern in der Mehrzahl persönliche Opfer bringen und ebenso mit ihrem Vermögen wie mit ihrem Leben eintreten mußten.

Mitten im Januar zogen sie ab, Patrix und Mainvielle an der Spitze, dieser auf einem schäumenden weißen Roß, das Sieg zu atmen schien. Alle Frauen waren an den Türen, den Fenstern, um diese wunderliche, aus Männern aller Art zusammengesetzte Armee zu sehen. Es gab sehr wenig Uniformen; der war glänzend angezogen, jener in Lumpen. Es gab viel Lächeln an den Fenstern und viel Schwenken weißer Tücher, wenig aufrichtige Wünsche.

Am 20. traf die Armee in der Nähe von Carpentras auf die französischen Behörden von Orange, die aus Menschlichkeit, vielleicht auch aus Sympathie für die aristokratische Stadt, zu vermitteln suchten. Es war recht spät dafür. Mainvielle widersetzte sich der Besprechung voll Hochmut und Ungeduld; er brannte darauf, handgemein zu werden.

Kaum war Carpentras in Sicht, so stellte man die Kanonen in Batterien auf und gab einige Schüsse ab. Aber, siehe, vom Ventoux senken sich schwarze Wolken herab, Wind, Regen und Hagel kommen, ein kalter und eisiger Regen, ein scharfer, wilder Hagel. Die wenig kriegstüchtigen Banden, meist Stadtleute, erstaunen sich. Sie laufen, Schutz zu suchen, und das Ganze endet in völliger Auflösung. Das ist kein kurzes Sommergewitter, das ist ein anhaltender Wintersturm; die Ebenen sind überschwemmt, die Bäche angeschwollen. Nach und nach kommen alle unsere Leutchen frostzitternd in vollem Lauf zurück.

Wer hatte gesiegt? Die Jungfrau. Sie ist es, die Damen von Carpentras behaupten es so, die, empfänglich für ihre Gebete, es selber übernahm, dieser barbarischen Armee zu begegnen, und ohne andere Waffen als ein wenig Regen, den sie ihnen ins Gesicht warf, schickte sie die Leute heim, die von den Frauen und Kindern mit Spottliedern bedacht wurden. Eine Erztafel verewigt das Andenken an dieses Wunder; ein Weihefest mußte von Jahr zu Jahr den Triumph der Jungfrau, die beschämende Niederlage der Heiligtumschänder von Avignon wieder vorführen.

Diese so still Heimgekehrten hatten grausam unter der Freude der Adligen zu leiden. Man wagte nicht, sie offen zu verhöhnen, von weitem aber bewarf man sie mit tausend kleinen Pfeilen, die auf heimlichen Wegen zu ihnen flogen. Das halbe Lächeln der Frauen, die Scherzworte, die stets von mitfühlenden Freunden denen zugetragen werden, die dazu Veranlassung geben, erfüllten sie mit Wut. Sie sahen sich von Feinden umringt; voll Argwohn und Angst wandten sie sich gegen ihre natürlichen Widersacher, die Geistlichkeit, verlangten von ihr den Bürgereid. Aber ihre Niederlage von Carpentras hatte sie in der öffentlichen Meinung herabgesetzt. Der entflammte Fanatismus wagte einen verzweifelten Schritt, der, wenn er unbestraft blieb, die französische Partei vernichten mußte. Die patriotischen Behörden der Stadt Vaison, Anselme und La Villasse, hatten ersucht, man möge aus Avignon einen konstitutionellen Pfarrer senden, da der alte geflüchtet war. Das war ihr Todesurteil. Man ließ die Bauern los; die Adelsversammlung ermächtigte sie zu diesem Frevel. Sie besetzten Vaison, erwürgten La Villasse und Anselme in ihren Häusern (23. April 1791). Dieser autorisierte, gerechtfertigte Mord, dieser Versuch, die patriotischen Behörden zu terrorisieren, war für das ganze Rhôngebiet ein elektrischer Schlag. Der Bürgermeister von Arles, Antonelle, ein vornehmer Patriot, Militär und Philosoph, der die Wissenschaft gelassen hatte, um sich in die Revolution zu stürzen, kam, um sich der Stadt Avignon mit Truppen und Kanonen anzubieten; er bestieg in der Kathedrale die Kanzel und forderte das Volk auf, das Blut seiner schändlich erwürgten Stadtväter zu rächen.

Duprat und Mainvielle brachen sogleich aus Avignon auf, mit dreitausend Mann, ohne Geld, ohne Lebensmittel, sich auf Räuberei, auf erzwungene Kontributionen verlassend. Doch so sehr sie sich beeilten, Carpentras war vorbereitet. Man hatte nicht die Ermordung La Villasses beschlossen, ohne sich vorher in Verteidigung zu setzen. Der ganze französische Adel, royalistisch und fayettistisch, schien sich hier zusammengetan zu haben, um der französischen Partei Avignons eine beschämende Niederlage zu bereiten. Es war keine offizielle Unterstützung, die Carpentras erhalten hatte. Alles war Zufall gewesen; Zufall war es, daß französische Offiziere, die nach Italien reisten, sich in Carpentras aufhielten; Zufall, daß Artilleristen aus Valence die Geschütze bedient, Zufall, daß lothringische Gießer Kanonen gegossen hatten. Es waren auch solche aus der Provence gekommen, die Carpentras gekauft haben wollte. Die Kanonen der Avignoner, die von unerfahrenen Kanonieren bedient wurden, brachten dem Ort keinen Schaden bei. Als die belagerte Einwohnerschaft die Harmlosigkeit dieser ohnmächtigen Kugeln sah, begab sie sich mit Gelächter aufs Feld hinaus, um sie aufzusammeln. Als Gipfel der Demütigung hatten sogar Frauen zu den Waffen gegriffen, unter anderen eine vornehme Dame aus der Dauphiné; so daß die unglückseligen Avignoner hören mußten, sogar Frauen genügten, um ihnen Widerstand zu leisten.

Die Unerfahrenheit und Zügellosigkeit waren Erklärung genug für diesen Schicksalsschlag. Duprat und Mainvielle schoben ihn einem Verrat zu. Sie beargwöhnten den Chevalier Patrix, den Katalonier, den sie zum General gemacht hatten. Er hatte einem angesehenen Gefangenen zur Flucht verholfen. Ihn selber ließen sie töten. Sie ersetzten ihn durch einen ungebildeten rohen Menschen, der ihnen ganz ergeben war.

Um diese schlecht disziplinierten, aus Lastträgern, Landleuten und französischen Deserteuren zusammengesetzten Banden zu führen, bedurfte es eines Mannes aus dem Volk. Sie wählten einen gewissen Mathieu Jouve, der sich Jourdan nennen ließ. Er war ein im rauhesten Teile Frankreichs geborener Franzose, einem Lande von Eis und Feuer, einem vulkanischen, ewig vom Nordost durchfegten Boden, den geradezu öden Höhen, die den Puy-en-Velai umgeben. Er war zuerst Maultiertreiber gewesen, dann Soldat, dann Schankwirt in Paris. Nach Avignon übersiedelt, verkaufte er hier Krappfarbe. Schwätzer und Prahler, machte er den kleinen Leuten glauben, daß er es sei, der dem Gouverneur der Bastille den Kopf abgeschnitten habe, ebenso den Gardes du corps vom 6. Oktober. Weil man ihn das sagen hörte, nannte man ihn Jourdan, den Kopfabschneider. Der seinige war sehr drollig, durch eine eigenartige Mischung von Wohlwollen und Wildheit. Unter anderen Eigentümlichkeiten hatte dieser, seit er Blut gesehen hatte, sehr grausame Mann, ebenso leicht die Tränen bereit; er wurde unschwer gerührt, weinte zuweilen wie ein Kind.

Die Belagerung wandelte sich in eine Blockade. Die Armee lebte, wie sie konnte, durch zwangsweise eingetriebene Kontributionen. Für alles, was sie nahm, gab sie Bons, zahlbar auf die Nationalgüter von Avignon. Es gab eine heillose Unordnung. Nach einer kleinen Schlacht, in der die Avignoner siegreich waren, wurde das unglückliche Dorf Sarrians, das sich gegen sie gewehrt hatte, behandelt, wie Karaiben es getan haben würden. Dem Heere hatten sich Weiber angeschlossen, die sich rühmten, Menschenfleisch zu essen.

Diese Greuel machten die papistische Partei wieder stark. Sie berief am Tag der Heiligen Cäcilie eine Bruderversammlung der Gemeinden, als Gegensatz der anderen, welche die französische Partei in Avignon gebildet hatte. Diese, aus Avignon sogar durch eine gewaltige Reaktion vertrieben, mußte umherirren, tagte bald bei der Armee, bald in Sorgues oder in Cavaillon. Als Gipfel des Ganzen erklärte die selber reaktionäre Konstituierende Versammlung am 4. Mai, daß sie Avignon nicht anerkenne. Das schien der Gnadenstoß. Frankreich löschte mit einem Wort die aus, die sich für es geopfert hatten. Das Carpentras belagernde Heer empörte sich gegen seine Führer, beanspruchte seinen Sold. Jourdan zeigte die leeren Kassen und weinte vor seinen Soldaten. Alles war verloren; schon hatten sogenannte Konstitutionelle aus Avignon in ihrem „Klub der Freunde der Verfassung“ die Leiter der französischen Partei „Verräter am Vaterland“ genannt

Diese ganze Partei hatte nur eins zu erwarten, überall massakriert zu werden! Eine ungeheure Mordszene sollte durch die Verfügung der Konstitutionellen ihren Anfang nehmen. Sie selber erbebte vor ihrem Werk, wich zurück. Am 24. Mai genehmigte sie aus Menschenfreundlichkeit die Entsendung einiger Truppen und dreier Mittelspersonen, um die Parteien zu entwaffnen.

Die Vermittler waren keineswegs die bedeutenden Männer, die, in solchen Sturm geworfen, seine Wogen zu meistern gewußt hätten. Es waren drei Gelehrte, liebenswürdige Schriftsteller des Ancien régime, bekannt durch leichte und galante Werke: der eine durch seine „Amours d'Essex“, der andere durch seine „Poésies fugitives“, der Abbé durch eine reizvolle Übersetzung von „Daphnis und Chloe“. Weit davon entfernt, die Sache aufhalten zu können, wurden sie vielmehr wie Stroh in den flammenden Wirbelwind hineingerissen. Die Damen von Avignon bemächtigten sich ihrer ohne Schwierigkeit und hielten sie fest. Ohne schön zu sein, wie jene von Arles, sind sie von teuflischer Lebendigkeit, gewandt und hübsch. Nirgends, weder in Frankreich noch in Italien, ist das Gesicht so ausdrucksvoll, die Leidenschaft so ungestüm.

Die Damen Duprat und Mainvielle (diese später zur Göttin der Freiheit erwählt) hatten, wie man sagt, auf etliche der Mittelspersonen einen unwiderstehlichen Einfluß, verspotteten sie wegen ihrer Aufgabe. Der Abbé Mulot, der in nicht weniger guten Absichten kam, schwenkte bald auf die andere Seite über. Es war ein schwacher und weicher Mensch, einer aus der mehr leidenschaftlichen als kraftvollen Generation der Wahlmänner von 1789, ein Kollege der Bailly, der Fauchet, der Bancal usw. Er kannte und liebte schon einen jungen Mann aus Avignon, Sohn eines Buchdruckers dieser Stadt, der nach Paris gekommen war, um sich in seiner Kunst zu vervollkommnen. Dieser junge Mann oder dieser Knabe, von anmutigem Gemüt und Äußeren, bemächtigte sich Mulots gleich bei seiner Ankunft und führte ihn seiner Mutter zu. Frau Niel, das war ihr Name, noch jung und ebenso schön wie ihr Sohn, war in ihrer Buchdruckerei ganz wie eine Hofdame, elegant und anmutig. Da der gesamte Adel Avignons ausgewandert war, so bildeten Frau Niel und einige andere Damen ihres Ranges die Aristokratie. Der arme Abbé Mulot glaubte Laura vor sich zu sehen und hielt sich für Petrarca. Aber diese Laura war gebieterischer und leidenschaftlicher als die andere, war eine sehr politische Laura und eifrige Royalistin. Sie war von Natur Königin, es fehlte ihr ein Hofstaat. Madame Niel übte eine überlegene Herrschaft über alle Neuankömmlinge aus, nicht nur über den Befehlshaber, sondern auch über die Ausführenden, welche die französischen Truppen herbeibrachten. Unter diesem Einfluß bildete sich ein royalistischer Gemeinderat.

Die Lage gebot, in Erfahrung zu bringen, ob die Stadt in ihrer großen Not, von allen reichen Leuten verlassen, sich an den geistlichen Gütern vergreifen würde. Die Vermittler entließen die Armee von Vaucluse, aber sie mußte ausbezahlt werden. Die plötzliche, unmittelbare Entlassung erschien als Undank; Räuber oder nicht, diese Leute hatten für Frankreich gekämpft. Man schickte sie einzeln heim, und fast überall wurden sie mit Flintenschüssen empfangen. Aus Mangel an Besoldung waren sie allerdings genötigt gewesen, von Plünderung und Gewalttat zu leben; nun forderte man Rechenschaft. Die Rache, die man an ihnen nahm, war grausam, dunkel: man kennt nicht die Zahl der Toten. Was sie als sehr hoch vermuten läßt, ist, daß in einem einzigen Dorf elf Männer umgebracht wurden. Die Nationalgarde von Aix war so entrüstet, die Verbündeten Frankreichs hingemordet zu sehen, daß sie geschlossen zu diesem Dorf zog, die Leichen ausgrub und die Adligen zwang, sie auf Knien um Verzeihung zu bitten.

Die überall fortgewiesenen Leute strömten nach Avignon zurück. Lescuyer, Duprat waren wieder die Herren. Der Gemeinderat verweigerte ihnen die Löhnung der Truppen, die nur durch den Verkauf der Kirchenschätze, der Glocken, der geistlichen Güter vorgenommen werden konnte. Der rasende Soldatenhaufe bemächtigte sich der Behörden, setzte sie im Palast des Papstes gefangen, ebenso Frau Niel und ihren Sohn; im ganzen an die vierzig Personen. Mulot, der genötigt war, Avignon zu verlassen, trat vergebens für sie ein. Er sprach als Vermittler, bat als Mensch, forderte als Gerechtigkeit oder als Gunst, daß man sie ihm herausgebe. In der düsteren Vorahnung, die ihn marterte, ging er so weit, das leidenschaftliche Interesse einzugestehen, das er den betreffenden Gefangenen entgegenbrachte: „Wie?“ sagte er in seinem Schreiben, „ich sollte bei meiner Ankunft in Avignon nur einen Freund gehabt haben, und ihn soll ich in Ketten sehen?“ Zwölf Gefangene wurden ihm ausgeliefert, Freunde, Gleichgültige: man behielt die anderen, vor allem Mutter und Sohn.

Die neue Gemeindeverwaltung schritt zu der großen und notwendigen Angelegenheit des Verkaufs der Kirchengüter. Man entschied, daß die kleinen Klostergemeinden, denen weniger als sechs Mönche angehörten, zuallererst aufgelöst werden sollten, daß alle ein Verzeichnis ihrer Besitzungen abzuliefern hätten. Man begann, die Glocken einzuschmelzen, den Kirchenschmuck zusammenzustellen, zum Verkauf anzubieten. Diese Maßnahmen wurden von Duprat und den heftigen Genossen mit vielem Lärm betrieben, ohne Rücksicht auf die religiösen Anschauungen des Volkes. Lescuyer wies sie vergeblich darauf hin, daß man auf rechtmäßige Art und unter gesetzlicher Form vorgehen müsse. Er wollte nichts, als das Gesetz. In seinem Namen erschien er beim Domkapitel von Avignon, ersuchte die Stiftsherren, ein konstitutionelles Oberhaupt der Geistlichkeit zu ernennen, und schob ihnen den Bürgereid zu, den sie nicht leisten wollten.

Alles deutete auf Sturm. Die Volksmeinung war völlig umgeschlagen. Die Verlassenheit der Stadt, die Einstellung von Handel und Handwerk, das zunehmende Elend, die Aussicht auf einen strengen Winter umdüsterten Avignon. „Wie soll man sich wundern, daß man jetzt vor Hunger stirbt“, sagten sie, „da die Kirchen verwüstet sind, das heilige Sakrament vom Altar gerissen und an die Juden verhandelt worden ist! ...“ Was sie am meisten verletzte, das war die Zerstörung der Glocken; man führte nicht einen Hammerschlag gegen diese, der nicht auch das Herz der Frauen getroffen hätte; die plötzlich verstummte Stadt schien ihnen von Gott verdammt.

Die Lage der auf eine kleine Zahl zusammengeschmolzenen französischen Partei wurde sehr gefährlich. Sie machte einen neuen Versuch beim Staatsrat Ludwigs XVI.; die Minister waren für die Wiedervereinigung mit der Konstituierenden Versammlung. Der Berichterstatter, Menou, verlangte sie. „Im Namen der Menschlichkeit“, sagte er, „bringen Sie nicht hundertfünfzigtausend Menschen in die Gefahr, sich unter Verwünschungen gegen Frankreich zu vernichten.“

Die Vereinigung wurde am 13. September verfügt, und der König gab ihr am folgenden Tag seine Anerkennung. Wie hatte er sich zu dieser ungeheuren Heiligtumsverletzung entschließen können, den Besitz des Papstes an sich zu nehmen? Dafür gibt es keine Erklärung. Ein Satz der Verfügung sprach dem Papst Schadenersatz zu für seine nutzbringenden Güter, nicht aber für die Verletzung seiner Oberhoheit. Sehr wahrscheinlich hatte man dem König zu verstehen gegeben, der Erlaß zur Wiedervereinigung werde die Auflösung der Armee

Jourdans, die das Land tyrannisierte, mit sich bringen, die französische Partei werde dann in ihrer Minderheit sehr klein erscheinen, und die befreite Menge werde die ihr abgezwungene Stimme zugunsten Frankreichs widerrufen und den Papst wieder einsetzen. Der Hof war so gut unterrichtet, daß er damit rechnete, sobald er einmal der Konstituierenden ledig sei, werde er in der Gesetzgebenden eine royalistische Versammlung haben, die er leicht lenken könne. Diese Versammlung werde sich hüten, Avignon zurückzustoßen, wenn es im Namen seiner nationalen Unabhängigkeit und der Volksrechte, seinen Herrn zurückfordere; das Dekret der Wiedervereinigung sei unschwer zu widerrufen.

Kein Zweifel, das war der Roman der Priester und der des Königs. Er war nicht unwahrscheinlich. Die Einwohnerschaft von Avignon zahlte unter dem Papst keine Steuern; aus Bosheit, Erpressung, etwa wie in der Türkei, prellte man nicht das Volk, aber die Reichen, die, die etwas hatten. Der beengte und behinderte Handel wurde von der Zollverwaltung Frankreichs erdrückt; aber selbst das, da es verhinderte, daß die Lebensmittel außerhalb des Landes verkauft wurden und sie an Ort und Stelle verwendet werden mußten, setzte diese Dinge auf einen Spottpreis. Für einen oder zwei Sou, sagten mir die alten Leute, „bekam man Brot, Wein und Fleisch." Alles das war grausam verwandelt seit der Revolution. Die Bodenbebauung hatte durch den Bürgerkrieg fast aufgehört, die Lebensmittel flossen nach auswärts, die Teuerung war groß. Das Volk, man konnte es voraussehen, würde wie die Kinder Israels in der Wüste, nach den Fleischtöpfen Ägyptens zurückverlangen; es würde lieber umkehren und für immer auf dieses gelobte Land der Freiheit verzichten, das mit Enthaltsamkeit und Fasten erkauft werden mußte.

Was sollte man tun? Nichts, als warten, wenig Truppen entsenden und nur die vornehmsten, vor allem die benachbarten Departementsdirektorien verhindern, die tapferen Nationalgarden von Marseille, Aix und Nîmes ziehen zu lassen, die nur danach verlangten, die Patrioten von Avignon zu unterstützen. Diese Direktorien handelten völlig im Sinne des Hofes.

Die zur Inkraftsetzung der Verfügung ernannten Kommissare wurden in Paris zurückgehalten. Von den früheren Mittelspersonen kamen zwei zurück: Verniac und Lescène; ein einziger blieb, der Royalist, der Abbé Mulot, der, da er im Palast des Papstes ein allzu liebes Unterpfand zurückgelassen, dieses um jeden Preis herausholen wollte.

Mulot konnte nicht ohne weiteres gegen Avignon vorgehen. Er verfügte nicht über die Truppen. Die Offiziere waren aristokratisch, ebenso wie ein Teil der Soldaten, vor allem die Husaren; der General aber war Jakobiner. Er brauchte eine Gelegenheit, um diesen zum Handeln zu zwingen und dazu, im Namen Frankreichs einen Schlag zu führen, der stark genug wäre, die Patrioten zu erschrecken, das niedere Volk Avignons gegen sie aufzuhetzen und die Gefangenen zu befreien.

Die Gelegenheit bot sich am nämlichen Tage, an dem man die Nachricht von der Wiedervereinigung erhielt. Das Städtchen Sorgues, das von den Patrioten mit schweren Steuern belastet worden war, hatte mehrere dieser umgebracht, verstümmelt. Es war entwaffnet worden, und die patriotische Partei hatte das Übergewicht erlangt. Bei der Nachricht von der Wiedervereinigung hatten die Papisten von Sorgues, nunmehr der Unterstützung unserer adligen Truppen gewiß, wieder zu ihren Waffen greifen wollen. Der von ihnen herbeigerufene Abbé Mulot verpflichtete den General, Truppen zu entsenden; ein Handgemenge folgte, unsere Truppen schossen und töteten unter anderem ein Gemeinderatsmitglied von der Partei der Patrioten, das sich auf das Dach seines Hauses geflüchtet hatte.

Der Abbé Mulot, Sieger von Sorgues, widerstand nicht der Versuchung, die schöne Gefangene von dem Gewaltstreich zu unterrichten, den er ausgeführt hatte. Er schrieb ihr folgenden Brief: „Wir haben den Schlag geführt, den wir im Namen Frankreichs führen mußten; ich erwarte alles davon; seien Sie dem Freunde Ihres Sohnes darum nicht böse." Diese letzten Worte waren zweifellos in der Absicht geschrieben, daß der Brief, falls er unterwegs abgefangen würde, keine Anklage gegen Frau Niel ergebe, zu dieser gewalttätigen Unterdrückung geraten zu haben. Vielleicht hatte die Dame auch, die mehr Geist und Verstand besaß als der Abbé, ihn von einer abscheulichen, gefährlichen Tat abzubringen gesucht, die sie nicht befreien, ihre Feinde nur reizen würde und sie verderben konnte. Die wirklich starke Partei in Avignon, die der Papisten, der Bruderschaften und kleinen Leute, arbeitete für sich, auf ihren eigenen Wegen und gehorchte keineswegs dem Ruf der konstitutionellen Royalisten, wie die Niel und Mulot.

Der verhängnisvolle Brief wurde abgefangen. Die Patrioten von Avignon machten dem Mittelsmann schriftlich bittere Vorwürfe, unter anderem mit folgenden, voll Ironie seinem eigenen Brief entnommenen Worten: „Wir glauben nicht, daß Sie im Namen Frankreichs einen Schlag führen wollten, lediglich in der Absicht, den zu befreien, den Sie für Ihren Freund halten."

Noch eine noch schwerwiegendere Unvorsichtigkeit: Ein anderer Bewunderer der Frau Niel, Herr von Clarental, Husarenhauptmann, wagte ihr zu schreiben: „Nur Ruhe, meine schöne Dame, und Verschwiegenheit, das ist alles. Wappnen Sie sich mit Geduld, ihre Herrschaft wird nicht mehr lange dauern; sie bieten das Letzte auf, sie werden bestraft werden."

Diese Drohungen wurden von den Führern Avignons entdeckt und machten sie um so wütender, als sie nur allzu wahrscheinlich waren. Die auf eine kleine Zahl[1], auf ihre entlassenen und in Erwartung der Löhnung dagebliebenen Solda-

[1] Und das beweist unwiderleglich, daß Duprat und andere Führer der Gewaltpartei nicht die Anstifter der Ermordung Lescuyers gewesen sind, wie die papistischen Mörder sie dreist beschuldigen, ihnen ihr eigenes Verbrechen in die Schuhe schiebend. Bei der außerordentlichen Schwäche, in der die französische Partei sich befand (die, wie man sehen wird, im Augenblick

ten zusammengeschmolzene französische Partei saß auf einem Vulkan. Sie hatte nicht nur Mulot und die konstitutionellen Royalisten zu fürchten, sondern auch die Papisten. Die ersteren, die sich mit den letzteren nicht allzu gut verstanden, leisteten ihnen immerhin den Dienst, die Patrioten der benachbarten Departements daran zu hindern, daß sie zur Hilfe herbeieilten.

Die Priester, kühn gemacht, sich mehr und mehr an der Spitze eines großen Volkes zu sehen, begannen Wunder zu erzählen oder herbeizuführen. Zunächst erzählten sie folgendes: ein Patriot raubte aus einer Kirche einen silbernen Engel und zerbrach ihm dabei den Arm; wenig später bringt seine Frau ein Kind ohne Arm zur Welt. – Die so vorbereiteten Geister ließen alle Register spielen.

Seit 1789 zeigte sich die Jungfrau sehr adelsfreundlich. Seit 1790 hatte sie in einer Kirche in der Rue du Bac zu weinen begonnen. Gegen Ende 1791 erschien sie tief im vendéeischen Buschwald hinter einer Eiche. Genau zur selben Zeit erschreckte sie die Bevölkerung Avignons durch ein furchtbares Zeichen: ihr Bildnis in der Kirche der Cordeliers begann zu erröten, ihre Augen entzündeten sich in blutigem Purpur, sie schien in Zorn zu geraten. Die Frauen strömten in Menge herbei, ängstlich und neugierig, um zu schauen – und wagten doch nicht, hinzublicken.

Die weniger abergläubischen Männer hätten die Jungfrau vielleicht nach Belieben erröten lassen. Aber ein Gerücht ging um, das ihnen wichtiger war.

Eine große Kiste mit Silbersachen hatte die Stadt passiert. Man sagte es, wiederholte es, und es war nicht mehr eine Kiste, es waren achtzehn hochgefüllte Koffer, die nachts aus der Stadt hinausgebracht worden waren. Und was enthielten diese Koffer? Die Wertsachen vom Pfandhaus, die, so hieß es, von der französischen Partei mit weggeführt werden würden.

Die Wirkung war außerordentlich. Die armen Leute, die in einer so großen Not alles, was sie besaßen, verpfändet hatten, kleine Schmuckstücke, Möbel, Plunder, glaubten sich ruiniert. „Man kann nur eines tun", sagte man ihnen, „sich der Stadttore und der dort befindlichen Kanonen bemächtigen und Lescuyer, Duprat, Mainvielle und alle, die uns bestohlen haben, festhalten, sowie sie hinaus wollen." Es war am Sonntagmorgen (16. Oktober), eine Menge von Bauern war nach Avignon gekommen, alle bewaffnet; man machte sich in diesen Gegenden nie anders auf den Weg. Die Sache war sogleich geschehen, die Tore wurden besetzt; die konstitutionellen Royalisten, die aus der großen papistischen Bewegung Nutzen ziehen wollten, nahmen die Schlüssel der Stadt und liefen

der Gefahr in einer Stadt von 30 000 Seelen nur 350 Mann zusammenbringen konnte), ein solches Spiel spielen, eine solche Sache wagen, das hieß freiwillig in den fast unvermeidlichen Tod rennen. Diese Geschichte ist immer von den Feinden der französischen Partei aufgebracht worden, von Leuten wie Commin Soullier usw. André selber, der sich oft unparteiisch stellt, macht sich mit geschlossenen Augen die lügenhaften Berichte der Gegenrevolution zu eigen.

nach Sorgues, sie dem Abbé Mulot zu bringen, offenbar in der Voraussetzung, er werde ihnen Truppen mitgeben.

Die Menge flutete indessen zu den Cordeliers, Männer und Frauen, Handwerker der Genossenschaften, Lastträger und Bauern, die Blauen und die Roten, alle rufend, sie würden nicht eher auseinandergehen, als bis der Gemeinderat, sein Sekretär Lescuyer, ihnen Rechenschaft abgelegt habe.

In der Kirche befanden sich zwölf oder fünfzehn Soldaten von der Armee Jourdans, die vermutlich geglaubt hatten, die Wirren zu verhindern; sie sahen zu und rührten sich nicht; ihr Leben hing an einem Haar. Die Menge sandte vier davon aus, Lescuyer zu ergreifen, ihn zum Kommen zu zwingen; man fand ihn auf der Straße, als er sich aufs Rathaus flüchten wollte, und man brachte ihn dem Volk.

Er bestieg, zunächst sicher und kühl, die Kanzel. „Meine Brüder", sagte er voll Mut, „ich habe die Revolution für notwendig gehalten; ich habe nach bestem Können gehandelt ..." Er begann sein Glaubensbekenntnis abzulegen.

Vielleicht hätte seine würdige Haltung, die deutliche Redlichkeit in seinen Mienen, seinen Worten, die Leute zur Vernunft gebracht. Aber man riß ihn von der Kanzel, und nun war er verloren.

In die brüllende Meute geworfen, zerrte man ihn zur Jungfrau, zum Altar, damit er dort niederstürze wie ein Rind, daß man zu Füßen der Gottheit schlachtet.

Der Mordruf Avignons, das verhängnisvolle „zou! zou!" wurde allenthalben aus der Kirche dem Unglücklichen zugepfiffen.

Er kam lebend bis zum Altar und riß sich dort noch einmal los; er setzte sich, bleich, in einen Chorstuhl; jemand, der ihn retten wollte, reichte ihm Schreibzeug hin. Die Zerstörung der Glocken einstellen, das Pfandhaus aufschließen und vorweisen, das Volk zufriedenstellen, das war der Sinn des Niedergeschriebenen. Doch es konnte unmöglich verlesen werden; die seinen Tod wollten, überschütteten ihn mit ihrem Gejohle.

Ein Durchreisender, ein Fremder, ein bretonischer Edelmann, Herr von Rosily, der, wie es hieß, nach Marseille wollte,[1] hatte mit der Menge zusammen die Kirche betreten. Er versuchte in eigener größter Gefahr den Unglücklichen zu retten. Er warf sich vor ihn hin: „Meine Herren, im Namen des Gesetzes! ..." Doch man hörte ihn nicht mehr ... „Im Namen der Ehre, der Menschlichkeit! ..." Die Säbel

[1] Dieser Bretone aus Morbihan, der auf der Reise nach Marseille zufällig da ist, gerade wie bei der Belagerung von Carpentras die französischen Offiziere zufällig, auf der Reise nach Italien, da waren, war er ein Agent der Priester und Adligen der Bretagne, der gleichwohl, die furchtbaren Folgen von Lescuyers Tod vorausahnend, in ihm seine eigene Partei retten wollte? – Oder war seine Gegenwart wirklich zufällig, seine Einmischung nur die Tat edeldenkender Menschlichkeit? Es ist unmöglich, in dieser dunklen Frage klar zu sehen.

wandten sich gegen ihn; andere legten auf ihn an, wieder andere rissen ihn fort, um ihn zu hängen. – Man rettete ihn nur durch die Äußerung, es sei richtiger, zuerst Lescuyer zu töten.

Der arme Lescuyer, der unglückliche Gegenstand des Streites, der nichts mehr hoffte und sogar seinen Fürsprecher in so großer Gefahr sah, erhebt sich plötzlich aus dem Chorstuhl, läuft zum Altar ...

Ein mitfühlender Mensch zeigt ihm dahinter eine Tür zur Flucht. In diesem Augenblick aber versetzt ihm ein Seidenarbeiter einen so jähen Schlag, daß der Stock in zwei Stücke bricht. Er stürzte gerade dort, wo man ihn haben wollte, nieder, auf den Altarstufen.

Da trat der Stadttrompeter ein, blies ins Horn, um Ruhe zu erzielen, eine Bekanntmachung zu verkünden. Das gewaltige „zou! zou!" von Tausenden von Menschen ausgestoßen, brachte die Trompete zum Schweigen. Diese auf eine Stelle zusammengedrängte ungeheure Menge schwärmte auf den liegenden Körper zu: die Männer schlugen ihm den Leib mit Fußtritten ein, mit Steinwürfen; die Frauen hießen ihn seine Gotteslästerungen büßen, indem sie in wilder Wut die Lippen, die dergleichen ausgesprochen hatten, mit der Schere zerschnitten.

Unter der entsetzlichen Marter ertönte aus diesem blutenden Etwas, das keine Menschenähnlichkeit mehr hatte, noch immer eine schwache Stimme; er bat demütig, man möge ihm den Gnadenstoß geben. Ein furchtbares Gelächter erhob sich, und man rührte ihn nicht mehr an, um ihn das Sterben recht auskosten zu lassen.

SIEBTES KAPITEL

Lescuyer wird gerächt
Blutbad im Turm der Glacière
(16.–17. Oktober 1791)

Duprat und Jourdan gewinnen wieder die Oberhand. – Formwidriger Versuch einer Aburteilung. – Die Greueltat ist beschlossen. – Welcher Gesellschaftsschicht die Opfer angehörten und was ihre Anschauungen waren. – Die Metzelei. – Die Mörder wollen sich zügeln. – Man nötigt sie, fortzufahren. – Beerdigung Lescuyers (17. Oktober). – Ende der Schlächterei. – Verhängnisvolle Folgen, die sie für Frankreich hatte.

Es war etwa ein Uhr nachmittags, und seit langem waren Duprat und Jourdan benachrichtigt; doch ihre Leute waren überall verstreut. Sie beschlossen, diese dadurch herbeizurufen, daß sie im Schloß die berühmte silberne Glocke läuteten, die nur bei zwei feierlichen Gelegenheiten ertönte: der Weihe oder dem Tode des Papstes. Der fremde, geheimnisvolle Ton, den manche nicht ein einziges Mal im Leben gehört hatten, reizte die Einbildungskraft, ließ die Herzen in plötzlichem eisigen Schreck erstarren. Sehr wahrscheinlich war es das, was den Zustrom der Landbevölkerung beschleunigte; sie kam in der Erwartung irgendeines schrecklichen Ereignisses, das sich in der Stadt zutragen werde.

Auf die Soldaten Jourdans war der Eindruck, wie es scheint, geringer: so tapfer beim Reklamieren ihres Soldes, zeigten sie sich hier sehr langsam; man konnte sie nicht wiederfinden. Jourdan brachte mit vieler Mühe dreihundertfünfzig von ihnen zusammen, mit denen er die Stadttore wieder besetzte. Nachdem die Tore gesichert waren, hatte er nur noch hundertfünfzig Mann, um mit ihnen zu den Cordeliers zu ziehen; er schleppte zwei Kanonen mit, die in den engen, gewundenen Straßen zwecklos genug waren; ihr Lärm aber, ihr gewaltiges Getöse auf dem Pflaster, unterließ nicht, von Wirkung zu sein. Dank der Verzögerung hatte sich die Menschenansammlung so ziemlich verlaufen; Gaffer und Frauen waren noch da. Er schoß mitten hinein, tötete, verwundete auf gut Glück. In der Kirche fand er nur noch die Heilige Jungfrau und Lescuyer; der Unglückliche lag nach so viel Zeit noch immer im Todeskampf, mitten in seinem Blut, und konnte nicht sterben. Man trug ihn unter Wutgeheul fort, den grausigen Gegenstand und seine blutigen Kleider sehen lassend. Alles floh, schloß Tür und Fenster.

Man nutzte den Schrecken. Die kleine Zahl gewann einen Vorteil über die größere. Diese paar hundert Mann, Herren über dreißigtausend Seelen, unternahmen den ganzen Tag eine barbarische Razzia durch Avignon. Alle, die man aufgriff, behaupteten, die Kirche der Cordeliers nicht betreten zu haben. Jedoch konnte ein Dutzend von Jourdans Leuten, die in der Kirche gewesen waren, sie wiedererkennen. Einige wurden von ihren persönlichen Feinden festgenommen, andere von ihren Freunden, so wütend war der Fanatismus auf beiden Seiten.

Der Tag ist schnell zu Ende im Oktober; es war schon sehr finster. Den Freunden der Gefangenen war es gelungen, durch die Tore hinauszugelangen; sie liefen nach Sorgues, Mulot und den General Ferrier zu benachrichtigen. Dieser empfing auch die Abgesandten Duprats; er benachrichtigte Ferrier, daß die geringste Unternehmung seinerseits den Aristokraten wieder aufhelfen und die einzige Stärke der französischen Partei, den „Schrecken" vernichten würde; Avignon würde sich erinnern, daß es dreißigtausend Mann habe, und Jourdan zermalmen. Was der Abbé Mulot auch sagen mochte, der General versteifte sich auf die Antwort, er habe nicht genug Kräfte. Mulot war verzweifelt und entsandte einen Trommler, dann einen Trompeter in die Stadt; man schenkte ihm keine Aufmerksamkeit.

Es scheint, als ob selbst in dieser Stunde unter den Führern Zögern und Uneinigkeit herrschte. Die Männer der Feder wollten eine allgemeine Metzelei, die Militärs eine Aburteilung. Jourdan, auf den das Strafgericht zurückfallen würde, scheint letzterer Ansicht gewesen zu sein. Er war etwas erstaunt über seine Verlassenheit; er hatte noch nicht mehr als hundertfünfzig Mann zur Bewachung des ungeheuer weitläufigen päpstlichen Palastes aufbringen können. Würde das Gerücht von der Metzelei nicht das Volk, wenn es sich von seiner Bestürzung erholt hatte, zum Palast locken? Unter den festgenommenen Leuten war ein gewisser Rey, ein Mitglied der bedenklichen Lastträgervereinigung von Avignon, ein volkstümlicher, geachteter Mann, der durch seine gewaltige Kraft bekannt war. Und die anderen, diese Aristokraten? Kein einziger von ihnen war adlig; das Weib eines Druckers, dann eines Apothekers, ein Pfarrer, ein Tischlermeister, der im August Gemeindebeamter gewesen war, das waren die vornehmsten; dann kamen kleine Leute, Arbeiter, Seidenarbeiterinnen, Bäcker, Böttcher, Schneiderinnen oder Wäscherinnen, zwei Bauern, ein Tagelöhner, sogar ein Bettler. Unter den Frauen waren zwei schwanger.

Man bleibt bei dem Gedanken einer Aburteilung; man ließ in einem Saale des Palastes die provisorischen Verwaltungsbeamten der Stadt tagen, um über die Gefangenen zu Gericht zu sitzen. Sie sind es, denen Jourdan alle zusandte, die man noch festnahm, eine Frau zum Beispiel, die er an einer Straßenecke denen entriß, die sie umbringen wollten.

Diese Verwaltungsbeamten waren außer dem Gerichtsschreiber Raphael, ein Priester von volkstümlicher Redeweise, ein großer Marktschreier, Barbe Savournin de La Rocca, dem man drei oder vier arme Teufel beigegeben hatte, einen Bäcker, einen Fleischer, die nicht abzulehnen gewagt hatten. Duprat war, düster und drohend, zur Stelle, um sie zu überwachen und zu sehen, wie sie vorankämen. Die erste Person, die man ihnen vorführte, war ein Weib, die Auberte, Frau eines Tischlers; sie wurde freundlich befragt, und als man sie ins Gefängnis schickte, gab man den Auftrag, gut für sie Sorge zu tragen. Wenn die Sache so betrieben wurde, so hatten Duprat und die anderen, die in der Metzelei und der Schreckensherrschaft ihr einziges Heil erblickten, nichts zu hoffen. Einer von ihnen stürzt kurz darauf (es war neun Uhr abends) zornrasend herein, mit blutbespritzter Stirn; er haut auf den Tisch und ruft: „Diesmal soll kein einziger davonkommen; Blut muß fließen; mein Freund Lescuyer ist tot; die ganze Kanaille soll sterben, und wenn einer sich widersetzt, werden wir auf ihn schießen ..." Die anderen senkten den Kopf. Raphael und Jourdan allein wiederholten, feige, wie als Chor: „Ja, wir müssen den Tod unseres Freundes Lescuyer rächen."

Der Mann, der sich so dem Urteil entgegenwarf und der das Blutbad anordnete, war kein anderer als Mainvielle.

Was Duprat, Mainvielle und alle, die an diesem Beschluß Anteil hatten, nicht wenig beeinflußte, das war das Beispiel von Nîmes. Die unglückselige und falsche Auffassung, als habe die Metzelei von 1790 dort die Revolution begründet, wurde von Leuten aus Nîmes in einem Gasthof in eben jener Nacht des 16. Oktober verkündet.

Ein grauenhafter Zeitraum der Verbrechen, von den Albigensern bis zur Bartholomäusnacht, und von da zu den Dragonnaden, den Massakern in den Cevennen. Nîmes entsann sich der Dragonnaden. Avignon folgte dem Beispiel Nîmes'. Paris folgte Avignon.

Die sechzig oder achtzig Leute, die man alle miteinander zu töten beabsichtigte, gehörten nicht zu derselben Partei. Die vierzig zuletzt Verhafteten waren fast alles kleine Leute, Papisten der Bruderschaften Avignons. Es waren arme blinde Seelen, die, von den Anstiftern vorwärtsgedrängt, nicht gewußt hatten, was sie taten. Wenige, sehr wenige hatten sich betätigt, die meisten nur mitgeschrien. Die dreißig im August Festgenommenen waren keine Fanatiker, nicht einmal wirkliche Aristokraten. Es waren, wie die Niel, Leute der französischen Partei, royalistisch-konstitutionelle, nach Art Mulots.

Die Macchiavellisten, die hier einen großen politischen Schlag zu führen gedachten, waren kopflos. Sie ergriffen lauter entgegengesetzte Maßnahmen.

Einerseits, um die Niedermetzelung als einen Racheakt des Volkes hinzustellen, als einen unerwarteten Überfall, ließen sie in die Mauern des Gefängnisses ein Loch schlagen, so daß der Torwächter, die Kerkermeister sagen konnten, sie hätten die Tore nicht geöffnet. Sie standen sperrangelweit auf.

Anderseits kamen mehrere der Parteiführer, um ausdrücklich den Befehl zur Metzelei zu geben.

Einer davon, der Major Peytavin, der mit dem Schreiben des Journalisten Tournal bei den im Hof versammelten Leuten erschien, sagte zu ihnen: „Im Namen des Gesetzes, wir haben beschlossen, Franzosen zu sein; tut eure Pflicht."

Sie blickten stumpfsinnig drein und schienen nicht zu begreifen. Der Schreiber des Journalisten will ihnen die Sache deutlich machen und schreit sie an: „Wir müssen sie alle umbringen; wenn ein einziger entkäme, würde er als Zeuge auftreten."

Es waren nur an die zwanzig Männer im Hof versammelt, alles Kleinbürger aus Avignon, ein Perückenmacher, ein Flickschuster, ein Damenschuhmacher, ein Tischlergeselle, ein Maurer usw. Außer einigen wenigen, die mehrere Monate in der Armee Jourdan gedient hatten, mochten sie nie eine Waffe in Händen gehabt haben. Manche waren gewissermaßen nur durch Zufall da, weil sie beim Gefangenentransport mitgeholfen hatten. Sie waren sehr schlecht bewaffnet: der mit einer Eisenstange, der mit einem Säbel, jener mit einem im Feuer gehärteten Stock.

Um diese schöne Truppe in Bewegung zu setzen, bedurfte es außergewöhnlicher Mittel. Man fand eines, ein verruchtes. Der Schwager Duprats, der Apotheker Mende, ließ sich im Hof mit besonders gebrauten Likören nieder. Was waren es für grausige Getränke? Man weiß es nicht; die Wirkung war nur allzu sichtbar. Je mehr sie tranken, desto hitziger, rasender wurden sie; sie drängten sich zu der blutigen Pflicht. Es gab immerhin einige, die nach den ersten Schlägen versagten und sich elend fühlten. Sie stiegen wieder in den Hof hinunter, und der Apotheker verabreichte ihnen eine neue Dosis Trunkenheit und Raserei.

Niemand führte sie, leitete sie, überwachte sie. Duprat, die Seele des Unternehmens, ließ sich nirgends sehen. Jourdan schloß sich zu Hause ein, mit einer ungeheuren Dogge, die nie von seiner Seite ging. Er war jeden Abend betrunken, und an diesem Abend trank er noch mehr als sonst. Er wollte von nichts wissen; nur hörte er in der Trunkenheit (so sagte er später) „einigen Lärm" bei den Gefängnissen.

Die derart dem Zufall überlassene Metzelei der Unerfahrenheit so schlecht bewaffneter Leute, die nicht zu töten verstanden, war unendlich viel grausamer, als wenn sie von Henkern vorgenommen worden wäre. Sie fand nicht an ein und derselben Stelle statt. Die einen wurden am Eingang der Gefängnisse getötet, andere in irgendeinem Hof, noch andere auf einer Treppe. Die Tore standen offen. Es kamen Leute aus der Stadt, teils um den und den zurückzufordern, teils angelockt von dem Geschrei, von unbezwingbarer Neugier; aber sie konnten nicht bleiben, der Mut fehlte ihnen; einigen jedoch gelang es, ein paar Gefangene ausgeliefert zu bekommen. Einer dieser Leute, die kamen, um jemanden zu befreien, verlor als er Blut sah, den Kopf und begann, ohne zu wissen warum, mit den anderen zu morden.

Es war nicht die Spur von Ordnung in dem allen; alles war der Laune dieser viehischen Menschen überlassen, die man durch sinnlose Trunkenheit in das erste Stadium der Geistesverwirrung getrieben hatte. Ein paar Soldaten Jourdans hofften zuerst, sie zu veranlassen, zwischen den am nämlichen Tage Eingebrachten und den Gefangenen vom 21. August einen Unterschied zu machen; denn diese, die seit damals eingeschlossen waren, hatten bestimmt nichts mit dem Tode Lescuyers zu tun haben können. Sie erreichten nichts: Männer, Weiber, alles wurde durcheinander darangenommen. Wenn zunächst nur das Männergefängnis erstürmt worden wäre, so hätte man vielleicht das Frauenhaus eher retten können, weil die Henker genug gehabt hätten. Unglücklicherweise scheint man einigen Frauen aus irgendwelchem persönlichen Haß, irgendwelchen verletzenden Absichten planmäßig bei dieser Metzelei den Tod zugedacht gehabt zu haben.

Gegen halb zehn Uhr abends, als es nur noch wenige Männer umzubringen gab, kam man ans Frauengefängnis; man holte Frau Crouzet, die Gattin eines Apothekers, heraus, und in eben dem Hof, in welchem der Schwager Duprats, der Apotheker Mende, die Getränke verschenkte, wurde sie grausam erschlagen. Es war ein ganz junges Weib, eine der hübschesten in Avignon, sehr lebhaft und sehr beredt, sehr am Leben hängend. Sie flehte herzzerreißend, sie sagte (was man gut sehen konnte), daß sie schwanger sei, flehte für ihr Kind; sie wurde dessen ungeachtet geschlagen, erstochen, erwürgt, dann auf eine düstere Treppe gezerrt und der niederträchtigen Neugier ihrer Henker ausgeliefert.

Die kleine Näherin Marie Chabert, die nicht weniger hübsch war, hatte in manchen den Wunsch geweckt, sie zu retten; doch nicht einer wagte es. Es war ihr jedoch gelungen, sich an den Fuß einer dunklen Treppe zu flüchten, wo sie sich hingesetzt hatte, umhüllt und verborgen von einem großen Kattunmantel. Ein Mann zeigte sie einem anderen, der sie erkannte, sich auf sie stürzte und sie mit Säbelhieben umbrachte.

Noch eine andere kam um. Es scheint aber, als ob diese grauenvoll ergreifende Frauenabschlächterei den Arm zögern ließ und das Herz beunruhigte. Bis Mitternacht tötete man keine mehr. Zu dieser Stunde waren die Mörder schon weniger trunken und nicht mehr recht im Zuge, aber sie wußten nicht, wo haltmachen; einer war mißtrauisch auf den anderen. Mainvielle hatte ihnen gesagt, wenn einer der Sache ein Ende machen wolle, so solle man auf ihn feuern. Sie hatten einen trunkenen Knaben bei sich, von seltsamer Wildheit, der Sohn Lescuyers, fünfzehn oder sechzehn Jahre alt. Er hatte es furchtbar wichtig, seinen Vater zu rächen, mehr zu tun, als die Männer.

Zu dieser Mitternachtsstunde, da die Frauen fast alle noch lebten, machten sich ein paar der Henker auf, um Duprat und Jourdan zu suchen. Sie waren mit Mainvielle und Tournal, dem Journalisten, in einen benachbarten Gasthof zum

Speisen gegangen und aßen ruhig das landesübliche Mahl, die Suppe mit geriebenem Käse. Die Henker traten blutbedeckt herein und berichteten lärmend ihre Heldentaten; einer war dabei, der zeigte ein Gewehr, das er, wie er sagte, an den Köpfen der Gefangenen zerschlagen hatte. Einer sagt: „Es sind viele Tote!" – Ein anderer: „Sie sind alle hinüberbefördert." – Ein anderer: „Es ist nur noch eine schwangere Frau übrig, die Ratapiole ..." In Wirklichkeit waren noch elf Frauen übrig und zwei Männer; beide beliebt und bekannt, der Priester Nolhac und der Lastträger Rey. Der Major Peytavin hatte ausdrücklich von den Mördern das Leben Reys und das der Ratapiole erbeten und zugesichert erhalten; er wollte aber offenbar die Zustimmung der Führer haben, und er sandte ihnen diesen Mann, der nicht von Rey zu reden wagte und nur die Frau erwähnte. Da Duprat nicht antwortete, verstand Jourdan seine Absicht und sagte: „Sie muß abgetan werden." Schweigen folgt. Ein anderer tritt vor, erkühnt sich zu sagen: „Sie ist aber doch schwanger." – „Schwanger oder nicht", sagt Jourdan, „hinüber mit ihr!"

Die Mörder gingen zurück, aber sie töteten weder Rey noch Nolhac. Sie machten sich daran, die Frauen umzubringen. Drei wurden zunächst nach Gutdünken herausgegriffen: eine Wäscherin und zwei Seidenarbeiterinnen. Der Reihe nach, wie sie darankamen, gaben sie ihre Schmucksachen ab oder man entriß sie ihnen; sie wurden dem Gefängniswärter übergeben. Eine der Arbeiterinnen leistete verzweifelten Widerstand: „Keinem", sagten sie, „wurde es schwerer zu sterben."

Sie traten wieder ein und riefen Frau Niel; sie wußte schon Bescheid durch die fürchterlichen Schreie, die sie gehört hatte. Sie lag krank im Bett. Einer der Leute sagte hart: „Stehen Sie auf; Ihre Freunde sind tot, auch Ihr Sohn, alle Gefangenen; jetzt sind Sie an der Reihe ... Wo sind Ihre Juwelen?" Sie erhob sich, kleidete sich an, lieferte ihre Ohrringe, ihre Ringe ab. Sie erkannte unter den Männern einen jungen Tischler, Belley, und flehte ihn um Rettung an, indem sie ihm und den anderen eine Rente versprach. Belley erwiderte: „Ich mag mich nicht für Euch hängen lassen." Man ließ sie in den Hof hinuntergehen und versetzte ihr einen Schlag. „Geh, such deinen Abbé Mulot!" – „Herr des Himmels, Erbarmen, mein Gott!" schrie sie. Plötzlich sah sie beim Schein der Fackeln einen Leichnam liegen: „Ach, mein liebes Kind!" Es war die Leiche ihres Sohnes. Sie wurde grausam umgebracht.

Die Frauen wurden in der Mehrzahl röchelnd und sterbend die Treppe hinabgeworfen, von der ich schon sprach. Alle Männer aber wurden sofort an den Füßen ergriffen, zum Turm Trouillas geschleift und der Reihe nach, wie man sie tötete, in den Abgrund des Turmes geschleudert. Einige darunter, verwundet, durch den Sturz in sechzig Fuß Tiefe zerschmettert, kamen noch lebend unten an. Neun Frauen, die um vier Uhr auf die Männer hinabgeworfen wurden, mußten sie im Fallen erschlagen.

Die Schreie, die man durch die Nacht vernahm, die Gerüchte von der grausigen Hinrichtung, machten alles starr vor Bestürzung. Man begann die Mörder für sehr zahlreich zu halten. Tatsächlich wurden sie zahlreich. Alle Soldaten Jourdans kamen in Schwärmen wieder. Eine düstere Feier, das Begräbnis Lescuyers, das am Nachmittag stattfand, gab ihnen Gelegenheit, sich in Reih und Glied zu zeigen. Es war eine ganze Armee, die durch Avignon marschierte.

Man ließ den Trauerzug einen großen Teil der Stadt durchziehen. Trotz des abstoßenden, unerträglichen Anblicks, den die Leiche, eine einzige blutige Masse, bot, wurde sie mit unverhülltem Antlitz begraben. Der Abbé Savournin ging nebenher, mit allen Verrenkungen eines rasenden Kapuziners, mit Tränen und Racheschwüren. Mainvielle war grauenerregend; sein melodramatischer Schmerz schien um Blut zu betteln. Bei jedem Halt hob er den Kopf des Leichnams empor, um seine schauerlich zerschnittenen Lippen zu zeigen, dann zerschmolz er in Tränen, und ließ ihn zurückfallen.

Dieses schreckliche Totenfest, an dem – gewaschen und schwarz und sauber angezogen – die Henker der letzten Nacht teilnahmen, schien ein anderes zu prophezeien. Die Stadt war vor Grauen und Angst wie gelähmt; jeder machte sich auf alles gefaßt und sagte: „Meint man mich?“ Man war überglücklich, als man erfuhr, daß das neue Massaker sich auf die vier noch in Gefangenschaft lebenden Personen beschränkte. Es waren zwei Männer und zwei Frauen dort. Der eine, der Abbé Nolhac, war ein geachteter, mildtätiger Priester, bei dem viele Leute Geld in Verwahrung gegeben hatten; vielleicht war es das, was ihn zugrunde richtete. Der andere war Rey, der Lastträger, einer von denen, die zum Aufstand gegen den Papst gedrängt hatten. Er war von außerordentlicher Kraft und Gewandtheit; allein und ohne Waffe kämpfte er gegen sechs bewaffnete Männer. Während des Kampfes erlosch das Licht, und die Mörder hätten sich beinahe gegenseitig umgebracht. Er entschlüpfte, flüchtete in die Kastellanswohnung, wo der Kampf von neuem begann; schließlich wurde ihm der Leib mit einem Säbelhieb gespalten; er wurde gewaltsam fortgeschleppt und lebendig in den Turm geworfen; dreiviertel Stunden später rief er noch alle seine Mörder bei Namen und bat um die Barmherzigkeit eines Steinwurfes oder einer Flintenkugel.

Blieben nur noch die zwei Frauen Auberte und Ratapiole. Die erstere, Frau eines Schreiners, hatte einen der Mörder als Gesellen im Hause gehabt, den jungen Belley. Seit Beginn der Metzelei hatte sie ihn gebeten, sie zu retten. Die Sache war recht schwierig. Die Auberte war die Schwester eines Maurers von der papistischen Partei, der sich im Juni hervorgetan und den die französische Partei zum Tode verurteilt hatte. Belley schlug sich mit der Hand an die Stirn und schlug zwei- oder dreimal den Kopf an die Mauer. „Euren Mann habe ich gerettet“, sagte er, „Euch aber, wie soll ich das anstellen? ... Versteckt Euch dort (er schob sie in den hintersten Winkel des Gefängnisses und hinter die Bänke). Wenn Ihr diese Nacht übersteht, seid Ihr gerettet." Sie hatte sie überstanden, diese erste Nacht. Aber in der Nacht vom Montag befand sie sich in noch größerer Gefahr.

Die andere Frau, die Ratapiole, hatte sich ganz im Gegensatz zu der Auberte, sehr eifrig für die Revolution gezeigt; sie hatte sich im Juni stark betätigt, mit dem Munde und auch sonst. Am 16. Oktober war sie in dieser blinden Razzia zufällig mit aufgegriffen worden; sie sagte, sie habe kein anderes Verbrechen begangen, als über Frau Mainvielle gespöttelt zu haben.

Da Belley die beiden Frauen nicht zu retten wagte und die aristokratische um jeden Preis retten wollte, so hatte er nicht übel Lust, die Patriotin umzubringen.

Gegen Mitternacht betritt er, gefolgt von zwei anderen besonders wilden Mordgesellen, das Gefängnis und sagt zur Ratapiole, der Bruder des Herrn Duprat sei aus Paris gekommen, er sei beim General Jourdan, sie müsse gehen und mit ihm reden, sie werde mit einigen Entschuldigungen davonkommen. Die Ratapiole begann heftig zu weinen, sagte ihm, daß sie schwanger sei, daß er sich ihres Kindes erbarmen möge. Man bestand darauf, sie abzuführen. Doch sie hatte ein kleines Mädchen von neun Jahren bei sich, die sich am Sonntag, als die Mutter zu Hause fortgeholt wurde, an ihre Kleider hängte. Man vermochte nicht, sie loszumachen, und mußte sie zusammen wegbringen. Diese Kleine hing sich auch hier wieder an die Mutter, um sie am Gehen zu hindern. Dann sprang sie an Belley empor und küßte ihn; er stieß sie zurück, schleuderte sie weit fort. Sie war mit einem Satz wieder da, preßte die Arme um seinen Hals: „Ich will, daß du Mama hilfst." Er begann verlegen zu werden. Auch die anderen verloren ihre Sicherheit. „Und ich?" fragte Belley naiv, „was soll ich denn den Mainvielle sagen, die mir so dringlich aufgetragen hatten, Euch umzubringen? Wir werden sagen müssen, Ihr wäret mit den anderen abgetan worden."

Diese beiden Frauen und ein alter Laienbruder von neunzig Jahren, der sich noch vorfand, wurden tatsächlich gerettet. Jourdan stellte Posten an das Tor des Gefängnisses, damit keiner hinaufgehen könne.

Inzwischen stieg allmählich aus den Tiefen der Glacière ein abscheulicher Geruch. Er war bezeichnend genug für die schnelle Verwesung der traurigen Überreste. Ein einziges der Opfer atmete vielleicht noch, der Lastträger Rey, dem das Sterben so schwer wurde.

Jourdan ließ am Dienstag, dem 18., ohne sich darum zu kümmern, wer tot oder lebendig war, durch die Öffnung im Turm auf diesen Berg von Leibern mehrere Zuber ungelöschten Kalk schütten.

Man mochte noch so viele Wasserbäche ausgießen, um die Spuren abzuwaschen; nie hat man den grausigen Blutstreifen auslöschen können, der noch die innere Mauerkante des Turmes zeichnet; jeder durch das Loch hinuntergeworfene Leichnam war dagegengeschlagen und hatte seine Spur zurückgelassen, seinen dauernden Protest. Das Blut blieb sein Zeuge.

Warum habe ich mich, trotz Grauen und Ekel, so lange bei dieser abscheulichen Geschichte aufgehalten? Ach! Ich habe es bereits gesagt, weil sie einen Anfang bedeutet. Gerade die Verruchtheit des Verbrechens, die Umwälzung, die es in jeder Phantasie hervorrief, machten es ansteckend. Die sechzig Opfer von Avignon bewegten alle Seelen, die von den dreihundert Toten von Nîmes kaltgelassen worden waren. Der feierliche Schauplatz des Verbrechens, das Schaurige dieses fürchterlichen Turmes, das Kerkerloch, in das man die Toten und die Lebenden miteinander hinabwarf, ihr endloses Jammern und der Feuerregen, den man auf sie hinuntergoß – alles das gab dem Ereignis eine grausige Poesie. Es grub sich auf dem sichersten Wege ins Gedächtnis, dem der Angst. Es blieb unauslöschlich haften.

Es ist die erste jener Menschenhekatomben, bei denen ohne Unterschied die gemäßigten Revolutionäre und die Gegner der Revolution hinsanken, die Freunde der Freiheit gemeinsam mit ihren Feinden.

Dieser Mord am 16. Oktober ist das abstoßende Vorbild der Metzeleien vom September. Diese, die ein Jahr später einem ganz spontanen Wutausbruch zu entspringen schienen, waren darum nicht weniger für die Südländer, die an der Exekution so viel teilhatten, eine Nachahmung des großen Blutbades der Glacière. Einige der Henker sagten, sie seien ausdrücklich dazu gekommen, den Mördern von Paris ihre Methode beizubringen.

Die Folgen dieser Geschehnisse sind unberechenbar gewesen. Sie haben einen grausamen Widerwillen gegen das schuldlose Frankreich erweckt. Die Revolution ging mit offenen Armen, kindlich, liebevoll und mildtätig, uneigennützig und wahrhaft brüderlich in die Welt. Die Welt wich zurück, die Welt wies sie mit wenigen Worten ab, sie erinnerte sich an die Septembermorde und die Glacière.

Darum beschuldige man uns nicht, bei diesem tragischen Ereignis zu lange verweilt zu haben.

Hier beginnt ein düsteres Geschick; wir haben uns ein Weilchen auf dem Stein der Qualen, der den grauenvollen Eingang kennzeichnet, niedergelassen. Es ist die Pforte zur Hölle, das blutige Tor. Nun ist es geöffnet, und die Welt tritt ein.

ACHTES KAPITEL

Verfügungen gegen die Emigranten und den König Widerstand des Königs (November–Dezember 1791)

Berechnete Trägheit bei den leitenden Stellen. – Verhandlungen über die Emigranten. – Auftreten Vergniauds und Isnards. Vergniaud und Mademoiselle Candeille. – Verfügung gegen die Emigranten (8. November 1791). – Veto des Königs (12. November). Verfügung gegen die Priester (29. November). – Veto des Königs (19. Dezember). – Die Frage des Krieges (November bis Dezember 1791).

Man ist erstaunt, fast entsetzt, wie geringe Spuren in den Zeitdokumenten über die grausige Affäre von Avignon zu finden sind. Offenbar war es in der Presse und in der Öffentlichkeit eine Stille der Bestürzung.

Wen wollte man des Unglücks beschuldigen? Man wußte es nur zu gut. Es waren nicht nur die Wutrasenden, welche die Verbrechen begingen. Es war auch die falsche und niederträchtige Politik, welche die Friedensmaßnahmen, den Wiederanschluß an Frankreich, verschleppt hatten, es waren der Hof und das Ministerium. Der Wiederanschluß an Frankreich, der allem Einalt geboten hätte, wurde von der Konstituierenden Versammlung am 14. September beschlossen, und das Ministerium wartete mit der Ernennung der neuen Kommissare bis in den Oktober. Sie trafen erst gegen Mitte November in Avignon ein, so lange nach dem Verbrechen!

Die Verzögerung war ersichtlich vom Hofe berechnet, in der Hoffnung auf eine papistische Reaktion, die der Versammlung glauben machen sollte, die Bevölkerung Avignons wolle nicht französisch werden.

In allem Mißgeschick jener Zeit findet man immer wieder als seine Hauptursache das berechnete Verschleppungssystem des Hofes und des Ministeriums.

Wem auch soll man die Schuld am Unglück von San Domingo geben, wenn nicht der Reaktion und Malouet und Barnave? War es nicht die Folge der künstlich herbeigeführten Vertagung der Freiheitsdekrete?

Die gleiche Verzögerung bei der Organisation der an die Grenze zu entsendenden Freiwilligen.

Am 29. Oktober ließ die Versammlung den Minister Duportail kommen und ersuchte ihn, sich über diesen letzten Punkt zu erklären. Er erwiderte abweisend genug: Er habe Anordnungen gegeben. Genügte das, um ihn seiner Verantwortlichkeit zu entheben? Mußte er nicht auch die Ausführung überwachen? Man führt zugunsten Ludwigs XVI. und seiner Minister an, daß in der Verminderung der Macht, in der Lockerung jedes kirchlichen Bandes selbst der eifrigste Wille nicht viel Erfolg haben könne. Man ist geneigt, an diesem guten Willen zu zweifeln, wenn die einfache Annahme der dringendsten Verfügungen, die keine weitere Mühe machte, als die Feder zu ergreifen und „Ludwig“ zu unterzeichnen, lange hingezögert wurde und oft erst durch Beschwerden und Drohungen in der Versammlung ihre Erledigung fand.

Am 2. November, nach neuen Beschwerden, forderte und erwirkte der junge und feurige Ducos eine Erklärung der Versammlung, daß sie die Antworten des Ministers nicht für zureichend erachte und daß sie wünsche, er solle ihr alle acht Tage Rechenschaft ablegen.

Die Kriegsverwaltung sah sich bald aus dem Ministerium in die Komitees der Versammlung verpflanzt.

Die beiden großen Diskussionen über die Emigranten und die Priester zeigen deutlich die Merkmale dieses Zustandes von Mißtrauen und steigender Erbitterung.

Am 20. Oktober begnügte sich Brissot, wie man gesehen hat, noch mit einer dreifachen Besteuerung des Besitztums der Emigranten. Am 25. verlangte Condorcet die strengere Maßregel, daß man auf ihre Güter allgemein Beschlag lege und ihnen den Bürgereid abverlange. Doch Vergniaud und Isnard wußten besser der momentanen Auffassung Ausdruck zu geben und erklärten diese Maßnahmen für ungenügend. Welchen Sinn hatte es denn in der Tat, von bewaffneten Feinden einen gesetzmäßigen Schwur zu verlangen?

Das war der erste Tag, da diese machtvollen Stimmen die Versammlung zu beherrschen begannen. Sie fand in Vergniaud die edlen und feierlichen Augenblicke eines Mirabeau wieder, die Majestät seines Donners, wenn nicht das Flammen seiner Blitze. War aber Vergniauds Ausdrucksweise weniger herb und weniger beweglich, so sprachen die Würde, die Harmonie seiner Redeweise von einem viel höheren seelischen Gleichgewicht, von einer Seele, die stets in hohen und reinen Regionen schwebte. Eine edle Natur, erhaben über alle Interessen und alle Bedürfnisse, hat keiner wie er die Armut geehrt. Er war ein Kind von Limoges, ein rechtes Glückskind, sanft und ein wenig langsam, das von dem großen Turgot, damals Verwalter des Limousin, vor allen anderen ausgezeichnet und von ihm nach Bordeaux auf die Schule geschickt wurde. Er rechtfertigte diese väterliche Güte aufs glänzendste. Vor den Schranken, in der Versammlung, inmitten so heftiger Krisen bewahrte Vergniaud ein tief menschliches Gemüt. Mochte er ein noch so guter Redner sein, er war zunächst Mensch; durch seinen erhabenen Zorn auf der Rednertribüne hindurch klingt stets ein Ton von Güte und Mitleid. Mitten in einer aufbrausenden, bitteren, streitbaren Partei hielt er sich dem Geist der Streitsucht, der alles verkleinert, fern. Man beschuldigte ihn der Unentschiedenheit, einer Art Gleichgültigkeit und Trägheit, von denen sein Charakter nicht ganz frei war. Man sagte, seine Seele weile oft anderswo.

Das hatte seinen Grund. Man muß es gestehen, zu einer Zeit, da das Vaterland diese Seele ganz für sich beansprucht hätte; wohnte sie in einer anderen Seele. Ein Frauenherz, zart und reizvoll, hielt dieses Löwenherz Vergniauds gefangen. Die Stimme und die Leier von Fräulein Candeille, der Schönen, der Guten, der Verehrungswürdigen, hatten ihn bezaubert. Arm wie er war, wurde er geliebt, ausgezeichnet von ihr, der die Menge zu Füßen lag. Die Eitelkeit hatte keinen Teil daran, auch nicht der Erfolg des Redners oder die Erfolge der jungen Muse, die mit einem Stück hundertfünfzig Aufführungen erlebte. Sie waren mit unzerreißbaren Banden aneinandergefesselt durch ihre gemeinsame Eigenschaft, die Güte. Und dieses Band war so stark, daß Vergniaud es dem Leben vorzog. Er wollte lieber neben ihr sterben, als sich einen Augenblick von ihr entfernen. Als der Tod nahte, hätte er sich ihm gut entziehen können; er aber sagte wohl gelassen: „Jetzt sterben? Gern. Aber ich will noch lieben."

Die Notwendigkeit, scharfe und wirksame Maßnahmen gegen die Emigranten in Vorschlag zu bringen, diktierte Vergniaud eine harte Rede, die jedoch nicht weniger bestätigte, was wir über den tief menschlichen Charakter des Redners gesagt haben. Bei dieser traurigen Gelegenheit, da der König ein Gesetz gutheißen sollte, das seine Brüder mit einer gewaltigen Strafe bedrohte, vertrat Vergniaud allein den Einwurf des Herzens, des natürlichen Gefühls. Er wandte sich an den König selber und bemühte sich, ihn in die Heldenregion der Väter aus dem Altertum zu erheben, die alle natürlichen Bande dem Vaterlande opferten. Er sagte voll Größe: „Ist dem König der Kummer beschieden, bei seinen Brüdern nicht Liebe und Gehorsam zu finden, so wende er sich als glühender Vertreter der Freiheit an das Herz der Franzosen; er wird hier alles finden, um ihn für seinen Verlust zu entschädigen."

Diese Rede, die zwischen so entgegengesetzten Dingen ein edles Gleichmaß festhielt, die das Recht stark betonte, aber keineswegs die Menschlichkeit vergaß, fand große Bewunderung. Der Redner stellte die Grundsätze auf. Um den Erfolg kümmerte er sich nicht; mit der Majestät des Mutes überließ er ihn dem Schicksal. Die Versammlung huldigte ihrem großen Redner, indem sie ihm am anderen Tage den Vorsitz übertrug. Sie machte seine strengen Grundsätze nicht zu den ihren und gab dem Vorschlag Condorcets den Vorzug; einem schwachen, ein wenig lächerlichen Vorschlag, wenn man so sagen darf. Er erließ den bewaffneten Feinden den Eid, hielt sich an ihr Wort, setzte die Auszahlung der Pensionen und Gehälter an alle fort, die ohne Ehrfurcht vor dem Eid, nicht zögerten, den Schwur zu leisten. Die ehrenhaften Leute aber, die lieber ihre Bezüge opferten als ihr Gewissen, bestrafte Condorcet durch Einziehung ihres Besitzes.

Er wurde (am 31. Oktober) von einem provenzalischen Abgeordneten, Isnard, geschlagen, der die Dispositionen der Versammlung gewaltsam umwarf. Nie sah man deutlicher, bis zu welchem Grade die Leidenschaft mitreißen kann.

Beim ersten Wort erbebte der ganze Saal wie unter einer elektrischen Einwirkung; jeder glaubte sich persönlich interpelliert, zur Antwort aufgerufen, als dieser unbekannte Abgeordnete, der sich durch Überlegenheit und fast drohende Haltung einführte, diesen Appell an alle richtete: „Ich frage die Versammlung, Frankreich, frage Sie, mein Herr (auf einen zeigend, der unterbrechen wollte), ob es jemanden gibt, der mit gutem Glauben und reinem Gewissen behaupten wollte, daß die emigrierten Prinzen nicht gegen das Vaterland arbeiten? Ich frage an zweiter Stelle, ob einer hier in der Versammlung ist, der dafür einzutreten wagt, daß jedermann, der sich verschwört, nicht so schnell als möglich angeklagt, verfolgt und bestraft würde? Gibt es hier einen, so erhebe er sich! ..."

Vergniaud selber, der den Vorsitz führte, war von der gebieterischen und heftigen Art so überrascht, daß er dem Redner Halt gebot und ihm klarmachte, er könne in dieser Frageform nicht fortfahren.

„Da man nicht geantwortet hat", fuhr Isnard fort, „so sage ich, wir befinden uns also zwischen der Pflicht und dem Verrat, zwischen dem Mut und der Feigheit, zwischen der Achtung und der Verachtung ... Wir wissen unschwer alle Schuldigen zu erkennen; wenn wir sie nicht bestrafen, geschieht es, weil es Prinzen sind? ... Es ist Zeit, daß die große, gleichmachende Gerechtigkeit endlich über das freie Frankreich hingeht ... Es ist die lange Straflosigkeit der großen Verbrecher, die das Volk zu Henkern macht. Ja, der Zorn des Volkes ist wie der Zorn Gottes nur zu häufig die furchtbare Ergänzung der schweigenden Gesetze ... Wenn wir frei sein wollen, so muß das Gesetz allein regieren; seine donnernde Stimme muß im Palast wie in der Hütte widerhallen, es darf weder Rang noch Titel bevorzugen, unerbittlich gleich dem Tod, wenn er sein Opfer fordert ..."

Ein Schauer ergriff die Menge, und nach kurzem Schweigen erhob sich ein gewaltiger Beifallssturm. Ein düsterer Zornesrausch befiel die Versammlung, die Tribünen.

Mit ungewöhnlicher Stimmengewalt und überzeugenden Gesten fuhr er fort: „Man hat Ihnen gesagt, Nachsicht sei eine Pflicht der Gewalt, gewisse Mächte seien am Abrüsten ... Und ich, ich sage, daß man wachsam sein muß, daß der Despotismus und die Aristokratie weder Tod noch Schlaf kennen, daß die Nationen, die einen Augenblick einschlummern, in Ketten erwachen werden ... Das unverzeihlichste aller Verbrechen ist dieses, dessen Ziel es ist, den Menschen in Sklaverei zurückzuführen; könnten die Menschen dem Blitz des Himmels gebieten, so müßten sie ihn auf alle schleudern, die gegen die Freiheit der Völker freveln."

Diese ungezügelte Rede riß wie ein Wirbelwind alles mit sich fort. Condorcet versuchte eine Entgegnung, aber niemand hörte zu. Man verfügte während der Sitzung als erste Maßnahme: „Wenn Louis-Stanislas-Xavier, französischer Prinz, nicht innerhalb zweier Monate heimkehre, so verliere er sein Anrecht zur Regentschaft." – Am 8. November allgemeines Dekret gegen die Emigranten, laut Vergniaud und

Isnard: „Kehren sie nicht bis zum 1. Januar zurück, so sind sie der Verschwörung schuldig, werden verfolgt und mit dem Tode bestraft. – Die Prinzen, die Beamten sind die Hauptschuldigen. – Die Einkünfte der Nichterschienenen werden zugunsten des Staates eingezogen, mit Ausnahme des Anrechtes der Ehefrauen, Kinder, Gläubiger. – Offiziere werden als fahnenflüchtige Soldaten abgeurteilt. – Verleitung zur Fahnenflucht wird mit dem Tode bestraft. – In den ersten vierzehn Tagen des Januar kann das hohe Nationalgericht einberufen werden."

Am übernächsten Tage erfuhr man von dem Anschlag der Gegenrevolution in Caen, die an einem konstitutionellen Pfarrer den grausigen Vorgang des in der Kirche zu Avignon ermordeten Lescuyer zu wiederholen suchte. Hier waren die Adligen bewaffnet und begleitet von ihren bewaffneten Untergebenen dem widersetzlichen Priester zu Hilfe geeilt; sie hatten die Nationalgarde bedroht, sie beschossen, auf sie losgeschlagen, bis sie von ihr entwaffnet wurden. Das bedauerlichste war, daß, als die Gemeinde und der Distrikt, um eine Wiederholung solcher Zusammenstöße zu vermeiden, die Kirche für die Widersetzlichen bis zur Entscheidung der Versammlung schließen wollte, die Beamten der Gemeindeverwaltung sich weigerten, die Verfügung zu unterschreiben. Die unheilvolle Gesinnung bei diesen Verwaltungen, ihr Einvernehmen mit dem aufrührerischen Adel war derart, daß sie allenthalben die Ausübung der Gesetze, die unentbehrlichsten Verordnungen der Polizei und der allgemeinen Wohlfahrt hinderten. Cambon forderte, man solle unverzüglich den hohen Nationalgerichtshof einberufen. Man ließ am anderen Tage den Minister Delessart kommen, um Erklärungen zu verlangen: man verdächtigte ihn zu Recht, selber zur Aufreizung des Calvados beigetragen zu haben, indem er dem Bischof Fauchet entgegenarbeitete und die schuldigen Verwaltungsbeamten gegen ihn aufstachelte.

Woher dieser Eifer des Ministers gegen die bürgerlichen Priester? Man erkannte darin den König als den Mittelpunkt und das Haupt der frommen Widerstandspartei. War er es nicht auch bei der bewaffneten Emigration? Man vermutete es nach dem Veto am 12. November, das er dem letzten Erlaß der Versammlung entgegenstellte.

Er führte an, die strengen Paragraphen dieses Erlasses ließen sich nach seiner Ansicht „nicht mit den Gebräuchen der Nation und den Grundsätzen einer freien Verfassung vereinigen". Er wies die Briefe vor, die er selber an seine Brüder und andere Emigranten geschrieben hatte, um sie zur Rückkehr zu bewegen. Er sagte darin unter anderem, die Emigration habe nachgelassen, was ersichtlich unzutreffend war; mehrere Emigranten seien zurückgekehrt, was sich nur als allzu wahr erwies. Im Juni waren die Herren von Lescure und andere Vendéer in der Hoffnung auf den Bürgerkrieg heimgekehrt. Der König forderte Vertrauen; und zur gleichen Zeit wurde sein vertraulicher Minister, Bertrand de Molleville, überführt, die Auswanderung der Marineoffiziere verheimlicht zu haben. Bertrand versicherte dreist, sie seien alle auf ihren Posten; und mehr als hundert waren auf Urlaub abwesend, nahezu dreihundert ohne Urlaub. Die Sache wurde durch den Generalrat von Finistère festgestellt.

Die Brüder des Königs erwiderten bald auf seine Ausführungen, sie seien nicht der Ausdruck seiner wahren Gedanken. Monsieur sandte überdies der Versammlung, die Frankreich vertrat, eine spöttische Antwort, eine unwürdige Parodie der Aufforderung zur Rückkehr, die an ihn gerichtet worden war: „Mitglieder der französischen Versammlung, die sich die nationale nennt, die gesunde Vernunft fordert von euch kraft Abteilung I, Kapitel I, Abschnitt I, Artikel 1 der Gesetze des gesunden Menschenverstandes, zu euch selbst zurückzukehren ..."

Die Frage, die dem König am nächsten lag, die Frage der Geistlichkeit, wurde bald angeschnitten, und nichts trug so viel dazu bei, wie eine Rede Isnards, des gewaltigen Interpreten der nationalen Empfindung. Ein mehr heftiger als tiefgründiger Redner, fand er jedoch in der Leidenschaft selbst, die in ihm war, das rechte und tiefe Wort, das die wirkliche Tragweite der religiösen Frage beleuchtete: „Die Französische Revolution braucht eine Lösung."

Die politische Lösung ist in der sozialen Frage; diese aber findet die ihrige, wie man mehr und mehr sehen wird, nur in der religiösen Frage. Gott allein kann solche Knoten zerhauen. Nur in einer tiefen Wandlung des Gemütes, der Ideen, der Doktrinen, in der zunehmenden Willenskraft, in der milden und gütigen Erziehung, die den Menschen zu seiner besseren Natur zurückführt, können die großen Veränderungen vor sich gehen. Zwingende Gesetze erreichen da wenig. Wenn das wahre Konzil jener Zeit, die Versammlung, nicht an das Dogma rühren wollte, so konnte sie wenigstens in einer Disziplinfrage, der Ehe des Priesters, einen großen Teil ihrer Gegner zur Natur, zur sanften Menschlichkeit, zum neuen Geiste führen. Sie sprach sich über diese wichtige Frage, die ihr am 19. Oktober vorgelegt wurde, nicht deutlich aus, und dadurch beraubte sie sich der stärksten Handhabe, die sie über die Geistlichkeit gehabt hätte.

Isnard hatte recht, das Gesetz gegen die Verräter aufzurufen, gegen die rebellischen Priester, die Aufruhr und Blut wollten; in seiner Hingerissenheit aber war er nahe daran, das Verbrechen mit der Schuldlosigkeit zu verquicken. „Wenn Klagen vorliegen, muß der widersetzliche Priester das Königreich verlassen, es bedarf keiner Beweise gegen ihn; denn sie dulden ihn hier nur aus übertriebener Nachsicht."

Eine gefährliche Trunkenheit, die ihn im Namen des Rechtes das Recht und das Gerechte vergessen ließ! Alle, die ihn hörten, wurden davon befallen. Die Versammlung geriet ganz ins Dunkel, die Finsternis verdichtete sich, als dieser rasende Fanatiker ausrief: „Die Verräter, ich werde sie alle niederkämpfen; ich gehöre keiner Partei an. Das Gesetz ist mein Gott; ich habe keinen anderen neben ihm!"

Isnard hatte das Temperament eines düsteren und eifernden Glaubensstreiters. Das war er damals für das Gesetz, für die Vernunft, die selber auch ein Gott war. Alsbald aber sehen wir denselben Mann unter dem Eindruck der Schreckensherrschaft, vom Tode eingekreist, im Mystizismus untertauchen, sich blindlings in die Reaktion stürzen, voll rasender Reue die Flammen des Bürgerkampfes durch mordgierige Worte schüren, die den Aufruhr im Süden gewaltig anstachelten.

Die Versammlung zögerte, den Eindruck dieser unglückseligen Rede in einer Verfügung festzuhalten und verweigerte dieselbe. Doch wenig später konnte man sehen, daß sie sich den Geist derselben zu eigen gemacht hatte. Am 22. November ernannte sie vier Justizminister für die Vorfälle von Caen, am 25. schuf sie ein Überwachungskomitee; die Namen waren bezeichnend: Zunächst Isnard und Fauchet, Goupillau (aus der Vendée), Antonelle (Bouches-du-Rhône), dann eifrige Jakobiner, Grangeneuve und Chabot, Bazire und Merlin, Lecointe, Thuriot usw.

Diese Wahl läßt den Erlaß vorausahnen, den man (am 29. November 1791) einbringen wird; ein heftiger leidenschaftlicher Erlaß, der von der Partei, die man damit treffen wollte, als eine Herausforderung angesehen wurde und keinen anderen Erfolg hatte, als zum Widerstand zu reizen.

Seine Erwägungen, die sich durch einen großen logischen Apparat auszeichnen, entstammen dem „Contrat social“, der alle Männer im Staate schützt aber auch verpflichtet. Der – rein bürgerliche – Eid ist die Sicherheit, mit der jeder Bürger dem Gesetz seine Treue bezeugen muß. – Wenn der Geistliche die Anerkennung des Gesetzes verweigert (das Religionsfreiheit zusichert und keine andere Bedingung stellt, als die Hochachtung der öffentlichen Ordnung), so beweist er gerade durch diese Weigerung, daß er nicht die Absicht hat, das Gesetz zu respektieren.

Der Bürgereid wird innerhalb acht Tagen gefordert. – Wer ihn weigert, wird des Aufruhrs verdächtig erklärt und der Überwachung der Behörden empfohlen. – Findet sich solch ein Aufrührerischer in einer Gemeinde, in der religiöse Wirren entstehen, so kann das Departementsdirektorium ihn von seinem gewöhnlichen Wohnsitz entfernen. – Wer sich widersetzt, bekommt ein Jahr oder mehr Gefängnis. – Wer zur Widersetzlichkeit auffordert, zwei Jahre. – Die Gemeinde, in der die bewaffnete Macht einzugreifen genötigt ist, muß die Kosten dafür tragen. – Die Behörde, welche die Unterdrückungsmaßregeln verweigert oder vernachlässigt, wird bestraft. – Die Kirchen dienen nur dem vom Staate besoldeten Gottesdienst. Solche, die nicht dafür benötigt werden, können von einem anderen Kultus angekauft werden, nicht aber von einem, der den Eid verweigert hat. – Die Gemeindeverwaltungen werden an die Departements, und diese an die Versammlung die Listen der Priester senden, die geschworen haben, und derer, die sich geweigert haben, nebst Bemerkungen über die Verbindungen zwischen ihnen und den Emigranten, so daß die Versammlung Mittel ergreifen kann, den Aufstand zu unterdrücken. – Die Versammlung wird alle guten Aufsätze, die das platte Land über die sogenannten religiösen Fragen aufklären können, als eine gute Tat ansehen; sie wird deren Drucklegung veranlassen und die Verfasser entschädigen.

Diese Verfügung stürzte hinsichtlich der Priester rechtlich zusammen, denn das sind keineswegs gewöhnliche Bürger, sie haben ein ungeheures Vorrecht und sehen sich ganz anders verantwortlich, da sie ein obrigkeitliches Amt und eines mit größter Machtbefugnis bekleiden. Sagt man, dieses stehe außerhalb, abseits von der Staatsaktion, so ergibt sich folgendes: Eben die außenstehende Autorität, die ihren Platz an den Grundlagen der Gesellschaft hat, kann diese nach Gefallen unterwühlen und eines Tages dahin kommen, den Staat gestürzt zu haben. Die Teilung zwischen Staat und Priester hat folgendes erstaunliche Resultat; der Staat sagt zu jenem: „Nimm du die Seele, ich werde den Leib behalten, werde seine Bewegung leiten; dein sei der Wille, mein die Tat." Eine kindliche, unmögliche Teilung: die Tat ist ja eine Folge des Willens.

Das Dekret hatte einen großen Fehler, nämlich den, die Unterdrückung bis zu einem Grad zu treiben, den zu erwerben sich jedermann zur Ehrensache machen würde. Auf eine Gewissensfrage setzte sie eine Geldstrafe! Welchen Vorteil gab sie dem Feind in die Hand! Anstatt des Fanatismus würde sicherlich die Ehre allein, die Ehre des Edelmannes, die adlige Narrheit des alten Frankreichs, jede Rücksicht auf die Volkspflicht, auf die Friedensliebe, vergessen lassen. Selbst jene, die sich im Namen des allgemeinen Wohls, des wahren Christentums, unterworfen hätten, würde man mittels dieser erniedrigenden Strafe auf den Ehrenstandpunkt und zur persönlichen Würde zurückgeführt haben.

Es bedurfte keines Erlasses, keiner allgemeinen Maßregel. Männer waren nötig – Männer, über welche die Versammlung ihre Hand hielt, die unter der tätigen Leitung ihrer Komitees, aber in sehr verschiedener Art vorgingen, je nach dem moralischen Stand der Provinzen, der unendlich verschieden war.

Diese Männer, es ist wahr, fanden sich nicht in der Departementsverwaltung, auch nicht bei der Rechtsgewalt, die alle beide schwach und abgespannt, auf den zufälligen Ausfall der Wahlen, der lokalen Einflüsse angewiesen waren. Ein seltsames Bild, das dieser große, noch nicht organisierte, noch nicht zentralisierte Körper Frankreichs bot. Das organische Zentrum (ich meine die Versammlung), dachte, wollte, drohte, doch vom Mittelpunkt bis zu den ausführenden Gliedern bestand nur ein ungewisses und ungetreues Band. Wohl sagte die Versammlung in ihrem Dekret, daß sie das Schwert erheben wolle; zum Aufheben bedarf es einer Hand; nun, sie hatte keine.

Es war das traurige Bild eines armen Gelähmten, der von seinem Stuhle aus schreit und droht, ohne sich rühren zu können. Um ihn aus seiner Ohnmacht zu reißen, bedurfte es einer gewaltigen Umwälzung, eines entsetzlichen Wutausbruches.

Da die Kraft fehlte, kam die Wut zu Hilfe. Die Revolution, die weder Verwaltungen noch Gerichte zur Verfügung hatte, handelte durch die Klubs, durch den Aufruf zur Gewalt, und sie brachte es dazu, einzugreifen – indem sie alles und sich selbst zerschmetterte.

Da der Erlaß gegeben war, hätte er, ob gut oder schlecht, beachtet werden müssen. Vielleicht hätte er wenig Unheil angerichtet, wenn man ihn in der Anwendung gemildert, verzögert hätte, besonders im Westen. Aber er rief in Paris einen bedenklichen Widerstand von seiten des Hofes und der Konstitutionellen hervor. Diese, denen jede, selbst indirekte, Einwirkung auf die Versammlung versagt war, waren entzückt, ihr Hindernisse in den Weg zu legen. Sie hatten sich in eine Körperschaft und einen Klub zurückgezogen, den Klub der Feuillants, die Körperschaft des Departements von Paris. Der eine entwarf, die andere unterzeichnete einen an den König gerichteten Protest, worin man ihn bat, dem Dekret über die Priester sein „Veto" entgegenzustellen. Das Direktorium von Paris, das den Umständen keinerlei Rechnung trug, das zu glauben schien, es handle sich um harmlose und friedliche Männer, überall den Priester und den Bürger durcheinanderwarf und gar nicht zu argwöhnen schien, daß der erstere, dem eine so gefährliche Autorität verliehen war, verantwortlicher sei, als der andere – das Direktorium von Paris rief das „Veto" des Königs an, als ob der König damals tatsächlich eine Macht gewesen wäre. Den König bei der herannahenden Sturmflut vor die Priester stellen, das hieß Priester, König und Direktorium von Paris, alles mit einem Schlage der Vernichtung preisgeben.

Die Unterzeichner dieses unsinnigen Aktenstücks waren aber Leute von Geist, wie Talleyrand, Baumet usw. Da sieht man, was der Geist zuwege bringt, die Gewohnheit, die feinen Zusammenhänge der Dinge zu erfassen, mit der Lupe hinzuschauen, die Welt der Intrige mit Gewandtheit zu lenken. In der Revolution muß man nicht mit Feinheiten kommen. Das Genie, das die großen Massen umfassen will, muß groß, einfach, plump sein, wenn ich so sagen darf.

Eine ganz anders geistvolle, scharfe und eindringliche Entgegnung (seit Voltaire das Schriftstück, das am meisten von französischem Geist durchdrungen war) wurde ihnen durch Desmoulins hingeworfen, in Form einer Eingabe an die Nationalversammlung. Er selber trug sie an die Schranken, und da er seine ergriffene Stimme fürchtete, ließ er sie durch Fauchet vorlesen. Die Eigenart dieser Schrift bestand darin, daß dieser boshafte Anhänger der Basoche in einer so bedeutsamen Frage der Politik und Billigkeit sich streng an das Recht hielt, an den Wortlaut der Gesetze, derselben Gesetze, die von den Mitgliedern des Direktoriums, als Mitglieder der Konstituierenden Versammlung, aufgestellt worden waren; sie schlugen sie mit ihren eigenen Waffen, durchstachen sie mit ihren eigenen Pfeilen. Das Gesetz gegen die, welche die öffentlichen Gewalten herabsetzen, das andere, welches die gemeinsam verfaßten Petitionen bestraft – er zeigte deutlich, daß diese hier mit Wucht auf ihre eigentlichen Urheber zurückfielen, die schuldig waren des Versuchs, die oberste Gewalt herabzusetzen, die Versammlung, und er zog den Schluß, das Direktorium müsse in Anklagezustand versetzt werden.

Er bezeichnete die Eingabe des Direktoriums als: „das erste Blatt eines großen Registers der Gegenrevolution, eine Subskription zum Bürgerkrieg, die allen Fanatikern, allen Idioten, allen ewigen Sklavenseelen zur Unterschrift vorgelegt werde ..."

Was an dieser Schrift Eindruck machte, das war die beißende Ironie, mit der sie der Lage den Schleier abriß und das, was unklar in aller Vorstellung wogte, ins helle Licht stellte; eine Formel von schrecklicher Deutlichkeit, die den König traf, indem sie ihn entschuldigte; so bleibt sie das Urteil der Geschichte:

„Wir beklagen uns weder über die Verfassung, die das ‚Veto' bewilligt hat, noch über den König, der es anwendet, denn wir gedenken der Maxime eines großen Politikers, Machiavellis:

‚Wenn der Fürst auf die Souveränität verzichten soll, so wird die Nation nicht so ungerecht, nicht so grausam sein, ihm zu verübeln, daß er sich beständig dem allgemeinen Willen entgegenstellt, denn es ist schwer und unnatürlich, freiwillig von solcher Höhe herabzustürzen.'

Durchdrungen von dieser Wahrheit, und Gott selber zum Beispiel nehmend, dessen Gebote zu erfüllen nicht unmöglich ist, werden wir niemals von dem ehemaligen Herrscher eine unmögliche Liebe zur nationalen Souveränität verlangen und wir nehmen es ihm nicht übel, daß er gerade den besten Dekreten sein ‚Veto' entgegenstellt."

Das hieß der Sache auf den tiefsten Grund gehen. Die Versammlung war davon überrascht, erkannte ihre eigenen Regungen darin, machte den Schriftsatz zu dem ihren, verfügte seine Aufnahme ins Protokoll und die Versendung des Protokolls an die Departements. Am nächsten Morgen bildeten die Mitglieder, die zu den Feuillants gehörten und frühzeitig in einer Anzahl von zweihundertundsechzig erschienen waren, eine feindliche Majorität und annullierten das Dekret vom Vorabend, zur großen Entrüstung der Tribünen und der Öffentlichkeit. Von nun an begann ein Kampf gegen ihren Klub; da dieser vor den Toren der Versammlung und sogar in ihrem eigenen Gebäude tagte, so mußte es zwischen den beiden Strömungen zu Tumulten, vielleicht zu Zusammenstößen kommen.

Dieser innere Zwist, der Paris nicht wenig in Erregung versetzte, brach gerade zu einer Zeit aus, da die Obrigkeit sowohl durch den Rücktritt La Fayettes, der den Oberbefehl niederlegte, als auch durch ihre Niederlage bei den Gemeindewahlen (17. November 1791) entwaffnet war. Wir haben schon gesagt, daß die Königin aus Haß gegen La Fayette die Royalisten für den Jakobiner Pétion stimmen ließ, der 6700 Stimmen hatte, gegen 3000, die seine Gegenkandidaten erhielten. Die Königin hatte gesagt: „Pétion ist ein Narr, ein Mann, der nicht fähig ist, Böses noch Gutes zu tun." Hinter ihm aber stand Manuel, als Sachverwalter der Gemeinde, hinter Manuel sein Stellvertreter, der furchtbare Danton. Indem die Königin für den Erfolg Pétions eintrat, öffnete sie Danton die Tür.

Der Krieg im Innern, gegen die Priester und den König, der sie verteidigt; der Krieg nach außen, gegen die Emigranten und die Königin, die sie beschützen, verschärft sich mehr und mehr, noch nicht in Taten, aber in Worten, Drohungen, dem sichtbaren Aufwallen der Herzen.

Am 22. November hörte die Versammlung einen Bericht an, den Koch über die drohende Haltung Europas gab, über die Feindseligkeiten, denen die französischen Bürger des Elsaß von seiten der Emigranten und der Fürsten, die ihre Zusammenkünfte begünstigten, ausgesetzt waren. Diese Herrn von Montmorin hinterbrachten Feindseligkeiten hatten ihn wenig berührt; er hatte in unbestimmten Wendungen geantwortet und hatte nichts getan. Die Versammlung konnte diese Gleichgültigkeit nicht teilen. Das diplomatische Komitee verlangte, man solle die Fürsten an die deutsche Verfassung erinnern, die ihnen alles untersagt, was das Reich in einen Auslandskrieg verwickeln könnte, und die Exekutivgewalt solle Maßnahmen ergreifen, um sie zu zwingen, diese bewaffneten Zusammenkünfte aufzulösen.

Die von Koch eingeschränkte Frage wurde von Isnard erweitert, wieder auf ihre eigentliche Größe gebracht. Er stellte mutig fest, welchen ungeheuren Vorteil es Frankreich bringen würde, seine Feinde zu einer Erklärung zu zwingen, und, wenn nötig, den ersten Schlag zu führen.

„Erheben wir uns in dieser Angelegenheit zur ganzen Größe unserer Aufgabe; sprechen wir zu den Ministern, zum König, zu Europa, mit der Festigkeit, die uns ansteht. Sagen wir unseren Ministern, daß die Nation bis jetzt nicht sehr befriedigt ist von dem Betragen jedes einzelnen unter ihnen. Daß sie in Zukunft nur zu wählen haben zwischen der Dankbarkeit aller und der Rache des Gesetzes, und daß wir unter dem Wort Verantwortlichkeit den Tod verstehen.

Sagen wir dem König, daß er seinen Vorteil in der Verteidigung der Verfassung suchen muß, daß seine Krone an diesem heiligen Palladium hängt; daß er nur durch das Volk und für das Volk regiert; daß die Nation sein Herrscher ist und er der Untertan des Gesetzes. Sagen wir Europa, daß das französische Volk, wenn es das Schwert zieht, den Krieg bis aufs äußerste führen wird; daß – wenn es trotz seiner Macht und seines Mutes bei der Verteidigung der Freiheit unterliegen sollte, seine Feinde nur über Leichen regieren würden. Sagen wir Europa, wenn die Kabinette die Könige in einen Krieg gegen die Völker hineinziehen, so werden wir die Völker in einen Krieg gegen die Könige ziehen. (Beifall) Sagen wir ihm, daß alle Kämpfe, die auf Befehl der Despoten die Völker einander liefern ... (Erneuter Beifall) Unterdrücken Sie den Beifall, unterdrücken Sie den Beifall, achten Sie meinen Enthusiasmus; es ist der Enthusiasmus der Freiheit.

Sagen wir ihm, daß alle Kämpfe, die auf Befehl der Despoten die Völker einander liefern, den Schlägen gleichen, die zwei von einem nichtswürdigen Hetzer aufgestachelte Freunde einander im Dunkeln versetzen; wenn das Tageslicht erscheint, werfen sie ihre Waffen fort, umarmen sich und züchtigen den, der sie betrog. Und wenn, während die feindlichen Heere mit den unseren ringen, das Licht der Philosophie in ihre Augen fallen wird, so werden sich die Völker angesichts der entthronten Tyrannen, der beruhigten Erde und des befriedigten Himmels in den Armen liegen."

Dieser gewaltige Zorn Isnards war wirklich ein Wahrsager und Prophet. Alles, was er am 29. November über die Nichtswürdigkeit der Könige und die Notwendigkeit, ihnen zuvorzukommen, sagte, begann wenig später zutage zu treten. Am 3. Dezember verfaßte Leopold in Wien ein der Form nach maßvolles Schriftstück, das aber, da es die Frage zu einer geradezu unlösbaren machte, die Absicht verriet, sich eine ewige Streitfrage zu schaffen und ferner den Gedanken, loszuschlagen, sobald er bereit sein würde.

Sein Benehmen war offenbar zweideutig. Als Leopold und als Österreicher war er der Freund Frankreichs; er ahndete die Beleidigungen, die in seinen Staaten den Franzosen angetan wurden, die die nationale Kokarde trugen. Als Kaiser aber verhinderte er die im Elsaß begüterten Prinzen an der Annahme der Entschädigungen, die Frankreich ihnen anbot; er verbot und annullierte sogar alte Regelungen, die sie vielleicht schon eingegangen sein mochten, wollte sie zwingen, ihre völlige Wiedereinsetzung zu verlangen, indem er den Entschluß verkündete, „sie zu halten und ihnen Hilfe zu senden". Und der Grund, den er anführte, war ein solcher, daß er den Krieg unvermeidlich, verhängnisvoll machte; nämlich die Frage der Souveränität. Die fraglichen Besitzungen, sagte er, seien der Souveränität des Königs nicht derart unterworfen, daß er durch eine Schadloshaltung der Besitzer darüber verfügen könne. Er sah also in ihnen rein deutsche Enklaven des Kaiserreichs mitten in Frankreich; Frankreich hatte, ohne es zu wissen, das Kaiserreich in seinem Schoß, den Feind an den gefährlichsten Stellen, hinter seinen vorgeschobensten Linien. Da die Frage diese Form angenommen hatte, kann man unschwer voraussehen, daß man sie gar nicht lösen wollte, sondern sie als einen Grund zum Kriege stets in Bereitschaft halten, um sie mit dem Schwerte zu entscheiden.

Am 14. Dezember kam der König und erklärte der Versammlung, daß er in dem Wahlmann von Trier nur einen Feind erblicken könne, falls er nicht vor dem 15. Januar die bewaffneten Zusammenkünfte auseinandergetrieben habe. Er fand Beifall, aber seine Beliebtheit wurde dadurch nicht größer. Er äußerte sich nicht über die sonderbare Botschaft des Kaisers, die alle Gemüter beschäftigte. Er verkündete, er werde nie von der Verfassung abweichen, gleichzeitig aber wendete er sie auf eine Art an, die höchst geeignet war, den öffentlichen Unwillen zu erregen, denn er setzte unter die Verfügung gegen die Priester sein „Veto" (19. Dezember 1791). Die allgemeine Entrüstung wandte sich gegen die Feuillants, deren Führer den Hof berieten. Es kam in ihrem Klub zu heftigen Szenen, und die Versammlung entschied, daß es in den Gebäuden, in denen sie tagte, keinem Klub erlaubt sein dürfte, sich zu versammeln.

Der Erlaß gegen die Priester, das „Veto" des Königs – das bedeutete nichts weniger als den Krieg. Selbstbewußtsein stand hier gegen Selbstbewußtsein, der König stellte sich in geraden Gegensatz zum Volk, das eine oder der andere mußte vernichtet werden.

Und über diesen niedrig ziehenden, schweren, düsteren Sturm der inneren Kämpfe zieht der flammende, gewaltige Orkan des europäischen Krieges herauf, der sich gleichzeitig vorbereitet. Er läßt seine Donnerschläge näher und näher hören.

Am 18. Dezember, bei den Jakobinern, bricht es los, auf eine besondere, phantastische und wilde Art, wie diese politische Gesellschaft, die besser diszipliniert war als man denkt, sie nicht gewohnt war. Sie hatte an jenem Tag den Propheten des Krieges, den eifernden Verkünder des europäischen Kreuzzugs, zum Vorsitzenden; man sieht, daß ich von Isnard rede. Eine unendlich rührende Szene (die ich weiter oben berichtet habe) hatte stattgefunden; man hatte in Gegenwart eines Abgeordneten der englischen Gesellschaften im Saale die Fahnen der freien Nationen aufgerichtet, die Fahnen Frankreichs, Englands, Amerikas. Der Abgeordnete, dem ein Empfang bereitet worden war, wie man ihn nur in Frankreich kennt, umgeben von jungen und anmutigen Frauen, die als Gabe für ihre englischen Brüder die Früchte ihrer Arbeit brachten, hatte in der Erregung tiefster Ergriffenheit gesprochen. Ein anderes Geschenk wurde herbeigebracht, von einem Schweizer aus Neuchâtel, jenem Virchaux, der im Juli auf dem Marsfeld die Petition für die Republik verfaßt hatte. Es war ein Damaszener Schwert, das er als Gabe für den ersten französischen General darbrachte, der die Feinde der Freiheit besiegen würde. Dieses Schwert, das die noch gefesselte und flehende Schweiz der Französischen Revolution anbot, die sie befreien würde, es war ein ergreifendes Symbol. Vierzig Schweizer, die armen Waadtländer des Regiments von Châteauvieux, befanden sich auf den Galeeren Frankreichs, wie um uns besser daran zu erinnern, daß die gefesselte Welt ihre Hoffnung ausgesetzt hatte.

Isnard wurde von einer unerhörten Begeisterung hingerissen. Er küßte dieses Schwert, und es hoch aufschwingend sprach er: „Da ist es! ... Es wird siegreich sein ... Frankreich wird einen gewaltigen Schrei ausstoßen, alle Völker werden Antwort geben. Die Erde wird sich mit Kämpfern bedecken, und die Feinde der Freiheit werden von der Liste der Menschheit gestrichen werden!"

NEUNTES KAPITEL

Fortsetzung über die Frage des Krieges
Frau von Staël und Narbonne
(Dezember 1791–März 1792)

Frau Roland und Robespierre machen Opposition. – Er ist am 28. November für den Krieg; später für den Frieden. – Frau von Staël macht Herrn von Narbonne zum Kriegsminister, 7. Dezember. – Der Hof, die Feuillants, die Girondisten sind verschiedener Ansicht. – Der Hof fürchtet den Krieg. – Robespierre nimmt an, der Hof wolle den Krieg, er sei mit den Feuillants und der Gironde verschworen. – Die Girondisten können Robespierre keine klare Antwort geben. – Ihre zwiespältige Haltung. – Narbonnes Unvermögen, Januar 1791. – Undeutlichkeit und Belanglosigkeit der von Robespierre vorgeschlagenen Mittel. – Europa will den Krieg hinzögern, die Gironde ihn zur Entwicklung bringen. – Louvet gegen Robespierre, Desmoulins gegen Brissot. – Argwohn und passiver Widerstand der Jakobiner. – Der Hof und die Priester organisieren den inneren Krieg. – Die Gironde versorgt das Volk mit Waffen. – Piken und rote Mützen, Januar bis Februar 1792. – Die Gironde versetzt dem Hof durch die Beschuldigung der Minister einen Schlag, 18. März 1792. – Der Hof genehmigt das girondistische Ministerium.

Als Isnard das Kriegsschwert schwang, als der ganze Saal im hellen Glanze dieses Stahls vom Beifallssturm erschüttert wurde, bestieg Robespierre mit düsterer Miene die Tribüne und sagte kühl und langsam: „Ich beschwöre die Versammlung, solche Ausdrücke plumper Beredsamkeit zu unterlassen; sie könnten das allgemeine Urteil beeinflussen, das gegenwärtig durch das Beispiel einer ruhigen Erörterung geleitet werden muß."

Er stieg wieder hinunter, und lastende Kälte sank auf die Versammlung zurück. Der gelähmte Couthon erhob sich von seinem Platz und forderte die Tagesordnung. Die Gesellschaft war so friedlich, so ausgezeichnet diszipliniert, daß sie zum großen Erstaunen der Gironde über die Tagesordnung abstimmte.

Diese letztere Partei war es, die drei Monate lang fast unausgesetzt den Jakobinern durch Brissot, Fauchet, Condorcet, Isnard, Grangeneuve vorgestanden hatte. Ihre Glut und ihr begeisterter Eifer hatten die Gesellschaft gewissermaßen vor Entzücken aus der Fassung gebracht. In Wirklichkeit war diese Art ihr fern und fremd, von völlig anderem Geiste; sie konnte hier nicht Wurzel fassen.

Die tiefe Spaltung zeigte sich bei der Frage des Krieges. Die Gironde wollte den Krieg nach außen; die Jakobiner wollten ihn gegen die Verräter, die inneren Feinde. Die Gironde wollte die Propaganda und den Kreuzzug; die Jakobiner wollten die innere Reinigung, die Bestrafung der schlechten Bürger, die Niederwerfung der Widerstände durch Schrecken und Inquisition.

Ihr Vorbild, Robespierre, gab ihren Gedanken vollkommenen Ausdruck, als er am nämlichen Abend (18. Dezember 1791) sagte: „Der Argwohn ist für das innere Gefühl der Freiheit dasselbe, was die Eifersucht für die Liebe ist."

Wir haben seit einiger Zeit diese düstere Erscheinung etwas aus den Augen gelassen. Als Mitglied der Konstituierenden sah er sich eben darum bei der Gesetzgebenden ausgeschlossen. Er hatte zwei Monate in Arras verbracht. Auf dieser kurzen Reise, der einzigen Geistesauffrischung, die Robespierre vor seinem Tode zuteil wurde, hatte er sein Familienheim verkauft. Er wollte vor den großen Kämpfen, die er voraussah, seine Existenzmittel zusammenraffen, sie bei sich konzentrieren; bei sich, das heißt in Paris, Rue Saint-Honoré, bei den Jakobinern, inmitten der Gesellschaft, die, wie wir im September gesehen haben, von ihm reorganisiert worden war und deren Leitung im Dezember, ungeachtet der Gironde, immer noch in seinen Händen war.

Die ganze Reise war ein Triumphzug gewesen. Als er die Konstituierende Versammlung, vom Volke fast auf den Armen getragen, verlassen hatte, sah Robespierre von Stadt zu Stadt die patriotischen Gesellschaften bei sich antreten. Seine Rolle in der Versammlung, diese Position des einzigen Verteidigers des abstrakten Prinzips der Demokratie, hatte ihn hoch hinaufgetragen. Schon galt er in den Augen der Weitblickenden als der erste Mann, das mutmaßliche Haupt der jakobinischen Vereinigungen in ganz Frankreich. Frau Roland war zu diesem Urteil gekommen und hatte aus ihrer Einöde, aus der sie wieder zurückgekehrt war, einen sehr würdigen, aber schmeichelhaften und wohlberechneten Brief an ihn geschrieben (3. September). Wir sehen nirgendwo, daß er auf diese Annäherungsversuche geantwortet hat. Zwischen Girondisten und Jakobinern gab es eine Verschiedenheit, keine zufällige, sondern eine Artverschiedenheit, einen instinktiven Haß, wie zwischen Wolf und Hund. Frau Roland besonders schreckte Robespierre durch ihre glänzenden und männlichen Eigenschaften ab. Alle beide besaßen etwas, was scheinbar die Menschen einander näher bringen konnte, und was im Gegenteil die stärkste Abneigung zwischen ihnen hervorruft: den gleichen Fehler. Unter dem Heldenmut der einen, unter der bewundernswerten Standhaftigkeit des anderen verbarg sich ein gemeinsamer, um es deutlich zu sagen, ein lächerlicher Fehler. Alle beide schrieben fortwährend, sie waren geborene Schreiber. Ebenso besorgt, wie man sehen wird, um ihren Stil wie um die Dinge selbst, schrieben sie Tag und Nacht, im Leben und im Sterben; in den furchtbarsten Krisen und beinahe noch unter dem Beil, waren Schreiben und Stil für sie der Gegenstand unablässigen Denkens. Als echte Kinder des achtzehnten Jahrhunderts, dieses so außerordentlich literarischen Jahrhunderts, bewahrten sie diesen Wesenszug auch in den Tragödien einer neuen Zeit. Frau

Roland schreibt ruhigen Herzens ihre wundervollen Lebensbilder, füllt sie aus und versenkt sich mit großer Liebe in sie, während schon vor ihren Fenstern die Schreier brüllen: „Tod der Frau Roland!" Am Vorabend des 9. Thermidor, zwischen den Gedanken an Mord und Schafott, rundet Robespierre seine Perioden ab – wie es scheint, weniger darauf bedacht, zu leben, als ein guter Schriftsteller zu bleiben.

Als Politiker und Literaten waren sie sich seit jener Zeit nur wenig zugetan. Robespierre übrigens hatte einen allzu geraden Sinn, ein allzu tiefes Verständnis für die bei großen Arbeitern notwendige Einheitlichkeit des Lebens, um sich dieser Frau, dieser Königin zu nähern. In Frau Rolands Nähe konnte das Leben eines Freundes nur Unterwerfung oder Sturm bedeuten. Das bescheidene Haus der Duplays stand ihm weit besser an. Dort war er selber König, was sage ich? vielmehr ein Gott, der Gegenstand einer leidenschaftlichen Anbetung. Als er von Arras zurückkam, konnte er jedoch noch nicht hier einziehen; er brachte seine Schwester, das stolze Fräulein Charlotte de Robespierre, mit sich, die durchaus keine Lust hatte, den Bruder irgendwem abzutreten. Er mußte sich mit ihr in der Rue Saint-Florentine niederlassen, zum großen Mißvergnügen der Frau Duplay, die von da an mit der Schwester auf Kriegsfuß stand und ungeduldig den Augenblick erwartete, Robespierre zurückzuerobern; sie umkreiste ihn, wie eine Löwin ihre Jungen, die man ihr geraubt hat.

Robespierre, der soeben alle diese kriegerischen Gegenden bereist hatte, die aufgewühlte und nur zum Krieg drängende Pikardie, hatte sich zuerst, bei seiner Ankunft (am 28. November) kampflustig gezeigt wie nur irgendeiner. Er war sogar von seinem gewohnten Wege, von seiner Vorliebe und Hochachtung für die Verfassung, abgewichen, um die entscheidenden Maßregeln zu beschleunigen. Er wollte, daß die Versammlung, statt sich an den König zu wenden, damit dieser mit dem Kaiser rede, sich direkt an diesen wenden, Leopold auffordern, die Emigranten auseinanderzutreiben, andernfalls sie ihm im Namen der Nation, der Nationen, die den Tyrannen feind seien, den Krieg erklären würde.

Er hatte bald mancherlei Ursache, seine Übereilung zu bedauern. Ernste Betrachtungen brachten ihn unerwartet wieder auf die Seite der Friedenspartei, die er nicht wieder verlassen sollte:

1. Während seiner Abwesenheit hatten seine Widersacher, die Girondisten, sich den volkstümlichen Gedanken für den Krieg zu eigen gemacht, hatten sich vorn an den Bug des großen Fahrzeugs Frankreich gestellt, gerade als eine gewaltige Stoßkraft, die es im Innern barg, es auf Europa losschicken wollte. Diese zum großen Teil leichtfertigen Männer, wie Brissot und Fauchet, streitsüchtig wie Guadet, blind, eifernd wie Isnard, alle ganz gewiß wenig befähigt, das Staatsschiff zu lenken, die ihre Tagungen am Bug und nicht am Steuer abhielten, machten doch darum nicht weniger den Eindruck von Piloten, und wollten das,

was das Verhängnis fügte, selbst geleistet haben. Sich für den Krieg entscheiden, wenn Robespierre ihn gemacht hatte, das hieß sich ins Schlepptau nehmen lassen und die öffentliche Meinung begünstigen, die ihnen alle Ehre dafür zollte.

2. Am 5. Dezember empfing der Hof zur höchsten Verwunderung aller Welt aus den Händen der Feuillants, die er weit mehr haßte und verachtete als die Jakobiner, einen Kriegsminister. Die Feuillants, vom Hof, für den sie so viel getan hatten, schlecht behandelt, und La Fayette, vom Hof aus den Gemeindewahlen hinausgetrieben, hatten sich zusammengetan, um ihm als Minister Herrn von Narbonne, Liebhaber der Frau von Staël, aufzudrängen. Diese repräsentierte seit dem Weggang Mouniers und Lallys durch ihre Begabung die englische, halbaristokratische Partei, die zwei Kammern verlangte. – Robespierre, in seiner argwöhnischen und kraft seines Hasses leicht zu täuschenden Phantasie, verfiel in den Glauben, seine Widersacher, die Girondisten, hätten sich mit der feuillantistischen und englischen Partei geeinigt. Es ist wahr, die eine wie die andere Partei wollte den Krieg, doch mit dem Unterschied: die Feuillants, um den Thron wiederaufzurichten, die Gironde, um ihn zu stürzen.

3. Der dritte Punkt, der unwahrscheinlich erscheinen mag, der aber für mich gar nicht in Zweifel steht, ist der, daß die jakobinischen Gesellschaften in den Provinzen, die zum Teil aus Käufern der Nationalgüter bestanden und von ihnen beeinflußt wurden, den Krieg keineswegs wollten. Robespierre war ihr getreues Organ, als er ihn zurückwies.

Auch die Einstellung der Käufer von Nationalgütern zum Krieg war sehr verschieden. Der Landmann, der mit seinen Ersparnissen, einer jüngst erhaltenen Mitgift oder, wie wir gezeigt haben, mit den ersten Ernteerzeugnissen des Bodens irgendeine winzige Parzelle kaufte, war nicht beunruhigt; da er nicht vom Kredit abhängig war, fürchtete er nicht eine Einschränkung des Kapitals, fürchtete nicht den Krieg.

Doch der Großkäufer, der Häuserspekulant in den Städten, kaufte meist nur mittels geliehener Summen. Der Vorschlag zum Krieg klang seinem Ohr nicht angenehm; er überraschte ihn in einer heiklen Angelegenheit, bei der er, trotz Verlängerung der Zahlungsfrist und billiger Preise seinen Ruin finden konnte, wenn die Bank ihm plötzlich ihre Kassen schloß. Man braucht nicht erst zu fragen, ob dieser beunruhigte Mann sich den Jakobinern in die Arme warf; er erfüllte die Gesellschaft in seiner Heimatstadt mit seinen Rufen, seinen Klagen, mit Mißtrauen und allerlei Beschuldigungen, um die Bewegung niederzuhalten. Er begnügte sich nicht mit Worten, er schrieb, er ließ abstimmen, Schreiben wurden an die Hauptgesellschaft, die Jakobiner in Paris gesandt, an den reinen, ehrenhaften, den untadeligen Robespierre. Man bat ihn, man beauftragte ihn, den verhängnisvollen Anlauf zu hemmen, der durch den Zufall des Kriegsglücks

Frankreich in die Hände der Verräter spielen, seine Armeen ausliefern, seine Grenzen öffnen, die Revolution vernichten konnte.

Robespierre, der selbst nicht interessiert war (es sei denn aus Haß und Ehrgeiz), vertrat diese Interessen.

Zuerst, als er dem Krieg günstig gesinnt war, mochte er ihm als der natürliche und spontane Aufschwung der Revolution erschienen sein. Dann, unter einem anderen Einfluß, gelangte er zu der Überzeugung, daß diese große Sache die Folge einer Intrige war.

Hier der wahre Teil, den die Intrige daran hatte.

Frau von Staël, Neckers Tochter, aus diesem Hause der Sentimentalitäten, hatte ihrer Begabung entsprechend große Herzensbedürfnisse. Sie suchte von Liebe zu Liebe unter den Männern ihrer Zeit nach dem, dem sie ihr Herz schenken wollte; sie wollte einen Helden. Da sie keinen fand, verließ sie sich auf ihre eigene starke, glühende Willenskraft und unternahm es, sich einen zu schaffen.

Sie fand einen hübschen Menschen, frivol, tapfer, witzig, Herrn von Narbonne. Ob nun viel oder wenig in ihm steckte, sie hielt es für ausreichend, da sie es mit ihrem Herzen verdoppeln würde. Sie liebte ihn besonders der heroischen Eigenschaften wegen, die sie in ihn hineintrug. Sie liebte auch – das muß gesagt werden, denn sie war ein Weib – seine Dreistigkeit und seinen Dünkel. Er stand sehr schlecht mit dem Hofe und schlecht mit vielen Salons. Er war wirklich ein Grandseigneur, elegant und anmutig, aber ungern gesehen bei den Seinen und von zweifelhafter Zuverlässigkeit. Was die Frauen sehr reizte, was man sich ins Ohr flüsterte, war, daß er die Frucht einer Blutschande zwischen Ludwig XV. und seiner Tochter sei. Die Sache war nicht unwahrscheinlich. Als die jesuitische Partei Voltaire und die voltairianischen Minister stürzen ließ (die d'Argenson und auch Machault, der allzu viel von den Gütern des Klerus sprach), mußte man ein Mittel finden, um die Pompadour, die Beschützerin der Neuerer, unschädlich zu machen. Eine Tochter des Königs, lebhaft und feurig, Polin wie ihre Mutter, brachte, eine zweite Judith, das heroische, durch den Zweck geheiligte Opfer. Sie war außergewöhnlich hitzig und leidenschaftlich, außerdem musiktoll, wozu sie der wenig bedenkliche Beaumarchais gemacht hatte. Sie bekam den Vater in ihre Gewalt und lenkte ihn eine Zeitlang nach ihrem Willen, vor den Augen der Pompadour. Aus der Verbindung sei, nach der Überlieferung, dieser hübsche, witzige, ein wenig unverschämte Mensch entsprungen, der dank seiner Herkunft eine liebenswürdige Ruchlosigkeit besaß, mit der er allen Frauen den Kopf verdrehte.

Frau von Staël hatte ein für eine Frau grausames Geschick: sie war nicht schön. Sie hatte grobe Züge und vor allem eine grobe Nase. Sie hatte ziemlich breite Hüften und eine wenig zarte Haut. Ihre Gesten waren eher energisch als anmutig; wenn sie, die Hände auf dem Rücken, vor dem Kamin stand, beherrschte sie mit ihrer männlichen Haltung und ihrer mächtigen Stimme, die in scharfem Gegensatz zu ihrem Geschlechte stand, die Gesellschaft, und manchmal konnten sich leise Zweifel regen, ob sie ein Weib sei. Bei alledem war sie erst fünfundzwanzig Jahre alt, hatte sehr schöne Arme, einen junonischen Nacken, prächtige schwarze Haare, die in dichten Locken herabfielen und ihre Schultern wirkungsvoll umrahmten, ja, ihre Züge verhältnismäßig zarter, weniger männlich erscheinen ließen. Aber was sie am meisten zierte, was alles andere vergessen ließ, das waren ihre Augen, ganz einzigartige Augen, schwarz, in Flammen sprühend, in Geist, Güte und allen Leidenschaften strahlend. Ihr Blick war eine Welt. Man las darin, daß sie vor allem gut und edelmütig war. Sie hatte nicht einen Feind, der einen Augenblick in ihrer Nähe weilen konnte, ohne beim Fortgehen, wenn auch widerwillig, zu gestehen: „O, welch eine gute, edle, ausgezeichnete Frau!“

Vermeiden wir dennoch das Wort Genie; hüten wir dieses heilige Wort. Frau von Staël hatte in Wirklichkeit ein großes, ein ungeheures Talent, dessen Quelle ihr Herz war. Aber die tiefe Naivität und die große Erfindungsgabe, diese beiden hervorragenden Züge des Genies, besaß sie niemals. Sie brachte ein primitives Mißverhältnis der Elemente mit auf die Welt, das nicht bis zum Barocken ging, wie bei Necker, ihrem Vater; aber das ein gut Teil ihrer Anlagen unterband, sie hinderte, sich aufzuschwingen, und sie in der Schwülstigkeit festhielt. Die Neckers waren Deutsche, die sich in der Schweiz niedergelassen hatten. Sie waren reich gewordene Bürgerliche. Als Deutsche, Schweizerin und Bürgerliche hatte Frau von Staël zwar nichts Plumpes, aber etwas Kräftiges, Schwerfälliges, wenig Zartes. Zwischen ihr und Jean-Jacques, ihrem Meister, besteht ein Unterschied wie zwischen Eisen und Stahl.

Eben weil sie trotz ihres Talentes, ihres Vermögens und ihres vornehmen Umgangs bürgerlich empfand, hatte Frau von Staël die Schwäche, die Grandseigneurs anzubeten. Sie ließ ihrem guten, ausgezeichneten Herzen, das sie völlig auf die Seite des Volkes gebracht haben würde, nicht freien Lauf. Ihre Urteile und Meinungen neigten stark zum Gegenteil. Überhaupt war ihre Auffassung verkehrt. Sie bewunderte vor allem jenes Volk, das sie für außergewöhnlich aristokratisch hielt: das englische, sie verehrte den Adel Englands, ohne zu wissen, daß er sehr jung war, ohne seine Geschichte genau zu kennen, von der sie unaufhörlich sprach, ohne eine Ahnung zu haben von dem Verfahren, durch welches England, unaufhörlich von unten her erzeugend, seinen Adel macht. Kein Volk versteht es besser, eine Vergangenheit vorzutäuschen.

Es bedurfte der Liebe, der großen Schwärmerin, der Bezauberin der Welt, um diese leidenschaftliche Frau glauben zu machen, daß man den jungen Offizier, den unbeständigen Wüstling, den glänzenden, leichtfertigen Menschen an die Spitze einer so großen Bewegung stellen konnte. Der gigantische Degen der

Revolution wäre als Liebessold aus der Hand einer Frau in die eines jungen Laffen gewandert. Das war schon ziemlich lächerlich. Noch lächerlicher aber war, daß sie versuchte, dieses gewagte Unternehmen im Bunde mit den Feuillants, einer schon abgewirtschafteten Partei, mit La Fayette, der beinahe abgewirtschaftet hatte, durchzuführen; so besaß ihre Tollheit nicht einmal die Eigenschaft, die bisweilen der Tollheit den Erfolg sichert: die Tollkühnheit.

Ein Mann von Geist, dem man heutzutage lächerlicherweise Vorsicht und Voraussicht andichtet, Talleyrand, hatte sich auch bis zur Unbesonnenheit in diese Dummheit eingelassen. Ohne weiteres ließ er sich von der kleinen Koalition nach England senden. Er wurde kaum empfangen; überall wandte man ihm den Rücken.

Wer sähe nicht hinter dieser zusammengewürfelten, ohnmächtigen Partei die feurige Gironde aufmarschieren? Diese hatte sich nicht die Mühe gemacht, vom Krieg zu träumen, ihn zu erfinden. Sie war die Tochter des Krieges, er war es, der ihr den Namen gegeben. Sie kam schäumend daher auf den kriegerischen Wogen des großen Ozeans der Revolution, ungeduldig, sich zu ergießen. Frau von Staël hatte ihr Talent und ihre Intrige, ihren europäischen und vor allem englischen Salon, die Überreste der Konstituierenden und den seligen Herrn de La Fayette. Die Gironde hatte den Aufschwung, den ungeheuren Antritt der sechstausend Freiwilligen, die sich in Bewegung setzen wollten; sie hatte ihre volkstümlichen Kunstgriffe, mit denen sie sowohl die Feuillants als die Jakobiner schlug; ich spreche vor allem von der Herstellung der Piken und der roten Mütze, die sie im Dezember erfand.

Die Gironde ließ den Feuillants, Frau von Staël und Narbonne ihren Lauf; sie wünschte ihnen alles Gute und fand es sehr angenehm, daß sie ihr in die Hände arbeiteten. Dieses Schwert, war es erst einmal gezogen, wer würde es führen, wenn nicht die Gironde? Sie gedachte, doppelten Gebrauch davon zu machen: gegen den König, gegen die Könige; mit dem Griff den Thron umstoßen und mit der Spitze dem Feind draußen an die Gurgel fahren, der gleichzeitig in seinem Rücken die Völker gegen sich hätte.

Der Hof hatte eine erbärmliche Angst vor dem Krieg, das wissen wir jetzt auf das bestimmteste. Und wenn wir es nicht wüßten, so wäre die Anstrengung nicht groß, diese Mutmaßung zu bestätigen; man braucht nur die wachsende Desorganisation zu betrachten, in der er die Armee beließ, nicht allein die Leute, die undiszipliniert waren, sondern das Material selbst, für das die Versammlung immer vergeblich Summen bewilligte. Man hat gesehen, wie die Konstituierende unter dem Einfluß des Hofes ihre dreihunderttausend Freiwilligen auf weniger als hunderttausend herabminderte, von denen der Minister erklärte, nur fünfundvierzigtausend bewaffnen zu können – die nicht bewaffnet wurden.

Diese Tatsachen waren bekannt, waren handgreiflich. Und dennoch scheint ein sehr aufmerksamer Zeuge, Robespierre, sie nicht gesehen zu haben; noch weniger die Presse und die Klubs, die ihm hierin folgten. Alle warfen sich nach seinem Beispiel auf Vermutungen, unbestimmte Anschuldigungen, ohne daß sie es wagten, die Tatsachen aufzudecken, die zu ihren Füßen lagen.

Robespierre hatte einen ausgezeichneten und treffenden Ausgangspunkt; aber seine bei den Schlußfolgerungen seines Hasses unklare und unzusammenhängende Vorstellungskraft brachte nur ein riesiges Durcheinander irrtümlicher Schlüsse heraus.

Der sehr richtige Ausgangspunkt war der, daß Narbonne und seine Muse, die Feuillants usw. weder als Charakter noch als Partei Vertrauen einflößen konnten, daß es sehr gewagt war, solchen Händen den Freiheitskampf anzuvertrauen.

Mehr wußte Robespierre nicht. Hören wir, was er an Mutmaßungen hinzufügte:

„Es ist sehr wahrscheinlich, daß ein tiefes Einverständnis, ein festes Komplott besteht zwischen dem Hof einerseits und den Feuillants, Staël, Narbonne und La Fayette anderseits. Sie wollen Frankreichs Armeen aufs Spiel setzen, sie schlecht organisiert den hunderttausend gelernten Soldaten, die an unseren Grenzen stehen, entgegenführen, irgendwelche Tätigkeit vortäuschen, sich schlagen lassen, oder auch sich durch irgendeinen von vornherein vereinbarten kleinen Sieg als unsere Retter aufwerfen und wiederkehren, um uns ihre englische Verfassung, Pairie, Aristokratie usw. aufzudrängen." – Das schien richtig und war dennoch falsch, hinsichtlich des Einverständnisses mit dem Hof; Narbonne war ihm aufgezwungen worden. Er haßte die Feuillants noch mehr als die Jakobiner; und was La Fayette anging, so hatte er, weit entfernt, ihm einen Erfolg zu wünschen, ihm soeben erst bei den Pariser Wahlen die schmählichste Niederlage bereitet.

„Es ist ferner sehr wahrscheinlich", sagte Robespierre, „daß Brissot und die Gironde mit dem Hofe, den Feuillants, Narbonne und La Fayette im Einvernehmen sind. Brissot greift Narbonne nicht an, ..." – Auch das war falsch. Brissot, der bis zu dem Blutbad auf dem Marsfeld seine Hoffnung auf La Fayette gesetzt hatte, sah ihn seit jener Zeit nicht wieder, und ohne ihn heftig anzugreifen, war er ihm doch feind, da er unwiderruflich der Partei angehörte, die, trotz der Feuillants, den Thron stürzen wollte.

Robespierre war sowohl zu mißtrauisch als auch zu spitzfindig, um die Wahrheit herauszufinden. In Wirklichkeit (heute ist es unwiderleglich erwiesen) hatten der Hof, die Feuillants, die Girondisten keineswegs die nahe Gemeinschaft, die er vermutete, denn der Hof haßte Narbonne und murrte über den abenteuerlichen Plan des Krieges, in den er ihn verwickeln wollte; der Hof meinte mit Recht, daß man ihn am Tage nach dem ersten Mißerfolg des Verrats zeihen und er in einer furchtbaren Gefahr schweben würde, der Narbonne und La Fayette nicht einen Augenblick standhalten könnten, daß die Gironde den beiden den kaum gezogenen Degen entreißen würde, um ihn gegen den König zu kehren.

„Sehen Sie", sagte Robespierre, „daß der Plan zu diesem ruchlosen Krieg, durch den man uns den Königen Europas ausliefern will, unmittelbar aus der Gesandtschaft des Königs stammt, der Europas General gegen uns sein wird?" Das hieße vermuten, daß Frau von Staël wirklich die Frau ihres Gatten war, daß sie für Herrn von Staël und nach den Anweisungen seines Hofes handelte; eine lächerliche Vermutung, wenn man die rasende Liebe zu Narbonne sah, die sie ganz offen zur Schau trug, und ihren Eifer, ihn berühmt zu machen. Die arme Corinna war fünfundzwanzig Jahre alt, sehr unvorsichtig, leidenschaftlich, edelmütig und weit entfernt von jedem Gedanken an politischen Verrat. Diejenigen, welche Natur, Alter und Leidenschaft besser kennen als der allzu feine Logiker, werden diese ärgerliche, sicher unmoralische, sonst aber einwandfreie Sache vollkommen verstehen; sie handelte für ihren Liebhaber, keineswegs für ihren Gatten. Sie hatte es eilig, den ersteren in dem Kreuzzuge der Revolution berühmt zu machen, und sorgte sich nur wenig darum, ob die Schläge nicht auf das Haupt des erlauchten Herrn, des schwedischen Gesandten, fallen würden.

Am 12. Dezember, am 2. und am 12. Januar und später noch, legte Robespierre mit außergewöhnlicher Überlegenheit das ungeheure System von Argwohn und Anklage dar, in dem er alle Parteien durcheinander warf; eine Fülle mehr oder weniger erfinderischer Vorwürfe begründete auf mehr oder weniger glückliche Art dieses Gebäude des Irrtums. Alles das wurde von den Jakobinern entzückt aufgenommen, war doch auch ihr eigentlicher Wesenszug das Mißtrauen; sie hörten auf diese Gedankengänge, die die ihrigen waren, griffen sie begierig auf, ließen sich von ihnen durchdringen und sogen ihren Geist ganz voll damit. Auch der Augenblick war dem günstig: ein trauriges, trübes, unheilvoll stürmisches Paris, ein unsägliches, hoffnungsloses Elend ohne Ziel und Ende. Ein düsterer Winter. Überall Schatten, Finsternisse. „Sehen Sie dort unten den schleichenden Schatten, die phantastische Gestalt, den Ritter vom Dolch, in einen Mantel gehüllt? Gestern hat man einen Munitionswagen aus den Tuilerien herausfahren gesehen ... dahinter steckt etwas ..." Alles das wurde höchst gläubig aufgenommen; den Schatten, man sah ihn; die Geschichte, man glaubte sie ohne weiteres. Wer daran zu zweifeln wagte, wurde von den anderen scheel angesehen; man wich ihm aus, zuweilen bedrohte man ihn.

Man muß nur sehen, wie feurig, blind und leichtfertig die Presse ist. Nichts ist so widersinnig, daß es nicht von Fréron und Marat angeführt würde. Armes Volk, sagte dieser, du bist betrogen, ausgeliefert durch den Krieg! Dabei hätten Dolche und Hanfstricke genügt, um der Sache ein Ende zu machen.

Desmoulins, der soviel Geist besitzt, hat alle Urteilskraft verloren. Er geht, er kommt, er glaubt, er zweifelt im Sinne Dantons, Robespierres; er selber hat keine eigene Meinung.

Der eigenartigste ist wie immer Danton. Er spricht zu den Jakobinern und fürchtet den Anschein, ihren Argwohn nicht zu teilen. Er fürchtet, wie er selber sagt, daß man ihn beschuldige, gegen die Partei der Tatkraft zu sein. Er dreht und wendet ein, verbreitet sich in leeren, hohltönenden Phrasen und sagt: gewiß, er wolle den Krieg, zunächst aber wolle er, daß der König sich gegen die Emigranten wende usw.

Brissot entgegnete mehrmals auf Robespierres Argumente, ohne doch je dessen Ansehen bei den Jakobinern erschüttern zu können. Abgesehen von ihrer Voreingenommenheit, die alles, was ihnen entgegen war, schon im voraus übel aufnahmen, hatten sie guten Grund, weniger auf Brissot zu hören. Robespierre sprach alles aus, was er dachte, Brissot nur die Hälfte. Ersterer zeigte vortrefflich, daß der Hof, die Feuillants, Narbonne zu verdächtig waren, um ihnen den Krieg anzuvertrauen. Brissot aber erging sich in allgemeinen Andeutungen, daß man seinen heimlichen Gedanken nicht sagen, nicht verraten könne, nämlich: daß die Gironde, als Herrin der zunehmenden Bewegung, sicher war, Narbonne zu besitzen, selber das Schwert zu ergreifen, den inneren Feind, den König, zu stürzen und einmütig gegen den äußeren Feind zu marschieren.

Die Partie war also ungleich zwischen ihnen, da Brissot nur einen Teil seiner Mittel anwenden konnte. Robespierre trieb ihn in die Enge, sagte und wiederholte das sichtlich wahre Wort: „Die Exekutivgewalt ist verdächtig, Sie wollen sie exekutieren? Diese Gewalt ist die Gefahr, das Hindernis, und was tun Sie dagegen?“ – Brissot konnte seinen Gedanken nicht laut werden lassen: „Wir stürzen sie.“

Diese vorsichtige, zurückhaltende, zwiespältige Haltung bildete die Schwäche der Gironde, die im übrigen gerade jetzt so stark war. Ihre Handlungsweise war dem König gegenüber von einer Scheinheiligkeit, die ihr schadete. Sie forderte ihn auf, König zu sein, als verfassungsmäßige Gewalt vorzugehen, gleichzeitig aber führte sie ihn durch zunehmende Unannehmlichkeiten in Versuchung. Sie rechnete darauf, ihn so weit zu treiben, daß er einen entscheidenden Fehler beging, der ihm den Zorn der Nation eintrug und ihn in den Staub warf.

Am 11. Januar erstattete Narbonne, der auf einer äußerst beschleunigten Reise die Grenzen besichtigt hatte, der Versammlung Bericht. Ein echter Höflingsbericht! Sei es Übereilung, sei es Unwissenheit, er entwarf ein glänzendes Bild von unserer militärischen Lage, nannte riesige Ziffern der Truppenbestände, machte Übertreibungen aller Art, die später von Dumouriez in einer Denkschrift zunichte gemacht wurden. Indessen sagte Narbonne in seiner eleganten und feurigen Rede, bei der Frau von Staël sicher mitgearbeitet hatte, einiges sehr Verständige, das allerdings damals keiner recht erfassen konnte. Er sagte, daß zwischen den Offizieren ein wesentlicher Unterschied zu machen sei; einige seien tatsächlich Freunde der Revolution. Das wird von denen nicht in Zweifel gezogen werden, die wissen, daß unter den reinsten, ehrenhaftesten Freunden der Freiheit, die in der Armee zu finden waren, Desaix, la Tour d'Auvergne und anderen, adlige Offiziere waren. Das Ancien régime war weit davon entfernt, den Provinzadel zu begünstigen; er hatte beim Dienst keine Aussicht auf Beförderung; auf alle höheren Chargen hatten der Adel des Antichambre, die Familien bei Hofe, die Hauptleute am „œil-de-bœuf" ein Vorrecht.

Narbonne tat noch einen sehr schönen, sehr richtigen Ausspruch, der vermutlich aus dem edlen Herzen seiner Freundin kam: „Eine Nation, welche die Freiheit will, hätte nicht das Bewußtsein ihrer Kraft, wenn sie, der Absicht einzelner Leute folgend, sich einer Schreckensherrschaft überließe. Wenn der allgemeine Wille so stark zum Ausdruck kommt, wie in Frankreich, hat es niemand in der Gewalt, seine Wirkung einzudämmen. Die Zuversicht selbst ist eine Sache des Mutes; sie wird das Volk wie den einzelnen dahin führen, an die Kühnheit als das Verständige zu glauben."

Dieses Wort war nicht allein richtig, es war tief. Nein, niemand konnte eine solche Bewegung aufhalten. Selbst unter den untauglichsten Führern würde sie die gleiche Wirkung gehabt haben. An demselben Abend, am 11. Januar, hielt Robespierre bei den Jakobinern eine endlos lange, endlos gedrechselte Rede, ohne dem, was er schon mehrfach von der Angebrachtheit des Argwohns gesagt hatte, irgend etwas Neues hinzuzufügen. Zum Schluß schlug er einen empfindsamen, klagenden und testamentarischen Ton an, stellte sich ganz als Märtyrer hin und empfahl sein Angedenken der jungen Generation, „der süßen und zärtlichen Hoffnung der Menschheit", die voller Dank der Tugend Altäre errichten werde. Er verlasse sich, sagte er, auf die mütterlichen Lehren; er hoffe, diese Jugend werde ihr Ohr „den giftigen Sirenenliedern der Wollust verschließen"; es folgten weitere moralische Banalitäten, linkische Nachahmungen Rousseaus. Es war der Ton der Zeit, und auf die Jakobiner war der Eindruck ganz hervorragend. Auf den Tribünen, die voller Frauen waren, wurden die Taschentücher gezogen, unterdrücktes Seufzen und Schluchzen ließ sich hören.

Was wollte er aber eigentlich? Er sprach es nirgends aus. Was sollte, seiner Ansicht nach, mit dieser angefangenen Revolution, diesem Volksaufstand, diesen Sympathien Europas geschehen? – War nicht zu befürchten, daß der gewaltige Stoß, wenn man ihn aufhielt, auf sich selbst zurückschlug? – Und das war es, was geschah. Der verhängnisvolle Aufschub wandelte den Kreuzzug in einen Verteidigungskampf bitterster Verzweiflung. Er trug uns die Septembermorde ein, den völligen Umschwung Europas gegen uns, den Haß und den Abscheu der Welt.

Recht spät, am 10. Februar, wagte es Robespierre, der tagtäglich gedrängt wurde, aus seinen nichtigen Redereien, seiner ewigen Anpreisung des Argwohns, herauszugehen, (wagte mehr, als je bisher) einige praktische Winke anzugeben. Sie sind eigenartig. Ich gebe sie in ihrer naiven Bedeutungslosigkeit wieder. Als erstes, ein Bündnis, diesmal ohne Abgott La Fayette. Als zweites, Wachsamkeit;

die Sektionen in Permanenz erhalten, die verstreuten französischen Garden einberufen, den hohen Gerichtshof von Orléans nach Paris verlegen, die Verräter bestrafen. Drittens: Den Volksgeist durch Erziehung fördern. Viertens: Für das Volk günstige Verfügungen erlassen, „der erschöpften und keuchenden Menschheit" ein Teilchen der vom Hof verschlungenen Schätze zuwenden usw. – Das ist das unklare und schwächliche Mittel, das aber darum von den Jakobinern nicht weniger beifällig aufgenommen und bewundert wurde.

Eines war gewiß: Europa wollte angesichts des bebenden Rheins, der kaum zu bändigenden Niederlande, Lüttichs, Savoyens und Waadtlands, die zu Frankreich hinstrebten – Europa wollte für den Augenblick den Krieg vertagen, eine gelegenere Zeit abwarten. Die Gelegenheit konnte ihm durch die Exzesse der Revolution gegeben werden, Exzesse, die sehr wahrscheinlich waren, wenn man den gärenden Most, der zu entweichen strebte, in seiner Bütte eingeschlossen hielt.

Um Frankreich zurückzuhalten, versuchten die Fürsten es sowohl mit der Einschüchterung, als auch mit versöhnlichen Maßnahmen. Der Kaiser hatte erklärt, der Kurfürst von Trier habe in seiner Angst bei ihm um Hilfe ersucht, und er werde ihm den General Bender senden, denselben, der die Revolution der Niederlande unterdrückt habe. Auf der anderen Seite bot der Kurfürst jede Genugtuung an, entfernte die Emigranten und bedrohte mit der schwersten Strafe, mit Zwangsarbeit, alle, die für jene die Rekrutierung betrieben oder ihnen Munition verschafften (6. Januar 1792). Dessenungeachtet beschloß am 14. Januar das diplomatische Komitee durch die Vermittlung Gensonnés, der König müsse den Kaiser ersuchen, vor dem 11. Februar deutlich zu erklären, ob er für oder gegen uns sei; sein Schweigen würde als Beginn der Feindseligkeiten aufgefaßt werden.

Der Hof, erschrocken, die Kriegsfrage so deutlich aufgerollt zu sehen, ließ sofort melden, er erhalte aus Trier die bestimmte Versicherung, daß die Emigranten tatsächlich auseinandergetrieben worden seien. Er ließ auch wissen, daß der Kaiser in diesem Sinne dem Kardinal von Rohan Befehle erteilt habe, der von Kehl aus Straßburg beunruhigte.

Bald suchte man, um die Versammlung zurückzuhalten und nachdenklich zu stimmen, ihr kund zu tun, daß die Grenze von den Spaniern bedroht sei, und wenn man zum Rhein marschiere, so werde man sie im Rücken haben. Bald machte ein Feuillant (Ramond) darauf aufmerksam, wie wenig man auf die Engländer vertrauen dürfe, die sich im Kriegsfalle gegen uns wenden könnten.

Am Tage, da Gensonné vorschlug, vom Kaiser eine entscheidende Erklärung zu verlangen, unternahm es einer der ersten Girondisten, Guadet (von Saint-Emilion), ein glänzender Redner voll feuriger, schlagfertiger, herausfordernder Worte, einmal durch eine große, feierliche und dramatische Kundgebung auf

Robespierres Verdächtigung der Gironde (daß sie den Krieg nur wage, um im Einverständnis mit den Königen Frankreich bloßzustellen) zu erwidern. Guadet griff das Wort „Kongreß" auf, das gefallen war, und sagte: „Was ist das für ein Kongreß, ein Komplott? ... Tun wir doch allen diesen Fürsten kund, daß die Nation ihre Verfassung als Ganzes aufrechterhält oder mit ihr zugrunde gehen wird ... Weisen wir den Verrätern ihren Platz an, und dieser Platz sei das Schafott! ... Ich schlage vor, jeden Franzosen als Verräter und Schurken anzusehen, der an einem Kongreß zur Abänderung der Verfassung oder zu Verhandlungen zwischen Frankreich und den Rebellen teilnimmt!" – Die Versammlung erhob sich in unbeschreiblicher Begeisterung wie ein Mann, und unter dem Beifallssturm der Tribünen leistete sie den Eid.

Am übernächsten Tage wandte sich Vergniaud in einer wundervollen Rede gegen die Friedensparteiler, die unschwer gezeigt hatten, daß Frankreich allein stehe und keine Verbündeten habe. Er gestand, daß es in der Tat nur die ewige Gerechtigkeit zum Bundesgenossen habe, und schloß mit der frommen Äußerung: „Eine Vorstellung drängt sich jetzt meinem Herzen auf. Es ist mir, als ob die Manen vergangener Geschlechter sich in diesen Tempel drängen, um Sie im Namen der Leiden, die sie durch die Sklaverei erdulden mußten, zu beschwören, die kommenden Geschlechter, deren Geschick in Ihrer Hand liegt, davor zu bewahren. Erhören Sie dieses Gebet; seien Sie für die Zukunft eine neue Vorsehung; vereinigen Sie sich mit der ewigen Gerechtigkeit, welche die Franzosen in ihren Schutz nimmt. Sie machen sich damit nicht nur als Wohltäter Ihres Vaterlandes, sondern als Wohltäter der ganzen Menschheit verdient."

Die edle Milde dieser Worte steht in grellem Gegensatz mit der Heftigkeit des Kampfes, der in der Presse und bei den Jakobinern tobte. Er war durch das Eingreifen eines jungen Mannes von eigentümlicher Ungezwungenheit, der sich um Maß und Form nicht kümmerte, noch lebhafter; es war Louvet, der Verfasser des „Faublas". Manche bezeichneten ihn auch als den Helden seines Romans; und wirklich, dieser glühende Kriegseiferer war ein kleiner blonder Mann, mit einem zarten und hübschen Gesicht, der zweifellos wie Faublas als Weib gelten konnte. Er, der Verfasser eines unmoralischen Romans, war als Kontrast in Wirklichkeit das Vorbild eines treuen Liebhabers; seine Lodoïska, die er berühmt gemacht hat, rettete ihm 1793 das Leben, und später starb Louvet aus Kummer über allerlei beleidigende Späße, deren Gegenstand sie gewesen war.

Im Jahre 1792, nach manchem Abenteuer, besaß Louvet seine Lodoïska und lebte glücklich. Er setzte darum nicht weniger dies Glück aufs Spiel. Der mutige kleine Mann wandte sich lebhaft und herausfordernd gegen Robespierre, immer noch respektvoll, wie man eben einen großen Bürger angreift. Dieser war darum nicht weniger erbittert, sich sogar bei den Jakobinern, in seinem Reich, angefochten und von dem jungen Verfasser des „Faublas" widerlegt zu sehen, ein geschmeidiger Kämpfer, der seine Angriffe vervielfachte, von allen Seiten vorstürmte und Robespierre hundertmal traf, ehe der sich einmal umgewandt hatte.

Er hielt sich nicht an Louvet, aber an Brissot. Und sein Haß nahm zu. Brissot warf ihm Louvet entgegen. Und er hetzte Brissot eine Dogge an die Beine, Camille Desmoulins

Man hatte gerade bei den Jakobinern die beiden Gegner, Robespierre und Brissot, genötigt, einander entgegenzukommen und zu küssen. Der alte Dussault, der diesen falschen Frieden herbeiführte, weinte vor Rührung, Robespierre bestand jedoch darauf, daß er den Kampf fortsetzen werde, „da seine Anschauungen sich seinen Gefühlsregungen und seiner Zuneigung für Herrn Brissot nicht unterordnen könnten". Das Wort Zuneigung läßt uns schaudern.

Desmoulins hatte die Torheit begangen, als Advokat irgendeinen Bösewicht, Mitbesitzer einer Spielhölle, zu verteidigen. Brissot, der mehr den Puritaner herauskehrte, als er das Recht dazu besaß, hatte ihm das bitter vorgeworfen. Der Augenblick war äußerst günstig, um den jähzornigen Schriftsteller auf seinen unvorsichtigen Kritiker zu hetzen. Desmoulins begann eine Untersuchung von Brissots Lebensführung und fand mühelos, was er brauchte. Dieser, ein ewiger Hungerleider, hatte vor der Revolution im Sold der französischen Pasquillanten Englands gestanden. Er hatte, wie alle Skribenten jener Zeit, allerlei wenig ehrenwerte Dinge begangen; so hatte er beispielsweise Subskriptionen gesammelt für eine Unternehmung, aus der nachher nichts wurde, und er hatte nichts zurückgeben können. Brissot war sein Leben lang nicht arm, aber dürftig. Seine politische Allmacht im Jahre 1792 änderte daran nichts. Selbst in diesem Jahre, da er alle Verfügungen traf, die einträglichsten Posten wem immer übertrug, besaß er nur einen schwarzen Anzug mit abgenutzten Aufschlägen; er wohnte in einer Bodenkammer, seine Frau wusch selber seine Hemden. Das völlige Elend, in dem er seine Familie hinterließ, war der bitterste Kummer seiner letzten Augenblicke.

Desmoulins behandelte die traurige Vergangenheit Brissots nach seiner Weise. Den wahren und wahrscheinlichen Dingen fügte er die unsinnigsten hinzu, die darum nicht weniger Eindruck machten. Die nichtswürdigen, scheuen, halb verhüllten Verdächtigungen, die Robespierre in seiner langweiligen und monotonen Art vortrug, hatten keinen großen Schlag führen können. In Desmoulins Händen aber wurden sie zu einem glühenden Eisen, mit dem Brissot sich ein für allemal gebrandmarkt sah, der Beschämung, dem Tode preisgegeben. Es ist allerdings wahr, daß der grausame Schmähschreiber 1793 harte Sühne tun mußte. Am Tage, an dem die Verurteilung Brissots und der Gironde erfolgte, in jener unheilvollen Nacht, war Desmoulins zugegen, als die Geschworenen mit dem Todesurteil zurückkamen. Er raufte sich das Haar: „Ach!" rief er, „es ist meine

Schuld, meine ‚Enthüllungen über Brissot[1], meine ‚Geschichte der Brissotins'[2] hat sie dahin gebracht."

Eine Hand ist überall in dieser mörderischen Streitschrift erkennbar: die Hand des Mannes, der damals den leicht beweglichen Künstler lenkte und seine Feder in einen Dolch verwandelte, die Hand des „Schulfreundes", mit dem Desmoulins sich gar so brüstet, des großen Bürgers, den er „liebt und verehrt", kurz, die Hand Robespierres. Man hat den Entwurf, den diese Hand gefertigt, um Saint-Just den nichtswürdigen und lügnerischen Bericht zu liefern, der Danton stürzte, wiedergefunden und besitzt ihn noch. Kein Zweifel, daß der Plan zu der Anklageschrift Desmoulins' gegen Brissot ebenfalls von Robespierre geliefert worden ist, zum mindesten die genaue Feststellung der Hauptanklagepunkte. Der abscheulichste davon findet sich in der ersten Nummer der Zeitung wiedergegeben, die Robespierre wenig später herausgab. Man glaubt zu träumen, während man liest, so unglaublich und abgeschmackt ist die Unterstellung.

Warum schlug Brissot im Juli 1791 die Republik vor? Um, nach Robespierre und Desmoulins, das Massaker vom Marsfeld vorzubereiten! – Alles, was Brissot tat, geschah, um dem Volk im voraus einen Abscheu vor der Freiheit beizubringen.

Da haben wir den gemeinsamen Text von Lehrer und Schüler. Dieser macht nun seine Zusätze. Er überläßt sich seinem Rednerschwung. Warum hat Brissot Barnave und Lameth zum Äußersten getrieben? Um sie dem Hof in die Arme zu legen, ihn zu kräftigen und die Revolution zu stürzen. Warum hat er die Befreiung der Neger mit Eile betrieben? Um San Domingo in Brand zu sehen und die Revolution zu verleumden. Warum ferner wirft er Desmoulins vor, die Spielhäuser verteidigt zu haben? Um die Spieler aufzuheben, die Feinde der Revolution zu vermehren und die Freiheit zu vernichten.

Robespierre gab sich ausschließlich mit diesen persönlichen Kämpfen ab. Er hielt die Jakobiner zurück und machte sie zum Gespött; er wollte nichts, tat nichts, als reden, anklagen, zittern, immer wiederholen: „Nehmen wir uns in acht; wir dürfen nicht vorgehen, uns nicht bloßstellen ... Halten wir uns zurück, begnügen wir uns, den Feind zu überwachen ..." Es war eine Zeitkrankheit, alles den Jakobinern zuzuschreiben, so wie es früher Mode gewesen war, alles vom Herzog von Orléans zu erwarten. Diese große Gesellschaft der Inquisition und der Rederei war wie ein unheilvoller Schatten, der über Frankreich lagerte, zu dem man beständig hinsah, als zu dem vermutlichen Ausgangspunkt jeder Bewegung. Das war ganz gewiß falsch zur Zeit, in der wir uns befinden. Die Jakobiner, die durch ihre wesentlichste Eigenschaft (Mißtrauen und Krämer-

---

[1] „Brissot dévoilé."

[2] „Histoire des Brissotins."

tum), durch das Interesse derjenigen von ihnen, die Käufer der Nationalgüter waren und den Krieg sehr fürchteten, zurückgehalten wurden, die Jakobiner taten nichts.

Untätig bleiben, wenn die Welt marschierte, die Ereignisse sich jagten – das hätte einen schnellen Sturz herbeiführen müssen. Aber das Vorurteil jener Zeit, die dauernden Anschuldigungen, welche die Jakobiner für alles verantwortlich machten, was sie gar nicht taten, trug dazu bei, sie wiederaufzurichten. Ein scharfsinniger, beredter Artikel von André Chénier, in welchem er den inquisitorischen Geist der Gesellschaft beleuchtete und ihr Grundprinzip (die Pflicht der Angeberei) aufdeckte und sie als Mönche bezeichnete, machte in der Öffentlichkeit Aufsehen und ließ die Jakobiner noch gefährlicher erscheinen, als man geglaubt hatte. Was ihr Ansehen noch viel mehr hob, das war, daß der Kaiser Leopold in den öffentlichen Akten, die der Versammlung übermittelt wurden (19. Februar 1792) diese „verderbliche Sekte“ als den Hauptfeind des Königtums und aller öffentlichen Ordnung bezeichnete. Diese Beschuldigung aus dem Ausland verband Frankreich ganz besonders mit den jakobinischen Gesellschaften: Die Menge strömte ihnen zu.

Europa blickte auf Frankreich. Die Kaiserin von Rußland hatte sich beeilt, mit der Türkei zu verhandeln, und hatte es ohne zu markten, zu mäßigen Bedingungen getan; offenbar war sie mit einer anderen, noch wichtigeren Angelegenheit beschäftigt. Mit welcher? Die Niederwerfung der Revolutionen von Polen und Frankreich – es war leicht zu erraten.

Am 7. Februar war in Berlin ein Offensiv- und Defensivbündnis zwischen Österreich und Preußen geschlossen worden. Diese Mächte sollten jedoch erst eingreifen, wenn der Bürgerkrieg hier ausgebrochen wäre.

Er wurde wahrscheinlich und begann bereits in den religiösen Angelegenheiten. Die Priester, welche sich verheirateten, wurden grausam verfolgt. Die Versammlung war über die Ehe der Priester zur Tagesordnung übergegangen, indem sie sagte: Da die Sache nichts Gesetzwidriges habe, sei es überflüssig, darüber besonders zu beschließen. Das war eine stumme, indirekte Billigung. Zwei Pfarrer zogen diesen Schluß und heirateten, und man sah das Volk sich zusammenrotten, sah wie die Bevölkerung, die Gemeindebeamten an der Spitze, sie gewaltsam, schimpflich von ihrer Pfarre vertrieb. Aus Rache erbosten sich die Patrioten – ich weiß nicht welcher Gegend – über eine von einem widersetzlichen Pfarrer vorgenommene Beerdigung, und wollten den Toten wieder ausgraben, um ihn im Namen des Gesetzes einsegnen zu lassen.

In Paris schien der Kampf unausbleiblich, das Blut bereit, zu fließen. Der Hof hatte Mittel und Wege gefunden, sich eine Armee zu schaffen. Ich spreche von der verfassungsmäßigen Garde des Königs, die ihm von der Konstituierenden Versammlung zugesprochen worden war, die man aber vergrößert und gefährlich gemacht hatte. Sie sollte achtzehnhundert Mann betragen, umfaßte aber beinahe sechstausend. Die Versammlung hatte dem König eine „maison civile" und eine „maison militaire" gegeben; nur die letztere wurde organisiert. Es war eine Armee, auf welche die Königin sich mit Eifer stürzte. „Majestät", sagte Barnave, „sind wie der junge Achill, der sich selber verriet, als man ihn zwischen Schwert und Frauenschmuck wählen ließ; er ergriff das Schwert."

Es war keine Prunkgarde, wie man es sich gedacht hatte. Sie wurde sorgfältig, Mann für Mann, aus zwei der gefährlichsten Klassen zusammengesetzt; einesteils aus Provinzedelleuten, so tapfer und fanatisch wie Henri von La Rochejaquelein; andernteils aus Meistern der Fechtkunst, erprobten Raufbolden, kühnen und abenteuerlustigen Männern; es genügt, Murat zu nennen.

Diese kleine Zahl nebst den Schweizern und einem königstreuen Teil der Nationalgarde, war in Wirklichkeit eine viel ernstzunehmendere Macht als die ungeschulten Massen in Paris und den Faubourgs. Diese begannen sich zu bewaffnen. Die Gironde ermunterte mit allen Mitteln der Subskription und der Presse die Herstellung von Piken. Sie wollte das ganze Volk bewaffnen.

Was immer für Fehler diese Partei späterhin begehen mag, geben wir ihr, was sie verdient. Sie stellte in dieser Krise das revolutionäre Prinzip mit unendlicher Hochherzigkeit und Größe dar. Sie stützte in einem ergreifenden Briefe Pétions die Hoffnung der Revolution auf einen freundschaftlichen Ausgleich zwischen dem Bürgertum und dem Volk, zwischen den Armen und den Reichen. Und diesen Ausgleich gründete sie auf ein ungeheures Vertrauen, indem sie die Waffen in die Hände der Armen legte.

Waffen für alle, und Unterweisung für alle; kurz, zum Vorteil aller ein brüderliches System allgemeiner Hilfe. Nirgends hat sich diese Brüderlichkeit mit so liebevoller Achtung vor dem Armen gezeigt, wie in der von Condorcet verfaßten Eingabe an Frankreich (16. Februar 1792).

Die so begründete Gleichheit mußte durch irgendein Zeichen sichtbar gemacht werden, nicht durch eine gleiche Tracht, das wäre unausführbar gewesen, sondern durch ein gemeinsames Abzeichen. Man wählte die rote Mütze, die damals von den ärmsten Bauern getragen wurde. Man bevorzugte die rote Farbe, weil sie am hellsten, am fröhlichsten und der Menge am liebsten war. Keiner dachte damals daran, daß es ein Blutrot war.[1]

Eine Frau, eine Mutter war es, die in dieser allgemeinen Gefahr von innen und außen an den Klub des Bistums schrieb (31. Januar 1792), daß man für die Fabrikation der Piken und die Bewaffnung der gesamten Bevölkerung eine Sub-

---

[1] Das geschah im Dezember und Januar (siehe die Artikel Brissots, der den Anstoß gab). Diese rote Mütze ist also nicht, wie man meinte, den Galeerensträflingen, den Soldaten des Châteauvieux, entliehen, mit denen sich die Allgemeinheit erst viel später, im April, befaßte.

skription eröffnen müsse. Die ergriffenen Anwesenden gaben sofort alles, was sie hergeben konnten. Die girondistische Presse verbreitete die Sache, trieb sie an. Die Jakobiner, die dem Kriege wenig günstig gesinnt und zweifellos gekränkt waren, daß man sie überrannt hatte, fanden wenig Geschmack an den Piken, an der roten Mütze; sie bewahren eine vollkommene Stille. Allein am 7. Februar führte ihnen ein feuriger Savoyarde, Doppet, einen Schlosser zu, der ihnen die Piken zum Geschenk machte, die er geschmiedet hatte. Man ernannte Kommissare zur Vervollkommnung dieser Waffe.

Der Eifer des Faubourg Saint-Antoine, der sich schon 1789 so vorzüglich der Piken bedient hatte, war außerordentlich. Sein berühmter Redner, Gonchon, erschien beim Klub des Bistums, um die trikoloren Wimpel anzubieten, mit denen man die Piken schmücken wollte. „Sie werden ihren Siegeszug über die ganze Welt machen, unsere Piken und unsere Wimpel", sagte Gonchon. „Mit ihnen allein werden wir die Throne stürzen. Die trikolore Kokarde ist ein Teil der Wollmütze; sie wird es bis zum Turban bringen."

Als der König seine Besorgnis äußerte über diese allgemeine Bewaffnung, wagte der Gemeinderat derselben doch nicht entgegenzutreten. Er befahl, daß alle, die sich mit Piken bewaffneten, ihrer Sektion darüber Meldung zu machen und nur den Offizieren der Nationalgarde oder der Linie zu gehorchen hätten. So bildeten sie also kein Korps, hatten selbst keine Offiziere.

Der König und die Jakobiner, so wenig sie sich auch mit den Piken befreunden konnten, waren bald gezwungen, sich damit abzufinden. Die Deputation von Marseille, an ihrer Spitze Barbaroux, eine schöne, junge, heldenhafte Gestalt, kam und beklagte sich beim Klub über die Langsamkeit, mit der man Waffen verteile. „Man fürchtet, das Volk zu bewaffnen", sagte er, „weil man es noch niederhalten will. Unglück über die Tyrannen! Der Tag ist nicht fern, da ganz Frankreich sich erheben wird, von Piken starrend! ..."

Die mit Piken bewaffneten Leute verlangten Eintritt, und zwar sogleich; und man sagte ihren Trägern, das Reglement verbiete die Waffen. „Mögen sie kommen", sagte Manuel, „aber um beim Präsidenten abgegeben zu werden." (Ja! ja! – Nein! nein!) – Darauf aber Danton, in edler und großzügiger Regung: „Sehen Sie nicht bei den Fahnen, die an der Decke hängen, daß sie mit Piken bewehrt sind? Und wer denkt daran, etwas dagegen zu sagen? Geben wir lieber von jetzt an jeder Fahne eine Pike! Und möge es das ewige Bündnis der Piken und Bajonette sein!" Donnernder Beifall. Die Piken wurden eingelassen.

Es war die Modenarrheit, die allgemeine, rührende, lächerliche Hingerissenheit. Im Faubourg Saint-Antoine hatte die Frau eines Tambours eine Tochter geboren; das Kind wurde von einem der Eroberer der Bastille, Thuriot, über die Taufe gehalten, von einem anderen, Fauchet, getauft. Über dem Taufbecken war eine Fahne der Bastille nebst einer Freiheitsmütze angebracht. Die Orgel spielte das „Ça ira!" Der Vater sprach für die Kleine den Bürgereid. Sie erhielt einen Namen, der noch nicht im Kalender stand: Pétion-Nationale-Pique.

Der Krieg wurde zur Gewißheit. Der Herrscher, der ihm am meisten entgegengewesen war, Leopold, starb plötzlich am 1. März. Und die Gironde stürzte den Minister, durch den es dem Hof im Einvernehmen mit Leopold gelungen war, die Bewegung einzudämmen.

Am 18. März beschuldigte Brissot feierlich, die Beweisstücke in Händen, den Minister Delessart, beständig die Ausführung der Anordnungen der Versammlung umgangen zu haben, beim Kaiser feige den Frieden betrieben zu haben, während der Kaiser ihn doch selber nötig hatte, da er damals nicht in Bereitschaft war und den Krieg fürchten mußte.

Dieses unvorhergesehene, kühne Unterfangen war ein direkter Hieb für den König. Es war nur zu klar, daß Delessart der Versammlung nur darum entgegengehandelt hatte, um dem König zu gehorchen.

Es war ein indirekter aber wohlgezielter Hieb gegen Robespierre. Alle Akten, die man zum Angriff gegen Delessart vorlas, bewiesen entgegen Robespierres Auffassung, daß der Hof durchaus nicht den Krieg gewollt hatte, daß er ihn vielmehr im Gegenteil um jeden Preis vermeiden wollte.

Frankreich glich einem Menschen, dem beide Hände gebunden sind; die Linke durch den Hof, die Rechte durch Robespierre und die jakobinische Fraktion, die den wahren Geist der Jakobiner darstellte.

In dieser entscheidenden Handlung, die nichts anderes war als ein Schlag ins Dunkel, auf den Hemmschuh, der alles zurückhielt, folgten die Girondisten aufs Wort dem Gedanken Sieyès von 1789: „Kappen wir das Tau, es ist Zeit."

Das Zusammengehen der Tuilerien mit Wien, die völlige Übereinstimmung in Auffassung und Absicht zwischen dem Hof und dem Feind war in der Akte Leopolds allzu klar hervorgetreten, schien er doch über den Stand im Inneren, die Lage der Parteien, die Bedeutung der Klubs usw. so gut unterrichtet. Man hatte, ungeschickt genug, den Kaiser wie einen Feuillant reden lassen, wie Duport oder Lameth. Das war nicht verwunderlich. Das Wiener Schriftstück war genau nach den von der Königin gelieferten Aufzeichnungen verfaßt worden. Die beiden waren es, die sie beraten hatten. Was Barnave anlangt, so hatte er gegen Ende Dezember Paris verlassen.

Die Königin – das war das Band zwischen den Feuillants und Österreich; das gefährliche Hindernis, das allem im Wege stand.

Nachdem das Ziel derart festgesetzt war, legte die Gironde das Schwert in die gewaltigen Hände Vergniauds zurück.

Er faßte die von Brissot vorgebrachte Anschuldigung zusammen, zeigte gleichsam überall die berechnete Unentschlossenheit des Hofes und fügte eine furchtbare Tatsache hinzu, die Brissot nicht erwähnt hatte: „Nicht ich bin es mehr, den Sie hören, es ist eine klagende Stimme, die aus der grauenvollen Glacière von Avignon hervordringt. Sie ruft Ihnen zu: Die Verfügung der Wiedervereinigung mit Frankreich ist im September gegeben worden. Wäre sie auf der Stelle erlassen worden, so hätte sie den Frieden gebracht. Vielleicht – wenn wir Franzosen geworden wären – hätten wir den Haß abgeschworen, wären zu Brüdern geworden. Der Minister hat das Dekret zwei Monate zurückgehalten ... Es ist unser Blut, unsere Leichen sind es, die ihn heute anklagen."

Dann griff er die berühmte Äußerung Mirabeaus auf („Ich sehe von hier das Fenster ..."): „Und auch ich kann sagen, von dieser Tribüne erblickt man das Schloß, in dem die Gegenrevolution angezettelt wird, und wo man die Manöver vorbereitet, die uns an Österreich ausliefern sollen ... Der Tag ist gekommen, da Sie so viel Dreistigkeit ein Ende machen und die Verschwörer überführen können. Oft sind in altvergangenen Zeiten aus diesem Palast das Grauen und der Schrecken hervorgegangen im Namen des Despotismus; mögen sie heute im Namen des Gesetzes dorthin zurückkehren ..."

Ein ungeheurer Schauer folgte der großartigen Geste, durch die der große Redner sozusagen sichtbar das Grauen in den Palast des Königtums zurückscheuchte. Kein Wort Mirabeaus hatte größere Wirkung gehabt. Das war, weil hier der Mensch des schrecklichen Amtes würdig war, das er auf der Tribüne ausübte; der Charakter stand ganz auf der Höhe des Geistes. Es war die Stimme der Ehrenhaftigkeit.

„Mögen sie alle Herzen erfassen", fügte er hinzu „Mögen alle wissen, alle, die dort hausen, daß die Verfassung nur den König unverletzlich macht. Das Gesetz wird die Schuldigen treffen, ohne Unterschied. Kein Verbrecherhaupt, das nicht von seinem Schwert erreicht würde."

Diese furchtbare Rede und jene Brissots waren, man muß es sagen, Äußerungen eines großen Mutes. Wenn die Gironde mit den Piken und den Faubourgs drohte, so muß anderseits gesagt werden, daß das Leben der Girondisten inmitten der fünf- oder sechstausend Raufbolde und Wegelagerer der neuen Garde, die ganz anders militärisch gedrillt war als der Haufe aus den Faubourgs, kaum in Sicherheit war. Man sah jene Leute, mit Dolchen und Pistolen bewaffnet, zu den Sitzungen gehen, die Tribünen, die Wandelgänge füllen; der Tag war nicht fern, da der royalistische Dolch Saint-Fargeau treffen sollte.

Hier zerbrach das Wort den Degen, den Dolch. Das Grauen kehrte in die Tuilerien zurück, wie Vergniaud gesagt hatte. Delessart wurde abgetan. Narbonne konnte sich nicht halten. Als er sich unterfing, die Nationalgarde von Marseille anzuklagen, weil sie in Aix ein Schweizer Regiment entwaffnet hatte, wurde Narbonne mit Hohngeschrei überschüttet und gestürzt.

Der Hof ließ sich das Ministerium der Gironde aufdrängen (Ende März 1792).

ZEHNTES KAPITEL

Girondistisches Ministerium
Kriegserklärung
(März–April 1792)

Gemischtes Ministerium Roland und Dumouriez. – Dumouriez' falscher Charakter. – Robespierre gegen die Gironde. – Kampf zwischen Robespierre und Brissot. – Robespierres Herrschaft bei den Jakobinern. – Sein Einfluß auf die Frauen. – Wie er den Religionseid ausnutzt. – Robespierre von seinen eigenen Freunden kritisiert. – Er ist ein Feind der Philosophen. – Die Philosophie wird von Brissot verteidigt. – Robespierre ist dem Volksinstinkt fremd. – Er begreift nicht die nationale Bewegung für den Krieg. – Frankreichs großes Herz, 1792. – Wie es die Ehre der Soldaten von Châteauvieux wiederherstellt, 30. April 1792. – Haß der deutschen Fürsten gegen Frankreich. – Frömmelnde Härte Franz' II. – Er bedroht Frankreich. – Kriegserklärung an Österreich, 20. April 1792.

Die Wahl war schwer. Wenn Brissot und die Führer der Gironde sich selber vorschlugen, so verließen sie den großen Posten, den Posten der wahren Macht, ich meine die Tribüne und die Leitung der Versammlung. Von diesem Augenblick an würde die Tribüne gegen sie vorgegangen sein, würde ihren Ruf vernichtet haben. Wählten sie anderseits unbedeutende und gewalttätige Männer, so machten sie dem Hof eine Freude, dessen größter Vorteil es war, wenn die Revolution sich lächerlich machte oder durch unbesonnenes Vorgehen Frankreich anwiderte und zurückstieß. So griff Brissot mit viel Verständnis weder zu hoch noch zu tief, sondern wählte bis dahin wenig Hervorgetretene, vor allem aber Fachmänner: Den Genfer Clavière für die Finanzen, Dumouriez für die auswärtigen Angelegenheiten, Roland für das Innere. Die beiden ersten waren befähigte Leute, kühne Plänemacher, die schon bejahrt und von der Ungerechtigkeit des Ancien régime beiseite gedrängt waren, im übrigen unsichere Charaktere, die erst eine Probe zu bestehen haben würden. Was Roland anging, so hatte er bestanden; keiner kannte besser das Reich, das er seit vierzig Jahren sowohl als offizieller Aufsichtsbeamter wie als philosophischer Beobachter studierte. Man brauchte ihm nur ins Gesicht zu sehen, um den ehrenwertesten Mann in ganz Frankreich zu erkennen, der allerdings streng und gramgebeugt war, wie es bei einem Greis, einem Bürger unter der Monarchie sein mußte, der sein Leben lang darunter gelitten hatte, daß die Freiheit noch so entfernt war.

Herr Roland und seine Frau waren im Dezember in die kleine Wohnung in der Rue Guénégaud zurückgekehrt, und bei diesem neuen Aufenthalt in Paris nahmen sie weniger als sonst am öffentlichen Leben teil. Pétion, bisher der Mittelpunkt ihres Kreises, war jetzt im Hôtel de Ville, völlig von seinem Amt in Anspruch genommen. Am Abend des 21. März kam Brissot, um ihnen das Ministerium anzutragen. Man hatte ihnen schon vorher auf den Zahn gefühlt, und Roland, der trotz seines Alters noch voll Eifer und Tätigkeitstrieb war, hatte gemeint, in solcher Zeitlage gebiete ihm die Pflicht, anzunehmen.

Am 23. führte ihnen Brissot um elf Uhr abends den Minister des Äußeren zu, Dumouriez, der aus der Beratung kam und Roland seine Ernennung mitteilen wollte. Dumouriez überraschte sie durch die Versicherung, daß der König ernstlich gewillt sei, die Verfassung zu unterstützen. Sie betrachteten sich den Mann genau, der solches sagte.

Es war ein ziemlich kleiner Mann von sechsundfünfzig Jahren, der aber zehn Jahre jünger erschien, gewandt, munter und reizbar. Der sehr geistvolle Kopf, aus dem zwei feurige Augen strahlten, verriet seine wahre Heimat, die Provence, der seine Familie entstammte, wenngleich er selbst in der Pikardie geboren war. Sein Antlitz hatte die braunen Töne eines erprobten Militärs. Dumouriez hatte sich als zwanzigjähriger Husar von Säbelhieben das Gesicht zerhauen lassen, als er sich zu Fuß gegen fünf oder sechs Reiter verteidigte, denn um keinen Preis wollte er sich ergeben. Er hatte sich darum nicht weniger in den niederen Chargen hinschleppen müssen; er war Edelmann, aber nicht vom Hofadel, dem einzigen, der bevorzugt wurde. Er begab sich auf Schleichwege, stürzte sich in die Privatdiplomatie, die Ludwig XV. ohne Wissen seiner Minister führte, eine wenig ehrenhafte Geheimdiplomatie, die nicht weit von Spionage entfernt war. Unter Ludwig XVI. stieg Dumouriez rasch empor, indem er als erster für ein edles und großes Projekt eintrat: die Gründung Cherbourgs.

Niemand hatte mehr Geist als er, mehr Kenntnisse auf den verschiedensten Gebieten, mehr Geschick in jeder Hinsicht. Wozu würde er diese Gaben anwenden? Das Schicksal würde es entscheiden. Dumouriez hatte keine Grundsätze. So tapfer und soldatisch er war, so war sein Ehrgefühl doch außerordentlich schwach entwickelt. Man muß es seinen Memoiren glauben. Er versichert ohne die geringste Verwirrung, ohne Scham und ohne sich brüsten zu wollen, mit schlichten Worten und wie ein Mann, dem jeder Moralbegriff fernliegt, daß er dem Minister Choiseul zwei Pläne hinsichtlich der Korsen vorlegte; der eine, um sie zu befreien, der andere, um sie zu unterwerfen. Man zog letzteren vor, und Dumouriez schlug sich tapfer in diesem Sinne. Im Jahre 1789 dasselbe. „Ich legte einen ausgezeichneten Plan vor“, sagt er, „um die Einnahme der Bastille unmöglich zu machen; aber er kam zu spät.“

Als er 1792 von den Feinden des Königs ins Ministerium gebracht wurde, war er sogleich dem König günstig gestimmt und heimlich auf seiner Seite. Das war nicht nur aus monarchischer Gewohnheit und Prinzipienlosigkeit; es war auch, man muß es sagen, Großmut. Der König und die Königin, in den Tuilerien wie in einem Gefängnis eingeschlossen, waren in Gefahr, waren bedauernswert. Dumouriez, den die Begriffe gewöhnlich kalt ließen, war von Menschen leicht gerührt. Er war menschenfreundlich und mitfühlend. Man muß in seinen Erinnerungen die rührende Szene lesen, wie er die gegen ihn voreingenommene Königin weniger durch seine Entschlossenheit, als durch seine Weichherzigkeit wiederzugewinnen weiß.

Vergessen wir jedoch beim Lesen dieser wundervollen Memoiren nicht, daß sie ein wenig verdächtig sind. Sie wurden von ihm niedergeschrieben, als er auf fremder Erde inmitten der Emigranten, unter denen, die er geschlagen hatte, notwendigerweise dartun mußte, wie ehrfurchtsvoll und teilnehmend der jakobinische Minister für das unglückliche Königshaus empfunden habe. Alles das diente ihm sehr dazu, die gute Meinung zurückzugewinnen: die der Allgemeinheit niemals, aber die der Gouvernements, die wohl erkannten, welchen Vorteil man von einem solchen Manne haben konnte. Sie erkannten es allzu gut, sofern es wahr ist, daß es der alte Dumouriez war, der mit siebzig Jahren für die Engländer die Pläne des spanischen Widerstandes abfaßte, ihren Generalen seinen lebendigen Scharfblick lieh und den verhängnisvollen Markstein aufstellte, daran das Kaiserreich zerschellte.

Kehren wir zurück in den kleinen Salon der Rue Guénégaud, zur ersten Begegnung Dumouriez' und der Rolands. Madame hatte kein günstiges Vorgefühl; sie fand, er habe einen falschen Blick. Sein von dichten schwarzen, schon mit etwas Weiß vermischten Brauen beschattetes Auge blickte heldenhaft und konnte weich werden; aber der skrupellose Staatsmann, der Skeptiker, der Zyniker kamen nur allzu sehr dahinter zum Vorschein. Dumouriez hatte stets die Frauen geliebt, hatte ihnen mit seltener und romantischer Ausdauer sein Herz geschenkt. Jetzt, in seinem Alter, liebte er noch – zugegeben, nicht allzu wählerisch – eine in erster Linie geistvolle, sehr aristokratische Frau, die Schwester des berühmten Rivarol. Beim ersten Blick auf den alten Gatten und Frau Roland kam ihm der dreiste Gedanke, der Royalistin die Republikanerin zur Seite zu stellen. Sein leichter Ton mißfiel, gewisse Worte vor allem, in denen der schlechte Ton der Gesellschaft, in der er sich bewegte, hervorkam. Frau Roland war ernst und höflich, hielt ihn stets in gebührender Entfernung. Er fühlte, daß sie ihn verurteilte und hatte sie nicht lieber darum.

Am anderen Tage kam der wahre Dumouriez, der Hofmann und Demagoge, zum Vorschein, der den König und das Volk zu gewinnen suchte. Er gab dem König zu verstehen, daß man um jeden Preis die Jakobiner gewinnen, ihnen schmeicheln müsse. Er ging auf der Stelle hin, setzte die rote Mütze auf; da er wußte, mit wieviel gesunder Eigenliebe er zu tun hatte, trug er keine Bedenken, sich gewissermaßen in ihren Schutz zu begeben, fragte sie um Rat, bat sie, ihn nicht zu schonen, ihm gehörig die Wahrheit zu sagen. Als Robespierre ihm eine hochmütige Antwort gab, mit Verachtung von den „ministeriellen Steckenpferden“ sprach und sagte, er erwarte, daß der Minister genügend bewiesen habe usw., ließ Dumouriez sich nicht aus der Fassung bringen, lief mit prachtvoll gespielter Herzlichkeit auf ihn zu und warf sich in seine Arme. Der ganze Saal war ergriffen, und die Tribünen weinten.

Der Mann in Frankreich, der vom girondistischen Ministerium am grausamsten verwundet wurde, war nicht der König; es war Robespierre. Man wird sehen, bis zu welchem Grade der Verbitterung er in diesen zwei Monaten gelangte, verbissen in seinen Groll, sich in unklaren und haltlosen Verdächtigungen verbreitend, ohne sie je durch eine Tatsache, einen einzigen Beweis zu stützen.

Er war in tiefster Seele verletzt, und das zum zweiten Male. Das erste Mal, als er, wie man sich erinnert, allein dastand in der Konstituierenden; zuerst Gegenstand des Gelächters, dann des Hasses, später des Entsetzens, hatte er sich durch seinen Triumph beim Volk nicht nur als Sieger, sondern als Erben der Versammlung gesehen. Er teilte die Auffassung des Hofes, des ganzen Volkes, das annahm, alle begabten Leute seien in der Konstituierenden und die Gesetzgebende werde matt und farblos sein. Und siehe, dieses unerschöpfliche Frankreich stellte eine Legion feuriger und willensstarker Männer auf den Plan, von denen einige zum mindesten ihren Vorgängern gleichkamen; eine ungemein junge Generation, voll frischer Eindrücke, ganz erfüllt von Leidenschaft. So daß, als Robespierre den Gipfel erklommen meinte, sozusagen ein neuer Berg vor ihm aufgerichtet war. Er ließ sich nicht entmutigen und begann die Kletterei von neuem, mit einer Ausdauer, die vielleicht kein anderer gehabt hätte. Unglücklicherweise grub diese Leidenschaft, die seine Stärke war, aber auch Abgründe von Haß in seinem Herzen.

Es war nur zu leicht, die Girondisten anzugreifen. Keine Partei war oberflächlicher in ihren Worten, keine unruhiger, veränderlicher in ihren Taten und leichter daran, sich bloßzustellen. Keiner von ihnen hatte Genie, es sei denn, daß man dieses Wort auf die wahrhaft erhabene Rednergabe Vergniauds anwendet. Der tätige Mann der Partei, Brissot, war eine Persönlichkeit, die sehr leicht angegriffen werden konnte. Von seinem Vorleben als Schriftsteller, das traurig genug war, gar nicht zu reden, ermüdete er als Politiker das Volk und die Öffentlichkeit durch seine Betriebsamkeit. Brissot ging, Brissot kam, Brissot schrieb, sprach, teilte alle Positionen aus; immer und in allem Brissot! Er war nicht unbegabt für große Dinge, aber er mischte sich ebenso bereitwillig in eine Unzahl kleiner Dinge. Selbst völlig bedürfnislos, war er unersättlich, was seine Partei anging und hatte für sie dieselbe Glut und Hinterlist wie ein Kapuziner für sein Kloster. „Brissotieren“ wurde ein Schlagwort. Er ging immer geradeaus, den Kopf gesenkt, die Ellbogen angedrückt, in seinem alten Anzug, seiner Partei, seiner Idee ergeben, bereit, ihr alles zu opfern. Und dabei dennoch oberflächlich, sich in unkluge Dinge einlassend; es gab wenig, was er liebte, nichts, was er haßte; er hatte nichts von dem herben Groll, der die wahren Mönche kennzeichnet, die Glaubensrichter jener Zeit; ich spreche von den Jakobinern, von dem großen Jakobiner Robespierre.

Dieser mußte Brissot in absehbarer Zeit abtun.

Immerhin hatte der Angriff zu Beginn, da Brissot und die Girondisten nichts begangen hatten, nicht verfangen. Es gab keine Tatsachen. Statt dessen erfand Robespierre einen Roman und stellte ihn in mehr oder weniger verhüllter Form zur Schau, deckte ihn auf, fütterte die Jakobiner mehrere Monate lang damit. Der Roman ist nichts anderes, als ein tiefes, geheimnisvolles Bündnis zwischen La Fayette und der Gironde. Die Aufzeichnungen La Fayettes haben uns ausreichend bekundet, daß dieses Bündnis nirgend anders als in Robespierres Vorstellung bestanden hat. Man sieht vielmehr, daß La Fayette, der gegen alle Parteien nachsichtig war, und der im allgemeinen kaum einen Haß hatte, dennoch die Girondisten haßte. In diesem überall so kühlen Buch erregt er sich nur bei ihrem Namen; er spricht von allen, von Roland, von Brissot, mit tiefem Widerwillen, in adelsstolzen Worten. Der Gironde gegenüber wird er wieder zum verächtlich blickenden Grandseigneur, ein echter Marquis.

Das merkwürdigste ist, daß Robespierre, um den Roman bedeutsamer zu machen, um Furcht einzuflößen und die Schatten zu verstärken, einen La Fayette rein nach seiner Phantasie aufstellt; einen starken und gefährlichen Kopf, auf den der Hof „große Hoffnungen" setzt. Er hütet sich wohl, einzusehen, daß La Fayette erledigt ist; daß er in Paris, in der Bourgeoisie, in der Nationalgarde, wo die Fayettisten zahlreicher geblieben waren als überall sonst in Frankreich, bei den Wahlen nur dreitausend Stimmen zusammenbringen konnte, gegenüber den siebentausend seines Gegners.

Brissot erwiderte mit verständigem Eifer und so, wie die Geschichte erwidert haben würde: „Was? La Fayette ein Cromwell? Sie kennen also weder Ihr Jahrhundert noch Frankreich? Cromwell hatte Charakter, und La Fayette hat keinen ... Hätte er welchen – ist denn das Geschlecht des Brutus ausgestorben? Wäre die Nation kraftlos genug, dem Usurpator das Leben zu lassen? ... Und käme Cromwell selber wieder, was könnte er hier tun? Er klomm auf zwei furchtbaren Wegen zur Macht empor, die es nicht mehr gibt: der Dummheit und der blinden Begeisterung."

Ohne La Fayette das, was er Schönes und Edles hatte, absprechen zu wollen, genügt es doch, einen Blick auf die fliehende Stirn, den kleinen Kopf des ehrenwerten Generals zu werfen, um zu fühlen, wie lächerlich es war, in dieser Persönlichkeit einen Cromwell zu sehen.

Eine krankhafte Einbildungskraft, die Leichtgläubigkeit aus Angst, bildeten den eigentlichen Charakter der unendlich argwöhnischen jakobinischen Gesellschaft. Wenn Robespierre auf dieser Saite spielte, so war er des Erfolges sicher. Es genügte, immer von weitem, im Nebel, irgendein schreckendes Etwas zu zeigen. Man lese alle diese Reden vom April und Mai. Er wird den „Schleier, der schreckliche Verschwörungen bedeckt", lüften. Er wird die Verräter entlarven, nicht heute schon, das wäre zu früh, aber demnächst. Er hat unerhörte Geheimnisse in Händen, die er wohl aufdecken könnte ... Der Tag wird kommen, an dem er ein Verschwörungssystem enthüllen wird ... Alle Anwesenden hängen ungeduldig an seinem Munde, halten stets den Augenblick für gekommen, da der bleiche und geheimnisvolle Redner endlich loslegen und mit rächender Fakkel in das Dunkel hineinleuchten wird, in das die Verräter sich hüllen.

Von Zeit zu Zeit werfen gewissenlose Schwätzer irgendeine Verleumdung hin, damit die Ausdauer im Abwarten nicht erlahmt, einen Happen, der von der Menge gierig verschlungen wird. Es ist Simon du Rhin, der die Feuillants seiner Heimat anklagt. Es ist der Ex-Kapuziner Chabot, der unflätige, grobe Spaßmacher, der die Öffentlichkeit mit den Plänen der Frau Kanone (so nennt er scherzend die allzu kriegerische Frau von Staël) unterhält. Chabot erklärt dreist, Narbonne werde „protecteur" werden; Fauchet arbeite daran. Und es ist auch Chabot, der unbekümmert, ob er sich widerspricht, verlangt, daß dieser nämliche Fauchet ausgerechnet die Girondisten zur Diktatur aufruft, die Narbonne gerade vertrieben und sich an seine Stelle gesetzt haben.

Wir treten in eine neue Zeitspanne ein, in der die Verleumdung mit einer Kraft, einer Dreistigkeit, ich möchte sagen, einer Größe auftritt, die zu keiner Zeit ihresgleichen gehabt hat. Sie triumphiert, sie ist wie zu Hause; sie gebärdet sich als Bürgertugend. Niemals Tatsachen, niemals Beweise; die andeutungsweisen Reden eines Feindes, das ist stets genug, um eine haßsüchtige Phantasie zu befriedigen, die immer noch mehr nach Hassen verlangt. Es ist ein Fehler derer, die man angreift, unausgesetzt diese zurückweichenden Phantome zu verfolgen. Bei dieser glühenden Verfolgung der Schatten liehen sie ihnen sozusagen Gestalt, stellten sie als wirklich hin. So kam es, daß die Girondisten, voll unruhigen Eifers und herausfordernder Hartnäckigkeit, die Öffentlichkeit unausgesetzt mit Robespierre beschäftigten und mit dem Geheimnis Robespierres, das er nicht preisgeben wolle; sie verlangten, er solle sich erklären, und verhalfen ihm so zu seiner Größe, wiesen mehr und mehr auf ihn hin, als den Führer für allen Haß, für alle Eifersucht und alle Unzufriedenheiten. Sie werfen ihm vor, er werde der Abgott des Volkes, und mit diesem unvorsichtigen Geständnis steigern sie die Anbetung für ihn. Er, er gibt sich keine Blöße; er tut in Wahrheit nichts und sagt im Grunde nichts. Er zieht immer zurück, und bei diesem Rückzug wächst er. Als beispielsweise Guadet in einer Mischung von Haß und Hochachtung sagte, ein solcher Mann müsse aus Liebe zur Freiheit sich dem Ostrazismus unterwerfen, gab er ihm eine gute Handhabe: „Ach, wäre die Gleichheit bekräftigt, wären die Bösewichter verschwunden, ich selber, ich würde die Tribüne fliehen ... Froh über das Glück meiner Mitbürger, verbrächte ich friedliche Tage im Genuß einer heiligen und süßen Vertrautheit ...“ Und ein andermal: „Wenn man mir Schweigen auferlegt, so werde ich von dieser Gesellschaft scheiden, um mich in die Einsamkeit zurückzuziehen.“ Die kreischenden Stimmen der Frauen: „Wir folgen Ihnen! wir folgen Ihnen!“ Und dieselben Stimmen zu den Gegnern: „Schurken, Nichtswürdige!“

Robespierre war der geborene Prediger. Als solchen liebten ihn die Frauen. Seine moralisierenden Alltäglichkeiten, die viel von einer Predigt hatten, gefielen ihnen ausgezeichnet; sie glaubten sich in der Kirche.

Ihnen ist das Herz alles. Zu Unrecht nimmt man in der Gesellschaft an, daß sie ein Bedürfnis nach Vergnügen haben. Die schwülstige Redeweise Robespierres mochte bisweilen langweilig sein; er brauchte nur zu sagen: „Der Reiz der Tugend, die sanften Lehren der Mutterliebe, ein heiliges, süßes Vertrautsein, die Empfänglichkeit meines Herzens“ und andere ähnliche Phrasen, so waren die Frauen gerührt. Dazu kam, daß unter diesen Plattheiten immer eine individuelle, noch gefühlvollere Stelle war, die gewöhnlich von ihm selbst handelte, von den Mühen seiner schwierigen Laufbahn, von seinen persönlichen Leiden; all das kehrte in jeder Rede mit solcher Regelmäßigkeit wieder, daß man diese Stelle erwartete und die Taschentücher bereithielt. Wenn dann die Rührung begonnen hatte, dann kam mit der einen oder anderen Abänderung der bekannte Satz über die Gefahren, in denen er schwebte, über den Haß seiner Feinde, über die Tränen, mit denen man eines Tages die Asche der Märtyrer der Freiheit beisetzen würde. Aber wenn er soweit gekommen war, so wurde es zuviel, das Herz floß über, sie hielten nicht mehr an sich und brachen in Schluchzen aus.

Dabei kam Robespierre sein fahles und trübes Gesicht sehr zustatten, das schon im voraus bei empfindsamen Herzen für ihn sprach. Mit Bruchstücken aus „Emile“ oder dem „Gesellschaftsvertrag“ im Munde sah er von der Tribüne aus wie ein trauriger Nachahmer Rousseaus. Seine blinzelnden, beweglichen Augen durchliefen unaufhörlich den ganzen Saal, drangen in die schlecht erleuchteten Ecken und erhoben sich oft zu den Galerien, auf denen die Frauen saßen. Dabei handhabte er mit Ernst und Geschick zwei Brillen, die eine für nahe Gegenstände und zum Lesen, die andere, um weit zu sehen, als suche er einen bestimmten Menschen. Jeder sagte sich dann: „Er meint mich!“

Es gab eine Schwierigkeit dabei: daß nämlich Robespierre in einer so wichtigen Sache die Frauen nicht gewinnen konnte, ohne die Männer zu verletzen. Die Männer waren philosophisch, die Frauen religiös. Es hieß für ihn, in dem, was man sehr treffend „die Spitzfindigkeit seiner Taktik“ genannt hat, das genaue Maß zu finden, inwieweit er unbehindert den überlegten und den religiösen Ton mischen konnte.

Solange, als es ihm möglich war (bis zum Mai 1791) hat er, wie wir gesehen haben, die Priester geschickt berücksichtigt und gelegentlich für sie gesprochen. Heute, da die Priester sich zu Feinden der Revolution emporgeschwungen hatten, kam es nicht mehr darauf an, sich ihrer zu bedienen; es hieß für den jakobinischen Redner, ihre Position einzunehmen, sich selbst zum Priester zu machen. Das war gewagt und konnte nur im philosophischen Gewande geschehen, mit den Aussprüchen Rousseaus und in einer den jeweiligen Umständen angemessenen Befolgung, Nachahmung des philosophischen Evangeliums jener Zeit, des „Vicaire savoyard", den der Feind nicht gefahrlos angreifen konnte und hinter dem Robespierre sich schließlich stets in Sicherheit zu bringen vermochte. Wenn die Sache gelang, war es ein wahrer Meisterstreich; die Frauen und die Gläubigen hinreißen, denen die Jakobiner nicht grün waren, das hieß zwei bis dahin kaum vereinte Kräfte zusammenfassen; das hieß mit Hilfe der ersteren bis dorthin gelangen, wo die Revolution noch so wenig vorgedrungen war, in den Schoß der Familie, an den heimischen Herd.

Das war es also, was Robespierre bei den Jakobinern wagte. In einer gefühlvollen, mit philosophischem Mystizismus durchsetzten Zuschrift sagt er unter anderem: Der Entschlossenste unter den Männern habe sich erlaubt, an der allgemeinen Wohlfahrt zu verzweifeln, da habe die Vorsehung, die weit besser über uns wacht, als unsere eigene Einsicht, indem sie Leopold vernichtete, die Pläne unserer Feinde umgeworfen.

Diese und ähnliche Wendungen, die an sich kaum anzugreifen, die maßvoll und schüchtern sind, erhielten ihre rechte Beleuchtung durch Robespierres allgemeines Auftreten; sie verkündeten zur Genüge, daß er, wenn nötig, aus dem moralischen Pharisäertum zur frömmelnden Heuchelei übergehen würde. Die Unbesonnenheiten Camille Desmoulins', der für ihn die Kastanien aus dem Feuer holte, halfen viel zum Verständnis. Man sah ihn recht bald darauf, ihn, den Voltairianer und Skeptiker, die Prozessionen auf den Straßen gutheißen, dem Magistrat vorwerfen, daß er sie verhindere, und mit machiavellistischer Ironie zu verstehen geben, daß man das Volk unterhalten müsse: „Mein lieber Manuel", sagte Desmoulins, „es ist wahr, die Könige sind reif, aber der liebe Gott ist es noch nicht."

Der besser verschleierte Gedanke Robespierres war dennoch durchsichtig. Die politische Absicht war in seinen religiösen Worten unverkennbar. Das große Wort von der Vorsehung tat, also angewendet, weh. Dieser Honig frommer Denkungsart in einem so bitteren Munde war etwas Unerträgliches.

Wieviel mehr für die Männer von damals, die in der Philosophie ihres Jahrhunderts groß geworden, mehr als je mit den Geistlichen im Kampfe lagen, und die unglücklicherweise in der Religion nur die Geistlichkeit erblickten! Der Girondist Guadet würzte seinen Angriff mit einer Schmeichelei und sagte, er sei erstaunt, daß ein Mann, der mit so viel Mut daran gearbeitet habe, das Volk aus der Sklaverei des Despotismus zu befreien, sich daran beteilige, es in die Sklaverei des Aberglaubens zurückzuführen.

Der Unbesonnene gab Robespierre die erwartete Handhabe. Es war eine günstige Herausforderung, die aus seinem Gedächtnis eine jener manchmal glänzenden, geschickt verfaßten Niederschriften hervorholte, die in der Bodenkammer bei Duplay oft seine Lampe bis über Mitternacht brennend hielten. Man muß zugestehen, daß nicht alles geschickte Mache war; es gab in dieser beredten Entgegnung auch etwas von einer echten Empfindung. Kein Zweifel, daß Robespierre zur Zeit seiner Verlassenheit und seiner Qualen sich zu Gott zurückgeflüchtet haben, daß er gern die tröstlichen Seiten des „Vicaire savoyarde" wieder gelesen haben könnte. Nur erwiderte er hier auf etwas, was Guadet gar nicht gesagt hatte. Er beantwortete die Frage nach dem Dasein Gottes im allgemeinen, wovon gar nicht die Rede gewesen war, und nicht auf das hin, was Guadet abergläubisch nannte: den Glauben an ein spezielles Eingreifen Gottes in gewisse besondere Angelegenheiten, den Glauben an eine persönliche Handlung Gottes außerhalb des Laufs der Weltgesetze.

Robespierre, der also keine rechte Antwort gab und nur abschweifte, war darum nicht weniger geschickt und wirklich redegewandt. Er gab einen ergreifenden Rückblick auf die Zeit, da er sich inmitten einer feindseligen Versammlung allein gesehen hatte, und auf den Halt, den er in seinem religiösen Gefühl gefunden hatte.

Dann führte er gegen die Gironde, gegen die philosophische Anmaßung seiner Gegner, einen tüchtigen Hieb, indem er sie erhöhte, um sie zu erniedrigen; er bestätigte „den Patriotismus und den Ruhm" des jungen Guadet (der noch unbekannt war) und fügte hinzu: „Zweifellos mögen sie alle, die über dem Volke stehen, gern um dieses Vorzugs willen auf jede Idee von der Göttlichkeit verzichten; es ist aber weder eine Kränkung des Volkes noch der Gesellschaften, an die man sich hier wendet, wenn man ihnen von dem Schutze Gottes spricht, der nach meinem Empfinden der Revolution so glücklich zur Seite steht." So appellierte er geschickt an den Neid; mit allen Mitteln seines Talents arbeitete er daran, sich volkstümlich zu machen, und indem er niederträchtigerweise seine Feinde über das Volk stellte, zerschlug er auf ihrem Haupt das Gesetz der Gleichheit.

Diese sichtbare Heuchelei, diese Anzeige ohne Beweise, diese zermalmende Persönlichkeit, dieses unerschöpfliche „Ich", das in seinen bleiernen Worten immer wiederkehrt, waren wohl geeignet, die warmen Freunde Robespierres auf die Dauer abzukühlen. Das war nicht nur die geschäftige Wirkung dieser wuchtigen Kiefern, die ewig dieselbe Sache wiederkäuten; es war auch ein gewisser Mißklang und falscher Unterton, der trotz der Sorgfalt von Zeit zu Zeit dazwischen knirschte. Es gab nur einen ganz kleinen Kern, eine ganz kleine Gemeinde unter den beschränktesten Jakobinern, die weder hören noch sehen wollten. Die anderen zuckten die Achseln. Man muß in einer der Robespierre sehr gewogenen Zeitungen, „Les Révolutions des Paris", die achtungsvolle aber strenge Kritik nachlesen, die man nicht ansteht, an ihm zu üben ... „Wie!" sagt der Journalist unter anderen treffenden Bemerkungen zu ihm, „Sie sagen uns, Sie hätten den Faden einer großen Verschwörung in Händen, es handelt sich um nichts Geringeres, als einen Bürgerkrieg, und Sie reden immer von sich, von den kleinen Angriffen Ihrer Gegner! Die Patrioten, die Sie verehren, die Sie lieben würden, wenn Ihr Ehrgeiz nicht zwischen Ihnen und denen eine Grenze aufrichtete, können sich der Äußerung nicht enthalten: ‚Wie schade, daß er nicht diese altehrwürdige Geradheit hat, die ständige Gefährtin von Geist und Tugend!'"

Der Journalist berührt hier einen treffenden, wahren, bedeutsamen Punkt. Und dieser Zug ist dem Charakter Robespierres nicht derart eigentümlich, daß er sich nicht ebensogut und nur mit einer Gradverschiedenheit auf andere Vertreter ihrer Zeit anwenden ließe. Mit weniger Verstand als manche anderen, weniger Herz und Güte, verkörpert Robespierre die Fortsetzung, das Fortbestehen der Revolution, die leidenschaftliche Beharrlichkeit der Jakobiner. Wenn er die stärkste Personifikation der jakobinischen Gesellschaft gewesen ist, so kam das weniger durch die Gewalt seiner Begabung, als weil er den vollkommenen, ausgeglichenen Durchschnitt der Vorzüge und Fehler darstellte, die dieser Gesellschaft gemein waren, gemein auch einem großen Teil damaliger Politiker, die keine Jakobiner waren.

Um es genau auszudrücken, es fehlten ihnen im Grunde zwei Dinge: nach oben hin die Wissenschaft und die Philosophie, nach unten hin der Instinkt des Volkes. Die Philosophie, die sie ohne Unterlaß anführten, das Volk, von dem sie immer sprachen, waren ihnen sehr fremd; sie lebten in einem gewissen Durchschnittsmaß, unter der ersteren, über dem anderen. Dieser Durchschnitt waren die Beredsamkeit und die Redeweise, die revolutionäre Strategie, die Taktik der Versammlungen. Nichts aber entfernt uns weiter von dem Leben hoher Erleuchtung, das in der Philosophie zu finden ist, von dem gewaltigen und glühenden Leben, das im Volksinstinkt zu Tage tritt.

Der große Strom des achtzehnten Jahrhunderts, der in Voltaire und Diderot, in Montesquieu und Buffon breit daherflutet, staut sich in gewissem Sinne, legt sich in einigen seiner Resultate fest, kristallisiert sich in Rousseau. Diese Starrheit Rousseaus ist eine Hilfe und ein Hindernis. Seine Jünger überkommen die Materie nicht mehr flüssig und fruchtbar; sie übernehmen sie von ihm in Kristallen, wenn ich so sagen darf, in erstarrten, unveränderlichen, jeder Wandlung unzugänglichen Formen. Außer diesen Formen, darüber und darunter, kennen sie nichts und vermögen sie nichts.

Es war ein feierlicher, der Betrachtung würdiger Augenblick, als die Philosophie des achtzehnten Jahrhunderts von dieser Formel in Menschengestalt, diesem unechten Rousseau Rechenschaft verlangte über den lebendigen Geist, der sowohl das ganze Jahrhundert als auch die Revolution und Rousseau mit seinen Nachfolgern geschaffen. Der letzte der Philosophen war Condorcet; sein Name gab die Gelegenheit, die Handhabe, mit der Brissot Robespierre packte, ihn angriff und schüttelte. Greifen wir etwas weiter zurück und betrachten wir, wie passend Condorcet in diese sehr gewandte Rede hineingebracht wurde, so daß er wie Blei auf den dürren Jakobiner heruntersauste, mit dem ganzen Gewicht seines großen Jahrhunderts, dem ganzen Gewicht der Wissenschaft und der Überlieferung, der ganzen Wucht einer Menschheit.

Nachdem er sich über die Gefahr eines La Fayette als „protecteur“ à la Cromwell lustig gemacht hat, sagt Brissot: „Ich werde noch sterbend die Protektoren und Tribunen bekämpfen. Die Tribunen sind die gefährlichsten. Es sind Leute, die dem Volke schmeicheln, um es zu unterjochen, die selbst die Tugend verdächtigen, weil sie sich nicht demütigen will. Gedenken Sie dessen, was Aristides und Phokion waren; sie belagerten nicht ständig die Tribüne, aber sie waren auf ihrem Posten. Sie mißachteten keine Tätigkeit (Robespierre hatte die Anstellung als Staatsanwalt abgelehnt), wenn sie ihnen vom Volke angetragen wurde. Sie sprachen wenig, taten viel; sie schmeichelten nicht dem Volk, sie liebten es. Sie klagten an, aber mit Beweisen. Sie waren gerecht und waren Philosophen. Phokion wurde darum nicht weniger das Opfer eines heuchlerischen Volksfreundes ... Diese Tatsache erinnert mich an die gegen Herrn de Condorcet erhobene furchtbare Verleumdung. Zu einer Zeit, da dieser würdige Patriot der Krankheit zum Trotz sich einer ungeheuren Arbeit widmet, da er den Plan des öffentlichen Unterrichtswesens beendet, die Machthaber dahin belehrt, das freie Volk zu achten, sich in endlosen Berechnungen erschöpft, um die Finanzen des Reichs zu ordnen, gerade da verdächtigen Sie diesen großen Mann! Wer sind Sie, um sich dieses Recht zu nehmen? Was haben Sie geleistet? Wo sind Ihre Werke? Wo sind Ihre Schriften? Können Sie sich gleich ihm auf dreißig Jahre eines mit unseren erlauchten Philosophen gemeinsam geleiteten Angriffs auf den Thron, auf den Aberglauben berufen? Ja, hätte der feurige Geist dieser Leute ihnen nicht das Mysterium der Freiheit enthüllt, das ihre Größe machte, glauben Sie denn, daß die Tribünen heute von Ihren Reden über die Freiheit erdröhnen könnten? Es sind Ihre Lehrmeister, und sie werden von Ihnen verdächtigt, während sie für das Volk tätig sind! ... Der sicherste Grundstein unserer Revolution, das ist die Philosophie. Betrachten Sie andere Revolutionen, die fehlgeschlagen sind, sie waren nicht auf die Philosophie gegründet. Der Philosoph ist Patriot. Die Philosophen wollen, daß das Volk aufgeklärt werde, daß es sowohl der Protektoren wie der Tribunen entrate.“

Diesem flammenden Angriff fügte Guadet noch einen direkteren hinzu, indem er Robespierre aufforderte, doch endlich diesen Plan des Bürgerkrieges, der Verschwörung, davon er endlos redete, aufzudecken. Robespierre, sichtlich an seiner verwundbarsten Stelle getroffen, der Verleumdung ohne Beweis, verwickelte sich in ein Gewirr von Vorwürfen, das nichts weiter bewies als seine Hilflosigkeit und seine Niederlage. Bazire leistete ihm den Dienst, ihn am Weiterreden zu hindern; er kam ihm auf der Stelle zu Hilfe und ersuchte ihn, seine Antwort für die Blätter aufzusparen. Da die Gironde darauf bestand, daß er sich erkläre, es geradezu forderte, so suchte er sich durch den kläglichsten Rückzug herauszuwinden; er sagte, für den Augenblick wolle er nur die Machenschaften aufdecken, die dahin gingen, aus der Gesellschaft der Jakobiner ein Werkzeug von Intrige und Streberei zu machen. „Und das ist es, was ich einen Plan zum Bürgerkrieg nenne." Die Freunde Robespierres, entsetzt, daß er nichts anderes zu sagen fand, gingen in Masse davon, so daß die Sitzung aufgehoben werden mußte, weil die Gesellschaft nicht mehr beschlußfähig war. Ein Mann Robespierres, Simon, der den Rückzug decken wollte, begann etwas über die Wirren im Elsaß hinauszuschreien, und gab die Schuld den Girondisten, so daß er der entfesselten Meute noch schnell im Fliehen ein paar kräftige Bisse versetzte.

Brissot beschuldigte Robespierre sehr zu Recht der Feindseligkeit gegen die Philosophie. Robespierre selber beschuldigte und überzeugte sich, dem Volksinstinkt fremd zu sein. Geradheit, wie der oben angeführte Journalist sehr treffend sagt, eine gewisse Naivität und Tiefe, die den Massen Verständnis entgegenbringt, fehlt ihm völlig.

Die Piken, die man allem Volk gegeben hatte, die Gleichheit der Bewaffnung, die rote Wollmütze der französischen Bauern, von allen als Gleichheit der Tracht übernommen, diese beiden ungemein revolutionären Dinge, die vom Volk gierig aufgegriffen waren, wurden von Robespierre zurückgewiesen, von den Jakobinern wenig gern gesehen. Sie mußten dann, durch die Macht der Ereignisse gedrängt, der Einstimmigkeit des Volkes nachgeben.

Derselbe Widerstand bei der großen Frage der Kriegserklärung. Man kann sagen, in dieser Angelegenheit (März–April 1792) stand Robespierre auf der einen und ganz Frankreich auf der anderen Seite. – Auf welcher Seite war der gesunde Sinn? Die Zeit hat geurteilt, das Licht ist aufgegangen – Frankreich war es, das recht hatte.

Am 26. März 1792 wurde bei den Jakobinern folgendes Gutachten abgegeben:

„Bei Durchsicht der Departementsregister findet man bereits mehr als sechshunderttausend Bürger eingetragen, um gegen den Feind zu ziehen."

In Paris, im Jura und anderswo erklärten die Frauen, die Männer könnten ruhig ziehen, sie selber würden sich mit Piken bewaffnen und könnten den inneren Dienst gut versehen. Sie hatten so lebendig die Wohltat der Revolution für ihre Familien und ihre Kinder empfunden, daß sie mit größter Opferwilligkeit darauf brannten, sie zu verteidigen. Von nun an und in dem ganzen geheiligten Jahr von 1792 gab es wahrhaft bewundernswerte und heldenmütige Szenen im Schoße jeder einzelnen Familie. Wenn einer fortzog, so wollten auch alle seine Brüder in noch jugendlichem Alter mitziehen, und versicherten, sie seien Männer.[1] Das junge Mädchen gebot dem Geliebten, die Waffen zu ergreifen und setzte die Trauung auf die Zeit des Sieges fest. Die junge Frau, ganz in Tränen und mit kleinen Kindern auf dem Arm, führte selbst den Gatten fort und sagte: „Geh, achte nicht darauf, ob ich weine, rette uns, rette Frankreich, die Freiheit, die Zukunft und die Kinder deiner Kinder."

Erhabener Krieg! Friedevoller Krieg zur Begründung des ewigen Friedens! Krieg voll Glaube und voll Liebe, von diesem so rührenden und damals so wahren Gedanken getragen: daß die ganze Welt gegenwärtig dasselbe Herz habe und dieselbe Sache wolle; daß es darum gehe, mit dem Stahl in der Faust die Schranken der Tyrannei niederzulegen, die uns grausam trennen; daß es keine Feinde mehr gebe, wenn diese Grenzen gefallen seien, daß die, welche man für unsere Feinde halte, sich in unsere Arme werfen würden!

Der Krieg war eigentlich unsinnig, bei den wenigen Anhaltspunkten, die man damals hatte. Um ihn zu führen, bedurfte es eines machtvollen Glaubens, eines Glaubens an die fortreißende Gewalt des von Frankreich aufgestellten Grundsatzes an den unfehlbaren Sieg des Billigkeitsgedankens – eines Glaubens auch daran, daß in der Unermeßlichkeit einer Bewegung, in welche die gesamte Nation sich stürzte, alle inneren Hemmungen, die kleinen Gehässigkeiten, die Betrugsversuche, untergehen würden.

Das gute Herz Frankreichs äußerte sich auf die ergreifendste Art bei der Befreiung der Waadtländer des Regiments von Châteauvieux, die von der Versammlung angeordnet wurde. Es war ein schimpflicher Fleck auf dem Ehrenschild der Nation, daß sie sich zum Gefangenenwärter und Henker im Dienste der Schweizer Tyrannei hergab, daß sie es übernahm, vierzig unglückliche Franzosen aus einem dem Herzen und der Sprache nach französischen Lande auf den Galeeren festzuhalten. Man erinnert sich des grausamen Urteils der Schweizer Offiziere, die in Nancy jene Soldaten zu Tode prügelten, räderten oder aufknüpften, die sich irgendwie an Frankreichs Herd geflüchtet hatten und als ihr Recht die Anwendung der von der Versammlung diktierten Gesetze beanspruchten; vierzig wurden durch besondere Gnade nicht der Marter unterworfen; man verschickte sie nach Brest, wo sie für den König rudern mußten. Diese Härte genügte nicht. Unter nichtigen Vorwänden, weil sie das „Ça ira!" gesungen oder auf den 14. Juli

[1] Man kann hundert Beispiele nennen. Ich gebe nur ein einziges, das der drei Brüder Levasseur in Rouen. Die beiden jüngeren marschierten, weil der älteste marschierte. Alle drei sind Generale geworden.

getrunken hatten, holten sich die reizenden Herren ihre Waadtländer Untertanen und warfen sie in die schauerlichsten Gewölbe des Schlosses Chillon, wo sie unter dem Seespiegel die Ratten und Schlangen zur Gesellschaft hatten.

Am 30. September 1791 wurde auf dem feierlichen Amphitheater, das den See und Lausanne beherrscht, das auf Savoyen und die Alpenkette blickt, ein Tribunal errichtet, wo, von Übermut gebläht, die Abgeordneten des Berner Bären tagten. Hier, unter den Kränkungen und dem Hohngelächter der Soldaten, erschienen die gedemütigten Behörden von Waadtland, von Lausanne, Vevey, Clarens, um öffentliche Abbitte zu leisten, und nahmen mit gesenktem Haupt die Drohungen und Beschimpfungen entgegen. Der wahre Grund zu dieser Wut ist, daß diese Waadtländer Frankreich sind.

Und man war vielleicht nicht mit Unrecht erzürnt. Wer hat mehr als das waadtländische Frankreich zur Revolution beigetragen? Ist es nicht diese willensstarke und schlichte Bevölkerung, sind es nicht diese erhabenen Orte, aus denen Rousseaus Inspiration hervorging, dieser gewaltige Herzensaufschwung, der die Welt fortgerissen hat? Ja, diese Orte sind vor den Feinden der Freiheit immer schuldig.

Als die Nationalversammlung die Ketten der Soldaten von Châteauvieux zerbrach, gab es unabhängig vom lebhaften Parteigeist im ganzen Volk einen eigenartigen Antrieb von Edelmut, von Zartsinn, um durch den rührendsten Empfang dieses große nationale Unrecht gutzumachen. Die Nationalgarden von Brest machten, nur um die Opfer zu geleiten, zu Fuß die Reise nach Paris; sie nahmen ihnen den Mantel des Galeerensträflings und gaben ihnen ihre eigene Kleidung, so daß sie auf dem Marsch alle zusammen wie Bretonen aussahen. Aus den Städten und Dörfern kam man ihnen entgegengelaufen; die Männer drückten ihnen die Hand, die Frauen segneten sie, die Kinder berührten ihre Kleider. Überall bat man sie im Namen Frankreichs um Vergebung.

Diese nationale Tat ist heilig. Sie muß unabhängig von den heftigen Streitigkeiten bleiben, die über den Gegenstand entbrannte, von der redegewandten Wut der Feuillants, den Philippiken André Chéniers, Rouchers und Duponts (aus Nemours) – anderseits auch von dem Redeschwulst Collots für die Soldaten von Châteauvieux, von dem Eifer Talliens und anderer Bösewichter, sich des Ereignisses zu bemächtigen, das gute Herz des Volkes zum Vorteil des Parteigeistes auszunutzen. Die Feuillants betrachteten den volkstümlichen Siegeszug der Soldaten von Châteauvieux als eine Kränkung der in der traurigen Affäre von Nancy im Kampfe gegen sie gefallenen Nationalgarden. Es gab keinen Gegensatz zwischen den einen und den anderen. Sie alle hatten für Ordnung oder Freiheit gekämpft. Das Regiment von Châteauvieux, das von Offizieren ausgeplündert wurde, die nicht Rechenschaft zu geben wagten, hatte die Gesetze Frankreichs angerufen; es hatte recht. Die Nationalgarden, von den Behörden ordnungsmäßig aufgefordert, loszugehen, loszuschlagen, gingen und schlugen los; sie hatten recht. Man mußte die einen wie die anderen beweinen; das anerkannte man großzügig beim Fest, das man den befreiten Soldaten gab; man brachte auch zwei Särge herbei.

Der unkluge Zorn der Feuillants war wirklich zu verurteilen. Es lag nicht an Chénier oder Dupont, daß man sich in Paris nicht gegenseitig umbrachte. Zunächst erfüllten sie die Zeitungen mit den düstersten Prophezeiungen. Sie sagten, wiederholten und erklärten es den ahnungslosen Nationalgarden von Paris, daß sie es seien, die man beleidigt. Das Direktorium von Paris, die La Rochefoucauld, Talleyrand und andere zeigten eine lächerliche, übelgesinnte Angst vor diesem Volksfest. Pétion begriff weit besser, daß man größere Bewegungen nicht unterdrücken kann, daß man sie laufen lassen, sich lieber daran beteiligen muß, um sie in Ordnung zu halten. Nur verbot er auf das bestimmteste das Waffentragen, untersagte gleicherweise die Piken wie die Gewehre.

Am 30. April 1792 trafen die Soldaten von Châteauvieux aus Brest in Paris ein, begleitet von ihren tapferen Freunden, den Bretonen, und einem großen Volkshaufen, der begeistert war, sie zu sehen; sie erschienen an den Toren der Versammlung und wünschten, ihr zu danken und ihr ihre Ehrerbietung darzubringen. Lebhafte Diskussion drinnen. Die Feuillants sind unklug genug, sich noch immer der Volksbewegung entgegenzustellen. Man widersetzt sich im Namen der verletzten Disziplin, im Namen der Politik und der schuldigen Rücksicht gegen die Schweizer Regierungen, mit denen man in gutem Einvernehmen bleiben müsse. Der junge Abgeordnete Gouvion, Bruder eines in Nancy gefallenen Nationalgardisten, erklärt, man könne ihn nicht zwingen, die Mörder seines Bruders zu empfangen, ihnen ins Gesicht zu sehen. Er geht. Die Versammlung beschließt laut zwei nicht einwandfreien Berichten, daß sie vorgelassen werden sollten. Ihr Verteidiger, Collot, bringt ihre Dankbarkeit zum Ausdruck. Die Tribünen begrüßen sie lebhaft. Ein Schwarm von Nationalgardisten ohne Waffen, Pariser, Bretonen, Schweizer, ferner eine Menge Männer und Frauen mit Fahnen, ziehen fröhlich vorüber. Gonchon, gewöhnlich der Cicero des Faubourg Saint-Antoine, erklärt in dessen Namen, daß man dort zehntausend Piken herstelle, um die Versammlung und das Gesetz zu verteidigen. „Wir würden noch mehr sagen; doch schon haben wir so oft gerufen: ‚Es lebe die Verfassung! Es lebe die Nationalversammlung!', daß wir davon heiser sind! ..." (Beifall und Gelächter)

Das Fest, das bald darauf folgte, erhielt den schönen Titel: „Fest der Freiheit". Beim kriegerischen Hauch, der es durchwehte, fühlte man, daß es sich diesmal um den vorempfundenen Sieg der Weltbefreiung handelte, und daß hier die französische Schweiz, die in diesen armen Soldaten gefeiert wurde, die glückliche Vorhut der allgemeinen Befreiung darstellte. Das Standbild der Freiheit wurde auf einem Wagen dahergefahren, dessen Ende die Form eines Galeerenbugs hatte. Die zerbrochenen Ketten der Opfer wurden – wie rührend! – von unseren Frauen und Mädchen getragen. Diese Jungfrauen berührten ohne Zögern das rostige Eisen der Galeeren, das in ihren Händen rein wurde. Im Gros-Caillou auf dem Marsfeld begannen die durch Lieder belebten Rundtänze. Diese fröhlichen Tänze hatten etwas von der Glut antiker Feste, da der Sklave sich zum erstenmal an der Freiheit berauschte. Brüder umarmten die Brüder und, nach französischer Sitte, war die Brüderlichkeit den Schwestern gegenüber noch viel zärtlicher.

Keine Bewachung, keine Unordnung, keine Waffen und keine Unmäßigkeit; Freude, Friede und ungewöhnliche Herzlichkeit überall. Jeder fühlte schon in seiner Befreiung das Freiwerden der ganzen Welt; alle Augen erschlossen sich der Hoffnung, dies sei der Beginn zum Heile aller Völker.

Und genau so betrachteten die Könige ihrerseits diesen Krieg. Man kann das aus dem Befehl des Königs von Preußen schließen, die Landbevölkerung seiner Rheinprovinzen zu entwaffnen. Er sah in seinen Untertanen nur die heimlichen Verbündeten Frankreichs, seine Freunde, die Gastgeber unserer Soldaten, die voller Erwartung waren, die Apostel der Freiheit bei sich aufzunehmen.

Der für das Bündnis vorgesehene General, Gustav III., war tot, von den Seinen ermordet (17. März 1792). Man verfehlte nicht, seinen Tod den begeisterten Parteigängern der Revolution in Schweden zuzuschieben. Er selber hatte in seinen letzten Augenblicken stets dieses Frankreich vor Augen, das er bekämpfen wollte, und vielleicht hätte er es nur bekämpft, um von ihm gelobt zu werden, so abhängig war er von der Meinung der Öffentlichkeit in Frankreich und der Pariser Zeitungen! Kurz vor dem Sterben sagte er noch: „Ich möchte wohl wissen, was Brissot dazu sagt."

Die Emigration hatte durch den Tod Leopolds und die Thronbesteigung Franz' II., der ein fanatischer Revolutionsfeind war, zugenommen. Der Gesandte in Wien, Noailles, war fast ein Gefangener in seinem Palast. Der, den wir nach Berlin sandten, Ségur, war ein Gegenstand des Gelächters; man verbreitete das Gerücht, er sei gekommen, um auf die eine oder andere Weise, durch Liebe, Geld, die Mätressen des Königs von Preußen zu erobern. In einer öffentlichen Audienz kehrte der König ihm den Rücken, wandte sich an den Gesandten von Koblenz und erkundigte sich nach dem Befinden des Grafen von Artois.

Keine Gestalt charakterisiert wohl besser die Gegenrevolution als der neue Kaiser, Franz II., dessen lange Regierungszeit nun beginnt. Beschränkt, schwach und heftig, eine schlechte Mischung zweier Rassen, Deutscher, in Florenz geboren, unechter Italiener, unechter Deutscher, war er der rechte Mann für die Priester, ein machiavellistischer Frömmler, dessen harte und scheinheilige Seele nicht weniger befähigt war zum politischen Verbrechen. Franz ist es, der aus den Händen seines Feindes, Venedig, seinen Verbündeten empfing; Franz, der durch seine Tochter den Untergang seines Schwiegersohnes in die Wege leitete und ihn, einmal in Rußland, von rückwärts angriff, seinen Untergang besiegelte. Betrachtet ihn auf den zahlreichen Bildern in Versailles. Ist das wirklich ein Mensch? Was mir Furcht einflößt, das ist, daß diese Maske frisch und rosig ist bei ihrer entsetzlichen Starrheit. Es ist erkennbar, daß ein solches Wesen nie Reue empfinden wird, es begeht das Verbrechen mit Gewissensruhe. Ein mitleidloses Muckertum ist auf dem steinernen Antlitz sichtbar zu lesen. Das ist kein Mensch, das ist keine Maske, das ist ein steinerner Wall von Spielberg. Weniger hart und stumm mochte das Verlies sein, darin er den Helden Italiens das Herz brechen wollte, indem er sie durch den Hunger zwang, gleich Weibern zu stricken. Und das „im Interesse ihrer Veredelung, zum Heil ihrer Seele". Das war seine ewig gleiche Antwort an die Schwester eines der Gefangenen, die jedes Jahr vergeblich die weite Reise nach Wien antrat, um zu seinen Füßen zu weinen.

Das also ist Frankreichs Feind. Im April beauftragt er den Fürsten Hohenlohe, sich mit dem General der preußischen Armee, dem Herzog von Braunschweig, zu verständigen. Auf seinen Befehl verfaßt sein Minister, der Graf von Kobenzl, in Verbindung mit dem alten Kaunitz eine kurze, trockene und strenge Zuschrift, in der er, ohne die Sachlage noch das Maß des Möglichen zu bedenken, an Frankreich das Ultimatum Österreichs stellt: Erstens: die im Königreich ansässigen deutschen Fürsten zufriedenstellen, mit anderen Worten, die kaiserliche Oberhoheit mitten in unseren Departements anerkennen, das Kaiserreich in Frankreich dulden. Zweitens: Avignon, den großen Übergang über die Rhône, zurückgeben, so daß die Provence von neuem wie früher entvölkert würde. Drittens: die Monarchie auf der Grundlage des 29. Juni 1789 und der Erklärung Ludwigs XVI. wiederaufrichten, desgleichen den Adel und die Geistlichkeit als Stand wieder einsetzen.

„Wahrhaftig", sagte Dumouriez, „hätte das Wiener Kabinett seit der Sitzung vom Juni 1789 dreiunddreißig Monate geschlafen, ohne noch von der Einnahme der Bastille und allem, was folgte, etwas zu wissen, so hätte es keine seltsameren Vorschläge machen können, keine, die mit dem unwiderstehlichen Vormarsch, den die Revolution genommen, unvereinbar gewesen wäre."

Und diese Note war nicht nur die Äußerung des unfähigen und scheinheiligen Österreich; sie gab gleichzeitig der Anschauung jener Regierung Ausdruck, die sich an der Spitze des deutschen Fortschritts wähnte, der philosophischen und liberalen Regierung, die den türkischen Widerstand und die polnische Revolution ermuntert hatte, während sie gleichzeitig die Freiheitsrechte Hollands zermalmte.

Die Truppen der Verbündeten nähern sich allmählich Frankreich. Im Zentrum die Preußen, die sich in Westfalen, nach dem Rhein hin, staffelförmig aufstellen. An den beiden Flügeln die Österreicher; auf der einen Seite verstärken sie ihre Truppen in den Niederlanden; auf der anderen lassen sie sich vom Bischof von Basel rufen, durchqueren den Kanton und wollen die Gegend von Porentruy mit Garnisonen belegen und auf die Art bereits eins der Tore nach Frankreich besetzen, um, sobald sie wollen, in die Franche-Comté einzudringen.

Am 20. April 1792 betreten der König und der Minister die Nationalversammlung. Dumouriez weist in einem langen und eingehenden Bericht auf die Notwendigkeit hin, daß Frankreich sich als im Kriegszustande mit Österreich zu betrachten habe.

Der König erklärt, daß er dieser Entschließung zustimme, im Einklang mit dem Wunsche der Versammlung und etlicher Bürger verschiedener Departements. Er gibt die förmliche Kriegserklärung ab.

Am gleichen Tage wird um fünf Uhr in der Abendsitzung die Diskussion sogleich eröffnet. Die Einmütigkeit in dieser großen Frage war fast von vornherein gegeben. Ein Feuillant war es, Pastoret, der als erster, da er die unvermeidliche Flut aufsteigen sah, sich ihr geschickt anpaßte und den Erlaß der Kriegserklärung vorschlug. Ein anderer Feuillant, Becquet, versuchte den Eifer zu dämpfen, indem er der Versammlung ein wenig beruhigendes Bild Europas entwarf; er zeigte Europa als unzuverlässig, Spanien drohend im Hintergrunde, im Lande selbst der Aufruhr, die undisziplinierte Armee, die ungeordneten Finanzen. Dieses letzte Wort gab Cambon willkommene Gelegenheit zu einer Äußerung, die alle Furcht benahm: „Unsere Finanzen, mein Herr, Sie kennen sie nicht; wir haben mehr Geld als wir brauchen." Schon am 24. Februar hatte er gesagt: „Frankreich hat mehr Bargeld in der Kasse als irgendeine andere Macht in Europa." Tatsächlich hatte der Staatsschatz auf die fünfzehnhundert Millionen der bis zum 1. Oktober 1791 verkauften Nationalgüter bereits annähernd fünfhundert Millionen eingenommen. Vom November 1791 bis April 1792 hatte der Verkauf, der sich zwar etwas verlangsamt hatte, dreihundertundsechzig Millionen betragen, und es blieb noch für etwa die gleiche Summe zu verkaufen.

Guadet fügte dem Wort Cambons hinzu, daß keine Macht der Welt eine Masse aufstellen könne, die sich mit unseren vier Millionen bewaffneter Nationalgarden vergleichen lasse; daß keine vermocht hätte, durch ein Wort gleich hunderttausend aufzustellen, wie sie es getan hatten. Die Einschreibelisten der Departements ergaben im März das erstaunliche Resultat von sechshunderttausend Freiwilligen, die losschlagen wollten.

Es war die Stimme Frankreichs, das war nicht zu verkennen. Vergeblich gab der Feuillant Becquet zu bedenken, daß man in Wirklichkeit den Krieg nicht an Österreich, sondern an die ganze Welt erklärte und allen Königen den Handschuh hinwarf. Vergeblich äußerte der Jakobiner Bazire, hier das Organ der rein jakobinischen Partei, sein Befremden, einen so ernsten Schritt so leichtfertig beschlossen zu sehen. Er versuchte, das übliche Thema Robespierres aufzugreifen, die Gefahr des Verrates. Kaum zwei oder drei Mitglieder und ebensoviel

Tribünenleute spendeten ihm Beifall. Niemand hörte auf ihn. Die Begeisterung riß alle mit fort. Sie kam bei folgender Äußerung des Abgeordneten Mailhe zum Ausdruck: „Wenn es Ihrem Mitgefühl schwer wird, in diesem Augenblick über den Tod von einigen tausend Mann zu entscheiden, so bedenken Sie auch, daß Sie gleichzeitig über die Befreiung der Welt entscheiden."

Aubert Dubayet, eine ungemein vornehme und militärische Gestalt, erhob sich, ergriff das Wort und riß die Versammlung mit sich fort: „Wie! Das Ausland hat die Dreistigkeit, uns eine Regierung vorschreiben zu wollen! Stimmen wir für den Krieg. Sollten wir alle zugrunde gehen, so würde der letzte Überlebende das Dekret erlassen ... Fürchten Sie nichts. Sowie Sie den Krieg erklärt haben, werden alle notwendig vor die Entscheidung gestellt sein; die Parteien zerfallen in nichts. Die Flammen der Uneinmütigkeit werden beim Feuer der Kanonen und angesichts der Bajonette erlöschen."

„Ja, stimmen wir ab", sagte der heldenmütige Merlin de Thionville, „Krieg den Königen und Frieden den Völkern!"

Die ganze Versammlung erhob sich. Nur sieben Mitglieder blieben sitzen. Inmitten eines donnernden Beifalls stimmte sie für den Krieg gegen Österreich.

Condorcet verlas eine schöne und menschliche Erklärung der Grundsätze, die Frankreich der Welt bieten wolle. Es wolle keine Eroberung, es greife keines Volkes Freiheit an. Dieses Wort wurde in das Dekret aufgenommen.

Condorcet, der für gewöhnlich kühle Redner, hatte hier, hingerissen von der Größe der Ereignisse, eine sehr schöne Regung hinsichtlich des Vorwurfs der Parteiung, den die Könige Frankreich machten: „Und was für eine Partei ist es denn, die man der Verschwörung für die Freiheit der Welt beschuldigt? ... Die ganze Menschheit ist es, die sie als Partei bezeichnen."

Vergniaud schlug noch einen großen brüderlichen Zusammenschluß vor, nach Art der Verbrüderungen von 1790, als alle schworen, lieber gemeinsam unter den Ruinen des Reiches zu sterben, als den geringsten Gewinn der Freiheit zu opfern. So wäre Frankreich in Erwartung von Sieg oder Tod ein letztes Mal einmütig zusammengetreten, um sich die Hand zu geben. „Erhabener Augenblick", sagte er, „gibt es ein Herz, eng genug, um nicht erhöht zu schlagen, eine Seele, so kalt, daß sie nicht inmitten der Freudenrufe eines ganzen Volkes bis zum Himmel aufsteigt und sich durch die Begeisterung über das Menschliche hinausheben läßt?" – Diesem schönen und frommen Vorschlag wurde nicht zugestimmt. Er paßte nicht zu der kriegerischen Ungeduld der Versammlung, die darauf brannte, voranzustürmen.

ELFTES KAPITEL

Abdankung des girondistischen Ministeriums (Mai–Juni 1792)

Wie der König den Krieg gegen Frankreich geführt haben wollte. – Dumouriez' innerer Widerspruch, der in Belgien die Revolution will, um sie in Frankreich zu unterdrücken. – Der Krieg beginnt mit einem Rückzug (28.–29. April 1792). – Robespierre triumphiert bei den Jakobinern über Brissot und die Kriegspartei (30. April). – Brissot beschuldigt das österreichische Komitee (23. Mai 1792). – Die Gironde veranlaßt die Verabschiedung der Garde des Königs (29. Mai). – Die Gironde wird von Robespierre verklagt. – Sie trifft die Verfügung zu einer Eintragung von zwanzigtausend Mann in Paris und Maßnahmen gegen die widersetzlichen Priester (27. Mai). – Heftiges Gebaren der Royalisten und der Feuillants. – Brief Rolands an den König (12. Juni). – Die girondistischen Minister werden entlassen (13. Juni).

Der König, den die Jakobiner beschuldigten, den Krieg gewollt zu haben, hatte alles getan, um ihn zu vermeiden. Selbst die besten Aussichten, die er ihm bot, waren sehr schlecht. Ein Sieg La Fayettes oder irgendeines anderen Generals, hätte den Thron nur wieder aufgerichtet, um ihn unter Vormundschaft zu stellen. Eine Niederlage würde Paris erbittern, den König unter Anklage setzen und den Aufruhr in die Tuilerien tragen. Und wenn es – was kaum möglich ist – nicht so wäre, wer würde triumphieren? Wer wiederkehren? Monsieur und die Emigranten, der zukünftige Regent Frankreichs, er, bei dem Rußland eine Gesandtschaft hielt. Die Königin besonders hatte alles zu fürchten; sie wußte genau, daß sie gehaßt wurde, daß man in Koblenz Spottlieder auf sie machte, daß Monsieur ihr Feind und der Graf von Artois in der Hand ihres Feindes, Calonne, war. Kehrten die Fürsten als Sieger zurück, so konnte das Resultat sein, nicht die Königin zu befreien, sondern ihr im Gegenteil den Prozeß zu machen und sie einzusperren; man hatte oft davon gesprochen. Monsieur hätte dadurch seinen alten persönlichen Haß und den der Nation befriedigt.

Trotzdem Ludwig XVI. stets in Wien seinen Agenten, Breteuil, hatte und trotzdem die Königin immer mit Brüssel korrespondierte, mit dem alten Botschafter der Familie, Herrn de Mercy-Argenteau, trotzdem also glaubten sie, einen besonderen Agenten an das österreichische Kabinett entsenden zu müssen, um sich mit ihm zu verständigen, auf welche Weise der Krieg gegen Frankreich zu führen sei. Es handelte sich um das Zugeständnis Österreichs, nicht allein vorzugehen, denn das hätte die üblichen Anschuldigungen gegen eine Königin aus österreichischem Hause bestärkt. Österreich und Preußen sollten vielmehr im Einvernehmen mit den anderen Mächten durch ein gemeinsames Manifest, das im Namen der Gesellschaft, im Namen Europas, gegen die der gesellschaftlichen Ordnung feindliche Verschwörung zu richten sei, bekunden, daß sie den Krieg gegen die Jakobiner führten und nicht gegen die Nation, sollten der Versammlung und allen Behörden erklären, man werde sie für jeden Angriff auf die königliche Familie verantwortlich machen, sollten sich zu Verhandlungen geneigt zeigen, aber nur mit dem König. Vor allem mußte man von seiten des Königs den Emigranten anempfehlen, sich an ihn und an die vermittelnden Höfe zu wenden, in der Auseinandersetzung als Partei und nicht als Schiedsrichter aufzutreten, um nicht durch ihre Anwesenheit den Zorn bis zum Bürgerkrieg zu treiben.

Diese zweifellos von den Feuillants, die der Hof immer noch um Rat anging, verfaßten Instruktionen wurden einem jungen Genfer, Mallet Dupan, anvertraut, der dem König ergeben, voll Geist und Begabung war. Er sprach mit viel Seele, mit der Glut und dem Herzen eines Mannes, den der Jammer der königlichen Familie rührte, und er gewann seinen Prozeß. Er erhielt von den versammelten Beratern Österreichs und Preußens die heikle Zusage, daß die Emigranten, sie, die ihr Vaterland, ihr Vermögen und ihre Existenz der königlichen Sache geopfert hatten, nicht für sie verwendet wurden; daß sie wenigstens in mehrere Korps geteilt und einzeln Verwendung finden sollten und – eine für diesen stolzen Adel geradezu unerträgliche Sache – an zweiter Stelle stehen sollten. Das war eine förmliche Mißtrauenserklärung, die der König seinen getreuesten Dienern zu machen schien. Er verließ sich auf die Deutschen, Österreicher und Preußen, nicht auf die Franzosen seines Adels. War das klug? Ein feindlicher Einfall mit den Emigranten an der Spitze hätte noch immer als französische Sache gegolten, und Frankreich hätte sich schließlich sagen können, es sei von Frankreich besiegt worden. Diese Franzosen, seien es selbst Aristokraten, konnten, wenn sie beisammen blieben, wenn sie inmitten der feindlichen Armee eine eigene Armee bildeten, jene Armee überwachen und es ihr schwer machen, das zu behalten, was sie annektierte. Das Ausland mußte der Ansicht Ludwigs XVI. gern zustimmen, die Emigration zu zersplittern; denn beim Einmarsch würde sie ihm ein Hemmnis, ein Zeuge, ein unbequemer Genosse sein. Hingegen hatte das Ausland nach dem Plan, den man im Namen des Königs vorlegte, wenn das adlige Frankreich zersprengt und das Volk Frankreichs nicht organisiert war, leichtes Spiel; ein großes Hindernis war unwahrscheinlich; das Königreich stand ihm nach Gefallen offen.

Welcher Art war der Kriegsplan in der Vorstellung dessen, der den Krieg vorbereitete, Dumouriez'? Es sollte durch die Revolution ein Land, das bereits in Revolution war, erobert oder befreit werden, die österreichischen Niederlande, die vom Kaiser kaum niedergehalten wurden und voller Unruhe waren. Dumouriez verwendete an den beiden Flügeln der Schlacht zwei alte Generale, Luckner, um die Franche-Comté, Rochambeau, um Flandern zu halten. Zwei weitere Armeekorps sollten Luxemburg beunruhigen, alle Aufmerksamkeit dorthin lenken. Plötzlich aber sollte La Fayette, der das Heer im Zentrum führte, in Eile die Maas hinuntermarschieren, von Givet nach Namur vorstoßen, sich alsbald auf einen Truppenkörper stützen, den Rochambeau unter dem General Bison aus Flandern senden würde, Namur einnehmen und Brüssel erreichen, wo die belgische Revolution ihren Befreier mit offenen Armen aufnehmen würde.

Dumouriez hat recht, wenn er sagt, in seinem Plan habe La Fayette die schönste Rolle, er war an der Spitze des Vormarsches, er hatte dadurch den ersten Ruhm, die ersten ungeheuren und leichten Erfolge. Bei der Lage, die offenbar in Belgien herrschte, hatte er das hervorragende Glück, ein Land zu erobern, das erobert sein wollte. Die Resultate im Innern konnten von entscheidender Wirkung sein. Der General der Feuillants, der Mann, welcher am 17. Juli ihre Befehle ausgeführt und geglaubt hatte, den Thron mit Flintenschüssen wiederaufzurichten, mit welcher Überlegenheit würde er nicht von Brüssel nach Paris sprechen, den Parteien Ordnung und Schweigen gebieten im Namen seines Sieges? An wen würden sich die entsetzten Jakobiner wenden, um nicht vernichtet zu werden; an wen anders, als den geschickten, kühnen Minister, der ihnen in der roten Mütze diesen Schlag versetzt haben würde? Feuillants, Jakobiner, das Volk und der König, alle gegeneinander ausgespielt, würden sich tatsächlich in Dumouriez' Hand befinden.

Dieser Plan war scharfsinnig. Dumouriez, durch die Gironde zur Macht erhoben, durch ihren Triumph über den König, nutzte die Macht, die sie ihm gegeben, zugunsten des Königs und der Feuillants gegen die Gironde und die Jakobiner; immerhin jedoch gewiß nicht so, daß er die Jakobiner durch die Feuillants vernichten ließe; in dem Augenblick wäre er aller Wahrscheinlichkeit nach sicher zum Jakobiner geworden, wenigsten so weit, um alles unwirksam zu machen und die Parteien zu beherrschen.

In seinen Memoiren, die voller Verheimlichungen und Lügen sind, findet sich dennoch dieses naive Bekenntnis, dieser Hinweis: daß er es nicht wagte, in der Öffentlichkeit und der öffentlichen Meinung den Feuillant La Fayette zum kommandierenden General zu ernennen, daß aber La Fayette, wenn er einmal in Feindesland und dem Range nach den Generalen, die Rochambeau ihm lieh, überlegen sei, allein befehligen, allein Namur und Brüssel nehmen werde. – Fügen wir die Schlußfolgerung hinzu, die Dumouriez sich zu ziehen hütet, die aber darum nicht weniger gewiß ist: daß der Sieg eines Feuillants unfehlbar in Frankreich den Sieg der feuillantistischen Partei bedeutete, mit der Dumouriez (allerdings unter Vermeidung persönlicher Beziehungen) gemeinsame Sache machte.

Diesem so wohl entworfenen Plan fehlte zweierlei.

Erstens ein General La Fayette, ebenso wie Rochambeau Anhänger des Verteidigungskrieges, war ungeachtet seines unleugbaren Mutes keineswegs der waghalsige Abenteurer, der sich in Feindesland geworfen hätte. Er führte mit vieler Mühe auf Eilmärschen zehntausend Mann nach Givet. Dort aber merkte er, wie wenig Leute er für ein so großes Unternehmen hatte, und rührte sich nicht.

Die zweite Schwierigkeit bestand darin, daß weder La Fayette noch Dumouriez (trotz seines Jakobinertums und seiner roten Mütze) wirklich geeignet waren, Belgien durch eine gewagte Propaganda aufzurütteln. Es mußte ermuntert, begeistert, erhoben und tief in die Revolution hineingetrieben werden. Das Doppelspiel Dumouriez', seine Unmoral, machten seinen Geist ohnmächtig. Die erste Bedingung für seinen Plan war, den Niederlanden gegenüber offen aufzutreten, ihnen von vornherein einen starken Glauben an Frankreichs Ehrlichkeit einzuflößen, die Fahne der Freiheit in diesem Krieg recht hoch zu halten. Weit davon, war es ein listiger, vorbereiteter Krieg, von einem Manne geführt, der keinen guten Glauben hatte, der jedoch nur im Glauben ernstliche Aussicht auf Erfolg haben konnte. Das Prinzip, mit dem er die Niederlande bekämpfte, sollte ihm dann dazu dienen, dasselbe in Frankreich zu vernichten.

Und wem übergab er die Fahne der Revolution? Dem, der sie auf dem Marsfeld vom Altar des Vaterlandes niedergeholt, in Blut geschleift hatte. Diese Fahne, in der die Gironde im voraus die Fahne der Republik sah, sie wurde von einem Royalisten einem Royalisten anvertraut, von einem Ränkeschmied einem unzuverlässigen Manne, um hier als Fahne des Königtums wieder aufzutauchen. Seltsamer, unmoralischer Einfall, der, wenn er gelungen wäre, den Erfolg, nicht Dumouriez' und nicht La Fayettes, sondern der Gegenrevolution und der Feinde Frankreichs herbeigeführt hätte.

Man konnte gleich bei Beginn des Feldzuges sich von der ungeheuren Gefahr überzeugen, die es bedeutete, den Krieg von den Friedensfreunden verwalten zu lassen. Dumouriez, der leitende Minister, der das Kriegsministerium durch seinen Mann, den schwachen de Grave beherrschte, hatte aus Rücksicht auf den Hof das ganze frühere Personal dieses Verwaltungszweiges beibehalten. Diese Beamten des Ancien régime konnten keinen großen Eifer für den Erfolg des Revolutionskreuzzugs zeigen, der in Wirklichkeit gegen ihre Grundsätze stattfand. Ihr böser Wille, ihre Sucht, sich auf die Unordnung in den einzelnen Ämtern herauszureden, sie wenn nötig zu vergrößern, ihre schlechte Laune, ihre Nachlässigkeit – alles das kam plötzlich im gefährlichsten Moment zutage. Die unglücklichen Freiwilligen der Nationalgarde, die selbst im strengsten Winter voller Feuer zur Bedeckung der Grenze herbeigeeilt waren, waren von der Verwaltung ohne Hilfe gelassen worden. Wer hatte schuld? Fehlte es an Geld? Nein; die Steuern kamen ein, die Millionen der Zivilliste trafen stets ein, um die Journalisten der Gegenrevolution, die Suleau und die Royou zu bezahlen. Jene Freiwilligen blieben ohne Gewehre. Es ereignete sich, daß sie während zwei bis drei Tagen bei Beginn der Feindseligkeiten keine Lebensmittel hatten. Der Linie erging es nicht besser. Auf alle Reklamationen folgte nur Weigerung, kränkende Verachtung. Die Munitionslieferanten, die Beamten, waren Freunde des Feindes; alle Angestellten des Krieges waren für den Frieden. Der alte Marschall Rochambeau wollte nur von einem Defensivkrieg etwas wissen. Er war schwer verletzt, daß Dumouriez die Befehle direkt an seine Unterfeldherren erteilte. Die Hindernisse, die sich der Einfallsbewegung entgegenstellten, mißfielen ihm durchaus nicht. Er wiegte den Kopf, zuckte die Achseln, weissagte nichts Gutes.

Dumouriez, der, wie man aus seinen Memoiren sieht, auf die Königin und den König ritterliche Rücksicht nahm, war darum im geheimen nicht weniger mit dem Hause Orléans liiert. Er brauchte unbedingt einen König, einen Hof, den großartigen Betrieb, wie nur eine Monarchie ihn bietet. Im jungen Herzog von Chartres erblickte er einen monarchischen „Notbehelf", falls Ludwig XVI. gestürzt würde. Er verwendete gern Stabsoffiziere von der Partei dieses Hauses, wie Biron und Valence. Diesmal sollte die Bewegung im Norden durch Biron eingeleitet werden, der auf feindlichem Boden mit der Armee La Fayettes zusammenstoßen sollte. Am 28. April abends bemächtigte sich Biron des Ortes Quiévrain und marschierte nach Mons. Am 29. früh gelangte Theobald Dillon von Lille nach Tournai. Auf beiden Seiten der gleiche Vorgang. Die zumeist aristokratische Kavallerie, besonders die Dragoner, rufen in Tournai, als sie dem Feind gegenüberstehen, in Mons sogar, ohne den Feind auch nur zu sehen: „Rette sich, wer kann! Wir sind verraten!" Sie stoßen auf das Korps der freiwilligen Infanterie; diese, verwirrt und mutlos gemacht, fliehen so schnell sie können. Nach Lille zurückgekehrt, werfen sie sich voller Wut auf ihre Führer, von denen sie behaupten, sie hätten sie preisgeben wollen. Sie ermorden Dillon in einer Scheune. Die Bevölkerung von Lille ergreift ebenfalls Partei und erhängt mehrere Gefangene.

Drei- bis vierhundert Menschen kamen um. Eine an sich unbedeutende Niederlage, ernst genug bei Beginn eines Krieges, die jedoch die Wirkung hatte, den Hochmut unserer Feinde bis zum höchsten Grad von Selbstvertrauen und Dummheit zu steigern. Die berühmten Taktiker Preußens faßten mehr und mehr Zutrauen zu dem Soldaten als Maschine, verachteten mehr und mehr den Soldaten aus Begeisterung. Zu den Offizieren, die für den Kriegszug Pferde kauften, sagte der Herzog von Braunschweig: „Meine Herren, stürzen Sie sich nicht so in Unkosten; alles das ist nicht mehr als ein militärischer Spaziergang." Diesen Spaziergang wollte er in Deutschland machen, langsam, angenehm und methodisch. Vergeblich sagte ihm Herr von Bouillé, der das Land und die Lage viel besser kannte, das Ganze werde fehlschlagen, wenn man nicht einen kühnen, schnellen Vorstoß in die Champagne mache, geradewegs auf Paris. Der

Braunschweiger hatte es nicht so eilig. Das romantische Ministerium der Frau von Staël hatte ihm, sagt man, den sonderbaren Vorschlag gemacht, ihn, wenn er wolle, zum König von Frankreich zu machen. Er scheint die Sache nicht ernst genommen zu haben. Und dennoch, so schwach ist nun einmal der Mensch, stieg ihm diese Idee, so lächerlich sie war, zu Kopf. Er wollte sehen, was aus dieser großen Sache Frankreichs wurde, die noch nicht ganz reif, noch nicht verworren genug war.

Dumouriez gibt mit der unerschrockenen Dreistigkeit, die überall in seinen Memoiren zutage tritt, zu verstehen, daß gerade die Gironde, die mit verzweifelter Anstrengung zum Krieg gedrängt habe, die Veranlassung für die Niederlage war. Wenn er die Sache nicht ganz so sagt, so stellt er sie doch in diesen zwei Behauptungen stillschweigend fest: erstens, es gab eine Verschwörung; zweitens, die Gironde hatte ein Interesse daran. Dieser letzte Punkt ist wirklich anfechtbar, ist unzulässig. Die Fürsprecher des Krieges, die so oft den Erfolg und den Sieg verheißen hatten, erhielten durch diesen ersten Rückschlag eine gewaltige Ohrfeige.

Das ereignete sich am Abend des 30. April, zur Zeit, als in Paris der Brief umlief, der das Unglück vom 28. berichtete. Brissot, der bis dahin bei den Jakobinern gegen Robespierre auftrat, wurde endgültig von diesem zermalmt.

Ein sehr zweideutiger Friede war durch die Vermittlung Pétions zwischen ihnen zustande gekommen. Robespierre, der die Girondisten durch die Wirkung der großen Neuigkeit niedergeworfen glaubt, greift sie am Abend des 30. mit einer ihm ganz unnatürlichen Wut an. Er behauptete, sie hätten in ihren Zeitungen das Protokoll der letzten Debatten, die mit der Friedenschließung endeten, gefälscht. Vor allem warf er ihnen vor, gesagt zu haben, Marat schlage ihn zum Tribunen vor. In Wirklichkeit hatte Marat nichts dergleichen ausdrücklich gesagt. Nur hatte er in der und der Nummer einen Tribun gefordert; in einer anderen lobte er dann Robespierre und zeigte ihn als den Würdigsten (nach ihm selber ohne Zweifel). Die Girondisten zogen den Schluß daraus, den alle Welt darin sah: daß Marat stillschweigend Robespierre oder Marat zum Tribun vorschlage.

Die sehr erhitzten Tribünen, die an jenem Abend voll fanatischer Frauen waren, lasteten auf den Jakobinern, mischten sich hie und da mit leidenschaftlichen Rufen ein. Einige der feurigsten Cordeliers, Legendre, Merlin, Fréron, Tallien waren erschienen, um die unentschiedene Menge mitzureißen. Brissot und Guadet konnten zu dieser Stunde die Nationalversammlung nicht verlassen. Der Girondist Lasource, der bei den Jakobinern den Vorsitz führte, mußte ebenfalls, um sich zur Versammlung zu begeben, den Präsidentenstuhl an Dufourny, einen Mann Robespierres, abtreten. Unter dem Zusammentreffen so günstiger Umstände wurde die Sache entschieden. Die Gesellschaft erklärte, sie dementiere die Verleumdungen, die Bosheiten Brissots und Guadets gegen Robespierre (30. April 1792).

Dieser führte den Schlag mit recht seltsamen Mitteln für einen Mann, der naturgemäß die Autorität liebte. Er überließ sich in seiner Zeitung einer völligen Anarchie, lobte die Soldaten, die soeben ihre Führer ermordet und die Flucht ergriffen hatten, widersetzte sich den strengen Maßnahmen, die von der Versammlung zur Sicherung der Disziplin ergriffen wurden. Er forderte, man solle die entlassenen Soldaten zusammenrufen und eine Armee daraus bilden; nach ihm waren es nicht weniger als sechzigtausend, und für diese so zahlreiche Armee schlug er einen doppelten Sold vor. Als allgemeine Regel stellte er die völlige Unabhängigkeit des Soldaten dem Offizier gegenüber auf, abgesehen von zwei Fällen, dem Exerzieren und dem Gefecht.

Diese desorganisierende für Robespierre bemerkenswerte Absicht kam am 20. Mai bei den Jakobinern zum Ausbruch, als er einen girondistischen Vorschlag bekämpfte und zur Ablehnung brachte, den die eifrigsten unter den Cordeliers, zum Beispiel Tallien, unterstützt hatten, und der in dieser außerordentlichen Krise, zu Beginn eines so schlimm einsetzenden Krieges, eine wirklich allgemeine Wohltat war. Brissots Sekretär, Méchin, machte bei den Jakobinern den Vorschlag, durch ihren Einfluß die Zahlung der Kontributionen zu beschleunigen, deren regelmäßiger Verlauf in solcher Zeit so wichtig war, in diesem Sinne an die Brudervereine zu schreiben, und – damit die Hauptgesellschaft selber ein Beispiel gebe – die Karten für das kommende Vierteljahr nur den Mitgliedern auszuhändigen, die nachwiesen, daß sie die Steuern bezahlt hätten. Robespierre machte eine wahrhaft überraschende Einwendung. „Ist eine Steuerquittung eine Gewähr für Patriotismus? ... Ein Mann, der im Blute der Nation watet, kommt und legt seine Quittung vor ... Ein besserer Bürger scheint mir der Mann, der arm aber ehrenhaft seinen Unterhalt verdient, ohne seine Steuern bezahlen zu können, als der, der vielleicht in Reichtum erstickt und Gaben darbringt, die aus bedenklicher Quelle geschöpft sind ...“ – Dann, nach dieser niedrigen Schmeichelei an das gewöhnliche Volk, dieser Ermunterung zum Egoismus, zur Organisationslosigkeit angesichts des Feindes, kam er auf sein ewiges Thema zurück, bedauerte sich selbst, um die anderen besser treffen zu können: „Nichtswürdige Bösewichter, ihr seid auf meinen Untergang erpicht, doch ich erkläre euch, je mehr ihr mich von den Menschen entfernt, je mehr ihr mich der Gemeinschaft mit ihnen enthebt ...“

Diese wörtliche Zitierung Rousseaus war äußerst lächerlich, in einem Augenblick, da er sich mehr als je von den Jakobinern umgeben sah, die um seinetwillen am 30. April endgültig mit der Gironde gebrochen hatten. Selbst Tallien, der am 30. zu Robespierres Erfolg beigetragen hatte, konnte nicht umhin, bei diesem heuchlerischen Geschwätz von Zorn und Verachtung ergriffen zu werden. – Sein Lehrmeister Danton, weniger jung und mehr überlegt, verwischte den Eindruck durch ein begeistertes Lob auf Robespierres Tugenden. Er sollte es nötig haben, sich ihm eng anzuschließen. Dumouriez, der von den Girondisten immer mehr der Ränke in Geldsachen und anderen Dingen bezichtigt wurde, hatte Danton auf die Probe stellen lassen. – Um sie zu stürzen und den Hof zu retten, um der Republik den Weg zu verlegen, sah er kein anderes Mittel, als eine ungeheure Verschwörung der äußersten, entgegengesetzten Parteien gegen die Mitte, des royalistischen Interesses mit dem der Jakobiner. Die zwischen beiden stehende Gironde mußte erstickt zugrunde gehen.

Die Gironde lag am Boden. Sie hatte zwei Schläge erhalten: an der Grenze durch die erste Niederlage in einem Krieg, den sie angeraten hatte; bei den Jakobinern durch den Sieg Robespierres über Brissot.

Sie richtete sich durch einen Blitzschlag auf, der direkt den Hof, und indirekt alle jene traf, die wie der Hof der Friedenspartei angehört hatten, folglich Robespierre. Die List war gut gewählt, mit richtigem Verständnis dafür, was man der Phantasie damals bieten mußte, die bewegt, unruhig, leichtgläubig, geheimnislüstern war und gierig alles aufsog, was ihr Furcht einflößte. Es war die mit vielem Lärm in Szene gesetzte Anzeige eines „österreichischen Komitees“, das immer, dreißig Jahre lang, Frankreich regiert hatte und heute nichts Geringeres vorhatte, als es völlig abzutun.

Der erste Trommelschlag, der die Aufmerksamkeit wecken sollte, ein Schlag, der roh widerhallte und kräftig, à la Marat, gegeben worden war, wurde von dem Girondisten Carra in den „Annales patriotiques“ geführt. Das österreichische Komitee, sagte er, bereite in Paris eine allgemeine Bartholomäusnacht der Patrioten vor. Montmorin, Bertrand waren mit Namen angeführt, große Unruhe; der Friedensrichter des Tuilerienviertels zauderte nicht, gegen drei Zeugen, auf die Carra sich stützte, einen Vorführungsbefehl zu erlassen.

Also Dreistigkeit gegen Dreistigkeit! Der Hof hatte jene zweifelhafte Garde organisiert, von der weiter oben die Rede war; er glaubte auch einen ansehnlichen Teil der Nationalgarde für sich zu haben. Die Nachricht von dem Rückzug in Flandern war von allen diesen Aristokraten mit Freudenrufen begrüßt worden. Die in Mons, in Tournay geschlagene Versammlung machte ihnen keine große Angst mehr; sie verachteten sie bis zu dem Grade, daß sie es wagten, einen einfachen Friedensrichter, einen ganz unbedeutenden Beamten des Tuilerienviertels, auf sie zu hetzen.

Sie verloren diese Sicherheit, als Brissot (am 23. Mai), die Anklage fester begrenzte und Tatsachen nannte, die durch Veröffentlichung der Akten und die historische Entwicklung endgültig erwiesen sind. Er stellte fest, daß Montmorin und Delessart, wahre Gliederpuppen, von dem Draht gelenkt wurden, den Herr von Mercy-Argenteau in Händen hielt, der frühere österreichische Botschafter, der nun in Brüssel war; er allein hatte tatsächlich stets Einfluß auf die Königin. Anderseits hatte Ludwig XVI., wie ganz Europa wußte, seinen Minister in Wien, Herrn de Breteuil. Auf zahllose Beweisstücke gestützt, zeigte Brissot, wie dieses Komitee ein ungeheures Netz von Intrigen über Frankreich ausgespannt hatte, das durch die umfangreiche Verbreitung von Schmähschriften bearbeitet wurde. Eines der genannten Beweisstücke war eigenartig; es war ein Brief unseres Gesandten in Genf, der sich vom König ermächtigt erklärte, im Heer des Grafen d'Artois Dienst zu tun. Brissot schloß mit der Anklage gegen Montmorin und verlangte, daß Bertrand de Molleville und Duport-Dutertre vernommen werden sollten. Was Bertrand betrifft, so beweisen uns heute seine Memoiren, daß nie ein Mißtrauen gerechtfertigter war.

Die Versammlung war so vorsichtig, die Sache zu vertagen. Sie sah in den Händen des Hofes die gefährlichste Waffe, die konstitutionelle Garde, die zuerst gebrochen werden mußte. Man nahm an, diese Garde könne sowohl die Versammlung schlagen, als auch den König entführen; sechstausend Mann, und Männer solcher Art, so bewaffnet und zusammengestellt, brauchten nur gemeinsam vorzugehen, den König in ihre Mitte zu nehmen: es gab keine Gewalt in Paris, die den Schlag verhindern konnte.

Diese „konstitutionelle" Garde setzte sich mehr und mehr aus seltsamen Elementen zusammen, die mit ihrem Namen im Widerspruch standen. Ganz in der Stille steckte man zu den Raufbolden und Fechtmeistern, zu den bretonischen Edelleuten und denen aus der Vendée einen Zuwachs fanatischer Leute, die man zu einer anderen Zeit die Blüte der „Verdets" aus dem Süden genannt haben würde. Es waren vor allem wilde Provenzalen darunter, aus der Stadt Arles, von der arlesischen Faktion, nur zu bekannt unter dem Namen der „Chiffonne". Es gab auch eine Auslese junger kräftiger Priester, denen die Kirche, die das Blutvergießen verabscheut, nichtsdestoweniger erlaubt hatte, die Soutane niederzulegen, um den Degen, den Dolch und die Pistole zu ergreifen.

Dies alles benahm sich vorlaut, dreist, schwatzhaft und ruhmredig. – Da alles ausgesuchte Menschen waren, hinsichtlich der Körperkraft oder der Waffenführung, so glaubte jeder von ihnen, bei jedem persönlichen Streit im Vorteil zu sein; sie kamen, gingen, zeigten sich auf den öffentlichen Spaziergängen, als hätten sie es dreist und laut gesagt: „Wir sind die Verschwörer." Sie steigerten aus Laune den Haß, den Zorn und die Erregung.

Es war die eigene Stimme von Paris, die am 22. Mai aus einem Briefe ihres Bürgermeisters Pétion zum Kommandanten der Nationalgarde sprach. Er gab der allgemeinen Besorgnis von einer Abreise des Königs Ausdruck, und forderte den Kommandanten auf, ohne Umschweife die Patrouillen „im Umkreis" (zweifellos der Tuilerien) zu beobachten, zu überwachen und zu vermehren. – Der König beklagte sich am anderen Tage bitter darüber in einem Brief, den das

Departementsdirektorium in Paris anschlagen ließ. Pétion nahm nichts zurück und entgegnete kraftvoll. Dieser sonderbare Wortkrieg zwischen dem König und dem Bürgermeister erschien wie die Voranzeige eines wirklichen Krieges.

Alle möglichen Anklagen liefen bei der Versammlung ein. An sich unbedeutende Ereignisse steigerten die Beunruhigung: Bald war es eine Unmasse Papier, die in Sèvres verbrannt worden war (eine Schmähschrift gegen die Königin). Bald hatte Sombreuil, der Gouverneur des Invalidenhauses, seinen Leuten befohlen, des Nachts ihre Posten den Truppen der Nationalgarde oder der Garde des Königs abzutreten, falls sie sich zeigen sollten. – Am 28. Mai beantragte Carnot – und die Versammlung stimmte zu –, daß diese für die Dauer der allgemeinen Gefahr in Permanenz verbleibe; und sie blieb tatsächlich vier Tage und vier Nächte beisammen. – Am 29. machte Pétion in einem Bericht an die Versammlung über die Lage in Paris unter allerlei beruhigenden Dingen auch die erschreckende Mitteilung, „die gegenwärtige Stille sei der Ruhe nach einem Blitzschlag zu vergleichen". Alle Welt ließ sich aber gesagt sein, daß der Schlag noch nicht herabgesaust war.

Die Versammlung war es, die ihn herbeiführte. Am 29. ging sie über die Furcht vor Mordtaten hinaus und ließ sich durch Bazire einen Anklagebericht gegen die Garde des Königs erstatten, einen Bericht voller furchtbarer Tatsachen. Da war unter anderem die ruchlose, rohe Freude, die man in diesem Korps über die Niederlage bei Mons empfand, die Hoffnung, Valenciennes sei von den Deutschen genommen und in vierzehn Tagen werde das Ausland in Paris sein. Eine bemerkenswerte Angabe machte ein Reiter, der berühmte Murat, der, als er aus dieser Garde austrat und seine Demission gab, erklärte, man habe ihn durch Geld bestechen und nach Koblenz entsenden wollen.

Am gleichen Tage, dem 29. Mai, bearbeiteten Guadet und Vergniaud in der Abendsitzung die Versammlung. Man glaubte, die Sache ziehe sich hin, so wurde sie beschleunigt. Die Versammlung verfügte die sofortige Entlassung, befahl, daß die Posten an den Tuilerien wieder der Nationalgarde zu übergeben seien, und fügte hinzu, dieser Erlaß brauche nicht die königliche Bestätigung. Ein besonderer Zusatz wurde gemacht, um den Kommandanten der Garde des Königs, den Herzog von Brissac, festzunehmen, der, wie man sagte, seine Leute durch eifernde Worte aufreizte. Diese Härte gegen Brissac läßt sich wohl zum Teil aus der Unverschämtheit eines Abgeordneten, des Obersten Jaucourt, herleiten, der während der Abstimmung Chabot auf seinem Platz aufsuchte und ihm mit hundert Stockhieben drohte. Die Versammlung glaubte, den Militärs Achtung gebieten, sie fühlen lassen zu müssen, daß die Hand des Gesetzes auf ihnen lastete.

Die drohende Haltung des Volkes und der Sektionen, die verlangt hatten, sich in Permanenz zu erklären, gab den Großsprechern des Royalismus viel zu denken. Keiner lehnte sich gegen die Verfügung auf. Sie verließen ihre Posten und legten den blauen Anzug ab; das war aber durchaus nicht, um die Partei aufzugeben; etliche von ihnen legten den roten Anzug an und promenierten weiter durch Paris, bis an die Zähne bewaffnet und in der Uniform der Schweizer.

Zur nämlichen Zeit, da die Gironde diesen Schlag gegen das Königtum führte, wurde sie selber bei den Jakobinern schwer getroffen. Robespierre machte hier einen verzweifelten Versuch, ihr die Popularität wieder zu nehmen, die sie durch die Entlassung der Garde des Königs gewann. Er brachte am 27. eine feierliche Anklage vor gegen Brissot, Condorcet, Guadet, Gensonné usw. Er beschuldigte sie, Stellen zu vergeben. Er beschuldigte sie, die Sache der Patrioten allenthalben zu vernachlässigen, ebenso die Sache der entlassenen Soldaten, der Menschenschlächter von Avignon usw. Er beschuldigte sie, mit den Feuillants, mit Narbonne, La Fayette und dem Hof im Einvernehmen zu sein. Das Ganze wurde mit diesem mörderischen, gemeinen Vorwurf gewürzt: „Sie kennen diese Kunst der Tyrannen, ein stets gerechtes und gutes Volk zu ungehörigen Dingen aufzuheben, um es dann im Namen des Gesetzes hinzuopfern und herabzuwürdigen."

Es folgte der scharfe Dolchstoß: er fragte sie, warum sie ein und eine halbe Million den Generalen hatten geben lassen, und sechs Millionen an Dumouriez, unter Befreiung vom Rechenschaftsbericht. So wußte er den sehr berechtigten Argwohn, der hinsichtlich der Verwaltung der Gelder auf dem verdächtigen Genossen der Girondisten lastete, geschickt auf sie alle auszudehnen. Diesen Argwohn hatten sie selbst. Hatten ihn so sehr, daß „die Befreiung vom Rechenschaftsbericht" in der endgültigen Fassung, die sie dem Dekret gaben, nicht mehr zu finden war. Dumouriez schlug solchen Lärm darüber, jammerte so laut über seine gekränkte Ehre, bot sogar seine Demission an, daß die Versammlung nicht umhin konnte, das kleine Wort, das ihm so am Herzen zu liegen schien, wieder in die Verfügung aufzunehmen.

Gerechtfertigt oder nicht, die Anklage, die Robespierre vorgebracht, verfing bei den Jakobinern so sehr, daß er am gleichen Tage erreichte, daß jede neue Verbrüderung hinausgeschoben werden solle, das heißt die Jakobiner wollten nicht mehr mit ihrem Namen die sehr zahlreichen Gesellschaften in der Provinz decken, die sich gegenwärtig um die Fahne der Gironde scharten. Er wollte, diese Neuankömmlinge sollten in Quarantäne bleiben, oder sie sollten, allein durch die Tatsache, daß die Gesellschaft ihre Zulassung hinausschob, dem Volke als Gemäßigte, als Feuillantistische verdächtig werden und durch die Hiebe der Robespierre anhängenden Presse, durch die listigen Beschuldigungen, die man hier erfand und von Paris aus hinausschickte, zu treffen sein.

Diesen Angriffen gegenüber gab sich die Gironde eine Blöße. Sie hatte auf die Nationalgarde von Paris viel Rücksicht zu nehmen, in einem Augenblick, da sie keine andere Kraft hatte, um die Auflösung der Garde des Königs zu vollziehen; die Piken waren noch nicht organisiert, das Volk nicht bewaffnet, die Nationalgarde war alles. Der gewaltsame Tod des Bürgermeisters von Etampes, Simoneau, der sich in einer Getreideangelegenheit dem Aufruhr tapfer entgegengestellt hatte, wurde von allen denen fanatisch aufgegriffen, die unter den Unruhen litten und die gesetzmäßige Ordnung wollten. Man beriet über eine Trauerfeier; Brissot war dafür, Robespierre dagegen. Man behauptete, Simoneau sei ein Wucherer gewesen, er habe den Tod verdient. Dieses Fest „des Gesetzes", wie man es nannte, wurde in Gegensatz gebracht zu dem „Fest der Freiheit", das im April für die Soldaten von Châteauvieux abgehalten worden war; es wurde bei jeder Beschuldigung von neuem vorgebracht und man machte ein gewaltiges Verbrechen daraus, das man der Gironde zur Last legte.

Das von der Gironde und Dumouriez zusammengestellte gemischte Ministerium hatte sich infolge der Niederlage in Flandern aufgelöst; der Mißerfolg war auf Dumouriez zurückgefallen und hatte ihn einen seiner Getreuen gekostet, den Kriegsminister, den er nicht genug zu decken vermochte. Er mußte an seine Stelle einen ganz girondistischen Minister treten lassen, den Obersten Servan, Militärphilosoph, Exgouverneur der Pagen, ein angesehener, kluger Schriftsteller, sogar ein Mann der Frau Roland, der nicht von ihrer Seite ging. Die Öffentlichkeit, die ihr durchaus einen Liebhaber geben wollte, machte jetzt Servan dazu; dasselbe geschah mit allen Männern, die von dem mannhaften und staatsklugen Herzen dieser Frau, wir könnten sagen: eigentlichen Parteiführerin, angetrieben wurden. Sie verdiente diesen Namen zur Zeit, von der wir jetzt berichten. Sie zeichnete sich weniger durch Stil, durch redegewandte Form, als durch Initiative aus. Diese hatte sie für die beiden Maßnahmen, die den Thron stürzen sollten.

Der Ministerrat kam nicht voran und tat nichts. Die Versammlung tat, abgesehen von der Verordnung zur Entlassung der Garde, nichts, sie „brissotierte" (man gestatte mir diesen Ausdruck aus jener Zeit). Und der Krieg hatte damit begonnen, die klägliche Organisation im Inneren aufzudecken, der Krieg wurde weiter von den Angestellten des Ancien régime verwaltet, von den Feinden des Krieges. Warum rückte der Feind nicht vor, und wer hinderte ihn daran? Man konnte es nicht erraten. Der Feind war in Paris. Diese entlassene Garde hatte zwar den Rock gewechselt, aber sie war da, völlig bewaffnet, in Bereitschaft, einen Schlag zu führen; zumindest konnte sie, wenn der Feind in Frankreich eindrang und auf Paris marschierte, ihm von hier aus die Hand reichen, ihn erwarten und ihm helfen, so daß am Entscheidungstage unsere Verteidiger den Feind vor und hinter sich sahen, nichts als den Feind sahen.

Ein Brief, ein Stück Papier vernichtete das alles. Servan, der vergaß, daß er Minister war und nur noch der Gefahren für das Vaterland gedachte, schrieb – angefeuert vom kühnen Geiste der Frau Roland und wahrscheinlich nach ihrem

Diktat – an die Versammlung, um ihr vorzuschlagen, hier, bei Gelegenheit des 14. Juli, ein Lager von zwanzigtausend Freiwilligen zu errichten; man kannte die Begeisterung, den Patriotismus der Leute. Diese kleine Armee glühend eifriger Bürger, die Paris beherrschte, machte die geheimen Kräfte, die der Hof hier festhielt, unwirksam. Es war eine Drohung gegen ihn, ein nacktes Schwert über dem Haupte der hinterlistigen oder ritterlichen Verfechter des Königtums der Dumouriez und der La Fayette.

Hier kann man die ganze Verstiegenheit der von Robespierre so oft vorgebrachten Verdächtigung eines angeblichen Bündnisses zwischen La Fayette und den Girondisten wahrnehmen. Der Vorschlag, der die royalistische und militärische Reaktion La Fayettes unmöglich machen sollte, stammte von Frau Roland, das heißt unbestreitbar aus der geistigen Zentrale der Gironde.

Dumouriez fühlte sich von diesem unvorhergesehenen Schlag getroffen, und er gesteht, daß beim ersten Ministerrat seine Erregung so groß und die Auseinandersetzung so scharf war, daß die Sitzung blutig geendet hätte, wäre der König nicht anwesend gewesen. – „Wenn nun", sagte Clavière (der girondistische Finanzminister), „wenn nun Servan, um eine Lösung zu finden, seine Anregung zurückzieht?" – Die Wirkung wäre für den König und für Dumouriez furchtbar gewesen. Dieser ahnte die Falle, wies den Vorschlag wütend ab und sagte, wenn man einen solchen Rückzug antrete, mache man die Versammlung nur um so versessener auf das Dekret, treibe das Volk zum Aufruhr, und an Stelle der zwanzigtausend Mann kämen vierzigtausend ohne Dekret, um alles umzustürzen; er wisse ein gutes Mittel, der Gefahr vorzubeugen. Sein Mittel war, Paris nach und nach unter dem Vorwand des Krieges von diesen Leuten freizumachen und sie nach Soissons abzuschieben.

Robespierre war von dem Erlaß kaum weniger erbaut als Dumouriez. Die große und vertrauensvolle Initiative der Gironde, hier furchtlos diese feurige Elite des bewaffneten Frankreichs herbeizurufen, drückte ihm das Herz ab. Seine Angst, seine Bitterkeit und Mißgunst ergoß sich ausführlich sowohl in seiner Zeitung als bei den Jakobinern. Dadurch aber gab er den Wagehälsen der Gironde, wie Girey-Dupré und Louvet, Gelegenheit, auf die eigentümliche Übereinstimmung hinzuweisen, die seit einiger Zeit zwischen der Meinung Robespierres und der des Hofes zu finden sei, zum Beispiel hinsichtlich des Krieges und der Einlagerung der zwanzigtausend Mann.

Daher leiteten sie ihre Verdächtigung ab, daß dieser Cato nicht ehrlich sei, daß vielleicht auf unterirdischen, geheimnisvollen Wegen ein stilles Einverständnis die Tuilerien und die Jakobiner verbinde, daß das österreichische Komitee recht gut auf der dreimal heiligen Tribüne in der Rue Saint-Honoré sein Werkzeug haben könne.

Die Frage der zwanzigtausend Mann war ganz nebensächlich, zufällig, äußerlich. Die innere, wichtigere Frage war die der Geistlichkeit.

In Erwartung der Vendée lieferte die Geistlichkeit der Revolution schon einen Krieg, der genügte, um sie auszuhungern. Sie fügte dem „Glaubensbekenntnis" einen neuen Artikel hinzu: „Wer die Steuern zahlt, ist verflucht." Keinem Glaubenspunkt kam der Bauer gläubiger entgegen; mit diesem geschickt verbreiteten Wort wußten die Priester, ohne sich zu rühren, die Tätigkeit der Behörden lahmzulegen, Frankreich dem Feinde auszuliefern.

Nichts kam ihrer Kühnheit gleich. Mitten in der Revolution beanspruchte die frühere geistliche Rechtsprechung ihre Unabhängigkeit, gebärdete sich als Oberhoheit. Ein Priester von Faubourg-Saint-Antoine hatte sich vermählt; kein Gesetz stand dem entgegen, die Nationalversammlung hatte ihn anerkannt. Er wurde darum nicht weniger verleumdet und von seinen geistlichen Vorgesetzten verfolgt.

Die Stärke der Gegenrevolution, man kann es nicht genug wiederholen, lag in ihren Priestern. Wenn man sagte, man könne das Hindernis abwenden, so hieß das die Lage völlig verkennen. Die Geistlichkeit hatte sich überall der Revolution entgegengestellt, um ihr den Durchzug zu verwehren; sie kam daher mit der Gewalt eines ungeheuren Antriebes, einer durch die Widerstände und durch die Jahrhunderte angetriebenen Eile, sie mußte gegen dieses Hemmnis anrennen, es zerbrechen oder selbst daran zerbrechen.

Der mildeste, der menschlichste der Männer der Gironde, Vergniaud, forderte eine Verordnung zur Deportation der widersetzlichen Priester. Roland legte die Beschlüsse vor, die (seit April) bereits von zweiundvierzig Departements gegen sie gefaßt worden waren. Am 27. Mai wurde das Dekret als dringlich verfaßt: „Die Ausweisung aus dem Königreich hat innerhalb eines Monats stattzufinden, sofern sie von zwanzig Aktivbürgern verlangt, vom Bezirk genehmigt, vom Departement ausgesprochen wird. Der Ausgewiesene erhält drei Livres pro Tag als Reisekosten bis an die Grenze."

Die Gültigkeitserklärung dieses Erlasses war der ernstliche Prüfstein für den König.

Genehmigte er die Gültigkeit, so war der großen Verschwörung der Geistlichkeit, die sich über ganz Frankreich erstreckte, seine moralische Unterstützung genommen. Verweigerte er sie, dann blieb er der Mittelpunkt der Handlung, der Führer, der eigentliche General der Gegenrevolution.

Das war nicht, wie man so oft gesagt hat, eine einfache Gewissensfrage, die nur den einzelnen anging, der nur mit sich selber zu Rat zu gehen brauchte und keine Verantwortlichkeit hatte. Es war der erste Beamte des Volkes, der das Haupt einer immerwährenden Verschwörung gegen das Volk blieb oder nicht blieb. Gebot sein Gewissen ihm den Untergang und den Tod des Volkes, so war es seine Pflicht, abzudanken.

Die Feuillants, die alle Royalisten geworden und durch das Übermaß der Erregung ihrer klaren Einsicht beraubt waren, trugen nicht wenig dazu bei, seinen unvernünftigen Widerstand zu ermutigen. Sie verteidigten den Fanatismus im Namen der Philosophie; sie sagten, es sei eine Sache der Toleranz, der religiösen Freiheit – Toleranz für Verschwörer und Freiheit für Mörder. – In mehreren Provinzen floß schon Blut, besonders im Elsaß. Simon aus Straßburg versicherte, daß bereits mehr als fünfzig konstitutionelle Priester umgebracht worden, bei sechzig die Häuser ausgeraubt, ihre Felder verwüstet worden seien usw.

Die hartnäckige Weigerung des Königs, die Geistlichkeit, den Feind der Verfassung, im Stich zu lassen, seine stillschweigende Ermunterung der widersetzlichen Priester zum Widerstand, zur Verfolgung der ergebenen Priester, kam einer eindringlichen Aufforderung zum Bürgerkrieg gleich. Man konnte sagen, seine Fahne wehe auf den Tuilerien, für ganz Frankreich sichtbar.

So gefangen wie er war, sah der König sich noch immer von starken positiven Kräften umgeben. Er glaubte zwei Armeen zu haben: die Royalisten, die sich in Paris zusammengeschlossen hatten, man sagte, es gäbe hier bis zu zwölftausend Ritter vom Heiligen Ludwig; ferner die konstitutionelle Garde, die, ob sie gleich entlassen war, friedlich ihren Sold weiter bezog und sich zur Tat bereit hielt. Die andere Armee, das waren die Feuillants, die in der Nationalgarde sehr zahlreich waren, und die im Lager La Fayettes alle Offiziere, viele Soldaten für sich hatten. Es hieß, der König brauche nur ein Zeichen zu geben, so käme La Fayette herbei.

Die Unverschämtheit der Fayettisten und der lebhafte Gegensatz zwischen dieser Partei und der Gironde, die man so sehr der Einigkeit beschuldigte, trat bei einem Besuch zutage, den zwei Adjutanten La Fayettes unerwartet und ohne glaubwürdigen Vorwand bei Roland machten, als hätten sie den Minister nur aufsuchen wollen, um einen Streit vom Zaun zu brechen. Sie sagten ihm, was sie schon in den Cafés und allenthalben gesagt hatten, man müsse die Truppen vergrößern, die Soldaten seien feige usw. Roland nahm diese letzte Äußerung übel, verteidigte die Armee, die Ehre der Nation, sagte, der Offizier sei mehr zu beschuldigen als der Soldat und schrieb in dieser Angelegenheit an La Fayette. La Fayette erwiderte als echter Marquis des „Ancien régime", sie hätten sich nicht einem Manne anvertrauen können, den niemand kenne, dessen in der „Gazette" angezeigte Ernennung erst auf ihn hingewiesen habe; er glaube kein Wort von dem Bericht; er hasse die Parteiungen, verachte ihre Führer.

Eine solche Sprache, einem Minister gegenüber, war nicht als persönliche Beleidigung aufzufassen; es war eine Herausforderung an das Ministerium, an die Regierung, an die regierende Partei, an die Gironde, war eine Kriegserklärung. Es war anzunehmen, daß er, der zu dem Mann der Nationalversammlung einen solchen Ton anschlug, daß dieser Cäsar von einem Tag zum anderen den Rubikon überschreiten würde. Schon vor der Schlacht gebärdeten sich die Feuillants als Sieger. Einer von ihnen, ein Abgeordneter, überfiel mitten in den Tuilerien den Jakobiner Grangeneuve, der schwach und klein war und sich schlecht wehren konnte, mit Stockschlägen; er blieb dreiviertel Stunden ohnmächtig liegen. Jener Rasende schlug immer weiter, bis Saint-Huruge und Barbaroux sich auf ihn stürzten und ihn nun ihrerseits zu erwürgen drohten.

In der Wartezeit machten die Feuillants, die Royalisten von Paris, eine Bestellung auf sechstausend blanke Waffen, die von dem Friedensrichter der Sektion Bondy aufgefangen wurde.

Von allen Seiten zog der Sturm herauf. Und die Gironde, die das Staatsschiff zu lenken schien, hatte es nicht in ihrer Gewalt. Sie schien allmächtig zu sein und vermochte nichts, und sie erregte eine Mißgunst, die Robespierre tagtäglich weiter benutzte, um an ihrer Zerstörung zu arbeiten.

Roland, der republikanische Minister eines Königs, der sich in den Tuilerien von Tag zu Tag mehr am falschen Platze fühlte, hatte seinen Fuß nur unter der ausdrücklichen Bedingung an diesen verhängnisvollen Ort gesetzt, daß ein eigens hierzu ernannter Sekretär jeden Tag wörtlich die Entscheidungen und Abstimmungen niederschriebe, damit Belege dafür vorhanden blieben, und damit man im Falle einer Treulosigkeit nach jeder Richtung genau abmessen und feststellen könnte, welcher Anteil an der Verantwortung jedem Beteiligten zukam.

Das Versprechen wurde nicht gehalten; der König wollte es nicht. Da wählte Roland, um sich zu decken, zwei Mittel. Überzeugt, daß die Öffentlichkeit die Seele eines freien Staates ist, veröffentlichte er jeden Tag in einer Zeitung, „Das Thermometer", alles, was von den Entscheidungen des Kronrates bekannt zu geben nützlich sein konnte; zweitens entwarf er mit Hilfe seiner Frau einen offenen, freimütigen und energischen Brief, der dem König übergeben werden sollte und später vielleicht der Öffentlichkeit, wenn der König sich darüber aufhielte.

Dieser Brief war durchaus nicht vertraulich, er versprach keineswegs, daß er geheim bleiben solle – was man auch darüber gesagt hat. Er wandte sich offensichtlich ebenso an Frankreich wie an den König und sagte ausdrücklich, daß Roland nur darum zu diesem Mittel gegriffen habe, weil der Sekretär und das Protokollbuch, die für ihn hätten zeugen können, ausgeblieben waren. Der Brief wurde am 10. Juni von Roland übergeben, am gleichen Tage, an dem der Hof eine neue Mine gegen die Nationalversammlung springen ließ, eine drohende Eingabe, worin man hinterlistigerweise, angeblich im Namen von achttausend Nationalgardisten, behauptete, daß die Einberufung der zwanzigtausend Föde rierten aus den Departements eine Beleidigung für die Pariser Nationalgarde sei.

Als der König am 11. oder 12. den Brief unerwähnt ließ, faßte Roland den Entschluß, ihn im Kronrat laut vorzulesen. Dieses wahrhaft beredte Schriftstück ist der äußerste Protest einer echt republikanischen Gesinnung, die dennoch dem König einen letzten Ausweg zeigt. Harte Worte stehen darin, auch vornehme und zarte; das folgende ist erhaben: „Nein, das Vaterland ist kein bloßes Wort; es ist ein lebendiges Etwas, dem man Opfer gebracht hat; dem man sich jeden Tag enger verbindet durch die Sorgen, die es verursacht, das man mit großen Anstrengungen geschaffen hat, das sich mitten aus den Unruhen der Zeit erhebt, und das man gerade um dessentwillen liebt, was es kostet und was man erhofft ..." Dann folgen ernste Warnungen, allzu wahre Prophezeiungen über die furchtbaren Gefahren des Widerstandes, der die Republik zwingen würde, sich im Blut zu vollenden.

Dieser Brief hatte den besten Erfolg, den der Verfasser erhoffen konnte. Er wurde der Grund für seine Entlassung. Die von den Feuillants gelenkte Königin glaubte die Gironde aus dem Ministerium verjagen zu können, die Partei, welche die Nationalversammlung leitete, was nicht weniger bedeutete, als die Versammlung beiseite zu schieben und ohne sie zu regieren. Ein befremdlicher Wagemut, der sich auf eine recht haltlose Annahme stützte, nämlich, daß man Dumouriez und die Feuillants zur Einigkeit bringen, die beiden feindlichen Generale der Gironde, Dumouriez und La Fayette, versöhnen und mit diesen beiden Degen die Feder der Advokaten zerbrechen könnte.

Die Schwierigkeit war, während man Roland, Servan und Clavière entließ, Dumouriez zum Bleiben zu bewegen, um allein den Zorn der Allgemeinheit und der Versammlung zu tragen. Man erreichte es durch eine Lüge und eine kindliche List. Der König täuschte den Minister; der Harmlose, der Biedermann überlistete den Intriganten; er gab Dumouriez zu verstehen, daß er das Dekret der zwanzigtausend Mann und das andere gegen die Priester genehmigen könne, wenn man ihn von den girondistischen Ministern befreit habe. Auf diese Äußerung hin übernahm Dumouriez die gemeine Pflicht, seine Kollegen zu entlassen. Am gleichen Tage noch wurden sie von der Versammlung abgedankt, die hinzufügte, sie hätten sich um ihr Vaterland recht verdient gemacht.

Er versuchte durch einen kühnen Streich wieder hochzukommen; er legte zu gleicher Zeit dieser aufgebrachten und bebenden Versammlung eine wichtige Abhandlung über den wahren Stand unserer militärischen Kräfte vor. Die Eingabe war zum guten Teil gegen Servan gerichtet, den letzten Minister. Da jedoch Servan nur vierzehn Tage die Gewalt in Händen gehabt hatte, fielen die Vorwürfe weit mehr auf de Grave und besonders auf Narbonne, seinen Vorgänger.

Dumouriez' Mut, seine gute Haltung, richteten ihn wieder auf. Dessenungeachtet hatte er doch nur ein Mittel, sich zu halten, das war, vom König die Gültigkeitserklärung der Dekrete zu erlangen.

Er hatte sich mit dieser Hoffnung in die größte Gefahr begeben, sich fast daran verloren. Aber gerade weil der Hof es so beurteilte, lag ihm nichts mehr daran, ihn zu halten. Die Feuillants hatten Dumouriez ohne Umschweife wissen lassen, daß es für ihn nur einen Ausweg gebe, nämlich sich in ihre Arme zu werfen, daß er die Ablehnung der Gültigkeitserklärung gegenzeichnen müsse; um diesen Preis wollte man ihn mit La Fayette versöhnen, der nur zu dem Zweck nach Paris komme, um ihn zu verfolgen. Auf die Art glaubte man ihn unwiderruflich gefangen, fest im Netz verstrickt. Der König sprach zu ihm im befehlenden und majestätischen Ton des Königs vor 1789, gebot ihm und seinen Kollegen, dem „Veto" ihre Unterschriften beizufügen. – Am übernächsten Tage gaben Dumouriez und seine Kollegen ihre Demission. – Der König war sehr erregt. „Ich nehme an!" sagte er mit düsterer Miene. Sein Doppelspiel hatte keinen Erfolg gehabt. Selbst der unerschrockenste Intrigant konnte ihm nicht bleiben. Der Hof sah sich dem Volke entlarvt gegenübergestellt.

ZWÖLFTES KAPITEL

Der zwanzigste Juni
Einfall in die Tuilerien
Bedrohung des Königs

Anzeichen von Anarchie. – Gefahr eines Staatsstreiches. – La Fayette schreibt dem König, er solle Widerstand leisten (16. Juni 1792). – Unentschiedenheit, Schwanken der Nationalversammlung. – Wer hat den 20. Juni vorbereitet? – Welchen Teil Danton daran haben konnte. – Rede eines Mannes aus dem Volk. – Robespierre ist gegen die Bewegung. – Geheime Zusammenkunft bei Santerre. – Die Versammlung scheint die Bewegung zu rechtfertigen. – Harmloses Unternehmen der Volksmenge. Die Führer veranlassen die Menge, die Schloßtore zu erbrechen. – Der König wird überrumpelt und bedroht. – Sein Vertrauen und sein Mut. – Wie er das Volk unterhält. – Kühner Stolz der Königin. – Pétion in den Tuilerien. – Letzter Widerstand des Königs. – Das Volk ermüdet und geht auseinander.

Die beiden feindlichen Mächte, die Revolution und der Hof, standen einander gegenüber, Stirn gegen Stirn, bereit, loszuschlagen.

Der König hatte durch Anwendung des „Veto", seiner konstitutionellen Waffe, durch die Demissionsannahme der Minister der Majorität, der Nationalversammlung die Regierung aus den Händen genommen. Die Versammlung war die einzige anerkannte Macht in Frankreich; was man ihr rauben konnte, kehrte daher nicht zum König zurück. Das war also nur die Nichtigkeitserklärung der Gewalt und der Eintritt in die Anarchie.

Sie zeigte sich auf allen Seiten in der Nichtigkeit, der Unentschlossenheit der Behörden, sogar der volkstümlichsten und aus den Wahlen hervorgegangenen. Ein Zustand von Teilung, von erschreckender Zersplitterung begann an allen Punkten. Keine Fäden, die aus der Mitte zu den Außengliedern liefern und das Einzelne dem Ganzen angliederten. Und selbst in jeder Partei gab es wieder Unterparteiungen. Die beginnende revolutionäre Regierung, die man zuweilen den Vorläufer der Anarchie genannt hat, war ganz im Gegenteil als das Mittel, das gewaltsame und furchtbare, schließlich aber das einzige Mittel anzusehen, das Frankreich besaß, um ihr zu entrinnen.

Diese Uneinigkeit herrschte angesichts einer Gefahr, die des stärksten Zusammenschlusses bedurft hätte, angesichts einer der Krisen, in denen alle Geschöpfe in Todesgefahr sich zusammenschließen und aufraffen, nach größter Einigkeit suchen.

Der Feind war da, war schon Sieger; er schien nicht einmal zu geruhen, näherzutreten. Er glaubte das bei dem bejammernswerten Zustand Frankreichs nicht nötig zu haben. Er blieb an der Grenze, um verächtlich zuzusehen, wie eine verlassene Nation sich selber zerfleischte.

Eines war gewiß. Der Hof holte zu einem Schlage aus. Die Ereignisse von Nancy und vom Marsfeld würden im großen Stil wiederholt werden. Diesmal schienen die Royalisten bereit, den Feuillants, den konstitutionellen Royalisten, die Hand zu bieten. Sie begannen, den ungeheuren Fehler einzusehen, den sie Ende 1791 begingen, als sie die Feuillants und La Fayette opferten, sogar den Jakobinern halfen, sich gegen ihre wütenden Feinde zu wappnen; Royalisten und konstitutionelle Royalisten waren, wenn sie sich für den Augenblick miteinander verständigten, eine gewaltige Partei – stark genug zum Sieg? Man weiß es nicht, ganz gewiß aber stark genug, um in ganz Frankreich einen furchtbaren Bürgerkrieg zu entfesseln.

Die ersten Maßnahmen, die man hätte treffen müssen, wären entsetzlich gewesen. Die Aufhebung des Rechtes zu Versammlungen, die Unterdrückung der Klubs, ohne Zustimmung der Nationalversammlung, auf Befehl einer untergeordneten Autorität; – die Umklammerung der Versammlung durch Militärgewalt, durch den Aufstand einer Armee.

Wenn man es recht betrachtet, war der Versuch nicht unmöglich; nur hätte es einer sehr schnellen Entscheidung, eines starken und einmütigen Vorgehens bedurft. Die große militärische Gewalt von Paris, die sechzigtausend Bajonette der Nationalgarde, war außerordentlich zersplittert, die gute Hälfte kraftlos; selbst unter dem aktiven Teil gab es viel Unentschlossenheit. Der Hof war stark genug, hatte er doch die fünf- bis sechstausend Kämpfer, Haudegen, Edelleute der konstitutionellen Garde, die er in Wirklichkeit nicht entlassen hatte, und anderseits die Schweizergarde, eine auserlesene, ergebene Schar von drei Bataillonen, deren jedes sechzehnhundert Mann betrug. Das war wenig, um Paris in Schach zu halten, genug für einen Gewaltstreich, beispielsweise um sich an einem Tage, zur nämlichen Stunde der Kanonen der Sektionen zu bemächtigen, den Jakobinerklub zu schließen, seine sämtlichen Führer festzunehmen, alles, was royalistisch war, in der Nationalgarde zu vereinigen und in Paris La Fayettes Reiterei zu empfangen, die innerhalb dreier Tage in Eilmärschen aus den Ardennen eintreffen konnte.

Die wirkliche Schwierigkeit war der Mangel an Entschiedenheit, an geistiger Einheitlichkeit. Die Royalisten hätten ohne Zögern einen harten und tödlichen Schlag geführt; die Feuillants, die Fayettisten hätten nur mit halber Kraft losgeschlagen, aus Angst, hinter der Anarchie die Freiheit zu vernichten. Der Hof, der die Bedenken dieser Partei gut kannte, zauderte, sie einschreiten zu lassen. Er ließ sie reden, stellte sie als Vogelscheuche auf; es lag ihm aber nicht ernstlich daran, daß sie sich betätigte. Durch La Fayette triumphieren, das wäre für die Königin die bitterste Niederlage gewesen. Sie hätte dann geglaubt, die gemäßigte Revolution könne von Bestand sein, während sie viel lieber annahm, die Jakobiner hätten schließlich eben durch ihr wütendes Gebaren das Verdienst, Frankreich müde zu machen, die Revolution zu Ende zu bringen, das Unglück auszuschöpfen.

Am 12. Juni begann das Direktorium von Paris den Angriff mit einem Brief an Roland, Minister des Innern. Er berief sich auf die Gesetze, die zur Schließung des Jakobinerklubs berechtigten.

Am 16. Juni tat La Fayette, der über die Abdankung der drei girondistischen Minister und die Beibehaltung Dumouriez' unterrichtet war, im Lager von Maubeuge den entscheidenden Schritt, an die Versammlung einen strengen, heftigen und drohenden Brief zu schreiben, wie Cäsar ihn an den römischen Senat geschrieben haben mochte, als er von Pharsalus heimkehrte. Er enthielt zunächst eine Wiedergabe des vom Direktorium von Paris gegen die Jakobiner gerichteten Briefes. Ferner Ratschläge an die Versammlung, oder vielmehr Bedingungen, die mit der Hand am Degen gestellt wurden: der dringende Rat, das Königtum, die religiöse Freiheit usw. zu achten; ein seltsamer Vergleich zwischen Paris und der Armee, das eine so dumm, die andere so vernünftig: „Hier befolgt man die Gesetze, achtet den Besitz; hier kennt man weder Verleumdung noch Parteiungen ..." Dann eine sehr bedenkliche und unentschuldbare Äußerung, um die Unzufriedenheit im Heer aufzustacheln, das Schwert des Aufruhrs zuzuspitzen: „Der mutige und beharrliche Patriotismus einer Armee, der vielleicht den Machenschaften gegen ihren Herrn geopfert werden soll."

Und aus Besorgnis, daß dieser Brief noch nicht deutlich genug sei, sandte er einen an den König, um ihn zum Widerstand gegen die Nationalversammlung zu ermuntern: „Bleiben Sie fest, Sire, kraft der Autorität, welche der nationale Wille Ihnen übertragen hat ... Alle guten Franzosen werden sich um Ihren Thron scharen ..."

Die Bestürzung der Versammlung, als sie von diesem überraschenden Schriftstück Kenntnis nahm, war unbeschreiblich. Die Wirkung aber war noch unerwarteter.

Bis jetzt war die Versammlung unter dem Zeichen der Gironde vorgegangen. La Fayettes Dreistigkeit änderte das plötzlich. Nach kurzem Schweigen brach ein Beifall los, der weit gewaltiger war, als man ihn von den zweihundertfünfzig Feuillants erwartet hätte; eine große Menge Unentschlossener hatte sich entschieden. Das zeigte sich deutlich bei der Abstimmung. Eine ungeheure Mehrheit beschloß die Drucklegung.

Blieb die zweite Frage abzustimmen. Der Versand an die Departements. Ging es hiermit ebenso, dann war die Gironde verloren, die Versammlung war fayettistisch, Frankreich gehörte den Feuillants.

Es war ersichtlich, daß die Partei, welche die Frage durch die Tagesordnung abzutun suchte, in der Minderheit war.

Vergniaud erhielt das Wort und wußte die Frage sehr gut zu drehen. Es handelte sich nicht um einen der Versammlung in Form einer Eingabe eines gewöhnlichen Bürgers gemachten Vorschlag, sondern um den Rat des Generals einer Armee an der Spitze seiner Truppen. Was sind die Ratschläge eines Generals anderes, als Gesetze, die er fordert?

Dieses scharfsinnige Wort hatte keinen Erfolg.

Man bewundere die Klugheit der Versammelten. Durch eine verblüffende Wendung, einen zufällig aufgegriffenen Vorwand, eine offenbar unbegründete Versicherung, gewann Guadet die wankelmütigen Seelen zurück und begann die allgemeine Ansicht auf die andere Seite zu ziehen: „Ist der Brief wirklich von Herrn de La Fayette? Nein, das ist unmöglich. Wenn es auch seine Unterschrift ist, so hat er sie eben blanko geschickt und der Text ist hier ausgefüllt worden. Er spricht am 16. Juni von der Demission des Herrn Dumouriez, die noch nicht stattgefunden hatte und die er nicht kennen konnte."

Das hielt die Versammlung zurück. Nun, in La Fayettes Brief ist nicht ein Wort, das auf sein Wissen um Dumouriez' Rücktritt hinweist.

Guadet machte der Sache ein Ende, indem er die Aufmerksamkeit ablenkte; er wirft eine Herausforderung hin, die zur Unterredung führt, die Abstimmung hinauszieht; es wird Zeit gewonnen: „Als Cromwell so zu reden wagte ..." (Laute Rufe: „Herr, das ist schandbar!" usw.)

Der Tumult nimmt zu. Der erste Eindruck wird verwischt; die Versammlung wird unbewußt wieder, was sie war. Sie stimmt unter dem Einfluß der Gironde dafür, daß der Brief der Kommission der Zwölf zur Prüfung zu übergeben sei, und hinsichtlich der entscheidenden Frage seiner Verschickung an die Departements, daß darüber nichts zu beschließen sei.

Die Gironde, die den Abgrund so nahe gesehen hatte und nur gewarnt, nicht beruhigt war, machte sich nun – alles weist darauf hin – mit dem Gedanken an einen neuen 6. Oktober vertraut; das war der 20. Juni.

Der 20. Juni, der 10. August, waren außerordentliche Heilmittel, ohne welche Frankreich sicher umgekommen wäre.

Der 10. August, der den Thron zerbrach, nahm der Invasion den Posten, den sie in unserer Mitte stehen hatte, ihr Fort der Tuilerien, das sie schon besetzt hielt. Behielt sie es, so würde jeder nationale Widerstand unmöglich werden.

Der 20. Juni warnte den unverbesserlichen König des Ancien régime, den König der Priester.

Der 10. August stürzte den Freund des Auslands, den Freund des Feindes.

Das alles sind keine zufälligen, einzeln und künstlich herbeigeführten Taten, sind nicht einfach das Resultat der Treibereien einer Partei.

Persönliche Einflüsse spielten am 20. Juni keine große Rolle. Immerhin mehr, glauben wir, als am 10. August. Bei der ersten Erschütterung konnten die

Männer noch Einfluß haben. Als aber der Ansturm einmal gegeben war und das furchtbare „crescendo“ der nationalen Wut seinen naturgemäßen Lauf genommen hatte, kam der 10. August als eiliges Verhängnis, in gerader Linie, wie die Kugel aus dem Rohr.

Man muß sich den geringen Anteil, den der Herzog von Orléans an der Sache vom 20. Juni haben konnte, nicht zu groß denken. War Sillery, sein Mann, dabei? Man hat es gesagt; wie ich glaube, zu unrecht. War sein Geld beteiligt? Das ist nicht unwahrscheinlich. Er hatte versucht, sich dem Hof zu nähern, und er war zurückgewiesen, gekränkt worden. Einiges Geld mochte von Santerre und anderen Führern in Lebensmitteln und Getränken angelegt worden sein, in den Kneipen, die wie stets den Herd des Aufstandes bildeten.

Man ist auch darauf verfallen, daß bei den vorbereitenden Zusammenkünften für den Aufstand Marat und Robespierre erschienen sein sollen. Aber zunächst einmal sind diese beiden Männer nie gemeinsam vorgegangen (abgesehen vom 31. Mai). Marat verachtete Robespierre als einen Schwätzer, einen armseligen Biedermann, der keineswegs auf der kühnen Höhe stand, die den großen Staatsmann kennzeichnet, der nichts von den großen Hilfsmitteln, dem Strick und dem Dolch begriff.

Marat hat am 20. Juni nicht eingegriffen. Man sieht nicht seine blutige Hand. Robespierre, weit davon entfernt, mitzutun, war ganz und gar dagegen; er liebte nicht diese großen Erhebungen. Herr von Robespierre war ein Mann von Haltung, man durfte ihn nicht aus seiner jakobinischen Taktik aufstören oder aus seinen Gewohnheiten reißen. Gepflegt, frisiert, gepudert hätte er die Rücksicht auf seine Person gewiß nicht in solchem Getümmel aufs Spiel gesetzt, sich auch nicht in der rohen Gesellschaft der Aufrührer zu bewegen gewußt.

Weder die Gironde noch die Jakobiner waren am Werk.

Die erstere half mit ihren guten Wünschen, Pétion mit seinem heimlichen Einverständnis, aber auch viel weniger, als man gesagt hat.

Die Jakobiner waren sehr geteilter Meinung. Die große Mehrzahl war, wie Robespierre, gegen die Bewegung.

Diese Meinungsverschiedenheit der Jakobiner war vielleicht das größte Hindernis bei der Sache. Die natürliche und spontane Volkserhebung litt darunter; man zögerte angesichts der Unsicherheit der großen Gesellschaft, des ungeheuren Einflusses Robespierres. Hier war es, wo sich die Notwendigkeit eines individuellen Eingreifens von Geist und Geschicklichkeit ergab, damit die Bewegung nicht vorzeitig an solchen Hemmungen zum Fehlschlag kam, damit sie ihren natürlichen Lauf nehmen konnte und damit die Volksseele nicht aus Ehrfurcht vor ihren falschen Klugrednern stumm und niedergehalten blieb.

Man entsinnt sich an Vergniauds schönen Ausspruch: „Oft hat sich der Schrecken aus diesem unheilvollen Palast verbreitet; er kehre dorthin zurück, im

Namen des Gesetzes!" ... Das war von Vergniaud gesagt worden; wenn aber einer war, der es tat, der wenigstens dazu beitrug, daß es geschah, so war es Danton, wie ich glaube. Dieser hatte das Grundprinzip der Revolution erkannt: die Tat.

Wir haben gesehen, daß er sich bisher klug bezähmte, in zweifelhaften Fällen das Kraftstück fertigbrachte, als einer der Willensstärksten zu scheinen, ohne eine vermessene Initiative zu ergreifen. In den Klubs, gegenüber der Taktik und dem Mißtrauen der Jakobiner, und selbst bei den Cordeliers, wo er zu Hause war, wagte Danton wenig; er hatte kein volles Vertrauen, er hielt den besten Teil seines Wagemutes zurück; er hatte dort nicht Raum genug, konnte zu wenig Atem holen; die größten Wölbungen konnten seine Stimme nicht fassen, seiner gewaltigen Brust fehlte der Luftstrom. Er bedurfte des Klubs, des Saales, der Wölbung, die von der Barrière du Trône bis zum Grèveplatz und von da bis zu den Tuilerien reicht, und als Gegenstück zu seiner Stimme der Kanone, der Sturmglocke.

Besonders reizvoll war es, daß die Königin Danton ins Hôtel de Ville gebracht hatte. Sie war es, wie man gesehen hat, die aus Haß gegen La Fayette die Royalisten bei den Gemeindewahlen für Pétion stimmen ließ, dessen Erfolg den Manuels und Dantons nach sich zog. Danton, als Stellvertreter des Gemeindeprokurators, nahm sozusagen aus der Hand des Königtums die Waffen entgegen, mit denen er das Königtum niederzumachen gedachte. Von nun an war der Gemeinderat von Paris die Maschine, das Geschütz, das er handhabte, ohne sich vorläufig zu zeigen. Er besaß im großen Gemeinderat eine Minderheit voll Feuereifer, deren er sich bedienen konnte.

Man konnte nicht auf die zwanzigtausend Föderierten vom 14. Juli warten. Die Gefahr war drohend. La Fayettes Degen schwebte über Paris, dem überdies der royalistische Dolch in den Rippen stak. Bei den Jakobinern hielt man jeden Tag ein großes Geschwätz über die einzelnen Leute, man übersah die Dinge und die Tatsächlichkeiten. Robespierre ertränkte die Entschlüsse in einem Gießbach lauen Wassers. Es war seine fixe Idee, dem Eintreffen der Zwanzigtausend entgegenzuarbeiten, die Nationalversammlung so weit zu treiben, daß sie ihren Erlaß zurückzog, was so viel hieß, wie den Degen in die Scheide stecken.

Robespierre bei den Jakobinern zu bekämpfen, daran war nicht zu denken. Danton hätte eine Niederlage erlebt. Man mußte ihn indirekt unschädlich machen. Man mußte die Gesellschaft erschüttern, sie aus ihrer bürgerlichen Zurückhaltung heraus scheuchen, durch die donnernde Stimme des Volkes aufrütteln, so daß, falls der Hof und die Feuillants durch La Fayettes Schwert einen Staatsstreich wagen sollten, man sogleich mit einem großen Pariser Aufstand antworten konnte, ohne daß die Jakobiner es untersagten. Gegen den General, gegen das Heer, das er vielleicht herbeiführte, brauchte man das Volksheer.

Danton, in dem eine so machtvolle Lebendigkeit war, in dem alles Leben pulsierte, hatte stets eine Anzahl von Männern bei der Hand, die er ausspielen konnte, Literaten, tatkräftige Menschen, Fanatiker, Intriganten, zuweilen sogar Helden.

Er hatte den Voltaire der Revolution, Camille Desmoulins, bei der Hand, und er bediente sich seiner nicht. Er beherrschte noch einen anderen wundervollen Künstler, den Verfasser von „Philinte", Fabre d'Eglantine, und er bediente sich seiner nicht. Er zog es vor, unbekannte Streiter auszusenden. Alles Unbekannte hatte damals vor jedem bekannten Manne etwas voraus; es nannte sich: das Volk.

War die Szene, die folgen sollte, von Danton herbeigeführt, um den Jakobinern ein Bein zu stellen? Oder war es wohl eine ganz spontane Tat, eine wirklich aus dem Volke kommende Eingebung? Ich wage nicht, es zu entscheiden.

Am 4. Juni, dem Tage, an dem die Feuillants sich zu dem Verlangen erkühnten, daß Pétion unter Anklage gestellt werde, erscheint ein Mann in einer Arbeitsjoppe, aus dem Faubourg Saint-Antoine bei den Jakobinern, und er weiß mit einer wundervollen Rede die Versammlung hinzureißen. Keins der faden Geschwätze, wie die Gesellschaft sie täglich hörte. Eine grobe, kühne, tief berechnete, ungemein tapfere Rede. Hier ist die Geradheit des Genies, man kann es nicht verkennen.

Dieser Unbekannte, der sich in seinem Arbeitskittel und mit seinen schwieligen Fäusten stark fühlte, sprach zum jakobinischen Senat wie ein ungehobelter Mensch, sagte ihm die Wahrheit. Er übertrieb die Sache, schlug nach allen Seiten um sich, auf jeden Mann und auf jede Partei, Feuillants, Gironde usw. Ich wiederhole seine Worte: „Sie sehen es", sagte er, „ich bin ein Mann im Arbeitsrock; gut also, ich fände wohl noch zweitausend Männer ... Ich sage Ihnen, meine Herren, Sie geben sich viel zu viel mit Persönlichkeiten ab. Immer sieht man Sie von selbstgefälligen Debatten in Anspruch genommen, während das Vaterland nach Ihrer Anteilnahme ruft ... Am Sonntag werde ich selber gehen und der Nationalversammlung eine Petition vorlegen. Und wenn ich keine Jakobiner finde, die mit mir gehen, so werde ich sie selber lesen ... Wir sind nicht ohne Empfindung, meine Herren, wenn wir auch ohne Kniehosen sind ... Wir sprechen zu Ihnen mit Jean-Jacques Rousseau: Die Oberhoheit des Volkes ist unveräußerlich. Solange die Vertreter ihre Pflicht tun, unterstützen wir sie; verfehlen sie dagegen, so werden wir sehen, was wir zu tun haben ... Und auch ich, meine Herren, bin ein Glied der obersten Gewalt!" (Lebhafter Beifall)

So wurde inmitten der Freunde der Verfassung das Recht festgelegt, sie zu zerbrechen, das unverjährbare Recht des Volkes, wenn nötig die Oberhoheit durch einen Aufstand wieder an sich zu nehmen.

Das war keineswegs jakobinische Überlieferung. Am 13. Juni, dem Tage, als Roland und die Girondisten aus dem Ministerium ausschieden, befürchtete Robespierre eine Erhebung und hielt am Abend eine lange Rede, um zu erreichen, daß man sich weniger um das abgedankte Ministerium kümmere. Er sagte, man müsse sich vor partiellen Aufständen hüten, welche der allgemeinen Sache nur die Kräfte raubten.

„Scharen wir uns um die Verfassung ... Die Nationalversammlung hat keine andere Maßnahme zu ergreifen, als die Verfassung zu stützen ... Wenn wir daran rühren, so kommen andere und sagen: Wir haben ebensoviel Recht, die Verfassung abzuändern ...“

Nie war er langweiliger und der Lage weniger gewachsen gewesen. In dieser schrecklichen Gefahr von außen und von innen, als Frankreich gerade an der Art zugrunde ging, wie der König die Verfassung handhabte, da sie predigen, sie anempfehlen – sprechen wir es aus –, war eine Dummheit.

Diese Belanglosigkeit in einem so bedeutsamen Augenblick hätte Robespierre töten, begraben müssen, wäre er nicht das Haupt und die Hoffnung einer geschlossenen Clique gewesen, die ihn um jeden Preis halten wollte, wäre er nicht seit langem als Pädagoge und Schulmeister und Regent der Jakobiner anerkannt worden.

Danton hat ein gemeines, aber sehr bezeichnendes Wort über ihn gesagt, das seine Unfähigkeit in jeder praktischen Angelegenheit, die schnelles Handeln erfordert, grell beleuchtet: „Dieses Rindvieh ist nicht einmal imstande, ein Ei zu kochen!“

Robespierre schloß kläglich mit den allzu vorsichtigen Worten, die ihn dekken, ihn retten sollten, was auch kommen möge: „Ich stelle fest, daß ich mich allen gegen die Verfassung gerichteten Maßnahmen widersetzt habe.“

Danton hütete sich wohl, auf diese Bußpredigt zu entgegnen. Er verlangte, die Unterredung solle auf morgen vertagt werden: „Morgen“, sagte er, „verpflichte ich mich, eine entartete Regierung in Schrecken zu setzen.“ Am nächsten Tage begnügte er sich, ungefähr das zu wiederholen, was bereits von einem seiner Leute, Lacroix, gesagt worden war: Man müsse die Generale absetzen, die Wahlkörperschaften neu gründen, die Besitzungen der Emigranten verkaufen, die große Masse an der Revolution interessieren, indem man fast alle Steuern auf die Reichen abwälze. Er sagte, die Königin müsse abgetan, unter Ehrengeleit und Sicherheit zurückgeschickt werden. Er sagte, nach Tarquinius erlaubte ein römisches Gesetz jedermann ohne Rechtsprechung zu töten, der auch nur gegen die Gesetze redete. Und andere unbestimmte und wilde Sachen, die das Auditorium beschäftigen, den Jakobinern Redestoff geben konnten, ohne irgendeinen Plan zu enthüllen.

Seit dem 14. jedoch hatte sich Legendre, ein Mann von naiver Leidenschaft, aufrichtig und leicht erregbar, den Danton nach Gefallen lenkte, zum Faubourg Saint-Antoine begeben, um sich mit dem einflußreichsten Manne des Faubourg, dem Brauer Santerre, zu besprechen. Dieser, von flämischer Rasse, groß, dick und schwer, eine Art Goliath, hatte, ohne Verstand noch Begabung (das zeigte sich in der Vendée), das, was die Massen in Bewegung setzt. Mut, Gutherzigkeit und Biederkeit. Er war reich und gab unentwegt, vom Seinen, gewiß, aber – man kann es ohne weiteres annehmen – auch vom Geld, welches die Parteien, orléanistische oder andere, verteilen wollten. Als Kommandant des Bataillons der Quinze-Vingt konnte er das Faubourg fortreißen: man liebte ihn. Er gab jedem, der kam, einen Händedruck, und was für einen Händedruck! Er, der dicke Brauer, der hohe Offizier mit mächtigen Epauletten, der auf seinem großen Pferde im Faubourg hin- und herritt, war darum dem armen Volk gegenüber nicht hochmütig. Überdies ein bekannter Patriot und mit einer Stimme begabt, die man von der „Barrière du Trône" bis zur Porte Saint-Antoine vernommen haben würde.

Der ehrenwerte Brauer hatte fast stets eine ganze Anzahl armer Teufel um sich, die er mit Speise und Trank versorgte, Sieger der Bastille und weniger angesehene Leute, Marktschreier, durch die er die Menge aufhetzte, beispielsweise einen jungen Juwelier, der kraft seiner Großsprecherei, seiner Schreierei und Dreistigkeit zum Unglück der Republik General wurde, der unfähige General Rossignol, in der Vendée durch seine Dummheiten und seine Verfolgung Marceaus und Klébers bekannt.

Das sind Santerres Stammgäste. Betrachten wir nun, wer sich ihnen zugesellte, diejenigen, die vom 14. bis zum 20. sich dort in seinem Hinterzimmer versammelten, von Legendre aus dem Faubourg Saint-Germain oder anderen Vierteln hierhergeführt. Die Cordeliers waren in der Mehrzahl.

Da waren zunächst Kolonnenführer, eigenartige Menschen, die man unfehlbar überall traf, wo etwas los war, die teils durch ihre Stimmengewalt, teils durch einen Körperfehler auffielen, sogar durch irgendeine Lächerlichkeit, die der Menge Spaß machte und als Aushängeschild diente.

Da war zunächst ein prachtvoller Schreihals, Saint-Huruge, ein berühmter Gatte, der vor 1789 von den vielvermögenden Freunden seiner Frau eingesperrt worden war, und der überall herumschrie, er werde sein häusliches Ungemach rächen, und gelte es auch, die Monarchie auszurotten. Groß und stark, mit einem mächtigen Stock bewaffnet, bei den Zusammenrottungen oft als Lastträger verkleidet, wußte Herr von Saint-Huruge sogar dem Pöbel Angst einzujagen.

Da war ferner ein furchtbarer Buckliger (sie haben sich stets in der Revolution hervorgetan), Marats Advokat Cuirette-Verrières. Wir haben bereits am 6. Oktober und am 16. Juli diesen blutdürstigen Polichinell zu Pferde gesehen. Verrières, ein unermüdlicher Redner, wurde nur ein einziges Mal aus dem Sattel gehoben, und zwar in einem Rechtsfall, bei dem man darauf verfiel, einen nicht weniger buckligen Anwalt gegen ihn auftreten zu lassen.

Ein kleiner Mann, Mouchet, mit ganz dunkler Haut, hinkend, krummbeinig, eine Art hinkender Teufel, von unterhaltsamer Lebendigkeit, war nicht mit von der Verschwörung, aber machte am 20. Juni viel Wesens. Er war Friedensrichter im Marais, Munizipalbeamter, mit seiner Schärpe geschmückt. Der gegebene Führer dieses Stadtteils wäre der Held im Klub der Franziskaner, der Doppelgänger Dantons gewesen, dieser kleine rasende Tallien. Dann wäre Danton aber nicht genug im Hintergrund geblieben.

Ein geistvoller Radebrecher, Rotondo, halb Engländer, halb Italiener, den noch der Rücken von den Stockhieben schmerzte, die er im Juli 1791 erhalten hatte, zählte sehr darauf, sich im Juni 1792 zu rächen.

Und unter diesen Sprechern gab es einen, der sprach nicht, der tötete, das war der Auvergnat Fournier, genannt der Amerikaner.

Der Führer des Faubourg Saint-Marceau, der sich nachts bei Santerre einfand, war ein Herr Alexandre, Kommandant der Nationalgarde. Von dort kam noch ein tatkräftiger Mensch, vornehm und dünkelhaft, der, da er nach oben nichts erreicht hatte, sich hinunterstürzte ins Volk, der Pole Lazouski. Er war Hauptmann der Kanoniere von Saint-Marcel.

Ich will gern glauben, daß aus dem Faubourg Saint-Jacques ein Künstler zu Santerre pilgerte, ein ganz besonders glühender und leidenschaftlicher Mensch, Sergent, der den Ruhm hatte, der Schwager eines unserer edelsten Helden, Marceaus, zu sein – und der auch das Pech hatte, daß man ihm (wie ich glaube unverdient) die Schande nachsagte, die Metzelei vom September organisiert zu haben.

Am 16. wurde die Sache von dem Polen Lazouski ins Rollen gebracht. Er war Mitglied des Generalrates der Gemeinde. Er verkündete in der Ratssitzung, daß am Mittwoch, dem 20. Juni, die beiden Faubourgs der Nationalversammlung und dem König Petitionen vorlegen und auf der Terrasse der Feuillants den Baum der Freiheit pflanzen würden, zum Andenken an den Ballhauseid und den 20. Juni 1789. Da der Rat die Genehmigung verweigerte, erklärten die Bittsteller, sie würden weitergehen; die Versammlung empfinge sehr wohl die Bittsteller der anderen Partei (und in der Tat ließ sie am 19. sogar ein ganzes Bataillon vor), sie könne es daher nicht abschlagen, auch sie zu empfangen.

Man sagte, der König werde die Petition entgegennehmen, wenn sie nur von zwanzig Personen überreicht werde. Chabot erschien am Abend bei den Sektionen vom Faubourg Saint-Antoine und sagte ihnen, die Nationalversammlung erwarte sie morgen ganz bestimmt und mit offenen Armen.

Tatsächlich hatte die Versammlung am gleichen Abend eine niederschmetternde Eingabe der Marseiller entgegengenommen: Über das Erwachen des Volkes, dieses edelmütigen Löwen, der endlich aus seiner Ruhe herausgehen werde. Sie hatte angeordnet, diese Eingabe solle an die Departements verschickt werden, und durch dieses Entgegenkommen schien sie der für den nächsten Tag geplanten Bewegung ihre Genehmigung zu erteilen.

Alles Volk machte sich ein Fest aus der Beteiligung. Einige Vorsichtigere sagten: „Wenn man nun aber auf uns schießt?" – Die anderen nahmen es nicht ernst; „Und warum?" sagten sie; „Pétion wird da sein."

Das Direktorium von Paris (La Rochefoucauld, Talleyrand, Roederer usw.) verbot die Zusammenrottung, wandte sich zu ihrer Verhinderung an die Nationalgarde. Pétion, der besser informiert war, wußte, daß gerade die Nationalgarde in den Faubourgs einen großen Teil der Versammelten ausmachte. Das zu verhindern, war unmöglich, man konnte die Sache aber ordnen, sie friedlich gestalten, indem man die gesamte Nationalgarde zu den Waffen rief und sie im Zuge mitmarschieren ließ. Das war es, was am 19. um Mitternacht die Polizeiverwaltung vorschlug. Das sogleich zusammenberufene Direktorium lehnte dies ab, da man um keinen Preis eine ungesetzliche Zusammenrottung anerkennen wolle. Es hatte aber keine Gewalt, um dieser Weigerung Geltung zu verschaffen.

Mehrere Sektionen beachteten das nicht und gaben den Bataillonskommandanten die Befugnis, den Zug zu führen. Anderseits vereinigte der Oberbefehlshaber mehrere Bataillone und stellte sie am Carroussel und in den Tuilerien auf. So daß die Nationalgarde in Gefahr war, gegen die Nationalgarde vorzugehen und die entsetzliche Affäre vom Marsfeld zu wiederholen. Das war es, was Pétion befürchtete, was er um jeden Preis vermeiden wollte.

Im Juni wird es beizeiten hell. Seit fünf Uhr morgens fanden in beiden Faubourgs beträchtliche Ansammlungen statt. Die Gemeindebeamten, mit der Schärpe angetan, redeten vergeblich auf die Leute ein. Die mit Säbeln, Piken oder Stöcken nur schlecht bewaffnete Menge, die aus Männern, Kindern und Frauen bestand, war keineswegs feindselig oder gewaltsam gesinnt. Das ist das ausdrückliche Zeugnis einer Unzahl von Zeugen. Sie hatten im allgemeinen nur aus Vorsicht und zur eigenen Sicherheit Waffen und Geschütze bei sich, aus Besorgnis, sagten sie, daß man auf sie schieße. Sie fürchteten, in den Tuilerien könnte ihnen eine Falle gestellt sein, ein Hervorbrechen aus dem Hinterhalt dort in der Höhle des Königtums. „Wir wollen niemandem etwas zuleide tun", sagten sie zu den Gemeindebeamten, „wir machen keinen Aufstand. Wir wollen nur, wie die anderen getan haben, eine Bittschrift vorlegen. Man hat sie gut aufgenommen; warum aber uns ausschließen? ..." Dann stellten sich alle, Männer und Frauen, im Kreise um sie herum und sagten herzlich: „Also, meine Herren, kommen Sie doch mit uns, stellen Sie sich an unsere Spitze!"

Der Hauptzug, ein Teil der Quinze-Vingts, mit der Pappel, die man zu pflanzen gedachte, hatte an der Spitze einen Trupp Invaliden und als Führer Santerre und einen Lastträger (man weiß, daß es Saint-Huruge war).

Auf der Place Vendôme angekommen und die Rue Saint-Honoré überschreitend, sahen sie sich einer Wache von Nationalgardisten gegenüber, die ihnen die Passage der Feuillants, den Durchgang zur Nationalversammlung, versperrte. Der unterwegs mehr und mehr angewachsene Strom betrug nun etwa zehntausend Mann; er hätte die Wache überwältigen können. Die Menge war aber im großen und ganzen vom Geist der Sanftmut und Mäßigung beseelt. Sie versuchten nicht, sich aufzulehnen, ließen die Absicht fallen, den Baum auf der Terrasse aufzupflanzen, begaben sich in den benachbarten Garten der Kapuziner und unterhielten sich mit dem Einsetzen des Baumes.

Inzwischen ersuchten ihre Kommissare bei der Nationalversammlung um die Gunst, vor ihr vorbeiziehen zu dürfen. Sie versicherten, man werde die Eingabe auf dem Pult niederlegen und den Tuilerien nicht einmal nahen. Vergniaud, der ihre Zulassung erbat, wollte, man solle auf alle Fälle dem König sechzig Abgeordnete senden. Die Vorsichtsmaßregel war sehr klug.

Seltsamerweise war es ein Feuillant, der sich widersetzte und sagte, eine solche Vorsicht wäre beleidigend für die Pariser Bevölkerung.

Die voranschreitende Musik läßt mittlerweile das „Ça ira" ertönen, sie treten ein, ihr Sprecher liest an der Barre die drohende Eingabe vor; sie enthält manches heftige Wort, das nach Blut schmeckte, dieses zum Beispiel, das auf die Versammlung selbst gemünzt war: „Das Vaterland, die einzige Gottheit, die anzubeten uns erlaubt sei, soll sie sogar in ihrem Tempel diejenigen dulden, die sich ihrem Dienste widersetzen? ... Mögen sie sich bekanntgeben, die Freunde der willkürlichen Gewalt! Der wahre Herrscher, das Volk, ist da, um sie zu richten. – Wir beklagen uns, meine Herren, über die Untätigkeit unserer Armeen (das ging gegen La Fayette). Erforschen Sie die Ursache; liegt es an der Exekutivgewalt, dann muß man sie vernichten! – Wir beklagen uns über die Langsamkeit des hohen Gerichtshofes ... Will man das Volk zwingen, wieder zum Schwert zu greifen?" Sie verlangten ferner, bewaffnet zu bleiben, bis die Verfassung durchgeführt sei.

Die Haltung des Volkes, in dessen Namen man diese wilde Adresse verlas, entsprach dem wenig; es war lärmend, aber eher heiter als bedrohlich. Das Wetter war wundervoll, ein Tag, an dem der Himmel durch die strahlende Helle, die Milde der Temperatur alles erhoffen läßt und dem tiefsten Elend Trost zu spenden sucht. Das Elend in Paris nahm mehr und mehr zu; trotzdem das Brot billig war, gab es, da alle Arbeit und fast aller Handel aufgehört hatte, zahlreiche Leute, die buchstäblich hungerten. Sie alle jedoch, Arbeiter ohne Arbeit, arme zersprengte Ehen, mit Kindern beladene Mütter, die ungeheure Masse Unglücklicher, hatte sich vor Tagesgrauen vom Stroh oder der elenden Lagerstatt erhoben, hatte die Bodenkammern der Faubourgs verlassen, in der unbestimmten Hoffnung, an diesem Tag irgendein Heilmittel für ihre Leiden zu finden. Ohne die Lage im Grunde wirklich zu kennen, wußten sie ganz allgemein, daß das Hindernis, das jeder Änderung im Wege stand, des Königs Veto war, sein zweifellos von der Königin bestärkter verneinender Wille. Man mußte dieses Hemmnis überwinden, Herrn und Madame Veto zur Vernunft bringen. Wie und mit welchen Mitteln? Sie hatten nicht allzuviel darüber nachgedacht; abgesehen von einer geringen Anzahl von Führern hatte die Menge durchaus keine Absicht, den Eintritt ins Schloß zu erzwingen.

Was wollten sie eigentlich? Gehen. Sie wollten gemeinsam umherziehen, gemeinsam schreien, einen Tag lang ihr Elend vergessen, gemeinsam bei diesem schönen Wetter einen großen bürgerlichen Umzug machen. Allein die Gunst, in der Nationalversammlung zugelassen zu sein, war ihnen ein Fest. Da die Kirche sich als das zu entpuppen begann, was sie war, der Feind des Volkes, in welcher Kirche, an welchem Altar hätten diese Unglücklichen Schutz finden sollen? War es nicht im Tempel des Gesetzes, in der Nationalversammlung? Sie pilgerten hierhin, gleich wie das Mittelalter in seinen großen Nöten zu den berühmten Heiligtümern pilgerte.

Sie trafen recht spät ein, und viele unter ihnen, die seit drei oder vier Uhr morgens unterwegs waren und um sich aufrechtzuerhalten, sich bei gefälschten Pariser Weinen Kraft geholt hatten, fanden sich in einem Zustand in der Versammlung ein, der ihrer wenig würdig war. Manche tanzten vorüber und schrien: „Hoch die Patrioten! Hoch die Sansculotten! Nieder mit dem Veto!“ In dieser singenden und tanzenden Menge gab es – welch grausamer Gegensatz! – abgezehrte, hagere Gesichter, wahrhaft verzweifelte Gestalten, Elende, die sich trotz ihrer übermäßigen Entbehrungen hierhergeschleppt, bleiche Frauen, die vielleicht noch nichts gegessen hatten, mit kränklichen Kindern. Sie schienen nur gekommen zu sein, um der Versammlung zu zeigen, welch ungeheurem Jammer sie zu steuern haben würde. Der kurze Traum von Glück, von Vertrauen und Trost, der ihnen wurde, als sie den hoffnungsvollen Ort durchschritten, er äußerte sich bei ihnen in fröhlichem Rufen, voll wilder Fröhlichkeit, oder in einem traurigen Lächeln, falls sie nicht rufen konnten. Diese Lust wäre erschrekkend gewesen, wenn sie nicht so schmerzlich gewesen wäre.

Da man für den Durchzug der gewaltigen Massen keine Vorbereitungen getroffen hatte, gab es draußen ein erstickendes Gedränge. Man hatte das Gitter an den Tuilerien geschlossen, und dahinter stand ein Bataillon der Nationalgarde mit drei Kanonen. Der zum Stehen gebrachte Zug, der keinen Ausweg hatte, stieß heftig gegen das Gitter; und von rückwärts strömte mehr und mehr Volk herbei. Während man zum Schloß eilt und um Öffnung des Gitters nachsucht, wird es eingedrückt. Die Menge nimmt den Weg auf der Terrasse der Feuillants. Statt aber seitwärts abzubiegen, wo jetzt die Rue de Rivoli sich befindet, erzwingt sie den Zutritt zum Garten, und während sie friedlich an der am Schloß aufgestellten Mauer von Nationalgardisten vorbeizieht, geht sie an der Kaiseite wieder hinaus, um das Carrousel zu betreten. Die Pforten sind bewacht; der Zug wird zurückgetrieben, er gerät in Verwirrung, ein Zusammenstoß scheint unvermeidlich. Zwei Munizipalbeamte, Mouchet, der hinkende Teufel, und ein anderer, versuchen die Menge zu beschwichtigen, indem sie eine erste Abteilung, die herandrängt, durchlassen. Andere Beamte, die der Bewegung noch günstiger gesinnt sind, lassen den Rest durch. Sie sind im Carrousel. Am Tor der tour royale hält ein Beamter eine Ansprache: „Das ist die Wohnung des Königs; ihr könnt nicht in Waffen eintreten. Er will gern eure Bittschrift in Empfang nehmen, aber nur durch zwanzig Abgeordnete." – „Er hat recht", sagten die, welche verstanden hatten. Alle aber, die weiter hinten standen, hörten nichts und drängten mit aller Kraft voran.

Diese Menge hatte im Rücken die Kanonen der Nationalgarde zu fürchten. Doch dem Kommandanten der Batterie wurde von seinen Kanonieren nicht mehr gehorcht. Als er sie voranführen wollte, sagte der Leutnant: „Wir gehen nicht; der Eintritt zum Carrousel ist erzwungen, der ins Schloß wird folgen ... Hierher, Kanoniere!" sagte er und wies mit der Hand auf des Königs Fenster, „Hierher! Los auf den Feind!" Von diesem Augenblick an sind die Geschütze auf das Schloß gerichtet.

Es war vier Uhr. Die Menge blieb dort, im Carrousel, unbeweglich, harmlos, wußte nicht, was beginnen. Doch da erscheinen Santerre und Saint-Huruge aus der Nationalversammlung, wo inzwischen der Umzug vorbei ist: „Warum geht ihr nicht hinein?" schreien sie in die Menge. Da drängen alle gleichzeitig ans Tor; mit doppelter Kraft schlägt man dagegen; es wird erschüttert, wankt. Man will einen Kanonenschuß darauf abfeuern. Zwei Gemeindebeamte, die unnützen Widerstand vermeiden wollen, ordnen an, oder gestatten wenigstens, daß man die Klappe entfernt, welche die beiden Flügel zusammenhält. Der Strom ergießt sich ins Innere.

Santerre, Legendre und Saint-Huruge waren an der Spitze. Hinter ihnen kam eine Kanone. Am Pavillon de l'Horloge, direkt am Fuß der Treppe, stellte sich ihnen eine Gruppe von Nationalgarden und Bürgern kühn entgegen; man hielt sich nur an Santerre: „Sie sind ein Schurke, Sie verführen die braven Leute; Sie haben die ganze Schuld ..." Santerre sah auf Legendre, dessen Blick ihm Mut machte. Da wandte er sich zu seinem Gefolge und sagte ironisch: „Nehmt es zu Protokoll, daß ich mich weigere, an eurer Spitze die Gemächer des Königs zu betreten." Ohne weiter zu warten, warf die Menge alles über den Haufen, und so gewaltig war ihr Draufgehen, daß die Kanone, die man mitschleppte, trotz ihres enormen Gewichtes im Augenblick die Treppe hinaufbefördert war.

Das Schloß bot keine Verteidigung. Die Schweizer waren in Courbevoie. Die konstitutionelle Garde, die weiterbezahlt wurde und weiter bestand, trotz ihrer Entlassung, war nicht herbeigerufen worden. Höchstens zweihundert Edelleute hatten sich ins Schloß begeben und wagten nicht einmal, ihre Waffen sehen zu lassen; sie hatten sie in ihren Kleidern verborgen. Offenbar glaubte der König das, was Pétion sagte und selber glaubte und was einer der Girondisten, Lasource, von neuem vor ein bis zwei Stunden in der Nationalversammlung versichert hatte, das Versprechen nämlich, das der Sprecher der Massen ausdrücklich gegeben hatte: Man werde nicht zum Schloß gehen, höchstens werde man die Bittschrift durch eine Abordnung von zwanzig Kommissaren hinschicken.

Was die Nationalgarden anbelangt, so hatten sie keine Lust, die entsetzliche Geschichte vom Marsfeld zu wiederholen und für ein Königtum einzutreten, das sie, dem Urteil des Volkes entsprechend, für verräterisch und niederträchtig hielten. Diejenigen, die zum Garten hin das Schloß bewachten, willfahrten ohne weiteres der Menge, die sie beim Vorüberziehen bat, die Bajonette von den Gewehren abzunehmen. Die anderen, die in den Innenräumen Wache standen, gingen still beiseite.

Gleichzeitig nahmen die im Carrousel postierten Polizeisoldaten ihre Mützen ab, spießten sie auf die Säbelspitzen und riefen: „Es lebe die Nation!"

Die Volksmenge ist also Herr der Lage. Sie ist mit ihrer Kanone oben auf der Treppe angekommen. Dort stehen Gemeindebeamten, angetan mit der Schärpe, und fragten die Eindringlinge, was sie mit ihrem Gesetz vorhätten. Ob sie glauben, durch einen solchen Gewaltakt beim König etwas zu erreichen? – Diese Bemerkung scheint einleuchtend: „Es ist wahr", sagten die meisten, „es ist wahr, wir haben es verkehrt gemacht; es tut uns wirklich leid." Und sie drehen das Geschütz herum, um es hinunterzubefördern. Unglücklicherweise verfängt sich die Radachse in einer Tür. Man kann weder vor noch zurück. Der krummbeinige Gemeindebeamte, der kleine Mouchet, mischt sich ein, gibt Befehle. Die Sappeure zerschlagen den Türrahmen, machen die Kanone frei, sie wird hinuntergebracht.

So groß war die Verwirrung, daß die drunten, die das Hinaufbringen der Kanone nicht gesehen hatten, glaubten, man habe sie in den Gemächern gefunden, und schrien, man habe in das Volk feuern wollen.

Der Zug gelangt ohne Hindernis bis zum Oeil-de-Boeuf, das geschlossen war. Man mußte in Eile öffnen, damit die Tür nicht erbrochen wurde. Ein hoher Offizier der Nationalgarde begab sich durch einen anderen Eingang hinein, benachrichtigte die königliche Familie und bat den König, sich zu zeigen. Der König war unumwunden einverstanden und erschien. Seine Schwester, Madame Elisabeth, wollte ihn nicht allein lassen.

In demselben Moment, als dieser bewaffnete Haufe das ganze Gemach erfüllte, rief der König: „Her zu mir, vier Grenadiere!" Glücklicherweise gab es ein paar, die aus den Innenräumen herbeieilten. Es waren Nationalgarden, Kaufleute aus dem Viertel Saint-Denis, brave Leute, die sich ausgezeichnet hielten. Sie sprangen vor den König hin und zogen ihre Degen; er hieß sie aber, diese wieder einzustecken.

Ein Augenzeuge, Herr Perron, sagt, im allgemeinen habe das Volk sich nicht böswillig gezeigt. Man hörte jedoch durch das unverständliche Geschrei hindurch drohende Zurufe: „Nieder mit dem Veto! Zurück mit den Ministern."

Der Haufe öffnet sich und läßt Legendre vor; der Lärm verstummt; der Metzger wendet sich mit zornbewegter Stimme an den König: „Mein Herr! ..." Bei dieser Anrede, die schon an sich eine Art Absetzung ist, macht der König eine überraschte Bewegung ... „Ja, mein Herr", erwidert Legendre fest, „hören Sie uns an, Sie sind dazu da, um uns anzuhören ... Sie sind ein nichtswürdiger Mensch; Sie haben uns stets getäuscht; Sie täuschen uns noch immer ... Aber hüten Sie sich; das Maß ist voll; das Volk ist es müde, sich als Ihr Spielzeug zu sehen." – Dann verlas er im Namen des souveränen Volkes eine ungestüme Eingabe. – Der König schien kaltblütig und entgegnete: „Ich bin euer König. Ich werde tun, was die Gesetze und die Verfassung von mir verlangen."

Die letztere war in dem Kampf das hohe Pferd, auf das er sich setzte. Er hatte sehr wohl erkannt, daß diese Verfassung von 1791, die dem König erlaubt, die ganze politische Maschine zum Stillstand zu bringen, ein Freibrief zum Nichtstun war, der ihm das Mittel an die Hand gab, Frankreich zu fesseln, die zufällige Hilfe abzuwarten, die sich aus den inneren oder äußeren Umständen ergeben würde, aus den Exzessen der Anarchisten oder der Einmischung des Auslands. – Seitdem hielt Ludwig XVI. sich streng an die Verfassung, lernte sie auswendig, trug sie stets in der Tasche, zitierte sie seinen Ministern, unterdrückte seine Bedenken und handhabte das gefährliche Spiel, die Revolution durch die Verfassung umzubringen.

Die Menge begriff gut, daß der König wieder nichts tun würde, und sie geriet in Wut. Einige machten in ihrer Trunkenheit oder ihrem Zorn Miene, sich auf ihn zu stürzen. Sie bedrohten ihn von ferne mit Degen und Säbel. Wollten sie ihn töten? Die Sache wäre leicht gewesen; der König war nur von wenigen Leuten umgeben, und diejenigen der Belagerer, die Pistolen bei sich hatten, konnten ihn aus der Ferne treffen. – Es ist ganz klar, daß am 20. Juni noch keiner diesen Gedanken hegte. Man hatte ihn nicht einmal am 10. August.

Ich weiß wohl, daß lange danach der von Boissy d'Anglas, dem Mann der Reaktion, in die Enge getriebene Legendre, als er gefragt wurde, ob man wirklich am 20. Juni den König habe töten wollen, ungestüm erwiderte: „Ja, mein Herr, wir haben es gewollt." Für mich beweist das gar nichts. Alles Nachfolgende zeigt, daß viele von denen, die sich wütend gebärdeten, wie Danton, wie Legendre, sich aus Prahlerei mit einer Unzahl von Verbrechen und Gewalttätigkeiten gebrüstet haben, an die sie nie dachten.

Was man wollte, den König durch Angst entsetzen, bekehren. Ein Mann trug an der Pike ein aufgespießtes Kalbsherz mit dieser Inschrift: „Herz eines Adligen." Auf einem anderen Schild, das man trug, war eine gehenkte Königin zu sehen.

Die größte Gefahr für den König bestand darin, daß er Gefahr lief, erdrückt zu werden. Man hatte ihn auf eine Bank nahe beim Fenster steigen lassen. Dort hielt er sich fast zwei Stunden mit großer Festigkeit, blieb gegen alle Drohungen völlig ungerührt und gleichgültig gegen sein eigenes Schicksal. Er hatte die Empfindung, für die Religion zu leiden, und das gab ihm eine bewundernswerte Ruhe. Als ein Offizier zu ihm sagte: „Sire, fürchten Sie nichts", ergriff der König kräftig seine Hand, legte sie sich aufs Herz und sagte, was die ersten Märtyrer gesagt haben würden: „Ich habe keine Angst; ich habe die Sakramente empfangen; man tue mit mir, was man mag."

Dieses Moment heldenhafter Gläubigkeit stellt Ludwig XVI. unendlich hoch in der Geschichte. Was ein wenig zu seinen Ungunsten spricht, ist, daß selbst in diesem Augenblick (wie außerordentlich stark sind doch Erziehung und Naturanlage!) in verschiedenen Dingen wieder das gewohnte Doppelspiel des Königs zutage trat. Allen denen, die sich an ihn wendeten, erwiderte er, er sei nie von der Verfassung abgewichen, verschanzte sich also, verräterisch wie ein Judas, hinter die buchstäbliche Erfüllung einer Handlung, deren Geist er fälschte. Noch mehr: als einer der Anwesenden ihm von weitem auf einem Stock die Mütze der Gleichheit hinreichte, streckte der König sogleich die Hand aus, um sie zu ergreifen. Als er dann eine Frau gewahrte, die einen mit Blumen und der dreifarbigen Kokarde geschmückten Degen trug, verlangte der König die Kokarde und befestigte sie an der roten Mütze. Das rührte das Volk sehr. Sie riefen so laut sie konnten: „Es lebe der König! Es lebe die Nation!" Und der König rief mit den anderen: „Es lebe die Nation!" und schwenkte seine Mütze. – So unterhielt er die Menge, lehnte aber die Gültigkeitserklärung der Erlasse hartnäckig ab.

Die Nationalversammlung hatte endlich von der Lage des Königs gehört. Sie regte sich nicht sehr darüber auf, urteilte offenbar, die Lehre müsse kräftig sein, um Eindruck zu machen. Immerhin, der Widerstand des Königs konnte auf die Dauer nachlassen, konnte die Zornigen erbittern und eine tragische Szene herbeiführen. Die ersten, die das fühlten, und deren Herz dadurch gerührt wurde, waren die beiden großen Redner der Versammlung, Vergniaud und Isnard. Ohne abzuwarten, welche Maßnahmen beschlossen werden würden, liefen sie selber zum Schlosse und durchbrachen mit vieler Mühe die Menge. Isnard ließ sich von zwei Nationalgarden auf die Schultern nehmen und sprach zu der Versammlung. Er sagte, wenn sie auf der Stelle erhielte, was sie fordere, würde man denken, sie habe es nur durch Gewalt erlangt; sie werde ihre Genugtuung bekommen, er bürge dafür mit seinem Kopf. Doch weder Isnard noch Vergniaud machten irgendeinen Eindruck. Die Schreie wiederholten sich immer wieder: „Nieder mit dem Veto! Zurück mit den Ministern!" Die beiden Redner blieben wenigstens da, machten sich zu Hütern des Königs, deckten ihn mit ihrer Volkstümlichkeit, und wenn nötig, mit dem eigenen Leibe.

Der Haufe war inzwischen in die Gemächer vorgedrungen und betrachtete neugierig diese ihm so neuen Dinge, die hie und da mit mehr groben als feindlichen oder bösartigen Reden belegt wurden. Im Schlafzimmer beispielsweise äußerten alle: „Meiner Treu, das dicke Veto hat ein gutes Bett, besser als das unsere."

Die Königin war im Beratungszimmer zurückgeblieben, wo sie sich in eine Fensternische flüchtete, beschützt von einem massiven Tisch, den man vor sie hingerollt hatte. Der Kriegsminister, Lajard, hatte etwa zwanzig Grenadiere in den Saal zusammengebracht. Neben ihr standen ihre Tochter und Frau von Lamballe mit einigen anderen Damen; vor ihr auf dem Tisch saß der kleine Dauphin. Das war die beste Deckung gegen die daherkommende Menge. Fast alle bewiesen eine unerwartete Ehrfurcht; einige zeigten sogar eine Gefühlswandlung angesichts dieser Mutter, dieser wahrhaft stolzen und würdigen Königin. Unter den wildesten Weibern blieb ein Mädchen stehen und überschüttete sie mit Flüchen. Die Königin zeigt kein Erstaunen, fragt sie nur, ob sie ihr ein persönliches Unrecht getan habe: „Keins", erwidert sie, „aber Sie sind es, die der Nation den Untergang bringen." – „Man hat Sie getäuscht", sagt die Königin. „Ich habe den König von Frankreich geheiratet, ich bin die Mutter des Dauphin, ich bin Französin; ich werde mein Land nie wiedersehen. Ich kann nur in Frankreich glücklich oder unglücklich werden; ich war glücklich, als ihr mich liebhattet." – Da weint das Mädchen: „Madame, verzeihen Sie mir, ich habe Sie nicht gekannt, ich sehe, Sie sind gut."

Man hatte den armen kleinen Dauphin mit einer ungeheuren roten Mütze ausstaffiert, die es ihm glühend heiß machte. Santerre selber wurde, als er vorüberkam, davon gerührt und nahm sie ihm ab: „Sehen Sie nicht, daß das Kind unter der Mütze erstickt?" sagte er.

Endlich erschien Pétion; es war sechs Uhr: „Sire", sagte er, „ich erfahre soeben ..." – „Das ist doch erstaunlich", erwiderte der König, „das geht schon zwei Stunden so." – Tatsächlich konnte man den Bürgermeister nicht der Verspätung beschuldigen. Es ist einwandfrei festgestellt, daß er erst eine Stunde vorher benachrichtigt worden war, und daß er im gleichen Augenblick mit Sergent und anderen Gemeindebeamten in den Wagen gestiegen war. In den Höfen, den Treppen, den Gemächern aber hatte er nicht anders weitergekonnt, als indem er unterwegs Ansprachen hielt. Es bedurfte letzter großer Anstrengungen, um ihn bis in die festgekeilte Masse voranzubefördern, die den König umgab.

Endlich angelangt, „sehr mitgenommen und sehr erlebt", wie ein Augenzeuge sagt, setzte man ihn in einen Lehnstuhl, den ein Grenadier auf die Schulter nahm. Er sprach mit seiner gewohnten Ruhe, immerhin ziemlich bestimmt: „Mitbürger, ihr habt eure Bittschrift überreicht, weiter könnt ihr nicht gehen. Der König kann und darf nicht auf eine mit bewaffneter Hand eingebrachte

Bittschrift erwidern. Er wird in Ruhe sehen, was er zu tun hat. Die Departements werden dasselbe tun wie ihr, und der König wird sich dem Wunsch des Volkes nicht entziehen können." (Beifall der Menge)

Ein großer blonder Mensch von fünfundzwanzig Jahren stürmt wütend vor und ruft aus vollem Halse: „Sire, Sire, im Namen der hunderttausend Seelen, die hier sind, die Rückberufung der patriotischen Minister und die Gültigkeitserklärung der Erlasse! Oder es ist Ihr Untergang!" – Worauf der König kalt entgegnete: „Sie weichen von den gesetzlichen Vorschriften ab; wenden Sie sich an die Volksbehörden."

Pétion sagte nichts. Einer der Gemeindebeamten drängte ihn, das Volk fortzuschicken, und fügte hinzu, sein Betragen werde nach dem Erfolg beurteilt werden. So entschloß er sich denn: „Zieht euch zurück, Bürger, sofern ihr euren Behörden nicht Ungelegenheiten bringen wollt ... Das Volk hat getan, was es tun mußte. Ihr seid mit dem Stolz und der Würde freier Männer aufgetreten. Doch es ist genug, zieht euch zurück." Und der König ergänzte mit komischem Ernst und viel Geistesgegenwart: „Ich habe die Gemächer öffnen lassen; das Volk, das durch die Galerie entlanggeht, wird das Vergnügen haben, sie zu sehen."

Die Neugier führte viele Leute fort. Schon leerte sich der Saal, als eine Abordnung von vierundzwanzig Volksvertretern erschien. Der König sagte zu ihnen: „Ich danke der Nationalversammlung; ich bin unbesorgt inmitten der Franzosen." Und er wiederholte die Geste von vorhin, ergriff die Hand eines Nationalgardisten, legte sie auf sein Herz und sagte: „Sie sehen, ich bin ruhig."

Dann, umgeben von Abgeordneten, von Nationalgarden, beschützt von ihrem Kommandanten, eilte er plötzlich auf eine dicht neben dem Kamin befindliche Geheimtür zu und stürzte hinaus. Sie wurde sogleich hinter ihm geschlossen.

Ein wenig später wies die Königin der Abordnung den entsetzlichen Zustand, in dem die Wohnung sich befand, die erbrochenen Türen. Sie gewahrte, daß einer der Abgeordneten, der feurige Merlin aus Thionville, Tränen in den Augen hatte. Lebhaft entschuldigte er sich:

„Ich weine, ja, Madame, ich weine, aber über das Leid einer gefühlvollen und schönen Frau, einer Mutter ... Nicht über die Königin. Ich hasse die Königinnen und die Könige ... Das ist mein Glaubensbekenntnis."

Der in seine Gemächer zurückgekehrte König hatte, ohne daß er es gewahr wurde, noch die rote Mütze auf, die er sich hatte geben lassen. Diese Mütze, die zu klein war, um sich seinem Kopf anzufügen, war oben auf den Haaren sitzen geblieben. Man machte ihn darauf aufmerksam, und nichts war ihm peinlicher; er warf sie heftig zu Boden, empört, an einem Tage, an dem er schließlich heldenhaft gewesen war, dieses Zeichen seiner Unaufrichtigkeit an sich zu sehen.

DREIZEHNTES KAPITEL

Der Aufstand steht nahe bevor (Juli–August 1792)

Der 20. Juni und der 10. August beginnen den Krieg. – Die Freiwilligen von 1792. – Die Marseillaise (März 1792). – Ein Altar des Vaterlandes in jeder Gemeinde. – La Fayette erklärt sich für den Hof gegen die Gironde. – La Fayette trifft in Paris ein und erscheint vor den Schranken der Nationalversammlung (27. Juni 1792). – La Fayette wird weder vom Hof noch von Paris gehalten. – Frankreichs Gefahr draußen und drinnen (Juni–Juli 1792). – Diskussion über die dem Vaterland drohende Gefahr (Juli 1792). – Rede Vergniauds gegen den König. – Lamourette versucht eine Versöhnung (6. Juli 1792). – Feier des 14. Juli 1792. – Das Vaterland wird in Gefahr erklärt (22. Juli 1792). – Ohnmacht der Nationalversammlung, der Jakobiner, Robespierres und Pétions. – Maßvolles Benehmen Dantons. – Frankreich wird nur durch Frankreich gerettet. – Manifest des Herzogs von Braunschweig. – Der Pariser Aufstand wird öffentlich vorbereitet. – Empfang der Föderierten aus den Departements (Juli 1792). – Ankunft der Marseiller (Ende Juli 1792). – Pétion beschuldigt den König vor der Versammlung (3. August 1792). – Die Gironde zögert vor dem Aufstand.

Das Volk ging sehr traurig aus den Tuilerien fort. Sie sagten alle: „Wir haben nichts erreicht ... Man muß noch einmal wiederkommen."

Die Royalisten waren mehr noch entzückt als empört. Dieser letzte Schimpf, den man dem König angetan, machte ihnen Hoffnung; es schien ihnen, die Revolution sei endlich in der Tiefe des Abgrunds angekommen, und von diesem Tage an könne das Königtum nur wieder emporsteigen.

Tatsächlich hatte die Begebenheit zwei ernstliche Wirkungen gehabt. Manche Herzen in Frankreich, in Europa wurden gerührt von dem tragischen Bild des Königs mit der roten Mütze, der allen Beleidigungen gegenüber fest blieb und sagte: „Ich bin euer König."

Das war die Gefühlsseite. Die Dinge aber waren dieselben. Der Kampf der beiden Ideen hatte sich deutlich präzisiert. Die revolutionäre Menge, die gegen die Tuilerien angerannt war, hatte darauf gerechnet, dort nur das Idol des Despotismus zu finden, und es begab sich, daß es dort dem alten Glauben des Mittelalters begegnet war, der, noch lebendig und ungebrochen, selbst im prosaischen Antlitz Ludwigs XVI. noch von der Poesie der Märtyrer verklärt schien.

Ein großes Schauspiel, bei dem die Menschen verschwinden. Gegenwärtig bleiben zwei Ideen, zwei Glaubenssätze, zwei Religionen! Eine unerhörte, entsetzenerregende Sache, wie wenn wir am hellen Mittag zwei Sonnen am Himmel erblickten!

Alle beide gesegnet oder verflucht! Doch sie leugnen? Wer konnte das? Die Sonne der Revolution, gestern erst geboren, war schon ungeheuer groß, blendete die Augen mit Glanz, die Seelen mit Glut und Hoffnung; immer größer werdend, von Stunde zu Stunde, ließ sie bereits erkennen, daß ihr Nebenbuhler aus dem Mittelalter erbleichend in die dunklen Tiefen sinken würde.

Es war hart, falsch, ungerecht, in der Weigerung Ludwigs XVI. den Glauben zu erkennen, nicht aber in dem Verlangen des Volkes. Man darf den 20. Juni als einen Aufstand, einen einfachen Wutanfall betrachten. Das Volk von Paris war dabei das gewaltsame, aber legitimierte Werkzeug der Ansicht ganz Frankreichs. Es war gewissermaßen die Vorhut der allgemeinen Bewegung, die zum Kriege drängte. – Dem inneren Kriege zunächst, um später gegen den anderen Front zu machen. – Der Axthieb, der gegen die Tür zu des Königs Zimmer geführt wurde, dieser Hieb wurde bereits, wie man feststellen muß, gegen den Feind geführt.

Sechshunderttausend Freiwillige haben sich gemeldet und wollen an die Grenze marschieren. Es fehlt nur an Gewehren, an Schuhen, an Brot. Die Stammrollen sind alle ausgearbeitet; die friedlichen Föderationen von 1790 sind die begeisterten Bataillone von 1792. Oft befehlen hier die nämlichen Anführer; sie, die das Volk zu den Festen geführt, wollen es nun in die Schlachten führen. Nur um ein Beispiel zu nennen, nehmen wir dieses Kind der Liebe, den Bastard Championnet, das Haupt der ersten Föderation des Südens, jener von Etoile bei Valence. Da kommt er nun mit seinen Föderierten: Sechstes Bataillon de la Drôme.

Dasselbe geschieht gleichzeitig in l'Hérault. Die Föderierten von Montpellier bringen uns das berühmte, unsterbliche, unbesiegbare Korps der zweiunddreißigsten Halbbrigade.

Diese zahllosen Freiwilligen haben alle eine Eigenschaft aus jener wahrhaft einmütigen Zeit bewahrt, die ihnen Ruhm gebracht hat. Und jetzt, wo und was immer sie seien, im Tode oder im Leben, unsterbliche Verstorbene, bedeutende Gelehrte, alte und ruhmvolle Soldaten, sie tragen alle ein Zeichen, das ihnen ihren besonderen Platz in der Geschichte anweist. Dieses Zeichen, diese Formel, dieses Wort, das die ganze Erde erzittern ließ, es ist nichts anderes als ihre schlichte Bezeichnung: Freiwillige von 1792.

Die Lehrmeister, die sie unterrichteten und ihre Begeisterung disziplinierten, die gleich einer Feuersäule vor ihnen herzogen, das waren die Unteroffiziere oder Soldaten des Ancien régime, welche die Revolution vorausgesandt hatte, ihre Söhne, die ohne sie nichts waren, die durch sie schon ihre größte Schlacht gewonnen hatten, den Sieg der Freiheit. Eine bewundernswerte Generation, die in einem einzigen Strahl die Freiheit und den Ruhm erblickte und das himmlische Feuer raubte.

Da war der junge, der heldenmütige, der herrliche Hoche, der nur so kurze Zeit leben sollte, er, den jeder bewundern mußte, der ihn sah. – Da war die Reinheit selber in der edlen, jünglingreinen und kriegerischen Gestalt Marceaus, sogar vom Feind beweint. – Da war der Orkan des Schlachtfelds, der zornmütige Kléber, der, nach außen furchtbar, ein menschliches und gutes Herz hatte und in seinen geheimen Aufzeichnungen des Nachts um die vendéeischen Ländereien klagt, die er am Tage verwüsten muß. – Da war der opferbereite Mann, der stets nur seine Pflicht wollte, nie aber den Ruhm für sich, den er oft den anderen ließ, und selbst für den Preis seines Lebens ein gerechter Mann blieb, ein Held, ein Heiliger, der unantastbare Desaix.

Und dann, hinter diesen Helden, kommen die Ehrgeizigen, die Strebsamen, die Politiker, die gefürchteten Hauptleute, die später für oder gegen Cäsar ihr Glück zu machen suchten. Der spitzeste Degen, der herbe Piemonteser Masséna, mit seinem Wolfsprofil. Könige oder Leute, die geschaffen waren, es zu sein, wie Bernadotte und Soult. Der gewaltige Haudegen Murat.

Und dann eine glorreiche Menge, aus der jeder einzelne in anderem Lande und anderer Zeit einem Kaiserreich zum Ruhm gereicht hätte. In Frankreich ist es ein ganzes Volk. Ich nenne sie ohne Reihenfolge, und noch viel mehr nenne ich gar nicht: Kellermann, Joubert, Jourdan, Ney, Augereau, Oudinot, Victor, Lefebvre, Mortier, Gouvion Saint-Cyr, Moncey, Davoust, Macdonald, Clarke, Sérurier, Pérignon usw. Das waren die Offiziere, die Lehrmeister und Instruktoren der Legionen von 1792.

Große Lehrmeister, die ein Beispiel gaben. Man muß jedoch nicht glauben, daß diese rauhen und kriegerischen Soldaten, wie viele von denen, die Augereau, die Lefebvre, daß sie den Geist, den gewaltigen Atem jener heiligen Zeit darstellen. Nein, was diesen Moment so erhaben macht, ist, daß er, genau ausgedrückt, nicht militärisch war. Er war heroisch. Über der Kriegsbegeisterung, der kriegerischen Wut und Wildheit schwebte stets der große, wahrhaft heilige Gedanke der Revolution, die Befreiung der Welt.

Als Entgelt war es der großen Seele Frankreichs, in ihrem uneigennützigen und heiligen Augenblick gegeben, ein Lied zu finden – ein Lied, das, von Mund zu Mund gesungen, die ganze Erde erobert hat. Das ist göttlich und selten, der Stimme der Nationen ein ewiges Lied hinzuzufügen.

Es entstand in Straßburg, wenige Schritte vom Feind. Der Name, den der Verfasser ihm gab, war: „Das Lied der Rheinarmee." Im März oder April entstanden, gleich zu Anfang des Krieges, brauchte es keine zwei Monate, um ganz Frankreich zu erobern. Tief im Süden klopfte es an, und wie ein lebendiges Echo gab Marseille dem Rheine Antwort. Welche hohe Bestimmung hatte dieses Lied!

Es wird von den Marseillern bei der Erstürmung der Tuilerien gesungen, es stürzt den Thron am 10. August. Man nennt es „die Marseillaise". Es wird bei Valmy gesungen, schließt unsere zerflatternden Reihen und schreckt den schwarzen Adler Preußens. Und wieder ist es dieses Lied, mit dem unsere jungen neuen Soldaten den Hügel von Jemmapes erklimmen, die österreichischen Schanzen überspringen und die alten ungarischen, in den Türkenkriegen gestählten Scharen schlagen. Weder Stahl noch Feuer hatten das vermocht; es bedurfte, um solchen Mut zu brechen, des Freiheitsliedes.

Wir sagten schon, daß von allen unseren Provinzen das Glück der Befreiung im Jahre 1789 am meisten dort empfunden wurde, wo es die letzten Leibeigenen gab, in der traurigen Franche-Comté. Ein junger Adliger aus der Franche-Comté, gebürtig aus Lons-le-Saulnier, Rouget de Lisle, war mit zwanzig Jahren Offizier des Geniekorps. Er war damals in Straßburg, mitten in der glühenden Atmosphäre der Freiwilligenbataillone, die von allen Seiten herbeiströmten. Man muß sich die Stadt in jenen Tagen vorstellen, dieses lodernde Feuer des Kriegs, der Jugend, der Freude und Bankette, der Bälle und Paraden, zu Füßen des herrlichen Turmes, der sich im Rheine spiegelt; die Militärmusik, die Liebes- und Abschiedslieder, die Freunde, die sich wiedersehen, sich verabschieden, sich auf den öffentlichen Plätzen umarmen. Die Frauen beten in den Kirchen, die Glocken weinen und die Kanonen donnern wie eine feierliche Stimme von Frankreich nach Deutschland.

Es war nicht, wie die Rede ging, bei einem Familienmahl, daß dieses heilige Lied entstand. Es war in einer bewegten Menge. Am nächsten Morgen sollten die Freiwilligen ausziehen. Der Bürgermeister von Straßburg, Dietrich, lud sie zu einem Bankett, bei dem die Offiziere der Garnison erschienen, um sich mit ihnen zu verbrüdern, ihnen die Hand zu drücken. Die Fräulein Dietrich und zahlreiche junge Damen, vornehme und sanfte Elsässerinnen, zierten dieses Abschiedsmahl mit ihrer Anmut und ihren Tränen. Alle Welt war gerührt; man sah vor sich den Beginn des langen Freiheitskrieges, der durch dreißig Jahre Europa mit Blut getränkt hat. Sie, die an dem Mahl teilnahmen, sahen sicher nicht so weit. Sie wußten nicht, daß binnen kurzem sie alle verschwunden sein würden, der liebenswürdige Dietrich unter anderen, der sie so prächtig aufnahm, und daß alle diese reizenden Mädchen übers Jahr in Trauer sein würden. Mehr als einer gab sich in der Freude des Banketts träumerischen Vorgefühlen hin, wie man sie wohl empfindet, wenn man vor dem Einschiffen am Meeresstrande rastet. Aber die Herzen schlugen hoch, voll Begeisterung und Opfermut, und alle stellten sich dem Sturm. Diese gemeinsame Begeisterung, die jede Brust in gleichem Antrieb hob, bedurfte eines Rhythmus, eines Sanges, der die Herzen befreite. Das Lied der 1792 so zornigen Revolution, das „Ça ira", paßte nicht mehr zu der sanften und brüderlichen Regung, die hier die Feiernden bewegte. Einer unter ihnen gab ihr den Ausdruck: „Allons!"

Und mit diesem Wort war alles gegeben. Rouget de Lisle, er war es, stürzte aus dem Saal und schrieb alles nieder, Musik und Worte. Er kam zurück und sang die Strophe: „Allons enfants de la patrie!" Es war wie ein Blitz des Himmels. Alle Welt war hingerissen, entzückt, alle gaben diesem zum erstenmal gesungenen Liede ihre Anerkennung. Alle kannten es, alle sangen es, ganz Straßburg, ganz Frankreich. Die Welt – solange es eine Welt geben wird – wird es für immer singen.

Wäre es nur ein Kriegslied, so wäre es nicht von den anderen Völkern aufgegriffen worden. Es ist ein Sang der Verbrüderung; es sind Bruderbataillone, die zur heiligen Verteidigung des heimischen Herdes, des Vaterlandes, gemeinsamen, gleichen Herzens hinausziehen. Es ist ein Sang, der im Kriege einen Geist des Friedens behält. Wer kennt nicht die heilige Strophe: „Epargnez ces tristes victimes!"

So also war damals die Seele Frankreichs, ergriffen vom nahe bevorstehenden Kampf, den Hindernissen wild entgegenstürmend, aber noch ganz hochherzig, von einer jungen und naiven Größe; selbst im Zorn noch über dem Zorn stehend.

Die Nationalversammlung gab dieser weihevollen Stunde Frankreichs in ihrer ganzen Wahrheit Ausdruck, als sie (am 6. Juli) anordnete, daß in jeder Gemeinde ein Altar des Vaterlandes zu errichten sei. Hierhin würde man die Kinder bringen, um die Geburten eintragen zu lassen. Hierher würden die jungen Gatten kommen, um im neuen Glauben den Bund zu schließen. Hier würde man auch jene buchen, die ihre Schuld an das Leben bezahlt haben.

Diese großen Ereignisse im Menschenleben, Geburt, Ehe und Tod, diese, wo auch immer ihnen die Weihe zuteil werden möge, ebensowohl religiösen wie gesetzmäßigen Geschehnisse, wurden dadurch aus der alten Kirche an den neuen Altar des Gesetzes verpflanzt. Die bedeutsame Frage des modernen Lebens, die bis dahin von unseren Versammlungen aus Scheu immer wieder vertagt worden war, wurde endlich einfach, mutig angeschnitten. Es sollte keine geächteten Bastarde mehr geben, keine gegensätzliche Vermischung von Vergangenheit und Gegenwart.

La Fayette und die Feuillants bestanden hartnäckig darauf, in dieser Vermischung ihre Hoffnung zu sehen. Sie waren in Wirklichkeit der Stein des Anstoßes für die Revolution. Eine sonderbare Sache, die sehr geeignet war, La Fayette verdächtig zu machen, hätten ihn die Gefängnisse Österreichs nicht gerechtfertigt; er, der Republikaner, er, der Freund Washingtons, wollte die revolutionäre Bewegung um den König, um einen unverbesserlichen Hof gravitieren lassen. Wie soll man diese Blindheit einschätzen?

Die Girondisten hatten einen letzten Appell an ihn erlassen, in dieser großen Gefahr, in der Frankreich sich befand, einen allerletzten Aufruf, sich den Prinzipien zu verbinden, die im Grunde auch die seinigen waren. Noch war Servan Kriegsminister; er war es – vielmehr, es war sicher Frau Roland, die den Minister ganz beherrschte – der Roederer zum General sandte, um zu erfahren, ob er sich endgültig für die Gironde oder für den Hof entscheide. Er wählte diese letztere Partei, sei es aus persönlicher Abneigung gegen die Rolands, sei es, daß er glaubte, die Gironde werde bald aufgelöst, von den Jakobinern aufgesogen sein. Der treffendste Grund, den man vielleicht dafür anführen kann, ist eben, weil La Fayette es so beurteilte. Das ereignet sich häufig: Die Prophezeiung selbst, der Glaube an die Prophezeiung, macht sie zur Wirklichkeit, zum Ereignis. Hätte La Fayette sich für die Gironde entschieden, hätte er zur Partei des Vorwärtsstürmens die Kräfte der gemäßigten Partei hinzugefügt, so ist zu bezweifeln, ob man die Schreckenspartei überhaupt gebraucht hätte.

Dem Hof entging nichts von alledem. Er wollte La Fayette weder gebrauchen, noch von ihm abhängen, er lehnte sich an seine Armee in den Ardennen, zu der das Vertrauen in ihm zunahm. Man sah gut, daß die Nationalversammlung unsicher und schwankend war, voller Unruhe, welche Wirkung der Gewaltakt vom 20. Juni auf die Gemüter haben werde. Diese Furcht zeigte sich am 21., als verfügt wurde, daß keine Ansammlung bewaffneter Bürger mehr vor ihren Schranken erscheinen durfte, noch vor irgendeiner verfassungsmäßigen Behörde. Das war eine Abweichung von ihrem bisherigen Standpunkt, eine Zurücknahme der Ermunterung, die sie am 20. Juni durch den Empfang der diese Bewegung einleitenden Petitionen gegeben hatte.

So wich die Versammlung zurück; der Hof schritt vor. Als sich am 21. morgens Pétion mit Sergent und anderen Gemeindebeamten in den Tuilerien zeigte, wurde er beschimpft; die Nationalgarden der Filles-Saint-Thomas überhäuften ihn mit Schmähungen und Drohungen; einer von ihnen verabfolgte Sergent, trotz seiner Schärpe eine so gewaltige Ohrfeige, daß er hintenüber fiel. Abgeordnete, Duhem und andere, wurden im Tuileriengarten von den Chevaliers de Saint-Louis oder den konstitutionellen Garden kaum besser behandelt. Ein Mann wurde hier festgenommen, weil er gerufen hatte: Es lebe die Nation!

Das war nicht alles; man glaubte die Versammlung in ihrem moralischen Nachlassen überrumpeln und ihr das Kriegsgesetz abschwindeln zu können, wie man es im Juli 1791 mit der Konstituierenden gemacht hatte. Ein kleiner Menschenauflauf wurde veranstaltet und bis zum Louvre vorgetrieben, dann wurde die Versammlung plötzlich davon benachrichtigt, um mehr Eindruck zu machen. Doch Pétion war unterrichtet, erschien sogleich und erklärte, der Alarm sei unbegründet, überall herrsche Ordnung.

Aus der Versammlung begab Pétion sich zurück in die Tuilerien. Dort war man sehr schlechter Laune, da man nicht, wie man geglaubt, das Kriegsgesetz durchzudrücken vermocht hatte. Der Maire begann mit achtungsvollem und festem Ton zu reden, als der König ihm ohne rednerische Umschweife trocken sagte: „Schweigen Sie!" und ihm den Rücken wandte.

Am 22. morgens erschien ein Brief des Königs an die Nationalversammlung, eine königliche Proklamation an das Volk. Man ließ Ludwig XVI. darin einen Ton anschlagen, den er sich hätte leisten können, falls er eine Armee in Paris gehabt hätte. Er verkündete, er habe strenge Pflichten zu erfüllen, die er keinesfalls opfern werde usw.

Der drohende Ton zeigte, daß man sich stark glaubte. Man zählte auf die Entrüstung der Royalisten und der Konstitutionellen. Das Departementsdirektorium, sein Präsident, der Herzog de La Rochefoucauld, sagte gut für diese letzteren. Am 27. Juni abends erscheint La Fayette zum Erstaunen aller Welt in Paris und steigt bei La Rochefoucauld ab. Am 28. tritt er vor die Schranken der Nationalversammlung und hält eine lächerlich dreiste Rede. Er, Soldat unter der Fahne, durch die Disziplin gebunden, er, vom Kriegsminister abhängiger General, er kommt, um der Nationalversammlung Vorschriften zu machen, er fürchtet sich nicht, allein zu kommen, sagt er, aus jener ehrenvollen Schutzwehr herauszutreten, die von der Zuneigung seiner Truppen um ihn aufgerichtet ist. – Er ist mit seinen Waffengefährten übereingekommen, „als einzelner einer allgemeiner Empfindung Ausdruck zu geben". – Er beschwört die Versammlung, die Anstifter des 20. Juni zu verfolgen „und eine Sekte aufzulösen, die ..." – Er sprach von den Jakobinern genau in den Ausdrücken, die Leopold angewendet hatte.

Guadet fragte, ob der Krieg beendet sei, da ein General so einfach seine Armee verlasse, ob die Armee beschlossen habe, ihre Gewalt an Herrn de La Fayette zu übertragen; er fragte, ob er vom Minister einen Urlaub habe, beantragte, daß man diesen hierüber befrage und einen Bericht aufstelle über die Gefahr, den Generalen das Recht der Eingabe einzuräumen.

Der Feuillant Ramond verlangte im Gegenteil eine gerichtliche Untersuchung über die von La Fayette vorgebrachte Desorganisation. Guadets Antrag wurde mit einer Majorität von hundert Stimmen (339 gegen 234) abgelehnt.

Diese beträchtliche Mehrheit zugunsten La Fayettes war eine bedenkliche und entscheidende Sache in der Geschichte der Revolution. Sie fand sich gerade so und stärker noch am 8. August. Es bewies, daß die Versammlung niemals genug Energie haben würde, um das große Hemmnis niederzuschlagen, das im Inneren die Kräfte Frankreichs lahmlegte und es entwaffnet, uneinig, dem Feind auslieferte. Dieses Hindernis, das Königtum, La Fayette hatte es verteidigt. Diesen Vertreter des Thrones freisprechen, das hieß den Thron decken und Frankreich im Augenblick der Invasion durch ihn ohnmächtig erhalten. Da die Versammlung die Nation nicht rettete, beschloß diese, sich selbst zu retten.

Nichts war unkluger als La Fayettes Schritt. Der Hof, den er verteidigt hatte, wollte ihn nicht. Eine einzige Stimme in der königlichen Familie war für ihn, die der Madame Elisabeth, die seine Ritterlichkeit fühlte. Die Königin aber war gegen ihn, und sie erklärte, es wäre besser, unterzugehen, als von ihm gerettet zu werden. Daran hielt sie sich nicht. Es sollte eine Heerschau stattfinden, bei der La Fayette eine Rede an die Nationalgarde gehalten haben und ihre Stimmung angefeuert haben würde. Die Königin ließ des Nachts Santerre und Pétion benachrichtigen, und dieser untersagte eine Stunde vor Tagesanbruch alles. Darauf versammelte La Fayette mehrere einflußreiche Offiziere der Nationalgarde bei sich und fragte sie, ob sie mit ihm gegen die Jakobiner ziehen wollten. Er selber berichtet diese Sache nicht in seinen Memoiren, sie wird aber durch seinen Freund Toulongeon bestätigt. Man versprach, sich abends auf den Champs-Elysées zu treffen; kaum hundert Mann fanden sich ein. Man vertagte sich für den anderen Tag, um dann, wenn man dreihundert wäre, zu handeln, und man war keine dreißig. La Fayette suchte den König auf, der ihm dankte, ohne von seinen Anerbietungen Gebrauch zu machen. Am anderen Tag reiste er ab.

Wie soll man die Untätigkeit der Feuillants, der Nationalgarden erklären? Aus der Furcht? Dennoch haben sich viele, die man nennen könnte, inzwischen in den Kriegen der Revolution und des Empire glorreich hervorgetan. Nein, was am meisten dazu beitrug, sie lahmzulegen, war, daß sie fürchteten, nur zum Vorteil der Royalisten tätig zu sein.

Sie mißtrauten mehr als je dem König, und sie vertrauten weniger und weniger La Fayettes richtigem Urteil. Der Plan, für den er eintritt, rechtfertigt völlig dieses Mißtrauen. Er hätte den König nach Compiègne geführt, und dort wäre dieser, besser behütet, plötzlich zum Freund der Revolution geworden, hätte sich an ihre Spitze gestellt und wenn nötig, die Armee befehligt, gegen den Feind geführt. – Seltsame Unterstellung! Der Feind war nach Ansicht des Hofes gerade der Retter. Die Königin würde den König zur Grenze geleitet haben, aber nur, um sie zu überschreiten und ihn in die Reihen Österreichs zu stellen.

Die Unentschlossenheit der Feuillants, ihre Weigerung, La Fayette auf seinen unsinnigen Wegen zu folgen, zeigt, daß ihnen mehr Vernunft und Patriotismus blieb, als man vermutete. Wir werden alsbald sehen, wie sie in der Versammlung der gewaltigen Rede Beifall spenden, mit der Vergniaud im Namen des gefährdeten Frankreichs den Thron zerschmetterte.

Diese Gefahr war allzu sichtbar, draußen wie drinnen. Alle Könige schienen einmütig gegen die Revolution zu sein.

In Regensburg verweigerte der Rat der Gesandten einmütig die Zulassung des französischen Botschafters. England, unser Freund, bewaffnete sich in großem Stil. Die Reichsfürsten, die sich bisher neutral nannten, nahmen den Feind in ihren Stellungen auf und näherten sich unseren Grenzen. Der Herzog von Baden hatte die Österreicher nach Kehl gesetzt. Man sprach von einem Komplott, um ihnen Straßburg auszuliefern. Das Elsaß rief nach Waffen; man schickte ihm keine. Die Offiziere verließen diesen verwünschten Boden und begaben sich ans andere Ufer. Der Kommandant der Artillerie der Rheinarmee desertierte und nahm einige seiner besten Soldaten mit.

In Flandern war es noch schlimmer. Luckner, der alte, unwissende und stumpfe Haudegen, war der General der Revolution. Er hatte vierzigtausend Mann gegen zweihunderttausend, die kamen. Es ist wahr, die Freiwilligenkorps zeigten eine glühende Begeisterung. Man konnte ihr Ungestüm nur meistern, indem man drohte, sie heimzuschicken. Aber das alles war ohne militärische Gewöhnung, sehr wenig diszipliniert. Luckner drang nur vor, um zurückzuweichen. Er nahm Courtrai und zwei andere Orte; sein Erfolg genügte, um die unglücklichen Freunde Frankreichs bloßzustellen; dann mußte er sich vor überlegenen Kräften zurückziehen. Einer seiner Offiziere ließ als Andenken an den Durchzug der Unseren eine grausame Feuersbrunst zurück, in der die Faubourgs von Courtrai zugrunde gingen.

Das waren die beklagenswerten Neuigkeiten, die Schlag auf Schlag in Paris einliefen. Und im Innern war die Gefahr vielleicht noch größer. Zwei Dinge ereigneten sich hier, die geradezu der Tod der politischen Körperschaft sind. Das Zentrum tat nichts mehr, wollte nichts mehr tun. Nicht nur, daß man der Armee weder Waffen noch Proviant schickte, sondern selbst die Erlasse der Versammlung sandte man nicht mehr an die Departements, setzte Frankreich nicht mehr von ihnen in Kenntnis. Auf der andern Seite begannen die sich selbst überlassenen Außenprovinzen allein zu wollen und vorzugehen. Die Bouches-du-Rhône beispielsweise nahmen sich heraus, Steuern zu erheben, unter dem Vorwand, sie an die Alpenarmee zu senden, die die Provence schützte.

Nichts hinderte den Royalismus, aus dieser Unordnung seinen Vorteil zu ziehen. In den unzugänglichsten Bergen des Languedoc, in diesem Felsenreich, dem Ardèche, ohne Wege noch Stege, siehe, da erscheint ein Generalleutnant der Fürsten, Gouverneur des Bas-Languedoc und der Cevennen. Er hat, sagt er, sich seine Machtbefugnis vom Adel des Landes bestätigen lassen, um während der Gefangenschaft des Königs zu regieren. Er gebietet allen früheren Behörden, ihre Stellung wieder einzunehmen, die neuen Beamten und alle Mitglieder der Klubs zu verhaften. Er bewaffnet die Bauern, belagert Jalès und andere Schlösser.

Man blickt nach Süden. Und weiter. Der Westen beginnt Feuer zu fangen. Ein Bauer, Allan Redeler, verkündet nach Schluß der Messe, daß die Freunde des Königs sich in Waffen bei einer benachbarten Kapelle versammeln sollen. Fünfhundert gehen hin, auf den ersten Schlag. Von Dorf zu Dorf ertönt die Sturmglocke. Der Brand hätte auf die Bretagne übergegriffen, wenn nicht Quimper ohne Zeitverlust die rote Fahne gehißt hätte und mit Kanonen abmarschiert wäre, um diesen ersten Versuch zum Bürgerkrieg zu ersticken. Der Bauer ging heim, aber düster, unversöhnlich, begierig nach Kampf, nächtlichen Zusammenkünften, Doppelstößen, Blut. In seinem Herzen lebte von nun an der Parteikrieg.

Im allgemeinen bestanden im Königreich die Departementsdirektorien aus Feuillants oder Fayettisten, zum Königreich Bekehrten. Die revolutionärer gesinnten Gemeindebehörden unterhielten mit Hilfe der Klubs einen Krieg ohne Ende gegen die Direktorien, der überall die Anarchie brachte. Das Direktorium der Seine-Inférieure und das der Somme zeichneten sich durch die Wucht ihrer nach dem 20. Juni eingebrachten gegenrevolutionären Zuschriften aus. Der Minister ließ die für die Versammlung kränkende Eingabe der Somme in der königlichen Druckerei drucken und in großer Zahl verteilen.

Die Größe der Gefahr hatte eine eigenartige, unvorhergesehene Wirkung, die, wenngleich sie nicht von Dauer war, darum nicht weniger der Revolution die Kraft einer gewaltigen Einheit verlieh. Seit dem 28. begab sich Brissot, der die Jakobiner gemieden hatte, wieder dorthin, machte sich zum Ankläger La Fayettes, verlangte den Zusammenschluß, das Vergessen.

Der Mann der Presse, Brissot, und der Mann der Jakobiner, Robespierre, für kurze Zeit einander nahe, sagten sich Worte des Friedens.

Am 30. Juni machte Jean Debry, im Namen der Kommission der Zwölf, der Versammlung einen Bericht: „Über die zu ergreifenden Maßnahmen, falls das Vaterland in Gefahr sei", und stellte besonders den Fall auf, bei dem diese Gefahr gerade durch die Exekutivgewalt herbeigeführt werde, deren Aufgabe es sei, sie abzuwenden.

Die Frage war also in allen Köpfen aufgeworfen, als ganz Frankreich durch den Bericht aufgeklärt wurde und in allen Städten und Dörfern das Wort erdröhnte: Das Vaterland ist in Gefahr. Da wurde zum zweiten Male die nationale Sache gegen das Königtum in Vergniauds reine und edle Hände gelegt.

Seine Rede, von stilistischer Breite, grandioser Entwicklung und viel Weitschweifigkeit, überrascht beim Lesen. Der Fortgang ist ganz anders wie bei Mirabeau; hier ist alles weniger ausgeprägt und funkelnd, der allgemeinen Vorwärtsbewegung untergeordnet, die alles mit sich reißt.

Der eigentliche Gedanke der Rede ist die Antwort auf das Wort, das der König am 20. Juni wiederholte: „Ich bin nicht von der Verfassung abgewichen ..." Der erhabene Charakter dieser Rede, der sie aus ihrer Zeit, ja selbst aus den Umständen heraushebt, ist, daß sie ein offener Einspruch der Ehrenhaftigkeit gegen die nichtswürdige Buchstäblichkeit ist, die sich in einer falschen Gewissenhaftigkeit bestärkt, um den Geist zu töten, auszulöschen.

Das Gewissen erwachte bei jedermann, ungeachtet der Partei, als Vergniaud beredt daran appellierte, sich unglücklicherweise zu sehr an die Tatsachen hielt und folgende machtvollen Worte äußerte:

„Wenn dies das Resultat der Verwaltung ist, deren Bild ich soeben entworfen habe, daß Frankreich im Blute schwimmt, daß das Ausland es beherrscht, daß die Verfassung umgestürzt wird, daß die Gegenrevolution da ist und daß der König Ihnen zu seiner Rechtfertigung sagt: ‚Es ist wahr, daß die Feinde, die Frankreich zerfleischen, angeblich nur darum vorgehen, um meine, wie sie glauben, vernichtete Macht wieder einzusetzen, meine, wie sie glauben, verletzte Würde zu rächen, mir meine, wie sie glauben, gefährdeten oder verlorenen königlichen Rechte wiederzugeben: ich habe aber bewiesen, daß ich nicht ihr Komplize war; ich habe die Verfassung befolgt, die mir gebietet, mich durch eine formelle Handlung ihren Unternehmungen entgegenzustellen, denn ich habe Armeen ins Feld gestellt. Es ist richtig, daß diese Armeen zu schwach waren; aber die Verfassung bezeichnet nicht den Grad der Stärke, den ich ihnen zu geben hatte; es ist wahr, daß ich sie zu spät zusammengezogen habe; aber die Verfassung bezeichnet nicht die Zeit, zu der ich sie zusammenzuziehen hatte; es ist wahr, daß Reservelager sie hätten stützen können, aber die Verfassung verpflichtet mich nicht, Reservelager zu bilden; es ist wahr, daß ich den Generalen, als sie siegreich auf dem feindlichen Gebiet vordrangen, befahl, anzuhalten, aber die Verfassung schreibt mir nicht vor, Siege davonzutragen; sie verbietet mir sogar die Eroberungen; es ist wahr, daß man die Armee durch gleichzeitige Demissionen der Offiziere oder durch Intrigen zu zerrütten versucht hat, und daß ich keine Anstrengung gemacht habe, um den Lauf dieser Demissionen oder Intrigen zu hemmen; aber die Verfassung hat nicht vorgesehen, was ich gegen ein solches Vorgehen zu tun habe; es ist wahr, daß meine Minister die Nationalversammlung fortgesetzt über die Zahl der Truppen, ihre Stellungen und ihre Verproviantierung getäuscht haben; daß ich so lange als möglich solche Minister behalten habe, die den Fortgang der konstitutionellen Regierung hinderten, so kurz als möglich solche, die sich bemühten, ihr einen Weg zu bahnen; aber die Verfassung macht, ihre Ernennung nur von meinem Willen abhängig und sie gebietet mir nirgends, daß ich mein Vertrauen den Patrioten zuwende und die Gegenrevolutionäre verjage; es ist wahr, daß die Nationalversammlung nützliche Verfügungen erlassen hat und daß ich mich geweigert habe, sie rechtskräftig zu machen; aber ich hatte das Recht dazu; es ist geheiligt, denn ich entnehme es der Verfassung; es ist schließlich wahr, daß die Gegenrevolution sich durchsetzt, daß der Despotismus sein ehernes Szepter in meine Hand zurückgeben wird, daß ich euch damit zerschmettern werde, daß ihr im Staube kriechen werdet und daß ihr von mir für die Dreistigkeit, frei sein zu wollen, bestraft werden sollt; aber ich habe alles getan, was die Verfassung mir vorschreibt; es ist keine einzige Maßnahme durch mich getroffen worden, welche die Verfassung verbietet; es ist also nicht erlaubt, an meiner Treue zu ihr, an meinem Eifer, sie durchzusetzen, zu zweifeln.‘ (Lebhafter Beifall)

Wenn es möglich wäre, sage ich, daß in der Bedrängnis eines unheilvollen Krieges, in der Verwirrung eines gegenrevolutionären Umsturzes, der König der Franzosen in dieser höhnischen Weise zu ihnen spräche; wenn es möglich wäre, daß er zu Ihnen mit einer so kränkenden Ironie von seiner Liebe zur Verfassung redete, hätten Sie da nicht das Recht, ihm zu entgegnen:

‚O König, der du ohne Zweifel mit dem Tyrannen Lysander geglaubt hast, daß die Wahrheit nicht mehr wert sei, als die Lüge und daß man die Menschen durch Schwüre unterhalten müsse, wie man die Kinder mit Murmeln unterhält; der du die Gesetze nur darum zu lieben vorgabst, um die Macht zu behalten, sie zu bekämpfen; die Verfassung nur darum, damit sie dich nicht vom Thron stürze, den du dir erhalten mußtest, um sie vernichten zu können; die Nation nur darum, um den Erfolg deiner Nichtswürdigkeiten dadurch sicher zu stellen, daß du ihr Vertrauen einflößtest – glaubst du, uns heute mit heuchlerischen Versicherungen täuschen zu können? Glaubst du, uns über die Ursache unseres Jammers durch die Kunst deiner Ausflüchte und die Kühnheit deiner Sophismen hinters Licht führen zu können? Den fremden Heeren Kräfte entgegenstellen, deren Unzulänglichkeit nicht einmal Zweifel an ihrer Niederlage aufkommen läßt, hieß das uns verteidigen? Die auf die innere Festigung des Reiches abzielenden Pläne vernichten oder die Abwehrmaßregeln erst für eine Zeit treffen, zu der wir bereits die Beute der Tyrannen geworden wären, hieß das uns verteidigen? Einen General, der die Verfassung verletzte, nicht absetzen, aber den Mut derer, die ihr dienten, fesseln, hieß das uns verteidigen? Die Regierung ohne Unterlaß durch die fortgesetzte Auflösung der Ministerien lahmlegen, hieß das uns verteidigen? Überließ dir die Verfassung die Wahl der Minister zu unserem Wohlergehen oder unserem Untergang? Machte sie dich zu unserem Ruhm oder zu unserer Demütigung zum Herrn der Armee? Gab sie dir schließlich das Recht der königlichen Bestätigung, eine Zivilliste und so viele große Vorteile, um verfassungsgemäß die Verfassung und das Reich zugrunde zu richten? Nein, nein! Mann, den Frankreichs Großmut nicht rühren konnte, den nur die Liebe zum Despotismus empfindsam macht, du hast den Eid auf die Verfassung nicht erfüllt! Sie kann umgestürzt werden, du aber wirst nicht die Früchte deines Meineids ernten! Du hast dich nicht durch eine feierliche Handlung den Siegen widersetzt, die in deinem Namen über die Freiheit davongetragen wurden, aber du wirst die Früchte dieser unwürdigen Triumphe nicht ernten! Du bedeutest dieser Verfassung, die du so unedel verletzt hast, diesem Volk, das du so feige hintergangen hast, nichts mehr!‘“ (Wiederholter Beifall)

Die Wirkung war orkanartig. Die Bewegung, die lange und geschickt gehalten, gesteigert worden war, die an Kraft und Schnelligkeit zugenommen hatte und mehr und mehr groß und gewaltig geworden war, sie wurde nun überwältigend. Keiner entkam ihr. Die ganze Versammlung erlag dem mächtigen Wirbelwind, wurde von ihm mitgerissen. Feuillants und Fayettisten, Royalisten, Konstitutionelle aller Färbungen, sie sahen sich mit ihren Feinden vereint, und alle zusammen brachen in Begeisterungsrufe aus. Das also ist die Tyrannei der Beredsamkeit, daß man ihr nicht ausweichen kann! Oder sollen wir lieber annehmen, daß alle letzten Endes Franzosen waren, die Rede und den Mann und die Partei und ihre eigene Meinung vergaßen und in dieser feierlichen Stimme unwillkürlich die des Vaterlandes erkannten?

Als aber ein Abgeordneter, Torné, der Nationalversammlung klipp und klar das vorschlug, was die logische Schlußfolgerung war, nämlich, daß sie die Macht ergreife und Frankreich durch ihre Ausschüsse regiere; als der positive, der kühle und umfassende Geist Condorcets den Gedanken auf alle die praktischen Mittel hinwies, die von der Versammlung in ihrem neuen Königsamt anzuwenden seien – da wurde sie vom Schrecken erfaßt und zog sich in sich selbst zurück. Sie warf einen letzten, bedauernden Blick auf die Eintracht der Autoritäten, die, hätte der König etwas mehr Ehrlichkeit für sie gehabt, den Bürgerkrieg verhindert hätte.

Es war der 6. Juli. Der neue Bischof von Lyon, Lamourette, sagte, mit Beziehung auf einen schönen Ausspruch Carnots über Friede und Eintracht, man müsse sich um jeden Preis einigen, die beiden Hälften der Versammlung müßten einander über die zwei Punkte ihrer Besorgnis beruhigen; es genüge, wenn der Präsident einfach sage: „Alle, die sowohl die Republik – wie die beiden Kammern – abschwören und verwerfen, mögen sich gleichzeitig erheben."

Die Versammlung war ergriffen, und sie erhob sich einmütig.

Eine merkwürdige und fast unerklärliche Sache! Was wollte denn eigentlich diese Gironde, die bislang unter dem Einfluß der Frau Roland gegen den Thron zu Felde zog? Ohne Zweifel unterlag sie der allgemeinen Ergriffenheit. Sie stand mit ihrer inneren Auffassung nicht in Widerspruch. Seit der ungeheuren Wirkung von Vergniauds Rede, die Frankreich bis in alle Tiefen aufgewühlt hatte, fühlten sie alles wanken, sie fürchteten, um allzuviel Erfolg zu haben, den Thron nur zu zerschmettern, um auf seinen Trümmern den Thron der Anarchie, das Königtum der Klubs zu errichten.

Was es auch gewesen sein mag – das Schauspiel war ebenso seltsam wie unvorhergesehen. In einem gleichen Anlauf vermischten, umarmten sich die Rechte und die Linke; die oberen Reihen stiegen herab, die Bergpartei warf sich hinab in die Ebene. Man sah die Feuillants und Jakobiner zusammen beraten, Merlin neben Jaucourt und Gensonné neben Vaublanc. Dieses kindliche Aufflammen darf nicht wundernehmen. Frankreich ist ein Land, bei dem das gute Herz in Affekt hervorbricht, mitten in der wildesten Uneinigkeit. Sah man nicht eine Stunde vor der mörderischen Schlacht von Azincourt unsere Ritter, unsere durch so viel Haß zersplitterten Barone einander um Verzeihung bitten und in den Armen liegen? Ebenso wurden sie hier, am Vorabend der blutigen Schlacht der Revolution, einen Augenblick weichherzig, sagten dem Frieden Lebewohl, gaben der Natur, der Menschlichkeit, den am tiefsten verletzten Seelenempfindungen diese letzte Umarmung.

Das änderte sich gar schnell und erkaltete sehr, als ein Brief Pétions der Nationalversammlung kundtat, daß er auf Beschluß des Direktoriums von Paris suspendiert sei und daß das Direktorium in der Sache vom 20. Juni die Verfolgung angeordnet habe. Man begann einzusehen, daß die von Lamourette geschickt arrangierte Szene nur eine Kriegslist war, ein Mittel, die Versammlung aufzuhalten und die allgemeine Maßnahme, die man befürchtete, hinauszuschieben: Die Erklärung, daß das Vaterland in Gefahr sei.

Und die Suspension wurde bestätigt, durch eine Proklamation des Königs bekanntgegeben, die er an die Nationalversammlung sandte.

Die Bevölkerung indessen trat für ihren Bürgermeister ein, es regnete Eingaben zu seinen Gunsten; eine kam „im Namen der vierzigtausend Bauarbeiter von Paris". Pétion erschien selber vor der Schranke und nannte als prinzipielle Rechtfertigung folgenden wichtigen Punkt: um keinen Preis und was auch geschehen möge, habe er das Blutvergießen auf sich nehmen wollen. – Am 13. hob die Versammlung die Amtsentsetzung für den Bürgermeister auf, behielt sie aber, das ist bemerkenswert, für den Prokurator der Gemeinde, Manuel, bei, der allem Anschein nach unter der Leitung Dantons einen sehr direkten Anteil an der Organisation der Bewegung hatte.

Die Jahresfeier des 14. Juli war nichts anderes als der Triumph Pétions über den König. Die pikentragenden Männer hatten alle mit Kreide an ihre Hüte geschrieben: „Es lebe Pétion!" Alles ging friedlich zu, dennoch aber in reichlicher Erregung; es war eine bebende Ruhe, wie ein Halt vor der Schlacht. Unter den bei dem feierlichen Umzug üblichen Symbolen, wie das Gesetz, die Freiheit usw., erschienen auch mit Zypressen bekränzte Männer in Schwarz, die eine geheimnisvolle und furchtbare Sache trugen; man sah sie unter dem Krepp hervorschimmern: es war das Schwert der Gerechtigkeit. Noch verschleiert, würde es seine zarte Hülle zerreißen und zum Stahl des Schreckens werden.

Der König ging dahin wie am Leitseil und schien das Opfer hier zu sein. Weniger ein Opfer der Revolution als seiner starrköpfigen Überzeugungen. Verhaßt in seinem doppelten Veto, träumerisch, schwermütig, schritt er dahin, in der Erwartung eines Mordes, über den eigenen Tod getröstet, aber in Sorge um die Seinen. Zum erstenmal trug er auf ihre Bitten hin einen verborgenen Brustpanzer. „Sein Antlitz", sagt ein royalistischer Schriftsteller, „war das eines Schuldigen, den man ins Gefängnis führt." Er ließ jedoch nicht bis zum Schluß über sich verfügen. Als man ihn aufforderte, an den Baum, der die Feudalinsignien trug, Feuer zu legen, sagte er, die Sache sei überflüssig, und trat also gewissermaßen an diesem letzten Tag des Königtums für das sterbende „Ancien régime" ein.

Es war ganz offenbar: das Königtum war erledigt. Das Ministerium hatte am 9. Juli seine Demission gegeben, das Direktorium von Paris folgte am 20. Alle

Autorität war dahin. Der Staat war ohne Regierung, die Hauptstadt ohne Verwaltung, die Armee ohne Generale.

Blieb die zögernde und schwankende Nationalversammlung. Blieb das gesamte, erregte, der Hindernisse müde Volk, das die Heilmittel nicht kannte, sich selbst nicht kannte, im Finstern tappte, sich stark fühlte, die Versammlung anrief und auf ein Zeichen wartete.

Dieses Zeichen war die Erklärung: das Vaterland ist in Gefahr.

Was hieß das eigentlich? Robespierre sagt es klar: ein Bekenntnis der Autorität von ihrer Ohnmacht, von der erschreckenden Krise, bis zu der sie die Dinge hatte gedeihen lassen, ein Appell an das Volk, einzuspringen, selber für seine Rettung zu sorgen.

Diese am 30. Juni geforderte, am 4. Juli formulierte, am 11. durch Abstimmung beschlossene Erklärung wurde erst Sonntag, den 22. Juli, bekanntgegeben. Man hatte die alarmierendsten Nachrichten aus dem Osten bekommen. Das Direktorium von Paris, das vor der Demission stand, widersetzte sich der Rekrutierung; sie wurde dessen durch zwei ausgezeichnete Bürger, Cambon und Carnot, überführt. Vom 11. bis zum 22. konnte man von der vollziehenden Gewalt nicht die notwendige Bevollmächtigung erlangen, um die Gefahr des Vaterlandes zu verkünden.

Frankreich hatte im Augenblick ein so bewegtes Herz, eine so volle, dem Zerspringen nahe Brust, daß alle zögerten, das Banner der Begeisterung hochzuhalten. Man befürchtete, die Trunkenheit könne in Raserei ausarten.

Man mußte aber schließlich der Ungeduld des Volkes das gewünschte Signal gewähren. Am Sonntag, 22. Juli, wurde die Proklamation auf den Pariser Plätzen bekanntgegeben. Sie wurde auf allen Plätzen Frankreichs wiederholt.

Der Beschluß der Versammlung verfügte, daß nach erfolgter Proklamation die Departements-, Distrikts- und Gemeindeverwaltungen zur permanenten Aufsicht zusammenzutreten hätten; alle Nationalgarden hatten aktiv zu sein, jeder Bürger mußte eine Erklärung darüber abgeben, was er an Waffen besaß; die Versammlung hatte die Zahl der von jedem Departement zu stellenden Mannschaften festzulegen; das Departement, der Distrikt hatten die Verteilung derselben vorzunehmen; innerhalb dreier Tage mußten die Männer eines jeden Bezirks diejenigen unter sich auswählen, die der Bezirk zu stellen hatte; alle, die dieser Ehre teilhaftig geworden waren, sollten sich innerhalb dreier Tage bei der Kreisstadt melden, woselbst man ihnen Löhnung, Pulver und Blei verabfolgen werde. Keine Verpflichtung zur Uniform; sie durften in ihren Arbeitsröcken in den Kampf ziehen.

Die Proklamation wurde in Paris mit strenger Feierlichkeit bekanntgegeben, der Lage entsprechend. Man fühlt hier, wie der Geist der Revolution in der Gemeinde regiert. Danton machte schon durch Manuel, den Prokurator der

Stadt, seinen Einfluß geltend, durch die Munizipalbeamten und den Generalrat. Sein Hauch scheint belebend auf den Verfasser des Programms, Sergent, gewirkt zu haben, der, selber nur ein mittelmäßiger Künstler, gegenwärtig von Begeisterung emporgetragen wird. Er hat es uns zu sehr bei den großen und grausigen Festen bewiesen, die dem 10. August vorangingen oder ihm folgten. Man möchte sagen, daß Sergent hier der Darsteller Dantons war, wie später David es für Robespierre war. Doch Sergent, ein nur mäßiger Schauspieler, scheint uns für die Inszenierung seiner Volksschauspiele bedeutender beeinflußt worden zu sein als David. Sie hatten eine wahrhaft erschreckende Wirkung. Eines derselben, die Trauerfeier, die nach dem 10. August stattfand, machte auf die Bevölkerung einen so großen Eindruck von wütendem Schmerz, daß man es vielleicht als eine Ursache der nachfolgenden Metzeleien ansehen muß.

Am Sonntag, dem 22. Juli, um sechs Uhr morgens, begannen die am Pont Neuf aufgestellten Kanonen zu schießen und fuhren Stunde um Stunde so fort, bis sieben Uhr abends. Eine Kanone vom Arsenal erwiderte das Feuer und machte das Echo.

Die gesamte Nationalgarde in ihren sechs Legionen trat unter die Fahnen und versammelte sich beim Hôtel de Ville; und man formte hier die beiden Umzüge, die in Paris die Proklamation verkünden sollten. Am Kopf eines jeden befand sich eine Abteilung Reiter, mit Trompeten, Pauken, Musikkapelle und sechs Fanfaren. Vier Pedelle zu Pferd trugen vier Embleme: Freiheit, Gleichheit, Verfassung, Vaterland. Es folgten zwölf mit der Schärpe versehene Munizipalbeamte und hinter ihnen ein berittener Nationalgardist, der ein großes dreifarbiges Banner trug, auf dem die Worte standen: „Bürger! Das Vaterland ist in Gefahr!" – Dann kamen noch einmal sechs Kanonen und eine Abteilung Nationalgarden. Der Zug wurde von der Kavallerie beschlossen.

Die Proklamation erfolgte auf den Plätzen und auf den Brücken.

Bei jedem Halt gebot man durch Schwenken mit Wimpeln und durch Trommelschläge Ruhe. Ein Munizipalbeamter trat vor, verlas mit ernster Stimme die Verordnung der gesetzgebenden Körperschaft und sagte: „Das Vaterland ist in Gefahr."

Diese Feierlichkeit war wie die Stimme des Volkes, sein Appell an sich selbst. An ihm war es jetzt, zuzusehen, was zu tun sei, was es an Ergebenheit und Opferfreudigkeit besaß, festzustellen, wer zu kämpfen und für dieses ungeheure jüngst erworbene Gut der Freiheit einzutreten bereit sei, wer bereit sei, Frankreich und die Hoffnung der Welt zu retten.

Auf allen großen Plätzen hatte man, wie auf dem Platz vor Notre-Dame, Amphitheater errichtet, um die Anwerbungen vorzunehmen. Man hatte Zelte aufgestellt und mit dreifarbigen Wimpeln und Eichengewinden geschmückt; im Vordergrund eine einfach über zwei große Trommeln gelegte Tischplatte. Hier saßen Munizipalbeamte mit sechs Notabeln, um die Eintragungen zu machen und den Angeworbenen ihre Bescheinigungen auszuhändigen; rechts und links die Fahnen, bewacht von der Mannschaft ihrer Bataillone.

Der Platz war abgegrenzt und von einem großen Kreis bewaffneter Bürger und zwei Kanonen bewacht. In der Mitte stand die Musik und ließ Kriegs- und vaterländische Lieder ertönen.

Man hatte gut getan, diese Amphitheater so einzuschließen. Die Menge strömte herbei. Der Kreis der Schildwachen genügte kaum, sie zurückzudrängen. Alle wollten gleichzeitig ankommen, alle zusammen eingeschrieben werden. Man hielt sie zurück, man trieb sie auseinander, um die Eintragungen zu regeln; einzelne nur kamen durch, die ungeduldig die Stufen erklommen, sich an die Balustraden drängten; nach und nach kamen andere, die Eingeschriebenen stiegen wieder hinunter und setzten sich fröhlich im Kreise nieder, sangen zur Musik mit und liebkosten die Kanonen.

Ein Journalist beklagt sich, nicht *genug Piken* gesehen zu haben, mit anderen Worten, nicht genug Leute der unteren Stände. Hier war alles vermischt; es gab weder hoch noch niedrig, weder Große noch Kleine; es waren Männer und sonst nichts, es war ganz Frankreich, das sich in den Kampf stürzte.

Es kamen ganz junge Leute, die zu beweisen suchten, daß sie schon sechzehn Jahre alt und berechtigt seien, mitzuziehen. Die Nationalversammlung hatte entgegenkommenderweise das Recht, sich anwerben zu lassen, bis auf dieses Alter herabgesetzt.

Es kamen reife Männer, ergraute Männer, die um alles in der Welt nicht eine solche Gelegenheit versäumen wollten, und die, flinker als die jungen, zur Grenze voranmarschierten. Man sah seltsame Dinge. Tief in der niederen Bretagne verläßt der Biedermann La Tour d'Auvergne, reif an Jahren, eines Morgens die schönen keltischen Altertümer, die sein ganzes Glück ausmachten, nimmt Abschied von seinem Lehrmeister, einem alten Forscher des Keltischen, und macht sich auf den Weg – ohne jeden Zehrpfennig, nur mit seiner geliebten bretonischen Grammatik auf der Brust, die ihm ein kugelsicherer Panzer war. Auch er trat in die Reihen, ließ sich als Fünfziger anwerben und machte sich entschlossen daran, die Jugend auszubilden.

Der Antrieb war so stark, die Entschlossenheit so groß, Herz und Phantasie waren so gewaltig erschüttert, daß sie, die das Vaterland in Gefahr erklärt hatten, nicht ohne Unruhe waren; sie entsetzten sich vor ihrem Werk.

Brissot verkündete dem Volk, der Hof wolle einen Tumult, er suche nur nach einem Vorwand für die Entfernung des Königs.

Nein, es bedurfte keines Tumultes, aber ein großer und allgemeiner Aufstand war notwendig geworden, sonst wäre Frankreich zugrunde gegangen.

Die Nationalversammlung war ohnmächtig. Sie wagte nicht den Entschluß zur Verurteilung La Fayettes zu fassen, der die Stütze des Königtums war.

Die Jakobiner waren ohnmächtig. Ihr Orakel, Robespierre, bewies wundervoll, daß die Versammlung nichts tue, daß die Gironde darauf warte, daß Ludwig XVI., zum Äußersten entschlossen, ihr das Ministerium zurückgebe. Als man ihn aber fragte, welche Abhilfe er selber vorschlage, wußte er nichts anderes zu sagen, als daß man die Urwählerversammlungen einberufen müsse, die Wahlmänner zu erwählen hätten; und diese wiederum würden einen Konvent wählen, damit man, wenn diese Versammlung gesetzlich autorisiert sei, die Verfassung reformieren könne. Diese revidierte Verfassung würde zweifellos nicht verfehlen, die Exekutivgewalt zu schwächen und zu entwaffnen.

Eine derart abwartende Heilmethode hätte als natürliche Folge den Kranken zum Sterben gebracht. Ehe auch nur die Urwählerversammlungen einberufen wären, hätten die Preußen und Österreicher Ludwig XVI. die Hand reichen und in Paris eintreffen können.

Würde diese Ohnmacht der Gironde und der Nationalversammlung, Robespierres und der Jakobiner, sich auch bei der Gemeinde von Paris finden? Das war nur zu wahrscheinlich. Ihr Haupt, Pétion, war ein Mann der Worte, der Reden, aber nicht der Taten. Aus der vornehmen Konstituierenden hervorgegangen, einer wesentlich rednerischen, akademischen Versammlung, bewahrte er ihre Eigenschaften. Auch schien die Stellung eines Bürgermeisters von Paris, dieser Posten, der unausgesetztes Repräsentieren verlangt, den, der ihn ausfüllte, stets zu lähmen. Pétion war kaum weniger als sein Vorgänger Bailly majestätisch, kalt und leer, eine wandelnde Zeremonie. Unbedeutend wie der und noch mehr nach Volkstümlichkeit gierend, erschöpfen sich alle seine Reden so ziemlich in den Worten, die er am 20. Juni äußerte, und die er immer wiederholte: „Volk, du bist erhaben gewesen ... Volk, du hast genug getan, du hast Ruhe verdient ... Volk, kehre an den heimischen Herd zurück."

Keine persönliche Kraft hätte diesen Götzen je in Bewegung setzen können. Um ihn aus seiner Untätigkeit zu reißen, ihn zur Anklage gegen den König – wie man gleich sehen wird – zu veranlassen, bedurfte es nicht weniger als einer gewaltigen Flutwelle in diesem Volksmeer, die es mit unwiderstehlicher Wucht aus seinen Ufern wirft und auf seiner Woge alles mitreißt, selbst die bewegungslosen, schwerfälligen Steine.

Wiederholen wir es: keiner kann sich im besonderen des 10. August rühmen, weder die Nationalversammlung, noch die Jakobiner, noch die Stadtverwaltung. Der 10. August ist wie der 14. Juli und der 6. Oktober eine große Volkstat.

Eine Tat des Willens, der Hingebung, des verzweifelten Mutes, die nicht so allgemein vollbracht wurde wie die beiden vorhergehenden; – wenn man aber den allgemeinen Zorn in Betracht zieht, der sie anfeuerte, so kann man sagen: es ist eine große Volkstat.

Millionen von Menschen wollten es; zwanzigtausend Menschen vollbrachten es.

Der einzelne war wenig oder nichts. Dennoch ist es gerecht, festzustellen, daß keiner die Bewegung besser verfolgte, sich ihr geschickter anzupassen wußte als Danton.

Am 13. Juli beantragt er bei den Jakobinern, daß die aus den Departements herbeigeeilten Föderierten am kommenden Tage, der Feier des 14. Juli, einen ergänzenden Eid leisten sollen, den nämlich, so lange in Paris zu bleiben, als das Vaterland in Gefahr sei: „Und wenn sie, die Föderierten, das aussprechen, was ganz Frankreich denkt, daß die Gefahr des Vaterlandes nur von der Exekutivgewalt herrührt, wer nähme ihnen denn das Recht, diese Frage zu prüfen?"

Am 17. wurde von Manuel, dem Gemeindeprokurator (zweifellos unter Dantons Einfluß), gefordert und durchgesetzt, daß die von jetzt an in Permanenz erklärten Sektionen im Hôtel de Ville eine Korrespondenzzentrale eröffneten, mittels deren sie sich untereinander sicher und schnell verständigten. Eine wichtige Maßnahme, welche die eingebildete Einigkeit der großen Pariser Bevölkerung zu einer wirklichen, tätigen machte.

Am 27. beschließen die Cordeliers unter Dantons Vorsitz, daß – da die Konstituierende die Verfassung in die Hände aller Franzosen zurückgelegt habe, alle in der die Verfassung bedrohenden Gefahr, die Passivbürger sowohl als die Aktivbürger, durch die Verfassung selbst, zur Beratung und zur Bewaffnung für ihre Verteidigung zugelassen sind; daß die Sektion des Théâtre-Francais sie zu sich berufe usw.

So bemühten sich in diesem geweihten Augenblick die berühmte Sektion der Cordeliers und Danton selbst, über den Aufstand einen Mantel der Gesetzmäßigkeit zu decken; sie nehmen die Verfassung zum Zeugen, gerade als das Heil Frankreichs es erforderte, sie zu zerstören.

Der Antrieb kam vom Ausland selbst, von seinen unverschämten Drohungen. Ihm danken wir diese wundervolle Gewalt eines nationalen Zornes, aus dem die Befreiung hervorging.

Am 26. Juli wurde aus Koblenz das beleidigend gebieterische Manifest des Generals der Koalition, des Herzogs von Braunschweig, abgesandt. Dieser Fürst, ein vernünftiger Mann, fand es selbst abgeschmackt; doch die Könige drangen ihm dieses unsinnige Werk der Emigration auf. Man verkündete darin einen seltsamen, neuen, den Geboten zivilisierter Völker völlig entgegengesetzten Krieg. Alle Franzosen seien schuldig; jede Stadt und jedes Dorf, das sich widersetze, müsse zerstört, niedergebrannt werden. Was Paris anbetraf, so hatte es eine furchtbare Strenge zu fürchten: „Ihre Majestäten machten für alle Ereignisse alle Mitglieder der Nationalversammlung, des Departements, des Distrikts, der Gemeindeverwaltung, die Friedensrichter, die Nationalgarden und alle anderen zur militärischen Aburteilung mit ihrem Kopfe haftbar ... Die geringste Gewalttätigkeit gegen den König werde mit einer ewig unvergeßlichen Rache geahndet werden, man werde Paris brandschatzen und völlig über den Haufen werfen ..."

Dieses Manifest vom 26. war (wie seltsam!) am 28. in Paris bekannt; man hätte sagen können, es komme aus den Tuilerien und nicht aus Koblenz. Es fiel wie ein Funke ins Pulverfaß. Die Sektion Mauconseil verließ das unbestimmte Gebiet der Verfassung und erklärte erstens: daß es unmöglich sei, die Freiheit durch die Verfassung zu retten; zweitens: daß sie ihren Eid abschwöre und Ludwig nicht mehr als König anerkenne; drittens: daß sie sich Sonntag, den 3. August, zur Nationalversammlung begeben und diese fragen werde, ob sie endlich das Vaterland befreien wolle, sich vorbehaltend, je nach der Antwort, die und die anderweitige geziemende Maßnahme zu ergreifen und mit dem Schwur sich unter den Ruinen der Freiheit begraben zu lassen.

Diese Erklärung wurde von sechshundert vollkommen unbekannten Namen unterzeichnet.

Nie wurde ein Aufstand klarer, prägnanter angezeigt. Alle, die ihn nach dem Sieg für sich in Anspruch nahmen und taten, als hätten sie ihn vorbereitet, waren, um den Glauben zu erwecken, als hätten sie alles gemacht, recht genötigt, Geheimnisse auszudenken, in deren Dunkel sie sich betätigt hätten. Was sie auch gesagt haben mögen, alles beweist, daß diese kleinen Geheimnisse nichts oder nur Unbedeutendes vollbrachten. Es war eine ungeheure, allgemeine, nationale Verschwörung, mit viel Lärm auf der Stelle, am hellen Tage ausgeführt. Einer von denen, die nachher versuchten, sich die Ehre an der Sache zu geben, hatte viel richtiger vorher gesagt: „Wir sind in diesem Augenblick eine Million Aufrührer."

Von achtundvierzig Sektionen hatten siebenundvierzig für die Absetzung Ludwigs XVI. gestimmt.

Um sie ohne Gefahr eines Zusammenstoßes auszusprechen, mußte der Hof entwaffnet werden. Darüber waren die Gironde und die Jakobiner einig. Der Girondist Fauchet, der Jakobiner Choudieu beantragten und erreichten bei der Nationalversammlung, daß die Linientruppen an die Grenze gesandt wurden. Unter diesem doppelten Druck beschloß die Versammlung die Auflösung des Regimentsstabes der Nationalgarde. Das hieß in Paris den Degen La Fayettes zerbrechen, der zwar bereits stumpf geworden, aber ihm noch geblieben war.

Auf diese Art verlor der Hof seine Verteidigung und seinen Schutzwall. Man ging noch weiter; man sprach ihm die Schweizergarde ab; man stellte fest, daß sie sogar jetzt ihren Führer, den kommandierenden General, in Koblenz hatte; es war der Graf d'Artois, und gewisse ihrer Offiziere wurden in Koblenz vom Gelde der Nation bezahlt.

Während man sich bemühte, das Königtum zu entwaffnen, stießen jeden Tag in Paris Verstärkungen zur Armee der Revolution. Ich rede von den verschiedenen verbündeten Korps der Departements. Diese Föderierten waren nicht irgendwie beliebige Männer, zufällige Freiwillige; es waren solche, die sich bei der Wahl gestellt hatten, um als erste loszuschlagen, solche, die sich für die Waffen entschieden, solche, die man unter dem Einfluß der Volksgesellschaften als die glühendsten Patrioten und tüchtigsten Soldaten ausgewählt hatte.

Die Föderierten fielen in den Gärungsstoff von Paris als ein Zuwachs treibender Kräfte. Von Privatpersonen aufgenommen oder in Kasernen konzentriert, untätig und verzehrt vom Bedürfnis nach Betätigung, gingen sie überallhin, zeigten sich überall, schienen sich zu vervielfachen. Ganz neu und nicht ermüdet, entzückt, sich (viele zum erstenmal) auf dem Gebiet der Revolution zu sehen, im eigentlichen Krater des Vulkans, verlangten diese Ankömmlinge den Ausbruch, beschleunigten ihn. Sie faßten zwei Beschlüsse, die ihnen große Kraft verliehen: erstens den, sich zusammenzuschließen und eine Körperschaft zu bilden, sie schufen sich ein Zentralkomitee bei den Jakobinern; und zweitens den, in Paris zu bleiben. Am 17. Juli hatten sie der Nationalversammlung eine gewagte Adresse überreicht: „Sie haben das Vaterland in Gefahr erklärt; aber setzen Sie es nicht selber in Gefahr, da Sie die Straflosigkeit der Verräter verlängern? ... Nehmen Sie die Verfolgung La Fayettes auf, setzen Sie die Exekutivgewalt ab, setzen Sie die Departementsdirektorien ab, stellen Sie die politische Gewalt wieder her."

Die Entrüstung der Versammlung war fast einmütig; sie ging zur Tagesordnung über. Die von diesem schlechten Empfang erstaunten Föderierten schrieben an die Departements: „Ihr werdet uns nicht wiedersehen oder ihr werdet uns frei sehen ... Wir werden für die Freiheit, für das Leben kämpfen ... Sollten wir unterliegen, so werdet ihr uns rächen, und die Freiheit wird aus unserer Asche auferstehen."

Von den Jakobinern wurden sie besser empfangen, auch von der Pariser Gemeinde stark ermutigt. Der Prokurator der Gemeinde, Manuel, stellte bei den Jakobinern diese neue Doktrin auf: die von den Departements gewählten Föderierten seien deren rechtmäßige Vertreter. Pétion, der zugegen war, stützte diese Doktrin durch seine Anwesenheit, durch die bedeutsame Autorität des ersten Beamten von Paris. Paris selbst schien in seiner Person diese Gesandten Frankreichs als eigen anzunehmen, sie zum Kampf zu ermuntern.

Am 25. Juli wurde auf der Ruinenstätte der Bastille den Föderierten ein Bürgerfest gegeben, und in der nämlichen Nacht versammelte sich ein „Aufstandsdirektorium" in „Soleil d'or", einer kleinen benachbarten Kneipe. Es waren fünf Mitglieder des Föderiertenkomitees anwesend, ferner Santerre und Alexandre, die beiden Führer des Faubourgs, und drei tatkräftige Männer: Fournier, genannt der Amerikaner, Westermann und Lazouski, dann der Jakobiner Antoine, die Journalisten Carra und Gorsas, Handlanger der Gironde. Fournier brachte eine rote Fahne herbei, auf der die von Carra diktierte Inschrift stand: „Kriegsgesetz des souveränen Volkes gegen die Auflehnung der Exekutive." Man wollte sich des

Hôtel de Ville und der Tuilerien bemächtigen, den König festnehmen, ohne ihm ein Leid zu tun, und ihn nach Vincennes bringen. Das allzu vielen Leuten anvertraute Geheimnis war dem Hof bekannt. Der Kommandant der Nationalgarde suchte Pétion auf und sagte ihm, er habe das Schloß in Verteidigungszustand gesetzt. Pétion machte sich noch in der Nacht auf, die verspäteten Festgäste auseinanderzutreiben. Man entschloß sich, die Föderierten von Marseille abzuwarten.

Barbaroux, ihr Landsmann, hatte nach Marseille geschrieben, man möge „fünfhundert Mann, die zu sterben wissen", nach Paris entsenden. Rebecqui, ein anderer Marseiller, der sich zur Rekrutierung hinbegeben, hatte sie selber ausgewählt. Man darf nicht vergessen, daß im Süden der Krieg schon seit zwei, drei Jahren in verschiedener Form vorhanden war. Die Tumulte von Montauban, von Toulouse, der mörderische Kampf von Nîmes im Jahre 1790, der Bürgerkrieg von Avignon 1790/91, die Affären von Arles und Aix, letztere vor allem, wo ein Schweizer Regiment von den Nationalgarden entwaffnet worden war, alles das hatte in jenen Gegenden den militärischen Ehrgeiz, die Kampfeslust, die Furie der Revolution aufgestachelt. Rebecqui und seine Marseiller waren Verbündete und Freunde der französischen Partei von Avignon; sie erachteten ihre Verbrechen als entschuldbare Repressalien. Die fünftausend Männer von Marseille, durchaus nicht ausschließlich Marseiller, waren trotz ihrer Jugend schon alte Kämpen des Bürgerkrieges, zum Blutvergießen geschaffen, sehr abgehärtet; die einen waren rauhe Gesellen aus dem Volk, wie Schiffer und Bauern der Provence, eine harte Bevölkerung, ohne Furcht und Mitleid; andere, weit gefährlicher, waren junge Leute höherer Klassen, damals in ihren ersten Anfällen von Wut und Fanatismus, seltsame Leute, verworren und stürmisch von Natur, dem Taumel ergeben, wie man sie nur in diesem gewaltsamen Himmelsstrich findet.

Eines, wenn man so sagen darf, war ihnen Halt in ihrem Zorn und machte sie zu allem fähig: sie fühlten einen Glauben. Der revolutionäre Glaube, von einem Mann aus dem Norden in der „Marseillaise" zum Ausdruck gebracht, hatte das Herz des Südens gestärkt. Alle, selbst jene, die von den Gesetzen der Revolution, ihren Reformen und Wohltaten keine Ahnung hatten, wußten nur durch ein Lied, für was sie von nun an kämpften, töteten, starben. Der kleine Haufe der Marseiller, der Städte und Dörfer durchzog, erhitzte, erschreckte Frankreich durch die gewaltige Glut, mit der er dieses Lied sang. In ihrem Munde nahm er einen der ursprünglichen Eingebung sehr widersprechenden Tonfall an, einen wilden und mörderischen Ausdruck; dieses edelmütige, heroische Lied wurde zu einem Sang des Zornes; bald sollte er mit dem Geheul der Schreckenszeit verschmelzen.

Barbaroux und Rebecqui begaben sich zum Empfang der Marseiller nach Charenton. Ersterer, jung, begeistert, großzügig, einerseits durch die Freundschaft der Rolands den Girondisten verbunden, anderseits diesen gewaltsamen Männern aus dem Süden sehr nahestehend, träumte von einer grandiosen und friedlichen Erhebung, einer furchtbaren Feier, bei der vierzigtausend Pariser die Marseiller sozusagen mit offenen Armen aufnahmen, mit einem Schlage, ohne Schwertstreich das Hôtel de Ville, die Tuilerien eroberten, die Nationalversammlung mit fortrissen und die Republik begründeten. „Diese Erhebung für die Freiheit wäre majestätisch gewesen wie sie, heilig wie die Rechte, die sie bestätigen sollte, wert, den Völkern ein Beispiel zu geben; um ihre Ketten zu brechen, genügte es, daß sie sich dem Tyrannen zeigten."

Santerre versprach die vierzigtausend Mann, und er brachte zweihundert. Er hatte keine Eile, den Marseillern die Ehre einer so großen Bewegung zu bereiten.

Barbaroux konnte bald sehen, wie wenig Wahrscheinlichkeit diesem romantischen Plan einer unschuldigen, edelmütigen und friedlichen Bewegung, von wütenden und schon blutbefleckten Händen ausgeführt, zukam. Am anderen Tage sahen sich die zu einem Feste geladenen Marseiller auf den Champs-Elysées den Grenadieren der „Filles Saint-Thomas" dicht gegenüber, und sogleich kam es zu einem blutigen Zusammenstoß. Wer fing an? Niemand weiß es. Die Marseiller, die gemeinsam angriffen, errangen leicht einen Vorteil; ihre Gegner wurden in die Flucht geschlagen. Die Zugbrücke der Tuilerien senkte sich, um sie herüberzulassen, hob sich wieder, um die Marseiller aufzuhalten, die sich auf die Verfolgung stürzten. Einige der in den Tuilerien aufgenommenen Verwundeten wurden von den Damen des Hofes getröstet und verbunden.

Das kleine Heer der Föderierten, fünfhundert Marseiller und dreihundert Bretonen usw., im ganzen fünftausend Mann, war vollzählig in Paris versammelt, der Aufstand war unvermeidlich. Alle Welt erwartete ihn. In aller Ohren und Herzen läutete eine lautlose Sturmglocke. Am 3. August erschallte sie sogar in der Nationalversammlung. Pétion erscheint an der Spitze der Stadtverwaltung vor den Schranken. Ein seltsames Schauspiel: der kalte, schwerfällige Pétion, hinter ihm seine Bluthunde, Danton und Sergent, die ihn von rückwärts drängen, der mit seiner erfahrenen Stimme einen freudigen Aufruf zu den Waffen erläßt.

„Die Gemeinde beschuldigt die Exekutive ... Um Frankreichs Leiden zu heilen, muß man sie an ihrer Quelle bekämpfen und nicht einen Augenblick verlieren." – Es folgt eine Aufzählung der Vergehen Ludwigs XVI., seine blutigen Anschläge gegen Paris, die Wohltaten, welche die Nation ihm erwiesen, seine Undankbarkeit, die Aufzählung der Hemmnisse, die er der nationalen Verteidigung bereitet, die Unverschämtheit der Departementsbehörden, die sich zum Richter zwischen der Versammlung und dem König aufwerfen und Frankreich zu einer föderativen Republik machen möchten ... „Wir hätten gewünscht, nur die vorläufige Suspension Ludwigs XVI. zu beantragen; die Verfassung läßt es nicht zu. Er beruft sich unablässig auf die Verfassung; wir berufen uns ebenfalls auf sie und wir beantragen die Absetzung ... Es ist zu bezweifeln, daß die Nation sich der Dynastie anvertrauen kann; wir fordern Minister, die außerhalb der Nationalversammlung ernannt werden, durch Abstimmung unter den freien Männern, indem wir erwarten, daß der Wunsch des Volkes, unser Souverän und der Ihre, gesetzmäßig in einem nationalen Konvent zum Ausdruck komme."

Ein langes Schweigen folgte. Die Eingabe wurde einem Ausschuß überwiesen. Die Frage der Absetzung wurde auf Donnerstag, 9. August, vertagt. Das war nicht mehr ein Wüten der Bevölkerung, eine Herausforderung der Föderierten. Es war die große Kommune, die den Anfang machte, die die Versammlung aufforderte, ihr zu folgen. Es war der König von Paris, der den andern König anzuklagen kam. In dem elenden Zwist, in dem die Bevölkerung sich befand, war zu befürchten, daß aus dem Schlußsatz einer solchen Ansprache die Belagerung der Tuilerien folgen, daß die Worte zu Taten würden, und daß die Sache der Freiheit nicht durch die Kämpfe am Rhein, sondern durch einen zufälligen Aufstand von Paris entschieden würde.

Die Abendsitzung war kurz. Man ging nach Hause, man besprach sich mit den Seinen. Bei solchen großen Gelegenheiten geschieht es, daß die Männer, unsicher, schwankend, ohne sich davon Rechenschaft zu geben, dem Rat ihrer Umgebung folgen, derer, denen ihre Neigung gehört. Wenn die Flamme des Geistes flackert, sucht man nach der des Herzens. Es wäre interessant, bei dieser Gelegenheit zu wissen, wie die Abendtafel der großen Volksvertreter war, wie an jenem Abend Robespierre am Tische der Duplay sich fühlte, Vergniaud bei Frau Roland oder Fräulein Candeille. Soweit man mutmaßen kann, waren alle – sei es aus Sorge für die Freiheit, die in einer Stunde untergehen konnte, sei es aus einer menschlichen Regung, jetzt, da das Blut fließen sollte – unsicher oder wichen vor dem Herannahen des furchtbaren Ereignisses zurück.

Robespierre sprach am Abend bei den Jakobinern nicht und versagte sich wahrscheinlich das Hingehen, um nicht über die sofort zu ergreifenden Maßnahmen eine Meinung äußern zu müssen. Er ließ den für gewöhnlich entscheidenden Tag in den Revolutionen von Paris (5. August) vorübergehen. Er schwieg am 3., er schwieg am 4. und fand das Wort erst wieder, als jener Tag vorüber war, am Montag, 6. August.

Was die Gironde und die Freunde der Rolands anlangt, die an der Handlung direkt beteiligt waren, so hielten sie sich nicht zurück, spalteten sich aber. Die Gironde, richtiger gesagt, Brissot, ihr Gedanke, Vergniaud, ihr Wort, fürchteten den Aufstand. Die Freunde der Girondisten, der junge Marseiller Barbaroux, riefen ihn herbei und bereiteten ihn vor. Nichts deutet an, nach welcher Seite Frau Roland hinneigte.

Man kann hier keinen anklagen. Es gab wirklich Grund genug, zu zögern und zu überlegen. Man konnte wetten, daß der Hof, wenn man den Kampf wagte, die Oberhand gewinnen würde. Die Gironde hatte die Organisation der Pikenträger befördert, angeordnet; aber sie begann eben erst. Nichts undisziplinierter als die Banden aus den Faubourgs. Selbst die Föderierten waren wohl tapfer, aber waren es wirklich Soldaten? Von der mit Bajonetten versehenen Armee war es unbedingt wahrscheinlich, daß ein großer Teil gar nichts tun und daß ein anderer, sehr zahlreicher, gegen den Aufstand sein würde.

Der Angriff auf die Tuilerien war keine leichte Sache. Das Schloß war, vor allem nach der Carrouselseite, eine gefährliche Festung. Es gab da keine Gitter, wie heutzutage, keinen großen freien Raum, jedoch drei kleine, dem Schloß zugekehrte Höfe, von Mauern umschlossen, deren Fenster zur Carrousel blickten und eine Beschießung der Belagerer sehr bequem machten. Sollte es diesen gelingen, einzudringen, so waren sie offenbar verloren; die drei Höfe waren die Fallen, genau wie jener Hof im Schloß von Kairo, wo der Pascha die Mameluken so behaglich niederknallen ließ. War man einmal drin, so würde man aus allen Fenstern mit Geschossen überschüttet, von allen Seiten niedergeschossen werden.

Die Garnison war sehr zuverlässig. Sie umfaßte außer den besonders ergebenen Nationalgarden die Schweizer Bataillone, diese tapfere und treue Miliz; dazu kam der Rest der konstitutionellen Garde (wie wir gesehen haben, Leute wie Murat, wie La Rochejacquelein), kam die „noblesse française", so nannten sich die Edelleute selbst, die sich verpflichteten, das Schloß zu verteidigen. D'Hervilly, ihr Führer, war ein bekannter Degen; er hatte ein kleines gefürchtetes Korps gebildet, rekrutiert, das wahrscheinlich aus von ihm selbst erprobten Meistern der Waffe und Raufbolden bestand.

Ja, man hatte Grund, nachzudenken. Wenn der Aufstand sich in der Marderfalle der Tuilerien einfangen, erdrücken ließ, so war die Versammlung selber tödlich getroffen und verlor die gesetzliche Gewalt, die sie bis jetzt in Händen hielt. Wenn sie mit dieser Gewalt kampflos siegen, den König nach und nach dahin bringen konnte, den patriotischen Ministern ihre Macht zurückzugeben, warum dann die große Sache dem Zufall eines kleinen Kampfes aussetzen, der Gefahr einer Überrumpelung, einer Panik vielleicht, einem nicht gutzumachenden Rückzug?

Das waren die Betrachtungen der Gironde. Gewiß, auch der Ehrgeiz spielte eine Rolle. Doch wenn man selbst den Ehrgeiz beiseite ließ, muß man zugeben, daß genug Grund zum Zögern vorhanden war. Weiter können wir auch feststellen, daß in dieser großen Zeit, diesem seltenen Augenblick voll patriotischer Begeisterung, persönlicher Egoismus und persönliche Interessen – ohne daß diese ganz verschwanden – in den Entschlüssen der Männer eine durchaus zweite Rolle spielten. Man muß den Männern aller Parteien diese Gerechtigkeit widerfahren lassen.

Am 26. Juli hatte Brissot den sehr bedeutsamen Grund eingestanden, der die Gironde zögern ließ, jetzt, da es galt, den Thron zu stürzen; er beruhte auf dem alten, albernen aber nur zu wirklichen Aberglauben, den man nicht verkennen durfte: „Die Menschen verbinden mit dem Worte ‚König' eine magische Kraft, die ihre Eigenschaft behält."

Zu dieser Betrachtung kam noch ein Gedanke, der natürlich war angesichts der im Volke grollenden Wut: die Furcht vor einem großen und schrecklichen Blutvergießen, das die Zeiten der Glacière wieder heraufbeschwören, die Freiheit verleugnen und Frankreich entehren würde. Man erfuhr, daß in Marseille ein Gegenrevolutionär von der Bevölkerung umgebracht worden war. In Toulon war es – eine von den Freiheitsfreunden beklagte, verhängnisvolle Sache – das Gesetz selbst, ich meine, seine führenden Organe, gegen die man das Messer erhoben hatte. Der Oberstaatsanwalt und Syndikus des Departements, vier Administratoren, der Staatsanwalt, ein Gemeindemitglied und noch andere Bürger waren ermordet worden. Wenn derartige Dinge in solcher Ferne und an sekundären Beamten verübt wurden, deren Verantwortlichkeit nicht sehr groß sein konnte, wie würde es da dem König ergehen? Wie würde es hier in Paris ergehen, wo seit so langem schon die Marat und die Fréron Köpfe abschlagen, Blut sehen wollten, grausige Opfer, Verstümmelungen, Scheiterhaufen? ...

Eine Sache, die erst später aufgedeckt wurde, zeigt zur Genüge, wie selbst jene, die sich an die Spitze stellten, Pétion und andere, über den mörderischen und gewalttätigen Verlauf, den die Revolution zu nehmen schien, entsetzt waren. Duval d'Eprémesnil, er, der sie zuerst im Parlament eingeleitet hatte, inzwischen aber voll Wut und Raserei die entgegengesetzte Anschauung vertrat, wurde, als er im Garten der Tuilerien unvorsichtig dem Hof das Wort redete, erkannt, von der Menge verfolgt, geschlagen, übel zugerichtet; bald waren seine Kleider in ihren Händen oder hingen ihm in blutigen Fetzen am Leibe. Er durcheilte mit letzter Kraft das Palais Royal und stürzte in die gegenüberliegende Schatzkammer. Man schloß die Türen. Die Menge heulte draußen, suchte den Eingang zu erzwingen. Duvals armer kleinen Frau (er hatte sich kürzlich verheiratet) gelang es, sich durch alle hindurchzudrängen; sie wollte mit ihm sterben. Man eilte, schleunigst den Bürgermeister von Paris zu holen. Pétion kam in der Tat, trat ein, gewahrte auf einem Lager ein bleiches, blutiges Gespenst. Es war Duval, der zu ihm sagte: „Und auch ich, Pétion, bin der Güte des Volkes gewesen ..." Er hatte noch nicht ausgesprochen, als, sei es infolge der übermäßigen Hitze, sei es aus Entsetzen und in nur zu richtigem Vorgefühl seines künftigen Geschickes, Pétion in Ohnmacht sank.

Ja, man hatte Grund, sich zu besinnen, am Vorabend des 10. August. Es war nicht nur die Gironde, die zögernde, es waren ausgezeichnete Bürger, wie Cambon, die nur sehr indirekt zur Gironde gehörten, die keineswegs ihre Neigungen teilten und nur das Interesse Frankreichs im Sinn hatten. Am 4. August setzte Cambon durch, daß die Nation von ihrer Kommission der Zwölf einen Bericht einforderte, „um das Volk auf die wahren Grundsätze der Verfassung zurückzuführen". Diese Kommission machte sich sogleich an die Arbeit, und Vergniaud erschien in ihrem Namen noch in derselben Sitzung mit dem Antrag, die Aufstandserklärung der Sektion Mauconseil für ungültig zu erklären, was sogleich ohne Diskussion beschlossen wurde.

Und doch, heute wissen wir es besser, Vergniaud und Cambon hatten unrecht. Nur der Aufstand, der schleunigste Aufstand konnte Frankreich noch retten. Es war nicht ein Tag zu verlieren. Das Königtum, immer noch in den Tuilerien, die den Adligen und Priestern aus dem ganzen Reiche als Versammlungsplatz dienten, das war der furchtbare Bundesgenosse der verbündeten Heere. Die Königin erwartete diese Armeen Tag und Nacht, rief sie herbei. Sie gestand ihren Damen ihre Wünsche und Hoffnungen. „Eines Nachts", erzählt Madame Campan, „als der Mond ihr Zimmer erhellte, betrachtete sie ihn und sagte nur, im nächsten Monat werde sie den Mond nicht mehr sehen, ohne ihrer Fesseln ledig zu sein. Sie gestand mir, daß alles gleichzeitig vor sich gehe, um ihr die Freiheit zu bringen. Sie verkündete mir, daß die Belagerung von Lille bevorstehe, daß man die Befürchtung hege, trotz des militärischen Kommandanten wolle die Zivilbehörde die Stadt nicht verteidigen. Sie besaß die Marschroute der Fürsten und der Preußen; an dem und dem Tage sollten sie in Verdun sein und an dem Tage an einem anderen Ort. Was würde es in Paris geben? Der König war kein Feigling, aber er hatte wenig Energie. ‚Ich würde gern zu Pferd steigen', sagte sie noch, ‚aber dadurch würde ich den König ängstigen ...'"

Alle Welt sah, daß an den Toren Frankreichs zwei disziplinierte Armeen standen, die durch ihre Vorgeschichte gefürchtet waren: die preußische, erfüllt von der Tradition Friedrichs des Großen; die österreichische und ungarische, berühmt durch ihre Erfolge im Türkenkrieg. Diese beiden Armeen hatten überdies die Besonderheit für sich, bereits zwei Revolutionen, die von Holland und Belgien, fast ohne Schwertstreich unterdrückt zu haben. Kein Politiker, kein Militär konnte an einen ernstlichen Widerstand seitens unserer desorganisierten Armeen, der hinter ihnen stehenden undisziplinierten Massen, unserer verdächtigen Generale und eines Hofes, der den Feind herbeirief, glauben. Nur ein Wunder konnte Frankreich retten, und das erwarteten nur wenige.

Frau Roland bekennt ohne Umschweife, daß sie wenig auf die Verteidigung des Nordens rechnete, daß sie mit Barbaroux und Servan die Aussichten prüfte, die man hatte, im Süden die Freiheit zu retten, hier eine Republik zu gründen. „Wir nahmen Landkarten zur Hand", sagte sie, „und zogen die Grenzlinie" – „Wenn unsere Marseiller nicht gewinnen", sagte Barbaroux, „so ist das unsere Zuflucht."

So dachten nicht nur die Girondisten. Marat ersuchte am Vorabend des 10. August einen von ihnen, ihm nach Marseille zu verhelfen, und hielt sich bereit, in der Verkleidung eines Kohlenträgers davonzugehen.

Vergniaud versichert, Robespierre hätte denselben Gedanken gehabt, und es sei ebenfalls Marseille gewesen, wohin er sich zurückzuziehen gedachte. Obgleich man geneigt ist, die Behauptung eines Feindes über einen Feind anzuzweifeln, gestehe ich, daß das Zeugnis eines solchen loyalen Mannes voll Herz und Ehrgefühl mir viel Gewicht zu haben scheint.

Nur zwei Männer unter den einflußreichen scheinen sich dem Gedanken, Paris zu verlassen, ungerührt entgegengestellt zu haben, die beiden genialen Menschen Vergniaud und Danton. Dieser, der nach dem 10. August, als der Feind nahte, keine Miene verzog und sich darauf versteifte, Front zu machen, der würde gewiß nicht vor dem 10. August in einer ungleich geringeren Gefahr gewankt haben.

Hinsichtlich Vergniauds ist die Sache sicher. Er bekundete seine Ansicht in Anwesenheit von etwa zweihundert Abgeordneten. Entgegen der Anschauung der meisten seiner Freunde sagte er, Paris sei es, wo man den Triumph der Freiheit durchsetzen oder mit ihr zugrunde gehen müsse; wenn die Nationalversammlung Paris verlasse, so dürfe sie nur wie Themistokles mit allen Bürgern ausziehen und nichts als Asche hinterlassen, nur vor dem Feinde weichend, um ihm sein Grab zu graben.

Vergniaud und Danton urteilten genau wie Richelieu, als die Königin Henriette ihn fragen ließ, ob sie sich nach Frankreich zurückziehen könne. Er schrieb an den Rand des Briefes: „Muß man der Königin von England erst sagen, daß wer den Platz verläßt, ihn verliert?“ – Und Ludwig XI. sagte: „Wenn ich das Königreich verliere und mich und Paris rette, so rette ich mich mit der Krone auf dem Haupt.“

Wie konnte man sich auf einen Widerstand in Paris einlassen? Die erste Bedingung war, seiner Herr zu sein. Nun, Paris besaß Paris nicht, solange Preußens Freund in den Tuilerien saß. Die Tuilerien waren es, bei denen der Krieg begonnen werden mußte.

VIERZEHNTES KAPITEL

Der Vorabend und die Nacht des 10. August

Wie die Sache vom 10. August in der Geschichte verändert worden ist. – Man war auf den 10. August gefaßt. – Die Initiative zum 10. August wird von mehreren für sich in Anspruch genommen. – Die Nationalversammlung erklärt, es liege kein Grund vor, La Fayette anzuklagen (8. August). – Man erhofft nicht mehr, daß die Versammlung das Vaterland erretten könne (8. August). – Vorbereitungen zum Kampf (9. August). – Die Aussichten waren für den Hof sehr günstig. – Die Sturmglocke, die Nacht vom 10. August.

Ich kenne keine einzige Begebenheit aus alter oder neuer Zeit, die mehr entstellt worden ist als der 10. August, in ihren wesentlichen Umständen mehr verändert, mehr mit legendärem oder lügenhaftem Beiwerk beladen und verdunkelt worden wäre.

Die Schlacht vom 10. August scheint einer jener ehrlichen Kämpfe, bei denen beide Parteien lange vorher Sorge tragen, einander rechtzeitig zu warnen. Die Bevölkerung von Paris einerseits und der Hof anderseits trafen ihre Vorbereitungen in der allergrößten Öffentlichkeit.

Es gab keine Überraschungen. Man irrte sich vollkommen, wenn man den König unvermutet eingeschlossen glaubte. Bei den Meinungsverschiedenheiten in der Gemeinde, einem Bürgermeister wie Pétion, bei der völligen Verwirrung unter sämtlichen Gewalten, bei der Militärmacht, die der König in Händen hatte, stand es ihm mehr als je frei, zu entfliehen. Die Massen versammelten sich, wie man sehen wird, nur schwerfällig und spät und sehr langsam. Am 10. August, um sechs Uhr morgens, hätte es dem König noch völlig frei gestanden, zu gehen, ihm und den Seinen, indem sie sich mit einem Karree von Schweizern und Edelleuten umgaben. Nach zwei Meilen hätte er ein Pferd bestiegen und wäre in die Normandie entwichen, nach Gaillon, wo man ihn erwartete. Er zögerte, und die Königin dachte nicht an Flucht, da sie diesmal sicher war, die Revolution im Hofe der Tuilerien zu zermalmen.

Seit dem 3. August hatte das Faubourg Saint-Marceau, das elendeste unter den Faubourgs, das am meisten unter dieser Hungerpause ohne Krieg und Frieden zu leiden hatte, seinen Entschluß gefaßt; es schickte zur Sektion Quinze-Vingts und ließ seine Brüder vom Faubourg Saint-Antoine auffordern, sich ihm in Waffen anzuschließen. Diese erwiderten, sie würden kommen. – Erste Warnung.

Nächste am 4. August. Nachdem die Nationalversammlung die Aufstandserklärung der Sektion Mauconseil verurteilt hatte, weigerte sich die Stadtverwaltung, den Beschluß zu veröffentlichen.

Dies sind öffentliche und gewiß keine unklaren Ereignisse. Gleichzeitig wollten zahlreiche Privatpersonen handeln, waren geschäftig, Verschwörungen anzuzetteln. Viele beanspruchen hier die große Initiative für sich, behaupten, den 10. August gemacht zu haben.

„Ich bin es", sagt Danton mehrfach. Gewiß, er trug dazu bei, aber viel weniger durch sein direktes Eingreifen als durch den Antrieb, den er schon lange vorher durch seinen Einfluß auf die Gemeinde, auf Manuel, auf Sergent und andere, vielleicht sogar auf Pétion gegeben oder erhöht hatte.

„Ich bin es", sagt Thuriot (am 17. Mai 1793), „der vor dem 10. August den Zeitpunkt angegeben, vorbereitet hat, an dem die Verschwörer vernichtet werden sollten."

„Ich bin es", sagt auch Carra, „der im Verein mit dem Aufstandsdirektorium am 4. August in ‚Cadran-Bleu' den Plan zum Aufstand verfaßte. Wir begaben uns von hier zu Antoine, Rue Saint-Honoré, gegenüber der Himmelfahrt, in das Haus, in dem Robespierre wohnt. Seine Wirtin war so erschrocken, daß sie kam und Antoine fragte, ob er Robespierre umbringen lassen wolle. Worauf Antoine entgegnete: ‚Wenn einer umgebracht werden soll, so sind wir es; was Robespierre angeht, mag er sich verbergen!'"

Barbaroux, der zwar zugibt, daß der 10. August die Folge einer direktionslosen, von vielen vorbereiteten Bewegung sei, gibt sich dennoch einen guten Anteil bei der Leitung der Sache. Auch er hat einen Plan zur Erhebung entworfen. Dieses bedeutsame Schriftstück, das alles aufgedeckt hätte – er bekennt, daß er es in der Tasche eines Sommeranzugs gelassen habe, und daß der Plan mitsamt dem Anzug für einige Tage zur Waschfrau wanderte.

Wie man gesehen hat, beeilte sich Robespierre nicht, zu handeln. Er hatte keineswegs zum Aufstand geraten, aber er überwachte ihn aus der Nähe, und ohne sich irgendwie hineinzumischen, wartete er auf seinen Vorteil. Er ließ Barbaroux durch einen zerlumpten Abbé (später einer der Richter von 1793) sagen, daß Panis ihn mit Sergent und Fréron im Rathause erwarte. Die beiden letzteren standen unter Dantons Einfluß. Panis aber war ein Mann Robespierres. Sie sagten Barbaroux, er müsse die Marseiller veranlassen, ihre zu weit entfernte Kaserne zu verlassen und sich bei den Cordeliers einzurichten. Hier, dicht am Pont Neuf, konnten sie viel besser gegen die Tuilerien losziehen, sich an die Spitze der Bewegung stellen, ihr Schwung, Kraft und Entschlossenheit geben, die den wenig geschulten Klassen der Faubourgs fehlten. Es war klar, daß dies für den Erfolg der Sache von Vorteil war. Nur das war zu bedenken: Danton herrschte bei den Cordeliers; würde er der eigentliche Antrieb, die wirkende Kraft werden? Das war für Robespierre zweifellos beunruhigend. Er trat aus seiner Reserve heraus und ließ Barbaroux und Rebecqui bitten, bei ihm vorzusprechen.

Robespierres Zimmer, von Frau Duplay geschmückt, war die reinste Kapelle, die an den Wänden, auf den Schränken, das Bildnis eines einzigen Gottes zeigte: Robespierre, immer Robespierre. Rechts an der Wand gemalt, hing er links als Gravüre. Im Hintergrund befand sich seine Büste, ihr gegenüber sein Basrelief. Außerdem gab es auf den Tischen, als Stiche, ein halbes Dutzend kleiner Robespierres. Nach welcher Seite er sich drehte, er konnte nicht umhin, sein eigenes Bild zu sehen. Man sprach von den Marseillern und von der Revolution. Robespierre rühmte sich, ihren Lauf beschleunigt und mehr als irgendeiner die Krisis herbeigeführt zu haben, bei der man jetzt angelangt war. Würde sie aber nicht stecken bleiben, diese Revolution, sofern man nicht einen sehr beliebten Mann zur Führung der Bewegung ernannte? ... „Nein", sagte Rebecqui schroff, „keinen Diktator, ebensowenig wie einen König." Sie gingen bald, aber Panis, der sie hergebracht hatte, ließ nicht lokker: „Sie haben die Sache falsch angepackt", sagte er. „Es handelte sich lediglich um eine Tagesgröße. Wollte man diese Idee befolgen, so ist keiner würdiger als Robespierre."

Alle Welt schloß aus alter Erfahrung, die Bewegung werde an einem Sonntag, am 5. oder 12. August, stattfinden. So begaben sich am Samstag, dem 4., zwei junge Marseiller zur Bürgermeisterei. Sie treffen auf den Büros Sergent und Panis. Diese jungen Männer waren von einer wundervollen Begeisterung, voll Mut, Ungeduld und Schmerz. Sie sahen den Tag des Kampfes kommen und hatten nichts in Händen, um an ihm teilzunehmen. Einer von ihnen rief: „Pulver! Patronen! Oder ich erschieße mich! ..." Er führte eine Pistole an die Stirn.

Sergent, ein impulsiver Mensch, mit dem Herzen eines Künstlers, eines Franzosen, fühlte, daß hier vielleicht der wahre Aufschrei des Vaterlandes zum Ausdruck kam. Als Antwort begann er zu weinen; seine Ergriffenheit rührte Panis. Sie wagten ihren Kopf bei diesem Würfelspiel, unterzeichneten den Befehl (der ihr Todesurteil geworden wäre, wenn Frankreich nicht gesiegt hätte), den Befehl, an die Marseiller Patronen zu verteilen.

Der Hof schlummerte nicht. In der Nacht vom 4. zum 5. ließ er in aller Stille die treuen und gefürchteten Bataillone der Schweizer aus Courbevoie nach den Tuilerien kommen. Man hatte einige Kompanien nach Gaillon geschickt, wo der König eine Zuflucht suchen sollte.

Das Gerücht von diesem Fluchtplan erfüllte am Montag, dem 6., ganz Paris. Die Föderisten erklärten, sie wollten das Schloß umzingeln. Es waren ihrer nur fünf- bis sechstausend. Aber die Sektion Quinze-Vingts erklärte, auch sie werde gegen die Tuilerien marschieren. Das einzige, was ihr dazu fehlte, war ihr üblicher Führer. Santerre hatte vom Kommandanten der Nationalgarde Stubenarrest bekommen, und so groß war sein Respekt vor der Disziplin, daß er den Arrest buchstäblich hielt – an diesem Tage, den man als den eigentlichen Kampftag ansah.

Was die Nationalversammlung wollte, war unmöglich zu erkennen. Am 6. nahm sie eine niederschmetternde Petition der Föderierten entgegen, durch die sie selbst bedroht wurde; sie ehrte die Petitionäre durch ihre Zulassung zur Sitzung. Am 8. erklärte sie, zur Anklage gegen La Fayette liege kein Grund vor. Der Bericht Jean Debrys, der heftige Kommentar, den Brissot hinzufügte, halfen zu nichts. Der unbedingt gesetzwidrige, dreiste Schritt des Generals gegenüber der Versammlung, dieser Präzedenzfall, der dem 18. Brumaire Gewalt antat, wurde freigesprochen. Vierhundertundsechs Stimmen gegen zweihundertvierundzwanzig fällten dieses Urteil. Was sie ein wenig entschuldigt, ist, daß vielleicht eine gewisse natürliche Versuchung zum Widerstand in den Abgeordneten erwachte bei den Schreien, den Drohungen, die man gegen sie ausstieß. Beim Hinausgehen wurden mehrere zu Boden geschlagen; einige kamen beinahe um; sie retteten sich in ein Korps der Garde und entkamen nur durch schnelle und heimliche Flucht der Rache des Volkes.

In der Sitzung vom 9. beklagten sie sich vergeblich. Die Behörden gaben zu, daß ihnen wenig Mittel zu Gebote standen, um die Übergriffe zu unterdrücken. Roederer, Prokurator des Departements, beschuldigte den Bürgermeister, daß er sich nicht zu einer Vereinbarung über die zu ergreifenden Maßregeln einfinde. Er verkündete, die Quinze-Vingts sprächen davon, die Sturmglocke zu läuten und das Volk zu einer Massenerhebung zu bringen, wenn man nicht die Absetzung des Königs bekanntgebe. Dann kam der Bürgermeister, um seinerseits von den Garden der Reserve zu reden, die er in den Tuilerien aufzustellen gedenke, und gab gleichzeitig zu verstehen, daß man nicht zu viel darauf zählen dürfe, daß die ganze bewaffnete Macht am Beraten sei und daß sie, wie alle Bürger, geteilter Meinung sei.

Als ein feuillantischer Abgeordneter beantragte, die Föderierten sollten Paris verlassen, und man möge den Bürgermeister fragen, ob er die öffentliche Wohlfahrt zusichern könne, sagte der Girondist Guadet: „Nein, fragen Sie das lieber den König." – Und der Jakobiner Choudieu fügte hinzu, die Versammlung selber sei es, an die man diese Frage stellen müsse. „Die Gefahren des Vaterlandes", sagte er, „liegen in Ihrer Schwäche, von der Sie gestern in der Angelegenheit La Fayette den beschämenden Beweis geliefert haben. Es gibt hier Männer, die zu feige sind, um eine Meinung zu haben. Alle, die gestern Angst vor einem General, einer Armee hatten, alle die werden niemals wagen, an den Herd der Verschwörungen zu rühren, die auf den Stufen des Thrones nisten. Senden Sie mich in die Abbaye (Gefängnis), wenn Sie wollen, aber erklären Sie rund heraus, daß Sie unfähig sind, das Vaterland zu retten."

Das war auch der eigentliche Gedanke von Paris. Die achtundvierzig Sektionen versammelten sich am Abend. Sie ernannten Kommissare, die den Generalrat der Gemeinde ersetzen sollten und verliehen ihnen unbegrenzte, absolute

Gewalt zur Rettung der allgemeinen Sache. Der alte Rat tagte im Hôtel de Ville; die Mitglieder des neuen, von den Sektionen entsandt, traten in der Nacht hinzu, sowie sie ernannt worden waren, und nahmen bei Tag seine Stelle ein.

Der Hof konnte das nicht übersehen. Aber er glaubte sich sehr stark. Zunächst hatte er durch den Beschluß zugunsten La Fayettes in der Nationalversammlung die Majorität, vierhundert Stimmen gegen zweihundert. Er hatte nicht zu befürchten, einen Hieb durch die Gesetze zu erhalten. Die Erwartung der fremden Armeen und die ziemliche Gewißheit, daß Frankreich vernichtet werden würde, hatte den Eifer seiner Parteigänger erstaunlich angefeuert. Ein Zeitgenosse sagt, nie sei der Hof zahlreicher, nie strahlender vielleicht gewesen als in den Tagen, die dem 10. August unmittelbar voraufgingen. Die Schweizer und die Edelleute, von denen er umgeben war, gaben ihm die Gewißheit eines sehr zuverlässigen militärischen Kernes, denen der sehr royalistische Kommandant der Nationalgarde, Mandat, nach Belieben seine diensteifrigen Bataillone angliedern konnte. Rechtmäßig durfte er nur mit der Autorisation durch den Bürgermeister vorgehen. Man hat viel darüber gestritten, ob er sie gehabt hat oder nicht. Er hat selbst versichert, und es ist sehr glaubhaft, daß er einige Tage vorher vom Bürgermeister halb und halb eine Befugnis erlangt hatte; da die Umstände dem Aufstand keineswegs günstig waren, hatte die Befugnis damals wenig Bedeutung. Am 10. August konnte diese abgelaufene Befugnis nichts mehr nützen. Mandat ergänzte sie durch ein Gesuch beim Departement von Paris.

Im Laufe des 9. August hatte man die Galerie des Louvre abgetragen, um den Zugang zum Schloß von dieser Seite zu unterbinden. Man hatte in aller Öffentlichkeit durch die Höfe massive Eichenbretter hereinschaffen lassen, um die Fenster zu versperren, abzublenden, mit Ausnahme derjenigen, die man zur Vernichtung des Feindes zu benutzen gedachte.

Von Mitternacht an läutete die Sturmglocke bei den Cordeliers, wo Danton und die Marseiller versammelt waren, dann läutete sie in ganz Paris. Die Wirkung war aber gering; die Faubourgs setzten sich nur langsam, schwerfällig in Bewegung; der Freitag ist kein günstiger Tag. Die Führer gebrauchten selber die bezeichnenden Worte: „Die Sturmglocke hat keinen Widerhall".

Pétion war unter einem Vorwand nach den Tuilerien beordert worden, und er wagte nicht, abzulehnen. Ein dem Volke so teures Haupt als Geisel zurückbehalten, raubte dem Aufstand ziemlich viel Aussichten.

Santerre, sagt man, fand alles das von schlechter Vorbedeutung und wollte nicht marschieren. Ohne den berühmten Brauer losziehen, das taten die Faubourgs nicht leicht. Auch ließ er fast eine Stunde auf sich warten. Er ließ die Avantgarde der Feuereifrigen voranmarschieren, die, wie man sehen wird, vernichtet wurden; dann ließ er auch noch die Marseiller ziehen, die eine Zeitlang allein standen und ebenfalls zugrunde gehen mußten.

Wären selbst diese Banden besser gewesen, so schienen dennoch die Anordnungen des Kommandanten General Mandat unfehlbar zu sein, so wenig sie auch befolgt wurden. Ein Korps am Hôtel de Ville, ein anderes am Pont Neuf sollten die beiden Faubourgs vorüberlassen, sie dann von hinten angreifen, während die Schweizer sie von vorn beschossen. Hätten sich die Dinge so abgespielt, so wären die Faubourgs nicht allein besiegt, sondern aufgerieben worden.

Und selbst nach dem Abfall der beiden Korps wäre, wie manche annehmen, der Aufstand noch immer niedergeworfen worden, wenn der König nur in den Tuilerien geblieben wäre. Die Schweizer und die tapferen Edelleute seiner Umgebung hätten nicht aus Verzweiflung ihr Leben hingegeben, wie sie es taten. Der Widerstand wäre furchtbar, lang und daher siegreich gewesen. Das Volk zählte wenig wirkliche Soldaten, und es hätte den Mut verloren.

Alle Welt stellte es sich so vor. Barbaroux und die anderen, die Führer der Marseiller, welche die Bewegungen leiteten und ihnen Appell beibrachten, konnten nicht persönlich dreinschlagen, hatten nicht den Ausweg, sich durch einen Flintenschuß töten zu lassen, waren aber nicht weniger zu sterben bereit. Barbaroux steckte Gift zu sich, um immer sein eigener Herr zu bleiben und nicht dem Hof in die Hände zu geraten, dem allem Anschein nach der Sieg zufallen würde.

Die Revolution hatte, richtig besehen, trotz der großen Zahl derer, die für sie kämpften, geringe Chancen. Die Militärgewalt war auf der anderen Seite. Was sie besaß, das war die moralische Kraft, den Zorn und die Entrüstung, die Begeisterung, den Glauben.

Welcher Art die Gedanken dieser großen Bevölkerung waren, ihre Erregung, die furchtbare Besorgnis bei den Frauen und in den Familien, als man die Sturmglocke läuten hörte, das wissen wir aus einem recht rührenden Zeugnis, dem Zeugnis der jungen Frau von Camille Desmoulins, der schönen, der unglückseligen Lucile[1]. Wir geben hier, ohne ein Wort daran zu ändern, die kindlichen Betrachtungen wieder:

---

1 Eine kostbare Miniatur der Lucile befindet sich in der Sammlung des beklagenswerten Oberst Maurin. Lucile zeigt sich auf diesem Bild als eine hübsche Frau aus ziemlich niederem Stande (Lucile Duplessis-Laridon). Hübsch? ja, aber vor allem eigensinnig, ein kleiner Desmoulins in Weibsgestalt. Ihr reizendes kleines Gesicht, bewegt, wetterwendisch, launenhaft, hat einen Hauch vom „freien Frankreich". Das Genie ist darüber hingegangen, das fühlt man, die Liebe eines genialen Mannes. Sie liebte ihn so, daß sie mit ihm sterben wollte. – Und dennoch? Besaß er dieses opferfreudige Herz ganz und ohne Vorbehalt? – Wer kann es beweisen? Sie wurde von einem recht minderwertigen Manne glühend geliebt. Sie sieht verstört aus auf diesem Bilde, als trage ihr Leben an einer Wunde; die Gesichtsfarbe ist fahl und wenig schön. Arme Lucile. Ich fürchte, du hast zuviel an diesem Kelch getrunken, die Revolution ist in dir. Ich meine, dich hier in einen unlöslichen Knoten verstrickt zu sehen ... Doch ach! wie wird dieser Knoten durch den Tod gewaltsam zerschnitten!

„Am 8. August bin ich vom Lande zurückgekehrt; alle Geister waren schon in lebhaftester Gärung; ich hatte Marseiller zu Tisch, wir waren recht vergnügt. Nach dem Essen gingen wir zu Herrn Danton; die Mutter weinte; trauriger als sie konnte man nicht sein; ihr Kleiner sah stumpfsinnig aus. Danton war entschlossen; ich selbst lachte wie unsinnig. Sie fürchteten, die Sache würde nicht stattfinden; obgleich ich dessen nicht ganz sicher war, sagte ich zu ihnen, als ob ich es genau wüßte, daß sie doch stattfinden würde. ‚Aber wie kann man so lachen?' fragte mich Frau Danton. ‚Ach!' erwiderte ich, ‚das bedeutet, daß ich heute abend viele Tränen vergießen werde.' – Es war schönes Wetter; wir bummelten ein wenig durch die Straßen; es waren ziemlich viel Leute auf den Beinen. Einige Sansculotten gingen vorbei und riefen: ‚Es lebe die Nation!' Dann kamen Truppen zu Pferde; schließlich ungeheure Mengen Truppen. Die Angst packte mich. Ich sagte zu Frau Danton: ‚Wir wollen heimgehen.' Sie lachte über meine Furcht; aber da ich davon redete, hatte sie auch Furcht. Ich sagte zu ihrer Mutter: ‚Adieu, Sie werden bald die Sturmglocke läuten hören.' Als wir bei ihr ankamen, sah ich, daß sich jeder bewaffnete. Camille, mein lieber Camille, kam mit einem Gewehr. O Gott! Ich flüchtete in den Alkoven; ich legte den Kopf in beide Hände und begann zu weinen. Da ich mich indessen nicht so schwach zeigen und ganz laut zu Camille sagen wollte, ich möchte nicht, daß er sich in all das hineinmische, so paßte ich den Augenblick ab, wo ich ohne Ohrenzeugen mit ihm sprechen konnte, und sagte ihm alle meine Befürchtungen. Er beruhigte mich und versicherte mir, daß er nicht von Dantons Seite gehen werde. Ich habe inzwischen erfahren, daß er sich in Gefahr begeben hat. Fréron hatte ein zum Sterben bereites Aussehen. ‚Ich bin lebensmüde', sagte er, ‚ich suche nur den Tod.' Bei jeder kommenden Patrouille glaubte ich, sie zum letztenmal zu sehen. Ich verkroch mich in den Salon, der ohne Licht war, um alle die Zurüstungen nicht wahrzunehmen. Unsere Patrioten zogen ab; ich setzte mich neben einem Bett nieder, gedrückt, vernichtet, und schlummerte bisweilen ein; wenn ich sprechen wollte, redete ich dummes Zeug. Danton kam, um sich schlafen zu legen; er schien nicht sehr eifrig zu sein und ging fast gar nicht hinaus. Mitternacht kam heran, mehrere Male suchte man ihn; endlich ging er zur Gemeinde. Die Sturmglocke der Cordeliers läutete, sie läutete lange. Allein, in Tränen gebadet, am Fenster kniend, das Gesicht ins Taschentuch vergraben, hörte ich den Klang dieser fatalen Glocke. Danton kam zurück. Mehrfach brachte man uns gute und schlechte Nachrichten; es schien mir, als hatten sie vor, nach den Tuilerien zu ziehen; schluchzend sagte ich es ihnen. Ich fürchtete, ohnmächtig zu werden. Frau Robert fragte bei aller Welt nach ihrem Gatten. ‚Wenn er umkommt', sagte sie zu mir, ‚werde ich ihn nicht überleben. Aber dieser Danton, dieser Sammelpunkt für alle! Wenn mein Mann umkommt, bin ich Weib genug, Danton zu erdolchen ...' Camille kam um ein Uhr zurück; er schlief an meiner Schulter ein. Frau Danton schien sich auf den Tod ihres Gatten gefaßt zu machen. Morgens begann das Geschützfeuer. Sie horcht, erblaßt, wankt und sinkt in Ohnmacht ...

‚Was soll aus uns werden, mein armer Camille? Ich kann kaum mehr atmen ... ein Gott! Wenn es wahr ist, daß du lebst, so rette doch Menschen, die deiner würdig sind ... Wir wollen frei sein; o Gott! Wie teuer wird das bezahlt!'"

FÜNFZEHNTES KAPITEL

Der 10. August

Der Gedanke des 10. August. – Die Sieger des 10. August. – Die Sektionen ernennen Kommissare und senden sie zum Hôtel de Ville. – Militärische Vorsichtsmaßregeln des Hofes, der Pétion in den Tuilerien zurückhält. – Pétion befreit. – Die neue Stadtverwaltung bereitet dem Aufstand seinen Weg. – Die Zustände im Schloß. – Die Adligen, die Schweizer, die Nationalgarde. – Der König versucht, eine Musterung abzuhalten. – Der König wird allgemein im Stich gelassen. – Der Magistrat nimmt den Kommandanten der Nationalgarde gefangen. – Mandat wird getötet. – Der König verläßt mit der Königin das Schloß. – Die Vorhut des Aufstandes erscheint in den Tuilerien; sie wird überrumpelt, umgebracht, vernichtet. – Hoffte der Hof, der Nationalversammlung einen Schlag zu versetzen? – Der Aufstand überfällt die Tuilerien. – Als der König keine Hoffnung mehr hat, gebietet er das Feuer einzustellen.– Die Schweizer wehren sich hartnäckig; ihr schöner Rückzug. – Die gesamte Nationalgarde erklärt sich für den Aufstand. – Ermordung der Schweizer. – Milde und Mäßigung bei mehreren der Sieger vom 10. August.

Die Nacht vom 10. August war sehr schön; der Mond leuchtete milde, und bis Mitternacht, sogar ein wenig darüber, war es friedlich. Um diese Zeit war noch fast niemand auf der Straße. Im Faubourg Saint-Antoine war es besonders ruhig. Die Bevölkerung schlief in Erwartung des Kampfes.

Und doch, am Abend lief das Gerücht um, daß eine von den Tuilerien ausgesandte Kolonne gegen das Hôtel de Ville marschiere. Man fürchtete eine Überrumpelung. Starke Patrouillen der Nationalgarde kamen und gingen im Faubourg.

Was für ein starker und beruhigender Gedanke mochte es sein, in dem das Volk schlummerte, und der so vielen Männern als Ruhekissen diente, deren letzte Nacht es doch war? Einer der Kämpfer, der noch lebt, hat es mir klar auseinandergesetzt: „Man wollte mit den Feinden ein Ende machen, man sprach weder von der Republik, noch vom Königtum, man sprach vom Ausland, vom österreichischen Ausschuß, der es zu uns hereinlassen wollte. Ein reicher Bäcker aus dem Marais, der mein Nachbar war, sagte mir mitten im lebhaftesten Feuer, im Hof der Tuilerien: ‚Es ist doch eine große Sünde, Christenmenschen so niederzuknallen; aber schließlich, desto weniger wird man Österreich die Tür öffnen!'"

Wiederholen wir es, der 10. August war eine große Tat Frankreichs. Es wäre zweifellos zugrunde gegangen, wenn es die Tuilerien nicht genommen hätte.

Die Einnahme der Tuilerien war sehr schwierig. Sie wurde keineswegs, wie es später hieß, von einem Volkshaufen ausgeführt, sondern tatsächlich vom Volke, ich will damit sagen, von einer Menge aus Leuten jeden Standes; Militär und Zivil, Arbeiter und Bürger, Pariser und Provinzler. Mehrere Pariser Viertel schickten ausnahmslos, was sie an wehrfähigen Männern hatten; in der Sektion der Franziskaner zum Beispiel stellten sich von tausend Männern, die eingeschrieben waren, sechshundert, ein stattlicher Prozentsatz, da man sehr wohl wußte, daß es sich nicht um eine Parade, sondern um eine ernste Unternehmung handelte. Die Pikenträger bildeten so ziemlich die ersten Banden, die frühzeitig vor dem Schloß erschienen; die wirkliche Armee des Aufstands aber, die es eroberte, hatte verhältnismäßig wenig Piken: sie war überwiegend mit Gewehren ausgestattet. Die Hauptmacht, die sich zwischen sieben und acht Uhr versammelte, und sich von der Bastille bis zum Grèveplatz staffelförmig aufstellte, zählte neunzig bis hundert Kompanien, deren jede hundert regulär bewaffnete Männer zählte; das waren etwa acht- bis zehntausend Nationalgarden. Zwei- bis dreitausend Pikenträger waren den Bataillonen der zehntausend Bajonette eingereiht. Das haben uns die noch lebenden Zeugen und Teilnehmer des 10. August versichert. Was die Vorhut anlangt, die der ersten Gefahr standhielt, den Zutritt ins Schloß erzwang und schließlich das gefährliche Beginnen durchführte, so bestand sie, wie man weiß, aus fünfhundert Marseiller Föderierten, die mit Bedacht aus alten Militärs ausgewählt waren, und aus dreihundert bretonischen Föderierten, voller Tapferkeit und Ehrgefühl, von denen viele gedient hatten. Und, was man nirgends erwähnt hat, diese Braven sollten von anderen, noch viel begeisterteren Tapferen unterstützt werden, von der Masse der französischen Garden, die unter La Fayette zur besoldeten Nationalgarde geworden und kürzlich ebenso undankbar wie unklug entlassen worden waren. Wir kommen noch darauf zurück.

Alles das wurde von einer einzigen Welle der Entrüstung und Vaterlandsliebe emporgehoben. Es gab keine Vorbereitungen, keinen Anführer, was man auch derartiges gesagt haben mag.[1]

Nicht nur, daß kein einzelner damals Einfluß genug besaß, um das Volk mitzureißen, selbst die Klubs taten sehr wenig. Sie waren im Monat August weniger

[1] Es muß wiederholt werden: es gab keinen Anstifter des 10. August, keinen anderen, als den allgemeinen Zorn, die Empörung, über ein allzu langes Elend, darüber, daß das Ausland heranrückte und daß Frankreich verraten war. Kein Mann, weder Danton, noch Santerre, noch sonst einer, hatte damals so viel Einfluß, um eine solche Bewegung herbeizuführen. Es gab keinen General der Erhebung. Die einzigen, die den Preußen Westermann an der Spitze der Kolonne gesehen haben wollen, das sind solche, die gar nicht dabei waren. Es war nichts vorbereitet. Abgesehen von den fünfhundert föderierten Marseillern, die sich Patronen geben ließen, hatten die Belagerer fast keine Munition; sie alle waren zuerst auf die angewiesen, die sie im Carrousel bei den Leichen der Schweizer fanden. Einige der Nationalgarden hatten glücklicherweise noch die Patronen verwahrt, die La Fayette vor einem Jahr auf dem Marsfeld verteilen ließ, am 17. Juli 1791.

besucht als während des ganzen anderen Jahres. Man war auch ihrer ewigen Redereien müde; man fühlte, daß Taten nötig waren. Ihre größten Redner sprachen ins Leere.

Was den Aufstand beschleunigte und ihn an einem so ungewöhnlichen Tag, einem Freitag, ausbrechen ließ, war, daß die Marseiller, ohne Hilfsquellen in Paris, losschlagen oder fortgehen wollten. Die Sturmglocke scheint zuerst dort geläutet worden zu sein, wo sie einquartiert waren, bei den Cordeliers. Das Faubourg Saint-Antoine antwortete und dann die ganze Stadt. Die Sektionen waren, wie man gesehen hat, einig; siebenundvierzig von achtundvierzig hatten für die Absetzung des Königs gestimmt. Am 9. August, vor Mitternacht, hatten sie die entscheidende Maßnahme getroffen, daß jede von ihnen drei Kommissare ernannte, um sich mit der Gemeindeverwaltung zu vereinigen, das Vaterland zu retten. Das war die allgemeine und unbestimmte Vollmacht, die sie erhielten. Diese Kommissare waren in der Mehrzahl unbedeutende, unbekannte Männer. Weder Marat noch Robespierre wurden ernannt, noch sonst einer der großen Wortführer. Was Danton betraf, so war er bereits ebenso wie Marat im alten Gemeinderat. Die Kommissare begaben sich einer nach dem anderen zum Hôtel de Ville, ohne Waffen; man ließ sie ein. Sie fanden hier den alten „Conseil de la Commune" in Permanenz, aber sehr gering an Zahl. Unterm Hôtel de Ville, bei der Arcade Saint-Jean, dem Hauptausgang der Rue Saint-Antoine, die auf den Grèveplatz mündet, hatte der kommandierende General der Nationalgarde, Mandat, eifriger Fayettist und konstitutioneller Royalist, eine ansehnliche Macht aufgestellt. Diese bürgte ihm für das Hôtel de Ville und bewachte den Zugang; ihre Instruktion war, falls das Faubourg heranmarschierte, es durchzulassen und von hinten zu fassen. Mandat hatte überdies am Pont Neuf Artillerie aufgestellt, so daß das Faubourg, falls es bis hierhin vordrang, niedergemacht wurde und seine Vereinigung mit den Cordeliers und dem Faubourg Saint-Marceau nicht durchführen konnte.

Alles das war nicht sehr ermutigend für die ins Hôtel de Ville gesandten Kommissare der Sektionen. Wie sollten sie die Stelle des alten royalistischen Magistrats einnehmen und sich zur herrschenden Autorität von Paris konstituieren? Das war die ganze Frage. Die Sturmglocke läutete von allen Seiten, ohne großen Erfolg. Die Armee des Hofes war seit langem aufgestellt, das Gewehr im Arm; die Armee des Aufstands lag im Bett; nur fünfzehnhundert Leute hatten sich um die Quinze-Vingts versammelt. Nur wenn man in die langen, tiefen Gassen spähte, die auf die Straßen des Faubourg Saint-Antoine münden, so sah man, wie die Lichter sich bewegten, wie Männer kamen und gingen. Die Eifrigsten standen in der Haustür, völlig bereit, bewaffnet und erwarteten die anderen. Viele waren träge; sie hörten wohl das Läuten, aber es war nicht üblich, den Aufstand in der Nacht zu beginnen; dafür gab es feststehende Traditionen.

Diese Verzögerung war beängstigend. Manche der im Hôtel de Ville versammelten Sektionskommissare bedauerten, daß man Sturm geläutet hatte. Der alte Gemeinderat war ganz oder beinahe auseinandergegangen. Um aber den neuen aufzustellen, fühlten sich die Kommissare nicht genügend gestützt. Was ihre Verwirrung erhöhte, war, daß der Hof gerade ein wichtiges Pfand in Händen hatte, den volkstümlichen Bürgermeister von Paris, Pétion. Er hatte auch Roederer, den Oberstaatsanwalt des Departements. Er könnte, wenn nötig, die beiden höchsten Autoritäten der Stadt reden lassen, das Departement und die Bürgermeisterei. Pétion, gegen elf Uhr ins Schloß beordert, hatte es nicht gewagt, sich zu weigern. Sein Benehmen war zuerst, in den voraufgegangenen Tagen, sehr seltsam gewesen. Am 4. hatte er, wie man weiß, dem Königtum den Krieg erklärt. Am 8. schien er sich noch immer für dieses Königtum zu interessieren; er hatte das Departement benachrichtigt, daß er für die Sicherheit des Schlosses nicht einstehen könne. Am 9. hatte er verlangt, am Carrousel solle ein Heer aufgestellt werden, um die Tuilerien zu schützen. Hätte dieses Heer von Nationalgarden, das den Platz einnahm, ihn auch verteidigt? Oder ganz im Gegenteil seine Verteidigung unmöglich gemacht? Das kann man nicht genau sagen. Das Schloß hätte aus den Fenstern nur auf seine Verteidiger schießen können. Am 9. noch – sei es, um den Hof einzulullen, sei es aus Unbedachtsamkeit, aus Überzeugung, daß die Bewegung nicht stattfinden werde – verlangte Pétion vom Departement die Summe von zwanzigtausend Franken, um die Marseiller heimzuschicken, die sich in ihrer Entmutigung von Paris fortbegeben wollten.

Pétion ging also wohl oder übel in die Löwenhöhle. Noch nie hatte das Schloß einen so düsteren Eindruck gemacht. Abgesehen von den Truppenmassen aller Waffengattungen, der ansehnlichen Artillerie, die den Hof füllte, mußte er an einem Spalier französischer oder Schweizer Offiziere vorbei, die ihn mit wenig freundschaftlichen Blicken maßen. Selbst die Haltung der Nationalgarden war nicht vertrauenerweckender; diejenigen, die sich hier befanden, waren ausschließlich die eifrigen Royalisten aus den durch ihre royalistischen Gesinnung bekannten Bataillonen der Filles-Saint-Thomas, der Petits-Pères und der Butte-des-Moulins. Man nannte den Bürgermeister von Paris recht laut einen Verräter und einen Judas. Er zeigte sein gewöhnliches Phlegma. Er gelangte unangefochten bis zu den Gemächern des Königs, die voller Menschen und dunkel waren; hier hatte Ludwig XVI. am Abend des 21. Juni so harte Worte gebraucht; hätte sich das gleiche Gespräch in der Nacht vom 10. August wiederholt, so wäre es Pétions Todesurteil gewesen. Es waren viele Edelleute hier, mit bleichen Gesichtern, die schon beim Anblick des Bürgermeisters von Paris von nervösem Zittern befallen wurden. Mandat, der Kommandant der Nationalgarde, unterzog Pétion folgendem Verhör, ohne weiter zu überlegen, ob er ihn dadurch nicht der Gefahr aussetze, erdolcht zu werden: „Warum haben die Polizeibeamten der Stadt an die

Marseiller Patronen verteilt? Warum hatte er, Mandat, für jeden Mann seiner Nationalgarde nur drei Patronen erhalten?" – Der Hof, der gegen die Nationalgarde voller Mißtrauen war, hatte nicht darauf bestanden, daß sie besser mit Munition versorgt wurde. Als Entschädigung konnte jeder seiner Schweizer vierzig Schuß abgeben.

Pétion verwunderte sich nicht, sondern entgegnete mit der ihm eigenen Gemütsruhe: „Sie haben Pulver gefordert; aber Sie waren vorschriftsmäßig nicht berechtigt, es zu erhalten." Die Antwort war nicht sehr glücklich; der Bürgermeister selbst, Pétion, hätte die Sache durch den Gemeinderat entscheiden lassen, dem Kommandanten Vollmacht geben müssen; wenn dieser hier nicht berechtigt war, so kam es, weil der Bürgermeister ihm die Berechtigung nicht erteilt hatte.

Die Unterredung nahm eine peinliche Wendung; alle Welt war erregt, nur vielleicht der König nicht, der soeben von seinem Beichtiger kam, sein Gewissen ins Reine gebracht hatte und sich nicht allzu sehr darüber beunruhigte, was kommen könnte. Pétion fühlte sich nicht wohl. Der Raum war klein, die Menge sehr zusammengedrängt, die Luft verbraucht. „Es ist erstickend hier", sagte er, „ich gehe hinunter, um Luft zu schöpfen." Ohne daß jemand ihn daran zu hindern wagte, ging er in den Garten hinunter.

Sein Spaziergang war lang, viel länger, als er beabsichtigt hatte. Der Garten war sehr sorgfältig geschlossen. Pétion wurde nicht festgehalten, aber man folgte ihm und blieb ihm auf den Fersen. Die royalistischen Nationalgarden, die kamen und gingen, ersparten ihm weder Kränkungen noch Drohungen. Er nahm einen Augenblick den Arm Roederers, des Oberstaatsanwalts. Für kurze Zeit ließ er sich auf der Terrasse nieder, die am Palais entlangführt. Der Mond beschien den Garten; diese Terrasse aber, die im Schatten der Gebäude lag, war von einer Reihe Lämpchen beleuchtet worden. Die Grenadiere der Filles-Saint-Thomas warfen sie um, löschten sie aus. Einige sagten: „Wir haben ihn; sein Kopf bürgt für alles." Andere, die jünger oder vom Wein und der Gefahr erhitzt waren, hatten wohl keinen rechten Begriff, was es bedeutete, ein so kostbares Haupt zu bedrohen. Alle Augenblicke kam der Justizminister und sagte zu ihm: „Begeben Sie sich hinauf, Herr; gehen Sie nicht fort, ohne mit dem König gesprochen zu haben; der König will durchaus mit Ihnen reden." Worauf er gleichgültig erwiderte: „Es ist gut"; und so gewann er Zeit.

Man konnte im Hôtel de Ville nichts tun, bevor man nicht Pétion zurück hatte. Man verfiel darauf, die Nationalversammlung zu ersuchen, daß sie ihn zurückfordere. Beim Sturmläuten hatten sich ein paar Abgeordnete versammelt, allerdings nur in geringer Zahl; das hielt sie nicht ab, als Nationalversammlung den Beschluß zu fassen, daß der Bürgermeister an der Barre zu erscheinen habe. Pétion, im Namen des Königs zum Bleiben, im Namen der Versammlung zum

Gehen ersucht, entschied sich herzlich gern für die Versammlung, durchschritt den Saal und kehrte zu Fuß nach Hause zurück. Sein Wagen jedoch blieb, wie um ihn zu repräsentieren, im Hof der Tuilerien; bis vier Uhr hatte man im Schloß die Einfalt, zu glauben, er werde in jedem Augenblick wiederkehren und sich in die Hände seiner Feinde zurückbegeben.

Pétions Freunde begrüßten ihn erfreut, sperrten ihn aber ein, schlossen die Türen hinter ihm ab, da sie mit Recht urteilten, daß in diesem Augenblick des Handelns der Volksgötze zu nichts anderem gut sei. Da sie ihn nun sicher wußten, hatten sie Handelsfreiheit. Die Kommissare der Sektionen setzten sich im Namen des Volkes an die Stelle der bisherigen Kommune, beließen den Gemeindeprokurator Manuel und seinen Stellvertreter auf ihren Posten und ließen von ersterem den Befehl erteilen, die Artillerie vom Pont Neuf zu entfernen, die der Kommandant der Nationalgarde hier aufgestellt hatte. Sie brachten so die Verbindung zwischen den beiden Ufern wieder zustande und öffneten dem Faubourg Saint-Marceau, den Cordeliers, den Marseillern den Zugang.

Das war in Wirklichkeit die entscheidende Tat für den Aufstand. Danton, der bis dahin im Hôtel de Ville gewesen war, kehrte nach Hause zurück, beruhigte seine Frau.[1] Die Entscheidung war gefallen, der Würfel ausgespielt. Der Rest war Sache des Schicksals.

Das Innere des Schlosses bot jetzt ein tragikomisches Schauspiel. Nichts als Unentschlossenheit, Schwäche, Unkenntnis. Die einzige Volksautorität im Schloß war Roederer, Oberstaatsanwalt des Departements. Einer der Minister sagte zu ihm: „Gestattet uns denn die Verfassung nicht, das Kriegsrecht zu proklamieren?" Der Syndikus holte die Verfassung aus der Tasche und suchte vergeblich nach dem Artikel. Wenn man es aber proklamiert hätte, dieses Recht, wer hätte es ausgeübt?

Als man erfuhr, daß Manuel Befehl gegeben hatte, den Pont Neuf freizugeben, das heißt dem Aufstand den Weg zu sichern, wollten weder die Minister noch Roederer es auf sich nehmen, den Gegenbefehl zu erteilen. Roederer sagte, er könne nichts tun ehe er nicht wisse, ob Manuel etwa die Ermächtigung der Gemeindebehörde gehabt habe; um darüber zu beraten, müsse man alle Departementsmitglieder in die Tuilerien kommen lassen (eine schwierige Sache um diese Zeit). Das Departement sandte nur zwei seiner Mitglieder; Roederer wollte sie

[1] Welchen Teil hatte Danton an dieser ersten Tat des Aufstands? Man weiß es nicht; er hatte an jenem Tag nicht den Vorsitz im Klub der Cordeliers. Seine Feinde haben behauptet, der große Agitator habe noch am Vorabend fünfzigtausend Franken vom Hofe bekommen, den er so in Vertrauen gewiegt hatte, daß Madame Elisabeth sagte: „Wir fürchten nichts, wir haben Danton." – Die Sache ist nicht unmöglich; immerhin hat man nie den geringsten Beweis dafür erbracht. Es gibt keinen der revolutionär gesinnten Männer, von dem man nicht ähnliches gesagt hat.

alle. Dazu bedurfte es des königlichen Befehls. Der König sagte, verfassungsgemäß könne er nur durch einen Minister Anordnungen geben. Der Minister war nicht da; man vertagte die Sache, bis er zurückgekommen sein würde.

Es war gegen vier Uhr. Im Hof hörte man Wagengerassel; man öffnete einen Schalter; es war der Wagen des Bürgermeisters, der, weiteren Wartens überdrüssig, leer davonfuhr. Der Tag begann zu grauen. Madame Elisabeth trat ans Fenster und sagte zur Königin: „Komm, liebe Schwester, sieh das Morgenrot." Die Königin trat herzu; der Tag erglänzte schon, aber der Himmel war rot wie Blut.

Betrachten wir, da es Tag ist, die Dinge hier am Platz, berechnen wir die Kräfte. Sie waren noch immer beträchtlich, wenn auch – es ist wahr – geringer als um Mitternacht; ein Teil der Nationalgarden war fortgegangen.

Die Seele der Garnison waren eintausenddreihundertdreißig Schweizer, ausgezeichnete, tapfere und disziplinierte Soldaten, gehorsam bis in den Tod. Das ist die Zahl, die der Schweizer Kommandant Pfyffer in seinem Buch angibt. Man muß aber eine ansehnliche Zahl entlassener konstitutioneller Garden hinzurechnen, die den roten Rock der Schweizer angelegt hatten und in dieser Verkleidung kamen, um mitzukämpfen. Nach der Schlacht waren ihre Leichen unschwer herauszufinden durch die feine Wäsche, die vornehme Haartracht. Die richtigen Schweizer trugen das Haar ganz einfach rund geschnitten; sie hatten grobe Hemden. Diese falschen Schweizer mitten in den Reihen der echten setzten diese zweifellos in Erstaunen, und es verfehlte nicht, sie zu beunruhigen. Sie mußten nun deutlicher sehen, daß es sich um einen Bürgerkrieg handelte, um einen Streit zwischen Franzosen, in den die Fremden sich nur mit Vorsicht einmischen konnten. Der alte Schweizer Hauptmann Affry hielt sich tatsächlich zurück und wollte nicht schießen. Die anderen versprachen nur das zu tun, was die Nationalgarde tun würde, nicht mehr und nicht weniger.

Diese trug sich mit mehr Grund mit demselben Gedanken. Obgleich sie alle den drei royalistischen Bataillonen entnommen und noch dazu sorgfältig ausgewählt waren, obgleich kein Nationalgardist dem Todesruf dieser Stunde gefolgt wäre, wenn er nicht entschieden für den König war, sahen diese bürgerlichen Verteidiger des Schlosses nicht ohne Eifersucht auf die vornehmen Kavaliere, die man herbeigerufen hatte, um die Gefahr zu teilen, und denen der Hof unzweifelhaft den ganzen Ruhm der Verteidigung zukommen lassen würde. Diese Edelleute waren im allgemeinen dieselben „Ritter vom Dolch", die von der Nationalgarde unter La Fayettes Herrschaft, im April 1790 aus dem Schloß vertrieben worden waren. Sie stellten sich darum nicht weniger der Gefahr und kamen am 10. August 1792 zur Verteidigung des Königs herbei: Eine tatsächliche Gefahr, in mehr als einem Sinne. Sie mußten, um zum Hof zu gelangen, im schlichten schwarzen Anzug, ohne sichtbare Waffen, nur mit Dolchen oder Pistolen versehen, mitten durch eine sehr feindselige Menge. Und hier fanden sie die Böswilligkeit, die selbstverständliche Eifersucht der Nationalgarden. Man hatte Grund, zu zaudern; aber es waren ihnen persönliche Eintrittskarten ins Haus geschickt worden. Sechshundert folgten dem Ruf, zu denen noch die achtbare Dienerschaft der königlichen Schlösser kam, alte Bediente, die am Tage der Gefahr nicht fehlten. Das Ganze bildete einen sehr ernsthaften Hofstaat, ohne Etiquette, aber wahrhaft imposant und militärisch. Diese Leute in Schwarz, alles Offiziere oder Ritter des Heiligen Ludwig, waren in Zivilkleidung, und – welch seltsamer Widerspruch! – die Kaufleute, die Angestellten, die Lieferanten waren es, die als Nationalgarden im Soldatenanzug steckten. Beim Anblick dieser bürgerlichen Gestalten hielten die Herren vom Degen es nicht für unangebracht, sie ein wenig aufzumuntern. Sie klopften ihnen auf die Schulter; „Nun, ihr Herren von der Nationalgarde, jetzt ist der Augenblick da, Mut zu zeigen." – „Mut? Seien Sie beruhigt", erwiderte ein Hauptmann der Nationalgarde, „den werden wir zeigen, das können Sie uns glauben, aber nicht an Ihrer Seite."

In der Tat, man bewies der Nationalgarde kein großes Vertrauen. Die innersten Gemächer, die Vertrauensposten, waren von den Adligen besetzt. Von den Schweizern besaß jeder fünfzig Patronen, von den Nationalgarden jeder drei. Besonders der Artillerie der Nationalgarde brachte man ein übertriebenes Mißtrauen entgegen, und wie das so geht, folgte daraus, daß sie es mehr und mehr rechtfertigte. Hinter die Kanoniere eines jeden Geschützes stellte man Rotten von Schweizern oder Grenadieren der Filles-Saint-Thomas, die sie mit gezogenem Säbel überwachten und sich bereithielten, über sie herzufallen. Diese Kanoniere sahen sich überdies genau unter die Balkons gestellt, von wo das Feuer auf sie niederregnen mußte. Mehrere Male versuchten sie, die Batterie fortzurücken; ebenso oft beorderte der Stab sie auf den Platz zurück, wo er sie stets nach Wohlgefallen zerschmettern konnte.

Wer kommandierte im Schloß? Die Nationalgarden kannten keinen anderen Befehlshaber als Mandat. Der Gemeinderat ließ ihn rufen. Sein Instinkt riet ihm, nicht hinzugehen. Beim zweiten Ersuchen war er unschlüssig, befragte seine Umgebung. Die Minister warnten ihn, zu gehorchen. Der Konstitutionelle Roederer erklärte ihm, daß nach dem Gesetz der Kommandant der Nationalgarde der Munizipalbehörde unterstellt sei. Da widerstrebte er nicht mehr. Es war ihm klar, daß er tatsächlich die Affäre mit den Kanonen am Pont Neuf aufklären und sich auch unbedingt über den Posten vergewissern mußte, den er am Grèveplatz aufgestellt hatte, um das Faubourg bei seinem Durchzug niederzumachen. So überredete er sich also selbst, erstickte seine Vorahnungen, raffte sich auf und ging.

Sein Fortgang erschütterte die Verteidigung des Schlosses. Er übergab den Oberbefehl an einen sehr wenig zuverlässigen Offizier. Die Königin, die auch ihre Vorahnungen hatte, nahm Roederer beiseite und fragte ihn, was nach seiner Ansicht zu geschehen habe.

Und gerade zu der Zeit hatten die Ratgeber der Königin ohne Wissen der Minister eine höchst unkluge Tat begangen. Sie verfielen darauf, dieser Nationalgarde, die schwankend und mißvergnügt war, die sich fragte, wofür sie sich schlagen solle und ob es nicht eine Tollheit sei, mit den Edelleuten auf die Nationalgarde zu schießen, ihr das vorzuführen, was sie unbedingt überzeugen mußte, daß sie recht hatte, zu zögern. Um alle Welt in der Überzeugung zu bestärken, daß das Königtum unmöglich sei, brauchte es nur eines, brauchte man nur den König zu zeigen.

Dieser arme, schwerfällige und träge Mann hatte nicht einmal in dieser Todesnacht der Monarchie bis zum Schluß wach bleiben können; er hatte eine Stunde geschlafen und sich soeben erhoben. Man sah es an seiner auf einer Seite zerdrückten und zerzausten Perücke. Daran war so recht die Gefahr dieser nichtswürdigen Moden zur Revolutionszeit zu erkennen. Wer war denn in solchen Krisen sicher, den frisierenden Kammerdiener sofort zur Stelle zu haben? ... So also sah er aus, und so ließen die ungeschickten Leute ihn hinuntergehen, zeigten ihn, führten ihn herum. Als Gipfel aller bösen Vorzeichen war er in violetter Kleidung; diese Farbe ist die Trauer der Könige; hier war es die Trauer des Königtums. Immerhin, auch darin lag schließlich etwas, das rühren konnte. Aber man beging auch noch die Taktlosigkeit, eine tragische Szene vollkommen lächerlich zu machen. Zu Füßen dieses zerzausten Königs wirft sich der alte Marschall von Mailly auf die Knie, zieht den Degen und schwört im Namen der Edelleute, von denen er umringt ist, für den Enkel Heinrichs IV. zu siegen oder zu sterben. Die Wirkung war grotesk. Der dicke und blasse König, dessen trüber Blick keinem ins Auge sah, erschien inmitten dieser Adligen als das, was er wirklich war: Der Schatten und die Erbärmlichkeit der Vergangenheit.

Alles, was hier an Nationalgarden und Männern vorhanden war, wandte sich von diesem Nichts unwillig ab und der lebendigen Wirklichkeit zu mit dem Ruf: „Es lebe die Nation!"

Die Nation wollte sich entschieden nicht selbst vernichten; eine solche ruchlose Schlächterei war unmöglich. Dem Ansuchen der Gemeindebeamten hatten die Nationalgarden entgegnet: „Können wir auf unsere Brüder schießen?" Der Anblick des Königs und der Adligen gab ihnen die Entschließung; fast alle gingen davon. Die Kanoniere wollten nicht nur selber gehen, sondern auch ihre Kanonen mitnehmen Da sie das unter dem drohenden Feuer der Balkons nicht konnten, machten sie die Geschütze wenigstens unbrauchbar, indem sie mit Gewalt eine Kugel hineintrieben, ohne Pulverladung; um sie herauszuziehen, hätte es langer und umständlicher Maßnahmen bedurft, die im Augenblick, da der Kampf beginnen sollte, unmöglich waren.

Der König begab sich atemlos wieder nach oben; erhitzt von der anstrengenden Bewegung, betrat er das Schlafzimmer und ruhte sich aus. Die Königin weinte, ohne ein Wort zu sagen; sie erholte sich aber sehr rasch, erschien wieder mit dem Dauphin, mutig und mit ungezwungener Miene, die Augen trocken, doch bis zur Mitte der Wange gerötet.

Die Hofleute waren hauptsächlich im Billardsaal versammelt, viele standen auf den Polsterbänken, um die Vorgänge besser sehen zu können. Herr d'Hervilly sagte mit gezogenem Degen und sehr lauter Stimme: „Türhüter, man öffne die Tore für den Adel Frankreichs." Die Wirkung, die dieser Theatercoup erwarten ließ, war nur sehr mittelmäßig. Zweihundert Menschen betraten den Saal, andere stellten sich reihenweise in den davorliegenden Räumen auf. Ein guter Teil dieses Adels bestand aus Bürgern. Viele darunter waren nur lächerlich bewaffnet und scherzten selbst darüber. Ein Page und ein Junker des Königs zum Beispiel hatten statt der Muskete eine Feuerzange geschultert, die sie in ihre zwei Hälften zerlegt hatten. Die Mehrzahl jedoch trug weniger harmlose Waffen, Dolche und Pistolen, Jagdmesser. Einige hatten Donnerbüchsen.

Sie marschierten in den Gemächern auf. Was an Nationalgarden zur Verteidigung des Schlosses zurückgeblieben war, glaubte, daß dieses Manöver des so plötzlich aufgerufenen Adels vor allem gegen sie gerichtet sei. Der Kommandant der Nationalgarden war um den Befehl angegangen worden und hatte keinen erhalten. Man hatte den Umstand seiner Abwesenheit benutzt, um seine Truppe auseinanderzureißen, indem man zwanzig Mann auf einen anderen Posten stellte. Die Nationalgarde, die sich so offensichtlich in Verdacht sah, drängte sich nicht mehr zur Verteidigung derer, die von ihr nicht verteidigt sein wollten; es gelang ihr, sich davonzumachen, bis auf eine verschwindend geringe Zahl. Zu diesen gehörte Weber, der Milchbruder der Königin; überwältigt von Schmerz und Sorge um sie, kehrte er um, betrat die Gemächer, fand sie in Tränen: „Aber, Weber, was tun Sie?" sagte sie; „Sie können hier nicht bleiben ... Sie sind der einzige Nationalgardist hier."

Die Tuilerien waren noch viel mehr im Stich gelassen, als die Königin ahnte. Das Schloß war schon vereinsamt, lag wie eine Insel in Paris. Die ganze Stadt verhielt sich entweder feindlich oder von einer nichts weniger als sympathischen Neutralität. Die Revolution vollendete sich im Hôtel de Ville; das erste Blut war vergossen, das Blut Mandats, des Oberbefehlshabers der Nationalgarde.

Als Mandat am Grèveplatz ankam, fand er alles verwandelt. Eine gewaltige Menge füllte das Hôtel de Ville und den ganzen Platz. Der Posten, den er bei der Arkade Saint-Jean aufgestellt hatte, war vertrieben worden. Vorwärtsgehen war gefährlich, Umkehren unmöglich. Er folgte seinem Verhängnis, ging hinauf und sah sich dem neuen Gemeinderat gegenüber, dem Aufstand gegenüber, dessen Unterdrückung er zugesichert hatte. Er war denen in die Falle geraten, denen er seine Fallen gelegt hatte, wurde zur Rede gestellt, aus welchem Grunde er die Schloßwache verdoppelt habe; er berief sich auf einen Befehl des Maire (ein veralteter Befehl, der mit dem 10. August keinerlei Zusammenhang hatte); dann gestand er, daß er keine andere Ermächtigung vorzuweisen habe, als ein von ihm an das Departement gerichtetes Ersuchen. Schließlich, als er nichts mehr zu sagen wußte, behauptete er, ein Kommandant habe das Recht, bei einem unvorhergesehenen Ereignis plötzliche Maßnahmen zu treffen. Man hielt ihm vor, daß er im Schloß bezüglich Pétions gesagt hatte: „Sein Kopf ist uns selbst für die kleinste Empörung verantwortlich." Der Kopf Mandats saß nicht mehr fest. Was sein Los entschied, war, daß man den Befehl auf den Tisch warf, den er dem Posten an der Arkade Saint-Jean gegeben hatte, auf die Reihen des Volkes zu feuern und sie von hinten anzugreifen. Ein allgemeines Wutgeheul erhob sich gegen ihn, man packte ihn am Kragen, wollte ihn zum Stadtgefängnis schleppen; einer äußerte aber, dort werde er auf der Stelle umgebracht werden. Man versuchte, ihn zur Abbaye zu transportieren.

Bis jetzt hatte es anscheinend bei den Führern noch Hemmungen gegeben, Unklarheit über die wirklichen Absichten im Volk, Besorgnis und Tasten. Das Sturmläuten schien ihnen zunächst so wenig Erfolg zu haben, daß sie im Augenblick daran dachten, es einzustellen; vielleicht hätten sie es getan, wenn sie gekonnt hätten; aber der Gegenbefehl hätte viel Zeit gebraucht, um sich durch Paris zu verbreiten, und die Glocken waren in Gang. Gegen sechs Uhr, als Mandat im Hôtel de Ville erschien und verhaftet wurde, versuchte der Magistrat, diese Handlung zu rechtfertigen. Er schickte zur Nationalversammlung eine Anklage gegen Mandat, ließ versichern, dieser allein habe das Sturmläuten angeordnet und aus diesem Grunde habe man ihn in Strafe genommen. Ein Unfall zerstörte diese politischen Vorsichtsmaßregeln. Die tobende Menge ließ es nicht zu, daß Mandat lebend bis zur Abbaye kam. Sogleich beim Verlassen des Hôtel de Ville wurde ihm der Schädel von einem Pistolenschuß zerschmettert.

Der Gemeinderat, der sein kostbarstes Unterpfand einbüßte, konnte nicht mehr zurück; er wurde endgültig und ohne Ausweg in den Aufstand hineingezogen und gab die Weisung, den Generalmarsch zu schlagen.

Es war sieben Uhr morgens, und schon gab es, wie wir bereits sagten, von der Bastille bis zur Kirche Saint-Paul, in diesem offenen und breiten Teil der Rue Saint-Antoine, achtzig bis hundert Divisionen, jede zu hundert Mann, mit Gewehren bewaffnet, etwa acht- bis zehntausend Nationalgarden. Ihre Eile war außerordentlich gewesen, was man nach der trägen Nacht kaum angenommen hatte. Der in der Rue Saint-Antoine mächtig angeschwollene Strom, dem aus jeder Querstraße neue Fluten zugeführt wurden, kam ungehindert an der verhängnisvollen Arkade Saint-Jean vorüber, wo Mandat ihn zu vernichten gehofft hatte. Die Menge blieb eine Stunde auf dem Grèveplatz, ohne eine Weisung erhalten zu können; die einen sagten, der Gemeinderat hoffe noch auf Zugeständnisse des Hofes, die anderen, daß der Faubourg Saint-Marceau sich verspäte, daß er nicht zur Zeit seinen Anschluß an Pont Neuf erreichen könne.

Um halb neun Uhr verloren etwa tausend Pikenträger die Geduld und begannen zu handeln. Sie durchbrachen die Reihen der Nationalgarde und sagten, sie verzichteten auf sie. Sie waren sehr schlecht bewaffnet; bei allen zusammen gab es kaum ein Dutzend Flinten; viele hatten nicht einmal Piken, sondern Spieße oder ganz einfach ihr Handwerksgerät. Einige der Föderierten, Marseiller oder andere, kriegsgewohnte Soldaten, konnten es nicht mit ansehen, daß die Leute allein und so aussichtslos vorgingen; sie versuchten sie zu lenken und wagten es, sich an ihre Spitze zu stellen, sich dem ersten Feuer auszusetzen.

Die königliche Familie hatte die Tuilerien verlassen. Der Oberstaatsanwalt Roederer hatte selbst seine Stimme den Bitten der ergebenen Diener zugefügt, die um jeden Preis den König außer Gefahr wissen wollten. Von beiden Seiten verhandelte man. Ein junger, schmaler und blasser Mann, der als Abgesandter der Belagerer eingelassen war, hatte von Roederer die Ermächtigung erlangt, zwanzig Abgeordnete ins Schloß zu bringen. In der Wartezeit setzten sich einige ungeniert rittlings auf die Mauer und plauderten vertraulich mit den wenigen Nationalgarden, die sich noch in den Höfen aufhielten.

Roederer hielt die Gefahr für sehr bedeutend. Er wußte den jungen Parlamentär mit dem Anerbieten, die Abgesandten des Aufstandes hereinzulassen, aufzuhalten, lief eilends ins Schloß, zerteilte die Menge, die die Säle füllte: „Sire“, sagte er zum König, „Euere Majestät haben keine fünf Minuten mehr zu verlieren; nur in der Nationalversammlung finden Sie Sicherheit.“ Ein Departementsverwalter (Spitzenlieferant der Königin, eifriger Konstitutioneller) äußerte sich im gleichen Sinne: „Schweigen Sie, Herr Gerdret“, sagte die Königin; „wenn man das Übel herbeigeführt hat, hat man kein Recht zum Reden ... Es gebührt Ihnen nicht, Herr, hier das Wort zu nehmen.“ – Dann wandte sie sich an Roederer: „Aber schließlich, wir haben doch Verteidigungskräfte ...“ – „Madame, ganz Paris marschiert ... – Sire, es ist keine Bitte mehr, die wir tun ... es bleibt uns keine Wahl mehr ... wir ersuchen nur um die Erlaubnis, Sie mit uns zu nehmen.“ Der König hob das Haupt, sah Roederer scharf an, wandte sich dann an die Königin, sagte: „Gehen wir“ und erhob sich.

Mit diesem Wort an die Königin löste der König eine schwierige Frage, die sich andernfalls ergeben hätte. Würde er sich allein zur Versammlung begeben? Oder würde er wohl von seiner so unbeliebten Gattin begleitet sein? Das war in diesem Augenblick vielleicht die entscheidende Frage für die Monarchie. Herr von Lally-Tollendal berichtet in den angeblichen Memoiren Webers, was alle anderen Geschichtsschreiber verschwiegen haben, daß nämlich nach der öffentlichen Meinung das Departement und der Gemeinderat den König auffordern mußten, sich allein in die Versammlung zu begeben. Dieser Vorschlag bot dem Königtum einige Möglichkeit zur Rettung. Es ist wahr, die Königin blieb in Gefahr; sie wagte weniger vielleicht, getötet zu werden, als gefangen und abgeurteilt zu werden (was sie viel mehr fürchtete), einen Skandalprozeß zu bekommen, der sie entehrt in ein Kloster sperrte.

Roederer, der sich genötigt sah, die Königin mitsamt dem König fortzuführen, bestand wenigstens darauf, niemanden von den Hofleuten mitzunehmen. Die Königin wollte aber von Frau von Lamballe und Frau von Tourzel, der Erzieherin der Kinder, begleitet sein. Die anderen Damen blieben entsetzt zurück, untröstlich, daß man sie im Stich ließ.

„Als wir am Fuß der Treppe angekommen waren“, sagt Roederer, „wandte sich der König an mich: ‚Was wird aus all den Leuten, die dort oben geblieben sind?‘ – ‚Sire, sie sind im Zivilanzug. Sie werden ihren Degen ablegen und Ihnen durch den Garten folgen.‘ – ‚Das ist wahr‘, sagte der König ... ‚Es sind aber gar nicht so viel Leute am Carrousel.‘ – ‚Ah, Sire! Zwölf Kanonen, eine ungeheure Volksmenge im Anmarsch ...‘“

Dieses letzte Bedauern, dieses kleine gefühlvolle Wort, dies Zögern, das war alles, was Ludwig XVI. für seine Verteidiger übrig hatte. Er ließ sich fortführen und überantwortete sie dem Tode.

Ein Schweizer Offizier, d'Affry, hat erklärt, die Königin habe ihm befohlen, die Schweizer schießen zu lassen. Ein anderer, der Oberst Pfyffer, sagt in seinem 1821 herausgegebenen Buch, der alte Marschall von Noailles habe mitgeteilt, der König habe ihm den Oberbefehl übertragen, und man dürfe sich nicht überwältigen lassen. – Die Königin zweifelte nicht, daß die Verteidigung siegreich sein würde. Beim Fortgehen sagte sie zu ihren zurückbleibenden Frauen: „Wir kommen wieder.“

Die Zurückbleibenden nahmen den Fortgang des Königs sehr verschieden auf. Ein Schweizer Offizier sagte traurig zu Roederer: „Mein Herr, vermeinen Sie denn den König zu retten, indem Sie ihn in die Nationalversammlung führen?“ Manche verzweifelten, weil sie so im Stich gelassen wurden; einige rissen ihr Kreuz vom Heiligen Ludwig herunter, zerbrachen ihren Degen.

Andere fühlten sich gerade umgekehrt gestimmt, nun, da sie auf den König keine Rücksicht zu nehmen, keine Frauen und Kinder zu beschützen brauchten; sie freuten sich wie toll auf diesen Kampf auf Leben und Tod, den sie zu liefern gedachten. Sie gossen den Schweizern volle Gläser Branntwein ein, und ohne sich auf eine Verteidigung der langen Mauerstrecke einzulassen, die sich zwischen dem Hof und dem Carrousel hinzog, befahlen sie dem Torhüter, die Riegel am Schloßtor zu öffnen. Er öffnete sie wirklich und entfloh so schnell er konnte. Die Menge, die an diese Tür anstürmte, drängte mit blinder Zuversicht voran, warf sich in den engen Hof, ohne die gegenüberliegenden, von Flinten starrenden Fenster zu beachten, ebensowenig wie die Quergebäude, die den Hof rechts und links abschlossen und mit schielenden Augen zu ihnen hersahen.

Die, welche eintraten, waren jene Ungeduldigen, von denen wir schon gesprochen haben, die Pikenträger, die vorzeitig aufgebrochen und inzwischen auf zweibis dreitausend Mann angewachsen waren. Sie langten ohne anzuhalten, eilig laufend in der Vorhalle an. Hier endlich blickten sie auf. Diese Schloßhalle, bei weitem größer als heute, war wahrhaft prächtig. Die große Freitreppe, die majestätisch zur Kapelle emporführte, war auf jeder Stufe von einer Reihe Schweizer besetzt. Unbeweglich, stumm, hatten sie die Treppe von unten bis oben besetzt und empfingen die stürmende Menge mit angelegtem Gewehr. Was für Absichten hatten diese Schweizer? Das war sehr verschieden und schwer zu sagen. Zweifellos gab es viele, die nicht schießen wollten. Eine große Zahl dieser Soldaten war aus dem Kanton Freiburg, einige gewiß auch Waadtländer, das heißt Franzosen, Franzosen der Sprache, dem Wesen nach. Kein Zweifel, daß es ihnen als ruchlos und sündig erschien, auf ihre wahre Heimat, auf Frankreich zu schießen.

Kurz vor dem Ansturm waren Kanoniere der Nationalgarde zu diesen armen Schweizern gestoßen, die sich mit vielen Tränen in ihre Arme geworfen hatten. Zwei von den Schweizern scheuten sich sogar nicht, das Schloß zu verlassen und unseren Kanonieren zu folgen. Sie befanden sich unter dem Balkon, von wo sie von ihren Offizieren gesehen wurden. Sie wurden erschossen und mit einer solchen Genauigkeit, daß die beiden Schweizer fielen, ohne daß die Franzosen überhaupt gestreift wurden.

Eine kräftige Lehre für die anderen. Gewiß war es auch die Disziplin, die Fahnenehre, der Eid, was sie unbeweglich festhielt. Als die Menge der Stürmenden diese steinernen Männer sah, hatte sie keine Angst, sondern begann zu lachen. Man rief ihnen Spottreden zu, aber die Schweizer lachten nicht. Man konnte sogar Zweifel hegen, ob sie wirklich am Leben waren. Der Gassenpöbel wird schnell dreist, und in der Hinsicht ist alles Pariser Volk eine Art Gassenpöbel. Die hier, mit ihrem Dutzend schlechter Flinten, den Piken und Spießen, waren wenig geeignet, den Kampf mit den bis an die Zähne bewaffneten Schweizern aufzunehmen. Sie wußten, daß ein paar Schweizer versucht hatten, auf die Seite der Nationalgarde überzutreten; sie beschlossen, ihrem guten Willen nachzuhelfen. Einige, die Stöcke trugen, an deren Enden Haken befestigt waren, warfen den Soldaten diese Art Angel zu und hakten sie erst einem, dann zweien in die Uniform; mit hellem Lachen wurden sie herübergezogen. Das Fischen der Schweizer hatte Erfolg. Fünf von ihnen ließen sich widerstandslos einfangen [1] Die Offiziere fürchteten ein beginnendes Einvernehmen zwischen den Angegriffenen und den Angreifern, und sie gaben den Befehl zum Feuern.

Nun sah man die ganze Kraft der Disziplin. Die Schweizer schossen unverzüglich. Die Wirkung dieser von allen Stufen der Treppe gleichzeitig abgegebenen

---

[1] Wen könnte man wohl davon überzeugen, daß die Belagerer, die so eifrig die Abtrünnigkeit der anderen zu betreiben suchten, auf der Stelle die eingefangenen Schweizer getötet hätten, wie Pelletrier vorgibt?

Schüsse, die mit einem Schlage mitten in die lebendige Masse hinuntersausten, war furchtbar. Nie gab es auf so kleinem Raum eine so entsetzliche Schlächterei. Jeder Schuß war tödlich. Die ganze Masse wankte und brach in sich zusammen. Keiner von denen, welche die Halle betreten hatten, kam wieder heraus. Die einzigen Berichte, die wir haben, sind von den Royalisten, die sich auf der Treppe befanden. Einer der Belagerer, der zwei Stunden später die Vorhalle durchschritt, sagte, der Blutgeruch sei erstickend gewesen, man hätte kaum atmen können.

Man braucht nicht erst zu fragen, ob die, welche sich im Hof befanden, davonliefen, so schnell sie konnten. So schnell ging es aber nicht, daß sie nicht unterwegs von dem Feuer überschüttet wurden, das aus den den Hof flankierenden Quergebäuden herniederprasselte; diese steckten voller Soldaten. Es war eine Jagd, wie auf dem Anstand. Die Jäger hatten das Wild dicht vor der Flinte, zum Aussuchen. Drei- bis vierhundert Männer kamen um, ohne einen einzigen Schuß zurückzugeben.

Zwei Ausgänge besaß das mörderische Schloß, einen der Schweizer, unter dem Pavillon de l'Horloge, einen anderen der Edelleute, die sich aus dem Pavillon de Flore herausstürzten und die ganze wilde Flucht vom Quai fort in die kleinen Nebenstraßen des Louvre und der Rue Saint-Honoré abdrängten. Die Schweizer stellten sich am Carrousel in Schlachtordnung auf, gaben nach allen Seiten Feuer und übersäten den Rest der Flüchtenden mit Geschossen; auch dieser ganze Platz wurde mit Leichen bedeckt.

Das Schloß hielt sich für siegreich, vermeinte, das Heer der Aufständischen zermalmt zu haben; es war aber nur die Vorhut. Mitten im Feuer, während noch die Schweizer auf die in den engen Gassen zusammengedrängte Menge schossen, wirft sich ihnen Herr d'Hervilly entgegen, ohne Hut, ohne Waffen: „Das ist nicht das richtige", sagt er, „ihr müßt euch zur Versammlung begeben, um den König scharen." Der alte Viomenil rief: „Geht, tapfere Schweizer, geht; rettet den König; eure Vorfahren haben ihn mehr als einmal gerettet."

Roederer glaubte damals (einige der Mitkämpfer vom 10. August glauben es noch heute), daß die Sache vorbereitet war, und daß der Hof in dieser Hoffnung den Kampf wollte. Wenn der Aufstand niedergeworfen oder zum mindesten durch den heftigen ersten Gegenschlag entmutigt wäre, sollte die Garnison sich auf die Nationalversammlung zurückziehen; ihre Auflösung würde bekanntgegeben werden, der König verließe, von Truppen begleitet, Paris, flüchtete nach Rouen, wo man ihn erwartete und er sich wieder als König sähe. Ich glaube, die Königin hätte niemals so viel ergebene Leute in den Tuilerien zurückgelassen, wenn sie sich ihres Schicksals nicht sicher gefühlt hätte. Bleich und bebend erwartete sie in der Versammlung den Erfolg dieses Streiches gegen die Revolution. Selbst die Versammlung glaubte einen Moment lang ihre letzte Stunde gekommen, sah sich vor der Niedermetzelung, zum mindesten als Gefangene des Königs, den sie in ihrem Schoß gerettet hatte.

Indessen war die Gegenrevolution weit vom Sieg, und die Revolution marschierte. Die Vereinigung von Saint-Antoine und Saint-Marceau hatte sich am Pont Neuf vollzogen. Man konnte vom Pavillon de Flore aus im Osten, bereits am Quai du Louvre, das Racheheer des Volkes nahen sehen, den Wald seiner im Morgenstrahl flammenden Bajonette.

Große Verzögerungen waren eingetreten. Die ungeordnete Armee hatte viel Zeit verloren, besonders um sich auf den damals sehr engen Quais in Kolonnen zu formieren. Die fünfhundert Marseiller, die dreihundert Bretonen und die anderen Föderierten, eine sehr militärische Truppe, hatten den Ehrenposten: sie gingen als erste ins Feuer; sie sollten das Carrousel durch die dem Pont Royal benachbarten Seiteneingänge betreten. Das Marais und andere Sektionen vom rechten Ufer sollten durch den Louvre vordringen; Saint-Marceau und das linke Ufer übernahmen den Pont Royal, den Quai des Tuileries, den Quai und die Place de la Concorde, so daß das Schloß zwischen zwei Feuern war. Saint-Antoine hatte zwei kleine Kanonen, Saint-Marceau ebenfalls; das war die ganze Artillerie.

Wäre die Masse der Flüchtenden auf den Quai zurückgeworfen worden, so hätte sie in die heranziehenden Kolonnen Verwirrung und Mutlosigkeit tragen können. Sie wurde aber, wie wir gesehen haben, nach der Rue Saint-Honoré und den kleinen Gassen des Louvre abgedrängt. Die Marseiller und der Faubourg Saint-Antoine sahen nichts von diesem betrüblichen Schauspiel; frisch, vertrauensvoll, erhobenen Hauptes langten sie an. Sie wußten so allgemein, daß man ihre Kameraden angelockt, getötet hatte; wütend verdoppelten sie ihre Schritte. Die Sektionen vom Marais, die durch die kleinen Straßen am Louvre zum Carrousel gelangten, sahen zahlreiche Verwundete, aber diese von Haß und Wut erregten Verwundeten forderten Rache für die Gemeinheit der Schweizer: „Wir hatten ihnen eben den Bruderkuß gegeben, als sie unser Blut vergossen."

Die Marseiller kamen durch die Seitentore am Quai, sahen die Schweizer in Schlachtordnung auf dem Carrousel, schwärmten plötzlich aus, brachten ihre kleinen Kanonen zum Vorschein und feuerten aus nächster Nähe zwei Kartätschenschüsse. Die Soldaten warteten keinen weiteren Schuß ab, ließen ihre Verwundeten liegen und eilten ins Haus, offenbar ein wenig erstaunt, den Aufruhr, den sie vernichtet zu haben glaubten, bis zu diesem Grade lebendig zu sehen. Die Föderierten und die von Saint-Antoine rückten im Sturmschritt vor und füllten zwei von den drei Höfen: die Cour Royale oder den mittleren Hof und die Cour des Princes, dem Pavillon de Flore und dem Quai benachbart. Die vom Louvre heranmarschierten Sektionen hatten das Carrousel, das damals viel kleiner war, besetzt; sie drängten die zuerst Gekommenen voran und füllten, so weit es anging, die Höfe. An der ungeheuren und düsteren Fassade blitzte es aus hundert Fenstern. Abgesehen von all dem direkten Frontfeuer gaben die an den Fenstern des Pavillon de Flore und der großen Galerie du Louvre auf dem Anstand stehenden Edelleute auch noch Flankenfeuer. Hinter dem Pavillon de l'Horloge, unter dem Kreuzfeuer, das die Stürmenden empfing, hielten sich standhaft die Schweizer Grenadiere, die das Feuer der ungeübten aufständischen Schützen mit ganzen Salven erwiderten. Es war windstill; der Rauch lag in dichten Schwaden; kein Lufthauch kam, ihn zu zerteilen; man schoß wie im Finstern: eine für die Angreifer ungünstige Sache; sie konnten die Fenster kaum erkennen; ihre Schüsse trafen die Mauern. Ihre Feinde hingegen, die lebendige Wälle vor sich sahen, ich meine, ganze Menschenmassen, brauchten nur draufloszuschießen; jeder Schuß tötete oder verwundete. Die Föderierten, die es müde waren, nicht heimzahlen zu können, stellten am großen Tor mitten in einem Kugelregen eine Batterie von vier Geschützen auf, von denen zwei Schüsse die Schweizer dahin brachten, den Hof zu räumen. Sie zogen sich in guter Ordnung in die Vorhalle zurück, von wo sie von Zeit zu Zeit in Gruppen heraustraten, um wieder zu schießen.

Als die Föderierten vom Carrousel aus den Hof betraten, feuerten die dem Schloß parallel laufenden Baracken ihnen in den Rücken, überzeugt, denselben Erfolg zu erzielen, den sie schon vor einer Stunde gehabt hatten. Nach der ersten Salve aber warfen sich die Marseiller wie rasend auf die Türen zu den Baracken, und da sie diese nicht aufbrechen konnten, gaben sie Geschützfeuer darauf ab, dessen Explosion die Dächer in die Luft sprengte, die Mauern stürzte und alles in Brand setzte. Das Feuer lief im Augenblick von einem Ende zum anderen, flammte in einer langen Reihe auf, und alles verschwand in Feuer- und Rauchsäulen – eine grauenhafte Szene, von der selbst die Angreifer entsetzt die Blicke abwandten.

War es jetzt oder schon viel früher, daß ein Schweizer Hauptmann, Turler, beim König anfragte, ob man die Waffen strecken solle? Eine historisch bedeutsame Frage, deren Lösung in einem oder anderen Sinne unsere Anschauung über den Charakter Ludwigs XVI. beeinflussen muß.

Nach einer royalistischen Überlieferung sollen die für kurze Zeit siegreich gewesenen Schweizer sich auf dem Weg zur Nationalversammlung gemacht haben; ein Abgeordneter hielt sie zurück, forderte sie auf, die Waffen niederzulegen, und der Hauptmann erhielt, als er sich an den König wandte, keine Antwort, es sei denn die, daß er sie der Nationalgarde übergeben solle.

Nach einer glaubwürdigeren Version, da sie dem Protokoll der Nationalversammlung entstammt, war es, nachdem der König den Rapport des Oberstaatsanwalts Roederer vernommen hatte, welcher der Versammlung mitteilte, daß das Schloß erobert sei – war es nun und erst nach einem panischen Schrecken, der die ganze Versammlung erfaßte, daß der König den Präsidenten benachrichtigte, er habe soeben den Schweizern Befehl gegeben, nicht zu schießen.

Das erhellt die Lage, die zu verdunkeln man sich bemüht hat. Der König wollte weiteres Blutvergießen vermeiden, als er wußte, daß das Schloß erobert war, als er keine Hoffnung mehr hatte. Dieser Befehl konnte den doppelten Vorteil bringen, die Erbitterung der Sieger zu vermindern und die Ehre der Besiegten zu retten, indem diese sagen konnten, nur der Befehl des Königs habe ihnen den Sieg entreißen können (was sie auch taten).

Zu dieser Stunde war das Schloß erstürmt; die Schweizer, die Schritt für Schritt die Treppe, die Kapelle, die Galerien verteidigt hatten, waren überall zurückgetrieben, verfolgt, getötet. Am glücklichsten waren die Edelleute daran, die als Herren der großen Galerie des Louvre stets einen Ausgang bereit hatten, durch den sie entschlüpfen konnten. Sie drängten ihm zu und fanden an seinem Ende die Treppe der Katharina von Medici, die sie zu einer einsamen Stelle brachte. Alle oder fast alle entwichen; man fand unter den Toten keine von den Ihren. Die Leichen, die feine Wäsche trugen, trugen auch den roten Anzug; es waren die falschen Schweizer, die früheren konstitutionellen Garden und nicht die Edelleute.

Die roten Röcke waren sehr zahlreich, weit mehr als eintausenddreihundertdreißig, wie ihr Hauptmann angibt. Schweizer oder nicht, alle schlugen sich bewundernswert. Sie zogen sich langsam durch den Garten zurück, immer abwartend und die Kameraden wieder in ihre Reihen aufnehmend, mit der Kaltblütigkeit und der Sicherheit alter Truppen, die wie bei der Parade manövrieren, ihre Reihen ruhig wieder schließen, je nachdem das Feuer sie gelichtet hat. Zehnmal vielleicht machten sie bei der Durchquerung des Gartens halt (erzählt ein Augenzeuge[1]), um die Angreifer zurückzutreiben, jedesmal mit vorzüglich durchgeführtem Reihenfeuer. Eins mußte sie sehr überraschen: die ungeheure Menge Nationalgarden, die den Garten erfüllte, und noch immer zunahm. Um acht Uhr, vor dem Kampf, gab es auf dem Grèveplatz acht- bis zehntausend mit Gewehren bewaffnete Nationalgarden; zwischen zwölf und ein Uhr, kurz nach dem Kampf, sah derselbe Zeuge in den Tuilerien dreißig- bis vierzigtausend. Bringt man die meist zahlreichen Leute in Anrechnung, die sich der siegreichen Partei anschließen, so zeigt es sich trotzdem deutlich, daß der 10. August im Einverständnis der gesamten Bevölkerung, nicht nur eines Teiles davon und keineswegs nur, wie man so viel gesagt hat, der niederen Schichten, zustande kam. Es gab unter denen, die das Schloß nahmen, viele Männer in Uniform. Diese Uniformen führten zu verhängnisvollen Irrtümern. Die bretonischen Föderierten, die rote Röcke trugen, wurden von den Schloßoffizieren für zum Feind übergetretene Schweizer gehalten und wurden besonders heftig unter Feuer genommen, so daß acht auf einen Schlag fielen.

---

[1] Dieser Zeuge, der mit so viel kaltem Blut beobachtete, ist Herr M. Moreau de Jonnès. Ich verdanke seinem noch ungedruckten Bericht vom 10. August mehrere sehr wichtige Einzelheiten, die er mir gern mitgeteilt hat. Ich erinnere unter anderem an die seltsame weiter oben erzählte Anekdote.

Die furchtbare Einmütigkeit der Nationalgarde, die sich von Minute zu Minute den Schweizern deutlicher zeigte, vernichtete diese schließlich. Als sie am großen Becken bei der Place Louis XV. angekommen waren, wankten ihre Reihen, sie begannen sich aufzulösen; der gefährliche Gedanke an die eigene Rettung, die fast stets die Menschen ins Verderben stürzt, nahm sichtlich von ihnen Besitz. Sie sahen – oder glaubten zu sehen – daß ihr Mut, ihre wundervolle Disziplin ihnen den Untergang brachten, weil sie ihren Rückzug verlangsamten. Einige hundert stürzten wie rasende Hirsche in den Schutz der großen Bäume, warfen die feindlichen Schützen über den Haufen und erreichten das Tor, das der Rue Saint-Florentin gegenüberliegt: dreihundert etwa entkamen; eine allzu bedrängte Gruppe flüchtete ins Marineministerium; sie wurden hervorgesucht und umgebracht. Die anderen, die mehr zusammenblieben, versuchten, von den Tuilerien in die Champs-Elysées zu gelangen. Kaum aber hatten sie den Fuß auf den Platz gesetzt, als ein Bataillon von Saint-Marceau, das am Ausgang der Brücke eine Batterie von zwei Geschützen stehen hatte, ihnen einen Kartätschenschuß zuschickte, einen einzigen Schuß, der vierunddreißig aufs Pflaster warf. Die anderen, von dieser furchtbaren Hinrichtung auseinandergetrieben, warfen ihre Gewehre fort und ergriffen die Säbel – eine gegen die Piken ihrer Widersacher sehr unnütze Waffe. Etwa dreißig hielten sich eine Zeitlang neben dem Standbild Ludwigs XV. (wo jetzt der Obelisk steht), zu Füßen dieses traurigen Denkmals der Monarchie, die ihrer Ergebenheit und Treue so unwert war.

Mehrere, die das Glück hatten, die Champs-Elysées zu erreichen, wurden von braven Leuten verborgen gehalten, die ihnen in anderer Kleidung am Abend zur Flucht verhalfen. Im allgemeinen gab es an diesem blutigen Tag kein Mittelmaß: die Besiegten fanden entweder den Tod oder die hingebendste Gastfreundschaft, die großmütig bis zum Heroismus war und die im Notfall zu ihrer Rettung sich selbst dem Tod entgegenstellte. Und das unabhängig von aller politischen Anschauung; eifrige Revolutionäre verhielten sich hierin ganz so wie die Royalisten.

Selbst im Schloß zeigte sich die von ihren ungeheuren Verlusten und der vermeintlichen Nichtswürdigkeit der Schweizer aufgestachelte Menge nicht so blind grausam, wie man hätte denken sollen. Den Damen der Königin, die man unendlich viel mehr haßte, als irgendeinen Mann, weil man in ihnen die Ratgeberinnen, die Vertrauten der Österreicherin erblickte, erfuhren nichts Unwürdiges. Die Fürstin von Tarent hatte die Pforten öffnen lassen und empfahl dem Wohlwollen der ersten Eintretenden ein sehr junges Fräulein, Pauline von Tourzel. Ein paar Frauen, unter anderen Frau Campan, wurden ergriffen und mit dem Tode bedroht. Sie hatten nur die Angst auszustehen; man gab sie wieder frei, mit den Worten: „Ihr Schurkinnen, die Nation läßt euch Gnade widerfahren.“ Die Sieger gaben ihnen selber das Geleit, um sie entfliehen zu lassen, und halfen ihnen, sich verkleiden, damit sie den Händen der Fischweiber entgingen, die hinter ihnen herschrien, man hätte sie töten müssen.

Einer der Angreifer, Herr Singier (inzwischen als Theaterdirektor bekannt und geachtet), hat erzählt, als er das Zimmer der Königin betrat, war die Menge dabei, die Möbel zu zertrümmern und aus den Fenstern zu werfen; einem prachtvollen, mit kostbaren Malereien geschmückten Klavier sollte es ebenso ergehen. Singier verliert keine Zeit; er beginnt darauf zu spielen und singt dazu die Marseillaise. Siehe da, alle diese rasenden, blutigen Kerle vergessen sogleich ihren Zorn; sie singen im Chor, umringen das Klavier, beginnen im Kreise zu tanzen und wiederholen die Nationalhymne.

Nein, die so zusammengewürfelte Menge der Sieger vom 10. August war nicht, wie man es so viel gesagt hat, ein Haufe von Räubern und Barbaren. Es war das ganze Volk; kein Zweifel: alle Berufe, alle Naturen und alle Charaktere begegneten sich hier. Die rasendsten Leidenschaften waren darunter; nichts aber spricht dafür, daß sich in diesem Augenblick heldenhafter Erhebung bei irgendeinem niedrige, unedle Züge gezeigt hätten. Es gab manche hochherzige Tat. Und das rührende Wort des Bäckermeisters, das wir am Anfang des Kapitels wiedergegeben haben, zeigt zur Genüge, daß die Gefahr, die so oft aus den Menschen, die ihr zum erstenmal begegnen, wilde Tiere macht, im Herzen der Angreifer keineswegs die Gefühle der Menschlichkeit erstickt hatte.

Eine eigenartige, im höchsten Grade rührende Szene begab sich in der Nationalversammlung.

Eine Gruppe der Sieger stürmte gleichzeitig mit einer Anzahl Schweizer in die Nationalversammlung. Einer von ihnen ergriff das Wort: „Blut- und staubbedeckt, das Herz von Schmerz gepeinigt, kommen wir, um Ihnen unsere Entrüstung nahezubringen. Seit langem hat ein nichtswürdiger Hof die Katastrophe vorbereitet. Wir haben in das Palais nur eindringen können, indem wir über die Leichen unserer hingemordeten Brüder schritten. Wir haben hier diese unglückseligen Werkzeuge des Verrats zu Gefangenen gemacht; einige haben die Waffen niedergelegt: wir ergreifen gegen sie nur solche der Großmut. Wir wollen sie als Brüder behandeln (damit wirft er sich einem Schweizer in die Arme und verliert im Übermaß der Ergriffenheit die Besinnung; die Abgeordneten eilen ihm zu Hilfe. Er nimmt wieder das Wort): Ich brauche eine Rache. Ich bitte die Versammlung, mir zu gestatten, daß ich diesen Unglücklichen mit mir nehme; ich will ihn beherbergen und beköstigen."

SECHZEHNTES KAPITEL

Der 10. August in der Nationalversammlung Kampf der Nationalversammlung mit der Kommune (Ende August)

Die Sieger vom 10. August, Föderierte, französische Garden usw. – Théroigne de Méricourt. – Ermordung Suleaus. – Ohnmacht der Nationalversammlung. – Unentschlossenheit der Girondisten in der Nacht des 10. August. – Die Lage der Versammlung am Morgen des 10. August. – Der König flüchtet sich in den Schutz der Versammlung. – Zweimaliger panischer Schrecken in der Versammlung. – Der König, der keine Hoffnung mehr hat, gebietet, das Feuer einzustellen. – Die Versammlung bewahrt dem Königtum eine Möglichkeit zur Auferstehung. – Die Versammlung annulliert sich selbst. – Verzweiflung bei den Familien der Opfer des 10. August. – Argwohn und Wut im Volke. – Die Kommune, das Organ dieser Wut. – Widersprechende, gefühlvolle und zornige Empfindungen beim Volk. – Gefährliche Lage. – Der König wird als Gefangener im Temple eingesperrt. – Die Kommune fordert die Schaffung eines außerordentlichen Tribunals. – Einfluß Marats auf die Kommune. – Einsetzung des außerordentlichen Tribunals (17. August 1792). – Frankreich in Gefahr, Longwy belagert, am 20. August. – La Fayettes Drohungen, seine Flucht. – Großmütige Entschlossenheit Dantons. – Erste Erhebung der Vendée. – Der neue Gerichtshof wird der Langsamkeit beschuldigt. – Nachricht von der Einnahme Longwys. – Feier für die Toten vom 10. August.

Es ist nicht leicht, dem ungeheuren Vulkan von Wut, aus dem der 10. August emporschwoll, auf den Grund zu gehen, zu sagen, wie all der Zorn sich angehäuft, sich in einer so feinfühligen Gärung gegenseitig entzündet hatte. Können wir ihn in seiner Gewalt und Heftigkeit nicht aufdecken, so wollen wir wenigstens die verschiedenen Elemente aufzählen, analysieren, die, zusammengemischt, die glühende Lava ergaben.

Die Leiden des Volkes, seine jammervolle Lage, waren das schwächere Element. Und dennoch war dieses Elend außerordentlich. Alle Quellen waren längst erschöpft; obgleich das Brot billig war, fehlte es so an jeder Arbeit, daß man die Mittel nicht hatte, zum Bäcker zu gehen. Der Tod auf elendem Lager, in einer unbeachteten Bodenkammer oder auf der Straße, am Eckstein – das war die letzte Aussicht. Diese armen, fast unbewaffneten und ganz unkriegerischen Leute haben am 10. August nicht viel geleistet; nur daß sie als erste zu den Tuilerien zogen: auf sie fielen die ersten, die mörderischen Gewehrsalven. Wären nur diese Leute gewesen, so hätte man das Schloß nicht eingenommen.

Da war ein anderes Element, an das der Hof nicht dachte, ein höchst kriegerisches Element, das unbedingt in ganz anders wirksamer Weise vorging.

Man hat alle Sieger unter der Bezeichnung „Marseiller" zusammengefaßt; man hat geglaubt, fast alle seien Föderierte aus den Departement. Marseiller, Bretonen und andere. Mit diesen aber marschierten Männer nicht weniger kriegerischer Art, ganz gewiß ebenso kampfeswütig, überdies durch eine ihnen kürzlich widerfahrene Kränkung schwer beleidigt. Es waren die ältesten Söhne der Freiheit, die alten französischen Garden. Es gab unter ihnen junge Leute von außergewöhnlichem Mut und Ehrgeiz, Leute, von denen einige berühmt geworden sind. Die französischen Garden hatten sich für kurze Zeit von La Fayette lahmlegen lassen; sie hatten den Kern, die Seele der besoldeten Nationalgarde gebildet. Das sehr verschiedenartige Benehmen dieses Korps bei der Metzelei auf dem Marsfeld (ein Teil schoß, ein Teil weigerte sich), gab viel zu denken. Im Januar setzte der Kriegsminister Narbonne es durch, daß sie den Linientruppen beigegeben wurden, keine hohe Löhnung mehr bekamen und keine bevorzugte Truppe mehr waren. Die meisten unterwarfen sich nicht diesem Wechsel, blieben hier, warteten die Ereignisse ab, mischten sich unter die Gruppen, stimmten für Krieg und Kampf, stärkten das Volk durch ihre Sicherheit, vermittelten ihm den militärischen Geist. Ein Brief, der ein Jahr darauf von einem dieser französischen Garden (dem späteren General Hoche) an einen Journalisten gerichtet wurde, ein stolzer, herber, zornmütiger Brief, gibt ein wundervolles Bild von dieser Jugend, von dem köstlichen Geist, der sie beseelte, ihrer kraftvollen Entrüstung über jeden Widerstand. Man könnte meinen, dieselbe Feder habe im Januar 1792 das beredte „adieu des gardes-françaises aux sections de Paris" geschrieben. Diese militärischen Philippiken sind voll desselben Zorngeistes, der den Schlag vom 10. August geführt hat.

Am Morgen befand sich einer der französischen Garden mit der bekannten Amazone aus Lüttich, Théroigne de Méricourt, auf der Terrasse der Feuillants. Sie war in Waffen und wollte in den Kampf; sie hat sich wirklich beteiligt und tat sich so hervor, daß ihr von den Siegern ein Kranz zuerkannt wurde. Es war kaum sieben oder acht Uhr; eine Stunde vor dem Kampf. Man führte auf der Terrasse eine falsche Patrouille daher, die man soeben ergriffen hatte. Es waren elf mit Musketen bewaffnete Royalisten, die auf den Champs-Elysées und in der ganzen Umgebung der Tuilerien herumspioniert hatten. Unter ihnen befanden sich mehrere sehr bekannte, sehr verhaßte Herren, eifernde royalistische Schriftsteller, die den Volkshaß schon lange auf sich gezogen hatten, unter anderen ein Abbé Boujon, Dramatiker, und der Journalist Suleau, ein wagemutiger junger Mann, einer der wütendsten Agenten der Aristokratie. Suleau und Théroigne standen einander gegenüber: die Leidenschaft der Leidenschaft.

Suleau wurde von Théroigne persönlich gehaßt, nicht nur wegen der Spöttereien, mit denen er sie in den „Actes des Apôtres" überschüttet hatte, sondern weil er in Brüssel eins der Blätter herausgegeben hatte, welche die Revolution der Niederlande und Lüttichs erstickten: „Les Tocsin des rois". Die unglückselige, durchaus französisch fühlende Stadt Lüttich, die einmütig bis auf den letzten Mann für ihre Wiedervereinigung mit Frankreich stimmte, war zwei Jahre lang frei gewesen und nun wieder durch die Gewaltsamkeit Österreichs der unwürdigen Tyrannei eines Priesters verfallen. Théroigne hatte in diesem entscheidenden Moment ihr Vaterland nicht in Stich gelassen. Aber sie wurde von Paris bis Lüttich verfolgt und hier bei der Ankunft von den Österreichern festgenommen, mit der besonderen Begründung, daß sie des am 6. Oktober gegen die Königin von Frankreich, Schwester des Kaisers Leopold von Österreich, verübten Attentats schuldig sei. Sie wurde nach Wien gebracht, aus Mangel an Beweisen nach längerer Zeit wieder freigelassen und kam höchst erbittert zurück, besonders gegen die Agenten der Königin, die sie verfolgt und ausgeliefert hatten. Sie schrieb ihr Abenteuer nieder und wollte es drucken lassen; schon hatte sie den Jakobinern einige Seiten vorgelesen. Der wilde Geist des 10. August lebte in Théroigne. Es war eine kühne, galante Frau, aber nicht „eine Dirne", wie die Royalisten gesagt haben: sie hatte sich nicht erniedrigt. Ihre bekanntesten Leidenschaften galten Männern, denen die Liebe sehr fremd war; die erste einem italienischen Kastraten, der sie ausplünderte; später dem sonderlichen, trockenen, kalten Sieyès, dem Mathematiker Romme, einem strengen Jakobiner, Erzieher des jungen Prinzen Strogonoff; Romure trug keine Bedenken, seinen Zögling der schönen und redegewandten Lütticherin zuzuführen. Der sehr ehrenwerte Pétion war ein Freund Théroignes. Wie ungehörig ihre persönliche Lebensführung auch etwa gewesen sein mag, für ihre Freundschaft suchte sie nur hohe, strenge, reine Menschen; sie wollte bei den Männern, was sie selbst besaß: Mut und Aufrichtigkeit. Ein ihr sehr feindlich gesinnter Biograph gibt zu, daß sie vor Mirabeaus Unmoral, vor seiner Janusmaske den tiefsten Abscheu hegte. Und sie zeigte nicht weniger Antipathie vor Robespierres Maske, sie verabscheute sein Pharisäertum. Diese unvorsichtige Freimütigkeit, die ihr bald das fürchterlichste Erlebnis eintrug, hatte sich im April 1792 geäußert. Zu der Zeit, da Robespierre sich in Verleumdungen, in Anklagen ohne Beweise erging, sagte sie in einem Café voll Stolz, sie entziehe ihm ihre Achtung. Die Sache wurde abends von Collot d'Herbois bei den Jakobinern spöttisch berichtet und brachte der Amazone einen belächelten Wutanfall. Sie befand sich auf einer Tribüne, inmitten der Jünger Robespierres. Trotzdem man sie mit Anstrengung zurückzuhalten suchte, sprang sie über die Schranke, die Saal und Tribünen trennte, drängte sich durch die feindselige Menge und ersuchte vergeblich ums Wort; man stopfte sich die Ohren zu, aus Besorgnis, eine Lästerung gegen den Gott dieses Tempels zu vernehmen; die arme Théroigne wurde grausam davongejagt, ohne gehört worden zu sein.

Diese Kränkung ging einer anderen vorauf, von der sie zu Tode getroffen wurde. Nach dem 10. August und dem 2. September stellte sich Théroigne (die man ohne jeden Beweis und jede Wahrscheinlichkeit mit letzterem Ereignis in Verbindung gebracht hat) in ihrer gewohnten Lebhaftigkeit auf die Seite der Partei, welche die Mörder vom 2. September brandmarkte. Sie war noch sehr beliebt, von der Menge wegen ihres Mutes und ihrer Schönheit bewundert. Die Montagnards verfielen auf ein Mittel, ihr dieses Ansehen zu nehmen, sie durch eine gemeine Gewaltsamkeit, durch den übelsten Streich, den ein Mann einer Frau zufügen kann, zu demütigen. Sie ging fast allein auf der Terrasse der Tuilerien spazieren; da bildete man eine Gruppe um sie und schloß diese plötzlich, ergriff sie, hob ihr die Röcke auf und prügelte sie auf den entblößten Körper wie ein Kind, unter dem Hohngelächter der Menge. Ihre Bitten, ihre Schreie, ihr verzweifeltes Heulen vermehrten nur das Gewieher der grausamen Menge. Als man die Unglückliche schließlich frei ließ, setzte sie ihr Heulen fort; durch diesen barbarischen Schimpf in ihrer Würde und ihrem Mute tödlich getroffen, hatte sie den Verstand verloren. Von 1793 bis 1817, vierundzwanzig lange Jahre (die Hälfte ihres Lebens!), blieb sie tobsüchtig und heulte wie am ersten Tag. Es war ein herzbrechender Anblick, wie diese einst heldenmütige und bezaubernde Frau, noch unter das Tier gesunken, gegen die Eisengitter rannte, sich selbst zerkrallte und ihre Exkremente aß. Den Royalisten gefiel es, darin eine Rache Gottes an derjenigen zu erblicken, deren verhängnisvolle Schönheit die Revolution in ihren ersten Tagen berauschte; sie wußten der Roheit der Monagnards unendlichen Dank, sie so gebrochen zu haben.

Ich habe dieses tragische Schicksal zusammenhängend schildern wollen. Betrachten wir nun den Gewaltakt, die Schuld, durch die Théroigne vielleicht am 10. August dieses Schicksal auf sich herabrief. Vor sich sah sie jenen so verhaßten Suleau, ihn, in dem sie den tödlichsten Feind der Revolution sowohl in Frankreich als auch der Niederlande sah. Er war ein gefährlicher Mann, nicht nur durch seine Feder, sondern auch durch seinen Mut und seine unendlich ausgedehnten Verbindungen, in seiner Provinz und anderswo. Montlosier erzählt, daß Suleau bei einer Gefahr ihm sagte: „Im Bedarfsfalle werde ich Ihnen meine ganze Pikardie zu Hilfe schicken." Suleau war außergewöhnlich tätig; er konnte sich vervielfachen; man begegnete ihm oft verkleidet. La Fayette behauptete im Jahre 1790, daß man ihn so fände, wenn er abends das Haus des Erzbischofs von Bordeaux verließ. Auch diesmal, am Morgen des 10. August, war er verkleidet und bewaffnet, in dem Augenblick, als die Wut des Volkes ihren Gipfel erreicht hatte, als die Menge, schon vorher von dem Kampf, den sie zu liefern gedachte, berauscht, nur nach einem Opfer suchte; wurde Suleau erwischt, so mußte er des Todes sein.

Desmoulins, ein Pikarde wie er und sein Kamerad im „Collège de Louis-le-Grand", hatte das Ereignis wie in einer Vision vorhergesehen; er hatte Suleau angeboten, ihn bei sich zu verbergen. Dieser aber glaubte zu siegen. Er ging noch vor dem Kampf in die Falle.

Sollte er umkommen, so durfte es wenigstens nicht Théroigne sein, die ihn in den Tod beförderte. Die Witze selbst, die er auf sie gemacht hatte, hätten ihn schützen müssen. Vom Standpunkt der Ritterlichkeit aus mußte sie ihn verteidigen; vom damals herrschenden Standpunkt aber, dem wilden Eifer, die Republikaner des Altertums nachzuahmen, mußte sie den allgemeinen Feind vernichten, trotzdem er auch ihr persönlicher Feind war. Ein Kommissar stieg auf ein Gerüst und versuchte die Menge zu beruhigen; Théroigne stieß ihn herab, stieg an seine Stelle und sprach gegen Suleau. Zweihundert Mann von der Nationalgarde verteidigten die Gefangenen; man erlangte vom Bezirksvorstand einen Befehl, jeden Widerstand aufzugeben. Einer nach dem andern wurden sie aufgerufen und von der Menge umgebracht. Suleau bewies großen Mut, erzählt man; er entriß den Würgern einen Säbel und versuchte, sich Bahn zu machen. Um die Erzählung auszuschmücken, fügt man als wahr hinzu, daß das Mannweib (klein und sehr zart, trotz der glühenden Energie) mit eigener Hand den großen, starken Mann, dessen Kraft die Verzweiflung verzehnfacht hatte, niedergemacht habe. Andere sagen, daß es der Nationalgardist war, der Théroigne seinen Arm lieh und den ersten Hieb führte.

Diese Metzelei, die auf dem Vendômeplatz, vor den Toren der Feuillants und fast unter den Augen der Nationalversammlung stattfand, erbrachte den furchtbaren Beweis für deren Ohnmacht. Zweimal stellte sie die Gefangenen unter den Schutz des Gesetzes, und man kehrte sich nicht daran.

Die Nationalversammlung stand nicht weniger auf dem Spiel als das Königtum. Die Majorität, die La Fayette freigesprochen hatte, hatte eben dadurch im Volksgeist die Versammlung gestürzt. Es ist wahr, die Girondisten hatten durch Brissots Vermittlung den General angegriffen und waren an der seltsamen Schuldloserklärung unbeteiligt. Es war aber nur zu offenbar, daß sie noch glaubten, sich des Königtums bedienen zu können; Feinde La Fayettes oder nicht, in einem glichen sie ihm: Republikaner im Prinzip, Royalisten der Politik, der Lage nach, nahmen sie fast nur in der Länge der Frist, die sie der Institution des Königtums gewähren würden, eine abweichende Stellung ein. Nichts weist darauf hin, daß sie die geringsten direkten Beziehungen zum Hof gehabt hätten. Die berühmte Beratung, die Vergniaud, wie es heißt, mit dem König gehabt haben soll, und die bereitwillig von allen Geschichtsschreibern angeführt wird, ist nichts als eine ungeschickte Fiktion. Wie unbesonnen die Girondisten auch gewesen sein mögen, nie hätten sie einen solchen Akt gegen sich selbst schriftlich gegeben, wo doch der Hof bei den Wahlen und überall ihnen ohne weiteres die streitbareren Jakobiner vorzog. Es ist eine feststehende und von uns nachgewiesene Tatsache, die wir hier wiederholen: bis zum 10. August sah der Hof in allen Dingen keinen gefährlicheren Feind als die Girondisten. Er hätte sich Danton viel eher anvertraut als Vergniaud. Vergniaud, Brissot, Roland, Guadet waren für ihn Gegenstand eines viel tieferen Hasses. Sie schienen ihm nahe daran, die Macht an sich zu reißen, und fähig, sie sich zu bewahren. Er hätte hundertmal lieber den vorübergehenden Triumph der Gewaltpartei als den Sieg der Gemäßigten gesehen, die binnen kurzer Zeit die Republik fest begründen konnten.

Die Girondisten erschienen in der Nacht vom 10. August nicht in der Versammlung. Sie war gegen halb ein Uhr nachts zusammengetreten, beim Sturmläuten. Die paar Abgeordneten, die sich einfanden, waren Feuillants, und die kamen, um das Königtum zu retten; man erkennt es an der Wahl ihres Präsidenten; es war der Feuillant Pastoret. Besagter Pastoret drückte sich; da ernannten sie einen unbekannten Abgeordneten zu ihrem Präsidenten. Wo waren denn Brissot, Vergniaud, der Gedanke der Gironde, ihre große, ihre mächtige Stimme? Wo waren sie? Was dachten sie?

Sie warteten und hielten sich zurück. – Eine Sache, die übrigens nicht verwundern kann, wenn man sieht, wie die bekannten Männer aller Parteien zögern. Robespierre hielt sich in dieser Nacht genau so gut zurück wie Vergniaud.

Ganz offenbar wollten die Girondisten sich die Vermittlerrolle wahren; sie warteten, bis der von der Schießerei bestürzte Hof sich ihnen in die Arme werfen würde.

Die so wenig zahlreiche Versammlung, die in dieser Nacht in Abwesenheit der großen Parteivertreter tagte, bewies viel Klugheit. Sie vermied vor allem die Falle, die man ihr dadurch stellte, daß man sie ins Schloß rief. Einige Mitglieder beantragten, der König solle sich lieber in die Versammlung herbegeben. Die oft unterbrochene Diskussion zog sich bis zum Morgen hin; die Girondisten, die sich schließlich doch ihrer langen Abwesenheit in einem solchen Augenblicke schämten, erschienen endlich; um sieben Uhr nahm Vergniaud den Vorsitz ein.

Und zwar um die gewaltige Macht, die sich in dieser Nacht gebildet hatte – eine unbekannte, geheimnisvolle des Morgens von dem Vulkan herausgeschleuderte Macht, die vielleicht die Nationalversammlung zermalmen sollte, – anzuerkennen: die Kommune vom 10. August.

Ein Stellvertreter des Prokurators der Kommune (sollte es nicht Danton gewesen sein? Er hatte damals diesen Titel) trat mit zwei Munizipalbeamten ein und verkündete ohne Umschweife der Nationalversammlung, daß das souveräne Volk, zu Sektionen vereinigt, Kommissare ernannt habe, denen die gesamte Gewalt übertragen sei, und daß sie als Probestück einen Beschluß gefaßt hätten, die allgemeine Beratung der Nationalversammlung zu suspendieren.

Ein Mitglied der Versammlung beantragte, alles zu annullieren, die Kommissare sowohl als den Beschluß. Sogleich aber sagte ein anderes Mitglied vorsichtig, Liebenswürdigkeit sei besser als Heftigkeit, und in dieser Gefahr sei es unklug, nützliche Leute zu vertreiben; auf alle Fälle müsse man fernere Aufklärungen abwarten. – Die Versammlung beschloß, zu warten, was auch das leichtere war.

Zwischen dem Sieg des Royalismus und dem der Anarchie, zwischen dem Schloß und der Gemeinde, von beiden Seiten gleicherweise mit Vernichtung bedroht, behandelte sie dies Neue rücksichtsvoll und bewahrte vor der Sphinx ein entsetztes Schweigen.

Und gerade in diesem Augenblick, da sie weder zu handeln noch Partei zu ergreifen wagte, wollte es ein merkwürdiger Widerspruch des Zufalls, daß die Umstände von ihr die Kraft beanspruchten, die sie nicht mehr besaß.

In diesem Moment war es, daß man ihren Schutz für Suleau und die anderen Gefangenen verlangte; sie versuchte, ihn zu geben, und sah ihre Autorität mißachtet (acht Uhr). Zu eben der Zeit verkündete man ihr auch, daß der König sich in ihre Hut begeben wolle. Sie erwiderte kühl: „Die Verfassung gebe ihm dazu die Befugnis." Man forderte, daß die Garde des Königs eingelassen werde; man fürchtete, sie würde niedergemacht, wenn sie vor den Türen blieb. Die Nationalversammlung mußte aber befürchten, daß ihr eigener Saal, wenn sie sie aufnahm, zum Schlachtfeld werde; sie hielt sich an den Buchstaben des Gesetzes, der ihr verbot, inmitten der Bajonette zu verhandeln; sie gab sich den Anschein, als dächte sie, diese Garde käme, um die Versammlung zu beschützen, und erklärte, sie wolle keinen anderen Schutz als die Liebe des Volkes.

Wir haben im vorhergehenden Kapitel, das die Schlacht schildert, nicht gezeigt, wie der Weg des Königs zur Versammlung verlief. Diese Reise war nicht lang; man konnte sie aber für ungemein gefährlich halten bei dem erregten Zustand der Menge; mit Unrecht: sie bewies nichts anderes, als daß das Leben des Königs keineswegs – und nicht einmal das der Königin – gefährdet war.

Beim Fortgehen war der König wahrscheinlich nicht ohne Besorgnis. Er nahm seinen Hut ab, auf dem sich ein weißer Federbusch befand, und befestigte einen anderen darauf, den er einem Nationalgardisten abnahm. Die Tullerien waren still und vereinsamt, schon lagen welke Blätter auf dem Boden, lange vor der üblichen Zeit; der König bemerkte dazu: „Sie fallen dieses Jahr beizeiten." Manuel hatte veröffentlicht, das Königtum werde nur bis zum Blätterfall währen.

Je mehr man sich der Terrasse der Feuillants näherte, gewahrte man eine aufgeregte Menge von Männern und Frauen. Etwa fünfundzwanzig Schritt vor der Terrasse kam eine Abordnung der Nationalversammlung dem König entgegen; die Abgeordneten schlossen einen Kreis um ihn. Dieses Geleit genügte aber nicht, um ein paar wilde Gesellen fernzuhalten. Ein Mann fuchtelte von der Terrasse herab mit einer Stange von acht bis zehn Fuß Länge: „Nein! nein!" rief er, „sie sollen nicht dort hinein, sie sind an all unserem Unglück schuld ... Das muß ein Ende haben! ... Nieder! Nieder!" Roederer sprach auf die Menge ein; und dem Mann mit der Stange, der nicht schweigen wollte, entriß er diese und warf sie ohne Umstände in den Garten; der Mann war so verblüfft, daß er nichts mehr sagte.

Nach einem durch dieses Zusammentreffen verursachten Augenblick der Verwirrung gelangte die königliche Familie bis an die Passage, die zur Nationalversammlung führte; hier sagte ein provenzalischer Nationalgardist mit dem eigenartigen südlichen Akzent zum König: „Sire, haben Sie keine Angst; wir sind gute Leute; aber wir wollen nicht, daß man uns weiterhin betrügt. Seien Sie ein guter Bürger, Sire ... Und vor allem, vergessen Sie nicht, Ihre Pfaffen aus dem Schloß zu jagen ..."

Ein anderer Nationalgardist (einige sagen, es sei derselbe Mann mit der Stange gewesen, der sich so wütend gebärdet hatte) wurde gerührt, als er sah, wie der Dauphin in dem engen Durchgang von der Menge umdrängt wurde; er nahm ihn auf den Arm und setzte ihn auf das Pult der Sekretäre. Alle Welt zollte Beifall.

Der König und die königliche Familie hatten auf den nur wenig erhöhten Sitzen Platz genommen, die gewöhnlich von den Ministern benutzt wurden. Er sagte zur Versammlung: „Ich bin hierher gekommen, um ein großes Verbrechen zu verhüten ..." Ein ungerechtes und hartes Wort, das durch nichts gerechtfertigt wurde. Die Menge hatte am 20. Juni die Tuilerien gestürmt, ohne das Ludwig XVI. gefährdet gewesen wäre, und auch am 10. August beweist nichts, daß irgendwer ihm nach dem Leben trachtete, nicht einmal nach dem der Königin.

Als der Präsident Vergniaud erwidert hatte, daß die Versammlung geschworen habe, bis in den Tod für die Rechte des Volkes und die verfassungsmäßigen Behörden einzutreten, erhob sich der König und setzte sich an seine Seite. Ein Mitglied aber machte darauf aufmerksam, daß die Verfassung es untersage, in Gegenwart des Königs zu beraten. Die Versammlung wies ihm nun die Loge des Protokollführers an, die von dem Saal nur durch ein Eisengitter getrennt war und auf gleicher Höhe mit den oberen Reihen der Versammlung lag. Der König begab sich mit seiner Familie dorthin; er setzte sich vorn hin, gleichgültig, kaltblütig; die Königin mehr zur Seite; hier konnte sie besser die furchtbare Besorgnis verbergen, in die der Kampf sie versetzte. Man hörte jetzt das mörderische Feuer, das zu Anfang so viele Leute aus dem Volk zu Boden warf und die Edelleute glauben ließ, daß es sich nur noch darum handle, zur Nationalversammlung zu marschieren, sie auseinander zu treiben und den König mit fortzuführen. Die Königin sagte nicht ein Wort; sie hatte die Lippen zusammengepreßt, berichtet ein Augenzeuge (Herr David, späterer Konsul und Abgeordneter); ihre Augen waren heiß und trocken, ihre Wangen gerötet, ihre Hände auf den Knien gefaltet. Sie kämpfte mit ganzem Herzen, und gewiß brachte keiner von denen, die sich im Schloß dem Tode stellten, eine zügellosere Leidenschaft mit in den Kampf.

In dieser Loge, in diesem äußerst leicht gebauten Saal der Reitbahn vernahm man den ganzen Lärm. Auf das erste Gewehrfeuer folgte eine große Stille; dann, um neun, halb zehn, kamen die paar von den Marseillern abgegebenen Kanonenschüsse; alle Scheiben klirrten. Manche glaubten, daß Kugeln über den Saal hinweg flogen. Die Versammlung benahm sich sehr würdig, hatte eine ruhige, feste Haltung. Sie bewahrte sie, trotz dem es zweimal eine Panik gab. Einen Augenblick, als die Schießerei ganz nahe gekommen war, glaubten die Tribünen, die Schweizer seien Sieger, sie kämen, um den Saal zu stürmen und die Versammlung aufzulösen. Alle Anwesenden riefen den Abgeordneten zu: „Da kommen die Schweizer, wir verlassen euch nicht; wir wollen mit euch zugrunde gehen." Ein Offizier der Nationalgarde stand an der Barre und sagte: „Wir sind bezwungen." Abgeordnete, Tribünen, Nationalgarden, alle, sogar die jungen Sekretäre zur Seite des Königs, erhoben sich in heroischer Bewegung und schwuren, für die Freiheit zu sterben ... Gegen wen richtete sich ein solcher Schwur, wenn nicht gegen den König selbst, den man für den Sieger hielt? Nie zeigte sich seine Vereinsamung deutlicher. Dieser Augenblick enthüllte die ganze Lage: auf der einen Seite die Versammlung, das Volk, auf der anderen der König ... Frankreich und der Feind einander gegenüberstehend.

Eine zweite Panik gab es, aber im entgegengesetzten Sinne. Das war der Sieg des Volkes, die Sorge der Nationalversammlung um die Sicherheit des Königs. Man hatte kurze Zeit die Vorstellung, die Sieger könnten in ihrer Wut kommen, um in ihm das Haupt dieser Schweizer, dieser Adligen zu treffen, die eine so große Metzelei unter dem Volk veranstaltet hatten. Man riß das Gitter heraus, das die Loge des Protokollführers vom Saale trennte, damit die königliche Familie sich, wenn nötig, in das nationale Heiligtum flüchten könne. Mehrere Abgeordnete waren dabei tätig: der König selber half dabei mit seiner ungewöhnlichen Kraft und seinem Arm eines Schlossers.

Bald erschien der Oberstaatsanwalt des Departements, Roederer, und verkündete, das Schloß sei erobert. – Kurz darauf vernahm man eine Geschützsalve; es war das Faubourg Saint-Marceau, das von der Brücke der Concorde aus auf die flüchtenden Schweizer schoß. – Und jetzt erst, spät, allzu spät in Wahrheit, tat der König, der alle Hoffnung aufgegeben hatte, dem Präsidenten kund, daß er den Schweizern den Befehl gegeben habe, nicht mehr zu schießen und sich in ihre Kasernen zu begeben.

Obgleich die Versammlung so lebhaft die Besorgnis vor einem Siege des Königs bekundet hatte, so schien der ohne sie errungene Sieg der Aufständischen sie niederzuschlagen und auszulöschen. In Wirklichkeit übertrug sie nur die tatsächliche Gewalt einer neuen Macht, der Kommune, der man die Ehre an dem Siege gab. Als man die Versammlung ersuchte, einen Kommandanten der Nationalgarde zu ernennen, übergab sie diese Wahl der allmächtigen Kommune. Als dann die Kämpfer Schmuckstücke herbeibrachten, die sie aus den Tuilerien fortgenommen hatten, lehnte die Versammlung die Verantwortung hierfür ab, unter dem Vorwande, sie habe keinen Ort, die Dinge aufzubewahren. Auch diese sandte sie an die Kommune.

Die Versammlung hatte offenbar das Gefühl, das Volk mißtraue ihr. Zweimal – der draußen herrschenden Begeisterung entsprechend und um die Menge zu beruhigen – erhoben sich die Abgeordneten und wiederholten den Schwur: Als freie Männer leben oder sterben. Sie fügten eine allerdings sehr allgemeine und unbestimmte Adresse hinzu, in der man dem Volk anriet, die Menschenrechte zu wahren.

Guadet führte den Vorsitz und erwiderte so gut er konnte den verschiedenen Abordnungen, die nacheinander an der Barre erschienen. Da war eine Sektion, die das Ersuchen an die Nationalversammlung stellte, zu schwören, sie werde das Reich retten; die Versammlung schwor. Da war die Kommune, die mitteilte, sie habe das Amt des Kommandanten an Santerre gegeben, und die ihren Wunsch nach Absetzung des Königs aussprach. Dann kam eine Gruppe Unbekannter und erklärte, der große Verrat müsse geahndet werden: „Die Tuilerien stehen in Brand“, sagten sie, „und wir löschen das Feuer nicht eher, als bis die Rache des Volkes befriedigt ist ... Wir brauchen die Absetzung.“ Sie taten, wie sie gesagt hatten, jagten die Feuerwehrleute mit Flintenschüssen davon. Neunhundert Klafter Bauwerk standen in Flammen.

Die Versammlung fühlte, wie sie den Abhang hinunterglitt. Sie wollte bremsen. Um ihren Sturz aufzuhalten, griff sie gerade zu der verhängnisvollen Last, die ihn beschleunigen mußte.

Vergniaud kehrte mit niedergeschlagener Miene zurück, um der Versammlung die Auffassung der außerordentlichen Kommission mitzuteilen, die sie ausdrücklich ernannt hatte. Der große Redner litt darunter, das Vertrauen des Königs, der seine Zuflucht zur Nationalversammlung genommen hatte, nur durch eine strenge Maßnahme erwidern zu können. Das schien hart, ungastlich. „Ich berufe mich“, sagte er, „auf den Schmerz, von dem Sie durchdrungen sind, als maßgebend, ob es für das Heil des Vaterlandes von Bedeutung ist, daß Sie auf der Stelle diese Anordnungen treffen. Ich beantrage die Absetzung der Exekutivgewalt und einen Erlaß zur Ernennung eines Gouverneurs für den königlichen Prinzen. Über die ferneren Maßnahmen wird ein Erlaß verfügen ... Dem König wird im Luxembourg Wohnung angewiesen. Die Minister werden von der Nationalversammlung ernannt.“

Gerade jetzt kehrte das Volk eigensinnig zurück, schlug gegen das Tor. „Die Absetzung! Die Absetzung!“ Wieder waren es neue Fordernde, die da riefen.

Darauf erwiderte Vergniaud, die Versammlung habe alles getan, was ihre Machtbefugnis ihr gestatte, und daß es Sache des Konvents sei, die Absetzung auszusprechen.

Sie gingen in Ruhe auseinander, aber nicht zufriedengestellt. Griff die Versammlung, die erklärte, sie werde nichts entscheiden, nicht keck der Zukunft vor, dadurch, daß sie für den Thronerben einen Gouverneur ernannte, während es doch unsicher blieb, ob es noch einen Thron geben würde?

Dem König im Luxembourg Wohnung anweisen! An einem Ort, wie es in ganz Paris keinen geeigneteren gab, um aufs Land zu entkommen! Wer wüßte nicht, daß das Luxembourg auf den Katakomben aufgebaut ist und daß es auf zwanzig unterirdischen Wegen dem Königtum auf den Weg nach Varennes verhelfen konnte? Das war es, was eine Sektion sehr richtig der Versammlung darzulegen kam.

Diese konnte, was sie auch anstellte, nicht mehr anders als im Gefolge der Kommune vorgehen. Den girondistischen Ministern, die sie wieder einsetzte, fügte sie als Justizminister den Mann der Kommune, Danton, hinzu. Sie beschloß, die Gemeinden sollten das Recht haben, überall Haussuchungen vorzunehmen, um festzustellen, ob die Verdächtigen keine verborgenen Waffen besaßen. Das hieß die neue Gewalt, der man gegenwärtig so sehr mißtraute, mit unbeschränktem Untersuchungsrecht ausstatten.

Es war drei Uhr nachts. In dieser Sitzung von siebenundzwanzig Stunden hatte die besiegte Nationalversammlung neben dem besiegten Königtum in Wirklichkeit abgedankt.

Dies Verschwinden der ersten Macht im Staate, der einzigen schließlich, die von Frankreich anerkannt wurde, war in der gegenwärtigen Lage erschreckend. Der Kampf war nicht beendet; er ging in den Herzen weiter, die nach Rache dürsteten. Am Abend des 10. August hatte man auf dem Friedhof der Madeleine die siebenhundert getöteten Schweizer begraben. Die Zahl der Toten war aber auf seiten der Aufständischen bei weitem größer. Die Schweizer hatten meist hinter guten Mauern hervorgeschossen; die anderen konnten nur mit ihrer Brust die Kugeln auffangen; elfhundert Aufständische waren umgekommen, darunter viele verheiratete Leute, arme Familienväter, die durch das allzu große Elend in den Kampf getrieben worden waren und dem Jammer einer verzweifelten Gattin und hungernder Kinder den Tod vorgezogen hatten. Sie wurden auf Karren geladen, in ihre Stadtviertel zurückgebracht und hier öffentlich ausgebreitet, um ihre Identität festzustellen. Jedesmal wenn einer dieser Trauerwagen, verdeckt, aber an dem langen Blutstreifen erkennbar, den er hinter sich herzog, im Faubourg einfuhr, wurde er von der stummen, atemlosen Menge umringt, von den Frauen, die in furchtbarer Besorgnis warteten. Und dann, allmählich, verbunden mit den verschiedensten und seltsamsten rührenden Zwischenfällen, kamen die Tränen der Verzweiflung.

Keine solche Szene fand statt, ohne daß sie in den Seelen der Zuschauer ein neues Rachegelüste weckte; junge Männer griffen wieder zur Pike, kehrten nach Paris zurück, um zu töten. – Wen töten, wo und wie? Das war die ganze Frage. Sie gingen zur Abbaye, wo die schweizerischen Offiziere interniert waren. Sie gingen zur Nationalversammlung, wo hundertundfünfzig Schweizer Soldaten eine Zuflucht gefunden hatten. Es nützte nichts, daß man ihnen auseinandersetzte, diese Soldaten hätten wohl oder übel schießen müssen, andere hätten in die Luft geschossen, wieder andere, zum Beispiel alle, die man von Versailles hergeführt hatte, wären zur Zeit des Kampfes gar nicht dagewesen. Sie kamen blind und taub, das Schluchzen der Witwen im Ohr, vor Augen die rote Vision der blutgetränkten Karren. Sie wollten nichts als Blut und rannten sich die Köpfe an den Türen ein.

Die aus der Wut des 10. August hervorgegangene Kommune war nicht dafür, sich dieser Rachebewegung zu widersetzen. Sie ergriff am Morgen des 11. eine wahrhaft unheilvolle Maßnahme. Das Gefängnis der Abbaye, das die Schweizer Offiziere beherbergte, war stark bedroht, von Menschenmassen umringt; trotzdem die Nationalversammlung die Soldaten, um sie zu retten, zum Palais Bourbon schicken wollte, entschied die Kommune, sie sollten zur Abbaye kommen. Und so geschah es.

Es gab in dieser Kommune sehr verschiedene Elemente. Ein Teil, der beste, bestand aus einfachen, naiv jähzornigen Menschen, die einer edelmütigen Regung nicht unfähig waren; unglücklicherweise verfolgen sie den rohen und dummen Gedanken: „dem Feind ein Ende machen", bis aufs äußerste. Der Mord aber macht kein Ende. Die anderen waren Fanatiker, Fanatiker der abstrakten Begriffe, politische Mathematiker, bereit, das mit dem Degen zurechtzustutzen, was den genauen Umriß des Kreises überschritt, den sie mit dem Zirkel gezogen hatten. Endlich, und das war das schlimmste Element, gab es Schwätzer, unbesonnen blutdürstige Redner (Tallien gehörte zu diesen), bösartige kleine Schreiber, niedrige, unverbesserlich schlechte Naturen, für die es keine Änderung und keine Umkehr gab, weil sie seicht, dürr, leer und gehaltlos waren. Diese Marder mit der Schnüffelnase, um sie in Blut zu tunken, kennzeichnen sich in zwei Namen: der eine, Chaumette, Student der Medizin und Journalist; der andere, Hébert, Billettverkäufer an den Theaterkassen, der Gassenhauer dichtete, bevor er unter dem Namen des Vater Duchesne schauerlich berühmt wurde.

Diese Schriftsteller waren die eigentliche Triebfeder der Kommune.

Vom 11. August bis zum 2. September hatte sie die ärgste Schreiberseele und den tollsten Narren in ihrer Mitte aufgenommen: Marat und Robespierre. Alle beide krochen aus ihren Höhlen und nahmen an den Sitzungen teil.

Am Morgen des 11. sandte die Kommune an die Nationalversammlung zwei ihrer gelehrten Mitglieder, Hébert und Léonard Bourdon, ein Lehrer und rasender Pedant, der eine Erziehungsanstalt nach den Institutionen des Lykurg begründete. Unterwegs konnten sie es sich nicht versagen, zum Bürgermeister Pétion hinaufzugehen, der noch im Bett lag. Sie trafen hier Brissot, der sehr bewegt auf sie zutrat: „Was ist das nur für eine Wut?" sagte er. „Wie, soll denn das Blutvergießen kein Ende nehmen?" Pétion sprach in gleichem Sinne. Hébert und Bourdon zuckten die Achseln und gingen, ohne etwas zu sagen. Seitdem beschuldigten sie Pétion und Brissot der Schwäche, der verwerflichen Empfindsamkeit, um sie dem Tode zuzuführen.

Zweifellos ihrem Rat zufolge gab die Kommune, die fühlte, wie störend Pétion ihren großen Maßnahmen in der hohen Politik im Wege stehen könnte, der Nationalversammlung kund, daß sie in zärtlicher Besorgnis um das so kostbare Leben ihres guten Bürgermeisters von Paris, dieses Vaters für sein Volk usw., aus Sorge, er könne einem royalistischen Dolch zum Opfer fallen, ihm zwei Agenten beigegeben habe, die ihm überall hin folgen und ihn nicht aus den Augen lassen sollten, ihn Tag und Nacht bewachen sollten.

Diese heuchlerische Gewalttat kontrastierte mit der naiv aufgeregten Gefühlssteigerung, die sich überall im Volk zeigte. Unglücklicherweise äußerte sich seine Reizbarkeit in zwei ganz entgegengesetzten Wirkungen.

Die einen, von Mitleid für die trauernden Familien, für das große private und allgemeine Unglück erfaßt, wollten Gerechtigkeit und Rache, eine exemplarische Strafe; wenn das Gesetz sie nicht gab, so wollten sie sie selbst ausüben.

Die anderen, voller Mitgefühl für entwaffnete Männer, die, seien sie auch schuldig, schließlich nur durch das Gesetz gerichtet werden durften, wollten um jeden Preis ihre Feinde, die Menschlichkeit, die Ehre Frankreichs retten.

Es ist eigenartig, wie diese widersprechenden Regungen der Empfindsamkeit, hier menschenfreundlich, dort zornig, sich mehr als einmal bei denselben Personen fanden. Die Tribünen der Nationalversammlung waren voll von Männern, die ganz außer sich und nur darum gekommen waren, blutige Gesetze zu erlangen. Hier waren die Schweizer und zitterten in den Gebäuden der Feuillants, und hier war die Menge auf den Tribünen, den Höfen, den benachbarten Straßen, ihre Beute erwartend. Ein Abgeordneter machte darauf aufmerksam, daß die Schweizer seit dreißig Stunden nichts gegessen hätten; die Tribünen waren gerührt. Ein braver Mann erschien an der Barre und bat die Tribünen, ihm bei Rettung der Schweizer beizustehen, mit ihm zu gehen: um die Menge draußen zur Vernunft zu bringen. Alle folgten ihm; sie entrissen dem Volk mehrere Schweizer, die man schon gepackt hatte, und kehrten mit den Armen zurück; es gab eine ganz ungewöhnliche und sehr ergreifende Szene; die Opfer warfen sich in die offenen Arme derer, die zuvor ihren Tod gefordert und sie dann befreit hatten; die Schweizer erhoben die Hände zum Himmel, taten einen Schwur für die Sache des Volkes und ergaben sich Frankreich.

Der Justizminister, Danton, zeigte sich seiner neuen Stellung sehr würdig, indem er sich zum Verteidiger der Menschlichkeit aufwarf. Er äußerte vor der Nationalversammlung eine Ansicht großmütiger Strenge, wie sie in den Herzen der wahren Sieger vom 10. August lebte: „Wo die Tätigkeit der Justiz beginnt, hat die Volksrache aufzuhören. Ich übernehme vor der Nationalversammlung die Verantwortung, die Männer zu beschützen, die in ihrer Hut sind; ich werde an ihre Spitze treten, und ich stehe für sie ein."

Die gerechte Justiz, das war in der Tat das einzige Mittel gegen die Rache. Hier war eine ganze Bevölkerung in Verzweiflung über ihre Verluste. Wenn Cäsars Kleid, den Römern gezeigt, ein Signal war zum Morden, wie mußte da das Kleid des Volkes, das blutige Hemd der Opfer des 10. August wirken, das überall vervielfacht vor den entrüsteten Blicken ausgebreitet lag, verbunden mit der schrecklichen Geschichte vom Verrat der Schweizer, und dem Ausspruch der ehrenwerten bretonischen Föderierten, der überall umlief: „Wir hatten ihnen eben den Bruderkuß gegeben ... sie haben uns ermordet ..."

Wurden sie, die man so anklagte, vom Volk als gewöhnliche Gefangene oder als Verbrecher angesehen? Nach dem Sieg, nach der Schlacht, wenn die Gefahr vorüber ist, wird der Sieger für die Gefangenen von Mitleid erfaßt; aber der Kampf ging weiter. Die große royalistische Partei blieb völlig bestehen, welchen Aderlaß sie auch erhalten haben mochte. Zu den reinen Royalisten kam noch die Masse der konstitutionellen Royalisten hinzu, die zwanzigtausend Bürger, die den Protest gegen den 20. Juni unterschrieben und sich damit unabänderlich für den König bloßgestellt hatten. Keiner, selbst nicht nach dem 10. August, sah klar, wem letzten Endes der Vorteil zufallen würde. Am 10. hatten viele Angst, weil sie nicht unter den Siegern zu sehen gewesen waren. Am 11. hatten viele Angst, zur Bewachung des Königs genötigt zu werden. Santerre, der neue Kommandant der Nationalgarde, fand nirgends Gehorsam; zwei Adjutanten weigerten sich auf das bestimmteste, den König bei den Feuillants bewachen zu gehen. Santerre war genötigt, der Kommune einzugestehen: Aus den Meinungsverschiedenheiten ergab sich die Tatsache, daß er wenig Gewalt habe. Und zu gleicher Zeit erklärte ein Abgeordneter, Thuriot, daß er von einem Plan zur Entführung der königlichen Familie Kenntnis erlangt habe.

Die Kommune ließ der Nationalversammlung durch ihren Prokurator, Manuel, erklären, wenn man den König ins Luxembourg sehe, oder – wie man auch beabsichtigte – ins Justizministerium, so stehe sie nicht für ihn ein. Die Versammlung übertrug ihr die Sorge, den Ort zu wählen, und sie wählte den Temple, einen einzeln stehenden alten Turm, dessen Graben man neu anlegte. Dieser niedrige, massive, düstere Turm war die ehemalige Schatzkammer des Templerordens. Es war schon lange ein vereinsamter, dem Verfall überlassener Ort. Ein Ort, über dem ein eigenartiges geschichtliches Verhängnis waltete. Hier zerbrach das Königtum das Mittelalter durch die Hand Philipps des Schönen. Und es selber sollte nun in Ludwig XVI. hier gestürzt werden. Dieser häßliche Turm, dessen Sinn und ehemalige Bestimmung man fast nicht kannte, stand wie ein Fremdling da, wie ein Uhu in der hellen Sonne, in einem sehr belebten Viertel. Es war, wie übrigens heute noch, das Viertel der Kleinindustrie, eines ärmlichen Handels, der Wiederverkäufer und Althändler, kleiner Gewerbe, denen der Fabrikant selber vorstand. Die Umgebung des Temple hatte sich um so leichter mit diesen Kleinhändlern bevölkert, als sie die Arbeiter ohne Urkunden, ohne Erlaubnisschein duldete, die, im Schutze der althergebrachten Privilegien des Ortes, unbehelligt an die Armen allerlei minderwertige, alte, leidlich zugestutzte Sachen verkauften. Diese Gegend hatte, auch infolge ihres traurigen Privilegs, den dreisten Geldmaklern als Zufluchtsort gedient, die nach dem strengen Gesetz des Mittelalters ihre Schulden ohne Geld bezahlten, „en prenant le bonnet vert, et frappant du cul sur la pierre". Welch schneller und grausamer Sturz! Ludwig XVI., am 10. noch König, falls er im Luxembourg, der üblichen Fürstenresidenz verblieb, am 11. als Gefangener gebrandmarkt, falls er im Justizministerium hinter Schloß und Riegel kam, schien im Temple der Gefangene des königlichen Bankrotts und der Bankrotteur der Monarchie.

Ludwig XVI. war ein Pfand. Sein Leben war für Frankreich wichtig. Er schien in Sicherheit. Alle, selbst die Gewalttätigsten, hätten ein so kostbares Haupt verteidigt. Die Rache des Volkes, der nach dieser Richtung ein Ziel gesetzt war, wandte sich um so wütender gegen die anderen Gefangenen. Das einzige Mittel, das vielleicht blieb, um sie vor einem ungewissen Abschlachten zu retten, war das, sie als Kriegsgefangene hinzustellen, sie einem Kriegsgericht zu unterwerfen, das alle, die befohlen hatten, gleicherweise traf und die Menge derer rettete, die nur gehorcht hatten. Ein ehemaliger Militär, Lacroix, schlug der Versammlung vor, durch den Kommandanten der Nationalgarde einen Kriegsgerichtshof ernennen zu lassen, der unverzüglich die Schweizer, Offiziere und Mannschaften, aburteile. Der hervorragende Anteil, den die Föderierten, Marseiller und Bretonen, fast alles ehemalige Soldaten, an dem Sieg gehabt hatten, hätte zweifellos die Verpflichtung auferlegt, die Richter vor allem aus ihrer Mitte zu wählen. Diese Soldaten würden ein militärisches Delikt nachsichtiger beurteilt haben, als Richter aus dem Volk, einem rachedurstigen Haufen entnommen. Das ist keine Vermutung, sondern eine berechtigte Schlußfolgerung. Die Mehrzahl der Marseiller Föderierten war weit davon, die allgemeine Wut zu teilen, sondern erklärte, sie betrachte die Besiegten nicht mehr als Feinde, und heischte von der Versammlung die Erlaubnis, den Schweizern das Geleit zu geben, sie mit ihrem Leib zu decken. Als Soldaten begriffen sie viel besser die wahre Stellung der Soldaten, das unerbittliche Gebot der Disziplin, das auf diesen Schweizern gelastet und sie unbeabsichtigt schuldig gemacht hatte.

Lacroix, der den scheinbar strengen, in Wirklichkeit menschlichen Rat gab, die Besiegten sogleich vor ein Kriegsgericht zu stellen, war ein zu unbedeutender Mensch, daß wir nicht weiter oben den zu suchen hätten, dem die wahre Initiative zu dieser großartigen Maßnahme gehört. Lacroix stand damals in den Reihen der Gironde, war aber bereits mehr und mehr mit Danton eines Sinnes.

Was sie Gemeinsames hatten, das war die Leichtigkeit des Wesens, die Liebe zum Leben, zur Lebensfreude; alle beide waren willensstarke Männer und unter einer herben, heftigen Außenseite keineswegs unmenschlich. Ich glaube nicht, daß der Vorschlag von den Girondisten herzuleiten war, die für militärische Formen nichts übrig hatten, die Montagnards im allgemeinen ebensowenig, Robespierre ebensowenig wie Brissot. Ich fühle mich zu der Annahme geneigt, daß Lacroix den Gedanken Dantons zum Ausdruck brachte.

Was vermuten läßt, daß diese Maßnahme dem Blutvergießen Einhalt getan hätte, ist, daß die Kommune sie zurückwies. Sie, die ihren Sitz mitten in der Volksgärung hatte, schürte noch immer die Rachegelüste, statt sie zu dämpfen. Sie wagte nicht, es rund heraus zu sagen, daß sie fürchte, die militärischen Föderierten könnten mit den Besiegten zu großmütig verfahren; am 13. forderte sie nur, daß man an Stelle eines Kriegsgerichtes ein Tribunal errichte, das zum Teil aus Föderierten, zum Teil aus Mitgliedern der Pariser Sektionen bestehe. – Am 15. wurde sie dreister, sprach nicht mehr von Föderierten und verlangte, das Urteil solle von Kommissaren der verschiedenen Sektionen gefällt werden. Die in solchem Augenblick Gewählten konnten kaum andere, als die heftigsten Elemente der Sektionen sein und wahrscheinlich also gerade sie, die Mitglieder der Kommune. Mit anderen Worten: die Kommune ersuchte die Nationalversammlung, die Kommune selbst damit zu beauftragen, alle, die man festgenommen hatte, und alle, die man festnehmen würde, zu richten. Welche Grenze gab es auf diesem Weg? Das war nicht vorauszusehen. Seit dem 12. war ein Haufe von Petitionären sogar auf den Bänken der Nationalversammlung erschienen, um einen Abgeordneten als Verräter zu bezeichnen und zu verlangen, daß er unter Anklage versetzt werde.

Nichts, was die Kommune tat, kann in Erstaunen setzen, wenn man weiß, welches seltsame Orakel sie um Rat befragte. Am 10. abends hatte ein abscheulicher Trupp Betrunkener und Gassenburschen mit vielem Lärm den Mann der Finsternis, den lebendigen Leichnam, den Auferstandenen, den Märtyrer und Propheten, den göttlichen Marat, ins Hôtel de Ville getragen. Das sei der Sieger des 10. August, sagten sie. Sie hatten ihn im Triumph durch Paris getragen, ohne daß seine Bescheidenheit sich widersetzt hätte. Sie brachten ihn auf den Armen herbei, mit Lorbeer gekrönt, und warfen ihn da mitten in die große Beratung der Kommune hinein. Einige lachten; viele schauderten; alle wurden mitgerissen. Er allein kannte weder Zweifel, noch Zögern, noch Skrupel. Die grausige Sicherheit eines Narren, der nichts von den Widerständen der Welt noch denen des Gewissens weiß, ging von seiner Persönlichkeit aus. Seine gelbe Stirn, sein ungeheures Krötenmaul grinsten ekelhaft unter seinem Lorbeerkranz hervor. Seit diesem Tage erschien er beständig in der Kommune, obgleich er kein Mitglied war, und sprach immer lauter. Die Politiker hatten zu bedenken, ob sie einem Geisteskranken bis ans Ende folgen wollten. Wie aber sollte man vor der rasenden Menge einen Widerspruch gegen Marat wagen? Danton hätte es nicht gewagt; nur kam er wenig zur Kommune. Robespierre, der hier tagte, wagte es noch weniger. Die Sache sollte ihm teuer zu stehen kommen. Die Kommune faßte mehrere ganz wundersame Entschlüsse, diesen unter anderen, den offenbar Marat diktiert hatte: Von nun an seien die Druckerpressen der royalistischen Giftmischer zu konfiszieren, den patriotischen Druckereien zuzusprechen. Noch ehe diese schöne Beschlagnahme bekanntgegeben war, hatte Marat sie ausgeführt. Er war unverzüglich zur königlichen Druckerei gegangen, hatte hier erklärt, die Presse und die Schriftzeichen gehörten dem ersten, dem größten Journalisten, und nahm mehrere Pressen und Schriftzeichen mit sich fort.

Die Nationalversammlung hatte also zu entscheiden, ob sie der so geleiteten Kommune das Schwert der nationalen Gerechtigkeit übergeben solle. Wie würde diese Gerechtigkeit beschaffen sein? Die einen wollten ein rächendes, eiliges, schnell schlüssiges Gericht. Marat bevorzugte ein Blutbad. Diese Idee hatte er nicht etwa auf Kosten seiner Menschenfreundlichkeit, sondern sie war, wie er sagte, ein Zeichen dafür. „Man bestreitet mir den Titel eines Philanthropen", sagte er. „Ah! Welche Ungerechtigkeit! Wer sähe nicht, daß ich ein paar wenige Köpfe abhauen will, um eine große Zahl anderer zu retten? ..." Diese kleine Zahl schwankte; in seiner letzten Lebenszeit hatte er, ich weiß nicht warum, bei der wirklich kleinen Zahl von zweihundertdreiundsiebzigtausend haltgemacht.

Das Rachegericht konnte Blutvergießen vermeiden. Die Kommune verlangte durch Robespierres Stimme von der Versammlung seine sofortige Ernennung. Der in gemilderter Form, mit verdächtiger Vorsicht, von Drohungen durchsetzte Antrag wurde mit tiefem Schweigen aufgenommen. Ein einziger Abgeordneter (Chabot) erhob sich, um ihn zu stützen. Und dennoch ging er durch. Man hoffte, den Antrag in seiner Anwendung umgehen zu können; er wurde im Prinzip angenommen.

Von diesem Moment an erschienen Stunde um Stunde drohende Eingaben, die das Inkrafttreten des beschlossenen Erlasses forderten. An einem Abend folgten einander drei Abordnungen der Kommune an der Barre. Die dritte ging so weit, zu sagen: „Wenn Sie nichts beschließen, so werden wir sehen." Am 17. erschien eine neue Abordnung mit der Äußerung: „Das Volk ist es müde, nicht gerächt zu werden; man hüte sich, daß es sich nicht selbst Gerechtigkeit verschafft. Heute um Mitternacht wird die Sturmglocke läuten. Es wird ein Kriminalgericht für die Tuilerien gefordert, ein Richter aus jeder Sektion. Ludwig XVI. und Antoinette wollten Blut; mögen sie das ihrer Trabanten fließen sehen."

Auf diese rohe Gewaltrede entgegneten die Jakobiner Choudieu und Thuriot, Dantons Freund, in den edelsten Worten. Ersterer sagte: „Die hier als Schreier herkommen, sind nicht die Freunde des Volkes; es sind seine Schmeichler ... Man will eine Inquisition, ich widersetze mich dem bis in den Tod ..."

Auch Thuriot sprach ein erhabenes Wort: „Die Revolution gehört nicht nur Frankreich; wir müssen sie vor der ganzen Menschheit rechtfertigen."

Da treten die Sektionsabgesandten ein, die von der Kommune zur Bildung des Geschworenengerichts beauftragt waren. Einer von ihnen: „Sie sind völlig im Dunkel über das, was vorgeht. Wenn innerhalb zwei bis drei Stunden der Vorsitzende des Geschworenengerichts nicht ernannt ist, wenn die Geschworenen nicht in der Lage sind, zu handeln, wird sich in Paris großes Unglück ereignen."

Die Versammlung gehorchte zur Stunde. Sie beschloß die Bildung eines außerordentlichen Gerichtshofes. Immerhin mit einer Vorsichtsmaßregel, der Wahl in zwei Abstufungen, wie für die Abgeordneten; das Volk ernannte für jede Sektion einen Wahlmann, und diese Wahlmänner ernannten die Richter.

Es muß gesagt werden, daß die dunklen Wolken von draußen, der Sturm von der Grenze her, das Innere wie mit einem schwarzen Tuch bedeckten; weniger und weniger ließ sich das Bild der Gerechtigkeit noch erkennen. Briefe kamen aus den Grenzstädten, wie ebensoviel Hilfeschreie, wie die Schüsse der Alarmkanone, von Augenblick zu Augenblick vom Staatsschiff abgegeben, das unter Nebelschleiern zu versinken schien. Thionville war es und Saarlouis, die nach der Nationalversammlung riefen. Erstere sagte, von Frankreich im Stich gelassen, werde sie sich lieber in die Luft sprengen, als ihre Tore öffnen. Die Preußen waren von Koblenz am 30. Juli mit einem prächtigen Kavalleriekorps aus Emigranten, neunzig Eskadronen stark, aufgebrochen. Am 18. August vereinigten sich die Preußen mit dem österreichischen General Clairfayt. Die vereinte, hunderttausend Mann starke Armee schloß Longwy am 20. August ein.

Und welche Verteidigung im Innern? Merlin aus Thionville sagte in der Versammlung, im Überwachungskomitee befänden sich vierhundert Briefe mit den Beweisen, daß der Plan und der Zeitpunkt für den feindlichen Einbruch seit langem in Paris bekannt waren. Tatsächlich hatten die Königin und viele Royalisten die Marschroute des Feindes, und verfolgten seinen Marsch auf der Landkarte Tag für Tag.

La Fayette schien keine anderen Feinde zu sehen, als die Jakobiner. In einer Adresse rief er seine Armee auf, die Verfassung wiederherzustellen, den 10. August zu vernichten, den König wieder einzusetzen. Das war gleichbedeutend mit der Einsetzung des Auslandes in Paris. Es gibt kein zweites Beispiel einer solchen Vernarrtheit. Glücklicherweise fand er bei seiner Armee keine Unterstützung. Er ließ die Truppen Revue passieren und vernahm keinen anderen Ruf, als: „Es lebe die Nation!" Er sah sich allein und es blieb ihm nichts übrig, als über die Grenze zu gehen. Die Österreicher erwiesen ihm den wichtigen Dienst, ihn festzunehmen, und dadurch rehabilitierten sie ihn. Ohne diese Gefangennahme war er verloren; sein Andenken wäre von einem bösen Schatten getrübt worden.

Am 18. hatte die Nationalversammlung ihn unter Anklage versetzt. Der Oberbefehl im Osten wurde Dumouriez übertragen; und im Norden wurde Luckner durch Kellermann ersetzt.

Am gleichen Tage, dem 18., war der außerordentliche Gerichtshof schon organisiert. Danton ergriff die Gelegenheit und hoffte, den Rachegelüsten ein Ende zu machen. In einer wundervollen Eingabe, in der man neben Dantons großem Herzen die Begabung seiner Sekretäre, Camille Desmoulins und Fabre d'Eglantine zu spüren meint, setzte er das revolutionäre Recht auseinander, das Recht des 10. August, tat das Königtum endgültig ab, indem er feststellte, daß es selbst seine besten Freunde verraten habe. Gleichzeitig aber legte er mitten im gegenwärtigen Zustand des Schreckens für die neue Ordnung die Grundlagen der Gerechtigkeit fest.

Diese gleichzeitig inspirierte und berechnete Rede wurde den beiden Gewalten gerecht, der einen, der Kommune von Paris, als „von der Nationalversammlung bestätigt"; die andere, die Versammlung selbst, wurde von Danton edelmütig erhoben: „Beglückwünschen wir sie", sagte er, „zu ihren freiheitlichen Beschlüssen."

In bemerkenswerter Voraussicht verkündete er das bei weitem tiefere soziale Übel, das die revolutionäre Bewegung deckte; beim ersten unterirdischen Grollen, das noch keiner recht vernahm, erriet, verkündete dieser tiefgründige Geist den Vulkan. Erstaunlich! In seiner prophetischen Abhandlung beschäftigt Danton sich mit Babeuf, sieht ihn im Geiste; ihn, der sich erst zeigen sollte, als alle großen Männer der Revolution in der Erde lagen, ihn sieht er und verurteilt ihn, indem er der Gesellschaft zu ihrer dereinstigen Verteidigung die Autorität seines Namens hinterläßt: „Alle meine Gedanken", sagte er, „haben nur die politische und individuelle Freiheit zum Gegenstand gehabt, die Aufrechterhaltung der Gesetze, die öffentliche Ruhe, die Einigkeit der dreiundachtzig Departements, die Herrlichkeit des Staates, das Gedeihen des französischen Volkes und nicht die unmögliche Gleichheit des Besitzes – sondern eine Gleichheit an Rechten und an Glück."

Im ganzen verkündete Danton in dieser geschickt schwungvollen Eingabe mitten im Donner und Blitz des 10. August alles, was die Lage an Vernunft und Gerechtigkeit erzielen konnte. Er stellte die Einigkeit der öffentlichen Gewalten fest, sogar die seinige mit der Gironde; er sagte, er werde den Gerichtshöfen keine anderen Vorwürfe machen, als die, welche der Minister des Inneren, Roland, den Verwaltungskörperschaften mache. Er schloß sich der Volksleidenschaft derart an, daß er sie beruhigte, von den Gerichten Strenge verlangte, die allein in solchem Augenblick wieder Milde in die Herzen pflanzen könne. Die Adresse schloß mit dem ernsten Wort: „Möge die Gerechtigkeit der Gerichte den Anfang machen, die Gerechtigkeit des Volkes wird es enden."

Die Nationalversammlung schien zunächst von diesem Geist belebt. Alles war gerettet, wenn sie, wie Danton es verlangte, mit sicherer Hand die Standarte der Revolution ergriff und sie vor dem Volke hertrug. Sie führte zwei große revolutionäre Schläge: gegen die Adligen die Beschlagnahme des Besitztums der Emigranten, die Frankreich bewaffnet betraten; gegen die unvereidigten Priester die Vertreibung innerhalb vierzehn Tagen. Letztere Maßregel war nicht zu streng, wenn man bedachte, daß die Vendée und die Deux-Sèvres, von ihren Predigten in Flammen gesetzt, zu den Waffen gegriffen hatten. Die Entzückung stieg bis zu dem Grade, daß Vergniaud, der menschlichste unter allen, vorschlug, die Widersetzlichen nach Guayana zu deportieren.

Dieses strenge Vorgehen genügte der Kommune nicht. Selbst die Hinrichtungen, die nun ihren Anfang nahmen, beruhigten sie nicht. Der außerordentliche Gerichtshof, bei dem es weder Aufschub noch Berufung gab, wurde am 18. gebildet und tagte am 19. und 20.; am 21., abends, wurde ein Royalist auf der Place du Carrousel guillotiniert. Die Hinrichtung beim Fackelschein, vor der schwarzen Fassade des Palastes, die noch die Spuren der Metzelei aufwies, machte einen unendlich düsteren Eindruck. Der Henker selbst, der solche Schaustellungen doch gewohnt war, hielt hier nicht stand. Als er den Kopf des Hingerichteten aufnahm und ihn von der Höhe des Schafotts der Menge zeigte, stürzte er selber jählings zu Boden. Man eilte zu ihm; er war tot.

Diese fürchterliche Szene, die Tötung Laportes, des treuen Vertrauten Ludwigs XVI., machte viel Aufsehen. Laporte war der Hauptanstifter der Korruption des Hofes gewesen, er hatte nur eine Entschuldigung: daß er gehorsam gewesen war. Im übrigen war er als Privatmann geachtet und geliebt. Sein weißes Haupt fiel nicht, ohne ein gewisses Mitleid zu wecken; „La Chronique de Paris“, das Blatt Condorcets, vermochte bei der Gelegenheit die Herzen zu besänftigen.

Die Kommune hätte mit dem neuen Gerichtshof, den sie gefordert, gebildet, gewählt hatte, ganz zufrieden sein können. Es gab kaum weniger als einen Kopf, der täglich fallen mußte. Dennoch beklagte man seine Langsamkeit, und er vermeinte, sich rechtfertigen zu müssen. In einer umständlichen Broschüre setzten die Mitglieder des Gerichtshofes auseinander, welche ungeheure Arbeit sie sich auferlegt haben, um so befriedigende Resultate zu erzielen. Mit Gewissenhaftigkeit könne man nicht schneller vorgehen, sagen sie. Die Broschüre ist von Namen unterzeichnet, die allein laut genug reden, unter anderen von Fouquier-Tinville.

Aber selbst der schärfste Richter war nicht das, was man wollte; man wünschte ein Massaker. Am 23. erschien gegen Mitternacht eine Abordnung der Kommune, gefolgt von einem Schwarm von Leuten, in der Nationalversammlung und äußerte wütend, man solle die Gefangenen von Orléans herbeiführen, um sie hinzurichten. Sie sagten nicht: „Um sie abzuurteilen“, schienen diese Formalität für vollkommen überflüssig zu halten. Sie fügten die Drohung hinzu: „Sie haben uns verstanden, und Sie wissen, daß der Aufstand eine heilige Pflicht ist."

Der Präsident der Versammlung, Lacroix, benahm sich prachtvoll in dieser Sache. Vor der rasenden oder trunkenen Menge, die den Saal überschwemmte, in dieser düsteren Stunde der Nacht sprach er mit der Gewalt eines Dantonfreundes. Lacroix war ein früherer Militär, von athletischer Gestalt und riesigem Wuchs; er sagte mit ruhiger Würde: „Wir haben unsere Pflicht getan ... sollte unser Tod ein letzter Beweis sein, um das Volk davon zu überzeugen, so kann es über unser Leben verfügen ... Sagen Sie das unseren Auftraggebern." Selbst die hitzigsten Jakobiner, Choudieu und Bazire, schienen über diese Drohungen entrüstet; sie beantragten die Tagesordnung, und man folgte ihnen.

Am 25. abends guillotinierte man am Carrusell einen Verfasser royalistischer Schmähschriften; in den Tuilerien traf man die Vorbereitungen für eine Nationalfeier, die Feier für die Toten des 10. August. In der Nationalversammlung und in Paris verbreitet sich das Gerücht, daß die Festung Longwy sich den Preußen ergeben habe. Die Freiwilligen von den Ardennen und von der Côte-d'Or hatten sich wundervoll bewährt. Aber der böse Wille hatte alle Verteidigungsmittel zunichte gemacht, versteckt. Der Kommandant war, als der Sturm erfolgte, unauffindbar. Die Versammlung erhielt und las den Brief, mit dem die Emigranten seine Abtrünnigkeit beschlossen hatten. Die Stadt wurde von den Ausländern „im Namen Seiner Majestät des Königs von Frankreich" besetzt. Der Verrat war offenkundig. Man verfügte sogleich, daß jeder Bürger, der in einem belagerten Ort von Übergabe rede, mit dem Tode zu bestrafen sei. Dreißigtausend Mann sollten unverzüglich in Paris und den benachbarten Departements ausgehoben werden. Das Fest fand ungeachtet dessen am Sonntag, dem 27., statt; aber dieses Totenfest eines Volkes, das sich verraten und verkauft sah, war in Wirklichkeit ein Fest der Rache.

Der Festordner war Sergent, einer der Administratoren bei der Kommune, ein sehr gefühlvoller, feuriger, empfänglicher Mensch, aber reizbar bis zur Raserei. Als Kupferstecher und mittelmäßiger Zeichner fand er in seinem Fanatismus hier eine wahre Inspiration. Nie war eine Zeit geeigneter, die Seelen mit Trauer und Rache zu erfüllen, mit mörderischem Gram. Auf dem großen Bassin der Tuilerien war eine mit schwarzem Tuch ausgeschlagene Pyramide errichtet worden, mit Inschriften, die an alle Metzeleien erinnerten, die man den Royalisten vorwarf: Blutbad von Nancy, von Nîmes, von Montauban, vom Marsfeld usw. Diese im Garten errichtete Totenpyramide fand ihr wahres Gegenstück am Carrousel, im Werkzeug des Todes, der Guillotine, und alle beide hatten die gleiche Wirkung: die eine tötete, die andere forderte zum Töten auf.

Mitten in Wolken von Räucherwerk schritten die Opfer des 10. August, die Witwen und Waisen in weißen schwarzgegürteten Kleidern einher und trugen in einer Truhe die Eingabe vom 17. Juli 1791, die damals vergeblich die Republik gefordert hatte. Es folgten ungeheure schwarze Sarkophage, die aussahen, als enthielten sie Berge von Leichnamen. Dann Banner der Rache, die Tod für den Tod forderten. Dann kam das Gesetz, eine Kolossalfigur mit dem Schwert bewaffnet, und dahinter die Richter, alle Gerichtshöfe, als erster das Tribunal vom 17. August. Hinter diesem schritt sie, die es ins Leben gerufen hatte, die furchtbare Kommune, mit dem Standbild der Freiheit. Zum Schluß die Nationalversammlung, die Bürgerkronen trug, zu Ehren und zum Trost der Toten. Die bitteren Gesänge Chéniers, die herbe und gewaltige Musik Gossecs, die sinkende, sich in Trauer hüllende Nacht, der wallende Weihrauch, der aufstieg, als wolle er die Stimme der Rache zum Himmel tragen, alles erfüllte die Herzen mit einem Todesrausch oder mit düsteren Vorahnungen.

Am anderen Tage war es noch ärger. Die beiden Statuen der Freiheit und des Gesetzes, diese vom Volk verehrten Gestalten, die am Sonntag Gottheiten gewesen waren, wurden, ihrer Gewänder beraubt, trostlos in ihren am wenigsten anständigen Körperteilen, die von Schleiern verhüllt gewesen waren, zur Schau gestellt, nicht ohne manch unvorsichtiges Gelächter seitens der zuschauenden Royalisten. Die Menge wurde wütend; sie eilte zur Versammlung, schrie nach Rache und behauptete, diese Entweihung rühre von einer Verschwörung her; nichtswürdige Arbeiter hätten schmählicherweise diese Gottheiten entkleidet, um sie der Verachtung der Aristokraten preiszugeben. Sie bemächtigte sich der Statuen, kleidete sie an, führte sie zu ihrer Genugtuung auf den Platz Ludwigs XV. und trieb hier einen wahnsinnigen Kultus mit ihnen.

FÜNFTES BUCH

Der Sturz des Königtums

Beginn des Krieges gegen Frankreich

(August–Dezember 1792)

ERSTES KAPITEL

Die Invasion
Entsetzen und Wut des Volkes
(Ende August 1792)

Entsetzen in Paris bei der Nachricht der Invasion (August–September 1792). – Erwartung einer feierlichen Verurteilung der Revolution durch die Könige. – Frankreich sieht sich überrumpelt und verraten. – Wie gewaltig der gefangene König noch war. – Heldenhafte Begeisterung in ganz Frankreich. – Unsere Feinde haben in diesem ungeheuren Gemälde nur einen Punkt sehen wollen, einen blutigen Fleck. – Das ganze Frankreich weihte sich dem Vaterland. – Herzzerreißende Aufopferung der Frauen und Mütter. – Danton war nun Frankreichs Stimme. – Er fordert die Haussuchungen. – Kampf zwischen der Nationalversammlung und der Kommune. – Gewalttätigkeit der Kommune. – Die Versammlung versucht sie zu zerschmettern. – Die Kommune will sich mit allen Mitteln halten. – Bestimmungen zur Metzelei (Ende August 1792).

Der Verrat Longwys, der von Verdun, von dem man bald darauf erfuhr, erfüllte Paris mit finsterem, schwindelndem Entsetzen. Es gab nicht die geringste Sicherheit mehr. Es war allzu sichtbar, daß das Ausland überall Verbindungen hatte. Es schritt mit einer Festigkeit, einem so bezeichnenden Selbstvertrauen voran, wie im eigenen Land. Wer würde ihm vor Paris Halt gebieten? War denn ein Widerstand möglich inmitten so vieler Verräter? Wie sollte man diese Verräter herausfinden? Jeder sah sich den Nachbar an; auf Plätzen und Straßen warf ein Vorübergehender dem anderen mißtrauische, besorgte Blicke zu; alle vermeinten in allen die Freunde des Feindes zu sehen.

Kein Zweifel, daß ein beträchtlicher Teil schlechter Franzosen ihn erwartete und rief, sich über sein Nahen freute und in der Hoffnung einer Niederlage der Freiheit und Demütigung ihrer Heimat schwelgten. In einem Brief, der am 10. August in den Tuilerien gefunden wurde (und den unsere Archive besitzen), verkündete man mit Vergnügen, daß hinter den Armeen die Gerichte herkamen, daß die ausgewanderten Parlamentarier unterwegs im Lager des Königs von Preußen den Prozeß gegen die Revolution einleiteten, die Galgen herrichteten, an denen die Jakobiner hängen sollten. Zweifellos um diese Gerichtshöfe zu versorgen, entführte die österreichische Kavallerie in der Gegend von Saarlouis die patriotisch gesinnten, die bekannten Republikaner. Oft, weil sie es eilig hatten, schnitten die Ulanen den Gemeindebeamten, die sie erreichen konnten, die Ohren ab und nagelten sie ihnen an der Stirn fest.

Diese letztere Einzelheit wurde im amtlichen Kriegsbericht mitgeteilt; es war nicht unwahrscheinlich nach den fürchterlichen Drohungen, die sogar der Herzog von Braunschweig gegen die eroberten Gegenden, die belagerten Städte schleuderte, nach dem Aufruf zum Beispiel, den er an Verdun erließ. Die Hand der Emigranten ist unverkennbar; in diesen rasenden Worten, die ein gewöhnlicher Feind nicht ausgesprochen hätte, findet man ihren Geist wieder. Schon Bouillé drohte in seinem berühmten Brief vom Juni 1791, in Paris keinen Stein auf dem anderen zu lassen.

Paris fühlte sich in Gefahr; ganz sicher wollte man an ihm ein Exempel statuieren. Ein jeder prüfte sein Gewissen, und da war keiner, der Grund gehabt hätte, sich sicher zu fühlen. La Fayette, der unvorsichtige Verteidiger des Königs, der, wie es scheint, seine revolutionären Kühnheiten genügend im Blute vom Marsfeld, in seinem Schritt der Nationalversammlung gegenüber reingewaschen hatte, war er nicht in einer Zelle eingesperrt? Was würde mit den dreißigtausend weit Schuldigeren geschehen, die den König aus Versailles geholt hatten, den zwanzigtausend, die am 20. Juni ins Schloß eingefallen, es am 10. August erstürmt hatten? Alle waren bestimmt des Majestätsverbrechens schuldig. Die Frauen in jeder Familie wurden sehr besorgt; sie schliefen fast gar nicht mehr, und ihre ganz verstörte Phantasie, die nicht wußte, woran sie sich zu halten hatte, erfand grausige Vorstellungen.

Die gleichen Ängste, die gleiche Bedrängnis führen zum gleichen Entsetzen. Diese armen erschreckten Geister werden durch eben ihre Schwäche zu Dichtern, zu großen und finsteren Legendendichtern, wie jene aus dem Mittelalter. Die Philosophie hat damit nichts zu tun. Am Ende des achtzehnten Jahrhunderts, nach Voltaire, nach einem ganzen zweifelnden Jahrhundert ist die Phantasie dieselbe geblieben; und wieso? Weil die Angst dieselbe ist. Wie zur Zeit der Barbareneinfälle, wie zur Zeit der Kriege mit England ist es die „Geißel Gottes", die sich naht, ist es das „Jüngste Gericht".

Sehen wir nun, wie dieses Gericht stattfinden wird (wir halten uns hier an die Volksmeinung, wie die damaligen Zeitungen sie wiedergeben). In einer großen wüsten Ebene, wahrscheinlich in der Ebene Saint-Denis, wird man die ganze Bevölkerung versammeln, herdenweise den verbündeten Königen vor die Füße jagen. Vorher wird die Erde verwüstet worden sein, werden die Städte in Brand stehen. „Denn", so haben die Herrscher gesagt, „die Wüsten taugen noch mehr als das aufrührerische Volk." Es verschlägt ihnen wenig, ob Ludwig XVI. ein Königreich behält, ob er lebt oder stirbt; seine Gefahr wird ihnen kein Hindernis sein. Hier nun, vor diesen mitleidlosen Eroberern, wird man die Guten von den Schlechten sondern, die einen zur Rechten, die anderen zur Linken. Welche Schlechten? Unzweifelhaft die Revolutionäre; sie werden zuerst sterben; man wird sie guillotinieren. Die Könige werden die Revolution auf die Art richten, die sie selber erfunden hat ... „Schon schwelgen die Adligen in ihren Hotels bei ihren geheimen Orgien in der Hoffnung auf dieses Schauspiel; zwischen die Schüsseln lassen sie kleine Guillotinen aufstellen, um nach Wohlgefallen das Bild der Patrioten zu köpfen."

Nicht nur die Menschen sind es, die umkommen werden, sondern Frankreichs großer Gedanke. Wir haben närrischerweise geglaubt, die Gerechtigkeit sei gerecht, das Recht sei das Recht. Die Autorität aber, die souverän und ungerufen daherkommt, wird das ändern. Sie kommt nicht nur, um zu siegen, sondern um zu richten, um die Gerechtigkeit zu verurteilen.

Frankreich erwachte, und es war überrascht. Die ganze Welt schien hinter ihm herzusehen, es war das gescheuchte Wild. Spanien und Sardinien hielten hinter ihm das Netz gespannt; vorn zeigten ihm Preußen und Österreich das Fangeisen; Rußland stieß zu und England lachte ... Es jagte zum Lager zurück ... und das Lager war verraten!

Das Lager war völlig frei, ohne Mauer, ohne Verteidigung. Seitdem wir eine Österreicherin geheiratet haben, haben wir klugerweise an der bedrohtesten Grenze alle unsere Wälle am Boden liegen lassen. Gute und gläubige Nation! Im Vertrauen auf Ludwig XVI. hatte es geglaubt, er werde ernstlich den Armeen der Könige, seiner Befreier, Halt gebieten; seinen Ministern vertrauend, den angeblich revolutionären, hatte es die angenehmen Worte Narbonnes geglaubt. „Ich habe alles gesehen", hatte er gesagt. Er hatte Waffen gesehen, und es gab keine; Munition, und es gab keine; Heere, sie waren gleich null, unorganisiert, moralisch vernichtet. Ein unsicherer Mann, Dumouriez, der einzige, der vor dieser verzweifelten Lage nicht zurückgeschreckt wäre, sah sich im Augenblick nur im Besitz von fünfzehn- bis zwanzigtausend Mann gegenüber hunderttausend geübten Soldaten.

Und die äußere Gefahr war noch nicht die größte. Die Preußen waren nicht so schlimme Feinde wie die Priester; die Armee, die im Osten anrückte, war gering im Vergleich mit der großen Verschwörung der Geistlichkeit, um die Bauern des Westens zu den Waffen zu rufen. Paris hatte kaum den Verrat Longwys gehört als es erfuhr, daß die Landbevölkerung der Deux-Sèvres sich bewaffnet hatte; es war der Anfang eines weit um sich greifenden Lauffeuers. Sogleich bricht es an anderer Stelle aus, und das Morbihan steht in Flammen. Das demokratische Grenoble selber ist der Herd eines Komplotts der Adligen. Diese Botschaften ereilten die Nationalversammlung Schlag auf Schlag; sie hatte nicht Zeit, sich von einer Nachricht zu erholen, als schon eine schrecklichere eintraf. Man war ganz unter dem Eindruck dieser inneren Gefahren, als man erfuhr, daß im Norden die Nachhut des großen feindlichen Einmarsches anrückte, ein Korps von dreißigtausend Russen.

Alles das waren keine Zufälle, keine Einzelfälle; es waren ersichtliche Teile eines umfangreichen, wohlbedachten, erfolgsicheren Systems, das sich mehr und mehr enthüllte. Worauf verließen sich das Ausland, der Emigrant, der Priester, wenn nicht auf den Verrat?

Und der Mittelpunkt, der Knoten des von den Verrätern gesponnenen großen Netzes befand sich in den Tuilerien.

Der 10. August hatte die Kräfte des Feindes nicht geschwächt. Siebenhundert Schweizer waren umgekommen; doch die Masse der Royalisten blieb heimlich lauernd unter Waffen. Abgesehen von einem sehr beträchtlichen Teil der Nationalgarde, der für immer in die Sache des Königtums verwickelt war, war Paris auch voll von Fremden, von Provinzlern, von Agenten des Ancien régime oder des Auslands, von Militärs ohne Uniform und mehr oder weniger verkleidet, falschen Abbés zum Beispiel, deren kriegerisches Auftreten und energisches Gesicht ihre Kleidung Lügen straften. Sogar England, unser Freund, hatte in dieser Zeit hier unzählige bezahlte und unbezahlte Agenten, viele ehrenwerte Spione, die kamen, um zuzusehen, zu studieren. Der Sohn des berühmten Burke schrieb an Ludwig XVI. ein äußerst wahres Wort: „Sorgen Sie sich nicht; ganz Europa ist für Sie, und England ist nicht gegen Sie." Es wurde dem Könige um so günstiger gesinnt, je mehr das Königtum der Feind Frankreichs wurde.

So war Ludwig XVI., entthront, gestürzt, im Temple sogar noch mächtig. Er hatte die Tuilerien verloren und behielt Europa; er hatte alle Könige zu Verbündeten, Frankreich stand allein. Er hatte alle Priester bei allen Nationen zu Freunden, Verteidigern und Anwälten; jeden Tag wurde auf der ganzen Erde für ihn gepredigt; man gab ihm die Herzen der gläubigen Völkerschaften, man schuf ihm Soldaten und der Revolution tödliche Feinde. Es war hundert gegen eins zu wetten, daß er nicht untergehen würde (das Haupt eines solchen Pfandes war zu kostbar), sondern daß Frankreich untergehen würde, das nach und nach nicht allein die Könige, sondern die Völker gegen sich hatte, deren Einsicht man untergrub.

Die Geschichte hat von keinem Volk zu melden, das so weit in den Tod hineinging. Als Holland, da es Ludwig XIV. vor seinen Toren sah, keine andere Rettung wußte, als sich unter Wasser zu setzen, sich selber zu ertränken, war es in geringerer Gefahr; es hatte Europa auf seiner Seite. Als Athen den Thron des Xerxes auf dem Felsen von Salamis errichtet sah, den Boden unter den Füßen verlor und sich aufs Schwimmen verließ, nur noch das Wasser zur Heimat hatte, war es in geringerer Gefahr; es stützte sich ganz auf seine machtvolle, organisierte Flotte, in der Hand des großen Themistokles, und es hatte nicht den Verrat in seiner Mitte.

Frankreich war zerrüttet, fast zersetzt, betrogen, ausgeliefert und verkauft.

Und gerade in diesem Zustand, da es die Hand des Todes auf sich lasten fühlte, brachte es durch eine heftige und furchtbare Kontraktion aus sich selbst eine unerwartete Macht hervor, ließ eine Flamme von sich ausgehen, wie die

Welt sie nie gesehen, wurde wie ein Vulkan des Lebens. Der ganze Boden Frankreichs leuchtete auf, und überall brach es wie eine Feuergarbe von Heldentum empor und sprühte gen Himmel.

Ein wahrhaft wundersames Schauspiel, dessen ungeheure Vielseitigkeit jeder Beschreibung spottet. Solche Szenen entziehen sich der künstlerischen Wiedergabe durch ihre Überlebensgröße, durch eine unendliche Vielheit erhabener Einzelheiten. Die erste Regung will es niederschreiben, diese heldenhaften Anstrengungen, will diesen göttlichen Aufschwung der Willenskraft dem Andenken überliefern. Je mehr man davon sammelt, desto mehr berichtet man, desto mehr findet man zu berichten. Da kommt die Entmutigung; die Bewunderung erschöpft sich nicht, sie ermattet und verstummt. Lassen wir sie, diese großen Dinge, die unsere Väter zur Befreiung der Welt vollbracht oder gewollt haben, lassen wir sie im heiligen Schrein, wo nichts verloren geht, im ewigen Andenken des Volkes.

Die einzelnen Anerbietungen waren zahllos, manche übertrieben. Zwei Männer brachten jeder eine bewaffnete, berittene, voll ausgerüstete Eskadron zur Stelle. Manche gaben rückhaltlos alles, was sie hatten. In einem Dorfe, nicht weit von Paris, bot sich, als man die Tribüne zur Aufnahme der Einschreibungen und Anerbietungen errichtete, das ganze Dorf einmütig an, überbrachte die ungeheure Summe von fast dreihunderttausend Franken. Geht der Bauer einmal so weit, daß er sein Geld anbietet, so gibt er sein Blut ohne weiteres; er gibt, er verschwendet es. Väter gaben alle ihre Kinder her, glaubten noch nicht genug getan zu haben, griffen zu den Waffen, marschierten selber mit.

Die Gaben regnen nur so auf die Nationalversammlung, mitten in den düsteren Septemberereignissen. Und warum erinnern diese Tage nur an eine Sache, eine lokale Sache, an das Massaker? Warum erinnert man sich nicht, daß sie durch die großartige Begeisterung eines großen Volkes, so vieler Millionen Menschen, durch tausend rührende, erhabene Einzelheiten wert sind, in Andenken gehalten zu werden?

Paris glich einer Festung. Man konnte sich in Lille oder Straßburg glauben. Überall Instruktionen, Schildwachen, militärische Vorkehrungen – übereilte, um die Wahrheit zu sagen; der Feind war noch fünfzig bis sechzig Meilen entfernt. Was feierlicher und rührender war, das war das tiefe, wundervolle Gefühl der Solidarität, das sich allenthalben zeigte. Jeder wendete sich an alle, sprach, bat für das Vaterland. Jeder machte sich zum Werber, ging von Haus zu Haus, bot dem, der mitziehen konnte, Waffen, Uniform an, alles, was man hatte. Alle Welt wurde zu Rednern, predigte, sang vaterländische Lieder. Wer in dieser einzigartigen Stunde verfaßte, druckte, plakatierte keine Aufrufe? Wer spielte nicht mit in diesem großen Schauspiel? Die kindlichsten Szenen, darin alle mitspielten, ereigneten sich auf den Plätzen, den für die Anwerbung errichteten Amphitheatern, den Tribünen, wo man zur Einschreibung erschien; rundum gab es Gesang und Geschrei, Tränen der Begeisterung und des Lebewohls. Und über all diesem Lärm ertönte eine Stimme in den Herzen, eine lautlose, doch um so innigere Stimme ... das war die Stimme Frankreichs selbst, beredt in jeglichem Symbol, ergreifend in dem tragischsten von allen, der heiligen und furchtbaren Standarte, die besagte: „Das Vaterland ist in Gefahr“, die am Hôtel de Ville aus den Fenstern hing. Eine ungeheure Fahne, die, im Winde flatternd, die Legionen des Volkes durch Zeichen aufzurufen schien, von den Pyrenäen bis zur Schelde, von der Seine bis zum Rhein in Eile zu marschieren.

Um zu verstehen, was für ein Opfer dieser Augenblick verlangte, müßte man in jeder Hütte, in jeder elenden Behausung mit ansehen, wie die Frauen sich losreißen, die Mütter wie zerfleischt sind von diesen zweiten, hundertmal schlimmeren Wehen als denen, da das Kind sich zum erstenmal von ihrem blutenden Leibe trennte. Man müßte sehen, wie das alte Mütterchen trockenen Auges und mit gebrochenem Herzen in Eile die paar Sachen zusammenrafft, die er mitnehmen wird, die ärmlichen Ersparnisse, die sie durch Fasten sich abgespart hat für den Sohn, für diesen Tag des letzten Kummers.

Ihre Kinder diesem Kriege geben, der so aussichtslos begann, sie der gewagten und verzweifelten Sache opfern, das war mehr, als die meisten fertig brachten. Sie unterlagen ihren Gedanken, oder vielmehr, sie verfielen infolge einer natürlichen Reaktion in Raserei. Sie schonten nichts, fürchteten nichts. Ein solcher Geisteszustand schrickt vor nichts zurück; was kann den erschrecken, der den Tod erwählt hat?

Man hat uns berichtet, daß eines Tages (wahrscheinlich im August oder September) ein Haufe dieser rasenden Frauen auf der Straße mit Danton zusammentraf, daß sie ihn beleidigten, wie sie den Krieg selber beschimpft haben würden, ihm schuld an der ganzen Revolution gaben, an allem Blutvergießen und dem Tode ihrer Kinder, ihn verwünschten und Gott anflehten, es möge alle Schuld auf sein Haupt fallen. Er verwunderte sich nicht; und obgleich es aussah, als wollten sie ihn zerkratzen, wandte er sich plötzlich um und sah die Frauen an, bemitleidete sie; Danton hatte ein weiches Herz. Er stieg auf einen Grenzstein, und um sie zu trösten, beschimpfte er sie in ihrer Redeweise. Seine ersten Worte waren heftig, burlesk, roh. Da sind sie alle verblüfft. Seine echte oder gemachte Wut beraubt sie der ihren. Dieser wundervolle, instinktmäßige und berechnete Redner hatte als volkstümliche Grundlage ein empfängliches und starkes Temperament, ganz zur körperlichen Liebe geschaffen, in der das Fleisch, das Blut die Herrschaft hat. Danton war zunächst und vor allem ein Mann; es war in ihm etwas vom Löwen und von der Dogge, auch viel vom Stier. Sein Äußeres entsetzte. Die großartige Häßlichkeit eines zerwühlten Gesichtes verlieh seinen groben, herausgeschleuderten Worten eine Art wilden Reiz. Die große Masse, die das Starke liebt, brachte ihm die Gefühle entgegen, die jeder gewaltsam schöpferische Mensch erweckt: Angst und Zuneigung. Und dann, man spürte auch hinter dem heftigen, wütenden Wesen das Herz; man kam dahin, sich zu fragen, ob dieser schreckliche Mann, der nur in Drohungen sprach, nicht im Grunde ein guter Mensch war ... Die aufgehetzten Weiber um ihn her hatten ein dunkles Empfinden für das alles; sie duldeten die Ansprache, ließen sich beherrschen, meistern; er brachte sie dahin, wo er sie haben wollte. Er erklärte ihnen grob, wozu das Weib, die Liebe, die Generation da sei, und daß man die Kinder nicht für sich gebiert, sondern fürs Vaterland ... Und hier erhebt er sich plötzlich, sprach nicht mehr zu den Leuten, sondern (so schien es) zu sich selber ... Sein ganzes Herz, so sagte man, entströmte seiner Brust, in Worten voll wilder Zärtlichkeit für Frankreich ... Und auf das seltsame, pockenzerfressene Antlitz, das den Schlacken des Vesuvs oder Ätnas glich, traten große Tropfen, und das waren Tränen ... Die Frauen konnten sich nicht mehr halten; sie beweinten Frankreich, anstatt ihre Kinder zu beweinen, und entflohen schluchzend, das Gesicht in der Schürze verborgen.

Danton war, das muß man sagen, erhaben und düster gewesen, als habe die Revolution und Frankreich selber gesprochen; in ihm fand es das willensstarke Herz, die gewaltige Lunge, die großartige Haltung, um sein Bekenntnis zu verkünden. Man sage nicht, das Wort bedeute in solchen Momenten wenig. Wort und Tat, das ist alles eins. Die machtvolle, die energische Versicherung, die den Herzen Beruhigung gibt, das ist eine schöpferische Tat; was sie sagt, das bringt sie hervor. Hier ist die Handlung die Dienerin des Wortes; sie folgt willig hinterher, wie am ersten Schöpfungstage: Er sprach, und es wurde die Welt.

Dantons Redeweise (wir würden das auseinandersetzen, wenn hier der Ort dazu wäre) ist so sehr eine Tat, eine heroische Sache (erhaben und gegenständlich zugleich), daß sie sich nicht klassifizieren läßt. Er allein war damals nicht von Rousseau abzuleiten. Und seine Verwandtschaft mit Diderot ist ganz äußerlich; er ist nervig und positiv, Diderot geschwollen und unbestimmt. Wiederholen wir es, sein Wort war nicht bloß Wort, es war die sichtbar gewordene Energie von ganz Frankreich, ein Herzensschrei des Vaterlandes.

Die tragische Erinnerung an Dantons Namen wird – wie sehr er selbst oder die Parteien ihn auch beschmutzt und entstellt haben mögen – darum nicht weniger zu den teuren und beklagten Erinnerungen Frankreichs zählen. Wie könnte es sich den aus dem Herzen reißen, der in seinen schlimmsten Tagen sein Glaube gewesen war? Er selber hielt sich für geweiht und wollte an seinen Tod nicht glauben. Man kennt seine Worte, als man ihn auf die Gefahr hinwies: „Mich rührt man nicht an, ich bin die Bundeslade." Das war er 1792 tatsächlich gewesen; und wie sie, die den Glauben Israels enthielt, war er damals vor uns her gegangen ...

Danton hat nur einen ernstlichen Ankläger gehabt, das ist er selbst. Man wird später die seltsamen Gründe sehen, die ihn veranlassen konnten, Verbrechen auf sich zu nehmen, die er gar nicht begangen hatte. Es sind ungewisse, unwahrscheinliche Verbrechen, was auch die Liga der Royalisten und Robespierristen, die sich gegen sein Andenken verschworen hatten, gesagt haben mögen. Das Gewissere ist, daß er die Initiative zu verschiedenen großen und klugen Maßnahmen hatte, die Frankreichs Rettung waren; und ebenso, daß er zum Schluß gemeinsam mit seinem Freund, dem großen Schriftsteller jener Zeit, dem armen Camille, auch die Initiative zur Zurückforderung der Menschlichkeit hatte.[1]

Am 28. August erschien Danton abends in der Nationalversammlung und beantragte, Haussuchungen vorzunehmen. Zweifellos wären wir in einer so außerordentlichen Gefahr, als ein – man kann nicht anders sagen – ganzes Heer von Royalisten sich in Paris befand, umgekommen, hätten wir ihnen nicht fühlen lassen, wie stark Frankreichs Hand auf ihnen lag. Es war nötig, daß diese sehr starke feindliche Masse moralisch geschwächt, gelähmt, gebannt wurde, daß jeder zitterte, weil er die Revolution mit offenen Augen und erhobenem Arm über sich sah. Es war nötig, daß die Revolution in solcher Lage alles wußte, daß sie sagen konnte: „Ich kenne die Hilfsquellen, ich kenne die Hindernisse, ich weiß, wo und wer die Leute sind, und ich weiß, wo die Waffen sind." – „Wenn das Vaterland in Gefahr ist", sagte Danton sehr gut, „so gehört alles dem Vaterland zu eigen." Und er setzte hinzu: „Indem wir die Gemeindebeamten ermächtigen, das zu beschlagnahmen, was gebraucht wird, verpflichten wir uns, die Besitzer zu entschädigen."

„Jede Gemeindeverwaltung", sagte er ferner in der Nationalversammlung, „soll ermächtigt werden, die besten der gut gerüsteten Männer ihrer Gemeinde auszuwählen." Und gleichzeitig schlug er der Kommune vor, diejenigen waffenfähigen Bürger, die man brauchte, anzuwerben und ihnen einen Sold zu zahlen. Es war zweifellos nach zwei Seiten hin von Vorteil, den verworrenen Massen eine militärische Ordnung zu geben und einen Teil gegen den Feind zu schicken, so daß Paris entlastet wurde.

Am 29., an einem schönen Augusttage, wurde um vier Uhr der Generalmarsch geschlagen und jeder aufgefordert, um sechs Uhr pünktlich zu Hause zu

[1] Die Tatsachen selbst übernehmen es, Danton in verschiedener Hinsicht in dieser großen und furchtbaren Krise zu charakterisieren. Wir werden nicht vorgreifen. Man gestatte nur, hier das Urteil eines ernsten Mannes wiederzugeben, das auch unser Urteil ist. Ein junger Mann, der aus Arcissur-Aube, Dantons Heimat, kam, hatte dort allerlei ihn ehrende Dinge vernommen. Als er sich in Paris bei Herrn Royer-Collard befand, erkühnte er sich, vor dem royalistischen Redner zu äußern: „Es will mir aber scheinen, als habe dieser Danton eine großmütige Seele gehabt ..." – „Sagen Sie hochherzig, mein Herr", sagte Royer-Collard. – Ich habe diesen Ausspruch von unserem berühmten Béranger.

sein, und das eben noch so belebte, bevölkerte Paris war im Augenblick verödet. Jeder Laden geschlossen, jede Tür verwahrt. Die Tore waren besetzt, der Fluß bewacht. Die Haussuchungen begannen erst um ein Uhr nachts. Alle Straßen wurden von starken Patrouillen, jede zu sechzig Mann, besetzt; die Sektionskommissare betraten jedes Haus und jedes Stockwerk, pochten an: „Im Namen des Gesetzes!" Diese Rufe, die Schläge an die Türen, das gewaltsame Öffnen der unbewohnten Häuser, alles hallte erschreckend wider in der Nacht. Man beschlagnahmte zweitausend Gewehre, nahm etwa dreitausend Personen fest, die größtenteils am anderen Tage wieder freigelassen wurden. Die gewünschte Wirkung war erreicht: die Royalisten zitterten. Nichts beweist das besser, als der Bericht eines der Ihrigen, Peltier, eines lügenhaften, mittelmäßigen Schriftstellers, hier aber aufrichtig, beredt, von wundervoller Offenheit und Angst. Alle anderen Historiker haben ihn getreulich abgeschrieben.

Diese Untersuchung war im Grunde nichts anderes, als eine obrigkeitliche Regelung dessen, was das Volk bereits ohnedies tat. Schon war die Menge auf die Gerüchte hin, daß manche Privathäuser Waffenniederlagen verbargen, in die Häuser eingedrungen; besonders machte man es so mit Beaumarchais' Haus und Gärten an der Porte Sainte-Antoine. Das Volk verlangte ihre Öffnung und untersuchte sie sorgfältig, ohne etwas anzurühren oder fortzunehmen. Beaumarchais erzählt es selbst; nur eine Frau unterstand sich, eine Blume zu pflücken, und die Menge wollte sie dafür in den Gartenteich werfen.

Überflüssig zu sagen, daß diese schreckliche Maßnahme der Haussuchungen sehr schlecht ausgeführt wurde. Der unwissenden und ungeschickten Händen anvertraute Vorgang war ein Zufallswerk, das äußerst willkürlich gehandhabt wurde; die Erfolge waren unendlich verschieden. Einige der Kommissare glaubten alle Leute festnehmen zu müssen, die unter die royalistische Eingabe gegen den 20. Juni ihre Unterschrift gesetzt hatten. Solcher Unterzeichner gab es zwanzigtausend. Die Kommune traf schleunigst die Verfügung, sie wieder freizulassen, es genüge, daß man sie entwaffnet habe.

Zwei Dinge waren zu fürchten:

Die Haussuchungen, die der Masse der bewaffneten Sektionäre die Hotels der Reichen erschlossen, ihnen eine unbekannte Welt von Unmäßigkeit und Genußsucht aufgedeckt hatte, weckte ihre Begierde, gab den Armen nicht das Verlangen, zu plündern, sondern einen verdoppelten Haß, eine düstere Wut; sie wollten sich selber nicht eingestehen, welche Triebe in ihnen am Werk waren, und vermeinten, in den Reichen nur die Aristokraten, die Feinde Frankreichs zu hassen. Eine große Gefahr für die öffentliche Ordnung. Hätte der Volksschrecken nicht seinen Gegenstand umgrenzt gehabt – wer weiß, was aus den wohlhabenden Vierteln geworden wäre, besonders aus den Häusern der Geldmakler, von denen die Kommune sehr unvorsichtig erklärt hatte, sie hätten den Tod verdient.

Eine andere ebenso ernstliche Gefahr der Haussuchungen war, daß sie die dumpfe Feindseligkeit, die seit zwanzig Tagen zwischen der Nationalversammlung und der Kommune herrschte, in offenen Krieg verwandelt hatte.

Betrachten wir diese zwanzig Tage.

Die wenig selbstsichere Versammlung hatte sich von der Kommune ins Schlepptau nehmen lassen und nur versucht, das, was diese tat, wieder umzustoßen; wenn sie dann aber die Zähne zeigte, so wich die Versammlung ungeschickt zurück. Die Versammlung hätte das ausschließlich royalistische Departementsdirektorium seines Amtes entsetzen müssen; die Kommune tat es für sie. Schnell beschließt darauf die Versammlung, daß die Sektionen neue Departementsverwalter ernennen sollen; sie trifft eine Verfügung, daß die Sicherheitspolizei, die den Gemeinden untersteht, nur mit Autorisation der Departementsverwalter vorzugehen habe, die selbst wieder nur im Einverständnis mit einem Ausschuß der Nationalversammlung ihre Genehmigung geben dürfen.

Damit alles dies von der gefürchteten Kommune glatt angenommen werde, bewilligte die Versammlung ihr großmütig die ungeheure Summe von fast einer Million monatlich für die Polizei von Paris. Diese Gabe besänftigte aber die Kommune keineswegs; sie erklärte, sie wolle keinen Vermittler zwischen sich und der Versammlung, sie werde kein Direktorium von Paris dulden und fügte die Drohung hinzu: Andernfalls müsse das Volk sich wieder zur Rache rüsten. Die Versammlung schämte sich, ihren Erlaß zu widerrufen; Lacroix fand einen Ausweg, um sich anständig zurückzuziehen; man entschied, es solle ein Direktorium geben, das aber nichts anordnen, sondern sich darauf beschränken werde, die Kontributionen zu überwachen.

Man muß sagen, daß die Kommune ihre Diktatur den furchtbarsten Händen anvertraut hatte, nicht Männern aus dem Volk, sondern elenden Schreibern, Hébert und Chaumette. Sie übertrug dem letzteren die seltsame Befugnis, die Gefängnisse zu öffnen und zu schließen, Gefangene zu machen und freizulassen. Sie traf in dieser Sache noch eine andere äußerst gefährliche Entscheidung, nämlich an jedem Gefängnistor die Namen der Gefangenen zu verzeichnen. Diese Namen, die das Volk las und wieder las, wurden ihm zu einer beständigen Aufreizung, einer Aufforderung zur Gewalttätigkeit, einem Kitzel zu allen grausamen Wünschen, die schließlich unwiderstehlich werden würden. Wer die Menschennatur kennt, der weiß, daß eine solche Anzeige das Verhängnis von Mord und Blutvergießen heraufbeschwor.

Das ist nicht alles; die sonderbare Diktatur, weit entfernt, sich um das Leben so vieler Geächteter zu beunruhigen, scheute sich nicht, noch mehr zu schaffen, Listen aufzustellen. Sie ließ die Namen der adligen Wahlmänner der Sainte-Chapelle drucken. Sie verfügte, die Geldmakler hätten die Todesstrafe verwirkt. Nichts hemmte sie. Sie gab über Personen Urteile ab, zu einer Zeit, da ihr Meinungsausdruck Tod bedeutete. Ich weiß nicht, wer es war, der bei der Kommune um die Feststellung ersuchte, daß Herr Duport das Vertrauen der Nation verloren habe. Nachdem diese Entscheidung einmal getroffen, wird man sehen, daß es der unerhörtesten Anstrengungen Dantons bedurfte, um zu verhindern, daß der berühmte Abgeordnete der Konstituierenden, der so dem Tode preisgegeben war, drei Wochen später nicht umgebracht wurde.

Nicht damit zufrieden, alle persönliche Freiheit mit Füßen zu treten, machte sie am 29. August einen direkten Angriff auf die Pressefreiheit. Sie zitierte vor ihre Schranken den jungen und kühnen Girondisten Girey-Dupré, und verfolgte ihn wegen eines Zeitungsartikels; sie ging so weit, das Kriegsministerium, wohin Girey-Dupré sich, wie es hieß, geflüchtet haben sollte, umzingeln zu lassen. Die Nationalversammlung ihrerseits zitierte den Präsidenten der Kommune, Huguenin, vor ihre Schranken, der nicht zu erscheinen wagte. Da faßte sie einen natürlichen, aber in der gegebenen Lage gefährlichen Beschluß, nämlich den, die Kommune zu sprengen.

Diese zersprengte sich selbst durch ihren rasenden Geist anarchistischer Tyrannei. Jedes Mitglied der seltsamen Vereinigung maßte sich die Diktatur an, handelte selbständig und als Gebieter, ohne sich um irgendeine andere Autorität zu kümmern, ja oft sogar ohne die Kommune selbst zu Rate zu ziehen. Das ist nicht alles; jeder dieser Diktatoren glaubte seine Gewalt auf gute Freunde übertragen zu können. Die heikelsten Angelegenheiten, in denen Leben, Freiheit, Besitz der Leute auf dem Spiele stand, wurden von Unbekannten ohne Mandat, ohne Befugnis gehandhabt, von eifrigen, hingebungsvollen Patrioten, voll guten Willens, aber ohne Amt und Titel. Sie gingen zu den Verdächtigen (und jeder Wohlhabende war verdächtig), ließen beschlagnahmen, machten Verzeichnisse, nahmen kostbare Waffen oder andere Gegenstände an sich, die, wie sie sagten, von allgemeinem Nutzen seien.

Ein erstaunlicher Fall dieser Art wurde der Nationalversammlung bekanntgegeben. Irgendeiner, der sich Mitglied der Kommune nannte, läßt sich die königliche Gerätekammer öffnen, gewahrt eine silberne Kanone, die seiner Zeit Ludwig XIV. zum Geschenk erhalten hatte, findet, daß es eine gute Prise sei und läßt sie wegschaffen. Cambon, der strenge Hüter des Allgemeinvermögens, erhob sich entrüstet gegen eine solche Ordnungswidrigkeit und ließ den Mann, der einen solchen Gebrauch von der Macht der Kommune machte, an die Barre kommen. Der Mann kam, er leugnete nicht, entschuldigte sich nicht, sagte kühl, er habe gedacht, das Ding sei ziemlich gefährdet, andere hätten es fortnehmen können, und um dies Mißgeschick zu verhüten, habe er es zu sich schaffen lassen.

Mehr verlangte die Versammlung nicht. Eine solche Tatsache sprach laut genug. Eine Sektion, die der Lombarden, der der junge Louvet präsidierte, hatte erklärt, der Generalrat der Kommune sei der Usurpation schuldig. Cambon beantragte und ließ von der Nationalversammlung beschließen, daß die Mitglieder dieses Rates die Vollmachten repräsentierten, die ihnen vom Volk verliehen worden: „Wenn sie das nicht können, so muß man sie zur Verantwortung ziehen“, sagte er. Am gleichen Tage, dem 30. August, entschied die Versammlung um fünf Uhr nachmittags gemäß dem Antrag Guadets, daß der Präsident der Kommune, dieser Huguenin, der es verschmähte, zu erscheinen, gewaltsam an die Barre geführt werden solle, und daß von den Sektionen innerhalb vierundzwanzig Stunden eine neue Kommune zu wählen sei. – Im übrigen erklärte man, um die Strenge dieser Entscheidung zu mildern, die alte Kommune habe sich um das Vaterland verdient gemacht. Man belobte sie, und man jagte sie davon.

Die Kommune vom 10. August versteifte sich auf ihr Fortbestehen. Sie wollte weder verjagt noch belobt werden. Ihr Sekretär, Tallien, verlangte in der Sektion Thermes de Julien, nahe bei den Cordeliers, man solle bewaffnet gegen die Sektion der Lombarden losgehen, die sich des Tadels der Kommune schuldig gemacht habe. Und was besorgniserregend schien, war, daß der vorsichtige Robespierre in demselben Sinne sprach, sogar im Generalrat selbst, im Hôtel de Ville. Ein Mann Robespierres, Lhuillier, von der Sektion Mauconseil, vertrat den gleichen Standpunkt, daß das Volk sich erheben und mit der Waffe die Kommune gegen die Nationalversammlung verteidigen solle.

Es war klar, daß die Kommune entschlossen war, sich mit allen Mitteln zu halten. Tallien beschloß, der Versammlung einen Schreck einzujagen. Noch in der Nacht kam er mit einer Masse Pikenträger hin und erinnerte unverschämt daran, daß die Kommune allein es gewesen sei, die der Versammlung wieder zum Rang von Repräsentanten eines freien Volkes verholfen habe, rühmte die Taten der Kommune, besonders die Festnahme der widersetzlichen Geistlichen: „In wenigen Tagen“, sagte er, „wird der Boden der Freiheit von ihrer Gegenwart gesäubert sein.“

Diese entsetzlich zweideutige Äußerung lüftete einen Zipfel des Schleiers. Die Führer waren entschlossen, die Diktatur, wenn es sein mußte, durch ein Massaker festzuhalten. – Tallien sprach nur von den Priestern; Marat aber, der wenigstens stets das Verdienst der Deutlichkeit hatte, verlangte in seinen Anzeigen, man solle lieber die Nationalversammlung niedermetzeln.

Es war zwei Uhr nachts; die Bande, die das Volk vorstellte und die Tallien folgte, verlangte, im Saal zu defilieren, „um“, wie es hieß, „die Vertreter der Kommune zu sehen“, als glaubte man, sie seien hier in der Versammlung in Gefahr. Diese zeigte sich sehr fest, ließ sagen, man werde nicht hineingelassen. „So sind wir also nicht frei“, sagte der Sprecher der Bande in albern wütendem Ton. Die Wirkung war gerade umgekehrt, als man gedacht hatte. Die Versammlung reckte sich auf, zeigte sich bereit, strenge, gewagte Maßnahmen zu ergreifen, und der Prokurator der Kommune, Manuel, hielt es für klug, diese Entrüstung zu dämpfen, indem er den unglücklichen Sprecher festnehmen ließ.

Am anderen Tage erschien Huguenin, Präsident der Kommune, um die Versammlung durch den aussichtslosen Vorschlag einer Genugtuung zu erfreuen. Der Zweck war offenbar, das, was die Führer bezweckten, zu verdecken. Fest überzeugt, daß nur sie allein das Vaterland befreien könnten, wollten sie sich ihre Wiederwahl durch die Schreckensherrschaft sichern. Seitdem war die Metzelei bei ihnen im Geiste beschlossen.

Man brauchte keinen Befehl zu geben, es genügte, Paris in dem Zustand dumpfer Wut zu belassen, der in den Massen gärte. Dieser große Haufe von Männern, die vom Morgen bis zum Abend als Nichtstuer mit leerem Magen das Pflaster traten, litt unsäglich, nicht nur aus Elend, sondern aus Untätigkeit. Die Leute hatten nichts zu tun und verlangten danach, etwas zu tun; sie streiften umher, verdrießliche Arbeitslose, die wenigstens ein Werk des Verderbens und des Todes zu vollbringen suchten. Die Bilder, die sich ihnen boten, waren nicht geeignet, sie zu beruhigen. In den Tuilerien hatte man ein Sinnbild der Trauerfeier für die Toten des 10. August aufgestellt, die beständig nach Rache verlangten. Die rastlose Guillotine am Carrousel gab wohl Zerstreuung, die Augen waren beschäftigt, aber die Hände blieben untätig. Vorübergehend hatten sie sich damit befaßt, die Standbilder der Könige zu zerschmettern. Doch warum Abbilder vernichten? Warum nicht Wirklichkeiten? Hätte man sich nicht lieber, statt die Könige in ihrem Bilde zu strafen, an den halten sollen, der sich im Temple befand, an seine Freunde, an die Adligen, die das Ausland herbeiriefen? „Wir gehen, um die Feinde an der Grenze zu schlagen", so sagte man, „und wir lassen sie hier zurück!"

Das Benehmen der Royalisten war äußerst herausfordernd. Kaum je ging man an den Gefängnismauern entlang, ohne daß man sie drinnen singen hörte. Die in der Abbaye riefen den Leuten dieses Viertels hinter den Gittern beleidigende Worte zu, Drohungen, machten verletzende Gebärden. Das kann man in den über die Septembermorde später gemachten Untersuchungen lesen. Eines Tages versuchten die in La Force ihr Gefängnis in Brand zu stecken, und man mußte als Verstärkung Nationalgarden herbeiholen.

Die Gefangenen, meist reiche Leute, die keine Ausgabe scheuten, verbrachten die Zeit bei fröhlichem Gelage, tranken auf den König, auf die Preußen, auf die baldige Befreiung. Ihre Mätressen besuchten sie, speisten mit ihnen. Die Gefängniswärter, zu Kammerdienern und Boten geworden, kamen und gingen im Auftrag ihrer vornehmen Herren, holten und trugen vor aller Augen die feinen Weine und köstlichen Gerichte hinauf. Das Gold rollte nur so in der Abbaye. Die Hungernden auf der Straße sahen zu und entrüsteten sich; sie wollten wissen, wie die Gefangenen zu der unerschöpflichen Goldquelle kamen. Man vermutete, und vielleicht nicht ganz mit Unrecht, daß die Unmenge falscher Assignaten, die zur Verzweiflung der Bevölkerung in Paris in Umlauf waren, in den Gefängnissen verfertigt wurden. Die Kommune gab diesem Gerücht neue Nahrung, indem sie eine Untersuchung anordnete. Die Menge hatte große Lust, die Untersuchung zu vereinfachen und alle miteinander umzubringen, die Adligen, die Urkundenfälscher und Falschmünzer, ihnen die falschen Assignaten um die Ohren zu schlagen.

Dieser Versuchung zum Morden schloß sich ein anderer Gedanke an, eine barbarische, kindische Vorstellung, die man so häufig im Anfangsstadium der Völker findet, im hohen Altertum, der Gedanke an eine große und radikale moralische Reinigung, die Hoffnung, die Welt durch absolute Vernichtung des Bösen gesund zu machen.

Die Kommune, hierin das Organ des Volkswillens, erklärte, sie werde nicht nur die Adligen festnehmen, sondern die Betrüger, die Spieler, alle, die ein böses Leben führten. Es ist eine wenig bemerkte Tatsache, daß die Metzelei im Châtelet, wo die Diebe untergebracht waren, schlimmer hauste, als in der Abbaye und in La Force, wo sich die Adligen befanden. Die feste Absicht zu einer moralischen Reinigung gab vielen eine gefährliche Gewissensruhe, einen grauenvollen Eifer, keinen zu schonen. Ein paar Tage später kam ein Mann zu Marat mit dem Geständnis, er habe die Schwäche gehabt, einen Adligen zu schonen; die Tränen standen ihm in den Augen. Der Volksfreund sprach gütig mit ihm, erteilte ihm Absolution; der Mann aber konnte sich selber nicht verzeihen und wußte sich nicht zu trösten.

ZWEITES KAPITEL

Vorspiel zu den Gefängnismorden (1. September 1792)

Weder Danton noch Robespierre beherrschten die Lage. – Charakterverschiedenheit derer, die die Abschlachtung wollten. – Der Einfluß der Anhänger Marats auf die Kommune. – Die Kommune entschlossen, sich nicht aufzulösen. – Vorspiele zum Massenmord. – Die Nationalversammlung zieht ihre Verfügung zurück, um die Kommune zu beruhigen. – Robespierre rät der Kommune, die Gewalt wieder dem Volk zu übertragen. – Vom Überwachungskomitee, Sergent, Panis. – Panis, Santerres Schwager, ein gemeinsamer Freund von Robespierre und Marat. – Er bringt Marat ins Überwachungskomitee.

In dieser tiefen Finsternis hätte sich das öffentliche Gewissen vielleicht wiedergefunden, wenn wenigstens ein Mann stark genug gewesen wäre, sich selber sein Gewissen zu bewahren, entschlossen und hochherzig zu sein.

Es galt nicht, sich der Volkswut entgegenzustellen; es galt, darüber zu schweben, der Menge eine heldenhafte Unbekümmertheit zu zeigen, die ihr Sicherheit und Stärke gab, sie aus den niedrigen und grausamen Furchtgedanken heraushob. Es fehlte der wahrhaft große Mann.

Robespierre hatte Autorität, Danton Kraft. Keiner von ihnen war jener Mann.

Weder der eine noch der andere wagte es.

Weder der Führer der Jakobiner, mit seiner Würde, seiner Zähigkeit, seiner moralischen Gewalt, noch der Führer der Cordeliers, mit seiner fortreißenden Willenskraft und seinen edelmütigen Instinkten hatten jene erhabene Eigenschaft, die einzige, welche die düstere Wut des Augenblicks aufhellen, sie verwandeln konnte. Es fehlte ihnen völlig an dem einen, was heute sehr allgemein geworden, damals aber seltener war, als man glaubt. Um den Dämon des Blutrauschs aus den Herzen zu verjagen, ihn vor sich selber erröten zu lassen und in seine Abgründe zurückzutreiben, mußte man den edlen unbekümmerten Schlachtengeist haben, der ohne Angst und Zorn losschlägt und geruhig den Tod mit ansieht.

Wer dieses Genie besessen, der hätte eine Fahne ergriffen, hätte die Banden gefragt, ob sie sich denn nur mit Entwaffneten schlagen wollten; er hätte jeden, der die Gefängnisse bedrohte, für einen Nichtswürdigen erklärt. Wenngleich ein großer Teil des Volkes dem Gedanken an das Blutbad geneigt war, so waren doch die Totschläger, wie man sehen wird, wenig zahlreich. Und es war durchaus nicht notwendig, sie dadurch in Schach zu halten, daß man sie selber umbrachte.

Wiederholen wir, daß es genügt hätte, keine Angst zu haben, aus der gewaltigen militärischen Hochflut, in der Paris sich befand, Nutzen zu ziehen und jene kleine Zahl in der Masse und dem Wirbelsturm untergehen zu lassen, der sich aus wahrhaft soldatischen Freiwilligen und dem patriotischen Teil der Nationalgarde gebildet hätte. Der gute und gesund empfindende Teil der Bevölkerung, der ungleich zahlreicher war, hätte beruhigt, ermutigt werden müssen, durch Männer, deren Name im Volke etwas galt. Wer wäre nicht Robespierre und Danton gefolgt, wenn sich beide in dieser Krise einander genähert hätten und eins geworden wären, um Frankreichs Ehre zu retten, wenn sie verkündet hätten, die Fahne der Menschlichkeit sei die des Vaterlandes.

Sehen wir uns diese beiden Führer der öffentlichen Meinung recht genau an, deren moralische Gewalt dem beschämenden Ereignis gegenüber versagte.

Man muß sagen, Robespierres Autorität war ein wenig erschüttert. Ganz Frankreich hatte den Krieg gewollt; Robespierre hatte zum Frieden geraten. Der Krieg gegen den König, der Aufstand, waren von ihm keineswegs ermutigt worden; er hatte versichert, er halte sich innerhalb der verfassungsmäßigen Grenzen. Das Aufstandskomitee vom 15. August hatte sich sogar für kurze Zeit im nämlichen Hause versammelt, das Robespierre bewohnte, und er war nicht erschienen. Als man ihn zum Staatsanwalt beim obersten Kriminalgericht ernannte, hatte er diese traurige und gefahrvolle Ehre zurückgewiesen, mit dem Begründen, die von ihm so lange Zeit verfolgten Adligen seien seine persönlichen Feinde und hätten als solche ein Recht, ihn abzulehnen. Der „Moniteur" hatte ihn als Dantons Ratgeber beim Justizministerium bezeichnet; was hatte er da getan? Er nahm als Mitglied des Generalrats der Kommune an den Sitzungen teil. Und selbst hier merkte man mit Ausnahme einer Rede in der Nationalversammlung nicht viel von seiner Aktivität.

Gleichwohl befand er sich da auf dem Boden der brennendsten Leidenschaften; hier gab es kaum einen Ausweg, sich an die allgemeinen Grundsätze zu halten, wie bei der Konstituierenden, oder an haltlose Verdächtigungen, wie bei den Jakobinern. Zum ersten Male im Leben mußte er handeln, deutlich reden oder sich für immer unmöglich machen. So gewaltsam die Kommune vom 10. August auch war, so zählte sie doch zwei Parteien: die Nachsichtigen und die Grausamen. Sich für die ersteren entscheiden, hieß sich der Gefolgschaft Pétions und Manuels anschließen und Danton die Führung der Revolution, wahrscheinlich auch die Initiative zur Gewalt überlassen. Danton erschien wenig in der Kommune; keine der abscheulichen Maßnahmen wurde von ihm empfohlen. Die Kommune hatte aber einen sehr feurigen Dantonisten als Sekretär, der sagte und glauben machte, er habe Dantons Einwilligung; ich spreche von dem jungen Tallien.

Zweifellos war es Robespierres Rivalität gegen Danton, die Furcht, er könne zu mächtig werden, während er selbst an Einfluß verlor, die ihn stark beeinflußte.

Da lag ein verhängnisvoller Antrieb, der ihn zu allem bringen konnte. Er fand in der Kommune und draußen unter den Vorgeschrittensten eine Klasse von Männern, die ihm sehr zusetzten, ihn vor die sofortige Entscheidung stellten. Diese Aufgeregten, die direkt oder indirekt (einige unbewußt) zum Massaker drängten, waren durch einen seltsamen Widerspruch gerade jene, die man die Künstler und empfindsamen Leute nennen konnte. Es waren, wenn ich so sagen darf, Leute von angeborener Trunkenheit, rührselige Redner; allen saßen die Tränen locker: Hébert weinte, Collot weinte, Panis weinte usw. Trotzdem hatten sie alle, da es meist Autoren dritten Grades, mittelmäßige Künstler, ausgepfiffene Schauspieler waren, unter ihrer Menschenliebe einen festen Untergrund von Rachsucht, von Galligkeit, die gelegentlich in Wut ausartete. Der Typus dieser Art war Collot d'Herbois, ein unbedeutender Schauspieler und ebensolcher Schriftsteller moralischer und patriotischer Sachen, ein empfindsamer Mensch, wie nur je einer war. Immer angeheitert und oft betrunken, in Tränen und Branntwein gebadet. Man kennt seinen Rausch in Lyon, die Vernichtungspoesie, die er in den Kartätschensalven fand, sich (gleich jenem anderen Künstler, Nero) an der Zerstörung einer Stadt berauschend. Im Bestreben, die Dosis Branntwein und Rührung zu steigern, endete er sein Leben würdig durch eine Flasche Scheidewasser.

Nicht alle standen auf der Stufe; aber alle aus diesem Künstlerstand wollten, dem dramatischen Geist entsprechend, die Situation bis zum Äußersten treiben. Sie brauchten schnelle und rührselige Krisen, vor allem wechselnde Bilder. Unter solchem Gesichtspunkt scheint der Tod eine künstlerische und packende Sache. Das Leben wirkt unkünstlerischer, weil die Wandlungen hier langsam und allmählich erfolgen. Um die langsamen Verwandlungen des Lebens zu sehen und zu genießen, die gebärende Natur zu schauen, muß man Augen und Herz am rechten Fleck haben. Die Zerstörungswut aber packt auch den unbedeutendsten Menschen. Die schwachen und schlechten Dramaturgen, die machtlosen Redner, die nach großen Effekten suchen, gefallen sich in plötzlichen Zerstörungen. Sie halten sich dann für große Zauberer, für Götter, weil sie Gottes Werk vernichten. Sie finden es schön, was so viel Zeit gekostet hat, mit einem Worte abzutun, das lebendige Hindernis mit einem Wimpernzucken hinwegzuräumen, ihre Feinde mit einem Atemzug verschwinden zu lassen. Sie schlürfen die alberne und barbarische Poesie des Ausspruchs: „Ich ging vorüber, sie waren nicht mehr ..."

Diese Klasse von Leuten war zwar nicht gerade so voll wütender Narrheit wie Marat, teilte aber mehr oder weniger seine überspannten Launen und schloß sich ihm an. Sie waren das ganze Hindernis für Danton und Robespierre. Die beiden Rivalen im Streben nach Einfluß wagten um so weniger den Anhängern Marats entgegenzutreten, weil der von beiden, der ein einziges Wort des Widerstandes gewagt hätte, seine Partei seinem Rivalen ausgeliefert und sich selbst preisgegeben hätte, als sei er in der Gironde aufgegangen.

Danton, der Justizminister, hatte in seinem Amt einen scheinbar triftigen Grund, um in dieser furchtbaren Krise nicht in der Kommune zu erscheinen. Man wird sehen, wie er vor und während des Massakers mehr und mehr in den Hintergrund trat.

Robespierre, als Mitglied der Kommune und ohne anderes Amt, nahm notgedrungen an ihren Sitzungen teil. Er wartete lange genug, bis zum Abend des 1. September mit der Entscheidung, dem Anschluß an die Gewaltparteien. Als der Schritt aber getan war, holte er die verlorene Zeit wieder ein, erreichte, übertraf die anderen.

Der große Tag des 1. September sollte zwischen der Nationalversammlung und der Kommune entscheiden. Die Versammlung hatte am 30. August verfügt, daß die Sektionen innerhalb vierundzwanzig Stunden einen neuen Generalrat der Kommune zu wählen hätten. Die vierundzwanzig Stunden begannen mit dem Verfügungserlaß (vier Uhr nachmittags); er mußte am folgenden Tage zur gleichen Abendstunde in Kraft treten. Die Kommune hielt aber die Sektionen in solchem Schrecken, daß die meisten nicht wagten, dem Beschluß der Versammlung nachzukommen. Sie gaben vor, der Erlaß sei ihnen nicht offiziell bekanntgegeben worden. Was würde am 1. September geschehen, wenn die Versammlung ihren Erlaß bestätigte, wenn der Kampf zwischen den Gehorchenden und den sich Weigernden begann? In diesem Fall hätte die Versammlung Unglück gehabt, wenn nämlich die Royalisten sich ihr anschlossen, vielleicht für sie rüsteten, sie bloßstellten, während sie doch darauf warteten, sie zu stürzen. Wenn sie siegte, war sie verloren, und Frankreich vielleicht mit ihr.

Die Kommune hatte, so unwürdig auch viele ihrer Mitglieder sich durch ihre Tyrannei, ihre Wildheit erwiesen, immerhin das zu ihren Gunsten, daß die Royalisten nie mit ihr paktieren konnten. Sie repräsentierte den 10. August. Alle Welt anerkannte oder übertrieb auch – den Anteil, den sie an dieser großen Volkstat genommen hatte. Sei es nun eine Ruhmestat oder ein Verbrechen – der Kommune jedenfalls schrieb man den Sturz des Königtums zu. Sie war ganz gewiß eine antiroyalistische Macht, der sicherste Schutz gegen die Verschwörungen im Innern, wie gegen das Ausland. Jeder Patriot mußte trotz der Übergriffe der Kommune genau zusehen, ehe er sich gegen sie erklärte.

Sie hatte Vertrauen zu sich selbst. Viele ihrer Glieder glaubten ernstlich, sie allein könnten Frankreich retten. Sie wollten um jeden Preis die Diktatur der Volkswohlfahrt in Händen behalten. Andere wurden, wie man sagen muß, in diesem Glauben nicht wenig durch ihren Tyranneninstinkt bestärkt; sie waren seit dem 10. August Könige von Paris, und Könige wollten sie bleiben. Sie verfügten über ungeheure Summen, Gemeindesteuern, Gelder für öffentliche Arbeiten, Instandhaltung usw. Sie wollten die für den Polizeidienst von der Versammlung ausgeworfene hohe Summe von monatlich einer Million erhalten. Man stahl noch nicht viel im Jahre 1792, vor der Sittenlosigkeit, die den Septembermorden folgte. Bei allen herrschte eine gewisse Reinheit der Jugend und Begeisterung; die Habsucht kam später. Immerhin warfen auch die Anständigsten mit dem Gelde um sich; sie liebten es zum mindesten als volkstümliches Machtmittel.

Aus diesen Gründen war die Kommune völlig entschlossen, den Beschluß der Nationalversammlung nicht in Kraft treten zu lassen, sondern sich mit Gewalt auf ihrem Platz zu halten.

Die in höchstem Maße stürmische Lage in Paris mußte natürlich für Vorwände zu Gehorsamsverweigerungen herhalten.

Am 31. August war es bei der Abbaye zu einer Bewegung gekommen. Als ein Herr von Montmorin freigesprochen worden war, verwechselte ihn die Menge mit dem Minister dieses Namens und drohte das Gefängnis zu stürmen und sich selbst Genugtuung zu verschaffen.

Am 1. September ereignete sich am Grèveplatz eine furchtbare Szene. Ein Dieb, der hier am Pranger stand und offenbar betrunken war, erdreistete sich zu dem Ruf: „Es lebe der König! Hoch die Preußen! Nieder mit der Nation!“ Im Nu war er vom Schandpfahl gezerrt und sollte in Stücke gerissen werden. Der Prokurator der Kommune, Manuel, stürzte vor, befreite ihn aus den Händen des Volkes und rettete ihn ins Hôtel de Ville. Aber er selbst war in äußerster Gefahr; er sah sich zu dem Versprechen genötigt, daß ein Geschworenengericht den Schuldigen aburteilen werde. Dieses Gericht verkündete das Todesurteil. Die Behörde erachtete das Urteil für gut und rechtsgültig; es wurde vollzogen; der Mann wurde am anderen Tage hingerichtet.

Alles drängte so zur Gewalttat. Am gleichen Tage, dem 1. September, brachte ein Polizist eine goldene Uhr auf die Kommune, die er am 10. August an sich genommen hatte, und fragte, was er damit beginnen solle. Der Sekretär Tallien sagte, er solle sie behalten. Das war ein großer Ansporn zum Morden. Manche fühlten sich versucht, aus diesem Einzelfall den Schluß zu ziehen, der erbeutete Nachlaß der großen Herren, der Reichen, die in der Abbaye saßen, gehöre denen, die es fertig brächten, die Nation von diesen allgemeinen Feinden zu befreien.

Die Sitzung des Generalrats der Kommune wurde bis fünf Uhr abends vertagt. Die von dem Ereignis, das alle Welt für den kommenden Sonntag erwartete, erschreckte Nationalversammlung, versuchte während dieser Pause ein letztes Mittel, es zu verhindern. Sie bemühte sich, die Kommune zu beruhigen, sie widerrief den Erlaß, der ihren Mitgliedern vorschrieb, die Gewalt, die sie am 10. August erhalten hatten, zu beweisen.

„Das ist nicht alles“, sagte ein Mitglied der Nationalversammlung; „Sie haben vor zwei Tagen beschlossen, die Kommune habe sich um das Vaterland verdient gemacht. Diese Fassung hat keinen Wert; es bedarf einer neuen Abstimmung, in der man ausdrücklich sagt: ‚die Vertreter der Kommune‘.“ In Wahrheit hätte man bei allem Lob für die Kommune im allgemeinen später recht gut diesen oder jenen ihrer Mitglieder wegen allerlei ungesetzlicher Handlungen verfolgen können. Die neue Fassung sicherte indes jedem einzelnen die weitgehendste Unverletzlichkeit. Die Versammlung wollte in solchem Augenblick nicht streiten; sie beschloß, was man verlangte.

Die Sitzung der Kommune wurde um fünf Uhr wieder aufgenommen. Und zunächst schien es, als sei der friedliche Erlaß der Nationalversammlung hier noch nicht bekannt genug. Robespierre sprach von den neuen Wahlen. Die Verfügung wurde aber zweifellos während der Sitzung bekannt, und Robespierre, durch die Winkelzüge der Versammlung dreist gemacht, nahm nun in ganz anderem Ton, mit unvermuteter Heftigkeit, das Wort. Er redete lange von den Manövern, mit denen man versucht hatte, dem Generalrat das öffentliche Vertrauen zu rauben, und trat dafür ein, daß der Rat, so sehr er auch dieses Vertrauens würdig sei, zurücktreten und das einzige Mittel anwenden müsse, das zum Heile des Volkes bleibe: dem Volke die Gewalt zurückgeben.

Dem Volke die Gewalt zurückgeben? Wie war dieses Wort zu verstehen? Hieß das, man solle das Volk laut der Verfügung und unter dem Einfluß der Nationalversammlung die Neuwahlen vornehmen lassen? Keineswegs. Robespierre hatte soeben der Versammlung selbst den Prozeß gemacht, indem er die gegen die Kommune gerichteten Machenschaften aufzählte. Er hätte sich bedenklich widersprechen müssen, wenn er nun vorschlug, man solle das Volk den Wünschen einer verdächtigen Versammlung gemäß wählen lassen. Dem Volke die Gewalt zurückgeben hieß offenbar: die rechtmäßige Gewalt niederlegen, um sich auf das revolutionäre Handeln der Massen zu verlassen, das Volk gegen die Nationalversammlung aufzurufen.

Solange der neue Rat nicht gewählt war, der alte sich aber zurückgezogen hatte, wäre Paris ohne Obrigkeit gewesen. Wenn die Kommune vom 10. August, die große volkstümliche Autorität, die schon einmal das Vaterland gerettet zu haben schien, selber erklärte, daß sie zu seinem Heil nichts mehr vermöge, wem übergab sie dann die Gewalt? Keinem anderen als der Verzweiflung, der Volkswut. Während sie also sagte, sie handle nicht, es sei an den Massen zu handeln, so wirkte in Wirklichkeit doch sie und auf die schauerlichste Art; es war, als würde sie die Verteidigung des Gefängnistores preisgeben, es weit aufmachen ... Die Metzelei war vorauszusehen; aber gerade das Übermaß an Verwirrung, das Entsetzen von Paris, würde notwendig zur Wiedereinsetzung der Kommune geführt haben. Auf Knien würde man sie suchen, sie anrufen kommen; sie würde im Triumph wieder ins Hôtel de Ville einziehen. Die Nichtigkeit der Nationalversammlung wäre entscheidend bewiesen; die Kommune von Paris, die große revolutionäre Gewalt, würde allein herrschen und Frankreich befreien.

Man kennt Robespierre zu gut, um anzunehmen, er habe schon am ersten Tage seine Beschuldigungen präzisiert. Zunächst nur in unklarer Gestalt, hinter furchtbar drohenden Schatten gezeigt, hatten sie eine um so größere Wirkung. Jeder begriff ohne weiteres, was die Freunde der Kommune seit acht Tagen durch ganz Paris verbreiteten, was Robespierre am folgenden Tag, dem 2. September, während der Metzelei aussprach: Daß eine mächtige Partei dem Herzog von Braunschweig den Thron angeboten habe. Keine andere Partei als die Gironde war gegenwärtig mächtig. Die sträfliche Narrheit, Frankreich dem Ausland anzutragen, hatte das Ministerium Narbonne begangen. Es war furchtbar böswillig, das den Girondisten unterzuschieben, die Narbonne vertrieben hatten. Es war der Ruhm der Girondisten, den kriegerischen Aufschwung Frankreichs begriffen und trotz Robespierre den Kreuzzug der Freiheit gepredigt zu haben. Den Aposteln des Krieges den Plan dieses verruchten Friedens anzudichten, zu behaupten, daß Vergniaud, daß Roland, Frau Roland, die ehrenhaftesten Leute im Lande, Frankreich verkauften, auslieferten, das war so unglaublich, so lächerlich abgeschmackt, daß zu jeder anderen Zeit diese Verleumdung auf ihren Urheber zurückgefallen und er an seinem eigenen Gift zugrunde gegangen wäre.

Konnte eine solche Dummheit von einem so ernsten Kopf wie Robespierre aufrichtig geglaubt werden? Das nimmt wunder, und dennoch erwidern wir unbedenklich: Ja. Er war von Natur so gläubig veranlagt für alles, was Haß und Furcht ihm zu glauben anrieten, war so von sich selbst hingerissen und so geneigt, seine Phantasien zu verehren, daß er von jeder Beschuldigung, die er gegen seine Feinde schleuderte, vollständig überzeugt war. Je weiter er in seinen leidenschaftlichen Behauptungen ging, sich abmühte, ihnen Farbe und Wahrscheinlichkeit zu geben, desto überzeugter, aufrichtiger wurde er. Die übertriebene Hochachtung, die er vor seiner eigenen Rede hatte, ließ ihn schließlich glauben, jeder Beweis sei überflüssig. Seine Reden ließen sich in den Ausspruch zusammenfassen: „Robespierre kann es getrost beschwören, da es Robespierre einmal gesagt hat."

Bei dem ungeheuren Mißtrauen der krankhaft verwirrten Geister wurden die Dinge je mehr geglaubt, je wundersamer, je unglaublicher sie dem Geist erschienen. Wenn der Generalrat solche Anschuldigungen in der Menge verbreitete, konnten sie eine ganz unberechenbare Wirkung haben. Wer konnte vorhersagen, ob die rasende, betrunkene und tollgemachte Masse nicht statt der Gefängnisse die Nationalversammlung stürmen und in ihren Reihen mit gezücktem Dolch die Verräter, die Abtrünnigen, die Renegaten der Freiheit suchen würde, die man ihr im Vergleich mit den royalistischen Gefangenen als die hundertfach Schuldigeren bezeichnete?

Der Prokurator der Kommune, Manuel, erwiderte auf Robespierres Rede. Er war nicht der Mann, sich gegen eine solche Macht, die größte der Zeit, behaupten zu können. Manuel war ein armer Pedant, früherer Lehrer oder Erzieher, ein lächerlicher Gelehrter, der zu seinem Unglück durch Schwatzhaftigkeit zu der verhängnisvollen Ehre gekommen war, die ihm den Strick um den Hals legte. Immerhin nahm er den Kampf auf; sein gutes Herz und seine Menschlichkeit liehen ihm Kräfte. Obgleich er seinem gefährlichen Gegner hochtrabendes Lob spendete, erinnerte er die Mitglieder des Generalrates an ihren Eid: Erst dann von ihrem Posten zu weichen, wenn das Vaterland nicht mehr in Gefahr sei. Die Mehrheit dachte wie er. Am Vorabend des schrecklichen Ereignisses, das sich vorbereitete, wollten manche es durch ihren Einfluß beschleunigen; andere dagegen dachten, wenn sie schon als Körperschaft und als öffentliche Behörde nichts verhindern konnten, so könnten sie doch wenigstens durch ihren Titel und ihre Schärpe, die sie als Mitglieder der Kommune kennzeichnete, einzelne erretten.

Von dieser schutzbringenden Schärpe machte Manuel auf der Stelle glücklichen Gebrauch. Es fiel ihm ein, daß er einen persönlichen Feind im Gefängnis hatte, Beaumarchais. Manuel war eins der literarischen Opfer, die der Verfasser des „Figaro“ mit seinen Pfeilen zu spicken liebte; er hatte ihn durchbohrt, aufgespießt. Manuel läuft zur Abbaye, läßt sich Beaumarchais vorführen. Dieser wird verwirrt, entschuldigt sich. „Davon ist nicht die Rede, mein Herr“, sagt Manuel zu ihm, „Sie sind mein Feind; was würde man sagen, wenn Sie hier blieben, um morgen umgebracht zu werden? Daß ich mich hätte rächen wollen? ... Gehen Sie, und auf der Stelle.“ Beaumarchais sank ihm in die Arme. Er war gerettet. Manuel nicht weniger, für die Ehre und die Zukunft.

Keiner zweifelte an dem kommenden Blutbad. Robespierre, Tallien und andere ließen sich aus den Gefängnissen einige Priester, ihre früheren Lehrer, herausgeben. Auch Danton, Fabre d'Eglantine, Fauchet retteten ein paar Leute.

Robespierre hatte eine ungeheure Verantwortung übernommen. In diesem Augenblick höchster Erwartung, da Frankreich zwischen Leben und Tod schwankte und nach einem festen Halt in seinem Taumel suchte, hatte Robespierre es dahin gebracht, alles ungewiß, schwankend, jede Autorität verdächtig zu machen. Was an Kraft übrig blieb, war von dieser Todesmacht wie gelähmt. Das Ministerium und die Nationalversammlung, von seinem Dolch verwundet, lagen träge am Boden und vermochten nichts.[1]

Sogar der Generalrat, den Robespierre zu der Erklärung aufgefordert hatte, daß er sich dem Volk überantworte, und der das nicht getan hatte, war dann nicht weniger erschüttert und im Zweifel, was zu tun ihm zukomme. Wollte er, wollte er nicht? Würde er eingreifen oder nicht eingreifen? Er wußte es selber kaum.

[1] Die Kommune stimmte nicht für Robespierres Schlußfolgerungen, aber sie machte sich seine Rede in gewissem Sinne zu eigen, ließ sie auf der Stelle drucken und verteilen. Ein bedeutsamer Umstand, den weder Barrière noch Buchez in ihren Auszügen festgehalten haben, den aber die Originalpapiere bezeugen. Archives de la Seine. Procès-verbaux du conseil général, register XXII, S. 4.

Und wenn der Generalrat nichts wollte, nichts tat, wenn er sich am Sonntag auflösen oder, wie es vorkam, in ungenügender Zahl versammeln würde, wer blieb dann, um zu handeln, außer dem Überwachungskomitee? In der großen Versammlung des Generalrates, so gewalttätig er auch sein konnte, hätten nichtsdestoweniger die Blutdürstigen nie die Majorität gehabt. Im „Überwachungskomitee" dagegen, das aus fünfzehn Personen bestand, war die einzige Unstimmigkeit die, daß die einen die Metzelei wollten, die anderen sie zuließen.

Zwei Leute traten in diesem Komitee hervor, Sergent und Panis. Sergent, ein bis dahin schätzbarer, arbeitsamer und anständiger Künstler, ein Mann mit einem feurigen, leidenschaftlichen, romantischen Herzen (der lieben konnte bis in den Tod), hatte die Ehre, der Schwager des erlauchten Generals Marceau zu werden. Er ist es, der wenige Tage vor dem 10. August mit eigener Lebensgefahr, gerührt von der Verzweiflung und den Tränen der Marseiller, sich im Einverständnis mit Panis entschloß, ihnen die Patronen auszuliefern, die ihnen den Sieg brachten. Sergent hatte für Robespierres Scheinheiligkeit und Marats Wüten nur Widerwillen (er versichert das in seinen „Notizen", herausgegeben von Herrn Noël Parfait). Er behauptet, der Affäre vom 2. September ferngestanden zu haben. Er war der Anstifter zu einem schrecklichen Totenfest gewesen, das mehr als irgend etwas anderes in den Massen den Keim zur Rache und zum Morden legte. Als aber der Mordtag kam, hielt Sergents Herz nicht stand, und wenngleich er zweifellos die damalige wahnwitzige Anschauung teilte, daß eine Metzelei Frankreich retten könne, so verschwand er doch aus Paris. Er selber macht in den „Notizen" zu seiner Rechtfertigung das niederschmetternde Bekenntnis: daß er am Morgen des 2. September aufs Land ging und erst am Abend wiederkam.

Panis, Exprokurator, Verfasser lächerlicher Verse, kleingeistig, streng und falsch, war unfähig, aus sich selbst heraus Einfluß zu erlangen. Er war aber der Schwager des berühmten Faubourg-Brauers Santerre, des neuen Kommandanten der Nationalgarde. Diese Verbindung und seine Stellung beim Überwachungskomitee gaben ihm große Bedeutung. Im Komitee traf er Verfügungen, und durch seinen Schwager konnte er auf ihre Ausführung einwirken, konnte antreiben oder zurückhalten. Selbst wenn die Majorität gegen ihn war, war er noch immer in der Lage, durch Santerre die Ausführung dessen zu verhindern, was die Mehrheit beschlossen hatte.

Panis hatte eine Gabe, die nicht alle Dummköpfe besitzen, er war fügsam. Er erkannte zwei Autoritäten an: Robespierre und Marat. Robespierre war sein Arzt, Marat sein Prophet. Der „göttliche Marat" kam ihm vielleicht etwas überspannt vor, doch hatte man das nicht auch von Jesaias und Hesekiel sagen können, mit denen Panis ihn verglich? Robespierre jedoch war für Panis ganz einfach das Glaubensbekenntnis. Jeden Morgen traf man ihn in der Rue Saint-Honoré vor der Tür seines Beichtvaters; er erschien bei Robespierre, um anzufragen, was er für diesen

Tag zu tun und zu sagen habe. Das bezeugt Sergent, sein Kollege, der ihm fast nie von der Seite ging, solange das Überwachungskomitee bestand. Panis war Robespierre so ergeben, daß er nicht an sich halten konnte. Er ist es, der, als er vor dem 10. August zwei Ungläubige, Barbaroux und Rebecqui zu dem Abgott führte, die Unklugheit beging, zu sagen, man brauche einen Diktator, einen Mann wie Robespierre, und von den Marseillern die oben geschilderte heftige Antwort bekam.

Robespierre, von Panis umkrochen, umschmeichelt, angebetet, hatte eine Schwäche für ihn. Panis war ihm unentbehrlich, als Schwager des plumpen Menschen, der das Faubourg beherrschte und der die starke Pariser Armee in Händen hielt. Panis war es allem Anschein nach, der die natürliche Entfernung zwischen Robespierre und Marat überbrückte. Ersterer, ein Politiker, ein Mann von straffer Haltung, abgemessen, gepflegt, gepudert, hatte einen Abscheu vor dem Schmutz des anderen, seiner sowohl gewöhnlichen als verwilderten Persönlichkeit, seiner seichten, überschwenglichen Geschwätzigkeit. Marat wiederum verachtete Robespierre als einen schüchternen Politiker ohne Fernblick, ohne Kühnheit. Sie hatten sich eines Tages besucht, und als Marat sah, daß Robespierre seine Abschlachtungsideen nicht völlig teilte, daß er sich noch Skrupel über das Gesetzliche machte, hatte er die Achseln gezuckt.

Der Widerwille war gegenseitig. Wahrscheinlich war es der Robespierres für Marat, was diesen, nachdem er in der Kommune so gefeiert worden war, doch nicht zu ihrem Mitglied werden ließ. Immerhin beschloß die Kommune am 23. August, daß im Saal für einen Journalisten, für Herrn Marat, eine Tribüne zu errichten sei. Sein Einfluß nahm stetig zu; ohne Zweifel hatte Robespierre nunmehr Angst, sich zu widersetzen; er empfahl Marat den Wahlmännerversammlungen. Robespierres Mann war es, Panis, sein Geschöpf, sein serviler Schüler, er, der – noch einmal sei es gesagt – keinen Tag vergehen ließ, ohne bei ihm Rat zu holen, er war es, der am 2. September im Überwachungskomitee (der verantwortlichen Leitung für das Morden) den Würgeteufel Marat festsetzte.

Robespierre hat dreist behauptet, er habe am 2. September nicht mitgetan. In Taten nicht, das ist wahr. In Worten aber viel, und an jenem Tag waren Worte soviel wie Taten. Am 3., als der Stein ins Rollen gebracht war, tauchte er unter und erschien nicht mehr. – Am 1. September jedoch hatte er die Gewalttätigen mit seiner moralischen Bedeutung gedeckt, der Kommune angeraten, sich zurückzuziehen, sich auf das Eingreifen des Volkes zu verlassen. Am 2. errichtete sein Jünger Panis im Hôtel de Ville dem personifizierten Mord den Thron, dem Mann, der seit drei Jahren den 2. September forderte. Noch am 2. sprach Robespierre während der Bluttaten, und keineswegs, um zu beruhigen, sondern weit entfernt, auf äußerst aufreizende Art.

Marats Einführung war sehr ungesetzlich, war ganz unerhört. Kein städtischer Beamter, kein Gemeinderatsmitglied, besonders keins vom Überwachungskomitee durfte außerhalb des Generalrates, außerhalb der großen Volksgemeinde der Sektionskommissare, die den 10. August gemacht hatten, gewählt werden.

Marat gehörte nicht zu diesen Kommissaren; er konnte nicht gewählt werden. Panis aber wußte durch Santerre und Robespierre gleichzeitig einen solchen Druck auf den Gemeinderat auszuüben, daß der ihn ermächtigte, drei Mitglieder zu wählen, die das Überwachungskomitee vervollständigen sollten.

Panis, mit der eigenartigen Befugnis ausgestattet, selbständig erwählen zu können, wagte das aber nicht allein. Am Morgen des 2. September rief er seine Kollegen Sergent, Duplain und Jourdeuil zu Hilfe und sie ordneten sich fünf Personen zu: Deforgues, Lentant, Guermeur, Leclerc und Durfort.

Das Schriftstück mit vier Unterschriften versehen, weist am Rande einen Nachtrag[1] auf, der den unsicheren Namenszug von einem einzigen der vier aufweist. Dieser Nachtrag ist nichts anderes, als der Name eines nachträglich hinzugefügten sechsten Mitglieds; und dieser sechste ist Marat[2].

---

1 Das in der Form ebenso ungehörige, wie im Grunde sträfliche Schriftstück ist im Original in den „Archives de la Préfecture de police“ aufbewahrt. Der Beschluß des Gemeinderats, auf den es sich stützt, findet sich nicht in den Protokollregistern der Kommune (Archives de la Préfecture de la Seine).

2 Sei mir's auszusprechen erlaubt: ich durchschreite als einziger diese düsteren Septemberregionen. Allein. Keiner vor mir hat noch den Fuß hierher gesetzt. Ich gehe dahin wie Äneas in der Hölle, den Degen gezogen, die leeren Schatten zerteilend, mich gegen die lügnerischen Legionen wehrend, von denen ich umringt bin. Ich habe ihnen allen eine unbeugsame Kritik entgegengestellt, sie an allerlei Beweisen nachgeprüft, denen sie nicht standzuhalten vermögen, besonders durch eine sehr eingehende Chronologie der Tage und der Stunden. Vor allem hier bekomme ich sie zu fassen. – Der erste dieser Lügner, bald durch Unterlassung, bald durch Begehung, ist der „Moniteur“, der, dauernd in den Händen der Machthaber, von ihnen in den großen Krisen stets verstümmelt oder gefälscht wurde. Man nehme als Beispiel die bedeutsame Sitzung vom 1. September, in der die Nationalversammlung ihren Erlaß vom 10. August gegen die Kommunen zurücknahm. Der damals von den Girondisten überwachte „Moniteur“ sagt nicht ein Wort von diesem demütigenden Zugeständnis der Versammlung: man findet es in den Nationalarchiven bei den handschriftlichen Protokollen der Gesetzgebenden Versammlung. Am 6. September gibt dasselbe Blatt unter dem Einfluß der neuen Macht, der Kommune, einen lügenhaften Bericht vom Beginn der Metzelei, einen zweideutigen Bericht, der fast eine Lobrede ist: „Da faßte das Volk den denkbar kühnen Entschluß ...“ – Ich werde im Verlauf dieses Werkes die verschiedenen Dokumente und die hauptsächlichen Berichterstatter begutachten; ihn besonders, den alle abgeschrieben haben, den Schmähschriftenverfasser Peltier, der noch im gleichen Jahre (1792) ganz aufgewühlt von Angst und Wut nach London übersiedelte, Frankreich für tot hielt, von Europa ermordet, und der glaubte, es sei weiter kein Wagnis, nach einer Leiche zu treten und sie zu bespeien. Die Engländer, für die der Autor schrieb, haben das Buch mit Gold aufgewogen, haben es auswendig gelernt. Die ganze europäische Presse wurde aufgeboten, um die nichtswürdige Legende zu verbreiten. Von Mund zu Mund gehend, hat sie ihrerseits eine falsche mündliche Tradition geschaffen. Mehr als ein Geschichtsschreiber geht und holt sich vom Munde der Vorübergehenden als eine Sache der Tradition, der Volksautorität, einen Bericht, dessen eigentliche Quelle eben jenes Lügenbuch ist.

DRITTES KAPITEL

Der 2. September

Vermittelnder Antrag Thuriots. – Zwei Sektionen von achtundvierzig beschlossen das Blutvergießen. – Die Kommune wollte die Metzelei und die Diktatur. – Mutige Rede Vergniauds. – Man beantragt bei der Nationalversammlung die Diktatur für das Ministerium. – Die Versammlung mißtraut Danton, der sich dessenungeachtet der Kommune nicht anschließt. – Das Überwachungskomitee überliefert vierundzwanzig Gefangene dem Tode. – Massaker in der Abbaye. – Danton folgt der Einladung der Kommune nicht. – Wer die Mörder in der Abbaye waren. – Massaker bei den Karmelitern. – Ohnmacht der Behörden. – Rolands Haus wird gestürmt. – Robespierre deckt eine große Verschwörung auf. – Bemühung der Minister, das Volk zu beruhigen. – Manuel und die Kommissare der Nationalversammlung machen nutzlose Vermittlungsversuche. – Massaker im Châtelet und in der Conciergerie. – Maillard errichtet in der Abbaye einen Gerichtshof und rettet dreiundvierzig Personen. – Opferfreudigkeit der Damen Cazotte und Sombreuil, Geoffroy Saint-Hilaires.

Am Sonntag, dem 2. September, brachte bei der Eröffnung der Nationalversammlung morgens um neun Uhr der Abgeordnete Thuriot, Dantons Freund, einen vermittelnden Antrag ein, der das Unglück, das man kommen sah, fernzuhalten suchte.

Thuriot hatte bei mehr als einer Gelegenheit die Kommune verteidigt, gerechtfertigt. Die am 10. August geborene Kommune schien ihm die Revolution an sich; sie stürzen, das hieß für ihn, den 10. August stürzen. Anderseits aber hatte er sich darum nicht weniger den beleidigenden Zumutungen aufs heftigste widersetzt, welche die Kommune der Versammlung machte. In dieser ganzen Sache wird sein Auftreten der kühne Ausdruck für den zurückhaltenden Gedanken des vorsichtigen Danton gewesen sein. Dieser gründete in seinen Reden, seinen Zirkularen die Hoffnung des Vaterlandes auf das Einvernehmen zwischen Nationalversammlung und Kommune. Wir zweifeln nicht, daß er es ist, der nach einem Ausweg suchte, um das Einvernehmen wiederherzustellen, und der ihn der Versammlung durch Thuriot unterbreiten ließ.

Der Vorschlag war dieser, den Generalrat der Kommune auf dreihundert Mitglieder zu erhöhen, so daß die alten, am 10. August aufgestellten, beibehalten und die neuen aufgenommen werden konnten, die sofort von den Sektionen in Verfolg des Erlasses der Versammlung zu wählen wären.

Dieser Vorschlag hatte zwei ganz entgegengesetzte Seiten.

Einerseits hatte er die revolutionäre Wirkung, das Ansehen von Paris auf eine feste Grundlage zu stellen, vor ganz Frankreich die wirkliche Bedeutung, das

Ansehen der großen Stadt darzutun, die, selber aus allen Elementen Frankreichs gebildet, sein Haupt und sein Hirn ist und die so oft den Antrieb zu den Gedanken gab, von denen ihm die Rettung kam.

Anderseits hatte der Antrag bei der gegenwärtigen Lage eine praktische Wirkung, welche die Krise viel ungefährlicher machte. Er wußte die Kommune dadurch unschädlich zu machen, daß er sie vergrößerte; er steigerte ihre Zahl und milderte ihre Gesinnung; er führte ihr mit den Neugewählten, den Mitgliedern aus den der Nationalversammlung ergebenen Sektionen, ein ganz neues Element zu. Wäre er am Morgen beschlossen worden, so hätte er den Sektionen viel Mut gemacht, sie aus ihrer Bestürzung befreit; die Neugewählten hätten sich sogleich an Hand dieses Erlasses zur Kommune begeben, und aller Wahrscheinlichkeit nach wären die Anhänger Marats lahmgelegt worden.

Das ist nicht alles. Ein Schlußartikel, sehr geeignet, die Kommune vom 10. August zur Selbstbesinnung zu bringen, besagte ganz einfach und ohne Umschweife, daß die Mitglieder des Generalrates nicht unabsetzbar seien, daß die Sektionen, von denen sie ernannt wurden, stets das Recht hatten, zu widerrufen und sie abzusetzen. Da, wo der Artikel stand, schien er nur von den neuen Mitgliedern zu reden; doch stellte er darum nicht weniger die Regel auf, das unverjährbare Recht des Volkes, gegen das ersichtlich selbst die alten Mitglieder, in der königlichen Stellung, die sie sich geschaffen hatten, keine Auflehnung wagten. Sie hatten also Grund, nachdenklich zu werden; gerade als sie bereit waren, die Initiative zu ergreifen, legte das Gesetz ihnen sozusagen die Hand auf die Schulter und erinnerte sie an den großen Richter, das Volk, der sie stets aburteilen konnte.

Thuriot würzte den Antrag mit Lobreden auf die Kommune, mit Schmeicheleien; er sprach sie von manchem Vorwurf frei. Er sagte – offenbar, um die Mitglieder der Kommune selbst für die Tat zu gewinnen, die er gegen sie im Schilde führte –, die Erhöhung der Mitgliederzahl gestatte es, aus dem eigenen Kreise die Beamten zu wählen, deren die Exekutivgewalt etwa bedürfen sollte. Ein direkter Aufruf an das Interesse; die Kommune würde zu einer Pflanzschule für Staatsmänner werden, denen die Regierung ehrenvolle oder einträgliche Missionen anvertrauen würde.

Thuriot erging es wie denen, die allzusehr auf den Scharfsinn der Versammlung rechnen. Sein gründlicher Meister, Danton, hatte ihn für diesen Tag offenbar zu gut belehrt, zu sehr zur Heuchelei veranlaßt. Die Versammlung begriff nicht. Thuriot hatte die Kommune so gepriesen, daß die Versammlung den Antrag als der Kommune günstig erachtete; sie dachte, diese bekomme Angst und lasse durch Thuriot versöhnende Schritte einleiten. Sie nahm den Antrag sehr kühl auf und erkannte keineswegs den Vorteil, den es hatte, sogleich abzustimmen. Sie forderte einen Bericht, wartete und vertagte die Sache. Der Bericht kam gegen Mittag und war wenig günstig. Die Girondisten, die ihn machten, hatten keine Vorliebe für das, was von Dantons Freunden kam. Sie meinten, er sei der Mann der Kommune, wie er das am 10. August gewesen war; sie begriffen nichts von den vorsichtigen Wegen dieses Politikers. Der Plan mißfiel ihnen auch, weil er die Wichtigkeit von Paris noch erhöhte, diese bis dahin unorganische Macht regelte und fest begründete und eine gefährliche Körperschaft aufstellte, mit der zu rechnen die ganze Nationalversammlung genötigt war. Sie hätten es lieber gesehen, wenn die Kommune ganz neu gegründet worden wäre. Sie bekamen die Versammlung nicht auf ihre Seite, die allmählich die Zweckmäßigkeit des Antrags erkannte und schließlich gegen die Girondisten für den Dantonisten Thuriot stimmte. Das geschah gegen ein Uhr; da aber war es zu spät; der Orkan war entfesselt.

Kehren wir zum Morgen zurück und zur Kommune.

Was wollte sie? Was wollten die paar Mitglieder, die den Generalrat leiteten? Was wollte die Majorität im Überwachungskomitee? Gewiß, das Vaterland erretten, aber mit den Mitteln retten, die Marat seit drei Jahren anriet: durch Blutvergießen und Diktatur.

Dieses Morden im großen war noch gar nicht so leicht herbeizuführen, wie man hätte denken können, wie furchtbar erregt das Volk auch war und wie heftige Reden es führte. Des Nachts und am Morgen durcheilten die wütendsten Schwätzer, die seit langem Marats Theorie predigten, die fast verödeten Sektionsversammlungen, die auf eine kaum wahrnehmbare, für die Gesamtheit beschließende Minorität zusammengeschmolzen waren. Sie verlangten hier individuelle Haftbefehle, die einem Todesurteil gleichkamen, und erhielten sie. Was aber die allgemeinen Maßnahmen anbetraf, so scheinen ihre Worte kein genügendes Echo gefunden zu haben. Es waren nur zwei Sektionen (die von Luxembourg und die Sektion Poissonnière), bei denen der Antrag auf eine Gefangenenmetzelei angenommen wurde. Zwei Sektionen von achtundvierzig beschlossen das Massaker. Die Sektion Poissonnière faßte folgenden Beschluß:

„Die Sektion beschließt in Anbetracht der dem Vaterland drohenden Gefahr und der teuflischen Machenschaften der Priester, daß alle Priester und verdächtigen Personen, die sich in den Pariser Gefängnissen, in denen von Orléans und anderswo befinden, den Tod erleiden."

Die Diktatur war noch schwieriger zu organisieren als die Metzelei. Kein Mann war vom Volke genügend anerkannt, um sie allein auszuüben. Es bedurfte eines Triumvirats. Marat sagte das selbst.

Der Prophet Marat, den Panis ins Überwachungskomitee gebracht hatte, verfehlte nicht, sogar seine Bewunderer gelegentlich zu entsetzen. Seine außerordentliche Heftigkeit schien aber von Robespierre gestützt, genehmigt zu werden, der noch am vergangenen Abend gesagt hatte, man müsse das Handeln dem Volk überlassen. Marat war bereits im Komitee, Robespierre kam zur Tagung des Generalrats.

Wenn man ein Triumvirat brauchte, so konnte der dritte Triumvir nur Danton sein. Man war seiner nicht sicher. Er sang bei jeder Gelegenheit das Lob der Kommune, und sein Freund Thuriot hatte es noch heute getan, gleichzeitig mit einem Antrag, der die Kommune unwirksam machte. War er wirklich für die Kommune oder für die Nationalversammlung? Man sah es nicht recht. Seit dem 29. kam er nicht mehr ins Hôtel de Ville. Würde er lieber die neue Macht mit Marat und Robespierre teilen oder Justizminister bleiben, allmächtiger Minister, infolge der Nichtigkeitserklärung der Versammlung, die Früchte der Metzelei einheimsend, ohne sich daran beteiligt zu haben, um schließlich der einzige Mann der Situation zu sein, zwischen der im Blute watenden Kommune und der gedemütigten Gironde? Das war die Frage; und letztere Auffassung war nicht unwahrscheinlich. Danton war ein Politiker voll Kühnheit, aber nicht weniger voll List.

Wie dem nun sei, als die Kommune am 2. September früh unter dem Vorsitz Huguenins versammelt war, verkündete der Prokurator, Manuel, die Gefahr von Verdun und beantragte, daß noch am nämlichen Abend die eingetragenen Bürger auf dem Marsfeld kampieren und sogleich abmarschieren sollten. Paris wäre so von einer gefährlichen Masse befreit worden, die in Erwartung des Wegzugs sich herumtrieb, sich berauschte und jeden Augenblick statt eines fernen Krieges vorziehen konnte, hier gegen die reichen und unbewaffneten Feinde einen einträglichen Feldzug zu beginnen.

Diesem klugen Vorschlag fügte irgendwer einen unendlich gefährlichen hinzu, der ebenfalls angenommen wurde. Man beschloß, es seien sofort Alarmschüsse abzugeben, die Sturmglocke solle geläutet und der Generalmarsch geschlagen werden. Eine fürchterliche Panik konnte die Wirkung sein – in einer so aufgeregten Stadt – eine mörderische Panik; nichts ist grausamer als die Angst.

Zwei Mitglieder des Gemeinderats wurden beauftragt, die Nationalversammlung von den Anordnungen der Kommune zu unterrichten. Sie wurden von einer ungemein sicheren Rede Vergniauds empfangen, einer kühnen Rede angesichts der drohenden Metzelei und sozusagen unter den gezückten Dolchen. Er beglückwünschte Paris, daß es Mut faßte, daß es endlich die erwachte Energie entfaltete; er riet ihm, dem panischen Schrecken zu widerstehen. Er fragte, warum man so viel rede, so wenig handle: „Warum sind die Verschanzungen des Lagers, das unter den Wällen dieser Stadt ist, nicht weiter gediehen? Wo sind die Spaten und Hacken und alle die Werkzeuge, die den Altar der Verbrüderung errichtet und das Marsfeld geebnet haben? ... Sie haben einen großen Eifer für die Feste bewiesen; sicherlich haben sie für die Kämpfe keinen geringeren. Sie haben die Freiheit besungen, gefeiert; sie muß verteidigt werden. Wir haben keine erzenen Könige mehr zu stürzen, sondern Könige, die von mächtigen Armeen umringt sind. Ich beantrage, daß die Kommune von Paris mit der Exekutivgewalt übereinkommt, welche Maßnahmen sie zu ergreifen beabsichtigt. Ich beantrage auch, daß die Nationalversammlung, die im gegenwärtigen Augenblick eher ein großer Militärausschuß ist als eine gesetzgebende Körperschaft, sofort und jeden Tag zwölf Kommissare ins Lager entsendet, nicht, um durch müßige Reden die Bürger zur Arbeit zu ermahnen, sondern um selber die Haue zu führen; denn es ist keine Zeit mehr zum Reden, das Grab unserer Feinde ist zu graben; oder jeder Schritt, den sie vorwärts tun, wird das unsere graben."

Diese, unter den gegebenen Umständen so gewagte Rede erhielt nicht nur von der Versammlung, sondern auch von den Tribünen Beifall, von gerade der Bevölkerung, deren Untätigkeit sie streng brandmarkte.

Man sah es, der große Redner wollte dem Volkswirbel, der sich so furchtbar um sich selbst drehte, einen geregelten Lauf geben, ihn in der Gefolgschaft der Abgesandten der Versammlung aus der Stadt hinauslocken, damit er im militärischen Antrieb die Panik und das Entsetzen verliere.

Er beabsichtigte, die Kommune den Ministern unterzuordnen, die Minister der Nationalversammlung. Konnte diese Hierarchie, die zu gewöhnlichen Zeiten im Gesetz selbst und in der Vernunft begründet war, an einem solchen Tage hartnäckig aufrechterhalten werden? Mußte man nicht die Beratungen, die Worte unterlassen, wenn je nach den eintretenden Fällen die verschiedenen Entscheidungen sogleich zu treffen waren, mit Gedankenschnelle? Man konnte nicht die Gewalt in der höheren Sphäre schweben lassen, fern der Tat, in den weichen und langsamen Händen einer feierlichen Versammlung, die redete, redete und Zeit verlor. Man konnte sie nicht der Kommune nach Gefallen überlassen, die, blind und rasend und in Wirklichkeit schon aufgelöst, unter Marats Atem nur noch ein blutendes Chaos war. Der einfache gesunde Menschenverstand konnte sich sagen, daß die Gewalt, wenn sie denen oben oder denen unten, den beiden beratenden Körperschaften, der Nationalversammlung oder dem Rat der Kommune überlassen blieb, keine Gewalt mehr war. Sie mußte da festgelegt werden, wo sie tatkräftig sein konnte, wo sie überdies durch die Natur der Sache hingehörte, in die Hände der Minister; man mußte sich bei dieser großen Gelegenheit auf sie verlassen, sie bitten, sie beschwören, stark zu sein; wenn nicht, würde alles zugrunde gehen.

Unglücklicherweise hatte das Ministerium selber keine Einmütigkeit, weder der Anschauung, noch des Willens. Es hätte sich verständigen müssen, hätte einmütig die Diktatur fordern, sie unter Aufsicht der Kommissare der Nationalversammlung ausüben müssen.

Das Ministerium hatte zwei Häupter, Roland und Danton. Danton erschien vor zwei Uhr, um ein letztes Mal die Dispositionen der Versammlung zu erforschen.

Er beantragte zu beschließen, daß wer immer sich weigere, persönlich Dienst zu tun oder seine Waffen abzugeben, mit dem Tode zu bestrafen sei.

Und Lacroix (der zugleich sowohl den Girondisten wie Danton angehörte) forderte überdies, daß man auch jene mit dem Tode bestrafe, die direkt oder indirekt die Ausführung verweigerten oder, auf welche Art es auch sei, die von der Exekutivgewalt verfügten Anordnungen und ergriffenen Maßnahmen behinderten.

Die Versammlung schien zuzustimmen; statt aber auf der Stelle zu beschließen, zögerte sie hin, wollte nichts ohne das Gutachten ihrer außerordentlichen Kommission (Vergniaud, Guadet, die Gironde) entscheiden. Sie beauftragte diese Kommission, die schon so gut redigierten Erlasse neu abzufassen und sie ihr um sechs Uhr abends vorzulegen.

Das war ein Aufschub von vier Stunden. Er hat die Vorrechte Europas vielleicht um ein Jahrhundert zurückgedrängt.

Danton trug damals die Strafe davon für seinen schlechten Ruf, seine traurige Vergangenheit. Die Versammlung weigerte ihm die Mittel zur Rettung des Staates. Sie wagte es nicht, einem so verdächtigen Manne eine solche Gewalt anzuvertrauen.

Zwei Dinge stürzten ihn: erstens, Roland kam nicht, stützte ihn nicht; Danton erschien allein; es schien, als fordere man für ihn selbst eine unbegrenzte Machtbefugnis; zweitens, während er verlangte, die Versammlung solle mit den Ministern wetteifern, die Bewegung des Volkes zu lenken, lobte er gleichzeitig die von der Kommune ergriffenen Maßregeln; sagte folgendes: „Die Sturmglocke, die geläutet werden soll, ist kein Alarmzeichen; es ist der Angriff auf die Feinde des Vaterlandes (Beifall). Um sie zu besiegen, meine Herren, brauchen wir Kühnheit, und nochmals Kühnheit, und wiederum Kühnheit, und Frankreich ist gerettet."

Die Versammlung sah in Danton nur den Mann der Kommune und sie hütete sich wohl, ihm die Gewalt zu verleihen.

Wäre er das wirklich gewesen, wie die Versammlung annahm, so hätte er sich ins Hôtel de Ville begeben, wo man ihn erwartete; er ging aufs Marsfeld. Eine große Menschenmenge folgte ihm. Hier, auf dieser riesigen Ebene, unter freiem Himmel, redete er zu einem ganzen Heere, predigte den Kreuzzug, wie Peter der Einsiedler getan haben mochte oder der Heilige Bernhard. Aus der Ferne donnerte die Kanone, die Sturmglocke läutete, und Dantons machtvolle Stimme, die alles beherrschte, schien wie die Stimme der erschauernden Stadt selbst, die Stimme Frankreichs.

Die Zeit ging hin; es war zwei Uhr vorbei.

Als Danton das Marsfeld verließ, ging er nicht mehr zur Kommune. Er ging nach Haus. Begab er sich zum Ministerrat? Die Sache ist umstritten. Schließlich wartete er, daß die Gefahr die Nationalversammlung zwinge, dem Ministerium die Diktatur zu übertragen, dem populären Minister, der allein sie ausüben konnte. Er hätte sie lieber von der Nationalversammlung, der von ganz Frankreich anerkannten, erhalten; er zögerte, von der Kommune von Paris ein Drittel der Diktatur entgegenzunehmen und sie mit Robespierre und Marat zu teilen.

Nachdem der Generalrat der Kommune, wie man gesehen hat, beizeiten die Proklamation beschlossen hatte, verschoben Kanone und Sturmglocke (die sich um zwei Uhr hören ließen) die Tagung bis auf vier Uhr, und man löste sich auf. Es blieb nur das Überwachungskomitee, das heißt Panis, Marat, einige Freunde Marats.

Das Komitee konnte bald Kunde haben von den in mehreren Sektionen befürworteten Vorschlägen zum Massaker und dem Beschluß, den zwei der Sektionen gefaßt hatten. Es handelte demgemäß; es veranlaßte oder gestattete die Verbringung von vierundzwanzig Gefangenen aus der Bürgermeisterei, in der man tagte (der heutigen Polizeipräfektur), zum Gefängnis der Abbaye. Von diesen Gefangenen trugen einige das Gewand, das den heftigsten Haß des Volkes erregte, das Gewand derer, die den Bürgerkrieg im Süden und in der Vendée entfesselt hatten, das geistliche Gewand. Sowie die Kanone sich hören läßt, dringen bewaffnete Männer in das Gefängnis der Bürgermeisterei; sie sagen zu den Gefangenen, es solle zur Abbaye gegangen werden. Dieses Eindringen geschah nicht durch eine Volksmasse, sondern durch Soldaten, Föderierte von Marseille oder Avignon, was darauf hindeutet, daß die Sache nicht zufällig geschah, sondern autorisiert, daß das Komitee, mindestens durch eine mündliche Genehmigung, seine Gefangenen dem Tod überlieferte.

Man hätte sie sehr bequem innerhalb des Gefängnisses umbringen können; dann aber hätte man es nicht als eine unvermutete Volkshandlung darstellen können. Es mußte den Anschein der Zufälligkeit haben; hätte man den Weg zu Fuß gemacht, so wäre der Zufall den Absichten der Mörder schneller zu Hilfe gekommen; doch sie verlangten Wagen. Die vierundzwanzig Gefangenen nahmen in sechs Wagen Platz; das schützte sie ein wenig. Die Mörder mußten Mittel und Wege finden, entweder die Gefangenen durch Herausforderung so zu reizen, daß sie die Geduld verloren, sich hinreißen ließen, ihr Leben aufs Spiel setzten und ihr Unglück, selbst herbeigeführt, verdient zu haben schienen; oder noch besser, man mußte das Volk aufreizen, seine Wut gegen die Gefangenen entfesseln; das war es, was man zunächst versuchte. Der langsame Zug der sechs Wagen hatte ganz den Charakter einer grausigen Schaustellung. „Da sind sie", schrien einige, „da sind sie, die Verräter! Die Verdun ausgeliefert haben; die eure Frauen und Kinder umbringen wollten ... Vorwärts, helft uns, tötet sie!"

Der Erfolg blieb aus. Die Menge ereiferte sich wohl, schimpfte in der Runde, handelte aber nicht. Auf der ganzen Länge des Kais erzielte man kein Ergebnis, auch nicht beim Übergang des Pont Neuf, ebensowenig auf der Rue Dauphine. Man gelangte an den Carrefour Buci, dicht bei der Abbaye, ohne die Geduld der Gefangenen erschöpft oder das Volk dahin gebracht zu haben, Hand an sie zu legen. Man würde gleich das Gefängnis erreichen; es war keine Zeit zu verlieren;

tötete man sie nach Ankunft, ohne daß die Sache gewissermaßen durch eine Volksdemonstration vorbereitet worden war, so wurde es sichtbar, daß sie auf Befehl und von der Hand der Obrigkeit starben. Am Platz, an dem sich das Amphitheater für die Einschreibungen erhob, gab es viel Gedränge, einen großen Auflauf. Hier machten die Mörder sich die allgemeine Verwirrung zunutze und stießen mit Säbel und Piken in die Wagen hinein. Ein Gefangener, der einen Stock bei sich hatte, hieb einen von ihnen mit dem Stock ins Gesicht – sei es aus Selbstverteidigungstrieb oder aus Verachtung für diese Elenden, die nach wehrlosen Leuten schlugen. So gab er den erwarteten Vorwand. Einige wurden noch in den Wagen umgebracht, die anderen, wie man sehen wird, als sie im Hof der Abbaye ausstiegen. Diese erste Metzelei fand nicht im Gefängnishof statt, sondern in dem Hof der Kirche (der heutigen Rue d'Erfurth), in den man die Wagen einfahren ließ.

Es war gegen drei Uhr. Um vier Uhr trat der Generalrat der Kommune wieder zusammen, unter dem Vorsitz Huguenins.

Das Überwachungskomitee hatte es eilig, seine entsetzliche Initiative vom Generalrat gebilligt, gerechtfertigt zu sehen. Das wurde indirekt und geschickt erreicht. Es erzielte die Annahme folgenden Antrags: Daß man die wegen Schulden, Alimenten und anderen Zivilklagen verhafteten Gefangenen in Schutz nehme. Nur diese Klasse von Gefangenen beschützen, das hieß die politischen Gefangenen nicht beschützen, sie im Stich lassen, sie dem Tode ausliefern und die Toten als gerecht getötet erachten.

Ein Meisterstreich wäre es gewesen, auch für das Blutvergießen eine individuelle Autorität zu besitzen, die gegenwärtig von ungeheurem Einfluß und jeder Körperschaft überlegen war, die Ermächtigung Dantons. Die Kommune hatte ihm beizeiten geschrieben, ins Hôtel de Ville zu kommen; aber er erschien nicht. Das gab ein großes Verwundern, als man gegen fünf Uhr den Kriegsminister, den Girondisten Servan, verwirrt und ziemlich unsicher eintreten sah, der sich erkundigte, was man von ihm wollte. Das Mißverständnis klärte sich auf. Der für den Justizminister bestimmte Brief war dem Kriegsminister überbracht worden. Der Unterbeamte habe sich in der Adresse geirrt, hieß es. Man muß sich erinnern, daß der Sekretär der Kommune, Tallien, ein glühender Dantonist war; ohne Zweifel diente er seinem Herrn so wie dieser bedient sein wollte.[1] Danton hatte keine Eile, zwischen Marat und Robespierre die dritte Rolle zu überneh-

[1] Eine sehr vertrauenswürdige Person, die am Abend des 1. September im Franziskaner-Klub war, hat mir berichtet, daß die Sitzung vertagt wurde, weil der Präsident Tallien vor die Tür gerufen wurde. Der Betreffende ging hinaus und sah den Mann, der Tallien herausgerufen hatte und der (er versichert, ihn erkannt zu haben), kein anderer war als Danton. Wenn der Justizminister selber diesen Schritt tat, so war es, weil er ohne Brief oder Mittelsmann dem jungen Sekretär der Kommune seine Absichten kundgeben wollte. Im übrigen weiß man, daß Danton niemals schrieb.

men. Er zeigte zur Genüge, daß er den Irrtum nicht bedauerte, der in weniger als einer halben Stunde behoben sein konnte; er hielt sich der Kommune fern, als lägen hundert Meilen zwischen dem Hôtel de Ville und dem Justizministerium. Er kam nicht am Abend des 2., ebensowenig am 3. September.

In der Abbaye nahm das Abschlachten seinen Fortgang. Es ist interessant festzustellen, wer die Totschläger waren.

Die ersten waren, wie wir wissen, Föderierte, Marseiller, Avignoner und andere Leute aus dem Süden, denen sich, wenn man der Überlieferung glauben will, einige Metzgergesellen anschlossen, junge Burschen vor allem, kräftige Kerle und Tunichtgute, Lehrjungen, die man grausam mit Hieben traktiert, und die bei solchen Gelegenheiten das Erlittene dem ersten besten heimzahlen; unter anderen war da ein kleiner Friseurgehilfe, der mit eigener Hand mehrere Männer tötete.

Die Untersuchung jedoch, die später gegen die Septembermörder[1] eingeleitet wurde, erwähnt weder die eine noch die andere dieser beiden Klassen, weder die Soldaten aus dem Süden noch die Leute aus dem Volk, die allerdings, da sie sich verlaufen hatten, nicht mehr gefunden werden konnten. Sie nennt lediglich Geschäftsleute, an die man Hand legen konnte, alles in allem dreiundfünfzig Personen aus der Nachbarschaft, fast lauter Händler aus der Rue Sainte-Marguerite und den Nachbarstraßen. Sie gehören zu allen Berufen, Uhrmacher, Limonadehändler, Fleischwarenhändler, Obstverkäufer, Seifensieder, Kistenmacher, Bäcker usw. Nur ein einziger Metzgermeister ist dabei. Mehrere Schneider sind darunter, zwei davon Deutsche oder vielleicht Elsässer.

Wenn man der Untersuchung glauben will, so haben sich diese Leute nicht nur gerühmt, eine beträchtliche Anzahl Gefangene niedergemacht, sondern an den Leichnamen entsetzliche Greuel verübt zu haben.

Waren diese Kaufleute aus dem Umkreis der Abbaye, die den Cordeliers und Marat benachbart und zweifelsohne seine gewohnten Leser waren, welche die Kommune aufrief, um die Nationalgarde in die Metzelei zu verstricken, sie mit der Bürgeruniform zu decken und zu verhindern, daß die große Masse der Nationalgarde eingreife, um dem Blutvergießen ein Ende zu machen? Das ist nicht unwahrscheinlich.

Es ist jedoch durchaus nicht notwendig, zu dieser Mutmaßung seine Zuflucht zu nehmen. Sie erklärten selbst beim Verhör, daß die Gefangenen sie kränkten, sie täglich hinter den Gittern hervor aufreizten, ihnen mit der Ankunft der Preußen und den Strafen drohten, die ihrer warteten.

Die grausamste empfand man schon: das war die völlige Stockung des Handels, die Konkurse, die Schließung der Läden, der Ruin und der Hunger, das

[1] Die Kenntnis dieses wichtigen Aktenstücks und einiger anderer erhielt ich durch die Güte des Herrn Labat, Archivar der Polizeipräfektur, dem ich nicht genug Dank sagen kann.

Sterben in Paris. Der Arbeiter erträgt oft den Hunger besser als der Ladenbesitzer den Konkurs. Das liegt an vielerlei Gründen, vor allem an einem, dem man Rechnung tragen muß: daß nämlich in Frankreich der Konkurs nicht einfach ein Unglück ist (wie in England und Amerika), sondern ein Ehrverlust. „Faire honneur à ses affaires“ ist ein französisches Sprichwort, das nur in Frankreich besteht. Hier wird der Ladenbesitzer, wenn er Konkurs macht, sehr bösartig.

Diese Art Leute hatten drei Jahre gewartet, daß die Revolution ein Ende nehme, hatten eine Zeitlang geglaubt, der König werde ihr, gestützt auf La Fayette, ein Ende machen. Wer hatte ihn daran verhindert, wenn nicht die Hofleute, die Priester, die man in der Abbaye festhielt? „Sie haben sich und uns ins Unglück gestürzt“, sagten die wütenden Händler, „mögen sie sterben!“

Zweifellos hat auch die Verwirrung großen Teil an ihrer Wut. Die Sturmglocke verwirrte ihnen den Geist; die Kanonenschüsse klangen ihnen wie die Schüsse der Preußen. Ruiniert, verzweifelt, von Wut und Angst wie rasend, stürzten sie sich auf den Feind, auf diesen wenigstens, den sie vor dem Hause fanden, waffenlos und unschwer zu besiegen, den sie nach Belieben niedermachen konnten, fast ohne sich von der Stelle zu rühren.

Das dauerte nicht lange, bis die vierundzwanzig Gefangenen totgemacht waren; es war nur so viel, um Geschmack an der Sache zu finden. Auch Priester waren darunter. Man begann die anderen Priester niederzumachen, die sich in der Abbaye befanden, dort das Kloster innehatten. Man entsann sich aber, daß die Mehrzahl sich bei den Karmelitern, Rue de Vaugirard, befand; einige liefen hin, verließen die Abbaye.

Bei den Karmelitern stand ein Posten von sechzehn Nationalgarden: acht waren abwesend; von den acht vorhandenen aber war der Sergeant ein Mann von ungewöhnlicher Entschlossenheit, ein kleiner, untersetzter Rotkopf, sehr stark und blutstrotzend. Das große Tor war geschlossen, er stellte sich in das kleine, füllte es gewissermaßen mit seinen breiten Schultern aus und hielt die Stürmenden auf.

Dieser Haufe war nicht eindrucksvoll; es gab da viele Schreier, Burschen und Weiber, aber nur zwanzig bewaffnete Männer; und ihr Führer, ein einäugiger, hinkender Seifensieder, der über einer abscheulichen Hose von gestreiftem Kattun seine Lederschürze trug, besaß als Waffe nur eine an einen Stock genagelte Klinge. Die anderen[1] erkannte man auf den ersten Blick als betrunkene Wasserträger. Dahinter kamen die Gaffer, die den ganzen Tag einander bei dem schönen Schauspiel ablösten. Der Bekannteste war ein Schauspieler, ein lächerlicher

[1] Ich verdanke einige Einzelheiten einem anderen Augenzeugen, Herrn Villiers, dessen Werke ich oft nutzbringend zu Rate zog. Die handschriftlichen Notizen und das bewunderungswürdige Gedächtnis, das ihn trotz seines hohen Alters von mehr als neunzig Jahren nicht im Stiche läßt.

Schwätzer und hübscher Junge von absonderlichen Sitten, der für ein Weib gelten konnte. Diesmal spielte er den Tapferen und kam sich selbst sehr mannhaft vor.

Der Rothaarige warf dem Haufen einen verächtlichen Blick zu und erklärte, er werde bleiben, und man werde nicht durchgelassen, sofern ihn nicht der Offizier selbst, der ihn hierhergestellt, abberufe. Man holte einen Befehl von der Sektion, den er nicht anerkennen wollte, dann einen Befehl des Bataillonschefs, dem er nicht Folge leistete. Er verließ den Platz nicht eher, als bis man seinen Hauptmann gefunden und hergebracht hatte, einen Malermeister aus der Nachbarstraße, der den Posten aufhob.

Die Mörder drangen ein mit dem Ruf: „Wo ist der Erzbischof von Arles?" Dies Wort „Arles" war bezeichnend. Es genügte, um an den rasendsten gegenrevolutionären Fanatismus zu erinnern, an die unter dem Namen „la Chiffonne" nur zu bekannte Vereinigung, den gefährlichen Herd des Bürgerkrieges für den ganzen Süden. Und wie das Bistum, so der Bischof; der von Arles war der Mann des Widerstandes, ein harter Kopf, der sogar bei den Karmelitern seine Haftgenossen in dem verstockten, engherzigen Geist befestigte, der sie in einer ganz fernliegenden und Disziplinfrage den Untergang der Religion erblicken ließ. Er hatte zwei Bischöfe bei sich, große Herren, die durch ihren Namen, ihr Vermögen auf diese armen Priester einwirkten, sie beherrschten, sie in ihrem armseligen Ahnenstandpunkt bestärkten.

Der nächst dem Erzbischof von Arles bekannteste Priester war der Beichtvater Ludwigs XVI., der Vater Hébert, der am 20. Juni und am 10. August das Gewissen des Königs in Händen hielt, ihn in seinem Widerstand bekräftigte und ihm wenige Augenblicke vor dem Blutbad die Absolution erteilte. Diese Priester, die den König und sich selbst vernichteten, waren sie aufrichtig? Wir glauben es gern.

Ein Schatten haftet jedoch an ihnen und läßt uns zweifeln, ob diese Märtyrer Heilige gewesen sind; das ist, daß sie Ludwig XVI. zu dem unheilvollen Doppelspiel ermutigten, das ihn ohne Unterlaß die Verfassung gegen die Verfassung anführen ließ, sie nach dem Buchstaben einhalten ließ, um ihren Geist um so leichter unwirksam zu machen.

Paris brachte ihrem Schicksal die höchste Gleichgültigkeit entgegen. Im Théâtre-Français (Odéon) gab es eine Versammlung von Freiwilligen und Nationalgarden, die beim Sturmläuten zusammengestürmt waren. Da waren noch dreihundert andere, die im Jardin du Luxembourg Übungen abhielten. Hätte Santerre ihnen das geringste Signal gegeben, so wären sie bei den Karmelitern, der Abbaye, erschienen und hätten ohne jede Schwierigkeit die Metzelei verhindern können. Da sie keinen Befehl erhielten, rührten sie sich nicht vom Platz.

Der Generalrat der Kommune, um vier Uhr wieder zur Sitzung zusammengetreten, erhielt, wie man weiß, Nachricht von dem Massaker und ließ sich nicht weiter aus der Fassung bringen. Er war gegenwärtig die einzige wirkliche Autorität in Paris, und er schickte zur gesetzgebenden Gewalt, zur Nationalversammlung, mit der Frage, was sie zu tun gedenke.

Gleichzeitig, und wie um diese scheinbare Menschlichkeit zu widerrufen, ermächtigte er die Sektionen, „die Auswanderung auf dem Wasserwege zu verhindern". Er bezeichnete die selbstverständliche Flucht derer, die man aufs Geratewohl und ohne Aburteilung hinschlachtete, als „Auswanderung".

Der Bürgermeister von Paris war seit langem abgetan. Die Kommune hatte, eins nach dem anderen, alle seine Funktionen an sich gerissen; sie behielt gewissermaßen ein wachsames Auge auf ihn. Pétion wohnte nicht einmal im Hôtel de Ville, sondern in der Bürgermeisterei (heute, wie wir schon sagten, die Polizeipräfektur am Quai des Orfèvres), unter den feindseligen, besorgten Blicken des Überwachungskomitees, das als absoluter Herrscher, umgeben von seinen Agenten, im gleichen Gebäude tagte.

Pétion schrieb am 2. und am 3. September an Santerre, den Kommandanten der Nationalgarde, der keine Antwort gab. Und wie hätte er antworten sollen? Hatte doch Panis, Santerres Schwager, Marat ins Überwachungskomitee hineingebracht.

Da die Behörden von Paris nichts ausrichten konnten oder wollten, so blieb zu erfahren, was die Minister vermochten.

Die girondistischen Minister hatten am Abend vorher von Robespierre den Todesstreich empfangen. Die Führer der Nationalversammlung, diese Verräter, diese Freunde Braunschweigs, die ihm den Thron anbieten ließen – wo hatte man sie zu suchen? ... Man weiß nicht, ob Robespierre Roland und die anderen genannt; doch ist es gewiß, daß er sie so gut beschrieb, daß alle Welt sie nannte.

Am 2., am 3. und 4. handelte sich die ganze Debatte in der Kommune um die Frage, ob sie gegen den Minister des Innern einen Vorführungsbefehl erlassen, ihn in die Abbaye abführen werde. Ein derart bezichtigter und verdächtigter Beamter wäre allein dadurch erledigt gewesen, selbst wenn die Verfassung von 1791 ihm ein Eingreifen gestattet hätte; doch diese Verfassung, die ersonnen war, um die Zentralgewalt zugunsten derjenigen der Kommune zu entkräften, gestattete dem Minister nur durch eben die Vermittlung der Kommune von Paris einzugreifen, die gerade unterdrückt werden sollte.

Um Roland sicherer lahmzulegen, umringten am 2. September um sechs Uhr während der Gefängnismorde zweihundert Menschen lärmend das Ministerium des Innern, nach Waffen rufend, Waffen fordernd. Was wollte man? Herr und Frau Roland isolieren, ihren Freunden Angst einjagen.

Die Zweihundert schimpften über den Verrat, schwangen Säbel. Roland war abwesend. Frau Roland entsetzte sich nicht; sie sagte ihnen kühl, daß es im

Ministerium des Innern nie Waffen gegeben habe, daß sie das Haus durchsuchen könnten; wenn sie Roland sehen wollten, so müßten sie zum Marineministerium gehen, wo der Ministerrat versammelt sei. Sie wollten nur dann abziehen, wenn sie einen Sekretariatsbeamten als Pfand mitbekämen.[1]

Was den Justizminister, Danton, anlangte, so hat man gesehen, daß er die Aufforderung der Kommune, an ihrer Tagung teilzunehmen, geflissentlich übersah, er bewahrte eine abwartende, zweideutige Haltung, zwischen der Kommune und der Nationalversammlung. Am 2. September erneuerte Robespierre im Gemeinderat seine Anklagen vom vergangenen Tage, präzisierte sie und sagte, es bestehe eine große Verschwörung, um dem Herzog von Braunschweig den Thron anzutragen. Billaud-Varenne stimmte zu. Der Generalrat applaudierte. Alle Welt begriff, daß die Verschwörer die Minister selbst waren, daß das Exekutivkomitee Frankreich ausliefern wollte. Das Gerücht verbreitete sich sogleich durch ganz Paris. Man sagte, gab es weiter und glaubte, „daß die Kommune die Exekutivgewalt des nationalen Vertrauens verlustig erkläre“. Die wenige moralische Macht, die sich das Ministerium noch bewahrt hatte, war vernichtet.

Eine Sektion (Ile Saint-Louis) hatte nichtsdestoweniger den Mut, sich genau zu unterrichten, was sie davon zu halten habe. Sei es durch eine spontane Regung, sei es, daß die Minister sie dazu drängten – sie ließ bei der Versammlung anfragen, ob es ganz sicher sei, daß die Kommune so beschlossen habe? Die Versammlung erwiderte verneinend, und dieses Nein blieb auf die öffentliche Meinung ohne Wirkung. Die Minister waren und blieben gestürzt.

Es scheint immerhin, als hätten sie am Abend versucht, wieder Kraft zu gewinnen; sie brachten Pétion zum Handeln. Der unsichere, unbewegliche Bürgermeister von Paris bekam plötzlich wieder Leben. Er ersuchte die Präsidenten aller Sektionen, sich bei ihm zu versammeln, um, wie er sagte, einen Bericht des Kriegsministers über die Vorbereitungen zum Abmarsch der Freiwilligen entgegenzunehmen. Als diese Versammlung zusammengetreten war und eine Art Körperschaft bildete, die man dem Generalrat der Kommune entgegenstellen konnte, beantragte und beschloß man eine sehr gewagte Maßnahme, die dahin zielte, die Kommune zum großen Teil dadurch unschädlich zu machen, daß man es ihr an revolutionärer Schwungkraft gleichtat, sie übertraf. Man beschloß, daß,

---

[1] Einen Angestellten, sagt Roland selber (Brief vom 13. September), und nicht einen Kammerdiener, wie Frau Roland in ihren Memoiren sagt. Da sie beide aus dem Gedächtnis schreiben, sind sie hier beide sehr ungenau. Sie glaubt, die Metzelei habe um fünf Uhr begonnen. Sie sagt, Danton habe sich am 2. zum Überwachungskomitee begeben, um es davon abzuhalten, gegen Roland einen Vorführungsbefehl zu erlassen; sie nimmt an, daß er dann Pétion usw. aufsuchte. Alles das begab sich am 4., als bereits die Reaktion einsetzte, und Pétion, demgegenüber Danton sich rühmte, lächelte über diese verspätete Einmischung; am 2. hätte er ganz gewiß nicht gelächelt.

unabhängig von der Löhnung, den Freiwilligen eine Geldsumme zur Unterstützung ihrer Familie zugesichert werden solle; – daß man ferner die durch die Nationalversammlung von Paris und den angrenzenden Departements geforderten dreißigtausend Mann auf sechzigtausend bringen würde, indem man, was an der Zahl durch freiwillige Einschreibungen nicht erreicht wurde, durch das Los vervollständigen ließ; – drittens, daß man für die Verwendung der Waffen einen Überwachungsausschuß gründen wolle (tatsächlich wurden sie bisher unerhört verschleudert, oft gestohlen und verkauft), und daß man Kugeln gießen und sogar das Blei der Särge dazu verwenden werde.

Dieser Vorschlag war dreifach revolutionär. Er tat durch die einfache Macht von Paris drei Dinge, die zu tun nur die Nationalversammlung ein Recht zu haben schien: er prägte eine (dauerhafte und ansehnliche) Steuer; er änderte das Rekrutierungsverfahren, gab ihm sichere, präzise, wirksame Erfolge; er verdoppelte die von einem Gesetz geforderte Zahl an Männern. Wenn Pétion die Sektionskommissare bei sich versammelte, um eine derart außergesetzliche Maßnahme von ihnen beschließen zu lassen, so war es, weil er sicher vom Ministerrat dazu ermächtigt war. Der Kriegsminister war bei der Versammlung anwesend.

Es war die klügste Maßregel in der gegebenen Lage. Sie konnte die Herzen beruhigen und sie steigerte den militärischen Antrieb. Was beunruhigte diejenigen, die abzogen? Das war nicht der Abmarsch selbst, es war fast allgemein die Hilflosigkeit, die Armut, in der sie ihre Familien zurückließen. Nun also, das Vaterland war da, würde sie aufnehmen, sie adoptieren; beim herzzerreißenden Abschied würden die trostlose Gattin, die Kinder, den Arm des Vaters nur lassen müssen, um in die guten, mütterlichen Hände Frankreichs zu fallen. Wer wäre da nicht mit heldenhaftem, friedlichem Herzen ausgezogen, mit dem heiteren Mute, mit dem der Mann so gern von vornherein das Leben, so gern den Tod begrüßt?

Wäre diese Maßnahme am 1. September erfolgt, so hätte sie eine großartige Wirkung gehabt. Am 2. war sie verspätet. Nun wurde sie erst am 3. bekannt und kaum beachtet.

Am 2. abends, während man so bei Pétion die Mittel sucht, um das Volk zu beruhigen, gehen bei den Karmelitern und in der Abbaye die Metzeleien weiter. Bei den Karmelitern hatte man zunächst die Bischöfe und dreiundzwanzig Geistliche getötet, die sich im Hintergrund des Gartens in die kleine Kapelle geflüchtet hatten. Andere, die durch den ganzen Garten zu entkommen oder über die Mauern zu klettern suchten, wurden verfolgt, mit grausamem Gelächter niedergeschossen. In der Abbaye machte man an die dreißig Schweizer nieder und ebensoviel von des Königs Garden. Es gab keine Möglichkeit zu ihrer Rettung. Manuel, der sehr beliebt war, kam von der Kommune, predigte, machte die äußersten Anstrengungen, und er mußte zu seinem Leidwesen sehen, wie wenig es ihm half, daß er die Liebe des Volkes genoß. Es fehlte nicht viel, so hätten die Rasenden gegen ihn die Hand erhoben. Auch die Nationalversammlung hatte einige ihrer volkstümlichsten Mitglieder entsandt: den guten alten Dusaulx, dessen vornehmes, militärisches Gesicht, die schönen weißen Haare dem Volk die Zeit seiner heroischen Reinheit ins Gedächtnis rufen konnten, die Einnahme der Bastille; ferner Isnard, den Redner des Krieges, mit den feurigen Worten. Ihnen hatte man einen Volkshelden zugesellt, der, derb und fröhlich, geeignet schien, den bösen Leidenschaften zu begegnen, vielleicht sie zu mäßigen, indem er auf sie einging; ich meine den Kapuziner Chabot.

Alles das war vergeblich. Die Menge war taub und blind; sie trank mehr und mehr und begriff immer weniger. Die Nacht kam; die düsteren Höfe der Abbaye wurden noch düsterer. Die Fackeln, die man anzündete, ließen das, was ihr Glanz nicht erhellte, noch finsterer erscheinen. Die Abgeordneten waren inmitten des erschreckenden Tumultes nirgends in Sicherheit. Chabot bebte an allen Gliedern. Er hat später versichert, er habe die Empfindung gehabt, unter einer Wölbung von zehntausend Schwertern hinzugehen. Ein so gewohnheitsmäßiger Lügner er auch war, ich glaube gern, daß er nicht gelogen hat. Die Angst mag ihn geblendet und ihm die Dinge unendlich vervielfacht gezeigt haben. Übrigens genügt es, sich den Ort des Schauspiels anzusehen, die Höfe der Abbaye, den Vorplatz der Kirche, die Rue Sainte-Marguerite, um zu verstehen, daß ein paar hundert Menschen den von allen Seiten eingeengten Platz vollauf füllen.

Was dem Massaker einen grausigen Charakter zu geben begann, das war eben diese Beschränktheit des Raumes, die den Zuschauer mit der Handlung verschmolz, ihn mit dem Blut und dem Toten fast in direkte Berührung brachte, ihn mit dem magnetischen Wirbel umgab, der die Mörder fortriß. Die Zuschauer tranken mit den Henkern und wurden zu solchen. Das grauenhaft Phantastische dieser nächtlichen Szene, die Schreie, die düsteren Lichter hatten sie zunächst gepackt, an Ort und Stelle gebannt, schließlich taten sie wie die anderen.

Hatten sie erst einmal getötet, so kannten sie sich nicht mehr und wollten immer weiter töten. Wie stumpfsinnig wiederholte ihr Mund ununterbrochen: „Heute muß man ein Ende machen." Und darunter verstanden sie nicht nur den Tod der Adligen, sondern ein Ende machen mit allem Schlechten, Paris reinigen, nichts entkommen lassen, was gefährlich sein konnte, die Diebe, die Falschmünzer, die Assignatenfälscher töten, die Spieler und die Betrüger, sogar die käuflichen Frauen umbringen ... Wo würde der Mord auf dieser abschüssigen Bahn innehalten? Wie sollte man dieses Rasen nach völliger Säuberung begrenzen? Was würde geschehen, und wer wäre seines Lebens sicher, wenn außer der Branntweintrunkenheit und der Todestrunkenheit noch eine andere in Tätigkeit trat, der Rausch nach Gerechtigkeit, einer falschen und rohen Gerechtigkeit, die nichts mehr beurteilen konnte, einer umgekehrten Gerechtigkeit, die einfache Vergehen durch Verbrechen bestrafte?

In dieser fürchterlichen Geistesverfassung fanden viele, die Abbaye sei ein zu kleines Betätigungsfeld; sie liefen zum Châtelet. Das Châtelet war kein politisches Gefängnis; es war zur Aufnahme der Diebe bestimmt und der für geringere Vergehen zur Haft Verurteilten. Als diese Gefangenen am Abend vorher vernahmen, die Gefängnisse sollten bald geleert werden, hofften sie, in der allgemeinen Verwirrung ihre Freiheit zu finden, in der Meinung, beim Nahen des Feindes könnten die Royalisten ihnen doch gut die Tore öffnen; sie hatten am 1. September ihre Vorbereitungen zur Flucht getroffen; einige wanderten durch die Höfe, ihr Bündel unterm Arm. Sie kamen heraus, aber anders, als sie gedacht. Um sieben Uhr abends ergießt sich eine ungeheure Woge von der Abbaye nach dem Châtelet; es beginnt ein unterschiedsloses, wütendes Töten mit Säbel und Flinte. Nirgends war man mitleidloser. Auf fast zweihundert Gefangene kamen kaum mehr als vierzig Verschonte. Diesen ließ man, wie es scheint, das Leben, als sie beschworen, in Wahrheit wohl gestohlen zu haben, aber stets bedacht gewesen zu sein, um die Diebe zu bestehlen, die Reichen und Adligen.

Das Châtelet lag an einem Ende des Pont au Change; am anderen lag die Conciergerie. Dort befanden sich unter anderen Gefangenen acht Schweizer Offiziere. Gerade jetzt wurde einer von ihnen, der Major Bachmann, durch den außerordentlichen Gerichtshof abgeurteilt; er allein von allen wurde aufgespart, für das Schafott zurückgestellt. Die Ermordung der Schweizer und der anderen Gefangenen geschah ganz in der Nähe der Gerichtssitzung, und diese wurde alle Augenblicke durch Schreie unterbrochen. Nichts war in den fürchterlichen Tagen so entsetzlich, wie diese Annäherung, diese Vermischung der regelrechten Justiz mit der summarischen Justiz, der Anblick der auf ihren Sitzen erbebenden Richter, die in unnützen Formalitäten fortfuhren, einen Scheinprozeß führten, während der Angeschuldigte nur die Wahl hatte, heute ermordet oder morgen guillotiniert zu werden.[1]

So tötete man denn ohne Zögern die Diebe, die Schweizer und die Priester. Eine Schwierigkeit ergab sich erst, als in der Abbaye einige der noch lebenden Priester sich zum Sterben bereit erklärten, aber Zeit zum Beichten verlangten. Das Verlangen erschien gerecht; man gewährte ihnen einige Stunden.

Es waren jetzt weniger Leute in der Abbaye. Abgesehen von der Abteilung, die bald zu den Karmelitern geschickt worden war, weilten viele, wie man weiß, im Châtelet. Man versuchte (vermutlich gegen sieben Uhr abends) in der Abbaye

---

[1] Wir berichten das nach der Überlieferung. Es gibt, glaube ich, keine urkundlichen Aufzeichnungen über das Blutgericht in der Conciergerie.

ein Tribunal zu errichten, so daß man nicht mehr unterschiedslos tötete und einige Personen verschonte. Dieses Tribunal hatte in der Tat das Glück, eine ganze Anzahl zu retten. Lernen wir den Mann kennen, der den Gerichtshof bildete und ihm vorstand.

Es gab im Faubourg Saint-Antoine eine seltsame Persönlichkeit, von der wir schon gesprochen haben, den Pedell Maillard. Es war ein düsterer und wilder Fanatiker von äußerst kühlem Auftreten, von seltener und ganz besonderer Entschlossenheit und Kaltblütigkeit. Als bei der Einnahme der Bastille die Zugbrücke zerschmettert war, legte man statt ihrer eine Planke; der erste, der hinüberging, fiel in den dreißig Fuß tiefen Graben und war auf der Stelle tot. Maillard ging als zweiter hinüber, und ohne Zögern, ohne Schwindel erreichte er die andere Seite. Man hat ihn am 5. Oktober wiedergesehen, als er den Frauenzug anführte und unterwegs weder Plünderung noch Unordnung gestattete; solange er an der Spitze der Menge war, gab es keine Gewalttätigkeit. Es war seine Eigentümlichkeit, selbst bei den stürmischsten Szenen die ordnungsmäßigen und sozusagen gesetzlichen Formen zu wahren. Das Volk liebte ihn und fürchtete ihn. Er maß fast sechs Fuß; seine Statur, sein schwarzer, ehrwürdiger, abgetragener und sauberer Anzug, seine feierliche, mächtige, düstere Erscheinung wirkte gebietend.

Maillard wollte die Metzelei, daran war nicht zu zweifeln; aber, vor allem ein Mann der Ordnung, hielt er gleichermaßen auf zwei Dinge: erstens, daß die Adligen umgebracht wurden; zweitens, daß sie regelrecht, unter gewissen Formalitäten, durch ein wohlbegründetes Urteil des Volkes, dem einzigen unfehlbaren Richter, umgebracht wurden.

Er ging mit Methode vor, ließ sich das Register der Gefangenen bringen und richtete die Vorführungen danach, so daß alle der Reihe nach darankamen. Er schuf sich einen Gerichtshof, und er wählte ihn nicht unter den Arbeitern, sondern unter den Kleinbürgern aus der Nachbarschaft, den Familienvätern, kleinen Kaufleuten. Diese Bürger sahen sich durch Maillards Gnade mit dem Einverständnis der Menge den angesehenen Volksgerichtshof bilden, der durch ein Zeichen Leben oder Tod gab. Blaß und stumm hielten sie hier in der Nacht und den folgenden Tagen ihre Sitzungen ab, fällten ihr Urteil durch Zeichen, äußerten ihre Meinung durch eine Kopfbewegung. Manche wagten gelegentlich, wenn sie sahen, daß die Menge dem und dem Gefangenen günstig gesinnt war, ein nachsichtiges Wort.

Vor der Gründung dieses Gerichtshofs war ein einziger Mann verschont worden, der Abbé Sicard, Taubstummenvorsteher, für den übrigens die Nationalversammlung eintrat. Seit Maillard mit seiner Jury tagte, machte man Unterschiede, es gab Schuldige und Unschuldige; viele Leute entkamen. Maillard befragte die Menge, in Wirklichkeit aber war seine Autorität so groß, daß er sein Urteil diktierte. Es wurde, wie es auch ausfiel, geachtet, selbst wenn es ein

Freispruch war. Wenn das schwarze Phantom sich erhob, dem Gefangenen die Hand aufs Haupt legte, ihn für unschuldig erklärte, so wagte keiner nein zu sagen. Diese feierlich verkündeten Lossprechungen wurden von den Mördern meistens mit Freudenrufen begrüßt. Manche, von einer eigenartigen Gefühlsreaktion ergriffen, vergossen Tränen und sanken in die Arme dessen, den sie einen Augenblick früher noch umbringen wollten. Es war keine geringe Prüfung, den blutigen Händedruck zu empfangen, von diesen empfindsamen Mördern an die Brust gedrückt zu werden. Sie ließen es nicht hierbei bewenden. Sie führten „den braven Mann, den guten Bürger, den guten Patrioten“ nach Hause. Sie zeigten ihm voll Glück, voll Begeisterung der Menge, empfahlen ihn dem Mitleid der Bevölkerung. Wenn sie ihn nicht kannten, nichts von ihm zu sagen hatten, half ihre erregte Plauderei aus und schuf ihm eine Legende; diese erzählten sie unterwegs, und, merkwürdig, wie sie das da improvisierten und es den Passanten glaubhaft machten, glaubten sie selber daran. „Mitbürger“, sagten sie, „ihr seht hier den Patrioten; also hört, man hatte ihn eingesperrt, weil er von der Nation zu gut gesprochen hatte ...“ – „Seht den Unglücklichen“, rief ein anderer, „seine Verwandten hatten ihn dem Kerker überantwortet, um sich seines Guts zu bemächtigen.“ – „Gleichzeitig“, sagt der, dem wir diese Einzelheiten entnehmen, „drängten sich die Vorübergehenden um den Wagen, in dem ich mich befand, umhalsten mich durch die Tür ...“

Wer einen Gefangenen heimführte, machte sich ein Gewissen daraus, nichts von ihm zu empfangen, nahm höchstens ein Glas Wein entgegen von den Freunden oder Verwandten, zu denen er ihn brachte. Man sagte, man sei durch den Anblick einer solchen Freudenszene reichlich belohnt, und weinte oft vor Freude.

Es herrschte, wenigstens beim Beginn dieses entsetzlichen Blutvergießens, eine wirkliche Uneigennützigkeit. Die ansehnlichen Summen in Louis d'or, die man in der Abbaye bei den ersten Opfern fand, wurden sofort zur Kommune gebracht. Ebenso war es bei den Karmelitern. Der Seifensieder, der hier als erster eingedrungen und sich zum Anführer gemacht hatte, gab gewissenhaft acht auf alles, was man fortnahm. Ein Augenzeuge, der es mir berichtet hat, sah ihn am Abend mit seiner Bande in die Kirche Saint-Sulpice eintreten; in seinem blutigen Lederschurz trug er einen Haufen Gold und Edelsteine, Bischofsringe von großem Wert. Er übergab alles getreulich vor Zeugen der Obrigkeit.

Noch am nächsten Tage, dem 3. September, gab es ein bemerkenswertes Beispiel von Uneigennützigkeit. Man meinte, das Abschlachten der Diebe im Châtelet sei eine unvollständige Sache, wenn man nicht die ungefähr sechzig Sträflinge hinzunahm, die bei den Bernhardinern auf den Abtransport warteten. Man ging sie niedermachen und warf die Kleider auf die Straße; man verbot, daran zu rühren. Ein Wasserträger, der vorbeiging, betrachtete sich neugierig einen Anzug am Boden und hob ihn auf, um ihn näher zu besehen; er wurde sofort erschossen.

Diese Zufallsjustiz, die bald aus Wut, bald aus Mitleid, sogar aus Uneigennützigkeit und Ehrgefühl Schwankungen erlitt, bestrafte mehr als einen Republikaner und rettete umgekehrt Royalisten. Im Châtelet konnte d'Eprémesnil sich als Mörder mit durchschmuggeln, so groß war die Verwirrung. Noch mehr verblüfft die Tatsache, daß manche Royalisten einfach deshalb verschont wurden, weil sie sich mutig als Royalisten bekannten, aussagten, daß sie es aus Empfindung und von ganzem Herzen seien, ohne sich eine Tat vorzuwerfen zu haben. Auf die Art entkam ein sehr aristokratischer Journalist, einer der Redakteure der „Actes des Apôtres", Journiac de Saint-Méard. Er hatte einen seiner Wächter, einen Provenzalen gleich ihm, zu interessieren gewußt, der ihm eine Flasche Wein verschaffte; er leerte sie auf einen Zug und sprach mit einer Sicherheit, die das Tribunal entzückte. Maillard verkündete, die Gerechtigkeit des Volkes bestrafe die Taten und nicht die Gedanken. Es entließ ihn als freigesprochen.

Man sieht an diesem einen Beispiel die außerordentliche Kühnheit des Richters aus der Abbaye. Er stellte zuweilen den Gehorsam der Mörder auf eine harte Probe. Manchmal entrüsteten sie sich, erschienen im Gerichtshof, den Säbel in der Hand. Standen sie aber erst vor Maillard, so waren sie eingeschüchtert und machten sich davon.

In der Abbaye war ein reizendes junges Mädchen, Fräulein Cazotte, die sich mit ihrem Vater hatte gefangensetzen lassen. Cazotte, der geistvolle Verfasser komischer Opern, war darum nicht weniger adlig; gegen ihn und seine Söhne lagen sehr schwerwiegende schriftliche Beweise vor[1]. Es war nicht viel Aussicht, ihn retten zu können. Maillard gewährte der jungen Dame die Gunst, der Verhandlung und der Metzelei beizuwohnen, frei herumzugehen. Das kühne Mädchen machte es sich zunutze, um die Mörder günstig zu stimmen; es gewann sie, entzückte sie, eroberte ihre Herzen, und als ihr Vater erschien, fand sich niemand mehr, der ihn töten wollte.[2]

---

[1] Der Aktenstoß, den wir darüber in den „Archives nationales" besitzen, zeugt von dem Leichtsinn der royalistischen Verschwörer. Einer der Spießgesellen Cazottes schickt ihm, um ihm Mut zu machen, die Prophezeiungen des Nostradamus.

[2] Eine Aufopferung, wie die der Damen Cazotte und Sombreuil war immerhin vom Pflichtgefühl und von der Natur diktiert. Andere, noch spontanere, waren in diesem Sinne noch mehr zu bewundern. Der Uhrmacher Monnot rettete den Abbé Sicard mit eigener Lebensgefahr. Geoffroy Saint-Hilaire begnügte sich nicht damit, für seinen Lehrer Hauy die Freiheit erlangt zu haben, sondern entwarf den kühnen Plan, seine Lehrer, die Professoren aus Navarra, die in Saint-Firmin gefangensaßen, zu befreien. Dieser junge Mann von zwanzig Jahren dringt am 2. September um zwei Uhr mit der Karte und den Abzeichen eines Kommissars in das Gefängnis. Die Gefangenen wagten nicht, ihm zu folgen, sei es, daß sie den Erfolg bezweifelten, sei es,

Das ereignete sich am 4. September. Drei Tage waren es schon, daß Maillard unentwegt zu Gericht saß, verurteilte und freisprach. Er hatte zweiundvierzig Personen gerettet. Die dreiundvierzigste schien schwierig, unmöglich zu retten. Es war Herr von Sombreuil, als erklärter Feind der Revolution bekannt. Seine Söhne befanden sich damals im feindlichen Heer, und einer von ihnen schlug sich so ausgezeichnet gegen Frankreich, daß er vom König von Preußen dekoriert wurde. Sombreuils einzige Glücksaussicht war, daß seine Tochter sich mit ihm hatte gefangensetzen lassen.

Als er vor dem Gerichtshof erschien, der zügellose Royalist, der Schuldige, der Aristokrat, und als man dennoch in ihm einen alten Militär gewahrte, der zu anderen Zeiten Frankreich tapfer gedient hatte, übte Maillard Selbstbeherrschung und sprach ein edles Wort: „Schuldig oder unschuldig, ich glaube, es wäre des Volkes unwürdig, seine Hände in das Blut dieses Greises zu tauchen."

Fräulein von Sombreuil bemächtigte sich kraft dieses Ausspruches unerschrocken ihres Vaters und führte ihn in den Hof, küßte ihn, hüllte ihn ein. Sie war dabei so schön und rührend, daß nur ein Ruf der Bewunderung laut wurde. Einige jedoch machten sich nach so viel vergossenem Blut für das, was sie für die Gerechtigkeit hielten, Skrupel, ihrem Herzen zu folgen, dem Mitleid nachzugeben, den Schuldigsten zu schonen. Man hat, ohne irgendwelche Beweise, aber nicht ohne Wahrscheinlichkeit gesagt, daß sie von Fräulein von Sombreuil als Entgelt für das Leben ihres Vaters verlangten, daß sie sich der Revolution zuschwöre, dem Adel abschwöre, und daß sie den Haß gegen die Adligen beweise, indem sie von ihrem Blut trinke.

Es ist nicht unmöglich, daß Fräulein von Sombreuil ihren Vater so zurückkaufte. Aber man hätte ihr nicht einmal diesen Handel angeboten, noch den Eid zugeschoben, wenn nicht der Richter der Abbaye selber die Großmut des Volkes angerufen hätte, und wenn die Parole des Lebens nicht aus dem Munde des Todes erklungen wäre.

---

daß sie fürchteten, denen zu schaden, die nicht entweichen konnten. Die Nacht kam, und in dieser Schreckensnacht wurde die Menschlichkeit in diesem wahrhaft heldenmütigen Herzen noch stärker. Er nahm eine Leiter, lehnte sie an die Mauer von Saint-Firmin, zwei Schritt von den Wachen, und wartete in so außerordentlicher Gefahr acht Stunden, daß die Gefangenen entweichen sollten. Zwölf Priester wurden von ihm gerettet. Einer davon fiel und verletzte sich. Geoffroy Saint-Hilaire nahm ihn in die Arme und trug ihn auf einen benachbarten Holzhof. Und er kehrte wieder zur Leiter zurück; aber der Morgen kam, er wurde von den Wachen bemerkt und erhielt einen Flintenschuß in den Rock. – Ihm, der sich so tapfer für das Menschenleben einsetzte, gewährte Gott als Gegengabe, in die Mysterien des Lebens einzudringen, seine Wandlungen zu begreifen, wie keiner das je gekonnt. Sein Heldenmut aus Liebe enthüllte ihm die Natur, er durchdrang sie mit dem Herzen.

Das war der letzte Akt des Gemetzels. Maillard begab sich aus der Abbaye fort und nahm das Leben von dreiundvierzig Personen, die er gerettet hatte, und die Verwünschungen der Zukunft mit.[1]

---

[1] Die ganz blutbefleckten Register der Abbaye tragen am Rande den verhaßten Namen, gewöhnlich unter dieser Notiz: „durch Urteilsspruch des Volkes getötet", oder „vom Volke freigesprochen. Maillard." Seine Schrift ist sehr schön, sehr groß, monumental, vornehm, gesetzt, die Schrift eines Menschen, der sich ganz in der Gewalt hat, der weder Verwirrung noch Angst kennt, dessen Seele und Gewissen vollkommen ruhig sind. – Maillard erscheint in der ganzen Revolution nicht wieder: er blieb wie im Blut begraben. – Den schönen Ausspruch, den er zur Rettung Sombreuils tat, kann man nicht in Zweifel ziehen, wir haben ihn in dem Blatt gefunden, das den Männern des September höchst feindlich gesinnt ist, in Brissots Zeitung „Le Patriote français". – Eine mit der Geschichte der Revolution sehr vertraute Persönlichkeit, die auch die Männer und die Charaktere jener Zeit vollkommen kennt, sagte mir, sie vermute, Maillard sei von Danton abgesandt worden, um ein Mustertribunal zu begründen, das man in anderen Gefängnissen nachahmen könnte, um auf die Art einen Teil der Gefangenen zu retten. Das wäre möglich. Immerhin dünkt es mich ebenso wahrscheinlich, daß der unerschrockene Pedell nur allein und impulsiv gehandelt hat.

VIERTES KAPITEL

Der 3. und 4. September

Allgemeiner Schrecken in der Nacht vom 2. zum 3. September. – Berechnete Unentschlossenheit Dantons. – Zunahme der Barbarei am 2., 3. und 4. September. – In der Abbaye wird die Metzelei zu einem Schauspiel (3. September 1792). – Angriff auf das Frauenhospiz. – Gefahr der Frauen in La Force. – Bluttaten in La Force (3. September 1792). – Tod der Frau von Lamballe. Frau von Lamballes Kopf wird zum Temple getragen (8. September 1792). – Die Minister fordern vergeblich, daß die Nationalversammlung die Nationalgarde zu den Waffen ruft. – Brief Rolands an die Versammlung. – Rundschreiben Marats, der im Namen der Kommune den Departements das Massaker anrät. – Ermordung der Frauen und Kinder in der Salpêtrière und in Bicêtre (4. September 1792).

Niemand gab sich in der Nacht vom 3. zum 4. September noch Rechenschaft von der Tragweite und dem Charakter des schrecklichen Ereignisses. Dem Schleier der Nacht fügten der Taumel und das Entsetzen einen doppelten Schleier hinzu. Viele Männer, die seitdem auf dem Schafott oder in den Schlachten so gut zu sterben wußten, verloren in dieser Nacht die Besonnenheit und hatten Angst.

Man ahnte keineswegs, wie klein die Zahl der Mitwirkenden bei der Tragödie war. Die große Menge der Zuschauer, der Neugierigen, täuschte vollkommen darüber. Die Mörder waren zu Anfang kaum fünfzig; und wie viele auch hinzukamen, so überstieg ihre Zahl doch nie drei- bis vierhundert. Die Abbaye war gewissermaßen ihr Hauptquartier; hier „arbeiteten“ sie drei Tage lang, und von hier aus begaben sich die meisten zu den verschiedenen Gefängnissen, am 2. September zu den Karmelitern, am 3. nach La Force, nach Saint-Firmin, zu den Bernhardinern. Am 4. verließen sie in großer Zahl Paris und unternahmen den Zug nach der Salpêtrière und nach Bicêtre.

Die Phantasie stellte aber nicht solche Berechnungen an. Chabot, der in der Abbaye zugegen gewesen war, hatte zehntausend Säbel zu sehen geglaubt. Diejenigen, die nicht dabei waren, sahen hunderttausend.

Die Ansteckungsgefahr der Volkswut ist oft so groß und schnell um sich greifend, daß man tatsächlich glauben konnte, der erste Funke werde eine gewaltige Feuersbrunst entfachen. Würde nicht die Masse der Freiwilligen, deren Zahl keiner kannte, sich in Bewegung setzen, gegen die Gefängnisse zu Felde ziehen, dann vielleicht gegen die Nationalversammlung, Haus um Haus gegen die Aristokraten? ... Man konnte es nicht vorher wissen. Was tun, wenn es so käme? Welche Kraft ihnen entgegenstellen? Es sei denn, daß man die Royalisten zu Hilfe rief, anders gesagt, den Feind, daß man den Temple aufmachte, den 10. August rückgängig machte.

Um ein Uhr morgens (am 3.) kamen die Kommissare der Kommune, um den paar Abgeordneten, die zu dieser vorgerückten Nachtstunde allein die Nationalversammlung repräsentierten, über die Metzelei Meldung zu machen. Sie gaben zu verstehen, daß alles beendet sei, sprachen davon als einer vollzogenen Tatsache. Einer von ihnen, Truchon, schilderte kummervoll die geringen Resultate, die seine Einmischung in La Force erzielt hatte. Tallien aber und ein anderer gaben unschwer zu erkennen, daß sie die gerechte Rache des Volkes gewissermaßen anerkannten, die ohnedies nur wohlbekannte Schurken getroffen habe; sie sprachen von der Uneigennützigkeit der Mörder und von der schönen Organisation des Gerichtshofes in der Abbaye. – Alles das wurde in düsterem Schweigen aufgenommen.

Jede öffentliche Gewalt sah sich lahmgelegt. Die Minister verließen Paris.

Und jede moralische Gewalt schien ebenfalls vernichtet. Robespierre war verborgen. Er hatte noch in dieser Nacht das Haus der Duplays verlassen und sich zu einem eifrigen Jünger geflüchtet, der soeben in Paris angekommen war, dem damals unbekannten, inzwischen allzubekannt gewordenen Saint-Just. Man versichert, Robespierre habe sich nicht einmal schlafen gelegt.

Wenn man Thuriot glauben wollte, der allerdings Dantons Freund war, so wäre dieser in der furchtbaren Nacht der einzige gewesen, der aufrecht und fest blieb, „der entschlossen war, den Staat zu retten".

Der heftige und cholerische Thuriot hatte ein schönes Wort gesagt, als er sich in der Nationalversammlung den mörderischen Anmaßungen der Kommune widersetzte: „Die Revolution gehört nicht nur Frankreich; wir sind der ganzen Menschheit dafür verantwortlich." Man darf mit Recht annehmen, daß er von Danton Rechenschaft forderte über das vergossene Blut.

„Den Staat retten", dies Wort umfaßte zwei Dinge: Trotz allem in Paris bleiben, bis zum Tode hier ausharren und die anderen bleiben machen; – anderseits die Einigkeit der öffentlichen Gewalten erhalten oder wiederherstellen, einen Zusammenstoß zwischen den beiden übrigbleibenden Gewalten vermeiden, der Nationalversammlung und der Kommune.

Die Hand gegen die Kommune erheben, in einer so verzweifelten Krise die letzte Macht vernichten, die noch Kraft besaß, das war ein schreckliches Vorhaben, bei dem das im Sterben liegende Frankreich verenden konnte. Wenn man hingegen die Kommune gewähren ließ, die Augen vor dem Blutvergießen schloß, so hieß das, sich durch diese erzwungene Duldung demütigen, sich nachsagen lassen, man habe Angst, man sei schwach, feige, gemein und der Knecht Marats.

Blieb noch ein dritter Standpunkt, der des Hochmuts: die Metzelei als gut zu bezeichnen, der Kommune recht zu geben – oder sogar zu verstehen geben, man habe es so gewollt, habe es befohlen, die Kommune habe lediglich gehorcht.

Dieser ungeheuer dreiste dritte Standpunkt hatte das Verführerische, daß Danton, wenn er ihn wählte, sich an die Spitze der Gewalttäter stellte, sich Marat unterwarf, die unbestimmten Beschuldigungen zerstreute, in die man ihn zu hüllen suchte.

In dem Mann war, wie ich schon sagte, etwas vom Löwen, aber auch von der Dogge, auch vom Fuchs. Und dieser behütete um jeden Preis die Haut des Löwen.

Was sagte er in der Nacht des 2. September? Ich kann nicht glauben, daß er bereits die volle Verantwortlichkeit für das Verbrechen auf sich genommen habe. Der Erfolg war noch zu ungewiß. Wir werden sehen, wie gradweise Danton es übernahm und vertrat.

Die Dinge wurden also dem Verhängnis, dem Zufall überlassen, dem furchtbaren „crescendo", dem das ungezügelte Verbrechen unvermeidlich folgt.

Seit der Nacht vom 3. auf den 4. konnte man wahrnehmen, wie die Metzelei einen anderen Charakter annahm, wie sie nicht mehr das Bild einer wilden, doch uneigennützigen Volksjustiz bot, das man ihr zuerst zusprechen wollte.

Wir haben gesehen, daß die Mörder von verschiedenen Elementen durchsetzt waren, die, am ersten Tage noch unklar und zurückgedämmt, in der Folge nach und nach losbrachen; das Böse riß alles mit. Es gab bezahlte Leute; es gab Trunkenbolde und Phantasten; es gab Räuber; diese traten nach und nach hervor.

Abgesehen von den fünfzig und einigen Bürgern, die in der Abbaye das Umbringen besorgten und sicher kaum vom Platze gingen, zogen die anderen (im ganzen zwei- bis dreihundert) von Gefängnis zu Gefängnis, berauschten sich und wälzten sich mehr und mehr in Blut und Schmutz. Die Metzelei, die am 2. für viele eine Anstrengung war, wurde am 3. zu einem Genuß. Allmählich mischte sich der Diebstahl drein. Man begann Frauen zu töten. Am 4. gab es Vergewaltigungen, man tötete sogar Kinder.

Der Anfang war bescheiden. In der Nacht vom 2. oder der Nacht vom 2. zum 3. sahen von denen, die in der Abbaye mordeten und weder Schuhe noch Strümpfe hatten, manche mit Neid auf die Fußbekleidung der Adligen. Sie wollten sie ihnen nicht nehmen, ohne dazu ermächtigt zu sein. Einige begaben sich zur Sektion, deren Büro in der Abbaye selbst seinen Sitz hatte, und bekamen die Erlaubnis, die Schuhe der Toten anzuziehen. Da die Sache leicht zu erlangen gewesen war, kam ihnen der Appetit, und sie verlangten mehr: Bons auf bei den Händlern zu entnehmenden Wein, um die Arbeiter aufrechtzuhalten und sie bei Bedarf anzufeuern.

Die Dinge blieben hier nicht stehen. Je mehr man sich berauschte, desto mehr Leute wagten es, Kleidungsstücke zu stehlen. Einer von denen, die in dieser Nacht am eifrigsten auf diese Art „arbeiteten", war ein Trödler vom Quai du Louvre, genannt Laforêt. Sein fürchterliches Weib tötete auch und stahl unverschämt; es waren bekannte Plünderer. Später, am 31. Mai, beklagte Laforêt sich bitter, daß keine Plünderung in den Häusern stattfand: „An einem solchen Tag“, sagte er, „hätte ich mindestens fünfzig Häuser auf mein Teil haben müssen.“

Mochte Maillard finden, daß diese Diebe ihm sein Blutgericht verdarben und daher die Kommune benachrichtigen, oder wollte sie selbst dieser schönen Volksjustiz eine gewisse Reinheit erhalten? Kurz, eins ihrer Mitglieder erschien um halb ein Uhr nachts in der Abbaye, ein Mann mit sanftem Antlitz, braunem Anzug und einer kleinen Perücke. Es war Billaud-Varenne. Er versuchte nicht, der Metzelei Einhalt zu tun; das Beispiel Manuels, Dusaulx' und der anderen Abgeordneten bekundete zur Genüge, daß die Sache unmöglich war. Er bestand nur darauf, daß man die Beute rettete. Immerhin, da jede Mühe einen Lohn verdient, versprach er den „Arbeitern“ eine regelrechte Löhnung. Diese sehr gehässige Maßnahme, die auch eine Billigung bedeutete, war deshalb nicht weniger von guter Wirkung; von dem Zeitpunkt an, da sie regelrecht bezahlt wurden, „arbeiteten“ sie viel weniger und ließen langsam nach.

Ein großer Teil der Mörder war nach dem Châtelet und La Force gestürmt. Die Schlächterei in der Abbaye wurde eine Sache des Vergnügens, der Belustigung, ein Schauspiel. Man häufte in der Mitte des Hofes Kleidungsstücke zu einer Art Matratze auf. Das Opfer, das aus der Tür in diese Arena geschleudert und von Säbel zu Säbel, von Pike zu Pike weitergegeben wurde, sank nach manchem Kreislauf blutüberströmt auf die Matratze nieder. Die Anwesenden beobachteten mit Interesse, auf welche Art ein jeder lief, schrie und niederfiel, den Mut, die Feigheit, die der und der gezeigt hatte, und urteilten als Kenner. Vor allem die Frauen fanden großes Gefallen daran; war ihr erster Widerwille einmal überwunden, so wurden sie zu schrecklichen, unersättlichen Zuschauern, wie rasend vor Lust und Neugier. Die Mordgesellen, entzückt über das Interesse, das man an ihrem Werke nahm, hatten rund um den Hof, von Lämpchen gut erhellt, Bänke aufgestellt; doch nicht wahllos für Zuschauer beiderlei Geschlechts; es gab Bänke für die Herren und Bänke für die Damen, mit Rücksicht auf Ordnung und Moralität.

Zwei Zuschauer verwunderten sich sehr und beteiligten sich an dem Schauspiel: es waren zwei Engländer; der eine fett, der andere mager, in langen Überröcken, die ihnen bis auf die Schuhe fielen. Sie standen, einer rechts, der andere links, Flaschen und Gläser in Händen; sie hatten das Amt übernommen, die Tätigen zu erfrischen und reichten ihnen die ganze Nacht Wein und Branntwein. Man hat gesagt, es seien Agenten der englischen Regierung gewesen. Nach einer anderen und wahrscheinlicheren Mutmaßung (die durch ein in London veröffentlichtes Werk, das offenbar den einen der beiden Engländer zum Verfasser hat, bestärkt wird), waren es lediglich neugierige Reisende, überspannte Menschen, die starke Erregungen suchten, übrigens betonte Radikale, die nur eins an der Sache bedauerten: daß sie nicht in London stattfand.

Das Blutbad, das für die einen die Gelegenheit zur Räuberei, für die anderen ein Schauspiel war, wurde immer unschöner. Einige – man sah es nur zu deutlich – fanden Gefallen am Töten. Diese ungeheuerliche Neigung enthüllte sich noch in der Nacht in den ausgesuchten Martern, denen man ein Weib unterzog. Es war eine bekannte Blumenhändlerin des Palais-Royal.

Das empörende Vergnügen, das man darin gefunden hatte, ein Weib leiden zu sehen, beschmutzte die Seelen, die Metzelei artete immer mehr aus. Gegen Morgen begab sich ein Haufen Männer zur großen Frauenherberge, der Salpêtrière. Hier gab es Frauen jeden Alters und jeder Klasse, junge und alte, schon sieche, schließlich öffentliche Dirnen. Diese waren, wie wir erwähnten, alle des Royalismus verdächtig. Immerhin – war dieser patriotische Zorn, der sich gegen meist junge und hübsche Mädchen wandte, ein reiner Fanatismus? Oder hatte der Gedanke an Vergewaltigung Herrschaft über die Geister gewonnen? ... Wie dem auch sein mag, man fand dort eine große Anzahl Nationalgarden vor, und da man noch wenig zahlreich war, vertagte man die Unternehmung.

Der 3. September war vor allem durch die Metzelei in La Force bemerkenswert; es gab viele Frauen in diesem Gefängnis, die sehr in Gefahr waren. Die Kommune hatte noch nachts hingeschickt, um wenigstens die fortzuführen, die nur wegen Schulden dort waren. Es war halb ein Uhr nachts, und die Mörder waren schon an den Toren – wenig zahlreich allerdings. Es war eine schmachvolle Sache zu sehen, wie eine Schar von kaum fünfzig vom Volke keineswegs gestützten Männern im Namen des Volkes sprach und seine wahren Repräsentanten, die Mitglieder der Kommune, zum Weichen brachte. Diese Volksbeamten wurden nicht im geringsten geachtet; man bedrohte sie mit dem Säbel. Indessen führten sie nicht nur die Schuldgefangenen mit fort, sondern auch Frau von Tourzel, die Erzieherin des Dauphin, ihre junge Tochter Pauline, drei Kammerfrauen der Königin und jene der Frau von Lamballe. Diese Fürstin jedoch, die persönliche Freundin der Königin und so sehr der Gegenstand des allgemeinen Hasses, wagte man nicht fortzuführen.

Die Kommune hatte keine Veranlassung mehr zu dem Wunsch, daß man töten müsse. Die Metzelei in vier Gefängnissen hatte mehr als die Schreckenswirkung herbeigeführt, die ihnen die Macht in Händen ließ. Sie hielt die Nationalversammlung, die Presse und Paris am Boden. Am Morgen des 3. September schickte sie, um den fürchterlichen Schlag noch direkter zu führen, früh um sieben zwei ihrer Kommissare zu dem angesehensten Mann der Presse, zu Brissot, unter der Vorgabe, in seinen Papieren nach den Beweisen zu dem großen Verrat, den Beziehungen zu Braunschweig, zu suchen, die Robespierre am 1. und am 2. September vorgebracht hatte. Man wußte, daß man nichts finden würde, und man fand in der Tat nichts; man wollte nur Angst machen, die Versammlung erschrecken, sie vernichten, ohne sie zu zerschmettern, die Presse töten und zum Schweigen bringen. Diese beiden Wirkungen wurden erzielt. Kein Journalist konnte sich mehr sicher glauben, wenn Brissot, ein so angesehenes Glied der Nationalversammlung, eine Haussuchung, eine Bedrohung widerfuhr. Die furchtbare Bestürzung, die am 2. herrschte, zeigt sich in den Zeitungen, die im Laufe des Tages redigiert wurden und am folgenden Tage, dem übernächsten und den anschließenden Tagen erschienen. Gerade hier muß man das physiologische, grausige, beschämende Phänomen, die Furcht, studieren. Später sind diese Journalisten heldenhaft gestorben, nicht einer hat Schwäche gezeigt. Am 3. September waren sie wie erstarrt; sie wagten nicht einmal, zu schweigen; sie stammelten in ihren Zeitungen, schwankten, lobten beinahe „die furchtbare Volksjustiz".

Zwei Mitglieder der Kommune präsidierten bei der Metzelei in La Force (Hébert, Lhuillier, Chépy? Man ist da abweichender Ansicht). Wenn sie etliche Opfer retten wollten, so war ihre Aufgabe leichter, als die der Richter in der Abbaye. La Force enthielt weniger politische Verbrecher. Die Mörder waren weniger zahlreich, die Zuschauer weniger angeregt. Die Bevölkerung des Viertels sah die Sache kühl mit an und nahm keinen Teil daran. Hingegen hatten die Richter längst nicht die Autorität Maillards; sie hatten keine Gewalt über die Mörder, sondern wurden von ihnen beherrscht, waren sozusagen ihr Werkzeug, und retteten nur wenige Personen.

„Es geschehen lassen, töten lassen", das war, scheint es, am Morgen des 3. September der Gedanke der Kommune. Um diese Zeit empfing sie ein paar Leute der Quinze-Vingts, die, in einem Ton, als hätten sie die Vollmacht ihrer Petitionen, nicht nur den Tod der Verschwörer forderten, sondern auch die Gefangennahme der Frauen der Emigranten. Die Gefangennahme an diesen Tagen glich dem Todesurteil. Die Kommune wagte nicht nein zu sagen, und erwiderte feige, es sei der Weisheit der Sektionen überlassen, die Maßnahmen zu ergreifen, die ihnen unentbehrlich schienen.

Manuel und Pétion, die sich nach La Force begaben, um einen Vermittlungsversuch zu machen, sahen mit Grauen ihre Kollegen von der Kommune in der Schärpe tagen und die Schlächterei rechtfertigen. Manuel wollte wenigstens die letzte Frau, die noch in La Force war, retten, Frau von Lamballe, und zog sich erst zurück, als er ihr Heil gesichert glaubte. Schon am Vorabend hatte er in der Kommune das Glück gehabt, Frau von Staël zu retten. Ihr Titel als Gattin des schwedischen Gesandten genügte nicht, um sie zu schützen; Manuel hatte Erfolg, als er darauf hinwies, daß sie schwanger sei.

Um nach La Force zurückzukehren: Pétion hielt eine Ansprache an die Mörder, man hörte ihn an; er sprach sehr verständig und glaubte, sie zur Menschlichkeit bekehrt zu haben; er erreichte sogar, daß sie fortgingen, daß sie zur Tür hinausgingen. Als er weg war, kamen sie durch die andere wieder herein und trieben es ebenso wie bisher.

Das Viertel Saint-Antoine und das Faubourg blieben der Sache fern. Zwar konnte man einen Augenblick glauben, daß sie aus ihrer Untätigkeit herausgehen würden, daß die Masse der Anständigen sich entschließen werde, die Mörder zu verjagen. Einige Männer holten von der Sektion eine Kanone (ich zitiere einen Augenzeugen) und begannen sie nach La Force zu ziehen. Als sie ganz nahe an die Kirche herangekommen waren, sahen sie, daß man sich ihnen nicht anschloß, und ließen ihre Kanone stehen.

Die Mörder fuhren in ihrer Tätigkeit fort. Das Opfer, das sie erwarteten, wünschten, war Frau von Lamballe. Sie waren gern bereit gewesen, vier, fünf Kammerdiener des Königs, des Dauphin, zu verschonen, in der Erkenntnis, daß die Ergebenheit eines Bediensteten nicht als Verbrechen angesehen werden kann; Frau von Lamballe aber erachteten sie als die hauptsächliche „Ratgeberin der Österreicherin", als ihre Vertraute, ihre Freundin und mehr noch. Alle wünschten ihren Tod.

Sie täuschten sich bestimmt über den Einfluß, den sie ihr auf die Königin zuschrieben. Das Gegenteil war wahrscheinlicher. War die Königin leichtlebig, so war sie doch nicht fügsam; sie hatte männliche und starke, herrische Eigenschaften, einen unerschrockenen Charakter. Frau von Lamballe war im eigentlichen Sinne ein Weib. Ihr mehr als feminines Porträt[1] ist das einer zierlichen kleinen Savoyardin; man weiß, daß sie tatsächlich von dorther stammte. Der Kopf ist sehr klein, abgesehen von dem ungeheuren und lächerlichen Haarturm, wie er damals getragen wurde; die Züge sind ja klein, mehr niedlich als schön; der Mund ist hübsch, aber eingekniffen, mit dem starren Lächeln der Savoyarden und Hofleute. Dieser Mund sagt nicht viel; man weiß in der Tat, daß die liebenswürdige Prinzessin wenig Gesprächsstoff hatte, wenig Gedanken; sie war wenig unterhaltend. Das Porträt, das der Überlieferung ganz entspricht, ist das einer angenehmen und mittelmäßigen Persönlichkeit, zur Abhängigkeit und zum Gehorsam geboren.

Die Königin hatte sie recht gern, aber sie war zu ihr wie zu allen, unbeständig, ungleich. Zuerst warf sie sich mit ihrer ganzen leidenschaftlichen Art in ihre Arme. Die arme junge Fremde, von ihrem Gatten, der sie verließ und bald darauf starb, ins Unglück gestürzt, war dankbar, verschenkte sich von ganzem Herzen und für immer. Ob gut oder schlecht behandelt, sie blieb zärtlich und treu, mit der ihren Landsleuten eigenen Beständigkeit. Diese junge und hübsche Frau gehörte ganz zwei Personen, dem alten Herzog de Penthièvre, ihrem Schwiegervater, der eine Tochter in ihr sah, und der Königin, die sie um Frau von Polignac vergaß. Die Königin hatte nicht nötig, sie gut zu behandeln, sie

[1] Im Museum zu Versailles. Die anderen Porträts sind lächerlich, verächtliche Lügen, wie die französischen und englischen Denkwürdigkeiten, unter die man ihren Namen gesetzt hat.

war ihrer blinden Ergebenheit in allen ehrenhaften oder unehrenhaften Dingen gewiß; sie bediente sich ihrer anstandslos für alles mögliche, in jeder Intrige, kompromittierte sie in jeder Weise, nutzte sie aus und täuschte sie. Man urteile an einer Begebenheit: Frau von Lamballe war es, die sie zur Salpêtrière schickte, um Frau von Lamotte, die unlängst gepeitscht und gebrandmarkt worden war, Geld anzubieten. Die Königin fürchtete offenbar, diese könne in der nichtswürdigen Halsbandgeschichte Memoiren veröffentlichen. Das allzufügsame Werkzeug Marie-Antoinettes erhielt von der Vorsteherin des Hospizes den niederschmetternden Bescheid: „Sie ist verurteilt, Madame, doch nicht dazu, Sie zu sehen."

In den Jahren 1791 und 1792 bediente die Königin sich Frau von Lamballes in weniger schamloser, doch sehr gefährlicher Weise und brachte sie auf den Weg des Todes. Sie benutzte ihren Salon zu Empfängen; sie verhandelte bei ihr oder durch sie mit den hervorragenden Männern der Nationalversammlung, die sie zu bestechen suchte; hierher ließ sie die royalistischen Journalisten kommen, die gehaßten, die kompromittierendsten Männer. So gab sie ihrer Freundin eine politische Bedeutung, die dieser ihr Charakter, ihre Schwäche, ihr völliger Mangel an Befähigung nie verliehen hätten. Das Volk begann diese kleine Frau als ein wichtiges Parteihaupt anzusehen. Das einzige Gewisse ist, daß sie Marie-Antoinettes Geheimnis kannte, daß sie sie durch und durch kannte, da die Königin nicht einmal für nötig hielt, sich vor einer so abhängigen, so schwachen Freundin zu verbergen, die sie „quand même" liebte, wie ein Hund seinen Herrn.

Diese unglückselige Frau war in Hut, in Sicherheit, als sie erfuhr, die Königin sei in Gefahr. Ohne Überlegung, unwillkürlich, führte ihr Instinkt sie zurück, um, wenn jene sterben mußte, mit zu sterben. Sie war am 10. August bei ihr, war mit ihr im Temple. Man erlaubte ihr nicht, dort zu bleiben; man entriß sie Marie-Antoinette, und man brachte sie nach La Force. Da begann sie zu fühlen, daß ihre Ergebenheit sie recht weit getrieben hatte, bis zu einer Prüfung, der sie nicht gewachsen war. Sie war krank vor Angst. In der Nacht vom 2. zum 3. September hatte sie Frau von Tourzel fortgehen gesehen, und sie, sie war geblieben. Das enthüllte ihr das eigene Schicksal. Sie vernahm schreckliches Lärmen, lauschte, vergrub sich in ihrem Bett, wie ein Kind, wenn es Furcht hat. Gegen acht Uhr treten zwei Nationalgardisten ungestüm herein: „Stehen Sie auf, Madame, es wird nach der Abbaye gegangen." – „Aber, meine Herren, Gefängnis ist Gefängnis; ich bleibe ebenso gern hier; lassen Sie mich." Sie geben nicht nach. Da ersucht sie dieselben, einen Augenblick hinauszugehen, damit sie sich anziehen kann. Endlich ist das getan; aber sie kann nicht gehen; zitternd nimmt sie den Arm des einen der Nationalgardisten, geht hinunter, langt vor dem höllischen Gerichtshof an. Sie sieht die Richter, die Waffen, die trockene Miene Héberts und der anderen, betrunkene Männer mit Blut an den Händen.

Sie fällt in Ohnmacht. Sie kommt wieder zu sich, um von neuem ohnmächtig zu werden. Sie wußte nicht, daß viele Leute leidenschaftlich wünschten, sie zu retten. Die Richter waren ihr wohlgesinnt; selbst bei denen, die sie roh behandelten, bei den Mördern sogar, hatte man ihr Freunde geworben. Sie mußte nur ein bißchen sprechen können,[1] man mußte ihrem Munde nur ein Wort entlocken, das man zu ihrem Heil auslegen konnte. Man sagt, über den 10. August habe sie ganz leidlich Rede gestanden; als man aber von ihr forderte, dem Königtum Haß zu schwören, Haß dem König, Haß der Königin, da krampfte sich ihr Herz so zusammen, daß sie nicht mehr reden konnte; sie verlor die Haltung, bedeckte die Augen mit den Händen, wandte sich zur Tür. Als sie die Schwelle überschritt, traf sie auf einen gewissen Truchon, ein Mitglied der Kommune, glaube ich, der sich ihrer bemächtigte, und an der anderen Seite wurde sie von einem Mörder, dem großen Nicolas, ebenfalls gepackt. Alle beide – und auch noch andere – hatten versprochen, sie zu retten. Man sagt sogar, daß mehrere ihrer Leute sich unter die Würger gemischt hatten und sie auf der Straße erwarteten. „Ruf: ‚Es lebe die Nation!'", sagten sie, „und es wird dir nichts geschehen."

Da erblickte sie an der Ecke der kleinen Rue Saint-Antoine etwas Entsetzliches, eine weiche, blutige Masse, auf der einer der Mörder mit seinen eisenbeschlagenen Schuhen herumtrat. Es war ein aufgeschichteter Haufe ganz nackter, weißer Leiber. Dort mußte man die Hand auflegen und den Eid leisten: diese Probe war zu stark. Sie wandte sich ab und stieß einen Schrei aus: „Pfui! Entsetzlich!"

Kein Zweifel, daß unter den Mördern rasende Fanatiker waren, die sich, nachdem so viel Unbekannte, Unschuldige getötet worden waren, entrüsteten, diese hier, die ihrer Ansicht nach Schuldigste, die Freundin und Vertraute der Königin, verschont zu sehen. Warum? Weil sie Prinzessin, weil sie sehr reich war und es gewiß viel zu verdienen gab, wenn man ihr hier heraushalf. Man versichert, daß tatsächlich beträchtliche Summen unter denen verteilt wurden, die sich anheischig machten, sie vor dem Schlimmsten zu retten.

Der Kampf um sie war allem Anschein nach zwischen den Bestechlichen und den Fanatikern im Gange. Einer der Wütendsten, ein kleiner Perückenmacher, Charlat, Trommler bei den Freiwilligen, geht auf sie zu und wirft ihr mit seiner Pike die Haube vom Kopf; ihre schönen Haare lockern sich und fallen nach allen Seiten herab. Die ungeschickte oder trunkene Hand, die ihr diesen Schimpf angetan hatte, zitterte, und die Pike hatte ihr die Stirn gestreift; sie blutete. Der Anblick des Blutes hatte seine gewohnte Wirkung: einige stürzten sich auf sie;

---

[1] Peltier verfehlt nicht, ihr eine Reihe schöner Antworten in den Mund zu legen, den reinsten Corneille. Nichts ist unwahrscheinlicher, nach allem, was wir von dieser schwachen und schüchternen Frau wissen, die offenbar ganz unfähig war, eine solche Rolle durchzuführen.

der eine kam von hinten und versetzte ihr einen Keulenschlag; sie fiel und war im Augenblick von mehreren Stichen durchbohrt.

Sie hatte kaum den Atem ausgehaucht, als die Umstehenden aus einer unwürdigen Neugier, die vielleicht der Hauptgrund für ihren Tod gewesen war, sich auf sie stürzten, um sie zu betrachten. Die unzüchtigen Beobachter mischten sich unter die Mörder, im Glauben, irgendein schändliches Geheimnis an ihr zu entdecken, das die umlaufenden Gerüchte bestätigte. Man riß ihr alles ab, Kleid und Hemd; und nackt wurde sie an einem Eckstein hingebreitet, an der Mündung der Rue Saint-Antoine. Ihr armer, verhältnismäßig recht gut konservierter Körper (sie war nicht mehr sehr jung) sprach mehr für als gegen sie; ihr kleiner, im Tode noch rührender Kinderkopf redete nur zu sehr von ihrer Unschuld oder ließ wenigstens gut sehen, daß sie höchstens aus Gehorsam oder freundschaftlicher Schwäche gefehlt hatte.

Ihr Leichnam lag von acht Uhr bis mittags blutüberströmt auf dem Pflaster. Ihr Blut, das in Bächen aus zahlreichen Wunden rann, bedeckte sie von Minute zu Minute mehr, verhüllte sie den Blicken. Ein Mann stellte sich daneben auf, um die Flut zu hemmen; er wies der Menge den Körper: „Seht ihr, wie weiß sie war? Seht ihr die schöne Haut?" Man muß darauf hinweisen, daß diese letztere Eigenschaft, weit entfernt, das Mitleid zu erwecken, den Haß steigerte, da sie als Zeichen des Adels angesehen wurde. Es gehörte zu dem, was bei der Metzelei den Mördern am meisten zu ihren seltsamen Urteilssprüchen gegen die zu Tötenden beitrug. Das Wort: „der Herr mit der zarten Haut" war schon ein Todesurteil.

Indessen – sei es, um Schmach und Schimpf zu erhöhen, sei es aus Angst, daß die Anwesenden schließlich gerührt werden könnten – verstümmelten die Mörder den Leichnam und schnitten ihr den Kopf ab.

Es war ein fürchterlicher Anblick, sie von La Force abziehen zu sehen, ihre widerlichen Siegeszeichen an den Piken aufgespießt durch die breite und prächtige Rue Saint-Antoine tragend. Eine ungeheure Menge folgte ihnen, stumm vor Staunen. Außer ein paar Kindern und ein paar lärmenden Betrunkenen waren alle von Grauen ergriffen. Ein Weib will sich vor diesem Anblick flüchten und stürzt zu einem Perückenmacher; doch gerade zu diesem wollen sie ... Das Weib, von Angst niedergeschmettert, stürzt jäh zu Boden, glücklicherweise in den Hinterladen. Die Mörder werfen den Kopf auf den Ladentisch und sagen zum Perückenmacher, er müsse ihn frisieren; sie brächten ihn, so sagen sie, zum Besuche seiner Herrin zum Temple; es sei nicht schicklich, daß er sich so zeige, wie er da sei. Sie hatten in der Tat den Einfall, der Königin die bittere und gemeine Marter anzutun, das Herz, das Haupt und die Schamteile von Madame de Lamballe ansehen zu müssen – dieses Herz, das sie so geliebt hatte!

Man war in außerordentlicher Sorge für den Temple. Die beizeiten bekundete Absicht der Mörder ließ die Kommune zwei tatsächlich sehr unheilvolle

Dinge fürchten: entweder, daß der König und seine Familie, so kostbare Geiseln, umgebracht würden, oder daß die Nationalversammlung zu ihrem Schutz genehmigte, daß man zu den Waffen griff, was den Royalisten einen Vorwand gegeben hätte, sich zu erheben. Die Kommune schickte zur Versammlung und schickte zum Temple. Die Kommissare griffen zu einem schlauen Mittel, den Temple zu schützen und dabei jede Möglichkeit eines Zusammenstoßes zu vermeiden; sie umgaben die Mauer mit einem schlichten Trikolorenband. Wie furchtbar der Augenblick auch war, sie wußten genau, daß die große Masse des Volkes das Band achten und dafür sorgen würde, daß andere es achteten; man sagt, einige küßten es sogar begeistert. Es war nicht zu befürchten, daß die Totschläger es durchbrechen würden; sie wollten es auch gar nicht; sie verlangten nur, unter den Fenstern der königlichen Familie vorbeizuziehen, von der Königin gesehen zu werden. Man wagte nicht, es ihnen abzuschlagen; man ersuchte sogar den König, ans Fenster zu treten, als der leichenblasse Kopf mit all seinen langen Locken auf der Pike schwankend daherkam und sich zur Höhe der Fenster erhob. Einer der Kommissare warf sich aus Menschlichkeit vor den König hin, aber er konnte nicht verhindern, daß er sah und erkannte ... Der König hielt die Königin, als sie vorstürzte, zurück und ersparte ihr den fürchterlichen Anblick.

Der Umzug setzte sich durch ganz Paris fort, ohne daß irgendwer ihn hinderte. Man trug den Kopf ins Palais-Royal, und der Herzog von Orléans, der bei Tisch war, sah sich gezwungen, sich zu erheben, auf dem Balkon zu erscheinen und die Mörder zu grüßen. Er sah in Madame de Lamballe eine Freundin der Königin und demnach seine Feindin. Er sah auch die Zukunft hierin und das, was er selber bald zu erwarten hatte; er trat entsetzt zurück. Seine Mätresse, Madame de Buffon, rang die Hände und rief: „Mein Gott! Bald wird man auch meinen Kopf so durch die Straßen tragen."

Dieser Triumph des Widerwärtigen, die niederträchtige Unverschämtheit einer kleinen Zahl von Verbrechern, die eine ganze Bevölkerung zwangen, ihre Augen so zu besudeln, verursachte im öffentlichen Bewußtsein eine heftige Reaktion. Der drückende Nebel des Schreckens, der ganz Paris einhüllte, schien sich ein wenig zu lüften. Der Kriegsminister und der Minister des Inneren verlangten von der Nationalversammlung Maßnahmen zur Ruhe und Ordnung, nicht im Namen der Menschlichkeit (keiner wagte mehr, dies Wort zu nennen), sondern im Namen der Abwehr.

Der Feind rückte vor, er hatte Verdun genommen. Das abgeleugnete, bestätigte und wieder abgeleugnete Ereignis wurde diesmal offiziell angekündigt. Der Feind rückte an, marschierte auf Paris, und er sollte es im Zustand höchster Schwäche finden, wie sie einer blutigen Orgie folgt, von Angst gelähmt, von Blut besudelt.

Die Minister hatten recht, wenn sie behaupteten, die Pariser Ausschreitungen seien eine Schwäche und keine Stärke, sie seien ein Hindernis, ein Hemmschuh für die Verteidigung; sie verlangten, die Nationalversammlung solle die ganze Nacht beisammen bleiben, und sie solle die Nationalgarde zu den Waffen rufen. Sie ließen die Kommune unerwähnt, ebenso den Kommandanten der Nationalgarde, Santerre; es erschien in der Tat als eine heikle Sache, das Ende der Metzelei von denen zu fordern, die sie begonnen hatten.

Die Versammlung tat nicht, was die Minister Roland und Servan forderten; sie handelte nicht selbst, rief nicht die Nationalgarde auf, sondern handelte verfassungsmäßig durch die Kommune, durch den Kommandanten Santerre, was natürlich kaum einen Zweck hatte.

Sie sah nur zwei Minister, die beiden Girondisten; sie sah nicht Danton; er, der immer der Kommune fernblieb, blieb es ebenso der Versammlung. Diese fürchtete zweifellos, in der ausübenden Gewalt eine Spaltung zu schaffen; sie begnügte sich, die Kommune und den Kommandanten für das, was geschehen würde, verantwortlich zu machen; sie gebot ihnen gleichwie den Vorsitzenden der Pariser Sektionen, vor der Barre zu erscheinen und den Schwur zu tun, daß sie für die öffentliche Sicherheit Sorge tragen würden.

Eine vergebliche, schüchterne, ungenügende Maßnahme! Ein Schwur, Worte? Denen der Minister Roland noch Worte hinzufügte, einen langen Brief, den zweifelsohne seine Frau geschrieben hatte und den er in der Versammlung vorlesen ließ. Er war mehr mutig als geschickt; er drohte Paris. In diesem Augenblick, wo die Verteidigung die größte Einigkeit verlangte, wo es alles zu vermeiden galt, was den Glauben in diese Einigkeit erschüttern konnte, sprach er von Trennung. Er sagte, daß bereits ohne den 10. August der Süden, voll Feuer, Willenskraft und Mut bereit sei, sich loszulösen, um seine Unabhängigkeit zu sichern; und wenn es in Paris keine Freiheit gebe, so würden die Klugen und die Vorsichtigen sich vereinigen, um anderswo den Sitz des Konvents aufzuschlagen. Der Brief trug nur allzu sehr die Spuren der Unterredungen Barbaroux mit Madame Roland. Es war unklug, die Eigenliebe von Paris derart herauszufordern, ungerecht, ihm die Ausschreitungen, darunter es mehr litt als irgendeiner, vorzuwerfen, Ausschreitungen, die übrigens von einer so kleinen Zahl verübt worden waren, von Männern, die in der Mehrzahl gar keine Pariser waren!

„Gestern", so stand noch in dem Brief, „war ein Tag, über dessen Geschehnisse man vielleicht einen Schleier decken muß; ich weiß, daß das Volk, furchtbar in seiner Rache, dennoch eine Art Gerechtigkeit hineinlegt ..." Eine schwache, allzu schwache Verurteilung so vieler Attentate, eine, die noch im Tadel lobt! ... Immerhin muß man bedenken, daß dies am 3. September geschrieben wurde; daß Roland und Madame Roland, daß alle beide das Schwert über ihrem Haupte fühlten und seit dem Abend des 1. September, seit den Anschuldigungen Robespierres unter allen gekennzeichnet worden waren. Madame Roland, sehr unerschrocken und ohne Todesfurcht, hatte eine andere Sorge, wie sie bekennt, und die leider nur zu natürlich war; sie kannte ihre Gegner, ihre feige Zügellosigkeit; sie wußte, daß man in der Verwirrung des Augenblicks ihr scheinbar zufällig eine tödliche Schmach antun konnte durch einen nächtlichen Überfall. Das Schicksal, das eine andere Frau am hellen Tage erduldete und das wir berichtet haben, zeigt zur Genüge, was der berechnete Zynismus der Maratisten und Robespierreisten des Nachts wagen könnte. Sie, der jener Schimpf angetan worden war, hatte nichts weiter getan, als daß sie von Robespierre schlecht gesprochen hatte. Madame Roland, die in viel größerer Gefahr war, wollte wenigstens für alle Fälle Herrin über ihr Leben bleiben; sie hatte stets Pistolen unter dem Kopfkissen.

Was in der Nationalversammlung ebensowohl wie der Brief Rolands den Mut ein wenig hob, das war das Erscheinen einer einzelnen Persönlichkeit, die der Versammlung mitzuteilen kam, daß sie für ihr Teil ihr für den Erlaß danke. Gleichzeitig sagte dieser Mensch, was er soeben vernommen hatte: daß man die Menge antreibe, die Fabrikanten zu plündern. „Ich selbst bin unverdächtig", sagte er, „ich bin Freiwilliger, und ich ziehe morgen ab." Es war einer der Kanoniere der Pariser Sektionen, die sich am 10. August so tüchtig gezeigt hatten. Sicher war seine Meinung auch die von Paris, es war zweifellos die der Armee.

Der Rückschlag einer menschlichen Regung schien sich überall fühlbar zu machen, sogar im Herzen der Kommune. Der abends und nachts versammelte Generalrat schwankte in heftigen plötzlichen Schwenkungen von Menschlichkeit zu Grausamkeit, von Manuel zu Marat.

Ersterer schien ihn für kurze Zeit auf seine Seite zu bringen. Er erlangte eine allgemeine Maßnahme, die wie eine Ableugnung der Metzelei war. Der Generalrat verfügte nach seinem Antrag, daß ein Aufruf erlassen werden solle, in dem auf die Notwendigkeit, sich für die Bestrafung der Schuldigen auf das Gesetz zu verlassen, hingewiesen wird. Was nicht weniger im gleichen Sinne entscheidend wirkte, das waren die Beifallskundgebungen und Segnungen für einen Bürger, der sagte, er wolle es übernehmen, einem armen Gefangenen, der der Metzelei in La Force entgangen war, Kost und Wohnung zu geben.

Im übrigen war diese Versammlung derartig schwankend, daß sie, als ihr ein royalistischer Journalist, Duplain, vorgeführt wurde, diesen in die Abbaye schickte, mit anderen Worten, in den Tod. Billaud-Varenne selber hatte eine mildere Auffassung befürwortet. Die Maratisten widersetzten sich und erlangten im Conseil diese Entscheidung, die ihm die Verantwortlichkeit für die Morde aufbürdete.

Es war am Abend des 3. September (um acht oder neun Uhr). Aus Marats Druckerei wurde nach ganz Frankreich in dreiundachtzig Paketen ein fürchterliches Schreiben losgelassen, das er selber verfaßt und das er unerschrocken mit allen Namen der Mitglieder des Überwachungskomitees unterzeichnet hatte. Er beschuldigte darin die Nationalversammlung der Wankelmütigkeit, sie hatte die Kommune gelobt, zerschmettert, wieder aufgerichtet; er rühmte das Massaker und empfahl, es nachzuahmen.

Marat schickte sein Schreiben ins Justizministerium, mit der Aufforderung, es unter dem Schutz des Ministeriums erscheinen zu lassen. Eine große Versuchung für Danton. Er ging nicht in die Kommune. Gut, so schien die Kommune zu ihm zu kommen und ihn zur Entscheidung aufzufordern.

Die einfachste Vorsicht gebot jedem Menschen, der Marat kannte, genau in Erfahrung zu bringen, ob dieses bei ihm von seinen Arbeitern und seinen Druckpressen hergestellte Schriftstück tatsächlich vom Überwachungskomitee herrührte. Waren die abgedruckten Unterschriften seiner Mitglieder die echten Unterschriften? Und schließlich, angenommen, das Zirkular entstammte wirklich diesem Komitee, konnte es eine so schwerwiegende Handlung begehen und an Frankreich solche furchtbaren und mörderischen Worte richten, ohne dazu vom Generalrat der Kommune ermächtigt zu sein? Das war es, was Danton prüfen mußte; er wagte nicht, es zu tun. Sagen wir es (es ist das härteste Wort für einen Mann, der sein Lebtag mit der Kühnheit prahlte), er hatte Angst vor Marat.

Muß man auch annehmen, daß er sich selber glauben machte, diese barbarische Exekution sei ein Mittel, das Volk anzutreiben, ihm den Mut der Verzweiflung zu geben, ihm alle Möglichkeit eines Zurückweichens zu nehmen? Daß er es am 2. glaubte, als man die politischen Gefangenen niedermachte? Daß er es am 3. und am 4. glaubte, als man Gefangene jeder Art umbrachte? ... Er trieb die grausige Solidarität bis zum Äußersten. Ich muß ihn ein elendes Opfer von Stolz und Ehrgeiz nennen! Oder Opfer eines falschen Patriotismus, der ihn in diesen unsinnigen Verbrechen das Heil Frankreichs erblicken ließ.

Welch fürchterliches System man sich indessen von der Nützlichkeit eines politischen Blutvergießens zurechtlegen mochte – es erwies sich klar, daß dieses hier den Charakter nicht mehr hatte. Am 4. September gab es sehr wenig politische Morde; ein einziger ist festgestellt: der eines gewissen Guyet, den das Überwachungskomitee zur Abbaye schickte, und der sofort getötet wurde.

Der 4. September trieb das Grauenhafte bis zum Gipfel.

Seit sechsunddreißig Stunden schon kamen Banden aus Paris, um Bicêtre zu bedrohen. Jene, die im Châtelet die Diebe, bei den Bernhardinern die Sträflinge niedergemacht hatten, glaubten ihr Werk fortsetzen zu müssen. Vergebens setzte man ihnen auseinander, daß das ungeheure Schloß von Bicêtre, das Tausende von Menschen faßte, außer den Verbrechern eine große Zahl Unschuldiger beherbergte, brave Armenhäusler, Greise, Kranke aller Art. Es gab hier auch unter verschiedener Begründung zurückgehaltene Unglückliche, die seit langem von der Willkür des Ancien régime als wahnsinnig oder sonstwie hier hineingeworfen waren, und die man nicht freiließ, gerade weil man nicht mehr wußte, warum sie hereingekommen waren. Latude war lange Zeit hier gewesen.

Es ist unmöglich zu schildern, was die Gefangenen, die Kranken, die Almosenempfänger in Bicêtre erduldeten: Zu sieben auf einem Lager, von Ungeziefer aufgefressen, von Brot aus fauligem Korn genährt, in feuchten Stätten, oft in Kellern zusammengepfercht, unter dem geringsten Vorwand von Hieben lahm geschlagen, ersehnten sie das Bagno wie ein Paradies.

Keine Gelegenheit zum Prügeln wurde in Bicêtre vernachlässigt. Wer möchte glauben, daß man noch 1792 die grausame Gewohnheit beibehielt, die jungen Leute zu geißeln, die sich wegen venerischer Krankheiten hier in Behandlung begaben? Eine aus dem Mittelalter überkommene kirchliche Grausamkeit. Der eintreffende Sünder mußte büßen, sich entkleiden, demütigen, sich der kindischen Züchtigung unterziehen, die den Mann entwürdigt, ihm allen Mannesstolz nimmt.

In der „Besserungsanstalt“ befanden sich fast fünfzig Kinder, die noch schrecklicher behandelt, alle Tage geprügelt wurden. Die meisten waren wegen recht unbedeutender Vergehen da.

Wenn es eine Stätte gab, die von der Revolution geschont werden mußte, so war es dieser erbarmungswürdige Ort. Was war denn Bicêtre, die Salpêtrière, dieses große Bicêtre der Frauen, anderes, als die wahre Hölle des Ancien régime, wo man am sichersten ein Grauen davor bekam, da man hier alles beisammen fand, was es an Barbarei, an Schmach und Mißbrauch aufzuweisen hatte? Wer hätte geglaubt, daß diese rasenden Narren der Septembermorde sich auf jene stürzen würden, die das Ancien régime bereits so grausam gemartert hatte, daß diese unseligen Opfer in ihren Vätern oder ihren Brüdern, den Siegern durch die Revolution, nicht ihre Befreier, sondern Mörder finden würden?

Nichts macht besser die Blindheit, die Beschränktheit fühlbar, die der Metzelei voranging. Manche von denen, die in diesen beiden Hospizen drauflos mordeten, konnten in Bicêtre ihren Vater unter den Bettlern haben, ihre Mutter in der Salpêtrière; es war der Arme, der den Armen tötete, das Volk, das das Volk umbrachte. Es gibt kein zweites Beispiel einer so sinnlosen Wut.

Die ersten Banden, die Bicêtre bedrohten, waren wenig zahlreich. Die Kranken und die Gefangenen setzten sich zur Wehr. Daher das verleumderische Gerücht, sie seien in vollem Aufruhr, das ganz geeignet war, sie niedermachen zu lassen. Die Mörder brachten Kanonen herbei, um sie niederzuzwingen. Ein Teil ging nicht bis nach Bicêtre; er machte an der Salpêtrière halt, hatte den furchtbaren Einfall, ins Frauenhospiz einzudringen. Am ersten Tage wurden sie von ansehnlichen militärischen Kräften zurückgehalten; am folgenden Tage aber, dem 4. September, erzwangen sie den Zutritt und machten damit den Anfang, daß sie fünf oder sechs alte Weiber töteten, ohne anderen Grund oder Vorwand, als etwa, daß sie eben alt waren. Dann stürzten sie sich auf die jungen, die öffentlichen Dirnen und töteten dreißig[1], an denen sie sich vorher oder nachher vergingen. Und das war nicht alles; sie gingen zum Schlafsaal der kleinen Waisenmädchen und vergewaltigten mehrere, wie man sagt, entführten sie sogar, um sich sonstwo an ihnen zu ergötzen.

Diese fürchterlichen Wilden verließen die Salpêtrière nur, um an der Metzelei in Bicêtre mitzuhelfen. Man tötete hier hundertsechsundsechzig Personen ohne Klassenunterschied, Arme, Wahnsinnige, zwei Kaplane, den Hausverwalter, zwei Schreiberlehrlinge. Die gewaltige Ausdehnung des Gebäudes gab den Opfern reichlich Gelegenheit zum Widerstand, wenigstens zur Verzögerung ihres Todes. Die grausamsten Mittel wurden von den Mördern angewandt, der Stahl, das Feuer, die Mitrailleuse, das Ertränken.

Man hat (1840) im Totenregister von Bicêtre (siehe das Buch des Herrn Maurice) die verruchteste Tat der Septembermorde entdeckt, die bis dahin verborgen, unbekannt geblieben war: daß die Bestien sich nämlich nicht an den Waisenkindern der Salpêtrière genügen ließen, sondern auch in die „Correction" (die Besserungsanstalt) von Bicêtre eindrangen, in der sich fünfundfünfzig Knaben befanden. Diese Kinder waren, wie wir gesagt haben, größtenteils kaum strafbar: manche waren nur dahin gebracht worden, um durch die schlechte Behandlung gezähmt zu werden. Mit Beulen und Striemen bedeckt, fortgesetzt bei der geringsten Ursache und ohne Ursache geprügelt, hätten sie das verhärtetste Herz erweichen müssen. Man hätte sie hier fortnehmen, ihnen Luft und Sonne wiedergeben müssen, ihre Wunden verbinden, sie pflegen, sie den Händen der Frauen zurückgeben, ihnen Mütter geben müssen. Ihr Elend und ihre Laster kamen in der Hauptsache davon, daß sie keine Mütter gehabt hatten. Der September gab ihnen als Mutter und Amme den Tod – befreite ihre junge Seele von diesem armen kleinen Körper, der schon so viel erduldet hatte. Es gab dreiunddreißig Tote. Einige von denen, die entkamen, wurden von Kriegsfreiwilligen fortgebracht, die sagten, sie wollten Soldaten aus ihnen machen. Die Mörder waren in einen Zustand des Taumels, der fürchterlichsten Verblendung geraten, und wie in Tollwut sahen sie nicht, wohin sie schlugen. Dennoch taten sie einen Ausspruch, der empfinden läßt, wie sehr schuldig sie waren. Sie erkannten trotz ihrer Verwirrung, daß all dieses kaum begonnene junge Leben sich keineswegs in sein Schicksal ergab, daß es mit gar nicht zu bändigendem Entsetzen vor dem Tode zurückwich und darauf bestand, leben zu wollen: „Wir möchten wirklich ebenso gern Männer töten, den Kleinen da ist noch schwerer der Garaus zu machen."

[1] Dies nach der Überlieferung. Tallien, als Sekretär der Kommune sehr gut unterrichtet, behauptet in seiner Rechtfertigung, daß während der sämtlichen Metzeleien nur eine einzige Frau umkam, Frau von Lamballe.

FÜNFTES KAPITEL

Pariser Zustände nach den Septembermorden Ende der Gesetzgebenden Versammlung (5.–20. September 1792)

Volk und Armee entsetzten sich vor den Blutströmen. – Marats und Dantons Ansicht über die Abschlachterei. – Die Nationalversammlung schwört, die Könige und das Königtum zu bekämpfen (4. Sept. 1792). – Cambon greift die Kommune an. – Rückschlag zur Menschlichkeit. – Inzwischen wird die Metzelei fortgesetzt (5. bis 6. September). – Befürchtungen der Kommune. – Die Maratisten versuchen, die Massaker auf ganz Frankreich auszudehnen. – Die Gefangenen von Orléans werden in Versailles niedergemacht (9. September). – Danton rettet Adrien Duport, der Kommune zum Trotz. – Kampf zwischen Danton und Marat. – Wahlen unter dem Einfluß der Massenmorde. – Bündnis zur gegenseitigen Sicherheit. – Diebstähle und Plünderungen. – Morde und Furcht vor Morden. – Befürchtungen der Nationalversammlung (17. September). – Rede Vergniauds und feierliches Eintreten für die Nationalversammlung. – Ihre Schließung (20. September).

Für den größten Teil der Pariser Bevölkerung glich die direkte Wirkung des Massakers der unendlich qualvollen Empfindung, wie jene sie nur zu gut kennen, die schwere Herzaffektionen haben: minutenlang hat das Herz schnell, in grauenvoller Hast geschlagen, und ganz plötzlich setzt das Schlagen aus ... Tödliches Schweigen im ganzen Organismus ... Dann die Beklemmung, die Krämpfe, das völlige Dunkel, die Auflösung des Seins ... zum Überfluß dieser innere Aufschrei, der stumme Ruf: „Der Tod!“

Ein sehr bedenkliches, beklagenswertes Zeichen des eigenartigen Zustandes der Gemüter war es ferner, daß in dieser ungeheuren Stadt und ihrem unbeschreiblichen Elend seit langem keiner mehr arbeiten wollte. Die Kommune konnte für kein Geld Arbeiter zu den Erdarbeiten erhalten, die zur Errichtung eines Lagers auf dem Montmartre nötig waren. Sie bot zwei Franken für den Tag, aber niemand kam. Sie ging so weit, die Bauarbeiter auffordern zu lassen, indem sie ihnen den sehr hohen Tagelohn bot, den ihr Handwerk ihnen einträgt; und sie bekam noch immer niemanden. Schließlich versuchte man es mit dem Arbeitsdienst der Soldaten und ließ die Sektionen der Reihe nach arbeiten.

Keiner oder fast keiner folgte dem Aufruf der Nationalgarde. Mit Mühe ergänzte man die Wache der Nationalversammlung und der wertvollen Depots, beispielsweise der Gerätekammer, die, wie man sehen wird, eines Nachts fast unbeaufsichtigt war.

Verlassen lagen die Klubs. Viele ihrer Mitglieder hatten sich davongemacht, die anderen hatten einen Abscheu an der Sache. Das tritt bei den Protokollen der Jakobiner auffällig zutage; die Abwesenheit aller eigentlichen Redner rückt hier ganz unbekannte Leute in die erste Reihe.

Die Historiker haben sich leichtfertig eine Auffassung angeeignet, daß nämlich die Metzelei der Ausgangspunkt zum Sieg gewesen sei, daß das Volk nach einem solchen Verbrechen, nachdem es diesen Abgrund hinter sich aufgetan, gefühlt habe, jetzt heiße es siegen oder sterben, und so hätten die Septembermörder die Armee mit fortgerissen, hätten die Vorhut gebildet zu Valmy und Jemmapes. Wahrhaftig, ein trauriges Bekenntnis, wenn man es glauben müßte, und ein demütigendes! Der Feind verlangte nichts Besseres, als sich dieser Auffassung anzuschließen, diesen sonderbaren Franzosen zu glauben, die behaupten, Frankreich habe durch die Kraft des Verbrechens gesiegt. Wir werden gleich zeigen, daß das Gegenteil richtig ist. Von den drei- bis vierhundert Männern, die das Blutbad anrichteten, und von denen man viele kennt, waren wenig, sehr wenig Militärs. Wer von ihnen zur Front ging, wurde vom Heer mit Grauen und Abscheu empfangen; unter anderen wurde Charlat, der sich dreist seines Verbrechens rühmte, von seinen Kameraden niedergesäbelt.

Wir haben nach unwiderleglichen Dokumenten und nach der einmütigen Versicherung der noch lebenden Augenzeugen, die verhältnismäßig kleine Zahl der Mörder festgestellt. Es waren höchstens vierhundert.

Die Zahl der Toten (selbst wenn man die zweifelhaften Fälle mitrechnet) ist neunhundertsechsundsechzig.

Das Faubourg Saint-Antoine im besonderen, das den 10. August gemacht hatte, hatte mit dem 2. September nicht das geringste zu tun. Sein berühmter Redner, Gonchon (ein braver Mann, der als armer Teufel starb), konnte sechs Monate später (am 22. April 1793) ohne Besorgnis vor einem Dementi sagen: „Das Faubourg besteht nur aus friedlichen Menschen. Die Tat des 2. September hat keine Komplizen unter uns gefunden."

Nicht weniger seltsam ist die Beurteilung des Ereignisses von seiten der Männer, von denen man sagte, sie hätten die Hand im Spiele:

„Ein unheilvolles Geschehnis", sagte Marat im Oktober 1792 (Nr. XII seiner Zeitung).

„Blutige Tage", sagte Danton, „die jeder gute Bürger beklagt hat" (9. März 1793).

„Eine schmerzliche Erinnerung", sagte Tallien (in seiner zwei Monate nach den Septembermorden veröffentlichten Verteidigungsschrift).

Jawohl, unheilvoll, jawohl, schmerzlich, wert, daß man es auf ewig beklage! ...

Dieses verspätete Bedauern konnte jedoch die unheilbare Wunde, die der Ehre, dem Empfinden Frankreichs geschlagen worden, nicht heilen ... Die nationale Lebenskraft, in Paris vor allem, wurde davon betroffen; in den Herzen blieb es haften wie eine Lähmung, ein Todeskeim.

Es hieß herausfinden, wo neue Lebenskraft sich regte. Es war zu bezweifeln, daß sie von der Gesetzgebenden Versammlung kommen würde. Lebte sie? Man hatte es in diesen schrecklichen Tagen kaum bemerkt. Seit langem an ihren Winkelzügen entkräftet, lag sie im Sterben, nein, war tot, erledigt – durch die Verleumdung vernichtet.

Zweier ganz entgegengesetzter Vergehen schien sie schuldig und überführt: einen König hatte sie abgesetzt und einen neuen König, den Braunschweiger, wollte sie wieder einsetzen. Die Antwort war einfach, und niemand wagte sie auszusprechen: Diese des Verrates beschuldigte Versammlung hatte sich selbst der Mittel dazu beraubt; sie vernichtete sich selbst, da sie binnen wenigen Tagen den Konvent einberief, der an ihre Stelle trat. Repräsentanten und Minister, alle würden alsbald vor dieser gebieterischen Versammlung für nichtig erklärt werden.

Am Morgen des 4. September brachte Guadet im Namen der außerordentlichen Kommission (die seit dem 10. August in der Versammlung aufgestellt worden war) einen Antrag ein, in dem die Abgeordneten in Abwehr gegen die beleidigenden Gerüchte, die in Umlauf waren, den Schwur taten, mit aller Kraft die Könige und das Königtum zu bekämpfen.

Chabot bekam Wind von der Sache und er nahm der Gironde diese Initiative vorweg. Sogleich nach Eröffnung der Sitzung machte er den Vorschlag, dem Königtum Haß zu schwören.

„Keinen König mehr!" das war der Ruf, der allgemeine Schwur der von seinem Worte hingerissenen Versammlung.

Da erhebt sich ein Militär, Aubert-Dubayet, und sagt mit fester und kriegerischer Stimme: „Niemals die Übergabe! ... Niemals ein fremder König!"

Und der junge Girondist Larivière: „Nein, kein fremder und kein französischer! ... Kein König soll mehr den Boden der Freiheit besudeln!"

Man war überrascht, daß Thuriot diese Bewegung zu dämpfen suchte: „Meine Herren", sagte er, „seien wir vorsichtig, greifen wir nicht dem vor, was der Konvent erklären könnte ..."

Darauf Fauchet, im Bewußtsein des Rechtes, das seine edle Initiative ihm zu verleihen schien (sein Blatt hatte als erstes die Republik vorgeschlagen), Fauchet in herzlicher Begeisterung: „Nein, der Konvent mag beschließen, was er will; wenn er den König wieder einsetzt, so können wir dennoch frei bleiben und einer Sklavenerde fliehen, die sich wieder einen Tyrannen wählt."

Um alles auszugleichen, wahrte die Eingabe dem Konvent sein Recht; der Eid war individuell, jeder Abgeordnete verpflichtete sich für sich selbst.

Darauf sagte Vergniaud im Namen der außerordentlichen Kommission, daß diese, von der Kommune angeklagt, Schluß machen, ihre Befugnis niederlegen wolle. Das wollte die Versammlung nicht. Cambon hatte eine heroische Geste (man bedenke, daß zu dieser Stunde in Bicêtre und auch in La Force und der Abbaye die Morde stattfanden). Er entrüstete sich über die Schüchternheit der Kommission. „Wie!" sagte er, „Sie haben soeben den Königen und dem Königtum den Krieg geschworen, und schon beugen Sie das Haupt unter ich weiß nicht welche Tyrannei! Wenn wir wollen, daß die Kommune regiert, so müssen wir uns stillschweigend unterwerfen. Ich habe die Kommission zuweilen bekämpft; heute verteidige ich sie ... Ich sehe Männer, die sich hinter der Maske des Patriotismus verschanzen, um dem Vaterland zu schaden. Was wollen diese Wühler? In den Konvent berufen werden, unsere Stelle einnehmen? ... Nun gut, ich will ihnen eine Lehre geben ..." Mutig fügte er eine düstere Prophezeiung hinsichtlich der Revolutionen an, bei denen die Ränkeschmiede sich gegenseitig aus dem Felde schlagen würden und Frankreich damit enden werde, sich dem Ausland aufzutun.

Dieser große Mann, den man nur als den strengen und untadeligen Finanzmann der Republik kannte, hatte, hier und seitdem noch oft, in den stürmischsten Krisen eine seltene Eigenart: den Heldenmut der klaren Vernunft, der vor nichts zurückschreckt. Er hat die ganze Revolution entschlossen und allein und geachtet durchgemacht. Er liebte die Gironde nicht, und er verteidigte sie; er liebte Robespierre nicht, trat aber, wenn nötig, für ihn ein. Und an dem Tage, da Robespierre in einem letzten Anfall verleumderischer Wut so weit ging, Cambons Rechtschaffenheit anzuzweifeln, sank er selbst getroffen zu Boden.

Cambon hatte das Eis gebrochen, er hatte den Sieg der Kommune beim Namen genannt: eine Tyrannei, eine Auferstehung des Königtums unter anderem Namen. Der Umschlag war groß, viele begannen jetzt mutig zu reden.

Die von der Nationalversammlung in die Sektionen entsandten Kommissare wurden dort gegen alle Erwartung mit Freude, mit Begeisterung aufgenommen. Weil die Menge wieder an den Versammlungen der Sektionen teilnahm; am 2. und auch am 3. September verödet, waren sie am 4. zahlreich; jeder beeilte sich, die Kommissare zu umdrängen, sich zu vergewissern und zu glauben, daß es noch ein Frankreich, ein Vaterland, eine Menschlichkeit gebe, eine Welt des Lebendigen. Die Verleumder der Nationalversammlung entschuldigten sich umständlich. Als einer von ihnen in der Sektion Luxembourg äußerte, er sei der Führung Robespierres gefolgt, war man darum nicht weniger der Meinung, daß er verdiene, aus seiner Sektion verjagt zu werden. Bei der Sektion der Posten wurde Cambon wie ein rettender Heiland begrüßt. Die Frauen und Kinder, die an den Zelten, an der militärischen Ausrüstung arbeiteten, umringten ihn und seine Kollegen in einem wahren Freudentaumel. Alle in der Sektion, Männer und Frauen, wollten sich ihm in die Arme werfen, drückten ihn und küßten ihn. Und als er den Beschluß verlas, daß die Versammlung sich auflösen werde, strömten die Tränen.

Alles schien seit dem Abend des 4. September verwandelt. Munizipalbeamte erschienen vor der Versammlung, um den Abbé Sicard zu zeigen, der (so gaben sie zu verstehen) dank ihres mutigen Eintretens für Menschlichkeit aus der Abbaye gerettet worden war. Ein Gemeindemitglied, derselbe Mann, der in der Nacht vom 2. zum 3. mit Tallien in der Versammlung erschienen war und der damals die schöne Volksjustiz gerühmt hatte, kam am 5. mit einem Engländer, den er, wie er sagte, vor der Metzelei gerettet habe. Nicht weniger bezeichnend waren die unerwartet menschlichen, edelmütigen Regungen Santerres. Am 4. vom Minister des Inneren hart angelassen, entschuldigte er sich wegen der Untätigkeit der Nationalgarde und sagte, wenn sie so fortfahre, werde er die Opfer mit seinem Leibe decken. – In Wahrheit konnte er diese Untätigkeit nicht verdammen, da er keinen Aufruf erlassen, keine Anstrengung gemacht und keinen Befehl erteilt hatte. Und wie hätte er solchen Befehl erteilt, da sein Schwager Panis Marat, den Apostel der Bluttaten, in das leitende Komitee gebracht hatte? ... Es war ein seltsames Schauspiel, den plötzlich bekehrten Santerre im großen Saale des Hôtel de Ville vor vollen Tribünen den Vorzug der Ordnung betonen zu hören, die Gefahr, ungewissen Beschuldigungen gegenüber zu leichtgläubig zu sein, zu töten, ehe man sich Klarheit verschafft habe.

Die so lange der Gegenwart Dantons beraubte Kommune sah ihn mit Erstaunen endlich am 4. abends erscheinen; er kam, um Roland in Schutz zu nehmen, der gewiß zu dieser Stunde keinen Schutz mehr brauchte. Er verlangte, man solle diesen sonderbaren Vorführungsbefehl zurückziehen, den man am 2. gegen den Minister des Inneren erlassen hatte und den man wie ein drohendes Schwert über ihn aufgehängt halte, ohne den Mut zum Zuschlagen zu finden.

Der Wind war der Metzelei nicht mehr günstig, ein jeder entsetzte sich davor. Und dennoch wurde sie fortgesetzt. Da sah man, wie langsam die einmal zerschlagenen Seelen Mut und Kraft zurückgewinnen. Eine unerklärliche Lähmung hielt die Massen umklammert. Noch gab es in der Abbaye etwa fünfzig Leute und mindestens ebensoviel in La Force, die unbehelligt weiter töteten. Niemand wagte sie zu stören. Sie brachten nicht viele um, da man in der Abbaye schon aufgeräumt hatte und es nur noch die Opfer gab, die das Überwachungskomitee sich angelegen sein ließ, ihnen zu schicken. Was La Force anlangt, so erlaubten sich die Beamten nicht, diese Mörder in der Ausübung ihrer Tätigkeit zu behindern; man wagte nur, ihnen ein paar Gefangene zu entwenden, die man in der benachbarten Kirche verbarg.

Die Gewohnheit war da, die Mörder wollten nicht mehr, konnten nicht mehr anders. Es war ein Beruf. Sie erachteten sich scheinbar selbst als wirkliche Beamte, beauftragt, die Justiz des souveränen Volkes auszuüben. Die Kommune erklärte am 4., sie sei betrübt über die Ausschreitungen in La Force und der Abbaye, sie schickte Bevollmächtigte hin; gleichzeitig aber weigerte sie sich, die Unglücklichen von Bicêtre dadurch zu befreien, daß sie ihnen gestattete, sich anwerben zu lassen. Der Generalrat, der an Zahl sehr abgenommen hatte, enthielt nur noch die Gewaltsamen. Er forderte die Sektionen auf, die Zahl ihrer Kommissare vollzählig zu machen. So fanden also die Gemeindewahlen mitten im Schrecken, während der Metzeleien statt. Die Wahlen zum Konvent waren dem gleichen Einfluß unterworfen. Der erste von Paris gewählte, am 5. September, war Robespierre.

Nichts wies darauf hin, daß die Kommune ernstlich den Blutstrom dämmen wolle. Man brachte ihr am 4. und am 6. den Auftrag, eine Klasse von Leuten, die in Todesangst schwebten, zu begnadigen: die zwanzig- bis dreißigtausend Unterzeichner der fayettistischen und konstitutionellen Petitionen zugunsten des Königs. Eine große Zahl von Freiwilligen, die zum Heere stoßen sollten, hatten den großmütigen Schwur getan, die Verfehlung ihrer Brüder vergessen zu wollen. Die Kommune lehnte den Antrag, ein Vergessen beschließen zu wollen, heftig ab.

Am 4. September hatte die außerordentliche Kommission der Nationalversammlung Danton ein sehr einfaches Mittel vorgeschlagen, um mit einem Male die Lage zu wandeln, das war, Marat zu verhaften. Ein radikales, heldenhaftes Mittel. Nur konnte das Wagnis eine gewaltige Reaktion hervorrufen. Marat verhaften, das hieß die Anklage verwirklichen, welche die fayettistische, royalistisch-konstitutionelle Partei gegen ihn hatte erheben lassen. Das hieß sich zu La Fayettes Mitschuldigem machen, hieß die Hoffnung der Royalisten ermuntern, eine Bewegung ins Leben rufen, die unendlich weit führen konnte. Der Wind weht schnell in solchen Zeiten; würde der Sturm erst einmal auf den umgekehrten Weg entfesselt, so würden vom ersten Tage an die konstitutionellen Royalisten triumphieren, in acht Tagen die reinen Royalisten, acht Tage später die Preußen. – Danton entgegnete, ehe er Marat festnehmen ließe, gäbe er seine Demission.

Brissot seinerseits ging zu Danton, drängte ihn eifrig zum Handeln. „Wie wäre zu verhindern", sagte er, „daß mit den anderen auch Unschuldige zugrunde gehen?" – „Es gibt nicht einen", erwiderte Danton.

Da die Autorität sich so vollständig zurückzog, konnte die Lage nur durch eine kraftvolle Kundgebung der Volksentrüstung geändert werden. Die wagte sich am 5. nicht hervor und brach erst am 6. los. Noch an diesem Tage hatte es Morde gegeben. Pétion hatte den Generalrat aufgesucht und stellte sich den Aufwieglern entgegen, die nach neuen Opfern verlangten. Ein wirrer Beifall wurde laut, dann einzelne Stimmen voll entscheidendster Zustimmung, schließlich Zornrufe gegen die Blutvergießer: „Wir werden sie verfolgen! Wir werden sie festnehmen!" Das war der einmütige Ausspruch, der durch den Sturm brach, die wahre Stimme des Volkes, die endlich laut wurde. Pétion setzte sich in Bewegung, riß die gedemütigte Kommune siegreich mit fort, nahm Besitz von La Force und schloß seine blutigen Pforten (6. September).

Vor diesen Stimmen der Entrüstung mußten die blutgierigen Dummköpfe, die Frankreich dadurch, daß sie es entehrten, zu retten geglaubt hatten, förmlich in den Erdboden versinken. Seit dem 5. hatte ein Mitglied des Rates sich in bitteren Klagen gegen Panis ergangen, gegen ihn, der Marat heimlich ins Überwachungskomitee geschmuggelt hatte. Panis gab am 6. abends seine Entgegnung; man weiß nicht, was er vorgebracht haben kann, der Rat aber erklärte sich zufrieden. Seiner Verteidigung war eine seltsame Abhandlung Sergents „über die Empfindsamkeit des Volkes, seine Güte, seine Gerechtigkeit" usw. vorangegangen. Dieses Geschwätz weckt Grauen, wenn man sieht, wie es ein Zwischenspiel ist zwischen dem Morden in Paris und dem in Versailles, das von der Kommune vorbereitet, ausdrücklich gewollt wurde.

Gewollt, man kann es bestätigen; andernfalls hätte sie nicht mit so wilder Hartnäckigkeit dreimal die Verfügungen der Nationalversammlung verletzt. Die Versammlung hatte angeordnet, daß die Gefangenen von Orléans dort verbleiben sollten, dann, daß sie nach Blois, schließlich, daß sie nach Saumur kommen sollten. Die Kommune stellte ihre eigenen Erlasse denen der Repräsentanten Frankreichs dreist entgegen und befahl, die Gefangenen nach Paris zu führen, anders gesagt, in den Tod, die Metzelei sollte wieder anheben.

Die Führer der Kommune brauchten einen neuen furchtbaren Schlag, nicht mehr, um Frankreich zu retten (wie sie so oft wiederholt hatten), sondern um sich selbst zu retten. Am 7. September war der Generalrat, von neuem gedrängt, zur Ernennung einer Kommission genötigt gewesen, um die gegen Panis erhobenen Anklagen zu prüfen. Die öffentlichen Verwünschungen fielen schwer auf das Haupt dieser Leute und in ihrem Entsetzen schlossen sie sich enger und enger an Marat und den Ausrottungsgedanken an.

In der allgemeinen Umwandlung der Geister gab es einen Mann, der sich nicht veränderte. Marat allein bewies eine bemerkenswerte Meinungsfestigkeit; ihm gingen die Prinzipien über alles, ich wollte sagen, ein einziges Prinzip – und ein sehr einfaches: Niedermachen. Nicht zufrieden mit den Gefangenen, die sogar während der Metzeleien in die Gefängnisse geschickt wurden, fuhr er fort, diese vollzustopfen, in der Hoffnung, an diesem oder jenem Tage werde man sie alle auf einmal leeren. Er verbreitete jeden Tag durch Anschlag, daß die öffentliche Wohlfahrt „eine schleunige Niedermetzelung der Nationalversammlung" erheische.

Sein innigster Traum war eine allgemeine Bartholomäusnacht für ganz Frankreich. Ihm war Paris viel zu wenig.[1] Er hatte durchgesetzt, daß das Überwachungskomitee Kommissare entsandte, um die Sache zu fördern, unter dem

---

1 Pétion, der sich ein paar Tage nach den Septemberereignissen ermannte, äußerte ohne Umstände im Generalrat, Marat sei ein Narr. Panis erhob sich entrüstet und sagte, dieser angebliche Narr sei in Wahrheit ein Prophet, er habe unerhörte Dinge gesagt und getan, wie man ihnen nur im Alten Testament begegne. Als er ersucht wurde, diese Dinge anzugeben, sagte Panis, Marat habe genau so viel geleistet wie Hesekiel, in seine Höhle eingeschlossen, habe er gleich dem biblischen Propheten sechs Wochen lang auf einer Hinterbacke gesessen, ohne sich zu rühren.

neuen Titel: „Kommissare der Verwalter der öffentlichen Wohlfahrt". Eins der Wohlfahrtsmittel, das diese Kommissare in Meaux beantragten, ging dahin, ein Kanonenrohr zu gießen, das genau dem Kopfumfang Ludwigs XVI. entspräche, damit man beim ersten Schritt, den die Preußen etwa wagten, ihnen statt einer Kugel besagten Kopf hinüberschleudern könne.

Das Rundschreiben, in dem Marat die Metzelei im Namen der Kommune befürwortete, und das er (dank Dantons Unbekümmertheit) unter dem Deckmantel des Justizministeriums verbreiten ließ, dieses Rundschreiben machte seinen Weg von Departement zu Departement. Das Beispiel von Paris, des stets so mächtigen, die geachtete Autorität der glorreichen Kommune machten großen Eindruck. In jeder Stadt fanden sich stets eine Handvoll Schreier, Heber und Gewalttätiger (oder die taten, als wären sie es), auch eine tüchtige Anzahl blöder Nacheiferer, die sich auf dem Hauptplatz zusammenrotteten und sagten: „Und wir, werden wir nicht auch irgend etwas Kühnes vollbringen? ..." Die Schwachheit der Pariser Zeitungen, die die Blutgier nicht zu tadeln wagten, trug nicht wenig zur Täuschung der Provinzler bei. Was soll man sagen, wenn man in dem farblosen und kalten „Moniteur" die schmachvollen Zeilen liest: „Das Volk habe den äußerst kühnen und furchtbaren Entschluß gefaßt." Und wer in Frankreich möchte weniger kühn erscheinen?

In Reims, in Meaux, in Lyon tat man gewissenhaft, was man konnte, um nicht zu sehr hinter Paris zurückzustehen. Man tötete zahlreiche Gefangene, Priester, Adlige und auch ein paar Diebe; etwa dreißig Leute kamen ums Leben.

Nirgends hatten die Gefangenen mehr zu fürchten, als in Orléans; es waren ihrer ungefähr vierzig, die der Entscheidung des dort tagenden hohen Gerichtshofes harrten. Die meisten waren Männer, die sehr bedenklich gegen die Revolution aufgetreten waren. Da war unter anderen der Minister Delessart, bekannt als Werkzeug der Hofintrigen und durch seine Verhandlungen mit dem Feind. Da war Herr von Brissac, der Kommandant jener konstitutionellen Garde, die aus den draufgängerischsten Edelleuten aus der Provinz, den rückschrittlichsten Bürgern, den Fechtmeistern und aus den Spelunken aufgelesenen Strauchdieben zusammengesetzt war. Herr von Brissac hatte liebenswürdige Eigenschaften, er war der persönliche Freund Ludwigs XVI.; man nannte ihn bei Hof als das wahre Muster eines französischen Edelmannes, was ihn nicht abhielt, der Liebhaber der du Barry zu sein. Man fand ihn bei ihr verborgen, im Pavillon de Luciennes.

Die Expedition von Orléans wurde zwei grausam fanatischen Leuten anvertraut, Lazouski und Fournier, genannt der Amerikaner. Dieser war so entflammt für die Sache, daß er unter Beihilfe eines Juweliers und einiger anderer die nötigen Kosten bestritt. Er streckte einige zwanzigtausend Franken vor, die ihm später von der Kommune zurückgegeben wurden. Lazouski war wütend, doppelt erbittert, wegen der polnischen und der französischen Sache. Man muß bedenken, daß zur Stunde (im Sommer 1792) Polen zerstückelt wurde. Lazouski rächte sich hier. Er machte Royalisten nieder, da es nicht Könige sein konnten.

In ihrem leidenschaftlichen Verlangen, das Blutvergießen zu vermeiden, demütigte die Nationalversammlung sich noch mehr. Sie verhandelte stillschweigend mit der Kommune. Es wurde vereinbart, daß die Gefangenen nicht nach Paris kämen, sondern in Versailles bleiben sollten. Roland ließ dort alles vorbereiten. Man schickte zu ihrem Schutz einen Trupp Nationalgarden voran.

Versailles selbst war kaum gefahrloser als Paris. Man hat es am 6. Oktober gesehen. Nirgends war das Ancien régime verhaßter. Zudem gab es damals fünf- bis sechstausend unbewaffnete, nicht eingekleidete Freiwillige in der Stadt, die auf den Ausmarsch warteten und sich untätig, gelangweilt, unzufrieden auf den Straßen und in den Schenken herumtrieben. Man braucht nicht zu fragen, ob die Neuigkeit von der Ankunft der Gefangenen aus Orléans sie in Bewegung brachte. Man konnte wetten, daß sie, in Versailles angekommen, bis zum letzten Mann niedergemacht würden.

Man versichert, ein Beamter von Versailles, der die Gefahr voraussah, sei nach Paris, zu Danton geeilt. Er wurde sehr schlecht aufgenommen. Danton konnte dem Transport den Befehl zum Rückzug nicht erteilen, ohne in die Streitfrage einzutreten, sich für die Versammlung, gegen die Kommune zu erklären. Die Kommune hatte einen Sieg davongetragen; Marat war an eben diesem Tage zum Abgeordneten von Paris ernannt worden. Danton grollte und knurrte zunächst wie eine Dogge vor sich hin: „Diese Leute sind schuldig." – „Zugegeben, doch der Moment drängt ..." – „Diese Leute sind schuldig!" – „Was wollen Sie also tun?" – Da legte Danton mit donnernder Stimme los: „Sehen Sie denn nicht, Herr, daß, wenn ich Ihnen etwas zu sagen hätte, das längst geschehen wäre? ... Was kümmern Sie unsere Gefangenen? Erfüllen Sie Ihr Amt. Kümmern Sie sich um Ihre Angelegenheiten."

Die Sache verlief, wie man es voraussehen konnte. Die vorauf- und hinterherziehenden Geleitmannschaften schützten nicht die Seiten des Zuges. Am Gitter der Orangerie wurden die Karren von einem wirren Haufen umringt und erklettert. Ein Gärtner, den Herr von Brissac seinerzeit fortgejagt hatte, sagte zu ihm: „Erkennst du mich wieder?" (Wir haben diese Einzelheit von einem Augenzeugen.) Er packte ihn am Spitzenkragen und schlug einen irdenen Milchtopf an seinem Schädel in Scherben. Das war der Beginn zur Metzelei. Der Bürgermeister von Versailles machte unglaubliche Anstrengungen, die Gefangenen zu retten; er setzte sich selber in Gefahr. Alles das umsonst. Einmal von Blut erhitzt, liefen sie zum Gefängnis und töteten auch da noch ein Dutzend Leute.

Lazouski und Fournier kamen friedlich mit ihren leeren Karren in Paris an und fanden hier nicht den Empfang, dessen sie sich geschmeichelt hatten. Ihre Leute, besorgt, Paris nicht mehr so „willensstark" zu finden, wie sie es verlassen hatten, suchten sich durch ein Zeichen der Billigung seitens des patriotischen Ministers zu beruhigen. Sie begaben sich unter die Fenster des Justizministeriums und riefen: „Danton! Danton!“ Er folgte dem Ruf und erschien auf dem Balkon; der elende Sklave, dessen Gewohnheit es war, die schwachen Taten durch stolze Worte zu decken, sagte zu ihnen (man behauptet es wenigstens): „Der euch dankt, ist nicht der Justizminister, es ist der Minister der Revolution.“

Danton sah sich nun in einer gefährlichen Krisis, in der er sich der gefürchteten Kommune gegenüberstellen sollte; die Maske, die er angenommen hatte, war in Gefahr, heruntergerissen zu werden. Er machte der Kommune das Leben eines Gefangenen streitig, der ihm viel wichtiger war als alle die, welche in Versailles umgekommen waren, des berühmten Mitgliedes der Konstituierenden, Adrien Duport. Man wird sich erinnern, daß der Hof ihn, wie auch Barnave und Lameth um Rat angegangen war.

Sogar im Manifest Leopolds, in dem wenig schmeichelhaften Bild, das der Kaiser darin von den Jakobinern entwarf, hat man die allzu geschickte Feder des berühmten Triumvirats zu erkennen vermeint.

Dieses sträfliche Einverständnis mit dem Feind war nur allzu wahrscheinlich, jedoch keineswegs erwiesen. Mehr erwiesen, ja gewiß und geschichtlich bedeutsam waren die ungeheuren Dienste, die Adrien Duport unter der Konstituierenden Frankreich, der Revolution erwiesen hatte. Das Leben eines solchen Mannes war in Wahrheit geheiligt. Die Revolution konnte nur frevelhafterweise Hand daran legen. Danton wollte ihn um jeden Preis befreien und zahlte damit des Vaterlandes Schuld. Wer entsänne sich nicht der ergreifenden Worte Duports in seiner Rede gegen die Todesstrafe: „Der Mensch soll vor dem Menschen Achtung haben ...“

Alles das war bereits vergessen. Und es war kaum ein Jahr her. So schnell war die Zeit geeilt von 1791 bis 1792! Danton aber entsann sich. Er wollte Duport um jeden Preis retten.

Danton mochte wohl auch persönlich dafür fürchten, daß ein Mann, der soviel Dinge wußte, verurteilt, vernommen werde, daß er ein öffentliches Bekenntnis ablege. Duport hatte sich sehr wahrscheinlich bei der ursprünglichen Gründung der Jakobiner und später, vielleicht sogar bei einer seiner Intrigen mit dem Hofe, Dantons bedient. Persönliches Interesse und Großmut ließen ihn leidenschaftlich Duports Befreiung wünschen.

Der war gerade einer von denen, für deren Einbringung anläßlich der Haussuchungen seit dem 28. August das Überwachungskomitee Sorge getragen hatte. Er war jedoch durch die letzten Ereignisse keineswegs kompromittiert. Es waren sechs Monate her oder länger, daß der Hof sich Duports nicht mehr bediente, ebensowenig wie der Konstitutionellen; er wagte es nicht mehr, sie zu täuschen; er setzte seine Hoffnung nur noch auf die Unterstützung des Auslands. Duport, der in Paris geblieben war, in seinem Hause im Marais, kümmerte sich lediglich um die Erfüllung seiner Funktionen als Präsident des Kriminalgerichts; er war Beamter, harmloser Bürger, Nationalgardist; er hatte in der Nacht vom 10. August seine Wache angetreten, war auf seinem Posten verblieben und nicht beim Schloß gewesen. In den Septembertagen war er auf seinem Landsitz bei Nemours; am 4., als er mit seiner Frau von einem Spaziergang heimkam, wurde er vom Bürgermeister des Ortes unter Beihilfe einiger dreißig Nationalgardisten verhaftet.

Der bedeutende Rechtsgelehrte sagte diesem Dorfvorsteher, seine Autorisation durch ein Pariser Polizeikomitee habe außerhalb von Paris keine Gültigkeit. Doch die sehr erregte Bevölkerung, die Drohungen der anwesenden Kriegsfreiwilligen nötigten den Bürgermeister, ihn in die Gefängnisse von Melun abzuführen. Wäre er von dort nach Paris gebracht worden, so wäre er sicher umgekommen; noch am 5. wurde dort getötet, am 6. sogar. Danton, glücklicherweise rechtzeitig benachrichtigt, befahl dem Gemeinderat von Melun, ihn gefangenzuhalten, welchen Befehl von anderer Seite auch immer er erhalte. Überdies und aus Besorgnis, seine Botschaft könne nicht eintreffen oder wirkungslos sein, beauftragte er die Behörden jeder Ortschaft auf dem Wege, diesen wichtigen Gefangenen festzuhalten, ganz gleich an welchem Punkt der Reise er sich befinde.

Indessen verloren die Eifrigen von Melun keine Zeit. Sie ließen Duport im Glauben, daß sie bei der Nationalversammlung gegen die Unrechtmäßigkeit seiner Festnahme Berufung einlegen wollten, und gingen in Wirklichkeit zum Überwachungskomitee, um von diesem einen neuen Befehl zu erlangen, ihn aus dem Gefängnis von Melun nach Paris zu schaffen. Der Befehl langt in Melun an, und der Gemeinderat dieser Stadt sieht sich nun zwischen dem Überwachungskomitee, das die Auslieferung verlangt, und dem Justizminister, der die Einbehaltung fordert. Im Zweifel hält er es für das klügste, nichts zu tun, die Dinge so zu lassen, wie sie eben sind, den Gefangenen zu behalten.

Danton hatte den Konflikt sehr wohl vorausgesehen. Gleich am folgenden Tage, nachdem er nach Melun gesandt hatte, versah er sich mit einer Verfügung der Nationalversammlung (8. September), die der Exekutivgewalt (das heißt Danton) den Auftrag erteilte, über die Rechtmäßigkeit der Verhaftung Duports zu beschließen. Durch diesen Gewaltakt entriß Danton der Kommune ihr Opfer; es war das erstemal, daß er ihr mutig entgegentrat, daß er gegen die Blutvergießer und gegen sein scheinbares Einverständnis mit ihnen auftrat.

Duport verblieb in Melun; doch Danton wagte nicht, seinen Vorteil weiter auszunutzen. Er bat das Überwachungskomitee, die Akten den Gerichten zu überweisen. Das Komitee erwiderte hart, es habe nur den Beweis zur Verhaftung eines solchen Mannes zu liefern, überdies habe man bei Duport höchst verdächtige Briefe gefunden. Das Komitee fühlte sich stark. Die Metzeleien hatten sich sogleich in für die Kommune günstige Wahlen umgesetzt. In den Schreckenstagen, in denen die Wahlmännerversammlungen wenig zahlreich waren, hatten die Gewalttätigen leichtes Spiel. Am 5. wählten sie Robespierre und am 8. Marat. Zwei Tage nach den Versailler Morden, am 11., wurden Panis und Sergent gewählt.

Marat glaubte nun Danton ans Ziel treiben zu können, ihn zu zwingen, deutlicher Partei zu ergreifen, als er es bisher getan. Er hatte ihn an der Affäre Duport grausam fest gepackt. Am 13. veröffentlichte er zusammen mit den Briefen Dantons und des Komitees jene, die man bei Duport gefunden hatte, rätselhafte Briefe, die um so mehr zur Neugier reizten. Diese zunächst im „Ami du peuple" abgedruckten Briefe wurden von den anderen Zeitungen übernommen; alle ergriffen diese Gelegenheit, Danton zu stürzen, ihn im Einverständnis mit einem royalistischen Verschwörer zu zeigen. Marat glaubte ihn zu Tode getroffen. Er schrieb ihm nun einen beleidigenden, herausfordernden Brief, worin er ihm verkündete, daß er ihn in Zeitungen und öffentlichen Anschlägen in den Schmutz ziehen werde.

Danton sagte nichts, sondern eilte zur Bürgermeisterei. Im gleichen Hause tagten der schuldlose Bürgermeister von Paris, Pétion, und die Diktatoren des Blutvergießens, das Überwachungskomitee, Marat und seine Anhänger. Danton ging nicht geradeswegs zu dem, den er sehen wollte, sondern zunächst zu Pétion. Er donnerte, schrie, fuchtelte herum und beklagte sich über den verletzenden Brief, den Marat ihm zu schreiben gewagt hatte. – „Gut also", sagte Pétion, „gehen wir zum Komitee; Sie werden sich auseinandersetzen." – Sie gehen hinunter. Als Danton sich Marat gegenübersah, packte ihn der Stolz, er behandelte ihn hart. Marat hielt das Gesagte aufrecht und fügte hinzu, im übrigen müsse unter den gegenwärtigen Umständen alles vergessen sein. Und dann wurde er von Rührung ergriffen, wie das häufig geschah; er zerriß den Brief, der Danton verletzt hatte, und warf sich ihm in die Arme. Danton duldete den Kuß, nur wusch er sich sofort.

Er fühlte darum nicht weniger die drückende Fessel am Hals. Marat hielt ihn durch Duport. Wenn Danton Duport verteidigte, so war er verloren, wurde von Marat zerfleischt. Lieferte Danton Duport aus, so war er höchstwahrscheinlich verloren; Duport würde zweifellos reden, ehe er starb, und Danton mit sich reißen.

Dieser mußte warten, Zeit gewinnen. Die Maratisten konnten an ihren Ausschreitungen zugrunde gehen. Was in kurzer Zeit diese anarchistische Tyrannei brechen mußte, das war nicht nur das Grauen vor dem Blutvergießen, sondern die Furcht vor Plünderung. Die Diebstähle mehrten sich. Wer sich als Herrn über das Leben der Menschen erachtete, hielt sich mit mehr Grund auch für den Herrn ihres Besitzes.

Wenn Marat die Teilung des Besitzes nicht anempfahl, so war es, wie sein Freund Chabot versichert, weil er die Menschen noch nicht für tugendhaft genug hielt. Viele urteilten nicht so; sie hielten sich tugendhaft genug, um zu beginnen; sie versuchten, die Teilung eigenhändig vorzunehmen, und nahmen zunächst Edelsteine und Uhren, am hellen Tage, auf den Boulevards. Wenn der beraubte Mann um Hilfe rief, so schrien die Diebe noch lauter: „Drauf, auf den Aristokraten!“ Die Menge ging bei diesem gefürchteten Ruf gesenkten Hauptes vorüber und wagte nicht, einzugreifen.

Paris fiel in den Zustand der Wildheit zurück.

Und wie es in solchem Fall vorkommt, versuchten die einzelnen, die vom Schutz des Gesetzes nichts erhofften, sich durch Zusammenschluß Schutz zu verschaffen. Die alten barbarischen Verbrüderungen, die antiken und plumpen Versuche einer Gemeinschaft zur gegenseitigen Beschützung fanden Nachahmung in Paris gegen Ende des achtzehnten Jahrhunderts. Die Sektion der Abbaye war es, die noch unter der Metzelei blutete und bebte, die den anderen Sektionen „einen Bund zwischen allen Bürgern vorschlug, um sich gegenseitig Besitz und Leben zu erhalten.“ Erkennen wollte man sich dadurch, daß man stets eine Karte der Sektion bei sich trug. So hatte jeder seine Sektion als Garantie, war von ihr behütet. Es bestand Grund zu der Hoffnung, daß man ferner nicht mehr erleben werde, wie irgendeiner, mit einer Schärpe umgetan, „im Namen des Gesetzes“ an die Tür pochte, sie, falls nicht geöffnet wurde, einschlug, den Bürger zu Hause festnehme, ihn in die noch blutbefleckten Gefängnisse werfe. Wenn man dann der Ursache nachgehen wollte, so fand man nichts. Man erkundigte sich bei der Kommune. Aber sie wußte nichts. Beim Überwachungs- und Polizeikomitee. Auch dieses wußte nichts. Man entdeckte schließlich, daß es eines ihrer Mitglieder, häufig ein einziges und am häufigsten Marat war, der für alle und ohne sie zu verständigen, mit ihrem Namen unterzeichnet, den Verhaftsbefehl erlassen, den betreffenden Mann ermächtigt hatte.

Die Behörden von Paris begnügten sich auch nicht mehr, in dieser Stadt zu herrschen. Sie dehnten ihre Befugnisse auf dreißig und vierzig Meilen rings um Paris aus. Sie verliehen den Leuten, die es ihnen gefiel „Verwalter der öffentlichen Wohlfahrt“ zu nennen, folgende Befugnisse: „Wir ermächtigen den Bürger so und so, sich in die und die Stadt zu begeben, um sich der verdächtigen Personen und der Wertgegenstände zu bemächtigen.“ Von den Städten aus spazierten diese Kommissare in ihrem Eroberungsgeist aufs Land, auf die benachbarten Schlösser, nahmen die Silberschätze an sich und schleppten sie mit sich fort.

Die Gelegenheit war günstig, der Kommune einen Schlag zu versetzen. Von der Nationalversammlung wurden Maßregeln ergriffen und diesmal mit gefährlicher Einmütigkeit, die zur Genüge zeigten, daß hier die Dantonisten mit der Gironde gemeinsam handelten.

Die Versammlung traf eine Verfügung, die es untersagte, den Kommissaren eines Gemeinderats außerhalb seines Territoriums zu gehorchen.

Ein nicht weniger ernster Schlag wurde gegen die Kommune, dieses arge Volk von Agenten, geführt, die oft willkürlich irgendeinen mit der Schärpe gürtete. Auf den Bericht des Dantonisten Thuriot hin, beschloß die Versammlung, „wer immer die Gemeindeschärpe ungebührlich trage, solle mit dem Tode bestraft werden."

Wir zweifeln nicht, daß auch hier Danton durch Thuriots Mund redete, Rache nahm an Marats Kuß.

Um diese Gewaltmaßregel durchzusetzen, behauptete man, daß alle diese Leute in Schärpe, die ohne Recht und Befugnis gerichtliche Versiegelungen und Beschlagnahmen vollzogen, nichts als Gauner seien. Hatten denn die Gemeindebeamten selber ganz reine Hände? Man war versucht, es zu bezweifeln. Ihre unbeschränkte Vollmacht, das absolute Verfügungsrecht über alles, das sie sich zusprachen, brachte sie auf eine recht schiefe Ebene. In der Verwirrung des Augenblicks, in der unklaren, ziellosen Handhabung so vieler Angelegenheiten und Gegenstände, würde da nicht die Hauptleidenschaft (denn jeder hat eine solche, der für Frauen, der für Geld) wieder Oberhand gewinnen?

Das Überwachungskomitee, das die Gegenstände der Septembertoten in Händen hatte, versteigerte sie öffentlich, ungewiß ist nur, wo der Erlös daraus geblieben ist.

Jeder gebärdete sich zur Zeit als König. Als man unter dem Schutt beim Carrousel Kellergewölbe bloßlegte mit Öl- und Weinfässern, bestimmten die Dazukommenden als souveränes Volk und natürliche Erben des Königs, daß Öl und Wein ihnen gehöre. Sie tranken den Wein und verkauften das Öl, und das ganz selbstverständlich, am hellen Tage, unbesorgt und skrupellos.

Das ist nicht alles. Man entsinnt sich, daß ein Mitglied der Kommune es im August für angebracht hielt, aus der Gerätekammer eine kleine silberne Kanone fortzuschaffen. Dieser Vorgang lenkte die Aufmerksamkeit einiger Leute auf das kostbare Lager.

Sie entdeckten, daß es kaum bewacht war; man konnte einen genügend großen Posten von Nationalgarden weder zusammenbringen noch aufrechterhalten. In der allgemeinen Plünderung, die man überall sah, eigneten sie sich den besten Teil an, die Krondiamanten. Unter anderem nahmen sie den „Régent" mit fort und, da sie abwarten mußten, bis sie sich seiner entledigen konnten, verbargen sie ihn unter dem Balken eines Hauses in der Cité.

Die Dreistigkeit eines solchen Raubes enthüllte nur zu sehr das Unvermögen der öffentlichen Gewalten. Der Minister des Innern erschien regelmäßig jeden Morgen in der Nationalversammlung mit dem Geständnis, er könne nichts tun und er sei nichts, die Autorität bestehe nicht mehr.

Das öffentliche Gewissen, von der Metzelei ins Wanken gebracht, ließ sich treiben; viele Menschen fanden das Recht des Nächsten auf sein Leben problematisch. Ein Priester, der Vorsteher von Sainte-Barbe, hatte am 10. September von Roland einen Paß erhalten, aus „Anspruch auf Menschlichkeit", so lautete die Randbemerkung des Ministers. Vor der Abreise nächtigte er bei einem seiner Verwandten, von dem er „septembrisiert" wurde. Die Sache wurde von einem Mädchen aufgedeckt, bei dem am gleichen Abend der Mörder geschlafen hatte.

Erschreckende Gerüchte liefen um; die aufs neue und bis zum Übermaß gefüllten Gefängnisse machten sich darauf gefaßt, daß wiederum ein allgemeines Blutbad beginne. Die Gefangenen von Sainte-Pélagie schrieben in ihrer Todesangst eine Bittschrift an die Nationalversammlung, um nicht niedergemacht zu werden – wenigstens nicht ohne Urteilssprechung.

Die Versammlung hatte selbst zu fürchten wie nur irgendeiner, Marat verlangte tagtäglich, man solle diese Verräter, diese Royalisten, diese Parteigänger Braunschweigs umbringen.

Wie er die alte Versammlung umbringen wollte, so bedrohte er die andere, kommende, den Konvent, mit dem Tode; das war das unfehlbare Mittel, um jede Wiederherstellung der Ordnung, jede Auferstehung der öffentlichen Gewalt zu verhindern.

Es fanden sich glücklicherweise willensstarke Abgeordnete, die, unbesorgt um Leben oder Tod, mit Entrüstung darauf bestanden, wenigstens ihre Ehre zu retten, den nichtswürdigen Namen eines Verräters zurückzuweisen, mit dem man die Mitglieder der Versammlung so dreist und verschwenderisch belegte. Aubert-Dubayet ersuchte die mit der Prüfung der am 10. August beschlagnahmten Papiere beauftragte Kommission zu sagen, ob solche darunter seien, die tatsächlich einen der Repräsentanten beschuldigten. Der untadelhafte Gohier, Mitglied dieser Kommission, entgegnete, daß diese in Gegenwart der Kommissare geprüften Papiere nichts ergeben hätten, was auf irgendein Mitglied der Gesetzgebenden Versammlung den geringsten Verdacht werfen könne.

Nun äußerte sich Cambon mit der tiefen Entrüstung der gekränkten Tugend. „Man sagt, man verkündet durch Anschlag, daß vierhundert Abgeordnete Verräter seien ... Ich beantrage, daß die Behörden an der Barre erscheinen, daß die Versammlung sie auf den Zustand von Paris hinweist und an ihren Eid erinnert."

An eben diesem Tage, dem 17. September, hielt Danton die Kommune für genügend geschwächt und wurde kühn. Unbesorgt um das, was das Überwachungskomitee sagen könnte, und um das Kläffen Marats, verwies er die Angelegenheit Duport nicht etwa an den außerordentlichen Gerichtshof, wie er selber gesagt hatte, sondern ganz einfach an das Gericht von Melun und beauftragte dieses, über die Rechtmäßigkeit von Duports Verhaftung zu befinden.

Das Gericht verlor keine Minute und erklärte am 17. bei Ankunft des Kuriers die Verhaftung für ungesetzlich, gab den Gefangenen frei.

Danton nutzte ferner den Augenblick zu einer Tat der Menschlichkeit. Er ließ für alle dem Blutbad entgangenen Gefangenen die Haftzeit kürzen.

Eins zeigt, wie sehr die Lage sich in den wenigen Tagen gewandelt hatte: eine Gemeinde in der Franche-Comté scheute sich nicht, zwei dieser fürchterlichen „Kommissare der öffentlichen Wohlfahrt" festzunehmen. Die Kommune von Champlitte erklärte im Namen der Gleichberechtigung, der Kommune von Paris nicht gehorchen zu wollen. – Dem Beispiel wurde in zahlreichen Städten gefolgt.

Der Generalrat der Kommune begriff, daß es hohe Zeit sei, sein Überwachungskomitee zu opfern.

Am 18. abends trat er diesem Komitee heftig entgegen, schleuderte ihm die ganze Verantwortung zu für alles, was sich ereignet hatte, zerschmetterte es und erinnerte daran, daß kein dem Generalrat Fernstehender am Überwachungskomitee teilnehmen könne. Das ging gegen den heimlich eingeschmuggelten Marat, gegen Panis, der Marat sträflicherweise eingeführt hatte.

Der tolle und rasende Wagemut der Anhänger Marats war allzu bekannt, um nicht annehmen zu müssen, sie würden auf den Hieb durch ein Verbrechen antworten, durch einen neuen Versuch zur Metzelei. Diese Besorgnis wurde noch gesteigert, als am 19. der Generalrat erklärte, er sei bereit, für die öffentliche Sicherheit zu sterben.

Am gleichen Tage verkündete die Nationalversammlung zum Entsetzen Frankreichs in einer Eingabe das umlaufende Gerücht: Daß am Tage, da die Versammlung ihre Tätigkeit einstelle, die Repräsentanten des Volkes niedergemacht werden würden. Sie billigte für die Stadt Paris gewisse Sicherheitsmaßnahmen, im besonderen jenes Bündnis zur gegenseitigen Verteidigung, zu welchem die Sektion der Abbaye das Beispiel gegeben hatte, und die Verpflichtung für alle Bürger, stets einen Sicherheitsausweis bei sich zu tragen.

Trotz aller dieser Vorsichtsmaßregeln fühlte sich niemand sicher. Niemand vermochte sich einzureden, Frankreich werde diesen gefährlichen Schritt von der Legislativen zum Konvent ohne irgendeine neue furchtbare Erschütterung vollziehen. Würden sie, die, um sich zu halten, einmal zum Dolch vom 2. September gegriffen hatten, zögern, wieder danach zu greifen? Man glaubte es nicht. Sehr viele Abgeordnete glaubten, sie hätten nur noch sehr kurze Zeit zu leben. Die meisten hielten wenigstens ein neues Blutbad in den Gefängnissen für bevorstehend. Vergniaud hatte in dieser für normale Herzen fürchterlichen Erwartung eine erhabene Eingebung, ein geheiligtes Wort, das die Jahrhunderte sich weitergeben werden.

Andere haben sich diesen Ausspruch angeeignet, die kein Recht dazu hatten. Sie sagten, wie Vergniaud es getan: „Möge mein Andenken vergehen, zum Heile Frankreichs!" Ein Andenken, das man opfern will, muß aber vor allem rein sein.

Vergniaud sagte, nachdem er von der Tyrannei der Kommune gesprochen und Frankreich für verloren erklärt hatte, falls dieses neue Königtum nicht gestürzt werde: „Ich weiß es, sie haben Dolche ... Doch was gilt den Vertretern des Volkes ihr Leben, wenn es sich um das Heil des Volkes handelt? ... Als Wilhelm Tell den Pfeil anlegte, um den verhängnisvollen Apfel vom Haupte seines Sohnes zu schießen, sagte er: ‚Mein Name und mein Andenken möge vergehen, wenn nur die Schweiz frei wird!‘ ... Und auch wir werden sagen: ‚Möge die Nationalversammlung untergehen, wenn nur Frankreich frei wird! Mag sie untergehen, wenn sie dem Namen Frankreichs einen Fleck erspart! Wenn ihre Kraftentfaltung Europa zeigt, daß es froh aller Verleumdungen hier eine Achtung der Menschlichkeit und eine öffentliche Tugend gibt!‘ ... Ja, wir wollen zugrunde gehen, und aus unserer Asche mögen unsere glücklicheren Nachfolger das Glück Frankreichs befestigen und die Freiheit begründen!“

Die ganze Versammlung erhob sich, alles Volk auf den Tribünen. Die heldenmütige Generation opferte sich hiermit für jene, die kommen sollten. Alle wiederholten in einmütigem Ruf: „Ja, ja, gehen wir unter, wenn es sein muß ... und unser Andenken mit uns!“

Das Volk, das so spricht, verdient, nicht unterzugehen.

Und von diesem Augenblicke an war es gerettet. Drei Tage später gewann Frankreich die Schlacht bei Valmy.

SECHSTES KAPITEL

Schlacht bei Valmy (20. September 1792)

Kriegsbegeisterung. – Heldenhafter Tod Beaurepaires (1. September). – Vaterländische Opfergaben. – Wundervolle Einmütigkeit der Parteien. – Dumouriez wird von den Girondisten, den Jakobinern und Danton gestützt. – Einstimmige Hingabe aller. – Tiefe Unmoral der zerstörenden Gewalten. – Zweifel und Unsicherheit der Deutschen. – Goethe und Faust. – Unentschlossenheit des Herzogs von Braunschweig. – Die Preußen sprechen von Wiedereinsetzung der Geistlichkeit und Zurückgabe der Nationalgüter. – Heldenmütige Reinheit unserer Armee; wie sie die Septembermörder aufnimmt. – Dumouriez läßt sich umstimmen. – Alle wollen ihn halten. – Furchtbarer Zustand der Ländereien im Osten. – Dumouriez und Kellermann in Valmy (20. September). – Standhaftigkeit des jungen Heeres im Feuer. – Die Preußen rücken zweimal vor und ziehen sich zurück.

Vergniaud war in dieser erhabenen Stunde zum Pontifex der Revolution geworden. Er hatte die religiöse Formel der heldenmütigen Hingabe gefunden.

Die Anarchie in Paris konnte niemanden über den Charakter jener Tage täuschen. Dieser Tod war Leben. Wenn man dem Volke vorwerfen konnte, daß es sich den inneren Arbeiten fernhielt, so war das eine Folge seiner Kriegsbegeisterung. Es fühlte ganz instinktmäßig, daß der Kampf sich nicht hier abspielen würde.

Die Defensive ist nichts für Frankreich. Frankreich ist kein Schild. Es ist ein lebendiges Schwert.

Jeden Tag zogen eintausendachthundert Kriegsfreiwillige aus Paris, im ganzen bis zu zwanzigtausend. Es hätte noch viel mehr gegeben, wenn man sie nicht zurückgehalten hätte. Die Nationalversammlung mußte die Buchdrucker, die ihre Sitzungsprotokolle zu drucken hatten, in ihren Werkstätten festhalten. Sie mußte eine Verfügung erlassen, daß die und die Arbeiterklassen, zum Beispiel die Schlosser, die für die Waffenfabrikation brauchbar waren, nicht selbst hinausziehen durften. Es wäre niemand mehr zum Waffenschmieden dageblieben.

Die Kirchen boten ein ungewöhnliches Schauspiel, wie es seit Jahrhunderten nicht dagewesen war. Sie hatten den Charakter angenommen, den sie im Mittelalter gehabt hatten. Die Sektionsversammlungen, die hier stattfanden, erinnerten an die Zusammenkünfte der alten Gemeinden Frankreichs oder Italiens, die sich in den Kirchen versammelten. Die Glocke, dieses große, volkstümliche Werkzeug, für das die Geistlichkeit das Monopol beansprucht hatte, war wieder das geworden, was sie früher war, die mächtige Stimme der Stadt – der Ruf ans Volk.

Die Kirchen des Mittelalters hatten gelegentlich die Jahrmärkte, die Handelsvereinigungen beherbergt. Im Jahre 1792 boten sie ein ähnliches (weniger kaufmännisches, aber ergreifenderes) Bild, die Zusammenkünfte zu vaterländischer Betätigung, die für die allgemeine Wohlfahrt arbeiteten. Man hatte Tausende von Frauen hier versammelt, um die Zelte, die Kleidungsstücke, die militärische Ausrüstung herzustellen. Sie arbeiteten und sie waren glücklich im Gefühl, daß sie mit dieser Tätigkeit ihren Vätern oder ihren Söhnen Schutz und Kleidung gaben.

Nahe bei diesen Frauenarbeitssälen boten die Kirchen selbst geheimnisvolle und furchtbare Szenen. Es war beschlossen worden, für das Heer Kupfer und Blei der Särge zu verwenden. Alles sollte dienen, das Vaterland zu retten.

Ein ganz ähnliches Gefühl ließ Frankreich in seinem Innersten erbeben, als ein Sarg durchs Land getragen wurde, von der Grenze her, der Sarg des unsterblichen Beaurepaire, der ihm nicht in Worten, sondern durch die Tat und mit einem Schlage gezeigt hatte, was es in seiner großen Angelegenheit zu tun habe.

Beaurepaire, früherer Offizier der Karabiniers, hatte seit 1789 das unerschrockene Bataillon der Freiwilligen von Maine-et-Loire gebildet und befehligt. Bei Beginn der Invasion hatten diese Tapferen Angst, nicht schnell genug zu kommen. Sie hielten sich unterwegs nicht mit Unterhaltungen auf, durcheilten ganz Frankreich im Sturmschritt und warfen sich auf Verdun. Sie hatten ein Vorgefühl, daß sie inmitten des Verrats, der sie rings umgab, zugrunde gehen sollten. Sie beauftragten einen patriotischen Abgeordneten, ihren Familien ihren Abschied zu überbringen, sie zu trösten und zu sagen, sie seien tot. – Beaurepaire hatte sich kürzlich verheiratet, er verließ seine junge Frau, und er war darum nicht weniger entschlossen. Als der Kommandant von Verdun einen Kriegsrat berief, um zur Übergabe des Ortes ermächtigt zu werden, widersetzte Beaurepaire sich allen den Gründen der Feigheit. Schließlich, als er sah, daß er bei diesen adligen Offizieren nichts erreichen konnte, deren ganz royalistisches Herz bereits im anderen Lager war, sagte er: „Meine Herren, ich habe geschworen, mich nur tot zu ergeben ... überleben Sie ihre Schmach ... Ich bin meinem Schwur getreu, das ist mein letztes Wort, ich sterbe ...“ Er schoß sich eine Kugel in den Kopf.

Frankreich fand sich wieder, erbebte in Bewunderung. Es bot den Blicken nicht mehr ein schwankes, unbestimmtes und unklares Bild; man sah es wirklich, lebendig.

Es war eine wahrhaft religiöse Empfindung, in der Tausende kaum bewaffneter, schlecht eingekleideter Männer ersuchten, an der Nationalversammlung vorbeizudefilieren. Ihre oft schwülstigen und deklamatorischen Worte, die von ihrer Unfähigkeit zeugen, das, was sie empfanden, auszudrücken, tragen darum doch das Gepräge des tiefen Glaubens, der ihre Herzen erfüllte. Nicht in den vorbedachten Reden ihrer Sprecher muß man nach diesen Empfindungen suchen, sondern in dem Schrei, dem Zuruf, der sich ihrer Brust entringt. „Wir gehen her wie zur Kirche", sagte der eine. – Und ein anderer: „Väter des Vaterlandes, hier sind wir! Ihr werdet eure Kinder segnen."

Das Opfer war in diesen Tagen wahrhaft allumfassend, gewaltig und schrankenlos. Mehrere Hunderttausend gaben Leib und Leben, andere ihr Vermögen, alle ihr Herz, in gleicher Begeisterung ...

Greifen wir aus den endlosen Reihen dieser unbegrenzten Gaben eines Volkes auf gut Glück eine heraus.

Arme Frauen der Hallen bringen viertausend Franken, offenbar der Erlös aus allerlei plumpem Schmuck, ihren Eheringen ...

Einige Frauen der Departements, besonders die vom Jura, hatten geäußert, wenn alle Männer fortgingen, so könnten sie, die Frauen, auf Wache ziehen. Für dasselbe erbot sich eine Händlerin aus der Rue Saint-Martin, die mit ihrem Kinde erschien. Die Mutter gibt ihr Kreuz, ein goldenes Herz und ihren silbernen Fingerhut. Das Kind, ein kleines Mädchen, gibt, was es hat, einen kleinen silbernen Becher und ein Fünfzehnsousstück. Dieser Fingerhut, das Handwerkszeug der armen Witwe, das kleine Geldstück, des Kindes ganzer Besitz! ... Welch ein Schatz! ... Und wie hätte Frankreich damit nicht siegen sollen? ...

Man muß sagen, keine Partei war in diesem geweihten Augenblick Frankreichs unwert. Wenn es auch in der inneren Frage heftige Unstimmigkeiten gab, in der Verteilungsfrage gab es keine Parteien. Das Volk war bewundernswert, ebenso die Führer.

Es war eine Tat schönster einmütiger Gesinnung, wechselweiser Aufopferung dieser wütenden Feinde, die das Heil Frankreichs herbeiführte. Alle einigten sich dahin, die nationale Verteidigung einem Manne zu übertragen, den die meisten von ihnen haßten und verabscheuten.

Die Girondisten haßten Dumouriez, und nicht ohne Grund. *Sie* hatten ihn ins Ministerium gebracht; *er* hatte sie mit ebensoviel Hinterlist wie Undank daraus vertrieben. Sie suchten ihn bei der Nordarmee, bei der kleinen Stellung, zu der er herabgesunken war, auf und ernannten ihn zum kommandierenden General.

Die Jakobiner mochten Dumouriez durchaus nicht; sie sahen gut sein Doppelspiel. Dessenungeachtet urteilten sie, dieser Mann wolle vor allem den Ruhm und habe deshalb den Willen zum Sieg. Das war die Ansicht eines sehr Einflußreichen unter ihnen, Couthons, Robespierres Freund; sie befürworteten und unterstützten seine Berufung auf den Posten des kommandierenden Generals.

Danton tat mehr. Er lenkte Dumouriez. Er sandte ihm nach und nach seinen Gedanken, Fabre d'Eglantine, und seinen Arm, Westermann, einen der Kämpfer vom 10. August. Er umgab ihn, den geistvollen Intriganten des Ancien régime, mit dem gewaltigen revolutionären Atem, der ihm sonst gefehlt haben würde.

So bestand ein vollkommenes Einvernehmen in der Wahl des Mannes. Und die gleiche Einmütigkeit, alle Kräfte in seiner Hand zu vereinigen.

Man entfernte oder unterstellte ihm die Generale, die auf einen teilweisen Befehlshaberposten Anspruch erheben konnten. Man schickte den alten Luckner nach Châlons, um Rekruten auszubilden. Man gebot Dillon, der in der militärischen Rangordnung höher stand als Dumouriez, diesem zu gehorchen. Den gleichen Befehl erhielt Kellermann, der grollte, aber sich fügte.

Alle Kräfte Frankreichs und sein Schicksal wurden einem wenig bekannten Offizier übergeben, der bis dahin noch nie einen Oberbefehl geführt hatte. So erhob der überlegene Geist der Revolution den, der ihm gefiel.

Diesmal machte er einen Mann. Diesen Dumouriez, der sich in den unteren Graden hingeschleppt hatte, in einer Diplomatie, die an Spionage grenzte, die Revolution nimmt ihn, macht ihn sich zu eigen, hebt ihn über sich selbst empor und sagt zu ihm: Sei mein Schwert.

Der ungemein tapfere und geistvolle Mann war der Gelegenheit wirklich nicht unwert; seine Denkwürdigkeiten bezeugen das. Was man jedoch nicht darin sieht, das ist der Opfermut, das Feuer der Ergebenheit, das er überall antraf, und das seine Aufgabe erleichterte; das ist der kraftvolle Entschluß aller Herzen, Frankreich um jeden Preis zu retten, indem man nicht allein das Leben, nicht allein den Besitz, sondern den Stolz, die Eitelkeit hingab, das, was man die Ehre nennt. Eine einzige Tatsache zum Verständnis. Der tapfere Hauptmann Leveneur, der dadurch berühmt geworden ist, daß er (er allein, kann man sagen) die Festung Namur genommen hat, hatte das Pech gehabt, La Fayette bei seiner Flucht zu folgen. Er bereute, kehrte um. Er trat als gewöhnlicher Soldat ins Heer und trug ohne Murren den Husarensäbel, bis neue Dienste ihm seinen Degen zurückerstatteten.

Geschlossenes Handeln war mit solchen Männern leicht. Sogar die undisziplinierten Banden der Kriegsfreiwilligen, die aus Paris eintrafen, machten sich, einmal eingereiht und im Zaum gehalten, wie Dumouriez selbst zugibt, ausgezeichnet, überwinden die Strapazen, die Entbehrungen besser als die gedienten Soldaten.

Man erkennt gut in seinen Memoiren alles, was er für die Armee getan hat, doch nicht genug, was diese Armee gestützt hat. Es ergeht Dumouriez wie den meisten Militärs, die den moralischen Ursachen nicht genügend Rechnung tragen.[1] Er sieht ab von der großen und furchtbaren Wirkung, die die Einmütigkeit

---

1 Das ist der allzu häufige Fehler der Militärschriftsteller, besonders der Generale, die ihre eigene Geschichte schreiben. Sie geben den Erfolgen ihrer Berechnungen das Verdienst und vergessen die Leute, ohne deren Aufopferung diese Berechnungen nichts bedeuten würden. – Der größte und unentschuldbarste, Napoléon, nennt in seinen Memoiren bereitwillig die Zahl der Leute, nicht ihre Eigenschaften, das wundervolle, einmütige, unwiderstehliche Menschenmaterial, über das er verfügte. Er scheint von dem unfehlbaren Schwert nichts zu wissen, das die Revolution, seine Mutter, ihm sterbend hinterließ. „Ich hatte so und so viel Mann, so viel sind gefallen“, das ist die ganze Leichenrede. Wie! Das ist alles, großer Kaiser?! Kein herzliches Wort für soviel heldenhafte Herzen, für die Sie und das Vaterland eins waren, und die für Sie starben!

Frankreichs auf die deutsche Armee ausübte. Er scheint all die Lagerhaufen von Nationalgarden nicht zu sehen, von denen die Hügel der Meurthe, der Vogesen und vieler anderer Departements besät sind. Er sieht nicht den Bauern, der vom Rhein bis zur Marne bewaffnet auf seiner Scholle steht. Der Feind aber hat es wohl gesehen, und das ist es, weshalb er so wenig Nachdruck bewiesen, so wenig gekämpft, so wenig Vorteil aus Dumouriez' Fehlern gezogen hat.

Da liegt das Geheimnis des ganzen Feldzugs. Man muß den Erfolg nicht ausschließlich in den militärischen Operationen suchen. Hier herrschte bei einer gewaltigen, aber durchaus äußeren Ordnungslosigkeit eine völlige Einheit der Leidenschaft und des Willens. Und von seiten der Deutschen gab es bei allem Anschein von Ordnung und Disziplin, Zögern und absolute Unklarheit über die Mittel und das Ziel.

Preußen und Österreich handelten durchaus nicht übereinstimmend. Preußen, das man seit langem für Sonderverhandlungen zu gewinnen suchte, war gerade dadurch seinem Verbündeten verdächtig. Österreich hatte ebenfalls die heimliche Absicht, seinen kleinen Raub für sich zu machen, sich im Elsaß oder in den Niederlanden die Hände zu füllen, aus der Not Ludwigs XVI., den es befreien wollte, seinen Vorteil zu ziehen.

Aus diesem guten Gedanken und mit diesen geheimen Absichten hüteten sie sich wohl, Monsieur den Titel des Regenten Frankreichs zu verleihen, der alle Royalisten um ihn geschart und dem Heer der Emigranten eine neue Energie verliehen hätte. Sie wollten keineswegs durch die Franzosen zum Erfolg kommen. Sie wollten einen Erfolg und fürchteten einen zu großen. Sie wollten und wollten nicht.

Fand sich in der Armee der Emigranten ein kluger, unerschrockener Offizier, wie Herr von Bouillé, so hütete man sich, ihn zu verwenden; man hielt ihn im Hintergrunde, man ließ ihn sich mit der Belagerung von Thionville hinschleppen, man schickte ihn an den Rhein, in die Schweiz, kurz überallhin, wo er nutzlos war.

Es ist interessant, dieses Heer der Gegenrevolution gemächlich über Koblenz und Trier daherziehen zu sehen; übrigens ein schönes, wohl organisiertes, reiches Heer, überladen mit kostbaren Ausrüstungen und einem königlichen Gefolge. Der Braunschweiger, der kommandierende General, hatte gesagt: „Es ist ein militärischer Spaziergang." Der König von Preußen hatte seine Mätressen verlassen, um an dem Spaziergang teilzunehmen. Seine Anwesenheit, die Sorge um sein kostbares Haupt, hätten den Braunschweiger vorsichtig gemacht, selbst wenn er es nicht ohnedies gewesen wäre. Das wesentliche war nicht, zu siegen; die Hauptsache war, den König von Preußen nicht zu sehr der Gefahr auszusetzen, ihn gesund und heil zurückzubringen.

Das war der Gedanke, den der verständige Herzog von Braunschweig unausgesetzt berücksichtigen mußte, und darauf beschränkte sich der Erfolg des Unternehmens.

Der Braunschweiger war bereits ein Mann in Jahren; er war selbst souveräner Fürst; es war ein ungemein unterrichteter Mann, und um so zaudernder, skeptischer. Wer viel weiß, zweifelt viel. Das einzige, an was er glaubte, war das Vergnügen. Das Vergnügen aber, über die Jahre hinaus fortgesetzt, entkräftet nicht nur den Leib, sondern die Willenskraft. Der Herzog war tapfer, gelehrt, geistvoll geblieben, er besaß Ideen und Erfahrungen; nur hatte er den Willen verloren.

In diesem Heer von Königen, von Fürsten, gab es unter anderen einen souveränen Fürsten, den Großherzog von Weimar; und mit ihm war sein Freund, der Fürst im Reiche des deutschen Geistes, wir sagten es schon, der berühmte Goethe. Er war gekommen, den Krieg mit anzusehen, und unterwegs, in einem Packwagen, schrieb er die ersten Bruchstücke des „Faust“, den er bei der Heimkehr veröffentlichte.

Keine Idee, kein Grundsatz leitete diese Armee. Langsam rückte sie vorwärts, wie das natürlich war, da sie keinen Grund hatte, voranzudrängen. Da waren die Emigranten, baten, flehten, erschöpften sich vor Ungeduld. Der Braunschweiger überlegte. Es ist wahr, er konnte diese Partei ergreifen; doch die andere Partei hier war ebenso wertvoll, wenn die dritte nicht noch besser war. Als man sich schließlich entschlossen hatte, etwas zu tun, wurde durch den klugen Prinzen Hohenlohe oder den noch klügeren Österreicher Clerfayt langsam an die Ausführung gegangen. Man muß bedenken, daß es dreißig Jahre lang keinen Krieg gegeben hatte. Der heldenhafte Kriegszug des großen Friedrich war etwas in Vergessenheit geraten. Die verständige Taktik der österreichischen Generale war sehr geschätzt. Warum sollte man so schnell vorgehen, wenn man fast ohne sich zu rühren, die besten Resultate erzielen konnte?

„Sollte ich übrigens nicht den Royalisten, deren Unterstützung Sie mich versichern, etwas Zeit lassen, sich zu entscheiden und in Bewegung zu setzen?“ sagte der Herzog von Braunschweig zu unseren feurigen Emigranten. „Gewiß werden sie sich einfinden, die Deputationen eines Volkes, das die Befreiung froh begrüßen und seinen Befreiern den Unterhalt gewähren wird. Noch sehe ich sie nicht.“

Nun, weit gefehlt, daß er sie sehen konnte! Der Bauer verhielt sich auf der ganzen Linie verbissen unbeweglich, verbarg sein Korn, schloß es fort, drosch es in Eile und schaffte es weg. Die Deutschen verwunderten sich, so wenig Hilfe zu finden. Sie nahmen Longwy und Verdun, wie man gesehen hat, doch durch den Verrat einiger royalistischer Offiziere, durch das Entsetzen einiger Bürger, die das Bombardement befürchteten. Zwei Zufälle, weiter nichts. Die Soldaten der Garnisonen, die Freiwilligen aus den Ardennen, jene von Maine-et-Loire, die so gezwungen wurden, sich zu ergeben, zeigten die tiefste Entrüstung. Ich habe den Tod Beaurepaires berichtet. Der junge Offizier, den man zwang, dem König von Preußen die Übergabe Verduns zu überbringen, gehorchte nur unter dem

Zeichen wirklicher Verzweiflung; sein Antlitz war tränenüberströmt. Der König fragte nach dem Namen des jungen Mannes; er hieß Marceau.

Mézières, Sedan, Thionville zeigten den guten Willen, sich besser zu halten als Verdun. Man belagerte Thionville und mit ansehnlichen Kräften (die Belagerer erhielten eine Verstärkung von zwölftausend Mann). Der französische General Wimpfen, der sich in der Festung befand, zeigte viel Eifer; seine Verteidigung war offensiv; jeden Augenblick machte er dem Feind in kühnen Ausfällen seinen Besuch.

Der Braunschweiger war in Verdun eingezogen und fühlte sich da so wohl, daß er eine Woche blieb. Hier begannen schon die Emigranten, die sich um den König von Preußen scharten, diesen an seine gegebenen Versprechungen zu erinnern. Dieser Fürst hatte beim Aufbruch die seltsamen Worte geäußert (Hardenberg hörte sie): Er werde sich nicht in die Regierung Frankreichs einmischen, er werde nur dem König die absolute Gewalt zurückgeben. Den König dem Königtum zurückgeben, die Priester den Kirchen, die Besitztümer den Besitzern, das war sein ganzer Ehrgeiz. Und was verlangte er von Frankreich für diese Wohltaten? Keine Gebietsabtretung, nichts als Rückerstattung der Kosten eines Krieges, der zu seiner Befreiung unternommen war.

Dies kleine Wort, „Zurückgabe des Besitzes", besagte vieles. Der große Eigentümer war die Geistlichkeit; es handelte sich darum, ihr einen Besitz von vier Milliarden wiederzubeschaffen, die Verkäufe daraus, die im Januar 1792 eine Milliarde betrugen und die seitdem, in neun Monaten, ungeheuer zugenommen hatten, zu annullieren. Was wurde aus den zahllosen Verträgen, zu denen diese gewaltige Operation die direkte oder indirekte Ursache gewesen waren? Nicht nur die Käufer wurden dadurch benachteiligt, sondern alle, die das Geld hergeliehen hatten und die Wiederkäufer, an die sie weiterverkauft hatten; eine Menge anderer Leute ... Ein großer Volkshaufe, den ansehnliche Interessen tatsächlich an die Revolution knüpften. Diese seit mehreren Jahrhunderten dem eigentlichen Ziel der frommen Gründer entzogenen Güter hatte die Revolution ihrer wahren Bestimmung wieder zugeführt: dem Leben und dem Unterhalt der Armen. Ein neues Frankreich war in der kurzen Spanne Zeit entstanden. Und diese Unwissenden, die das Ausland hereinführten, hatten keine Ahnung. Weder die beiden Agenten Monsieurs noch die des Herrn von Caraman, Geheimagenten Ludwigs XVI., die sich beim König von Preußen befanden, benachrichtigten ihn von der Gefahr, an eine so schwerwiegende Sache zu rühren.

Er war kaum in Verdun, als er (oder als man in seinem Namen) den Gemeindebeamten aller Ortschaften gebot, die verfassungsmäßigen Priester zu verjagen, jene, die den Eid nicht geleistet, wiedereinzusetzen und ihnen die Standesamtsregister zurückzugeben, kurz, den Geistlichen wiederzuerstatten, was ihnen gebührte. Das gleiche geschah an der Nordgrenze. In allen Dörfern von Französisch-Flandern, die vorübergehend von den Österreichern besetzt wurden, war es ihre erste Sorge, die unvereidigten Priester wieder einzusetzen.

Bei den bezeichnenden Worten von Wiedereinsetzung der Priester usw. spitzte der Landmann die Ohren und begriff, daß es die völlige Gegenrevolution war, die da in Frankreich eindrang, daß es in Menschen und Dingen zu einer ungeheuren Umwälzung kommen würde.

Nicht alle hatten Flinten, wer aber welche hatte, der griff zu ihnen. Wer Heugabeln hatte, nahm sie, wer Sensen hatte, nahm diese.

Ein Wunder geschah auf Frankreichs Erde. Sie schien sich beim Durchzug des Auslands plötzlich zu wandeln. Sie wurde eine Wüste. Das Getreide verschwand, und als hätte ein Sturmwind es entführt, enteilte es nach Westen. Nur eines blieb auf dem Weg des Feindes zurück, die unreifen Trauben, Krankheit und Tod.

Der Himmel war mit im Bunde. Ein beständiger, unermüdlicher Regen strömte auf die Preußen herab, durchnäßte sie bis auf die Haut, folgte ihnen getreulich, bereitete ihnen den Weg. Schon in Lothringen fanden sie Schlamm, bei Metz und Verdun war die Erde voll Pfützen, und die Champagne endlich war für sie ein regelrechter Sumpf, wo der Fuß in einer Kreidesuppe versank und überall in einer Falle festzusitzen schien.

Die Leiden waren bei beiden Heeren ungefähr die gleichen. Regen und wenig Verpflegung, schlechtes Brot, schlechtes Bier. Doch der moralische Zustand war sehr verschieden. Der Franzose sang, und er hatte Wein im Herzen. Fröhlich verzehrte er im Hafer oder Buchweizen das Brot der Freiheit.

Auch dieser kühne Gascogner[1], der ihn zum Kampfe führte, hatte in Blick und Wort einen Strahl des Südens, der in die düstere Zeit hineinleuchtete. Dumouriez' Blick erwärmte die Herzen. Der General war heiter, und die Armee war es auch. Der Truppenkörper, den er nach Flandern kommandiert hatte, und der, sehr wagemutig und kriegerisch, wieder zu ihm stieß, hatte in seinem ersten Quartier fast täglich Bälle gegeben, und oft gab man sie auf feindlichem Gebiet.

Diese Armee hatte mit den Ausschreitungen im Inneren nicht das geringste zu tun. Sie vernahm mit Grauen davon und gab der Volksarmee, die man ihr aus Châlons zusandte, eine gründliche Lehre. Das war ein Wirbelsturm Freiwilliger, teils Fanatiker, teils Räuber, die nach der Lektüre von Marats Rundschreiben dasselbe sofort in die Tat umsetzten und mehrere Personen töteten. Sie kamen an und brüllten nach Dumouriez, riefen nach dem Verräter, forderten sein Haupt. Sie waren ganz erstaunt, wie leer es um sie herum wurde. Keiner sprach mit ihnen. Am anderen Tag Besichtigung durch den General. Sie sehen sich zwischen einer sehr zahlreichen und sehr feindlichen Kavallerie, bereit, sie niederzusäbeln, und einer bedrohlichen Artillerie, die beim geringsten Zeichen in sie

[1] Gascogner von Charakter, Provençale von Abstammung, geboren in der Pikardie.

hineingeschossen hätte. Da kommt Dumouriez mit seinen Husaren auf sie zu und sagt zu ihnen: „Ihr habt euch entehrt. Es sind Schurken unter euch, die euch zum Verbrechen drängen; jagt sie selber davon. Bei der ersten Meuterei schicke ich euch zum Teufel. Ich dulde hier weder Mörder noch Henkersknechte ... Werdet ihr so wie die, unter denen eingereiht zu sein ihr die Ehre habt, so werdet ihr in mir einen Vater finden."

Sie mucksten sich nicht und wurden sehr gute Soldaten. Sie machten sich den allgemeinen Geist der Armee zu eigen. Diese Armee war hochherzig, wahrhaft heldenhaft an Mut und Menschlichkeit. Man konnte das später beim Rückzug der Preußen beobachten. Als die Franzosen sie hungernd, krank und fahl sich mühsam daherschleppen sahen, betrachteten sie sie voll Mitleid und ließen sie vorüberziehen. Alle, die sich ergaben, sahen das französische Lager in ein deutsches Hospital verwandelt und fanden in ihren Feinden Krankenpfleger.[1]

Die zuerst recht schwache französische Armee war aber flinker und beweglicher als die Preußen. Es galt, die zerstreuten Korps zu vereinigen. Das war es, was Dumouriez mit bewunderungswürdigem Blick, mit Kühnheit und Lebhaftigkeit tat; er besetzte alle Hohlwege der Argonnen in Gegenwart des Feindes. Der Österreicher, der die Maas überschritten hatte, berührte bereits den Wald; er war vollkommen Herr, es Dumouriez zu verbieten. Dieser zwang ihn durch einen Scheinangriff, über die Mosel zurückzugehen, raubte ihm sozusagen heimlich die umstrittene Stellung und besetzte die Wege dem verdutzten Österreicher vor der Nase (7. September).

Er allein, so versichert er, vertrat gegen alle die Ansicht, daß dieser Strich der Argonnen verteidigt werden müsse, der die reiche Gegend von Metz, Toul und Verdun von der Champagne Pouilleuse trennt. Vergebens bestand man darauf, er solle sich auf Châlons zurückziehen und die Strecke an der Marne verteidigen. Er konnte das Gerede verachten; jeder andere General wäre gezwungen gewesen, nachzugeben. Dumouriez aber hatte während des Feldzugs Westermann bei sich, für sich, der für ihn eintrat und ihn stützte, das heißt also Danton.

Er beging nur die Torheit, nach Paris zu schreiben: „Die Argonnen seien die Thermopylen Frankreichs, er werde sie verteidigen und glücklicher sein als Leonidas." Der französische Leonidas sollte verlieren wie der andere. Er gesteht selbst mit einem Freimut, wie nur große Männer ihn haben, daß er einen der

---

[1] Es ist nicht das erstemal, daß die Franzosen ihre Feinde gepflegt, beköstigt haben. Das zeigte sich bei der Einnahme von La Rochelle (1627) und schon früher in den spanischen Kriegen des vierzehnten Jahrhunderts. Ein Engländer stellt ihnen dies Zeugnis aus: „Als der Herzog von Lancaster in Kastilien einfiel und seine Soldaten Hungers starben, forderten sie freies Geleit und gingen ins Lager der Kastilianer über, wo es viele verbündete französische Truppen gab. Diese waren vom Elend der Engländer gerührt, behandelten sie voll Menschlichkeit und beköstigten sie mit ihren eigenen Lebensmitteln: De suis victualibus refecerunt." (Walsingham, S. 342)

Pässe in den Argonnen schlecht bewachte, und daß er sich zur Umkehr zwingen ließ (13. September).

Zwei seiner Unterfeldherren waren in vollem Rückzug, und er wußte nicht einmal, wo sie waren. Er sah sich einen Moment lang auf fünfzehntausend Mann angewiesen, hilflos verloren, falls die Österreicher, welche die Pässe erobert hatten, aus ihrem Vorteil Nutzen zogen. Sie ließen wieder Zeit verstreichen. Inmitten einer regnerischen Nacht führte Dumouriez ganz leise den Rückzug aus, und er wurde so langsam verfolgt, daß er seine Truppen wieder sammeln und aus Rethel Beurnonville mit zehntausend Mann kommen lassen konnte. Dieser Rückzug wurde zweimal durch eine unbeschreibliche Panik gestört, als eintausendfünfhundert österreichische Husaren, die etwas reitende Artillerie mit sich führten, sechsmal größere Heereskörper auseinander trieben. Schlimmer war, daß zweitausend Mann, die dreißig, vierzig Meilen durcheilten, überall verkündeten, daß die Armee vernichtet sei. Das Gerücht drang bis nach Paris, und man war dort sehr alarmiert, bis Dumouriez selber die Sache genau so, wie sie sich zugetragen hatte, an die Nationalversammlung schrieb. Die Versammlung und die Minister, alle erwiesen sich hier wundervoll. Trotz dieses doppelten Unfalls stützten die girondistischen Minister einerseits und Danton anderseits Dumouriez einmütig. Stark und entschlossen hielt man zu dem Rückzugsgeneral. Der weichende Dumouriez, die verfolgte Armee, sie machten halt, getragen von den unerschütterlichen Herzen Frankreichs.

Er bezog am 17. September das Lager von Sainte-Menehould, und vor ihm hatten die Preußen die gegenüberliegenden Höhen besetzt, das Lager de la Lune genannt. Sie waren Paris näher, er näher an Deutschland. Wer von beiden hatte den anderen gefaßt? Es ließ sich streiten. „Wir schneiden ihn von Paris ab", sagten die Preußen. In Wirklichkeit war ihre Lage sehr schlecht. Ihr schwerfälliges losgetrenntes Heer konnte seinen Weg nicht leicht verfolgen, angesichts einer flinken, feurigen Armee, die es von hinten zusammenpreßte. Sie konnten sich nicht verpflegen; ihre Kriegszufuhr kam ihnen nur aus dem Inneren Deutschlands und blieb unterwegs stecken. Frankreichs Erde wies sie ab, gab ihnen nichts zum Leben. An ihnen war es, die Erde zu kauen, zuzusehen, was sie aus der Kreide herausholen konnten. Ihre Armee mit ihrem ganzen königlichen Troß war nunmehr weiter nichts als ein Leichenzug, der auf allen Wegen Männer liegen ließ. Die Entmutigung war außerordentlich. Sie sahen sich in dieser schlammigen Champagne festgehalten, unter einem erbarmungslosen Regen, traurige Schnecken, die fast ohne voranzukommen von Wasser zu Wasser krochen.

Dumouriez, zu dem am 19. Kellermann stieß, sah sich in einer Stärke von sechsundsiebzigtausend Mann, zahlreicher als die Preußen, die nur siebzigtausend hatten. Diese, die weit in Frankreich eingedrungen waren und Thionville und andere Orte seitwärts liegen gelassen hatten, erfuhren, daß zur selben Stunde ein französisches Heer mitten in Deutschland war. Custine marschierte auf Speyer, das er am 19. im Sturm nahm. Man rief ihn nach Mainz, nach Frankfurt. Ein revolutionäres Deutschland, ein Frankreich sozusagen, erhob sich unvermutet, um von der anderen Rheinseite her Frankreich die Hand zu bieten.

Hier eilte die Bevölkerung mit solcher Begeisterung zum Kampf, daß die Obrigkeit Angst bekam und sie zurückhielt. Wirre Massen, fast ohne Waffen, strömten einem Punkte zu. Man wußte nicht, wie man sie unterbringen, wie verpflegen sollte. Im Osten, besonders in Lothringen, waren die Höhen, alle beherrschenden Posten zu ebenso vielen mit gefällten Bäumen roh befestigten Lagern geworden, nach Art der alten Feldlager zu Cäsars Zeiten. Vercingétorix hätte sich bei diesem Anblick mitten in Gallien geglaubt. Die Deutschen mußten sich das sehr überlegen, wenn sie diese Volkslager querten, hinter sich ließen. Wie würde ihre Rückkehr sein? Wie würde eine Flucht mitten durch die feindlichen Massen verlaufen, die von allen Seiten, wie die Fluten bei einer Schneeschmelze auf sie herniederbrechen würden? ... Sie sollten es spüren: nicht mit einer Armee hatten sie es zu tun, sondern mit Frankreich.

Solcher Art waren ihre tatsächlich ernsten Bedenken, als sie, ohne es hindern zu können, die Vereinigung Dumouriez' und Kellermanns sich vollziehen sahen. Dieser, ein alter elsässischer Haudegen aus dem Siebenjährigen Krieg und sehr eifersüchtig auf Dumouriez, war seinen Anordnungen nirgends gefolgt. Er hatte sich von ihm etwas entfernt. In dem Tal, das die beiden Heerlager, das französische und das preußische, schied, hatte er sich vorn auf einer Erhöhung, einem vorgeschobenen Hügel postiert, auf dem sich die Mühle von Valmy befand. Eine gute Stellung für den Kampf, abscheulich für den Rückzug. Kellermann hätte nur kehrtmachen können, indem er seine Armee unter größter Gefahr über eine einzige Brücke passieren ließ. Er konnte sich weder auf Dumouriez' rechten Flügel zurückziehen, noch auf Dumouriez' linken Flügel, von denen er durch andere Sümpfe und ein tiefes Tal getrennt war.

Also, da war kein leichter Rückzug möglich; für den Kampf aber war die Stellung um so schöner und kühner. Die Preußen konnten an Kellermann nur heran, indem sie Dumouriez' volles Feuer in die Flanke bekamen. Ein schöner Platz zum Siegen oder Sterben. Diese begeisterte aber wenig krieggeübte Armee hatte es vielleicht nötig, daß man ihr den Rückzug abschnitt.

Für die Preußen wiederum war es eine gute Lehre und Anregung zum überlegen: sie mußten begreifen, daß sie, die sich so postiert hatten, nicht weichen wollten.

Obgleich Kellermann sich anders aufgestellt hatte, als es ihm Dumouriez gesagt hatte, obgleich er, entgegen seinem Rat diesen vorgeschobenen Posten bezogen hatte, setzte Dumouriez den größten Eifer darein, ihn von rechts und links zu stützen. Alle kleinliche Leidenschaft, jeder Wettstreit zerstob in diesem großen Ereignis. Wäre es unter Generalen des Ancien régime ebenso gegangen? Ich habe Mühe, es zu glauben. Wie oft haben die Rivalität, die Intrigen der höfischen Generale, die sich auf dem Schlachtfeld fortsetzten, unsere Niederlage herbeigeführt!

Nein, sie waren alle hochherzig geworden; sie übertrafen sich selbst. Dumouriez war nicht mehr der zweifelhafte Mensch, die verdächtige Persönlichkeit; er war großzügig, uneigennützig, heroisch; er arbeitete für Frankreichs Heil und seines Kollegen Ruhm; er kam selber stundenlang in seine Reihen, die Gefahr mit ihm zu teilen, ihn zu ermutigen, ihm beizustehen. Und Kellermann war nicht mehr der Kavallerieoffizier, der brave und mittelmäßige General, der er sein Leben lang gewesen war. Er war an jenem Tag ein Held und auf gleicher Höhe mit dem Volk; denn bei Valmy war es wirklich das Volk, weit mehr als die Armee. Kellermann hat stets mit Rührung und Verlangen des Tages gedacht, da er ein Mann, nicht nur ein Soldat gewesen war, des Tages, da sein alltägliches Herz einen Moment vom Geiste Frankreichs heimgesucht war. Er hat ersucht, dies Herz möge in Valmy zur Ruhe gebettet werden.

Die Preußen ahnten so gar nicht, mit wem sie es zu tun hatten, daß sie glaubten, Dumouriez erwischt, ihm den Weg abgeschnitten zu haben. Sie bildeten sich ein, dieses Heer von Vagabunden, von Schneidern und Seifensiedern, wie die Emigranten sagten, habe es eilig, sich in Châlons, in Reims zu verbergen. Sie waren ein wenig erstaunt, als sie sie so wagemutig bei der Mühle von Valmy in Stellung sahen. Sie nahmen wenigstens an, diese Leute, von denen die meisten nie eine Kanone gehört hatten, würden sich über das neue Konzert aus sechzig Feuerschlünden verwundern. Sechzig antworteten ihnen, und alle Tage ertrug das zum Teil aus Nationalgarden zusammengesetzte Heer eine Prüfung, die schlimmer war als irgendein Kampf: das Aushalten im Feuer. Man schoß des Morgens in den Nebel und später in den Rauch. Der Abstand war jedoch nur klein. Man schoß in eine Masse; es kam wenig darauf an, genau zu schießen.

Diese lebende Masse eines ganz jungen, von seinem ersten Kampf erregten Heeres, einer feurigen, französischen Armee, die darauf brannte, vorzugehen, und dort von den Kugeln festgehalten wurde, sie zu Tausenden empfing, ohne zu wissen, ob die ihrigen trafen, sie bestand, diese Armee, vielleicht die schwerste aller Proben. Man tut unrecht, die Ehre dieses Tages zu verkleinern. Ein Angriffsgefecht oder eine Erstürmung hätte Frankreich weniger geehrt.

Einen Augenblick schienen die sicher gezielten Granaten der Preußen Verwirrung anzurichten. Sie fielen auf zwei Munitionswagen, die explodierten und viele Leute töteten oder verwundeten. Als die Wagenführer vor der Explosion davonliefen, gerieten einige Bataillone ins Wanken. Das Unglück wollte es, daß überdies gerade jetzt eine Kugel Kellermanns Pferd traf und ihn zu Boden warf. Sehr kaltblütig bestieg er ein anderes, schloß von neuem die weichenden Reihen zusammen.

Die Preußen ließen die Kavallerie zur Unterstützung der Infanterie in der Schlacht und bildeten aus diesen drei Kolonnen, die auf das Plateau von Valmy losmarschierten (gegen elf Uhr). Kellermann sieht das mit an, formiert gegenüber ebenfalls drei Kolonnen und läßt auf der ganzen Linie weitergeben: „Nicht schießen, sondern abwarten, mit gefälltem Bajonett."

Es folgte ein Augenblick der Stille. Der Rauch zerteilte sich. Die Preußen waren herabgekommen, sie durchquerten den Zwischenraum mit der Würde einer alten Armee Friedrichs, und sie begannen zu den Franzosen hinaufzusteigen.

Der Herzog von Braunschweig stellte sein Fernglas ein, und er sah ein überraschendes, sonderbares Schauspiel. Dem Beispiel Kellermanns folgend, hatten die Franzosen ihre Mützen auf die Spitze der Degen, der Säbel, der Bajonette gesteckt und einen langen Ruf ausgestoßen ... Dieser Ruf von dreißigtausend Mann erfüllte das ganze Tal: es war wie ein Freudenruf, nur erstaunlich lange ausgedehnt; er dauerte kaum weniger als eine Viertelstunde. Er begann immer von neuem mit erneuter Kraft; die Erde erbebte davon ... Er lautete: „Es lebe die Nation!"

Die Preußen stiegen fest und düster empor. Doch wie fest jeder Mann auch war, die Reihen wankten, bekamen zeitweise Lücken, die sich wieder füllten. Das war, weil sie von links durch Dumouriez einen Eisenhagel erhielten.

Der Herzog von Braunschweig suchte das unnütze Blutvergießen zu vermeiden und ließ zum Sammeln blasen.

Der geistvolle und kluge General hatte sehr gut erkannt, daß die Armee dort ihm gegenüber eine Erscheinung bot, wie sie seit den Kreuzzügen kaum gesehen worden war: ein Heer von Fanatikern und, wenn nötig, von Märtyrern. Er wiederholte dem König, was er, entgegen den Emigranten, stets vertreten hatte, daß die Sache schwierig und bei den guten Aussichten, die Preußen im Norden hatte, durchaus unnötig und unklug war, sich mit den Leuten hier einzulassen.

Der König war höchst unzufrieden, gekränkt. Gegen vier oder fünf Uhr war er der ewigen Kanonade müde, die nur den Erfolg hatte, den Feind kriegstüchtig zu machen. Er fragte den Herzog von Braunschweig nicht um seinen Rat, sondern sagte, man solle zum Angriff trommeln.

Er selber, sagt man, näherte sich mit seinem Regimentsstab, um diese Rasenden, Wilden aus größerer Nähe zu betrachten. Er drängte seine mutige und fügsame Infanterie in das Kartätschenfeuer nach der Hochebene von Valmy hin. Und beim Vorrücken erkannte er die entschlossene Haltung derer, die ihn da oben erwarteten.

Sie hatten sich schon an den Donner gewöhnt, den sie seit so vielen Stunden vernahmen, und sie begannen darüber zu lachen.

Über dieser ganzen jungen Armee schwebte es wie ein heldenhaftes Leuchten, von dem der König nichts begriff – wenn nicht seine Umkehr nach Preußen.

Eine deutlich erkennbare Sicherheit herrschte in ihren Reihen.

Und diese freudige junge Armee, die ihn von droben anblickte, das war bereits die Armee der Republik.

Am 20. September durch den Sieg gegründet, wurde sie am 21. in Paris, im Konvent, beschlossen.

SIEBTES KAPITEL

Begeisterte Aufnahme der vorrückenden Franzosen
Die Vendée gegen Frankreich
(September–November 1792)

Leichte Eroberung Nizzas. – Savoyen schließt sich Frankreich an (Ende September). – Die Bevölkerung am Rhein ruft Frankreich herbei. – Speyer, Worms, Mainz (September–Oktober). – Das bombardierte Lille schlägt die Österreicher zurück (6. Oktober). – Frankreich wider seinen Willen siegreich. – Die befreiten Völker wollen Franzosen sein. – Frankreich nimmt sie nur auf, um sie zu retten. – Es findet einen Feind in seinem Innern. – Undankbarkeit der Vendée. – Ihr erster Kampf (24. bis 25. August). – Parteilichkeit der Revolution für den Landmann (6. August). – Die Revolution christlicher als die Vendée.

Der Konvent hatte am 21. September an der Flaggenstange der Tuilerien die Fahne der Republik gehißt. Noch waren keine zwei Monate verflossen, als alle benachbarten Völkerschaften diese Fahne geküßt, sie den Türmen ihrer Städte aufgepflanzt hatten.

Am 24. und 29. September öffnen Chambéry, Nizza ihre Tore, die Tore Italiens. Mainz begrüßt am 24. Oktober unsere Armeen. Am 14. November wird in Brüssel die Trikolore gehißt; England und Holland sehen sie voll Entsetzen auf Antwerpens Türmen flattern.

In einem Zeitraum von nur zwei Monaten war die Revolution ringsum über ihre Ufer getreten; sie stieg, heilsam und fruchtbar gleich dem Nil.

Das Wundersamste an dieser wundervollen Eroberung war, daß es eben kein Eroberungszug war. Es war weiter nichts als eine gegenseitige brüderliche Hingabe. Zwei lange getrennte Brüder finden sich wieder, umhalsen sich; das ist die große und einfache Geschichte.

Schöner, einzig dastehender Sieg! Nie wieder erlebt! Es gab keine Besiegten!

Alle Völker wiederholten: „Allons, enfants de la France!“ ... Und warfen sich in unsere Arme.

Und die Nationen boten sich dagegen selbst an, gaben sich hin. Alle machten sie Frankreich Zeichen, baten es, sie zu erobern.

Wir wollen im folgenden die Eroberung Nizzas, das gewissermaßen die Pforte nach Italien bildet, berichten.

Der König von Sardinien hatte umfangreiche Vorbereitungen getroffen. Er hatte an der Grenze ein Heer stehen, um in Frankreich einzufallen, eine zahlreiche Artillerie, zweihundert Kanonen; die Franzosen hatten vier. Er hatte geschulte Truppen. Wir hatten kaum andere als die Nationalgarden. Der General Anselme erhält Befehl, vorzugehen. Das war scheinbar unmöglich: das Unmögliche geschieht ohne Schwertstreich. Eine französische Flotte macht Anstalten, den Piemontesen in den Rücken zu fallen; Anselme bestellt Quartiere für vierzigtausend Mann (er hatte nur zwölf). Das genügt. Die gewaltige Armee weicht zurück. Nizza ergibt sich. Die Festungen beeilen sich, ihre Tore zu öffnen. Anselme begibt sich ganz allein mit vierzehn Dragonern nach Villefranche, fordert die Übergabe, bedroht es und nimmt es in Besitz; er findet hier hundert Geschütze, fünftausend Gewehre, ungeheure Mengen Munition, zwei Kriegsschiffe im Hafen.

Savoyen kostete noch weniger; es bedurfte weder List noch Drohung.

Es verdankte seine Befreiung seiner heißen Liebe zur französischen Kokarde. Die in Chambéry zahlreichen, dreisten und streitsüchtigen Emigranten hatten einem Kaufmann die dreifarbige Kokarde abgerissen. Zur Vergeltung befestigten die Savoyarden die royalistische Kokarde den Hunden an die Schwänze. Das war der Beginn zu ihrer Revolution. Sie war einmütig, kein Mensch widersetzte sich. Der französische General Montesquieu näherte sich vorsichtig; er hatte beim Betreten Savoyens ein Korps entsandt, um vor allem die Schreckschanzen zu werfen, die man ihm entgegenstellen würde. Sie wurden mühelos genommen; keiner war da, die Piemontesen waren abgezogen. Montesquieu wartete nicht auf seine langsam folgende Armee, sondern galoppierte nach Chambéry. Er ganz allein eroberte das Land, betrat triumphierend diese Stadt, unter dem Jubel eines freudetrunkenen Volkes. Die Kommissare des Konvents, die bald zu ihm stießen, empfanden Staunen und tiefe Ergriffenheit, als sie hier ein unbekanntes, ein altes, naives Frankreich entdeckten, das sich in der Sprache Heinrichs IV. stammelnd zur Revolution bekannte. Nichts Eigenartigeres und Rührenderes, als hier, lebendig und jung wie gestern alle unsere alten Geschichten wiederzufinden. Man singt noch im Tale von Chamonix wie eine neue Sache die Klage des Herrn de Biron, der 1602 gestorben ist. O liebenswürdiges Volk des heiligen François de Sales, Volk, das einen Rousseau gemacht (wer hat ihn gemacht, wenn nicht die Charmettes?), wieviel verdankte Frankreich diesem Volk! Welche Freude war es für den einen wie den anderen, einander nach so vielen Jahrhunderten wiederzufinden! Und glühend umarmten sie sich, die beiden neuvereinten Brüder, unter dem Bann der Freiheit!

Sowie dieses prächtige Volk erfuhr, daß seine Befreier kämen, war es nicht mehr zurückzuhalten. Geschlossen ging es ihm entgegen. Es war wie eine allgemeine Erhebung des ganzen Landstriches. Eine ungeheure Menge stieg von allen Bergen nach Chambéry herab, in unwillkürlicher Begeisterung, in einmütiger freudiger und dankbarer Ergriffenheit. Diese armen Leute, von Piemont grausam niedergehalten, das ihnen sowohl Industrie wie Handel verbot, hatten seit langem die Gewohnheit, ihren Lebensunterhalt in Frankreich zu suchen. Und diesmal war es Frankreich, das kam, sie aufsuchte, um ihnen die Freiheit zu bringen.

Ebenso leicht ging es am Rhein, abgesehen von einem kleinen Kampf bei Speyer. Der General Custine hatte Befehl, an der Mosel vorzugehen, und er hätte so für die Zersprengung der Preußen gesorgt. Doch die Deutschen suchten ihn selber auf und führten ihn an den Rhein. Als Herr von Speyer, dessen Tore er sich erzwang, wurde er nach Worms gerufen; ein Lehrer dieser Stadt brachte ihr die französische Armee und schrieb im Namen Custines, im Namen Frankreichs, Deutschlands Appell an die Freiheit. Die Deutschen, die Custine hereinführten, versprachen ihm Mainz. Er zauderte einen Augenblick, fürchtete, abgeschnitten zu werden, zog sich auf Landau zurück. Sie ließen nicht locker; sie suchten ihn wieder auf, nahmen ihn wohl oder übel mit, zwangen ihm diese unfreiwillige Eroberung auf, die ihn mit Ruhm bedeckte. Einer der Ihren befehligte in Mainz das Ingenieurkorps, er beschloß die Übergabe. Man war sehr überrascht, zu erfahren, daß eine solche Feste sich ergeben habe, die eine ganze Armee zur Garnison hatte, eine gewaltige Artillerie, aus ganz Deutschland zusammengebracht. Aber Deutschland ergab sich. Männer aus Nassau, aus Zweibrücken, aus Nassau-Saarbrücken erschienen an der Barre des Konvents und forderten ihren Anschluß an Frankreich.

Die Preußen hatten jetzt Koblenz erreicht und waren recht froh, ihres Eroberungszuges ledig zu sein; wir werden gleich darauf zurückkommen. Sie dankten ihr Heil teils der Entfernung Custines, teils der gemäßigten Politik Dumouriez'. Dieser wollte Preußen von der Liga gegen Frankreich loslösen. Er meinte, es sei schon genug, ein solches Heer, das erste in Europa, mit einer ganz jungen, zum Teil aus Nationalgarden bestehenden Armee aufgehalten zu haben. Das war auch Dantons Ansicht, der ebenso klug wie kühn war. Am 25. September hatte ein Schreiben der ausübenden Gewalt den General ermächtigt, wegen der Räumung zu verhandeln. Die Preußen zogen sich also friedlich zurück. Was an Schüssen abgegeben wurde, fiel allein auf die Emigranten.

Unsere Feinde handelten keineswegs gemeinsam. Kaum ziehen die Preußen ab, so kommen die Kaiserlichen herein. Ihr General, der Herzog Albert von Sachsen, offenbar von falschen Informationen bestimmt, setzt sich mit zweiundzwanzigtausend Mann vor Lille fest. Eine so schwache Armee war nicht geeignet, einen solchen Platz zu erzwingen, aber sie reichte hin, ihn in Brand zu schießen. Zwölf Mörser, vierundzwanzig große Geschütze schossen acht Tage lang schonungslos und vorzugsweise auf die bevölkerten und armen Stadtteile, auf die kleinen Häuser, wo die Familien in den Kellern zusammenströmten. Alles das diente nur dazu, Frankreich vor Europa in ganz neuem Lichte erscheinen zu lassen. Man sprach recht oft von der „furie française", von diesem Elan, der beim geringsten Hindernis weicht und stockt usw. Aber man mußte die Meinung ändern. Frankreich zeigte sich hier wie bei Valmy von unbeugsamem Widerstand.

Das zwecklose Bombardement dauerte acht Tage, worauf das Belagerungsheer sich eilig verzog, ein gut Teil seines Materials zurücklassend; drei französische Armeen drohten. Zunächst die von Lille; ich weiß nicht, wie viele Freiwilligenbataillone sich in die Festung geworfen hatten. Dann eine andere, die La Bourdonnais herführte, ein wenig spät allerdings. Schließlich war Dumouriez durch den Rückzug der Preußen Gelegenheit gegeben, vor Lille einzutreffen.

Frankreich war nicht damit zufrieden, die Preußen und die Österreicher abgewiesen zu haben, es war bis in Deutschlands Herz vorgedrungen, hatte die Hand an den Rhein gelegt. Am gleichen Tage, als das Bombardement Lilles endete, erschienen die deutschen Fahnen, durch Custine vom Rhein gesandt, an der Barre und wurden an der Saalwölbung des Konvents befestigt.

Doch ruhmreicher noch als diese Trophäen des Krieges und des Sieges waren die Abordnungen der Völker, die Franzosen zu werden verlangten. Frankreich war zwiefach siegreich; es hatte zum Siegen weit mehr als nur Kraft, es hatte Liebe.

Frankreich wollte sie beschützen und nicht sie erobern. Es hatte in diesem ersten Augenblick keinen Eroberungsgedanken. Diese Idee kam ihm erst viel später und aus einer Art Notwendigkeit. Alles, was es zunächst von den befreiten Nationen verlangte, das war, sie sollten frei bleiben, ihr Recht gut wahren, Frankreich als Schwester lieben. Man kann nicht ohne Rührung die ergreifende und naive Adresse lesen, die der Philosoph Anacharsis Clootz den Savoyarden (den Allobrogen, wie man damals sagte) im Namen des Konvents sandte: „Die Republik der Freiheitskämpfer beglückwünscht euch, Freunde ... Die Allobrogen der Dauphine schließen jene des Mont Blanc in die Arme ... Wir werden uns gegenseitig beistehen, den Bestand der Freiheit zu sichern. Die einzige Autorität, die Frankreich über euch ausüben will, ist die der Ratschläge. Was ist sein Ziel? Euer Glück ... Frohes Volk! Indem wir euch ohne Blutvergießen frei machen, vergessen wir alles, was wir geopfert haben. Ihr werdet einen unblutigen Weg von den Königen zu den Gesetzen haben, eine milde Revolution; sie wird hell sein wie eure Ströme und rein wie eure Seen ..."

Er sagte noch, es sei ein losgetrenntes Frankreich, das zum Vaterland zurückkehre: „Seht die aristokratische Zerstückelung der Schweiz, seht die demokratische Einheit Frankreichs ... Wählt ... Alles predigt euch die unteilbare Einheit. Würde die Grenze nicht besser hoch oben auf den Alpen sein? Wird Briançon uns nicht besser schützen, wenn wir es auf den Sankt-Bernhard versetzen? ..."

Der Konvent zögerte in bewunderungswürdiger Mäßigung, diese Adresse zu senden, die den Anschluß Savoyens vorauszukünden schien und ihm vielleicht den Glauben gegeben hätte, daß man ihm nicht volle Freiheit lasse, seine Geschicke selbst zu lenken.

Das war die schöne und edelmütige Entschließung, die im Konvent gefaßt wurde, und die die edle Zurückhaltung bewies, die Frankreich gegen die Aufnahme dieser Völker, die ihm zu Füßen lagen und um Aufnahme baten, zutage legte.

Am 19. hatte der Konvent auf Antrag von La Révellière-Lépeaux erklärt, daß jedes Volk, das frei sein wolle, bei ihm Unterstützung und Brüderlichkeit finden würde.

Allein durch diesen Ausspruch wurde Frankreichs Fahne zur Fahne der Menschheit, der allgemeinen Befreiung gemacht.

Es gab nur ein einziges blindes Volk, die Vendée.

Zur nämlichen Zeit, als die Emigranten, den Feind bei der Hand führend, ihm unsere östlichen Grenzen öffnen, am 24. und 25. August, dem Jahrestag der Bartholomäusnacht, bricht im Westen der Krieg der Vendée aus, der Krieg der Priester.

Bemerkenswerterweise war es der 25. August, derselbe Tag, an dem der Bauer der Vendée die Revolution angriff, daß die Revolution in ihrer großmütigen Parteinahme den jahrhundertelangen Prozeß zugunsten der Bauern entschied, die Feudalrechte ohne Entschädigung abschaffte. – Und nicht nur die eigentlichen Feudalrechte, sondern auch den Grundzins. Schon das Wort an sich enthielt einen dem Pächter günstigen Doppelsinn.

Es wurde eine neue Rechtsprechung aufgestellt, zum Vorteil des Landmannes gegen den Grundherrn, die nichts Geringeres war, als eine heftige Reaktion gegen die frühere feudale Unbilligkeit. Die Revolution sagte gewissermaßen: „Tausend Jahre lang hat man – zu Recht oder Unrecht – gegen den Armen geurteilt. Gut also, ich urteile heute – zu Recht oder Unrecht – für ihn ... Er hat genug erduldet, geleistet, verdient. Was ich ihm nicht als das Seinige zuweisen kann, das spreche ich ihm als Entschädigung zu."

Das ist nicht alles. Das Gesetz vom 25. August sagte ferner zum Gutsherrn: „Wenn das Einkommen, das du von dem armen Mann beziehst, zu Recht besteht und nicht erpreßt ist, so beweise es; beweise es zu Recht, bringe die Urkunde herbei, die beweist, daß du tatsächlich den Boden hergegeben hast."

In vielen Gegenden war die Urkunde nicht vorhanden.

In mehreren, beispielsweise in den bretonischen Landstrichen der kündbaren Besitzungen, gehörte dem Herrn der Boden, dem Bauern das Haus. Und der Herr konnte ihm dieses Haus bezahlen und ihn vom Boden verjagen.

Die Altzopfigen waren in Verlegenheit. Die Revolution war es nicht. Sie entwirrte den Knoten nicht, sondern hieb ihn durch. Sie gab die Erde dem kündbaren Mann und dem Herrn kündigte sie den Besitz.

War die Entscheidung gesetzlich? Man kann darüber streiten, aber sie war christlich. Nun sind es bald zweitausend Jahre, daß das Christentum uns verkündet, der Arme sei ein lebendiges Glied Jesu Christi. Wie wäre das Recht des

Armen in solcher Lehre abzuwägen? Sowie man das versuchte, stellt sich Christus selbst in die Waagschale und drückt sie vom Himmel in die Tiefe nieder.

Die Revolution sprach nicht nur, sie handelte.

Und sie handelte in einer bewunderungswürdigen Maßnahme.

Sie heiligte den Besitz (bei Todesstrafe, im März 1793), den Besitz, das heißt den heimischen Herd, die Beständigkeit der moralischen Sitten, die fruchtbare Anhäufung – wohlverstanden durch das Staatsgesetz geregelt, zum Vorteil des Staates und aller.

Während das feudale England in Schottland und überall für das Lehen gegen den Menschen entschieden hat, so entschied die Revolution in der Bretagne und überall für den Menschen gegen das Lehen.

Die Welt möge hier schweigen und bewundern. Sie versuche, es sich zunutze zu machen. Möge sie den wahrhaft frommen Geist der Revolution erkennen.

Die Vendée führte den Krieg aus ungeheuerlichem Mißverstehen, in einem kaum glaublichen Anfall von Undank, Ungerechtigkeit und Überspanntheit. Die als ruchlos angegriffene Revolution war höchst christlich; sie tat die Dinge, welche das Christentum hätte tun sollen. Und der Priester, was tat er? Er führte durch den Bauern einen höchst heidnischen Krieg, der die Feudalherrschaft wieder eingesetzt hätte, die Herrschaft des Grundbesitzes über den Menschen und der Materie über den Geist.

Grausames Mißverständnis! Diese Vendéer waren ihrem Irrtum überzeugungstreu. Sie sind in ehrlichem Glauben gestorben. Einer von ihnen lag tödlich verwundet unter einem Baum. Ein Republikaner sagt zu ihm: „Gib mir deine Waffen." – Der andere erwidert: „Gib mir meinen Gott!"

Deinen Gott? Armer Mann! ... Ja, ist es nicht der unsere? Es gibt nicht zwei. Es gibt nur einen Gott, den der Gleichheit und der Gerechtigkeit, den, der am 25. August für dich entschieden hat, am gleichen Tage, da du, Unsinniger, die Hand wider ihn erhoben hast.

Derselbe Gott und derselbe Glaube! Sind nicht beide trotz der Verschiedenheit der Sprache wiederzuerkennen in der Äußerung des patriotischen Soldaten, der genau wie der Vendéer den Stahl im Herzen trug: „Pflanzt mir hier den Baum der Freiheit her!"

Der republikanische Bürgermeister von Rennes, Leperdit, ein Schneider, der diese Stadt von der Schreckensherrschaft und vor der Vendée rettete, wird eines Tages von einer rasenden Menge belagert, die, angeblich aus Hungersnot, seine Beamten steinigen will. Unerschrocken tritt er aus dem Hôtel de Ville, mitten in einen Steinhagel; an der Stirn verletzt, trocknet er lächelnd die Wunde und sagt: „Ich kann nicht die Steine in Brot verwandeln ... Wenn aber mein Blut euch zur Nahrung dienen kann, so ist es euer bis zum letzten Tropfen." Da hielten sie ein und sanken in die Knie ... Sie sahen etwas, das größer war als das Evangelium.

ACHTES KAPITEL

Der Priester, die Frau und die Vendée (August–September 1792)

Die Frau war die treibende Kraft in der Vendée. – Die Frau wurde im allgemeinen gegenrevolutionär. – Die Frau verhindert den Gatten, die Nationalgüter zu kaufen. – War der Westen von 1789 dem Priester, dem Adligen unterworfen? – Der Priester wurde weniger von seiner Haushälterin als von seinem Beichtkind beeinflußt. – Leidenschaftliche Anhänglichkeit der Frauen im Westen für den Priester. – Verzweiflung der Frauen, als das Gesetz den Priester entfernt. – Die Klöster als Herd der Verschwörung. – Die Priester verkündigen den Bürgerkrieg (9. Februar 1792). – Wie sie dazu antreiben. – Erscheinungen, Wunder usw. – Die ersten Metzeleien (Juni 1792). – Der Adel begnügt sich, Geld herzugeben. – Ein Brief des Königs ist die Veranlassung zum Bürgerkrieg in der Bretagne (Juli 1792). – Ausgedehnte Erhebung der Vendée und erster Kampf bei Châtillon und Bressuire (24.–25. August 1792). – Nantes und das Finistère für die Revolution. – Die Vendée findet wenig Nachahmung in Frankreich. – Der Landmann kauft überall die Nationalgüter. – Womit er sein Gewissen beruhigte. – Nichtigkeit der Feudalakte.

Die Revolution ist das Licht an sich. Die feierlichen Verhandlungen des Konvents beginnen vor den Augen Europas. Die Tore öffnen sich ganz weit. Freunde, Feinde, alle können kommen, sehen und hören. Das Probestück der Revolution, ihr erstes Gottesurteil, die Schlacht von Jemappes wird freudig von der jungen Armee Frankreichs gewonnen, beim Singen der Marseillaise, im Sonnenschein, im Tageslicht.

Und gleichzeitig beginnt in den Waldungen und Nebeln des Westens der gewaltige Krieg der Finsternis. In den Gegenden des Morbihan, längs der umnebelten Inseln, im schattigen Dickicht des Maine, im feuchten Labyrinth des vendéeischen Buschwalds treten in zweifelhafter Gestalt die ersten Versuche zum Bürgerkrieg auf. Ein Haus ist niedergebrannt worden, ein Patriot ermordet, und dort unten noch einer. Von wem? Keiner wagt es zu sagen. Der Krieg, der in einem Jahr ein großes Heer vor die Wälle von Nantes führen wird, wagt sich nur scheu hervor, zur Dämmerzeit oder in der Nacht.

Das ist ein Krieg von Gespenstern, von Geistern, die sich nicht fassen lassen. Die widersprechendsten Gerüchte laufen um. Die Untersuchungen bringen keine Klarheit. Nach einem tragischen Vorfall kommen die entsandten Kommissare unerwartet im Kirchspiel an, und alles ist friedlich; der Bauer ist bei der Arbeit, die Frau ist im Hause, bei ihren Kindern, sitzt da und spinnt; um den Hals ihren großen Rosenkranz. Der Gutsherr? Den findet man bei Tisch. Er ladet die Kommissare ein; die ziehen geschmeichelt wieder ab. Am nächsten Tage beginnen die Morde und Brandstiftungen von neuem.

Wo also können wir den flüchtigen Geist des Bürgerkrieges ergreifen?

Frau und Priester, das ist alles: die Vendée, der Bürgerkrieg.

„Ach, ihr Brigantinnen", sagte eines Abends ein republikanischer Kommandant, der in ein Dorf kam, in dem die Frauen allein übrig blieben, als dieser schauerliche Krieg so viele Männer vernichtet hatte; „die Frauen sind die Ursache unseres Unglücks; ohne die Frauen hätte die Republik schon feste Gestalt, und wir säßen ruhig zu Hause. Vorwärts! Ihr sollt alle umkommen, wir werden euch morgen erschießen. Und übermorgen werden die Räuber selbst kommen und uns töten." (Memoiren der Madame de Sapinaud)

Er tötete die Frauen nicht. Aber er hatte tatsächlich das treffende Wort über den Bürgerkrieg gesagt. Er wußte es besser als jeder andere. Dieser republikanische Offizier war ein Priester, der die Soutane abgelegt hatte; er wußte genau, daß jedes Werk der Finsternis durch das innige und tiefe Einverständnis zwischen Frau und Priester zustande kam.

Die Frau bedeutet das Haus; aber sie bedeutet ebenso die Kirche und den Beichtstuhl. Dieses dunkle Gehäuse aus Eichenholz, von dem die Frau auf den Knien, unter Tränen und Gebeten, den Funken des Fanatismus empfängt und ihn glühender zurückstrahlt, das ist der wahre Herd des Bürgerkrieges.

Was bedeutet die Frau noch? Das Bett, der allmächtige Einfluß ehelicher Gewohnheiten, die unüberwindliche Macht der Seufzer und Tränen, die auf das Kopfkissen geweint werden. Der Gatte schläft, er ist müde. Aber sie schläft nicht. Sie wälzt sich hin und her; schließlich wird er wach. Jedesmal erfolgt ein tiefer Seufzer, zuweilen ein Schluchzen. „Aber was hast du denn diese Nacht?" – „O weh! Der arme König sitzt im Temple! Ach, sie haben ihn geohrfeigt, wie unsern Herrn Jesus Christus!" – Und wenn der Gatte gerade wieder einschläft: „Es wird erzählt, daß man die Kirche verkaufen will! Die Kirche und das Pastorat! Unglück und Wehe über den, der sie kauft!"

So hatte die Gegenrevolution in jeder Familie, in jedem Hause einen begeisterten, eifernden, unermüdlichen, ganz unverdächtigen, aufrichtigen, naivleidenschaftlichen Prediger, der weinte und litt und dem jedes Wort aus einem gebrochenen Herzen kam oder zu kommen schien. Eine unermeßliche, wahrhaft unbesiegbare Macht! Wenn die Revolution, durch die Widerstände gezwungen, einen Schlag ausführte, so empfing sie dafür den entsprechenden Gegenschlag: die Rückwirkung der Tränen, die Seufzer, das Schluchzen, den Schrei der Frau, die tiefer drangen als Dolche.

Allmählich wurde folgendes Unglück, folgender grausame Zwiespalt deutlich: die Frau wurde allgemein[1] das Hindernis und der Widerspruch des revolutionären Fortschrittes, den der Gatte verlangte.

Diese Tatsache, die ernsteste und erschreckendste der Zeit, ist zu wenig beachtet worden.

Der Stahl zerschnitt das Leben sehr vieler Männer. Aber da geht noch etwas weit Bedeutsameres vor sich: ein unsichtbarer Stahl zerschneidet das Band der Familie, wirft den Mann auf die eine Seite und die Frau auf die andere.

Dies tragische, jammervolle Geschick vollzog sich um das Jahr 1792. Sei es nun aus Liebe zur Vergangenheit, aus der Macht der Gewohnheiten, sei es aus Kleinmut oder allzu verständlichem Mitleid für die Opfer der Revolution oder sei es schließlich aus Ergebenheit und Abhängigkeit den Priestern gegenüber: die Frau wurde der Anwalt der Gegenrevolution.

Besonders um das materielle Gebiet der Erwerbung der nationalen Güter drehte sich der moralische Streit zwischen Mann und Frau.

Es handelte sich hierbei um die Lebensfrage der Revolution. Da keine Steuern eingingen, hatte sie keine Hilfsquellen außer im Verkauf der nationalen Güter. Wenn sie diesen Verkauf nicht betätigte, so war sie waffenlos, der Invasion ausgeliefert. Das Gelingen der moralischen Revolution, der Sieg ihrer Ideen hing von der finanziellen Revolution ab.

Kaufen war eine Tat der Bürgertugend, die unmittelbar der Wohlfahrt des Landes diente; eine Tat des Glaubens und der Hoffnung.

Das hieß erklären, daß man sich entschlossen dem gefährdeten Staatsschiff anvertraute, daß man mit ihm auf festem Boden landen oder zugrunde gehen wollte. Der gute Bürger kaufte, der schlechte Bürger hinderte den Kauf.

Einerseits den Eingang von Steuern, anderseits den Verkauf der nationalen Güter verhindern, der Revolution die Lebensmöglichkeit abschneiden und sie aushungern, das war der einfache, wohlüberlegte Plan der kirchlichen Partei.

Der Adlige brachte den Fremden ins Land, der Priester behinderte die Verteidigung. Der eine erdolchte Frankreich, der andere entwaffnete es.

Wie hielt der Priester den Fortschritt der Revolution auf? Er verlegte sie in die Familie, er reizte die Frau gegen den Mann auf, er verschloß durch sie in jedem Haushalt den Geldbeutel für die Bedürfnisse des Staates.

Vierzigtausend Kanzeln, hunderttausend Beichtstühle arbeiteten in diesem Sinne. Eine ungeheure Maschine von unschätzbarer Kraft, die ohne Schwierigkeit mit der revolutionären Maschine der Presse und der Klubs wetteiferte und diese zwang, wenn sie siegen wollte, die Schreckensherrschaft aufzurichten.

---

[1] Das Wort „allgemein" sagt vielleicht zu viel. Millionen Frauen waren republikanisch und waren es heldenhaft. Dessenungeachtet ist es nur zu wahr, daß die Mehrzahl gegenrevolutionär wurde.

Aber schon in den Jahren 1789, 1790, 1791 und noch 1792 wütete der kirchliche Terrorismus in den Predigten und in der Beichte. Die Frau kam nur noch gesenkten Hauptes, von Entsetzen gebeugt und völlig gebrochen aus der Beichte nach Hause. Sie sah überall nur noch Hölle und ewige Flammen. Man konnte nichts mehr tun, ohne die ewige Seligkeit zu verlieren. Man konnte nicht mehr den Gesetzen gehorchen, ohne verdammt zu sein. Aber der allertiefste Abgrund, das Entsetzen erbarmungslosester Qualen, die schärfste Teufelskralle, die waren dem Käufer der Nationalgüter bestimmt. Wie hätte die Frau es gewagt, noch ferner mit ihm an einem Tische zu sitzen? Sein Brot war nur Asche. Wie konnte sie mit einem Verdammten schlafen? Seine Frau zu sein, seine andere Hälfte, Fleisch von seinem Fleisch – hieß das nicht, schon jetzt in der Hölle braten und lebend in die Verdammnis eingehen?

Wer kann sagen, auf wie viele Arten der Gatte verfolgt, bestürmt und gequält wurde, damit er nicht kaufe! Niemals hat ein geschickter General, ein verschlagener Anführer wieder und wieder sich abmühend vor den Wällen einer zu erobernden Festung so verschiedenste Mittel angewandt. Diese Güter würden nichts eintragen, ein Fluch laste auf ihnen, das habe man schon an dem Schicksal der Käufer gesehen. War Jean, der gekauft hatte, nicht gleich zu Anfang zugrunde gerichtet worden und Jacques durch Überschwemmung? Dem Pierre war es noch schlimmer ergangen, der war vom Dolch gefallen. Paul? Sein Kind war gestorben. Der Herr Pfarrer hat sehr richtig gesagt: „So starb die Erstgeburt in Ägypten!"

Meist antwortete der Gatte nichts, drehte sich um und stellte sich schlafend. Er wußte nicht, was er auf diese Flut von Worten erwidern sollte. Die Frau bedrängte ihn durch die Lebhaftigkeit des Gefühls, durch ihre naive, rührende Beredsamkeit, zum mindesten durch ihre Tränen. Er entgegnete gar nicht oder mit einem Wort, das wir gleich nennen werden. Indessen wurde er dann keineswegs in Ruhe gelassen.

Es fiel ihm nicht leicht, der Revolution feind zu werden, seiner Wohltäterin, seiner Mutter, die sich für ihn einsetzte, für ihn entschied, ihn frei und zum Menschen machte, ihn aus dem Nichts zog. Und wenn er selbst nichts dabei gewonnen hätte, konnte er sich dann nicht gern über die allgemeine Befreiung freuen? Konnte er diesen Triumph der Gerechtigkeit verkennen, die Augen verschließen vor dem erhabenen Schauspiel dieser gewaltigen Neuschöpfung: der Wiedergeburt einer ganzen Welt? In ihm selbst also regte sich der Widerstand. „Nein", sagte er zu sich, „all das ist gerecht, und ich wäre nicht der Mann, der es nur um des Vorteils willen für gerecht hielte."

So spielten sich die Dinge fast in ganz Frankreich ab. Der Gatte widerstand; der Mann blieb der Revolution treu.

In der Vendée, in einem großen Teil von Anjou, Maine und der Bretagne riß ihn die Frau mit fort, die Frau und der Priester, eng vereint.

Nichts hatte darauf hingedeutet. Die Bauern des Westens waren beim ersten, erhabenen Aufflammen der Revolution nicht so unvernünftig gewesen, wie man meint. Man hatte 1790, bei der Föderation von Mans, diese nämlichen Bauern, die später die Chouans wurden, der Freiheit ihre Huldigung darbringen sehen; sie hatten voll Ergriffenheit den Altar des unbekannten Gottes geküßt.

Lassen wir die Idyllen,[1] die man uns über das patriarchalische Leben der westlichen Landschaften vor der Revolution zurechtgemacht hat. Die verschuldeten Gutsherren waren in der Vendée wie andernorts keineswegs die gutmütigen Schutzherren, als die man sie uns geschildert hat – konnten es nicht sein. Ob sie nun wollten oder nicht, sie lieferten ihre Pächter den Geschäftsleuten aus, denen sie ihre Güter verpfändeten. Das erwies sich im Jahre 1789, als die Leute von Maulévrier gegen diese räuberischen Krähen zu den Waffen griffen. Der Groll des Landmanns gegen den Sachwalter wandte sich auch gegen die Herren, die Adligen ganz allgemein. Von den vier Ochsen, die er vor den Pflug spannte, nannte er den untauglichsten, den er am meisten schlug, „Adelsbürschchen", das heißt Faulenzer.

Dennoch muß man beachten, daß der vendéeische Bauer, meist Viehzüchter, der verkaufte und Geld machte, das er nicht recht anzulegen wußte, es oft dem Adligen anvertraute und am Vermögen seines Herrn interessiert war. Mit wieviel Verzweiflung er diesen Herrn auswandern, dieses Vermögen durch die Gesetze der Revolution mit Beschlag belegt sah, kann man mühelos erraten.

Der Bauer des ganzen Westens hielt auch zum Priester, und aus einer sehr natürlichen Ursache. Der Priester, das war nämlich der Bauer selbst, sein Sohn, sein Bruder oder sein Vetter. Der ganze niedere Klerus stammte vom Lande. Dieser Priester hatte Einfluß durch die Sache selbst, die des Bauern Leidenschaft war; er fesselte ihn durch die Erde, ich meine, durch die Macht, die der Priester und der Zauberer besitzen, die Macht, zu segnen oder zu verfluchen, der Erde oder dem Vieh ein gutes oder schlechtes Gedeihen zu bereiten.

Der Zehnte war dessenungeachtet eine so schwere, so verhaßte Last, vor allem infolge der ärgerlichen Überwachung, die der Pfarrer beim Ernten ausübte, daß vor 1789 im Westen wie andernorts Prozesse zwischen den Pfarrern und ihren Pfarrkindern ganz allgemein waren. Die Revolution, die den Zehnten aufhob, versöhnte sie miteinander; sie räumte gerade das fort, was den Einfluß der Geist-

[1] Die Romane über die Vendée (von Frau von La Rochejaquelin und anderen) haben bei verschiedenen royalistischen Geschichtsschreibern, bei Lebouvier-Desmortiers, Vauban und anderen sehr starke Widerlegung gefunden. Schließlich erschienen die „publications des pièces et d'actes", die nachgewiesen haben, daß in diesen Romanen nicht ein Ereignis, nicht ein Datum richtig war; sie sind in nichts zerfallen, und es blieb nichts von ihnen übrig. – Siehe die Sammlung eines Offiziers der Republik: „Guerres des Vendéens", 1824, sechs Bände. Er bringt außer den Geschehnissen die Notizen und die Berichte Klébers und anderer Generale, deren ehrliche Wahrhaftigkeit niemals in Zweifel gestellt wurde.

lichkeit gehemmt hatte, sie gab dem Priester eine moralische Macht, die er vor 1789 durchaus nicht besessen hatte.[1] Der Bauer konnte sich bei zwei Personen

---

[1] Keine Zeit war hinsichtlich des religiösen Empfindens so tot wie die, welche der Revolution direkt voranging. Mein Vater hat mir oft erzählt, daß in seiner Geburtsstadt Laon und in vielen anderen gleich Laon von Geistlichen bevölkerten Städten die allgemeine Meinung ihnen nicht nur gleichgültig gesinnt, sondern geradezu feindlich war. Es wurde schwierig, der geistlichen Gemeinschaft Mitglieder zuzuführen, vor allem Mönche zu bekommen. Im Kloster von Saint-Vandrille, das für tausend Mönche eingerichtet war, gab es nur noch vier. Die Klöster boten alles auf an Liebenswürdigkeit und Schmeicheleien, um neuen Ersatz anzuwerben. Bei Laon gab es ein weitläufiges Kloster der Karthäuser (im Tal Saint-Pierre), das ungemein reich war und, wie man sagte, neunzehn Dorfschaften umfaßte, neunundneunzig Pflugscharen arbeiten ließ. Dieser Mönche waren nur noch zwölf, und die zwölf erloschen, ohne Ersatz zu finden. Sie versuchten, meinen Vater heranzuziehen, der damals sehr jung war, luden ihn ein, machten Späße mit ihm, bemühten sich, ihn zu unterhalten. Sie konnten es jedoch nicht vor ihm verbergen, daß sie sich tödlich langweilten; all ihre Zuflucht bestand in gehaltlosen Vergnügungen; einer von ihnen züchtete Gimpel, ein anderer trieb ein wenig Gärtnerei, eine dritter schnitzte Spielwaren. Der einzige ernste Mann unter ihnen sagte stets zu den Fremdlingen: „Werdet niemals Karthäuser." Und wegen dieses Verbrechens übergaben seine Vorgesetzten ihn oft der Geißelung. Einmal in der Woche gaben die Karthäuser ein prächtiges Essen, Fastenessen, weil es Vorschrift war. Da kamen viele Parasiten, vor allem der arme Adel. Die paar Hauptwürdenträger des Hauses kamen und gingen unter dem Vorwand von Geschäften, trieben großen Aufwand, hatten schöne Wagen, speisten außer dem Hause, machten kleine Reisen, oft mit schönen Damen, die in den Außengebäuden des Klosters nächtigten; keiner nahm Anstoß daran. – Mein Vater kannte diese inneren Zustände zu gut, als daß er versucht gewesen wäre, Karthäuser zu werden. Die Frauenklöster, die er ebenfalls sehr gut kannte, enthüllten ihm noch besser das Unzulängliche des Klosterlebens. Es war der Triumph der Öde und Seichtigkeit; kein frommes Denken, unzählige Klatschereien, weibliche, rastlose, grausame Tyrannen, der Tod durch Nadelstiche. Mein Vater, so jung er war, bekam die Bekenntnisse mehrerer Nonnen zu hören; sie sagten dem verschwiegenen und achtsamen jungen Mann, was sie dem Priester, der alles ihren Priorinnen wiedererzählte, nicht zu sagen wagten. Eine dieser Nonnen, Madame Dangesse, vierzigjährig, von hohen Geistesgaben, aber verschlossenem Charakter, unfähig, sich dem Regiment der Niedrigkeiten, der lockeren Sphäre, der gegenseitigen Angeberei, mit denen man die anderen bedrückte, anzupassen, war der Sündenbock. Bald ließ die Priorin sie mitten im Chor niederknien, bald hieß sie sie, im Refektorium trockenes Brot auf dem Fußboden essen wie ein Hund. Diese launenhaften Strafen, der einzigen wirklich wertvollen Person auferlegt, waren das Vergnügen der Favoritinnen der Äbtissin und schmeichelten ihren faulen Stunden. Die grausame Lust, mit der elende und bösartige Kinder ein armes Tier quälen, sie empfanden sie bei den Leiden ihrer unglückseligen Gefährtin, und ihr Gelächter war ein Mittel, die gemeinsame Tyrannin milde zu stimmen. – Da mein Vater fest entschlossen war, niemals Mönch zu werden, bestand seine Familie darauf, daß er wenigstens Geistlicher werde, in der Voraussetzung, wenn er gute Studien gemacht habe, werde er nicht viel Mühe haben, eine Pfründe zu erlangen. Man stellte ihn dem Abbé de Bourbon vor, Sohn Ludwigs XV. und der Mademoiselle de Romans, der eine Pfründe mit einem Einkommen von einer halben Million besaß. Dieser junge Prinz von zwanzig Jahren, ein hübscher, liebenswürdiger Mann von Welt, nahm meinen Vater prächtig auf; er plauderte eine Weile mit ihm, fand in ihm einen weltlich gesinnten Menschen ohne alle geistlichen Neigungen und klopfte ihm freundschaftlich auf die Schulter: „Sehr schön, mein Freund, sehr schön. Du gefällst mir; ich mache dich zum Domherrn." Zum Glück für meinen Vater kam die Revolution dazwischen.

Rat holen: beim Rechtsanwalt oder beim Priester: von der Zeit an, daß dieser nicht mehr den Zehnten erhob, ging man allein ihn um Rat an. Diese von der Gattin gestützten, wiederholten, Tag und Nacht gepredigten Ratschläge wurden unwiderstehlich.

Und warum waren die Ratschläge des Priesters der Revolution so äußerst feindlich gesinnt?

Ist die Ursache in dem (sehr starken) Gegensatz der revolutionären Grundsätze zu den Lehren des Christentums zu suchen? Nein, dieser Gegensatz machte sich erst in zweiter Linie geltend. Die ursprünglichen Lehren des Christentums hatten sehr nachgelassen. Die bedeutsame und vitale Frage, die ihr Sein oder Nichtsein entscheidet (die Frage von der Gerechtigkeit und der Gnade), wurde nicht mehr umstritten. Seltsam! Die Geistlichkeit hielt sie für lächerlich und verspottete die Eigensinnigen, die sie immer noch aufzuklären versuchten.

Mochte die Revolution als Lehre den Lehren des Priesters entgegen sein oder nicht, sie hatte sich ihm wenigstens keineswegs feindlich gezeigt. Sie hatte sich mehr um ihn gekümmert als seine Vorgesetzten selber. Indem sie die hohe Geistlichkeit, die großen geistlichen Herren stürzte, hatte sie das Schicksal der niederen Geistlichkeit verbessert. Hatte sie ihm den Zehnten entzogen, diese schwankende, verhaßte Abgabe, die ihm Krieg mit den Bauern brachte, so gab sie ihm aus den Staatsgeldern eine höhere, feste und regelmäßige Besoldung, die ihn schadlos hielt. Was waren also die Gründe für die Erbitterung der Landprediger?

Die Obergewalt des Papstes und der Bischöfe, der Korpsgeist würden zweifellos genügen, um die Widersetzlichkeit zu erklären. An Gehorchen gewöhnt, gehorchten die Priester auch dann noch, als es galt, zwischen ihren geistlichen Tyrannen und der Revolution, die sie frei machte, Partei zu ergreifen. Wäre jedoch der Widerstand nur von oben und der Autorität diktiert worden, so wäre er passiv, sozusagen untätig gewesen, er hätte durchaus nicht den tätigen, feurigen, leidenschaftlichen Charakter angenommen, den er besonders im Westen hatte.

Es gab hier eine andere, sehr ernste und bedeutsame Ursache, der man nachgehen muß.

Das ganze Bestreben der Frau ging darauf hinaus, ihren Gatten am Kauf der nationalen Güter zu hindern. In dem Augenblick, da das Gesetz dem Bauern das von ihm heiß ersehnte, seit Jahrhunderten so glühend begehrte Land sozusagen auslieferte, stellte sich die Frau davor und hielt ihn im Namen Gottes davon zurück. Und konnte der Priester angesichts dieser – blinden, aber ehrenwerten – Uneigennützigkeit der Frau aus den materiellen Vorteilen, die ihm die Revolution bot, Nutzen ziehen? Er hätte sicherlich in der Meinung seiner Pfarrkinder Schaden gelitten, hätte ihr Vertrauen verloren, wäre nicht mehr das hohe Ideal gewesen, als das ihn ihr vorurteilsvolles Herz zu betrachten liebte.

Man hat oft von dem Einfluß der Priester auf die Frauen gesprochen, aber zu wenig von dem der Frauen auf die Priester.

Es ist meine Überzeugung, daß sie viel ehrlichere und in viel höherem Grade Fanatiker waren, als die Priester selbst; daß ihre heiße Empfänglichkeit, ihr schmerzliches Mitleid für die schuldigen oder unschuldigen Opfer der Revolution, die Erregung, in die sie die tragische Erzählung vom König im Temple, von der Königin, vom kleinen Dauphin, von Madame de Lamballe trieb, daß mit einem Wort die tiefe Rückwirkung des Mitleids in der Natur, im Herzen der Frauen, die tatsächliche Kraft der Gegenrevolution bildete. Sie rissen die, welche ihre Führer zu sein schienen, mit sich fort und beherrschten sie, trieben ihre Beichtväter auf den Weg des Martyriums, ihre Gatten in den Bürgerkrieg.

Das achtzehnte Jahrhundert kannte die Seele des Priesters schlecht. Es wußte wohl, daß die Frau Einfluß auf ihn hatte; aber es glaubte nach der alten Überlieferung der Satiren und Geschichtenbücher, nach den Dorfschwänken, daß die Frau, die den Priester beherrscht, die Haushälterin sei, die unter seinem Dache schläft, die Magd als Geliebte, die Pfarrhausköchin. Darin irrte es sich.

Zweifellos hätte der Priester, wenn die Haushälterin das Weib seines Herzens gewesen wäre und den tiefen Einfluß auf ihn ausgeübt hätte, beglückt die Wohltaten der Revolution angenommen. Als Beamter mit festem und für die Familie ausreichendem Gehalt hätte er bald in dem natürlichen Fortschritt der neuen Ordnung der Dinge seine wahre Befreiung und die Möglichkeit erkannt, aus dem Konkubinat eine Ehe zu machen. Die Haushälterin war dessen nicht unwürdig.[1] Unglücklicherweise ist sie, wie groß auch ihr Verdienst sein mag, meistens älter als der Priester oder häßlich und gemein von Gestalt. Wäre sie jung und schön, so würde ihr das Herz des Priesters nicht fehlen. Sein Herz, das beachte man wohl, ist nicht im Pastorat; es ist im Beichtstuhl.[2] Die Haushälterin

[1] Sie war und sie ist großenteils ehrbar und sparsam, sie nimmt sich den Haushalt zu Herzen, erfüllt die Pflichten der Gattin und darüber hinaus. Wir wissen von solchen, die kein Gehalt annahmen, mehr noch, die ihren Herrn hüteten, ihn dem Übermaß der Tafel- und anderen Freuden fernhielten, ihm bis in die Kirche folgten und am Fuße des Altars darauf achteten, ob er sein heiliges Amt würdig erfüllte.

[2] Diese Religion (des Beichtstuhls), die aus dem Herzen der Frau erwuchs – das war der Reiz ihrer Kindheit –, verlor sich in ihrem Verfall völlig im Weibe. Ihre Doktoren sind unersättlich in der Erforschung der Geheimnisse des Geschlechts. Welchen Stoff hat in diesem selben Jahre (1849) das Konzil von Paris um und um gewühlt und tief ergründet? Einen einzigen: die unbefleckte Empfängnis. – Man darf den Priester nicht bei den Wissenschaften oder der Schriftstellerei suchen; er ist im Beichtstuhl, darin hat er sich verloren. Was soll aus einem armen Manne werden, zu dem alle Tage Dutzende von Frauen kommen und ihm die Geheimnisse ihres Herzens und ihres Bettes erzählen? Die heiligen Mysterien der Natur, die unter Gottes freiem Himmel oder unter den ernsten Augen der Wissenschaft den Geist größer machen, schwächen und entnerven ihn, wenn man sie so im Halbdunkel sinnlicher Geständnisse beschleicht. Die fieberhafte Erregung, der beginnende Genuß, dem man mehr oder weniger ausweicht, der

ist sein Alltagsleben, seine Prosa, das Beichtkind ist seine Poesie, mit ihm hat er die innigen und tiefen, die Beziehungen des Herzens.

Und diese Beziehungen sind nirgendwo stärker als im Westen.

An unseren Nordgrenzen, in allen den Durchzugsgegenden, wo die Truppen kommen und gehen, die einen Hauch des Krieges atmen, ist der Soldat, der Offizier, das Ideal der Frau. Das Achselstück ist fast unwiderstehlich.

Im Süden und besonders im Westen ist das Ideal der Frau, wenigstens der Bäuerin, der Priester.

Besonders in der Bretagne mußte der Priester gefallen und herrschen. Als Bauernsohn steht er durch seine Herkunft auf der gleichen Stufe wie die Bäuerin, seine Sprache und sein Denken ist das gleiche; vermöge seiner Bildung steht er über ihr, aber nicht allzu sehr über ihr. Wäre er gebildeter, höherstehender, als er ist, so genösse er weniger Ansehen. Die Nachbarschaft und bisweilen die Familie tragen ebenfalls dazu bei, Beziehungen zwischen ihnen zu schaffen. Sie hat diesen Pfarrer als Kind gekannt, hat mit ihm gespielt; sie hat ihn aufwachsen gesehen. Er ist wie ein junger Bruder, dem sie gern ihren Kummer erzählt, besonders den tiefsten Kummer, den es für eine Frau gibt: wie die Ehe nicht immer eine Ehe ist, wie noch die Glücklichste des Trostes bedarf und die Geliebteste der Liebe.

Wenn die Ehe die Vereinigung der Seelen ist, so war der Beichtvater der wahre Gatte. Die geistige Ehe war sehr stark, besonders da, wo sie rein war. Der Priester wurde oft leidenschaftlich geliebt, mit einer Hingabe, einem Feuer, einer Eifersucht, die man wenig verbarg. Diese Gefühle brachen im Juni 1791 mit äußerster Gewalt hervor, als man, nachdem der König von Varennes zurückgebracht worden war, an das Bestehen einer großen Verschwörung im Westen glaubte und mehrere Departementsdirektoren es wagten, Priester ins Gefängnis zu setzen. Sie wurden im September wieder freigelassen, als der König die Verfassung beschwor. Aber im November wurden alle die gemaßregelt, die den Eid verweigerten. Die Nationalversammlung ermächtigte die Direktoren, aus jeder Gemeinde, in der religiöse Unruhen ausbrachen, die widerspenstigen Priester zu entfernen.

Diese Maßregel war nicht nur durch die Gewalttätigkeiten begründet, deren Gegenstand die verfassungstreuen Priester überall waren, sondern auch durch eine politische und finanzielle Notwendigkeit. Die Losung, die alle jene Priester von

aber immer wieder beginnt, machen den Mann rettungslos unfruchtbar. (Ich empfehle diesen wichtigen Gegenstand dem Philosophen und dem Arzte.) Er kann die kleinen Fähigkeiten zur Intrige und zum Ränkeschmieden behalten, aber die großen männlichen Eigenschaften, besonders die Erfindungsgabe, entwickeln sich niemals in diesem krankhaften Zustande; sie erfordern ein gesundes, naturliches, rechtmäßiges und ehrliches Leben. Besonders in den letzten hundertfünfzig Jahren, seitdem das „Sacre Coeur“ unter seinem zweideutigen Schleier dieses verhängnisvolle Spiel so bequem gemacht hat, hat sich der Priester dabei entnervt und nichts mehr geleistet; er ist Eunuch geblieben in den Wissenschaften.

ihren kirchlichen Oberen empfangen hatten und der sie treu folgten, war, wie wir schon sagten, die Revolution auszuhungern. Sie machten die Erhebung der Steuer unmöglich. Diese wurde in der Bretagne ein so gefährliches Unterfangen, daß sich niemand daran wagte. Die Exekutoren, die Gemeindebeamten waren in Lebensgefahr. Die Nationalversammlung war gezwungen, das Dekret vom 27. November zu erlassen, welches die widersetzlichen Priester in die Hauptorte schickte, sie von ihrer Gemeinde, dem Feld ihrer Tätigkeit, dem Herd des Fanatismus und des Aufstandes, wo sie das Feuer anfachten, entfernte. Es versetzte sie in die große Stadt, unter die Augen, unter die unausgesetzte Überwachung der patriotischen Vereine.

Es ist unmöglich zu schildern, welchen Unwillen das Dekret hervorrief. Die Frauen erfüllten die Luft mit ihrem Geschrei. Das Gesetz hatte an das Zölibat des Priesters geglaubt; es hatte ihn wie ein alleinstehendes Individuum behandelt, das leichter versetzt werden kann als ein Familienvater. Haftet denn der Priester, der Geistesmensch, an der Scholle, an den Menschen? Ist nicht er vorzugsweise beweglich wie der Geist, dessen Diener er ist? Alle diese Fragen verneinten sie und klagten sich selbst an. In dem Augenblick, da das Gesetz den Priester aus seinem Lande wegnahm, gewahrte man die starken Wurzeln, mit denen er in eben diesem Lande haftete; sie bluteten und knirschten.

„Ach, so weit wird er fortgebracht, in die Kreisstadt geschleppt, zwölf, fünfzehn, zwanzig Meilen vom Dorf!“ Man weinte über diese ferne Verbannung. Bei der ungemeinen Langsamkeit, mit der man früher reiste, wo man zwei Tage brauchte, um eine solche Entfernung zu überwinden, war die Trauer noch größer. Die Kreisstadt – das war das Ende der Welt. Wenn man eine solche Reise tat, machte man vorher sein Testament, brachte man sein Gewissen ins Reine.

Wer kann die jammervollen Szenen schildern, die sich bei diesen erzwungenen Abreisen abspielten! Das ganze Dorf war versammelt; die Frauen lagen auf den Knien, um noch einmal den Segen zu empfangen, tränennaß und von Schluchzen erstickt. Das weinte Tag und Nacht. Wenn der Gatte sich ein wenig darüber wunderte, dann weinte sie beileibe nicht wegen der Verbannung des Pfarrers, sondern weil man die und die Kirche verkaufen, weil man das und das Kloster schließen wollte. Im Frühling des Jahres 1792 entschied die finanzielle Not der Revolution endlich über den Verkauf der Kirchen, die nicht unentbehrlich waren für den Gottesdienst, und über den der Männer- und Frauenklöster. Ein Brief eines emigrierten Bischofs, aus Salisbury datiert und an die Ursulinerinnen von Landerneau gerichtet, wurde aufgefangen und bewies unwiderleglich, daß das Zentrum und der Herd aller royalistischen Intrigen in diesen Klöstern lag. Die Nonnen versäumten nichts, um ihrer Austreibung eine dramatische Wirkung zu geben; sie klammerten sich fest an die Gitter und wollten nicht hinaus, so daß die Gemeindebeamten, die selbst dem Gesetz gehorchen mußten und für seine Ausführung verantwortlich waren, schließlich ihre Hände gewaltsam von den Gittern losrissen.

Solche Szenen, die erzählt, wiederholt und mit rührenden Einzelheiten ausgeschmückt wurden, verwirrten alle Geister. Die Männer begannen fast ebensosehr in Erregung zu geraten, wie die Frauen. Ein erstaunlicher und höchst plötzlicher Wechsel! Noch im Jahre 1788 lag der Bauer wegen des Zehnten mit der Kirche im Kampf und war immer in Versuchung, gegen sie zu streiten. Wer hatte ihn denn so völlig und so schnell mit dem Priester ausgesöhnt? Die Revolution selbst, durch die Abschaffung des Zehnten. Durch diese mehr edelmütige als politisch kluge Maßregel gab sie dem Priester seinen Einfluß auf dem Lande wieder. Wenn der Zehnte fortgedauert hätte, so hätte der Bauer seiner Frau nicht nachgegeben, hätte nicht die Waffen ergriffen gegen die Revolution.

Die widerspenstigen Priester, die im Hauptort beisammen waren, kannten vollkommen diese Stimmung auf dem Lande, den tiefen Schmerz der Frauen, den finsteren Unwillen der Männer. Daraus schöpften sie große Hoffnungen und unternahmen es, dem König davon Mitteilung zu machen. In einer Menge von Briefen, die sie ihm im Frühjahr 1792 schreiben oder schreiben lassen, ermutigen sie ihn, standzuhalten, keine Furcht vor der Revolution zu haben, sie durch verfassungsmäßigen Einspruch, durch das Veto, unwirksam zu machen. Man predigt ihm den Widerstand in allen Tonarten, mit den verschiedensten Begründungen und unter dem Namen der verschiedensten Persönlichkeiten. Bald sind es Briefe von Bischöfen, in Bossuetschen Phrasen geschrieben: „Sire, Sie sind der allerchristlichste König. Denken Sie an Ihre Ahnherren! Wie hätte der heilige Ludwig gehandelt?" Und so weiter. Bald sind die Briefe von Nonnen geschrieben oder in ihrem Namen, Briefe voller Seufzer. Diese klagenden Tauben, die aus ihrem Nest gerissen sind, bitten den König um die Befugnis, darin verbleiben und sterben zu können. Mit anderen Worten, sie wollen, daß der König die Ausführung der Gesetze über den Verkauf der Kirchengüter zum Stillstand bringt. Die Nonnen aus Rennes gestehen, daß der Gemeinderat ihnen ein anderes Haus anbietet; aber es ist nicht das ihrige, und sie wollen niemals ein anderes.

Die verwegensten und merkwürdigsten Briefe stammen von den Priestern: „Sire, Sie sind ein gottesfürchtiger Mann, wir wissen es wohl! Sie werden tun, was Sie können. Doch, damit Sie es wissen, das Volk ist der Revolution überdrüssig. Sein Geist hat sich gewandelt, sein frommer Eifer ist zurückgekehrt; die Sakramente werden heiß begehrt. Den Chansons sind wieder die Choräle gefolgt. Das Volk ist mit uns."

Ein schrecklicher Brief dieser Art, der den König[1] täuschen, ihn kühn machen und seinem Sturze zutreiben mußte, ist der von den in Angers vereinigten wider-

[1] Diese Briefe (die im Nationalarchiv, Eisenschrank Nr. 37, Akten des Prozesses Ludwigs XVI. aufbewahrt werden) enthalten einen mildernden Umstand für den schwankenden, ängstlichen Mann, dessen Geist sie foltern mußten.

spenstigen Priestern (9. Februar 1792). Er kann als Grundakte des Aufstandes in der Vendée gelten, er kündet ihn an und sagt ihn frech voraus. Man redet da eine laute und feste Sprache, als habe man den Bauernaufstand als verfügbare Waffe in der Hand. Dieses blutige Blatt scheint von der Hand, von dem Dolche Berniers herzurühren, eines jungen Pfarrers in Angers, der mehr als irgendein anderer den Vendéer Aufstand nährte, ihn mit Verbrechen schändete, ihn in eigenem Interesse ausbeutete und durch seinen Ehrgeiz in Zwiespalt trieb.

„Man behauptet, daß wir die Bevölkerung aufwiegeln? Aber das Gegenteil ist richtig. Was sollte aus dem Königtum werden, wenn wir das Volk nicht zurückhielten? Ihr Thron würde sich nur noch auf einem Haufen Leichen und Ruinen stützen. Sie wissen, Sire, Sie wissen nur allzugut, was ein Volk vermag, solange es patriotisch ist. Aber Sie wissen nicht, wozu ein Volk fähig ist, das sich seines Gottesdienstes, seiner Kirchen und Altäre beraubt sieht."

In diesem verwegenen Briefe steht ein bemerkenswertes Geständnis. Man sieht, wie der Priester zu allem bereit ist, man hört seinen letzten Schrei vor dem Bürgerkriege. Er zögert nicht, den geheimen und tiefen Grund seiner Verzweiflung aufzudecken, das heißt: den Schmerz, von denen getrennt zu sein, die er leitet: „Man wagt, diese Bande, die die Kirche nicht nur erlaubt, sondern befiehlt, zu zerbrechen ..."

Diese Propheten des Bürgerkrieges waren ihrer Sache sicher, sie liefen geringe Gefahr, sich zu irren, wenn sie voraussagten, was sie selbst ins Werk setzten. Die Frauen der Priester, Haushälterinnen und andere, erhoben sich zuerst und mit mehr als ehelichem Feuereifer gegen die bürgerlichen Geistlichen. In Saint-Servan, nahe bei Saint-Malo, gab es eine Art Weiberaufstand. Im Elsaß läutete die Haushälterin eines Geistlichen zuerst die Sturmglocke, um über die Priester herzufallen, die den Bürgereid geleistet hatten. Die Bretonischen läuteten nicht Sturm, sie prügelten; sie drangen in die Kirche, mit ihren Besen bewaffnet, und schlugen den Priester am Altar. Noch sicherer trafen die Hiebe, welche die Nonnen niedersausen ließen. Die Ursulinerinnen, in ihren harmlosen Mädchenschulen, setzten den Krieg der Kohlbauern in Szene. Die „Töchter der Weisheit", deren Mutterhaus in Saint-Laurent, nahe bei Montaigu, stand, schürten das Feuer; diese guten Krankenwärterinnen stachelten die Wut auf in den Kranken, die sie pflegten.

„Laßt sie nur machen", sagten die Philosophen, die Freunde der Duldsamkeit; „laßt sie weinen und schreien, laßt sie ihre alten Choräle singen. Ist denn all das ein Unglück?" – „Ja, aber kommen Sie heute abend mit mir in die Dorfkirche, in die sich das Volk in Masse drängt. Hören Sie diese Lieder? Erbeben Sie nicht? Die Litaneien, die Hymnen auf die alten Worte, werden durch eine neue Melodie zu einer zweiten Marseillaise. Und ist dieses mit Wut geheulte ‚Dies irae' etwas anderes als ein Gebet um Mord, als ein Ruf nach dem ewigen Feuer?"

„Laßt sie in Frieden", sagte man, „sie singen, aber handeln nicht." Indessen sah man bereits große Massen in Bewegung geraten. Im Elsaß versammelten sich achttausend Bauern, um zu verhindern, daß Siegel an ein Kirchengut gelegt wurden. Man meinte, die guten Leute hätten in Wirklichkeit keine Waffen, außer ihrem Rosenkranz. Aber abends trugen sie andere, wenn der verfassungstreue Pfarrer zu Hause Steine in die Fensterscheiben bekam, und wenn manchmal die Kugel den Fensterladen durchlöcherte.

Nicht mit kleinlichen Schlichen und ängstlich gehüteten, indirekten Ränken trieb man die Haufen in den Bürgerkrieg. Man wandte frech die gröbsten Mittel an, um die Köpfe zu verwirren, um sie mit Fanatismus trunken zu machen; man stachelte sie zu Morden und peitschte sie auf Irrwege. Die gütige Jungfrau Maria erschien und wollte, daß man tötete. In Apt, 1792, wie 1790 in Avignon regte sie sich, tat Wunder und erklärte, daß sie nicht mehr in den Händen der Verfassungsfreunde bleiben wollte, und die Widerspenstigen nahmen sie mit sich fort, um den Preis eines erbitterten Kampfes. Aber die Provence ist zu sonnig; die Jungfrau erschien lieber in der nebligen Vendée, in ihren dichten Dickichten, den undurchdringlichen Hecken. Sie machte sich den alten, örtlichen Aberglauben zunutze; sie zeigte sich an drei verschiedenen Orten und immer in der Nähe einer alten druidischen Eiche. Ihr Lieblingsort war Saint-Laurent, von wo die „Töchter der Weisheit" die Wunder ausstreuten und den Aufruf zum Blutvergießen. Die Bettler sekundierten ihnen; es waren ausgezeichnete Neuigkeitsverbreiter, sehr gute Agenten des Aufruhrs. Sie waren sehr zahlreich, die meisten lebhaft und kräftig. Von dreihunderttausend Seelen, welche die Vendée zählte, lebten fünfzigtausend von Almosen, ohne das geringste zu tun, besonders von kirchlichen Almosen; sie lebten davon und wären lieber dafür gestorben, als zu arbeiten.

Man kennt jetzt die Ursachen, die Anstifter dieses ruchlosen Krieges. Die politische Partei, der König und der Adel kamen ganz in zweiter Linie. Der Priester tat fast das ganze. Der Vendéer, wenn man ihn fragte, was er eigentlich wolle, erwiderte nichts anderes als, man solle ihm seinen Priester wiedergeben, seinen Pfarrer ins Dorf zurückkehren lassen. Man höre darüber in einem sehr authentischen Bericht einen Bauern, der republikanische Gefangene bewachte, die getötet werden sollten; er wollte wenigstens ihre Seele retten und bat sie, die Beichte abzulegen. Er sagte zu einem von ihnen, einem geachteten Beamten: „Herr, ich hab Euch gern; Ihr habt uns so viel Gutes getan, als Ihr nur gekonnt habt. Es tut mir recht leid, Euch hier zu sehen. Ich schere mich nicht um den Adel, ich frage nichts nach dem König. Aber ich will unsere guten Priester, und Ihr mögt sie nicht leiden ... Beichtet, ich bitte Euch, beichtet; denn, seht, ich habe Erbarmen mit Eurer Seele, und ich muß Euch töten ..."

Dies Wort ist deutlich genug: „Wir wollen unsere guten Priester." Es wurde 1793 gesagt. Kehren wir zu 1792 zurück und betrachten wir das Protokoll aus einem der ersten Akten dieses traurigen Mordkrieges. Zweifellos sind hundert andere, ganz ähnliche aufgenommen worden. Das hier wurde aufgenommen von zwei Kommissaren der Loire-Inferieure, die am 6. Juni von Nantes in den Bezirk von Saveney entsandt wurden. Die widerspenstigen Priester scheinen den Plan gehabt zu haben, dort ein Aufstandszentrum für die Basse-Loire zu gründen, eine tatsächlich zentrale Lage zwischen den beiden drohenden Kriegen der Bretagne und der Vendée. Schon war es ihnen gelungen, eine Pfarrgemeinde zu bewaffnen, sie führten sie fort, durchzogen sieben andere, die sie mitzureißen hofften. Sie stießen auf Widerstand, brannten mehrere Häuser ab, töteten Männer, unter anderen zwei Dragoner. Diese roten Dragoner der Bretagne waren patriotische Freiwillige, die einen wundervollen Eifer und viel Unerschrockenheit bewiesen.

„Um drei Uhr morgens sind wir mit der starken Armee zu den Inseln des Brières hinabgestiegen; die Häuser waren leer, die Bewohner eilten über die Sümpfe davon. Eine Frau jedoch von einigen fünfzig Jahren bot sich unseren Blicken neben der Kirche; sie trug ein Kruzifix auf der Brust und einen Rosenkranz in der Hand. Wir haben sie über die Veranlassung der in der Nacht vom Sonntag, dem 3. Juni, begangenen Morde befragt. Sie sagte uns, sie wisse nichts darüber, sie sei gewillt, für die Sache Gottes ihr Leben zu lassen.

Wir setzten unseren Weg zum Dorf hin fort, wo zwei Dragoner getötet, drei Häuser niedergebrannt worden waren. Ein gewisser Guy Vinsse wurde uns vorgeführt; wir ersuchten ihn, uns zur Stelle des Mordes hinzuführen; der Platz war mit Torfstaub bedeckt, die Erde umgeschaufelt; wir haben vergeblich nach Blutspuren gesucht. Die verdächtigen Antworten dieses Mannes, eine frische Wunde, die wir an seinem Kopf über dem Ohr bemerkten, bestimmte uns, ihn festnehmen zu lassen. Von hier begaben wir uns zum Inseldorf, wo zwei abgebrannte Häuser noch rauchten."

Welche Unterstützung würde der Adel diesen Volkserhebungen angedeihen lassen, die von den Priestern angezettelt waren? Das war eine große Frage. Der Provinzadel, der so lange Zeit unter dem Ancien régime dem Hofadel geopfert worden war, fürchtete sehr, wenn er ins Feld rücke, nur für den Triumph seiner alten Feinde zu arbeiten. Man liebte Koblenz nicht, man kannte die Emigration. Manche waren hin und hatten sie sich angeschaut und waren zurückgekommen. Wenn sie das Schwert zogen, die Gewalt der Revolution gegen sich lenkten, so hätten sie allem Anschein nach nur erreicht, die Emigranten mit den feindlichen Heeren zurückzuführen; die Höflinge, der Kreis der Königin und des Grafen d'Artois, die Edelleute vom Oeuil-de-Boeuf würden nach Versailles zurückkehren, fragen, fordern, alles wegnehmen; dem Landadel würde dann gestattet, nach Hause zurückzukehren, seinen vernichteten Grund und Boden wiederzusehen, sein einförmiges, armes, düsteres, langweiliges Leben wieder aufzunehmen; die Messe, die Jagd als einziges Vergnügen.

Nichts war treffender als diese Schlußfolgerungen, nichts schwerer, als die Landedelleute davon abzubringen. Die Intriganten, welche die Emigration führten, die darauf zählten, den Sieg gut auszunutzen, unterließen nichts, was das vernünftige Urteil dieser Adligen trüben könnte; sie predigten, besangen den Kreuzzug in allen Melodien; sie riefen die ritterliche Ehre an. Man schrieb den Zögernden anonyme Briefe, man schickte ihnen Schlafmützen. Einer der royalistischen Agenten, Tuffin de La Rouërie, ein sehr untergeordneter Kopf, eine zweifelhafte Persönlichkeit, der hundert Rollen gespielt hatte, Offizier, Trappist, amerikanischer Freiwilliger, Revolutionär gewesen war, um schließlich Feind der Revolution zu werden, hatte sich in Koblenz angeboten, die ganze Bretagne mitzureißen, wie er sagte. Es wäre nur nötig, daß man bei dem Aufstand genau die Formen der alten Provinzstaaten beobachtete, daß die den drei Ständen entnommenen Aufstandskomitees Staaten im kleinen waren. Man würde zunächst kein Eingreifen, keine Mühe fordern, lediglich Geld. Dieser letzte Punkt gefiel Calonne, veranlaßte seine Zustimmung. Er ließ den Plan vom Grafen d'Artois genehmigen. Am 5. Dezember 1791 erteilten die Brüder des Königs La Rouërie die Vollmacht.

Der Plan war in Wirklichkeit geschickt. Die nicht auswandernden Edelleute, die wegen ihrer Untätigkeit geplagt, beleidigt wurden, deren royalistisches Gewissen ihnen überdies Vorwürfe machte, bekamen Ruhe, indem sie der Vereinigung die Einnahmen eines Jahres übergaben. Zu diesem Preis erhielten sie einen Geleitsbrief für sich und für ihre Besitzungen, waren sie vor royalistischen Plünderungen sicher. Und anderseits schützte die Gesellschaft sie auch, indem sie ihnen erlaubte, ihnen gebot, sich mit den verfassungsmäßigen Autoritäten zu vereinigen, sich ihnen eng zu verbinden, bis man sie verraten konnte.

Eine beträchtliche Anzahl Adliger fand dieses Übereinkommen passend, unterschrieb, gab Namen und Geld. Sie hatten sich so ganz allmählich bloßgestellt, sich gebunden, ohne es gewahr zu werden, sich in eben den Krieg gestürzt, den sie vermeiden wollten. Es war klar, daß am Tage, an dem die Vereinigung entdeckt wurde, die friedlichsten ihrer Mitglieder zu ihrer Verteidigung die Waffen ergreifen mußten, sofern sie nicht verhaftet werden wollten.

Was La Rouërie zur Eile antrieb und ihn nötigen konnte, die Dinge zu überstürzen, das war, daß er in Botherel, dem Exprokuratorsyndikus der Stände der Bretagne, einen Rivalen hatte, der die Emigranten von Jersey und Guernsey lenkte, ihnen mit der Hoffnung schmeichelte, daß eine englische Flotte sie ausschiffen werde. La Rouërie stellte ihm Koblenz entgegen, die Prinzen, Brüder des Königs. Tatsächlich erhielt er von den Prinzen eine Vollmacht (2. März 1792), die ihm alle Gewalt übertrug und ihn zum Haupt der Royalisten des Westens ernannte, gebot, daß man ihm gehorche.

Es bestand so wenig Einigkeit unter den Royalisten, daß La Rouërie, um die Vereinigung zu stärken, ein von den Tuilerien ausgehendes, unvermutetes Signal zum Bürgerkrieg abwarten wollte. In den ersten Julitagen entlockten die Priester, die den König lenkten, diesem ein Schreiben an das Direktorium von Finistère, das die Freilassung der in Brest gefangenen widerspenstigen Priester forderte. Der König glaubte sich damals sehr stark; man brachte ihm bei, der Schimpf vom 20. Juni, die Erstürmung seines Palastes, Kränkung seiner Familie, die rote Mütze auf dem königlichen Haupt, hätten einen ungeheuren Umschwung der öffentlichen Meinung zu seinen Gunsten veranlaßt, und er müsse daraus Vorteil ziehen. In der Tat hatten alle Kanzeln, alle Beichtiger, die geheimen Zusammenkünfte der Gläubigen aus diesem rührenden Ereignis, das ganz geeignet zur Legendenbildung war, Unglaubliches gemacht; in der Vorstellung der Frauen und eines großen Teiles der Männer vom Lande hatte der König so etwas wie eine neue Weihe erhalten durch einen Schimpf, der an die Leiden unseres Heilands erinnerte. Viele weinten angesichts dieses ergreifenden Bildes.

Das Eingreifen des Königs zugunsten der Geistlichen von Brest war wenig und viel. Man konnte sagen, es sei nur ein Akt der Barmherzigkeit, der Menschlichkeit, der seinem Schöpfer keine Unehre bringen könne, den man ihm nicht vorwerfen könne. Und es war unter den gegebenen Umständen (man sah es an dem, was sich zutrug), es war bei dem in der Bretagne furchtbar angehäuften Zündstoff ein Signal zur Feuersbrunst, ein Funke ins Pulverfaß. In Fouesnant bei Quimper beginnt ein Landmann und Friedensrichter, Allain Nedellec, Beamter des Marquis de Cheffontaine, dessen Besitzungen er verwaltete, nach der Messe (9. Juli) den Bauern vor der Kirche zu predigen; fünfhundert greifen zu den Waffen. Die Agenten Nedellecs durcheilen das Land, drohen die Häuser derer niederzubrennen, die nicht für Gott und den König mitziehen wollen; der König will es, er hat selber geschrieben, daß er die Freilassung der Priester, ihre Wiedereinsetzung anordne.

Am folgenden Tage, dem 10. Juli, machten sich fünfhundert Nationalgarden von Quimper mit einigen Polizeisoldaten und einer Kanone nach Fouesnant auf, in Eilmärschen das Land durchziehend, dessen geheime Stimmung ihnen nicht gerade sehr vertraut war. Voran schritten die Gemeindebeamten mit der roten Fahne. Von mörderischem Feuer empfangen, das dreihundert Bauern in einer Salve auf sie abgaben, warfen sie diese Bande über den Haufen, nahmen den Flecken, setzten sich darin fest, verbrachten die Nacht in der Kirche mit ihren Toten und Verwundeten. Am nächsten Tage kehrten sie nach Quimper zurück, und die ganze Stadt kam ihnen entgegen.

Diese Energie verblüffte die Aufrührer und brachte sie zur Überlegung. Daß die Edelleute sich von alledem fernhielten, verkündete deutlich genug, daß die Dinge noch nicht reif waren. La Rouërie wollte warten; hinsichtlich der Bretagne hatte er recht. In Paris jedoch überstürzten sich die Dinge, die Ereignisse jagten mit Blitzesschnelle daher. Am 10. August schlug der Blitz ein.

Der Gegenschlag ereignete sich zunächst nicht in der Bretagne, die tausend widersprechenden Einflüssen ausgesetzt war, sondern in einer Gegend, von der man einen plötzlichen Aufstand weniger erwartete. Die Vendée flammte auf.

Sie flammte mit einem Schlage auf, einem Geist bemerkenswerter Einmütigkeit, der sehr abstach gegen den des individuellen und vereinzelten Widerstandes, wie er den Bretonen, den Chouans eigen war. Vierzig Kirchspiele auf einmal, achttausend Landleute aus der Umgegend von Châtillon griffen am gleichen Tage zu den Waffen (24. August). Wie überall, waren es die abtrünnigen Beamten der Revolution, die sich ihr entgegenstellten. Delouche, Bürgermeister von Bressuire, war das eigentliche Haupt der Revolte. Ein Kommandant der Nationalgarde, ein Edelmann de La Châtaigneraie, ließ sich von den Bauern aus seinem Schloß entführen, um ihr General zu werden. Sie stürzten sich zuerst auf Châtillon, zerstörten es, verbrannten die Gemeindepapiere. Von da griffen sie Bressuire an. Durch einen Sturm, der sie für einige Zeit auseinandertrieb, verlangsamte sich die Sache etwas und sie verloren den günstigen Augenblick. Die revolutionäre Sturmglocke, die der royalistischen Antwort gab, versammelte in einer Nacht die Nationalgarden aus dem Umkreis. Es herrschte außerordentlicher Eifer. Die der entfernten Städte, von Angers bis La Rochelle setzten sich in Bewegung. Die Zuerstgekommenen, wenig an Zahl, verteidigten Bressuire. Vor den Mauern spielte sich ein Kampf ab, bei dem etwa hundert Bauern das Leben ließen. Fünfhundert wurden gefangen, und die Sieger, die das Land durcheilten, nahmen, wie man sagt, strenge Rache für die Leute, die sie verloren hatten. Gewiß ist, daß jedoch mit den Gefangenen menschlich umgegangen wurde. Man begnügte sich, sie vor das Kriminalgericht von Niort zu führen. Diese Stadt war der Herd eines glühenden Patriotismus. Der Gerichtshof glaubte gegen die irregeleiteten Männer nachsichtig sein zu sollen; er sandte sie heim, in der großmütigen Annahme, nur die Toten seien schuldig.

Die Vendée blieb stumm unter dem Schlag. Doch man konnte an dieser düsteren Begebenheit erraten, was in ihr kochte. Man konnte nach 1792 das Jahr 1793 vorausahnen. Es war nur allzu gewiß, daß die in dieser Gegend kleinen und schwach bevölkerten Städte, wie groß ihre Energie auch war, das flache Land nicht bändigen konnten, daß dieses alles mit sich reißen würde, daß heute oder morgen die gesamte Vendée sich wie ein Mann erheben, gemeinsam marschieren werde, die Priester an der Spitze, ein im voraus geordneter Zug, unter den Fahnen der einzelnen Kirchspiele.

Man konnte aber auch voraussehen, daß dieser große und schreckliche Aufstand (so groß er auch war, denn die Vendée wurde zum Teil von den drei benachbarten Departements unterstützt) immerhin für Frankreich nicht ansteckend sein, daß er beizeiten eingekreist, auf eine begrenzte Zone beschränkt werde, daß bald und mehr und mehr die Frage sich so darstellen werde: die Vendée auf der einen Seite und Frankreich auf der anderen.

Was zunächst den Erfolg der Vendée unwahrscheinlich, unmöglich machte, das ist, daß sie keineswegs mit der Bretagne im Einvernehmen handelte. Und die Bretagne für sich genommen, war mit sich selber nicht im Reinen, die Priester sogar waren uneins. Der adlige Geistliche, den man ausschließlich Monsieur l'abbé nannte, verachtete und tyrannisierte den Landprediger, ihn, der gerade am meisten das Volk beeinflußt hatte. Unter den Edelleuten gab es auch sehr wenig gutes Einvernehmen; man hat die abweichenden Richtungen von La Rouërie und Botherel gesehen. Im Gegensatz dazu fanden die bretonischen Revolutionäre, wenigstens die vom Finistère, einen Grundsatz des Zusammenschlusses in den schönen Gesetzen vom August 1792; diese dem Bauern günstigen Gesetze verknüpften ihn wieder mit den Anschauungen der Städte, mit der Revolution. Sie hatten eine ungeheure Wirkung und retteten vielleicht Frankreich, indem sie der Revolution die Hälfte der Bretagne sicherten, die gefährliche Ecke, welche den Westen abschließt. Die übrige Bretagne, Anjou, Maine und die Vendée spürten bei all ihren Erhebungen, daß sie, Paris und die Revolution vor sich, im Rücken Brest und das Finistère hatten, also auch die Revolution.

Der Aufstand in der Vendée war, was man auch gesagt haben mag, eine künstlich gemachte und durch geschickte Arbeit schlau vorbereitete Sache. In diesem düsteren, abgelegenen und unwegsamen Erdenwinkel hatte der Priester ein wundervolles Element des Widerstands gefunden, eine Bevölkerung, die von Natur aus allen zentralen Einflüssen entgegen war. Dort, von den Frauen gut unterstützt, hatte er nach Gefallen langsam ein seltsames und einzigartiges Kunstwerk erschaffen können: eine Revolution gegen die Revolution, eine Republik gegen die Republik.

Der abgeschlossene, in seinem wilden Buschwald kurzsichtige Vendéer sah nichts von der Bewegung, die um ihn her vorging. Hätte er sie einen Augenblick wahrgenommen, so wäre er entmutigt worden und hätte nicht losgeschlagen. Man hätte ihn hoch hinaufführen müssen, auf die Höhe eines Berges, und von da, seinen Blicken weiten Spielraum bietend, hätte man ihm dies wundersame Schauspiel zeigen müssen. Er hätte sich bekreuzigt, hätte geglaubt, das Jüngste Gericht sei nahe, er hätte gesagt: Dieses ist von Gott.

Das Schauspiel, das Frankreich seinen Blicken geboten hätte, es war wie ein gewaltiger Wirbelsturm, ein eilender, eifriger Kreislauf, Menschen und Güter, Sachen und Personen. Die Zollgrenzen zwischen den Provinzen, die Stadtzölle an den Stadttoren, die zahllosen Brückengelder, die Fährengelder – alle diese Grenzen des Ancien régime waren mit einem Schlag verschwunden. Die Zäune sanken, die Mauern stürzten, die alten Burgen taten sich auf. Die Dinge wie die Menschen hatten wieder Bewegung angenommen. Eine machtvolle Formel, die man allenthalben vernahm, beschwor sie, schien ihnen Leben zu geben: „Im Namen des Gesetzes!“ Von diesem Wort erweckt, bekamen die Liegenschaften

Schwingen. Schon flatterten zwei Milliarden der geistlichen Besitzungen in losen Blättern, in Gestalt von Assignaten, davon. Die zertrennten, aufgeteilten Güter boten sich den neuen Bedürfnissen eines ungeheuer zunehmenden Volkes dar. Überall Käufe und Verkäufe; man kaufte gern, man gab die Assignate leichter, als man Geld hingegeben hätte. Überall Eheschließungen (sie waren zahllos, wenigstens in den ersten Jahren der Revolution), und die Nation gab die Aussteuer. Sie gab die nationalen Güter, häufig für die Ernte des ersten Jahres; ein Haus, man bezahlte es lediglich mit dem Blei der Regentraufen; einen Wald, man bezahlte ihn mit dem ersten Holzschlag. Er sank, der alte Wald, und die zur selben Stunde besäte Lichtung würde der fröhlichen Brut, von der Erde und der Sonne der Revolution geboren, das Korn liefern.

Nie wurde eine große Bewegung von einer friedlicheren Seele durchgeführt, frei von Skrupeln und mit beruhigtem Gewissen. Nie fühlten sich Gewalt und Kraft so vom Rechte unterstützt. Der Einspruch der Frau hatte auf den Mann keine Wirkung. Er stritt wenig mit ihr. Allen ihren Reden setzte er nur zwei Worte entgegen.

Sieghafte Worte, die für ihn die Frage erledigten.

Das erste diente ihm für die geistlichen Güter, die Besitzungen der Prälaten, der Domherren und Mönche. Das Wort hieß: „Nichtstuer!"

Das zweite diente ihm für die den Herren schuldigen Renten und Rechte, später für die Güter der Emigranten. Das Wort hieß: „Feudal!"

„Das ist Feudalgut", sagte er. Dieses allmächtige Wort beruhigte sein Gewissen.

Selbst die Kirchengüter erschienen ihm, nicht ohne Grund, von Lehnsrechten befleckt. Wie sollte man anders darüber urteilen, wenn man im Palast des Bischofs, des Abtes, wie im Laienschloß den Bannofen, die Presse, den Pranger, das Halseisen, den Galgen, den ganzen Apparat der alten Rechtsprechung gewahrte? Wenn sie die Feudalrechte nicht wirklich ausübten, so erhoben sie sie in Geld.

„Feudal", dies Wort hatte der Bauer unablässig im Munde und in den Gedanken. Er wußte nichts von seiner Wissenschaft, noch von seiner Geschichte, aber er erfaßte instinktmäßig seinen Sinn. Die zwanzig oder dreißig Generationen, die auf der Folter starben, von denen kein Denkmal, keine Überlieferung sprach, hatten dennoch ihren Söhnen ein Testament hinterlassen, das Testament eines Wortes, das, gut behütet, für ihn ein unfehlbares Pfand zu dereinstiger Genugtuung sein mußte. Der freie Ackerbauer der alten Zeiten, durch Gewalt oder List seiner Freiheit beraubt, wurde besitzlos und rechtlos.

Dieses Wort, das achthundert Jahre lang mit leiser Stimme geraunt wurde, damit es nicht der Vergessenheit verfalle, das Wort, das 1789 lauter als der Donner erdröhnte, das Wort, das im Französischen Gewalt, Tyrannei, Ungerechtigkeit bedeutet, es ist das Wort: „Feudal".

Auf alle Einwürfe, die ihr dem Bauern machen könntet, was ihr ihm auch an Rechtstiteln und Akten vorlegen könntet, er schüttelte den Kopf, er sagte: „Feudal".

Die Konstituierende Versammlung und ihre Gesetzgeber hatten eine sehr wichtige Frage des Altertums und des Rechts leichtsinnig entschieden. Sie hatten vorausgesetzt, daß ursprünglich der Herr allen Boden besessen habe, und daß er für diesen Dienst, für jenen Zins diesem oder jenem gnädig von seinem Grundbesitz abgegeben habe. Sie sahen den Ursprung alles Besitzes in der Abtretung von Lehen. Sie leugneten die freien Anfänge des Besitzes, ließen die Vorfahren unbeachtet. Wer wüßte nicht, daß die Dinge sich ebensooft gerade umgekehrt abgespielt hatten? Daß es im Gegenteil der freie, der schwache, der kleine und arme Grundbesitzer war, der durch tausend Unannehmlichkeiten genötigt wurde, sich, wie man sagte, seinem mächtigen Nachbar „anzuempfehlen", seinen eigenen Grund gegen Zins zu übernehmen, dem Herrn den Besitz zu geben, um wenigstens die Nutznießung zu behalten?

„Du bist frei, guter Mann, der Boden auch, und die Familie auch, wir nehmen dir nichts. Nur, beachte es wohl! Die freie Erde inmitten der Lehen hat die sonderbare Eigentümlichkeit, daß sie nichts mehr hervorbringt. Wir nehmen dir nichts. Nur werden deine Nachbarn als gute Nachbarn diesem Boden ihren Besuch abstatten; die Pferde, die Hunde des Herrn werden nach Gefallen darauf herumlaufen; es ist näher zum Wald. Die Pagen des Herrn sind lustig; sie werden deinen Kühen den Schwanz anzünden, ohne Bosheit, nur um zu lachen. Deine Tochter im Feld, sie werden sie nehmen, nicht um ihr Böses anzutun, nur um zu lachen; am andern Tag bringen sie sie wieder ... Als alles das ihm zugestoßen war, als er die Leiden des Leibeigenen alle erduldet hatte, da kam denn dieser freie Mann freiwillig und nicht ohne Tränen und legte seine Hände in die des Herrn: „Gnädiger Herr, ich gebe dir mein Vertrauen, meine Erde, alles was ich habe, ich verliere es, biete es Euch an und gebe es hin. Von nun an ist es Euer, und ich habe es von Euch ..." Da haben wir den freien Vertrag aus der guten alten Feudalzeit.

Das Grauenhafte dieses Vertrages war, daß diese so gegebene und unterjochte Erde statt das Geschick des Eigentümers zu erleichtern, ihn selber ins Joch brachte, und dafür, daß er seinen Grund hergegeben hatte, fand es sich, daß er seinen Leib gegeben hatte und den der Seinigen! Lauter Leibeigene! ... Dies ist nicht bildlich gesprochen, was man auch anderes gesagt hat! Frau und Tochter des Leibeigenen bezahlten wörtlich mit ihrem Leibe, selten an den Herrn, häufiger an den Verwalter, an die Beamten des Verwalters, an die Diener dieser Beamten; eine Reihe endloser Demütigungen.

Ein Bedenken hält mich hier auf. Wie könnte ich gerecht gegen die Revolution sein, wie das wirkliche Verständnis für sie wecken, wenn ich nicht vorher das Mittelalter schilderte, diese Schreckenszeit von tausend Jahren! ... Und dennoch kann ich es nicht. Man kann das Mittelalter nicht kurz zusammenfassen. Sein Wesentliches ist seine furchtbare Länge, und es kurz fassen, heißt gar nichts darüber sagen.

Wenn ich nicht auseinandergesetzt habe, wie im Mittelalter die Knechtung der Erde die Person knechtete, so kann ich nicht verständlich machen, wie die Befreiung der Person in der Revolution die Befreiung der Erde mit sich brachte. Denn sie wurde 1789 befreit. Sie wurde damals den Händen des Feudalherrn genommen, dessen, der sich den „Mann des Degens" nannte, den Sohn der Eroberung, dessen, der in der Erde eine Beute sah, eine Sache für den Gebrauch, den Mißbrauch. Und sie ging über in die Hände des „Mannes der Erde", dessen, der von sich weiter nichts weiß, als daß er von ihr geboren wurde, daß er stets mit der Erde verwachsen war.

Diese Ehe der Erde und des Mannes, der die Erde bebaute, war die Haupttat der Revolution. Die Geschichte, Aufzeichnungen und Memoiren sagen fast nichts darüber. Und diese Tat war doch alles.

Er war mit ganzer Seele und ganzem Herzen in sie eingedrungen, und sie waren ein Wesen. Das Einssein von Mann und Erde, dieses furchtbare Mysterium, das sich in Frankreich vollzog, machte aus dieser Erde eine geheiligte, unangreifbare Erde; wer sie entweihte, dem brachte es sicheren Tod. Die Kriegsfrage war von vornherein gelöst. Frankreich war zu stark für die Welt.

NEUNTES KAPITEL

Der Konvent
Die Gironde und die Montagne
(September–Oktober 1792)

Spaltungen des Konvents. – Sie sind Frankreichs größte Gefahr. – Gegenseitige ungerechte Anklagen der beiden Parteien. – Mißtrauen zwischen Paris und den Departements. – Eröffnung des Konvents (21. September 1792). – Der Konvent stützt im allgemeinen zunächst die Rechte (September–Oktober 1792). – Danton fordert, daß man den Besitz verbürgt. – Abschaffung des Königtums. – Erster Gegensatz zwischen Danton und der Gironde über die Tüchtigkeit des Volkes (22. September 1792). – Gegenseitige Beschuldigung der Zerrüttung und Zerstückelung (23. September). – Verteidigungsrede Dantons, seine friedliebenden Ratschläge (25. September 1792). – Verteidigungsrede Robespierres. – Verteidigungsrede Marats. – Verteidigungsrede der Kommune, welche das Auftreten der Männer im September mißbilligt.

Frankreich, wiederholen wir es, war zu stark für die Welt. Wenn aber Frankreich sich selber angriff, war es dann stark genug?

Gewiß, die Nation, die mit einem Schlage eine Million Besitzende schuf, die drei Millionen Nationalgarden unter die Waffen rief, die mit einem Kapital von zehn Milliarden kämpfte, konnte Europas spotten.

Der feindliche Einfall war nicht die Hauptgefahr.

Auch der König nicht mehr, wenigstens nicht in diesem Augenblick.

Er hatte sich seit 1791 selbst als Lügner erklärt und hingestellt, durch seine eigene Erklärung von Varennes sich seiner Weihe beraubt: „Ein König lügt nie." Frankreich hielt ihn 1792 für einen Verräter, Mitschuldigen des Feindes. Es war in der überwiegenden Majorität wenn nicht republikanisch so wenigstens antiroyalistisch aus Zorn und Entrüstung. Gestürzt und verachtet lag der König am Boden, es sei denn, daß die Revolution selber ihn durchs Schafott wiederaufrichtete.

Frankreich hatte nur eine wirkliche Gefahr, das war die Spaltung. Die religiöse Spaltung im Westen, der Krieg der Priester, die das Volk gegen das Volk bewaffneten.

Die politische Spaltung im Schoß des Konvents, zwischen den Republikanern. Dieses Konzil, das zusammenberufen war, um Frankreichs Einigkeit zu sichern, indem es sein neues Bekenntnis vorschrieb, wurde zu allererst durch Uneinigkeit und Irrlehre gewaltsam zerrissen.

Wo war Frankreichs Herz, wenn nicht im Konvent? Und was würde aus dem Leben eines jeden Wesens werden, wenn im Herzen selbst, im Mittelpunkt der

Lebenseinheit, aus einem Wesen zwei entständen? ... Kein Übel grenzt näher an den Tod als dieses.

Selbst vor seinem Bestehen war er schon geteilt. Er wurde erst am 21. September eröffnet, und an den vorhergehenden Tagen, als die Repräsentanten in Paris eintrafen, begannen sie einander Bezeichnungen wie „Royalisten" und „Septemberleute" zuzuschleudern. Von der zukünftigen Linken zur zukünftigen Rechten flatterten schon diese tödlichen Benennungen. Schon konnte man im Geiste den unüberbrückbaren Blutstrom sehen, der im Konvent fließen würde, um die beiden Seiten zu trennen. Vergeblich streckte Danton von der Montagne zu der Gironde mehr als einmal seine große Hand im Namen des Vaterlandes aus. Die Girondisten zwangen Danton sie zu stürzen, sie an Robespierre auszuliefern, der Danton mitriß und von ihm mitgerissen wurde, und die Republik mit ihnen.

Alle diese furchtbaren Ereignisse überstürzten einander mit der Wucht und unheilvollen Hast eines Steines, der in den Abgrund rollt. Eine Pause von kaum vier Monaten trennt jede einzelne dieser Umwälzungen, die bei normalem Verlauf der Dinge ein Zeitalter gebildet hätten.

Aber alle diese Beschuldigungen waren gleichermaßen falsch:

Die Girondisten waren keine Royalisten. Als Gründer der Republik trugen sie diese im Herzen. Es war ihr Glaube, ihre Hoffnung und ihr Gott. Sie hat sie nicht im Stich gelassen, die Republik, in ihrer letzten Prüfung; sie schützte sie an ihrem letzten Tage, und sie war mit ihnen auf dem unheilvollen Karren zwischen der Conciergerie und der Place de la Révolution. Und ihr letzter Gedanke unter dem Messer war nicht für sich, sondern für sie.

Die Montagnards haben nicht den September gemacht. Ausgenommen Marat und zwei oder drei andere, hat kein Mann der Linken teil daran gehabt.

Diese Partei, in der alle die gewalttätigsten Patrioten saßen, umfaßt dennoch die besten Freunde der Menschheit. Die Carnot, die Cambon, die Merlin, die Thionville, die Prieur und viele andere waren keine blutdürstigen Männer. Die große Mehrheit der Linken mißbilligte den September, urteilte aber, daß die Bestrafung dafür gefährlich, unmöglich sei. Die, welche wie Danton wußten, auf welchem Vulkan der Verschwörung Frankreich saß, vom Einfall des Feindes gar nicht zu reden, waren der Meinung, es könne sich in solchem Augenblick nicht reinigen, verurteilen, strafen, ohne sich zu verlieren; eine um so vernünftigere Ansicht, als durch einen beklagenswerten Irrtum die Provinzen ganz Paris beschuldigten: wer ihnen geglaubt hätte, hätte Paris verurteilt. Danton und die Montagne nahmen das Verbrechen auf ihre Rechnung, sie sagten kühn zur Rechten: „Sprecht nicht mehr davon, wir haben es getan ..."

Die neuen Volksvertreter brachten aus ihren Departements das Grauen von den Septembertagen mit. Die Erzählungen von dem traurigen Ereignis, mit abenteuerlichen Einzelheiten ausgeschmückt, war von den Feinden der Revolution verbreitet und von den Provinzialen eifrig aufgegriffen worden. Ihr Neid auf Paris stimmte sie stets gläubig. Sie glaubten ohne weiteres an die zwölftausend Toten, die von den Royalisten in ihren Romanen angegeben wurden. Alle Ankommenden wurden von führenden Beamten von Gefängnis zu Gefängnis geleitet; man zeigte ihnen in der Abbaye (zeigte es meinem Vater wie den anderen Provinzialen) eine Blutspur in zwölf Fuß Höhe. Das Blut sei bis in das erste Stockwerk hinaufgestiegen, sagte man. Dieselbe Übertreibung hinsichtlich der Anzahl der Mörder. Die einen sagten zehntausend, andere hunderttausend usw. Die gesamte Hauptstadt habe sich an der Metzelei beteiligt. Nicht ohne Entsetzen kamen die Konventsmitglieder in Paris an, betraten sie die blutrünstige Stadt; alles erschien ihnen düster und in Trauer.

Die Mehrzahl dieser neuen Volksvertreter kam mit besorgter Seele, unsicher, den ersten Eindrücken zugänglich. Der Konvent war unter der Wucht der Septemberereignisse, unter ganz Frankreichs Erregung darüber gewählt worden. Er ging aus dem Bürgertum hervor. Es gab sogar unter den Gewählten einige Adlige, was beweist, daß man in demokratischer Anschauung die Dienstboten zur Stimmenabgabe aufrief. Davon abgesehen, waren die Konventsmitglieder kleine Bürger, Mediziner, Anwälte, Lehrer, Schriftsteller, Kaufleute usw. Es gab nur einen Arbeiter aus Reims, einen Wollkämmer. Diese Bürger waren gute Staatsbürger, Freunde der Rechtschaffenheit, der Menschlichkeit und der Volkswohlfahrt, bei weitem nicht so gewalttätig, wie man gesagt hat.

Von siebenhundertfünfundvierzig Mitgliedern, die der Konvent zählte, waren fünfhundert weder Girondisten noch Montagnards; die Gironde erweckte ihre Mißgunst, die Montagne ihr Entsetzen. Es war offenbar, daß die Majorität, die Gewalt denen gehören würde, die diese schwankende Masse von fünfhundert Volksvertretern mitzureißen vermöchte, die der Zahl nach so ziemlich den Konvent selbst bedeuteten. Ihre natürliche Mäßigung und ihr Grauen vor den Septemberdingen gab ihnen eine Neigung nach rechts, ein größeres Entsetzen aber könnte ihre Stimmen der Linken zuführen.

Ihr Vorurteil gegen Paris wurde nicht vermindert durch die ersten Eindrücke, die sie am gleichen Tage, als sie gemeinsam in Korporationen durch die Straßen zogen, von der Menge empfingen. Sie hörten auf ihrem Weg die seltsame und naive Äußerung: „Weshalb läßt man denn so viel Leute kommen, um Frankreich zu regieren? Gibt es nicht genug in Paris?“ Dieses zufällige Wort aus einfältigem Munde ging deshalb doch im Konvent um und befestigte viele seiner Mitglieder in der Annahme, daß Paris das Königtum anstrebe und König von Frankreich sein wolle.

Und diese falsche, ungerechte Vorstellung brachte die Pariser derart auf, daß sie eine ebenso ungerechte Anschuldigung gegen die Gironde und die Rechte aufbrachten, nämlich, daß sie die Republik zu einer einfachen Föderation herabsetzen wollten, ähnlich jener der Vereinigten Staaten, sie in Republiken von Marseille, von Bordeaux, von Calvados usw. aufteilen, unsere schöne, kaum eingeführte Zentralisation zerstören, die Einheit Frankreichs zerbrechen, was soviel bedeutete, wie es vernichten.

Es gab auf beiden Seiten denselben guten Glauben. Die zwanzig Abgeordneten von Paris, welche die Montagne lenkten, die zwanzig bis fünfundzwanzig Girondisten, welche die Rechte lenkten, glaubten diese Dinge und machten, daß sie von allen geglaubt wurden. Sie bemächtigten sich vom ersten Tage an gewaltsam der Arena, rissen den Konvent mit fort, verbrauchten, erschöpften ihn in diesem verhängnisvollen Streit. So viel Ansprachen, so viel Anstrengungen, so viel fürchterliche Tage und finstere Nächte, der entsetzliche Kampf, der ganz Frankreich umfaßte, alles läßt sich auf eine kurze Formel, einen einfachen Dialog zurückführen:

Die Gironde an die Montagne, an die Abordnung von Paris, an Danton und Robespierre: „Ihr wollt die soziale Auflösung, damit die maßlose Verwirrung den Wunsch nach der Diktatur erweckt."

Die Montagne an die Gironde, an Brissot, Vergniaud, Roland: „Ihr wollt die Zergliederung Frankreichs in mehrere föderierte Republiken, damit der Bürgerkrieg die Wiedereinsetzung des Königtums notwendig macht."

Irrtum auf beiden Seiten, Irrtum, tiefe Ungerechtigkeit. Wenn die Montagnards den revolutionären Antrieb, der allein Frankreich retten konnte, durch kein Hindernis getrennt sehen wollten, so waren sie deshalb noch keine Anarchisten; sie wollten eine starke Regierung, eine kraftvolle Republik und Gesetze, die befolgt wurden. Ebensowenig dachten die Girondisten, die später in ihren Departements einen Stützpunkt zur Verteidigung der Rechte ihrer Auftraggeber, des in ihrer Person entweihten Konvents suchten, damals daran. Weder damals noch später war irgendeiner von ihnen Narr genug, um auf eine Zerstückelung Frankreichs zu sinnen. Die einen wie die anderen waren ausgezeichnete Staatsbürger, die für die Einigkeit des Vaterlandes hundertmal in den Tod gegangen wären.

Nun also wird die Nationalversammlung im kleinen Saal der Tuilerien, der früher dem Theater gedient hatte, zusammentreten.

Dieses kleine Hoftheater wird eine Welt umfassen, eine Welt höllischer Stürme, den Konvent.

Und je beengter die Arena ist, um so wütender, um so unversöhnlicher und erbitterter sind die Kämpfe. Alle litten vom ersten Tage, vom ersten Augenblicke an darunter, einander so nahe zu sein. Der kleine Raum, der die Todfeinde trennte, erlaubte keinem Wort, keinem feindlichen Blick, sich unterwegs abzuschwächen. Die einen wie die anderen wurden von lebhaften Angriffen auf der Stelle niedergedonnert. Selbst in den Zeiten des Waffenstillstands herrschte die ungesunde Luft des Hasses hier im Saal.

Diese von vornherein so entzweite Versammlung hatte dennoch ein einheitliches Prinzip, das nämliche, aus dem sie hervorgegangen war. Das Prinzip des 10. August. Er brachte folgenden Gedanken: Daß Frankreich endgültig majorenn sei; daß sein alter Vormund, das Königtum, auf immer gestürzt sei, als Mitschuldiger des Feindes; daß jeder König unmöglich sei, daß es keinen anderen König gebe als das Volk.

Darüber war nicht zu verhandeln. Der Konvent war sich bewußt, aus welch schrecklichem Ereignis er hervorging, welch ein Vulkan von Wut ihn nach Paris geworfen hatte. Wieviel Gewalt ihm auch verliehen war, er verfiel nicht auf den gefährlichen Gedanken, sich souverän zu erklären; er verkündete bescheiden, daß er dem Volke nicht eine Verfassung auferlege, sondern sie vorschlage.

Alles, was auch nur entfernt dem Königtum gleichen konnte, würde das nationale Empfinden heftig entflammt haben. Der Konvent lehnte voll Verachtung Manuels albernen Vorschlag ab, dem Präsidenten der Versammlung sozusagen königliche Ehren zu verleihen. Er begrüßte diese Worte eines seiner Mitglieder mit Beifall: „Frankreich hat bereits seinen Willen kundgetan, indem es zweihundert Mitglieder der Gesetzgebenden Versammlung hierher gesandt hat, die geschworen haben, die Könige und das Königtum zu bekämpfen ... Nein, es wird keinen Präsidenten von Frankreich geben!"

Der von der Versammlung erwählte Präsident war Pétion. Sekretäre wurden zwei Verfassungstreue, Camus und Rabaut-Saint-Etienne, die Girondisten Brissot, Vergniaud, Lasource und Condorcet, Freund der Gironde.

Nicht ein Mann der Linken. Die Versammlung hatte alle von rechts gewählt. Diese Wahlen waren ersichtlich vom Entsetzen der Septembertage diktiert, dem Widerwillen gegen alle, welche den Septembermördern Nachsicht gezeigt hatten. Diese zweifellos achtenswerte Empfindung hätte dennoch (in der äußersten Krisis, in der Frankreich sich befand, da man noch nicht einmal den Sieg von Valmy hatte), hätte dem noch ernsteren Interesse der nationalen Wohlfahrt untergeordnet werden müssen. War die Wohlfahrt möglich, ohne die willensstarke Schar von Montagne? War sie es, ohne die Mithilfe der beiden Führer der Montagne, Robespierre und Danton? Robespierre, die große moralische Autorität der unzähligen jakobinischen Gesellschaften; Danton, die große Kraft, das politische Genie, der in seinen geschickten Händen gleichzeitig die Fäden der Diplomatie und dic dcr Polizci hiclt, cincrscits die Verhandlungen führend für den Rückzug der Preußen, anderseits die royalistischen Umtriebe im Süden und in der Bretagne aufdeckend.

Die große Masse des Konvents sah das nicht. Sie wurde von der Erinnerung an das furchtbare Ereignis beherrscht, von der Hochachtung, welche die Gironde einflößte, von der Eifersucht auf Paris und die Abordnung von Paris und von dem Abscheu, dem nervösen Schauder, den die Montagne ihr einflößte. In einer unwillkürlichen Bewegung und ohne sich Rechenschaft zu geben, neigte sich das Zentrum nach rechts. Von da blickte es unersättlich und wie fasziniert auf diese schreckliche Montagne, konnte die Augen nicht davon abwenden. Es sah dort auf den Bänken die berühmte Kommune in ihren gewalttätigsten Mitgliedern, ihr Überwachungskomitee, traurigen Angedenkens. Die Führer der Montagne waren nicht geschaffen, beruhigend zu wirken. Das inquisitorische, kränkliche Antlitz Robespierres, der seine matten blinzelnden Augen hinter einer Brille verbarg, war von absonderlicher Sphinxhaftigkeit, man mußte unwillkürlich und unablässig hinsehen und litt darunter, daß man hinsah. Danton, den Mund schief gezogen, halb Mann, halb Stier, verwirrte die Herzen mit seiner tragischen Maske; was er sagen oder tun mochte, seine Stimme, seine Haltung glichen der eines Tyrannen. Diese düstere Gruppe, darin jede heftige Leidenschaft vertreten war, trug gewissermaßen als sonderbare Krönung eine schreckliche und lächerliche Erscheinung, das Haupt Marats. Seiner Höhle entschlüpft, in die kein Lichtstrahl drang, schien die seltsame Persönlichkeit mit dem ledergelben Antlitz nicht von dieser Welt zu sein. Er sah wohl das Erstaunen der Einfältigen, und er freute sich dazu. Die Nase hoch aufgeworfen, selbstgefällig, die Volkstümlichkeit mit vollen Zügen schlürfend, die Lippen matt und als wollten sie erbrechen,[1] waren in der Tat bereit, nach Gutdünken Kränkungen und falsche Nachrichten auszuspeien, so flößte er Ekel und Entrüstung ein und reizte zum Lachen. Doch über der ganzen seltsamen Gruppe glaubte man das Wort „September" zu lesen, und man lachte nicht mehr.

Robespierre und Danton fühlten vollkommen, daß man so bald als möglich die unsichere Masse des Konvents beruhigen, die Beschuldigungen der Tyrannei und Diktatur, die gegen sie umliefen, zurückweisen müsse. Nichts hatte so sehr zur Festigung dieser Gerüchte beigetragen, als die Worte Marats, der unablässig eine Diktatur verlangte. Mehrere der Montagnards neigten zu dem Glauben, Frankreich sei tatsächlich nur durch die Einheitlichkeit der Gewalt zu retten, die für kurze Zeit in einer Hand vereinigt werden müsse. Gegen die Diktatur, das Tribunat, das Triumvirat reden, hieß gegen Marat reden, ihn abtun, sich von ihm lossagen. In einer Frage von dem „Mann des September" abrücken, war gerade jetzt eine geschickte Sache, die der Montagne einen Teil des Konvents näherbringen konnte.

[1] Diese Lippen drücken wundervoll aus, mit welcher gemeinen Mühelosigkeit die Überfülle ekler und schmutziger Wasser darüber hinströmten. Das ausgezeichnete Porträt von Boze (Sammlung Saint-Albin) gibt diesen wesentlichen Zug des unerschöpflichen Zeitungsschreibers wieder. Man findet ihn nicht mehr in dem großen (im übrigen prächtigen) Kupferstich, der nach dem Bilde von Boze gemacht worden ist. – Die sonderbare Unregelmäßigkeit in Marats Zügen wie in seinen Ideen kommt nicht nur von seiner persönlichen Überspanntheit, sondern wohl auch von der wunderlichen, ganz unvereinbaren Rassenmischung, die sich in ihm fand.

Robespierre tat es mit äußerster Vorsicht, mit ungemeiner Schonung für die Maratisten. Er redete nicht selbst, sondern durch Vermittlung seines jungen Freundes, seines Schülers, des lahmen Couthon, der neben ihm saß und der vor den Augen aller seine Anregungen empfing. Couthon beantragte, dem Königtum Haß zu schwören, Haß der Diktatur, jeder persönlichen Macht.

Danton redete selbst und entledigte sich des Amtes eines Justizministers. „Ehe ich meine Meinung äußere über das, was die Nationalversammlung als erste Tat zu tun hat, sei es mir erlaubt, in ihrer Mitte die Funktionen niederzulegen, die mir durch die Gesetzgebende Versammlung übertragen worden waren. Ich habe sie beim Kanonendonner empfangen. Jetzt ist die Vereinigung der Heere vollzogen, die Vereinigung der Volksvertreter ist geschehen, ich bin nur noch ein Bevollmächtigter des Volkes, und in dieser Eigenschaft ist es, daß ich reden will ... Es kann keine Verfassung geben als die, welche wortwörtlich und ausdrücklich von der Majorität der Urwählerversammlung angenommen wird. Dieses nichtige Phantom der Diktatur, mit dem man das Volk erschrecken wollte, zerstören wir es. Geben wir die Erklärung ab, daß es nur die Verfassung gibt, die von ihm selbst angenommen worden ist. Bisher hat man es aufgereizt, man mußte es gegen die Tyrannen erwecken. Nun, da die Gesetze ebenso schrecklich mit denen verfahren, die sie verletzen, wie das Volk es war, als es die Tyrannei zerschmetterte; da es alle Schuldigen bestraft ... schwören wir die Übertreibung ab, erklären wir, daß jeder territoriale und industrielle Besitz für alle Zeit aufrechterhalten werden soll."

Ein großes, für Dantons Lage geschicktes Wort, das aber der allgemeinen Lage wundervoll entsprach.

Frankreich war beunruhigt, und die Unruhe nach den Septembermorden war nicht, wie man annehmen konnte, die Besorgnis, ermordet zu werden. Die Gewalt gegen Personen hätte nur eine kleine Anzahl bedroht. Die allgemeine Angst betraf weniger die Sicherheit der Person als die des Besitzes.

Paris fürchtete. Die Pariser Händler hatten gewiß die Metzelei der Adligen mit Schmerz gesehen; aber die am hellen Tage auf den Boulevards begangenen Räubereien machten viel mehr Eindruck auf sie. Der Gewürzkrämer breitete nur zitternd seine Waren aus.

Frankreich fürchtete. Bei dieser ungeheuren Verschiebung des Besitzes, die vom Gesetz gestattet, befohlen war, ereigneten sich tausend Zufälle, die das Gesetz nicht anordnete. War die Unverletzlichkeit des Feudalbesitzes einmal gefallen, waren die alten Mauern gesunken und die Zäune geöffnet, so verloren viele die Achtung vor den Einfriedigungen, die Gewissenhaftigkeit den Grenzen gegenüber; der Graben gebot kein Halt mehr, Grenzstein und Wegweiser wurden von den Passanten weniger beachtet.

Und nicht nur der alte Besitzer war besorgt, der neue fürchtete auch schon. Der Bauer, Käufer von gestern, der noch nicht einmal bezahlt hatte, kaum Besitzer war, war bereits ein glühender Hüter des Besitzes, sein besorgter Verteidiger. Schon sah man ihn morgens und abends auf seinem Acker, mit der Flinte die Runde machend.

Man darf sich keiner Täuschung hingeben, ein Wort Dantons gegen den Besitz, eine unvorsichtige Schwätzerei konnte in einem einzigen Augenblick der Revolution Millionen Feinde schaffen.

Alle wollten sie den Besitz und wollten ihn geheiligt wissen, selbst die, welche ihn noch nicht hatten. Sie rechneten darauf, ihn morgen zu haben.

Das war der Gedanke der Revolution: Daß alle Eigentümer würden – leicht, indem sie wenig zahlten, gerecht und dauerhaft, indem sie mit ihrer Arbeit und ihren Ersparnissen zahlten. Das Eigentum, das uns umsonst, wie im Schlafe, zufliegt, entflieht auch wie ein Traum. Daher schenkte die Revolution nicht, sie verkaufte. Sie verlangte vom Manne, durch Anstrengung und Tätigkeit zu beweisen, daß er Mann und des Besitzes würdig sei. Derart erworben ist das Eigentum geheiligt, von Bestand wie der Wille und die Arbeit, deren Frucht es ist.

Die Konstituierende und die Gesetzgebende hatten die Freiheit begonnen. Aber die Freiheit ist nur sicher im Besitz ihres natürlichen Schutzes, des Eigentums. Das mußte das Werk des Konvents sein, wäre es ohne unsere entsetzliche Uneinigkeit gewesen: das Eigentum für alle begründen, den heimischen Herd des Armen, das Nest für die Familie. Die zwei Anträge Dantons waren von weittragender Bedeutung. Sie bestimmten den Weg, den die Revolution durchlaufen sollte. Sie selbst war es, die in dem furchtbaren Umsturz aller Dinge ihr Prinzip aufstellte, ihre Grenze festlegte; ihr Prinzip, das Recht des Menschen zur freien Selbstbestimmung; ihre Grenze, das Recht des Menschen, die Früchte seiner freien Betätigung für sich zu behalten.

Zwischen der Freiheit und dem Besitz bestand kein ernstlicher Widerspruch, da der Besitz nichts als die Bestätigung der freien Tätigkeit war. Und dennoch bildete der scheinbare Gegensatz dieser Ideen die Gefahr für Frankreich, schuf zwei Parteien. Die fürchtete für die Freiheit, jene für den Besitz. Diese zwei Gedanken trennten durch ein unheilvolles Mißverständnis Frankreich und den Konvent. Danton beantragte am ersten Tage, diese Einigkeit in einer einfachen Formel festzusetzen, die den Frieden enthalte. Und diese, den aufgebrachten Parteien dargebotene Friedensformel erhielt besondere Kraft im Munde dessen, der sie aussprach. Es war der Mann, den man für den Sturm an sich und die Triebkraft des Orkans hielt, der in dem Moment, da das Schiff ins Meer zurückgeschleudert wurde, erschien, um die zwei unwiderstehlichen Anker, an denen Frankreich sich hielt, im Granit festzumachen. Die Parteien formen sich im nämlichen Augenblick. Zwei Einsprüche erhoben sich im entgegengesetzten Sinne.

Auf der Linken sagte der finanzielle Diktator der Revolution, Cambon, er hätte es lieber gesehen, wenn Danton sich bei seinem ersten Antrag begnügt und das Recht des Volkes aufgestellt hätte, über seine Verfassung zu beschließen. Cambon, der keineswegs ein systematischer Feind des Eigentums war, wollte zweifellos bei der allgemeinen Gefahr, daß das Volk stets das Recht habe, diese Sache zum allgemeinen Wohl regeln. In der Tat, was half es, daß das Eigentum bestehen blieb, wenn die Person zugrunde ging? Er entsann sich des so gerechten Ausspruchs Dantons: „Wenn das Vaterland in Gefahr ist, gehört alles dem Vaterland."

Auf der rechten Seite des Hauses, bei der sogenannten Gironde, ergab sich der entgegengesetzte Grundsatz. Der Girondist Lasource behauptete, daß Danton mit seiner Forderung der Unantastbarkeitserklärung des Eigentums dieses bloßstelle. Daran rühren, selbst um ihm Sicherheit zu verleihen, bedeutete für ihn, es erschüttern. Das Eigentum, sagte er, steht außerhalb aller Gesetze.

Der Konvent beschloß die beiden Anträge Dantons, doch unter folgender Form (ohne sich bei dem zweiten über das Recht des Eigentums auszulassen): Erstens, es kann nur dann eine Verfassung geben, wenn sie vom Volke angenommen wird; zweitens, die Sicherheit der Personen und des Eigentums untersteht dem Schutz der Nation.

„Das ist nicht alles", sagte Manuel, „Sie haben der Oberhoheit des wahren Herrschers, des Volkes, die Weihe verliehen; man muß es von seinem Nebenbuhler, dem falschen Herrscher, befreien."

Als ein Abgeordneter einwarf, daß allein das Volk darüber zu urteilen habe, sagte Grégoire mit eifernder Begeisterung: „Sicherlich wird keiner je den Vorschlag machen, das unheilvolle Geschlecht der Könige in Frankreich aufrechterhalten zu wollen. Wir wissen zu gut, daß alle Dynastien stets nur unersättliche Geschlechter gewesen sind, die von Menschenfleisch zehrten. Aber man muß den Freunden der Freiheit vollkommene Sicherheit geben. Man muß diesen Talisman vernichten, dessen Zauberkraft geeignet wäre, noch viele Menschen zu verblüffen. Ich beantrage also, daß Sie durch ein feierliches Gesetz die Abschaffung des Königtums bestätigen."

Der Montagnard Bazire wollte, man solle nichts übereilen, solle den Wunsch des Volkes abwarten. Er bot Grégoire eine schöne Gelegenheit, seinen eigentlichen Gedanken bis aufs letzte auszudrücken. Die Größe der Empfindung entzwang seinem Herzen, was sein Geist niemals gefunden hätte, den absonderlichen Ausspruch, der die Frage erledigte: „Der König ist in der sittlichen Ordnung der Dinge dasselbe, was in der leiblichen das Monstrum ist."

Das Königtum ward abgeschafft. Die, welche als erste, im Konvent eintretend, die frohe Botschaft vernahmen, waren junge Freiwillige, die am anderen Tage fortzogen. Sie verfielen in Begeisterungsraserei, dankten dem Konvent und stürzten ganz außer sich davon, um die Neuigkeit im Volke zu verbreiten. Alle Welt empfand so gut, daß der König das Hemmnis war, die Gefahr der Lage, daß eine Unmenge dem Königtum im übrigen wohlgesinnte Leute die allgemeine Freude teilten. Der Kredit hob sich, die Bank bekundete durch die Hausse der Staatspapiere, daß sie die Lage für gefestigt halte durch die freie Darlegung dessen, was ebensosehr ein Faktum wie ein Prinzip war. In der Tat regierte Frankreich sich seit mehr als einem Jahre selber.

Die ausdrückliche Abschaffung des Königtums hatte auch noch das Gute, daß sie nicht allein den entthronten König, sondern den möglichen kommenden König traf. War der Herzog von Orléans dieser König? Zum Mitglied des Konvents erwählt, kam er gerade recht, um mit den anderen für die Abschaffung des Königtums zu stimmen. Die Intriganten jedoch, Dumouriez und andere, ließen sich noch nicht abschrecken. In Ermangelung des Vaters wiesen sie auf den Sohn, wußten ihm bei Valmy, bei Jemappes Geltung zu verschaffen, unterließen nichts, um ihn zur Schau zu stellen.

In der zweiten Sitzung, in der beschlossen wurde, daß alle Verwaltungskörper, sowohl die Gemeinde- wie die Gerichtsverwaltungen, erneuert werden sollten, gab es eine glänzende Diskussion zwischen der Gironde und Danton über die Frage, ob der Richter notwendigerweise und ausschließlich aus den Juristen zu wählen sei. Die Girondisten, meistens Juristen, stellten sich auf diesen Standpunkt; sie bewiesen, daß trotz ihrer leuchtenden Gaben der tiefe Geist der Revolution nicht in ihnen war.

Eines vor allem ist bezeichnend für die Revolution, daß gegenüber dem unanfechtbaren Recht der Wissenschaft und der Überlegung, der Instinkt, die natürliche Eingebung, der klare Menschenverstand des Volkes ebenfalls ihr Recht haben. Dem Gelehrten, dem Priester, dem Juristen hat die Revolution den Menschen entgegengestellt, hat ihn auf gleiche Höhe mit ihnen erhoben. Dieser Mensch, den sie verachtet hatten, den das Christentum selber ihnen als ein beflecktes, ohnmächtiges, durch die Erbsünde in seiner Vernunft verdunkeltes Geschöpf unter die Füße gegeben hatte, der für immer geringer war als der Priester, dieser Mensch, zu dessen Vormund sich der Priester im Gesetz, der Jurist, aufwarf, wurde durch die Revolution mündig.

Danton, mit seinem derben Menschenverstand, stellte die Frage auf ihren wahren Boden.

„Die Juristen", sagte er, „waren wie die Priester, und wie diese betrogen sie das Volk."

Er fand sogar bei einem seiner Gegner Unterstützung, der zugab, daß zu wünschen sei, es gäbe in jedem Gerichtshof einen Nichtjuristen, der die Gesetze nicht kenne, und der die Schlichtheit einfachen natürlichen Menschenverstandes den Gewohnheiten der Rechtsgelehrten aufzwinge.

Thuriot hatte gewünscht, daß bei jedem Gerichtshof nur der Vorsitzende Jurist, alle anderen Mitglieder Laien seien.

Danton hatte die Frage auf eine hohe Grundlage gestellt, und er hielt sie auf dem Boden der praktischen Vernunft, in Anerkennung der Berechtigung der Wissenschaft und indem er sich hütete, diese anzutasten; er erklärte, er wolle nicht die Rechtsgelehrten ausmerzen, sondern die Staatsanwälte, die Prozeßstifter; daß es dem Volke ermöglicht werden müsse, bei einem Mangel an patriotisch gesinnten Juristen andere Bürger zu wählen.

Nach einer solchen Erläuterung mußten alle miteinander einig sein, und es gab keine Erörterungen mehr. Die Girondisten blieben hartnäckig; Vergniaud redete noch endlos und setzte durch, daß der im Prinzip angenommene Antrag hinsichtlich der Wege zu seiner Ausführung von einer Kommission geprüft werde.

Der derart auf spekulativem Gebiet begonnene Kampf brach gleichzeitig in der großen politischen Frage aus. Von Anfang an war es weniger eine Debatte als ein Zweikampf.

Brissot gab das Signal dazu in seiner Zeitung am 23. September, indem er sagte, es gebe im Konvent eine zerstörende Partei.

Die angeklagte Partei stellte Gegenbeschuldigungen auf; zunächst bei den Jakobinern. Chabot versicherte, die Girondisten wollten in Frankreich eine föderative Regierung einführen, die Republik zu einer einfachen Föderation herabdrücken, was ihre Zerstückelung bedeutet hätte. – Diese im Munde Chabots nicht allzu bedeutungsvolle Beschuldigung bekam sehr viel Gewicht, als sie am übernächsten Tage von Robespierre im Konvent wiedergegeben wurde.

Die Ungeschicklichkeit der Girondisten war hervorragend. Als Antwort auf diese Angriffe der Abordnung von Paris griffen sie Paris an, das wahrlich nicht in Frage kam.

Am 24. September ergriffen Kersaint, Buzot und Vergniaud die Gelegenheit neuer blutiger Szenen, die in Châlons stattgefunden hatten, und setzten beim Konvent durch, daß man Kommissare ernannte, die einen Gesetzentwurf gegen die Mordanstifter und für eine Departementswache, die man dem Konvent geben wollte, ausarbeiten sollten. Schon hatte Roland in einem Bericht auf der Notwendigkeit bestanden, den Konvent mit Soldaten zu umgeben.

Nichts war so unklug, wie ein solches Mißtrauen in Paris. Was ist Paris anderes, als Frankreich, eine aus allen Departements gemischte Bevölkerung? War diese Bevölkerung an den Septemberdingen schuld? Keineswegs, wie man gesehen hat. Wenn die Kommune die Metzelei veranlaßt oder geduldet hatte, wenn die Nationalgarde nichts hatte ausrichten können – wen traf da die Schuld? Die Nationalversammlung. Ihr, ihr allein lag es ob, die Kommune wie die Nationalgarde so zu organisieren, daß die öffentliche Ordnung gesichert war.

An Stelle der Gesetzgebenden mußte nun der Konvent es tun. Auf diese Frage, nicht auf die erbitternde Frage einer Departementswache hätte man die Erörterungen lenken sollen. Paris, das Haupt und das Herz Frankreichs verdächtigen, das war eine ungerechte, unvernünftige Sache. Man hätte im Gegenteil an Paris selbst appellieren, ihm Vertrauen zeigen sollen, das wahre Paris in die Lage versetzen sollen, reden und handeln zu können, die Kommune zurückhalten, wenn sie tyrannisch war, sie dem Konvent wieder in die Hand geben, die Einigkeit auf diese Weise wiederherstellen.

Der Konvent lief zu dieser Zeit keine Gefahr. Die junge Nationalversammlung wurde mit ungeheurer Hoffnung umgeben. Man rief nach ihr aus allem Unglück, man verließ sich auf sie, man glaubte an sie. Was fürchtete sie, da der große Agitator, der schreckliche Volkstribun, der künftige Diktator Danton gleich in der ersten Sitzung erschien und sich in ihre Hände gab, die Macht niederlegte? Um bessere Sicherheit zu geben, forderte er am 25. Todesstrafe für jeden, der sich zur Alleinherrschaft aufschwingen wolle.

Diese Sitzung glich einer geordneten Feldschlacht. Die Gironde griff heftig, planlos, mit viel Leidenschaft und wenig Geschick drei ganz verschiedene Männer an, die man in einen Topf zu tun beliebte: Danton, Robespierre, Marat. Man verschmolz sie als das voraussichtliche Triumvirat, wie Marat es im September und so oft schon gefordert hatte. Die Gironde kam bei dem Angriff zu Fall, vor allem, weil sie Paris hineingezogen hatte. Man glaubte wahrzunehmen, daß sie bei ihren heftigen Anklagen vor allem darauf ausgehe, die gewichtige Anordnung einer Departementswache davonzutragen, die den Konvent gegen die Erregungen von Paris schützen sollte.

Danton entgegnete von oben herab mit viel Größe, und gleichzeitig war seine Rede unendlich geschickt. Er verleugnete Marat und tat ihn beiseite, erinnerte an ihren Wortwechsel und den Drohbrief, den Marat ihm geschrieben hatte. Er stellte die Dinge wieder auf eine vernünftige Grundlage, nahm den allzu berühmten Volksfreund wenig ernst, verglich ihn mit einem durch seine Ausfälle lächerlichen royalistischen Pamphletisten, sagte, Marat sei „der Kronprätendent der Republik“ und gab zu verstehen, daß die Angriffe gegen ihn, sein Höhlenleben, ihm den Geist verwirrt haben mochten.

Seine Rede war im allgemeinen weniger eine Selbstverteidigung als ein Glaubensbekenntnis, bei dem er die Grundregeln festlegte. Man kann es so zusammenfassen: Tod der schlechten Einigkeit! Der Diktatur. Tod der schlechten Freiheit! Dem Lokal- und Departementsgeist, dem Geist der Trennung und Zerstückelung. – In diesem letzteren Punkt griff er (ohne Bitterkeit) die Gironde an und ließ die Ankläger fürchten, daß sie zu Angeklagten werden könnten.

„Das ist ein schöner Tag für die Nation, ein schöner Tag für die Republik, der eine brüderliche Auseinandersetzung zwischen uns herbeiführt. Wenn es einen entarteten Menschen gibt, der die Volksvertreter despotisch beherrschen will, so soll sein Kopf fallen, sowie er entlarvt ist. Man spricht von Diktatur, von Triumvirat. Diese Bezichtigung darf nicht unklar bleiben; wer sie vorgebracht hat, der muß sie näher bezeichnen, ich meinerseits will es tun ... Man darf nicht die gesamte Abordnung von Paris beschuldigen. Ebensowenig will ich versuchen, irgendeins ihrer Mitglieder zu rechtfertigen: Ich trete nur für mich ein ... Ich gehöre nicht Paris, ich bin aus einem Departement, auf das ich stets mit einer frohen Empfindung die Blicke lenke; keiner von uns gehört einem einzelnen Departement: er gehört ganz Frankreich. Möge diese Erörterung Frankreich von Nutzen sein. – Verhängen wir die Todesstrafe über jeden, der sich für die Diktatur oder das Triumvirat erklärt ... Man behauptet, es seien Leute unter uns, welche die Absicht haben, Frankreich zu zerstückeln; machen wir diese törichten Ideen verschwinden, indem wir gegen ihre Urheber die Todesstrafe aussprechen. Frankreich muß ein unteilbares Ganzes sein. Es muß Einheitlichkeit des Auftretens haben. Die Bürger Marseilles wollen den Bürgern Dünkirchens die Hand reichen. Ich beantrage also die Todesstrafe für jeden, der die Einheitlichkeit in Frankreich stören möchte, und ich schlage vor zu beschließen, daß der nationale Konvent als Grundlage der von ihm aufzustellenden Regierung die Einheitlichkeit des Auftretens und der Vollstreckung festsetzt. Die Österreicher werden nicht ohne Erbeben von dieser heiligen Harmonie vernehmen. Dann, ich schwöre es Ihnen, sind unsere Feinde tot.“

Robespierre sprach im gleichen Sinne, indem er wie gewöhnlich die Dienste aufzählte, die er so lange der Freiheit erwiesen habe; er versicherte, es sei in den Wahlmännerversammlungen niemals die Rede davon gewesen, das Eigentum anzutasten. Er betonte stark den Verdacht, daß eine Partei die Republik dazu herabdrücken wolle, „um ein Haufe verbündeter Republiken zu sein“. Schließlich, als er bemerkte, daß seine Rede von der Versammlung kühl aufgenommen wurde, wandte er sich anderswo hin, an das Volk auf den Tribünen, verneigte sich sozusagen vor der Menge.

Alles das wurde schlecht aufgenommen. Doch Robespierre wurde durch die unglaubliche Ungeschicklichkeit eines der nun folgenden Girondisten wieder erhoben.

Barbaroux erbot sich, für die Beschuldigung der Diktatur zu zeichnen, er erinnerte daran, daß man ihn hinsichtlich der Frage, Robespierre zum Diktator zu machen, auszuforschen versucht habe. Er griff die Kommune an, erklärte aber, gegen Paris selber hege er kein Mißtrauen. Immerhin riet er, die Stellvertreter des Konvents in einer Stadt zusammenzurufen, damit die Nationalversammlung bestehen bleibe, falls die Volksvertreter in Paris umkämen. Er verkündete ferner, daß Marseille zweihundert Reiter, achthundert Infanteristen sende, alles wohlhabende junge Leute, deren jedem ihre Väter außer den Pferden und Waffen ein Assignat auf fünfhundert Franken mitgegeben habe. Was konnte gefährlicher sein, als eine doppelte Nationalversammlung! Welche Gelegenheit zum Bürgerkrieg! Anderseits konnte es kaum etwas Empörenderes für Paris geben, als die Ankündigung eines so adligen Korps, von Marseille abgesandt, um die Pariser im Zaum zu halten.

Bei Eröffnung der Sitzung hatte der Girondist Lasource streng gesagt, Paris müsse auf den Grad eines Departements zurückgedrängt werden, nicht mehr Einfluß haben, als sein dreiundachtzigstel ihm zuweise.

Sichtlich verkannten diese Vertreter aus dem Süden den ganzen wirklichen Organismus Frankreichs und die Rolle, welche die Hauptstadt spielte. Die Großstadt ist der elektrische Muskel, wohin unablässig alles strömt, um den Funken zu bekommen, sich mit Elektrizität zu laden.

Ein einziger Abgeordneter aus dem Süden hielt sich auf einer bestimmten, festen Linie, frei von beiden Parteien, das war Cambon. Er erklärte im Namen der Südländer, daß alle die Einheitlichkeit der Republik wollten; daß der Geist des Föderalismus, der Absonderung, der Selbstsucht, wenn irgendwo, so in der Tyrannei der Kommune von Paris zu finden sei. Er wandte sich nicht gegen Paris, sondern nur gegen die Kommune.

Vergniaud selber vermied diese allgemeine Klippe der Girondisten. Er schonte Paris. Er griff nicht die Kommune im ganzen an, auch nicht halb verhüllt die Deputierten von Paris; er erkannte an, daß gute Staatsbürger zu ihr gehörten, der ehrwürdige Dussaulx, der große Künstler David und andere noch. Er schlug geradewegs auf Robespierre los, erinnerte daran, daß er in der fürchterlichen Nacht vom 2. zum 3. September ein großes Komplott beargwöhnt hatte, versichert hatte, daß Vergniaud, Guadet, Condorcet Frankreich an Braunschweig ausliefern wollten ... Als einer Vergniaud widersprach, fügte er mit einer Mäßigung, die um so erdrückender war, hinzu: „Ich habe mich über Robespierre stets in Worten der Hochachtung geäußert ... Heute noch rede ich ohne Bitterkeit; ich würde mich freuen, wenn eine Ableugnung mir bewiese, daß auch Robespierre verleumdet werden konnte ...“ Und er wartete.

Der Augenblick war für Robespierre gekommen, sich über seine Rede vom 2. September auszulassen und sich für immer reinzuwaschen. Sein Gegner hatte erklärt, er werde ihm aufs Wort glauben. Jetzt also hätte er verneinen müssen, vor dem Konvent, vor Frankreich und der Geschichte, und nicht, wie er es verspätet tat, außerhalb der Debatte, in einem seiner langen Vorträge. Er entgegnete Vergniaud nichts, nahm die Beschuldigung hin und ließ den Fleck auf sich sitzen; er behielt ihn für alle Zukunft.

Vergniaud erinnerte auch an das entsetzliche Schreiben, das im Namen der Kommune mit Marat, Sergent, Panis unterzeichnet war und durch ganz Frankreich verschickt worden war, um in allen Städten die Vorgänge von Paris zu wiederholen; er las es laut vor. Ein Schauer der Entrüstung durchlief die Versammlung; das Gemurmel wurde aber zum Aufschrei, zum Verdammungsruf, als ein Abgeordneter einen Artikel Marats aus der Tasche zog, der vom 21. September datiert und am 22. veröffentlicht worden war. Er erklärte darin, daß vom Konvent nichts zu hoffen, daß noch ein Aufstand nötig sei; daß man sich sonst auf fünfzig Jahre der Anarchie gefaßt machen müsse, und daß man nur durch die Diktatur daraus hervorgehen werde. Er endete mit den am Tag nach den Septembermorden grausam bezeichnenden Worten: „O geschwätziges Volk, wüßtest du doch zu handeln!"

Derart ertappt bei seinem Mordschrei und wie in Blut getauchter Hand, mußte Marat zerschmettert sein. Er war ganz das Gegenteil. Er, der sich stets verborgen hatte, er schien glücklich, sich am hellen Tag zu zeigen; er nahm dreist das Licht und die Verachtung auf sich. Das Geschöpf der Finsternis machte sich in der Sonne breit, lächelte mit seinem großen Maul und schien zu denen, die (wie Frau Roland) zweifelten, ob Marat wirklich ein Mensch sei, zu sagen: „Ihr bezweifelt es? Hier ist er."

Schon allein seine Gegenwart auf der Tribüne brachte alle Welt auf; man fühlte sich dadurch besudelt. Diese breite, kurze Gestalt, kaum länger als Brust und Kopf, die fetten, gedrungenen Hände, die er breitspurig auf die Brüstung legte, seine vorquellenden Augen gaben nicht die Vorstellung eines Menschen, sondern viel eher einer Kröte ... „Nieder! Nieder mit ihm!" schrie man. Er, ohne aus der Fassung zu kommen: „Ich habe hier in der Versammlung eine große Zahl von Feinden ..." – „Alle, alle!" rief die Versammlung, indem sie sich fast vollzählig erhob. Selbst das rührte ihn nicht. Er setzte Herausforderung auf Herausforderung: „Ich rufe Sie zur Ordnung ..."

Marat war dreist, aber keineswegs tapfer. Was ihn hier kühn machte, war, weil er genau wußte, daß er vor den Augen der Seinen sprach. Die Schlacht war vorgesehen; einige unvorsichtige Worte Barbaroux' bei den Jakobinern hatten es am Abend vorher verkündet; sie fühlten gut, daß den Septemberleuten und ihnen selber der Prozeß gemacht werden sollte. Alles, was in diese Sache verwickelt war, war gekommen, um zu sehen, ob der Konvent wagen würde, durch die Bestrafung Marats den Weg der Gerechtigkeit zu betreten. War er geschlagen, so sagten sie sich wohl, daß dann an sie die Reihe kam. Man kannte sie größtenteils bei Namen und Beruf, wußte ihre Adressen. Diese Leute mußten mit ihm zugrunde gehen oder mit ihm siegen. Sein Schicksal war das ihre. Man urteile nun, ob sie pünktlich erschienen, die Tribünen zu besetzen. Seit der Nacht standen sie vor den Toren, durchsiebten in gewissem Sinn die Menge, mißhandelten und verdrängten jeden anderen; wenn sie einen durchließen, der nicht zu ihrem Haufen gehörte, so war es ein kleiner Handwerker, ein Einfaltspinsel, den sie bald auf ihre Seite brachten. Marats absonderliche Tracht, sein schmieriger Kragen, sein entblößter Hals machten auf diese Leute einen guten Eindruck. Sie wußten nicht leicht zu beurteilen, daß in der Vernachlässigung etwas Gesuchtes lag und etwas Prahlerisches in der Unsauberkeit.

Marat war viel geschickter, als man hätte erwarten sollen; seine Worte waren vollkommen für die Tribünen berechnet. Er rühmte die Septembertat: „Wollt ihr es mir zum Verbrechen machen, die rächende Art des Volkes auf das Haupt der Verräter gelenkt zu haben? Nein; wenn ihr es des Verbrechens zeiht, so wird das Volk euch Lügen strafen, denn, als es meiner Stimme gehorchte, fühlte es, daß das von mir vorgeschlagene Mittel das einzige war, um das Vaterland zu retten, und selbst zum Diktator geworden, hat es sich der Verräter zu entledigen gewußt."

Es war eine große Überraschung für die Versammlung, ein schmerzlicher Eindruck, daß diese verruchten Worte von den Zuhörern droben mit schmeichelhaftem Murmeln aufgenommen wurden; sie sah mit Entsetzen, daß Marat nicht nur auf der Tribüne war, sondern ihr auf dem Kopfe tanzte.

Einer der Girondisten war so entrüstet, daß er es nicht mehr aushielt und gehen wollte. Der Wachoffizier sagte zu ihm: „Gehen Sie nicht, Herr, ich bitte Sie; zeigen Sie sich nicht. Alle die Leute da sind für ihn; wird er schuldig gesprochen, so beginnt die Metzelei am Abend von neuem."

Marat, immer stolzer, spreizt sich auf der Tribüne. „Die Diktatur!" sagt er; „aber Danton, Robespierre, die anderen haben den Gedanken stets gutgeheißen. Er kommt von mir; man beschuldigt mit Unrecht die Abordnung von Paris; die Anklage ist unbegründet, es sei denn, weil ich dort Mitglied bin ... Ja, ich selber erbebte bei dem zügellosen Volksaufstand; ich forderte, man solle einen guten, einen gerechten und entschlossenen Bürger ernennen, dem man aber gewissermaßen eine Kugel ans Bein band, der nur Vollmacht hatte, Köpfe abzuschlagen ... (Gemurmel) Wenn ihr noch nicht auf der Höhe seid, mich zu begreifen, um so schlimmer für euch ..."

Dann, nachdem er auf diese Weise in seiner unglaublichen Eitelkeit naiv zu verstehen gegeben, daß er einen Diktator wolle und Marat als Diktator, wandte sich der seltsame Kandidat den bewundernden Tribünen zu, wies auf seine schmierige Mütze, öffnete seine schmutzigen Kleider: „Wollt ihr mich der Stieberei beschuldigen? Betrachtet mich und richtet mich ..."

Da er jedoch das Grauen des Konvents bemerkte und den Beschluß fürchtete, behauptete er, die am 22. erschienene Nummer sei zehn Tage früher geschrieben, sei angeschlagen worden, und aus Irrtum habe man sie nochmals gedruckt. „Lest", sagte er, „meine erste Nummer des ‚Républicain', ihr werdet sehen, daß ich dem Konvent für seine ersten Leistungen Gerechtigkeit widerfahren lasse, ihr werdet hier den Beweis finden, daß ich mit euch gehen will, mit den Freunden des Vaterlandes."

Diese Nummer, die verlesen wurde, enthielt nichts dergleichen. Marat brachte darin grobe Beschuldigungen vor, während er versprach, nicht mehr anklagen zu wollen. Da stand unter anderem: „Ich will meine Empörung unterdrücken, wenn ich die Umtriebe der Verräter sehe ... Ich will ohne Zorn den Berichten der Greise und der Kinder lauschen, die von feigen Mördern erwürgt worden sind ...“ – Dieser blutrünstige Schwulst begann lächerlicherweise mit einer der „Marseillaise“ entnommenen Anrede: „Amour sacrée de la patrie!“

Die Verlesung dieses in keiner Weise rechtfertigenden Schriftstückes wurde von einer beklagenswerten Komödie gefolgt, die der Konvent aus Rücksicht auf die Tribünen, von denen sie ernst genommen wurde, ebenfalls über sich ergehen lassen mußte. Marat schien weich zu werden: „Das also ist die Frucht von drei Jahren Kerker und Martern! Die Frucht meiner durchwachten Nächte und meiner Leiden! ... Wie denn! Wenn meine Rechtfertigung nicht erschienen wäre, so hättet ihr mich dem Dolch der Tyrannen gelobt? Diese Wut ist freier Männer unwert; doch ich fürchte nichts unter der Sonne ... (Damit zog er eine Pistole aus der Tasche und setzte sie an die Stirn.) Ich erkläre, daß ich mir, im Falle die Beschuldigung gegen mich durchgegangen wäre, zu Füßen der Tribüne eine Kugel in den Kopf gejagt hätte.“ Viele lachten, viele waren empört; der Schwindler ahmte kaltlächelnd die wohlbekannte Geste der beiden jungen Marseiller nach, die sich am Vorabend des 10. August im Hôtel de Ville die Pistole an die Schläfe setzten und sich umzubringen drohten, falls man ihnen keine Patronen gebe.

Die Tribünen gerieten in Bewunderung, im Konvent aber erreichte der Ekel den Höhepunkt; einige wandten sich ab oder drohten mit der Faust und schrien: „Auf die Guillotine!“ Er entgegnete frech: „Schön, ich bleibe bei Ihnen, um Ihrer Wut zu trotzen ...“

Die Nationalversammlung war es müde. Das Zentrum fürchtete die Tribünen; es ging ganz zur Linken über. Einer der Septemberleute, Tallien, beantragte, man solle „die skandalöse Streiterei vertagen, die einzelnen in Ruhe lassen“. Er erreichte es, daß man zur Tagesordnung überging.

Man beschloß Dantons zweiten Antrag: „Die Französische Republik ist unteilbar“.

Sein erster Antrag (Todesstrafe für jeden, der die Diktatur beantrage) wurde nicht verhandelt. Chabot beantragte die Tagesordnung; man folgte ihm. Offenbar waren viele der Meinung, in einer so heftigen Krisis sei vielleicht eine zeitweilige Diktatur schließlich das einzige wirksame Mittel.

Sämtliche Angriffe der Girondisten waren fehlgeschlagen; selbst Marat war entschlüpft. Diese wilde Sitzung hatte immerhin einen großen Erfolg. Paris war ergriffen. Das vom Konvent nicht formulierte Urteil über die Septembermorde wurde darum nur um so stärker in den Herzen empfunden. Die Gegner des September waren im Saal unter dem Druck der Tribünen zu Fall gekommen, und durch die Schwäche, vielleicht durch den Neid des Zentrums. Anders erging es ihnen bei der großen Masse des Volkes, in der unabhängigen Menge, in der freien Meinung. Hier erhielt die Gironde ihre Krone, den Sieg der Menschlichkeit.

Am gleichen Abend noch erschien eine Abordnung der Kommune an der Barre des Konvents, um öffentliche Abbitte zu tun. Die Kommune ging so weit zu erklären: „Wir liefern Ihnen den Überwachungsausschuß der Stadt aus. Er hat ohne unser Wissen gehandelt. Wir haben einen Teil der Mitglieder abgesetzt, den Rest überlassen wir Ihnen. An Ihnen ist es, sie zu bestrafen."

Die Menschheit war gerächt, der September von der Kommune des 10. August abgeschworen und preisgegeben.

Der 10. August und der 2. September, der Ruhm und die Schmach, konnten sich nicht mehr verschmelzen; das öffentliche Gewissen hatte sich auf der unwandelbaren Grundlage der öffentlichen Moral neu gestärkt erhoben.

ZEHNTES KAPITEL

Die Gironde gegen Danton (September–Oktober 1792)

Die Gironde sieht in Danton den künftigen Diktator. – Die demokratische Gironde stützt sich mehr und mehr auf das Bürgertum. – Die Jakobiner nehmen die Stellung ein, welche bisher die Gironde innehatte, die Vorhut der Bewegung zur Gleichheit. – Die praktische Unfähigkeit der Girondisten hatte Danton genötigt, die Macht zu ergreifen. – Die Girondisten verfolgen Danton als Mitschuldigen der Septembermorde. – Sie verfolgen Danton und die Kommune wegen Unredlichkeit in der Verwaltung öffentlicher Gelder. – Danton kann über seine geheimen Ausgaben keine Rechenschaft geben. – Wie Danton die große Verschwörung des Westens aufgedeckt und aufgehalten hat. – Dumouriez in Paris (12.–16. Oktober 1792). – Danton und Dumouriez wollen sich die Gironde versöhnlich stimmen. – Danton kommt den Girondisten ein letztes Mal entgegen (Ende Oktober). – In Wirklichkeit war der Konvent über die damals aktuellen Fragen gar nicht uneins.

Der letzte Beschluß des Konvents war geeignet, nachdenklich zu stimmen. Er war bei dem Antrag, „denjenigen mit dem Tode zu bestrafen, der von Schaffung einer Diktatur redet" zur Tagesordnung übergegangen. Obgleich der Antrag von den Führern der Montagne gestellt und unterstützt worden war, hatten die Montagnards im ganzen für die Tagesordnung gestimmt. Chabot hatte die Achtung vor der Souveränität des Volkes vorgeschoben und behauptet, „der Konvent habe nicht das Recht, dem souveränen Volk eine Regierungsform vorzuschreiben". Eine solche Begründung war weittragend. Sie bedeutete, wenn man wollte, nicht weniger, als die Vernichtung dessen, was der 10. August geschaffen hatte, sie machte, nach Ablauf von drei Tagen, den Beschluß des 21. September hinfällig, die Absetzung des Königtums.

Der Verdacht der Girondisten gegen die Montagne wurde immer stärker, daß sie über die Anarchie zur Tyrannei strebe, daß Marat, der einzelne, den Gedanken aller ehrlich wiedergegeben habe.

Doch hatte selbst Marat alles gesagt? ... Rufen Sie sich ins Gedächtnis, daß am 21., als die Nationalversammlung begeistert die Absetzung des Königtums beschloß, ein einziger Mann Einspruch erhob und sagte, es sei ein höchst bedenkliches Beispiel, die Versammlung in einem Augenblick der Begeisterung beschließen zu sehen. Dieser so vorsichtige Mann war einer der eifrigsten Montagnards, Bazire, Dantons Freund.

Man hatte am hellen Tage, in der großen Schlacht vom 25., die drei Männer hervortreten sehen, die man die Triumvirn des Septembers nannte. Aber man behandelte sie nicht mehr als eins. Marat erschien entschieden unmöglich. Der ehemalige Marktschreier und Quacksalber war so gut in seine alte Rolle zurückgefallen, daß der Ekel, das Gelächter über das Grauen siegte. Robespierre hatte nicht geglänzt; seine Schmeichelreden an die Tribünen, sein Grundsatz, „daß man dem Volke niemals schmeicheln könne", waren von denen, an die er sie richtete, kalt aufgenommen worden. Man verkannte nicht seinen Einfluß auf die jakobinischen Gesellschaften; aber diese Gesellschaften selber wurden trotz Robespierres Meinung und seiner nichtssagenden Prophezeiungen, dem Kriege geneigt. In dieser höchst nationalen Frage geschlagen, durch den Sieg widerlegt, war der Gegner des Krieges gleichsam unmöglich geworden, wenigstens für lange Zeit.

Danton war in der berühmten Sitzung viel geschickter aufgetreten. Seine gewandte, sichtlich von Leutseligkeit getragene Rede war nichtsdestoweniger von jener Kühnheit und Größe gewesen, die alle seine Worte auszeichneten. Ein gefährlicher Politiker, der, während er die Führung der Linken behielt und das Haupt der Ungestümen blieb, auf die Gemäßigten Einfluß gewann. Das war es, was die Girondisten nachdenklich stimmte, und sie mit Angst erfüllte. Sie glaubten, Danton strebe zur Tyrannei: „Habt ihr nicht gesehen", sagten sie, „wie er gleich am ersten Tage (er, der Genosse der eifrigsten Plünderer) die Initiative ergriff, Schutz für das Eigentum zu fordern, und so der Rechten zuvorkam."

Das waren die Befürchtungen der Girondisten, das die Grundlage der unglaublichen Romane, die sie sich mit Hilfe von Phantasie und Leidenschaft, von Angst und Einbildungen, über Danton bildeten.

Das war übrigens ein beiden Seiten der Nationalversammlung gemeinsamer Wesenszug. Das Übermaß der Leidenschaft hatte die gleiche Wirkung hervorgerufen. Alle waren ungemein phantasiebegabt, argwöhnisch, leichtgläubig geworden, durch jeden Schein zu täuschen, und, einmal auf falschem Wege, fanden sie in ihrer erschütterten Vernunft nicht mehr die Kraft zur Umkehr. Viele waren in dieser übertriebenen Geistesverfassung tatsächlich körperlich krank.

Besonders rätselhaft erschienen ihnen Robespierre und Danton. Über den ersteren waren sie zu der richtigen Annahme gekommen, daß er vollkommen unfähig sei zu handeln; sie zogen aber daraus den falschen Schluß, er sei nur ein Werkzeug in der Hand seines mächtigen Nebenbuhlers. Mehrere waren eben dann der Ansicht, man müsse dieses Werkzeug zerbrechen, zunächst Robespierre angreifen. Andere wollten, da sie Danton so nahe der Gewaltherrschaft sahen, keinen Augenblick verlieren, ihm die Maske abzureißen. Alle hatten sie sich durch vieles Nachdenken einen sonderbaren Roman von der Zukunft gemacht, der zeigt, wie die verständigsten Geister, wenn sie einmal in Leidenschaft sind und die Vernunft beiseite setzen, auf großen Unsinn geraten können. Zweifellos trug auch das Grauen über den 2. September, trugen die Schatten jener blutigen

Nächte, in denen jeder im Herzen den Tod gefühlt, nicht wenig dazu bei, die Seelen zu verdunkeln.

Es scheint, als seien in diesen krankhaften Phantasien die Montagne und die Septemberleute mit der berüchtigten Geschichte des Alten vom Berge und des „Mörder" vermengt worden. Danach wäre seit 1789 eine lange planvolle Reihe von Verbrechen zugunsten des Hauses Orléans beschlossen worden. Der begabte Erfinder war nach ihnen Laclos (der seichte Verfasser der „Liaisons dangereuses"). La Fayette und Mirabeau, innig vereint (!), wären die Agenten des Komplotts gewesen; sie hätten Orléans nach England gesandt, um alles mit Pitt zu verabreden. „Danton, Marat, die Cordeliers, die das Heer der Septemberleute zum Morde dingen, werden eines Tages die gesamte Rechte umbringen, den Herzog von York zum König machen. Der von Orléans wird den Engländer ermorden, wird aber durch Marat, Danton und Robespierre selber ermordet werden. Wer von den dreien wird übrig bleiben? Der Geschickteste, der die beiden anderen tötet, wird König werden. Das wird Danton sein."

Diesen fürchterlichen Unsinn fand niemand sonderbar. Man hielt ihn für wahrscheinlich, und jeder, der darüber nachsann, fand bald irgendeine bekräftigende Tatsache, die ihn zur Gewißheit machte. Wurde er wirklich von einem der Girondisten bestritten, so war es, um einen anderen, nicht weniger albernen Roman aufzustellen. Der einzige, der einen klaren Kopf behielt und Einwendungen machte, war Condorcet; doch man hörte nicht auf ihn.

Tatsache aber war, daß Danton, trotzdem er das Ministerium niederlegte, eigentlich nichts eingebüßt hatte; er behielt keinen Titel mehr, doch hatte sich alles, was bei der großen Auflösung an Kraft vorhanden war, instinktiv um ihn zusammengeschlossen. Er behielt die Fäden der Diplomatie und der Polizei; er schien Paris und er schien die Armee zu halten. Es war, als habe er Dumouriez in seinem Feldzug geführt, und es war auch, als habe er den Rückzug der Preußen geleitet, habe, die Waffe in der Hand, über die Räumung des Territoriums verhandelt. Im Inneren glaubte ein Haufe in die Dinge verwickelter Leute unter dem Schutze Dantons seine Sicherheit zu finden; er hatte sie verteidigt, da er sich ihr Mitschuldiger nannte. Sie gehörten ihm, diese Männer; man begegnete ihm selten, ohne daß er von ihnen umringt gewesen wäre, die begierig seiner Rede lauschten, sein Zeichen erwarteten. Sie bildeten seinen Hofstaat, das neugierige Volk nicht mit eingerechnet, das hinterherlief, ihn liebte, ihn bewunderte. Wenn man ihn so umringt sah, konnte man wohl glauben, daß der Diktator nicht mehr gefunden zu werden brauchte, daß er bereits vorhanden war.

Die Girondisten betrachteten sich als die Gründer der Republik; sie verteidigten sie gegen die Diktatur, nicht nur mit Vaterlandsliebe, sondern mit der Eigenliebe des Schöpfers. Obgleich Camille Desmoulins es war, der 1789 in der Presse die glänzende Initiative dazu gab, obgleich nach einigen (siehe die

Memoiren Garats) Danton, Camilles Lehrmeister, den ersten und tiefblickenden Gedanken dafür faßte, so waren es doch die girondistischen Schriftsteller, die 1791 im entscheidenden Augenblick den Sturz des Königtums bei der Allgemeinheit durchgesetzt hatten. Ihre Mystiker Fauchet und Bonneville in „La Bouche-de-Fer", ihre Staatsphilosophen Brissot, Condorcet, Thomas Payne hatten die Öffentlichkeit dazu bekehrt und in Wirklichkeit den ersten Stein der Republik geworfen. Die Jakobiner und Robespierre hatten sich über die Frage ausgeschwiegen. Die Cordeliers erklärten sich für Republikaner, doch nicht alle Cordeliers, nicht die Einflußreichsten; Marat, Danton machten unbestimmte Äußerungen und ergriffen nicht deutlich Partei.

Die Gironde glaubte in der Republik ihr Werk gegen die Diktatur und das Königtum, das durch die Anarchie zu kommen drohte, zu verteidigen.

Die Girondisten hatten bis jetzt den unteren Klassen, der Gesamtheit des Volkes, ein bewunderungswürdiges Vertrauen entgegengebracht. In der Mehrzahl Bourgeois, vor allem aber Philosophen, voll von der edelmütigen Philosophie des achtzehnten Jahrhunderts, hatten sie anfänglich völlig und rückhaltlos den Begriff der Gleichheit, den sie alle im Herzen trugen, zur Anwendung gebracht.

Das zeigte sich im Jahre 1790 auf glänzende Weise in den von ihnen beherrschten Städten, in Bordeaux und in Marseille. Man organisierte überall nach dem Vorbild von Paris die Nationalgarde, à la La Fayette; man befürwortete die Uniformierung. Diese vornehmen Städte, die damals unter dem Einfluß der künftigen girondistischen Partei standen, erklärten diese Unterscheidung für gehässig, geeignet, Rangstreitigkeiten und Haß zu erwecken; keine Uniform, ein Band, ein schlichtes dreifarbiges Band genügte, um sich gegenseitig zu erkennen, ein wenig kostspieliges Abzeichen, das sowohl die Reichen wie die Armen tragen konnten.

Die im Winter 1791, im Frühjahr 1792 allmächtige Gironde blieb diesen Grundsätzen treu; sie ist es, die trotz des Widerstandes der Jakobiner durchsetzte, daß jedes Haupt in Frankreich, freiwillig oder gezwungen, die Gleichheitsmütze aufgesetzt bekam, die einfache rote Wollmütze, die vor 1789 gewöhnlich der Bauer trug, und die am 20. Juni 1792 dem König aufs Haupt gesetzt wurde.

Und die Gironde ließ es nicht bei dem Abzeichen bewenden; sie verwirklichte die Gleichheit, soweit es an ihr lag, die Gleichheit der Kräfteverteilung, indem sie an alle Waffen gab; sie unterstützte die große nationale Kriegsentschlossenheit; da es an Flinten mangelte, ermächtigte sie jedermann, Piken zu schmieden. Sie erfaßte den Krieg unter reinen heiligsten Begriffen als einen edelmütigen Kreuzzug der Freiheit, um die ganze Erde zu befreien, und als rechtmäßige Erprobung des neuen Frankreich, die allgemeine Weihe des Volkes zur Gleichheit, die Vernichtung der alten Aristokratie.

Die richtige Art, den Adel abzutun, war die, ihn aller Welt zu verleihen, jeden mit dem Degen zu gürten. Darin hatte die Gironde wirklich den Gedanken Frankreichs erfaßt. Niemand, fast niemand erträumte die Gleichheit des Eigentums; wenige hatten Verständnis für die Gleichheit der Gesetze; alle wünschten, erhofften die Gleichheit unter der Fahne.

Das waren die Anfänge der Gironde; sie brauchte ihnen bloß treu zu bleiben; nach dem September entfernte sie sich aber mehr und mehr von den bisherigen Zielen.

1790 geht Marseille so weit, die Uniform der Nationalgarde zurückzuweisen, weil sie ein Merkmal des Adels sei. 1792 spricht es im Konvent die aristokratische Drohung aus, ein Korps von achthundert reichen jungen Leuten auszusenden, um Paris zur Vernunft zu bringen.

Aber das gerade Gegenteil wäre nötig gewesen. Warum die Reichen rufen, um den Konvent zu hüten, die Metzeleien zu verhindern, den Plünderungen zuvorzukommen? Man brauchte Franzosen, ganz gleich, was für welche; oder wenn man durchaus wählen wollte, so galt es, die Armen zu wählen und an die Ehre zu appellieren.

Wir werden später das aristokratische Element in der Gironde analysieren und das juristische und städtische Element, das Adels- oder Handelspatriziertum der südlichen Städte. Stellen wir hier nur den Irrtum fest, der ihr den Blick trübte, sie nach und nach in dem Sinne beeinflußte, daß sie das Eigentum gefährdet glaubte. Trotz großer gelegentlicher Ordnungslosigkeit war darin nichts zu befürchten; im Gegenteil, der allen zugänglich gemachte Besitz nahm eine festere Basis ein, weil er ausgedehnter war als je bisher. Unter der Einwirkung dieses Irrtums erließ die Gironde einen Hilferuf gegen die Diktatur, gegen die agrarischen Gesetze, die der Diktator etwa hätte erlassen können, an die Reichen und wohlhabenden Leute; sie verließ sich auf die bewegliche und veränderliche Interessensphäre, die morgen vielleicht in der Zurückführung des Königs ihren Vorteil erblicken konnte; so daß sie sich zur Verdrängung des revolutionären Königtums auf eine Klasse stützte, die unbedingt zum Königtum neigte.

Barbaroux brachte in seiner provenzalischen Unbesonnenheit alles das ans Licht. Er sagte am 25. September mehr gegen seine Partei, als ihre bittersten Feinde zu hoffen gewagt hätten. Er hatte ihnen die verwundbare Stelle gezeigt, wo sie am besten zuschlagen konnten.

Er scheint Robespierre das Programm zu der neuen Zeitung diktiert zu haben, die dieser wenige Tage später erscheinen ließ („Lettres à ses commettants, à tous les Français"). Hier sagte er: „Es genügt nicht, den Thron gestürzt zu haben; worauf es ankommt, das ist, auf seinen Trümmern die heilige Gleichheit aufzurichten ... Die Herrschaft der Gleichheit beginnt." Ein gerechter und echter Gedanke, den er mit Adel und Größe entwickelte. Weniger glücklich war er in den Mitteln, diese Gleichheit zu erreichen: „Wie ist sie zu erlangen? Durch Schutz des Schwachen gegen den Starken. Nun, das Stärkste, was der Staat besitzt, ist die Regierung ..." Er schloß, das große Ziel der verfassungsmäßigen Gesetze sei, gegen die Regierung anzukämpfen; eine nichtssagende und überdies falsche Schlußfolgerung, die den Staat lediglich zu einem Kampfplatz ohne irgendwelchen Inhalt, ohne fruchtbare Lebenskraft machen würde. Das hieße auf anderem Wege auf die Armut der englischen Politik zurückgreifen, die alles auf eine gewisse Idee der Opposition und der Garantie beschränkt.

So geschah es, daß die Gironde, nachdem sie, besonders im Frühjahr 1792, die wahre nationale Partei, die Partei der Gleichheit gewesen war, diese Rolle fallen und von ihren Feinden, den Montagnards, den Jakobinern, aufgreifen ließ.

Die Unfähigkeit der Partei erwies sich alle Tage durch den eigentümlichen Gegensatz zwischen ihrer beherrschenden Stellung und ihrer vollkommenen Ohnmacht. Sie hatte die Majorität im Ministerium und im Konvent; sie hatte für diesen den Vorsitzenden und die Sekretäre ernannt. In der Verwaltung war sie es, die alle Plätze vergab. Sie beherrschte die Presse, lenkte die Mehrzahl der Zeitungen. So schien sie also die beiden stärksten Waffen zu besitzen, die Amtsgewalt und die Öffentlichkeit. Sie hatte alles, und sie hatte nichts. Sie machte keine ernstliche Eroberung; sie hatte die Gewalt in Händen und wußte nicht zuzupacken. Sie wurde in den Klubs zu nichts. Girondistische Klubs hatten sich als unzureichend erwiesen gegen die kirchliche und royalistische Verschwörung, die im Westen ausbrach und die überall drohte. Dieselbe, stets mit Beratungen und Abhandlungen beschäftigte, durch die Gesetzmäßigkeit gebundene Partei hatte sich ungeschickt erwiesen, den Faden der großen politischen Partei zu ergreifen. Danton legte ihn in ihre Hände, wie man gleich sehen wird; da er sie aber unfähig fand, war er genötigt, ihn selber zu nehmen, sich mit irgendwelchen Männern zu umgeben und im besonderen selbst zu handeln.

Sie hatten die Gewalt nicht zu ergreifen gewußt, und sie verziehen es Danton nicht, daß er sie besaß und behielt. Sie empörten sich über ihn, ereiferten sich unklugerweise gegen den Mann, der in hervorragender Weise den revolutionären Geist, den Geist der Tat, der öffentlichen Wohlfahrt repräsentierte; sie versuchten, ihn zu stürzen. Danton war ihr eigentlicher Nebenbuhler, an Beredsamkeit sowohl wie an Einfluß. Er allein schien in der großen Krise nicht am Heil des Vaterlandes zu verzweifeln. Herr und Frau Roland waren außer sich, es Danton nicht am Tage der Gefahr an Kühnheit gleichgetan zu haben. Es war ein Unglück für sie, für die Gironde; man mußte sich damit abfinden. Und man mußte auch wissen, daß dem glücklicheren Manne, der in der allgemeinen Niedergeschlagenheit aufrecht blieb, für alle Zeit der Ruhmesstempel aufgedrückt blieb, der Stempel der Genialität und des Mutes, den nichts verwischen konnte. Was auch kommen mochte, Frankreich würde den heldenhaften Hüter seines gefährdeten Glückes an seinem fürchterlichsten Tage nicht im Stich lassen.

Danton hatte am 21. September gesagt: „Lassen wir die Übertreibungen ... Erklären wir das Eigentum für unantastbar." Und am 25. hatte er Marats Handlungsweise ausdrücklich gemißbilligt.

Er konnte nicht weitergehen, ohne die große Stellung zu verlieren, in der er der Republik am besten dienen, sie befreien konnte, ohne seine Stellung unter den Führenden, seine Rolle als Haupt der Gewaltpartei zu verlieren. Es war eine so glückliche Fügung, daß sich für diese Rolle ein Mann so großen Geistes fand, ein Mann, der unter der Gewalt der Worte und drohenden Gebärde einen klugen Kopf bewahrte, bereit, alles Vernünftige aufzugreifen. Er war den Girondisten durchaus nicht feind und wollte nicht den Krieg mit ihnen. Man hat gesehen, wie er von seiner ersten Rede an sie zurückzuführen suchte. Das war eine prächtige Gelegenheit, Danton von Robespierre loszulösen. Es hatte sich im Konvent eine Partei außerhalb der Parteien gebildet, nicht die Partei der Schwachen und der Ohnmächtigen, wie das Zentrum es war, sondern die der Starken, des Geistes, an der Spitze die beiden Männer, die von selbst unabhängig blieben, Danton und Vergniaud. Man füge Cambon hinzu, Carnot und andere bedeutende Männer, die aus sich heraus Kräfte waren, die sich nicht eingliedern wollten, die nicht zu den Jakobinern gingen. Condorcet, Barrère und manche andere hätten sich hier anschließen können, viele unparteiische Männer, die weder die Gironde noch die Montagne liebten, die ihnen unwillkürlich folgten, die aber keiner Partei als Frankreich anhängen wollten.

Es galt, um jeden Preis Danton zu halten, aufzunehmen. Kam er ihnen einen Schritt entgegen, so hieß es, ihm deren zwei entgegenkommen. Er mißbilligte Marat, das genügte. Im übrigen, ob es ihm nun gefiele oder nicht, die Kommune von Paris mit seinem großen Namen zu decken, man mußte die Augen zudrükken. Sprach er sich schuldig, so mußte man es ihm nicht glauben, ihn sein oder scheinen lassen, was seine Natur oder seine Politik von ihm verlangte.

Die Girondisten hatten weder diese Einsicht, noch diese gerechte und vorsichtige Schonung. Mochte er ihnen auch entgegenkommen, sie mißtrauten ihm.

Als lange nachher ein junger Volksvertreter der Linken ihm sagte, es bestehe die Möglichkeit, die Rechte wiederzugewinnen, und ihm gegenüber darauf beharrte, sagte Danton mit düsterer Miene: „Sie haben kein Vertrauen." – Und der hartnäckige junge Mann konnte nichts anderes aus ihm herausholen: „Nein", wiederholte Danton, „sie haben kein Vertrauen."

Eine tragische und nur zu wahre Antwort! ... Sie allein enthält schon die Geschichte des Konvents, sein trauriges Geschick, und dieses seinerseits umfaßt in gesteigertem Maße die traurige Folge aller unserer Mißgeschicke, die für lange

Zeit gefährdete Freiheit, viele furchtbare Argumente, welche die Revolution gegen sich selber geliefert hat.

Danton, im Konvent mit feindlichen Blicken und bitteren Worten empfangen, von den Zeitungen angegriffen, nahm notgedrungen den Kampf auf. Der gehetzte, gepuffte, in die Enge getriebene Eber wehrte sich durch Seitenhiebe, die den Tod brachten. Den ersten Hieb teilte er am 29. September aus, als der zum Abgeordneten ernannte Roland sich des Ministeriums entledigte und man beantragte, ihn aufzufordern, Minister zu verbleiben. Danton biß zu. Er sagte mit kräftiger, derber Heiterkeit, die nur um so wirkungsvoller war: „Keiner läßt Roland mehr Gerechtigkeit widerfahren als ich; ich möchte Ihnen aber sagen, falls Sie ihm eine Aufforderung zukommen lassen, mit Frau Roland ein Gleiches zu tun; denn alle Welt weiß, das Roland in seinem Ministerium nicht allein war. Ja, ich war allein in dem meinigen ... (Gemurmel) Da es darauf ankommt, seine Gedanken laut zu sagen, so will ich daran erinnern, daß es einen Moment gab, da das Vertrauen derart erschüttert war, daß es keine Minister mehr gab, und daß Roland selbst den Gedanken hatte, fortzugehen."

Danton konnte den Girondisten keinen empfindlicheren Schlag versetzen. Er hatte lachend, oder doch während er tat, als lache er, die Hand an das Allerheiligste gelegt, an Frau Roland gerührt! Es war die Eigentümlichkeit der Partei, eine Frau an der Spitze zu haben! Es war hart, aber geschickt, das deutlich festzustellen.

Der Partei, die zu ihm sagte: „Du bist ein Blutvergießer", erwiderte er: „Was seid ihr? Ihr seid ein Weib ... und ihr habt fliehen wollen."

Die Girondisten mit ihrer ehrenhaften Sittenstrenge, ihrem Eifer für Frankreichs Ehre, waren nicht sehr konsequent. Sie waren es, die im gleichen Jahre, am 19. März 1792, bei der Gesetzgebenden Versammlung für die entsetzliche Affäre von Avignon, die man mit Recht den 2. September des Südens genannt hat, Straferlaß durchgesetzt hatten. Ihre Marseiller Freunde Barbaroux und Rebecqui, waren die Beschützer der Duprat und Mainvielle. Rebecqui führte sie triumphierend durch Avignon, und aus Erkenntlichkeit machten sie Barbaroux zum Konventsmitglied. Jean Duprat, der ebenfalls gewählt worden war, und der zum Stellvertreter ernannte Mainvielle, nahmen inmitten der Gironde an den Sitzungen teil. Es war keineswegs sicher, daß Danton die Septemberdinge gemacht hatte, aber es war gewiß, daß Mainvielle so sehr und mehr als irgendeiner die Glacière veranlaßt hatte. Warum hatten die Girondisten die Männer der Glacière freigesprochen? Weil die Royalisten aus diesem inneren Zwist zwischen den Freunden der Revolution zuviel Vorteil gezogen hätten. Derselbe Grund hätte sie in einer weit gefahrvolleren Krise nötigen müssen, die Verfolgungen der Septembermorde zu vertagen, diese Verfolgungen zu umgrenzen und vor allem nicht einen Mann hineinzuziehen, der ihr Gegenspieler an Redegewandtheit und

Einfluß war, einen Mann, in dem der Geist der Tat in höchstem Maße entwickelt war und den man nicht stürzen konnte, ohne die Geschicke der Revolution und Frankreichs Zukunft aufs Spiel zu setzen.

Die Äußerung Dantons über Roland und Madame Roland erbitterte seine Feinde aufs äußerste. Die Girondisten hatten vor der Nationalversammlung nicht darauf bestanden, daß sie Roland auffordere, im Ministerium zu bleiben; und in Wirklichkeit war es vorteilhafter für ihn, offiziell nicht zu bleiben, sondern irgendeinen der Partei hineinzusetzen, durch den er die Verwaltung ebenso geleitet hätte, ohne doch den Hieben der Presse ausgesetzt zu sein. Dantons Wort änderte alles; die Rolands, deren Mut herausgefordert war, beschlossen zu bleiben, was auch komme. Dieser Versammlung, die ihn nicht mehr aufforderte, das Ministerium zu behalten, schrieb Roland: „Ich bleibe."

Dieses von Madame Roland mit ihrer lebendigsten Feder verfaßte Schriftstück sprach in dem kühnen, doch zu ergriffenen Ton dessen, den der Zorn über die Herausforderung leitet. Die Beratung des Konvents und seine bekundete Absicht, sagte Roland, gestatteten kein Zögern ... „Er weist mir die Bahn, ich stürze mich mit Stolz darauf ... Ich bleibe, weil Gefahr dabei ist ... Ich entsage der Ruhe, die ich wohl verdient hätte und die meinem Alter angenehm wäre; ich vollende das Opfer, ich weihe mich ganz und gar und bin ergeben bis in den Tod."

Roland leugnete, daß man jemals habe flüchten wollen, und gab nur zu, daß man verkündet habe: „Wenn der Feind nahe, sei das Fortbegeben der Nationalversammlung, des Schatzamtes, des Königs, der Exekutivgewalt keine heilsame Maßnahme." Doch die Exekutivgewalt, das Ministerium, das war ja Roland selber; dieses Fortbegeben hatte doch einige Ähnlichkeit mit Flucht.

Daran anschließend beschrieb er in einer wundervoll treffenden Sprache die blinde Heftigkeit der Schreckenspartei, zeichnete das Bild ihres Oberhauptes, „einer durch ihre Kraft und ihre Gaben dieser unbesonnenen Herde weit überlegenen Persönlichkeit, der sie seinen ehrgeizigen Plänen dienstbar machte ... So war der Weg der Thronräuber, Sullas, Rienzis ..." Er fügte nicht hinzu, was jeder sich mühelos ergänzen konnte: auch der Weg Dantons.

Ein kleines, aber bitteres Wort machte sich am Schluß des Briefes bemerkbar: „Ich mißtraue einer Bürgertugend, die der Moralität ermangelt." Das zeigte deutlich genug das neue Gebiet, auf welchem die Gironde den zu verfolgen gedachte, den sie haßte. Sie wollte eine unkluge Sache, nicht nur Danton stürzen, sondern ihn entehren.

Die Girondisten machten alle Anstrengung, Danton in den traurigen Geldprozeß zu verwickeln, den man gegen die Kommune anstrengte, von ihm wie von ihr regelrechte Abrechnungen zu verlangen über alles, was in der Verwirrung der großen Krise geschehen und ausgegeben worden war. Während der Monate

September und Oktober wurden die Männer der Kommune tagtäglich ohne Ausnahme aufgefordert, Rechnung abzulegen, und sie konnten es nicht. Sehr wahrscheinlich waren Summen schlecht angewendet oder hinterzogen worden. Doch, gab es auch keinen Diebstahl in den Zeiten der ungeheuren Erregung und Verwirrung, so war die Rechnungsführung doch schwer oder unmöglich. Es waren nicht allein die politischen Feinde der Kommune, die sie derart verfolgten. Der herbe und strenge Cambon, der unbeugsame Vertreter des öffentlichen Vermögens, rügte jeden Tag dieses verdächtige Zögern. Die Kommune vom 10. August, die Mitglieder verloren und andere aufgenommen hatte, eine wandelbare, ungeheure, tyrannische Körperschaft, schien zu zwei Dingen entschlossen: ihre Rechnungslegung zu verweigern und es abzulehnen, daß man sie selbst durch regelrechte Wahlen erneuere.

Auch Danton wollte nicht Rechnung ablegen oder konnte es nicht. Es war unter den Ministern vereinbart, daß sie sich miteinander über die geheimen Ausgaben verständigen und sich gegenseitig Rechenschaft ablegten. Darauf berief sich Danton im Konvent, als man ihn in dieser Sache drängte. Aber Roland, in diesem entscheidenden Augenblick mitleidlos, erklärte, daß ihm nicht nur durchaus nichts von einer solchen Abrechnung bekannt sei, sondern daß er auch vergeblich in den Registern des Ministerrates nach ihren Spuren geforscht habe.

Danton gab eine sehr annehmbare Erklärung. Er gestand, daß er keine regelrechte Abrechnung gemacht habe, daß ihm aber im Augenblick der Gefahr von der Nationalversammlung die Weisung geworden sei: „Los, spart nichts, verstreut das Geld mit vollen Händen. – Es gibt Ausgaben“, sagte er noch, „die man nicht allzusehr erklären kann, die und die revolutionäre Mission, die große Opfer erfordert, den und den Emissär, den bekanntzugeben ungerecht und unklug wäre ...“

Diese Antwort erschien der Gironde als eine Ausrede, und dennoch war sie ernstlich wahr. Was damals dunkel war, ist heute aufgeklärt. Danton hielt tatsächlich alle großen Geheimdinge, die zum Heile Frankreichs geschahen, in Händen, diese diplomatischen und Polizeiaffären, bei denen ein Politiker genötigt ist, Geld auszustreuen und nicht rechnen darf.

Alles das war in der Hand, im Kopf Dantons; weil die Gironde, nach wie vor dem 10. August sich diesen Dingen durchaus nicht gewachsen gefühlt hatte. Sie war geeignet für die Presse, für die Reden und für weiter nichts. Im entscheidenden Augenblick, wo es galt zu handeln oder unterzugehen, wo eine Minute alles verlieren konnte, machte sie Ausflüchte, wurde unschlüssig. Danton übernahm die Führung.

Die erste Angelegenheit, in der Danton ganz zweifellos genötigt war, Geld auszustreuen, war die ungeheure royalistische Verschwörung der Bretagne und des Südens. Ein glücklicher Zufall enthüllte sie ihm vor dem 10. August.

Er wurde von vielen Leuten aller Art geliebt, als guter, lebenslustiger, umgänglicher und dennoch sehr verläßlicher Mensch, wenn man sich ihm anvertraute. Im Juli kommt ein junger Arzt aus der Bretagne namens Latouche zu ihm und bittet ihn, ein großes Geheimnis entgegenzunehmen, von dem er sich bedrückt fühle. Ein gewisser La Rouërie, den er von einer Krankheit geheilt habe, habe ihm in Paris eine Menge falscher Assignaten zum Umwechseln in Gold zugehen lassen und habe zur Abholung des Goldes seinen Neffen gesandt. Dieser Neffe, ein Leichtfuß, habe angenommen, Latouche sei der großen Verschwörung verbrüdert, habe ihm alle Einzelheiten darüber gesagt, ihre gewaltige Ausdehnung aufgedeckt. Der Arzt ist kein Verräter, aber schließlich, er sieht da einen Abgrund, der Frankreich untergräbt; er hat das furchtbare Geheimnis weder verschweigen, noch preisgeben können. Danton verliert keine Minute Zeit, eilt zum Komitee der allgemeinen Sicherheit: es war im Juli, unter der Gesetzgebenden; das Komitee bestand aus Girondisten. Sie sind entsetzt, doch was sollen sie tun? Die Gesetzmäßigkeit hält sie zurück. Wie soll man auf ein Gerede hin so viele Leute verhaften? Sie vermögen nichts und tun nichts.

Danton läßt sich nicht entmutigen, sucht den Mediziner auf, zeigt ihm, beweist ihm, daß er das Heil des Vaterlandes in seinen Händen hat, daß er das Komplott aufdecken, besser ergründen, Beweise erbringen muß. Was tun zu diesem Zweck? In die Bretagne gehen und La Rouërie aufsuchen, der ihn für seinen Freund hält, der Vertrauen zu ihm hat, ihm diese Beweise entlocken, ihn verraten, ihn stürzen ... und durch seinen Untergang Frankreich erretten!

Das war nach dem 10. August. Man erwartete den preußischen Einmarsch, und man vermutete, daß gleichzeitig eine englische Flotte die Emigranten aus Jersey nach Saint-Malo bringen und den bretonischen Verbündeten la Rouëries einen unschätzbaren moralischen Rückhalt geben würde. Diese glaubten sich ihrer Sache so sicher, daß sie den Tag festgesetzt hatten, an dem sie in Paris, gleichzeitig mit den Preußen, einziehen wollten. Die Bretonen, so rechneten sie, sollten durch die Champs-Elysées, die Preußen durch die Tore Saint-Martin und Saint-Denis einrücken.

Welcher Mittel bediente sich Danton dem Mediziner gegenüber hinsichtlich des Geldes? Danton war damals Justizminister. Er besprach die Angelegenheit mit den anderen Ministern; bald aber, als er ihre Langsamkeit, ihre Unentschiedenheit sah, sagte er nichts mehr, ging allein weiter, ergriff hierin wie in allem die Initiative zu den von der Naturnotwendigkeit gebotenen Maßnahmen.

Der beschämende und gefahrvolle Auftrag, den er dem Arzt erteilte, war der, sich zu seinem Freunde, seinem Kranken, zu La Rouërie zu begeben und ihm auszurichten, Danton sei Royalist, er sei der Pöbelausschreitungen müde und wolle die Wiederherstellung des Ancien régime; er, Latouche, habe von Danton die Ermächtigung erhalten, die Truppen aus der Bretagne fortzuziehen. Und in der Tat ließ man sie in Erwartung der preußischen Invasion nach Osten abschieben. La Rouërie ließ sich davon täuschen, er glaubte Latouche, wartete und erhielt eines Tages den Schlag aus heiterem Himmel der Schlacht bei Valmy. Keine Hoffnung mehr, die große preußische Armee war in vollem Rückzug. Verzweifelt und mutlos, wollte er alles im Stich lassen, nach England gehen. Eine geheime Beratung der Führer des Bundes wurde in einem Schloß der Bretagne abgehalten. An der Spitze stand auch eine jener schönen, unerschrockenen und romantischen Amazonen, die den verhängnisvollen Reiz des Bürgerkrieges ausmachten, die von Abenteuer zu Abenteuer eilten, sich den Tollsten als Belohnung schenkten, die Flamme schürten, die aber anderseits durch ihre Unbesonnenheit der Republik oft gute Dienste geleistet haben. Diese hier, Thérèse de Moelen, warf La Rouërie seine Mutlosigkeit vor, bestimmte ihn zum Ausharren; so wurde, ihrem klugen Rat gemäß, beschlossen, daß er nicht nach England gehe, sondern daß man eben jenen verdächtigen Menschen, den Latouche, damit beauftrage, der aus Paris kam und sich als Dantons Freund bekannte. Die royalistische Verschwörung wählte zu ihrem Agenten bei Calonne, für England, den Agenten der Republik und in ihm legte Frankreichs gutes Glück alle Anschläge der Fürsten in Dantons Hände, die Hinweise auf die gefährlichsten Verbindungen, die sie hier hatten.

Ein anderer Latouche, ein royalistischer Abenteurer, Laligant-Morillon, lieferte zu eben der Zeit die Geheimnisse von Koblenz aus, die Beziehungen der Emigranten zu den Royalisten des Südens. Man schickte ihn selber hin; er spürte eine ungeheure Verbindung auf, deren Verzweigungen sich auf achtzig Orte im Lande erstreckte, und legte seine Entdeckung in die Hände der Regierung. Schon hatte man für die Fürsten einen Gouverneur des Languedoc und der Cévennen ernannt, der sich im Schloß von Jalès niedergelassen hatte. Er wurde hier überrumpelt und niedergemacht.

Diese geheimen Taten wurden direkt von Danton als Minister ausgeführt oder doch unter seinem mächtigen Einfluß, als er das Ministerium einem anderen übertragen ließ.

Er allein unter den Männern seiner Zeit hatte die für diese Dinge erforderlichen Eigenschaften, die Geschicklichkeit und die feurige Willenskraft; er allein, man lobe oder tadle ihn deshalb, hatte die Kraft der schnellen, unfehlbaren Verführung, um in der feindlichen Partei Verbindungen zu knüpfen und Männer zu Verrätern zu machen, die sonst gewiß keinen Verrat begangen hätten. Latouche war Patriot, Morillon war human. Um sie mitzureißen bedurfte es der wirbelnden Anziehungskraft, mit der dieser machtvolle Geist alle Welt fortriß, Freunde wie Feinde. Er gab ohne zu knausern, er überhäufte, erstickte die Leute mit Gold; doch das war noch immer die geringste Art seiner Verführung, vor allem verschwendete er seine unwiderstehliche Beredsamkeit, sein großherziges Wort, sagte zu dem einen: „Rette Frankreich!“, zum anderen: „Verkürze den Kampf, durchhaue den

Knoten des Bürgerkrieges." Und denen, die sich dem Golde, den Worten, am heftigsten widersetzten, in deren Hand legte er die seine – und sie wehrten sich nicht mehr; eine unbekannte Gewalt riß sie fort; ihre Vergangenheit, ihre Zukunft, ihre Ehre und ihre Skrupel – alles verschwand vor Dantons Freundschaft.

Der große und furchtbare Diener der Revolution, der es auf sich nahm, sie zu befreien, hatte weder Lust noch Zeit für solche Aufträge makellose Männer auszuwählen. Er nahm die glühendsten, er nahm die skrupellosesten, Leute der raschen Tat, die mit geschlossenen Augen vorangingen. Solche ergaben sich ihm um so bereitwilliger, als sie schon durch die Septembermorde oder andere Dinge befleckt waren und nur im Sieg der Freiheit eine Hoffnung auf Rettung erblickten. Viele derartige Leute, die von Natur nicht zum Verbrechen geschaffen waren, und die plötzlich dem fürchterlichen Taumel des Blutes gefolgt waren, ergaben sich Danton, sie hatten das heimliche Bedürfnis, sich durch Ergebenheit und Aufopferung zu rechtfertigen. Mochten diese Leute nun gut oder schlecht sein, es war jedenfalls gewiß, daß Danton recht oft keine anderen hatte. Als ihm einst einer vorwarf, daß er so bedenkliche Agenten benutze, erwiderte er gereizt: „Ja, wen soll ich denn schicken? Junge Damen vielleicht?"

Mit derartigen Mitteln und mit solchen Agenten handhabte Danton die große und schwierige Angelegenheit der Gebietsräumung. Nichts deutet darauf hin, daß er den Rückzug der Preußen erkauft habe. Immerhin ist es sehr wahrscheinlich, daß die niederen Agenten, die sich in die Sache einließen, es nicht umsonst taten. Die Leute, deren Danton sich bediente, Westermann, Fabre d'Eglantine, von denen wir später reden werden, waren Männer von großen Ausgaben, die sich dadurch veranlaßt sahen, an jeder Sache teilzunehmen, bei der Geld eine Rolle spielte.

Der bretonische Bund war durch den Gedanken, daß Danton für ihn sei, durch die Hoffnung, daß er für ihn tätig sei, lahmgelegt worden. Und ebenso neigten die Preußen zu dem Glauben, daß sie sich gegenüber an der Spitze zwei zweifelhafte und leicht umzustimmende Männer, Dumouriez und Danton, hatten, und daß sie in diesem gefährlichen Kampf gegen ein ganzes Volk in Waffen nur so zu tun brauchten, als wehrten sie sich hartnäckig.

Doch so sehr die Bretagner Affäre dunkel und geheimnisvoll war, so sehr wurde die Sache in der Champagne von allen verfolgt. Die Schwierigkeit, die Gefahr, mit dem Feind zu verhandeln, um ihn kampflos abziehen zu machen, war ungeheuer. Frankreich wollte sich schlagen. Die Presse war durchaus kriegerisch; Paris, das sich unerwartet schnell von der fürchterlichen Panik, die der 2. September verursacht hatte, erholte, war ohne Übergang in den entgegengesetzten Zustand geraten. Die Klubs atmeten nur noch Krieg und Kampf; sie fragten sich, warum der König von Preußen noch nicht hier sei, gefesselt und geknebelt. Da steckt etwas dahinter ... „Dumouriez treibt Verrat" usw.

In Wirklichkeit hatten die Preußen nichts verloren, fühlten sich keineswegs gedemütigt und zogen sich nicht einmal zurück. Zwölf Tage lang nach der Schlacht rührten sie sich nicht vom Fleck. Sie hatten Lebensmittel bekommen und fühlten keine Veranlassung abzuziehen. Die angetastete Ehre des Königs von Preußen, sein grausam verletzter Stolz fesselten ihn, ließen ihn, wie es scheint, sich in Frankreichs Erde festwurzeln. Zwei berüchtigte Generale unserer alten Monarchie, die Herzöge de Broglie und de Castries, rührten sich nicht aus dem Kreise seiner Ratgeber, versicherten hartnäckig die Leichtigkeit der Expedition, die tatsächliche Überlegenheit seiner Armee, die unendliche Wahrscheinlichkeit eines Sieges, da man gewöhnlichen Milizen Soldaten gegenüberstelle.

Der König von Preußen hatte sehr geteilte Empfindungen.

Die Sache des Einmarsches kam hier erst in zweiter Linie, verglichen mit einer anderen, die ihn sehr quälte, einer Hofintrige, eines Wechsels der Günstlinge. Diese waren von zweierlei Art; die einen, von der Kriegspartei, mochten wohl von Rußland und Österreich getrieben, vielleicht bezahlt sein; sie hatten den König zu seinem unbesonnenen Kreuzzug verlockt. Die Pazifisten nannten sich die wahre Preußenpartei; sie waren im Einverständnis mit der Mätresse des Königs, der Gräfin Lichtenau; sie brachten ihm ihre Briefe, tränengetränkte Briefe. Sie hatte sich bis nach Spa herangewagt, und hier rief sie klagend und schmerzvoll ihren königlichen Geliebten zurück; sie fürchtete die französischen Kugeln, sie fürchtete nicht weniger die Französinnen; der König hatte ein bewegliches Herz, man konnte wetten, daß der Eroberer, wenn er in Frankreich eindrang, erobert werden würde.

Der Mißerfolg von Valmy war ein Triumph für die Friedensfreunde unter den Ratgebern des Königs von Preußen. Der Herzog von Braunschweig schloß sich ihnen an. Sie erinnerten den König daran, daß sie ihn stets auf das Schwierige der Sache hingewiesen hätten, bewiesen ihm ehrerbietig, daß er der Betrogene sei, da er für Österreich arbeite, das in einer es so persönlich angehenden Sache ihm so wenig, so schlecht beistehe. Die Emigranten hatten ihn getäuscht; er schuldete ihnen wenig Rücksicht. So blieb nur die Sache Ludwigs XVI. „Ja, aber die Sache der Könige, die Freiheit Ludwigs XVI.? War das nicht eine Ehrensache des Königs, die er nicht ohne tiefe Beschämung im Stich lassen konnte?"

Der König von Preußen hatte in seiner Umgebung zwei Franzosen, seinen Sekretär Lombard und den General Heymann, der erst kürzlich ausgewandert und Preuße geworden war. Sie ließen sich durch die Einwendungen nicht beirren; sie machten sich anheischig, die Ehre des Königs zu retten, indem sie erreichten, daß Ludwig XVI. seine Freiheit und sein verfassungsmäßiges Königtum wiedererlangte. Lombard erbat nur vom König die Erlaubnis, sich von den Franzosen gefangennehmen zu lassen, um mit ihnen zu verhandeln. Dumouriez, von dem er sich führen ließ, sagte ihm, falls es das Heil Ludwigs XVI. sei, für das der König sich einsetze, so täte er klug, sich zurückzuziehen; dringe er weiter vor, so würde Ludwig XVI. umgebracht. Um die Preußen besser zu überzeugen, sandte er ihnen frühzeitig mit Lombard den Mann Dantons zu, Westermann, der direkt mit dem Emigranten, dem Franko-Preußen Heymann, verhandeln sollte, angeblich um einen Gefangenenaustausch abzuschließen.

Der Herzog von Braunschweig erfuhr in diesen Besprechungen, daß die Gesetzgebende Versammlung am 4. September mit aller Entschiedenheit gegen jeden auswärtigen König Stellung genommen hatte; daß die Versammlung, als ein Abgeordneter sagte, man wolle den Herzog von Braunschweig oder den von York zum König machen, geschworen habe, es solle keinen König mehr geben; daß die Jakobiner, um Brissot zu stürzen, ihm als tödliches Verbrechen zur Last legten, er habe den Herzog von Braunschweig herbeigerufen. Vor kaum sechs Monaten hatten einige unserer Feuillants die sonderbare Idee gehabt, ihm das Königtum anzutragen. Er hatte klüglich abgelehnt. Dieser Fürst war wie so viele Deutsche ebenso abhängig von England wie von Preußen; er hatte eine Schwester der Königin von England geheiratet, er war Deutsch-Engländer. England hätte großes Interesse daran gehabt, die Kandidatur seines Schützlings zu begünstigen. Einer der gewichtigsten Gründe desselben, nicht zuzuschlagen, war der, daß er auf Englands Antwort an Preußen wartete; er wollte vor allem den Befehl der Engländer haben; waren diese einverstanden, sich mit Preußen zu verbünden, so war es dem Braunschweiger recht, sich zu schlagen, keineswegs aber gegen den Wunsch der Engländer, seiner Oberherren. So wartete er also.

Inzwischen hatte Dumouriez in Eile Westermann nach Paris entsandt, um die Entscheidung Dantons, des vollziehenden Rates zur Einwirkung auf die öffentliche Meinung zu erlangen, die Presse zu benachrichtigen, zu verhindern, daß diese bedeutsame und empfindliche Angelegenheit durch das Ungestüm der Journalisten und der Klubs verwirrt und verdorben werde. Es galt, mitten in der hochgehenden Begeisterung, im Fanatismus die kalte und bedachtsame, praktisch kühle Sache zur Annahme zu bringen. Man dürfe das Glück nicht herausfordern, man habe genug Erfolg gehabt, müsse sich jetzt begnügen, es sei ein großer Sieg, sich nicht zu schlagen, den Feind aufzuhalten, zurückzuweisen, Europa zu zeigen, wie er Ludwig XVI. und die Emigration im Stich ließ, und zwar, ohne durch eine Niederlage dazu gezwungen zu sein, ihn aus freien Stücken im Stich ließ und der Welt das Beispiel bot, mit der jungen Republik zu unterhandeln.

Das war es, was Danton im Ministerrat vorbrachte; diese sahen überrascht, daß er die Maske des Eiferers, des Wütenden, des Redners ablegte und den listigen Politiker herauskehrte. Die Schwierigkeit lag nicht darin, die Minister zu überzeugen, sondern die republikanischen Anschauungen zu mäßigen, wenigstens die Führer zum Schweigen zu bringen, zu besänftigen. Hier lag die Kraftprobe. Und Danton bestand sie.

Dumouriez empfing gleichzeitig zwei Briefe, einen vom Ministerrat, offiziell und stolz: Die Republik verhandelt nicht, solange der Feind das Gebiet nicht geräumt hat. – Der andere war von Danton allein; es war eine Auslegung des ersteren, lehnte den Gedanken an Verhandlungen durchaus nicht ab und benachrichtigte Dumouriez, daß drei Kommissare des Konvents, Prieur de La Marne (ein Jakobiner), Carra, Sillery (zwei Girondisten), abgingen, um sich mit ihm über die vorläufig abzuschließende Übereinkunft zu verständigen.

Man konnte besorgen, daß diese friedliche Botschaft zu nichts führen würde. Die Nachricht von der Ablehnung des Königtums hatte den König von Preußen in die düsterste Stimmung und in eine wahre Wut zurückversetzt. Er wollte losschlagen und gab den Befehl dazu für den 29. September. Der Herzog von Braunschweig sagte es den Emigranten, die einen Freudensprung taten. Am 28. erließ er, um den Zorn des Königs ein wenig zu erleichtern, ein Manifest voller Kränkungen und Drohungen. Dumouriez brach den Waffenstillstand, drückte jedoch sein Bedauern aus, daß er von der ihm erteilten Ermächtigung zu Verhandlungen keinen Gebrauch machen könne. Am 28. bezeigte der Zorn des Königs, der sich in Worten ausgetobt hatte, weniger Verlangen nach Taten. Hinsichtlich der Schlacht gab es eine Beratung, und der Herzog von Braunschweig wies Briefe Englands und Hollands vor, die es ablehnten, in die Koalition einzutreten und sich mit Preußen zu vereinigen. Kaum weniger von Bedeutung war die sehr vertrauliche Enthüllung eines Leutnants von Dumouriez gegenüber einem preußischen General, daß Custine nach dem Rhein marschiere. Er würde die ganze preußische Grenze entblößt finden, nicht einem Soldaten wäre er zwischen Mainz und Koblenz begegnet. Wer hinderte ihn, diese gewaltige Festung zu nehmen? Die Rückkehr des Königs von Preußen wäre sehr unangenehm geworden.

Der König überließ die Emigranten und Österreich ihrem Geschick und bekümmerte sich einzig und allein um den König, Ludwig XVI., und auch nur um seine Person, um den Menschen, und nicht um den Monarchen. Er fragte, wie er im Temple behandelt werde. Danton erkundigte sich sorgfältig, ließ von Westermann alle Beschlüsse der Kommune vorlegen, die glauben machen konnten, daß der Gefangene in leidlich guter Behandlung sei. Wenn man den Preußen glauben darf, die allerdings ein Interesse daran hatten, die Ehre ihres Königs einigermaßen zu retten, so hätte er sich erst zurückgezogen, als er von Danton und Dumouriez ihr Wort hatte, um jeden Preis das Haupt Ludwigs XVI. zu retten.

Am 29. September begann die preußische Armee die Rückwärtsbewegung und machte eine Meile, eine weitere Meile am 30. und ebensoviel an den folgenden Tagen. Mehrmals beunruhigten die Unseren, die von dem Abkommen schlecht unterrichtet waren, die Preußen oder kamen ihnen zuvor. Die Kommissare des Konvents riefen sie zurück. Sie erreichten friedlich Verdun, dann

Longwy. Der Feind ging über die Grenze zurück und verdoppelte die Eile auf Koblenz bei dem Gerücht des Vormarsches Custines.

Schon hatte sich ein Teil der französischen Armee von Osten nach Norden gewandt und machte sich ungeachtet der Jahreszeit nach Belgien auf den Weg. Am 12. Oktober eilt der endlich freigewordene Dumouriez nach Paris, unter der Vorgabe, den Einmarsch vorbereiten, seine Pläne zur Annahme bringen zu wollen, in Wirklichkeit, um die Lage aus der Nähe zu betrachten, die Parteien zu prüfen und festzustellen, woher der Wind wehe. Er fand hier bei aller Welt mehr Aufmerksamkeit für seine Pläne, vielleicht aufgeklärter über seine Absichten, als er es selber gewünscht hätte. Er suchte Frau Roland in dem nämlichen Ministerialgebäude auf, aus dem er wenige Monate vorher den von Ludwig XVI. abgesetzten Roland vertrieben hatte. Er überreichte ihr einen hübschen Strauß, um Gnade zu erlangen, und sie nahm ihn gut auf, bewillkommnete ihn; aber sie sagte ihm gleichzeitig mit echt romantischem Freimut, daß man ihn für royalistisch halte; je begabter er sei, desto gefährlicher sei er; die Republik werde sich wohl hüten, ihm die anderen Generale unterzuordnen, alle würden unabhängig sein. Dieses Mißtrauen war natürlich. Als Dumouriez dem Konvent vorgestellt wurde, hatte er in seiner Antrittsrede vermieden, was man neugierig von ihm erwartete, den Treuschwur für die Republik. Er hatte mit kühner Unbekümmertheit, die niemand verpflichtete, geäußert: „Ich leiste Ihnen keine neuen Schwüre; ich werde mich würdig erweisen, die Kinder der Freiheit zu kommandieren und die Gesetze aufrechtzuerhalten, welche das souveräne Volk sich durch Ihre Vermittlung verschreiben wird."

Am Abend wurde er bei den Jakobinern äußerst kühl aufgenommen. In einer geistvollen Rede warf Collot d'Herbois ihm vor, „den König von Preußen allzu höflich zurückgeleitet zu haben". Selbst Danton, der mit Dumouriez ganz eins zu sein schien, und der genau so gut wie dieser den König von Preußen „zurückgeleitet hatte", war gezwungen, sich der Auffassung der Gesellschaft anzuschließen, deren Vorsitz er an diesem Tag hatte übernehmen wollen. Er sagte zu ihm: „Tröste uns mit Siegen über Österreich dafür, daß wir den Despoten Preußens nicht hier haben."

Welches Mißtrauen auch Dumouriez' geheime Absichten erwecken mochten, es wäre unbesonnen, unmöglich gewesen, auf Vermutungen hin einen General zu entfernen, der einen so großen Dienst geleistet hatte. Man marktet nicht mit dem Sieg; er allein hatte ihn eingeleitet und konnte ihn fortsetzen. Die Gefahr war nicht vorbei; Frankreich war nicht gerettet, solange es nicht eine glänzende Offensive ergriffen, den Feind bei sich, auf seinem eigenen Gebiet besiegt hatte. Ein einziger Mann hatte Erfolg gehabt und schien „einen glücklichen Stern", schien Glück zu haben, diese erste und letzte Eigenschaft, die man von den Generalen fordert. Man mußte sich ihm wohl anvertrauen, an die tiefste Einigkeit zwischen dem Konvent und der ausübenden Gewalt, zwischen dieser und dem Vollstrecker der militärischen Maßnahmen glauben machen, Europa mit dieser Einigkeit der drei Kräfte: Arm, Kopf und Schwert, erschrecken.

Der übertriebene Argwohn vor dem militärischen Ehrgeiz, der für eine alte, matte und abgestumpfte Revolution ohne Zweifel sehr vernünftig war, ist es für eine junge, begeisterte Revolution, die ihren Anfang nimmt, weit weniger. Die Männer sind dann nichts, die Begriffe alles. Man hatte es an La Fayette gesehen, der sowohl im Heer als auch in der Nationalgarde Wurzeln hatte, die man für recht stark hätte halten können; am Tage, da er die Revolution verschlingen wollte, sah er sich allein. Dumouriez war als kommandierender General ganz neu; wenn auch einige Linienregimenter, einige Kavalleriekorps ihm persönlich anhingen, so kannte doch die ungeheure Masse des Heeres, die sich jeden Tag erneuerte und vergrößerte, kannten diese Ströme von Freiwilligen, die von allen Seiten hinzuströmten, Dumouriez kaum; ihr Gott, das war die Republik, und sie wollten keinen anderen.

Die entgegengesetzte Gefahr war mehr zu befürchten. Bei dem allenthalben herrschenden Argwohn, der fortgesetzten Panik, den blindlings losgelassenen Anschuldigungen des Verrats, konnte man dem Manne, den man verwendete, alle moralische Kraft rauben, ihn machtlos, entwaffnet an den Feind schicken. Danton hatte schon rechte Mühe gehabt, ihm beizustehen. Zweimal wäre Dumouriez ohne ihn in der öffentlichen Meinung erledigt gewesen; zunächst, als er bei den berühmten Thermopylen, deren Leonidas er sich genannt hatte, umkehren mußte, dann, als er über den Rückzug der Preußen verhandelte, mit ihnen plauderte, speiste, dem König von Preußen Kaffeegeschenke zusandte. Danton deckte ihn in diesen beiden Fällen; die gesamte Presse schonte ihn, ausgenommen Marat, der, da er stets, ob mit, ob ohne Grund, kläffte, weniger Eindruck machte.

Seitdem Dumouriez da war, ging Danton ihm nicht mehr von der Seite; er führte, geleitete, umgab ihn, ließ sich überall mit ihm sehen, bei den Jakobinern, in den Theatern, auf den Festen der Dankbarkeit und Freundschaft, die man dem General bereitete. Diese Feste, die Freude aller über die allgemeine Befreiung, die unverhofften Eroberungen der Revolution in Nizza, in Savoyen, am Rhein, der nationale Eifer für den Einmarsch in Belgien, die Ergriffenheit in Erwartung des Sieges, schien die Herzen in eine höhere Region zu erheben, wo der Haß versiegt. Jetzt oder nie war der gegebene Augenblick zur Annäherung. Die Gironde feierte Dumouriez, doch konnte sie ihn von dem trennen, der ihm bei seinem Erfolg so energisch beigestanden, ihn gesichert hatte?

Die beiden wahrhaft überlegenen Männer, Danton und Dumouriez, begriffen durchaus, daß Frankreichs Heil nicht nur von einem glücklichen Krieg nach außen abhing, sondern von der Beendigung der inneren Streitigkeiten, von der Versöhnung Dantons mit der Gironde. Sie sprachen nichts, um dieses große

Ergebnis zu erzielen. Danton kannte sehr wohl den schwierigen Charakter der Girondisten, ihre rastlose Eigenliebe, Rolands kummervolle Strenge, die Empfindlichkeit der Frau Roland, den tugendhaften und zarten Ehrgeiz, den sie für ihren Gatten hegte, so daß sie Danton nie das rohe Wort vergaß, das er gesagt, um Roland lächerlich zu machen. Danton in seiner unbekümmerten Gutmütigkeit wollte ohne alle Erörterung und Erklärung zunächst einmal das Eis brechen. Er führte Dumouriez ins Theater, betrat aber selbst nicht die gleiche, sondern die benachbarte Loge, von der aus er mit dem General redete. Das war eben die Loge des Ministers des Inneren, Rolands. Danton, als ehemaliger Kollege, ließ sich ganz familiär hier mit zwei Frauen nieder, sehr wahrscheinlich seiner Mutter und seiner Frau (die er leidenschaftlich liebte). Wenn unsere Annahme nicht fehlgeht, so war ein solcher in Familie unternommener Schritt ein Friedenspfand. Man wußte, daß niemand grausamer unter den verhängnisvollen Septembertagen gelitten hatte als Frau Danton; sie wurde krank und wäre beinahe gestorben.

Man konnte wetten, daß die Damen einander nahe kommen würden; wäre Frau Roland in die Loge eingetreten, so hätte sie sich unwillkürlich angeschlossen und wäre gerührt gewesen. Im übrigen, ob nun die Rolands die Sache gut oder übel aufnahmen, in politischer Hinsicht konnte sie wundervolle Ergebnisse erzielen. Alle Zeitungen würden sagen, man habe in einer Loge von sechs Fuß im Geviert die Montagne und die Gironde vereinigt gesehen, es gebe keine Parteien mehr, alle Uneinigkeit sei erloschen. Dieser einzige Anblick der Einigkeit wäre Frankreich nützlicher gewesen als eine gewonnene Schlacht.

Frau Roland erschien tatsächlich, und sie war zunächst unpäßlich; man hielt sie an der Türe zurück und sagte ihr, die Loge sei besetzt; sie ließ sie sich öffnen und sah Danton auf dem Platz, den sie einzunehmen gedachte, neben dem Helden des Festes. Sie mochte Dumouriez nicht sehr gern, doch deutet alles darauf hin, daß sie an diesem Abend ihm dennoch die Gunst ihrer anmutigen Nachbarschaft gewähren, ihn mit diesem feierlichen Zeichen einer herben Sympathie bekränzen wollte; sie allein hielt sich für würdig, ihm so stillschweigend im Namen Frankreichs zu danken.

Sie war am Arme Vergniauds gekommen, um zwischen dem großen Redner und dem General zu sein, als Bündnis zwischen dem Genie und dem Sieg aufzutreten und sich kühn an letzterem ihren Teil für die girondistische Partei zu erobern.

Danton störte alles das. Frau Roland wünschte nicht, ihn neben sich zu haben, zwischen sich und Dumouriez. Das war ungerecht. Nächst Dumouriez war Danton der Mann, der am meisten zum Erfolg beigetragen hatte. Die Gironde hatte wenig dazu getan. Ihr Minister, Servan, wollte, selbst nach dem Erfolg von Valmy, daß man sich auf Châlons zurückziehe, ein Plan, der dem erfolgreichen völlig entgegengesetzt war.

Wie dem auch sei, Frau Roland nahm die beiden Frauen zum Vorwand. Sie sah, wie sie sagte, „zwei Frauen von schlechter Haltung". Und ohne zu prüfen, ob sie nicht ungeachtet dieser Haltung achtungswert seien, schloß sie die Loge wieder, ohne einzutreten und zog sich zurück.

Vergniaud teilte nicht den Widerwillen der Girondisten für Danton. Sie, die er liebte und die er begeisterte, das schöne und gute Fräulein Candeille, machte einen rührenden Versuch, die Parteien einander zu nähern. Die Gelegenheit bot ein Fest, das sie Dumouriez zu Ehren gab. Danton und Vergniaud fanden sich dazu ein. Die Künstler und die Schriftsteller, vermischt mit Politikern aller Art, halfen sie zu vereinigen, sie ihren Haß vergessen zu lassen, sie für eine Weile außerhalb der Parteien auf friedlichen Boden zu stellen, auf den Boden verbindlicher und sanfter Gefühle. Es war gewissermaßen das zivilisierte Frankreich, das am Vorabend des Schreckens das politische Frankreich um Gnade bat, um Gnade für dieses selbst, das sich vernichten wollte. Die Mehrzahl derer, die da waren, hatte nur noch recht kurz zu leben, Vergniaud ein Jahr, Danton knapp achtzehn Monate; und der Held des Festes, Dumouriez, sollte noch weit unglücklicher (jetzt gleich aus dem Ruhm in die Schande gestürzt) das Frankreich, das er gerettet hatte, für immer verlieren, ein ferner Zuschauer unserer ruhmvollen Siege bleiben und dreißig Jahre in der Verbannung schmachten.

Ein gnädiger Schleier verhüllte ihnen allen ihr Geschick. Alle genossen sie ahnungslos und unvorsichtig dieses Fest, schöpften einen sanften Strahl des Friedens aus den Augen der jungen Muse. Die Gironde und die Montagne waren verschmolzen. Ein Ereignis verdarb alles. Santerre, der bei dem Feste war und sich einen Augenblick in einem Empfangsraume nahe der Tür befand, trat traurig und ganz verändert wieder ein. „Was haben Sie?" – „Marat ist da, er fragt nach dem General ..." Es war ein Theaterkoup. Manche verschwanden und begaben sich in andere Räume. Manche, die blieben, erbleichten.

Schon seit mehreren Tagen suchte Marat nach Dumouriez. Er hatte sich von den Jakobinern beauftragen lassen, von ihm Rechenschaft zu fordern für die Züchtigung, die der Armee als Folge eines von Freiwilligen begangenen Verbrechens geworden war, von allzu treuen Schülern der Maratschen Lehren. Wir werden diese Sache im folgenden Kapitel näher erörtern.

Der gelbe Kerl trat ein, breit und kurz zwischen zwei langen Jakobinern, die ihn um einen ganzen Kopf überragten. Marat hatte sich auf eine große Wirkung vorbereitet, da er willens war, den siegreichen General vor diesem bebenden Kreis einer Art Verhör zu unterwerfen. Dumouriez gewährte ihm nicht diese Befriedigung. Beim ersten Wort maß er ihn mit verächtlichen Blicken: „Ah, Sie sind also der Marat", sagte er, „ich habe Ihnen nichts zu sagen." Und er wandte ihm den Rücken. Dann setzte er sich in aller Ruhe mit den beiden Jakobinern auseinander.

Dumouriez' Kaltblütigkeit gab auch den andern kaltes Blut. Die Militärs redeten mit Strenge zu dem Journalisten. Marat ging zu den Jakobinern, um sich zu beklagen und loszuschreien. Vor allem erzürnte ihn die spöttische Unbekümmertheit, mit der die Szene in den Zeitungen seiner Gegner dargestellt wurde. „Wir können ihnen ihr Lachen verzeihen", fügt er bösartig hinzu, „denn wir werden sie weinen machen."

Als Marat gegangen war, versuchte man, das Fest fortzusetzen. Aber die Frauen blieben bestürzt. Die Männer bemühten sich zu lächeln, um sie zu beruhigen. Indessen fand jeder, daß der andere bleich sei und daß alle verwandelt waren.

Eigentlich war das Ereignis zu geringfügig, um eine derartige Bewegung hervorzurufen. Die lächerliche Erscheinung war nicht geeignet, alle diese Männer zu entsetzen, in denen tatsächlich Frankreichs Kraft ebenso enthalten war wie seine Erleuchtung. Die Drohungen, die düsteren Prophezeiungen des blutdürstigen Astrologen, ja selbst der mit Bestimmtheit verheißene Tod hätte ihre Herzen nicht beunruhigen können. Was sie nicht ohne Grund verwirrte, war, daß sie mit Marat den unheilbaren Hader eintreten sahen, den Geist der Parteilichkeit, den sie in sich trugen, und der einen Augenblick verschwunden gewesen war. Sie blieben traurig und schweigsam und gingen einander aus dem Wege. Die freundschaftliche Vermischung endete; jeder schloß sich unwillkürlich den Seinen an. Ehe man auseinanderging, konnte man wieder die Parteien antreffen.

Dumouriez wollte Paris nicht verlassen, ohne einen letzten Versuch zur Versöhnung zu machen. Er vereinigte, sagt man, an seiner Tafel Danton und die Girondisten. Er führte ihnen Danton zu, und indem er sie so zwang, miteinander das Brot zu brechen, glaubte er, sie genähert zu haben; aber er täuschte sich. Die Gironde blieb fest. Wenn sie die Hand reichte, so war es die Hand ohne das Herz, die matte und kalte Hand der Toten.

Nach Dumouriez' Abreise ergriff Danton selbst im Konvent zwei vernünftige Gelegenheiten, mit der Gironde zu stimmen, zu zeigen, daß er weder Zorn noch Haß gegen sie hegte und keine Verbitterung.

Am 23. Oktober in der Erörterung hinsichtlich der gegen die Emigranten zu ergreifenden Maßnahmen schloß er sich der Ansicht Buzots an, der geäußert hatte: „Die Emigration an sich verdient nicht den Tod. Verbannen wir die Emigranten lebenslänglich, und bestrafen sie mit dem Tode, wenn sie den Fuß nach Frankreich zurücksetzen." Danton sagte, in der Tat genüge die Verbannung.

Doch die bemerkenswerteste Gelegenheit, da er mit der Gironde eines Sinnes war, war die vom 16. Oktober. Ein Abgeordneter hatte den unglücklichen Vorschlag gemacht, die Abschaffung des Königtums und Errichtung der Republik der Sanktion des Volkes zu unterwerfen. Buzot verwarf diesen Vorschlag mit aller Kraft und Danton stützte Buzot mit den großen und starken Worten: „Die Republik ist bereits vom Volk, von der Armee bestätigt, vom Geist der Freiheit, der alle Könige ablehnt. Da also kein Zweifel daran erlaubt ist, daß Frankreich für immer Republik sein will und sein wird, so wollen wir uns nur noch damit beschäftigen, eine Verfassung zu schaffen, die eine Schlußfolgerung dieses Prinzips darstellt; und wenn Sie diese erlassen haben, wenn Sie sozusagen durch die Bedeutsamkeit Ihrer Diskussionen die öffentliche Meinung vorgeschrieben haben, so wird eine unverzügliche Annahme erfolgen, deren Beständigkeit durch die Einmütigkeit aller Parteien Ihrer Regierung garantiert sein wird."

In dieser bedeutsamen Frage, die nichts Geringeres ist, als das ewige Problem des Rechtes und der Gewalt, waren sich der revolutionäre Geist, der bei der Montagne herrschte, und der gesetzmäßige und philosophische Verstand, wie er der Gironde eigen war, völlig einig.

In jeder wesentlichen Frage des Augenblicks war es so. Hinter den heftigen Auseinandersetzungen gewahrt man bewundernd die wirklich große Einigkeit, die in dieser edlen Versammlung herrschte.

Trotz der Uneinigkeit seiner Vertreter hat der Konvent ein schönes Wort hinterlassen, das Wort Isnards am Schluß der Eingabe vom 23. Februar 1793 für die Aushebung der dreihunderttausend Mann:

„Soldaten! Matrosen! Möge ein heilsamer Wetteifer euch beleben, mögen gleich bedeutsame Erfolge euch krönen! Solltet ihr auf dem Felde der Ehre sterben, so wird nichts eurem Ruhme gleichen; eure Namen werden am Giebel des großen Bauwerks der Freiheit der Welt eingemeißelt bleiben. Die Generationen werden sie lesen und sagen: Das sind die Helden, welche die Ketten der Menschheit sprengten und sich für uns aufopferten, als wir noch nicht waren! ... (Dann, von der Armee auf den Konvent kommend, von den Soldaten auf die Gesetzgeber) Auch wir stehen entschlossen an unserem Posten und werden das Beispiel des Mutes und der Ergebenheit bieten; wenn es sein muß, erwarten wir auf unseren Sitzungsstühlen den Tod ... Man sagt euch, wir seien uneins, hütet euch, es zu glauben. Mögen unsere Ansichten verschieden sein, unsere Empfindungen sind die gleichen; in den Mitteln voneinander abweichend, streben wir alle zum gleichen Ziel. Unsere Beratungen sind lärmend; je nun, wie sollte man sich bei so großen Interessen nicht ereifern? Es ist die Leidenschaft für das Gute, die uns bis zu diesem Grade bewegt; ist aber der Beschluß einmal gefaßt, so endet der Lärm und das Gesetz bleibt."

Isnard schrieb es gerade, als seine Partei am Untergehen war, und es ist wie eine Stimme aus dem Grabe. Hier sind es die Sterbenden, welche die Lebenden rechtfertigen, den gesamten Konvent, ohne Unterschied der Parteien, selbst die nicht ausgenommen, die sie in den Tod schickten. In edler Bürgertugend und Schamhaftigkeit untersagen sie der Armee die Uneinigkeit, die ihnen das Leben kosten wird, und sagen noch im Sturz, als Opfer der Spaltungen: „Man sagt euch, wir seien uneins, hütet euch, es zu glauben!"

Und dieses erhabene, heroisch uneigennützige Wort war gleichzeitig gerecht und tiefblickend. Die Uneinigkeiten, so heftig und blutig sie auch sein mochten, hatten mit der allgemeinen Wohlfahrt gar nichts zu tun. Sie betrafen zukünftige Fragen, die damals wirklich verfrüht waren.

Die Frage des Bürgertums und des Proletariats durfte eine Nationalversammlung kaum beunruhigen, die zehn Milliarden an Besitz zur Verteilung an das Volk hatte. Die Auseinandersetzungen im Konvent betrafen auch Fragen der hohen politischen Philosophie, über feine Abweichungen in der revolutionären Strenggläubigkeit.

Diese Nationalversammlung kürzte, erledigte die Dinge nachts in ihren Komitees und widmete ihre Tage, ihre Aufmerksamkeit, ihre Anstrengungen unermüdlich, das Symbol des neuen Gesetzes zu erörtern. Die stärksten Kräfte ihres Kampfes haben sich in der reinen Gedankenwelt, in der Religion des Geistes aufgebraucht.

Das ist das seltsame, aber wahrhaft vornehme Bild, das sie der Welt geboten hat. In allen Dingen reeller, aktueller Interessen war sie unschwer einig. Als Tochter der Philosophie des 18. Jahrhunderts maß sie nur den Ideen Wichtigkeit bei, sie lebte und sie starb in ihnen.

Die Mitglieder, die sie so grausam von ihrem Herzen stieß, waren keine Verschwörer, bedrohten in nichts das Heil der Revolution. Sie starben als Ketzer.

Frankreich trat in sein Leben der Einigkeit so voller Leidenschaft ein, daß die geringsten Meinungsverschiedenheiten allzutief einschnitten und Grauen erregten. Abweichungen, die oft unbedeutend waren, erschienen als ungeheures Vergehen und des Todes wert.

So wie Frankreich war auch der Konvent. Wer immer die Einstimmigkeit in den grundlegenden Fragen, die in Wahrheit diese scheinbar uneinige Nationalversammlung einten, zu erkennen vermöchte, der würde sprechen wie Isnard und dem Konvent dieses Zeugnis ausstellen: „Nein, du ruhmreiche Nationalversammlung, nein, du warst nicht uneins.“

ELFTES KAPITEL

Jemappes
(6. November)

Bedeutung der Schlacht bei Jemappes. – Unvorteilhafte Stellung der Armee von Jemappes. – Der Gemeinschafts- und Massenkrieg ist aus dem französischen Instinkt und dem Geist der Brüderlichkeit hervorgegangen. – Der Geist in der Großen Armee. – Der Geist in der Armee von Jemappes. – Rechtschaffenheit unserer Offiziere aus dem Volk. – Strenge der Armee gegen blutige Ausschreitungen. – Die Armee läßt sich durch einen ersten Mißerfolg nicht entmutigen (4. November 1792). – Überlegene Stellung der Österreicher bei Jemappes. – Eröffnung der Schlacht durch die Marseillaise (6. November 1792). – Tapferkeit unserer Freiwilligen auf dem rechten Flügel der Armee. – Die Schlacht bei Jemappes, die durch die Marseillaise entschieden wurde, hat ihrerseits den „Chant du départ" veranlaßt.

Frankreich allein war einig und die Welt war uneins.

Frankreich war sich seiner Einigkeit nicht bewußt, aber es bewies sie durch den Sieg. Es gewann am 6. November die Schlacht bei Jemappes.

Man konnte diesmal nicht wie bei Valmy sagen, es habe sich nur um eine Kanonade gehandelt, um eine mit Gewehr bei Fuß gewonnene Schlacht. Es war ein sehr blutiges Handgemenge, in welchem jeder einzelne aus der französischen Armee seinen Mann im Nahkampfe und mit der blanken Waffe stellen mußte, in welchem unsere Rekruten, die noch keine Schuhe und keine Winterkleidung, die weder Brot noch Branntwein empfangen hatten, die um Mittag nach einer eiskalten Nacht auf einer sumpfigen Ebene noch nüchtern waren, aus den Sümpfen vorstürmten; die Höhe erklimmend, nahmen sie die dreifachen Verschanzungen, die von ungarischen Grenadieren in dreifach gestaffelter Feuerlinie verteidigt wurden.

Zwar zauderten unsere Freiwilligen einen Augenblick, als sie auf der schroffen Böschung den tobenden ehernen Schlünden gegenüberstanden, den unmittelbar drohenden Kartätschen. Sie rafften sich zusammen und fanden in sich eine Kraft, die ihr Herz stählte: das Recht der Menschheit und den dröhnenden Ruf Frankreichs: „Das Recht weicht nicht zurück."

Das Recht marschierte gegen die Schanzen und riß sie nieder. Mit den Unseren drang es in die Reihen der Besiegten ein. Freiheit schlug sie und machte sie mündig, machte freie Menschen aus ihnen. Frankreich schien weniger sie als ihre Fesseln getroffen zu haben. Die Belgier waren mit einem Schlage frei. Die Deutschen taten ihre ersten Schritte auf einem neuen Wege; ihre Niederlage von

Jemappes leitete das neue Zeitalter ihrer Freiheit ein. Von nun an mußten ihre Fürsten sie unbedingt als Menschen behandeln, da sie unablässig von ihnen forderten, was das höchste Merkmal des Menschentums ist: Opferbereitschaft.

Unter der Berührung des Stahles erwachten sie, dankbar dem heilsamen Hieb, der ihren verhängnisvollen Schlummer störte, den jammervollen Zauber brach, in dem sie seit mehr als tausend Jahren schmachteten.

Dieser erste Sieg der Republik, der Sieg des Glaubens, hat alle Vernünftler gegen sich gehabt. Die Jakobiner zunächst verkündeten, man werde nicht siegen. Dann haben die Taktiker (sowohl deutsche als bonapartistische) durch gelehrte Arbeiten nachgewiesen, daß der Sieg keiner war, oder daß er zumindest nicht nach den Regeln der Kriegskunst erfochten war.

Ja, der Sieg war widersinnig, wie alle Wunder, und wenn man die Vernunft befragte, so hätte man nicht siegen dürfen. Für jeden richtigen Militär war die Armee von Jemappes lächerlich, schlecht ausgebildet, schlecht ausgerüstet, elend gekleidet, uneinheitlich vor allem, da sie aus wer weiß wieviel Banden von Freiwilligen bestand, die teils ohne Uniform waren, teils die verschiedenen Uniformen der Förderationen von 1790 trugen. Ein Bataillon (ich glaube, das vom Loiret) war noch in Leinenkitteln mit der Bauernmütze. Das ist nicht alles. Es bestanden Korps unter allen möglichen Namen (chasseurs nationaux, chasseurs braconniers [Wildschützen]). Jedes Korps bildete sich aus den einzelnen Städten oder Dörfern, den Bezirken, den Freundschaften und benannte sich, wie es ihm gefiel. Das war keine Armee, das war ganz eigentlich das Volk, das war Frankreich, das sich jung und kindlich auf dem Schlachtfeld einfand, in der Verwirrung der ersten Kriegsbegeisterung.

Robespierre hatte seit mehr als einem Jahre vollkommen bewiesen, daß der Krieg unsinnig sei. Und er hatte durch Camille Desmoulins veröffentlichen lassen, daß die Gironde Verrat begangen habe, da sie den Krieg wollte. Und diese Ansicht war so ganz die der Jakobiner, daß es am 25. Juli 1793 noch einer der Hauptgründe war, die Billaud-Varenne anführte, um die Girondisten in den Tod zu schicken.

Ja, der Krieg war unsinnig. Und es hieß toll sein, gerade zu einer Zeit, da Frankreich die Regierung wechselte, den Feind auf seinem eigenen Territorium aufzusuchen. Gerade damals ging die Gewalt von den Girondisten in die Hände der Jakobiner über. Das Kriegsministerium, das in solchem Augenblick entscheidend war, ging von dem Girondisten Servan auf den Jakobiner Pache über, der sogleich alle Beamten wechselte und die Geschäfte in Unordnung brachte.

Der Krieg war auch darum unsinnig, weil die Generale der Republik royalistisch waren. Dumouriez, Dillon, Custine waren es und verbargen es nicht weiter. Man hat gesehen, wie Dumouriez, als er vor dem Konvent erschien, den Treueid an die Republik umging. Es war nicht anders denkbar, als daß er, der fünfzig Jahre im

Dienst der Monarchie und zu allerlei zweideutigen Aufträgen verwendet worden war, ein royalistisches Temperament besaß; er liebte das Vergnügen, das Geld, er brauchte die Mißwirtschaft der alten Regierung, ihre Leichtlebigkeit, „einen guten Herrn". Überall in seinen Memoiren spricht er davon, daß er als Frucht seiner republikanischen Siege die Wiedereinsetzung des Königs erwartete. Und für den Fall, daß es unmöglich war, den König wieder einzusetzen, dachte er schon an einen anderen, an den jungen Herzog von Chartres.

Die royalistischen Generale, die im Namen der Republik handelten, mußten allein schon durch dieses Doppelspiel in ihren Maßnahmen etwas Schiefes und Falsches haben. Sie bedurften der Begeisterung für die republikanische Sache, und sie fürchteten, diese zu entfachen; es kam alle Augenblicke vor, daß sie in die steigenden Flammen Wasser gossen. Als beispielsweise die deutschen Republikaner, von der neuen Idee berauscht, Custine um Rat fragten und sich erkundigten, was aus Frankreich werden würde, entgegnete er: „Die Monarchie." – „Und wer wird herrschen?" – „Der Dauphin."

Dumouriez' Gefühle verrieten sich deutlich in den Aufgaben, die er den Unterführern zuteilte. Dem General Valence, einem entschiedenen Orléanisten, Freund des Herzogs von Chartres, gab Dumouriez den augenfälligen und glänzenden Auftrag, die Maas zu besetzen und die Österreicher, die Hilfstruppen heranzogen, aufzuhalten. Dem Jakobiner La Bourdonnais, der seinen Nordflügel inne hatte, erteilte er die unscheinbare und ruhmlose Rolle, seine linke Flanke zu decken und erst dann zu ihm zu stoßen, wenn der ganze Feldzug entschieden sei.

Weder Valence, noch La Bourdonnais konnten nutzbringend vorgehen. Diese beiden, von der Armeemitte ungeheuer weit entfernten Flügel, konnten nicht gemeinsam wirken. Valence, der weder Pferde noch Fuhrpark hatte, konnte nicht von der Stelle und ließ den Österreicher vorbei. La Bourdonnais, der sich als Opfer fühlte und empört war, tat so wenig als möglich, und tat es schlecht. So ging der große Vorteil der Zahl, den Dumouriez haben mußte, verloren. Bei einem Zusammenschluß seiner Kräfte hätte er annähernd hunderttausend Mann haben müssen; er zersplitterte sie, und sein alleingebliebenes Zentrum zählte nur fünfundvierzigtausend. Der Österreicher mochte ebensoviel haben, nur daß sie an Disziplin überlegen waren, fünfundvierzigtausend erfahrene Soldaten; hätte er sie zusammenzuziehen gewußt, so hätte er Dumouriez zermalmt.

Dieser gesteht selber ein, er habe nicht den neuen Krieg gekannt, den Krieg im ganzen und in Massen[1], den, der den Armeen der Freiheit eine so furchtbare

[1] Dumouriez gibt hier Carnot die Ehre, um Napoléon den Ruhm darin zu rauben. Der Ruhm gehört Frankreich. Der große Organisator der Armeen von 1793 und der großartige Rechner von Austerlitz, sie hätten nichts zuwege gebracht, hätte ihnen Frankreich nicht den unfehlbaren moralischen Degen geliefert, den wir beschrieben haben. – Was den Lehrmeister, Friedrich den Großen, anlangt, so war sein Lehrer die Not. Dieser befähigte Mann konnte im Siebenjährigen

Einheit der Bewegung verlieh. Er ahnte gar nicht, welch ein Werkzeug er da verwendete. Diese Armeen, die ganze Völker waren, sagen wir besser, die das Vaterland selbst in seinen feurigsten Impulsen waren, verlangten zusammen auszuziehen und in Massen loszuschlagen, die Freunde mit den Freunden, wie der Soldat sagte. Freunde mit Freunden, Verwandte mit Verwandten, Nachbarn mit Nachbarn, Franzosen mit Franzosen waren Arm in Arm ausgezogen: die Schwierigkeit war nicht, sie zusammenzuhalten, sondern vielmehr sie zu trennen. Sie isolieren, hieß ihnen den besten Teil ihrer Kräfte rauben. Diese großen Volkslegionen waren wie lebendige Körper; sie nicht in Massen wirken zu lassen, hieß sie zerstückeln. Und diese Massen waren keine wirren Haufen; je zahlreicher man sie beließ, in desto besserer Ordnung gingen sie vor. „Je mehr der Freunde, je besser marschiert es sich.“ Die Kühnheit kam den Generalen, sobald sie das bemerkt hatten. Sie sahen, daß man mit diesen ungemein geselligen Volkshaufen, wo alle sich an allen und im Verhältnis zur Anzahl entzündeten, in großen Verbänden vorgehen mußte. Der Welt wurde das neuartige Schauspiel, an hunderttausend Mann marschieren zu sehen, wie vom gleichen Gedanken bewegt, von der gleichen Begeisterung getragen, wie ein Mann.

Da liegt der wirkliche Ursprung des modernen Krieges. Es gab da anfänglich weder Kunst noch System. Er entsprang dem Herzen Frankreichs, seinem Geselligkeitsgefühl. Die Taktiker hätten nie die Taktik entdeckt. Hier war keine Berechnung. Einsichtige Rechner sahen es, zogen Vorteil daraus; ihr Verdienst ist, es erkannt zu haben; sicherlich hätten sie es nicht erkannt, wenn sie nicht denselben Funken wie die großen Massen in sich getragen hätten. Sie hatten ihn, weil auch sie aus der Masse kamen. Die monarchischen Generale hätten nie das erhabene und bedeutsame Geheimnis der modernen Solidarität, der gewaltigen Freundschaftskriege begreifen können.

Die Verbrüderungen von 1790 hatten das vorausahnen lassen. Wenn man einen ganzen Kanton, gelegentlich ein Departement in Waffen um den Altar versammelt sah, war es nicht schwer, die unsterblichen Halbbrigaden der Republik vorauszusehen. Und wenn man die ungeheuren Föderationen sah, die mehrere Departements miteinander vereinigten, und diese großen Scharen der Bundes-

---

Krieg, von so viel Feinden bedrängt, doch nicht umzingelt, und da er nur kurze Angriffe von seiten Rußlands abzuweisen hatte, gegen alle Front machen, indem er in Massen vorging, hier und dort rapide Truppenverschiebungen vornahm. Not, die so erfinderische, bildete dieses taktische Genie. – Der unvergleichliche General, der für die technische Abteilung Mitglied des Instituts werden wollte, imitierte und übertraf Friedrich um so mehr, als er ein durchaus nicht mechanisches Material in Händen hatte, diese wundervollen Heere, die durch eine einzig dastehende Eigenheit um so leichter gemeinsam handelten, je zahlreicher sie waren; man füge, was noch mehr ist, die lebendige Tradition dieser republikanischen Armeen hinzu, eine Überlieferung von solcher Stärke, daß die Heere, trotzdem sie aufgerieben, vernichtet, erledigt waren, sich mehrfach erneuerten.

brüder, die, beständig wachsend, sich die Hand reichten und durch ganz Frankreich die Chöre und den Reigen der neuen Freundschaft bildeten, so konnte man im Geiste voraussehen, daß diese Männer 1792, dem Schwur von 1790 treu, unsere großen militärischen Verbrüderungen bilden würden, die „republikanische" Sambre- und Maasarmee, die „friedenbringende" Westarmee, die „starke und unüberwindliche" Rheinarmee, die sogar noch auf ihren Rückzügen siegreich war, die „blitzschnell zermalmende" italienische Armee.

Betrachten wir aufmerksam die Heere von 1792 in ihrer ursprünglichen Schwungkraft, in der Naivität ihrer Jugendtage.

Bei kühler Beobachtung und wenn man sich frei hält von Begeisterung, so boten sie ein seltsames, fremdartiges Schauspiel: man sah ein großes Volk, das schonungslos und rückhaltlos, unbesorgt um sein Leben oder seinen Vorteil, ganz unbekümmert um die Vergangenheit, die Geschichte, die althergebrachte Diplomatie, die Verträge, das geschriebene Recht, die Philosophie des achtzehnten Jahrhunderts auf den Spitzen der Bajonette in die Welt hinaustrug. Diese Prinzipien, mit denen allzuoft die Philosophen selbst nur ihr Spiel zu treiben schienen, wurden von ihren bewaffneten Jüngern ernst genommen, mit einer gewaltsamen Ehrlichkeit zur Anwendung gebracht, die durch nichts aufgehalten werden konnte. Hier waren die philanthropischen Erregungen Raynals und Diderots nicht auf dem Papier oder im Vortrag, sondern in Taten verwirklicht, schlecht und recht in blindem Überschwang einer ungeheuren Empfindsamkeit, die nichts ermaß, nichts berechnete, lebendig geworden.

Diese ganze Philosophie flutete, wie man sich denken kann, ziemlich unklar in den Geistern. Und die Herzen waren um so heftiger davon erfaßt. Es war ein eigentümlicher, beunruhigender Wesenszug der so jungen Revolution, daß sie noch kein bestimmtes Symbol besaß, kein literarisches Denkmal, an das der Gedanke sich klammern konnte. Und eben das ist eine Ursache der rasenden Ausfälle, zu denen diese unklare, blinde, so völlig ungeregelte Empfindsamkeit sich zuweilen hinreißen ließ. Die Marseillaise war ihr ganzes Evangelium. Sie erfüllten sie aufs Wort, oft im Guten, zuweilen im Bösen. Hier machte der Sang das Blut fließen, dort schuf er Taten eines unerhörten Edelmutes.

Wir sagten es schon. Als sie die kranken Preußen auf Karren daherkommen sahen, bleich vor Hunger und Fieber, mürbe von der Ruhr, machten sie halt, ließen sie vorbeiziehen. Wenn sie welche festnahmen, so war es, um sie in den französischen Hospitälern zu pflegen. In Straßburg behandelten Soldaten wie Bürger die Gefangenen als Brüder; man teilte mit ihnen das Brot, das Fleisch, die Suppe; man füllte ihnen die Taschen mit patriotischen Zeitungen, und als sie ins Innere Frankreichs abgingen, kaufte man ihnen durch eine gemeinsame Sammlung Tabak. Die Ausgabe war nicht klein, es waren dreitausend Mann. Welch edle Verschwendung in einer so armen Zeit, als die Unseren nicht einmal

Schuhe an den Füßen hatten! Der Erfolg war wundervoll. Die Gefangenen verlangten Papier und Tinte und schrieben nach Deutschland, der Rhein bestände nicht mehr, es gebe hier weder Frankreich noch Deutschland, sondern alle seien Brüder, und es solle nur noch *ein* Volk auf Erden geben.

Die Empfindsamkeit ist wandelbar, die Begeisterung nicht von Bestand. Doch schon äußerte sich in dieser Armee ein sehr entschlossenes und widerstandsfähiges Element. „Unsere Unteroffiziere des Ancien régime", sagt La Fayette, „waren denen sämtlicher Armeen Europas überlegen." Durch die Gesetze der Revolution zu Offizieren geworden, bildeten sie den Grundbestand jener Klasse tapferer, ehrenhafter, untadeliger Männer, denen der General Foy in seinen „Histoire de la Guerre de la péninsule" folgende Worte widmet: „Unsere Infanterieoffiziere waren die Ehrbarkeit selber, die Bescheidenheit, die Entsagung. Das Ideal dieser braven Leute, die sich frei von Ehrsucht der Pflicht weihten, und die ihre Beförderung nur der Zeit, dem Tode anderer dankten, war der prächtige Latour d'Auvergne, der erste Grenadier der Republik, Instrukteur der spanischen Armee. Diese, wie man weiß, so schlecht besoldeten Offiziere, von denen einige verheiratet waren (ihre mutigen Frauen wollten sie nicht verlassen und folgten ihnen von weitem), bewiesen dessenungeachtet bewunderungswürdige Uneigennützigkeit und Zartgefühl, bewahrten durch ihr Beispiel den Soldaten vor Versuchungen und vergossen ohne Murren ihr Blut in mehr als einem mörderischen Kampfe, der oft nur den Generalen des Kaiserreichs zugute kam."

Diese ehrlichen Leute, denen die Revolution ihre Laufbahn geebnet hatte, bewiesen ihre große Anhänglichkeit. Weniger ins Weite strebend als der Soldat, hatten sie eine stumme, herbe Vaterlandsliebe, die eben darum um so tiefer war. Als eifersüchtige Hüter von Frankreichs Ehre bemühten sie sich, den jungen, undisziplinierten Banden, die tagtäglich bei ihnen ankamen, Ordnungsliebe und Pflichtbewußtsein beizubringen. Sie unterdrückten jeden Unfug, weniger durch ihre Autorität, als durch einen ernsten Tadel und kalte Verachtung, manchmal nur durch ihre traurigen Blicke. Wer hätte ihnen die Autorität, den Respekt verweigert, wenn man sah, wie sie sich das Brot entzogen, um es den Soldaten zu geben, wenn die Tapfersten beim Marsch an den Feind sie immer zwanzig Schritte vor sich sahen?

Schon zwischen den Schlachten von Valmy und von Jemappes, als die Zügellosigkeit ihren höchsten Grad erreicht hatte, als Frankreichs Gefahr, das Übermaß der Begeisterung, die patriotische Verzückung die Freiwilligen zu argen Gewalttätigkeiten hinriß, konnte man annehmen, daß sich dennoch in der Armee unter dem heilsamen Einfluß ihrer bürgerlichen Offiziere ein fester Zug von Ehrenhaftigkeit herausbilden würde, daß die Armee keinen Flecken mehr auf ihrem Soldatenkleide dulden würde. Man sah, wie diese junge Armee, die noch kaum eine war, sich selbst unbeugsam läuterte, das Verbrechen verwarf und bestrafte.

Eine sehr, betrübliche Sache ereignete sich in Rethel. Zwei Bataillone Pariser Freiwilliger (und zwar „Républicain" und „Mauconseil") waren eingetroffen, voller Fanatiker. Ihr Probestück war, ungeachtet der Anwesenheit des Generals Chazot, vier arme Soldaten abzuschlachten, Diener von Emigranten, die zurückgekehrt waren und im Heere Dienst tun wollten. Tatsächlich bestimmte das Gesetz für den heimgekehrten Emigranten den Tod. Der Konvent hatte, der nationalen Entrüstung willfahrend, angeordnet, daß nach der Schlacht bei Valmy eine erbeutete Emigrantenfahne durch Henkers Hand zu verbrennen sei. Immerhin blieb es unwürdig und beschämend, die armen Teufel niederzumachen, Leute aus dem Volk, die von ihren Herren mitgenommen worden waren, die zum Volk zurückkehren und dem Lande dienen wollten. Das Verbrechen war ebenso unklug wie grausam; es verhinderte ein für allemal, daß wir Überläufer bekamen; es errichtete eine eherne Mauer zwischen uns und dem Feind.

Es muß gesagt werden, daß glücklicherweise nicht das ganze Korps für das Verbrechen verantwortlich war. Von zwölfhundert Mann hatten sich etwa vierzig damit befleckt; und sie waren dazu getrieben worden, angestiftet durch die wilden Ausfälle ihres Oberstleutnants, des „Patrioten" Palloy, einem lächerlichen Künstler und ränkevollen Architekten, der sich durch den Verkauf der Steine der Bastille bereichert hatte. Dieser Spekulant übertraf alle Fanatiker an toller Wut und mörderischen Reden und kam dabei auf seine Rechnung; Mord und Brand, aus allem zog er Vorteil. Er gedachte offenbar, wenn die Armee sich hinreißen ließ und der General ermordet wäre, sich an dessen Stelle zu setzen. Die Sache nahm eine andere Wendung. Die Armee wurde von Entsetzen ergriffen. Palloy mußte sich in Sicherheit bringen. Man umzingelte die beiden Bataillone, entwaffnete sie, nahm ihnen ihre Fahnen und schickte sie in die Gräben von Mézières ins Feldlager. Dort suchte sie der General Beurnonville auf und sagte, sie seien verloren, falls sie nicht die Schuldigen auslieferten. Diese lebhaften und empfänglichen, wenngleich allzu aufbrausenden Pariser weinten heiße Tränen; die gesäuberten Bataillone wurden das Vorbild der ganzen Armee, ebensosehr wegen ihrer guten Führung als ihrer Tapferkeit.

Mit solchen, von so reiner Begeisterung getragenen Truppen schien der Erfolg sicher. Frankreich befand sich gewissermaßen in einem der seltenen Augenblicke, da der Mensch, über sich selbst hinausgehoben, mühelos heldenhaft ist und nichts unmöglich findet. Wenn man diese Armee ansah, konnte man vorhersagen: Die Niederlande sind erobert. Dumouriez urteilte so. Er schrieb an den Konvent: „Ich werde am 15. in Brüssel sein und am 30. in Lüttich." Er irrte sich, denn er war am 14. in Brüssel und am 28. in Lüttich.

Die junge Armee hatte zunächst eine Probe zu bestehen, wie sie alte, kampfgeübte Truppen nicht immer ertragen. Sie begann mit einem Unfall. Kaum waren unsere belgischen Flüchtlinge an der Grenze angekommen, als sie voller

Ungeduld, von der Heimaterde wieder Besitz zu nehmen, ohne weiteres angriffen. Da sie nicht zu halten waren, gab man ihnen zur Unterstützung Husaren bei. Sie bemächtigten sich eines Vorpostens; dann werfen sie sich, von Jugend und Tapferkeit hingerissen, von den Höhen in die Ebene, und die kaiserliche Kavallerie eilt herbei und umzingelt sie. Ohne unsere Husaren wären sie vernichtet worden. Beurnonville war der Ansicht, man solle sich in eine befestigte Stellung zurückziehen. Dumouriez entschied viel besser, daß man um jeden Preis die Offensive beibehalten und vorrücken müsse. Die Kaiserlichen wichen trotz ihrer Vorteile zurück und gaben sogar eine sehr gute Stellung auf. Sie wollten uns bis zu der von Jemappes locken, die sie infolge ihrer noch künstlich ausgebauten natürlichen Stärke für uneinnehmbar hielten. Das war der Plan des Österreichers Clerfayt, und er bekam den kommandierenden General, den Herzog von Sachsen-Teschen, auf seine Seite, der seit der beschämenden Affäre von Lille sich gern durch eine schöne Schlacht reingewaschen hätte. Einer seiner Untergebenen, der belgische General Beaulieu, riet ihm, diese Schlacht nicht anzunehmen, sondern sie selbst zu liefern, nachts an die Franzosen heranzumarschieren, über sie herzufallen und diesen Haufen von unerfahrenen Soldaten auseinanderzutreiben. Seine achtundzwanzigtausend geschulten Soldaten waren für diesen kühnen Angriff mehr als ausreichend; der Vorteil bei solchen Unternehmungen ist auf seiten der disziplinierten, kriegsgeschulten Truppen, die ihre ganze Kaltblütigkeit bewahren. Der Herzog zögerte, den Schlag zu wagen, der mehr einem Bandenführer zukam. Als Reichsfürst und Statthalter des Kaisers, als Gouverneur der Niederlande und eigentlich selber ein König, konnte er sich nicht in ein Abenteuer stürzen; es stand ihm besser an, die französische Armee in der Majestät der beherrschenden Stellung von Jemappes zu erwarten, zu sehen, wie sie hier vergeblich anrannte, sie zu seinen Füßen zu zermalmen.

Unser Heer sah sich am Abend des 5. November in der Lage, dieses gemeinsame Werk von Natur und Kunst zu bewundern. Die Stellung ist stark und furchtbar. Es ist eine Mons vorgelagerte Hügelreihe, ein Amphitheater, das an beiden Enden nach zwei Dörfern hinabsteigt, Cuesmes rechts, links Jemappes (von unten gesehen). Jemappes steigt den Berg hinan und bedeckt dessen eine Seite; Cuesmes trug weniger zur Verteidigung bei; man half durch mehrere übereinander aufgebaute Reihen von Verschanzungen nach, und in diesen Schanzen befanden sich die ungarischen Grenadiere. Diese Schanzen und die beiden Dörfer bildeten rechts und links ebensoviele Forts, die zunächst eingenommen werden mußten. Die Waldungen an den inneren Hängen hatte man niedergelegt und Verhaue errichtet. Wenn unsere Soldaten die Verhaue, die Dörfer und Schanzen stürmten, so fanden sie dahinter noch neunzehntausend ausgezeichnete Soldaten; gewiß, das ist als Armee wenig, aber viel als Garnison dieser großen natürlichen Festung. Sie erschien so sicher, daß die paar tausend

Soldaten, die der Herzog von Sachsen mehr besaß, zurückgelassen wurden, um Mons zu halten. Die große zahlenmäßige Überlegenheit, die Dumouriez hatte, nützte ihm recht wenig, weil man an die österreichischen Reihen nur auf engen Wegen herankonnte, die nicht erlaubten, daß man sich entfaltete. Man konnte im allgemeinen nur in Kolonnen angreifen. Die Tapferkeit der Kolonnenspitzen war das einzig Ausschlaggebende bei der Sache. Der Angriff auf die Häuser mit Schießscharten, die Erstürmung der Verschanzungen, die Eroberung der Batterien erforderten ein furchtbares Ringen von Mann gegen Mann.

Die Lage hatte einige Ähnlichkeit mit der von Waterloo. Wie die Engländer bei Waterloo, so hatten die Österreicher bei Jemappes eine große Stadt im Rücken, aus der sie heranzogen, was sie brauchten. Wieviel mehr aber bot die steile Böschung von Jemappes der sie überwindenden Armee der Republik an natürlichen und künstlichen Schwierigkeiten, als le petit rédillon, daran das Kaiserreich zerbrach!

Eine weitere Ähnlichkeit beider Schlachten war, daß bei der einen wie der anderen die französische Armee eine ganze Nacht tief in einer feuchten Ebene festgehalten wurde, und daß man sie am Morgen müde und durchnäßt zum Kampfe führte. Eine solche Nacht, von jungen, durchaus ungeübten und ungestählten, für die Jahreszeit ungenügend bekleideten Truppen mit der Waffe im Arm in diesen Sümpfen verbracht, hätte einen traurigen Tag eröffnet, wäre diese einzigartige Armee nicht von Begeisterung erwärmt, von Fanatismus gepanzert und in ihrem Glauben eingehüllt gewesen.

Denn schließlich, sie standen barfuß – oder es fehlte doch nicht viel daran – im Wasser und in dem Nebel, den das Moor des Nachts aufsteigen läßt; Wasser von unten und Wasser von oben. Die Ebene war von Wasserrinnen durchzogen und von stehenden Tümpeln, und wenn man glaubte, sich auf festen Boden geflüchtet zu haben, so schwankte die Erde unter den Füßen. Keine Gegend ist so wie diese durch die Industrie verwandelt worden; die Verwertung der Steinkohlenlager hat dem Dorfe Jemappes zwölftausend Menschen zugeführt: man hat gebaut, die Wälder abgeholzt, die Moore trocken gelegt. Und trotzdem ist noch heute das Land an den Füßen der Berghänge im allgemeinen eine sehr feuchte Wiese geblieben.

Drunten von dieser Wiese aus konnten unsere in der Morgenkälte schlotternden Soldaten oben auf den Schanzen und in den mit Schießscharten versehenen Dorfhäusern, die zu ihnen herabzusteigen schienen, ihre gefährlichen Feinde sehen: Die kaiserlichen Husaren in ihren schönen Pelzen, die ungarischen Grenadiere im barbarischen Reichtum ihrer eigenartigen Tracht, die österreichischen majestätisch in ihre weißen Mäntel gehüllt.

Was die Unseren ihnen am meisten neideten, war, daß sie gefrühstückt hatten. Die Österreicher warteten, vollkommen gestärkt; sie hatten Mons im Rücken, das alles lieferte. Was die Franzosen betraf, so sagte man ihnen, die Schlacht werde nicht lange dauern, und es sei besser, als Sieger zu frühstücken.

Ein Belgier, jetzt ein ehrwürdiger Greis, aus dem Dorfe Jemappes, der, als alle Welt entfloh, allein in der Gegend zurückblieb und die Schlacht von den benachbarten Höhen aus mit ansah, hat mir den unauslöschlichen Eindruck geschildert, den er davon bewahrt hat. Im gleichen Augenblick, als unsere Kolonnen sich in Bewegung setzten, als der Novembernebel sich zu zerteilen begann und die französische Armee enthüllte, ließ sich ein gewaltiges Konzert vernehmen, eine feierliche, imposante Musik erfüllte das Tal und stieg zu den Höhen empor. Die Musikkapellen unserer Brigaden begannen alle auf dasselbe Zeichen die Schlacht mit der „Marseillaise" zu eröffnen, sie spielten sie mehrmals hintereinander, und in den kurzen Pausen, zwischen dem furchtbaren Kanonendonner, vernahm man das geweihte Lied. Das Rasen der Artillerie konnte die erhabene Weise der Verbrüderungskriege nicht völlig ersticken. Das Herz des jungen Mannes wurde von dieser unerwarteten, rührenden Gewalt ergriffen. Die Artillerie tat ihm nichts; die Musik besiegte ihn. Das war – man konnte es nicht verkennen –, das war die Armee der Gerechtigkeit, die der Welt ihre vergessenen Rechte wiedergeben wollte.

Der Hauptkampf mußte sich auf dem linken Flügel um das Dorf Jemappes und die Höhe abspielen, mehr aber noch auf dem rechten, wo der Abhang von furchtbaren Schanzen bedeckt war. Links führte der alte General Ferrand das Kommando; rechts der tapfere Beurnonville. Diese Stellung war der Ehrenposten, und man hatte hier unsere Pariser Freiwilligen aufgestellt; ein hartes Probestück für diese gestern angekommenen jungen Leute, die noch nie im Feuer gestanden hatten. Dumouriez hatte neben sich, im Zentrum, den Herzog von Chartres, um ihn, sowie der Erfolg eines der Flügel den Sieg verhieß, voranzuschicken; der Thronkandidat hätte sich dann den Bewegungen des siegreichen Flügels angepaßt, hätte von vorn angegriffen, die Sache entschieden und die Ehre davongetragen.

Die Schwierigkeiten rechts und links waren in der Tat groß; weniger noch links, nach Jemappes hin, indessen machte der General Ferrand keine großen Fortschritte; der Angriff schleppte sich von acht bis elf Uhr hin. Dennoch mußte auf der Linken zuerst ein Erfolg erzielt werden; Beurnonville fand rechts fast unüberwindliche Hindernisse. Um elf Uhr sandte Dumouriez der Linken den tapferen und verständigen Thouvenot, der das Kommando übernahm und das Dorf Jemappes eroberte. Und inzwischen ging Dumouriez in eigener Person nachsehen, ob rechts die furchtbare Stellung, die Beurnonville Halt gebot, nicht doch niederzuringen sei. Nie kam ein General gelegener; unsere von Dampierre[1]

---

1 Dumouriez sagt dreist, Dampierre sei nicht dabei gewesen. Ich ertappe ihn aber so oft in flagranti bei Lügen, daß ich dem keinen Wert beimessen kann. So ist es zum Beispiel nach ihm Kellermann, der die Preußen hat entkommen lassen. – Eine andere Lüge: Dumouriez hat im Oktober einen Plan entworfen, um Savoyen zu erobern, und es war schon im September erobert. – Er behauptet, daß die Girondisten (die Anstifter und hauptsächlichsten Kriegstreiber) wünschten, der Krieg möge schlecht ausgehen!

angeführten Pariser Freiwilligen hatten in schrecklichem Feuer schon einen Schritt vorwärts getan, die unterste Reihe der dreifachen Schanzen erobert; Dampierre, der sie persönlich führte, riß sie mit fort, ebenso das flandrische Regiment. Solcherart vorausgeeilt, waren sie in noch größerer Gefahr, und sie wichen nicht zurück. Da standen sie vor den Augen der Liniensoldaten, Dumouriez' sehr ergebenen Truppen, die für diese Freiwilligen keine Liebe hatten und kalt beobachteten, ob sie standhaft blieben. Gerade auf sie hagelte das Feuer aus den Schanzen auf der Höhe, und von weitem schickte ihnen auch noch einer unserer Generale, der sie nicht erkannte, seine Granaten zu. Sie wichen nicht; hätten sie sich auch nur im geringsten gerührt, so war ein prächtiges Korps kaiserlicher Dragoner bereit, sie niederzusäbeln. Endlich trifft Dumouriez ein. Er findet unsere Pariser sehr erregt, sehr düster. Die jakobinischen Bataillone glaubten sich hierhergeführt, um sich in Stücke hauen zu lassen. Indessen befand sich hier in der vordersten Reihe auch das Bataillon der „Lombarden", das girondistisch gesinnt war. Der auf dem Schlachtfeld fortgeführte Wetteifer beider Parteien trug nicht wenig dazu bei, sie standhaft zu machen. Das war bei der Kavallerie nicht der Fall, die ins Wanken geriet. Dumouriez eilte hinzu. Inzwischen aber kommen die kaiserlichen Dragoner daher, die schließlich heranstürmen und von ihren jagenden Pferden herab die Pariser Infanterie niederhauen wollen. Unsere Freiwilligen bewiesen eine wundervolle Kaltblütigkeit; mit dem glücklichen Instinkt, der diese so außerordentlich intelligente Bevölkerung auszeichnet, ließen sie die furchterregende Masse fast bis an die Flintenläufe herankommen und gaben aus nächster Nähe eine Salve ab, die mit einem Schlage vor ihnen einen Wall von hundert gefallenen Pferden schuf. Die prächtige Kavallerie, von Dumouriez und seinen Husaren verfolgt, entfloh bis nach Mons.

Darauf kehrt er zur Infanterie zurück. „Nun zu euch, Kinder!" Und er stimmt mit aller Kraft die „Marseillaise" an. Er riß alle mit fort. Ein wildes „Ça ira" folgte, und die Schanzen waren im Augenblick genommen, die Kanoniere bei ihren Geschützen getötet. Die ungarischen Grenadiere, diese strahlenden Kolosse, die eine solche Raserei nicht begriffen, waren im Nu überfallen, bezwungen, niedergesäbelt.

Dumouriez sagt, der Sturm wurde durch zwei Brigaden seiner alten Truppen und durch drei alte berittene Jägerregimenter und Husaren (Berchiny und Chamborand) ausgeführt. Welchen Anteil die Pariser Infanterie daran hatte, sagt er nicht. Dennoch scheint es, als ob diese Abhänge und die Art der Hindernisse viel mehr die Verwendung von Infanterie notwendig machten. Im übrigen geht sein Übelwollen gegen unsere Pariser so weit, daß er, nachdem er in seinem Rapport zugab, die kaiserliche Kavallerie sei vom ersten Pariser Bataillon aufgehalten worden, dies in seinen Memoiren ändert und die Ehre seinen alten Truppen gibt. Zwischen Dumouriez und Dumouriez lassen wir ein drittes Dokument entscheiden, ein Brief Dumouriez' selbst, der gleich darauf an die Sektion der Lombarden schrieb, daß ihr Bataillon den Ehrenposten gehabt und am rechten Flügel der Armee in vorderster Reihe gestanden habe.

Sieger rechts und links, hatte der General weniger Besorgnis hinsichtlich der Mitte. Er hatte sie überdies nicht eher verlassen, als bis er mit Bestimmtheit wußte, daß Thouvenot zur Linken Jemappes erobert hatte und sich auf die Mitte stützend, dieser näher kam. Tatsächlich spielten die Dinge sich so ab. Die Mitte rückte in die Ebene vor, verdoppelte ihre Schritte und hatte keine Gelegenheit, viel Leute zu verlieren. Zwei Brigaden jedoch zauderten ein wenig. Die eine machte sich davon, als sie kaiserliche Reiterei auf sich zukommen sah, und warf sich hinter ein Gehöft. Die andere machte mitten in sehr lebhaftem Feuer halt und ging nicht weiter vor. Ein junger Mann ohne jede Charge – es war kein anderer als der Kammerdiener Dumouriez' – sammelte aus eigenem Antrieb die eine der Brigaden um sich, führte sie an ein französisches Kavalleriekorps heran und das ganze in die Schlacht. Bei der anderen Brigade hatte der Herzog von Chartres nicht weniger Erfolg; er gab ihr mit größerer Kaltblütigkeit, als man von einem so jungen Mann erwartet hätte, ihre Festigkeit zurück. Die so wieder geschlossene und durch den Sieg der Linken gestärkte Mitte eroberte die ihr gegenüberliegenden Schanzen, während die Linke unter Thouvenot bereits durch Jemappes hindurchgedrungen war und die höchsten Gipfel angriff.[1]

Dumouriez hatte gewünscht, die Hauptehre der Mitte zuzuerkennen, im Interesse des jungen Herzogs von Chartres, der sie befehligte. Er hätte aber, wenn er diesen nach Paris sandte, sich zu sehr in die Karten blicken lassen. Er griff zu einem anderen Mittel. Der Adjutant, der dem Konvent die Neuigkeit überbrachte, stellte ihm den jungen Diener des Generals vor, der bei der Mitte so viel Geistesgegenwart hatte, eine Brigade zusammenzuhalten. Auf diese Weise hatte man die Aufmerksamkeit auf die Mitte hingelenkt und den Glauben erweckt, als habe dort der entscheidende Schlag des Kampfes stattgefunden.

Die Leute von Mons urteilten anders. Als Dumouriez und die Armee anderen Tages hier einzogen, überreichten die „Freunde der Verfassung" von Mons dem General einen Kranz und Dampierre einen anderen; dieser hatte unter Beurnonville an der Spitze unserer Freiwilligen als der erste jene furchtbare Stellung auf dem rechten Flügel durchstoßen, die durch die Wirkung unseres Sieges auf dem linken, nämlich die Einnahme von Jemappes, noch unerschüttert geblieben war. Hier war zweifellos die Gefahr am größten und das Ausharren am heldenmü-

[1] Wir haben das Terrain sorgfältig untersucht. Wenn das Niveau in der Mitte des Amphitheaters sich nicht wesentlich verändert hat, so bot dieser Teil äußerst steile und unzugängliche Abhänge. Man hatte ihn daher auch weniger mit künstlichen Mitteln befestigt. Daraus erklärt sich auch, daß Dumouriez sagen konnte, das sei die schwierigste Stelle gewesen, während die deutschen Berichterstatter sagen, es war die leichteste (siehe „Mémoires d'un homme d'Etat").

tigsten gewesen; und vielleicht war es ruhmvoller, inmitten des fürchterlichen Feuers der Verschanzungen und der Kavallerieangriffe standgehalten zu haben, während sogar die eigene Artillerie in die französischen Reihen schoß, als die schon unhaltbar gewordenen oberen Befestigungen zu nehmen und den Sieg zu vollenden.

Die Belgier, die durch Jemappes frei wurden, das ihnen die Schelde, das Meer und die Zukunft öffnete, für uns aber den Beginn des Krieges mit England bedeutete – die Belgier haben keinen Stein, kein Denkmal übrig gehabt für die Toten von Jemappes.

Kann man etwa sagen, das Ereignis sei zu unwichtig gewesen? Es hat zweifellos größere Schlachten gegeben, blutigere oder taktisch bedeutendere, aber keine hatte einen größeren moralischen Erfolg. Dieser Sieg hat seine besondere Stellung in der Reihe unserer Siege; er ist der Vater aller anderen Siege, er erzeugte den Siegeswillen im Herzen unserer Soldaten. Dieser Sieg war das Gottesurteil über die Revolution, die Feuerprobe, durch die sie in der Überzeugung ihres Rechtes gefestigt wurde.

Um zwei Uhr saßen die Truppen erschöpft auf der Höhe unter den Toten, aßen endlich, brachen das so schwer verdiente Brot, froh und ernst, erblickten Mons in der Ferne und die unendlich weiten Ebenen erobert und ohne Hemmnisse zu ihren Füßen. Da rang sich ein neues Wort aus Frankreichs Seele los, ein einfältiges, starkes Wort, das ausreichte für fünfundzwanzig Kampfjahre: „La victoire, en chantant, nous ouvre la barrière!“

Ein neues Zeitalter eröffnet dieser helle, scharfe, schmetternde Fanfarenklang. Aus der Armee ging er hervor, und das Volk trug ihn weiter.[1]

---

[1] Nach meiner Ansicht stammt die erste Strophe aus dem Jahre 1792; sie ist weiter nichts als das Wort, das damals in aller Munde war, die historische Feststellung von der *singend* gewonnenen Schlacht. – Wer prägt diese großen Volksworte? Jedermann und niemand. Chénier und Méhul haben nach dem Diktat Frankreichs geschrieben. Die folgenden schönen, aber umständlichen Strophen sind dem großen Dichter eigen; sie entsprechen der spartanischen Anstrengung von 1793. Ich komme darauf zurück.

ZWÖLFTES KAPITEL

Einmarsch in Belgien
Kampf zwischen Cambon und Dumouriez
(November 1792)

England schließt sich der Koalition an. – Freude der niederländischen Bevölkerung. – Englands Schrecken. – England arbeitet uns entgegen. – Das wahre und das falsche Belgien. – Frankreich wird von denen, die es befreit, verflucht. – Dumouriez' Doppelspiel. – Er nimmt es auf sich, die belgische Geistlichkeit zu schützen. – Die Belgier leimen die Freiheit im Namen der Freiheit ab. – Werden die Niederlande mit Frankreich vereinigt werden? – Cambon gegen Dumouriez. – Cambons Finanzdiktatur. – Finanzielle Zuversicht in England und in Frankreich.

Die Schlacht bei Jemappes wurde am 6. November gewonnen; am 25. schloß sich England der Koalition gegen Frankreich an.

Was es Preußen am 25. September verweigert hatte, das bot es ihm am 25. November freiwillig an. Es stellte in Wien den Antrag, Österreich solle es mit der Nordliga aussöhnen, Preußen solle ein Hilfskorps zum Schutze Hollands entsenden.

England hatte nichts gesehen und nichts vorausgesehen; noch nie konnte man so deutlich wahrnehmen, wie die große Mutter und Beherrscherin der mechanischen Kräfte die moralischen Kräfte unterschätzt.

Es hatte die Erfolge der Revolution nicht im geringsten erraten. Es hatte darauf gerechnet, daß unsere Milizen, sowie sie Feuer bekämen, entfliehen würden. Pitt befürchtete, Preußen könne Frankreich verschlingen. Da haben wir, was die Pitt und die Grenville von der Revolution begriffen hatten.

Die kurzsichtigen Politiker sahen nichts, sie fühlten es – als diese junge Nation, die sich von „Alt-England" geliebt glaubte, unwillkürlich daran rührte.

Das gab eine große Angst bei der „stolzesten aller Nationen", als man sah, daß Frankreich Europa überflutete. Sie rieb sich die Augen und glaubte es nicht. „Frankreich am Rhein! Frankreich an den Alpen! Frankreich uns dicht gegenüber! In Ostende! In Antwerpen!"

Die ganze belgische Küste hatte illuminiert. Die ganze Seemannsbevölkerung dieser unglückseligen, seit zwei Jahrhunderten hingeopferten Gegenden hatte in der Ankunft der Franzosen mehr als die Freiheit der Niederlande begrüßt, nämlich die Freiheit der Meere! Ein in französischen Diensten stehender amerikanischer Feldherr (Moultson) fand, als er in Ostende einrückte, dieses arme Volk in einem so unerhörten Freudentaumel, daß er, wie er sagte, glaubte, alle seien verrückt geworden. Genau das Gegenteil war der Fall. Die Welt war toll, alle Könige waren toll geworden an dem Tag, als sie, um Hollands und Englands Glück zu machen, der Natur diese Gewalt antaten, die schönsten Gegenden zu schließen, den großen Strom zu sperren, der der Themse gegenüberliegt. Die Schelde sperren! Das hieß Europa die Augen ausstechen, sich versagen, Londons ruchlosen Despotismus über die Meere wahrzunehmen, das Monopol des freiesten Elementes, das Gott der Allgemeinheit gab.

Man konnte 1792 den Schrecken Englands sehen, als Frankreich sich nach allen Seiten ausdehnte, in so vielen Städten die Fahne der Freiheit hißte, ohne auch im geringsten zu vermuten, daß es England Angst einjage, und ohne die geringste Absicht, der „geliebten älteren Schwester“ irgendwelchen Schaden zuzufügen.

Im Jahre 1805 war die Angst weniger unbegründet. Immerhin, wenn man das Meer von den englischen Flotten bedeckt sah, wenn man von allen Seiten die Nelson und Collingwood kommen und gehen, das zitternde England mit ihren Schiffen und ihren Leibern decken sah, so scheint es, als hätte es wirklich beruhigt sein können.

England fürchtete sehr, Rußland und Deutschland einen Vorteil zu bringen, daß es sich zunächst neutral erklärte, Preußen, wie man gesehen hat, seinen Beistand verweigerte, es in der Champagne sitzen ließ, ohne ihm die Hand zu reichen (September 1792). Und als Preußen nach Osten Front gemacht hatte und in Polen eingefallen war, da war es das zitternde und reuige England, das unter der Wirkung des Schlages von Jemappes Österreich und Preußen bat, sein geliebtes Holland nicht im Stich zu lassen, die Häfen Hollands und das Meer Belgiens, diesen kurzen Weg von Antwerpen nach London.

Die englischen Inseln Jersey und Guernsey, die wie ein Dorn in die französischen Buchten hineinstechen, waren voller bretonischer, angevinischer, vendéeischer Priester, es war zugleich ein Konzil und ein Hauptquartier; die Engländer hatten hier das wahre Zentrum der royalistischen Verschwörung in Händen. Von da aus entfachten sie die Leichtgläubigkeit der Bretonen, hielten sie in Feuer. Von da aus erwarteten diese die englische Flotte; sie kam nicht, aber sie „war dabei, zu kommen“.

Belgien wurde noch im nämlichen Augenblick, da wir es befreiten, da wir um seinetwillen mit England brachen, ein Herd fanatischer Verschwörungen gegen uns, eine zweite Vendée, nicht so kriegerisch, aber streitsüchtig und rauflustig, das gegen die Freiheit die Rechte der Freiheit selbst anführte.

Unterscheiden wir jedoch; klagen wir dieses Brudervolk nicht als Ganzes an; Frankreich hatte darunter viele wahre Freunde.

Jene, die Frankreich herbeiriefen, waren die weitaus schwächeren. An beiden Enden des Landes, in Lüttich und in Ostende, waren sie die ganze Bevölkerung;

in jeder der Seeprovinzen waren sie in der Majorität. Im Inneren des Landes aber, in Brabant vor allem, waren sie nur eine sehr schwache Minderheit.

Unsere Franzosen kamen in der Idee, daß die Belgier, die schon eine Revolution gegen Österreich gemacht hatten, alle für die Freiheit waren. Sie waren höchst erstaunt, in tiefstes Mittelalter zu geraten, die Mönche, die Kapuziner, die alten Bruderschaften unter ihren gotischen Fahnen zu sehen, die alten, unwissenden Bürgerschaften, verknöchert in ihren Vorurteilen und ihren Gewohnheiten. Nur eine Kraft war im ganzen Lande, eine unwissende und ungeschlachte, doch nichtsdestoweniger sehr ränkevolle Geistlichkeit. Diese, im Jahre 1790 von ihrem van Eupen geführte Geistlichkeit, die einen van der Noot, einen Straßenschwätzer, ziemlich geschickt zu benutzen wußte, hatte das Volk gegen Joseph II. bewaffnet, der die Mönche in den Niederlanden zu unterdrücken drohte, wie er das bei sich tat. Joseph hatte sich als besserer Belgier gezeigt als alle seine Vorgänger; er bemühte sich, die Schelde zu öffnen. Ganz Europa war gegen ihn. Er ließ aber Antwerpen und beschied sich mit Ostende, aus dem er einen großen Hafen machen wollte. Die inneren Provinzen, Brabant, Malines und Brüssel, wußten ihm keinen Dank dafür. Seine Zentralisationsversuche waren ihnen unerträglich; sie, die zu allen Zeiten geteilt gewesen waren, wollten geteilt bleiben. Sie folgten also ihren Priestern; diese schrieben in dreister Lügenhaftigkeit auf die Fahne des Privilegs das Wort „Freiheit".

Als aber die Freiheit mit der französischen Armee wirklich hereinkam, änderten sie die Tonart. Der erste ihrer Journalisten, der Jesuit Feller, einer der Helden ihrer Revolution, dementierte plötzlich ihre Lügen, lehrte, druckte gegen den Eid, den Frankreich verlangte: „Lieber tausend Tode, als diesen verwünschten Eid leisten! ‚Gleichheit!' von Gott verworfen, in Widerspruch mit der gesetzmäßigen Autorität, die er aufgestellt hat! ‚Freiheit!' anders gesagt, Zügellosigkeit, Ausschweifung. ‚Souveränität des Volkes!' eine verführerische Erfindung des Fürsten der Finsternis!" Dieses Glaubensbekenntnis der Jesuiten, das von den Priestern weitergetragen, blindlings von allen Frauen und fast allen Männern angenommen wurde, fand in Brüssel und Umgebung so gute Aufnahme, daß im November eine Petition an den Konvent zur Beibehaltung der Privilegien von dreißigtausend Personen unterzeichnet wurde. Der Sinn war dieser: „Wir hatten stets die Ungleichheit; wir wollen sie auch ferner für immer."

Dic Wahlen erfolgten in diesem Sinne. Die provisorischen Abgeordneten Brüssels verzweifelten angesichts eines solchen Erfolges an ihrem Lande: „Unglück über euch!" sagten sie in ihrer Eingabe. „Unglück über sie, die euch getäuscht haben! Der Aufschrei ihrer Urenkel wird eines Tages ihr Andenken verfluchen."

Nichts hat so sehr zur Kühnheit der Rückschrittspartei beigetragen wie die zweifelhalte Haltung Dumouriez'; zweifelhaft damals, heute aber kann man sie, gestützt auf sein eigenes Bekenntnis, nichtswürdig nennen. Dieser Führer der wundervollen Armee, die soeben den Sieg des Glaubens und der Begeisterung errungen hatte, träumte davon, sie sich anzueignen, ein Werkzeug der Hinterlist aus ihr zu machen. Er führte sie nach Belgien, aber um in Eile eine belgische Armee zu schaffen, die er der unseren angegliedert, vermischt hätte, um in dieser die republikanische Triebkraft unwirksam zu machen. Was würde er nachher tun? Er wußte es selbst nicht genau. Würde er diese kombinierte Armee gegen Frankreich und die Revolution führen, von der sie ihm in die Hand gegeben worden war? Würde er sie dazu verwenden, zum eigenen Vorteil eine unabhängige Regierung einzusetzen? Oder würde er, statt Frankreich zu verraten, Belgien täuschen und es an Österreich ausliefern, um den Frieden zu erkaufen? Es war noch ungewiß. Gewiß war nur, daß Dumouriez Verrat im Sinn hatte.

Er hatte zwei Agenten vorausgesandt, einen revolutionären und einen rückschrittlichen. Ersterer, der bekannte Schreier Saint-Huruge, der Marquis „fort-des-halles", der am 20. Juni und sonst noch geglänzt hatte, mußte einem Volk gefallen, dem das Gekeife van der Noots so gut gefallen hatte. Letzterer hatte geheimen Auftrag, den Österreicher Metternich aufzusuchen und ihm zu sagen, daß der General nur eroberte, um zu unterhandeln, und Besitz ergriff, um zu übergeben, daß er ihn bäte, in Brüssel jemand zurückzulassen, mit dem man verhandeln könne.

Er trifft in Brüssel ein, man überbringt ihm die Schlüssel. „Behaltet sie selbst", sagt er. „Duldet keine Fremden mehr bei euch ..." Auf diese Weise erledigte der General die Frage, ob dieses verirrte Land, das sich niemals einigen, sich nie verteidigen konnte, ein geschlossenes Volk bilden, aus sich selbst bestehen konnte, erledigte sie entgegen den Interessen seines Vaterlandes. Die Frage trat nur allzu klar zutage und lag weit zurück; Erfahrung hatte den Entschluß diktiert. Ist dieses Land nicht Frankreich, so ist es doch das Tor für den Einfall in Frankreich, das Tor, das der Feind offen hält und der Weg für seine Armeen.

Die Belgier gewahrten recht schnell, daß dieser Ehrgeizige, der hier keine Wurzeln hatte und der Revolution feind war, hier bei ihnen einen Stützpunkt suchte, daß er sie nötig hatte. Als erstes verschaffte er sich nicht den Unterhalt durch einen Appell an die Dankbarkeit des befreiten Landes, sondern wandte sich an die belgischen Kapitalisten, die belgischen Lieferanten, wendet sich mit einer Anleihe an die belgische Geistlichkeit. Mit der Geistlichkeit verhandeln, hieß sie anerkennen und als Eigentümer schützen; das hieß ihr stillschweigend zugestehen, daß man gegen den Mißbrauch nicht vorgehen werde, hieß geradezu der Revolution die Wurzel abschlagen in dem Augenblick, da man sie einpflanzte.

Dumouriez mochte sich schön mühen, er erlangte in Belgien kein Vertrauen, und er verlor es in Frankreich.

Er bat Belgien, ein einiges Volk zu werden. Aber das hundertköpfige Ungeheuer konnte nicht einmal verstehen; die hundert Köpfe verstanden es jeder anders und alle verkehrt.

Dumouriez bat sie, ein Volksheer zu schaffen, um dem unseren die Waage zu halten. Jede Stadt hatte ihre Truppe; es gab kein Heer.

Sie brauchten auch eine gleichgeartete, einheitliche, richterliche Organisation. Jede Stadt behielt ihre abgesonderten Gerichtshöfe bei.

Dumouriez drängte sie, dem französischen Konvent einen belgischen entgegenzustellen. Brüssel gab in der Zwischenzeit und in dringenden Fällen die Beschlüsse seiner Abgeordneten im Namen des ganzen Landes. Alle Städte widersetzten sich Brüssel.

Nie gab es ein Beispiel solcher Blindheit. Dieses Volk, dem Frankreich als erste Wohltat eine absolute Steuerbefreiung für die ärmeren Klassen brachte, wollte arm bleiben und seine Geistlichkeit im Reichtum lassen, mager bleiben, um seine Priester zu mästen. Es stimmte gegen seine Freiheit, gegen seinen Unterhalt und sein Brot, das Frankreich ihm mundgerecht darbot.

Der Verrat des französischen Generals bot ihnen eine einzig dastehende, unverhoffte Gelegenheit, sich zu verbünden, und sie konnten es sich nicht zunutze machen. Der alte Haß, der Geist der Absonderung, 1792 noch genauso stark wie im fünfzehnten und sechzehnten Jahrhundert, führte sie unter Österreichs Herrschaft zurück, wie er sie damals dem Hause Burgund und später den Spaniern unterwarf.

Verfolgen wir aufmerksam die Wandlung bei unseren Staatsmännern, ihre Bedenken. Es ist deutlich, daß bei ihnen nichts vorbedacht war.

Im ersten Augenblick schlägt ihnen das Herz, man sieht es wohl. Sie sehen, wie Frankreich ganz Europa überflutet und berauschen sich an seiner Größe. Bei dem Ereignis von Jemappes, dem Ereignis des freiwilligen Anschlusses Savoyens schreibt Brissot an Dumouriez diese bewegten Worte: „Ach, mein Lieber, was ist Richelieu, was Alberoni, was sind ihre vielgepriesenen Projekte verglichen mit den Aufständen, die wir auf dem Erdball herbeizuführen berufen sind! ... Kümmern wir uns doch nicht um Bündnisse mit England oder Preußen. Nichts soll uns aufhalten ... Dies Phantom des Illuminismus (Preußen) sei für Sie kein ‚Sta, sol' ... Die Revolution in Holland wird davon nicht aufgehalten werden. Eine Auffassung gewinnt hier Boden: ‚Die Republik darf keine anderen Grenzen haben als den Rhein'."

Diese Ansicht war keineswegs allgemein. Die erste Regung war die uneigennütziger Freude. Später arbeiteten selbst mehrere Girondisten, sei es aus Angst, Europa zu alarmieren, sei es aus Achtung vor dem Grundsatz der Souveränität des Volkes, durch Unterstützung der belgischen Klagen und jener Dumouriez' ziemlich ungeschickt gegen Frankreich.

Zwei Männer täuschten sich nicht darüber und zeigten in der großen Angelegenheit eine bemerkenswerte Charakterfestigkeit und Einsicht; entgegen der Ansicht ihrer Freunde arbeiteten sie am Zusammenschluß Belgiens.

Danton, der bis dahin mit Dumouriez eng verbunden zu sein schien, schied sich in dieser Frage von ihm, ließ sich nach Belgien entsenden, versuchte es zur Idee des Zusammenschlusses zu bekehren und arbeitete daran, trotzdem es sich sträubte.

Cambon, der sich jetzt den Girondisten zu nähern schien, schonte Dumouriez nicht, wie sie das taten; er zerschlug seinen Handel, vereitelte seine Anleihen und andere gefährliche Pläne.

Dumouriez hatte gleich dem Kardinal von Retz aus dem Leben Cäsars die Lehre gezogen, daß in der Politik nichts so nützlich ist, als viel zu schulden, zahlreiche Gläubiger an seinen Erfolg gebunden zu haben. Und er hatte das Axiom kräftig angewandt, indem er nicht allein die belgischen Bankiers zu Gläubigern machte, sondern auch den Großgrundbesitzer des Landes, die Geistlichkeit. Er bezog von ihnen, ohne daß der Konvent garantierte, allein unter der Gewähr des Namens Dumouriez, die ungeheure Summe von hundert Millionen Franken. Man urteile nun selbst, ob diese Körperschaft sich veranlaßt sah, ihn zu halten, da sie kein anderes Pfand besaß, als sein Wort, keine Sicherheit, als den Fortbestand seiner Autorität in Belgien. Dumouriez war schon so weit, von oben herab mit Frankreich zu verhandeln; er bot ihm das Almosen von zwei bis drei Millionen, vorausgesetzt, daß man ihm den Rest überlasse, und vorausgesetzt, daß man seine löblichen Gläubiger schone: die Geistlichkeit und die Bank, die Feudalherrschaft, die ganze Mißwirtschaft Belgiens.

Bei all seinem Verstand hatte er den Geist der Revolution nicht erfaßt. Er zerbrach daran. Er kannte nicht ihr moralisches und finanzielles Geheimnis.

Als Dumouriez nach Belgien aufbrach, schrieb er ein Wort, das zu dem großen Unternehmen Cambons verführte: „Ich übernehme es, neuen Assignaten Geltung zu verschaffen.“

Dieses Wort besagte viel. Die Revolution der Ideen war gleichzeitig und in bedeutendem Grade eine Revolution der Interessen, eine große Veränderung des Eigentums, dessen Zeichen das Assignat war. Ein damals keineswegs nichtiges Zeichen, da man dieses Papier jederzeit gegen ein ganz sicheres gutes Besitztum eintauschen konnte, das die Nation verkaufte.

Wer ein Assignat erhielt, beging eine Vertrauenstat; es war, als habe er gesagt: Ich glaube an die Revolution. Und wer ein Nationalgut kaufte, der sagte gewissermaßen: Ich glaube, daß sie von ewigem Bestand sein wird.

Der Mittelpunkt dieses Glaubens befand sich gegenüber dem Vendôme-Platz, im ehemaligen Garten der Kapuziner, genau da, wo früher der „Timbre“ stand, Rue de la Paix. Zwei mit Kartätschen geladene Kanonen, die das Klostertor bewachten, unterrichteten die Vorübergehenden von dem wichtigen

Mysterium, das da drinnen vor sich ging, und das nichts Geringeres war als die öffentliche Wohlfahrt. Ein geräumiger und starker Eisenschrank mit einem unergründlichen, den Uneingeweihten unzugänglichen Geheimschloß barg den Schatz, den Schrein und die Reliquien; ich will damit sagen, vor allem die allerheiligste Verfassung, die Gesetzentwürfe – ferner die ehrwürdigen Matrizen der Assignatenplatten – und schließlich das kostbare Papier, das die wundersame Gabe besaß, sich in Gold zu verwandeln. Alles das, nicht nur geleitet, sondern aus nächster Nähe Tag für Tag von Cambon überwacht. Er war der unbeugsame und strenge Hohepriester des nationalen Symbols.

Umso strenger und abweisender, als keiner mehr als er die Verantwortlichkeit dafür auf sich nahm. Cambon glaubte an den Verkauf und glaubte auch an das Verkaufszeichen, und daß dieses Zeichen dem Golde gleichwertig sei, und daß Frankreich durch dieses Zeichen reicher sei als die ganze Welt, daß es kraft der Assignate die Welt besiegen werde. Keiner trug so wie er dazu bei, am 20. April 1792 den Krieg zu entscheiden, als er dem, der Verwicklungen befürchtete, erwiderte: „Geld, Herr, wir haben mehr als alle Könige Europas!"

Cambon bot als Unterpfand für das Papier den Grund und Boden. Doch konnte diese unermeßliche Bodenfläche auf der Stelle gekauft werden?

Cambons Glaube war stark, er hatte ihn nötig. Sein kräftiger Glaube wurde jeden Augenblick auf die Probe gestellt, durch die Lücken, die Leere, die Abgründe, die sich unter ihm auftaten. Mit allem Möglichen füllte er sie an; der unersättliche Abgrund gähnte weit und forderte unablässig.

Man konnte 1792 seine Tiefe nur schwer ermessen. Und als es ernstlich galt, eine Armee zu organisieren, nicht nur, wie Narbonne es getan, auf dem Papier, sondern in Wirklichkeit, da war es wie ein neuer Abgrund. – Mehr noch, eine andere, weit zahlreichere Armee stieg aus dem Boden, die besoldet sein wollte, die zahllose Menge der Nationalgarden, die von allen Seiten an die Grenze marschierten. Die Nation gab ihnen nur fünfzehn Sous am Tag; ihre Sache war es, sich so gut sie es verstanden zu ernähren. Der Bauer fand das Dasein ganz schön, solange es nur zu marschieren, zu singen, zu lachen und zu kämpfen galt. Sie kamen zu Hunderttausenden; die Zahlen für den Todeskampf hätten gern Mittel und Wege gefunden, ihnen Halt zu gebieten. Doch an je mehr man zahlte, desto mehr kamen daher. Die entsetzten Agenten sahen jeden Morgen ihre Kassen leerer und leerer werden, und gleichzeitig war über Nacht eine neue Legion aus dem Boden geschossen, die heiter, tapfer, hungrig daherkam und lachend die weißen Zähne zeigte, nach dem Feinde rief und nach dem Brot der Republik.

Die bisherigen Finanzbeamten, in normalen Zeiten befähigte Leute, waren in einer solchen Krise ungenügend. Sie blieben stumm und zitternd.

Die Geldleute, Bankiers usw., ein sehr gut abgerichteter Haufe (und als Raubvögel ungewöhnlich einig), hielten sich abseits, in der Hoffnung, bei der immer zunehmenden Verwirrung sich auf Beute stürzen zu können.

Ein einziger Mann hatte in dieser Lage Mut, Cambon. Als Vorsitzender des Finanzkomitees und sein unwandelbarer Leiter, setzte er sich darin fest, bemächtigte sich des Chaos, entwirrte in denkbar hartnäckigstem Kampf seine einzelnen Elemente und schuf aus ihnen eine neue Ordnung. Ein unerschrockener Baumeister, nahm er von allen Seiten Trümmer und Bruchstücke und errichtete daraus das „Grand livre".

Ist man gespannt, den starken und strengen Kopf zu kennen, in dem die ganze Revolution der Zahlen vor sich ging, in dem das Soll und Haben sich so viel Kämpfe lieferten, so muß man sich das Porträt von David ansehen.

Die gefürchtete Persönlichkeit, in der die Seele Colberts stak, unter Formen, wie sie die Schreckenszeit hervorbrachte, erscheint keineswegs, wie Colbert in seinen Porträts, düster, gedrückt und traurig. Ganz im Gegensatz zu dem Minister Ludwigs XIV., der im Sterben sagte: „Man kann nicht mehr voran", hat Cambons Antlitz etwas gewaltig Anziehendes, ein unwiderstehliches „Ça ira!".

In den Dreißigern, von frischen Farben, herb, rein und menschenscheu, so ist der Mann. Er hat den gescheiten aber freimütigen Ausdruck eines schwerfälligen Provinzkaufmanns aus derber Bauernrasse. Die strenge Überlieferung des Languedoc, dessen „Staaten" für Frankreich vorbildlich wurden im Rechnungswesen, erscheint hier sichtbar geworden. Man kann es vollkommen nachfühlen, daß sich die Lieferanten der Republik unter einem solchen Blick unbehaglich fühlen und vor einem solchen Manne merken mußten, daß ihr Kopf ziemlich locker saß.

Die Kraft und das heiße Leben des neuen Frankreich prägt sich aus in diesem mächtig bewegten Antlitz, das gleichzeitig, man möchte sagen, von einer furchterregenden Durchsichtigkeit und Reinheit ist: Man fühlt deutlich, daß dieser Mann keine Verzeihung kennt, da er sich selbst nichts zu verzeihen hat. Freilich war Cambon habsüchtig, begehrlich, geizig, aber für die Republik. Vor mir liegt die genaue Berechnung seines Vermögens vor und nach der Revolution, sein wundervolles Haushaltsbuch. In dieser Berechnung, die er bei dem Austritt aus dem Amt anstellt, legt er dar, daß er mit sechstausend Franken Rente eingetreten ist, und daß er beim Austritt noch dreitausend hat. Nach seiner Heimkehr in die Nähe von Montpellier verwaltete er seine Gelder ebenso streng, wie er es mit den Geldern Frankreichs gehalten hatte. Durch strenge, äußerste Sparsamkeit und nur mit Hilfe einer kleinen Meierei und deren Milchverkauf, gelangte er nach zwanzig Jahren so weit, es wieder zu den sechstausend Franken Rente zu bringen, wie er sie von seinem Vater erhalten hatte. Noch mehr überraschte es, daß Cambon, als er 1815 mit so vielen anderen vom Konvent als Verbannter in

Brüssel lebte, sein geringes Einkommen mit anderen teilte und den und jenen seiner Unglücksgenossen ernährte. Da erkannte man, daß dieser Mann ebenso großherzig wie sparsam war.

„Ich schulde ihm hundertmal mein Leben“, sagt der Herzog von Gaëta, damals Finanzpächter. Er rettete noch manchen anderen; einmal vierzig zugleich: die vierzig Generalpächter, die infolge eines Irrtums alle zugrunde gegangen wären, wenn er nicht gewesen wäre.

Zu dem Zeitpunkt, bis zu dem wir hier gelangt sind, 1792, erscheint Cambon angesichts der gegebenen unermeßlichen Bedrängnis als der große Pedell der Revolution. Er verkauft, nimmt ein, verschlingt, Tag und Nacht bemüht, den Eisenschrank zu hüten und zu füllen, der doch niemals zu füllen war. Wie eine Bulldogge hatte er sich darübergelagert und bekundete mit finsterem Knurren den Hunger und Durst des Fiskus. Der Konvent wirft ihm alle Augenblicke ein Dekret zum Nagen hin. In der allgemeinen Schreckenszeit, mitten in 1793, ist er ganz wie früher selber ein Gegenstand des Entsetzens. Selten wagt man einen unehrlichen und scheuen Angriff auf ihn – und niemals ungestraft. Einmal packt er Brissot, ein andermal Robespierre. Wen er gebissen hat, der stirbt daran. Er selbst ist unerreichbar; er repräsentiert die Sache, die alle fürchten, und die nichts fürchtet; welche Sache? Die Notwendigkeit.

Die eintausendfünfhundert Millionen im Jahre 1791 veräußerten Besitztums schienen diesen Hunger nur gesteigert zu haben. Fünfhundert Millionen wurden noch außerdem in den Anfangsmonaten von 1792 herausgeholt, und immer noch war Cambon unersättlich. Er bestand nun darauf, daß man den bis dahin zurückgehaltenen Teil der Kirchengüter verkaufte, die Gebäude selbst, die Kirchen und Klöster. Ein gewagter Antrag; wir werden sehen, was er für Folgen hatte.

Noch größer war die Schwierigkeit, unsere Abgeordneten dazu zu bringen, die Güter der Emigranten zu verkaufen. Die Gesetzgebende hatte vor der Beschlagnahme geradezu Entsetzen empfunden. Würde es dem Konvent ebenso ergehen? ... Als bei der Invasion die Emigranten bewaffnet ins Land kamen, führte Cambon seinen Schlag. Eine Abordnung aus einem Ardennendorf erschien an den Schranken und bejammerte die verwüsteten Felder, die geplünderten Häuser und niedergebrannten Scheunen. Der Konvent beschloß eine kleine, auf das Besitztum der Emigranten zu erhebende Unterstützung von fünfzigtausend Franken. Was wäre gerechter, als die Opfer des Krieges auf Kosten des Feindes zu entschädigen? ... Das war es, was Cambon erwartete. Durch dieses winzige Loch gelangte er zu der reichen und gewaltigen Beute der Emigrationsgüter, im Werte von vier Milliarden. Am gleichen Tage sorgte er für den Erlaß, daß die Bankiers, Notare und anderen Verwalter von Kapitalien der Emigranten innerhalb vierundzwanzig Stunden diese Gelder anzugeben und nach weiteren vierundzwanzig Stunden an die Bezirkskassen abzuführen hatten.

In diesem und in anderen Punkten wurden Cambon die Bedenken eines Teiles der Rechten der Mitte in den Weg gelegt. Man kennt das Zögern der Gesetzgebenden Versammlung im Oktober 1791 in der Frage der Emigrantengüter. Wenn man sie nahm, so war das ein Verfassungsbruch, denn diese unterdrückte die Beschlagnahme. Wenn man sie schonte, so beließ man den bewaffneten Feinden, allen, welche die fremden Armeen herbeiführten, die ganze moralische Kraft, die von einem großen Vermögen ausgeht. Was man auch tat, es gab noch viele Emigranten, die daraus Gelder bezogen; die Verwalter und Geschäftsführer, die ihre Rückkehr voraussahen, fuhren fort, ihnen die Einkünfte aus allerlei Dingen zuzusenden, die nicht unter Sequestur waren. Gegen die Emigration war nichts getan, solange diese Güter nicht verkauft und vor allem in Parzellen verkauft waren, aufgeteilt unter einer Menge von Käufern und Wiederverkäufern, zu Staub gemacht, entstellt und auf immer unkenntlich gemacht, durch den großen Schmelztiegel der Revolution hindurchgegangen und in neuer Gestalt der Allgemeinheit wieder einverleibt worden waren.

Ein großer Teil der Gironde (und Condorcet an der Spitze) zögerte hier. Sie wollten die Revolution ohne die Revolution. Sie wollten den Krieg, ohne das Kriegsverfahren.

Cambon war gegen sie.

Und anderseits hatte Cambon sich einen beträchtlichen Teil des Berges zum Gegner gemacht, durch die unbeugsame Härte, mit der er von der Kommune von Paris die Abrechnung forderte.

Robespierre vor allem haßte ihn, doch aus anderen Gründen. Er haßte ihn wie alles, was im Konvent Autorität besaß, und auch aus persönlicher Antipathie.

Der Mann der Worte und Reden, der für Geschäfte unbegabt war, außer zur Taktik der Klubs, beneidete, verabscheute den großen Geschäftsmann. Er wagte nicht, ihn anzugreifen, indirekt aber wütete er in seinen Zeitungen gegen ihn. Gegen Ende November wagte er noch mehr: er ließ, wie man sehen wird, eine ganz neue revolutionäre Kraft gegen ihn los, den heftigen Saint-Just.

Zwischen der Unentschlossenheit der Gironde, die ihn nicht stützte, und der Böswilligkeit eines so einflußreichen Teiles der Montagne ging Cambon seinen Weg gerade weiter und tat, als sehe er nichts.

Er verfolgte, die Blicke immer auf das Ziel gerichtet, unbeirrbar die Hauptfrage der Revolution: Den Verkauf der Nationalgüter (der die Erde an alle verteilte und so die Revolution bodenständig, unwiderruflich machte) und den Umlauf dieser Güter in Form von Assignaten.

Nur die sind Cambons Freunde, die für den Verkauf und das Assignat sind.

Die Invasion in Belgien, in dieses Land der Aristokratie und der Geistlichkeit, hatte in ihm gewaltige Hoffnungen erweckt.

Wenn alle Kirchengüter verkauft worden und als Assignatengeld in Umlauf gebracht worden wären, so hätte das Belgien für immer mit der revolutionären Sache verknüpft. Es hätte Frankreich in dem großen Kampfe um die allgemeine Freiheit beigestanden und dennoch sich selbst bereichert, indem die Belgier preiswert gekauft und diese in den Händen der Priester unfruchtbaren Güter zu einem Wert verholfen hätten.

Als er erfuhr, daß Dumouriez, in schleuniger Vereinbarung mit der belgischen Geistlichkeit und ohne jemanden zu fragen, ihm seine Beute raubte, geriet er in heftigste Wut. Er lehnte die Wechsel ab, die der dreiste General auf den Staatsschatz gezogen hatte, zerschlug seinen Handel mit den Kriegslieferanten, ließ sie verhaften und vor die Barre des Konvents führen, stieß Dumouriez' sämtliche Pläne über den Haufen und zerbrach das Finanzkönigtum in der Hand des Verräters, von dem dieser in Erwartung des anderen Königtums Besitz ergriffen hatte.

Einem siegreichen General den Degen zerbrechen, das war eine bedenkliche Sache.

Und doch mußte es sein.

Der Bruch mit England würde Dumouriez unendlich viel gefährlicher machen.

Wo fand Cambon eine Stütze, um diese Gewaltschläge zu führen?

Auf welcher Bank im Konvent würde er endgültig Platz nehmen? Dort wahrscheinlich, wo er Dumouriez' Feinde finden würde.

Die Girondisten zögerten, waren unsicher und wenig übereinstimmend.

Im Falle Cambon erwiesen sie sich oberflächlich und undankbar; man wird es im folgenden Buche sehen. Er, der ihnen in einer entscheidenden Sache beigestanden, wurde von ihnen weder in seinem Kampfe gegen Dumouriez unterstützt, noch gegen die Angriffe Robespierres und Saint-Justs geschützt. Das war mit ein Grund für ihren Sturz.

Sie banden Cambon an die Linke; und mit ihm stimmten zahlreiche Männer, die, ohne Parteiinteresse, nichts als die Revolution wollten und sie ganz und gar in die gewichtige Frage der Nationalgüter verwickelt sahen, dem wuchtigen Wagen anvertraut, den der Assignatenmensch zog.

DREIZEHNTES KAPITEL

Größe und Verfall der Gironde (Oktober–November 1792)

Die Gironde im Oktober sehr stark. – Paris ist einstimmig für Pétion (15. Oktober). – Gefahr für die Revolution, falls sie sich selbst zu hemmen suchte. – Die Gewalttätigen drängen, daß dem König der Prozeß gemacht werde. – Die Kommune erläßt eine Eingabe gegen den Konvent (19. Oktober). – Die Heftigkeit der Kommune kompromittiert die Montagne und die Gesellschaft der Jakobiner. – Schweigende Erregung Sieyès und des Zentrums. – Der Konvent versetzt Danton und der Kommune einen Schlag. – Spaltung in der girondistischen Partei. – Eine Fraktion der Gironde (die Fraktion Roland) läßt Robespierre durch Louvet angreifen (29. Oktober). – Die bedrohten Führer der Kommune leisten öffentliche Abbitte (31. Oktober). – Verteidigungsrede Robespierres bei den Jakobinern und im Konvent (5. November). – Barère rettet ihn dadurch, daß er ihn beleidigt. – Die Gironde verliert ihren Einfluß auf Paris. – Sie eröffnet den Prozeß gegen den König (7. November). – Gefährlichkeit dieses Prozesses für Frankreich.

Eins beschleunigte den inneren Kampf zwischen dem Konvent und der Kommune, der zu dem ganz Frankreichs wurde. Paris, von dem die Kommune behauptete, es stehe auf ihrer Seite, erklärte sich auf die deutlichste, eindringlichste Art gegen sie. Den ersten freien Gebrauch, den Paris von seinem Willen machte, war, durch eine bezeichnende Wahl alles zu widerlegen, was man in seinem Namen sagte. Die solcherart entlarvte Gewaltpartei, die mit Entsetzen aus dem Ergebnis der Wahl ihre eigene kleine Zahl bekanntgegeben sah, fand nur noch im Wagemut ihr Heil, in der Beschleunigung der revolutionären Bewegung.

Das Ereignis, das den Dingen ein so anderes Gesicht gab, war die Wahl Pétions (der den Vorsitz im Konvent aufgab) in die Bürgermeisterei von Paris (15. Oktober). Man war einstimmig für ihn, das ist kaum zuviel gesagt. Von fünfzehntausend Wählern hatte er vierzehntausend für sich. Und von den tausend Stimmen die blieben, besaßen die Kandidaten der Kommune alle zusammen keine fünfhundert Stimmen.

Paris hatte sich damit vor Frankreich und Europa gerechtfertigt. Es hatte sein Entsetzen über den September zum Ausdruck gebracht, seine Achtung der Mäßigung und Redlichkeit.

Sollte die Revolution sich jedoch künftig auf die untätige Redlichkeit und ohnmächtige Mäßigung stützen, so war ernstlich zu befürchten, daß sich die Lähmung, von der dieser Volksabgott ergriffen schien, auch auf sie übertrug. Pétion, der sich ungemein eignete, irgendeinen Fauteuil einzunehmen, den

Präsidentensitz der Nationalversammlung oder den Thron im Hôtel de Ville, der „König Pétion", wie man ihn nannte, besaß diese Eigenschaft, die man vor allem von einem verfassungsmäßigen König erwartet, die völlige Unfähigkeit des Handelns, der eigenen Initiative. Er genügte als Symbol, als Banner. Doch die unerbittliche Zeit ächtete die Fiktion. Man brauchte Tatsächlichkeiten, brauchte einen Mann, einen Mann der Tat, der raschen Taten, in der furchtbaren Krise, in der Frankreich sich befand.

In diesem Sinne war die Wahl Pétions beunruhigend. Es war gewissermaßen eine Erklärung für die Trägheit. Die große Mehrheit nicht nur des Mittelstandes, sondern des Volkes, bestand aus ehrlichen Leuten, die der Revolution schon höchst überdrüssig waren und die nicht weiter wollten, weder vorwärts, noch zurück. Mit der Ernennung Pétions rechneten sie darauf, daß die Revolution in so friedliebenden Händen sich nicht mehr rühren werde.

In dieser Berechnung irrten sie sich. Wenn sie nicht voranging, wäre sie unfehlbar zurückgeglitten, wäre prompt von Pétion auf Bailly, auf die Männer von 1789 zurückgefallen, die der Reaktion keinen Augenblick Einhalt getan hätten. Diese hätte uns auf ihrem erschreckend steilen Abhang in den Abgrund des „Ancien régime" hinunterrollen lassen, zum Triumph der Emigranten, zum Triumph des Auslands, ins Elend der Invasion.

Was man auch tat, die Revolution bestand und war ein lebendiges Wesen. Es mußte leben, dieses Wesen, handeln, kämpfen, vorankommen. Tausend gefahrvolle Zufälle warteten vorn. Hinten aber tat sich ein sichtbarer Abgrund auf. Vor den Gefahren zurückweichen, war mehr noch als Gefahr; das war der Untergang, der sichere Absturz in die Schlucht.

Sollte die Revolution am Leben bleiben, so mußte sie ihrer Natur gemäß vorwärtsgehen, mit einer gleichzeitigen Bewegung in sich und aus sich herausgehen. Welcher Natur gemäß? Wir haben es gesagt: des Edelmutes in der Gerechtigkeit. Mit welcher Bewegung? Einer großen und gewaltigen Erhebung der Herzen, welche die Menschheit auf die Wege heldenhafter Uneigennützigkeit, grenzenloser Hingabe und unendlichen Opfermutes drängte.

Diejenigen, von denen die Revolution zuerst Gerechtigkeit forderte, die Glücklichen dieser Welt, die bis dahin, willig oder nicht, aus den Mißbräuchen Vorteil gezogen hatten, hätten antworten müssen: „Ihr wollt nur Gerechtigkeit, das ist nicht genug. Wir werden mehr tun." Tatsächlich gaben mehrere Patrioten, Besitzer großer Vermögen in Frankreich, diese schöne Antwort. Es gab prachtvolle Menschen. Aber es waren ihrer nicht genug. Die meisten Reichen bemühten sich 1793 von ihrer Höhe herabzusteigen und trachteten ehrgeizig nach Gleichheit. Sie hätten das 1792 tun müssen, nicht den Wünschen der Revolution folgen, sondern ihnen zuvorkommen müssen. Es handelte sich nicht darum, Holzschuhe zu tragen, grob zu tun und dem Volke feige zu schmeicheln, sondern im Herzen mehr Volk zu sein, als das Volk selbst, dem Gesetz weit voranzugehen, so daß – mochte dieses auch Fortschritte machen und sorgfältig ausgebaut werden – es immer noch Herzen fand, die großzügiger waren.

Und indem Frankreich sich so Frankreichs annahm, mußte in diesem Reichtum von Edelmut ein Überschuß für alle Menschen vorhanden sein; Frankreich mußte sich unbedenklich hingeben und verschwenden. Kläglich wäre es gewesen, wenn es nur für sich selbst frei und gerecht hätte sein wollen! Man mußte die Völker durch diese neue Taktik erobern.

So mußte die Revolution drinnen und draußen voranschreiten, in schneller, aber lebenskräftiger und regelmäßiger Bewegung. Ihr Geist war durchaus nicht beschaulicher Art. Die Schlaffheit Pétions an ihre Spitze zu stellen, oder die tatenlose Geschwätzigkeit der girondistischen Advokaten, das hieß sie in die entgegengesetzte Krankheit hineindrängen, in die Wut zügelloser Wallungen, die der Berg allzu oft für die wirkliche Tat und den Fortschritt des Lebens hielt.

Das tiefe Wort des Mittelalters ist auf die Politik ebenso anwendbar wie auf die Moral: „Das Menschenherz ist ein Mühlstein, der sich beständig dreht; wenn man ihm nichts zu mahlen hinwirft, so schleift er sich selber ab."

Man durfte keine Zeit verlieren, zwischen Valmy und Jemappes; man mußte der Revolution etwas zu mahlen geben, sie ihrer Natur und ihrem wahren Wesen gemäß arbeiten lassen.

Das Rad blieb hängen, der Fortschritt kam zum Stehen. Und dann begann die Revolution sich selbst zu mahlen. Man warf ihr zuerst eine kümmerliche Speise vor, den Kopf eines Königs, der ihren Lauf keinen Augenblick verzögerte; das Rad rieb sich selber auf, knirschte gegen sich selbst, zermalmte seine eigenen Abfälle.

Dieser verhängnisvolle Lauf nahm seinen Anfang vor der Schlacht bei Jemappes, vor den großen revolutionären Gesetzen des Konvents, welche die Völker beruhigten und ihnen für immer den Sieg der Gleichheit verbürgten. Wenn die Revolution gleich zu Anfang ihre festen und sicheren Schritte auf dem heiligen Wege getan hätte, dann hätte man sie nicht so leicht zu der gefährlichen Dummheit getrieben, einen Menschen zu töten, der nicht mehr König war, und noch weniger zu dem ruchlosen Verbrechen, den Konvent zum Selbstmord zu mißbrauchen.

Die Schlacht wurde am 6. November gewonnen, und an demselben 6. wurde der Bericht gegen Ludwig XVI. erstattet. Wäre sie früher gewonnen worden, so hätte die öffentliche Meinung eine ganz andere Gestaltung genommen. Der Prozeß wäre zum Stillstand gekommen, oder er hätte einen weniger blutigen Ausgang gehabt. Vor der Schlacht und sehr wahrscheinlich in den ersten Oktobertagen mußten die Jakobinergesellschaften in den Departements von Paris das Stichwort des Berges und der Kommune empfangen haben: „Wir sind in der

Minderheit; man muß handeln und Furcht erwecken; muß die Gironde in den Fall setzen, sich zugrunde zu richten, indem sie den König rettet, oder sich zu erniedrigen, indem sie ihn gegen ihr allgemein bekanntes Gefühl verdammt. Fordern wir den Tod des Königs."

Der nationale Zorn, der im Juni 1791 furchtbar war, furchtbar auch im August 1792, war verraucht. Er hatte der Verachtung Platz gemacht. Die Nation verlangte gar nicht mehr den Kopf Ludwigs XVI. Ein ausgezeichneter und sehr aufmerksamer Beobachter, Dumouriez, der sich Mitte Oktober in Paris aufhielt, sagt, zu dieser Zeit habe nichts darauf hingedeutet, daß der König in Gefahr war. Es bedurfte vieler Geschicklichkeit und Schlauheit, um die Leidenschaft wieder zu beleben. Die Jakobinergesellschaften verstanden das prachtvoll; sie arbeiteten mit einer wahren Gelehrigkeit und großem Nachdruck.

Indessen wäre die Sache nicht gelungen, wenn man nicht im Volke selbst Elemente der Erregung gefunden hätte: zunächst die ungewöhnliche aber ganz erklärliche Unruhe in dieser großen Krisis, in der Valmy nur einen vorübergehenden Aufschub bedeutete. Noch konnte die Revolution untergehen, untergehen zum Vorteil des Königs, also „treffen wir ihn zuerst; rächen wir unseren Tod im voraus, damit er keinen Nutzen davon hat". So sprach man zum Volke. Dieses war in düsterer Stimmung, war leidend und reizbar zu Beginn jenes rauhen Winters. Noch ein Winter ohne Arbeit, ein Hungerwinter; wehe, das war der vierte seit 1789, und er war in natürlicher Steigerung von erschreckend größerer Härte; denn schließlich erschöpfen sich die Vorräte, die Hilfsquellen verschwinden auf die Dauer, die Wohltätigkeit versagt; die Reichen selbst halten sich für arm: „Was ist die erste Ursache so vieler Übel? Etwa nicht der König?"

Während der Wahl des Bürgermeisters, um den 10. Oktober, erschien ein angeblich Verwundeter vom 10. August, den Arm in der Binde, und ein Pflaster auf einem Auge, und forderte, daß der Konvent ihm Gerechtigkeit verschaffe an seinem Mörder. Man überträgt einem Ausschuß den Bericht über die Sache des Königs.

Pétion wurde am 15. Oktober zum Bürgermeister gewählt. Und am 16. forderte eine Petition der Jakobiner von Auxerre nicht etwa den Prozeß, sondern klipp und klar den Tod. Diese Petition wurde mit äußerster Heftigkeit von einem sehr aufrichtigen und blindbegeisterten Mann vertreten, der eifrig wie nur irgendeiner immer in der vordersten Reihe stand (er bewies es in der Vendée), durch das Mitglied des Berges Bourbotte, der wahrscheinlich ohne es selbst zu wissen zu diesem Schritt gedrängt worden war. Die mit der Prüfung der Akten beauftragte Kommission erklärte, sie sei noch nicht fertig.

Am 19. wurde im Konvent eine drohende Adresse der Kommune gegen den Konvent eingebracht, gegen die neuen Könige, die eine Leibwache verlangen.

So verbarg die Partei der Gewalt ihre Wahlniederlage durch einen unerwarteten Akt der Dreistigkeit, der gewissermaßen den Prozeß gegen eine souveräne

Versammlung anhängig machte, eine Versammlung, die von Frankreich mit absolutester Vollmacht ausgestattet war, die eben erst zusammengetreten war und noch nichts geschaffen hatte.

Und um sie zu stürzen, zog man gleich zu Anfang ihre Beratungen nicht nur auf das gefährliche Gebiet der Leibwache, sondern auch auf das noch gefährlichere der Angelegenheit des Königs. Die Debatte ging um den Kopf Ludwigs XVI. Dieselben Männer, die der Konvent anklagte, Blut vergossen zu haben, forderten von ihm, selber solches zu vergießen und machten es ihm zur Pflicht. Sie machten diese Versammlung, ihren Richter, selbst verantwortlich und beinahe schon zur Angeklagten.

Der Konvent hatte, obgleich er im Besitz unbeschränkter Vollmachten war, in seiner edlen Bescheidenheit versprochen, die Verfassung von der Billigung durch die Urwählerversammlungen abhängig zu machen, man faßte die Versammlung an ihrem eigenen Edelmut. Man behauptete, dieser Beschluß über Polizei und öffentliche Sicherheit gehe die Verfassung an und müsse, wie die ganze übrige Verfassung, die Billigung des Volkes erhalten. Die Kommune gestand dem Konvent nicht das Recht zu, Gesetze zu machen, nicht einmal provisorische oder einfache Dringlichkeitsbeschlüsse. Wenn man diesen Grundsatz bis zu dem noch fernen Zeitpunkt einer allgemeinen Billigung der Verfassung befolgt hätte, so wäre Frankreich ohne Gesetze geblieben.

Wenn die Adresse keine Tat des Wahnwitzes war, so war sie ein Aufruf zur Empörung gegen die neue Versammlung, die kaum aus den Wahlen hervorgegangen war und in einer Zeit ans Ruder gelangte, da Frankreich seine Kraft zu entfalten begann. Es war eine Herausforderung, die nicht von Paris ausging, sondern von ein paar hundert Leuten, die Paris soeben einstimmig abgelehnt hatte.

Diese Männer hatten in dreizehn Sektionen gegen einen bestimmten Beschluß des Konvents beantragt, daß die Abstimmung laut zu geschehen habe; der Antrag war abgelehnt worden. Eine einzige Sektion von achtundvierzig hatte sich ihnen angeschlossen und entschieden, daß sie, wenn der Konvent auf der geheimen Wahl bestehen würde, bewaffnet gegen ihn ziehen würde.

Man darf überzeugt sein, daß diese tollen Schritte keineswegs von den politischen Häuptern des Berges angeraten worden waren. Diese sahen zweifellos mit Kummer, daß die unvorsichtige Adresse vom 19. August die einstimmige Mißbilligung der Versammlung gegen sie geweckt hatte.

Die jungen Leute, von denen die Kommune geführt wurde (Tallien, Chaumette, Hébert usw.), rissen den Berg und seine Führer einem steilen Abgrund zu, der sie im Konvent zur Ohnmacht verurteilt hätte, ihnen keine andere Gewalt gelassen hätte, als den Aufruhr, kein anderes Feld, als die Straße, so daß Robespierre und Danton die Untergeordneten Héberts und Chaumettes geworden wären.

Robespierre war in einer sehr schwierigen Lage. Man schrieb ihm alles zu, was im Hôtel de Ville geschah, und er wagte nicht, nein zu sagen. Die Führer der Kommune schoben ihn immer vor und gebrauchten ihn als Aushängeschild. Sie kannten ihn genau und wußten, daß er seine Stellung als moralische Autorität und augenscheinlicher Führer zu erhalten, ihre unverständigsten Handlungen gutheißen würde.

Hinsichtlich ihrer unsinnigen Adresse vom 19., die weder Robespierre noch sonst jemand mit einem einzigen Wort im Konvent zu vertreten gewagt hatte, beschlossen sie abends in der Kommune, je ein Exemplar davon an alle Gemeinden zu schicken. Der Konvent kassierte ihren Beschluß. Da erlangten sie von Robespierre, daß er ihnen zu Hilfe kam, nicht im Konvent, denn das hätte er nicht gewagt; nicht einmal bei den Jakobinern, das hätte er auch nicht gewagt; sondern in einer Versammlung eines Viertels, der Sektion der Pikenmänner.

So trieb man ihn von Stufe zu Stufe. Man wollte von ihm eine Lobrede auf Marat haben. Er hielt sie, aber auf eine Weise, daß man sie leugnen konnte; dies letztere ließ er durch seinen Bruder, den jüngeren Robespierre, bei den Jakobinern tun. Mehr erreichte man bei Chabot; der verstieg sich zu der Erklärung, September sei das Werk von ganz Paris, und September verfolgen, hieße der Bevölkerung von Paris den Prozeß machen. – Als so der Weg gleichsam gebahnt war, ließ man bei den Jakobinern einen Unbekannten auftreten, der sich selbst föderiert nannte, im Begriff stand, zur Grenze abzureisen, und die unverschämten Worte sprach: „Ich habe am 2. September ‚gearbeitet‘, ich kann schon mitsprechen ... Seid ruhig, wir haben nur Verschwörer niedergemetzelt, Assignatenfälscher.“

Damit hatte man das Ziel überschritten, das war zuviel. Man hatte den Abscheu mindern wollen und vermehrte ihn. Der freche Verbrecher fand einen üblen Willkomm. Die Jakobiner hatten immer auf einen gewissen äußeren Anstand gehalten; dies änderte sich zwar damals, dennoch verblüffte diese Unverschämtheit und rief eine gewisse Bestürzung hervor. Man fühlte, daß die Gesellschaft einen Hieb erhalten hatte. Sie sah sich, freiwillig oder nicht, auf die Wege der Gewalttat gedrängt, auf denen die Gesellschaften der Provinz ihr nicht mehr würden folgen können. Marseille hatte schon mit ihr gebrochen, Bordeaux folgte dem Beispiel, wie man es nicht anders erwarten konnte; ebenso andere Städte: Lorient, Saint-Etienne, Agen, Montauban, Bayonne, Perpignan, Riom, Châlons, Valognes usw., und was das schlimmste war, Nantes und Le Mans, unsere republikanischen Vorposten gegen die Bretagne und die Vendée.

Im Schoße der Versammlung derselbe Zusammenbruch. Obgleich der Berg die wahnwitzige Adresse der Kommune nicht unterstützte, hatte er von diesem Augenblick an nicht mehr die dreißig Girondisten gegen sich, nicht mehr die Hundert von der Rechten, sondern mehr als sechshundert Mitglieder, das heißt den ganzen Konvent.

Die im allgemeinen schlaffe und auf die Gironde neidische Versammlung beeilte sich nicht gerade, dieser letzteren energische Maßregeln zuzugestehen. Sie zählte viele frühere Mitglieder der Konstituierenden und Gesetzgebenden unter sich, die verstummt waren und umso erbitterter, als sie sich für überlegen hielten und zu alt, um sich von fünfundzwanzigjährigen Advokaten bevormunden zu lassen. Inmitten des Zentrums, des „Bauches", wie man als scherzendes Wortspiel (centre-ventre) zu sagen pflegte, saß, in Schatten, Furcht und Stille gut versteckt, in der kompakten Masse unbeachtet, der mürrische und ängstliche Sieyès. Er war der Inbegriff der ganzen Furchtsamkeit und des gehässigen Neides dieses Teiles der Versammlung. Seitdem er von seinem hohen Sessel in der Konstituierenden herabgestiegen war, floh er das Licht und ging des Nachts unterirdische Wege. Man nannte ihn sehr bezeichnend den Maulwurf der Revolution. Niemals sprach Sieyès ein Wort, wenn er nicht dazu gezwungen wurde. Er verabscheute die Girondisten wie Toren, die sich über seine Systeme lustig machten. Anfangs indessen, als er sich stark glaubte, hatte er sich ihrer mit Begeisterung bedient, um den Berg zu vernichten. Sieyès war sehr gewalttätig. Als die jungen Leute ihn drängten und um praktische Vorschläge baten, meinte der gute Abbé: „Kanonen, Tod." Als er die Girondisten bedenklich und unsicher sah, ließ er sie im Stich und begrüßte ihren Tod oder stimmte dafür.

In der Zeit, von der die Rede ist, verzweifelte Sieyès noch nicht an der Gironde. Er suchte abends oft die Rolands auf, die gern seine Meinung hörten. Vielleicht leitete er damals ihr Auftreten, ließ sie teilnehmen an der Hellsichtigkeit seines Priesterhasses, seiner Erfahrung, und machte, daß sie geschickter handelten, als sie es sonst wohl getan hätten. Verwundbare Stellen des Gegners wurden genau bezeichnet, scharf aufs Korn genommen, richtig getroffen, und zwar so, daß die Wunde lange offen blieb. Man vermied die politische Seite und hielt sich an die finanzielle, an die Geldfrage. Der Konvent führte geschlossen (mit Ausnahme einiger Bergparteiler) einen Streich gegen die Kommune durch den Beschluß, diese solle innerhalb dreier Tage Rechnung legen. Und er führte einen Streich gegen den Berg selbst durch den Befehl, die vollziehende Gewalt (das ging Danton an) solle sich in vierundzwanzig Stunden über die Art äußern, in der sie die geheimen Auslagen buchte.

Diesen Streich gegen Danton führen, ihm die Kehle zupressen durch die unerfüllbare Forderung einer Abrechnung, und dies königliche Antlitz des Genies der Republik mit dem Jammer eines Schuldners zeichnen, der unter der Drohung von Körperstrafen steht, das war zweifellos geschickt – aber keineswegs klug.

Wem anders als Robespierre konnte es Vorteil bringen, wenn Danton für immer bloßgestellt, erniedrigt und lahmgelegt war?

Der Berg, die Partei der Tat, die in dieser Zeit der Gewaltsamkeit so natürlich stark war, erwies sich darin schwach, daß sie zwiespältig war und sich auf zwei

Führer verteilte. Um sie wieder stark zu machen, mußte man einen von beiden kalt stellen. Diesen Dienst erwiesen die Rolands ihren Feinden.

War Danton einmal abgetan, so mußte das Banner, das er nicht mehr trug, an Robespierre übergehen. Der moralische Führer der Jakobiner wurde der politische Führer des Berges sowie der Kommune, und die Revolution ging von nun an kalt und furchtbar hinter einem Verstandesmenschen her, der nichts besaß von ihren hochherzigen Instinkten.

In Wahrheit war Robespierre dadurch fortgeschritten, daß er nichts tat. Seine Gegner oder seine Rivalen, von denen immer die einen die anderen preisgaben, arbeiteten für ihn und machten ihn immer größer. Für ihn geschah es 1791, daß die Lameth Mirabeau kalt machten, für ihn begannen 1792 die Girondisten, vom Zentrum unterstützt, Dantons Ansehen zu untergraben.

Indessen waren die Girondisten nicht einig über die Taktik, die man gegen Danton und Robespierre befolgen wollte. Ihr Genie, Vergniaud, wollte, daß man das Genie des Berges achtete, daß man Danton schonte. Brissot, so glühend er auch wünschen mochte, Robespierre moralisch zu schlagen, war keineswegs der Ansicht, daß man ihn rechtlich angreifen, ihm regelrecht den Prozeß machen sollte, um daran zu scheitern. Rabaut Saint-Etienne, der berühmte protestantische Pastor (der Sohn des Märtyrers aus den Cevennen), der durch die lange Tradition der religiösen Parteien in das politische Leben eingeweiht war, sah auch sehr wohl ein, daß man einen Feind nur angreift, sofern man auch sicher ist, ihn zu stürzen, oder man stürzt sich selbst bei diesem Angriff ins Unglück. Brissot und Rabaut weisen deutlich genug in ihren Blättern diese unbedachten Angriffe zurück, die von den Rolands offenbar wider ihren Willen und ohne sie zu befragen gemacht wurden.

Man muß sagen, daß Frau Roland in ihrem Haß gegen Danton und Robespierre einen Grad der Reizbarkeit erreicht hatte, der bei einer sonst so starken Seele in Erstaunen setzt. Sie hatte keine Laster als die der Tugend; darunter verstehe ich vor allem die Neigung der strengen Seelen, diejenigen, die sie für schlecht halten, nicht nur zu verdammen, sondern auch zu hassen; ferner, die Welt genau in zwei Teile zu zerlegen, auf dem einen alles Gute und auf dem anderen alles Böse verteilt zu sehen und unerbittlich alles in den Bann zu tun, was auch nur im geringsten von der geraden Linie abweicht, der zu folgen sie allein sich schmeicheln. Das hatte man im siebzehnten Jahrhundert an der sehr reinen, sehr strengen, sehr hassenden jansenistischen Partei erlebt. Und das erlebte man nun an diesem tugendhaften Kreise von Männern und Frau Roland. Diese wurde umso erbitterter, als ihr Geschlecht sie den Versammlungen fernhielt, nur indirekt handeln ließ und sie sich also nicht, ihrem Mut entsprechend, an dem Handgemenge beteiligen konnte; so konnte ihre Leidenschaft sich nicht in der Bewegtheit und Ermattung des öffentlichen Lebens abkühlen. In ihrem Tempel eingeschlossen, mußte diese Gottheit inmitten ihrer knienden Freunde, verehrt von ihnen wie die Tugend und die Freiheit selbst, auch einiges von ihrer lebhaften und übertriebenen Empfindsamkeit für die Roheiten der Presse annehmen. Bei einer solchen Anbetung erschienen Beleidigungen als Gotteslästerungen.

Es war der Kampf der Götter. Deren gab es drei. Frau Roland war für ihre ganze Umgebung ein Gegenstand der Verehrung. Robespierre hatte seine Andächtigen, besonders beim weiblichen Geschlecht. Danton wurde von denen, die ihn liebten, glühend geliebt, sie blickten auf zu ihm, lauschten und folgten ihm wie einem Geliebten; es war wie eine Religion des Schreckens und der Liebe.

Die allgemeine Begeisterung, die hinsichtlich der glücklichen Befreiung des Landes Danton von Dumouriez nicht trennte, hatte Frau Roland wenig gefallen, war sie doch schon höchst entrüstet über das Wort, das der Brutale ihr von der Tribüne zugeschleudert hatte. Wieviel empörter war sie noch über das Fest, das Julie Talma Dumouriez zu Ehren gab und bei dem man Danton an Vergniauds Seite gewahrte! Sie war nahe daran, diesen auszustoßen, ihn auf immer aus der Zahl der Erwählten zu streichen. Am gleichen Tage noch oder dem folgenden, am 14. Oktober, schrieb sie an Bancal, ihren sehr nahen Freund, die herben und harten Worte: „Scheuen Sie sich nicht, Vergniaud zu sagen, daß er viel zu tun haben wird, um sein allgemeines Ansehen zurückzugewinnen, sofern ihm noch als anständigem Menschen daran liegt, was ich bezweifle."

Was Robespierre anbetrifft, so haßte sie ihn, aber keineswegs aus natürlicher Abneigung. Zweimal hatte sie versucht, auf ihn einzuwirken; zweimal hatte sie sich ihm im Interesse des Vaterlandes (und aus keinem anderen Grunde) genähert. Robespierre war jedesmal – und zwar denkbar weit – zurückgewichen. Sie kannte nicht den starken Einfluß, den die Damen Duplay auf ihn hatten. Robespierre hatte mit feinem Verständnis, das mehr als alles andere seine Überlegenheit beweist, die Salons vermieden, die literarische Frau gefürchtet, die reine und mutvolle Julie, in der die ganze bürgerliche Gesellschaft das Ideal Rousseaus zu sehen vermeinte. Auch er war ein Nachahmer Rousseaus, war buchstäblich und politisch sein knechtischer Schiller, ahmte bewußt sein Privatleben nach, und zwar im wahrsten Sinne seiner Rolle: seine Liebe ging ins Volk. Wenn er auch nicht wie Rousseaus Emile Tischler wurde, so liebte er doch eine Tischlerstochter. So war sein Leben einheitlich, und während andere mit vieler Mühe ihr Herz und ihre Grundsätze in Einklang zu bringen suchen, so machte er keinen Unterschied darin und predigte die Gleichheit nicht nur mit Worten, sondern durch das Beispiel. Wir werden auf diesen bedeutsamen Punkt zurückkommen.

Frau Roland hatte, nicht ohne Grund, angenommen, daß Robespierre für Frauen ein empfängliches Herz habe, zugänglich sei für zarte und höhere Empfindungen und daß die Worte einer an Schönheit und Tugend unübertroffenen Frau Gewalt über ihn haben würden. Sie schrieb ihm im Jahre 1791 äußerst zuvorkommend. Er zeigte sich höflich und kalt. Es folgte ein neuer Brief im August 1792: diesmal streng und entschlossen und in der Hoffnung, er werde sich seiner würdig erweisen; sie hätte ihn vor dem September gern von der verhängnisvollen Kommune losgerissen. Keine Wirkung, keine Antwort. Von da an standen sie auf Kriegsfuß.

Man kennt seine matte Apologie vom 25. September; seitdem verhielt er sich still und hatte sich nicht wieder erhoben. Im Oktober gab ihm der blinde und unkluge Angriff der Rolands sein Ansehen zurück, stellte ihn gewissermaßen wieder auf den Sockel. Und von dem ging er nicht mehr herunter.

Die Rollen waren verteilt, und der 29. Oktober war festgesetzt. Zunächst sollte Roland die Kommune im ganzen angreifen. Dann sollte ein Freund der Rolands, ein junger Mann voll Schwung und Feuer, sich gegen Robespierre wenden und Mann gegen Mann mit ihm ringen.

Roland entwarf in einem sehr schönen Bericht ein rührendes und nur zu wahres Bild von der Pariser Anarchie. Er wies auf die Machtübergriffe hin, welche die Kommune sich erlaubte. Alle von der Lage untrennbaren Schäden schob er ihr zu. Der mächtigste Mann bei der Kommune, der ihre drohende Adresse an den Konvent am meisten Gewicht verliehen hatte, war Robespierre. Roland nannte ihn nicht, aber er war es, den dieser zornige Bericht mit aller Wucht traf.

Robespierre wollte reden. Aber die sehr bewegte Versammlung tat hartnäckig, als höre sie ihn nicht.

Dann bestieg ein junger Mann die Tribüne; er war von kleiner, zierlicher Gestalt, blond, doch schon ein wenig kahl, mit blauen Augen und sanfter Stimme. Louvet (er war es, der berühmte Romandichter) war trotz dieses weiblichen Äußeren feurig und mutig. Er hatte es bei der Sektion der Lombarden bewiesen, wo er sich in den Vordergrund stellte und in den schrecklichen Tagen viel Willenskraft zeigte.

Als Sohn eines Strumpfwirkers und Buchhandlungsgehilfen verdankte er seiner hübschen Mädchengestalt, die Zweideutigkeiten zuließ, leichte und leichtfertige Erfolge bei den Modedamen. Sein Roman „Faublas", der inhaltlich ganz aus dem Chérubin des „Figaro" hervorgegangen ist, war – wie man sagte – nichts anderes als Louvets eigene Geschicke und das öffentliche Bekenntnis seiner Abenteuer. Wie dem auch sei, die Liebe hatte ihn sehr erhöht, eine reine, begeisterte Liebe; neben seiner Lodoïska hatte er Faublas vergessen; er empfand das Bedürfnis, ein Mann, ein Staatsbürger zu sein; er hatte sich in Frau Rolands reine und strenge Hände gegeben, die ihn für ihren Gatten die Zeitung „La Sentinelle" schreiben ließ.

Ungeachtet seiner Umwandlung war der feurige und glänzende Schriftsteller doch leicht und romantisch geblieben, weit entfernt von Gesetztheit. Wäre er wirklich ernsthaft geworden, so hätte es ihm niemand geglaubt. Seine Stimme, sein Ton widersprachen dem. Sein junges Gesicht gehörte zu denen, die nicht altern können; auch kannte man ihn zu gut; die fatale Berühmtheit seines Romans verfolgte ihn bis auf die Tribüne; es schien ihm versagt, ernsthaft zu reden. Sowie er erschien, erhob sich ein Gemurmel, ein Lächeln, sogar auf seiten seiner Freunde, und man vernahm das kleine Wort: „Da ist Faublas!"

Das also war der Mann, dem die Rolands in unglaublicher Unvorsichtigkeit mit der Rolle des Anklägers von Robespierre betrauten.

Diesem bleichen Antlitz voller Strenge, darin starke Sammlung und Konzentration zum Ausdruck kamen, den blonden Louvet entgegenzustellen, den Romanschreiber, den Schwätzer, den Mann der leichten Worte, Mann? Oder Mädchen? Man wußte es nicht ... Wahrlich, eine solche Wahl konnte nur von einer Frau kommen. Tatsächlich gehörte Louvet den Rolands.

Rom, dessen Geschichte Frau Roland so viel gelesen hatte, hätte ihn und ihren Freunden die Bedeutung der Anklage als öffentlichen Akt zum Bewußtsein bringen müssen. Die Römer wußten sehr wohl, daß die entscheidende Wirkung in diesen Dingen weniger von der Beredsamkeit als dem Charakter, der Autorität des Anklägers abhing. Bevor er sprach, schon wenn er sich den Richtern zeigte, mußte seine bekannte Würde, die in seiner ganzen Person, in seinen stummen Blicken zum Ausdruck kam, den Angeklagten bereits bedrängen, so daß dieser der ehrwürdigen Persönlichkeit gegenüber, die ihn der Gerechtigkeit überantwortete, es als einen schweren Schlag empfand, durch die Stimme Catos beschuldigt zu werden, als selbst das strengste Urteil ihm versetzen konnte.

Hier war es nicht Cato, es war Louvet! Und dem Mangel der Person kam keine Gewandtheit zu Hilfe. Louvet war lebhaft und heftig, zuweilen beredt, immer unbestimmt. Er sagte, die Beweise für die große Verschwörung, gegen die er sich wende, seien in Händen des Komitees; er erbrachte sie nicht. Alles, was er klar erwähnte, wußte man längst, daß nämlich an jenem verhängnisvollen 2. September, als Worte nicht mehr Worte, sondern fürchterliche Taten waren, als ein Ausspruch mehr tat als ein Dolch, daß Robespierre da in der Kommune seine Feinde bezeichnet, sie, soweit es an ihm lag, mit seinem Wort erdolcht hatte.

Hatte er sie genannt oder unbestimmt angedeutet? Darum drehte sich die ganze Frage. Das Protokoll der Kommune ist hier, wie überall, kurz, es gibt die Rede in drei Zeilen wieder; der Konvent konnte keine größere Klarheit darin finden als wir heute. Nach dem, was wir von Robespierre und seiner Gewohnheit für unbestimmte Verleumdungen wissen, ist es äußerst wahrscheinlich, daß er keine Namen nannte und daß seine Rede im übrigen kaum anders war, als man sie hundertmal von ihm vernommen hatte: „Es besteht ein großes Komplott, man möchte Frankreich ausliefern ..." Nur konnte dieses Geschwätz, das in gewöhnlichen Tagen nicht viel Bedeutung hatte, an einem solchen Tage von furchtbarer Bedeutung werden.

Louvet hatte dem Konvent nichts Neues mitgeteilt, nichts als Behauptungen aufgestellt. Er erntete nichts als Beifall. Kein einziger bedeutender Mann der Gironde erhob sich, um ihm beizupflichten. Wenn Brissot und Rabaut Saint-Etienne bei der Sitzung so waren, wie ich sie am folgenden Tag in ihren Zeitungen finde, so war ihre Kälte außerordentlich, und der Konvent konnte in ihren eisigen Mienen den inneren Zwiespalt in der Partei lesen, die schweigende Ablehnung, mit der sie diesem verlorenen Sohn begegneten, der Unklugheit seiner ernsten Berater, der Unbesonnenheit so erfahrener Leute.

Die entschieden wieder gefestigte Kommune, die sah, daß die Gironde, die Rechte, nichts tat, der Konvent nichts tat, hielt sich nicht mehr. Ihre unverschämten Führer, die Hébert, die Chaumette, glaubten, mit dem Konvent umgehen zu können, wie Kinder mit einem alten Faselhans, einem blöden Cassander, die ihn zupfen und reizen, bis der Biedermann ihnen einen Stockhieb versetzt. Sie zögern nicht länger mit ihrer herausfordernden Adresse vom 19.; sie geben sie zur Post, versenden sie in die Departements. Roland fängt sie auf und zeigt sie dem Konvent an. Dieser scheint endlich den Stich zu spüren, er fühlt es ein wenig an der Haut, wenn das Eisen ihm bis auf den Knochen brennt. Hätte die Gironde in solchem Moment einfach beantragt, die Kommune zu brechen, so wäre das geschehen. Barbaroux rettete sie, weil er über das Ziel hinausschoß und zu viel gegen sie verlangte. Er wollte nicht nur, daß man die Föderierten nach Paris rief, sondern, daß der Konvent als Gerichtshof zusammentrete – ferner, daß man erkläre, eine Stadt, in der das nationale Ansehen verletzt werde, solle das Anrecht auf eine gesetzgebende Körperschaft verlieren. Ein unsinniges Verlangen, mit dem man offenbar der Stadt Paris den Krieg erklären wollte, gerade jetzt, als diese Stadt durch ihre Einmütigkeit zugunsten Pétions gegen die Kommune und für die Nationalversammlung auftrat. – Es galt, bei der Kommune selbst einen Unterschied zu machen. Der Kommune vom 10. August einen unbestimmten Schlag versetzen, das hieß dem Wunsche der Royalisten entgegenkommen; eine republikanische Volksvertretung mußte in der Kommune den 10. August achten, der die Republik bedeutete, mußte die Führer absondern und treffen. Cambon beantragte es vergeblich: „Lassen Sie sich die Listen bringen", sagte er sehr vernünftig, „da werden Sie sehen, ob das Vergehen der ganzen Gruppe zuzuschreiben ist oder ein paar einzelnen."

Der Konvent konnte Tatsachen haben, aber er liebte mehr die Worte. Er berief zehn Mitglieder der Kommune, die aussagen sollten, was in Wirklichkeit von der Kommune angeordnet worden sei. Die Führer, die froh waren, mit Worten, mit Lügen davonzukommen, überboten in diesem Sinne alle Erwartungen. Chaumette kroch auf dem Bauch, wälzte sich in der Erniedrigung einer heuchlerischen Demut, redete gegen die Anarchisten (das heißt also, gegen sich selbst), und half mit Bekenntnissen und Seufzen nach: „Ach! Es ist nur zu wahr, es gab Pflichtvergessene in der Kommune; die Makellosen werden sie dem Beil des Gesetzes überantworten ... Trefft nicht die Unschuldigen mit den Schuldigen! ... Wenn man das Vertrauen der Mitbürger in uns erschüttert, wie will man da, daß wir die Anstifter zum Mord aufhalten? ...“ Es war genug, daß einem schlecht werden konnte. Sogar die Girondisten forderten die Tagesordnung.

Die folgenden Tage brachten eine Reihe öffentlicher Abbitten. Tallien schrieb schnell eine Broschüre, in der er den September beweinte und versicherte, daß er seinerseits nur insoweit daran teilgehabt habe, als er einige Personen rettete.

Robespierre wollte am Montag, dem 5. November, auf der Tribüne des Konvents erscheinen, um sich ebenfalls zu rechtfertigen. Er bereitete diese Sitzung mit einer sehr überlegten Rede vor: „Über die Macht der Verleumdung“, die er bei den Jakobinern vortrug. Die Geschichte der Verleumdung, von einem Meister auf diesem Gebiet gezeichnet, war auf den Beginn der Revolution zurückgeführt und geschickt weiterverfolgt, so daß sie aus Brissot und der Gironde Nachfolger des Abbé Maury machten; alles gipfelte in der verleumderischen Beschuldigung, daß man Paris zermalmen wolle. Das Ganze mit einem Appell an den Neid, an die Mißgunst gewürzt: er zeigte, wie die Girondisten alle Stellen den Ihrigen gaben und die Jakobiner ausschlossen. Er, Robespierre, war allein, ohne Partei, ohne Einfluß, hatte weder Position noch Vermögen. Und dabei wagte man ihn zu beschuldigen, er ziele nach der Diktatur. „Welch ein Elend für die Patrioten, die nicht gestützt werden! Man drückt sie auch noch zu Boden ...“ Man denke sich die Wirkung dieser klagenden Worte auf Tribünen voller Frauen. Man denke, welch ein Schluchzen, welche Tränen!

Er kam schließlich, der 5. November, und Robespierre hielt vor dem Konvent eine bescheidene, geschickte Verteidigungsrede. Auf eine so unbestimmte Anklage wie die Louvets genügte eine unbestimmte Entgegnung. Und Robespierre gab eine, die in einem Punkt deutlich war. Er sagte, was Tatsache war, daß er mit Marat eine einzige Begegnung gehabt habe, und daß Marat wieder gegangen sei, weil er in ihm „weder die Kühnheit noch die Anschauungen eines Staatsmannes fand“. Er pries nicht den September; er beklagte ihn aus folgendem eigentümlichen Grunde: „Man versichert, ein Unschuldiger sei umgekommen ... Das ist zu viel, kein Zweifel, viel zu viel.“

Robespierre beging in dieser Rede ein Wagnis, das einen Mann gestürzt hätte, hinter dem nicht wie hier die jakobinische Partei stand, diese fanatische Partei, die ganz wie die Priesterpartei die Spitzbüberei im eigenen Lager gelten ließ und ihr noch besondere Achtung zollte. Er sagte in zwei Fällen dreiste Lügen, in Fällen, bei denen man ihn auf der Stelle durch unwiderlegliche Beweise der Lüge überführen konnte.

Erstens: Er sagte, er habe niemals irgendwelche Beziehungen zum Überwachungskomitee der Kommune gehabt. Es ist wahr, er ging nicht hin, aber das einflußreichste Mitglied dieses Komitees, der Mann, der Marat am 2. September dort hineingebracht hatte, Panis, ging nicht von Robespierres Seite; hundert Zeugen sahen, wie er jeden Morgen im Hause Duplay, Rue Saint-Honoré, die Parole holen kam.

Zweitens: Die noch dreistere Lüge, die man sofort durch schriftlichen Beweis und Urkunde widerlegen konnte, durch das Protokoll der Kommune, war diese: „Man hat mich beschuldigt, die Sicherheit einiger Abgeordneter dadurch gefährdet zu haben, daß ich sie während der Exekutionen bei Namen nannte. Ich bin dieser Nichtswürdigkeit durch den Hinweis begegnet, daß ich vor diesen Exekutionen aufgehört hatte, zur Kommune zu gehen ..." – Das Protokoll stellt fest, daß Robespierre am 1. und 2. September, während der Morde, in der Kommune war und Anzeigen vorbrachte. Was bedeutet das Wort *vor* und was will es besagen? Es handelt sich nicht um die Feststellung, ob er vorher dorthin ging (am 31. August beispielsweise), sondern ob er am Vorabend, dem 1. September, dem Tag der Vorbereitungen, ob er am 2., dem Tag der Ausführung, während der Exekutionen hinkam, denunzierte und seine Feinde mit Reden erdrosselte.

Louvet und Barbaroux, die das Wort erbaten, hätten das zweifellos gesagt; die Gironde hätte triumphiert. Die Masse des Konvents ließ es nicht zu. Ein ungemein geistvoller Mann, wie geschaffen, um stets der Kraft zu helfen, sah, daß sie hier bei jener mißgünstigen Masse des Konvents war, bei den fünfhundert neutralen Abgeordneten, und er schmeichelte dem Zentrum. Es war der Bearneser Barère. Mit der Behendigkeit und Geschicklichkeit eines gewandten bearnesischen Tänzers gab er Robespierre einen beschämenden Fußtritt, der ihn nichtsdestoweniger rettete und wieder auf die Füße brachte: „Errichten wir doch nicht Piedestale für Pygmäen", sagte er, „geben wir nicht Männern eine Bedeutung, denen die öffentliche Meinung ihren Platz anzuweisen wissen wird. Um einen Mann des Strebens nach der Diktatur zu beschuldigen, müßte man ihm einen Charakter unterstellen, Genie, Kühnheit, irgendwelche großen politischen oder militärischen Erfolge. Käme etwa ein großer General, die Stirn mit Lorbeer bekränzt, an der Spitze einer siegreichen Armee, um den Gesetzgebern zu befehlen, in die Rechte des Volkes einzugreifen, so müßte man gewiß Ihre Blicke mit aller Strenge des Gesetzes auf das schuldige Haupt lenken. Daß Sie aber diese furchtbare Ehre denen erweisen, in deren Bürgerkränze sich Zypressen mischen, das ist es, was ich nicht begreifen kann; solche Männer sind in einer Republik nicht mehr gefährlich. In einem Lande, das der Menschheit den ersten Tempel errichten soll, der ihr in dieser Welt geworden ist, gelangt man nicht auf diese Weise zur höchsten Macht ..."

Barère wurde von allen applaudiert. Dem Berg gefiel er, weil er Robespierre rettete; der Mitte und der Rechten, weil er ihn demütigte; dem Konvent im ganzen, weil er den Vorwand zum Nichtstun lieferte, zur Beruhigung, zum

Schlaf. Zwei Mitglieder jedoch erhoben Einspruch, Barbaroux, den man nicht hören wollte, und der tödlich gekränkte Robespierre, der keineswegs eine solche Rettung wollte. Barère hatte beantragt, der Tagesordnung eine Begründung zu geben, die nichts Beleidigendes habe (die Begründung, daß der Konvent sich nur mit öffentlichen Angelegenheiten zu befassen habe). Robespierre behauptete, das sei eine Beleidigung, und veranlaßte, daß diese Bezeichnung entfernt wurde und man glatt und einfach für die Tagesordnung stimmte, was zur bedauerlichen Folge hatte, die Rede Barères schnell vergessen zu lassen. Robespierre, der bei Beginn der Sitzung ein Angeklagter gewesen war, triumphierte schließlich und sah sich hoch oben.

Obgleich nur eine Fraktion der Gironde, die Gruppe Roland, Robespierre angegriffen hatte, so war doch die ganze Partei dadurch bloßgestellt. Es zeigte sich nur allzu deutlich, daß die Gironde nicht von der Mitte gestützt wurde, von der großen Masse des Konvents. Paris erkannte, daß die in Fraktionen gespaltene Gironde selbst nicht siegen würde, und mit dem Instinkt übertriebener Vorsicht machte es sich davon und hielt sie nicht länger. Die Gironde, die am 15. Oktober einig und mit der Mitte übereinstimmend war, hatte in Paris die Einmütigkeit für Pétion hervorgerufen. Gespalten, durch eigene Schuld erschüttert, sah sie vom 15. bis 30. November Paris schwanken, sich von ihr entfernen und sich ihr wieder nähern, aber mühsam und zweifellos nur für kurze Zeit. Während mehrerer Tage, welche die Wahl des neuen Bürgermeisters beanspruchte (Pétion hatte abgelehnt), standen die Aussichten für Lhuillier, den Mann Robespierres, einem früheren Tischler aus der Rue Mauconseil, und für den Kandidaten der Gironde, den Arzt Chambon, gleich, und der letztere konnte nur gerade, als man des Kampfes müde war, die Stimmenmehrheit erreichen.

Das war ein schlimmes Zeichen für die Gironde. Sie mußte allmählich auf eine abschüssige Bahn geraten. Sie konnte es nicht vermeiden, dem Berg auf das mißliche und blutige Feld des Königsprozesses zu folgen. Und auch hier noch war sie in sich gespalten. Mehrere, ebenso eifrige und glühende wie ehrliche Girondisten hielten den König für des Todes schuldig. Andere hielten ihn zwar für schuldig, schreckten aber davor zurück, ihn zu töten. Sie trugen der unglücklichen Lage[1] Rechnung, den Schwankungen und der Schwäche seines Charakters, sogar seiner Bigotterie als Pfaffenwerkzeug und seinen religiösen Bedenken. Bei dieser Verschiedenartigkeit des Gesichtspunktes konnte der Angriff wohl lebhaft sein, nicht aber freimütig, die innere Zwietracht der Partei mußte sich darin fühlbar machen.

---

[1] Sie selbst hatten diese falsche Lage gefühlt und zugegeben. Bei seinem Sturz gingen sie, im Bestreben, ihm mit Rat beizustehen, in die Falle und hatten den unbedachten Edelmut, dem König zu schreiben. Tatsächlich gab es da einen (allerdings sehr ehrenvollen) Brief der Girondisten. Ich komme darauf zurück.

Am 6. November, dem Tage der Schlacht bei Jemappes, erstattete der Girondist Valazé einen ersten Bericht über die Versetzung des Königs in den Anklagezustand, einen wortreichen, unklaren und dennoch heftigen Bericht, der über das tatsächliche Ziel und seinen Titel hinaus bereits die Frage der Strafe aufwarf und grundsätzlich erklärte, diese müsse eine andere sein als die Absetzung; er wagte nicht zu sagen: der Tod.

Am folgenden Tage erstattete auch der Berg seinen Bericht, der weniger unklar und ausgesprochen heftig war. Der Jakobiner Mailhe prüfte namens des Komitees für die Gesetzgebung folgende Frage: „Ist er abzuurteilen? Und durch wen? – Allein durch den Konvent." Er machte das Hirngespinst von der Unverletzlichkeit zunichte.

Der Wetteifer zwischen beiden Parteien zeigte sich deutlich. Man sah nur zu gut, daß dieser lebendige Mensch nichts anderes war als ein Leichnam, um den man sich herumschlug; die einen wie die anderen nehmen sich gegenseitig über ihn hinweg aufs Korn, im Glauben, jeder Hieb, der ihn durchbohre, treffe darüber hinaus auch noch den Gegner. Nichts war geeigneter, ihm das allgemeine Interesse, das Mitleid wieder zuzuführen. Der König existierte nicht mehr, er war am 10. August umgekommen; ein Mensch war übrig, das allgemeine Mitleid sah in ihm nur das. Der Prozeß wurde so ungeschickt geführt, daß man die Septembermänner zu Tränen rührte. Als der „Tyrann" an der Barre vorgeführt wurde und man in ihm einen Mann wie andere auch erblickte, der einem braven Bürger, einem Rentier und Familienvater glich, ein etwas kurzsichtiger Mann mit schlichtem Ausdruck und einer bereits von der Gefängnisluft gebleichten Gesichtsfarbe, ein Mann, der seinen Tod ahnte, war alles bestürzt; schon jetzt konnte man ermessen, welch harten Schlag die blinden Anstifter eines solchen Prozesses der Revolution versetzten. Die traurige Verteidigung, die dem Angeklagten von seinen Advokaten diktiert wurde (sie veranlaßten ihn, seine Schriftzüge abzustreiten), konnte das Interesse nicht vermindern. Der Schlag wurde geführt, in allen seinen Folgen zum großen Vorteil der Royalisten, des Königs Fehler waren vergessen, die schuldlose Republik wurde um des schuldigen Königtums willen gehaßt, und dieses schließlich noch durch das Schafott geweiht!

Es fehlte nicht an Männern, die diese heute so einfache und klare Tatsache vorausahnten. Vergniaud sah sie wohl seitens der Gironde, und Danton von der Bergpartei nicht weniger. Wer hätte gewagt, das vorauszusagen, Frankreich auf die Gefahr hinzuweisen? Dazu mußte man stark sein, und um stark zu sein, mußte man einig sein.

VIERZEHNTES KAPITEL

Endgültiger Bruch der Girondisten mit Danton (November 1792)

Danton von der Gironde verfolgt (Oktober 1792). – Die drei Feinde Dantons: La Fayette, Roland, Robespierre. – Dantons Charakter. – Worin er sich von den Girondisten und Jakobinern unterschied. – Er war von bäuerlicher, nicht von bürgerlicher Herkunft. – Die Nachsichtigen: Danton, Desmoulins, Fabre d'Eglantine. – Danton in Bedrängnis. – Seine kranke Frau. – Frau Dantons Verdienst und Ende. – Dantons Besorgnis. – Er konnte nicht in Paris bleiben. – Seine letzte Zusammenkunft mit den Girondisten (November oder Dezember 1792).

Es war Zeit, hohe Zeit, daß die Gironde sich Danton näherte, falls sie es konnte. Es war schon reichlich spät dafür.

Der verhängnisvolle Abgrund des Prozesses, den die Wut der einen und die Furcht der anderen beschleunigt und übereilt hatten, war nur zu deutlich sichtbar. Die Girondisten hatten sich fortreißen lassen. Wenn es noch irgendwelche günstigen Aussichten gab, nicht für den König, aber für sie selbst, so war es in einem sofortigen Anschluß an eine der beiden Kräfte, die den Berg trennten. Bestand zwischen ihnen und Danton etwas ganz Unversöhnliches, das sie für immer an einer Annäherung hinderte? Man entdeckte nichts dergleichen. Weder Danton noch sonst jemand hatte den September befohlen. Wenn Dantons Diktatur zu befürchten gewesen war, so war sie es nun nicht mehr, nachdem die Fehler der Girondisten Robespierre wieder Gewalt verliehen hatten. Das sahen die Verständigsten unter ihnen ein. Weder Vergniaud noch Condorcet noch sogar Brissot waren abgeneigt zu verhandeln, ebensowenig Clavières, der Finanzminister. Er war es, der mit den Ministern der Marine und der auswärtigen Angelegenheiten, Monge und Tondu-Lebrun, Dantons Abrechnungen entgegennahm. Clavières, ein früherer Genfer Bankier, empfand als Geschäftsmann vollkommen, daß so große Angelegenheiten der politischen Polizei (und in einer derartigen Krise) nicht wie eine Haushaltsabrechnung mit Franken und Sous abzutun waren.

Danton wäre genügend reingewaschen gewesen, wenn Roland, sein Hauptankläger, im Rat hätte erscheinen und mit den anderen Ministern unterzeichnen wollen. Roland tat es nicht. Seit über einem Monat kam er nicht mehr hin und wollte nicht hinkommen.

Danton gewann die öffentliche Meinung nie wieder ganz für sich. Die Rolands und ihre Freunde hatten in ihm eine der großen Kräfte der Republik lahmgelegt, die, welche ihr am meisten gedient hatte und sie jetzt noch retten konnte. Sie hatten das Vertrauen, das er einflößen konnte, auf immer erschüttert; mehr noch vielleicht: sein Selbstvertrauen.

Schon bei der ersten Gelegenheit, am 29. Oktober, als Roland seine feierliche Anklage gegen den Berg vorbrachte, finden wir in Dantons Worten nicht mehr die schlagende Beweiskraft, die er früher besaß. Er begnügte sich mit einer matten Antwort; es ist, als ginge er auf Glatteis, er weicht aus. Das einzige klare und deutliche Ergebnis dieser Rede ist, daß er Marat mit größerer Energie als bisher von sich abschüttelt: „Ich erkläre dem Konvent und der ganzen Nation, daß ich die Person Marats durchaus nicht liebe; ich sage offen, daß ich von seinem Temperament genug habe. Er ist nicht nur blind in seiner Wut und zudem zänkisch, sondern auch ungesellig."

In dem verhängnisvollen Augenblick, da das mächtige Haupt schwach und blaß wird, das an einem schlimmen Tage die Stütze des Vaterlandes selbst gewesen war, möge es uns erlaubt sein, ganz kurz zu prüfen, ob Frankreich aus Gründen der Gerechtigkeit und der Ehre tatsächlich gezwungen war, undankbar zu sein und denjenigen zu verleugnen, dem es soviel verdankte.

Alle Anklagen gegen Dantons Rechtschaffenheit beruhen auf den Behauptungen dreier seiner Feinde. Nur die erste hat einige Wahrscheinlichkeit für sich. La Fayette behauptet, Danton habe für seine Advokatur am Conseil, die, sagt er, zehntausend Franken wert war (das ist in Wirklichkeit viel zu niedrig gegriffen), hunderttausend Franken vom Hof erhalten. Und daher habe die Königin und besonders Madame Elisabeth gehofft, Danton würde, wenn nicht die Krone, so doch das Leben der königlichen Familie verteidigen.

Die zweite Anklage ist diejenige der Rolands und bezieht sich auf die Summen, die Danton während seines Ministeriums verschleudert haben soll. Wir haben gerade von den furchtbaren Notwendigkeiten gesprochen, die es während der Krisis geboten erscheinen ließ, mit dem Gelde nicht kleinlich umzugehen. Die geheimen Verhandlungen, die das öffentliche Wohl verlangte, gehörten nicht zu denen, die man immer erklären und in sichere Rechnung stellen konnte. In solchen kritischen Augenblicken rollt das Geld, flieht und zerfließt, man weiß nicht wie; das Geld in der Hand hat sozusagen sein eigenes Leben. Jeder Minister hatte vierhunderttausend Franken für geheime Ausgaben. Danton allein gebrauchte sein Geld und rettete das Vaterland. Was ihn die Verhandlung mit Preußen kostete und anderseits die Gegenverschwörung in der Bretagne, der Verrat der Verräter, das kann man nicht feststellen, aber vierhunderttausend Franken sind wenig bei solchen Dingen. Die anderen Minister gaben nichts aus, taten aber auch nichts. Entsprach das dem Zweck? Und waren es nicht vielmehr die anderen, die der Amnestie bedurften?

Die dritte Anklage ist die, die Robespierre und seine Freunde unermüdlich wiederholt haben. Danton habe sich in Belgien persönlich sehr bereichert, als er Kirchengeräte und viele Kostbarkeiten für dringende Bedürfnisse des Heeres beschlagnahmen ließ. – Der Beweis? Die Beschuldigungen der Belgier selbst. Ein schwacher (?) Beweis, wenn er überhaupt vorhanden war; denn die Wut der Belgier gegen diejenigen, die damals die Vereinigung mit Belgien wollten, ist bekannt.

Was als Beweis gedient hat, ist die unberechenbare Kraft, welche die Anklagen durch das vollkommene Einverständnis und die Hartnäckigkeit erhielten, mit der die zahllosen Jakobinergesellschaften jede von Paris geschickte Formel wiederholten und immer aufs neue vorbrachten, mit der sie unentwegt und ohne einen Ton zu verfehlen die Melodie nachsangen, die ihnen hier der Chormeister vorsang. Man hatte, besonders im 17. Jahrhundert, im Kampf der Jesuiten gegen Port-Royal, die unüberwindliche Kraft eines täglich und stündlich von einem Chor von dreißigtausend Männern wiederholten Wortes kennengelernt. Hier waren es nicht dreißigtausend, sondern zweihunderttausend und mehr. Ist das Ohr einmal daran gewöhnt, so hält es schließlich den großen Lärm für die allgemeine Meinung, für die Stimme des Volkes.

Dantons Vermögen scheint sich in den Jahren 1791–1794 wenig verändert zu haben. Es bestand in einem Hause und einigen Feldern bei Arcis, die er ein wenig vergrößerte, und die noch heute im Besitz seiner ehrenwerten Familie sind.

Danton, dessen Natur reich an lasterhaften Neigungen war, war weder Spieler noch Trinker. Die Frauen waren die schwache Seite, an der ihn die Parteien angriffen und ihn in die Hand zu bekommen suchten. So versuchte die orléanistische Partei, ihn durch die Geliebte des Prinzen, die schöne Frau von Buffon, zu bestricken. Danton war infolge seiner lebhaften Einbildungskraft und des Übermaßes seines stürmischen Temperaments sehr beweglich. Indessen führte ihn sein Bedürfnis nach wahrer Liebe und Zuneigung unveränderlich jeden Abend ins Ehebett zurück, zu dem guten, teuren Weibe seiner Jugend, an den dunklen Herd des Danton von ehedem.

Er besaß in der Tat keine kostspielige Neigung als eine großzügige und unbedachte Gastlichkeit, eine immer offene Tafel, an der seine Freunde (und deren Zahl war groß) wohl oder übel Platz nehmen mußten. So war er immer gewesen, selbst als er noch arm war, denn er hatte keine Ahnung von dem Wert des Geldes. Als Anwalt ohne Klienten, der nichts als Schulden besaß und von seinem Schwiegervater, einem Limonadenhändler an der Ecke des Pont Neuf, ernährt wurde, lebte er wie ein König auf dem Pflaster von Paris, hatte weder Sorge noch Unruhe, verdiente wenig, war ohne Wünsche und verschwendete überall auf seinem Wege das Gold seiner Rede. Er war ganz unwissend und las überhaupt nicht. Noch weniger schrieb er; Schreibfedern verabscheute er und man besitzt nichts Handschriftliches von ihm.[1] Wenn die Lebensmittel im Haushalt völlig fehlten, ging man eine Zeitlang in den Wald, nach Fontenay bei Vincennes, wo der Schwiegervater ein kleines Haus besaß.

Gewöhnt, mit dem Zufall zu leben, gleichgültig wie, ging er mit dem Gelde der Republik um wie mit dem seines Schwiegervaters, nur mit dem Unterschied, daß er statt der guten und klugen Frau Danton, die noch ein wenig Ordnung in den kleinen Haushalt brachte, in dem großen Haushalt der Republik als Hausväter und Verwalter seine Freunde Lacroix, Fabre, Westermann und andere hatte, die für Spiel und Liebe unersättlich seine allzu unbedenkliche Freundschaft in Anspruch nahmen..

Trotz seines erstaunlichen Gefühles für die Forderung der Zeit, war Danton nicht ausschließlich ein Mensch seines Jahrhunderts. Ein tiefer, unveränderlicher Wesenszug in ihm machte ihn der Masse verwandt. Es ist wie mit dem Ozean: Veränderung und Bewegung sind an der Oberfläche, und man könnte glauben, daß der Ozean selbst sich bewegt und verändert; aber dem ist nicht so, in zwanzig oder dreißig Fuß Tiefe ist er, von gewissen Strömungen abgesehen, unbeweglich. Ebenso ist's mit der weiten Tiefe des Volkes: ewig ist der französische Bauer.

Alles wird anders; er bleibt wie er war.

Danton war vom Bauernstamm, und unter dem Advokaten, dem Tribunen, dem großen Redner barg sich ein grober Bauer. Man erkannte ihn mühelos an dem mächtigen Hals, den breiten Schultern, den starken Händen. Sein von Pockennarben grausam verwüstetes Zyklopengesicht erinnerte nur um so mehr an die Landbevölkerung, bei der die Sorge für das Kind nur der Natur überlassen bleibt. Das College hatte daran nicht viel geändert, dank der Nachlässigkeit des faulen Schülers. Er blieb, mit einigen durch Erziehung und Stellung bedingten Einschränkungen, das, was er von Geburt war: die energische und feine Persönlichkeit, wie man sie oft unter den Bauern der Champagne sieht, den listigen Landsleuten des „guten“ Lafontaine. Unter den Formen einer groben und oft gewaltsamen Herzlichkeit bergen sich dort um so besser ein gewandter Geist, der, wenn nötig, zur Wahrung seiner Angelegenheiten und Interessen sehr wohl fähig ist.

Diese Menschen, die man für schlicht hält, sind nichtsdestoweniger sehr geneigt, Prinzipien anzunehmen, die keine sind. In geschäftlichen Dingen stellten sie sich unbedenklich auf den Standpunkt der ganz falschen Lehre, daß es zweierlei Moral gibt, eine öffentliche und eine private, und daß die eine im Bedarfsfalle die andere niederhalten muß. Es war die Theorie aller Politiker der Zeit. Sie meinten, darin die Söhne des Brutus zu sein, waren aber die des

[1] Es gibt angeblich einen Brief von ihm an seine Frau, der aber offenbar nicht echt ist, da er den Gefühlen widerspricht, die er damals hegte, und besonders denen, die er ihr beweisen wollte.

Macchiavell. Die Jesuiten selbst haben nie etwas anderes behauptet: alles ist erlaubt für das höchste Gut. Ein bedenklicher Grundsatz der Korruption für die Männer der Revolution!

Aber Danton hatte wenigstens das vor den anderen voraus, daß in ihm die widerspruchsvollen Grundsätze klar zutage traten, daß Gewalttätigkeit und Menschlichkeit sich nicht in unechten Mischungen schattierten, sondern abwechselnd auftraten. Er war nicht immer aufrichtig, ganz gewiß nicht; wie die anderen log und betrog er. Doch log er nicht, um gut zu erscheinen. Unter all seinen, dem Augenblick entsprungenen und in den wechselnden Gang der Ereignisse geschleuderten Worten, gibt es kein pharisäisches Wort. Sein Fehler war entgegengesetzter Art.

Was er verbarg, und was oft in seinen Taten, bisweilen auch in seinen Worten deutlich wurde, das war seine Güte. Eine Menge Menschen, die von ihm gerettet wurden, haben nacheinander die Menschlichkeit Dantons bezeugt und verraten.

In unseren Zitaten aus Camille Desmoulins haben wir gesehen, wie er versuchte, die furchtbaren Forderungen Marats zu umgehen, indem er Rücksicht auf ihn nahm und ihm keine Zugeständnisse machte, um viel Größeres zu retten. Das war ihre gemeinsame Auffassung und ihr Widerspruch: sie glaubten an den Schrecken als Prinzip, bewunderten ihn als unumgängliche Notwendigkeit der öffentlichen Wohlfahrt, glaubten, man könnte ihm durch Organisation Grenzen ziehen. Sie erwarteten täglich einen neuen September und gedachten, durch die Tribunale die Metzeleien einzudämmen. Von diesen Tribunalen wurden sie selbst verdammt.

Gegen Ende 1792 bedurfte es großen Mutes, nur ein Wort des Mitleids zu wagen. Im Beginn des Prozesses gegen den König tastete Danton vorsichtig, ob man, zwar nicht die Barmherzigkeit, aber den Edelmut des Siegers wecken könne, den hochherzigen Instinkt, der es verschmäht, den am Boden liegenden Feind zu erschlagen. Ich habe diese Tatsache von einem Historiker, der sehr glaubwürdig ist in Dingen, die Danton ehren, denn er ist sonst immer sein Feind.

Die Sache wäre nicht schwer gewesen, wenn man vor dem Lande gesprochen hätte. Aber wie das anfangen? Durch die Zeitungen? Danton bediente sich ihrer nie, nichts wäre so unsicher gewesen. Er wandte sich lieber an die Klubs, in der Überzeugung, wenn einmal ein gerechtes und starkes Wort bei der Menge Anklang gefunden hätte, so würde sich dessen Wirkung schnell ins Unendliche steigern, wie die Schwingungen des Lichts, dessen Strahlen in einem kurzen Augenblick Millionen von Meilen durcheilen. Er glaubte, wenn der hochherzige Funke einmal bei diesem außerordentlich empfänglichen Volke zündete, so würde er gleichzeitig an allen Enden zünden und alles umgestalten. Er hütete sich wohl, einen solchen Versuch bei den Jakobinern zu machen, im Mittelpunkt der revolutionären Politik; er zog die Cordeliers vor, den Herd der Gewaltsamkeit und der Wut, er glaubte an das Herz der Wütenden. Als ihm die Cordeliers eines Tages vorwarfen, er vernachlässige den Prozeß des Königs und dringe nicht auf dessen Tod, fuhr er auf: „Eine Nation rettet sich, aber sie rächt sich nicht."

Sie wunderten sich und schwiegen, aber das Wort drang nicht durch. Man hatte in dieser Angelegenheit etwas wie eine vorgefaßte Meinung, sie war gewissermaßen der Preis eines Wettbewerbes zwischen den Männern der Tat. Man stand hier auf dem falschen Boden der Ehre und des revolutionären Glaubens, wo jeder sich geschämt hätte, auch nur einen Schritt zu weichen.

Die Ungelegenheit Dantons war groß. Sollte er sich, da er über die Radikalen nichts vermochte, an die Gemäßigten wenden, der Gironde die Hand reichen, mit ihr die rechte Seite gewinnen und das Zentrum dadurch mit fortreißen? Sollte er das überraschende Schauspiel eines gemäßigten Danton bieten, dem Namen „Verräter" trotzen, der ihn mit einem Schlage alle seine Freunde beim Berg nehmen und ihn allein der rechten Seite und dem Mitleid seiner neuen Freunde ausliefern mußte? Das ging nicht.

Das wäre zweifellos sein Untergang gewesen und vielleicht auch der Untergang Frankreichs. Der Skandal eines solchen Abfalls hätte den Berg und den ganzen Konvent geschwächt, und den Nutzen davon hätte nicht einmal die Gironde gehabt, sondern sehr bald die Royalisten. Und nicht die Royalisten allein, sondern das Ausland, der Feind.

Die Gironde durfte ihn nicht zwingen, Girondist zu werden; sie mußte ihn lassen, wie er war; er mußte Danton bleiben; der Kampf um die Dinge zweiter Ordnung konnte weitergehen, und um über einen oder zwei dringende Punkte allgemeiner Wohlfahrt, in denen Leben und Tod der Republik auf dem Spiele stand, mußte Einverständnis und Einigkeit herrschen.

Danton machte noch eine höchste Anstrengung für die Einigkeit des Vaterlandes. Er erbat (um den 30. November oder ein wenig später) eine letzte Unterredung mit den Führern der Gironde. Es war in der Tat nötig für ihn, diese Unterredung geheimzuhalten. Wenn sie in einem solchen Augenblick bekannt wurde, so war er verloren. Die Unterredung fand (abends oder nachts) in einem Landhause statt, vier Meilen von Paris, in der Umgegend von Sceaux. Dieses waldige Land war damals noch viel bewaldeter als heute und verdiente den Namen, den einer seiner Kantone noch jetzt trägt: Valaux-Loups (Wolfstal). Wie konnte Danton, dessen Gesicht allgemein bekannt war, unbeobachtet Paris verlassen? Es ist sehr wahrscheinlich, daß er zuerst nach Cachan ging, einem Dörfchen am Wege, wo er Camille Desmoulins besuchen konnte, im Hause von dessen Schwiegermutter, der Mutter Luciles, der Freundin Frau Dantons.

Der Einfluß dieser letzteren auf Danton war sehr stark und, wenn ich mich nicht irre, besonders bei diesem Schritt. Danton liebte seine Frau leidenschaftlich und sah, wie sie dahinstarb. Die zermalmende Schnelligkeit einer solchen Revolution, bei der Ereignis auf Ereignis ihr Herz bestürmte, hatte Frau Danton zerbrochen. Der furchtbare Ruf ihres Gatten, seine entsetzliche Prahlerei, die Septembermorde verursacht zu haben, hatten sie getötet. Mit Zittern hatte sie ihren Einzug in das verhängnisvolle Gebäude des Justizministeriums gehalten; zu Tode getroffen kam sie wieder heraus. Ein Schatten kehrte in die kleine Wohnung an der Passage du Commerce zurück, in das finstere Haus, das ein Bogengewölbe bildet zwischen der Passage und der ebenfalls finsteren Rue des Cordeliers; heute heißt sie Rue de l'Ecole de Médecine.

Es war ein harter Schlag für Danton.

Frau Danton war, nach dem Bilde und der Büste zu urteilen, ebenso stark und ruhig wie schön und sanft; die mündliche Überlieferung von Arcis, wohin sie oft ging, fügt hinzu, daß sie fromm, von Natur melancholisch und von ängstlichem Charakter war.

Sie hatte in ihrer behaglichen und ruhigen Lage das Verdienst gehabt, sich dem Zufall anvertrauen, den jungen Mann kennenlernen und ihm folgen zu wollen, diesem unbeachteten Genie ohne Ruf und Vermögen. Sie war tugendhaft und hatte ihn trotz seiner Laster gewählt, die auf seinem düsteren und verwüsteten Gesicht geschrieben standen. Sie hatte sich diesem dunklen, schwankenden Schicksal, von dem man sagen konnte, daß es auf Sturm eingestellt war, verbunden. Sie war eine einfache Frau, besaß aber ein wackeres Herz und hatte diesen Engel der Finsternis und des Lichts im Vorübergehen festgehalten, um ihm durch die Abgründe zu folgen und mit ihm das dunkle Land zu betreten ... Da verließ sie die Kraft und sie ging ein in Gottes Hand!

Das bitterste war, daß es ihm nicht vergönnt war, sie wenigstens bis zum Ende zu sehen und ihre Abschiedsworte zu hören. Er konnte nicht dableiben; er mußte das Totenbett verlassen. Das Widersprechende seiner Lage kam zum Durchbruch; es war ihm unmöglich, Danton mit Danton zu versöhnen. Frankreich, die Welt blickten auf ihn bei diesem fatalen Vorgang. Er konnte weder reden noch schweigen. Wenn er keinen Ausweg fand, der den rechten Flügel und durch ihn das Zentrum, die Masse des Konvents wieder zusammenbrachte, so mußte er sich entfernen, von Paris fliehen, sich nach Belgien schicken lassen mit dem Vorbehalt der Rückkehr, wenn der Gang der Dinge und das Schicksal den Knoten entwirrt oder zerhauen hätten. Aber würde dann diese kranke, so schwer kranke Frau noch leben? Würde sie in ihrer Liebe genug Lebensodem und Stärke finden, nun, der Natur zum Trotz, so lange zu leben und den letzten Seufzer für ihren zurückgekehrten Gatten zu verhalten? Man konnte vorhersehen, was geschah: daß es zu spät sein, daß er bei seiner Rückkehr das Haus leer, die Kinder ohne Mutter und den so heißgeliebten Leib auf dem Grunde des Grabes finden würde. Danton glaubte nicht an die Seele, dem Leib folgte er und wollte ihn wiedersehen; den entriß er schrecklich entstellt nach sieben Nächten und sieben Tagen der Erde und machte ihn den Würmern streitig in rasender Umarmung.

Noch deckte ein Schleier diese tragische Zukunft. Und dennoch (so deutlich ist die Vorahnung künftiger großer Schmerzen) war Danton zweifellos davon verstört, als er an jenem Abend in die Wälder von Sceaux ging, um die Verzeihung seiner Feinde zu erlangen. Mehr von der Not, als von Hoffnung getrieben, schritt der stolze Mann im Dezembernebel den Weg dahin, den der erste Hauch des Winters bereits öde und düster machte.

Leider kennen wir die Einzelheiten der Unterredung nicht. Der Zufall allein hat uns deren für Frankreich so verhängnisvolles Ergebnis aufbewahrt und kennen gelehrt.

Wir wissen nicht einmal, wer von den Girondisten zu der geheimnisvollen Zusammenkunft eingeladen wurde. Es scheint, daß einige (Vergniaud zweifellos, ferner Pétion, Condorcet, Gensonné, Clavières, vielleicht noch Brissot) für Danton eintraten; die anderen wollten keinen Vertrag.

Die anderen, das waren die persönlichen Freunde der Rolands: Buzot und Barbaroux.

Die anderen, das waren die drei eigentlichen Girondisten, Advokaten aus Bordeaux: Guadet, Ducos und Fonfrède. Die beiden letzteren wollten in ihrer jungen Begeisterung für republikanische Reinheit, daß die Revolution, ihre angebliche Jungfrau, ein fleckenloses Kleid trüge. Guadet, gemeiniglich der starke Mann des rechten Flügels und sein glühender und unermüdlicher Sprecher, hatte allzu oft gegen Danton gestritten, um jemals den bitteren Nachgeschmack des Kampfes zu verlieren.

Welches Dantons Worte waren, seine Antworten, und was sein Herz ihm in diesem entscheidenden Augenblick eingab, für die Einigkeit des Vaterlandes, für die Verteidigung seiner selbst und Frankreichs (was hier dasselbe war), das hat kein Mensch erfahren und wird keiner je wiederfinden. Die Geschichte möge hier schweigen und keine Vermutungen anstellen. Man kennt nur das letzte Wort, ein sehr starkes Wort, womit Danton sehr weit ging, sich herabließ und seinen Stolz ablegte: „Guadet, Guadet, du hast unrecht; du kannst nicht verzeihen. Du weißt nicht, deinen Groll dem Vaterlande zu opfern. Du bist halsstarrig, und du wirst untergehen.“

Werken der modernen Volkswirtschaftslehre“ (Carter/Muir): Adam Smiths „Wohlstand der Nationen“.

Was, so fragte der schottische Aufklärer, macht wirtschaftlichen Erfolg aus? Wie lassen sich die Millionen freiwilliger Transaktionen zwischen Käufern und Verkäufern, von denen jeder einzelne nur sein eigenes Interesse verfolgt, so koordinieren, dass alle davon profitieren? Wann muss der Staat handeln, und wo darf er auf keinen Fall eingreifen? Aus der Beobachtung grundsätzlicher menschlicher Verhaltensmuster und ihrer Umsetzung im Handelsleben formulierte Smith Regeln, die in ihren Grundzügen bis heute Bestand haben und ohne die etwa unser erfolgreiches Modell der Sozialen Marktwirtschaft undenkbar wäre. Keine alternative dirigistische Wirtschaftsform hat sich seitdem selbst bei größter Anstrengung als annähernd so erfolgreich erwiesen. Wer Smith ernst nimmt, kann von ihm lernen: Krisen gibt es immer dann, wenn der Staat seine Rolle als Partner seiner Bürger nicht ernst nimmt. Oder wenn der Staat die Aufsicht über das Wirtschaftsgeschehen vernachlässigt. Wer Wege aus der Krise des Kapitalismus finden will, sollte zunächst wissen, wie er überhaupt funktioniert.

Adam Smiths national-ökonomisches Standardwerk „Wohlstand der Nationen. Untersuchung über das Wesen und die Ursachen des Volkswohlstandes“. Aus dem Englischen von Franz Stöpel. Mit einer Einführung des Wirtschaftswissenschaftlers H.C. Recktenwald. 1.056 Seiten. Broschur. 7,99 €. Nummer 107 352.

"Kant unternahm und vollbrachte das größte Werk, das vielleicht je die philosophierende Vernunft einem einzelnen Manne zu danken gehabt hat." Wilhelm von Humboldt

Immanuel Kant
Die Kritiken.

Worin liegt der Sinn unserer Existenz, der Wert des menschlichen Lebens? Diese Fragen bewegten die Philosophie von Anfang an. Doch erst Kant fand, indem er die Ideen der Aufklärung zusammenfasste, eine moderne Antwort, die für uns bis heute Gültigkeit besitzt: Der Wert eines Menschen liegt in seiner Vernunft und der Fähigkeit, sich selbst Ziele zu setzen. Kant fordert von jedem Einzelnen: „Habe Mut, dich deines eigenen Verstandes zu bedienen“, seine philosophischen Grundfragen - Was kann ich wissen? Was darf ich hoffen? Was soll ich tun? Was ist der Mensch? - bilden die Basis für die kritische Methodik moderner Philosophie.

Kants Begriff der Selbstbestimmung wurde zum „Grundprinzip des individuellen Handelns und so in kurzer Zeit zum Leitbegriff der Ethik: Ganz gleich, ob es um Fragen der Sterbehilfe, der Organtransplantation oder des Umweltschutzes geht: Selbstbestimmung ist das Kriterium, an dem sich eine begründete Entscheidung messen lassen muss“ (Süddeutsche Zeitung). Kants Ziel war ein neues Moralprinzip, das für alle Menschen zu jeder Zeit und in jeder Situation gültig ist, unabhängig von jeglichem Eigennutzdenken.

Der „Kritik der praktischen Vernunft“ entstammt Kants berühmter kategorischer Imperativ

(„Handle so, dass die Maxime deines Willens jederzeit zugleich als Prinzip einer allgemeinen Gesetzgebung gelten könnte"), aus dem auch eine Verpflichtung entsteht. Kant fordert: Wir müssen stets aufs Neue und selbst herausfinden, was wichtig oder unwichtig, wahr oder falsch ist. Und: Wer nur glaubt oder sich auf anerkanntes Wissen verlässt, verfällt unweigerlich in eine gefährliche Denkstarre. Kant fordert dagegen zu permanentem kreativem „Selbstdenken" auf.

Dieser Band enthält Kants philosophisches Hauptwerk in einer kompakten Neuausgabe, neben den drei Kritiken die Werke Was ist Aufklärung?, Träume eines Geistersehers, erläutert durch Träume der Metaphysik, Die falsche Spitzfindigkeit der syllogistischen Figuren, Zum ewigen Frieden, Grundlegung zur Metaphysik der Sitten, Idee zu einer allgemeinen Geschichte in weltbürgerlicher Absicht u.a.

Immanuel Kant „Die Kritiken". 1.129 Seiten. Broschur. 7,99 €. Nummer 105 900.

"Sprache und Leben sind unzertrennliche Begriffe." Wilhelm von Humboldt

Wilhelm von Humboldt
Schriften zur Sprache.

Sein Bruder Alexander ergründete die Geheimnisse der Welt mit den Mitteln der Naturwissenschaft, Wilhelm plante eine andere Form der Vermessung: Er wollte dem Wesen des Menschen mit einem Atlas der Sprachen nahe kommen. Und niemand wäre besser dafür geeignet gewesen als er: Humboldt sprach fließend Latein, Französisch, Italienisch, Englisch, beherrschte außerdem das Griechische und studierte Spanisch, Baskisch, Litauisch, Ungarisch, Tschechisch, Koptisch, Altägyptisch, Arabisch, Chinesisch, Sanskrit, malayo-polynesische Sprachen Burmas, Neuseelands, Tahitis, Madagaskars, Kavi. Über altägyptische Hieroglyphen, chinesische Schriftzeichen oder die fremdartigen amerikanischen Sprachen tauschte er sich mit Forschern in ganz Europa aus.

Seine Theorien, in denen er den Charakter jeder einzelnen Sprache zu erfassen versuchte, markieren den Beginn der modernen Sprachwissenschaft. Er ergründete „die Eigenart der einzelnen, unübersetzbaren Sprachen, die für Humboldt verschiedene Weltsichten präsentierten. Daher leistet die vergleichende Sprachforschung, was Geisteswissenschaften überhaupt tun sollten: Sie macht uns mit den Möglichkeiten der Menschen vertraut" (Süddeutsche Zeitung).

Dieser Band enthält Wilhelm von Humboldts zentrale Schriften zur Sprachwissenschaft und Staatstheorie, Altertumskunde und Ästhetik, Geschichte und Anthropologie, Reisenotizen und ausgewählte Briefe.

Wilhelm von Humboldt „Schriften zur Sprache". 1.056 Seiten. Broschur. 7,99 €. Nummer 106 248.

1844 erschienenes Buch „Der Begriff der Angst" gilt als eines der Schlüsselwerke für die Tiefenpsychologie wie für die moderne Philosophie. „Kierkegaards ungeheure Beobachtungs- und Diagnosefähigkeit führt den Darlegungen über den Beginn von Geschlechtlichkeit und Geschichte, über das reflektierte Anwachsen der Angst in der Generationenfolge, über Angst, Sinnlichkeit, Scham und Erotik im Griechentum und Christentum eine psychologische Anschauungs- und Gedankenfülle zu, die diese Schrift zu seiner komplexesten machen" (Kindlers).

Auch in seinem fünf Jahre später erschienenen berühmten Werk „Die Krankheit zum Tode" gelingt es Kierkegaard, in seiner grundlegenden Analyse der Daseinsverfassung des Menschen, theologische und anthropologische Kategorien miteinander ins Verhältnis zu setzen. In „Furcht und Zittern", wohl seinem persönlichsten Werk, das, wie er in seinem Tagebuch erklärt, sein eigenes Leben reproduziert, versucht Kierkegaard, das Wesen des Glaubens neu zu bestimmen. In der gleichzeitig erschienenen Schrift „Die Wiederholung" demonstriert er am Beispiel der Liebesgeschichte eines jungen Dichters die Grundproblematik eines Lebens, das unaufhörlich Entscheidungen zwischen Ideal und Wirklichkeit verlangt. Dieser zweite Band mit Kierkegaards wichtigsten philosophischen Schriften enthält außerdem die Werke „Der Gesichtspunkt für meine Wirksamkeit als Schriftsteller", „Stadien auf dem Lebensweg" sowie die flammend formulierte Kampfschrift gegen die dänische Volkskirche, „Der Augenblick".

Sören Kierkegaard „Der Begriff der Angst. Philosophische Schriften". Aus dem Dänischen von Christoph Schrempf. 1.145 Seiten. Broschur. 7,99 €. Nummer 106 975.

"Wir bräuchten jemanden, der die Situation des Kapitalismus am Beginn des 21. Jahrhunderts in intellektuell ähnlich beeindruckender Weise wie Marx auf den Begriff bringt." Paul Nolte

Karl Marx
Kapital und Politik.

Als im 19. Jahrhundert eine rasante Entwicklung in den Bereichen Technik und Naturwissenschaften einsetzt, ahnt ein junger Journalist, welcher gesellschaftliche Sprengstoff hier entsteht. Der erst 24-jährige Karl Marx ist Chefredakteur der liberalen Rheinischen Zeitung in Köln, die er zur Wortführerin der demokratischen Opposition Deutschlands macht. Wiederholt berichtete Marx vom Elend der deutschen Arbeiter, bis das Blatt 1843 verboten wird.

Teile seiner Gesellschaftsanalysen bieten auch heute noch Material zur Interpretation unserer politischen Situation. „Seit sich der Kapitalismus ungehemmt und global entfalten kann, wächst die Systemkritik wieder", hat Der Spiegel beobachtet. Der englische Historiker Tony Judt assistiert: „Was den wohlhabenden Nutznießern als weltweites Wirtschaftswachstum erscheint, wird von Millionen mit zunehmendem Groll als Umverteilung zum Wohle einiger Großunternehmen und Kapitaleigner wahrgenommen." Wir haben die Hauptwerke der marxschen Wirtschafts- und Gesellschaftstheorie ohne einen bevormundenden Kommentar zu einem kompakten Reader zusammengestellt: Das Kapital Band 1, Die Einleitung zu den Grundrissen der Ökonomie, Das Manifest der Kommunistischen Partei, Der achtzehnte Brumaire des Louis Bonaparte u.a. Mit einem Vorwort des Herausgebers der Marx-Engels-Gesamtausgabe Dr. H.-P. Harstick.

Karl Marx „Kapital und Politik". 1.360 Seiten. Broschur. 7,99 €. Nummer 105 624.

"Stellt als Kulturtheorie des voll entfalteten Kapitalismus die Arbeiten Max Webers in den Schatten." FAZ

Georg Simmel
Philosophie des Geldes.

Georg Simmel war der Star unter den deutschen Philosophen seiner Zeit. Er veröffentlichte zahllose Aufsätze, viel beachtete Bücher und hatte entscheidenden Einfluss auf das entstehende Fach der Soziologie. Tout Berlin besuchte seine Vorlesungen, über die auch regelmäßig Berichte in der Tagespresse zu lesen waren. Missgünstige (und antisemitisch eingestellte) Kollegen torpedierten immer wieder seine akademische Karriere. Es erregte auch ihr Misstrauen, dass Simmel seine luziden philosophischen und soziologischen Einsichten mit schriftstellerischer Eleganz zu formulieren wusste. Simmels Blick auf die Welt und sein essayistischer Stil prägten die Philosophen, Soziologen und Schriftsteller der beginnenden Moderne. Ohne Simmel hätten Kurt Tucholsky, Siegfried Kracauer, Ernst Bloch, Walter Benjamin und Theodor W. Adorno anders gedacht und geschrieben.

In seinem zeitdiagnostischen Hauptwerk, der „Philosophie des Geldes fragt Simmel, was die moderne Geldwirtschaft aus den Menschen gemacht hat und wie durch sie die Gesellschaft verändert wurde. Geld, das ursprünglich nur den Handel erleichtern sollte, beginnt sich zu verselbstständigen. Geld wird Gott: Die Gebäude von Banken werden größer und prächtiger als Kirchen und beherrschen den Mittelpunkt der Städte. Sogar das Selbstwertgefühl des Menschen und seine Einstellung zum Leben werden vom Geld dominiert. Und doch besitzt der Mensch, die Freiheit, nach Dimensionen zu streben, die größer sind als Geld.

Simmel „schreibt über Mode anders als Benjamin. Und doch ist er es, der den Zusammenhang zwischen Mode und Moderne herstellt, der den jungen Lukács bis in die Wahl seiner Titel prägt, der Benjamin zu Beobachtungen im reizüberfluteten, kontaktdichten, bewegungsakzelerierten Erfahrungsraum der Großstadt inspiriert, der die Wahrnehmungsweise, die Themen, den Schreibstil einer ganzen Intellektuellengeneration verändert" (Jürgen Habermas).

Aus dem Inhalt: Philosophie des Geldes, Die Großstädte und das Geistesleben, Das Relative und das Absolute im Geschlechter-Problem, Die Koketterie, Die Persönlichkeit Gottes, Der Begriff und die Tragödie der Kultur, Weibliche Kultur u.a.

Georg Simmel „Philosophische Kultur". Mit einem Text von Jürgen Habermas. 1.152 Seiten. Broschur. 7,99 €. Nummer 106 534.

"Die Darstellung besitzt spielerische Leichti[illegible]zwingenden Charme, der das Publikum seit Jahrzehnten verführt." FAZ

Egon Friedell
Die Kulturgeschichte der Neuzeit.
Die Kulturgeschichte Ägyptens.

Er war Theaternarr, Max-Reinhardt-Schauspieler, ein „Sprachwunder“ (Karl Kraus) und genialer Feuilletonist, Doktor der Philosophie, Partylöwe und bekennender Müßiggänger, der die inspirierenden Potenzen alkoholischer Getränke rühmte - ein Wiener Original also. Und so würde Egon Friedell neben Peter Altenberg und Alfred Polgar bis heute lediglich zu den prominentesten Protagonisten der Wiener Kulturszene gezählt werden, wenn er nicht 1927 sein Erfolgsbuch veröffentlicht hätte: die große „Kulturgeschichte der Neuzeit“, der er seinen Weltruhm verdankt. Erst zu diesem Zeitpunkt - er war fast 50 - wurde seine geheime Doppelexistenz aufgedeckt: Friedell führte auch ein Bücherleben, umgeben von vielen tausend Bänden, in die er seine geistvollen Kommentare notierte.

Mit „Der Kulturgeschichte Ägyptens und des Alten Orients“ lotete Friedell den Beginn der menschlichen Geschichte philosophisch-essayistisch aus, während er in „Der Kulturgeschichte der Neuzeit“ die jüngere Historie als Krankengeschichte der Gattung Mensch zu deuten suchte. Friedell schreitet darin "durch die Zeiten mit der Souveränität eines Feldherrn und mit dem Einfühlungsvermögen eines Dichters“ (PM History), er verfolgt so über die Jahrhunderte die Strömungen und geistigen, politischen und sozialen Entwicklungen und stellt uns die wichtigsten Persönlichkeiten in farbigen und anekdotenreichen Porträts vor. Mit umfassendem Hintergrundwissen düpiert er die Fachleute unterschiedlichster Profession, indem er bewusst parteilich, dabei stets stilsicher, mit immer wieder aufblitzender Ironie sowie gelegentlich eingestreuten satirischen Ketzereien den Alltag eines Nürnberger Handwerkers im 16. Jahrhundert ebenso veranschaulicht, wie Goethes Farbenlehre oder den Dadaismus.

„Mit einer unglaublichen Belesenheit, einem bestrickenden Witz, einem exakt wissenschaftlichen Verstand und wahrhaft subtilen Kunstgeschmack gibt Friedell unzählige Aspekte der kulturellen Entwicklung des europäischen - und amerikanischen - Menschen von der Renaissance bis zum Ersten Weltkrieg. Er stellt ihn in seine äußere und geistige Umwelt, schildert seinen Alltag, seine Tracht und Sitte mit derselben evokativen Frische wie die großen ideologischen Strömungen der Zeit“, staunte die österreichische Schriftstellerin Hilde Spiel. Die Neue Zürcher versank in Friedells Kulturgeschichte wie in einem „spannenden Roman“. Und Ulrich Weinzierl hatte sich in der Frankfurter Allgemeinen Zeitung in den „Zauber des Schriftstellers Egon Friedell“ verliebt: „Die Darstellung besitzt spielerische Leichtigkeit, bezwingenden Charme, der das Publikum seit Jahrzehnten verführt. Wir gehen ihm mit Vergnügen auf den Leim.“

Egon Friedell „Die Kulturgeschichte der Neuzeit und Die Kulturgeschichte Ägyptens und des Alten Orients“. 1.335 Seiten. Broschur. 7,99 €. Nummer 106 836.